mega

Multilingüe

Multilingüe

inglés · francés · alemán
italiano · portugués

- **350.000 voces**
- **400.000 acepciones**
- **70.000 voces en cada lengua**
- **80.000 acepciones en cada lengua**
- **americanismos**
- **pronunciación figurada**
- **656 páginas**

EDITORIAL RAMON SOPENA, S.A.

© EDITORIAL RAMÓN SOPENA, S.A.
e-mail: edsopena@teleline.es
MCMXCVI
Depósito legal: B-2318-2000
Impreso en EDIM, S.C.C.L.
Badajoz. 145 - 08018 Barcelona
Printed in Spain

ISBN 84-303-1159-9

Prólogo

Son muchas las personas a quienes sus actividades de estudio o trabajo le obligan a usar varios idiomas. Por mucha que sea su experiencia y soltura, el salto de uno a otro no puede por menos que provocar lagunas, lo que les impone la consulta del diccionario.

Pero como sea que manejar distintos diccionarios presenta incomo-
didades, hemos pensado en ofrecer *cinco diccionarios* en un solo
volumen, destinados a las cinco, o mejor dicho, seis lenguas más
utilizadas en la que denominamos cultura occidental, a saber: *inglés,
francés, alemán, italiano* y *portugués*, más el *español,* que es la lengua de correspondencia.

Nuestro diccionario MULTILINGÜE, conciso y manejable, tiene letra clara, y es muy rico en léxico (70.000 voces en cada una de sus
cinco partes). Su nutridísimo léxico lo eleva muy por encima de lo
publicado hasta ahora en esta especialidad.

Las partes inglesa, francesa e italiana constan de pronunciación figurada. Esto se ha omitido en la parte alemana y portuguesa, por no
tener esas lenguas dificultades fonéticas.

Además de a los consultantes en primer término mencionados, con
necesidades específicas, no dudamos que el presente MULTI-
LINGÜE será útil para el público en general, cada día más consciente de la necesidad de conocer varios idiomas.

EDITORIAL RAMON SOPENA, S.A.

Índice

Abreviaturas

	Español	Inglés	Francés	Alemán	Italiano	Portugués
adjetivo	adj.	adj.	adj.	adj.	agg.	adj.
adverbio	adv.	adv.	adv.	adv.	avv.	adv.
agricultura	*Agr.*	*Agri.*	*Agr.*	*Agr.*	agr.	Agr.
america(nismo)	*Amér.*	*Amer.*	*Amer.*	*Amer.*	*Amer.*	Amer.
anatomía	*Anat.*	*Anat.*	*Anat.*	*Anat.*	Anat.	*Anat.*
aritmética	*Arit.*	*Arit.*	*Arithm.*	*Arith.*	arit.	*Arit.*
artículo	art.	art.	art.	art.	art.	art.
astronomía	*Astr.*	*Astr.*	*Astr.*	*Astr.*	astr.	*Astr.*
auxiliar	aux.	aux.	aux.	aux.	aux.	aux.
botánica	*Bot.*	*Bot.*	*Bot.*	*Bot.*	bot.	*Bot.*
comercio	*Com.*	*Comm.*	*Com.*	*Com.*	com.	*Com.*
conjunción	conj.	conj.	conj.	conj.	cong.	conj.
deporte	*Dep.*	*Dep.*	*Dep.*	*Dep.*	dep.	Dep.
femenino	f.	f.	f.	f.	f.	f.
familiar	fam.	fam.	fam.	fam.	fam.	fam.
figurado	fig.	fig.	fig.	fig.	fig.	fig.
física	*Fís.*	*Phys.*	*Phys.*	*Fhys.*	fis.	*Fís.*
geografía	*Geog.*	*Geog.*	*Geog.*	*Geog.*	geog.	*Geog.*
indefinido	indef.	ind.	ind.	ind.	ind.	ind.
indeterminado	indet.	indeter.	indet.	indeter.	indet.	indeter.
interjección	interj.	interj.	interj.	interj.	itj.	interj.
intransitivo	intr.	intr.	intr.	intr.	itr.	intr.
masculino	m.	m.	m.	m.	m.	m.
matemáticas	*Mat.*	*Math.*	*Math.*	*Math.*	mat.	*Mat.*
medicina	*Med.*	*Med.*	*Med.*	*Med.*	med.	*Med.*
música	*Mús.*	*Mus.*	*Mus.*	*Mus.*	mus.	*Mús.*
pintura	*Pint.*	*Pint.*	*Peint.*	*Pint.*	pint.	*Pint.*
plural	pl.	pl.	pl.	pl.	pl.	pl.
popular	pop.	pop.	pop.	pop.	pop.	pop.
participio pasado	p. p.	p. p.	p. p.	p. p.	p. p.	p. p.
posesivo	pos.	pos.	poses.	poses.	pos.	pos.
preposición	prep.	prep.	prép.	prep.	prep.	prep.
pronombre	pron.	pron.	pron.	pron.	pron.	pron.
reflexivo	r.	R.	r.	r.	r.	r.
substantivo	s.	s.	s.	s.	s.	s.
transitivo	tr.	tr.	tr.	tr.	tr.	tr.
zoología	*Zool.*	*Zoo.*	*Zool.*	*Zool.*	zool.	*Zool.*

inglés-español

a (*a ei*) art. indet. un(a).
aback (*æbak*) adv. atrás, detrás; **to take —,** tomar por sorpresa. [hacia popa.
abaft (*æbaft*) adv. *Naut.* a popa,
abandon (*abándön*) tr. abandonar; s. abandono.
abate (*abéit*) tr. e intr. apaciguar; rebajar.
abattoir (*abatuá*) n. matadero.
abbess (*ábes*) s. abadesa.
abbey (*ábi*) s. abadía.
abbot (*ábot*) s. abad. [viar.
abbreviate (*abriviéit*) tr. abreviatura. [dimitir.
abbreviation (*abriviéischön*) s. abreviatura.
abdicate (*ábdikéit*) tr. abdicar,
abdication (*abdikéischön*) s. abdicación, dimisión.
abdomen (*abdómen*) s. abdomen, vientre. [cuestrar.
abduct (*abdát*) tr. raptar secuestrar.
abduction (*æbdákshn*) n. rapto, secuestro.
aberration (*aberéischön*) s. aberración, error. [testar.
abhor (*abjor*) tr. aborrecer, deabhorrence (*abjórens*) n. aborrecimiento, asco.
abide [abode; abode] (*abaid*) ¹intr. — **by** atenerse a, cumplir con.
ability (*abíliti*) s. habilidad, talento. [to.
abject (*abdyét*) adj. vil, abyecto,
abjection (*abdyecschön*) s. vileza, abyección. [nunciar.
abjure (*abdyúr*) tr. abjurar, reablaze (*abléis*) adv. en llamas; (fig.) radiante.
able (*éibl*) adj. capaz, apto; tr. **to be —,** poder.
abnegate (*abnigueit*) tr. renunciar; renegar de.
abnegation (*abneguéischön*) s. abnegación, sacrificio. [mal.
abnormal (*abnó:mal*) adj. anormal.
abnormality (*abno:maliti*) n. anomalía, anormalidad.
aboard (*abórd*) adv. *Mar.* a bordo.
abode (*abóud*) s. domicilio, morada. [lar.
abolish (*abólisch*) tr. abolir, anuabolition (*abolischön*) s. derogación, anulación, abolición.
abominable (*abóminabl*) adj. abominable.
abominate (*abómineit*) tr. abominar, aborrecer, odiar.
abort (*abórt*) intr. abortar.
abortion (*abórschön*) s. aborto, malparto.
abortive (*abórtif*) adj. (fig.) abortivo, malogrado; s. aborto.
abound (*abáund*) intr. abundar.
about (*abáut*) prep. alrededor, cerca, acerca (de); **all —,** por todas partes; **to be — ,** estar a punto de; **to turn — ,** (naut.) virar en redondo; **what's all about?** ¿de qué se trata? **about turn,** media vuelta.
above (*abö'v*) prep. encima, sobre; adv. arriba; **— all,** sobre todo; **from — ,** de arriba; **— mentioned,** susodicho.
abrasion (*abréishn*) s. roce, rozadura.
abreast (*abrést*) adv. (mil.) al frente, en fondo; (naut.) por el través; **to keep abreast,** estar al día. [sumir, reducir.
abridge (*abrích*) tr. abreviar, re-

abroad (*abród*) adv. fuera, en (al) extranjero; **to be abroad,** estar en el extranjero; **to go abroad,** ir(se) al extranjero.
abrupt (*abrö'pt*) adj. (geog.) abrupto, quebrado, (pers.) rudo, brusco; adv. **abrutly,** bruscamente.
abscond (*abskónd*) intr. ocultarse; **—er,** s. prófugo.
absence (*ábsens*) s. ausencia.
absent (*ábsent*) adj. ausente; **— minded,** distraído; **— (***absént*) v. r. ausentarse.
absolute (*ábsolut*) adj. absoluto, **complete;** (pol.) autocrático, despótico.
absoluteness (*ábsolutnes*) s. absolutismo. [dispensar.
absolve (*absólv*) tr. absolver,
absorb (*abso'rb*) tr. absorber, empapar; **—ed,** adj. (fig.) absorto, enfrascado.
absorbent (*absórbent*) s. y adj. absorbente.
abstain (*abstéin*) intr. abstenerse, privarse de. [temio.
abstemious (*abstímiös*) adj. abstention (*absténschön*) s. abstención, abstinencia.
abstinence (*ábstinens*) s. abstinencia, ayuno.
abstract (*abstráct*) tr. abstraer; (lit.) extractar; **— (***abstráct*) adj. abstracto; s. extracto. resumen.
abstraction (*abstrácschön*) s. abstracción; idea, concepto.
absurd (*absö'rd*) adj. absurdo, distracción, descuido, ridículo, disparatado.
absurdity (*absö'rditi*) s. absurdo, disparate.
abundance (*abö'ndans*) s. abundancia.
abundant (*aböndant*) adj. abundante. (hidr.) caudaloso; (agric.) feraz.
abuse (*abiús*) tr. abusar; seducir; insultar; s. abuso, seducción; insulto, impróperio; s. **—r,** seductor.
abusive (*abiúsiv*) adj. abusivo, insultante, ofensivo.
abyss (*ábis*) s. abismo, sima; (fig.) infierno. [cia.
acacia (*akéisha*) s. (bot.) acaacademic (*académic*) adj. académico.
academy (*acádemi*) s. academia. [asentir.
accede (*aksid*) intr. acceder;
accelerate (*acsélereit*) tr. acelerar; intr. apresurarse.
aceleration (*akselereishn*) aceleración, prisa.
accent (*acsént*) tr. acentuar; s. **— (***ácsent*) acento, deje; (gram.) acento.
accentuate (*aksentyueit*) tr. aceptable, grato.
accentuation (*aksentyueishn*) s. acentuación.
accept (*acsépt*) tr. aceptar, admitir. [aceptable, grato.
acceptable (*acséptabl*) adj.
acceptance (*acséptans*) s. aceptación, buena acogida.
acceptation (*acsetéishn*) s. aceptación; (lit.) acepción, sentido.
access (*ácses o acsés*) s. acceso, entrada; (med.) ataque, arrebato; **to gain —,** lograr entrar. [ble, asequible.
accesible (*acsésible*) adj. accesiaccessory (*acsésory*) adj. accesorio, secundario; (leg.) cómplice.

accident (*ácsident*) s. accidente; (aut.) atropello; choque, equivocación; **by — ,** por casualidad.
accidental (*acsidéntal*) adj. accidental, fortuito, casual; adv. **—ly,** accidentalmente.
acclaim (*acléim*) tr. aclamar, aplaudir; s. renombre.
acclamation (*acclameishn*) s. aclamación; ovación.
acclimatization (*acclimataiséishn*) s. aclimatación.
acclimatize (*acclimatais*) tr. y r. aclimatar(se).
accommodate (*acómodeit*) tr. acomodar, ajustar.
accommodation (*acomodéishn*) s. acomodo; (host.) hospedaje, alojamiento.
accompaniment (*akö'mpaniment*) (mus.) s. acompañamiento.
accompany (*akö'mpani*) tr. acompañar. [plice.
accomplice (*acómplis*) s. cómaccomplish (*acómplish*) tr. realizar; llevar a cabo; lograr.
accomplished (*acomplishd*) adj. perfecto, cabal; consumado.
accomplishment (*acómplishment*) s. realización, logro; pl. méritos, talento, dotes.
accord (*acórd*) tr. ajustar, conceder; intr. concordar; s. acuerdo; (mus.) acorde; **of one's own accord,** por iniciativa propia.
accordance (*acórdans*) s. conformidad; acuerdo, convenio.
accordant (*acórdant*) adj. conforme.
according to (*acórding tu*) prep. según, de acuerdo con; adv. **—ly,** en consecuencia, por consiguiente.
account (*acáunt*) s. cuenta (cont.); informe, relación; tr. considerar, contar; intr. responder; s. **current —,** cuenta corriente; **on account of,** a causa de; **of little —,** de poca importancia; **of its own —,** de por sí; **on no —,** de ninguna manera. [responsable.
accountable (*acáuntabl*) adj.
accountancy (*acáuntansi*) s. contabilidad. [table.
acountant (*acáuntant*) s. contador.
accredit (*acrédit*) tr. (com.) acreditar; dar crédito a.
accrue (*acru:*) tr. aumentar, tomar incremento; **—d interests,** intereses acumulados.
accumulate (*akiúmiuleit*) tr. e intr. acumular(se); adj. acumulado, amontonado.
accumulation (*akiúmiuleishön*) s. acumulación, amontonamiento.
accumulator (*akiúmiuleitör*) s. acumulador; (elect.) acumulador; (hidr.) condensador.
accuracy (*ákiurösi*) s. exactitud, precisión.
accurate (*ákiuret*) adj. exacto, preciso; perfecto; **—ly,** adv. con precisión.
accusation (*ákiuséischön*) s. acusación, denuncia.
accuse (*akiús*) tr. acusar; denunciar (leg.); culpar; **—d** (*akiúsd*) adj. acusado; **—r** (*akiusör*) s. acusador, delator.
accustom (*aka'stöm*) tr. acostumbrar, habituar; **—ed** (*akástomd*) adj. acostumbrado, habituado; **to be — ,** estar habituado; **to get — ,** acostumbrarse, habituarse.

ace (*éis*) s. as; **within an ace of,** a dos dedos de, a punto de.
ache (*éik*) s. dolor, mal; intr. doler; **headache,** dolor de cabeza; **earache,** dolor de oídos; **toothache,** dolor de muelas; **stomach-ache,** dolor de estómago. [lograr.
achieve (*achív*) tr. conseguir,
achievement (*achívment*) s. logro; hazaña.
aching (*éikin*) adj. doloroso, que duele; s. dolor.
acid (*ásid*) adj. y s. ácido.
acidity (*asíditi*) s. acidez.
acknowledge (*aknóuledg*) tr. reconocer; agradecer; **— receipt,** acusar recibo.
acknowledgement (*acnólédchment*) s. reconocimiento; agradecimiento; (com.) acuse de recibo. [apogeo.
acme (*akmi*) s. colmo; cima;
acorn (*eiko:n*) s. (bot.) bellota; (naut.) bola de madera.
acoustics (*acústics*) s. acústica.
acquaint (*acuéint*) tr. instruir, familiarizar (con); **to —ed oneself with,** ponerse al corriente de.
acquaintance (*acuéintans*) s. conocimiento; (pers.) amistad, conocido. [acceder.
acquiesce (*aciués*) intr. asentir,
acquiescence (*aciésens*) s. asentimiento, conformidad.
acquire (*auáir*) tr. adquirir; obtener. [quisición.
acquisition (*acuisíshön*) s. adacquit (*acuít*) tr. (leg.) absolver, poner en libertad; exonerar; ción (leg.), descargo.
acquittal (*acuítal*) s. absolución.
acquittance (*acuitans*) s. descargo; pago.
acre (*eikp*) s. (medid.) acre; **God's —,** camposanto, cementerio.
acreage (*eikpedy*) área (med. en acres), extensión.
acrid (*ácrid*) adj. acre, agrio; (lang.) mordaz; (olor.) irritante, punzante.
acrimony (*akrímoni*) s. virulencia; aspereza.
across (*acrós*) adv. prep. a través (de), de un lado a otro; **to come across samebody,** encontar a alguien.
act (*act*) intr. obrar, actuar; (teat.) representar; fingir; **to — the fool,** hacer el tonto; s. acto, acta; (teat.) acto; acción; **to catch in the act,** coger con las manos en la masa.
acting (*aktin*) adj. interino, en ejercicio; s. (teat.) representación, actuación.
action (*ácshön*) s. acción, hecho; (mil.) combate; (teat.) argumento; (mec.) movimiento; (leg.) demanda judicial.
activate (*áctiveit*) tr. activar.
active (*áctiv*) adj. activo; **—ly,** (áktivli) adv. activamente.
active (*áctiv*) adj. activo.
activity (*actíviti*) s. actividad.
actor (*áctör*) s. actor.
actress (*áctres*) s. actriz.
actual (*akcchyuel*) adj. actual, real. [lidad.
actuality (*aktchyueliti*) s. actuaactually (*áktchyueli*) adv. de hecho, realmente, verdaderamente.

12

acute (*akiút*) adj. agudo; **—ly,** (*...lli*) adv. con agudeza, agudamente. [za, perspicacia.
acuteness (*akiutnés*) s. agude-
adapt (*adápt*) tr. adaptar, acomodar; (teat.) arreglar; v. r. amoldarse, habituarse.
adaptation (*adaptéishön*) s. adaptación.
add (*ad*) tr. agregar, añadir; (mat.) **— up,** sumar.
adder (*áda*) s. víbora (zool.), culebra.
addict (*adict*) tr. dedicarse a, darse a; s. adicto.
addicted (*ádikted*) adj. aficionado a, dado a, partidario de.
addictedness (*adíctednes*) s. inclinación; adhesión a.
addiction (*adicshö*) s. afición, apego a, partidario de.
addition (*adíshön*) s. (arit.) adición, suma. / **in — to** adv. además de.
additional (*adíshönal*) adj. adicional, complementario.
addle (*ádl*) adj. podrido; estéril; v. t. podrir; esterilizar; **addled-egg,** huevo podrido; **addle headed,** chalado, chiflado.
address (*adrés*) tr. (corresp.) dirigir; (orat.) hablar a; s. dirección, señas; trato.
addressee (*adresi*) s. destinatario; s. **addresser,** remitente.
adduce (*adiús*) tr. aducir, alegar. [perito.
adept (*adépt*) s. y adj. adepto.
adequate (*ádicueit*) adj. adecuado, suficiente, competente; **—ly,** adv. adecuadamente.
adhere (*adjia*) intr. adherirse a, pegarse a; allegarse a.
adherence (*adjiarens*) s. adhesión.
adherent (*adjiarent*) adj. adherente, pegajoso; s. partidario, discípulo. [adherencia.
adhesion (*adjishön*) s. adhesión.
adhesive (*adjisiv*) adj. adhesivo, pegajoso; **—tape,** cinta adhesiva.
adjacent (*adyéisent*) adj. adyacente, contiguo. [vo.
adjective (*adyectiv*) s. adjetivo.
adjoining (*adyóinin*) adj. contiguo; **to be —,** estar lindante con. [aplazar.
adjourn (*adyö'rn*) tr. diferir,
adjournment (*adyörnmant*) s. aplazamiento, suspensión.
adjudicate (*adchúdikeit* tr. adjudicar.
adjunct (*adyant*) s. y adj. adjunto, auxiliar. [componer.
adjust (*adyö'st*) tr. ajustar,
adjustable (*adyástabl*) adj. regulable, ajustable.
adjustment (*adyö'stment*) s. ajuste; acuerdo, transacción.
adjutant (*ádyutant*) s. ayudanministrar; (col.) propinar (paliza). [ministrar.
administer (*admínister*) tr. ad-
administration (*administréishön*) s. administración; (dom.) manejo, gobierno; (com.) dirección.
admnistrative (*administretiv*) adj. administrativo.
administrator (*administreitör*) s. administrador. [mirable.
admirable (*ádmirabl*) adj. ad-
admiral (*ádmiral*) s. almirante; s. **—ty,** almirantazgo.
admiration (*admiréishön*) s. admiración, sorpresa, pasmo.

admire (*admáir*) tr. admirar; intr. maravillarse.
admirer (*admáira*) s. admirador; pretendiente.
admissible (*admísibl*) adj. admisible, aceptable; permitido.
admission (*admíshön*) s. admisión, ingreso; entrada; concesión; **— ticket,** billete de entrada; **no —,** se prohibe la entrada.
admit (*admit*) tr. admitir; conceder; reconocer; dar entrada.
admittance (*admitans*) s. admisión, entrada; **no —!,** se prohibe la entrada.
admonish (*admonish*) tr. amonestar, reprender; exhortar.
admonition (*admonishön*) s. consejo, amonestación; exhortación, advertencia.
ado (*adú*) s. bullicio, ruido; **much — about nothing,** mucho ruido y pocas nueces.
adolescence (*adolésens*) s. adolescencia. [adolescente.
adolescent (*adolésent*) adj. y s.
adopt (*adópt*) tr. (leg.) adoptar; elegir; asumir.
adopted (*adopted*) adj. adoptado; elegido; asumido.
adopter (*adoptör*) s. adoptador; madre o padre adoptivo.
adoption (*adópschön*) s. adopción; elección.
adoptive (*adóptiv*) adj. adoptivo.
adorable (*adórabl*) adj. adorable. [adoración.
adoration (*adoréishön*) s. Eccl.
adore (*adór*) tr. adorar.
adorn (*adórn*) tr. adornar, embellecer, engalanar; (coc.) aderezar.
adrift (*adrift*) adv. Naut. a la deriva; **to break adrift,** irse a la deriva.
adroit (*adróit*) adj. diestro, hábil; **—ly,** adv. hábilmente; s. **—ness,** habilidad, destreza. [ción, lisonja.
adulation (*adiuléishön*) s. adula-
adulator (*adiuléitör*) s. adulador, lisonjero.
adult (*adö'lt*) adj. y s. adulto; (pers.) mayor.
adulterate (*adö'ltöreit*) tr. adulterar, falsificar; **— (***adö'ltereit***)** adj. falsificado, adulterado. [ro.
adulterer (*adö'lterör*) s. adúlte-
adulteress (*adö'lteres*) s. adúltera. [tero.
adulterous (*adö'lteros*) adj. adúl-
adultery (*adö'lteri*) s. adulterio.
advance (*adváns*) tr. avanzar; avance; (din.) adelantar; (empl.) ascender; s. (din.) anticipo; (empl.) ascenso; **in —,** (com.) por adelantado; de antemano.
advanced (*advánsd*) adj. avanzado; precoz.
x **advancement** (*advánsmant*) s. adelanto; progreso.
advantage (*advántedy*) s. ventaja; beneficio; **to —,** ventajosamente; **to take —,** aprovecharse de.
advantageous (*advanteidyos*) adj. ventajoso, beneficioso.
advent (*advént*) s. llegada, venida; (ecles.) Adviento.
adventure (*advénchör*) s. aventura; intr. aventurarse, osar, atreverse; tr. aventurar.
adventurer (*advénchörör*) s. aventurero.
adventurous (*advénchörös*) adj. aventurado, osado; aventurero, audaz; adv. **—ly,** arriesgadamente.

adverb (*advörb*) s. adverbio.
adversary (*ádvörseri*) s. adversario, enemigo; adj. **—,** contrario, adverso.
adverse (*advörs*) adj. adverso, contrario; (fig.) funesto.
adversity (*advö'rsiti*) s. adversidad, desgracia, calamidad.
advertence (*advö'rtens*) s. advertencia, aviso.
advertise (*ádvörtais*) tr. anunciar, publicar; intr. poner un anuncio. [anuncio.
advertisement (*ádvö'rtisment*) s.
advertiser (*adva:táisa*) s. anunciador, anunciante.
advertising (*adva:táisin*) adj. publicitario; s. publicidad; **— agent,** agente publicitario; **— agency,** oficina de publicidad.
advice (*advái*) s. consejo, aviso.
advisable (*adváisabl*) adj. aconsejable, prudente.
advise (*advái*) tr. aconsejar; intr. aconsejarse.
advised (*adváisd*) adj. aconsejado; avisado, advertido.
advisedness (*adváisednes*) s. cordura, prudencia.
adviser (*adváisa*) s. consejero, consultor. [tativo.
advisory (*adváisori*) adj. consultivo. [tivo.
advocate (*ádvoket*) s. abogado; **— (***ádvokeit***)** tr. defender.
aerial (*erial*) adj. aéreo; s. (radio) antena. [dromo.
aerodrome (*éarodrom*) s. aeró-
aerodynamic (*earodainámik*) adj. aerodinámico; s. **—s,** pl. aerodinámica.
aeronautic (*earonótik*) adj. aeronáutico; s. pl. **—s,** aeronáutica. [aeroplano.
aeroplane (*earoplein*) s. avión.
afar (*afár*) adv. lejos; **from —,** desde lejos.
affability (*afabíliti*) s. afabilidad, amabilidad.
affable (*áfabl*) adj. afable, amable, cortés.
affair (*afér*) s. asunto; **that's not your —!,** ¡eso no es asunto tuyo! [ver.
affect (*aféct*) tr. afectar, conmo-
affected (*aféted*) adj. afectado; remilgado, presuntuoso.
affection (*afécshön*) s. inclinación, afecto, simpatía; **to feel — for,** sentir afecto por; Med. dolencia.
affective (*aféctiv*) adj. afectivo.
affectionate (*afékshoneit*) adj. cariñoso, amoroso.
affectionatedness (*afékshoneitednes*) s. cariño, afecto.
affiliation (*afiliéishön*) s. adopción, afiliación.
affinity (*afiniti*) s. afinidad, alianza, enlace.
affirm (*afö'rm*) tr. afirmar, asegurar; intr. afirmarse .
affirmation (*afö'rmeishön*) s. afirmación, ratificación.
affirmative (*afö'rmativ*) adj. afirmativo; s. afirmativa.
affix (*afiks*) tr. fijar, clavar; (con goma) pegar, unir.
afflict (*aflíct*) tr. afligir, aquejar.
affliction (*aflicshön*) s. aflicción, congoja, angustia.
affluence (*áfluens*) s. afluencia, concurrencia; abundancia, opulencia.
affluent (*áfluent*) adj. afluente, tributario (hidr.); (econ.) opulento; **the affluent society,** la sociedad opulenta.

afford (*aförd*) tr. proporcionar, suministrar; **can —,** tener medios, poder permitirse el lujo.
aforestation (*aforestéishan*) s. repoblación (forestal).
affray (*afrei*) s. refriega, reyerta, riña.
affront (*afrö'nt*) tr. afrentar, insultar; s agravio, afrenta.
afloat (*aflóut*) adv. Naut. a flote, flotante; (fig.) Econ. solvente, sin deudas.
afoot (*afút*) adv. (fig.) en movimiento, en proceso (de ejecución); **mischief is afoot,** alguna travesura hay.
afore (*afór*) prep. Naut. a proa.
aforegoing (*afórgoing*) adj. precedente.
aforesaid (*aforsed*) adj. ya dicho, susodicho, antedicho.
afraid (*afréid*) adj. amedrentado, temeroso; **to be —,** tener miedo. [otra vez.
afresh (*afrésh*) adv. de nuevo,
aft (*aft*) adv. Naut. a popa.
after (*áftör*) prep. después de (que); (lugar), detrás de; adv. después, en seguida; **— all,** después de todo; **soon —,** poco después; **day — day,** día tras día.
afternoon (*áftörnun*) s. tarde.
afterwards (*áftöruörds*) adv. después, más tarde.
again (*aguéin*) adv. otra vez, de nuevo; **— and —,** una y otra vez; **come again!** ¡repítelo!
against (*aguénst*) prep. contra; (lugar) enfrente; **to run —,** tropezarse con (pers.); **— the grain,** a contrapelo; **— the clock,** (dep.) contra reloj.
age (*eidy*) s. edad, época; **of —,** what's his — ? ¿Qué edad tiene? **old —,** vejez; **under —,** menor de edad; v. tr. e intr. envejecer.
aged (*eidyed*) viejo, envejecido; de ... años de edad.
agency (*eidyensi*) s. agencia.
agent (*éidyent*) adj. y s. agente, representante.
agglomerate (*aglómöreit*) tr. e intr. aglomerar(se), amontonar(se); s. aglomerado.
agglomeration (*aglomöréishön*) s. aglomeración, montón.
aggravate (*ágraveit*) tr. agravar, exagerar; hacer más pesado o más doloroso; irritar, exasperar.
aggravating (*agraveitin*) adj. irritante, enojoso [agravación.
aggravation (*agravéishön*) s.
aggregate (*agregueit*) tr. agregar; unir; ascender a (cant.); adj. agregado, unido; s. total, suma (cant.).
aggregation (*agregueishn*) s. agregación, adición; total.
aggress (*agrés*) intr. acometer, agredir. [sión.
aggression (*agréshön*) s. agre-
aggressive (*agrésiv*) adj. agresivo.
aggressor (*agréso*) s. agresor.
aggroup (*agrúp*) tr. agrupar.
aghast (*ágast*) adj. espantado, horrorizado; (col.) con la boca abierta.
agile (*adyáil*) adj. ágil, ligero.
agility (*adyility*) s. soltura, agilidad.
agitate (*ádyiteit*) tr. agitar; (pol.) perturbar; (hidro.) encrespar.
agitation (*adyitéishön*) s. agitación, perturbación, convulsión.

agitator (*adyitéitör*) s. (pol.) (mec.) agitador.

agnail (*ágneil*) s. uñero, panadizo. [nóstico.

agnostic (*agnóstic*) s. y adj. agnóstico.

agnoticism (*agnóstisism*) s. agnosticismo.

ago (*agóu*) adv. hace (para tiempo pasado); **long ago**, hace mucho tiempo; **some time —**, hace algún tiempo; **how long —?**, ¿cuánto tiempo hace?

agog (*agóg*) adj. excitado, nerviosísimo; adv. excitadamente; **to be —**. estar excitado.

agonize (*ágonais*) tr. e intr. agonizar; (fig.) atormentar, torturar; adj. **—ing**, martirizante, angustioso. [bra, suplicio.

agony (*ágoni*) s. agonía, zozo-

agrarian (*agrérian*) adj. agrario.

agree (*agrí*) intr. convenir, acordar, ponerse/estar de acuerdo; (comida) sentarle a uno;

agreeable (*agríebl*) adj. agradable, grato, (pers.) simpático; adv. **—ly**, agradablemente, gratamente. [convenido.

agreed (*agrid*) adj. acordado, convenio; **to reach an —**, llegar a un acuerdo.

agreement (*agriment*) s. acuerdo, convenio; **to reach an —**, llegar a un acuerdo.

agricultural (*agrikö'lchöröl*) adj. agrícola. [cultura.

agriculture (*agrikö'lchör*) s. agricultura.

aground (*agráund*) adv. (naut.) encallado, embarrancado; **to run —**, encallar, embarrancar.

ahead (*ajéd*) adv. adelante, al frente; (naut.) avante; (naut.) **full —!**, ¡avante todo! (naut.) **slow —!**, ¡poco avante!; **go —!**, ¡adelante!

aid (*eid*) tr. ayudar, auxiliar; s. asistencia; **first —**, primeras curas; **in — of**, a beneficio de. [mal, dolor.

ail (*éil*) tr. afligir, aquejar; s.

aim (*eim*) tr. apuntar, tirar; s. puntería.

air (*éa*) tr. airear, ventilar; s. aire, (fig.) aspecto; **in the open —**, al aire libre; (mil.) **Air Force**, Aviación; (mil.) **air-raid**, incursión aérea; (rad.) **on the air**, transmitiendo.

airbase (*éabeis*) s. base aérea.

aircraft (*éacraft*) s. avion; **— carrier**, portaaviones.

airman (*éaman*) s. aviador.

air-mail (*eameil*) s. correo aéreo, por avión.

airport (*érport*) s. aeropuerto.

airy (*eari*) adj. aireado, ventilado.

ajar (*adyár*) adj. (puertas) entreabierto, entornado.

akin (*akín*) adj. emparentado, relacionado; semejante a.

alarm (*alárm*) s. alarma; tr. alarmar, inquietar; s. **—clock**, despertador. [mante.

alarming (*alárming*) adj. alarmante.

alas! (*alás*) interj. ¡ay!

album (*álböm*) s. álbum.

alcohol (*álcojol*) s. alcohol.

alcoholic (*alcojólic*) adj. alcohólico.

ale (*eil*). s. cerveza [taberna.

alehouse (*éiljaus*) s. cervecería,

alert (*alö'rt*) adj. alerta; **to be on the —**, estar ojo avizor, sobre aviso.

alertness (*alö'rtnes*) s. vigilancia; actividad; agilidad.

alibi (*álibai*) s. (leg.) coartada.

alien (*eilien*) adj. y s. extranjero, ajeno.

---

alienate (*élienet*) tr. quitar, enajenar; adj. enajenado.

alight (*aláit*) intr. (transp.) apearse, bajarse; (orn.) posarse; **to set —**, incendiar.

alike (*aláik*) adv. igualmente; adj. igual.

aliment (*áliment*) s. alimento; adj. **—ary**, alimenticio.

alimentation (*aliméntéishön*) s. alimentación.

alive (*aláiv*) adj. vivo; **to be — with**, estar plagado de; (elect.) **to be alive** (un cable, etc.) dar corriente, correr la corriente.

all (*ol*) adj. todo, todos; adv. del todo; **— right**, perfectamente; **not at — !**, ¡de nada!; **— but**, todos menos; **after —**, después de todo; **— the better**, tanto mejor; **— in —**, en total, en resumidas cuentas.

allay (*alei*) tr. aliviar, mitigar.

allegation (*aleguéishön*) s. alegación.

allege (*alidy*) tr. alegar, sostener; adj. **—d**, supuesto.

allegiance (*alídyians*) s. lealtad, fidelidad.

allegiant (*alídyiant*) adj. leal.

alleviate (*aliviet*) tr. aliviar, calmar; (fig.) atenuar.

alleviation (*alíviéshön*) s. alivio, paliativo; (fig.) desahogo.

alley (*áli*) s. callejuela, callejón; **blind —**, callejón sin salida; **bowling —**, bolera. [unión.

alliance (*aláians*) s. alianza, liga,

allied (*aláid*) adj. aliado.

alligator (*aleigátra*) s. (zool.) caimán. [distribuir.

allocate (*alokéit*) tr. asignar;

allocation (*alokéishön*) s. asignación; distribución.

allot (*alót*) tr. adjudicar, distribuir, repartir.

allotment (*alótment*) s. lote, porción; (agric.) parcela.

allow (*aláu*) tr. permitir, dar permiso; consentir, tolerar.

allowance (*aláuans*) s. asignación, subsidio; (com.) descuento; **to make allowances for**, tomar en consideración.

alloy (*aloi*) s. aleación (met.); v. tr. alear (met.).

allude (*aliúd*) intr. aludir, insinuar; referirse a.

allure (*aliúr*) tr. atraer, seducir.

allurement (*aliúrment*) s. atractivo, aliciente.

alluring (*aliúring*) adj. tentador, atractivo. [insinuación.

allusion (*aliúshyön*) s. alusión.

allusive (*aliúsiv*) adj. alusivo.

ally (*alái*) s. aliado. [tente.

almighty (*olmáiti*) adj. omnipotente.

almond (*ámónd*) s. almendra; **sugared —**, almendra garapiñada; (bot.) **—tree**, almendro. [ca de.

almost (*ólmoust*) adv. casi, cerca.

alone (*alóun*) adj. solo, a solas; **to leave —**, no tocar (algo) (alguien).

along (*alóng*) adv. a lo largo de, adelante con; **all —**, desde el principio; **to get — with**, llevarse bien con.

alongside (*alongsáid*) adv. prep. al costado, al lado; (naut.) **to come alongside**, atacar al costado.

aloof (*aluf*) adv. (fig.) (pers.) apartado, lejos; **to stand —**, mantenerse alejado. [alta.

aloud (*aláud*) adv. alto, en voz

alphabet (*álfabet*) s. alfabeto.

---

alphabetic (*alfabétic*) adj. alfabético.

alpinism (*álpinism*) s. alpinismo.

already (*olrédi*) adv. ya.

also (*ólsou*) adv. también; del mismo modo.

altar (*ólta*) s. altar.; **high —**, altar mayor; **— piece**, retablo.

alter (*ólta*) tr. alterar, cambiar.

alteration (*olteréishön*) s. alteración, reforma, cambio.

alternate (*altö'rnet*) adj. alternativo; v. t. (*olte:net*) alternar, turnarse.

alternative (*olternativ*) adj. alternativo; s. alternativa; **—ly**, adv. alternativamente.

although (*ólzou*) conj. aunque, no obstante. [tud; cumbre.

altitude (*áltitiud*) s. altura, altitud.

altogether (*oltoguédör*) adv. en conjunto, en total, enteramente.

altruism (*áltruism*) s. altruismo.

aluminium (*aliumíniöm*) s. aluminio.

always (*óluis*) adv. siempre.

am (*ám*) I **—** (*ai ám*) yo soy o estoy.

amass (*amás*) tr. amasar, acumular, amontonar.

amaze (*ameis*) tr. asombrar, sorprender, pasmar, dejar perplejo; **to be amazed**, estar pasmado.

amazement (*améismant*) s. asombro, sorpresa, espanto.

amazing (*améising*) adj. asombroso, pasmoso sorprendente; **—ly** (*…gli*) adv. asombrosamente. [bajador.

ambassador (*ambásadör*) s. embajador. [cancillería.

ambassadress (*ambásadres*) s. embajadora.

embassy (*émbasi*) s. embajada.

ambiguity (*ambiguiúiti*) s. ambigüedad. [biguo.

ambiguous (*ambíguiös*) adj. ambiguo.

ambition (*ambíshön*) s. ambición. [bicioso.

ambitious (*ambíshös*) adj. ambicioso.

amble (*ámbl*) intr. andar muy despacio; s. paso de paseo; **—r** (*ámblör*) s. andador lento, pasante. [bulancia.

ambulance (*ámbiulans*) s. ambulante.

ambulant (*ámbiulant*) adj. ambulante.

ambulate (*ámbiuleit*) intr. ambular, pasear. [boscada.

ambuscade (*ámböskeid*) s. embuscade.

ambush (*ámbusch*) intr. emboscar; s. emboscada; **in —**, al acecho; **to lie in —**, estar al acecho; **to lay in —**, tender una celada.

ameliorate (*amilioreit*) tr. mejorar; intr. mejorarse.

amelioration (*amilioreishön*) s. mejora, mejoramiento.

amen (*emén*) adv. amén.

amend (*aménd*) tr. enmendar, rectificar; enmendarse, corregirse.

amend (*aménd*) tr. enmendar.

amendment (*amendment*) s. (leg.) enmienda, reforma.

amends (*aménds*) s. indemnización reparación, restitución; **to make —**, compensar, desagraviar.

amenity (*améniti*) s. amenidad, atracción; (tur.) facilidades de recreo. [americano.

American (*américan*) s. y adj.

amiable (*éimiabl*) adj. afable, afectuoso.

amicable (*amikabl*) adj. amistoso, amigable. / **—bly** (*amikabli*) adv. amigablemente, amistosamente.

---

amid(st) [*amid(st)*] prep. entre, en medio de.

amidship (*amídship*) adv. (naut.) en, por la mitad del barco.

amiss (*amis*) adv. mal, fuera de lugar, inoportunamente; **it is not —**; no está de más; **to come —**, (en neg.), (no) venir mal. [cordia.

amity (*ámiti*) s. amistad, concordia.

ammonia (*amónia*) s. (quím.) amoniaco. [s. Mil. munición.

ammunition (*amiunishön*) s.

amnesia (*amnísia*) s. (med.) amnesia. [nistía, indulto.

amnesty (*ámnesti*) s. (leg.) amnistía, indulto.

among(st) [*amóng(st)*] prep. entre (varios), en medio.

amortization (*amortiséishön*) s. (mont.) amortización. [zar.

amortize (*amórtais*) tr. amortizar.

amount (*amaúnt*) intr. (val.) ascender a, subir a, importar; s. importe, total. [fibio.

amphibious (*amfíbiös*) adj. anfibio.

ample (*ámpl*) adj. (esp.) amplio, espacioso; (cant.) abundante; **Ample!**, ¡De sobra!

amplifier (*ámplifaiör*) s. (rad.) altavoz, amplificador.

amplify (*ámplifai*) tr. ampliar, amplificar, aumentar; adj. **—ing**, amplificador.

amputate (*ámpiuteit*) tr. (cirug.) amputar. [amputación.

amputation (*ampiutéishön*) s.

amuck (*amák*) adv. fuera de sí, furiosamente. [lismán.

amulet (*ámiulet*) s. amuleto, ta-

amuse (*amiús*) tr. entretener, divertir, distraer.

amusement (*amiúsment*) s. diversión, entretenimiento.

amusing (*amiúsing*) adj. divertido, entretenido, gracioso.

an (*an*) art. un, uno, una.

anæmia (*anímia*) s. (med.) anemia. [anémico.

anæmic (*anímic*) adj. (med.)

anæsthesia (*aneszísia*) s. (med.) anestesia.

analogous (*análogös*) adj. análogo, semejante. [semejanza.

analogy (*análochi*) s. analogía.

analyse (*ánalais*) tr. analizar; **—r** (*analaisa*) s. analizador.

analysis (*análisis*) s. análisis.

analytic (*analítik*) adj. analítico.

anarchic (*anárkik*) adj. anárquico. [quista.

anarchist (*ána:kist*) s. anar-

anarchy (*ánarki*) s. (pol.) anarquía; (fig.) confusión, desorden. [anatómico.

anatomical (*anatómikal*) adj.

anatomy (*anátomi*) s. anatomía, disección.

ancestor (*ánsestör*) s. antepasado, predecesores.

ancestral (*anséstral*) adj. ancestral; **— home**, casa solariega.

anchor (*ánkör*) s. (naut.) ancla; **at —**, anclado; **to cast —**, fondear; **to weigh —**, levar anclas; adj. **—ed**, anclado.

anchorage (*ankorédy*) s. fondeadero; **— dues**, derechos de anclaje; **— point**, punto de retén. [choa.

anchovy (*ánchouvi*) s. (ict.) an-

ancient (*einshent*) adj. antiguo.

ancillary (*ansíleri*) adj. auxiliar, subordinado; **— staff**, personal auxiliar. [embargo.

and (*and*) conj. y, e; **— yet**, sin anecdote (*ánecdout*) s. anécdota. [vez.

anew (*aniú*) adv. de nuevo, otra vez.

angel (*éindyel*) s. ángel; **guardian —**; ángel custodio.

14

anger (*ánga*) s. ira, cólera, furia; tr. enfurecer, indignar, encolerizar.

angle (*ángl*) s. ángulo; tr. pescar con caña. [caña.

angler (*ángla*) s. pescador de

Anglican (*ánglican*) adj. y s. anglicano.

angling (*ánglin*) s. pesca de caña. [filo.

anglophile (*ánglofail*) s. anglófilo.

anglophobe (*ánglofoub*) s. anglófobo.

Anglo-saxon (*ánglosakson*) s. y adj. anglosajón.

angry (*ángri*) adj. colérico, airado, enfadado; **to get —,** enfadarse.

anguish (*ángüisch*) s. angustia, congoja, aflicción; **—ed,** adj. angustiado, afligido; tr. (fig.) atormentar.

animal (*ánimal*) s. y adj. animal.

animate (*ánimeit*) tr. dar vida, vivificar; alentar animar; adj. animado.

animated (*animéitid*) adj. animado, lleno de vida; concurrido.

animating (*animéitin*) adj. vivificante, excitante; alegre, divertido.

animation (*animéishón*) s. animación, viveza, vivacidad; (T. V.) dibujos animados.

animositi (*animósiti*) s. hostilidad, rencor; (col.) ojeriza.

ankle (*ánkl*) s. tobillo.

annals (*ánials*) s. pl. anales; crónica.

annex (*anécs*) s. anexo, adición (const.); tr. apoderarse de.

annihilate (*anáijileit*) tr. aniquilar, destruir.

annihilation (*anaijiléishón*) s. aniquilación, destrucción.

anniversary (*anivö'rsari*) s. aniversario; adj. anual.

annotate (*anotéit*) tr. (impr.) anotar, comentar; **annotated edition,** edición comentada.

announce (*enáuns*) tr. anunciar, hacer público.

announcement (*enáunsment*) s. anuncio, proclamación; **public —,** comunicado oficial.

announcer (*enáunsa*) s. locutor.

annoy (*anói*) tr. molestar, incomodar, fastidiar; (col.) dar la lata. [tia, fastidio.

annoyance (*anóians*) s. molestias.

annoying (*anóing*) adj. fastidioso, engorroso.

annual (*ániual*) adj. anual; s. anuario; adv. **—ly,** anualmente, cada año. [lidad.

annuity (*aniúiti*) s. (mon.) anualidad.

annul (*anö'l*) tr. anular, invalidar; (leg.) abolir.

annunciation (*enansiéyshön*) s. anunciación.

anomalous (*anómalös*) adj. anómalo, irregular.

anomaly (*anómali*) s. anomalía, irregularidad.

anonymity (*anonímity*) s. anónimo. [nimo.

anoymous (*anónimös*) adj. anó-

another (*anö-der*) adj. otro; **one-another,** (pr. rec.) los unos a los otros, uno a otro.

answer (*ánsa*) intr. responder; s. respuesta; **—able,** (...abl.) adj. contestable; **—less** (...les) adj. sin respuesta.

ant (*ant*) s. hormiga.

anthill (*ánt-jil*) s. hormiguero.

antagonism (*antágonism*) s. antagonismo, hostilidad.

antagonist (*antágonist*) s. antagonista, adversario, **rival.**

Antarctic (*antárctic*) adj. Antártico. [antecedente.

antecedent (*anticídent*) s. y adj.

ante meridiem (*ánti merídiem*) adj. por la mañana.

anterior (*antíriör*) adj. anterior.

antenna (*anténa*) s. (ent.) cuerno, antena.

anthem (*ánzem*) s. himno; **national —,** himno nacional.

anthology (*anzólodyi*) s. antología; adj. **—ical,** antológico.

antibiotic (*antibaiótic*) adj. y s. antibiótico.

antic (*ántik*) s. pl. payasada(s), gansada(s); **to play —,** hacer gansadas.

anticipate (*antísipeit*) tr. anticipar, adelantarse.

anticipación (*antisipéishón*) s. anticipación.

antidote (*ántidout*) s. antídoto.

antimilitarist (*antimílitarist*) adj. y s. antimilitarista.

antipathy (*antípazi*) s. antipatía.

antiquarian (*antikuérian*) adj. y s. anticuario. [rio.

antiquary (*ánticueri*) s. anticua-

antiquated (*antiqueited*) adj. anticuado, pasado (de moda).

antique (*antík*) adj. antiguo; s. antigüedad, antigualla (objetos). [antigüedad.

antiquity (*anticuiti*) s. (tiempo)

anti-Semite (*antisémait*) adj. y s. antisemita. [tisemítico.

anti-Semitic (*antisemític*) adj. an-

antler (*ántla*) s. cuerno, asta (en ciervos, etc.) pl. cornamenta.

anvil (*ánvil*) s. (met.) yunque.

anxiety (*angsáyeti*) s. ansia, afán; anhelo, ansiedad.

anxious (*ánkshös*) adj. ansioso, impaciente, inquieto.

any (*éni*) adj. y pron. (en int. y neg.) algún(a); (en afir.) cualquier(a); **— more?** ¿más ?; **at — rate,** de todos modos.

anybody (*énibodi*) pron (int.) alguien, (neg.) nadie; (afirm.) cualquier(a).

anyhow (*énijau*) adv. sin embargo, de cualquier modo/manera.

anything (*énizing*) pron. algo; (neg.) nada; (afirm.) cualquier cosa.

anyway (*énivey*) adv. de cualquier manera, de todos modos; (col.) en fin.

anywhere (*énivea*) adv. (int.) en alguna parte; (neg.) en ninguna parte; (en afir.) en cualquier parte.

apart (*apárt*) adv. aparte, separadamete; **to tear —,** despedazar; **to break — deshacerse,** descomponerse.

apartment (*apártment*) s. apartam(i)ento, vivienda.

apathetic (*apazétic*) adj. apático, indiferente, dejado.

apathy (*ápazi*) s. apatía, dejadez, indiferencia.

ape (*éip*) s. mono; tr. imitar; **—r,** imitador.

aperitif (*aperitif*) s. aperitivo.

aperture (*ápöchö*) s. abertura, paso. [(fig.) punta.

apex (*eipéks*) s. cima, cúspide.

apiary (*éipieri*) s. colmenar.

apiece (*apiis*) adv. (col.) por barba, cada uno. [calipsis.

apocalypse (*apócalips*) s. apo-

apocalyptic (*apocalíptic*) adj. apocalíptico.

apologetic (*apolodyétic*) adj. apologético. [gista.

apologist (*apóledyist*) s. apolo-

apologize (*apóloddyais*) tr. excusar(se), pedir perdón, disculparse.

apology (*apóloddyi*) s. excusa, disculpa; **my —,** (le ofrezco) mis disculpas.

apoplexy (*apópleksi*) s. Med. apoplejía. [bor.

aport (*apoot*) adv. Naut. a babor.

apothecary (*apózekari*) s. boticario, farmacéutico; **— shop,** botica, farmacia.

apostasy (*apóstasi*) s. apostasía.

apostate (*apósteit*) s. apóstata; adj. falso.

apostatise (*apóstatais*) tr. apostatar, renegar.

apostle (*apósl*) s. apóstol.

apostolic (*apostólic*) adj. apostólico.

appal (*apóol*) tr. aterrar, espantar, horrorizar; **—ing,** (apóolin) adj. horroroso, aterrador. [to, instrumento.

apparatus (*apareitös*) s. apara-

apparel (*apárel*) s. ropa, vestimenta; Naut. equipo, aparejo.

apparent (*apérent*) adj. aparente, evidente; **heir —,** presunto heredero; adv. **—ly,** aparentemente, al parecer.

apparition (*aparishön*) s. aparición, visión; fantasma.

X **appeal** (*apil*) tr. e intr. suplicar, atraer (leg.) apelar; s. súplica, petición; (leg.) apelación; simpatía, atracción; **sex —,** atracción sexual; **Court of —,** Tribunal de Apelación; adj. **—ing,** atractivo, atrayente.

appear (*apia*) intr. aparecer; comparecer; parecer.

appearance (*apíarens*) s. apariencia, aspecto; (leg.) comparecencia; **to keep up —,** salvar las apariencias.

appease (*apis*) tr. apaciguar, calmar. [ma, paz, alivio.

appeasement (*apísment*) s. cal-

append (*apénd*) tr. suspender, adjuntar.

appendicitis (*apendisáitis*) Med. apendicitis. [apéndice.

appendix (*apéndics*) s. Anat.

appertain (*ape:tein*) intr. pertenecer, ser de; atañer.

appetency (*ápetensi*) s. apetencia, deseo.

appetent (*ápetent*) adj. ávido, codicioso, muy deseoso.

appetite (*ápetait*) s. apetito.

appetizer (*ápetaisa*) s. aperitivo; **—zing** (apetaisin) adj. apetitoso; (fig.) tentador.

applaud (*apflód*) tr. aplaudir; (fig.) alabar. [banza.

applause (*aplós*) s. aplauso, ala-

apple (*ápl*) s. manzana; **— tree,** manzano; **Adam's —,** nuez (de la garganta); **pine —,** piña tropical; **— pie,** empanada de manzana.

appliance (*aplíans*) s. dispositivo, utensilio, aparato; **domestic appliances,** electrodomésticos.

application (*aplikéishön*) s. instancia, solicitud; (de uso) aplicación, empleo.

apply (*aplái*) tr. aplicar; **— for,** solicitar.

appoint (*apóint*) tr. nombrar, designar; señalar.

appointment (*apóintment*) s. nombramiento (para empleo, etcétera); (doctor, etc.) hora; **to make an —,** pedir una cita; **to have an —,** tener una cita. [ción, estimación.

appraisal (*apréisal*) s. valora-

appraise (*apréis*) tr. apreciar, valuar, tasar.

appreciate (*apreshiét*) intr. apreciar, estimar; v. i. subir de valor; **—tion** (aprashiéishön) s. apreciación, aprecio.

apprehend (*apriénd*) tr. aprehender, coger (crim.).

apprehension (*aprijénshön*) s. diz; tr. ir de aprendiz.

apprehensive (*aprijéndsif*) adj. receloso, aprensivo.

apprentice (*apréntis*) s. aprendiz; tr. enseñar.

approach (*apróuch*) intr. acercarse; tr. acercar; s. paso, entrada; (intel.) enfoque; pl. proximidades.

approaching (*apróuchin*) adj. cercano, próximo, que viene.

approbation (*aprobéishön*) s. aprobación, visto bueno.

appropriate (*apróprieit*) tr. apropiar; adj. apropiado.

approval (*aprúval*) s. aprobación; (com.) **on —,** a prueba.

approve (*aprúv*) tr. aprobar, autorizar.

approximate (*aprócsimeit*) tr. aproximar; adj. aproximado.

aproximation (*aprocsiméishön*) s. **— tree,** albaricoquero.

apricot (*épricot*) s. albaricoque.

april (*épril*) s. abril; **April fooly day** (1.° de April). Santos Inocentes; **— fool,** el que sufre la inocentada, inocente.

apron (*éiprön*) s. delantal.

apt (*apt*) adj. apto; **to be — to,** ser propenso. [disposición.

aptitude (*áptitiud*) s. aptitud,

aquatic (*acuátic*) adj. acuático.

aquarium (*acuériöm*) s. acuarium.

aqueduct (*ácuedöct*) s. acueducto. [be.

Arabian (*aréibien*) adj. y s. el árabe,

Arabic (*arabic*) s. el árabe, (lang.); adj. arábico, arábigo.

arable (*árabl*) adj. arable, de labranza; **— land,** tierra de cultivo. [rio, caprichoso.

arbitrary (*árbitrari*) adj. arbitra-

arbitrate (*árbitreit*) tr. (leg.) (com.) arbitrar.

arbitration (*arbitreishn*) s. (com. y leg.) arbitraje; **Court of —,** Tribunal de Arbitraje.

arbitrator (*a:bitreita*) s. (com. y leg.). árbitro.

arc (*arc*) s. (geom.) arco.

arcade (*arkéid*) s. galerías, soportales.

arch (*arch*) s. (arq.), bóveda, arco; adj. **—ed,** abovedado, arqueado; s. **—bishop,** arzobispo; s. **—er,** arquero; s. **—ery,** tiro con arco.

archeologist (*arkiólodyist*) s. arqueólogo. [queología.

archeology (*arkiólodyi*) s. ar-

architect (*árkitect*) s. arquitecto.

architecture (*árkiteccha*) s. arquitectura. [vos.

archives (*aakaivs*) s. pl. archi-

archivist (*ákivist*) s. archivero.

arctic (*áktic*) adj. ártico.

ardent (*ádent*) adj. ardiente, apasionado.

ardour (*ádor*) s. ardor, pasión, calor; fogosidad, celo.

arduous (*aadius*) adj. arduo, laborioso, difícil; adv. **—ly,** laboriosamente.

area (*érea*) s. área, zona.

arena (*erína*) s. (dep.) cancha; (toros) ruedo.

argue (*árguiu*) intr. argumentar, disputar; tr. argüir.

argument (*árguiument*) s. argumento. [ril (agric.)

arid (*árid*) adj. árido, seco, esté-

aridity (*aríditi*) s. aridez, sequedad. [elevarse.
arise (*aráis*) intr. levantarse,
aristocracy (*aristócrasi*) s. aristocrocia. [crata.
aristocrat (*aristocrat*) s. aristó-
aristocratic (*aristocrátic*) adj. aristocrático. [tica.
arithmetic (*arízmetic*) s. aritmé-
arithmetical (*arizmétical*) adj. aritmético.
ark (*aak*) s. arca; **Noah's —**, Arca de Noé.
arm (*arm*) s. (anat.) brazo; *Mil.* arma; tr. armar; **folded —s**, brazos cruzados; **—, in —**, de bracete; **at —s length**, a distancia; **one —ed**, manco de un brazo. [sillón.
armchair (*ármchea*) s. butaca,
armament (*ármament*) s. armamento.
armchair (*ármcher*) s. butaca.
armistice (*ármistis*) s. armisticio.
armour (*aamör*) s. armadura; v. t. *Mil.* blindar, acorazar; **—ed car**, carro blindado.
armoury (*ármori*) s. armería.
arm-pit (*árm-pit*) s. sobaco.
army (*ármi*) s. ejército; (fig.) multitud; adj. castrense.
around (*eráund*) adv. y prep. alrededor (de); **— the corner**, a la vuelta de la esquina; **to be —**, andar por ahí (col.); (edad) frisar en.
arouse (*eráus*) tr. *Pol.* sublevar; (fig.) despertar, excitar.
✗**arrange** (*aréndy*) tr. colocar; arreglar; concretar.
arrangement (*aréndyment*) s. arreglo; plan; *Mus.* arreglo.
array (*arréi*) s. formación.
arrears *Jarias*) s. pl. atrasos.
arrest (*arést*) tr. arrestar, detener; s. arresto.
arrival (*aráival*) s. llegada; (fig.) advenimiento; **a new —**, un recién llegado.
arrive (*aráiv*) intr. llegar; **to — to the conclusion**, llegar a la conclusión; **to — at**, llegar a (horas) (lugares).
arrogance (*árogans*) s. arrogancia, altivez, orgullo.
arrogant (*árogant*) adj. arrogante, altivo, orgulloso.
arrow (*árou*) s. flecha; **— head**, punta de flecha; **follow the —**, seguir la flecha.
arsenal (*áasenel*) s. arsenal.
arsenic (*aasenic*) s. arsénico.
arson (*aasön*) s. incendio provocado.
art (*aat*) s. arte, habilidad; **fine —s**, Bellas Artes.
arterial (*aatírial*) adj. arterial.
artery (*aatöri*) s. arteria.
arthiritis (*aazraits*) s. (med.) artritis. [chofa.
artichoke (*ártíchouc*) s. alca-
article (*áaticl*) s. artículo (en varios sentidos).
articulate (*aatíkiuleit*) tr. (bot.) articular, pronunciar; adj. articulado, claro.
articulation (*aatikiuléishön*) s. articulación; (bot.) nudo.
artifice (*áatifis*) s. fraude, engaño; treta.
artificer (*aatífisör*) s. artífice.
artificial (*aatifíshöl*) adj. artificial; (fig.) fingido.
artillery (*aatilöri*) s. artillería; **—man**, artillero.
artisan (*áatisan*) s. artesano.
artist (*áatist*) s. artista, (col.) pintor.
artistic (*artístic*) adj. artístico.

artless (*ártles*) adj. natural, sin arte. [llez, simple.
artlessness (*áatlesnes*) s. senci-
as (*as*) conj. como sea que, como, según; **— well —**, así como; **— ... —**, tan ... como; **— much ... —**, tanto ... como; **— many ... —**, tantos ... como; **— for**, por lo que a ... se refiere; **— it were**, como si dijéramos; **— yet**, todavía.
ascend (*asénd*) tr. e intr. ascender, subir. [sión.
ascension (*asénshön*) s. ascen-
ascent (*asént*) s. subida, escalada.
ascertain (*asetéin*) tr. cerciorarse, verificar. [asceta.
ascetic (*asétic*) adj. ascético; s.
ascribe (*ascráib*) tr. atribuir; asignar; (culpa) achacar.
asepsis (*asépsis*) s. (med.) asepsia. [tico.
aseptical (*aséptical*) adj. asép-
ash (*ash*) s. ceniza; (bot.) fresno; pl. (ashes) cenizas; **— Wednesday**, miércoles de ceniza; **— coloured**, de color ceniza.
ashamed (*ashéimd*) adj. avergonzado, confuso; **to be —**, tener vergüenza.
ash-tray (*áschtrey*) s. cenicero. ✗
ashore (*ashór*) adv. (naut.) en tierra, a tierra; **to go —**, ir a tierra. [tico.
Asiatic (*eshiátic*) adj. y s. asiá-
aside (*asáid*) adv. al lado, a un lado, aparte; **to set —**, poner a un lado, apartar.
ask (*ask*) tr. preguntar; **— for** tr. pedir.
askance (*askáns*) adv. de soslayo, de regio; **to look —**, mirar de reojo.
asleep (*aslíp*) adj. dominio; **to fall —**, dormirse. [espárrago.
asparagus (*aspáragös*) s. (bot.)
aspect (*áspect*) s. aspecto, traza, semblante; **with — of**, con cara de. [rudeza.
asperity (*asperíti*) s. aspereza;
asphalt (*ásfalt*) s. asfalto.
aspirant (*aspáirant*) s. aspirante, candidato.
aspiration (*aspiréishön*) s. aspiración, ambición; anhelo, deseo.
aspire (*aspáa*) intr. aspirar, anhelar; ambicionar. [rina.
aspirin (*áspirin*) s. (med.) aspi-
✗ **ass** (*as*) s. asno, burro; (fig.) (por.) burro, pollino; **to make an — of oneself**, quedar en ✗
assail (*aséil*) tr. asaltar; **to — with questions**, freir a preguntas. [agresor.
assailant (*aseilent*) s. atacante.
assassin (*asásin*) s. (pol.) asesino. [asesinar.
assassinate (*asásinetit*) tr. (pol.)
assault (*asólt*) s. agresión, ataque; v. t. agredir, atacar.
assay (*aséi*) tr. ensayar, experimentar; s. ensayo.
assemble (*asémbl*) tr. congregar, convocar; reunirse.
assembly (*asémbli*) s. asamblea.
assent (*asént*) s. asentir; s. consentimiento.
assert (*asö'rt*) tr. afirmar; defender, sostener.
assess (*asés*) tr. calcular (fin.).
assessment (*asésment*) s. valoración, cálculo (fin.).
assets (*asets*) s. (com.) activo, haber. [constancia.
assiduity (*asidiúiti*) s. asiduidad,

assiduous (*asídiuös*) adj. asiduo, constante. [lar.
assign (*asáin*) tr. asignar, señalar.
assignation (*asignéishön*) s. asignación.
assignment (*asáinment*) s. encargo, asignación.
assimilate (*asímileit*) tr. asimilarse, asemejar.
assimilation (*asiméishön*) s. asimilación.
assist (*asíst*) tr. ayudar, auxiliar; intr. presenciar, asistir. \
assistant (*asístant*) s. ayudante. [(leg.) tribunal.
assize (*esáis*) s. (fin.) tasa;
associate (*asoshieit*) tr. asociar; intr. asociarse; s. socio; (leg.) cómplice.
association (*asoshiéishön*) s. asociación, sociedad.
assort (*asórt*) tr. clasificar, ordenar; surtir.
assorted (*asórtid*) adj. variado.
assortment (*asórtment*) s. surtido, variedad; clasificación.
assuage (*asuéidy*) tr. apaciguar, calmar; (fig.) aliviar.
assume (*asiúm*) tr. asumir, suponer. intr. apropiarse.
assumed (*asiúmd*) adj. supuesto, ficticio.
assuming (*asiúming*) adj. arrogante; **— that**, suponiendo que. [posición.
assumption (*ésámpshn*) s. su-
assurance (*ashúrans*) s. seguridad, certeza; (com.) seguro.
assure (*ashár*) tr. asegurar, garantizar; (com.) asegurar; adj. **—d**, asegurado; **—r**, asegurador.
astern (*ásteen*) adv. (naut.) a popa, en popa; **full —!**, ¡atrás toda!; **half —!**, ¡media atrás!; **slow —!**, ¡pal atrás!
asthma (*ástma*) s. (med.) asma.
asthmatic (*astmátic*) adj. y s. asmático. [brar, admirar.
astonish (*astónish*) tr. asom-
astonishing (*astónishin*) adj. sorprendente, asombroso.
astonishment (*astónishment*) s. asombro.
astound (*astáund*) tr. asombrar, pasmar; adj. **—ing**, asombroso, pasmoso.
astray (*astréi*) adv. extraviado, descarriado; (fig.) (per.) descaminado.
astride (*astráid*) adv. a horcajadas.
astringent (*astríndyent*) adj. astringente. [trólogo.
astrologer (*astrólodyör*) s. astrólogo. [trónomo.
astrology (*astrólochi*) s. astro-
astronomer (*astrónomör*) s. astronomía. [(col.) fino.
astronomy (*astrólodyi*) s. astronomía.
astute (*astiút*) adj. astuto, sagaz.
asunder (*asa'nde*) adv. en dos; **to cut —**, cortar en dos.
asylum (*asáilöm*) s. asilo; **lunatic —**, manicomio.
at (*at*) prep. a (estático), en; **— all**, en absoluto; **— home**, en casa; **— first**, al principio; **— last**, por fin; **— least**, por lo menos; **— most**, como máximo; **— once**, en seguida, a la vez. [lántico.
atlantic (*atlántic*) adj. y s. At-
atlas (*átlas*) s. atlas.
atmosphere (*átmosfia*) s. atmósfera; ambiente.
atheism (*eizeísm*) s. ateísmo.
atheist (*eizeist*) s. ateo.
athlete (*azlít*) s. (dep.) atleta.

athletic (*azletic*) adj. atlético; s. **—s**, (dep.) atletismo.
atmospheric (*atmosféric*) adj. atmosférico.
atom (*átöm*) s. átomo.
atomic (*atómic*) adj. atómico.
atomize (*atomais*) tr. pulverizar; atomizar. [zador.
atomizer (*atomáisa*) s. pulveri-
atone (*atóun*) tr. expiar, pagar, purgar; intr. reparar, compensar.
atonement (*atóunment*) s. expiación; compensación, reparación. [espantoso.
atrocious (*atróshös*) adj. atroz,
atrocity (*atrósiti*) s. atrocidad.
atophy (*átrofi*) s. (med.) atrofia, consunción.
attach (*atách*) tr. prender, adherir, unir; **to be —ed**, estar unido a (cosas); (per.) sentir afecto por; **—e** (*atashei*) s. (dipl.) agregado; **—e-case** (...*kéis*) s. cartera.
attachment (*atáchment*) s. apego, afecto; conexión, relación.
attack (*atác*) tr. atacar, acometer; s. ataque, agresión; (med.) acceso, agresión; s. **—er**, atacante, agresor.
attain (*atéin*) tr. lograr, conseguir; intr. merecer.
attainable (*atéinebl*) adj. asequible, lograble.
attainment (*atéinment*) s. logro, obtención, adquisición.
attempt (*atémt*) tr. intentar; s. intento.
attend (*aténd*) tr. atender, servir; (enfermos), asistir; estar presentes, asistir.
attendance (*aténdans*) s. asistencia; (teat.) público, concurrencia.
attendant (*aténdant*) s. sirviente; (com.) dependiente; (teat.) acomodador.
attention (*aténshön*) s. atención; **to pay —**, poner atención; s. pl. **—s**, atenciones, cumplidos. [solícito.
attentive (*aténtiv*) adj. atento.
attenuate (*aténiueit*) tr. atenuar, disminuir, aliviar. [nuación.
attenuation (*ateniveishn*) s. atenuación.
attest (*atést*) tr. (leg.) atestiguar, dar fe, declarar.
attestation (*atestéishn*) s. testimonio, declaración.
attic (*átic*) s. ático, desván.
attire (*atáia*) s. atavío, vestimenta; tr. adornar.
attitude (*átitiud*) s. actitud, ademán.; postura, posición.
attorney (*atö'rni*) s. (leg.) procurador, fiscal; (com.) apoderado; s. **— General**, Fiscal General.
attract (*atráct*) tr. atraer, llamar la atención; adj. **—ing**, atrayente.
attraction (*atrácshön*) s. atracción; atractivo, encanto; (elect.) imán; pl. atracciones, alicientes. [tivo.
attractive (*atráctiv*) adj. atrac-
attributable (*atribiutabl*) adj. imputable.
attribute (*átribiut*) s. atributo; tr. (atribiút) atribuir, achacar.
attribution (*atribiúshön*) s. atribución, atributo. [jizo.
auburn (*obeen*) adj. castaño, ro-
auction (*ócshön*) s. almoneda, subasta; **—eer** (...*nía*) s. subastador, subasta; tr. subastar.
audacious (*odéishös*) adj. audaz, osado, atrevido.

16

audacity (*odásiti*) s. audacia, osadía. [ceptible.
audible (*ódibl*) adj. audible, per-
audience (*ódiens*) s. (ofic. & leg.) audiencia, (teat., etc.) público, concurrencia.
audit (*ódit*) s. (cont.) revisión de cuentas; v. t. examinar cuentas; **—or** (*ódita*) s. (cont.) interventor.
audition (*odishön*) s. audición.
auditorium (*oditoriun*) s. auditorio, sala de espectáculos.
augment (*ogment*) tr. e intr. aumentar, acrecentar(se).
augmentation (*ogmentéishn*) s. aumento, incremento.
augur (*oguée*) tr. e intr. augurar, pronosticar. [sagio.
augury (*oguiuri*) s. augurio, presagio.
August (*ógöst*) s. y adj. agosto.
aunt (*ánt*) s. tía.
aurora (*oróra*) s. aurora.
auspice (*óspis*) s. auspicio; patrocinio, apoyo; **under the — of**, bajo los auspicios de.
austere (*ostía*) adj. austero.
austerity (*ostériti*) s. austeridad; (econ.) economía. [co.
authentic (*ozéntic*) adj. auténti-
authenticate (*ozentikéit*) tr. autenticar; legalizar. [ticidad.
authenticity (*ozentísiti*) s. autenticidad.
author (*ózör*) s. autor; escritor.
authority (*ozóriti*) s. autoridad; (imp.) licencia; **on good —**, de buena tinta. [autorización.
authorization (*ozoraiséishön*) s. autorización.
authorize (*ózorais*) tr. autorizar.
autobiography (*otobaiógrafi*) s. autobiografía. [cía.
autocracy (*otócrasi*) s. autocracia.
autocrat (*otocrát*) s. autócrata.
autograph (*otograf*) s. autógrafo; adj. **—ic**, autográfico, autógrafo. [mático.
automatic (*ótomátic*) adj. automático.
automobile (*otomóbil*) s. automóvil. [tomovilista.
automobilist (*otomóbilist*) s. automovilista.
autonomy (*otónomi*) s. autonomía; adj. **—mous**, autónomo.
autopsy (*ótöpsi*) s. autopsia.
autumn (*ótöm*) s. otoño; **—al**, adj. otoñal. [liar.
auxiliary (*öcsiliari*) adj. y s. auxi-
avail (*avéil*) tr. e intr. aprovecharse de, disponer de, hacer uso de; **without —**, sin resultado.
available (*avéilabl*) adj. disponible, aprovechable, útil.
avarice (*ávaris*) s. avaricia, codicia. [ro, avariento.
avaricious (*avarishös*) adj. avaricioso.
avenge (*avéndy*) tr. e intr. vengar; **—r**, (*avendya*) s. vengador. [meda.
avenue (*áveniu*) s. avenida, alameda.
average (*ávöredy*) s. promedio; Naut. Com. avería; adj. normal, típico, corriente.
aversion (*avöshön*) s. aversión, odio. [viar, evitar.
avert (*aveet*) tr. impedir, desviar, evitar.
aviary (*éivieri*) s. pajarera.
aviation (*eiviéishön*) s. aviación.
aviator (*éivieita*) s. aviador.
avid (*ávid*) adj. ávido, codicioso, ansioso. [codicia.
avidity (*avíditi*) s. avidez, ansia, codicia.
avoid (*avóid*) tr. evitar, eludir, esquivar.
avoidable (*avóidabl*) adj. evitable, eludible. [fesar.
avow (*eváu*) tr. declarar, confesar.
avowal (*avával*) s. declaración, confesión. [rar.
await (*auéit*) tr. aguardar, espe-

awake [awoke; awoke] (*auéik*) tr. despertar; (fig.) espabilar; despierto; (fig.) espabilado, listo; **to be —n**, (fig.) estar despierto.
award (*auórd*) tr. conceder, adjudicar, otorgar; s. recompensa, premio; decisión, sentencia.
aware (*auéa*) adj. enterado, consciente; **to be — of**, estar enterado, saber. [agua.
awash (*avósh*) adv. a flor de
away (*auéi*) adv. lejos, ausente; interj. ¡fuera!
awe (*oo*) s. terror, horror, espanto, temor.
aweful (*óful*) adj. terrible, horrible, espantoso; adv. **—ly**, (fam.) muy terriblemente.
awhile (*euáil*) adv. un rato, algún tiempo.
awkward (*ókuood*) adj. torpe, tosco; embarazoso, difícil.
awl (*ool*) s. (zap.) lezna.
awning (*ooning*) s. toldo; Naut. toldilla. [jo.
awry (*arái*) adj. torcido; de reojo.
axe (*acs*) s. hacha.
axis (*ácsis*) s. eje. (Geom. Geog.)
axle (*ácsl*) s. Mec. eje.

B b

babble (*bábl*) intr. charlar; balbucear; (hid.) murmurar; s. balbuceo; (hid.) murmullo; s. charla; **—r**, (*bábla*) s. hablador, charlatán; adj. **—ing**, hablador; (fig.) (hid.) murmurador. [ña, cariño.
baby (*béibi*) s. bebé; (neol.) niñe; [cío.
bachelor (*báchelör*) s. soltero, célibe; (acad.) licenciado.
bacillus (*basílös*) s. Med. bacilo.
back (*bac*) s. espalda (pers.); lomo (anim.); respaldo (asiento.); tr. respaldar; adv. atrás; de vuelta.
backbone (*bácboun*) s. columna vertebral, espina dorsal; (fig.) la medula, base de.
background (*bácgraund*) s. fondo, en segundo término, detrás (al describir cuadros, etcétera). [atrás, o interior.
backroom (*bácrum*) s. cuarto de
backside (*bacsaid*) s. trasero, (fam.) culo.
backward(s) (*bácuöd(s)*) adv. hacia atrás; adj. atrasado.
backwardness (*bácuodnes*) s. atraso, torpeza.
backyard (*bocyaard*) s. patio; Agr. corral.
bacon (*béicon*) s. tocino.
bad (*bad*) adj. malo, nocivo; enfermo; podrido; **—ness** (*bádnes*) s. maldad; **—ly**, (*badli*) adv. mal, malamente.
badge (*bádch*) s. insignia, placa.
badger (*bádya*) s. Zool. tejón.
baffle (*báfl*) tr. fustrar; confundir. [tr. ensacar.
bag (*bag*) s. bolsa, bolso; saco.
baggage (*báguedy*) s. equipaje bagage.
bagpipe (*bágpaip*) s. gaita.
bail (*béil*) s. fianza.
bailiff (*béilif*) s. alguacil.
bait (*béit*) s. cebo, carnada; (fig.) anzuelo; tr. e intr. poner cebo, cebar.
bake (*béik*) tr. cocer (al horno).
baker (*béika*) s. panadero.
bakery (*beiköri*) s. panadería, horno.

balance (*bálans*) s. equilibrio; saldo; v. t. equilibrar; saldar.
balcony (*bálconi*) s. balcón; Teat. anfiteatro.
bald (*bold*) adj. calvo; **—ness**, s. calvicie. [tr. embalar.
bale (*béil*) s. fardo, bala, paca; [baile.
ball (*bol*) s. pelota, bola;
ballad (*bálad*) s. canción, balada. [lastrar.
ballast (*bálast*) Naut. lastre; tr.
ballet (*bále*) s. ballet.
balloon (*balún*) s. globo.
ballot-box (*bálotbocs*) s. urna electoral.
ballot (*bálot*) s. votación, voto, escrutinio; tr. votar.
balm (*bam*) s. bálsamo; tr. embalsamar; **—y** adj. (*bámi*), balsámico; fragante; (coll.) coco, «chalao». [caña.
bamboo (*bambú*) s. bambú.
ban (*ban*) s. prohibición; tr. proscribir.
banal (*beinal*) adj. banal, trivial, vulgar; **—ity**, (*banálii*) s. trivialidad. [na, plátano.
banana (*banána*) s. Bot. bana-
band (*band*) banda, faja, tira; (crim.) banda, cuadrilla; Mus. banda, orquesta; v. t. agruparse.
bandage (*bánidy*) s. vendaje, venda. [dolero.
bandit (*bándit*) s. bandido, bandolero.
bandy (*bandi*) adj. arqueado; **—legged**, zambo.
bane (*béin*) s. veneno; (fig.) ruina, perdición; **—ful**, (*béinful*) adj. venenoso; (fig.) pernicioso, funesto.
bang (*bang*) tr. golpear; s. golpe, ruido; **to go with a —**, tener mucho éxito.
banish (*bánish*) tr. desterrar, deportar; desaparecer.
banishment (*bánishment*) s. destierro; desaparición.
banister (*bánista*) s. pasamanos.
bank (*bank*) s. (hidr.) orilla, ribera; banco (financiero); Naut. banco; **— note**, billete de banco; **— book**, libreta de banco; Naut. **sand —**, banco de arena.
banker (*bánka*) s. banquero.
bankrupt (*bánkrapt*) adj. (fin.) quebrado; v. t. **to go —**, dar quiebra, irse a la quiebra.
bankruptcy (*bánkrapsi*) s. quiebra. [bandera.
banner (*bánör*) s. bandering.
banquet (*bánkuet*) s. banquete; tr. banquetear.
baptism (*báptism*) s. bautismo.
baptize (*báptais*) tr. bautizar.
bar (*bar*) tr. atrancar, excluir; s. Naut. Mus. Com. barra; (café) mostrador; obstáculo, impedimento. [bárbaro.
barbarian (*barbérian*) s. y adj.
barbarity (*barbáriti*) s. barbaridad. [coa.
barbecue (*bárbikiu*) s. barba-
barbed (*bárbd*) adj. barbado; con púas; **— wire**, alambre de espino. [barbería.
barber (*bárba*) s. barbero; **—'s**,
bare (*béa*) adj. desnudo; Geog. pelado; **— essentials**, lo esencial, justo. [descalzo.
barefoot(ed) (*bérfut(it)*) adj.
barely (*béali*) adv. meramente, apenas.
bareness (*béanes*) s. desnudez.
bargain (*bárguin*) s. ajuste, trato; (com.) ganga; tr. e intr. pactar, negociar.
barge (*bárdy*) s. barcaza; v. i. **—into**, irrumpir; dar un encontronazo.

bark (*bark*) s. Bot. corteza; (perro) ladrido; intr. ladrar; Bot. quitar la corteza.
barley (*bárli*) s. cebada.
barmaid (*bármeid*) s. camarera, chica del bar.
barn (*báan*) s. granero.
barnacle (*báanakl*) s. Ict. lapa; **goose —**, percebe. [tro.
barometer (*barometa*) s. baróme-
barracks (*bárac*) s. cuartel barraca.
barrel (*bárel*) barril; cañón de escopeta. [ganillo.
barrel-organ (*bárel-organ*) s.
barren (*báren*) adj. estéril; Agr. árido, yermo.
barricade (*bérikeid*) s. barricada; tr. atrincherarse.
barrier (*bária*) s. barrera.
barrister (*bárista*) s. abogado.
barrow (*bárou*) s. carretillo; **had—**, parihuelas.
barter (*bárta*) s. trueque, cambalache, cambio; tr. e intr. traficar, cambiar.
base (*béis*) s. base; adj. bajo, vil; tr. fundar, basar; **—less**, adj. sin base, sin fundamento; s. **—ness**, bajeza, vileza.
basement (*béisment*) s. Arq. sótano. [una paliza, pegar.
bash (*bash*) tr golpear, dar
bashful (*báshful*) adj. tímido, vergonzoso; adj. **—less**, sin base, sin fundamento; s. **—ness**, bajeza, vileza.
basic (*béisic*) adj. básico.
basin (*béisin*) s. jofaina, palangana; (hidr.) cuenca; Naut. dársena; tazón; **sugar—**, azucarero.
basis (*béisis*) s. base.
basket (*básket*) s. cesto, cesta; **—ful**, s. un cesto lleno, cestada. [cesto.
basket-ball (*básketbol*) s. balon-
basket-work (*básketuörk*) s. cestería. [adj. espurio.
bastard (*bástad*) s. bastardo;
baste (*béist*) tr. (coc.) pringar; (cost.) hilvanar.
bat (*bat*) s. (dep.) bate; Orn. murciélago.
batch (*batch*) s. (pan.) hornada; (com.) envío, lote.
bath (*baz*) s. baño; tr. bañar, bañarse (en casa).
bathe (*béiz*) tr. e intr. bañar(se), s. baño (al aire libre); s. **—r**, bañista; adj. **—ing**, baño, de baño; **— suit**, traje de baño. [llón.
battalion (*batáliön*) Mil. s. bata-
batten (*bátn*) s. tabla, tablilla, listón; v. t. cebar, engordar; Agric. fertilizar.
baton (*beitn*) s. bastón de mando; Mus. batuta.
batter (*báta*) s. pasta; tr. batir.
battery (*bátöri*) s. (elect.) pila; (aut.) acumulador; (mil.) batería. [intr. luchar.
battle (*bátl*) s. batalla, combate;
bawd (*bod*) s. alcahuete, (a); s. **—iness**, obscenidad, suciedad; **—y** (*bodi*) adj. obsceno, indecente, impúdico; **— talk**, charla obscena; **— house**, burdel.
bawl (*bool*) tr. e intr. vocear, chillar, vociferar; **—er**, (*bóola*) s. vociferador, chillón. / **—ing**, adj. vociferante, chillón.
bay (*bey*) s. bahía, rada, Bot. laurel; **at —**, a raya, en jaque.
bayonet (*béyonet*) s. bayoneta.
bazaar (*basár*) s. bazar; tómbola.

be [was; been] *(bi)* intr. ser estar; **be quiet!** ¡cállate! — **quick!** ¡date prisa! **be careful!** ¡Ten cuidado! **to be hungry,** tener hambre; **there to** —, haber (imp.).

beach *(bich)* s. playa.

beacon *(bíkn)* s. faro, baliza, boya (iluminadas); (fig.) guía.

bead *(bid)* s. cuenta (de un collar, etc.), abalorio; pl. rosario; **—ing,** abalorio; (carp.) varillage.

beak *(bik)* s. *Orn.* pico.

beaker *(bíka)* s. vaso (no de cristal); *Quím.* bocal.

beam *(bim)* s. (arq.) viga; (luz) haz, rayo; *Naut.* bao, través; v. t. (luz) destellar. emitir luz; irradiar.

bean *(bin)* s. haba, judía; *Amér.* frijol; **not to have a —,** no tener ni blanca.

bear [bore o bare; borne o born] *(bear)* tr. llevar, soportar; producir; s. *Zool.* oso; — **able** *(béarebl)* adj. soportable, tolerable; adv. **—ably,** tolerablemente.

beard *(bíaad)* s. barba; **—ed,** *(bíaadid)* adj. barbudo, con barba; adj. **—less,** barbilampiño.

bearer *(béara)* s. portador.

bearing *(béring)* s. aspecto, porte,; (naut.) situación, demora; (fig.) relación; (mec.) cojinete; **It has no —,** no tiene nada que ver con.

X beast *(bist)* s. bestia; (fig.) bruto; **wild —,** fiera; **— of burden,** bestia de carga; **—ly,** adv. bestialmente; adj. bestial; **—liness,** bestialidad.

beastlike *(bístlaik)* adj. bestial.

beat *(bit)* s. (mus.) ritmo, compás; (corazón) latido; (policía) ronda; [beat; beaten o beat] v. t. pegar, golpear; (dep.) derrotar; (coc.) batir (huevos, etc.); latir (corazón, pulso); **—er** *(bíta)* s. batidora.

beatnik *(bítnik)* s. y adj. joven rebelde, gamberro.

beatific *(biatífic)* adj. beatífico.

beatification *(biatifikéishön)* s. beatificación.

beatify *(biátifai)* tr. beatificar.

beating *(biitin)* s. paliza, zurra; latido; **— about the bush,** andando por las ramas.

beaurocracy *(biourócrasi)* s. burocracia.

beautiful *(biútiful)* adj. hermoso, bello; adv. **—ly,** estupendamente.

beautify *(biútifai)* tr. hermosear.

beauty *(biúti)* s. hermosura, belleza; encanto; primor.

beaver *(bíva)* s. (zool.) castor.

because *(bicós)* adv. y conj. porque; a causa de.

beck *(bek)* s. seña, ademán.

beckon *(békön)* tr. e intr. hacer señas.

become [became; become] *(bikám)* intr. llegar a ser, hacerse, devenir; tr. convenir.

becoming *(bikaming)* adj. que sienta bien, que favorece, favorecedor.

bed *(bed)* s. cama, lecho; (geol.) yacimiento; (hidr.) cauce, lecho; (naut.) fondo (del mar); (jard.) macizo (de flores); (mec.) asiento, base.

bed-bug *(béd-bag)* s. (ent.) chinche. [ma.

bedding *(béding)* s. ropa de cabedeck *(bidék)* tr. adornar, engalanar.

bedroom *(bédrum)* s. dormitobedlam *(bédlam)* s. (fig.) casa de locos, manicomio.

bedridden *(bedrídn)* adj. impedido en cama, postrado.

bedspread *(bédspred)* s. colcha, cubrecamas. [de cama.

bedstead *(bedstéd)* s. armazón

bee *(bii)* s. abeja; s. **—hive,** colmena; s. **—keeper,** colmenero; (fig.) **— line,** línea recta.

beefsteak *(bífsteik)* s. biftec.

beer *(bia)* s. cerveza.

beet *(bit)* s. *Bot.* remolacha.

beetle *(bítl)* s. escarabajo.

before *(bífor)* prep. y adv. delante (de), antes (de).

beforehand *(bifórjend)* adv. de antemano. [gar.

beg *(beg)* tr. rogar; intr. mendigar.

beget *(biguét)* tr. engendrar.

beggar *(béga)* s. mendigo.

begin [began; begun] *(biguin)* intr. y tr. empezar. [piante.

beginner *(biguínör)* s. principiante.

beginning *(biginin)* s. (el) principio; **at the —,** al principio.

behalf *(bijáf)* s. favor; **on — of,** en nombre de.

behave *(bijéiv)* tr. e intr. comportar(se); **behave!,** ¡pórtate bien!

behaviour *(bijéivia)* s. conducta, comportamiento.

behead *(bijéd)* tr. degollar, decapitar.

behind *(bijáind)* adv. y prep. detrás (de), tras; s. trasero, culo.

behold *(bijóld)* tr. mirar, contemplar; **—er** *(bijóulda)* s. espectador, observador.

beige *(béidy)* adj. beis (color).

being *(biing)* s. ser; **human —,** ser humano; **for the time —,** de momento.

belated *(biléited)* adj. retrasado, atrasado.

belch *(bélch)* intr. eructar; s. eructo; v. t. arrojar, hechar (humo, etc.). [acosar.

beleaguer *(biliga)* tr. sitiar,

belfry *(bélfri)* s. torre, campanario; **to have bats in the —,** estar chiflado, loco. [ga.

Belgian *(béldyian)* adj. y s. belga.

belief *(bilíf)* s. fe, creencia.

believable *(bilívabl)* adj. creíble, posible.

believe *(biliv)* tr. e intr. creer; **—r** *(biliva)* s. creyente.

belittle *(bilítl)* tr. empequeñecer; (fig.) quitar importancia.

bell *(bel)* s campana; timbre (eléctrico); **cow —,** cencerro; (naut.) **— buoy,** boya de campana; **—clapper,** badajo; **—ringer,** campanero.

belle *(bel)* s. beldad. [so.

bellicose *(bélicous)* adj. belico-

bellied *(bélid)* adj. fat —, barrigudo; **big —,** panzudo.

bellow *(bélou)* intr. mugir, bramar; **—ing,** s. mugido, bramido.

bellows *(belous)* s. fuelle.

belly *(béli)* s. (fam.) panza, barriga.

belong *(bilóng)* tr. pertenecer.

belongings *(bilónguings)* s. pertenencias, bártulos.

beloved *(bilö'vd)* adj. amado, querido.

below *(bilóu)* adv. y prep. abajo, debajo (de); — **zero,** bajo cero; — **freezing point,** bajo cero.

belt *(belt)* s. cinturón; (geog.) zona, franja; (mec.) correa de transmisión; **green —,** zona verde; v. t. (fam.) dar una paliza.

bench *(bench)* s. banco; (ind.) banca; (pol.) escaño; (leg.) tribunal.

bend *(bend)* s. curva(tura), vuelta; [bent; bent] tr. doblar, torcer; **to drive round the —,** volver loco.

beneath *(biníz)* adv. abajo, debajo; prep. bajo.

benediction *(benedicshön)* s. bendición. [hechor.

benefactor *(benefáctor)* s. bien-

benefice *(bénefis)* s. beneficio.

beneficence *(benéfisens)* s. beneficiencia.

benefit *(bénefit)* s. beneficio.

benevolence *(benévolens)* s. benevolencia. [névolo.

benevolent *(benévolent)* adj. be-

bening *(bináin)* adj. benigno.

bent *(bent)* s. pliegue, doblez; curvatura; adj. encorvado; **— on,** decidido a.

benumb *(binö'm)* tr. entumecer, aterir (de frío).

benzin(e) *(bénsin)* s. bencina.

bequeath *(bicúiz)* tr. legar, dejar en herencia.

bereaved *(biriívd)* adj. despojado, desposeído (por la muerte); viudo, o viuda.

bereavement *(biriívment)* s. duelo, luto.

beret *(bérei)* s. boina.

berry *(bérri)* s. (bot.) baya.

berth *(bö'rz)* s. *Mar.* lugar de atraque; (transp. mar.) cabina, camarote; (transp. f. s.) litera.

beseech [besought; besought] *(bisich)* r. suplicar, rogar.

beset *(bisét)* tr. acosar, perseguir.

beside *(bisáid)* prep. cerca, al lado de; — **oneself,** fuera de sí.

besides *(bisáids)* adv. además.

besiege *(bisídy)* tr. sitiar. **—d,** adj. sitiado, asediado; **—r,** s. asediador.

besmear *(bismia)* tr. ensuciar, embadurnar.

bespatter *(bispáta)* tr. salpicar; (fig.) difamar.

bespeak *(bispik)* tr. (com.) encargar, mandar hacer; apalabrar.

best *(best)* adj. el mejor, óptimo; adv. lo mejor, más bien; **—man** s. padrino de boda; **at —,** en el mejor de los casos. [tal.

bestial *(béstial)* adj. bestial, bruto.

bestiality *(bestiáliti)* s. bestialidad. [dar, otorgar.

bestow *(bistóu)* tr. conceder,

bestride *(bistráid)* tr. cabalgar a horcajadas; dar zancadas.

bet *(bet)* tr. apostar; s. apuesta.

bethink *(bizínk)* tr. recapacitar, reflexionar.

betray *(bitréy)* tr. traicionar, delatar; s. **—al,** traición.

betroth *(bitróz)* tr. desposar(se).; prometerse (en matrimonio).

betrothal *(bitrózal)* s. esponsales, petición de mano. [tido.

betrothed *(bitrózd)* s. prometi-

better *(beta)* adj. mejor; adv. más; tr. mejorar; — **half,** (fam.) costilla; **to be — off,** estar en mejor situación (econ.).

betterment *(bétarment)* s. mejora.

betting *(bétin)* s. apuesta.

between *(bituín)* prep. entre (dos).

bevel *(bévl)* s. bisel (carp., mec.) v. tr. biselar [brebaje.

beverage *(béveridy)* s. bebida,

bevy *(bévi)* s. pandilla (de chicas, o mujeres). [rar.

bewail *(biuéil)* tr. lamentar, llorar.

beware *(biuéa)* intr. y tr. guardarse (de); **beware!,** ¡atención a!, ¡cuidado con!

bewilder *(biuílda)* tr. e intr. desconcertar(se); adj. **—ing,** desconcertante, aturdir(se).

bewilderment *(biuíldeement)* s. aturdimiento, desconcierto.

bewitch *(biuích)* tr. hechizar, embrujar.

bewitching *(biuíchin)* adj. encantador, a, fascinante.

beyond *(biyónd)* prep. y adv. más allá, allende; — **doubt,** fuera de duda, indiscutible.

bias *(báias)* s. inclinación, perjuicio; tr. inclinar, ladear.

biased *(báiasd)* adj. inclinado hacia (por), parcial.

bib *(bib)* s. babero.

Bible *(báibl)* s. Biblia.

biblical *(bíblical)* adj. bíblico.

bibliography *(bibliógrafi)* s. bibliografía.

bicarbonate *(baicárboneit)* s. (quím.) bicarbonato. [ceps.

biceps *(báiseps)* s. (anat.) bí-

bicker *(bika)* tr. reñir, disputar; adj. **—ing,** rencillas, riñas.

bicycle *(báisiköl)* s. bicicleta;

bike *(baik)* s. (fam.) «bici».

bid [bid o bade; bidden o bid] *(bid)* s. puja, oferta; tr. mandar, pujar.

bidder *(bídör)* s. postor.

bidding *(biding)* s. orden; puja.

big *(big)* adj. grande; **too —,** demasiado grande; **—ness** *(bignes)* s. grandor, volumen; **—gish,** adj. grandote, más bien grande.

bigamist *(bígamist)* s. bígamo.

bigamy *(bígami)* s. bigamia.

bight *(bait)* s. (Naut.) ensenada, caleta; seno (de cuerda).

bigot *(bígot)* s. fanático.

bigotry *(bígötri)* s. fanatismo, obstinación.

bile *(báil)* s. bilis.

bilge *(bildy)* s. (Naut.) sentina; v. i. hacer agua.

bilious *(bílios)* adj. bilioso.

bill *(bil)* s. (com.) cuenta, nota; (publ.) cartel, mural; (Leg.) proyecto de ley; (orn.) pico; **— of Lading,** conocimiento de embarque; **of Health,** patente de Sanidad; **of exchange,** s. letra de cambio.

billet *(bílet)* s. (Mil.) alojamiento; tronco de leña.

billiards *(bíliards)* s. pl. billar; **to play —,** jugar al billar; **a game of —,** una partida de ...

billiards-cue *(bíliardskiu)* s. taco. [guaje bajo, soez.

billingsgate *(bíllingsgueit)* s. len-

bill-of-fare *(bílovféa)* s. menú, minuta.

billow *(bílov)* s. ola grande; v. i. crecer como las olas; **—y,** adj. agitado (como las olas).

18

billy-goat (*biligout*) s. (zool.) macho cabrío.

bin (*bin*) s. bidón; **bread —,** panera; **coal —,** carbonera; **dust—,** cubo de desperdicios, basurero.

bind [**bound; bound**] (*baind*) tr. atar, vendar; (imp.) encuadernar; adherir, pegar; (fisiol.) constipar, estriñir; s. **—er,** encuadernador, atador. [rio.

binding (*báinding*) adj. obligatorio.

binocular(s) [*binókiular(s)*] s. gemelos, binóculos. [grafo.

biographer (*baiógrafa*) s. biógrafo.

biographic (*baiográfic*) adj. biográfico.

biography (*baiógrafi*) s. biografía.

biological (*baiolódyical*) adj. biológico. [go.

biologist (*baiólodyist*) s. biólogo.

biology (*baiólodyi*) s. biología.

birch (*béech*) s. (bot.) abedul.

bird (*börd*) s. pájaro; ave; **— of prey,** ave de presa; **to kill two —s with a store,** matar dos pájaros de un tiro; **—'s eye view,** a vista de pájaro; (coll.) chica.

birth (*börz*) s. nacimiento, parto; **— certificate,** partida de nacimiento.

birth-control (*bö'rzcontroul*) s. control de la natalidad.

birthday (*bö'rzdei*) s. cumpleaños. [de nacimiento.

birthplace (*bö'rzpleis*) s. lugar

birth-rate (*bö'rzreit*) s. natalidad.

biscuit (*bískit*) s. galleta; **assorted —s,** galletas variadas.

bishop (*bishöp*) s. (ecles.) obispo; (ajedrez) alfil.

bison (*báison*) s. (zool.) bisonte.

bit (*bit*) s. poco, poquito, bocado, pedazo; (equin.) bocado; (tiempo) un rato, momento; (mec.) taladro; **by —,** poco a poco; **not a —,** en absoluto, nada.

bitch (*bich*) s. (zool.) perra (vulg.) ramera, puta.

bite [**bit; bitten** o **bit**] (*bait*) tr. morder; s. mordisco; **—r** (*báita*) s. mordedor; **the — bit,** el cazador cazado.

biting (*báiting*) adj. mordaz (leng.); mordiente; **— wind,** viento cortante.

bitten (*bíten*) adj. mordido; **once —, twice shy,** gato escaldado huye del agua.

bitter (*bíta*) s. amargo.

bitterness (*bítönes*) s. amargura; mordacidad.

bivouac (*bívuac*) s. vivac; intr. (mil.) vivaquear.

black (*blak*) adj. negro; **— and blue,** amoratado (de una paliza); **— Maria** (*mareia*) coche celular; **— market,** estraperlo; (elect.) **— out,** apagón; **— eye,** ojo amoratado.

blackboard (*blakbóod*) s. encerado, pizarra (en escuelas).

blacken (*blácn*) tr ennegrecer.

blasckish (*blákish*) adj. negruzco. [v. tr. hacer chantaje.

blackmail (*blákmeil*) s. chantaje;

b l a c k m a i l e r (*bláckméila*) s. chantajista.

blackness (*bláknes*) s. negrura.

black-pudding (*blak-púdin*) s. morcilla. [ro.

blacksmith (*bláksmiz*) s. herrebladder (*bláda*) s. Anat. vejiga.

blade (*bleid* s. (herb.) brizna, cuchilla, hoja.

blame (*bleim*) tr. culpar, censurar; s. reproche, culpa; **—ful** (*bléimful*) adj. culpable, censurable; **—less,** adj. intachable, sin culpa.

blank (*blank*) adj. (en) blanco, pálido; vacío; s. hueco; **— spaces,** espacios en blanco.

blanket (*blánket*) s. manta, cobertor.

blare (*bléa*) intr. sonar con fuerza; s. bocinazo, trompetazo.

blaspheme (*blasfím*) tr. blasfemar. [blasfemo, impío.

blásphemous (*blásfemos*) adj.

blasphemy (*blásfimi*) s. blasfemia, reniego.

✓**blast** (*blast*) s. (viento) ráfaga; (anat.) barreno, explosión; tr. (hacer) volar; **to — rock,** echar barrenos; *Met.* **—furnace,** alto horno; interj. **blast!** ¡maldición!

blaze (*bleis*) s. llama (rada); intr. arder; **zing,** adj. en llamas; (fig.) resplandeciente.

blazer (*bléisa*) s. chaqueta deportiva, o colegial.

bleach ((*blich*) tr. e intr. blanquear; s. blanqueo; **—er** (*bliicha*) s. blanqueado; **— ing.** s. blanqueo, aclarado; adj. blanqueador.

bleak (*bliik*) adj. (de lugares) desabrigado; (futuro) sombrío; **— country,** páramo.

blear (*blia*) tr. ofuscar; adj. legañoso.

bleed [**bled; bled**] (*blid*) tr. e intr. sangrar.

bleeding (*bliding*) s. sangría.

blemish (*blémish*) tr. denigrar; s. tacha, falla. [mezclar.

blend (*blend*) s. mezcla; tr.

bless (*bles*) tr. bendecir.

bless —/me! ¡inter. válgame Dios! **—you!** ¡Jesús! (al estornudar.

blessed (*blésed*) adj. bendito.

blessing (*blésing*) s. bendición.

blind (*blaind*) tr. cegar; s. persiana; adj. ciego; **—fold,** v. t. vendar los ojos; **—folded,** adj. con los ojos vendados; s. **—man,** ciego; adv. **—ly,** a ciegas, ciegamente. [ra.

blindness (*bláindnes*) s. cegue-

blink (*blink*) intr. pestañear, parpadear; disimular.

bliss (*blis*) s. felicidad, gozo; adj. **—ful,** dichoso; **—fully,** adv. felizmente, (fig.) despreocupadamente.

blister (*blísta*) intr. ampollarse; s. ampolla.

blizzard (*blísard*) s. ventisca.

blob (*blob*) s. gota, manchón.

block (*blok*) tr. bloquear, obstruir; s. bloque; **— of flats,** grupo de viviendas.

blockade (*blokéid*) s. bloqueo.

blockhead (*blókjed*) s. imbécil.

blond(e) (*blond*) adj. rubio; s. f. rubia.

blood (*blad*) s. sangre; **in cold —,** a sangre fría; **hot —ed,** apasionado, caliente.

bloodshed (*bladshed*) s. matanza, derramamiento de sangre.

b l o o d - s h o t (*bladshot*) adj. (ojos) enrojecidos, inyectados de sangre.

blood-stained (*blad-stein*) adj. manchado de sangre.

blood-sucker (*bladsaka*) s. sanguijuela; usurero.

blood-thirsty (*blad-zérsti*) adj. sediento de sangre.

bloody (*bla di*) s sangriento; (fam.) adj. maldito.

bloom (*blum*) intr. florecer; s. flor; adv. **—ing,** en flor.

blossom (*blósöm*) intr. florecer; s. flor; (fig.) capullo, flor.

blossomy (*blósömi*) adj. florido.

blot (*blot*) s. borrón, mancha; tr. borrar.

blouse (*blaus*) s. blusa.

blow (*blou*) s. golpe, porrazo; (puño) puñetazo; (mazo) mazazo, etc.; [**blew; blow**] v. t. soplar; (nariz) sonarse; **— away,** llevar (el viento); **— down,** derribar (idem); **— out,** apagar (idem o por soplo); **— up,** volar, hacer explotar.; **—off,** echar pedos.

blow-pipe (*blou paip*) s. cerbatana, soplete.

blue (*blu*) adj. azul; tr. azular; s. pl. melancolía.

bluff (*blaf*) s. fanfarronada; tr. alardear.

blunder (*blanda*) intr. desatinar; s. disparate, (col.) burrada.

blunt (*blant*) adj. sin afilar, sin punta, sin corte; (pers.) rudo, grosero; v. t. embotar.

bluntly (*blantli*) adv. bruscamente, directamente, en la cara.

blur (*blör*) tr. manchar, emborronar; s. mancha, borrón; adj. **—red,** borroso, difuso.

✗**blush** (*blash*) intr. sonrojarse; s. sonrojo.

bluster (*blásta*) s. estrépito; jactancia; v. i. fanfarronear; **—er** (*blástera*) s. fanfarrón.

boa (*bóua*) s. boa.

boar (*bóa*) s. jabalí.

board (*bóod*) s. tabla, madero, tablón; *Naut.* bordo; **on —,** a bordo; **notice —,** tablón de anuncios; (com.) junta, dirección; **— and lodging,** pensión competa; (hot.) manutención. [ta, huésped.

boarder (*boodar*) s. pensionisboarding-house (*booding haus*) s. casa de huéspedes.

boardin-school (*boording-scul*) s. pensionado.

boast (*boust*) tr. e intr. jactarse (de); s. jactancia, fanfarronada; **— of,** presumir de.

boaster (*bóusta*) s. fanfarrón.

boastful (*bóustful*) adj. jactancioso, presuntuoso; **—ness,** s. alarde, jactancia.

boat (*bóut*) s. bote; barco; **passenger —,** barco de pasaje; **cargo —,** barco mercante; **fishing —,** barco de pesca; **life —,** lancha de socorro.

boatman (*bóutman*) s. barquero.

boatswain (*bóutsuein*) s. *Naut.* contramaestre.

bob (*bob*) s. (fam.) chelín; v. i. **— up and down,** andar subiendo y bajando, nunca estarse quieto.

bobbin (*bóbin*) s. bobina.

bodice (*bódis*) s. corpiño.

bodily (*bódili*) adv. en vilo, en alto; corporalmente.

body (*bódi*) s. Anat. cuerpo; cadáver; (com.) gremio, corporación; (aut.) **car—,** carrocería; **—guard,** escolta; guarda espaldas.

bog (*bog*) s. pantano; **—gy,** adj. pantanoso.

boil (*boil*) tr. e intr. cocer, hervir; s. Med. furúnculo.

boiler (*bóila*) s. caldera.

boiling (*boilin*) adj. hirviendo; s. ebullición.

boisterous (*bóisterös*) adj. ruidoso, tumultuoso.

bold (*bould*) adj. atrevido, osado; **— faced,** descarado.

boldness (*bóuldnes*) s. valor, osadía, atrevimiento.

bolshevik (*bólshevic*) s. bolchevique. [chevismo.

bolshevism (*bólschevism*) s. bol-

bolt (*boult*) tr. s. cerrojo; *Mec.* perno; *Meteo.* rayo; v. t. echar el cerrojo; *Mec.* asegurar con pernos.

bomb (*bom*) s. (expl.) bomba; v. t. bombardear; s. **—er,** (via.) bombardero.

bombardment (*bombárdment*) s. bombardeo.

bombing (*bómin*) s. bombardeo.

bond (*bond*) s. lazo; (com.) ale; (com.) promesa. tr. ligar, juntar. [rio, esclavitud.

bondage (*bóndech*) s. cautive-

bonded (*bóndid*) s. asegurado.

bondsman (*bónsman*) s. fiador.

bone (*boun*) s. hueso; (pescado) espina; **to have a — to pick with,** tener que vérselas con.

bonfire (*bónfaia*) s. hoguera.

bonnet (*bónet*) s. gorra, gorro, (aut.) capó. [po.

bonny (*bónni*) adj. lindo, gua-

bony (*bóuni*) adj. huesudo.

booby (*búbi*) s. bobo; *Naut. Orn.* mascato; s. **— trap,** trampa.

book (*buc*) s. libro; tr. inscribir; *Theat. Hot.* reservar; **cheque —,** talonario; (esc.) **note exercise —,** cuaderno; (cont.) **day—,** diario; **cash —,** libro de caja; **— stall,** (est. f. c.) librería; **— shelf,** estantería (de libros); **— case,** (dom.) librería, biblioteca. [cuadernador.

bookbinder (*búcbainda*) s. en-

bookish (*búkisch*) adj. estudioso. [neduría de libros.

book-keeping (*búc-kiping*) s. te-

booking (*búkin*) s. reserva (en hot. f. c., nav., etc.); **— office,** despacho de billetes; **— clerk,** taquillro, a.

booklet (*búklet*) s. folleto.

bookseller (*búkséla*) s. librero.

book-shop (*búkshop*) s. librería.

boom (*bum*) s. (com.) prosperidad, auge; estallido estampido. [en progreso.

booming (*búmin*) adj. en auge.

boot (*but*) s. bota; (aut.) maletero, portaequipajes; ganancia. tr. e intr. calzar, aprovechar. [garita.

boot (*buz*) s. cabina; puesto.

booty (*buti*) s. botín.

booze (*búus*) v. i. (fam.) empinar el codo; **on the —,** emborrachándose; s. bebida alcohólica.

border (*bórda*) s. frontera; (top.) límite. intr. rayar con.

bordering (*bórdering*) adj. fronterizo; (fig.) próximo a, lindante con.

bore (*bóor*) tr. e intr. *Mec.* ladrar; fam. aburrir; s. (person.) pelma; *Mec.* agujero, perforación.

bored (*bóod*) adj. (fam.) aburrido, hastiado; *Mec.* perforado, taladrado; s. **—om,** aburrimiento.

boring (*bóo rin*) adj. aburrido, pesado.

born *(bóon)* adj. nacido / **be born,** intr. nacer; **newly —,** recién nacido. [pio.
borough *(bóro)* s. villa, munici-
borrow *(bórou)* tr. pedir prestado. [rio.
borrower *(bórou-a)* s. prestata-
borrowing *(bórouing)* s. préstamo. [[femen.).
bosom *(búsöm)* s. seno; busto
boss *(bos)* s. jefe, amo; v. t. dominar; adj. **—y,** mandón, dominante.
botanic *(botánic)* adj. botánico.
botany *(bótani)* s. botánica.
botch *(boch)* s. chapuza, chapucería; v. t. chapuzar, remendar.
both *(bouz)* pron. ambos; conj. **—... and...,** tanto... como.
bother *(bódza)* tr. molestar; s. molestia. [botellar.
bottle *(bótl)* s. botella; tr. embottom
bottom *(bótöm)* s. fondo; culo (pers. o cosa); **at the —,** en la parte inferior, abajo; **from top to —,** de arriba abajo. **—less,** adj. sin fondo.
bough *(bau)* s. (bot.) rama.
boulder *(bóulda)* s. peñasco, peña.
bounce *(báuns)* tr. e intr. botar, rebotar; saltar; s. bote, rebote; salto. [to, fuerte.
bouncing *(báunsin)* adj. robusto
bound *(baund)* tr. contener; intr. saltar; s. salto, límite; adj. destinado, sujeto; **— for** Naut. con rumbo.
boundary *(báunderi)* s. linde, límite, confín. [tado.
boundless *(báundles)* adj. ilimi-
bountiful *(báuntiful)* adj. generoso, pródigo; abundante.
bounty *(báunti)* s. generosidad, prodigalidad, largueza; **money,** (mil.) re-enganche.
bouquet *(búkei)* s. ramo de flores; (vino) aroma.
bout *(baut)* s. turno, vez; (dep.) asalto; (med.) pequeño ataque.
bow *(bau)* intr. inclinarse; s. reverencia, (Naut.) amuras; **— (bou)** s. lazo; **— tie,** pajarita; arco; **— and arrow,** arco y flecha.
bowels *(báuels)* s. pl. (anat.) intestinos; (fig.) entrañas.
bowl *(bóul)* s. tazón; barreño; cazo; **sugar —,** azucarero; v. t. lanzar la pelota en «criket»; bolear.
bowler *(bóula)* s. (Dep.) lanzador; **— hat,** sombrero hongo.
x **bowling** *(bóulin)* s. juego de bolos.
box *(bocs)* s. caja, cofre; (teat.) palco; s. **— office,** taquilla; **letter —,** buzón; **P. O. Box,** apartado de Correos; intr. boxear.
boxer *(bócsa)* s. púgil, boxeador.
boxing *(bócsing)* s. boxeo.
boy *(boi)* s. muchacho, chico; **school —,** escolar.
boycott *(bóicot)* s. boicot; tr. boicotear. [ñez.
boyhood *(bóijud)* s. infancia, ni-
brace *(breis)* tr. atar; s. abrazadera; pl. tirantes. [pulsera.
bracelet *(bréislet)* s. brazalete.
bracket *(bráket)* s. puntal, soporte; (imp.) pl. paréntesis.
brag *(brag)* intr. jactarse; s. jactancia. [bravucón.
braggart *(brágaat)* s. fanfarrón,
bragging *(bráguin)* adj. jactancioso; presuntuoso.

braid *(bréid)* tr. trenzar; s. trenza (de polo); (mil.) galón; adj. **—ed,** trenzado; bordado en cordón.
brain *(brein)* s. (anat.) sesos, cerebro; pi (fig.) inteligencia, sesos; v. t. romper la crisma; **to rack one's —,** devanarse los sesos; **—less,** adj. atontado, estúpido.
brake *(breik)* s. freno, Bot. maleza, boscaje; v. t. (mec.) frenar. [za, frambuesa.
bramble *(brámbl)* s. (bot.) zar-
x **branch** *(branch)* (bot.) rama; (com.) sucursal; intr. ramificarse.
brand *(brand)* s. marca, sello; tr. marcar; **— new,** flamante, nuevo.
brandy *(brándi)* s. coñac.
brass *(bras)* s. latón, fam. descaro; **— band,** (mus.) banda, charanga.
brassiere *(brásier)* s. sostén (prenda femenina).
brat *(brat)* s. pequeño, mocoso.
brave *(breiv)* adj. y s. valiente; tr. desafiar.
bravery *(bréiveri)* s. valentía.
bravo *(brávo)* interj. ¡bravo! ¡bueno!
brawl *(brol)* intr. vocear, alborotar; s. reyerta.
brawl *(brol)* s. reyerta; intr. vocear, alborotar; **—er** *(bróla)* s. camorrista. [fuerza.
brawn *(bron)* s. músculo; (fig.)
brazen *(bréisn)* adj. bronceador, desvergonzado, descarado.
breach *(brich)* s. brecha, rotura; tr. quebrar.
bread *(bred)* s. pan; **the — winner,** el sostén de la familia; **a loaf of —,** un pan; **a slice of —,** una rebanada de pan.
break [**broke**; **broken**] *(breik)* tr. romper, (cabal.) domar; intr. romperse; s. rotura; pausa, descanso.
breakable *(bréikabl)* adj. frágil.
breakdown *(bréikdaun)* s. derrumbamiento; (aut.) avería.
breakfast *(brékfast)* s. desayuno; intr. desayunarse.
breakwater *(bréikuota)* s. rompeolas. [(naut.) carenar.
bream *(briim)* s. (ict.) besugo;
breast *(brest)* s. pecho, teta; (ave.) pechuga; (dep.) **— stroke,** braza.
breath *(brez)* s. aliento, soplo; **out of —,** sofocado; **under the —,** en voz baja; **—less,** sin aliento.
breathe *(briiz)* tr. respirar.
breathing *(briizing)* s. aliento, respiración. [nes, pantalones.
breeches *(bríchis)* s. pl. calzo-
breed *(brid)* s. raza, casta; [**bred; bred**] tr. criar (animales); **—er** *(bríd a)* s. ganadero, criador.
breeding *(bríding)* s. educación, buenas formas; (anim.) cría.
breeze *(bris)* s. brisa; **breezy** *(briisi)* adj. frío, aireado.
brethren *(brédren)* s. pl. irreg. de **brother,** hermanos (de una secta, o asociación).
breviary *(briviari)* s. compendio, breviario.
brevity *(bréviti)* s. brevedad.
brew *(bru)* s. poción, brebaje; destilar licores, (fig.) tramar, urdir; hacer una infusión.
brewer *(brúa)* s. cervecero; s. **—y,** cervecería; **brewing** *(brúin)* s. fabricación de cerveza; **something is —,** algo se está tramando.

bribe *(braib)* s. soborno; v. t. sobornar; **—r** *(bráiba)* s. sobornador. [hecho.
bribery *(bráiböri)* s. soborno, cohecho.
brick *(brik)* s. ladrillo; tr. enladrillar; **—layer** *(—léa)* s. albañil; **—work** *(—uéek)* s. enladrillado.
bridal *(braidel)* adj. nupcial.
bride *(braid)* s. novia (en el día nupcial).
bridegroom *(bráidgrum)* s. novio. [dama de honor.
bridesmaid *(braidsmeid)* s.
bridge *(brídy)* s. puente; tr. construir un puente; **draw —,** puente levadizo; **suspension —,** puente colgante.
bridle *(braidl)* s. brida, freno tr. embridar, refrenar.
brief *(brif)* s. Mús. breve; (leg.) informe; pl. calzoncillos (cortos); bragas; adj. sucinto, conciso, breve; **—ly,** adv. en breve, en resumen; s. **—ness,** brevedad.
briefcase *(brifkeis)* s. maletín, cartera de negocios.
bright *(brait)* adj. brillante, resplandeciente luminoso; (fig.) inteligente.
brighten *(bráitn)* tr. iluminar; avivar, animar (reuniones, etc.); alegrar (habitación); dar brillo; v. i. (cielo) despejarse.
brightness *(bráitnes)* s. lustre, claridad; (fig.) agudeza.
brilliancy *(bríliansi)* s. brillantez.
brilliant *(bríliant)* adj. brillante, (ideas) luminosa; (fig.) genial; s. (min.) brillante.
brim *(brim)* s. borde; ala (sombrero); **to fill to the —,** llenar hasta el borde.
brimful *(brímful)* adj. lleno hasta el borde. [de.
brimless *(brímles)* adj. sin borde
brine *(brain)* s. salmuera.
bring [**brought**; **brought**] *(bring)* tr. traer, llevar; **— back,** devolver; **— down,** derrumbar; **— in,** traer, aportar; **— round,** hacer volver en sí; **— up,** educar, criar.
brink *(brink)* s. borde; **on the — of,** al borde de.
briny *(braini)* adj. salobre.
brisk *(brisk)* adj. vivo, vigoroso; **—ness,** s. viveza, actividad.
brisket *(brískit)* s. (carn.) pecho. [erizarse.
bristle *(brisl)* s. cerda; tr. **— up,** fam. dólar.
brittle *(brítl)* adj. quebradizo; s. **—ness,** fragilidad.
broach *(brouch)* s. asador; broche; v. t. espitar (barriles); (fig.) promover, (naut.) **to — to,** caer a barlovento.
broad *(bróud* s. ancho; **— shouldered,** ancho de hombros; **— minded,** tolerante, liberal.
x **broadcast** *(broudcast)* s. emisión (rad.); v. t. emitir, radiar.
broadcasting *(bróudcastin)* s. radiodifusión; **— station,** emisora.
broaden *(bródn)* tr. ensanchar; **—ing,** s. ampliación, ensanche. [amplitud.
broadness *(bródnes)* s. anchura
broadside *(brodsaid)* s. (Naut.) costado (mil.) andanada.
broadwise *(broduáis)* adv. a lo ancho, por lo ancho.
brochure *(bróusha)* s. folleto.
broil *(broil)* tr. asar; intr. asarse; s. tumulto.

broke *(brouk)* adj. fam. arruinado, pelado.
broken *(bróukn)* adj. roto, quebrado; (lenguas) chapurreado; (voz) cascada; v. t. **to speak a —...,** chapurrear el... [dor, agente.
broker *(bróuka)* s. (Fin.) corre-
bronchia *(brónkia)* s. pl. bronquios. [quitis.
bronchitis *(bronkáitis)* s. bron-
bronze *(bróns)* s. bronce.
brooch *(bróuch)* s. broche, camafeo.
brood *(brud)* intr. (aves) empollar; s. pollada; **to — over,** (fig.) rumiar.
brook *(bruck)* s. arroyo.
broom *(brum)* s. escoba, (Bot.) retama, hiniesta.
broth *(broz)* s. caldo.
brothel *(brózel)* s. burdel.
brother *(brádza)* s. hermano; adj. **—ly,** como hermanos; adj. **—brotherless,** sin hermanos.
brotherhood *(brádzajud)* s. hermandad, cofradía. [cuñado.
brother-in-law *(brádzainlo)* s.
brow *(brau)* s. ceja; (fig.) frente, cejo; **to knit one's —,** fruncir el entrecejo.
brown *(braun)* adj. marrón, castaño, moreno; v. t. (coc.) tostar; **—ish,** adj. tirando a castaño, algo tostado.
browse *(bráus)* tr. e intr. pacer, ramonear; (pers.) hojear (un libro); **—r.** s. el que hojea un libro.
bruise *(brus)* s. (med.) magulladura, contusión; cardenal; v. t. magullar, golpear.
brunette *(brunét)* adj. y s. morena, trigueña.
brush *(brash)* s. cepillo, pincel, brocha; tr. cepillar; **— up,** repasar, refrescar (conocimientos). [las.
Brussels *(brasels)* n. pr. Bruse-
Brussels-sprouts *(braselsspráuts)* s. coles de Bruselas.
brutal *(brútal)* adj. brutal.
brutality *(brutáliti)* s. brutalidad.
brute *(brut)* s. bruto, bestia.
bubble *(babl)* s. burbuja; intr. burbujear; hervir.
bubbling *(báblin)* adj. burbujeante; hirviendo.
bubbly *(babli)* adj. espumoso.
buck *(bak)* s. gamo, macho, fam. dólar.
bucket *(báket)* s. cubo.
buckle *(bakl)* s. hebilla; v. t. abrochar la hebilla; doblarse.
bud *(böd)* s. (bot.) botón, brote, capullo; intr. brotar.
budding *(búdin)* adj. en ciernes.
budge *(bády)* tr. mover.
budget *(bádyet)* s. presupuesto, intr. presupuestar.
buffalo *(bö'falou)* s. búfalo.
buffer *(báfa)* s. (f. c.) tope; (mec.) amortiguador.
buffet *(ba fet)* s. bofetada; sala de refrigerio, coche **— car,** (f. c.) coche bar; tr. abofetear.
buffoon *(bafún)* s. bufón, juglar.
buffoonery *(bafúneri)* s. bufonada, truhanería.
bug *(bag)* s. bicho; **bed —,** chinche; (iron.) **big bug,** una persona importante.
bugle *(biúgl)* s. corneta, clarín; **—r,** s. (pers.) corneta.
build [**built**; **built**] *(bild)* tr. edificar, construir; s. (pers.) figura, presencia.

builder (*bílda*) s. constructor, contratista.

building (*bílding*) s. edificio; **— site,** solar.

bulb (*balb*) s. *Bot.* bulbo; (elect.) bombilla; (Naut.) bulbo; (term.) cubeta.

bulge (*baldy*) int. abultar; (arq.) hacer barriga; s. barriga; bulto; **—ing** (*báldyin*) adj. abultado; con barriga.

bulk (*balk*) s. tamaño, grueso, bulto; **in —,** a granel; **— carrier** (*— cária*) s. (naut.) carguero a granel; **— head** (*— jed*) s. (naut.) mamparo.

bulky (*balki*) adj. voluminoso, abultado; robusto.

bull (*bul*) s. toro, (*Igl.*) bula, adj.

bullet (*búlet*) s. bala.

bulletin (*búletin*) s. boletín.

bullfight (*búlfait*) s. corrida de toros.

bullfighter (*búlfaiter*) s. torero.

bullion (*búlion*) s. oro y plata en barras.

bullock (*búlok*) s. ternero.

bull-ring (*búlring*) s. plaza de toros.

bully (*búli*) tr. echar bravatas; abusar, amedrentar; s. abusón, matón.

bulwark (*búlueek*) s. (mil.) baluarte; (naut.) amurada.

bump (*bamp*) s. chichón; golpe, porrazo; v. t. **— into,** chocar contra.

bumper (*bámpa*) s. (aut.) parachoques.   [paleto.

bumpkin (*bampkin*) s. patán,

bun (*ban*) s. bollo; (pelo) moño.

bunch (*banch*) s. manojo (flores, llaves); (uvas) racimo; ristra; (pers.) grupo; v. i. **— together,** agruparse.

bundle (*bánd*) s. paquete, bulto; fardo, (docum.) legajo; tr. liar, atar.

bung (*bang*) s. tarugo, tapón.

bungalow (*bangalou*) s. casa de campo (de planta baja).

bunk (*bönk*) s. litera, tarima, fam. camelo.

bunker (*bönka*) s. depósito de carbón; (gol.) arenal; (mil.) garita subterránea blindada.

bunny (*báni*) s. (fam.) conejo; **— girl,** camarera en club nocturno.

buoy (*boi*) s. *Mar.* boya; tr. boyar; intr. flotar.

buoyancy (*bóiansi*) s. flotabilidad; (econ.) solvencia.

buoyant (*bóiyant*) adj. boyante; campechano; solvente.

burden (*bö'rdn*) s. fardo, carga (fis. y fig.); tr. cargar.

bureau (*biúro*) s. oficina.

bureaucracy (*biuróucresi*) s. burocracia.   [crata.

bureaucrat (*biúrocrat*) s. buró-

burglar (*bö'rglar*) s. ladrón.

burglary (*bö'rglari*) s. robo con escalo.

burial (*bérial*) s. entierro; **— place** (*bérialpleis*) s. cementerio.

burlesque (*börlésk*) s. parodia; adj. burlesco; tr. parodiar.

burly (*bööli*) adj. fornido, robusto; **—iness,** s. corpulencia.

burn (*börn*) tr. quemar; intr. quemarse, arder; s. quemadura; **—er.** s. mechero.

burning (*bö̈nin*) s. quemadura; (fig.) ardor; adj. abrasador, ardiendo.

burnish (*bö̈rnish*) tr. bruñir, pulir; s. lustre.

burrow (*bérou*) s. conejera, madriguera; v. t. horadar, excavar.

bursar (*béesa*) s. tesorero (en un colegio); becario.

bursary (*béesari*) s. beca.

burst (*böost*) s. reventón (auto y tub.); [burst; burst] tr. reventar; **— out,** reventar; **— into** tcar, deshacerse en llanto

bury (*béri*) tr. enterrar.

bush (*bush*) s. arbusto; **to boat about the —,** andarse por las ramas; **—y,** adj. espeso.

business (*bísnes*) s. negocio, ocupación, asunto.

businessman (*bísnisman*) s. hombre de negocios.

bust (*bast*) s. (fem.) y (arq.) busto.

bustle (*basl*) s. bullicio, animación; intr. bullir, menearse.

bustling (*baslin*) adj. bullicioso, animado, ajetreado.

busy (*bísi*) adj. ocupado, atareado; tr. ocupar; intr. atarearse.

busybody (*bisibodi*) s. entrometido; f. chismosa.

but (*bat*) conj. pero, mas, sino, excepto; adv. solamente.

butcher (*búcha*) s. carnicero; **—'s shop,** s. carnicería. tr. degollar.   [tanza, carnicería.

butchery (*búcheri*) s. (fig.) matanza, carnicería.

butler (*bátla*) s. mayordomo.

butt (*böt*) s. extremo, fin; (cig.) colilla; (arma) culata.

butter (*báta*) s. mantequilla; **— up,** (fam.) dar coba.

butterfly (*báteflai*) s. mariposa.

buttock (*batok*) s. nalga.

button (*bö'tn*) s. botón; tr. abotonar.

button-hole (*batnjoul*) s. ojal.

buxom (*bö'ksöm*) adj. rolliza, frescachona, (fam.) rellenita.   [comprar.

buy [bought; bought] (*bai*) tr.

buyer (*báia*) s. comprador.

buzz (*bös*) tr. cuchichear, susurrar; intr. (insects) zumbar; s. susurro; zumbido.

buzzer (*bása*) s. (elect.) zumbador; (col.) soplón, chismoso.

by (*bai*) prep. por, a, en, con, bajo, sobre; adv. cerca; **— day** adv. de día; **— the way!,** ¡a propósito! **— all means,** desde luego, por supuesto.

bye-bye! (*báibai*) adv. fam. ¡adiós!

byre (*báia*) s. vaquería, establo.

C c

cab (*cab*) s. coche, taxi.

cabbage (*cábedy*) s. repollo, col.   [camarote.

cabin (*cábin*) s. cabaña; *Naut.*

cabinet (*cábinet*) s. gabinete; vitrina; *Pol.* gobierno.

cable (*kéibl*) s. *Naut.* y *Electr.* cable; tr. cablegrafiar.

cablegram (*kéiblgram*) s. cablegrama.   [cochero.

cabman (*kábman*) s. taxista.

cacao (*cakéo*) s. cacao.   [te.

cachalot (*káshalou*) s. cachalote.

cackle (*kákl*) s. cacareo; (fig.) charla; v. i. cacarear; **—r** (*kákla*) s. cacareador, (fig.) hablador.

cad (*cad*) s. canalla, grosero.

caddy (*kádi*) s. (dep.) portahierros, ayudante; (dom.) guarda-té.

cadence (*kédens*) s. *Mús.* cadencia, compás.   [no menor.

cadet (*cadét*) s. cadete; hermacafe (*kéfei*) s. café-bar.

cage (*keia*) tr. enjaular, s. jaula.

cajole (*kadyóul*) tr. adular, halagar; engatusar.

cajolery (*kadyóuleri*) s. adulación; engatusamiento.

cake (*keik*) s. pastel; tarta; pl. pasteles; **— shop,** pastelería.   [lamitoso; trágico.

calamitous (*calámitös*) adj. calamity (*calámiti*) s. calamidad.

calcinate (*kalsinéit*) tr. calcinar; **—tion,** s. calcinación.

calculate (*cálkiuleit*) tr. calcular.

calculation (*calkiuléischon*) s. cálculo.

caldron (*cóldrön*) s. caldera.

calendar (*cálendy*) s. calendario.   [*Anat.* pantorrilla.

calf (*caf*) s. ternero, becerro;

calibre (*káliber*) s. calibre; (fig.) capacidad.

calk (*kok*) tr. *Naut.* calafatar; *Vet.* herrar a ramplón.

calking (*kokin*) s. *Naut.* calafateo; *Pint.* calco.

call (*col*) tr. llamar, convocar, visitar, s. llamada, vocación, visita; **to — at,** ir a; **— again,** volver a llamar/visitar; **— in,** hacer entrar; **— off,** suspender, cancelar; **— on,** visitar, **— out;** llamar a voces; **— up,** llamar a filas *Mil.* s. llamamiento a filas.

caller (*cóla*) s. visitante.

calling (*kólin*) s. vocación; profesión, oficio.

callous (*kálos*) adj. (fig.) insensible, endurecido, encallecido; **—ness,** s. callosidad; (fig.) endurecido.

calm (*cam*) tr. calmar; s. calma; quietud, tranquilidad; adj. tranquilo, quieto, sosegado; **—ness,** s. tranquilidad, quietud; **—er,** s. tranquilizador, apaciguador; **—ly,** adv. calmosamente, con pachorra.

calumniate (*kalamniéit*) tr. e intr. calumniar.

calumny (*cálömni*) s. calumnia.

camel (*cámel*) s. camello.

camera (*cámera*) s. cámara fotográfica.

camouflage (*cámuflasch*) s. camuflage, disfraz; tr. disfrazar.

camp (*camp*) s. campamento; intr. *Mil.* acampar.

campaign (*campéin*) s. campaña; **—er,** s. (fam.) paladín; *Mil.* veterano.

camphor (*kánfor*) s. alcanfor.

camping (*kámpin*) s.

can (*can*) s. lata; bote; tr. poner en conserva; v. i. y aux. poder; saber.   [cial.

canal (*canál*) s. canal (artificanalize (*cánelais*) tr. canalizar.

canary (*canéri*) s. canario; **— Islands** (*ailands*) s. Islas Canarias.

cancel (*cánsel*) tr. cancelar,

cancelation (*canseléishön*) s. cancelación, anulación.

cancer (*cánsör*) s. *Méd.* cáncer. *Astrol.* cangrejo.   [genuo.

candid (*cándid*) adj. cándido, ingenuo.

candidate (*cándidet*) s. candidato; opositor.

candle (*candl*) s. vela, cirio.

candour (*kándor*) s. candor, candidez; sencillez.

candy (*cándi*) s. algodón de azúcar, confite; tr. confitar.

cane (*kein*) s. bastón, caña; v. t. apelar, **— sugar,** caña de azúcar.

canine (*kanain*) adj. canino, perruno; **— tooth,** colmillo.

canister (*kánista*) s. cestilla; caja de lata.   [conservas.

cannery (*káneri*) s. fábrica de

cannibal (*cánibal*) s. caníbal.

cannon (*cánón*) s. cañón.

canoe (*canú*) s. canoa, piragua.

canon (*kenon*) s. canon, regla.

canopy (*kánopi*) s. dose, pabellón; *Eccl.* palio.

cantankerous (*cantánkeros*) adj. malhumorado; (fig.) rabioso.

canteen (*cantín*) s. cantina; *Mil.* cantimplora.

canter (*cántee*) s. (equi.) galope corto; v. i. ir al galope corto.   [*Pint.* lienzo.

canvas (*cánvas*) s. lona; toldo;

canvaas (*cánvas*) tr. *Pol.* pedir votos; **—er,** agente electoral.

cap (*cap*) s. gorra, gorro; *Bot.* tapa chapa; (dep.) internacionalidad.

capability (*keipabiliti*) s. capacidad.   [bil.

capable (*keipabl*) adj. capaz, hábil.

capacious (*capéishös*) adj. amplio, espacioso, grande, de mucha capacidad.

capacity (*capásiti*) s. capacidad, cabida; (int.) inteligencia, aptitud.   [pa] capa.

cape (*keip*) s. *Geog.* cabo; (ro-

caper (*kéipa*) s. travesura, monería; (*U. S.*) asunto.

capital (*cápital*) adj. capital, principal; s. capital (ciudad), (fin.) caudal.   [lismo.

capitalism (*cápitalism*) s. capita-

capitalist (*cápitalist*) s. capitalista.   [lizar.

capitalize (*cápitalais*) tr. capitalizar.

capitulate (*capitiuleit*) tr. *Mil.* capitular, rendirse.

capitulación (*capitiuléishön*) s. capitulación.

caprice (*capris*) s. capricho.

capricious (*caprishös*) adj. caprichoso.   [zozobrar, volcar.

capsize (*cápsais*) tr. e intr. *Naut.*

capstan (*cápstan*) s. *Naut.* cabrestante.   [vaina.

capsule (*cápsiul*) s. cápsula,

captain (*cápten*) s. *Mil.* capitán; jefe.   [fascinar.

captivate (*cáptiveit*) tr. cautivar,

captivating (*captiveitin*) adj. fascinador, encantador.

captive (*cáptiv*) s. cautivo, prisionero.

captivity (*captiviti*) s. cautiverio.

capture (*cápchör*) s. captura, presa; tr. capturar.

car (*cáa*) s. coche, automóvil; **sleeping —,** (f. c.) coche-cama; **dining —** coche restaurante.   [miento.

car-park (*cárpark*) s. aparca-

carat (*cárat*) s. quilate.

caravan (*cáravan*) s. (aut.) remolque, caravana.

carbide (*cáabaid*) s. *Quim.* carburo.   [rabina.

carbine (*cáabain*) s. (arm.) ca-

carbon (*cáabön*) s. *Quim.* carbono; **— paper,** papel carbón.

carcass (*cáacas*) s. (cuerpo de) animal muerto; esqueleto; armazón.

card (*áad*) s. tarjeta; carta o naipe; **Post —,** tarjeta postal; **identity —,** tarjeta de identidad; v. t. *Text.* cardar.

cardboard (*cáadbood*) s. cartón.

cardiac (*cárdiac*) adj. cardíaco.

cardigan (*cáadigan*) s. (vest.) rebeca, chaleco de lana.

cardinal (*cáadinal*) s. cardenal; adj. cardinal.

care *(kéa)* s. cuidado, atención; — for, temer por; to take —, tener cuidado; to take — of, cuidar(se).

career *(karia)* s. (prof.) carrera; intr. echar a correr a toda velocidad.

carefree *(kéafri)* adj. despreocupado, desentendido.

careful *(kéaful)* adj. cuidadoso. —ly, adv. cuidadosamente.

careless *(kéales)* adj. descuidado; —ly, adv. con descuido, descuidadamente.

caress *(carés)* tr. acariciar, halagar; s. caricia.

caretaker *(keateika)* s. conserje, guardián, vigilante.

cargo *(cárgou)* s. carga, cargamento; — boat, s. barco de carga.

caricature *(caricatíur)* tr. ridiculizar, parodiar; s. caricatura.

caricaturist *(caricatiúrist)* s. caricaturista.

caries *(kéries)* s. Med. caries.

carnal *(kaanal)* adj. carnal, sensual.

carnality *(kaanáliti)* s. sensualidad. [clavel.

carnation *(kaanéishön)* s. Bot.

carnival *(kaanival)* s. carnaval.

carnivorous *(kaanivorös)* adj. carnívoro.

carol *(cáröl)* s. villancico.

carousal *(karáusal)* s. francachela, juerga, borrachera.

carouse *(karáus)* intr. ir de juerga; (fam.) ir de tasqueo.

carp *(kaap)* s. Ict. carpa.

carpenter *(kaapenta)* s. carpintero. [tería.

carpentry *(kaapentri)* s. carpintería.

carpet *(cárpet)* s. alfombra; tr. alfombrar.

carriage *(cáridy)* s. carruaje; (f. c.) coche, vagón; (fig. pers.) porte; (com.) portes; — paid, portes pagados.

carrier *(kária)* s. portador, transportista; (med.) portador.

carrot *(cáröt)* s. Bot. zanahoria.

carry *(cári)* tr. llevar, acarrear; —on tr. e intr. continuar; — out, v. t. ejecutar, llevar a cabo. [t. carretar.

cart *(kaat)* s. carro, carreta; v. carter *(káata)* s. carretero.

cortoon *(cartún)* s. caricatura, historieta; pl. dibujos animados. [cartucho.

cartridge *(káatridy)* s. (arm.)

carve *(carv)* tr. (art.) tallar, esculpir; (coc.) trinchar carne.

carver *(cárva)* s. (art.) escultor, tallador; trinchante.

carving *(cárva)* s. grabado, tallado, escultura.

cascade *(caskéid)* s. cascada, salto de agua.

case *(kéis)* s. (com.) cajón, caja; (viaj.) maleta; maletín; (leg.) caso, pleito; (pers.) caso.

cash *(cash)* s. efectivo; ready —, dinero contante. (Com.) caja; tr. hacer efectivo; — on delivery, pago contra reembolso.

cashier *(cashía)* s. cajero.

casing *(kéisin)* s. (ind.) forro; cubierta. [entonelar.

cask *(cask)* s. barril, tonel; tr.

casket *(cásket)* s. cajita; ataúd.

cassock *(cásök)* s. sotana.

cast *(cast)* s. (met.) fundición; — iron, hierro colado; molde; (theat.) reparto; [cast; cast] v. tr. lanzar; — away, tirar, deshacerse de: — off, deshechar; —lots, echar suertes.

castaway *(kastauéi)* s. náufrago; abandonado.

castigate *(kastigueit)* tr. castigar, corregir; abusar.

casting *(kástin)* s. lanzamiento; (met.) pieza de fundición.

castle *(cásl)* s. castillo.

casual *(cáshual)* adj. casual; (vest.) de «sport».

casualty *(cáshualti)* s. accidentado; (mil.) baja.

cat *(cat)* s. gato; to rain —s and dogs, llover a cántaros; Tom —, gato; wild —, gato montés. [gar; s. catálogo.

catalogue *(cátalog)* tr. catalogar; corregir; abusar.

catapult *(kátapölt)* s. tirabeques, tirabalas.

cataract *(cátaract)* s. catarata cascada; (med.) pl. cataratas. [friado.

catarrh *(catár)* s. catarro, resfriado.

catarrhal *(catáral)* adj. catarral.

catastrophe *(catástrofi)* s. catástrofe. [cheo.

catcall *(cátcol)* s. chifla, abucheo.

catch *[caught; caught] (catch)* tr. coger, agarrar; cold. intr. constiparse; s. (mec.) cierre; (pesc.) pesca, captura; (fam.) pega.

catching *(cátching)* adj. (fig.) contagioso; (med.) infeccioso; (mús.) pegadizo.

catchword *(cátchuörd)* s. reclamo, lema, slogan. [tegórico.

categorical *(categórikel)* adj. categórico.

category *(cátegori)* s. categoría.

cater *(kéita)* intr. proveer, abastecer; — ing industry, industria de hostelería.

caterer *(kéitöröe)* s. proveedor; full — ing servicio completo.

caterpillar *(kateepíla)* s. oruga, (fam.) cien pies.

cathedral *(cazídral)* s. catedral.

Catholic *(cázolic)* adj. católico.

Catholicism *(cazólisism)* s. catolicismo. [dera; pote.

cauldron *(koldrom)* s. (fig.) caldera.

cattle *(cátl)* s. ganado.

cauliflower *(cóliflaua)* s. coliflor. [origen.

cause *(cos)* tr. causar; s. causa,

causeway *(kósuei)* s. (mar.) arrecife; acera; carretera.

caustic *(cóstic)* adj. y s. caústico.

caution *(cóshön)* tr. prevenir; advertir. s. prudencia; aviso.

cautious *(cóshös)* adj. cauto.

cabalcade *(cabalkeid)* s. cabalgata.

cavalry *(cávalri)* s. caballería.

cave *(keiv)* s. cueva. tr. — in, hundirse.

cavern *(cávörn)* s. caverna; adj. —nous, cavernoso; tenebroso. [oquedad.

cavity *(káviti)* s. cavidad; hoyo.

caw *(kóo)* intr. graznar; s. —ing, graznido.

cease *(sis)* intr. cesar, desistir; tr. parar.

ceaseless *(sísles)* adj. incesante.

cedar *(sídar)* s. (Bot.) cedro.

cede *(sid)* tr. e intr. ceder.

ceil *(sil)* tr. techar.

ceiling *(síling)* s. techo; (fin.) límite, tope.

celebrate *(sélebreit)* tr. celebrar, aplaudir; —d, adj. célebre, insigne. [dad.

celebrity *(selebriti)* s. celebridad.

celery *(séleri)* s. (Bot.) apio.

celibacy *(sélibasi)* s. celibato, soltería.

cell *(sel)* s. (biol. y elect.) célula; (rel.) celda.

cellar *(séla)* s. sótano, bodega.

celluloid *(séliuloid)* s. celuloide.

cellulose *(séliulous)* s. celulosa.

cement *(simént)* s. cemento; tr. cementar. [terio.

cemetery *(sémitri)* s. cementerio.

cense *(sens)* tr. incensar; —r, s. incensario. [censurar.

censor *(sénsa)* s. censor; tr.

censorship *(sénsorship)* s. censura.

censure *(sénschur)* tr. censurar, criticar; s. censura.

census *(sénsös)* s. censo.

cent *(sent)* s. céntimo, centavo; per —, por ciento.

centigrade *(sentigréid)* adj. centígrado. [céntrico.

central *(séntral)* adj. central,

centralist *(séntralist)* s. centralista.

centralize *(séntralais)* tr. centralizar, concentrar.

centre *(sénta)* s. centro; tr. centrar, concentrar.

centrical *(séntrical)* adj. céntrico, central. [turia.

century *(sénchuri)* s. siglo; centuria.

cerebral *(séribral)* adj. cerebral.

ceramics *(serámics)* s. cerámica.

ceremonial *(serimónial)* adj. ceremonial; s. [ceremonioso.

ceremonious *(serimouniös)* adj.

ceremony *(sérimoni)* s. ceremonia; (fig.) formalidad; without —, informalmente.

certain *(séeten)* adj. cierto, seguro; adv. —ly, ciertamente, por cierto.

certainty *(séetennti)* s. certeza, certidumbre; with —, con certeza, seguro.

certificate *(sörtífiket)* s. certificado, título; birth —, partida de nacimiento; death —, partida de defunción. [dor.

certifier *(sö'rtifaia)* s. certificador.

certify *(sö'rtifai)* tr. certificar.

certitude *(séetitiud)* s. certidumbre, certeza.

cessation *(seséischön)* s. suspensión, cese. [traspaso.

cession *(séschön)* s. cesión.

chafe *(cheif)* tr. frotar; rozar.

chaffinch *(cháfinch)* s. (orn.) pinzón.

chagrin *(shagrin)* s. resentimiento, disgusto; v. t. mortificar.

chain *(chein)* s. cadena; (fig.) serie; tr. encadenar, unir.

chair *(chea)* s. silla, asiento; (acad.) cátedra, chaisman; (cám.) presidente; arm —, sillón; deck —, tumbona; rocking —, mecedora.

chalice *(chális)* s. cáliz.

chalk *(chok)* s. tiza, greda; tr. marcar o escribir con tiza.

challenge *(chálendy)* s. desafío; tr. desafiar; —r, s. (box.) aspirante al título.

chamber *(chémba)* s. cámara, cuarto; — of Commerce, Cámara de Comercio; — Music, música de cámara; — pot, orinal, vacenilla.

chamber-maid *(chembameid)* s. doncella, camarera.

chanfer *(shánfa)* tr. (Ind.) achaflanar, biselar.

chamois *(shamoi)* s. gamuza.

champagne *(schampéin)* s. champaña.

champion *(chámpiön)* s. campeón; (col.) muy bueno/bien.

championship *(chámpionschip)* s. campeonato.

chance *(chans)* s. azar, suerte, accidente; by —, de/por casualidad; to take a —, arriesgarse; to give a —, dar una oportunidad.

chancery *(chánseri)* s. cancillería. [ller.

chancellor *(cháncelör)* s. canciller.

chandler *(chándla)* s. cerero; (naut.) ship's —, proveedor de buques.

change *(chéindy)* s. cambio; (din.) suelto, cambio; no —, no hay cambio; for a —, para cambiar. tr. cambiar.

changeable *(chénchabl)* adj. mudable.

changer *(chéndya)* s. cambista.

channel *(chánel)* s. canal; (mec.) ranura; The English —, El paso de Calais.

chaos *(kéeos)* s. caos;, confusión.

chaotic *(keótic)* adj. caótico.

chap *(chap)* s. (fam.) chico, tipo, «tío», individuo.

chapel *(chápel)* s. capilla.

chaperon *(shaperon)* s. acompañante; (fam.) guía.

chaplain *(cháplen)* s. capellán.

chaplet *(cháplet)* s. guirnalda, rosario. [Igl. cabildo.

chapter *(chápta)* s. capítulo.

char *(cháa)* s. — woman, asistenta, limpiadora.

character *(kárita)* s. carácter. (Teat.) personaje.

characteristic *(caractóristic)* adj. característico, típico; s. característica. [racterizar.

characterize *(cáracterais)* tr. caracterizar.

charge *(chardy)* s. (coste(s); carga; in—, encargado; v. t. cobrar por.

charitable *(cháritabl)* adj. caritativo. [mosna.

charity *(cháriti)* s. caridad, limosna.

charlatan *(schárlatan)* s. impostor, falso; curandero.

charm *(charm)* s. encanto, atractivo, gracia; talismán; tr. encantar.

charmer *(chárma)* s. encantador; snake —, encantador de serpientes.

charming *(chárming)* adj. encantador, precioso, atractivo.

chart *(chart)* s. (Mar.) carta de navegar; wall —, (esc.) mural; (mus. poop.) lista; tr. poner en el mapa.

charter *(chárta)* s. fletamento (náut. y aviac.); — plane, avión fletado; cédula; tr. fletar.

chase *(cheis)* s. persecución, caza; tr. perseguir.

chasing *(chéisin)* adj. perseguidor, seguidor. [quebrada.

chasm *(kásm)* s. precipicio.

chaste *(cheist)* adj. casto, honesto.

chasten *(cheisn)* tr. castigar.

chaser *(chéisa)* s. perseguidor.

chastise *(chastáis)* tr. castigar.

chastisement *(chástisment)* s. castigo.

chastity *(chástiti)* s. castidad.

chat *(chat)* s. charla; intr. charlar.

chattels *(chátels)* s. bienes, muebles, enseres, efectos.

chatter *(cháta)* s. charla; intr. charlar; (dientes) rechinar; — box, parlanchín, hablador(a).

chauffeur *(chóufa)* s. chofer.

cheap *(chip)* adj. barato.

cheapen *(chípn)* tr. abaratar.

cheapness *(chípnes)* s. baratura.

cheat *(chiit)* s. fraude, engaño; s. (pers.) tramposo, fullero, fraude; v. t. engañar, hacer trampas; timar; s. —er, fullero, tramposo; timador; —ing, s. timo, engaño.

22 **check** *(chek)* s. freno, obstáculo. *Com.* talón, cheque, [ajedrez] jaque; tr. reprimir. *Com.* confrontar.

checker *(chéka)* s. (ind.) inspector; pl. (U. S. A.) damas (juego de); **—ed,** adj. ajedrezado. [caradura.

cheek *(chik)* s. mejilla; (fam.)

cheeky *(chíki)* adj. descarado.

cheer *(chia)* s. alegría, regocijo; pl. vivas; tr. alegrar, vitorear; intr. alegrarse; **cheer up!,** ¡alégrate hombre!

cheerful *(chíaful)* adj. alegre, jovial animado.

cheerfulness *(chíafulnes)* s. alegría, buen humor.

cheerless *(chíaless)* adj. sin ánimo, triste.

cheese *(chiis)* s. queso.

chemical *(kémical)* s. producto químico; adj. químico; pl. s. productos químicos.

chemist *(kémist)* s. farmacéutico, químico.

chemistry *(kémistri)* s. química.

cheque *(chek)* s. (com.) cheque, talón.

cherish *(chérish)* tr. querer, amar; (fig.) acariciar.

cherry *(chéri)* s. cereza; **— tree,** s. (bot.) cerezo.

chess *(ches)* s. ajedrez; **— board,** s. tablero de ajedrez.

chest *(chest)* s. baúl (anat.) pecho, tórax; **— of drawers** *(... ov dróas)* s. cómoda.

chestnut *(chésnat)* s. castaña; adj. castaño; s. **— tree,** (bot.) castaño.

chew *(chu)* tr. mascar, rumiar.

chewing-gum *(chúingam)* s. goma de mascar, chicle.

chick *(chic)* s. (orn.) pollito.

chicken *(chíken)* s. polluelo, pollo; (fig.) cobarde.

chicken-pox *(chíkenpoks)* s. viruelas locas. [banzo.

chickpea *(chikpii)* s. (bot.) gar-

chide [chid; chidden o chid] *(chaid)* tr. reñir, regañar.

chiding *(chaidin)* s. regañina, reprimenda.

chief *(chif)* adj. principal; s. jefe; adv. **—ly,** principalmente, ante todo.

chieftain *(chíften)* s. caudillo.

chilblain *(chílblein)* s. (med.) sabañón.

child *(chaild)* s. niño, niña; hijo.

childbirth *(cháilbörz)* s. parto.

childhood *(cháldjud)* s. infancia.

childish adj. pueril, infantil.

children *(children)* s. pl. niños, hijos.

chill *(chil)* s. frío; (med.) catarro; tr. enfriar; **to get/ catch a —,** acatarrarse.

chilli *(chíli)* s. guindilla.

chilly *(chíli)* adj. frío, (col.) fresco; helado.

chime *(cháim)* s. repique, sonar de campanas; carrillón.

chimera *(káimra)* s. quimera.

chimerical *(kimérical)* adj. quimérico.

chimney *(chímni)* s. chimenea.

chimney-sweep(er) [*chímnisuip (ör)*] s. deshollinador.

chin *(chin)* s. mentón, barbilla.

China *(cháina)* China; s. porcelana.

chinese *(chainis)* s. y adj. chino.

chink *(chink)* s. grieta, resquicio.

chip *(chip)* s. patata frita; (carp.) astilla, viruta; v. cortar como las patatas fritas; (porcel.) cascar.

chiropodist *(kiropodist)* s. pedicuro, callista.

chirp *(cheep)* s. (orn.) gorgeo, trino; v. i. gorgear, trinar.

chisel *(chisl)* s. cincel, formón; tr. cincelar.

chit *(chit)* s. notita; (mil.) informe; (col.) chiquilla.

chit-chat *(chit-chat)* s. palique, parloteo.

chock-ful *(chókful)* adj. repleto, hasta los topes. [late.

chocolate *(chócolet)* s. chocolate.

choice *(chois)* s. elección; alternativa; adj. escogido, selecto.

choir *(cuáa)* s. coro; **— boy,** s. monaguillo; **— singer,** s. corista.

choke *(chouc)* tr. ahogar, sofocar; intr. atragantarse; (tub.) atascarse; s. estrangulación.

cholera *(cólera)* s. *Med.* cólera.

choleric *(cóleric)* adj. colérico.

choose [chose; chosen] *(chus)* tr. e intr. escoger, elegir.

chop *(chop)* s. (carn.) chuleta, tajada; tr. cortar; despecuartizar; **— up,** hacer picadillo.

chopper *(chópa)* s. (carn.) machete.

choppy *(chópi)* adj. (Náut.) picado.

chops *(chops)* s. quijadas.

choral *(córal)* adj. coral.

chord *(cord)* s. *Mús.* acorde, cuerda; (geom.) cuerda; (med.) cordón.

chore *(choor)* s. tarea, faena; **house —s,** faenas domésticas. [electo.

chosen *(chousn)* adj. elegido, s.

Christ *(craist)* s. Cristo.

christen *(crísn)* tr. bautizar.

Christendom *(crísndöm)* s. Cristiandad. [mo, bautizo.

christening *(crísning)* s. bautismo.

Christian *(cristian)* s. y adj. cristiano; **— name** *(... neim)* nombre de pila.

Christianism *(cristianism)* s. Cristianismo.

Christmas *(crístmas)* s. Navidad; **— Eve** s. Nochebuena; **— carols,** villancicos; **— tree,** árbol de Navidad; **— cards,** postales de Navidad.

chronic *(crónic)* adj. crónico.

chronicle *(crónicl)* s. crónica. tr. registrar; s. **—r,** cronista. [nología.

chronology *(cronólodyi)* s. cro-

chuck *(chak)* tr. (fam.) echar, tirar; despedir; s. caricia (bajo la barbilla).

chuckle *(chákl)* intr. reírse entre dientes; s, risita, mofa.

chum *(cham)* s. camarada, compinche.

chunk *(chank)* s. trozo, pedazo.

church *(chöch)* s. iglesia; **— yard** *(cho'chyad)* s. cementerio. [paleto.

churl *(chöl)* s. patán, palurdo,

churlish *(chéelish)* adj. rudo, rústico, grosero.

churn *(chéen)* s. (ind.) mantequera; v. t. batir (manteca); agitar, revolver.

cider *(sáidö)* s. sidra.

cigar *(sigá)* s. (cigarro) puro.

cigarette *(sigörét)* s. cigarrillo, pitillo; **— case,** pitillera; **— holder,** boquillera.

cinder *(sinda)* s. ceniza; **hot —s,** ascuas.

cinderella *(sinderela)* s. cenicienta. [ma.

cinema *(sínima)* s. cine, cine-

cinnamon *(sinemön)* s. canela.

cipher *(sáifö)* s. cifra, clave; tr. cifrar.

circle *(séekl)* s. círculo, corro; tr. e intr. hacer cículos, rodear.

circuit *(séekit)* s. circuito; **short —,** (elect.) corto circuito; **— breaker,** s. (elect.) corta circuitos. [cular.

circular *(séekiula)* s. y adj. circular. [culación.

circulate *(seekiuleit)* intr. circular.

circulation *(seekiuléishön)* s. circulación.

circumcise *(seekömsais)* tr. circuncidar. [circunferencia.

circumference *(séekönferens)* s.

circumlocution *(séekonlokiushon)* s. circunlocución.

circumscribe *(seekömscráib)* tr. circunscribir. [circunspecto.

circumspect *(seecömspect)* s.

circumstance *(seekömstans)* s. circunstancia.

circumstantial *(seekömstä nshal)* adj. accidental, detallado.

circus *(seecös)* s. circo. [jibe.

cistern *(sísteen)* s. cisterna, aljibe.

citation *(saitéishön)* s. citation, mención.

cite *(sáit)* tr. citar, alegar.

citizen *(sitísn)* s. ciudadano, vecino.

city *(síti)* s. ciudad; **— hall,** Ayuntamiento; **— dweller** *(...duéla)* s. ciudadano.

civic *(sívic)* adj. cívico.

civil *(sívil)* adj. civil; educado, corto; **— servant,** s. funcionario; **— service,** Administración Pública.

civilian *(sívilan)* s. paisano.

civility *(sivíliti)* s. cortesía, urbanidad. [vilización.

civilization *(sivilaiséishön)* s. ci-

civilize *(sívilais)* tr. civilizar.

clad *(cläd)* adj. vestido; cubierto; **iron—,** acorazado.

claim *(cléim)* s. reclamation, demanda; tr. reclamar; alegar.

claimant *(cleimant)* s. demandante.

clam *(clam)* s. *Ict.* almeja; v. t. pegar; repicar (campanas).

clamber *(clämba)* intr. gatear, trepar. [húmedo.

clammy *(clámi)* adj. pegajoso;

clamorous *(clä'möräs)* adj. clamoroso.

clamour *(cláma)* s. clamor.

clamp *(clamp)* s. *Mec.* empalmadura, abrazadera; v. t. sujetar, tenazar.

clan *(clän)* s. tribu, clan.

clandestine *(clä'ndestin)* adj. clandestino.

clang *(clang)* s. sonido metálico; estruendo; **—er,** s. metedura de pata; **to drop a —er,** meter la pata.

clap *(cläp)* s. aplausò; tr. aplaudir. / **—per,** *(clápa)* s. badajo; aldaba; palmoteador; s. **—ping,** palmoteo, aplausos.

claret *(clä'röt)* s. clarete.

clarification *(clärifikéishön)* s. clarificación. [aclarar.

clarify *(clä'rifai)* tr. clarificar,

clarinet *(clärinet)* s. *Mús.* clarinete.

clarity *(cláriti)* s. claridad.

clash *(cläsh)* s. choque; (fig.) conflicto, encuentro; v. i. **—ing,** choque; adj. contradictorio.

clasp *(clásp)* s. broche; corchete; abrazo. tr. abrochar; ceñir; abrazar.

class *(clás)* s. clase, orden; tr. clasificar; **classroom** s. aula.

classic *(clä'sic)* s. y adj. clásico.

classical *(clä'sical)* adj. clásico.

classification *(cläsifikéishön)* s. clasificación.

classify *(clä'sifai)* tr. clasificar.

clatter *(cláta)* s. ruido, estrépito; v. i. hacer estrépito; s. **—ing,** estruendo.

clause *(clos)* s. cláusula.

claw *(cló)* *Zoo.* garra; uña; *Crus.* pinza; v. t. desgarrar.

clay *(cléi)* s arcilla, *Agric.* greda.

clean *(clín)* adj. limpio, tr. limpiar; **—er,** (clina.) s. limpiador, fregadora. [aseo.

cleaning *(clíning)* s. limpieza,

cleanliness *(clénlines)* s. limpieza, aseo; (fig.) decencia.

cleanse *(clens)* tr. limpiar, lavar.

cleansing *(clénsin)* adj. limpiador, purificador.

clear *(clia)* adj. claro, limpio; despejado; v. t. aclarar; esclarecer; **— up,** despejar, poner en claro; **— away,** recoger; **off,** cargarse; adv. **—ly,** claramente.

clearance *(clíarens)* s. *Com.* liquidación, despacho de aduanas.

clearing *(clíarin)* s. aclaración; (bosque) claro; **— house,** *Com.* Banca de Liquidación.

clearness *(clíönis)* s. claridad.

cleavage *(clivedy)* s. hendidura; *Anat.* f. división (de los pechos).

cleave [**cleft** o **cloven; cleft** o **cloven**] *(cliiv)* tr. hendir, partir.

clef *(clef)* s. *Mús.* clave.

clemency *(clémensi)* s. clemencia.

clench *(clenct)* tr. cogerse con fuerza; apretar (los puños, dientes).

clergy *(cléedyi)* s. clero.

clergyman *(cléedyiman)* s. eclesiástico, clérigo.

clerical *(clériel)* adj. clerical; **— work,** trabajo de oficina; **— staff,** oficinistas.

clerk *(clák)* s. oficinista, escribiente, funcionario.

clever *(cléva)* adj. listo, inteligente, diestro, hábil.

cleverness *(clévanes)* s. habilidad, talento, ingenio.

click *(clik)* s. chasquido; intr. *Mec.* chasquear.

client *(cláient)* s. cliente.

clientele *(claiantil)* s. clientela.

cliff *(clíf)* s. acantilado.

climate *(cláimt)* s. clima.

climatic *(cláimätic)* adj. climático. [minación.

climax *(cláimäcs)* s. clímax, cul-

climb *(cláim)* tr. subir, escalar. intr. ascender; **—** s. subida, ascensión. [*Bot.* enredadera.

climber *(cláima)* s. escalador.

climbing *(claimin)* s. ascensión, subida; adj. trepador, ascendente. [agarrar; afirmar.

clinch *(clinch)* tr. remachar;

cling [clung; clung] *(cling)* intr. adherirse, agarrarse.

clinic *(clinic)* s. clínica; adj. clínico.

clinical *(clíniköl)* adj. clínico.

clip *(clip)* s. (pelo) horquilla; (ofic.) sujeta-papeles; v. t. (pelo) recortar; (seto) recortar; (seto) podar; (ovejas) trasquilar, esquilar.

clipper *(clípa)* s. esquilador, recortador. *Mar.* clíper.

clipping *(clipin)* s. recorte (period.); (paño) retal; poda.

cloak *(clóuc)* s. capa; manto; (fig.) excusa, pretexto.

cloakroom s. guardarropa; servicios, tocador.

clock (clóc) s. reloj (de pared, etc.); — **face,** s. esfera (del reloj); — **work,** adj. de cuerda, de relojería; **alarm** —, despertador; tr. e intr. (dep.) registrar un tiempo; (ind.) — **in,** registrar la entrada; — **out,** registrar la salida.

clod (clod) s. terrón (de tierra); (fig. y col.) idiota, palurdo.

clog (clog) s. zueco.

cloister (clóista) s. claustro, monasterio.

close (clóus) adj. cerrado; próximo; íntimo; v. t. cerrar; terminar; — **to,** próximo a; — **by,** cercano; — **friend,** amigo, a íntimo; s. conclusión, fin; bochorno.

closely (clóusli) adv. de cerca; cuidadosamente.

closeness (clóusnes) s. proximidad; intimidad.

closet (klozit) s. gabinete; retrete; alacena, armario empotrado.

closing (clóusin) adj. de cierre; final; — **time,** hora de cierre. [cierre.

closure (clóuchö) s. clausura,

clot (clót) s. grumo, coágulo; (fam.) estúpido, zopenco.

cloth (clóz) s. lienzo, paño, tela; **table** —, mantel.

clothe [clothed o clad; clothed o clad] (clóudz) tr. vestir; cubrir.

clothes (cloudas) s. pl. vestidos, trajes, ropa; — **hanger,** percha; — **line,** tendedero. [tuario.

clothing (clóudzin) s. ropa, vestuario.

cloud (cláud) s. nube, nublado; tr. obscurecer; intr. nublarse, —**less,** adj. despejado, sin nubes, —**y,** adj. nublado.

clousure (clóushia) s. clausura,

clover (clóuva) s. trébol.

clown (cláun) s. payaso.

club (clab) s. sociedad, agrupación; (golf.) maza; (cartas) basto; v. t. asociarse.

clue (clu) s. pista; indicio; **I haven't a** —, no tengo ni idea.

clumsily (clámsili) adv. torpemente, descuidadamente.

clumsy (clámsi) adj. torpe, desgarbado. [arracimarse.

cluster (clástö) s. racimo; intr.

clutch (clachj s. garra, presa; (aut.) embrague.

clutter (clá̱ta) s. barahúnda; apiñamiento; v. t. e i. causar estrépito; apiñar.

coach (cóuch) s. autocar; vagón, coche; Dep. entrenador; tr. entrenar, enseña˞.

coaching (cóuchin) s. entrenamiento, preparación. [vo.

coactive (coučtiv) adj. coactiva·

coagulate (couä̱'guiuleit) tr. e intr. coagular, cuajar.

coal (cóul) s. carbón; — **field,** s. cuenca hullera; — **pit,** mina de carbón; — **man,** carbonero.

coalition (coualíshn) s. coalición, alianza, liga.

coarse (coos) adj. (pers.) grosero; áspero, basto.

coarseness (cóosnes) s. tosquedad; crudeza.

coast (cóust) s. costa, ribera; — **guard,** guardacostas; — **er,** Naut. costero, intr. costear.

---

coat (cóut) s. chaqueta, americana; abrigo; capa de pintura; tr. vestir; — **of arms,** escudo de armas. [timiento.

coating (cóutin) s. capa; revestimiento.

coax (couk) tr. halagar; engatusar, dar coba; **ing,** s. halagos, coba.

cob (cob) s. mazorca (maíz); — **web,** tela de araña; to **sweat** —**s** (fam.) sudar tinta. [(fam.) chapucero.

cobbler (cóbla) s. zapatero;

cocaine (coukéin) s. cocaína.

cock (cóc) s. gallo; (font.) llave, espita; **weather** —, veleta; **fighting** —, gallo de pelea; — **eyed,** torcido; tr. levantar.

cockle (cókel) s. berberecho; Bot. vallico; v. i. plegarse; Naut. rizarse.

cockney (cócni) s. adj. londinense (castizo).

cockpit (cócpit) s. Aviac. cabina, carlinga.

cockroach (cócrouch) s. (ent.) cucaracha. [cóctel.

cocktail (cócteil) s. combinado.

coco (cóucou) s. palmera cocotera; —**nut,** coco. s. coco.

cocoa (cóucoa) s. cacao (molido).

cocoon (cocún) s. capullo (de seda); tr. cubrir, proteger.

coction (cócschön) s. cocción.

cod (cód) s. bacalao, abadejo; — **fisherman,** bacalaero (pers.); — **fishing trawler,** Naut. bacalaero.

code (cóud) s. código, clave; tr. poner en clave, cifrar.

codify (códifai) tr. codificar.

co-education (cóuedyukéishön) s. coeducación.

coerce (coées) tr. coercer, obligar, forzar.

coercion (coéeshn) s. coerción, presión. [tir.

coexist (couegsíst) intr. coexistir.

coexistence (couegsístens) s. coexistencia.

coffee (cófi) s. café; — **bean,** grano de café; — **colour,** color café; — **cup,** taza (para café); — **house,** café (local); — **pot,** cafetera.

coffer (cófa) s. cofre, arca; pl. tesoro, hacienda.

coffin (cófin) s. ataúd, féretro.

cog (cog) s. diente de rueda; —**ged,** adj. dentado.

cogitate (códyiteit) intr. pensar.

cogitation (codyiteishn) s. meditación. [semejante.

cognate (cógneit) adj. análogo,

cognation (cognéishön) s. semejanza, analogía. [tar.

cohabit (couä̱'bit) intr. cohabitar.

cohere (coujía) intr. adherirse.

coherence (coujíerens) s. coherencia, adhesión. [rente.

coherent (coujíerent) adj. coherente.

cohesion (códyiteit) s. cohesión. [vo.

cohesive (coujísiv) adj. cohesivo.

coil (cóil) s. rollo, bobina; tr. e intr. enrollar(se).

coin (cóin) s. moneda; tr. acuñar.

coinage (cóinedye) s. acuñación; sistema monetario.

coincide (couinsáid) intr. coincidir.

coincidence (couínsidens) s. coincidencia. [sificador.

coiner (cóina) s. acuñador, falsificador.

coition (cóischön) s. coito, cópula.

coque (couk) s. coque, carbón de coque.

---

cold (cóuld) adj. frío; indiferente; s. resfriado; **to be** —, tener (hacer) frío; **to catch a** —, coger un resfriado; **to have a** —, tener un resfriado.

coldness (cóuldnes) s. frío, frialdad.

colic (cólic) s. cólico.

collaborate (colaboreit) tr. colaborar. [laboración.

colaboration (colaboreshn) s. co-

collapse (cöläps) s. colapso; (fig.) fracaso; intr. desplomarse, caerse.

collar (cóla) s. cuello (de vestir); collar (perro); (caballo) collera; (mec.) cuello; v. t. coger por el cuello; — **bone,** s. (anat.) clavícula.

colleague (cólig) s. colega, compañero.

collect (coléct) tr. recoger; congregar; (din.) cobrar, recaudar; (a. g. r.) recolectar, recoger; v. i. reunirse; congregarse.

collection (colékshn) s. colección; colecta; (com.) recaudación. [tivo.

collective (coléctiv) adj. colectivo.

collector (cölécta) s. colector, recaudador.

college (cóledye) s. colegio (mayor); **Teadrer's Training** —, Escuela Normal.

collegiate (cöledyet) adj. colegiado; colegiata (ecles.); v. t. colegiar (prof.).

collide (cöláid) tr. e intr. chocar, entrar en colisión.

collier (cólia) s. carbonero, minero; (Náut.) carbonero (buque); —**ry,** s. mina de carbón.

collision (cölíshön) s. choque, colisión, encontronazo.

collocation (colokéischön) s. colocación.

colloquial (cölóukuiali) adj. familiar, coloquial; —**ly** adv. familiarmente.

colloquialism (cölóukuialism) s. expresión familiar, coloquialismo.

colloquy (cólöcui) s. coloquio.

colon (cóulön) s. Gram. dos puntos. Anat. colon.

colonel (kéenel) s. Mil. coronel.

colonial (cóunial) adj. colonial.

colonialism (cölounialism) s. colonialismo. [lonizador.

colonist (cólonist) colono, colonizador.

colonization (cölönaiséischön) s. colonización.

colonize (cólönais) tr. colonizar.

colony (cólöni) s. colonia.

colossal (cólösl) adj. colosal.

colossus (cölösös) s. coloso.

colour (kála) s. color; pl. bandera, pabellón nacional; **light** —, color claro; **dark** —, color oscuro; **with flying —s,** con máximos honores; v. t. colorear.

coloured (cálard) adj. de color; pintado; coloreado; — **person,** persona de color (gen. negra). [coloración.

colouring (cálarin) s. colorante.

colt (cóult) s. potro.

column (cólöm) s. columna.

comb (cóum) s. peine; **honey** —, panal; **high** —, peineta. tr. peinar, —**er,** s. peinador (text.) cardador; —**ed,** adj. peinado.

combat (kö'mbat) s. combate; tr. e intr. combatir.

combatant (kö'mbetent) s. y adj. combatiente. [combinación.

combination (combíneischön) s.

---

combine (cömbáin) tr. combinar; intr. combinarse, unirse; — s. (agric.) segadora-trilladora; cosechadora.

combustible (cömbástibl) adj. combustible. [combustión.

combustion (cömbástyon) s.

come [came; come] (cam) intr. venir, llegar; — **about,** ocurrir; — **across,** encontrar, encontrarse con; — **along with,** ir con; — **along!,** ¡ven!, ¡vamos!; — **back,** volver, regresar; — **down,** bajar; — **in,** entrar; — **in!,** ¡entre!, ¡adelante!; — **of age,** llegar a ser mayor de edad; — **off,** soltarse; — **off!,** ¡fuera de ahí! — **out,** salir; — **true,** hacerse real. [diante, cómico.

comedian (comídian) s. comediante.

comedy (cómedi) s. comedia.

comely (camli) adj. atractivo, bien parecido. [llegado.

comer (cáma) s. **new** —, recién

comfort (cámföt) s. confort, comodidad; consuelo; v. t. consolar, confortar. [modo.

comfortable (cámfötebl) adj. cómodo.

comfortably (kómfetebli) adv. cómodamente, agradablemente; — **off,** adj. acomodado.

comic (cómic) adj. cómico; — s. tebeo; — **strip,** s. historieta cómica seriada (period.). [venidero.

coming (cáming) s. venida; adj.

comma (cóma) s. Gram. coma.

command (cömánd) s. orden, mandato; (mil.) mando; v. t. ordenar, mandar.

commandant (comöndänt) s. comandante. [caudillo.

commander (cömánda) s. jefe, comandante.

commandment (cömándmönt) s. mandato; (relig.) mandamiento. [conmemorar.

commemorate (cömémöreit) tr.

commemoration (cömemöréischön) s. conmemoración.

commence (cöméens) tr. e intr. empezar, comenzar.

commencement (cöménsment) s. comienzo, principio, inauguración.

commend (cómend) tr. recomendar, encomiar; confiar; —**able,** adj. recomendable, encomiable; —**ation,** s. recomendación; encomias.

comment (cóment) s. comentario; glosa; v. t. comentar, glosar. [mentario, glosa.

commentary (cómenteri) s. comentario.

commentator (cómenteita) s. comentarista.

commerce (cómees) s. comercio, negocios; **School of** —, Escuela de Comercio.

commercial (coméeshal) adj. comercial.

commissariat (comisariat) s. comisariato; intendencia, administración militar. [sario.

commissary (cómiseri) s. comisario, comisario.

commission (cömischön) s. comisión, encargo; (mil.) misión; (com.) — **merchant,** comerciante comisionista; v. t. comisionar, encargar; autorizar; —**ed,** adj. comisionado; — **officer,** s. oficial; **non** — **official,** s. suboficial.

commissioner (cómíshona) s. comisionado, comisario.

commit (cömít) tr. cometer, perpetrar (crim.); — **one-self,** comprometerse; — **suicide,** suicidarse; — **to memory,** memorizar.

23

24 commitment (*cömitment*) s. compromiso. [junta.

committee (*cömíti*) s. comité;

commodity (*cömóditi*) s. interés, utilidad; s. pl. géneros, artículos.

common (*cómön*) adj. común, corriente; (pers.) ordinario, (fam.) bajo; **in** —, en común; — **sense**, sentido común; — **man**, el hombre medio. [yo.

commoner (*cómöna*) s. plebe-

commonness (*cómönnis*) s. generalidad; (pers.) vulgaridad.

commonplace (*cómönpleis*) adj. común, trivial; s. lugar común.

commons (*cómöns*) s. pl. (agric.) tierra baldía, monte común; **House of** —, Cámara de los Comunes.

commonwealth (*cómönuelz*) s. estado, cosa pública, comunidad de naciones.

commotion (*comoschon*) s. conmoción, tumulto; escándalo.

communicate (*comiunikeit*) v. comunicar. (s) acceso; paso; (med.) contagiar.

communication (*cömiunikéischön*) s. comunicación; acceso; información.

communion (*cömiúniön*) s. comunión; información, trato.

communism (*cómiunism*) s. comunismo. [comunista.

communist (*cómiunist*) adj. s.

community (*comiúnii*) s. comunidad, sociedad.

commutable (*cömiútabl*) adj. conmutable.

commutation (*comiutéishon*) s. (leg.) conmutación; trueque.

commute (*comiút*) tr. (leg.) conmutar; triar; (transp.) desplazarse.

compact (*koompact*) tr. (adj.) compacto; denso; sólido; breve. tr. comprimir.

companion (*cömpä'niön*) s. compañero.

company (*cámpani*) s. compañía; (com.) empresa, sociedad anónima.

comparable (*compárabl*) adj. comparable [comparativo.

comparative (*comparativ*) adj.

compare (*cömpéa*) tr. comparar; (s) **beyond compare**, sin igual.

comparison (*comparison*) s. comparación; analogía; símil.

compartment (*compaatment*) s. compartimiento, d e p a r t amento.

compass (*kómpas*) s. (dib.) compás; (Náut.) brújula; ámbito; v. t. rodear; lograr.

compassion (*cömpä'schön*) s. compasión; lástima.

compatibility (*compatibiliti*) s. compatibilidad.

compatible (*compátebl*) adj. compatible. [patriota.

compatriot (*compatriat*) s. com-

compel (*cömpél*) tr. obligar; forzar; arrancar.

compendium (*cömpéndiöm*) s. compendio; sinopsis.

compensate (*compenseit*) tr. compensar; indemnizar.

compensation (*compenséischön*) s. compensación; indemnización. [tir, rivalizar.

compete (*cömpit*) intr. compe-

competence (*cómpitens*) s. competencia; aptitud, capacidad; rivalidad; suficiencia.

competent (*cómpitent*) adj. competente, apto, calificado.

competition (*competishon*) s. (dep.) competición; (com.) competencia, concurrencia.

competitive (*cömpétitiv*) adj. en competencia, competitivo; — **examination**, s. oposición, concurso.

competitor (*competitra*) s. competidor, rival, contrincante.

compilation (*compiléischön*) s. compilación; recopilación.

compile (*compail*) tr. compilar, recopilar.

complacence (*cömpléisens*) s. tranquilidad, placidez.

complacent (*cömpléisent*) adj. complaciente.

complain (*cömpléin*) intr. quejarse; (leg.) acusar; —**ing**, s. lamento, quejido; s. quejoso.

complaint (*cömpléint*) s. queja; acusación; (med.) dolencia.

complaisance (*cömpléisens*) adj. complacencia. (s) cortesía, deseo de agradar.

complaisant (*cömpléisent*) adj. complaciente, cortés.

complement (*cómplimant*) s. complemento, accesorio; (mil.) contingente, (mar.) tripulación completa.

complete (*cömplít*) tr. completar; adj. completo.

completion (*cömplíschön*) s. terminación, acabado.

complex (*cómplecs*) adj. complejo, complicado; s. complejo.

complexion (*cömplécshön*) s. tez; cutis; naturaleza, carácter. [plejidad.

complexity (*cömplécsiti*) s. com-

compliance (*cömpláiens*) s. conformidad, complacencia, condescendencia.

complicate (*cómplikeit*) adj. complicado; tr. complicar, embrollar. [s. complicación.

complication (*cömplikéischön*)

compliment (*cómplimönt*) s. cumplido, galantería, lisonja; s. pl. saludos.

comply (*complay*) intr. ceder, consentir, someterse.

component (*cömpóunent*) adj. y s. componente.

compose (*cömpóus*) tr. componer. tr. (mús.) componer; (esc.) redactar; (pers.) calmarse; (impr.) ordenar; —**d**, adj. tranquilo; compuesto; **to be** — **of**, constar de.

composer (*cömpóusör*) s. *Mus.* compositor.

composition (*compösischön*) s. composición, arreglo.

compositor (*compósita*) s. (imp.) cajista.

composure (*cömpóusha*) s. compostura; serenidad.

compound (*cómpaund*) s. compuesto, mezcla; adj. mezclado; (cömpaund) tr. componer.

comprehend (*comprijénd*) tr. comprender; incluir.

comprehension (*comprijenschön*) s. comprensión.

comprehensive (*comprijénsiv*) adj. completo, extenso, amplio; — **school**, s. escuela polivalente.

compress (*cömprés*) tr. comprimir, apretar; condensar; reducir; s. (med.) compresa.

compressor (*compresa*) (v.) cilindro compresor; **air** —, compresor hidráulico.

compression (*cömpreschön*) s. compresión.

comprise (*comprais*) tr. comprender, contener, incluir.

compromise (*cömprömais*) s. compromiso, arreglo, avenencia. tr. comprometer, avenirse.

compulsion (*cömpálschön*) s. compulsión, coacción.

compulsory (*cömpálsöri*) adj. obligatorio.

computation (*compiutéishon*) s. cuenta, cálculo, cómputo.

compute (*cömpiút*) tr. computar, calcular.

computer (*cömpiúta*) s. ordenador, computador.

comrade (*comreid*) s. camarada.

concave (*cönkéiv*) adj. cóncavo.

concavity (*concäviti*) s. concavidad. [conder.

conceal (*cönsíl*) tr. ocultar, es-

concealment (*consiilment*) s. encubrimiento; escondrijo.

concede (*cönsíd*) tr. conceder, asentir. [greimiento.

conceit (*cönsít*) s. vanidad, en-

conceited (*cönsétid*) adj. engreído; afectado; fatuo, presumido.

conceive (*consív*) tr. concebir, imaginar; (bio.) engendrar.

concentrate (*cónsentreit*) tr. e intr. concentrar(se); adj. concentrado.

concentration (*consentréischön*) s. concentración.

concentric (*conséntric*) adj. concéntrico. [idea, nocien.

concept (*cónsept*) s. concepto,

conception (*cönsépschön*) s. concepción, idea, noción; imagen.

concern (*cönsee'n*) s. interés, preocupación; (com.) empresa; **a going** —, un negocio en marcha; v. t. concernir, atañer; preocupar.

concerned (*cönsö'nd*) adj. interesado; preocupado.

concerning (*cönséenin*) prep. respecto a, tocante a.

concert (*cónseet*) s. concierto; — (conséet) v. t. concertar, acordar. [cesión.

concession (*cönséschön*) s. con-

concessionary (*cönséschnäri*) s. concesionario. [liar.

conciliate (*cönsílieit*) tr. conciliar; conciliation (consiliéishn) s. conciliación.

concise (*cönsáis*) adj. conciso, breve, sucinto; —**ness**, s. brevedad, concisión; —**ly** adv. brevemente, en pocas palabras.

conclude (*cönclúd*) tr. concluir, acabar, terminar; intr. terminarse.

conclusión (*cönclúshön*) s. conclusión; **in** —, en conclusión, en fin; **to draw a** —, sacar una conclusión.

conclusive (*cönclúsiv*) adj. concluyente, conclusivo, final; —**ly**, adv. de un modo terminante; —**ness**, s. determinación. [ción, mezcla.

concoction (*cöncóshn*) s. po-

concoct (*cöncóct*) tr. (fig.) urdir, tramar; mezclar.

concord (*cöngcod*) s. concordia.

concordance (*cöncódans*) s. concordancia, armonía.

concordant (*cöncódant*) adj. concordante, armonioso. [dato.

concordat (*cöncódät*) s. concor-

concourse (*cöncoos*) s. concurso; multitud, muchedumbre; cooperación.

concrete (*cóncrit*) adj. concreto; (const.) de hormigón; s. hormigón; **reinforced** —, hormigón armado; v. t. abrir con hormigón; — (concrit) v. t. concretar, espesar.

concubinage (*conkiúbinedye*) s. concubinato, amancebamiento. [cubina.

concubine (*cónkiubain*) s. con-

concupiscence (*cönkiúpisens*) s. concupiscencia. [coincidir.

concur (*conquee*) intr. concurrir, acuerdo; coincidencia.

concurrence (*c o n c á r e n s*) s. acuerdo; coincidencia.

concurrent (*concárent*) adj. concurrente; coincidente; junto con. [tusión; conmoción.

concussion (*concáshn*) s. con-

condemn (*cöndém*) tr. condenar, sentenciar; (cond.) censurar; (hab.) declarar inhabitable; —**ed**, adj. condenado, sentenciado; — **house**, casa en estado inhabitable.

condemnation (*condemnéischön*) s. condenación.

condensation (*condenséichön*) s. condensación; (com.) sudor.

condense (*cöndéns*) tr. condensar(se), comprimir. [sador.

condenser (*cöndénsa*) s. conden-

condescend (*condisénd*) intr. condescender, dignarse.

condescending (*condisénding*) adj. condescendiente.

condiment (*cöndiment*) s. condimento.

condition (*cöndischön*) s. condición; estado; v. t. condicionar, estipular. [condicional.

conditional (*cöndischönel*) adj.

condole (*cöndóul*) intr. condolerse, lamentar; dar el pésame.

condolence (*cöndóulöus*) s. pésame; **to offer one's** —, dar el pésame.

condone (*condoun*) tr. condonar; permitir, consentir.

conduce (*cöndiús*) intr. llevar a, conducir a.

conducive (*condiúsiv*) adj. conducente a, nos lleva a.

conduct (*cöndáct*) tr. conducir, *Mus.* dirigir; (cóndact) s. conducta, proceder.

conductor (*cöndáctö*) s. conductor, guía; *Mus.* director; (transp.) cobrador; f. con-**ductress**, cobradora.

conduit (*cóndiut*) s. conducto.

cone (*cóun*) s. *Geom.* cono; (hel.) cucurucho; *Bot.* piña.

confectioner (*cönfécschona*) s. confitero, pastelero.

confectionery (*confécshoneri*) s. dulces, pasteles; pastelería, confitería. [confederación.

confederacy (*cönféderesi*) s.

confederate (*cönféderit*) adj. confederado; s. socio; tr. intr. confederar(se).

confederation (*cönfedöréishön*) s. confederación.

confer (*cönfee*) intr. consultar; tr. otorgar, conferir.

conference (*cónferens*) s. conferencia; conversación.

confess (*cönfés*) tr. (leg.) declarar, confesar; (rel.) confesarse.

confession (*cönféschön*) s. (leg. y rel.) confesión; — **box**, confesionario.

confessional, -nary (*cönféschenl. näri*) s. confesionario.

confessor (*cönfésa*) s. confesor. [dente.

confidant (*confidánt*) s. confi-

confide *(cönfáid)* tr. confiar; intr. confiarse, fiarse.

confidence *(cónfidens)* s. confidencia, secreto; confianza, seguridad.

confident *(confident)* s. confidente; **—ial,** adj. confidencial; **—ly,** adv. confidencialmente, en secreto.

confine *(cönfáin)* tr. limitar, encerrar; intr. confinar; — *(cónfain)* s. confín, límite.

confinement *(confainment)* s. encierro, prisión; (mater.) confinamiento.

confirm *(cönféem)* tr. confirmar, corroborar; (fom.) revalidar. s. confirmación, corroboración.

confirmed *(cönfeemd)* adj. confirmado, probado.

confiscate *(confiskeit)* tr. confiscar; adj. confiscado.

confiscation *(confískêischön)* confiscación.

conflict *(cönflíct)* intr. luchar; *(cónflict)* s. conflicto, lucha.

conflicting *(cönflícting)* adj. contradictorio, opuesto, contrario.

conform *(cönfórm)* tr. e intr. conformar(se); concordar; **to — with the times,** actualizar(se). [formidad.

conformity *(cönfómiti)* s. con-

confound *(cönfáund)* tr. confundir; desconcertar, sacar de quicio.

confounded *(cönfáunded)* adj. confuso; (fam.) maldito.

confront *(cönfrä'nt)* tr. confrontar; cortejar, comparar.

confrontation *(cönfröntéschön)* s. confrontación (leg.) careo. [desconcertar.

confuse *(cönfiús)* tr. confundir.

confused *(cönfiúsd)* adj. confuso; desconcertado, confundido.

confusion *(cönfiúshön)* s. confusión, tumulto, desorden, caos.

congeal *(condyl)* coagular, cuajar; helarse, congelarse.

congenial *(cóngíniel)* adj. simpático, congenial.

conger *(cónga)* s. Ict. congrio.

congest *(cöndyest)* tr. e intr. congestionarse; amontonar; **—ed,** adj. (transp.) congestionado, atascado; (pers.) atestado.

congestion *(condyéstyon)* s. congestión. Med.; (transp.) atasco, atascamiento.

conglomerate *(cönglómereit)* tr. conglomerar.

conglomeration *(cönglomeréischön)* s. conglomeración, muchedumbre, reunión.

congratulate *(cöngrátiuleit)* tr. felicitar; intr. alegrarse.

congratulation *(cöngrátiuléischön)* s. felicitación, enhorabuena; **—s!** ¡felicidades!

congregate *(cóngrigueit)* tr. congregar, intr. congregarse, reunirse

congregation *(cóngriguéischön)* s. congregación, asamblea; Ecl. feligresía, reunión de fieles. [so, asamblea.

congress *(cóngres)* s. congre-

congressman *(congresmän)* s. representante, diputado E. U.

congruent *(cöngruent)* adj. congruente, conforme.

conic *(cónic)* adj. cónico.

conjecture *(condyékchaa)* s. conjetura, suposición. tr. conjeturar.

conjoin *(cóndyoin)* tr. juntar, unir, intr. unirse.

conjoint *(cöndyóint)* adj. conjunto, aliado.

conjugal *(condyugal)* adj. conyugal, matrimonial.

conjugate *(cóndygueit)* tr. Gram. conjugar; enlazar, unir.

conjugation *(condyuguéishön)* s. conjugación; unión; fusión.

conjunct *(condyant)* adj. conjunto, unido; **—ly,** adv. conjuntamente, juntamente.

conjunction *(cöndyankshön)* s. conjunción Gram. unión, liga.

conjuncture *(cöndyánchaa)* s. coyuntura.

conjure *(cándyö)* tr. conjurar; hacer juegos malabares; **—r** *(cóndyura)* s. malabarista, prestidigitador; **c o n j u r i n g trick,** juego de magia, de prestidigitación.

connaisseur *(cóniser)* s. experto, perito, juez.

connect *(cönékt)* tr. juntar; (pers.) relacionar; (telef.) poner; (elect.) enchufar; (comun.) unir; **—ed,** adj. (person.) relacionado; (elect.) conectado.

connection *(cönékschön)* s. conexión,enlace. [sentimiento.

connivance *(cönáivens)* s. con-

connive *(conair)* intr. consentir, tolerar, hacer la vista gorda.

connote *(conout)* v. t. connotar.

conquer *(cónka)* tr. conquistar; superar. [quistador.

conquering *(cönkering)* adj. con-

conqueror *(cönkeror)* s. conquistador. [ta.

conquest *(cónkuest)* s. conquis-

conscience *(cónschens)* s. conciencia; **—less,** adj. sin conciencia, desalmado.

conscientious *(conschiénschös)* adj. concienzudo, escrupuloso; **—ness** s. escrupulosidad.

conscious *(cónschös)* adj. consciente; **—ly,** adv. conscientemente de, a sabiendas de.

consciousness *(cónschösnis)* s. conocimiento, sentido; **to lose —,** perder el conocimiento; **to regain —,** recobrar el conocimiento.

conscript *(cónscript)* s. recluta.

conscription *(cönscrípschön)* s. alistamiento, reclutamiento.

consecrate *(cónsicreit)* tr. consagrar; adj. consagrado.

consecration *(consicréischön)* s. consagración; dedicación.

consecutive *(cönséquiutiv)* adj. consecutivo; **—ly,** adv. consecutivamente.

consent *(cönsént)* intr. consentir, permitir; s. consentimiento, acuerdo.

consequence *(cónsicuens)* s. consecuencia; **it is of no —s** no tiene importancia.

consequent *(cónsicuent)* adj. consecuente, consiguiente; **—ly,** adv. en consecuencia, por consiguiente.

conservation *(consevéishön)* s. conservación, preservación.

conservative *(consevativ)* adj. conservativo.

conserve *(conséev)* tr. conservar, guardar; **—s,** conserva.

consider *(consida)* tr. considerar, pensar; tener por.

considerable *(cönsídarabl)* adj. considerable; **—bly,** adv. considerablemente.

considerate *(cönsíderet)* adj. considerado, respetuoso.

consideration *(cönsídereishön)* s. consideración; respeto; examen; **to take into —,** tener en cuenta.

considering *(cónsíderin)* prep. en vista de; en atención a, teniendo en cuenta.

consign *(cönsáin)* tr. consignar, depositar; **—ee** *(consaini)* s. destinatario; **—er** *(cönsáina)* s. remitente.

consignment *(cönsáinment)* s. consignación, partida, envío;

consist *(cönsíst)* intr. consistir, tencia; constar de; componerse de.

consistence *(cönsístens)* consistencia, solidez; densidad; regularidad.

consistent *(consistent)* adj. consistente; sólido, denso regular, asíduo; **—ly,** adv. en conformidad con; asíduamente.

consolation *(cönsöléischön)* s. consolación, consuelo.

console *(cönsóul)* tr. consolar, confortar; *(cónsoul)* s. (arq.) repisa; — tabla, consola.

consolidate *(cönsólideit)* tr. e intr. consolidar(se).

consolidation *(cönsólidéischön)* s. consolidación.

consonance *(cónsönans)* s. consonancia, acuerdo.

consonant *(cónsönant)* adj. y s. consonante.

consort *(cónsoot)* s. consorte, cónyuge; — *(consóot)* v. i. casar unir; acompañar.

conspicuous *(conspíkiuos)* adj. conspicuo, claro; llamativo, distinguido. **—ly,** adv. claramente, visiblemente; **—ness** s. claridad; lo visible.

conspiracy *(cönspirasi)* s. conspiración. [pirador.

conspirator *(cönspíreta)* s. cons-

conspire *(cönspáia)* intr. conspirar, tramar. [de policía.

constable *(cánstebl)* s. agente

constancy *(cónstensi)* s. constancia; firmeza, fidelidad.

constant *(cónstent)* adj. constante, perseverante, firme, invariable; **—ly,** adv. constantemente, insistentemente.

constipate *(cónstipeit)* tr. e intr. Med. estreñir; obstruir.

constipation *(constipéischön)* s. estreñimiento.

constituency *(cönstítiuensi)* s. distrito electoral, demarcación.

constituent *(cönstítiuent)* s. elector; Quim. componente, constituyente.

constitute *(cönstitiut)* tr. constituir, formar, establecer.

constitution *(constitiúschön)* s. constitución; (Med.) fortaleza.

constitutional *(constitiúshonal)* adj. constitucional.

constitutive *(cönstitiutiv)* adj. constitutivo.

constrain *(cönstréin)* tr. constreñir; obligar, forzar; v. r. contenerse; **—t** *(constreint)* s. represión; compulsión, fuerza. [forzado.

constrained *(cönstréind)* adj.

construct *(cönstríkt)* tr. apretar, apretujar, constreñir.

construct *(cönstráct)* tr. construir. [constructor.

constructor *(constráctö)* s.

construction *(cönstrasshön)* s. construcción, edificación; edificio, estructura.

constructive *(constractiv)* adj. constructivo.

construe *(cönstrú)* tr. construir, interpretar, explicar.

consuetudinary *(consuitiúdinäri)* adj. consuetudinario, habitual.

consul *(cónsöl)* s. cónsul; **—ar** *(cónsiula)* adj. consular; **—ate** *(cónsiulet)* s. consulado.

consulate *(cónsiulet)* s. consulado.

consult *(consa'lt)* tr. consultar; intr. asesorarse; s. consulta. **—ant,** s. asesor (admin.); consultor. [consulta.

consultation *(cönsöltéischön)* s.

consumable *(consiúmabl)* adj. consumible.

consume *(consiúm)* tr. consumir, intr. consumirse.

consumer *(consiúma)* s. consumidor; **— goods,** Econ. bienes de consumo.

consumate *(cónsömet)* tr. consumar adj. consumado, perfecto.

consummation *(consömeishn)* s. consumación; perfección.

consumption *(consamschöh)* s. consunción; Med. tisis; Com. consumo.

contact *(cóntact)* s. contacto; tr. ponerse en contacto con.

contagion *(contéidyiön)* s. contagio, infección.

contagious *(contédyös)* adj. contagioso, infeccioso.

contagiousness *(contéidyösnes)* s. contagiosidad.

contain *(contéin)* tr. contener, incluir; refrenar, reprimir; v. r. aguantarse, reprimirse.

container *(contéina)* s. envase, caja, recipiente; Naut. contenedor. [contaminar.

contaminate *(contámineit)* tr.

contamination *(contaminéischön)* s. contaminación.

contemplate *(cóntempleit)* tr. contemplar; intr. proyectar; meditar.

contemplation *(contempléischön)* s. contemplación, meditación; proyecto, perspectiva.

contemplative *(contémpletiv)* adj. contemplativo.

contemporary *(contémporari)* adj. y s. contemporáneo.

contempt *(contémpt)* s. desprecio, desdén; (leg.) rebeldía.

contemptible *(köntémptíbl)* adj. despreciable.

contemptuous *(contémptiuös)* adj. desdeñoso.

contemptuousness *(contémptiuösnis)* s. altanería, desdén, menosprecio.

contend *(conténd)* tr. disputar, sostener; intr. combatir; **—er,** (s) competidor; antagonista; **—ing,** adj. competidor.

content *(contént)* tr. contentar; s. satisfacción; contento; **—ed,** adj. contento, satisfecho; adv. **—edly,** tranquilamente; **—edness,** satisfacción. [tención; tema.

contention *(könténschön)* s. con-

contentment, s. contento.

contentious *(könténchös)* adj. contencioso.

contents *(cóntens)* s. contenido; cabida.

contest *(contést)* tr. disputar, intr. competir; *(cóntest)* s. contienda, disputa, concurso.

contestant *(kontestant)* s. contendiente; litigante.

25

26 **context** *(cóntecst)* s. contexto, contenido.   [tigüidad.
contiguity *(contiguiúiti)* s. con-
continence *(cóntinens)* s. continencia, moderación.
continent *(cóntinent)* adj. y s. continente.   [continental.
continental *(continéntal)* adj.
contingence *(contíndchens)* s. contingencia; s. eventualidad.
contingent *(contíndchent)* s. casualidad; adj. accidental; s. contingencia.
continual *(contíniual)* adj. continuo; adv. —**ally**, continuamente.   [continuación.
continuation *(continiuéischön)* s.
continue *(contíniu)* tr. continuar; adj. —**d**, continuo.
continuity *(continiúty)* s. continuidad.   [tinuo.
continuous *(contíniuös)* adj. contincontraband **(cóntraband)* s. contrabando.   [contrabandista.
contrabandist *(cóntrebiandist)* s.
contraception *(contrasénschon)* s. anticoncepción.
contraceptive *(contraséptiv)* s. medio anticonceptivo.
contract *(contráct)* tr. contraer, contratar; intr. encogerse; *(cóntract)* s. contrato.
contracting *(conträ'ctin)* adj. contratante; que se contrae.
contraction *(conträ'cschön)* s. contracción.   [tradecir.
contradict *(contradíct)* tr. contra**contradiction** *(contradicschön)* s. contradicción; contrariedad.
contradictory *(contradíctori)* adj. contradictorio, opuesto contrario.   [trariedad.
contrariety *(contraráiti)* s. con**contrary** *(cóntrari)* s. y adj. contrario; **on tre contrary,** al contrario.
contrast *(contrást)* tr. contrastar; *(cóntrast)* s. contraste.
contravene *(contravín)* tr. infringir; violar; s. —**tion,** infracción.
contribute *(contríbiut)* tr. contribuir; intr. ayudar; v. i. cooperar.
contribution *(contribiúschön)* s. contribución, aportación.
contributor *(contríbiutör)* s. contribuidor, colaborador.
contrite *(cóntrait)* a. contrito; s. —**ness,** contrición; arrepentimiento.
contrivance *(contráivans)* s. invención, treta, ingenio; aparato, mecanismo.
contrive *(contráiv)* tr. idear; v. t. inventar; maquinar, tramar.
control *(contróul)* tr. controlar, reprimir; s. dirección; control; —**ler,** interventor, superintendente, director.
controversial *(controvérschal)* adj. polémico; adj. discutible.
controversy *(cóntroversi)* s. controversia, polémica.
controvert *(cóntrovert)* tr. disputar, controvertir; adj. —**ible,** controvertible, disputable.
contuse *(contoose)* tr. contundir, magullar; s. —**sion,** contusión, magullamiento.
conundrum *(cönö'ndröm)* s. acertijo, adivinanza.
convalesce *(convales)* intr. convalecer, reponerse.
convalescence *(convalésens)* s. convalecencia.
convalescent *(convalésent)* adj. convaleciente.

convene *(convín)* tr. convocar, citar; intr. reunirse.
convenience *(convíniens)* s. conveniencia, retrete.
convenient *(convínient)* adj. conveniente, oportuno.
convent *(cónvent)* s. convento.
convention *(convénschön)* s. convención, asamblea, congreso.   [adj. convencional.
conventional *(convénschönal)*
converge *(convéedye)* intr. converger; (comun.) desembocar en.
conversant *(cónveesant)* adj. versado, experto.
conversation *(conveeséischön)* s. conversación; adj. —**al,** familiar, corriente; s. —**alist,** conversador.
converse *(convees)* intr. conversar; *(cónvees)* s. conversación.   [conversión.
conversion *(conveeschön)* s.
convert *(convéet)* tr. convertir, transformar; tr. convertirse. *(cónveet)* s. converso; —**er,** s. convertidor; (elec.) transformador; s. —**ibility,** convertibilidad; adj. —**ible,** convertible.
convex *(cónves)* a. convexo; s. —**ity,** convexidad.
convey *(convéi)* tr. transmitir, transportar, llevar; —**ance,** s. traspaso; s. —**or,** conductor, (mec.) portador, elevador.
conveyance *(convéians)* s. conducción, transporte, vehículo.
convict *(convíct)* tr. sentenciar, condenar; *(cónvict)* s. convicto.
conviction *(cónvicschön)* s. convicción, sentencia, convencimiento.
convince *(convíns)* tr. convencer, persuadir.   [vincente.
convincing *(convínsin)* adj. convincente.
convocation *(convokéischön)* s. convocación, reunión.
convoke *(convóuc)* tr. convocar, citar.
convoy *(convói)* tr. convoyar, custodiar; *(cònvoi)* s. convoy, escolta.
convulse *(convals)* tr. crispar.
convulsion *(convalshön)* s. convulsión, espasmo; (fig.) conmoción.
coo *(cu)* s. arrullo, v. arrullar.
cook *(cúk)* tr. guisar, cocer; intr. cocinar; s. cocinero, cocinera; (fam.) falsificar; —**er,** cocina de gas, eléctrica.
cookery *(cúkeri)* s. arte culinario, de cocina.
cookie, cooky *(cúqui)* s. bizcocho, pastelillo; (E. U.) galleta.
cooking *(cúquing)* adj. de cocina, para cocer; s. cocina.
cool *(cul)* tr. enfriar, refrescar; intr. refrescarse; s. y adj. fresco; — *(cula)* s. (ind.) refrigerador; adj. —**ish,** fresquito.
cooling *(cúling)* adj. refrescante.
coolness *(cúlnis)* s. frescor, frescura, serenidad, calma.
coop *(cup)* s. gallinero.
co-operate *(couopereit)* intr. cooperar; s. —**(e)or,** cooperador.
co-ordinate *(co-órdinet)* adj. coordinado; tr. coordinar.
co-ordination *(coordinéchön)* s. coordinación   [zonte.
cop *(cop)* s. (fam.) policía, poli-

co-partner *(co-paatna)* s. consocio, compañero; s. —**ship,** asociación, participación.
cope *(coup)* tr. competir, hacer frente a; intr. manejárselas.
copier *(copye)* s. copista, copiadora.
copious *(cópiös)* adj. copioso, abundante; s. —**ness,** profusión, abundancia.
copper *(cópa)* s. cobre; calderilla; pl. (fam.) dinero; (vulg.) policía.   [matorral.
coppice *(copis)* s. soto, maleza, **copulate** *(cópiuleit)* tr. unir; intr. juntarse; adj. junto, unido.   [pula, coito.
copulation *(copiuléischön)* có**copy** *(cópi)* tr. copiar; s. copia, número (de periódico); **fair copy,** copia en limpio; **rough copy,** borrador; s. — **Book,** cuaderno; s. —**ing,** copia; adj. copiador; s. —**ist,** copista.
copyright *(cópirait)* s. propiedad literaria; derechos de autor.
cord *(córd)* s. cordel, cuerda; **spinal —,** espina dorsal; tr. encordelar; —**age,** (mar.) cordaje, cordelería.
cordial *(córdial)* s. y adj. cordial; s. cordial, licor. [lidad.
cordiality *(cordiáliti)* s. cordialidad.
corduroy *(córdiuroi)* s. pana.
core *(cór)* s. corazón, centro; núcleo; tr. quitar el corazón; —**r,** s. despepitador.
cork *(cook)* s. corcho, tapón; tr. tapar con corchos; (bot.) alcornoque.   [corchos.
corkscrew *(cookscru)* s. sacacorn **(coon)* s. (bot.) grano; (med.) callo; s. **Indian —,** maíz.
corned beef *(coond biif)* s. carne de vacuno salada.
corner *(córna)* s. ángulo, esquina, rincón; tr. arrinconar; (aut.) virar; (fam.) —**ed,** verse entre la espada y la pared.
cornet *(coonet)* s. (mús.) cornetín; (hel.) cucurucho.
cornfield *(coonnfild)* s. maizal.
cornflour *(coonflor)* s. harina de maíz.   [ronación.
coronation *(coronéischön)* s. co**coroner** *(co-re-ne)* (n) (leg.) médico forense.
corporal *(cooporal)* s. Mil. cabo; adj. corpóreo.   [porativo.
corporate *(cooporeit)* adj. cor**corporation** *(cooporeischön)* s. corporación, ayuntamiento.
corps *(cór)* s. cuerpo (de ejército).
corpse *(coops)* s. cadáver.
corpulent *(coopiulent)* a. corpulento (t); s. —**ce,** corpulencia.
corpuscle *(córpösl)* s. corpúsculo; (biol.) glóbulo.
correct *(corréct)* tr. corregir; adj. correcto, rectificar, subsanar; adj. exacto, justo; s. —**or,** corrector, revisor.
correction *(corécschön)* s. corrección.   [correccional.
correctional *(corécschönal)* adj.
correspond *(corespónd)* intr. corresponder, mantener correspondencia.
correspondence *(coréspondens)* s. correspondencia, reciprocidad.
correspondent *(corespóndent)* adj. correspondiente; s. corresponsal; adj. —**ing,** correspondiente.

corridor *(córidor)* s. corredor, pasillo.
corroborate *(coróboreit)* tr. corroborar, confirmar; apoyar; s. —**ion,** corroboración, confirmación.
corrode *(coróud)* tr. corroer.
corrosive *(corosív)* adj. y s. corrosivo, desgastar; intr. corroerse; s. —**sion,** corrosión.
corrugate *(corugeit)* tr. plegar, arrugar, acanalar; adj. arrugado, acanalado; s. —**tion,** corrogation.
corrupt *(cora'pt)* tr. intr. corromper(se) adj. corrupto. adj. corrupto, corrompido; (fig.) viciado, depravado; s. —**ter,** corruptor, pervertidor.
corruption *(cora'pschön)* s. corrupción, soborno, cohecho.
corruptless *(cora'ptles)* adj. incorruptible.
corset *(córset)* s. corsé.
cosmetic *(cosmétic)* s. y adj. cosmético.
cosmic *(cósmic)* adj. cósmico.
cosmopolitan *(cosmopólitan)* adj. y s. cosmopolita.
cost [cost; cost] *(cóst)* intr. costar, valer; s. coste, costo, precio; (fig.) **at all costs,** cueste lo que cueste; **cost of living,** coste de la vida.
costly *(cóstli)* adj costoso, caro.
costless *(costles)* adj. sin coste, de balde; s. — **liness,** alto precio, lujo.   [tido.
costume *(costiúm)* s. traje, vestido.
cosy *(cóusi)* adj. confortable, agradable, cómodo, agradable.
cot *(cót)* s. cuna; choza.
cote *(cout)* s. corral; **dove-cote,** palomar.
co-tenant s. realquilado, re-inquilino; s. —**rie,** tertulia.
cottage *(cótedye)* s. casa pequeña, casa de aldea; cabaña, choza; s. —**ger,** aldeano.
cotton *(cótn)* s. algodón; adj. de algodón; s. — **plant,** (bot.) algodonero; — **wool,** s. algodón en rama; — **yarn,** s. hilado de algodón.
couch *(cáuch)* s. diván; sofácama; tr. acostar(se).
cough *(cóf)* s. tos; intr. toser; **cough drop,** pastilla de la tos; f. **whooping-cough,** tosferina; s. —**ing,** tos.
council *(cáunsil)* s. consejo, concilio; s. ayuntamiento.
councillor *(cáunsila)* s. concejal, consejero.
counsel *(cáunsel)* s. consejo; abogado; v. t. aconsejar.
counsellor *(cáunsela)* s. consejero, abogado.
count *(caunt)* s. cuenta, cálculo; (nobl.) conde. tr. contar.
countenance *(cáuntinans)* s. cada, semblante.
counter *(cáunta)* s. mostrador; contador; (juegos) ficha; adv. —, contra, al contrario.
counterbalance *(cauntörbálans)* tr. equilibrar; s. contrapeso.
counterfeit *(cáuntörfit)* s. falsificación; adj. falsificado; tr. falsificar; —**er** *(cáuntefira)* s. falsificador.   [matriz.
counterfoil *(cáunrefoil)* talón.
counterpane *(cáuntepein)* s. cobertor, colcha.
counterpart *(cáuntepaat)* s. homónimo, contraparte.
counter-revolution *(cáuntör-revoliúschön)* s. contrarrevolución.

countersign *(cáuntorsain)* s. contraseña, consigna; tr. refrendar.
countess *(cáuntes)* s. condesa.
countless *(cáuntles)* a. innumerable, ilimitado.
country *(kantri)* s. campo, campiña; región, país, nación.
countryman *(kantriman)* s. paisano; aldeano, campesino.
county *(cáunti)* s. condado, distrito; adj. del condado.
coupé *(cúpei)* s. cupé.
couple *(kapl)* s. par; pareja; tr. aparejar; tr. *Mec.* acoplar, enganchar.
coupling *(kapling)* s. *Mec.* acopladura, pasador.
coupon *(cúpon)* s. cupón, talón.
courage *(cáridy)* s. coraje, valor.
courageous *(caréidyös)* adj. valiente, valeroso. [guía.
courier *(cúriör)* s. correo; (tur.)
course *(cóos)* s. (acad.) curso; (naut.) rumbo; (dep.) pista; (host.) plato; **of —,** por supuesto, desde luego.
court *(coot)* s. (real.) corte; (tenis) pista; (leg.), tribunal; tr. cortejar.
courteous *(cootyos)* adj. cortés, amable.
courtesy *(kootesi)* s. cortesía.
courtier *(cootiör)* s. y adj. cortesano.
court-martial *(coot-márschal)* s. consejo de guerra. [go.
courtship *(cootchip)* s. noviazgo.
courtvard *(coovard)* s. patio.
cousin *(kasn)* s. primo(a).
covenant *(kö'venant)* s. pacto; intr. convenir.
coventry *(coventri)* s. **to send one to coventry,** hacerle el vacío.
cover *(köva)* s. tapa(dera) v. r. cubrir, tapar, abarcar, abrigo, (lib.) forro, forrar; (mueb.) funda; **covering (covaring)** s. envoltura.
coverlet *(köveerlet)* s. colcha.
covet *(követ)* tr. codiciar, ambicionar.
coverable *(covetodli)* adj. codiciable; **coveter (coveta)** s. codicioso.
covetous *(kö'vetös)* adj. codicioso, ambicioso; **covetousness** s. codicia, avaricia.
cow *(cáu)* s. vaca; tr. acobardar, amedrentar. [barde.
coward *(cáueed)* s. y adj. cobardo.
cowardly *(cauwedli)* adj. medroso, miedoso, tímido; adv. cobardemente. [día.
cowardice *(cáuördis)* s. cobardía.
cow-boy *(cáuboi)* s. vaquero.
cower *(cawe)* intr. acurrucarse, agacharse, acobardarse.
coxcomb *(cocscom)* s. cresta (de gallo), mequetrefe, farolero. [patrón.
cokswain *(cocsweyn)* s. (mar.)
coy *(cói)* adj. modesto, tímido, coquetón.
coyness *(cóines)* s. recato, s. timidez, coquetería.
crab *(cráb)* s. cangrejo. (astr.) cáncer; *Mec.* molinete. /
crabbed *(crabd)* a. áspero, avinagrado. [noso.
crabby *(crabi)* adj. difícil, espi-
crack *(crák)* s. estallido; chasquido; locura; chifladura; grieta, rendija, raja. v. t. rajar; v. i. resquebrarse, agrietarse; **cracking (cráking)** s. crujido, estallido.
cracker *(cráka)* s. petardo; galleta; (fam.) «bola».

cradle *(créidl)* s. cuna; tr. mecer; (fig.) infancia, niñez.
craft *(cráft)* s. oficio, técnica; astucia; embarcación; **craftily** (adv.) astutamente; s. **craftiness** astucia, maña.
craftsman *(cráftsman)* s. artífice, artesano.
crafty *(cráfti)* adj. astuto.
crag *(crág)* s. peñasco, despeñadero, risco. [escarpado.
craggy *(crádyi)* adj. escabroso,
cram *(crám)* tr. rellenar, cebar; intr. atracarse; v. t. atestar. v. i. atiborrarse; (acad) «empollar» **crannes** i. (fam.) «empollón» **cramming** s. repaso.
cramp *(crámp)* s. calambre; grapa; v. t. dar calambre.
crane *(créin)* s. grúa, cabria *Orn.* grulla; *Mec.* grúa; tr. **— one's neck,** estirar el pescuezo.
cranium *(créiniöm)* s. cráneo.
crank *(cránk)* s. *Mec.* manivela; biela; (fam.) chiflado; v. r. vivar (un motor); **crankiness,** *(crankines)* s. irritabilidad.
cranky *(cranci)* adj. malhumorado, irritado. [grieta, rincón.
cranny *(crani)* s. hendedura,
crash *(crásch)* s. estallido. *Com.* quiebra; tr. romper; intr. quebrar. v. i. (aut.) estrellar, chocar. [de] envase.
crate *(créit)* s. canasto (cajón
crawl *(cról)* intr. arrastrarse, deslizarse; reptar. (mar) corral de pescado.
crawlen. s. reptil, bicho.
craze *(créis)* s. furor, antojo capricho, moda, tr. entusiasmar, volver loco. [chifladura.
craziness *(créisines)* s. locura.
crazy *(créisi)* adj. chiflado, loco; (idea) descabellada.
creak *(crik)* intr. crujir, chirriar.
creaking *(críking)* s. crujido.
cream *(crím)* s. nata, crema (fig.) la flor y nata.
creamy *(crími)* s. cremoso.
creamery *(crímeri)* s. lechería, granja. [tr. arrugar.
crease *(crís)* s. arruga, pliegue.
create *(criéit)* tr. crear, causar, constituir. [obra, universo.
creation *(criéishön)* s. creación.
creative *(criéitiv)* adj. creativo.
creativeness s. genio, inventiva.
creator *(criéita)* s. creador.
creature *(crícha)* s. criatura, animal; **fellow creature,** semejante. [crédito.
credence *(crídens)* s. creencia.
credential *(crídenschal)* adj. credencial. [verosímil.
credible *(crédibl)* adj. creíble,
credit *(crédit)* s. crédito; tr. acreditar, dar crédito a; reputación. v. t. honrar.
credited adj. acreditado; (com.) abonado en cuenta. [haber.
creditor *(crédita)* s. acreedor;
credulity *(cridiúliti)* s. credulidad. [dulo.
credulous *(crédulös)* adj. crédulo.
creed *(críd)* s. credo.
creek *(crik)* s. riachuelo. [dor.
creel *(cril)* s. cesta de pesca-
creep *(crep_i crept)* *(crip)* intr. arrastrarse, serpear.
creeper *(cripa)* s. *Bot.* enredadera.
creeping *(criping)* s. arrastramiento, bajeza, trepador.
cremate *(crimeit)* tr. incinerar.
cremation *(criméishön)* s. incineración. [torio.
crematory *(crímatori)* s. crema-

crescent *(crésent)* adj. creciente; s. media luna.
crest *(crest)* s. cresta; (fig.) orgullo, altanería.
crestfaller *(crestfoilen)* a. cabizbajo, abatido, con las orejas gachas.
cretin *(cretin)* cretino.
crevasse *(crivás)* s. grieta, hendedura.
crevice *(crévis)* s. grieta.
crew *(crú)* s. tripulación.
crib *(críb)* s. camita de niño, pesebre.
cricket *(críket)* s. grillo; juego de cricket. [cricket.
criketer *(criketer)* s. jugador de
crier *(craer)* s. pregonero.
crime *(cráim)* s. crimen, delito.
criminal *(criminal)* adj. criminal.
criminology *(criminolo)* s. Criminología. [mesí.
crimson *(crímsön)* adj. y s. carmesí.
cripple *(cripl)* s. cojo, inválido; adj. manco; (mar) desmantelado; tr. lisiar, descalabrar.
crisis *(cráisis)* s. crisis.
crisp *(crísp)* adj. crespo, rizado; tr. encrespar; **potato crisps** s. patatas fritas; (coc.) tostado; (a) terso; (Ag.) mordaz. [rizada.
crisply *(crispli)* adv. de manera
crispy adj. rizado, crespo, vigorizante, fresco.
criss-cross *(cris-cros)* adj. cruzado, entrelazado. [crítica.
critic *(crític)* s. crítico, censor;
critical *(críticöl)* adj. crítico.
critically *(criticali)* adj. exactamente, rigurosamente.
criticism *(crítisism)* s. crítica, censura. [censurar.
criticize *(crítisais)* tr. criticar,
croak *(cróuk)* s. graznido de cuervos; canto de ranas; intr. graznar, croar.
crock *(cróc)* s. cazuela, olla de barro, cacharro viejo.
crockery *(crókeri)* s. loza, cacharros, vajilla. [lo.
crocodile *(crócodail)* s. cocodrilo.
croft *(cróft)* s. aledaño.
crofter s. colono de una granja.
crook *(crúk)* tr. encorvar; intr. encorvarse; s. gancho delincuente.
crooked *(crúked)* adj. curva; corvo, torcido.
crookedly adv. torcidamente.
crookedness s. corvadura, perversidad. [rrear.
croon *(cruin)* tr. e intr. cantu-
crop *(cróp)* *Zool.* buche; *Agr.* cosecha; tr. recolectar; (barb.) rapar.
cross *(crós)* s. cruz; aspa; adj. contrario; enojado; tr. cruzar, fustrar, vejar; **cross country,** a campo traviesa; **to cross out,** tachar, adj. **cross-armed,** con los brazos cruzados; s. **cross-bar,** tranca, travesaño; s. **cross-cut,** atajo; *s. For.* **cross-examination,** interrogatorio; tr. **cross-examine,** volver a preguntar; adj. **cross-eyed,** bizco; s. **cross-road,** encrucijada, cruce; adv. **cross-wise,** de través.
cross-word puzzle *(króswöd pösl)* s. crucigrama.
crossing *(crósing)* s. cruce; *Naut.* travesía.
crouch *(crauch)* intr. agacharse.
croup *(crúp)* s. rabadilla; *Med.* **crup,** falsa difteria.
crow [crowed o crew; crowed] *(crou)* intr. cantar el gallo, (fig.) alardear.

crowbar *(króubar)* s. barra, palanca.
crowd *(cráud)* s. gentío, muchedumbre; f. multitud; r. amontonar; **to be crowded,** estar de bote en bote.
crown *(cráun)* s. corona, guirnaldas; tr. coronar.
crucifix *(crúsifics)* s. crucifijo.
crucial *(croushal)* adj. crucial, decisivo. [cifixión.
cricifixion *(crusifíschön)* s. cru-
crucify *(crúsifai)* tr. crucificar, (fig.) mortificar.
crude *(crúd)* adj. crudo, grosero, rudo.
crudenes *(crúdnes)* s. crudeza.
crudity *(crúditi)* s. crueldad.
cruel *(crúel)* adj. cruel.
cruelty *(crúelti)* s. crueldad.
cruet *(crúet)* s. vinagrera.
cruse *(crús)* s. *Mar.* crucero, viaje; intr. hacer un crucero; **—ing speed.** velocidad de crucero.
cruiser *(crúsa)* s. *Mar.* crucero.
crumb *(cró'm)* s. miga, migaja, (fig) corteza; **— v. t.** desmenuzar.
crumble *(crö'mbl)* tr. desmenuzar intr. desmoronarse, hundirse.
crunch *(kranch)* tr. e intr. crujir.
crusade *(cruséid)* s. cruzada.
crusader *(cruseida)* s. cruzado.
crush *(crösch)* s. choque, apretón; tr. aplastar.
crusher *(krasheir)* s. *Min.* triturados.
crust *(crast)* s. costra, corteza; tr. e intr. encostrar(se).
crustaceous *(crasteishyös)* adj. costroso.
crutch *(krach)* s. muleta.
cry *(crái)* s. grito; llanto; intr. gritar, llorar.
crypt *(cript)* s. cripta.
crystal *(crístel)* s. cristal.
crytallize *(crístálais)* intr. y reflex. cristalizar(se).
cub *(kab)* s. cachorro.
cube *(kiúb)* s. *Arit.* cubo; raíz cúbica; tr. cubicar.
cubic *(kiúbic)* adj. cúbico.
cuckold *(kákold)* s. cornudo; tr. poner cuernos. [cuco.
cuckoo *(cúcu)* s. *Orn.* cuclillo,
cucumber *(kiúkömba)* s. pepino.
cud *(kad)* s. rumía; **to chew the cud,** rumiar; (fig.) meditar.
cuddle *(kö'dl)* tr. abrazar, acariciar. [aporrear.
cudgel *(kö'dchel)* s. porra; tr.
cue *(kiú)* s. pista, sugerencia; taco de billar. [camisa.
cuff *(kaf)* s. bofetón; puño de camisa.
culinary *(kiúlineri)* adj. culinario. [minar; alcanzar.
culminate *(kalmineit)* intr. culminar.
culmination *(kalmineishon)* s. culminación; (fig.) apogeo.
culpability *(kölpabílii)* s. culpabilidad. [culpable.
culprit *(kalprit)* s. reo, criminal.
cult *(cölt)* s. culto. [practicar.
cultivate *(kaltiveit)* tr. cultivar.
cultivation *(kaltvéischön)* s. cultivo. [cultivo.
culture *(kölcha)* s. cultura.
culvert *(kalveirt)* s. alcantarilla, cloaca.
cumbersome *(cámbeesam)* adj. engorroso, incómodo, pesado.
cumbrance *(kambrans)* s. carga, peso, obstáculo.
cunning *(kaning)* adj. astuto, s. astucia, maña; (fam.) divertido, gracioso.
cup *(kap)* s. *Med.* taza, ventosa; (dep.) copa, trofeo.

cupboard (*cápbood*) s. armario.
cupola (*kiópela*) s. (arq.) cúpula.   [llano, cobarde.
cur (*kö'r*) s. perro mestizo; vi-
curable (*kiúrabl*) adj. curable.
curate (*kiurerit*) s. vicario,
    sacerdote.   [tivo.
curative (*kiúrative*) adj. cura-
curator (*kiureita*) s. curador;
    conservador, guardián de
    seo.
curb (*keeb*) s. (fig.) freno, res-
    tricción; bordillo (de una
    acera); tr. (fig.) poner fre-
    no.   [llo.
curbstone (*körbstoun*) s. bordi-
curd (*kö'rd*) s. requesón.
curdle (*keedl*) intr. cuajarse,
    to curdle (**one's blood**);
    (fig.) helarse la sangre; tr.
    coagular.
cure (*kiúr*) s. cura, remedio;
    tr. e intr. curar(se); salar.
cureless (*kiurles*) adj. incurable.
curfew (*kéefiu*) s. toque de
    queda.
curiosity (*kiuriósiti*) s. curiosi-
    dad.   [raro.
curious (*kiúriös*) adj. curioso.
curl (*kö'rl*) s. rizo; bucle, on-
    dulación; tr., intr. rizar(se),
    ondular(se).
curly (*keeli*) adj. ensortijado, ri-
    zado.   [rinto, grosella.
currant (*kö'rant*) s. pasa de Co-
currency (*karensi*) s. circula-
    ción, moneda de curso legal;
    foreing currency, s. divisas.
current (*karent*) adj. corriente,
    común; s. corriente.
currently (*kerentli*) adv. corrien-
    temente.
curry (*kari*) tr. curtir; condi-
    mentar con «curry»; s. «cu-
    rry» (salsa).
curse (*keers*) s. maldición, tr.
    maldecir; intr. blasfemar.
cursed (*kéersd*) adj. maldito.
curtail (*keertéil*) tr. cortar; abre-
    viar; reducir.
cursing (*kersing*) s. maldición.
cursorily (*kersorili*) adv. precipi-
    tadamente.
curt (*keért*) adj. brusco, áspero.
curtain (*keetein*) s. cortina; te-
    lón; tr. **to draw the curtain**,
    correr la cortina.
curtain-raiser (*keetain-reesa*) s.
    (teat.) entremés; **iron cur-
    tain**, telón de acero.
curtness (*keetnes*) s. brusque-
    dad, falta de cortesía.
curtsey, curtsy (*keertsi*) s. cor-
    tesía, reverencia, intr. hacer
    una reverencia.   [tura.
curvature (*keervacha*) s. curva-
curve (*keerv*) s. curva; tr. en-
    corvar, adj. corvo.
curving (*keerving*) s. curvatura.
cushion (*cúschön*) s. cojín, al-
    mohada; tr. amortiguar.
custard (*kö'stard*) s. flan, cre-
    ma, natillas.
custody (*kastodi*) s. custodia.
custom (*kastom*) s. costumbre,
    hábito; **custom-duties**, dere-
    chos de aduana; **custom-free**,
    libre de derechos; **custom-
    house**, aduana.
customary (*kestomari*) adj.
    usual, ordinario, habitual.
customer (*kastoma*) s. parro-
    quiano, cliente.
cut (*kat*) s. corte, atajo, hechu-
    ra, herida; [**cut; cut**] tr.,
    intr. y reflex. cortar(se); adj.
    cortado.
cute (*kiút*) adj. agudo. *Amér.*
    mono, simpático.
cutlass (*katlas*) s. machete.

cutlery (*kö'tlöri*) s. cuchillería.
cutlet (*kö'tlet*) s. chuleta.
cutter (*cáta*) s. cortador;
    Naut. yate-crucero.
cutting (*kating*) s. cortadura;
    adj. incisivo.
cut-throat (*ketzrout*) s. asesino;
    (fig.) bribón, rufián.
cycle (*sáicl*) s. ciclo, periodo,
    bicicleta; intr. ir en bicicleta.
cycling (*saikling*) s. ciclismo.
cyclic(al) (*sícliklöl*) adj. cíclico.
cyclist (*sáiklist*) s. ciclista.
cyclone (*sáicloun*) s. ciclón.
clyclostyle (*sáiklostail*) s. ciclos-
    tilo; tr. copiar en ciclostilo.
cylinder (*silinda*) s. cilindro.
cylindric (*silindric*) adj. cilín-
    drico.
cynic (*sínic*) adj., s. cínico.
cynicism (*sínisism*) s. cinismo.
cypress (*sáipres*) s. *Bot.* ciprés.
cyst (*síst*) s. (anat.) quiste.

D d

dab (*dáb*) s. salpicadura, toque;
    tr. salpicar, manchar.
dabble (*dabel*) tr. mojar, hume-
    decer; intr. chapotear.
dabbler (*dable*) s. chapuzador,
    aficionado.   [to.
dad (*dád*) s. (fam.) papá, papaí-
daddy (*dád*) s. papá.   [ciso.
daffodil (*dáfodil*) s. *Bot.* nar-
daft (*dáft*) s. tonto, necio, es-
    túpido.
dagger (*dága*) s. puñal, daga;
dahlia (*déilya*) s. *Bot.* dalia.
daily (*déili*) adj. diario, cotidia-
    no; s. periódico; adv. dia-
    riamente.
daintiness (*déintines*) s. elegan-
    cia; pulcritud; golosina.
dainty (*déinti*) adj. delicado, ex-
    quisito; s. golosina, manjar.
dairy (*déari*) s. lechería, quese-
    ría; adj. láctico; **dairy pro-
    ducts**, productos lácteos.
dairymaid (*déirimeid*) s. leche-
    ra.
dais (*déis*) s. tarima.
daisy (*déisi*) s. *Bot.* margarita.
dale (*déil*) s. valle.
dally (*dáli*) intr. juguetear, retar-
    darse, perder tiempo.
dam (*dam*) s. dique, presa; tr.
    represar, embalsar; contener.
damage (*dámidch*) s. daño, per-
    juicio, avería; tr. e intr. da-
    ñar(se), estropear(se).
damaging (*dámedyin*) adj. per-
    judicial, dañino.
dame (*déim*) s. dama.
damn (*dam*) tr. maldecir, con-
    denar; interj. (vulg.) ¡mal-
    dito sea!, adj. maldito.
damnation (*damnéischön*) s. con-
    denación, maldición.
damned (*dámd*) adj. condenado,
    maldito.
damp (*dámp*) s. humedad; de-
    saliento; adj. húmedo; aba-
    tido; tr. mojar; desanimar.
damper (*dámpe*) s. regulador de
    tiro; (mús.) sordina.   [dad.
dampness (*dámpnes*) s. hume-
dampy (*damp*) adj. húmedo.
danso (*danzon*) s. *Bot.* ciruela.
dance (*dáns*) s. baile; intr. bai-
    lar; (fam.) brincar, saltar;
    — with joy, saltar de alegría.
dancer (*dánsa*) s. bailarín.
dancing (*dánsing*) s. danza; **dan-
    cing room**, salón de baile; s.
    baile.
dandruff (*dándröf*) s. caspa.

dandy (*dándi*) s. dandi, petrime-
    tre, pisaverde.   [riesgo.
danger (*deindya*) s. peligro,
dangerous (*déndyerös*) adj. peli-
    groso, arriesgado.
dangle (*dang'gel*) intr. colgar,
    estar colgado, bambolearse.
dangling, adj. pendiente, col-
    gante.
Danish (*déinisch*) adj. danés.
dapper (*dapa*) adj. apuesto, ga-
    llardo.   [teado.
dappled (*dapld*) adj. rodado, mo-
dare [**dared** o **durst**; **dared**]
    (*dea*) intr. osar; tr. desafiar.
daring (*déaring*) s. audacia; adj.
    audaz, osado, atrevido.
dark (*daak*) adj. obscuridad; adj.
    oscuro; moreno, secreto.
darken (*daakn*) tr. e intr. oscu-
    recer(se).
darkness (*daaknes*) s. oscuri-
    dad; sombras; (fig.) ignoran-
    cia.   [«moreno».
darky (*daakky*) s. (fam.) negro,
darling (*dáaling*) s. favorito; adj.
    querido; amado; **(My) —!**
    ¡amor (mío)!
darn (*daan*) s. zurcido, remien-
    do; tr. zurcir.
dart (*daat*) s. dardo, saeta; tr.
    e intr. lanzar(se); precipi-
    tarse.
dash (*dásch*) s. choque, ataque;
    tr. lanzarse, ir a velocidad;
    (fig.) arrojo, ardor; (impr.)
    guión; tr. arrojar; intr. arro-
    jar(se).
dashing (*dásching*) adj. brillante,
    brioso, elegante.
data (*déita*) s. pl. datos.
date (*déit*) s. fecha; (fam.)
    cita. *Bot.* dátil; **up to —**, mo-
    derno, al día; **out of —**, an-
    ticuado; tr. fechar; citar (de
    novios).
datum (*détöm*) (pl. **data**) s.
    dato.
daub (*doub*) tr. untar, embadur-
    nar, manchar, ensuciar.
dauber (*douba*) s. pintamonas.
daughter (*dóta*) s. hija; **— in-
    law**, nuera, hija política.
daunt (*dónt*) tr. intimidar, do-
    mar, espantar.   [pido
dauntless (*dóntlés*) adj. intré-
davit (*devit*) s. (mar.) pescante
    de ancla, pequeña grúa.
dawdle (*doodel*) intr. perder
    tiempo.   [haragán.
dawdler (*doodela*) s. bodoque,
dawn (*dón*) s. alba, aurora; intr.
    amanecer.
day (*dei*) s. día, luz del día. **eve-
    ry —**, todos los días; **— boy**
    s. alumno externo; **— after
    tomorrow** adv. pasado maña-
    na; **— before yesterday** adv.
    anteayer; s. **—labourer** jorna-
    lero.   [cer.
daybreak (*deibréik*) s. amane-
daydream (*deydrim*) s. ensueño,
    quimera.   [Deslumbramiento.
daze (*daez*) tr. deslumbrar; s.
dazzle (*dázl*) tr. e intr. deslum-
    brar(se).   [brante.
dazzling (*dazling*) adj. deslum-
dead (*déd*) adj. muerto; adv.
    enteramente.
deaden (*dédn*) tr. amortiguar.
deadlock (*dedlok*) s. sin salida,
    sin solución.
deadness (*dednes*) s. insensibi-
    lidad, inercia, apatía.
deadly (*dédli*) mortal.
dead (*déf*) adj sordo; **as deaf as
    a post**, sordo como una tapia.
deafen (*défn*) tr. ensordecer.
deafness (*défnes*) s. sordera.

deal (*díl*) s. (com.) pacto, tra-
    to; (naipes) mano; madera
    (de pino); **a great —**, muchí-
    simo; **a good —**, bastante;
    that's a —!, ¡trato hecho!;
    [**dealt; dealt**] tr. tratar, tra-
    ficar en.
dealer (*dila*) s. tratante.
dealings (*dílings*) s. negocios,
    tratos; s. proceder.
dean (*din*) s. deán, decano.
dead (*día*) adj. querido, amado;
    caro, costoso; **oh dear!, dear
    me!**, ¡Dios mío!   [casez.
dearness (*diarnes*) s. cariño, es-
death (*déz*) s. muerte; falleci-
    miento, mortandad, mortali-
    dad.   [mortal.
death-blow (*dezbloo*) s. golpe
death-certificate s. partida de
    defunción.   [lidad.
death-rate s. índice de morta-
debar (*dibaa*) tr. excluir, prohi-
    bir.   [jeza, degradación.
debasement (*dibeysment*) s. ba-
debase (*debéis*) tr. abatir, en-
    vilecer; adulterar.   [tible.
debatable (*debéitabl*) adj. discu-
debate (*debéit*) s. debate; tr.
    debatir; intr. deliberar.
debauch (*dibóch*) tr. corromper,
    viciar, pervertir; s. exceso,
    libertinaje, orgía.   [tinaje.
debauchery (*dibócheri*) s. liber-
debilitate (*dibílteyt*) tr. debilitar.
debility (*dibílii*) s. debilidad.
debit (*débit*) s. débito, cargo;
    tr. adeudar.   [ruinas.
debris (*débri*) s. escombros,
debt (*dét*) s. deuda.
debtor (*détör*) s. deudor.
debut (*débyu*) s. estreno.
decade (*dekeyd*) s. década.
decadence (*dékadens*) s. deca-
    dente.   [ído.
decadent (*dikéident*) adj. deca-
decanter (*decánta*) s. garrafa.
decay (*dikey*) intr. deteriorarse;
    pudrirse, cariarse, marchitar-
    se; s. podredumbre.
decayed (*dikaiyed*) adj. degene-
    rado, deteriorado, podrido.
decease (*disís*) s. muerte, falle-
    cimiento; intr. morir, fallecer.
deceased (*disíst*) adj. s y adj. muer-
    to, difunto.
deceit (*disít*) s. engaño, fraude.
deceitful (*disítful*) adj. engaño-
    so, falso.   [sedad.
deceitfulness (*disitfulnes*) s. fal-
deceivable (*disívabl*) adj. cré-
    dulo, cándido.
deceive (*disív*) tr. engañar, em-
    baucar; s. **—r**, engañador,
    embaucador.   [bre.
December (*disémba*) s. diciem-
decency (*disensi*) s. decencia,
    compostura.   [zonable.
decent (*dísent*) adj. decente, ra-
decentralize (*disentralis*) tr.
    descentralizar.
deception (*disépschön*) s. decep-
    ción, engaño, fraude.
deceptive (*diséptive*) adj. enga-
    ñoso, falaz.
decide (*disáid*) tr., intr. deci-
    dir(se); adj. **—d**, decidido,
    resuelto; s. **—r**, juez, árbi-
    tro.   [cedero.
deciduous (*desidiös*) adj. pere-
decimate (*desimeit*) tr. diezmar.
decimal (*désimal*) adj. decimal;
    s. decimal.
decipher (*disáifa*) tr. descifrar.
decision (*desíshn*) s. decisión.
decisive (*disáisiv*) adj. decisivo.
deck (*dék*) s. *Mar.* cubierta,
    puente; tr. cubrir, ataviar, re-
    vestir; **—er**, **doble-decker**,
    s. (autobús) de dos pisos.

declaim (dícleim) intr. (teat.) declamar; s. —er, declamador.

declaration (declaréischön) s. declaración; manifestación.

declare (dicléa) tr. declarar; (leg.) confesar; afirmar; adj. —d, declarado.   [clinación.

declension (diclénchön) s. declinación.

decline (diclái) s. decadencia; intr. declinar; tr. rechazar.

declining (decláinin) adj. decadente.   [te, declive.

declivity (diclíviti) s. pendiente.

decompose (dicompóus) tr. descomponer; pudrir; separar; intr. corromperse.

decomposition (dicompósichön) s. descomposición, putrefacción.

decorate (décoreit) tr. decorar, adornar; (mil.) condecorar.

decorator (decoréita) s. decorador; (fam.) empapelador, pintor.   [coración.

decoration (decoréischön) s. decoración.

decorous (dicóuròs) adj. decoroso.   [cortezar, pelar.

decorticate (dicórtikeit) tr. descorticate.

decorum (dicórum) s. decoro.

decoy (dicói) s. cebo; lazo; (caz.) señuelo; tr. atraer, (caz.) reclamar.

X decrease (dicrís) s. disminución; merma; tr. disminuir; intr. menguar.

decree (dicrí) s. decreto, mandato; tr. e intr. decretar, mandar.   [pito.

decrepit (dicrépit) adj. decrépito.

decrepitness (dicrépitnes) s. decrepitud.

decry (decrai) tr. vituperar, desacreditar; afear.

dedicate (dédikeit) tr. dedicar; adj. dedicado.

dedication (dedikéischön) s. dedicación; consagración.

deduce (dediús) tr. deducir; inferir.   [contar.

deduct (didact) tr. deducir; descontar.

deduction (dida'cschön) s. deducción; descuento.   [tivo.

deductive (dida'ctiv) adj. deductivo.

deed (did) s. acto, hecho; (leg.) documentos, escrituras.

deam (dím) tr. juzgar, suponer.

deep (díp) adj. profundo; s. abismo.   [mente.

deeply (dipli) adv. profundamente.

deepen (dípn) tr. profundizar.

deepness (dípnes) s. profundidad.   [gamuza.

deer (día) s. ciervo; s. —skin,

deface (difés) tr. desfigurar, estropear, afear; borrar.

defacement (deféisment) s. destrucción, mutilación; rasadura.   [famación.

defamation (difaméschön) s. difamatory (difamatori) adj. difamatorio, calumnioso.

defame (diféim) tr. difamar, calumniar.

default (difólt) s. defecto; culpa; omisión; tr. e intr. faltar, delinquir.

X defeat (difít) s. derrota; destrozo; tr. derrotar, vencer.

defecate (défikeit) tr. defecar.

defecation (defikéischön) s. defecación.

defect (diféct) s. defecto.

defection (difékshn) s. deserción, abandono.   [tuoso.

defective (diféktiv) adj. defectuoso.

defence (diféns) s. defensa; —less adj. indefenso, desamparado; —lessness, s. desamparo; —lessly, adv. sin defensa, indefensamente.

defend (difénd) tr. defender; —ant, s. defensor; (leg.) demandado, acusado; s. —er, defensor.   [sivo.

defensive (difénsiv) adj. defensive.

defer (difeer) intr. diferir, consideración, respeto.   [cia.

deference (déferens) s. deferente.

deferent (déferent) adj. deferente.   [zamiento.

deferment (difeerment) s. aplazamiento.

defiance (difáians) s. desafío, reto.   [desafiador.

defiant (defáiant) s. provocador, desafiante.

deficience (difíschen) s. deficiencia, insuficiencia.

deficient (difíschent) adj. deficiente, defectuoso.

deficit (défisit) s. déficit.

defile (difáil) tr. manchar; s. desfiladero.

defiler (difála) s. corruptor.

define (difáin) tr. definir; intr. decidir.

definite (définit) adj. definido; cierto, seguro; adv. —ly, definitivamente, ciertamente.

definitive (difinítiv) adj. definitivo.   [desinflar(se).

deflate (difleit) tr. deshinchar.

deflect (diflékt) tr. desviar; intr. desviarse, apartarse.

deflexion (diflekshön) s. desviación, desvío; Nav. declinación.   [ajar.

deflour (difláur) tr. desflorar, deflower (defláua) tr. desflorar.

defoliate (defoliéit) tr. deshojar.   [hoje, desfoliación.

defoliation (defolieíschön) s. deform (difórm) tr. deformar; adj. desfigurar; adj. deforme.

deformation (deforméischön) s. deformación.

deformed (defóomd) adj. deforme, desfigurado; contrahecho.   [midad.

deformity (defoomiti) s. deformity.

defraud (defród) tr. estafar, defraudar; s. —er, estafador.

defray (difré) tr. costear, pagar.

deft (déft) adj. hábil, diestro; —ly, adv. diestramente; —ness, s. habilidad, maña.

defunct (difankt) adj. s. difunto, muerto.

defy (difái) tr. desafiar.

degenerate (didyenereit) intr. degenerar; adj. degenerado.

degeneration (didyenereishön) s. degeneración.

degrade (digréid) tr. degradar; envilecer; rebajar.

degree (digrí) s. grado; (univ.) licenciatura.   [abatido.

deject (didyect) tr. abatir; adj. dejected (didyécted) adj. abatido.   [timiento.

dejection (didyecshön) s. abatimiento.

delay (diléi) tr. diferir, demorar; retardar; s. demora, retraso, tardanza.

delegate (délegueit) tr. delegar; s. adj. delegado.

delegation (deleguéischön) s. delegación.

delete (dilit) tr. tachar, borrar.

deletion (dilishön) s. tachadura.

deliberate (dilíbereit) tr. deliberar; adj. circunspecto, cauto.

deliberately (delíveratli) adv. deliberadamente, adrede.

deliberative (dilíberetiv) adj. deliberativo.

delicacy (délikesi) s. delicadeza; manjar, golosina.

delicate (délikit) adj. delicado.

delicatessen (delicatésen) s. charcutería; golosinas.

delicious (delíschös) adj. delicioso, exquisito, sabroso.

delight (diláit) tr. deleitar; intr. recrearse; s. delicia, deleite, goce.   [cioso.

delightful (diláitful) adj. delicio.

delightfulness (delaitfulnes) s. delicia; encanto, placer.

delinquency (dilíncuensi) s. delincuencia.   [cuente.

delinquent (delíncuent) s. delincuente.

delirious (delírios) adj. Med. delirante; (fam.) divertidísimo.

delirium (delíriöm) s. delirio, demencia.

deliver (dilíva) tr. entregar; librar, salvar; Med. partear; (orat.) pronunciar.   [dor.

deliverer (delívera) s. libertador.

delivery (dilíveri) s. entrega; (correo) reparto; Med. alumbramiento, parto; liberación.

dell (dél) s. valle, barranco.

delude (déliúd) tr. engañar; ilusionar; engañarse.

deluge (deliúdye) s. (fig.) diluvio, inundación.

delusion (déliúschön) s. engaño.

demagogue (démagog) s. demagogo.

demand (demand) tr. pedir, exigir; s. demanda, exigencia; (leg.) petición; s. —ant, demandante.   [demarcación.

demarcation (demaakeáshön) s.

demean (dmin) tr. e intr. portarse; rebajarse; s. —our, comportamiento, conducta.

dement (diment) tr. enloquecer.

demented (diménted) adj. loco, insensato.

demi (démi) adj. mitad.

demise (dimáis) s. muerte, óbito; tr. legar, ceder.

demobilize (demóubilaiz) tr. Mil. desmovilizar.   [cracia.

democracy (dimócrasi) s. democrat (démocrat) s. demócrata.   [mocrático.

democratic (democrátic) adj. demodish (demólisch) tr. derribar, demoler.

demolition (demólischön) s. demolición, derribo.

demon (dímön) s. demonio.

demoniac(al) dimóniak(al) adj. demoníaco.   [demostrar.

demonstrate (demónstreit) tr. demonstration (demonstréischön) s. demostración, manifestación.   [demostrativo.

demonstrative (demónstrativ) s. demonstrator (demónstreita) s. Pol. manifestante; (com.) expositor, mostrador.

demoralization (demoralaisei-chön) desmoralización.

demoralize (démóralais) tr. desmoralizar.

demur (dimö'r) s. duda, vacilación; tr. objetar, vacilar.

demure (demiúr) adj. sobrio, serio, formal.

demurrage (demáridye) s. Naut. demora; estadia.   [antro.

den (den) s. madriguera; (fig.)

denial (dináial) s. negativa, denegación.

denigrate (dénigreit) tr. ennegrecer; denigrar, difamar.

denominate (dénómineit) tr. denominar, nombrar.

denomination (denomineíschön) s. denominación.

denote (dinóut) tr. denotar, indicar, señalar.

denounce (dináuns) tr. denunciar, delatar; publicar.

dense (déns) adj. denso, compacto.

density (densiti) s. densidad.

dent (dént) tr. abollar; mellar; s. abolladura.

dented (dénted) adj. abollado.

dentrifice (déntifris) s. dentífrico.

dentist (déntist) s. dentista.

dentition (dentíschön) s. dentición.   [logía.

dentistry (déntistri) s. odontodenude (deniúd) tr. desnudar, despojar.

denunciate (denansteit) tr. denunciar.   [s. denuncia.

denunciation (dinönschiéichön)

deny (dinái) tr. negar, desmentir.   [dorante.

deodorant (diódorant) s. desodeodorize (diodoráis) tr. quitar el olor, desodorizar.

depart (dipaat) intr. partir, marchar, irse.   [partamento.

department (dipártment) s. departure (dipárcha) s. partida, salida.

depend (dipénd) intr. depender.

dependance (dipéndans) s. dependencia.   [diente.

dependent (dipéndent) s. dependepict (depíct) tr. (fig.) describir; representar.

depilate (depileit) tr. depilar, quitar el vello.   [lación.

depilation (depileishön) s. depideplete (depliit) tr. vaciar, agotar.   [miento; merma.

depletion (deplishön) s. vaciadeplorable (diplórabl) adj. deplorable.

deplore (diplór) tr. deplorar.

deploy (deploi) tr. Mil. desplegar.   [Mil. despliegue.

deployment (deplo'íment) s.

deponent (dipóunent) s. testigo, declarante.

depopulate (dipópiuleit) tr. despoblar, deshabitar.

deport (dipoot) tr. deportar; intr. portarse; s. conducta.

deportation (dipootéishön) s. deportación   [te, conducta.

deportment (dipootment) s. pordepose (dipóus) tr. deponer.

deposit (depósit) tr. depositar; s. depósito.

depot (dépou) s. cochera, estación (de autobuses).

depravation (dipravéischön) s. depravación.

deprave (dipréiv) tr. depravar.

depraved (dipréivd) adj. depravado.

deprecate (déprikeit) intr. desaprobar, oponerse; tr. lamentar.

depreciate (diprischiet) tr. rebajar, despreciar.

depreciation (diprischiéschön) s. depreciación.

depress (diprés) tr. deprimir; adj. —ed, desalentado, deprimido; adj. —ing, desalentador, deprimente.

depression (dipréschön) s. depresión.   [presivo.

depressive (diprésiv) adj. deprivation (diprivéischön) s. privación; (leg.) carencia.

deprive (dipráiv) tr. privar, quitar, despojar.

depth (dépz) s. hondura, fondo, profundidad, in the depth of winter, en pleno invierno.

depurate (dépiureit) tr. depurar.

depuration (depiuréischön) s. depuración.

deputation (depiutéischön) s. delegación, diputación.

depute (diuút) tr. comisionar, delegar.   [legado, suplente.

deputy (dépiuti) s. diputado, de-

derail (diréil) tr., intr. descarrilar. [carrilamiento.

derailment (diréilment) s. desarreglo.

derange (dirayndy) desordenar, descomponer, trastornar; **—d** trastornado, enloquecido; **—ment** trastorno, enajenamiento (mental). [nado.

derelict (dérilict) adj. abandonado.

deride (diráid) tr. burlar, escarnecer, mofar.

derision (derisön) s. burla, mofa; **derisory,** adj. irrisorio.

derivation (deriváischön) s. derivación.

derive (diráiv) tr. derivar; v. i. derivarse, originarse.

dermic (dö'rmic) adj. dérmico.

derogate (dérogueit) tr. e intr. derogar, anular. [derogación.

derogation (deroguéischön) s. derrogación.

derrick (dérric) s. grúa, cabria. Naut. cabrestante. [der.

descend (disénd) intr. descender.

descendant (diséndent) s. descendiente. [cendiente.

descent (disént) s. descenso; declive, origen. [explicar.

describe (discráib) tr. describir; **description** (dscrípschön) s. descripción. [criptivo.

descriptive (descríptiv) adj. descry (descrái) tr. divisar.

desecrate (désecreit) tr. profanar; **desecration** s. profanación.

desert (déseet) s. desierto; adj. desierto; (deséet) tr. desamparar, intr. desertar; s. mérito, merecimiento, (frec. pl.).

deserter (deséeta) s. desertor. Mil. prófugo. [ción.

desertion (desceshön) s. deserción.

deserve (deséev) tr. merecer. tr. e intr. ser digno de; **—dly,** adv. merecidamente.

deserving (deséeta) s. mérito; adj. merecedor.

design (disáin) tr. proyectar, diseñar, proponer, designar; s. proyecto, dibujo, diseño.

designate (désigneit) tr. designar. [designación.

designation (designéischön) s.

designer (desäina) s. dibujante, diseñador, proyectista.

desirable (disáirabl) adj. deseable. [deseo, ansia.

desire (disáia) desear, ansiar; s.

desist (disíst) intr. desistir; cesar.

desk (désk) s. (esc.) pupitre; (ofic.) escritorio, bufete, despacho.

desolate (désoléit) tr. desolar; adj. solitario, desolado.

desolation (desoléischön) s. desolación.

despair (dispéa) tr. e intr. desesperar(se); s. desesperación. [sesperante.

despairing (dispéaring) adj. **despatch** (dispách) tr. despachar; (com.) remitir, enviar; expedir; (fam.) matar, s. despacho, mensaje; (per.) envío, remesa. [hechor.

desperado (despörréido) s. maleante. [perado; adv. **—ly,** desesperadamente. [desesperación.

desperate (désperit) adj. desesperado; adv. **—ly,** desesperadamente.

desperation (desperéischön) s.

despisable (despaysabl) adj. despreciable.

despise (despáis) tr. despreciar, menospreciar; s. **—r** despreciador.

despite (despáit) s. despecho; prep. a pesar de; adj. **—full** malicioso, rencoroso.

despoil (despóil) tr. despojar; pl. s. despojos, restos.

despondency (dispóndensi) s. decaído, desanimado.

despondent (dispóndent) adj. desaliento, desánimo.

despot (déspot) s. déspota.

despotism (déspotism) s. despotismo.

dessert (déseet) s. postre.

destination (destinéischön) s. destino.

destine (déstin) tr. destinar.

destitute (déstitiut) adj. destituido; desamparado.

destitution (destitiúschön) s. miseria, desamparo.

destroy (distrói) tr. destruir, exterminar, destrozar.

destroyer (distróia) s. destructor. Mar. destructor.

destruction (distrá'kshön) s. destrucción, ruina.

destructive (distractiv) adj. destructivo, destructor.

detach (ditách) tr. desprender, separar; destacar.

detachment (ditáchment) s. Mil. separación, destacamento.

detail (ditall) s. detalle, pormenor; tr. detallar. [nimio.

detailed (ditéild) adj. detallado.

detain (ditéin) tr. detener; retardar. [cibir.

detect (ditéct) tr. descubrir, percibir.

detector (ditécta) s. (elect.) detector.

detective (ditéctiv) s. detective; adj. detectivesco, policíaco.

detention (diténschön) s. detención; (leg.) arresto.

deter (diteer) tr. disuadir; desanimar. [detergente.

detergent (ditéedyent) s. y adj.

deteriorate (ditírioreit) tr. deteriorar; intr. deteriorarse.

deterioration (ditírioréischön) s. deterioración, deterioro.

determinate (diteerminet) adj. determinado, decidido, resuelto.

determination (diteerminéischön) s. determinación, decisión, resolución.

determine (diteermin) tr. determinar, decidir, fijar, definir; adj. **—d,** determinado, decidido.

deterrent (diterént) s. disuasión; adj. disuasorio.

detest (ditést) tr. detestar, aborrecer, odiar.

dethrone (dezróun) tr. destronar.

detonate (détoneit) intr. detonar; estallar; tr. hacer estallar. [tonación.

detonation (detonéischön) s.

detract (ditráct) tr. detraer, quitar; s. **—or,** detractor, difamador, disminuir.

detriment (détriment) s. detrimento, daño; adj. **—al,** perjudicial.

deuce (diús) s. diantre, diablo; (naip.) dos; **What the deuce!** ¡Qué diablos!

devaluation (divalueishön) s. (econ.) devaluación.

devalue (devaliú) tr. e intr. desvalorizar(se). [tar, asolar.

devastate (dévasteit) tr. devastar.

devastation (devastéischön) s. ruina, desolación.

develop (dévelop) tr. (econ.) desarrollar; (fot.) revelar.

developer (divelopa) s. (fotog.) revelador.

development (dévélopment) s. desarrollo, explotación.

deviate (dívieit) intr. desviarse, extraviarse.

deviation (diviéischön) s. desvío.

device (diváis) s. ardid, estratagema; aparato, invento, ingenio.

devil (dévl) s. diablo, demonio.

devilish (dévilisch) adj. diabólico.

devious (divyes) adj. descarriado, tortuoso. [ventar.

devise (deváis) tr. idear, inventar.

devoid (dévóid) adj. vacío.

devolution (devoliúschön) s. devolución. [sagrar.

devote (devóut) tr. dedicar, consagrar.

devoted (devóuted) adj. dedicado; adicto, consagrado.

devotion (devoushön) s. devoción, afecto. [doso.

devour (devúa) tr. devorar, engullir, tragar.

devout (deváut) adj. devoto, piadew (diu) s. rocío.

dewberry (diubari) s. Bot. zarzamora. [habilidad.

dexterity (decstériti) s. destreza, dexterous (décsterös) adj. diestro, ducho. [diabetes.

diabetes (diabítis) s. (med.)

diadem (dáiödem) s. diadema, corona. [ticar.

diagnose (dáianous) tr. diagnosticar.

diagnostic (daiagnóstic) s. diagnóstico. [diagonal.

diagonal (daiágonal) adj. y s.

diagram (dáiagram) s. diagrama.

dial (dáial) s. (tec.) cuadrante; esfera (del reloj); (teléf.) disco; tr. (teléf.) marcar el número.

dialect (dáialect) s. dialecto.

dialectic (daiöléctic) adj. dialéctico. [tr. dialogar.

dialogue (dáialog) s. diálogo; **diameter** (daiámeta) s. diámetro.

diamond (dáiamönd) s. diamante; cortavidrios; (naip.) «ros»; (geom.) rombo; adj. rómbico.

diaper (dáiapa) s. (E. U.) servilleta; pañal.

diaphragm (dáiafram) s. diafragma.

diarrhoea (daiarría) s. diarrea.

diary (dáieri) s. diario.

dice (dáis) s. pl. dados; **—box,** s. cubilete.

dicker (díca) tr. (E. U.) regatear. [fono.

dictaphone (díctafoun) s. dictáfono.

dictate (dícteit) tr. e intr. dictar. [precepto(s).

dictation (diktéishn) s. dictado;

dictator (dictéta) s. dictador.

dictatorship (diktéitooshep) s. dictadura.

diction (dícschön) s. dicción.

dictionary (dícschöneri) s. diccionario.

didactic (didaktik) adj. didáctico; (pl.) s. didáctica. [far.

diddle (dídl) tr. engañar, estafar.

die (dái) intr. morir; (fueg.) extinguirse, (bot.) marchitarse; **—,** s. dado; (mec.) troquel, matriz; **the die is cast,** la suerte está hechada.

diet (dáiet) s. régimen, dieta.

differ (difee) intr. diferenciarse. [cia.

difference (díferens) s. diferencia.

different (diferent) adj. diferente, distinto; **to be —,** diferir.

difficult (dífikölt) adj. difícil, arduo, penoso.

difficulty (dífikölti) s. dificultad; obstáculo; inconveniente. [fianza.

diffidence (dífidens) s. descon-

diffident (dífident) adj. desconfiado. [difundir.

diffuse (difiús) adj. difuso; tr.

diffusion (difiúshön) s. difusión.

dig [**dug; dug**] (díg) tr. e intr. cavar; ahondar; excavar.

digest (didyést) tr. digerir; clasificar; (dáidyest) s. recopilación.

digestible (didyéstibl) adj. digerible. [gestión.

digestion (didyéschön) s.

digestive (didyéstiv) s. y adj. digestivo; **— biscuit,** galleta integral.

digger (díga) s. cavador; **grave digger,** enterrador, sepulturero.

digit (dídyt) s. (mat.) dígito; (anat.) dedo; adj. **—al,** digital.

dignified (dignifaid) adj. serio.

dignify (dignifai) tr. dignificar.

dignity (digniti) s. dignidad.

digress (digrés) intr. divagar.

digression (digréschön) s. digresión, divagación.

dike (dáik) s. (hid.) dique; barrera. Naut. espigón.

dilapidate (dilápideit) tr. e intr. malgastar; intr. (fig.) arruinarse, echarse a perder.

dilate (dailéit) tr. dilatar; intr. extenderse.

dilated (daileitid) adj. dilatado.

dilemma (diléma) s. dilema.

diligence (dilidyens) s. diligencia, laboriosidad.

diligent (dilidyent) adj. diligente, laborioso, activo; **—ly,** adv. afanosamente.

dilute (diliút) tr. diluído.

dilly-dally (dili dáli) intr. (fam.) malgastar el tiempo; ser indeciso.

dilute (diliút) tr. diluir, disolver; **—d** (diluitd) adj. diluído, disuelto, aguado.

dim (dim) adj. (luz) tenue; débil, indistinto, difuso; (fig.) (per.) atontado.

dime (daim) s. (E. U.) perra gorda; **it's not worth a dime,** no vale una perra gorda.

dimension (diményön) s. dimensión; tamaño.

diminish (dimínisch) tr. disminuir, mermar.

diminishing (dimínishin) adj. decreciente, menguante.

dimness (dímnes) s. (luz) oscuridad; (per.) torpeza.

din (dín) s. estruendo; (fig.) barullo, clamor.

dine (dáin) intr. comer, cenar;

diner (dáina) s. comenzar, invitado. [sucio, descuidado.

dingy (dyi) adj. oscuro, triste;

dining-room (dáining-rum) s. comedor.

dinner (dína) s. comida, cena; **— service,** vajilla completa; **— time,** hora de cena.

diocese (dáiösis) s. diócesis.

dip (díp) tr. mojar; sumergir; remojar, s. inclinación, inmersión.

diploma (díplouma) s. diploma.

diplomacy (díplómasi) s. diplomacia. [tico.

diplomatic (díplomátic) diplomático.

dipping (diping) s. inmersión.

direct (dírekt) adj. directo, recto; **—** (dairékt) tr. dirigir; adv. **—ly,** directamente; inmediatamente.

direction [d(a)irécschön] s. dirección; instrucciones.

director [d(a)iréctör] s. director. [lefónica.

directory (diréctori) s. guía (te-

dirt *(deet)* s. suciedad, basura; tr. ensuciar.

dirty *(deeti)* adj. sucio, cochino.

disability *(disabilíti)* s. incapacidad.

disable *(diséibl)* tr. incapacitar.

disabled *(diseíbld)* adj. incapacitado, inválido.

disadvantage *(disadvánteddye)* s. desventaja; daño.

disadvantageous *(disadvantéddgs)* adj. desventajoso.

disagree *(disagrí)* intr. estar en desacuerdo, diferir en opinión; discrepar. [sagradable.

disagreeable *(disagríábl)* adj. desagreement *(disagríment)* s. desacuerdo, desavenencia.

disallow *(disalau)* tr. desaprobar, denegar. [recer.

disappear *(disapí)* intr. desaparecer. disappearance *(disapírans)* s. desaparición.

disappoint *(disapoint)* tr. frustrar; desilusionar, desalentar.

disappointing *(disapóinting)* adj. desalentador, desilusionador.

disappointment *(disapóintment)* s. frustración, chasco, disgusto. [saprobación.

disapproval *(disaprúval)* s. desapprove *(disaprúv)* tr. desaprobar; rechazar; censurar.

disarm *(disáam)* tr. desarmar.

disarmament *(disáamament)* s. desarme.

disarrange *(disarédye)* tr. desordenar, desarreglar.

disarrangement *(disarréndyehment)* s. desorden.

disaster *(disásta)* s. desastre.

disastrous *(disástros)* adj. desastroso. [repudiar.

disavow *(disaváu)* tr. denegar; disavowal *(disaváual)* s. denegación, repudio.

disband *(disbánd)* tr. dispersar intr. desbandarse.

disbelief *(disbelíf)* s. incredulidad. [creer.

disbelieve *(disbelív)* tr. desbelieve *(disbelív)* tr. desbelieve *(disbéers)* tr. desembolsar; gastar.

disc *(disk)* s. disco.

discard *(discáad)* tr. desechar, deshacer (de), tirar, (fam.).

discern *(diseen)* tr. discernir; intr. distinguir.

discerning *(diséenin)* adj. sagaz.

discharge *(discháadye)* s. (ind.) desagüe; (med.) derrame; (mil.) licencia; (leg.) absolución; tr. (ind.) desagüer; (med.) derramar; (mil.) licenciar; (leg.) absolver.

disciple *(disáipl)* s. discípulo; tr. disciplinar. [ciplinario.

disciplinary *(disíplineri)* adj. discipline *(dísiplin)* s. (mil.) disciplina; (leg.) castigo, corrección; tr. disciplinar; castigar.

disclaim *(discléim)* tr. rechazar, repudiar; (leg.) denegar.

disclose *(disclóus)* tr. descubrir, revelar. [lación.

disclosure *(disclóshya)* s. revelación.

discomfort *(disk'ömför)* s. desconsuelo; molestia.

discompose *(discompóus)* tr. descomponer; perturbar.

discomposure *(discompóshya)* s. agitación

disconcert *(disconset)* tr. turbar; desconcertar; adj. —ed, desconcertado, turbado.

disconnect *(discónekt)* tr. desconectar.

disconsolate *(discónsolet)* adj. desconsolado; s. —ness, desconsuelo.

discontent *(discontént)* adj. s. descontento; tr. disgustar, descontentar.

discontented *(descontentéd)* adj. descontento, disgustado; —ly, adv. de mala gana, a disgusto; —ness, s. descontento.

discontinue *(discontiniu)* tr. e intr. descontinuar, interrumpir.

discontinuos *(discontiniuás)* adj. descontinuo.

discord *(discood)* s. discordia, desavenencia; —ance *(discordans)* s. discordancia; (mús.) disonancia; —art *(art)* adj. discordante, incongruo; (mús.) disonante.

discordance *(discórdans)* s. disdancia. [cordante.

discordant *(discórdant)* adj. discount *(discáunt)* s. descuento; tr. descontar.

discounter *(discáuntör)* s. prestamista, banquero.

discourage *(discáidye)* tr. desalentar, desanimar, disuadir.

discouragement *(discaidyment)* s. desaliento, disuasión.

discourse *(discós)* s. discurso.

discourteous *(diskooteös)* adj. descortés. [cortesía.

discourtesy *(diskootesi)* s. descover *(discáva)* tr. descubrir. [cubridor.

discoverer *(discávera)* s. descovery *(discáveri)* s. descubrimiento, hallazgo.

discredit *(discrédit)* descrédito; tr. desacreditar.

discreet *(discrít)* adj. discreto.

discrepancy *(discrépansi)* s. discrepancia. [creción.

discretion *(discréshön)* s. discriminate *(discrímineit)* tr. discriminar.

discrimination *(discriminéshön)* s. discriminación.

discus *(diskös)* s. (dep.) disco; to throw the —, lanzar el disco; — thrower, lanzador de disco; disco. [batir.

discuss *(disk'ás)* tr. discutir, discussion *(disk'aschön)* s. discusión, debate.

disdain *(disdéin)* s. desprecio, desdén; tr. e intr. desdeñar(se). [deñoso.

disdainful *(disdéinful)* adj. desdisease *(disís)* s. enfermedad.

disembark *(disembáak)* tr. e intr. desembarcar(se).

disembarkation *(disembarkéishön)* s. desembarque.

disembody *(disémbódi)* tr. separar del cuerpo. Mil. licenciar.

disembowel *(disembauel)* tr. desentrañar, destripar.

disembroil *(disembroil)* desenredar, desembrollar.

disenchanting *(disenchantin)* adj. desilusionante.

disengage *(disenguédye)* tr. desocupar; (mec.) desacoplar; desasir; (aut.) desembragar; intr. desentenderse de, desligarse.

disengaged *(disenguédchd)* adj. desocupado; vacante.

disentangle *(disentángl)* tr. desenredar.

desfigure *(disfiga)* tr. desfigurar.

disgrace *(disgréis)* s. (fam.) vergüenza, muy mal; tr. deshonrar; (fam.) estropear.

disgraceful *(disgréisful)* adj. vergonzoso, terrible.

disguise *(disgast)* s. disfraz; tr. disfrazar.

disgust *(disgast)* s. (fam.) asco, repugnancia; tr. repugnar; enfadar.

disgusting *(disgasting)* adj. repugnante, desagradable.

dish *(disch)* s. (coc.) plato; (vaj.) fuente; (fam.) she's a —, ¡es un bombón!; plato. tr. servir.

dishearten *(disjárten)* tr. desanimar; desalentar; adj. —ed, descorazonado, desilusionado; —ing, adj. y s. descorazonador.

dishonest *(disónest)* adj. deshonesto, desonrado, falso.

dishonour *(disónar)* s. deshonor; deshonrar; tr. deshonrar; afrentar.

desilusion *(disiliúschön)* s. desilución, desengaño. [tar.

disinfect *(disinféct)* tr. desinfectar.

disinfectant *(disinféctant)* s. desinfectante.

desinfection *(disinfécschön)* s. desinfección. [redar.

disinherit *(disinjérit)* tr. desheredesintegrate *(disintegréit)* tr. intr. desintegrar(se).

desintegration *(disintegreischön)* s. desintegración.

desinterment *(disitö'rment)* s. exhumación.

disjoin *(disdchóin)* tr. desunir; desasir; (med.) dislocar.

dislike *(disláic)* s. aversión (p. cosas); (pers.) antipatía; tr. no gustar, desagradar.

dislocate *(dislokeit)* tr. dislocar.

dislocation *(dislokéischön)* s. dislocación.

dislodge *(deslóddye)* tr. desalojar, expulsar. [fiel, falso.

disloyal *(dislóial)* s. desleal, infiel.

disloyalty *(dislóialti)* s. deslealtad. [gubre.

dismal *(dismal)* adj. triste, lúdismantle *(dismántl)* tr. desmantelar; desmontar.

dismay *(disméi)* s. desmayo; desánimo; tr. desanimar.

dismember *(dismémbör)* tr. desmembrar.

dismiss *(dismís)* tr. despedir; destituir, desechar; (mil.) romper filas. [destitución.

dismissal *(dismísal)* s. despido; dismount *(dismaunt)* tr. (mec.) desarmar; intr. (cab.) desmontar. [desobediencia.

disobedience *(disobídiens)* s. disobedient *(disobídient)* adj. desobediente. [cer.

disobey *(disobéi)* tr. desobededisorder *(disorda)* s. desorden, tr. desordenar; (med.) indisposición. [bulento.

disorderly *(disordörli)* adj. turdisorganisation *(disorganiséischön)* s. desorganización.

disorganise *(disorganise)* tr. desorganizar. [nunciar.

disown *(disóun)* tr. negar, no disparage *(dispáridye)* tr. rebajar, menospreciar.

disparagement *(dispáredyement)* s. menosprecio.

disparity *(dispáriti)* s. disparidad, desigualdad.

dispassionate *(dispáschönet)* adj. desapasionado.

dispatch *(dispách)* s. envío, remesa; tr. (com.) remitir, expedir.

dispel *(dispél)* tr. disipar.

dispensary *(dispénsari)* s. dispensario.

dispensation *(dispenséischön)* s. dispensa.

dispense *(dispéns)* tr. dispensar; (farm.) despachar recetas.

disperse *(dispö"rs)* tr. dispersar.

dispersion *(dispö"rschön)* s. dispersión.

dispirit *(dispírit)* tr. desalentar, desanimar.

displace *(displéis)* tr. desplazar, desalojar, remover; (pol.) despatriar; adj. —d, sin patria, despatriado.

displacement *(displésment)* s. destitución. Naut. desplazamiento.

display *(displéi)* s. (com.) exposición, despliegue; Pol. manifestación. tr. (com.) exhibir, mostrar.

displease *(displís)* tr. e intr. desagradar; ofender.

displeasure *(displéshy)* s. desagrado.

disport *(dispórt)* tr. ostentar presumir.

disposal *(dispóusal)* s. disposición.

dispose *(dispéus)* tr. disponer de; intr. deshacerse de; hacer uso de.

disposition *(disposischön)* s. disposición, talento.

dispossess *(disposés)* tr. desposeer; desalojar.

disproportion *(dispropoochön)* s. desproporción; desigualdad.

disproportionate *(dispropooshönet)* adj. desproporcionado.

disprove *(disprúv)* tr. rebatir; refutar. [disputar.

dispute *(dispiút)* s. disputa; intr. disqualification *(discuolifikéischön)* s. descalificación.

disqualify *(discuólifai)* tr. descalificar. [adj. inquieto.

disquiet *(discuáiet)* s. inquietud; disregard *(disregád)* tr. no hacer caso de, ignorar.

disreputable *(disrépiutabl)* adj. desacreditado.

disrepute *(disripiút)* tr. desacreditar; s. descrédito.

disrespect *(disrispéct)* s. desacato; tr. desacatar.

disrupt *(disrapt)* tr. trastornar, interrumpir.

dissatisfaction *(disatisfacshön)* s. descontento, disatisfacción.

dissatisfactory *(disatisfactri)* adj. insatisfactorio.

dissatisfied *(disatisfaid)* adj. descontento, desatisfecho.

dissatisfy *(disatisfi)* tr. descontentar, desatisfacer.

dissect *(diséct)* tr. Med. anatomizar; (fig.) criticar, analizar.

dissection *(disécschön)* s. disección. [seminar, propagar.

disseminate *(disémineit)* tr. diseminación *(diseminéischön)* s. diseminación.

dissension *(disénchön)* s. disensión, discordia. [disentir.

dissent *(disént)* s. y adj. disident *(dísent)* s. disidencia, desunión. [sidente.

dissidence *(dísidens)* s. disidencia, desunión. [sidente.

dissident *(dísident)* s. y adj. disimilar *(disímilör)* adj. diferente, desigual.

dissimilarity *(disimiláriti)* s. disimilitud, desigualdad.

dissimulate *(disímiuleit)* tr. e intr. disimular, fingir.

dissimulation *(disimiuléischön)* s. disimulo, hipocresía.

dissipate *(disipét)* tr. e intr. disipar(se).

dissipation (*disipéischön*) s. disipación.

dissociate (*disóschiet*) tr. desasociar.   [solubilidad.

dissolubility (*disolúbiliti*) s. disoluble (*disoliubl*) adj. disoluble.   [no.

dissolute (*disoliut*) adj. libertino.

dissolution (*disoliúschön*) s. disolución.

dissolve (*disólv*) tr. disolver; intr. disolverse.

dissonance (*dísonans*) s. disonancia.

dissonant (*dísonant*) adj. disonante, discordante.

dissuade (*disuéid*) tr. disuadir.

dissuasion (*disuéichön*) s. disuasión.

dissuasive (*disuésiv*) adj. disuasivo; s. disuasivo.

distance (*dístans*) s. distancia.

distant (*distant*) adj. distante, alejado.

distemper (*distémpa*) s. indisposición; destemplanza; tr. incomodar.   [tender.

distend (*distént*) tr. dilatar; ex-

distension (*disténchön*) sl dilatación, distensión.

distil (*distil*) tr. destilar; intr. destilar.   [tilación.

distillation (*distiléishön*) s. des-

distillery (*distílöri*) s. destilería.

distinct (*distinct*) adj. claro, distinto, inequívoco.

distinction (*distíncschön*) s. distinción; (acad.) sobresaliente.   [tintivo.

distinctive (*distínctiv*) adj. dis-

distinguish (*distíngüish*) tr. distinguir, discernir.

distinguished (*distíngüisht*) adj. distinguido; eminente.

distort (*distóot*) tr. deformar, falsear.

distorted (*distóoted*) adj. deforme; tergiversado.

distortion (*distóoschön*) s. distorsión, deformación, falseamiento.   [interrumpir.

distract (*distráct*) tr. distraer;

distraction (*distrácschön*) s. distracción; locura; agitación.

distress (*distrés*) s. calamidad, pena; tr. afligir.

distribute (*distríbiut*) tr. distribuir; clasificar.

distributer (*distríbiutar*) s. distribuidor; clasificador.

distribution (*distribiúchön*) s. distribución, reparto. [marca.

district (*district*) s. distrito, co-

distrust (*distrast*) s. desconfianza; tr. desconfiar de.

distrustful (*distrastful*) adj. desconfiado, receloso.

disturb (*disteeb*) tr. (per.) molestar; perturbar; interrumpir.

disturbance (*disteebans*) s. molestia, interrupción, alboroto.

disturbing (*disteebing*) adj. alarmante, perturbador.

disunite (*desiunait*) tr. desunir, separar; adj. —d desunido, separado.

disuse (*disiús*) s. desuso; tr. intr. fall into —, caer en desuso.

ditch (*dich*) s. zanja; *Agr.* acequia; tr. abrir zanjas; (fam.) dejar en la cuneta.

divan (*diván*) s. diván.

dive (*dáiv*) intr. sumergirse; bucear, zambullirse; lanzarse, arrojarse.

diver (*daivar*) s. buzo.

diverge (*diveedye*) intr. separarse, divergir.

divergence (*diveedyes*) s. divergencia.   [vergente.

divergent (*diveedyes*) adj. divergente.

diverse (*divees, dáivees*) adj. diverso.   [sificar.

diversify (*diveersifi*) tr. diver-

diversion (*deiveeshön*) s. (traf.) desvío; diversión.

diversity (*diveersiti*) s. diversidad, variedad.

divert (*diveert*) tr. desviar; distraer; divertir.

diverting (*deiveeting*) adj. (traf.) de desvío; divertido.

divest (*dáivest*) tr. despojar.

dividable (*diváidabl*) adj. *Mat.* divisible.   [dividirse.

divide (*diváid*) tr. dividir; intr.

dividend (*dividend*) s. *Econ.* dividendo, cupón.   [vinación.

divination (*divinéischön*) s. adi-

divine (*diváin*) tr. adivinar; *Eccl.* teólogo; adj. divino.

diviner (*diváinör*) s. adivino.

diving (*daivin*) adj. buceo; — suit, traje de buzo; skin —, buceo a pulmón. [teología.

divinity (*divíniti*) s. divinidad.

divisibility (*divisibíliti*) s. divisibilidad.

divisible (*divísibl*) adj. divisible.

division (*divíchön*) s. división; discordia.

divorce (*divóurs*) s. divorcio; (fig.) separación; tr. divorciar(se); (fig.) separarse.

divulge (*divö´ldsi*) tr. divulgar.   [vahido, mareo.

dizziness (*dísines*) s. vértigo.

dizzy (*disi*) tr. mareado; to make —, marear(se).

do [did; done] (*dú*) tr. hacer; ejecutar; — away wih, suprimir; — a person, engañar, (fam.) matar; — weel, tener éxito; well to —, acomodado; That's done it!, ¡Buena la ha(s) hecho! How do you do! ¡Hola! That will do! ¡Vale!

docile (*dósil*) adj. dócil.

docility (*dosiliti*) s. docilidad.

dock (*dók*) s. dry —, dique seco, muelle.   [descargador.

docker (*dókar*) s. estibador.

dockyard (*dókyard*) s. astillero.

doctor (*dóctör*) s. doctor; tr. asistir.   [doctorado.

doctorate (*dóctoreit*) s. (acad.)

doctrine (*doktrin*) s. doctrina, dogma.   [mento.

document (*dókiument*) s. documento.

documentary (*dokiuméntari*) adj. y s. documental.

dodge (*dódch*) tr. e intr. esquivar, eludir; s. esquinazo.

dodger (*dodya*) s. truco, trampista, truquista.

doe (*dós*) s. gama, coneja.

doer (*dúör*) s. agente, hacedor.

dog (*dóg*) s. perro; can; tr. ir tras.

dogged (*dóguit*) adj. terco.

doggisch (*dóguisch*) adj. perruno, regañón.

dogma (*dógma*) s. dogma.

dogmatic (*dogmátic*) adj. dogmático.   [matizar.

dogmatize (*dógmatais*) intr. dog-

doing (*dúing*) s. hecho, actividad.

doldrums (*doldráms*) s. tristeza, melancolía. *Naut.* in the —, calma, chicha.

dole (*doul*) s. porción, limosna; beneficio de paro; tr. to be on the —, recibir beneficio de paro.   [triste, melancólico.

doleful (*dóulful*) adj. lúgubre,

doll (*dól*) s. (jug.) muñeca.

dolorous (*dólorös*) adj. doloroso; lastimoso.

dolphin (*dólfin*) s. delfín.

dolt (*dólt*) s. bobo, tonto, necio.

domain (*döméin*) s. dominio.

dome (*dóum*) s. cúpula.

domestic (*doméstic*) adj. doméstico, familiar; s. criado.

domesticate (*doméstikeit*) tr. domesticar.   [lio.

domicile (*domisail*) s. domicilio.

dominant (*dóminant*) adj. dominante.   [nar.

dominate (*dómineit*) tr. domi-

domination (*dominéischön*) s. dominación, dominio, tiranía.

domineer (*dominír*) intr. dominar; imperar.   [nio.

dominion (*dominiön*) s. domi-

domino (*dóminou*) s. y pl. (jueg.) dominó, disfraz.

donation (*donéischön*) s. donación; dádiva.

donative (*dónativ*) s. donativo.

done (*dön*) p. p. de to do hecho, acabado; done for agotado, «listo»; (fam.) «I've been —», ¡«me han estafado»!

donor (*dóuna*) s. donante.

don't (*dóunt*) abreviatura de do not; «do's and dont's», reglas.

doodle (*doodel*) intr. garabatear, hacer garabatos.

doom (*dúm*) s. sentencia; f. perdición; tr. sentenciar; to be —ed, estar perdido.

doomsday (*dúmsdei*) s. Día del Juicio Universal.

door (*dór*) s. puerta; portal; **door-keeper** portero; **next door**, al lado, en la habitación o piso de al lado; **door-handle** (*...handel*) s. puño (de la puerta); **door-mat** (*...mat*) s. estrellita; **door-way** (*...wai*) s. portal.

dope (*dóup*) s. (fam.) droga, narcótico, grasa, información; (pers.) estúpido; tr. narcotizar.   [cido, latente.

dormant (*doamant*) adj. adormecido.

dosage (*dousedyi*) s. clasificación.

dose (*dóus*) s. dosis.

dot (*dót*) s. tilde; punto.

dotage (*dóutidch*) s. chochera, chochez.

dote (*dóut*) intr. chochear; — on, estar loco por.

doting (*dóuting*) adj. apasionado; ñoño.

double (*dö´bl*) s. adj. doble; adv. doble; tr. doblar, duplicar.   [dudar.

doubt (*dáut*) s. duda; tr. intr.

doubtful (*dáutful*) adj. dudoso.

doubtless (*dáutles*) adj. seguro; adv. sin duda.

dough (*dóu*) s. masa, pasta; (fam.) dinero.

douse (*dáus*) tr. zambullir, rociar con agua, apagar.

dove (*döv*) s. paloma.

dovetail (*dö´vteil*) s. (carp.) ensambladura; tr. ensamblar.

dowdy (*dáudi*) adj. zafio; sucio; s. «mujeruca».

dowery (*dáuri*) s. doti.

down (*dáun*) adv. abajo; hacia abajo; s. plumón, interj. ¡abajo! adj. descendente.   [tido.

downcast (*dáuncast*) adj. abatido.

downfall (*dáunfol*) s. caída; ruina.   [rrón.

downpour (*dáunpör*) s. chaparrón.

downright (*dáunrait*) adv. enteramente; adj. evidente.

downstairs (*dáunstérs*) adv. abajo; (en) el piso de abajo.

downwards (*daunueeds*) adj. hacia abajo; en decaimiento.

dowry (*dáuri*) s. dote.

doze (*dóus*) s. sopor; intr. dormitar, cabecear.

dozen (*dösn*) s. docena; **bakers—**, trece.

doziness (*dóusnis*) s. modorra.

dozy (*dósi*) adj. soñoliento; amodorrado.

drab (*dráb*) adj. triste, oscuro.

draft (*dráft*) s. *Com.* giro, letra de cambio; dibujo; esquina. *Mil.* piquete, refuerzo; tr. reclutar (Mil. E. U.) hacer un borrador.

draftsman (*dráftsman*) s. delineante, proyectista.

drag (*drág*) s. (fam.) pesadez; (fam.) chupada (al fumar); rastra; tr. arrastrar, dragar; intr. arrastrarse.   [midero.

drain (*dréin*) s. desagüe; s. subdrenaje.

drainage (*dréinidyi*) s. drenaje.

draining (*dreinin*) adj. drenaje; — board, escurre-platos.

drake (*dréik*) s. pato.

drama (*dráma*) s. drama, teatro.

dramatic (*dramátic*) adj. dramático.   [turgo.

dramatist (*drámatist*) s. dramaturgo.

dramatize (*drámatais*) tr. dramatizar.

drape (*dréip*) tr. colgar.

draper (*dréipör*) s. pañero, lencero.   [colgaduras.

drapery (*dréipöri*) s. pañería,

draught (*dráft*) tr. dibujar; redactar; s. trago; porción; corriente de aire; tiro (de chimenea); pl. juego de damas; s. **—board**, tablero de damas.   [lineante.

draughtsman (*dráftman*) s. de-

draw (*dró*) s. tiro, giro; sorteo. *Dep.* empate; [drew; drawn] tr. arrastrar; dibujar; (com.) reintegrar; to draw lots, echar suertes.

drawback (*dróbác*) s. inconveniente, desventaja.

drawbridge (*dróbridch*) s. puente levadizo.

~~**drawer**~~ (*dracua*) s. *Com.* cajón, librador; pl. **drawers**, pantalones; **chest of drawers**, cómoda.

drawing (*dróing*) s. giro; sorteo; dibujo; **drawing room** salón; **drawing-board**, tablón de dibujar; **drawing-pin**, chincheta.   [trar las palabras.

drawl (*droal*) tr. e intr. arras-

drawn (*drón*) (p. p. draw) adj. dibujado; arrastrado; (com.) librado, retirado; (bantío) **long dawn out**, largo, extenso.

dray (*dréi*) s. carromato.

dread (*dréd*) s. miedo, espanto; tr. e intr. temer.

dreadful (*drédful*) adj. terrible, espantoso, horrible.

dream (*drím*) s. sueño, ensueño, encanto; [dreamt; dreamt] tr. soñar.

dreamer (*dríma*) s. soñador.

dreamy (*drími*) adj. soñador, visionario, de ensueño, encantador.

dreariness (*drírines*) s. tedio, aburrimiento; tristeza.

dreary (*dríri*) adj. tedio, aburrido, monótono.

dregs (*drégs*) s. pl. posos; (fam.) ralea, lo más bajo; heces.

drench (*drénch*) tr. empapar.

dress (drés) s. vestido. *Teat.* — **circle,** anfiteatro; **fancy** — **ball,** baile de máscaras; tr. vestir; (coc.) adornar.

dressing (drésing) s. (coc.) aderezo; *Med.* aposito, ventaje; — **table,** tocador.

dressin-gown (drésing goun) s. bata, salto de cama; **dressing room,** camerino. *Dep.* vestuarios.

dressmaker (drésmeikör) s. costurera, modista.

dribble (dríbl) intr. babar, gotear; (fútbol) regatear; s. goteo. **dribbler** s. baboso; (fútbol) regateador.

drier (dráia) s. secador.

drift (drift) s. torbollino. *Mar.* deriva; tr. impeler, intr. ir a la deriva, amontonarse (nieve).

drill (dríll) s. taladro; instrucción, ejercicio. *Gram.* práctico; tr. taladrar. *Mil.* instruir.

drink (drínk) s. bebida; trago; [drank; drunk] tr. e intr. beber.

drinker (drinka) s. bebedor, borracho. **drinking** (drinking) adj. (agua) potable.

drip (drip) s. gotera; intr. gotear; intr. dejar gotear. **dripping** (dríping) s. pringue.

drive (dráiv) s. paseo en coche; avenida; empuje. *Mec.* transmisión; [drove; driven] tr. e intr. conducir.

drivel (drívl) s. baba; cháchara; intr. babear. [boso.

driveller (drívla) s. (fig.) babeo.

driver (dráiva) s. conductor.

driving (dráiving) s. conducción. [lloviznar.

drizzle (drísl) s. llovizna; intr.

droll (dról) adj. chusco; s. bufón, bufonada; intr. bromear.

drone (dróun) s. zángano; (fig.) haragán.

droop (drúp) tr. inclinar; bajar; intr. caer, colgar.

drop (dróp) s. gota; caída; tr. soltar, dejar caer.

dropsy (drópsi) s. hidropesía.

dross (dros) s. impureza. [za.

drossiness (drósines) s. impure-

drought (dráut) s. sequía.

drove (dróuv) s. manada.

drown (dráun) tr. ahogar; anegar; intr. ahogarse.

drowse (dráus) tr. adormecer; intr. amodorrarse.

drowsiness (dráusines) s. modorra. [amodorrado.

drowsy (dráusi) adj. soñoliento,

drub (dröob) tr. pegar, apalear; (mús.) redoblar.

drubbing (drö'bing) s. paliza; (mús.) redoble.

drudge (drödch) s. ganapán; (fam.) marmoto; intr. enfaenarse. [trabajo penoso.

drudgery (drö'dchöri) s. faena,

drug (dróg) s. droga; medicamento; tr. medicinar; **drugstore** *Amér.* bar; bazar; farmacia.

drum (drö'm) s. tambor.

drummer (dróma) s. tamborilero; (mús.) el batería.

drunk (drö'nk) adj. borracho.

drunkard (drö'nkard) s. borracho.

drunken (drö'nken) adj. bebido.

drunkenness (drö'nkennes) s. embriaguez.

dry (drái) adj. seco; tr. e intr. secar(se); — **dock,** dique seco; — **goods,** lencería; — **rat,** polilla.

dryer (dráiör) s. secante.

drying (dráing) adj. secante, secador.

dryness (dráines) s. sequedad.

duality (diuáliti) s. dualidad.

dub (dö'b) s. golpe; espaldarazo; tr. golpear; doblar (películas).

dubious (diúbiös) adj. dudoso; incierto. [duda.

dubiousness (diúbiösnes) s. duchess (dö'ches) s. duquesa.

duchy (dö'chi) s. ducado.

duck (dö'k) s. pato; tr. e intr. (fam.) zambullir(se). [da.

ducking (döking) s. zambulliducky (dö'ki) s. (fam.) paloma mía, amor mío.

duct (dö'ct) s. tubo, canal.

dud (dö'd) adj. (fam.) falso.

due (diú) adj. debido; vencido; s. derechos largos. [tirse.

duel (diúel) s. duelo; intr. batirse. [do.

duet (diuét) s. dúo.

dug (dö'g) s. pr. p. p. dig; cavaduke (diúk) s. duque.

dull (dö'l) adj. estúpido, soso; (met.) nublado, encapotado; (bol.) opaco.

dullness (dö'lnes) s. torpeza, aburrimiento; (cols.) deslustre.

dumb (dö'm) adj. mudo.

dumbness (dö'mnes) s. mudez, silencio.

dummy (dö'mi) s. chupete (Bebe); (cost.) maniquí.

dump (dö'mp) s. escombrero, vertedero; tr. verter.

dumper (dö'mpa) s. (aut.) camión volquete.

dumping-ground (dömping-graund) s. vertedero de escombros, escombrera.

dumpy (dö'mpi) adj. regordete; rechoncho.

dun (dö'n) adj. pardo.

dunce (dö'ns) s. zote; (Esc.) (fam.) burro.

dune (diún) s. duna.

dung (dö'ng) tr. estiércol; tr. estercolar, excremento animal. [ro.

dunghill (dö'ngjil) s. estercoledungeon (dö'nchön) s. calabozo, mazmorra.

dunk (döngk) tr. mojar (pan en la leche).

dupe (diúp) s. crédulo; incauto; tr. embaucar, timar.

duplicate (diúplikeit) s. doble; duplicar. [dad, engaño.

duplicity (diuplisiti) s. duplicidad.

durable (diurábl) adj. duradero; — **goods,** bienes duraderos.

duration (diuréischön) s. duración. [mientras.

during (diúring) prep. durante;

dusk (dö'sk) s. atardecer; intr. y tr. anochecer; crepúsculo. el polvo; **saw** —, serrín.

dustbin (dö'stbin) s. cubo de la basura.

duster (dö'stör) s. paño de polvo, borrador.

dustman s. recoge basuras, barrendero.

dust-pan s. polvero.

dusty (dö'sti) adj. polvoriento.

Dutch (dö'ch) s. y adj. holandés. [dés.

Dutchman (dö'chman) s. holandutiable (diútiöbl) adj. tributable, tasable.

dutiful (diútiful) adj. obediente.

duty (diúti) s. deber; *Mil.* servicio; (Eco.) impuesto; **duty free,** libre de impuestos, franco; **on** —, de guardia, de servicio; **off** —, libre (de guardia); **to do one's** —, cumplir con su deber.

dwarf (duórf) s. enano; adj. diminuto; tr. empequeñecer.

dwarfish (duórfisch) adj. enano; diminuto.

dwell [dwelt; dwelt] (duél) intr. habitar; morar; vivir; **to** — **on,** insistir. [morada.

dwelling (duéling) s. domicilio, dwindle (duíndl) intr. disminuir, mermar. [ñir(se).

dye (dái) s. tinte; tr. intr. tedyeing (dáing) s. tinte.

dyer (dáiör) s. tintorero.

dying (dáing) adj. moribundo; **to be** — **for,** estar deseando.

dynamic (dainámic) adj. dinámico. [ta.

dynamite (dáinamait) s. dinamidynamo (dáinamo) s. dínamo.

dynasty (dáinasti) s. dinastía.

dysentery (dínstri) s. disentería (med.). [sia (med.).

dyspepsia (dispepsia) s. dispep-

each (ích) pron. cada uno; adj. cada, todo; adv. **each other,** el uno al otro.

eager (igör) adj. ansioso.

eagerness (igörnes) s. ansia, avidez.

eagle (igl) s. águila.

eaglet (iglet) s. aguilucho.

ear (ir) s. oreja, oído; (Bot.) espiga; **to turn an** —, hacer el sordo.

earring (írring) s. pendiente.

earl (eelr) s. conde. [primeros.

early (eerli) adv. temprano; adj.

earn (eern) tr. ganar; **to** — **one's living,** ganarse la vida.

earnest (eernest) s. seriedad; adj. serio, diligente; ávido; ansioso. [ganancias.

earnings (eernings) s. ingresos, earth (eerz) s. tierra; suelo; tr. enterrar. [de barro.

earthen (eerzn) adj. de tierra, earthenware (eerzenuér) s. loza.

earthworn (eerzuörn) s. lombriz de tierra. [moto.

earthquake (eerzkueik) s. terreease (is) s. alivio; comodidad; tranquilidad; tr. aliviar; **at** —!, ¡descanso!

easel (isl) s. cabellete.

easily (isili) adv. fácilmente.

easiness (isines) s. facilidad.

east (ist) s. Este; Oriente; adj. oriental.

Easter (istar) s. Pascua de Resurección, Semana Santa.

eastern (istarn) adj. oriental.

easy (isi) adj. fácil; — **going,** despreocupado, tranquilo; **to take it** —, tomarla con calma.

eat [ate o eat; eaten] (it) tr., intr. comer.

eating (iting) s. comida; adj. de comer, comestible. [tible.

eatable (itabl) adj. y s. comeseaves (ívs) s. pl. alero.

eavesdrop (ivsdrop) tr. fisgonear; s. —**per,** fisgón(a).

ebb (éb) s. (mar.) reflujo; — **tide,** marea baja.

ebony (éboni) s. ébano.

eccentric (icséntric) adj. extravagante; s. excéntrico.

eccentricity (ecséntrisiti) s. excentricidad; rareza.

echo (éco) s. eco; intr. resonar; tr. repercutir. [tico.

eclectic (ecléctic) adj. ecléc-

eclipse (iclíps) s. eclipse; tr. eclipsar. [conómico.

economic(al) (iconómic(al) adj.

economics (iconómics) s. economía. [mía.

economy (icónomi) s. econo-

ecstasy (éctasi) s. éxtasis.

ecstatic (ecstátic) adj. extático; embelesado.

eddy (édi) s. remolino.

Eden (idn) s. edén.

edge (édye) s. filo; borde; tr. afilar, **to be on** —, estar nervioso, estar en vilo.

edgeless (éddyeles) adj. sin filo.

edging (éddying) s. orla.

edible (edibl) adj. comestible.

edict (idict) s. edicto, decreto.

edification (edifikéischön) s. edificación. [encumbrar.

edify (édifai) tr. edificar; (fig.)

edit (édit) tr. editar, publicar.

edition (edischön) s. edición, publicación.

editor (éditör) s. editor.

editorial (editöriöl) adj. editorial, instruir.

educate (édiukeit) tr. educar.

education (édiukeischön) s. (acad.) educación, instrucción. [dor.

educator (édiukeitar) s. educaeel (il) s. anguila; **as slippery as an** —, escurridizo como una anguila. [natural.

eerie (iri) adj. espectral, sobreefface (eféis) tr. borrar.

effect (eféct) s. efecto; tr. efectuar.

effective (eféctiv) adj. efectivo.

effects (efícts) s. bienes personales.

effeminate (iféminit) adj. afeminado; tr. afeminar(se). [caz.

efficacious (efikéischös) adj. eficaz.

efficiency (ifíschönsi) s. eficiencia. [ciente, capaz.

efficient (efíschent) adj. eficaz.

effigy (éfidgii) s. efigie.

effort (éfoot) s. esfuerzo.

effuse (efiús) tr. derramar; verter. [demostrativo.

effusive (efiúsiv) adj. efusivo, effusion (efiúchön) s. efusión, derramamiento, expansión.

egg (eg) s. huevo; **hard boiled** —, huevo duro; **soft-boiled egg,** huevo pasado por agua; **scranbled** —, huevos revueltos; **poached** —, huevos escalfados; intr. — **on,** incitar.

eft (éft) s. lagartija.

egg-cup s. huevera.

egg-nog s. ponche.

egoism (igoism) s. egoísmo.

egoist (igoist) s. egoísta.

Egyptian (ichípschön) s. y adj. egipcio. [dón.

eiderdown (aidördaun) s. edre-

eight (éit) adj. y s. ocho.

either (idör, áidör) (pron.) adj. cualquiera (de dos) (afirmativo); **either... or...** o... o...; **not either,** tampoco.

ejaculate (idchákiulet) tr. arrojar; eyacular.

eject (idchéct) tr. arrojar, lanzar, despedir.

eke (ik) s. aumento; tr. aumentar, **to** — **out,** economizar, (fig.) obtener (lo mínimo).

elaborate (iláböreit) adj. elaborado; esmerado; tr. elaborar. [elaboración.

elaboration (ilaboréischön) s.

elapse (iláps) intr. pasar, transcurrir.

elastic (ilástic) adj. elástico; s. goma elástica. [dad.

elasticity (ilastísiti) s. elastici-

34 **elate** (eléit) tr. exaltar, (fig.) elevar; adj. —d, exaltado, elevado.

elbow (élbou) s. codo; **elbowroom**, (fig.) desahogo, libertad; tr. dar codazos; **to — one's way**, hacerse paso a codazos.   [mayor.

elder (éldaa) adj. mayor; s.

elderly (éldaali) adj. mayor, anciano.   [yor.

eldest (éldest) adj. el, (la) mayor.

elect (iléct) s. y adj. electo, elegido; tr. elegir, votar.

election (ilécschön) s. (pol.) elección.

elective (iléctiv) adj. electivo.

elector (iléctaa) s. elector.

electoral (iléctoral) adj. electoral.

electric (iléctric) adj. eléctrico.

electrical adj. eléctrico.

electrician (ilectrischan) s. electricista.   [cidad.

electricity (ilectrisiti) s. electricidad.

electrify (iléctrifai) tr. electrizar; (fig.) entusiasmar.

electrocute (iléctrokiut) tr. electrocutar.

electron (iléctron) s. electrón.

elegance (éligans) s. elegancia.

elegant (éligant) adj. elegante.

element (éliment) s. elemento.

elemental (eliméntal) adj. elemental.

elephant (élifant) s. elefante.

elevate (élevet) adj. elevado; tr. elevar.   [vación.

elevation (eliviéischön) s. elevación.

elevator (éliveitar) s. ascensor (E. U.); **service —**, montacargas.

eleven (ilévn) adj y s. once.

elf (élf) s. duende.

elicit (elísit) tr. educir, sonsacar, reproducir.   [gibilidad.

eligibility (elidchibilíti) s.

eligible (élidchibl) adj. elegible.

eliminate (ellímineit) tr. eliminar.   [eliminación.

elimination (eliminéischön) s.

elite (elité) s. élite; (fig.) la flor, la nata.

elixir (elícsir) s. elixir.

ellipse (elíps) s. elipse.

elliptic (elíptic) adj. elíptico.

elm (élm) s. Bot. olmo.

elongation (elonguéischön) s. extensión, prolongación.

elope (elóup) intr. escaparse.

elopement (elóupment) s. fuga; intr. fugarse de novios.

eloquence (élocuens) s. elocuencia.   [cuente.

eloquent (élocuent) adj. elocuente.

else (éls) adj. **anything —**, algo más; **nothing —**, nada más; **anybody —**, ¿alguien más?; **nobody —**, nadie más; **anywhere —**, en alguna otra parte; **nowhere —**, ningún otro sitio; **What —?**, ¿Qué más?; **Or —**, o de lo contrario.

elsewere (élsjuer) adv. en otra parte.

elude (eliúd) tr. eludir.

elusion (eliúchön) s. evasión.

emaciate (eméschit) tr. consumir, (fig.) consumirse; adj. —d, enflaquecido, consumido.   [nar.

emanate (émaneit) intr. emanar.

emanation (emanéischön) s. emanación.

emancipate (imánsipeit) tr. emancipar; libertar.

emancipation (emansipéischön) s. emancipación.

emasculate (emáskiuleit) tr. castrar; adj. castrado.

embalm (imbám) tr. embalsamar.   [nar.

embank (embánk) tr. terraplenar.

embankment (embánkment) s. terraplén, orillo del río.

embargo (embárgou) s. embargo; tr. embargar.

embark (embák) tr. intr. embarcar(se).

embarkation (embarkeischön) s. embarcación, embarque.

embarrass (embárs) tr. desconcertar, turbar, avergonzar.

embarrassing (embárasing) adj. vergonzoso, ruborizado.

embarrassment (embárasment) vergüenza, rubor.

embassy (émbasi) s. embajada.

embellish (embélisch) tr. embellecer; ataviar.

embers (émbörs) s. ascua, rescoldo.   [malversar.

embezzle (embésl) tr. desfalcar.

embitter (embitör) tr. amargar, agriar.   [són.

emblazonry (embléisönri) s. blasón.

embody (embódi) tr. incorporar; englobar.

emboss (embós) tr. relevar, realzar, repujar (cuero); adamascar (cost.).

embrace (embréis) s. abrazo; v. abrazar(se), adoptar (fig.), enredo, embrollo.

embroider (imbróidör) tr. bordar; recamar.   [dado.

embroidery (embróidöri) s. bordado.   [adj. embrionario.

embroilment (embróilment) s. enredo.

embryo (émbrio) s. embrión.

emerald (émörald) s. esmeralda.   [salir; brotar.

emerge (imeendy) intr. surgir;

emergency (imeedyensi) s. emergencia.   [gente.

emergent (imeeyent) adj. emergente.

emigrant (émigrant) s. y adj. emigrante.   [grar.

emigrate (imígréit) intr. emigrar.

emigration (emigréischön) s. emigración.   [nencia.

eminence (éminens) s. eminencia.

eminent (éminent) adj. eminente; ilustre.

emissary (émisari) s. emisario.

emission (imíschön) s. emisión.

emit (inít) tr. emitir.   [ción.

emotion (imóuschön) s. emoción.

emotional (emóschönel) adj. emotivo, emocional.   [dor.

emperor (émperar) s. emperador.

empire (émpaia) s. imperio.

emphasis (émfasis) s. énfasis; hincapié.

emphasise (émfasais) tr. acentuar, recalar; poner énfasis.

emphatic (emfátic) adj. enfático.   [pírico.

empiric (empíric) s. y adj. empírico.

empirical (empírical) adj. empírico.   [dar ocupación.

employ (emplói) tr. dar empleo, pleado.

employee (emploí) s. empleado.

employer (emplóiör) s. patrono, amo, patrón.

employment (emplóiment) s. empleo, ocupación.

emporium (empóuriöm) s. emporio; bazar.

empower (impáuör) tr. autorizar.   [triz.

empress (émpres) s. emperatriz.

emptiness (émptines) s. vacuidad; vaciedad; vacío.

empty (émpti) adj. vacío; vano; tr. intr. vaciar(se).

emulate (émiuleit) tr. emular; imitar, rivalizar.

enable (enéibl) tr. habilitar, capacitar, autorizar.

enact (enáct) tr. establecer; poner en vigor.   [esmaltar.

enamel (enámel) s. esmalte; tr.

encampment (encampment) s. Mil. campamento.   [encajar.

encase (enkéis) tr. encajonar.

enchain (inchéin) tr. encadenar.

enchant (enchánt) tr. encantar.

enchantment (enchántment) s. encanto.

enchanting (enchánting) adj. encantador, atractivo.

enclose (enclóus) tr. incluir (correspondence); rodear, cercar.

enclosure (enclóuchar) s. cerca, cercado, anexo, recinto.

encore (engóa) tr. repetir; interj. ¡otra vez! ¡bis! s. repetición.

encounter (encáuntar) s. encuentro; tr. encontrar, tropezar con.   [mar, incitar.

encourage (enkö'ridch) tr. animar.

encouragement (enkö'ridchment) s. ánimo, incitación.

encroach (éncrouch) tr. usurpar, robar; traspasa.

encumbrance (énkö'mbrans) s. molestia, estorbo.

encyclop(a)edia (ensaiclopídia) s. enciclopedia.

end (énd) s. fin; tr., intr. acabar, concluir; extremo; **the opposite —**, el otro extremo; **this —**, este etxremo; **hair stands on —**, ponerse los pelos de punta.

endanger (endaigya) tr. poner en peligro, arriesgar.

endear (endíar) tr. e intr. hacerse querer, encariñarse.

endearing (endíring) adj. cariñoso; s. **endearment**, cariño.

endeavour (endévar) s. esfuerzo; tr. tratar de, procurar; intr. esforzarse.

ending (énding) s. término, desenlace, fin; adj. concluyente.

endless (éndlis) adj. interminable, inacabable.   [garantizar.

endorse (indórs) tr. respaldar, endosar.

endorsement (indórsment) endo(r)so, autorización.   [dar.

endow (endáu) tr. dotar; fundar.

endowment (endáument) s. fundación; donación.

endurable (endiúrabl) adj. soportable.   [te.

endurance (endiúrans) s. aguante.

endure (indiúr) tr. soportar, aguantar, sufrir.

enema (eníma) s. enema.

enemy (énemi) s. enemigo.

enfeeble (infíbl) tr. debilitar.

energetic (enördchétic) adj. fuerte, enérgico.   [fuerza.

energy (enördchi) s. energía.

enforce (enfórs) tr. imponer, ejecutar; (leg.) poner en vigor; obligar.

enfranchise (infránchis) tr. franquear, emancipar.

engage (enguéidch) tr. Com. contractar; comprometerse; (aut.) embragar; (mec.) engranar; ocupar.

engaged (enguéidchd) adj. (lug) ocupado; (novios) prometido; (com.) contratado. Mech. engranado; embragado.

engagement (enguéidchment) s. compromiso, alquiler, contrato.   [engendrar(se).

engender (endchéndör) tr. intr.

engine (éndchin) s. motor, máquina; (fc.) locomotora; **fine —**, coche de bomberos; **— driver** (draiva) (f. c.) maquinista.

engineer (éndchínir) s. ingeniero; perito; mecánico.

engineering (éndchiníring) s. ingeniería, tecnología.

England (íngland) s. Inglaterra.

English (ínglisch) adj. inglés; s. inglés. **English-Channel**. Canal de la Mancha.

engrave (engréiv) tr. grabar, cincelar.   [dor.

engraver (engréivar) s. grabador.

engraving (engréving) s. grabado; adj. de grabado.

engrossed (engrost) adj. absorto, ensimismado.

enhance (enjáns) tr. mejorar.

enigma (enígma) s. enigma.

enigmatic (enigmátic) adj. enigmático.

enjoy (endyói) tr. gozar de, disfrutar de; **to enjoy oneself**, divertirse.

enjoyment (endyoiment) s. goce, disfrute.

enlarge (enlárdge) tr. ampliar, extender; dilatar.

enlargement (enlárdchment) s. ampliación, aumento.

enlighten (enláitn) tr. instruir; ilustrar.

enlightenment (enláitnment) s. ilustración, aclaración.

enlist (enlíst) tr. Mil. alistar; intr. alistarse, enrolarse.

enlistment (enlístment) s. alistamiento.   [animar.

enliven (enlaivan) tr. alegrar;

enmesh (enmésch) tr. enredar, capturar con una red; Mech. engranar.

enmity (énmiti) s. enemistad.

ennoble (enóubl) tr. ennoblecer.   [dad, exceso.

enormity (enórmiti) s. enormidad.

enormous (enórmös) adj. enorme, descomunal, excesivo.

enough (inö'f) adj. y adv. bastante; interj. ¡basta!

enquire (enkwai) tr. indagar, preguntar.

enquiry (endkwairi) tr. encuesta; indagación; **enquiries** pl. (pol.) investigaciones.

enrage (enrédge) tr. enfurecer; irritar.

enrich (enrích) tr. enriquecer.

enrol(l) (enróul) tr. intr. (mil.) alistar(se); (acad.) matricular(se).   [Mil. alistamiento.

enrol(l)ment (enrólment) s.

ensemble (ensámble) s. grupos folklóricos (bailarines).

ensign (énsain) s. bandera; insignia; divisa.

enslave (enslëiv) tr. esclavizar.

ensuing (ensóing) adj. siguiente, resultante.   [(se).

ensure (ensúa) intr. asegurar.

entail (entéil) s. vinculación; tr. intr. presuponer. [embrollar.

entangle (entángl) tr. enredar; entanglement** (entánglment) s. enredo, embrollo.

enter (entör) intr. entrar en; (cont.) hacer una entrada; (exam.) presentarse.

enterprise (énterprais) s. empresa; tr. emprender.

enterprising (énterpraising) adj. atrevido, emprendedor.

entertain (entertéin) tr. entretener; agasajar.

entertainer (entertéinör) s. animado, anfitrión.   [entretenido.

entertaining (entertéining) adj. diversión, entretenimiento.

entertainment (entertéinment) s. diversión, entretenimiento.

enthral(l) (enzaul) intr. emocionarse; encantar; intr. absorber.   [tusiasmo.

enthusiasm (enziúsiasm) s. en-

enthusiast *(enziúsiast)* s. entusiasta. [entusiasmado.

enthusiastic *(enziúsiastic)* adj.

entice *(entais)* tr. excitar, tentar, seducir.

enticement *(intáisment)* s. tentación, seducción.

entire *(entáir)* adj. entero, íntegro, completo.

entity *(entiti)* s. entidad; ser; individualidad.

entrails *(éntreils)* s. pl. entrañas; tripas.

entrance *(éntrans)* s. entrada; *Teat.* principio; portal.

entreat *(entrít)* tr. rogar.

entrench *(entrénch)* tr. *Mil.* atrincherar.

entry *(éntri)* s. entrada, inscripción; (cont.) asiento; no —, (tráf) prohibido el paso.

entwine *(entwain)* tr. entrelazar; (text.) entretejer.

enumerate *(iniúmöreit)* tr. enumerar. [enumeración.

enumeration *(iniumöréischön)* s.

enunciate *(inö'nschieit)* tr. enunciar. [enunciación.

enunciation *(inönschiéischön)* s.

envelop *(envélöp)* tr. envolver; cubrir. [sobre, envoltura.

envelope *(énvelop, énviloup)* s.

envious *(énviös)* adj. envidioso.

environment *(enváironment)* s. (medio), ambiente.

environs *(enváirons)* s. pl. alrededores.

envisage *(envizage)* intr. (fig.) contemplar, imaginar.

envoy *(énvoi)* s. enviado.

envy *(envi)* s. envidia; rencor; tr. ehvidiar. [mero.

ephemeral *(ifémeral)* adj. efímero. [epic.

epic *(épic)* adj. épico.

epicure *(épikiur)* s. epicúreo; sibarita. [mico.

epidemic *(epidémic)* adj. epidémico.

epilepsy *(épilepsi)* s. epilepsia.

epileptic *(épiléptic)* s. y adj. epiléptico.

epilogue *(épilog)* s. epílogo.

episode *(épisoud)* s. episodio.

epistle *(epístl)* s. epístola; carta.

epitaph *(épitaf)* s. epitafio.

epoch *(époc)* s. época, era.

equable *(icuabl)* adj. igual, regular, estable.

equal *(icual)* s. igual; adj. igual.

equality *(icuóliti)* s. igualdad.

equalize *(icualais)* tr. igualar, empatar; s. **equalizen** *Dep.* empate. [nimidad.

equanimity *(icuanímiti)* s. ecuanimidad. [ción.

equanimous *(icuánimös)* adj. ecuánime.

equation *(icuéischön)* s. ecuación.

equator *(icuétör)* s. ecuador.

equatorial *(icuatóurial)* adj. ecuatorial. [ecuestre.

equestrian *(icuéstrian)* adj.

equilibrate *(icuiláibrait)* tr. equilibrar. [librista.

equilibrist *(icuílibrist)* s. equilibrista.

equilibrium *(icuilibriöm)* s. equilibrio, balance.

equine *(ícuain)* adj. equino.

equinox *(écuinocs)* s. equinoccio. [pertrechar.

equip *(ecuíp)* tr. equipar; *Naut.*

equipment *(ecuíment)* s. instrumentos, equipo; pertrechos; *Mil.* armamento. [ticia.

equity *(ecuíti)* s. equidad; justequivalence *(ecuívalens)* s. equivalencia. [equivalente.

equivalent *(ecuívalent)* s. y adj.

equivocal *(icuívocal)* adj. equívoco; ambiguo. [vocar.

equivocate *(icuívokeit)* tr. equi-

equivocation *(icuivokéischön)* s. equivocación; error.

era *(íra)* s. era; edad.

eradiate *(eraídict)* tr. irradiar.

eradicate *(irádikeit)* tr. erradicar, destruir.

eradication *(iradikéischön)* s. extirpación, destrucción.

erase *(iréis)* tr. borrar, tachar.

erect *(iréct)* adj. erecto, rígido. tr. erigir.

erection *(irécshön)* s. erección.

ermine *(ö'rmin)* s. armiño.

erosion *(iróuchön)* s. erosión; corrosión.

erotic *(irótic)* adj. erótico.

err *(ér)* intr. errar, equivocarse.

errand *(éránd)* s. recado; **errand boy,** mandadero. [gabundo.

errant *(érant)* adj. errante; va-

errata *(eréita)* s. pl. erratas.

erratic *(iratic)* adj. errático, irregular.

erratum *(eréitöm)* s. errata.

erroneous *(eróneös)* adj. erróneo, equivocación.

error *(erör)* s. error, falta.

eruct(ate) *(irö'ct(eit)* tr. eructar. [to.

eructation *(iröctéischön)* s. eructo.

erudite *(ériudait)* adj. erudito.

eruption *(irö'pschön)* s. (volc.) erupción; *Med.* sarpullido.

eruption *(irö'pschön)* s. erupción; sarpullido.

eruptive *(irö'ptiv)* adj. eruptivo.

erysipelas *(erisípelas)* s. erisipela. [sificar, escalar.

escalate *(escaleit)* tr. *Mil.* intenescalation *(escaleison)* s. *Mil.* escalada, intensificación.

escalator *(escaléitar)* s. escalera(s) automática(s) (origen E. U.). [venera.

escallope *(escólöp)* s. pechina.

escapade *(éskepeid)* s. escapada, travesura.

escape *(eskéip)* s. fuga; tr. evitar; intr. fugarse. [huir.

eschew *(eschiú)* tr. esquivar, reescort *(éscórt)* s. escolta; tr. escoltar, acompañar.

escutcheon *(eskö'chön)* s. escudo de armas. [cial; notable.

especial *(espéschal)* adj. espe-

esperantist *(esperántist)* adj. y s. esperantista.

Esperanto *(esperánto)* s. esperanto. [pionaje.

espionage *(éspionadsh)* s. es-

esquire *(escuáir)* s. escudero, hidalgo; «don» (Edad m.).

essay *(ései)* s. *Lit.* ensayo; *Acad.* composición; tr. *Quim.* ensayar.

essayist *(eséisl)* s. ensayista.

essence *(eséns)* s. esencia; perfume; (fig.) (pers.) ente, esencia. [cial.

essential *(esénschal)* adj. esen-

establish *(estáblisch)* tr. establecer; fundar.

establishment *(estáblischment)* s. establecimiento; institución.

estate *(estéit)* s. *Agric.* finca, hacienda; (viv.) **housing** —, polígono. [pertrechar.

esteem *(estím)* s. estima(ción).

estimate *(éstimeit)* s. estimación; *Econ.* presupuesto; tr. estimar. *Mat.* calcular.

estimation *(estiméischön)* s. estimación, juicio, respeto.

estrange *(istreindch)* tr. enajenar, separar, extrañar.

estuary *(éstiueri)* s. estuario.

eternal *(itö'rnal)* adj. eterno, perpetuo. [zar.

eternalize *(itö'rnalais)* eterni-

eternity *(itérniti)* s. eternidad.

ether *(izör)* s. éter; (fig.) espacio; espíritu.

ethic(al) *(ézic(al)]* adj. ético.

ethics *(ézics)* s. ética.

ethnic *(éznic)* adj. étnico.

ethnology *(éznólodchi)* s. etnología. [etnológico.

ethnological *(eznolódchical)* adj.

etymological *(etimolódchical)* adj. etimológico. [mología.

etymology *(etimolódchi)* s. etieucalyptus *(iukelíptös)* s. eucalipto. [tía.

Eucharist *(iúcarist)* s. Eucaristía.

Eucharistic *(iúcaristic)* adj. eucarístico. [dor; panegirista.

eulogist *(iúlodchist)* s. elogiaeulogize *(iúlodchais)* tr. elogiar.

eulogy *(iúlodchi)* s. elogio.

eunuch *(iúnöc)* s. eunuco.

Europe *(iúröp)* s. Europa.

European *(iuropían)* adj. europeo. [nasia.

euthanasia *(iuzanéisia)* s. eutaevacuate *(ivákiueit)* tr. evacuar; vaciar; intr. vaciarse.

evacuation *(ivakíueschön)* s. evacuación.

evade *(ivéid)* tr. evadir; eludir; intr. evadirse. [valorar.

evaluate *(iváliueit)* tr. evaluar, evaluation *(ivaliuéischön)* s. evaluación, valoración.

evangelical *(evandchélical)* adj. evangélico. [gelista.

evangelist *(ivánchelist)* s. evanevangelize *(ivánchelais)* tr. evangelizar.

evaporate *(eváporeit)* tr. evaporar; intr. evaporarse.

evaporation *(evaporéischön)* s. evaporación.

evasion *(ivéichön)* s. evasión; escapatoria; excusa.

eve *(iv)* s. víspera; **Christmas Eve,** Noche Buena.

even *(íven)* adj. llano; igual; — **numbers,** números pares; — **if,** (conj.) aunque; tr. nivelar. [checer, noche.

evening *(ivning)* s. tarde, anoevent *(ivént)* s. acontecimiento; suceso, evento. [memorable.

eventful *(ivénful)* adj. crítico;

eventual *(ivénchual)* adj. eventual, resultante.

ever *(évar)* adv. siempre; alguna vez; **not** —, nunca.

everlasting *(evörlásting)* adj. eterno, interminable, incesante.

every *(evöri, évri)* adj. cada; cada uno; todo, — **other day,** un día sí y otro no; — **now and then,** de vez en cuando.

everybody *(évöribodi)* pron. todo el mundo.

everything *(evörizing)* adv. todo.

everywhere *(everiuéa)* adv. en todas partes. [salojar.

evict *(ivíct)* tr. desahuciar, des-

eviction *(evicschön)* s. desahucio.

evidence *(évidens)* s. evidencia; (leg.) testimonio.

evident *(évident)* adj. evidente, claro. [mal(amente).

evil *(ívl)* adj. malo; s. mal; adv.

evitable *(évitabl)* adj. evitable.

evocation *(ivokéischön)* s. evocación.

evoke *(ivóuc)* tr. evocar.

evolution *(ivoliúschön)* s. evolución. [adj. evolutivo.

evolutionary *(evoliúschönöri)* adj.

evolutionist *(evoliúschönist)* adj. y s. evolucionista. [llarse.

evolve *(ivólv)* tr. e intr. desarroewe *(iú)* s. oveja, (hembra).

ewer *(iúör)* s. jarro (de lavabo).

exact *(egsáct)* adj. exacto; tr. exigir; imponer; intr. apremiar. [te.

exacting *(egsácting)* adj. exigenexaggerate *(egsádchereit)* tr. exagerar.

exaggeration *(egsádcheréischön)* s. exageración. [tecer.

exalt *(egsólt)* tr. exaltar; enalexaltation *(egsaltéischön)* s. exaltación. [examen.

examination *(egsámineischön)* s.

examine *(egsámin)* tr. examinar; observar.

example *(egsámpl)* s. ejemplo; muestra; prototipo.

exasperate *(egsáspereit)* tr. exasperar; adj. irritar.

exasperation *(egsasperéischön)* s. exasperación.

excavate *(écscaveit)* tr. excavar; cavar. [*Arq.* excavación.

excavation *(ecscavéischön)* s.

excavator *(ecscavéitör)* s. excavador, (máquina) excavadora.

exceed *(ecsíd)* tr. exceder; sobrepasar. [sivo.

exceeding *(ecsiding)* adj. exce-

excel *(ecsél)* tr. e intr. sobresalir, aventajar. [lencia.

excellence *(ecsélens)* s. exce-

excellent *(ecsélent)* adj. excelente, magnífico.

except *(ecsépt)* prep. excepto; conj. menos; sino; tr. exceptuar.

excepting *(ecsépting)* prep. a excepción de, excepto, menos. [cepción.

exception *(ecsépschön)* s. ex-

exceptional *(exsepshounal)* adj. excepcional, extraordinario.

excerpt *(ecsö'rpt)* s. extracto; tr. extracto, pasaje (lit.).

excess *(ecsés)* s. exceso.

excessive *(ecsésiv)* adj. excesivo, demasiado.

exchange *(exchéindch)* s. cambio; tr. cambiar; **stock** — bolsa.

exchequer *(exchékör)* s. tesorería; hacienda; **chancellor of the** —, ministro de hacienda.

excise *(ecsáis)* s. impuesto, tasa. [table.

excitable *(ecsáitabl)* adj. exci-

excitation *(ecsitáischön)* s. excitación. [cionar.

excite *(ecsáit)* tr. excitar; emoexcitement *(ecsaitment)* s. adj. emoción, estímulo.

exciting *(ecsáiting)* adj. emocionante. [mar.

exclaim *(ecscléim)* intr. exclaexclamation *(ecsclaméischön)* s. exclamación; grito.

exclude *(icsclúd)* tr. excluir.

exclusion *(ecsclúchön)* s. exclusión, excepción. [sivo.

exclusive *(ecsclúsiv)* adj. excluexcommunicate *(ecscomiúnikeit)* tr. excomulgar, excepción.

excommunication *(ecscomiunikéischön)* s. *Ecl.* excomunión.

excrement *(écscrement)* s. excremento; estiércol.

excursion *(ecskö'rschön)* s. excursión. [cursionista.

excursionist *(ecskö'rschönist)* s.

excuse *(ecskiús)* s. excusa; pretexto; tr. excusar, dispensar; disculpa.

execute *(écsikiut)* tr. ejecutar; efectuar; llevar a cabo.

execution *(ecsekiúschön)* s. ejecución. [verdugo.

executioner *(ecsekiúschönar)* s.

36

executive *(ecsékiutiv)* adj. ejecutivo; s. poder ejecutivo.

executor *(igsékiutör)* s. albacea; ejecutor, testamentario.

exemplar *(egsémplar)* s. ejemplar, modelo.

exemplary *(egsémplari)* adj. ejemplar. [plificar.

exemplify *(egsémplifai)* tr. ejem-

exempt *(egsémt)* adj. exento; libre; tr. eximir.

exemption *(egsémpschön)* s. exención; franquicia.

exercise *(écsersais)* s. ejercicio; práctica. *Mil.* maniobra; tr. intr. ejercitar(se), hacer ejercicios, practicar, ejercer.

exert *(igsát)* tr. hacer esforzar; **to — oneself,** esforzarse, empeñarse. [zo.

exertion s. extenuación, esfuer-

exhalation *(egsjaléischön)* s. exhalación; vaho.

exhale *(eskjéil)* tr. exhalar, emitir; espirar, soplar.

exhaust *(egsóst)* s. escape (aut) salia; tr. agotar, cansar.

exhausted *(egsóstid)* adj. exhausto, agotado, cansado.

exhausting *(egsósting)* adj. agotador.

exhaustion *(igsóschön)* s. agotamiento, fatiga. [haustivo.

exhaustive *(egsóstiv)* adj. ex-

exhibit *(egsíbit)* s. objeto expuesto; tr. exhibir, exponer.

exhibition *(egsibíschön)* s. exposición. [entusiasmar.

exilarate *(igsílöreit)* tr. animar,

exhilarating *(eksilorating)* adj. estimulante, entusiástica.

exhort *(egsórt)* tr. exhortar.

exhortation *(egsortéischön)* s. exhortación, aviso.

exhumation *(ecsjiuméischön)* s. exhumación. [desenterrar.

exhume *(ecsjiúm)* tr. exhumar,

exigent *(écsichent)* adj. exigente. [guo.

exiguous *(egsíguiuös)* adj. exi-

exile *(ecsáil)* s. destierro; tr. *Pol.* desterrar, exilio.

exist *(egsíst)* intr. existir.

existence *(egsístens)* s. existencia. [te.

existing *(egsísing)* adj. existen-

exit *(écsit)* s. salida, puerta de salida.

exodus *(éksödös)* s. éxodo.

exorbitance *(egsórbitans)* s. exceso.

exorbitant *(egsórbitant)* adj. exorbitante, excesivo.

exorcism *(écsorsism)* s. exorcismo.

exotic *(ecsótic)* adj. exótico.

expand *(ecspánd)* tr. ensanchar; intr. extenderse.

expanse *(ecspáns)* s. extensión.

expansion *(ecspánchön)* s. expansión. [pansivo.

expansive *(ecspánsiv)* adj. ex-

expatriate *(icspéitrieit)* tr. expatriar; desterrar.

expatriation *(ecspetriéischön)* s. expatriación; destierro.

expect *(ecspéct)* tr. esperar.

expectance *(ecspéctans)* s. expectación.

expectant *(icspéctant)* s. aspirante; adj. expectante.

expectation *(ecspectéischön)* s. expectación (lo que se espera).

expectorate *(ecspéctireit)* tr. expectorar; *Med.* escupir.

expedient *(ikspidiönt)* adj. conveniente, oportuno; ventajoso; prudente; s. expediente, medio.

expedite *(écspidait)* tr. expedir; facilitar, apresurar; adj. expedito. [pedición.

expedition *(ecspidischön)* s. ex-

expeditionary *(ecspidischönöri)* adj. expedicionario.

expel *(ecspél)* tr. expulsar.

expend *(ecspénd)* tr. gastar.

expenditure *(ecspéndichiur)* s. gasto.

expense *(ecspéns)* s. gasto; **at my —,** a mis expensas.

expensive *(ecspénsiv)* adj. caro.

experience *(ecspíriens)* s. experiencia; tr. experimentar.

experienced *(ecspírienst)* adj. experimentado.

experiment *(ecspériment)* s. experimento; intr. y tr. experimentar. [experimental.

experimental *(eksperiméntl)* adj.

expert *(ecspat)* adj. experto, perito. [treza.

expertness *(ecspatnes)* s. des-

expiate *(écspiet)* tr. expiar.

expiation *(ecspiéischön)* s. expiación. [rio.

expiatory *(ecspiatori)* expiato-

expiration *(ecspiréischön)* s. expiración. [terminar.

expire *(ecspáir)* intr. expirar;

explain *(ecspléin)* tr. explicar; aclarar. [plicable.

explainable *(ecspléinabl)* adj. ex-

explanation *(ecsplanéischön)* s. explicación. [explicativo.

explanatory *(iksplénötri)* adj.

explicit *(ecsplísit)* adj. explícito; claro.

explode *(ecsplóud)* tr. explotar, hacer saltar; intr. estallar, volar.

exploit *(ecsplóit)* s. hazaña, proeza; tr. explotar, buscar; (fig.) aprovecharse de.

exploitation *(ecsploitéischön)* s. explotación. [exploración.

exploration *(ecsploréischön)* s.

explore *(ecsplór)* tr. explorar.

explorer *(ecsplóra)* s. explorador. [plosión.

explosion *(ecsplóuchön)* s. ex-

explosive *(iksplóusiv)* adj. explosivo.

export *(écsport)* s. exportación; género exportado; *(ecspórt)* tr. exportar.

exportation *(ecsportéischön)* s. exportación.

exporter *(ecspórta)* s. exportador.

expose *(ecspóus)* tr. exponer; arriesgar; descubrir.

exposition *(ecsposischön)* s. exposición.

exposure *(ikspóucha)* s. exposición; revelación.

expound *(ecspáund)* tr. exponer; explicar.

express *(ecsprés)* adj. expreso, de intento; s. (F. C.) expreso; tr. expresar.

expression *(ecspréschön)* s. expresión.

expresive *(ecsprésiv)* adj. expresivo, elocuente.

expulsión *(ecspö'lchön)* s. expulsión.

exquisite *(écscuisit)* adj. exquisito.

exquisiteness *(ékscuisituis)* s. exquisitez; primor.

extant *(ekstént)* adj. existente.

extempore *(eccstémporei)* adv. de improviso.

extend *(ecsténd)* tr. extender; ampliar; intr. extenderse.

extended *(iksténdid)* adj. extenso; prolongado; extendido.

extension *(ecsténschön)* s. extensión; ampliación.

extensive *(iksténsiv)* adj. extenso, ancho, dilatado; extensivo; adj. **—ly,** extensamente, por extenso; extensivamente; **—ly used,** de uso general.

extent *(ecstént)* s. extensión; alcance; **to a great —,** en gran medida; **to what extend,** ¿hasta qué punto?

extenuate *(eksténiueit)* tr. atenuar, mitigar; extenuar.

exterior *(ecstíriör)* adj. externo; s. exterior. [exterminar.

exterminate *(ecstö'rmineit)* tr.

extermination *(ecsterminéischön)* s. exterminación.

external *(ecstö'rnal)* adj. exterior; externo. [do.

extinct *(ecstínct)* adj. extingui-

extinction *(ecstínkschön)* s. extinción.

extinguish *(ecstíngüisch)* tr. extinguir; intr. desaparecer, apagarse. [par, extraer.

extirpate *(écstörpeit)* tr. extir-

extirpation *(ecstörpéischön)* s. extirpación, extracción.

extol *(ikstól)* tr. enaltecer; ensalzar.

extort *(ikstórt)* tr. obtener por fuerza o amenaza, exigir (dinero, promesa, etc.). *Amér.* extorsionar. [exceso.

extra *(écstra)* adj. adicional; s.

extract *(écstract)* s. extracto, resumen, *(ecstráct)* tr. extractar (lit.); (med.) extraer.

extraction *(ecstrácschön)* s. extracción; origen (del hombre). [tor.

extractor *(ecstrácta)* s. extrac-

extraordinary *(ecstrórdineri)* adj. extraordinario.

extravagance *(ecstrávagans)* s. extravagancia.

extravagant *(ecstrávagant)* adj. extravagante; derrochador.

extreme *(ecstrím)* adj. extremo; s. extremo.

extremity *(ecstrémiti)* s. extremidad. [exuberancia.

exuberance *(ecsiúberans)* s.

exuberant *(ecsiúberant)* adj. exuberante.

exult *(egsölt)* tr. exultar.

eye *(ái)* s. ojo; tr. ojear.

eyeball *(áibol)* s. globo del ojo.

eyebrow *(áibrau)* s. ceja.

eyelash *(áilasch)* s. pestaña.

eyelid *(álid)* s. párpado.

eyesight *(aisait)* s. (alcance de la) vista.

F f

fabie *(féibl)* s. fábula.

fabric *(fábric)* s. tejido, tela.

fabricate *(fábrikeit)* tr. (fig.) inventar, fingir, fabricar.

fabrication *(fabrikéischön)* s. (fig.) mentira, invención, fabricación.

fabulous *(fábiulös)* adj. fabuloso; (fig.) apariencia.

façade *(fasád)* s. fachada.

face *(féis)* s. cara; faz; tr. arrastrar, afrontar; **— value,** valor nominal; **to a person's —,** en sus barbas [toso.

facetious *(fasíschös)* adj. chis-

facial *(féschial)* adj. facial.

facile *(fásil)* adj. fácil.

facilitate *(fasíliteit)* tr. facilitar.

facility *(fasíliti)* s. facilidad; (com.) pl. facilidades de pago.

fact *(fáct)* s. hecho; **in —,** de hecho; **as a matter of —,** en realidad.

faction *(fékschön)* s. facción, bando, partido, pandilla.

factor *(fácta)* s. factor; elemento. [brica.

factory *(fáctori)* s. factoría; fá-

faculty *(fácölti)* s. facultad, aptitud. [vedad (mode).

fad *(fed)* s. capricho, manía, no-

fade *(féid)* intr. marchitarse; (fig.) desaparecer.

fag *(fag)* s. (fam.) rollo, pitillo; adj. latoso.

fagged-out *(fegd out)* adj. agotado, rendido de cansancio.

fail *(féil)* tr. fracasar; **fail examinations,** suspender; s. suspenso (exams.).

failure *(féiliar)* s. fracaso.

faint *(féint)* adj. débil; s. desmayo; intr. desmayarse.

fair *(féa)* adj. rubio; justo; (Esc.) regular; s. feria; **— play,** juego limpio; **— sex,** sexo bello. [imparcialmente.

fairly *(férli)* adv. bastante,

fairness *(férnes)* s. justicia, honradez; equidad.

fairy *(féri)* s. hada.

faith *(féiz)* s. fe; crédito.

faithful *(féizful)* adj. fiel; leal.

faithfulness *(féizfulnes)* s. fidelidad.

faithless *(feizlis)* adj. infiel; sin fe; desleal; falso.

fake *(féik)* s. y adj. falso.

falcon *(fólkön)* s. halcón.

fall [fell; fallen] *(fól)* intr. caer; caerse; s. caída; catarata; *Fig.* otoño; (E. U.) **to fall in love with,** enamorarse de; **— out,** radioactivo, ceniza.

fallacious *(faléschös)* adj. falaz.

fallacy *(fálasi)* s. falsedad.

fallow *(félou)* adj. baldío; s. barbecho; r. barbechar (agric.).

false *(fóls)* adj. falso.

falsehood *(fólsjud)* s. falsedad.

falsification *(folsifikéischön)* s. falsificación.

falsify *(fólsifai)* tr. falsificar.

falter *(fólta)* intr. titubear; vacilación.

fame *(féim)* s. fama.

familiar *(familiar)* adj. conocido; (fam.) fresco; **— with,** conocedor de.

familiarity *(familíáriti)* s. familiaridad, frescura.

family *(fámli)* s. familia; (fam.) **in the — way,** encinta, embarazada. [nición.

famine *(fámin)* s. hambre; ina-

famished *(fémisecht)* adj. hambriento, muerto de hambre; **to be —,** (fig.) morirse de hambre.

famous *(féimös)* adj. famoso.

fan *(fán)* s. abanico; ventilador; hincha; tr. abanicar.

fanatic *(fanátic)* s. fanático.

fanaticism *(fanátisism)* s. fanatismo. [zo, caprichoso.

fanciful *(fánsiful)* adj. antojadi-

fancy *(fánsi)* tr., intr. encaprichar(se); imaginar; s. fantasía; capricho. [ninos.

fang *(feng)* s. colmillo (de camello). [imagen.

fantastic *(fantástic)* adj. fantás-

tico.

fantasy *(fántasi)* s. fantasía.

far *(fár)* adv. lejos; muy adj. lejano; **as far as,** hasta; **so —,** hasta ahora; **— and wide,** por todas partes; **— away,** muy lejos.

farce *(fárs)* s. farsa.

fare *(fér)* s. tarifa; importe del billete; — **well**, irle a uno (bien o mal).

farewell *(feruél)* interj. adiós; s. despedida.

far-fetched *(fárfetcht)* adj. increíble, improbable.

farm *(fárm)* s. granja; tr. cultivar; **farm-house**, alquería, caserío; **farm-yard**, patio de granja.

farmer *(fármör)* s. granjero.

farming *(fárming)* s. cultivo.

farther *(fárda)* adj. ulterior; adv. más lejos.

farthest *(fádist)* adv. lo más lejos; adj. más distante.

fascicle *(fásikl)* s. haz, haz pequeño, manojo.

fascinate *(fásineit)* tr. fascinar.

fascinating *(fasinéiting)* adj. fascinante, fascinador.

fascination *(fasinéischön)* s. fascinación.

Fascism *(fásism)* s. fascismo.

Fascist *(fásist)* s. fascista.

fashion *(fáschön)* s. moda; uso. tr. amoldar; **in —**, de moda; **out of fashion**, fuera de moda.

fashionable *(fáschönobl)* adj. elegante; de moda.

fast *(fást)* s., adj. rápido, fijo, sólido; adv. velozmente; s. ayuno; intr. ayunar.

fasten *(fásn)* tr. afirmar, abrochar, atar.

fastener *(fásna)* s. broche; abrochador, sujetador; **zip —**, cremallera.   [rapidez.

fastness *(fástnes)* s. firmeza.

fastidious *(fastídiös)* adj. fastidioso; quisquilloso.

fat *(fát)* adj. gordo; s. grasa; sebo; tr. **to get —**, engordar.

fatal *(féitöl)* adj. fatal.

fatalism *(féitalism)* s. fatalismo.

fatality *(fatáliti)* s. fatalidad.

fate *(féit)* s. destino, providencia.

father *(fádör)* s. padre; tr. adoptar, prohijar; **father-in-law**, suegro, padre político.

fatherhood *(fádäjud)* s. paternidad.

fatherland *(fádáland)* s. patria.

fatherless *(fádáles)* adj. huérfano.

fatherly *(fádáli)* adj. paternal.

fathom *(dádam)* s. *Naut.* braza, alcance; tr. sondar, sondear, tantear.   [sondable.

fathomless *(fádömles)* adj. insondable.

fatigue *(fatíg)* s. fatiga, cansancio.   [obesidad.

fatness *(fátnes)* s. gordura.

fatten *(fátn)* tr. engordar; (zool.) cebar; intr. engordar.

fatty *(fáti)* adj. gordinflón, grasoso; seboso.

fatuity *(fatiúiti)* s. fatuidad.

fatuous *(féchiuös)* adj. fatuo.

faucet (E. U.) *(fósit)* s. grifo, llave, espita, canilla. *Amér.* bitoque.

fault *(fólt)* s. falta, culpa.

faultfinder *(foltfaíndör)* s. criticón, criticador.

faultless *(fóltles)* adj. impecable, perfecto.

faulty *(fólti)* adj. defectuoso.

favo(u)r *(féivör)* s. favor; ayuda; tr. favorecer; **to do a —**, hacer un favor.

favo(u)rable *(féivörabl)* adj. favorable.   [favorito.

favo(u)rite *(féivörit)* adj. y s.

fawn *(fon)* s. cervato, color de cervato; tr. adular; halagar.

fear *(fía)* s. temor; miedo; tr., intr. temer.   [meroso.

fearful *(fíaful)* adj. miedoso, te-

fearless *(fíalis)* adj. intrépido; arrojado, audaz.

feasible *(físabl)* adj. factible, hacedero, dable.

feast *(físt)* s. fiesta, festín; tr. festejar, banquete.

feat *(fít)* s. proeza, hazaña.

feather *(féda)* s. pluma; **as light as a —**, ligera como una pluma; — **weight** (box.) peso-pluma; — **brained**, tonto, imbécil.

feathery *(fédari)* adj. plumoso; ligero, como una pluma.

feature *(fícha)* s. rasgo, característica; pl. facciones; tr. representar; (Teat.) base del programa.

febrile *(fíbril)* adj. febril.

February *(fébruöri)* s. febrero.

fecula *(fékiula)* s. fécula.

fecund *(fékönd)* adj. fecundo, productivo.

fecundate *(féköndeit)* tr. fecundar.   [dad.

fecundity *(fikö'nditi)* s. fecundi-

federal *(fédöral)* adj. federal.

federalism *(fédöralism)* s. federalismo.

federate *(fédöreit)* adj. confederado, federal; tr. (con)federar.

federation *(fédöréischön)* s. (con)federación.

fee *(fi)* s. honorarios, cuota, derechos.

feeble *(fíbl)* adj. débil.

feed [fed; fed] *(fíd)* tr. alimentar; intr. nutrirse.

feeder *(fída)* s. biberón; babero; (mec. y elect.) alimentador.

feeding adj. alimentador; **feeding-bottle**, biberón.

feel [felt; felt] *(fíl)* tr. sentir, palpar; intr. sentirse; — **cold**, tengo frío, etcétera.

feeler *(fíla)* s. tentáculo, antena (de los insectos); tiento; propuesta (para averiguar la inclinación o pensamiento de alguien).   [miento.

feeling *(fíling)* s. tacto, sentimiento.

feet *(fít)* pl. de **foot**, pies; **flat feet**, pies planos.   [simular.

feign *(féin)* tr., intr. fingir; disimular.

feint *(féint)* s. ficción.

felicitate *(felísiteit)* tr. felicitar.

felicitation *(filisitéischön)* s. felicitación.

feline *(fílain)* adj. felino.

fell *(fél)* tr. talar; adj. feroz; s. piel; (Geog.) sierra. v. tr. pret. **fall**.

fellow *(félou)* s. individuo, compañero, miembro, asociado.

fellowship *(félouschip)* (Acad.) s. compañía, asociación.

felony *(félöni)* s. crimen, felonía.

felt *(félt)* s. fieltro.   [femenino.

female *(fimeil)* s. hembra; adj.

feminine *(féminin)* adj. femenino.   [nismo.

feminism *(féminism)* s. feminismo.

feminist *(féminist)* s. feminista.

fen *(fen)* s. pantano.

fence *(fens)* s. cerca, valla; tr. cercar; **to —**, hacer esgrima.

fencing *(fénsing)* s. defensa; esgrima.

fender *(féndör)* s. guardabarros (Aut.); *Amér.* trompa (de locomotora); (Náut.) defensa.

ferment *(förmént)* s. fermento. intr. fermentar.

fern *(förn)* s. helecho.   [roz.

ferocious *(feróschös)* adj. feroz.

ferocity *(ferósiti)* s. ferocidad.

ferret *(féret)* s. Zool. hurón; (fam.) averiguar.

ferry *(féri)* s. pasaje; embarcadero; transbordador; tr. cruzar (un río).

fertile *(fö'rtail)* adj. fértil, feraz.

fertility *(förtíliti)* s. fertilidad.

fertilize *(fö'rtilais)* fertilizar.

fertilizer *(fö'rtilaisa)* s. fertilizante, abono.

fervency *(fö'rvensi)* s. fervor.

fervent *(fö'rvent)* adj. ferviente; fervoroso.

fervour *(fö'vö)* s. fervor; ardor.

fester *(féstör)* tr. supurar, ulcerar; s. llaga, úlcera.   [tividad.

festival *(féstival)* s. fiesta; festivo.

festive *(féstiv)* adj. festivo.

festivity *(festíviti)* s. festividad.

fetch *(féch)* tr. traer; ir a buscar; ir por.   [agasajar.

fête *(feit)* s. fiesta; tr. festejar;

fetid *(fítid)* adj. fétido.

fetish *(fítisch)* s. fetiche.

fetter *(féta)* s. grilletes; tr. encadenar; trabar.

feud *(fiúd)* s. contienda, pelea; feudo.

feudal *(fiúdal)* adj. feudal.

fever *(fíva)* s. fiebre; **scarlet —**, escarlatina.

feverish *(fívarisch)* adj. febril.

few *(fiú)* adj. pocos.

fiancé *(fiansé)* s. novio.

fiancée *(fiansé)* s. novia.

fiasco *(fiéskou)* s. completo fracaso.

fib *(fíb)* s. mentira; embuste; tr. mentir.   [mentiroso.

fibber *(fíbar)* s. embustero.

fibre *(fíbar)* s. fibra.

fickle *(fícl)* adj. voluble, inconstante.

fiction *(fícschön)* s. ficción.

fictitious *(fictíschös)* adj. ficticio; fingido.   [gaño, estafa.

fiddle *(fídl)* s. (fam.) violín, enredo.

fidelity *(fidéliti)* f. fidelidad.

fidget *(fídchet)* s. afán; tr. intr. molestar; intr. mudar de posición con frecuencia.

field *(fild)* s. campo; (Cienc.) Esfera.

fiend *(find)* s. demonio, diablo.

fiendish *(fíndisch)* adj. diabólico.

fierce *(fiös)* adj. feroz, fiero.

fiery *(fáiöri)* adj. fogoso; ardiente; vehemente.   [seco.

fig *(fíg)* s. higo; **dry-fig**, higo.

fight *(fáit)* s. lucha, pelea; [**fought; fought**] intr. luchar; tr. combatir.

fighter *(fáitar)* s. combatiente; avión de caza, luchador.

figment *(figmant)* s. (fig.) producto de inventiva.   [rativo.

figurative *(figuiuretiv)* adj. figurado.

figure *(figa)* figura; (mat.) cifra, número; tr. imaginar; intr. imaginarse; figurarse.

filament *(filamönt)* s. filamento.

filch *(filch)* tr. sisar, ratear.

file *(fáil)* s. lima (mec.); hilera; fila; archivo; tr. limar, registrar, archivar (com.) carpeta.

filial *(fílial)* adj. filial.

filiation *(filiéischön)* s. filiación, historial.

fill *(fil)* s. hartura; lleno; tr. llenar; **to fill in**, rellenar, cubrir.   [da; pl. filete.

fillet *(filet)* s. cinta, tira, venda;

filling *(filing)* s. relleno; empaste (dental).

filly *(fíli)* s. potranca.

film *(film)* s. película, membrana; tr. filmar.

filter *(filta)* s. filtro; tr. filtrar.

filth *(filz)* s. inmundicia, porquería.

filthiness *(filzines)* s. suciedad.

filthy *(filzi)* adj. sucio, asqueroso.

fin *(fin)* s. aleta (Ect.).

final *(fáinal)* adj. final.

finance *(faináns)* s. hacienda pública, finanzas; tr. financiar.   [ciero.

financial *(finánschal)* adj. financiero.

financier *(finánsia)* s. financiero.

find [**found; found**] *(fáind)* tr. encontrar, hallar; **to — out**, averiguar.

finder *(fainda)* s. hallador; (mil.) arrastriador; **finders-keepers**, el que la encuentra, para él.

finding *(fáinding)* s. descubrimiento; hallazgo; decisión; pl. resultados, datos (de una investigación).

fine *(fáin)* tr. afinar, multar; adj. multa;   [adornos.

finery *(fáinöri)* s. galas; atavíos.

finger *(fingar)* s. dedo (de la mano); tr. tocar, manosear.

fingernail *(fingarneil)* s. uña.

finical *(fínikl)* adj. melindroso, caprichoso, quisquilloso.

finish *(finisch)* s. fin, término; tr. acabar, terminar; intr. acabar; morir.

finite *(fáinait)* adj. finito.

fire *(fáir)* s. fuego; incendio; tr. disparar; fam. despedir; **fire arm** s. arma de fuego; — **engine**, coche de bomberos.

firefly *(fáirflai)* s. luciérnaga.

fireman *(fáirman)* s. bombero.

fireplace *(fáirpleis)* s. chimenea, hogar.

fireside *(fáirsaid)* s. hogar.

firewood *(fáirvud)* s. leña.

fireworks *(fáiruöks)* s. fuegos artificiales.

firm *(fö'rm)* s. empresa, firma; adj. firme, sólido.

first *(fö'rst)* adj. primero; adv. en primer lugar; **first class**, primera clase; **firstrate**, primera fila.

fiscal *(físcal)* s., adj. fiscal.

fish *(fisch)* s. pez; pescado; tr. intr. pescar; **to — in troubled water's**, pescar en aguas revueltas.

fisher *(fischör)* s. pescador.

fisherman *(fischarman)* pescador.

fishhook *(fischjuk)* s. anzuelo.

fishing *(fisching)* s. pesca; adj. pesquero.

fishmonger *(fischmöngor)* s. pescadero; (fig.) entremetido.   [choso.

fishy *(físchi)* adj. (fam.) sospechoso.

fissure *(fischiur)* s. grieta; hendedura, agarrado.

fist *(físt)* s. puño; **tight-fisted** adj. apto, adecuado; tr. ajustar, sentar bien; **— into**, encajar; **— out**, equipar.

fit *(fit)* s. ataque; *Med.* hechura; (costura); adj. apto, adecuado; tr. ajustar, sentar bien; **— into**, encajar; **— out**, equipar.

fitter *(fitör)* s. ajustador. *Mech.* montador, armador.

fitting *(fiting)* s. Mech. accesorios, herrajes; (cost.) prueba; adj. propio, adecuado.

five *(fáiv)* adj. cinco; **fiver** *(faiva)* billete de cinco libras.

fix *(fícs)* tr. fijar; asegurar; s. apuro, posición; **tr. to fix up**, disponer.   [instalaciones.

fixture *(fícschar)* s. cosa fija; pl.

flabby *(flábi)* adj. flojo, lacio.

flag *(flág)* s. bandera, losa, tr. izar bandera; enlosar; intr. flaquear.

flagrant *(fléigrönt)* adv. flagrante, notorio, escandaloso.

flagstaff (*flágstaf*) s. asta de bandera.

flair (*fler*) s. talento.

flake (*fléik*) s. copo, escama.

flame (*fléim*) s. llama; intr. llamear.

flank (*flánk*) s. costado, flanco; adj. lateral; por el flanco; tr. flanquear.   [pamplina.

flannel (*flánel*) s. franela, (fig.)

flap (*fláp*) s. palmeta, falda, lengüeta, aletazo; tr. batir, golpear (avia.) alerón.

flare (*fler*) s. llamarada; intr. resplandecer; intr. **flare up,** incendiarse; (fig.) encolerizarse.

flash (*flásch*) s. fogonazo, destello. *Naut.* **flash of lightening,** relámpago.

flashlight (*fléschlait*) s. linterna eléctrica.

flashy (*fléschi*) adj. llamativo, ostentoso; chillón.

flask (*flasc*) s. frasco. s. **thermo —,** termo.

flat (*flát*) s. llanura, planicie (viv.) piso. *Geog.* adj. plano, insípido.

flatness (*flátnes*) s. llanura.

flatten (*flátn*) tr. aplanar.

flatter (*flátör*) tr. adular.

flatterer (*flatera*) adulador.

flattery (*flátöri*) s. adulación.

X **flaunt** (*flont*) s. ostentación; tr. alardear de.   [sazonar.

flavo(u)r (*fléivar*) s. sabor; tr.

flavouring s. condimento, sabor.

flavorless (*flávörle*) adj. insípido, sin sabor, soso.

flavorless (*flávörlis*) adj. insípido, sin sabor.

flaw (*fló*) s. tara, falta.

flawless (*flóles*) adj. sin tacha; intachable, irreprochable; perfecto.

flax (*fleis*) s. lino. *Bot.*   [zar.

flay (*flei*) tr. desollar, descortezar.

flox (*flacs*) s. *Bot.* lino.

flea (*fli*) s. *Ent.* pulga.

flee [fled; fled] (*fli*) tr. e intr. huir de; escapar de.

fleece (*flís*) s. vellón; toisón; tr. trasquilar; tr. (fam.) **to —,** robar.   [adj. veloz.

fleet (*flít*) s. flota, escuadra.

fleeting (*flíting*) adj. fugaz, transitorio, pasajero, efímero.

Fleming (*fléming*) s. flamenco.

flemish (*flémisch*) adj. y s. flamenco.

flesh (*flésch*) s. carne; adj. — **and blood,** carne y hueso.

fleshy (*fléschi*) adj. carnoso.

flex (*flecs*) s. flexible; tr. doblar, flexionar.

flexible (*flécsibl*) adj. flexible.

flexion (*flécschön*) s. flexión.

flicker (*flíkar*) tr. aletear, fluctuar; s. aleteo.   [tren rápido.

flier (*fláiar*) s. volador; aviador;

flight (*fláit*) s. huida; vuelo; bandada de pájaros. (avia.) escuadrilla.   [za; endeblez.

flimsiness (*flímsines*) s. ligere-

flimsy (*flímsi*) adj. endeble.

flinch (*flínch*) intr. desistir; recular; desdecirse.

X **fling** (*fling*) s. correría; [flung; flung] tr. arrojar, lanzar.

flint (*flint*) s. pedernal.

X **flip** (*flip*) tr. arrojar; sacudir; dar un dedazo; **to —** (fam.) mudar de domicilio.

flippancy (*flipansi*) s. volubilidad; petulancia.

X **flippant** (*flípant*) adj. petulante, frívolo.

flirt (*flö'rt*) s. coqueta; tr coquetear, flirtear.   [saltar.

flit (*flit*) intr. volar, revolotear.

float (*flóut*) s. flotador; intr. flotar.

X **flock** (*flók*) s. rebaño, bandada; intr. reunirse.

flog (*flóg*) tr. azotar; **to — oneself to death,** sudar tinta.

flogging (*flóguing*) s. tunda.

flood (*fló'd*) s. inundación; crecida; **the great —,** el diluvio universal; intr. desbordarse.

floor (*flór*) s. piso; suelo.

flop (*flóp*) (fam.) fracaso.

flora (*flóra*) s. flora.

florist (*flórist*) s. florista.

floss (*flos*) s. seda floja; pelusa; fibra sedosa; **dental —,** seda dental.

flounder (*fláundar*) tr. patalear (en el lodo, nieve, etc.); forcejear (por salir del lodo, nieve, o cualquier aprieto); revolverse; tropezar, cometer errores.

flour (*fláuö*) s. harina.

flourish (*flö'risch*) intr. florecer; s. esplendor, rúbrica, floreo.

flourishing (*florisching*) adj. floreciente, próspero.

flout (*fláut*) s. mofa; burla; tr. intr. mofarse.

flow (*flóu*) s. flujo; curso; intr. fluir, correr (hidro.).

flower (*fláa*) s. flor; intr. florecer; s. **flower bed,** macizo de flores; s. **flower pot,** tiesto.

flowing (*flóuing*) adj. fluido, corriente; suelto.

flu (*flu*) s. gripe.   [tuante.

fluctuant (*flö'cchiuant*) adj. fluc-

fluctuate (*flö'cchueit*) intr. fluctuar.   [nea.

flue (*flú*) s. cañón de chime-

fluency (*flúensi*) s. fluidez.

fluent (*flúent*) adj. fluido; fluente, (lenguas) que dominar.

fluff (*flö'b*) s. pelusa, borra (text.); **bit of —,** chica.

fluid (*flúid*) adj. fluido.

fluidity (*fluíditi*) s. fluidez.

flurry (*flö'ri*) s. con noción; barullo; tr. turbar.

flush (*flö'sch*) adj. rico; nivelado; enrojecimiento; rasar, nivelar; a ras de; s. abundancia; tr. sonrojar.

flute (*flút*) s. flauta.   [aletear.

flutter (*flötar*) s. aleteo; intr.

fluvial (*flúvial*) adj. fluvial.

flux (*flö'cs*) s. flujo.

fly (*flái*) s. mosca; [flew; flown] v. intr. volar.

flying (*fláiying*) adj. volador, volante; — **saucer,** platillo volante.

flyleaf (*fláilif*) s. guarda (hoja en blanco, al principio y al fin de un libro).   [espumar.

foam (*fóum*) s. espuma; intr.

foamy (*foumi*) adj. espumoso.

focal (*fócal*) adj. focal.

focus (*fókös*) s. *Opt.* foco.

fodder (*fódör*) s. forraje.

foe (*fóu*) s. enemigo.

fœtus (*fítös*) s. feto.

fog (*fóg*) s. niebla, (fotog.) velar; intr. oscurecerse; **foghorn** s. sirena (de barco).

foggy (*fógui*) adj. brumoso, neblinoso.

foil (*fóil*) s. lámina.

fold (*fóuld*) s. pliegue, doblez; doblar, plegar, **to — the arms,** cruzar los brazos; rebaño; tr. doblar, plegar.

folder (*fóuldar*) s. carpeta, folleto.

folding (*fóulding*) adj. plegable.

foliage (*fóliedch*) s. follaje, fronda.

folio (*folio*) s. folio.

folk (*fóuk*) s. gente, pueblo; — **song,** canción típica.

folklore (*fóuklör*) s. folklore.

folkloric (*fólkloric*) adj. folklórico.

follow (*fólou*) tr., intr. seguir.

follower (*fólouar*) s. seguidor, partidario.   [te.

following (*fólouing*) adj. siguiente.

folly (*fóli*) s. locura.

foment (*fomént*) tr. fomentar.

fomentation (*fomentéischön*) s. fomento.

fond (*fond*) adj. amante, aficionado a; amante de.

fondle (*fóndl*) tr. acariciar.

fondness (*fóndnes*) s. cariño.

font (*font*) s. pila bautismal; fuente.   [da.

food (*fúd*) s. alimento; comida.

fool (*fúl*) s. tonto. tr. burlarse de, engañar; intr. **to — about,** hacer el tonto.

foolish (*fúlisch*) adj. tonto, bobo.   [tería, bobada.

foolishness (*fulischness*) s. tontería.

foot (*fut*) s. pie; base.

football (*fútbol*) s. fútbol.

footbridge (*fútbridye*) s. puente para peatones.   [dero.

foothold (*fútjold*) s. posición, asidero.

footing (*fúting*) s. paso; pie; posición; hacer piernas; *Dep.* **on an equal —,** estar iguales.

footman (*fútmen*) s. lacayo.

footpath (*fútpaz*) s. senda, sendero.   [sada.

footprint (*fútprint*) s. huella, pisada.

footstool (*fútstuui*) s. banquillo, taburete.   [porque; pues.

for (*fór*) prep. para, por, conj.

forage (*fóredch*) s. forraje; tr., intr. forrajear.

foray (*fóruul*) s. incursión; tr. saquear, pillar.

forbear (*forbér*) tr., intr. abstenerse, reprimirse.

forbears (*forbérs*) s. antepasados, antecesores.   [te.

forberance (*forbérans*) s. aguantar.

forbid (*forbíd*) tr. prohibir.

forbidding (*forbiding*) adj. prohibido, austero, reservado; pavoroso.   [zar, obligar.

force (*fórs*) s. fuerza; tr. forzar.

forceful (*fórsful*) adj. vigoroso; enérgico.

forceps (*fórseps*) s. *Med.* fórceps.   [pasar a vado.

ford (*fórd*) s. vado; tr. vadear.

fore (*fór*) (part.) anterior; delante; — **and aft,** popa a prea.

forearm (*fórarm*) s. antebrazo.

forebode (*forbóud*) tr. presagiar; presentir.

foreboding (*fonbóoding*) s. presentimiento, presagio.

forecast (*forcást*) s. predicción, pronóstico; tr. predecir, pronosticar.   [pasados.

forefathers (*fórfaders*) s. antepasados.

forefinger (*fórfingör*) s. dedo índice.

forefoot (*fórfut*) s. pata delantera, mano (de cuadrúpedo).

forego (*fórbou*) intr. abstenerse de.

foregoing (*forgóing*) adj. precedente.   [mer término.

foreground (*fórgraund*) s. primer término.

forehead (*fórjed*) s. frente.

foreign (*fórin*) adj. extranjero; foráneo; extraño.

foreigner (*fórina*) s. extranjero.

foreman (*fórman*) s. capataz.

foremost (*fórmoust*) adj. delantero.

forerunner (*foronör*) s. precursor.

foresaid (*fórsed*) adj. antedicho.

foresay (*forséi*) tr. predecir.

foresee (*forsí*) tr. prever.

foresight (*forsáit*) s. previsión.

forest (*fórist*) s. bosque, selva.

forestall (*forstól*) tr. anticipar.

forestry (*fóristri*) s. selvicultura.

X **foretell** (*fortél*) tr. predecir.

forethought (*fórzot*) s. premeditación.

foreword (*foruörd*) s. prefacio.

forever (*forévör*) adv. por (o para) siempre.

forfeit (*forfit*) s. prenda; tr. perder el derecho, cederlo.

forge (*fórdch*) s. *Mech.* fragua, forja; tr. fraguar, forjar; (fig.) fortificar.

forger (*fórchäör*) s. falsificador.

forgery (*fórdchari*) s. falsificación, falso.

forged (*forgd*) adj. falsificado.

forget [forgot; forgotten] (*forguét*) tr. olvidar; intr. olvidarse.   [dadizo.

forgetful (*forguétful*) adj. olvidadizo.

forgive (*forguív*) tr. perdonar; indultar.

fork (*fórc*) s. tenedor, horca; bifurcación; tr. ahorquillar; intr. ahorquillarse; bifurcarse.   [do; perdido.

forlorn (*förlórn*) adj. abandonado.

form (*fórm*) s. forma; formulario, impreso, curso (de una escuela). tr. formar.

formal (*fórmal*) adj. ceremonioso, formal.

formality (*formáliti*) s. formalidad, trámites.   [tivo.

formative (*fórmativ*) adj. formativo.

former (*fórmar*) adj. anterior; (pron.) primero (dedos).

formerly (*fómerli*) adv. antiguamente; con anterioridad, antes.   [midable.

formidable (*fórmidabl*) adj. formidable.

formula (*fórmiula*) s. fórmula.

formulate (*fórmiuleit*) tr. formular.   [car.

fornicate (*fórnikeit*) intr. fornicar.

fornication (*fornikéischön*) s. fornicación, coito.

forsake [forsook; forsaken] (*forséik*) tr. dejar; abandonar.

fort (*fórt*) s. fuerte. *Mil.*

forth (*fórz*) adv. adelante; fuera; a la vista; hasta lo último; **and so forth,** y así sucesivamente.   [nidero.

forthcoming (*fózcaming*) adj. venidero.

forthwith (*forzuíz*) adv. en el acto.   [fortificación.

fortification (*fortifikéischön*) s.

fortify (*fórtifai*) tr fortalecer.

fortitude (*fórtitiud*) s. fortaleza, entereza.

fortnight (*fótnait*) s. quincena.

fortress (*fórtres*) s. fortaleza; *Mil.* plaza fortificada.

fortuitous (*fortiúitös*) adj. fortuito.   [tunado.

fortunate (*fórchiuneit*) adj. afortunado.

fortunately (*fórtuineiteli*) adv. afortunadamente, por suerte.

fortune (*fórchiun*) s. fortuna.

forty (*fórti*) adj. cuarenta; **in the forties,** en los años cuarenta (años).

forum (*fórom*) s. foro.

forward (*fórvod*) adv. adelante; adj. delantero; adj. atrevido; tr. avanzar. (com.) enviar.   [lante.

forwards (*fóruards*) adv.

fossil (*fósil*) s. y adj. fósil.

fossilize (*fósilais*) tr., intr. fosilizar(se).

foster brother (*fósta brotha*) s. hermano de leche.

foster father (*fósta fatha*) s. padre adoptivo. [tar.

foster (*fóstö*) tr. criar, alenciо; *Naut.* enredado; — mouthed, obsceno. [fundir.

found (*fáund*) tr. fundar; *Metal.* foundation (*faundéischön*) s. fundación. *Arq.* cimiento.

foundling (*fáundling*) s. expósito; inclusero. [dición.

foundry (*fáundri*) s. *Metal.* fundición.

fountain (*fáuntin*) s. fuente, surtidor; — pen, pluma estilográfica.

four (*foör*) adj. cuatro.

fourscore (*fórscor*) adj. y s. ochenta.

fourteen (*fórtin*) adj. catorce.

fourth (*fónz*) adj. cuarto; s. cuarto, cuarta parte; the— of July, el cuatro de julio.

fowl (*fául*) s. ave de corral.

fox (*fócs*) s. zorro; intr., tr. disimular; fox-hunter s. cazador de zorros. — hunting, caza de zorros. [zorrería.

foxiness (*fócsiness*) s. astucia.

fraction (*frácschön*) s. fracción; quebrado.

fractional (*frácschönal*) adj. quebrado; fraccionario.

fracture (*frácchiur*) s. fractura; tr., intr. fracturar(se).

fragile (*frédchail*) adj. (U. S. A.) frágil. [dad.

fragility (*fradchíliti*) s. fragilidad.

fragment (*frágment*) s. fragmento, trozo.

fragrance, fragrancy (*fréigrans, -si*) s. fragancia, perfume, aroma. [gante, oloroso.

fragrant (*fréigrant*) adj. fragrante.

frail (*fréil*) adj. débil, frágil.

frame (*fréim*) s. marco; tr. enmarcar, componer. *Arq.* armazón. *Anat.* esqueleto.

framework s. *Arq.* armazón.

franc (*fránc*) s. franco, (moneda francesa).

franchise (*fréntchais*) s. franquicia; derecho o privilegio político; sufragio, voto.

frank (*fránk*) adj. franco.

frankfurter (*frénkgfötör*) s. salchicha de Frankfurt. [queza.

frankness (*fránknes*) s. franqueza.

frantic (*frántic*) adj. frenético, furioso. [nal

fraternal (*frato'rnal*) adj. fraternity (*frato'rniti*) s. fraternidad. [dio; fraticida.

fratricide (*frátisaid*) s. fratricida.

fraud (*fród*) s. fraude. [dulento.

fraudulent (*fródiulent*) adj. fraudulento.

fray (*fréi*) s. refriega.

freak (*fric*) s. monstruo, fenómeno; — of fortune, capricho de fortuna; — of nature, aborto de la naturaleza.

freckle (*frékl*) s. peca.

free (*frí*) adj. libre; gratuito; duty free, exento de impuestos; free of charge, gratis, de valde. tr. libertar.

freedom (*frídöm*) s. libertad.

f r e e m a s o n (*frimáisön*) s. (franc) masón.

freemasonry (*frimeisönri*) s. (franc) masonería.

freeze [froze; frozen] (*fris*) intr. congelarse; helarse; helar; tr. congelar. [E. U.

freezer (*friza*) s. congeladora

freezing (*frísing*) s. congelante, glacial.

freezing-point punto de congelación, cero grados.

freight (*fréit*) s. carga; flete; tr. cargar, fletar. [guero.

freighter (*fréita*) s. *Naut.* carcés. [co; furioso.

French (*french*) adj. y s. frenético (*frinétic*) adj. frenéti-

frenzy (*frénsi*) s. frenesí, locura. [cuencia.

frequency (*frícuensi*) s. frecuencia.

frequent (*fricuént*) tr. frecuentar; (*frícuent*) adj. frecuente.

fresh (*fresch*) adj. fresco; nuevo; (fam.) fresco; — water, agua dulce, agua potable.

freshman (*fréschmen*) s. novato, novicio, estudiante del primer año. [cor, frescura.

freshness (*fréschness*) s. frescura.

fret (*frét*) s. roce; tr. frotar; intr. preocuparse.

fretful (*frétful*) adj. enojadizo, preocupado.

friar (*fráiör*) s. fraile.

friction (*frícschön*) s. fricción; frotación; friega.

Friday (*fráidei*) s. viernes; Good —, Viernes Santo. [to fry.

fried (*fraid*) adj. frito p. p. de fry.

friend (*frénd*) s. amigo(a); boy friend s. amigo, novio; girl friend s. amiga, novia.

friendless (*fréndles*) adj. desamparado, solo, sin amigos.

friendliness (*fréndlinis*) s. afabilidad, simpatía.

friendly (*fréndli*) adj. amistoso; adv. amistosamente; afable.

friendship (*fréndschip*) s. amistad. [nero.

frigate (*frígit*) s. fragata, cañonero.

fright (*fráit*) s. susto, temor.

frighten (*fráiten*) tr. asustar, atemorizar. [do.

frigid (*frídchid*) adj. *Med.* frígido.

frigidity (*frichíditi*) s. frigidez.

fringe (*frindch*) s. fleco; tr. ribetear, borde, franja.

frippery (*frípöri*) s. perifollos, ropa usada; cursilería.

frisk (*frisc*) s. retozo; adj. juguetón; intr. retozar.

frisky (*fríski*) adj. juguetón.

fritter (*frítör*) s. buñuelo. tr. — away, disipar.

frivolity (*frivóliti*) s. frivolidad.

frivolous (*frícolas*) adj. frívolo.

frizz (*fris*) s. rizo, bucle; tr. rizar, crespo.

frizzle (*frísl*) tr. rizar.

fro (*frou*) adv. to an —, de una parte a otra; de aquí para allá.

frock (*frók*) s. vestido.

frog (*fróg*) s. rana; — man, hombre-rana. [intr. jaranear.

frolic (*frólic*) s. juerga, jarana.

from (*fröm*) prep. de (procedencia); desde.

front (*frö'nt*) s. (Pol. y mil.) frente; fachada (Arq.); in — of, delante de.

frontier (*fróntiö*) s. frontera; adj. fronterizo.

frost (*fróst*) s. escarcha; frost-(bitten) (pers.) congelado, helado.

froth (*froz*) s. espuma; intr. espumar; echar espuma.

frown (*fráun*) s. ceño; entrecejo; tr. mirar con ceño; intr. fruncir el entrecejo.

frozen (*frósn*) adj. helado; congelado; to be —, estar helado.

fructiferous (*fröctíferös*) adj. fructífero, beneficioso.

fructify (*fröctifai*) intr. fructificar. [brio.

frugal (*frúgal*) adj. frugal, sobrio.

frugality (*frugáliti*) s. frugalidad.

fruit (*frút*) s. fruto; fruta; tr. producir fruta.

fruitful (*frútful*) adj. fructífero.

fruitfulness (*frútfulnes*) s. fecundidad. [tuoso.

fruitless (*frútles*) adj. infructuoso.

frustrate (*frö'streit*) adj. frustrado; tr. frustrar. [frustración.

frustration (*frö'stréischön*) s.

fry (*frái*) tr. intr. freír(se); s. small —, poca cosa, morralla.

frying (*fráing*) adj. de freír; frying-pan, sartén.

fudge (*fodech*) s. dulce (usualmente de chocolate y nueces).

fuel (*fiúel*) s. combustible.

fugitive (*fiúdchitiv*) s. adj. fugitivo; fugaz.

fulfil(l) (*fulfíl*) tr. cumplir, ejecutar, llevar a cabo.

fulfil(l)ment (*fulfílment*) s. realización; satisfacción.

full (*fúl*) adj. lleno; entero; s. colmo; lleno.

fullness (*fúlnes*) s. plenitud; cumplitude. [minante.

fulminant (*fö'lminant*) adj. fulminante (*fö'lminet*) tr., intr. estallar, volar, fulminar.

fumble (*fö'mbl*) tr. e intr. tantear; manosear.

fume (*fiúm*) s. vaho, tufo; intr. (fig.) echar chispas. [migar.

fumigate (*fiúmigueit*) intr. fumigar.

fun (*fö'n*) s. diversión. [ción.

function (*fö'nkschön*) s. función.

functional (*fö'nkschönal*) adj. funcional.

fund (*fö'nd*) s. fondo; (Eco.) capital; tr. invertir.

fundament (*fö'ndament*) s. fundamento, base.

fundamental (*fö'ndamental*) adj. fundamental, básico.

funeral (*fiúnöral*) adj. funeral; s. funeral(es).

fungus (*fö'ngös*) s. hongo; fungosidad, moho.

funicular (*fiuníkiular*) adj. funicular; s. — raiway, (tren) funicular.

funnel (*fö'nel*) s. embudo; chimenea de barco.

funny (*fö'ni*) adj. gracioso; cómico; s. esquife.

fur (*fö'r*) s. *Zool.* piel.

fur-coat s. abrigo de pieles.

furious (*fiúöriös*) adj. furioso.

furl (*förl*) v. arrollar, enrollar; plegar.

furlough (*fö'rlo*) s. *Mil.* permiso; tr. dar permiso.

furnace (*fö'rnes*) s. horno hogar de caldera; blast —, alto horno. [proveer, amueblar.

furnish (*fö'rnisch*) tr. surtir;

furniture (*fö'rnichar*) s. muebles, mobiliario.

furrow (*fö'rou*) s. surco; *Agric.* (fig.) arruga. tr. surcar.

further (*fö'da*) adj. ulterior; adicional; adv. más allá; tr. promover, intr. proseguir.

furthermore (*fö'dömór*) adv. además.

furthest (*fö'dist*) adj. (el) más lejano, (el) más remoto; adv. más lejos. [oculto.

furtive (*fö'rtiv*) adj. furtivo.

fury (*fiúri*) s. furor, rabia.

fuse (*fiús*) s. espoleta, mecha, fulminante; (elect.) fusible. tr. fundir; intr. fundirse.

fuselage (*fiúsilach*) s. fuselaje.

fusion (*fiuchön*) s. fusión.

fuss (*fö's*) s. alboroto; jaleo; intr. alborotar; to make a —, hacer remilgos. [gado.

fussy (*fósi*) quisquiloso, remilgado.

fusty (*fö'rti*) adj. mohoso.

futile (*fiútail*) adj. fútil, vano.

future (*fiúchö*) adj. futuro; s. futuro, porvenir.

fuzz (*fö's*) s. pelusa.

G g

gabardine (*gébödin*) s. gabardina.

gabble (*gábl*) intr. charlar; s. parloteo, charla.

gable (*geibal*) s. gablete (de un tejado); — roof, tejado de caballete o de dos aguas.

gad (*gád*) s. aguijón, punzón, intr. corretear.

gadget (*gádchit*) s. aparato, artefacto, chisme. [lico.

Gaelic (*guélic*) s. y adv. gaélico.

gaff (*gaf*) s. arpón.

gaffer (*gáfar*) s. vejete; (fam.) jefe. [tr. amordazar.

gag (*gág*) s. mordaza; truco;

gage (*guéidch*) s. prenda, calibre; tr. empeñar.

gaiety (*guéieti*) s. jovialidad, alegría, animación.

gain (*guéin*) s. ganancia; tr. e intr. ganar.

gainsay (*guéinsei*) tr. contradecir; contrariar.

gait (*guéit*) s. porte, modo de andar. [festividad.

gala (*guéla*) s. gala; fiesta;

gale (*guéil*) s. vendaval, galerna.

Galic (*gélic*) adj. gálico, francés.

galicism (*gélisisem*) s. galicismo.

gall (*gól*) s. hiel, bilis; tr. irritar; s. — bladder, vesícula.

gallant (*gálant*) adj. galante, cortés, valiente; s. galán.

gallantry (*gálantri*) s. valor; galanteo.

gallery (*gálöri*) s. galería, (mirador); *Teat.* general.

galley (*géli*) s. galera; cocina (de un buque) (Prin.); — proof, galerada; — slave, galeote.

gallon (*gálon*) s. galón, (G. B. 4,5 litros; U. S. A. 3,8 litros).

gallop (*gálop*) s. galope; tr. galopar.

gallows (*gálous*) s. horca; to send to the —, enviar a la horca.

galore (*gölór*) adv. a granel, en grandes cantidades, a discreción.

galoshes (*gölósches*) s. chanclos, zapatos fuertes.

gamble (*gámbl*) intr. jugar; (Din.); s. jugada; (fig.) to gamble, arriesgarse.

gambler (*gámblör*) s. jugador.

gambling (*gámbling*) s. juego.

gambol (*gámbol*) s. brinco; travesura; intr. brincar.

game (*guéim*) s. juego; partido, partida, caza; intr. jugar.

gander (*gándör*) s. ganso.

gang (*gáng*) s. pandilla, banda. intr. agruparse.

gangplank (*géngplanyk*) s. plancha, pasamano (de un buque), pasarela.

gangrene (*génggrin*) s. gangrena; intr. gangrenar(se).

gangrenous (*gángrinös*) adj. gangrenoso.

gangster (*gángster*) s. atracador, bandido, criminal.

gangway (*génguei*) s. pasadizo; portalón.

gaol (*dyéil*) s. cárcel.

40

gap (*gáp*) s. boquete; brecha; hueco, claro.

gape (*guéip*) s. bostezo; abertura; intr. bostezar.

garage (*gérach, géridch*) s. garaje.   [apariencia.

garb (*gárb*) s. vestido; traje;

garbage (*gárbidch*) s. desperdicios; basura.

garden (*gárdn*) s. jardín; **kitchen —**, huerto; intr. cultivar un jardín.

gardener (*gárdnar*) s. jardinero.

gardening (*gárdning*) s. jardinería.

gargle (*gárgl*) s. gárgara; tr. e intr. hacer gárgaras.

garish (*garish*) adj. deslumbrante, llamativo.

garland (*gálönd*) s. guirnalda.

garlic (*gárlic*) s. ajo.

garment (*gárment*) s. prenda de vestir, vestido.

garnish (*gárnisch*) s. adorno, atavío; tr. adornar (coc.) aderezar.   [ván.

garret (*gáret*) s. buhardilla, desván.

garrison (*gárisön*) s. Mil. guarnición; tr. guarnicionar, guarnecer.   [dad.

garrulity (*garriúliti*) s. locuacidad.

garrulous (*gárriulös*) adj. locuaz.

garter (*gártör*) s. liga; jarretera.

gas (*gás*) s. gas; (fam.) **— Bag**, charlatán; intr. **to —**, charlar, parlotear.

gaseous (*gáseös*) adj. gaseoso.

gash (*gásch*) s. cuchillada, herida.   [(en U.S.A.).

gasoline (*gésölin*) s. gasolina.

gasp (*gásp*) intr. boquear.

gastric (*gástric*) adj. gástrico.

gastritis (*gastrítis, -áitis*) s. gastritis.   [gastrónomo.

gastronomist (*gastrónomist*) s.

gastronomy (*gastrónomi*) s. gastronomía.

gate (*guéit*) s. cancela; portalón.

gather (*gáda*) tr. reunir; recoger; inferir; intr. reunirse.

gathering (*gádaring*) s. reunión, recogida.   [chillón.

gaudy (*gódi*) adj. llamativo,

gauge (*guéidch*) s. calibrador, calibre, medida, contador (Fís.); tr. calibrar, medir.

gaunt (*gont*) adj. macilento, demacrado, flaco.

gauntlet (*góntlit*) s. guantelete, manopla; **to throw down the —**, retar, desafiar.

gauze (*gós*) s. gasa; **wire —**, tela metálica.   [garbado; bobo.

gawky (*góki*) adj. torpe, desgay (*guéi*) adj. alegre.

gaze (*guéis*) s. mirada fija; tr. e intr. mirar, mirar fijamente, contemplar.

gazette (*gasét*) s. gaceta.

gear (*guiór*) s. atavío; (mec.) engranaje; (Aut.) marcha en primera); **— box**, caja de cambios.

gelatine (*dyélatin*) s. gelatina; adj. gelatinoso.

geld (*guéld*) tr. castrar.   [lido.

gelid (*dyélid*) adj. helado, gélido.

gem (*dyém*) s. joya; piedra preciosa.   [matical.

gender (*dyéndör*) s. género gramatical.

general (*dyénöröl*) adj. general. s. Mil. general.   [ralidad.

generality (*dyenráliti*) s. generalidad.

generalize (*dyénörölais*) intr. generalizar.   [generación.

generation (*dyeneréischön*) s.

generator (*dyenarata*) s. (elect.) generador.   [nerosidad.

generosity (*dyenerósiti*) s. ge-

generous (*dyénerös*) adj. generoso.

genesis (*dyénesis*) s. génesis.

genetic (*dyinétic*) adj. genético.   [ca.

genetics (*dyinétics*) s. genética.

genial (*dyínial*) adj. afable, campechano.

geniality (*dyiniéliti*) s. afabilidad, campechanería. [tales.

genital (*dyénital*) s. y pl. genitento.   [cortés.

genius (*dyiniös*) s. genio, portento.

genteel (*dyentíl*) adj. gentil;

gentile (*dydéntail*) s. gentil, pagano.

gentility (*dyentíliti*) s. nobleza.

gentle (*dyéntöl*) adj. noble; suave.

gently (*dyentli*) adv. suave, poco a poco, despacio.

gentleman (*dyéntlman*) s. caballero; señor.

gentlemanlike (*dyéntlmanlaik*) adj. caballeroso.

gentleness (*dyéntlnes*) s. nobleza; delicadeza, suavidad.

gentry (*dyéntri*) s. clase media.

genuine (*dyéniuin*) adj. genuino, original.   [ticidad.

genuiness (*dchénuines*) s. autenticidad.

genus (*dyínös*) s. género (Ciencias).

geographer (*dyiógraför*) s. geógrafo.   [geográfico.

geographical (*dyiográfical*) adj.

geography (*dyiógrafi*) s. geografía.   [geológico.

geological (*dyiolódchical*) adj.

geology (*dyiólödchi*) s. geología.

geometric(al) (*dyiométric (al)*) adj. geométrico.   [metría.

geometry (*dyiómetry*) s. geometría.

geranium (*dyeréiniöm*) s. Bot. geranio.

germ (*dyérm*) s. (Patol.) germen; (bot.) yema; botón.

German (*dyerman*) s. y adj. alemán.   [mánico.

Germanic (*dyermánic*) adj. germánico.

Germany (*dyermani*) s. Alemania.   [minar.

germinate (*dyermineit*) intr. germinar.   [s. gesticulación.

gesticulate (*dyestikiuleit*) intr. gesticular.

gesticulation (*dyestikiuléischön*) s. gesticulación.

gesture (*dchéschur*) s. gesto.

get [got; got o gotten] (*guét*) tr. obtener, alcanzar, adquirir, tener, recibir, lograr, llegar; intr. ponerse, volverse; **— away** escaparse; **— back** volver; **— down** bajar; **— lost**, perderse; **— on**, progresar, seguir; **— ready**, prepararse; **— rid of**, librarse; **— up**, levantarse.

geyser (*gáisar*) s. Geol. géiser; calentador de baño.

gesture (*dyéschar*) s. gesto.

ghastliness (*gástlines*) s. palidez, lividez.

ghastly (*gástli*) adj. lívido; cadavérico, horripilante, horroroso.

gherkin (*gör'kin*) s. pepinillo.

ghost (*góust*) s. espíritu; (fam.) fantasma.

giant (*dyáiant*) s. gigante; adj. gigantesco.

gibbet (*dyíbet*) s. horca.

gibe (*dyáib*) s. burla; mofa; tr. ridiculizar.

giblets (*dyíblets*) s. pl. menud(ill)os de ave.

giddy (*guídi*) adj. atolondrado; mareado; **giddy limit**, el colmo.

gift (*guíft*) s. regalo; talento.

gifted (*guíftid*) adj. dotado, talentoso.   [tesco.

gigantic (*dyaigántic*) adj. gigantesco.

giggle (*guigl*) tr. risa falsa, risita; intr. reírse.

gild [gilt; gilt] (*guíldl*) tr. dorar.

gilt (*guílt*) s. dorado; oropel.

gin (*dyin*) s. ginebra (licor); trampa.   [adj. rojizo.

ginger (*dyíndchör*) s. jenjibre;

gingham (*guíngam*) s. guinga (tela de algodón).

gipsy (*dyípsi*) s. gitano.

giraffe (*dyiráf*) s. jirafa.

gird [girt; girt] (*gö'rd*) tr. ceñir; rodear.

girder (*gö'rdar*) s. viga (met.).

girdle (*gö'rdl*) s. faja; tr. ceñir.

girl (*gö'rl*) s. muchacha; chica, moza, niña.

girlhood (*guö'ljud*) s. niñez; mocedad, juventud.

girt (*gö'rz*) s. cincha.

girth (*göz*) s. circunferencia; cincha (Equi.). faja; tr. chinchar; ceñir.

gist (*dyíst*) s. (fig.) esencia, sustancia.   [dar.

give [gave; given] (*guív*) tr.

give (*guív*) tr. dar; **— away**, dar gratuitamente; **— back**, devolver; **— in**, ceder; **— up**, abandonar.   [nador.

giver (*guívar*) s. donante, dador.

glad (*glád*) adj. contento; **to be glad**, alegrarse.

glacial (*gléschial*) adj. glacial.

glacier (*gláschiör*) s. glaciar; ventisquero.

glad (*glád*) adj. contento.

gladden (*gládn*) tr. alegrar.

glade (*gleid*) s. claro herboso (en un bosque).

glamour (*gléma*) s. encanto, hechizo; fascinación, embrujo; **— girl**, niña hechicera.

glance (*gláns*) s. mirada, ojeada; intr. mirar ojear.

gland (*glánd*) s. glándula.

glare (*glér*) s. resplandor; mirada furiosa; intr. resplandecer.

glass (*glás*) s. vidrio; **looking —**, espejo; vaso, copa; adj. de vidrio.

glasses (*glásis*) s. gafas; lentes; **— glasses**, gafas de sol.

glassware (*glásueör*) s. vajilla de cristal, cristalería.

glazier (*gléistö*) s. vidriero, cristalero.

gleam (*glím*) intr. relucir; radiar; s. fulgor, brillo.

glean (*glin*) tr. recoger, espigar.

glee (*gli*) s. alegría, júbilo.

gleeful (*glíful*) adj. alegre.

glen (*glén*) s. cañada.

glib (*glib*) adj. locuaz; de mucha labia; **— excuse**, excusa fácil.

glide (*gláid*) s. deslizamiento, planeo; tr. deslizarse, planear.

glider (*gláida*) s. planeador.

glimmer (*glíma*) s. vislumbre; intr. rielar; (fam.) pizca.

glimpse (*glimps*) s. vistazo; tr. dar un vistazo.

glint (*glint*) s. reflejo; intr. reflejar.   [llar.

glisten (*glísen*) intr. relucir, brillar.

glitter (*glíta*) s. brillo, intr. brillar; **all that — is not gold**, no es oro todo lo que reluce.

gloat (*glout*) intr. gozarse (en), deleitarse (en); relamerse (de gusto).

globe (*góub*) s. esfera; mundo; pecera globular; lámpara.

gloom (*glúm*) s. oscuridad; intr. oscurecerse, entristecerse.

gloomy (*glúmi*) adj. oscuro, sombrío.   [glorificación.

glorification (*glorifikéischön*) s.

glorify (*glórifai*) tr. glorificar.

glorious (*glóriös*) adj. glorioso, espléndido.

glory (*glóri*) s. gloria; intr. gloriarse; (fam.) estupendo.

gloss (*glós*) s. lustre; barniz, glosa; tr. lustrar; (lit.) glosar.   [vocabulario.

glossary (*glósari*) s. glosario,

glossy (*glósi*) adj. lustroso; satinado de lujo (revista).

glove (*glö'v*) s. guante; tr. enguantar; **hand in —**, ser el uno para el otro; muy amigos.

glow (*glóu*) s. fulgor; intr. relucir; s. **— worm**, luciérnaga.

glue (*glú*) s. cola; engrudo; tr. encolar, pegar.   [displicente

glum (*glö'm*) adj. malhumorado,

glut (*glö't*) s. hartura; intr. ahitarse; tr. saciar.

glutton (*glö'tn*) s. glotón.

gluttonous (*glö'tnös*) adj. goloso.

gluttony (*glö'tni*) s. glotonería, gula.   [cido (Bot.).

gnarlet (*narld*) adj. nudoso, torcido (Bot.).

gnash (*nesch*) intr. crujir, rechinar (los dientes).

gnat (*nát*) s. mosquito.

gnaw (*nó*) tr. roer.

go [went; gone] (*góu*) intr. ir; irse; andar; partir; s. empuje; **— astray**, descarriarse; **— away**, marcharse; **— back**, regresar; **down**, bajar; **— off**, explorar; **— on**, continuar; **— out**, salir; **— up**, subir; **let —**, soltar. [tr. aguijonear.

goad (*góud*) s. aguijón; pincho;

goal (*góul*) s. meta; (dep.) ¡gol!, tanto; **— keeper**, portero.

goat (*góut*) s. cabra; **acting the —**, hacer el tonto.

goatee (*gouti*) s. perilla.

gobble (*gobl*) tr. engullir, tragar.   [(fam.) pavo.

gobbler (*góblör*) s. tragón;

go-between (*góu-bituín*) s. mediador, intermediaria.

goblet (*góblit*) s. copa grande.

goblin (*góblin*) s. duende.

God (*gód*) s. Dios.   [jada.

god daughter (*góddotör*) s. ahijada.

goddess (*gódes*) s. diosa.

god father (*gódfadör*) s. padrino.   [ateo.

godless (*gódles*) adj. impío;

godlike (*gódlaik*) adj. divino.

godly (*gódli*) adj. piadoso.

godmother (*gódmodör*) s. madrina.

godson (*gódsön*) s. ahijado.

goggles (*gogls*) s. pl. gafas (deportivas).

goiter (*góitör*) s. papada; buche.

gold (*góuld*) s. oro; adj. de oro.

golden (*góldn*) adj. de oro; áureo.   [amarillo.

goldfinch (*góldfinch*) s. jilguero

goldfish (*góldfisch*) s. carpa dorada.   [ro.

goldsmith (*góuldsmiz*) s. platero.

golf (*golf*) s. golf (juego); **— links**, campo de golf.

gone (*gon*) p. p. de **go**; adj. ido, desaparecido.

gong (*gong*) s. gong, batintín.

good (*gúd*) adj. bueno; s. bien; s. pl. bienes; mercancías; adv. bien; interj. ¡bueno! ¡bien!; adj. **good looking**, bien parecido, guapo.   [adiós.

good-bye (*gudbái*) s. interj.

goodness (*gúdnes*) s. bondad, virtud; adj. nutritivo, rico; **Goodness me!** interj. ¡Dios mío!

goose (*gús*) s. ganso; oca.

gooseberry (*gúsberi*) s. grosella.

gorge (*górdch*) s. garganta; tr. engullir, tragar.

gorgeous (*górdyos*) adj. espléndido; magnífico.

gorilla (*görilö*) s. gorila.

gory (*góri*) adj. sangriento.

gosh (*gósch*) interj. ¡caray!, ¡caramba!

gospel (*góspel*) s. evangelio.

gossip (*gósip*) s. chisme; intr. chismear; chismoso; chismorreo, chisme.

gothic (*gózic*) s. gótico.

gourd (*góurd*) s. Bot. calabaza.

gout (*gáut*) s. Med. gota.

govern (*gö'vörn*) tr. gobernar.

government (*gö'varnment*) s. gobierno.

governmental (*gö'varnméntal*) adj. gubernamental.

governor (*gö'varnar*) s. gobernador; (fam.) jefe, patrón.

gown (*gáun*) s. toga; evening —, traje de noche; dressing —, bata; night —, camisón.

grab (*gráb*) tr. agarrar, coger; (fam.) acaparar; (fam.) grabber, acaparador, agarrado.

grace (*gréis*) s. gracia, garbo; (com.) gracia.

graceful (*gréisful*) adj. gracioso; elegante, garboso.

gracious (*gréschös*) adj. graciable, gracioso, grato; Good —!, ¡Dios mío!

graciousness (*gréischüsnes*) s. afabilidad.   [d(u)ación.

gradation (*gradéischön*) s. gradación.

grade (*gréid*) s. grado; rango; to make the —, aprobar.

gradient (*grédient*) s. pendiente, desnivel.

gradual (*grádiual*) adj. gradual.

graduate (*grádiueit*) s. graduado; tr. graduar; intr. graduarse (Acad.).

graft (*gráft*) s. injerto; (fam.) estafa; tr. injertar, empalmar.

grain (*gréin*) s. grano, semilla; tr. desgranar; against the —, contra pelo.

gram (*grem*) s. gramo.

grammar (*grámar*) s. gramática.   [gramatical.

grammatical (*gramátical*) adj.

gramme (*grám*) s. gramo.

granary (*grénöri*) s. granero.

grand (*gránd*) adj. estupendo, magnífico.   [to, nieta.

grandchild (*grándchaild*) s. nie-

granddaughter (*gránddotör*) s. nieta.   [abuelo.

grandfather (*gránd fa̱dör*) s.

grandiose (*grándious*) adj. grandioso, magnífico.   [abuela.

grandmother (*grándmo̱dzr*) s.

grandson (*grándsön*) s. nieto.

grandstand (*grándstand*) s. andanada, gradería cubierta (Dep.).

grange (*gréindch*) s. granja; quinta; alquería.   [to.

granite (*gránit*) s. Min. grani-

grant (*gránt*) s. subvención; (Acad.) beca; tr. to take for granted, dar por sentado.

granulate (*gréniuleit*) intr. granular(se).

grape (*gréip*) s. Bot. uva; — fruit, pomelo, toronja; — shot, metralla.   [parra.

grape-vine (*greipvaim*) s. vid; parra.

graph (*graf*) s. diagrama.

graphic (*gráfic*) adj. gráfico.

graphite (*gréfait*) s. grafito.

grapple (*grápl*) intr. agarrarse; s. lucha.

grapping iron s. Naut. garfios.

grasp (*grásp*) tr. empuñar; agarrar; (fig.) comprender; s. puño; asimiento, alcance.

grasping (*graasping*) adj. codicioso, avariento.

grass (*grás*) s. hierba; yerba, pasto.   [tamontes.

grasshopper (*grásjopar*) s. saltamontes.

grassy (*grási*) adj. herboso.

grate (*gréit*) s. reja; verja; (coc.) parrilla; tr. rallar.

grateful (*greitful*) adj. agradecido.   [gratitud.

gratefulness (*gréitfulnes*) s.

grater (*gréitar*) s. rallador.

gratify (*gratifai*) tr. gratificar; satisfacer.   [tisfactorio.

gratifying (*gratifaying*) adj. satisfactorio.

grating (*gréiting*) s. reja.

gratis (*gréitis*) adv. gratis; adj. gratuito.   [tud.

gratitude (*grátitiud*) s. gratitud.

gratuitous (*gratiúitös*) adj. gratuito, de valde.

gratuity (*gratiúiti*) s. propina.

grave (*gréiv*) s. sepultura; tumba; adj. serio; grave.

gravel (*grável*) s. grava.

graveyard (*gréivyard*) s. cementerio.

gravitate (*gráviteit*) tr. gravitar.

gravitation (*gravitéischön*) s. gravitación.

gravity (*gráviti*) s. gravedad.

gravy (*gréivi*) s. (coc.) salsa.

gray (*grei*) adj. gris; cano; entrecano; — horse, rucio, tordo; matter, seso; gray-haired, canoso; s. gris; intr. encanecer; poner(se) gris.

graze (*gréis*) tr. pastorear; pacer; intr. pastar; (Piel) rozar.

grease (*grís*) s. grasa; (mech.) tr. engrasar, lubricar; fig. sobornar.

greasy (*grísi*) adj. grasiento.

great (*gréit*) adj. gran; grande; a great many, muchísimos; s. great-grandchild, biznieto; s. great-grandfather, bisabuelo; s. great-grandmother, s. bisabuela.

greatness (*gréitnes*) s. grandeza.   [go.

Grecian (*gríschön*) adj. y s. griego.

greed (*grid*) s. codicia.

greediness (*grídines*) s. codicia; voracidad.   [so, avaricioso.

greedy (*grídi*) goloso; codicioso.

Greek (*gríc*) s. y adj. griego.

green (*grín*) adj. verde; fresco; s. (golf.) césped; bowling —, campo de bolos; pl. verduras.

greengrocer (*gringrousa*) s. verdulería, frutería.   [nadero.

greenhouse (*grínjaus*) s. invernadero.

greenish (*grínisch*) adj. verdoso.

greenness (*grínnes*) s. verdor.

greet (*grít*) tr. saludar; intr. saludarse.

greeting (*gríting*) s. saludo; Christmas Greeting, saludos de Navidad.   [gario.

gregarious (*griguériös*) adj. gregario.

grenade (*grenéid*) s. Mil. granada; bomba.   [cana.

grey (*gréi*) adj. gris; grey-hair, gris.

grey hound (*gréijaund*) s. galgo.

griddle (*gridl*) s. tartera; plancha (para tapar el hornillo).

grief (*gríf*) s. pena; duelo.

grievance (*grívans*) s. agravio.

grieve (*grív*) tr. agraviar; lastimar; intr. afligirse.

grievous (*grivas*) adj. penoso.

grill (*gríl*) s. parrilla; tr. asar en la parrilla.

grim (*grim*) adj. (fig.) feo, mala cara, disforme; horrible.

grimace (*griméis*) s. mueca, mohín.

grime (*gráim*) s. mugre; suciedad; tr. ensuciar.   [panto.

grimness (*grímnes*) s. grima, especie, trastorno.

grin (*grín*) s. mueca; sonrisa; intr. hacer muecas.

grind [ground; ground] (*gráind*) tr. triturar, moler; — ones teeth, rechinar los dientes; s. trabajo duro.

grinder (*gráindör*) s. molinillo.

grip (*grip*) s. apretón, agarre; tr., intr. apretar.

gripe (*gráip*) s. sujeción; manifa; pl. dolor, cólico, retortijones; tr. (fig.) punzar, afligir, oprimir.

grippe (*grip*) s. gripe, influenza.   [meza.

grit (*grít*) s. arena; arenilla, firmeza.

grittiness (*gritines*) s. entereza.   [leroso.

gritty (*gríti*) adj. arenoso; valeroso.

grizzly (*grísli*) adj. grisáceo, pardusco; — bear, oso pardo.

groan (*gróun*) s. gruñido, gemido. intr. gruñir, gemir.

grocer (*gróusar*) s. tendero; grocers shop, ultramarinos.

grocer(y)ies (*grouser(i)s*) pl. víveres, comestibles.

grog (*grog*) s. grog, ponche.

groggy (*grógui*) adj. semi-inconsciente; flotando; Box. tocado.

groin (*gróin*) s. Anat. ingle.

groom (*grúm*) s. Equi. mozo; novio (de esponsales). tr. Equi. acicalar.

groove (*grúv*) s. ranura, estría; tr. estriar.

grope (*gróup*) intr. andar a tientas; palpar.

gross (*grós*) adj. grueso; bruto; s. gruesa.   [grosería.

grossness (*grósnes*) s. rudeza.

grotesque (*grotésk*) s. y adj. grotesco.

grotto (*gróto*) s. gruta.

grouch (*gráutsch*) s. mal humor; gruñón; intr. gruñir, refunfuñar.

ground (*gráund*) s. suelo; terreno; fundamento; tr. to ground, tirar al suelo; (avia.) no permitir volar.

groundless (*gráundles*) adj. infundado.

group (*grúp*) s. grupo; tr., intr. agrupar(se).   [tal.

grove (*gróuv*) s. arboleda; frutal.

grow [grew; grown] (*gróu*) intr. crecer; tr. cultivar; intr. to grow dark, oscurecer.

growing (*gróing*) s. crecimiento; adj. creciente.

growl (*grául*) s. gruñido; intr. gruñir.   [gañon.

growler (*gráular*) s. gruñón; regruñón.

grown (*gróun*) p. p. crecido, desarrollado; s. grown up, adulto, mayor.

growth (*gróuz*) s. crecimiento; Med. tumor; Econ. desarrollo.

grudge (*grö'dch*) s. resentimiento; tr. envidiar, guardar rencor a.   [morado.

gruff (*grö'f*) adj. ceñudo, malhumorado.

grumble (*grö'mbl*) intr. quejarse.   [gruñir.

grunt (*grö'nt*) s. gruñido; intr.

guarantee (*garanti*) s. garantía; aval; tr. garanti(za)r, avalar.

guarantor (*grántor*) s. fiador; garante.

guaranty (*gáranti*) s. garantía; fianza.

guard (*gárd*) s. guarda; Mil. guardia; tr. guardar; on —, en guardia.   [adj. protector.

guardian (*gardián*) s. guardián;

guess (*gués*) s. adivinanza; conjetura. intr. adivinar; intr. hacer conjeturas.

guest (*guést*) s. huésped; — house, pensión; — guest, huésped.   [jada.

guffaw (*gafó*) s. risotada, carcajada.

guidance (*gáidans*) s. dirección; guía.

guide (*gáid*) s. guía; tr. guiar.

guidebook (*gáidhuc*) s. guía; railway —, guía de ferrocarriles.

guild (*gúild*) s. gremio; corporación; hermandad.

guile (*gáil*) s. engaño, astucia.

guilt (*guilt*) s. culpa.   [cente.

guiltless (*guíltles*) adj. inocente.

guilty (*guilti*) adj. culpable; to plead guilty, confesarse culpable.   [dias.

guinea-pig s. conejillo de Indias.

guise (*gais*) s. aspecto, apariencia; modo; under the — of, so capa de; disfrazado de.

guitar (*guitár*) s. guitarra.

gulf (*gö'lf*) s. Geog. golfo.

gull (*gö'l*) s. engaño; fraude. Orn. gaviota; tr. engañar, defraudar.

gullet (*gólit*) s. gaznate.

gully (*gö'li*) s. barranco; hondonada.   [llir, tragar.

gulp (*gö'lp*) s. trago; tr. engullir, tragar.

gum (*gö'm*) s. (líquida) goma; (ara.) encía; tr. engomar, tragar.

gun (*gö'n*) s. fusil; carabina, cañón; machine gun, ametralladora.

gunboat (*gö'nbout*) s. cañonero, lancha cañonera.   [lero.

gunman (*gö'nman*) s. pistolero.

gunner (*gö'nar*) s. artillero.

gunpowder (*gö'npaudör*) s. pólvora.

gurgle (*gö'rgl*) gorgoteo; intr. Hidro. murmurar.

gush (*gö'sch*) s. chorro; intr. borbotar, brotar.

gust (*gö'st*) s. ráfaga.

gut (*gö't*) s. tripa; tr. destripar; pl. valor.

gutter (*gö'tar*) s. alcantarilla, canelón; (fig.) arroyo.

guttural (*gö'toral*) adj. gutural.

guy (*gái*) s. (vulg.) tipo, «tío».

gymnasium (*dyemnésiöm*) s. gimnasio.   [gimnástico.

gymnastic (*dyemnástic*) adj.

gynecologist (*dyeinicólodchist*) s. ginecólogo.   [cología.

gynecology (*dyeinicólodchi*) s. ginecología.

gypsy (*dchípsi*) s. y adj. gitano.

H h

haberdasher (*jábördachar*) s. mercero.   [mercería.

haberdashery (*jábödacheri*) s.

habit (*jábit*) s. hábito, costumbre; vestimenta, hábito.

habitual (*höbítiuöl*) adj. habitual; acostumbrado.

hack (*jác*) s. rocín; corte. tr. (met.) cortar; — saw, sierra.

hackneyed (*haknid*) adj. trillado, manoseado.

haft (*jáft*) s. mango.   [viejota.

hag (*jeg*) s. hechicera, bruja;

haggard (*jágard*) adj. huraño; macilento, ojeroso.

haggle (*jágl*) tr. destrozar; intr. regatear.

hail (*jéil*) s. granizo; tr. intr. granizar; hailstorm, granizada; hailstone, pedrisco.

42 **hair** *(jéa)* s. pelo; cabello.

hairbrush *(jéa-brasch)* s. cepillo para el cabello.

haircut *(jéa-cat)* s. corte de pelo; **to have a —**, hacerse cortar el pelo.

hairdo *(jérdu)* s. peinado.

hairdresser *(jérdresör)* s. peluquero; peluquería.

hairless *(jérles)* adj. pelado.

hairy *(jérli)* adj. peludo, velloso.

hake *(jéik)* s. merluza.

hale *(jeil)* adj. sano, fuerte, robusto; tr. llevar (a una persona) por fuerza.

half *(jáf)* s. mitad; adj. medio; semi; casi; adv. a medias.

halfbred *(jáfbred)* s. mestizo.

halfbrother *(jáfbradör)* s. hermanastro. [cil, zonzo.

half-witted *(jáfuitid)* adj. imbé-

hall *(jól)* s. vestíbulo; pórtico; salón.

hallo *(jalóu)* interj. ¡hola! ¡eh!

hallow *(jálou)* tr. santificar.

halloween *(jálouin)* s. (U. S. A.) víspera de Todos los Santos.

hallowmas *(jálomas)* s. día de Todos los Santos.

hallucination *(jaliusinéischön)* s. alucinación. [la.

halo *(jéilo)* s. halo. (fig.) aureo-

halt *(jolt)* s. parada; alto; tr. (mandar) parar; intr. detenerse.

halter *(jóltar)* s. ronzal, cabestro. [dos.

halve *(haav)* r. partir, dividir en

ham *(jám)* s. jamón. [río.

hamlet *(jémlit)* s. aldea, caserío.

hammer *(jámar)* s. martillo; tr. martillar.

hammock *(jámoc)* s. hamaca.

hamper *(jámpar)* s. cesto; tr. estorbo; tr. encestar; estorbar.

hand *(jánd)* s. mano *Anat.* manecilla (de reloj); obrero; *Naut.* **deak —**, tripulante; **handariting**, letra; tr. **to hard**, pasar (por mano); **in — crate**, mano; **on the one —**, por un lado; **by —**, a mano; **on the other —**, en cambio.

handbag *(jándbag)* s. bolso (de mano). [no.

handball *(jándbol)* s. balonma-

handbill *(jándbil)* s. prospecto.

handbook *(jándbuc)* s. manual.

handcuff *(jándköf)* s. esposas; tr. maniatar.

handful *(jándful)* s. puñado.

handicap *(jándicap)* s. desventaja. [nía.

handicraft *jandicraft)* s. artesa-

handkerchief *(jánkerchif)* s. pañuelo.

handiwork *(jándiuörk)* s. labor, trabajo hecho a mano; artefacto.

handle *(jandl)* s. mango, asa, puño; tr. manejar.

handling *(jánding)* s. manejo.

hand-made *(jándméid)* adj. hecho a mano.

hand-saw *(jánd-só)* s. serrucho.

handy *(jándi)* adj. mañoso, conveniente, a mano. [ñoso.

handy *(jándi)* adj. cómodo, ma-

handsome *(jándsöm)* adj. guapo, generoso.

✗ **hang** [hung; hung] *(jáng)* tr. colgar; ahorcar; **to hang about**, merodear; **hang on a minute**, esperar un momento.

hangman *(jángman)* s. verdugo.

hangar *(jángar)* s. *Avia.* hangar.

hanger *(jángar)* s. percha, colgador.

hanker *(jankör)* intr. ansiar.

hapless *(jáplis)* adj. desaventurado, desgraciado.

happen *(jápen)* intr. suceder.

happiness *(jápines)* s. felicidad.

happy *(jápi)* adj. feliz.

harangue *(jaráng)* s. arenga; tr. arengar. [tigar.

harass *(járas)* s. tr. acosar hos-

harbour *(jaba)* s. puerto, refugio; tr. alojar.

hard *(járd)* adj. duro; **hard boiled egg** s. huevo duro.

harden *(járdn)* tr. endurecer.

hardiness *(járdines)* s. atrevimiento; ánimo; vigor.

hardly *(járdli)* adv. difícilmente; apenas.

hardness *(járdnes)* s. dureza.

hardship *(járddschip)* s. *Econ.* penalidades, dificultades.

hardware *(jaadvéa)* s. ferretería; artículos de ferretería; **— shop**, ferretería.

hardy *(járdi)* adj. osado. *Bot.* resistente, aguanta frío.

hare *(jéa)* s. liebre; **mad as a march hare** (fam.) ¡como una cabra!

hare-brained *(jéa-breind)* adj. atolondrado, despistado.

harem *(jéirem)* s. harén.

haricot *(járicot)* s. habichuela.

harlot *(járlot)* s. (fam.) puta.

harm *(járm)* s. mal; daño; tr. dañar; lastimar.

harmful *(jármful)* adj. dañino.

harmless *(jármles)* adj. inofensivo. [nico.

harmonic *(jarmónic)* adj. armó-

harmonious *(jarmóniös)* adj. armonioso; armónico. [nizar.

harmonize *(jármonais)* tr. armo-

harmony *(jármoni)* s. armonía.

harness *(járnes)* s. *Equi.* arnés.

harp *(járp)* s. *Mus.* arpa.

harpist *(járpist)* s. arpista.

harpoon *(jarpún)* s. arpón; tr. arponear.

harrow *(járou* s. *Agric.* rastro; tr. rastrear; atormentar; horrorizar.

harpy *(járpi)* s. arpía.

harry *(jári)* s. acosar; asolar.

harsh *(jársch)* adj. rudo; agrio; áspero.

harshness *(járschnes)* s. aspereza; rudeza; (fig.) dureza.

harvest *(járvest)* s. cosecha; siega; tr. cosechar.

harvester *(járvestar)* s. cosechador(a).

hash *(jasch)* s. picadillo.

haste *(jéist)* s. prisa; tr. **to make —**, apresurar; intr. apresurar(se).

hat *(ját)* s. sombrero.

hatch *(jách)* s. cría; nidada; compuerta; tr. incubar, tramar.

hatchet *(játchit)* s. hacha.

hate *(jéit)* s. odio; tr. odiar.

hateful *(jéitful)* adj. odioso.

hatred *(jéitred)* s. odio.

haughtily *(jótili)* adv. arrogantemente. [ría, arrogancia.

haughtiness *(jótines)* s. altane-

haughty *(jóti)* adj. orgulloso, altivo. [arrastrar.

haul *(jól)* s. tirón; arrastre; tr.

haulage *(jolidge)* s. (trans.) por carretera.

haunch *(jónch)* s. anca.

haunt *(jont)* s. guarida, hábito; tr. frecuentar.

have [had; had] *(jáv)* tr. (aux.); tener, poseer; haber; tomar.

haven *(jévn)* s. puerto; refugio.

haversack *(jávarsäk)* s. mochila, talego, saco.

havoc *(jávoc)* s. devastación; tr. **to cause —**, asolar.

hawk *(jóc)* s. halcón.

hawker *(jókar)* s. buhonero, vendedor ambulante.

hawthorn *(józorn)* s. *Bot.* espino blanco.

hay *(jéi)* s. heno. [heno.

hay-fever *(jei-fieva)* s. fiebre del

hayloft *(jéi-lof)* s. henil, pajar.

hazard *(jásard)* s. riesgo; azar; tr., intr. arriesgarse.

hazardous *(jásardós)* adj. arriesgado.

haze *(jeis)* s. bruma.

hazel *(jéisl)* s. *Bot.* avellano.

hazel *(jéisl)* s. adj. (col.) avellana; **hazel nut**, avellana.

haziness *(jéisines)* s. bruma.

hazy *(jéisi)* adj. brumoso; (fig.) difuso. [cabrio.

he *(ji)* pron. él; **— goat**, macho

head *(jéd)* s. cabeza; adj. jefe; príncipe; tr. encabezar, mandar; s. **head dress**, tocado.

head master s. director de un colegio. [beza.

headache *(jédeic)* s. dolor de ca-

heading *(jéding)* s. encabezamiento.

headgear *(jedguía)* sombrero, gorro; cabezada (de guarnición para caballo).

headlight *(jédlait)* s. faro delantero, (aut.). [tular.

headline *(jédlain)* s. (impr.) ti-

headland *(jédland)* s. cabo, promontorio.

headquarters *(iédcuórtars)* s. cuartel general. [co.

headstrong *(jédstrong)* adj. ter-

headlong *(jédlong)* adv. de cabeza; precipitadamente.

headway *(jéduli)* s. progreso, avance; **to make —**, avanzar, adelantar, progresar.

heal *(jil)* tr. curar; sanar; intr. curarse, cicatrizar.

healing *(jiling)* adj. curativo; s. curación.

health *(jélz)* s. salud; **public —**, sanidad; **national — service**, Seguro de Enfermedad.

healthy *(jélzi)* adj. sano, saludable, fuerte.

heap *(jíp)* s. montón; pila; tr. amontonar, apilar.

hear [heard; heard] *(jía)* tr. oír; escuchar; intr. oír. oír decir.

hearer *(jírar)* s. oyente. [cia.

hearing *(jíring)* s. oído; audien-

hearsay *(jírsei)* s. rumor.

hearse *(jörs)* s. coche fúnebre.

heart *(járt)* s. corazón; (fig.) esencia; **by heart**, de memoria. [pesar, congoja.

heartache *(járteic)* s. angustia,

heartbreak *(jártbraik)* s. disgusto; desilusión. [gustado.

heartbroken adj. apenado; disheartened.

hearten *(jártn)* tr. animar.

hearty *(járti)* adj. cordial.

hearth *(járz)* s. hogar, chimenea; (fig.) casa.

heartily *(jártili)* adv. de corazón; de buena gana; **to eat —**, comer con apetito; comer.

heartless *(jártlis)* adj. de mal corazón; cruel; insensible.

heat *(jit)* s. calor; *Zool.* celo; tr. calentar. [tufa.

heater *(jitar)* s. calentador, estufa.

heath *(jíz)* s. *Bot.* brezo, brezal, páramo.

heathen *(jídan)* s. y adj. pagano; idólatra. [nismo.

heathenism *(jízenism)* s. paga-

heather *(jídar)* s. brezo.

heating *(jíting)* s. calefacción.

heave [heaved o hove; heaved o hoven] *(jiv)* tr. alzar; elevar, empujar. intr. vomitar.

heaven *(jévn)* s. cielo.

heavenly *(jévenli)* adj., celestial.

heavily *(jévili)* adv. pesadamente.

heaviness *(jévines)* s. pesadez.

heavy *(jévi)* adj. pesado; **heavyweight**, peso pesado.

hebrew *(jibru)* s. hebreo. [to.

hectic *(jéctic)* adj. febril; inquie-

hedge *(jédch)* s. seto; dar evasivas. [puerco espín.

hedgehog *(jédchjog)* s. erizo,

heed *(jid)* s. cuidado; tr. hacer caso, poner atención.

heedful *(jidful)* adj. cuidadoso.

heedless *(jidles)* adj. descuidado, desatento.

heel *(jil)* tacón; talón; tr. **to heel**, poner tacones; **to heel round**, dar media vuelta; **down at —**, depauperado; **head over —**, locamente enamorado. [ra.

heifer *(jéfar)* s. vaquilla, ternera.

height *(jáit)* s. altura, estatura.

heighten *(jáiten)* tr. realzar; levantar.

heinous *(jinös)* adj. atroz; odioso, detestable. [dar.

heir *(éa)* s. tr. heredero; tr. here-

heiress *(éares)* s. heredera.

heirless *(éales)* adj. sin heredero. [cóptero.

helicopter *(jélicoptar)* s. heli-

hell *(jél)* s. infierno; **go to —**, ¡vete al infierno!

hellish *(jélisch)* adj. infernal.

Hellenic *(jelénic)* adj. helénico.

hello *(jelóu)* interj. ¡hola! ¡halo!

helm *(jelm)* s. timón; **to take the —**, llevar el timón.

helmet *(jélment)* s. casco.

help *(jélp)* tr. ayudar; socorrer; interj. **help!** ¡socorro! **to — oneself**, servirse.

helpful *(jélpful)* adj. útil.

helping *(jélping)* s. ración.

helpless *(jélples)* adj. incapaz.

hem *(jem)* s. dobladillo, bastilla; tr. dobladillar, bastillar, hacer dobladillos en (la ropa); **to — in**, rodear, cercar; **to — and haw**, toser y retoser (fingidamente); tartamudear, vacilar. [ferio.

hemisphere *(jémisfir)* s. hemis-

hemlock *(jémloc)* s. cicuta (hierba venenosa). [Med. hemorragia.

hemorrhage *(jémoredch)* s.

hemorrhoids *(jémoroids)* s. pl. *Med.* hemorroides.

hemp *(jémp)* s. cáñamo; **Indian —**, canabina.

hen *(jén)* s. gallina; **—per**, gallinero, corral de gallinas.

hence *(jéns)* adv. de aquí; por tanto.

henceforth *(jénsforz)* adv. de aquí en adelante. [cuaz.

henchman *(jénchman)* s. se-

her *(jör)* adj. su (de ella); pron. le, la, a ella, para ella.

herald *(jérald)* s. heraldo; tr. anunciar. [dico.

heraldic *(jiráldic)* adj. herál-

herb *(jö'rb)* s. hierba; **sweet herbs** s. hierbas aromáticas.

herbalits *(jö'rbalist)* s. herbolario.

herd *(jö'rd)* s. hato; rebaño; intr. ir en manada; **herd — together**, agruparse.

herdsman *(jö'dsmän)* s. vaquero; pastor.

here *(jír)* adv. aquí; acá; **here you are**, tenga; **from —**, desde aquí; **up to —**, hasta aquí; **— and there**, disperso.

hereafter (jiraftör) adv. en adelante.
hereat (jirát) adv. a esto.
hereby (jirbái) adv. por la presente. [ditario.
hereditary (jiréditöri) adj. hereditario.
heredity (jiréditi) s. herencia.
herein (jirín) adv. aquí dentro.
herewith (jiauíd) adv. (junto) con esto.
heresy (jérisi) s. herejía.
heretic (jéretic) adj. hereje.
heretical (jerétical) adj. herético.
heretofore (jiötufó'r) adv. hasta ahora, hasta el presente.
hermetic (jermétic) adj. hermético. [patrimonio
heritage (jéritidch) s. herencia.
hermit (jermit) s. ermitaño; eremita. [mita.
hermitage (jermitidch) s. ermita.
hernia (jernia) s. hernia.
hero (jírou) s. héroe.
heroic (jíroic) adj. heróico.
heroism (jérousin) s. heroísmo, heroicidad.
herring (jéring) s. Zool. arenque; **red —,** pista falsa.
hers (jers) pron. pos. suyo; de ella. [ma, st.
herself (hersélf) pron. ella misma.
hesitate (jésiteit) tr. dudar; titubear.
hesitation (jesitéischön) s. duda.
heterodox (jéterodocs) adj. heterodoxo. [terodoxia.
heterodoxy (jéterodocsi) s. heterogenerous** (jeterodyiniös) adj. heterogéneo.
hew [**hewed**; **hewed** o **hewn**] (jiu) tr. tajar, cortar; picar (piedra); labrar (madera, piedra). [oye!
hey (jéi) interj. ¡he!; ¡oiga!
hibernate (jivernar) intr. Zool. hibernar, pasar el invierno.
hibernation (jivernescion) s. hibernación.
hickory (jícöri) s. nogal americano; **— nut,** nuez (del nogal americano).
hidden (jídn) adj. oculto.
hide (jáid) s. pellejo, cuero. [**hid**; **hidden** o **hid**] tr. esconder; s. **— out,** escondite.
hideous (jidiös) adj. horrendo, horripilante; odioso.
hiding (jáiding) s. paliza; adj. ocultación. [rror; espanto.
hideousness (jidiösnes) s. hierarchy** (jáierarki) s. jerarquía. [glífico.
hieroglyph (jáieroglif) s. jeroglifo** (jái) adj. y adv. alto, altamente. [telectual.
highbrow (jáibrau) adj. y s. intelectual.
highflying (jaifláing) adj. de altos vuelos; ambicioso.
highland (jáiland) s. país montañoso, tierras altas, meseta.
highlander (jáilandör) s. montañés, serrano.
highly (jáili) adv. altamente; sumamente, muy; **— paid,** muy bien pagado.
highness (jáines) s. Geog. altura; (nobl.) alteza.
highway (jáuei) s. carretera.
highwayman (jáiveiman) s. salteador de caminos, bandido.
hike (jáik) s. excursión; intr. hacer una excursión; **hitch —,** hacer auto stop.
hiker (jáikar) s. excursionista.
hill (jil) s. colina; **up —,** cuesta arriba; **down —,** cuesta abajo.
hillock (jiloc) s. loma.
hillside (jílsaid) s. ladera.

hilltop (jiltop) s. cumbre, cima (de una colina).
hilly (jilli) adj. montañoso.
hilt (jilt) s. empuñadura; **to the —,** hasta la empuñadura; (fig.) hasta la coronilla.
him (jim) prom. le; a él.
himself (jimsélf) pron. él mismo; se.
hind (jaind) s. Zool. cierva; adj. posterior; trasero.
hinder (jíndar) tr. impedir; estorbar; **—er** (jíndara) s. estorbo. [dimento, estorbo.
hindrance (jíndrans) s. impedimento.
Hindu, -oo (jindú) s. indostánico, hindú. [bisagra.
hinge (jindch) s. Mec. gozne, bisagra.
hint (jint) s. insinuación; sugerencia, indirecto; tr. echar indirectas; insinuar.
hip (jip) s. cadera; **hippie,** inadaptado (sociol.).
hippopotamus (jipapótamös) s. hipopótamo.
hire (jáir) s. alquiler; tr. alquilar, arrendar; **— purchase,** venta a plazos.
his (jis) (poss. pro) suyo, de él; (poss. adj.) su, sus (de él).
hiss (jis) s. silbido, chiflido; siseo; intr. sisear, silvar, chiflar. [nico.
Hispanic (jispánic) adj. hispá-**Hispano-American** (jispanoamérican) adj. hispanoamericano.
Hispano-phile (jispanofil) adj. y s. hispanófilo, hispanista.
historian (jistórian) s. historiador.
historic (jistóric) adj. histórico.
history (jistöri) s. historia.
hit (jit) s. golpe; encuentro; fig. éxito; [**hit; hit**] tr. golpear, acertar.
hitch (jích) s. tropiezo; (fam.) pega; tr. saltar, mover(se) a saltos; **to hitch-hike,** viajar en auto-stop.
hither (jídar) adv. acá; aquí, hacia acá. [ahora.
hitherto (jídartu) adv. hasta hive** (jáiv) s. colmena.
hoar (jóa) adj. blanco; **hoar-frost** (hóa-frost) escarcha blanca.
hoard (jóad) s. tesoro; montón; tr., intr. atesorar.
hoarding (jóadin) s. acaparamiento; cartelera.
hoarse (jóas) adj. ronco, afónico. [escarchado.
hoary (jóeri) adj. blanco; cano;
hoax (jócs) s. mentira, chasco; tr. chasquear, burlar.
hobble (jóbl) s. cojera; traba.
hobby (jóbi) s. afición, pasatiempo favorito. [bundo.
hobo (jóubou) s. (E. U.) vaga-**hodge-podge** (jódchpódch) s. batiburrillo. [Cavar.
hoe (jou) s azada; tr. sachar,
hog (jóg) s. (E. U.) puerco; **to go the whole —,** jugarlo todo.
hoist (jóist) s. monta cargas; cabria, grúa; tr. alzar, elevar; (Náut.) izar.
hold [**held**; **held**] (jóuld) tr. sostener; asir, contener, celebrar; intr. aguantar; **— it,** ¡no la sueltes! s. asidero.
holder (jóuldar) s. poseedor (Per.); (Cig.) boquilla; (Plu.) mango; estuche; asa.
holding (jóulding) s. tenencia; arrendamiento. [atraco.
hold-up (jóuld-öp) s. asalto,
hole (jóul) s. agujero; hoyo; tr. **to make —,** agujerear.
holiday (jólidei) s. día festivo; fiesta; pl. vacaciones.

holiness (jóulines) s. santidad;
hollow (jólou) s. hueco, cavidad; adj. hueco; tr. ahueca.
holly (jóli) s. Bot. acebo.
holster (jólstar) s. pistolera.
holy (jóuli) adj. santo; sagrado; bendito; s. **Holy Ghost,** Espíritu Santo. [je; respeto.
homage (jómidch) s. homenahome** (joum) s. casa; hogar; patria; adj. doméstico; adv. **at —,** en casa; **to go —,** ir a casa; **— town,** ciudad natal.
homebred (jóumbred) adj. casero.
homeland (jóumland) s. tierra natal, suelo patrio.
homeless (jóumles) adj. sin hogar, desamparado.
homelike (jóumlaic) adj. hogareño; cómodo. [acogedor.
homely (jóumli) adj. casero.
home-made (jóum-méid) adj. hecho en casa, doméstico, nacional, del país.
homesick (jóumsic) adj. nostálgico, melancólico.
homestead (jóumsted) s. heredad; casa y terrenos adyacentes. [dio; homicida.
homicide (jómisaid) s. homicidio.
homosexual (jómosékschual) adj. homosexual.
homosexuality (jómouseksivaliti) s. homosexualidad. [de afilar.
hone (joun) tr. amolar; s. piedra
honest (ónest) adj. honrado; honesto, franco. [honradez.
honesty (ónesti) s. honestidad,
honey (jö'ni) s. (fam.) (E. U.) cariño; miel. [de miel.
honeymoon (jö'nimun) s. luna de miel.
honeysuckle (jö'nisökl) s. madreselva.
honeycomb (jö'nicoum) p. panal.
honorary (ónörari) adj. honorario; honorífico. [honrar.
hono(u)r (önör) s. honor; tr. **hono(u)rable** (önörabl) adj. honorable.
hood (júd) s. capucha; (aut.) capota; tr. encapuchar.
hoodwink (júduink) tr. vendar los ojos; (fig.) engañar.
hoof (júf) s. pezuña.
hook (júc) s. garfio; anzuelo; fig. atractivo; tr. enganchar.
hooligan (júligan) s. gamberro.
hoop (júp) s. aro; arco.
hoot (jút) s. ulular (búho); ruido, bocinazo; intr. tocar la bocina.
hop (jóp) s. salto, brinco, pl. (Bot.); lúpulo; intr. saltar.
hope (jóup) s. esperanza; tr. esperar, tener esperanza.
hopeful (jóupful) adj. esperanzado, optimista.
hopeless (jóuples) adj. desesperado; (fam.) inútil.
horde (jórd) s. horda.
horizon (joráisön) s. horizonte.
horizontal (jorisóntal) adj. horizontal.
horn (jórn) s. cuerno; asta; bocina; **shoe —,** calzador.
hornet (jórnit) s avispón; **—'s nest.** avispero. [róscopo.
horoscope (jóroscoup) s. horrible** (jóribl) adj. horrible.
horrid (jórid) adj. horrible.
horrify (jórifai) tr. horrorizar.
horror (jóror) s. horror; (fam.) **What a —!,** ¡Qué demonio!
horse (jórs) s. caballo; caballería; **on horseback,** a caballo; s. (fam.) **horse sense,** sentido común, gramática parda.

horseback (jórsbac) s. lomo de caballo; **to ride —,** ir a caballo. [mosca de caballo.
horsefly (jórsflai) s. tábano,
horse-laugh (jórs-laf) s. carcajada, risotada.
horseman (jórsman) s. jinete.
horsemanship (jórsmanchip) s. equitación. [llo de fuerza.
horsepower (jórspawa) s. caba-**horse-radish** (jórs-radisch) s. rábano picante.
horseshoe (jórschu) s. herradura; **shoe a horse,** herrar o calzar un caballo. [tigo.
horsewhip (jórsjuip) s. fusta, lá-**horsewoman** (jóoswoman) s. amazona.
hose (jóus) s. manguera, media; tr. y intr. regar con manguera. [medias.
hosier (jóusia) s. fabricante de **hosiery** (jóuchöri) s. dpto. de medias (mercería).
hospitable (jóspitabl) adj. hospitalario.
hospital (jóspital) s. hospital.
hospitality (jóspitáliti) s. hospitalidad.
host (jóust) s. anfitrión, huésped; hostia (Eccl.).
hostage (jóstidch) s. rehén.
hostel (jóstel) s. posada; hostería, hostal. [fitriona.
hostess (jóstes) s. patrona, an-**hostile** (jóstli) adj. hostil.
hostility (jóstíliti) s. hostilidad.
hot (jót) adj. caliente; cálido; ardiente; picante.
hotel (jóutél) s. hotel. [telero.
hotelkeeper (joutélkipa) s. ho-**hotly** (jótli) adv. calurosamente, con vehemencia.
hound (jáund) s. sabueso.
hour (áuör) s. hora; **small —s,** en la madrugada.
hourly (áuörli) adv. por horas; a cada hora; a menudo; adj. frecuente; por horas.
house (jáus) s. casa; sala o público (de un teatro); tr. albergar. [familia.
household (jáusjould) s. casa; **housewife** (jáusuaif) s. ama de casa.
housing (jáusing) s. alojamiento, vivienda; **— Estate,** polígono; **ministry of —,** ministerio de la Vivienda.
hovel (jóvöl) s. chabola, choza, cabaña; (Amér.) bohío; jacal; cobertizo.
hover (jóvar) intr. cernerse; revolotear; **— craft,** aéreo deslizador.
how (jáu) adv. cómo; cuan; cuánto; de qué modo; **how long?** ¿cuánto tiempo?; **how do you do?** ¿Qué tal? tanto gusto; **— much,** cuánto; **how many,** cuántos.
however (jauévar) adv. de cualquier modo; conj. sin embargo, no obstante.
howl (jául) s. aullido, alarido; intr. aullar.
hub (jöb) s. cubo (de una rueda); eje, centro de actividad.
hubbub (jöböb) s. ajetreo; barullo. [ambulante.
huckster (jö'kstar) s. vendedor
huddle (jödl) s. confusión; tr. amontonar, tropel.
hue (jiú) s. color; matiz.
huff (jö'f) s. enfado, bufido; tr. bufar; intr. inflarse.
hug (jö'g) s. abrazo; tr. abrazar, estrechar.

44

huge (*jiúdch*) adj. inmenso; enorme; gigantesco.

hull (*jö'l*) s. *Naut.* casco.

hum (*jö'm*) s. zumbido (mús.) tararareo; tr. tararear, zumbar.

human (*jiúman*) adj. humano, her humano.

humane (*jiuméin*) adj. comprensivo, humanitario, compasivo.   [manismo.

humanism (*jiúmanism*) s. humanist (*jiúmanist*) h. humanista.   [adj. humanitario.

humanitarian (*jiumanitéiriön*) humanist (*jiúmanist*) s. humanidad, universo, mundo.

humble (*jö'mbl*) adj. humilde; tr. humillar; humillarse, rebajarse.   [destia, humildad.

humbleness (*jö'mblnes*) s. mo-

humbug (*jö'mbög*) s. patraña; fraude; farsante.

humid (*jiúmid*) adj. húmedo.

humidity (*jiumíditi*) s. humedad.   [llar.

humiliate (*jiumílieit*) tr. humillar.

humiliation (*jiumiliéischön*) s. humillación.

humility (*jiumíliti*) s. humildad.

hummingbird (*jö'mmingbörd*) s. colibrí, pájaro mosca; (Américar chuparrosa; chupaflor.

humorist (*jiúmörist*) s. humorista.   [morístico.

humorous (*jiúmörös*) adj. humo(u)r (*jiúma*) s. humor; tr. mimar.

hump (*jö'mp*) s. joroba.

hundred (*jö'ndred*) adj. cien; s. ciento.   [tésimo.

hundredth (*jö'ndridz*) adj. centésimo.

hunger (*jö'nga*) s. hambre.

hungry (*jö'ngri*) adj. hambriento; **to be hungry,** tener hambre.

hunk (*jöngk*) s. pedazo grande; mendrugo (de pan).

hunt (*jö'nt*) s. caza; tr. cazar; intr. ir de caza, caza mayor.

hunter (*jö'ntar*) s. cazador; montero.

hunting (*jö'nting*) s. caza; cacería; **fox —,** caza de zorros.

hurdle (*jö'rdl*) s. (dep.) valla.

hurl (*jö'rl*) s. tiro; lanzamiento, tr. tirar, lanzar.   [rra!

hurrah (*jurrá*) interj. ¡viva! ¡hurricane (*jö'rikein*) s. huracán.

hurry (*jö'ri*) s. apresuración, prisa; intr. apresurarse.

hurt [hurt; hurt] (*jö'rt*) tr. lastimar, herir; (fig.) dañar.

husband (*jö'sband*) s. marido; esposo; tr. economizar.

husbandry (*jö'sbandri*) s. agricultura; frugalidad, economía (doméstic. y agríc.).

hush (*jö'sch*) s. silencio; tr. acallar, apaciguar.

husk (*jö'sk*) s. (Cereal.) cáscara; tr. mondar.

husky (*jö'ski*) adj. de corteza ruda, (voz) ronco; intr. perro esquimal.

hustle (*jösl*) v. apresurar(se); apurarse; s. prisa; actividad; **hustle and bustle,** bullicio.

hut (*jö't*) s. choza, caseta.

hyacinth (*jáiasinz*) s. *Bot.* jacinto.

hybrid (*jáibrid*) adj. híbrido.

hidraulic (*jaidrólic*) adj. hidráulico.

hydrogen (*jáidridchön*) s. hidrógeno; **hydrogen bomb,** bomba de hidrógeno.   [drofobia.

hidrophobia (*jaidrofobia*) s. hidroplane (*jáidröplein*) s. hidroavión, hidroplano.

hyena (*jaiína*) s. *Zool.* hiena.

hygiene (*jáidyein*) s. higiene.

hygienic (*jaidyeénic*) adj. higiénico.

hymn (*jím*) s. himno (Eccl.).

hyphen (*jáifen*) s. guión (pequeño).

hypnotic (*jipnótic*) adj. hipnótico.   [tismo.

hypnotism (*jípnotism*) s. hipnotize (*jípnotais*) tr. hipnotizar.   [hipocondría.

hypochondria (*jipokö'ndria*) s. hypochondriac (*jipokö'ndriac*) s. hipocondríaco.   [cresía.

hypocrisy (*jipócrösi*) s. hipohypocrite (*jipócrit*) s. hipócrita.

hypothesis (*jaipózisis*) s. hipótesis.

hypothetic (*jaipozétic*) adj. hipotético.   [mo.

hysterics (*jistérics*) s. histeris-

I i

I (*ái*) pron. yo.

Iberian (*aibírian*) adj. ibérico.

ice (*áis*) s. hielo; helado; tr. helar; s. **ice-cream,** helado (mantecado).

iceberg (*áisberg*) s. montaña de hielo, témpano, iceberg.

ichthyology (*icciólodye*) s. ictiología.

icicle (*áisikl*) s. carámbano.

icy (*áisi*) adj. glacial; (fig.) congelado.

idea (*aidía*) s. idea.

ideal (*aidíal*) adj. y s. ideal.

idealism (*aidíalism*) s. idealismo.

identical (*aidéntical*) adj. idéntico; **identical twins,** gemelos idénticos.

identification (*aidéntifikeischön*) s. identificación.   [ficar.

identify (*aidéntifai*) tr. identificar.

identity (*aidéntiti*) s. identidad.

ideology (*aidiólodye*) s. ideología.

idiocy (*ídiosi*) s. idiotez.

idiom (*ídiöm*) s. giro, locución; modismo.

idiot (*ídiöt*) s. idiota.

idle (*áidl*) adj. holgazán; intr. holgazanear.   [pereza.

idleness (*áidlnes*) s. ociosidad.

idler (*áidla*) s. haragán, zángano, vago.

idol (*áidöl*) s. ídolo.

idolater (*aidólata*) s. idólatra.

idolatrize (*aidólatrais*) tr. idolatrar.

idolatry (*aidólatri*) s. idolatría.

idyl (*áidil*) s. idilio.

if (*if*) conj. sí; **ever if,** aunque.

ignite (*ignáit*) v. encender(se), inflamarse; prender, pegar fuego a.

ignition (*igníschön*) s. ignición, encendido (de un motor); **— switch,** interruptor de encendido.

ignoble (*ignóbl*) adj. innoble.

ignominious (*ignomíniös*) adj. ignominioso.   [nia.

ignominy (*ígnomini*) s. ignominia.

ignorance (*ígnorans*) s. ignorancia, mala educación.

ignorant (*ígnorant*) adj. s. ignorante; mal educado.

ignore (*ignór*) tr. ignorar.

ill (*il*) adj. malo, enfermo; adv. malamente; mal; **ill-timed** adj. inoportuno; **ill-spoken,** mal hablado.

illegal (*ilígal*) adj. ilegal.   [dad.

illegality (*ilegáliti*) s. ilegali-

illegible (*ilédyebl*) adj. ilegible.

illegitimacy (*ilédyetimasi*) s. ilegitimidad.

illegitimate (*iledchítimeit*) adj. ilegítimo; falso, natural.

illicit (*ilísit*) adj. ilícito.   [do.

illimited (*ilímited*) adj. ilimitado.

illiteracy (*ilíterasi*) s. analfabetismo.

illiterate (*ilítereit*) adj. analfabeto.   [dad.

illness (*ilnes*) s. mal, enfermedad.

illogical (*ilódyecal*) adj. ilógico.

illuminate (*iliúmineit*) tr. iluminar; alumbrar; esclarecer.

illumine (*iliumín*) tr. alumbrar, iluminar.   [quimera.

illusion (*iliúchön*) s. ilusión; quimera.

illusive (*iliúsiv*) adj. ilusorio, falaz.

illusory (*iliúsori*) adj. ilusorio.

illustrate (*ilö'streit*) tr. ilustrar, aclarar.   [dor.

illustrator (*ilö'streitar*) s. ilustrador.

illustrious (*ilö'striös*) adj. ilustre; preclaro.

image (*ímidch*) s. imagen; tr. figura; **the vivid —,** el vivo retrato.

imagery (*imícheri*) s. conjunto de imágenes, figuras; fantasía, imaginería.   [ginario.

imaginary (*imádyeinöri*) s. imaimagination (*imádyenéischön*) s. imaginación.

imagine (*imádyein*) tr. imaginar.

imbecile (*ímbesil*) adj. imbécil.

imbecility (*imbesíliti*) s. imbecilidad.

imbibe (*imbáib*) tr. absorber; (fam) beber; empapar; (fig.) asimilar.

imbue (*imbiú*) tr. imbuir, infundir; impregnar, empapar.

imitate (*ímiteit*) tr. imitar.

imitation (*imitéischön*) imitación.   [maculado.

immaculate (*imákiuleit*) adj. inmaterial (*ima'tiöriöl*) adj. inmaterial, espiritual; **it is — to me,** me es indiferente.

immature (*imatiúr*) adj. inmaturo; verde; (fig.) infantil.

immediate (*imídiet*) adj. inmediato.

immense (*iméns*) adj. inmenso.

immensity (*iménsiti*) s. inmensidad.   [sumir.

immerse (*immees*) tr. sumergir, immigrant (*ímigrant*) s. inmigrante.   [grar.

immigrate (*ímigreit*) tr. inmiimmigration (*imigréischön*) s. inmigración.   [nencia.

imminence (*íminens*) s. inmiimmodest (*ímódist*) adj. deshonesto, inmodesto, atrevido.

immoral (*imóral*) adj. inmoral.

immorality (*imoráliti*) s. inmoralidad.

immortal (*imórtal*) adj. y s. inmortal.   [mortalidad.

immortality (*imortáliti*) s. inmortalize (*imórtalais*) tr. inmortalizar.

immovable (*inmúvábl*) adj. inmovible; inamovible; inmóvil; inmutable.

immunity (*imiúniti*) s. inmunidad, franquicia.   [nizar.

immunize (*imiunais*) tr. inmuimmutability (*imiutabíliti*) s. inmutabilidad.   [table.

immutable (*imiútabl*) adj. inmuimp (*imp*) s. diablillo.

impact (*impact*) s. impacto.

impair (*impéa*) tr. debilitar, disminuir; (fig.) reducir.

impairment (*impéament*) s. deterioración, debilitamiento.

impart (*impárt*) tr. impartir, conferir.   [parcial.

impartial (*impárschal*) adj. imimpartiality (*imparschiáliti*) s. imparcialidad.   [sible.

impassible (*impásibl*) adj. impaimpassioned (*impáschönd*) adj. apasionado, vehemente, ardiente.   [sible; insensible.

impassive (*impásiv*) adj. impaimpatience (*impéischens*) s. impaciencia.   [paciente.

impatient (*impéischent*) adj. imimpeach (*impích*) tr. demandar o acusar formalmente (a un alto funcionario de gobierno); **to — a person's honor,** poner en tela de juicio el honor de uno.

impeccable (*impécabl*) adj. impecable, sin tacha.

impede (*impíd*) tr. impedir.

impediment (*impédiment*) s. impedimento.   [pujar.

impel (*impél*) tr. impeler, emimpending (*impénding*) adj. inminente, amenazador.

impenetrable (*impénetrabl*) adj. impenetrable.

impenitent (*impénitent*) adj. impenitente, no arrepentido.

imperative (*impérativ*) adj. imperativo.   [imperceptible.

imperceptible (*imperséptibl*) adj. imperfect (*imparfect*) adj. imperfecto; incompleto.

imperfection (*imparfécschön*) s. imperfección, deficiencia; falta.   [rial.

imperial (*impírial*) adj. impeimperil (*impéril*) tr. poner en peligro, arriesgar.   [rioso.

imperious (*impiriös*) adj. impeimperishable (*impérischabl*) adj. imperecedero.

impermeable (*impö'rmeabl*) adj. impermeable.   [impersonal.

impersonal (*impö'rsonal*) adj. impersonate (*impö'rsoneit*) tr. impersonar, imitar.

impertinence (*impö'rtinens*) s. impertinencia.   [impertinente.

impertinent (*impö'rtinent*) adj. imperturbable (*impértö'rbabl*) adj. imperturbable.

impervious (*impé'rviös*) adj. impenetrable.   [petuoso.

impetuous (*impétiuös*) adj. imimpetuousness (*impétiuósnes*) s. impetuosidad.

impetus (*impetös*) s. impetu.

impiety (*impáieti*) s. impiedad.

impious (*impiös*) adj. impío.

implacable (*implécabl*) adj. implacable.   [inculcar.

implant (*implant*) tr. implantar, implement (*implement*) s. instrumento; utensilio; tr. llevar a cabo.   [car.

implicate (*implikeit*) tr. impliimplication (*implikéischön*) s. implicación.   [tácito.

implicit (*implisit*) adj. implícito.

implore (*implöa*) tr. implorar.

imply (*implái*) tr. implicar; envolver; suponer.   [tés.

impolite (*impolít*) adj. descorimpoliteness (*impoláitnes*) s. descortesía.

import (*impoort* s. importación; intr. importar.   [portancia.

importance (*impootans*) s. importance (*impootant*) adj. importante.

importation (*impootéischön*) s. importación.   [tador.

importer (*impoota*) s. imporimportunate (*impootiuneit*) adj. importuno.   [tunar.

importune (*impootiún*) tr. imporimportunity (*impootiúniti*) s. importunidad, importunación.

impose (*impóus*) tr. imponer; intr. **impose on**, imponerse sobre.

imposing (*impóusing*) adj. impresionante, impresivo.

imposition (*imposíschön*) s. imposición.

impossibility (*imposöbíliti*) s. imposibilidad. [posible.

impossible (*impósibl*) adj. imposible.

imposter (*impósta*) s. impostor, embustero, falso.

imposture (*impóstcha*) s. impostura, fraude, engaño.

impotence (*ímpotens*) s. impotencia, debilidad.

impotent (*ímpotent*) adj. impotente; incapaz.

impoverish (*impóvarisch*) tr. empobrecer. [pregnar.

impregnate (*imprégneit*) tr. impregnar.

impress (*imprés*) tr. impresionar. [presión.

impression (*impréschön*) s. impresión.

impressive (*imprésiv*) adj. impresionante.

imprint (*imprínt*) s. impresión; tr. imprimir, huella.

imprison (*imprísn*) tr. encarcelar; encerrar.

imprisonment (*imprísenment*) s. encarcelamiento.

improbable (*impróbabl*) adj. improbable. [provisación.

impromptu (*imprómtiu*) s. improper (*imprópar*) adj. impropio.

improve (*imprúv*) tr. mejorar; intr. progresar, mejorarse.

improvement (*imprúvment*) s. mejorar.

improvident (*impróvident*) s. y adj. imprevisor. [visar.

improvise (*impróvais*) tr. improimprudence (*imprúdens*) s. imprudencia.

imprudent (*imprúdent*) adj. imprudente, indiscreto.

impudence (*impiudens*) s. impudencia, descaro, desvergüenza.

impudent (*impiudent*) adj. impudente, descarado, insolente.

impugn (*impiún*) tr. impugnar, poner en tela de juicio.

impulse (*impöls*) s. impulso.

impulsive (*impö'lsiv*) adj. impulsivo. [dad.

impunity (*impiúniti*) s. impuni-impure (*impiúa*) adj. impuro, adulterado. [za.

impurity (*impiúöriti*) s. impureimputable (*impiútabl*) adj. imputable.

impute (*impiút*) tr. imputar.

in (*in*) prep. en; dentro de, por, a; adv. (a)dentro.

inability (*inabíliti*) s. inhabilidad, incapacidad.

inaccessible (*inacsésibl*) adj. inaccesible.

inaccuracy (*inákiurasi*) s. inexactitud; error.

inaccurate (*inákiuret*) adj. inexacto, erróneos, incorrecto.

inactive (*ináctiv*) adj. inactivo; inerte. [dad, ociosidad.

inactivity (*ináctíviti*) s. inactivi-inadequate (*inádicuit*) adj. inadecuado; defectuoso, insuficiente.

inadmisible (*inadmísibl*) adj. inadmisible, increíble.

inadvertence (*inadvartens*) s. inadvertencia.

inanimate (*inánimit*) adj. inánime; inanimado.

inappreciable (*inapríschiabl*) adj. imperceptible, **inapreciable**.

inapt (*inápt*) inepto, **inhábil**.

inaptitude (*ináptitiud*) s. ineptitud.

inasmuch (*inasmátsch*) adv. puesto que; en cuanto.

inattention (*inaténschön*) s. desatención; distracción.

inattentive (*inaténtiv*) adj. desatento, distraído.

inaugurate (*inóguiureit*) tr. inaugurar; iniciar.

inauguration (*inoguiuréischön*) s. inauguración, apertura.

inborn (*ínborn*) adj. innato, natural. [adj. incalculable.

incalculable (*incálkiulabl*) adj. incandescent (*incandésent*) adj. incandescente.

incapability (*inkeipabíliti*) s. incapacidad, inabilidad.

incapable (*inkéipabl*) adj. incapaz, incapacitado.

incapacity (*incapásiti*) s. incapacidad. [tr. encar-incarnate (*incárneit*) tr. encarincarnation (*incarnéischön*) s. encarnación.

incautious (*incausos*) adj. imprudente, no **precavido**.

incendiary (*insendyari*) adj. s. incendiario.

incense (*insens*) s. **incienso.**

incense (*insens*) tr. **incensar.**

incentive (*insentiv*) s. incentivo; estímulo.

incertitude (*insértitiud*) s. incertidumbre.

incessant (*insésant*) adj. incesante, continuo.

incest (*ínsest*) s. **incesto.**

incestuous (*inséschiuòs*) adj. incestuoso.

inch (*ínch*) s. pulgada. [cia.

incidence (*ínsidens*) s. **Incidenincident** (*insident*) s. **incidente.**

incidental (*ínsidéntal*) adj. incidental, suceso. [nerar.

incinerate (*insínareit*) tr. inciincineration (*insinöréision*) s. incineración.

incise (*insáis*) tr. cortar, tallar.

incision (*insizion*) s. incisión, corte. [tigar.

incite (*insáit*) tr. incitar, insincivility (*insivíliti*) s. grosería; descortesía. [clinación.

inclination (*inclinéischön*) s. in-incline (*inclán*) tr. inclinar; s. rampa, declive.

include (*inclúd*) tr. incluir; comprender. [sive.

inclusive (*inclúsiv*) adj. incluincoherent (*incoujerent*) adj. incoherente, inconexo.

income (*ínköm*) s. ingreso; renta; **income-tax**, s. impuesto sobre la renta.

incomparable (*incómparabl*) adj. incomparable.

incompatibility (*incompatibíliti*) s. incompatibilidad.

incompatible (*incompátibl*) adj. incompatible.

incompetency (*incómpetensi*) s. incompetencia; ineptitud.

incompetent (*incómpetent*) adj. incompetente. [completo.

incomplete (*incomplít*) adj. in-incomprehensible (*incomprijénsal*) adj. incomprensible.

inconceivable (*inconsívabl*) adj. inconcebible.

inconditional (*incondíschonal*) adj. incondicional.

incongruence (*incóngruens*) s. incongruencia, divergencia.

incongruent (*incóngruent*) adj. incongruente, absurdo.

inconsiderate (*inconsídöreit*) adj. desconsiderado.

inconsistency (*incosístensi*) s. inconsistencia.

inconsistent (*inconsistent*) adj. inconsistente. [constancia.

inconstancy (*incónstansi*) s. in-inconstant (*incónstant*) adj. inconstante, variable.

incontinence (*incóntinens*) s. incontinencia.

inconvenience (*inconvíniens*) s. inconveniencia. tr. incomodar. [inconveniente.

inconvenient (*inconvínient*) adj. incorporate (*incórporeit*) tr. incorporar; intr. incorporarse.

incorporation (*incorporéischön*). s. incorporación.

incorrect (*incoréct*) adj. incorrecto, erróneo. [incorregible.

incorrigible (*incórídyibl*) adj. incorrupt (*incorró'pt*) adj. incorrupto; puro; probo.

increase (*incrís*) s. aumento; tr. aumentar.

increasingly (*incrísingli*) adv. más y más; cada vez más.

incredible (*incrédibl*) adj. increíble. [credulidad.

incredulity (*incrediúliti*) s. in-incredulous (*incrédiulös*) adj. incrédulo. [mento; aumento.

increment (*íncrement*) s. incre-incubate (*ínkiubeit*) tr. incubar, empollar. [cubación.

incubation (*inkiubeischön*) s. in-inculcate (*inkö'lkeit*) tr. inculcar. [par; imputar.

inculpate (*inkö'lpeit*) tr. incul-incumbency (*inkö'mbensi*) s. incumbencia. [meter.

incur (*inkö'r*) tr. incurrir, co-incurable (*inkiúrabl*) adj. incurable. [rente, anodino.

incurious (*inkiúriòs*) adj. indife-incursion (*inkö'scrön*) s. incursión, correría (mil.).

indebted (*indétid*) adj. adeudado, endeudado; (fig.) agradecido. [cencia, obsceno.

indecency (*indísensi*) s. inde-indecent (*indísent*) adj. indecente, obscenidad.

indecision (*indesíchön*) s. indecisión. [ciso.

indecisive (*indesáisiv*) adj. inde-indecorous (*indicóuròs*) adj. indecoroso.

indeed (*indíd*) adv. verdaderamente; ¿de veras? [finido.

indefinite (*indéfinit*) adj. indelible (*indélibl*) adj. indeleble. [cadeza, inmodestia.

indelicacy (*indélicasi*) s. indeli-indelicate (*indélikit*) adj. grosero, inmodesto.

indemnification (*indemnifikéischön*) s. indemnización.

indemnify (*indémnifai*) tr. indemnizar; resarcir.

indemnity (*indémniti*) s. indemnización. [la; tr. dentar.

indent (*indént*) s. muesca, mue-independence (*indíp'éndens*) s. independencia.

independent (*indipéndent*) adj. independiente, libre.

indescribable (*indiscráibabl*) adj. indescriptible.

indestructible (*indestructible*) adj. indestructible.

indetermined (*indetemind*) adj. indeterminado.

index (*índecs*) s. índice (imp.) — **card**, ficha.

India (*índia*) s. India; — **rubber**, s. caucho.

Indian (*indian*) adj. indio; **Indian-summer** s. veranillo de S. Martín. [señalar.

indicate (*índikeit*) tr. indicar, **indication** (*indikéischön*) s. indicación.

indicative (*indicativ*) adj. indicativo.

indict (*indáit*) tr. acusar.

indictment (*indáitment*) s. acusación, denuncia, proceso judicial. [ferencia.

indifference (*indíferens*) s. indi-indifferent (*indíferent*) adj. indiferente.

indigence (*índiyens*) s. indigencia, pobreza, penuria.

indigent (*índidyent*) adj. indigente, pobre. [dígena.

indigenous (*indídyinòs*) adj. in-indigestable (*indidyéstibl*) adj. indigesto, nativo.

indigestion (*indidyésschön*) s. indigestión, empacho.

indignant (*indígnant*) adj. enojoso, indignante.

indignation (*indignéischön*) s. indignación, enojo.

indignity (*indígniti*) s. indignidad, afrenta.

indigo (*índigou*) s. índigo, añil; — **blue** azul de añil.

indirect (*indíréct*) adj. indirecto.

indiscreet (*indiscrít*) adj. indiscreto. [indiscreción.

indiscretion (*indiscréschön*) s. indiscriminate (*indiscríminit*) adj. confuso, indistinto.

indispensable (*indispénsabl*) adj. indispensable, esencial.

indispose (*indispóus*) tr. indisponer. [dispuesto.

indisposed (*indispóusd*) adj. in-indisposition (*indisposóschön*) s. indisposición. [indisoluble.

indissoluble (*indisoliubl*) adj. indistinct (*indistínct*) adj. indistinto; confuso.

individual (*individiual*) adj. individual; s. individuo; sujeto.

individuality (*individiuáliti*) s. individualidad.

individualize (*individiualais*) tr. individualizar. [visible.

indivisible (*indivísebl*) adj. indi-indoctrinate (*indóctrineit*) tr. adoctrinar. [lencia, pereza.

indolence (*índolens*) s. indo-indolent (*índolent*) adj. indolente, perezoso; indoloro.

indomitable (*indómitabl*) adj. indomable.

indoor (*índoa*) adj. interior, dentro (en casa); cubierto; — **atheletics**, atletismo en pista cubierta.

indoors (*indóos*) adv., a cubierto, bajo techo. [respaldar.

indorse (*indórs*) tr. endosar; **indorsement** (*indórsment*) s. (com.) endoso, garantía.

indubitable (*indúbitabl*) adj. indubitable, indudable.

induce (*indiús*) tr. inducir; instigar; inferir.

inducement (*indiúsment*) s. aliciente, incentivo. [iniciar.

induct (*indö'ct*) tr. introducir, **induction** (*indö'cschön*) s. Inducción. [tivo.

inductive (*indö'ctiv*) adj. inductive indulge (*indö'ldy*) tr. permitir; consentir; intr. entregarse a.

indulgence (*indö'ldyens*) s. indulgencia. [dulgente.

indulgent (*indö'lent*) adj. in-industrial (*indastrial*) adj. industrial. [industrializar.

industrialize (*indastrialais*) tr. industrious (*indastriòs*) adj. industrioso, activo, trabajador.

industry (*índastri*) s. industria.

inebriate (*inibrieit*) tr. embriagar; adj. ebrio.

inedible (*inédibl*) adj. incomible.

inedited (*inéditid*) adj. inédito.

46

ineffable (*inéfabl*) adj. inefable.
ineffective (*ineféctiv*) adj. ineficaz.
ineffectual (*inefécchiual*) adj. ineficaz, infructuoso.
inefficient (*inefíchent*) adj. ineficaz, incapaz.
inept (*inépt*) adj. inepto.
ineptitude (*inéptitiud*) s. ineptitud.   [dad.
inequality (*inicúoliti*) s. desigual-
inert (*ineert*) adj. inerte.
inertia (*ineerschia*) s. inercia; inacción; indolencia.
inestimable (*inéstimabl*) adj. inestimable, apreciable.
inevitable (*inévitabl*) adj. inevitable.   [inagotable.
inexhaustible (*inegsóstibl*) adj.
inexorable (*inécsorabl*) adj. inexorable. [económico, barato.
inexpensive (*inicspénsiv*) adj.
inexperience (*inecspíriens*) s. inexperiencia, impericia.
inexperienced (*inecspírienst*) adj. inexperto.
inexplicable (*inécsplicabl*) adj. inexplicable. [inexpresivo.
inexpressive (*inecsprésiv*) adj.
inextinguishable (*inecstínguis-chabl*) adj. inextinguible.
infallibility (*infalibíliti*) s. infalibilidad.
infallible (*infálibl*) adj. infalible.
infamous (*ínfamös*) adj. infame, odioso.
infamy (*ínfami*) s. infamia.
infancy (*ínfansi*) s. infancia.
infant (*ínfant*) niño, crío, criatura; **infant school**, escuela de párvulos.
infanticide (*infántisaid*) s. infanticidio; infanticida.
infantile (*ínfantail*) adj. infantil.
infantry (*ínfantri*) s. infantería.
infect (*inféct*) tr. infectar.
infection (*infécschön*) s. infección, contagio.
infectious (*infécschös*) adj. infeccioso, contagioso.
infer (*infar*) tr. inferir; deducir.   [cia.
inference (*ínfarens*) s. inferen-
inferior (*infíriar*) s. inferior. adj. subordinado; **inferiority complex**, complejo de inferioridad   [rioridad.
inferiority (*inferióriti*) s. infe-
infernal (*infö'rnal*) adj. infernal.   [gar.
infest (*infést*) tr. infestar, plainfidel (*ínfidel*) s. y adj. infiel, impío.   [dad.
infidelity (*infideliti*) s. infideli-
infiltrate (*infíltreit*) tr. infiltrar, penetrar; (fig.) adentrar.
infiltration (*infiltréischön*) s. infiltración.
infinite (*ínfinit*) adj. infinito.
infinitive (*infinitiv*) s. infinitivo.
infirm (*infeerm*) adj. enfermizo.
infirmary (*infeermari*) s. enfermería, hospital.
infirmity (*infeermiti*) s. enfermedad, achaque; flaqueza.
inflame (*infléim*) tr. inflamar; intr. Med. inflamarse, hincharse.   [flamable.
inflammable (*inflámabl*) adj. in-
inflate (*infléit*) tr. inflar. (pers.) envanecerse, engreirse.
inflation (*infléischon*) s. Econ. inflación; Med. hinchazón.
inflexibility (*inflecsibíliti*) s. inflexibilidad, rigidez; (pers.) obstinación
inflexible (*inflécsibl*) adj. inflexible, rígido, obstinado.
inflict (*inflict*) infligir, ocasionar.

influence (*ínfluens*) s. influencia; tr. influir.   [yente.
influential (*influénschal*) influ-
influenza (*influénsa*) s. gripe.
influx (*ínflöcs*) s. influjo, afluencia.
inform (*infórm*) tr. informar, notificar; — **against**, denunciar.
informal (*infórmal*) adj. informal, sin ceremonia; **informal dress**, vestido de calle.
information (*informéischön*) s. información, informes; aviso.
infraction (*infrácschön*) s. Leg. infracción.   [violar.
infringe (*nfríndch*) tr. infringir,
infuriate (*infiúrieit*) tr. enojar, enfurecer.
infuriated (*infiuriétit*) adj. furioso, enojado, furioso.
infuse (*infiús*) tr. infundir; hacer infusiones.   [sión.
infusion (*infiúzhyön*) s. infu-
ingenious (*indyéíniös*) adj. ingenioso, hábil.   [niosidad.
ingenuity (*indyeeniúiti*) s. inge-
ingenuous (*indyeéniuös*) adj. ingenuo, sincero, modesto.
ingenuousness (*indchéniuösnes*) s. ingenuidad, candidez.
ingratiate (*ingréischeit*) tr. congraciarse.
ingratitude (*ingrátitiud*) s. ingratitud.   [diente.
ingredient (*ingrídient*) s. ingre-
ingress (*íngres*) s. ingreso.
inhabit (*injábit*) tr. habitar; intr. vivir.   [bitable.
inhabitable (*injábitabl*) adj. habitable.
inhabitant (*injábitant*) s. habitante.   [rar.
inhale (*injéil*) tr. inhalar, aspirar.
inhere (*injía*) intr. residir; ser inherente.   [rente.
inherent (*injírent*) adj. inherente.
inherit (*injérit*) tr. heredar.
inheritance (*injéritans*) s. herencia; patrimonio.
inhibit (*injíbit*) tr. inhibir.
inhibition (*injibíschön*) s. inhibición.
inhospitable (*injóspitabl*) adj. inhospitalario, Geog. inhóspito.   [mano; desalmado.
inhuman (*injiúman*) adj. inhumano.
inhumation (*injiuméischön*) s. inhumación, entierro.
inimical (*inímical*) adj. enemigo; hostil.   [mitable.
inimitable (*inímitabl*) adj. inimitable.
iniquitous (*iníicuitas*) adj. inicùo, malvado.   [maldad.
iniquity (*iníicuiti*) s. iniquidad,
initial (*iníschal*) adj. inicial; pl. s. iniciales.
initiate (*iníschieit*) tr. iniciar, comenzar; intr. iniciarse.
initiation (*inischiéischön*) s. iniciación.   [tiva.
initiative (*inísshativ*) s. iniciativa.
inject (*inddyéct*) tr. inyectar.
injunction (*indyoncschön*) s. mandato, orden; Leg. entredicho.
injection (*indyécschön*) s. inyección.   [ofender.
injure (*inya*) tr. herir, lastimar;
injurious (*indyaúrios*) adj. injurioso.   [injuria
injury (*índya*) s. herida, lesión; injustice (*indyustis*) s. injusticia.
ink (*ink*) s. tinta; **indian** —, tinta china; —**pot**, tintero.
inkling (*íncling*) s. indicación, indicio, idea, sospecha, noción vaga.
inkstand (*íncstand*) s. tintero.
inlaid (*inléid*) adj. incrustado.
inland (*ínland*) s. Geog. interior; adj. interior, nacional, tierra adentro.

in-laws (*ínlos*) s. parientes políticos.
inlay (*inléi*) tr. incrustar; ataracear.
inlet (*inlet*) s. Mec. entrada; pasaje; Mar. ensenada.
inmate (*ínmeit*) s. interno; pupilo; huésped.   [profundo.
inmost (*ínmoust*) adj. íntimo;
inn (*in*) s. posada; fonda.
innkeeper (*ínkipör*) s. posadero.   [tural.
innate (*innéit*) adj. innato, natural.
inner (*ínar*) adj. interior.
innermost (*ínarmoust*) adj. íntimo, profundo.
inning (*íning*) s. Dep. entrada.
innocence (*ínosens*) s. inocencia; pureza.
innocent (*ínosent*) adj. y s. inocente, simple.   [inofensivo.
inocuous (*inókiuös*) adj. inocuo,
innovate (*ínoveit*) tr. innovar.
innuendo (*iniuéndou*) s. insinuación, indirecta. [innumerable.
innumerable (*iniúmöröbl*) adj.
inoculate (*inókiuleit*) tr. Med. inocular, vacunar; Bot. injertar.   [doro.
inodorous (*inódörös*) adj. inodoro.
inoffensive (*inofénsiv*) adj. inofensivo.   [inoperante.
inoperative (*inóperativ*) adj.
inopportune (*inóportiun*) adj. inoportuno.
inquest (*íncuest*) s. Leg. sumario; indagación.
inquire (*incuáia*) tr. preguntar; intr. investigar, indagar; — **after**, preguntar por.
inquiry (*incuáiri*) s. encuesta, interrogación.   [preguntón.
inquisitive (*incúisitiv*) curioso, preguntón.
inroad (*ínroud*) s. incursión.
insalubrious (*insaliúbriös*) adj. insalubre; malsano.
insalubrity (*insaliúbriti*) s. insalubridad.   [mente.
insane (*inséin*) adj. loco; demente.
insanitary (*insanitari*) adj. antihigiénico.
insanity (*insániti*) s. demencia, locura.   [saciable.
insatiable (*inséischiöbl*) adj. insaciable.
inscribe (*inscráib*) tr. inscribir; dedicar, grabar (joyas).
inscription (*inscripschön*) s. inscripción; título, grabación, (joy.)   [inescrutable.
inscrutable (*inscrútabl*) adj.
insect (*ínsect*) s. insecto.
insecure (*insekiúr*) adj. (fig.) inseguro; incierto.
inseminate (*insémineit*) tr. inseminar, fecundar.
insemination (*inseminéischön*) fecundación; **artificial** —, fecundación artificial.   [sato.
insensate (*insénseit*) adj. insensato.
insensible (*insénsibl*) adj. insensible; impasible.   [separable.
inseparable (*inséparabl*) adj. inseparable.
insert (*insért*) tr. insertar; meter; introducir.
inside (*insáid*) adj. interior, interno; adv. adentro; prep. dentro de; s. interior, parte interna; **inside-out**, al revés, lo de dentro para afuera.
insidious (*insídiös*) adj. insidioso; pérfido.
insight (*insait*) s. discernimiento; perspicacia; (fig.) visión clara; conocimientos.   [nias.
insignia (*insígnió*) s. pl. insig-
insignificant (*insignificant*) adj. insignificante; (fig.) despreciable.   [hipócrita.
insincere (*insinsír*) adj. falso;
insinuate (*insíniueit*) tr. insinuar(se).

insinuation (*insiniuéiscön*) s. insinuación; indirecta.
insipid (*insípid*) adj. insípido, soso.   [gir.
insist (*insíst*) intr. insistir; exigir.
insistence (*insistö'ns*) s. insistencia, empeño, porfía
insolation (*insoléischön*) s. insolación.   [cia.
insolence (*ínsolens*) s. insolen-
insolent (*ínsolent*) adj. insolente, atrevido, osado.
insoluble (*insóliubl*) adj. insoluble. Quim. sin solución.
insolvent (*insólvent*) adj. y s. (com.) insolvente.
insomnia (*insómnia*) s. insomnio, desvelo.
insomuch (*insoumö'ch*) conj. de manera que. [nar, examinar.
inspect (*inspéct*) tr. inspeccio-
inspection (*inspécschöönn*) s. inspección, examen; investigación.   [tor.
inspector (*inspéctör*) s. inspector.
inspiration (*inspiréischön*) s. inspiración; Poet. musas.
inspire (*inspáia*) intr. inspirar; tr. sugerir.   [tabilidad.
instability (*instabíliti*) s. ines-
instable (*instéibl*) adj. inestable, inseguro.   [montaje.
install (*instál*) tr. instalar; Mec.
installation (*instaléischön*) s. instalación.   [entrega.
instalment (*instólment*) s. plazo,
instance (*ínstans*) s. ejemplo, caso (leg.) instancia; ruego; **for instance**, por ejemplo; tr. ejemplificar.
instant (*ínstant*) adj. s. instante; momento; adj. urgente; corriente (mes).
instantaneous (*instöntéinyes*) adj. instantáneo, repentino.
instead (*instéd*) adv. y prep. en cambio; **instead of**, adv. y prep. en vez de, en lugar de.
instep (*ínstep*) s. empeine (del pie, del zapato).
instigate (*ínstigeit*) tr. instigar, incitar.   [tación.
instigation (*instigeishon*) s. inci-
instil(l) (*instíl*) tr. instilar; inculcar; insinuar.
instinct (*ínstinkt*) s. instinto; — **of preservation**, instinto de conservación.   [tintivo.
instinctive (*ínstinktiv*) adj. instintivo.
institute (*institiut*) s. instituto; tr. instituir, establecer.
institution (*institiúschön*) s. institución.
instruct (*instró'ct*) tr. instruir; informar, ordenar.
instruction (*instró'cschön*) s. instrucción.   [tructor.
instructor (*instró'ctar*) s. ins-
instrument (*ínstrument*) s. instrumento; utensilio.
insubordination (*insabordinéis-chön*) s. insubordinación.
insufferable (*insö'förabl*) adj. insufrible, insoportable.
insufficient (*insöfíschent*) adj. insuficiente.
insular (*ínsiular*) s. y adj. insular; isleño.
insulate (*ínsiuleit*) tr. Elec. aislar.   [aislamiento.
insulation (*insiuléischön*) s. Elec.
insulator (*insiuleitar*) s. Elec. aislador.
insult (*ínsölt*) s. insulto; (*insö'lt*) tr. insultar; **to add** — **to injury**, empeorar las cosas.
insuperable (*insiúpörabl*) adj. insuperable, inmejorable.
insupportable (*insöpörtabl*) adj. insoportable, insufrible.
insurance (*insiúrans*) s. (com.) seguro; seguridad.

insure (insiúa) tr. asegurar.

insurgent (insö'rdyeent) s. insurgente; rebelde.

insurmountable (insömáuntäbl) adj. insuperable.

insurrection (insörécschön) s. insurrección. [tegro; ileso.

intact (intáct) adj. intacto; ínintake (inteik) s. (orificio de) entrada; toma.

integral (íntigral) adj. íntegro; Maths, integral.

integrate (íntegreit) intr. integrar(se). [tegración.

integration (integréischön) s. in-integrity (intégriti) s. integridad, honradez.

intellect (íntelect) s. intelecto.

intellectual (intelécchiual) adj. intelectual.

intelligence (intélidyens) s. inteligencia; armonía.

intelligent (intelidyent) adj. inteligente. [teligible.

intelligible (intélidyibl) adj. in-intemperance (intémparans) s. intemperancia; exceso.

intemparate (intémpareit) adj. inmoderado.

intend (inténd) tr. proponerse; pensar, tener intención.

intended (inténdid) adj. proyectado; — (wife), futura esposa.

intense (inténs) adj. intenso; violento, vehemente, ferviente. [tensificar.

intensify (intensifi) tr. e intr. in-intensive (inténsiv) adj. intensivo.

intent (intént) s. designio; adj. cuidadoso; (leg.) with — to; con ánimo de.

intention (inténschön) s. intención, propósito.

intentional (inténschönl) adj. intencional; adv. —ly, intencionalmente, adrede, a propósito.

inter (intö'r) tr. enterrar.

intercede (intersíd) intr. interceder; interponerse.

intercept (intörsépt) tr. interceptar; interrumpir.

intercession (intarséschön) s. intercesión. [intercambiar.

interchange (intarchéindy) tr. intercourse (intarkowes) s. (fam.) coito, relacion(es), trato. [s. veto.

interdict (intördíct) tr. vedar; interest (intarest) s. interés; tr. interesar.

interested adj. interesado.

interesting (íntaresting) adj. interesante.

interfere (intarfía) intr. interferir, entremeterse.

interference (intarfírens) s. interferencia, Elec. intromisión. [rino.

interim (intárim) adj. y s. interior (intíriar) adj. interior; s. el interior. [interjección.

interjection (intardyécschön) s. interlace (intarléis) tr. enrelazar; entremezclar.

interlock (intölóc) tr. entrelazar (se); trabar(se). [terlocutor.

interlocutor (intarlókiutar) s. in-interlude (intarliud) s. intermedio; entreacto.

intermarry (intemari) s. casarse, (parientes, razas).

intermediate (intermídieit) adj. intermedio; intr. intermediar.

interment (interment) s. entierro, funeral. [interminable.

interminable (interminabl) adj. intermingle (intermingl) tr. e intr. entremezclar(se), mezclar(se).

---

intermission (intermíschön) s. intermisión; pausa. [pir.

intermit (intermít) tr. interrum-intermittent (intermítent) adj. intermitente. [terno.

intern(al) [intö'rn(al)] adj. in-international (internáschönal) adj. internacional.

interpose (interpóus) tr. intr. interponer(se). [pretar.

interpret (inte'rpret) tr. inter-interpretation (interpretasiön) s. interpretación. [térprete.

interpreter (inte'rpreter) s. in-interrogate (intérogueit) tr. e intr. interrogar.

interrogative (interógativ) adj. interrogativo. [terrogatorio.

interrogatory (interógatori) s. in-interrupt (interö'pt) tr. interrumpir; estorbar.

interruption (interupsion) s. interrupción.

intersect (inteséct) tr. e intr. cortar(se); cruzar(se).

intersection (inteséeschön) s. intersección; street —, bocacalle, cruce.

intertwine (inte'túain) tr. entrelazar, entretejer, trenzar.

interval (interval) s. intervalo; (espec.) descanso; blanco; espacio, (lit.).

intervene (intervín) intr. intervenir; interponerse.

intervention (intervénschön) s. intervención.

interview (interviu) s. entrevista; conferencia; tr. entrevistar(se con); —er (...viva) c. entrevistador. [tinal.

intestinal (intéstinal) adj. intes-intestine (intéstin) s. intestino (fam.) tripa; adj. interior.

intimacy (íntimasi) s. intimidad, familiaridad.

intimate (íntimeit) tr. For. intimar; (intimit) s. amigo íntimo; adj. íntimo.

intimation (intiméischön) s. insinuación; indirecta; requerimiento. [midar, amenazar.

intimidate (intímideit) tr. inti-intimidation (intimidéischön) s. intimidación.

into (íntu) prep. en; adentro; hacia adentro; — the bargain, por añadidura.

intolerable (intólarabl) adj. intolerable; insufrible.

intolerance (intólarans) s. intolerancia. [intolerante.

intolerant (intolarant) adj. y s. intonation (intonéischön) s. entonación, ritmo.

intone (intóun) intr. entonar.

intoxicate (intocsíkeit) tr. intoxicar; embriagar.

intoxication (intocsikéischön) s. intoxicación.

intractable (intráctabl) adj. intratable, osco.

intravenous (intravínös) adj. Med. intravenoso.

intrench (intrénisch) tr. atrincherar; Mil. to — oneself, atrincherarse. [do.

intrepid (intrépid) adj. intrépi-intrepidity (intripíditi) s. intrepidez, osadía.

intricate (intricayt) adj. intrincado, embrollado.

intrigue (intríg) s. intriga; tr. intrigar, confabular.

introduce (introdiús) tr. presentar; introducir.

introduction (introdukcsion) s. introducción; prólogo.

intromission (intromíschön) s. intromisión.

---

introspection (introspécschön) s. introspección.

introvert (intravert) s. introvertido; —ed, adj. introvertido.

intrude (intrúd) intr. entremeterse.

intruder (intrúdar) s. intruso.

intuition (intiuíschön) s. intuición.

intuitive (intiútiv) adj. intuitivo.

inundate (inö'ndeit) tr. inundar, (fig.) abrumar.

invade (invéid) tr. invadir.

invader (invéidar) s. invasor.

invalid (inválid) adj. inválido, nulo; (invalid) s. inválido; (med.) tr. hacer uno inválido, impedir. [dar; anular.

invalidate (inválideit) tr. invali-invaluable (inváliuabl) adj. inestimable, inapreciable.

invariable (invériabl) adj. invariable, constante. [sión.

invasión (invéichön) s. invainvent (invént) tr. inventar.

invention (invénschön) s. invención. [tivo.

inventive (invéntiv) adj. inven-inventor (invénta) s. inventor.

inventory (ínventori) s. inventario; tr. (com.) inventariar.

inverse (invö's) adj. inverso.

inversión (invö'rschön) s. inversión.

invert (invö'rt) tr. invertir.

invest (invést) tr. invertir, imponer (Econ.); investir.

investigate (invéstigueit) tr. investigar; averiguar.

investigation (investiguéischön) s. investigación.

investment (invéstiment) s. (econ.) inversión (de capital). [nista, imponente.

investor (invéstar) s. inversionista.

invidious (invídiös) adj. envidioso, odioso.

invigorate (invígöreit) tr. vigorizar, fortalecer.

invigorating (invigorating) adj. fortalecer. [cible.

invincible (invínsibl) adj. invencible.

inviolate (inviolat) adj. inviolada, intacto.

invisible (invísibl) adj. invisible.

invitation (invitéischön) s. invitación. [dar.

invite (inváit) tr. invitar; convi-inviting (inváiting) adj. atractivo; seductivo, tentador.

invoice (invois) s. (com.) factura; tr. facturar.

invoke (invóuc) tr. invocar, rogar, suplicar. [involuntario.

involuntary (invölönteri) adj. involve (invölv) tr. envolver, enredar, implicar.

involvement (involument) s. injerencia, involucración.

invulnerable (invö'lnarabl) adj. invulnerable.

inward (inuöd) s. adj. interior; adv. hacia dentro.

inwards (inuöds) s. adv. hacia dentro; internamente.

iodin(e) (áiodin) s. Quím. yodo.

I. O. U. (Com.), pagaré.

irascible (airásibl) adj. irascible. [dado.

irate (airéit) adj. airado, enfa-ire (áia) s. ira, enojo.

iridescent (iridésnt) adj. iridiscente, tornasolado, irisado.

iris (áiris) s. (opt.) iris; (her.) (bot.) lirio, (flor de) lis.

Irish (áirisch) adj. y s. irlandés.

irk (ö'rk) tr. fastidiar; (fig.) cansar.

irksome (ö'rksöm) adj. tedioso, fastidioso; (fam.) cargante.

---

iron (áion) s. hierro, plancha adj. de hierro, férreo; tr. planchar.

ironclad (ion-clad) adj. blindado.

Iron-Foundrys (ion-fondri) fundición.

iron-marges (ion-fondri) s. ferretería.

ironicl(al) (airónicl) adj. irónico.

ironing (áironing) s. ropa para planchar, planchada; — board, mesa de planchar.

irony (áironi) s. ironía.

irradiate (iréidieit) tr. irradiar, esparcir. [diación.

irradiation (ireidiaschion) s. irra-irrational (iráschönal) adj. irracional.

irreconcilable (ireconsilabl) adj. irreconciliable.

irreducible (irediúsibl) adj. irreducible. [futable.

irrefutable (iréfiutabl) adj. irre-irregular (iréguiular) adj. irregular.

irregularity (ireguiuláriti) s. irregularidad.

irrelevance (irelavans) s. irrelevancia. [(a la cuestión).

irrelevant (irélevant) adj. ajeno

irreligious (irilídyas) adj. irreligioso, impío.

irremediable (iremídiabl) adj. irremediable.

irreparable (ireparable) adj. irreparable.

irreprehensible (ireprejénsibl) adj. irreprensible.

irreproachable (iripróuchabl) adj. irreprochable. [sistible.

irresistible (irisístibl) adj. irre-irresolute (irésoliut) adj. irresoluto.

irresponsible (irispónsibl) adj. irresponsable.

irreverent (irévörent) adj. irreverente.

irrevocable (irévokabl) adj. irrevocable.

irrigate (irigueit) tr. (agr.) irrigar, regar.

irrigation (iriguéischön) s. riego.

irritable (íritabl) adj. irritable, irascible.

irritant (íritant) adj. irritante.

irritate (írriteit) tr. irritar.

irritation (iritéischön) s. irritación.

island (áiland) s. isla; ínsula.

islander (áilöndar) s. isleño.

isle (áil) s. isla; islet, islote.

isolate (isoleit) tr. aislar, separar.

isolation (aisoléischön) s. aislamiento, abandono; separación.

issue (íschu) s. salida; edición, impresión; asunto; intr. salir, tr. emitir, publicar.

isthmus (ístmös) s. Geog. istmo.

it (it) pron. (neutro); ello, lo.

Italian (itálian) adj. italiano.

italicize (itálisais) tr. poner en letra bastardilla.

itch (ích) s. sarna; comezón; deseo; intr. picar; — for something, desear, anhelar.

itchy (itchi) adj. que pica; (med.) sarnoso.

item (áitem) s. artículo (en lista); (per.) noticia; asunto.

itemize (áitomais) tr. detallar; hacer una lista de.

itinerary (itinareri) s. itinerario; ruta.

its (its) adj. su, (de ello); pron. suyo (de ella).

itself (itself) pron. ello mismo; por sí mismo.

ivory (áivöri) s. marfil.

ivy (áivi) s. Bot. hiedra.

J j

jab *(dyab)* s. pinchazo; tr. pinchar; (box.) jab.
jabber *(dyaba)* intr. parlotear; —n, parloteo, charla.
jack *(dyác)* s. (mec.) gato; (elec.) clavija, macho; (famil.) marinero; tr. — up, levantar con gato; — of all tradres, aprendiz de todo.
jackal *(dyácal)* s. chacal.
jackanapes *(dyácaneips)* s. mequetrefe.
jackass *(dyácas)* s. asno, burro; (fam.) tonto, burro, asno.
jack-daw *(dyack-daw)* s. *Ornit.* grajo.
jacket *(dyáket)* s. chaqueta, americana; **potatoes in their** —, patatas con piel.
jack-knife *(dyácnaif)* s. navaja.
jade *(dyéid)* s. nefrita; (min.) mujerzuela, rocín; tr fatigar, cansar.
jag *(dyág)* s. diente; mella; tr. dentar, mellar; s. (fam.) **to go on a** —, turca, curda.
jaguar *(dyeguár, dyáguar)* s. jaguar.
jail *(dyéil)* s. cárcel.
jailer *(dyéilör)* s. carcelero.
jam *(dyám)* s. confitura de fruta, apretura; (tráf.) atasco; tr. **to** —, atascarse(Tráf.); (mech.) agarrotarse; tr. apiñar, apretar.
jamboree *(dyamborí)* s. (fam.) (boy-scouts); grande acampada (Boy-scouts).
jangle *(dyángl)* s. ruido; sonido metálico discordante.
janitor *(dyánitar)* (EE. UU.) s. bedel; portero; conserje.
January *(dyániuari)* s. enero.
Japan *(dyapán)* n. p. Japón, s. charol; barniz.   [japonés.
Japanese *(dyapönis)* adj. y s.
jar *(dyár)* s. tarro, bote; (acús.) chirrido; (mech.) choque; tr. chirriar; chocar; (fig.) disgustar, enojar.
jargon *(dyárgon)* s. jerga; guirigay; jerigonza.   [jazmín.
jasmin(e) *(dyásmin)* s. Bot.
jaundice *(dyóndis)* s. Med. ictericia.
jaunt *(dyont)* s. paseo; intr. corretear.   [charla.
jaw *(dyó)* s. (fam.) mandíbula.
jay *(dyéi)* s. Ornit. arrendajo; rústico, bobo.
jazz *(dyas)* s. jazz (cierta clase de música sincopada); intr. tocar el jazz; bailar el jazz; **to — up**, sincopar; animar, alegrar.
jealous *(dyélös)* adj. celoso; envidioso.   [vidia.
jealousy *(dyélosi)* s. celos; en-
jean *(dyín)* s. (text.) dril, pl. pantalones vaqueros.
jeer *(dyía)* s. befa; burla; tr. y intr. **— at**, mofar(se) de.
jelly *(dyéli)* s. jalea; gelatina; **jelly-fish** s. medusa.
jeopardize *(dyépardais)* tr. arriesgar, exponer; dificultar.
jeopardy *(dyépardi)* s. riesgo, dificultad.   [tr. sacudir.
jerk *(dyérk)* s. sacudida, tirón; **jersey** *(dyö'si)* s. tejido de punto; (Amér.) jersey; chaqueta.   [fonearse.
jest *(dyést)* s. chanza; intr. bu-

jester *(dyéstar)* s. bufón; (fam.) bromista.
jesuit *(dyésiuit)* s. jesuita.
jet *(dyét)* s. Min. azabache; Hidr. y Prop. chorro; Avia. avión de reacción.
jeltison *(dyetison)* tr. Naut. lanzar, arrojar por la borda.
jetty *(dyéti)* s. Naut. malecón; dique de abrigo.
jew *(dyú)* s. judío.
jewess *(dyúes)* s. judía, israelita.   [mo.
jewry *(dyúri)* s. judería, zionis-
jewel *(dyéel)* s. joya.
jewel *(dyúelör)* s. joyero.
jewel(le)ry *(dyúelri)* s. joyewish *(dyúisch)* adj. judaico, judío.   [jingoísta.
jingo *(dyingo)* s. patriotero,
job *(dyób)* s. empleo, trabajo, —ber, jornalero, peón.
jocose *(dyocóus)* adj. jocoso; festivo.
jockey *(dyoci)* s. jinete.
jog *(dyóg)* s. empellón; (fig.) estimular, recordar; Equit. trote corto; **jog along**, andar con paso firme; tr. sacudir, empujar.   [juntarse.
join *(dyóin)* tr. unir; intr. unirse,
joiner *(dyóinar)* s. carpintero, ebanista.
joint *(dyóint)* s. Mech. e Ind. juntura, unión; Anat. articulación.   [intr. bromear.
joke *(dyóuc)* s. broma; chiste;
joker *(dyóukör)* s. bromista.
jolly *(dyóli)* adj. alegre, festivo; adv. (fam.) muy.
jolt *(dyólt)* s. vaivén, traqueteo; tr. e intr. traquetear.
jot *(dyót)* tr. anotar, hacer apuntes, **not a** —, ni jota.
jotter *(dyota)* s. bloc de notas.
journal *(dyö'nal)* s. Imp. revista.   [riodismo.
journalism *(dyö'nalism)* s. pe-
journalist *(dyö'nalist)* s. periodista.
journey *(dyö'ni)* s. viaje.
joy *(dyói)* s. alegría; júbilo; gozo.   [zoso.
joyful *(dyóiful)* adj. alegre, gozoso, jubiloso.   [bilo.
jubilant *(dyiúbilant)* adj. alborozado, jubiloso.
jubilation *(dyiubiléischön)* s. júbilo.
jubilee *(dyubilí)* s. jubileo.
Judaic *(dyúdéic)* adj. judaico; judío; hebreo.
judge *(dyö'dch)* s. juez; (fig.) experto; tr. juzgar.
judgment *(dyö'dyment)* s. (fig.) juicio.   [dicial.
judicial *(dyiuaischal)* adj. ju-
judicious *(dyiudischös)* adj. juicioso.
jug *(dyö'g)* s. jarro; **to —** Coc. estofar; **in the jug**, (vulg.) corcel.
juggle *(dyö,gl)* s. juego de manos; hacer malabares. Teat.
juggler *(dyö'glar)* s. prestidigitador, juglar.
juice *(dyús)* s. zumo, (fig.) jugo.
juicy *(dyúsi)* adj. jugoso.   [ca.
juke-box *(dyuc-bocs)* s. discoteca.
July *(dyiulái)* s. julio.
jumble *(dyö'mbl)* s. mezcla; enredo; mezclar; **— sale**, venta de artículos usados.
jump *(dyö'mp)* s. salto, intr. saltar, brincar.
jumper *(dyö'mpar)* s. saltador; (vest.) sueter. [nervioso.
jumpi *(yö'mpi)* adj. asustadizo,
junction *(dyö'nkschön)* s. junta; unión; (carr.) cruce; (f. c.) empalme.
juncture *(dyö'nkchur)* s. juntura; coyuntura.

June *(dyún)* junio.
jungle *(dyö'ngl)* s. jungla, selva, manigua.
junior *(dyúniar)* adj. menor. más joven, hijo.
junk *dyö'nk)* s. Mar. junco (fam.) trastos; (fig.) bagatelas.   [jurisdicción.
jurisdiction *(dyurisdicschön)* s.
jurisprudence *(dyuörisprúdöus)* s. jurisprudencia, derecho.
jurist *(dyúrist)* s. jurista; legalista.
juror *(dyurar)* s. jurado (miembro del).   [nal.
jury *(dyúri)* s. jurado; tribunal.
just *(dyö'st)* adj. justo; adv. justamente, precisamente; — **now**, ahora mismo.
justice *(dyö'stis)* s. justicia.
justify *(dyustifi)* tr. justificar; defender.
justly *(dyustli)* adv. justamente; con razón.
jut *(dyö't)* s. salidizo, resalto; intr. **jut out**, sobresalir.
juvenile *(dyúvenail)* adj. juvenil.

K k

kaleidoscope *(caláidscoup)* s. calidoscopio.   [canguro.
kangaroo *(cangarú)* s. Zool.
keel *(kíl)* s. Naut. quilla; tr. poner la quilla.
keen *(iin)* adj. agudo; (pers.) entusiasmado, interesado; **to be — on**, ser un entusiasta en.
keenness *(kinnes)* s. agudeza; perspicacia; entusiasmo.
keep [**kept**; **kept**] *(kiip)* tr. guardar, — **on**, seguir; cuidar; **keep-from**, abstenerse de; **keep in mind**, tener presente.
keeper *(kiipa)* s. guardián, custodio; **jail —** carcelero.
keeping *(kíping)* s. cargo; custodia; **book —**, teneduría de libros (com.)   [regalo.
keepsake *(kíipseik)* s. recuerdo,
ken *(ken)* s. (fig.) alcance, conocimiento.
keg *(keg)* s. barril (pequeño).
kerb *(keerb)* s. bordillo de la acera.   [cabeza).
kerchief *(kechif)* s. pañuelo (de
kernel *(keernal)* s. almendra; pepita; meollo.
kennel *(kenl)* s. perrera.
keltle *(ketl)* s. hervidor de agua, marmita; **a rice kettle of fist!** ¡Vaya lío! Mus. — **drum**, tambor de percusión.
key *(kí)* s. llave; clave; tecla.
kerosene *(kérösin)* s. kerosina, petróleo para lámparas.
keyboard *(kibord)* s. teclado.
keyhole *(kíjoul)* s. ojo de cerradura.
keynote *(kinout)* s. nota tónica; (fig.) idea o principio fundamental.
keystone *(kistoun)* s. Arq. clave (de un arco); base, fundamento principal.
kick *(kik)* s. puntapié; coz; tr. dar coces o puntapiés, patear. Dep. — **off**, comienzo de partido. tr. — **out**, echar fuera.
kid *(kid)* s. cabrito; cabritilla; (fam.) niño(a).
kidnap *(kídnap)* tr. secuestrar.
kidnapper *(kidnapar)* s. secuestrador.

kidnapping *(kidnaping)* s. secuestro.
kidney *(kídni)* s. riñón.
kill *(kil)* tr. matar. — **two birds with one stone**, matar dos pájaros de un tiro.
killer *(kílör)* s. asesino.
killing *(kiling)* s. matanza.
kiln *(kíln)* s. horno, (alfar.).
kilogram *(kílogram)* s. kilógramo.   [tro.
kilometer *(kilomitar)* s. kilómetro.
kilt *(kilt)* s. faldas escocesas, tonelete.   [bata.
kimono *(kimoúnou)* s. quimono.
kin *(kín)* s. parentesco; linaje; adj. familiar, afín, emparentado.
kind *(cáind)* adj. amable; s. clase, género, tipo.
kindergarten *(kíndagaten)* s. jardín de infancia.
kindly *(káiudli)* adj. bondadoso; benigno; benévolo; amable; adv. amablemente.
kindle *(kíndl)* tr. encender; intr. (fig.) despertar. [dad.
kindness *(cáindnes)* s. amabilikindred *(kíndrit)* s. afinidad; adj. emparentado.
king *(kíng)* s. rey.
kingdom *(kíngdöm)* s. reino.
kingfisher *(king-fisha)* s. Orn. martín pescador.   [deudo.
kinsman *(kínsmön)* s. pariente, deudo.
kiosk *(kiósc)* s. kiosco.   [mado.
kipper *(kípa)* s. arenque ahumado.
kiss *(kis)* s. beso; tr. besar; — **the dust**, morder el polvo.
kitchen *(kíchen)* s. cocina; **kitchen garden** s. huerto.
kite *(cáit)* s. Orn. milano; Orn. gavilán; volantín, cometa.
kitten *(kítn)* s. gatito; intr. parir la gata.   [tino.
knack *(nác)* s. destreza; maña.
knapsack *(nápsac)* s. mochila; morral, alforja.
knave *(néiv)* s. bribón, travieso.
knavish *(néisvisch)* adj. picaresco.
knead *(níd)* amasar.
knee *(ní)* s. Anat. rodilla; Mar. curva; Mec. codo.
kneel [**kneeled** o **knelt**; **kneeled** o **knelt**] *(níl)* (**down**) intr. arrodillarse.
knell *(nel)* s. doble (toque de campanas por los difuntos); intr. doblar, tocar a muerto.
knick-knack *(nícnac)* s. chuchería, baratija.
knife *(náif)* s. cuchillo; tr. **to —**, (fam.) acuchillar.
knight *(náit)* s. (her.) caballero; caballo de ajedrez.
knit [**knit**; **knit**] *(nít)* calcetar, hacer calceta.
knitting *(nítting)* s. calceta.
knitter *(nita)* s. calcetadoro.
knob *(nób)* s. pomo, (tirador de la puerta); (rad. y T.V.) botón.
knock *(nóc)* s. golpe; llamada; tr. e intr. golpear, pegar, llamar a. — **down**, derribar; Box. — **out**, fuera de combate. tr. noquear.
knocker *(nókör)* s. aldaba.
knoll *(nól)* s. loma.
knot *(nót)* s. nudo; lazo; tr. anudar, atar.
knotty *(noti)* adj. nudoso, — **problem**, complicado, problema complicado.
know [**knew; known**] *(nóu)* tr. conocer; saber; —**how**, conocimientos técnicos. [mientos.
knowledge *(nólidch)* s. conocinuckle *(nacl)* s. Anat. nudillo. tr. — **under**, someterse.

L I

label (léibel) s. etiqueta, tr. etiquetar.

labo(u)r (léiba) trabajo, labor, dolores del parto; — **party** s. partido laborista; tr. trabajar; esforzarse.

laboratory (láboretori) s. laboratorio.   [rioso.

laborious (labóuriös) adj. laborioso.

labo(u)rer (léibarar) s. peón.

labyrinth (lábirinz) s. laberinto; dédalo.

lac (lác) s. Ind. laca.

✗ **lace** (léis) s. encaje; **shoe —**, cordón del zapato.

lack (lác) s. falta; carencia; tr. carecer de.

laconic (lacónic) adj. lacónico.

lacquer (lákar) s. (cosmetics.), laca; tr. dar laca, barnizar.

lactil (láctil) adj. lácteo.

lad (lád) s. muchacho.

ladder (ládar) s. escala; carrera (en medias).

ladle (léidl) s. cucharón.

lady (léidi) s. señora; dama; **lady killer**, tenorio.

lag (lág) s. rezagado; s. retraso; intr. **to — behind**, retrasarse.   [holgazán.

laggard (lágard) s. rezagado.

lager (láguer) s. cerveza suave.

lagoon (lagún) s. laguna.

laic (léic) s. y adj. laico.

lair (léa) s. madriguera.

laity (léiti) s. estado de seglar.

lake (léic) s. lago.

lamb (lám) s. cordero; carne de —; **as meek as a —**, tan inocente como un corderito.

lame (léim) adj. cojo.

lameness (léimnes) s. cojera.

lament (lamént) s. lamento; queja; tr. e intr. lamentar(se).

lamentable (lámentabl) adj. lamentable; doloroso.

laminate (lámineit) tr. Ind. laminar; adj. laminado.

lamp (lámp) s. lámpara; — **shade**, pantalla; — **post**, poste de la luz.   [satirizar.

lampoon (lampún) s. libelo; tr.

lance (láns) s. lanza; tr. lancear; **free lance**, s. trabajo independiente.

lancet (lánset) s. lanceta.

land (lánd) s. tierra; país; tr. aterrizar, desembarcar.

landholder (lándjoular) s. terrateniente.   [barco.

landing (lánding) s. desembarco.

landlady (lándléidi) s. ama; patrona, casera.   [casero.

landlord (lándlord) s. patrón, amo.

landmark (lándmarc) s. mojón; Naut. marcas.

landowner (lándounar) s. terrateniente, propietario, hacendado.   [saje.

landscape (lándskeip) s. paisaje.

landslide (lándslaid) s. derrumbamiento, desplome.

lane (léin) s. callejuela.

language (lánggueidye) s. lengua, idiomas.

languid (lángüid) adj. lánguido.

languish (lángüisch) intr. languidecer.

languor (lángör) s. languidez.

lank (langc) adj. alto y delgado; larguirucho.   [na; fanal.

lantern (lántern) s. farol; linterna.

lap (láp) s. regazo; (fam.) colo; **to —**, relamerse de gusto; **lap dog**, perro faldero.

lapel (lapél) s. solapa.

lapse (láps) s. desliz; lapso; intr. transcurrir.

larceny (láseni) s. hurto.

lard (lárd) s. manteca de cerdo; tr. mechar.

larder (lárdar) s. despensa.

large (lárdye) adj. grande; amplio; **at large**, en libertad; con detalle.   [parte.

largely (lárdyeli) adv. en gran

largeness (ládyenes) s. amplitude, grandeza.

lariat (láriöt) s. reata.

lark (larc) s. Orn. alondra, (fam.) jolgorio.

larva (lávö) s. larva. [ringitis.

laryngitis (larindyeitis) s. laringitis.

larynx (lérins) s. Anat. laringe.

lascivious (lasiviös) adj. lascivo.

lash (lásch) s. tr. azotar; s. látigo; atada; **eye lash**, pestaña; **whip —**, latigazo.

lass (lás) s. moza, chica.

lassitude (lásitiud) s. laxitud; cansancio.

lasso (lásou) s. lazo, reata, mangana; (Amér.) guaso; tr. lazar, (Amér.) enlazar.

last (lást) adj. último; pasado; intr. durar; s. (zapat.) horma.

lasting (lásting) adj. duradero.

latch (lách) s. aldaba; cerrojo; **latch key** llavín.

late (léit) adj. retrasado, último, difunto; adv. tarde.

lately (léitli) adv. recientemente, últimamente.

latent (léitent) adj. latente.

later (leita) adv. más tarde.

lateral (látaröl) adj. lateral.

latest (leitest) adj. último; adv. el más tarde.

lathe (léiz) s. Mec. torno.

lather (ládar) jabonadura, espuma de jabón; tr. enjabonar; espumar.

Latin (látin) adj. latino; s. latín.

latitude (látitiud) s. latitud; extensión; amplitud.

latter (látö) adj. último (de dos).   [jado, rejilla.

lattice (látis) s. celosía; enrelaud.

laud (lód) tr. alabar.

laudable (lódable) adj. loable.

laugh (láf) s. risa; intr. reírse; tr. **— at**, reírse de.

laughable (láfabl) adj. risible.

laughing (láfing) s. risa; adj. risueño; — **stock**, hazmerreír.

laughter (láftar) s. risa; risotada.

launch (lónch) s. lancha; tr. Náut. botar; lanzar; intr. lanzarse.

launching (lonching) s. Náut. botadura; lanzamiento.

lander (lóndar) tr. lavar y planchar (la ropa).

launderette (londarét) s. lavandería mecánica.

laundress (lóndres) s. lavandera.

laundry (lóndri) s. ropa (para lavar); lavandería.

laureate (lórieit) adj. laureado; tr. laurear.

laurel (lórel) s. Bot. laurel.

lava (léiva) s. lava.

lavatory (lávatori) s. retrete, excusado; lavabo.

lavender (lávendar) s. Bot. espliego; lavánd(ul)a.

lavish (lávish) adj. espléndido, extravagante.

law (ló) s. ley.

law-breaker lóbreikar) s. infractor, transgresor.   [cia.

law-court s. tribunal, audiencia.

lawful (lóful) adj. legal.

lawless (lólis) adj. sin ley; ilegal; desenfrenado; revoltoso; licencioso.   [dor.

lawmaker (lómeikar) s. legislador.

lawn (lón) s. césped.

lawsuit (lósiut) s. pleito.

lawyer (lóyar) s. abogado.

lax (lács) adj. laxo; flojo (fig.), descuidado; laxo.

laxative (lácsativ) adj. y s. laxativo; laxante.

laxity (lácsiti) laxitud.

lay [**laid; laid**] (léi) tr. poner; colocar; — **aside**, poner a un lado.

layout (léiaut) tr. trazar; s. — **by** (carretera), estacamiento.

layer (léia) s. capa.   [laico.

layman (léiman) s. lego, seglar.

laze (léis) intr. holgazanear.

laziness (léisines) s. pereza, vagancia.

lazy (léisi) adj. perezoso, vago.

✓ **lead** (léd) s. plomo; plomada.

leaden (ledn) adj. de plomo.

✓ **lead** [**led; led**] (líd) tr. conducir; guiar; intr. **to —**, ir delante; s. delantera, ejemplo.

leader (lídar) s. jefe; el primero.

leadership (líarschip) s. mando.

leading (líding) adj. principal, primero.

leaf (líf) s. Bot. hoja.

leafless (líflis) adj. Bot. sin hojas, deshojado.

leaflet (líflit) s. folleto.

leafy (lífi) adj. frondoso.

league (líg) s. liga; alianza; tr., intr. aliar(se).

leak (líc) s. gotera; vía de agua; intr. gotear; — **out**, (fig.) dar un soplo.

lean (lín) s. magro; enjuto; (fig.) — **time**, tiempos difíciles; [**leaned** o **leant; leaned** o **leant**] tr. apoyarse, reclinarse; **to lean out**, asomarse.

leap (lip) s. salto; brinco; intr. saltar, brincar.

learn (leaen) intr. aprender; enterarse.   [docto.

learned (laaened) adj. sabio; **learner** (laaena) s. aprendiz.

learning (laaning) s. saber.

lease (lís) s. arriendo; tr. arrendar.   [con correa).

leash (lisch) s. correa, atar least (líst) adj. mínimo, el menor; adv. lo menos; **at —**, por lo menos; **in the —**, en absoluto.

leather (lédar) s. cuero; piel; **patent —**, charol; tr. — (fam.) dar una paliza, azotar.

leave (lív) s. licencia; permiso; despedida; [**left; left**] tr. dejar; tr. partir. [fermentar.

leaven (lévn) s. levadura; tr.

lecture (lécchar) s. conferencia; tr. conferenciar; (fam.) dar una reprimenda, regañar.

lecturer (léccharar) s. conferenciante; profesor.

ledge (ledge) s. borde; salidizo; **window —**, alféizar.

ledger (ledgar) s. libro mayor (en contabilidad).   [vento.

lee (li) s. socaire; Mar. sotavento.

leech (llich) s. sanguijuela; (fam.) chupón.   [vento.

leeward (liuörd) adj. a sotavento.

leek (líc) s. Bot. puerro.

lees (líis) s. pl. heces.

left (léft) adj. izquierdo(a); s. la izquierda; **left-handed**, zurdo; **on the —**, a la izquierda; **to the —**, hacia la izquierda; — **luggage office**, consigna.

leftist (léftist) s. izquierdista.

leftover (léftouvör) adj. sobrante; — **s** s. pl. sobras.

leg (lég) s. pierna; pata! **to pull one's —**, tomar el pelo.

legacy (légasi) s. legado.

legal (lígal) adj. legal.

legality (legáliti) s. legalidad.

legalize (lígalais) tr. legalizar.

legate (léguet) s. legado.

legation (liguéschön) s. legación; embajada.

legend (ledyend) s. leyenda.

legendary (lédyendari) adj. legendario.   [nas.

leggings (léggings) s. pl. polainas.

legion (lidyön) s. legión.

legionary (lédyenari) adj. y s. legionario.   [gislar.

legislate (lédyisleit) tr., intr. legislar.

legislation (ledyisléischön) s. legislación.

legislative (lédyisleitiv) adj. legislativo.

legislator (lédyisleitar) s. legislador.   [gitimidad.

legitimacy (ledyítimasi) s. legitimidad.

legitimate (ledyítimite) adj. legítimo; (ledyítimeit) tr. reconocer (leg.).

legume (léguium) s. Bot. legumbre.

leisure (lédya) s. ocio, asueto.

leisurely (lédyaröli) adj. lento, deliberado, pausado; adv. sin prisa, despacio, a sus (mis, tus, etc.) anchas.

lemon (lémön) s. limón.

lemonade (lémoneid) s. limonada, gaseosa.

lend [**lent; lent**] (lénd) tr. prestar; **to — a hand**, dar una mano.   [prestamista.

lender (léndar) s. prestador;

length (lengz) s. longitud; extensión; adv. **at —**, con amplitud.

lengthen (lengzen) tr. alargar; prolongar.

lengthwise (léngzuais) adv. a lo largo; longitudinalmente.

leniency (líniensi) s. indulgencia; tolerancia.

lenient (línient) benigno.

lens (léns) s. lente.

Lent (lént) s. Cuaresma.

leopard (lépad) s. leopardo.

lepper (lépar) s. leproso.

leprosy (léprosi) s. lepra.

less (lés) adj. menor, menos; adv. menos; s. lo menos.

lessen (lésen) tr. disminuir.

lesson (lésn) s. lección; **to teach someone a —**, (fig.) darle una lección.   [no sea que.

lest (lést) conj. para que no;

let [**let; let**] (lét) tr. dejar; conceder; arrendar; — **in**, dejar entrar; — **out**, dejar salir; — **go**, soltar.

lethal (lezál) adj. letal, mortal.

lethargic (lizárdyic) adj. letárgico.

lethargy (lézardyi) s. letargo.

letter (létar) s. letra; carta; **registered letter** s. carta certificada.

letter-box s. buzón.

Leucocyte s. Med. leucocito.

levant (levánt) s. levante.

levantine (livántin) adj. y s. levantino.

level (lével) s. nivel; plano; adj. llano; nivelado; tr. nivelar.

lever (lévar) s. palanca; **to —**, levantar con palanca, pinzar.

levity (léviti) s. ligereza.

levy (lévi) s. leva; colecta; tr. reclutar, recaudar.   [civo.

lewd (lud) adj. depravado; lascivo.

lewdness (lúdnis) s. lascivia, depravación.

50

lexicographer (*lecsicógrafar*) s. lexicógrafo.　　[*xicografía*.
lexicography (*lecsicógrafi*) s. lexicon (*lécsicon*) s. léxico.
liability (*laiabíliti*) s. responsabilidad; propensión, tendencia.　　[responsable.
liable (*láiabl*) adj. expuesto a;
liaison (*liéison*) s. enlace, unión, idilio.　　[tero.
liar (*láia*) s. mentiroso, embustero.
libel (*láibel*) s. libelo; tr. calumniar, difamar.
liberal (*líbaral*) adj. liberal; generoso; s. liberal.　　[lismo.
liberalism (*líberalism*) s. liberalismo.
liberate (*líbareit*) tr. liberar.
liberation (*libaréischön*) s. liberación.　　[bertino.
libertine (*líbartin*) adj. y s. libertinism (*líbartinism*) s. libertinaje.
liberty (*líbörti*) s. libertad, exención, privilegio.　　[cario.
librarian (*laibrérian*) s. bibliotecario.
library (*láibrari*) s. biblioteca.
license (*láisens*) s. licencia; permiso; **driving —**, permiso de conducir; tr. licenciar.
licensed (*láisenst*) adj. autorizado.　　[ciado.
licentiate (*laisénschiet*) s. licenciado.
licentious (*laisénschös*) adj. licencioso.
licit (*lísit*) adj. lícito.
lick (*lik*) s. lamedura; tr. lamer; (fam.) pegar; tr. (fam.) **to — somebody**, pasar por la piedra.
lid (*lid*) s. tapa(dera).
lie (*lái*) s. mentira, embuste; intr. mentir.
lie [**lay; lain**] (*lái*) intr. yacer, estar situado; **— down**, acostarse, echarse.
lieutenant (*lefténant*) s. teniente, lugarteniente.
life (*láif*) s. vida.
life-belt (*láif-belt*) s. salvavidas.
life-boat (*laif-bout*) s. bote salvavidas.　　[rrista.
life-guard (*laif-gaud*) s. socorro.
life-insurance (*laif-insurance*) s. seguro de vida.
lifeless (*láiglis*) adj. sin vida; muerto; exánime; inanimado; desanimado.
lifelong (*láiflóng*) adj. perpetuo, de toda la vida.
life-time (*láif-táim*) s. siempre, toda la vida.
lift (*lift*) s. ascensor; tr. alzar.
light (*láit*) s. luz; adj. claro; ágil; ligero; [**lighted** o **lit**; **lighted** o **lit**] tr. encender, aligerar.
lighten (*laiten*) tr. iluminar; aligerar.　　[Náut. gavarra.
lighter (*láitar*) s. encendedor;
lighthouse (*láitjaus*) s. faro.
lighting (*láiting*) s. alumbrado.
lightness (*láitnes*) s. ligereza.
lightning (*láitning*) s. relámpago; rayo; **lightning-rod**, pararrayos.　　[faro.
light-ship (*láit-ship*) s. buque
likable (*láiköbl*) adj. agradable, simpático, placentero.
like (*láik*) tr. gustarle a uno, querer; adj. semejante; s. gusto; conj. como.
likelihood (*láiklijud*) s. probabilidad.　　[mente.
likely (*láikli*) adv. probablemente.
liken (*láikön*) tr. e intr. asemejar, comparar.　　[parecido.
likeness (*láiknes*) s. semejanza.
likewise (*láik-wais*) adv. asimismo.
liking (*láiking*) s. gusto.
lily (*líli*) s. Bot. lirio.

limb (*lím*) s. miembro (del cuerpo) rama.
limber (*límbar*) adj. flexible; ágil; tr. hacer flexible; (dep.) precalentarse.　　[lima.
lime (*láim*) s. cal; Bot. tilo.
limelight (*láimlait*) s. Teat. candilejas; proscenio; **to be in the —**, estar a la vista del público.　　[caliza.
limestone (*láimstoun*) s. piedra
limit (*límit*) s. límite; tr. limitar; **thats the —!**, ¡eso es el colmo!　　[tación.
limitation (*limitéischön*) s. limitless (*límitlis*) adj. ilimitado.
limp (*limp*) s. cojera; adj. flojo, inerte. tr. cojear.　　[ro.
limpid (*límpid*) adj. límpido; claro; tr. rayar; forrar.
line (*láin*) s. línea; hilera, vía; tr. rayar; forrar.
lineage (*línieidch*) s. linaje.
lineal (*línial*) adj. lineal.
linear (*líniar*) adj. línear.
lined (*láind*) adj. rayado; forrado.　　[pa interior.
linen (*línen*) s. lino; lienzo; ropa interior.
liner (*láinar*) trasatlántico; **Air-liner**, avión de pasajeros.
linger (*língar*) intr. tardar(se), demorarse, dilatarse; andar ocioso, vagar; perdurar, prolongarse.　　[rior de mujer.
lingerie (*lénchöri*) s. ropa interior.
linguist (*língüist*) s. lingüista.
linguistic (*lingüístic*) adj. lingüístico.
lining (*láining*) s. forro.
link (*link*) s. eslabón; (fig.) enlace; relación; tr. enlazar.
links (*links*) s. pl. campo de golf.
linnet (*línit*) s. jilguero.
linoleum (*linóuliön*) s. linóleo.
linseed (*línsid*) s. linaza; **— oil** aceite de linaza.　　[gasa.
lint (*lint*) s. hilas; hilachas;
lintel (*líntel*) s. dintel.
lion (*láiön*) s. león.
lionness (*láiönes*) s. leona; **lion-cub** (*laion-coub*) cachorro de león.
lip (*lip*) s. labio; borde.
lipstick (*lípstic*) s. barra, lápiz de labios.
liquid (*lícuid*) adj. líquido; **— assets** valores líquidos (o realizables); s. líquido.
liquor (*likar*) s. licor.
liquidate (*lícuideit*) tr. liquidar.
lisp (*lisp*) s. intr. cecear.
list (*list*) s. lista; catálogo; Náut. inclinación; enrolar; Náut. escorar; tr. registrar.
listen (*lísen*) s., intr. escuchar; atender.　　[te.
listener (*lisnar*) s. (radio) oyente.
listless (*lístles*) adj. indiferente; apático.
lit (*lit*) pret. y p. p. de **to light**; adj. alumbrado; algo borracho.　　[to.
literal (*literal*) adj. literal, exacto.
literary (*líterari*) adj. literario.
literature (*litarecha*) s. literatura.　　[gante.
litigant (*litigant*) adj. y s. litigante.
litigation (*litiguéischön*) s. litigio.
litre (*litar*) s. litro.
litter (*litar*) s. Zool. cría; suciedad, basura; tr. ensuciar.
little (*lítl*) s. un poco; adj. pequeño; poco; escaso; adv. poco.
littleness (*lítlnes*) s. pequeñez.
liturgy (*litördyi*) s. liturgia.
live (*liv*) intr. vivir.
live (*láiv*) adj. vivo; activo; (Rad. y TV.) en directo.

livelihood (*láivlijud*) s. subsistencia.　　[animado.
lively (*láivli*) adj. vivo; brioso;
liver (*lívar*) s. hígado.
livery (*lívari*) s. librea, caballeriza (para caballos de alquiler); **auto —** garage para autos de alquiler.
livestock (*laiv-stok*) s. ganado, cabaña.
livid (*lívid*) adj. lívido, pálido.
living (*living*) s. vida; adj. vivo, viviente; **cost of —**, coste de la vida.
living-room s. sala de estar.
lizard (*lísard*) s. lagarto.
load (*lóud*) s. carga; tr. cargar, peso.　　[polar, norte.
loadstar (*lóudstar*) s. estrella
loaf (*lóuf*) s. pan; tr. e intr. gandulear.
loafer (*lóufar*) s. gandul.
loan (*lóun*) s. préstamo; empréstito; tr. prestar.　　[reacio.
loath (*lóuz*) adj. contrario,
loathe (*lóud*) tr. aborrecer.
loathsome (*lóudsön*) adj. asqueroso.
lobby (*lóbi*) s. pasillo; tr. cabildear, intrigar, presionar.
lobe (*lóub*) s. lóbulo.
lobster (*lóbstar*) s. Mar. langosta.　　[bar.
local (*lóucal*) adj. local; (fam.)
locality (*loucáliti*) s. localidad.
locate (*loukéit*) tr. colocar; localizar, halla.
location (*loukéischön*) s. colocación, situación, lugar.
lock (*loc*) s. cerradura; mechón; bucle; tr. cerrar (con llave).
lock-out, s. cierre de la fábrica por el patrón.　　[«taquilla».
locker (*lókar*) s. armario; Náut.
locksmith (*lócsmiz*) s. cerrajero.
locomotion (*loucomóuschön*) s. locomoción.　　[comotora.
locomotive (*loucomóutiv*) s. locust (*lóukast*) s. Futom. langosta, saltamontes; cigarra; **— tree**, algarrobo; acacia falsa.
locution (*lokiúschön*) s. locución.　　[veta.
lode (*lóud*) s. (min.) vena;
lodge (*lódge*) s. pabellón; conserjería; tr. alojar.
lodgement (*lódgement*) s. acumulación.　　[pilo.
lodger (*lódgar*) s. huésped, pupilo.
lodging (*lódying*) s. alojamiento, posada; **— house**, casa de huéspedes.　　[daje.
lodgings (*lódyings*) s. hospedaje.
loft (*lóft*) s. buhardilla.
loftiness (*lóftines*) s. altura, altanería, altivez.
lofty (*lófti*) adj. elevado, altivo.
log (*log*) s. leño; tronco; **to sleep like a log**, dormir como un leño.
logic (*lódyic*) s. lógica; adj. lógico.
logical (*lódyical*) adj. lógico.
loin (*lóin*) s. lomo, solomillo; **— cloth**, taparrabo.
loiter (*lóitar*) intr. andar despacio, **— about**, merodear; vagar.
loll (*lol*) intr. arrellanarse o repantigarse, recostarse con toda comodidad.
lollipop (*lólipip*) s. pirulí; **(iced)-lolly**, «polo».
lone (*lóun*) adj. solitario; solo.
loneliness (*lóunlines*) s. soledad.
lonely (*lóunli*) adj. solo, solitario; adv. solitariamente.
lonesome (*lóunsöm*) adj. solitario.

long (*lóng*) adj. largo; adv. mucho tiempo; s. longitud; largo; **to long for**, anhelar.
longevity (*londgeviti*) s. longevidad.　　[tojo.
longig (*lónguing*) s. anhelo, anhelar.
longitude (*lóndchitiud*) s. longitud.
longshoreman (*longschoöman*) s. estibador (de barco o muelle), cargador.
look (*lúk*) s. mirada; aspecto; **— at**, mirar; **— well**, tener buena cara; **— after**, cuidar.
looking (*lúking*) s. aspecto.
looking glass (*lúking-glas*) s. espejo.
lookout (*lúkaut*) s. vigía; atalaya; mirador; vista, perspectiva; **to be on the —** estar alerta; (interj.) **— out!** ¡Cuidado!
loom (*luim*) s. telar; impers. aparecer, amenazar.
loop (*lúp*) s. ojal; lazo; **to — the —**, rizar el rizo.
loophole (*lúpjoul*) s. agujero, abertura; (fig.) salida; escapatoria.
loose (*lús*) tr. desatar; soltar; adj. suelto, flojo, silencioso.
loosen (*lús*) intr. desasirse; tr. aflojar(se).　　[miento.
looseness (*lúsnes*) s. relajamiento.
loot (*lut*) s. botín; tr. saquear.
lop (*lóp*) s. cercenar.
loquacious (*lokuéischös*) adj. hablador; locuaz.
lord (*lóod*) s. señor; amo, dueño; (G. B.) lord; intr. dominar; lord, Dios; **— prayer**, el Padre Nuestro. [título).
lordship (*lórdschip*) s. señoría
lore (*lóa*) s. saber.
lorry (*lori*) s. camión.
lose [**lost**; **lost**] (*lús*) tr. perder; **— one's way**, perder(se); **— heart**; desanimarse.
loss (*lós*) s. pérdida.
lost (*lóst*) adj. perdido.
lot (*lót*) s. **— of**, mucho y muchos; **lots and lots**, muchísimo(s).
lotion (*lóschön*) s. loción.
lottery (*lótöri*) s. lotería; rifa.
loud (*láud*) adj. (fam.) chillón, chabacano; alto (de voz).
loudly (*láudli*) adv. en voz alta.
loudspeaker (*láudspíkar*) s. altavoz.　　[near; s. sala de estar.
lounge (*láudch*) intr. haraganear.
louse (*láus*) s. piojo.
lousy (*láusi*) adj. piojoso; (fam.) asqueroso.　　[encantador.
lovable (*lö'vabl*) adj. simpático, simpatiquísimo.
love (*lö'v*) s. amor; cariño; tr. amar; **fall in —**, enamorarse.
loveliness (*lö'vlines*) s. belleza, encanto.
lovely (*lö'vli*) adj. encantador.
lover (*lövar*) s. amante.
loving (*lö'ving*) adj. amoroso.
low (*lóu*) adj. bajo; ruin; adv. bajo; s. mugido; intr. mugir.
lower (*lóua*) adj. más bajo, inferior; tr. bajar, humillar, abatir; **— spirit**, abatido, deprimido.
lowland (*lóuland*) s. tierra baja.
lowly (*lóuli*) adj. bajo, humilde; inferior; adv. humildemente.
loyal (*lóial*) adj. leal; fiel.
loyalty (*lóialti*) s. lealtad, fidelidad.
lubricate (*lúbrikeit*) tr. engrasar, lubri(fi)car.
lucid (*lúsid*) adj. lúcido.
lucifer (*liúsifar*) s. Lucifer.
luck (*lüc*) s. suerte.
lucky (*lö'ki*) adj. afortunado.

luckily *(likili)* s. afortunadamente. [tivo.

lucrative *(lúcrativ)* adj. lucrativo. [lucro.

lucre *(liukar)* s. lucro. [cómico.

ludicrous *(lúdicras)* adj. risible.

lug *(lög)* tr. llevar, atraer. *Amér.* cargar; **to — away** cargar con, llevarse (una cosa pesada).

luggage *(lö'guidch)* s. bagaje; equipaje; **left —**, consigna.

lugubrious *(lugiúbriös)* adj. lúgubre. [templado.

lukewarm *(lúcuöm)* adj. tibio.

lull *(lö'l)* s. arrullo; tr. arrullar, mecer. [cuna, nana.

lullaby *(lö'labai)* s. canción de cuna.

lumber *(lömbar)* s. armatoste, madera; **— room**, trastero.

luminous *(lúminös)* adj. luminoso.

lump *(lö'mp)* s. bulto, pedazo; **— of sugar**, terrón.

lumpy *(lö'mpi)* adj. grumoso.

lunacy *(lúnasi)* s. locura; manía.

lunar *(lúnar)* adj. lunar.

lunatic *(lúnatic)* s. y adj. lunático; **— asylum**, manicomio.

lunch(eon) *(lö'nch(ön)* s. almuerzo, comida.

lung *(lö'ng)* s. pulmón.

lurch *(lörch)* s. sacudida; tambaleo repentino; **to leave in the —**, dejar plantado.

lure *(liua)* s. señuelo; tr. atraer, tentar.

lurk *(lö'rk)* intr. acechar.

luscious *(lö'schös)* adj. exquisito, delicioso, sabroso.

lust *(lö'st)* s. codicia; lujuria.

lustful *(lö'stful)* adj. voluptuoso, carnal, lujurioso.

lustre *(lö'star)* s. lustre, brillo.

lusty *(lö'sti)* adj. vigoroso, fornido.

lute *(lut)* s. laúd. [terano.

Lutheran *(lúzöram)* s. y adj. luterano.

luxate *(lö'cseit)* tr. dislocar.

luxuriance *(lögschúriens)* s. exuberancia. [exuberante.

luxuriant *(lögschúriant)* adj.

luxurious *(locscchúriös)* adj. lujoso, suntuoso. [ria.

luxury *(locscchöri)* s. lujo; lujuria.

lye *(lái)* s. lejía.

lying *(láing)* p. a. falso, mentiroso; tendido, echado; **lying-in hospital**, hospital de maternidad.

lynch *(línch)* tr. linchar, ahorcar.

lynx *(links)* s. lince.

lyric *(liric)* adj. lírico; **the —**, (canción) la letra.

lyricism *(lírisisöm)* s. lirismo.

M m

macaroni *(macaróuni)* s. macarrones.

mace *(méis)*. s. maza. [rar.

macerate *(mósöréit)* tr. macerar.

machine *(maschín)* s. máquina, aparato; **machine-gun**, ametralladora; **sewing —**, máquina de coser.

machinist *(meschínist)* *Mec.* fresador; s. mecánico; (text.) maquinista. [balla.

mackerel *(mákörel)* s. *Ict.* caballa.

mackintosh *(máckintosschch)* s. impermeable.

mad *(mád)* adj. loco; demente, furioso; intr. **to go —**, enloquecer(se); intr. **to drive —**, volver loco (a uno); **— as a halter**, (loco) como una chiva.

madam, e. *(médöm)* s. madama, señora.

madcap *(médkep)* s. calavera; adj. temerario; atolondrado.

madden *(mádden)* tr., intr. enloquecer.

made *(méid)* pret. y p. p. de **to make**; **to be — of** estar hecho de; ser de; **to have something** —, mandar hacer algo; **made — up** fingido, falso; artificial, pintado.

madhouse *(mádjaus)* s. casa de locos, manicomio.

madman *(mádman)* s. loco.

madness *(mádnes)* s. locura.

magazine *(magasín)* s. revista; recámara de un fusil.

magi *(méidyi)* s. pl. Magos; de los Reyes Magos.

magic *(mádyic)* adj. mágico; s. magia. [co.

magical *(mádyical)* adj. mágico.

magician *(madyíschan)* s. mago; mágico. [gistrado, juez.

magistrate *(mádyistreit)* s. magistrado. [magnánimo.

magnanimity *(magnanímiti)* s. magnanimidad. [magnánimo.

magnanimous *(magnánimös)* adj.

magnate *(mágneit)* s. magnate.

magnet *(mágnet)* s. imán.

magnetic *(magnétic)* adj. magnético; **— pole**, polo magnético. [magnífico.

magnificent *(magnífisent)* adj.

magnify *(mágnifai)* tr. aumentar; **magnifying glass**, lente de aumento. [nitud.

magnitude *(mágnitiud)* s. magnitud.

magnolia *(magnólia)* s. *Bot.* magnolia.

magpie *(mégpai)* s. urraca; cotorra; (fig.) hablador.

mahogany *(majógani)* s. caoba.

maid *(méid)* s. doncella, **virgen**, moza; **old —**, solterona.

maiden *(méidn)* s. **virgen**; soltera; adj. virginal; **— voyage**, viaje inaugural.

maid(en)hood *[méid(en)jud]* s. doncellez.

mail *(méil)* s. correo(s). tr. **to —**, mandar por correo; **mailbag**, saca de correos; **mailorder**, (com.) pedido por correos.

mailbox *(méilboks)* s. buzón.

mailman *(méilman)* s. (U. S. A.) cartero.

maim *(méim)* s. mutilación; daño; tr. mutilar.

main *(méin)* adj. principal, mayor; importante.

mainland *(méinland)* s. continente, tierra firme. [ner.

maintain *(meintéin)* tr. mantenerse.

maintenance *(méintenans)* s. mantenimiento.

maize *(méis)* s. maíz.

majestic *(mádyéstic)* adj. majestuoso.

majesty *(mádyesti)* s. majestad.

major *(médya)* adj. mayor; más grande; s. *Mil.* comandante.

majority *(madóriti)* s. mayoría.

make [made; made] *(méik)* tr. hacer; producir; fabricar; s. marca; **make believe** adj. falso, s. artimaña; **make fun of**, burlarse de; **make-up**, maquillaje. [bricante; artífice.

maker *(méikar)* s. hacedor; fabricante;

maladjustment *(maladustment)* s. ajuste defectuoso; *Psic.* inadaptación.

maladroit *(maladroit)* adj. torpe. [medad.

malady *(máladi)* s. mal; enfermedad.

malaria *(malariö)* s. malaria, fiebre palúdica, paludismo.

malcontent *(malköntent)* adj. y s. malcontento.

male *(méil)* s. y adj. macho; varón. [maldición.

malediction *(malidicschön)* s.

malefice *(málifis)* s. maleficio.

malice *(mális)* s. malicia.

malicious *(malischös)* adj. malicioso. [tr. difamar.

malign *(maláin)* adj. maligno;

malignant *(malignant)* s. malignidad; *Med.* violento.

malinger *(malinga)* intr. fingir.

mall *(mol)* s. mallo; mazo, alameda, paseo.

mallet *(mélit)* s. mazo.

malpractise *(malprácti)* s. fechoría; abuso.

malt *(mólt)* s. malta.

maltreat *(maltrít)* tr. maltratar.

mamma *(máma)* s. mama, teta.

mammal *(mámal)* s. mamífero.

mammoth *(mémöz)* s. mamut; adj. enorme, gigantesco.

mammy *(mámi)* s. mamá.

man *(mán* s. hombre; tr. tripular, guarnecer.

manacle *(mánacl)* tr. maniatar.

manacles *(mánacls)* s. pl. esposas, manilla.

manage *(mánige)* tr. e intr. dirigir; intr. arreglarse.

manageable *(mynidchybl)* adj. manejable; domable, dócil.

management *(mánidyment)* s. gerencia, administración.

manager *(mánidyar)* s. gerente, administrador.

mandatary *(mándateri)* s. mandatario. [orden.

mandate *(mándeit)* s. mandato.

mane *(méin)* s. crin; *Equi.* melena (de león, etc.).

manful *(mánful)* adj. bravo, valiente. [ganeso.

manganese *(manganís)* s. man-

mange *(meindge)* s. sarna, roña.

manger *(méindya)* s. pesebre; **dog in the —**, perro del hortelano. [tr. despedazar.

mangle *(mángl)* s. calandria;

mangy *(méindchi)* adj. sarnoso.

manhood *(mánjud)* s. virilidad, valentía.

mania *(méinia)* s. manía.

maniac *(méiniac)* adj. y s. loco, maniático. [cura(a).

manicure *(mánikiuar)* s. manicura.

manifest *(mánifest)* adj. manifiesto; tr. manifestar.

manifestation *(manifestéischön)* s. manifestación. [fiesto.

manifesto *(manifésto)* s. manifiesto.

manifold *(mánifould)* adj. múltiple; variado.

manikin *(manikin)* s. maniquí.

manipulate *(manípiuleit)* tr. manipular.

manipulation *(manipiolassion)* s. manipulación, manejo.

mankind *(mancáind)* s. humanidad.

manlike *(mánlaik)* adj. viril.

manly *(mánli)* adj. varonil.

manner *(mánar)* s. manera; modo; pl. modales.

manoeuvre *(manúva)* s. *Mil.* maniobra; tr., intr., maniobrar.

manor *(mana)* s. casa solariega, quinta, pazo.

mansion *(mánschön)* s. mansión; morada. [homicidio.

manslaughter *(mánslotar)* s.

mantel *(mántl)* s. campana de chimenea. [pisa.

mantelpiece *(mántulpis)* s. repisa.

mantle *(mántl)* s. manto. [nual.

manual *(máñual)* adj. y s. manufacture *(maniufakchar)* s. manufactura; tr. manufacturar.

manufacturer *(maniufáktscharar)* s. fabricante.

manure *(maniúa)* s. estiércol; abono; tr. abonar. [nuscrito.

manuscript *(mániuscript)* s. manuscrito.

many *(méni)* adj. muchos; **as —as**, tantos; **how —**, cuántos; **too —**, demasiados.

map *(máp)* s. mapa; **to —**, poner en el mapa; **to — out**, trazar. [meple.

maple *(meipl)* s. arce; *Amér.*

mar *(mar)* tr. desfigurar, estropear; impedir.

marble *(marbl)* s. mármol; bola (de juego).

March *(march)* s. marzo (mes); intr. marchar.

mare *(méa)* s. yegua.

margin *(mádyin)* s. margen, borde; tr. marginar.

marginal *(mádyinal)* adj. marginal; **— note**, nota marginal, acotación.

marigold *(márigould)* s. caléndula, maravilla.

marine *(marín)* adj. marino, marítimo; s. marina, marino.

mariner *(márinar)* s. marino.

maritime *(máritaim)* adj. marítimo.

mark *(maak)* s. marca; marco (moneda); tr. marcar; **trade mark**, marca de fábrica; **school —**, puntuación.

marker *(máakar)* s. marcador; marca, señal; jalón.

market *(máaket)* s. mercado; tr. promocionar el mercado.

marketable *(márketabl)* adj. comerciable.

marmalade *(mármaleid)* s. mermelada (de naranja).

maroon *(mörún)* s. y adj. rojo obscuro; tr. abandonar en una isla desierta.

marooned *(mörúnd)* adj. abandonado (en lugar desierto), aislado; **to get —**, encontrarse aislado, perdido o incomunicado.

marquis *(márcuis)* s. marqués.

marriage *(máridch)* s. matrimonio.

married *(márid)* adj. casado; **to be married**, estar casado; **to get —**, casarse.

marrow *(márou)* s. *Biol.* tuétano; médula, calabaza; **to the —**, hasta los tuétanos.

marry *(mári)* tr., intr. casar(se).

marsh *(marsh)* s. pantano; ciénaga; laguna; **— land**, terreno pantanoso.

marshal *(márschal)* s. mariscal; tr. ordenar (E. U.) jefe de policía. [so, cenagoso.

marshy *(márschi)* adj. pantanoso.

mart *(márt)* s. mercado, rastro.

martial *(márschal)* adj. marcial; militar; **court martial**, Consejo de Guerra; **martial law**, ley marcial. [ro).

martin *(mártin)* s. avión (pájaro.

martyr *(máta)* s. mártir; tr. martirizar.

martyrdom *(mátadöm)* s. martirio.

marvel *(márvel)* s. maravilla; intr. maravillarse.

marvellous *(márvelas)* adj. maravilloso. [culino; varonil.

masculine *(máskiulin)* adj. masculino.

mash *(másch)* s. masa; mezcla; tr. triturar, esmagar; **mashed potatoes**, puré de patatas.

mask *(másk)* s. máscara; tr. enmascarar, disfrazar.

52

mason (*méisn*) s. albañil; francmasón.   [ría.
masonry (*méisenri*) s. albañilería.
masquerade (*masköréid*) s. mascarada; disfraz, máscara; v. reflex; enmascararse, disfrazarse; andar disfrazado.
mass (*más*) s. masa; montón; misa; *Ecl.* misa. tr. **mass together**, juntarse.
massacre (*másakar*) s. carnicería; tr. hacer una matanza.
massage (*másaye*) s. masaje; dar (un) masaje.
masseur (*masur*) s. masajista.
massive (*másiv*) adj. voluminoso, imponente.   [palo.
mast (*mast*) s. *Naut.* mástil.
master (*másta*) s. amo; maestro; patrón; adj. **head** — (acad.), director; — **builder**, maestro de obras; tr. dominar.   [tral.
masterly (*mástörli*) adj. magistra.
masterpiece (*mastarpis*) s. obra maestra.
mastery (*mástari*) s. maestría, arte, destreza; dominio.
masticate (*mástikeit*) tr. masticar; mascar.
mastiff (*mástif*) s. mastín.
mat (*mát*) s. estera; tapete; — **mated hair**, pelo desgreñado.
match (*mách*) s. cerilla; *Dep.* partido, combate; pareja, igual; tr. (fig.) casar.
matchless (*máchles*) adj. incomparable, sin par.
mate (*méit*) s. compañero, pareja; mate (en ajedrez); *Náut.* oficial, piloto; tr. *Zool.* aparear.
material (*matírial*) adj. material; s. material (text.) paño.
materialism (*matírialism*) s. materialismo.
materialist (*matírialist*) s. materialista.   [ternal.
maternal (*matö'rnal*) adj. maternaty (*matö'rniti*) s. maternidad; — **ward**, sala de maternidad.   [adj. matemático.
mathematic(al) [*mazimátic(al)*]
mathematician (*mazimatíschon*) s. matemático. [matemáticas.
mathematics (*mazimátics*) s. pl.
matinée (*mátinei*) s. función de la tarde.   [matricular.
matriculate (*matríkiuleit*) tr.
matriculation (*matrikiuléischon*) s. matriculación.
matrimonial (*matrimónial*) adj. matrimonial; marital.
matrimony (*mátrimöni*) s. matrimonio.
matrix (*métrics*) s. *Anat.* matriz.
matron (*méitrön*) s. matrona, mujer casada; jefe de enfermeras.
matter (*máta*) s. materia; asunto; *Med.* pus; tr. importarle a uno; **what is the matter?** ¿qué pasa?
mattress (*mátres*) s. colchón; **spring** —, somier.
mature (*matiúa*) adj. *Psicol.* maduro; tr. madurar.
maturity (*matiúriti*) s. *Psicol.* madurez; sazón.
maul (*mól*) s. mazo.
maxim (*mácsim*) s. máxima.
maximum (*mácsimöm*) s. máximo.
may (*méi*) intr. poder.
May (*méi*) s. mayo (mes).
maybe (*méibi*) adv. quizá(s), acaso.   [nesa.
mayonnaise (*meiönéis*) s. mayo-
mayor (*méar*) s. alcalde.

maze (*méis*) s. laberinto; confusión; perplejidad.   [desa.
mayoress (*meoress*) s. f. alcaldesa.
me (*mí*) pron. me, a mí.
meadow (*médou*) s. prado, pradera.   [mezquino; flaco.
meagre (*mígar*) adj. escaso
meagreness (*miganes*) s. escasez; pobreza.
meal (*míil*) s. comida; harina.
mean (*míin*) s. y adj. tacaño, sórdido; medio; s. (término) medio; pl. medios; [**meant; meant**] tr. significar; pretender; intr. proponerse.
meaning (*míning*) s. significado.
meaningless (*míninglis*) adj. sin sentido, vacío de sentido.
meanness (*mínnes*) s. mezquindad, tacañería.
meander (*miándar*) s. meandro; intr. vagar.
meantime (*míntaim*) adv. mientras tanto, entretanto; **in the** —, mientras.
measure (*méshar*) s. medida; tr. medir.   [medida.
measurement (*mésharment*) s.
meat (*míit*) s. carne; **mince** —, carne picada; — **pie**, empanada.
meaty (*míti*) adj. carnoso; sustancioso; (fig.) sabroso.
mechanic (*mecánic*) adj. y s. mecánico; pl. mecánica (la).
mechanical (*mecánical*) adj. mecánico.   [nizar.
mechanize (*mécanais*) tr. mecanizar.
medal (*médal*) s. medalla.
meddle (*médl*) intr. (entre)-meterse.   [tido.
meddler (*médlar*) s. entremetido.
meddlesome (*médalsöm*) adj. entremetido.   [dieval.
mediaeval (*medíval*) adj. me-
mediate (*mídieit*) tr. mediar; procurar; intr. interponerse; adj. mediato; medio.
mediation (*midiéischon*) s. mediación.   [dor; árbitro.
mediator (*mídieitar*) s. mediador.
medical (*médical*) adj. médico.
medicinal (*médisinal*) adj. medicinal.
medicine (*médisin*) s. medicina.
mediocre (*midiókar*) adj. mediocre.   [diocridad.
mediocrity (*midiócriti*) s. me-
meditate (*méditet*) tr. e intr. meditar.
meditation (*meditéischon*) s. meditación, contemplación.
medium (*midiöm*) s. medio; adj. medio.   [mezclado.
medley (*médli*) s. mezcla; adj.
meek (*míik*) adj. manso, humilde; **as** — **as a lamb**, manso como un cordero.
meekness (*míknes*) s. mansedumbre.
meet [**met; met**] (*míit*) tr. encontrar; hacer frente a; intr. encontrarse; reunirse.
meeting (*míting*) s. asamblea, reunión.
megaphone (*mégafoun*) s. megáfono.
melancholy (*mélancoli*) s. melancolía; hipocondria.
mellow (*mélou*) adj. maduro; tr. madurar.
melodious (*milóudias*) adj. melodioso.
melody (*mélodi*) s. melodía.
melon (*mélan*) s. melón; s. **water melon**, sandía.
melt (*mélt*) tr., intr. fundir(se), derretir(se).
melting (*mélting*) s. fusión.
member (*mémbar*) s. miembro, socio (de club).

membership (*mémbarschip*) s. número de socios; asociación.   [brana.
membrane (*mémbrein*) s. membrane
memento (*miménto*) s. recuerdo, memoria.   [moria.
memoir (*mémuar*) s. *Lit.* memoria.
memorable (*mémoröbl*) adj. memorable.   [memoria.
memorandum (*memorándam*) s.
memorial (*memórial*) s. monumento, memorial, adj. conmemorativo.
memorize (*mémorais*) intr. aprender de memoria, memorizar.   [recuerdo.
memory (*mémöri*) s. memoria.
men (*mén*) s. pl. hombres; gentes.
menace (*ménes*) s. amenaza; tr. amenazar; (fam.) **what a** —! adj. ¡horripilante!
mend (*ménd*) tr. remendar; arreglar; intr. enmendarse.
mender (*menda*) s. reparador, arreglador; **shoe** —, zapatero.   [mentiroso.
mendacious (*mendéschös*) adj.
mendacity (*mendásiti*) s. mentira, mendacidad.
menial (*mínial*) adj. doméstico; bajo servil; — **tasks**, trabajos serviles.
menstrual (*ménstrual*) adj. menstrual.   [menstruar.
menstruate (*ménstrueit*) intr.
menstruation (*menstruéischön*) s. menstruación, regla.
mental (*méntal*) adj. mental; s. (fam.) maniático.
mentality (*mentáliti*) s. mentalidad, ingenio.
mention (*ménschön*) s. mención; tr. mencionar.
menu (*meñu*) s. menú, lista de platos.   [mercantil.
mercantile (*merkantail*) adj.
mercenary (*me'rseneri*) adj. y s. mercenario.   [mercancía.
merchandise (*me'rchandais*) s.
merchant (*me'rchant*) s. comerciante; adj. mercantil.
merciful (*me'rsiful*) adj. misericordioso.
merciless (*me'rsiles*) adj. despiadado.   [rio; azogue.
mercury (*mö'rkiuri*) s. mercurio.
mercy (*me'rsi*) s. misericordia, piedad; **to plead for** —, pedir piedad.
mere (*mía*) adj. mero.
merely (*miali*) adv. meramente, simplemente.
merge (*me'rdge*) tr. mezclarse; (com.) fusionarse, fundir.
merger (*mega*) s. fusión.
meridiam (*meridian*) s. meridiano; mediodía; adj. meridiano; **ante** — (a. m.) por la mañana; **post** — (p. m.) por la tarde.
meridional (*meridional*) adj. meridional.   [recer.
merit (*mérit*) s. mérito; tr. merecer.
meritorious (*meritórias*) adj. meritorio.
merriment (*mériment*) s. júbilo.
merry (*méri*) adj. alegre; s. **merry-go-round**, tiovivo, caballitos.
merrymaker (*mérimeikar*) s. juerguista; fiestero.
mesh (*mesch*) s. malla; red; — **es**, red, redes; tr. enredar, coger con red; (mec.) engranaje.
mess (*més*) s. (fam.) porquería; lío, apuro; (mil. y náut.) comedor de oficiales; tr. **to up**, embrollar, ensuciar.
message (*mésadge*) s. mensaje.

messenger (*mésendga*) s. mensajero.
Messiah (*mesáia*) s. Mesías.
metal (*métal*) s. metal.
metallic (*metálic*) adj. metálico.
metallurgy (*métalardgi*) s. metalurgia.
metamorphose (*metamórföus*) s. metamorfosis.   [fora.
metaphor (*métaför*) s. metáfora.
metaphysic (*metafísic*) adj. metafísico.
metaphysics (*metafísics*) s. metafísica (la).
meteor (*mítiör*) s. meteoro.
meteorological (*mitiorolódyical*) adj. meteorológico.
meteorology (*mitioróloydic*) s. meteorología.   [didor.
meter (*mitar*) s. contador, me-
method (*mézöd*) s. método.
methodic(al) [*mezódic(al)*] adj. metódico.
metre (*míter*) s. metro.
metrical (*métrical*) adj. métrico.
metropolitan (*metropólitan*) s. y adj. metropolitano.
mettle (*métl*) s. temple.
mew (*miú*) s. maullido (del gato); (orn.) gaviota; intr. maullar; mudar (plumas y cornumenta).
mews (*miús*) s. pl. caballerizas.
Mexican (*mécsican*) adj. y s. mejicano.   [suelo.
mezzanine (*mésönin*) s. entre-
microbe (*máicroub*) s. microbio.   [crófono.
microphone (*máikrafoun*) s. micrófono.
microscope (*máicroscoup*) s. microscopio.
mid (*mid*) adj. medio; — **night**, media noche.
midday (*míddei*) s. mediodía.
middle (*mídl*) adj. medio; central; s. medio; **middle man**, intermediario.
middle-aged (*midle-aggd*) adj. de mediana edad; edad madura.
Midelle-East s. Oriente Medio.
middling (*mídling*) adj. mediocre, regular.
midst (*midst*) s. medio; adv. en medio; prep. entre.
midshipman (*midshipman*) s. cadete.   [camino.
midway (*miduay*) adv. a medio camino.
midwife (*míduaif*) s. comadre, comadrona.   [pecto.
mien (*míin*) s. semblante, aspecto.
might (*máit*) s. poder; (p. of **way**, s. vía láctea.
mighty (*máiti*) adj. poderoso.
migrate (*maigréit*) intr. emigrar.   [gración.
migration (*maigréischön*) s. emi-
migratory (*maigretori*) adj. migratorio.
mild (*máild*) adj. suave.
mildew (*míldiu*) s. moho; intr. enmohecerse.   [planza.
mildness s. suavidad, tem-
mile (*máil*) s. milla.   [traje.
mileage (*máilidch*) s. kilometraje.
military (*mílitari*) adj. militar.
militate (*míliteit*) intr. militar; pelear.   [ñar.
milk (*mílk*) s. leche; tr. ordeñar.
milkman (*mílkman*) s. lechero.
milky (*mílki*) adj. lácteo; **milky way** s. vía láctea.
mill (*míl*) s. molino; fábrica; tr. moler.
miller (*milar*) s. molinero.
millenary (*mílenary*) s. adj. milenario.   [ra, modista.
milliner (*mílinar*) s. sombrerera; modista.
million (*míllön*) s. millón.
millonaire (*milonéa*) s. millonario.

millionth (*míliönz*) adj. y s. millonésimo.

millpond (*milpond*) s. alberca, estanque.

millstone (*mílstoun*) s. muela o piedra de molino; carga pesada.

mime (*máim*) s. mimo; pantomima; intr. imitar; hacer la mímica.

mimic (*mímic*) s. mimo; adj. mímico; tr. imitar.

mince (*míns*) tr. desmenuzar, hacer picadillo.

mincemeat (*múnsmit*) s. picadillo (especialmente el de carne, pasas, manzanas y especias), macedonia.

mind (*máind*) s. mente; **in** —, en mente, intención; tr. tener cuidado; cuidar, cuidar de; **never mind!**, ¡no importa!

mindful (*máindful*) adj. atento (a); cuidadoso(de).

mindless (*máindles*) adj. atolondrado, insensato, estúpido.

mine (*máin*) pron. mío.

mine (*máin*) s. mina; intr. minar, zapar.

minesweeper (*mainswepa*) s. *Náut.* minador.

miner (*máinar*) s. minero.

mineral (*mínaröl*) s. y adj. mineral; **mineral water**, gaseosa, agua mineral.

mingle (*míngl*) tr. e intr. mezclar(se). [tura.

miniature (*míniatiua*) s. miniatura.

minimal (*mínimal*) adj. mínimo.

minimize (*mínimais*) tr. quitar importancia.

minimum (*mínimön*) s. mínimo.

mining (*máining*) s. minería, explotación.

minister (*mínista*) s. ministro; tr. e intr. auxiliar, servir; intr. oficiar.

ministerial (*ministírial*) adj. ministerial. [terio.

ministery (*mínistöri*) s. ministerio.

mink (*mink*) s. visón.

minor (*máinör*) s. menor (de edad); sin importancia; adj. menor. [río.

minnow (*mínou*) s. pececillo de

minority (*mainóriti*) s. minoría.

minster (*mínstar*) s. monasterio; catedral.

mint (*mint*) s. *Bot.* menta; casa de la moneda; tr. acuñar moneda.

minuet (*miniuét*) s. minué.

minus (*máinas*) adj. menos; en déficit negativo.

minute (*mínit*) s. minuto, momento; minuta, nota.

minute (*maiñuit*) adj. menudo, diminuto.

minx (*minks*) s. bribona, pilla.

miracle (*míracl*) s. milagro; **to wock —s**, hacer milagros.

miraculous (*mirákiulös*) adj. milagroso.

mirage (*mrágya*) s. espejismo.

mire (*máia*) s. lodo; fango; cieno; tr. enlodar.

mirror (*mira*) s. espejo.

mirth (*mórz*) s. alegría; gozo.

mirthful (*mö'rzful*) adj. alegre; jovial; gozoso.

miry (*máiöri*) adj. cenagoso, fangoso, lodoso.

misadventure (*misadvéncha*) s. desventura. [mal uso de.

misapply (*misapplái*) tr. hacer

misapprenhend (*misaprijénd*) tr. entender mal.

misapprehension (*misaprijénchön*) s. equivocación.

misbecome (*misbekö'm*) intr. no convenir.

misbehave (*misbijéiv*) intr. portarse mal. [mal educado.

misbehaved (*misbijéivt*) adj.

misbehaviour (*misbijéivia*) s. mal comportamiento, mala educación. [s. error.

miscalculation (*miscalculashon*)

miscarriage (*miscáridch*) s. aborto; — **of justice**, error judicial.

miscellaneous (*miseléiniös*) adj. diverso. [lánea.

miscellany (*míseleni*) s. miscelánea.

mischief (*míschif*) s. mal; daño travesura.

mischievous (*míschivös*) adj. dañino; travieso. [gar mal.

misconceive (*miconsív*) tr. juzgar mal.

misconception (*misconsepsion*) s. concepto equivocado; mal enjuiciamiento.

misconduct (*miscóndöct*) s. adulterio, mala conducta. [mal.

miscount (*miscáunt*) tr. contar

misdeed (*misdíd*) s. fechoría.

misdeem (*misdím*) tr. juzgar mal; equivocar.

misdemeano(u)r (*misdemínar*) s. mala conducta (Legal.).

misdoing (*misdúing*) s. yerro; mala acción. [caño.

miser (*máisar*) s. usurero, tacaño.

miserable (*mísörabl*) adj. miserable; (fig.) deprimido; tacaño.

miserly (*máisörli*) adj. avariento, avaro; tacaño, mezquino.

misery (*mísöri*) s. miseria, pequeñez.

misfire (*misfair*) s. falla.

misfit (*misfit*) intr. encajar mal, sentar mal; s. inadaptado.

misfortune (*misfótiun*) s. infortunio; desgracia. [dudas.

misgive (*misguív*) tr. llenar de recelo; duda. [caminar.

misgiving (*misguíving*) s. recelo; duda.

misguide (*misgáid*) tr. des(en)caminar, equivocar.

mishap (*misjáp*) s. desgracia; contratiempo.

misinform (*misinform*) tr. informar mal, equivocar, engañar.

misinformation (*misinformashon*) s. engaño, equivocación.

misinterpret (*misinterpret*) tr. interpretar mal; equivocación.

misenterpretation (*misintepretashon*) mala interpretación, equívoco.

misjudge (*misdyudge*) tr. juzga mal; juiciar mal.

misjudgement (*misdyudment*) s. (der.) injusticia; (fig.) mal cálculo, error.

mislay (*misléi*) tr. extraviar; colocar mal. [desorientar.

mislead (*mislíd*) tr. engañar, y adj. mahometano.

mismanage (*mismánidch*) tr. administrar mal.

misplace (*mispléis*) tr. colocar mal, extraviar. [imprenta.

misprint (*misprínt*) s. errata (de imprenta).

mispronounce (*mispronáuns*) intr. pronunciar mal.

misrepresent (*misrepresént*) tr. tergiversar.

miss (*mís*) tr. perder (el tren), errar, echar de menos; intr. frustrarse; s. señorita; pérdida; falta.

missing (*mísing*) adj. ausente.

missile [*mís(a)il*] s. proyectil; adj. arrojadizo; (mil.) misil.

mission (*míschön*) s. misión.

missionary (*míschöneri*) adj. misionero misional; s. misionero. [mal.

misspell (*misspél*) tr. deletrear

mist (*míst*) s. bruma.

mistake (*mistéik*) s. equivocación, error, yerro; tr. e intr. equivocar(se); **to make** —, cometer error o hacer faltas.

mister (*místar*) s. señor.

mistletoe (*míseltou*) s. *Bot.* muérdago.

mistress (*místres*) maestra, ama (de casa); fulana, amante.

mistrust (*míströ'st*) s. desconfianza; recelo; tr. desconfiar de, dudar de. [pañado.

misty (*místi*) adj. brumoso; empañado.

misunderstand (*misöndarstánd*) tr. comprender mal.

misunderstanding (*misöndarstánding*) s. incomprensión, equivocación.

misuse (*misiús*) mal uso; tr. usar mal, emplear mal.

mite (*mait*) s. óbolo, pequeñez; criatura. [aplacar; calmar.

mitigate (*mítigueit*) tr. mitigar; aplacar; calmar.

mitre (*máitar*) s. mitra. [pla.

mitten (*mitn*) s. mitón, manopla.

mix (*mícs*) tr. mezclar; intr. mezclarse.

mixed (*mícst*) adj. mezclado.

mixing (*míksing*) s. mezcla; adj. de, para mezclar.

mixture (*míkschar*) s. mezcla.

mizzle (*mísl*) s. llovizna; intr. lloviznar; tr. escabullirse.

moan (*móun*) s. gemido; intr. gemir; (fig.) queja.

moaner (*mona*) s. protestón.

moat (*móut*) s. foso.

mob (*mób*) s. tumulto; populacho; tr. atropellar.

mobile [*móub(a)il*] adj. móvil, movible.

mobilization (*mobilaiséischön*) s. *Mil.* movilización. [vilizar.

mobilize (*móubilais*) tr. *Mil.* movilizar.

mock (*móc*) s. burla; adj. falso; tr. burlarse de; intr. burlarse; — **exam**, examen parcial.

mockery (*mókari*) s. mofa.

mode (*móud*) s. modo; moda, modelar.

model (*módel*) s. modelo; tr. modelar.

moderate (*módareit*) adj. moderado; tr. moderar.

moderation (*modaréischön*) s. moderación. [derno.

modern (*módarn*) adj. y s. moderno.

modernize (*módarnais*) tr. modernizar.

modest (*módest*) adj. modesto.

modesty (*módesti*) s. modestia.

modification (*modifikéischön*) s. modificación, alteración.

modify (*módifai*) tr. modificar.

modulate (*módiuleit*) tr. modular. [modulación.

modulation (*modiuléischön*) s.

module (*moduel*) s. modelo.

Mohammedan (*mojámedan*) s. y adj. mahometano.

moist (*móist*) adj. húmedo.

moisten (*móisn*) tr. humedecer.

moisture (*moystya*) s. humedad.

molar (*moular*) adj. molar; s. muela. [miel de caña.

molasses (*mólásis*) s. melaza.

mold (*mould*) s. (mec.) molde, matriz; (quím.) moho; tr. moldear, amoldar; enmohecer(se), cubrir(se) de moho.

moldar (*móuldür*) intr. desmoronarse.

moldy (*móudi*) adj. mohoso.

mole (*móul*) s. *Naut.* muelle; *Zool.* topo; *Anat.* lunar, mancha.

molecular (*molékiular*) adj. molecular. [cula.

molecule (*mólekiul*) s. molécula.

molest (*molést*) tr. molestar, estorbar; acosar, fastidiar.

molten (*móultön*) adj. derretido, fundido, en fusión.   53

moment (*móument*) s. momento; instante; **wait a** —!, ¡espero un momento!; **just a moment**, sólo un momento.

momentous (*moméntös*) adj. importante, transcendental.

momentum (*mouméntüm*) s. momento, impulso; ímpetu, fuerza, importancia.

monarch (*mónac*) s. monarca.

monarchic(al) (*monáki(c)al*) adj. monárquico. [quía.

monarchy (*mónaki*) s. monarquía.

monastery (*mónastöri*) s. monasterio. [nástico.

monastic (*monástic*) adj. monástico.

Monday (*mö'ndei*) s. lunes.

monetary (*mö'netari*) adj. monetario.

money (*mö'ni*) s. dinero, moneda; **money order**, giro (postal). [adj. mezclado.

mongrel (*mö'ngrel*) s. mestizo; adj. mezclado.

monitor (*mónitóor*) s. monitor.

monk (*mö'nk*) s. monje, fraile.

monkey (*mö'n'ki*) s. mono,(a); simio; — **about**, hacer monadas. [lo.

monocle (*monocul*) s. monóculo.

monogamy (*monogami*) s. monogamia. [nograma.

monogram (*mónögram*) s. monograma.

monologue (*mónolog*) s. monólogo. [nomanía.

monomania (*monoménia*) s. monomanía.

monomaniac (*monoméiniac*) s. maníaco. [nopolizar.

monopolize (*monópolais*) tr. monopolizar.

monopoly (*monópoli*) s. monopolio. [monosílabo.

monosyllable (*monósilöbl*) s.

monotonous (*münótönös*) adj. monótono, tedio.

monotony (*mönótöni*) s. monotonía. [(fig.) enorme.

monster (*mónstar*) s. monstruo;

monstrosity (*monstrósiti*) s. monstruosidad.

month (*mö'nz*) s. mes; **in a month of Sundays**, en la vida.

monthly (*mö'nzli*) adj. mensual; adv. mensualmente.

monument (*móniument*) s. monumento. [gir

moo (*mu*) s. mugido; intr. mugir.

mood (*múd*) s. humor, talante, genio, capricho. *Gram.* modo; **good** —, buen humor; **bad** —, mal humor.

moody (*múdi*) adj. caprichoso.

moon (*mún*) s. luna; **honey** —, luna de miel.

moor (*múa*) s. *Geog.* pantano; tr. *Naut.* amarrar.

mooring (*mooring*) s. *Naut.* amarra; fondeadero.

Moor (*múö*) s. moro.

mop (*mop*) s. estropajo, aljofifa; tr. fregar.

mope (*móup*) intr. andar quejumbroso o abatido.

moral (*móral*) adj. moral; s. moralidad; moraleja; pl. costumbres. [do de ánimo.

morale (*morál*) s. moral, estado de ánimo.

morality (*moráliti*) s. moralidad. [zar.

moralize (*móralais*) tr. moralizar.

morbid (*mórbid*) adj. mórbido.

morbose (*morbóus*) adj. morboso.

more (*móa*) adj. más, mayor; adv. más; **much** —, mucho más; — **and more**, cada vez más.

moreover (*moaróuva*) adv. además, por añadidura.

54 **morning** (*mórning*) s. mañana; adj. matutino.   [marroquí.
Moroccan (*morócan*) adj. y s.
Morocco (*moróco*) s. marroquí.
morose (*moróus*) adj. moroso, mal humorado, caprichoso,
morphine (*mófin*) s. morfina.
morse (*mawse*) s. Zool. morsa; (teleg.) morse; **morse code**, clave telegráfica de morse.   [dazo.
morsel (*mórsel*) s. bocado, pe-
mortal (*mórtal*) adj. y s. mortal.
mortality (*mortáliti*) s. mortalidad; — **rate**, promedio de mortalidad.
mortar (*mórtar*) s. mortero; almirez; argamasa.
mortgage (*móguedch*) s. hipoteca; tr. hipotecar, préstamo.
mortiferous (*mortífirös*) adj. mortífero.
mortify (*mórtifai*) tr. mortificar.
mortuary (*mórtiueri*) s. depósito de cadáveres; adj. mortuorio.   [saico.
mosaic (*moséic*) adj. y s. mosque (*mosk*) s. mezquita.
mosquito (*moskítou*) s. mosquito.   [Quím. moho.
moss (*mós*) s. Bot. musgo;
mossy (*mósi*) adj. musgoso.
most (*móust*) adj. lo más; los más; adv. sumamente; s. mayoría.   [mente
mostly (*móustli*) adv. mayor-
moth (*móz*) s. polilla, alevilla, mariposa.
mother (*moda*) s. madre; adj. maternal; **mother-in-law** s. suegra, madre política.
motherhood (*mödarjud*) s. maternidad.
motherly (*modali*) adj. maternal.
motif (*moutif*) s. motivo, tema.
motion (*móuschön*) s. (mech.) movimiento; ademán; Polit. moción; **motion picture**, s. cine o cinematógrafo; película; adj. cinematográfico.
motionless (*móuschönles*) adj. inmóvil, inerte.
motive (*móutiv*) s. motivo; móvil; adj. motriz.
motley (*mórli*) adj. abigarrado, multicolor; variado; s. mezcla.
motor (*móuta*) s. motor; **motor-car** s. automóvil; **motor-cycle** s. motocicleta.
motorboat (*móutarbout*) s. autobote, lancha motora, bote a motor.
motorcoach (*móutarkouch*) s. autobús, omnibús; camión; mión, Am. guagua.
motorist (*móutarist*) s. automovilista, motorista.
motor-race (*mota-raiz*) carrera de motos.
mottle (*motl*) tr. motear.
motto (*mótou*) s. lema.
mould (*móuld*) s. (mech.) molde; (quím.) moho; tr. moldear; intr. enmohecerse.
mound (*máund*) s. terraplén; montículo.
mount (*máunt*) s. monte; montura; tr. montar.
mountain (*máunten*) s. montaña; **mountain-range** s. cordillera.
mountaineer (*mauntenía*) s. montañés, montañero.
mountainous (*máuntenös*) adj. montañoso.   [saltibanquis.
mountebank (*máuntibank*) s.
mourn (*mourn*) tr. llorar; intr. lamentarse; llevar luto.

mournful (*móurnful*) adj. lúgubre, luctuoso.   [aflicción
mourning (*móurning*) s. luto;
mouse (*máus*) s. ratón; — **trap**, ratonera.   [bocadura.
mouth (*máuz*) s. boca; desembouthful (*máuzful*) s. bocado.
mouthpiece (*máuzpis*) s. boquilla (de un instrumento de viento); portavoz.
movable (*múvabl*) adj. movible, móvil; —**s**, muebles, bienes muebles.
move (*múv*) tr. mover; conmover; intr. moverse.
movement (*múvment*) s. movimiento.   [me película.
movies (*múvies*) s. (E. U.) film-
moving (*múving*) adj. motriz; conmovedor.
mow [**mowed**; **mowed** o **mown**] (*móu*) tr. segar; guadañar.
mowing (*móuing*) s. siega.
Mr (*místar*) Sr., señor.
Mrs. (*mísis*) Sra., señora.
much (*möch*) adj. mucho; adv. mucho, **too much**, demasiado; **as much as** adv. tanto como.
muck (*mö'k*) s. estiércol; abono; tr. estercolar; (fam.) porquería; mierda.
mucous (*miukös*) adj. moco; — **membrane**, membrana mucosa.
mud (*moad*) s. barro, lodo; **mudguard** s. guardabarros; **mud-up**, tr. enlodar, embarrar.
muddle (*mö'dl*) s. desorden; tr. enturbiar.
muff (*möf*) s. manguito (para las manos); falla, error (en ciertos juegos); intr. no coger, dejar escapar (la pelota).   [cillo.
muffin (*mö'fin*) s. bollo, pane-
mulatto (*miuláto*) s. mulato.
muffle (*mö'fl*) s. (acús.) amortiguar; tr. embozar.
muffler (*mö'flar*) s. embozo; bufanda, silenciador; (mús.) sordina.
mug (*mög*) s. pichel, vaso con asa; (fig.) tonto.
mulato (*miuláto*) s. mulato.
mulberry (*mö'lberi*) s. Bot. mora, morera.
mule (*miúl*) s. mulo, mula.
mull (*möl*) intr. meditar, ponderar; tr. calentar con especias.   [s. multimillonario.
multimillonaire (*mültimiliönea*) s. multiplicación.
multiple (*mö'ltipl*) adj. múltiple; s. múltiplo.
multiplication (*moltiplikéischön*) s. multiplicación.
multiplicity (*möltiplisiti*) s. multiplicidad.   [plicar.
multiply (*mö'ltiplai*) tr. multi-
multitude (*mö'ltitiud*) s. multitud; muchedumbre.
mum (*möm*) adj. callado, silencioso.   [ñar.
mumble (*mö'mbl*) intr. refunfu-
mummify (*mö'mifai*) tr. momificar.   [(arq.) momia.
mummy (*mö'mi*) s. mamaíta; (arq.) momia.
mump (*mö'mp*) tr. mal honorada.   [Med. paperas.
mumps (*mö'mps*) s. murria;
munch (*mö'nch*) tr. mascar, ronzar.   [dano.
mundane (*mö'ndein*) adj. mundano.
municipal (*miunísipal*) adj. municipal.   [municiones.
munition (*miunischön*) s. Mil.
mural (*miural*) adj. y s. mural.
murder (*mö'rdar*) s. asesinato; tr. asesinar, matar.
murderer (*mö'rdarar*) s. asesino, homicida.

murderess (*mö'rdarös*) f. asesina.
murderous (*merderous*) adj. asesino, criminal, homicida.
murky (*merki*) adj. oscuro, tenebroso.
murmur (*mö'rmar*) s. murmullo, rumor; intr. susurrar, murmurar.
muscat (*mö'scat*) s. moscatel.
muscatel (*mö'scatel*) s. moscatel.
muscle (*mö'sl*) s. músculo.
muscled (*museld*) adj. musculoso.   [cular.
muscular (*mö'skiular*) adj. muscular.
muse (*miús*) intr. meditar; s. musa.
museum (*miusiöm*) s. museo.
mush (*mösch*) s. potaje espeso de maíz; sentimentalismo; (fig.) paja.   [seta; hongo.
mushroom (*mö'schrum*) s. Bot.
music (*miúsic*) s. música; **music-hall** s. teatro de revista; **face the** —, pagar el pato.
musical (*miúsical*) adj. y s. musical.   [sico.
musician (*miusischan*) s. músico.
musk (*mösk*) s. almízcle; **musk-rat** s. rata almizclera.
musky (*mö'ski*) adj. almizclero.
muslim (*mö'slim*) adj. y s. musulmán.
muslin (*mö'slin*) s. muselina.
muss (*mös*) tr. desarreglar, desordenar; arrugar; s. desorden, lío. (U. S. A.)
mussel (*mö'sl*) s. mejillón.
must (*mö'st*) defect. e intr. tener que; deber; s. obligación, algo imprescindible.
must (*mö'st*) s. mosto.
mustache (*möstásch*) s. bigote, mostacho.
mustard (*mö'stard*) s. mostaza.
muster (*mö'star*) s. (Mil.) revista; tr. pasar revista.
mustiness (*mö'stines*) s. moho, humedad.   [hoso; añejo.
musty (*mö'sti*) adj. mustio; mohoso;
mutability (*miutabíliti*) s. mutabilidad.   [ble.
mutable (*miútabl*) adj. mudable.
mute (*miút*) s. mudo; **deaf** —, sordomudo.
mutilate (*miútileit*) tr. mutilar.
mutilation (*miutiléischön*) s. mutilación.
mutineer (*miutinía*) s. rebelde, faccioso, amotinador.
mutinous (*miútinös*) adj. amotinado.   [amotinarse.
mutiny (*miútini*) s. motín; intr.
mutter (*mö'tar*) tr., intr. gruñir; refunfuñar.   [cordero.
mutton (*mö'tn*) s. carne de
mutual (*miútiual*) adj. mutuo.
mutuality (*miutiuáliti*) s. mutualidad.
muzzle (*mö'lz*) s. Zool. hocico; bozal; (fig.) mordaza; tr. embozar.
my (*mái*) adj. mi, mis.
myope (*máioup*) s. miope.
myopy (*máiopi*) s. miopía.
myriad (*miriöd*) s. miríada, diez mil; millares, gran cantidad.
myrtle (*mötl*) s. Bot. mirto.
myself (*maisélf*) pron. yo o mí mismo; **by myself**, por mí mismo.   [terioso.
mysterious (*mistíriös*) adj. misterioso.
mystery (*mistöri*) s. misterio.
mystic (*místic*) adj. y s. místico.   [cismo.
mysticism (*místisism*) s. misticismo.
myth (*miz*) s. mito.
mythic (*mízic*) adj. mítico.
mythological (*mizolódchical*) adj. mitológico.

mythology (*mizólodchi*) s. mitología.

nab (*nab*) tr. agarrar, coger; arrestar.   [regañar.
nag (*nág*) s. rocín, penco; tr.
nagging (*naging*) adj. machacón.
nail (*néil*) s. clavo; **to nail a person**, agarrar; **nail-brush**, cepillo de uñas. tr. clavar.
naive (*naiv*) adj. ingenuo.
naked (*néikit*) adj. desnudo.
nakedness (*néikidnes*) s. desnudez.
name (*néim*) s. nombre; apellido; tr. nombrar; **christian name**, nombre de pila; intr. — **name**, nombar.   [nocido.
nameless (*néimles*) adj. desconamely (*néimli*) adv. a saber.
nanny (*námi*) s. niñera.
nap (*náp*) s. sueño ligero; siesta; (text.) pelo o lanilla de paño; intr. sestear.
nape (*néip*) s. Anat. nuca.
naphtha (*náfzö*) s. nafta.
napkin (*nápkin*) s. servilleta; **baby napkin** s. pañal.
narcissus (*nasísös*) s. Bot. narciso.   [cótico; soporífero.
narcotic (*narcótic*) adj. y s. narcótico;
narrate (*naréit*) tr. narrar.
narration (*naréischön*) s. narración.
narrative (*nárativ*) adj. narrativo; s. narrativa; relato; cuento.
narrow (*nárou*) adj. estrecho, angosto; tr., intr. estrechar(se); **narrow-minded**, obtuso, corto de miras.
narrowly (*naroli*) adv. estrechamente; **narrowness**, s. estrechez.
nasal (*néisal*) adj. nasal.
nastiness (*nástines*) s. suciedad, asco.   [Bot. mastuerzo.
nasturtium (*nöstö'schöm*) s.
nasty (*násti*) adj. sucio, obsceno, asqueroso, desagradable.
natal (*néital*) adj. natal.
nation (*néischön*) s. nación.
national (*náschönal*) adj. nacional; — **anthem**, himno nacional.   [cionalidad.
nationality (*náschönáliti*) s. nacionalidad.
native (*nétiv*) adj. nativo; originario; natural; s. indígena.
nativity (*nativiti*) s. natividad.
natural (*náchöral*) adj. natural.
naturalist (*nátschrölist*) s. naturalista, desnudista.
naturalize (*nácharalais*) tr. naturalizar, nacionalizar.
nature (*néicha*) s. naturaleza; carácter; **good natured**, adj. bondadoso.
naught (*nót*) s. cero.   [sura.
naughtiness (*natiness*) s. travenaughty (*nóti*) adj. malo; travieso; díscolo.
nausea (*nóschia*) s. náusea.
nauseate (*nóschieit*) tr. causar náuseas; intr. dar asco.
nauseating (*nóschieiting*) adj. nauseabundo, asqueroso.
nauseous (*nóschia*) adj. nauseabundo.
naval (*néival*) adj. naval.
nave (*néiv*) s. nave (de una iglesia).
navel (*néivl*) s. ombligo.
navigable (*návigabl*) adj. navegable.   [gar.
navigate (*návigueit*) tr. nave-

navigation *(naviguéischön)* s. navegación.

navigator *(navigata)* s. navegante; (avia.) piloto.

navy *(néivi)* s. marina (naval). merchant —, marina mercante.

near *(nía)* prep. cerca de; adv. cerca; adj. cercano; tr., intr. acercar(se); — by *(nia-bi)* adj. próximo, cercano, vecino.

nearly *(níali)* adv. casi.

nearness *(nianes)* s. cercanía, proximidad.   [limpio.

neat *(níit)* adj. ordenado, pulcro.

neatness *(nítnes)* s. limpieza; pulcritud, orden.

nebulous *(nebiulos)* adj. nebuloso; (fig.) difuso.

necessary *(néseseri)* adj. necesario; s. lo imprescindible.

necessity *(nesésiti)* s. necesidad.

neck *(nék)* s. Anat. cuello.

necklace *(nékleis)* s. collar.

necktie *(néktai)* s. corbata.

necrosis *(nicróusis)* s. necrosis; gangrena.

need *(níd)* s. necesidad; tr. necesitar; intr. ser necesario.

needful *(nídful)* adj. necesario.

needle *(nidl)* s. aguja; tr. — a person, fastidiar, enojar.

needless *(nídles)* adj. inútil.

needlework *(nídulüörk)* s. costura, labor de aguja, bordar.

needy *(nidi)* adj. indigente, s. necesitado.   [do, nefando.

nefarious *(nefériös)* adj. malvado.

negative *(négativ)* s. negativa; adj. negativo.

neglect *(nigléct)* s. abandono, desaliño, despreocupación. tr. abandonar, descuidar.

neglectful *(negléctful)* adj. abandonado, descuidado.

negligent *(néglidchönt)* adj. negligente.   [negociar.

negotiate *(nigóuschieit)* tr. intr. negociación.

negotiation *(nigouschiéischön)* s. negociación.

negotiator *(nigoushiata)* s. gestor, negociador.

negress *(nígres)* s. negra.

negro *(nígro)* s. negro.

neigh *(néi)* s. relincho; intr. relinchar.   [prójimo.

neighbour *(néiba)* s. vecino;

neighbourhood *(néibajub)* s. vecindario; vecindad.

neighbouring *(neiboring)* adj. vecino, próximo, cercano.

neither *[n(a)idar]* pron. ni uno ni otro; adj. ningún (de dos); conj. ni, adv. tampoco.

neologism *(niólodchim)* s. neologismo.

neon *(nion)* s. Quim. neón; neon lights, rótulos de neón.

nephew *(néviu)* s. sobrino.

nepotism *(népotism)* s. nepotismo; sobrinazgo, favoritismo.

Neptune *(neptiun)* s. Neptuno.

nerve *(nö'rv)* s. nervio; vigor; (fam.) descaro.

nervous *(nö'rvas)* adj. nervioso.

nerveless *(neeles)* adj. sin nervios, inmutable.   [viosismo.

nervousness *(neevosnes)* s. nerviosismo.

nest *(nést)* s. nido; tr. anidar; (fam.) — egg, ahorros.

nestle *(nésl)* intr. acurrucarse; tr. acariciar.   [redar.

net *(net)* s. red; malla; tr. enmarañar.

nett *(net)* adj. neto, nett-weight, peso neto.

nettle *(netl)* s. Bot. ortiga; tr. e intr. picar, irritar, enfadar.

network *(netueek)* s. (fig.) red.

neuralgia *(niuráldchia)* s. Med. neuralgia.   [neurastenia.

neurasthenia *(niuraszínia)* s.

neurasthenic *(niuraszínic)* adj. neurasténico.   [tico.

neurotic *(niurótic)* adj. neuróneuter *(niútar)* adj. y s. neutro.

neutral *(niútral)* adj. s. neutral.

neutrality *(niutráliti)* s. neutralidad.

never *(néva)* adv. nunca, jamás.

nevertheless *(nóvördeles)* adv. sin embargo, no obstante.

new *(niú)* adj. nuevo.

new-born *(niu-boon)* adj. recién (nacido).   [llegado.

new-comer *(niu-cama)* s. recién

newly *(niuli)* adj. recién.

news *(niús)* s. noticia(s).

newsmonger *(niúsmongör)* s. chismoso, chismero, gacetilla.   [dico.

newspaper *(niúspeipa)* s. periódico.

newsreel *(niúsril)* s. noticiario cinematográfico.

next *(necst)* adj. próximo; contiguo; siguiente; sucesivo; adv. luego.   [mordiscar.

nibble *(nibl)* s. mordisco; tr.

nice *(náis)* adj. bonito, agradable, delicado, fino, amable, simpático.   [mente.

nicely *(náisli)* adv. delicadamente.

niceness *(náisnes)* s. finura; delicadeza, agradabilidad.

niche *(nísch)* s. nicho; (fig.) rincón.

nick *(níc)* s. muesca; tr., intr. hacer muescas; corte; in the — of time, en el último momento, por los pelos.

nickel *(nílk)* s. níquel; (U. S. A.) moneda de cinco centavos.

nick-nack *(nik-nak)* s. baratija, chuchería.   [mote.

nickname *(nícneim)* s. apodo;

nicotine *(nícotin)* s. nicotina.

niece *(nís)* s. sobrina.

niggard *(nígard)* adj. y s. avaro, tacaño.

night *(náit)* s. noche; at —, por la noche; last —, la noche; the 12 th —, día de Reyes.

nightfall *(náitfol)* s. anochecer.

night-dress *(nait-dres)* s. camisón.   [señor.

nightingale *(náitinguéil)* s. ruinight-light *(nait-lait)* s. lamparilla de noche.

nightly *(náitli)* adv. cada noche, todas las noches; adj. nocturno.   [lla.

nightmare *(náitmea)* s. pesadinight-watohman *(nait-waychnar)* s. vigilante nocturno, sereno.

nihilism *(náijilism)* s. nihilismo.

nimble *(nímbl)* adj. ligero, ágil.

nimbleness *(nímbulnes)* s. ligereza; agilidad.   [reola.

nimbus *(nímbös)* s. nimbo; aunine *(náin)* s. y adj. nueve.

ninepins *(náinpins)* s. juego de bolos.   [nueve.

nineteen *(náintin)* adj. diecininety *(náinti)* adj. noventa.

nip *(níp)* s. pellizco, uñada; tr. pellizcar; to — in the bud, cortar por la raíz.

nippers *(nipars)* s. pl. alicates; (fam.) retoños.

nipple *(nípl)* s. Anat. pezón.

nitrate *(ndítreit)* s. nitrato.

nitrogen *(náitridchön)* s. nitrógeno; — bomb, bomba de nitrógeno.   [no; s. no.

no *(nóu)* adv. no; adj. ningunobiliary *(nobíliary)* adj. nobiliario.

nobility *(nobíliti)* s. nobleza.

noble *(nóubl)* adj. noble; s. aristócrata, noble.

nobly *(nóubli)* adv. noblemente.

nobody *(nóubodi)* s. nadie; ninguno.   [noctámbulo.

noctambulist *(noctámbiulist)* s.

nocturnal *(noctö'rnal)* adj. nocturno.

nocturne *(nóctörn)* s. nocturno.

nod *(nód)* intr. cabecear; tr. asentir; asentimiento con la cabeza.

noise *(nóis)* s. ruido; to make —, hacer ruido; big —, persona importante.   [cioso.

noiseless *(nóisles)* adj. silencioso.

noisy *(nóisi)* adj. ruidoso.

nomad *(nóumad)* adj. nómada; errante.   [da.

nomadic *(noumádic)* adj. nómanominal *(nóminal)* adj. nominal.   [brar.

nominate *(nómineit)* tr. nombrar.

nomination *(nominéischön)* s. nombramiento.

none *(nö'n)* pron. ninguno.

non-appearance *(nón-apírans)* s. ausencia.

non-attendance *(nón-attendans)* s. falta de asistencia.

non-commissioned *(officer)* s. Mil. suboficial.

non-conformist *(nón-conformist)* s. no conformista.

non-descript *(nón descript)* adj. indescripto.

nonentity *(nonéntiti)* s. nulidad, persona o cosa inútil.

nonplus *(nónplös)* s. perplejidad, estupefacción; tr. dejar perplejo.

nonsense *(nónsens)* s. necedad, disparate, tontería; don't talk —, no digas tonterías.

noodle *(núdl)* s. tallarín s. (fam.) simplón.

nook *(núc)* s. rincón.

noon *(nún)* s. mediodía.

noontide *(núntaid)* s. mediodía.

noose *(nús)* nudo corredizo; tr. lazar, entrampar.

nor *(nór)* conj. ni.

norm *(nórm)* s. norma.

north *(nórz)* s. norte; adj. del norte.   [nordeste.

north-east *(nórz-íst)* adj. y s.

northern *(nórdörn)* adj. norteño.

northener *(nordena)* adj. norteño.   [trional.

northerly *(nozörli)* adj. septennorth-west *(nórz-uést)* adj. y s. noroeste.   [s. noruego.

Norwegian *(nouídchön)* adj. y

nose *(nóus)* s. nariz; (fig.) olfato; sagacidad; tr. oler.

nostalgia *(nostáldchia)* s. nostalgia.   [la nariz.

nostril *(nóstril)* s. ventana de

not *(nót)* adv. no.

notable *(nóutabl)* adj. notable.

notary *(nóutari)* s. notario.

notation *(nouéischön)* s. anotación; apunte; notación.

notch *(nóch)* s. muesca, mella; tr. mellar.   [notar, anotar.

note *(nóut)* s. nota; señal; tr.

notebook *(nóutbuc)* s. libreta, cuaderno.   [moso.

noted *(nóutit)* adj. notable, fanoteworthy *(nóutuördi)* adj. notable, digno de atención.

nothing *(nö'zing)* s. nada; — else, nada más; good for —, inútil.

notice *(nóutis)* s. aviso; anuncio; tr. notar, percibir, darse cuenta; notice-board, tablón de anuncios.

noticeable *(nóutisöbl)* adj. conspicuo; perceptible.

notify *(nótifai)* tr. notificar; advertir.   [idea.

notion *(nóuschön)* s. noción;

notoriety *(notoráieti)* s. notoriedad, mala reputación [fama.

notorius *(notóriös)* adj. de mala notwithstanding *(notuizständing)* adv. no obstante; prep. a pesar de.

nought *(nóot)* s. cero, nada.

noun *(noun)* s. nombre, sustantivo.   [nutrir.

nourish *(nö'rich)* tr. alimentar, nourishing *(nö'rishing)* adj. nutritivo, alimenticio.

novel *(név+l)* adj. novel; Lit. s. novela.

novelist *(nóvelist)* s. novelista.

novelty *(nóvelti)* s. novedad.

November *(novémbör)* s. noviembre.

novice *(nóvis)* s. novicio(a).

now *(náu)* adv. ahora, ya; — and then, de vez en cuando, de vez en vez; till —, hasta ahora; — then!, ¡vamos a ver! ¡vamos!

nowadays *(náuedeis)* adv. hoy (en) día.   [guna parte.

nowhere *(nóuea)* adv. (en) nin-

noxious *(nócschös)* adj. nocivo; pernicioso.

nozzle *(nosel)* s. Zool. nariz; espita, boquera.   [atómico.

nuclear *(niúclier)* adj. nuclear,

nucleus *(niúcleös)* s. núcleo.

nude *(niúd)* adj. desnudo.

nudity *(niúditi)* s. desnudez.

nudge *(nödch)* s. codazo; tr. dar con el codo.

nuisance *(niúsans)* s. estorbo, fastidio.   [tr. anular.

null *(nö'l)* adj. nulo; inválido;

nullity *(nö'liti)* s. nulidad.

numb *(nö'm)* adj. entumecido; aterido; tr. entorpecer.

number *(nö'mbar)* s. número; tr. enumerar, contar; even —, número par; old — s, número impar.

numberless *(nö'mbörles)* adj. innumerable.

numeral *(niúmöral)* adj. numeral, numérico.

numerary *(niúmörari)* adj. numerario.

numerical *(niumérical)* adj. numérico.

numerous *(niúmörös)* adj. numeroso.

nun *(nö'n)* s. monja; religiosa.

nunnery *(nö'nöri)* s. convento de monjas.

nuptial *(nö'pschöl)* adj. nupcial; s. pl. —s, nupcias, bodas.

nurse *(nö'rs)* s. enfermera; niñera, wet-nurse, ama de cría, nodriza; tr. criar, cuidar (enfermos).

nursery *(nö'söri)* s. cuarto de los niños; plantel, guardería infantil; Bot. invernadero, criadero; — rhymes, rimas infantiles.

nurture *(nö'rcha)* s. crianza; (fig.) enfomentar; tr. criar.

nut *(nö't)* s. Bot. nuez. Mech. tuerca; (fam.) chiflado.

nutcracker *(nö'tcrakör)* s. cascanueces

nutmeg *(nötmeg)* s. nuez moscada.

nutrition *(niutríschön)* s. nutrición.

nutritious *(niutrischös)* adj. nutritivo.

nutshell *(nö'tchel)* s. cáscara de nuez; in a —, en suma, en breve, en pocas palabras.

nymph *(nimf)* s. ninfa.

o (o) s. interj. ¡oh!
oak (óuc) s. roble. [remar.
oar (óa) s. Mar. remo; tr., intr.
oarsman (oasman) s. remero.
oasis (óasis, oéisis) s. oasis.
oat (óut) s. Bot. avena; — flakes, capas de avena.
oath (óuz) s. juramento; blasfemia.
obduracy (óbdiurasi) s. obstinación, turquedad.
obdurate (óbdiureit) adj. obstinado, turco.
obedience (obídiens) s. obediencia. [diente.
obedient (obídient) adj. obeobese (obís) adj. obeso, gordo.
obey (obéi) tr. obedecer.
obfuscate (obfö'skeit) tr. ofuscar. [ofuscación.
obfuscation (obföskéischön) s.
obituary (obíchuari) s. óbito, fallecimiento.
object (óbdchect) s. objeto.
object (obdchéct) tr. objetar; intr. oponerse. [jección.
objection (obdchécschön) s. ob-
objective (obdchéctiv) adj. s. objetivo. [comprometer.
obligate (óbligueit) tr. obligar;
obligation (obligéischön) s. obligación. [gatorio.
obligatory (óbliguetori) adj. obli-
oblige (obláidch) tr. complacer, hacer favor.
obliging (obláidching) adj. servicial, amable, atento.
oblique (oblíc) adj. oblicuo; sesgado; inclinado.
obliterate (öblítöreit) tr. borrar, arrasar, destruir.
oblivion (oblivión) s. olvido; inconsciente. [dizo, abstraído.
oblivious (oblíviös) adj. olvida-
oblong (oblong) adj. Geom. rectangular; s. rectángulo.
obnoxious (obnócschös) adj. ofensivo, odioso.
obscene (obsín) adj. obsceno.
obscenity (obséniti) s. obscenidad, indecencia.
obscure (obskiúa) adj. obscuro; (fig.) difuso; tr. obscurecer. [quias, funerales.
obsequies (óbsicuis) s. pl. exe-
obsequious (obsícuiös) adj. obsequioso, complaciente.
observance (obsö'rvans) s. observancia.
observant (obsö'rvant) adj. observante; atento.
observation (obsörvéischön) s. observación.
observatory (obsö'rvatori) s. observatorio. [examinar.
observe (obsö'rv) intr. observar;
observer (obsö'var) s. observador.
observing (obsö'rving) adj. atento, observador. [sionar.
obsess (obsés) tr. e intr. obse-
obsession (obséschön) s. obsesión. [do; desusado.
obsolete (óbsolit) adj. anticua-
obstacle (óbstacl) s. obstáculo; impedimento, trava.
obstetrics (obstétrics) s. obstetricia. [nación.
obstinacy (óbstinasi) s. obsti-
obstinate (óbstineit) adj. obstinado. [rebelde, ruidoso.
obstreperoos (obstreperos) adj.
obstruct (obströ'ct) tr. obstruir.

obstruction (obströ'cschön) s. obstrucción. [seguir, lograr.
obtain (obtéin) tr. obtener, con-
obtainable (obtéinöbl) adj. obtenible, asequible.
obtrude (obtrúd) tr. imponer, entremeterse. [botado.
obtuse (obtiús) adj. obtuso; em-
obviate (óbvieit) tr. obviar, evitar. [evidente.
obvious (óbvias) adj. obvio.
occasion (okéichön) s. ocasión; tr. ocasionar, causar.
occasional (okéischönal) adj. ocasional. [intr. ocultar.
occult (okö'lt) adj. aculto; tr.,
occupancy (ókiupansi) s. ocupación; trabajo, tenencia.
occupant (ókiupant) s. ocupante. [tomar posesión.
occupate (ókiupeit) tr. ocupar;
occupation (okiupéischön) s. ocupación, empleo, trabajo.
occupy (ókiupai) tr. ocupar, emplear. [der.
occur (okö'r) tr. ocurrir, suce-
occurrence (okö'rens) s. ocurrencia; incidente, suceso.
ocean (óuschön) s. océano; (fig.) inmensidad.
October (óctóbar) s. octubre.
octopus (óctopös) s. Ict. pulpo.
ocular (ókiular) adj. ocular.
oculist (ókiulist) s. oculista.
odd (ód) adj. Aritm. impar; extraño, raro; forty odd, cuarenta y pico.
oddity (óditi) s. rareza.
odds (óds) s. desigualdad; ventaja; odds and ends, retazos, trozos.
ode (óud) s. Lit. oda.
odious (óudiös) adj. odioso; detestable. [cia; perfume.
odour (óuda) s. olor; fragan-
of (óv) prep. de; (a, en, con, por, para); of course, naturalmente.
off (óf) adj. apagado; adv. part, (con verbos) be —! ¡marcharse!; estar podrido; be well —, acomodado; on and —, con (las) interrupciones; prep. (con verbos indica separación); blow, derribar (de un soplo); (vulg.), pedearse; knok, derribar (de un golpe), etcétera. [delito.
offence (oféns) s. Leg. ofensa,
offend (ofénd) tr. ofender; intr. pecar, delinquir.
offender (oféndar) s. ofensor, delincuente.
offensive (oténsiv) ofensiva, adj. ofensivo.
offer (ófar) s. oferta; tr. ofrecer; intr. ofrecerse.
offering (ófaring) s. ofrenda, ofrecimiento. [provisado.
offhand (ófjand) adj. y adv. im-
office (ófis) s. oficina.
officer (ófisar) s. Mil. oficial, policía, commissioned —, oficial superior, (alferez); agente, empleado.
official (ofíschal) adj. oficial; s. funcionario.
officiate (ofíschieit) tr. oficiar.
officious (ofíschös) adj. oficioso.
offset (ófset) s. (com.) compensación; tr. componer.
off-shot (of-shout) s. Bot. ramal. [prole.
off-spring (of-spring) n. hijo,
off-side s. (tráf.) lado derecho, (por la derecha) (G. B.), lado irquierdo (por la izquierda) (E. U.); (dep.) fuera de juego. [linaje.
offspring (ófspring) s. vástago,

oft (óft) often (ófn) adv. frecuentemente, a menudo.
ogre (óugar) s. ogro, monstruo, gigante.
oil (óil) s. aceite; — painting, óleo. Min. petróleo; tr. lubri-(fi)car, engrasar.
oil-cloth s. hule.
oil-skin (óilskín) s. impermeable. Naut. ropa de aguas.
oily (óili) adj. aceitoso.
oint (óint) tr. untar. [güento.
ointment (óintment) s. Med. un-
O. K. (oukéi) adj. bueno; convenido; adv. bien; it's — está bien; tr. aprobar, dar el visto bueno.
old (óuld) adj. viejo, anciano, antiguo; — age, vejez; — maid, solterona. [guo.
olden (óuldön) adj. viejo, anti-
old-fashioned adj. anticuado.
olive (óliv) s. Bot. aceituna, olive-tree s. olivo. [rano.
old-timer (óuldtaimar) s. veteolympiad (olímpiad) s. olimpiada.
olympic (olímpic) adj. olímpico.
omelet (ómelet) s. tortilla; french —, tortilla de patatas, «paisana», etc. [sagio.
omen (óumen) s. agüero, preomened (óument) adj. fatídico.
ominous (óminös) adj. siniestro; ominoso.
omission (omíschön) s. omisión.
omit (omít) tr. omitir; excluir.
omnibus (ómnibös) s. ómnibus.
omnipotence (omnípotens) s. omnipotencia. [omnipotente.
omnipotent (ómnípotent) adj.
on (ón) prep. sobre, en, encima de; adv. encima; interj. on foot, a pie; come on!, ¡venga! ¡vamos! Mech. y Elect. encendido.
once (úöns) adv. una vez. en otro tiempo; at once, en seguida.
one (wön) adj. un; uno cierto, s. uno, pron. uno, only — el único; anyone, alguien; no-one, nadie.
one-armed adj. manco.
oneself (uónsélf) pron. se, a sí mismo. [dor, mirón.
onlooker (ónlukar) s. espectaonly (óunli) adj. único; solo; adv. solamente; conj. sólo que, pero.
onset (ónset) s. ataque.
onto (óntu) prep. a; sobre.
onward (ónuard) adv. adelante; adj. avanzado; —(s), hacia adelante.
ooze (ús) s. fango; limo; intr. exudar, rezumar.
opal (óupal) s. ópalo.
opaque (oupéic) adj. opaco.
open (óupn) adj. abierto; libre, franco; s. open-air, aire libre; in the open, a cielo raso; tr. abrir.
opening (óupening) s. abertura.
openness (óupennes) s. franqueza.
opera (ópöra) s. ópera.
operate (ópöreit) intr. obrar; operar. [operación.
operation (opöréischön) s. Med.
operetta (opörétö) s. opereta, zarzuela.
opinion (opinión) s. opinión.
opium (óupiöm) s. opio.
opponent (opóunent) s. adversario; antagonista. [tuno.
opportune (oportiún) adj. oporopportunity (oportiúniti) s. oportunidad. [oponerse.
oppose (opóus) tr. oponer; intr.
opposed (opóusd) adj. opuesto.

opposar (opóusör) s. opositor; antagonista. [te.
opposite (óposit) adj. de enfrenopposition (opösischön) s. oposición. [tiranizar.
oppress (oprés) tr. oprimir, oppression (opréschön) s. opresión. [sivo.
oppressive (oprésiv) adj. opreoppressor (oprésar) s. opresor, tirano.
opt (opt) intr. optar.
optic(al) (óptic(al)) [óptic(al)] adj. óptico.
optícian (optíschan) s. óptico.
optimism (óptimism) s. optimismo.
optimist (óptimist) s. optimista.
option (ópschön) s. opción.
optional (ópschönal) adj. discrecional, optativo. [cia.
opulence (ópiulens) s. opulenopulent (ópiulönt) adj. opulento.
or (or) con. o, u.
oracle (óracl) s. oráculo.
oral (óural) adj. oral.
orange (órindch) s. naranja; orange-grove, naranjal.
orangeade (órindchéid) s. naranjada. [discurso.
oration (oréischön) s. oración;
orator (óratar) s. orador.
oratory (óratori) s. oratorio.
orb (órb) s. orbe; esfera.
orbit (órbit) s. órbita.
orchard (óochad) s. huerto.
orchestra (órkestra) s. orquesta.
orchid (orkid) s. Bot. orquídea.
ordain (ordéin) tr. Ecles. ordenar, disponer; mandar.
ordeal (ordíal, órdil) s. ordalía; prueba dura.
order (órdar) s. orden; (com.) pedido; tr. ordenar, encargar. in order to, para, con objeto de; out of order, estropeado.
orderly (órdörli) adj. ordenado.
ordinance (órdinans) s. ordenanza, ley, reglamento. [rio.
ordinary (órdineri) adj. ordina-
ordinate (órdinit) adj. regular; ordenado.
ordnance (órdnans) s. artillería, cañones; — factory, fábrica de armas.
ore (óör) s. mineral; iron — mineral de hierro; — carrier. Naut. minerer (buque).
organ (órgan) s. órgano.
organic (orgánic) adj. orgánico.
organism (órganism) s. organismo.
organist (órganist) s. organista.
organization (organiséischön) s. organización.
organize (órganais) tr. organizar.
orgy (órdyi) s. orgía.
Orient (órient) s. oriente; adj. ariental; tr. e intr. orientar(se). [oriental.
Oriental (ouriéntal) s. y adj.
orientate (óurienteit) tr. orientar.
orifice (órifis) s. orificio.
origin (óridyein) s. origen.
original (orídyeinal) adj. s. original. [ginalidad.
originality (orídyeináliti) s. ori-
oriole (órioul) s. oriol (pájaro).
ornament (órnament) s. orna-(men)to, adorno atavío; tr. adornar. [adornar.
ornate (órneit) adj. ornado, orphan (órfan) adj. s. y adj. huérfano. [nato.
orphanage (órfanidye) s. orfaorthodox (órzodocs) adj. ortodoxo. [doxia.
orthodoxy (órzodocsi) s. ortooscillate (ósileit) intr. oscilar; vibrar. [lación.
oscillation (osiléischön) s. osci-
ostentation (ostentéischön) s. ostentación; fasto.

ostentatious (ostentéischös) adj. ostentoso, presuntuoso.

ostracism (óstrasism) s. ostracismo.

ostrich (óstrich) s. Orn. avestruz.   [otro.

other (ö'dar) pron. otro; adj.

otherwise (ö'daruais) adv. de otro modo, de lo contrario.

ottar (ötör) s. nutria; piel de nutria.

✗ ought (ót) intr. (def.) debiera.

ounce (áuns) s. onza.   [tro.

our (áur) adj. (a, os, as), nuestra.

ours (áurs) pron. el nuestro, (a, os, as).

ourselves (aursélvs) pron. nos, nosotros mismos.

oust (áust) tr. desalojar.

out (áut) adv. fuera, afuera; interj. ¡fuera!

outbid (autbíd) tr. sobrepujar.

✗ outbreak (áutbreic) s. erupción; Med. foco; ataque, arranque (de ira); motín, insurrección, tumulto; at the — of he war al estallar la guerra.

outburst (áutböst) s. (fig.) explosión; estallido; arranque (de pasión).   [proscrito.

outcast (áutcast) adj. paria; s.

outcome (áutcam) s. resultado.

outcry (áutcrai) s. clamor.

outdo (autdú) tr. sobrepasar, sobrepujar.

outdoor (áutdoa) adj. externo.

outdoors (autdóas) adv. al aire libre.   [rior.

outer (áutar) adj. más a lo exte-

outfit (áufit) s. equipo, ajuar.

outing (áuting) s. excursión, gira, caminata.   [que.

outlast (áutlast) tr. durar más

outlaw (áutlo) s. proscrito; tr. proscribir, forajido, fuera de la ley.   [bolso.

outlay (áutlei) s. gasto, desem-

outlet (aúlet) s. Mech. salida, escape.

outline (áutlain) s. carbono; silueta; tr. perfilar.

outlive (autlív) tr. sobrevivir.

✗ outlook (áutluc) s. aspecto, perspectiva.

outlying (áutlaïng) adj. distante, lejano.   [mo.

outmost (áutmoust) adj. extre-

outnumber (autnä'mbar) tr. exceder en número.

out-of-date (áutövdéit) adj. pasado de moda, anticuado.

outpost (áutpoust) s. puesto avanzado.   [producción total.

output (áutput) s. rendimiento.

outrage (áutreidye) s. ultraje; tr. ultrajar.

outrageous (autréidyas) adj. ultrajante, atroz.

outright (áutrait) adj. sincero; adv. en seguida, completamente.

outroot (autrút) tr. desarraigar.

outrun (autrö'n) tr. correr más que otro.

outset (áutset) s. principio; partida; tr. partir, salir.

outside (áutsaid) s. exterior; adv. (a)fuera; adj. exterior.

outshine (autscháin) tr. eclipsar, sobrepasar (en brillo o lucidez).

outsider (autsáidör) s. extraño, foráneo; persona de fuera.

outskirts (áutskörts) s. afueras.

outspoken (autspóuken) adj. franco, abierto.   [der, alargar.

outspread (autspréd) tr. exten-

outstanding (autstánding) adj. sobresaliente; (com.) pendiente.   [der.

outstretch (autstréch) tr. exten-

outward(s) (áutuard) adj. exterior; adv. fuera; hacia afuera.   [rar, sobrepasar.

outweigh (autuéi) tr. preponderar.

outwit (autuít) tr. chasquear, ser más listo.

outworn (autuórn) adj. gastado.

oval (óuval) s. óvalo; adj. oval; ovalado.

ovation (ouvéischön) s. ovación.

oven (ö'vn) s. horno.

over (óuva) prep, sobre, encima de; adv. al otro lado; turn —, ver al dorso; (pref.) demasiado; over and over again; to be —, una y otra vez.

overact (ovöráct) tr. exagerar.

overalls (ovörols) s. pl. mono.

overbalance (ovobalans) tr. perder el equilibrio.

overbearing (ovörbéaring) adj. arrogante, abumador.

overboard (ovörbord) adv. Mar. al mar, por la borda, interj. man overbord!, ¡hombre al agua!

overburden (ovarbö'rden) tr. sobrecargar; s. sobrecarga.

overcast (ovarcást) intr. obscurecerse, nublarse; adj. nublado, encapotado.

overcharge (ovarchardch) tr. sobrecargar; cobrar demasiado, s. (fam.) clavar.

overcoat (ovarcout) s. abrigo.

overcome (ovarko'm) tr. superar; intr. sobreponerse, to be — by, (fig.) envolver.

overdo (ovardu) intr. exceder; tr. exagerar; to — it (fam.) trabajar excesivamente.

overdone (ovadon) p. p. (coc.) pasado, demasiado hecho.

overdue (ovardiú) adj. Com. retrasado, vencido.   [cesiva.

overdose (ovados) s. dosis excesiva.

overdraft (ova-draft) s. (com.) crédito, a descubierto.

overeat (ovarít) intr. hartarse, comer demasiado.   [excitar.

overexcite (ovaricsáit) tr. sobre-

overflow (ouvaflón) tr. inundar, intr. desbordarse; s. inundación.

overgrowth (ovargróuz) s. vegetación exuberante.

overhang (ovariáng) v. colgar por encima de; adornar con colgaduras; amenazar.

overhaul (ovarjól) tr. Mec. revisar; s. revisión.

overhead (ovarjéd) adv. encima, por encima.

overhear (ovarjía) tr. entreoír.

overheat (ovarjít) tr. e intr. recalentar(se), quemarse.

overland (ovárland) adj. y adv. por tierra.

overload (óvarloud) s. sobrecarga; tr. sobrecargar, recargar.

overlook (ovarlúk) tr. pasar por alto, dominar.   [montar.

overlap (ovalap) tr. solapar.

overnight (ovarnáit) adv. de la noche a la mañana.

overpower (ovarpáuar) tr. predominar.   [encima.

override (ovaráid) tr. pasar por

overrate (ovaréit) tr. sobreestimar.

overripe (óvaraip) demasiado maduro.

overrun (ovaró'n) tr. invadir, plagar.

oversea(s) [óvarsi(s)] adv. en, a ultramar.

oversee (ovrsí) tr. vigilar; inspeccionar.

overseer (ova'rsia) s. superintendente, capataz.

overshoe (óvarschu) s. chanclo; zapato de goma, caucho o hule.   [tencia, omisión.

oversight (óvarsait) s. inadver-

overstate (ovarstéit) tr. exagerar.   [tar; s. surtido.

overstock (ovarstóc) tr. abarro-

overtake (ovartéik) tr. (traf.) alcanzar, adelantar a.

overtax (ovartács) tr. sobrecargar de impuestos.

overthrow (ovarzóu) tr. derribar; derrocar; s. vuelco.

overtime (ovatime) s. horas suplementarias.

overture (ovatua) s. Mus. abertura; declaración.

overturn (ovartörn) s. vuelco, volcar.   [peso.

overweight (óvarueit) s. sobrepeso.

overwhelm (ovauelm) tr. agobiar, abrumar.

overwork (ovauak) intr. trabajar con exceso.

owe (óu) tr. deber, adeudar.

owing (ouing) adj. debido; owing to, debido a.

owl (ául) s. Orn. buho. [seer.

own (óun) adj. propio; tr. poseer.   [piedad.

owinet (óunar) s. dueño, propietario.

ownership (onarschip) s. propiedad.

ox (ocs) buey. oxen s. pl. bueyes; oxen-cart, carro de bueyes.

exide (ócside) s. óxido.

oxygen (ócsicchen) s. oxígeno.

oyster (óistar) s. ostra.

pace (péis) s. paso; tr. medir a pasos; (fig.) velocidad.

pacemaker (paismaika) s. marca-pasos; el que marca el tren.

pacific (pasífic) adj. pacífico.

pacification (pasifikéischon) s. pacificación.   [mar.

pacify (pásifai) tr. pacificar, cal-

pack (pac) s. baraja de naipes; manad; tr. embalar; intr. hacer el equipaje.

package (pákidch) s. fardo; embalaje, paquete.

packed adj. repleto, abarrotado.

packet (páket) s. paquete; to make a —, hacer un montón; cigarette —, cajetilla.

packing (páking) s. embalaje.

pact (pact) s. pacto.

pad (pád) s. almohadilla bloc. de papel; bloque tr. almohadillar, rellenar; launching-pad, (clero-esp.) rampa de lanzamiento.   [(fig.) paja.

padding (páding) s. relleno;

paddle (pádl) s. canalete; paleta (de hélice); tr. chapotear; pudding pool, piscina infantil.

padlock (pádloc) s. candado; tr. cerrar.

pagan (péigan) s. adj. pagano.

paganism (péiganism) s. paganismo.   [paje; mensajero.

page (péidch) s. página; plana;

pageant (padyentri) s. espectáculo; trofeo, pompa.

pageantry (pádchöntri) s. fausto.

paid (payd) adj. pagado.

pail (péil) s. cubo.

pain (péin) s. dolor; pena; to feel pain, sentir dolor; to have a —, tener dolor; to take pains, esmerarse, afanarse.

painful (péinful) adj. doloroso.

painless (péinüs) adj. sin dolor; libre de dolor, insensible.

painstaking (péinsteiking) adj. laborioso, cuidadoso.

paint (péint) s. pintura; color, colorete; tr. pintar; intr. pintarse.   [cel; brocha.

paint-brush (péint-brösch) s. pin-

painter (péintar) s. pintor.

painting (peinting) s. pintura, (cuadro).

pair (péa) s. par; pareja; tr., intr. aparear(se).   [jama.

pajamas (padymas) s. pl. pijama.

pal (pal) s. (fam.) camarada; amigo, compinche.

palace (páles) s. palacio.   [so.

palatable adj. sabroso, apetitoso.

palate (pálet) s. paladar.

pale (péil) s., adj. pálido; — light, luz mortecina. s. palizada; to grow pale, palidecer.

paleness (péilnes) s. palidez.

palette (pálet) s. Pint. paleta.

palisade (paliséid) s. (em)palizada, estacada.

pall (pol) tr. paño mortuorio, manto, tr. Eccl. adorn; (fig.) hartar.   [sar; mitigar.

palliate (péilieit) tr. paliar; excusar.

pallid (pálid) adj. pálido.

pallor (pálör) s. palidez.

pallar (pálör) s. palidez.

palm (pám) s. Bot. palma, palmera; tr. echar las culpas; (fam.) cargarle a uno; Palm Sunday, Domingo de Ramos.

palpable (pálpabl) adj. palpable.

palpitate (pálpiteit) intr. palpitar.   [palpitación.

palpitation (palpitéischön) s.

palsy (pólsi) s. parálisis; tr. paralizar.

paltry (póltri) adj. mezquino, miserable, despreciable, insignificante.   [mimar.

pamper (pámpar) tr. acariciar,

pamphlet (pámflet) s. libelo, panfleto, folleto.

pan (pán) s. cacerola, cazo, cazuela; frying pan s. sartén; a flash in the —, de casualidad.

Pan-American (pan-ömérikön) adj. pan-americano.   [harina.

pancake (pánkeik) s. tortita de

pander (pándör) s. alcahuete, encubridor; tr. alcahuetear.

pane (péin) s. cristal, cuadrado.

panel (pánel) s. cuadro, tablero; Med. registro; jurado.

panegyric (panidchíric) s. y adj. panegírico.   [tr. atormentar.

pang (páng) s. angustia, dolor;

panic (pánic) adj. y s. pánico.

pant (pánt) s. jadear, resuello; intr. jadear.

pantechnicon (pantéknikon) s. camión de mudanzas.

pantheism (pánzeism) s. panteísmo.

pantheist (pánzeist) s. panteísta.

panther (pánzar) s. Zool. pantera.

panting (pánting) s. jadeo, palpitación; adj. jadeante.

pantry (pántri) s. despensa.

pants (pants) s. pantalones.

papa (pöpá) s. papá.

papacy (péipasi) s. papado.

papal (péipal) adj. papal.

paper (péipa) s, papel; periódico.   [papelera.

paper-basket (peipa-basket) s.

paper-clip (peipa-clip) s. sujetapapeles, clip.   [empapelador.

paper-hanger (peipa-hanga) s.

paper-knife (peipa-nif) s. abre cartas.

paper-mill (peipa-mill) s. fábrica de papel.   [sapapeles.

paper-weight (peipa-weit) s. pi-

58 **paprika** *(páprikö)* s. pimentón.
par *(pár)* s. (Econ.), paridad, par.
parable *(párabl)* s. parábola.
parabola *(parábola)* s. *Geom.* parábola.
parachute *(páraschut)* s. paracaídas; tr., intr. lanzar(se) en paracaídas.   [racaidista.
parachutist *(páraschutist)* s. paparade *(paréid)* s. parada, desfile, cabalgata; intr. desfilar.
paradise *(páradais)* s. paraíso.
paradox *(páradoc)* s. paradoja.
paraffin *(páröfin)* s. parafina, keroseno.
paragon *(páragon)* s. dechado, modelo; **without** —, sin igual.
paragraph *(páragraf)* s. párrafo.
Paraguayan *(påröguáyön)* adj. y s. paraguayo.
parallel *(páralel)* s. paralelo; cotejo; adj. paralelo; conforme; tr. cotejar, corresponder a.   [ralizar.
paralyse *(páralais)* tr. *Med.* paparalysis *(parálisis)* s. *Med.* parálisis.
paralyse *(párölais)* tr. paralizar.
paramount *(páramaunt)* adj. supremo; superior.
parapet *(párapet)* s. *Mil.* (cons.) pretil, parapeto; intr. parapetarse.
paraphrase *(párafreis)* s. paráfrasis; tr. parafrasear.
parasite *(páraseit)* s. parásito; gorrón.   [sito.
parasitic *(parasitic)* adj. paraparasol *(párasol)* s. parasol, sombrilla.
parcel *(pársel)* s. paquete, bulto; tr. **parcel out,** repartir; — **up,** empaquetar.
parch *(páach)* tr. tostar; resecarse; intr. tostarse.
parchment *(páachmönt)* s. pergamino.
pardon *(párdn)* s. perdón; indulto; tr. perdonar; —?, ¿cómo dice Vd.?   [mondar.
pare *(péar)* tr. pelar; recortar;
parent *(pérent)* s. padre, madre; s. pl. padres.
parenthesis *(parénzisis)* (pl. **parentheses**) s. paréntesis.
parish *(párisch)* s. parroquia; adj. parroquial; **parish prist,** párroco.   [ligrés.
parishioner *(parischönar)* s. fepark *(páak)* s. parque; coto; tr. cercar; aparcar; **parking lot, place,** zona de aparcamiento.
parley *(párli)* s. conferencia; parlamento; tr. parlamentar.
parliament *(páalement)* s. parlamento, congreso.
parliamentary *(paalémentari)* adj. parlamentario.
parlo(u)r *(párlör)* s. salón, sala de recibir.
parochial *(parokial)* adj. parroquial; (fig.) provinciano.
parody *(párodi)* s. parodia; tr. parodiar.
parole *(paról)* s. (Leg.) palabra de honor; **on parole,** bajo palabra.   [xismo.
paroxysm *(párocsism)* s. paroparricide *(párisaid)* s. parricida; parricidio.
parrot *(páröt)* s. loro.
parry *(péri)* tr. parar, quitar o reparar (un golpe); s. quite, reparo.
parsimonius *(parsimóniös)* adj. frugal; parco; tacaño.
parsimony *(pársimoni)* s. frugalidad extrema; parquedad, tacañería.

parsley *(páasli)* s. perejil.
parsnip *(pásnip)* s. chirivía (legumbre).
parson *(páasn)* s. párroco, cura, rarse; (mec.) **spare** —, repuestos.
part *(páat)* s. parte; porción; papel (teatral), paraje; tr. partir, separar; intr. separarse.   [participar.
partake *(patéik)* tr. tomar parte,
partial *(párschal)* adj. parcial; — **to,** partidario de.   [lidad.
partiality *(parschiáliti)* s. parciaparcially *(paschiali)* adv. parcialmente; en parte.
participate *(partísipeit)* intr. participar, tomar parte.
participation *(partisipéischön)* s. participación.
participle *(pátisipl)* s. participio.
particle *(pártikl)* s. partícula.
particular *(patíkiular)* adj. particular; s. pl. datos, detalles.
parting *(párting)* s. separación, despedida; raya (del cabello).   [rio.
partisan *(páatisan)* s. partidapartition *(partíschön)* s. partición; tabique.
partly *(páatli)* adv. en parte.
partner *(páatna)* s. socio, pareja, compañero.
partnership *(pátuörschip)* s. sociedad, compañía.
partridge *(páatridye)* s. perdiz.
party *(páati)* s. (Polít.) partido; fiesta, celebración.
pass *(pás)* tr. pasar; aprobar un examen; intr. pasar; s. pase, permiso; puerto, paso (de montaña); **pass away,** morir.
passable *(pásabl)* adj. pasable, transitable; pasadero.
passage *(pásidch)* s. (Lit.) pasaje; pasadizo, pasillo, transporte.   [jero.
passenger *(pásindchar)* s. pasapasser-by *(pásar-bai)* s. transeúnte.   [transitorio.
passing *(pásin)* adj. pasajero,
passion *(páschön)* s. pasión; **passion-flower** s. *Bot.* pasionaria.   [sionado.
passionate *(páschonet)* adj. apapassive *(pásiv)* adj. pasivo, tranquilo, calmoso.
passivity *(pasíviti)* s. pasividad.
passport *(páaspoot)* s. pasaporte.
password *(pásuörd)* s. consigna, contraseña, santo y seña.
past *(pást)* adj. pasado; último; s. (el) pasado; *Gram.* pretérito; prep. más allá de; **walk** —, pasar de largo.
paste *(péist)* s. engrudo; **tooth** —, pasta de los clientes; pasta; tr. empastar, pegar.
pasteboard *(péist boad)* s. cartón.
pasteurize *(pástörais)* tr. pasterizar (o pasteurizar).
pastime *(pástaim)* s. pasatiempo; recreación.   [go, cura.
pastor *(pástör)* s. pastor, cléripastoral *(pástöral)* adj. pastoril, pastoral.
pastry *(péistri)* s. masa; **puff** —, hojaldrada.
pasture *(pás-cha)* s. pasto; — **land,** pastizal, dehesa; intr. pastar.
pat *(pát)* s. golpecito; pastilla; adj. conveniente, cómodo; adv. a propósito; tr. acariciar, dar golpecitos.
patch *(pách)* s. remiendo tr. remendar; *Agric.* parcela.

patchy *(pechi)* adj. menchado; (bol) motecelo, descolorido; **not a** — **on,** no tiene comparación con.
pate *(peit)* o coloq. cabeza; **a bald pate** s. calva.
patent *(péitent)* adj. patente; s. patente; tr. patentar; **patent leather** s. charol.   [nal.
paternal *(patö'rnal)* adj. paterpaternity *(pátö'rniti)* s. paternidad.
path *(páz)* s. senda, sendero.
pathological *(pazolódchical)* adj. patológico.   [logía.
pathology *(pazólodchi)* s. patopathos *(péizös)* s. sentimiento; te; s. paciente.   [reda, vía.
pathway *(pázuei)* s. senda, vía.
patience *(péischens)* s. paciencia; resignación.
patient *(péischent)* adj. paciente; s. paciente, enfermo.
patriarch *(péitriac)* s. patriarca.
patrimony *(pétrimoni)* s. patrimonio.
patriot *(péitriot)* s. patriota.
patriotic *(péitriótic)* adj. patriótico.   [tismo.
patriotism *(péitriótism)* s. patriopatrol *(patróul)* s. patrulla; intr. patrullar.   [tector, cliente.
patron *(péitrön)* s. patrón; propatronage *(péitroneidch)* s. patrocinio.   [protectora.
patroness *(péitrönis)* s. patrona,
patronize *(péitronais)* tr. patrocinar, proteger; (fig.) despreciar.
patter *(pátna)* tr. golpetear ligeramente; tamborilea, charlar; s. golpeteo; charla, tamborilear.
pattern *(pátörn)* s. patrón; modelo; tr. modelar, diseño, dibujo.   [rriga.
paunch *(ponsch)* s. panza, bapaupeu *(paape)* s. pobre, indigente.   [intr. parar.
pause *(pós)* s. pausa; intervalo;
pave *(péiv)* tr. pavimentar; **to** — **the way to,** abrir camino.
pavement *(péviment)* s. acera.
paving *(paiving)* s. pavimento.
pavilion *(paviliön)* s. pabellón.
paw *(póo)* s. zarpa, pata; tr. dar zarpazos.
pawn *(pón)* s. (ajedrez) peón; empeño; tr. empeñar.
pawnbroker *(pónbroulr)* s. prestamista.
pay *(péi)* s. paga; sueldo; [paid; **paid]** tr. pagar; **pay back** reembolsar devolver; **pay cash** pagar al contado; **pay a visit** hacer una visita; — **attention,** prestar atención.
payable *(péiabl)* adj. pagadero.
payment *(péiment)* s. pago.
pea *(pí)* s. guisante; **chick** — garbanzo.   [lencio!
peace *(plís)* s. paz; interj. ¡sipeaceable *(pisöbl)* adj. pacífico, tranquilo.
peaceful *(pílisful)* adj. tranquilo, pacífico.   [ficador.
peacemaker *(piismeikr)* s. pacipeach *(pích)* s. *Bot.* melocotón; tr. delatar; (fam.) bombón.
peacock *(pícoc)* s. pavo real.
peak *(pík)* s. *Geol.* pico.
peal *(pil)* s. repique (de campanas); tr. repicar (las campanas).   [maní.
peanut *(pínöt)* s. cacahuete, maní.
pear *(péa)* s. pera.
pear-tree s. peral.
pearl *(pööl)* s. perla.
pearly *(pö'li)* adj. perlino; nacarado; aperlado.   [paleto.
peasant *(pésant)* s. campesino,

peasantry *(pésantri)* s. aldeano, gente del campo.
pebble *(pébl)* s. guijarro.
peat *(peit)* s. turba (Min.); **peatbog,** turbera.
peck *(péc)* s. picotazo; tr. pic(o- te)ar; **hen-peck,** dominado por la mujer.
peculiar *(pikiúlia)* adj. peculiar; (fam.) raro.   [culiaridad.
peculiarity *(pikiuliáriti)* s. pepecuniary *(pekiúniari)* adj. pecunario; monetario.   [gogo.
pedagogue *(pédagog)* s. pedapedagogy *(pédagodyi)* s. pedagogía.   [pedalear.
pedal *(pídal)* s. pedal; tr. e intr.
pedant *(pédant)* s. pedante.
pedantic *(pedántic)* adj. pedantesco.   [ría.
pedantry *(pédantri)* s. pedantepeddle *(pedl)* tr. vender por las calles.
peddler *(pédlar)* s. buhonero, vendedor ambulante.
pedestal *(pédistl)* s. pedestal; peana.
pedestrian *(pedéstrian)* s. peatón; adj. pedestre; — **crossing,** paso de peatones.
pedigree *(pédigri)* s. genealogía, linaje, de raza.
peek *(pic)* tr. picar, picotear; (fig.) regañar.
peel *(píl)* s. corteza; piel; tr. pelar, mondar.
peeling *(píiling)* s. mondadura.
peep *(píp)* s. ojeada, atisbo; tr. atisbar, asomar.
peer *(pía)* s. par; igual, noble. — **at;** intr. escudriñar.
peerage *(píridch)* s. la grandeza, nobleza.
peeress *(píres)* s. paresa.
peerless *(pírles)* adj. incomparable, sin igual.
peevish *(pívisch)* adj. quisquilloso, regañón, malhumorado.
peg *(pég)* s. pinza; clavija (mús.); colgador; — **leg,** pata de palo.
pellet *(pélit)* s. pelotilla; píldora; bola, perdigón.
pell-mell *(pél-mél)* adj. confuso, tumultuoso; adv. a trochemoche, atropelladamente, en tumulto.   [tr. golpear.
pelt *(pelt)* s. zalea, cuero; piel;
pen *(pén)* s. pluma (de escribir; corral; **hen** —, gallinero; tr. escribir; encerrar.   [tigo.
penalty *(pénalti)* s. pena; cas penance *(pénans)* s. penitencia.
pence *(péns)* s. pl. peniques.
pencil *(pénsil)* s. lápiz; — **case,** estuche, plumier.
pendulum *(péndiulöm)* s. péndulo.   [te.
pending *(pénding)* adj. pendienpenetrable *(pénetrabl)* adj. penetrable.   [penetrar.
penetrate *(pénetreit)* tr. e intr.
penetrating *(penitráting)* adj. penetrante, agudo.
penetration *(penetéischön)* s. penetración, agudeza.
penguin *(pénguin)* s. pingüino.
peninsula *(peninsiula)* s. península.   [ninsular.
peninsular *(peninsiulör)* adj. pepenis *(pínis)* s. *Anat.* pene.
penitence *(pénitens)* s. penitencia.
penitent *(pénitent)* s. penitente.
penitentiary *(peniténschari)* s. penitenciaría; adj. penitenciario.
penknife s. navaja.
penmanship *(pénmanschip)* s. escritura, caligrafía.
pennant *(pénout)* s. banderín; *Náut.* gallardete.

penniless (*péniles*) adj. sin dinero, pelado, sin **blanca**.
penny (*péni*) s. penique.
pension (*pénschön*) s. pensión, retiro, subvención; tr. pensionar.
pensionary (*pénschöneri*) adj. pensionado; s. pensionista.
pensioner (*pénschoner*) s. pensionista, pensionado, retirado.　　[melancólico.
pensive (*pénsiv*) adj. pensativo,
pent (*pent*) adj. encerrado; acorralado; — **up emotions,** sentimientos reprimidos; — **house,** piso azotea.　[pentágono.
pentagon (*péntagon*) s. Geom.
people (*pípl*) s. gente, pueblo; tr. poblar; — **say,** se dice.
pep (*pep*) s. (U. S. A. fam.) vigor, ánimo, brío; tr. — **up,** dar ánimo.
pepper (*pépar*) s. pimienta.
peppermint (*pépamint*) s. menta; pastilla o bombón de menta.　　[por ciento.
per (*pör*) prep. por, **per cent,**
perambulate (*pörámbiuleit*) tr. deambular.
perambulator (*pörámbiuleitar*) Gram. s. coche de niño.
perceivable (*pörsívabl*) adj. perceptible.
perceive (*pörsív*) tr. percibir.
percentage (*persö'ntidch*) s. porcentaje.　　[ceptible.
perceptible (*pöseptibl*) adj. per-
perception (*pörsépschön*) s. percepción.　　[ceptivo.
perceptive (*pörséptiv*) adj. per-
perch (*pö'rch*) s. Ictiol. perca; intr. pasarse, encaramarse (Aves).
perchance (*pöcháus*) adv. por ventura, acaso, quizás, tal vez.　　[filtrar; intr. filtrarse.
percolate (*pör'coleit*) tr. colar,
percolator (*pör'coleitar*) s. colador; filtro.
percusion (*percáshon*) s. percusión (músic.).　　[ción.
perdition (*pödíschön*) s. perdi-
peremptory (*péremtori*) adj. perentorio, absoluto.
perennial (*pörénial*) adj. Bot. tr. perfeccionar.
perfect (*pör'fect*) adj. perfecto; perenne; permanente.
perfection (*pörfécschön*) s. perfección.　　[fido.
perfidious (*pörfídiös*) adj. pér-
perfidiousness (*porfídiösnes*) s. perfidia.
perfidy (*pö'fidi*) s. perfidia.
perforate (*pör'foreit*) tr. perforar; horadar.　[perforación.
perforation (*pörforéischön*) s.
perforator (*pö'rforeitar*) s. perforador, barrena.
perform (*pörförm*) tr. actuar; Teat. representar.
performance (*pörförmans*) s. actuación; rendimiento.
performer (*peeföoma*) s. Teat. actuante; ejecutor.
perfume (*pö'rfium*) s. perfume; tr. perfumar.　　[fumería.
perfumery (*pöfiúmöri*) s. per-
perfunctory (*pörfö'nctori*) adj. superficial.　　[tal vez.
perhaps (*pöjáps*) adv. quizá(s),
peril (*péril*) s. peligro.
perilous (*péritös*) adj. peligroso, arriesgado.
perimeter (*pörímatar*) s. perímetro; (med.) regla.
period (*píriöd*) s. período; punto final.
periodic (*piöriódic*) adj. periódico.

periodical (*piriódical*) adj. y s. periódico; regular; pl. (Imp.) revistas.
periphrase (*périfreis*) s. perífrasis; tr. perifrasear.　[copio.
periscope (*périscoup*) s. peris-
perish (*périsch*) intr. perecer; fenecer.　　[recedero.
perishable (*périschöbl*) adj. pe-
perjure (*pedya*) tr. perjurar.
perjury (*pedyari*) s. perjurio.
permanence (*pemanence*) s. permanencia.
permanent (*pemanent*) adj. permanente, estable.
permeable (*per'meabl*) adj. permeable, penetrable.
permeate (*per'miet*) tr. penetrar, calar.　　[permisible.
permissible (*permisibl*) adj.
permission (*permíschön*) s. permiso, licencia.
permissive adj. permisivo, licencioso, libertino.
permit (*per'mit*) s. permiso, licencia, pase; (*pérmít*) tr. permitir.　　[nicioso, funesto.
pernicious (*pernischös*) adj. per-
perpendicular (*perpendíkiular*) adj. y s. perpendicular.
perpetrate (*pe'pitreeit*) tr. perpetrar, cometer.
perpetration (*perpitrashon*) s. perpetración.　　[petuo.
perpetual (*perpétiual*) adj. per-
perpetuate (*perpétiueit*) tr. perpetuar.　　[tr. confundir.
perplex (*perplécs*) adj. perplejo;
perplexed (*peplékst*) adj. perplejo, confuso.
perquisite (*pe'rcuisit*) s. percance; pl. gaje; propina.
perplexity (*perplesiti*) s. perplejidad.　　[guir, acosar.
persecute (*pe'rsikiut*) tr. perse-
persecution (*persikiúscön*) s. persecución, acosamiento.
persecutor (*pesikiútör*) s. perseguidor.
perseverance (*persévirans*) s. perseverancia.　　[severar.
persevere (*persevía*) intr. per-
persist (*pérsís*) intr. persistir; insistir; — **in,** empeñarse en.
persistence (*persístens*) s. persistencia, porfía.
persistent (*pesístent*) adj. persistente; porfiado.
person (*péesön*) s. individuo, sujeto; — **person,** personalmente, en persona.
personage (*pe'söneidch*) s. personaje.　　[nal.
personal (*pe'rsönal*) adj. perso-
personality (*pe'rsönáliti*) s. personalidad, carácter.
personalize (*pe'rsönalais*) tr. personalizar.　　[nificar.
personify (*pesönifai*) tr. perso-
personnel (*personel*) s. personal; — **officer,** jefe de personal.
perspective (*perspéctiv*) s. perspectiva; adj. perspectivo.
perspicacious (*perspikéischös*) adj. perspicaz.
perspiration (*perspiréischön*) s. transpiración; sudor.
perspire (*perspáia*) intr. transpirar; sudar.
persuade (*persuéid*) tr. persuadir, convencer.　[suasión.
persuasion (*persuéschön*) s. per-
persuasive (*persuéisiv*) adj. persuasivo, convincente.
pert (*pé'rt*) adj. listo, vivo, fresco.　　[cer; incumbir.
pertain (*pertéin*) intr. pertene-
pertaining (*pertaaning*) adj. perteneciente a.　　[pertinaz.
pertinacious (*partinéischös*) adj.

pertinent (*pe'rtinent*) adj. pertinente; a propósito.
pertness (*pertnes*) s. vivacidad; (fam.) frescura.
perturb (*pertö'rb*) tr. perturbar.
perturbation (*pertörbeischön*) s. perturbación.　　[cuidado.
peruse (*perús*) intr. leer con
Peruvian (*perúvyön*) adj. y s. peruano.　　[impregnar.
pervade (*pervéid*) tr. penetrar,
perverse (*perve'rs*) adj. perverso.　　[versión.
perversion (*perveschön*) s. per-
pervisity (*pervesiti*) s. perversidad.
pervert (*perver't*) s. pervertido; tr. pervertir, depravar.
pessimism (*pésimism*) s. pesimismo.　　[mista.
pessimist (*pésimist*) s. pesi-
pest (*pést*) s. peste, plaga; (fam.) pesado.　　[portunar.
pester (*péstar*) tr. molestar, im-
pestilence (*péstilens*) s. pestilencia; peste.　　[lente.
pestilent (*péstilent*) adj. pesti-
pet (*pét*) s. (animal) favorito; tr. mimar, acariciar.
petal (*petl*) s. pétalo.
petition (*petíschön*) s. petición; tr. suplicar.
petrol (*pétrol*) (G. B.) s.; (E. U.) gasolina; **Petrol Station,** gasolinera, bencina.　　[tróleo.
petroleum (*pitróuliam*) s. pe-
petticoat (*péticout*) s. enaguas.
pettiness (*pétines*) s. pequeñez; mezquindad.
petty (*peti*) adj. pequeño; **petty larceny,** ratería; (Náut.) **petty officer,** s. suboficial.
phalan— (*fálancs*) Anat. s. falange.　　[espectro.
phantom (*fántöm*) s. fantasma;
pharmacist (*fámösist*) s. farmacéutico, boticario.
pharmacy (*fármasi*) s. farmacia; botica.
phase (*féis*) s. fase.
phenomenal (*fenómenal*) adj. fenomenal.
phenomenon (*fenómenon*) s. fenómeno.　　[lántropo.
philanthropist (*filánzropist*) s.
philanthropy (*filánzropi*) s. filantropía.　　[logo.
philharmonic (*filjarmónic*) adj. filológico.
philological (*filölódchiköl*) adj. filológico.
philologist (*filölódchist*) s. filólogo.　　[sofo.
philology (*filölodchi*) s. filología.
philosopher (*filósofar*) s. filósofo.　　[sofar.
philosophical (*filösófikal*) adj. filosófico.
philosophize (*filósofais*) tr. filosofar.
philosophy (*filósofi*) s. filosofía.
phlegm (*flém*) s. flema, cachaza.　　[mático, cachazudo.
phlegmatic (*flegmátic*) adj. fle-
phlegmon (*flégmön*) s. flemón.
phone (*foun*) s. teléfono; tr. telefonear; — **book,** guía telefónica.
phonetic (*fonétic*) adj. fonético.
phonetics (*fonétics*) s. fonética.
phonograph (*fonograf*) s. fonógrafo.　　[(agric.) fosfatar.
phosphate (*fosfeit*) s. fosfato;
photograph (*fóutograf*) s. fotografía, retrato.　　[tógrafo.
photographer (*fotógrafar*) s. fo-
photography (*fotógrafi*) s. fotografía; (arte de la).
phrase (*fréis*) s. frase; **to —,** tr. frasear.
physic (*fisics*) s. purga, purgante; tr. purgar.
physical (*físical*) adj. físico.
physician (*fisíschön*) s. médico.

physist (*fisisist*) s. físico.
physics (*físics*) s. pl. física.
physiology (*fisiólodchi*) s. Med. fisiología.
physique (*fisíc*) s. Anat. físico.
pianist (*piánist*) s. pianista.
piano (*piánou*) s. piano; **grand piano** s. piano de cola.
picaresque (*picareski*) adj. picaresco.
pick (*pík*) s. pico; lo escogido; tr. picar, escoger; intr. picar; — **out,** seleccionar; — **up,** recoger.　[escogida; recogedor.
picker (*pika*) s. seleccionada,
picket (*picét*) s. piquete; tr. estar de guardia.
picking (*piking*) s. cosecha, recogida, recolección.
pickle (*pikl*) s. adobo; **in a —,** en apuros; tr. adobar, poner en vinagre; escabeche; tr. escabechar.　　[carteriza.
pickpocket (*píkpoket*) s. ratero,
picnic (*píknic*) s jira; merienda campestre; intr. ir de romería.
pictorial (*pictóurial*) adj. pictórico; gráfico.
picture (*píkcha*) s. pintura, grabado, ilustración, retrato; tr. pintar, imaginar; — **card,** cromo; — **gallery,** galería de arte.　　[pintoresco.
picturesque (*píkcharesk*) adj.
pie (*pái*) s. empanada; tarta; Orn. urraca.
piece (*pís*) s. trozo, pedazo; **piece of advice** s. consejo; **piece of furniture** s. mueble; **piece of news** s. noticia.
piecemeal (*písmil*) adv. en pedacitos.　　[espigón.
pier (*pía*) s. muelle, malecón;
pierce (*píes*) tr. penetrar; conmover, agujerear.　　[te.
piercing (*piasing*) adj. penetran-
piety (*páieti*) s. piedad.
pig (*píg*) s. cerdo; **guinea-pig,** cobayo.
pigeon (*pidchön*) s. Orn. pichón; palomo(a); (fam.) incauto; **pigeon-hole** casilla.
pigment (*pígment*) s. pigmento.
pigmy (*pígmi*) s. pigmeo.
pike (*páik*) s. pica, lanza.
pile (*páil*) s. montón, pila; estaca; tr. apilar, amontonar.
piles (*páils*) s. (med.) almorranas.　　[hurtar, sisar.
pilfer (*pílfar*) tr. e intr. ratear;
pilferer (*pílfara*) s. ratero, sisón.　　[intr. peregrinar.
pilgrim (*pílgrim*) s. peregrino;
pilgrimage (*pílgrimeidch*) s. peregrinación.
pill (*píl*) s. píldora.
pillage (*píledch*) s. pillaje; tr. pillar, saquear.
pillar (*pila*) s. pilar, columna.
pillory (*pílori*) s. picota.
pillow (*pílou*) s. almohada; cojín.　　[de almohada.
pillowcase (*piloukéis*) s. funda
pilot (*pálöt*) s. (Náut. y Aviac.) piloto; práctico; tr. pilotar, guiar.
pimple (*pimpl*) s. grano.
pin (*pín*) s. alfiler; (mec.) pasador, clavija; **safety —,** s. alfiler imperdible; **pin up** tr. sujetar, con alfileres.　　[cates.
pincers (*pínsör*) s. pinzas; ali-
pinch (*pínch*) s. pellizco, robar (fam.); tr. pellizcar.
pine (*páin*) s. pino; **to — for,** anhelar, desear.
pineapple (*páinepl*) s. piña tropical, ananá.

60 **pink** (*pínk*) s. *Bot.* clavel; adj. rosa; **in the —**, sana salud.

pinnacle (*pínacl*) s. pináculo, cima.

pint (*páint*) s. pinta (medida para líquidos equivalente a ½ litro).

pioneer (*paienía*) s. pionero; explorado; tr. explorar.

pious (*páiòs*) adj. pío, piadoso.

pip (*pip*) s. *Bot.* pepita; (Rad.) señal.

pipe (*páip*) s. tubo cañería, conducto; pipa tr. (Músic.) gaita; instalar tubería, canalizar.   [tero.

piper (*páipar*) s. flautista; gaipe-line (*páiplain*) s. oleoducto.

piping (*páiping*) s. cañería, tubería; cordoncillo; **— hot**, hirviendo, del horno.

pippin (*pípin*) s. camuesa.

piquancy (*píkansi*) s. picante; acrimonia.

piquant (*píkant*) adj. picante.

pique (*píc*) s. rencilla; tr., intr. picar(se).

piracy (*páiraci*) s. piratería.

pirate (*páirat*) s. y adj. pirata; tr. piratear.

pistol (*pístöl*) s. pistola.   [lo.

piston (*píston*) s. pistón, émbo-

pit (*pít*) s. foso; hoyo; mina; patio del teatro; **arm —**, sobaco.

pitfall (*pítfol*) s. (fig.) dificultades, trampa, jarra.

pitch (*pích*) s. pez, brea; (Acúst.) tono, caída; tr. embrear.

pitcher (*píchar*) s. cántaro.

pitchfork (*pítchfork*) s. (Agric.) horca, horquilla (para levantar paja, etc.).   [compasivo.

piteous (*pítiòs*) adj. lastimoso;

pith (*piz*) s. *Bot.* meollo, medula; esencia.   [lastimoso.

pitiful (*pitiful*) adj. compasivo,

pitiless (*pítilis*) adj. despiadado, incompasivo, cruel.

pity (*píti*) s. lástima, compasión; tr. compadecer; **what a —!**, ¡qué lástima!

pivot (*pívöt*) s. pivote, eje; intr. girar sobre un eje, pivotar.

placard (*plácard*) s. cartel; letrero; anuncio.   [tr. colocar.

place (*pléis*) s. lugar, empleo; tr. colocar.

placid (*plásid*) adj. plácido; sosegado.

placidity (*plasíditi*) s. placidez.

plagiarism (*pléiddyarism*) s. plagio.   [giar.

plagiarize (*pléidyarais*) tr. plagiar.

plague (*pléig*) s. plaga; peste; tr. infestar.

plaice (*pléis*) s. *Ictiol.* platija.

plaid (*pled*) s. tartán, tela a cuadros; manta escocesa a cuadros; adj. a cuadros.

plain (*pléin*) s. llano. adj. llano; sencillo; adv. claramente; tr. allanar; **— clothes** s. ropa de paisano.

plainness (*pléinnes*) s. sencillez, claridad; (fam.) fealdad.

plaintiff (*pléintif*) s. demandante.   [ro, triste.

plaintive (*pléintiv*) adj. lastime-

plait (*pléit*) s. trenza; pliegue; tr. trenzar.

plan (*plán*) s. plan; proyecto; plano; tr. planear, planificar.

plane (*pléin*) s. plano; planicie, (fam.) avión; **to —**, cepillo de carpintero.

planet (*plánet*) s. planeta.

planetarium (*planitériöm*) s. planetario.   [tarimar, entablar.

plank (*plánk*) s. tablón; tr. en-

plant (*plánt*) s. *Bot.* planta; fábrica; tr. plantar.

plantation (*plantéischon*) s. plantación; plantío.

planter (*plánta*) s. plantador, cultivador.

plaque (*plac*) s. placa.

plasma (*plásm*) s. plasma.

plaster (*plásta*) s. yeso; (med.) escayola, emplasto, tr. enyesar, escayolar.   [tico.

plastic (*plástic*) adj. y s. plástico.

plate (*pléit*) s. plato, lámina; tr. platear, dorar.

plateau (*platou*) s. altiplanicie, mesa, meseta.   [lleno.

plateful (*pléitful*) s. plato, plato

platform (*plátform*) s. plataforma; andén.

platinum (*platinöm*) s. platino.

platitude (*plátitud*) s. perogrullada, trivialidad.

platoon (*platún*) (mil.) pelotón.

platter (*plata*) s. bandeja, fuente; **on a silver**, en una bandeja de plata.   [mación.

plaudit (*pladit*) s. aplauso; aclama neumática.   [pulmonía.

play (*pléi*) s. (Teat.) obra; tr. jugar; (músic.) tocar; (Dep.) **fair —**, juego limpio; — **truant**, hacer novillos. [actriz.

playa (*pléya*) s. jugador; actor;

playful (*pléiful*) adj. juguetón.

playground (*pléigraund*) s. campo o patio de recreo; parque infantil.   [ñero de juego.

playmate (*pléimeit*) s. compañero

plaything (*pléizing*) s. juguete.

playwright (*pléirait*) s. dramático, dramaturgo.

plea (*plíi*) s. alegato, ruego; intr. rogar.

plead (*plíd*) intr. argüir; suplicar; tr. defender en juicio; alegar; **to — guilty**, declararse culpable.

pleasant (*plésant*) adj. agradable, simpático.   [chiste.

pleasantry (*plézntri*) s. broma,

please (*plíis*) tr. agradar.

pleasing (*plíising*) adj. grato, agradable, satisfactorio.

pleasure (*pleshya*) s. placer gusto.

pleat (*plíit*) s. pliegue, doblez.

plebeian (*plebíian*) s. y adj. plebeyo.

pledge (*plédch*) s. promesa, compromiso; tr. **to —**, prometer, comprometerse.

plenary (*plénari*) adj. plenario.

plenipotentiary (*plenipoténschieri*) s. plenipotenciario.

plenitude (*plénitiud*) s. plenitud.

plentiful (*pléntiful*) adj. abundante, copioso.

plenty (*plénti*) s. abundancia; adj. abundante, suficiente.

pliable (*pláiabl*) adj. flexible.

pliant (*pláiant*) adj. flexible; dócil; blando.   [tenacillas.

pliers (*pláiars*) s. pl. alicates;

plight (*pláit*) s. promesa, empeño, apuro.   [afanarse.

plod (*plod*) intr. bregar, trafagar,

plot (*plót*) s. solar, parcela, *Teat.* trama, *Polit.* conspiración. tr. tramar, conspirar.

plotter (*plótör*) s. conspirador; tramoyista, conjurado.

plough (*pláu*) (G. B.) s. arado; tr. arar.

plow (*plou*) (E. U.) s. arado; **— share**, reja de arado; tr. arar; surcar.

plougher plower (*pláva*) s. labrador.   [tr. tapar.

ploughing, plowing s. labranza.

pluck (*plö'c*) s. ánimo, resolución; tr. arrancar.

plug (*plög*) s. tapón; enchufe; tr. tapar, enchufar; s. bujía.

plum (*plö'm*) s. ciruela.

plumage (*plúmidye*) s. plumaje.

plumb (*plö'mb*) s. plomada, plomo; adj. de plomo; adv. a plomo; tr. sondear.

plumber (*plö'mar*) s. fontanero.

plumbing (*pluming*) s. fontanería.   [ca; adj. rollizo.

plump (*plamp*) s. caída brusca; tr. saquear.

plunder (*plándar*) s. pillaje; botín; tr. saquear.

plunge (*plandye*) s. sumersión; zambullida; tr., intr. zambullirse, avalanzarse; lanzarse.

plural (*plúral*) s. y adj. plural.

plus (*plas*) adv. más.

plush (*plasch*) s. felpa.

ply (*plái*) s. pliegue, doblez; tr. ejercer; **to — with questions**, importunar con preguntas. *Naut.* **— the seas**, surcar los mares.

pneumatic (*niumátic*) adj. neumático; **— drill**, perforadora neumática.   [pulmonía.

pneumonia (*niumóunia*) s. *Med.*

poach (*póuch*) tr. escalfar (huevos), cazar o pescar en vedado, pillar.

pock (*poc*) s. hoyuelo; **— marked**, picado de viruelas.

pocket (*póket*) s. bolsillo; bolsa; tr. embolsar.

pod (*pód*) s. *Bot.* vaina.

poem (*póuem*) s. poema.

poet (*póuet*) s. poeta.

poetess (*póuetes*) s. poetisa.

poetic(al) [*pouétic(al)*] adj. poético.   [ca.

poetry (*óuetri*) s. poesía poética.

poignant (*poiynant*) s. agudo; picante; conmovedor, sensible.

point (*póint*) s. punto, punta; tr. **— at to**, señalar, indicar; **— out**, hacer hincapié, aclarar; **— blank**, a quema ropa.

pointed (*póintit*) adj. puntiagudo.   [chato, inútil.

pointless (*péintles*) adj. (fam.)

pointer (*póintar*) s. puntero; indicador, señalador; perro perdiguero, indicación, consejo.

poise (*póis*) s. equilibrio, tr. equilibrar, elegancia, garbo.

poison (*póisn*) s. veneno; tr. envenenar.   [noso.

poisonous (*póisönas*) adj. venenoso.

poke (*póuk*) s. hurgonazo; tr. hurgar, atizar (fuegos); **to — one's nose**, (fam.) meter las narices.

poker (*póukar*) s. hurgón, atizador, «poker» juego de naipes.

polar (*póula*) adj. polar.   [tiga.

pole (*póul*) s. poste, polo; pér-

Pole (*póul*) s. polaco.

polemic (*polémic*) adj. polémico.

polemics (*polémics*) s. polémica.

police (*polís*) s. policía; **police-station** s. comisaría de policía, cuartelillo.

policeman (*polísman*) s. agente de policía; guardia.

policy (*pólisi*) s. política, póliza de seguros.

poliomyelitis [*póliou(maielíatis*)] s. polio(mielitis).

Polish (*poulish*) adj. polaco; s. polaco, idioma polaco.

polish (*pólisch*) s. lustre, brillo; tr. pulir, sacar brillo; **shoe —**, betún de zapato.

polite (*poláit*) adj. cortés, atento; bien educado.

politeness (*poláitnes*) s. cortesía, amabilidad.

politic (*pólitic*) adj. político.

political (*polítical*) adj. político.   [tico.

politician (*polítischan*) s. político.

politics (*polítics*) s. pl. política.

poll (*pól*) s. lista, censo electoral, elecciones; intr. votar.

pollen (*pólen*) s. *Bot.* polen.

pollute (*poliút*) tr. contaminar; (fig.) envenenar.

pollution (*poliúschön*) s. polución, contaminación.

polychrome (*pólicroum*) adj. policromo.

polygamist (*polígamist*) s. polígamo.   [mia.

polygamy (*polígami*) s. poligamia.

polyglot (*políglot*) s. políglota.

polygon (*póligon*) s. *Geom.* polígono.   [*Bot.* granada.

pomegranate (*pómigranit*) s.

pommel (*pomel*) s. pomo; **— horse**, pomo con aros; tr. pegar.

pomp (*pómp*) s. pompa; fausto.

pomposity (*pompósiti*) s. pompa.   [poso.

pompous (*pómpas*) adj. pom-

pond (*pond*) s. estanque.

ponder (*póndar*) tr. e intr. ponderar.   [deroso; pesado.

ponderous (*póndöròs*) adj. pon-

poniard (*pónyard*) s. puñal.

pontificate (*pontifikeit*) s. pontificado.   [barcaza.

pontoon (*pontún*) s. pontón,

pony (*póuni*) s. jaca, «poni».

poodle (*pudl*) s. perro de lanas, «caniche».

pool (*púl*) s. charco; **swimming —**, piscina; **typing —**, oficina de mecanografía; **football —**, quinielas; tr. **to —**, aunar esfuerzos.

poor (*púr*) adj. y s. pobre, (acad. deficiente); malo; **— health**, falto de salud.

poor (*púr*) adj. y s. pobre.

poorness (*púrnes*) s. pobreza; miseria.

pop (*póp*) s. chasquido; taponazo; ¡chás! ¡paf! (pop) música moderna; gaseosa (fam.) papá. (E. U.) tr. e intr. disparar(se).

popcorn (*pópkorn*) s. rosetas, palomitas de maíz. [Pontífice.

Pope (*póup*) s. Papa; el Sumo

Popedom (*póupdöm*) s. papado.

poplar (*pópar*) s. álamo; **black —**, chopo; **— grove**, alameda.

poplin (*póplin*) (text.) s. popelín.

poppy (*pópi*) s. amapola. [cho.

populace (*pópiulis*) s. populacho.

popular (*pópiular*) adj. popular.

popularity (*pópiuláriti*) s. popularidad, celebridad.

popularize (*pópiularais*) tr. popularizar.   [blar(se).

populate (*pópiuleit*) tr. en poblar.   [loso.

population (*pópiuléischön*) s. población.

populous (*pópiulös*) adj. populoso.

porcelain (*pórslein*) s. porcelana; loza fina.

porch (*póoch*) s. pórtico, porche; (casa) portal, entrada.

porcupine (*pookiupain*) s. puerco espín.

pore (*pór*) s. *Anat.* poro; intr.; **pore over**, escudriñar.

pork (*pok*) s. carne de cerdo; **— chop**, chuleta de cerdo.

pornographic (*ponógráfic*) adj. pornográfico.   [nografía.

pornography (*pornógrafi*) s. por-

porous (*pórös*) adj. poroso.

porridge (*pórridye*) s. papas de avena.

port (*póot*) s. *Naut.* puerto; porte; *Mar.* babor. — **port,** aeropuerto.

portable (*pórtabl*) adj. portátil.

portal (*potl*) p. portal.

porter (*póota*) s. mozo, portero, porteador.

portent (*pórtent*) s. portento.

portfolio (*pórtfóuliou*) s. cartera. [(boc.) ración.

portion (*pórschön*) s. porción, **portily** (*pótli*) adj. corpulento; majestuoso.

portrait (*pórtret*) s. retrato.

portray (*portréi*) tr. retratar.

Portuguese (*portiugís*) adj. y s. portugués.

pose (*póus*) s. posición actitud; tr. colocar; intr. posar, alardear. [puesto.

position (*posíschön*) s. posición.

positive (*pósitiv*) adj. positivo; s. positiva.

possess (*posés*) tr. poseer.

possessed (*posést*) adj. poseído.

possession (*poseschön*) s. posesión. [sivo.

possessive (*posésiv*) adj. pose-**possessor** (*pösésar*) s. poseedor, posesor, dueño. [lidad.

possibility (*posibíliti*) s. posibi-**possible** (*pósibl*) adj. posible, **as soon as** —, cuanto antes.

post (*póust*) s. correo, colocación, empleo; *Mil.* puesto; (luz) poste; — **office,** oficina de correos; **post restante,** lista de correos; **post office box,** apartado de correos; tr. echar al correo.

postage (*póustidye*) s. franqueo; — **postage stamp,** sello de correo. [postal.

postcard (*póustcard*) s. tarjeta

poster (*póusta*) s. cartel, mural.

posterior (*postíriör*) adj. posterior. [dad.

posterity (*postériti*) s. posteri-**posthumous** (*póstiumös*) adj. póstumo.

postman (*poústmön*) s. cartero.

postmaster (*póustmastar*) s. jefe; — **general,** ministro de comunicaciones de correos.

postmark (*poustmak*) s. matasellos.

post-meridian (p. m.) (*poustmeridian*) adj. después del mediodía.

postpone (*poustpóun*) tr. posponer; aplazar, diferir; postergar. [data, apostilla.

postscript (*póustscript*) s. pos-**postulate** (*póstiuleit*) s. postulado; tr. postular.

posture (*póschar*) s. postura; actitud. tr. poner(se).

posy (*póusi*) s. manojo.

pot (*pót*) s. (coc.) olla, marmita; **flower** —, maceta; — **and pans,** batería de cocina; **to wash the** —, fregar los cacharros. [sio.

potassium (*pötásiöm*) s. pota-**potato** (*potéitou*) s. patata.

potency (*póutensi*) s. potencia.

potent (*póutent*) adj. potente.

potentate (*póutentei*) s. potentado. [tencial, posible.

potential (*poténschal*) adj. po-**pot-hole** (*pot-houl*) s. bache.

potion (*póusiön*) s. poción, brebaje.

pottage (*pótidya*) s. potaje.

potter (*pótar*) s. alfarero.

pottery (*pótari*) s. alfarería.

pouch (*páuch*) s. bolsa; **tobacco** —, tabaquera. [ma; emplasto.

poultice (*póultis*) s. cataplas-**poultry** (*póultri*) s. aves de corral, volatería.

pounce (*pauns*) tr. saltar sobre (para agarrar); zarpada; **to** — **upon,** abalanzarse sobre, agarrar.

pound (*páund*) s. libra (peso; 450 gramos); libra esterlina (— **sterling**); corral; tr. golpear, batir.

pounder (*páundar*) s. mazo.

pour (*póa*) tr. verter, echar; intr. caer chuzos, llover mucho.

pout (*póut*) s. pucherito. tr. hacer pucheros. [indigencia.

poverty (*póvarti*) s. pobreza;

powder (*páudar*) s. polvos, polvos de tocador; pólvora, tr. pulverizar, (es)polvorear.

powdery (*páudari*) adj. polvoroso, en forma de polvo.

power (*páua*) s. poder, energía; — **station,** central térmica.

powerful (*páuful*) adj. poderoso, potente. [tente.

powerless (*páuales*) adj. impo-**pox** (*pócs*) s. pústulas, sífilis. **chicken-pox** s. varicela. [tico.

practical (*práctical*) adj. práctico. [práctica.

practice (*práctis*) s. práctica; costumbre (U. S. A.) intr. practicar. [ticar.

practise (*práctis*) tr. e intr. prac-**practitioner** (*practischönar*) s. médico, profesional en ejercicio.

prairie (*préiri*) s. pradera.

praise (*préis*) s. alabanza; tr. alabar, digna de alabanza.

praiseworthy (*préisuördi*) adj. loable.

pram (*pram*) s. abrev. de **perambulator** cochecito de niño.

prance (*prans*) intr. cabriolar, hacer cabriolas, — **bout,** dar zancadas; monerías monadas.

prate (*preit*) tr. parlotear, charlar; s. parloteo, charla.

prawn (*pón*) s. lasgostino.

pray (*préi*) tr. rogar; pedir; intr. orar.

prayer (*préa*) s. oración; súplica; **lords** —, padre nuestro. [dicar; exhortar.

preach (*prich*) tr. e intr. pre-**preacher** (*pricha*) s. predicador.

preamble (*priámbl*) s. preámbulo. [cario; incierto.

precarious (*prikéiriös*) adj. pre-**prearranged** (*priarendyd*) adj. arreglado de antemano.

precaution (*prikóschön*) s. precaución.

precede (*prisid*) tr. preceder.

precedent (*prisídent*) s. precedente.

precept (*prícept*) s. precepto.

preceptor (*preséptar*) s. preceptor. [distrito.

precinct (*prísinct*) s. recinto.

precious (*préschös*) adj. precioso. [cio, barranco.

precipice (*présipis*) s. precipi-**precipitate** (*presípiteit*) adj. y s. precipitado; tr. e intr. precipitar(se). [precipitación.

precipitation (*presipitéischön*) s. **precipitous** (*presípitös*) adj. escarpado, apresurado.

precise (*pisáis*) adj. preciso, exacto. tr. precisar.

precision (*presizon*) s. precisión, exactitud de.

preclude (*priclúd*) tr. excluir; impedir, evitar. [coz.

precocious (*pricóschas*) adj. pre-**precocity** (*pricositi*) s. precocidad. [nocer.

preconize (*príconais*) tr. preco-**precursor** (*prikursa*) s. precursor.

predatory (*predetori*) adj. rapaz, predador.

predator (*predata*) s. predador.

predecessor (*prídisesa*) s. predecesor; antepasado. [tinar.

predestine (*prídéstin*) tr. predes-**predicament** (*predícament*) s. predicamento, clase, apuro, trance. [dicado.

predicate (*prédikit*) adj. y s. pre-**predict** (*pridíct*) tr. predecir.

prediction (*predícschön*) s. predicción. [predilección.

predilection (*pridilécschön*) s. **predispose** (*prídispóus*) tr. predisponer. [s. predisposición.

predisposition (*prídispösischön*) **predominance** (*prédóminans*) s. predominio.

predominate (*predómineit*) intr. predominar, prevalecer.

pre-election (*pri-eleshon*) s. preelección. [apalabrar.

pre-engage (*pri-engeidge*) tr. **pre-established** (*pri-estaeblishd*) tr. preestablecido. [prolongar.

preface (*préfes*) s. prefacio; tr.

prefect (*prifect*) s. prefecto.

prefer (*iprifee*) tr. preferir.

preferable (*préförabl*) adj. preferible. [rencia.

preference (*préfarens*) s. prefe-**preferment** (*prifeement*) s. promoción, ascenso.

prefix (*prifiks*) s. prefijo; (*prifíks*) tr. prefijar, anteponer.

pregnancy (*prégnansi*) s. preñez, embarazo.

pregnant (*prégnant*) adj. preñada(o), encinta. [juzgar.

prejudge (*pridyadye*) tr. pre-**prejudice** (*prédchiudis*) s. prejuicio; tr. predisponer, perjudicar. [cial.

prejudiced (*predydised*) adj. par-**prejudicial** (*prédchudischal*) adj. perjudicial.

prelate (*préilat*) s. prelado.

preliminary (*prelíminari*) adj. y s. preliminar.

prelude (*préliud*) s. preludio; tr. preludiar.

premature (*prematiúur*) adj. prematuro. [premeditar.

premeditate (*priméditeit*) tr. **premeditation** (*primeditéischön*) s. premeditación.

premier (*prémie*) s. primer ministro; adj. primero.

premise (*prémis*) s. premisa; pl. local, recinto.

premium (*prímiöm*) s. (com.) prima; interés; premio.

promonition (*primonishön*) s. advertencia, prevención.

preoccupation (*priokiupéischön*) s. preocupación. [cupar.

preoccupy (*priókiupai*) tr. preo-**prepaid** (*prípéid*) adj. pagado de antemano; **to send** —, enviar porte pagado, enviar franco preparación; pl. preparativos.

preparative (*prípárativ*) adj. preparatorio s. preparativo.

prepare (*prepéa*) tr. (coc.) hacer, preparar(se), disponer-(se).

preparedness (*preparednes*) s. preparación. [preponderar.

preponderate (*pripóndöreit*) tr. **preposition** (*prepösischön*) s. preposición. [de una idea.

prepossess (*priposes*) tr. imbuir **prepossessing** (*priposesing*) adj. simpático, atractivo.

prepossession (*priposeshon*) s. simpatía, preferencia.

preposterous (*pripóstöras*) adj. absurdo, insensato.

prerequisite (*prírékuisit*) s. requisito previo. [rrogativa.

prerrogative (*prerógativ*) s. pre-**presage** (*priséidch*) s. presagio; tr. presagiar.

presbyterial (*presbitírial*) adj. presbiterial. [riano.

presbyterian s. y adj. presbite-**prescribe** (*prescráib*) tr. e intr. prescribir; *Med.* recetar, mandar.

prescription (*priscrípschön*) s. prescripción *Med.* receta.

presence (*présens*) s. presencia; aspecto; asistencia; reunión. **presence of mind,** serenidad.

present (*présent*) s. presente; adj. presente, regalo; **at** —, actualmente; tr. presentar; regalar, obsequiar.

presentation (*presöntéischön*) s. presentación.

presentiment (*priséntimönt*) s. presentimiento; corazonada.

presently (*présntli*) adv. en breve, al poco tiempo; en el presente.

preservation (*preservéischön*) s. preservación, conservación.

preserve (*priséev*) tr. conservar; s. conserva, preserva, confitura.

preside (*prisáid*) intr. presidir.

presidency (*présidensi*) s. presidencia. [dente.

president (*président*) s. presi-**press** (*prés*) s. prensa; imprenta; tr. apretar, prensar; (fig.) afligir; obligar; — **cutting,** recorte de periódico; **press-stud,** corchete automático; planchar.

pressing (*présing*) adj. urgente; s. compresión; planchado.

pressure (*préscha*) s. presión.

prestige (*prestidya*) s. prestigio.

presume (*presiúm*) tr. e intr. presumir asumir, suponer.

presumption (*presoompschön*) s. presunción; orgullo arrogancia.

presumptious (*presoompchiuas*) adj. presuntuoso, presumido.

presuppose (*prisöpóus*) tr. presuponer.

pretend (*priténd*) tr. pretender.

pretense (*pritense*) s. pretexto; **false pretense,** pretexto falso, ilegalmente. [tensión.

pretension (*preténschön*) s. **pretext** (*pricst*) s. pretexto, pretencioso, presumido.

pretentious (*priténschös*) adj. pretencioso.

prettily (*pritíli*) adv. lindamente; agradablemente.

pretty (*príti*) adj. bonito, lindo; adv. bastante.

prevail (*privéil*) intr. prevalecer. — **on,** influir.

prevailing (*privéiling*) adj. (pre)-dominante. [dominante.

prevalent (*prévalent*) adj. pre-**prevent** (*privént*) tr. impedir, evitar; estorbar. [vención.

prevention (*privenshon*) s. pre-**previous** (*prívias*) adj. previo; anterior; —**ly,** adv. previamente, con anterioridad; —**ness,** anterioridad.

preventive (*prevéntiv*) adj. preventivo. [anterior.

previous (*príviös*) adj. previo;

prey (*préi*) s. presa; **bird of,** ave de rapiña; **to prey upon,** tr. pillar. [luar.

price (*práis*) s. precio; tr. eva-**priceless** (*práisles*) adj. inapreciable, valioso.

62

prick (*príc*) s. picada, punzada; tr. picar.

prickly (*príkli*) adj. espinoso; lleno de púas; — **pear** tuna (de nopal); (fig.) delicado.

pride (*práid*) s. orgullo; intr. enorgullecerse; **to — onself on**, enorgullecerse de.

priest (*príst*) s. sacerdote; cura; — **priest**, párroco.

priestess (*prístes*) s. sacerdotisa.   [docio.

priesthood (*prístjud*) s. sacer-

prim (*prím*) adj. peripuesto; — **and proper**, relamido.

primacy (*práimasi*) s. primacía.

primary (*práimari*) adj. primario; principal.

✗ **prime** (*práim*) s. plenitud, la flor y nata; adj. principal; primero; tr. preparar.

primer (*prímar*) s. (esc.) cartilla para catón; adj. primero.

primeval (*praimíval*) adj. primitivo.   [primitivo.

primitive (*primitiv*) adj. y s.

primness (*prímnis*) s. remilgo, tiesura, demasiada formalidad, dengue, afectación.

primrose (*prímrous*) s. *Bot.* prímula o primavera (flor); color amarillo pálido.

prince (*príns*) s. príncipe.

princedom (*prínsdöm*) s. principado.

princelike (*prínslaik*) adj. principesco.   [co.

princely (*prínsli*) adj. principes-

princess (*prínces*) s. princesa.

principal (*prínsipal*) adj. principal; (acad.) s. director.

príncipe (*prínsipl*) s. principio, fundamento; **in —**, en principio.

print (*prínt*) s. impresión; marca; grabado; tr. imprimir; **in —**, en imprenta; **out of —**, agotado.

printer (*príntar*) s. impresor.

printing (*prínting*) s. imprenta, tipografía; — **press**, rotativa.

prior (*práiar*) adj. interior; s. prior.

prioress (*práiares*) s. priora.

priority (*praióriti*) s. prioridad.

prism (*prísm*) s. *Geog.* prisma.

prison (*prísn*) s. prisión; cárcel; — **warder**, carcelero; — **governor**, alcaide; **to put in —**, encarcelar.

prisoner (*prísnar*) s. preso; *Mil.* **war —**, prisionero de guerra.

privacy (*práivasi*) s. retiro; **in —**, en privado, en secreto.

private (*práivet*) adj. privado, particular; s. soldado raso.

privation (*praivéischön*) s. privación.

privilege (*prícilidya*) s. privilegio; tr. privilegiar.

privileged (*príviledya*) adj. privilegiado, inmune.

privy (*prívi*) adj. privado; particular; s. retrete; — **council**, consejo privado.

prize (*práis*) s. premio, recompensa; tr. apreciar.

pro (*pró*) s. pro; —**s and Cons**, ventajas y desventajas; a favor y en contra; — (Dep.) profesional.   [babilidad.

probability (*probabíliti*) s. probabilidad.

probable (*próbabl*) adj. probable, posible.

probation (*proubéischön*) s. **on —** (Leg.) libertad vigilada; — **officer**, oficial judicial.

probe (*próub*) s. sonda, tienta, prueba; tr. sondear.

probity (*próubiti*) s. probidad.

problem (*próblem*) s. problema.   [der, procedimiento.

procedure (*prosídya*) s. proce-

proceed (*prosíd*) intr. seguir, avanzar.

proceeding (*prosíding*) s. procedimiento; auto; pl. actas.

proceeds (*prosíds*) s. (Com.) producto; ganancia.

process (*próuses*) s. proceso; tr. elaborar (Leg.) procesar; s. proceso.

procession (*proséschön*) s. procesión.   [mar.

proclaim (*procléim*) tr. proclamar.

proclamation (*proclaméischön*) s. proclamación; edicto.

procrastinate (*procrastinait*) s. dejar para mañana.   [crear.

procreate (*próucrieit*) tr. pro-

procreation (*próucriéischön*) s. procreación.   [lograr.

procure (*prokiúa*) tr. procurar;

procurer (*prokiúra*) s. alcahuete.   [tina.

procuress (*prokiúres*) s. celes-

prod (*prod*) s. pincho, punzón; pinchar, pinzar; aguijonear.

prodigal (*pródigal*) adj. pródigo.

prodigality (*prodigáliti*) s. prodigalidad.   [digioso.

prodigious (*prodídyas*) adj. pro-

prodigy (*pródidy*) s. prodigio.

produce (*pródius*) s. producto; (*prodiús*) tr. producir; mostrar.

product (*pródact*) s. producto.

production (*prodacschön*) s. producción.   [ductivo.

productive (*prodö'ctiv*) adj. pro-

profanation (*profanéischön*) s. profanación; abuso.

profane (*proféin*) adj. profano; tr. profanar.

profess (*profés*) tr. profesar, declarar.   [rado.

professed (*profést*) adj. declara-

profession (*proféschan*) s. profesión; **the —**, profesiones liberales.   [co, profesor.

professor (*profésa*) s. catedráti-

proffer (*prófa*) s. oferta, propuesta; tr. ofrecer, proponer.

proficiency (*profíschensi*) s. pericia, aptitud.

proficient (*profíschent*) s. perito, experto.   [perfilar.

profile (*próufail*) s. perfil; tr.

profit (*prófit*) s. (Com.) beneficio, beneficiarse; — **from**, beneficiarse de.

profitable (*prófitabl*) adj lucrativo, productivo; provechoso.

profiteer (*profitíar*) s. extorsionista, explotador, logrero; tr. extorcionar, explotar, cobrar más de lo justo.

profligate (*prófliguet*) adj. y s. libertino.   [do; hondo.

profound (*profáund*) adj. profun-

profundity (*profáunditi*) s. profundidad.   [profuso.

profuse (*profiús*) adj. pródigo,

progenitor (*prodyenita*) s. progenitor.

progeny (*pródyeni*) s. prole, descendencia.   [nóstico.

prognostic (*prognóstic*) s. pro-

prognosticate (*prognósticket*) tr. pronosticar.   [grama.

program (me) (*próugram*) s. pro-

progress (*prógres*) s. progreso; (*progrés*) intr. progresar.

progressive (*progrésiv*) adv. progresivo.

prohibit (*projíbit*) tr. prohibir.

prohibition (*projibíschan*) s. prohibición.   [hibitivo.

prohibitive (*projibítiv*) adj. pro-

project (*pródyect*) s. proyecto; (*prodyéct*) tr. proyectar.

projectile (*prodyéctil*) s. proyectil; adj. arrojadizo.

projection (*prodyécschön*) s. proyección.

projector (*prodyécta*) s. proyectista; (cin.) proyector.

proletarian (*prolitérian*) adj. y s. proletario.   [proletariado.

proletariat (*prouleteoriat*) s.

prolific (*prolífic*) adj. prolífico; fértil; fecundo.   [fuso.

prolix (*prolics*) adj. prolijo; difuso.

prologue (*próulog*) s. prólogo.

prolong (*proulóng*) tr. prolongar; extender.

promenade (*prómeneid*) s. paseo; intr. pasearse.

prominence (*próminens*) s. prominencia; altura; distinción.

prominent (*próminent*) adj. prominente, conspicuo; — **eyes**, ojos saltones.   [promiscuo.

promiscuous (*promískiuas*) adj.

promise (*prómis*) s. promesa; tr., intr. prometer, comprometerse.   [metedor.

promising (*prómising*) adj. prometedor.

promissory (*prómisari*) adj. promisorio; — **note**, pagaré.

promontory (*prómöntöri*) s. promontorio.

promote (*promóut*) tr. promocionar, ascender.   [motor.

promoter (*promóutar*) s. promotor.

promotion (*promóuschön*) s. promoción; ascenso.

✗ **prompt** (*prómpt*) adj. pronto; presto; puntual; tr. sugerir, apuntar (teatro); —**ly**, inmediatamente.

prompter (*prómpta*) s. apuntador (teatral).   [prontitud.

promptitude (*prómptitiud*) s.

promulgate (*promoolgueit*) tr. promulgar.

promulgation (*promoolguéischön*) s. promulgación.

prone (*próun*) adj. inclinado; propenso.

proneness (*prounes*) s. propensión, inclinación.

prong (*prong*) s. picho, punta (Agric.) horquilla; tenedor, etcétera.   [bre.

pronoun (*pronoun*) s. pronombre.

pronounce (*prönáuns*) tr. pronunciar.   [s. pronunciación.

pronunciation (*prönönsiéschön*) s.

proof (*prúf*) s. prueba; ensayo; adj. a prueba de; **bullet-proof**, a prueba de balas; **sound-proof**, a prueba de sonido; **water-proof**, impermeable; (Impr.) **proof-reader**, corrector de pruebas.

prop (*próp*) s. apoyo; (arq.) puntal; (agr.) tentemozo; (min.) entibo.   [paganda.

propaganda (*propagánda*) s. pro-

propagandist (*propagándist*) s. propagandista.

propagate (*própagueit*) tr., intr. propagar(se).   [propagación.

propagation (*propaguéisch*) s.

propensity (*propénsiti*) s. propensión, tendencia.

propel (*propél*) tr. propulsar, impeler.   [lente.

propellent s. propulsor, impeledor (propéla) s. hélice.

proper (*própa*) adj. propio, apropiado, adecuado; decoroso.

properly (*própali*) adv. como es debido, correctamente.   [dad.

property (*próparti*) s. propiedad.

prophecy (*prófesi*) s. profecía.

prophesy (*prófesai*) tr. e intr. profetizar.

prophet (*prófit*) s. profeta.

prophetic (*pröfétic*) adj. profético.   [profiláctico.

prophylactic (*profiláctic*) adj.

propitious (*propíschös*) adj. propicio; favorable.

proportion (*propóschön*) s. proporción; tr. proporcionar.

proportional (*pröpóschönal*) adj. proporcional.

proposal (*pröpóusal*) s. propuesta; declaración notarial.

propose (*pröpóus*) tr. en intr. proponer(se); intr. declararse.

proposition (*propösíschön*) s. proposición, oferta.

proprietor (*propráieta*) s. propietario.   [piedad

propriety (*propräieti*) s. pro-

prorogation (*prouroguéischön*) s. prórroga.   [gar.

prorogue (*proróug*) tr. prorrogar.

prosaic (*prouséic*) adj. prosáico.

proscribe (*proscráib*) tr. proscribir.   [proscripción.

proscription (*proscrípschön*) s.

prose (*próus*) s. prosa; **prose-writer**, prosista.

prosecute (*prósekiut*) tr. procesar, proseguir.

prosecution s. enjuiciamiento.

prosecutor (*prósekiuta*) s. demandante, fiscal.

prospect (*próspect*) s. perspectiva; tr. explorar.

prospective (*prospéktiv*) adj. probable, posible, esperado; presunto.

prospector (*próspekta*) s. buscador, explorador (de minas, petróleo, etc.).   [rar.

prosper (*próspa*) intr. prosperar.

prosperity (*prospériti*) s. prosperidad.   [próspero.

prosperous (*prósparös*) adj.

prostitute (*próstitiut*) s. prostituta; ramera; —**d**, adj. prostituido; tr. prostituir.

prostitution (*prostitiúschön*) s. prostitución.

prostrate (*próstreit*) adj. postrado; humillado; tr. postrar.

prostration (*prostréischön*) s. postración, abatimiento.

protect (*protéct*) tr. proteger; defender.

protection (*protécschön*) s. protección; amparo.

protective (*protéctiv*) adj. y s. protector, preservativo.

protector (*protécta*) s. protector, padrino.   [gido.

protégé (*próutechei*) p. prote-

protein (*próutin*) s. proteína.

protest (*próutest*) s. protesta; protesto; (*protést*) tr., intr. protestar; **sit down —**, «sentada».

Protestant (*prótestant*) s. protestante.

Protestantism (*prótestantism*) s. protestantismo.   [colo.

protocol (*próutocol*) s. proto-

protoplasm (*proútoplasöm*) s. protoplasma.

protract (*prötráct*) tr. alargar, extender, prolongar.

protrude (*protúd*) tr. asomarse. intr. sobresalir.

protruding (*protruwding*) adj. saliente, sobresaliente.

protuberance (*protiúberans*) s. protuberancia.

proud (*práud*) adj. orgulloso; altivo; soberbio; — **as a peacock**, orgulloso como gallo de morón.

prove (*prúv*) tr. probar; intr. resultar; mostrar.

proverb (*próverb*) s. proverbio; sentencia.

provide (prováid) tr. proveer; suministrar; **provided that,** supuesto que; **provide against,** precaver.

providence (próvidens) s. providencia.   [dor.

provider (prováida) s. proveedor.

province (próvins) s. provincia.

provincial (províns̈chöl) adj. provincial.

provision (províshyön) s. provisión; disposición; pl. comestibles, provisiones.

provisional (províshyönal) adj. provisional.   [estipulación.

proviso (provaison) s. condición;

provocation (provokéischön) s. provocación.

provocative (provócativ) adj. provocativo, sugestivo.

provoke (provóuc) tr. provocar, indignar.   [cador.

provocar (provouka) s. provoca-

provoking (provóuking) adj. provocativo.

prow (práu) s. proa.

prowess (práues) s. proeza.

prowl (prául) intr. rondar; vagar; merodear.

prowler (proula) s. merodeador.

proximate (prócsimit) adj. próximo, inmediato.

proximity (procsímiti) s. proximidad; inmediación, cercanía.

proxy (prócsi) s. procuración; apoderado; gestor.

prude (prúd) s. remilgado.

prudence (prúdens) s. prudencia, cautela.

prudent (prúdent) adj. prudente.

prudery (prúdöri) s. mojigatería, gazmoñería, remilgo.

prune (prún) s. ciruela pasa; tr. podar.

pruning (prúning) s. poda.

pry (prái) tr. espiar, fisgar.

psalm (sam) s. salmo.

pseudo (siúdo) adj. (p)seudo, falso.   [dónimo.

pseudonym (siúdonim) s. seu-

psychiatrist (saikáietrist) s. psiquiatra.

psychiatry (saikáietri) s. psiquiatría.   [quico.

psychic (al) [sákik(al)] adj. psí-

psychologist (saicólodyist) s. psicólogo.   [cología.

psychology (sáicólodchi) s. psi-

psychosis (saicóusis) s. psicosis.

public (pablic) adj. público; s. público; **public house** (abrev. pub) s. taberna.   [nero.

publican (pablican) s. taber-

publication (pablikéischön) s. publicación.   [dad.

publicity (pö'blisiti) s. publici-

publish (pablisch) tr. publicar, editar.

publisher (pablíscha) s. editor.

publisize (pablisise) anunciar, dar a conocer.

pucker (paka) tr. fruncir; s. arruga, pliegue.

pudding (púding) s. pudín; **black —,** morcilla.

puddle (padl) s. charco.

puerile (piúarail) adj. pueril, infantil.   [dad, niñería.

puerility (piuaríliti) s. puerili-

puff (paf) s. soplo, bufido, bocanada de humo, un soplo de viento; tr. soplar, hinchar; intr. hincharse, resoplar, jadear.

pug (pög) s. perro dogo; **— nose,** nariz chata, o respingada.

pugilism (piúdyilism) s. pugilato; pugilismo.

pugilist (piulyilist) s. púgil, boxeador.

pugnacious (pagnéischös) adj. pugnaz, belicoso, batallador.

pull (púl) s. tirón, sacudida; tr. tirar, arrastrar; **— down,** demoler; **— up** (Aut.) parar; **— on** (Náut.) alar; **— to pieces,** despedazar; **— ones leg,** tomar el pelo; tr. **— out,** arrancar.

pullet (pulit) s. polla.

pulley (púli) s. polea.

pulp (palp) s. pulpa.

pulpous (palpa) adj. pulposo, mollar, carnoso.

pulpit (palpit) s. púlpito.

pulsate (palséit) intr. pulsar; latir.

pulse (pals) s. pulso; pulsación.

pulverization (palveriséischön) s. pulverización, trituración.

pulverize (palverais) tr. pulverizar, triturar.

pumice (pamis) s. piedra pómez.

pump (pamp) s. (mech.) bomba; tr. bombear, sonsacar; **— pump,** surtidor de gasolina; (fam.) **pump's,** playeros, botines.

pumpkin (pampkin) s. calabaza.

pun (pan) s. equívoco; juego de palabras.

punch (panch) s. (Mech.); punzón; (Beb.) ponche; fam. puñetazo; tr. punzar, pegar; «— and gady», títeres de marioneta.

puncher (pancha) s. punzón.

punctilio (panktílio) s. puntillo.

punctilious (pänktíliös) adj. puntilloso, quisquilloso, escrupuloso.

punctual (pö'nktiual) adj. puntual.

punctuality (pöngtiuáliti) s. puntualidad.

punctuate (pö'nktiueit) intr. (Gram.) puntuar.

punctuation (pantiueiashön) s. puntuación.

puncture (pö'ncha) s. (Aut.) pinchazo; tr. pinchar.

punish (pö'nisch) tr. castigar.

punishment (pö'nischment) s. castigo.

punt (pant) s. barca plana; tr. y intr. impulsar la gabarra con el palo en el fondo.

puny (piúni) adj. pequeño; débil; enfermizo.

pup (pap) s. (Can.) cachorro.

pupil (piúpil) s. alumno, discípulo, pupila.

pupilage (piúpilidya) s. pupilaje.

puppet (pö'pet) s. títere, marioneta, fantoche.   [rro.

puppy (papi) s. (Can.) cacho-

purchase (parchis) s. compra, adquisición; tr. comprar, adquirir; **hire —,** compra a plazos.

pure (piúar) adj. puro.

purgative (pö'rgativ) adj. purgante.

purgatory (pagator) s. purgatorio; adj. expiatorio; (pö'dch) (pö'rdch) s. purgar; tr. purgar.

purge (pödya) tr. y reflex. purgar(se); limpiar; purificar(se); s. purga, purgante.

purification (piurifikéischön) s. purificación.   [ficar(se).

purify (piúrifai) tr. e intr. puri-

purity (piúriti) s. pureza.

purple (pö'rpl) adj. purpúreo; purpurino; s. púrpura; tr. purpurar; **to go —,** ponerse morado.

purport (parport) s. sentido; tr. significar.

purpose (pö'rpös) s. propósito, mira; tr. e intr. proponer(se); **on —,** a propósito, con intención; **to no —,** en vano, en balde.   [de.

purposely (péeposli) adv. adre-

purr (peea) s. ronroneo (del gato); zumbido (del motor); intr. ronronear (el gato).

purse (peeas) s. monedero; **— er** (peesa) Náut. sobrecargo.

pursuance (peesyanse) s. en cumplimiento.

pursue (peeasiú) tr. e intr. perguir; **persuen** (peeshua) s. perseguidor.

pursuit (pö'rsiút) s. persecución; **in — of,** tras, en pos de.   [veer.

purvey (pö'rvéi) tr. e intr. pro-

purveyor (peeavéia) s. abastecedor, proveedor.

pus (pös) s. Med. pus.

push (púsh) tr. empujar; intr. dar empellones, apresurarse; s. empuje, empellón; **— away,** rechazar; **— in,** meter; (fam.) **push-off,** marcharse.

push-cart (pusch-cart) s. carretilla de mano.

pushing (púsching) adj. emprendedor, activo, agresivo.

pussy (púsi) s. minino, gatito.

put [put; put] (pút) tr. poner; colocar; exponer; proponer; **— away,** guardar; **— out,** apagar; **— back,** retrasar, retardar; **— by,** ahorrar; **— down,** dejar en su sitio, anotar; **— on** ponerse (ropas); **— off,** aplazar; **— night,** corregir; **put up arid,** soportar.

putrefaction (piutrifácschön) s. putrefacción.   [trefacto.

putrid (piútrid) adj. podrido pu-

putrefy (piútrifai) tr. e intr. pudrir(se).

putty (pöti) s. masilla; tr. tapar o rellenar con masilla.

puzzle (pö'sl) s. rompecabezas, enigma; tr. confundirse.

puzzling (posling) s. enigmático, intrigante.   [meo.

pygmy (pígmi) s. y adj. pig-

pyjamas (pedyámas) s. pijama.

pyramid (píramid) s. pirámide.

pyre (páia) s. pira.   [naico.

Pyrenean (pirenían) adj. pire-

Pyrenees (pírinis) s. Pirineos.

quack (kuák) s. y adj. graznar (del pato), charlatán; curandero.

quadrate (cuódreit) s. cuadro; cuadrado; tr. e intr. (en)cuadrar.   [tragos.

quaff (cuáf) tr. beber a grandes

quagmire (kuégmaia) s. cenagal, tremedal.

quail (cueil) s. Orn. codorniz; intr. acobardarse.   [resco.

quaint (cuéint) adj. raro; pinto-

quake (cuéik) s. temblor; intr. temblar, trepidar; **earth —,** terremoto; **sea —,** maremoto.

qualification (cualifikéischön) s. calificación; derechos.

qualified (cualifait) adj. calificado, idóneo.

qualify (cualifai) tr. habilitar; calificar; intr. capacitarse.

quality (cualiti) s. calidad; cualidad.   [náusea.

qualm (kuám) s. escrúpulo,

quantity (cuóntiti) s. cantidad; número, suma.

quarantine (cuórantin) s. cuarentena; lazareto; tr. someter a cuarentena.

quarrel (cuórel) s. riña, pelea, intr. reñir, pelear(se).

quarrelsome (cuórelsöm) adj. pendenciero.

quarry (cuóri) s. cantera.

quart (cuórt) s. cuarta.

quarter (cuóta) cuarto (de hora, de animal, de peso), barrio, trimestre; pl. alojamiento, cuartel; tr. cuartear; alojar; **Head —,** cuartel general.

quarterly (kuótöli) adv. trimestralmente, por ·trimestres; adj. trimestral; s. publicación trimestral.

quartet(te) (kuotét) s. cuarteto.

quartz (kuóts) s. cuarzo.   [car.

quash (cuósh) tr. anular; sofo-

quaver (kueiva) intr. temblar; s. temblor; trémolo (de la voz); (Mús.) corchea.

quay (ki) s. muelle.

queen (cuín) s. reina.

queer (cuía) adj. raro, extraño; (fam.) maricón.

queerness (cuíanes) s. rareza.

quell (cuél) tr. subyugar.

quench (cuénch) tr. apagar; extinguir, sofocar.

querulous (cuérulös) adj. quejoso, quejumbroso.

query (cuíri) s. pregunta; tr. e intr. inquirir, examinar, dudar; dagación; tr. indagar; **in — of,** en busca de.

quest (cuést) s. pesquisa; indagación; tr. indagar.

question (cuéstschön) s. asunto; pregunta; tr. preguntar, poner en duda.

questionable (kuéstschönabl) adj. dudoso; discutible.

questioner (kuéstschöna) s. interrogador, preguntador.

queue (kiú) s. cola (fila); **queue up,** formar cola.

quibble (cuíbl) s. argucias; intr. usar argucias.

quick (cuík) adj. rápido; agil; **— tempered,** de genio vivo; **— witted,** listo, agudo, vivo.

quicken (kuíkön) tr. e intr. acelerar(se); avivar(se); aguzar (la mente, el entendimiento).

quickness (cuíknes) s. presteza, rapidez, viveza.

quicksand (cuíksand) s. arenas movedizas.

quickset (cuíkset) s. seto vivo.

quicksilver (kuík-sílva) s. mercurio, azogue.

quiet (cuáiet) adj. tranquilo; quieto; s. quietud; tr. **— down,** acallar, calmar; **be —!** ¡Callarse!; **on the —,** a la chita callando.

quietness (cuáietnes) s. quietud; sosiego, calma.

quill (kuíl) s. pluma; cañón (de pluma de ave); púa (de puerco espín); tr. acollar.

quilt (cuílt) s. colcha guateada;

quince (cuins) s. membrillo; **quince-tree** s. membrillo (árbol).

quinine (kuinín) s. quinina.

quinquennial (cuincuénnial) adj. quinquenal.

quintessence (cuintésens) s. quintaesencia.   [agudeza.

quip (kuíp) s. pulla, dicharacho;

quirk (kuö'rk) s. chifladura, extravagancia, capricho; peculiaridad mental.

64 **quit** [quitted o quit; quitted o quit] (cuít) tr. dejar, abandonar; adj. libre; **to be —,** estar en paz.

quite (cuáit) adv. completamente, bastante.

quits (cuíts) interj. en paz.

quiver (cuíva) s. temblor; aljaba; intr. temblar.

quixotic (cuicsótic) adj. quijotesco. [tismo.

quixotism (cuícsotism) s. quijo-

quiz (cuíz) tr. engañar; s. acertijo, interrogatorio.

quota (cuóta) s. cuota.

quotation (cuotéischön) s. Lit. citar; (Econ.) cotización.

quote (cuout) tr. (Lit.) citar; (Econ.) cotizar. [te.

quotient (kuóuschönt) s. cocien-

R r

rabbit (rábit) s. conejo.

rabble (rábl) s. populacho, chusma.

rabid (rábid) adj. rabioso; furioso; feroz. [fobia.

rabies (réibiis) s. rabia, hidro-

rabbi (rábai) s. rabí, rabino.

race (réis) s. raza; (Dep) carrera; **arms —,** carrera de armamentos; carrera, intr. correr, competir; **horse —,** carrera de caballos.

racer (réisa) s. corredor; caballo de carreras; auto de carreras.

racial (réischal) adj. racial.

rack (rák) s. (f. c.) porta-equipajes; estante; colgador, potro de tortura; **magazine —,** revistero; tr. atormentar, torturar; **— ones brains,** devanarse los sesos.

racket (ráket) s. raqueta; barahunda; parranda; (fam.) trampa, fraude.

racketeer (raketír) s. trapecista, trapacero, extorsionista; tr. trapacear, extorsionar.

radiance (réidiens) s. brillo, esplendor. [esplendoroso.

radiant (réidiant) adj. radiante.

radiate (réidieit) int. radiar, irradiar; tr. iluminar. [diación.

radiation (reidiéischön) s.

radiator (réidieita) s. radiador.

radical (rádical) adj. radical.

radio (réidio) s. radio.

radish (rádisch) s. rábano.

radium (réidiöm) s. radio (elemento químico).

radius (réidias) s. Geom. radio (de un círculo).

raffle (ráfl) s. rifa; tr. rifar.

raft (ráft) s. balsa.

rag (rág) s. trapo, harapo; **— and tatters,** en harapos; **— bone dealer,** trapero. [cho].

rafter (ráfta) s. viga (del techo.

rage (réidch) s. rabia, furia; **all the —,** muy de moda, el último grito; intr. rabiar.

ragged (rágid) adj. andrajoso, roto, harapo.

ragamuffin (rágamöfin) s. pelagatos, golfo; granuja, pilluelo.

raging (réidying) s. furioso; adj. furioso.

raid (réid) s. incursión, ataque.

rail (réil) s. barrera; baranda; (F. C.); **Hand —,** pasamanos, riel; tr. insultar.

railing (réiling) s. barandilla; circa; reja, balaustrada.

railroad (réilroud) s. (U. S. A.) ferrocarril.

railway (réiluei) s. (G. B.) ferrocarril; **— Station,** estación de ferrocarril.

rainment (réimöont) s. vestidura, ropaje.

rain (réin) s. lluvia; intr. llover; **rain cats and dogs,** llover chuzos.

rainbow (réinbou) s. arco iris.

raincoat (réincout) s. impermeable.

raindrop (réindrop) s. gota de lluvia. [cero.

rainfall (réinfol) s. lluvia; aguacero.

rainy (réini) adj. lluvioso.

raise (réis) tr. levantar; criar.

raisin (réisin) s. pasa.

rake (réik) s. rastro; rastrillo; calavera; tr. rastrillar, raspar.

rally (ráli) s. reunión, concentración (de tropa); tr., intr. reunir(se); (Aut.) competición de regularidad.

ram (rám) s. carnero; (mec.) émbolo, ariete; tr. apisonar, atacar. [vagar, pasear.

ramble (rámbl) s. paseo; intr.

ramble (rámbl) s. paseo en el campo; intr. vagar, pasear.

rambler (rambla) s. andarín, excursionista, mentirosa.

ramp (rámp) s. rampa.

rampart (rámpart) s. terraplén; muralla. [desvencijado.

ramshackle (rámschaköl) adj.

ranch (ranch) s. rancho, hacienda, estancia.

rancher (ráncha) s. ranchero.

rancid (ránsid) adj. rancio.

rancour (ránkör) s. rencor; encono. [coroso.

rancourous (ránkarös) adj. rencoroso.

random (rándöm) s. azar, acaso; adj. fortuito; **at —,** al azar.

range (réindch) s. alcance, extensión (de actividad), alinear, surtido; (geog.) **— of mountains,** cordillera; **shooting —,** campo de tiro.

ranger (réindya) s. guardabosques; batidor.

rank (ránk) s. rango; fila, grado; adj. lozano.

ransack (ránsac) tr. saquear; revolver. [tr. rescatar.

ransom (ránsöm) s. rescate; rant (rant) intr. desvariar; disparatar, gritar necedades.

ranter (ranta) s. vociferador, energúmeno.

rap (rap) tr. golpear; criticar, censurar; s. golpe.

rapacious (rapéischös) adj. rapaz. [s. rapacidad.

rapaciousness (rapéischösnes)

rape (éip) s. violación, forzar, esturpo; tr. violar, forzar.

rapid (rápid) adj. rápido. s. (hid.) rápidos.

rapidity (rápiditi) s. rapidez.

rapt (rápt) adj. encantado; extasiado.

rapture (rápchar) s. éxtasis.

rapturous (raptuiras) adj. arrebatador.

rare (réa) adj. raro, escaso; (carne.) medio crudo.

rareness (réanes) s. rareza, escasez.

rareripe (réaraip) adj. precoz.

rarity (rariti) s. rareza. [pillo.

rascal (ráscal) s. pícaro, bribón.

rash (rásh) adj. arrojado; temerario; adj. arrollado; s. erupción; sarpullido.

rashness (ráschnes) s. temeridad; arrojo, precipitación.

rasher (ráschar) s. loncha.

rasp (rásp) s. raspa(dor); tr. raspar, rascar. [frambuesa.

raspberry (rásberri) s. Bot.

raspy (ráspi) adj. ronco; áspero.

rat (ráa) s. rata; **to smell a —,** sospecho.

rate (réit) s. promedio; (com.) **interest —,** tanto por ciento de interés; **first —,** clase, categoría; **at any —,** de todos modos; **—s,** pl. contribución; tr. valuar, tasar.

rather (rádar) adv. más bien; un poco, mejor; (fam.) naturalmente.

ratify (rátifai) tr. ratificar.

rating (réiting) s. clasificación; rango, grado; clase Naut. marinero de guerra.

ratio (réischiou) s. medio, proporción.

ration (réschön) s. ración; porción.

rational (ráschönal) adj. racional.

rationalize (ráschanalais) tr. racionalizar.

rattle (rátl) s. matraca; **death ratle,** estertor, sonajero; tr. intr. (hacer) sonar.

rattlesnake (rátlsneik) s. serpiente de cascabel; cascabel o cascabela. [ruidoso.

rattling (rátling) s. estertor; adj.

raucous (rókös) adj. ronco; estentóreo. [to; tr. asolar.

ravage (rávidya) s. asolamiento.

rave (réiv) intr. delirar, enfurecerse; **to — about a person,** estar loco por.

raven (réivn) s. Orn. cuervo; (ravn) tr., intr. apresar, devorar; s. presa [hambriento.

ravenous (rávinas) adj. voraz, ravine (ravín) s. barranca, quebrada, garganta.

ravin (raiving) adj. furioso; delirante; **— mad,** loco de remate [lar.

ravish (rávisch) tr. seducir, violar.

ravisher (rávischar) s. seductor, violador, estuprador.

ravishment (rávischment) s. violación, seducción, éxtasis; estupro.

raw (ró) adj. crudo; verde; áspero, bruto, carne viva; **— material,** materia prima.

rawhide (rójaid) s. cuero crudo.

ray (réi) s. rayo. Ict. raya.

raze (reis) tr. arrasar, asolar.

razor (réisa) s. navaja, maquinilla de afeitar; **— blade,** hoja de afeitar.

reach (rích) s. alcance, extensión; tr. alcanzar.

react (riáct) tr. reaccionar.

reaction (riácschön) s. reacción.

read [read; read] (riid) tr. leer; estudiar; intr. leer.

readable (rídabl) adj. leíble.

reader (rída) s. lector, profesor de universidad, corrector de imprenta, libro de lecturas.

readily (rídili) adv. de buena gana, prontamente.

readiness (rédines) s. prontitud, **to be in —,** estar preparado.

reading (riding) s. lectura, estudio.

readjust (riadyast) tr. reajustar; arreglar de nuevo; readaptar.

ready (rédi) adj. listo, pronto, a punto **ready made** adj. hecho, de confección; **—!, steady!, go!,** ¡listos! ¡preparados! ¡ya!

re-affirm (re-affam) tr. e intr. reafirmar, reiterar.

real (rial) adj. real; efectivo; **real estate,** s. bienes raíces, fincas.

realism (ralisam) s. realismo.

reality (riáliti) s. realidad.

realize (rialais) tr. darse cuenta, ver; realizar. [veras.

really (rielli) s. realmente, de

realty (riálti) s. bienes raíces.

realm (rélm) s. (fig.) reino, campo.

reap (riip) tr. cosechar, segar.

reaper (ripa) s. segador, cosechadora.

reappear (riapía) tr. reaparecer.

rear (ria) s. adj. posterior, trasero; s. fondo, trasero, zaga, tr. cultivar, criar.

rear-guard s. retaguardia.

reason (risön) s. motivo; razón; tr. argüir; intr. razonar.

reasonable (risnabl) adj. razonable.

reasoning (risoning) s. razonamiento, tranquilizarse, asegurar.

reassemble (riasémbl) tr. juntar de nuevo, reunir.

reassure (riaschúa) tr. tranquilizar; reasegurar.

reave [reft; reft] (rív) tr. arrebatar, robar.

rebate (ribéit) s. rebaja; tr. rebajar, descontar; **tax —,** devolución de impuesto.

rebel (rébel) s. rebelde; faccioso; intr. rebelarse.

rebellion (ribéliön) s. rebelión.

rebellious (ribélias) adj. rebelde. [to.

rebirth (ribirth) s. renacimiento.

rebound (ribáund) s. rebote; intr. rebotar.

rebuff (ribö'f) s. repulsa, desaire; tr. rechazar.

rebuild (ri-bíld) tr. reconstruir, reedificar. [tr. reprender.

rebuke (ribiuk) s. represión.

recall (ricól) s. evocación, memoria; tr. evocar, recordar.

recapitulate (ricapítiuleit) tr. recapitular.

recapture (rikapcha) s. recaptura; tr. represor, recapturar.

recast (ricást) tr. refundir, reformar. [troceder.

recede (risíd) intr. retirarse.

receding (risiding) adj. retrocediente; **— forehead,** frente huida. [recibido.

receipt (risít) s. recibo; **in — of,**

receive (risív) tr. recibir; admitir; acoger.

receiver (risívör) s. recibidor, receptor (radio).

recent (risent) adj. reciente.

receptacle (riséptacl) s. receptáculo. [ción.

reception (risépschön) s. recep-

recess (risés) s. retiro; alejamiento; recreo, nicho.

recipe (résipi) s. (coc.) receta.

recipient (risípiant) adj. y s. recipiente, receptor, consignatario. [proco, mutuo.

reciprocal (risíprocal) adj reci-

reciprocate (risíprokeit) intr. corresponder. [procidad.

reciprocity (resiprósiti) s. reci-

recital (risáitl) s. recitación = relación, narración; recital (músico). [tación.

recitation (resitéischön) s. reci-

recite (risáit) tr. recitar; relatar; decir o dar la lección.

reckles (rékles) adj. atolondrado, temerario, descuidado.

reckon (réckn) tr. contar; estimar; considerar, calcular; suponer. [cálculo.

reckoning (rékning) s. cuenta,

reclaim (*ricleim*) tr. reclamar.

recline (*ricláin*) tr., intr. reclinar(se), apoyarse.

recluse (*riclús*) adj. y s. recluso.

reclusion (*clúsyön*) s. reclusión, encarcelamiento.

recognition (*recognischón*) s. reconocimiento; (fig.) admisión   [conocimiento.

recognizance (*ricógnisans*) s. reconocimiento.

recognize (*récognis*) tr. reconocer, admitir.

recoil (*ricóil*) s. reculada; intr. recular, retroceder.

recollect (*recoléct*) tr. recordar.

recollection (*recolécschön*) s. recuerdo, reminiscencia.

recommend (*recomén*) tr. recomendar, carecer.

recompense (*récömpens*) s. recompensa; tr. recompensar.

reconcile (*réconsail*) tr. reconciliar, avenirse a, concordar.

reconciliation (*reconsilieishón*) s. reconciliación, avenencia.

recondite (*récöndait*) adj. recóndito; secreto, íntimo.

reconnaissance (*ricónesens*) s. *Mil.* reconocimiento, exploración.

reconnoitre (*reconóita*) tr. *Mil.* reconocer, explorar.

reconsider (*ri-könsídar*) tr. reconsiderar.

reconstruct (*ri-könströkt*) tr. reconstruir, reedificar.

record (*récöd*) s. registro; acta, disco de gramófono, historial; record, (*ricód*) tr. registrar, archivar, grabar; — **player** s. tocadiscos.

recount (*ri-káunt*) s. recuento; (*ri-káunt*) tr. contar, relatar; volver a contar.   [xilio.

recourse (*ricórs*) s. recurso, auxilio.

recover (*rikö'var*) tr. recuperar, recobrar; intr. restablecerse.

recovery (*rikö'vöri*) s. recuperación, restablecimiento.

recreate (*ricriéit*) tr. recrear.

recreation (*recriéischön*) s. recreación.

recruit (*ricrút*) tr. reclutar; s. *Mil.* recluta; (fam.) quinto.

recruiting (*ricrúting*) s. *Mil.* reclutamiento.   [gulo.

rectangle (*réktangl*) s. rectángulo.

rectify (*réctifai*) tr. rectificar, corregir.   [tud.

rectitude (*réctitiud*) s. rectitud.

rector (*récta*) s. rector; cura párroco.

rectum (*réktam*) s. *Anat.* recto.

recumbent (*rikö'mbent*) adj. recostado, reclinado.

recuperate (*rikiúpöreit*) tr. recuperar, recobrar.

recuperation (*rikiuporéischön*) s. recuperación, restablecimiento.

recur (*rika*) intr. repetirse.

recurrence (*rikarens*) s. vuelta, repetición.   [dico, repetido.

recurrent (*rikarent*) adj. periódico.

red (*réd*) adj. rojo; encarnado; s. color rojo; — **pepper** s. pimentón; — **tape** formulismo.

redden (*rédn*) tr. enrojecer; intr. ruborizarse.

reddish (*rédisch*) adj. rojizo.

redeem (*ridím*) tr. redimir; (com.) amortizar.

redeemer (*ridíma*) s. salvador, redentor; **the Redeemer**, el Redentor.

redemption (*redémpschön*) s. redención, rescate (com.) amortización.   [mación.

redness (*rédnis*) s. rojez, inflamación.

redouble (*ridö'bl*) tr. redoblar; repetir; repercutir.

redound (*ridáund*) intr. redundar en.

redress (*ridrés*) s. reparación; tr. reparar, rectificar.

reduce (*rediús*) tr. reducir; degradar, simplificar.   [ción.

reduction (*ridö'cschön*) s. reducción.

redundance (*ridö'ndans*) s. redundancia.   [dundante.

redundant (*ridö'ndant*) adj. redundante.

redwood (*réduud*) s. *Am.* secoya o secuoya (árbol gigantesco de California); madera roja de la secoya.

reed (*riid*) s. caña; junco.

reef (*riif*) s. arrecife, rizo tr. arrizar.

reek (*rik*) v. exhalar, echar (vaho o vapor); heder, oler mal; s. hedor, mal olor.

reel (*riil*) s. aspa, carrete; tr. devanar, tambalearse.

re-elect (*ri-eléct*) tr. reelegir.

reembarck (*riembárk*) tr. reembarcar.   [fortalecer.

reenforce (*rienfórs*) tr. reforzar.

re-enforced (*reinforsed*) adj. reforzado, fortalecido.

re-enforcement (*reinfosment*) s. refuerzo.

re-enfer (*ri-enfa*) tr. volver a entrar.

re-entry (*re-entri*) s. re-entrada.

re-establish (*ri-éstablisch*) tr. volver, restablecer.

refer (*rifö'r*) tr. e intr. referir; remitir; referirse a.

referee (*refari*) s. árbitro.

reference (*réförens*) s. referencia.   [ferendum.

referendum (*refaréndam*) s. referfil (*ri-fil*) tr. rellenar.

refine (*rifáin*) tr., intr. refinar(se).   [fino.

refined (*rifáind*) adj. refinado.

refinement (*rifáinment*) s. refinamiento.

refinery (*rifáinari*) s. refinería.

refit (*rifit*) tr. reparar, equipar.

reflect (*rifléct*) tr., intr. reflejar; reflexionar.   [xión, reflejo.

reflection (*riflécschön*) s. reflexión.

reflective (*rifléctiv*) adj. reflexivo.

reflex (*ríflecs*) adj. y s. reflejo.

reform (*rifóm*) s. reforma; tr. y reflex. reformar(se).

refraction (*rifrákschön*) s. refracción.

refractory (*rifráktori*) adj. refractario, terco, rebelde.

refrain (*rifreín*) tr., intr. contener(se); s. *Mus.* estribillo.

refresh (*rifrésch*) tr. refrescar.

refreshment (*rifréschment*) s. refresco.

refreshing (*rifreshing*) adj. refrescarse.

refrigerate (*rifrídchareit*) tr. refrigerar.   [s. refrigeración

refrigeration (*rifridchareichón*)

refrigerator (*rifrídchöreita*) s. nevera, refrigerador (eléctrica).

refuge (*réfiudya*) refugio; asilo; amparo.

refugee (*refiudyí*) s. refugiado.

refund (*rifö'nd*) s. reembolso; tr. reembolsar.

refusal (*rifiúsal*) s. negativa.

refuse (*rifiús*) s. basura, desecho; tr. rehusar, (de)negar.

refute (*rifiút*) tr. refutar.

regain (*riguiéin*) tr. recobrar; recuperar.

regal (*rígal*) adj. regio.

regale (*rigéil*) tr. regalar, agasajar; recrear.

regard (*rigárd*) s. atención; consideración; mirada; tr. mirar,

regarding (*rigárding*) prep. con relación a.

regardless (*rigárdlis*) adj. re-**gardless of,** sin considerar, prescindiendo de.

regards (*rigárds*) s. recuerdos.

regency (*rídyensi*) s. regencia.

regent (*rídyent*) s. y adj. regente.

regenerate (*ridyénareit*) tr. regenerar; adj. regenerado.

regimen (*rédyimen*) s. régimen; *Med.* dieta.   [gimiento.

regiment (*rédyiment*) s. *Mil.* regimiento.

region (*rídyan*) s. región, territorio, zona.

register (*rédyistar*) s. registro, matrícula; tr. registrar, matricular.   [trador.

registrar (*redyistrir*) s. registrador.

registration (*redyistréischön*) s. registro; — **number,** (auto.) número de matrícula.

regression (*rigréschön*) s. regresión, retroceso.

regret (*rigrét*) s. sentimiento, pesar; tr. lamentar, arrepentirse.   [table.

regretful (*rigrétful*) adj. lamentable.

regrettable (*rigrétabl*) adj. lamentable.

regular (*réguiular*) adj. regular.

regularly (*reguiuláriti*) s. regularidad.   [controlar.

regulate (*réguiuleit*) tr. regular.

regulation (*reguiuléischön*) s. regulación, control.

regulator (*reguiuléitar*) s. regulador; registro (de reloj).

rehabilitate (*rijabíliteit*) tr. rehabilitar.

rehearsal (*riiesad*) s. ensayo; **dress —,** ensayo general.

rehearse (*riiers*) tr. ensayar.

reign (*rein*) s. rein(ad)o intr. reinar.   [bolsar.

reimburse (*riimbars*) tr. reembolsar.

reimbursement (*riimbarsment*) s. reembolso.

rein (*réin*) s. *Equi.* rienda.

reinforce (*riinfö'rs*) tr. reforzar.

re-inforced (*riinfose*) adj. reforzado; — **concrete,** hormigón armado.

reinforcement (*riinfarsment*) s. refuerzo.

reinstate (*riinstét*) tr. restablecer, reintegrar.

reinstate (*réitöreit*) tr. reiterar.

reject (*riyéct*) tr. rechazar; desechar.

rejection (*reyécschön*) s. rechazamiento, desestimación.

rejoice (*ridyóis*) tr., intr. alegrar(se), regocijar(se).

rejoicing (*riyosing*) s. regocijo, júbilo.

rejoin (*ridyóin*) tr. reunirse con; intr. replicar.

rejuvenate (*ridyúvineit*) tr. rejuvenecer.

relapse (*riláns*) s. *Med.* recaída; intr. reincidir.

relate (*riléit*) tr. relatar; relacionar; intr. referirse de.

related (*rileited*) adj. pariente de.

relating (*rileiting*) adj. referente a, concerniente.

relation (*riléischön*) s. relación; pariente, parentesco.

relations (*riléischöns*) s. familia(res).

relationship (*rileisyonsyip*) s. trata, relación.

relative (*rélativ*) adj. relativo. s. pariente(a).

relativity (*relatíviti*) s. relatividad.

relax (*rilács*) tr. relajar; descansar.

relaxation (*rilacséischön*) s. relajación; descanso.

relay (*ri-léi*) s. relevo, remuda; — **race** carrera de relevo; **electric** relevador; (*riléi*) v. transmitir, despachar; hacer cundir (una noticia); **to — a broadcast** reemitir un programa de radio; — **station** (T. V.) repetidor.

release (*rilís*) s. liberación, soltura; tr. soltar.

relegate (*rélegueit*) tr. relegar.

relent (*rilént*) intr. aplacarse, ablandarse.

relentless (*riléntles*) adj. implacable, inexorable.

relevancy (*rélevansi*) s. pertinencia, relación.   [nente.

relevant (*rélevant*) adj. pertinente.

reliability (*rilaiabíliti*) s. precisión, seguridad.   [de fiar.

reliable (*riláiebl*) adj. seguro.

reliance (*reláians*) s. confianza; seguridad.

relic (*rélik*) s. reliquia.

relief (*rilíf*) s. consuelo; socorro, alivio. *Mil.* relevo.

relieve (*rilív*) tr. relevar, socorrer, aliviar.

religion (*rilidyön*) s. religión.

religous (*rilídyas*) adj. religioso; devoto.   [donar; ceder.

relinquish (*rilíncuish*) tr. abandonar.

relish (*rélisch*) s. gusto, fruición; tr. saborear.   [na.

reluctance (*rilö'ctans*) s. desgana.

reluctant (*rilö'ctant*) adj. reacio, maldispuesto.   [mala gana.

reluctantly (*rilö'ctantli*) adv. de

rely (*riláí*) tr. — **(up)on,** confiar en, contar con.

remain (*riméin*) intr. permanecer; quedar(se).

remainder (*riméinda*) s resto; restante; residuo.

remains (*riméins*) s. pl. restos.

remake (*ri-méik*) tr. rehacer, hacer de nuevo.

remark (*rimáak*) s. observación, nota; tr. observar, notar, advertir.   [table; insigne.

remarkable (*rimárkabl*) adj. notable.

remedy (*rémedi*) s. remedio; tr. remediar.

remember (*rimémba*) tr. recordar; intr. acordarse, tener presente.

remembrance (*rimémbrans*) s. memoria; — **day,** día de los difuntos.

remind (*rimáind*) tr. recordar.

reminder (*rimáinda*) s. recordatorio; (com.) aviso.

remiss (*rimís*) adj. negligente; omiso.

reminiscence (*reminísus*) s. reminiscencia, memoria, recuerdo.   [sión, perdón.

remission (*rimischön*) s. remisión.

remit (*rimít*) tr. remitir, perdonar (com.) enviar, girar.

remittance (*rimitans*) s. (com.) giro, envío.

remnant (*rémmant*) s. (text.) retales, resto remanente.

remodel (*ri-módl*) tr. rehacer, reconstruir; modelar de nuevo.   [protesta.

remonstrance (*rimónstrans*) s.

remorse (*rimórs*) s. remordimiento.

remote (*rimóut*) adj. remoto.

removal (*rimúval*) s. eliminación; *Med.* extirpación; traslado, mudanza.

remove (*rimúv*) tr. quitar, eliminar; *Med.* extraer; mudarse.   [do, sacado; extraído.

removed (*rimúvd*) adj. elimina-

66

remunerate (*rimiúnöreit*) tr. remunerar, pagar.

remuneration (*rimiúnöréischön*) s. remuneración, pagar.

Renaissance (*renésans*) s. *Art.* Renacimiento.

rend [rent; rent] (*rend*) v. desgarrar, rasgar; rajar.

render (*rénda*) tr. (fig.), prestar, traducir, hacer.

renegade (*rénigueid*) s. renegado; desertor.

renew (*riniú*) tr. renovar.

renewal (*riniúal*) s. renovación; prórroga.

✗ **renounce** (*rináuns*) tr. e intr. renunciar, renegar.

renovate (*rénouveit*) tr. renovar.

renown (*rináun*) s. fama; renombre.   [do; célebre.

renowned (*rináunt*) adj. afama-

rent (*rént*) s. renta; alquiler; grieta; tr. alquilar.

rental (*réntal*) s. alquiler.

reopen (*rí-óupan*) tr. reabrir (se), volver a abrir(se).

repair (*ripéa*) s. reparación; tr. reparar, arreglar. [paración.

reparation (*repöréischön*) s. re-

repay (*ripéi*) tr. reembolsar; restituir; reintegrar.

repayment (*ripéimant*) s. reintegro, pago, devolución.

repeal (*ripíl*) v. derogar, abrogar, revocar, abolir (una ley); s. abrogación, derogación, revocación.   [repetir.

repeat (*ripít*) s. repetición; tr.

repeatedly (*ripitedli*) adv. repetidamente, continuamente.

repel (*ripél*) tr. repeler.

repellent (*ripélent*) adj. y s. repelente, repulsivo.

repent (*ripént*) tr. en intr. arrepentirse (de).   [pentimiento.

repentance (*ripéntans*) s. arre-

repentant (*ripéntant*) adj. arrepentido.   [cutir.

repercuss (*riperkes*) tr. reper-

repercussion s. repercusión.

repertory (*répötöri*) s. repertorio; — **company**, compañía de teatro aficionado.

repetition (*repetischön*) s. repetición, reiteración.

repetitious (*repitishos*) adj. prolijo, redundante.

replace (*ripléis*) reponer, restituir; reemplazar.

replaceable (*rifléisöbl*) adj. reemplazable; substituible.

replacement (*ripléisment*) s. substitución, reposición.

replenish (*riplénish*) tr. llenar, rellenar.   [no.

replete (*riplít*) adj. repleto; lle-

replica (*réplika*) s. reproducción, copia exacta.

reply (*replái*) s. respuesta; tr. contestar.

report (*ripóot*) s. informe; (period.) crónica; *Mil.* parte; tr. e intr. informar; presentarse.

reporter (*riuóotar*) s. reportero, periodista.

repose (*ripóus*) s. reposo, tr. descansar; intr. dormir; reclinarse.

reprehend (*reprijénd*) tr. reprender, reñir, increpar.

reprehensible (*reprijénsibl*) adj. reprensible.

reprehension (*reprijénsyön*) s. reprensión.

represent (*reprisént*) tr. representar.

representation (*representéischön*) s. representación. *Teat.* función.

representative   (*represéntativ*) adj. representativo; s. representante.

repress (*riprés*) tr. reprimir.

repression (*représchön*) s. represión.   [sivo.

repressive (*riprésiv*) adj. repre-

reprieve (*riprív*) s. aplazamiento; tr. aplazar, aliviar, indultar.

reprimand (*réprimand*) s. reprimenda; reprensión; tr. reprender.

reprint (*riprínt*) s. reimpresión; tr. reimprimir.

reprisal (*ripráisal*) s. represalia.

reproach (*ripróuch*) s. reproche; tr. reprochar.   [ducir.

reproduce (*riprodiús*) tr. repro-

reproduction (*riprodacschön*) s. reproducción.   [primenda.

reproof (*riprúf*) s. reproche, re-

reprove (*riprúv*) tr. reprochar, reprender, censurar.

reptile (*réptail*) adj. y s. reptil.

republic (*ripablic*) s. república.

republican (*ripablican*) adj. y s. republicano.   [diar.

repudiate (*ripiúdieit* tr. repu-

repudiation (*ripiudiéischön*) s. repudiación.

repugnance (*ripagnans*) s. repugnancia, aversión.

repugnant (*ripagnant*) adj. repugnante, antipático.

repulse (*ripö'ls*) v. repulsar, repeler; rechazar; s. repulsa; desaire.

repulsive (*ripalsiv*) adj. repulsivo, repugnante. [petable.

reputable (*répiutabl*) adj. res-

reputation (*repiutéischön*) s. reputación, fama, prestigio.

repute (*ripiút*) s. estimación; reputación; tr. reputar, juzgar; **of ill —**, de mala fama.

request (*ricuést*) s. petición; tr. rogar, pedir.   [necesitar.

require (*ricuáia*) tr. requerir;

requirement (*ricuáiament*) s. requisito, exigencias.

requisite (*récuisit*) adj. preciso; s. requisito; **toilet —**, artículos de aseo.

requisition (*rekwisíschön*) s. requisición, demanda, orden; tr. demandar, pedir, ordenar.

rescind (*risínd*) tr. rescindir, anular.

rescue (*réskiu*) s. rescate, salvamento; tr. rescatar, salvar.

rescuer (*réskiua*) s. libertador, salvador.

research (*riseach*) s. (Cienc.) investigación; tr. investigar.

resemblance (*risémblans*) s. semejanza, parecido; **a close —**, muy parecido.

resemble (*risémbl*) tr. parecerse a.

resent (*risént*) tr. resentirse

resentful (*riséntful*) adj. resentido.   [sentimiento.

resentment (*riséntment*) s. re-

reservation (*resarvéischön*) s. reserva.

reserve (*risö'rv*) s. reserva; tr. reservar; precaución.

reserved (*risö'rvd*) adj. reservado.

reservoir (*résarvuaré*) s. depósito, (Hidr.) pantano.

reside (*risáid*) intr. residir.

residence (*résidens*) s. residencia; domicilio.

resident (*résident*) adj. residente; s. habitante, vecino.

residual (*resídiual*) adj. restante.   [resto.

residue (*résidiu*) s. residuo;

resign (*risáin*) tr. dimitir, renunciar.

resignation (*resignéischön*) s. dimisión; resignación. [tente.

resilient (*resíliyent*) adj. resis-

resin (*résin*) s. resina.

resinous (*résinös*) adj. resinoso.

resist (*resíst*) tr. e intr. resistir.

resistance (*resístans*) s. resistencia, aguante.   [tente.

resistant (*risistönt*) adj. resis-

resolute (*résoliut*) adj. resuelto, resoluto.

resoluteness (*résoliutnes*) s. determinación, firmeza.

resolution (*resoliúschön*) s. resolución, propósito.

resolve (*risólv*) tr. decidir; tomar una decisión; tr., intr. resolver(se).   [nancia.

resonance (*résonans*) s. reso-

resonant (*résonant*) adj. resonante.

resort (*risórt*) s. concurrencia, lugar concurrido; **Summer —**, lugar de veraneo; **health —**, balneario; **last —**, último recurso; intr. acudir, recurrir.

resource (*risórs*) s. recurso.

resound (*risáund*) tr. resonar; repercutir; retumbar.

resourceful (*risórsful*) adj. ingenioso.

respect (*rispéct*) s. respeto; miramiento; tr. respetar.

respectable (*rispéctabl*) adj. respetable.   [pectuoso.

respectful (*rispéctful*) adj. res-

respecting (*rispécting*) prep. con respecto a, tocante a.

respective (*riapéctiv*) adj. respectivo.   [dos, saludos.

respects (*rispécts*) s. recuer-

respiration (*respiréischön*) s. respiración; respiro.

respire (*rispáia*) tr. e intr. respirar.   [dar tregua.

respite (*réspait*) s. tregua; tr.

resplendent (*rispléndant*) adj. resplandeciente.

respond (*rispónd*) tr. e intr. responder; corresponder.

response (*rispons*) s. respuesta; pl. (Rel.) responso.

responsibility (*responsibíliti*) s. responsabilidad.

responsible (*rispónsibl*) adj. responsable.

rest (*rést*) s. reposo; descanso; tr., intr. descansar, apoyar(se).   [s. restaurante.

restaurant (*réstörant, restorán*)

restful (*réstful*) adj. reposado, sosegado, tranquilo.

restive (*réstiv*) adj. inquieto. s.

restless (*réstles*) adj. inquieto; revoltoso; **to have a — night**, no pegar ojo.

restitution (*restitiúschön*) s. restitución; devolución.

restoration   (*restoréischön*) s. restauración.   [restablecer.

restore (*ristóa*) tr. restituir;

restrain (*ristréin*) tr. restringir, coartar.   [ción.

restraint (*ristréint*) s. modera-

restrict (*restríct*) tr. restringir.

restricted (*restricted*) adj. restringido, limitado; **— to**, limitado a.   [tricción.

restriction (*ristríschön*) s. res-

restrictive (*ristríctiv*) adj. restricto.   [tr. resultar.

result (*risö'lt*) s. resultado; intr.

resume (*risiúm*) tr. reanudar.

résumé (*résiumei*) s. resumen, sumario.   [reanudación.

resumption (*risömpschön*) s.

resurrect (*resarect*) tr. resucitar.   [resurrección.

resurrection (*resarécschön*) s.

retail (*ritéil*) s. venta al por menor; tr. vender al por menor; **— price**, precio de venta al público.

retailer (*retéilar*) s. detallista.

retain (*ritéin*) tr. retener.

retainer (*retéina*) s. duedo, dependiente.   [desquitarse.

retaliate (*ritálieit*) tr. e intr.

retaliation (*ritaliéischön*) s. represalia; desquite.

retard (*ritárd*) s. demora, retraso; tr. demorar.

retention (*riténschön*) s. retención, retentiva.

reticence (*rétisens*) s. reticencia, reserva.

retina (*rétina*) s. *Anat.* retina.

retinue (*rétiniu*) s. comitiva.

retire (*ritáia*) tr. retirar; intr. retirarse; jubilarse.

retired (*ritáied*) adj. retirado; jubilado.   [ro, jubilación.

retirement (*ritáiament*) s. reti-

retort (*ritórt*) s. replica; tr. replicar.   [retoque.

retouch (*rí-tö'ch*) v. retocar; s.

retrace (*ritréis*) tr. desandar; volver atrás.

retract (*ritráct*) tr., intr. retractar(se), desmentir(se).

retractation (*ritractéischön*) s. retractación.

retreat (*ritrit*) s. retiro, refugio; (Mil.) retirada, retreta; intr. retirarse.

retrench (*ri-trénch*) v. cercenar, reducir, disminuir, economizar; (Mil.) atrincherar.

retribute (*retríbiut*) tr. retribuir.   [tribución.

retribution (*retribiúschön*) s. re-

retrieve (*ritrív*) tr. restablecer; reparar; recobrar, recuperar.

retriever (*ritriva*) s. perro perdiguero.   [troactivo.

retroactive (*ritroáctiv*) adj. re-

retrograde (*rétrogreid*) adj. retrógrado; intr. retrogradar, retroceder.

return (*riteen*) s. retorno; recompensa, ganancia; tr. (de)volver, retornar, recompensar; intr. volver, regresar; **return-ticket** s. billete de ida y vuelta.

reunion (*riyúnön*) s. reunión.

reunite (*riyunáit*) tr., intr. reunir(se); volver a unirse.

reveal (*ririil*) tr. revelar, esclarecer.

revel (*révél*) s. jarana, juerga.

revelation (*reveléischön*) s. revelación.

reveller (*révelar*) s. juerguista.

revelry (*révelri*) s. jarana, jolgorio, juega.

revenge (*rivénya*) s. venganza; tr., intr. vengar(se).

revengeful (*rivéndyaful*) adj. vengativo.

revenue (*réveniu*) s. (Estatal) renta, ingresos, beneficios; **Postage —**, ingreso postal.

revere (*rivía*) tr. reverenciar; venerar.   [rencia.

reverence (*révarens*) s. reveren-

reverend (*révarand*) adj. reverendo; venerable.   [rente.

reverent (*révarent*) adj. reve-

reverie (*révari*) s. ensueño; arrobamiento.

reversal (*rivesal*) s. reversión.

reverse (*rivers*) adj. reverso, invertido, s. la inversa, revés; dorso; tr. invertir, trasformar; (mec.) marcha atrás.

reversion (*rivö'rschön*) s. reversión.   [atrás, retroceder.

revert (*rivet*) v. revertir, volver

review (*riviú*) s. (mil.) revista, repaso; (lit.) reseña; tr. (mil.) revistar, hacer la crítica de.   [vistador.

reviewer (*riviua*) s. crítico, revele (*riváil*) tr. vilipendiar, vituperar, denigrar.

revise (*riváís*) tr. (Acad.) repasar; examinar; tr. revisar.

revision (*rivísion*) s. reparo, revisión.

revival (*riváival*) s. resurgimiento, reavivamiento.

revive (*riváív*) tr. hacer revivir, avivar, intr. revivir, reanimar.

revocable (*révocabl*) adj. revocable.   [vocación.

revocation (*revokéischön*) s. revoke (*rivóuk*) tr. revocar.

revolt (*rivóult*) s. revuelta; levantamiento; tr. sublevar; intr. revelarse.

revolting (*rivoulting*) adj. asqueroso, repugnante; **to be** —, dar asco.

revolution (*revoliúschön*) s. (Polít. y Mec.) revolución.

revolutionary (*revoliúyaneri*) s. revolucionario.

revolutionize (*revoliúsyanais*) tr. revolucionar.

revolve (*rivólv*) intr. rodar, girar; tr. girar; tr. hacer girar.

revolver (*rivólva*) s. revólver.

reward (*riuód*) s. recompensa, premio; tr premiar, recompensar.

rewrite (*rí-ráit*) tr. volver a escribir; refundir (un escrito).

rhetoric (*rétoric*) s. retórica.

rhetorical (*retórical*) adj. retórico.

rheumatic (*riumátic*) adj. reumático.   [matismo.

rheumatism (*riúmatism*) s. reu-rhinoceros (*rainósaros*) s. *Zoolog.* rinoceronte.

rhubarb (*rúbab*) s. *Bot.* ruibarbo.

rhyme (*ráim*) s. rima; tr. rimar; **Nursey** —, rima infantil.

rhythm (*rízm*) s. ritmo; cadencia.   [mico.

rhythmical (*rízmical*) adj. rítrib (*rib*) s. costilla; (fig.) esposa.

ribald (*ríbold*) adj. impúdico, lascivo; obsceno.

ribbon (*ríbön*) s. cinta.

rice (*ráis*) s. arroz; — **field**, arrozar; — **pudding**, arroz con leche.

rich (*rích*) adj. y s. rico, (Coc.) suculento; **to grow rich**, enriquecerse.

riches (*riches*) s. pl. riqueza, caudales.   [culencia.

richness (*richnes*) s. riqueza, su-rickety (*ríkiti*) adj. desvencijado; (Med.) raquítico.

rid [rid; rid] (*rid*) tr. librar; to **get rid of**, librarse de.

riddle (*rídl*) s. enigma; adivinanza; acertijo; tr. — **with bullets**, acribillar.

ride [rode; ridden o rode] (*ráid*) intr. cabalgar, montar; andar en bicicleta (o moto); pasear en coche (o bus); s. paseo (en coche, etcétera).

rider (*ráida*) s. jinete, ciclista, motorista, etc.

ridge (*rídya*) s. lomo; cumbre; sierra, (mar.) cresta.

ridicule (*rídikiul*) s. ridículo; ridiculez; tr. ridiculizar.

ridiculous (*ridíkiulas*) adj. ridículo, grotesco.

riding (*riading*) s. equitación; adj. de montar; intr. **to go** —, pasear a caballo.

rife (*ráif*) adj. abundante; común; numeroso; **to be** —, abundar, cundir.

rifle (*ráifl*) s. carabina; rifle; tr. robar, pillar.

rift (*rift*) s. grieta; hendidura; tr. hender.

rig (*rig*) tr. aparejar, equipar; enjarciar (un barco de vela); **to** — **oneself up** emperifollarse, ataviarse; **rigging** (*riguin*) s. aparejo, equipo; aparato; atavío; traje.

right (*ráit*) adj. derecho; recto; justo; s. derecho, razón, (mano) derecha; adv. justamente; interj. ¡muy bien!; **on the** —, a la derecha; **to be** — (con monv.) a la derecha; tr. hacer justicia, enmendar; **right hand** s. brazo derecho (también en sentido figurado).

righteous (*ráichas*) adj. justo.

righteousness (*ráichasnis*) s. rectitud, virtud.

righter (*ráita*) s. justiciero.

rightful (*ráitful*) adj. legítimo.

rightly (*ráitli*) adv. con razón, justamente, rectamente; propiamente, aptamente, debidamente.

rigid (*rídyaid*) adj. rígido, tieso.

rigor, rigour (*rígar*) s. inclemencia.

rigorous (*rígarös*) adj. riguroso; severo; (Atm.) inclemente.

rim (*rím*) s. reborde; **full to the** —, hasta el borde; borde.

rime (*ráim*) s. rima, escarcha; tr. versificar.

rind (*ráind*) s. corteza, tr. descortezar, pelar.

ring (*ring*) s. anillo(a), aro, timbre; llamada (por teléfono); **buli** —, rueda; [**rung** o **rang**; **rung**] tr. circundar; — **the bell**, tocar el timbre; — **up**, telefonear; **to** — **rings rowel** (a person.) hacer mejor que alguien.   [pequeña sortija.

ringlet (*rínglit*) s. rizo, bucle, **rink** (*rink*) s. pista de patinar; s. **Ice-rink**, pista de hielo.

rinse (*ríns*) tr. enjuagar.

riot (*ráiat*) s. tumulto, motín; intr. amotinarse, alborotar.

riotous (*ráiatös*) adj. sedicioso, alborotador, bullicioso, hilarante.   [gar, desgarrar.

rip (*rip*) s. rasgadura; tr. ras-ripe (*ráip*) adj. maduro; sazonado.   [rar.

ripen (*ráipn*) tr. e intr. madurar.

ripeness (*ráipnes*) s. madurez.

ripple (*rípl*) s. ola; rizo; murmullo; tr. rizar; intr. rizarse.

rise [rose; risen] (*ráis*) s. subir; aumento (de salario); ‐ubida (de precio); ascenso; salida (del sol); tr. aumentar, subir, ascender, salir; **to give** — **to**, ocasionar; levantar.   [gar.

risk (*rísk*) s. riesgo; tr. arriesgar.

risky (*ríski*) adj. arriesgado, peligroso, aventurado.

rising (*raising*) s. (Polít.) levantamiento; adj. ascendente.

rite (*ráit*) s. rito.

rites (*ráits*) s. exequias.

ritual (*rítiual*) adj. y s. ritual.

rival (*ráival*) adj. contrario; tr. rivalizar.

rivalry (*rívalri*) s. rivalidad.

rive [**rived**; **riven** o **rived**] (*raiv*) tr. rajar; hender.

river (*rívar*) s. río; — **Bank**, orilla del río; — **Beel**, lecho; **up the** —, río arriba; adj. fluvial.

rivet (*rívet*) s. remache; tr. remachar; afianzar.

rivulet (*ríviulit*) s. riachuelo, arroyuelo.

road (*róud*) s. camino; carretera; (Mar.) pl. rada; **road-side** s. borde de la carretera; — **way**, paso; (E. U.) **rail** —, ferrocarril.   [tr. recorrer.

roam (*róum*) intr. vagar, rondar; **roamer** (*róumar*) s. vagabundo.

roar (*róa*) s. rugido; bramido; intr. rugir.

roast (*róust*) adj. asado; tostado; s. carne asada; tr. asar, tostar, calcinar; —**er** (*rousta*) s. asador, tostador; pollo para ser asado.

rob (*rób*) tr. robar.

robber (*róbar*) s. ladrón.

robbery (*róbari*) s. robo; (fig.) **day-light** —, estafa.

robe (*róub*) s. túnica; **ward** —, guardarropa, armario.

robin (*róbin*) s. petirrojo.

robust (*robö'st*) adj. robusto; vigoroso.

rock (*rók*) s. roca, peña(asco); intr. y tr. oscilar; bambolear; — **chair**, mecedora.

rocker (*rókar*) s. mecedora; arco de una mecedora o cuna.   [rocoso.

rocky (*róki*) adj. peñascoso, **rocket** (*róket*) s. cohete.

rod (*ród*) s. var(ill)a, barrote; **fishing** —, caña de pescar, pértiga.   [de pescado).

roe (*róu*) s. (Ict.) corzo; hueva **rogue** (*róug*) s. bribón, rufián.

roguery (*róugari*) s. bribonada; picardía.

rôle (*róul*) s. papel, parte; **to play a rôle**, desempeñar un papel.

roll (*roul*) s. rollo; rodillo; panecillo; lista, registro; tr. rodar, allanar con rodillo; intr. rodar, girar.

roller (*roula*) s. rodillo; **Steam** —, aplanadora; — **Skate**, patín; — **bearings**, cojinete.

rolling (*rouling*) adj. rodadero; — **mill** (metal.) laminadora; — **pin** (Coc.) rodillo de pastelero; — **stone**, canto rodado.

Roman (*róuman*) adj. y s. romano; **Roman Catholic** adj. y s. católico (romano).

romance (*róumans*) s. romance, fábula, novela de amor; intr. fingir, mentir.   [romántico.

Romanesque (*roumanésc*) s. romar; — (rau) riña, pelea; intr.

romantic (*roumántic*) adj. romántico.   [tozar, brincar.

romp (*rómp*) s. retozo; intr. retozar.

roof (*rúf*) s. techo; tejado; azotea; tr. techar, paladar (de la boca).

rook (*rúk*) s. *Orn.* corneja, grajo; torre (de ajedrez).

room (*rúm*) s. habitación, cuarto; espacio; **bath** —, cuarto de baño; **bed** —, dormitorio; **dining** —, comedor; **sitting** —, sala de estar; **to make** —, hacer sitio.

roominess (*rúminis*) s. holgura.

roomy (*rúmi*) adj. espacioso, holgado.

roost (*rust*) s. gallinero; percha de gallinero; v. acurrucarse (las aves en la percha); pasar la noche; **rule the** —, mandar al cotarro; **rooster** (*roosta*) (E. U.) s. gallo.

root (*rút*) s. raíz; origen; tr. e intr. arraigar(se).

rope (*róup*) s. soga; cuerda; cabo; tr. atar.

rosary (*róusari*) s. rosario.

rose (*róus*) s. *Bot.* rosa; — **bush**, rosal; adj. rosa; **rose-water** s. agua de rosas.

rosebud (*róusböd*) s. capullo o botón de rosa, yema, (fig.) pimpollo.   [mero.

rosemary (*róusmeri*) s. *Bot.* ro-rosette (*rousét*) s. roseta; rosetón.

rostrum (*róström*) s. tribuna.

rosy (*róusi*) adj. (son)rosado.

rot (*rót*) s. podre(dumbre); *fam.* tontada, intr. pudrirse.

rotary (*róutari*) adj. rotatorio, giratorio, rotativo.   [rar.

rotate (*róuteit*) (*roteit*) intr. gi-rotation (*rotéischon*) s. rotación.

rota (*rout*) s. rutina, repetición maquinal; **by** — maquinalmente, de carretilla, por turno, por turnos.   [rrompido.

rotten (*rótn*) adj. podrido; co-rotter (*rotta*) s. (vulg.) granuja, sinvergüenza.   [redondo.

rotund (*rotö'nd*) adj. rotundo; **rouge** (*rúdya*) s. color(ete); tr. y r. dar(se) colorete.

rough (*rö'f*) adj. (sup.) áspero; (Geog.) quebrado; (carret.) mala; (Náut.) embravecido; — **wards**, insultos; (tiempo) inclemente. / — **guers**, a ojo de buen cubero; (pers.) inculto.   [ner(se) áspero.

roughen (*rö'fn*) tr. en intr. po-roughly (*rufli*) adv. aproximadamente, a bulto.

roughness (*rufnes*) s. aspereza; brusquedad; rudeza.

round (*ráund*) adj. redondo, s. círculo, ronda; adv. y prep. alrededor (de); tr. redondear; **round-up** s. redada, rodeo (de ganado); (Box.) asalto; **to go** — **and** —, dar más y más vueltas. / **to go** — **the bend**, volverse loco.

roundabout (*ráundabaut*) adj. indirecto; s. tiovivo; glorieta de circulación.   [dez.

roundness (*raundnes*) s. redon-rouse (*ráus*) tr. e intr. despertar(se), excitar(se).

rout (*ráut*) s. derrota, chusma; tr. derrotar.   [mino.

route (*rút*) s. ruta, rumbo, ca-routine (*rutín*) s. rutina.

rove (*róuv*) intr. recorrer, vagabundear, vagar.

rover (*róuvar*) s. vag(abund)o.

row (*róu*) s. fila, hilera; intr. remar; — (rau) riña, pelea; intr. pelearse; **to have a** —, armar un escándalo.   [gamberro.

rowdy (*ráudi*) adj. y adj. ruidoso, alborotador.

rower (*róuar*) s. remero.

royal (*róial*) adj. real; regio.

royalist (*róialist*) s. realista, monárquico.

royalty (*róyalti*) s. realeza, derechos de autor.

rub (*rö'b*) tr. frotar, s. frotamiento; tr. — **out**, borrar.

rubber (*rö'ba*) s. caucho, goma de borrar.   [ción.

rubbing (*rabing*) s. frote, fricción.

rubbish (*rö'bisch*) s. escombros; basura; —! (int.) ¡Tonterías! — **dump**, escombrera, estercolero.   [pio, cascajo.

rubble (*rabl*) s. escombros, ripio; cascajo.

ruby (*rúbi*) s. rubí.

rudder (*rada*) s. *Mar.* timón.

ruddy (*radi*) adj. rojizo, encendida; (fam.) maldito.

rude (*rúd*) adj. rudo, grosero, rústico, tosco.

rudeness (*rúdnes*) s. grosería, ignorancia; rudeza.

68 **rudiment** (*rúdiment*) s. rudimento; elemento.
rue (*rú*) s. Bot. ruda; tr. lamentar, arrepentirse. [table.
rueful (*rúful*) adj. triste, lamentable.
ruffian (*rafyan*) s. rufián, hombre brutal, matón.
ruffle (*rafel*) tr. rizar, fruncir (tela); arrugar; desarreglar; rizar (la superficie del agua); perturbar; molestar; s. volante (de un traje); frunce, pliege; ondulación (en el agua).
ruffled (*rafeld*) adj. enfadado, enojado; (mar.) rizado.
rug (*rag*) s. felpudo, alfombr(ill)a; **travelling —**, manta de viaje.
rugged (*raguid*) adj. áspero; (Geog.) escabroso; abrupto; (E. U.) viril, robusto.
ruin (*rúin*) s. ruina; tr. arruinar, estropear (Ropa).
ruinous (*rúinas*) adj. ruinoso, decrépito.
rule (*rúl*) s. regla; mando, gobierno; tr. gobernar, intr. mandar, reinar, regir; **as a —**, regla general; **to — out**, descartar.
ruler (*rúla*) s. gobernante; regla (de dibujo).
ruling (*rúling*) s. (Leg.) fallo, decisión; gobierno; adj. predominante, prevaleciente; principal.
rum (*ram*) s. ron; (fam.) aguardiente; (fam. Ingl.), raro, extraño.
rumble (*rambl*) s. alboroto, estruendo, retumbo; tr. e intr. retumbar; (fam.) **to rumble** (estómago), moverse la tripa.
ruminant (*rúminant*) adj. y s. rumiar; (fig.) meditar.
ruminate (*rúmineit*) tr. e intr. rumiar.
rummage (*ramidya*) v. escudriñar revolviéndolo todo; — búsqueda desordenada; — **sale** venta de prendas usadas (para beneficencia).
rumour (*rúmar*) s. rumor; **it is — that**, se dice que.
rump (*ramp*) s. grupa.
rumple (*rample*) v. estrujar, ajar; arrugar; s. arruga (en un traje).
rumpus (*rampas*) s. barullo, escándalo, batahola.
run (*ran*) s. carrera; corrida; curso; [**ran**; **run**] intr. correr, pasar, funcionar; tr. hacer funcionar, deslizar, dirigir; **in the long —**, a la larga. [tivo.
runaway (*ranauei*) adj. y s. fugitivo.
rung (*rang*) s. barrote, travesaño (de silla, escalera de mano).
runner (*rana*) s. corredor; tapete; contrabandista.
running (*raning*) s. corrida, carrera; dirección; adj. de correr; (med.) supurante.
runway (*rannei*) s. pista (de aterrizaje).
rupture (*rapcha*) s. rotura; (Med.) hernia; tr. e intr. romper(se), herniarse. [cillo.
runt (*rant*) s. enano; hombre
rural (*rúral*) adj. rural, rústico.
f **rush** (*rasch*) s. ímpetu, prisa, afluencia, tropel; Bot. junco; intr. (aba)lanzarse; tr. apresurarse; **— hour**, hora punta.
rusk (*dask*) s. galleta, rosca.
Russian (*raschan, rúschon*) adj. y s. ruso.

rust (*rast*) s. óxido, orín; tr. e intr. oxidarse.
rustic (*rastic*) adj. rústico; s. patán, paleto.
rustiness (*rastines*) s. moho, herrumbre, óxido.
rustle (*rasl*) s. susurro; crujido; intr. susurrar, crujir; (fam.) (E. U.) robar ganado.
rusty (*rasti*) adj. mohoso; oxidado; torpe (por falta de práctica).
rut (*rat*) s. carril; (fig.) rutina; rodada; (zool.) celo; tr. hacer rodadas; intr. (zool.) estar en celo; **to be in a —**, ser rutinario.
ruthless (*rúzles*) adj. cruel, despiadado, implacable.

S s

Sabbath (*sabaz*) s. sábado (judío); domingo (cristiano).
sable s. (zool.) cebellina (y su piel), marta. [taje.
sabotage (*sábotadch*) s. sabotaje.
sabre (*séiba*) s. sable.
saccharin (*sácarin*) s. sacarina.
sack (*sak*) s. saco; talega; (fam.) despido; tr. ensacar; (fam.) despedir. [lico.
sacrament (*sácrament*) s. sacramento. [sacramental.
sacramental (*sacraméntal*) adj.
sacred (*séicrit*) adj. sagrado.
sacredness (*séicrednes*) s. santidad.
sacrifice (*sácrifais*) tr. e intr. sacrificar; renunciar; s. sacrificio. [gio.
sacrilege (*sácriledch*) s. sacrilegio.
sacrilegious (*sacrilídchös*) adj. sacrílego. [lico.
sad (*sád*) adj. triste, melancólico.
sadden (*sádn*) tr. entristecer; intr. entristecerse.
saddle (*sádl*) s. silla de montar; sillín (de bicicleta).
saddler (*sádlar*) s. guarnicionero.
sadism (*séidisam*) s. sadismo.
sadist (*séidist*) s. sádico.
sadistic (*sadístic*) adj. sádico, cruel. [melancolía.
sadness (*sádnes*) s. tristeza.
safe (*séif*) adj. seguro; salvo; ileso, a prueba de; s. arca, caja de caudales; **— and sound**, sano y salvo.
safeguard (*séifgard*) s. salvaguardia; resguardo, defensa; tr. resguardar, proteger, salvaguardar.
safely (*seifly*) adv. sano y salvo, ileso, sin novedad.
safeness (*séifnes*) s. seguridad.
safety (*séifti*) s. seguridad; — **belt**, salvavidas; — **pin**, alfiler imperdible.
saffron (*sáfrön*) s. Bot. azafrán.
sag (*sag*) s. comba; intr. combarse, hundirse; aflojar.
sagacious (*saguéischös*) adj. sagaz, astuto.
sagaciousness (*saguéischösnes*) s. sagacidad.
sagacity (*sagásiti*) s. sagacidad.
sage (*séidch*) s. sabio; Bot. salvia; adj. prudente; juicioso.
sail (*séil*) s. vela; tr. navegar; zarpar.
sailing (*séiling*) s. navegación (a vela); **sailing-boat**, bote o barco de vela, velero.
sailor (*séilör*) s. marinero; marino.

saint (*séint*) s. santo,(a); adj. santo; piadoso; **all — s' day**, todos los santos.
sake (*séik*) s. causa; fin; razón. **for God's —!** ¡por el amor de Dios! **for the — of**, por amor de.
salad (*sálad*) s. ensalada; **salad bowl**, ensaladera.
salary (*sálari*) s. salario, sueldo.
sale (*séil*) s. venta; **on —**, en venta, saldo.
salesman (*séilsmen*) s. viajante, representante; dependiente.
salient (*séilyant*) adj. saliente, sobresaliente; prometiente.
saliva (*saláiva*) s. saliva.
sallow (*sálou*) adj. amarillento, lívido, pálido.
sally (*sáli*) s. ocurrencia, salida; Mil. salida; intr. Mil. salir, avanzar. [salmonado.
salmon (*sámön*) s. salmón; adj.
saloon (*sölún*) s. salón; taberna. Amer. taberna.
salt (*sólt*) s. sal; gusto; agudeza; **salt-cellar**, salero de mesa; adj. salado; tr. salar.
salpetre (*sóltpitar*) s. salitre, nitro; — **mine** salitral, salitrera. [lazón.
salting (*sólting*) s. saladura, salazón.
salty (*sólti*) adj. salado.
salubrious (*saliúbriös*) adj. salubre, saludable.
salubrity (*saliúbriti*) s. salubridad. [lutación.
salutation (*saliutéischön*) s. salutación.
salute (*saliút*) s. salutación, saludo (militar); tr. saludar, cuadrarse.
salvage (*sálvdch*) s. Mar. salvamento; tr. salvar, rescatar; — **ship**, buque de rescate.
salvation (*salvéischön*) s. salvación.
salve (*salv*) s. emplasto, ungüento, pomada; tr. salvar.
salvo (*sálvou*) s. salvedad, excepción. Mil. salva.
same (*séim*) adj. mismo, igual; **the same**, lo mismo; **the — to you**, igualmente.
sameness (*eimnes*) s. igualdad, identidad, monotonía.
sample (*sámpl*) s. muestra tr. probar.
sanatorium (*sanatóuriam*) s. sanatorio. [car.
sanctify (*sánctifai*) tr. santificar.
sanctimonious (*sanctimóniös*) adj. beato, santurrón.
sanction (*sáncschön*) s. sanción, tr. sancionar.
sanctuary (*sanctoari*) s. santuario; asilo, refugio.
sand (*sánd*) s. arena; — **bank**, arenal, Naut. barra; — **storm**, tormenta de arena.
sandal (*sándal*) s. sandalia; Bot. sándalo.
sandpaper (*sándpeipar*) s. papel de lija; tr. lijar, pulir.
sandstone (*sándstoun*) s. piedra arenisca.
sandwich (*sánduich*) s. emparedado; bocadillo.
sane (*séin*) adj. sano; cuerdo.
sanguinary (*sángüineri*) adj. sanguinario. [neo.
sanguine (*sángüin*) adj. sanguíneo.
sanitary (*sániteri*) adj. sanitario, higiénico; — **towel**, paño higiénico.
sanitation (*sanitéischön*) s. saneamiento; salubridad.
sanity (*sániti*) s. cordura, juicio, razón.
sap (*sáp*) s. Bot. savia; Mil. zapa; tr. zapar, (fam. E. U.) necio, idiota.

sapling (*sápling*) s. vástago, renuevo; arbolillo.
sapphire (*sáfair*) s. zafiro.
sarcasm (*sárcasm*) s. sarcasmo.
sarcastic (*sárcastic*) adj. sarcástico.
sardine (*sardín*) s. sardina.
sash (*sasch*) s. faja (de seda), banda; — **window**, ventana de guillotina.
Satan (*séitan*) s. Satanás.
satanic (*satánic*) adj. satánico, diabólico. [tera (escolar).
satchel (*sáchel*) s. bolsa; cartera.
sate (*seit*) tr. saciar.
sateen (*satín*) s. satén.
satellite (*sátelait*) s. satélite.
satiate (*séichieit*) tr. saciar; hartar; adj. harto.
satiety (*satíati*) s. saciedad.
satin (*sátin*) s. raso.
satire (*sátaia*) s. sátira.
satiric (*satíric*) adj. satírico.
satirist (*sátirist*) s. (escritor) satírico.
satirize (*sátirais*) tr. satirizar.
satisfaction (*satisfácschön*) s. satisfacción; desagravio.
satisfactory (*satisfáctori*) adj. satisfactorio.
satisfy (*sátisfai*) tr. e intr. satisfacer, resarcir.
saturate (*sáchereit*) tr. saturar.
saturation (*sachiuréischön*) s. saturación.
Saturday (*sátedi*) s. sábado.
sauce (*sós*) s. salsa; tr. condimentar; (fig.) poner pimienta en; (fam.) impertinente.
saucepan (*sóspan*) s. cacerola, cazo.
saucer (*sósör*) s. plati:o; **flying —**, platillo volante.
sauciness (*sósines*) s. descaro, desvergüenza.
saucy (*sósi*) adj. descarado; alegre; (fam.) coquetón. [gar.
saunter (*sónta*) intr. pasear; vagar.
sausage (*sósidye*) s. salchicha; embutido; **Spanish —**, chorizo. [vaje.
savage (*sáviddye*) adj. y s. salvaje.
savagery (*sáviddyeri*) s. salvajismo. [pradera.
savanna(h) (*savána*) s. sabana.
savant (*sávönt*) s. sabio.
save (*séiv*) tr. salvar, ahorrar. prep. salvo; excepto; conj. sino; a menos que, pl. **savings**, ahorros; — **bank**, Caja de Ahorros.
saviour (*séiveia*) s. salvador.
savour (*séivör*) s. gusto; sabor; tr. saborear.
savoury (*séiveri*) adj. sabroso.
savvy (*sávi*) s. (fam.) saber, «vista», «mano derecha»; —? ¿entiende vd?
saw (*só*) s. sierra; proverbio; refrán; [**sawed**; **sawed** o **sawn**] tr. e intr. (a)serrar; (pr. de ser).
sawdust (*sódast*) s. serrín.
sawmill (*sómil*) s. aserradero, serrería.
Saxon (*sácson*) adj. y s. sajón.
saxophone (*sáxofoun*) s. saxofón.
say [**said**; **said**] (*séi*) tr. e intr. decir; s. opinión, voz; —!, ¡oiga! **they —**, se dice, dicen. [proverbio.
saying (*séing*) s. dicho; refrán.
scab (*scab*) s. costra. [funda.
scabbard (*scábard*) s. vaina de espada.
scabby (*seábi*) adj. costroso; roñoso, sarnoso, tiñoso.
scabies (*scabiys*) s. Med. sarna.
scabrous (*skéibrös*) adj. escabroso. [cadalso.
scaffold (*scáföld*) s. andamio,

scaffolding (scáfölding) s. andamiaje. [caldadura.

scald (scóld) tr. escaldar; s. escalding (scaulding) s. escaldadora; adj. descaldar.

scale (skéil) s. (com.) balanza, báscula; Mus. y Cart. escala, gama; Zool. y Bot. escama, costra; tr. (des)escamar, raspar; escalar.

scales (skéils) s. balanza(s).

scallop (skalop) s. concha, pechina; molusco bivalvo; —s, festón; tr. festonear.

scalp (scálp) s. cuero cabelludo; tr. escalpar. [pelo.

scalpel (scálpel) s. Med. escalscaly (scali) adj. escamoso.

scamp (skamp) s. pícaro, bribón, bellaco.

scamper (scámpar) s. fuga; intr. escabullirse.

scan (scán) tr. escudriñar, otear.

scandal (scándal) s. escándalo.

scandalize (scándalais) tr. escandalizar. [scoop (scúp)

scandalous (scándalös) adj. escandaloso, vergonzoso.

scant (scánt) s. escaso; corto.

scantiness (scántines) s. escasez. [guo.

scanty (scánti) adj. escaso, exiscapegoat (skeipgout) s. cabeza de turco; (fig.) salida, disculpa. [cicatrizar(se).

scar (scár) s. cicatriz; tr. intr.

scarce (skérs) adj. escaso, raro.

scarcity (scéasiti) s. escasez.

scarcely (skérsli) adv. apenas; — ever, casi nunca.

scare (skéa) tr. espantar; asustar; s. susto, sobresalto; to — away, ahuyentar.

scarecrow (skéacrou) s. espantajo, espantapájaros.

scarf (scárf) s. bufanda.

scarlet (scárlet) s. y adj. escarlata; Med. — fever, escarlatina. [alarmante.

scary (skari) adj. espantadizo,

scatter (scátar) tr., intr. esparcir(se), dispersar; diseminar; Agric. sembrar.

scaltered (scated) adj. desparramado, diseminado.

scatenge (scatedye) tr. e intr. recoger la basura; aprovechar los despojos.

scene (stín) s. escena; paisaje; panorama. [decorado.

scenery (sínari) s. paisaje; Teat.

scent (sént) s. olfato, olor, perfume; rastro; tr. olfatear.

sceptic (sképtic) s. escéptico.

sceptical (sképtical) adj. escéptico. [cepticismo.

scepticism (sképtisism) s. es-

sceptre (septa) s. cetro.

schedule (chedual) s. cédula; lista, horario.

scheme (skíim) s. proyecto, esquema, plan, tr., intr. proyectar.

schismatic (skismátic) s. y adj. cismático; disidente.

schism (skism) s. Eccl. cisma.

scholar (scólar) s. erudito, letrado, sablo, escolar.

scholarly (scólarli) adj. erudito, sabio, docto; adv. eruditamente. [ca; erudición.

scholarship (scólarschip) s. be-

school (scúl) s. escuela, colegio; tr. instruir, enseñar; boarding —, internado; grammer —, instituto; secondary-modern —, universidad laboral.

schoolboy (scúlboi) s. colegial.

schoolgirl (scúlgörl) s. colegiala.

schooling (scúling) s. instrucción (elemental).

schoolmaster (scúlmaster) s. maestro (de escuela).

schoolmate (scúlmeit) s. condiscípulo, compañero de escuela. [maestra

schoolmistress (scúlmistres) s.

schoolroom (scúlrum) s. clase, aula.

schooner (skúna) s. Naut. goleta; vaso grande para cerveza; prairie —, galera con toldo, gran carro de los pioneros.

science (sáiens) s. ciencia.

scintillate (sintilait) intr. centellear. [tífico.

scientific (saiehtífic) adj. clenscion (sáion) s. Bot. vástago.

scissors (sísars) s. pl. tijeras.

scoff (scóf) s. mofa, burla; intr. mofarse; (fam.) zamparse.

scold (scóuld) tr. e intr. regañar; reprender.

scoop (scúp) s. pala de mano, cucharón (coc.); (period.) primicia; Naut. achicador. tr. sacar con pala.

scoot (skut) intr. escabullirse, correr, irse a toda prisa.

scooter (skúta) s. motocicleta tipo vespa; patinete de niño.

scope (scóup) s. alcance, propósito, objeto, mira.

scorch (scórch) tr. chamuscar; abrasar (el sol); intr. abrasarse.

score (scóa) s. muesca; veintena; Dep. tanteo; Mus. partitura; tr. marcar un tanto.

scorn (scórn) s. desdén; desprecio; tr. despreciar.

scornful (scaunful) adj. desdeñoso. [pión; alacrán.

scorpion (scórpiön) s. escorScot (skot) s. escocés.

scotch (scótch) tr. aplastar; Mec. calzar; s. Mec. calzo; hopscotch, infernáculo; adj. escocés. [canalla; bribón.

scoundrel (scáundrel) s. y adj.

scour (scáua) tr. fregar.

scourge (scoodye) s. azote; tr. azotar; castigar.

scout (scáut) s. Mil. explorador; escucha; batidor; tr., intr. explorar.

scowl (scául) s. ceño; intr. mirar con ceño.

scramble (scrámbl) s. (ar)rebatiña, trepa; tr. arrebatar; intr. trepar; (coc.) revolver; — eggs, huevos revueltos; motor cycle —, moto-cros, trial.

scrap (scrap) s. Met. chatarra; pl. sobres; — paper, papel viejo; — bock, álbum de recortes; not a —, ni pizca; tr. (fam.) reñir; desechar, retirar.

scrape (scréip) s. raspadura; tr. intr. rascar, raspar.

scratch (scrach) s. rasguño, arañazo; rayadura; tr. arañar; rascar, rayar.

scrawl (skrol) s. garabato; tr. hacer garabatos, escribir mal.

scrawny (skróni) adj. huesudo, flaco.

scream (scrím) s. grito; intr. gritar, chillar, chillido; (fam.) cómico. [ría.

screaming (scríming) s. gritescreech (scrich) s. chillido; intr. chillar.

screen (scrín) s. (cine) pantalla;; (hosp.) biombo; tr. cubrir, ocultar.

screw (scrú) s. tornillo; atornillar; screw-driver, destornillador.

scribble (scríbl) s. garabato; tr. garabatear.

script (scrípt) s. escritura; guión (cinematográfico), ejercicio escrito.

Scripture (scripcha) s. La Sagrada Escritura.

scrofulism (scrófiulism) s. escrofulismo. [crofuloso.

scrofulous (scrófiulös) adj. es-

scroll (scról) s. rollo de papel o pergamino.

scrub (skröb) tr. fregar; restregar; s. Bot. maleza; adj. bajo, inferior.

scruff (scröf) s. cogote.

scruffy (scrafi) adj. (fam.) sucio, desordenado, «gitano».

scruntch (crunya) tr. crujir.

scruple (scrupl) s. escrúpulo.

scrupulous (scrúpiulös) adj. escrupuloso.

scrutinize (scrútinais) tr. escudriñar; examinar.

scrutiny (scrútini) s. escrutinio. [riña; intr. reñir.

scuffle (ska'fl) s. contienda;

sculptor (skalpta) s. escultor.

sculptress (ska'lptres) s. escultora.

sculpture (skalpcha) s. escultura; tr., intr. esculpir.

scum (skam) s. (pers.) hez; espuma, escoria; tr. espumar.

scurf (skeef) s. costra, caspa.

scurrility (skeeríliti) s. grosería.

scurrilous (skee'rilas) adj. grosero, procaz.

scurry (skeeri) tr. escabullirse; echar a correr, apresurarse; apresuramiento; corrida, carrera.

scuttle (skeetl) intr. echar a correr; barrenar (un buque); echar a pique; s. escotilla; balde (para carbón).

scythe (saiz) s. guadaña.

sea (sí) s. mar; océano; golpe de mar; at —, en el mar; (fig.) indeciso, perplejo; — dog, lobo de mar. [mar.

seaboard (sibord) s. orilla del

seagull (sigal) s. gaviota.

seal (síl) s. sello; timbre; Zool. foca; tr. sellar; lacrar; sealing-wax, lacre.

seam (sím) s. costura; cicatriz; Min. veta, filón.

seaman (síman) s. marino, marinero (plural seamen).

seamstress (símstres) s. costurera. [(fig.) peor.

seamy (símil) adj. con costuras;

seaplane (síplein) s. hidroavión.

seaport (síport) s. puerto de mar.

search (sö'rch) s. búsqueda; Nav. registro; tr., intr. buscar; indagar.

searchlight (sö'rchlait) s. reflector. [toral.

seashore (sí-schór) s. costa, li-

seasick (sísic) adj. mareo.

seasickness (sísikuis) s. mareo.

season (sisn) s. estación (del año); temporada; tr. sazonar; out of —, en veda; — ticket, abono. [tuno.

seasonable (sísonabl) adj. opor-

seasoned (sísand) adj. picante, sazonado. [especias.

seasoning (sísoning) s. picante.

seat (sít) s. asiento; silla; pl. localidad; tr. (a) sentar.

seaweed (sínid) s. alga marina.

seaworthy (seueedri) adj. marinero. [sión.

secession (siséschön) s. sece-

secessionist (siséschönist) s. secesionista.

secluded (secludid) adj. recogido, apartado. [soledad.

seclusion (siclúchön) s. retiro,

second (sékand) adj. segundo; s. segundo; — hard, de segunda mano, de ocasión.

secondary (séköndari) adj. secundario. [gilo, misterio.

secrecy (sícresi) s. secreto; si-secret (sícret) adj. y s. secreto.

secretary (sécreteri) s. secretario. [ción, exudación.

secretion (sikríschön) s. secre-

sect (séct) s. secta.

sectarian (sectérian) adj. y s. sectario.

section (sécschön) s. sección; porción; (com.) departamento.

sector (séktar) s. sector.

secular (sékyular) adj. secular; seglar. [larizar.

secularize (sékiularais) tr. secu-

secure (sikiúa) adj. seguro, firme; tr. atar, asegurar.

security (sikyüóriti) s. garantía, seguridad.

securities (sekiúrities) Com. s. valores, obligaciones.

sedate (sidéit) adj. sosegado; sereno; serio.

sedative (sédativ) s. calmante.

sedentary (sédenteri) adj. sedentario. [mento; poso.

sediment (sédiment) s. sedi-

sedition (sidíschön) s. sedición, rebeldía.

seditous (sidishos) adj. sedicioso. [honrar.

seduce (sidiús) tr. seducir, des-seducer (sidiúsar) s. seductor.

seduction (sidacshön) s. seducción.

seductive (sidactiv) adj. seductor, atractivo.

see [saw; seen] (sí) tr. e intr. ver; — about, cuidar de; — off, tr. despedir; — that, ver de; — through, calar, detectar. [ta Sede.

see (si) s. sede; Holy See, San-

seed (síd) s. semilla; simiente; tr. sembrar.

seedy (sidi) adj. semellento; (pers.) andrajoso.

seek [sought; sought] (sík) tr. e intr. buscar; inquirir; intentar; hide —, escondite.

seem (sím) intr. parecer.

seeming (síming) s. apariencia; adj. aparente. [pulcro.

seemly (símli) adj. decoroso,

seep (sip) intr. escurrirse, rezumarse, colarse, filtrarse.

seer (siar) s. vidente, adivino, profeta. [ce; balancín.

seesaw (síso) s. vaivén; balan-

seethe [seethed o sod; seethed o sodden] (seez) intr. hervir, bullir.

seething (seezing) adj. en ebullición; (fig.) exaltado. [to.

segment (ségment) s. segmen-

segregate (ségregueit) adj. segregado; tr. segregar.

segregation (segregueischön) s. segregación.

seize (siis) tr. e intr., coger; asir; (pers.) prender, (prop.) embargar.

seizure (sisia) s. asimiento; embargo; en captura.

seldom (séldöm) adv. raramente, pocas veces.

select (siléct) adj. selecto; escogido; tr. seleccionar.

selection (silécschön) s. selección, surtido.

self (*sélf*) pron. y adj. mismo, propio; s. el yo, uno mismo; **one —**, uno mismo; **by — self**, solo.

self-command (*self-comand*) s. control de sí (mismo).

self-confidence (*—confidens*) s. seguridad en sí (mismo).

self-conscious (*—conshous*) adj. tímido. [indepediente.

self-contained (*—containd*) adj.

self-defence (*—defense*) adj. en defensa propia.

selfish (*sélfish*) adj. egoísta.

selfishness (*sélfischnes*) s. egoísmo. [idéntico.

selfsame (*sélfseim*) adj. mismo,

self-service (*—servis*) s. auto-servicio. [dacta.

self-taught (*—taut*) adj. auto-di-

sell [**sold; sold**] (*sél*) tr. vender; traficar; intr. venderse; **— out**, agotarse.

seller (*sélar*) s. vendedor; **best —**, el más vendido, el mayor éxito. [janza; ficción.

semblance (*sémblans*) s. seme-

semicolon (*semicólön*) s. punto y coma.

seminar (*seminár*) s. seminario (de estudiantes universitarios). [narista.

seminarist (*séminarist*) s. semi-

seminary (*séminari*) s. seminario (religioso).

senate (*sénet*) s. senado.

senator (*sénatar*) s. senador.

send [**sent; sent**] (*sénd*) tr. e intr. enviar; expedir; **to — out**, (person.) echar fuera, despedir; (com.) despachar; **— back**, devolver; **— word**, avisar.

sender (*séndar*) s. remitente.

send-off (*sénd-off*) s. despedida. [co; chocho.

senile (*sínail*) adj. senil, cadu-

senior (*sínia*) adj. mayor; más antiguo; decano; s. decano, señor (mayor), padre.

seniority (*sinióriti*) s. antigüedad. [sación.

sensation (*senseichon*) s. sen-

sense (*séns*) s. sentido; juicio; **common —**, sentido común.

senseless (*sénsles*) adj. insensible; absurdo. [sibilidad.

sensibility (*sensibíliti*) s. sen-

sensible (*sénsibl*) adj. sensato, cuerdo. [vo, sensible.

sensitive (*sénsitiv*) adj. sensiti-

sensorial (*sensórial*) adj. sen-sorial.

sensual (*sénsiual*) adj. sensual.

sentence (*séntens*) s. Gram. oración. *Leg.* s. sentencia; tr. sentenciar. [miento.

sentiment (*séntiment*) s. senti-

sentimental (*sentiméntal*) adj. sentimental.

sentry (*séntri*) s. centinela; **— Box**, garita.

separate (*séparet*) adj. separado; (*separeit*) tr. separar; intr. apartarse. [paración.

separation (*separéischön*) s. se-

September (*septémba*) s. septiembre. [sepultura.

sepulchre (*sepulca*) s. sepulcro;

sequel (*sícuel*) s, secuela; consecuencia. [cuencia.

sequence (*sícuens*) s. serie, se-

serenade (*serinéid*) s. serenata.

serene (*serín*) adj. sereno, sosegado, apacible. [calma.

serenity (*serénii*) s. serenidad,

sergeant (*saadyent*) s. sargento.

serial (*sírial*) adj. consecutivo; s. serial.

series (*síriis*) s. serie.

serious (*sírias*) adj. serio; grave.

seriousness (*síriasnes*) s. seriedad; gravedad.

sermon (*seemon*) s. sermón.

serpent (*seerpent*) s. serpiente; sierpe.

serrated (*sereited*) adj. dentado; (bot.) serrado. [apiñado.

serried (*serid*) adj. apretado,

serum (*síröm*) s. suero.

servant (*seevant*) s. sirviente; **man —**, criado; **maid —**, doncella.

serve (*seev*) tr. e intr. servir.

service (*seevis*) s. servicio; **National Health —**, Seguro de enfermedad; **after sales —**, servicio post venta.

serviceable (*seevisabl*) adj. útil, duradero.

servile (*seervail*) adj. servil.

servitude (*seevityud*) s. servidumbre.

session (*seshön*) s. sesión.

set [**set; set**] (*sét*) s. conjunto, grupo; (dom.) juego; adj. reglamentario, obstinado; **[set; set]** tr. poner; (Coc.) cuajar; **— aside**, poner un lado; **— down**, establecer; **— fire**, incendiar; **— off**, partir, salir; **— sail**, (náut.) zarpar; **— up**, establecerse. [po.

set-back (*sétbac*) s. contratiempo.

settee (*setí*) s. canapé, sofá.

setter (*seta*) s. (mech.) montador; (Can) perdiguero.

setting (*séting*) s. colocación; puesta (del sol); (joy.) engaste; (teat.) decorado; (fot.) fondo.

settle (*sétl*) tr. colocar; fijar; decidir; saldar; **apaciguar**; intr. establecerse; **— down**, echar raíces.

settled (*sételd*) adj. colocado; sosegado, acordado.

settlement (*sétlment*) s. establecimiento; colonia; arreglo.

settler (*sétla*) s. colono.

seven (*sévn*) adj. y s. siete; **at sixes and —s**, embarullado, desordenado.

seventy (*sévnti*) adj. setenta.

sever (*séva*) tr. e intr. separar(se); cortar, cercenar.

several (*sévaral*) adj. y pron. varios. [tero.

severe (*sevía*) adj. severo; aus-

severity (*sevariti*) s. severidad.

sew (*sóu*) tr. e intr. coser; **—ing machine**, máquina de coser.

sewer (*sóua*) s. costurera; (*siuer*) cloaca.

sewers (*siuers*) s. alcantarillado.

sewing (*sóuing*) s. costura.

sex (*secs*) s. sexo; **the fair —**, el sexo bello.

sexton (*sécstan*) s. sepulturero; sacristán.

sexual (*séxiual*) ad, sexual.

shabbiness (*schábines*) s. desaseo, desgaste, ruina, mezquindad.

shabby (*shábi*) adj. (pers.) andrajoso, raído, desharrapado; viejo, ruinoso.

shack (*schak*) s. cabaña, choza; (Amér.) bohío.

shackle (*schakl*) tr. encadenar; trabar; estorbar; **— s. pl.** cadenas, trabas, esposas; estorbo.

shade (*shéid*) s. sombra; matiz; (lámp.) pantalla; tr. sombrear.

shadow (*schádou*) s. sombra, aparición; (fig.) pizca, inseparable. [brío.

shadowy (*schádoui*) adj. um-

shady (*schéidi*) adj. sombrío, sombriado; (fam.) sospechoso.

shaft (*scháft*) s. (mech.) eje; flecha; (arq.) fuste; mango; (min.) pozo.

shaggy (*schágui*) adj. peludo; lanudo; desaseado; desmelenado.

shake [**shook; shaken**] (*schéik*) tr. agitar, sacudir; blandir; (manos) (estrechar la mano); intr. estremecerse; s. sacudida; aprotón de manos.

shaky (*sheiki*) adj. duboso, débil, poco firme. [cimiento.

shaking (*schéiking*) s. estreme-

shall (*schal*) verbo aux. def. para el futuro.

shallow (*schálou*) adj. poco profundo, superficial, badoso; s. bajío.

shallowness (*schalounes*) s. poco profundidad; (fig.) superficialidad.

sham (*schám*) s. ficción; adj. postizo; intr. fingir.

shamble (*schambl*) intr. andar vacilando.

shambles (*schambls*) s. matadero, debacle; (fam.) **Its a —!**, ¡es una porquería!

shame (*schéim*) s. vergüenza; tr. avergonzar.

shamefaced (*schéimfeisd*) adj. tímido; vergonzoso.

shameful (*schéimful*) adj. vergonzoso.

shameless (*schéimles*) adj. desvergonzoso; s. sin vergüenza.

shampoo (*schampú*) s. champú, lavado de la cabeza; tr. lavar.

shamrock (*schámrok*) s. (bot.) trébol.

shank (*schank*) s. canilla (parte inferior de la pierna); zanca; **— Pony**, coche de San Fernando.

shanty (*schánti*) s. choza, cabaña, casucha; **— town**, «chabolas».

shape (*schéip*) s. formar; figura; tr. dar forma, modelar.

shapeless (*schéiples*) adj. disforme.

shapely (*schéipli*) adj. proporcionado; (fam.) de buena figura.

share (*screar*) s. parte; porción. *Com.* acción; tr. compartir; **— out**, repartir.

shareholder (*scheajolda*) s. accionista.

sharing (*shearing*) s. reparto.

shark (*schárk*) s. *Ict.* tiburón, escualo; (com.) pillastre.

sharp (*schárp*) adj. agudo; afilado, listo; s. estafador; **be —!**, ¡date prisa!

sharpen (*schárpen*) tr. e intr. afilar; s. afilador.

sharpener (*shapena*) s. afilador, amolador; **pencil —**, afila.

sharper (*schárpar*) s. estafador; **card —**, tahur, fullero.

sharpness (*schárpnes*) s. agudeza, filo.

shatter (*scháta*) tr. hacer pedazos; (fig.) sorprender, romper; intr. hacerse añicos.

shave [**shaved; shaved** o **shaven**] (*schéiv*) tr. rasurar; afeitar; s. afeitado; **a close —**, por los pelos; **—r** (*sheiva*) afeitadora. [afeitar.

shaving (*schéiving*) adj. para

shavings (*schéivings*) s. virutas.

shawl (*schól*) s. chal.

she (*schi*) pron. ella, la que; s. hembra.

sheaf (*schíf*) s. gavilla; garba; haz; tr. agavillar.

shear [**sheared; sheared** o **shorn**] (*schía*) tr. esquilar.

shears (*schía*) s. pl. tijeras grandes, podadera.

sheath (*schíz*) s. vaina; funda; estuche.

sheathe (*schid*) tr. forrar; *Náut.* aforrar; envainar.

shed (*schéc*) s. cobertizo; **[shed; shed]** tr. verter; *Zool.* mudar.

shedding (*schéding*) s. derramamiento; *Zool.* muda.

sheen (*schin*) s. lustre, viso.

sheep (*schíp*) s. carnero, oveja(s), ganado lanar; **— dog**, perro pastor.

sheepish (*schípisch*) adj. vergonzoso, encogido, tímido.

sheer (*schea*) adj. puro.

sheet (*schíit*) s. sábana; (papel) hoja; (com.) lámina, plancha.

shelf (*schélf*) s. estante.

shell (*schél*) s concha, cáscara, cascarón; (mil.) granada, bomba; tr. descacarar, bombardear; **shell-fish**, mariscos.

shellac (*schelák*) s. laca; v. barnizar con laca.

shelter (*schélta*) s. refugio, albergue, asilo; tr. e intr. guarecer(se), proteger(se).

shelve (*schélv*) intr. archivar; aplazar.

shepherd (*schépard*) s. pastor.

sheriff (*scheerif*) s. alguacil mayor. [rez.

sherry (*schéri*) s. (vino de) Je-

shield (*schíld*) s. escudo; tr. escudar, proteger.

shift (*schíft*) s. cambio, turno, recurso, ardid; tr., intr. cambiar(se), mover(se).

shiftless (*schíftlis*) adj. negligente; holgazán. [tremolar.

shimmer (*shima*) s. tremor; intr.

shin (*schin*) s. canilla.

shinbone (*schinboun*) s. tibia.

shine (*scháin*) s. brillo; esplendor; **[shone; shone]** intr. brillar, lucir; tr. pulir, limpiar; **sun —**, sol.

shingle (*schingl*) s. ripia, tabla delgada; pero corta escalonada; tr. cubrir con tejamaniles; (mar.) guijarros, cascajo. [brillante.

shiny (*scháini*) adj. lustroso,

ship (*schíp*) s. barco, buque, nave; tr. embarcar, transportar.

shipment (*schípment*) s. embarque; remesa, cargamento.

shipping (*schíping*) s. buques; expedición; navegación, embarco; (adj.) martíimo, navegación, naviera.

shipwreck (*schíprec*) s. naufragio; (Náut.) casco; tr. hacer naufragar; **to be —**, naufragar.

shipyard (*schípyard*) s. astillero. [dado.

shire (*schía* o *scháia*) s. con-

shirk (*sheek*) tr. eludir, esquivar; intr. esconderse.

shirt (*sheet*) s. camisa.

shiver (*schíva*) s. temblor, escalofrío; intr. tiritar.

shivering (*schívaring*) s. escalofrío.

shoal (*schóul*) s. multitud; banco de peces; adj. poco profundo.

shock (*schók*) s. (med.) trauma; sobresalto; conmoción; tr. disgustar, asombrar.

shocking (*schóking*) adj. horroroso, terrible, ofensivo

shoe (schú) s. zapato; herradura; [**shod**; **shod**] tr. calzar, herrar; **shoe-lace**, **shoe-string**, lazo, cordón del zapato.   [botas.
shoeblack (schublac) s. limpiabotas.
shoehorn (schújorn) s. calzador.
shoemaker (schúmeika) s. remendón, zapatero.
shoot (schút) s. (bot.) brote; [**shot**; **shot**] tr. disparar; (dep.) chutar; — **down**, derribar.
shooter (schúta) s. tirador.
shooting (schúting) s. tiro, tiroteo; caza menor; — **range**, campo de tiro.
shop (schóp) s. tienda; taller; tr. e intr. ir de tiendas, comprar; — **assistant**, dependiente.   [dero (a].
shopkeeper (schópkipa) s. tendero.
shopping (schóping) s. compra(s); **to go** —, ir de compras.   [playa, orilla.
shore (schóa) s. costa, ribera,
short (schóot) adj. corto; bajo; adv. brevemente; **short-sighted**, miope; (fig.) corto de miras; **in** —, en resumen.
shortage (schórtidch) s. escasez.   [deficiencia
shortcoming (schórtcaming) s.
shorten (schotn) tr. acortar, abreviar.
shortening (schótning) s. manteca, grasa (para hacer pasteles); acortamiento; abreviación.
shorthand (schórtjand) s. taquigrafía; —**typist**, taquimecanógrafa.
shortly (schótli) adv. brevemente; al instante; bruscamente.
shortness (schórtnes) s. brevedad.   [cortos.
shorts (schórts) s. pantalones
shot (schót) s. tiro, disparo; — **shot**, perdigones.
shotgun (schótgön) s. escopeta.
should (schud) verbo auxiliar para el potencial; debiera.
shoulder (schóulda) s. hombro; espalda(s); tr. echar al; — **blade**, omoplato; hombros.
shout (schául) s. grito; tr. gritar, vociferar.
shouting (schauting) s. gritería.
shove (shouv) s. empellón; empujón; tr. empujar; dar empellones.
shovel (shoubel) tr. paliar; **mechanical** —, pala mecánica; s. pala.
show (schóu) s. espectáculo, exposición, ostentación; [**showed**; **shown**] tr. mostrar; intr. aparecer. [aparador.
showcase (schóukeis) s. vitrina,
shower (schóua) s. aguacero; (fam.) **a** —!, ¡fracaso!
showerbath (scháuarbaz) s. ducha.   [chillón
showy (schóui) adj. llamativo;
shred (schréd) s. triza; jirón; **in** —, jirones, [**shred**; **shred**] tr. desmenuzar, rallar.
shrew (schrú) s. (zool.) musaraña; arpía, mujer gruñona.
shrewd (schrúd) adj. astuto, sagaz.   [gacidad, astucia.
shrewdness (schrúdnes) s. sa-
shriek (schríc) s. chillido; intr. chillar.   [netrante.
shrill (schríl) adj. agudo; penetrante.
shrimp (schrimp) s. gamba, camarones.   [relicario
shrine (schráin) s. santuario,
shrink [**shrunk**; **shrunk**] (schrink) intr. encogerse.

shrinkage (shrincidye) s. encogimiento, encogedura.
shrinking (shrincink) adj. tímido, apocado.
shrive [**shrove**; **shriven**] (schiv) tr. confesar.
shrivel (schívl) tr., intr. arrugar(se), reducir(se); consumir(se).   [amortajar.
shroud (schráud) s. mortaja; tr.
shrub (schrab) s. (bot.) arbusto, mata.   [hombros.
shrug (shrag) tr. encogerse de
shudder (shadar) s. estremecimiento; intr. estremecerse.
shuffle (shafl) s. barajadura; intr. barajar, arrastrar los pies.
shun (schan) tr. e intr. (pers.) esquivar, rehuir.
shut [**shut**; **shut**] (schat) tr. cerrar; tr. e intr. — **down**, cesar en el negocio; — **up**, cerrar la boca; — **up!**, ¡calla la boca!
shutter (scha'tar) s. postigo; (E. U.) persianas.   [zoso.
shy (schái) adj. tímido; vergonzoso.
shyness (schaines) s. timidez; reserva; vergüenza.
shyster (schaista) s. leguleyo, profesional poco escrupuloso.
sick (sik) adj. mareado, con náuseas, nauseabundo (U. S. A.) enfermo; — **of**, harto de.
sicken (sikn) tr. dar asco, poner enfermo; intr. enfermarse.
sickle (sikl) s. hoz.
sickly (sícli) adj. enfermizo, enclenque; (fam.) dulzón.
sickness (sícnes) s. enfermedad; náusea; — **benefit**, subsidio de enfermedad.
side (sáid) s. lado, flanco, bando; — **to** —, de un lado a otro.   [rador.
sideboard (sáidbood) s. aparador.
sidelong (sáidlong) adj. lateral.
sidewalk (sáiduoc) s. acera.
sideways (sáidueis) adv. de lado.   [sitiar.
siege (sidye) s. (mil.) sitio; tr.
sieve (siv) s. cedazo; tamiz; criba; tr. tamizar; colar.
sift (sift) tr. cribar; examinar.
sigh (sái) s. suspiro; intr. suspirar.
sight (sáit) s. vista, visión; espectáculo; tr. ver, percibir.
sightseeing (sáitsiing) s. turismo; — **tour**, recorrido turístico.
sign (sáin) s. seña(l), signo; tr. señalar, firmar.
signal (sígnal) s. señal; adj. señalado; tr. advertir, hacer señales.
signature (signacha) s. firma.
signer (sáina) s. firmante.
significance (significans) s. significación.   [nificante.
significant (significant) adj. significativo.
signify (sígnifai) tr. significar.
silence (sáilens) s. silencio; interj. silencio!, tr. imponer silencio a.   [dor.
silencer (sáilensa) s. silenciador.
silent (sáilent) adj. silencioso, callado.
silhouette (siluét) s. silueta; v. perfilar; **to be** —**d against**, perfilarse contra.
silk (sílk) s. seda; — **hat**, sombrero de copa.
silken (sílken) adj. de seda.
silky (ílki) adj. sedoso.
sill (síl) s. antepecho.
silliness (sílines) s. tontería, necedad.

silly (síli) adj. necio; tonto; bobo.
silver (sílva) s. plata; adj. plateado; de plata; tr. platear.
silversmith (sílvarsmiz) s. platero.   [plateado.
silvery (sílvari) adj. argentino,
similar (símila) adj. similar.
simile (símili) s. símil.
similitude (similitiud) s. similitud.   [go lento.
simmer (síma) intr. hervir a fuego lento.
simple (símpl) s. simplón, tonto; adj. simple, sencillo.
simpleton (símpltan) s. simplón.
simpleness (símplnes) s. simpleza.   [llez.
simplicity (simplisiti) s. sencillez.
simplify (símplifai) tr. simplificar, fingir.   [lar.
simulate (símiuleit) tr. simular.
simulation (simiuléischön) s. simulación, simulado.
simultaneous (simölténias) adj. simultáneo.   [pecar.
sin (sín) s. pecado; tr. intr.
sinful (sínful) adj. pecaminoso.
since (síns) adv. desde (que); prep. desde, después de; conj. ya que.   [dad.
sincere (sinsía) adj. sincero, franco.
sincerity (sinsériti) s. sinceridad.
sinecure (sinekjua) s. sinecura; (fam.) enchufe.
sinew (síniu) s. tendón.
sinewy (sínui) adj. nervudo; vigoroso.   [pecador.
sinful (sínful) adj. pecaminoso;
sing [**sung** o **sang**; **sung**] (síng) tr. e intr. cantar.
singe (sindye) tr. chamuscar; s. chamusquina.
singer (sínga) s. cantor(a), cantante.   [s. canto.
singing (singing) adj. cantante;
single (singl) adj. único, soltero, sencillo, solo, individual; s. billete de ida; tr. singularizar; —**out** tr. separar.
singsong (síngsong) s. sonsonete, cadencia monótona, reunión para cantar.
singular (sínguiular) adj. singular, único; peculiar.
sinister (sínista) adj. siniestro; zurdo.
sink [**sunk** o **sank**; **sunk**] (sínk) intr. hundirse, naufragar; tr. hundir; s. fregadero.
sinking (sínking) s. hundimiento; — **a well**, cavar un pozo.
sinner (sina) s. pecador.
sinuous (síniuas) adj. sinuoso tortuoso.
sinus (sáina) s. seno, cavidad (en un hueso); **frontal** —, seno frontal.
sip (síp) s. sorbo; trago pequeño; tr. sorber, saborear.
siphon (sáifan) s. sifón; tr. sacar (agua) con sifón.
sir (see) s. señor; caballero.
sire (sáia) s. semental.
siren (sáiren) s. sirena.
sirloin (seerloin) s. solomillo.
sissy (sísi) adj. y s. afeminado, marica.
sister (sísta) s. hermana; monja, enfermera jefe; **sister-in-law** s. cuñada.   [hermana.
sisterly (sistali) adj. como una
sit [**sat**; **sat**] (sít) intr. sentarse; tr. asentar; — **down**, sentarse.
site (sáit) s. sitio; solar.
sitting (siting) s. sesión (de un cuerpo legislativo); sentada; — **room**, sala de estar.

situation (situéschön) s. situación; colocación.
six (sícs) s. seis; —**es and sevens**, en desacuerdo.
sixteen (síkstin) adj. dieciséis.
sixty (sícsti) adj. sesenta.
sizable (sáisabl) adj. abarcable; bastante grande.
size (sáis) s. tamaño; medida, número; cola, goma; tr. calibrar, encolar.
sizzle (sisl) intr. chirriar.
skate (skéit) s. patín; (ict.) raya; intr. patinar.
skein (skéin) s. madeja.
skeleton (skéletön) s. esqueleto; armazón; — **key**, ganzúa.
skeptic (sképtic) s. escéptico.
skepticism (sképtisism) s. escepticismo.
sketch (skétch) s. boceto, esbozo, apunte; tr. diseñar.
skew (skiú) adj. oblicuo, sesgado.   [quiar.
ski (skí, schi) s. esquí; tr. esquiar.
skid (skíd) s. patinazo; intr. resbalar, patinar.   [bil.
skilful (skílful) adj. diestro hábil.
skill (skíl) s. destreza, maña.
skilled (skílt) adj. hábil, experto.
skillet (skíllit) s. sartén; cacerola.
skim (skím) tr. pasar rozando; — **through**, hojear; tr. desnatar.   [tacaño.
skimpy (skímpi) adj. escaso;
skin (skín) s. piel, cutis; tr. pelar, mondar.   [tacaño.
skinny (skíni) adj. flaco; mísero,
skip (skíp) intr. brincar; tr. saltarse, eludir, omitir; saltar a la comba.   [trón.
skipper (skípa) s. (náut.) patrón.   [s. comba.
skipping (skiping) adj.; — **rope**, comba.
skirmish (skeemisch) s. escaramuza, refriega.
skirt (skeet) s. falda, faldón, borde; tr. orillar.
skit (skit) s. burla, caricatura.
skull (skal) s. cráneo.
skunk (skönk) s. (zool.) mofeta;; (fam.) ser asqueroso.
sky (skái) s. cielo; firmamento.
sky-rocket, cohete (espacial).
skylark (skáilarc) s. alondra.
skylight (skáilait) s. claraboya.
skyscraper (skáiskreipa) s. rascacielos.
skywards (skáiwads) adv. hacia el cielo o firmamento; hacia arriba; adj. que va hacia arriba, ascendiente.
slab (sláb) s. losa, plancha.
slack (slák) adj. flojo; lacio; s. flojedad.
slacken (slákn) tr. aflojar; intr. aflojarse; amainar; disminuir.
slackness (sláknes) s. flojedad; (fig.) pereza.   [gos.
slacks (sláks) s. pantalones largos.
slag (slág) s. escoria; — **heap**, escorial.   [la sed.
slake (sléik) tr. apagar; calmar
slam (slám) s. portazo; tr. cerrar de golpe.
slander (slánda) s. calumnia; difamación; tr. calumniar.
slanderous (slándaras) adj. calumnioso.
slant (slánt) adj. sesgado; s. sesgo, inclinación; tr., intr. sesgar(se)   [tr. abofetear.
slap (sláp) s. tortazo, sopapo;
slash (slásch) s. cuchillada; tajo; tr. acuchillar.
slate (sléit) s. (min.) pizarra.

72

slaughter (*slóta*) s. matanza; tr. matar; — **house**, matadero.

slave (*sléiv*) s. esclavo; intr. trabajar como un esclavo.

slaver (*sláva*) s. baba.

slavery (*sléivari*) s. esclavitud.

slavish (*sléivisch*) adj. servil.

slay [**slew**; **slain**] (*sléi*) tr. matar.

slayer (*sléa*) s. matador.

sled (*sled*) s. trineo, rastra.

sledge (*slédye*) s. trineo.

sleek (*slík*) adj. pulido; liso; tr. alisar.

sleep (*slíp*) s. sueño; [**slept**; **slept**] intr. dormir.

sleeper (*slípa*) s. durmiente, traviesa; coche-cama; adj. durmiente. [lencia.

sleepiness (*slípnes*) s. somno-

sleeping (*slíping*) s. sueño; — **lag**, saco de dormir.

sleepless (*slíples*) adj. desvelado. [somnio.

sleeplessness (*slíplesnes*) s. in-

sleepy (*slípi*) adj. soñoliento; **to be** —, tener sueño.

sleet (*slít*) s. aguanieve.

sleeve (*slív*) s. manga; — **fish**, calamar; **sleeveless**, sin mangas.

sleigh (*sléi*) s. trineo.

sleight (*sláit*) s. habilidad pericia, maña; **sleight-of-hand**, prestidigitación.

slender (*slénda*) adj. delgado; sutil; esbelto.

sleuth (**—hound**) (*slúz-jáund*) s. perro policía; (fam.) detective, sabueso.

slice (*sláis*) s. rodaja, rebanada, loncha; tr. rebanar.

slick (*slik*) tr. alisar; pulir; **to — up**, pulirse, componerse; adj. liso; meloso; aceitoso; astuto, mañoso.

slicker (*slíkar*) (E. U.) s. impermeable de hule; embaucador.

slide (*sláid*) s. tobogán; deslizador; **land** —, alud; [**slid**; **slidden** o **slid**] tr. e intr. deslizar(se).

sliding (*sláiding*) s. deslizamiento; adj. escurridizo.

slight (*sláit*) s. desdén; desprecio; adj. ligero, leve; tr. menospreciar; **not in the —**, en lo más mínimo; adv. **slightly**, ligeramente.

slim (*slím*) adj. delgado, esbelto; intr adelgazar.

slime (*sláim*) s. limo, cieno, fango; baba, secreción viscosa.

slimming (*slimnig*) adj. de, para adelgazar.

sling (*slíng*) s. honda; *Med.* cabestrillo; [**slung**; **slung**] tr. arrojar (con honda), poner en cabestrillo.

slink [**slunk**; **slunk**] (*slingk*) intr. andar furtivamente; **to — away**, escurrirse.

slip (*slíp*) s. resbalón; desliz, error, tira de papel; combinación (de mujer); intr. resbalar(se).

slipper (*slípar*) s. zapatilla.

slippery (*slípari*) adj. resbaladizo; (fig.) escurridizo.

slit (*slít*) s. corte, raja; ranura; [**slit**; **slit**] tr. e intr. rajar(se).

slobber (*slóba*) s. baba; (fig.) mimo; tr. babosear, mimar.

slog (*slog*) s. batacazo, porrazo; intr. trabajar duro; dar porrazos.

slogan (*slóugan*) s. lema, divisa.

sloop (*slup*) s. chalupa.

slop (*slop*) tr. ensuciar, salpicar; s. fango, suciedad; **—s**, agua sucia; desperdicios.

slope (*slóup*) s. pendiente, declive; rampa; tr. sesgar; intr. inclinarse.

sloppy (*slópi*) adj. puerco, sucio; desaseado; mal hecho; (fam.) mimoso.

slot (*slót*) s. ranura. [rezoso.

sloth (*slóz*) s. pereza; *Zool.* pe-

slough (*sláu*) s. lodazal.

sloven (*slavn*) s. persona desaseada o sucia. [ñado.

slovenly (*la'vnli*) adj. desaliñado.

slow (*slóu*) adj. lento, despacio; (pers.) torpe; (f. c.) atrasado; (esp.) tedio, pasado; **it is —**, (reloj.) va atrasado.

slowness (*slóunes*) s. lentitud, tardanza, torpeza.

slug (*slag*) s. bala; porrazo; babosa (molusco); tr. aporrear, abofetear. [Zoo: indolente.

sluggish (*slaguisch*) adj. perezoso. [Zoo: indolente.

sluggishness (*slaguischnes*) s. pereza; pesadez.

sluice (*slús*) s. esclusa.

slum (*slöm*) s. barrio bajo; suburbio pobre.

slumber (*sla'mbar*) s. sueño ligero; tr. dormitar.

slump (*slamp*) intr. hundirse; desplomarse; s. desplome, bajón; (econ.) depresión.

slar (*slar*) s. mancha; borrón; tr. manchar. tr. farfullar.

slush (*slasch*) s. nieve a medio derretir; lodazal; sentimentalismo.

sly (*slái*) adj. astuto; taimado; **on the —**, en secreto.

slyness (*sláines*) s. astucia; malicia.

smack (*smak*) s. sopapo, beso ruidoso; intr. relamerse.

smacking (*smaking*) s. azotina, paliza.

small (*smól*) adj. pequeño; bajo; — **hours**, de madrugada.

smallness (*smalnes*) s. pequeñez.

smallpox (*smalpox*) s. viruela.

smart (*smart*) adj. listo; activo; elegante; s. escozor; intr. escocer.

smartness (*smártnes*) s. elegancia; astucia.

smash (*smásch*) s. rotura, destrozo; tr. romper, hacer pedazos; intr. fracasar (dep.) mate.

s m a s h i n g (*smásching*) adj. estupendo.

smattering (*smátaring*) s. conocimiento superficial y rudimentos; (fig.) pinceladas.

smear (*smía*) s. mancha; vituperio; tr. vituperar.

smell (*smel*) s. olor; olfato; tr. intr. oler, olfato.

smelt (*smelt*) tr. fundir.

smelter (*smelta*) s. fundición.

smile (*smáil*) s. sonrisa; intr. sonreírse.

smiling (*smáiling*) adj. risueño.

smite [**smote**; **smitten** o **smit**] (*smáit*) tr. herir; golpear.

smith (*smiz*) s. herrero; **silver —**, platero.

smitten (*smíten*) adj. afligido; castigado; enamorado; **to be — with a disease**, darle a uno una enfermedad.

smock (*smok*) s. jubón holgado.

smog (*smog*) s. niebla, mezcla de niebla y humo.

smoke (*smóuk*) s. humo; intr. fumar; humear.

smoker (*smóuka*) s. fumador; **smoking-carriage**, vagón de fumadores; **no smoking**, prohibido fumar.

smooth (*smúz*) adj. liso; suave; tr. allanar. [vidad.

smoothness (*smúznes*) s. sua-

smother (*smadar*) s. humareda; tr. sofocar.

smudge (*smadye*) tr. tiznar; ahumar; embadurnar; **s. mancha**. [atildado, cómodo.

smug (*smag*) adj. presumido.

smuggle (*smagl*) tr. matutear; pasar de contrabando.

smuggler (*smaglar*) s. contrabandista.

smuggling (*smagling*) s. contrabando; matute.

smut (*smat*) s. tizne; suciedad; chiste verde; tr. tiznar, manchar.

snack (*snác*) s. merienda, tentenpié, piscolabis, **parte**; **to go snacks**, ir a medias.

snag (*snág*) s. obstáculo, dificultad, «pega».

snail (*snéil*) s. caracol; **—s pace**, paso de tortuga. [lebra.

snake (*snéik*) s. serpiente, cu-

snap (*snáp*) s. chasquido, mordedura, cierre de resorte; (foto.) chasquear, cerrar; intr. chasquear; — **shot**, s. (foto.) instantánea.

snare (*snéa*) s. trampa; tr. cazar con trampas.

snarl (*snárl*) s. gruñido; (fig.) regaño; refunfuño; intr. gruñir.

snatch (*snách*) s. arrebatamiento; tr. arrebatar.

sneak (*sník*) s. soplón, chivato; intr. — **away**, escabullirse; — **in**, colarse; **thief**, gaduño.

sneaking (*sníking*) adj. rastrero.

sneer (*snía*) s. mirada despectiva, mofa, desdén.

sneeze (*snís*) s. estornudo; intr. estornudar.

sniff (*sníf*) s. olfateo, husmeo; tr. olfatear, husmear.

snip (*sníf*) s. tijeretada; recorte; tr. recortar.

snipe (*snáip*) *Zool.* agachadiza; tr. tirar, disparar desde un escondite.

sniper (*snaipa*) s. francotirador.

snivel (*snívl*) s. moquita; intr. lloriquear.

snob (*snób*) s. que gusta de las cosas novedosas y de buen tono.

snobbish (*snábisch*) adj. fachendoso.

snobbishness (*snóbischnes*) s. fachenda; vulgaridad.

snoop (*snup*) intr. fisgar, curiosear; s. curioso, fisgón.

snooze (*snús*) s. siestecita; intr. dormitar, sestear. [roncar.

snore (*snóa*) s. ronquido; intr.

snoring (*snóring*) s. ronquido.

snort (*snórt*) s. resoplido; bufido; intr. resoplar.

snout (*snáut*) s. hocico.

snow (*snóu*) s. nieve; intr. nevar; **snow-clad** adj. cubierto de nieve; **snow-drift** s. ventisquero; **snow-plough** s. máquina quitanieves; s. ventisca.

snowfall (*snóufol*) s. nevada.

snub (*snab*) s. desaire, desdén; tr. desdeñar; — **nose**, chato.

snuff (*snaf*) v. olfatear, ventear; s. rapé; pabilo; — **box**, caja de rapé.

snug (*sna'g*) adj. abrigado; cómodo.

snuggery (*sna'gari*) s. lugar confortable.

so (*sóu*) adv. así como, por tanto, tan, tanto, conj. con tal de que; — **far** adv. hasta ahora; — **long** ¡hasta luego! **so called** adj. así llamado; **Mr. so and so**, fulano de tal.

soak (*sóuk*) s. remojo; — **ed to the skin**, empapado, calado; tr. empapar.

soap (*sóup*) s. jabón; tr. enjabonar; (fig.) adular; — **box**, jabonera.

soapy (*sóupi*) adj. jabonoso.

soar (*sóa*) intr. remontarse; elevarse.

sob (*sób*) s. sollozo; intr. sollozar. [derado; serio.

sober (*sóbar*) adj. sobrio; mo-

soberness (*sóbarnes*) s. sobriedad, modestia.

soccer (*sókar*) s. fútbol; el tipo popular en España. [ciable.

sociable (*sóushiabl*) adjet. sociable.

social (*sóushal*) adj. social.

socialism (*sóuschalism*) s. socialismo. [socialista.

socialist (*sóushalist*) adj. y s.

socialize (*sóuschalais*) tr. socializar.

society (*sosáieti*) s. sociedad; (com.) compañía. [ciología.

sociology (*sousiólödye*) s. sociología.

sock (*sók*) s. calcetín. tr. (fam.) pegar, golpear.

socket (*sóket*) s. *Elec.* enchufe, (hembra); *Anat.* cuenca (del ojo); fosa (de un hueso).

sod (*sod*) s. césped; terrón (de tierra); tr. cubrir de césped; (fam.) cabrón.

soda (*sóuda*) s. soda.

sodden (*sódn*) adj. empapado; saturado.

sodium (*soudiam*) s. sodio.

sodomite (*sódomait*) s. sodomita. invertido.

sodomy (*sódomi*) s. sodomía.

sofa (*sóufa*) s. sofá.

soft (*sóft*) adj. suave, blando; — **in the head**, estúpido; — **water**, agua no calina; (fam.) (niño) mimoso; (hombre mariquilla); — **drinks**, s. pl. bebidas alcohólicas.

soften (*sófn*) tr. e intr. ablandar(se). [suavidad.

softness (*sóftines*) s. blandura,

soil (*sóil*) s. *Agric.* suelo, tierra, tr. ensuciar, abonar.

sojourn (*sóudyoorn*) s. estancia; intr. residir.

solace (*sólis*) s. consuelo solaz; tr. consolar.

solar (*sóular*) adj. solar, del sol.

solder (*sóldar*) tr. soldar; s. soldadura. [militar.

soldier (*sóuldyar*) s. soldado,

soldiers (*sóuldyars*) s. pl. tropa.

soldierlike (*sóuldyarlaik*) adj. marcial. [ca.

soldiery (*sóuldyari*) s. soldadesca.

sole (*sóul*) s. planta del pie; suela; (pez) lenguado; adj. solo, único. [serio.

solemne (*sólem*) adj. solemne.

solemnness (*sólemnes*) s. solemnidad, seriedad.

solemnity (*solemniti*) s. solemnidad, pompa.

solicit (*solisit*) tr. solicitar; importunar, incitar.

solicitor (*solísita*) s. abogado; procurador. [cito, ansioso.

solicitous (*solísitiös*) adj. solicitous.

solid (*sólid*) adj. y s. sólido.

solidarity (*solidáriti*) s. solidaridad.

solidify (*solídifai*) tr. solidificar(se).
soliloquy (*solílocui*) s. soliloquio; monólogo.
solitary (*sólitari*) adj. solitario; solo; s. ermitaño; — **confinement**, Leg. incomunicado.
solitude (*sólitiud*) s. soledad.
soloist (*sóulouist*) s. solista.
soluble (*sóliubl*) adj. soluble.
solution (*soliúschön*) s. solución. [luble.
solvable (*sólvabl*) adj. **(di)**soluble.
solve (*sólv*) tr. resolver; disolver. [cia.
solvency (*sólvensi*) s. solvencia.
solvent (*sólvent*) adj. (fin.) solvente. *Quím.* disolvente.
sombre (*sómblar*) adj. sombrío, lóbrego.
some (*sam*) adj. algo de; un poco; algún; alguno; unos; pron. algunos; los unos.
somebody (*sambodi*) s. alguien. [gún modo.
somehow (*sa'mjau*) adv. de algún modo.
someone (*samuan*) pron. alguien.
somarsault (*samarsolt*) s. voltereta; intr. dar una voltereta. [pron. algo.
something (*samzing*) adj. y
sometime (*samtain*) adv. en algún tiempo, algún día. algunas veces; **sometime ago**, hace algún tiempo.
sometimes (*samtaims*) adv. a veces, algunas veces.
somewhat (*samuat*) s. adv. algo; un poco. [alguna parte.
somewhere (*samuea*) adv. en
somnambulism (*somnámbiulism*) s. so(m)nambulismo.
somnambulist (*somnámbulist*) adj. y s. so(m)námbulo.
somniferous (*somnífarös*) adj. somníferö.
son (*san*) s. hijo; **son-in-law**, yerno; **step** —, hijastro.
song (*song*) s. canción.
sonnet (*sónet*) s. soneto.
sonorous (*sonóras*) adj. sonoro.
soon (*sún*) adv. **as — as posible,** tan pronto como sea posible; **not so** —, no tan pronto; pronto, temprano, en breve.
soot (*sút*) s. hollín. [viar.
soothe (*sudz*) tr. calmar, aliviar.
soother (*súdzar*) s. lisonjero, chupete (de bebé).
soothing (*súdzing*) s. calmante; lisonja; adj. calmante.
soothsayer (*súzseia*) s. adivino; agorero. [to de hollín.
sooty (*súti*) adj. tiznado, cubierto.
sop (*sop*) v. empapar; s. sopa; soborno; **sop,** maricón.
sophism (*sófism*) s. sofisma.
sophist (*sófist*) s. sofista.
sophisticate (*sofístikeit*) v. sofisticar, argüir; falsificado; tr. falsificar. [ría.
sophistry (*sófistri*) s. sofistería.
soporific (*soporífik*) adj. soporífero. [ro, brujo.
sorcerer (*sórsarar*) s. hechicero.
sorceress (*sarsares*) s. hechicera.
sorcery (*sarsari*) s. hechicería, magia.
sordid (*sórdid*) adj. sórdido, bajo, sucio.
sordidness (*sórdidnes*) s. sordidez, bajeza, vileza.
sore (*sóua*) s. mal; dolor; llaga; adj. doloroso; — **throat,** mal de garganta; — **feet,** pies doloridos; s. — **eyes,** dolor de ojos.

soreness (*sóanes*) s. mal; dolor; llaga; amargura.
sorrel (*sóröl*) adj. alazán; s. caballo alazán (rojo canela).
sorrow (*sórou*) s. pena; pesar; dolor; intr. afligirse; **to my** —, con pena por mi parte; **to expreso one's** —**s;** dar el pésame. [gido, triste.
sorrowful (*sórouful*) adj. afligido.
sorry (*sóri*) adj. apenado; **to be** —, sentirlo; interj. —**!,** ¡perdón!
sort (*sórt*) s. clase; tipo, suerte; tr. **to** — **out,** elegir; clasificar; **out of** —, malhumorado. [cursión.
sortie (*sauti*) s. Mil. salida, incursión.
soul (*sóul*) s. alma, espíritu; (fig.) esencia; criatura; **all** —**s day,** día de difuntos.
sound (*sáund*) s. sonido; son; *Naut.* sonda; adj. sano; bueno; seguro; tr. sonar. *Naut.* **it sound's,** parece; **safe and** —, sano y salvo, sond(e)ar.
soundless (*sáundles*) adj. silencioso, sin sonido.
soundness (*sáundnes*) s. salud, vigor; firmeza.
soup (*súp*) s. sopa; — **bowl,** plato sopero; — **tureen,** sopera; (fam.) **in the** —, en apuros.
sour (*sáua*) adj. agrio; acre; ácido; áspero; tr. intr. agriar(se).
source (*sórs*) s. origen; fuente.
sourness (*sáuanes*) s. acidez.
south (*sáuz*) s. sur; mediodía; adj. meridional.
southeast (*sáuzíst*) s. y adj. sudeste; adv. hacia el sudeste.
southern (*só'zörn*) adj. meridional; —**er,** sureño.
southwest (*sáuzúest*) s. y adj. sudoeste.
souvenir (*súvöniar*) s. recuerdo. [soberano.
sovereing (*sóvarein*) s. y adj.
sovereignty (*sóvöreinti*) s. soberanía.
soviet (*sóuviet*) s. sóviet; adj. soviético.
sow (*sáu*) s. *Zool.* puerca; marrana (*sóu*) **[sowed; sowed o sown]** tr. sembrar.
sower (*sova*) s. sembrador; **sowing time,** siembra (tiempo de).
spa (*spá*) s. balneario.
space (*spéis*) s. espacio extensión; — **craft,** nave espacial; adj. espacial. [cioso.
spacious (*spéischös*) adj. espacioso.
spade (*spéid*) s. azada; **call a** — **a** —, llamar al pan, pan y al vino, vino.
span (*spán*) s. palmo, tramo, ojo de puente; tr. medir a palmos, extenderse sobre, salvar.
spangle (*spángl*) s. lentejuela.
Spaniard (*spániard*) s. español. [aguas.
spaniel (*spániel*) s. perro de
Spanish (*spánish*) adj. y s. español; s. español (idioma).
spank (*pánk*) tr. dar una azotaina; zurrar.
sparking (*sparking*) s. azotaina, paliza, zorra; tr. — **aiong,** ir de prisa.
spar (*spá*) s. *Min.* espato; *Mar.* mástil, verga; riña; pugilato, pelea de gallos; arbor, arboladura. intr. bucear en plan de entrenamiento; despuntar.
spare (*spéa*) adj. disponible; sobrante; tr. ahorrar; — **money,** dinero de sobra.

spareparts s. piezas de recambio; — **time,** tiempo libre.
spark (*spárk*) s. chispa; centella; (fig.) petimetre; tr., intr. centellear; — **plug,** bujía de ignición.
sparkle (*spárkl*) s. destello; intr. chispear.
sparkler (*spakla*) s. (fam.) diamante; (niños) bengala.
sparkling (*spárkling*) adj. chispeante; (fig.) brillante; espumoso (vinos).
sparring-match s. combate de boxeo de entrenamiento; **sparring-partner** s. sparring (contrincante), entrenador.
sparrow (*spárou*) s. Orn. gorrión; pardal.
sparse (*spas*) adj. escaso; esparcido; — **ly,** adv. diseminadamente; —**ness,** s. escasez.
spasm (*spásm*) s. espasmo.
spasmodic (*spasmódic*) adj. espasmódico.
spat (*spat*) tr. reñir, disputar; s. sopapo; riña; — **s,** polainas cortas.
spatter (*spátar*) s. salpicadura; tr. salpicar.
speak (*spoke; spoken*) (*spik*) tr. e intr. hablar, decir; — **up,** hablar en voz alta; — **out,** hablar claro.
speaker (*spíka*) s. orador; **loud** —, altavoz. [arponear.
spear (*spia*) s. lanza. tr. lancear.
spearmint (*spiamint*) s. yerbabuena, menta verde. [cial.
special (*spéshal*) adj. especial.
specialist *speshalist*) adj. y s. especialista. [cialidad.
speciality (*speshálity*) s. especialidad.
specialize (*spéshalais*) tr., intr. especializar(se).
species (*spíschis*) s. (sg. y pl.), especie, clase, género.
specific (*spesífic*) s. y adj. específico. [pecífico.
specifical (*spesífical*) adj. específico.
specify (*spesífai*) tr. especificar.
specimen (*spésimen*) s. muestra, ejemplar.
speck (*spek*) s. mota; manchita; **not a** —, ni pizca; tr. espolvorear.
speckled (*spekld*) adj. moteado; — **with freckles,** pecoso.
spectacle (*spéctakl*) s. espectáculo. [teojos, gafas.
spectacles (*spéctakls*) s. pl. an**spectator** (*spectéitar*) s. espectador; —**s,** público.
spectre (*spécta*) s. espectro; visión. [pecular.
speculate (*spékiuleit*) intr. especular.
speculation s. especulación.
speculative (*spékiuletiv*) adj. especulativo; teórico.
speculator (*spékiuleita*) s. especulador.
speech (*spích*) s. habla; discurso; **to make a** —, dar un discurso; **parts of** —, partes de la oración. [do, cortado.
speechless (*spíchles*) adj. mudo.
speed (*..píd*) s. velocidad; **[sped; sped]** tr., intr. ir a velocidad; **at full** —, **top** —, a toda velocidad. [locímetro.
speedometer (*spidometa*) s. velocidad.
spell (*spél*) s. hechizo; rato, período; tr. e intr. deletrear, hechizar.
spelling (*spéling*) s. deletreo, ortografía; **good** —, buena ortografía.
spend [spent; spent] (*spénd*) tr. gastar, pasar (tiempo).

spendthrift (*spéndzrift*) s. pródigo; derrochador. [tigado.
spent (*spént*) adj. gastado, fatigado.
sphere (*sfía*) s. esfera; globo.
spheric (*sféric*) adj. esférico.
sphinx (*sfínks*) s. esfinge.
spice (*spáis*) s. especia; tr. especiar, sazonar.
spider (*spáida*) s. araña; —**s web,** tela de araña.
spike (*spáik*) s. púa, clavo; (bot.) espiga; tr. clavar con púas; —**d shoes,** zapatillas de clavos.
spill [spilt; spilt] (*spíl*) v. derramar, verter(se); **over** —, ensanche.
spin (*spín*) s. giro, vuelta; ⌐**spun; spun]** tr. girar, voltear, hilar; intr. girar; — **dryer,** secadora centrífuga.
spinach (*spíneye*) s. *Bot.* espinaca.
spinal (*spáinl*) adj. espinal; — **column,** columna vertebral.
spindle (*spindl*) s. (text.) huso; (mec.) eje.
spine (*spáin*) s. espinazo; espina (dorsal). [landera.
spinner (*spína*) s. hilador; hi**spinning** (*spíning*) s. hilado, hilatura; — **top,** peonza, trompa; adj. giratorio.
spinster (*spínsta*) s. solterona.
spiny (*spáini*) adj. espinoso.
spiral (*spáiral*) adj. espiral.
spire (*spáia*) s. espira; cumbre, obelisco; (arq.) aguja.
spirit (*spírit*) s. espíritu; valor.
spirits (*spírits*) s. pl. alcohol, bebidas alcohóicas; **high** —, buen humor; **low** —, mal humor.
spirited (*spírit*) adj. animoso; adj. **high** —, bien humorado; **low** —, malhumorado.
spiritless (*spírities*) adj. abatido. [piritual.
spiritual (*spíritual*) adj. y s. espiritual.
spirituality (*spiritiuáliti*) s. espiritualidad. [piritualizar.
spiritaulize (*spíritiualais*) tr. es**spirituous** (*spíritiuös*) adj. espirituoso.
spit (*spít*) s. asador; saliva, salivazo; **[spit o spat; spit]** v. escupir.
spite (*spáit*) s. despecho; rencor; tr. mostrar resentimiento; **in** — **of,** a pesar de.
spiteful (*spáitful*) adj. rencoroso. [tr. salpicar.
splash (*splásch*) s. salpicadura;
spleen (*splín*) s. *Anat.* bazo; bilis; hipocondría, resentimiento. [dido.
splendid (*spléndid*) adj. espléndido.
splice (*spláis*) tr. empalmar, unir; s. empalme, junta.
splendour (*splénda*) s. esplendor. [tablilla, férula.
splint (*splínt*) s. astilla. (Med.)
splinter (*splínta*) s. astilla; tr. entablillar.
split [split; split] (*split*) s. hendidura, tajo, corte; adj. partido, hendido; tr. e intr. hender, partir; dividir; —**s** (Dep.) tijeras.
splutter (*spla'ta*) s. escupir, hablando; farfullar; intr balbucear.
spoil (*spóil*) s. despojo; botín; tr. estropear; desbaratar; mimar; intr. echarse a perder; — **sport,** aguafiestas.
spoiled (*spoild*) adj. estropeado; perdido, desbaratado; mimado.

74

spoils (*spóils*) s. gajes.

spoke (*spouk*) s. radio (de rueda). [tavoz.

spokesman (*spóuksman*) s. portavoz.

sponge (*spöndye*) s. esponja; (fam.) gorrón, tr. limpiar; (fig.) gorronear; **spongecake**, bizcocho esponjoso.

sponger (*spö'ndya*) s. sablista, gorrón. [joso.

spongy (*spö'ndyi*) adj. esponjoso.

sponsor (*spónsa*) s. fiador; patrocinador, padrino; tr. patrocinar. [espontáneo.

spontaneous (*spontéinias*) adj.

spook (*spuk*) s. espectro, fantasma, aparecido.

spool (*spúl*) s. (Cost.) canilla; (Foto) carrete; tr. bobinar.

spoon (*spún*) s. cuchara; **tea —**, cucharilla. [da.

spoonful (*spúnful*) s. cucharada.

sport (*spóot*) s. deporte, juego, broma; adj. deportivo; tr. ostentar; lucir; intr. divertirse. [tivo.

sporting (*spóoting*) adj. deportivo.

sportive (*spóotiv*) adj. juguetón, bromista. [portista.

sportsman (*spóotsman*) s. deportista.

spot (*spót*) s. lugar, punto; mancha; (med.) espinilla, granito; tr. manchar, localizar, descubrir. [inmaculado.

spotless (*spótles*) adj. limpio,

spotlight (*spótlait*) s. reflector; (Teat.) foco.

spotted (*spótid*) adj. manchado; moteado. [cónyuge.

spouse (*spáus*) s. esposo(a).

spout (*spáut*) s. espita, caño; conducto; tr. arrojar.

sprain (*spréin*) s. Med. torcedura; tr. torcer, intr. dislocarse.

sprawl (*spról*) tr., intr. tender(se); **— out**, extenderse.

spray (*spréi*) s. rociada, pulverizador; tr. rociar, pulverizar.

spread (*spréd*) s. extensión; propagación; tapete, [**spread**; **spread**] tr. intr. esparcir(se); **— out**, extender; desplegar; **— over, with**, untar, **— news**, difusión, diseminación.

spree (*sprí*) s. juerga, parranda. (*Am.*) ir de farra.

sprig (*sprig*) s. ramita.

sprightly (*spráitli*) adj. vivo, animado, brioso, alegre.

spring (*spríng*) s. primavera; (*Mec.*) resorte, muelle; [**sprung** o **sprang**; **sprung**] intr. saltar, brincar.

springboard (*spríngbóard*) s. trampolín. [picar.

sprinkle (*sprínkl*) tr. rociar; salpicar.

sprinkler (*sprínkla*) (Agric.) regadora automática; apaga fuegos automático. [correr.

sprint (*sprínt*) s. carrera; intr.

sprout (*spráut*) s. vástago; retoño; intr. brotar.

sprouts (*spráuts*) s. pl. brote, pimpollo; s. pl. **Brussels sprouts**, coles de Bruselas.

spruce (*spruce*) s. abeto; adj. pulcro, aseado; elegante; **to — up** arreglarse.

spur (*spö'r*) s. espuela espolón; tr. espolear; **the — of the moment**, de repente.

spurious (*spiúrias*) adj. bastardo, espurio, falso.

spurn (*spörn*) tr. rechazar, desdeñar, menospreciar.

spurt (*spö'rt*) chorro, esfuerzo supremo; intr. salir a chorros, brotar.

sputum (*spiútöm*) s. esputo.

spy (*spái*) s. espía; tr. espiar; atisbar.

spyglass (*spáiglas*) s. catalejo.

squabble (*skúobl*) s. riña, reyerta; tr. reñir, disputar. [gada.

squad (*skuad*) s. pelotón, brigada.

squadron (*skuadrön*) s. (Mil.) escuadrón; (Avion.) escuadrilla. [do, mugriento.

squalid (*skualid*) adj. escuálido.

squall (*skúol*) s. chubasco; chillido; intr. chillar, berrear.

squalor (*skuóla*) s. suciedad, inmundicia, pobreza.

squander (*skuónda*) tr. intr. malgastar, despilfarrar.

square (*skúea*) s. cuadrado; plaza; adj. cuadrado, completo; tr. cuadrar; **— deal**, trato justo; m. **meal**, comida completa.

squarely (*skuéali*) adv. equitativamente; firmemente, de buena fe.

squash (*skuasch*) s. (bot.) calabaza; pulpa, tr. aplastar, magullar; **— rackets**, tenis de salón.

squat (*skuót*) adj. rechoncho; tr., intr. agacharse; sentarse en cuclillas.

squatter (*skuóta*) s. advenedizo; ocupante ilegal.

squeak (*skuík*) s. chillido; chirrido; intr. rechinar, chillar; **a narrow —** (escaparse) por los pelos.

squeal (*skuil*) s. alarido, chillido, intr. chillar; (fam.) «cantar»; **—er** (*skuila*) informante.

squeamish (*skúimisch*) adj. escrupuloso, remilgado.

squeeze (*skuís*) s. estrujón; tr. estrujar, apretar. / **— out**, exprimir.

squeezer (*skuisa*) s. exprimidor.

squelch (*skuélch*) intr. chapotear, aplastar; acallar, imponer silencio; reprender; **to — a revolt**, sofocar o apagar una revuelta.

squid (*scuíd*) s. calamar.

squint (*scuínt*) adj. bizco; s. (Med.) estrabismo; tr. intr. mirar bizco.

squire (*scuáia*) s. hacendado.

squirm (*scuö'rm*) intr. retorcerse, serpear.

squirrel (*scuírel*) s. ardilla.

squirt (*skuört*) v. jeringar; s. jeringazo, chorro; (fam.) (E. U.), majadero. [ñalar.

stab (*stab*) s. puñalada; tr. apuñalar.

stability (*stabíliti*) s. estabilidad. [lizar.

stabilize (*stábilais*) tr. estabilizar.

stable (*stéibl*) adj. estable; s. establo.

stack (*stác*) s. (Agric.) niara; montón; (Mil.) pabellón; tr. amontonar.

stadium (*stéidiöm*) s. estadio.

staff (*stáf*) s. báculo, apoyo; vara; plantilla; (*Mil.*) estado mayor.

stag (*stag*) s. ciervo; **— party**, despido de soltero.

stage (*stéidch*) s. (Teat.); escenario, tablado; (Acad.) nivel; (Espac.) fase; (Dep.) etapa; tr. escenificar; **stage-coach** s. diligencia (coche).

stagger (*stága*) s. bamboleo; intr. tambalear, vacilar; tr. alternar, escalonar.

stagnant (*stágnant*) adj. estancado. [carse.

stagnate (*stágneit*) intr. estancarse.

stagnation (*stagnéischön*) s. estancamiento.

staid (*steid*) adj. grave, serio.

stain (*stéin*) s. mancha; tr. manchar.

stainless (*stéinles*) adj. limpio: **— steel** s. acero inoxidable.

stair (*stéa*) s. escalón; grada.

staircase (*stéakeis*) s. escalera.

stairs (*stéas*) s. pl. escaleras.

stake (*stéik*) s. estaca; apuesta; tr. apostar; **to be at —**, estar en juego.

stale (*stéil*) adj. rancio; duro, viejo (pan).

stalk (*stók*) s. (Bot.) tr. acecho; **deer —ing**, caza de ciervas, tallo.

stall (*stól*) s. (merc.) puesto; (Teat. y Cine) butaca; establo; tr. meter en el establo; (Aut.) calarse.

stallion (*stályön*) s. caballo de cría, caballo padre, (*Am.*) padrillo, garañón.

stalwart (*stóluöt*) adj. robusto; fornido.

stamina (*stámina*) s. resistencia; vigor; fuerza.

stammer (*stáma*) s. balbuceo; tartamudeo; intr. tartamudear, balbucir. [mudo.

stammerer (*stámara*) s. tartamudo.

stamp (*stámp*) s. sello; marca; estampa; tr. sellar, intr. patear.

stampede (*stampid*) s. estampida, huida; tr. intr. ahuyentar, desbandarse.

stanch (*stontch*) intr. restañar, estancar; adj. fuerte, firme; leal, constante fiel.

stand (*stánd*) s. parada; puesto; plataforma; tribuna; [**stood**; **stood**] tr. sostener, sufrir; estar de pie.— **up** ponerse en pie; **— for**, representar.

standstill (*stándstil*) s. punto muerto; **come to a —**, parar.

standard (*stándar*) s. norma; modelo, tipo; estandarte; adj. típico; normal.

standardize (*stándadis*) tr. normalizar, hacer uniforme.

standing (*stánding*) s. reputación; adj. estable, de pie; **out —**, sobresaliente.

stanza (*stánza*) s. estrofa.

staple (*steipl*) s. grapa; adj. (Alim.) básica; tr. grapar.

staples (*staipla*) s. grapadora.

star (*stár*) s. estrella; asterisco; tr. marcar con asterisco; intr. representar el primer papel. [estribor.

starboard (*stáabood*) s. Mar.

starch (*stárch*) s. almidón; tr. almidonar.

starched (*stárcht*) adj. almidonado, grave, formal.

stare (*stéea*) s. mirada fija, mirar con descaro; tr. mirar fijamente. [de mar.

starfish (*stárfisch*) s. estrella

stark (*stárk*) adj. rígido, muerto. fig. completo, puro; adv. del todo; **— nacked**, en cueros; **— nonsense**, pura tontería.

starlight (*stárlait*) s. luz estelar, luz de las estrellas.

starry (*stáari*) adj. estrellado.

start (*stárt*) s. comienzo, marcha, sobresarto, ímpetu; tr. poner en marcha, comenzar, intr. arrancar, sobresaltarse; **a goad —**, buenos comienzos.

startle (*stártl*) s. espanto; tr. asustar; [nición; hambre.

starvation (*starvéischön*) s. ina-

starve (*starv*) intr. morir de hambre; tr. matar de hambre

state (*stéit*) s. estado; tr. intr. declarar; manifestar.

stately (*stéitli*) adv. majestuoso.

statement (*stéitment*) s. declaración, (Com.) estado de cuentas, memoria; (Gram.) oración afirmativa.

stateroom (*stéitrum*) s. (Náut.) camarote de lujo; (U. S. A.) departamento de coche cama.

statesman (*stéitsman*) s. estadista.

static (*státic*) adj. estático.

station (*stéischön*) s. estación; parada; tr. colocar; **fire —**, Estación de Bomberos; **police —**, Comisaría de Policía.

stationary (*stéischönari*) adj. estacionario.

stationery (*stéischöneri*) s. papelería; objetos de escritorio. [tica.

statistics (*statistics*) s. estadís-

statuary (*státiueri*) s. estatuaria.

statue (*státiu*) s. estatua.

statute (*státiut*) s. estatuto.

stature (*státcha*) s. estatura.

status (*stéitös*) s. estado, condición; posición social o profesional.

staunch (*stonch*) intr. restañar; estancar; adj. firme, leal, de pies a cabeza.

stave (*steiv*) s. duela de barril; tr. poner duelas; **to — off**, mantener a distancia; evitar, rechazar.

stay (*stéi*) s. estancia, intr. quedarse, permanecer; **to — at**, hospedarse.

stead (*stéd*) s. **in his —**, lugar, sitio. [table.

steadfast (*stédfast*) adj. fijo; estable.

steady (*stédi*) adj. estable; fijo; firme; tr. fijar; intr. asegurar.

steak (*stéic*) s. bistec, tajada.

steal (*stíl*) s. hurto, robo; [**stole**; **stolen**] tr. hurtar, robar, ocultar; intr. colarse.

stealth (*stélz*) s. cautela; recato.

stealty (*stélzi*) adj. furtivo; **—ily**, furtivamente.

steam (*stíim*) s. vapor; vaho; intr. emitir vapor; tr. cocer al baño de María.

steamer (*stíma*) s. barco de vapor

steed (*stid*) s. corcel caballo de combate; caballo brioso; (irónicamente) caballo.

steel (*stíil*) s. acero; adj. de acero, tr. acerar; **— works** s. fundición de acero, acería; **cold —**, arma blanca.

steep (*stíip*) adj. escarpado, en declive, empinado; (fam.) caro; tr. remojar, poner en remojo. [panario.

steeple (*stípl*) s. aguja de cam-

steeplechase (*stíplcheis*) s. carrera de obstáculos.

steepness (*stípnis*) s. inclinación abrupta; lo empinado.

steer (*stía*) s. becerro; novillo; tr. guiar, (Náut.) gobernar; **steering wheel**, *Autom.* volante de la dirección.

steerage (*stíridye*) s. (Náut.) gobierno; pasajero de tercera clase. [pie de copa.

stem (*stém*) s. tallo, tronco;

stench (*sténch*) s. hedor, mal olor; intr. oler mal.

stencil (*sténsil*) tr. estarcir, copiar en ciclostilo; s. ciclostilo. [quígrafo.

stenographer (*stinógrafa*) s. ta-

step (stép) s. paso; **escalón;** estribo; intr. dar pasos; — **ladder**, escalera de mano; — **mother**, s. madrastra; — **father**, s. padrastro.

steppe (stép) s. estepa.

sterile (stérail) adj. estéril, improductivo.

sterility (steríliti) s. esterilidad.

sterilize (stérilais) tr. estirilizar.

sterling (stö'rling) adj. genuino; puro; **sterling pound** s. libra esterlina.

stern (stö'rn) adj. duro; severo; inflexible; s. severidad; (Náut.) popa. [rigidez.

sterness (steenes) s. severidad.

stethoscope (stézöskoup) s. estetoscopio. [dor, cargador.

stevedore (stívidor) s. estibador.

stew (stiú) s. estofado; guisado; tr. estofar; s. — **pan**, cazuela, olla.

steward (stiúard) s. mayordomo; administrador, camarero de barco o avión.

stewardess (stiúardes) s. camarera, azafata.

stick (stík) s. palo; bastón. [**stuck; stuck**] tr. pegar, adherir, juntar, intr. pegarse.

sticker (stíka) s. marbete engomado.

sticky (stíki) adj. pegajoso.

stiff (stíf) adj. tieso; rígido; — **neck**, s. tortícolis..

stiffen (stífn) tr. envarar, atiesar, endurecer.

stiffness (stífnes) s. tiesura, rigidez.

stifle (stáifl) tr. sofocar.

stigma (stígma) s. estigma.

stigmatize (stígmatais) tr. estigmatizar.

still (stíl) s. silencio; calma; adj. silencioso; quieto; inmóvil; adv. todavía; aún; sin embargo; tr. calmar; — **life**, bodegón, naturaleza muerta.

stillness (stílnes) s. silencio; sosiego, quietud.

stilt (stílt) s. zanco.

stilted (stíltit) adj. pomposo.

stimulant (stímiulant) s. y adj. estimulante. [mular.

stimulate (stímiuleit) tr. estimular.

stimulation (simiuléischön) s. estímulo, excitación.

stimulus (stímiulös) s. estímulo.

sting (stíng) s. aguijón; picada; [**stung; stung**] tr. picar.

stinginess (stíndyines) s. tacañería.

stingy (stíndchi) adj. tacaño.

stink (stínk) s. hedor; intr. heder, apestar.

stint (stint) intr. escatimar, ser económico; s. tarea, faena.

stipend (stáipend) s. estipendio; sueldo; salario.

stipulate (stípuleit) intr. estipular. [tipulación.

stipulation (stipiuléischön) s. estir (steer) s. movimiento; conmoción; agitación; tr., intr. agitarse.

stirring (steering) a vedor.

stirrup (stíröp) s. estribo.

stitch (stích) s. (Costura) puntada; (Med.) punto; tr. coser.

stock (stók) s. tronco, estirpe, linaje; Com. capital inicial, valores, acciones, fondo, existencias; tr. proveer, tener en existencia; **Stock Exchange** s. la Bolsa (de valores).

stockade (stokéid) s. estacada; vallado; tr. empalizar.

stockbroker (stókbrouka) s. agente de bolsa. [cionista.

stockholder (stókjolda) s. accionista.

stocking (stóking) s. media; — **stitch**, punto de calceta.

stocky (stóci) adj. rechoncho.

stoical (stóical) adj. estoico.

stoke (stóuk) tr. alimentar el fuego, cargar.

stoker (stooka) s. fogonero.

stolid (stólid) adj. estólido, impasible. [go; tr. digerir.

stomach (stö'mac) s. estómago.

stone (stóun) s. piedra; hueso de una fruta; tr. apedrear; — **deaf**, sordo como una tapia; — **mason**, cantero; **tomb** —, lápida; — **work**, mampostería.

stony (stóuni) adj. pedregoso, (fam.) sin blanca.

stool (stúl) s. taburete, banquillo, banquete.

stoop (stúp) s. inclinación; abatimiento; intr. inclinarse.

stop (stóp) s. parada; pausa; alto; tr., pararse; **full** —, punto.

stoppage (stópidye) s. detención; interrupción.

stopper (stópa) s. tapón [naje.

storage (stóuridye) s. almacenaje.

store (stóa) s. almacén. tr. almacenar; **department —s**, galerías, grandes almacenes.

storey (stoari) s. piso, planta.

stork (stork) s. cigüeña.

storm (stórm) s. tempestad; tormenta, tr. asaltar.

stormy (stórmi) adj. tempestuoso, tormentoso.

story (stóri) s. historia, cuento, historieta, anécdota.

stout (stáut) adj. grueso, s. cerveza fuerte. [robustez.

stoutness (stautnes) s. gordura, obesidad.

stove (stóuv) s. estufa, cocina.

stow (stóu) tr. meter, guardar; esconder; estibar; rellenar.

stowaway (stóueuei) s. polizón.

straddle (stradl) intr. ponerse a horcajadas, cabalgar.

straggle (strágl) intr. extraviarse, errar, vagar.

straight (stréit) adj. derecho, recto, directo, adv. directamente; — **on**, todo derecho; **home—**, recta final.

straighten (stréiten) tr. enderezar.

straightway (stréituei) adj. luego, inmediatamente.

strain (stréin) s. tensión, esfuerzo; tr. forzar, estirar; colar.

strainer (stréina) s. colador.

strait (streit) s. Geog. estrecho; peligro; adj. estrecho, angosto; — **jacket**, camisa de fuerza.

strand (strand) s. filamento; cabo; (Poét.) playa, ribera; tr. abandonar; embarrancar.

strange (stréindye) adj. extraño.

strangeness (stréindyenes) s. extrañeza; rareza.

stranger (stréindyar) s. forastero; extraño.

strangle (strángl) tr. estrangular.

strap (stráp) s. correa; Mil. charretera; tr. zurrar, atar con correas.

stratagem (strátadyem) s. estratagema.

strategic (stratédchic) adj. estratégico.

stratify (strátifai) tr. estratificar.

stratosphere (strátousfia) s. estratosfera. [capa.

stratum (stratm) s. estrato; estrato.

straw (stró) s. paja; fig. frustería, adj. de paja; **the last** —, es el colmo. [fresa.

strawberry (stróberi) s. Bot.

strawy (strói) adj. pajizo.

stray (stréi) s. descarrío; persona o animal perdido; adj. descarriado; intr. descarriarse. [listar.

streak (strík) s. raya, lista, tr.

streaky (stríki) adj. listado.

stream (stríim) s. corriente; arroyo; intr. correr.

streamline (strímlain) s. línea aerodinámica; tr. dar línea aerodinámica.

streamer (stríma) s. banderola, gallardete; liston; **paper —**, serpentina.

street (stríit) s. calle.

streetcar (stríka) s. tranvía.

strength (stréngz) s. fuerza, vigor.

strengthen (stréngzen) tr. fortalecer, reforzar.

strenuous (stréniuas) adj. enérgico, fuerte; tenaz.

stress (strés) s. fuerza, tensión, acento tónico.

stretch (stréch) s. extensión, trecho; tr., intr. estirarse, extenderse. [tr. esparcir.

strew [**strewed; strewn**] (stru) tr. esparcir.

strict (strict) adj. estricto, severo, rígido. [tud; severidad.

strictness (stríctnes) s. exactitud; severidad.

stride (stráid) s. paso largo, zancada; [**strode** o **strid**; **stridden**] intr. andar a trancos, dar zancadas.

strident (stráident) adj. estridente; (fig.) chillón [disca.

strife (stráif) s. contienda.

strike (stráik) s. golpe; huelga; (fam.) chiripa; [**struck; struck**] tr. golpear, herir, chocar con, encender un fósforo; intr. golpear.

striker (stráika) s. huelguista.

striking stráiking) adj. sorprendente, resaltante.

string (stríng) s. cuerda, cordel; — **of onions**, ristra; — **of lies**, sarta de mentiras; [**strung; strung**] tr. atar (con cuerda). [tricto, riguroso.

stringent (stríndyant) adj. estricto, riguroso.

strip (stríp) s. tira; banda; tr. y reflex. desnudar(se); **comic —**, historieta.

stripe (stráip) s. raya; lista; (Mil.) galón; tr. rayar. [listas.

striped (stráipt) adj. rayado a listas.

strive [**strove; striven**] (stráiv) intr. esforzarse; empeñarse.

stroke (stróuk) s. golpe; campanada; (Escr.) rasgo.

stroll (stróul) s. paseo; intr. vagar, pasear.

strong (stróng) adj. fuerte; — **as a horse**, fuerte como un toro. [luarte.

stronghold (stróngjould) s. baluarte.

strop (strop) tr. asentar (navajas de afeitar); s. asentador.

structure (strö'kcha) s. estructura.

struggle (strö'gl) s. esfuerzo; lucha, intr. bregar, contender; esforzarse.

strut (strö't) intr. pavonearse, contonearse; s. contoneo; tirante; (Archit.) puntal.

stub (stö'b) s. zoquete; colilla (de cigarrillo).

stubble (stö'bl) s. rastrojo; cañones (de la barba).

stubborn (stö'born) adj. terco, tozudo. [zudez, terquedad.   **75**

stubbornness (stö'bornes) s. tozudez, terquedad.

stud (stö'd) s. tachón, tachuela; **prest** — (cost.) automático.

student (stiúdent) s. estudiante. [dioso.

studious (stiúdiös) adj. estudioso.

study (stö'di) s. estudio; tr. estudiar.

stuff (stö'f) s. material, materia prima, chismes; tr. relleno, henchir; diseca; intr. atracarse.

stuffing (stö'fing) s. relleno.

stuffy (stö'fi) adj. mal ventilado, cargado.

stumble (stö'mbl) s. tropiezo; intr. tropezar.

stun (stö'n) tr. atolondrar aturdir, pasmar.

stunt (stö'nt) tr. no dejar medrar, encanijar; (fam.) engancho.

stupefy (stiúpifai) tr. causar estupor, atontar. [estupendo.

stupendous (stiupéndös) adj. estupido. [dez.

stupid (stiúpid) adj. y s. estúpido.

stupidity (stiupíditi) s. estupidez.

stupor (stiúpa) s. estupor.

sturgeon (stö'rdyön) s. (Ict.) esturión.

stutter (stö'ta) s. tartamudeo, intr. tartamudear; tr. balbucear.

style (stáil) s. estilo; título; género; gusto; tono.

stylish (stáilisch) adj. elegante; a la moda.

suavity (suáviti) s. suavidad.

subdivision (sö'bdivisyon) s. subdivisión; parcelación de terrenos. [someter.

subdue (sabdiú) tr. subyugar.

subject (sabdyect) adj. sujeto, s. asunto, materia, tema, asignatura; súdito; Gram. sujeto; tr. someter.

subjection (sabdyécschön) s. ujeción, sumisión.

subjective (sabdyéctiv) adj. subjectivo. [yugar; someter.

subjugate (sabdyiuguéit) tr. subyugar; someter.

sublet (sablét) tr. subarrendar.

sublime (sabláim) adj. sublime; excelso. [marino.

submarine (sa'bmarin) s. submarino.

submerge (sabmö'rdye) tr., intr. sumergir(se). [misión.

submission (sabmíschön) s. sumisión.

submissive (sabmísiv) adj. sumiso.

submit (sabmít) tr. someter; presentar; intr. someterse.

subordinate (sabórdineit) adj. y s. subordinado; tr. subordinar.

subscribe (sabscráib) tr. suscribir, abonar; intr. suscribirse, abonarse. [criptor.

subscriber (sabscráiba) s. subsequent (sa'bsikuent) adj. subsiguiente, posterior; —**ly**. adv. después, posteriormente. [servil.

subservient (sabsa'vyant) adj.

subscription (sabscripschön) s. subscripción, abono.

subside (söbsáid) intr. calmarse, bajar, hundirse.

subsidence (sabsídense) s. hundimiento, socavón.

subsidiary (sabsídieri) adj. subsidiario. [subsidio.

subsidy (sabsídi) s. subvención.

subsist (sabsíst) intr. subsistir; sustentarse. [tancia.

substance (sa'bstans) s. subs-

76

substantial *(sabstánschal)* adj. substancial; **considerable.**
substantive *(sa'bstta'ntiv)* adj. y s. sustantivo.
substitute *(sa'abstitiut)* s. substituto; tr. substituir.
subterfuge *(sa'btarfiudye)* s. subterfugio; **pretexto.**
subterranean *(sabtaréinyan)* adj. subterráneo.
subtility *(sa'btili)* s. sutileza.
subtle *(sa'töl)* adj. sutil; agudo.
subtleness *(sa'tölnes)* s. sutileza; astucia.   [traer, restar.
subtract *(sabtrákt)* tr. subs-
subtraction *(sabtráccschön)* s. substracción; *Arit.* **resta.**
suburb *(saberb)* s. suburbio; arrabal.
subvention *(sabvénschön)* s. subvención; **ayuda.**
subversion *(sabvarschon)* s. subversión, trastorno.
subversive *(sabvarsiv)* adj. subversivo.
subway *(sa'b-uey)* s. paso subterráneo; túnel; (E. U.) metro.
succeed *(söcsíd)* tr. suceder, intr. vencer, triunfar, conseguir; seguir a.   [triunfo.
success *(sacsés)* s. éxito;
successful *(saksésful)* adj. próspero; afortunado, con éxito.
successive *(söcsésiv)* adj. sucesivo.
successor *(sacsésa)* s. sucesor.
succint *(sacsíngt)* adj. sucinto, conciso.
succour *(sá'kar)* s. socorro; asistencia; *(Mil.)* refuerzo; tr. socorrer.
succulent *(sa'kiulent)* adj. suculento; jugoso.
succumb *(sökö'm)* intr. sucumbir; ceder.
such *(sach)* adj. tal(es), semejante pron. un tal, aquellos que; adv. tan; — **as,** tal que, etc.   [s. chupada
suck *(sak)* tr. chupar; mamar;
sucker *(saca)* s. chupón; (E. U.) (fig.) gorrón.
suckle *(sakl)* tr. amamantar.
sudden *(sadn)* adj. repentino; súbito, imprevisto; **all of a** —, de repente.
suddenly *(sadönli)* adv. de repente, súbitamente.
suddenness *(sadönnes)* s. precipitación.
suds *(sads)* s. agua jabonosa.
sue *(siú)* tr. demandar.
suede *(suéid)* s. ante, piel de Suecia.
suffer *(safa)* tr. e intr. sufrir, aguantar, tolerar; **to suffer of,** padecer de, adolecer de.
sufferer *(safera)* s. víctima, paciente; **fellow** —, compañero de infortunio.   [miento.
suffering *(safaring)* s. sufri-
suffice *(safáis)* intr. bastar, suficiente.   [ciencia.
sufficiency *(safíschensi)* s. sufi-
sufficient *(safíschent)* adj. suficiente, bastante.
suffix *(safics)* s. sufijo.
suffocate *(sa'fokeit)* tr. sofocar; intr. asfixiarse.
suffocation *(safokéischön)* s. sofocación, ahogo, asfixia.
suffrage *(safredye)* s. sufragio; voto.
sugar *(schúga)* s. azúcar; tr. azucarero; — **lump,** terrón de azúcar.   [insinuar.
suggest *(sadyeést)* tr. sugerir;
suggestion *(sadyeeschön)* s. sugestión, insinuación, sugerencia.

suggestive *(sadyeéstiv)* adj. sugestivo, impúdico.
suicidal *(siuisáidal)* adj. suicida, temerario.
suicide *(siúisaid)* s. suicidio; suicida; **to commit** —, suicidarse.
suit *(sut, siut)* s. traje galanteo; colección, serie, *Leg.* petición, pleito, litigio; palo de naipes; tr., intr. cuadrar; convenir; ir bien.
suitable *[s(i)útabl]* adj. adecuado, apropiado.   [leta.
suitcase *(siutkeis, sut-)* s. maleta.
suite *(suít)* s. serie, séquito; tresillo; **three piece** —, tresillo; **bedloom** —, juego de dormitorio.
suitor *(súta)* s. pretendiente; *Leg.* demandante.
sulk *(sö'lk)* s. murria; intr. amurriarse.   [humorado.
sulky *(salki)* adj. huraño, malhumorado.
sullen *(sa'ln)* adj. hosco.
sully *(sa'li)* s. mancha; tr. manchar, empañar.
sulphur *(sa'lfar)* s. azufre.
sultan *(sa'ltan)* s. sultán.
sultana *(saltána)* s. sultana; pasa.   [sofocante.
sultry *(saltri)* adj. bochornoso,
sum *(sam)* s. suma, total; — **up,** resumir.   [mario.
summary *(samari)* adj. s. sumario.
summer *(sa'ma)* s. verano; adj. estival, veraniego; intr. veranear; **Indian** —, veranillo de San Martín.
summersolt *(sa'marset)* s. salto mortal.   [ma; altura.
summit *(sa'mit)* s. cumbre, cima; s. reloj de sol.
summon *(sa'mön)* tr. citar; convocar, requerir.   [tación.
summons *(sa'möns)* s. *Leg.* citación.
sumptuous *(sa'mpschas)* adj. suntuoso; opíparo.
sun *(sa'n)* s. sol.
sunbeam *(sa'nbim)* s. rayo de sol; — **dial** s. reloj de sol.
sunbathe *(san-baiz)* un tomar el sol.
sunburnt *(sa'nbörnt)* adj tostado por el sol, bronceado.
Sunday *(sandei)* s. domingo; **easter** —, domingo de gloria; **Palm** —, domingo de ramos.   [varios.
sundries *(sa'ndris)* s. pl. (com.)
sundry *(sa'ndri)* adj. diversos.
sunflower *(sanflaua)* s. girasol; **sunflower seed** (fam.) pipas.
sunk *(sanc)* (p. p. of sink), hundido.
sunken *(sancen)* adj. hundido.
sunlight *(sanlait)* s. luz diurna.
sunny *(sa'ni)* adj. soleado.
sunrise *(sö'nrais)* s. salida del sol, amanecer.
sunshine *(sanschain)* s. luz del sol, sol, luz del día.
sunset *(sanset)* s. puesta del sol, ocaso.   [lación.
sunstroke *(sa'nstrouk)* s. insolación, insolarse.
superannuate *(superánniuei)* tr. jubilar, inhabilitar.
superannuation *(siuparanniuéischön)* s. jubilación.
superb *(supeeb)* adj. soberbio; magnífico.
supercilious *(suparsílias)* adj. altivo; arrogante.
superficial *(suparsfíschal)* adj. superficial.   [superficialidad.
superficiality *(supafischiáliti)* s.
superfluous *(supeerfluas)* adj. superfluo.   [sobrehumano.
superhuman *(supajiúman)* adj.
superintend *(supaintánd)* tr. inspeccionar; vigilar.

superintendent *(suparinténdent)* s. superintendente.   [perior.
superior *(supeeria)* adj. y s. su-
superiority *(supieriöriti)* s. superioridad.   [permercado.
supermarket *(suparmakit)* s. su-
supernatural *(siupönáchönal)* adj. sobrenatural.   [tuir.
supersede *(supasíd)* tr. substituir.
superstition *(supastíschön)* s. superstición.   [supersticioso.
superstitious *(upastíschös)* adj.
supervise *(supavais)* tr. vigilar, supervisar, revisar.
supervisor *(supavaisa)* s. inspector, interventor.
supper *(sopa)* s. cena.
supplant *(söplánt)* tr. suplantar; desbancar.
supple *(sapl)* adj. flexible; dócil. *Dep.* ágil.
supplement *(sáplimönt)* s. complemento.   [súplica.
supplication *(söplikéischön)* s.
supplier *(söplaia)* s. suministrador, proveedor.
supply *(söplái)* s. abastecimiento, suministro; pl. s. víveres, pertrechos; tr. abastecer, suministrar.
support *(söpórt)* s. sostén; apoyo; tr. sostener.
supporter *(sapota)* s. apoyo, sostén; *Dep.* hincha.
suppose *(söpóus)* tr. presumir, criayinarse. tr. (pre)suponer.
supposition *(söpösíschön)* s. suposición; hipótesis.
suppository *(söpósitori)* s. supositorio.
suppress *(söprés)* tr. suprimir; *Pol.* sofocar, reprimir(se).
suppression *(söpréschön)* s. supresión, represión.
supremacy *(sooprémasi)* s. supremacía.
supreme *(sooprím)* adj. supremo; **supreme court,** el tribunal supremo.
sure *(shua)* adj. seguro; cierto; adv. indudablemente; interj. ¡claro! **make** — **of** asegurarse de; **to be** —, estar seguro.
sureness *(shuanis)* s. seguridad.   [dor.
surety *(shuariti)* s. fianza; fiador.
surf *(seef)* s. resaca; rompiente, marejada; — **riding,** deslizamiento náutico.
surface *(sefis)* s. superficie; tr. allanar; (náut.) salir a la superficie.
surfeit *(serfit)* s. empacho; tr. intr. hartar(se).
surge *(serdye)* s. oleaje, oleada; intr. agitarse.
surgeon *(serdyon)* s. cirujano.   [consultorio.
surgery *(serdyari)* s. cirugía,
surmise *(surmáis)* s. conjetura; tr. suponer.
surmount *(surmáunt)* tr. sobrepujar; vencer, superar.
surname *(surneim)* s. apellido.
surpass *(surpás)* tr. exceder, aventajar, sobrepasar.
surplus *(surplös)* adj. y s. sobrante, excedente.
surprise *(surpráis)* s. sorpresa; tr. sorprender.
surrender *(surénda)* s. rendición; entrega; tr., intr. rendir(se).   [dar; rodear.
surround *(suráund)* tr. circundar.
surroundings *(suráundigns)* s. pl. alrededores.
surtax *(surtacs)* s. recargo; sobretasa.

survey *(survéi)* s. examen, inspección, deslinde; tr. inspeccionar.
surveyor *(survéiar)* s. topógrafo, perito; agrimensor, inspector.   [vencia.
survival *(sörváival)* s. supervivencia.
survive *(surváiv)* tr. sobrevivir.
susceptible *(suséptibl)* adj. susceptible.
suspect *(sáspect)* adj. sospechoso; tr. (suspéct) sospechar.
suspend *(suspénd)* tr. suspender, colgar, aplazar.
suspenders *(suspéndas)* s. pl. (E. U.) tirantes, (G. B.) ligas.
suspense *(suspéns)* s. incertidumbre, suspenso, intriga.
suspension *(suspenshon)* s. suspensión. / — **bridge,** puente.
suspicion *(suspíschön)* s. sospecha; **beyond** —, libre de sospecha; **under** —, bajo sospecha.
suspicious *(suspíschös)* adj. sospechoso, suspicaz, desconfiado.   [sustentar.
sustain *(sustéin)* tr. sostener;
swab *(suób)* s. *Med.* torunda; escobilla. tr. fregar.
swag *(suág)* s. botín, intr.; contornearse.
swagger *(suága)* intr. fanfarronear; darse tono de.   [rrón.
swaggerer *(suágara)* s. fanfa-
swain *(suéin)* s. mozalbete, rapaz; *Naut.* **boat** —, contramaestre.
swallow *(suólou)* s. *Orn.* golondrina; tr. tragar.
swamp *(suómp)* s. pantano, ciénaga; tr. (fig.) inundarse.
swan *(suón)* s. cisne. / — **song,** canto de cisne, el último acto.
swap *(suóp)* s. trueque, canje; tr. cambiar, permutar.
sward *(suörd)* s. césped.
swarm *(suórm)* s. enjambre; hormiguero; gentío; tr. enjambrar, pulular.
swarthy *(suorzi)* adj. moreno; tostado; curtido (por el sol).
sway *(suéi)* s. vaivén; dominio; tr. inclinar, influir; intr. bambolearse, mecerse.
swear [**swore; sworn**] *(súea)* tr., intr., jurar, blasfemar.
sweat *(súet)* ɔ. sudor; [**sweated** o **swet; sweated** o **swed**] tr. hacer sudar; intr. sudar.
sweater *(súeta)* s. suéter.
sweating *(suéting)* s. sudor.
sweep *(suíp)* s. barredura; vuelo; alcance; [**swept; swept**] tr. barrer, deshollinar; **to** — **post,** pasar rápidamente.
sweeper *(súipar)* s. barrendero; **chimeny** —, deshollinador.
sweet *(suit)* adj. dulce; s. caramelo; dulzura: dulce.
sweetbread *(súitbred)* s. lechecillas.
sweeten *(suítn)* tr. endulzar, dulcificar.   [confitura.
sweetheart *(súitjart)* s. novio, novia; amante
sweetmeat *(súitmit)* s. dulce;
sweetness *(súitnes)* s. dulzura.
swell *(suél)* s. hinchazón; *Naut.* marejada, mar de fondo; adj. (E. U.) (fam.) estupendo; [**swelled; swelled** o **swollen**] tr, hincharse. tr. hinchar.
swelling *(suéling)* s. hinchazón; turgencia.
swelter *(suéltar)* intr. sofocarse, abrasarse.   [pronto.
swift *(suíft)* adj. veloz; ligero;

swifly *(suiftli)* adv. velozmente, rápidamente. [dad, ligereza.

swiftness *(suiftnes)* s. veloci-

swill *(suil)* tr. enjuagar, lavar; (fam.) emborrachar; s. bazofia.

swim [swum o swam; swum] *(suím)* intr. nadar, flotar.

swimmer *(suíma)* s. nadador.

swimming *(suíming)* s. natación; s. — pool, piscina.

swindle *(suíndl)* s. estafa; timo; tr. estafar, timar.

swindlen *(suindla)* s. estafador, timador.

swine *(suáin)* s. cerdo. (lit. y fig.) — herd, s. piera.

swing *(suíng)* s. oscilación; columpio; [swung; swung] tr. columpiarse, agitar, balancear. [tr. golpear; robar.

swipe *(suáip)* s. golpe fuerte;

swirl *(suírl)* s. remolino.

switch *(suích)* s. interruptor; tr. conmutador; tr. cambiar; — on, encender; — off, apagar. [inflamado.

swollen *(suóulön)* adj. hinchado,

swoon *(suún)* s. desmayo; intr. desmayarse.

swoop *(suúp)* tr. arrebatar; agarrar; coger, abalanzarse.

swop *(suóp)* s. cambio, trueque; tr. cambiar.

sword *(sóod)* s. espada.

sword-fish *(sood-fish)* s. Ict. pez espada.

sybarite *(síbarait)* s. sibarita.

syllable *(sílabl)* s. sílaba.

syllabus *(sílabös)* s. extracto; programa (de estudios).

symbol *(símböl)* s. símbolo.

symbolic(al) *(simbólic(öl))* adj. simbólico. [simbolizar.

symbolize *(símbolais)* tr. intr.

symmetry *(símötri)* s. simetría.

sympathetic *(simpazétic)* adj. simpático, comprensivo.

sympathy *(símpazi)* s. simpatía, comprensión.

sympathize *(símpazais)* intr. simpatizar, compadecerse.

symphony *(símfoni)* s. sinfonía.

symptom *(símtom)* s. Med. síntoma; señal.

synagogue *(sínagog)* s. sinagoga. [cronizar.

synchronise *(sincrónais)* tr. sin-

syndical *(síndical)* adj. sindical.

syndicate *(síndikit)* s. sindicato; *(síndikeit)* sindicar(se).

synonym *(sínonim)* s. sinónimo.

synonymous *(sinónimös)* adj. sinónimo.

synopsis *(sinópsis)* s. sinopsis.

synthesis *(sínzesis)* s. síntesis.

synthetic *(sinzétic)* adj. sintético.

syphon *(sáifon)* s. sifón.

syringe *(siríndch)* s. jeringa; lavativa; tr. jeringar, dar una lavativa.

syrup *(síröp)* s. jarabe, almíbar.

system *(sístem)* s. sistema.

systematic *(sistemátic)* s. y adj. sistemático.

tab *(tab)* s. lengüeta; oreja de zapato; tira; herrete de cordon. [náculo.

tabernacle *(tábörnacl)* s. taber-

table *(téibl)* s. mesa. Mat. tabla; — cloth, s. mantel; — spoon, cuchara sopera.

tablet *(táblet)* s. tabl(et)a. soap —, pastilla de jabón.

taboo *(tabú)* s. tabú.

tacit *(tásit)* adj. tácito.

taciturn *(tásitön)* adj. taciturno.

tack *(tác)* s. tachuela; chincheta; tr. clavar, puntear; Náut. virar.

tackle *(tákl)* s. aparejo, avíos, equipo; tr. agarrar, forcejar, emprender.

tacky *(tacki)* adj. pegajoso.

tact *(tact)* s. tacto; tiento.

tactic *(táctic)* adj. táctico.

tactician *(táktisian)* s. táctico, estratega.

tactics *(táctics)* s. pl. táctica.

tactile *(táctil)* adj. palpable, táctil. [discreto.

tactless *(tactles)* adj. torpe, in-

tadpole *(tádpoul)* s. renacuajo.

tag *(tag)* s. etiqueta, punta del rabo. [extremo.

tail *(téil)* s. cola; rabo; —end,

tailor *(téilar)* s. sastre; the —s, sastrería.

tailoning *(teilaring)* s. sastrería.

taint *(téint)* s. mácula; mancha; tr. manchar.

take [took; taken] *(téik)* tr. tomar; coger; llevar (fotos.) sacar; (ajed.) comer; intr. pegar, prender; to — after, parecerse; — care of tr. cuidar de; — for granted dar por sentado; — off v. quitarse (una prenda), despegar (un avión); — over tomar posesión, hacerse cargo.

taking *(téiking)* s. arresto; embargo; adj. agradable; — s, pl. (com.) ingresos.

talcum *(tálcöm)* s. talco (de tocador).

tale *(téil)* s. cuento; historia; chisme; tell —, decir mentiras.

talent *(tálent)* s. talento.

talented *(tálentit)* adj. capaz; dotado.

talk *(tóc)* s. conversación; habla; intr. conversar, hablar; nonsense, decir tonterías.

talkative *(tócativ)* adj. locuaz, hablador.

tall *(tól)* adj. alto; grande.

tallness *(tólnes)* s. altura; estatura; talla.

tally *(táli)* v. ta(r)ja, cuenta; tr. tarjar, llevar la cuenta; intr. cuadrar.

talon *(tálon)* s. (aves.) garra.

tambourine *(támburin)* s. pandereta.

tame *(téim)* adj. domado, manso, dócil; tr. dom(estic)ar, amansar.

tamer *(taima)* adj. donador.

tan *(tán)* s. casca; bronceado, tostadura del sol; tr. curtir, broncear.

tang *(tang)* s. resabio, gustillo.

tangerine *(táncherin)* s. mandarina.

tangle *(tángl)* s. enredo, embrollo; intr. embrollarse.

tank *(tánk)* s. tanque, depósito, cisterna.

tankard *(táncard)* s. jarro con tapa (para cerveza), cangilón.

tanker *(tanka)* s. Naut. petrolero; camión cisterna.

tanner *(tána)* s. curtidor.

tannery *(taneri)* s. tenería, fábrica de curtidos.

tantalize *(tántalais)* atormentar, mortificar.

tantrum *(tántröm)* s. berrinche.

tap *(tap)* s. grifo; palmada; tr. Mec. terrajar, golpear ligeramente.

tape *(téip)* s. cinta; — measure, cinta métrica; red —, papeleo; — recorder, s. magnetófono.

tapestry *(tápestri)* s. tapicería; colgadura; tapiz.

tar *(tár)* s. alquitrán; tr. alquitranar, embrear; tack —, (fam.) marinero.

tardy *(tárdi)* adj. tardío, cachazudo.

tare *(téa)* s. (com.) tara.

target *(tárguet)* s. blanco (fig.) neto.

tariff *(tárif)* s. tarifa, arancel.

tarnish *(tárnisch)* s. empañadura; deslustre; tr. intr. empañar(se); mancillar.

tarpaulin *(tárpolin)* s. encerado, lona. [quitranado.

tarry *(tári)* intr tardar; adj. al-

tart *(tárt)* adj. acre; ácido; s. tarta, pastel de fruta; (fam). mujerzuela.

task *(task)* s. tarea; brig to —, reprender; — force. Mil. fuerza de misión especial.

tassel *(tásel)* s. borla, cordón.

taste *(téist)* s. gusto; sabor; muestra, prueba; tr., intr. gustar, probar.

tasteful *(téistful)* adj. elegante, de buen gusto. [soso.

tasteless *(téistles)* adj. insípido;

tasty *(téisti)* adj. sabroso.

tattle *(tátl)* s. charla; cháchara; tr. charlar.

tattoo *(tatú)* s. Mil. retreta, tatuaje; tr. tatuar.

taunt *(tónt)* s. mofa; vituperio.

taut *(tot)* adj. tenso, terso.

tavern *(távern)* s. taberna.

tawdry *(tódri)* adj. chillón, charro.

tax *(tács)* s. impuesto; contribución; tributo; tr. tasar, imponer tributos; — free adj. franco, libre de impuestos; income —, contribución por rendimiento del trabajo.

taxation *(tacséischön)* s. tasa; contribución. [taxista.

taxi *(taksi)* s. taxi; — driver s.

taxicab *(tácsicab)* s. coche taxi.

tea *(til)* s. té.

teapot *(típot)* s. tetera; — spoon, cucharilla; — spoonful, cucharita.

teach [taught; taught] *(tich)* v. enseñar, instruir; to — a lesson, dar una lección; — in, seminario.

teacher *(tícha)* s. profesor(a); maestro, maestra; — training college, Escuela Normal.

teaching *(tíching)* s. enseñanza.

team *(tím)* s. equipo; tiro, yunta.

teamwork *(tímuörk)* trabajo en equipo, trabajo de conjunto.

tear *(ter)* s. raja; desgarradura; [tore; torn] tr. desgarrar, rasgar. [lacrimógeno.

tear *(tia)* lágrima; — gas, gas

tearful *(tíaful)* adj. lloroso, lagrimoso.

tease *(tís)* tr. importunar, atormentar; strip —, denudación.

teat *(tiit)* s. ubre; teta, tetillas.

technical *(técnical)* adj. técnico. [co.

technician *(tecnísian)* s. técni-

technique *(tekník)* s. técnica.

tedious *(tidiös)* adj. pesado, monótono, aburrido.

tedium *(tídiöm)* s tedio, aburrimiento. [sar.

teem *(tím)* intr. pulular, reba-

teenager *(tinéidya)* s. adolescente. [tición.

teething *(tízing)* s. primera den-

teetotaler *(titotla)* s. abstemio.

telecast *(télicast)* s. emisión de televisión, televisar. [ma.

telegram *(téligram)* s. telegra-

telegraph *(téligraf)* s. telégrafo; tr. telegrafiar.

telephone *(télifoun)* s. teléfono; tr. telefonear; — book, guía telefónica; — exchange, centralita. [pio.

telescope *(téliscop)* s. telesco-

television *(télivídyön)* s. televión; television set *(telivisyon)* s. televisor.

tell [told; told] *(tel)* tr. decir; contar; narrar; ordenar; — off, reñir; — the difference, diferenciar; — tales, hacer mentiras, contar chismes.

<mark>teller</mark> *(tela)* s. relator, narrador; (com.) cajero. [chivato.

telltale *(télteil)* s. chismoso, chisme.

temerity *(temériti)* s. temeridad.

temper *(témpa)* s. (Met.) temple; temperamento; tr. templar; mal genio; bad —, mal humor. [temperamento.

temperament *(témpörament)* s.

temperance *(témpörans)* s. templanza. [plado.

temperate *(témpörit)* adj. tem-

temperature *(ténpricha)* s. temperatura.

tempered *(témpard)* adj. (Met.) templado. [tad.

tempest *(témpist)* s. tempes-

tempestuous *(tempéstiuös)* adj. tempestuoso.

temple *(templ)* s. templo; (Anat.) sien. [poral.

temporal *(témpöral)* adj. tem-

temporary *(tempörari)* adj. temporal, transitorio, provisional.

temporize *(témporais)* intr. (con)temporizar.

tempt *(témt)* tr. tentar.

temptation *(temtéischön)* s. tentación.

tempter *(témptar)* s. tentador.

tempting *(témting)* s. tentación; adj. tentador.

ten *(ten)* adj. y s. diez.

tenable *(ténabl)* adj. defendible.

tenacious *(tenéischös)* adj. tenaz. [dad, tesón.

tenacity *(tenáciti)* s. tenaci-

tenancy *(ténansi)* s. inquilinato, arrendamiento. [arrendador.

tenant *(ténant)* s. inquilino;

<mark>tend</mark> *(ténd)* tr. guardar; cuidar, intr. tender a.

tendency *(téndensi)* s. tendencia, inclinación.

tender *(ténda)* adj. tierno; s. (Obras Púb.) subasta; oferta; (Mar.) falúa, lancha de auxilio; tr. ofrecer, proponer; legal tender, moneda de curso legal.

tenderness *(téndarnes)* s. ternura, terneza; blandura.

tendon *(téndön)* s. tendón.

tenement *(téniment)* s. vivienda; alojamiento; tenement house, casa de vecindad.

tenet *(ténit)* s. dogma.

tennis *(ténis)* s. juego de tenis; — court s. pista, cancha de tenis.

tenon *(ténön)* s. espiga (Carp.)

tenor *(ténör)* s. tenor.

tense *(téns)* adj. tenso; s. Gram. tiempo.

tension *(ténschön)* s. tensión.

tent *(tent)* s. tienda de campaña, pabellón.

tentative *(tentative)* s. tentativa, intento, prueba.

<mark>tenuous</mark> *(téñuös)* adj. tenue.

78

tenure *(ténua)* s. tenencia, posesión. [plado.
tepid *(tépid)* adj. tibio; **temtem** *(teerm)* s. término; condición, plazo, trimestre académico, tr. nombrar, llamar; **come to —s** llegar a un acuerdo. [nal; s. término.
terminal *(teerminal)* adj. terminus **terminus** *(términös)* s. término, fin. [hormiga blanca.
termite *(teermait)* s. termita.
terrace *(téreis)* s. terrado; terraza; tr. terraplenar.
terrible *(téribl)* adj. terrible, tremendo. [ca, zorrero.
terrier *(téria)* s. perro de bus-
terrific *(teríjic)* adj. espantoso; (fam.) estupendo. [aterrar.
terrify *(térifai)* tr. horrorizar.
territorial *(teritórial)* adj. territorial.
territory *((téritöri)* s. territorio.
terror *(téra)* s. temor, pavor.
terrorism *(térrörism)* s. terrorismo.
terrorist *(térrörist)* s. terrorista. [rizar.
terrorize *(térrörais)* tr. aterrorize
terse *(ters)* adj. conciso, breve.
test *(tést)* s. prueba; ensayo, examen, (piedra de) toque; tr. probar, experimentar; **to put to the —**, poner a prueba; **to pass he —**, pasarlo a prueba. [mento.
testament *(téstament)* s. testa-
testicle *(tésticl)* s. testículo.
testify *(téstifai)* tr. testificar.
testimonial *(testimóunial)* s. certificación; testimonio; adj. testificativo.
testimony *(téstimoni)* s. testimònio, testigo.
testy *(tésti)* adj. enojadizo.
tetanus *(tétanös)* s. tétano.
Teutonic *(tiutónic)* adj. teutónico; s. germánico.
tether *(téza)* s. correar, traba; tr. trabar; **to be at the end of one's —**, consumirse la paciencia (a uno).
text *(tecst)* s. texto; pasaje.
textbook *(tecstbuc)* s. libro de texto.
textile *(técstai)* adj. textil; s. tejido. [tejido.
texture *(técscha)* s. textura;
than *(dán)* conj. que (partícula comparativa).
thank *(zánk)* tr. agradecer; dar gracias; **thank you!** ¡gracias!
thankful *(zánkful)* adj. agradecido. [titud.
thankfulness *(zankfulnes)* s. gratitud; desagradecimiento.
thankless *(zánkles)* adj. desagradecido.
thanklessness *(zanklesnes)* s. ingratitud; desagradecimiento.
thanks *(zanks)* s. pl. gracias.
that *(dat)* adj. ese, aquel; pron. ése, aquél, aquello, que, el cual; conj. que, para que, av. (fam.) así de, tan; **so —**, para; **—way**, por allí.
thaw *(zo)* s. deshielo; tr. intr. deshelar(se), derretirse(se).
the *(di, de)* art. el; la, lo, los, las.
theatre; — ter *(zíata)* s. teatro.
theatrical *(ziátrical)* adj. teatral.
theft *(zéft)* s. hurto; robo.
their *(déa)* adj. su; de ellos; de ellas.
theirs *(déas)* pron. el suyo; la suya; los suyos; las suyas; de ellas; de ellos.
theism *(zíism)* s. teísmo.
theist *(zíist)* s. teísta.

them *(dém)* pron. los, les, ellas, a/para ellos, ellas.
themselves *(demsélvs)* pron. ellos mismos, ellas mismas; sí mismos, asimismo.
theme *(zím)* s. tema; motivo.
then *(dén)* adv. entonces; después; luego; conj. por tanto, pues. / **now —**, ahora bien; **now and they**, de vez en cuando.
thence *(déns)* adv. de allí; de ahí, desde entonces.
theological *(ziolódyical)* adj. teologal, teológico. [logo.
theologist *(ziólodyist)* s. teólogo.
theology *(ziólodyi)* s. teología.
theoric *(zióric)* adj. teórico.
theory *(zíori)* adj. teoría.
there *(déa)* adv. allí; allá, ahí. / **— is, are** hay; **there was, there were** había, hubo; **there will be**, habrá; **here and —**, aquí y allá; **over —**, allá.
thereabouts *(dérabauts)* adv. por ahí; aproximadamente.
thereafter *(dérafta)* adv. según; después de eso.
thereby *(deabái)* adv. con eso; por medio de, por allí cerca.
therefore *(déafo)* adv. por lo tanto. [allí dentro.
therein *(derín)* adv. en esto;
thereupon *(derópón)* adv. después de ello.
therewith *(deauíz)* adv. con eso.
thermic *(zérmic)* adj. térmico, termal. [termómetro.
thermometer *(zörmómitar)* s.
thermos flask *(zö'rmös flasc)* s. termos (recipiente).
these *(dífs)* adj. y pron. estos, estas.
thesis *(zísis)* s. tesis.
they *(déi)* pron. ellos, ellas.
thick *(zíc)* adj. (Dim.) grueso; (Líq.) espeso; (Fam.) estúpido; (Pelo) tupido; (Fig.), **— skinned**, insensible; **— set**, rechoncho; **through — and thin**, por encima de todo.
thicken *(zíkn)* tr. espesar; engrosar; intr. espesarse.
thicket *(zíket)* s. matorral; espesura, maleza. [densidad.
thickness *(zíknes)* s. espesor;
thief *(zíf)* s. ladrón; **stop the —!** jal ladrón!
thieves *(zífves)* pl. ladrones; as **thick as —** (ser) uña y carne.
thieving *(zíving)* s. hurto; **— digits** (fam.) chorizo, ladrón.
thigh *(zái)* s. muslo.
thimble *(zímbl)* s. dedal.
thin *(zín)* adj. delgado; fino; (Pelo) ralo; (Líq.) raro, claro; as **— as a rake** (fam.) (ser) un palillo; **to grow —**, adelgazar.
thing *(zing)* s. cosa, objeto; **for one —**, en primer lugar.
think [**thought; thought**] *(zink)* tr. e intr. pensar; considerar; juzgar, reflexionar, meditar, creer, opinar; **I — so**, creo que sí; **I don't — so**, creo que no.
thinker *(zínka)* s. pensador.
thinking *(zínking)* s. pensamiento; **to my way of —**, a mi modo de ver; **without —**, sin pensar.
thinness *(zínnes)* s. delgadez.
third *(zö'd)* adj. tercero; s. tercio; **— rate**, de tercer orden.
thirst *(zö'rst)* s. sed; ansia; intr. **— for**, ansiar, anhelar.
thirsty *(zö'rsti)* adj. sediento; **to be —**, tener sed.
thirteen *(zörtín)* adj. trece; **thirteenth**, adj. decimotercero.

thirty *(zö'rti)* adj. treinta.
this *(dís)* adj. este, esta, pron. éste, ésta, esto.
thitle *(zísl)* s. Bot. cardo.
thong *(zong)* s. correa.
thorn *(zórn)* s. Bot. espino, (a), (a), pincho.
thorny *(zórni)* adj. espinoso; fig.) difícil, escabroso.
thorough *(zö'rö)* adj. entero, perfecto; formal.
thoroughfare *(zö'röfea)* s. paso franco, vía pública; **no —**, calle cortada.
thoroughly *(zö'röli)* adv. enteramente, a fondo.
those *(zous)* adj. y pron. esos, esas, aquellos, aquellas.
though *(zó)* conj. aunque, sin embargo, **as though**, como si.
thought *(zot)* s. pensamiento, idea; **on second —s**, pensándolo bien.
thoughtful *(zótful)* adj. pensativo; s. **—ness**, reflexión, cuidado.
thoughtless *(zótles)* adj. atolondrado, descuidado; **—ness**, s. descuido; atolondramiento. [mil.
thousand *(záusand)* s. y adj.
thrash *(zrásch)* tr. trillar, desgranar, fam. zurrar.
thread *(zréd)* s. hilo; hebra; tr. enhebrar. [do.
threadbare *(zrédbea)* adj. raído.
threat *(zrét)* s. amenaza.
threaten *(zréten)* tr. amenazar; amagar; adj. **—ing**, amenazador, amenazante.
three *(zrí)* adj. y s. tres.
threefold *(zrífold)* adj. triple.
threshold *(zréschould)* s. umbral; entrada; tranco.
thrift *(zríft)* s. ahorro, frugalidad. [pero.
thrifty *(zrífti)* adj. frugal, próspero.
thrill *(zril)* s. excitación, emoción; temblor; tr. excitar, emocionar; intr. temblar.
thriller *(zríler)* s. novela de intriga.
thrilling *(zriling)* adj. emocionante, apasionante.
thrive [**thrived** o **throve; thrived** o **thriven**] *(zráiv)* intr. prosperar; florecer; medrar.
throat *(zróut)* s. garganta; **sore —**, dolor de la garganta; **cut —**, asesino, criminal; **cut competition** (Com.) competencia ruinosa.
throb *(zrób)* s. latido, palpitación; intr. latir.
throne *(zróun)* s. trono.
throng *(zróng)* s. multitud; tropel; turba, tr. atestar, intr. apiñarse.
throttle *(zrótl)* s. gaznate, válvula; tr. estrangular.
through *(zrú)* prep. por, a través de, por medio de, adv. a través, enteramente; **— train**, tren directo.
throughout *(zruáut)* prep. por todo, adv. en todas partes.
throw *(zróu)* s. tiro; lanzamiento; [**threw; thrown**]. tr. tirar, lanzar; **throw away** tr. arrojar, tirar.
thrust *(zröst)* s. empuje, impulso; [**thrust; thrust**] tr. e intr. impeler, empujar.
thud *(zöd)* s. porrazo, batacazo, golpe sordo.
thumb *(zö'm)* s. pulgar; tr. **to — a lift**, hacer auto-stop.
thump *(zömp)* s. puñetazo, porrazo; v. aporrear.
thunder *(zö'nda)* s. trueno, estruendo; intr. tronar.

thunderbolt *(zö'ndaboult)* s. rayo. [trueno.
thunderclap *(zö'ndarclap)* s.
thunderstorm *(zö'ndarstorm)* s. tronada, tormenta.
Thursday *(zö'sdei)* s. jueves.
thus *(zoos)* adv. así, de este modo. [baratar, frustrar.
thwart *(zuórt)* tr. impedir; des-
thyme *(zaim)* s. tomillo.
tic *(tíc)* s. (Med.) tic (nervioso).
tick *(tic)* s. golpe ligero; palomita; (fam.) (com.) a crédito; tr. dar el visto bueno; (mec.) funcionar; **to — over** (Aut.) estar al relentín.
ticket *(tíket)* s. billete, entrada, boleto, tr. rotular; **— collector**, cobrador.
tickle *(tícl)* tr. hacer cosquillas; s. cosquilleo, cosquillas. [so.
ticklish *(tíclisch)* adj. cosquilloso.
tidal *(táidal)* adj. de la marea; periódico. / **— stream**, corriente de marea. / **— wave**, maremoto.
tide *(táid)* s. marea, flujo, reflujo; **ebb tide**, bajamar, **flood tide**, pleamar. [critud.
tidiness *(taidines)* s. aseo, pul-
tidings *(táidings)* s. pl. noticias; nuevas. [ordenado.
tidy *(táidi)* adj. aseado, pulcro,
tie *(tái)* s. corbata; lazo; nudo; tr. atar. [piso.
tier *(tía)* s. fila; hilera; (Pastel),
tiger *(táiga)* s. tigre.
tight *(táit)* adj. apretado; (Ropa) ceñido; **air —**, hermético; **water —**, estanco (fam.); **— fisted**, tacaño; (fam.) **to be —**, estar como una cuba.
tighten *(taidines)* tr., intr. apretar.
tile *(táil)* s. teja; baldosa; tr. tejar, losar; **to have a — tile** (fam.) faltarle un tornillo; **to be on the —s**, trasnochar.
tiling *(táiling)* s. azulejos, tejas.
till *(tíl)* s. cajón, caja registradora, prep. hasta, conj. entretanto; tr. cultivar. [branza.
tillage *(tílidye)* s. cultivo, la-
tiller *(tíla)* s. (Náut.) caña de timón; (Agric.) labrador.
tilt *(tílt)* s. toldo, torneo; justa, inclinación, declive; tr., intr. inclinar(se), ladear.
timber *(timba)* s. madera, viga(s); **timber yard** almacén de maderas.
time *(táim)* s. tiempo; vez; hora; plazo; período; (Mús.) compás; **in —**, a tiempo; **at any —**, en cualquier momento; **at —s**, a veces; **from — to —**, de vez en cuando; **behind —**, atrasado, retrasado; **to have a good —**, pásenlo bien, divertirse; **time table** s. horario.
timely *(táimli)* adv. oportuno.
timid *(tímid)* adj. tímido.
timidity *(timíditi)* s. timidez.
tin *(tin)* s. estaño, hojalata, lata; tr. estañar, envasar en lata; **tin opener** s. abrelatas.
tinge *(tíndye)* s. tinte; matiz; tr. tinturar.
tingle *(tingal)* s. hormigueo, cosquilleo, intr. sentir hor migueo.
tinker *(tínka)* s. latonero, caldero; (fam.) gitano; tr. reparar cazos.
tinkle *(tíngkal)* intr. tintinear, tr. hacer sonar. [en lata.
tinned *(tind)* adj. en conserva,

tinsel (*tínsel*) s. oropel, papel de plata. [teñir. matizar.

tint (*tínt*) s. tinte, tintura; tr.

tiny (*táini*) adj. menudo, pequeño, diminuto.

tip (*típ*) s. punta, (dedo) yema, sugerencia, propina; tr. ladear, inclinar; dar informes confidenciales, dar propina;

— **tip-off** s. aviso, sugerencia.

tipple (*típl*) s. bebida; v. beber con exceso. [achispado.

tipsy (*típsi*) s. borracho, ebrio,

tiptoe (*típtou*) s. **on** —, de puntillas, intr. **to waek on** —, andar de puntillas. [danada.

tirade (*táireid*) s. invectiva; **antire** (*táia*) s. (E. U.) llanta, neumático, tr., intr. cansar(se), aburrir(se); **to** — **out**, agotarse.

tiredness (*táirdnes*) s. cansancio. [tedioso.

tiresome (*táiesöm*) adj. pesado,

tissue (*tischu*) s. (Anat.) tejido.

tit (*tit*) s. (Orn.) para; **lyt tit**, carbonero; — **for tat**, tal para cual.

titanic (*titánic*) a. titánico.

titbit (*títbit*) s. trozo escogido, bocado exquisito; (Period.) primicia noticial.

tithe (*táid*) s. diezmo, minucia; tr. diezmar. [excitar.

titillate (*titileit*) tr. titilar; (fam.)

title (*táitl*) s. título, epígrafe, inscripción, derecho; **tr.** (**in**)-titular.

to (*tú*) prep. a, hacia, para, por; partícula que indica el infinitivo de los verbos.

toadstool (*tóudstul*) s. Bot. hongo o seta venenosa.

toast (*tóust*) s. tostada, tueste; brindis; tr. tostar, brindar. [brindador.

toaster (*tóusta*) s. tostador;

tobacco (*töbácou*) s. tabaco.

tobacconist (*töbácönist*) s. estanquero; —**'s**, estanco.

toboggan (*tobógan*) s. asiento de tobogán; **toboggan slide** s. tobogán.

today, to-day (*tudéi*) adv. hoy; s. el día de hoy.

toe (*tóu*) s. dedo del pie; (Zool.) pezuña; **to** — **the line**, conformarse.

toddle (*tódl*) intr. (Bebé) empezar andar, hacer pinitos; s. titubeo, pinitos.

toddler (*tódla*) s. niño pequeño, que empieza andar.

together (*tugueza*) adv. juntamente; a la vez; **to get together**, reunir, reunirse.

toil (*tóil*) s. faena; trabajo; afán; labor; intr. trabajar, afanarse.

toilet (*tóilet*) s. tocador; tocado, retrete, lavabo; **toilet set** s. artículos de tocador; **toilet paper** s. papel higiénico.

token (*tóukön*) s. señal; muestra, prenda.

tolerable (*tólarábl*) adj. tolerable; llevadero. [cia.

tolerance (*tólarans*) s. tolerancia.

tolerant (*tólarant*) adj. tolerante, consentir.

tolerate (*tólereit*) tr. tolerar.

toll (*tóul*) s. peaje; portazgo; tañido; doble; tr. intr. cobrar o pagar peaje; tañer, doblar.

tomato (*tömátou*) s. (Bot.) tomato ketchup, sofrito de tomate, tomate.

tomb (*túm*) s. tumba.

tombstone (*túmstoun*) s. lápida sepulcral, losa.

tomboy (*tómboi*) s. piruja, moza marimacho.

tom-cat (*tómcat*) s. gato (macho).

tome (*tóum*) s. tomo, volumen.

tomorrow (*tömórou*) adv. mañana; s. el día de mañana; — **morning**, mañana por la mañana; — **afternoon**, mañana por la tarde; — **night**, mañana por la noche.

ton (*tön*) s. tonelada.

tone (*tóun*) s. tono, tr. entonar.

tongs (*tö'ngs*) s pl. tenazas; pinzas.

tongue (*tö'ng*) s. (Anat.) lengua; lenguaje; lengüeta; **hold your** —, callar; **tip of your** —, la punta de la lengua.

tonic (*tónic*) adj. y s. tónico.

tonight (*tunáit*) adv. y s. esta noche.

tonnage (*tö'nidye*) s. tonelaje.

tonsil (*tónsil*) s. amígdala.

tonsil(l)itis (*tónsil(á)ítis*) s. amigdalitis.

too (*tú*) adv. también, además; (delante de adj. y adv.) demasiado.

tool (*túl*) s. herramienta, instrumento, utensilio.

tooth (*túz*) s. diente, muela, pú; **sweet** —, golosa, dulcero.

toothache (*túzeik*) s. dolor de muelas.

toothbrush (*túzbrasch*) s. cepillo de dientes.

toothpaste (*túzpaist*) pasta de dientes.

toothpick (*túzpic*) s. palillo, mondadientes.

top (*tóp*) s. cima; alto; cumbre; peonza; **bottle** —, coronilla; baca (de un vehículo); tr. alcanzar la cima, aventajar, adj. superior, principal; **top hat** s. chistera; **topper** s. chistera; **top secret**, de alto secreto.

topic (*tópic*) s. asunto, tema.

topical (*tópik(al)*) adj. tópico.

topographer (*topógrafa*) s. topógrafo.

topographic (*topgráfic*) adj. topográfico.

topography (*topógráfi*) s. topografía.

topple (*tópl*) tr. derrumbar, hacer caer; intr **toppled over**, volcarse. [terna.

torch (*tórch*) s. antorcha, linterna. [huracán.

torment (*tormént*) s. tormento. tr. atormentar.

tornado (*tóneidou*) s. tornado.

torpedo (*topídou*) s. torpedo; tr. torpedear.

torpid (*tórpid*) a. aletargado, entontecido. [raudal.

torrent (*tórent*) s. torrente;

torrid (*tórid*) a. tórrido.

tortoise (*tótois*) s. tortuga; — **shell**, concha.

tortuous (*tórtiuös*) adj. tortuoso; sinuoso, linterna.

torture (*tórche*) s. tortura; tr. torturar.

toss (*tós*) s. sacudida; meneo; tr. tirar, sacudir; intr. ajetrearse; **toss-up** s. lanzar una moneda al aire.

tot (*tot*) s. nene, niñito, cantidad pequeña. [tero; total.

total (*tóutal*) s. total; adj. total.

totality (*totáliti*) s. totalidad.

totter (*tóta*) intr. (Pers.) tambalearse, bambolear; titubear.

tottering (*tótaring*) adj. vacilante; s. tambaleo, a punto de caerse.

touch (*tach*) s. tacto, toque; (Art.) pincelada; (Aer.); — **down**, aterrizar; **final** —, toque final; **to be in** — **with**, estar en contacto con; — **wood**, tocar madera; tr., intr. tocar, conmover.

touching (*taching*) adj. conmovedor; prep. tocante a; s. toque.

touchstone (*ta'chstoun*) s. piedra de toque; criterio.

touchy (*ta'chi*) adj. quisquilloso.

tough (*ta'f*) adj. duro, rudo; fuertes; (fam.) rufián.

toughen (*ta'fen*) tr., intr. endurecer(se); fortalecer(se).

tour (*túa*) s. viaje; vuelta, excursiln, periplo; tr., intr. viajar; **on tour**, de gira (artístico).

tourism (*túrism*) s. turismo.

tourist (*túrist*) s. turista.

tournament (*tónament*) s. torneo; campeonato.

tout (*tant*) s. (fam.) gancho; tr. enganchar.

tow (*tóu*) s. estopa; (Náut.) remolque; tr. remolcar.

towing (*tóuing*) s. remolque.

toward(s) (*tóuood(s)*) prep. hacia; para.

towel (*táuel*) s. toalla; **throw in the** — (fig.) (Boxeo) arrojar la toalla. [varse.

tower (*táua*) s. torre; intr. elevarse.

towering (*táuaring*) adj. dominante, furioso.

town (*táun*) s. ciudad; villa; población; **town council** s. ayuntamiento, consejo municipal; **town hall** s. ayuntamiento, palacio municipal; **home** —, ciudad natal.

toxic (*tócsic*) adj. tóxico.

toy (*tói*) s. juguete; chuchería; intr. jug(uete)ar; **to** — **with**, jugar con; adj. de juguete.

trace (*tréis*) s. rastro, indicio, pizca; huella; tr. trazar, rastrear.

track (*trác*) s. pista; huella; rastro; tr. rastrear; (deportes). / — **events**, carreras; **beaten** —, sendero trillado; **off the beaten** —, desusado; **on the** — **trail**, bien encarrilado.

tract (*tract*) s. trecho, región, curso, folleto (Anat.) vías.

traction (*trácschön*) s. tracción; arrastre.

trade (*treid*) s. comercio, negocio, oficio, industria, gremio; tr., intr. comerciar, negociar, **trade mark** s. marca de fábrica; **trade union** s. sindicato; — **winds**, vientos alisios.

trader (*theida*) s. comerciante, tratante.

trading (*tréiding*) adj. mercantil; s. comercio. [ción.

tradition (*tradíschön*) s. tradición.

traditional (*tradíshönal*) adj. tradicional.

traduce (*tradiús*) tr. difamar; calumniar

traffic (*tráfic*) s. tráfico, circulación; comercio; — **lights**, semáforo; tr. negociar.

tragedy (*trádyedi*) s. tragedia.

tragic(al) (*trádyic(al)*) adj. trágico.

trail (*tréil*) s. rastro; pista; huella; tr., rastrear, intr. arras trar(se).

trailer (*tréila*) s. remolque, casa remolque, avance publicitario de una película.

train (*tréin*) s. tren; **through** —, tren directo; **goods** —, tren de mercancías; (ves.) cola; (serv.) séquito; tr., intr. ad(i)estrar, entrenar.

trainer (*tréina*) s. instructor; entrenador.

training (*tréining*) s. entrenamiento, preparación, práctica. [rística.

trait (*tréit*) s. rasgo, característr.

traitor (*tréita*) s. traidor.

traitorous (*tréitörös*) adj. traidor, traicionero, pérfido.

tram (*trám*) s. tranvía.

trammel (*tramal*) s. impedimento, traba; tr. impedir.

tramp (*tramp*) s. vagabundo, marcha (Náut.); — **steancer**, carguero; ruido de pisado; (Fam. E. U.) puta; patullar vagabundear.

trample (*trámpl*) tr. pisotear.

tramway (*tranuei*) s. tranvía.

trance (*tráns*) s. trance; enajenamiento. [lo.

tranquil (*tráncuil*) adj. tranquilo.

tranquillity (*tráncuíliti*) s. tranquilidad.

transact (*transáct*) tr. tramitar.

transaction (*transácschön*) s. transacción.

transatlantic (*transatlántic*) adj. transatlántico. [der.

transcend (*transénd*) tr. trascender.

transcendence (*transéndens*) s. trascendencia; **of no** —, sin importancia.

transcendent (*transéndent*) adj. trascendente [cribir.

transcribe (*transcráib*) tr. transcribir.

transcription (*transcrípschön*) s. transcripción, copia.

transfer (*transfóa*) tr. transferir, transbordar (*tránsfer*) s. calcomanía; transferencias, transbordo. [transferible.

transferable (*transferabal*) adj.

transform (*transfórm*) tr. transformar convertir.

transformation (*transforméischön*) s. transformación.

transfusion (*transfiúchön*) s. transfusión.

transgress (*transgrés*) tr. intr. infringir, violar.

transgression (*transgréschön*) s. transgresión, infracción.

transient (*transhyant*) adj. sajero; transitorio. [so.

transit (*tránsit*) s. tránsito, pasajero; transitorio.

transition (*tránsischön*) s. transición.

transitory (*tránsitori*) adj. transitorio, pasajero. [cir.

translate (*transléit*) intr. traducir.

translation (*transléischön*) s. traducción, versión. [ductor.

translator (*transléita*) s. traductor.

transmission (*transmíschön*) s. transmisión. [tir.

transmit (*transmít*) tr. transmitir.

transmitter (*transmíta*) s. transmisor. [mutar.

transmute (*transmiút*) tr. transmutar.

transom (*tránsöm*) s. Arq. montante. [transparencia.

transparency (*transparensi*) s.

transparent (*transpérent*) adj. transparente, claro.

transpire (*transpáia*) intr. transpirar; sudar; intr. divulgarse.

transplant (*transplant*) s. trasplante, tr. transplantar.

transport (*tránsport*) s. transporte; (*transpórt*) tr. transportar; **to be** — **ed**, extasiarse.

transportation (*transportéischön*)

80

transversal *(tránsvarsal)* adj. transversal.

transverse *(transvars)* adj. transversal, tranverso.

trap *(tráp)* s. trampa tr. atrapar; **mouse —**, ratonera.

trapeze *(trépis)* s. trapecio de gimnasio.

trash *(trásch)* s. porquería; **that's a lood of trash**, no vale para nada.   [matismo.

trauma *(tróma)* s. trauma, trau-

traumatic *(tromátic)* adj. traumático.

travel *(trávöl)* tr. viajar.

traveller *(trávla)* s. viajero; **—s cheque**, cheques de viaje.

traverse *(trávörs)* adj. transversal, s. travesao; tr. atravesar(se).   [perversión.

travesty *(trávesti)* s. parodia.

trawl *(trol)* intr. pescar a la rastra, s. *Naut.* cope, red.

trawler *(tróla)* s. barco pesquero de arrastre.

tray *(tréi)* s. bandeja; **ash tray** s. cenicero.

treacherous *(tricharös)* adj. pérfido; traidor, traicionero.

treachery *(tríchari)* s. traición, falsedad.

tread *(tréd)* s. pisotón, pisada; **[trod; trodden** o **trod]** tr. pisar, hollar.

treadle *(tredel)* s. *Mec.* pedal.

treason *(trísn)* s. traición.

treasure *(résha)* s. tesoro; tr. atesorar.   [ro.

treasurer *(trésharar)* s. tesore-

treasury *(trésyari)* s. tesorería; erario; tesoro; Hacienda, Fisco.

treat *(tríit)* s. trato; convite, obsequio; tr. tratar, convidar, obsequiar; intr. tratar, negociar.

treatise *(trítis)* s. tratado, libro.

treatment *(trítment)* s. trato, tratamiento.   [de paz.

treaty *(tríti)* s. *Pol.* tratado;

treble *(trébl)* adj. y s. triple; v. triplicar(se); **— chance**, (quinielas) triple oportunidad.

tree *(trí)* s. árbol; **fruit —**, árbol frutal; **— top**, copa del árbol.

tremble *(trémbl)* intr. temblar.

trembling *(trémbling)* adj. tembloroso.

tremendous *(triméndös)* adj. tremendo.

tremor *(tréma)* s. temblor; **earth tremor**, temblor de tierra.

tremolous *(trémiulös)* adj trémulo.

trench *(trénch)* s. foso. zanja; *Mil.* trinchera; tr. cavar, atrincherar.

trend *(trénd)* s. tendencia, inclinación, **fashion-trend**, moda, en voga .

trespass *(tréspas)* s. infracción, transgresión; tr. traspasar, violar, infringir.

trespasser *(tréspasa)* s. transgresor, infractor; **—s will be prosecuted**, los transgresores serán demandados.

tress *(trés)* s. trenza, mechón.

trial *(tráial)* s. ensayo; prueba; juicio, proceso.

triangle *(tráiangl)* s. triángulo.

triangular *(traiánguiula)* adj. triangular.

tribal *(tráiböl)* adj. de tribu.

tribe *(tráib)* s. tribu.

tribulation *(tribiuléischön)* s. tribulación, congoja.

tribunal *(traibiúnal)* s. tribunal, juzgado, mesa de tribunal.

tributary *(tríbiuteri)* adj. y s. tributario.

tribute *(tríbiut)* s. tributo.

trice *(tráis)* s. instante, momento; **in a trice**, en un abrir y cerrar de ojos.

trick *(tríc)* s. treta; trampa; timo; chasco; tr. engañar, timar; **conjuring trick**, juego de manos, **dirty —**, (fam.) mala faena.

trickery *(trikari)* s. fraude.

tricky *(triki)* adj. engaoso, difícil, peliagudo.

trickle *(trícl)* s. reguero, tr.; escurrir, hacer regueros.

trifle *(tráifl)* bagatela; miseria, casi nada. (coc.) dulce de jalea, fruta, bizcocho y nata. intr. tontear: **— with**, jugar con.   [significante.

trifling *(tráifling)* adj. baladí, intrigger *(tríga)* s. disparador, gatillo.

trill *(tril)* s. trino; intr. trinar.

trim *(trím)* s. adj. adornado, aseado, pulcro; tr. aparejar, ajustar, podar, cortar (el pelo), recortar.

trimming *(tríming)* s. guarnición, arreglo, adorno.

trinity *(tríniti)* s. trinidad.

trip *(tríp)* s. viaje, excursión, zancadilla, tr. echar la zancadilla, sorprender; intr. tropezar, (fam.) trance (por drogas) «viaje».

tripe *(tráip)* s. tripa; (fam.) disparate. *Coc.* callos.

triple *(tripl)* adj. triple; tr. triplicar.

triplets *(tríplets)* s. trillizos.

triplicate *(tríplikeit)* adj. triplicado.

tripod *(tráipod)* s. trípode.

tripper *(tripa)* s. excursionista, turista.

tripping *(triping)* adj. de paso ligero; zancadillero.

trite *(tráit)* adj. usado, gastado, trillado.

triumph *(tráiömf)* s. triunfo; intr. triunfar.   [fal.

triumphal *(traiö'mfal)* adj. triunfante; triunfal.

triumphant *(traiö'mfant)* adj. triunfante; triunfal.   [lo.

trivial *(trívial)* adj. trvial, frívo-

trolley *(tróli)* s. trole, percha.

troop *(trup)* s. *Mil.* tropa; cuadrilla; intr. atroparse, ir en tropel.

trophy *(tróufi)* s. trofeo, copa.

tropic *(trópic)* s. trópico.

tropical *(trópical)* adj. tropical.   [tar.

trot *(trot)* s. trote; intr. trotar.

trouble *(tró'bl)* s. molestia; (per)turbación, apuro, problema; tr. molestar, trastornar; intr. molestarse.

troublesome *(tró'blsöm)* adj. molesto, fastidioso.

trough *(tró'f)* s. artesa; cubeta, tina; **drinking trough** s. abrevadero.

troupe *(trup)* s. compañía de teatro ambulante.

trousers *(tráusörs)* s. pl. pantalones, pantalón; **to wear the —**, (fam.) llevar los pantalones.

trout *(tráut)* s. trucha.

trowel *(trául)* s. trulla, paleta de albañil.

trucant *(trúcant)* s. (esc.) novillero, **to play —**, hacer novillos.

truck *(trö'c)* s. carro, camión, tr. acarrear.   [culento.

truculent *(trúkiulent)* adj. truculento.

true *(trú)* adj. verdadero; cierto, genuino.

truism *(trúism)* s. perogrullada.

truffle *(trö'fl)* s. trufa.

truly *(trúli)* adv. verdaderamente; **—!** ¡de veras!

trump *(tramp)* s. (naip.) triunfo; tr. inventar, fabricar; **— card** (lit. y fig.) un triunfo.

trumpet *(trö'mpet)* s. trompeta.

truncheon *(trö'nchyan)* s. (cachi)porra.

trunk *)trö'nk)* s. *Bot.* tronco; baúl; trompa del elefante; **— call** s. conferencia telefónica.

truss *(trös)* s. *Med.* braguero; racimo, haz; tr. atirantar, trabar.

trust *(trö'st)* s. seguridad; confianza; crédito. *For.* fideicomiso; tr., intr. confiar(se), creer, fiarse.

trustee *(trösti)* s. apoderado; fideicomisario.   [leal.

trustful *(trastful)* adj. confiado;

trustworthy *(trastuézi)* adj. digno de confianza, de fiar.

truth *(trúz)* s. verdad, **to tell the —**, decir la verdad.

truthful *(trúzful)* adj. veraz, verdadero.   [racidad, verdad.

truthfulness *(truzfulnes)* s. veracidad, verdad.

try *(trái)* s. prueba, tentativa; intento; intr. intentar, ensayar, probar; juzgar.

trying *(tráing)* adj. fatigoso, difícil, pesado.

tub *(tö'b)* s. cuba, bañera, tina.

tube *(tiúb)* s. tubo, caño; (fam.) el metro (ferrocarril).

tuberculosis *(tiúbörkiulóusis)* s. tuberculosis.

tuberculous *(tiubö'rkiulous)* adj. tuberculoso.

tuck *(töc)* s. pliegue, tr. plegar; **tuck-in** arropas, (fam.) engullir, zamparse; **tuck-shop**, tienda de golosinas.

Tuesday *(tiúsdei)* s. martes; **shrove —**, martes de carnaval.

tuft *(tö'ft)* s. penacho.

tug *(tö'g)* s. tirón; *Naut.* remolcador; **— of war**, lucha a la cuerda; tr. *Naut.* remolcar, talar, tirar de.

tuition *(tiuíschön)* s. instrucción, enseñanza; **private —**, clases particulares.

tulip *(tiúlip)* s. tulipán.

tumble *(tö'mbl)* s. caída; vuelco; tumbo. intr. desplomarse, caer, dar vueltas; tr. volcar.   [decrépito.

tumble-down *(tombleldaun)* adj.

tumbler *(tö'mbla)* s. cubilete; vaso.   [hinchazón.

tumo(u)r *(tiúma)* s. tumor;

tumult *(tiúmölt)* s. tumulto.

tumultuous *(tiumö'ltiuös)* adj. tumultuoso.

tune *(tiún)* s. melodía, canción, tonada; tr. *Mus.* afinar, entonar; **— in**; (rad.) sintonizar.

tuner *(tiúna)* s. afinador.

tunic *(tiúnic)* s. túnica.

tuneful *(tiunful)* adj. melódico, melodioso.   [desafinado.

tuneless *(tiunles)* adj. sin tono,

tunnel *(tö'nel)* s. túnel. tr. hacer túnel.

tunny *(tö'ni)* s. *Ict.* atún.

turbine *(tö'rbin, tö'rbain)* s. *Elec.* turbina.

turbot *(tö'rbot)* s. *Ict.* rodaballo.   [bulencia.

turbulence *(turbiulens)* s. tur-

turbulent *(turbiulencia)* adj. turbulento.

tureen *(tiurín)* s. sopera.

turf *(tö'rf)* s. césped; **the —**, hipódromo.

turkey *(tö'rki)* s. pavo.

turmoil *(tö'rmoil)* s. agitación, confusión, tumulto; intr. inquietarse.

turn *(tö'rn)* s. vuelta, giro; turno; tr. volver, hacer girar, tornear; intr. volver, girar; **— asire** rehusar; **— into** convertir; **— off** apagar; **on** encender, abrir; **—** aparecer.

turner *(teena)* s. tornero.

turning *(teerning)* s. vuelta, curva; adj. giratorio.

turnip *(teernip)* s. *Bot.* nabo.

turnout *(teernaut)* s. concurrencia; huelga.

turnover *(teernouva)* s. vuelco (com.) ventas totales, movimiento, volumen.

turnstile *(teernstail)* s. torniquete, puerta giratoria.

turpentine *(teerpentain)* s. trementina, aguarrás.

turpitude *(tarpitiud)* s. torpeza; depravación.

turret *(tarret)* s. torreta.

turtle *(tartl)* s. tortuga de carey; **— soup**, sopa de tortuga.

tusk *(task)* s. colmillo (de elefante).   [tutoría.

tutelage *(tiútelidch)* s. tutela.

tutelar *(tiútela)* adj. tutelar.

tutor *(tiúta)* s. tutor; preceptor; tr. enseñar.   [smoking.

tuxedo *(tacsído)* s. (E. U.)

twang *(tuáng)* tr. dejo, tono nasal; **— the guitar**, carraspear.   [tenacillas.

tweezers *(tuisas)* s. pl. pinzas,

twelve *(tuélv)* adj. doce.

twenty *(tuénti)* adj. veinte.

twice *(tuáis)* adv. dos veces.

twig *(tuíg)* s. ramita; (fam.) palillo.

twilight *(tuáilait)* s. crepúsculo; adj. (lit. y fig.) ocaso.

twin *(tuín)* s. mellizo.

twinge *(tuínch)* s. punzada; tr. punzar (fig.) remordimiento.

twinkle *(tuínkel)* s. titilación; intr. centellear.

twirl *(tueel)* s. rotación; tr. intr. (hacer) girar.

twist *(tuíst)* s. torsión, peculiaridad; tr. (re)torcer, trenzar; (fam.) engañar; intr. torcer (se) enroscarse.

twitch *(tuích)* s. tirón; contracción nerviosa; tr., intr. crisparse.   [gorjear.

twitter *(tuíta)* s. gorjeo; intr.

two *(tú)* adj. dos.

twofold *(túfould)* adj. doble.

tycoon *(taicún)* s. potentado, magnate.

type *(táip)* s. tipo, signo, carácter, tr. mecanografiar.

typewriter *(táipraita)* s. máquina de escribir.

typhoid *(táifoid)* adj. tifoideo; s. tifus.

typic(al) *(típic(al)* adj. típico, característico.

typist *(táipist)* s. mecanógrafo, mecanógrafa; **shorthand —**, taquimecanógrafa.

typographer *(taipógrafa)* s. tipógrafo.

typography *(taipógrafi)* s. tipografía.

tyrannical *(t(a)iránical]* adj. tiránico.

tyrannize *(tiranais)* tr. tiranizar.

tyranny *(tírani)* s. tiranía.

tyrant *(táirant)* s. tirano.

U-boat *(iubóut)* s. submarino.
ubiquitous *(iubícuitös)* adj. omnipresente.
ubiquiaty *(iubícuiti)* s. ubicuidad, omnipresencia.
udder *(ada)* s. ubre. [torpeza.
ugliness *(a'glines)* s. fealdad;
ugly *(a'gli)* adj. feo; asqueroso.
Med. de mala gana.
ulcer *(olsa)* s. úlcera.
ulterior *(altíriar)* adj. ulterior; posterior.
ultimate *(a'ltimeit)* adj. último; final.   [mátum.
ultimatum *(altiméitön)* s. ulti-
umbrella *(ambréla)* s. paraguas; sombrilla.
umpire *(ampaia)* s. *Dep.* árbitro.
unabashed *(anabáscht)* adj. descarado, imperturbable.
unable *(anéibl)* adj. inhábil, incapaz.   [inaceptable.
unacceptable *(anacséptabl)* adj.
unaccountable *(anacáuntabl)* adj. inexplicable.
unaccustomed *(anacastomd)* adj. desacostumbrado; desusado.
unaided *(anéidid)* adj. sin ayuda, solo.   [inalterable.
unalterable *(análtörabl)* adj.
unanimity *(iunanímiti)* s. unanimidad.   [nime.
unanimous *(iunánimös)* adj. uná-
unapproachable *(anapróchabl)* adj. inaccesible.
unapt *(anápt)* adj. inepto, inapto.   [mado.
unarmed *(anármd)* adj. desar-
unashamed *(anáschéimt)* adj. impudente, desvergonzado.
unasked *(anaskt)* adj. espontáneo, no requerido.
unassuming *(anasiúming)* adj. modesto, sin pretensiones.
unattached *(önatácht)* soltero; *Mil.* de reemplazo, despreocupado.
unattainable *(anatéinabl)* adj. inasequible, inalcanzable.
unauthorized *(önózöraisd)* adj. desautorizadc.   [inevitable.
unavoidable *(anavóidabl)* adj.
unaware *(anauéa)* adj. ignorante; adv. inopinadamente.
umbearable *(anbérabl)* adj. insoportable, intolerable.
unbecoming *(anbikö'ming)* adj. impropio, desfavorecedor.
unbelief *(anbílif)* s. incredulidad.   [crédulo.
unbeliever *(anbiliva)* adj. in-
unbending *(anbénding)* adj. inflexible.   [parcial.
unbiassed *(anbáiast)* adj. im-
unbosom *(a'nbusöm)* tr. confiar, desahogarse.
umbound *(anbáund)* adj. suelto, desatado, encuadernar.
unbounded *(anbáunded)* adj. infinito, ilimitado.
unburden *(anbeerdn)* tr. descargar, aliviar.   [pulto.
unburied *(anbérid)* adj. insepulto.
uncalled *(ancóld)* adj. impertinente, no llamado.
uncanny *(ancáni)* adj. misterioso, extraño.
unceasing *(ansísing)* adj. incesante.   [cierto.
uncertain *(anseerton))* adj. in-
uncertainty *(anseertenti)* s. incertidumbre.   [descortés.
uncivil *(ansívil)* adj. grosero;

uncivilised *(ansívilaisd)* adj. bárbaro; tosco.
uncle *(ankel)* s. tío; — **uncle**, tío abuelo.
unclean *(anclín)* adj. sucio, obsceno.
unclouted *(ancláuded)* adj. claro; despejado.
uncoil *(a'ncoil)* tr. desenrollar; adj. — ed, desenrollado.
uncombed *(ancóumd)* adj. despeinado.   [adj. incómodo.
uncomfortable *(ankömfortabl)*
uncommon *(ancömön)* adj. raro; desusado.   [completo.
uncomplete *(ancomplít)* adj. in-
unconcern *(anconsérn)* s. indiferencia.   [indiferente.
unconcerned *(anconsérnd)* adj.
unconditional *(ancondíshönal)* adj. incondicional.
unconquerable *(ancónköräbl)* adj. invencible, inconquistable.   [inconsciente.
unconscious *(ancónshös)* adj.
unconsciousness *(ancónshösnes)* s. inconsciencia.
unconstitutional *(ancónstitiúshönal)* adj. inconstitucional.
uncontrollable *(öncontrólabl)* adj. ingobernable; irrefrenable, incontrolable.
uncork *(ankök)* tr. descorchar.
uncouple *(ancö'pl)* tr. desacoplar, desconectar.
uncouth *(ancúz)* adj. grosero, tosco.   [brir, destapar.
uncover *(anka'var)* tr. descu-
unction *(ankshön)* s. unción.
unctuous *(a'nkshiuós)* adj. untuoso
undamaged *(andámedyed)* adj. ileso; indemne.   [gañar.
undeceive *(andisív)* tr. desen-
undelivered *(andilívad)* adj. no entregado, por entregar.
undeniable *(andináiabl)* adj. innegable.
under *(anda)* prep. debajo; bajo de; menos que; adv. abajo; adj. inferior; **to be — age**, ser menor de edad.
underclothes *(andaclouds)* s. pl. ropa interior, paños menores.
underclothing *(andarclóuding)* s. ropa interior.
undercurrent *(andcorent)* s. resaca, corriente submarina; *(fig.)* tendencia oculta.
undercut *(andar'cöt)* tr. socavar; rebajar precios; s. socavación; solomillo.
underdeveloped *(andadivelopd)* adj. subdesärrollado; *(fot.)* poco revelado.
underestimate *(andöréstimeit)* tr. subestimar, minusvalorar.
undergo *(andargou)* tr. sufrir; experimentar.
undergraduate *(andargrádiueit)* s. estudiante universitario.
underground *(andargraund)* adj. subterráneo, oculto; s. «metro» (ferrocarril).
undergrowth *(andargrouz)* s. maleza, matorrales.
underhand *(andarjánd)* adv. solapadamente; clandestinamente; adj. secreto.
underlay *(andarléi)* tr. reforzar; s. *(imp.)* calzo, realce.
underlie *(andarlái)* tr. poner o estar debajo; *(fig.)* formar la base de.   [yar.
underline *(andarláin)* tr. subrayar.
undermine *(andarmáin)* tr. minar; socavar.
undermost *(andarmóust)* adj. ínfimo.
underneath *(andarníz)* adv. debajo; prep. bajo.

underpay *(andarpei)* tr. pagar poco; s. retribución insuficiente.
underrate *(andaréit)* tr. menospreciar, minusvalorar.
undershirt *(andasheert)* s. (E. U.) camiseta.
undersign *(andarsáin)* tr. suscribir, firmar.
understand *(andarstánd)* tr. e intr. entender; comprender, sobreentender.
understanding *(andarstánding)* s. compresión, entendimiento; conocimiento; adj. inteligente.
understandable *(andastandabl)* adj. comprensible.
undertake *(andarteik)* tr. e intr. emprender.
undertaker *(andarteika)* s. emprendedor; empresario director de pompas fúnebres.
undertaking *(andartéiking)* s. empresa.
undervalue *(andarváliu)* tr. menospreciar, subvalorar.
underwear *(andaruéar)* s. ropa interior.
underworld *(andaueeld)* s. hampa, bajos fondos.
underwrite *(andaráit)* tr. suscribir; *(Com.)* asegurar; —**er**, el que suscribe.
undeserved *(andeservd)* adj. inmerecido.   [adj. indeciso.
undetermined *(anditérmind)*
undistinguishable *(andistíngüishabl)* adj. indistinguible.
undisputed *(andispiútid)* adj. incontestable, evidente.
undisturbed *(andisteebd)* adj. inalterado, tranquilo.
undo *(andú)* tr. deshacer; desatar.
undoubted *(andáutit)* adj. indubitable, indudable.
undress *(andrés)* tr. desnudar; intr. desnudarse.
undue *(öndiú)* adj. indebido.
undulate *(andiulak)* intr. fluctuar.
unearth *(aneerz)* tr. desenterrar.
uneasiness *(anísines)* s. desasosiego, intranquilidad, desazón.   [tranquilo.
uneasy *(anísi)* adj. inquieto, in-
uneducated *(anédiukeitit)* adj. ineducado, ignorante.
unemployed *(anemplód)* adj. desocupado, ocioso; parado.
unemployment *(anemplóment)* s. desocupación, paro (forzoso); — **benefit**, subsidio de paro.   [cabable.
unending *(anénding)* adj. ina-
unequal *(anícual)* adj. desigual.
unerring *(önérring)* adj. infalible, seguro.
uneven *(anívn)* adj. desigual.
unexpected *(anecspécted)* adj. inesperado; —**ly**, inesperadamente.
unexperienced *(anecspírienst)* adj. inexperto.   [inexplorado.
unexplored *(anecsplóerd)* adj.
unfading *(anféiding)* adj. imperecedero, inmarcesible.
unfair *(anféa)* adj. injusto.
unfaithful *(anféizful)* adj. infiel, desleal, inexacto.
unfamiliar *(anfamilia)* adj. desconocido, desacostumbrado; — **with**, no ducho en.
unfasten *(anfásn)* tr. desatar.
unfathomable *(anfadömabl)* adj. insondable.   [desfavorable.
unfavourable *(anféivörabl)* adj.
unfeigned *(anféind)* adj. sincero, genuino.   [completo.
unfinished *(anfínischt)* adj. in-

unfit *(anfit)* adj. impropio; inepto; incapaz; tr. inhabilitar.
unfitness *(anfítnes)* s. ineptitud.   [plumas, inexperto.
unfledged *(anflédched)* adj. sin
unfold *(anfóuld)* tr. desplegar; desdoblar; desenvolver.
unforeseen *(anförsín)* adj. imprevisto.   [inolvidable.
unforgettable *(anforgetabl)* adj.
unforgiving *(önforguíving)* adj. implacable, intransigible.
unfortunate *(önfóchönet)* adj. desafortunado, desdichado.
unfounded *(anfáundd)* adj. infundado.
unfriendly *(anfréndli)* adj. hostil; adv. enemistosamente.
unfurl *(anfeerl)* tr. desplegar.
unfurnished *(anfeernisht)* adj. desamueblado.   [bado.
ungainly *(angáinli)* s. desgar-
ungodly *(angodli)* adj. impío.
ungrateful *(angreitful)* adj. desagradecido.
ungratefullness *(angreitfulnes)* s. desagradecimiento.
ungrounded *(öngráunded)* adj. infundado.   [guarnecido.
unguarded *(angárdit)* adj. des-
unhappiness *(anjapines)* s. infelicidad, infortunio.
unhappy *(anjápi)* adj. infeliz, desgraciado; desafortunado.
unhardmed *(anjaamd)* adj. ileso.
unhealthy *(anjélzi)* adj. malsano; insalubre.
unheard *(anjeerd)* adj. desconocido.   [dito.
unheard *(anjeerd of)* adj. inaudito.
unheeded *(anjéded)* adj. inadvertido, desatendido, ignorado.   [servicial.
unhelpful *(anjelpful)* adj. poco
unhinge *(anjindye)* tr. desquiciar; *(fig.)* trastornar.
unhook *(anjúc)* tr. desenganchar, descolgar, desabrochar.
unhoused *(anjausd)* adj. desalojado.
unhurt *(anjö'rt)* adj. ileso.
uniform *(iúniform)* s. y adj. uniforme.
unify *(iúnifai)* tr. unificar.
unimaginable *(animádchinabl)* adj. inimaginable.
unimpaired *(animpéd)* adj. intacto, ileso.
unimpeachable *(animpichabl)* adj. indudable, irreprochable.
unimportant *(animpórtant)* adj. insignificante.   [inhabitado.
uninhabited *(aninjábited)* adj.
uninjured *(onindyad)* adj. ileso.
unintelligible *(önintelidyabl)* adj. ininteligible.
uninterested *(aninterested)* adj. desinteresado.   [soso.
uninteresting *(aninté resting)* adj.
uninterrupted *(aninterapted)* adj. ininterrumpido.
union *(iúnion)* s. unión; **Trade Union**, —, sindicato.
unique *(iunís)* adj. solo; único.
unison *(iúnisön)* adj. unísono.
unit *(iúnit)* s. unidad.
unite *(iúnait)* tr. unir(se), juntar(se).
unity *(iúniti)* s. unidad.
universal *(iuniveersal)* adj. universal.   [so.
universe *(iúniveers)* s. univer-
university *(iuniveersiti)* s. universidad.
unjust *(andyast)* adj. injusto.
unkind *(ancáind)* adj. grosero, rudo, desconsiderado, descortés.
unkindness *(ancaindnes)* s. descortesía, rudeza.

unknown *(annóun)* adj. desconocido. 　　[desatar

unlace *(anléis)* tr. desenlazar,

unlawful *(anlóful)* adj. ilegal.

unlearned *(anleernd)* adj. indocto, ignorante.

unless *(anlés)* conj. a menos que, como no sea.

unlike *(anláiic)* adj. desemejante; diferente; adv. al contrario, a diferencia de.

unlikelihood *(anlaiklijud)* s. improbabilidad.

X **unlikely** *(anlaikli)* adj. inverosímil; improbable; adv. improbablemente. 　　[tado.

unlimited *(anlímitid)* adj. ilimitado.

unload *(anlóud)* tr. descargar.

unlock *(anlóc)* tr. abrir (una cerradura).

unluckily *(anlakili)* adv. desafortunadamente.

unlucky *(anlaki)* adj. desgraciado, desafortunado.

unman *(anmán)* tr. afeminar; castrar. (Mil.) desguarnecer.

unmanageable *(anmánedyebl)* adj. inmanejable.

unmannerly *(anmanali)* adj. grosero, maleducado.

unmarried *(anmárid)* adj. soltero, (a). 　　[carar.

unmask *(anmásc)* tr. desenmascarar.

unmatched *(anmátchd)* adj. sin rival, inigualado, sin par.

unmerciful *(anmersiful)* adj. cruel, inclemente, sin piedad.

unmerited *(anméritit)* adj. inmerecido. 　　[vidadizo.

✗ **unmindful** *(anmáindful)* adj. olvidadizo.

✗ **unmistakable** *(anmistéikbl)* adj. inconfundible.

unmixed *(anmícst)* adj. puro; sin mezcla.

unmoved *(anmouvd)* adj. impasible, inconmovible.

unnatural *(annachural)* adj. antinatural, forzado.

unnecessary *(anécesari)* adj. innecesario.

unnerve *(annérv)* tr. amilanar(se), acobardar(se); **—d,** adj. amilanado, acobardado.

unnoticed *(annóutisd)* adj. inadvertido.

unobservant *(anobseervant)* adj. inobservante; despistado.

unobserved *(onobseervd)* adj. desapercibido, inadvertido.

unoccupied *(anokiupáid)* adj. desocupado. 　　[oficial.

unofficial *(anofíschal)* adj. no oficial.

unopened *(anóupend)* adj. cerrado. 　　[oposición.

unopposed *(anoposd)* adj. sin oposición.

unpack *(anpác)* tr. desempaquetar, deshacer las maletas.

unpaid *(anpéid)* adj. impagado.

unparalelled *(anpáralelt)* adj. incomparable.

unpardonable *(anpárdönabl)* adj. imperdonable.

unpaved *(anpéivd)* adj. desempedrado, sin pavimentar.

unpeople *(anpipl)* tr. despoblar; **—d,** despoblado, deshabitado. 　　[inadvertido.

unperceived *(anpersívd)* adj.

unperturbed *(unpeeteebd)* adj. imperturbable.

unpleasant *(anplésant)* adj. desagradable; **—ness,** desagrado. 　　[tosco; basto.

unpolished *(anpólischd)* adj.

unpopular *(anpópiular)* adj. impopular. 　　[impráctico.

unpractical *(anpractical)* adj.

unprecedented *(anprésedented)* adj. sin precedente.

unprejudiced *(anpredyudist)* adj. imparcial.

unprepared *(anpripead)* adj. desprevenido, sin preparar.

unprincipled *(anprínsipld)* adj. sin principios; desalmado.

unproductive *(anprodǒ'ctiv)* adj. improductivo.

unprofitable *(anprófitabl)* adj. improductivo, no productivo.

unpromising *(anprómising)* adj. que no promete, no prometedor. 　　[desvalido.

unprotected *(anprotéctit)* adj.

unpublished *(anpablisht)* adj. inédito. 　　[impune.

unpunished *(anpanisht)* adj.

unqualified *(ancuólifaid)* adj. no cualificada, incapaz.

unquenchable *(ancuénchabl)* adj. insaciable, inextinguible.

unquestionable *(ancuéschönabl)* adj. indisputable, indudable.

unquie *(ancuáiet)* adj. inquieto, desasosegado.

unravel *(anrávl)* tr. desenredar, desenrollar. 　　[sorio.

✗ **unreasonable** *(anrísnabl)* adj. exorbitante, irrazonable.

unreal *(anríal)* adj. irreal, ilusorio.

unreclaimed *(anricléimad)* adj. no reclamado, incorregible.

unrelenting *(anrilénting)* adj. implacable, inexorable.

unreliable *(anriláiabl)* adj. indigno de confianza (inconfiable). 　　[impenitente.

unrepentant *(anripéntant)* adj.

unreserved *(anrisérvd)* adj. franco; libre. 　　[sasosiego.

unrest *(anrést)* s. inquietud, desasosiego.

unrestful *(anréstful)* adj. inquieto. 　　[desenfrenado.

unrestrained *(anristreind)* adj.

unrig *(anríg)* tr. (Náut.) desaparejar. 　　[cuo, injusto.

unrighteous *(anraitios)* adj. iniusto.

unripe *(anráip)* adj. verde; inmaduro. 　　[co; sin rival.

unrivalled *(anraivald)* adj. único.

unroll *(anróul)* tr. desenrollar, desplegarse, **abrirse.**

unroot *(anrút)* tr. desarraigar, extirpar.

unruffled *(anra'fold)* adj. calmado, tranquilo, sereno.

unruled *(anrúld)* adj. sin rayar; sin gobierno, independiente.

unruly *(anrúli)* adj. indómito, desobediente, obstinado.

unsafe *(anséif)* adj. inseguro, peligroso. 　　[nado.

unsaid *(anséd)* adj. no mencionado.

unsatisfactory *(ansatisfactori)* adj. insatisfactorio.

unsatisfied *(ansatisfied)* adj. insatisfecho, descontento.

unsavoury *(anséivöri)* adj. insípido; soso. 　　[retractarse.

unsay *(anséi)* intr. desdecirse.

unscrew *(anscrú)* tr. des(a)tornillar, desenroscar.

unseal *(ansil)* tr. desellar, abrir.

unseasonable *(ansísnabl)* adj. inoportuno. 　　[sazonado.

unseasoned *(ansísnd)* adj. no

unseemly *(ansímli)* adj. indecoroso, impropio.

unseen *(ansín)* adj. inadvertido, invisible; (Acad.) sin preparar.

unselfish *(ansélfisch)* adj. desinteresado, altruista.

unserviceable *(ansérvisabl)* adj. inservible, inútil.

unsettle *(ansétl)* tr. trastornar; **—d** (Atm.) inestable; (Com.) pendiente de pago (Lig.) revuelto; errante.

unshaken *(anschéikn)* a. firme, inconmovible, impertérrito.

unshapely *(ansheipli)* adj. desproporcionado, desformado.

unsheathe *(anschíz)* tr. desenvainar. 　　[desherrado.

unshod *(anschód)* a. descalzo,

unskilled *(anskild)* adj. inexperto; **— Labour,** peonaje.

unsociable *(ansóuschiebl)* adj. insociable. [do, por vender.

unsold *(ansóuld)* adj. no vendido.

unsolved *(ansólvd)* adj. sin resolver, no solucionado.

unsourght *(ansót)* adj. no buscado.

unsound *(ansaúnd)* adj. defectoso, enferm(iz)o; **of — mind,** insano, desequilibrado.

unsparing *(anspéring)* adj. liberal; pródigo.

unspeakable *(anspícabl)* adj. inefable, indecible.

unspecified *(anspésifaid)* adj. no especificado.

unspoiled *(anspóild)* adj. intacto; no mimado, no estropeado.

unspotted *(anspótit)* adj. inmaculado, sin descubrir. [ble.

unstable *(ansteibl)* adj. inestable, vacilante, tambaleante; voluble; inconstante.

unsteady *(anstédi)* adj. inestable, vacilante, tambaleante; voluble; inconstante.

unsuccessful *(ansöcsésful)* adj. sin efecto; desafortunado, fracasado.

unsuitable *(ansiútabl)* adj. inapropiado, inadecuado.

unsure *(anschúa)* adj. inseguro, incierto.

untainted *(antéintid)* adj. inmaculado, impoluto.

untamed *(antéimt)* adj. indómito, salvaje. 　　[tenible.

untenable *(anténabl)* adj. insostenible.

unthinkable *(anzínkabl)* adj. inimaginable, impensable, absurdo. 　　[desordenado.

untidy *(antáidi)* adj. desaseado.

untie *(antái)* tr. desatar.

until *(antil)* prep. hasta; conj. hasta que; **— then,** hasta entonces.

untilled *(antíld)* adj. (Agric.) sin cultivar, inculto.

untimely *(antáimli)* adj. intempestivo, inoportuno.

untiring *(antáiring)* adj. incansable, infatigable. 　　[dentro.

unto *(antu)* prep. a, para, en.

untold *(antould)* adj. no dicho, no relatado, innumerable.

untouched *(antacht)* adj. intacto, intocado.

untoward *(antáuard)* adj. perverso, enojoso, rebelde.

untrained *(antréind)* adj. inexperto, no preparado.

untranslatable *(antransleitabl)* adj. intraducible.

untroubled *(antrobld)* adj. tranquilo, imperturbado, sin preocupaciones.

untrustworthy *(antrostueerzi)* adj. indigno de confianza.

untrue *(antrú)* adj. falso.

unused *(aniúsd)* adj. sin usar, nuevo.

unusual *(aniushual)* adj. inusitado, desusado, raro.

unvarnished *(anvárnischt)* adj. (fig.) sencillo; sin barnizar.

unveil *(anveil)* intr. descubrir.

unwanted *(anuanted)* adj. no querido, despreciado, indeseable. 　　[previsión.

unwariness *(anuérines)* s. imprevisión.

unwarned *(anuornd)* a. desprevenido, no avisado.

unwarranted *(önuórranted)* adj. injustificado; (Com.) sin garantía.

unwary *(anuéri)* adj. imprudente, alocado.

unwelcome *(anuélköm)* adj. inoportuno, mal **recibido.**

unwell *(anuel)* adj. indispuesto.

unwholesome *(önjóulsöm)* adj. insalubre.

unwieldly *(anuildi)* adj. pesado, incómodo.

unwilling *(anuíling)* adj. reacio, de mala gana, no dispuesto.

unwillingly *(anuílingli)* adj. de mala gana; a regañadientes. 　　[te.

unwise *(anuáis)* adj. imprudente.

unwittingly *(anuítingli)* adv. inconscientemente.

unworthiness *(anuördines)* s. indignidad, desmerecimiento.

unworthy *(anuördi)* adj. indigno, desmerecedor. 　　[ileso.

unwounded *(anuúnded)* adj.

unwrap *(anráp)* tr. desenvolver.

unwritten *(anrítn)* adj. no escrito.

unyielding *(anyíilding)* adj. inflexible; (fig.) improductivo.

up *(ap)* adj. levantado, derecho; adv. (hacia) arriba, en lo alto, en pie;**— to,** hasta; completamente; prep. hacia arriba, a lo largo de, en lo alto de; s. tierra elevada; prosperidad; interj. ¡arriba! ¡sus! s. **—s and downs,** altibajos; **— to date** adj. moderno; **— stairs** adv. arriba, en el piso de arriba; **what's—?** ¿qué pasa?

upbraid *(apbréid)* tr. reprochar, reprender. 　　[cataclismo.

upheaval *(apjival)* s. trastorno,

uphill *(apjil)* adj. penoso; adv. cuesta arriba.

uphold *(apjóuld)* tr. sostener; mantener, apoyar.

upholster *(apjolsta)* tr. tapizar (en). 　　[picero.

upholsterer *(apjolstora)* s. tapicero.

upholstery *(apjolsteri)* s. tapiz, tapicería.

upland *(apland)* s. meseta; altiplanicie; adj. elevado, alto.

uplift *(aplift)* tr. levantar; s. levantamiento.

upmost *(apmóust)* adj. culminante, lo más alto.

upon *(apon)* prep. sobre; encima; en; cerca de; a.

upper *(apar)* adj. superior, más alto.

upperhand *(aparjand)* s. superioridad, dominio.

uppermost *(apamoust)* adj. culminante, supremo.

upright *(aprait)* adj. derecho, de pie, erecto. 　　[tarse.

uprise *(apráis)* intr. Pol. levantarse.

uprising *(apráising)* s. Pol. levantamiento, insurrección.

uproar *(apróa)* s. tumulto; confusión; alboroto.

uproot *(aprút)* tr. desarraigar; etxirpar, arrancar.

upset *(apsét)* tr. disgustar; volcar. intr. derramarse; s. disgusto. adj. disgustado.

upside *(apsáid)* s. lo de arriba; parte superior; adv. **— down** adj. boca abajo, al revés.

upstairs *(apstérs)* adv. arriba, en el piso de arriba.

upstart *(apstart)* adj. y s. repentino, advenedizo.

upward *(apuörd)* adj. ascendente. 　　[arriba.

upward(s) *(apuörds)* adv. hacia

uranium *(iuréiniöm)* s. uranio.

urchin *(eerchín)* s. pillo. Zool. erizo.

urge *(eerdye)* s. impulso, apremiante, necesidad, anhelo. tr. incitar.   [cia.

urgency *(eerdyensi)* s. urgencia.

urgent *(eerdyent)* adj. urgente.

urinal *(iúrinal)* s. orinal.

urinate *(iúrineit)* intr. orinar.

urine *(iúrin)* s. orina.

urn *(eern)* s. urna.

us *(as)* pron. nos; **a —**, para nosotros.   [tumbre.

✗ **usage** *(iúsidye)* s. uso; cos-

use *(iús)* s. uso, empleo, **tr.** e intr. utilizar, emplear, usar.

useful *(iúsful)* adj. útil.

useless *(iúsles)* adj. inútil.

usher *(asha)* s. ujier, portero; *Teat.* acomodador; **tr.** introducir, acomodar.

usherette *(asharet)* s. acomodadora.   [tual.

usual *(iushual)* adj. usual, habitual.

usurer *(iushara)* s. usurero.

usury *(iushari)* s. usura.

usurp *(iusheerp)* tr. usurpar.

utensil *(iuténsil)* s. utensilio.

utilitarian *(iutilitérian)* s. y adj. utilitario.

utility *(iutiliti)* s. utilidad.

utilize *(iútilais)* tr. utilizar.

utmost *(ö'tmoust)* adj. extremo; máximo, supremo.

utopia *(iutóupia)* s. utopía.

utopian *(iutóupian)* adj. utópico, quimérico.

utter *(ata)* adj. completo, total tr. exteriorizar, manifestar.

uteerance *(atarans)* s. expresión, golpe de voz.

utterly *(atarli)* adv. enteramente, del todo.   [panilla.

uvula *(iúviula)* s. úvula; campanilla.

uxorious *(ócsóriös)* adj. calzonazos, maridazo.

vacancy *(véicansi)* s. vacante, hueco.   [libre; ocioso.

vacant *(véicant)* adj. vacante;

vacate *(vakéit)* tr. desocupar, evacuar; intr. marcharse.

vacation *(vakéishön)* s. (E. U.) vacación.   [nar.

vaccinate *(vácsineit)* tr. vacunar.

vacine *(vaccsin)* adj. vacuna.

vaccination *(vacsinéishön)* s. vacuna.   [dudar.

vacillate *(vásileit)* intr. vacilar.

vacillation *(vásiléishön)* s. vacilación, duda.

vacuous *(vákiuös)* adj. vacío.

vacuum *(vákiuöm)* s. vacío; — **cleaner** s. aspiradora eléctrica; — **flak,** s. termo.

vagabond *(vágabond)* adj. y s. vagabundo.   [broma.

vagary *(végueri)* s. desvarío, capricho.

vagrancy *(veigransi)* s. holgazanería, vagancia.

vagrant *(véigrant)* a. vagabundo; (fig.) incierto.

vague *(véig)* adj. vago; indefinido, dudoso.   [dad.

vagueness *(véignes)* s. vaguedad.

vain *(véin)* adj. vano; presuntuoso; **in —**, en vano.

vainglorious *(veinglorios)* adj. ufano, vanaglorioso.

vainglory *(veinglóri)* s. vanagloria.

vale *(véil)* s. valle.   [criado.

valet *(válet)* s. lacayo; paje.

valiant *(váliant)* adj. valiente; valeroso, bravo.

valid *(válid)* adj. válido.

validity *(valíditi)* s. validez.

valise *(valís)* (E. U.) valija, maleta.

valley *(váli)* s. valle.

valour *(vélö)* s. valor, valentía, ánimo.   [apreciable.

valuable *(váliuabl)* adj. valioso,

valuables *(váliuabls)* s. objetos de valor.

valuation *(valiuéishön)* s. evaluación, valoración.

value *(váliu)* s. valor; precio; tr. (e)valuar, estimar.

valve *(válv)* s. válvula, (radio) lámpara.

vamp *(vamp)* (cal.) puntera; vampiresa; tr. poner punteras; (fig.) sangrar.

vampire *(vámpair)* s. vampiro.

van *(van)* s. furgoneta, camioneta; (f. c.) furgón; **gage —**, vagón de equipaje; **mail —**, coche de correo.

vane *(véin)* s. veleta.   [dia.

vanguard *(vángard)* s. vanguar-

vanilla *(vanila)* s. vainilla.

vanish *(vánish)* intr. desvanecerse; desaparecer.

vanished *(vanisht)* adj. desaparecido.

vanishing *(vanishing)* adj. que desaparece; s. desaparición.

vanity *(vániti)* s. vanidad; — **box,** polvera de bolsillo; — **bag,** «neceser», polvera de bolsillo.   [sojuzgar.

vanquish *(váncuish)* tr. vencer;

vantage *(vantedye)* s. (tenis) ventaja; — **point,** posición favorable.

vapid *(vápid)* adj. soso, (fig.) insípido, aburrido.

vaporize *(véipōrais)* tr. vaporizar; intr. envaporecarse.

vaporous *(véiparös)* adj. vaporoso.

vapour *(véipa)* s. vapor, humos.

variable *(vériabl)* adj. variable.

variance *(vérians)* s. discordia; **to be at — with,** estar en desacuerdo.

variant *(vériant)* adj. variante, variable, diverso.   [riación.

variation *(veriéischön)* s. va-

variety *(varáieti)* s. variedad.

various *(vériös)* adj. vario; diverso.   [variz.

varix *(véirics)* s. *Med.* várice.

varnish *(várnish)* s. barniz; tr. barnizar.

vary *(véri)* v. variar.

vase *(G. B.)* *(vaas)* (E. U.) *(véis)* s. florero, jarrón.

✗ **vast** *(vást)* adj. vasto.

vat *(vat)* s. cuba, depósito.

vault *(vólt)* s. bóveda; cueva; tr. abovedar, voltear, *Dep.* **pole —,** saltar con pértiga **bank —,** cámara de seguridad, caja fuerte.

vaulted *(vóltit)* adj. abovedado.

vaunt *(vónt)* s. jactancia; **intr.** jactarse (de).

veal *(víil)* s. carne de ternera.

veer *(vía)* intr. virar.

vegetable *(védyetabl)* s. legumbre; verdura; adj. vegetal.

vegetarian *(vedyitéirian)* s. vegetariano.

vegetate *(vedytar)* intr. vegetar.

vegetation *(vedyitéischön)* s. vegetación.   [mencia.

vehemence *(viamens)* s. vehe-

vehement *(viament)* adj. vehemente.   [dio.

vehicle *(víicl)* s. vehículo, medio.

veil *(véil)* s. velo; tr. velar, cubrir; **to take the veil,** tomar los hábitos.   [veta.

vein *(véin)* s. *Anat.* vena, *Min.*

velocity *(velósiti)* s. velocidad.

velvet *(vélvet)* s. terciopelo; adj. aterciopelado; **as smooth as velvet,** suave como terciopelo.

velveteen *(vélvetin)* s. pana.

veneer *(venía)* s. (carp.) chapa; tr. chapear (fig.) s. solo apariencia.   [nerable.

venerable *(vénarabl)* adj. venerable.

venerate *(vénareit)* tr. venerar.   [veneración.

veneration *(venaréishön)* s.

venereal *(venírial)* adj. venéreo.

vengeance *(véndyens)* s. venganza; **with a vengeance,** con furia.   [gativo.

vengeful *(véndyful)* adj. vengativo.

venial *(vinial)* adj. venial, ligero.   [venado.

venison *(vénisön)* s. carne de venado.

venom *(vénöm)* s. veneno, ponzoña.   [nenoso.

venomous *(vénömös)* adj. venenoso.

vent *(vént)* s. respiradero; desahogo; tr. arrojar, desahogar.   [lar; airear.

ventilate *(véntileit)* tr. ventilar.

ventilation *(ventiléishön)* s. ventilación.

ventosity *(ventósiti)* s. ventosidad.   [ventrílocuo.

ventriloquist *(ventrílocuist)* s. ventrílocuo.

venture *(vencha)* s. riesgo; v. aventurar(se).

veracity *(vérasiti)* s. veracidad.

veranda(h) *(veránda)* s. galería, terraza.

verb *(veerb)* s. *Gram.* verbo.

verbal *(veerbal)* adj. verbal, oral.

verbose *(veerbóus)* adj. locuaz, verboso.

verdict *(veerdict)* s. veredicto, fallo.   [de.

verdure *(veerdya)* s. verdor, verge.

verge *(veerdya)* s. borde; **on the — of,** al borde.

verification *(verifikéishön)* s. verificación.

verify *(vérifai)* tr. verificar.

verity *(vériti)* s. verdad, realidad.   [dero.

veritable *(veeritabl)* adj. verdadero.

vermicelli *(veermichéli)* s. fideos.

vermillion *(veermílión)* s. bermellón, cinabrio; tr. teñir de rojo.

vermin *(veermin)* s. bicho; sabandija, alimañas; (fig.) chusma.

vernacular *(veernákiular)* adj. vernáculo, nativo.

vernal *(veernal)* adj. primaveral.

versatile *(veersatail)* adj. versátil, polifacético.

versality *(veersatíliti)* s. versatilidad, adaptabilidad.

verse *(veers)* s. verso.

versed *(veerst)* adj. versado.

versification *(veersifikéishön)* s. versificación.   [car.

versify *(veersifai)* intr. versifi-

version *(veerschön)* s. versión.

versus *(veersös)* prep. contra.

vertebra *(veertibra)* s. vértebra.

vertebral *(veertebral)* adj. vertebral.

vertex *(veertecs)* s. *Geom.* vértice; (fig.) cima.

vertical *(veertical)* adj. vertical.

vertiginous *(veertídyinös)* adj. vertiginoso.

vertigo *(veertigo)* s. vértigo.

very *(véri)* adj. verdadero; idéntico; mismísimo; adv. muy; — **much,** muchísimo; — **many,** muchísimos.

vesper *(véspa)* s. tarde; víspera; pl. vísperas.   [pertino.

vespertine *(véspertin)* adj. ves-

vessel *(vésel)* s. *Quím.* vasija; *Anat.* vaso; *Naut.* buque; nave.

vest *(vést)* s. camiseta, (com.) chaleco; tr. vestir, investir; (igl.) vestimenta; vestidura.

vestment *(véstment)* s. vestido; vestimenta; vestidura.

vestibule *(vestíbual)* s. *Lit.* y *Anat.* vestíbulo.

vestige *(véstidya)* s. vestigio.

vestry *(véstri)* s. sacristía.

veterinary *(véterineri)* s. y adj. veterinario; — **science,** veterinaria.

veto *(vítou)* s. veto; tr. vetar, poner el veto.

vex *(vécs)* tr. vejar; enojar, enfadar. intr. enfadarse.

vexing *(vécsing)* adj. fastidioso, enojoso.   [por.

via *(váia)* s. vía; conducto; adv.

viand *(váiand)* s. vianda.

vibrate *(váibreit)* v. vibrar.

vibration *(vaibréishön)* s. vibración.

vicar *(víka)* s. vicario, párroco.

vicarage *(vikaridya)* s. vicaría; vicariato.

vice *(váis)* s. vicio. *Mec.* prensa, tornillo de banco.

viceroy *(váisroi)* s. virrey.

vicinity *(visíniti)* s. vecindad.

vicious *(víschös)* adj. vicioso; viciado; maligno, feroz; defectuoso; — **circle,** círculo vicioso.

victim *(víctim)* s. víctima.

victimize *(víctimais)* tr. hacer víctima, estafar.

victor *(vícta)* s. vencedor.

victorious *(victoriös)* adj. victorioso.

victory *(víctori)* s. victoria.

victual *(vichual)* tr. abastecer; avituallar.   [res.

victuals *(vítls)* s. vitualla; vívevie** *(vai)* intr. competir, rivalizar.

view *(viú)* s. vista; panorama, opinión; tr. mirar, ver, inspeccionar.

vigil *(vídyil)* s. vigilia, vela.

vigilance *(vídyilans)* s. vigilancia.   [te.

vigilant *(vidyilant)* adj. vigilan-

vigorous *(vígorös)* adj. vigoroso.   [energía.

vigour *(vígör)* s. vigor, fuerza,

vile *(váil)* adj. vil, atroz, horrible.   [cidad.

vileness *(váilnes)* s. vileza, atro-

vilify *(vílifai)* tr. envilecer.

villa *(víla)* s. quinta; casa de campo.   [tico.

village *(vileych)* s. pueblo, rús-

villager *(víledya)* s. aldeano.

villain *(vílein)* s. villano, malvado.   [ruin, vil.

villanous *(vílanös)* adj. villano,

villany *(vílani)* s. villanía.

vim *(vim)* s. energía, brío.

vindicate *(víndikeit)* tr. vindicar, justificar.

vindication *(vindikéishön)* s. vindicación, justificación

vine *(váin)* s. vid; parra, viña, cepa.

vinegar *(vinega)* s. vinagre; — **cruet** s. vinagrera.

vineyard *(vinyard)* s. viñedo.

vintage *(víntedch)* s. vendimia, cosecha, vinatera; — **wine,** vino de solera.   [tabernero.

vintner *(vintna)* s. bodeguero.

violate *(váioleit)* tr. violar.

violation *(vaioléitishön)* s. violación.

violence *(váiolens)* s. violencia.

84

violent *(váiolent)* adj. violento.
violet *(váiolet)* s. *Bot. y color.* violeta; adj. violado.
violin *(vaiolín)* s. violín. [ta.
violinist *(váiolinist)* s. violinis-
violoncello *(violonchélo)* s. violoncelo.
virago *(viragou)* s. mujer de mal genio, fiera.
virgin *(veerdyin)* s. virgen; adj. virgen, virginal, puro, limpio. [dad, doncellez
virginity *(veerdyiníti)* s. virgini-
virile *(víril)* adj. viril; varonil.
virility *(viríliti)* s. virilidad.
virtual *(verchual)* adj. virtual.
virtue *(veerchu)* s. virtud.
virtuous *(veertiues)* adj. virtuoso.
virulence *(víriulens)* s. virulencia.
virulent *(víriulent)* adj. virulento, maligno.
virus *(váirös)* s. virus.
visa *(vísa)* s. visado.
visage *(vísedya)* s. rostro.
viscount *(víscaunt)* s. vizconde.
viscous *(vískös)* adj. viscoso.
visibility *(visibíliti)* s. visibilidad.
visible *(vísibl)* adj. visible; claro, perceptible.
vision *(vishón)* s. visión.
visionary *(vishoneri)* adj. visionario; s. visitar.
visit *(vísit)* s. visita; tr., intr. visitar(se). [sita.
visitor *(vísita)* s. visitante, visor *(vaisa)* s. visera.
visual *(vishual)* adj. visual; óptico.
vital *(váital)* adj. vital.
vitality *(vaitáliti)* s. vitalidad.
vitalize *(váitalais)* tr. vitalizar.
vitamin *[v(á)itamin]* s. vitamina.
vitiate *(víshieit)* tr. viciar.
vituperate *(vitiúpareit)* tr. vituperar. [vivo.
vivacious *(vivéshiös)* adj. vivaz,
vivid *(vívid)* adj. vivo, vívido.
vivify *(vívifai)* tr. vivificar.
vixen *(víksen)* s. *Zool.* zorra; (fig.) arpía. [cabulario.
vocabulary *(vocábiuleri)* s. vocal *(vócal)* adj. vocal, oral.
vocalize *(vócalais)* tr. vocalizar.
vocation *(voukéishön)* s. vocación; carrera. [moda.
vogue *(vog)* s. moda; **in —,** de
voice *(vóis)* s. voz; tr. expresar; **loud voice,** voz alta; **high — voice,** chillona. [sin voz.
voiceless *(vóisles)* adj. mudo,
void *(vóid)* adj. vacío, nulo, inválido; s. vacío; tr. vaciar, desocupar. [cia.
volcanic *(volcánic)* adj. volcánivolcano *(volkéinou)* s. volcán.
volition *(volishon)* s. voluntad.
volley *(vóli)* s. descarga, andanada; (dep.) volea.
volt *(vóult)* voltio.
voltage *(vóultedch)* s. voltaje.
voluble *(vóliubl)* adj. *Bot.* voluble; (pers.) hablador, locuaz.
volume *(vólium)* s. volumen, tomo. [voluminoso.
voluminous *(voliúminös)* adj.
voluntary *(vólönteri)* adj. voluntario.
volunteer *(volöntír)* s. voluntario; tr., intr. ofrecer(se), servir como voluntario.
voluptuous *(volö'ptiuös)* adj. voluptuoso, sensual.
vomit *(vómit)* s. vómito. v. vomitar. [raz.
voracious *(voréischös)* adj. vovortex *(vórtecs)* s. remolino, torbellino; vórtice.

vote *(vóut)* s. voto; tr., intr. votar. [tor.
voter *(vóuta)* s. votante; elector.
vouch *(váuch)* comprobar, atestiguar; **— for,** responder por.
voucher *(vaucha)* s. comprobante, talón; vale.
×**vow** *(váu)* s. voto; juramento; tr. intr. hacer voto, dedicar.
vowel *(váuel)* s. vocal.
voyage *(vóiedya)* s. travesía; viaje; intr. navegar.
vulcanize *(vö'lcanais)* tr. vulcanizar. [dinario.
vulgar *(vö'lgar)* adj. vulgar, or-
vulgarity *(vö'lgariti)* s. vulgaridad, ordinariez.
vulgarize *(vö'lgarais)* tr. vulgarizar. [nerable.
vulnerable *(valnarable)* adj. vul-
vulture *(valcha)* s. *Orn.* buitre; (fig.) fieras.

W w

wabble *(uóbl)* s. bamboleo, indecisión; tr. tambalearse.
wad *(uód)* s. borra, guata; *Mil.* taco; fajo, manojo; tr. acolchar, enhuatar.
waddle *(uódl)* intr. balancearse; s. anadeo; balanceo.
wade *(uéid)* intr. vadear; **wader,** s. *Orn.* ave zancuda. [agua.
waders *(uéidas)* s. pl. botas de
wafer *(uífas)* s. oblea, barquillo.
wag *(uág)* s. colead(ur)a, sacudida; tr. menear, mover; intr. oscilar.
wage *(uéidye)* s. paga; salario, jornada; tr. emprender.
wager *(uéidyar)* s. apuesta; tr. apostar. [sueldo.
wages *(uéidches)* s. pl. paga,
waggon *(uágön)* s. carro; carreta, vagón.
waif *(uéif)* s. niño o animal abandonado; adj. descarriado, perdido.
wail *(uéil)* s. lamento; tr., intr. lamentar. [quejumbroso.
wailing *(uéiling)* s. lamento; adj.
wainscot *(uéinscot)* s. friso, entablamento; artesonado; tr. entablar, artesonar.
waist *(uéist)* s. cintura, talle.
waistcoat *(uéistcot)* s. chaleco.
wait *(uéit)* s. espera, intr. esperar, aguardar; **— for,** esperar por; **— on,** servir.
waiting *(uéiting)* s. esperar; adj. que espera; **— room,** sala de espera. [zo.
waiter *(uéita)* s. camarero, mo-
waive *(uéiv)* tr. renunciar, abandonar, dejar.
waitress *(uéitres)* s. camarera.
wake *(uéik)* s. velatorio, vigilia; *Mar.* estela; [**waked** o **woke; waked**] tr. despertar, velar; intr. despertarse.
wakeful *(uéikful)* adj. desvelado.
waken *(uéikn)* v. despertar(se).
walk *(uók)* s. paseo; paso, andar, alameda; intr. andar, pasear; tr. hacer andar, pasear; **go for a walk** dar un paseo.
walker *(uóka)* s. paseante, caminante, andarín.
walking *(uóking)* adj. de paseo; **— stick,** bastón.
wall *(uól)* s. pared; muro; muralla; tr. amurallar; **— wall,** tapia.
wallet *(uólet)* s. cartera (de bolsillo), billetera.

wallow *(uólou)* s. revuelco, revolcón; intr. revolcarse; — **in riches,** nadar en la opulencia.
walnut *(uélnöt)* s. *Bot.* nuez; **— tree** s. nogal.
walrus *(uólrös)* s. morsa.
waltz *(uólts)* s. vals; intr. bailar el vals. [rido.
wan *(uón)* adj. pálido, descolo-
wanness *(uónnes)* s. palidez.
wand *(uand)* s. varita; **magic —,** varita mágica.
wander *(uándör)* intr. errar; vagar; delirar; tr. confundirse; dar palos al ciego.
wanderer *(uándara)* s. vagabundo; rondador.
wandering *(uóndöring)* adj. errante; delirante; s. viajes; delirio; divagación.
wane *(uéin)* s. mengua, intr. menguar; **on the —** (fig.) en declinación.
wanning *(ueining)* s. mengua; adj. menguante.
want *(uónt)* s. necesidad; miseria; tr. desear, querer, necesitar; intr. carecer; **to be in —,** estar necesitado; **—ed,** se busca, se necesita.
wanting *(uónting)* adj. falto de, escaso.
wanton *(uóntön)* s. libertino; prostituta; adj. desenfrenado, lascivo; **— damage,** daño por maldad.
war *(uór)* s. guerra; intr. guerrear; **to — war,** hacer la guerra.
ward *(uórd)* s. guarda; tutela, pupilo; (Pol.) distrito electoral, sala de hospital; intr. guardar.
warden *(uórdn)* s. custodio; guardián; **game —,** guardia jurado.
warder *(uórdör)* s. guardián; **prison —,** carcelero.
wardrobe *(uórdrob)* s. guardarropa; armario; (Teat.) vestuario.
ware *(uéa)* s. mercancía; **earthen —,** loza de barro; **table —,** vajilla y cubertería.
warehouse *(uéajaus)* s. almacén; depósito, tr. almacenar.
×**warfare** *(uóofea)* s. guerra.
warily *(uearili)* adv. prudentemente. [bélico.
warlike *(uóolaic)* adj. guerrero
warm *(uórm)* adj. templado, cálido, tr., intr. calentar(se).
warmth *(uórmz)* s. calor; ardor; (fig.) cordialidad.
warn *(uórn)* tr. advertir; avisar, prevenir.
×**warning** *(uórning)* s. aviso; advertencia, escarmiento.
warp *(uórp)* s. urdimbre; intr. torcer(se), alabear.
warrant *(uórent)* s. (Leg.) orden judicial, auto, decreto; garantía, tr autorizar, garantizar.
warren *(uóren)* s. conejera, madriguera.
warrior *(uória)* s. guerrero; soldado.
wart *(uórt)* s. verruga.
wary *(uéri)* adj. cauto, prudente.
wash *(uásch)* s. lavado, colada, tr., intr. lavar(se); **wash-bowl** s. palangana; **to — up,** fregar; **to have a —,** lavarse.
washing *(uásching)* s. lavado, ropa sucia, ropa lavada.
wasp *(uósp)* s. avispa.
wastage *(uéistidye)* s. desperdicio, desgaste.

waste *(uéist)* s. despilfarro; derroche; — **land,** terreno yermo; — **paper** papel viejo; tr. (mal)gastar; **waste-paper basket** s. papelera.
wasteful *(uéistful)* adj. malgastador, despilfarrador.
watch *(uótch)* s. reloj; **wrist —,** reloj de pulsera; (Náut. y Mil.) guardia; — **tower,** atalaya; tr. observar, mirar; vigilar.
watcher *(uócha)* s. vigilante.
watchful *(uóchful)* adj. vigilante.
watchmaker *(uóchméika)* s. relojero.
watchman *(uóchman)* s. guarda, vigilante.
watchword *(uóchhuörd)* s. *Mil.* santo y seña; consigna.
water *(uóta)* s. agua; tr. regar, mojar; **water closet** s. retrete, lavabo; **water colour** s. acuarela; **fresh —,** agua dulce; **hot — bottle,** bolsa de agua caliente; **to make one's mouth —,** hacérsele la boca agua. [catarata.
watefall *(uótarfol)* s. cascada;
watering *(uótaring)* s. riego.
watery *(uótari)* adj. acuoso.
wave *(uéiv)* s. ola; onda; tr., intr. saludar, despedir con la mano, ondear, ondular.
waver *(uéiva)* intr. fluctuar; vacilar; s. oscilación.
wavy *(uéivi)* adj. sinuoso; (Pelo) ondulado, rizado.
wax *(uács)* s. cera; tr. encerar; intr. aumentar; **sealing —,** lacre.
waxen *(uácsn)* adj. de cera.
way *(uéi)* s. vía; ruta; camino; dirección; manera; modo, costumbre; **by the way** a propósito; **to be in the way** estorbar; **way in** entrada; **way out** salida; **this —,** por aquí; **that —,** por allá.
waylay *(ueiléi)* tr. insidiar, acechar. [rudo.
wayward *(uéiuörd)* adj. testa-
we *(ui)* pron. nosotros.
weak *(uík)* adj. débil, flojo.
weaken *(uíkn)* tr. debilitar.
weakling *(uíkling)* adj. canijo, debilucho.
weakness *(uíknes)* s. debilidad, flojedad.
wealth *(uélz)* s. riqueza.
wealthy *(uélʀi)* adj. rico, adinerado.
weapon *(uépön)* s. arma; **nuclear —,** arma nuclear.
wear *(uéa)* s. uso, gasto, [**wore; worn**] tr. usar, llevar, desgastar; **— and tear,** uso, desgaste; **foot —,** calzado; **ready to —,** hecho, de fábrica.
wearer *(uéra)* s. usuario.
wearied *(uíerid)* adj. fatigado, cansado de (fig.) [cio.
weariness *(uírines)* s. cansan-
weary *(uíri)* adj. cansado, hastiado; tr. cansar, abrumar; intr. fastidiarse.
weasel *(uísel)* s. *Zool.* comadreja.
weather *(uéda)* s. tiempo (atmosférico), intemperie; tr. (Náut.) aguantar, capear; **weather forecast,** previsión del tiempo, **—beaten,** curtido, azorado por los vientos.
weave [**wove; woven**] *(uív)* tr. tejer; trenzar.
weaver *(uíva)* s. tejedor.
weaving *(uíving)* s. tejido; textura.

web (*uéb*) s. membrana; **web-footed**, adj. palmípeda; **cob —**, tela de araña. [sarse.

wed (*uéd*) tr. casar; intr. ca-

wedding (*uéding*) s. boda; casamiento; **— aniversary**, aniversario de boda.

wedlock (*uédlok*) s. matrimonio; **out of —**, ilegítimo.

wedge (*uédya*) s. cuña, calce; tr. calzar.

Wednesday (*uénsdei*) s. miércoles; **ash —**, miércoles de ceniza. [diminuto.

wee (*ui*) adj. pequeño, menudo;

weed (*uíd*) s. hierbajo, tr. desyerbar; **sea —**, alga; **— killer**, herbicida.

week (*uík*) s. semana; **day** s. día laborable; **— end** s. fin de semana; **— today**, desde hoy en ocho días.

weekly (*uíkli*) adj. semanal; adv. semanalmente, semanario. [intr. llorar.

weep [**wept; wept**] (*uíp*) tr. e

weeping (*uíping*) s. llanto; adj. plañidero; **weeping willow**, sauce llorón.

weft (*uéft*) s. (Text.) trama.

weigh (*uéi*) tr., intr. pesar; **— anchor**, (Náut.) levar anclas.

weigher (*uéia*) s. pesador.

weighing (*uéiing*) s. peso; pesada; **— machine**, báscula.

weight (*uéit*) s. peso; importancia; **light —**, peso ligero; **heavy —**, peso pesado.

weighty (*uéiti*) adj. pesado.

weir (*uia*) s. (re)presa.

weird (*uad*) adj. fantástico, fantasmagórico, siniestro.

welcome (*uélköm*) adj. bienvenido, s. bienvenida; **interj.** ¡bien venido! tr. dar la bienvenida; **you are —** (E. U.) de nada.

weld (*uéld*) tr. soldar, unir.

welder (*uelda*) s. soldador.

welding (*uelding*) s. adj. soldadura; **—'s**, soldadura.

✗ **welfare** (*uélfer*) s. bienestar, prosperidad, salud; **— work**, servicio social.

well (*uél*) s. adv. bien; s. pozo, manantial, interj. ¡bien! ¡vaya, ya! ¿qué? ¡bueno! ¡te a do adj. acomodado; **as — as** así como.

Welsh (*uélsch*) adj. galés; s. galés (idioma). [joven.

wench (*uénch*) s. moza, mujer

west (*uést*) s. oeste; occidente; adv. a o hacia poniente; adj. occidental.

western (*uéstörn*) adj. occidental; s. película del oeste; **— powers**, potentes occidentales.

wet (*uét*) adj. húmedo, mojado; s. humedad, tr. mojar; **— nurse** s. ama de cría; **— through**, empapado.

wetness (*uétnes*) s. humedad.

whack (*uák*) s. golpe; **—ing**, paliza.

whale (*uéil*) s. Ict. ballena; cachalote; **— bone** (Cons.) ballena.

whaler (*uéila*) s. ballenero.

wharf (*uórf*) s. muelle; desembarcadero.

what (*uót*) pron. lo que; ¿qué?; cual; ¡qué!; adv.

whatever (*uotéva*) pron. cualquier cosa que, todo lo que.

wheat (*uít*) s. trigo.

wheedle (*uídl*) tr. e intr. halagar, sonsacar, hacer pamplinas.

wheel (*úil*) s. rueda, tr. (hacer) rodar intr. rodar, girar; **(steering) —**, volante.

wheelbarrow (*úilbarou*) s. carretilla; **— chair**, silla de ruedas.

wheeze (*uís*) intr. jadear.

when (*uén*) adv. cuando; luego que; entonces; **say —**, (fam.) basta, bastante.

whence (*uéns*) adv. de (sde) donde.

whenever (*uenéva*) adv. siempre que, cuando.

where (*uere*) adv. (a) donde, en donde, de; en que.

whereabouts (*uérabout*) adv. ¿donde? s. paradero.

✗ **whereas** (*uerás*) adv. por cuanto, mientras que.

whereby (*uerbái*) adv. por lo cual.

wherein (*uerín*) adv. en donde.

wherever (*ueréva*) adv. (a o por) dondequiera que.

whet (*uét*) tr. afilar, amolar; **to — one's appetite**, abrir.

whether (*uédör*) conj. si (dubitativo).

whey (*uéi*) s. suero, lácteo.

which (*uích*) pron. que, el cual, la cual, los cuales las cuales, es, quien, cuyo.

which(so)ever (*uich(so)éva*) pron. cualquiera que, quien(es) quiera.

whiff (*uif*) s. bocanada; soplo; **«whiffs»** (fam.) señorita.

whig (*uíg*) (G. B.) Pol. adj. y s. liberal.

while (*uáil*) s. rato; conj. mientras; entretanto; tr. **— away the time**, pasar el tiempo.

whilst (*ulst*) conj. mientras.

whim (*uím*) s. antojo; capricho.

whimper (*uímpa*) s. lloriqueo; intr. sollozar. [choso.

whimsical (*uímsical*) adj. caprichoso.

whine (*uin*) quejido; intr. quejarse, gemir.

whip (*uíp*) s. látigo; fusta; tr. azotar, fustigar (Coc.) batir.

whipping (*uiping*) s. zurra, tunda.

whirl (*ueerl*) s. giro, vuelta, torbellino; tr., intr. **girar**, remolin(e)ar.

whirpool (*ueerlpul*) s. remolino.

whirlwind (*ueerluind*) s. torbellino.

whisk (*uisk*) s. escobilla, cepillo, batidor; tr. cepillar, batir.

whisker (*uiska*) s. patilla; barba, bigotes del gato.

whisper (*uíspa*) s. susurro, cuchicheo; tr. susurrar, sugerir.

whispering (*uispering*) s. cuchicheo, murmullo.

whistle (*uíst*) s. silbido, silbato; intr. silbar.

whit (*uít*) s. pizca.

white (*uáit*) adj. blanco; puro; s. blanco; blancura; **— coffee** s. café con leche; **—hot** adj. al rojo vivo.

whiten (*uáitn*) tr. blanquear; intr. emblanquecerse.

whiteness (*uáitnes*) s. blancura.

whitewash (*uáituosch*) s. cal, calear, tr. blanquear.

whither (*uida*) adv. adonde, hacia donde.

whitish (*uáitisch*) adj. blanquecino, blancuzco.

Whitsuntide (*uítsöntaid*) s. Pascua de Pentecostés.

whiz(z) (*uís*) s. silbido zumbido; intr. zumbar.

who (*jú*) pron. quien(es), que.

whoever (*juéva*) pron. quienquiera que.

whole (*jóul*) adj. todo; completo; intacto, s. total; **on — whole**, en general, **as a —**, en conjunto; **to go the — hog**, arriesgarlo todo.

wholeness (*jóulnes*) s. totalidad, integridad.

wholesale (*jéulseil*) adj. y adv. al por mayor, s. **venta** al por mayor; **—r** (...a) almacenista.

wholesome (*jóulsöm*) adj. saludable, rebosante de salud.

whom (*júm*) pron. a quien(es), al que.

whoop (*júp*) s. alarido; intr. huchear; **whooping cough** s. tosferina.

whose (*jús*) pron. de quien, cuyo.

why (*uái*) conj. por qué? ¿por qué? interj. ¡como!; s. el porqué.

wick (*uík*) s. mecha.

wicked (*uíked*) adj. malvado, perverso.

wickedness (*uíkednes*) s. maldad, perversidad.

wide (*uáid*) adj. ancho, amplio, adv. lejos; **— open**, de par en par; **far and —**, con amplitud.

widen (*uáiden*) tr. ensanchar, ampliar.

wide-spread (*uide-spred*) adj. extendido; esparcido.

widow (*uídou*) s. viuda.

widower (*uídoua*) s. viudo.

widowhood (*uídoujud*) s. viudez; viudedad. [tud.

width (*uídz*) s. anchura, amplitud.

wield (*uíld*) tr. manejar; empuñar; gobernar.

wife (*uáif*) s. esposa, mujer.

wig (*uíg*) s. peluca.

wild (*uáild*) adj. (Zool.) salvaje, (Bot.) silvestre, (Geog.) agreste; **— boar** s. jabalí.

wilderness (*uíldarnes*) s. yermo, desierto.

wildness (*uáildnes*) s. selvatiquez; rusticidad.

wile (*uáil*) s. fraude; ardid, tr. embaucar.

wilful (*uílful*) adj. porfiado; terco; voluntarioso.

wilfulness (*uilfulnes*) s. terquedad, obstinación, testarudez.

will (*uíl*) s. voluntad; testamento; tr. querer, desear; (aux. futuro).

willing (*uíling*) adj. deseoso; gustoso, voluntarioso, dispuesto.

willingly (*uílingli*) adv. de buena gana, con agrado.

willingness (*uíllingnes*) s. buena voluntad.

willow (*uílou*) s. (Bot.) sauce.

willy-nilly (*uili-nili*) adv. a la fuerza.

wily (*uíli*) adj. astuto.

wilt (*uílt*) tr., intr. marchitar(se), secar(se).

wimple (*uimpl*) s. toca, velo.

win [**won; won**] (*uín*) tr. c intr. ganar; vencer; conquistar.

winch (*uínch*) s. cabria.

wind (*uínd*) s. viento; **— screen** s. parabrisas; [**wound; wound**] tr., (*uáind*) tr. enrollar, dar cuerda a; intr. enrollarse, (re) torcerse.

windfall (*uíndfol*) s. fruta caída del árbol; ganga, chiripa. [lencia.

windiness (*uíndines*) s. flatu-

winding (*uáinding*) s. sinuosidad; (re) vuelta, recodo; adj. tortuoso, que serpentea.

windmill (*uindmill*) s. molino de viento.

window (*uíndou*) s. ventana; s. **(shop) —**, escaparate; **— blinds**, persianas; **— sill**, alféizar; **— frame**, marco, bastidor.

windward (*uinward*) adv. (Náutic.) a barlovento; s. barlovento.

windy (*uíndi*) adj. ventoso; **long —d** (fam.) tener rollo; vano, palabrero.

wine (*uáin*) s. vino.

wine-merchant (*uine merchant*) s. vinatero; **wine-celler** (*uinesela*) s. bodega.

wing (*uíng*) s. ala; vuelo; flanco, aspa; (Teat.) bastidor; (Arq.) ala.

wink (*uínk*) s. guiño; pestañeo; intr. guiñar; **to take forty —**, siestecilla. [cedor.

winner (*uina*) s. ganador, ven-

winning (*uining*) adj. triunfador, ganador.

winter (*uinta*) s. invierno; adj. invernal; intr. invernar.

wipe (*uáip*) s. limpiadura; (fam.) frotar; limpiar; **— out**, eliminar, exterminar.

wire (*uáia*) s. alambre, v. telegrafiar; **— netting**, s. tela metálica; **barbed —**, alambre de espino.

wireless (*uáirles*) adj. inalámbrico; s. telegrafía sin hilos, radio; **— (set)** s. (aparato de) radio; tr.

wiry (*uáiri*) adj. de alambre; (fam.) nervudo.

wisdom (*uísdom*) s. sabiduría; juicio; sensatez.

wise (*uáis*) adj. sabio; prudente; s. **three — men**, Los Reyes Magos.

wish (*uísch*) s. deseo; tr. desear, anhelar; **I wish...!** ¡Ojalá!

wistful (*uistful*) adj. anhelante, ávido dente; s. **three —** ávido, pensativo.

wit (*uít*) s. ingenio; agudeza; talento. [zón.

wits (*uíts*) s. pl. sentido, ra-

witch (*uítsch*) s. bruja; mujer fascinante; tr. hechizar.

witchcraft (*uíchcraft*) s. brujería. [tra, en(tre), a.

with (*uíd*) prep. con; de, con-

withdraw (*uiddró*) tr. retirar; intr. retirarse.

withdrawal (*uiddróal*) s. retirada, (Banco) reintegro.

wither (*uída*) intr. marchitar(se), ajar(se); (fig.) consumirse. [to, seco.

withred (*uídared*) adj. marchi-

withhold (*uidjóuld*) tr. detener; contener.

within (*uidin*) prep. (a) dentro, dentro de, en; adv. dentro, en casa; s. el interior.

without (*uidáut*) prep. sin; (a) fuera; adv. afuera.

withstand (*uidstánd*) tr. resistir; oponerse a.

witness (*uitnes*) s. testimonio; testigo; tr. atestiguar, testimoniar; **eye —**, testigo ocular..

witticism (*uitisism*) s. agudeza, chiste.

wittiness (*uitines*) s. ingenio, sal. [biendas.

wittingly (*uitingli*) adv. a sa-

witty (*uíti*) adj. ingenioso; chistoso, ocurrente.

wizard (*uísard*) s. brujo.

86

woe (*uóu*) s. pesar; dolor; inter; ¡mal haya!

woebegone (*uóubigon*) adj. abrumado; abatido.

wolf (*uúlf*) s. lobo; **— cub**, lobato; **— hound**, mastín, perro lobo.

woman (*uúman*) s. mujer; **— hater**, misógino.

womanish (*uúmanisch*) adj. femenil, afeminado.

womanly (*uúmanli*) adj. mujeriego; femenil, femenina.

womb (*uúm*) s. útero; matriz; entrañas, seno.

wonder (*uö'nda*) s. maravilla; intr. extrañarse, preguntarse; **to work —s**, hacer milagros.

wonderful (*uö'ndörful*) adj. maravilloso; admirable.

wondrous (*uö'ndrös*) adj. maravilloso.

wont (*uö'nt*) s. uso; hábito; adj. acostumbrado; [**wont; wont**] tr. habituar.

wonted (*uö'nted*) adj. acostumbrado; usual.

woo (*uú*) tr. cortejar.

wood (*uúd*) s. bosque; selva; madera; **fire —**, leña.

woodbine (*uúdbain*) s. *Bot.* madreselva.

wooded (*uúded*) adj. arbolado.

wooder (*uudn*) adj. de madera; (fam.) torpe. [do; bosque.

woodland (*uúdland*) s. arbola-

woodman (*uúdman*) s. leñador; guardabosque.

woodwork (*uúduörk*) s. maderamen, carpintería. [voso.

woody (*uúdi*) adj. leñoso; sel-

woof (*uuf*) s. textura, trama.

wool (*uúl*) s. lana.

woolen (*uúlön*) adj. de lana; s. paño; tela. [lana.

woollies (*uulis*) s. prendas de

woolly (*u'úli*) adj. lanudo; lanoso.

word (*ueerd*) s. palabra; voz; tr. expresar, redactar.

wording (*ueerding*) s. expresión, redacción, texto. [prolijo.

wordy (*ueerdi*) adj. verboso;

work (*ueeerk*) s. trabajo (Lit. Art.) obra, tarea, acción, (*Cost.*) labor; pl. fábrica, taller; [**worked** o **wrought; worked** o **wrought**] tr. trabajar, lab(o)rar (*Cost.*) **needle —**, bordar; manejar, producir; intr. trabajar, funcionar.

workable (*ueerkabl*) adj. factible.

worker (*ueerka*) s. obrero; trabajador.

workmanship (*ueerkmanship*) s. pericia, hechura.

workshop (*ueerkschop*) s. taller.

world (*ueeld*) s. mundo; **-wide** adj. mundial; **all over the —**, por todo el mundo.

worldy (*ueeldli*) adj. mundano.

worm (*ueem*) s. gusano; polilla; lombriz; persona vil; **book —**, empollón.

worry (*ueeri*) s. zozobra, preocupación, cuidado; intr preocuparse, apurarse; tr. preocupar; **don't —**, no te (se) preocupes.

worse (*uees*) adj. peor; inferior; adv. peor; **from bad to —**, de mal en peor; **— and —**, cada vez peor.

worship (*ueeschíp*) s. adoración; culto; tr. adorar, venerar.

worst (*ueest*) adj. el peor, pésimo; malísimo; adv. pésimamente; s. lo peor.

worsted (*ueested*) s. estambre.

worth (*ueez*) s. valor, mérito; **be —**, valer; **it is — worth (your) while**, valer la pena.

worthiness (*ueedines*) s. dignidad;. mérito

worthless (*ueezles*) adj. vil, despreciable, sin valor.

worthy (*ueedi*) adj. digno, apreciable; **to be — of**, ser merecedor de.

wound (*ueend*) s. herida, llaga; ofensa; tr. herir.

wrangle (*rángl*) s. pendencia; riña; intr. reñir.

wrap (*ráp*) tr. envolver; s. pl. abrigo, manta; **— up!** (fam.) ¡cierre el pico! [cubierta.

wrapper (*rápa*) s. envoltura, cubierta.

wrath (*roz*) s. ira, furia.

wreath (*ríz*) s (fun.) corona; guirnalda

wreathe (*ríd*) tr. entrelazar, en: guirnaldar.

wreck (*rék*) s. naufragio; ruina; destrozo; destruir, destrozar; (Náut.) naufragar, irse a pique.

wreckage (*rekedye*) s. restos, ruinas, (Náut.) casco.

wrench (*rénch*) s. arranque; torcedura, llave inglesa; tr. arrancar, dislocar.

wrest (*rést*) s. tr. torcer, arrancar, desvirtuar.

wrestle (*résal*) intr. combatir; luchar, forcejar.

wrestler (*résta*) s. luchador.

wrestling (*résling*) s. lucha (libre).

wretch (*réch*) s. desgraciado, infeliz.

wretched (*réched*) adj. infeliz, miserable, desgraciado.

wriggle (*rigl*) v. menear, retorcerse; **to — out**, escurrirse.

wright (*ráit*) s. artífice, constructor, forjador.

wring [**wrung; wrung**] (*ring*) tr. torcer; retorcer; escurrir.

wrinkle (*rínkl*) s. arruga; tr., intr. arrugar(se).

wrist (*ríst*) s. muñeca (de la mano); **— watch** s. reloj de pulsera.

writ (*rit*) s. escrito, escritura; (Leg.) orden, auto; **Holy —**, Sagrada Escritura.

write [**wrote; written**] (*ráit*) tr. e intr escribir; **— down** tr. anotar; **— out** tr. redactar.

writer (*ráita*) s. escritor; **play —**, dramaturgo.

writing (*ráiting*) s. escritura; escrito; **hand —**, escritura. der, adv. mal; **— way out**, al revés.

wrong (*róng*) adj. falso, equivocado, erróneo, injusto, s. error, falsedad, injusticia, agravio, tr. perjudicar, ofender, adv. mal, al revés.

wroth (*roz*) adj. enojado.

wrought (*rot*) adj. labrado, forjado; **— iron**, hierro forjado; **over —**, sobre excitado.

wry (*rái*) adj. torcido.

xenophobia (*senofóubia*) s. xenofobia.

Xmas (*crísmas*) s. Navidades.

x-ray (*écs rei*) tr. hacer una radiografía.

x-rays (*écs reis*) s. rayos X.

xylography (*sailógrafi*) s. xilografía.

xylophone (*sáiloufoun*) s. xilófono, marimba. [pórtico.

xist(us) [*síst(ös)* s. galería;

yacht (*yot*) s. yate.

yachting (*yóting*) s. navegación en yate.

yank (*yánk*) s. fam. (es)tirón; U. S. A. yanqui.

Yankee (*yángki*) s. yanqui.

yard (*yárd*) s .corral; patio; yarda; tr. acorralar.

yarn (*yárn*) s. hilaza; hilo; fam. cuento; tr. devanar, contar un cuento.

yawl (*yol*) s. yola, canoa.

yawn (*yón*) s. bostezo; intr. bostezar.

yawning (*yónning*) adj. soñoliento; bostezante; s. bostezo.

yea (*yéi*) adv. (E. U.) sí; ciertamente.

year (*yía*) s. año; **leap year** año **bisiesto; — book**, anuario.

yearling (*yírling*) s. primal; añal, potranca, potro.

yearly (*yírli*) adj. anual; adv. anualmente. [pirar por.

yearn (*yeen*) intr. anhelar, suspirar por.

yearning (*yeening*) s. anhelo.

yeast (*yíst*) s. levadura.

yell (*yél*) s. alarido; aullido, gritar, chillar; intr. dar alaridos.

yellow (*yélou*) adj. amarillo; (fig.) cobarde; **— fever**, malaria, fiebre amarilla; s. amarillo. [rillento.

yellowish (*yélouisch*) adj. amarillo.

yelp (*yelp*) s. gritar, chillar; gañido, aullido; intr. gañir, aullar.

yeoman (*yóuman*) s. hacendado; **— of the Guard**, alabardero de la Casa Real.

yes (*yés*) adv. sí.

yesterday (*yéstardei*) adv. ayer; s. el día de ayer; **the day before —**, anteayer.

yet (*yét*) conj. con todo; sin embargo; adv. todavía; además; an; **not —**, todavía no; **as —**, hasta ahora.

yew (*yu*) s. *Bot.* tejo.

yield (*yíld*) s. rendición (Econ.) rendimiento, producción; tr. producir; rendir, intr. ceder; someterse

yielding (*yilding*) s. producción, cosecha; rendición; adj. dócil, dúctil.

yoke (*yóuk*) s. yugo; yunta; tr. un(cir), acoplar.

yolk (*yóuk*) s. yema (del huevo).

yon (*der*) (*yö'nda*) adv. allá; adj. aquel.

yore (*yor*) adv., s. otro tiempo, antaño.

you (*yú*) pron. tú, te, ti; usted(es), Vd., Vds.,; os, vosotros; vosotras.

young (*yö'ng*) adj. joven; mozo; tierno; s. cría.

youngster (*yö'ngsta*) s. jovencito, mozalbete.

your (*yór*) adj. pos. tu, su, (de usted), vuestro.

yours (*yórs*) pron. pos. (el) tuyo, (el) suyo, (el) vuestro.

yourself (*yursélf*) pron. tú mismo, V., Vd. mismo.

yourselves (*yursélvs*) pron. vosotros mismos, os, Vds. mismos.

youth (*yúz*) s. juventud; joven.

youthful (*yúzful*) adj. juvenil.

yowl (*yául*) s. aullido; alarido; tr. aullar, ladrar.

yule (*yúl*) s. pascua de Navidad; **—tide**, Navidades.

zeal (*síl*) s. celo; fervor; ardor; furia.

zealot (*sélöt*) s. entusiasta; fanático. [tusiasta.

zealous (*sélös*) adj. celoso, en-

zebra (*sibra*) s. (*Zool.*) cebra; **— crossinz**, (G. B.) paso de peatones.

zenith (*siniz*) s. cenit.

zero (*sírou*) s. nada.

zero (*siirou*) s. (E. U.) cero, nada.

zest (*sést*) s. deleite, gusto, sabor; fig. aliciente, entusiasmo, interés.

zinc (*sinc*) s. cinc.

zigzag (*sígsag*) s. zigzag.

zip (*sep*) s. cremallera; **— up**, cerrar con cremallera.

zodiac (*sóudiac*) s. zodíaco.

zone (*sóun*) s. zona, área; región; tr. delimitar.

zoo (*sú*) s. parque, jardín zoológico, zoo.

zoology (*suólodyi*) s. zoología.

zoologist (*suólodyist*) s. zoólogo.

zoom (*sum*) s. ascenso rápido; intr. subir rápidamente un avión.

Spanish-English

A a

a (ah) prep. to, in, at, on, by; — **pie** on foot.

abad (ahbáhd) m. abbot.

abadesa (ahbahdáyssah) f. abbess.

abadía (ahbahdéeah) f. abbey.

abajo (ahbáhHoh) adv. bellow, under(neath), down(stairs); interj. down with!

abalanzar (ahbahlahntháR) tr. to balance; to impel.

abanderado (ahbahndayráhdoh) m. ensign, standard-beaver.

abanderar (ahbahndayráR) tr. Naut. to register; (mil.) to conscript.

abandonado (ahbahndohnáhdoh) adj. helpless, uncared for, forlorn, careless; (buildings, places) abandonned.

abandonar (ahbahndohnáR) tr. to abandon, to forlorn, to desert, to leave behind.

abandono (ahbahndóhnoh) m. abandonment, desertion, forlornness.

abanico (ahbahnéekoh) m. fan; Naut. derriek; (arch) fanligh; en forma de — fan-like; (coll.) sword.

abaratar (ahbahrahtáR) tr. to cheapen; v. r. to come down in price.

abarcar (ahbaRkáR) tr. to clasp; to embrace; to cover; **Quien mucho — poco aprieta, grasp all, lose all.**

abarrotar (ahbahRohtáR) tr. to bar; to overstock, to cram.

abastecedor (ahbahstaythaydóR) m., supplier, purveyor.

abastecer (ahbahstaytháyR) tr. to supply.

abastecimiento (ahbahstaytheemyéntoh) m. supply, supplies, provisions.

abasto (ahbáhstoh) m. supply; **no dar —**, Not to le able to see the end of it.

abatido (ahbahtéedoh) adj., depressed, crestfallen, dejected.

abatimiento (ahbahstaytheemyéntoh) m. depression, low spirits; Aer. drift; Naut. leeway.

abatir (ahbahtéeR) tr. to throw, pull, put, push, knock, bring, or take down; to depress, to disheaten; v. r. to swoop.

abdicación (ahbdeekahthyón) f. abdication. [cate.

abdicar (ahbdeekáR) tr. to abdi-

abdomen (ahbdóhmen) m. abdomen, (fam.) belly.

abecé (ahbaytháy) m. the alphabet, A. B. C.

abecedario (ahbaythaydáhryoh) m. alphabet [birch-tree.

abedul (ahbaydóol) m. Bot.

abeja (ahbáyHah) f. bee; — reina, Queen bee; — obrera, worker bee. [hornet.

abejón (ahbayHón) m. drone;

aberración (ahbayRahthyón) f. aberration.

abertura (ahbaiRtóorah) f. opening, gap, fissure, crevice.

abeto (ahbáytoh) m. Bot. siverfir, spruce.

abierto (ahbyáiRtoh) adj. open; frank, outs poken; Bot. full-blown.

abigarrar (ahbeegahRáR) tr. to variegate, to spot [mal.

abismal (ahbeessmáhl) adj. abys-

abismar (ahbeessmáR) tr. to depress, to destroy.

abismo (ahbeessmoh) m. abyss; (fig.) hell.

abjuración (ahbHoorahthyón) f. abjuration, recantation.

abjurar (ahbHooráR) tr. to abjure, to forswear.

ablandar (ahblahndáR) tr. to soften, to mitigate; to mollify.

abnegación (ahbnaygahthyón) f. abnegation, self-denial.

abnegar (ahbnaygah) v. i., to renounce, to deny oneself.

abobado (ahbohbahdoh) adj. silly, daft, stupefied.

abochornar (ahbohchoRnáR) tr. to overheat; fig. to shame, to embarrass; v. r. (fig.) to blush; — por algo, to be ashamed about something.

abofetear (ahbohfaytayáR) tr. to slap to box.

abogacía (ahbohgahthéeah) f. law (as career).

abogado (ahbohgáhdoh) m. lawyer; advocate; barrister; **abogado del Diablo**, Devil's advocate.

abolengo (ahbohléngoh) m. ancestry; Law. inheritance.

abolición (ahbohleethyón) f. abolition.

abolir (ahbohléeR) tr. to abolish, to repeal, to annul.

abolladura (ahbohlyahdóorah) f. dent, bump.

abollar (ahbohlyáR) tr. to dent.

abominable (ahbohmeenáhblay) adj. abominable, heinous.

abominación (ahbohmeenahthyón) s. abomination, abhorrence, hateful thing.

abominar (ahbohmeenáR) tr. to detest, to abhor, to abominate.

abonado (ahbohnáhdoh) s. subscriber, season-ticket holder.

abonar (ahbohnáR) tr. to bail; to guarantee; to pay cut; Agric. to manure.

abono (ahbóhnoh) m. voucher, season-ticket; fertilizer, manure.

abordar (ahbohRdáR) tr. to board a ship; (fig.) to approach a person; (com.) to undertake a business.

aborígenes (ahbohréeHaynes) m. pl. aborigines, natives.

aborrecer (ahbohRaytháyR) tr. to abhor, to hate; v. r. to hate each other.

abortar (ahbohRtáR) intr. Med. to miscarry; Agric. to abort, to fail.

aborto (ahbóRtoh) m. miscarriage; abortion; (fig.) monster.

abotonar (ahbohtohnáR) tr. to button; Bot. to germinate, to bud; v. r. to button up.

abovedado (ahbohbaydahdoh) adj. arched, vaulted.

aboyar (ahboyaR) tr. Naut. to lay down bwoys; v. i. to float.

abra (ahbrah) f. bay, core, creek.

abrasar (ahbrahssáR) tr. to burn; (fig.) to be very hot; (fig.) to be very hot with passion; Agric. to wither.

abrazar (ahbrahtáR) tr. to embrace, to hug; Mech. to clamp; (fig.) to adopt.

abrazo (ahbráhthoh) m. embrace, hug; (letter-writing). ¡—s!, warm greetings!

abreviación (ahbraybyahthyón) f. abbreviation, shortening.

abreviadamente (ahbraybyahdahmayntay) adv. in short, briefly.

abreviar (ahbraybyáR) tr. to abridge, to abbreviate, to shorten, to cut short.

abreviatura (ahbraybyahtóorah) f. abbreviation.

abridor (ahbreedor) m. oponer; — de latas, tin-opener.

abrigar (ahbreegáR) tr. to shelter, to cover; **abrigar la esperanza, to cherish the hope.**

abrigo (ahbreegoh) m. shelter; (over)coat.

abril (ahbréel) m. April; **Abril, aguas mil,** April showers; (fig.) years.

abrillantar (ahbreelyahntáR) tr. to brighten, to polish, to shine.

abrir (ahbréeR) tr. intr. to open; to unlock (with key); to unfasten; **abrir el ojo,** to have an eye open; Naut. —se **una vía de agua,** to spring a leak; — **camino,** to make one's way.

abrochar (anbrohcháR) tr. to button on, to fasten.

abrumador (ahbroomahdoR) adj. oppressive.

abrumar (ahbroomáR) tr. to overwhelm, to crush, to oppress. [apsis

ábside (áhbsseeday) m. f. apse,

absolución (ahbssoohloothyón) f. absolution; acquittal.

absolutismo (ahbssohlootéessmoh) m. absolutism.

absoluto (ahbssohlóotoh) adj. absolute.

absolver (ahbssolbáiR) tr. to absolve; to acquit. [absorb.

absorber (ahbssoRbáiR) tr. to

absorción (ahbssoRthyón) f. absorption. [zed.

absorto (ahbssóRtoh) adj. amazed.

abstemio (ahbstáymyoh) adj. abstemious.

abstención (ahbstenthyón) f. abstention.

abstenerse (ahbstaynáyRssay) r. to abstain, to refrain from.

abstinencia (ahbsteenénthya) f. abstinence, fast, forbearance.

abstracción (ahbstrahkthyón) f. abstractión.

abstracto (ahbstráhktoh) adj. abstract.

abstraer (ahbstrahóyR) tr. to abstract; v. i. to refrain from, to leave aside; v. r. to be absorbed.

absuelto (ahbsswéltoh) adj. acquitted, absolved.

absurdo (ahbssóoRdoh) adj. absurd, nonsensical; m. absurdity, nonsense.

abuela (ahbwáylah) f. grandmother, (fam.) granny, grandma.

abuelo (ahbwáyloh) m. grandfather, (fam.) grand-dad.

abultado (ahbooltáhdoh) adj. bulky.

abultar (ahbooltáR) tr. to enlarge; to make bulky.

abundancia (ahboondáhnthyah) f. plenty, abundance.

abundante (ahboondáhntay) adj. abundant, plentiful.

abundar (ahboondáR) intr. to abound, to be plenty.

aburrido (ahbooRéedoh) adj. bored, weary, tedious.

aburrimiento (ahbooReemyéntoh) m. tediousness, boredom, weariness.

aburrir (ahbooRéeR) tr. to bore, to weary; v. r. to get bored, to be bored.

abusar (ahboossáR) tr. to abuse; (hild.) to bully; to overdo.

abuso (ahbóossoh) m. abuse.

abyecto (ahbyéktoh) adj. abject.

acá (ankáh) adv. here; hither; **¿De cuando —?** since when? — **y allá,** here and there. **¡Ven —,** Come here! Para —, hither.

acabado (ahkahbáhdoh) adj. perfect; done; (fig.) old, worn out; m. (work) finish.

acabamiento (ahkahbahmyéntoh) m. end, finish, completion.

acabar (ahkahbáR) tr. and intr. to end, to finish, to conclude, to be over; — **de,** to have just...; — **con,** to finish off... **¡acabáramos!** at long last!

academia (ahkahdáymyah) f. academy.

académico (ahkahdáymeekoh) adj. academic(al), m. academician. [hoppen, to occur.

acaecer (ahkahaytháR) intr. to

acalorado (ahkahlohrahdoh) adj. excited, angry, heated.

acaloramiento (ahkahlohrahmyéntoh) m. ardour, heat.

acalorar (ahkahlohráR) tr. to warm, to heat; to urge on.

acallar (ahkahlyáR) tr. to quiet, to hush, to silence.

acampar (ahkahmpáR) tr. to (en)camp.

acanalado (ahkahnahláhdoh) adj. channeled, grooved.

acanalar (ahkahnahláR) tr. to channel; (mech.) to groove, to flute.

acantilado (ahkahnteeláhdoh) adj. bold, steep, cliffy; m. cliff.

acaparador (ahkahpahrahdóR) m. hoarder, monopolizer, forestaller.

acaparamiento (ahkahpahrahmyéntoh) m. monopoly, hoarding.

acaparar (ahkahpahráR) tr. to monopolize; to corner.

acariciar (ahkahreethyáR) tr. to fondle, to caress; (fig.) to cherish.

acarrear (ahkahRayáR) tr. to carry; to cart.

acaso (ahkáhssoh) m. chance; casualty; adv. perhaps, maybe; **Por si —,** just in case.

acatar (ahkahtáR) tr. to respect.

acatarrarse (ahkahtahRáRssay) r. to catch a cold, to get a chill.

acaudalado (ahkahoodahláhdoh) adj. wealthy, opulent.

acaudillar (ahkahoodeelyáR) tr. to command (troops), to lead.

acceder (ahkthaydáiR) intr. to agree; to consent; to accede. [accesible.

accesible (ahkthaysséelolay) adj.

acceso (ahktháyssoh) m. Med. access; access, approaches.

accesorio (ahkthayssóhryoh) adj. accessory, incidental; m. fitting.

accidentado (ahktheedentáhdoh) adj. (geog.) uneven, rough; (med.) casualty, injured.

accidental (ahktheedentáhl) adj. accidental, casual, fortuitous.

accidente (ahktheedéntay) m. accident; **Por —,** by chance.

acción (ahkthyón) f. action; feat; Com. share.

90

accionar (*ahkthyonar*) tr. *Mech.* to operate, to move.

accionista (*ahkthyohnéestah*) s. *Com.* shareholder, stock-holder.   [lytree.

acebo (*ahtháyboh*) m. *Bot.* hol-

acechar (*ahthaychár*) tr. to waylay; to spy, to watch.

acecho (*ahtháychoh*) m. waylaying; spying, watching; **al —**, in ambush, ambushed.

aceitar (*ahthaytár*) tr. to oil.

aceite (*ahtháytay*) m. oil; **— de cocina**, cooking oil; *Mech.* lubricating-oil.

aceitera (*ahthayeetayrah*) f. oil-jar, oil-cruet; *Mech.* oil-can.

aceituna (*ahthaytóonah*) f. olive.   [f. acceleration.

aceleración (*ahthaylayrahthyón*)

acelerador (*ahthaylayrahdór*) m. accelerator.

acelerar (*ahthaylayrár*) tr. to accelerate, to speed up, to hurry.   [inflection, stress.

acento (*ahthéntoh*) m. accent.

acentuar (*ahthentwár*) tr. to accen(uate), to stress.

acepción (*ahthepthyón*) f. meaning.

aceptable (*ahtheptáhblay*) adj. acceptable, passable; (coll.) all right.

aceptación (*ahtheptahthyón*) f. acceptation; **tener —**, to go dawn well, to be well received.   [ceptor.

aceptador (*ahtheptahdór*) m. ac-

aceptar (*ahtheptár*) tr. to accept, to agree.   [tion ditch.

acequia (*ahtháykyah*) f. irriga-

acera (*ahtháyrah*) f. *U. S. A.* (side)-walk *G. B.* prevement.

acerca (*ahtháiRkah*) prep. about; **— de**, concerning, with regard to.

acercar (*ahthaiRkár*) tr. to approach, to place near, to bring near.

acercarse (*ahthaiRkáRssy*) r. to come near to, to get close.

acero (*ahtháyroh*) h. steel, fig. sword; **— fundido**, cast steel.

acertado (*ahthaiRtáhdoh*) adv. proper, fit, just right correct.

acertar (*ahthaiRtár*) tr. to hit (the mark), to guess right, (fig.) to be successful.

acertijo (*ahthaiRtéeHoh*) s. riddle.   [tunate.

aciago (*ahthyáhgoh*) adj. unfor-

acicalar (*ahtheekahlár*) tr. to polish; (dress.) to embellish, to smart up.

acidez (*ahtheedéth*) f. acidity.

ácido (*áhtheedoh*) adj. acid, sour; m. acid.

acierto (*ahthyáiRtoh*) m. good hit, good guess; (fig.) success.

aclamación (*ahklahmahthyón*) f. acclamation, aplause; **Por —** unanimously.

aclamar (*ahklahmár*) tr. to applaud, to cheer.   [explanation.

aclaración (*ahklahrahthyón*) f.

aclarar (*ahklahrár*) tr. to make clear; to explain.

aclimatación (*ahkteemahtahthyón*) f. acclimatization.

aclimatar (*ahkleemahtár*) tr. to acclimatize.

acobardar (*ahkohbaRdár*) tr. to intimidate; to daunt; to frighten, to cow.

acogedor (*ahkohHaydór*) adj. cosy; hospitable.

acoger (*ahkohHáy*R) tr. to receive, to accept, to welcome, to protect.

acogerse (*ahkohHáy*Rssay) r. to take refuge; (fig.) to take advantage of.

acogida (*ahkohHéedah*) f. reception, welcome.

acometer (*ahkohmaytáy*R) tr. to attack; (fig.) to undertake, to go for.

acomodación (*ahkohmohdah-thyón*) f. accommodation.

acomodado (*ankohmohdáhdoh*) adj. fit (mon.) well-off, well-to-do; (conj.) snug.

acomodador (*ahkohmohdahdór*) m. usher.

acomodar (*ahkohmohdár*) tr. to make confortable, to accommodate.

acomodarse (*ahkohmohdáRssay*) r. to condescend, to comply with, to conform to.

acomodaticio (*ahkohmodahtée-thyoh*) adj. accommodating, compliant.

acompañamiento (*ahkompah-nyahmyentoh*) m. attendance; retinue; *Mus.* accompaniment.

acompañar (*ahkompahnyá*R) tr. to accompany, to go with, to keep company.

acondicionado (*ahkondeethyeh-náhdoh*) adj. conditioned; **bien —**, well conditioned; **well arranged; mal —**, ill-arranged.

acondicionar (*ahkondeethyoná*R) tr. to arrange, to fix, to prepare; to dispose, to put up.

acongojar (*ahkongohHá*R) tr. to oppress, to sadden, to afflict.

aconsejable (*ahkonssayHáhblay*) adj. advisable.

aconsejar (*ahkonssayHá*R) tr. to counsel; to advise.

acontecer (*ahkontaytháy*R) intr. to happen; to occur.

acontecimiento (*ahkontaythee-myéntoh*) m. event.

acoplado (*ahkohpláhdoh*) adj. fitted; adjusted, coupled.

acoplar (*ahkohplá*R) tr. to couple, to join, to adjust.

acorazado (*ahkohrahtháhdoh*) adj. ironclad, armoured; m. battleship.

acordar (*ahkoRdá*R) tr. to resolve, to agree, to concert.

acordarse de (*ahkoRdáRssay day*) tr. to remember, to recollect.

acorde (*ahkóRday*) m. accord; *Mus.* chord; adj. according; **En —**, according to, in tune, in agreement.

acordeón (*ahkoRdayón*) m. accordion.   [surround.

acordonar (*ahkoRdohná*R) tr. to

acorralar (*ahkoRRahlá*R) tr. to shut up cattle, to corral, to pen; (fig.) to corner, to surround.

acortar (*ahkoRtá*R) tr. to shorten, to reduce, to cut short; v. r. to shrivel, to shrink.

acosamiento (*ahkohsahmyén-toh*) m. persecution, pursuit, chasing; (fig.) molestation.

acosar (*ahkohsá*R) tr. to pursue closely; (fig.) to importune, to molest.

acostado (*ahkostáhdoh*) adj. laid down; stretched, in bed.

acostar (*ahkostá*R) tr. to put to bed, to lay down; v. i. *Naut.* to lie along; to have a list.

acostumbrar (*ahkostoombrá*R) tr. to accustom; to be in the habit.

acotar (*ahkohtá*R) tr. to mark off, to fence off, to set the boundary.

acre (*áhkray*) adj. sour, acrid, pungent; m. acre.

acrecentar (*ahkraythentá*R) tr. to increase; to promote.

acreditado (*ahkraydeetáhdoh*) adj. accredited, famous.

acreditar (*ahkraydeetá*R) tr. to assure; (com.) to credit; to prove; v. r. to gain a reputation.

acreedor (*ahkrayaydó*R) m. creditor; adj. meritorius, deserving.

acribillar (*ahkreebeelyá*R) tr. to riddle (with bullot wounds); **— a preguntas**, to riddle with questions, to pierce.

acritud (*ahkreetóod*) f. sourness, bitterness, acrimony.   [bat.

acróbata (*ahkróhbahtah*) s. acro-

acrobacía (*ahkrohbáhthyah*) f. acrobacy, trick, summer-savet.

acta (*áhktah*) f. act; record.

actitud (*ahkteetóod*) f. attitude.

activar (*ahkteebá*R) tr. to activate; to rush, to speed up, to hasten.

actividad (*ahkteebeedáhd*) f. activity; liveliness.

activo (*ahktéeboh*) adj. active, quick, dilligent; m. (com.) assets, credit-balance.

acto (*áhktoh*) m. act, action, deed, pl. doings; **En el —**, at once; **— continuo**, inmediately afterwards.

actor (*ahktó*R) m. *Theat.* actor, player.

actriz (*ahktréeth*) f. actress.

actuación (*ahktwahthyón*) f. *Theat.* performance; *Law.* proceedings.   [present.

actual (*ahktwáhl*) adj. actual, actualidad (*ahktwahleedáhd*) f. actuality, actualness; **En la —**, at present, nowadays; Pl. news.

actuar (*ahktwá*R) intr. to act; *Mech.* to set in motion.

acuarela (*ahkwahráylah*) f. water colour.   [rium.

acuario (*ahkwáhryoh*) m. aqua-

acuático (*ahkwáhteekoh*) adj. aquatic, water.

acuciar (*ahkoothyá*R) tr. to stimulate; to long for, to covet.

acuchillado (*ahkoocheelyadoh*) adj. knifed, stabbed, slashed.

acuchillar (*ahkoocheelyá*R) tr. to stab, to knife.

acudir (*ahkoodéR*) tr. to assist; to resort; to come up.

acueducto (*ahkwaydóoktoh*) m. aqueduct.

acuerdo (*ahkwáyRdoh*) m. accord; resolution; agreement; **Ponerse de —**, to agree; **estar de —**, to agree. **¿De —?** Right?   [farther.

acullá (*ahkoolyáh*) adv. yonder;

acumulación (*ahkoomoolah-thyón*) f. accumulation.

acumulador (*ahkoomoolahdó*R) m. accumulator.

acumular (*ahkoomoolá*R) tr. to accumulate, to hoard, to heap up.

acuñar (*ahkoonyá*R) tr. to coin, to mint; to wedge; to lock.

acuoso (*ahkoo:óhsoh*) adj. aqueous, watery.

acurrucado (*ahkooRookahdoh*) adj. curled up, huddled up.

acurrucarse (*ahkookookarssay*) v. r. to huddle, up, to curl up, to roll up.

acusación (*ahkoosahthyón*) f. accusation; charge.

acusador (*ahkoosahdó*R) m. accuser; prosecutor.

acusar (*ahkoosá*R) tr. accuse, to blame; *Com.* to acknowledge (receipt).   [acoustics.

acústica (*ahkóosstekah*) f.

acústico adj. acoustic.

achacar (*ahchahká*R) tr. to impute, to blame.

achacoso (*ahchahkóhsoh*) adj. unhealthy, weakly, sickly, ailing.

achaque (*ahcháhkay*) m. sickliness, ailment; (coll.) excuse.

achicar (*ahcheeká*R) tr. to diminish, to reduce; (coll.) to humble, to belittle; *Naut.* to bale; v. r. to eat humble-pie.   [*Bot.* chicory.

achicoria (*ahcheekoryah*) f.

achicharrar (*ahchechahRá*R) tr. to over-fig, to over-roast; (fig.) v. r. to be too hot, to be sweltering hot.

adagio (*ahdáhHeoh*) m. proverb; saying, *Mús.* adagio.

adaptación (*ahdahptahtheón*) f. adaptation.

adaptar (*ahdahptá*R) tr. to adapt, to make fit; v. r. to get used to, to adapt oneself.

adecuación (*ahdaykooyahthyón*) f. adequacy, applicability, utility.

adecuado (*ahdaykooyáhdoh*) adj. adequate, right, proper, fit, appropiate.

adecuar (*ahdaykooyá*R) tr. to fit, to adjust, to accomodate, to render suitable.

adelantado (*ahdaylahntádoh*) adj. anticipated, advanced; (com.) **Por —**, in advance, «down».

adelantamiento (*ahdaylahntah-myéntoh*) m. advancement, progress; (mot.) over-taking.

adelantar (*ahdaylahntá*R) tr. to advance, to go ahead, to go forward; (mot.) to over-take.

adelantarse (*ahdaylahntáRssay*) r. to take the lead.

adelante (*ahdayláhntay*) adv. ahead, forward; **¡—!** go on! go ahead!, come in!; **De hoy en —**, From to day, from now on.

adelanto (*ahdayláhntoh*) m. advance, progress.

adelgazar (*ahdaylgahthár*) tr. to slim, to go thin, to get thin.

ademán (*ahdaymáhn*) m. gesture, look; pl. manners.

además (*ahdaymáhs*) adv. besides; moreover; further; **— de**, as well as.

adentro (*ahdayntroh*) adv. within, inside, **Para mis —s**, to myself; **¡—!** come in!

adepto (*ahdayptoh*) m. adept.

aderezar (*ahdayraythá*R) tr. to dress (cook.) to season.

aderezo (*ahdayráytoh*) m. (cook.) dressing; set of jewels.

adeudar (*ahdayoodá*R) tr. owe, to be in debt.   [adherence.

adherencia (*ahdayraynthyah*) f.

adherir (*ahdayrée*r) intr. to adhere, to stick.

adherirse (*ahdayrée*R) r. to adhere, to stick (fast).

adhesión (*ahdaysyón*) f. adhesión; support.

adición (ahdeethyón) m. addition, sum.

adicionar (ahdeethyonaR) tr. to add, to sum.

adicto (ahdéektoh) adj. adicted; attached. m. supporter.

adiestramiento (ahdyesstrahmyéntoh) m. teaching; Sport. training, coaching.

adiestrar (ahdyesstráR) tr. to train, to coach; to teach.

adinerado (ahdynayráhdoh) adj. rich, wealthy.

adiós (ahdyós) interj. m. goodbye, (-by), farewell.

adivinanza (ahdeebeenáhnthah) f. riddle, quiz, guess.

adivinar (ahdeebeendR) tr. to guess; to foretell.

adivino (ahdeebéenoh) m. fortune-teller; soothsayer, wizard, guesser. [Gram. adjective.

adjetivo (ahdHaytéeboh) m.

adjudicación (ahdHoodeekahthyón) f. adjudication.

adjudicar (adHoodeekáR) tr. to award, to adjudicate.

adjunto (ahdHóontoh) adj. annexed; attached (docum.); enclosed (in letters). m. adjunct.

administración (ahdmeeneesstrahthyón) f. administration, management.

administrador (ahdmeeneesstrahdór) m. administrator, manager.

administrar (ahdmeeneesstráR) tr. o (ad) minister; to manage.

administrativo (ahdmeeneesstrahteeboh) adj. administrative; m. clerk.

admirable (ahdmeeráblay) adj. admirable; wonderful, marvellous.

admiración (ahdmeerahthyón) f. admiration; wonder.

admirar (ahdmeeráR) tr. to admire, to fascinate, to marvel.

admisible (ahdmesséeblay) adj. admissible, passable, tolerable, (coll.) not bad, rather good.

admisión (ahdmeesyón) f. admission, admittance; entry.

admitir (ahdmetéeR) tr. to admit; to let in, to allow in, to accept.

adobar (ahdohbáR) tr. to pickle, to dress (food).

adobe (ahdóhbay) m. adobe, dried brick.

adocenado (ahdohthaynáhdoh) adj. common, ordinary, vulgar. [instruct.

adoctrinar (ahdoktreendR) tr. to

adolecer (ahdohlaytháiR) intr. to suffer, to ail, to be subject to; — de, to suffer from.

adolescencia (ahdohlaysstháynthyah) f. adolescence, youth.

adolescente (ahdohlaysstháyntay) adj. adolescent.

adonde (ahdónday) adv. whither; where; adondequiera, wherever, anywhere.

adopción (ahdopthyón) f. adoption.

adoptar (ahdoptáR) tr. to adopt.

adoptivo (ahdoptéeboh) adj. adoptive.

adoquín (ahdohkéen) m. paving stone; adj. (coll.) hare brained.

adorable (ahdohráhblay) adj. adorable; worshipful.

adoración (ahdohrahthyón) f. adoration, worship.

adorador (ahdohrahdóR) m. adorer, worshipper.

adorar (ahdohráR) tr. to adore; to worship.

adormecer (ahdoRmaytháyR) tr. to drowse, to lull one asleep.

adormecerse (ahdoRmaytháyRssay) r. to drowse, to grow benumbed.

adormidera (ahdoRmeedayrah) f. poppy (bot.).

adormilarse (ahdoRmeelaRssay) v. r. to doze, to drowse.

adornar (ahdoRnáR) tr. to adorn, to beautify, to decorate, to embellish, to ornament.

adorno (ahdóRno) m. ornament, decoration; finery.

adquirir (ahdkeeréeR) tr. to acquire; to get; to obtain.

adquisición (ahdkeeseethyón) f. acquisition, getting, attainment.

aduana (ahdooyáhnah) m. custom-house, (coll.) customs.

aduanero (ahdoo:ahnáyroh) m. customs officer.

aducir (ahdoothéeR) tr. to adduce, to cite; to bring to.

adulación (ahdoolahthyón) f. flattery, coaxing; (coll.) softsoap, lip-service.

adular (ahdoolár) tr. to flatter, to flannel, to sugar, to butter.

adulteración (ahdooltayrahthyón) f. adulteration.

adulterar (ahdooltayrár) tr. to adulterate. [adultery.

adulterio (ahdooltáyryoh) m.

adúltero (ahdóoltayroh) adj. adulterous; m. adulterer.

adulto (ahdóoltoh) adj. m. adult, grown up.

adusto (ahdóosstoh) adj. adust, burnt, scorched, gloomy.

advenedizo (ahdbaynaydéethoh) adj. y m. foreign, stranger, new (comer), squatter, parvenu. [roh] m. arrival.

advenimiento (ahdbayneemyéntoh) m.

adverbio (ahdbáyRbyoh) m. Gram. adverb.

adversario (ahdbayRsáhryoh) m. adversary, opponent, enemy.

adversidad (ahdbayRseedad) f. adversity, misfortune.

adverso (ahdbáyRsoh) adj. adverse. [f. advice, warning.

advertencia (ahdbayRtaynthyah)

advertir (ahdbayRtéeR) tr. to observe; to warn. [vent.

adviento (ahdbyéntoh) m. advent.

adyacente (ahdyahthyayntay) adj. adjacent, contiguous.

aéreo (ah:áyrayoh) adj. aerial, air; correo — air mail.

aerodinámico (ah/ayrohdeenáhmeekoh) adj. aerodynamic, streamline. f. aerodynamics.

aeródromo (ah/ayróhdrohmoh) m. Civil. airport, Mil. airfield.

aeronáutico (ah/ayronáhlooteekoh) adj. aeronautic; f. aero-aircraft, airship.

aeronave (ah/ayronáhbay) f.

aeroplano (ah/ayropláhnoh) m. aeroplane, (coll.) plane, nautics, (U. S.) airplane.

afabilidad (ahfahbeeleedáhd) f. affability, courtesy; civility.

afable (ahfáhblay) adj. affable, courteous, kind, agreeable.

afamado (ahfahmádoh) adj. famous, celebrated, renowned.

afán (ahfáhn) m. anxiety; eagerness; pl. labours.

afanar (ahfánaR) intr. y r. to toil, to try hard, to strive for.

afanarse (ahfahnáRsay) r. to — por to strive to.

afear (ahfayáR) tr. to deform; to deface; (fig.) to reproach.

afección (ahfaykthyón) f. affection, fondness; Med. infection.

afectación (ahfayktahthyón) f. affectation, presumption.

afectado (ahfayktáhdoh) adj. afected, conceited.

afectar (ahfayktéeboh) adj. afective; sensitive.

afecto (ahfayktoh) m. affection; love; adj. affectionate; fond; inclined.

afectuoso (ahfayktoo:óhsoh) adj. affectionate, warm (-heart-ed), loving. [ve.

afeitar (ahfay/eetáR) tr. to shave oneself.

afeitarse (ahfay/eetáRsay) tr. to shave oneself.

afeite (ahfay/eetay) m. paint; rouge, make up.

afeminado (ahfaymeenáhdoh) adj. effeminate; womanly.

afeminar (ahfaymeenár) tr. effeminate.

aferrar (ahfayRáR) tr. to seize, to grasp, to grapple; Naut. to furl; o moor, to anchor.

afición (ahfeethyón) f. tener — a, to be fond of; affection; bent, fancy, liking.

aficionado (ahfeethyonáhdoh) m. (sportsman) amateur; fan. lover; devotee.

aficionarse (ahfeethyonáRsay) r. to grow, or become fond of.

afilado (ahfeeláhdoh) adj. sharp; keen. [to whet; to poin.

afilar (ahfeelár) tr. to sharpen.

afín (ahféen) adj. related; similar, akin; s. cognate.

afinar (ahfeenáR) tr. to complete; (mus.) to tune; to grind; r. to become polished.

afinidad (ahfeeneedáhd) f. affinity; resemblance, analogy.

afirmación (ahfeermahthyón) f. affirmación, assertion.

afirmar (ahfeeRmáR) tr. to affirm, to assert; to make fast.

afirmativo (ahfeeRmatéeboh) adj. affirmative.

aflicción (ahfleethyón) f. affliction, grief, sorrow.

afligir (ahfleeHeeR) tr. to afict; to grieve.

aflojar (ahflohHár) tr. to loosen; (fig.) to relax, to slacken.

afluencia (ahflwaynthe:ah) f. affluence, influx.

afluente (ahflwayntay) adj. affluent, tributary, branch (river).

afluir (ahfloo:éer) tr. to flow into; to congregate, to assemble. [aphonia.

afonía (ahfohnée:ah) f. Med.

afónico (ahfohnée:ah) f. Med.

aforismo (ahfohreessmoh) m. aphorism.

aforrar (ahfoRaR) tr. to line (cloth.); to back (books); Naut. to sheathe.

afortunado (ahfortoonáhdoh) adj. lucky, fortunate, happy.

afrenta (ahfrayntah) f. affront; outrage, insult, infamy.

afrentar (ahfrayntáR) tr. to affront, abuse; to offend.

afrontar (ahfrontáR) tr. to confront; to face.

afuera (ahfwáyrah) adv. outside, outward, away; interj. clear the way!, out of here!

afueras (ahfwayrahs) pl. suburbs, outskirts, environs.

agachar (ahgachaR) tr. to squat, to crouch, to ben down, to lower.

agacharse (ahgahcháRsay) r. to stoop, to crouch, to squat.

agalla (ahgáhlyah) f. Bot. gallnut or nutgall.

agallas (ahgáhlyahs) f. pl. Itch. gills; Vet. wind-galls (horse); coll. courage, pluck, cheek; tener —, to be daring, audacious.

agarradero (ahgahRahdáyroh) m. handle; Naut. anchorage, hold, haft.

agarrado (ahgahRáhdoh) adj. coll. miserly, stingy, hardfisted, miserable, mean.

agarrar (ahgahRáR) tr. to grasp, to seize, to grip., to get hold of.

agarrotar (ahgahRohtáR) tr. to bind tightly; vir. Mech. & Sport. stiffen.

agasajar (ahgahsahHáR) tr. to entertain, to feast.

agasajo (ahgahsáhHoh) s. entertainment, treat. [cy.

agencia (ahHaynthyah) f. agencian (ahHaynthyáR) tr. to negociate; (coll.) to get, to get hold of

agenda (ahHayndah) f. note book, memorandum book.

agente (ahHayhtay) m. agent.

ágil (áhHeel) adj. agile, nimble.

agilidad (ahHeeleedáhd) f. agility, nimbleness, swiftness, quickness.

agitación (ahHeetahthyón) f. (emot.) commotion, disturbance; Phys. agitation, stirring.

agitador (ahHeetahdóR) m. agitator, stirrer; Pol. troublemaker, trouble-shooter, agitator, exciter.

agitar (ahHeetáR) tr. to agitate; to stir; to shake (up); to wave (hands.) v. r. to upset oneself, flags, etc.

agitanado (ahHeetanáhdoh) adj. gipsyish.

aglomerar (ahglomayráR) tr. to agglomerate; to accumulate.

aglutinante (ahglooteenáhntay) adj. aglutinating; m. agglutinant, Med. sticking-plaster, cementing material.

agnosticismo (ahgnosteehtheessmoh) m. agnosticism.

agnóstico (ahgnósteekoh) adj. agnostic.

agobiar (ahgohbyáR) tr. to, oppress, to overwhelm.

agobio (ahgóhbyoh) m. opression, bending down.

agolparse (ahgolpáRsay) r. to crowd, to wither.

agonía (ahgohnée:ah) f. agony, pangs of death.

agonizante (ahgohneetháhntay) adj. dying; dying person.

agonizar (ahgohneetháR) intr. to be in agony, to agonize.

agosto (ahgóstoh) m. August; harvest-time; hacer el —, to make a good profit.

agotado (ahgotáhdoh) adj. exhausted, tired (out), run down; Print. out of print.

agotamiento (ahgohtamyéntoh) m. exhaustion, fatigue, weariness.

agotar (ahghotáR) tr. to exhaust, to tire out, (of supplies)..., to run out of.

agraciado (ahgrahtyáhdoh) adj. graceful; well - endowed; (lott.) lucky.

agradable (ahgrahdáhblay) adj. pleasant, nice, agreeable.

agradar (ahgrahdáR) tr. to please; to like.

agradecer (ahgrahdaytháyR) tr. to thank, to be grateful, to be thankful for, to acknowledge a favour.

92

agradecido *(ahgrahdaythéedoh)* adj. thankful; grateful.

agradecimiento *(ahgrahdaytheemyéntoh)* m. gratefulness, gratitude, thankfulness.

agrado *(ahgráhdoh)* m. pleasure; liking; affability; **Es de mi —,** I like it, it is to my liking; fancy.

agrandar *(ahgrahndáR)* tr. to increase, to enlarge.   [rian.

agrario *(ahgráhryoh)* adj. agra-

agravar *(ahgrahbáR)* tr. to aggravate, to make worse; to exasperate.

agraviar *(ahgrahbyáR)* tr. to wrong, to offend, to harm.

agravio *(ahgrahbyoh)* s. offence; grievance; insult, harm.

agredir *(ahgraydéer)* tr. to attack, to assault.

agregado *(ahgraygáhdoh)* adj. aggregated; s. aggregate; attaché; *Naut.* merchant navy cadet.

agregar *(ahgraygáR)* tr. to aggregate, to add, **to join.**

agresión *(ahgraysyón)* f. aggression, assault, attack.

agresividad *(ahgrayseebeedáhd)* f. aggressivity, aggressiveness.

agresivo *(ahgraysseeboh)* adj. aggressive, hostile.   [rustic.

agreste *(ahgrésstay)* adj. wild,

agriar *(ahgryár)* tr. to make sour; v. r. to turn sour.

agrícola *(ahgréekohlah)* adj. agricultural, grower.

agricultor *(ahgreekooltóR)* m. farmer, farming.

agricultura *(ahgreekooltóorah)* f. agriculture, farming.

agrietado *(ahgryaytáhdoh)* adj. cracked; flawy.

agrietarse *(ahgryaytáRsay)* r. to crack, to split.

agrimensor *(ahgreemaynsóR)* m. land-surveyor.   [tarty; acrid.

agrio *(áhgryoh)* adj. sour, bitter,

agrios *(áhgryos)* m. pl. *Bot.* y *Com.* citrus fruits.

agronomía *(ahgrohnomée:ah)* f. agronomy.

agrupación *(ahgroopahthyón)* f. group, crowd, grouping.

agrupar *(ahgroopáR)* tr. to group, to crowd together, to gather in groups.

agua *(áhgoo:ah)* s. water. — **potable drinking water; — dulce, fresh water; — salada, salt water.**

aguacero *(ahgwahtháyroh)* m. heavy shower, downpour.

aguantar *(ahgwahntáR)* tr. to bear, to sustain, **to hold.**

aguantarse *(ahgwahntáRsay)* r. to forbear, to **put up with.**

aguante *(ahgwáhntay)* m. firmness, resistance, endurance.

aguar *(ahgwáR)* tr. to dilute water; **— la fiesta,** to throw cold water on.

aguardar *(ahgwaRdáR)* tr. to wait for; to expect.

aguardiente *(ahgwaRde:éntay)* m. spirits, inferior brandy.

aguarrás *(ahgwahRáhs)* m. spirits of turpentine; *(fam.)* turps.   [fen.

aguazal *(ahgwahtháhl)* m. marsh,

agudeza *(ahgoodaytháh)* f. acuteness, keenness, sharpness; *(fig.)* cleverness.

agudo *(ahgóodoh)* adj. sharp, keen; *(fig.)* witty, clever, sharp, (a)cute.   [omen.

agüero *(ahgwáyroh)* m. augury;

aguijadura *(ahgeeHahdoorah)* f. spurring, (ox-)goad, prod.

aguijar *(ahgeeHáR)* tr. to prick, to goad; to stimulate, to incite.   [prick.

aguijón *(ahgeeHón)* m. sting;

aguijonear *(ahgeeHohnayáR)* tr. to sting.

águila *(áhgeelah)* f. eagle.

aguileño *(ahgeeláynyoh)* adj. aquiline; hooked.   [glet.

aguilucho *(ahgeelóochoh)* m. es-

aguinaldo *(ahgeenáhldoh)* m. New Year's gift, Christmas box.

aguja *(ahgóoHah)* f. needle; hand (clock, etc.) (arch.) steeple; **— de calcetar,** knitting needle.

agujerear *(ahgooHahrayáR)* tr. to pierce, to bore; to make holes.

agujero *(ahgooHáyroh)* m. hole.

agujeta *(ahgooHáytah)* f. string latchet.

agujetas *(ahgooHáytahs)* f. **Tener —,** to be aching.

aguzar *(ahgootháR)* tr. to whet, to, sharpen; **— el ingenio,** to sharpen one's wits; **— la vista,** to sharpen one's sight.

ah *(ah)* interj. ah!

ahí *(ahíe)* adv. there; yonder; **¡— va!** there it goes! **Por —,** about, that way.

ahijada *(ahíeHáhdah)* f. goddaughter, protégée.

ahijado *(ahíeHáhdoh)* m. godchild, godson, protégé.

ahijar *(ahíeHar)* tr. to adopt, to affiliate, to impute.

ahínco *(ahíeénkoh)* m. earnestness, cagersness, zest.

ahito *(ahíetoh)* adj. gorged, satiated; m. indigestion, surfeit.

ahogado *(ahíohgáhdoh)* adj. suffocated; drowned, smothered.

ahogar *(ahíohgáR)* tr. to drown (in water); to choke (swallowing); to suffocate(air); to smother (with pressure).

ahogo *(ahíóhgoh)* m. oppression; anguish.   [en.

ahondar *(ahíondáR)* tr. to deepen.

ahora *(ahíóhrah)* adv. now; at present; **Por —,** at the moment. **Desde —,** From now on; **— mismo,** just now, this moment.

ahorcar *(aorkaR)* tr. to hang, to kill by hanging.   [spare.

ahorrar *(ahíohRáR)* tr. to save, to

ahorro *(ahíóhRoh)* m. savings; economy; **caja de —,** savings Bank.

ahumado *(ahíoomahdoh)* adj. smoked.

ahumar *(ahíoomáR)* tr. to smoke, to cure smoking.

ahuyentar *(ahíooyentáR)* tr. to drive away; to scare, to frighten away.

airarse *(ahíeeráRsay)* r. to grow angry.

airado *(ahíeeráhdoh)* adj. angry.

aire *(áhíeray)* m. air; wind; *(fig.)* garb; aspect; galt.

airear *(ahíeerayaR)* tr. e intr. to air, to ventilate; v. r. to cool oneself.   [ful; airy.

airoso *(ahíeeróhsoh)* adj. graceful.

aislado *(ahíeesslahdoh)* adj. isolated; *Elect.* insulated.

aislar *(ahíeesslaR)* tr. to isolate; *Elect.* to insulate.   [soiled.

ajado *(ahHáhdoh)* adj. shabby,

ajar *(ahHáR)* tr. to spoil, to tarnish; m. garlic field.

ajedrecista *(ahHaydraytheestah)* m. chess player.

ajedrez *(ahHaydráyth)* m. chess; **tablero de —,** chess board.

ajeno *(ahHáynoh)* adj. another's, alien, strange, foreign.

ajetreo *(ahHaytráyoh)* m. fatigue, fuss; **día de —,** a busy day.

ajiaceite *(ahHyahtháytay)* m. garlic and oil sauce.

ajo *(áhHoh)* m. *Bot.* garlic; **estar en el —,** to be in the know.   [outfit.; trousseau.

ajuar *(ahHoo:ár)* m. apparel;

ajustado *(ahHoostáhdoh)* adj. right, exact, (clothes) tight, close fitted.

ajustador *(ahHoostahdóR)* *Mech.* adjuster, adapter, fitter; (coll.) bras, brassiere.

ajustar *(ahHoostár)* tr. to adjust, to fit; v. r. to conform to.

ajuste *[ahHóostay]* m. agreement; settlement; adjustment, fit; pl. *Mech.* couplings.

ajusticiar *(ahHoosteethyaR)* tr. to execute; to put to death.

al *(ahl)* art. to the.

ala *(áhlah)* f. *Zoo. Naut. Arch.* wing; brim (hat); *Mil.* flank.   [se.

alabanza *(ahlahbánthah)* f. praise.

alabar *(ahlahbáR)* tr. to praise.

alabastro *(ahlahbáhstroh)* m. alabaster.

alacena *[ahlahtháynah]* f. cupboard, closet.   [pion.

alacrán *(ahlahkráhn)* m. scor-

alambicar *(ahlahmbeekáR)* tr. to distil; (fig.) to investigate, to examine closely.

alambique *[ahlahmbéekay]* m. still, distillatory; **Por —,** sparingly.

alambrada *(ahlambrahdah)* f. *Mil.* wire entanglement.

alambrar *(ahlambraR)* v. t. to surround with wirefencing.

alambre *(ahlámbray)* m. wire.

alameda *(ahlamáydah)* f. grove (of poplar-trees), avenue, promenade.   [plar.

álamo *(áhlahmoh)* m. *Bot.* po-

alarde *(ahláRday)* m. ostentation; boast(ing); **Hacer —s,** to show off, to brag.

alardear *(ahlaRdayáR)* tr. to boast, to brag.

alargar *(ahlaRgáR)* tr. to lengthen; to put out (oneshand) (naut.) to pay out (cables).

alarido *(ahlahréedoh)* m. shout, outcry, scream, shriek.

alarma *(ahláRmah)* f. *Mil.* alarm.

alarmar *(ahlaRmáR)* tr. to alarm; to call to arms.   [break.

alba *(áhlbah)* f. dawn; day

albacea *(ahlbáhthayah)* m. f. testamentary executor/executrix.   [garbage dump.

albañal *(ahlbahnyáhl)* m. sewer;

albañil *(ahlbahnyéel)* m. bricklayer, mason.

albañilería *(ahlbahnyelayrée:ah)* f. masonry, brick-laying.

albaricoque *(ahlbahreekókay)* *Bot.* apricot.

albaricoquero *(ahlbahreekokáyroh)* m. apricot tree.

albedrío *(ahlbaydrée:oh)* m. free-will.   [servoir.

alberca *(ahlbáyRkah)* f. pool, re-

albergar *(ahlbayRgáR)* tr. to harbour (hopes); to lodge to put up(guests).

albergue *(ahlbáyRgay)* m. lodging-place; shelter; hostel, refuge.

albino *(ahlbéenoh)* adj. y m. albino.

albo *(áhlboh)* adj. very white.

albóndiga *(ahlbóndeegah)* f. meatball.

albor *(ahlbór)* m. whiteness; dawn; (fig.) the bigining of.

alborada *(ahlbohráhdah)* f. dawn(ing); *Mil.* reveille.

albornoz *(ahlbornóth)* m. burnoose; (coll.) dressing-gown, gown.

alborotar *(ahlbohrotáR)* tr. to disturb, to make noise; v. r. to get excited; *Naut.* to become rough (sea).

alboroto *(ahlbohrótoh)* m. tumult, row, disturbance riot.

alborozar *(ahlbohrohtháR)* tr. to rejoice.

alborozarse *(ahlbohrohtháRsay)* to be merry, to jubilate.

alborozo *(ahlbohróhthoh)* m. exhilaration, joy.

albricias *(ahlbréethyahs)* f. pl. gift; interj. joy!

álbum *(áhlboom)* m. album.

albúmina *(ahlbóomeenah)* Chem. f. albumen.   [artichoke.

alcachofa *(ahlkachóhfah)* f. *Bot.*

alcahuetear *(ahlkahuaytayáR)* tr. to bawd; to pimp.

alcaide *(ahlkahday)* m. warden, prison governor.

alcalde *(ahlkáhlday)* m. mayor.   [mayoress.

alcaldesa *[ahlkahldáysah]* f.

alcaldía *(ahlkahldée:ah)* f. mayoralty.   [scope.

alcance *(ahlkáhnthay)* m. reach

alcanfor *(ahlkahnfóR)* m. camphor.

alcantarilla *(ahlkantahréelyah)* f. drain, sewer, sewer system.

alcantarillado *(ahlkahntahreelyáhdoh)* m. sew(er)age, sewer system.

alcanzar *(ahlkahntháR)* tr. to reach, to attain, to overtake.

alcázar *(ahlkáhthaR)* s. castle; fortress.   [alcove.

alcoba *(ahlkóhbah)* s. bed-room,

alcohol *(ahkoól)* m. alcohol.

alcohólico *(ahlkoóhleekoh)* adj. alcoholic.

alcornoque *(ahlkoRnóhkay)* m. *Bot.* corktree; (fam.) blockhead.

alcurnia *(ahlkóoRnyah)* f. ancestry, lineage, pedigree, noble birth.   [can.

alcuza *(ahlkóothah)* f. olive-oil

aldaba *(ahldáhbah)* f. door knocker (coll.) influence.

aldea *[ahldáyah]* f. village, hamlet.

aldeana *(ahldayáhnah)* f. villeger; country woman.

aldeano *(ahldayáhnoh)* m. villager; countryman.

aleccionar *(ahlaykthyohnáR)* tr. to teach, to instil, (coll.) to egg on, to cheer. [allegation.

alegación *(ahlaygahthyón)* f.

alegar *(ahlaygáR)* tr. to allege.

alegato *(ahlaygáhtoh)* m. allegation.

alegoría *(ahlaygohrée:ah)* f. allegory.

alegórico *(ahlaygóhreekoh)* adj. allegoric(al).

alegrar *(ahlaygráR)* tr. to make merry; to gladden, to be pleased.

alegrarse *(ahlaygráRsay)* r. to rejoice; to cheer.

alegre *(ahláygray)* adj. glad, merry, joyful, gay.

alegría *(ahlaygrée:ah)* f. merriment; mirth, gaiety, joy.

alejamiento *(ahlayHahmyéntoh)* m. separation; absence.

alejar *(ahlayHáR)* tr. to go / take far away; r. to move away.

aleluya *(ahlaylóoyah)* f. (h). allelujah, jingle, merriment.

alemán *(ahlaymáhn)* adj. y m. German.

alentar *(ahlayntáR)* intr. to breathe; tr. to encourage, to cheer on.

alero *(ahláyroh)* m. eaves, gable-end; **está en el —,** to be on the fence.

alerta *(ahlayRtah)* f. Mil. watchword; adv. carefully; vigilantly; **estar alerta,** to be on the netch. [(of fish).

aleta *(ahláytah)* f. winglet, fin

aletargado *(ahlaytaRgáhdoh)* adj. lethargic (al); half-asleep. [lethargize.

aletargar *(ahlaytaRgáR)* tr. to

aletargarse *(ahlaytaRgáRsay)* r. to fall into lethargy.

aletear *(ahlaytayáR)* intr. to flutter. [ring.

aleteo *(ahlaytáyoh)* m. fluttealevosía *(ahlaybohsée:ah)* f. perfidy, treachery.

alevoso *(ahlaybóhsoh)* adj. perfidious, treacherous.

alfabeto *(ahlfahbáytoh)* m. alphabet. [cern.

alfalfa *(ahlfáhlfah)* f. Bot. lualfarería *(ahlfahrayréeyah)* f. pottery.

alfarero m. potter.

alférez *(ahlfáyrayth)* m. second lieutenant; ensign.

alfil *(ahlfíl)* m. bishop (in the game of chess).

alfiler *(ahlfeláyR)* m. pin.

alfombra *(ahlfómbrah)* f. carpet. [bag.

alforja *(ahlfóRHah)* f. saddlealga *(áhlgah)* f. Bot. alg(a), seaweed. [cry.

algarada *(ahlgahráhdah)* f. loud

algarroba *(ahlgahRóhbah)* f. Bot. carob bean. [carob-tree.

algarrobo *(ahlgahRóhboh)* m.

algazara *(ahlgahtháhrah)* f. hubbub. [bra.

álgebra *(áhlHaybrah)* f. algealgo *(áhlgoh)* pron. something; adv. somewhat, ¿...? anything. [Bot. cotton plant.

algodón *(ahlgohdón)* m. cotton;

alguacil *(ahlgoo:ahtheel)* m. constable.

alguien *(áhlgyen)* pron. somebody; someone; anybody, anyone (in int. sent.).

algún *(ahlgóon)* adj. some, any.

alhaja *(ahláhHah)* f. jewell; ornament. [allied.

aliado *(ahlyáhdoh)* m. ally; adj.

alianza *(ahlyáhnthah)* f. alliance, league.

aliarse *(ahlyáRsay)* r. to enter into an alliance, to join.

alias *(áhlyahs)* adv. otherwise called, alias. [pincers.

alicates *(ahleekáhtayss)* m. pl.

aliciente *(ahleethyéntáy)* m. incentive, inducement, attraction, appeal.

alienación *(ahlyaynahthyón)* f. Med., For. alienation.

alienar *(ahly:aynáR)* tr. to alienate; to transfer.

aliento *(ahlyéntoh)* m. breath; respiration, courage.

aligerar *(ahlHayráR)* tr. to lighten. [ten.

alijar *(ahlHáR)* tr. Naut. to lighalijo *(ahléeHoh)* m. Mar. lighterage; smuggled goods.

alimaña *(ahleemáhnya)* f. vermin.

alimentación *(ahleemayntahthyón)* f. alimentation, nourishment. [feed, to nourish.

alimentar *(ahleemayntáR)* tr. to

alimenticio *(ahleemáynteethyoh)* adj. nutritious, nourishing.

alimento *(ahleemáyntoh)* m. food, nutriment, nourishment.

aliñar *(ahleenyáR)* tr. to dress, to season, (food).

alinear *(ahleenayaR)* tr. to align.

alisar *(ahleessáR)* tr. to smooth, to polish.

alistamiento *(ahleestahmyéntoh)* m. enrolment; levy; conscription. [to enrol.

alistar *(ahleestáR)* tr. to enlist;

alistarse *(ahleestáRssay)* r. to join up, to enrol.

aliviar *(ahleebyáR)* tr. to lighten; to relieve, to soothe.

alivio *(ahléebyoh)* m. alleviation; ease; relief; comfort.

alma *(áhlmah)* f. soul, spirit; human being.

almacén *(ahlmahtháyn)* m. store(house); warehouse; magazine.

almacenar *(ahlmahthaynáR)* tr. to store, to deposit, to keep.

almacenista *(ahlmahthayneesstah)* m. warehouseman, storekeeper; wholesaler.

almáciga *(ahlmáhtheegah)* f. mastic, paste; (tree) nursery.

almanaque *(ahlmahnáhkay)* m. almanac; calendar, annual.

almeja *(ahlmáyHah)* f. clam, quahog. [mond, kernel.

almendra *(ahlmeendrah)* f. alalmendras garapiñadas sugared almonds. [almond-tree.

almendro *(ahlmeendroh)* m. Bot.

almíbar *(ahlméebaR)* m. syrup.

almidón *(ahlmeedón)* m. starch.

almidonar *(ahlmeedohnáR)* tr. to starch.

almirantazgo *(ahlmeerahntáthgoh)* m. admiralty.

almirante *(ablmeerántay)* m. admiral. [mortar.

almirez *(ahlmeeráyth)* m. brass

almizclar *(ahlmeethklaR)* tr. to perfume with musk.

almohada *(ahlmoh/áhdah)* f. pillow, cushion, bolster.

almohadilla *(ahlmoh/ahdéelyah)* f. sewing cushion, small pillow/bolster.

almorranas *(ahlmohRáhnahs)* f. pl. Med. hemorrhoids; piles.

almorzar *(ahlmohRtháR)* tr. to lunch. [lunch(eon).

almuerzo *(ahlmwáyRthoh)* m.

alocado *(ahlohkáhdoh)* adj. foolish wild, thoughtless.

alocución *(ahlohkoothyón)* f. allocution.

alojamiento *(ahlohHahmyéntoh)* m. lodging, (sol-) digs.

alojar *(ahlohHáR)* tr. to lodge.

alondra *(ahlóndrah)* s. Zool. lark.

alpinismo *(ahlpeennissmoh)* m. alpinism, rock/mountain climbing.

alpinista *(ahlpeenisstah)* m., f. alpinist, rock climber.

alpargata *(ahlpargáhtah)* f. hempen sole sandal, clipper.

alpiste *(ahlpisstay)* m. canaryseed.

alquilar *(ahlkeeláR)* tr. to let; to hire; to rent.

alquiler *(ahlkeelayR)* m. hire; to rent(al); **se-alquila,** for rent; to let.

alquitrán *(ahlkeetráhn)* m. tar, liquid pitch. **— mineral,** coal-tar.

alquitranar *(ahlkeetrahnáR)* tr. to tar.

alrededor *(ahlRaydaydóR)* adv. around. **— de,** about.

alrededores *(ahlRaydaydóhress)* m. pl. environs, outskirts.

alta *(áhltah)* f. certificate of discharge, acceptance as member. **dar de —,** to discharge as cured.

altanería *(ahltahnayrée:ah)* f. pride; haughtiness.

altanero *(ahltahnáyroh)* adj. proud, haughty, arrogant.

altavoz *(ahltahbóth)* m. loudspeaker, amplifier.

alteración *(ahltayrahtheeón)* f. alteration, change; disturbance.

alterar *(ahltayráR)* tr. to alter, to change, to transform; to disturb.

altercado *(ahltayRkáhdoh)* m. altercation, quarrel, strife, wrangle.

alternar *(ahltayRnáR)* tr. to alternate; **— con gente,** to have friendly relations with people. **— entre uno y otro,** be turns.

alternativa *(ahltayRnahtéebah)* f. alternative; option; adjunction of a bullfighter as a matador.

alterno *(ahltáyRnoh)* adj. alternate. [ness, height.

alteza *(ahltáythah)* m., f. Highaltísimo *(ahltéeseemoh)* adj. extremely lofty; m., the Most High, **El Altísimo,** God.

altivez *(ahlteebáyth)* n. haughtiness, arrogance, pride.

altivo *(ahltéeboh)* adj. haughty, proud, lofty.

alto *(áhltoh)* adj. high, lofty, tall; **superior,** Loud (voice). **Pasar por —,** To overlook. sb. **¡—!** halt! stop! **¡— ahí!** stop there! **hacer—,** to halt, to stop.

altura *(ahltóorah)* f. height, loftiness; elevation; altitude.

alubia *(ahlóohyah)* f. bean, haricot. [f. hallucination.

alucinación *(ahlootheenahthyón)*

alucinar *(ahlootheenáR)* tr. to deceive, to delude. v. r. to delude oneself.

alud *(ahlóod)* m. avalanche.

aludir *(ahloodéeR)* intr. to allude; to refer to.

alumbrado *(ahloombráhdoh)* m. lighting illumination. adj. Lighted, illuminated.

alumbramiento *(ahloombrahmyéntoh)* m. (child)birth deliverance.

alumbrar *(ahloombráR)* tr. to light(en), illuminate; v. i to give light; to give birth.

alumna *(ahlóomnah)* f. pupil, student. [student.

alumno *(ahlóomnoh)* m. pupil,

alusión *(ahloosyón)* f. allusion, hint. [sive, hinting.

alusivo *(ahlooséeboh)* adj. allualveolo *(ahlbayóhloh)* m. alveolus. [rise in price.

alza *(áhlthah)* f. lift, advance,

alzada *(ahltháhdah)* f. height, stature(of horses); appeal.

alzamiento *(ahlthahmyéntoh)* m. lift, raise; insurrection, (up)-rising.

alzar *((ahtháR)* tr. to raise; to (up) lift. **— un dedo,** to raise a finger; **— la mano,** to threaten. **— el grito,** to cry out. **— la voz,** to raise the voice.

alzarse *(ahltháRsay)* r. to rise in rebellion, to appeal.

allá *(ahlyáh)* adv. there, in that place, thither, beyond; **— él,** that's his pigeon; **por —,** thereabouts; **más —,** farther away.

allanamiento *(ahlyahnahmyéntoh)* m. levelling, smoothing; breaking into a house.

allanar *(ahlyahnáR)* tr. to level; to flatten. **— el camino,** to pave the way.

allegado *(ahlyalygáhdoh)* adj. near; related, kin.

allí *(ahlyée)* adv. there, in that place, yonder, **aquí y —,** here and there; **por —,** that way.

ama *(áhmah)* f. mistress of the house; landlady, dame hostess, owner nanny; **ama de llaves,** housekeeper; **— de cría,** wet-nurse.

amabilidad *(ahmahbeledáhd)* f. kind(li)ness, charm.

amable *(ahmahbláy)* adj. kind, nice, affable.

amador *(ahmahdór)* m. lover; sweetheart. adj. Loving.

amaestrar *(ahmahlaystráR)* tr. to instruct; to break in; to train.

amagar *(ahmahgáR)* tr. to threaten, to feign, to hint.

amago *(ahmáhgoh)* m. threat; symptom.

amainar *(ahmahneenáR)* tr. intr. to relax; to abate, to subside.

amalgama *(ahmahlgáhmah)* f. amalgan. [to amalgamate.

amalgamar *(ahmahlgahmáR)* tr.

amamantar *(ahmahmmantáR)* tr. to nurse, to give suck, to sukle.

amanecer *(ahmahnaytháR)* intr. to dawn. m. dawn. **Al —,** at dawn, at daybreak.

amanerado *(ahmahnayrádoh)* adj. full of mannerisms, affested. [me, to pacify.

amansar *(ahmahnsáR)* tr. to ta-amante *(ahmáhntay)* adj. loving; m. lover; sweetheart.

amanuense *(ahmahnwaynsay)* m. amanuensis; clerk; scribe; (coll.) pen-pusher.

amapola *(ahmahpóhlah)* f. Bot. poppy.

amar *(ahmáR)* tr. to love.

amargado *(ahmaRgáhdoh)* adj. embittered.

amargar *(ahmaRgáR)* tr. to embitter, to make bitter; to exasperate. **La verdad amarga,** truth is bitter.

amargo *(ahmáRgoh)* adj. bitter; acrid; harsh. [terness.

amargura *(ahmaRgóorah)* f. bitamarillear *(ahmahrylyayáR)* intr. to incline to yellow, to go yellow. [adj. yellowish.

amarillento *(ahmahreelyéntoh)*

amarillo *(ahmahréelyoh)* adj. yellow. [moorings.

amarra *(ahmáhRah)* f. cable; pl.

amarrado *(ahmahRáhdoh)* adj. tied, fastened, lashed.

amarrar *(ahmahRáR)* tr. to tie, to fasten, to lash.

amasar *(ahmahsáR)* tr. to knead, dough, medley.

amasijo *(ahmahséeHoh)* f. dough, medley.

ambages *(ahmbáhHess)* m. pl. fig. circumlocution. **sin —,** openly.

ambar *(áhmbaR)* m. amber.

ambición *(ahmbeethe:ón)* f. ambition, aspiration, desire.

ambicionar *(ahmbeethy:óhnáR)* tr. to aspire to, to covet.

94 **ambicioso** *(ahmbeethy:óhsoh)* adj. ambitious; covetous; greedy.

ambiente *(ahmby:éntáy)* adj. ambient; m. atmosphere, air, environment. [foyer.

ambigu *(ahmbeegóo)* m. buffet.

ambiguo *(ahmbéegwoh)* adj. ambiguous, doubtful, vague, obscure.

ámbito *(áhmbeetoh)* m. ambit, perimeter; scope, limit: circle.

ambos *(áhmbos)* pron. both.

ambulancia *(ahmbooláhnthy:ah)* f. ambulance.

ambulante *(ahmboolánhtay)* adj. ambulatory.

amén *(ahmén)* m. amen.

amenaza *(ahmaynáhthah)* f. threat; menace.

amenazar *(ahmaynahtháR)* tr. to threaten, to menace.

amenidad *(ahmayneedáhd)* f. amenity.

amenizar *(ahmayneetháR)* tr. to render agreeable.

ameno *(ahmáynoh)* adj. pleasant; varied.

ametralladora *(ahmaytrahlyhdórah)* f. machine-gun.

ametrallar *(ahmaytrahlyháR)* to machine-gun, to fire shrapnel.

americana *(ahmayreekáhnah)* f. jacke, coat. adj. American.

americanizar *(ahmayreekahneetháR)* tr. to americanize.

americano *(ahmayreekáhnoh)* adj. y s. American.

amianto *(ahmy:áhntoh)* m. Min. amianthus, asbestos.

amiga *(ahméegah)* f. female friend. [friendly; suitable.

amigable *(ahmeegáhblay)* adj.

amigo *(ahméegoh)* m. frien, pal, comrade, (coll.) mate. **Buenos —s,** good friends; **muy amigos,** great friends.

amilanar *(ahmeelanáR)* tr. to frighten, to cow. v. r. to become cowed, terrified.

aminorar *(ahmeenohRáR)* tr. to reduce, to diminish.

amistad *(ahmeestáhd)* f. friendship, amity, friendliness; **hacer —,** to make friends. **Romper las —s,** to fall out with.

amistoso *(ahmeestohssoh)* adj. friendly, cordial, pally, chummy. **Amistosamente,** in a friendly. [amnesty.

amnistía *(ahmneesstée:ah)* f.

amo *(áhmoh)* m. master; propietor; owner, **employer,** (coll.) boss. [to drowse.

amodorrarse *(ahmohdohásay)* r.

amohinar *(ahmoh/eenáR)* tr. to irritate. [mould.

amoldar *(ahmoldáR)* tr. to

amoldarse *(ahmoldáRsay)* r. to adapt oneself to.

amonestación *(ahmohnaysstahthy:ón)* f. advice; admonition; pl. marriage bans.

amonestar *(ahmohnaysstáR)* tr. to admonish, to advise, to forewarn; to reprove.

amoníaco *(ahmohnée:akoh)* m. ammoniac.

amontonar *(ahmontohnáR)* tr. to heap, to pile; to make piles of, to make heaps of.

amor *(ahmóR)* m. love: **Por — de Dios,** for Goodness sake. **¡— mío!** My love! My darling!

amoratado *(ahmohrahtáhdoh)* adj. livid, purple, violet.

amoroso *(ahmohrohsoh)* adj. amorous, loving, kind, affectionate.

amortajar *(ahmoRtahHáR)* tr. to (en)shroud, to sheet.

amortiguar *(ahmoRteegwaR)* tr. to deaden, to mitigate, to soften; (mech.) to absorb.

amortización *(ahmoRteethahthyon)* f. amortization.

amortizar *(ahmoRtaytháR)* tr. to amortize, to redeem.

amotinador *(ahmohteenahdoR)* m. mutineer, rioter.

amotinamiento *(ahmohteenahmyentoh)* mutiny, rebellion.

amotinar *(ahmohteenáR)* tr. to excite rebellion.

amotinarse *(ahmohteenáRsay)* r. to riot, to mutiny.

amparar *(ahmpahrár)* tr. to protect; to shelter; to help. v. r. to defend oneself.

amparo *(ahmpáhroh)* m. protection; refuge; shelters asylum.

ampliación *(ahmplyahthe:ón)* f. enlargement. expansión, extensión. [plify; to enlarge.

ampliar *(ahmply:áR)* tr. to am-

amplificar *(ahmpleefeekaR)* tr. to enlarge, to amplify, to extend. [large, roomy.

amplio *(áhmplyoh)* adj. ample;

amplitud *(ahmplytóod)* f. amplitude, greatness, extent; largeness.

ampolla *(ahmpóhlyah)* f. decanter, cruet; blister; bubble.

amputación *(ahmpootahthy:ón)* f. amputation. [amputate.

amputar *(ahmpootáR)* intr. to

amueblar *(ahmoo:aybláR)* tr. to furnish. [let.

amuleto *(ahmooláytoh)* m. amulet.

amunicionar *(ahmooneethy:ohnáR)* tr. to supply with ammunition.

amurallado *(ahmoorahlyáhdoh)* adj. walled.

amurallar *(ahmoorahlyáR)* tr. to wall. [anchorite. hermit.

anacoreta *(ahnahkohráytah)* m.

anacronismo *(ahnahkrohnissmoh)* m. anachronism.

anagrama *(ahnahgrámah)* m. anagram.

anales *(ahnáhless)* m. pl. annals.

analfabetismo *(ahnahlfahbaytissmoh)* m. illiteracy.

analfabeto *(ahnahlfahbáytoh)* m. illiterate person.

análisis *(ahnáhleeseess)* m. f. analysis; *Gram.* parsing.

analítico *(ahnahléeteekoh)* adj. analytical.

analizar *(ahnahleetháR)* tr. to analize; *Gram.* to parse.

analogía *(ahnahlohHée:ah)* f. analogy, resemblance.

análogo *(ahnálohgoh)* adj. analogous.

anaquel *(ahnahkayl)* m. shelf.

anarquía *(ahnaRkée:ah)* f. anarchy. [anarchic(al).

anárquico *(ahnáRkekoh)* adj.

anatema *(ahnahtáymah)* m. f. anathema, curse.

anatematizar *(ahnahtaymahteetháR)* tr. to anthematize, to curse. [anatomy.

anatomía *(ahnahtómee:ah)* f.

anatómico *(ahnahtómeekoh)* adj. anatomical, m. anatomist.

anca *(ahnkah)* f. haunch, rump, (coll.) buttock. (food) Leg.

ancianidad *(ahnthyaneedadth)* f. old age.

anciano, a *(ahnthyáhnoh, nah)* adj. old; m. old man, old-woman.

ancla *(áhnblah)* f. anchor, **echar el —,** to anchor. **Levar —,** to weigh anchor.

ancladero *(ahnklahdayroh)* m. anchoring-place, anchorage.

ancho *(áhnchoh)* adj. broad; wide.

anchoa *(ahnchóh/ah)* f. anchovy.

anchura *(ahnchóorah)* f. width, breadth. [fold(ing.)

andamio *(ahndámyoh)* m. scaffolding, errant (knight).

andanza *(ahndáhnthah)* f. ocurrence, event; pl. doings.

andar *(ahndáR)* intr. to walk, to go, to move; (mach.) to run, to function. **— de boca en boca,** to be the talk of the town. **— desnudo,** to be starknaked. **— en coche,** to ride.

andén *(ahndayn)* m. platform (railway).

andrajo *(ahndráhHoh)* m. rag.

andrajoso *(ahndrahHóhsoh)* adj. ragged. [dote.

anécdota *(ahnékdohtah)* f. anecdote.

anejo *(ahnáyHoh)* adj. annexed.

anexión *(ahnayksyón)* f. annexion. [ed; m. annex.

anexo *(ahnayksoh)* adj. annex.

anfibio *(ahnféebyoh)* adj. amphibious. [amphitheatre.

anfiteatro *(ahnfeetayáhtroh)* m.

ángel *(áhnHayl)* m. angel.

angelical *(ahnHayleekal)* adj. angelical, angel-like.

angina *(ahnHéenah)* f. angina, quinsy, pharyngitis.

anglicano *(ahngleekáhnoh)* adj. Anglican [Anglophil(e).

anglófilo, la *(ahnglóhfeeloh)* adj.

anglófobo *(ahnglóhfohboh)* adj. Anglophobe. [rrow.

angosto *(ahngóstoh)* adj. narrowness.

angostura *(ahngostóoralt)* f. narrowness.

anguila *(ahngéelah)* f. *Ichth.* eel.

angular *(ahngoolaR)* adj. angular. [corner.

ángulo *(áhngooloh)* m. angle,

angustia *(ahngóossty:ah)* f. enguish, affliction, pang.

angustiar *(ahngoosstyár)* tr. to feel anguish, to worry, to afflict.

anhelar *(ahnayláR)* intr. to long for, to covet; to desire.

anhelo *(ahnáyloh)* m. anxiousness, eagerness, aspiration, longing. [tle.

anidar *(ahneedáR)* intr. to nes-

anilla *(ahnéelya)* f. (curtain) ring, hoop.

anillo *(ahnéelyo)* m. (finger)-ring. **Como anillo al dedo,** just right.

anima *(áhneemah)* f. soul, ghost.

animación *(ahneemáhthy:ón)* s. animation, liveliness, bustle.

animal *(ahneemáhl)* m. animal; **— de bellota,** hog, pig.

animar *(ahneemaR)* tr. to cheer, to enliven. v. r. to cheer up, to grow lively.

ánimo *(áhneemoh)* m. spirit; courage, valour, bravery **¡ánimo!** cheer up! come on!

animosidad *(ahneemohseedáhd)* f. animosity, unfriendliness, hostility, dislike.

animoso *(ahneemóhsoh)* adj. courageous, brave; bold, eager. [f. annihilation.

aniquilación *(ahneekeelahthyón)*

aniquilar *(ahneekeeláR)* tr. to annihilate. [anise; aniseed.

anís *(ahneess)* anisette; *Bot.*

aniversario *(ahneebayRsáhryoh)* m. anniversary.

ano *(áhnoh)* m. anus; (fam.) arse.

anoche *(ahnocháy)* adv. last night.

anochecer *(ahnochaytháyR)* intr. to grow dark; m. evening, dusk, night-fall.

anodino *(ahnohdéenoh)* adj. pointles, insipid, graceless.

anomalía *(ahnomahlée:ah)* f. anomaly.

anómalo *(ahnóhmahloh)* adj. anomalous.

anonadar *(ahnohnahdáR)* tr. to stun; annihilate, destroy, exterminate.

anotación *(ahnohtahthyón)* f. annotation, note.

anotar *(ahnohtáR)* tr. to write notes, to take down, to jet down.

ansia *(áhnsyah)* f. anxiety; eagerness, longing; anguish.

ansiar *(ahnsyáR)* tr. to long for.

ansiedad *(ahnsyáydáhd)* f. anxiety.

ansioso *(ahnsyóhsoh)* adj. anxious; eager, avid.

antagónico *(ahntahgóhneekoh)* adj. antagonistic.

antagonista *(ahntahgohneesstah)* m. f. antagonist, opponent, adversary; enemy.

antaño *(ahntáhnyoh)* adv. last year, in the old days; long ago. [tarctic.

antártico *(ahntáRteekoh)* adj. antartico.

ante *(áhntay)* prep. before, above, m. elk, suede leather.

anteanoche *(ahntayahnóhchay)* adv. the night before last.

anteayer *(ahntayahyáyR)* adv. the day before yesterday.

antebrazo *(ahntaybráhthoh)* m. forearm.

antecedente *(ahntaythaydayntay)* m. antecedent.

anteceder *(ahntaythaydáyR)* tr. to precede, to go in front.

antecesor, *(ahntaythayssoR)* m. predecessor; foregather; ancestor.

antelación *(ahntaylahthyón)* f. priority; **con —** beforehand.

antemano *(ahntaymáhnoh)* adv. beforehand.

antena *(ahntáynah)* f. *Rad.* aerial, (ent.) antenna.

anteojo *(ahntayóHoh)* m. a spy-glass; pl. spectacles, glasses.

antepasados *(ahntaypahsáhdos)* m. pl. forefathers, ancestors, predecessors.

anteponer *(ahntaypohnáiR)* tr. to prefer, to place before.

anterior *(ahntayryóR)* adj. anterior, former, previous.

anterioridad *(ahntayryohredáhd)* f. anteriority, priority; **con —,** previously, formerly.

antes *(ahntayss)* adv. before, earlier; beforehand, first. **Cuanto —,** as soon as possible. **De antes,** of old.

anticipación *(ahnteetheepahthyon)* f. anticipation; **con —,** in advance.

anticipar *(ahnteetheepahR)* tr. to anticipate, to predict: to foresee, foretell.

anticuado *(ahnteekwáhdoh)* adj. antiquated, obsolete; out of date, old fashioned.

anticuario *(ahnteekwáhryoh)* m. antiquarian, antiquary.

antídoto *(ahntéedohtoh)* m. antidote. [veil.

antifaz *(ahnteefáth)* m. mask, antiface.

antigualla *(ahnteegwáhlyah)* f. antique.

antigüedad (*ahnteegwaydáhd*) f. antiquity, ancient times; pl. antiques. [adj. unnatural.

antinatural (*ahnteenahtooráhl*)

antipatía (*ahnteepahtée:ah*) f. antipathy, aversion, dislike.

antipático (*ahnteepáhteekoh*) adj. antipathetic, unfriendly, displeasing. [pl. antipodes.

antípodas (*ahntéepohdahs*) m.

antisemita (*ahnteesayméetah*) adj. y s. anti-Semite, Jew-hater. [antithesis.

antítesis (*ahntéetaysiss*) f. *Gram.*

antitético (*ahnteetéykteekoh*) adj. antithetical.

antojarse [*ahntohháRsa(y)*] r. to fancy; to be capricious, to be whimsical. **Hace lo que se le antoja,** He pleases himself. fancy, fad, caprice.

antología (*ahntohlohHée:ah*) f. anthology.

antológico (*ahntohlóhHeeko*) adj. anthologic(al).

antorcha (*ahntórchah*) f. torch; taper. [den.

antro (*áhntroh*) m. caver(n),

antropófago (*ahntrohpóhfahgoh*) adj. y s. cannibal, man-eater.

antropología (*ahntrohpohloh-Hée:ah*) f. anthropology.

anual (*ahnwáhl*) adj. annual, yearly.

anualidad (*ahnwahleedáhd*) f. annuity, yearly allowance.

anuario (*ahnuwahryo*) m. year-book, (trade) directory.

anudar (*ahnoodáR*) tr. to knot.

anulación (*ahnoolahthyón*) f. annulment, cancellation, abrogation; repeal.

anular (*ahnooláR*) tr. to annul, to cancel; to make void; to abolish; adj. ring-shaped; **dedo anular,** ring finger.

anunciación (*ahnoonthyahthyón*) s. Annunciation; announcement.

anunciar (*ahnoonthyáR*) tr. to; announce; to notify: to advertise .

anuncio (*ahnóonthyoh*) m. advertisement (fam.) (ad); announcement, notice. [se.

anverso (*ahnbyaRsoh*) m. obver-

anzuelo (*ahnthwáyloh*) m. fish-hook, **Picar el —** to be tricked. **Tragar el —,** to swallow the bait.

añadidura (*ahnyahdeedóorah*) f. addition; **Por —** what is more.

añadir (*ahnyahdéeR*) tr. to add.

añejo (*ahnyáyHoh*) adj. old; stale.

año (*áhnyoh*) m. year; **— bisiesto,** leap-year, **tener —s,** to be years old. **— escolar,** school year; **por (al, cada) —,** yearly.

añoranza (*ahnyohráhnthah*) f. homesickness.

aovar (*ah*/*ohbáR*) tr. to lay eggs.

apacentar (*ahpahthayntáR*) tr. to graze.

apacible (*ahpahtheeblay*) adj. affable; still, quiet; peaceful.

apaciguar (*ahpahthegwáR*) tr. to appease, to pacify, to calm. v. r. to calm down.

apadrinar (*ahpahdreenáR*) tr. to support, to patronize, to protect, to stand godfatherfor a child.

apagado (*ahpahgádoh*) adj. humble-minded; dull, faded (col.); out (fire).

apagar (*ahpahgáR*) tr. to quench; to extinguish, to put out. **— la sed,** to quench thirst. **— el fuego,** to put the fire out.

apagarse (*ahpahgáRsay*) to go out (fire).

apalear (*ahpahlayáR*) tr. to beat to cane, to whip, to maul; to beat down fruit; o winnow grain.

aparador (*ahpahradóR*) m. sideboard; dresser, cupboard.

aparato (*ahpahráhtoh*) m. apparatus, appliance, device.

aparatoso (*ahpahrahtóhsoh*) adj. showy, pompous; exaggerated, impressive.

aparecer (*ahpahraytháyR*) tr. to appear, to come up, to turn up. [m. ghost, shadow.

aparecido (*ahpahraythéedoh*)

aparejador (*ahpahrayHahdóR*) m. masterbuilder.

aparejar (*ahpahrayHáR*) tr. to prepare, to get ready; (horses) to saddle; *Naut.* to rig.

aparejo (*ahpahráyHoh*) m. apparel, tackle, tarness (horses); tackle, rigging *Naut.* m. pl. tools, tackle.

aparentar (*ahpahrayntáR*) tr. to pretend, to assume, to feign, to make believe; to put an act. [parente.

aparente (*ahpahrayntay*) adj. ap-

aparición (*ahpahreethyón*) f. apparition.

apariencia (*ahpahryénthyah*) f. aspect, appearance. **Las —s engañan.** appearances are deceiving.

apartado (*ahpaRtáhdoh*) adj. separated; distant, remote; m. P. O. box.

apartamento(*ahpaRtahmayntoh*) m. flat, apartment.

apartamiento (*ahpaRtahmyéntoh*) m. separation.

apartar (*ahpaRtáR*) tr. to put aside, to sort out; to part; to separate.

apartarse (*ahpaRtáRsay*) r. tr. withdraw; to move aside to move away.

aparte (*ahpáRtay*) adv. apart, separately; aside. **Bromas —,** joking aside.

apasionar (*ahpahsyohnáR*) tr. to impassionate, to excite; to love; to make feel passionate about.

apasionarse (*ahpahsyohnáRsay*) r. to become impassioned, to become excited; to become very fond of.

apatía (*ahpahtée:ah*) f. apathy, indifference, p l e g m , coldness.

apático (*ahpáhteekoh*) adj. apathetic, indifferent, phlegmatic, cold.

apeadero (*ahpayahdáyroh*) m. halt, stop (rail.).

apear (*ahpayáR*) tr. to alight, to get off, to step down; to survey.

apearse (*ahpayáRsay*) r. to alight, to get off, to step down. [stone.

apedrear (*ahpaydrayáR*) tr. to

apegarse (*ahpaygáRsay*) r. to attach oneself, to adhere to.

apego (*ahpáygoh*) m. attachment.

apelación (*ahpaylahthyón*) f. *Law.* appeal. [peal.

apelar (*ahpaylaR*) intr. to ap-

apellidado (*ahpaylyeedáhdoh*) adj. named, called.

apellidar (*ahpaylyeedár*) tr. to. call (one by his name.); to proclaim, to name. v .r. to be called.

apellido (*ahpaylyéedoh*) m. surname, family name.

apenar (*ahpaynáR*) tr. to (cause) pain, grief, sorrow; v. r. to grow sad; to grieve.

apenas (*ahpáynahs*) adv. scarcely, hardly; no sooner than: as soon as. [appendix.

apéndice (*ahpayndeethay*) m.

apendicitis (*ahpayndeethéeteess*) f. appendicitis.

apercibimiento (*ahpayRtheebeemyentoh*) m. advice, warning; arrangement; summons.

apercibir (*ahpayRtheebéeR*) tr. to warn, to advise; to get ready; to summon (law).

aperitivo (*ahpayreetéeboh*) m. appetizer.

aperreado (*ahpayRayáhdoh*) adj. harassed, fatigued; (coll.) annoyed; thrown to the dogs.

apertura (*ahpayRtóorah*) f. opening.

apesadumbrado (*ahpayssahdoombráhdoh*) adj. Sad, mournful, cheerless, (coll.) out of sorts, out of spirits.

apesadumbrar (*ahpaysahdoombráR*) tr. to vex, to sadden, to take to heart; to grieve. (coll.) to look blue.

apestar (*ahpaysstáR*) tr. to pester, intr. to stink, to be foul-smelling.

apetecer (*ahpaytaytháyR*) tr. to desire, to fancy, to long for, to crave after; to take a fancy to.

apetecible (*ahpaytaythéeblay*) adj. desirable, appetising; desired.

apetencia (*ahpaytaynthyah*) f. appetite, desire, hunger, longing craving.

apetito (*ahpaytéetoh*) m. hunger; appetite, desire.

apetitoso (*ahpaytheetóhsoh*) adj. savoury; appetising.

apiadarse (*ahpyahdáRsay*) r. to pity, to take/feel pity for.

ápice (*áhpeethay*) m. apex, top, summit; trifee, bit.

apicultura (*ahpeekooltóorah*) f. apiculture. [up.

apilado (*ahpeelahdoh*) adj. piled

apilar (*ahpeeláR*) tr. to pile up; to make piles, to make heaps.

apiñar (*ahpeenyáR*) tr. to cluster; to crowd.

apio (*áhpeyoh*) m. *Bot.* celery.

apisonar (*ahpeesohnáR*) tr. to ramdown.

aplacar (*ahplahkáR*) tr. to appease, to pacify, to calm down.

aplanar (*ahplahnáR*) tr. to level, to flatten, to make even.

aplastar (*ahplahstáR*) tr. to crush, to smash, to flatten v. r. to become flat.

aplaudir (*ahplah*/*oodéer*) tr. to applaud, to clap.

aplauso (*ahplah*/*óosoh*) m. applause, clapping; clap.

aplazamiento (*ahplahthahmyéntoh*) m. postponement, to clap.

aplazar (*ahplahtháR*) tr. to postpone, to put off, to delay, to defer; (coll.) to steep on it.

aplicación (*ahpleekahthyón*) f. application.

aplicado (*ahpleekáhdoh*) adj. studious, industrious, hard-working.

aplicar (*ahpleekáR*) tr. to apply, to use, to make use of; to employ.

aplicarse (*ahpleekáRsay*) r. to study assiduously.

aplomado (*ahplohmáhdoh*) adj. lead-coloured; leaden, (fig.) dull, heavy.

aplomo (*ahplómoh*) m. tact; prudence, serenity, coolness, calmness.

apocado (*ahpokáhdoh*) adj. pusillanimous; cowardly; shy timid; (coll.) chickenhearted.

apócrifo (*ahpókeefoh*) adj. apocryphal. [me.

apodar (*ahpohdáR*) tr. to nickna-

apoderado (*ahpohdayráhdoh*) adj. empowered; m. proxy, attorney.

apoderarse (*ahpohdayráRsay*) tr. to seize; to take possession of.

apodo (*ahpóhdoh*) m. nickame.

apogeo (*ahpohHáyoh*) m. apogee, acme.

apolillado (*ahpohleelyáhdoh*) adj moth-eaten.

apolillarse (*ahpohleelyáRsay*) r. to become moth-eaten.

apologético (*ahpolohHáytekoh*) adj. apologetic. [apology.

apología (*ahpohlohHée:ah*) f.

apoplegía (*ahpohplayHée:ah*) f. apoplexy.

aporrear (*ahpohRayáR*) tr. to bear, to cudgel, to knock.

aportar (*ahpoRtáR*) tr. to adduce, to make a contribution; to contribute, to give.

aposentar (*ahpohsayntáR*) tr. to lodge. [room, apartment.

aposento (*ahpohsayntoh*) m.

apósito (*ahpóhseetoh*) m. *Med.* external application, dressing.

aposta (*ahpóstah*) adv. intentionally; on purpose.

apostar (*ahpostáR*) tr. to bet; to hold a wager. [apostasy.

apostasía (*ahpostahsée:ah*) f.

apóstata (*ahpóstahtah*) m. f. apostate, abjurer; renegade, turncoat.

apostatar (*ahpostahtáR*) intr. to apostatize; to forsake, to abjure.

apostillar (*ahposteelyáR*) tr. to make marginal notes.

apóstol (*ahpóstol*) m. apostle: *Naut.* pl. hawsepieces.

apostolado (*ahpostohláhdoh*) m. apostleship. [apostolical.

apostólico (*ahpostóhleekoh*) adj.

apoteosis (*ahpotayohsees*) f. apotheosis, exaltation.

apoyar (*ahpohyáR*) tr. to back; to reston, to lean on.

apoyarse (*ahpohyáRsay*) r. to lean upon.

apoyo (*ahpóhyoh*) m. prop, stay, support; help, protection.

apreciable (*ahpraythyablay*) adj. respectable, worthy, valuable; worthy of esteem.

apreciación (*ahpraythyathyon*) f. appreciation, estimation, valuation, appraisemont.

apreciar (*ahpraythyáR*) tr. to appreciate; to estimate, to price, to value, to appraise; to esteem. [teem.

aprecio (*ahpraythyoh*) m. esteem.

aprehender (*ahpray*/*eyndayR*) tr. to apprehend; to sei.

aprehensión (*ahpray*/*aynsyon*) f. apprehension; fear; seizure, capture.

96 **aprehensivo** *(ahprayhaynssee-boh)* adj apprehensive, timid, fearful. [urge, to press.

apremiar *(ahpraymyáR)* tr. to

apremio *(ahpráfmyoh)* m. urgency; pressure.

aprender *(ahprayndayR)* tr. to learn; — **de memoria,** to learn by heart.

aprendiz *(ahpraydeeth)* m. (ap-) prentice; — **de todo,** ... fack of all trades...

aprendizaje *(ahprayndeeiha-hHay)* m. training.

aprensión *(ahpraynsyón)* f. apprehension, fear; mistrust, suspicion; (fig.) timidity, bashfulness.

aprensivo *(ahprenséeboh)* adj. apprehensive, bashful, fearful.

apresar *(ahpraysáR)* tr to seize, to grasp; to imprison.

aprestar *(ahpraysstáR)* tr. to prepare, to make ready, arrange; v. r. to get ready, to prepare oneself.

apresto *(ahpraysstoh)* s. preparation, ready.

apresuramiento *(ahprayssoo-rahmyéntoh)* m. eagerness, hastiness.

apresurar *(ahprayssooráR)* tr. to hasten, to hurry, to rush; to speed.

apresurarse *(ahprayssooráRsay)* r. to make haste.

apretar *(ahpraytáR)* tr. to tighten, to press down; to press, — **las manos,** to shake hands.

apretón *(ahpraytón)* m. squeeze — **de manos,** hand-shake.

apretado *(ahpraytahdoh)* adj. tight, difficult; (fig.) mean, close fisted. [to squeeze.

apretujar *(ahpraytooHaR)* tr.

apretura *(ahpraytoorah)* s. f. tight squeeze, (fig.) difficulty. [crush.

aprieto *(ahpryétoh)* m. jam

aprisa *(ahpréesah)* adv. fast; quickly, swiftly, hurriedly. **¡Aprisa!** Hurry! hurry up!

aprisionar *(ahpresyohnáR)* tr. to confine, to imprison. (fig.) to get fastened.

aprobación *(ahprohbahthyón)* f. approval, consent. **Con la —de,** with the consent of.

aprobado *(ahprohbáhdoh)* m. pass (in an examination); adj. approved, accepted — **por unanimidad,** approved unanimously.

aprobar *(ahprohbáR)* tr. to approve; to pass, (exams). — **una asignatura,** to pass a subject, to get a pass mark in a subject.

apropiación *(ahprohpyahthyón)* f. appropriation.

apropiado *(ahprohpyáhdoh)* adj. appropriate, fit, correct, right. **La persona —a,** the right person. **La palabra —a** the correct/right.

apropiarse *(ahprohpyáRsay)* r. to appropiate.

aprovechable *(ahprohbaycháh-blay)* adj. profitable.

aprovechamiento *(ahprohbay-chahmyéntoh)* m. profit; utility; exploitation, utilization; progress.

aprovechar *(ahprohbaycháR)* tr. to utilize, to make good use of, to use up.

aprovecharse *(ahprohbaycháR-say)* r. to take advantage of.

aproximación *(ahprokseemah-thyón)* f. approximation; nearness, closeness.

aproximado *(ahprohseemahdoh)* adj. approximate; next; close; near.

aproximar *(ahprokseemáR)* tr. to approach, to approximate, to come near, to come close, to go near/to go close.

aptitud *(ahpteetóod)* f. aptitude, fitness, ability, capacity.

apto *(áhptoh)* adj. apt, able, fit; competent. [wager.

apuesta *(ahpwaysstah)* f. bet;

apuesto *(ahpwaysstoh)* adj. genteel, elegant, welldressed.

apuntación *(ahpoontahthyón)* f. annotation; note.

apuntador *(ahpoontahdóR)* m. indicator; *Theat.* prompter.

apuntalar *(ahpoontahláR)* tr. to (under)prop, to support; (naut.) to shore a slip.

apuntar *(ahpoontáR)* tr. to alm at; to point out, to indicate. *Theat.* to prompt.

apunte *(ahpóontay)* m. annotation, note, sketch; aim. **Tomar —s** to take notes.

apuñalar *(ahpoonyahláR)* tr. to stab.

apurar *(ahpooráR)* tr. to exhaust, to tease, to hurry.

apurarse *(ahpooráRsay)* r. to worry; to fret. **¡No te apures!** Don't worry!

apuro *(ahpóoroh)* m. trouble, anguish, difficulty; want, need. **Estar en —s,** to be in trouble to be in want.

aquejar *(ahkayHáR)* tr. to afflict; to complain.

aquel *(ahkayl)* pron. m. that one; pr. dom. that; the former. [(one).

aquella *(ahkáylyah)* pron. f. that

aquí *(ahkée)* adv. here, **De —,** From here; **de aquí para allá.** To and fro. **Por —,** This way.

aquiescencia *(ahkyestháynthya)* f. assent.

aquietar *(ahkyetaR)* tr. to appease, to quiet, to pacify, to calm, to keep still. v. r. to quiet down, to calm down.

aquilatar *(ahkeelahtáR)* tr. to assay.

ara *(áhrah)* f. altar.

arabesco *(ahrahbaysskoh)* m. arabesque.

arado *(ahráhdoh)* m. plough, *U. S. A.* plow.

arancel *(ahrahnthayl)* m. tariff (or scale) of duties, fees.

arandela *(ahrandaylah)* m. *Mec.* washer; collarplate. *Naut.* halfports.

araña *(ahráhnyah)* f. *Ent.* spider; chandelier.

arañar *(ahrahnyáR)* tr. to scratch; *Mus.* to scrape; (coll.) to scrape up, to scrape together. [scracht.

arañazo *(ahrahnyáhthoh)* m.

arar *(ahráR)* tr. to plough, *U. S. A.* to plow.

arbitraje *(aRbeetráhHay)* m. arbitration.

arbitrar *(aRbeetráR)* tr. to arbitrate, to counsel, to advise; to referee, to judge.

arbitrariedad *(aRbeetrahryedald)* f. arbitrariness.

arbitrario *(aRbeetráryoh)* adj. arbitrary.

arbitrio *(aRbéetryoh)* m. free will; —**s,** local taxes.

árbitro *(áRbeetroh)* m. arbitrator; *Sport.* referee, umpire.

árbol *(áRbol)* m. tree; — **de Navidad** Christmas tree; *Mech.* — **de transmisión,** horizontal, shaft; *Herl.* — **genealógico,** genealogical tree.

arbolado *(aRbohládoh)* adj. wooded; m. tress (collectively).

arbusto *(aRbóostoh)* m. shrub; bush. [fe.

arca *(áRkah)* f. cet; coffer, safe-arm.

arcada *(aRkáhdah)* f. *Arch.* arcade.

arcaico *(aRkáhleekoh)* adj. archaic. [gel.

arcángel *(aRkáhnHel)* m. archangel.

arcediano *(aRthaydyáhnoh)* m. archdeacon.

arcilla *(aRthéelyah)* f. clay.

arcilloso *(aRtheelyóhsoh)* adj. clavey, clayish. [archpriest.

arcipreste *(aRtheeprayssíay)* m.

arco *(áRkoh)* m. *Geom.;* arc; *Arch.* arch; *Arm.* bow. — **iris** rainbow.

archipiélago *(aRcheepyáylah-goh)* m. archipelago.

archivar *(aRcheebáR)* tr. to file, to record, to putaway in an archive.

archivero *(aRchbáyroh)* m. archivist, recorder, register.

archivo *(aRchéeboh)* m. archive(s), register, file, registry; pl. records, rolls.

arder *(aRdayR)* intr. to burn; to blaze: — **en deseos de...** to burn with desire of...

ardid *(aRdéed)* m. stratagem; trick, dodge, cheat.

ardiente *(aRdyéntay)* adj. ardent; burning, hot; (fig.) passionate.

ardilla *(aRdéelyah)* f. squirrel. **Listo como una — sharp as** a needle.

ardor *(aRdóR)* m. ardouer; fervour; great heat; enthusiasm, cagerness. **En el ardor de la batalla,** in the heat of the battle.

arduo *(áRdoo:oh)* adj. arduous, difficult, hard, knotty.

área *(áhRayah)* f. area, are (100 square meters).

arena *(ahRáynah)* f. sand; grit. —**s movedizas,** quicksand.

arenal *(ahRaynáhl)* m. sands, sandpit. [gue.

arenga *(ahRayngah)* s. haran-

arengar *(ahRayngáR)* intr. to harangue. [sandstone.

arenisca *(ahRaynísskah)* f.

arenoso *(ahRaynóhsoh)* adj. sandy. [ing.

arengue *(ahRaykay)* m. herr-

argamasa *(aRgahmáhsah)* f. mortar.

argentado *(aRHentáhdoh)* adj. silvery, silvered. [hoop.

argolla *(aRgóhlyah)* f. large ring,

argot *(aRgót)* m. cant; slang.

argucia *(aRgóothyah)* f. subtlety; evasion, subterfuge.

argüir *(aRgwéeR)* intr. to argue; to dispute, to imply.

argumentación *(aRgoomayntah-thyón)* f. argumentation.

argumentar *(aRgoomayntáR)* intr. to argue, to dispute.

argumento *(aRgooméntoh)* m. argument; plot in stories.

aridez *(ahreedáyth)* f. drought, aridity, dryness, barrenness.

árido *(áhreedoh)* adj. arid; dry, barren.

arisco *(ahreesskoh)* adj. surly, sulky, gruff, churlish.

arista *(ahreesstah)* f. *Bot.* arista, chaff; edge; *Geom.* intersection, line.

aristocracia *(ahreesstohkráh-thyah)* f. aristocracy.

aristócrata *(ahreesstóhkrahtah)* m. f. aristocrat.

aristocrático *(ahreesstohkráhtee-koh)* adj. aristocratical.

aritmética *(ahreethmáyteekah)* f. arithmetic.

arma *(áRmah)* f. weapon, arm, — **de fuego,** fire-arm. — **blanca,** steel-arm.

armada *(aRmáhdah)* f. fleet; navy.

armado *(aRmáhdoh)* adj. weaponed; armed; *Mech.* mounted.

armador *(aRmahdohk)* s. shipowner.

armamento *(aRmahmayntoh)* m. armament.

armar *(aRmáhR)* tr. to arm. *Mech.* to mount; *Naut.* to fit out — **una bronca,** to make a row. — **ruido,** to cause trouble; **¡Buena se va armar!,** a storm is brewing up!

armario *(aRmáryoh)* m. cupboard; wardrobe.

armazón *(aRmahthón)* m. frame-(work).

armería *(ahRmayréeah)* f. armory; arsenal.

armero *(aRmáyroh)* m. gunsmith.

armiño *(aRméenyoh)* m. *Zool.* ermine, stoat.

armisticio *(aRmeesstéethyoh)* m. armistice.

armonía *(aRmohnée:ah)* f. harmony, concord. (fig.) friendship. *Mus.* harmonization.

armónico *(aRmóhneekoh)* adj. harmonical

armonizar *(aRmohneetháR)* tr. to harmonize, to match.

arnés *(aRnayss)* m. harness.

aro *(áhroh)* m. hoop, ring.

aroma *(ahróhmah)* f. aroma, scent, perfume, fragrance.

aromático *(ahrohmáhteekoh)* adj. aromatic.

aromatizar *(ahrohmahteetháR)* tr. to aromatize, to perfume.

arpa *(áRpah)* f. harp.

arpía *(aRpée:ah)* f. harpy, fiend; shrew.

arpillera *(aRpeelyáyrah)* f. sackcloth.

arpón *(aRpón)* m. harpoon.

arpon(e)ar *(aRpohnayáR)* tr. to harpoon.

arquear *(aRkayaR)* v. t. to arch. *Naut.* to gauge ships. — **las cejas,** to arch the eyebrows.

arqueología *(aRkayohlohHeéah)* f. archaeology.

arqueólogo *(aRkayóhlohgoh)* m. archaeologist.

arquero *(aRkáyroh)* m. treasurer; archer, bow-maker.

arquitecto *(aRkeetáyktoh)* m. architect.

arquitectónico *(aRkeetayktoh-neekoh)* adj. architectural.

arquitectura *(aRkeetayktoorah)* f. architecture.

arrabal *(ahRahbáhl)* m. suburb; pl. outskirts.

arracimarse *(ahRahtheemaRssay)* v. r. to cluster.

arraigado *(ahRah/eegahdoh)* adj. rooted; settled.

arraigar *(ahRah/eegaR)* intr. to (take) root.

arraigarse *(ahRah/eegaRsay)* r. to settle (down).

arraigo *(ahRah/eegoh)* m. radication, rootedness; settling in a place. **Hombre de —,** property man.

arrancar *(ahRahnkáR)* tr. to root out, to pluck (up); intr. to start (up), to uproot, to pull out, to extirpate; to expectorate. **— de un tirón,** to pull out with one go. **— de raíz,** to uproot.

arranque *(ahRáhnkay)* m. extirpation; fit of passion, sudden start; *Mech.* start, (motor). starter.

arrasar *(ahRahsáR)* tr. to level; to destroy, to raze; to fill to the brim.

arrastrar *(ahRahstráR)* tr. to drag along, to haul.

arrastrarse *(ahRahstráRsay)* to creep.

arrastre *(ahRáhstray)* m. dragging, hautage. **Está para el —,** ready to kill off.

arrear *(ahRayáR)* tr. (fam., coll.) to strike; to urge on.

arrebatar *(ahRayhatáR)* tr. to snatch, to carry off.

arrebato *(ahRaybáhtoh)* m. surprise, sudden attack. (pass.) fit, fury.

arreciar *(ahRaythyáR)* tr. to increase.

arrecife *(ahRaythéefay)* m. reef.

arreglado *(ahRaygláhdoh)* adj. settled, arranged, in order, mended.

arreglar *(ahRaygláR)* tr. to regulate; to arrange, to settle, to mend, to put right; to tidy.

arreglarse *(ahRaygláRsay)* r. to manage, to turn out well.

arreglo *(ahRáygloh)* m. arrangement repair; settlement. **Con arreglo a,** according to.

arremangar *(ahRaymahngáR)* tr. to roll up (sleeves, trouser-legs, etc.).

arremeter *(ahRaymaytayR)* tr. to assail, to attack.

arrendador *(ahRayndahdóR)* m. landlord; tenant, hirer.

arrendamiento *(ahRayndahmy-éntoh)* m. rent(ing), letting, lease.

arrendar *(ahRayndáR)* tr. to rent; to hire, to let. **No le arriendo las ganancias,** I don't envy him.

arrepentido *(ahRaypaynteedoh)* m. lessee; tenant.

arrepentido *(ahRaypaynteedoh)* adj. repentant.

arrepentimiento *(ahRaypaynteemyentoh)* m. repentance, regret, remorse.

arrepentirse *(ahRaypaynteeRsay)* r. to repent, to regret. to be sorry for, to rue.

arrestado *(ahRaystahdoh)* adj., under arrest; bold, intrepid, daring.

arrestar *(ahRaysstáR)* tr. to arrest, to imprison, to be under arrest.

arresto *(ahRaysstoh)* m. detention, arrest, custody; *Mil.* prison; pl. spirit, mettle, (fam.) guts.

arriar *(ahRyáR)* tr. to lower; to strike (flags, sails) *Naut.* to pay out.

arriba *(ahRéebah)* adv. (up) above, over, up, upstairs. **De —,** From above. **De — abajo,** From head to foot, fom top to bottom.

arribar *(ahReebáR)* intr. to arrive; *Naut.* to put into a harbour.

arribo *(ahRéeboh)* m. arrival.

arriendo *(ahRyéndoh)* m. lease, rental.

arriesgado *(ahRyessgáhdoh)* adj. perilous, dangerous, risky, hazardous.

arriesgar *(ahRyessgáR)* tr. to risk; to hazard.

arriesgarse *(ahRyessgáRsay)* r. to dare, to expose oneself to danger.

arrimar *(ahRymáR)* tr. to approach, to draw near, to put close(r); *Naut.* to stow the cargo. **— el hombro,** to lend a hand. v. r. to lean on.

arrinconado *(ahReenkonahdoh)* adj. out of the way, forgotten, neglected.

arrinconar *(ahReenkohnáR)* tr. to put in a corner; to lay aside, to corner. v. r. to retire from the world.

arrobamiento *(ahRohbahmyén-toh)* m. ecstasy, enchantment, rapture, bliss. [ce grower.

arrocero *(ahRohtháyroh)* m. ri-**arrodillarse** *(ahRohdeelyáRsay)* r. to kneel down.

arrogancia *(ahRohgáhnthyah)* f. arrogance, haughtiness, loftiness, pomposity.

arrogante *(ahRohgáhnthay)* adj. arrogant, pompous, haughty, lofty. (roll.) puff up.

arrojadizo *(ahRohHahdéethoh)* adj. missile, projectile.

arrojado *(ahRohHáhdoh)* adj. forward; rash, daring, intrepid; thrown, flung.

arrojar *(ahRohHár)* tr. to dart, to fling, to hurl, to dash, to throw. v. r. to throw oneself.

arrojo *(ahRohHoh)* m. boldness, intrepidity, daring.

arrollador *(ahRohlyahdoR)* adj. violent, sweeping.

arrollar *(ahRohlyáR)* tr. to roll (up or round), to carry off, to sweep away.

arropar *(ahRohpáR)* tr. to wrap, up well, to cover well.

arrostrar *(ahRostráR)* tr. to face, up, to face, to defy. **— peligros,** to defy dangers. v. r. **— con,** to fight face to face.

arroyo *(alRóhyoh)* m. stream, brook; (fig.) gutter.

arroz *(ahRóth)* m. rice.

arrozal *(ahRothál)* m. rice field.

arruga *(ahRóogah)* f. curinkle, crease.

arrugar *(ahRoogár)* tr. to wrinkle, to crease, to fold. **— el entrecejo,** to frown. v. r. (fig.) to flee; to back out.

arruinar *(ahRooeenáR)* tr. to ruin.

arrullar *(ahRoolyáR)* tr. to lull.

arrullo *(ahRóolyoh)* m. lullaby.

arsenal *(aRsaynáhl)* m. arsenal; shipyard, dockyard.

arte *(áRtay)* m. art; skill; craft; **bellas —s.** Fine arts, **malas —s,** trickery, cunning. **Por — de magia,** out of the cuff. **Por — de birli-birloque,** for no rime or reason.

artefacto *(aRtayfáhktoh)* m. artefact, contraption, appliance, device.

arteria *(aRtáyryah)* f. *Anat.* artery, (fig.) main road; (railw.) trunk line.

artesano *(aRtaysáhnoh)* m. artisan, craftsman.

artesonado *(aRtaysonáhdoh)* adj. panelled (ceiling).

ártico *(áRteekoh)* adj. artic.

articulación *(aRteekoolahthyón)* f. articulation, joint.

articular *(aRteekooláR)* tr. to articulate.

artículo *(aRtéekooloh)* m. article; **—s de consumo,** conmodities.

artífice *(aRtéefeethay)* artificer, artisan, (fig.) authour.

artificial *(aRteefeehyal)* adj. artificial. [fice), craft.

artificio *(aRteefeethyoh)* m. art (i-**artillería** *(aRteelyayteeah)* f. artillery. [llery-man, gunner.

artillero *(aRteelyayroh)* m. arti-**artimaña** *(aRteemáhnyah)* f. trap; trick, stratagem, artifice, craft.

artista *(artéesstah)* s.; (paint.) artist, *(Theat., etc.)* artiste.

arzobispado *(aRthohbeesspáh-doh)* r. archbishopric.

arzobispo *(aRthohbeesspoh)* m. archbishop.

as *(ahs)* m. ace; champion. **Es un —,** he's a champion.

asa *(áhsah)* f. handle; haft. **En —s,** akimbo. [m. roast.

asado *(ahsáhdoh)* adj. roasted.

asador *(ahsahdóR)* m. roasting-jack, spit.

asaltar *(ahsahltáR)* tr. to assail, to assault.

asalto *(ahsáhltoh)* m. assault; **por —,** by storm; **guardia de —,** riot/shock police.

asamblea *(ahsahmbláyah)* f. assembly; meeting; congress.

asar *(ahsáR)* tr. to roast; **— a la parrilla,** to grill; **asarse de calor,** to be boiling hot.

ascendencia *(ahsthayndaynthy-ah)* f. ascendency, ancestory; (fig.) origin.

ascendente *(ahsthayndayntay)* adj. ascendant; ascending, rising, climbing.

ascender *(ahsthayndayR)* tr. intr. to ascend, to climb; *(Mil.* etc.) to be promoted, to rise; *Com.* to amount to.

ascendiente *(ahsthayndayntay)* m. ancestor; influence; weight. [cension.

ascensión *(ahsthoynsyon)* f. ascension *(ahsthénsoh)* m. ascent; *(Mil., etc.)* promotion; *Sport.* climb.

ascensor *(ahsthaynssoR)* m. (E.) lift *U. S. A.* elevator. **— montacargas,** hoist.

asceta *(ahstháytah)* s. ascetic; hermit. [ascetic.

ascético *(ahstháyteekoh)* adj. **asco** *(áhskoh)* m. nausea; loathing, disgust; despicable thing. **tener —,** to sicken, to make one sick. [neat, tidy.

aseado *(ahsayahdoh)* adj. clean, **asear** *(ahsayáR)* tr. to clean; to make clean and tidy; to tidy up. [lay, to ambush.

asechar *(ahsaycháR)* tr. to way-**asediar** *(ahsaydyáR)* tr. to besiege; (fig.) to importune. **— a preguntas,** to snow under with questions.

asedio *(ahsáydyoh)* m. siege.

asegurador *(ahsaygoorahdóR)* m. insurer; underwriter.

asegurar *(ahsaygooráR)* tr. to fasten; to secure *Com.* to insure. [to make sure.

asegurarse *(ahsaygooráRsay)* r. to resemble. [assent.

asemejarse *(ahsaymayHaRsay)* r. to resemble. [assent.

asenso *(ahsaynsoh)* m. consent, agreement.

asentado *(ahsayntáhdoh)* adj. seated, settled, fixed.

asentar *(ahsayntáR)* tr. to seat; to fix; (accounts) to enter; to deal (blows); to settle.

asentir *(ahsayntéeR)* intr. to assent, to agree, to concede.

aseo *(ahsayoh)* s. tidiness, cleanliness, neatness.

aséptico *(ahsaypteekoh)* adj. *Med.* aseptical.

asequible *[ahsaykéeblay]* adj. attainable, available, obtainable. [m. saw-mill.

aserradero *(ahsayRahdayroh)* **aserrar** *(ahsayRaR)* v. t. to saw.

asesinar *(ahsayseenaR)* tr. *Pol.* to assassinate; to murder.

asesinato *[ahsayseenáhtoh]* m. assassination, murder.

asesino *[ahsayséenoh]* m. assassin; murderer.

asesor *[ahsaysóR]* m. counsellor; adviser; assessor.

asesorar *[ahsaysohraR]* tr. to advise.

asesorarse *[ahsaysohráRsay]* r. to take legal advice, to consult. [consulting office.

asesoría *(ahsaysohrée:ah)* f. **asestar** *(ahsaystaR)* v. t. to point, to aim; to strike (blows).

aseveración *(ahsaybayrahthyon)* f. asseveration.

aseverar *(ahsaybayráR)* tr. to asseverate, to affirm.

asfalto *(ahsfáhltoh)* m. asphalt.

asfixia *(ahsféeksyah)* f. *Med.* asphyxia.

asfixiar *(ahsfiksyáR)* tr. to asphyxiate, to suffocate.

así *(ahsée)* adv. so; thus, like **— que,** and so, therefore. **— que llegó,** as soon as he arrived. **— así,** so-so.

asiático *(ahsyáhtekoh)* adj. m. Asiatic, Asian.

asidero *(ahseedayroh)* m. holder, handle; (fig.) pretext, occasion. [assiduity.

asiduidad *(ahseedooeedáhd)* s. **asiduo** *(ahséedoo:oh)* adj. assiduous, steady, regular.

asiento *(ahsyéntoh)* m. seat; (accounts) entry. **Tomar —,** to take a seat (chair). (coll.) bottom.

asignación *(ahseegnahthyón)* f. assignment, allotmen, grant; distribution. [to ascribe.

asignar *(ahseegnáR)* tr. assign, **asignatura** *(ahseegnahtóorah)* f. subject (of study).

asilo *(ahséeloh)* m. asylum; refuge, sanctuary; **— político,** political asylum. **— de locos,** lunatic asylum; shelter.

asimilación *(ahseemeelahthe:ón)* f. assimilation.

asimilar *(ahseemeelaR)* tr. *Zool.* *Bot.* to assimilate (fig.) to take in.

asimismo *(ahseemeessmoh)* adv. likewise, equally, and also.

asir *(ahséeR)* tr. to grasp; to seize, to hold, to grip. **— por los cabellos,** to seize by the hair.

asistencia *(ahseestayntay)* f. actual presence, attendance; assistance, aid, help.

asistente *(ahseestayntay)* m. assistant, helper; *Mil.* orderly adj. assisting, helping.

asistenta *(ahseestayntah)* f. part-time maid, dailyhelp.

asistir *(ahseesteeR)* intr. to be present, to attend; tr. to help.

asma *(áhsmah)* f. asthma.

asmático *(ahsmáhteekoh)* adj. asthmatic.

asno *(áhsnoh)* m. ass, donkey, (fig.) stupid, clot.

asociación *(ahsohthyahthyón)* f. association, fellowship.

asociado *(ahsohthyáhdoh)* m. associate, partner, member.

98

asolador (*ahsohlahdoR*) adj. desolating, destroying.

asolar (*ahsohláR*) tr. to destroy, to raze to the ground to pillage, to devastate.

asomar (*ahsohmáR*) intr. to appear, to show. *Naut.* to loom.

asomarse (*ahsohmáRsay*) r. to lean out/over.

asombrar (*ahsombráR*) tr. to astonish, to amaze; to frighten.

asombrarse (*ahsombráRsay*) r. to wonder.

asombro (*ahsómbroh*) s. astonishment, amazement; dread, terror, fright.

asombroso (*ahsombróhsoh*) adj. amazing, astonishing, marvellous, wonderful.

asomo (*ahsóhmoh*) m. sign, indicaton, mark, hint. **ni por —** by no means.

aspa (*áhspah*) f. cross, reel.

aspecto (*ahspaytoh*) m. aspect, appearance, sight, looks.

aspereza (*ahspayráythah*) f. asperity, (char.) harshness, acrimony; (surf.) roughness, ruggedness.   [harsh.

áspero (*ahspayroh*) adj. rough;

aspersión (*ahspayRsyon* m. spraying, sprinkling.

aspiración (*ahspeerahthyón*) f. aspiration, desire, hope, aim.

aspirante (*ahspeerahntay*) m. candidate, adj. aspiring.

aspirar (*ahspeeráR*) tr. to draw breath; to aspire, to aim at, to hope, to covet.

aspirina (*ahspeeréenah*) f. aspirin.   the; to nauseate.

asquear (*ahskaydR*) tr. to loa-
asquerosidad (*ahskayrohseedáhd*) f. nastiness, filthiness, foulness.

asqueroso (*ahskayróhsoh*) adj. nasty, filthy, foul, loathsome.

asta (*áhstah*) f. (flag)-staff antler ,horn; *Carp.* shaft; *Naut.* anchor-shant. **A media** — at half mast.   [terisk.

asterisco (*ahstayreeskoh*) m. as-
astilla (*ahstéelyah*) f. splint(er), chip. **De tal palo tal —,** like father, like son.

astillero (*ahsteelyáyroh*) m. shipyard, dock-yard.   [astringent.

astringente (*ahstrinHéntay*) adj.

astro (*áhstroh*) m. heavenly body, (cin.) star.

astrología (*ahstrohlohHée:ah*) f. astrology.

astrológico (*ahsrohlóhHekoh*) adj. astrological.   [astrologer.

astrólogo (*ahstróhlohgoh*) m.

astronomía (*ahstrohnohmée:ah*) m. astronomy.

astronómico (*ahstrohnóhmeekoh*) adj. astronomical.

astrónomo (*ahstróhnohmoh*) m. astronomer.

astucia (*ahstóotryah*) f. cunning, craft(iness), shrewdness, slyness, smartness.

astuto (*ahstóotoh*) adj. astute, cunning, sly, crafty, smart shrewd. (coll.) slyboots.

asueto (*ahswaytoh*) s. short holiday, time off, break. **Día de —,** day off.

asumir (*ahsoomeer*) tr. to assume, to suppose, to take on.

asunción (*ahsoonthyón*) f. assumption, supposition.

asunto (*ahsóontoh*) m. matter; subject, affair, bussiness. **no es — tuyo,** this is none of your business.

asustadizo (*ahsoosstahdéetoh*) adj. timid, shy, cowardly.

asustar (*ahsoosstáR*) tr. to frighten, to scare, to starle.

asustarse (*ahsoosstáRsay*) r. to be frightened.

atacar (*ahtahkáR*) tr. to attack, to assault, to assail, to charge.   [ing.

atadura (*ahtahdóorah*) f. fastenatajar (*ahtahHaR*) v. i. to take a short cut; v. t. to intercept; to cut short (convers.)

atacador (*ahtahkaRdoR*) m. attacker, aggressor; adj. attacking, aggressive.

atajo (*ahtahHoh*) m. short-cut; interruption.

atalaya (*ahtahláyah*) f. watchtower, look out position.

atañer (*ahtahnyáyR*) intr. to belong, to concern. **Eso no me concierne,** That doesn't concern me, that isn't my business.

atar (*ahtáR*) tr. to tie; to bind, to fasten; **— de pies y manos,** to tie hand and foot. **— por la cintura,** to tie by the waist.   [busy.

atareado (*ahtahrayáhdoh*) adj.
atarear (*ahtahrayaR*) tr. to give a task to ask. v. r. to be very busy.

atascamiento (*ahtasskamyentoh*) m. obstruction; *Traff.* Traffic-jam.

atascar (*ahtahskáR*) tr. to sall; *Naut.* to stop a leak. (pip.) to stop up, to make up, to bung up.

atascarse (*ahtahkáRsay*) r. to stick in the mire, to get made up, to get bunged up.

ataúd (*ahtah/óod*) m. coffin; hearse.

ataviado (*ahtahbyáhdoh*) adj. ornamented; dressed.

ataviar (*ahtahbyáR*) tr. to adorn, to assuage, to cool.

ateísmo (*ahtay/eesmoh*) m. atheism.

atemorizar (*ahtaymohreetháR*) tr. to frighten, to scare, to daunt.

atemperar (*ahtempayráR*) tr. to (at)temper, to soften, to assuage, to cool.

atención (*ahtaynhthyón*) f. attention; kindness.

atender (*ahtayndaR*) intr. to attend; to mind; to heed.

ateneo (*ahtaynáyoh*) m. athenæum.

atenerse (*ahtaynáRsay*) r. to stick to.

atentado (*ahtayntáhdoh*) m. attack, attempted crime.

atentar (*ahtayntaR*) tr. to make an attempt, to attempt on, to attack.

atento (*ahtayntoh*) adj. attentive, mindful, polite.

atenuante (*ahtaynwantay*) adj. attenuating.   [tenuate.

atenuar (*ahtaynoo:áR*) tr. to attenuate.

ateo (*ahtáyoh*) m. atheist.

aterrador (*ahtayRahdoR*) adj. horrible, dreadful, terrifying.

aterrar (*ahtayRáR*) tr. to frighten.

aterrizaje (*ahtayReethahHay*) m. landing; (aer.) **tren de —,** landing gear.   [land.

aterrizar (*ahtayReethaR*) intr. to land.

aterrorizar (*ahtayRohreetháR*) tr. to terrify, to scare, to frighten.

atesorar (*ahtaysohráR*) tr. to hoard up.

atestación (*ahtaysstahthyón*) f. attestation.

atestado (*ahtaysstáhdoh*) adj. attested; witnessed. m. testimonial.

atestar (*ahtaysstár*) tr. to cram, to fill up; to attest, to testify.

atestiguar (*ahtaysteegwaR*) tr. to depose; to give evidence, to witness, to testify.

atiborrar (*ahteebohRáR*) tr. to cram, to stuff.

ático (*áhteekoh*) m. attic.

atinar (*ahteenáR*) intr. to guess, righthly. **— en el blanco,** to hit the mark.

atisbar (*ahteesbáR*) tr. to pry.

atizador (*ahteethahdoR*) m. fire-poker. adj. poking.

atizar (*ahteetháR*) tr. to stir (the fire), to poke. (fig.) to hit, to give blows. **¡Atiza!** Blimey! Good gracious!

atlántico (*ahtláhnteekoh*) adj. Atlantic.

atlas (*áhtlahs*) m. atlas.

atleta (*ahtláytah*) s. athelete.

atlético (*ahtláyteekoh*) adj. athletic, robust.

atletismo (*ahtlayteessmoh*) m. athletism, athletics.

atmósfera (*ahtmóssfayrah*) f. athmosphere.

atmosférico (*ahtmossfáyreekoh*) adj. atmospherical.

atolladero (*ahtohlyadáyroh*) m. deep miry place, obstacle, mess. *Pol.* deadlock, impasse.

atollarse (*ahtohlyáRsay*) r. to fall into the mire, to stall.

atolondrado (*ahtohlondráhdoh*) adj. harebrained, thoughtless, daft.

atolondrar (*ahtohlondráR*) tr. to stun, to stupefy, to confound.   [mic.

atómico (*ahtóhmeekoh*) adj. ato-
átomo (*áhtohmoh*) m. atom.

atónito (*ahtóhneetoh*) adj. astonished, amazed, stunned.

atontado (*ahtontáhdoh*) adj. mopish; foolish, silly, daft; *Sport.* groggy.

atontar (*ahtontáR*) tr. to stun, to confound; to make giddy, groggy.

atormentar (*ahtoRmentáR*) tr. to torment, to turture.   [screw.

atornillar (*ahtoRneelyáR*) tr. to screw.

atosigar (*ahtohseegaR*) v. t. to harass, to bother.

atracadero (*ahtrahkahdayroh*) m. *Naut.* landfall, landing-place.   [docked, berthed.

atracado (*ahtrahkahdoh*) adj.
atracador (*ahtrahkahdóR*) m. highway-man, gangster.

atracar (*ahtrahkáR*) tr. to assault, to hold-up; *Naut.* to berth, to dock, to moor.

atracarse (*ahtrahkáRsay*) r. to overeat, to eat one's fill, to stuff oneself.   [up.

atraco (*ahtráhkoh*) m. hold(ing)
atracción (*ahtrahkthyón*) f. attraction, appeal.

atractivo (*ahtrahkteeboh*) adj. attractive; m. grace, charm, attraction.

atraer (*ahtrah/ayR*) tr. to attract, to lure, to draw in.

atragantarse (*ahtrahgahntáRsay*) r. to choke; (conv.) to stop short.

atrancar (*ahtrankáR*) r. t. to bolt, to bar the door.

atrapar (*ahtrahpáR*) tr. to overtake; to catch.

atrás (*ahtráhs*) adv. backwards; behind, back; **¡Atrás!** stand back!

atrasado (*ahtrahsáhdoh*) adj. backward, out of date, indebted, (clocks) slow; (time) late.

atrasar (*ahtrahsáR*) tr. to delay; to retard, (cloks...) to lose (time), to be late.

atraso (*ahtráhsoh*) m. backwardness; pl. arrears.

atravesar (*ahtrahbaysáR*) tr. to run through; to go across, to cross, to cross over.

atravesarse (*ahtrahbaysáRsay*) r. to interfere.

atrayente (*ahtrahyéntay*) adj. attractive.   [dare.

atreverse (*ahtraybayRssay*) r. to dare.

atrevido (*ahtraybéedoh*) adj. daring, bold; insoent, forward.

atrevimiento (*ahtraybeemyéntoh*) m. boldness, daring, audacity.

atribución (*ahtreeboothyón*) f. attribution.

atribuir (*ahtreebweeR*) tr. to attribute, to impute.

atribuirse (*ahtreebweeRsay*) r. to assume.

atribular (*ahtreebooláR*) tr. to vex, to annoy, to torment.

atributo (*ahtreebóotoh*) m. attribute, wickedness, cruelty.

atrincheramiento (*ahtreenchay-rahmyéntoh*) m. entrenchment.

atrincherar (*ahtreenchayráR*) tr. to entrench.   [tico.

atrio (*áhtryoh*) m. porch, por-
atrocidad (*ahtrohtheedád*) f. atrocity, wickedness, cruelty.

atrofia (*ahtróhfyah*) f. atrophy.

atrofiarse (*ahtrohfyáRsay*) r. to atrophy, to wilt, to wane.

atropellar (*ahtrohpaylyáR*) tr. *Traff.* to run over, to knock down; (peop.) to trample.

atropellarse (*ahtrohpaylyáRsay*) r. to hurry, to be too hasty.

atropello (*ahtrohpáylyoh*) m. trampling; abuse; knock down, run over.

atroz (*ahtróth*) adj. atrocious, inhuman, barbarous; (coll.) enormous, huge.   [na.

atún (*ahtóon*) m. tunny-fish, tu-
aturdido (*ahtoordeedoh*) adj. harebrained, giddy; thoughtless; bewildered.

aturdir (*ahtoordéeR*) tr. to embarrass; to stupefy, to bewilder.

audacia (*ah/oodáhthyah*) f. audacity, boldness.

audaz (*ah/oodáth*) adj. bold; audacious, daving.

audiencia (*ah/oodyénthyah*) f. audience; hearing; court of justice.

auditorio (*ahoodeetóhryoh*) adj. auditory. m. audience, auditorium.

auge (*ah/ooHay*) m. great prosperity, boom. **Estar en —,** to be in the up and up.

augurar (*ah/oogooráR*) tr. to augur, to predict, to foxbode.

aula (*ah/óolah*) f. classroom.

aullar (*ah/oolyáR*) intr. to howl; **— de dolor,** to yell with pain.

aullido (*ah/oolyéedoh*) m. howl; (pain) yell.

aumentar (*ah/oomayntáR*) tr. to augment, to increase, to enlarge, to grow larger.

aumento (*ah/oomayntoh*) m. augment, increase, enlargement.

aun (*ah/óon*) adv. yet; as yet; still; even; however.

aunar (*ah/oonáR*) tr. to unite.

aunque *(ah/oonkáy)* adv. (al)-though, notwithstanding, however, nevertheless. [den.
aureo *(ah/óorayoh)* adj. gol-
aureola *(ah/oorayóhalah)* f. aureola; halo.
auricular *(ah/oorekooláR)* adj. auricular; (telephone) receiver.
aurora *(ah/ooróhrah)* f. dawn.
auscultar *(ah/ooskooltáR)* tr. to auscultate. [sence.
ausencia *(ah/oosénthe:ah)* f. ab-
ausentarse *(ah/oosayntáRsay)* r. to go away. [sent.
ausente *(ah/oosayntay)* adj. absent.
austeridad *(ah/oostayreedád)* f. austerity. [tere.
austero *(ah/oostáyroh)* adj. aus-
autentificar *(ah/ootaynteefee-kaR)* tr. to authenticate.
auténtico *(ah/ootaynteekoh)* adj. authentic, genuine, real.
auto *(ah/óotoh)* m. judicial decree; writ, warrant.
auto m. (fam.) car.
autobús *(ah/ootohbóoss)* m. bus; — **de dos pisos**, double-decker bus.
auocar *(ah/ootohkáR)* m. coach.
autógrafo *(ah/ootóhgrahfoh)* m. autograph.
automático *(ah/ootohmáhtee-koh)* adj. automatic.
automóvil *(ah/ootohmóhbeel)* m. automobile, m. (motor)-car.
automovilismo *(ah/ootohmoh-beeleessmoh)* m. automobilism.
automovilista *(ah/ootohmohbee-leesstah)* s. automobilist, motorcar-driver; motorist.
autonomía *(ah/ootohnohmée:-ah)* f. autonomy, home rule; (fig.) self-determination.
autopsia *(ah/ootópsyah)* f. Med. autopsy, post-morten.
autor *(ah/ootóR)* m. author; Lit. writer; Mus. composer.
autora *(ah/ootórah)* f. authoress; Lit. writer; Mus. composer. [authority.
autoridad *(ah/ootohreedáhd)* f.
autorizado *(ah/ootohreetháh-doh)* adj. authorized.
autorizar *(ah/ootohreetháR)* tr. to authorize.
auxiliar *(ah/ookseelyáR)* tr. to aid, to help, to assist. adj. y m. auxiliary; assistant.
auxilio *(ah/ookséelyoh)* m. aid; help; **primeros — s**, first aid.
aval *(ahbáhl)* m. Com. endorsement. [advance; headway.
avance *(ahbáhnthay)* m. Mil.
avanzada *(ahbahntháhdah)* f. (mil.) (out)post.
avanzar *(ahbahntháR)* intr. to advance; to go forward.
avaricia *(ahbahréethyah)* f. avarice, greed.
avaricioso *(ahbahreethyóhsoh)* adj. avaricious, miserly, covetous.
avaro *(ahbáhroh)* adj. mean, stingy; miser.
avasallar *(ahbahsahlyáR)* tr. to subdue, to enslave.
ave *(áhbay)* f. bird, fowl; — **silvestre**, wild bird. — **de paso**, migratory bird. — **de rapiña**, bird of prey.
avecinarse *(ahbaytheenáRsay)* tr. to approach.
avellana *(ahbaylyáhnah)* f. hazel-nut. [zel-nut tree.
avellano *(ahbaylyáhnoh)* m. ha-
avena *(ahbáynah)* f. oats.

avenida *(ahbaynéeda)* f. avenue; Hidr. flood. [agree to.
avenirse *(ahbaynéeRsay)* r. to
aventajado *(ahbayntahHáhdoh)* adj. advantageous; outstanding, excellent.
aventajar *(ahbayntahHáR)* tr. to surpass, to excel, to improve. [venture.
aventura *(ahbayntóorah)* f. adventure.
aventurado *(ahbayntooráhdoh)* adj. risky, hazardous.
aventurar *(ahbayntooráR)* tr. to venture, to risk, to endanger.
aventurero *(ahbayntooráyroh)* m. adventurer.
avergonzado *(ahbayRgonthah-doh)* adj. ashamed.
avergonzar *(ahbayRgontháR)* tr. to shame.
avergonzarse *(ahbayRgontháR-say)* r. to be ashamed.
avería *(ahbáyrée:ah)* f. damage. Mech. breakdown; Naut. average.
averiarse *(ahbayryáRsay)* r. to suffer damage, to have a breakdown.
averiguación *(ahbayreegwah-thyón)* f. investigation, inquiry; discovery.
averiguar *(ahbayreegwáR)* tr. to inquire; to find out.
aversión *(ahbayRsyón)* f. aversion. [trich.
avestruz *(ahbaystrooth)* m. ostrich.
aviación *(ahbe:ahthyón)* f. aviation. [tor, airman.
aviador *(ahbe:ahdóR)* pilot, aviadez *(ahbeedayth)* f. avidity, eagerness.
ávido *(áhbeedoh)* adj. eager, anxious, greedy. [ed, perverse.
avieso *(ahbyáysoh)* adj. crook-
avinagrado *(ahbeenahgráhdoh)* adj. sour, vinegarish; (coll.) embittered, crabbed.
avinagrar *(ahbeenahgrár)* tr. to go sour; v. r. to become sour.
avión *(ahbyón)* m. aeroplane, (coll) plane.
avisado *(ahbeesáhdoh)* adj. cautious, sharp, prudent.
avisar *(ahbeesáR)* tr. to advise, to inform, to let know; to warn.
aviso *(ahbeéesoh)* m. warning; annoucement, notice.
avispa *(ahbeespah)* f. wasp.
avispado *(ahbeespáhdoh)* adj. brisk; lively, sharp, cute, smart.
avispar *(ahbeespaR)* (coll.) to rouse. v. r. to become lively.
avispón *(ahbeespon)* m. Hornet.
avistar *(ahbeestáR)* tr. to descry, to catch sigh of, — **con**, to interview. [victual.
avituallar *(ahbeetwahlyáR)* tr. to
avivar *(abeebáR)* tr. to enliven, to quicken; to revive.
axila *(ahkséelah)* f. armpit.
axioma *(ahksyóhmah)* m. axiom.
¡ay! *(áh/ee)* interj. alas! (pain) ouch! [ness.
aya *(áhyah)* f. tutoress, governess.
ayer *(ahyáyR)* adv. yesterday.
ayo *(áhyoh)* m. tutor; governor. [assistance.
ayuda *(ahyóodah)* f. help, aid,
ayudante *(ahyoodáhntay)* s. assistant, aid; Mil. adjutant, aide-de-camp.
ayudar *(ahyoodáR)* tr. to aid; to help.
ayunar *(ahyoonáR)* tr. to fast.
ayuno *(ahyóonoh)* s. fast; abstinence.

ayuntamiento *(ahyoontahmyén-tóh)* m. municipal government, city hall, town hall.
azada *(ahtháhdah)* s. spade; hoe. [grub.
azadón *(ahthahdón)* s. pickaxe;
azafata *(ahthahfáhtah)* f. air hostess. [fron.
azafrán *(ahthahfráhn)* s. saffron.
azahar *(ahtha/áR)* s. orange or lemon blossom. [ce.
azar *(ahtháR)* s. hazard, chance.
azorar *(ahthohráR)* tr. to bewilder, to embarrass, to confound.
azotaina *(ahthohtáh/tnah)* f. drubbing; fam, spanking.
azotar *(ahthohtáR)* tr. to whip, to flog.
azote *(ahthóhtay.)* m. whip; lash; spank. (fig.) scourge.
azotea *(ahthohtáyah)* m. flat roof.
azúcar *(ahthóokaR)* m. sugar, — **moreno**, brown sugar, — **en polvo**, caster sugar, **un terrón de —**, a lump of sugar.
azucarar *(ahthookaráR)* tr. to sugar, to sweeten.
azucarero *(ahthookaráyoh)* m. sugar bowl or basin.
azucena *(ahthootháynah)* f. Bot. white lily.
azufre *(ahthóofray)* m. sulphur.
azul *(ahthóol)* adj. blue, — **celeste**, sky blue, — **oscuro**, dark blue, — **claro**, light blue. [bluish.
azulado *(ahthooláhdoh)* adj. azular *(ahthooláR)* tr. to blue.
azulejo *(ahthooláyHoh)* m. glazed tile. [on (dogs).
azuzar *(ahthootháR)* tr. to set

B b

baba *(báhbah)* f. drivel; spittle. [vel.
babear *(bahbayáR)* intr. to drivel.
Babia *(Báhbyah)* f. **estar en —**, to be wool-gathering.
babor *(bahbóR)* m. Naut. larboard, port. **¡Todo a —!** Hard a-port!
babosa *(bahbohssah)* f. slug.
baboso *(bahbohssoh)* adj. drivelling, slavering. m. driveller, slaver. (coll) pert, insolent. [boosh.
babucha *(bahbóochah)* f. slipper.
bacalao *(bahkahláh/oh)* m. cod-(fish).
bacanal *(bahkahnáhl)* f. orgy.
bacilo *(bahthéeloh)* m. bacillus.
bacteria *(bahktáyryah)* f. bacterium.
báculo *(báhkooloh)* m. walking-stick; staff; bishop's crozier.
bache *(báhchay)* m. chuck-hole, pot-hole.
bachiller *(bahcheeláyR)* m. bachelor (firsh degree); (fam.) babbler.
bachillerato *(bahcheelyaráhtoh)* m. baccalaureate, bachelor-ship. [ditch.
badén *(bahdayn)* rain-gutter,
badulaque *(bahdoolahkay)* m. (coll.) nit-wit, featherbrained fellow.
bagaje *(bahgáhHay)* m. baggage; luggage. [fle.
bagatela *(bahgahtáylah)* f. trifle.
bahía *(bah/ée:ah)* f. bay.
bailador *(bah/eeladóR)* m. dancer.
bailar *(bah/eeláR)* tr. to dance.

baile *(bah/eelay)* m. ball, dance.
baja *(báhHah)* f. decrease, fall (of price), vacancy, (Mil. & Accid.) casualty. **Darse de —** to resign. **Estar de —**, to be off-sick.
bajada *(bahHáhdah)* f. descent; down-hill, slope. [tide.
bajamar *(bahHamaR)* m. low
bajar *(bahHáR)* intr. to come, go, get or step down; tr. to lower. [ness.
bajeza *(bahHáythah)* f. mean-
bajo *(bahHoh)* adj. low; abject; ordinary; vulgar; m. (mar.) shoal, sand; ground floor.
bala *(báhlah)* f. bullet, bale.
balada *(bahláhdah)* f. ballad.
baladí *(bahladée)* adj. triffling.
balance *(bahláhnthay)* m. balance (—sheet); Naut. rolling.
balancear *(bahlahntharyáR)* tr. to balance, Naut. to roll.
balancearse *(bahlahnthayáR-say)* r. to swing, to sway.
balanceo *(bahlahntháyoh)* m. oscillation, rocking, swaying.
balancín *(bahlahnthéen)* m. swing (-bar), **silla de —**, rocking chair. [le(s).
balanza *(bahláhnthah)* f. scale.
balazo *(bahláhthoh)* m. (gung)-shot, bullet-wound.
balbucear *(bahlboothayáR)* intr. to splutter, to babble.
balbuciente *(bahlboothyéntay)* adj. stammering. [splutter.
balbucir *(bahlboothéeR)* intr. to
balcón *(bahlkón)* m. balcony.
baldar *(bahldaR)* v. t. to cripple, to mam. v. r. to become crippled.
balde *(bahldáy)* m. Mar. bucket; **de —**, adv. **gratis**, free of charge or cost; **en —**, adv. in vain. [(land).
baldío *(bahldée:oh)* adj. waste
baldosa *(bahldóhsah)* f. square tile, flag-(stone).
balear *(bahlayáR)* adj. s. Balearic. [spa.
balneario *(bahlnayáhryoh)* m.
baliza *(bahleethah)* Naut. buoy.
balón *(bahlón)* n. (foot-)ball; — **cesto**, basketball; — **volea**, volley-ball.
balsa *(báhlsah)* f. pool; lake; Naut. raft, flat. [balsamic.
balsámico *(bahlsáhmeekoh)* adj.
bálsamo *(báhlsahmoh)* m. balsam; balm. [wark.
baluarte *(bahloo:áRtay)* m. bulwark.
ballena *(bahlyáynah)* f. Zool. whale.
ballenero *(bahlyaynáyroh)* m. whale; whaling ship.
ballesta *(bahlyésstah)* f. cross-bow, Mech. laminated spring.
ballestero *(bahlyesstáyroh)* m. cross bowman, archer.
banca *(báhnkah)* f. Com. bank, banking.
bancarrota *(bahnkahRóhtat)* s. bankruptcy; **irse a la —**, to go bank rupt.
banco *(báhnkoh)* m. (sit), form bench; Com. bank; (fish.) soal of fish; Naut. — **de arena**, sand bank, shoal. — **de hielo**, ice-field.
banda *(bahndah)* f. sash; scarf; ribbon; Mus. band; Crim. gang; Naut. side.
bandada *(bandahdah)* f. flock (of birds).
bandeja *(bahndáyHah)* f. tray, platter.

100 bandera (*bandayrah*) f. flag; banner; — **blanca**, flag of truce; — **de popa**, ensign; — **de proa**, pack. **arriar la —**, to strike the colours.

banderilla (*bahndáyrée:lyah*) small-headed dart.

banderillear (*bahndayreelyayáR*) tr. to affix **banderillas**.

banderillero (*bahndayreelyáyroh*) m. affixer of **banderillas**.

bandido (*bahndéedoh*) s. bandit; outlaw highwayman.

bando (*bándoh*) m. proclamation; edict; *Pol*. party, faction.

bandolero (*bahndohláyroh*) s. robber; brigand, highwayman.

banquero (*bahnkáyroh*) m. banker, bank-manager.

banquete (*bahnkáytay*) m. banquet, feast.

banquillo (*bahnkéelyoh*) m. f. little stool; small bench, *Law*. dock.

bañador (*bahnyahdóR*) m. bathing costume, trunks.

bañar (*bahnyáR*) tr. to bathe; (in the open); (dom.) to bath.

bañarse (*bahnyáRsay*) intr. to take a bath, to have a bath; to bathe.

bañera (*bahnyáyrah*) f. bathtub.

baño (*báhnyoh*) m. bath, **cuarto de —**, bath-room; (paint) coat; — **Turco**, Turkish bath. (fig.) (coll.) **Dar un baño,** to defeat completely, **to be a** walk-over. [s. baptistery.

baptisterio (*bahpteesstáyryoh*)

bar (*báR*) s. bar; pub. [cards.

baraja (*bahráhHah*) f. pack of

barajar (*bahrahHáR*) tr. to shuffle (cards).

baranda (*bahráhndah*) f. railing.

barandilla (*bahrahndéelyah*) f. railings (small).

baratija (*bahrahtéesHah*) f. nick-(-knack), trinkets, trifles.

baratillo (*bahrahtéelyoh*) m. frippery.

barato (*bahráhtoh*) adj. cheap.

baratura (*bahrahtóorah*) f. cheapness.

barba (*bárbah*) f. beard; chin, **por —**, ahead, apiece.

barbaridad (*barbahreedáhd*) s. barbarity, cruelty, rashness.

barbarie (*barbahrye*) f. barbarousness, incivility.

bárbaro (*bárbahroh*) adj. barbarous; m. barbalan.

barbería (*barbayrée:ah*) f. barber's shop. [shaver.

barbero (*barbáyroh*) m. barber;

barbilla (*baRbeelya*) f. chin.

barbudo (*barbóodoh*) adj. (long)bearded.

barca (*bárkah*) f. boat; barge.

barcaza (*barkáhthah*) f. lighter.

barco (*bárkoh*) m. boat; ship, vessel. [rytone.

barítono (*bahréetohnoh*) m. ba-

barlovento (*barlohbayntoh*) m. windward. *Naut*. **costado de —**, windward side.

barniz (*barnéeth*) m. varnish; — **de las uñas**, nail lacquer.

barnizar (*barneetháR*) tr. to varnish; to gloss, to lacquer.

barómetro (*baróhmaytroh*) m. barometer.

barón (*barón*) m. baron.

baronesa (*baronáysah*) f. baroness.

barquero (*barkáyroh*) m. bargemann; boatman; ferryman.

barquillo (*barkéelyoh*) m. (thin rolled) wafer, waffle.

barra (*báRah*) f. (metal.) bar. ingot; lever; crow. — **bar**, rod, strip; *Naut*. bar, sandbar, *Mus*. bar; —**s y estrellas**, bars and estripes (American flag).

barraca (*bahRáhkah*) f. barrack; hut, cabin; fair booth.

barranco (*bahRánkoh*) m. ravine, gorge.

barredura (*bahRaydóorah*) f. sweeping; pl. sweepings, refuse, dust.

barrena (*bahRaynah*) f. (earth-)borer, drill; — **grande**, auger; — **pequeña**, gimlet.

barrenar (*bahRaynáR*) tr. to bore, to drill; to blast (rocks); — **un barco**, toscuttle.

barrendero (*bahRendáyroh*) m. sweeper; dustman.

barreno (*bahRáynoh*) m. large auger, biast(-hole), scuttle.

barreño (*bahRáynyoh*) m. basin, trough, bowl.

barrer (*baRayR*) tr. to sweep; (fig.) to sweep away.

barrera (*bahRáyrah*) f. barrier, barricade, parapet, fence.

barriada (*bahRyádah*) f. suburb, (city) ward; district. [ricade.

barricada (*bahRykáhdah*) f. bar-

barriga (*bahRéegah*) f. belly.

barrigudo (*bahRygóodoh*) adj. (big-)bellied, pot-bellied.

barril (*bahRéel*) m. barrel.

barrio (*báhRyoh*) m. city district or ward, quarter; **el otro —**, (fam.) the other world.

barrizal (*bahReetháhl*) m. muddy place. [earthenware.

barro (*baRoh*) m. clay; mud;

barrote (*bahRóhtay*) m. iron bar; rung (stairs).

barruntar (*bahRoontáR*) tr. to surmise; to guess, to foresee, to conjecture.

barullo (*baRóolyoh*) m. confusion, disorder, row. [tal.

basa (*báhsah*) f. basis; pedes-

basamento (*bahsahmayntoh*) m. *Arch*. basement.

basar (*bahsáR*) tr. to base, to fix; (fig.) to found, to rest on.

basca (*báhskah*) f. nausea.

báscula (*báhskoolah*) f. weighbridge; weighing scales.

base (*báhsay*) f. base; basis; foundation; — **militar/aérea /naval**, military/air/naval base. [ca.

basílica (*bahséeleekah*) f. basili-

basta (*báhstah*) interj. enough; stop, halt; adv. sufficiently, halt, that'll do!

bastante (*bahstáhntay*) adj. sufficient; quite, rather, fairly.

bastar (*bahstáR*) intr. to be enough, to suffice.

bastardilla (*bashtaRdeelyah*) f. italic(s) (print).

bastardo (*bahstáRdoh*) adj. bastard; spurious; m. bastard.

bastidor (*bahsteedóR*) m. (embroidery) frame, stretcher; **entre —es**, (theat.) in the wings, (fig.) behind the scenes; sashwindows.

basto (*báhstoh*) adj. rough, coarse; pl. clubs (cards).

bastón (*bahstón*) m. (walking) cane, stick, staff.

bastonazo (*bahstonáhthoh*) m. stroke with a stick.

basura (*bahsóorah*) f. sweeping, refuse, rubbish, dirt, dust *U.S.A.* garbage.

basurero (*bahsooráyroh*) m. dustman, *U.S.A.* garbage collector; rubbish dump; garbage heap.

bata (*báhtah*) f. dressing gown; house coat; overall. [fight.

batalla (*bahtáhlyah*) f. battle.

batallar (*bahtahlyáR*) intr. to battle, to fight; (fig.) to contend. [lion.

batallón (*bahtahlyón*) m. battalion.

batería (*bahtayrée:ah*) f. *Mil*. *Electr*. battery; — **de cocina**, kitchen utensils; *Mus*. percussion; m. drummer.

batida (*bahtéedah*) f. run hunting. *Sport*. battue. *Mil*. reconnaissance; hunting-party.

batido (*bahtéedoh*) adj. beaten, trodden (as roads); m. batter, (milk-) shake.

batidor (*bahteedóR*) m. scout, ranger; beater.

batidora (*bahteedóhrah*) f. whisk; stirrer, *Mech*. electric-beater.

batir (*bahtéeR*) tr. to beat; (eggs, etc.) to whip. (cream, etc.); to flap (wings), v. r. to fight.

batuta (*bahtóotah*) f. conductor's wand, baton, stick.

baúl (*bah/óol*) m. trunk, chest.

bautismo (*bah/ooteessmoh*) m. baptism.

bautizar (*bah/ooteetháR*) tr. to baptize; to christen.

bautizo (*bah/ootéethoh*) m. baptism, christing. [duster.

bayeta (*bahyáytah*) f. baize, baize-cloth.

bayo (*báhyoh*) adj. light brown; bay (horse).

bayoneta (*bahyohnáytah*) f. bayonet. — **calada**, fixed bayonet.

bazar (*bahtháR*) m. bazaar.

bazo (*báhthoh*) m. *Anat*. spleen.

beata (*bayáthtah*) f. devout woman, prude.

beatería (*bayahtayréeah*) f. bigotry.

beatificar (*bayahteefeekáR*) tr. to beatify. [titude.

beatitud (*bayahteetóod*) f. beatitude.

beato (*bayáhtoh*) m. plous person; bigot; adj. happy.

bebedor (*baybaydóR*) m. drinker, tippler, toper, booser.

beber (*baybayR*) tr. to drink.

bebida (*baybéedah*) f. drink, beverage.

bebido (*baybéedoh*) adj. drunk.

beca (*báykah*) f. scholarship.

becerro (*baytháyRoh*) m. (yearling) calf, heifer.

bedel (*baydayl*) m. (univ. etc.) porter, warden. [mock.

befa (*báyfah*) f. jeep; scoff;

befar (*bayfáR*) tr. to laugh at; to mock, to jeer at. [belle.

beldad (*beldáhd*) f. beauty, a

belga (*bélgah*) adj. s. Belgian.

bélico (*báyleekoh*) adj. warlike.

belicoso (*bayleekóhsoh*) adj. bellicose, warlike; (fig.) aggressive quarrelsome.

beligerante (*bayleeHayrantay*) adj. belligerent.

belleza (*baylyáythah*) f. beauty; handsomeness, loveliness.

bello (*báyyoh*) adj. beautiful; handsome; fair. **El — sexo,** the fair sex. **Las —as Artes,** the fine Arts.

bellota (*baylyóhtah*) f. acorn.

bendecir (*bayndaythéeR*) tr. to bless. [blessing.

bendición (*bayndeethyón*) f.

bendito (*bayndéetoh*) adj. blessed; (fam.) silly, m. simpleton.

beneficencia (*baynayfeetháynthya*) f. beneficence; charity.

beneficiar (*baynayfeethyaR*) tr. benefit. v. r. to make profit; to benefit oneself.

beneficio (*baynayféethyoh*) m. benefit; profit.

beneficioso (*baynayfeethyohsoh*) adj. beneficial, profitable, advantageous.

benéfico (*baynáyfeekoh*) adj. beneficent, charitable.

benemérito (*baynaymáyreetoh*) adj. meritorious; worthy.

beneplácito (*baynaypláhtheetoh*) m. approbation; consent.

benevolencia (*baynaybohlaynthya*) f. benevolence, goodwill.

benévolo (*baynáybohloh*) adj. benevolent, gentle, kind.

benignidad (*bayneekneedahd*) f. benignity, kindness, mercifulness; *Clim*. mildness.

benigno (*bayneeknoh*) adj. beningn; *Clim*. mild.

beodo (*bayóhdoh*) adj. drunk(en); m. drunkard, drunk, tippler.

berenjena (*baynaynHáynah*) f. *Bot*. egg-plant. [red.

bermejo (*bayRmáHoh*) adj. brigh

berrear (*bayrayáR*) intr. to [bel]low.

berrido (*bayRéedoh*) m. low, (of children) squall, screaming, howling.

berrinche (*bayréenchay*) m. rage, paddy(whack), tantrum.

berza (*báyRthah*) f. *Bot*. cabbage. [touch closely.

besar (*baysáR*) tr. to kiss; to

beso (*báysoh*) m. kiss.

bestia (*baysstyah*) f. beast, brute, animal, (fig.) idiot, brute person. [brutal.

bestial (*baysstyahl*) adj. bestial;

bestialidad (*bayssstyahleedáhd*) f. bestiality, brutality.

besugo (*baysoogoh*) *Ichth*. (sea)-bream.

besuquear (*baysookáyáR*) tr. to bekiss, to slobber (with kisses).

besuqueo (*baysookáyoh*) m. repeated kissing, slobbering (with kisses).

betún (*baytoón*) m. bitumen; pitch, (shoe-)blacing, polish.

biberón (*beebayrón*) m. sucking or feeding bottle, (baby's) feed.

Biblia (*béeblyah*) f. Bible. [cal.

bíblico (*béebleekoh*) adj. bibli-

bibliófilo (*beeblyóhfeeloh*) m. book-lover, bibliophile, bookworm.

bibliográfico (*beeblyohgráfeekoh*) adj. bibliographical.

bibliógrafo (*beeblyóhgrahfoh*) m. bibliographer.

bibliómano (*beeblyóhmahnoh*) m. bibliomaniac.

biblioteca (*beeblyohtáykah*) f. library; (dom.) bookcase.

bibliotecario (*beeblyotaykáhryoh*) m. librarian.

bicarbonato (*beekáRbohnáhtoh*) m. bicarbonate.

bicicleta (*beetheekláytah*) f. (push-)bicycle; (fam.) bike, byke.

bicho (*béechoh*) m. grub, *U.S.A.* bug; (coll.) — **viviente**, living soul; insect; (fig.) vermin.

bidón (*beedón*) m. drum.

biela (*byélah*) f. brace-strut, crank, connecting-rod.

bien (byén) m. good; benefit; pl. assets; adv. well; right.

bienal (byenahl) adj. biennial.

bienaventurado (byenahbayn-tooráhdoh) adj. blessed; fortunato, successful.

bienaventuranza (byenahbayn-tooráhnthah) f. bliss (fulness); beatitude.

bienestar (by:enássstáR) m. well being; confort.

bienhechor (byenaychóR) m. benefactor. adj. charitable, kind.   [two years.

bienio (byáynyoh) m. space of

bienvenida (byenbaynéedahd) f. wellcome, **dar la —**, to welcome.

biftec (beefték) m. beefsteak.

bifurcación (beefooRkahthyón) f. branch, (railway) junction.

bifurcar (byfooRkáR) tr. to branch off.

bifurcarse (beefooRkáRsay) r. to branch off.   [my.

bigamia (beegamée:ah) f. bigabigamist.

bígamo (béégahmoh) m. bigamist.   [tache.

bigote (beegóhtay) m. m(o)ustache.

bilingüe (beeléengoo:ay) adj. bilingual.   [spleeny.

bilioso (beelyóhso) adj. bilious.

bilis (béeleess) bile, gall.

billar (belyáR) m. billiards.

billete (belyáytay) m. ticket, note; — **de banco**, bank note; — **de ida y vuelta**, return ticket, — **sencillo**, single ticket. — **de lotería**, lottery ticket.   [graphy.

biografía (byohgrafée:ah) f. bio-**biográfico** (byohgráhfeekoh) adj. biographical.   [grapher.

biógrafo (byóhgráhfoh) m. bio-**biombo** (byómmboh) m. folding screen.   [biochemistry.

bioquímica (byohkéemeekah) f.

bisabuela (beesahbw:áylah) f. great grandmother.

bisabuelo (beesahbwayloh) m. great grandfather.

bisagra (beeságrah) f. hinge.

bisemanal (beesaymahnál) adj. twice weekly.

bisiesto (beesyésstoh) adj. **año** — leap year.

bisonte (beesóntay) m. bison.

bisoño (beesónyoh) adj. raw, m. learner, greenhorn, novice.

bisturí (beesstoorée) m. Surg. lancet, bistoury, scalpel.

bizarría (beethahRée:ah) f. gallantry, valour, dash; splendidness.

bizarro (beetháRoh) adj. gallant, dashing, brave, generous.

bizco (béethkoh) adj. cross eyed, squint-eyed, squinting.

bizcocho (beethkóhchoh) m. sponge-cake.

biznieta (beethnyáytah) f. granddaughter.   [grandson.

biznieto (beethnyáytoh) m.

blanco (bláhnkoh) adj. white; blank, m. traget; **Tirar al —**, to shoot at a target. **Ropa —a**, linen. **Dar en el —**, to hit the mark. **Estar sin —a**, to be broke. **Dejar en —**, to leave out.   [teness.

blancura (blahnkóorah) f. whi-**blandir** (blahndéeR) tr. to brandish.

blando (bláhndoh) adj. soft, flabby, pliant; (food) tender; (pers.) gentle; Mus. flatted; (fig.) cowardly.

blandura (blahndóorah) f. softness, mildness, gentleness.

blanquear (blahnkayáR) tr. to whiten, to whitewash.

blanqueo (blahnkáyoh) m. whitening, whitewash.

blasfemar (blahsfaymáR) intr. to blaspheme, to curse.

blasfemia (blahsféymyah) f. blasphemy, curse.

bledo (blaydoh) m. **no me importa un —**, I don't care a toss.

blindado (beendáhdoh) adj. armoured.

blindaja (bleendáhHay) m. blind(age), armour(-plate).

blindar (bleendáR) tr. to protect with blindage.

bloquear (blohkayáR) tr. to blockade.   [kade.

bloqueo (blohkáyoh) m. blockblusa** (blóesah) f. blouse.

boato (boh/áhtoh) m. pompous show, ostentation.

bobada (bohbáhdah) f. silliness, folly, childishness.

bobalicón (bohbahleekón) s. blockhead, dolt, dunce; (coll.) not all there.

bobería (bohbayrée:ah) silliness, foolery, doltishness, childishness.   [Elect. coil.

bobina (bohbéenah) f. spool.

bobo (bóhboh) m. fool; duce; adj. simple; stupid.

boca (bóhkah) f. mouth; — **arriba**, upside down. — **abajo**, face downwards on one's face. **Cerrar la —**, to shut up. **A — de jarro**, point bank.

bocacalle (bohkahkahlyay) f. street opening, crossing.

bocadillo (bohkahdéelyoh) m. sandwich, snack.

bocado (bohkáhdoh) mouthful, bite, morsel. — **de rey**, delicacy.

bocanada (bohkahnáhdah) f. whiff, puff of smoke.

boceto (bohtháytoh) m. draft, sketch.

bocina (bohthéenah) f. Mot. horn; (fact.) hooter Naut. foghorn.

bochorno (bohchoRnoh) m. sultry (weather), blush.

boda (bóhdah) f. wedding; marriage. **—s de plata**, silver wedding. **—s de oro,** golden wedding.

bodega (bohdáygah) f. winevault; cellar; Naut. hold.

bodegón (bohdáygón) m. chophouse; tavern; still life (painting).   [box, buffet.

bofetada (bohfaytáhdah) f. slap, **bofetón** (bohfaytón) m. cuff, slap.   [hemian.

bohemio (boh/áyme:oh) m. bo-**boicot** (boheekót) m. boycott.

boicotear (boh/eekotayáR) tr. to boycott.

bola (bóhlah) f. ball; globe, pellet, bolus (fam) lie, humbug.

bolchevique (bolchaybéekay) adj. s. Bolshevist, Bolshevik.

boletín (bohlaytéen) m. bulletin.   [nine-pin.

bolo (bóhloh) m. skittle-pin, a

bolsa (bólsah) f. purse; pocket, bag, pouch. **La —**, Stock Exchange.

bolsillo (bolséelyoh) m. pocket; purse. adj. **De —**, pocketsize.

bolsista (bolseesstah) m. stockbroker.

bolso (bólsoh) m. purse of money, — **de mano**, handbag. — **de compras**, shopping-bag.

bollo (bohlyoh) m. small loaf, roll, bun, (fam.) imbroglio.

bomba (bómbah) f. pump, pumping-engine, bomb(shell).

bombardear (bombaRdayáR) tr. to bomb, to shell.

bombardeo (bombaRdáyoh) m. bombardment, helling, bombing.   [man.

bombero (bombáyroh) m. fire-**bombilla** (bombéelyah) f. bulb (electric light).

bombo (bómboh) m. bass drum.

bombón (bombón) m. bonbon, sweet, (fam.) pretty girl.

bonachón (bohnaschón) m. y adj. goodnatured (man).

bonanza (bohnáhnthah) f. fair weather; (fig.) prosperity.

bondad (bondáhd) f. goodness; kindness.

bondadoso (bondahdóhsoh) adj. kind, generous, helpful.

bonete (bohnáytay) m. bonnet.

bonito (bohnéetoh) adj. pretty nice; m. striped tunny.

bono (bóhnoh) m. (com.) bond, certificate, due-bill; voucher.

boqueada (bohkayáhdah) f. gasp; gape. **Dar las últimas —**, to be at the last gasp.

boquete (bohkáytay) m. gap.

boquiabierto (bohkyahbyeRtoh) adj. gaping, open-mouthed.

boquilla (bohkéelyah) f. mouth piece, cigarette-holder.

borbotar (boRbotáR) intr. to gush out.

borbotón (boRbohtohn) m. **Hablar a —es**, to speak hastily.

borda (bóRdah) f. Naut. gunwale. **Por la —**, overboard.

bordado (boRdáhdoh) m. embroidery. adj. embroidered.

bordadora (boRdadórah) f. embroideress. (mech.) embroidering-machine.   [der.

bordar (boRdáR) tr. to embroider.

borde (bóRday) m. border edge, fring. (clothes) hem (vess.) rim.

bordo (bóRdoh) m. Naut. bord; **a —**, aboard, on board.

borla (bóRlah) f. tuft; tassel; (acad.) Doctor's bonnet. **Tomar la —**, to take a Doctorate.

borra (bóRRah) f. fluff, flock wool, silk waste. (coll.) idle talk, trash.

borrachera (bohRRacháyrah) f. drunkenness, intoxication, spree, revelry.

borracho (bohRRáhchoh) adj. drunk; m. drunkard.

borrador (bohRRahdóR) m. daybook, rough draft; eraser, duster, rubber.

borrar (bohRRáR) tr. to erase, to rub off/out, to delete.

borrasca (bohRáhskah) f. storm.

borrascoso (bohRRahskóhsoh) adj. stormy, squally, (fig.) tempestuous.

borrego (bohRRáygoh) m. lamb. (coll.) simpleton.

borrica (bohRRéekah) f. she-ass.

borrico (bohRRéekoh) m. ass; donkey; (coll.) dunce, dullard.

borrón (bohRRón) m. blot (of ink).   [ed.

borroso (bohRRóhsoh) adj. blurry.

bosque (bóskay) m. woodland, forest.

bosquejar (boskayHáR) tr. to bosquejo** (boskáyHoh) m. (rough) sketch.

bostezar (bostaythahR) intr. to yawn; to gape.

bota (bóhtah) f. boot; leather bottle, wine-skin.

botadura (bohtahdóorah) f. (ship-) launching.

botánica (bohtáhneekah) f. botany.   [botanical.

botánico (bohtáhneekoh) adj.

botar (bohtáR) tr. to cast, to launch (ship).

bote (bóhtay) m. Naut. boat, (ball) bounce. (cont.) can. (pers.) jump. **De — en —**, chock-full.   [flask.

botella (bohtáylyah) f. bottle;

botica (bohtéekah) f. apothecary's shop; (chemist's shop).   [apothecary.

boticario (botheekáryoh) m.

botija (bohtéeHah) f. earthen pitcher, jug.

botijo (bohtéeHoh) m. earthen pitcher; **tren —**, excursion train.

botín (bohtéen) m. booty; buskin, half-boot; legging.

botiquín (bohteekéen) m. medicin, dressing-case.

botón (bohtón) m. button; Bot. bud, sprout; Elect. switch, knob.

botones (bohtónayss) m. fam. buttons, bell-boy.

bóveda (bóhbaydah) f. Arch. vault.   [of cattle.

bovino (bohbeenoh) adj. bovine.

boxeador (boksayahdóR) m. boxer, prize fighter.

boxear (boksayáR) tr. to box.

boxeo (boksáyoh) m. boxing, prize-fight.

boya (bóhyah) f. buoy; float.

bracear (brahthayáR) intr. to swing the arm.

bracero (brahtháyroh) m. (day-) labourer, navy.

braga (bráhgah) f. breeches, child's clout; plu, knickers; (coll.) panties, briefs.

braguero (brahgháyroh) m. (med.) truss, brace.

bramar (brahmáR) intr. to roar, to bellow, (fam.) to rage.

bramido (brahméedoh) m. (ani. & weath.) roar; bellow; (fig.) bawling.

brasa (bráhsah) f. live coal, red-hot coal/stick. **Estar en —**, to be like a cat on hot-bricks.   [sier; fire-pan.

brasero (brahsáyroh) m. bra-**bravata** (brahbáhtat) f. bravado, brag, boast. **Hacer —**, to brag, to boast, to show off.

bravío (brahbée:oh) adj. wild, sauvage, ferocious, (animals) wild (plants); m. fierceness.

bravo (bráhboh) adj. brave, valiant, courageous, hardy. **Toro —**, fighting-bull. **Mar —**, swollen sea; wild, intrj. ¡bravo!

bravura (brahbóorah) f. courage, manliness; (of anim.) ferocity, fierceness.

braza (bráthah) f. Naut. fathom; brace.

brazada (bratháhdah) f. armful; (swim.) stroke.

brazal (bratháhl) m. arm band, irrigation ditch.

brazalete (brathahláyta) m. bracelet, armlet.

brazo (bráthoh) m. arm. **Con los —s abiertos**, with open arms. **Con los —s cruzados**, with folded arms. **Llevar en —s**, to carry in arms.

brea (bráyah) f. pitch, tar- (paulin).

brevaje (braybáhHay) m. beverage, potion; Naut. grog.

brecha (bráychah) f. breach; opening. **Estar a la —**, to be on the offensive.   [gle.

brega (bráygah) f. strife, struggle.

bregar (braygáR) intr. to struggle, to strife, to wrestle with.

breve (bráybay) adj. brief, short, concise; m. apostolic brief, **—mente**, briefly, shortly, concisely.

brevedad (braybaydáhd) f. brevity, briefness, shortness, conciseness.   [breviary.

breviario (braybyáhryoh) m.

brezal (braytháhl) m. heath.

bribón (breebón) m. y adj. knave; scoundrel, rascal, rogue.

brida (brèedah) f. bridle (of a horse), string.

brigada (breegáhdah) f. brigade.

brillante (breelyáhntay) m. brillant, diamond; adj. bright, shining, brilliant.

brillantina (breelyahntéenah) f. brillantine.

brillar (breelyáR) intr. to shine, to sparkle, to glisten, to glitber.

brillo (brèelyoh) m. brilliancy, brightness, shine, polish.

brincar (breenkáR) intr. to leap, to jump, to skip, to hop.

brinco (brèenkoh) m. leap; jump; hop.   [toast.

brindar (breendáR) intr. to

brindis (brèendees) m. toast, health.

brío (brèe:oh) m. vigour, dash.

brioso (bryóhsoh) adj. vigorous.

brisa (brèesah) f. breeze.

británico (brèesah) f. breeze. British.

brizna (bréethnah) f. blade of grass; particle, small piece.

broca (bróhkah) f. borer, drill, bit.   [brush.

brocha (bróhchah) f. painter's

broche (bróhchay) m. clasp; Orn. brooch, hook and eye (sew.).

broma (bróhmah) f. gaiety, joke: **— pesada**, practical joke.

bromear (bromayáR) intr. to droll; to jest, to joke, to make fun.

bromista (bromeestah) m. merry fellow, joker, jester.

bronca (brónkah) f. wrangle, quarrel, row. **Hechar una —**, to tell off.

bronce (brónthay) m. bronze; brass.

bronceado (bronthayáhdoh) m. brassiness; bronzing; adj. brazen; tanned, sunburnt.

broncear (bronthayáR) tr. to bronze; to sun-burn, to suntan, to sun-bathe.

bronco (brónkoh) adj. rough, coarse; (fig.) rude; (voice) harsh, hoarse.   [chitis.

bronquitis (bronkéetees) f. bron-

brotar (brotáR) intr. Bot. to bud, to sprout, to shoot; to gush.

brote (bróhtay) m. bud, shoot.

broza (bróhthah) f. thicket, dead leaves and weeds.

bruja (bróoHah) f. witch; hag, sorceress.

brujería (bróoHayrée:ah) f. witchcraft, sorcery.

brujo (bróoHoh) m. sorcerer.

brújula (bróoHoolah) f. Naut. (sea) compass.

bruma (bróomah) f. mist, haze.

bruñido (broonyéedoh) m. polish; adj. burnished.

bruñir (broonyéeR) tr. to burnish, to polish.

bruscamente (broosskahméntay) (adv.) abruptly.

brusco (bróosskoh) adj. rough, brusque   [cious, savage.

brutal (brootahl) adj. brutal, vi-

brutalidad (brootahleedáhd) f. brutality, viciousness.

bruto (bróotoh) m. brute, beast. adj. rough. **peso bruto** m. gross weight.

bucear (boothayáR) tr. to dive.

buceo (boothàyoh) m. diving.

bucle (bóoklay) m. curl; lock.

bucólico (bookóhleekoh) adj. bucolic.   [(coll.) stomach.

buche (bóochay) m. crop, maw;

buen (bwayn) adj. good.

buenamente (bwaynahmayntay) adv. easily; freely.

buenaventura (bwaynahbayntorah) f. luck, fortune telling.

bueno (bwáynoh) adj. good; healthy, fit; **Ser bueno (a),** to be good. **Estar bueno(a)**, to be fit.

buey (bwayee) m. ox; bullock.

bufanda (boofáhndah) f. scarf, muffler.   [lawyer's office.

bufete (boofáytay) m. desk;

bufo (bóofoh) adj. comic; clownish; m. buffoon on the stage.   [foon.

bufón (boofón) m. jester; buf-

bufonada (boofohnáhdah) f. buffoonery; jesting.

buhardilla (bwaRdéelyah) f. small garret, attic, sky-light.

búho (bóo:oh) m. owl.

buhonero (boo/ohnayroh) m. hawker.   [ture.

buitre (boo:éetray) m. Orn. vul-

bujía (booHée:ah) f. candle; candle stick; Mot. sparkplug.

bulbo (bóolboh) m. Bot., Anat., Ship. bulb, globe.

bulto (bóoltoh) m. package, bundle; Anat. lump; (mail) parcel. **A —**, haphazardly. **Escurrir el —**, to dodge. **Ser de —**, to be obvious.

bulla (bóolyah) f. noise; clatter; **meter —**, to make a din.

bullicio (boolyéethyoh) m. noise; bustle.

bullicioso (boolyeethyóhsoh) adj. turbulent; noisy.

bullir (boolyéeR) intr. to boil; to bubble (up); to bustle.

buñuelo (boonwáyloh) m. fritter; bun, doughnut.

buque (bóokay) m. boat, ship, vessel; **— escuela**, training ship; **— costero**, coaster; **— de carga**, cargo-boat; **— de vapor**, steam ship; **— de guerra**, warship.   [ble.

burbuja (booRbooHah) f. bub-

burbujear (booRbooHayáR) intr. to bubble, to make bubbles.

burdel (booRdayl) m. brothel.

burdo (bóoRdoh) adj. coarse.

burla (bóoRlah) f. scoff; mockery, sneer, jeer, jibe; chear, deceit. **Hacer — de**, to mock, to make fun of.

burlador (booRlahdóR) m. jester; mocker; libertine.

burlar (booRláR) tr. to mock; to deceive; to abuse.

burlesco (booRlàysskoh) adj. burlesque; comic.

burlón (booRlón) m. scoffer, jester, mocker.

burocracia (boorohkráhthyah) f. bureaucracy.

burócrata (booróhkrahtah) m. f. bureaucrat.

burra (bóoRah) f. she-ass; (coll.) dunce.   [action.

burrada (booRáhdah) f. stupid

burro (bóoRoh) m. ass; (coll.) dunce, dolt. **caer del —**, (fig.) to see clearby.

busca (bóosskah) f. search, pursuit, quest.

buscar (boosskáR) tr. to seek; to search, to look for.

búsqueda (bóosskaydah) f. search.   [Arch. bust.

busto (bóosstoh) m. ·Anat.,

butaca (bootáhkah) f. armchair; Theat. stail.

butano (bootáhnoh) m. butane.

butifarra (booteefáhRah) f. sausage.

buzo (bóothoh) m. diver.

buzón (boothón) m. (dom.) letter-box; (street) pillar-box.

cabal (kahbáhl) adj. just; right; sane. **Estar en sus —es**, to be in one's senses.

cabalgada (kahbahlgáhdah) f. cavalcade, foray, raid.

cabalgadura (kahbahlgahdóorah) f. mount, riding beast.

cabalgar (kahbahlgáR) intr. to ride.

cabalgata (kahbahlgáhtah) f. cavalcade, parade. U. S. A. motorcade.

caballeresco (kahbahlyayráysskoh) adj. knightly, chivalrous.

caballería (kahbahlyayrée:ah) f. mount; cavalry, horse-troops, (mann. her.) chivalry.

caballero (kahbahlyáyroh) m. gentleman; Nob. knight; horseman, rider; (fort.) cavalier.

caballerosidad (kahbahlyayrohseedáhd) f. chivalrousness, gentlemanship, generosity.

caballeroso (kahbahlyayróhsoh) gentlemanly, generous, civil.

caballete (kahbahlyáytay) m. painter's easel; trestle.

caballo (kahbáhlyoh) m. horse, **a —**, on horseback. **— de carga**, pack hose. **— de silla**, riding horse. **— de carreras**, racing horse. **— de tiro**, draught horse. **— de fuerza**, horse-power. **— de mar**, seahorse.

cabaña (kahbáhnyah) f. hut, log cabin, croft; (cattle) linesstock.

cabecear (kahbaythayáR) intr. to nod; Naut. to pitch.

cabecera (kahbaythàyrah) f. head of a table, or bed etc.

cabecilla (kahbaythéelyah) s. leader; ringleader.

cabellera (kahbaylyáyrah) f. long hair.

cabello (kahbáylyoh) m. hair. **cabelludo** (kahbaylyóodoh) adj. hairy; **cuero —**, scalp.

caber (kahbáyR) intr. to be able, to be contained, to fit, to go in. **No cabe más**, there is no room for move, it is full up. **No cabe duda**, there is no doubt about it.

cabestrillo (kahbaysstréelyoh) m. sling.

cabeza (kahbáythah) f. head, top; **— de chorlito**, scatty. **— de ganado**, head of cattle. **— de puente**, Mil. beachhead. **— de turco**, scapegoat.

cabezada (kahbaytháhdah) f. headshake, nod; nap(ping).

cabezudo (kahbaythóodoh) adj. pigheaded, self-willed.

cabida (kahbéedah) f. capacity.

cabina (kahbéenah) f. cabin; **— de avión**, cockpit.

cabizbajo (kahbeethbáhHoh) adj. crestfallen.

cable (káhblay) m. cable, wire.

cablegrafiar (kahblaygrahfe:áR) intr. to cable.

cablegrama (kahblaygráhmah) m. cablegram.

cabo (káhboh) m. extremity; tip; Geog. cape, headland; Naut. rope. Mil. corporal; **llevar a —**, to accomplish.

cabotaje (kahbohfáhHay) m. coasting trade.

cabra (káhbrah) f. goat; **piel de —**, goatskin. **— montés**, wild goat. **Estar como una —**, to leve bats in the belfry.

cabrero (kahbráyroh) m. goatherd.   [m. capstan.

cabrestante (kahbraystahntay)

cabrío (kahbrée:oh) adj. goatish; **macho —**, buck, billygoat.   [leap, jump.

cabriola (kahbryóhlah) f. caper,

cabrito (kahbréetoh) m. kid.

caca (káhkah) f. (fam.), excrements, dirt; faeces.

cacahuete (kahkah/wáytay) m. peanut, earth-nut.

cacao (kahkáh/oh) m. cocoa.

cacarear (kahkahrayáR) intr. to cackle, to boast.

cacareo (kahkahráyoh) m. cackling; boasting.   [(ing).

cacería (kahthayréeah) f. hunt-

cacerola (kahthayróhlah) f. saucepan; stew-pan.

cacique (kahthéekay) m. cacique, political boss, local chief.   [pocket, thief.

caco (káhkoh) m. burglar, pick-

cacto (káhktoh) m. cactus.

cachalote (kahchahlóhtay) m. cachalot, sperm whale.

cacharrería (kahchahRayrée:ah) f. crockery, earthenware shop, pot-shop.

cacharro (kahcháhRoh) m. jug. coarse earthen pot, pot, pan: (coll.) **¡Qué —!** what a heap of junk!   [ness, slowness.

cachaza (kahcháhthah) f. tardi-

cachear (kahchayáR) tr. to search for hidden weapons, to frisk.   [flap, lick.

cache (kahcháyay) m. box,

cachiporra (kahcheepóhRah) f. truncheon, cudgel, club.

cachivache (kahcheebáhchay) m. (fam.) pot, utensil, thingumbob.   [ce.

cacho (káhchoh) m. slice, pie-

cachorro (kahchóhRoh) m. (of dogs) puppy; cub.

cada (kahdah) adj. Each; every: **— uno**, Each one, every one: **— vez**, each time, every time. **— vez más**, more and more, **— vez menos**, less and less.

cadalso (kahdáhlsoh) m. scaffold (for executions), gallows.

cadáver (kahdáhbayR) m. corpse, body.

cadavérico (kahdahbáyreekoh) adj. cadaverous.

cadena (kahdáynah) f. chain, bond. — **perpetua** (penal servitude) for life.

cadencia (kahdaynthyah) f. cadence, rythm.

cadera (kahdáyrah) f. Anat. hip.

cadete (kahdáytay) m. Mil. cadet; junior.

caducar (kahdookáR) intr. to dote; to fall into disuse, to become out of date; Com. to lapse, to falldue.

caducidad (kahdootheedáhd) f. caducity. [out; senile.

caduco (kahdóokoh) adj. worn

caer (kah/ayR) intr. to fall, to fall off/down; to drop; — **bien,** to fit, fit, to suit; — **enfermo,** to fall ill. — **en la trampa,** to fall into the trap. —**se los dientes,** to lose one's teeth (one's hair)

café (kahfáy) m. coffee; coffeehouse, cafe.

cafetera (kahfaytáyrah) f. coffee, percolator.

cafre (kahfray) m. adj. kaf(f)ir; (fig.) savage, inhuman.

cagar (kahgáR) tr. to (go to) stool, (vulg.) to shit, to soil; —**se de miedo,** to tremble with fear.

caída (kah/éedah) f. fall; drop.

caimán (kah/eemáhn) m. cayman, alligator.

caja (káhHah) f. box; case, cash; — **de ahorros,** savings bank; — **fuerte,** safe; — **registradora,** cash register; **libro de —,** cash book.

cajera (kahHáyrah) f. female cashier.

cajero (kahHáyroh) m. cashier.

cajista (kahHísstah) s. type compositor.

cajón (kahHón) m. drawer; (shop) till: — **de sastre,** odds and ends, junk box.

cal (kahl) f. lime; — **viva,** quick lime. — **muerta,** slaked lime.

cala (káhlah) f. small bay, creek, cove.

calabaza (kahlahbahthah) f. (bot.) pumpkin, gourd. (fig.) stupid. **Llevar —s,** to fail at exams. **Dar —,** (of lovers) to turn down.

calabozo (kahlahbóhthoh) m. jail; dungeon.

calado (kahláhdoh) adj. soaked, steeped; m. Naut. drauglit.

calamar (kahlahmáR) m. (sea-)-squid, sea-sleeve, calamary.

calambre (kahláhmbray) m. cramp. [misfortune.

calamidad (kahlahmeedáhd) f.

calamitoso (kahlahmeetóhsoh) adj. calamitous.

calar (kahláR) tr. to soak through, (fig.) to see through.

calavera (kahlahbáyrah) f. skull, (vulg.) m. madcap, rake.

calaverada (kahlahbayráhdah) f. wild oats, escapade.

calcar (kahlkáR) tr. to trace. (fig.) to copy.

calcáreo (kahlkáhrayoh) adj. calcareous.

calceta (kahltháytah) f. knitting. **Hacer —,** to knit.

calcetín (kahlthaytín) m. sock.

calcinar (kahltheenáR) tr. to calcine.

calco (káhlkoh) m. counterdrawing, tracing, copy.

calculador (kahlkoolahdóR) m. computer, rekoner. adj. calculating.

calcular (kahlkooláR) tr. to compute, to reckon, to calculate, to estimate.

cálculo (káhlkooloh) m. reckoning, calculation. Méd. calculus, stone.

calda (káhldah) f. heat; warming; pl. hot springs, spa.

caldear (kahldayáR) tr. to heat.

caldera (kahldáyrah) f. ca(u)ldron; (fact. ship) boiler.

calderilla (kahldayréelyah) f. coppers, bras or copper money.

caldero (kahldáyroh) m. ca(u)ldron; (coll.) bucket, pail.

caldo (káhldoh) m. broth.

calefacción (kahlayfakthyón) f. heating; — **central,** central heating.   [calendar.

calendario (kahlayndáhryoh) m.

calentador (kahlayntahdóR) m. heater. — **eléctrico,** electric heater. — **a gas,** gas heater. adj. warming, heating.

calentar (kahlayntáR) tr. to heat, to warm.

calentura (kahlayntóorah) f. (med.) temperature, fever; warmth.

calenturiento (kahlayntooryéntoh) adj. feverish.   [creek.

caleta (kahláytah) f. cove;

calibrar (kahleebráR) tr. to calibrate, to gauge, to size.

calibre (kahléebray) m. calibre, ga(u)ge.   [kind.

calidad (kahleedáhd) f. quality.

cálido (káhleedoh) adj. Clim. hot; calid.   [hot.

caliente (kahlyéntay) adj. warm;

calificación (kahleefeekahtyón) f. qualification; mark (in exams.)

calificado (kahleefeekáhdoh) adj. qualified; competent.

calificar (kahleefeekáR) tr. to quality, to mark (examination papers) to empower.

caligrafía (kahleegrahfée:ah) f. caligraphy, penmanship.

cáliz (káhleeth) m. chalice. Bot. calyx.   [ne).

caliza (kahléethah) f. lime(stone.

calma (káhlmah) f. calm. quiet-(ness), calmness, stillness, tranquility. — **chicha** Naut. dead calm.

calmante (kahlmáhntay) adj. soothing; m. sedative.

calmar (kahlmáR) tr. to (be)-calm, to appease, to quench (thirs, etc); (pain) to soothe.

calmarse (kahlmáRsay) r. to calm, down, to subside.

calmoso (kahlmóhsoh) adj. calm(y), (coll.), slow, tardy.

calor (kahlóR) m. h e a t (exces.); warmth (pleas.): **Hacer —;** (clim.) to be hot. **Tener —,** to be hot. **Asarse de —,** to be roasting.

caloría (cahlorée:ah) f. calory.

calumnia (kahlóemnyah) f. calumny; slander.

calumniar (kahlóomnyáR) tr. to calumniate, to slander.

caluroso (kahlooróhsoh) adj. warm, hot; passionated.

calva (káhlbah) f. bald head.

calvario (kahlbáhryoh) m. Calvary.

calvicie (kahlbéethyay) f. baldness.   [less.

calvo (káhlboh) adj. bald, hair-

calza (káhlthah) f. trousers; breeches; —**o,** Mec. wedge.

calzada (kahltháhdah) f. road, way, (coll.) street.

calzado (kahltháhdoh) adj. shod. m. footwear.   [horn.

calzador (kahlthahdóR) m. shoe-

calzoncillos (kahlthonthélyoss) m. pl. under pants.   [quiet.

callado (kahlyáhdoh) silent,

callar (kahlyáR) intr. to be silent, to keep/be quiet (coll.) to shut up.

calle (káhlyay) s. street, lane; — **arriba,** up the street; — **abajo,** down the street.

calleja (kahlyáHah) f. narrow passage, off-street, side-street.

callejear (kahlyeHayáR) intr. to saunter, to loiter about; to gad, to ramble.

callejero (kahlyeHáyroh) m. street walker, rambler; adj. street.

callejón (kahlyayHón) m. alley, lane. — **sin salida,** blind alley.

callejuela (kahlyeHwaylah) f. lane, alley-way.

callicida (kahlyeehéedah) m. corn-plaster, corn-remover.

callista (kahlyeesstah) m. chiropodist.   [(food) pl. tripes.

callo (káhlyoh) m. Anat. corn

cama (káhmah) f. bed; couch. **guardar —,** to stay in bed. — **de matrimonio,** double-bed. — **individual,** single bed. **Hacer la —,** to make the bed.

camada (kahmáhdah) f. (birds) brood; (anim.) litter.

camaleón (kahmahlayón) m. Zool. chameleon.

cámara (káhmahrah) f. hall; chambre. — **de Comercio,** Chamber of Commerce.

camarada (kahmahráhdah) s. comrade, chum, pal.

camarera (kahmahráyrah) f. waitress.   [waiter, steward.

camarero (kahmahráyroh) m.

camarilla (kahmahréelyah) f. coterie, set U.S.A. Pol. lobby, machine.

camarín (kahmahréen) s. small

camarote (kahmahróhtay) m. Naut. berth, cabin.

camastro (kahmáhstroh) m. slovenly bed, pallet.

cambiante (kambyahntay) adj. changeable.   [(ex)change.

cambiar (kahmbyáR) tr. to change, exchange.

cambio (káhmbyoh) m. change, exchange. **Letra de —,** bill of exchange. **Libre —,** free trade. **En —,** on the other hand.

camelar (kahmayláR) tr. to flirt, wo, to court; (coll.) to ca-noodle.

camelo (kahmáyloh) m. deceit; humbug; (coll.) flannel.

camelia (kahmáylyah) f. Bot. camellia.   [mel.

camello (kahmáylyoh) m. ca-

camilla (kahméelyah) s. stretcher, litter, round table.

caminante (kahmeenáhntay) m. m. walker.

caminar (kahmeenáR) intr. to walk, to march.

caminata (kameenáhtah) long-walk, tramp, hike, march.

camino (kahméenoh) m. way. **De —,** on one's way. — **trillado,** beaten track; — **de herradura,** bridle path.

camisa (kahméesah) f. shirt; — **de fuerza,** straight-jacket; Mech. casing.

camisería (kahmeesayrée:ah) f. shirt shop.   [vest.

camiseta (kahmeesáytah) f.

camisón (kahmeesón) m. night gown, night-dress.

camorra (kahmóhRah) f. quarrel, scuffle, wrangle brawl.

camorrista (kahmohReesstab) m. brawler, bully.

m. camp, camping-site.

campana (kahmpáhnah) f. bell.

campanada (kahmpahnáhdah) f. bellstroke.

campanario (kahmpahnáhryoh) m. belfry, steeple, bell-tower.   [m. bell-ringer.

campanero (kahmpahnáyroh)

campanilla (kahmpahnéelyah) f. hand-bell; Anat. uvula; Bot. bellflower.

campaña (kahmpáhnyah) f. Mil. campaign, Geog. level country.

campar (kampaR) v. i. to lamp.

campechano (kahmpaycháhnoh) adj. frank, hearty, cheerful, genial.   [champion.

campeón (kahmpayón) m.

campeonato (kahmpayohnáhtoh) m. championship, tournament.

campesino (kahmpayséenoh) adj. rural; m. peasant, countryman.

campiña (kahmpéenyah) f. country, countryside.

campo (káhmpoh) m. (in gen.) country (side) (in part.) field; (fig.) scope, range; (mil.) camp; — **de fútbol,** football ground/field. — **de juegos,** playing ground.

campo-santo (káhmpoh-sáhntoh) cemetery, grave-yard.

can (khan) m. dog.

cana (káhnah) f. white hair; **peinar —s,** to be old.

canal (kanáhl) m. channel; waterway; (art.) canal. Anat. duct.

canalizar (kahnahleetháR) tr. to canalize; (fig.) to channel.

canalla (kahnáhlyah) m. mob; rabble; m. a scoundrel.

canana (kahnáhnah) f. cartridge belt.

canapé (kahnahpáy) m. couch, sofa, settee; canapé.

canario (kahnáhryoh) m. canary (bird.) adj. of the Canary Islands; m. Canary Islander.

canasta (kahnáhstah) f. hamper; basket.

canastilla (kahnahstéelyah) m. baby basket; small wicker-basket.

canastos (kahnáhstos) interj. great guns! Gosh!

cancela (kahnthéylah) f. iron-work gate.   [f. cancellation.

cancelación (kahnthaylahthyón)

cancelar (kahnthayláR) tr. to cancel, to annul.

cáncer (káhnthayR) m. cancer.

canciller (kahnthelyayR) m. chancellor.   [lyric, tune.

canción (kahnthyón) f. song;

cancionero (kahnthyohnáyroh) m. song-book.

cancha (kanchaah) f. sportsground court.   [lock.

candado (kahndáhdoh) m. pad-

candela (kahndáylah) f. candle, taper; (coll.) fire; (coll.) **Dar —,** to give a beating.

candelabro (kahndayláhbroh) m. candelabrum.

candelaria (kahndayláhryah) f. Candlemas; Bot. mullein.

candelero (kahndayláyroh) f. candlestick. Naut. stanchion, candle-holder.

candente (kahndayntay) adj. red-hot; **cuestión —,** burning question.

candidato (kahndeedáhtoh) m. candidate, applicant.

104 candidatura (*kahndeedahtóorah*) f. candidacy.

candidez (*kahndeedayth*) f. simplicity, ingenuousness; innocence.

cándido (*káhndeedoh*) adj. candid, naïve, simple.

candil (*kahndéel*) m. oil-lamp.

candileja (*kahndeeláyHah*) f. pl. *Thet.* footlights.

candor (*kahndóR*) m. candour, ingenuousness, frankness.

candoroso (*kahndohróhsoh*) adj. candid, frank, ingenuous.

canela (*kahnáylah*) f. *Bot.* cinnamon.

cangrejo (*kahngráyHoh*) m. crab.   [garoo.

canguro (*kahngóoroh*) m. kangaroo.

caníbal (*kahnéebahl*) adj. canníbal, man-eater.

canícula (*kanéekoolah*) f. dog days, midsummer.

canijo (*kahnéeHoh*) adj. weak, sickley person.

canino (*kahnéenoh*) adj. canine; **Diente —,** eyetooth. **Tener hambre —a,** To be starving-hungry.

canje (*káhnHay*) m. exchange.

canjear (*kahnHayáR*) tr. to, exchange.

cano (*káhnoh*) adj. hoar(y), grey-haired.

canoa (*kahnóh/ah*) f. canoe.

canon (*káhnon*) m. canon; rule.

canónico (*kahnóhneekoh*) adj. canonic(al).

canónigo (*kahnóhneegoh*) m. canon, prebendary.

canonización (*kahnohneethahthyón*) f. canonization.

canonizar (*kahnohneetháR*) tr. to canonize; to (be)saint.

canonjía (*kahnonHée:ah*) f. canonry.

canoso (*kahnóhsoh*) adj. hoary, grey-haired.

cansado (*kahnsáhdoh*) adj. tired; weary. (fig.) worn out.

cansancio (*kahnsáhnthyoh*) m. tiredness, weariness, fatigue.

cansar (*kahnsáR*) tr. to tire, to weary. v. r. to get tired.

cantante (*kahntáhntay*) s. singer, songster.

cantar (*kahntáR*) tr., intr. to sing, to chant. (verses, psalms) m. song; (birds) to chirp; *Pol.* to speak out, **— de plano,** to make a full confession.

cántaro (*káhntahroh*) m. pitcher; jug. **llover a —s,** to rain cats and dogs.

cantero (*kahntáyroh*) m. quarryman, stone-mason.

cántico (*káhnteekoh*) m. canticle, song.   [tity; sum.

cantidad (*kahnteedáhd*) f. quantity.

cantimplora (*kahnteempIórah*) f. liquor-case, water-bottle, canteen.   [cellar.

cantina (*kahntéenah*) f. canteen.

canto (*káhntoh*) m. song; edge; **De —,** side-ways. **— rodado,** pebble.   [región.

cantón (*kahntón*) m. corner; canton.

cantor (*kahntóR*) m. singer.

cantora (*kahntórah*) f. singer.

caña (*káhnyah*) f. cane; reed; stemp; (anat.) marrow. (naut.) helm, tiller. **— de pescar,** fishing-rod. **— de azúcar,** sugar cane. **— de cerveza,** a glass of beer.

cáñamo (*káhnyahmoh*) m. hemp.   [cane field.

cañaveral (*kahnyahbayráhl*) m.

cañería (*kanyayreeáh*) f. water-pine, tube, tubing.

caño (*káhnyoh*) m. tube, drain-mains, sewer.

cañón (*kahnyón*) m. cannon, barrel. (of guns); *Geog.* deep gorge, canyon.

cañonazo (*kahnyohnáhthoh*) cannon-shot.

cañonear (*kaynyohnayáR*) tr. to cannonade, to shell.

caoba (*kah/óhbah*) f. *Bot.* mahogany.

caos (*káh/oss*) m. chaos.

capa (*káhpah*) f. (cloth.) cloak; cape; layer, cover, coat (of paint.) **So — de,** under the pretence of. **Estar de — caída,** to be down in the mouth. *Naut.* **A la —,** lying-to.

capacho (*kahpáhchoh*) m. hamper; frail, large basket.

capacidad (*kahpahtheedáhd*) f. (meas.) capacity; capability.

capar (*kahpáR*) tr. to geld; to castrate; to cut off.

caparazón (*kahpahrahthón*) m. carcass of a fow; caparison.

capataz (*kahpahtáth*) m. overseer; foreman, (colt.) gaffer.

capaz (*kahpáth*) adj. capable, able, fit, suitable for.

capcioso (*kahpthyóhsoh*) adj. captious.

capear (*kahpayáR*) tr. to fling a cloak at a bull *Naut.* & fig.) to weather.   [plain.

capellán (*kahpaylyáhn*) m. chaperuza** (*kahpayróothah*) f. hood.   [ry.

capilar (*kahpeeláR*) adj. capillacapilla** (*kahpéelyah*) f. chapel; **— ardiente,** lying-in-stale chapel. **Estar en —,** to be awaiting execution. *Print.* proof-sheet.

capirote (*kahpeeróhtay*) s. hood, **tonto de —,** block-head.

capital (*kahpeetáhl*) adj. capital; chief; m. money, fund, stock. **Pena —,** Death penalty.

capitalismo (*kahpeetahleesmoh*) m. capitalism.   [capitalist.

capitalista (*kahpeetahleestah*) s.

capitalizar (*kahpeetahleetháR*) tr. to capitalize.

capitán (*kahpeetáhn*) m. (mil.) captain; (fig.) leader.

capitanear (*kahpeetahnayaR*) tr. to lead. (exped. etc.) *Mil.* to command. [(of a column).

capitel (*kahpeetáyl*) m. capital

capitulación (*kahpeetoolahthyón*) f. capitulation, surrender. (pl.) mariage articles.

capitular (*kahpeetooláR*) adj. *Eccl* capitulate; *Mil.* to capitulate.   [chapter.

capítulo (*kahpéeetooloh*) m.

capón (*kahpón*) m. capon; eunuch.   [bonnet.

capota (*kahpóhtah*) f. *Mot.*

capote (*kahpóhtay*) m. cover, couloured cloak used by bull-fighters. *Mil.* greatcoat. **Dije para mí —,** I said to myself.

capricho (*kahpréechoh*) m. fancy; whim; caprice.

caprichoso (*kahpreechóhsoh*) adj. capricious, whimsical.

cápsula (*kápsoolah*) f. capsule.

captar (*kahptáR*) tr. to captivate, to win over.   [seizure.

captura (*kahptóorah*) f. capture,

capturar (*kahptooráR*) tr. to apprehend, to arrest, to seize.

capucha (*kahpóochah*) f. hood.

capullo (*kahpóolyoh*) m. cocoon of a silkworm; *Anat.* prepuce, bud, button.

caqui (*káhkee*) m. khaki, khakee.

cara (*káhrah*) f. face; **— o cruz,** head or tail; **De cara a —,** facing... **— a —,** face to face. **Dar la —,** To face.

carabela (*kahrahbáylah*) f. caravel.   [bine; rifle.

carabina (*kahrahbéenah*) f. cara-

carabinero (*kahrahbénayroh*) m. carabineer; customns.

caracol (*kahrahkól*) m. snail, **escalera de —,** spiral staircase.   [racter.

carácter (*kahráktayR*) m. cha-

característico (*kahraktayreestéekoh*) adj. characteristic, typical.

caracterizar (*kahraktayreetháR*) tr. to characterize.

caramba (*kahráhmbah*) interj. ¡good gracious!, By Jove!, (coll.) flipping 'eck.

carambola (*kahrahmbóhlah*) f. cannon at billiards.

caramelo (*kahrahmáyloh*) m. caramel; sweet, toffee.

carantoñas (*kahrahntóhnyahs*) f. pl. caresses.   [ravan.

caravana (*kahrahbáhnah*) f. ca-

caray (*kahra/ee*) intr. well! Good grief!

carbón (*kaRbón*) m. coal; **— vegetal,** charcoal. **Al —,** carbon-pencil.

carbonato (*kaRbohnáhtoh*) m. *Chem.* carbonate.

carboncillo (*kaRbonthéelyoh*) m. carbon-pencil.

carbonería (*kaRbonayrée:ah*) f. coal-yard.   [to carbonize.

carbonizar (*kaRbohneetháR*) tr.

carbono (*kaRbónoh*) m. *Chem.* carbon.   [carburettor.

carburador (*kaRboorahdóR*) m.

carcajada (*kaRkahHáhdah*) f. burst of laughter, guffaw.

cárcel (*káRthayl*) f .prison; jail, gaol.

carcelero (*kaRthayláyroh*) m. jailer, warder, prison officer.

carcoma (*kaRkóhman*) f. woodborer, dry rot, woodwarm.

carcomido (*kaRkohméedoh*) adj. worm-eaten.

carda (*káRdah*) f. *Bot.* teasel; *Text.* card.   [comb wool.

cardar (*kaRdáR*) tr. to card or to card wool.

cardenal (*kaRdaynáhl*) m. *Eccl.* cardinal; *Anat.* weal, bruise.

cardiaco (*kaRde:ahkoh*) adj. cardiac, heart.   [dinal.

cardinal (*kaRdaynáhl*) adj. cardo** (*káRdoh*) m. *Bot.* thistle.   [front.

carear (*kahrayáR*) tr. to confront.

carecer (*kahraythayR*) intr. to lack, to be in need of.

carencia (*karaynthyah*) f. want, lack, need.   [tion.

careo (*kahráyoh*) m. confrontation.

carestía (*kahraysstée:ah*) m. dearness, costliness.

careta (*kahráytah*) f. mask.

carga (*káRgah*) f. load; cargo; burden; freight; **Bestia de —,** Beast of burdon. *Mil.* **¡A la —!** Charge! **Llevar la —,** To carry the blunt of; **Volver a la —,** To harp on.

cargadero (*kaRgahdáyroh*) m. (un)loading-place, pier.

cargado (*kaRgáhdoh*) adj. full, loaded; **Té/café —,** strong tea/coffee.

cargador (*kaRgahdóR*) m.freighter, clip or magazine (of a pistol); **— portuario,** docker, stevedore.

cargamento (*kaRgahmayntoh*) m. cargo, freight, load, shipment.

cargar (*kaRgáR*) tr. *Mil.* to charge; *Transp.* to load; *Com.* to debit; to bill.

cargo (*káRgoh*) m. charge, post, employment; *Law.* accusation.   [caries.

cariar (*kahreeár*) tr. to produce caricatura** (*kahreekahtóorah*) f. caricature.

caricaturizar (*kahreekahtooreetháR*) tr. to caricature.   [pat.

caricia (*kahréethyah*) f. caress.

caridad (*kahreedáhd*) f. charity; good will; alms.

caries (*káhryess*) f. caries.

cariño (*kahréenyoh*) m. love; tenderness, affection, fondness; ¡— mío! my darling! sweetheart!

cariñoso (*kaheenyóhsoh*) adj. affectionate, fond, endearing, loving.

caritativo (*kahreetahtéeboh*) adj. charitable, benevolent, hospitable.

cariz (*kahréeth*) m. appearance, look, aspect; prospect.

carmelita (*kaRmayléetah*) s. Carmelite.   [crimson.

carmesí (*kaRmaysée*) adj. m.

carmín (*kaRméen*) m. carmine, (coll.) lip-stick.

carnada (*kaRnáhdah*) f. bait; **picó la —,** he fell in the trap.

carnal (*kaRnáhl*) adj. carnal; sensual; **primo —,** cousin-german.   [val.

carnaval (*kaRnahbál*) m. carnival.

carne (*káRnay*) f. (live) flesh (food) meat; **— asada,** roast (beef); **En —,** naked; **— de gallina,** goose flesh.

carnero (*kaRnáyro*) m. sheep; (anim.); (fuod)mutton.

carnet (*kaRnayt*) m. identification card.

carnicería (*kaRneehayrée:ah*) f. butcher's sop, (fig.) slaughter.

carnicero (*kaRnaytháyroh*) m. butcher, adj. carnivorous.

carnívoro (*kaRnéebohroh*) adj. carnivorous.

carnoso (*kaRnóhsoh*) adj. fleshy; meaty.

caro (*káhroh*) adj. dear, high-(priced), costly, expensive.

carpa (*káRpah*) f. *Ichth.* carp.

carpeta (*kaRpáytah*) f. tablecover; portfolio, folder-(file).

carpintería (*kaRpeentayrée:ah*) f. carpentry; carpenter's shop, woodwork.

carpintero (*kaRpeentáyroh*) m. carpenter, joiner. **Pájaro —,** woodpecker.

carrera (*káhRáyráh*) f. *Sport.* race, (acad.) career; (hos.) ladder.

carreta (*kahRáytah*) f. wag-(g)on.

carretada (*kahRaytáhdah*) f. cartful, pl. plenty.

carrete (*kahRáytay*) m. reel, spool, (film).

carretera (*kahRaytárah*) f. (high-)road, highway.

carretero (*kahRaytáyroh*) m. cartwright, carter, carrier.

carretilla (*kaRaytéelyah*) f. wheelbarrow.

carretón (*kahRaytón*) m. (go)-cart, draycart, truck.

carril (*kahRéel*) m. (cart-) rut, (railw.) rail.

carrillo (*kahRéelyoh*) m. cheek, jowl.

carro (káhRoh) m. cart; chariot; — de combate, Mil. tank; Print. carriage. — fúnebre, hearse.

carrocería (kahRohthayreeah) f. carriage body, coachwork.

carromato (kahRohmáhtoh) m. dray(-cart), van.

carroña (kahRóhnyah) f. carrion.

carroza (kahRóthah) f. large coach, carriage, (fun.) hearse. [rriage.

carruaje (kahRwahHay) m. carta (káRtah) f. letter; Geog. & Naut. map; playing card; Com. bill of fare. — certificada, registered letter.

cartearse (kaRtayaRsay) r. to correspond by letter.

cartel (kaRtáyl) m. poster, placard, show-bill; Com. cartel.

cartera (kaRtayRah) f. portfolio; wallet; — escolar, satchel.

carterista (kaRtayreestah) m. pickpocket. [man.

cartero (kaRtáyRoh) m. postcartílago (kaRtéelahgoh) m. cartilage, gristle.

cartilla (kaRtéelyah) f. primer, spelling-book.

cartón (kaRtón) m. cardboard; (paint.) cartoon; — piedra, papier-maché. [cartridge.

cartuchera (kaRtoocháyrah) f. cartucho (kaRtóochoh) m. cartouch(e), cartridge.

cartujo (kaRtóoHoh) m. Carthusian. [cardboard.

cartulina (kaRtooléenah) f. thin casa (káhsah) f. house; home; — casa de empeños, pawnshop; — de huéspedes, lodging (and boarding) house; — de maternidad, lying-in-hospital; — de socorro, emergency hospital; — Consistorial, Town Hall. — comercial, firm. — de vecindad, tenement house. — de locos, madhouse. — de baños, Public Baths.

casamentero (kahsahmayntáyroh) m. match-maker.

casamiento (kahsahmyéntoh) m. marriage, wedding.

casar (kahsáR) tr. to marry; to get married, to match.

cascabel (kahskahbayl) m. hawk's bell, jingle. serpiente de —, rattlesnake.

cascada (kahskáhdah) f. cascade, waterfall.

cascadura (kahskahdóorah) f. breaking asunder.

cascanueces (kaskahnwaythays) m. nutcracker(s).

cascar (kahskáR) tr. to crack, to crunch; (coll.) to beat.

cáscara (káhskahrah) f. peel; shell, rind.

casco (káhskoh) m. helmet; skull; hull; cask; ligero de —s, featherbrained.

cascote (kahskhótay) m. fragment, rubble, debris.

casera (kahsáyrah) f. landlady.

caserío (kahsayrée:oh) m. group of houses, homestead.

casero (kahsáyroh) adj. homely, home-bred, (fig.) domestic; m. landlord.

caseta (kahsáytah) f. hut. [ly.

casi (káhsee) adv. almost; near-

casilla (kahséelyah) f. (keeper's), lodge, hut, pigeon-hole, square (chessboard).

casino (kahséenoh) m. casino; club(-house).

caso (káhsoh) f. case, event; En todo —, at all events. Hacer —, to pay attention. En — de, in case of. (law, gram.) case.

casorio (kahsóhryoh) m. (fam.) reckles marriage. [scurf.

caspa (káhspah) f. dandruff, casquete (kaskaytay) m. helmet; cap, bonnet. Mech. cap.

casquivano (kahskeebáhnoh) adj. inconsiderate, featherbrained. [race.

casta (kástah) f. caste, breed;

castaña (kahstáhnyah) f. chestnut.

castañero (kahstahnyáyroh) m. dealer in chestnuts-

castaño (kahstáhnyoh) m Bot. chesnut-tree; adj. hazelbrown. [f. castanet.

castañuela (kahstahnyoo:áylah)

castellano (kahstaylyáhnoh) adj. m. Castilian; m. Castellan.

castidad (kahsteedáhd) f. chastity, purity.

castigador (kahsteegahdóR) m. punisher; (fam.) adkiller; adj. punishing, chastising.

castigar (kahsteegáR) tr. to punish, to chastise, to castigate.

castigo (kahstéegoh) m. punishment, chastisement, correction.

castillo (kahstéelyoh) m. castle; (naut.) — de proa, forecastle deck. — de popa, poop deck. Hacer —s en el aire, to bluid castles in the air.

castizo (kahstéethoh) adj. pure, authentic, typical. [pure.

casto (káhstoh) adj. chaste;

castor (kahstóR) m. beaver.

castración (kahstrahthyón) f. castration, gelding.

castrar (kahstráR) tr. to castrate, to geld. [military.

castrense (kahstraynsay) adj.

casual (kahswáhl) adj. accidental, casual; adv. —mente, accidentally, casually.

casualidad (kahswahleedáhd) f. chance, coincidence. Por —, by chance, by accident.

casucha (kahsóochah) f. (fam.) miserable hut, hovel.

cata (káhtah) f. sample; tosting.

cataclismo (kahtahcleesmoh) m. cataclysm; catastrophe opheaval; Pol. turmoil.

catador (kahtardóR) m. taster, sampler.

catadura (kahtahdóorah) f. tosting ,proof; face. De mala —, untrustworthy, roguish.

catalejo (kahtahláyHoh) m. telescope; (spy-)glass.

cataplasma (kahtahplásmah) f. poultice; cataplasm; (coll.) mithering person.

catar (kahtáR) tr. to taste, to sample, to proof, to inspect, to examine.

catarata (kahtahráhtah) f. Med. cataract; Hid. fall, waterfall. [coll.

catarro (kahtáhRoh) m. catarrh, catastro (kahtáhstroh) m. census of real property.

catástrofe (kahtáhstrofay) f. catastrophe. [catechism.

catecismo (kahtaythissmoh) m.

cátedra (káhtaydrah) f. (university) chair, professorship.

catedral (kahtaydráhl) f. adj. cathedral.

catedrático (kahtaydráhteekoh) m. (university) professor, lecturer.

categoría (kahtaygohrée:ah) f. category, class. Persona de —, V. I. P. (very important person).

categórico (kahtaygóhreekoh) adj. categorical, absolute, definitive.

catequismo (kahtaykeessmoh) m. catechism. [throng.

caterva (kahtáyRbah) f. crowd; catolicismo (kahtohleeheeess-moh) m. catholicism.

católico (kahtóhleekoh) adj. m. (Roman) Catholic. [teen.

catorce (kahtóRthay) adj. fourcatre (káhtray) m. cot.

cauce (kahóothay) m. riverbed.

caución (kah/oothyón) f. caution, precaution, care.; warning.

caucho (káh/oochoh) m. rubber.

caudal (kah/oodáhl) m. property, wealth; Hid. flow.

caudaloso (kah/oodahlóhsoh) adj. copious; wealthy; Hid. full-flowing.

caudillo (kah/oodéelyoh) m. head, chief(tain), leader.

causa (káh/oosah) f. Leg. lawsuit; cause, motive. A — de, because of.

causante (kah/oósahntay) s. occasioner, responsible.

causar (kah/oosáR) tr. to cause, to bring about. [caustic(al).

cáustico (kah/oosteekch) adj.

cautela (kah/ootáylah) f. caution, care, prudent.

cauteloso (kah/ootaylóhsoh) adj. cautious, prudent, caveful, wary.

cautivar (kah/ooteebár) tr. (fig.) to captivate, to charm; to make prisioners.

cautiverio (kah/ooteebáyryoh) m. captivity.

cautivo (kah/ootéeboh) adj. y m. captive, prisoner.

cauto (káh/ootoh) adj. cautious, prudent, wary, careful.

cava (káhbah) f. wine cellar.

cavador (kahbadhóR) m. digger.

cavadura (kahbahdóorah) f. digging. [cavate.

cavar (kahbáR) tr. to dig; excaverna (kahbáyRnah) f. cavern, cave. [cavernous.

cavernoso (kahbáyRnóhsoh) adj.

cavidad (kahbeedáhd) f. cavity.

cavilación (kahbeelahthyón) f. moodiness, pondering.

cavilar (kahbeeláR) tr. intr. to muse, to brood over. [key.

cayo (káhyoh) m. rock; islet, caza (káhthah) f. (fig.) chase, pursuit; — menor, shooting; game hunt(ing); — mayor, big game; (avión de) — fighter. [ter.

cazador (kahthahdóR) m. huncazadora (kahthahdóhrah) f. huntress, (shooting-)jacket.

cazar (kahtháR) tr. (fig.), to pursue, to chase; to hunt, to shoot.

cazo (káhthoh) m. ladle. [let

cazoleta (kahthohláytah) f. skillcazuela (kahthwaylah) f. (earthen) pan; saucepan, stewpan.

cazurro (kahthooRoh) adj. (fam.) taciturn, sulky, sullen.

ceba (tháybah) f. fattening (of animals).

cebada (thaybáhdah) f. barley.

cebar (thaybáR) tr. to fatten animals.

cebo (tháyboh) m. bait, lure.

cebolla (thaybóhlyah) Bot. onion.

cebra (tháybrah) f. zebra; paso de —, zebra crossing.

ceca (thaykah) adv. De la — a la Meca, from pillar to post, to and fro.

cecear (thaythayáR) tr. to lisp.

ceceo (thaytháyoh) m. lisp.

cedazo (thaydáhthoh) m. sieve; strainer.

ceder (thaydáR) tr. to yield, to give up, to transfer, to cede.

cedro (tháydroh) m. cedar (wood).

cédula (tháydoolah) f. warrant, certificate, — personal, identity card.

cegar (thaygáR) to blind; (i.) to grow blind; (t.) to make blind; (fig.) to block (a door/passage, etc.). [ness.

ceguera (thaygáyrah) f. blindceja (tháyHah) f. eye-brow; Fruncir las —s, to frown. Estar hasta las —, to be up to the eye-brows.

cejar (thayHár) intr. to slack-k(en), to give up/in/way.

celada (thayláhdah) f. ambush, snare, trap.

celador (thaylahdóR) m. warden, (in exam.) invigilator.

celar (thayláR) tr., intr. to superintend, to be careful, to watch over, to spy on.

celda (tháyldah) f. cell.

celebración (thaylaybrahthyon) f. celebration; praise, (meetings, etc.) holding.

celebrar (thaylaybráR) tr. to celebrate; to hold (a meeting), to minister.

célebre (tháylaybray) adj. celebrated, famous; (fam.) facetious.

celebridad (thaylaybreedáhd) f. celebrity, notoriety.

celeridad (thaylayreedáhd) f. celerity, velocity, speed, swiftness.

celeste (thaylaysstay) adj. celestial, heavenly; sky-blue-(colour).

celestial (thaylaysteeáhl) adj. celestial; heavenly; (fig.) delightful.

celestina (thaylaysteenah) f. (coll.) procuress. [libacy.

celibato (thaylebáhtoh) m. cecélibe (tháyleebay) adj. unmarried, signle; m. bachelor.; f. spinster.

celo (tháyloh) m. zeal; rut of animals; pl. jealousy.

celoso (thaylóhsoh) adj. zealous; (interest); (emotion) jealous. [Celtic.

celta (tháyltah) adj. s. Celt; céltico (thaylteekoh) adj. Celtic. [cell, cellule.

célula (tháyloolah) f. Bot. Zoo.

celular (thayloolaR) adj. cellular. [cement.

cementar (thaymayntaR) v. t. to

cementerio (thaymayntáyryoh) m. cemetery; churchyard.

cemento (thaymayntoh) m. cement, mortar.

cena (tháynah) f. (7-9) dinner; (10—>) supper.

cenagal (thaynahgahl) m. quagmire, swamp.

cenagoso (thaynahgohssoh) adj. muddy, marshy, boggy.

cenar (thaynáR) tr. to dine, to have supper. [bell.

cencerro (thayntháyRoh) m. cowcenefa (thaynáyfah) f. fringe, border; (sew)hem; Naut. awning.

106 cenicero (*thaynaytháyroh*) m. ash-tray.   [Cinderella.
cenicienta (*thayneethyéntah*) f.
ceniciento (*thayneethyéntoh*) adj. ash-coloured.
ceniza (*thaynéethah*) f. ash, cinders. **Miércoles de —,** Ash Wednesday.
cenobio (*thaynóhbyoh*) m. cenoby, monastery.
censo (*thaynsoh*) m. census.
censor (*thaynsóR*) m. censor.
censura (*thaynsóorah*) f. (theat, print, etc) censorship; (crit) censure; blame.
censurable (*thaynsooráblay*) adj. censurable, blameful.
censurar (*thaynsooráR*) tr. to censure, to blame; to censor, to review.
centella (*thayntáylyah*) f. flash, spark, lightning; **como una —,** like lightning.
centelleante (*thayntaylyayahn-tay*) adj. sparkling, flashing.
centellear (*thayntaylayáR*) tr. sparkle, to flash; (stars) twinkle.
centelleo (*thayntaylyáyoh*) m. flashing, sparkle.
centena (*thayntáynah*) m. hundred.   [hundred.
centenar (*thayntaynáhR*) m.
centenario (*thayntaynáhryoh*) m. adj. centenary; centenial.
centeno (*thayntáynoh*) m. Bot. rye.
centésimo (*thayntáyseemoh*) adj. centesimal; a hundredth.
centígrado (*thayntéegrahdoh*) adj. centigrade.
centímetro (*thaynteemaytroh*) m. centimetre.
céntimo (*thaynteemoh*) m. centime.   [sentry.
centinela (*thaynteenáylah*) f.
central (*thayntráhl*) adj. central, centric; Com. head-office.
centralismo (*thayntrahleesmoh*) m. centralism.
centralista (*thayntrahleestah*) s. centralist.   [central.
céntrico (*thayntreekoh*) adj.
centro (*thayntroh*) m. centre, middle. **— Recreativo/etc.,** Social Club.
ceñido (*thaynyéedoh*) adj. (cloth.) tight-fitting; close to.
ceñir (*thaynéeR*) tr. to (cloth.) to fit closely: **— por la cintura,** to grasp by the waist.
ceñidor (*thaynyeedohR*) m. (cl.) girdle, suspender-belt.
ceño (*tháynyoh*) m. frown.
ceñudo (*thaynyóodoh*) adj. frowning; grim.
cepa (*thaypah*) f. vine-stock. **De buena —,** from good source
cepillar (*thaypeelyáR*) tr. to brush; Carp. to plane; (coll.) to defeat thou roughly.
cepillo (*thaypéelyoh*) m. brush; charity box; Carp. plane; **— de dientes,** tooth-brush; **— de ropa,** clothes-brush; **— de los zapatos,** shoe-brush.
cepo (*tháypoh*) m. stock; pillory; Naut. bilboes; (hunt.) snare, trap; **— del ancla,** anchor stock.
cera (*tháyrah*) f. wax.
cerámica (*thayráhmeekah*) f. ceramics, pottery. [ceramic.
cerámico (*thayráhmeekoh*) adj.
cerbatana (*thayRbahtáhnah*) f. blow-pine; pea-shooter.
cerca (*tháyRkah*) f. fence; adv. near, close by; **— de,** close to, near to; **de —,** closely.

cercanía (*thayRkahnée:ah*) f. proximity; pl. vicinity, neighbourhood.
cercano (*thayRkáhnoh*) adj. near, close by, neighbouring.
cercar (*thayRkáR*) tr. to enclose, to fence off; Mil. to siege.   [pare; to lop off.
cercenar (*thayRthaynáR*) tr. to
cerciorarse (*thayRthyohráRsay*) r. to ascertain, to make sure.
cerco (*tháyRkoh*) m. ring; circle; frame; Mil. blockade.
cerda (*tháyRdah*) (hair)bristle, Zool. sow.   [swine.
cerdo (*tháyRdoh*) m. hog; pig;
cereal (*thayrayáhl*) adj. cereal; m. pl. cereals. [rebral, brain.
cerebral (*thayraybráhl*) adj. cerebro** (*thayráybroh*) m. brain; (fig.) talent.   [ceremony.
ceremonia (*thayraymóhnyah*) f.
ceremonial (*thayraymohnyáhl*) m. ceremonial, formalities.
ceremonioso (*thayraymohnyóh-soh*) adj. ceremonious; formal.   [chandler's shop.
cerería (*thayrayrée:ah*) f. wax-
cereza (*thayráythah*) f. cherry.
cerezo (*thayráythoh*) m. cherry-tree.
cerilla (*thayréelyah*) f. (wax) match; Med. cerumen.
cero (*tháyroh*) m. USA. zero; G. B. nought.
cerrado (*thayRáhdoh*) adj. closed, locked.   [lock.
cerradura (*thayRahdóohrah*) f.
cerrajería (*thayRahRayrée:ah*) f. locksmith's trade or shop.
cerrajero (*thayRahHáyroh*) m. locksmith.
cerrar (*thayRáR*) tr. to shut; to close; to lock; **— con llave,** to lock; **— la boca,** to shut up; **— un sobre,** to seal; **— una herida,** to heal.
cerril (*thayRéel*) adj. mountainous; wild; rough.   [land.
cerro (*tháyRoh*) m. hill, high-
cerrojo (*thayRohHoh*) m. bolt.
certamen (*thayRtahmayn*) m. literary competition.
certero (*thayRtáyroh*) adj. sure, certain; (shot.) woll-aimed; m. sharp-shooter, a good shot.   [tainty; certitude.
certeza (*thayRtáythah*) f. cer-
certificado (*thayRteefeekahdoh*) m. certificate; adj. registered.   [to certificate.
certificar (*thayRteefeekaR*) tr.
cervecería (*thayRbaythayreeah*) f. brewery; ale house. [ale.
cerveza (*thayRbaythah*) f. beer;
cerviz (*thayRbeeth*) m. nape of the neck; **Bajar la —,** to humble oneself.
cesación (*thaysahthyón*) f. cesation; ceasing.
cesante (*thaysáhntay*) adj. public officer out of office; dismissed.
cesar (*thaysáR*) intr. to cease, to give over, to leave off. **Sin —,** incesantly.
cese (*tháysay*) m. dismissal, cessation; Mil. truce.
cesión (*thaysyón*) f. cession; transfer.   [turf, sod.
césped (*tháysspayd*) m. lawn;
cesta (*tháysstah*) f. basket; pannier, hamper.   [basket-shop.
cestería (*thaysstayrée:ah*) f.
cesto (*thaysstoh*) basket; **balón —,** basket-ball. [cetaceous.
cetáceo (*thaytáhthayoh*) adj.
cetro (*tháytroh*) m. sceptre; Eccl. verge.   [nide.

chabacanada (*chabahkahnáh-dah*) f. muddle, scurrility, vulgar, lack of taste.
chabacanería (*chabahkahnay-rée:ah*) f. muddle, scurrility, vulgar, lack of taste.
chacal (*chahkáhl*) m. jackal.
chacota (*chahkóhtah*) f. noisy mirth, fun, skylarking, high jinks.
chacotear (*chahkoahtayáR*) intr. to scoff; to make merry.
chacha (*chahchah*) f. coll. maid.
cháchara (*cháhchahrah*) f. chit-chat, idle talk.
chaflán (*chahfláhn*) m. bevel; Arch. bay, quoin.
chal (*chahl*) m. shawl.
chaleco (*chahláykoh*) m. G. B. waistcoat; (USA) vest.
chalet (*chahlayt*) m. chalet, villa.
chalupa (*chahlóopah*) f. Naut. sloop, long boat, launch.
chamizo (*chahmeethoh*) m. half-burnt stick; thatched hut; **negro como un —,** as black as coal.
chamorro (*chahmohRoh*) adj. shorn, bald; **trigo —,** beardless wheat; bald headed.
chamuscado (*chahmoosskáh-doh*) adj. scorched, singed; (coll.) tipsy flustered (with drinking).
chamuscar (*chahmoosskáR*) tr. to scorch, to singe.
chamusquina (*chahmoosskée-nah*) f. scorching, singeing; (coll.) scolding, quarrelling.
chancear (*chahnthayáR*) intr. to joke, to jest, to make fun of, to fool with.
chancearse (*chahnthayáRsay*) r. to fool, to jest.
chancleta (*chanklaytah*) f. house slipper, slip-on slipper; **en —,** in slippers.
chanchullo (*chahnchóolyoh*) m. low trick, sharp practice.
chantaje (*chahntahHay*) m. blackmail.
chantajista (*chahntahHeestah*) s. blackmailer.   [fun.
chanza (*cháhnthah*) p. joke;
chapa (*cháhpah*) f. (met.) plate, (wood) veneer.
chapado (*chahpahdoh*) adj. plated, veneered; **— a la antigua,** old-fashioned.
chapar (*chahpáR*) r. to plate, to coat, to veneer; (fam.) to swot.
chaparrón (*chahpaRón*) m. heavy shower downpour.
chapotear (*chahpohtayor*) v. i. to paddle, to splash.
chapoteo (*chahpohtayoh*) m. splash, splashing.
chapucería (*chahpoothayrée:ah*) f. bungle, botch, patchwork.
chapucero (*chahpootháyroh*) m. botcher, bungler; adj. botchy, rough, patchy work.
chapurrear (*chahpooRayáR*) tr. to speak gibberish, to speak brokenly (a language).
chapuza (*chahpóothah*) f. botch-work, botchy-job.
chapuzar (*chahpoothaR*) v. i. to dive, to duch, to plunge.
chapuzón (*chahpoothon*) m. diving, ducking.
chaqueta (*chahkáytah*) f. jacket; (coll.) coat.
charco (*cháRkoh*) m. poot, puddle; (fam.) the briny.
charla (*cháRlah*) f. chat, gossip; talk, lecture.
charlar (*chaRláR*) intr. to gabble, to chat, to babble.

charlatán (*haRlahtáhn*) m. talker, babbler, prater; quack, humbur.
charol (*chahról*) m. patent leather; **darse —,** to brag, to swank.
chascarrillo (*chahskahRéelyoh*) m. spicy anecdote.
chasco (*cháhskoh*) m. practical joke, trick, sham.
chasis (*cháhseess*) m. frame.
chasquear (*chahskayáR*) intr. to crack, to lash; to fool; intr. to crack(le) to disappoint.
chasquido (*chasskeedch*) m. click (of metal); crack (of whip).
chato (*cháhtoh*) adj. flat-nosed, snub nose; (fig.) pug. Amer. darling, sweetheart.
chaval (*chahbáhl*) adj. y m. lad.
chavala (*chahbáhlah*) adj. y f. lass.
chelín (*chayléen*) m. shilling.
chico (*chéekoh*) adj. little; small, wee, tiny; m. youngster, little boy, child, lad, boy; f. little girl, child, lassie, girl; **un buen —,** a decent chap. **Una buena —,** a good girl; (coll.) f. servant.
chichón (*cheechón*) m. swelling, bump (on the head).
chiflado (*cheeflahdoh*) adj. (coll.) cracked-pot, crazy; **— por,** mad in love with.
chifladura (*cheeflahdóorah*) f. whims, craziness; (coll.) fad.
chillar (*cheelyáR*) intr. to scream, to shriek, to yell, to screech
chillido (*cheelyéedoh*) m. squeak, scream, yell, shriek.
chillón (*cheelyón*) m. screamer, shrieker; (coll.) loud; adj. screaming, shrieking, yelling, bawler.
chimenea (*cheemaynáyah*) f. chimney; (dom.) fireplace; Naut. funnel.
china (*chéenah*) f. pebble; China; china-ware, porcelain.
chinche (*chéenchay*) f. bedbug; bug; **caer o morir como —s,** to die like flies.
chino (*chéenoh*) adj. y m. Chinese.
chiquero (*cheekáyroh*) m. (bull) pen; pig-sty.
chiquillada (*cheekeelyáhdah*) f. childish speech or action.
chiquillo (*cheekéelyoh*) m. small child, lad, brat.
chiquito (*cheekeetoh*) adj. very little, small; (coll.) drink (of wine); **no andarse con —,** not to mess about with.
chiripa (*cheeréepah*) f. fluke, sheer luck, windfall.
chirivía (*cheereebé:ah*) f. Bot. parsnip; Orn. wagtail.
chirriar (*cheeReeáR*) intr. to screech, to creak; (cook.) sizzle.
chirrido (*cheeRéedoh*) m. (birds, etc.) chirp, creak, screech.
chisme (*cheessmay*) m. gopsip; Mech. gadget.
chismoso (*cheessmóhsoh*) adj. talebearing; m. gossip-monger.
chispa (*cheesspah*) f. spark(le) bit; wit; (coll.) drunkenness; **coger una —,** to get soaked; **hechar —s,** to fume; **tener —,** to be witty.
chispazo (*cheesspáhthoh*) m. spark. flash.   [sparkling.
chispeante (*cheespayantay*) adj.
chispear (*cheespayáR*) intr. to

sparkle, to glitter; to begin to rain slightly.

chistar (*cheesstáR*) tr. to mutter; to mumble; **sin —**, without opening one's mouth.

chiste (*cheesstay*) m. joke, funny story. [hat.

chistera (*cheesstáyrah*) f. top

chistoso (*cheesstóhsoh*) adj. funny, witty, humorous.

chito, chitón (*chéetoh, cheetón*) interj. hush! whist!

chivato (*cheebahtoh*) m. kid; (coll.) sneak, tale-teller.

chivo (*chéeboh*) m. kid, he-goat.

chocante (*chohkáhntay*) adj. shocking, striking; provoking.

chocar (*chohkáR*) intr. to shock, to surprise; *Traf.* to collide, to crash, to run into. [chocolate.

chocolate (*chohkohláhtay*) m.

chocolatera (*chohkohlahtáyrah*) f. chocolate pot.

chochear (*chochayáR*) intr. to dote. [tage.

chochera (*chocháyrah*) f. do-

chocho (*chóhchoh*) f. doting.

chofer (*chóhfayR*) m. chauffeur, driver. [poplar.

chopo (*chóhpoh*) m. *Bot.* black

choque (*chóhkay*) m. (emot.) shock; *Traf.* collision, crash; *Pol.* clash. [sausage.

chorizo (*chohréethoh*) m. pork-

chorrear (*chohRayáR*) tr. to pour to drip, to gush out; to spout.

chorro (*chóhRoh*) m. jet, spout, gush; **a —**, copiously; **un — de —**, a shower of. [cabin.

choza (*chóhthah*) f. hut, hovel.

chubasco (*choobáskoh*) m. shower; *Naut.* squall.

chuchería (*choochayrée:ah*) f. trinket, gew-gaw, knickknack.

chucho (*chóochoh*) m. (coll.) dog(gie).

chufa (*chóofah*) f. tiger-nut.

chulería (*choolayrée:ah*) f. drollery.

chuleta (*choolaytah*) m. chop, cutlet; **— de cerdo**, pork chop; **— de cordero**, mutton, lamb chop.

chulo (*chóoloh*) m. knave, pimp, adj. pretty; flashy.

chunga (*chóongah*) f. joke; jest.

chupado (*choopáhdoh*) adj. (fig.) emaciated, lean; sucked; *Print.* tall and thin.

chupar (*choopáR*) tr. to suck; (coll.) to sponge.

chupete (*choopáytay*) m. dummy, feeding botlle teat; (coll.); **de re—**, delicious.

churrería (*chooRayrée:ah*) f. shop where.

churro (*chóoRoh*) m. sort of fritter.

chusco (*chóosskoh*) adj. droll, funny; m. a small loaf of bread. [mob.

chusma (*chóossmah*) f. rabble;

ciática (*thyahteekah*) f. sciatica.

cicatriz (*theekahtréeth*) f. scar; cicatrix.

cicatrizar (*theekahthreetháR*) tr. to cicatrize, to heal.

ciclismo (*theeclieesmoh*) adj. cycling.

ciclista (*theecleestah*) s. cyclist.

ciclo (*théecloh*) m. cycle.

ciclostil (*theeclosstéeloh*) m. cyclostyle. [cyclone.

ciclón (*theeklon*) m. hurricane.

cidra (*théedrah*) f. *Bot.* citron.

ciego (*thyégoh*) adj. blind, (piping) blocked up, made up. **A ciegas**, blindly.

cielo (*thyéloh*) m. (spir.) heaven; *Astr.* **— de la boca**, mouth roof. **A — raso**, under the stars; **¡mí —!** my darling!

cien (*thyén*) adj. one hundred.

ciencia (*thyénthyah*) f. science.

cieno (*thyénoh*) m. mud, bog, slime. [scientific.

científico (*thyenthéefeekoh*) adj.

ciento (*thyéntoh*) adj. one hundred.

cierre (*thyeRay*) m. lock; hora de —, closing time.

cierto (*thyeRtoy*) adj. certain, sure. **Por —**, of course.

cierva (*thyéRbah*) f. hind.

ciervo (*thyéRboh*) m. deer; hart; stag. [ber.

cifra (*théefrah*) f. cipher; number.

cigarra (*theegáhRah*) f. cicada, grasskopper. [cigarette.

cigarrillo (*theegahRéelyoh*) m.

cigarro (*thegáhRoh*) c. cigar.

cigüeña (*theegwáynyah*) f. *Orn.* stork. [crankshaft.

cigüeñal (*theegwaynyal*) *Mech.*

cilíndrico (*theeléendreekoh*) adj. cylindric. [linder.

cilindro (*theeléendroh*) m. cy-

cima (*théemah*) f. summit; top.

cimentar (*theemayntáR*) tr. to lay a foundation. [dation.

cimiento (*theemyéntoh*) m. foun-

cinc (*think*) m. zinc.

cincel (*theentháyl*) s. chisel.

cincelar (*theenthayláR*) tr. to chisel; to engrave.

cinco (*theenkoh*) m. y adj. five.

cine (*théenay*) m. (fam.) cinema (coll.) pictures. [fifty.

cincuenta (*theenkwayntah*) adj.

cínico (*tréeneekoh*) adj. cynical, bare-faced; (coll.) cheeky. m. cynical.

cinismo (*theeneesmoh*) m. cynicism, bare-facedness, impudency.

cinta (*theentah*) f. ribbon; braid; tape; strip, sash; **— magnetofónica**, record tape. **— métrica**, tape measure. **En —**, in the family way.

cintura (*theentóorah*) f. waist; **Meter en —**, to keep under a firm hand.

cinturón (*theentoorón*) m. belt; **— verde**, green belt.

ciprés (*theepréss*) m. *Bot.* cypress. [phitheatre.

circo (*théeRkoh*) m. circus, am-

circuito (*theeRkoo:éetoh*) m. circuit; (elect.) **corto —**, short circuit.

circulación (*theeRkoolahthyón*) f. circulation; *Mot.* traffic; (mon.) currency.

circular (*theeRkooláR*) adj. circular; intr. to circulate; *Traff.* to pass. **— por la derecha**, drive on the right. **— por la izquierda**; drive, on the left. **¡Circulen, circulen!** Move along!

círculo (*théeRkooloh*) m. circle, ring; social club; **— vicioso**, vicious circle.

circuncidar (*theeRkoontheedáR*) tr. to circumsise, to curtail, to clip.

circuncisión (*theeRkoontheesyón*) f. circumcision.

circundar (*theeRkoondáR*) tr. to surround, to encircle.

circunferencia (*theeRkoonfayrénthyah*) f. circumference.

circunspección ((*theeRkoonspaykthyón*) f. circumspection.

circunspecto (*theeRkoonspayktoh*) adj. circumspect, cautious.

circunstancia (*theeRkoonstáhnthyah*) f. circumstance. [le.

cirio (*théehyoh*) m. wax-candle

ciruela (*theerwaylah*) f. plum.

ciruelo (*theeroo:áyloh*) m. *Bot.* plum-tree.

cirugía (*theerooHée:ah*) f. surgery. [surgeon.

cirujano (*theerooHáhnoh*) m.

cisco (*theesskoh*) m. coal-dust; (fam.) noisy wrangle, hubbub; **hecho —**, kaput; **Hacer —**, to smash to smithereens. [split.

cisma (*theessmah*) m. schism, schismatic.

cismático (*theesmahteekoh*) adj. schismatic.

cisne (*theessnay*) m. swan; **canto del —**, swan song.

cisterna (*theestayRnah*) f. cistern, water-tank.

cita (*théetah*) f. (prof.) appointment; *Leg.* summons; *Lit.* quotation, (boy-girl) date.

citar (*theetáR*) tr. to convoke; *Lit.* to quote; to arrange a meeting; to make a date.

ciudad (*thyoodáhd*) f. city; town. [f. citizenship.

ciudadanía (*thyoodahdahnée:ah*)

ciudadano (*thyoodáhdahnoh*) f. citizen, town dweller.

cívico (*théebeekoh*) adj. civic.

civil (*thybéel*) adj. civil; polite.

civilización (*theebeeleethahthyon*) f. civilization.

civilizar (*theebeeleethaR*) tr. to civilize. [vics, patriotism.

civismo (*theebeessmoh*) m. ci-

cizaña (*theethányah*) f. *Bot.* darnel; discord.

clamar (*klamáR*) tr. to cry out; to lament, to wail.

clamor (*klamóR*) m. clamour; outcry.

clandestino (*klahndayystéenoh*) adj. clandestine, secret, steolthy.

claque (*kláhkay*) f. *Theat.* claque.

clara (*kláhrah*) f. white of an egg.

claraboya (*klahrahbóhyah*) f. skylight *Naut.* bull's eye.

clarear (*klahrayáR*) intr. to dawn, to grow light; (weath.) to brighten up.

clarete (*klahráytay*) adj y m. claret (wine).

claridad (*klaheedáhd*) f. clarity; clearness.

clarificar (*klareefeekaR*) v. to clarify.

clarín (*klahréen*) m. bugle, clarion.

clarinete (*klahreenáytay*) m. clarinet, clarinet-player.

claro (*kláhroh*) adj. clear; light (of col.) (day) bright. m. gap, blank, clearing; adv. clearly, manifestly; **— está!** in deed, rather. **¡—!** of course! **Poner en —**, to clear up.

clase (*kláhsay*) f. class; rank; kind; **Dar clase de ...**, To teach ...; **Tomar —s de**, to have lessons of...; **Ir a —**, To go for lessons, to go to school, etc. [cal.

ciático (*kláhseekoh*) adj. classi-

clasificación (*klahseefeekahthyón*) f. classification; *Sport.* league-table position.

clasificar (*klahseefeekáR*) tr. to classify. [claustral.

claustral (*klah/oosstráhl*) adj.

claustro (*kláh/oosstroh*) m. cloister; teaching staff institution; of an teachers meeting. [riod; clause.

cláusula (*kláh/oosoolah*) f. pe-

clausura (*klah/oosóorah*) f. inner recess of a convent; closure; religious retreat.

clausurar (*klah/oosoordR*) tr. to close, to close down.

clavar (*klahbáR*) tr. to nail (down) (fam.) to overcharge.

clave (*kláhbay*) f. key; *Mus.* clef; (comun.) code; (crosswords) clue.

clavel (*klahbayl*) m. *Bot.* carnation, pink. [nail.

clavetear (*klahbaytayáR*) tr. to

clavícula (*klahbéekoolah*) f. *Anat.* collar.

clavija (*klahbéeHah*) f. pin; peg of a stringed instrument); (fig.) **Apretar las —s**, to turn on the screws. [clove.

clavo (*kláboh*) m. nail; *Bot.*

clemencia (*klaymaynthyah*) f. clemency, mercy.

clemente (*klaymaytay*) adj. clement, merciful. [clergy.

clerecía (*klayraythée:ah*) f.

clerical (*klayreekáhl*) adj. clerical. [man.

clérigo (*kláyreegoh*) m. clergy-

cliente (*cleeáyntay*) m. (prof.) client, customer, patron.

clientela (*cleeayntaylah*) f. clientele, patronage. [clime.

clima (*kléemah*) m. climate;

clínica (*kléeneekah*) f. clinic, private hospital, nursing home, doctor's surgery. [cal.

clínico (*kléeneekoh*) adj. clini-

clisé (*kleesáy*) f. plate, cliché.

cloaca (*kloh/áhkah*) f. sewer.

cloro (*klóhroh*) m. chlorin(e).

clorofila (*klohrohféelah*) f. chlorophyl.

cloroformo (*klohrohfóRmoh*) m. chloroform. [tion.

club (*kloob*) m. club; associa-

coacción (*koh/ahkthyón*) f. coaction, compulsion.

coactivo (*koh/ahktéeboh*) adj. coercive, compulsory.

coadyuvar (*koh/ahdyoobáR*) tr. to help; to assist.

coagulación (*koh/ahgoolahthyón*) f. coagulation, blood-clotting.

coagular (*koh/ahgooláR*) tr. to coagulate (blood); curdle (milk) to clot. [r. to curdle.

coagularse (*koh/ahgooláRsay*)

coágulo (*koh/áhgooloh*) m. blood-clot.

coalición (*koh/ahleethyon*) f. coalition.

coartada (*koh/aRtáhdah*) f. alibi; **probar una —**, to prove an alibi.

coartar (*koh/artáR*) tr. to restric, to restrain. [balt.

cobalto (*kohbáhltoh*) m. cobalt.

cobarde (*kohbáRday*) adj. m. coward: (coll.) chiken, custard; yellow.

cobardía (*kohbRdée:ah*) f. cowardice, fear; (coll-) cold feet.   [shed; lean-to.
cobertizo (*kohbáyRtéethoh*). m.
cobertor. (*kohbayRtóR*) m. (babys cot) coverlet; counterpame; quilt, beds pread.
cobertura (*kohbayRtoorah*) f. cover, covering, wrapper.
cobijar (*kohbeeHáR*) tr. to cover; to shelter. [take shelter.
cobijarse (*kohbeeHáRsay*) r. to
cobrador (*kohbradóR*) m. (money) colector; (bus) conductor.
cobranza (*kohbráhntah*) f. receipt or collection of money.
cobrar (*kohbráR*) tr. to collect, (salary, wages, etc.); to take (in).
cobre (*kóhbray*) m. copper; **batirse el —,** to fight hard for.
cobro (*kóhbroh*) m. *See* **cobranza.**
cocción (*kokthyón*) f. coction, boiling.
cocear (*kohthayáR*) tr. to kick.
cocer (*kohtháyR*) tr. to boil, to cook; (oven).
cocido. (*kohthéedoh*) m. stew; adj. boiled, cooked.
cocina (*kohtéenah*) f. kitchen; (cart) cookery.
cocinar (*kohteenáR*) tr. to do the cooking, to cook.
cocinera (*kohtheenáyrah*) f. cook.   [cook.
cocinero (*kohtheenáyroh*) m.
coco (*kóhkoh*) m. *Bot.* coconut.   [crocodile.
cocodrilo. (*konkohdréeloh*) m.
cocotero (*konkohtáyroh*) m. *Bot.* coconut.
coche (*kóhchay*) m. car coach; **— de carreras,** racing car; **— deportivo,** sports car; (railw.) **— cama,** sleeping-car; **— restaurante,** dining-car.
cochera (*kohcháyrah*) f. garage; bus-depot.   [man.
cochero (*kohcháyroh*) m. coach**cochina** (*kohscéenah*) f. sow. (fig.) filthy, dirty.
cochino (*kohscéenoh*) adj. dirty; m. pig.
codazo (*kohdáhthoh*) m. blow with an elbow, nudge, shove.
codear (*kohdayáR*) tr. to elbow; intr. to nudge; **—se con...,** to mix with.
códice (*kóhdeethay*) m. codex.
codicia (*kohdéethyah*) f. covetousness; cupidity, greed; **la — rompe el saco,** covet oll, lose oll.
codicioso (*kohdeethyóhsoh*) adj. greedy, avaricious; (coll.) avid. dilligent.
código (*kóhdeegoh*) m. code.
codo (*kódoh*) m. elbow; cubit; *Mech.* bend; **hablar por los —s,** chatter; **empinar el —,** to tipple.
codorniz (*kohdoRnéeth*) f. quail.
coeficiente (*koh/ayfeethyéntay*) adj. coefficient.
coercitivo (*kohaRtheetéeboh*) adj. coercive.
coexistencia (*koh/aykséestaynthyah*) s. coexistence.
coexistir (*koh/aykseestéeR*) intr. to coexist.
cofia (*kóhfyah*) f. headdress, greed; hair-net.
cofrade (*kohfráhday*) m. fellow-member.
cofradía (*kohfrahdée:ah*) f. brotherhood, guild.
cofre (*kóhfray*) m. trunk, coffer.

coger (*koh/HayR*) tr. to catch (balls, etc.); to take, to get hold of, to grasp; to be room for; **— un resfriado,** to catch a cold, **— en casa,** to catch at home; **— (a uno) un coche,** to be run-over.
cogida (*koHéedah*) f. yield, (harvest); (fish) catch, going (in bullfight).
cogote (*kohgohtay*) m. *Anat.* occiput; nape, scruff of the neck.   [adj. cognitive.
cognoscitivo (*kognostheetéeboh*)
cohabitar (*koh/ahbeetáR*) intr. to cohabit; to live together.
cohechar (*koh/aychaR*) v. t. to bribe, suborn; *Agric.* to plow (*USA.*) to plough (E.).
cohecho (*koh/aychoh*) m. bribery; *Agric.* plowing (ploughing) season.
coherente (*koh/ayrayntay*) adj. coherente.   [sion.
cohesión (*koh/aysyón*) f. cohe**cohete** (*koh/áytay*) m. rocket, firework; **suelta de —,** firework display; **salió como un —,** he went out like a flash.
cohibir (*koh/eebéeR*) tr. to restrain.
coincidencia (*koh/eentheedaynthyah*) f. coincidence.
coincidir (*koh/eentheedeeR*) intr. to coincide.
coito (*kóytoh*) m. coition, sexual intercourse.
cojear (*kohHayáR*) intr. to limp, to hobble; **saber de qué pie cojea,** to know one's weakness.   [ness; limping.
cojera (*kohHáyrah*) f. lameness.
cojín (*kohHéen*) m. cushion.
cojinete (*kohHenáytay*) m. small cushion, pad; *Mech.* bearing.
cojo (*kóhHoh*) adj. m. lame, cripple; (furn.)lopsided.
cola (*kóhlah*) f. *Zool.* tail; train of a dress, (people) queue; (adhes.) glue.
colaborador (*kohlahbohrahdóR*) m. collaborator.
colaborar (*kohlahbohráR*) tr. to collaborate.
colada (*koháhdah*) f. bleaching.   [iner.
coladera (*kohlahdáyrah*) f. strainer.
colador (*kohlahdóR*) strainer.
coladura (*kohlahdóorah*) straining; (fam.) blunder.
colar (*kohláR*) tr. to strain; to pass through, (coll.) to gatecrash; to make blunders.
colarse (*kohláRsay*) r. to strain, to slip or steal into.
colcha (*kóhlchah*) f. quilt; coverlet, bed-spread.   [tress.
colchón (*kohlchón*) m. mat**colección** (*kohlaykthyón*) f. collection.   [to collect.
coleccionar (*kohlaythyonáR*) tr.
colectivo (*kohlaoyktéeboh*) adj. collective.
colega (*koháygah*) f. colleague.
colegial (*kohlayHyahl*) adj. collegial; m. schoolboy, collegian.   [school-girl.
colegiala (*kohlayHy:áhlah*) m.
colegio (*koháyHyoh*) m. college, school.   [cholera.
cólera (*kóhlayrah*) f. anger, **colérico** (*kohláyreekoh*) adj. angry, choleric.
coleta (*koháytah*) f. pigtail.
colgadura (*kolgahdóorah*) f. tapestry, hanging.
colgante (*kolgántáy*) adj. hanging; cloth pendant; **puente —,** suspensión bridge.

colgar (*kolgáR*) tr. to hang; to suspend; to impute; **— los estudios,** to abandon one's studies.
cólico (*kóhleekoh*) m. colic.
coliflor (*kohleeflór*) f. cauliflower.
colilla (*kohléelyah*) f. cigarette end or stub, cigar stub.
colina (*koháenah*) f. hill(ock).
coliseo (*kohleesáyoh*) m. coliseum.
colisión (*kohleesyón*) s. collision; clash, (mat.) car-crash.
colmado (*kolmáhdoh*) adj. filled; heaped; m. (prov.) pub; grocer's shop.
colmar (*kolmáR*) tr. to heap up, to fill up; (fig.) to give plenty.   [ve.
colmena (*kolmáynah*) f. beehive.
colmillo (*kolméelyoh*) m. eyetooth, tusk (elephant); (snake) fang; coll. **escupir por el —,** to boast, to brag.
colmo (*kólmoh*) m. plenty; top; **¡Esto es el —!;** This is the limit, this is the last straw.
colocación (*kohlohkahthy:ón*) f. employment; post, job; (orde) arrangement, placing.
colocar (*kohlohkáR*) tr. to arrange; to place; to employ, to give a job, v. r. to get a job.
colonia (*kohlóhnyah*) f. colony; **agua de —,** eau de Cologne.
colonial (*kohlohnyáhl*) adj. colonial.
colonización (*kohlohneethahthyón*) f. colonisation.
colonizar (*kohlohneetháR*) tr. to colonize.
colono (*kohlóhnoh*) m. (mig.) settler; *Agric.* farmer, planter.
coloquio (*kohlóhkyoh*) m. colloquy, talk; literary dialogue.
color (*kohlóR*) m. colour; **— vivo,** bright colour; **— apagado,** paste colour; **tonos de —,** shades of colour; **venir los —es a la cara,** to blush. **Tener buen —,** to be healthy-looking.
colorado (*kohlohráhdoh*) adj. ruddy; red; **ponerse —,** to blush.
colorido (*kohlohréedoh*) m. colour(ing).   [sus.
coloso (*kohlóhsoh*) m. colossus.
columna (*kohlóhmnah*) f. column, pillar; (arith-)row; **— vertebral,** spine.
columnata (*kohloomnáhtah*) f. colonnade.   [swing.
columpiar (*kohloompyár*) tr. to **columpio** (*kohlóompyoh*) m. swing; seesaw.
collado (*kohlyáhdoh*) m. small height, hillock, fell.
collar (*kohlyáR*) m. *Ornam.* necklace; dog-collar.
coma (*kóhmah*) f. comma; *Med.* coma.
comandancia (*kohmahnñdáhnthyah*) f. commandership, commander's office; **— de Marina,** Port Authority Office; **— Militar,** military command.
comandante (*kohmahndáhntay*) m. *Mil.* major; commander.
comandita (*kohmahndéetah*) f. *Com.* silent partnership.
comando (*kohmáhndoh*) m. *Mil.* command; commando.
comarca (*kohmáRkah*) f. region, districk, area.

comba (*kombah*) f. bend, curb; shipping rope; **saltar a la —,** to skip.   [combat.
combate (*kombáhtay*) m. fight; **combatiente** (*kombahtyéntay*) s. fighter, combatant.
combatir (*kombahtéeR*) tr. e intr. to combat; to fight.
combinación (*kombeenahtyón*) f. combination; slip (underwear).
combinado (*kombeenáhdoh*) adj. combined; cocktail-drink.
combinar (*kombeenáR*) intr. to combine; to compound.
combustible (*komboosstéeblay*) adj. combustible; m. fuel.
combustión (*komboosstyón*) s. combustion; burning.
comedia (*kohmáydyah*) f. comedy; **es una —,** it is farce.
comediante (*kohmaydyáhntay*) s. comedian; actor; (coll.) hypocrite.
comedor (*kohmaydóR*) m. dining-room; *Furn.* dining-room suite.   [ner, guest.
comensal (*kohmaynsáhl*) s. diner.
comentador (*kohmayntahdóR*) m. commentator.
comentar (*kohmayntáR*) tr. to comment; (fam.) to gossip.
comentario (*kohmayntáhryoh*) m. commentary; (fam.) gossip; **es el — de la ciudad,** he-(she) is the talk of the town.
comenzar (*kohmayntháR*) tr. to begin, to commence, to start.
comer (*kohmáyR*) tr. (gen.) to eat, to dine (at 7-9 p. m.); (chess, draught) to take; (in writing) to leave out; (at mid-day) to lunch; **tener que —,** to have something to eat, **me apetece —,** fancy eating.   [commercial.
comercial (*kohmayRthyal*) adj.
comerciante (*kohmayRthyantay*) m. merchant, trader.
comerciar (*kohmayRthyáR*) tr. to trade, to do business.
comercio (*kohmáyRthyoh*) m. trade, commerce, business.
comestible (*kohmayssttéeblay*) adj. edible, eatable; m. food; pl. eatables, groceries.
cometa (*kohmáytah*) f. *Astr.* comet; (child's) kite.
cometer (*kohmaytáyR*) tr. to commit; to make(mistakes, etc.); *Crim.* to perpetrate.
cometido (*kohmaytéedoh*) m. task, duty, job.   [ching.
comezón (*kohmaythón*) s. it**cómico** (*kóhmeekoh*) adj. comic; comical; s. comedian; actor.   [food, dinner.
comida (*kohméedah*) f. meal; **comienzo** (*kohmyénthoh*) m. beginning, start; (footb.) **— de un partido,** the kick-off.
comilón (*kohmeelón*) m. glutton.
comino (*kohmeenoh*) cuming seed; **no vale un —,** it's not worth a penny.
comisaría (*kohmeesahrée:ah*) f. commissariat, police-station.
comisario (*kohmeesáhryoh*) m. commissary; deputy.
comisión (*kohmeesyon*) f. commission; mandate; committee.   [te; retinue.
comitiva (*kohmeetéebah*) f. sui**como** (*kóhmoh*) adv. like; as; how; **¡—!,** what!; **— quieras,** as you like it; **— sigue,** as follows.

cómoda (*kóhmohdah*) f. chest of drawers; bureau.

comodidad (*kohmohdeedáhd*) f. confort. [fortable; handy.

cómodo (*kohmohdoh*) adj. con-

compacto (*kompáhktoh*) adj. compact, solid, dense.

compadecer (*kompahdaytháyR*) tr. to pity, to feel sorry for.

compaginar (*kompahHeenáR*) tr. to (fig.) to arrange in order, to alternate; *Print.* to collate, to check.

compañerismo (*kompahnyay-reesmoh*) m. companionship, comradeship.

compañero (*kompahnyáyroh*) s. comrade; companion; fellow, mate, pal. — **de viaje**, fellow traveller. — **de habitación**, room mate.

compañía (*kompahnyée:ah*) *Com.* f. company, firm; *Mil. & Theat.* company; companion, friend.

comparación (*kompahrahthyón*) f. comparision.

comparar (*kompahráR*) tr. to compare, to confront.

comparecer (*kompahraytháyR*) intr. to appear (before a court).

comparsa (*kompáRsah*) f. masquerade; (theat) «extra».

compartimiento (*kompaRteemy-éntoh*) m. compartment.

compartir (*kompaRtéeR*) intr. to share.

compás (*kompáss*) m. pair of compasses; rhythm, *Naut.* compass. [pity.

compasión (*kompahsyón*) f.

compasivo (*kompahséeboh*) adj. compassionate.

compatibilidad (*kompahteebee-leedáhd*) f. compatibility.

compatible (*kompahtéebblay*) adj. compatible. — **con**, in keepiny with.

compatriota (*kompahtry:óhtah*) m. fellow-countryman, compatriot.

compeler (*kompayláyR*) tr. to compel ,to force, to oblige.

compendiar (*kompayndyáR*) tr. to epitomize; to extract, to abridge, to shorten.

compendio (*kompayndy:oh*) m. digest, summary, abstract, manual, hand-book.

compensación (*kompaynsahthy-ón*) f. compensation; (money) indemnity; offset.

compensar (*kompaynsáR*) tr. and intr. to compensate, to make up for, to offset.

competencia (*ompaytáynthyah*) competition, rivalry, competence.

competente (*kompaytáyntay*) adj. competent; qualified, fit, apt. suitable for.

competición (*kompayteethyon*) m. competition; *Sports.* meeting; rivalry.

competidor (*kompayteedóR*) m. competitor; rival, contender, opponent. adj. competing, contesting.

competir (*kompaytéeR*) intr. to contend, to compete, to race, to rival, to vie.

compilación (*kompeelahthyón*) f. compilation.

compilar (*kompeeláR*) tr. to compile, to collect.

complacencia (*komplahthayn-thyah*) f. pleasure, complacency, satisfaction.

complacer (*komplahtáyR*) tr. to please, to content.

complaciente (*komplahthyén-tay*) adj. kind, pleasing, understanding.

complejo (*kompláyHoh*) m. adj. complex; complicated.

complementar (*komplaymayn-táR*) tr. to complement.

complementario (*komplaymayn-tahryo*) m. complementary.

complemento (*komplaymayn-toh*) m. complement; completion.

completar (*komplaytáR*) tr. to complete, to finish, to finish off; to fill up.

completo (*kompláytoh*) · adj. complete, finished; full up: **Por —**, absolutely.

complicación (*kompleekahthy-ón*) f. complication.

complicado (*kompleekáhdoh*) adj. difficult, complicate, knotty, thorny, hard.

complicar (*kompleekáR*) tr. to make difficult, to complicate, to make hard.

cómplice (*kómpleethay*) m. accomplice, abettor, accessory.

complicidad (*kompleetheedáhd*) f. complicity, aiding and abetting. [trigue, conspiracy.

complot (*komplót*) m. plot, in-

componente (*kompohnayntay*) adj. component.

componer (*komponáyR*) tr. (mus. print.) to compose; to mend, to put right.

comportamiento (*kompoRtah-myéntoh*) m. behaviour.

comportarse (*komporRtáRsay*) r. to behave.

composición (*komposeethyón*) f. composition; repair, mending. (mus.) work.

compositor (*komposeetóR*) (mus.) m. composer; (print) compositor. [fruit.

compota (*kompóhtah*) f. stewed

compra (*kómprah*) f. purchase: **Ir de —**, to go shopping; buy.

comprador (*komprahdóR*) s. buyer; purchaser.

comprar (*kompráR*) tr. to buy; to purchase; — **al contado**, to buy cash; — **al fiado**, to buy on credit; — **a plazos**, to buy on instalments, on the never never; to hire-purchase.

comprender (*komprayndáyR*) tr. to understand; to include; to contain, to comprehend; to comprise.

comprensión (*kompraynsyón*) f. comprehension, understanding.

comprensivo (*kompraynséeboh*) adj. understanding, comprehensive; comprising.

compresa (*kompráysah*) f. *Surg.* compress.

compresión (*kompraysyón*) f. compression, pressing, pressure.

compresor (*kompraysóR*) m. compressor.

comprimir (*kómpreeméeR*) tr. to compress; to squeeze, to press.

comprobación (*komprohbah-thyón*) f. comprobation, proof, of, check, verification.

comprobar (*komprohbáR*) tr. to check, to verify, to proove.

comprometer (*komprohmay-tayR*) tr. to compromise; to engage; to endanger, to jeopardize; v. r. to commit oneself.

compromiso (*komprohméesoh*) m. compromise; engagement; obligation; awkward situation.

compuerta (*kompwayRtah*) f. sluice, flood gate; halfdoor, hatch.

compuesto (*kompwaystoh*) adj. compound, made up, mended.

compulsión (*kompoolssyon*) m. compulsion.

compulsor, a (*kompollssoR, ah*) adj. compulsory, compelling.

compungido (*kompoonHéedoh*) adj. grieved, sad, mournful.

computar (*koompootáR*) tr. to compute, to reckon, to calculate.

cómputo (*kómpootoh*) m. computation, reckoning, calculation.

comulgar (*kohmoolgáR*) tr. to communicate, to receive Holy Comunion; — **con ruedas de molino**, to be very credulous.

común (*kohmóon*) adj. common, frequent, current, usual; **En —**, in common. **Por lo —**, generally. **El bien —**, the general well-being; m. water-closet.

comunal (*kohmoonáhl*) adj. common, communal, public.

comunicación (*kohmooneekah-thyón*) f. communication.

comunicado (*kohmooneekáh-dóh*) m. *Mil.* communique, dispatch; *Offic.* announcement.

comunicar (*kohmooneekáR*) tr. to communicate; to make known; to inform; to announce. [community.

comunidad (*kohmooneedáhd*) f.

comunión (*kohmoonyón*) f. communion.

comunismo (*kohmooneesmoh*) m. communism. [communist.

comunista (*kohmooneestah*) m.

con (*kon*) prep. with; by; in (foll. by ger.) [sign.

conato (*kohnáhtoh*) m. attempt, cóncavo (*kónkahboh*) adj. concave.

concebir (*konthaybéeR*) tr. e intr. to conceive; to imagine; to become pregnant.

conceder (*konthaydáyR*) tr. to grant, to allow, to give.

concejal (*konthayHáhl*) m. member of a council, councillor, alderman.

concejo (*konthayHoh*) m. (municipal) council.

concentración (*konthayntrah-thyón*) f. concentration.

concentrar (*konthayntráR*) tr. to concentrate.

concepción (*konthaypthyón*) f. conception, idea

concepto (*konthayptoh*) m. concept.

concernir (*konthayRnéeR*) intr. to concern, to apply to, belong to.

concertar (*konthayRtaR*) v. t. to arrange; *Com.* to close (a doal). v. i. to agree.

concesión (*konthaysyón*) f. concession, grant.

conciencia (*konthyenthyáh*) adj. conscience: **A —**, conscientiously. **En —**, scrupulously.

concienzudo (*konthyenthóodoh*) adj. conscientious, thorough.

concierto (*konthyeRtoh*) m. concert; arrangement, agreement.

conciliar (*kontheelyáR*) tr. to conciliate; to reconcile; adj. conciliar(y).

concilio (*kontheely:oh*) m. council congress, meeting.

concisión (*kontheesyón*) m. conciseness, brevity, terseness.

conciso (*konthéesoh*) adj. concise, brief, short, laconic.

concluir (*koncloo:éeR*) tr. to conclude, to finish, to end to close; to infor, deduce.

conclusión (*koncloosyón*) f. conclusion, end; (legal) winding-up. **En —**, finally, to close.

concluyente (*konklooyentay*) adj. conclusive, decisive.

concordancia (*konkoRdáhnthy-ah*) f. concordance, agreement; concord.

concordar (*konkoRdáR*) tr. to, to agree, to accord, to conform. [concordat.

concordato (*konkoRdáhtoh*) m.

concordia (*konkóRdyah*) f. concord, harmony, unity.

concretar (*konkraytáR*) tr. to concrete; to sum up, to go to the point.

concreto (*konkráytoh*) adj. concrete, well-defined, exact. **En —**, in short, definitely.

concubina (*konkoobéenah*) f. concubine; (coll.) mistress.

concupiscencia (*konkoopees-thaynthyah*) f. concupiscence greed, lust.

concurrencia (*konkooRayn-thyah*) f. concurrence, attendance (of public); *Com.* competition.

concurrido (*konkooRéedoh*) adj. attended, frequented, crowded, popular.

concurrir (*konkooRéeR*) intr. to concur; to coincide, to be present, to attend; to compete.

concurso (*konkóoRsoh*) m. assembly, contest, competition. **Sacar una vacante a —**, to arrange a competitive exam. for a job. **Sacar a —**, to call for tenders.

concha (*kónchah*) f. shell; — **del apuntador**, prompter's box. [ty; earldom.

condado (*kondáhdoh*) m. county.

conde (*kónday*) m. count; earl.

condecoración (*kondaykohrah-thyón*) f. decoration; medal.

condecorar (*kondaykohráR*) tr. to honour, to award a decoration, or medal.

condena (*kondáynah*) f. sentence, term of imprisonment, penalty. [adj. blamable.

condenable (*kondaynáhblay*)

condenación (*kondaynáhthyón*) f. condemnation, damnation.

condenado (*kondaynáhdoh*) adj. sentencend; condemned, damned; m. reprobate.

condenar (*kondaynáR*) tr. to condemn, to sentence, to disapprove; to damn.

condensación (*kondaynsah-thyón*) f. condensation.

condensado (*kondaynsáhdoh*) adj. condensed; compresed, squeezed; (coll.) in a nut-shell.

condensador (*kondaynsahdóR*) m. condenser; air-compressor; — **eléctrico**, storage-battery.

condensar (*kondaynsáR*) r. to condense, to thicken; (fig.) to compress, to squeeze.

110 **condescender** *(kondaysthayn-dayR)* tr. to condescend, to yield, to submit, to comply.

condescendiente *(kondays-thayndyentay)* adj. acquiescent, condescending, compliant; submissive, meek.

condición *(kondeethyón)* f. condition, state; **De — humilde,** of humble birth. **Tener — para,** to have the make of. **A — de que,** on condition that. **Estar en — de,** to do in a position to. **¿Cuáles son las —es?,** which are the terms?

condicional *(kondeethyohnáhl)* adj. conditional.

candicionar *(kondeethyohnáR)* tr. to condition, to adjust.

condimentar *(kondeemayntáR)* tr. to season, to dress (food).

condimento *(kondeemayntoh)* m. condiment, seasoning, dressing.

condiscípulo *(kondeessthéepoo-loh)* m. school-fellow, classmate, fellow-student.

condolerse *(kondohláRsay)* r. to condole, to sympathise with, to feel sorry for. [dor.

cóndor *(kóndoR)* m. *Orn.* condor.

conducir *(kondoothéeR)* tr. *Mus. Elct.-Direct,* to conduct, (take) to lead, (vehic.) to drive r. to behave.

conducta *(kondóoktah)* f. conduct; behaviour, manners.

conducto *(kondóoktoh)* m. conduit, sewer, drain, duct. **Por — de,** by means of, through.

conductor *(kondooktóR)* driver; *Phys.* conductor; adj. conducting, guiding.

conectar *(konayktaR)* v. t. to connect; *Mech.* to couple.

conejo *(konáyHoh)* m. rabbit, (coll.) «bunny» -(rabbit).

conejillo de Indias, Guinea pig.

conexión *(kohnayksyón)* f. connection, union; *Mec.* coupling, pl. acquaintances.

confabulación *(konfaboolah-thyón)* f. confabulation, conspiracy, plot.

confabularse *(konfabooláRsay)* r. to agree together, against, to plot, to conspire against.

confección *(konfaykthyón)* f. manufacture, make; ready-made article.

confeccionar *(konfaykthyonaR)* v. t. to make, to prepare; to make up (cloth... etc.).

confederación *(konfaydayrah-thyón)* f. confederation.

confederado *(konfaydayráhdoh)* adj. confederate.

confederar *(konfaydayráR)* tr. to confederate, to ally, to league.

conferencia *(konfayraynthyah)* f. lecture, conference; *Tel.* trunk call; **Dar una —,** to give a lecture.

conferenciar *(konfayraynthyaR)* tr. to talk over, to debate.

conferir *(konfayréeR)* tr. to bestow, to grant, to award; to confer. [fess, to admit.

confesar *(konfaysáR)* tr. to confess. [fess, to admit.

confesión *(konfaysyón)* f. confession.

confesonario *(konfaysyohnáh-ryoh)* m. confessional; confessionary, confession-box.

confesor *(konfaysóR)* m. confessor.

confiado *(konfyáhdoh)* adj. confident; trusting, credulous, gullible.

confianza *(konfyáhnthah)* f. confidence; trust, reliance. **De —,** trustworthy. **En —,** confidentially; hope, faith.

confiar *(konfeeáR)* tr. e intr. to trust; to hope. **— en,** to rely on.

confidencia *(konfeedaynthyah)* f. confidence, secret.

confidencial *(konfeedaynthyáhl)* adj. confidential.

configuración *(konfeegoorah-thyón)* f. configuration, shape, relief.

configurar *(konfeegooráR)* tr. to shape, to configure.

confín *(konféen)* m. boundary, border, limit.

confinar *(konfeenáR)* tr. to confine intr. to border.

confirmación *(konfeeRmathyón)* f. confirmation, proof.

confirmar *(konfeeRmáR)* tr. to confirm; to corroborate, to ratify; to verify.

confiscado *(konfeeskáhdoh)* adj. confiscated. [confiscate.

confiscar *(konfeesskáR)* tr. to confite *(konféetay)* m. comfit, candy, sugar-plum; pl. darnties, confectionery.

confitería *(konfeetayrée:ah)* f. sweet-shop, confectioner's shop.

confitura *(konfeetóorah)* f. jam, confiture.

conflicto *(konfléetoh)* f. conflict, struggle; (fig.) dilema, problem, agony. [confluence.

confluencia *(konflwáynthyah)* f. flow to-gether, to meet, to join.

confluir *(konfloo:éeR)* intr. to flow to-gether, to meet, to join.

conformar *(konfoRmáR)* tr. to conform, to adjust, to fit; v. i. to comply with.

conformarse *(konfoRmáRsay)* r. to resign oneself; to agree, to accept; to be satisfied with.

conforme *(konfóRmay)* adj. alike, in conformity with, ready; coll. «agreed»; adv. according to.

conformidad *(konfoRmeedáhd)* f. conformity; **De — con,** by common consent with, (persons) **— con,** in agreement with (things).

confortable *(konfoRtáhblay)* adj. snug, comfortable, cosy.

confortar *(konfoRtáR)* tr. to confort, to console, to cheer.

confraternidad *(konfratayRnee-dáhd)* f. confraternity, brotherhood.

confrontación *(konfrontahthy-ón)* f. confrontation, comparison, paring.

confrontar *(konfrontáR)* tr. to confront, to compare, to collate; v. i. to border on.

confundir *(konfoondéeR)* tr. to confound, to confuse; to mix up; to humble.

confusión *(konfoosyón)* f. confusion, disorder.

confuso *(konfóosoh)* adj. confused, vague, obscure; perplexed; jumbled up.

congelación *(konHaylahthyon)* m. freezing. [to freeze.

congelarse *(konHayláRsay)* r. to freeze.

congeniar *(konHaynyáR)* intr. to be congenial; to sympathize. [congenital.

congénito *(konHáyneetoh)* adj.

conglomerado *(konglohmayráh-doh)* adj. conglomerate.

congoja *(kongóhHah)* f. anguish, dismay, anxiety.

congraciarse *(kongrahthyáRsay)* r. to ingratiate, to take a fancy to.

congratulación *(kongrahtoolah-thyón)* f. congratulation.

congratular *(kongrahtoolaR)* tr. to congratulate, to compliment; v. r. to rejoice, to delight oneself in.

congregación *(kongraygahthy-ón)* f. congregation; assembly.

congregar *(kongraygáR)* tr. y r. to assemble, to congregate, to gathe, to meet.

congreso *(kongráysoh)* m. congress, convention.

congruente *(kongrwayntay)* adj. congruent, apropiate, suitable, fit. [cal.

cónico *(kóhneekoh)* adj. conical.

conjetura *(konHaytóorah)* f. conjecture, guess.

conjeturar *(konHaytooráR)* tr. to conjecture, to guess, to surmise. [f. conjugation.

conjugación *(konHoogahthyón)*

conjugar *(konHoogáR)* tr. to conjugate. [conjunction.

conjunción *(konHoonthyón)* f.

conjunto *(konHóontoh)* m. *Mús.* group, ensemble; **el —,** the whobe, **en —,** altogether.

conjuración *(konHoorahtyón)* f. conspiracy, plot, machination. [conspirator, plotter.

conjurado *(konHooráhdoh)* m.

conjurar *(konHoordR)* intr. to conjure; to conspire, to plot.

conjuro *(konHóoroh)* m. exorcism, incantation.

conmemoración *(konmaymoh-rahthyón)* f. commemoration, anniversary, remembrance.

conmemorar *(konmaymohráR)* tr. to conmemorate, to celebrate. [with me.

conmigo *(konméegoh)* pron.

conmiseración *(konmeesayrah-thyón)* s. commiseration; pity, sympathy.

conmoción *(konmohthyón)* f. conmotion, tumult.

conmovedor *(konmohbaydóR)* tr. moving, touching; disturbing.

conmover *(konmohbáyR)* tr. to move; to disturb; to affect.

conmutador *(konmootahdóR)* m. switch, commuter.

conmutar *(konmootáR)* tr. to commute; to barter, to exchange, to switch over.

cono *(kóhnoh)* m. cone.

conocedor *(kohnohthaydóR)* m. connoisseur; judge.

conocer *(kohnohtháyR)* tr. to know, to be acquainted with; **— de vista,** to know by sight; v. r. to know each other.

conocido *(kohnohthéedoh)* adj. well known; m. acquaintance.

conocimiento *(kohnohtheemy-éntoh)* m. knowlege; **— de embarque,** bill of lading; **perder el —,** to lose conciousness; **con — de causa,** knowingly. [quest; adquisition.

conquista *(konkeestah)* f. conquest.

conquistador *(konkeestahdóR)* m. conqueror.

conquistar *(konkeestáR)* tr. to conquer, to win over.

consagración *(konsagrahtyón)* f. consecration; (fig.) devoted to.

consagrado *(konsagráhdoh)* adj. consecrated; (fig.) devotion.

consagrar *(konsagráR)* tr. to consecrate; to dedicate; v. r. to devote oneself to.

consanguíneo *(konsahngééna-yoh)* adj. consanguineous, kindred; blood relation.

consciente *(konsthyéntay)* adj. conscious; aware.

consecución *(konsaykoothyón)* r. attainment, acquistion.

consecuencia *(konsaykwaynth-yah)* f. consecuence; **en/por —,** therefore; **traer en —,** to entail.

consecuente *(konsaykwayntay)* f. consequent, following; (math.) consequent.

consecutivo *(konsaykootéeboh)* adj. consecutive.

conseguir *(konsaygéeR)* tr. to attain; to get; to archieve.

consejero *(konsayHáyroh)* m. adviser; counsellor.

consejo *(konsáyHoh)* m. counsel; advice; council; **— de familia,** family council; **— de guerra,** court martial; **— de ministros,** cabinet meeting; **tomar —,** to take counsel.

consentido *(konsentéedoh)* adj. spoiled (of a child).

consentimiento *(konsaynteemy-éntoh)* m. consent.

consentir *(konsayntéeR)* tr. to consent; to agree; to allow.

conserje *(konsayRHay)* m. caretaker, warden, concierge; *USA.* janitor.

conserjería *(konsayRHayreeah)* f. warden's lodge, caretaker's office.

conserva *(konsáyRbah)* f. canned food; preserve; pickle.

conservar *(konsayRbáR)* tr. to keep, to take care of, to preserve.

conservatorio *(konsayRbahtóh-ryoh)* s. conservatory.

considerable *(konseedayráh-blay)* adj. considerable, significant; great large.

consideración *(konseedayrahth-yón)* s. consideration, due respect for; **tener en —,** to have in mind.

considerado *(konseedayráhdoh)* adj. considerate, thoughtful.

considerar *(konseedayráH)* tr. to consider, to think over; to treat with respect.

consigna *(konseegnah)* f. *Mil.* password; (railw.) luggage office.

consignación *(konseegnahthy-ón)* f. consignation; *Com.* consignment, cargo.

consignar *(konseegnáR)* tr. to consign; to deposit; *Com.* to dispatch; to state in writing.

consignatario *(konseegnahtáhr-yoh)* m. consignee; *Com.* shipping agent.

consigo *(konséegoh)* pron. with oneself, himself, herself, themselves, your self, yourselves.

consiguiente *(konseegyéntay)* m. consequent; **por —,** therefore, as a result.

consistencia *(konseestaynthyah)* f. solidity, firmness, consistency; stability.

consistente *(konseestayntay)* adj. consistent, solid, firm, tough.

consistir *(konseestéeR)* intr. to consist (in).

consistorial *(konseestohryáhl)* adj. consistorial; **casa** —, town hall.

consistorio *(konseestóhryoh)* m. consistory.

consolación *(konsohlahthyón)* f. consolation.

consolador *(konsohlahdóR)* m. comforter; adj. comforting.

consolar *(konsohláR)* tr. to console, to comfort, to cheer.

consolidación *(konsohleedahthyón)* f. consolidation.

consolidar *(konsohleedáR)* tr. to consolidate, to strengthen, to harden; v. r. to grow hard, firm, or solid.

consonancia *(konsohnánthyah)* f. consonance; harmony; **en — con,** in agreement with.

consonante *(konsohnántay)* f. consonant; adj. concordant, consistent; *Mus.* consonous.

consorcio *(konsóRthyoh)* m. partnership.

consorte *(konsóRtay)* s. consort; husband or wife. *Law.* accomplices.

conspiración *(konspeerahthyón)* f. conspiracy; plot.

conspirador *(konspeerahdóR)* m. conspirator; plotter.

conspirar *(konspeeráR)* intr. to conspire, to plot.

constancia *(konstáhnthyah)* f. constancy, perseverance, steadiness.

constante *(konstáhntay)* s. y adj. constant, persevering. steady, reliable; *Mach.* m. constant.

constar *(konstáR)* intr. to consist, to be recorded or registered; to be evident, to be clear; **no consta,** it is not registered; **me consta que,** I am positive about, I am certain that.

consternación *(konstayRnahtyón)* f. consternation, panic, dismay. [confund, to terrify.

consternar *(konstayRndR)* tr. to

constipación *(konsteepahthyón)* f. cold, chill; constipation.

constipado *(konsteepáhdoh)* m. cold, chill, catarrah.

constipar *(konsteepáR)* tr. to chill, to give a cold.

constitución *(konsteetoothyón)* f. constitution; **Tener buena constitución,** to be strong, to be healthy.

constitucional *(konsteetoothyohnáhl)* adj. constitutional, legal. [to constitute.

constituir *(konsteetoo:éeR)* tr.

constitutivo *(konsteetootéeboh)* adj. constitutive.

construcción *(konstrookthyón)* f. construction, structure, building; *Gram.* sintax: — **naval,** shipbuilding.

constructor *(konstrooktóR)* adj. constructive; m. builder, constructor; — **de buques,** ship-builder.

construir *(konstroo:éeR)* tr. to build, to form, to construct.

consuelo *(konswayloh)* m. consolation, relief, comfort.

cónsul *(kónsool)* m. consul.

consulta *(konsóoltah)* f. consultation, question; *Med.* **horas de** —, surgery hours. **Libro de** —, reference book.

consultar *(konsooltáR)* tr. to consult, to take advice; — **libros, etc.** to look up; — **con la almohada,** to sleep on it.

consultor *(konsooltohR)* m. consultant, adviser.

consultorio *(konsooltóhryoh)* information bureau; *Med.* surgery, consulting-room.

consumido *(konsoomédoh)* adj. lean, exhausted, spent.

consumidor *(konsoomedóR)* m. consumer.

consumir *(konsooméeR)* tr. to consume, to eat up; (coll.) to worry; v. r. bo waste away.

consumo *(konsóomoh)* m. consumption of merchandise; local tax.

contabilidad *(kontahbeeleedahd)* f. bookkeeping; accounts, accountancy.

contable *(kontáhblay)* m. accountant, book-keeper.

contacto *(kontáhktoh)* m. contact, touch; **Tener buenos** —**s,** to be well acqueinted, to have good friends.

contado *(kontáhdoh)* adj. counted; scarce; rare; **al** —, cash.

contador *(kontahdóR)* m. (gas, electricity) meter, (bank.) cashier; cash register.

contagiar *(kontahHyáR)* tr. to infect, to spread disease; to pervert. v. r. to become infected; (fig.) to become perverted.

contagio *(kontáhHyoh)* m. contagion, infection; (fig.) corruption, pervention.

contagioso *(kontahHyóhsoh)* adj. infectious, contagious; (fig.) perverting.

contaminar *(kontahmeenáR)* tr. to contaminate; fig. to profane, to pollute.

contar *(kontáR)* tr. to count, to reckon; (narrate), to tell; — **con,** to rely on; **¡no cuentes conmigo!** Count me out!

contemplación *(kontaymplathyón)* s. contemplation, meditation.

contemplar *(kontaympláR)* tr. to contemplate, to gaze at; to meditate; to flatter.

contemporáneo *(kontaympohráhnay:oh)* adj. contemporary, contemporaneous; f. contemporary.

contemporizador *(kontaympohreethahdóR)* m. complier, temporizer; adj. complying, temporizing.

contemporizar *(kontaympohreetháR)* intr. to temporize, to comply.

contención *(kontaynthyón)* f. contention, dispute, strife; to check, to curb.

contender *(kontayndáyR)* intr. to contend, to compete; to argue, discuss.

contendiente *(kontayndyéntay)* adj. disputant contestant, opponent.

contener *(kontaynáyR)* v. intr. to comprise, to contain, to hold. v. tr. to stop, to check, detain.

contenido *(kontaynéedoh)* adj. contained; m. contents.

contentar *(kontayntáR)* tr. to content, to please, to satisfy.

contento *(kontayntoh)* adj. glad; pleased; m. contentment.

contestable *(kontaysstáhblay)* adj. contestable, disputable.

contestación *(kontaysstahthyón)* f. answer, reply.

contestar *(kontaysstáR)* tr. to answer, to reply, to respond.

contexto *(kontaykstoh)* m. context.

contextura *(kontaykstóorah)* f. frame (work); texture.

contienda *(kontyéndah)* f. contest, fight, strife, conflict.

contigo *(kontéegoh)* pron. with you.

contiguo *(kontéegoo:oh)* adj. next, adjoining, contiguous.

continencia *(konteenaynthyah)* f. continence.

continental *(konteenayntáhl)* adj. continental.

continente *(konteenayntay)* adj. continent, m. continent.

contingencia *(konteenHaynthyah)* f. contingency, emergency, eventuality.

continuación *(konteenw:ahthyón)* f. continuation, sequel.

continuar *(konteenw:áR)* tr. e intr. to continue, to go on, to carry on, to get on.

continuidad *(konteenweedáhd)* f. continuity.

continuo *(kontéenw:oh)* adj. continous never-ending, endless, incessantly. **Acto** —, immediately.

contorno *(kontóRnoh)* m. outline, profile; **en los** —, in the neighbourhood, round about.

contorsión *(kontóRsy:ón)* f. contortion, twist, wriggle.

contra *(kóntrah)* prep. against; opposite to; f. opposition.

contrabandista *(kontrahbahndeesstah)* s. smuggler.

contrabando *(kontrahbáhndoh)* m. smuggling.

contracción *(kontrahkthyón)* f. contraction, shrinkage, constriction; *Gram.* synaeresis.

contradecir *(kontrahdaythéeR)* tr. to contradict, to gainsay.

contradicción *(kontrahdeekthyón)* f. contradiction.

contradictorio *(kontrahdeektóhryoh)* adj. contradictory.

contraer *(kontrah/ayR)* tr. e intr. to contract, to shriok, to reduce; — **enfermedades,** to catch, to got a disease. — **matrimonio,** to get manied. —

contraerse *(kontrah/ayRssay)* r. to contract.

contrafuerte *(kontrahfwayRtay)* m. counterfort, reinforcement; *Arch.* buttress.

contrahacer *(kontrahtháyR)* tr. to counterfeit, to falsify, to forge; *Lit.* to pirate.

contrahecho *(kontraháychoh)* adj. deformed, hunch-backed; counterfeited, forged.

contramaestre *(kontrahmah/ésstray)* m. *Naut.* boatswain; overseer, foreman, gaffer.

contraorden *(kontrah/óRdayn)* f. countermand.

contraparte *(kontrahpahRtay)* f. counterpart, opposite side; *Mus.* counterpoint.

contrapelo *(kontrahpayloh)* adv. against the grain.

contrapesar *(kontrahpayssaR)* v. t. to counter-balance; to offset.

contrapeso *(kontrahpayssoh)* m. counter-balance; makweight; plummet.

contrapié *(kontrahpáy)* adv. **A** —, on the wrong foot.

contraponer *(kontrahpohnáyR)* tr. to oppose, to compare, to contrast.

contraposición *(kontrahpohseethyón)* f. constrast.

contrariar *(kontrahreeáR)* tr. to contradict, to oppose; to vex.

contrariedad *(kontrahryaydáhd)* f. inconvenience; disappointment, contrariety.

contrario *(kontráhryoh)* adj. contrary, adverse; m. opponent, antagonist; **Por el** —, On the other hand; **Al** —, on the contrary. **Llevar la** —, to contradict.

contrarrestar *(kontrahRaysstáR)* tr. to check, to arrest, to counteract, to resist.

contrasentido *(kontrahsayntéedoh)* m. contradiction in terms.

contraseña *(kontrahsáynyah)* f. *Mil.* watchword, countersign, password.

contrastar *(kontrahstáR)* tr. to contrast, to check, to test.

contraste *(kontrástay)* m. contrast.

contrata *(kontráhtah)* f. contract, deed; — **de arrendamiento,** lease; — **de flete,** charter party.

contratación *(kontrahtahthyón)* f. trade; commerce, transaction. [contractor.

contratante *(kontrahtáhntay)* s.

contratar *(kontrahtáR)* tr. to contract, to make a contract, to hire. [contractor.

contratista *(kontrahteestah)* s.

contratiempo *(kontrahty:émpoh)* m. contretemps, mishap, inconvenience, nuisance; **¡Qué** —! What a nuisance!

contrato *(kontráhtoh)* m. contract, agreement, covenant; — **de fletamento,** charterparty; — **de arrendamiento,** lease; — **de compra,** deed of purchase; — **de venta,** deed of sale.

contraveneno *(kontrahbaynáyno)* m. antidote.

contravenir *(kontrahbaynéeR)* intr. to contravene; to violate, to transgress; *Law.* to break.

contribución *(kontreeboothyón)* f. contribution; tax; — **urbana,** rates; — **del agua,** water rates.

contribuir *(kontreeboo:éeR)* tr. to contribute, to pay tax; to give.

contribuyente *(kontreebooyentay)* m. tax-payer, rate-payer; contributor.

contrición *(kontreekthyón)* f. contrition, penitence.

contrincante *(kontreenkáhntay)* s. competitor; opponent; rival. [afflict; to sadden.

contristar *(kontreesstáR)* tr. to

contrito *(kontréetoh)* adj. contrite; repentant.

control *(kontról)* m. control; *Mot.* check-point.

controlar *(kontrohláR)* tr. to control, to direct; to check; **Perder el** —, to lose control of; **Fuera de** —, *Sports.* beyond the time limit.

controversia *(kontrohbáyRsyah)* f. controversy, dispute.

controvertir *(kontrohbayRtéeR)* tr. to controvert; to dispute, to argue against.

contundente *(kontoonáyntay)* adj. forceful, powerful, strong.

conturbar *(kontooRbáR)* tr. to perturb; to disquiet, to disturb.

contusión (kontoosyón) f. contusion, bruise.   [sed.

contuso (kontóosoh) adj. bruise.

convalecencia (konbahlaythayn-thyah) f. convalescence.

convalecer (konbahlaytháyR) tr. to convalesce, to recover.

convencer (kónbaynthayR) tr. to convince.

convencerse (konbaynthayRsay) r. to make certain, to be assured.

convencimiento (konbaynthee-myéntoh) m. assurance, belief, conviction.

convención (konbaynthyón) f. convention, congress, meeting; pact, agreement.

convencional (konbaynthyoh-náhl) adj. conventional.

conveniencia (konbaynyén-thyah) f. convenience, advantage, profit, benefit; **Por su propia —,** on his/her own advantage.

conveniente (konbaynyéntay) adj. useful, convenient; handy, suitable; timely.

convenio (konbáynyoh) m. agreement; pact, convention.

convenir (konbanyéeR) intr. to agree; to suit.

convento (konbayntoh) m. convent, monastery, nunnery.

conventual (konbayntoo:áhl) adj. conventual.

convergencia (kombayRHayn-thyah) f. convergence.

conversación (konbayRsah-thyón) f. conversation; chat, talk.

conversar (konbayRsáR) intr. to converse; to talk, to chat.

conversión (konbayRsyón) f. conversion.   [vert.

converso (konbayRsoh) m. convertible

convertible (konbayRtéeblay) adj. convertible.

convertir (konbayRtéeR) tr. to convert, to transform to change, to turn into.

convexidad (konbaykseedáhd) f. convexity.   [vex.

convexo (konbayksoh) adj. convex

convicción (konbeekthyón) f. conviction, certainty.

convicto (konbéektoh) adj. Law. convicted, guilty.

convidado (konbeedáhdoh) adj. invited m. guest.   [vite.

convidar (konbeedáR) tr. to invite

convincente (konbeenthayntay) adj. convincing; satisfying, telling.

convite (konbéetay) m. invitation; feast, treat, banquet.

convocación (konbohkahthyón) f. convocation, calling, summon.

convocar (konbohkáR) tr. to convoke; to summon, to call up.

convocatoria (konbohkahtóh-ryah) summons.

convoy (konbóy) m. convoy; escort; (coll.) retinue.

convoyar (konbohhyáR) tr. to convoy, to escort.

convulsión (konboolsyón) Med. f. convulsion.

conyugal (konyoogáhl) adj. conjugal.

cónyuge (kónyooHay) s. consort, (husband, wife).

coñac (konyáhk) m. cognac, brandy.

cooperación (koh/ohpayrah-thyón) f. cooperation.

cooperador (koh/ohpayrahdóR) m. co-operator, collaborator; (coll.) a helping hand.

cooperar (koh/ohpayráR) tr. to co-operate, to work together, to team up, to bull together.

coordinación (koh/oRdenahthy-ón) f. co-ordination.

coordinar (koh/oRdenáR) tr. to co-ordinate, to connect, to correlate.

copa (kóhpah) f. wine-glas, goblet; (sport) cup; **— del árbol,** tree-top; **— del sombrero,** crown of the hat; (cards) hearts.   [nered.

copado ((kohpáhdoh) adj. corpar (kohpaR) tr. Mil. to corner; to grab (everything).

copartícipe (kohpaRtéetheepay) s. co-partner, associate.

copla (kóplah) f. copy, imitation; plenty, abundance.

copiar (kohpyáR) tr. to copy, to imitate.

copioso (kohpyóhsoh) adj. copious, abundant, ample.

copista (kohpeesstah) s. copyst, imitator; adj. copying.

copla (kóhplah) f. couplet, folksong, ballad.

copo (kóhpoh) m. (snow-)flake; Mil. cornering.   [bushy.

copudo (kopóodoh) adj. tufted, cópula (kóhpoolah) f. copulation; coupling, joining.

coque (kóhkay) m. coke.

coqueta (kohkáytah) f. flirt, coquette.   [flirt, to coquet.

coquetear (kohkaytayáR) tr. to coquetería (kohkaytayrée:ah) f. flirtation, coquetry.

corage (kohráhHay) m. courage, bravery; (pass.) temper, fury, anger.

coral (kohráhl) m. coral; adj. choral.

coraza (kohráhthah) f. cuirass. Naut. armour(-plating).

corazón (kohrahthón) m. heart; core; (fig.) courage; (fig.) affection; **De buen —,** good-hearted; **De —,** heartily; **blando de —,** tender hearted, **Hacer de tripas —,** to pluck up courage. **No tener —,** to be insensible; **¡—!** sweetheart! Darling!

corazonada (kohrahththohnáh-dah) f. feeling, foreboding.

corbata (koRbáhtah) f. (neck-)tie, cravat.

corbeta (koRbáytah) f. corvette.

corcova (koRkóhbah) f. hump, hunch.

corcovado (koRkobáhdoh) adj. hump-backed, hunch-backed.

corchete (koRcháytay) m. clasp, hook and eye; Print. bracked.

corcho (kóRchoh) m. cork.

cordaje (koRdahHay) m. cordage; Naut. rigging; (guit.) set of string.   [rope.

cordel (koRdayl) m. string, thin cordelería (koRdaylayree:ah) f. rope-shop/factory.

cordero (koRdáyroh) m. lamb.

cordial (koRdy:álh) adj. m. cordial.

cordialidad (koRdyahleedáhd) f. cordiality, friendliness, weimth.

cordillera (koRdeelyayrah) f. mountain range.

cordón (koRdón) m. cord; string (mil.) cordon; **— umbilical,** umbelical cord.

cordura (koRdóorah) f. sanity, sense wisdon.

coreografía (kohnrayohgrah-fée:ah) f. choreography.

coreógrafo (kohrayóhgrahfoh) m. choreographer.

corista (kohreesstah) s. chorister; f. chorus girl.

cornada (koRnáhdah) f. horn-thrust, goring.

cornamenta (koRnahmayntah) f. horns.

corneja (koRnáyHah) f. crow.

córneo (kóRnayoh) adj. horny; corny.

corneta (koRnáytah) f. bugle, horn, cornet; m. cornet-player.

cornisa (koRnéesah) f. cornice.

cornucopia (koRnookóhpyah) f. cornucopia, horn of plenty.

cornudo (koRnóodoh) adj. horned; m. (fig.) cuckold.

coro (kóhroh) m. (sing.) choir; (voices) chorus.

corona (kohróhnah) f. crown; Relig. halo; wreath.

coronación (kohrohnahthyón) f. coronation.

coronar (kohronáR) tr. to crown, to top; (fig.) to reach, to finish.

coronel (kohrohnayl) m. colonel.

corpachón (koRpahchón) m. very big body.

corpóreo (koRpórayoh) adj. corporeal, bodily.

corpulencia (koRpoolaynthyah) f. corpulence.

corpulento (koRpoolayntoh) adj. corpulent, big, huge.

corral (koRráhl) m. (USA) corral, farm yard, sheepfold, pen.

correa (koRráyah) f. leather strap, belt, leash; **— de transmisión,** driving belt.

correaje (koRRayáhHay) m. leather belting. Mil. accoutrements.

corrección (koRRaykthyón) f. corection; amendment; good habits, correctness. **Casa de —,** Remand Home, Borstal.

correccional (koRRaykthyonáhl) adj. correctional, corrective; reformatory, Remand Home.

correctivo (koRRaykteeboh) adj. y m. Med. corrective, antidote.

correcto (koRRayktoh) adj. correct, right; (of persons) wellbehaved.

corrector (koRRayktóR) m. corrector; amender; (printing) revisor, proof reader.

corredizo (koRRaydéethoh) adj. running, sliding; **nudo —,** rumning knet.

corredor (koRRaydóR) m. (sports) runner; (build) corridor, lobby; Com. broker.

corregible (koRRayHéeblay) adj. corrigible.

corregidor (koRRayheedóR) m. corregidor; corrector.

corregir (koRRayhéeR) tr. to correct, to amend; (coll.) to make good.

correlación (koRRaylahthyón) f. correlation.

correo (koRRayoh) m. post; mail, courier; **oficina de —s,** post office.

correoso (kohRayóhsoh) adj. leathery, hard to chew.

correr (kohRáyR) tr. e intr. to run, to race, to flow (water, etc.); **a todo —,** at full speed; **corre la voz,** people said; **— con los gastos,** to bear the expenses; **— peligro,** to run a risk; **— las cortinas,** to draw the curtains; **el tiempo corre,** time flies; **correr como alma que lleva el diablo,** to run one's life.

correría (kohRayrée:ah) f. incursion, raid.

correspondencia (kohRaysspon-daynthyah) f. correspondence.

corresponder (kohRaysspon-dayR) tr. to correspond.

correspondiente (kohRaysspon-dyéntay) adj. appropiate, suitable, corresponding.

corresponsal (kohRaysssponsáhl) s. correspondent.

corretear (kohRaytayáR) tr. to wander (about), to ramble.

corrida (kohRéedah) f. course; race; **— de toros,** bullfight.

corrido (kohRéedoh) adj. abashed; **de —,** fluently.

corriente (kohRyéntay) adj. **estar al —,** to be in the know, to be aware, common, ordinary; present (week, month); f. stream; Elec. current.

corro (kóhRoh) m. group, circle; **jugar al —,** to play ring-a-ring-a-roses.

corroboración (kohRohbohrah-thyón) f. corroboration.

corroborar (kohRohbohráR) tr. to corroborate; to confirm.

corroer (kohRoayR) tr. to corrode; fig. to be consumedby.

corromper (kohRompáyR) tr. to corrupt; (fig.) to pervert (a person); to bribe, to suborn; (fig.) to vitiate, to deprave.

corromperse (kohRompayRsay) r. to rot, to putrefy.

corrompido (kohRompéedoh) adj. corrupt, perverted; depraved.   [rosion.

corrosión (kohRohsyón) f. corrosivo (kohRohséeboh) adj. corrosive.

corrupción (kohRoopthyón) f. corruption perversion, depravity.

corruptela (kohRooptáylah) f. corruption; Jur. bad practice.   [rrupter.

corruptor (kohRooptóR) m. corrupter

corsario (kohRsáryoh) m. corsair, pirate; **pirata del aire,** hijacker.   [girdle.

corsé (koRsáy) m. corset, stays, cortado (kortáhdoh) adj. cut, abrupt, fit; speechless.

cortador (koRtahdoR) m. cutter; Text. cutting-board.

cortadura (koRtahdoorah) f. cut, gash, incision; pl. cuttings, shreds, reelings.

cortante (koRtahntay) adj. cutting, sharp.

cortaplumas (kortahplóomahs) m. penknife.

cortar (kortáR) tr. to cut; (tail.) to cut out; **re—,** to trim; **— el agua, etc.,** to cut off (water, etc.); (surg.) to amputate. v. r. (liquids) to curdle.

corte (kóRtay) m. (tail.) cut, (knife, etc.) edge; f. court; f. pl. Parliament.   [f. court.

cortejar (koRtayHáR) tr. to woo, to court.

cortejo (koRtáyHoh) m. court(-ship), (love) suit.

cortes (*kortayss*) adj. courteous, polite, kind. [courtesan.

cortesana (*koRtaysáhnah*) f.

cortesano (*koRtaysáhnoh*) adj. court-like; courteous; m. courtier.

cortesía (*coRtaysée:ah*) f. courtesy, politeness, kindness, civility.

corteza (*koRtáythah*) f. *Bot.* bark; (fruits, etc.) peel; (brad) crust. [se.

cortijo (*kortéeHoh*) m. farmhou-

cortina (*kortéenah*) f. curtain.

cortinaje (*koRteenáhHay*) m. set of curtains.

corto (*kóRtoh*) adj. short; (fig.) timid; brief; abrupt; curt (speech); — **de oído**, hard of hearing; — **de vista**, shortsighted; **pantalones —s**, shorts.

cosa (*kóhsah*) f. thing; substance; — **de**, about; ¡— **rara!** strange thing! **como si tal —**, as if nothing had happened; — **del otro mundo**, nothing to write home about; —**s de...**, just like...

cosecha (*kohsáychah*) f. harvest; crop.

cosechar (*kohsaycháR*) tr. to harvest, to reap.

coser (*kohsayR*) tr. to sew, to stitch; **es — y cantar**, it is as easy as done.

cosmético (*kosmáyteekoh*) m. cosmetic, make-up.

cosmología (*kosmohlohHée:ah*) f. cosmology.

cosmopolita (*kosmohpohléeatah*) s. cosmopolitan.

coso (*kóhsoh*) m. bull-ring.

cosquillas (*koskéelyáhs*) f. pl. tickling; **hacer —**, to tickle; **tener —**, to be ticklish.

costa (*kóstah*) f. cost; *Geog.* coast; **a toda —**, at all costs; **a — de...**, at the expense of...; **a mi —**, at my expense; *Naut.* **bordear la —**, to coast.

costado (*kostáahdoh*) m. side; *Mil.* flank; **de —**, sideways; **por los cuatro —s**, all over; **tener un dolor en el —**, to have a stitch on the side.

costar (*kostáR*) intr. to cost, to be expensive, to be dear; —**le un ojo de la cara**, to pay though the nose for...

coste (*kóstay*) m. cost, expense, price; **a precio de —**, cost price; — **de vida**, cost of living.

costear (*kostayáR*) tr. to pay the cost of, to sail along the coast.

costilla (*kostéelyah*) f. rib, chop; (fam.) wife, better half.

costo (*kóstoh*) m. cost.

costoso (*kostóhsoh*) adj. costly; dear, expensive, pricy.

costra (*kóstrah*) f. crust; *Med.* scab.

costumbre (*kostóombray*) f. custom, habit, practice, usage; **como de —**, as usual.

costura (*kostóorah*) f. seam; sewing; *Naut.* splicing; *Mech.* joint; (surg.) suture; **sin —s**, seamless.

costurera (*kostooráyrah*) f. seamstress, dressmaker.

cotejar (*kohtayHár*) tr. to compare, to confront, to collate.

cotejo (*kohtáyHoh*) m. comparison, collation.

cotidiano (*kohteedyáhnoh*) adj. daily, everyday.

cotización (*kohteethahthyón*) f. quotation, price-current.

coto (*kóhtoh*) m. preserve, enclosure, estate, landmark.

cotorra (*kohtóhRah*) f. parrot; (coll.) catterbox.

coyuntura (*kohyoontóohrah*) f. hinge-point; (fig.) occasion, situation.

coz (*koth*) f. kick (of animals); **tirar —**, (fig.) to give a rude answer.

cráneo (*kráhnayoh*) m. skull.

crápula (*kráhpoolah*) f. debauchery; (coll.) dissolute man.

cráter (*kráhtayR*) m. crater.

creación (*krayahthyón*) f. creation.

creador (*krayahdóR*) m. creator, maker, author; adj. creative.

crear (*krayáR*) tr. to create, to make; to establish.

crecer (*kraytháyR*) intr. to grow, to increase, to swell.

creces (*kráythays*) n. pl., **Con —**, amply.   [rise, flood.

crecida (*kraythéedah*) f. swell,

crecido (*kraytheedoh*) adj. grown, grown up; (rivers) swollen; (knit.) increase.

creciente (*kraythyéntay*) f. swell; leaven, c r e s c e n t (moon); — **del mar**, floodtide.

crecimiento (*kraytheemyéntoh*) m. growth, increasing.

credencial (*kraydaynthyáhl*) adj. credential; f. credential.

credibilidad (*kraydeebeeleedáhd*) f. credibility.

crédito (*kráydeetoh*) m. credit; faith; (fig.) reputation, good name; **Dar —**, to believe; **Tener buen —**, to enjoy good reputation. **Vender a —**, to sell on credit.   [lief.

credo (*kráydoh*) m. creed, be-

credulidad (*kraydooleedáhd*) f. credulity.   [dulous.

crédulo (*kráydooloh*) adj. cre-

creencia (*krayaynthyah*) f. belief, creed, credence.

creer (*krayáyR*) tr. to believe, to think, to trust; — **con los ojos cerrados**, to believe blindly; **ya lo —**, of course. **Ver es —**, Seeing is Believing.   [ble, likely.

creíble (*krayéeblay*) adj. credi-

crema (*kraymah*) f. cream.

cremallera (*kraymahlyáyrah*) f. zip-fastener; rack (-rail) toothed bar.

crematorio (*kraymahtóhryoh*) adj. crematory; m. crematorium.

crepuscular (*kraypoosskoolár*) adj. crepuscular, evening, twilight.

crepúsculo (*kraypóosskooloh*) m. twilight; crepuscule, dusk.

crespo (*kraysspoh*) adj. crisp; (fig.) angry; graceful.

cresta (*krayssstah*) f. (cock's) comb, tuft, crest; top, summit.

creyente (*krayyéntay*) s. believer.

cría (*krée:ah*) f. breeding; brood; (of animals) young; (coll.) baby.   [vant).

criada (*kre:áhdah*) f. maid (ser-

criadero (*kre:ahdáyroh*) m. nursery; hothouse, hotbed; *Itch.* hatchery.

criado (*kre:áhdoh*) m. servant; groom; adj. grown up, brought up.   [rearer.

criador (*kre:ahdóR*) m. breeder,

crianza (*kre:áhnthah*) f. breeding; rearing; nursing.

criar (*creeáR*) tr. (anim.) to nurse, to suckle; to rear.

criatura (*kre:ahtóohrah*) f. creature; (coll.) baby.

criba (*kréebah*) f. sieve.

cribar (*kreebáR*) tr. to sift.

crimen (*kréemayn*) m. crime, offense.   [minal.

criminal (*kreemeenáhl*) adj. cri-

crin (*kreen*) f. mane.

crío (*krée:oh*) m. nursing baby.

criollo (*kre:óhyoh*) m. creole.

cripta (*kréeptah*) f. crypt.

crisis (*kréeseess*) f. crisis.

crisol (*kresól*) m. crucible.

cristal (*krisstáhl*) m. crystalglass, pane.

cristalino (*kreesstahléenoh*) adj. crystalline, transparent, clear; m. *Anat.* crystalline.

cristalizar (*kreesstahleethá*R) tr. to crystallize.

cristianar (*kreessty:ahnáR*) tr. to baptize; to christen.

cristiandad (*kreesstyahndáhd*) f. Christianity.

cristianismo (*kreessty:ahneessmoh*) m. Christendom, Christianity.

cristianizar (*kreessty:ahneethá*R) tr. to christianize.

cristiano (*kreessty:áhnoh*) adj. y s. Christian; (coll.) person, soul; **hablar en —**, to speak in the common language.

Cristo (*kresstoy*) m. Christ.

criterio (*kreetáyry:oh*) m. judgement, common sence, criterion.

crítica (*kréeteekah*) f. criticism, critique *Lit.* review.

criticar (*kreteekáR*) tr. to criticise; (lit.) to review.

crítico (*kréeteekoh*) m. critic; adj. critical.

cromo (*króhmoh*) m. picturecard; *Met.* chromiun; (fam.) **ser un —**, to be very nice.

crónica (*króhneekah*) f. chronique, chronicle.

crónico (*króhneekoh*) adj. *Med.* chronic.   [chronicle.

cronicón (*krohneekón*) m. brief

cronista (*krohneesstah*) s. chronicler.   [f. chronology.

cronología (*krohnohlohHée:ah*)

cronológico (*krohnohlóhHekoh*) adj. chronological.

cronómetro (*krohnóhmaytroh*) m. stop-watch, chronometer.

croqueta (*krohkáytah*) f. croquette, meat-ball, fritter.

cruce (*króothay*) m. crossing, crossroad.

crucero (*krootháyroh*) m. cruiser; *Naut.* cruise; wayside-cross (road).

crucificar (*krootheefeekáR*) tr. to crucify; (coll.) to vex to torment.

crucifijo (*krootheeféeHoh*) m. crucifix.

crucifixión (*krootheefeeksyón*) f. crucifixion.

crudeza (*kroodáytah*) f. crudeness; rawness; (coll.) rudeness.

crudo (*króodoh*) adj. raw; crude; *Med.* inmature; cruel.

cruel (*kroo:ayl*) adj. cruel, ruthless, merciless.

crueldad (*kroo:ayldáhd*) f. cruelty, mercilessness.

cruento (*kroo:ayntoh*) adj. bloody, inhuman.

crujido (*krooHéedoh*) m. creak, creaking, crunching.

crujir (*krooHéeR*) tr. to crackle, to creak; to crunch.

crustáceo (*kroosstáhthayoh*) adj. crustaceous, shelly; m. shellfish.

cruz (*krooth*) f. cross; **cara o —**, heads or tails.   [sade.

cruzada (*krootháhdah*) f. cru-

cruzar (*kroothá*R) tr. to cross, to go across; *Vet.* to crossbreed; — **los brazos**, to fold one's arms.

cuaderno (*kooahdáyRnoh*) m. writing book, exercise book, copy-book.

cuadra (*koo:áhdrah*) f. stable, ward; *Amer.* block of houses.

cuadrado (*koo:ahdráhdoh*) adj. square; quadrate; m. square.

cuadrante (*koo:ahdráhntay*) m. quadrant; dial; clock/watch face.

cuadrar (*koo:ahdráR*) tr. e intr. to square, to fit, to adjust; v. r. *Mil.* to stand at attention.

cuadricular (*koo:ahdreekoolá*R) tr. to square; adj. checkered; ruled in squares.

cuadrilátero (*koo:ahdreelátayroh*) adj. quadrilateral; m. quadrangle; (box.) ring.

cuadrilla (*koo:ahdréelyah*) f. gang; band; quadrille.

cuadro (*koo:áhdroh*) m. square; picture; (print) platen; *Mil.* staff; *Elect.* switchboard; *Theat.* scene.

cuajar (*koo:ahHáR*) tr. to coagulate, to curdle; intr. (coll.) to succeed, to materialize.

cuajo (*koo:áhHoh*) m. rennet, curdling, coagulation; **arrancar de —**, to uproot; **de cuajo**, completely.

cual (*koo:áhl*) adj. which; **el cual**, which, who; **cada —**, each one.   [lity.

cualidad (*koo:ahleedáhd*) f. qua-

cualquiera (*koo:ahlkyáyrah*) pron. anyone, anybody, any; whoever, whichever, whosoever.

cuán (*koo:áhn*) adv. how; as.

cuando (*koo:áhndoh*) adv. when; if; **de — en —**, now and then, from time to time; **¿desde —?** Since when?; — **mucho**, at most. — **menos**, at least. **¿Hasta —?** Till when? — **quiera**, when you like.

cuantía (*koo:ahntée:ah*) f. amount, quantity; importance.

cuantioso (*koo:ahnty:óhsoh*) adj. copious, numerous, substantial.

cuanto (*koo:áhntoh*) adj. how much? as much as; whatever; — **antes**, as soon as possible, — **antes mejor**, the sooner, the better; **en — a**, with regard to; **en —**. As soon as; **por —**. in as much as; **¿cuántos?** How many? **¿Cuánto tiempo?** How long?

cuarenta (*koo:ahrayntah*) adj. forty.

cuarentena (*koo:ahrayntáynah*) f. forty items; forty days; quarantine.   [lent.

cuaresma (*koo:ahraysssmah*) f.

cuarta (*kwahRtah*) f. fourth, fourth part, quarter; hand span.   [quarter.

cuartear (*koo:aRtayáR*) tr. to

cuartel (*kwahRtayl*) m. *Mil.* Barracks; quarters; *Naut.* hatch; — **general**, headquarters; **sin —**, with no mercy.

cuartilla (*koo:aRtéelyah*) f. sheet of paper.

cuartillo (*koo:aRtéelyo*) m. pint.

cuarto (*koo:áRtoh*) m. room; appartment; quarter; —s, money; fourth, fourth part; — **de baño**, bathroom; — **de dormir**, bed-room; — **de trabajo**, work-room; — **creciente**, first quarter; — **menguante**, fourth quarter; **tener —s**, to have money. **No tener —s**, to be penniless.

cuarzo (*koo:aRthoh*) m. quartz.

cuatrero (*koo:áhtrayroh*) m. cattle-stealer.

cuatro (*koo:áhtroh*) adj. four.

cuba (*kóobah*) f. cask; tub, barrel, bucket; (fig.) drunkard.

cúbico (*kóobeehkoh*) adj. cubic(al).

cubierta (*koobyáyRtah*) f. cover, covering; book-cover; *Naut.* deck; **en —**, on deck; *Mot.* bonnet; tread-tyre.

cubierto (*koobyáyRtoh*) m. (talde) service; (din) set meal; adj. covered; **A —**, sheltered; **Ponerse a —**, to shelter. [bler.

cubilete (*koomeeláytay*) m. tumbler.

cubo (*kóoboh*) m. pail, bucket; (wheel) hub; (maths.) cube.

cubrir (*koobréeR*) tr. to cover; to envelop, to cover up; — **la mesa**, to lay the table; — **los gastos**, to meet the expenses; — **una vacante**, to fill a vacancy.

cucaracha (*kookahráhchah*) f. cockroach, black-beetle.

cuclillas (*kookléelyahs*) adv. **En —**, squatting; **sentarse en —**, to squat.

cuclillo (*kookléelyoh*) m. cuckoo; (vulg.) cuckold.

cuco (*kóokoh*) m. cuckoo; (coll.) astute, sly, crafty.

cucurucho (*kookooróohchoh*) m. cornet.

cuchara (*koocháhrah*) f. spoon; **en forma de —**, spoon-like; — **grande**, large spoon, soup-spoon.

cucharada (*koochahráhdah*) f. sponful.

cucharón (*koochahrón*) m. ladle, dipper; (amph) tad-pole.

cuchichear (*koocheechayáR*) intr. to whisper.

cuchicheo (*koocheecháyoh*) m. whispering.

cuchilla (*koochéelyah*) f. kitchen-knife; blade (small).

cuchillada (*koocheelyáhdah*) f. gash, slash, stab.

cuchillo (*koochéelyoh*) m. knife.

cuchitril (*koocheetréel*) m. a very small room, sty, hut.

cuello (*koo:áylyoh*) m. (anim., bottle, etc.) neck (clothes); (coll. mot.) — **de botella**, bottle-neck, collar.

cuenca (*koo:aynkah*) f. wooden bowl; socket of the eye, river basin.

cuenta (*koo:ayntah*) f. *Maths.* count, (com.); account (shops, etc); bill, care, duty (rosary, etc.) bead, reason; — **corriente**, current account. **a —**, on account; **tener en —**, to have in mind; **caer en la —**, to realise.

cuentagotas (*koo:ayntahgóhtahs*) m. dropper.

cuentista (*koo:aynteesstah*) m. tale-bearer, tale-teller; story-teller; informer.

cuento (*koo:ayntoh*) m. tale, story; (fam.) lie; — **de viejas**, old wives tale; — **largo**, long story; **Dejarse de —s**, to go straight to the point; **Venir a —**, to come in opportunely. **¡Eso es un —!** That's a lie!

cuerda (*koo:áyRdah*) f. cord; rope; (voice) chord; *Mús.* string; *Geom.* chord; **Dar a un reloj**, to wind a clock/watch; **darle a uno**, to give free play to; **la — floja**, the tight rope.

cuerdo (*koo:áyRdoh*) adj. judicious, sane, wise.

cuerno (*koo:áyRnoh*) m. horn; (ent.) feeler; — **de caza**, hunting-horn; **Poner los —**, to cuckold.

cuero (*koo:áyroh*) m. hide; leather; — **cabelludo**, scalp; **En —s**, starknaked; **estar hecho un —**, to be stewed to the eyebrows.

cuerpo (*koo:áyRpoh*) m. body; *Mil.* corps; figure; *Print.* size of letter; *Geom.* body; — **muerto**, *Naut.* mooring-buoy; **a —**, without a coat; — **a —**, hand to hand; **pedirle a uno algo el —**, to fancy something.

cuerva (*koo:ayRbah*) f. *Orn.* crow, raven, jackdaw.

cuervo (*koo:áyRboh*) m. *Orn.* raven, crow, jackdaw.

cuesta (*koo:aysstah*) f. hill; sloping ground; — **arriba**, up-hill; — **abajo**, down-hill; **a —s**, on one's back; **llevar a —s**, to support.

cuestión (*koo:ayssty:ón*) question, matter, point; *Maths.* problem; dispute; affair.

cuestionable (*koo:ayssty:ohnáhblay*) adj. questionable, doubtful.

cuestionario (*koo:aysstyohnáhryoh*) m. questionnaire.

cueva (*koo:áybah*) f. cave; (wine) cellar; *Espeol.* grotto; — **de ladrones**; den of thieves.

cuidado (*kooeedáhdoh*) m. care; solicitude; attention; **con —**, careful; **al — de...**, to the care of...; **¡—!**, look out! **¡Ser de —!**, to be dangerous.

cuidadoso (*kooeedahdóhsoh*) adj. careful, mind-ful; neat.

cuidar (*kooeedáR*) tr. to look after, to take care, to mind.

cuita (*kóoeetah*) f. affliction; grief, sorrow.

culata (*koolάhtah*) f. breech of a gun, butt-end (of fire-arms).

culebra (*kooyáybrah*) f. snake, serpent; (coll.) trick.

culinario (*kooleenahryoh*) adj. culinary, cookery.

culminación (*koolmeenathyón*) f. *Astr.* culmination, climax; *Naut.* high-tide. [culminate.

culminar (*koolmeenáR*) intr. to

culo (*kóoloh*) m. bottom, buttocks; (fam.) backside; (vulg.) arse.

culpa (*kóolpah*) f. fault; transgression, blame, guilt.

culpabilidad (*koolpahbeeleedáhd*) f. culpability, guilt.

culpable (*koolpáblay*) adj. guilty; m. culprit, guilty person. [to accuse.

culpar (*koolpáRı* tr. to blame,

cultivación (*koolteevahthyon*) m. culture, cultivation.

cultivador (*koolteebahdóR*) m. cultivator, grower, farmer.

cultivar (*koolteebáR*) tr. to cultivate; to till, to farm; (fig.) to keep up (friends, etc.); to exercise *Mind., Arts*, etc.

cultivo (*koolteeboh*) m. cultivation, farming; *Bact.* culture.

culto (*kóoltoh*) adj. (manneri) polished; civilized; m. *Rel.* cult; worship. [re.

cultura (*kooltóohrah*) f. culture.

cumbre (*kóombray*) m. top; summit. [m. birth-day.

cumpleaños (*koomplayáhnyos*)

cumplido (*koompléedoh*) adj. large; polished; m. compliment.

cumplimentar (*koompleemayntáR*) tr. to ..., to congratulate; m. compliment.

cumplir (*koompléeR*) tr. to fulfil; to perform; to finish (mil. ser.); to reach (age); — **con el deber**, to do one's duty.

cumplirse (*koompléersay*) r. to be realized.

cúmulo (*kóomooloh*) m. heap, pile, mass (things); crowd, throng (people), (weath) cumulus.

cuna (*kóonah*) f. cradle; (fig.) origin, birtb. **De humilde —**, of humble birth.

cundir (*koondéeR*) intr. to spread, to propagate.

cuneta (*koonáytah*) f. gutter, ditch, road drain.

cuña (*kóonyah*) f. wedge.

cuñada (*koonyáhdah*) f. sister-in-law. [brother-in-law.

cuñado (*koonyáhdoh*) m.

cuño (*kóonyoh*) m. die; (docum.) seal; (coll.) post-mark.

cuota (*koo-óhtah*) quota, share; subscription fee. [llad.

cuplé (*kooplάy*) m. couplet, ballad-singer.

cupletista (*kooplayteesstah*) s. couplet-singer, ballad-singer.

cupo (*kóopoh*) m. quota, share.

cupón (*koopón*) m. coupon, detachable ticket, counterfoil; (fin.) dividend. [dome.

cúpula (*kóopoolah*) f. cupola;

cura (*kóorah*) m. *Rel.* priest, parson; clergyman; f. *Med.* cure; healing; **Primeras —s**, first aid.

curable (*kooráhblay*) adj. curable. [healing.

curación (*koorathyón*) f. cure,

curado (*kooráhdoh*) adj. cured salted, hadened; *Med.* healed, recovered.

curandero (*koorahndáyroh*) m. quack doctor; medicaster.

curar (*kooráR*) tr. *Med.* to cure, to heal, to dress (wounds); to smoke(-dry); to cure. [court.

curia (*kóoryah*) f. eclesiastical

curiosear (*kooryohsayahR*) v. i. to be curious, to pry in other's affairs.

curiosidad (*kooryohseedáhd*) f. curiosity, inquisitiveness; cleanliness, neatness; rarity, curious.

curioso (*kooryóhsoh*) adj. curious; neat, clean, careful; odd, strange, rare; m. inquisitive person.

cursar (*kooRsáR*) tr. to frequent; to transmit, to expedite; to follow studies.

cursilería (*kooRseelayrée:ah*) f. tawdriness, shoddiness, vulgarity.

cursillo (*kooRséelyoh*) m. short course, crashcourse.

curso (*kóoRsoh*) m. course; progression, run(ning), way.

curtido (*kooRtéedoh*) adj. tanned, weather-beaten; expert, experienced. m. leather tanning. [ner.

curtidor (*kooRtéedóR*) m. tanner.

curtir (*kooRtéeR*) tr. to tan; (fig.) to toughen, to harden (persons).

curva (*kóoRbah*) f. ben; *Anat.* curve; *Geom.* curve-line; *Naut.* knee.

custodiar (*koostohdyáR*) tr. to keep, to watch, to take care of. [taneous, skin.

cutáneo (*kootáhnayoh*) adj. cutaneous, skin.

cutis (*kóoteess*) m. cutis, skin.

cuyo (*kóonyoh*) pron. whose.

D d

dable (*dáhblay*) adj. possible, fasible. [f. typist.

dactilógrafo (*dahkteelógrahfoh*)

dádiva (*dáhdeehbah*) f. gift; present. [generous.

dadivoso (*dahdeebóhsoh*) adj.

dado (*dáhdoh*) m. (game); pl. dice; — **cargados**, loaded dice; **jugar a los —s**, to play dice; — **que**, since; die; block. [rer.

dador (*dahdoR*) m. giver; bea-

daga (*dáhgah*) f. dagger.

daltoniano (*dahltohny:áhnoh*) adj. colourblind.

daltonismo (*dahltohneessmoh*) m. colourblindness, daltonism.

dama (*dáhmah*) f. lady; dame, mistress; pl. draughts; **tablero de —s**, draughts board; *Theat.* **Primera —**, lady; leading; (nob.) — **de compañía**, lady in waiting.

damisela (*dahmeesáylah*) f. damsel.

damnificado (*damneefeekahdoh*) adj. damaged, hurt, injured, distressed. (people).

damnificar (*dahmneefeekáR*) tr. to damage, to injure, to hurt.

danés (*dahnayss*) adj. Danish; m. Dane.

danza (*dáhnthah*) f. dance.

danzante (*dahntháhntay*) s. dancer. [ce.

danzar (*dahntháR*) intr. to dan-

danzarina (*dahntharéenah*) f. (good) dancer, ballet dancer.

dañar (*dahnyáR*) tr. to hurt, to damage, to spoil, to harm.

dañino (*dahnyéenoh*) adj. noxious; harmful, damaging, destructive.

daño (*dáhnyoh*) m. damage, harm; —**s y perjuicios**, *Com.* damages.

dar (*daR*) tr. to give; to hand; apply (a coat, layer, etc.) (harv.) to yield; to grant (awards, scholarships.); — **las gracias**, to thank; — **con**, to meet (persons); to find (things); — **a**, to face. — **luz**, to give birth.

dardo (*dáRdoh*) m. dart.

dársena (*dáRsaynah*) f. inner harbour, basin.

data (*dáhtah*) f. date; item.

datar (*dahtáR*) tr. e intr. to date.

dátil (*dáhtil*) m. date (fruit).

dato (*dáhtoh*) m. datum; fact, pl. data.

de (*day*) prep. of, 's. from.

deán (*dayáhn*) m. dean.

debajo *(daybáHoh)* adv. under; below, beneath.

debate *(dáybáhtay)* m. debate; discusion.

debatir *(daybahtéeR)* tr. to debate, to discuss.

deber *(daybáyR)* m. duty; **cumplir con el —**, to do one's duty. tr. *Com.* (fig.) to owe, (oblig.) must, ought.

debido *(daybéedoh)* adj. due, just, proper; *Com.* (fig.) owed; **como es —**, as it should be, properly.

débil *(dáybeel)* adj. feeble; weak. [weakness.

debilidad *(daybeeleedhád)* f.

debilitar *(daybeeleetáR)* tr. to weaken; v. r. to get weak.

débito *(dáybeetoh)* debt; debit.

decadencia *(daykahdaynthyah)* f. decadence, decay; **estar en —**, to be declining.

decadente *(daykahdayntay)* adj. decaying, declining, fading.

decaer *(daykaháyR)* intr. to decay, to decline, to fade.

decaimiento *(daykaeemyéntoh)* m. decay, decline, weakness.

decálogo *(daykáhlohgoh)* m. decalogue. [deanship, deanery.

decanato *(daykahnáhtoh)* m.

decano *(daykahnoh)* m. senior dean, professor.

decantar *(daykahntáR)* tr. to decant; to cry up.

decapitar *(daykahpeetáR)* tr. to behead, to cut off (head).

decena *(daytháynah)* f. half a score, ten.

decencia *(daythaynthyah)* f. decency, modesty; honesty; tidiness, cleanliness.

decente *(daythéntay)* adj. decent, honest.

decepción *(daythayptyón)* f. deception, disappointment.

decepcionar *(daythaypthohnáR)* tr. to disappoint, to desillusion.

decidir *(daytheedéeR)* tr. to decide, to determine, to resolve, to make up one's mind.

décima *(dáytheemah)* f. tenth (part).

decimal *(daytheemáhl)* adj. decimal. [tenth.

décimo *(dáytheemoh)* adj.

decir *(daythéeR)* tr. to say; to tell; **— para sí**, to say to oneself; **— por —**, to speak for speaking sake; **se dice**, it is said; **es —**, that is to say; **como si dijéramos**, so to speak; **es un —**, it's a mere saying.

decisión *(daytheesyón)* f. decision; resolution, determination.

decisivo *(daytheeséeboh)* adj. decisive, conclusive, final.

declamación *(dayklamahthyón)* f. declamation; recitation.

declamar *(dayklamáR)* intr. to declaim; to recite.

declaración *(dayklahrahthyón)* f. declaration, statement; (love) proposal.

declarar *(dayklahráR)* tr. to declare, to manifest, to state; (legal) to find; v. i. to witness; v. r. (love) to profess, to propose.

declinación *(daykleenahthyón)* f. declination. *Gram.* declension.

declinar *(daykleenáR)* intr. to decline, to diminish; to decay, to fall.

declive *(dayklébay)* m. declivity, slope, slant.

decoración *(daykohrahthyón)* f. decoration; *Theat.* scenery.

decorador *(daykohrahdóR)* m. decorator.

decorar *(daykohráR)* tr. to decorate; to adorn.

decoro *(daykóhroh)* m. honour; circumspection; honesty, decency.

decrecer *(daykraytháyR)* intr. to decrease, to diminish, to grow less, to grow shorter.

decrépito *(daykrápeetoh)* adj. decrepit, worn out with age; (build.) ruinous.

decrepitud *(daykraypeetóod)* f. decrepitude, old age, dotage.

decretar *(daykraytáR)* tr. to decree.

dedal *(daydáhl)* m. thimble.

dedicación *(daydeekahthyón)* f. dedication; consecration.

dedicar *(daydeekáR)* tr. to dedicate; to consecrate.

dedicatoria *(daydeekahtóhryah)* f. dedication.

dedillo *(daydeelyoh)* adv. **Al dedillo**, perfectly; **Saber algo al —**, to know something perfectly.

dedo *(dáydoh)* m. finger; **— gordo (pulgar)**, thumb; **— meñique**, little finger; **— anular**, ring finger; **— del corazón**, middle finger; **— índice**, index finger; **señalar con el —**, to point at; **— (del pie)**, toe. [deduction.

deducción *(daydookthyón)* f.

deducir *(daydoothéeR)* r. to deduce, to infer; *Com.* to deduct, to rebate, to discount; *Maths.* to deduct, to substract.

defecar *(dayfaykaR)* v. i. to defecate; to move one's bowels; (vulg.) to shit.

defección *(dayfaykthyón)* f. defection, desertion, treachery. [fault, blemish.

defecto *(dayfayktoh)* m. defect;

defectuoso *(dayfayktoo:óhsoh)* adj. defective, faulty, imperfect.

defender *(dayfayndáyR)* tr. to defend, to protect, to guard; v. r. to defend onself.

defensa *(dayfaynsah)* f. defence, safeguard; *Law.* defending, lawyer; *Sport.* fullback; *Naut.* fender.

defensiva *(dayfaynséebah)* f. defensive; **estar a la —**, to be on the defensive.

defensor *(dayfaynsóR)* m. defender, supporter; *Law.* counsel for the defense; adj. defending.

deferencia *(dayfayraynthyah)* f. deference, respect, consideration.

deferente *(dayfayrayntay)* adj. deferent(ial).

deferir *(dayfayréeR)* intr. to defer.

deficiencia *(dayfeethyénthyah)* f. deficiency, fault, flaw.

deficiente *(dayfethe:éntay)* adj. defective, faulty, deficient.

definición *(dayfeeneethyón)* f. definition.

definido *(dayfeenéedoh)* adj. definite; defined.

definir *(dayfeenéeR)* tr. to define; to decide, to make clear, to explain.

definitivo *(dayfeeneeteeboh)* adj. definite; conclusive; **en —**, in conclusion.

deformación *(dayfoRmathyón)* f. deformation, deformity.

deformar *(dayfoRmáR)* tr. to deform, to distort, to disfigure. [formed, hideous.

deforme *(dayfóRmay)* adj. deformed; hideous.

deformidad *(dayfoRmeedáhd)* f. deformity; hideousness.

defraudación *(dayfrowdahthyon)* m. fraud, cheating, deceit.

defraudar *(dayfrahoodáR)* tr. to defraud, to cheat; to disappoint (results, etc.).

defuera *(dayfwayrah)* adv. outwardly, on the outside.

defunción *(dayfoonthyón)* f. death; decease; demise.

degeneración *(dayHaynayrahthyón)* f. degeneration.

degenerar *(dayHaynayrár)* intr. to degenerate, to decay.

degollación *(daygohlyyahthyón)* f. throat-cutting, beheading.

degollar *(daygohlyáR)* tr. to behead, to decapitate; to kill (animals), to butcher; (fig.) to ruin.

degradación *(daygrahdahthyón)* f. degradation; *Mil.* demotion.

degradar *(daygrahdáR)* tr. to degrade, to debase, to demete.

degüello *(daygoo:áylyoh)* m. slaughtering, butchery.

degustación *(daygoosstahthyón)* f. tasting, enjoyment, degustation. [ground.

dehesa *(dayáysah)* f. pasture-

deidad *(dayéedahd)* f. deity.

deificación *(dayeefeekathyón)* f. deification.

deificar *(dayeefeekáR)* tr. to deify.

deismo *(dayeesmoh)* m. deism.

deista *(dayeestah)* s. deist.

dejadez *(dayHahdayth)* f. negligence, lasitude, apathy, neglect.

dejado *(dayHáhdoh)* adj. slovenly, idle, dejected; abandoned, deserted; **— de la mano de Dios**, God forsaken.

dejar *(dayHáR)* tr. to leave, to let; to quit, to give up; **¡déjame en paz!**, leave me alone!; **¡deja eso!**, leave alone!; **dejar aparte**, to leave aside; **dejar caer**, to drop; **dejar de...**, to stop (tger.).

dejo *(dayHoh)* m. tang; tinge.

delación *(daylahthyón)* f. delation, accusation, informing.

delantal *(daylahntáhl)* m. apron.

delante *(dayáhntay)* adv. before, in front of; **ir —**, to go in front/ahead.

delantera *(daylahntáyrah)* f. fore, front, lead.

delantero *(daylahntáyroh)* adj. fore(most) *Sports.* forward.

delatar *(daylahtáR)* tr. to denounee, to impeach, to betray, to accuse.

delator *(daylahtóR)* m. accuser, informer, denouncer; adj. accusing, denouncing.

delegación *(daylaygahthyón)* f. delegation.

delegado *(daylaygáhdoh)* m. delegate; deputy.

delegar *(daylaygáR)* tr. to delegate, to deputise, to substitute.

deleitación *(daylayeetahthyón)* f. delectation, delight, pleasure.

deleitar *(daylayeetáR)* tr. to delight, to please; v. r. to delight in, to enjoy. [delightful.

deleitoso *(daylayeetóhsoh)* adj.

deletrear *(daylaytrayáR)* tr. to spell. [spelling.

deletreo *(daylaytráyoh)* m.

delfín *(daylféen)* m. dolphin.

delgadez *(daylgahdayth)* f. thinness, slenderness, slimness.

delgado *(daylgáhdoh)* adj. thin, lean, slim, slender.

deliberación *(dayleebayrahthyón)* f. deliberation, consideration, reflection.

deliberar *(dayleebayráR)* intr. to deliberate, to consider, to reflect, to think over.

delicadeza *(dayleekahdáythah)* f. delicacy, gentleness, refinement, nicety.

delicado *(dayleekahdoh)* adj. delicate, gentle, weak; frail, fragile.

delicia *(dayléethyah)* f. delight; comfort; pleasure.

delicioso *(dayleethyóhsoh)* adj. delightful, delicious.

delincuencia *(dayleenkwaknthyah)* f. delinquency.

delincuente *(dayleennkwayntay)* adj. delinquent, offender.

delineación *(dayleenayahthyón)* f. delineation, sketch, drawing, draft.

delinear *(dayleenayáR)* tr. to delineate, to sketch, to draw, to draft, to design.

delinquir *(dayleenkéeR)* intr. to transgress the law, to break the law.

delirar *(dayleeráR)* intr. to be or become delirious; **— por**, to rave fort/to dote on.

delirio *(dayléeryoh)* m. delirium; raving.

delito *(dayléetoh)* m. delict, fault, offense, crime.

demagogo. *(daymahgóhgoh)* m. demagogue.

demanda *(daymáhndah)* *Com.* demand *Legal.* clam; petition.

demandar *(daymahndáR)* tr. to demand, to claim, to ask, to request.

demarcación *(daymaRkahthyón)* f. demarcation, boundary, limits.

demás *(daymáhs)* adv. besides; pron. the others, the rest; **y —**, and others; **por lo —**, as for the rest.

demasía *(daymahsée:ah)* f. excess; **en —**, excessively; boldness, insolence.

demasiado *(daymahsyáhdoh)* adj. excessive; adv. too, too much; too many; more than enough.

demencia *(daymaynthyah)* f. madness; insanity.

demente *(daymayntay)* adj. demented, insane, crazy; (fig.) out of one's mind; m. madman (-woman), lunatic.

democracia *(daymohkráhtyah)* f. democracy. [democrat.

demócrata *(daymóhkratah)* s.

democrático *(daymohkráhteekoh)* adj. democratic (al).

demoler *(daymohláyR)* tr. to demolish, to knock down, to tear down.

demolición *(daymohleethyón)* f. demolition, destruction.

demonio *(deymohnyoh)* m. devil, demon; **¡Qué —!**, what the Deuce!

demora *(daymóhrah)* f. delay; *Com.* demurrage; *Naut.* bearing; **sin —**, withoutdelay.

116 demorar *(daymohráR)* tr. to delay, to retard, to postpone, to put off; *Naut.* to bear.

demostración *(daymostrahthyón)* f. demostration, exhibition, show; *Pol.* manifestation.

demostrar *(daymostráR)* tr. to demonstrate, to show; to manifest; to make evident.

denegar *(daynaygáR)* tr. to deny, to refuse.

denigración *(dayneegrahthyón)* f. denigration, slander, stigma.

denigrar *(dayneegráR)* tr. to denigrate, to defame, to insult.

denominación *(daynohmeenahthyón)* f. denomination, name, title.

denominar *(daynohmeenáR)* tr. to denominate; to name; to nominate.

denostar *(daynostáR)* tr. to revile, to abuse, to curse.

denotar *(daynohtáR)* tr. to denote, to signify, to mean.

densidad *(daynseedáhd)* f. density, denseness; *Phys.* specific gravity.   [thick.

denso *(daynsóh)* adj. dense;

dentado *(dayntáhdoh)* adj. dentated, toothed, indented; serrated; *Mech.* cogged.

dentadura *(dayntadóorah)* s. set of teeth.

dental *(dayntáhl)* m. adj. dental.

dentar *(dayntáR)* tr. to tooth; intr. to teeth, to cut teeth.

dentición *(daynteeahyón)* f. dentition, teething.

dentrífico *(daynteéfreekoh)* m. y adj. tooht-paste; dentifrice.   [tist.

dentista *(daynteestah)* m. den-

dentro *(dayntroh)* adv. within; inside; **de —,** from inside; **por —,** on the inside; **— de poco,** shortly.   [sult.

denuesto *(daynwaysstoh)* m. in-

denuncia *(daynóonthyah)* f. denunciation, accusation; charge.

denunciar *(daynoonthyáR)* tr. to denounce, to make a charge to accuse.

deparar *(dayparáR)* tr. to offer, to afford, to present.

departamento *(daypaRtahmayntoh)* m. department, section.

departir *(daypaRtéeR)* intr. to converse, to speak, to talk, to chat.

depauperado *(daypah/oopayrádoh)* adj. *Méd.* weakened; *Soc.* impoverished.

depauperar *(daypawpayraR)* tr. to impoverish; *Med.* to weaken.

dependencia *(daypayndaynthyáh)* f. dependence, dependency; subordination; *Com.* branch.

depender *(daypayndáyR)* intr. to depend, to rely upon, to be dependent on.

dependiente *(daypayndyéntay)* m. assistant; adj. depending on, dependent on.

depilatorio *(daypeelahtóhryoh)* m. depilatory.

deplorable *(dayplohráhblay)* adj. deplorable, regrettable, lamentable.

deplorar *(dayplohráR)* tr. to deplore, to regret, to lament.

deponer *(daypohnáyR)* tr. to depose; to declare; to lay down.   [exile.

deportar *(daypoRtáR)* tr. to

---

deporte *(daypóRtay)* m. sport.

deportista *(daypoRteesstah)* f. sportsman/woman.

deportivo *(daypoRtéeboh)* adj. sporting.   [*Law.* statement.

deposición *(dalpohseethyón)* f.

depositar *(daypohseetáR)* tr. to deposit. *Chem.* to settle, to deposit.

depositario *(daypohseetáhryoh)* m. depositary, trustee, receiver.

depósito *(daypóhseetoh)* m. deposit. *Com.* store, warehouse. *Mech.* chamber. *Med.* tumour. *Mil.* depot; **— de agua,** cistern, tank.

depravación *(dayprahbaithyón)* f. depravation, depravity.

depravar *(dayprahbáR)* tr. to deprave, to vitiate, to corrupt.

deprecación *(daypraykahthyón)* m. petition, prayer, supplication.   [pray, to implore.

deprecar *(daypraykaR)* tr. to

depreciación *(daypraythyathyón)* m. depreciation.

depreciar *(daypraythyaR)* tr. to depreciate, to devalve.

depresión *(daypraysyón)* f. depression.

deprimido *(daypreemeedoh)* adj. *Med.* depressed; (fig.) lowspirited; out of sorts.

depuesto *(daypwaysstoh)* adj. deprived, deposed.

depuración *(daypoorahthyón)* f. depuration, purification.

depurado *(daypooráhdoh)* adj. depurate, cleansed, purified.

depurar *(daypooráR)* tr. to depurate, to cleanse, to purify.

derecha *(dayráychah)* f. right; right hand; right side; **a la —,** on the right, to the right; *Pol.* right; **a tuertas o —s,** rightly or wrongly.

derecho *(dayrýchoh)* adj. right, straight; just; m. right justice; pl. fees, dues; adv. straght on; **el —,** the right side out; **al —,** the right way; **no hay —,** it is not right.

deriva *(dayréebah)* s. drift; **a la —,** adrift.

derivación *(dayreebahthyón)* f. derivation.

derivar *(dayreebáR)* tr. to derive; to deduce; *Naut.* to drift.

derivarse *(dayreebáRsay)* r. to come from, to originate from, to be derived from.

dérmico *(dáyRmeekoh)* adj. dermic.

derogación *(dayrohgahthyón)* f. derogation, repeal, abolition, annulment.

derogar *(dayrohgáR)* tr. to derogate, to repeal, to abrogate.

derramamiento *(dayRahmahmyéntoh)* m. effusion, shedding, spilling, over flow; **— de sangre,** bloodshed.

derramar *(dayRahmár)* tr. to shed to spill.

derramarse *(dayRahmáRsay)* r. to overflow.

derrame *(dayRáhmay)* m. overflow; *Med.* haemorrhage, discharge.

derredor *(dayRaydóR)* m. circuit; **en —,** around.

derretir *(dayRaytéeR)* tr. to melt, to smelt, to fuse.

derribar *(dayReebáR)* tr. to demolish, to pull down, to knock down.

---

derribo *(dayRéeboh)* m. demolition, knocking down, pulling down.

derrocar *(dayRohkáR)* tr. to overthow.

derrochador *(dayRohchadóR)* m. spendthrift, squanderer, prodigal.

derrochar *(dayRohcháR)* tr. to dissipate, to waste, to squander.

derroche *(dayRóschay)* m. squandering, waste.

derrota *(dayRóhtah)* f. defeat. *Naut.* ship's course.

derrotar *(dayRóhtáR)* tr. to defeat, to rout. *Naut.* to deviate from course.

derrotero *(dayRotayroh)* m. ship's couse; sea-chart.

derruir *(dayRoo:eeR)* tr. to demolish, to raze, to destroy, to ruin.

derrumbamiento *(doyRoombahmyéntoh)* m. collapse; *Geol.* landslide; *Min.* subsidence.

derrumbar *(dayRoombáR)* tr. to throw down, to knock down.

derrumbarse *(dayRoombáRsay)* r. to fall down, to colapse.

desabotonar *(daysahbohtohnáR)* tr. to unbutton, to unfasten the buttons.

desabrido *(daysahbréedoh)* adj. tasteless; insipid; peevish.

desabrigado *(daysahbreegáhdoh)* adj. uncovered; shelterless; *Geog.* exposed.

desabrigar *(daysahbreegáR)* tr. to uncover, to bare.

desabrochar *(daysahbrohcháR)* tr. to unbutton, to unfasten.

desacatar *(daysahkahtáR)* tr. to teat disrespectfully.

desacato *(daysahkáhtoh)* s. disrespect; disregard.

desacertado *(daysahthayRtáhdoh)* adj. wrong, mistaken.

desacertar *(daysahthayRtáR)* tr. to make mistakes, to err.

desacierto *(daysahthyáyRtoh)* m. mistake, error.

desacorde *(daysahkóRday)* adj. discordant; incongruous.

desacostumbrar *(daysahkostoombráR)* to lose the habit, to disuse.

desacreditar *(daysahkraydeetáR)* tr. to discredit, to bring discredition.

desacuerdo *(daysahkwayRdoh)* m. discordance; disagreement.

desafecto *(daysahfayktoh)* adj. disaffected; adverse; m. disaffection.

desafiar *(daysahfyáR)* tr. to challenge; to defy, to dare.

desafinar *(daysahfeendR)* intr. *Mus.* to be out of tune; (fig.) to speak, irrelevantly.

desafío *(daysahfée:oh)* m. challenge; duel.

desafortunado *(daysahfortoonáhdoh)* adj. unfortunate; unlucky.

desagradable *(daysahgradáhblay)* adj. unpleasant; disagreable.

desagradar *(daysahgradáR)* tr. to dislike, to displease.

desagradecido *(daysahgrahdaytheedoh)* adj. ungrateful.

desagrado *(daysahgráhdoh)* m. discontent, displeasure.

desagraviar *(daysahgrahbyáR)* tr. to make amends; (coll.) to make good. ·

desagravio *(daysahgráhbyoh)* m. redress, apology, vindication.

---

desaguadero *(daysahgoo:ahdáyroh)* m. drain, out-let; sink.

desaguar *(daysahgoo:áR)* tr. to drain; to draw off water.

desagüe *(daysáhgoo:ay)* m. drain(age), outlet.

desahogado *(daysah/ohgáhdoh)* adj. impudent; *Econ.* —; (spac.) roomy, plenty of room, well-off.

desahogar *(daysah/ohgáR)* tr. to relieve.

desahogarse *(daysah/ohgáRsay)* r. to unbosom oneself.

desahogo *(daysah/óhgoh)* m. ease; **con —,** easily; **vivir con —,** to live confortably.

desahuciado *(daysah/oothyáhdoh)* adj. (of patients) hopeless; evicted (of tenant).

desahuciar *(daysah/oothyáR)* tr. to despair; to evict, to eject, (a tenant).

desahucio *(daysah/oothyoh)* m. eviction (of tenant).

desairado *(daysah/eeráhdoh)* adj. slighted, rebuffed.

desairar *(daysah/eeráR)* tr. to alight, to rebuff.

desaire *(daysáh/eeray)* m. slight, rebuff.

desajustar *(daysahHoostáR)* tr. disarrange, to mismatch; to unfit.

desajuste *(daysahHóostay)* m. disarrangement.

desalentar *(daysahlayntáR)* tr. to dicourage, to dishearten.

desalentarse *(daysahlayntáRsay)* r. to lose heart, to become discourage.   [dismay.

desaliento *(daysahlyéntoh)* m.

desaliñar *(daysahlynyáR)* tr. to disarrange; to discompose.

desaliño *(daysahléenyoh)* s. untidiness.

desalmado *(daysahlmáhdoh)* adj. heartless; cruel, soulless, implous.

desalojamiento *(daysahlohHahmyentoh)* m. dislodging.

desalojar *(daysahlohHár)* tr. to disloge; to evict, to eject.

desalquilado *(daysalkeelahdoh)* adj. vacant, untenanted.

desamarrar *(dayssahmahRar)* tr. to untie, to unfasten; *Naut.* to east off.

desamortización *(daysahmoRteethathyón)* f. redemption (of proprety) from mortmain, disentail.

desamortizar *(daysahmoRteethaR)* tr. to free, to redeem, to disentail.

desamparo *(dayssahmpáhroh)* m. abandonment; dereliction.

desamparar *(dayssampahrar)* tr. to forsake, to leave.

desamueblado *(daysahmoo:aybláhdoh)* adj. unfurnished.

desamueblar *(daysahmoo:aybláR)* tr. to unfurnish; to dismantle.

desanimar *(daysahneemáR)* tr. to discourage.

desanimarse *(daysahneemáRsay)* r. to lose heart, to faint.

desánimo *(daysáhneemoh)* m. discouragement.

desanudar *(daysahnoodáR)* tr. to untie, to undo a knot.

desapacible *(daysahpathéeblay)* adj. disagreeable, unpleasant.

desaparecer *(daysahpahraytháyR)* intr. to disappear, to vanish, to fade away.

desaparición *(daysahpahreethyón)* f. disappearance.

desapasionado *(daysahpahsyoh-náhroh)* adj. dispassionate; indifferent; (coll.) cool.

desapego *(daysahpáygoh)* m. coolness, lack of affection, indifference.

desapercibido *(daysahpayRthybéedoh)* adj. unprepared, unaware(s); **coger** —, to catch napping.

desaplicado *(daysahpleekáhdoh)* adj. neglectful, careless.

desaprobar *(daysahprobáR)* tr. to disaprove, to censure.

desaprovechar *(daysahprohbaycháR)* tr. to waste; to misuse.

desarmado *(daysaRmáhdoh)* adj. unarmed.

desarmar *(daysaRmáR)* tr. to disarm.

desarme *(daysáRmay)* m. disarmament.

desarraigar *(daysahRah/eegáR)* tr. to eradicate, to up-root, to extirpate.

desarraigo *(daysahRáh/eegoh)* m. eradication, uprooting.

desarrapado *(daysahRahpáhdoh)* adj. ragged.

desarreglado *(daysahRaygláhdoh)* adj. untidy, disarranged.

desarreglar *(daysahRaygláR)* tr. to disorder, to disarrange, to upset.

desarreglo *(daysahRáygloh)* m. disorder, disarrangement, untidiness.

desarrollar *(daysahRohlyáR)* tr. to develop, to expand.

desarrugar *(daysahRoogáR)* tr. to remove creases, to press, to flatten. [adj. dirty; untidy.

desaseado *(daysahsayáhdoh)*

desasear *(daysahsayáR)* intr. to make dirty; to discompose.

desaseo *(daysahsáyoh)* m. dirtiness, uncleanliness, scruffiness; disorder.

desasir *(daysahséeR)* tr. to loosen, to let go.

desasosegar *(dayssahsohssaygar)* v. t. to disturb, to make uneasy.

desasosiego *(dayssahsohsyáygoh)* m. restlessness, uneasiness.

desastre *(daysáhstray)* m. disaster, misfortune, disgrace.

desastroso *(daysahstróhsoh)* adj. disastrous, terrible.

desatado *(dayssahtahdoh)* adj. untied, unfastened, undone.

desatar *(daysahtáR)* tr. to untie, to unfasten, to undo (a knot): out to break out (a storm.)

desatención *(daysahtaynthyón)* f. inattention; discourtesy.

desatender *(daysahtayndáyR)* tr. to disregard; to pay no attention.

desatento *(daysahtayntoh)* adj. inattentive (of attention); rude (of manners).

desatinar *(daysahteenáR)* tr. e intr. to confuse, to talk nonsense.

desatino *(daysahtéenoh)* m. madness, nonsense, blunder; reeling. *thyah)* f. discord.

desavenencia *(daysahbaynayn-*

desavenido *(daysahbaynéedoh)* adj. discordant.

desayunar *(daysahyoonáR)* intr. to breakfast.

desazón *(daysahthón)* f. disgust, annoyance.

desbandada *(daysbahndáhdah)* f. Mil. disbandment; **a la** —, in disorder, helter skelter.

desbandarse *(dayssbahndáRsay)* r. to disband.

desbarajuste *(dayssbahrahHóostay)* m. disorder, confusion.

desbaratado *(dayssbahrahtáhdoh)* adj. (coll.) debauched; illconditioned.

desbaratar *(dayssbahrahtáR)* tr. to spoil, to ruin, to defeat.

desbarrar *(daysbahRáR)* intr. to unbar; (fig.) to talk foolishly.

desbastar *(dayssbahstáR)* tr. to smooth, to polish; (fig.) to educate.

desbocado *(dayssbohkáhdoh)* adj. runaway (horse); foulmouthed (of speech).

desbordamiento *(dayssboRdahmyéntoh)* f. flooding, overflowing. [overflow.

desbordar *(dayssboRdáR)* tr. to

desbordarse *(dayssboRdáRsay)* r. to flood.

descabellado *(dayscahbaylyáhdoh)* adj. disorderly; absurd.

descabellar *(dayscahbaylyáR)* tr. to dishevel; (bull-fighting) to kill, to finish off.

descalabrar *(dayscahlahbráR)* tr. to wound, to injure, the head.

descalzar *(dayscahltháR)* tr. to pull/take off footwear.

descalzo *(dayscáhlthoh)* adj. barefooted.

descamisado *(dayscahmeesáhdoh)* adj. shirtless; (coll.) ragamuffin.

descampado *(dayscahmpáhdoh)* adj. open; clear; free.

descansado *(dayscahnsáhdoh)* adj. rested. [to rest.

descansar *(dayscahnsáR)* intr.

descanso *(dayscáhnsoh)* m. rest; break. Sports. halftime. Theat. interval; (stairs) landing.

descarado *(dayscahráhdoh)* adj. impudent; cheeky.

descararse *(dayscahráRsay)* r. to be brazen or saucy.

descarga *(daysskáRgah)* f. unloading (goods); discharge (liquids, elect., etc.); Com. clearance of a ship.

descargar *(daysskáRgáR)* tr. to unload (goods); to discharge (liquids, elect., etc.).

descargo *(daysskaRgoh)* unloading; exoneration; **en su** —, to free him from blame.

descargue *(daysskaRgay)* m. unloading.

descarnado *(daysskaRnáhdoh)* adj. fleshless, scraggy, bare.

descarnar *(daysskaRnáR)* tr. to clear from flesh; (fig.) to examine minutely; v. r. to emaciate.

descaro *(daysskároh)* m. impudence, cheek.

descarriar *(daysskahRyáR)* tr. to lead astray; to misguide.

descarrío *(daysskahRée:oh)* m. desviation, going astray.

descartar *(daysskaRtáR)* tr. to reject, to discard, to put aside, to lay aside.

descendencia *(daysstthayndaynthyah)* f. descent; offspring.

descender *(daysstthayndáyR)* intr. to descend, to go down, to come down, to climb down.

descendiente *(daysstthayndyéntay)* adj. descending; m. descendant.

descendimiento *(daysstthayndeemyéntoh)* descent, lowering.

descenso *(daysstthaynsoh)* m. descent.

descentralizar *(daysthayntraleethaR)* tr. to descentralise.

desceñir *(dayssstaynyéeR)* tr. to ungird.

descifrar *(daysstheefráR)* tr. to decipher, to make out.

desclavar *(daysslahbáR)* tr. to unnail.

descocado *(daysskohkáhdoh)* adj. (coll.) impudent, unabashed, daring, cheeky.

descolgar *(daysskohlgáR)* tr. to unhang; to take down.

descolgarse *(daysskohlgáRsay)* r. (coll.) to let oneself down, to come down, gently.

descolorar *(daysskohlohráR)* tr. to discolour; to fade, to bleach.

descolorido *(daysskohlohréedoh)* adj. discoloured, fadel; colourless.

descollar *(daysskohlyáR)* intr. to excel, to stand out, to surpass, to outdo.

descomponer *(daysskompohnáyR)* tr. to discompose; (fig.) to disarrange. Chem. to decompose, to rot.

descomposición *(daysskompohseethyón)* f. Chem. decomposition; disorder, confusion; corruption.

descompostura *(daysskompostóorah)* f. disorder; inmodesty, impudence; untidiness.

descompuesto *(daysskonpwaysstoh)* adj. Mech. out of order; (emot.) out of temper; impudent, insolent.

descomunal *(daysskomoonáhl)* adj. uncommon; colossal, huge, enormous.

desconcertado *(daysskonthayRtáhdoh)* adj. confused, baffled.

desconcertar *(daysskonthayRtáR)* tr. to disorder, to confuse, to baffle.

desconcierto *(daysskonthy:áyRtoh)* m. confusion.

desconectar *(daysskohnayktáR)* tr. to disconect.

desconfiado *(daysskohnfyáhdoh)* adj. diffident, distrustful, suspicious.

desconfianza *(daysskohnfyáhnthah)* f. diffidence, mistrust, suspicion.

desconfiar *(daysskohnfyáR)* intr. to mistrust, to suspect, to doubt.

desconforme *(daysskohnfórmay)* adj. discordant, disagreeing.

disconformidad *(deesskohmformedáhd)* f. disagreement.

desconocer *(daysskohnohtháyR)* tr. to disown; to ignore.

desconocido *(daysskohnohthéedoh)* adj. unknown; nameless; m. stranger.

desconocimiento *(dayskonotheemyentoh)* m. ignorance.

desconsolado *(deysskohnsohláhdoh)* adj. disconsolate, comfortless, sorrowful.

desconsolar *(daysskohnsohláR)* tr. to aflict.

desconsuelo *(daysskohnswayloh)* m. affliction, grief.

descontar *(daysskontáR)* tr. to deduct, to rebate; (coll.) to knock off.

descontentar *(daysskontayntáR)* tr. to displease, to dissatisfy.

descontento *(daysskontayntoh)* m. discontent, dissatisfaction; adj. displeased, dissatisfied.

descontinuar *(dayskonteenwahR)* tr. to discontinue, to suspend, to leave off.

descontinuo *(daysskontéenoo:oh)* adj. discontinuous, disjoined.

descorazonar *(dayskohrahthohnáR)* tr. e intr. to discourage, to dishearten. [to uncork.

descorchar *(daysskoRcháR)* tr.

descorrer *(daysskohRáyR)* intr. to draw (a curtain).

descortés *(daysskoRtayss)* adj. impolite; uncivil; coarse.

descortesía *(daysskoRtaysée:ah)* f. incivility; impoliteness.

descoser *(daysskohsáyR)* tr. to rip up, to unstitch.

descosido *(daysskohséedoh)* adj. unstitched, unseamed.

descoyuntado *(dayskohyoontahdoh)* adj. disjointed, dislocated.

desconyuntar *(dayskohyoontaR)* tr. to disjoint (bones.) to dislocate; — **de risa**, to split one's sides with laughter.

descrecer *(dayskraythayR)* tr. to decrease, to diminish; to grow short (days).

descrecimiento *(dayskraytheemyentoh)* m. decrease, diminution. [discredit, disrepute.

descrédito *(daysskráydeetoh)* m.

descreer *(dayskray/ayR)* tr. to disbelieve. [describe.

describir *(daysskreebéeR)* tr. to

descripción *(daysskreepthyón)* f. description, account; sketch.

descriptivo *(daysskreeptéeboh)* adj. descriptive.

descuartizar *(dayskoo:áRteetháR)* tr. to quarter; to carve, to disjoint, to chop off.

descubierto *(daysskoobyeRtoh)* adj. discovered; (dress.) bareheaded.

descubrimiento *(daysskoobreemyéntoh)* m. discovery.

descubrir *(daysskoobréeR)* tr. to discover.

descuento *(daysskwayntoh)* f. discount, deduction; (tax.) rebate.

descuidado *(daysskweedáhdoh)* adj. careless; negligent, thoughtless.

descuidar *(daysskweedáR)* tr., intr. to neglect, to disregard.

descuidarse *(dayssweedáRsay)* r. to forget, to overlook.

descuido *(daysskoo:éedoh)* m. carelessness, omission, oversight, slip.

desde *(dayssday)* prep. from, since, after; — **entonces**, since then; — **luego**, of course; — **aquí hasta**..., from here till.

desdecir *(dayssdaythéeR)* intr. to fall from its kind.

desdecirse *(dayssdaythéeRsay)* to gainsay, to deny, to retract.

desdén *(dayssdayn)* m. disdain, slight, scorn, contempt; **con** —, contemptuously.

desdentado *(daysdayntahdoh)* adj. toothless.

desdeñar *(dayssdaynyáR)* tr. to disdain, to scorn.

desdicha *(dayssdéechah)* f. misfortune, ill-luck.

desdichado *(dayssdeecháhdoh)* adj. unfortunate, unlucky wretched; m. wretch.

desdoblar *(dayssdohbláR)* tr. to untold.

desear *(daysayár)* tr. to desire, to wish, to long for.

desecar *(daysaykáR)* tr. to dry; (land) to drain.

118 desechar *(dáysycháR)* tr. to exclude, to cast aside, to reject.

desecho *(daysáychoh)* m. refuse, residue; (of animals). pl. left-overs; **papel de —** waste paper.

desembalaje *(dayssaymbahlah-Hay)* s. m. umpacking, bale opening.

desembalar *(dayssaymbahlaR)* tr. to umpack; to open up (bales).

desembarazar *(dayssaymbahrah-tháR)* tr. to disembarras; to disengage; v. r. **— de,** to get rid of ....

desembarazo *(dayssaymbahráh-thoh)* s. ease, abandon.

desembarcadero *(dayssaymbaR-kahdáyroh)* m. landing place, pier.

desembarcar *(dayssaymbaRkáR)* tr. e intr. to land, to disembark to go on shore. *Naut.* to sign off; to un load (goods).

desembarco *(dayssaymbáRkoh)* m. landing; disembarkation.

desembarque *(dayssaymbáRkay)* m. landing; disembarkation.

desembocadura *(dayssaymboh-kahdóorah)* f. mouth (of a river), outlet.

desembocar *(dayssaymbohkáR)* intr. to flow out (of rivers); to lead to (of streets).

desembolsar *(dayssaymbólsáR)* tr. to disburse, to pay out.

desembolso *(dayssaymbólsoh)* m. disbursement, expenditure.

desembragar *(dayssaymbrahgáR)* tr. *Mech.* to ungear (motoring), to declutch.

desempeñar *(dayssaympaynyáR)* tr. to redem (something pawned); to perform a duty, to carry out (a task).

desempeño *(dayssaympáynyoh)* m. redemption of a pledge; performance, fulfilment.

desencadenar *(dayssaynkahday-náR)* tr. to unchain; (fig.) to break any ties; (of storms) to break out.

desencadenarse *(daysaykah-daynáRsay)* r. to break loose.

desencajado *(dayssaynkahHah-doh)* adj. (with temper) raging) (with illness) sickly.

desencajar *(dayssaynkahHáR)* tr. to disjoint.

desencallar *(dayssaynkahlyáR)* tr. *Naut.* to set afloat.

desencaminar *(dayssaynkahmee-náR)* tr. to mislead; to lead astray, to misguide.

desencantar *(dayssaynkahntáR)* tr. to disenchant, to disillusion.

desencanto *(dayssaykáhntoh)* m. disappointment, disillusion.

desenfadar *(dayssaynfahdáR)* tr. to appease; v. r. to calm down. [ease; nonchalance.

desenfado *(daysaynfáhdoh)* m.

desenfrenado *(dayssaynfraynáh-doh)* adj. unrestrained.

desenfrenar *(daysaynfraynáR)* tr. to umbridle; to fly into a rage; to lose self-control.

desenfreno *(dayssaynfráynoh)* m. licentiousness, wantonness.

desenfundar *(dayssaynfoondáR)* tr. to draw (arms); to take out of (cover etc.).

desenganchar *(daysaynganh-cháR)* tr. to unhook; to unfasten.

---

desengañar *(daysayngahnyáR)* tr. to deceive, to be frank withs; to tell the truth.

desengaño *(daysayngáhnyoh)* m. disillusion.

desengrasar *(daysayngrahsáR)* tr. to clean (from grease), to scour.

desenlace *(daysynláhthay)* m. *Theat.* catastrophe; unravelling (of a plot); end, conclusion, outcome.

desenredar *(daysenRaydáR)* tr. to disentangle; to put in order.

desenrollar *(daysaynRohlyáR)* tr. to unroll, to unwind.

desenroscar *(daysaynRoskáR)* tr. to unscrew.

desentenderse *(daysayntayndá-yRsay)* r. to shirk off; to ignore.

desentonar *(daysayntohnáR)* tr. to humble; intr. *Mus.* to be out of tune; to be out of place.

desenvoltura *(daysaynboltóo-rah)* f. assurance, grace, case; (speech) fluency.

desenvolver *(daysaynbolbáyR)* tr. to unfold, to unwrap, to unroll; (fig.) to unravel; v. r. to manage.

desenvuelto *(daysaynbwayltoh)* adj. forward; free and easy.

deseo *(daysáyoh)* m. wish, desire, longing; **tener — de,** to fancy.

deseoso *(daysayóhsoh)* adj. desirous, eager.

desequilibrado *(dayssaykeelee-brahdoh)* adj. umbalanced, unstable. [sertion.

deserción *(daysayRthyón)* f. desertar *(daysayRtár)* intr. to desert. [ter; forsaker.

desertor *(daysayRtór)* m. deser-

desesperación *(daysaysspayrah-thyón)* f. despair, desperation.

desesperado *(daysaysspayráh-doh)* adj. desesperate, hopeless; m. desperate.

desesperar *(daysaysspayráR)* intr. to despair, to lose hope.

desesperarse *(daysaysspayráR-say)* r. to despond.

desestimar *(dayssyssteemáR)* tr. to disregard; to reject.

desfachatez *(dayssfaschahtayth)* f. impudence, effrontery, cheeck.

desfalcar *(dayssfalkáR)* tr. to desfalcate; to embezzle.

desfalco *(dayssfálkoh)* s. embezzlement.

desfallecer *(dayssfahlyaytháyR)* tr. to faint, to swoon; v. r. to faint, to pine.

desfallecimiento *(dayssfahlyay-theemyéntoh)* m. swoon, faint.

desfavorable *(dayssfahbohráh-blay)* adj. unfavourable.

desfigurar *(dayssfeegooráR)* tr. to desfigure, to alter.

desfiladero *(dayssfeelahdáyroh)* m. defile, narrow pass.

desfilar *(dayssfeeláR)* intr. to march off by files, to parade.

desflorar *(dayssflohráR)* tr. to deflower, to violate.

desgajar *(dayssgahHáR)* tr. to tear off, to break off.

desgana *(dayssgáhnah)* f. lack of appetite; apathy, despondency.

desgarbado *(dayssgarbahdoh)* adj. ungainly, ungraceful.

desgarrar *(dayssgahRáR)* tr. to rend, to tear.

---

desgarro *(dayssgáhRoh)* m. laceration (in the flesh); rip, (cloth), tear; brag.

desgastar *(dayssgahstáR)* tr. to wear away, to consume.

desgaste *(dayssgáhstay)* m. woste. *Mech.* wear and tear.

desgracia *(dayssgráhthyah)* f. misfortune; **por —,** unfortunately; **caer en —,** to be out of favour.

desgraciado *(dayssgrahthyáh-doh)* adj. unfortunate, wretched; m. wretch, unfortunate.

desgraciar *(dayssgrahthyáR)* tr. to main, to spoil.

desgranar *(daysgrahnaR)* tr. to threst.

desguace *(daysgwahthay)* m. breaking up (ship).

desguarnecer *(dayssgoo:aRnay-thayR)* tr. to dismantle, to unharness.

desguazar *(daysgwahthaR)* tr. to break up (a ship).

deshabitado *(daysahbeehtáh-doh)* adj. uninhabited; deserted.

deshabitar *(daysahbeehtáR)* tr. to quit a dwelling.

deshacer *(daysahtháyR)* tr. to undo, to destroy, to untle, to disolve; **—se de,** to get rid of.

deshecho *(daysáychoh)* adj. undone; detroyed. [thaw.

deshelar *(daysayláR)* tr. to

desheredar *(daysayraydáR)* tr. to disinherit. [threads.

deshilar *(dayseelaR)* tr. to draw

deshilvanado *(dayseelbahnadoh)* adj. disconnected, without sequence. [thaw

deshielo *(daysy:áyloh)* m.

deshinchar *(dayseenchár)* tr. to deflate.

deshojar *(dayssohHaR)* tr. to strip of leaves.

deshollinador *(dayssohlyeenah-doR)* m. chimney.

deshollinar *(daysohlyeenáR)* tr. to sweep (chimneys).

deshonestidad *(daysohnayysstee-dáhd)* f. dishonesty; lewdness, inmodesty.

deshonesto *(daysohnaysstoh)* adj. dishonest; unchaste, lewd.

deshonor *(daysohnóR)* m. dishonour, disgrace.

deshonra *(daysónRah)* f. dishonour, discredit, disgrace; rape, violation.

deshonrar *(doysonRáR)* tr. to affront, to defame, to dishonour; to seduce (a woman), to deflower.

deshonroso *(daysonRóhsoh)* adj. dishonourable.

deshora *(daysóhrah)* f. aftertime; **a —,** unseasonably, too late.

desidia *(dayséedyah)* f. laziness, idleness.

desierto *(dayssyeRtoh)* adj. deserted, solitary; m. desert, waste land.

designación *(dayseegnathyón)* f. designation.

designar *(daysygnár)* tr. to appoint, to name, to designate.

designio *(daséegnyoh)* m. intent(ion), purpose.

desigual *(dayseegoo:áhl)* adj. unequal; uneven.

desigualdad *(dayseegoo:ahl-dáhd)* f. inequality; unevenness, odds, difference.

desilusión *(daysseeloossyon)* f. disappointment, disillusionment.

---

desilusionar *(daysseeloossyo-naR)* tr. to disappoin, to disenchant; v. r. to be disappointed.

desinfección *(daysseenfaykthy-on)* f. disinfection.

desinfectante *(daysseenfayktan-tay)* m. disinfectant, deodorizing; adj. antiseptic.

desinfectar *(daysseenfayktaR)* tr. to sterilize, to disinfect.

desinterés *(dayseentayrayss)* m. disinterestedness, indiference.

desinteresado *(dayseentayray-sáhdoh)* adj. disinterested, unselfish, indiferent, uninterested, impartial.

desistir *(dayseesstéeR)* tr. to desist; to cease, to give up.

desleal *(dayssláyhl)* adj. disloyal. [disloyalty.

deslealtad *(dayslayahltáhd)* f.

desleir *(dayssláyéeR)* tr. to dilute, to thin out, to dissolve.

deslenguado *(daysslayngoo:áh-doh)* adj. foulmouthed, impudent. [se step.

desliz *(dayssléeth)* m. slip, faldeslizar *(dayssleetháR)* intr. to slip, to slide.

deslizarse *(dayssleetháRsay)* r. to slip away; to slide.

deslucido *(dayssloothéedoh)* adj. dull.

deslucir *(dayslloothéeR)* tr. to tarnish, to make dull.

deslumbramiento *(daysloom-brahmyentoh)* m. glare, dazzle.

deslumbrar *(dayssloombráR)* tr. to dazzle; (fig.) to daze to fascinate. [to tarnish.

deslustrar *(dayssloosstráR)* tr. deslustre *(daysslóosstray)* m. tarnish, stain.

desmán *(dayssmánh)* m. misbehaviour, excess, misdemeanour.

desmandarse *(dayssmanhdáR-say)* r. to go to excess, to transgress.

desmantelar *(dayssmantayláR)* tr. to dismantle; to abandon. *Naut.* to unmast, to unrig.

desmayado *(dayssmayáhdoh)* adj. dismayed, fainted.

desmayar *(dayssmanyáR)* tr. to dishearten; intr. to lose heart; r. to faint.

desmayo *(dayssmáhyoh)* m. faint(ing), swoon.

desmedido *(dayssmaydeedoh)* adj. excesive.

desmejorar *(dayssmayHohráR)* tr. to make worse; v. r. to get worse, to decline, to deteriorate.

desmembrar *(dayssmaymbraR)* tr. to dismember, to tear asunder; (surg.) to amputate; v. r. to fall to pieces.

desmemoriado *(dayssmaymoh-rýáhdoh)* adj. forgettul, oblivious.

desmentir *(dayssmayntéeR)* tr. to give the lie to, to contradict.

desmenuzar *(dayssmaynootháR)* tr. to crumble, to mince; (fig.) to sift, to examine closely; v. r. to crumble, to fall to pieces.

desmerecer *(dayssmayraytháyR)* tr. to demerit, to become unworthy of; intr. to lose merit.

desmerecimiento *(dayssmayray-theemy:éntoh)* m. demerit, unworthiness.

desmesurado *(dayssmaysooráh-doh)* adj. excessive, (coll.) whacking.

desmontar *(dayssmontáR)* tr. *Mech.* to take apart, to take to pieces, to dismantel; to dismount (horses); intr. to dismount, to alight.

desmoralizar *(dayssmohrahleetháR)* tr. to demoralize.

desmoronar *(dayssmohrohnáR)* tr. to disintegrate.

desmoronarse *(dayssmohrohnaRsay)* r. to moulder, to crumble down, to fall down.

desnatar *(dayssnahtáR)* tr. to skim milk.

desnaturalización *(daysnahtoorahleetahthyón)* f. expatriation; denationalization.

desnaturalizar *(daysnahtoorahleethaR)* tr to denaturalise, to denationalise; to expatriate, to exile.

desnivel *(dayssneebayl)* m. (in surf.) unevenness; (inclin.) slope, gradient.

desnivelar *(dayssneebayláR)* tr. to make uneven; v. r. to become uneven.

desnudar *(dayssnoodáR)* tr. to strip, to undress.

desnudarse *(dayssnodáRsay)* r. to undress, to strip, to take off one's clothes.

desnudez *(dayssnoodayth)* f. nudity, nakedness, bareness.

desnudo *(dayssnóodoh)* adj. naked; bare; m. nude (art.).

desobedecer *(daysohbaydaythayR)* tr. to disobey.

desobediencia *(daysohbaydy:énthyah)* f. disobedience.

desocupado *(daysohkoopáhdoh)* adj. (places) free, empty, disengaged, vacant; (persons) idle, unemployed.

desocupar *(daysohkoopáR)* tr. to empty; to vacate; intr. to quit.   [m. deodorant.

desodorante *(dayssohdohrantay)*

desoir *(dayssoeeR)* tr. to disregard, not to hear.

desolación *(daysohlahthyón)* f. desolation, havoc; (fig.) affliction.   [desolate, waste.

desolado *(daysohláhdoh)* adj.

desollar *(daysohlyáR)* tr. to skin, to fleece.

desorden *(daysóRdayn)* m. confusion, disorder, mess; (pol.) disturbance.

desordenado *(daysoRdaynáhdoh)* adj. untidy, disordered, wild.

desordenar *(daysordaynaR)* tr. to disarange, to put in disorder, to make a mess; (pol.) to disturb.

desorganización *(daysoRgahneethahthyón)* f. disorganization.

desorganizar *(daysoRgahneetháR)* tr. to disorganize; to break up (meetings, etc.). *Chem.* to decompose. *Mil.* to disband.

desorientar *(daysohryen-tár)* tr. to disorientate, to mislead.

desovar *(daysohbáR)* intr. to spawn.

despabilar *(daysspahbeehláR)* tr. to enliven, to sharpen the wits; (coll.) to wake up.

despacio *(dayspahthyoh)* adv. slowly, gently, leisurely, little by little; interj. slowly! carefully!

despacito *(dayspahtheetoh)* adv. (coll.) very gently, very slowly, very carefully.

despachar *(dayspahcháR)* tr. to despatch; to send; to ship; (shopping) to attend customers. *Naut.* — **un barco,** to clear a vessel; (fig.) to kill.

despacho *(daysspáhchoh)* m. despatch, shipping; office; official letter; — **de billetes,** ticket office; — **de entradas,** booking office.

desparpajo *(dayssparpáhHoh)* m. (vulg.) pernes of speech or action.

desparramado *(daysspahRahmáhdoh)* adj. spread, scattered.

desparramar *(daysspahRahmáR)* tr. to scatter, to spread.

despavorido *(daysspahbohréedoh)* adj. terrified, aghast.

despectivo *(daysspayktéeboh)* adj. contemptuous, scornful, spiteful.   [to enrage.

despechar *(daysspaycháR)* tr.

despecho *(daysspáychoh)* m. rancour, spite; **a — de,** despite, in spite of.

despedazar *(daysspaydahthaR)* tr. to tear/or cut into pieces; v. r. to break/fall into pieces; — **de risa,** to burst out laughing.

despedida *(daysspaydéedah)* f. leave taking, farewell, parting; (coll.) seeing-off; dismissal.

despedir *(daysspaydéeR)* tr. (fig.) dismiss (of jobs, etc.). to emit; v. r. to say good-bye, to see someone off.

despegado *(daysspaygáhdoh)* adj. unstuck, loose; (coll.) rough.

despegar *(daysspaygáR)* tr. to detach, to separate, to unstick. *Aer.* to take off.

despego *(daysspáygoh)* m. indifference, coldness.

despeinar *(daysspay/eenaR)* tr. to disarrange the hair.

despejado *(daysspayHáhdoh)* adj. vivacious, quick, smart; (of sky) clear, cloudless.

despejar *(daysspayHár)* tr. to clear away obstructions; (weather) to brighten up.

despejo *(daysspayHóh)* m. vivacity; sprightliness; clearance.   [try; larder.

despensa *(daysspáynsah)* f. pan-

despeñadero *(daysspaynyahdáyroh)* m. precipice, crag.

despeñar *(daysspaynyáR)* tr. to precipitate; to throw down a precipice; v. r. to fall down a precipice.

desperdiciar *(daysspayRdeethyáR)* tr. to squander, to waste, to misspend; — **una ocasión,** to miss/or let slip a chance.

desperdicio *(daysspayRdéethyoh)* m. waste, remains, refuse.

desperdigado *(daysspayRdegáhdoh)* adj. scattered, separated.   [tr. to scatter.

desperdigar *(daysspayRdeegáR)*

desperezarse *(daysspayraytháRsay)* r. to stretch oneself.

desperfecto *(daysspayRfayktoh)* m. damage.

despertador *(daysspayRtahdóR)* m. alarm-clock.

despertar *(daysspayRtáR)* tr. to wake; (fig.) awake.

despertarse *(daysspayRtáRsay)* r. to wake up.

despiadado *(daysspyahdáhdoh)* adj. merciless, pitiless, cruel.

despido *(daysspéedoh)* m. dismissol; (coll.) the sack.

despierto *(dayspyertoh)* adj. awake, lively, smart.

despilfarrador *(daysspylfahRahdóR)* m. squanderer, **waster.**

despilfarrar *(daysspylfahRáR)* tr. to waste, to squander.

despilfarro *(daysspylfáhRoh)* m. waste, squandering.

despistado *(daypeestahdoh)* adj. y m. absent-minded, dreamy, moony; **está —,** he/she is dreaming.

despistar *(daysspeestáR)* tr. to side-track, to put off.

despiste *(dayspeesstay)* m. blunder, howler.

desplante *(daysspláhntay)* m. effrontery.

desplazamiento *(daysplahthahmyéntoh)* m. displacement.

desplazar *(dayssplahtháR)* tr. *Naut.* to displace; (fig.) to drive out (of place or post).

desplegar *(dayssplaygáR)* tr. to unfold; to display, to show. *Mil.* to deploy.

desplomarse *(dayssplohmáRsay)* r. to collapse.

despoblado *(daysspohbláhdoh)* m. desert; **en —,** in open country.   [depopulate.

despoblar *(daysspohbláR)* tr. to

despojo *(daysspóhHoh)* m. spoliation; plunder; pl. remains, spoils.

despojar *(daysspohHaR)* tr. to deprive of, to plunder; v. r. to strip/undress.

despolvar *(daysspolbaR)* tr. to dust, to remove dust.

desposado, a *(daysspohssahdoh, ah)* adj. newly-married.

desposar *(daysspohssaR)* tr. to marry; v. r. to be married.

desposeer *(daysspohssay/ayR)* tr. to dispossess, to oust.

déspota *(daysspohtah)* s. despot, tyrant.

despótico *(daysspótheekoh)* adj. despotic, despotical.

despotismo *(daysspohteessmoh)* m. despotism.

despotricar *(daysspohtreekáR)* intr. to rail at or against.

despreciable *(daysspraythy:áhblay)* adj. contemptible, despicable; mean.

despreciar *(daysspraythyáR)* tr. to despise, to scorn, to treat contemptuously.

desprecio *(dayssprátthyoh)* m. disregard, scorn, contempt.

desprender *(dayssprayndáyR)* tr. to unfasten, to untie, to loosen; v. r. to get rid of, to issue from.

desprendimiento *(dayssprayndeemy:éntoh)* m. desinterestedness, landslide.

despreocupado *(dayssprayohkoopáhdoh)* adj. unprejudiced, broad-minded; abandoned, easy-going, unworried.

despreocuparse *(dayssprayohkoopáRsay)* r. to put aside worries; — **de,** to pay no attention to, to ignore.

desprestigiar *(dayssprayssteHy:áR)* tr. to bring into dispute; v. r. to lose prestige/reputation.

desprestigio *(dayssprayssstéeHyoh)* m. loss of prestige/reputation.

desprevenido *(daysspraybaynéedoh)* adj. unprovided; unprepared.

desproporción *(dayssprohpoRthy:ón)* f. disproportion.

desproporcionado *(dayssprohpoRthyohnahdoh)* adj. out of proportion, disproportionate.

desprovisto *(dayssprohbysstoh)* adj. unprovided (with).

ter(wards), then, later; — **de,** prep. after.

despuntar *(daysspoontáR)* tr. off; intr. to bud, to sprout; to blunt, to take the point to excel, to stand out.

desquiciamiento *(daysskeethyahmyéntoh)* m. unhinging.

desquiciar *(daysskeethyáR)* tr. to unhinge; to disorder.

desquitarse *(daysskeetáRsay)* r. to take revenge, to get even, to retaliate, to have one's own back.

desquite *(daysskéetay)* m. recovery of a loss, revenge.

destacamento *(daysstahkahmayntoh)* m. *Mil.* datachment, post.

destacar *(daysstahkáR)* tr. *Mil.* to detach; v. r. to excel; r. to stand out.

destajo *(daysstáhHoh)* m. piecework; **hablar a —,** to tall too much.   [uncover.

destapar *(daysstahpáR)* tr. to

destartalado *(daysstaRtahláhdoh)* adj. huddled, ramshackle, tumble-down.

destello *(daysstáylyoh)* m. flash, sparkle.

destemplado *(daysstaympláhdoh)* adj. intemperate, out of sorts. *Med.* «one degree-under».

destemplanza *(daysstaympláhnthat)* f. intemperance; distemper.

destemplar *(daysstaympláR)* tr. to distemper, to alter, to disconcert; to be ruffied, to lose temper.

desteñir *(daysstaynyéeR)* tr. to discolour, to run (colours).

desterrado *(daysstayRáhdoh)* adj. banished, exiled.

desterrar *(daysstayRáR)* tr. to banish, to exile.   [wean.

desteñir *(daysstaynyéeR)* tr. to

destete *(daysstáytay)* m. weaning.   [adv. untimely.

destiempo (a) *(daysstyémpoh)*

destierro *(dayssty:áRoh)* m. banishment, exile.

destilación *(daysssteelahthy:ón)* f. distilation.   [til.

destilar *(dayssteeláR)* tr. to distil.

destilería *(dayssteelayrée:ah)* f. distillery.

destinar *(daysssteenáR)* tr. to destine; to appoint, to assign.

destinatario *(dayssteenahtáhryoh)* m. consignee, addressee.

destino *(dayssstéenoh)* m. destiny; destination, appointment, post. *Naut.* **con — a,** bound for.

destitución *(dayssstytoothyón)* f. destitution, dismissal (from job or post).

destituir *(dayssteetoo:éeR)* tr. to deprive; to dismiss (from a post).

destornillador *(dayssstoRneelyahdóR)* m. screwdriver.

destornillar *(daysstorRneelyáR)* tr. to unscrew.

destreza *(dayssstráythah)* f. dexterity, skill.

destronar *(daysstrohnáR)* tr. to depose, to overthrow.

destrozar *(daysstrohtháR)* tr. to destroy, to shatter, to break to pieces.

destrozo *(dayssstróhthoh)* m. destruction; (of lives) massacre.

120 **destrucción** *(daysstrookthy:ón)* f. destruction, ruin, havoc.

destructor *(daysstrooktóR)* m. destructor. *Naut.* destroyer; adj. destroying, destructing.

destruir *(daysstroo:éeR)* tr. to destroy, to ruin; to exterminate (lives).

desunión *(daysoonyón)* f. discord; separation.

desunir *(daysoonéeR)* tr. to separate, to part; v. r. to break apart.

desusado *(dayssoossahdoh)* adj. out of use, disused, obsolete, archaic.

desusar *(dayssoossaR)* tr. to disuse, to stop using.

desuso *(dayssoossoh)* m. disuse, absolecense.

desvalido *(dayssbahléedoh)* adj. destitute, helpless.

desvalijamiento *(dayssbahlee-Hahmyéntoh)* m. robbing.

desvalijar *(dayssbahleeHáR)* tr. to rob; (in gambling) to lose everything.

desván *(dayssbáhn)* m. garret, loft, attick.

desvanecer *(dayssbahnaytháyR)* to make disappear, to vanish; r. to vanish; to faint.

desvariar *(dayssbahre:áR)* intr. to rave; to dote.

desvarío *(dayssbahrée:oh)* m. raving, delirium; caprice.

desvelar *(dayssbayláR)* tr. to keep awake; r. to be vigilant.

desvelo *(dayssbáyloh)* m. wakefulness. [f. disadvantage.

desventaja *(dayssbayntáhHah)*

desventajoso *(dayssbayntahHóh-soh)* adj. disadvantageous; (com.) un profitable.

desventura *(dayssbayntóorah)* f. misfortune, mischance; **por —,** unfortunately.

desventurado *(dayssbayntooráh-doh)* adj. unfortunate, wretched, unhappy, unlucky.

desvergonzado *(dayssbayRgon-tháhdoh)* adj. impudent, shameless.

desvergüenza *(dayssbayRgwayn-thah)* f. impudence, insolence, effrontery.

desvestir *(dayssbayssteeR)* tr. to undress, to strip, to denude.

desviación *(dayssbeeahthyón)* f. deviation defection; (traff.) diversion; (railw.7 sidetracking.

desviar *(dayssbeeáR)* tr. to divert (traff.); to deflect (the trajectory…); (railw) to switch; v. r. to swerve.

desvío *(dayssbeé:oh)* m. deviation, diversion, deflection.

desvirtuar *(dayssbeeRtwahR)* to lessen the valve/or merit.

desvivirse *(dayssbeebeéRsay)* r. to show a great interest, to long for, to be dying to.

detallar *(daytahlyáR)* tr. to detail, to relate minutely. *Com.* to retail.

detalle *(daytáhlyay)* m. detail; (com.) **al —,** retail.

detallista *(daytahlyeesstah)* s. punctilious; (com.) retailer.

detective *(daytayktéebay)* m. detective; (coll.) *U. S. A.* private-eye. [tor.

detector *(daytayktóR)* m. detector

detener *(daytaynáyR)* tr. to stop, to detain. *Law.* to arrest. *Naut.* to embargo.

detenerse *(daytaynáyRssay)* r. to halt, to hold on.

detenido *(daytayneedoh)* adj. *Crim.* arrested; (motion) stopped; (care) careful, thorough.

detergente *(daytayRHáyntay)* m. detergent.

deteriorar *(daytayryohráR)* tr. to spoil, to deteriorate, to damage.

deterioro *(daytayryóhroh)* m. deterioration, damage, worsening.

determinación *(daytayRmeenah-thyón)* f. determination; resolution, decision.

determinado *(daytayRmeenah-doh)* adj. determinate, decided; specific, definite.

determinar *(daytayRmeenáR)* tr. to determine; to specify; to decide; r. to resolve.

detestable *(daytaysstáhblay)* adj. detestable, hateful, loathsome.

detestar *(daytaysstáR)* tr. to detest, to hate, to loathe.

detonar *(daytohnáR)* tr. to detonate, to explode.

detractar *(daytraktaR)* tr. to detract, to slander, to defame.

detrás *(daytráhs)* adv. behind, after; **— de,** at the back of, behind.

detrimento *(daytreemayntoh)* m. detriment, loss, damage, injury.

deuda *(dáyoodah)* f. debt; (fig.) **tiene una — conmigo,** he owes me a favour; **libre de —s,** clear of debts.

deudor *(dayoodóR)* m. debtor.

devanar *(daybanáR)* tr. to spool, to wind (thread); v. r. **— los sesos,** to rack one's brains.

devaneo *(daybahnáyoh)* m. idle pursuit; flirtation; frenzy.

devastación *(daybastahthyón)* f. devastation, destruction, ruin, desolation.

devastar *(daybahstáR)* tr. to desolate, to ruin, to lay waste.

devoción *(daybohthyón)* f. devotion.

devocionario *(daybohthyohnáh-ryoh)* m. prayerbook.

devolución *(daybohloothyón)* f. restitution, return.

devolver *(daybohbáyR)* tr. to return, to give back, to restore, to refund.

devorar *(daybohráR)* tr. to devour; to swallow up.

devoto *(daybóhtoh)* adj. devout.

día *(dée:ah)* m. day, daylight; **— festivo,** holiday; **— laborable,** working day; **de —,** in the daytime; **el otro —,** the other day; **al otro —,** the next day; **de — en —,** from day to dayú **todos los —s,** every day. **Un — sí y otro no,** every other day.

diabetes, tis *(dyahbáytayss, teess)* f. diabetes.

diablo *(dyáhbloh)* m. devil, demon; interj. **¡Qué —s!** What the Devil! What on Earth!

diablura *(dyahblóorah)* f. mischief.

diabólico *(dyahbóhleekoh)* adj. diabolical; devilish.

diácono *(dyáhkohnoh)* m. deacon.

diáfano *(dyáhfahnoh)* adj. transparent.

diafragma *(dyafráhgmah)* m. diaphragm.

diagnosticar *(dyahgnosteekáR)* tr. to diagnose.

diagnóstico *(dyahgnósteekoh)* adj. diagnostic; m. diagnosis. [diagonal.

diagonal *(dyahgohnáhl)* adj. s.

dialéctica *(dyahlaykteekah)* f. dialectics.

dialecto *(dyahlayktoh)* m. dialect. [gue.

diálogo *(dyáhlohgoh)* m. dialo-

diamante *(dyahmántay)* m. diamond. [meter.

diámetro *(dqáhmaytroh)* m. dia-

diana *(dyáhnah)* f. *Mil.* reveille; (shooting) bull's eye, centre of target.

diario *(dyáhryoh)* adj. daily; m. (daily) newspaper, journal. *Com.* **Libro —,** day book. *Naut.* **— de navegación,** log book.

diarrea *(dyahRáyah)* f. diarrhœa, looseness of bowels.

dibujante *(deebooHáhntay)* s. designer, draghtsman.

dibujar *(deebooHár)* tr. to draw; to sketch.

dibujo *(deebóoHoh)* m. drawing; sketch, draft, design; **— lineal,** instrumental drawing; **— a pulso,** free-hand drawing. [speech, style.

dicción *(deekthyón)* f. diction,

diccionario *(deekthyohnáhryoh)* m.dictionary, lexicon.

diciembre *(deethyémbray)* m. December.

dictado *(deetahdoh)* m. dictation; pl. dictates. [tor.

dictador *(deektadóR)* m. dicta-

dictadura *(deektahdóohrah)* f. dictatorship.

dictamen *(deektámayn)* m. opinion, judgement, deport.

dictaminar *(deetahmeenaR)* tr. to express an opinion, to give a decision.

dictar *(deektáR)* tr. to dictate; *Theat.* to prompt.

dicha *(déechah)* f. happiness; **nunca es tarde si la — es buena,** all's well that ends well.

dicho *(déechoh)* adj. above said; m. saying; **— y hecho,** no sooner said than done.

dichoso *(deechóhsoh)* adj. happy, lucky. [dactis.

didáctica *(deedáhkteekah)* f. di-

didáctico *(deedáhkteekoh)* adj. didactic(al).

diente *(dyéntay)* m. tooht; (anim. or hum.) fang; (wheel) cog; (fork) prong; (garlic) clove; **tener los de muelas (dientes);** to have tooth-ache; **sacar un —,** to hare a tooth out; **empastar un —, (o muela)** to have a tooth filled; **—s postizos,** artificial teeth.

diéresis *(dyáyrayssees)* f. diæresis. [hand.

diestra *(dyésstrah)* f. right

diestro *(dyésstroh)* adj. right, skilful, dexterous; **a — y siniestro;** at random, from right to left; m. bull-fighter.

dieta *(dyátah)* f. dit; pl. board. **Estar a —,** to be on a diet.

diez *(dyéth)* adj. ten; **a las —,** at ten o'clock; **son las —,** it is ten o'clock.

diezmar *(dyethmáR)* tr. to decimate; (payment) to tithe.

diezmo *(dyéthmoh)* m. tithe.

difamación *(deefahmahthyón)* f. defamation, libel, calumny.

difamar *(deefahmáR)* tr. to defame, to libel.

diferencia *(deefayraynthyah)* f. diference.

diferenciar *(deefayraynthyáR)* tr. to differentiate; intr. to differ from; v. r. to be different.

diferente *(deefayrayntay)* adj. different, unlike.

diferir *(deefayréeR)* tr. to defer, to postpone, to dealy, to put off; intr. to differ.

difícil *(deeféetheel)* adj. difficult, hard. [ficulty.

dificultad *(deefeekooltáhd)* f. dif-

dificultar *(deefeekooltáR)* tr. to obstruct, to make difficult.

dificultoso *(deefeekooltóhsoh)* adj. dificult, hard, laborius, troublesome.

difundir *(deefondéeR)* tr. to spread, to publish.

difunto *(deefóontoh)* adj. dead; deceased, late; m. corpse.

difusión *(deefoosyón)* f. diffussion; dispersion. *Rad.* broadcasting.

difuso *(deefoossoh)* adj. diffuse; (lit.) wordy; widespread.

digerible *(deeHayréeblay)* adj. digestible. [gest.

digerir *(deeHayréeR)* tr. to di-

digestión *(deeHaysstyon)* f. digestion. [y adj. digestive.

digestivo *(deeHaysstéeboh)* m.

dignarse *(deegnáRsay)* r. to condescend; to deign.

dignidad *(deegneedáhd)* f. dignity; high office. [dignify.

dignificar *(deegneefeekáR)* tr. to

digno *(deegnoh)* adj. worthy, deserving; suitable, fitting.

digresion *(deegraysyon)* f. digresion; divergence.

dilación *(deelahthyón)* f. delay, procrastination.

dilapidar *(deelahpeedáR)* tr. to waste, to squander, to dilapidate.

dilatación *(deelahtahthyón)* f. expansion, extension.

dilatado *(deelahtahdoh)* adj. vast, large, great; drawn out.

dilatar *(deelahtáR)* tr. dilate, to enlarge, to widen, to lengthen; v. r. to expand.

dilema *(deeláymah)* m. dilemma, quandering.

diligencia *(deeleeHaynthyah)* f. diligence; (transp.) promptitude; stagecoach; (coll.) business. *Leg.* formalities.

dilucidar *(deelootheedáR)* tr. to elucidate, to explain.

diluir *(deeloo:éeR)* tr. to dilute, to thin out. [flood.

diluvio *(deelóobyoh)* m. deluge,

dimanar *(deemanáR)* intr. to spring from, to emanate, to flow.

dimensión *(deemaynsyón)* f. dimension, extent, capacity, bulk, size.

diminuto *(deemeenóotoh)* adj. minute tiny, very small.

dimisión *(deemeesyón)* f. renunciation; resignation.

dimitir *(deemytéeR)* tr. to resing, to relinquish. [namics.

dinámica *(deenáhmykah)* f. dy-

dinámico *(deenáhmykoh)* adj. dynamic. [namite.

dinamita *(deenahméetah)* f. dy-

dinamo *(deenáhmoh)* f. dinamo.

dinastía *(deenahstée:ah)* f. dynasty.

dineral *(deenayráhl)* m. large sum of money, fortune.

dinero *(deenáyroh)* money currency, funds; (coll.) cash.

diócesis *(dyóhthayssees)* f. diocese.

dioptría *(dyoptrée:ah)* f. dioptry.

dios *(dyóss)* god; **¡— mío!**, my god!; **¡por —!**, for goodness' sake!; **¡sabe —!**, god knows!; **¡gracias a —!** thank goodness.

diosa *(dyóhsah)* f. goddess.

diploma *(deeplóhmah)* m. diploma, title.

diplomacia *(deeplohmáhthyah)* f. diplomacy, tact; (coll.) astuteness.

diplomático *(deeplohmáhteekoh)* adj. diplomatic(al); tactful; (coll.) astute; m. diplomat- (ist).   [thong.

diptongo *(dyptóngoh)* m. diph-

diputación *(deepootahthyón)* f. deputation; Provincial Government (Sp.).

diputado *(deepootáhdoh)* m. deputy; congressman, Spanish M. P.

dique *(déekay)* m. dike, dam. *Naut.* jetty; **— seco**, (dry) dock.

dirección *(deeraykthyón)* f. direction, course, way; (adm.) Board of directions, management; (letter, etc.) address.

directivo *(deerayktéeboh)* adj. directive. m. member of ruling body.   [straight.

directo *(deerayktoh)* adj. direct;

director *(deerayktóR)* m. director, maganer. *Mus.* conductor; headmaster (of school/college.

directora *(deerayktórah)* f. *Com.* manageress; head-mistress, governess.

dirigir *(deereeHééR)* tr. to direct; *Mus.* to conduct; *Adm.* to manage; (letter) to address; v. r. to make one's way, to go towards; **— a**, to apply to

discernimiento *(deesthayRneemyentoh)* m. discernment, discrimination.

discernir *(deessthayRnééR)* tr. to discern, to distinguish.

disciplina *(deesstheepléénah)* f. discipline, education; (spec.) subject of study.

disciplinar *(deesstheepleenáR)* tr. to discipline, o instruct. *Mil.* to drill. [disciple; pupil.

discípulo *(deessthéepooloh)* m.

disco *(deeskoh)* m. disc. *Mus.* record. *Sport.* discus. [ward.

díscolo *(desskohloh)* adj. wayward.

discordancia *(deeskoRdáhnthyah)* f. discordance, disagreement.

discordar *(deeskoRdáR)* intr. to disagree. *Mus.* to be out of tune.

discordia *(deesskórRdyah)* f. discord, enmity, contention; **la manzana de la —**, the apple of discord.

discreción *(deesskraythyón)* f. discretion, prudence; **a —**, optional, at will.

discrecional *(deesskraythyohnáhl)* adj. discretional, optional; **parada —**, request stop.

discrepancia *(deesskraypáhnthyah)* f. discrepancy, difference.

discrepar *(deesskraypáR)* intr. to difer, to disagree.

discreto *(deesskráytoh)* adj. discreet, prudent; reasonable.

disculpa *((deesskóolpah)* f. excuse; apology.

disculpar *(deesskoolpáR)* tr. y r. to excuse, to apologize.

discurrir *(deesskooRééeR)* intr. to roam; to reflec. *Hid.* to flow; tr. to plan, to contrive.

discurso *(deesskóoRsoh)* m. speech, discourse.

discusión *(deesskoosyón)* f. discussion (exchange of ideas) argument (exaltation).

discutir *(deesskootééR)* tr. to discuss, to debate; to argue.

diseminar *(deesayntééR)* tr. to scatter, to sow, to spread.

disentir *(deesayntééR)* intr. to dissent, to disagree.

diseñador *(deessaynyahdoR)* m. designer.

diseñar *(deesaynyáR)* tr. to design, to sketch, to draw.

diseño *(deesáynyoh)* m. design, project, sketch, draft.

disertar *(deesayRtáR)* tr. to discourse, to lecture.

disforme *(deessfóRmay)* adj. deformed, ugly, monstruous.

disfraz *(deessfráth)* m. mask; disguise.   [disguise.

disfrazar *(deesfrahtháR)* tr. to

disfrutar *(deesfrootáR)* tr. to enjoy (something); to have the benefit of (something).

disfrute *(deessfróotay)* m. enjoyment; use, benefit.

disgregar *(deessgraygáR)* tr. to disjoin, to separate, to disperse.

disgustar *(deessgoosstáR)* tr. to upset, to annoy; to dislike, disatisfy; v. r. to fall out with, to quarrel with.

disgusto *(deessgóostoh)* m. **dar un —**, to upset, to cause grief; **a —**, against one's will.

disidente *(deesseedyantay)* adj. dissident; s. dissenter.

disimulación *(deeseemoolahthyón)* f. dissimulation, feint, make-believe, take-in.

disimular *(deesseemoolaR)* tr. to make-believe, to pretend.

disimulo *(deesseemóoloh)* s. dissimulaton, false - pretence; **con —**, stealthily.

disipación *(desepahthe:ón)* f. dissipation; licentiousness.

disipar *(deeseepáR)* tr. to dissipate, to clear away (clouds); to misspend, to squander; to scatter.

dislocación *(deesslohkahthyon)* f. dislocation, disjointing, spraining.

dislocar *(deesslokáR)* tr. to dislocate, to sprain, to disjoint.

disminución *(deessmeenoothyon)* f. diminution, decrease, shortening, lessening.

disminuir *(deessmeenoo:ééR)* tr. to diminish, to decrease, to shorten, to lessen, to dwindle.

disolución *(deesohloothyón)* f. dissolution; breaking - up. *Chem.* solution.

disoluto *(deesohlóotoh)* adj. dissolute; libertine.

disolvente *(deesolbaYntay)* adj. solvent; m. dissolver.

disolver *(deesolbaYR)* tr. to dissolve; to melt; to break up.

disonancia *(deesohnáhnthyah)* f. dissonance. *Mus.* discord; disagreement.

disonante *(deesohnantay)* adj. dissonant, discordant.

dispar *(deesspáR)* adj. unequal, unlike, odd.

disparado *(deespahrahdoh)* shot, fired; **salir —**, to shoot out like lightning.

disparador *(deesspahrahdóR)* m. shooter; trigger.

disparar *(deesspahráR)* tr. to shoot to fire; to let off.

disparatado *(deesspahrahtáhdoh)* adj. absurd, foolish, crazy.

disparatar *(deesspahrahtáhtáR)* intr. to act absurdly, to talk nonsense.

disparate *(deesspahráhtay)* m. nonsense, blunder, howler, crazy thing.

disparo *(deesspahroh)* m. shot.

dispendio *(deesspayndyoh)* m. squandering.

dispensa *(deesspaynsah)* f. dispensation, exemption.

dispensable *(deespaynssahblay)* adj. excusable; dispensable.

dispensar *(deesspaynsáR)* tr. to dispense, to exempt, to excuse.

dispersar *(deesspayRsáR)* tr. to disperse. *Mil.* to rout; to scatter.   [dispersion.

dispersión *(deesspayRsyón)* f.

disponer *(deesspohnáyR)* tr. to arrange; to dispose of; v. r. **— a**, to get ready to, to prepare to.

disponible *(deesspohnéeblay)* adj. avaitable, disposable, spare.

disposición *(deesspohseethyón)* f. disposition, arrangement; **a — de**, to (someones) disposal; **tener —**, to have a knack for. [ready, willing.

dispuesto *(deesspwaysstoh)* adj.

disputa *(deesspóotah)* f. dispute; quarrel, wrangle, row.

disputar *(deesspootáR)* tr. e intr. to dispute, to contest; to quarrel, to have a row.

distancia *(deesstáhnthyah)* f. distance.

distanciar *(deesstahnthyáR)* tr. to put at a distance.

distante *(deesstáhntay)* adj. distant, far off, remote.

distinción *(deessteenthyón)* f. distinction; clarity.

distinguido *(deessteengéedoh)* adj. distinguished.

distinguir *(deessteengéeR)* tr. to distinguish; to differentiate; to make out (by looking); v. r. to excel, to be visible.

distintivo *(deessteentéeboh)* adj. distinctive; m. distinctive mark.

distinto *(deessteéntoh)* adj. distinct, different, unlike.

distracción *(deesstrakthyón)* f. distraction, absent-mindedness; pastime, amusement.

distraer *(deesstrah/áyR)* tr. to distract; to amuse.

distraído *(deesstrah/éedoh)* adj. absent-minded, inattentive; **estar —**, to be miles away.

distribuir *(deesstreeboo:éeR)* tr. to distribute, to deal out, to share. [región; ward.

distrito *(desstrétoh)* m. district, (adm.) division ; [ne.

disturbio *(deesstoóRbyoh)* m. disturbance.

disuadir *(deesoo:ahdéeR)* tr. to dissuade, to deter.

disuasión *(deesoo:ahsyón)* f. dissuasion, deterrence.

diurno *(dyóRnoh)* adj. diurnal.

divagar *(deebahgáR)* intr. to wander, to digress.

divergencia *(deebayRHaynthyah)* f. divergence, diversity (of opinion).

divergir *(deebayRHéeR)* tr. to diverge. *Phys.* (fig.) to dissent.

diversidad *(deebayRseedáhd)* f. diversity; variety, abundance.

diversificar *(deebayRseefeekáR)* tr. to diversify, to vary.

diversión *(deebayRsyón)* f. diversion; amusement, fun, entertainment.

diverso *(deebayRsoh)* adj. diverse, different; pl. sundry.

divertido *(deebayRtéedoh)* adj. amusing, funny, entertaining.

divertimiento *(deebayRteemyéntoh)* m. amusement, fun, pastime, diversion.

divertir *(deebayRtéeR)* to divert, to amuse, to entertain; v. rfl to have fun, to enjoy oneself, to have a good time.

dividendo *(deebeedayndoh)* m. dividend.

dividir *(deebeedéeR)* tr. to divide, to split, share. *Maths.* to divide; v. r. to split, to divide.   [deify.

divinizar *(deebeeneetháR)* tr. to

divino *(deebéenoh)* adj. divine; godlike; (fig.) most beautiful, wonderful.

divisa *(deebéesah)* f. device; design, motto. pl. foreing currency.

divisar *(deebeesáR)* tr. to perceive, to make out (at a distance).

división *(deebeesyón)* division.

divorciar *(deeboRthyáR)* tr. to divorce; v. r. to get a divorce, to be divorced.

divorcio *(deebóRthyoh)* m. divorce; separation.

divulgar *(deeboolgáR)* tr. to publish, to divulgue, to reveal.

dobladillo *(dohblahdelyoh)* m. hem; (in trosers) turn-up.

doblado *(dohblahdoh)* adj. bent, crooked; doubled.

dobladura *(dohblahdoorah)* f. fold, crease; bent.

doblar *(dohbláR)* tr. to double; to fold, to bend; v. r. to double; intr. (bells) to toll.

doblarse *(dohbláRsay)* r. to stoop, to bend; (fig.) to submit, to give way/in.

doble *(dóhblay)* adj. double, twofold.

doblegar *(doblaygáR)* tr. to bend, to force; v. r. to bend, to yield.

doblez *(doblayth)* f. crease, fold, ply; doubledealing, duplicity.

doce *(dóhthay)* adj. twelve.

docena *(dohtdáynah)* f. dozen.

dócil *(dóhtheel)* adj. docile, gentle, yielding; obedient. *Met.* flexible, pliable.

docilidad *(dohtheeleedáhd)* f. docility, gentleness, meekness.

docto *(dóktoh)* adj. learned.

doctor *(doktóR)* m. doctor; physician. [doctor, doctoress.

doctora *(doktórah)* f. (lady)

doctorado *(doktoráhdoh)* m. doctorate, doctorship.

doctorar *(doktoráR)* tr. to doctorate.   [ne.

doctrina *(doktréenah)* f. doctri-

documento *(dohkohmayntoh)* m. document; (legal) deed.

dogma *(dógmah)* m. dogma.

dogmatizar *(dogmahteetháR)* tr. to dogmatize.

dolencia *(dohlaynthyah)* f. aching, pain, disease, affliction.

doler *(dohláyR)* intr. to feel pain, to ache, to hurt; v. r. to feel sorry for, to regret.

doliente *(dohlyéntay)* adj. suffering, aching; m. mourner.

121

122 **dolor** *(dohlóR)* m. (physical) pain, ache; (feeling) sorrow, grief; — **de barriga,** stomach ache; — **de muelas,** tooth-ache; — **de cabeza,** head-ache; — **sordo,** dull pain.

doloroso *(dohlohróhsoh)* adj. (physical) painful; (feeling) sorrowful, pitiful. [mer.

domador *(dohmahdóR)* m. tamer; **domar** *(dohmáR)* tr. to tame; (horses) to break in.

domesticar *(dohmayssteekáR)* tr. to tame (wild animals); to make (a person) gentle.

doméstico *(dohmayssteekoh)* adj. domestic.

domicilio *(dohmeethéelyoh)* m. domicile, address, home.

dominación *(dohmeenahthyón)* f. domination, command, sway.

dominar *(dohmeenáR)* tr. to rule over, to command; to master (a subject); to repress (one's passion); to overlook (views, etc.).

domingo *(dohméengoh)* m. Sunday; — **de Ramos,** Palm Sunday; — **de Resurrección,** Easter Sunday.

dominio *(dohméenyoh)* m. dominion, domain; territory, authority; — **público,** public knowledge. [of dominoes.

dominó *(dohmeenóh)* m. game **don** *(don)* m. title of don; gift; ability, knack. [nation; gift.

donación *(dohnahthyón)* f. donation.

donaire *(dohnáeeray)* m. grace(fulness), elegance; **con** —, gracefully, smartly.

donante *(dohnáhntay)* s. donor; giver; — **de sangre,** blood donor; adj. giving.

donar *(dohnáR)* tr. to give, to bestow, to contribute.

donativo *(dohnahtéeboh)* m. donation, gift. [page.

doncel *(donthayl)* m. king's **doncella** *(dontháylyah)* f. maid, virgin; girl; f. waiting-maid.

donde *(dónday)* adv. where; **¿a** —**?** where to? **¿Por** —**?** which way? — **quiera,** anywhere.

doña *(dónyah)* f. lady; mistress (title of address). [gilded.

dorado *(dohráhdoh)* adj. gilt, **dorar** *(dohráR)* tr. to gild.

dormilón *(doRmeelón)* adj. and m. sleepy head; (coll.) dormouse.

dormir *(doRméeR)* intr. to sleep; — **como un tronco,** to sleep like a log; — **a pierna suelta,** to be fast asleep; — **al sereno,** to sleep in the open. v. r. to fall asleep.

dormitar *(doRmeetáR)* intr. to doze, to nap.

dormitorio *(doRmeetóhryoh)* m. bed-room, dormitory. [sal.

dorsal *(doRsáhl)* adj. back, dor**dorso** *(dóRsoh)* m. back; reverse side.

dos *(dos)* adj. two; **de** — **en** —, every two; **las** —, two o'clock; **el día** —, the second of... **En un** — **por tres,** quickly. [dose.

dosificar *(dohseefeekáR)* tr. to **dosis** *(dóhseess)* f. dose.

dotar *(dohtáR)* tr. to endow.

dote *(dóhtay)* f. dower, dowry; m. pl. gifts, talents.

draga *(dráhgah)* f. dredge, *Naut.* dredger. [ge.

dragar *(drahgaR)* v. t. to dred-

dragón *(drahgón)* m. dragon; *Mil.* dragoon. [play.

drama *(dráhmah)* m. drama; **dramático** *(drahmáhteekoh)* adj. dramatical.

dramaturgo *(drahmahtóoRgoh)* m. dramatist, playwright.

droga *(dróhgah)* f. drug; (coll.) pot, grass, dope.

droguería *(drohgayrée:ah)* f. drug-store, chemist's.

druida *(dróoeedah)* m. druid.

dual *(doo:áhl)* adj. dual.

dúctil *(dóokteel)* adj. ductile, yielding.

ducha *(dóochah)* f. shower; — **nasal,** nasal douche.

ducho *(dóochoh)* adj. skilled, experienced, knowing.

duda *(dóodah)* f. doubt, hesitation; **sin** —, no doubt, without doubt.

dudar *(doodáR)* tr. e intr. to doubt, to hesitate; **sin dudarlo,** without hesitation.

dudoso *(doodóhsoh)* adj. doubtful, dubious.

duelo *(dwayloh)* m. duel; grief, affliction, mourning.

duende *(dwénday)* m. elf; goblin; ghost.

dueña *(dwáynyah)* f. proprietess, landlady, owner.

dueño *(dwaynyoh)* m. owner, proprietor, landlord, master.

dulce *(dóolthay)* adj. sweet, sugared; (of charac.) soft, gentle; m. sweet(meat), confection(ery).

dulcería *(doolthayreeah)* f. cake-shop.

dulcero *(doolthayroh)* m. confectioner; adj. fond of cakes or sweets. [to sweeten.

dulcificar *(dooltheefeekáR)* tr. **dulzura** *(doolthóorah)* f. sweetness; gentleness, kindliness.

duna *(dóonah)* f. dune; downs.

dúo *(dóo:oh)* m. *Mus.* duo, duet.

duplicar *(doopleekáR)* tr. to double, to duplicate; to repeat.

duplicidad *(doopleetheedahd)* f. duplicity, falseness, deceit.

duplo *(dóoploh)* adj. double; twofold.

duque *(dóokay)* m. duque.

duquesa *(dookáysah)* f. duchess. [tion, length.

duración *(doorahthy:ón)* f. dura**duradero** *(doorahdáyroh)* adj. lasting, durable.

duramente *(doorahmayntay)* adv. harshly, rigorously, strictly. [ring, for.

durante *(dooráhntay)* prep. du**durar** *(dooráR)* tr. to last, to wear well (of clothes).

dureza *(dooráythah)* f. hardness, toughness, solidity; *Med.* callosity.

durmiente *(dooRmy:éntay)* adj. sleeping.

duro *(dóoroh)* adj. hard; solid; (of persons) tough; m. five-pesetas piece; **a duras penas,** hardly, scarcely.

e *(ay)* conj. adv. and.

ebanista *(aybahneesstah)* m. cabinet-maker.

ebanistería *(aybahneesstayrée:ah)* f. cabinet-work; cabinet-maker's.

ébano *(aybahnoh)* m. *Bot.* ebony, ebony-wood.

ebrio *(áybryoh)* adj. drunken, inebriated, tippled, boosed-up.

ebullición *(aybooleethyón)* f. boiling, ebullition.

ecléctico *(ayklaykteekoh)* adj. eclectic.

eclesiástico *(ayklaysyáhsteekoh)* adj. ecclesiastical; m. clergyman, priest.

eclipsar *(aykléepsáR)* tr. to eclipse; (fig.) to outshine.

eclipse *(aykléepsay)* m. *Astr.* eclipse.

economato *(aykohnohmáhtoh)* m. cooperative store.

economía *(aykohnohmée:ah)* f. economy; saving, thrift; — **política,** economics.

económico *(aykohnóhmeekoh)* adj. economical; cheap.

economista *(aykohnohmeesstah)* m. economist.

economizar *(aykohnohmeetháR)* tr. to economize; to save.

ecuación *(aykoo:ahthyón)* f. equation. [tor.

ecuador *(aykoo:ahdóR)* m. Equa**ecuatorial** *(aykoo:ahtohre:áhl)* adj. equatorial.

ecuanimidad *(aykoo:ahneemeedáhd)* f. equanimity, impartiality.

ecuestre *(aykwaystray)* adj. aquestrian, horse.

ecuménico *(aykoomáyneekoh)* adj. ecumenical, universal.

echar *(aycháR)* tr. to cast; to throw; — **a perder,** to ruin; — **de menos,** to miss; — **fuera,** to eject, to throw out; — **abajo,** to throw down, to demolish. *Naut.* — **a pique,** to sink a ship; — **bravatas,** to brag; — **agua,** to pour water; — **chispas,** to be fuming; — **cálculos,** to reckon. *Naut.* — **en tierra,** to sign off; — **el ancla,** to cast anchor; — **a andar,** to set off walking; — **a correr,** to start running; v. r. to lie; — **al suelo,** to throw oneself on the floor; — **a perder,** to be spoiling.

edad *(aydáhd)* f. age, epoch; **mayor de** —, of age; **menor de** —, under age, minor; **tener X años de** —, to be X years old.

edema *(aydáymah)* f. edema.

edición *(aydeethy:ón)* f. edition, issue.

edificación *(aydeefeekahthyón)* f. building, construction.

edificante *(aydeefeekahntay)* adj. edifying.

edificar *(aydeefeekáR)* tr. to build, to construct; instruct, to edify.

edificio *(aydeeféethyoh)* m. building, structure.

editar *(aydeetáR)* tr. to publish.

editor *(aydeetoR)* m. editor, publisher.

editorial *(aydeetohryáhl)* f. publishing house; m. leading article, leader.

educación *(aydookahthyón)* f. education, tuition, learning; manners, up-bringing.

educador *(aydookahdóR)* m. teacher, tutor.

educar *(aydookáR)* tr. to educate, to train, to bring up.

efectivo *(ayfayktéeboh)* adj. efective, real, certain; **en** —, cash.

efecto *(ayfayktoh)* m. effect, result, consequence; **en** —, that's true, indeed; — **a pagar,** bills to pay; — **a cobrar,** bills to cash.

efectuar *(ayfayktoo:áR)* tr. to effect, to carry out.

efervescencia *(ayfayRbaysstháynthyah)* s. effervescence; ardour.

efervescente *(ayfayRbaysstháyntay)* adj. effervescent.

eficacia *(aydeekáhthyah)* f. efficiency.

eficaz *(ayfeekáth)* adj. efficacious, efficient, effective.

eficiencia *(ayfeethy:énthyah)* f. efficiency. [efficient.

eficiente *(ayfeethyéntay)* adj. **efímero** *(ayfeemayroh)* adj. ephemeral, short lived.

egoísmo *(aygoeessmoh)* m. egoism, egotism, selfishness.

egoísta *(aygoeesstah)* m. egoist; adj. egoistic, selfish.

egregio *(aygráyHyoh)* m. eminent, distinguished.

eje *(áyHay)* m. axle; axis.

ejecución *(ayHaykoothyón)* s. *Crim.* capital punishment, execution (of tasks) fulfilment, performance. *Mus.* technique.

ejecutar *(ayHaykootáR)* tr. to put to death, to execute (a crime); to fulfil, to peraform; to execute (tasks).

ejecutivo *(ayHaykootéeboh)* adj. executive. [cutor.

ejecutor *(ayHaykootóR)* m. execustor; (ayHaympláR) m. exemplar, copy (of books); adj. exemplary.

ejemplo *(ayHaymploh)* m. example, instance; **por** —, for example, for instance; **dar un** —, to give an example; **dar** —, to set an example.

ejercer *(ayHayRthayR)* tr. to exercise, to exert (an influence, etc.); to practise (a career, etc.).

ejercicio *(ayHayRthéethyoh)* m. exercise, drill practice. *Rel.* —**s espirituales,** retreat; — **físico,** physical training. *Mil.* — **de tiro,** target practice; —**s militares,** army maneures.

ejército *(ayHáyRtheetoh)* m. army; — **regular,** regular army; — **de tierra,** army; — **del aire,** air force; — **de mar,** navy.

el *(ayl)* art. m. the.

él *(ayl)* pron. he.

elaboración *(aylahbohrahthyón)* s. elaboration, working out.

elaborado *(aylahbohráh-doh)* worked out; (fact.) manufactured.

elaborar *(aylahbohráR)* tr. to elaborate, to manufacture, to make, to work out (plans, etc.).

elasticidad *(aylahsteetheedáhd)* s. elasticity.

elección *(aylaykthyón)* f. choice, selection. *Pol.* election.

electivo *(aylayktéeboh)* adj. elective. [chosen.

electo *(aylayktoh)* adj. elect, **elector** *(aylayktóR)* m. elector, voter, pollster.

electorado *(aylayktohrahdoh)* m. electorate. [electoral.

electoral *(aylayktoráhl)* adj. **electricidad** *(aylayktreetheedáhd)* f. electricity.

eléctrico *(aylayktreekoh)* adj. electrific(al).

electrificar *(aylayktreefeekáR)* tr. to electrify.

electrizar *(aylayktreethá**R**)* tr. to electrity; (fig.) to thrill, to to enthuse.

electrocutar *(aylayktrohkootáR)* tr. to electrocute. [tron.

electrón *(aylayktrón)* m. elec-

electrotécnica *(aylaytrohtayk-neekah)* f. electro. [phant.

elefante *(aylayfáhntay)* m. ele-

elegancia *(aylaygáhnthyah)* f. elegance, gracefulness.

elegante *(aylalgáhntay)* adj. elegant; fine, smart, dainty.

elegible *(aylayHéeblay)* adj. eligible.

elegir *(aylayHéeR)* tr. to choose, to elect, to pick. *Pol.* to nominate.

elemental *(aylaymayntáhl)* adj. elemental, elementary, fundamental. [element.

elemento *(aylaymayntoh)* m.

elevación *(aylaybahthyón)* f. elevation, height, loftiness.

elevado *(aylaybahdoh)* adj. elevated; tall, high; exalted.

elevador *(aylaybahdoR)* m. *U. S. A.* elevator; *G. B.* lift; hoist (for goods).

elevar *(aylaybáR)* tr. to raise, to lift, to put higher; (fig.) to exalt; v. r. to rise; to be elated.

eliminar *(ayleemeenáR)* tr. to eliminate, to remove; (fig.) to anihilate, to kill.

elocuencia *(aylokwaynthyah)* f. eloquence, [eloquent.

elocuente *(aylokwayntay)* adj.

elogiar *(aylohHyáR)* tr. to praise; to eulogise; v. r. to praise oneself, to boast. [praise.

elogio *(aylóhHyoh)* m. eulogy,

elogioso *(aylohHyóhsoh)* laudatory, praise worthy.

eludible *(ayloodeeblay)* adj. avoidable.   [to elude.

eludir *(ayloodéeR)* tr. to avoid,

ella *(áylyah)* pr. p. f. she; her (pr. p. comp.); pl.

ello *(aylyoh)* pr. neut. it; pl. they; them (pr. p. compl.).

emanación *(aymahnahthyón)* f. emanation; scent; smell; trail; fumes; effluvium.

emanar *(aymahnáR)* intr. to emanate, to give out a smell/a scent.

emancipación *(aymahntheepahthy:ón)* s. emancipation, independence; *Pol.* self-goverment.

emancipar *(aymahntheepáR)* tr. to emancipate, to give or concede the independence; v. r. to get independent.

embadurnar *(aymbahdoornaR)* tr. to daub, to smear.

embajada *(aymbahHáhdah)* f. embassy.   [embassador.

embajador *(aymbahHahdóR)* m.

embalar *(aymbahláR)* tr. to pack, to bale.   [packing.

embalaje *(aymbahláhHay)* m.

embalsamar *(aymbahlsahmáR)* tr. to embalm.

embalsar *(aymbalssaR)* tr. to dam up, to build into a reservoir. *Naut.* to sling, to hoist.

embalse *(aymbalssay)* m. reservoir, dam. *Naut.* slinging.

embarazada *(aymbahrahtháhdah)* f. adj. pregnat.

embarazado *(aymbahrahtháhdoh)* adj. embarrassed.

embarazador *(aymbahrahthahdoR)* adj. embarrassing.

embarazar *(aymbahrahtháR)* tr. to embarras; (coll.) to make pregnant.

embarazo *(aymbahráhthoh)* m. embarrassment; pregnancy.

embarcación *(aymbaRkahthyón)* f. boat, craft, ship; **pequeña —**, small craft.

embarcadero *(aymbaRkahdáyrooh)* m. pier, landing stage; wharf, guay.

embarcar *(aymmáRkáR)* tr. to ship, to load (goods); r. to go on board, to embark. *Naut.* to sing on. [barkation.

embarco *(aymbáRkoh)* s. embar-

embargar *(aymbaRgáR)* tr. to embargo. *Law.* **— legal**, to scire; to arrest; v. r. to stifle (one's voice, etc.).

embargo *(aymbáRgoh)* m. embargo; seizure, arrest; **sin —**, nevertheless.

embarnizar *(aymbaRneetháR)* tr. to varnish.

embarque *(aymbáRkay)* s. shipment (of goods); embarkation (of crew and pass.).

embarrancar *(almbahRankáR)* v. t. *Naut.* to run aground.

embarrar *(aymbaRár)* v. t. to daub/or to smear with mud; v. r. to be bogged; to be dirty with mud, to get covered in mud.   [*doR]* m. muddler.

embarullador *(aymbahRoolyah-*

embarullar *(aymbahroolyáR)* tr. to muddle, to make a mess of something.

embastar *(aymbahstáR)* tr. (sew) to tack, to baste.

embate *(aymbahtay)* m. sea surge; sudden attack; **un — de la fortuna**, a bout of fortune.

embaucador *(aymbah/ookadóR)* m. sharper, swindler, humbug.

embaucar *(aymbah/ookáR)* tr. to deceive, to take in, to bamboozle.

embelesar *(aymbaylaysáR)* tr. to amaze, to charm, enchant. v. r. to be charmed by, to be delighted.

embeleso *(aymbaylaysoh)* m. charm; ravishment, fascination.

embellecer *(aymbaylyaythayR)* v. t. to beautify, to embellish.

embestida *(aymbayystéedah)* f. assault, attack, onrush, charge.

embestir *(aymbayysstéer)* tr. to assail, to attack, to charge.

emblanquecer *(aymblahnkay-tháyR)* tr. to whiten, to bleach.

emblema *(aymbláymah)* m. emblem, symbol.

embobado *(aymbohbahdoh)* adj. dumb-founded, dumb-struck; (coll.) enchanted.

embobar *(aymbohbáR)* tr. to enchant, to fascinate; v. r. to stand gaping.

embolia *(aymbóhly:ah)* f. *Med.* embolism, embolus.

émbolo *(aymbohloh)* m. piston, plunger, embolus.

embolsar *(aymbolsáR)* tr. to purse, to pocket, to reimburse.

emborrachar *(aymboRahcháR)* tr. to inebriate, to intoxicate; v. r. to get drunk.

emboscada *(aymbosskáhdah)* f. ambuscade, *Mil.* ambush.

emboscar *(aymbosskáR)* tr. *Mil.* to (place in) ambush; v. r. to lie in ambush.

embotamiento *(aymbohtahmyéntoh)* s. blunting; stupefaction.

embotar *(aymbohtáR)* tr. to blunt, to dull (an edge); to stupefy, to eram the brain; not to be able to think.

embotellar *(aymbohtaylyáR)* tr. to bottle.

embozado *(aymbohtháhdoh)* adj. masked, muffled; involved.

embozar *(aymbohtháR)* tr. to muffle, to cover one's face.

embozo *(aymbóhthoh)* m. muffler, mask; folding in bedding.

embragar *(aymbrahgáR)* to connect, to couple. *Mech.* to engage the clutch.

embrague *(aymbráhgay)* m. tr. *Mech.* clutch; coupling.

embravecer *(aymbrahbaythayR)* v. r. to get furious or enraged. *Naut.* to swell. [pitch.

embrear *(aymbrayáR)* tr. to

embriagado *(aymbreeahgáhdoh)* adj. intoxicated; drunk.

embriagar *(aymbryahgáR)* tr. to inebriate, to intoxicate; (fig.) to be carried away.

embriaguez *(aymbryahgayeth)* f. intoxication, drunkeness; (fig.) rapture.   [bryo.

embrión *(aymbryón)* m. embrionario *(aymbryohnáryoh)* adj. embryonic.

embrollar *(aymbrohlyáR)* tr. to (en)tangle, to embroil, to mess.

embrollo *(aymbróhlyoh)* m. tangle, mess, jumble; difficult situation.

embromar *(aymbrohmáR)* tr. to make fun of, to taunt, to set on.   [bewitch.

embrujar *(aymbrooHáR)* tr. to

embrutecer *(aymbrootaytháyR)* tr. to make brutish, to become coarse or brutish, to grow stupid.   [nel, filler.

embudo *(aymbóodoh)* m. funnel.

embuste *(aymbóosstay)* m. lie, fib; a tall story, a cock and bull story.

embustero *(aymboosstáyroh)* m. liar, cheater; hypocrite.

embutido *(aymbootéedoh)* m. inlay, mosaic; any kind of sausage.

embutir *(aymbootéeR)* tr. to inlay; to stuff; (coll.) to eat greedily; to make sausages. *Naut.* to worm(cables).

emergencia *(aymayRHaynthyah)* f. emergency, accident.

emerger *(aymayRHayR)* tr. to emerge.

emigración *(aymaygrahthyón)* f. emigration, migration.

emigrado *(aymeegráhdoh)* adj. y s. emigrated, immigrated.

emigrante *(aymeegrantay)* s. y m. emigrant, (persons); migrate (birds).

emigrar *(aymeegráR)* intr. to emigrate (persons); migrate (birds).

eminencia *(aymeenaynthyah)* f. eminence; height, prominence; learned person.

eminente *(aymeenayntay)* adj. eminent; prominent, conspicuous; (acad.) illustrious.

emisario *(aymeesáhryoh)* m. emisary, envoy; spy.

emisión *(aymeesyón)* m. emission. *Com.* issue. *Rad.* broadcast.

emisor *(aymeesóR)* adj. emitting; m. emitter. *Rad.* transmitter. **123**

emisora *(aymeesóhrah)* f. broadcasting station.

emitir *(aymeetéeR)* tr. to emit; to send forth. *Com.* to issue. *Rad.* to broadcast; **— el voto**, to vote.

emoción *(aymohthyón)* f. emotion, thrill, excitement.

emocional *(aymohthyohnáhl)* adj. emotional; sentimental, slopy; emotive.

emocionante *(aymohthyohnáhntay)* adj. impressive, thrilling, exciting.

emocionar *(aymohthyohnáR)* tr. to move, to touch; to excite, to thrill.

emotivo *(aymohtéeboh)* adj. emotional, emotive; touching; moving.

empacar *(aympahkaR)* tr. to pack up, to bale.

empachar *(aympahcháR)* tr. to cram, to surfeit (with food). *Naut.* to overload. *Med.* to cause indigestion; (of character) to embarrass, to perplex. v. r. to overeat; to be ashamed.

empacho *(aympáhchoh)* m. surfeit, indigestion; bashfulness, timidity; **sin —**, without ceremony, unconcernedly.

empadronamiento *(aympadronahmyentoh)* n. m. census, census, register.

empalagamiento *(aympahlahgahmyéntoh)* m. surfeit; cloying.

empalagar *(aympahlahgáR)* tr. to cloy, to surfeit; (fig.) to vex; to weary.

empalago *(aympahláhgoh)* m. cloying, surfeit; disgust.

empalagoso *(aympahlahgóhsoh)* adj. cloying, over-sweet; (fig.) wearisome.

empalizada *(aympahleehtháhdah)* f. palisade, stokade, pale-fence.

empalmadura *(aympahlmahdóorah)* f. dovetailing, joint; (of ropes) splicing.

empalmar *(aympahlmáR)* tr. to dovetail, to join. *Mech.* to couple; to splice (ropes); (rewy) to join.

empalme *(aympálmay)* m. dovetailing, scarf-joint *Carp.* splice (ropes); railway junction.

empanada *(aympahnáhdah)* m. meat, or fish pie.

empanadilla *(aympahnahdéely:ah)* f. small pie.

empantanar *(aympahntahnáR)* tr. to swamp.

empañar *(aympahnyaR)* tr. to tarnish, to blur; to steam up (windows, glass, etc.).

empapelador *(aympahpayladóR)* m. decorator.

empapelar *(aympahpaylaR)* tr. to wrap in paper; to paper walls.

empaque *(aympáhkay)* m. (action) packing; (aspect) air, mien, look(s).

empaquetador *(aympahkaytahdóR)* m. packer, parcel maker, wrapper up.

empaquetar *(aympahkaytáR)* tr. to pack, to parcel, to wrap up.

124 emparedado (*aympahraydáhdoh*) m. sandwich.

emparejar (*aympahrayHáR*) tr. e intr. to level; to match.

emparentado (*aympahrayntáhdoh*) adj. related.

emparentar (*aympahrayntáR*) intr. to relate, to be a relation. [to grill.

emparrillar (*aympahReelyaR*) tr.

empastar (*aympahstáR*) tr. to paste; to fill (a tooth); to bind (books, etc.).

empaste (*aympáhstay*) m. impastation; (tooth) filling.

empatar (*aympahtáR*) tr. to equal, to (be a) tie. *Sports.* to draw, to be quits.

empate (*aympáhtay*) m. *Pol.* tie. *Sports.* draw, equaliser (in football).

empedernido (*aympaydayRnéedoh*) adj. callous, hart-hearted; all-out, out and out, hardened.

empedrado (*aympaydráhdoh*) adj. paved (with stones); m. (flag-)stoned pavement.

empedrar (*aympaydráR*) tr. to pave; to cobble.

empeñar (*aympaynáR*) tr. to pawn, to pledge; r. to engage, to bind oneself.

empeño (*aympáynyoh*) m. pledge, pawn; determination, binding, engagement.

empeoramiento (*aympayohrahmyéntoh*) m. deterioration, worsening.

empeorar (*aympayohráR*) intr. to worsen, to make worse; v. r. to grow worse, to deteriorate.

empequeñecer (*aympaykaynyaythayR*) tr. to make smaller, to belittle; v. r. to grow smaller. [emperor.

emperador (*aympayrahdóR*) m.

emperatriz (*aympayrahtréeth*) f. empress.

emperifollar (*aympayreefohlyáR*) tr. to prank.

empero (*aympáyroh*) conx. yet, but, howeuer, nevertbeless.

empezar (*aympaytháR*) tr. to begin, to start, to commence.

empinado (*aympeenáhdoh*) adj. steep; (fig.) conceited.

empinar (*aympeenáR*) tr. to raise; (coll.) — (el codo), to tip one's elbow, to drink too much; v. r. (horses) to stand on its hind legs, to stand on tip-tol (persons).

empírico (*aympeereekoh*) adj. empiric(al); m. quack.

empirismo (*aympeereesmoh*) m. empericism; quackery.

emplastar (*aymplahstáR*) tr. to plaster; (coll.) to stop, to check.

emplasto (*aympláhstoh*) m. plaster, poultice.

emplazamiento (*aymplahthamyéntoh*) m. location, site. *Legal.* summons.

emplazar (*aymplahtháR*) tr. *Legal.* to summon; to place, to locate, to site.

empleado (*aymplayáhdoh*) m. employee. [ploy; to use.

emplear (*aymplayáR*) tr. to employ

empleo (*aympláyoh*) m. (things) employment, post, (of persons) use.

empobrecer (*aympohbraytháR*) tr. to impoverish; to grow or become poor.

empobrecimiento (*aympohbraytheemyéntoh*) m. impoverishment [powder.

empolvar (*aympolbáR*) tr. to

empollar (*aympohlyáR*) tr. (of birds) to hatch, to brood; (students) to swot, to cram.

empollón (*aympohlyon*) m. swotter, crammer.

emponzoñar (*aymponthonyaR*) tr. to poison, to corrup.

emporio (*aympóhryoh*) m. emporium, mart.

empotrar (*aympohtráR*) tr. to imbed (in wall); to scarf.

emprendedor (*aymprayndaydóR*) adj. enterprising; m. enterpriser.

emprender (*aymprendáyR*) tr. to undertake, to start, to begin; — el viage, to set out on the journey.

empresa (*aympráysah*) f. enterprise, concern, firm, company.

empresario (*aympraysáhryoh*) m. enterpriser, contractor. *Theat.* impresario. [m. toan.

empréstito (*aymprayssteetoh*)

empujar (*aympooHáR*) tr. to push. (coll.) to shove.

empuje (*aympóoHay*) m. impulse; (eng.) thrust; force.

empujón (*aympooHón*) m. push, shove.

empuñadura (*aympoonyahdóorah*) f. handle, grip; (words) hilt; hasta la —, to the hilt.

empuñar (*aympoonyáR*) tr. to grasp, to get hold of, to clutch.

emulación (*aymoolahthyón*) f. emulation, imitation, copy.

emular (*aymooláR*) tr. to emulate, to imitate, to copy; to rival; to surpass.

en (*ayn*) prep. in, at, into, on.

enajenación (*aynahHaynahthyón*) f. alienation, (law) estrangement, (of property); — mental, mental derangement.

enajenar (*aynahHaynáR*) tr. to alienate; to enrapture.

enamoradizo (*aynahmohrahdéethoh*) adj. inclined to fall in love, (coll.) softy.

enamorado (*aynahmohráhdoh*) adj. in love, love-sick, fond; m. lover, sweetheart.

enamoramiento (*aynahmohrahmyéntoh*) m. lovesuit, lovesickness.

enamorar (*aynahmohráR*) tr. to excite love; to court, to woo; v. r. to fall in love (with).

enano (*aynáhnoh*) adj. dwarfish; small; m. dwarf.

enardecer (*aynaRdaytháiR*) tr. to kindle, to arouse; to inflame; v. r. to be aroused, to be inflamed. [tr. to halter.

encabestrar (*aynkahbaysstráR*)

encabezamiento (*aynkahbaythame:éntoh*) m. heading, (in letters, etc.); tax-roll.

encabezar (*aynkahbaytháR*) tr. to put a heading; to head, to lead.

encabritarse (*aynkahbreetáRsay*) r. to rise on the hind legs (of horses), to bolt.

encadenar (*aynkahdaynáR*) tr. to chain; to shackle, to fetter (prisoners); to link together (ideas); to put in chains.

encajar (*aynkahHáR*) tr. *Carp.* to join; to fit in, to match. *Mech.* to gear. *Box.* receive a punch.

encaje (*aynkáhHay*) m. *Text.* lace; inlaid work; fittings; socket, groove, cavity.

encajonar (*aynkahHonáR*) tr. to box, to crate, to pack; (fig.) to lead into a narrow pass.

encalar (*aynkahláR*) tr. to whitewash.

encallar (*aynkahlyáR*) intr. *Naut.* to run aground, to strand.

encallecer (*aynkahlyaythayR*) intr. to grow corns; v. r. (fig.) to become hardened/callous.

encallecido (*aynkahyaytheedoh*) adj. hardened; (fig.) hard-hearted, callous.

encaminar (*aynkahmeenáR*) tr. to guide, to put on the right road; v. r. to make for, to make one's way to.

encandilar (*aynkahndeeláR*) tr. to dazzle, to bewilder; v. r. to be dazzled; to have blood-shot eyes.

encanecer (*aynkahnaytháyR*) intr. to grow gray haired.

encanijamiento (*aynkahneeHahmyéntoh*) m. weakness, meagreness, emaciation.

encanijar (*aynkahneeHáR*) tr. to weaken (babies); v. r. to pine.

encantación (*aykahntahthyón*) f. incantation, charm; enchantment.

encantado (*aykahntáhdoh*) adj. haunted; charmed; absent-minded; — de conocerle, pleased to meet you.

encantador (*aynkahntahdóR*) captivating, charming, delightful (of persons or things); m. charmer, enchanter; (witchcraft) sorcerer; f. sorceress.

encantar (*aykahntáR*) tr. to enchant, to bewitch; to cast spells (witchcraft); to please, (of appeal).

encanto (*aynkáhntoh*) m. enchantment; charm, spell; glamour, appeal; delight.

encañonar (*aynkahnnyohndáR*) r. e intr. to put into tubes; to fold; to aim at (a person) with a gun.

encapotar (*aynkahpohtáR*) tr. to cloak; v. r. to become cloudy, to cloud over.

encapricharse (*aynkahpreecháRsay*) r. to indulge in whims, to become obstinate, to take a fancy to.

encapuchado (*aykahpoocháhdoh*) adj. hooded.

encapuchar (*aynkahpoocháR*) tr. to hood.

encarado (*aynkahráhdoh*) adj. faced; bien —, with a good face; mal —, sourfaced.

encaramarse (*aynkahrahmáRsay*) v. r. to climb.

encaramiento (*aynkahrahmyéntoh*) m. the act of facing; aiming (a gun).

encarar (*aynkahráR*) tr. to point, (fire-arms); to face, to confront; v. r. to face with.

encarcelado (*aynkarthayláhdoh*) adj. imprisoned, jailed.

encarcelar (*aynkarthayláR*) tr. to imprison, to jail, to put in jail.

encarecer (*aynkaraytháyR*) tr. to raise the price of; (fig.) to extol, to recomend; v. r. to go up in price.

encarecimiento (*aynkaraytheemyéntoh*) m. price-rising, dearness, expensiveness; — de la vida, rise of the cost of living.

encargado (*aynkaRgáhdoh*) m. agent, person in charge; adj. comissioned.

encargar (*aynkaRgáR*) tr. to recommend; (goods) to order; to commission (a person); to entrust (with responsabilities); v. r. to take charge of; to see to.

encargo (*aynkaRgoh*) m. commission. *Com.* order; errand.

encariñarse (*aynkahreenyaRsay*) r. to become fond of; to cotton on to (one another)

encarnación (*aynkaRnathyón*) f. incarnation.

encarnado (*aynkaRnáhdoh*) adj. incarnate; (coll.) red.

encarnar (*aynkaRnáR*) intr. to incarnate; tr. to embody; to incorporate.

encarnizado (*aynkaRneetháhdoh*) adj. bloody, hard fought.

encarnizamiento (*aykaRneethahmyéntoh*) s. cruelty; con — furiously.

encarnizarse (*aynkaRneetháRsay*) r. to get cruel, to become ruthless.

encarril(i)ar (*aynkahReelyáR*) tr. to direct, to put on the right track, to set on the right path.

encasillado (*aynkahseelyáhdoh*) m. set of pigeon-oles; list of candidates.

encasillar (*aynkahseelyáR*) to pigeon-hole, to classify.

encasquetar (*aynkahskaytáR*) tr. to force an opinion; to be headstrong.

encasquillarse (*aynkaskeelyaRssay*) v. r. (fire-arms) to jam.

encauchar (*aynkaoochaR*) tr. to rubberise, to cover with rubber.

encausar (*aynkaoossaR*) tr. to prosecute, to sue.

encauzar (*aynkaoothaR*) tr. to channel, to force water through a channel; (fig.) to guide, to direct.

encéfalo (*aynthéyfahloh*) m. brain; (med.) encephalon.

encenagamiento (*aynthaynahgahmyéntoh*) m. wallowing in dirt, mire or vice.

encenagar (*aynthaynahgáR*) tr. to fill with mud, to cover with mud/mire.

encenagarse (*aynthaynahgáRsay*) r. to wallow in dirt; (fig.) to be involved in vice.

encendedor (*aynthayndaydóR*) m. lighter.

encender (*aynthayndáyR*) tr. to kindle; to light, to put on (lights), to switch on; (fig.) to infame, to incite; v. r. to be put on (lights), to be lit.

encendido, a (*aynthayndeedoh, dah*) adj. lit, illuminated (lights); (of face) blushed, blushing; m. (motor) ignition.

encerado (*aynthayráhdoh*) m. oilcloth, oilskin (for wear); tarpaulin (for covering goods); blackboard, board; adj. waxed.

encerar (*aynthayráR*) tr. to wax.

encerrar (*aynthayRáR*) tr. to lock up; to confine, to shut up; v. r. to lock oneself up.

encerrona (*aynthayRóhnah*) s. voluntary retreat.

encestar (*aynthayssstáR*) tr. to put in a basket; to hamper; (basket-ball) to score.

encía (*aynthée:ah*) f. gum.

encíclica *(aynthéecleekah)* f. encyclic(al).

enciclopedia *(aynteeklohpáydyah)* f. encyclopædia.

enciclopédico *(aynteeklohpáydeekoh)* adj. encyclopedic.

encierro *(aynthyáyRoh)* m. confinement, lock up, prison; reclusion; (bull-fightrug) corraling of bulls.

encima *(aynthéemah)* adv. above; over; at the top; besides; on, overhead; **por —,** superficially; **por — de,** in spite of, over. [green oak.

encina *(aynthéenah)* f. ever-

encinta *(aynthéentah)* adj. pregnant; (coll.) in the family way, with child.

enclaustrado *(aynklaoosstráhdoh)* adj. cloistered.

enclavar *(aynklahbáR)* tr. to embed, to nail; to situate, to place, to site; (coll.) to deceive.

enclenque *(aynklaynkay)* s. y adj. weak, sickly; feeble.

encoger *(aynkohHáyR)* tr. to contract; to shrink, to shorten; v. r. (fig.) to dismay; to shrink; **— de hombros,** to shrug one's shoulders.

encogido *(aynkohHéedoh)* adj. bashful, timid (fig.); shrunk (cloth); (of animals) withdrawn.   [to gum.

encolar *(aynkohláR)* tr. to glue,

encolerizar *(aynkohlayreetháR)* tr. to anger, to make angry;

encomendar *(aynkohmayndáR)* tr. to (re)commend, to entrust.   [praise, to extol.

encomiar *(aynkohmyaR)* tr. to

encomiasta *(aynkohmyáhstah)* s. encomiast.

encomiástico *(aynkohmyáhsteekoh)* adj. encomiastic(al), eulogistic.

encomienda *(aynkohmyéndah)* f. commission, compliment. pl. respects.

encomio *(aynkóhmyoh)* m. praise; encomium.

enconado, a *(ahnkohnahdoh, dah)* adj. bitter, ruthless.

enconamiento *(aynkohnamyéntoh)* m. inflammation; anger.

enconar *(aynkohnáR)* tr. to inflame; to provoke; v. r. to rankle.

encono *(aynkóhnoh)* m. malevolence; rancour.

encontrado *(aynkontráhdoh)* adj. opposite, in front; contrary.

encontrar *(aynkontráR)* tr. e intr. to (persons) meet, to encounter; (things) to find; v. r. to feel, to be.

encontronazo *(aynkontrohnáhthoh)* m. collision, crash.

encopetado *(aynkopaytáhdoh)* adj. haughty, proud.

encorchadora *(aynkoRchahdoRah)* f. corking machine.

encorchar *(aynkoRchaR)* tr. to cork bottles, to cover with cork panels.

encorvado, a *(aynkoRbahdoh, dah)* adj. bent, humped; (coll.) **hacerse el(la) —,** to malinger.

encorvadura *(aynkoRbahdóorah)* f. curvatura; bending, crookedness.

encorvar *(aynkoRbáR)* tr. to bend, curve; v. r. to bend; to warp (materials).

encrespadura *(aynkraysspahdóorah)* f. crispation; curliness.

encrespamiento *(aynkraysspahmyéntoh)* m. curling; standing on end (hair); (sea) roughness.

encrespar *(aynkresspáR)* tr. to curl; to frizzle; to make hair stand on end; to ruffle (feathers); v. r. (sea) to get rough.

encrucijada *(aynkrootheeHáhdah)* f. crossroads.

encuadernación *(aynkooahdayRnahthyón)* f. book-binding.

encuadernador *(aynkooahdayRnahdóR)* m. (book)-binder.

encuadernar *(aynkoo-ahdayRnáR)* tr. to bind (books); **sin —,** unbound.

encubierta *(aynkoobyáyRtah)* s. fraud; deceit.

encubierto *(aynkoobyáyRtoh)* adj. hidden; concealed.

encubridor *(aynkoobreedóR)* m. concealer, procures, bawd; f. procuress. *Leg.* shelterer.

encubrimiento *(aynkoobreemyéntoh)* m. concealment; hiding; *Leg.* sheltering.

encubrir *(aynkoobréeR)* tr. to conceal, to hide.

encuentro *(aynkwayntroh)* m. meeting, encounter, finding); collision, shock, clash. *Sport.* meeting, match.

encuesta *(aynkwaysstah)* f. inquiry, inquest; survey, Gallup poll.

encumbrado *(aynkoombrahdoh)* adj. lofty, high; elevated.

encumbramiento *(ayncoombrahmyéntoh)* m. raising, elevating.

encumbrar *(aynkoombráR)* tr. to raise, to elevate; v. r. to rise, to get proud, to self-esteem highly.

encharcada *(aynchaRkáhdah)* f. pool, puddle; adj. soaking, wet through; inundated.

encharcar *(aynchaRkáR)* tr. to soak through, to wet through; v. r. to cover with water to form puddles.

enchufar *(aynchoofáR)* tr. to plug in.

enchufe *(aynchóofay)* m. socket, plug; (coll.) job position (obtained through friendship); connections.

endeble *(ayndáyblay)* adj. feeble, weak, frail.

endémico *(ayndáymeekoh)* adj. endemic.

endemoniado *(ayndaymohnyáhdoh)* adj. devilish, fiendish; possessed (by the Devil).

enderezar *(ayndayraytháR)* tr. to straighten; to put right; v. r. to go straight, to straighten up, to stand upright.

endeudarse *(ayndaoodáRsay)* r. to contract debts, to run into debts.

endiablado *(ayndyahbláhdoh)* adj. devilish, diabolical; wicked, perverse; **a una velocidad —a,** to break-neck speed.

endiosamiento *(ayndyohsahme:éntoh)* m. loftiness, haughtiness; deification.

endiosar *(ayndeeohsáR)* tr. to deify; v. r. to swell with pride.

endosar *(endohsáR)* tr. to endorse (a draft).

endoso *(ayndóhsoh)* m. endorsement.

endulzar *(ayndooltháR)* tr. to sweeten, to sugar; (fig.) to soften.

endurecer *(ayndooraythayR)* tr. to harden, to toughen; v. r. to get hard/tough; (fig.) to become cruel.

endurecido *(ayndooraythéedoh)* adj. hardened; obturate, inured.

endurecimiento *(ayndooraytheemyéntoh)* m. hardening.

enemiga *(aynayméegah)* f. enmity; hatred.

enemigo *(aynayméegoh)* adj. unfriendly, hostile; m. enemy; foe.

enemistad *(aynaymeesstáhd)* f. enmity, hatred.

enemistar *(aynaymeesstáR)* tr. to make an enemy; v. r. to fall out with.

energía *(aynayRHée:ah)* f. energy; power; **— eléctrica,** (electricy) power.

enérgico *(aynáyRHeekoh)* adj. energetic, active lively.

enero *(aynáyroh)* m. January.

enervar *(aynayrbáR)* tr. to enervate; to weaken; v. r. to become weak.

enfadar *(aynfahdáR)* tr. to vex; to annoy; v. r. to get angry with, to get cross with.

enfado *(aynfáhdoh)* m. annoyance, anger, vexation.

enfangar *(aynfahngáR)* tr. to cover/soil with mud; v. r. to bemire, to cover oneself with mud. *Naut.* to run aground in mud; (coll.) to be mixed in shady business.

enfardar *(aynfaRdáR)* tr. to pack, to bale.   [sis.

énfasis *(aynfasiss)* m. emphasis.

enfático *(aynfáhteekho)* adj. emphatic.

enfermar *(aynfayRmáR)* tr. to fall ill or sick, to be taken ill.

enfermedad *(aynfayRmaydáhd)* f. infirmity, illness, disease.

enfermera *(aynfayRmáyrah)* f. nurse.   [f. infirmary.

enfermería *(aynfayRmayrée:ah)*

enfermero *(aynfayRmáyroh)* m. male-nurse.

enfermizo *(aynfayRméethoh)* adj. sickly unhealthy.

enfermo *(aynfayRmoh)* m. patient, invalid; sick, infirm, ill.

enfervorizar *(aynfayRbohreetháR)* tr. to inflame, to incite; v. r. to get excited.

enfilar *(aynfeeláR)* tr. to put in arow. *Naut.* to direct the course for, to bear to.

enflaquecer *(aynflahkaythayR)* tr. to make thin, to go thin; v. r. to get/grow thin.

enflaquecimiento *(aynflahkaytheemy:éntoh)* m. emaciation, loss of flesh, debilitation.

enfocar *(aynfohkáR)* tr. to focus; *Phot.* (fig.) to centre.

enfrascar *(aynfrahskáR)* tr. to bottle (liquids); r. to be engrossed (in).

enfrentar *(aynfrayntáR)* tr. to face, to confront, to put face to face; v. r. **— con,** to face the, to oppose to.

enfrente *(aynfrayntay)* adv. opposite, in front, facing.

enfriamiento *(aynfre:ahmyéntoh)* m. cooling. *Med.* cold, chill.

enfriar *(aynfre:áR)* tr. to cool; to refrigerate; to get a chill, to get a cold.

enfundar *(aynfoondáR)* tr. to (put into a) case, to sheathe.

enfurecer *(aynfooraytháyR)* tr. to enrage, to infuriate; v. r. to get furious, to rage.

enfurecimiento *(aynfooraytheemyentoh)* m. fury.

enfurruñarse *(aynfooRoonyáRsay)* r. fam, to grow angry, to pout, to sulk.

engalanar *(ayngahlahnáR)* tr. to adorn, to deck. *Naut.* to dress a ship.

enganchamiento *(ayngahnchamyéntoh)* m. hooking, link-(ing); (army) enlisting.

enganchar *(ayngahncháR)* tr. to hook, to clasp. *Mech.* to couple; (horses) to harness; (army) to decoy; v. r. to get hocked.

enganche *(ayngánchay)* m.hooking. *Mech.* coupling; (army) enlistment; (horses) harnessing.

engañabobos *(ayngahnyahbohboss)* m. (coll.) trickster, fooltrap.

engañado, a *(ayngahnyahdoh, ah)* adj. deceived, cheated; mistaken.

engañador, a *(ayngahnyahdoR, ah)* m. deceiver, cheater; adj. deceiving, cheating.

engañar *(ayngahnyáR)* tr. to deceive, to cheat, to fool; v. r. to be wrong/mistaken.

engañifa *(ayngahnyéefah)* f. (fam.) deceit; trick.

engaño *(ayngáhnyoh)* m. deceit, cheat(ing), lure, fraud.

engañoso *(ayngahnyóhsoh)* adj. deceitful, false, fraudulent.

engarce *(ayngáRthay)* s. union; (of jewels) mounting setting.

engarzar *(ayngaRtháR)* tr. to link; to hook; (gems) to mount, to set (in).

engastar *(ayngahstáR)* tr. to encase; (gems) to mount, to set (in).

engaste *(ayngáhstay)* m. setting, mounting (jewels).

engatusador *(ayngahtoossahdor)* adj. (coll.) coaxing, wheedling.

engatusar *(engahtoosáR)* tr. fam. to inveigle, to deceive, to wheedle.

engendramiento *(aynHayndramyéntoh)* s. begetting; engendering, conception.

engendrar *(aynHayndráR)* tr. to engender; to beget, to breed, to conceive; (fig.) to create.

engendro *(aynHayndroh)* m. *Biol.* foetus; (fig.) monster, abortion, shapeles embryo.

englobar *(aynglohbáR)* tr. to include, to enclose.

engolfar *(ayngolfaR)* tr. *Naut.* to enter a gulf; v. r. (coll.) to become a rascal/rogue.

engomar *(ayngohmáR)* tr. to gum, to glue.

engordar *(ayngoRdáR)* tr. to fatten, v. r. to get fat, to grow fat.

engorro *(ayngóhRoh)* m. (fam.) embarrassment; nuisance.

engorroso *(ayngohRósoh)* adj. cumbersome, annoying; embarrassing.

engranaje *(ayngrahnáhHay)* m. gear(ing).

engrandecer *(ayngrahndaytháyR)* tr. to augment, to enlarge; (fig.) to exalt, to magnify.

engrandecimiento *(ayngrahndaytheemyéntoh)* m. increase, aggrandizement.

engrasador *(ayngrahssahdóR)* m. greaser, olier.

126 engrasar *(ayngrahsáR)* tr. to grease; to oil; to lubricate.

engreído *(ayngrayéedoh)* adj. m. conceited, proud, haughty, petulant.

engreimiento *(ayngrayeemyéntoh)* m. conceit, vanity, presumption.

engreir *(ayngrayéeR)* tr. to swell, to make (someone) vain.

engreirse *(ayngrayéeRsay)* r. to become vain, to puff (up).

engrosar *(ayngrohsáR)* tr. to swell; to increase; to expand; v. r. to get strong, to increase. [paste.

engrudar *(ayngroodáR)* tr. to

engrudo *(ayngróodoh)* m. paste.

enguantado *(ayngoo:ahntáhdoh)* adj. gloved.

enguantar *(ayngoo:ahntáR)* tr. to put on gloves.

engullir *(ayngoolyéeR)* tr. to glut, to swallow, to guzzle, to gobble. [thread.

enhebrar *(aynaybráR)* tr. to

enhestar *(aynaysstáR)* tr. to erect, to set upright.

enhiesto *(aynyésstoh)* adj. erect, upright.

enhorabuena *(aynohrabwaynah)* f. congratulation(s); **dar la — to congratulate; adv. luckily. [riddle, puzzle.**

enigma *(aynéegmah)* m enigma,

enigmático *(ayneegmáhteekoh)* adj enigmatic.

enjabonar *(aynHahbohnáR)* tr. to soap, to lather; (fig.) to butter, to sugar (a person).

enjambre *(aynHámbray)* m. swarm of cluster; (fig.) crowd.

enjaular *(aynHah/ooláR)* tr. to cage; (fig.) to put in jail.

enjertación *(aynHayRtahthyon)* f. grafting; insertion.

enjertar *(aynHayRtaR)* tr. to graft, to insert.

enjoyar *(aynHohyáR)* tr. to (be)-jewel.

enjuagadientes *(aynHwahgahdyentayss)* m. mouth-wash.

enjuagar *(aynHoo:ahgáR)* tr. to rinse, to swill. [rinsing.

enjuague *(aynHoo:áhgay)* m.

enjugar *(aynHoogáR)* tr. to dry; to wipe; (fig.) to absorb.

enjuiciar *(aynHooeethyáR)* tr. to pass judgment.

enjundia *(aynHóondyah)* f. animal fat; (fig.) substance.

enjutez *(aynHoo:tayth)* f. leanness, dryness. [thin.

enjuto *(aynHóotoh)* adj. lean,

enlace *(aynláhthay)* m. link, union; relationship; wedding. [adj. brickwork.

enladrillado *(aynlahdrylyáhdoh)*

enladrillar *(aynlahdrylyáR)* tr. to brick (up, in).

enladrillador *(aynlahdreelyahdor)* m. brick-layer.

enlatar *(aynlahtaR)* tr. to can (food, etc.).

enlazamiento *(aynlahthahmyéntoh)* m. connection, binding, linking; wedding.

enlazar *(aynlahtháR)* tr. to bind; to link; (catt.) to lassoo; v. r. to marry.

enlodar *(aynlohdáR)* tr. to bemire, to cover with mud.

enloquecer *(aynlohkaytháyR)* tr. to madden, to drive mad; intr. y r. to go mad.

enlosado *(aynlohsáhdoh)* adj. flagstoned; m. flag pavement.

enlosar *(aynlohsáR)* tr. to lay a floor with flags, to pave with stone flags.

enlucir *(aynloothéeR)* tr. to whitewash. *Met.* to polish plate.

enlutar *(aynlootáR)* tr. to put in mourning; to veil; lo darken.

enmarañar *(aynmahranyáR)* tr. to (en)tangle, to enmesh.

enmascarar *(aynmahskaráR)* tr. to mask, to disguise; v. r. to masquerade.

enmendar *(aynmayndáR)* tr. to correct, to make right, to put right; v. r. to make amends, to turn a new leaf.

enmienda *(aynmyéndah)* f. correction, repair. *Leg.* amendment. *Law.* compensation.

enmohecerse *(aynmoh/aythayRsay)* r. to grow mouldy. *Met.* to rust.

enmudecer *(aynmoodaytháyR)* tr. to hush, to impose silence; intr. to be silent, to become dumb.

ennegrecer *(aynnaygraytháyR)* tr. to make black; to darken, to blacken.

ennoblecer *(aynnoblaytháyR)* tr. to ennoble; to embellish.

enojadizo *(aynohHahdéethoh)* adj. fretful, peevish, irascceible, tovehy.

enojado *(aynohHáhdoh)* adj. angry, peevish, cross, bad-tempered.

enojar *(aynohHáR)* tr. to vex; to anger, to make cross, to upset; v. r. to get angry, to get cross.

enojo *(aynóhHoh)* m. anger; annoyance, bad-temper.

enojoso *(aynohHóhsoh)* adj. vexatious, annoying, irritating.

enorgullecer *(aynoRgoolyahtháyR)* tr. to make proud; v. r. to be proud.

enorme *(aynóRmay)* adj. enormous, huge.

enormidad *(aynoRmydáhd)* f. enormity; atrocity; nonsense. [embower.

enramar *(aynRahmaR)* tr. to

enrarecer *(aynRahraytháyR)* r. to rarefy, to thin; v. r. to become rare, to got scarce.

enredadera *(aynRaydahdáyrah)* f. *Bot.* twining plant, creeper.

enredado *(aynRaydáhdoh)* adj. entangled, involved. *Naut.* foul.

enredador *(aynRaydahdóR)* m. entangler; tell-tale, busy-body, meddler.

enredar *(aynRaydáR)* tr. to entangle, to involve; to catch in reds; v. r. to get involved, to be entangled. *Naut.* to foul an anchor; to be lover.

enredo *(aynRáydoh)* m. entanglement; puzzle, plot of a play; pl. tools of a trade, tackle.

enrejado *(aynRayHáhdoh)* m. grating, railing; trellis.

enrejar *(aynRayHáR)* tr. to put a grating (on window); to surround with grating/railing. *Agric.* to fix the ploughshare.

enrevesado *(aynRaybaysáhdoh)* adj. dificult; frisky (of persons).

enriquecer *(aynReekaythayR)* tr. to enrich; to get rich.

enrojecer *(aynRohHaythayR)* tr. to make red, to redden; v. r. to bluch; to turn red.

enrollar *(aynRohlyáR)* tr. to roll up; to coil, to wrap, to wind.

enronquecer *(aynRonkaythayR)* v. t. to make hoarse; v. r. to go hoarse.

enroscar *(aynRoskáR)* tr. *Mech.* to screw on/in; to twine; v. r. to coil itself round.

enrudecer *(aynRoodaytháyR)* tr. to make rude; v. r. to become rude; coarse.

ensacar *(aynsahkáR)* tr. to bag, to put in bags/sacks, to sack up.

ensalada *(aynsahláhdah)* s. salad; (fig.) hodgepodge.

ensaladera *(aynsahlahdáyrah)* s. salad-dish, salad bowl. *Tenn.* Davis cup.

ensaladilla *(aynssahlahdeelyah)* f. Russian salad.

ensalzar *(aynsahltháR)* tr. to extol, to praise, to exalt.

ensamblador *(aynssamblahdoR)* m. joiner, carpenter.

ensambladura *(aynsahmbláhdóorah)* f. joinery; scarfing, joint, dovetail.

ensamblar *(aynsahmbláR)* tr. to join.

ensanchamiento *(aynsahnchamyéntoh)* s. widening; extention, expansion.

ensanchar *(aynsahncháR)* tr. to widen; to extend, to expand; v. r. to become wider, to expand.

ensanche *(aynsáhnchay)* m. dilatation; widening; town extention.

ensangrentado *(aynssangrayntahdoh)* adj. blood stained, ned, covered in blood.

ensangrentar *(aynsahngrayntáR)* tr. to stain with blood.

ensañarse *(aynsahnyáRsay)* r. to be merciless with, to gleat on.

ensartar *(aynsaRtáR)* tr. to string, to thread; to run through (with a sword, etc.); to stab; (fig.) to bladder nonsense.

ensayar *(aynsahyáR)* tr. to try out; to test; *Theat.* to rehearse.

ensayo *(aynsáhyoh)* m. assay; trial. *Theat.* rehearsal; examination, test. *Lit.* essay.

ensenada *(aynsaynáhdah)* f. cove, inlet, creek.

enseña *(aynsáynyah)* f. standard, ensign, colours.

enseñanza *(aynsaynyáhnthah)* f. teaching, tuition; education, instruction; **— primaria,** primary education; **— secundaria,** secondary education.

enseñar *(aynsaynyáR)* tr. to teach, to instruct; to show; **— el camino,** to show the way, to point out the way.

enseñorear *(aynsaynohrayáR)* tr. to lord; to domineer; v. r. to take possession of.

enseres *(aynsáyress)* m. pl. chattels, implements; household goods.

ensillar *(aynsseelyar)* v. t. to saddle (horses).

ensimismado *(aynsseemeesmahdo)* adj. engrossed, absorbed; lost in thought.

ensimismarse *(aynseemeessmáRsay)* r. to be absorbed in thought, to be engrossed, to brood over.

ensoberbecer *(aynsohbáyRbaytháyR)* tr. to make, proud; v. r. to become proud, to swell.

ensombrecer *(aynssombraythayR)* to darken, to make dark; (fig.) v. r. to sadden, to be blue.

ensordecedor *(aynssoRdaythaydoR)* adj. deafening, stunning.

ensordecer *(aynsoRdaytháyR)* tr. to deafen; v. r. to become deaf, to turn deaf.

ensordecimiento *(aynsoRdaytheemyéntoh)* s. deafness.

ensortijado *(aynssoRteeHadoh)* adj. curly (hair); covered with rings.

ensortijar *(aynssoRteeHaR)* tr. to curl (hair); to cover with rings; v. r. to curl itself.

ensuciar *(aynsoothyáR)* tr. to dirt, to soil; to pollute; v. r. to dirty oneself, to soil oneself.

ensueño *(aynswaynyoh)* m. dream, revery; fantasy, illusion.

entablado *(ayntahbláhdoh)* m. boarded floor, parquet; started.

entablar *(ayntahbláR)* tr. to floor, to board (up); to start (talks, etc.). *Leg.* to bring (a suit).

entablillar *(ayntahbleelyáR)* tr. *Surg.* to splint(er).

entallar *(ayntahlyáR)* tr. to notch; to carve (wood, stone, etc.); intr. to fit to the waist.

entapizar *(ayntahpeethaR)* tr. to adorn with tapestry.

entarimado *(ayntahreemáhdoh)* m. boarded floor, parquet flooring.

entarimar *(ayntahreemáR)* tr. to board, to floor.

ente *(ayntay)* m. entity, being.

entender *(ayntayndáyR)* tr. e intr. to understand, comprehend, to make out; v. r. to understand each other; to agree; **dar a —,** to imply; **se entiende que,** it is understood; that; **según mi —,** in my opinion.

entendido *(ayntayndéedoh)* adj. wise; learned; knowing; m. expert, judge; **darse por —,** to take the hint; **no darse por —,** to ignore.

entendimiento *(ayntayndeemyéntoh)* m. understanding, comprehension; mind, intellect.

enterado *(ayntayrahdoh)* adj. aware, informed; **estar —,** to be aware/informed.

enteramente *(ayntayrahmayntay)* adv. entirely completely, quite, fully.

enterar *(ayntayráR)* tr. to inform, to let know, to acquaint; v. r. to learn.

entereza *(ayntayráythah)* f. integrity; fortitude; entirety.

enternecer *(ayntayRnaytháyR)* r. to soften, to move; v. r. to be moved.

enternecimiento *(ayntayRnaytheemy:éntoh)* m. compassion; pity.

entero *(ayntayroh)* adj. entire; whole, complete; m. *Arith.* integer; **por —,** entirely, completely.

enterrador *(ayntayRahdóR)* m. grave-digger; burier.

enterramiento *(ayntayRahmyéntoh)* m. burial.

enterrar *(ayntayRáR)* tr. to bury, to inter.

entibiar *(aynteebyáR)* tr. to make lukewarm, to take the chill off; to slacken, to relax; to cool off.

entidad *(aynteedáhd)* f. entity; organization. *Com.* firm.

entierro *(ayntyáRoh)* m. burial, funeral.

entoldado *(ayntoldáhdoh)* adj. covered with tents or awnings, (sky) overcast; m. large tent, awning.

entoldar *(ayntoldáR)* tr. to cover with an awning; v. r. (sky) to cloud over.

entonación *(ayntohnahthyón)* f. intonation; (voice) modulation.

entonado *(ayntohnahdoh)* adj. haughty, proud, puffed up.

entonador *(ayntohnahdoR)* m. *Phot.* toner; organ-blower.

entonar *(ayntohnáR)* tr. to tune; to modulate. *Phot.* to tone; to blow organ bellows; v. r. to assume airs, to feel big.

entonces *(ayntónthayss)* adv. then, just then; **en aquel —,** at that time; **por aquel —,** at the time.

entornar *(ayntoRnáR)* tr. to half close, to leave (a door) ajar; (eyes) to half close; to tilt.

entorpecer *(ayntoRpaytháyR)* tr. to (be)numb, to make stupid, to make clumsy, to obstruct.

entorpecimiento *(ayntoRpaytheemyéntoh)* m. torpor, torpidity, numbness; obstruction; clumsiness.

entrada *(ayntráhdah)* f. entrance, door(way), way in; (admission) ticket. *Com.* entry.

entrampar *(ayntrahmpáR)* tr. to (en)trap, to ensnare; to deceive, to muddle (business, etc.).

entrante *(ayntráhntay)* adj. entering, (in)coming, next.

entraña *(ayntráhnyah)* f. entrail; bowels; (fig.) the heart of (something); affections; **persona de malas —s,** cruel person.

entrañable *(ayntrahnyáhblay)* adj. intimate, deanly; **un amigo —,** a very close friend.

entrañar *(ayntrahnyáR)* tr. to involve, to entail, to include.

entrar *(ayntráR)* tr. e intr. to enter; to go in or into; to come in, to get into; **— en,** to begin; **— en edad,** to be getting on in years.

entre *(ayntray)* prep. between, among(st), amid(st); **entre tanto,** meanwhile; **— dos luces,** at dusk; **— manos,** in hand. [to half open.

entreabrir *(ayntrayahbréeR)* tr.

entrecejo *(ayntraytháyHoh)* m. between the eyes; **fruncir el —,** to frown.

entrecortada, a *(ayntreykoRtahdoh, dah)* adj. intermittent, (voice) faltering.

entrecortar *(ayntraykoRtaR)* v. r. to rut indiscriminately; (fig.) to interrupt.

entrecruzarse *(ayntraykroothaRssay)* v. r. to intercross, to interweave.

entrecubiertas *(ayntraykoobyeRtahs)* f. *Naut.* between decks, tween-decks.

entredicho *(ayntraydéechoh)* m. interdict(ion), ban.

entrega *(ayntráygah)* f. delivery (lib.) instalment, fascicle.

entregar *(ayntraygáR)* tr. go deliver, to hand (over), to give (in, or up); v. r. to surrender, to give oneself up; **— a,** to devote oneself to.

entrelazar *(ayntraylahtháR)* tr. to interlace, to interweave, to entwine, to braid.

entremés *(ayntraymayss)* m. interlude; pl. hors d'œuvre(s).

entremeter *(ayntraymaytáyR)* tr. to insert; v. r. to intrude, to meddle, to interfere.

entremetido *(ayntraymaytéedoh)* adj. meddlesome; m. meddler, busybody.

entremezclar *(ayntraymaythkláR)* tr. to intermingle, to intermix. [trainer, coach.

entrenador *(ayntraynahdóR)* m.

entrenamiento *(ayntraynahmyéntoh)* m. training; drill.

entrenar *(ayntraynáR)* tr. to train, to coach; to drill, to practise.

entreoír *(ayntrayoh/éeR)* tr. to hear indistinctly.

entresacar *(ayntraysahkáR)* tr. to select, to pick, to choose; (agric.) to winnow.

entresuelo *(ayntrayswayloh)* m. m. entresol, mezzanine.

entretela *(ayntraytaylah)* f. *Sew.* interlining, buckram.

entretener *(ayntraytaynáyR)* tr. to entertain, to amuse; to keep busy, to while away. *Mot.* to maintain.

entretenida *(ayntraytaynéedah)* m. mistress, kept woman.

entretenido *(ayntraytaynéedoh)* adj. entertaining, amusing; busy; delayed.

entretenimiento *(ayntraytayneemyéntoh)* m. entertainment, pastime, hobby. *Mot.* maintenance.

entretiempo *(ayntraytyémpoh)* m. Spring or Autumn.

entrever *(ayntraybáyR)* tr. to half-see, to have a glimpse.

entrevista *(ayntraybeesstah)* f. interview.

entristecer *(ayntreesstaytháyR)* tr. to sadden, to make sad; v. r. to grieve, to become sad.

entristecimiento *(ayntreesstaytheemyéntoh)* m. sadness.

entumecer *(ayntoomaytháyR)* tr. to (be)numb; v. r. to go numb, to get stiff (with cold, etc.)

entumecimiento *(ayntoomaytheemyéntoh)* m. numbness, deadness; swelling; torpor.

enturbiar *(ayntooRbyáR)* tr. to make turbid/muddy; (fig.) to make obscure.

entusiasmado *(ayntoosyahsmáhdoh)* adj enthusiastic(al).

entusiasmar *(ayntoosy:ahsmáR)* tr. to enrapture, to captivate; v. r. to get excited about, to be carried away by.

entusiasmo *(ayntoosyáhsmoh)* m. enthusiasm, eagerness, keenness. [fan, enthusiast.

entusiasta *(ayntoossyastah)* m.

enumeración *(aynoomeerahthyón)* f. enumeration.

enumerar *(aynoomayraR)* tr. to enumerate, to number.

enunciación *(aynoonthyahthyón)* f. enuntiation, statement; utterance.

enunciar *(aynoonthyáR)* tr. to sate, to enunciate; to utter.

envainar *(aynbaeenáR)* tr. to sheathe (sword, etc.)

envalentonar *(aynbahlayntohnáR)* tr. to encourage, to inspirit; v. r. to get bold/daring.

envanecer *(aynbahnaytháyR)* tr. to make vain; v. r. to puff up, to become vain.

envaramiento *(aynbahrahmy:éntoh)* m. numbness, stiffness (with cold).

envarar *(aynbahráR)* tr. to stiffen, to benumb.

envasador *(aynbahsahdóR)* m. filler, packer.

envasar *(aynbahsáR)* tr. to pack, to put into a container, to barrell, to cask.

envase *(aynbáhsay)* m. filling, packing; container, cask, case, box; etc.

envejecer *(aynbayHaytháyR)* tr. to make old; intr. to grow old.

envejecido *(aynbayHaytheedoh)* adj. odl-looking, aged.

envenenamiento *(aynbaynaynahmy:éntoh)* m. poissoning.

envenenar *(aynbaynaynáR)* tr. to poison.

envergadura *(aynbayRgahdoorah)* Birds., Aeron. wing-span, wing-spread.

envestidura *(aynbayssteedóorah)* f. investiture.

enviado *(aynbyáhdoh)* m. envoy; messenger.

enviar *(aynbyáR)* tr. to send; *Teleg.* to transmit. *Com.* to dispatch, to forward; (coll.) **— a paseo,** to send packing.

enviciar *(aynbeethyáR)* tr. to vitiate; to corrupt; v. r. to get into bad habits.

envidia *(aynbéedyah)* f. envy; **tener —,** to be jealous, to be envious. [enviable.

envidiable *(aynbeedyáhblay)* adj.

envidiar *(aynbeedy:áR)* intr. to envy, to feel envy; to begrudge; to covet.

envidioso *(aynbeedyóhsoh)* adj. envious, jealous.

envilecer *(aynbeelaytháyR)* tr. vilify, to debase; to degrade oneself.

envilecimiento *(aymbeelaytheemyentoh)* m. dabasement.

envío *(aynbée:oh)* m. remittance; consignement, shipment.

envite *(aynbéetay)* m. invitation; push; (cards) stake; **al primer —,** at the start, right off.

envoltorio *(aynboltóhryoh)* m. bundle.

envoltura *(aynboltoorah)* f. cover, wrapper, envelope.

envolver *(aynbolbáyR)* tr. to wrap round, to wrap up, to make a packet/parcel; v. r. to get involved.

envuelto *(aynbwáyltoh)* adj. wrapped. [ter.

enyesar *(aynaysáR)* tr. to plaster.

enzarzar *(aynthaRtháR)* tr. to sow discord; v. r. to squabble, to wrangle; to be involved in difficulties.

épica *(áypeekah)* f. epic poetry.

épico *(áypeekoh)* adj. epic(al), heroic. [epicurean.

epicúreo *(aypeekóoraoh)* adj.

epidemia *(aypeedáymyah)* f. epidemic, out-break of…

epidémico *(aypeedáymeekoh)* adj. epidemical. [epidermis.

epidermis *(aypeedáyRmees)* f.

epifanía *(aypeefae:eah)* f. Epiphany, The Twelfth Night.

epígrafe *(aypégrahfay)* m. epigraph, heading, headline.

epilepsia *(aypeeláypssyah)* f. epilepsy. [adj. epileptic.

epiléptico *(aypeelaypteekoh)*

epílogo *(aypeélohgoh)* m. epilogue.

episcopado *(aypeesskohpáhdoh)* m. episcopacy; episcopate; bishopric.

episcopal *(aypeesskohpáhl)* adj. episcopal. [sode.

episodio *(aypeesóhdyoh)* m. epi

epístola *(aypeesstohlah)* f. epistle, letter.

epistolar *(aypeesstohláR)* adj. epistolary, refered to letterwriting. [taph.

epitafio *(aypeetáhfyoh)* m. epi

epíteto *(aypeetáymyah)* m. *Gram.* epithet; (fig.) insult.

época *(áypohkah)* f. epoch, era; **en aquella —,** at that time.

epopeya *(aypohpayah)* f. epopee, epic, poem; (fig.) feat, event. [justice, fairness.

equidad *(aykedáhd)* f. equity;

equidistar *(aykeedeesstáR)* intr. to be equidistant.

equilibrar *(aykeeleebráR)* tr. to poise, to equilibrate.

equilibrio *(aykeeléebRyoh)* m. equilibrium, balance, poise.

equilibrista *(aqueeleebreestah)* m. tight rope walker, wire walker. [equinox.

equinoccio *(aykeenókthyoh)* m.

equipaje *(aykeepáhHay)* m. laggage, baggage.

equipar *(aykeepáR)* tr. to fit out; to supply; to equip.

equiparable *(aykeepahrahblay)* adj. comparable.

equiparar *(aykeepahráR)* tr. to equate, to compare.

equitación *(aykeetahthy:ón)* f. horsemanship, riding. *Sport.* **campeonatos de —,** show-jumping championship.

equitativo *(aykeetahtéeboh)* adj. equitable, fair, just.

equivalencia *(aykeebahlaynthyah)* f. equivalence.

equivalente *(aykeebahlayntay)* adj. equivalent.

equivaler *(aykeebahlayR)* intr. to be equivalant.

equivocación *(aykeebohkahthyón)* f. mistake, slip, blunder.

equivocado *(aykeebohkáhdoh)* adj. mistaken; **estar —,** to be wrong.

equivocar *(aykeebohkáR)* r. to make a mistake, to err.

equívoco *(aykéebohkoh)* adj. equivocal, ambiguous; m. mistake, error, equivocation.

era *(áyrah)* f. era; age; thresh ingfloor, patch of cultivated land.

erario *(ayráhreyoh)* m. exchequer, public treasury.

erección *(ayraykthyón)* f. erection, raising; foundation.

erector *(ayrayktoR)* m. erector; founder.

eremita *(ayraymeetah)* m. hermit.

eremítico *(ayrayméeteekoh)* adj. hermitic(al), solitary.

erguir *(áyRgeeR)* v. t. to raise up straight; to lift; v. r. to stand erect, (with pride).

erial *(ayryál)* adj. unplowed, m. moorland, commons.

erigir *(ayreeHéeR)* tr. to erect, to build; to set up, to found; v. r. to appoint oneself.

erizado *(ayreetahdoh)* adj. **— de,** covered with.

erizar *(ayreetháR)* tr. to bristle; v. r. to stand on end (hair).

128 erizo *(ayréethoh)* m. *Zool.* hedgehog. *Bot.* seathistle. *Mech.* sprocket-well; — **de mar,** seaurchin.
ermita *(ayRméetah)* f. hermitage, chapel.
ermitaño *(ayRmeetáhnyoh)* m. hermit, anchorite.
erosión *(ayrohsyón)* f. erosion, weather worn. [sive.
erosivo *(ayrohséeboh)* adj. erosive.
erótico *(ayróhteekoh)* adj. erotical, erotic. [erotism.
erotismo *(ayrohteessmoh)* m.
erradicar *(ayRahdeekáR)* tr. to eradicate. [wandering.
erradizo *(ayRahdéethoh)* adj.
errado *(ayRáhdoh)* adj. mistaken, amiss, erroneous; **ha** —, he/she missed, he/she erred.
errante *(ayRáhntay)* adj. errant, roving, wandering.
errar *(ayRáR)* tr. to miss, (targets), to err; int. to roam, to wander about.
errata *(ayRáhtah)* f. misprint, erratum; **fe de** —**s,** errata.
erróneo *(ayRóhnayoh)* adj. erroneous, wrong, mistaken, false.
error *(ayRóR)* m. error, mistake; fault, defect.
eructar *(ayrooktáR)* intr. to eructate, to belch, to burp.
eructo *(ayróoktoh)* m. belch(ing), burp.
erudición *(ayroodeethyón)* f. erudition, learning, knowledge.
erudito *(ayroodéetoh)* adj erudite, learned, scholar.
erupción *(ayroopthyón)* f. eruption; outbreak. *Med.* rash.
eruptivo *(ayrooptéeboh)* adj. eruptive.
esa *(áysah)* adj. pron. f. that (one); **no me vengas con** —**s,** don't tell me that.
esbeltez *(ayssbayltayth)* f. slenderness, slimness.
esbelto *(ayssbayltoh)* adj. slender, slim and tall.
esbirro *(ayssbéeRoh)* m. bailiff; apparitor, myrmidon.
esbozo *(ayssbóthoh)* m. sketch, outline; rough draft.
escabechar *(ayskahbaycháR)* tr. to souse; to pickle; (coll.) to kill. [souse, pickle.
escabeche *(ayskahbáychay)* m.
escabrosidad *(ayskahbrohseedáh)* f. scabrousness, unevenness, roughness, cragginess.
escabroso *(ayskahbróhsoh)* adj. uneven, cragged, rugged; (fig.) thorny, difficult.
escabullimiento *(ayskahboolyemyéntoh)* m. evasion, slipping off.
escabullirse *(ayskahboolyéeRsay)* r. to escape; to slip away, to evade.
escala *(ayskáhlah)* f. ladder; scale. *Naut.* port of call; **hacer** —, to call.
escafandra *(ayskahfandrah)* f. *Naut.* diving-helmet. *Spac.* helmet.
escalada *(ayskahláhdah)* f. *Mil.* escalade. *Sport.* climbing.
escalador *(ayskahladóR)* m. climber, rock-climber.
escalafón *(ayskahlahfón)* m. list, roll; grade-list (of teaching staff). [le; to climb.
escalar *(ayskahláR)* tr. to scaescaldada *(ayskahldáhdah)* f. prostitute. [f. scald.
escaldadura *(ayskaldahdoorah)*

escaldar *(aysskahldáR)* tr. to scald, to burn; v. r. to get scalded; (fig.) to be wary, to be suspicious.
escalera *(aysskahláyrah)* f. staircase, stairs, ladder; — **de caracol,** spiral stairs; — **de mano,** step-ladder.
escalfar *(aysskahlfáR)* tr. to poach (eggs).
escalofrío *(ayskahlohfrée:oh)* m. shiver(ing); (fig.) **me da** —, it gives me the shivers.
escalón *(aysskahlón)* m. step of a stair. *Mil.* grade; (fig.) grade.
escalonar *(aysskahlonáR)* tr. to stagger (holidays). *Mil.* to form in echelons.
escama *(aysskáhmah)* f. (fish-)scale; (coll.) suspicion, distrust.
escamarse *(ayskahmaRssay)* v. r. to feel/be suspicious.
escamoteador *(aysskahmohtayahdóR)* s. y m. *Art.* juggler, conjuror; (fig.) swindler, cheat.
escamotear *(aysskahmohtayáR)* tr. to palm, to conjure, to juggle; (fig.) to swindle, to cheat.
escampada *(aysskahmpáhdah)* f. clearing of the sky.
escampado *(ayskampahdoh)* adj. open; **a** —, in the open.
escampar *(aysskahmpáR)* intr. to cease raining; tr. to clear out a place.
escanciar *(aysskahnthyáR)* tr. to pour (wine).
escandalizar *(aysskahndahleetháR)* tr. to scandalize; r. to be scandalized; to be irritated. [scandal, row.
escándalo *(aysskáhndahloh)* m.
escandaloso *(aysskahndahlóhsoh)* adj. scandalous, rowdy; shameful.
escaño *(aysskahnyoh)* m. seat (in parliament). *Naut.* sheerrail. [cape; flight.
escapada *(aysskahpáhdah)* f. escape; to fly, to run away.
escaparse *(aysskahpáRsay)* r. to
escaparate *(aysskahpahráhtay)* m. shop-window.
escapatoria *(aysskahpahtóhryah)* f. escape; excuse.
escape *(aysskáhpay)* m. escape, flight. *Mech.* exhaust; **a** —, at top speed; **no hay** —, there's no way out.
escarabajo *(aysskahrahbáhHoh)* m. scarab, bug, beetle.
escaramuza *(aysskahrahmóothah)* f. skirmish.
escarapela *(aysskahrahpáilah)* f. cockade, badge; (fig.) quarrel ending with blows.
escarbar *(aysskaRbáR)* tr. to scrape, to dig; to poke the fire.
escarceo *(aysskaRtháyoh)* m. *Naut.* ruffle, ripple. [frost.
escarcha *(aysskáRchah)* f. white
escarchado *(aysskaRcháhdoh)* adj. frosted, frosty. *Conf.* icy on cakes.
escarchar *(ayskaRcháR)* intr. to frost, to freeze. *Conf.* to ice cakes.
escarlata *(aysskaRláhtah)* f. scarlet, crimson or deep red.
escarlatina *(aysskaRlahtéenah)* f. scarlet fever.
escarmentar *(aysskaRmayntáR)* intr. to learn by experience; tr. to teach a lesson.
escarmiento *(aysskaRmyéntoh)* m. warning; chastisement.

escarnecer *(aysskaRnaythayR)* tr. to mock; to scorn, to laugh at.
escarnio *(aysskáRnee:oh)* m. scoff; gibe, mock, jeer, derision. [endive.
escarola *(aysskahróhlah)* f. *Bot.*
escarpa *(aysskáRpah)* f. declivity, slope, cliff.
escarpado *(aysskaRpáhdoh)* adj. sloped, steep, rugged.
escasear *(aysskahsayáR)* intr. to be scarce, to be short of.
escasez *(aysskahsayth)* f. scarcity, lack, want, shortage.
escaso *(aysskáhsoh)* adj. scarce; scanty, short; — **de dinero,** hard up.
escatimar *(ayskahteemáR)* tr. to curtail, to skimp; to be sparing. [plaster; stucco.
escayola *(aysskahyóhlah)* s.
escena *(aysstháynah)* f. the stage; scene (of action); view, sight.
escenario *(aysthaynahryoh)* m. *Theat.* stage; (of actions) site. [scenic.
escénico *(aysstháyneehkoh)* adj.
escenografía *(aysthaynohgrahfée:ah)* f. scenography.
escepticismo *(aysthaypteetheessmoh)* m. scepticism, doubt.
escéptico *(aysthaypteekoh)* adj. sceptic, sceptical, doubtful.
escindir *(ayssteheendéeR)* tr. to split, to devide.
escisión *(aysstheesyón)* f. schism, split, division.
esclarecer *(aysklahraytháyR)* tr. to make clear, to explain, to enlighten.
esclarecido *(aysksklahraythéedoh)* adj. illustrious; eminent.
esclarecimiento *(aysksklahraytheemyéntoh)* m. enlightment, explanation.
esclavitud *(aysksklahbeetóod)* f. slavery; servitude.
esclavizar *(aysksklahbeetháR)* tr. to enslave. [drudge.
esclavo *(aysksklábboh)* m. slave;
esclerosis *(aysksklayróhsees)* f. sclerosis. [sluice.
esclusa *(ayssklóosah)* f. lock;
escoba *(aysskóhbah)* f. broom; — **nueva barre bien,** new broom sweps clean. *Bot.* broom [sweep with broom.
escobar *(aysskohbáR)* tr. to
escobazo *(aysskohbahthoh)* m. blow with a broom; **dar un** —, to hit with a broom.
escobilla *(aysskohbéelyah)* f. brush. [smart.
escocer *(aysskohtháyR)* intr. to
escocés *(aysskohthayss)* adj. y m. Scotch, Scot(tisch).
escoger *(aysskohHáyR)* tr. to choose, to pick out, to select.
escogido *(aysskohHeedoh)* adj. chosen, selected, picked out.
escolar *(aysskohláR)* m. scholar; student, learner; adj. scholastic-like.
escolástico *(aysskohlásteekoh)* adj. scholastic(al).
escolta *(ayskoltah)* f. escort, guard. *Naut.* convoy; safeguard, watchdog.
escoltar *(aysskoltáR)* tr. to escort; to safeguard. *Naut.* to convoy.
escollera *(aysskohlyáyrah)* f. *Naut.* breakwater; cliff.
escollo *(aysskóhlyoh)* m. reef, ridge; difficulty.
escombro *(aysskómbroh)* m. rubbish; débris, riprap; pl. litter.

esconder *(aysskondáyR)* tr. to hide, to conceal; v. r. to hide, to be concealed.
escondido *(aysskondéedoh)* adj. hidden; concealed.
escondite *(aysskondéetay)* m. lurking or hidding-place, hideout; **jugar al** —, to play hide-and-seek.
escondrijo *(aysskondréeHoh)* m. hidding-place, den, hide-out.
escopeta *(aysskohyáytah)* f. (shot)gun.
escorar *(ayskoRáR)* intr. *Naut.* to reel, to heel, to list; tr. to prop up, to shore up.
escorbuto *(aysskoRbóotoh)* m. scurvy.
escoria *(aysskóhryah)* f. slags dross; (fig.) worthless (person); **la** — **de la sociedad,** the scum of society.
escorial *(aysskóhryáhl)* m. dump, slagheap. [scorpion.
escorpión *(aysskoRpyón)* m.
escotar *(ayskohtáR)* intr. to club together, to pay one's shae; to cut a low neck (dress.).
escote *(aysskóhtay)* m. low neck, décollage; share; **a** —, dutch treat.
escotilla *(aysskotéelyah)* f. *Naut.* hatchway; — **de proa,** fore hatchway; — **de popa,** aft hatchway. [ing.
escozor *(aysskohthóR)* m. smartescriba *(aysskréebah)* s. scribe.
escribano *(aysskreebáhnoh)* m. actuary, registrer, public clerk. *Naut.* purser.
escribiente *(aysskreebyéntay)* m. clerk.
escribir *(aysskreebéeR)* tr. to write; — **a máquina,** to type; **máquina de** —, typewriter; v. r. to correspond.
escrito *(aysskréetoh)* m. writing, manuscript. *Law.* brief, writ; adj. written; **por** —, in writing; **decirlo por** —, to say it in writing.
escritor *(aysskreetóR)* m. writer. *Lit.* author.
escritorio *(esskreetóhryoh)* m. study (room), writing-desk.
escritura *(aysskreetóorah)* f. (hand)writing, pen(manship). *Leg.* deeds, contract; **Las Sagradas** —**s,** The Scriptures; script.
escrófula *(aysskróhfoolah)* f. scrofula, king's evil.
escrofulismo *(aysskrohfooleessmoh)* m. scrofulism.
escrúpulo *(aysskróopohloh)* m. scruple; conscientiousness.
escrupuloso *(aysskroopoohlóhsoh)* adj. (of conscience) scrupulous, conscientious; tidy, neat, careful, (of order).
escrutador *(aysskrootahdóR)* m. scrutiner; inquirer, searcher. *Pol.* teller.
escrutar *(aysskrootáR)* tr. to scrutinize. *Pol.* to count (votes).
escrutinio *(aysskrootéenyoh)* m. scrutiny. *Pol.* counting of ballot papers.
escuadra *(aysskoo:áhdrah)* f. carperter's square. *Mil.* squad. *Naut.* fleet.
escuadrilla *(aysskoo:ahdréelyah)* f. *Aer.* flight. *Naut.* small fleet.
escuadrón *(esskoo:ahdrón)* m. *Mil.* squadron.
escucha *(aysskóochah)* f. *Mil.* scout; **radio** —, radio-listener; excl. ¡—! look here!

escuchar *(aysskocháR)* to listen; (fig.) to heed, to take notice.

escudar *(aysskoodáR)* tr. to shield, to protect, to defend; v. r. to take shelter.

escudería *(ayskoodayréeah)* f. motoring club.

escudero *(aysskoodáyroh)* m. squire; shieldbearer; page.

escudo *(aysskóodoh)* m. (for defence) shield; (heraldic) scutcheon, coat-of-arms.

escudriñar *(aysskoodreenyáR)* tr. to search, to scan; to scrutinize, to pry into.

escuela *(aysskwaylach)* f. school; (fig.) doctrine. *Art.* school; — **primaria,** primary school; — **normal,** teachers training college; — **superior,** high school.

escueto *(aysskwaytoh)* adj. clear cut, bare, **simple.**

esculpir *(aysskoolpéeR)* tr. to carve (wood); to engrave, to sculpture.

escultor *(aysskooltóR)* m. sculptor; carver.

escultora *(aysskooltórah)* f. sculptress.

escultórico *(aysskooltóreekoh)* adj. sculptural.

escultura *(aysskooltóorah)* f. sculpture, carving.

escultural *(ayskooltooráhl)* adj. sculptural.   [f. spittoon.

escupidera *(aysskoopeedáyhra)*

escupir *(aysskoopéeR)* tr. to spit, to spit out; — **a la cara,** to spit on one's face; (fig.) to ridicule; — **al cielo,** to act foolishly.

escurreplatos *(aysskooRaypláhtos)* m. dishrack.

escurridero *(aysskooRedáyroh)* m. drainer, grating.

escurridizo *(aysskooReedéethoh)* adj. slippery.

escurrir *(aysskooRéeR)* tr. to drain; to drip off (clothe); v. r. to slip out, to sneak away; intr. to trickle, to leak.

ese *(áysay)* adj. y pron. that (one); **hacer - —s,** to walk from side, to side of the road (when drunk); ¡— **es!,** that's the one!

esencia *(aysaynhtyah)* f. essence; **quinta —,** quintessence.

esencial *(aysaynthyahl)* adj. essential, necessary.

esfera *(ayssfáyrah)* f. *Geom.* sphere (clock, etc.); dial; reach; range.

esférico *(ayssfáyreekoh)* adj. spherical; (jour.) football.

esforzado *(ayssfoRthádoh)* adj. strenuous, vigorous; valiant.

esforzarse *(ayssfoRtháRsay)* r. to strive, to try hard.

esfuerzo *(ayssfwayRthoh)* m. effort, exertion. *Mech.* stres.

esfumar *(ayssfoomáR)* tr. *Art.* to stump, to tone down; v. r. to disappear, to fade away.

esgrima *(ayssgréemah)* f. fencing.

esgrimir *(ayssgreeméeR)* tr. *Sport.* to fence; (arms, ect.); to wield.

esguince *(ayssgínthay)* m. sprain, wrick (of muscle or bone); swerve.

eslabón *(aysslahbón)* m. link; (or striking fire with a flint).

eslinga *(aysleéngah)* f. *Naut.* sling, snotter.

eslora *(ayslohrah)* f. *Naut.* length of a ship.

esmaltar *(ayssmahltáR)* tr. to enamel.   [mel.

esmalte *(ayssmáhltay)* m. enamel.

esmerado *(ayssmayráhdoh)* adj. careful; neat.   [emerald.

esmeralda *(ayssmayráhldah)* f.

esmerar *(ayssmayráR)* tr. to polish; v. r. to do one's best, to take great care.

esmero *(ayssmáyroh)* m. care; attention; correctnes; accuracy.

eso *(áysoh)* pron. neu. that; — **es,** that is it.

esófago *(aysóhfahgoh)* m. esophagus.

espabilar *(ayspahbeeláR)* tr. to snuff (a candle); (coll.) to wake up; v. r. to wake up, to awake.

espaciar *(ayspahthyáR)* tr. to space out, to (inter) space.

espacio *(ayspáhthyoh)* m. space, room, place. *Print.* lead; interval.

espacioso *(ayspahthyóhsoh)* adj. roomy, spacious, ample.

espada *(ayspáhdah)* f. sword; (cards) spade; (bull-fighting) matador. *Ichth.* **pez —,** sword-fish; **entre la — y la pared,** between the devil and the deep blue sea.

espalda *(ayspáhldah)* f. back; schoulder, rear; pl. back (part); **a —s de,** behind the back of; **dar la —,** on the back, **dar la —,** to turn the back to; **tener buenas —s,** to support anything (fig.).

espaldarazo *(ayspahldaráhthoh)* m. accolade.

espaldilla *(ayspahldéelyah)* f. shoulderblade, scapula.

espantadizo *(ayspahntahdéethoh)* adj. easily scared, timid, shy.   [scarecrow.

espantajo *(ayspahntáhHoh)* m.

espantapájaros *(ayspantahpáhHaross)* m. scarecrow.

espantar *(ayspahntáR)* tr. to scare (away), to frighten; v. r. to get frightened, to get scared.

espanto *(ayspáhntoh)* m. fright, scare, dread, fear.

espantoso *(ayspantóhsoh)* adj. frightful; dreadful, aweful, terrible.

español *(ayspahnyól)* adj. Spanish; m. Spaniard, Spanish (language).

españolizar *(ayspahnyoleetháR)* tr. to render Spanish, to Hispanicize; v. r. to become Spanish.

esparadrapo *(ayspahrahdráhpoh)* m. stickingplaster.

esparcido *(ayspartheedoh)* adj. scattered, widespread.

esparcimiento *(ayspaRtheemyéntoh)* m. scatering; amusement.

esparcir *(ayspaRthéeR)* tr. to scatter, to spread; v. r. to amuse oneself.

espárrago *(ayspáRahgoh)* m. asparagus; **vete a freír —s,** be off with you!

esparto *(ayspáRtoh)* m. espartograss.   [spasm, fit.

espasmo *(ayspáhsmoh)* m.

espasmódico *(ayspahsmóhdeekoh)* adj. spasmodic, convulsive.

especia *(ayspáythyah)* f. spice.

especial *(ayspaythyáhl)* adj. special; **en —,** specially, particular.

especialidad *(ayspaythyahlee-dáhd)* f. speciality.

especie *(ayspaythye)* f. species, kind, sort, class.

especificación *(ayspaytheefee-kahthyon)* f. specification.

especificar *(ayspaytheefeekaR)* tr. to specify.

específico *(ayspaythéefeekoh)* adj. especific(al).

espectáculo *(ayspaytáhkooloh)* m. spectacle, show, sight.

espectador *(ayspayktahdóR)* m. spectator, onlooker; bystander, witness.

espectro *(ayspayktroh)* m. spectre, ghost; (light) spectrum.

especulación *(ayspaykoolah-thyón)* f. speculation.

especulador *(ayspaykoolah-dóR)* m. speculator.

especular *(ayspaykooláR)* tr. to speculate on, to meditate about. *Com.* to speculate.

especulativo *(ayspaykoolahtée-boh)* adj. speculative.

espejismo *(ayspayHeessmoh)* m. mirage.

espejo *(ayspáyHoh)* m. looking-glass, mirror; **tan limpio como un —,** as clean as a new penny.

espeluznante *(ayspaylooth-náhntay)* adj. hair-raising, horrid.

espera *(ayspáyrah)* f. wait, waiting; expectancy, expectation.

esperanza *(ayspayráhnthah)* f. hope; expectancy; **tener —,** to be hopeful; **no hay—,** there is no hope/no chance.

esperanzar *(ayspayrahntháR)* tr. to give hope.

esperar *(ayspayráR)* tr. to hope; to expect; to wait for.

esperezarse *(ayspayRaytháR-say)* r. to stretch oneself.

esperma *(ayspáyRmah)* f. sperm.

espermatorrea *(ayspayRmah-tohRáyah)* f. spermatorrhea.

espesar *(ayspaysáR)* tr. to thicken, to condense.

espeso *(ayspáysoh)* adj. thick, dense, massed.

espesor *(ayspaysóR)* m. thickness; density, mass.

espesura *(ayspaysóorah)* f. thickness; closeness; (of trees, etc.) thicket.

espetar *(ayspaytáR)* tr. to spit; (cook.) to skewer; to pierce.

espetón *(ayspaytón)* m. spit.

espía *(ayspée:ah)* s. spy.

espiar *(aysspe:áR)* tr. to spy; to lurk.   [ear of corn.

espiga *(ayspéegah)* f. spike or espigado *(ayspeegáhdoh)* adj. tall, grown. *Agric.* eared.

espigador(a) *(ayspeegahdóh-r)ah)* adj. s. gleaner.

espigar *(ayspeegáR)* tr. e intr. to glean; intr. to ear; v. r. to grow tall.

espigón *(ayspeegón)* m. breakwater, jetty; sting (of bees); point (of tool).

espín *(ayspéen)* m. **Puerco —,** porcupine.

espina *(ayspéenah)* f. thorn; fish-bone; — **dorsal,** back-bone, spine; **dar mala —, to** feel suspicious; **sacarse la —,** to take it back.

espinaca *(ayspeenáhkah)* f. spinach.

espinal *(ayspeenáhl)* adj. spinal, dorsal.

espinar *(aayspeenáR)* tr. to 129 prick (with thorns); to surround with bramble or thorn-bushes; m. bramble/thorn brake.

espinazo *(ayspeenáhthoh)* m. spine, backbone; (coll.) **doblar el —,** to bend one's back.

espinilla *(ayspeenéelyah)* f. shin(-bone); (face) spot.

espino *(ayspéenoh)* m. *Bot.* hawthorn, bucthorn; **alambre de —,** barbed wire.

espinoso *(ayspeenóhsoh)* adj. spiny, thorny, prickly; arduous, difficult.

espionaje *(aysspe:ohnáHay)* m. espionage, spying.

espiral *(ayspéeral)* f. spiral, helical, winding, s. f. spiral line (in geom.).

espirar *(ayspeeráR)* intr. to expire; to breathe out, to exhale. — [m. spirit(ual)ism.

espiritismo *(ayspeereeteessmoh)* espiritista *(ayspeereeteestah)* adj. y s. spirit(ual)ist.

espíritu *(ayspéreetoh)* m. spirit, soul; — **Santo,** Holy Ghost. *Chem.* pl. spirits.

espiritual *(ayspeereetwahl)* adj. spiritual.

espiritualidad *(ayspeereetwah-leedahd)* f. spirituality.

espiritualizar *(ayspeereetwahlee-tháR)* tr. to spiritualize.

espita *(ayspéetah)* f. spout tap (E.), faucet(A.), stop-cock.

esplanada *(ayksplahnahdah)* f. esplanade.

esplendidez *(aysplayndeedayth)* f. splendidness, largesse, ostentation.

espléndido *(aysplayndeedoh)* adj. splendid, magnificent, fabulous.

esplendor *(aysplayndóR)* m. splendour, brilliancy; magnificence; glitter.

espliego *(ayssplyégoh)* m. *Bot.* lavender.

espoleadura *(aysspohlayahdóorah)* f. spurgall.

espolear *(ayspohlayáR)* tr. to spur, to incite, to urge forward.

espoleta *(ayspohláytah)* f. fuse, fuse (of a bomb).

espoliar *(ayspohlyáR)* tr. to despoil, spoliate.

espolón *(ayspohlon)* m. cock's spur; ridge (of moutain); (man.) mole, jetty. *Arch.* buttress. *Naut.* ram; fender-beam.

espolvorear *(aysspolbohrayáR)* tr. to powder;, to sprinkle powder.

esponja *(ayspónHah)* f. sponge; (fig.) sponger.

esponjado *(ayssponHáhdoh)* adj. spongy; (coll.) stuckup.

esponjar *(aysspónHáR)* tr. to sponge, to soak; v. r. to swell, to puff (with pride.).

esponjoso *(aysspónHósoh)* adj. spongy, porous.

esponsales *(aysponsáhlayss)* m. pl. espousal, betrothal, nuptials.

espontaneidad *(aysspontahna-yeedáhd)* f. spontaneity, spontaneous, -ness.

espontáneo *(aysspontáhnayoh)* adj. spontaneous; voluntary.

esposa *(ayspóhsah)* f. wife, spouse; pl. manacies; handcuffs.

130 esposado (*aysspohsáhdoh*) adj. betrothed, married. *Crim.* hand-cuffed.

esposo (*aysspóhsoh*) m. husband, consort.

esprimir (*aykspreeméeR*) tr. to squeeze or press out.

espuela (*aysspwaylah*) f. spur, rowel; stimulus.

espuma (*aysspóomah*) f. foam; froth; lather.

espumadera (*aysspoomahdáy-rah*) f. skimmer.

espumar (*aysspoomáR*) tr. to skim; intr. to foam, to froth.

espumoso (*aysspoomósoh*) adj. frothy, foaming.

espurio (*aysspóoríoh*) adj. spurious, false; bastard, illegitimate.   [sputum.

esputo (*aysspóotoh*) m. spitle.

esquela (*aysskáylah*) f. billet, note; memorial notice (in the paper).

esqueleto (*aysskayláytoh*) m. skeleton; framework; (fig.) as thin as a rake.

esquí (*aysskée*) m. ski.

esquiador (*aysske:ahdóR*) m. skier; adj. skiing.

esquiar (*aysbe:áR*) intr. to ski; **pista de** —, ski-run.

esquife (*aysskéefay*) m. skiff.

esquilar (*aysskeeláR*) tr. to shear, to fleece; to crop; **sin** —, unshorn.

esquilador (*ayskeelahdoR*) m. sheep-shearer.

esquimar (*aysskeemáR*) tr. to harvest; to make the land infertile.   [kimo.

esquimal (*aysskeemáhl*) m. Esquina (*aysskéenah*) f. corner; angle, edge; **en la — de la calle**, at the street corner.

esquinazo (*ayskeenahthoh*) m. **Dar el** —, to leave in the lurch, to give the slip.

esquirol (*aysskeeról*) m. (coll.) blackleg.

esquivar (*aysskeebáR*) tr. to evade, to avoid, to elude; (coll.) to dodge.

esquivez (*aysskeebayth*) f. disdain, scorn; coyness, shyness, coldness.

esquivo (*aysskéeboh*) adj. evasive, elusive, shy, coy.

estabilidad (*aysstahbeeleedád*) f. stability.   [tr. to stabilize.

estabilizar (*aysstahbeeleetháR*)

estable (*aysstáhblay*) adj. stable, firm, steady, consistent.

establecer (*aysstahblaytháyR*) tr. to esbablish, to found, to set up; v. r. to settle.

establecimiento (*aysstahblay-theemyéntoh*) m. establishment, foundation, setting-up. *Com.* shop, store, etc; settlement.

establo (*aysstáhbloh*) m. stable.

estaca (*aysstáhkah*) f. a stake; pole, big stick; cudgel. *Agric.* cutting. *Carp.* clamp-nail.

estacada (*aysstahkáhdah*) f. fence, stockade, palisade; **dejar en la** —, to leave in the lurch; **quedarse en la** —, to fail to do something.

estacar (*aysstahkáR*) tr. to tie to a stake, to delimit with stakes, to enclose.

estación (*aysstahthyón*) f. (of the year) season; (rewy) station. *Mot.* — **de servicio**, garage, petrol estation. *Eccl.* station (of the Cross).

estacionamiento (*aystahthyo-nahmyéntoh*) m. *Mot.* parking; stationing.

estacionario (*aystahthyohnáh-ryoh*) adj. stationary, stopped, fixed.

estacha (*aystáchah*) f. *Naut.* hawser; tow line.

estadio (*aysstáhdyoh*) m. stadium, sports ground.

estadista (*aysstahdeesstah*) m. statesman.   [f. statistics.

estadística (*aysstahdeesteekah*)

estadístico (*aysstahdeessteekoh*) adj. statistical, statistic.

estado (*aysstáhdoh*) m. *Pol.* state; situation, stake; — **civil**, single, married or widow(er) (in official forms). *Mil.* — **mayor**, staff; **hombre de** —, statesman; **materias de** —, state affairs; **estar en** —, to be pregnant/in the family way. *Mil.* — **de Guerra**, Martial law.

estafa (*aysstáhfah*) f. swindle, theft.   [swindler.

estafador (*aysstahfahdóR*) m.

estafar (*aysstahfáR*) tr. to swindle, to deceive. [ofice.

estafeta (*aysstahfáytah*) f. *Post*

estallar (*aysstahlyáR*) intr. to explode, to burst, to blow up; — **la guerra**, to break out a war.

estallido (*aysstahlyéedoh*) m. bang, turst, crack.

estambre (*aysstáhmbray*) m. knitting wool. *Bot.* stamen.

estampa (*aysstáhmpah*) f. print, stamp; **de buena** — (horses), of good appearance, thorough bred.

estampado (*aysstahmpáhdoh*) m. print, cotton print.

estampar (*aysstahmpáR*) tr. to (im)print, to stamp.

estampida (*aysstahmpéedah*) f. stampede.

estampido (*aysstahmpéedoh*) m. gun report, cracking noise.

estampilla (*aysstahmpéelyah*) f. rubber stamp. *Amer.* post-age stamp.

estancar (*aysstahnkáR*) tr. to stanch, to stop; v. r. to get stopped, to get stuck, to be stagnant.

estancia (*aysstáhnthyah*) f. stay; dwelling; ranch.

estanco (*aysstáhnkoh*) adj. water-tight. m. *Post* office branch, tobacconist's.

estandarte (*aysstahndártay*) m. standard, banner.

estanque (*aysstáhnkay*) m. pond; small artificial lake.

estante (*aysstáhntay*) m. shelf; book-shelf.

estantería (*aysstahntayrée:ah*) f. shelving, shelves.

estañar (*aysstahnyáR*) tr. to tin, to solder.

estaño (*aysstáhnyoh*) m. tin.

estar (*aysstáR*) intr. to be (in a place, state or condition); — **bien** (pers.) to be fine; — **bien** (thing) to be right; — **mal**, (pers.) to be not too well; (oh things) to be wrong; —**le bien**, (clothes), to suit; — **de pie**, to be standing; — **sentado**, to be sitting; **¿a cuántos estamos?** waht's today's date? **¿Esta-mos?** Do you understand?; v. r. —**se quieto**, to be still.

estática (*aysstáhteekah*) f. statics.   [static(al).

estático (*aysstáhteekoh*) adj.

estatua (*aysstáhtoo:ah*) f. statue.   [establish.

estatuir (*aysstáhtoo:éeR*) tr. to

estatura (*aysstahtóorah*) f. height (of persons); stature.

estatuto (*aysstahtóotoh*) m. statute; law; pl. by-laws.

este (*aysstay*) adj. this; **de** — **modo**, like this; pron. this, this one; the latter; m. east; **del** —, from the east; **hacia el** —, eastwards.

estela (*aystaylah*) f. *Naut.* wake of a ship. *Aeron.* jet-line.

estenografía (*aystaynohgrah-feeah*) f. shorthand, stenography.

estenógrafo, a (*aystaynóhgrah-foh, ah*) m., f. stenographer.

estepa (*aysstáypah*) f. steppe.

estercolero (*aysstayRkoláryoh*) m. dunghill, manure dump; (fig.) rubbish-dump.

estereofónico (*aystayrayohfóh-neekoh*) adj. stereophonic.

estereotipar (*aystayrayohtee-páR*) tr. to stereotype.

estereotipia (*aystayrayohtée-pyah*) f. stereotype, printing-works.   [barren.

estéril (*aystáyreel*) adj. sterile.

esterilidad (*aystayreeleedahd*) f. sterility.   [to sterilize.

esterilizar (*aystayreeleetháR*) tr.

esterlina (*aysstayRléenah*) adj. sterling, **libra** —, pound sterling.

esternón (*aysstayRnón*) m. *Anat.* sternum breast-bone.

estertor (*aysstayRtóR*) m. rattle, shallow breathing.

estibador (*aysteebahdoR*) m. docker, stevedore.

estiércol (*aysstyéRkol*) m. manure, dung; (fig.) dirt.

estigma (*aysteegmah*) m. brand, stigma, mark; birth-mark.

estilar (*aysteeláR*) tr. e intr. to use; v. r. to be in fashion.

estilo (*aysstéeloh*) m. style; **por ese** —, something like that.

estilográfica (*aysteelohgráhfee-kah*) f. fountain pen.

estima (*aystéemah*) f. esteem. *Naut.* reckoning, dead reckoning.

estimación. (*aysteemahthyón*) f. estimation, esteem; (calc.) estimate, quote.

estimar (*aysteemáR*) tr. to estimate, to value; to esteem, to have in high esteem; to reckon, to think.

estimulante (*aysteemoolantay*) adj. stimulatihg; m. stimulant.

estimular (*aysteemooláR*) tr. to stimulate, to incite.

estímulo (*aysstéemooloh*) m. stimulus, incitement, stimulation.

estío (*aysstée:oh*) m. summer.

estipendio (*aysteepáyndyoh*) m. stipend, fee, pay.

estipular (*aysteepooláR*) tr. to stipulate, to settle terms, to lay down (conditions).

estirado (*aysteeráhdoh*) adj. stretched, spread, extended; (fig.) stiff.

estirar (*aysteeráR*) tr. to stretch. *Met.* to draw out; — **el pescuezo**, to crane one's neck; v. r. to stretch oneself.

estirón (*aysteerón*) m. strong pull; **dar** —, to shoot up (of persons).

estirpe (*aystéerpay*) f. race, origin; breed, stock.

estival (*aysteebáhl*) adj. estival, summer.

esto (*aysstoh*) pron. neut. this

estocada (*aysstohkáhdah*) f. stab, thrust (with a sword).

estofado (*aystohfahdoh*) adj. stuffed; quieted; m. (cook.) stewed-meat.

estofar (*aystohfaR*) tr. to stuff; to quilt; (cook.) to sew meat.

estoicismo (*aysstoytheesmoh*, m. stoicism.

estoico (*aysstóyekoh*) adj. stoic.

estolidez (*aysstohleedayth*) f dity, stupidity.

estólido (*aysstohleedoh*) adj. stolid, stupid.   [stomachal

estomacal (*aysstohmahkáhl*) adj.

estómago (*aysstóhmahgoh*) m. stomach; **dolor de** —, stomach ache; (coll.) bellyache; **tener** — **para**, to have the courage for.   [rapien.

estoque (*aysstóhkay*) m. sword.

estorbar (*aysstoRbáR*) tr. to hinder, to hamper; to get in the way; v. r. to get in each other's way.

estorbo (*aysstóRboh*) m. hindrance, nuisance, obstruction.

estornudar (*aysstoRnoodáR*) intr. to sneeze.   [sneeze.

estornudo (*aysstoRnóodoh*) m.

estrabismo (*aysstrabeessmoh*) m. *Med.* strabismus, squint.

estrado (*aysstráhdoh*) m. platform.

estrafalario (*aysstrahfahláhryoh*) (coll.) slovenly, extravagant, odd, queer.

estragamiento (*aysstrahgah-myéntoh*) m. ravage; (fig.) corruption.

estragar (*aysstrahgáR*) tr. to spoil, to ruin, to deprave.

estrago (*aysstráhgoh*) m. ravage, waste, havoc, ruin; depravity, wickedness.

estrambótico (*aysstrahmbóhtee-koh*) adj. strange, odd, queer, quizzical.

estrangulación (*aysstrahngoo-lahthyón*) f. strangling, choking.

estrangular (*aysstrahngooláR*) tr. to strangle, to choke (engin) choke. *Med.* to strangulate.

estraperlista (*aysstrahpayRleess-ta*) adj. y s. black-marketeer.

estraperlo (*aysstrahpayRloh*) m. black market. **Es de** —, bought on the black-market.

estratagema (*aysstrahtahHáy-mah*) f. stratagem, trick, deceit, craftiness.

estrategia (*aysstrahtáyHeyah*) f. *Mil.* strategy.

estratégico (*aystrahtáyHeekoh*) adj. strategic.

estratificar (*aystrahteefeekaR*) tr. to stratify.

estrato (*aysstráhtoh*) m. stratum, layer; (cloud) stratus.

estrechamiento (*aysstraycha-myéntoh*) m. narrowing.

estrechar (*aysstraycháR*) tr. to narrow, to reduce, to tighten; — **la mano**, to shake hands; v. r. to become narrow; to embrace.

estrechez (*aysstraychayth*) f. narrowness; tightness; — **mental**, narrow-mindedness; (fig.) poverty.

estrecho (*aysstráychoh*) adj. narrow; m. strait, channel.

estrella (*aysstráylyah*) f. star; (film) actress; (fig.) fate.

estrellado *(aysstraylyáhdoh)* adj. starry, starlike; fried (eggs); smashed, shattered.

estrellar *(aysstraylyáR)* to shatter, to smash; (cook.) to fry eggs; v. r. to erash (in accidents).

estremecer *(aystraymaytháR)* tr. to shake; v. r. to shudder, to run hot and cold.

estremecimiento *(aystraymaytheemyéntoh)* m. shiver(ing), trembling, quake.

estrenar *(aysstraynáR)* tr. to use or wear (for the first time) to begin. *Theat.* to make one's debut, to perform for the first time.

estreno *(aysstráynoh)* m. commencement, handsel. *Theat.* debut, première.

estreñimiento *(aystraynyeemyéntoh)* m. constipation.

estreñir *(aystraynyeeR)* tr. to restrain; to constipate, to bind.

estrépito *(aysstráypeetoh)* m. noise, din, clanger, racket.

estrepitoso *(aysstraypeetóhsoh)* adj. noisy, rowdy, boisterous.

estría *(aytreeah)* f. groove, flute.

estribaciones *(aysstreebahthyóhnays)* f. pl. foothills.

estribar *(aysstreebáR)* intr. to rest (upon), to be based on; consist in. [*Mus.* refrain.

estribillo *(aysstreebéelyoh)* m.

estribo *(aysstréeboh)* s. stirrup; step (of a coash); **Perder los estribos,** to lose one's head.

estribor *(aysstreebóR)* s. starboard.

estricto *(aysstréektoh)* adj. strict; exact, severe.

estridencia *(aystreedaynthyah)* f. shrillness, sharpness.

estridente *(aystreedayntay)* adj. shrill, harsh, jarring, strident.

estrofa *(aysstróhfah)* s. strophe, stanza.

estropear *(aysstrohpayáR)* tr. to spoil, damage; to ruin (clothes, etc.); to spoil (plans, etc.); v. r. to break down.

estropicio *(aysstrohpéethyoh)* m. (coll.) breakage, great damage. [structure.

estructura *(aysstrooktóorah)* f.

estruendo *(aysstrwayndoh)* m. clang, din, clatter; uproar, racket.

estruendoso *(aysstrwayndóhsoh)* adj. clangorous, deafening, thundering, uproarious.

estrujar *(aysstrooHáR)* tr. to squeeze, squash, crush, press. [estuary.

estuario *(aysstooyáhryoh)* m.

estuche *(aysstóochay)* m. case; sheath; casket, box.

estudiante *(aysstoodyáhntay)* m. student; — universitario, undergraduate university student.

estudiantil *(aysstoodyahntéel)* adj. (fam.) student.

estudiantina *(aysstoodyahntéenah)* f. student wake or band.

estudiar *(aysstoodyáR)* tr. to study; to read (for a unv. degree).

estudio *(aysstóodyoh)* m. study, learning; reading-room, studio.

estudioso *(aysstoodyóhsoh)* adj. studious.

estufa *(aysstóofah)* f. heater stove.

estulticia *(aysstooltéethyah)* f. silliness, folly, foolishness.

estupefacción *(aysstoopayfahkthyón)* f. stupefaction; numbness.

estupefacto *(aysstoopayfáhktoh)* adj. (fam.) stupefied, astonished, amazed.

estupendo *(aysstoopayndoh)* adj. stupendous, wonderful, terrific.

estupidez *(aystoopeedayth)* f. stupidity, foolishness, imbecility.

estúpido *(aysstoopaydoh)* adj. stupid; dull brained, fat-head.

estupor *(aysstóopóR)* m. stupor, amazement, astonishment.

estuprar *(aysstoopráR)* tr. to ravish, to violate, to rape.

estupro *(aysstóoproh)* m. rape, violation. [sturgeon.

esturión *(aysstooryón)* m. *Icht.*

etapa *(aytáhpah)* f. stage; stop; relay.

etcétera *(aytthaytayrah)* adv. et caetera, etc., and so on.

eter *(aytayR)* m. ether.; (poet.) the sky.

eternal *(aytayRnáhl)* adj. eternal, for ever.

eternidad *(aytayRneedahd)* f. eternity; (coll.) a long time.

eternizar *(aytayRneethaR)* tr. to perpetuate, eternize.

eterno *(aytáyRnoh)* adj. eternal, endless, everlasting.

ética *(áyteekah)* f. ethics; morals. [moral.

ético *(áyteekoh)* adj. ethic(al),

etimología *(ayteemoohlohHéeyah)* f. etymology.

etiqueta *(ayteekáytah)* f. etiquette, ceremony. *Com.* ticket, label.

étnico *(aytneekoh)* adj. ethnic.

eucaristía *(ayookahreessteeah)* f. eucharist.

eucarístico *(ayookahreessteekoh)* adj. eucharistic(al).

eufemismo *(ayoofaymeesmoh)* euphemism. [ria.

euforia *(ayoofóhryah)* f. euphoria.

eunuco *(ayoonóoko)* m. eunuch.

europeo *(ayoorohyáyoh)* m. European. [f. evacuation.

evacuación *(aybahkooyahthyón)*

evacuar *(aybahkoo:áR)* tr. to evacuate, to quit, to empty, to vacate.

evadir *(aybahdéeR)* tr. to evade, to dodge. v. r. to escape, to get away.

evaluación *(aybahlwahthyon)* f. evaluation, appraisement.

evaluador *(aybahlwahdoR)* m. valver, appraiser.

evaluar *(aybahlwáR)* tr. to evaluate, to appraise.

evangélico *(aybahnHayleekoh)* adj. evangelic(al).

evangelio *(aybahnHaylyoh)* m. gospel. [s. evangelist.

evangelista *(aybahnHayleestah)*

evangelizar *(aybanHayleethaR)* tr. to evangelize.

evaporación *(aybahpohrahthyón)* f. evaporation.

evaporar *(aybahpohráR)* intr. to evaporate; v. r. (ocll.) to disappear, to vanish.

evasión *(aybahsyón)* f. evasion, escape; — de cerebros, brain drain. [sive, elusive.

evasivo *(aybahséeboh)* adj. evasive.

evento *(aybayntoh)* m. event, happening. [casual, interin.

eventual *(aybayntooyáhl)* adj.

evidencia *(aybeedaynthyah)* f. evidence, proof.

evidenciar *(aybeedaynthyáR)* tr. to prove, to make evident, to show.

evidente *(aybeedayntay)* adj. evident, clear, obvious, plain.

evitar *(aybeetáR)* tr. to avoid, to elude; to shirk, to shun.

evocar *(aybohkáR)* tr. to recall, to evoke.

evolución *(aybohloohthyón)* f. evolution, development.

evolucionismo *(aybohloothyoneesmoh)* m. evolutionism.

exactitud *(ayksahteetóod)* f. exactness, accuracy.

exacto *(ayksáhktoh)* adj. exact, accurate, precise.

exageración *(ayksahHáyrahthyón)* f. exageration.

exagerar *(ayksahHayráR)* tr. to exagerate, to magnify.

exaltado *(ayksaltahdoh)* adj. hotheaded; extremist.

exaltar *(ayksahltáR)* tr. to exalt; to extol, to praise; v. r. to get carried away.

examen *(ayksáhmayn)* m. exam(ination), test; survey, search. *Med.* chek-up.

examinar *(ayksahmeenáR)* tr. to examine; to survey, to search. *Med.* to check up; v. r. to take an exam, to sit an exam.

exánime *(ayksáhneemay)* adj. lifeless; (fam.) exhausted; weak.

exasperación. *(ayksahspayrahthyón)* f. exasperation.

exasperado *(ayksahspayráhdoh)* adj. exasperate.

exasperar *(ayksahspayráR)* tr. to exasperate; to vex, to offend.

excavar *(aykskahbáR)* tr. to excavate, to dig out.

exceder *(ayksthaydáyR)* tr. to exceed; to surpass, to go too far, to exceed.

excelencia *(ayksthaylaynthyah)* f. excellence; Excellency (title).

excelente *(ayksthaylayntay)* adj. excellent, to go too far, to exceed.

excelso *(ayksthaylsoh)* adj. elevated, sublime.

excentricidad *(ayksthayn:reetheedáhd)* f. eccentricity, oddity.

excéntrico *(ayksthayntreekoh)* adj. eccentric(al), odd, queer, extravagant.

excepción *(aykstháypthyón)* f. exception.

excepto *(aykstháyptoh)* adv. except, excepting, but, save for, excluding.

exceptuar *(aykstháyptoo:áR)* tr. to except, to exclude, to leave out.

excesivo *(aykstháyséeboh)* adj. excesive, too much.

exceso *(aykstháysoh)* m. excess. *Com.* surplus; en —, excessively; — de equipaje, excess luggage. [excitable.

excitable *(aykstheetáhblay)* adj.

excitación *(aykstheetahthy:ón)* f. excitation; excitement.

excitar *(aykstheetáR)* tr. to excite, to stimulate, to rouse, to thrill. *Elect.* to energize; v. r. to get excited.

exclamación *(aysklahmahthyón)* f. exclamation. [exclaim.

exclamar *(aysklahmáR)* tr. to exclaim.

excluir *(aykskloo:éeR)* tr. to exclude, to leave out.

exclusión *(aykskloosyón)* f. exclusion, shutting out; refection.

exclusiva *(aykskloséebah)* f. exclusive right; monopoly.

exclusivo *(ayksklooséeboh)* adj. **131** exclusive.

excomulgar *(aykskohmoolgáR)* tr. to excommunicate.

excomunión *(aykskohmoonyón)* f. excommunication.

excremento *(aykskraymayntoh)* m. excrement, dirt; pl. fæces, excreto.

excursión *(aykskooRsyón)* f. excursion; trip, outing, tour.

excursionista *(aykskooRsyohnísstah)* s. excursionist, tripper.

excusa *(aykskóosah)* f. excuse; apology. *Law.* plea.

excusado *(aykskoosáhdoh)* adj. exempt; m. privy, water-closet; es — decir que, needless to say that.

excusar *(aykskoosáR)* tr. to excuse; v. r. to apologize, to excuse oneself; to apologize.

execrable *(aysaykrahblay)* adj. hateful, detestable.

exención *(ayksaynthyón)* f. exemption, i mmunity. *Com.* franchise.

exentar *(ayksayntáR)* tr. to exempt, to free from. *Law.* to absolve, to acquit.

exento *(ayksayntoh)* adj. exempt; free(d).

exequias *(ayksáykyahs)* f. pl. exequies, funeral rites.

exhalación *(aykahlahthyón)* f. exhalation, fume, vapour; (fig.) great speed; **como una** —, like lightning.

exhalar *(aykahláR)* tr. to exhale, to breathe out, to emit; (fig.) to die.

exhausto *(ayksáh/oostoh)* adj. exhausted, tired out, worn out.

exhibición *(aykseebeethyon)* f. show, display, exposition.

exhibir *(aykseebéeR)* tr. to display, to show, to exhibit.

exhortación *(ayksoRtahthyón)* f. exhortation, admonition.

exhortar *(ayksoRtáR)* tr. to exhort, to admonish, to warn.

exhumación *(ayksoomathyón)* f. exhumation, disinterment.

exhumar *(ayksoomáR)* tr. to disinter, to exhume.

exigencia *(aykseeHaynthyah)* f. exigency, demand; pl. las —s de la vida, life's needs.

exigente *(aykseeHayntay)* adj. demanding, exacting.

exigir *(aykseeHeeR)* tr. to exact; to demand; to require.

exiguo *(aykséegoo:oh)* adj. exiguous, small, scanto.

eximio *(aykséemyoh)* adj. eximious, famous, eminent.

eximir *(aykseeméeR)* tr. to exempt, to free from, to exempt.

existencia *(aykseestaynthyah)* f. existence, life. *Com.* pl. stocks; en —, in stock.

existente *(aykseestayntay)* adj. existing; actual, real.

existir *(aykseestéeR)* intr. to exist; to be.

éxito *(aykseetoy)* m. success; tener —, to succeed, to be successful.

éxodo *(ayksohdoh)* m. exodus.

exonerar *(ayksohnayrar)* tr. to exonerate, to acquit.

exorbitante *(aysoRbeetáhntay)* adj. exorbitant; excesive.

exorcismo *(aysoRtheessmoh)* m. exorcism. [exorcise.

exorcisar *(aysoRtheesáR)* tr. to

exótico *(aysóhteekoh)* adj. exotic(al), odd, bizarre.

132 **expansión** *(ayksyahnsyón)* f. expansion; spread.

expansivo *(aykspahnséeboh)* adj. expansive; (fig.) sociable, affable.

expatriación *(aykspahtryahthyón)* f. expatriation, exile.

expatriar *(aykspahtryáR)* tr. to expatriate, to exile; v. r. to emigrate. [f. expectation.

expectación *(aykspayktahthyón)*

expectativa *(aykspayktahtéebah)* f. expectation, hope, expectancy; **estar a la —,** to be on the look out for, to be ready to.

expectorar *(aykspayktohraR)* tr. to spit, to spit out, to expectorate.

expedición *(aykspaydeethyon)* f. expedition: journey, trip. *Com.* shipment, despatch.

expedicionario *(aykspaydeethyonahryoh)* adj. y s. expeditionary; sender.

expediente *(aykspaydyentay)* m. *Law.* proceedings; dossier; file, ...; (coll.) **cubrir el —,** to do the minimun, record.

expedir *(aykspaydéeR)* tr. to dispatch, to forward.

expeditivo *(aykspaydeetéeboh)* adv. expeditive; quick.

expedito *(aykspaydéetoh)* adj. speedy, prompt, quick.

expeler *(aykspaylayR)* tr. to expel, to throw out.

expendedor *(aykspayndaydóR)* adj. spending; m. dealer, seller.

expender *(aykspayndayR)* tr. to expend. *Com.* to sell on commission.

expensas *(ayksppaynsahs)* f. pl. expenses, cests; **a — de,** at the expense of ....

experiencia *(ayksppayryénthyah)* f. experience; experiment, trial.

experimentar *(ayksppayreemayntaR)* tr. to experience, to experiment, to test, to try.

experimento *(ayksppayreemayntoh)* m. experiment, trial, test.

experto *(aykspáyRtoh)* adj. expert; (coll.) judge.

expiación *(aykspyahthyón)* f. expiation, atonement.

expiar *(aykspyáR)* tr. to expiate, to atone.

expirar *(aykspeeraR)* tr. to die, to pass away.

explanar *(aykspíahnaR)* tr. to level, to grade, to make flat (land).

explicación *(ayksppleekahthyón)* f. explanation.

explicar *(ayksppleekáR)* tr. to explain, to clear up, to make clear; v. r. to explain oneself. [explicit.

explícito *(ayksppléetheetoh)* adj.

exploración *(ayksplohrahthyón)* f. exploration.

explorador *(ayksplohrahdóR)* adj. exploring; m. explorer. *Mil.* scout. [plore, to scout.

explorar *(aysksplohráR)* tr. to explosión *(aysksplohsyón)* f. explosion, blast; (fig.) outburst.

explosivo *(aysksplohséeboh)* adj. y m. explosive.

explotación *(aysksplohtahthyón)* f. exploitation; development.

explotar *(aysksplohtáR)* tr. to exploit; to develop, to use fully; to explode, to burst out, to blast out.

---

expoliación *(aykspohlyahthyón)* f. spoliation, plundering.

expoliar *(aykspohlyáR)* tr. to plunder, to despoil.

exponer *(aykspohnáyR)* tr. to expose; to exhibit, to show, to display; to risk; v. r. to run a risk, to take a chance.

exportación *(aykspoRtahthyón)* f. export(ation). [port.

exportar *(aykspoRtáR)* tr. to exposición *(aykspohseethyón)* f. exposition. *Art.* exhibition. *Phot.* exposure; risk, danger. [foundling.

expósito *(aykspóhseetoh)* adj.

expresar *(aykspraysáR)* tr. to express, to state, to tell.

expresión *(aykspraysyón)* f. expresion. *Gram.* phrase, idiom; (fig.) gift, present.

expresivo *(ayksprayséeboh)* adj. expressive.

expreso *(aykspráysoh)* adj. expressed; s. express.

expuesto *(aykspwaysstoh)* adj. risky, dangerous; **— a,** liable to. *Art.* exhibited, displayed.

expulsar *(aykspoolsáR)* tr. to expel, to eject, to throw out.

expulsión *(aykspoolsyón)* f. expulsión.

expulsor *(aykspoolssoR)* adj. expelling, ejecting; m. ejector.

expurgar *(aykspooRgaR)* tr. to expurgate; to purify. *Print.* to correct.

exquisito *(ayksskeeséetoh)* adj. exquisite, delicious, nice; delicate. [tasy, bliss.

éxtasis *(aykstahseess)* m. ecs-

extender *(aykstayndayR)* tr. to extend, to expand, to spread, to stretch; v. r. to extend, to stretch out.

extensión *(aykstaynsyon)* f. extension; extent. *Geog.* area; (fig.) scope, range.

extenso *(aykstaynsóh)* adj. extensive, long (speech, writing, etc.); **por —,** with full particulars.

exterior *(aykstayryoR)* adj. exterior, out, outside; **asuntos —es,** foreign affairs.

exteriorizar *(aykstayryohreethaR)* tr. to speak out, to speak one's mind.

exterminar *(aykstayRmeenaR)* tr. to exterminate, to destroy, to kill.

exterminio *(aykstayRméenyoh)* m. extermination, destruction, anihilation.

externo *(aykstáyRnoh)* adj. external; m. day-pupil.

extinción *(aykssteenthyón)* f. extinction, obliteration; (fires) estinguishing putting out.

extinguir *(ayksteengéeR)* tr. to extinguish, to banish; (fires) to put out, to smother; v. r. to disappear, to fade away.

extinto *(ayksteentoh)* adj. extinct.

extirpación *(aysteeRpahthyón)* f. extirpation, removal, eradication.

extirpar *(aysteeRpáR)* tr. to extirpate, to eradicate. *Med.* to remove, to extract.

extorsión *(aykstoRsyón)* f. extortion, blackmail.

extracción *(aykstrahkthyón)* f. extraction. *Min.* mining. *Med.* removal.

extractar *(aykstrahktáR)* tr. to abstract, to summarize.

extracto *(aykstráhktoh)* m. abstract, summary. *Chem.* extract.

---

extractor *(aykstrahktóR)* m. extractor.

extraer *(aykstraháyR)* tr. to extract; (dent.) to pull out. *Min.* to mine.

extranjero *(aykstrahnHáyroh)* adj. foreign; m. foreigner, alien; **en el** or **al —,** abroad.

extrañeza *(aykstrahnyáythah)* f. oddity, wonderment, surprise, strangeness.

extraño *(aykstráhnyoh)* adj. strange, odd, queer; s. stranger, foreing.

extraordinario *(aykstraoRdeenáhryoh)* adj. extraordinary; uncommon, unusual.

extravagancia *(aykstrahbahgáhnthyah)* f. extravagance, eccentricity, oddity.

extravagante *(aykstrahbahgáhntay)* adj. extravagant, eccentric, odd, queer.

extraviar *(aykstrahbyáR)* tr. to mislead, to misplace, to lose, to mislay; v. r. to go astray; to lose one's way.

extravío *(aystrahbeeoh)* m. deviation, misleading, loss.

extremado *(aykstraymáhdoh)* adj. extreme.

extremar *(aykstraymáR)* tr. to carry to an extreme, to overemphasize.

extremaunción *(aykstraymaoothyon)* f. extreme unction.

extremidad *(aykstraymeedahd)* f. extremity; pl. limbs.

extremo *(aykstráymoh)* adj. extreme, last, utmost; m. end, edge, extreme. *Sport.* **— derecho,** out-side right; **— izquierdo,** outside left.

exuberancia *(ayksoobayráhnthyah)* f. exuberance.

exuberante *(ayksoobayráhntay)* adj. exuberant, luxuriant.

fábrica *(fáhbreekah)* f. factory, works, mill; **marca de —,** trade-mark.

fabricación *(fahbreekahthyón)* f. manufacture, make; (fig.) invention, fabrication.

fabricante *(fahbreekáhntay)* s. manufacturer, maker's.

fabricar *(fahbreekáR)* tr. to build; to manufacture, to make. [turing.

fabril *(fahbréel)* adj. manufac-

fábula *(fáboolah)* f. fable, legend; (fig.) lie, falsehood, rumour.

fabuloso *(faboolóhsoh)* adj. fabulous.

faca *(fahkah)* f. jack-knife.

facción *(fahkthy:ón)* f. faction, side; pl. face, features.

faccioso *(fahkthy:óhsoh)* adj. factious, rebellious; m., agitator, rebel.

faceta *(fahtháytah)* f. facet, side; **tiene muchas —s, it** has many sides; **polifacético,** manysided, polifacetic.

fácil *(fáhthil)* adj. easy, light, simple; **—mente,** easily.

facilidad *(fahtheeleedáhd)* f. facility; ease, simplicity.

facilitar *(fahtheeleetáR)* tr. to facilitate, to make easy; to supply, to give.

facineroso *(fahtheenayróhsoh)* adj. wicked; m. rascal, rogue, out-law. [sible.

factible *(fahktéeblay)* adj. fea-

---

factor *(fahktóR)* m. *Maths.* factor. *Com.* agent; (rlwy) left-luggage attendant.

factoría *(fahktohrée:ah)* f. factory, plant. [bill.

factura *(fahktóorah)* f. invoice,

facturar *(fahktoordR)* tr. to bill, to invoice; (rlwy) to register luggage.

facultad *(fahkooltáhd)* f. faculty; power, authority; **— de Ciencias,** Science faculty; **— de Derecho,** Law faculty.

facultar *(fahkooltáR)* tr. to empower, to authorize.

facultativo *(fahkooltahtéeboh)* adj. facultative, optional; m. doctor, physician.

facha *(fáchah)* f. (fam.) aspect, looks, mien.

fachada *(fahcháhdah)* f. façade, face, front; (fig.) figure, build (of persons).

faena *(faháynah)* f. work; labour; pl. household duties, chores; (coll.) mean trick.

faisán *(fah/esáhn)* m. pheasant.

faja *(fáhHah)* f. girdle, suspenderbel t. *Mil.* sash, band. *Geog.* zone, belt. *Naut.* reetband.

fajo *(fáhHoh)* m. bundle; **— de billetes,** a hand ful of banknotes. [deceit.

falacia *(fahláhthyah)* f. fallacy,

falaz *(fahláth)* adj. deceitful, fallacious.

falda *(fáhldah)* f. skirt. *Geog.* foothill; (meat) loin-meat; pl. women.

falibilidad *(fahleebeeleedáhd)* f. fallibility.

falible *(fahléeblay)* adj. fallible.

fálico *(fáhleekoh)* adj. phallic.

falo *(fáhloh)* m. phallus, penis.

falsario *(fahlsáryoh)* adj. y s. forger, falsifier.

falsear *(fahlsayáR)* tr. to falsify, to counterfeit, to forge.

falsedad *(fahlsaydáhd)* f. falsehood, lie, untruth.

falsificación *(fahlseefeekathyón)* f. forgery, falsification counterfeit.

falsificador *(fahlseefeekahdóR)* m. falsifier, forger.

falsificar *(fahlseefeekáR)* tr. to falsify, to forge.

falso *(fáhlsoh)* adj. false; **billete —,** forged note; (fig.) (of persons) deceitful, disloyal.

falta *(fáhltah)* f. fault, error, mistake; (manuf.) defect, flaw; **hacer —,** to need; **sin —,** without delay.

faltar *(fahltáR)* intr. to be deficient, to miss, to be absent or missing.

falto (de) *(fáhltoh)* adj. wanting, short of, lacking.

falla *(fáhlyah)* f. defect, flaw; fire works display; artistic figure to burn up.

fallar *(fahlyáR)* intr. to fail. *Mech.* not to work properly; (shoot.) to miss; v. t. to pass judgement. tr. to judge; **no me falles,** don't let me down.

fallecer *(fahlyaytháyR)* intr. to die, to pass away.

fallecimiento *(fahlyaytheemyénthoh)* m. obituary, death, decease.

fallido *(fahlyéedoh)* adj. frustrated, failed.

fallo *(fáhlyoh)* m. *Leg.* judgement; sentence; mistake, error; (shool.) miss. *Mech.* failure, breakdown.

fama *(fáhmah)* f. fame, name, reputation; **de buena** —, renown; **de mala** —, of illrepute.

famélico *(fahmáyleekoh)* adj. hungry, starving; **estar** —, household. to be starving.

familia *(fahméelyah)* f. family;

familiar *(fahmeelyáR)* adj. familiar; m. relative.

familiaridad *(fameelyahreedád)* f. familiarity, acquaintance; intimacy.

familiarizar *(fahmeelyahreetháR)* tr. to familiarize, to acquaint. v. r. to get acquainted with.

famoso *(fahmóhsoh)* adj. famous, well-known, noted.

fanal *(fahnáhl)* m. lighthouse, lantern.

fanático *(fahnáhteekoh)* adj. y m. fanatic(al), bigot(ed).

fanatismo *(fahnahteessmoh)* m. fanaticism.

fanfarrón *(fahnfahRón)* adj. (fam.) bullying, showy; m. boaster, braggart, m. bully.

fanfarronada *(fahnfahRohnáhdah)* f. fanfaronade, boast, brag.

fanfarronear *(fahnfahRohnayáR)* tr. to fanfaronade, to brag, to boast, to show off; to bully.

fango *(fáhngoh)* m. mud, bog, mire, slush.

fangoso *(fahngóhsoh)* adj. muddy, swampy, bogged, slushy.

fantasear *(fahntahsayáR)* intr. to fancy.

fantasía *(fahntahsée:ah)* f. fancy. *Mus.* fantasia.

fantasma *(fahntáhsmah)* m. phantom, ghost; (fig.) scarecrow.

fantástico *(fahntáhsteekoh)* adj. fantastic, fanciful.

farándula *(fahráhndoolah)* f. farcicalness, strolling troup.

fardo *(fáRdoh)* m. budle, package; bale, pack, burden.

farfulla *(faRfoolyah)* f. (coll.) gabble, jabber.

farfullar *(faRfoolyáR)* tr. to gabble, to jabber; to act hastily.

faringe *(fahreenHay)* s. f. *Anat.* pharynx. [pharyngitis.

faringitis *(fahreenHeeteess)* s. f.

fariseo *(fahreesáyoh)* m. Pharisee; hypocrite.

farmacéutico *(fahRmahtháyooteekoh)* adj. pharmaceutic-(al); m. chemist.

farmacia *(fahRmáthyah)* f. pharmacy, chemist's.

faro *(fáhroh)* m. light-house, beacon. *Mot.* head-lamp.

farol *(fahról)* m. lantern, street lamp; (fig.) show-of.

farola *(fahrólah)* f. big lantern. *Naut.* beacon.

farolear *(fahrohlayaR)* intr. to show off, to brag, to boast.

farolero *(fahrohlayroh)* adj. show-off; lantern-maker, lantern carrier, lamp-lighter.

farsa *(fáRsah)* f. farce, humburg. *Theat.* farce, light comedy.

farsante *(faRsahntay)* s. deceiver, hypocrite. *Theat.* farce player.

fascículo *(fassthéekooloh)* m. fascicle, episode.

fascinación *(fahstheenahthyón)* f. fascination.

fascinar *(fahstheenáR)* tr. to fascinate; to bewitch.

fase *(fáhsay)* f. phase, stage.

fastidiar *(fahsteedyáR)* tr. to disgust, to annoy, to upset; v. r. to lump it.

fastidio *(fahstéedyoh)* m. disgust, weariness, nuisance; **¡que** —!, what a nuisance!

fastidioso *(fahsteedyóhsoh)* adj. annoying, sickening; tedious, boring.

fastuoso *(fahstoo:óhsoh)* adj. pompous, ostentatious, lavish.

fatal *(fahtáhl)* adj. deadly, lethal, fatal; disastrous.

fatalidad *(fahtahleedáhd)* f. fatality, ill-luck, fate, misfortune. [fatalism.

fatalismo *(fahtahleessmoh)* m.

fatalista *(fahtahleesstah)* s. fatalist.

fatídico *(fahtéedeekoh)* adj. fatidical, ominous.

fatiga *(fahtéegah)* f. fatigue; tiredness, exhaustion.

fatigar *(fahteegáR)* tr. to fatigue; to tire; v. r. to get tired, to tire out.

fatigoso *(fahteegóhsoh)* adj. tiresome, wearisome, tiring.

fatuidad *(fahtweedáhd)* s. f. fatuity, stupidity, foolishness.

fatuo *(fáhtoo:oh)* adj. fatuous, stupid; fob, conceited.

fausto *(faoostoh)* m. pomp, ostentation; adj. happy, successful.

favor *(fahbóR)* m. favour, support; **por** —, please; **a** — **de**, on behalf of; **hacer un** —, to do a favour.

favorable *(fahbohráhblay)* adj. favourable, propitious, advantageous.

favorecer *(fahbohraythayR)* tr. to favour, to be partial, to be biased; (of clothes, colours, etc.) to suit.

favorito *(fahbohréetoh)* adj. favouried, beloved; m. pet, favourite, the blue-eyed boy, the apple of one's eye.

faz *(fáth)* f. face, countenance.

fe *(fay)* f. faith, belief; **de buena** —, in good faith; **de mala** —, deceitfully; **dar** —, to attest. [tense.

fealdad *(fayahldáhd)* f. ugli-

febrero *(faybráyroh)* m. February.

febril *(faybréel)* adj. feverish.

fécula *(fáykoolah)* f. starch.

fecundación *(faykoondahthyón)* f. fertilization.

fecundar *(faykoondáR)* tr. to fertilize.

fecundidad *(faykoondeedáhd)* f. fertility; fruitfulness.

fecundo *(faykóondoh)* adj. fertile, fruitful. *Agric.* rich; (of anim.) prolific.

fecha *(fáychah)* f. date; **¿qué** — **es hoy?**, what's today's date?

fechar *(faycháR)* tr. to date.

fechoría *(faychohrée:ah)* f. misdeed, wrong. *Leg.* petty crime; **hacer** —s, to do something wrong (children).

federación *(faydayrahthyón)* f. federation. *Sport.* association.

federal *(faydayráhl)* adj. federal, federate; m. federalist.

fehaciente *(fayahthyentay)* adj. *Leg.* authentic, reliable.

felicidad *(fayleetheedáhd)* f. happiness, felicity, joyfulness; **¡—es!**, congratulations!

felicitación *(fayleetheetahthyon)* f. congratulation.

felicitar *(fayleetheetaR)* tr. to congratulate.

feligrés *(fayleegrays)* m. parishioner, church-goer.

feligresía *(fayleegraysée:ah)* f. a parish district.

feliz *(fayléeth)* adj. happy; lucky; adv. **—mente**, happily, fortunately.

felino *(fayleenoh)* adj. feline, cat-like. [nal, felon.

felón, a *(faylón, ah)* adj. criminal.

felonia *(faylohnéeah)* s. f. felony, trachery.

felpa *(faylpah)* f. plush; pile; (coll.) drubbing.

felpudo *(faylpoodoh)* adj. plushy, downy; m. doormat, rug.

femenino *(faymaynéenoh)* adj. femenine; female.

feminismo *(faymeeneesmoh)* m. femenism. [feminist.

feminista *(faymeeneestah)* s.

fenecer *(faynaytháyR)* intr. to die, to pass away, to go the of all flesh.

fenómeno *(faynóhmaynoh)* m. phenomenon, freak.

feo, fea *(fayoh, fayah)* adj. ugly, plain; ghastly, unsightly.

feraz *(fayráhth)* adj. fertile, productive, rich. [hearse.

féretro *(fayraytroh)* m. coffin,

feria *(fáyryah)* f. fair, market.

ferial *(fayryáhl)* adj. ferial; m. fair, market.

feriante *(fayryantay)* m. trader, dealer (in a fair).

fermentación *(fayRmayntahthyon)* s. f. fermentation, brewing.

fermentar *(fayRmayntáR)* intr. to ferment, to brew.

fermento *(fayRmayntoh)* m. ferment, leaven, yeast.

ferocidad *(fayrohtheedáhd)* f. ferocity, savageness, wildness, fierceness.

feroz *(fayróth)* adj. ferocious, savage, wild, fierce; **tener un hambre** —, to be ravenous.

férreo *(fáyRayoh)* adj. ferreous, iron; **voluntad** —**a**, iron-willed.

ferretería *(fayRaytayréeah)* f. hardware store, iron-monger's.

ferrocarril *(fayRohkahRéel)* m. railway; *Usa.* railroad.

ferroviario *(fayRohbyáhryoh)* adj. railway; m. railwayman.

fértil *(fáyRteel)* adj. fertile, rich, productive.

fertilizante *(fayRteeleethantay)* adj. fertilizing; m. fertilizer.

fertilizar *(fayRteeleethaR)* tr. to fertilize.

férula *(fayroolah)* f. ferule, rod. *Surg.* splint. *Bot.* ferula.

ferviente *(fayRbyentay)* adj. fervent, ardent, devot.

fervor *(fayRbóR)* m. fervour, eagerness, enthusiasm, zeal.

fervoroso *(fayRbohrohssoh)* adj. fervent, zealous, devout, eager.

festejar *(faysstayHáR)* tr. to celebrate, to feast, to make a holiday of.

festejo *(faystáyHoh)* m. celebration, holiday, festivity.

festín *(faysstéen)* m. feast; treat.

festividad *(faysteebeedáhd)* f. festivity, holyday.

festivo *(faysstéeboh)* adj. festive, joyful, merry; **día** —, holiday.

fetiche *(faytéechay)* m. fetish.

fétido *(fáyteedoh)* adj. fetid, stinking, stenching, smelly.

feto *(fáytoh)* m. fœtus.

feudal *(fayoodáhl)* adj. feudal; feodal. [m. feudalism.

feudalismo *(fayoodahleessmoh)*

feudo *(fáyoodoh)* m. fief, feud.

fiado *(fyáhdoh)* adj. confident; trustworthy; **comprar algo** —, to buy on credit.

fiador *(feeahdóR)* m. guarantor, sponsor. *Mech.* catch, grip; safety-catch. [meat.

fiambre *(fyáhmbray)* m. cold

fiambrera *(fyahmbráyrah)* f. lunch-basket.

fianza *(fyáhnthah)* f. *Com.* guarantee, security. *Leg.* bail.

fiar *(fyáR)* tr. to guarantee; to bail. *Com.* to give credit; **es de** —, he is reliable; v. r. **fiarse de**, to trust on, to rely on.

fibra *(feebrah)* f. fibre, filament; (fig.) **tiene** — **de**, he's got the makes of; vigour, energy. [brous.

fibroso *(feebróhsoh)* adj. fibrous.

ficción *(feekthyón)* f. fiction.

ficha *(féechah)* f. (gamb.) chip; (games) counter. *Adm.* card-index. *Polic.* record.

fichar *(feechaR)* tr. (polic.) to file records. *Sport.* to sing on (for a club).

fichero *(feecháyroh)* m. card index; file; (furn.) filing-cabinet.

ficticio *(feektéethyoh)* adj. fictitious, unreal, imaginary.

fidedigno *(fedaydeegnoh)* adj. trustworthy, creditable. *Pol.* **de fuente** —, of good sourse.

fideicomiso *(fedaykohméesoh)* m. trust.

fidelidad *(feedayleedahd)* f. fidelity, loyalty, faithfulness.

fideos *(feedáyos)* m. pl. spaghetti; m. s. (coll.) very thin person. [re; fever.

fiebre *(fyáybray)* f. temperature.

fiel *(fyél)* adj. faithful, loyal, true; (scales) pointer; **los** —**es**, the faithful; adv. **—mente**, faitfully.

fieltro *(fyéltroh)* m. felt.

fiera *(fyáyrah)* f. wild beast; (fig.) **esta hecho una** —, he's raging mad; **es como una** —, he's like a savage. [ness.

fiereza *(fyaráythah)* f. fierce-

fiero *(fy:áyroh)* wild, ferocious. *Art.* statuette.

fiesta *(fyesstah)* f. festivity, holiday; feast.

figura *(fygóorah)* f. figure, form, shape; statue, image; **tener buena** —, to be shapely.

figurar *(feegooráR)* tr. to figure, to shape; — **entre**, to be considered among; v. r. to imagine. [adj. figurative.

figurativo *(feegoorahtéeboh)*

fijador *(feeHahdóR)* adj. fixing; m. fixer. *Phot.* fixing solution; (hair) lacquer.

fijar *(feeHáR)* tr. to fix; to fasten; v. r. to pay attention, to observe.

fijeza *(feeHayihah)* f. firmness; **mirar con** —, to stare.

fijo *(féeHoh)* adj. fixed, firm, steady; **de** —, without doubt, surely; **¿está(s)** —?, are you sure?

fila *ı(feelah)* f. row, line. *Mil.* rank. *Theat.* **las primeras** —**s**, the front rows; **las últimas** —**s**, the backrows.

filantropía *(feelahntrohpée:ah)* f. philanthropy.

134 **filántropo** *(feeláhntrohpoh)* m. philanthropist.

filarmónico *(feelaRmóhneekoh)* adj. philarmonic.

filatelia *(feelahtaylyah)* f. philately, stamp-collecting.

filatelista *(feelahtayleestah)* s. m. stamp-collector, philatelist. [steak; (fish) fillet.

filete *(feelaytay)* m. (meat)

filetear *(feelaytayaR)* tr. to fillet. *Mech.* to tool.

filiación *(feelyahthyón)* f. filiation, personal description.

filial *(feelyáhl)* adj. filial.

filo *(féeloh)* m. cutting edge.

filología *(feelohlohHée:ah)* f. philology.

filológico *(feelohlóhHeekoh)* adj. philological. [mine.

filón *(feelón)* m. seam, vein (of

filosofar *(feelohsohfáR)* tr. to philosophize. [philosophy.

filosofía *(feelohsohfée:ah)* f.

filósofo *(feelóhsohfoh)* m. philosopher.

filtrar *(feeltráR)* tr. to filter, to strain; v. r. to leak out; (fig.) to enter subreptitiously.

filtro *(féeltroh)* m. filter; (witch craft) love potion.

fin *(feen)* m. end (ing); aim, purpose, goal; **¡por —!,** at last! **al fin y al cabo,** in the end; **sin —,** endless.

finado *(feenáhdoh)* adj. deceased; the late.

final *(feenáhl)* adj. final, last; m. **el —,** the end. [finance.

financiar *(feenanthyaR)* tr. to

financiero *(feenahnthyáyroh)* adj. financial; m. financier.

finca *(féenkah)* f. country property (house, farm, etc.).

fineza *(feenáythah)* f. fineness; kindness; friendly gift. [ed.

fingido *(feenHéedoh)* adj. feing-

fingir *(feenHéeR)* tr. to feign, to pretend, to simulate.

fino, a *(feenoh, ah)* adj. fine, thin; (mann.) nice, elegant; (of edges) sharp, pointed; (gold) refined. [nicety.

finura *(feenóorah)* f. fineness;

firma *(féeRmah)* f. signature. *Com.* firm.

firmamento *(feeRmahmayntoh)* m. firmament, sky.

firmar *(feeRmáR)* tr. to sign.

firme *(féeRmay)* adj. firm, solid, steady; secure, fast, hard; m. foundation, bed; adv. **—mente,** steadily, firmly.

firmeza *(feeRmáythah)* f. firmness, steadiness; hardness, solidity; (fig.) **con —,** resolutely.

fiscal *(feesskáhl)* m. district-attorney; attorney-general. adj. fiscal.

fiscalizar *(feesskahlethaR)* tr. to prosecute; to consure.

fisco *(feesskoh)* m. exchequer.

fisgar *(feessgáR)* tr. to pry, to eavesdrop.

fisgonear *(feessgohnayáR)* tr. to pry, to eavesdrop.

física *(feéseekah)* f. physics.

físico *(feéseekoh)* adj. physical; m. physicist; (coll.) physique. [physiology.

fisiología *(feesy:ohlohHée:ah)* f.

fisioterapia *(feessyohtayrahpy-ah)* f. physiotherapy.

flaco *(fláhkoh)* adj. thin, lean.

flagelación *(flahHaylahthyon)* s. f. flagellation, scourging.

flagelar *(flahHaylaR)* tr. to scourge, to whip.

flagrante *(flahgrantay)* adj. flagrant; actual; **en —,** redhanded, in the act.

flama *(fláhmah)* f. flame.

flamante *(flahmáhntay)* adj. brand-new.

flamear *(flahmayáR)* intr. to flame, to blaze. *Naut.* to flutter (of salis). *Med.* to burn with alcohol.

flamenco *(flahmaynkoh)* adj. Flemish; (coll.) gay, happygo-lucky; s. m. Andalusian singing. *Orn.* flaminga.

flan *(flahn)* m. custard (pie).

flanco *(fláhnkoh)* m. *Fort.* flank.

flanquear *(flahnkayáR)* to flank.

flaquear *(flahkayáR)* intr. to slacken, to weaken, to grow feeble.

flaqueza *(flahkáythah)* m. weakness, feebleness, frailty.

flato *(fláhtoh)* m. flatus.

flauta *(flah/óotah)* f. flute.

flautista *(flah/ooteesstah)* s. fluteplayer, flautist. [ge.

fleco *(flaykoh)* s. m. purl, frin-

flecha *(fláychah)* f. arrow, dart; **irse como una —,** to go away like an arrow. [sudden love.

flechar *(flaycháR)* tr. to inspire

flema *(fláymah)* f. phlegm; (fig.) apathy, coolness.

flemático *(flaymáhteekoh)* adj. phlegmatic. [gumboil.

flemón *(flaymón)* m. phlegmon,

fletador *(flaytahdoR)* m. freight agent, charterer.

fletar *(flaytáR)* tr. *Naut.* to charter, to freight.

flete *(fláytay)* m. freight.

flexibilidad *(flayxeebeeleedahd)* f. flexibility, pliability, ductility.

flexible *(flaykséeblay)* adj. flexible, pliable, manageable.

flexión *(flayxyon)* f. flexion.

flojear *(flohHayáR)* intr. to slacken, to grow weak, to weaken.

flojo *(flóhHoh)* adj. *Phys.* weak, feeble. *Mech.* slack, loose.

flor *(floR)* f. flower; blossom; (fig.) the cream.

flora *(flóhrah)* f. *Bot.* flora.

florecer *(flohraytáyR)* intr. to flourish, to blossom; to bloom, to flower; (fig.) to thrive, to prosper.

floreciente *(flohraythyéntay)* adj. flourishing; thriving.

florero *(flohráyroh)* flower-pot, flower-vase, flower-pot.

florido *(flohréedoh)* adj. florid, flowerg.

florista *(flohreesstah)* s. florist, flower seller; f. flower-girl.

flota *(flóhtah)* f. *Naut.* fleet, armada.

flotación *(flohtahthyon)* s. f. floating, flotation; **línea de —,** water-line.

flotador *(flohtahdoR)* s. m. float; life-belt. [ing.

flotante *(flohtáhntay)* adj. float-

flotar *(flohtáR)* intr. to float; (fig.) to hover.

flote *(flóhtay)* m. floating; **a —,** afloat; **salir a —,** to come up to the surface.

flotilla *(flohtéelyah)* f. flotilla.

fluctuar *(flooktooáR)* intr. to flicker (of lights); to fluctuate, to oscillate.

fluidez *(flooeedayth)* f. fluency (in speech, etc.); fluidity, fluidness.

fluido *(flóo:eedoh)* adj. fluid, flowing; fluent (in speech, etc.); s. m. s. fluid.

fluir *(floo:éeR)* intr. to flow.

flujo *(flóoHoh)* m. (in)flux, (in)-flow. *Naut.* rising-tide; **re—,** ebb-tide. [river.

fluvial *(floobyáhl)* adj. fluvial,

foca *(fóhkah)* f. seal, sea-lion.

foco *(fóhkoh)* m. focus, core, source. *Theat.* spotlight.

fogata *(fohgáhtah)* f. bonfire, blaze. [ge, stove.

fogón *(fohgón)* m. kitchen-ran-

fogonero *(fohgohnayroh)* s. m. stoker, boiler-man. [flash.

fogonazo *(fohgohnahthoh)* s. m.

fogosidad *(fohgohseedáhd)* f. heat of temper, fire, dash.

fogoso *(fohgóhsoh)* adj. ardent (in love); hot-tempered; impetuous. [re.

folklore *(folklóhray)* m. folklo-

folklórico *(folklóhreekoh)* adj. folkloric. [liage.

follage *(fohlyahHay)* s. m. fo-

folleto *(fohlyáytoh)* m. pamphlet, booklet.

follón *(fohlyon)* s. m. row, brawl; lazy, coward, knave.

fomentar *(fohmayntáR)* tr. to foment, to encourage, to promote.

fomento *(fohmayntoh)* m. fomentation, encouragement, promotion.

fonda *(fóndah)* f. inn; tavern.

fondeadero *(fondayahdáyroh)* m. *Naut.* anchor (ing-) ground, anchorage.

fondear *(fondayáR)* tr. *Naut.* to cast anchor.

fondista *(fondeesstah)* s. innkeeper.

fondo *(fóndoh)* m. bottom; (pict. and sound) background; (mon.) fund; **tener un buen —,** to be goodhearted. [netics.

fonética *(fonáyteekah)* f. pho-

fontanería *(fontahnayrée:ah)* f. plumbing.

fontanero *(fontahnáyroh)* m. plumber. [law.

forajido *(fohrahHéedoh)* m. outlaw.

forastero *(forahstáyroh)* m. stranger, visitor, alien; adj. strange.

forcejear *(foRthayHayaR)* intr. to struggle, to labour, to wrestle with.

forcejeo *(foRthayHayoh)* s. m. struggle, struggling, effort, strife. [sic-doctor.

forense *(foraynsay)* m. foren-

forja *(fóRHah)* f. forge; smithy.

forjar *(foRHáR)* tr. to forge; to counterfeit; v. r. (fig.) to forge oneself something.

forma *(fóRmah)* f. shape, form; **estar en —,** to be fit; **de — que,** so, so that.

formación *(foRmahthyón)* f. formation, shape; education. *Mil.* **en —,** in array.

formal *(foRmáhl)* adj. formal, proper, solemn, stiff (in manners).

formalidad *(foRmahleedáhd)* f. formality, solemnity; seriousness.

formalizar *(foRmahleetháR)* tr. to formalize; (docum.) to legalize; v. r. to become formal or serious.

formar *(foRmáR)* tr. to form, to shape, to fashion; to constitute (organizations; v. i. to educate, to train; v. r. to get educated; to take shape.

formativo *(foRmahtéeboh)* adj. fomative.

formidable *(formeedáhblay)* adj. formidable, terrific.

fórmula *(fóRmoolah)* f. formula.

formulario *(foRmooláhryoh)* m formulary; book of formulæ

fornicación *(foRneekahthyón)* f fornication, sexual intercourse.

fornicar *(foRneekáR)* tr. to fornicate, to have intercourse

fornido *(foRnéedoh)* adj. robust stout.

forrar *(fohRáR)* tr. to line (clothes, pipes, etc); (books) to cover.

forro *(fóhRoh)* m. lining, doubling. *Naut.* sheathing; book cover, facket. *Naut.* **— de cabos,** sope servicing; **no conocerlo ni por el —,** not to have the foggiest idea.

fortalecer *(forthalaytáyR)* tr. to fortify, to strengthen; (fig.) to encourage.

fortaleza *(forthaláythah)* f. vigour, strength; (of spirit) fortitude. *Mil.* fortress, stronghold.

fortificar *(foRteefeekáR)* tr. to strengthen, to fortify.

fortuito *(foRtóoeetoh)* adj. fortuitous, chance, accidental.

fortuna *(foRtóonah)* f. fortune, chance, (good) luck, success; wealth, capital; **por —,** luckily, by chance.

forzar *(foRtháR)* tr. to force, to breakin (door, etc.); to enforce, to compel; to overpower; to ravish, to rape.

forzoso *(foRthóhsoh)* adj indispensable, compulsory obligatory. [strong, vigorous

forzudo *(foRthóodoh)* adj

fosa *(fóhsah)* f. pit; (fig.) grave. *Anat.* **— nasal,** nostril.

fósforo *(fohssfohroh)* m. *Min.* phosphorus; match.

foso *(fóhsoh)* m. pit, moat ditch.

fotograbado *(fohtohgrahbáhdoh)* m. photograbure.

fotografía *(fohtohgrahfée:ah)* f photo, snap, photograph *Art.* photography.

fotografiar *(photohgrahfyáR)* tr. to take snaps, to photograph, to take photos, photographer.

frac *(frahk)* m. dress-coat swallow-tail-coat.

fracasado *(frahkahssahdoh)* adj (coll.) failure.

fracasar *(frahkahsáR)* intr. to fail, to fall through, to come to nothing (of plans, etc.)

fracaso *(frahkáhsoh)* m. failure ruin; (plans, plays, etc.) wash-out.

fracción *(frahkthyón)* f. fraction, small portion.

fractura *(frahktóorah)* f. fracture, breakage. *Med.* fracture. [fracture; to break

fracturar *(frahktooráR)* tr. to fragancia *(frahgáhnthyah)* f. fragance, scent, perfume.

fragante *(frahgáhntay)* adj. fragant, aromatic; fragrant; **—, in the act, red-handed.**

fragata *(frahgáhtah)* f. frigate.

frágil *(fráhHeel)* adj. fragile break-able; frail.

fragilidad *(frahHeeleedad)* f. fragility, brittleness; frailty (of persons).

fragmento *(frahgmayntoh)* m fragment. [noise.

fragor *(frahgor)* s. m. clamor

fragua *(frahgwah)* s. f. forge.

fraguar *(frahgwaR)* tr. *Met.* to forge; (plans etc.) to contrive; to brew.

fraile *(frá/eelay)* m. friar, monk.

frambuesa *(frahmbwaysah)* f. raspberry.

francés *(frahnthayss)* adj. French; m. Frenchman.

franco *(fráhnkoh)* adj. frank, open, sincere; (mon.) franc; **puerto —,** free port; **— de impuesto,** duty-free.

franela *(frahnáylah)* s. flannel.

franja *(fráhnHah)* f. fringe, band; stripe.

franquear *(frankayáR)* tr. (letters) to put stamps, on; (doors) to open completely.

franqueo *(frahnkáyoh)* m. postage.

franqueza *(frahnkáythah)* f. frankness, sincerity; **con —,** frankly.

franquicia *(frahnkéethyah)* f. exemption, franchise.

frasco *(fráhskoh)* m. flask, bottle, jar. [tence.

frase *(fráhsay)* f. phrase; sen-

fraternal *(frahtayRnáhl)* adj. fraternal, brotherly.

fraternidad *(frahtayRneedáhd)* f. brotherhood, fraternity.

fraterno *(frahtáyRnoh)* adj. fraternal, brotherly. [fratricide.

fratricida *(frahtreetheedah)* s.

fratricidio *(frahtreethéedyoh)* m. fratricide, murder of a brother or sister. [deceit.

fraude *(frá/ooday)* m. fraud;

fray *(fráee)* m. Friar, Brother.

frecuencia *(fraykwáynthyah)* f. frequency.

frecuentar *(fraykwayntáR)* tr. to frequent, to haunt.

frecuente *(fraykwayntay)* adj. frequent, common, usual.

fregadero *(fraygahdáyroh)* m. sink, scullery.

fregar *(fraygáR)* tr. to wash up, to scour, to scrub.

freiduría *(frayeedooreeah)* s. f. fish (and chips) shop.

freír *(frayéeR)* tr. to fry.

frenar *(fraynáR)* tr. to brake, to stop, to hold up; (fig.) to check, to curb.

frenesí *(fraynaysée)* m. frenzy, fury, rush.

frenético *(fraynáyteekoh)* adj. frantic, furious, mad.

freno *(fráynoh)* m. *Mech.* brake, check; (fig.) curb, control; (horse) bridle.

frente *(frayntay)* f. *Anat.* forehead; m. *Mil. Pol.* front; (build.) front, façade; **de —,** facing; **de — a —,** face to face; adv. in front.

fresa *(fráysah)* f. strawberry.

fresadora *(frayssahdóhra)* s. f. *Mech.* boring-machine, drill.

fresco *(fraysskoh)* adj. fresh cool; m. cool air; **tomar el —,** to go for a stroll.

frescor *(fraysskóR)* m. freshness.

frescura *(fraysskóorah)* f. freshness; cheek, nerve.

fresno *(frayssnoh)* m. *Bot.* ash-tree, ash-wood.

frialdad *(fryaldáhd)* f. coldness, coolness; (fig.) indifference.

fricción *(freekthyón)* f. friction, rubbing; (hair) shampoo; embrocation (for muscles).

friccionar *(freethyonáR)* tr. to rub. [gidity.

frigidez *(freeHeedayth)* s. f. fri-

frígido *(freeHeedoh)* adj. frigid; frozen.

frigorífico *(freegohréefeekoh)* adj. frigorific, refrigerating; s. m. refrigerator.

frío *(frée:oh)* adj. cold, chilly. m. cold; **hace —,** it is cold.

---

friolero *(freeohlayroh)* adj. sensitive to cold.

frisar *(freessáR)* tr. to frizzle, (cloth). *Naut.* to line, to pack; (fig.) to be about/be near.

fritada *(freetáhdah)* f. fry.

frito *(fréetoh)* adj. fried.

frivolidad *(freebohleedáhd)* f. frivolity, triviality, puerility.

frívolo *(fréebohloh)* adj. frivolous, trivial, puerile; vane.

frondosidad *(frondohseedáhd)* f. foliage, frondage, growth, under-growth, thicket.

frondoso *(frondóhsoh)* adj. leafy, luxuriant.

frontal *(frontáhl)* adj. front(al).

frontera *(frontáyrah)* f. frontier, border. [bordering.

fronterizo *(frontayréethoh)* adj.

frontón *(frontón)* m. hand-ball court. [tion, rubbing.

frotación *(frohtahthyón)* f. fric-

frotar *(frohtáR)* tr. to rub.

fructífero *(frooktéefayroh)* adj. fruitful, productive. *Com.* profitable.

fructificar *(frookteefeekáR)* tr. to fructify, to yield fruits; (fig.) to be successful. *Com.* to be profitable.

frugal *(froogáhl)* adj. frugal; sparing, thrifty.

frugalidad *(froogahleedáhd)* f. frugality, economy, thrift.

fruición *(frooeethyón)* f. fruition, enjoyment, relish.

fruncir *(froontheeR)* tr. (sew) to gather; (eges) to pucker; (brows) to frown.

frustrar *(froostráR)* tr. to frustrate, to thwart; v. r. to fall through.

fruta *(fróotah)* f. fruit.

frutal *(frootáhl)* adj. fruitful; m. fruit-tree. [store.

frutería *(frootayrée:ah)* f. fruit-

frutero *(frootáyroh)* m. fruit-basket, fruit-bowl; fruiterer.

fruto *(fróotoh)* m. fruit, produce, result.

fuego *(fwaygoh)* m. fire; (fig.) heat, fire, vigour. *Mil.* exc. Fire! m. pl. **— artificiales,** fireworks, **prender —,** to set on fire.

fuente *(fwayntay)* f. fountain; spring, source, dish.

fuera *(fwayrah)* adv. away, out, off, outside; **— de,** out of; **— de sí,** beside oneself; **estar —,** to be away; excl. **¡—!** out! away with him!

fuero *(fwayroh)* m. statute, law.

fuerte *(fwáyRtay)* adj. strong, hard; m. fort-ress).

fuerza *(fwáyRthah)* f. force; strength, power, pl. soldiers.

fuga *(fóogah)* f. flight, escape. *Tech.* leak. *Mus.* fugue.

fugacidad *(foogahtheedáhd)* f. fugacity.

fugarse *(foogáRsay)* v. r. to escape, to run away.

fugaz *(foogáth)* adj. fleeting, brief; **estrella —,** shooting star. [gitive, runaway.

fugitivo *(fooHeetéeboh)* adj. fu-

fulana *(foolánah)* f. such a one; mistress, lover.

fulano *(foolánoh)* m. such a one, Mr. So and So.

fulgor *(foolgóR)* m. fulgency, glow.

fulminante *(foolmeeáhntay)* adj. thundering. m. percussion cap.

fulminar *(foolmeenáR)* tr. to fulminate, to storm at.

---

fumador *(foomadóR)* m. smoker; **— empedernido,** heavy smoker.

fumar *(foomaR)* tr. to smoke.

fumigar *(foomeegáR)* tr. to fumigate, to desinfect by spraying, to spray.

función *(foonthyón)* f. function. *Theat.* performance, show; **— de noche,** late night show.

funcionar *(foonthyohnáR)* intr. *Mech.* to work; to function.

funcionario *(foonthy:ohnáhryoh)* m. civil servant.

funda *(fóondah)* f. case; sheath.

fundación *(foondahthyón)* f. foundation; establishment, institution.

fundamental *(foondahmayntahl)* adj. essential, basic.

fundamento *(foondahmayntoh)* m. foundation, grounds, basis.

fundar *(foondáR)* tr. to found; to establish.

fundición *(foondeethyón)* f. *Met.* smeling; fusion. *Met.* foundy, smelter, foundry.

fundir *(foondéeR)* tr. to smelt (metals); v. r. *Elect.* to fuse; (fig.) to spend up.

fúnebre *(fóonaybray)* adj. gloomy, morbid; lugubrious.

funeral *(foonayráhl)* adj. y m. funeral.

funeraria *(foonayráhryah)* undertaker's, funeral directors.

funesto *(foonaystoh)* adj. unfortunate, ill-fated.

funicular *(fooneekooláR)* adj. funicular; m. cableway, rope-way.

furia *(fóoryah)* f. fury; rage.

furioso *(fooryóhsoh)* adj. furious, mad, raging, fuming.

furor *(fooróR)* m. fury; rage.

furtivo *(foortéeboh)* adj. furtive, clandestine; **cazador —,** poacher. [boil, furuncle.

furúnculo *(fooróonkooloh)* m.

fusible *(foosseeblay)* adj. fusible; m. *Elec.* fuse. [musket.

fusil *(fooséel)* m. rifle, gun,

fusilar *(fooseeláR)* tr. to execute by shooting.

fusión *(foosyón)* f. fusion, melting; (met.); (fig.) fusion. *Com.* merger.

fusionar *(foossyohnaR)* tr. to unite. *Com.* to merge.

fustigar *(foosteegaR)* tr. to whip, to fustigate.

fútbol *(football)* m. football (soccer).

futbolista *(footballeestah)* m. football player.

fútil *(fóotyl)* adj. futile.

futuro *(footóoroh)* adj. and m. future.

gabán *(gahbáhn)* m. overcoat.

gabardina *(gahbaRdéenah)* f. gabardine, rain-coat.

gabarra *(gahbáRah)* f. *Naut.* lighter, barge.

gabinete *(gahbeenáytay)* m. cabinet, study, parlour; (pols.) government, the ministers.

gacela *(gahthaylah)* s. f. gazelle. [newspaper.

gaceta *(gahtháytah)* f. gazette,

gafa *(gáhfah)* f. grapple, hook; pl. spectacles, glasses. *Naut.* canhooks.

gafar *(gahfaR)* tr. to hook, to claw; to fasten, to join.

---

gaita *(gáheetah)* f. bagpipe, fla- **135** geolet.

gaitero *(gaeetáyroh)* m. piper.

gaje *(gáHay)* m. wages, pay; pl. fees, perquisites.

gala *(gáhlah)* f. gala; full dress.

galán *(gahláhn)* m. lover, courtier. [lant, cavalier

galante *(gahláhntay)* adj. gal-

galanteador *(gahlahntayahdóR)* m. wooer, lover, lover-boy, flirt.

galantear *(gahlahntayáR)* tr. to court, to woo, to flirt.

galanteo *(gahlahntáyoh)* m. courting, wooing.

galantería *(gahlantayrée:ah)* f. politeness; [ward, prize.

galardón *(gahláRdon)* m. re-

galardonar *(gahlaRdohnáR)* tr. to reward, to award a prize.

galeón *(gahlayón)* m. *Naut.* galleon.

galería *(gahlayréeah)* f. gallery; corridor, lobby. *Art.* gallery, exhibition room.

galerna *(gahláyRnah)* f. gale, gale force wind.

galés (a) *(gahlayss, ah)* m. f. Welshman (-woman); adj. Welsh.

galgo *(gáhlgoh)* m. greyhound.

galicismo *(gahleetheesmoh)* s. gallicism.

galimatías *(gahleemahtée:ahs)* m. gibberish talk, prattle.

galón *(gahlón)* m. (measure) gallon. *Mil.* braid, stripe.

galopada *(gahlohpáhdah)* f. gallop race. [llop.

galopar *(gahlohpáR)* intr. to ga-

galope *(gahlóhpay)* m. gallop; **a —,** in haste. [cal, rogue.

galopín *(gahlohpéen)* s. m. ras-

galvanizar *(gahbahneethaR)* tr. to galvanize; to electroplate; (fig.) stir, to arouse.

gallardear *(gahlyaRdayáR)* intr. to behave gracefully.

gallardete *(gahlyaRdáytay)* m. pennant, streamer.

gallardía *(gahlyaRdée:ah)* f. genteelness; gallantry.

gallardo *(gahlyáRdoh)* adj. graceful, elegant; bold, daring.

gallego *(gahlyáygoh)* m. y adj. Galician.

galleta *(gahlyáytah)* f. biscuit; (coll.) slap.

gallina *(gahlyéenah)* f. hen; (coll.) coward, chicken; **— clueca,** brood-hen; **— ciega,** blind man's knock.

gallinero *(gahlyenáyroh)* m. poultry-yard, hen-pen, hen-house. *Theat.* gallery, the «gods».

gallo *(gáhlyoh)* m. cock, rooste; **— de pelea,** game-cock.

gama *(gahmah)* s. f. *Zool.* doe. *Mus.* gamut; (fig.) range.

gamba *(gahmbah)* s. f. large shrimp.

gamberro *(gahmbayRoh)* adj. and s. hooligan, rowdy (type).

gamo *(gáhmoh)* m. *Zool.* buck.

gamuza *(gahmóothah)* f. chamois, wash-leather.

gana *(gáhnah)* f. desire; appetite; **de buena —,** willingly; **tener — de,** to feel like doing, to fancy.

ganadería *(gahnahdayrée:ah)* f. livestock, cattle-breeding.

ganadero *(gahnahdáyroh)* m. owner of cattle; dealer in cattle, cattle-breeder; adj. cattle.

136 **ganado** (*gahnáhdoh*) m. cattle, livestock. [ner.

ganador (*gahnahdóR*) m. winner.

ganancia (*gahnánthyah*) f. profit, gain; (gamb.) winnings.

ganar (*gahnáR*) tr. to gain, to profit. *Com. Sport.* (gamb.) to win; (salary, etc.) to earn.

gancho (*gáhnchoh*) m. hook; stunt; procurer. *Box.* crotchet. [fer.

gandul (*gahndóol*) m. idler, loaganga (*gáhngah*) f. bargain. *Min.* gangue. [grene.

gangrena (*gahngráynah*) s. gangangrenarse (*gahngraynáRsay*) r. to become gangrenous.

gansada (*gahnsáhdah*) f. stupidity, silly prank; (coll.) a daft thing to do.

ganso (*gáhnsoh*) m. gander; s. f goose; (coll.) lazybones.

ganzúa (*gahnthóo:ah*) f. picklock, false-key.

garabatear (*gahrahbahtayáR*) tr. to hook; v. i. to scribble, to scrawl; to doodle.

garabato (*gahrahbáhtoh*) m. scribble, doodle, scrawl.

garaje (*gahráhHay*) m. garage.

garantía (*gahrahntée:ah*) f. warrant(y); guarantee.

garantizar (*gahrahnteetháR*) tr. to guarantee, to warrant; to vouch for, to answer for.

garapiñar (*gahrahpeenyáR*) tr. to ice, to candy. [chickpea.

garbanzo (*gaRbánthoh*) m.

garbo (*gáRboh*) m. gracefulness; **con —**, gracefully.

garboso (*gaRbóhsoh*) adj. graceful. [gaff.

garfio (*gáRfyoh*) m. iron hook,

garganta (*gaRgánhtah*) f. throat, gullet. *Geog.* ravine, gorge

gárgara (*gáRgahrah*) f. gargle; **hacer —s**, to gargle. [hut.

garita (*gahréetah*) f. sentry-box,

garito (*gahréetoh*) m. gaminghouse, gamblingden.

garlito (*gaRléetoh*) m. snare, trap; **caer en el —**, to fall into a trap.

garra (*gáhRah*) f. *Zool.* claw. *Mech.* clutch; (bird) talon.

garrafa (*gaRráhfah*) f. carafe.

garrafón (*gahRahfon*) s. m. large carafe, demijohn.

garrapata (*gahRahpáhtah*) f. dog-tick. [bean.

garroba (*gaRohbah*) f. carobgarrocha (*gaRochah*) s. f. javelin; (bull-fight) goad.

garrotazo (*gahRohtáhthoh*) m. blow with a cudgel.

garrote (*gahRóhtay*) m. club, cudgel; a capital punishment used in Spain.

garza (*gáRthah*) f. *Orn.* heron.

gas (*gahs*) m. gas, fume, vapour; **— butano**, butane gas; **— natural**, methane.

gasa (*gáhsah*) f. gauze; chiffon.

gaseosa (*gahsayóhsah*) f. soda water, «pop». [seous.

gaseoso (*gahsayóhsoh*) adj. ga-

gasolina (*gahsohléenah*) f. gasoline *USA.*; petrol *G. B.*

gastado (*gahstáhdoh*) adj. worn-out; spent; used up.

gastador (*gastadoR*) s. m. spendthrift; waster.

gastar (*gahstáR*) tr. to spend; to wear out; to use up.

gasto (*gáhstoh*) m. expenditure, expense; pl. expenses. *Leg.* costs.

gástrico (*gáhstreekoh*) adj. gastric.

gastronomía (*gahstrohnohmée:-ah*) f. gastronomy.

gata (*gáhtah*) f. female cat, shecat; **a —s**, on all fours.

gatear (*gahtayaR*) intr. to go on all fours; to clamber up.

gatillo (*gahtéelyoh*) m. trigger, catch.

gatito (*gahteetoh*) s. m. (dim.) pussycat; kitten.

gato (*gáhtoh*) m. cat, tom cat. *Mech.* jack.

gatuno (*gahtóonoh*) adj. catlike.

gaveta (*gahbáylah*) f. drawer, till.

gavilán (*gahbeehláhn*) m. *Orn.* sparrow-hawk.

gavilla (*gahbéelyah*) f. sheaf of corn. [seagull.

gaviota (*gahbyóhtah*) f. *Orn.*

gayo (*gáhyoh*) adj. gay, showy.

gazapo (*gahtháhpoh*) s. cony, young rabbit; (fig.) slip, misprint.

gaznate (*gathnáhtay*) m. throat; (coll.) **coger por el —**, to get by the neck.

gazpacho (*gathpáhchoh*) m. Andalusian dish.

gelatinoso (*Haylahteenchssoh*) adj. gelatinous, felly-like.

gema (*Haymah*) s. f. gem; **sal —**, rock salt.

gemelo (*Haymáyloh*) m. twin; pl. binoculars, cufflinks.

gemido (*Hayméedoh*) m. groan; moan. [groan, to moan.

gemir (*HayméeR*) intr. to

gendarme (*HayndáRmay*) m. constable, policeman.

genealogía (*HaynayahlohHéeah*) f. genealogy, lineage, pedigree. [f. generation.

generación (*Haynayrahthyón*)

general (*Haynayráhl*) adj. and m. general. *Theat.* gallery, the «gods»; **por lo —**, as a rule, generally.

generalidad (*Haynayrahleedáhd*) f. generality, the great majority.

generalizar (*HaynayrahleethaR*) tr. to generalize; v. r. to generalize; v. r. to spread.

generar (*HaynayráR*) tr. to generate.

genérico (*Haynáyreekoh*) adj. generic.

género (*Háynayroh*) m. genus. *Gram.* gener; kind, sort; (text.) cloth; pl. (dry) goods, merchandise, wares.

generosidad (*Haynayrohseedáhd*) f. generosity.

generoso (*Haynayróhsoh*) adj. generous, open-handed.

genial (*Hayny:áhl*) adj. inspired; joyful; of genius.

genialidad (*Hayny:ahleedáhd*) f. geniality.

genio (*Háynyoh*) m. genius.

genital (*Hayneetáhl*) adj. genital.

gente (*Háyntay*) f. people; folk; **— menuda**, youngsters; **— baja**, rabble; **— bien**, well-to-do people.

gentil (*Hayntéel*) adj. genteel; (jew.) Gentile.

gentileza (*Hayteelaythah*) f. gentility, courtesy, kindness.

gentío (*Hayntée:oh*) m. crowd, mob.

genuino (*Haynoo:éenoh*) adj. genuine, the real thing.

geografía (*Hayohgrahfée:ah*) f. geography.

geográfico (*Hayohgráhfeekoh*) adj. geographical.

geógrafo (*Hayóhgrahfoh*) m. geographer.

geología (*HayohlohHée:ah*) f. geology. [f. geometry.

geometría (*Hayohmaytrée:ah*)

geranio (*Hayráhnyoh*) m. *Bot.* cranesbill, geranium.

gerencia (*Hayráynthyah*) f. management. [nager.

gerente (*Hayráyntay*) m. manager.

germen (*HáyRmayn*) m. (ent.) germ; *Bot.* bud, sprout.

germinar (*HayRmeenaR*) intr. to germinate, to bud.

gesta (*Haystah*) s. f. feat, action; pl. **cantares de —**, heroic deeds, sagas, legends.

gestación (*HaystaRthyon*) s. f. *Med.* gestation, pregnancy.

gesticular (*HaysteekoolaR*) tr. to gesticulate; to make grimaces.

gestión (*Haystyón*) f. conduct; management; **hacer —es**, to make enquiries; **tener que hacer unas —**, to have some bussiness to do.

gesto (*Hayésstoh*) m. gesture, sing; face. [tor.

gestor (*HaysstóR*) m. negotiagestoría (*Haystohreeah*) administrative office.

gigante (*Heegáhntay*) m. giant; adj. gigantic, huge.

gimnasia (*Heemnahssyah*) f. gymnastics. [gymnasium.

gimnasio (*Heemnáhssyoh*) m.

gimnasta (*Heemnahstah*) s. gymnast, athlete.

gimotear (*HeemohtayáR*) intr. to whimper, to sob.

gimoteo (*Heemohtáyoh*) m. whimpering, sobbing.

ginecología (*HeenaykoloHéeah*) f. ginecology. [picnic.

gira (*Héerah*) f. tour; outing

girar (*HeeráR*) intr. to spin, to turn; to revolve, to rotate. *Com.* to send a «giro».

girasol (*Heerahsól*) m. *Bot.* sunflower.

giratorio (*Heerahtóhryoh*) adj. revolving, rotating, spinning.

giro (*Héeroh*) m. turn; course; twist, idiom. *Com.* draft.

gitanada (*Heetahnáhdah*) f. trick; wheedling, flattery.

gitano (*Heetáhnoh*) m. gipsy; adj. gipsy-like; (coll.) sly, cute. [icy.

glacial (*glahthyáhl*) adj. glacial,

glándula (*gláhndoolah*) f. gland.

global (*glohbáhl*) adj. global, total.

globo (*glóhboh*) m. balloon *Aer. & Toy, Geog.* globe; sphere.

gloria (*glóhryah*) f. Paradise, Heavens; (fig.) glory, honour. [glorify.

gloriarse (*glohryáRsay*) r. to

glorieta (*glohryáytah*) f. summer-house, arbour; small square. [glorify.

glorificar (*glohreefeekáR*) tr. to

glorioso (*glohryóhsoh*) adj. glorious. [ment.

glosa (*glóhsah*) f. gloss; com-

glosar (*glohsáR*) tr. to gloss, to comment. *Com.* to audit.

glosario (*glohsáhryoh*) m. glosary.

glosopeda (*glossopaydah*) s. f. *Vet.* foot-and-month disease.

glotón (*glohtón*) m. glutton; adj. gluttonous. [gluttony.

glotonería (*glohtohnáyrée:ah*) f.

gobernación (*gohbayRnahthy:ón*) f. government; **Ministerio de la —**, Home Office.

gobernador (*gohbayRnahdóR*) m. governor; ruler.

gobernante (*gohbayRnáhntay*) adj. governing, ruling. m. administrator, ruler.

gobernar (*gohbayRnáR*) tr. to govern, to rule *Pol. Naut* to steer.

gobierno (*gohbyéRnoh*) m. government, cabinet. *Pol. Naut.* steering.

goce (*góhthay*) m. enjoyment.

golfo (*gólfoh*) m. *Geog.* bay, gulf; (of persons), tramp, do-no-thing, ragamuffin.

golondrina (*gohlondréenah*) f. swallow.

golosina (*gohlohséenah*) f. dainty, delicacy; pl. niceties, sweets. [glutton.

goloso (*gohlóhsoh*) adj. greedy,

golpe (*góhlpay*) m. blow; stroke; **— de estado**, coup d'etat.

golpear (*gohlpayáR*) tr. to beat, to strike, to hit, to knock.

goma (*góhmah*) f. (mat.) rubber; **— de pegar**, gum; **— de borrar**, *G. B.* rubber, *USA.* eraser.

góndola (*góndohlah*) f. gondola.

gondolero (*gondohláyroh*) m. gondolier.

gord(in)flón (*goRdinflón*) adj. y m. (coll.) fatty, chubby.

gordo (*góRdoh*) adj. fat.; (hum.) plump.

gordura (*goRdóorah*) f. fat-(ness), obessity, plumpness.

gorgoritos (*goRgohreetoss*) s. m. pl. trill, quiver. [gurgle.

gorgoteo (*goRgotayoh*) s. m.

gorjear (*goRHayáR*) intr. to warble, to chirp, to trill, to twitter.

gorjeo (*goRHáyoh*) m. warble, chirping, trill, twitter.

gorra (*góRah*) f. cap; bonnet; (coll.) sponging.

gorrero (*gohRáyroh*) m. capmaker; sponger.

gorrión (*gohRy:ón*) m. sparrow.

gorro (*góhRoh*) m. cap.

gorrón (*gohRón*) m. sponger.

gota (*góhtah*) f. drop. *Med.* gout. [to drip.

gotear (*gohtayáR*) intr. to drop,

gotera (*gohtáyrah*) f. leak(age).

gozar (*gohtháR*) tr. to enjoy.

gozne (*góthnay*) m. hinge.

gozo (*góthoh*) m. joy, pleasure.

gozoso (*gohthóhsoh*) adj. joyful, cheerful, glad, content.

grabado (*grahbáhdoh*) m. engraving; illustration, picture, print. [graver.

grabador (*grahbahdóR*) m. en-

grabar (*grahbaR*) tr. to engrave; to carue, to cut; (fig.) to impress on one's mind.

gracejo (*grahtháyHoh*) m. grace, wit.

gracia (*gráhthyah*) f. grace; gracefulness; pl. thanks; **dar —s**, to thank; **tener —**, to be funny.

gracioso (*grahthy:óhsoh*) adj. amusing; pleasing; (sarc.) ¡**muy —!** very funny!

grada (*gráhdah*) f. (step) of staircase; (chip-buil) stocks; (stad.) terraced seats.

gradación (*grahdahthyón*) f. gradation.

gradería (*grahdayrée:ah*) f. series of terraced seats.

grado (*gráhdoh*) m. *Temp. Maths. Geog.* degree. *Com. Mil.* grade.

graduación (grahdoo:ahthyón) f. grad(u)ation. Mil. rank. Maths. scale of degrees; (wine) alcoholic contents.
graduado (grahdoo:áhdoh) adj. graduated; s. m. graduate.
gradual (grahdoo:áhl) adj. gradual.
graduar (grahdoo:áR) tr. to gauge; (acad.) to graduate.
gráfico (gráfeekoh) adj. graphic, pictorial; s. m. (stat.) graph, diagram. [tablet.
gragea (graháyah) f. Med. pill,
grajear (grahHayaR) intr. to caw (crows); to chatter (magpies). [daw.
grajo (grahHoh) s. m. jay, jack-
gramática (grahmáhteekah) f. grammar; — parda, horse sense.
gramo (gráhmoh) m. gram(m)e.
gramófono (gramóhfohnoh) m. gramophone, record-player.
gran (grahn) adj. great; grand.
grana (gráhnah) f. scarlet.
granada (grahnáhdah) f. pomegranate. Mil. handgrenade.
granadero (grahnahdáyroh) Mil. grenadier. [to kern.
granar (grahnáR) intr. to seed,
granate (grahnáhtay) m. garnet.
grande (gráhnday) adj. great, large; m. grandee.
grandeza (grahndáythah) f. greatness.
grandilocuencia (grahndeelohkwaynthy:ah) f. grandiloquence, verbosity.
grandioso (grahndy:óhsoh) adj. grand, superb, great.
granear (grahnayáR) tr. to granulate. [bulk.
granel (grahnyl) adv. Com. in
granero (grahnáyroh) m. granary, barn.
granilloso (grahneelyóhsoh) adj. granulous, granular.
granito (grahnéetoh) m. Min. granite; small pimple, spot; small grain. [hailstorm.
granizada (grahneetháhdah) f.
granizado (grahneetháhdoh) m. water-ice. [hail.
granizar (gRahneetháR) intr. to
granizo (grahnéethoh) m. hail.
granja (gráhnHah) f. farm(-house). [mer.
granjero (grahnHáyroh) m. far-
granjear (grahnHayaR) tr. to earn. r. to gain, to win over(friendship, sympathy, etc.).
grano (gráhnoh) m. grain, cereal; spot, pimple; ir al —, to get to the point.
granuja (grahnóoHah) rogue, scoundrel; waif, urchin.
grapa (gráhpah) f. staple. Mech. clamp, clamp-iron.
grasa (gráhsah) f. grease, fat.
grasiento (grahsyéntoh) adj. greasy; fatty, oily.
grasoso (grahsóhsoh) adj. greasy, oily, filthy.
gratificación (grahteefeekahthyón) f. gratification, gratuity, tip.
gratificar (grahteefeekáR) tr. to gratify; to tip; to reward.
gratis (gráhteess) adv. gratis, free. [tude, gratefulness.
gratitud (grahteetóod) f. grati-
grato (grahtoh) adj. pleasing, pleasant, agreeable.
gratuito (grahtoo:éetoh) adj. gratuitous, free (of charge).
grava (gráhbah) f. gravel, rubble. [charge; tax, duty.
gravamen (grahbáhmayn) m.
gravar (grahbáR) tr. to charge; to tax.

grave (gráhbay) adj. grave, serious, dangerous.
gravedad (grahbaydáhd) f. gravity, seriousness; danger.
gravitación (grahbeetahthyón) f. gravitation. [vitate.
gravitar (grahbeetáR) tr. to gra-
gravoso (grahbósoh) adj. grievous, offensive; (fin.) onerous. [croak, to caw.
graznar (grathnaR) intr. to
graznido (grathneedoh) s. m. croak, caw, cakle.
gregario (graygaryoh) adj. gregarious, gregarian.
gremial (graymyáhl) adj. tradeunionistic. [union, guild.
gremio (gráymyoh) m. tradeguild.
gresca (grayskah) f. carousal; revelling; wrangle.
griego (gryégoh) adj. Greek, greek language.
grieta (gryetah) f. crevice; crack; clink, fissure.
grietarse (gryetaRssay) v. r. to crack; — las manos, to get hands chapped.
grifo (gréefoh) m. tap, faucet.
grilletes (greelyáytayss) m. pl. shackles.
grillo (gréelyoh) m. crisket.
gripe (gréepay) f. influenza; grippe; (coll.) flu.
gris (greess) adj. G. B. grey, USA. gray, grizzled.
grisáceo (greesáhthayoh) adj. greyish, grizzly.
grisú (greesóo) m. fire damp.
gritar (greetáR) intr. to cry out, to scream, to yell.
gritería (greetayrée:ah) f. screaming, yelling, outcry.
grito (gréetoh) m. cry, scream.
grosería (grohsayrée:ah) f. grossness, rudeness, discourtesy, impudence.
grosero (grohsáyroh) adj. rude, impudent, coarse.
grosor (grohsóR) m. thickness.
grotesco (grohtaysskoh) adj. grotesque, ridiculous, laughable.
grúa (gróo:ah) f. crane, derrick.
grueso (groo:áysoh) adj. bulky, thick, fat, plump; m. bulk, thickness.
gruñido (groonyéedoh) m. grunt; growl. [grunt.
gruñir (groonyéeR) intr. to
grupa (gróopah) f. croup, rump.
grupo (gróopoh) m. group; assemblage, clump, set.
gruta (gróotah) f. cavern; grotto. [the.
guadaña (goo:ahdáhnyah) f. scy-
guante (gwantay) m. glove.
guapo (goo:áhpoh) adj. handsome, good-looking, dashing; pretty, beautiful, goodlooking.
guarda (goo:áRdah) m. guard; keeper, (railway) signalman; f. custody.
guardabarros (gwardahbaRoss) s. m. Mot. mud-guard.
guardabosque (goo:aRdahbóskay) m. forester, gamekeeper. [Mot. windscreen.
guardabrisas (gwardabreessass)
guardacostas (goo:aRdahkóstahs) m. coatguard, revenue cutter.
guardado (gwardahdoh) adj. guarded, kept, reserved.
guardador (gwardahdoR) s. m. careful, provident; keeper.
guardafrenos (gwardahfraynos) s. m. (rlwy) brakeman.
guardapolvo (goo:aRdahpólboh) m. dustguard, dust-cover.

guardar (goo:aRdáR) tr. to keep, to guard, to preserve, to keep an eye; v. r. to guard against, to beware.
guardarropa (goo:aRdahRóhpah) f. wardrobe; cloakroom.
guardería (goo:aRdayrée:ah) f. day nursery.
guardia (goo:áRdyah) f. guard; Naut. watch; estar de —, Mil. to be on duty; m. policeman.
guardián (goo:aRdyáhn) m. keeper; guardian.
guarecer (goo:ahraytháyR) tr. to shelter; v. r. to shelter, to take refuge [cave.
guarida (goo:ahréedah) f. den,
guarnecer (goo:aRnaytháyR) tr. (cook.) to garnish. Mil. to garrison; (sew) to trim.
guarnición (goo:aRneeththyón) f. (sew) trimming. Mil. garrison; pl. harness; (cook.) dressing.
guarro (goo:áhRoh) m. hog; pig; (coll.) dirty, filtby.
guasa (goo:áhsah) f. (coll.) jest, fun.
guasón (goo:ahsón) adj. witty, facetious; m. wag, joker.
gubernativo (goobayRnahtéeboh) adj. administrative, governmental.
guerra (gáyRah) f. war(fare); declarar la —, to declare war; hacer —, to wage war; (fig.) dar —, to cause trouble.
guerrear (gayRayáR) intr. to wage war, to fight; (fig.) to argue, to resist.
guerrero (gayRáyroh) adj. warlike; m. warrior.
guerrilla (gayRéelyah) f. guerrilla, warfare.
guerrillero (gayRelyáyroh) m. partisan, guerrilla.
guía (gée:ah) s. guide, leader. Com. customs permit. Mech. guide-pin, guide-screw. Naut. guy, leader; s. f. (tour) guide-book.
guiar (ge:aR) tr. to guide, to lead, to show the way; to advice, to teach. Mot. to drive.
guijarro (geHáhRoh) m. pebble.
guillotina (gelyohteenah) f. guillotine.
guillotinar (geelyohteenáR) tr. to guillotine.
guiñapo (geenyáhpoh) m. tatter; rag; (fig.) (of persons) tramp, ragged.
guiñar (geenyáR) tr. to wink. Naut. to yaw, to lurch.
guión (geeón) m. hyphen, dash; script (film, lecture). Eccl. standard.
guirnalda (geeRnáhldah) f. garland, wreath.
guisa (geessah) f. mode, manner; a — de, like, as.
guisado (geesáhdoh) m. stew.
guisante (geesáhntay) m. greenpea.
guisar (geesáR) tr. to cook; (fig.) to get ready, to prepare.
guiso (géesoh) m. cooked dish, stew.
guitarra (geetáhRah) f. guitar.
guitarrista (geetahRéesstah) m. guitar player.
gula (góolah) f. gluttony.
gusano (goosáhnoh) m. worm, caterpillar, grub, maggot; — de seda, silk worm; luciérnaga, glow worm; — de la conciencia, remorse.

gustar (goostáR) intr. to like, to love; to enjoy; to please; v. t. to taste, to try; v. r. to like each other.
gustazo (goostáhthoh) m. a great pleasure.
gusto (góostoh) m. taste; pleasure, like; da — verle, it's a pleasure to see him; de buen —, in good taste; de mal —, offensive; tengo mucho —, (when greeting) it is a pleasure; el — es mío, it's my pleasure.
gustoso (goostóhsoh) adj. willing. with pleasure. [ral.
gutural (gootoorahl) adj. guttu-

haba (áhbah) f. broad bean.
habano (ahbáhnoh) adj. Havana cigar.
haber (ahbáyR) tr. to have (as aux. verb.); (obs) to own, o possess, etc.; (imp. v.) there to be; — que, to have to, must; m. Com. credit.
habichuela (ahbeechwáylah) f. Bot. kidney bean.
hábil (áhbeel) adj. clever; skilful, desterous.
habilidad (ahbeeleedáhd) f. ability, skill, dexterity.
habilidoso (abeeleedossoh) adj. skiful, ingenious, clever.
habilitación (ahbeeleetahthyón) f. qualification; wages office.
habilitado (ahbeeleetáhdoh) adj. qualified; m. paymaster.
habilitar (ahbeeleetáR) tr. to qualify, to equip, to fit out.
habitable (ahbeetáhblay) adj. habitable.
habitación (ahbeetahthyón) f. room; habitation, dwelling.
habitante (ahbeetáhntay) m. inhabitant, dweller.
habitar (ahbeetáR) tr. to live; to inhabit. [bit; custom.
hábito (áhbeetoh) s. dress, ha-
habitual (ahbeetoo:áhl) adj. habitual, customary, usual.
habituar (ahbeetoo:áhR) tr. to accustom, to habituate; v. r. to get used to, to get accustomed to.
habitud (ahbeetóod) f. habitude.
habla (áhblah) f. language, speech.
hablado (ablahdoh) adj. spoken; bien —, well-spoken; mal —, ill-spoken.
hablador (ahblahdóR) m. talker, chatter-box, prattler; adj. talkative. [gossip.
habladuría (ahblahdoorée:ah) f.
hablar (ahbláR) tr. to speak, to talk, to chat; v. intr. to speak (languages, etc.); v. r. to speak to each other; — por —, to talk for talking's sake.
hacendado (ahthayndáhdoh) adj. landed, m. landowner.
hacendoso (ahthayndóhsoh) adj. adj. diligent, hard-working.
hacer (ahtháyR) tr. e intr. to make, to do; — calor, to be hot; — frío, to be cold; hay mucho que —, there is a lot to do; — caso, to pay attention; — hablar, to make speak. Naut. — agua, to leak. — un papel, to do the role of.; v. r. to become; — con algo, to get hold of something.

138 hacia *(áhthyah)* adv. toward, about; — **delante**, forward; — **atrás**, backwards.

hacienda *(ahthyéndah)* f. landed property, estate (Gov. dep.) treasury; **ministro de** —, chancellor of the Exchequer (G. B.); Treasury secretary (USA).

hacinamiento *(ahtheenahmyéntoh)* m. heaping together.

hacinar *(ahteenáR)* tr. to stack or pile up (sheaves).

hacha *(áhchah)* axe, hatchet.

hachazo *(ahcháhthoh)* m. stroke with an axe.

hada *(áhdah)* f. fairy.

hado *(áhdoh)* m. fate, destiny, fatality.

halagar *(ahlahgáR)* tr. to flatter, to praise, to wheedle.

halago *(ahláhgoh)* m. cajolery; flattery.   [promising.

halagüeño *(ahlahgwaynyoh)* adj.

halcón *(ahlkón)* m. hawk, falcon.   [litus.

hálito *(áhleetoh)* m. breath, halo *(áhloh)* m. halo, aureole.

hallado *(ahlyáhdoh)* adj. found.

hallar *(ahlyáR)* tr. to find, to meet, to come accross, to meet with; v. r. to find oneself (in a place); to be, to feel (well, badly).

hallazgo *(ahlyáthgoh)* m. discovery, find.   [mock.

hamaca *(ahmáhkah)* f. hammock.

hambre *(áhmbray)* s. hunger; famine; **morirse de** —, to starve.

hambriento *(ahmbryéntoh)* adj. hungry, starving.

hamo *(áhmoh)* m. fish-hook.

hampa *(áhmpah)* f. underworld.

hangar *(ahngáR)* m. (air-)shed.

haragán *(ahrahgáhn)* m. y adj. idler, lounger, loafer, lazy.

haraganear *(ahrahgahnayáR)* intr. to idle, to loaf, to lounge about.

harapiento *(ahrahpyéntoh)* adj. ragged, in rags, in tatters.

harapo *(ahráhpoh)* s. rag, tatter, shred.

harem *(ahraym)* m. harem.

harina *(ahréenah)* f. flour, meal.

harinoso *(ahleenóhsoh)* adj. floury, mealy.

hartar *(aRtáR)* tr. to glut, to cloy, to overeat; v. r. to hare one's fill.   [ty, glut.

hartazgo *(aRtáhgoh)* m. satiety.

harto *(áRtoh)* adv. enough; adj. satiated; **estar** — **de**, to be tired of, to be up to one's neck with.

hartura *(aRtóorah)* f. plenty, plethora; satiety, glut; **con** —, abundantly.

hasta *(áhstah)* adv. till, until (time); as far as (dist.); up to, down to (quant.); — **luego**, see you later; conj. also, even.

hastiar *(ahstyáR)* tr. to weary, to bore; v. r. to get weary, to get bored.

hastío *(ahstée:oh)* m. loathing, boredom, weariness. [bundle.

hatillo *(ahtéelyoh)* m. small

hato *(áhtoh)* m. heap, cluster (cattle) pack.

haya *(áhyah)* f. *Bot.* beechtree.

haz *(áth)* m. sheaf, faggot, bundle.

hazaña *(atháhnyah)* f. prowess, achievement, exploit.

hazmerreír *(athmayRayéeR)* m. ridiculous person; laughing-stock.

hebilla *(aybéelyah)* f. buckle, clasp (in shoes).

hebra *(aybrah)* s. f. thread, fiber, cotton.

hebraico *(aybráeekoh)* adj. Hebrew.

hebrea *(aybráyah)* s. Jewess.

hebreo *(aybráyoh)* adj. y s. Hebrew, Jew.

hebroso *(aybrossoh)* adj. fibrous.   [tare.

hectárea *(ayktáhrayah)* f. hectarea *(ayktáhrayah)* f. hectolitro *(ayktóhleetroh)* s. hectolitre.   [hectogramme.

hectógramo *(ayktóhgrahmoh)* s.

hectómetro *(ayktómaytroh)* s. hectometre.

hechicera *(aycheetháyrah)* f. witch, sorceress.

hechicería *(aychythayrée:ah)* s. witchcraft, sorcery, witchery, black-magic.

hechicero *(aycheetháyroh)* s. wizard; adj. charming.

hechizar *(aycheetháR)* tr. to bewitch; to charm.

hechizo *(aychéethoh)* m. spell.

hecho *(áychoh)* adj. made; done, m. fact, act, **de** —, actually; **estar** — **a**, to be accustomed to.

hechura *(aychóorah)* f. making, make; form, build; (tail.) cut.   [to stench.

heder *(aydayR)* intr. to stink.

hediondez *(aydyondayth)* f. stench, stink, fetidness.

hediondo *(aydyóndoh)* adj. stinking, stenching; fetid.

hedor *(aydóR)* m. stench, stink, bad smell, fetor.

helada *(ayláhdah)* f. frost.

helado *(ayláhdoh)* adj. icy, frozen; m. icecream.

helar *(ayláR)* tr. e intr. to ice, to freeze; fig. to amaze; v. r. to freeze.   [fern.

helecho *(aylaychoh)* m. *Bot.*

hélice *(ayleethay)* f. *Naut. Aer.* propeller. *Geom.* helix, spiral.

helicóptero *(ayleekóptayroh)* m. helicopter; (coll.) chopper *USA.*

hematoma *(aymahtóhmah)* m. blood-blister, bruise.

hembra *(aymbrah)* f. female. *Mech.* nut.

hemiplegia *(aymepláyHe:ah)* f. *Med.* hemiplegy.

hemorragia *(aymohRáhHyah)* f. hemorrhage, blood-loss; miscarriage.

hemorroide *(aymoRoyday)* m. *Med.* hemorrhoids; pl. piles.

henchir *(aynchéeR)* tr. to fill up, to blow, to stuff, to fill.

hendedura *(ayndaydóorah)* f. fissure, crack, cleft, cut.

hender *(ayndáyR)* tr. to cleave.

heno *(áynoh)* m. hay; **fiebre del** —, hay-fever.

hepático *(aypáhteekoh)* adj. hepatic(al).   [raldry.

heráldica *(ayráhldeekah)* f. heráldico *(ayráhldeekoh)* adj. heraldic, armorial.

heraldo *(ayráhldoh)* m. herald.

herbáceo *(ayRbáhthayoh)* adj. herbaceous, grassy.

herbaje *(ayRbahHay)* m. herbage, pasture, grass.

herbívoro *(ayRbéebohroh)* adj. herbivorous.

herbolario *(ayRbohláhRyoh)* m. herbist, herbman.

hercúleo *(ayRkóolayoh)* adj. herculean, very strong.

heredad *(ayraydáhd)* f. estate, farm, property.

heredar *(ayraydáR)* tr. to inherit.   [ress.

heredera *(ayraydáyrah)* f. heiredero *(ayraydáyroh)* m. heir.

hereditario *(ayraydeetahryoh)* adj. hereditary.

hereje *(ayrayHay)* m. heretic.

herejía *(ayrayHée:ah)* f. heresy; misbelief; error.

herencia *(ayráynthyah)* f. inheritance; heirship; heredity.

herético *(ayráyteekoh)* adj. heretical.   [injury.

herida *(ayréedah)* f. wound, cut, herido *(ayréedoh)* adj. wounded, hurt, injured.

herir *(ayréeR)* tr. to wound, to hurt, to injure.

hermana *(ayRmáhnah)* f. sister; — **política**, sister-in-law.

hermanar *(ayRmahnáR)* tr. to harmonize, to fraternize; to match, to mate.

hermanastra *(ayRmahnáhstrah)* f. step-sister.

hermanastro *(ayRmahnáhstroh)* m. step-brother.

hermandad *(ayRmahndáhd)* f. brotherhood; fraternity.

hermano *(ayRmáhnoh)* adj. matched (of objects); m. brother; — **político**, brother-in-law; — **gemelo**, twin brother; **medio** —, half brother.

hermético *(ayRmayteekoh)* adj. air-tight, hermetic.

hermosear *(ayRmohsayáR)* tr. to beautify, to embellish.

hermoso *(ayRmóhsoh)* adj. beautiful, handsome.

hermosura *(ayRmohsóohrah)* f. beauty, handsomeness, loveliness   [ture.

hernia *(áyRnyah)* f. hernia; ruphéroe *(áyrohay)* m. hero.

heroicidad *(ayroytheedahd)* s. f. heroic action, heroicity.

heroico *(ayróheekoh)* adj. heroic(al).   [ne.

heroína *(ayrohéenah)* f. heroiheroísmo *(ayroheesmoh)* m. heroism; gallantry.

herrador *(ayRahdoR)* s. m. farrier, smith.

herradura *(ayRahdoorah)* s. f. horse-shoe; **camino de** —, bridle-path.

herramienta *(ayRahmyéntah)* f. implement, tool.

herrar *(ayRáR)* tr. to brand cattle; to shoe (horses).

herrería *(ayRayrée:ah)* f. smith's shop, smithy, forge.

herrero *(ayRayroh)* m. smith, blacksmith.

herrín *(ayRéen)* m. iron rust.

herrumbre *(ayRóombray)* f. rust (iness).

hervir *(ayRbéeR)* intr. to boil; to seethe, to bubble.

hervor *(ayRboR)* s. m. boiling; (fig.) fervour, heat.

heterodoxia *(aytayrohdóksyah)* f. heterodoxy.

heterodoxo *(aytayrohdóksoh)* adj. heterodox.

hez *(ayth)* f. less, dregs; (fig.) scum; **la** — **del pueblo**, the scum of the people.

híbrido *(éebreedoh)* adj. hybrid(ous).

hidalgo *(eedáhlgoh)* adj. noble, illustrious; s. hidalgo, nobleman.

hidalguía *(eedahlgée:ah)* f. nobility.

hidratación *(eedrahtahthyón)* f. hydra(ta)tion.

hidratar *(eedrahtáR)* tr. to hydrate.

hidráulica *(eedrowleekah)* f. hydraulics.   [hydraulic.

hidráulico *(eedrowleekoh)* adj.

hidroavión *(eedroahbyón)* m. hydroplane, flying-boat, seaplane.

hidrófilo *(eedróhfeeloh)* adj; (bio) water-loving; (cotton) absorbent.

hidrofobia *(eedrofóhbyah)* f. hydrophobia, rabies. [hydrogen.

hidrógeno *(eedróhHaynoh)* m.

hiedra *(eeáydrah)* f. ivy.

hiel *(yél)* f. gall; bile.

hielo *(eeayloh)* m. ice, frost; **témpano de** —, iceberg; **fábrica de** —, ice-works.

hiena *(eeáyneh)* f. hy(a)ena.

hierba *(eeayRbah)* f. grass. *Med.* herb; **mala** —, weed; **y otras** —, and so forth (joc.); **ver crecer la** —, to knows one's onions.

hierro *(eeayRoh)* m. iron; — **dulce**, wrought iron; — **colado**, cast iron; — **laminado**, sheet iron; **chatarra**, scrap-iron.

hígado *(éegahdoh)* m. liver; pl. **tener** —, to have guts; **hechar el** —, to be gasping for breath, (from exertion).

higiene *(eeHyónay)* f. hygiene, cleanliness.

higo *(éegoh)* m. (fig.) — **chumbo**, prickly pear.

higuera *(eegáyrah)* f. fig-tree.

hija *(éeHah)* f. daugter; — **política**, daughter-in-law.

hijastra *(eeHáhstrah)* f. stepdaughter.   [son.

hijastro *(eeHáhstroh)* m. stephijo *(éeHoh)* m. son, child; — **político**, son-in-law.

hila *(éelah)* f. row, line.

hilado *(eeláhdoh)* m. spinning, thread, yarn.

hilador *(eeláhdoR)* m. spinner.

hilar *(eeláR)* tr. to spin.

hilera *(eeláyrah)* f. row, line.

hilo *(éeloh)* m. thread, yarn; (fig.) trickle; **un** — **de voz**, a whisper.

himno *(éemnoh)* m. hymn; — **nacional**, national anthem.

hincapié *(eenkahpyé)* m. **hacer** —, (fig.) to dwell on; to dig one's toes.

hincar *(eenkaR)* tr. to thrust in, to dig in; — **la rodilla**, to go down on one's knees; — **el diente**, to bite.

hincha *(éenchah)* f. **Tener** —, to hate, to dislike; s. m. fan, follower.

hinchado *(eencháhdoh)* adj. swollen, to pump up (tyres, wollen. *Mech.* inflated, pumped.

hinchar *(eencháR)* tr. to inflate, to pump up (tyres, etc); v. r. to swell.   [swefling.

hinchazón *(eenchahthón)* f.

hinojo *(eenóHoh)* m. *Bot.* fennel; knee; **de** —**s**, on bended kness.   [cups.

hipar *(eepáR)* intr. to have hichípico *(éepeekoh)* adj. equine, horse; **concurso** —, horse jumping, horse show.

hipnosis *(eepnóhseess)* f. hypnosis.   [hipnotic.

hipnótico *(eepnóhteekoh)* adj.

hipnotismo *(eepnohteesmoh)* m. hypnotism.

hipnotizar *(eepnohteetnáR)* tr. to hipnotize, to mesmerise.

hipo *(éepoh)* m. hiccup; **tener el** —, to have hiccups.

hipocresía *(eepohkraysée:ah)* f. hypocrisy, falseness, humbug.

hipócrita (eepóhkreetah) adj. hypocritical, deceitful; s. m. hypocrite, deceiver, humbug.

hipódromo (eepóhdrohmoh) m. hippodrome, racecourse, the turf.

hipopótamo (eepohpóhtahmoh) m. hippopotamus. [gage.

hipoteca (eepohtáykah) f. mortgage.

hipotecable (eepohtaykáhblay) adj. mortgageable.

hipotecar (eepohtykáR) tr. to mortgage. [adj. hypothecary.

hipotecario (eepohtaykáhryoh) f. hypothesis.

hipótesis (eepóhtayseess) f. hypothesis, supposition.

hipotético (eepohtáyteekoh) adj. hypothetic.

hirsuto (eeRsootoh) adj. hirsute, hairy, bristly. [ing, seething.

hirviente (eeRbyéntay) adj. boiling.

hispánico (eesspáhneekoh) adj. Hispanic. [Hispanophile.

hispanista (eesspaneestah) s.

hispanizar (eesspaneetháR) tr. to hispanicize. [ish.

hispano (eesspáhnoh) adj. Spanish.

hispanoamericano (eesspahnohahmayreekáhnoh) m. Hispano-american, latin-American.

hispanófilo (eesspahnóhfeeloh) adj. Hispanophile.

histérico (eesstáyreekoh) adj. hysteric(al). [hysteria.

histerismo (eesstayreessmoh) m.

historia (eesstóhryah) f. history; tale, story.

historiado (eesstohryáhdoh) adj. storied; elaborate.

historiador (eesstohryahdór) m. historian. [cord(s).

historial (eestohryal) s. m. re-

histórico (eesstóhreekoh) adj. historic(al).

historieta (eesstohreeáytah) f. short story; «comic strip».

histrión (eesstryón) m. actor, player.

hita (éetah) f. landmark; brad, headless nail.

hito (éetoh) adj. fixed; m. landmark, milestone, signpost.

hocico (ohthéekoh) m. snout, muzzle.

hogaño (ohgáhnyoh) adv. (fam.) this year.

hogar (ohgáR) m. home, hearth fireplace; sin —, homeless.

hogaza (ohgáhthah) f. cob-loaf.

hoguera (ohgáyrah) f. bonfire; blaze.

hoja (óhHah) f. Bot. leaf, (paper, etc) sheet; (knife, etc) blade.

hojalata (ohHahláhtah) f. tinplate.

hojaldre (ohHáhldray) m. puffpastry.

hojarasca (ohHahRáhskah) f. fallen leaves, foliage, leafage.

hojear (ohHayáR) tr. to turn the leaves of a book, to skim over (a book).

¡hola! (óhlah) interj. hallo!, hello!, How do you do! hy!

holandés (ohlahndayss) adj. Dutch; m. Dutchman.

holgado (ohgáhdoh) adj. (clotb.) big, loose, wide; (space) roomy, ample. Econ. well-off.

holganza (olgáhnthah) f. leisure; idleness; amusement.

holgar (olgáR) intr. to idle, to loaf about, to kick one's heels.

holgazán (olgahtháhn) m. idler, loafer; adj. idle; lazy.

holgazanear (olgahthahnayáR) intr. to lounge about, to loiter about, to idle about.

holgazanería (olgahthahnayrée:ah) f. laziness, idleness.

holgura (olgóorah) f. width, looseness (in clothes); amplitude; vivir con —, to be well-off.

holocausto (ohlohkowstoh) m. holocaust.

hollar (ohlyáR) tr. to tread upon, to trample down.

hollín (ohlléen) m. soot.

hombrada (ombráhdah) f. manly action.

hombre (ómbray) m. man; mankind; — de negocios, business man; — de estado, statesman; ¡—! well, well, what a'you know!

hombrera (ombráyrah) f. epaulette, shoulder-pad.

hombro (ómbroh) m. shoulder; ancho de —s, broad- shouldered; encofarse de —, to shrug one's shoulders.

hombruno (ombróohnoh) adj. manlike.

homenaje (ohmaynáhHay) m. homage.

homicida (ohmeethéedah) adj. homicidal; m. murderer; f. murderess.

homicidio (ohmeethéedyoh) s. murder; homicide.

homogeneidad (ohmoHaynayeedahd) s. homogeneity.

homogéneo (ohmohHáynayoh) adj. homogeneous.

homologar (ohmohlohgaR) tr. to homologate.

homónimo (ohmóhneemoh) adj. homonymous; namesake.

homosexual (ohmohseeksoo:áhl) s. homosexual; (coll.) queer, «puff».

homosexualidad (ohmohsayksoo:ahleedáhd) s. homosexuahcnda (óndah) s. sling.

hondero (ondáyroh) s. slinger. lity.

hondo (óndoh) adj. deep, profound; s. bottom.

hondonada (ondohnáhdah) s. glen, gully, ravine.

hondura (ondóorah) s. depth; meterse en —s, to get into difficulties.

honestidad (ohnayssteedáhd) f. modesty, sincerity; decency, honesty.

honesto (ohnaysstoh) adj. honest, decent.

hongo (óngoh) m. hushroom, fungus; sombrero —, bowler hat.

honor (ohnóR) m. honour; fame; chastity (in women); es un honor, it is a pleasure.

honorable (ohnohráhblay) adj. honourable, honest.

honorario (ohnohráhryoh) adj. honorary; m. pl. salary, fees.

honorífico (ohnohréefeekoh) adj. honorary, honorific.

honra (ónRah) f. honour, respect; chastity (in women).

honradez (onRahdayth) f. honesty; integrity; fairness.

honrado (onRáhdoh) adj. honest; righteous, just.

honrar (onRaR) tr. to honour; to do credit to; v. r. to be a privilege.

honrilla (onRéelyah) f. punctiliousness.

honroso (anRóhsoh) adj. honourable, creditable, praise-worthy.

hora (óhrah) f. hour; time; ¿Qué hora es? what's the time? dentro de una —, in an hour's time; ¡ya era —! it's about time! decir la —, to tell the time; antes de la —, before time; — extraordinarias, overtime.

horadar (ohrahdáR) tr. to bore, to drill, to perforate.

horario (ohráhryoh) adj. hour; m. hour-hand; — (de trenes), time-table.

horca (óRkah) f. gallows, gibbet. Agric. pitch-fork; string of onions/garlic.

horchata (óRcháhtah) f. orgeat; — de chufas, tigernut drink.

horchatería (oRchahtayrée:ah) f. horchata-bar.

horizontal (ohreethontáhl) adj. horizontal, level, flat.

horizonte (ohreethóntay) m. horizon. [rep], last.

horma (óRmah) f. mould; (shoe-hormiga** (oRméegah) f. ant.

hormigón (oRmeegón) m. concrete; — armado, reinforced concrete.

hormiguear (oRmeegayáR) intr. to teem; to have pins and needles.

hormigueo (oRmeegáyoh) m. itching, pins and needles.

hormiguero (oRmeegáyroh) m. anthill; (fig.) teeming with people. [vaulted niche.

hornacina (oRnahtéenah) f.

hornada (oRnahdah) s. f. batch of bread.

hornero (oRnayroh) m. baker.

hornillo (oRneelyoh) m. portable stove; one of the cooker rings, red-ring, etc.

horno (óRnoh) m. (dom.) oven, (ind.) klin, furnace; alto —, blast furnace. [horoscope.

horóscopo (ohróskohpoh) m.

horquilla (oRkéelyah) f. hair pin. Agric. pitch-fork.

horrendo (ohRayndoh) adj. awful, horrid, dreadful

horrible (ohRéeblay) adj. horrible, ghastly, dreadful, hideous.

horror (ohRóR) m. horror, fright, abhorrence.

horrorizar (ohRohreetháR) tr. to horrify, to terrify, to scave out of one's wits.

horroroso (ohRohróhsoh) adj. dreadful, awful, horrifying, frightening.

hortaliza (oRtaléethah) f. pl. vegetables, greens.

hortelano (oRtayláhnoh) m. market-gardener.

horticultor (oRteekooltóR) m. horticulturist.

horticultura (oRteekooltoorah) f. horticulture, marketgardening. [bed, gloomy.

hosco (óskoh) adj. sullen, crab-hospedage** (ospaydáHay) m. lodging, lodging house, guest-house; (coll.) digs.

hospedar (ospaydáR) tr. to lodge, to board; v. r. to stay at, to be lodged at.

hospedería (ospaydayrée:ah) f. hostel(ry), inn.

hospedero (ospaydáyroh) m. innkeeper, land-lord.

hospicio (ospéethyoh) m. orphanage, children's home; remand-home.

hospital (ospeetáhl) m. hospital, infirmary, polyclinic; — de campaña, field hospital.

hospitalario (ospeetahláhryoh) adj. hospitable.

hospitalidad (ospeetahleedáhd) f. hospitality.

hospitalizar (ospeetahleetháR) tr. to hospitalize, to intern.

hostal (osstahl) s. m. hostel; hotel, inn.

hostelería (osstaylayréeah) s. f. caretaking industry. [keeper.

hostelero (ostayláyroh) m. inn-hostería** (ostayrée:ah) f. inn; tavern; hostel(ry).

hostia (osstyah) f. Eccl. host.

hostigamiento (osteegahmyéntoh) m. harassment.

hostigar (osteegáR) tr. to scourge, to harass; to annoy.

hostil (osstéel) adj. hostile, unfriendly.

hostilidad (osteeleedáhd) f. hostility, enmity, unfriendliness.

hostilizar (ossteeleetháR) tr. to attack, to skirmish.

hotel (ohtáyl) s. m. hotel; — de lujo, luxury hotel.

hoy (oy) adv. to-day; — (en) día, nowadays; de — en ocho días, a week today.

hoya (óhyah) f. pit, hole; grave.

hoyo (óhyoh) m. hole; excavation, pit.

hoz (oth) f. sickle.

hucha (óochah) f. money box, toy bank, savings.

hueco (waykoh) adj. hollow, empty; (fig.) vain; m. hole; gap, vacuity.

huelga (waylgah) f. strike; declararse en —, to strike, to down tools; — de hambre, hunger strike. [striker.

huelguista (waylgeestah) s.

huella (wayyah) f. (fig.) track. foot step; foot print; —s dactilares, fingerprints.

huérfano (wayRfahnoh) m. y adj. orphan.

huerta (wayRtah) f. vegetable, market or kitchen garden; (fruit) orchard.

huerto (wayRtoh) m. orchard.

hueso (waysoh) m. bone; (fruit) stone; es todo —, it's all bones; estar hecho un —, to be a bag of bones; (coll.) hard, diffiicult thing.

huesoso (waysóhsoh) adj. bony.

huésped (waysped) m. guest; lodger, boarder; inmate.

hueste (waystay) f. host, army.

huesudo (waysóodoh) adj. bony.

hueva (waybah) f. spawn of fishes, roe.

huevera (waybáyrah) f. egg-basket, egg-shelf; eggcup.

huevo (wayboh) m. egg — estrellado, fried egg; — pasado por agua, soft boiled egg; — revuelto, scrambled egg; — duro, hardboiled egg.

huida (wéedah) f. flight, escape, get away; evasion.

huir (wéeR) intr. to flee, to get away, to escape.

hule (óolay) m. oil-cloth.

hulla (óolyah) f. pit-coal.

hullera (oolyérah) colliery; cuenca —, coal field.

humanidad (oomahneedáhd) f. humanity; mankind; pl. humanities.

humanismo (oomahneessmoh) m. humanism. [humanist.

humanista (oomahnneesstah) s.

humano (oomáhnoh) adj. human; humane, kind, merciful; un ser —, a human being.

humareda (oomaráydah) m. cloud of smoke.

humeante (oomayantay) adj. smoking, smouldering.

140 **humear** *(oomayáR)* intr. to smoke; to emit fumes.

humedad *(oomaydáhd)* f. humidity, dampness, moisture.

humedecer *(oomaydaytháyR)* tr. to moisten.

húmedo *(óomaydoh)* adj. humid, wet, damp, moist.

humildad *(oomeeldáhd)* f. humility, humbleness, meekness.

humilde *(ooméelday)* adj. humble, modest, meek, submissive.

humillación *(oomeelyahthyón)* f. humillation, insult, disrepute.

humillante *(oomeelyantay)* adj. humilliating, degrading.

humillar *(oomeelyáR)* tr. to humble, to humiliate, to shame, to degrade; v. r. to humble oneself.

humo *(óomoh)* m. smoke; **echar —,** to smoke, to cast smoke.

humor *(oomóR)* m. humour, temper, mod; **estar de buen —,** to be in a good mood; **estar de mal —,** to be in a bad temper.   [ke, sally.

humorada *(oomohráhdah)* f. jo-

humorismo *(oomohreessmoh)* m. humorism, humour.

humorista *(oomohreesstah)* s. humorist; (coll.) funny-man.

humorístico *(oomohreessteekoh)* adj. humorous, funny.

hundido *(oondeedoh)* adj. sunken; collapsed, crumbled down.

hundimiento *(oondeemyéntoh)* m. *Naut.* sinking; (build) collapse, cave-in.

hundir *(oondéeR)* tr. to sink; to ruin; v. r. to sink; to collapse, to crumble down.

húngaro *(óongahroh)* adj. y m. Hungarian.   [cane.

huracán *(oorahkáhn)* m. hurricane.

huraño *(ooráhnyoh)* adj. grumpy, huffy sour, crabbed.

hurgar *(ooRgáR)* tr. to poke.

hurgón *(oorgón)* s. m. poker; (fig.) nosey-parker. prier.

hurtar *(ooRtáR)* tr. to steal, to rob; to shop-lift (in shops or stores).   [theft.

hurto *(ooRtoh)* m. robbery

husmear *(oosmayáR)* tr. to scent, to sniff; (coll.) to pry, to nose about.

huso *(óosoh)* m. spindie, bobbin. *Mech.* windlass drum.

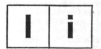

ibérico *(eebáyreekoh)* adj. y m. Iberian.   [Jaundice.

icteria *(eektayréethyah)* f.

ida *(éedah)* f. departure, going, sally; **billete de — y vuelta,** return ticket.

idea *(eedáyah)* f. idea, plan.

ideal *(eedayáhl)* adj. ideal; m. ideal.   [idealism.

idealismo *(eedayahleéssmoh)* m.

idealizar *(eedayahleetháR)* tr. to idealize.

idear *(eedayáR)* tr. to imagine, to conceive, to devise.

ídem *(eedaym)* pron. idem, the same, id, ditto.

idéntico *(eedaynteekoh)* adj. identic(al), the same.

identidad *(eedaynteedáhd)* f. identity.

indentificar *(eedaynteefeekáR)* tr. to identify; v. r. to identify oneself with.

idilio *(eedéelyoh)* m. idyil.

idioma *(eedyóhmah)* m. language.

idiosincrasia *(eedyohseenkráhssyah)* f. idiosyncrasy.

idiota *(eedyóhtah)* adj. idiotic(al), silly, daft; m. idiot, silly, daft.

idiotez *(eedyohtayth)* f. idiocy, silliness, stupidity.

idólatra *(eedóhlahtrah)* adj. idolatrous; s. idolater.

idolatrar *(eedohlahtráR)* tr. to idolize.   [latry.

idolatría *(eedohlahtréeah)* f. idolo **idolo** *(éedohloh)* m. idol.

idóneo *(eedóhnayoh)* adj. fit, able, apt, appropiate right.

iglesia *(eegláyssyah)* f. church; **llevar a la —,** to marry (a woman).   [nition; tindling.

ignición *(eegneethyón)* s. f. ignominia **ignominia** *(eegnohméenyah)* f. ignominy, shame, disgrace.

ignorado *(eegnohráhdoh)* adj. ignored, forgotten; unknown, remote.   [ignorance.

ignorancia *(eegnohráhnnthyah)* f.

ignorante *(eegnohráhntay)* adj. ignorant, unaware; m. ignoramus.

ignorar *(eegnohráR)* tr. to be ignorant of, not to know, to be unaware.

ignoto *(eegnóhtoh)* adj. unknown, hidden, remote.

igual *(eegwáhl)* adj. alike, same; equal; even.

igualar *(eegwahláR)* tr. to equalize, to match, to even.

igualdad *(eegwahldáhd)* f. equality.

igualmente *(eegwalmayntay)* adv. equally, likewise.   [ce.

ilación *(eelahthyón)* f. inference.

ilegal *(eelaygáhl)* adj. illegal, unlawful; adv. **—mente,** unlawfully, illegally.

ilegalidad *(eelaygahleedáhd)* f. ilegality, unlawfulness.

ilegible *(eelayHeeblay)* adj. illegible, unreadable.

ilegitimidad *(eelaHeeteemeedáhd)* f. illegitimacy, bastardy.

ilegítimo *(eelayHéeteemoh)* adj. illegitimate, illicit; out of wedlock.

ileso *(eeláysoh)* adj. unhurt, unharmed, unscathed.

ilícito *(eeléetheetoh)* adj. illicit, unlawful, illegal.

ilimitable *(eeleemeetáhblay)* adj. illimitable.

ilimitado *(eeleemeetáhdoh)* adj. limitles, without bounds.

ilógico *(eelóhHeekoh)* adj. illogical.

iluminación *(eeloomeenahthyón)* f. illumination, lighting; (fig.) enlightment.

iluminado *(eeloomeenáhdoh)* adj. illuminate, lit; (fig.) enlightened.

iluminar *(eeloomeenáR)* tr. to illumin(at)e, to light; (fig.) to enlighten.

ilusión *(eeloosyón)* f. illusion, fancy; mirage; (fig.) anticipation, interest.

ilusionista *(eeloosyohnéesstah)* s. juggler, conjurer.

iluso *(eelóosoh)* adj. deceived, deluded; m. wishful-thinker, day-dreamer. [sory, unreal.

ilusorio *(eeloosóhryoh)* adj. illusory; fancied; (fig.) illusive.

ilustración *(eeloostrahthyón)* f. illustration; explanation.

ilustrado *(eeloostráhdoh)* adj. illustrated; learned, wellread.

ilustrar *(eeloostráR)* tr. to illustrate; to explain, to enlighten; v. r. to learn, to get educated.

ilustre *(eelóostray)* adj. illustrious, celebrated, famous.

ilustrísimo *(eeloostréeseemoh)* adj. very illustrious.

imagen *(eemáHayn)* f. image, figure. *Phot.* spectrum.

imaginación *(eemahHeenahthyón)* f. imagination; fancy.

imaginar *(eemahHeenáR)* tr. to fancy, to imagine; v. r. to fancy, to imagine, to suppose, to assume.

imaginativo *(eemahHeenahtéeboh)* adj. imaginative, fanciful.   [f. imagery.

imaginería *(eemahHeenayréeah)*

imán *(eemáhn)* m. magnet.

iman(t)ar *(eemahntáR)* tr. to magnetize.

imbécil *(eembáytheel)* adj. imbecile, feeble-minded, silly, foolish; m. imbecile, idiot.

imbuir *(eembwéeR)* tr. to imbue, to infuse, to inspire.

imitación *(eemeetahthyón)* f. imitation, counterfeit, copy; **en — de,** taking after.

imitar *(eemeetáR)* tr. to imitate, to copy, to ape.

impaciencia *(eempahthyénthyah)* f. impatience; restlessness.

impacientar *(eempahthyentáR)* tr. to vex; v. r. to lose patience, to become impatient.

impaciente *(eempahthyéntay)* adj. impatient, restless, fidgety.

impacto *(eempáhktoh)* adj. impact; (fig.) effect.

impar *(eempáR)* adj. unequal, dissimilar; **números impares,** odd numbers.

imparcial *(eempaRthyáhl)* adj. impartial, unbiased, equittable, fair.

imparcialidad *(eempaRthyahleedáhd)* f. impartiality, fairness.

impartir *(eempaRtéeR)* tr. to impart, to grant, to give.

impasibilidad *(eempahseebeeleedáhd)* adj. impassibility, phlegm, coldness.

impasible *(eempahséeblay)* adj. impasible, unfeeling, indifferent.

impecable *(eempaykáhblay)* adj. faultless, impeccable, inmaculate, spotless.

impedido *(eempaydéedoh)* adj. invalid, crippled, disabled; m. cripple, disabled person.

impedimento *(eempaydeemayntoh)* m. impediment, hindrance, obstacle.

impedir *(eempaydéeR)* tr. to impede, to hinder, to prevent from.

impeler *(eempayláyR)* tr. to impel, to propel, to drive.

impenetrable *(eempaynaytráhblay)* adj. impenetrable, impervious.

impensado *(eempaynsáhdoh)* adj. unexpected, unthought of, unforeseen.

imperar *(eempayráR)* intr. to rule, to reign.

imperativo *(eempayrahtéeboh)* adj. imperative, essential, necessary.

imperceptible *(eempayRcaptéeblay)* adj. imperceptible, unnoticeable.

imperdible *(eempayRdéeblay)* adj. secure, safe; that cannot be lost; m. safety pin.

imperdonable *(eempayRdonáblay)* adj. unforgiveable, unpardonable.

imperfección *(eempayRfaykthyón)* f. imperfection, defect, fault.

imperfecto *(eempayRfayktoh)* adj. imperfect, faulty, defectuous.

imperial *(eempayryáhl)* adj. imperial; f. coach top.

impericia *(eempayréethyah)* f. unskilfulness, clumsiness, torpitude.   [pire.

imperio *(eempáyryoh)* m. empire.

imperioso *(eempayryóhssoh)* adj. commanding, demanding; arrogant, haughty.

impermeabilizar *(eempayRmayahbeeleetháR)* tr. to make water-proof.

impermeable *(eempayRmayáhblay)* adj. impermeable, water-proof; m. (cloth) raincoat.   [adj. impersonal.

impersonal *(eempayRsohnáhl)*

impertérrito *(eempayRtáyReetoh)* adj. undaunted, un-scared.

impertinencia *(eempayRteenaynthyah)* f. impertinence, nonsense, rude intromission.

impertinente *(eempayRtéenéntay)* adj. impertinent, intrusive, meddling.

imperturbable *(eempayRtooRbáhblay)* adj. imperturbable, unmovable.

impetrar *(eempaytráR)* tr. to entreat, to obtain by entreaty.

ímpetu *(éempaytoo)* m. impetus, violence, rashness.

impetuosidad *(eempaytwohseedáhd)* f. impetuosity, rashness, violence.

impetuoso *(eempaytwóhsoh)* adj. impetuous, rash, violent; (fig.) blind.   [piety.

impiedad *(eempyedáhd)* f. im **impío** *(eempéeoh)* adj. impious.

implacable *(eemplahkáhblay)* adj. implacable, relentless, remorseless.

implicar *(eempleekáR)* intr. to imply, to involve; to mean.

implícito *(eempléetheetoh)* adj. implicit, inferred.

implorar *(eemplohráR)* tr. to implore, to beg, to entreat. *Ecl.* to pray.

imponente *(eemponayntay)* adj. imposing, impressive; magnficent; m. (bank.) depositer.

imponer *(eempohnáyR)* tr. to impose; to levy (taxes); to deposit (money); v. r. to impose oneself, to rule over.

impopular *(eempohpoolÁR)* adj. unpopular.

importación *(eempoRtahthyón)* f. importation, import.

importancia *(eempoRtáhnthyah)* f. importance, significance, consequence.

importante *(eempoRtáhntay)* adj. important, significant; serious.

importar *(eempoRtáR)* tr. to matter. *Com.* to import; to come to, to amount to.

importe *(eempóRtay)* m. *Com.* cost, amount; **¿cuál es el —?,** how much does it amount to.

importunar *(eempoRtoonáR)* tr. to importune, to pester.

importunidad *(eempoRtooneedáhd)* f. importunity.

importuno *(eempoRtóonoh)* adj. importun(at)e, pestering; untimely; s. m. pest.

imposibilidad *(eempohseebeeleedáh)* f. impossibility, impracticability.

imposibilitado *(eempohseebeetáhdoh)* adj. helpless; disabled.

imposibilitar *(eempohseebeetáR)* tr. to disable, to incapacitate (a person); to make impossible, to prevent.

imposible *(eempohséeblay)* adj. impossible, unfeasible.

imposición *(eempohseethyón)* f. imposition; (bank.) deposit; contribution.

impostor *(eempostóR)* m. impostor, fake, suplanter.

impostura *(eempostóorah)* f. imposture; fraud, cheat.

impotencia *(eempohtaynthyah)* f. impotence, incapacity; frigidity.

impotente *(eempohtayntay)* adj. impotent, powerless; frigid.

impracticable *(eemprahkteekáhblay)* adj. impraticable; impassable, unfit.

imprecación *(eempraykahthyón)* f. imprecation, curse, blasphemy, insult.

imprecar *(eempraykáR)* tr. to imprecate, to curse.

impregnar *(eempregnáR)* tr. to impregnate, to pervade, to saturate; v. r. to get impregnated/saturated.

imprenta *(eemprayntah)* f. printing, printing office, press; **letra de —,** block letters.

imprescindible *(eempresstheendéeblay)* adj. indispensable, essential, absolutely necessary.

impresión *(eempraysyón)* f. impression; (newsp.) edition, issue; printing; imprint, mark.

impresionable *(eemprayssyonáhblay)* adj. sensitive, highly-strung.

impresionar *(eempraysyohnáR)* tr. to impress, to make an impression, to affect; to leave an imprint.

impreso *(eempráysoh)* m. printed matter; leaflet, pamphlet.

impresor *(eempraysóR)* m. printer; adj. imprinting.

imprevisor *(eempraybeessoR)* m. improvident, happy-go-lucky; thoughtless.

imprevisto *(eempraybéestoh)* adj. unforeseen, unexpected.

imprimir *(eempreeméeR)* tr. to (put in) print, to stamp.

improbable *(eemprohbáhblay)* adj. improbable, unlikely.

ímprobo *(éemprohboh)* adj. laborious, painful; dishonest, corrupt.

improcedente *(éemprohthaydayntay)* adj. unrighteous, contrary to law.

improductivo *(eemprohdooktéeboh)* adj. unproductive, unfruitful, umprofitable. *Agric.* barren.

improperio *(eemprohpáryoh)* m. insult, curse, swear word.

impropio *(eempróppyoh)* adj. improper, uncalled for; **es — de ti,** it isn't like you.

improvisación *(eemprohbeesahthyón)* f. improvisation; spontaneity.

improvisar *(eemprohbeesáR)* tr. to improvise.

---

improviso *(eemprohbéesoh)* adj. unexpected; **de —,** unexpectedly, all of a sudden.

imprudencia *(eemprohdaynthyah)* f. imprudence, thoughtlessness.

imprudente *(eemproodayntay)* adj. imprudent, thoughtless, rash.

impudicia *(eempoodéethyah)* f. lewness, impudence, shamelessness, lustfulness.

impuesto *(eempwaystoh)* m. tax, duty, rate; adj. imposed, forced.

impugnar *(eempoognáR)* tr. to impugn, to oppose, to challenge.

impulsar *(eempoolsáR)* tr. to impel, to push. *Mech.* to drive (rock.) to thrust.

impulso *(eempóolsoh)* m. impulse, urge; pressure.

impune *(eempóonay)* adj. unpunished. [impunity.

impunidad *(eempooneedáh)* f.

impureza *(eempooráythah)* f. impurity, dirt, pollution.

impuro *(eempóoroh)* adj. impure, dirty, polluted, adulterated.

imputable *(eempoohtáhblay)* adj. imputable, attributable.

imputación *(eempoohtahthyón)* f. imputation, attribution, accusation.

imputar *(eempootáR)* tr. to impute, to attribute, to accuse.

inacabable *(eenahkahbáhblay)* adj. unending, never-ending, endless.

inaccesible *(eenahkthayséeblay)* adj. inaccesible, unapproachable, unreacheable, unattainable. [adj. unpassable.

inaceptable *(eenahthayptáblay)* adj. unaceptable, umbelievable.

inactividad *(eenahkteebeedáhd)* f. inactivity, inaction, stillness, quietness.

inadecuado *(eenahdaykwáhdoh)* adj. inadequate, unsuitable.

inadmisible *(eenahdmeeséeblay)* adj. inadmisible, umbelievable, out of the question.

inadvertencia *(eenahdbayRtayenthya)* adj. inadvertence-sight, carelessness, oversight.

inadvertido *(eenahdbáyRtéedoh)* adj. unnoticed, unobserved.

inaguantable *(eenahgwahntáblay)* adj. unbearable, insupportable.

inalienable *(eenahlyaynáhblay)* adj. inalienable, stable, fast.

inalterable *(eenahltayráhblay)* adj. inalterable, stable, fast.

inanición *(eenahneethyón)* f. starvation.

inanimado *(eenahneemáhdoh)* adj. inanimate; lifeless.

inapelable *(eenahpayláhblay)* adj. without appeal; compulsory, without remisión.

inapetencia *(eenahpaytaynthyah)* f. inappetence, lack of appetite/interest.

inaplicable *(eenahpleekáhblay)* adj. inapplicable; unfit for.

inapreciable *(eenahpraytthyáhblay)* adj. invaluable, priceless; insignificant, minute.

inasequible *(eenahsaykéeblay)* adj. unattainable, unreachable, out of reach.

inaudible *(eenoudéeblay)* adj. inaudible.

inaudito *(eenoudéetoh)* adj. unheard-of, umbelievable, outrageous.

---

inauguración *(eenougoorahthyón)* f. inauguration, opening ceremony.

inaugurar *(eenougooráR)* tr. to inaugurate, to open.

incalculable *(eenkahlkooláhblay)* adj. incalculable, untold, beyond reckoning, inmense. [adj. tireless.

incansable *(eenkahnsáhblay)*

incapacidad *(eenkahpahtheedáhd)* f. incapacity; inability.

incapacitar *(eenkahpahteetáR)* tr. to incapacite, to disable, to render unfit.

incapaz *(inkahpáth)* adj. incapable, unable, unfit.

incautación *(eenkoutahtyón)* f. appropiation, seizure (of prop.)

incautarse *(eenkoutáRsay)* r. to appropiate, to seize property.

incauto *(eenkoutoh)* adj. naive, simpleton, unwary.

incendiar *(eenthayndyaR)* tr. to set on fire.

incendiario *(eenthayndyáryoh)* s. incendiary; firebrand.

incendio *(eentháyndyoh)* m. fire, blaze. *Law.* arson.

incensar *(eenthaynsáR)* tr. to incense.

incentivo *(eenthaayntéeboh)* m. incentive, stimulous; encouragement, incitement.

incertidumbre *(eenthayRteedoombray)* f. doubt, uncertainty; suspense.

incesante *(eethayssantay)* adj. incessant, never-ending, continuous. [cest.

incesto *(eenthaysstoh)* m. incidencia *(eentheedáynthyah)* f. incidence, eventuality.

incidente *(eentheedáyntay)* adj. incident, casual; m. incident, event, happening.

incidir *(eentheedéeR)* intr. to fall into, to mett with.

incienso *(eenthyénsoh)* m. incense.

incierto *(eenthyaRtoh)* adj. uncertain, doubtful; untrue, false.

incineración *(eentheenaayrahthyón)* f. incineration, cremation.

incinerar *(eentheenayráR)* tr. to cremate, to incinerate.

incipiente *(eentheepeeyentay)* adj. incipient, beginning, embryonic. [sion, cut.

incisión *(eentheesyón)* f. incisivo *(eentheeséeboh)* adj. incisive, sharp, keen; m. diente —, incisor; (coll.) cutting tooth. [parenthesis.

inciso *(eenthéesoh)* m. pause, **incitación** *(eentheetahthyón)* f. incitement, encouragement, egging-on, cheer-on.

incitar *(eentheetáR)* tr. to incite, to spur, to egg-on, to cheer-on. [impolite, rude.

incivil *(eentheebéel)* adj. uncivil, **inclemencia** *(eenklaymaynthyah)* f. inclemency, rigour, harshness; — del tiempo, roughness of the weather.

inclemente *(eenklaymayntay)* adj. inclement.

inclinación *(eenkleenahthyón)* f. inclination, bent, preference. *Geom.* inclination. *Mech.* tilt, pitch; — de cabeza, bow. *Geom.* gradient, slope.

inclinado *(eenkleenahdoh)* adj. inclined, stanted, tilted.

inclinar *(eenklynáR)* tr. to incline, to bend, to tilt; v. r. to bend down, to bow, to lean. *Naut.* to heel.

---

incluir *(eenkloo:éeR)* tr. to include, to enclose.

inclusión *(eenkloosyón)* f. inclusion, addition; entrance.

inclusive *(eenklooseebay)* adv. inclusive, as well.

incluso *(eenklóosoh)* adj. included; adv. even, too.

incógnito *(eenkógneetoh)* adj. unknown; **de —,** incógnito.

incoherente *(eenkohayrayntay)* adj. incoherent, broken.

incoloro *(eenkohlóhroh)* adj. colourless.

incólume *(eenkóhloomay)* adj. safe and sound, unharmed.

incombustible *(eenkomboostéeblay)* adj. incombustible, fireproof.

incomodar *(eenkohmohdáR)* tr. to vex, to annoy; v. r. to get annoyed, to get angry.

incomodidad *(eenkohmohdeedáhd)* f. inconvenience, unconfortableness; nuisance, annoyance.

incómodo *(eenkóhmohdoh)* adj. unconfortable; inconvenient, troublesome, annoying.

incomparable *(eenkompahráhblay)* adj. matchless, incomparable.

incompatible *(eenkompahtéeblay)* adj. incompatible.

incompetencia *(eenkompaytaynthyah)* f. incompetency, inability, inefficiency.

incompetente *(eenkompaytayntay)* adj. incompetent, unqualified, inefficient, unfit.

incompleto *(eenkompláytoh)* adj. incomplete; unfinished.

incondicional *(eenkondeethyohnáhl)* adj. unconditional, unrestricted; **un seguidor —,** an out-and-out fan.

inconexo *(eenkohnayksoh)* adj. unconnected, incoherent.

incongruente *(eenkongrwayntay)* adj. incongruous, irrelevant.

incongruo *(eenkóngroo:oh)* adj. incongruous.

inconquistable *(eenkonkeesstáhblay)* adj. unconquerable.

inconsciente *(eenkonsthyéntay)* adj. unconscious, unaware.

inconsecuente *(eenkonsaykwayntay)* adj. inconsistent, irresponsible.

inconsistente *(eenkonsseestáyntay)* adj. inconsistent, unstable, unsteady.

inconsolable *(eenkonsohláhblay)* adj. inconsolable, comfortless.

inconstante *(eenkonstáhntay)* adj. inconstant, unsteady.

inconstitucional *(eenkonsteetoothyohnáhl)* adj. unconstitutional.

incontable *(eenkontáblay)* adj. innumerable. *Gram.* uncountable.

incontinencia *(eenkonteenáynthyah)* f. incontinence; lewdness. [adj. incontinent.

incontinente *(eenkonteenayntay)* **incontrovertible** *(eenkontrohbayRtéeblay)* adj. incontrovertible, indisputable.

inconveniencia *(eenkonbaynyénthyah)* f. inconvenience, nuisance, trouble.

inconveniente *(eenkonbaynyéntay)* adj. inconvenient; m. dificulty, nuisance.

incorporación *(eenkoRpohrahthyón)* f. incorporation, addition.

142 **incorporado** *(eenkoRpohráhdoh)* adj. incorporate (from lying position) sitting up.

incorporar *(eenkoRpohráR)* tr. incorporate; v. r. *Mil.* to join; to sit up(in bed).

incorrección *(eenkohRaykthyon)* f. incorrectness, inaccuracy.

incorrecto *(eenkoRayktoh)* adj. incorrect, wrong, inaccurate, erroneous.

incorregible *(eenkohRryHée blay)* adj. incorregible.

incorruptible *(eenkohRrooptée blay)* adj. incorruptible; m. man of integrity.

incredulidad *(eenkraydoolee dáhd)* f. incredulity, disbelief.

incrédulo *(eenkráydooloh)* adj. incredulous; s. unbeliever.

increíble *(eenkrayéeblay)* adj. incredible, umbelievable.

incrementar *(eenkraymayntáR)* tr. to increase, to augment.

incremento *(eenkraymayntoh)* m. increase, increment.

incruento *(eenkrwayntoh)* adj. bloodless.

incrustación *(eenkroostahthyón)* f. incrustation; (jewl.) inlaying. *Geol.* sinter.

incrustar *(eenkroostáR)* tr. to incrust; to inlay.

incubación *(eenkoobahthyón)* f. *Med.* incubation. *Ornit.* hatching.   [s. f. incubator.

incubadora *(eenkoobahdohrah)* s.

incubar *(eenkoobáR)* tr. to incubate; to hatch.

incuestionable *(eenkwaystyo nahblay)* adj. unquestionable.

inculcar *(eenkoolkáR)* tr. to inculcate, to imbue, to teach.

incultivable *(eenkoolteebáhblay)* adj., fallow barren (land.)

incultura *(eenkooltóohrah)* f. ignorance, rudeness.

incumbencia *(eenkoombaynthy ah)* f. incumbency; duty; **ser de la — de uno,** to be one's duty; **no ser de la — de uno,** to be none of one's business.

incumbir *(eenkoombéeR)* intr. to concern, to be incumbent.

incurable *(eenkooráhblay)* adj. incurable.

incurrir *(eenkooRéeR)* intr. to incur; **— en el error de,** to make the mistake of.

incursión *(eenkoRseeón)* s. raid, incursion; inroad.

indagación *(eendahgahthyón)* f. investigation, inquiry, (sci)-probe. *Law.* inquest.

indagar *(eendahgár)* tr. to investigate, to inquire. *Scienc.* to probe. *Law.* to inquest; (pub.) to surrey.

indebido *(eendaybéedoh)* adj. undue, illegal; **indebidamente,** unduely, illegally.

indecencia *(eendaythaynthyah)* f. indecency, obscenity; shamelessness.

indecente *(eendaythayntay)* adj. indecent, foul, obscene, shameless.

indecible *(eendaytheeble)* adj. unspeakable

indecisión *(eendaythesyón)* f. irresolution, indecision.

indecoroso *(eendaykohróhsoh)* adj. indecorous, unbecoming, indecent.

indefensible *(eendayfaynsee blay)* adj. indefensible.

indefenso *(eendayfaynsoh)* adj. defenceless.

indefinido *(eendayfeenéedoh)* adj. indefinite, vague; undefined.

indemne *(eendaymnay)* adj. undamaged, unharmed, unhurt.

indemnización *(eendaymneetha thyon)* f. indemnification, damages, compensation.

indemnizar *(eendaymneetháR)* tr. to indemnify; compensate, make good.

independencia *(eendaypayn daynthyah)* f. independence.

independiente *(eendaypaynddy entay)* adj. independent; free.

indescifrable *(eendaystheefrah blay)* adj. indecipherable.

indestructible *(eendesstrooktée blay)* adj. indestructible.

indeterminado *(eendaytayRmee náhdoh)* adj. indeterminate; undefined, uncertain, irresolute.   [(ed calico).

indiana *(eendyáhnah)* f. print.

indicación *(eendeekahthyón)* s. indication, hint, sign; directions.

indicar *(eendeekáR)* tr. to indicate, to point, to hint.

índice *(éendeethay)* m. index, sign; forefinger.

indicio *(eendéethyoh)* m. sign, trace.   [dian.

índico *(éendeekoh)* adj. East Indian.

indiferencia *(eendeefayrayn thyah)* f. indifference, unconcern.

indiferente *(eendéefayrayntay)* adj. indifferent, unconcerned, aloof.

indígena *(eendéeHaynah)* adj. indigenous, native; s. native.

indigencia *(eendeeHáynthyah)* adj. indigence, penury, poverty.

indigente *(eendeeHayntay)* adj. indigent, poor, needy.

indigestión *(eendeeHaystyon)* f. indigestion.

indigesto *(eendeeHáystoh)* adj. indigestible, heavy (food).

indignación *(eendeegnahthyón)* f. indignation, anger.

indignado *(eendeegnáhdoh)* adj. angry, cross, vexed.

indignar *(eendeegnáR)* tr. to irritate, to anger, to make cross, to offend; v. r. to get angry/cross.

indignidad *(eendeegneedáhd)* f. indignity, offense, insult.

indigno *(eendeegnoh)* adj. unworthy, undeserving.

indirecta *(eendeerayktah)* f. innuendo, hint.

indirecto *(eendeerayktoh)* adj. indirect.

indisciplina *(eendeesstheepléenah)* f. insubordination, indiscipline.

indiscreción *(eendeesskraythyón)* f. indiscretion, tactlessness, imprudence.

indiscreto *(eendeesskráytoh)* adj. indiscreet, imprudent.

indiscutible *(eendeeskootéeblay)* adj. unquestionable, indisputable.

indispensable *(eendeespaynsáh blay)* adj. indispensable, essential, necessary.

indisponer *(eendeesspohnáyR)* tr. to indispose, to make unfit, to make ill; v. r. to get unwell/ill; **— con,** to fall out with.

indisposición *(eendeesspohsee thyón)* f. indispossition; **tener una —,** to be unwell/unfit.

indistinto *(eendeessteentoh)* adj. indistinct, vague; adv. **indistintamente,** indistinctly.

individual *(eendeebeedoo:áhl)* adj. individual; (fig.) peculiar.

individualizar *(eendeebeedoo:- ahleetháR)* tr. to individualize.

individuo *(eendeebéedoo:oh)* s. m. person, fellow, chap.

indivisible *(eendeebeeséeblay)* adj. indivisible.   [divided.

indiviso *(eendeebéesoh)* adj. undocile, unruly, headstrong.

indócil *(eendóhtheel)* adj. indocile, unruly, headstrong.

indocto *(eendóktoh)* adj. ignorant, uneducated, unlearned.

índole *(éendohlay)* f. inclination, disposition; type, class.

indolencia *(eendohlaynthyan)* f. indolence, laziness, idleness.

indolente *(eendohlayntay)* adj. indolent, lazy, idle.

indomable *(eendohmáhblay)* adj. indomitable, untamable.

indómito *(eendóhmeetoh)* adj. untamed, wild.

indubitable *(eendoobeetablay)* adj. undoubted, unquestionable; adv. **—mente,** undoubtedly, unquestionably.

inducción *(eendoothyón)* s. f. inducement, persuasion. *Elect.* induction.

inducir *(eendoothéeR)* tr. to induce, to persuade. *Elect.* to induce.   [inductive.

inductivo *(eendooktéeboh)* adj.

indudable *(eendoodahblay)* adj. certain, without any doubt.

indulgencia *(eendoolHáyntay)* f. indulgence, leniency, clemency.

indulgente *(eendoolHayntay)* adj. indulgent, lenient, gentle, kind.

indultar *(eendooltáR)* tr. to pardon, to free.   [amnesty.

indulto *(eendóoltoh)* m. pardon,

industria *(eendóostryah)* f. industry, trade; **— hotelera,** catering trade.

industrial *(eendoostryáhl)* adj. industrial; m. dealer, manufacturer, businessman.

industrialización *(eendoostrya leethathyón)* s. f. industrialization.

inédito *(eenáydeetoh)* adj unpublished, unknown.

ineficacia *(eenayfeekáhthyah)* f. inefficiency, inefficacy.

ineficaz *(eenayfeekáth)* adj. inefficacious, inefficient.

ineludible *(eenayloodéeblay)* adj. unavoidable, inevitable.

ineptitud *(eenayfteetóod)* f. ineptitude, unfitness, incapacity.

inepto *(eenayptoh)* adj. inept, unfit, incompetent.

inequívoco *(eenaykéebohkoh)* adj. inequivocal, unmistakable.

inercia *(eenáyRthyah)* f. inertia.

inerte *(eenáyRtay)* adj. inert, inactive.

inesperado *(eenaysspayráhdoh)* adj. unexpected, unforeseen; adv. **inesperadamente,** unexpectedly, suddenly.

inestimable *(eenayssteemáhblay)* adj. inestimable, invaluable.

inevitable *(eenaybeetáhblay)* adj. inevitable, unavoidable.

inexactitud *(eenayksateetood)* f. inaccuracy, inexactitude.

inexacto *(eenayksaáhktoh)* adj. inexact, inaccurate, wrong, mistaken.

inexcusable *(eenaykskoosáh blay)* adj. inexcusable, unjustifiable; indispensable.

inexistente *(eenaykseestayntay)* adj. inexistent, non existent.

inexperiencia *(eenayspayryén thyah)* f. inexperience.

inexperto *(eenaykspáyRtoh)* adj. inexperienced, novice, babe.

inexplicable *(eenaykspleekáh blay)* adj. inexplicable, unexplainable.

inextinguible *(eenaysteengée blay)* adj. inextinguishable, quenchless.

infalibilidad *(eenfahleebeelee dáhd)* f. infability, accuracy.

infalible *(eenfahléeblay)* infalible, accurate exact, perfect.

infamación *(eenfahmahthyon)* f. slander, calumny, defamation, libel.

infamador *(eenfahmahdoR)* m. libeller, slanderer.

infamar *(eenfahmáR)* tr. to defame, to libel, to slander.

infame *(eenfáhmay)* adj. infamous, vile, despicable.

infamia *(eenfáhmyah)* f. infamy.

infancia *(eenfáhnthyah)* f. infancy, childhood.

infante *(eenfáhntay)* m. infant, baby. *Mil.* infantryman.

infantería *(eenfahntayrréeah)* f. infantry; **— de marina,** (USA.) marines corp.

infanticida *(eenfahnteehéedah)* infanticide, child-murderer.

infanticidio *(eenfahnteethéedy oh)* m. infanticide, child-murder.   [tile, childlike.

infantil *(eenfahntéel)* adj. infantile.

infatigable *(eenfahteegáblay)* adj. indefatigable, tireless.

infatuar *(eenfahtwaR)* tr. to infatuate; v. r. to become infatuated.   [fection, contagion.

infección *(eenfaykthyón)* f. infeccioso *(eenfaykthyóhsoh)* adj. infectious, contagious.

infectar *(eenfayktáR)* tr. to infect; r. to catch infection.

infecto *(eenfayktoh)* adj. infected.

infecundidad *(eenfaykoondee dáhd)* f. infecundity, barrenness, sterility, infertility.

infecundo *(eenfaykóondoh)* adj. infertile, sterile, barren.

infelicidad *(eenfayleetheedáhd)* f. unhappiness.

infeliz *(eenfayleeth)* adj. unhappy; (coll.) poor devil.

inferior *(eenfayryóR)* adj. inferior, lower.   [f. Inferiority.

inferioridad *(eenfayryoreedáhd)* inferir *(eenfayréeR)* tr. to infer, to deduce; to inflict (wounds).   [fernal, hellish.

infernal *(eenfayRnáhl)* adj. infestar *(eenfaysstáR)* tr. to infest, to infect; **está infestado de —,** it is teeming with.

infidelidad *(eenfeedayleedáhd)* f. infidelity, unfaithfulness.

infiel *(eenfyél)* adj. unfaithful; s. infidel.

infierno *(eenfyáyRnoh)* m. hell.

infiltración *(eenfeeltrahtyón)* f. infiltration, leakage, leak.

infiltrarse *(eenfeeltráRsay)* r. to infiltrate, to percolate, to leak, to ooze. *Mil.* to infiltrate. [the least, the worst.

ínfimo *(éenfeemoh)* adj. lowest,

infinidad *(eenfeeneedáhd)* f. infinity; endless number of.

infinito *(eenfeenéetoh)* adj. infinite, endless, immense; m. infinite.   [tion.

inflación *(eenflahthyón)* f. infla-

inflamable *(eenflahmáhblay)* adj. inflammable.

inflamación *(eenflahmahthyón)* f. inflamation, blaze. *Med.* swelling.

inflamar *(eenflahmáR)* tr. to inflame, to set on fire. *Med.* to swell, to inflame.

inflar *(eenfláR)* tr. to inflate, to blow up; r. to swell, to puff.

inflexible *(eenflaykséeblay)* adj. inflexible, unbending; contumatious.

influencia *(eenfloo:énthyah)* f. influence; **tener —,** to have some bearing; pl. **tener —s,** to have conexions; **por —,** through friendship.

influir *(eenfloo:éeR)* tr. to influence, to exert an influence, to have some bearing.

influjo *(eenflóoHoh)* m. influx.

influyente *(eenflooyéntay)* adj. influential.

información *(eenfoRmahtyón)* f. information, account, report.

informal *(eenfoRmáhl)* adj. informal; unreliable.

informalidad *(eenfoRmahleedáhd)* informality.

informar *(eenfoRmáR)* tr. to inform, to report; r. to inquire, to find out.

informativo *(eenfoRmahtéeboh)* adj. informative.

informe *(eenfóRmay)* m. information, report; adj. shapeless.

infortunio *(eenfoRtóonyoh)* m. misfortune, ill-luck, fatality.

infracción *(eenfrakthyón)* f. breach, infringement; fine.

infractor *(eenfraktóR)* f. m. lawbreaker, trangressor, breacher.

infrascri (p) to *(eenfrashkéeptoh)* adj. underwritten, undersigned.

infringir *(eenfreenHéeR)* tr. to infringe, to break.

infructuoso *(eenfroktwóhsoh)* adj. fruitless, unsuccessful; abortive (plans, etc.).

ínfulas *(éenfoolahs)* f. pl. conceit.

infundado *(eenfoondáhdoh)* adj. groundless, unfounded.

infundir *(eenfoondéeR)* tr. to infuse, to instil, to imbue.

infusión *(eenfoosyón)* f. infusion.

ingeniar *(eenHaynyaR)* tr. to conceive, to devise; v. r. to manage, to contrive.

ingeniería *(eenHaynyeréeah)* f. engineering. [engineer.

ingeniero *(eenHaynyéroh)* m.

ingenio *(eenHaynyoh)* m. wit, cleverness, talent.

ingenuidad *(eenHaynweedahd)* f. ingenuousness, innocence, candour. [candid, innocent.

ingenuo *(eenHáynwoh)* m. naive,

ingerir *(eenHayreeR)* tr. to take in, to feed.

ingle *(éenglay)* f. groin.

inglés *(eenglayss)* adj. y s. English.

ingratitud *(eengrahteetóod)* f. ingratitude, ungratefulness.

ingrato *(eengráhtoh)* adj. ungrateful. [m. ingredient.

ingrediente *(eengraydyéntay)*

ingresar *(eengráysáR)* tr. to enter; to join. *Com.* to deposit; to credit.

ingreso *(eengráysoh)* m. ingress; entrance. *Com.* entry.

inhábil *(eenáhbeel)* adj. clumsy, incapable, awkward.

inhabilidad *(eenahbeeleedáhd)* f. inability, incapability.

inhabilitar *(eenahbeeleetáR)* tr. to disqualify, to disable.

inhabitable *(eenahbeetáhblay)* adj. uninhabitable.

inhalar *(eenahláR)* tr. to inhale, to breathe in.

inherente *(eenayrayntay)* adj. inherent. [hibition.

inhibición *(eeneebeethyón)* f. inhibition.

inhibir *(eeneebéeR)* tr. to inhibit, to prohibit; to dissuade; to hinder.

inhumanidad *(eenoomahneedáhd)* f. inhumanity.

inhumano *(eenoomáahnoh)* adj. inhuman.

iniciación *(eeneethyahthyón)* f. initiation, beginnig, introduction. [first.

inicial *(eeneethyáhl)* adj. initial.

iniciar *(eeneethyáR)* tr. to initiate, to commence, to begin, to start, to set out.

inimaginable *(eeneemahHeenáhblay)* adj. unimaginable.

inimitable *(eeneemeetáhblay)* adj. inimitable, matchless.

ininteligible *(eeneentayleeHéeblay)* adj. unintelligible.

iniquidad *(eeneekweedahd)* f. iniquity. [(in) graft.

injertar *(eenHayRtáR)* tr. to

injerto *(eenHáyRtoh)* m. graft(ing), stock.

injuria *(eenHóoryah)* f. insult, offence; slander.

injuriar *(eenHoorHáR)* tr. to offend, to insult.

injurioso *(eenHooryóhsoh)* adj. injurious, outrageous, insulting. [injustice, iniquity.

injusticia *(eenHoostéethyah)* f.

injusto *(eenHóostoh)* adj. unjust, unfair.

inmaculado *(eenmahkooláhdoh)* adj. inmaculate, pure.

inmaduro *(eenmahdóoroh)* adj. immature.

inmediación *(eenmaydyahthyón)* f. contiguity, inmediacy; pl. outskirts; **en las —s,** in the neighbourhood.

inmediato *(eenmaydyáhtoh)* adj. immediate, next, near-by.

inmejorable *(eenmayHohráhblay)* adj. unsurpassable.

inmemorial *(eenmaymohryáhl)* adj. immemorial.

inmensidad *(eenmaynseedáhd)* f. immensity, vastness.

inmenso *(eenmáynsoh)* adj. immense, huge, vast.

inmerecido *(eenmayraythéedoh)* adj. undeserved.

inmersión *(eenmayRsyón)* m. immersion. [f. immigration.

inmigración *(eenmeegrahthyón)*

inminente *(eenmeenayntay)* adj. imminent.

inmiscuir *(eenmeeskwéeR)* tr. to mix; r. to interfere in.

inmodestia *(eenmohdaysstyah)* f. immodesty, indicency.

inmodesto *(eenmohdaysstoh)* adj. immodest, conceited, presumptuous.

inmolar *(eenmohláR)* adj. immolate, to sacrifice.

inmoral *(eenmohráhl)* adj. immoral, corrupt, depraved.

inmortal *(eenmoRtáhl)* adj. immortal, undying, everlasting.

inmortalidad *(eenmoRtahleedáhd)* f. immortality.

inmortalizar *(eenmoRtahleetháR)* tr. to immortalize.

inmóvil *(eenmóhbeel)* adj. immobile, motionless, lifeless.

inmueble *(eenmwayblay)* adj. *Law.* immovable; m. pl. real estate. [f. dirt, filth.

inmundicia *(eenmoondéethyah)*

inmundo *(eenmóondoh)* adj. dirty, filthy, obscene.

inmune *(eenmóonay)* adj. free, exempt, immune.

inmunidad *(eenmooneedáhd)* f. immunity, exemption.

inmunizar *(eenmooneetháR)* tr. to immunize. *Med.* to vacinate; v. r. to get immune.

inmutable *(inmootáhblay)* adj. immutable. [inborn, natural.

innato *(eennáhtoh)* adj. inborn,

innavegable *(ennahbaygáhblay)* adj. innavigable, unseaworthy.

innecesario *(eennaythaysáhryoh)* adj. unnecessary.

innegable *(ennaygáhblay)* adj. undeniable. [ble.

innoble *(eennóhblay)* adj. ignonoble.

innocuo *(eennóhkwoh)* adj. innocuous, harmless.

innominado *(eennohmeenáhdoh)* adj. nameless, innominate.

innovación *(eennohbahthyón)* f. innovation. [vate.

innovar *(eennohbáR)* tr. to innovate.

innumerable *(eennoomayráhblay)* adj. innumerable; numberless, countless.

inocencia *(eenohthaynthyah)* f. innocence, candour, naivety.

inocente *(eenohthayntay)* adj. innocent, candid; naive.

inocular *(eenohkoolaR)* tr. to inoculate, to vaccinate.

inodoro *(eenohdohroh)* adj. odourless, inodorous; m. deodorizer.

inofensivo *(eenohfaynséeboh)* adj. inoffensive, innocuous, harmless.

inolvidable *(eenolbeedáhblay)* adj. unforgettable.

inoportuno *(eenohpoRtóonoh)* adj. inopportune, untimely.

inorgánico *(eenoRgáhneekoh)* adj. inorganic (al).

inquietante *(eenkyetantay)* adj. disturbing, disquieting.

inquietar *(eenkyétaR)* tr. to disturb, to disquiet; r. to become uneasy, to worry.

inquieto *(eenkyétoh)* adj. restless, anxious, worried.

inquietud *(eenkyetood)* f. restlessness, uneasiness, worry.

inquilinato *(eenkeeleenáhtoh)* m. lease (hold), tenancy.

inquilino *(eenkeeléenoh)* m. tenant, lodger.

inquirir *(eenkeeréeR)* tr. to inquire; to investigate.

inquisición *(eenkeeseethyon)* f. inquest, inquiry.

insaciable *(eensahthyáblay)* adj. insatiable, unquenchable; greedy.

insalubre *(eensahlóobray)* adj. insalubrious, unhealthy.

insano *(eensáhnoh)* adj. unhealthy; insane, mad.

inscribir *(eenskreebéeR)* tr. to inscribe, to record, to book; v. r. to put one's name down.

inscripción *(eenskreepthyón)* f. inscription; registration.

insecto *(eensayktoh)* m. insect.

inseguridad *(eensaygooreedáhd)* .f insecurity, uncertainty.

inseguro *(eensaygóoroh)* adj. insecure, uncertain, unsafe.

insensatez *(eensaynsahtayth)* f. stupidity, nonsense, folly.

insensato *(eensaynsáhtoh)* adj. stupid, foolish, blind.

insensibilidad *(eenssaynseebeeleedahd)* insensibility; insensitivity; hard-heartness.

insensible *(eensaynséeblay)* adj. insensible, callous; insensitive.

inseparable *(eensayparáhblay)* adj. inseparable, undetatchable.

inserción *(eensayRthyón)* f. insertion. [sert.

insertar *(eensayRtáR)* tr. to insert.

inservible *(eensayRbéeblay)* adj. (coll.) useless, *USA.*

insigne *(eensseegnay)* adj. illustrious.

insignificancia *(eenseeneefeekahnthyah)* f. insignificance, triviality; (coll.) child's play.

insignificante *(eenseeneefeekahntay)* adj. insignificant, trivial, trifle.

insinuación *(eenseenwahthyon)* f. insinuation, hint, suggestion.

insinuar *(eenseenwaR)* tr. to insinuate, to hint, to suggest.

insipidez *(eenseepeedáyth)* f. insipidity, tastelessness.

insípido *(eenséepeedoh)* adj. insípid, tasteless; (of beer) flat.

insistir *(eenseesstéeR)* intr. to insist on; to dwell on.

insociable *(eensohthyáhblay)* adj. unsociable. [sun-stroke.

insolación *(eensohlahthyón)* f.

insolencia *(eensohlaynthyah)* f. insolence, impudence, cheek.

insolentarse *(eensohlayntáRsay)* r. to become insolent, to be cheeky.

insolente *(eensohlayntay)* adj. insolent, impudent; (coll.) checky. [sual.

insólito *(eensóhleetoh)* adj. unusoluble.

insoluble *(eensohlóooblay)* adj. indissoluble; unsolvable.

insolvencia *(eensolbaynthyah)* f. insolvency. [insolvent.

insolvente *(eensolbayntay)* adj. insolvente.

insomnio *(eensómnyoh)* f. insomnia, sleeplessness.

insoportable *(insohpartáhblay)* adj. unbearable, insupportable.

insostenible *(eensosostaynéeblay)* adj. indefensible, untenable.

inspección *(eenspaykthyón)* f. inspection; survey; police station.

inspeccionar *(eenspaykthyohnáR)* tr. to inspect, to survey, to examine.

inspector *(eenspayktóR)* m. inspector, supervisor.

inspiración *(eenspeerahthyón)* f. inspiration. *Med.* inhalation.

inspirar *(eenspeeráR)* tr. to inspire; to inhale.

instalación *(eenstahlahthyón)* f. installation; fitting; settling. *Ind.* plant.

instalar *(eenstahláR)* tr. to place, to set (up), to install; r. to settle down.

instancia *(eenstahnthyah)* f. instance, plea, request, suit, petition; application letter/ form; **en primera —,** in the first place.

instantánea *(ennstahntáhnayah)* f. *Phot.* snapshot.

instantáneo *(eenstahntáhnayoh)* adj. instantaneous, instant.

instante *(eenstáhntay)* m. instant, moment; **un —,** a minute; **al —,** immediately.

instar *(eenstR)* tr. to press, to urge.

144 **instigar** *(eensteegáR)* tr. to instigate, to egg on, to set on, to incite. [tinct.

instinto *(eenstéentoh)* m. instinct.

institución *(eensteetoothyón)* f. institution; establishment.

instituir *(eensteetoo:éeR)* tr. to institute, to establish, to found.

instituto *(eensteetóotoh)* m. institute; Grammar school.

instrucción *(eenstrookthyón)* f. instruction, teaching. *Mil.* drilling.

instructivo *(eenstrooktéeboh)* adj. instructive.

instruido *(eenstroo:éedoh)* adj. learned, educated; skilled.

instruir *(eenstroo:éeR)* tr. to instruct, to educate, to teach.

instrumental *(eenstroomayntáhl)* adj. instrumental.

instrumento *(eenstroomayntoh)* m. instrument, tool. *Agric.* implement.

insubordinación *(eensooboRdeenahthyón)* f. insubordination, rebellion, revolt.

insubordinar *(eensooboRdeenáR)* tr. to incite to; r. to rebel.

insuficiente *(eensoofeethyéntay)* adj. insufficient, inadequate.

insufrible *(eensoofréeblay)* adj. intolerable, unbearable, insufferable. [land.

ínsula *(eénsoohlah)* f. isle, island.

insular *(eensooláR)* adj. insular, island. [pidity, flatness.

insulsez *(eensoolsayth)* f. insipidity, flatness.

insulso *(eensóolsoh)* dull, flat.

insultar *(eensooltáR)* tr. to insult.

insulto *(eensóoltoh)* m. insult, affront; (fig.) offence.

insuperable *(eensoopayráblay)* adj. insuperable; insurmountable. [insurgent, rebel.

insurgente *(eensooRHéntay)* s.

insurrección *(eensooRaykthyón)* f. insurrection, (up)rising, revolt.

intacto *(eentáktoh)* adj. intact, whole, untouched.

intachable *(eentahchahblay)* adj. blameless, irreproachable.

intangible *(eentahHeeblay)* adj. nntouchable, that cannot be touched. [tegral, whole.

integral *(eentaygrahl)* adj. in-

integridad *(eentaygreedáhd)* f. integrity, honesty.

íntegro *(éentaygroh)* adj. integral, whole, complete.

intelecto *(eentaylayktoh)* m. intellect, understanding.

intelectual *(eentaylayktwáhl)* adj. intellectual; m. intellectual; (coll.) square.

inteligencia *(eentayleeHaynthyah)* f. intelligence understanding, intellect, cleverness.

inteligente *(eentayleeHayntay)* adj. intelligent, clever.

inteligible *(eentayleeHeeblay)* adj. intelligible, comprehensible.

intemperie *(eentaynpáyrye)* f. inclemency, rough weather; **a la —,** in the open-air.

intempestivo *(eentaympaysstéeboh)* adj. ill-timed, inoportune, unseasonable.

intención *(eentaynthyón)* f. intent(ion); **con —,** intentionally, on purpose; **ser con — de,** to be meant to.

intencionado *(eentaynthyohnáhdoh)* adj. intentioned, disposed; **bien —,** well disposed; **mal —,** ill disposed; **fue —,** it was meant to.

intendencia *(eentayndaynthyah)* f. (army, navy, etc.) administration. [intensity.

intensidad *(eentaynseedáhd)* f.

intenso *(eentaynsoh)* adj. intense. [to attempt.

intentar *(eentayntáR)* tr. to try,

intento *(eentayntoh)* m. try, trial, go, attempt.

intercalar *(eentayRkahláR)* tr. to intercalate, to insert.

intercambiar *(eentayRkáhmbyáR)* tr. to interchange, to exchange.

intercambio *(eentayRkáhmbyoh)* m. interchange, exchange.

interceder *(eenteyRtbaydayR)* intr. to intercede, to plead.

interceptar *(eentayRthayptáR)* tr. to intercept, to cut off.

intercesión *(eentayRthayssyon)* f. intercession; mediation.

intercontinental *(eentayRkonteenayntáhl)* adj. intercontinental.

interés *(eentayrayss)* m. interest. *Com.* interest, premium; pl. interests; **— creados,** vested interests.

interesado *(eentayraysáhdoh)* adj. interested, concerned; selfish; m. concerned person. [adj. interesting.

interesante *(eentayraysáhntay)*

interesar *(eentayraysáR)* tr. to interest. r. to be interested in.

interino *(eentayréenoh)* adj. provisional. *Sports.* half-time; m. substitute.

interior *(eentayryóR)* adj. interior, inner, inside; m. the inside; the interior.

interjección *(eentayRHaythyon)* f. interjection.

interlocución *(eentayRlohkoothyón)* f. interlocution, dialogue.

interlocutor *(eentayRlohkootóR)* m. interlocutor.

intermediario *(eentayRmaydyaryoh)* m. intermediary, middleman, arbitrator.

intermedio *(eentayRmáydyoh)* m. interval. *Sports.* half-time; adj. intermediate.

interminable *(eentayRmeenáhblay)* adj. interminable, endless.

internacional *(eentayRnahthyohnáhl)* adj. international.

internacionalizar *(eentayRnahthyohnahleetháR)* tr. to internationalize.

intermitente *(eentayRmeetayntay)* adj. intermittent.

internado *(eentayRnáhdoh)* m. boarding school.

internar *(eentayRnáR)* tr. to intern; r. to penetrate inland, to go deeper into.

interno *(eentáyRnoh)* adj. internal; m. boarding-pupil, boarder.

interponer *(eentayRpohnayR)* tr. to interpose; v. r. to go or come between.

interposición *(eentayRpohseethyón)* f. interposition, interfering, meddling.

interpretación *(eentayRpraytahthyón)* f. interpretation.

interpretar *(eentayRpraytáR)* tr. to interpret. *Mús.* to render. *Theat.* to act the part, to do the role.

intérprete *(eentáyRpraytay)* s. interpreter. *Theat.* player, star.

interrogación *(eentayRohgahthyón)* f. interrogation. *Print.* question-mark.

interrogatorio *(eentayRohgahtohryoh)* m. *Leg.* cross-examination.

interrogar *(eentayRohgáR)* tr. to interrogate, to question.

interrumpir *(eentayRoompéeR)* tr. to interrupt, to cut short.

interrupción *(eentayRoopthyón)* f. interruption.

intersticio *(eentayRsteethyon)* m. crack, chink.

intervalo *(eentayRbáhloh)* m. interval, pause, break.

intervención *(eentaiRbaynthyón)* f. intervention. *Com.* auditing accounts.

intervenir *(eentayRbaynéeR)* intr. to intervene, to go between. *Com.* to audit accounts.

intestino *(eentayssténoh)* adj. intestine; m. intestine, bowels.

intimar *(eenteemáR)* tr. to intimate.

intimidación *(eenteemeedahthyón)* f. intimidation, threat, warning.

intimidad *(eenteemeedáhd)* f. intimacy; **en la —,** in private.

intimidar *(eenteemeedáR)* tr. to intimidate, to daunt, to threat, to warn.

íntimo *(éenteemoh)* adj. intimate; **un amigo —,** a close friend.

intolerable *(eentohlayráhblay)* adj. intolerable, insufferable, umbearable.

intranquilo *(eentrahnkéeloh)* adj. restless; uneasy.

intransferible *(eentrahnsfayréeblay)* adj. not transferable.

intransigente *(eentrahnseeHayntay)* adj. intransigent, strict, severe.

intransitable *(eentrahnseetáhblay)* adj. impassable.

intratable *(eentrahtáhblay)* adj. intractable, unsociable.

intrepidez *(eentraypeedayth)* f. intrepidity, boldness, daring.

intrépido *(eentráypeedoh)* adj. intrepid, bold, daring, fearless.

intriga *(eentréegah)* f. intrigue; plot (of a play).

intrigar *(eentreegáR)* intr. to intrigue, to plot, to scheme.

intrincado *(eentreenkáhdoh)* adj. intricate, knotty, difficult.

introducción *(eentrohdookthyón)* f. introduction, preface.

introducir *(eentrohdoothéeR)* tr. to introduce, to insert, to put in; v. r. to get into.

introversión *(eentrohbayRsyón)* f. introversion.

intruso *(eentróosoh)* adj. intrusive; m. intruder, outsider.

intuición *(eentweethyon)* f. intuition, instinct.

intuir *(eentwéeR)* tr. to have the intuition, to envisage.

inundación *(eenoondahthyón)* f. flood, inundation.

inundar *(eenoondáR)* tr. to flood, to inundate. [unusual.

inusitado *(eenooseetáhdoh)* adj.

inútil *(eenóotil)* adj. useless; adv. **inútilmente,** uselessly.

inutilidad *(eenooteeleedáhd)* f. uselessness, inutility.

inutilizar *(eenooteeleetháR)* tr. to render useless, to destroy, to put out of action, to spoil. [vade.

invadir *(eenbahdeeR)* tr. to invade.

invalidar *(eenbahleedáR)* tr. to invalidate, to nullify, to make void, to annul.

invalidez *(eenbahleedayth)* f. invalidity, nullity, invalidation.

inválido *(eenbáhleedoh)* adj. y m. invalid, void, useless. *Med.* invalid, cripple.

invariable *(eenbahryáhblay)* adj. invariable. [sion.

invasión *(eenbahsyón)* f. inva-

invasor *(eenbahsóR)* m. invader.

invencible *(eenbaynthéeblay)* adj. invincible.

invención *(eenbeenthyón)* f. invention; (fig.) a figment of one's imagination; (coll.) a tale; (inst.) contrivance.

inventar *(eenbayntáR)* tr. to invent, to discover, to find out.

inventariar *(eenbayntahryáR)* tr. to inventory, to take stock.

inventario *(eenbayntáhryoh)* m. inventory, stock-taking.

inventiva *(eenbayntéebah)* f. ingenuity, inventiveness.

invento *(eenbayntoh)* m. invention; device; contrivance.

inventor *(eenbayntóR)* m. inventor.

invernadero *(eenbayRnadáyroh)* m. green-house, hot-house.

invernal *(eenbayRnáhl)* adj. wint(e)ry, hibernal.

invernar *(eenbayRndR)* intr. to winter, to hibernate.

inversión *(eenbayRsyón)* f. inversion. *Com.* investment.

inverso *(eenbáyRsoh)* adj. inverse, opposite; **a la —a,** on the contrary, the other way round.

invertir *(eenbayRtéeR)* tr. to invert, to turn upside-down. *Com.* to invest.

investigación *(eenbaysstegahtyón)* f. research, investigaton, inquiry; inquest.

investigar *(eenbayssteegáR)* tr. to investigate. *Scien.* to research; to find out.

invierno *(eenbyéRnoh)* m. winter. [inviolable.

inviolable *(eenbyohláhblay)* adj.

inviolado *(eenbyohláhdoh)* adj. inviolat(ed), unhurt, unharmed.

invisibilidad *(eenbeeseebeeleedáhd)* f. invisibility.

invisible *(eenbeeséeblay)* adj. invisible.

invitar *(eenbeetáR)* tr. to invite; (coll.) to treat. [invocation.

invocación *(eenbohkahthyón)* f.

invocar *(eenbohkáR)* tr. to invoke, to implore; to call.

involucrar *(eembohlookraR)* tr. to involve; to mix.

involuntario *(eenbohloontáhryoh)* adj. involuntary.

inyección *(eenyaykthyón)* f. injecction. [ject.

inyectar *(eenyayktáR)* tr. to injectir *(eeR)* intr. to go; (cloth.) to suit, to fit; **— a pie,** to go on foot; **— en coche,** to ride; **— por (tren, barco, etc.)** to go by (train, boat, etc.); **— a buscar,** to go and fetch.

ira *(éerah)* f. wrath, anger.

iracundo *(eerahkóondoh)* adj. angry, furious, enraged.

irascible *(eerahstéeblay)* adj. irritable. [rainbow

iris *(éereess)* m. iris; **arco —,**

irisar *(eereesáR)* tr. to iridesce.

ironía *(eerohnée:ah)* f. irony.

irónico *(eeróhneekoh)* adj. ironic(al). [ironize.

ironizar *(eerohneetháR)* tr. to

irracional *(eeRathyóhnáhl)* adj. irrational, absurd; m. madman; brute.

irradiación (eeRahdyahthyón) f. i(r)radiation.

irradiar (eeRahdyáR) tr. to i(r)-radiate, to emit light; to bifurcate.

irreconciliable (eeRaykontheelyáhblay) adj. irreconciliable.

irrecuperable (eeRaykoopayráhblay) adj. irrecoverable, irretrievable. [rashness.

irreflexión (eeRayflayksyon) f.

irreflexivo (eeRayflayksseeboh) adj. thoughtless.

irregular (eeRaygooláR) adj. irregular, uneven.

irregularidad (eeRaygoolahreedáhd) f. irregularity, unevenness. [ligion, atheism.

irreligión (eeRayleeHyon) f. irre-

irreligioso (eeRayleeHyóssoh) adj. irreligious, atheist.

irremediable (eeRaymaydyahblay) adj. irremediable, hopeless; lost.

irreparable (eeRaypahráblay) adj. irreparable, hopeless, lost.

irreprochable (eeRayprocháhblay) adj. irreproachable, faultless, unimpeachable.

irresistible (eeRayseessteéblay) adj. irresistible, overpowering.

irresoluto (eeRaysohlóotoh) adj. irresolute, hesitant.

irreverencia (eeRaybayraynthyah) f. irreverence.

irreverente (eeRaybayrayntay) adj. irreverent.

irrevocable (eeRaybohkáhblay) adj. irrevocable, irreversible.

irrigar (eeReegáR) tr. to irrigate, to water.

irrisión (eeReesyón) f. derision, laugh. [table.

irritable (eeReetáhblay) adj. irri-

irritante (eeReetantay) adj. irritating, upsetting, annoying.

irrisorio (eeReessohryoh) adj. ridiculously small.

irritar (eeReetáR) tr. to irritate, to exasperate, to annoy, to upset.

irrupción (eeRoopthyón) f. irruption; inroad, raid, foray.

isla (éesslah) f. isle; island.

isleño (eessláynyoh) adj. insular; m. islander. [key.

islote (eesslóhtay) m. islet, holm,

israelita (eessRa:ayleetah) s. y adj. Israelite; Jew(ish).

istmo (éestmoh) m. ishmus.

itinerario (eeteenaryáhryoh) m. itinerary, route; guide.

izquierda (eethkyáyRdah) f. lefthand. Pol. left.

izquierdo (eethkyáyRdoh) adj. left-(handed).

jabalí (Hahbalée) m. Zool. wild boar.

jabalina (Hahbahléenah) f. Zool. wild sow. Sport. javelin.

jabón (Hahbón) m. soap; — de tocador, toilet scap; escamas de —, soap suds.

jabonadura (Hahbohnahdóorah) f. washing. f. pl. (soap)suds.

jabonar (HahbonáR) tr. to soap; (fam.) to reprimand.

jabonera (Hahbonáyrah) f. soapdish. [cob.

jaca (Háhkah) f. jennet, hobby,

jacinto (Hahthéentoh) m. Bot. hyacinth. [(ney).

jaco (Háhkoh) m. nag, hack-

jactancia (Hahktáhnthyah) f. boasting.

jactancioso (Hahktahnthyósoh) adj. boastful. [boast.

jactarse (HahktáRsay) r. to

jalea (Hahláyah) f. jelly.

jalear (HahláyaH) tr. to cheer, to urge on, to encourage.

jaleo (Hahláyoh) m. row, scuffle, quarrel.

jamás (Hahmáhs) adv. never; ever; nunca —, never again.

jamón (Hahmón) m. ham; — serrano, cured ham.

japonés (Hahpohnéss) adj. y s. Japanese.

jaque (Háhkay) m. check (in chess); — mate, checkmate.

jaqueca (Hakáhykah) f. headache, migraine.

jarabe (Hahráhbay) m. syrup.

jarana (Hahráhnah) f. revel(ry); estar de —, to be having a rollicking time; (coll.) having a rollieker.

jardín (HaRdéen) m. garden.

jardinería (HaRdeenayrée:ah) f. gardening. [gardener.

jardinero (HaRdeenáyroh) m.

jarra (HahRah) f. jug; jar; brazos en —s, arms akimbo.

jarro (HahRoh) m. jug, pitcher.

jarrón (HahRón) m. (flower-)-vase.

jaula (Háhoolah) f. cage.

jauría (Hauréeah) f. pack of hounds. [ne.

jazmín (Hathméen) m. jessami-

jefatura (Hayfahtóorah) f. leadership; — de policía, police headquarters.

jefe (Háyfay) m. chief, leader, master; (coll.) boss.

jerarquía (HayraRkée:ah) f. hierarchy. [sherry.

jerez (Háyrayth) m. (vino de

jerga (HáyRgah) f. jargon; cant.

jergón (HayRgón) m. straw bed, pallet. [ge.

jeringa (Hayréengah) f. syrin-

jeringar (HayreengáR) tr. to syringe, to squirt; (coll.) to annoy.

jeroglífico (Hayrohglée:eefeekoh) m hieroglyph. [sweater.

jersey (HayRsáy) m. jersey,

jesuita (Haysoo:éetah) s. Jesuit, hypocrite.

jinete (Heenáytay) m. rider, horseman; pl. cavalry.

jira (Héerah) f. tour, trip; — campestre, picnic, outing.

jirafa (Heeráhfah) f. giraffe.

jirón (Heerón) m. rag, shred.

jocosidad (Hohkohseedáhd) f. jocularity, waggery.

jocoso (Hohkohsoh) adj. jocose, waggish, facetious.

jofaina (Hohfáeenah) f. washbasin, wash bowl.

jornada (HoRnáhdah) f. the day's work, stage, journey.

jornal (HoRnáhl) m. wages, pay.

jornalero (HoRnahláyroh) m. day-labourer, journeyman.

joroba (HohRóhbah) f. hump(back).

jorobado (Hohrohbádoh) adj. humpbacked; m. hunch-back.

joven (Hóhbayn) adj. young; m. young man, youth lad; f. lass, girl, young-lady. [gay.

jovial (Hohbyáhl) adj. jovial;

jovialidad (Hohbyaleedáhd) f. joviality, gaiety.

joya (Hóhyah) f. jewel, gem; pl. jewels.

joyería (Hohyayrée:ah) f. jeweler's shop.

joyero (Hohyáyroh) m. jeweller. [retirement.

jubilación (Hoobeelahthyón) f.

jubilar (HoobeeláR) tr. to pension off, to retire. [lee.

jubileo (Hoobeeláyoh) m. jubilee.

júbilo (Hóobeeloh) m. joy.

judaico (Hoodáeekoh) adj. Judaical; Jewish.

judaísmo (Hoodaeesmoh) m. Judaism. [ry.

judería (Hoodayrée:ah) f. Jew-

judía (Hoodée:ah) f. Jewess. Bot. French bean.

judicial (Hoodeethyáhl) adj. judicial. [m. Jew.

judío (Hoodée:oh) adj. Jewish;

juego (Hwáygoh) m. game play; (of things) set; gambling; (fig.) — de niños, child's play. [day.

jueves (Hwáybayss) m. Thurs-

juez (Hwayth) m. judge; expert.

jugada (Hoogáhdah) f. move (in a game); mean trick.

jugador (HoogahdóR) m. player; gambler.

jugar (HoogáR) tr. e intr. to play; to gamble.

jugo (Hóogoh) m. Bot. sap; (fruit) juice.

jugoso (Hoogóhsoh) adj. juicy.

juguete (Hoogáytay) m. toy, plaything.

juguetear (HoogaytayáR) intr. to toy with, to gambol, to frolick. [ful.

juguetón (Hoogaytón) adj. playful.

juicio (Hoo:eethyoh) Law. trial, judgement; (int.) sense, wisdom; a mi —, in my opinion.

juicioso (Hoo:eethyóhsoh) adj. judicious, wise, sensible.

julio (Hóo:lyoh) m. July.

junco (Hóonkoh) m. Bot. rush. Naut. chinese junk.

junio (Hóo:nyoh) m. June.

junta (Hóntah) f. Pol. junta. Com. assembly, board. Mech. joint.

juntar (HoontaR) tr. to gather, to collect; v. r. to meet, to gather.

junto (Hóontoh) adj. together, united; adv. near, close to, next to.

jura (Hóorah) f. oath, promise.

jurado (Hooráhdoh) m. jury; juror.

juramentar (HoorahmayntáR) tr. to swear (in); r. to be sworn (in).

juramento (Hoorahmayntoh) m. oath; swear-word, curse.

jurar (HooráR) tr. to swear.

jurídico (Hooréedeekoh) adj. juridic(al), lawful, legal.

jurisdicción (Hooreessdeekthyón) f. jurisdiction, authority, area of influence. [lawyer.

jurista (Hooreesstáh) s. jurist;

justicia (Hoossteethyah) f. justice, rightfulness.

justificación (Hoosteefeekahthyón) f. justification.

justificante (Hoosteefeekáhntay) m. warrant; adj. justifying.

justificar (HoosteefeekáR) tr. to justify, to prove.

justo (Hóostoh) adj. just; righteous; (of fitting) tight; m. just and pious man; adv. tightly; [nile; youthful.

juvenil (Hoobaynéel) adj. juvenile.

juventud (Hoobayntóod) f. youth, young people.

juzgado (Hoothgáhdoh) m. court of justice, tribunal, assizes, law chambers. [judge.

juzgar (HoothgáR) tr. e intr. to

K k

kaki (káhkee) m. kakhi.

kepis (káypeess) m. shako, kepi. [cy-fair.

kermese (kayRmáys) f. fan-

kilogramo (keelohgráhmoh) s. kilogram(me).

kilométrico (keelohmáytreekoh) adj. kilometric(al); m. (rlwy.) season ticket, (in Spain).

kilómetro (keelóhmaytroh) s. kilometre. [lowatt.

kilovatio (keelohbáthyoh) m. ki-

kiosco (kyóskoh) s. kiosk.

L l

la (lah) art. f. the; pron. her.

laberinto (lahbayréentoh) m. labyrinth, maze.

labia (láhbyah) f. (fam.) verbosity, gift of the gab.

labial (lahbyáhl) adj. labial, lip.

labio (láhbyoh) m. lip; — superior, upper lip; — inferior, lower lip. [needle-work.

labor (lahbóR) f. labour; work,

laborable (lahbohrahblay) adj. workable. Agric. tillable; m. working day. [m. laboratory.

laboratorio (lahbohrahtóhryoh)

laboriosidad (lahbohryohseedáhd) f. laboriousness, industriousness.

laborista (lahbohreestah) adj. Labour; s. Labourite.

labrador (lahbradóR) m. farmhand, plowman; farmer.

labranza (lahbráhnthah) f. ploughing; farming; tierra de —, farm land.

labrar (lahbráR) tr. to work; (G. B.) to plough; (USA.) to plow. [hand, labourer.

labriego (lahbryáygoh) m. farm-

laca (láhkah) f. (gum-)lac, lacquer; — para el cabello, hair lacquer.

lacayo (lahkáhyoh) m. lackey.

lacio (láhthyoh) adj. faded; flaccid; straight (hair).

lacónico (lahkóhneekoh) adj. laconic, brief, concise.

lacra (láhkrah) f. mark left by illness; (fig.) something malignant. [sealing wax.

lacrar (lahkráR) tr. to seal with

lacre (láhkray) m. sealing wax.

lacrimoso (lahkreemóhsoh) adj. tearful, lachrymose.

lactancia (lahktáhnthyah) f. lactation, suckling.

lactante (lahktáhntay) s. y adj. milk-feeding (baby/mother).

lácteo (láhktayo) adj. lacteous; milky, vía —a, milky way.

ladear (lahdayáR) tr. to tilt, to tip; r. to lean, to tilt.

ladeo (lahdáyoh) m. inclination, tilting.

ladera (lahdáyrah) f. hillside.

ladino (lahdéenoh) adj. crafty, cunning, sagacious.

lado (láhdoh) m. side; party; (fig.) protection; al — de, next to; de —, sideways.

ladrar (lahdráR) intr. to bark.

ladrido (lahdrée:doh) m. barking.

ladrillo (lahdréelyoh) m. brick.

ladrón (lahdrón) m. thief, robber.

lagar (lahgaR) m. wine-press.

146 **lagartera** (*lahgaRtáyrah*) f. lizard-hole. [newt.
lagartija (*lahgaRtéeHah*) f. eft,
lagarto (*lahgáRtoh*) m. lizard.
lago (*láhgoh*) m. lake.
lágrima (*láhgreemah*) f. tear, drop; **derramar —s**, to shed tears.
laguna (*lahgóonah*) f. small lake, pond, lagoon. *Print.* (fig.) gap. [ty.
laicismo (*laeetheesmoh*) m. laicaico (*láeekoh*) adj. laic(al); m. layman.
lama (*lahmah*) f. slime, slush.
lamentable (*lahmayntáhblay*) adj. lamentable, deplorable.
lamentación (*lahmayntahthyón*) f. lamentation, wail; regret.
lamentar (*lahmayntáR*) tr. to lament, to wail, to deplore, to regret; r. to complain.
lamento (*lahmayntoh*) m. lament(ation), wail, moan; regret. [lap.
lamer (*lahmáyR*) tr. to lick; to
lámina (*láhmeenah*) f. plate, sheet (of metal); (books) illustration, picture.
laminado (*lahmaynáhdoh*) adj. laminate(d); m. sheeting.
laminador (*lahmeenadoR*) adj. laminating; f. rolling mill.
laminar (*lahmaynáR*) tr. to laminate, to roll (metal).
lámpara (*láhmpahrah*) f. lamp.
lamparilla (*lahmpahréeelyah*) f. small lamp.
lamparón (*lampahrohn*) m. large oil stan; large lamp.
lana (*láhnah*) f. wool; fleece.
lanar (*lahnáR*) adj. woolly (catt.), ovine. [quarrel.
lance (*láhnthay*) m. cast; affair,
lancear (*lahnthayáR*) to lance.
lancero (*lahntháyroh*) m. pikeman. [lancet.
lanceta (*lahntháytah*) m. (surg.)
lancha (*láhnchah*) f. *Naut.* launch, lighter.
langosta (*lahngóstah*) f. *Entom.* locust. *Ichtch.* lobster.
langostín (*lahngostéen*) m. prawn, crawfish.
languidecer (*lahngeedaytháyR*) intr. to languish. [guor.
languidez (*lahngeedayth*) f. languor.
lanza (*láhnthah*) f. spear, lance.
lanzada (*lahntháhdah*) f. lance blow, spear thrust. [shuttle.
lanzadera (*lahnthahdáyrah*) f.
lanzamiento (*lahnthahmyéntoh*) m. launching. *Sports.* throwing.
lanzar (*lahnthá*) tr. to throw; to launch; r. to rush or dart upon. [*Icht.* barnacle.
lapa (*láhpah*) f. scum, slime;
lápida (*láhpeedah*) f. memorial stone, tomb-stone.
lápiz (*láhpeeth*) m. pencil.
lapso (*láhpsoh*) m. lapse or course of time, span, spell.
largar (*laRgáR*) tr. *Naut.* to pay out; to let go to give (as a slap); v. r. to clear off, to go away.
largo (*láRgoh*) · adj. long; m. length, long; adv. largely; interj. away!; **a lo — de**, along; **a la —a**, in the long run; **pasar de —**, to pass by.
larguero (*laRgáyroh*) m. jambpost. *Sport.* crossbar.
largueza (*laRgáythah*) f. liberality, abundance, largesse.
largura (*laRgóorah*) f. length.
laringe (*lahréenHay*) f. larynx.
laringitis (*lahreenHéeteess*) f. laryngitis.

larva (*láRbah*) f. grub, larva.
lascivia (*lahsthéebyah*) f. lasciviousness, lewdness, lust.
lascivo (*lahsthéeboh*) adj. lustful, lewd, lascivious.
lasitud (*lahseetóod*) f. lassitude, weariness.
lástima (*láhsteemah*) f. compassion, pity, grief; **¡Qué —!**, what a pity!, **¡Es una —!**, it's a pity!
lastimar (*lahsteemáR*) tr. to hurt; (morally) to offend.
lastimoso (*lahsteemóhsoh*) adj. doleful, sad, pitiful.
lastre (*láhstray*) m. ballast.
lata (*láhtah*) f. tin(-plate), (tin-)can; (coll.) annoyance, nuisance, bother.
latente (*lahtáyntay*) adj. latent.
lateral (*lahtayráhl*) adj. lateral, side.
látex (*láhtayks*) m. latex.
latido (*lahtéedoh*) m. palpitation; heart-beat, throb.
latifundio (*lahteefóondyoh*) m. large estate property.
latigazo (*lahteegáhthoh*) m. lash, whip blow; crack (of a whip).
látigo (*láhteegoh*) m. whip.
latín (*lahtéen*) m. Latin.
latinajo (*lahteenáhHoh*) m. (fam.) Latin jargon.
latinismo (*lahteeneessmoh*) m. Latinism. [Latinize.
latinizar (*lahteeneetháR*) tr. to
latino (*lahtéenoh*) adj. Latin.
latir (*lahtéeR*) intr. to beat, to throb (the heart), to palpitate.
latitud (*lahteetóod*) f. latitude, width; pl. (fig.) surroundings.
latón (*lahtón*) m. brass.
latoso (*lahtohssoh*) adj. annoying; tedious.
latrina (*lahtreenah*) f. latrine, privy, lavatory.
latrocinio (*lahtRotheenyoh*) s. m. pilfering; shop-lifting, stealing.
laudable (*loudáblay*) adj. laudable, praise-worthy.
laudar (*loudáR*) tr. to praise.
laudatorio (*loudahtóhryoh*) adj. laudatory.
laureado (*laurayáhdoh*) adj. laureate, honoured. [reate.
laurear (*louraγáR*) tr. to lau-
laurel (*louryal*) m. *Bot.* laurel(-tree), bay(tree); pl. fig. honours.
laureola (*lourayóhlah*) f. laurel (wreath), diadem. [honour.
lauro (*louroh*) m. (fig.) laurel,
lava (*láhbah*) f. lava.
lavadero (*lahbahdáyroh*) m. washing place, laundry.
lavado (*lahbáhdoh*) m. washing.
lavadora (*lahbahdóhrah*) f. washing machine.
lavandera (*lahbahndáyrah*) f. laundress, washerwoman.
lavandería (*lahbahndayreeah*) f. laundry; (fam.) launderette, coinlaundry.
lavar (*lahbáR*) tr. to wash; (away, off or out), to cleanse. [ter, enema.
lavativa (*lahbahtéebah*) f. clyster; adj. y m. laxative.
laxante (*lahksáhntay*) adj. loosening; adj. y m. laxative.
laxar (*lahksáR*) tr. to loosen, to soften. [laxity.
laxitud (*lahkseetóod*) f. laxness,
laxo (*láhksoh*) adj. lax, to soften.
lazada (*lahtháhdah*) f. bowknot.

lazo (*láhthoh*) m. bow, riband; (for game) trap, snare; (fig.) **caer en el —**, to fall in the trap; (fig.) bonds, ties.
le (*lay*) pron. him or her; to him. [true.
leal (*layáhl*) adj. faithful, loyal, faithfulness.
lealtad (*layahltáhd*) f. loyalty, faithfulness.
lebrel (*laybrayl*) m. greyhound.
lección (*laykthyón*) f. lesson;
lectivo (*layktéeboh*) adj. lecture (day). [turer.
lector (*layktóR*) m. reader; lec-
lectura (*layktóorah*) f. reading.
lechal (*laycháhl*) adj. sucking.
leche (*láychay*) f. milk; latex.
lechera (*laycháyrah*) f. milk-maid; milk-can; **vaca —**, milk cow, milker.
lechería (*laychayrée:ah*) f. dairy.
lecho (*láychoh*) m. bed, couch; **— del río**, river-bed. [pig.
lechón (*laychón*) m. sucking
lechoso (*laychóhsoh*) adj. milky.
lechuga (*laychóogah*) f. lettuce.
lechuguino (*laychoogéenoh*) m. (coll.) dandy, dude.
lechuza (*laychóothah*) f. (barn-)owl.
leer (*layáyR*) tr. to read.
legación (*laygahthyón*) f. legation. [legacy.
legado (*laygáhdoh*) m. legate;
legajo (*laygahHoh*) s. m. bundle (of docum., etc.) file, dossier. [ful, legitimate.
legal (*laygáhl*) adj. legal, lawgality, lawfulness, legitimacy.
legalidad (*laygahleedáhd*) f. legality, lawfulness, legitimacy.
legalizar (*laygahleethárR*) tr. to legalize, to bring within the law. [ness.
legaña (*laygáhnyah*) f. blear(i)-
legañoso (*laygahnyóhsoh*) adj. blear-eyed.
legar (*laygáR*) tr. to bequeath.
legendario (*layHayndáhryoh*) adj. y m. legendary.
legible (*layHéeblay*) adj. legible, readable.
legión (*layHyon*) f. legion; (fig.) multitude.
legionario (*layHyonahryoh*) adj. y m. legionary, Foreign Legion soldier.
legislación (*layHeeslahthyon*) f. legislation, law.
legislador (*layHeesslahdóR*) m. legislator, law-maker.
legislar (*layHeessláR*) tr. to legislate, to make laws.
legislativo (*layHeesslahtéeboh*) adj. legislative.
legislatura (*layHeesslahtóorah*) f. legislature.
legitimar (*layHeeteemáR*) tr. to legitimate, to legalise.
legítimo (*layHéeteemoh*) adj. legitimate, genuine, authentic.
lego (*laygoh*) adj. lay; uniformed; m. layman.
legumbre (*laygóombray*) f. pl. vegetables; pulse; legume(n).
leíble (*layéeblay*) adj. readable.
leído (*layéedoh*) adj. wellread.
lejanía (*layHahnée:ah*) f. distance. [far, remote.
lejano (*layHáhnoh*) adj. distant;
lejía (*layHée:ah*) f. lye, bleach.
lejos (*layHos*) adv. far, far away, far off, distant, remote.
lelo (*layloh*) adj. stupid, dull, doped, silly. [vice.
lema (*láymah*) m. motto; device.
lencería (*laynthayrée:ah*) f. linen goods, linen draper's shop.

lengua (*layngwah*) f. tongue; language.
lenguado (*layngwáhdoh*) m. *Ichth.* sole. [guage.
lenguaje (*layngwáhHay*) m. language.
lengüeta (*layngwáytah*) f. small tongue; languet. *Mech.* tongue.
lente (*layntay*) f. lens; m. pl. (eye-)glasses; **lentes de contacto**, contact lenses; spectacles.
lenteja (*layntáyHah*) f. lentil.
lentejuela (*layntayHwáylah*) f. spangle. [ness.
lentitud (*laynteetóod*) s. slowness.
lento (*layntoh*) adj. slow, sluggish. [(coll.) drubbling.
leña (*lálnyah*) f. fire-wood;
leñador (*laynyahdóR*) m. woodman, wood-cutter. [shed.
leñera (*laynyáyrah*) f. wood-
leño (*láynyoh*) m. log; **dormir como un —**, to sleep like a log.
leñoso (*laynyóhsoh*) adj. woody.
león (*layón*) m. lion; (fig.) tiger; **— de mar**, sea lion.
leona (*layóhnah*) f. lioness; (fig.) brave woman. [pard.
leopardo (*layohpáRdoh*) m. leo-
lepra (*láyprah*) f. leprosy.
leprosería (*layprohsayrée:ah*) f. leprosery.
leproso (*laypróhsoh*) adj. lep(e)rous; s. leper.
lerdo (*layRdoh*) adj. dull, obtuse. [wound.
lesión (*laysyón*) f. injury, wound.
letal (*laytáhl*) adj. mortal, deadly, lethal.
letanía (*laytahnée:ah*) f. litany; (fam.) rigmarole.
letárgico (*laytáRHeekoh*) adj. lethargic, sluggish, sleepy.
letargo (*laytaRgoh*) m. lethargy, sleep. *Zool.* hibernation.
letra (*láytrah*) f. letter, (handwriting), text or words or a song; **— de cambio**, bill of exchange; pl. letters, learning. [yer, advocate.
letrado (*laytrahdoh*) s. m. lawyer, advocate.
letrero (*laytráyroh*) m. notice, placard, sign. [trine.
letrina (*laytráynah*) f. privy, latrine.
leva (*laybah*) f. *Naut.* weighing, anchor. *Mech.* cog; tooth; **mar de —**, swell.
levadizo (*laybahdéethoh*) adj. liftable; **puente —**, drawbridge. [ven, yeast.
levadura (*laybahdóorah*) f. leaven, yeast.
levantamiento (*laybahntahmyéntoh*) m. raising, lifting. *Pol.* revolt, uprising.
levantar (*laybahntáR*) tr. to raise, to lift; v. r. to get up, to rise.
levar (*laybáR*) tr. *Naut.* to weigh anchor.
leve (*láybay*) adj. light, mild, slight. [lary; language.
léxico (*laykseekoh*) m. vocabuley (*lay*) f. law. act. statute.
leyenda (*layéndah*) f. legend.
liar (*leeáR*) tr. to bundle; (cigagarrettes). r. to get embroiled, to get mixed up.
libar (*leebaR*) tr. to lick; to sip.
libelista (*leebayleesstah*) s. libeller, lampooner.
libelo (*leebáyloh*) m. libel.
libélula (*leebáyloolah*) f. dragon-fly.
liberación (*leebayrahthyón*) f. liberation, freeing.
liberal (*leebayráhl*) adj. liberal, generous. [liberality.
liberalidad (*leebayrahleedáhd*) f.

liberalizar *(leebayrahleetháR)* tr. to liberalize, to free.

liberar *(leebayráR)* tr. to free, to set free.

libertad *(leebayRtáhd)* f. liberty, freedom; — **de prensa**, freedom of the press; — **condicional**, on probation.

libertador *(leebayRtahdóR)* m. liberator. [to liberate.

libertar *(leebayRtáR)* tr. to free;

libertinaje *(leebayRtenáhHay)* m. permissiveness, libertinage.

libertino *(leebayRtéenoh)* adj. y m. libertine, licentious, permissive. [adj. libidinous.

libidinoso *(leebeedeenóhsoh)*

libra *(léebrah)* f. pound; — **esterlina**, pound sterling.

librador *(leebrahdóR)* m. deliverer. *Com.* drawer (of bill of exchange). [m. delivery.

libramiento *(leebrahmyéntoh)*

libranza *(leebránthah)* f. draft, bill of exchange.

librar *(leebráR)* tr. to free. *Com.* to draw; v. r. to get rid of, to discard; to escape, to get away.

libre *(léebray)* adj. free; (of places) vacant, disengaged; — **cambio**, free-trade; — **de impuestos**, duty-free.

librería *(leebrayrée:ah)* f. bookshop; bookshelf, bookcase.

libreta *(leebráytah)* f. notebook, copy-book.

libro *(léebroh)* s. book; (account.) — **mayor**, ledger; — **diario**, diary; — **de caja**, cashbook.

licencia *(leethaynthyah)* f. licence, permit, leave. *Mil.* furlough; discharge.

licenciado *(leethaynthyáhdoh)* licensed; m. licenciate, university graduate. *Mil.* furcharged soldier.

licenciamiento *(leethaynthyahmee:éntoh)* m. *Mil.* discharge.

licenciar *(leethaynthéaR)* tr. to license. *Mil.* to discharge; (acad.) to give a degree; v. r. to obtain a degree, to graduate.

licenciatura *(leethaynthyahtoorah)* f. (univ.) degree, graduation. [adj. licentious.

licencioso *(leethyenthyóhsoh)*

licitar *(leetheetaR)* tr. to bid (at auctions). [ful, legal.

lícito *(léetheetoh)* adj. licit, law-

licor *(leekóR)* m. liquor; spirits.

lid *(leed)* f. conflict, contest, fight. [fight, contest.

lidia *(léedyah)* f. (bull-)fight;

lidiador *(leedyahdóR)* m. fighter, combatant, wrestler.

lidiar *(leedyáR)* intr. y tr. to fight (bulls); to contend.

liebre *(lyáybray)* f. hare.

lienzo *(lyénthoh)* m. linen cloth. *Art.* canvas, (build) stretch of wall.

liga *(léegah)* f. garter, stocking supporter. *Sport.* y *Polit.* league. [ing, tie.

ligadura *(leegahdóo:rah)* f. binding. [gamento

ligamento *(leegahmyéntoh)* m. *Anat.* ligament; bond, tie.

ligamiento *(leegahmyéntoh)* m. tying, binding, fastening.

ligar *(leegáR)* tr. to tie, to bind.

ligazón *(leegahthón)* f. bond, binding, fastening.

ligereza *(leeHayráytah)* f. lightness, nimbleness, swiftness; (fig.) fickleness, inconstancy.

ligero *(leeHáyroh)* adj. (wght.) light; (mov.) nimble, swift, agile; (intens.) slight.

lija *(léeHah)* f. sand-paper. *Ichth.* dog-fish.

lijar *(leeHáR)* tr. to sand-paper, to smooth. [lilac flower.

lila *(léelah)* f. *Bot.* lilac-tree;

lima *(léemah)* f. *Bot.* lime-tree; lime (fruit). *Mech.* file.

limadura *(leemahdóorah)* f. filing. [lish.

limar *(leemáR)* tr. to file, to polimitación *(leemeetahthyón)* f. limit(ation). [mited.

limitado *(leemeetáhdoh)* adj. li-

limitar *(leemeetáR)* tr. to limit; to border (upon).

límite *(léemeetháyh)* m. limit, end; boundary, border.

limítrofe *(deeméetrohfay)* m. limiting.

limo *(léemoh)* m. slime, mud.

limón *(leemón)* m. lemon.

limonada *(leemohnáhdah)* f. lemonade.

limonero *(leemohnáyroh)* m. lemon-tree; lemon seller.

limosna *(leemósnah)* f. alms; charity. [muddy.

limoso *(leemóhsoh)* adj. slimy;

limpiabarros *(leempeeahbáhRos)* m. mudscraper, door-mat.

limpiabotas *(leempyahbóhtahs)* m. boot-black, shoe-shine.

limpiar *(leempyáR)* tr. to clean, to wipe, to cleanse; v. r. to clean oneself, to wipe oneself.

limpieza *(leempyáythah)* f. clean(li)ness; neatness.

limpio *(léempyoh)* adj. clean; neat, clear; **juego** —, fair play; **jugar** —, to play fair; **poner en** —, to make a clean copy.

linaza *(leenáhthah)* f. linseed; **aceite de** —, linseed oil.

lince *(léenthay)* m. lynx; (fig.) sharpsighted person; **tiene ojos de** —, he's got eyes like a hawk. [m. lynching.

linchamiento *(leenchamyéntoh)*

linchar *(leencháR)* intr. to lynch.

lindar *(leendáR)* intr. to border on. [limit.

linde *(léenday)* m. boundary,

lindero *(leendáyroh)* m. boundary.

lindeza *(leendáythah)* f. prettiness; compliments; (iron.) insults.

lindo *(léendoh)* adj. pretty, nice.

línea *(léenayah)* f. line; lineage; boundary. *Mil.* trench; rank.

lineal *(leenayáhl)* adj. lineal.

lingote *(lingóhtay)* m. ingot; pig. [guist.

lingüista *(leengweesstah)* s. lin-

lingüística *(leengweessteekah)* f. linguistics. [niment.

linimento *(leeneemayntoh)* m. li-

lino *(léenoh)* m. *Bot.* flax. linen. [leum.

linóleo *(leenóhlayoh)* m. lino-

linotipia *(leenohtéepyah)* f. lino-type.

linotipista *(leenohteepeesstah)* s. linotyper, linotypist.

linterna *(leentayRnah)* f. *Elect.* torch; lantern.

lío *(lée:oh)* f. bundle, parcel; (coll.) mess; muddle; ¡Que —! what a mess!

liquidable *(leekeedáhblay)* adj. liquifiable.

liquidación *(leekeedahthyón)* f. liquidation. *Com.* clearance.

liquidar *(leekeedáR)* tr. to eliminate, to kill; to liquefy; *Com.* to clear.

líquido *(léekeedoh)* adj. liquid; fluid; m. liquid. *Com.* net profit. [lira.

lira *(léerah)* f. *Mus.* lyre. *Econ.*

lírica *(léereekah)* f. lyrics.

lírico *(léerekoh)* adj. lyric(al).

lirio *(léeryoh)* m. *Bot.* lily.

lirón *(leerón)* m. dormouse.

lis *(leess)* f. lily, flower-de-luce.

lisiado *(leesyáhdoh)* adj. lame, cripple(d).

lisiar *(leesyáR)* tr. to lame, to cripple, to injure. [flat.

liso *(léesoh)* adj. plain; even,

lisonja *(leesónHah)* f. flattery, compliment. [flatter.

lisonjear *(leesonHayáR)* tr. to

lisonjero *(leesonHáyroh)* m. flatterer; adj. flattering.

lista *(léesstah)* f. list, registrer; streak, stripe; *Mil.* roll; — **de Correos**, Poste Restante.

listado *(leesstáhdoh)* adj. striped.

listo *(léesstoh)* adj. clever; ready; **estar listo**, to be ready; **ser** — to be clever.

listón *(leesstón)* m. ferret, (carp) lath; (spoot.) bar.

lisura *(leesóorah)* f. smoothness, flatness.

litera *(léetáyrah)* f. berth; litter.

literal *(leetayRáhl)* adj. literal.

literario *(leetayRáhryoh)* adj. literary.

literato *(leetayRáhtoh)* adj. literary, lettered; m. literate, writer. [terature.

literatura *(leetayRahtóorah)* f. literature.

litigante *(leeteegáhntay)* s. litigant; adj. litigating.

litigar *(leeteegáR)* tr. to litigate; to contend. [lawsvit.

litigio *(leetéeHyoh)* m. litigation.

litografía *(leetohgrahfée:ah)* f. lithography.

litoral *(leetohráhl)* adj. littoral, coastal; m. coast shore.

litro *(léetroh)* m. liter; litre.

liturgia *(leetóoRHyah)* f. liturgy.

litúrgico *(leetóoRHeekoh)* adj. liturgic(al).

liviandad *(leebyáhndah)* f. lightness; (moral) lewdness.

liviano *(leebyáhnoh)* adj. light; frivolous. [pale.

lívido *(léebeedoh)* adj. livid,

llaga *(lyáhgah)* f. ulcer, wound, sore. [to ulcerate.

llagar *(lyahgáR)* tr. to wound,

llama *(lyáhmah)* f. flame, blaze.

llamada *(lyahmáhdah)* f. call; knock. *Print.* mark, reference. [m. calling, summon.

llamamiento *(lyahmahmyéntoh)*

llamar *(lyahmáR)* tr. to call; to summon.

llamarada *(lyahmahráhdah)* f. sudden blaze, flame, flash.

llamarse *(lyahmáRsay)* r. to be called. [showy.

llamativo *(lyahmahtéeboh)* adj.

llameante *(lyahmayáhntay)* adj. flaming. [blaze.

llamear *(lyahmayáR)* intr. to

llaneza *(lyahnáytah)* f. plainness.

llano *(lyáhnoh)* adj. flat; even, plain; m. plain, flatland.

llanta *(lyáhntah)* f. tyre (of a wheel). [weeping.

llanto *(lyáhntoh)* m. crying,

llanura *(lyahnóorah)* f. plain(ness), flatness, prairie.

llave *(lyáhbay)* f. key. *Mech.* wrench. *Mus.* clef, key.

llavero *(lyahbáyroh)* keychain; key-ring.

llavín *(lyahbéen)* m. latch-key.

llegada *(lyaygahdah)* f. arrival.

llegar *(lyaygáR)* intr. to arrive.

llenar *(lyaynáR)* tr. to fill; (up or out), to occupy.

lleno *(lyáynoh)* adj. full; filled, m. full(ness). *Theat.* full house. [bearable.

llevadero *(lyaybahdáyroh)* adj.

llevar *(lyaybáR)* tr. to carry; to bear; to wear, to drive.

llorar *(lyohráR)* tr. to weep; to cry. [to whimper.

lloriquear *(lyohreekayáR)* intr.

lloro *(lyóhroh)* m. weeping.

llorón *(lyohrón)* adj. crying; m. cry baby. [ful.

lloroso *(lyohróhsoh)* adj. tearful.

llover *(lyohbayr)* intr. to rain.

llovizna *(lyohbéethnah)* f. drizzle. [drizzle.

lloviznar *(lyohbeethnhR)* intr. to

lluvia *(lyóobyah)* f. rain; (fig.) copiousness. [rainy.

lluvioso *(lyooyohsoh)* adj.

lo *(loh)* art. neut. sing. the; pers. pron. him, it.

loa *(lóah)* f. praise.

loable *(lo:áhblay)* adj. laudable, praiseworthy. [logize.

loar *(lo:áR)* tr. to praise; to en-

loba *(lóhbah)* f. she-wolf.

lobo *(lóhboh)* m. *Zool.* wolf; *Anat.* lobe; (coll.) thief; — **de mar**, seal; **coger el** —, to get drunk.

lóbrego *(lóhbraygoh)* adj. gloomy, murky, lugubrious, dark.

lobreguez *(lohbraygayth)* f. gloom(iness); murkiness, darkness. [bule.

lóbulo *(lóhbooloh)* m. lobe; lo-

local *(lohkáhl)* adj. local, m. premises, place.

localidad *(lohkahleedáhd)* f. locality, neighbourhood. *Theat.* seat. [sage, embrocation.

loción *(lohthyón)* f. lotion; mas-

loco *(lóhkoh)* adj. mad, insame, crazy; m. madman.

locomoción *(lohkohmohthyón)* f. locomotion, transport; **medios de** —, means of transport.

locomotora *(lohkohmohtóhrah)* f. (railway) locomotive, engine.

locuaz *(lohkwáhth)* adj. loquacious, talkative, garrulous.

locución *(lohkoothyón)* f. locution, phrase.

locura *(lohkóorah)* f. madness, lunacy, craziness.

locutorio *(lohkootóhryoh)* m. parlour. *Telph.* call-box.

lodazal *(lohdahtháhl)* m. quagmire, mire, bog. [bog.

lodo *(lóhdoh)* m. mud, mire,

logia *(lóhHyah)* f. lodge (of free masons).

lógica *(lóhHeekah)* f. logic; dialectics, logic.

lógico *(lóhHeekoh)* adj. logic(al); m. logician.

lograr *(lohgráR)* tr. to get, to achieve, to attain, to succeed. [profiteer.

logrero *(lohgráyroh)* m. usurer,

logro *(lóhgroh)* m. achievement, attainment, sucess; usury.

loma *(lóhmah)* f. hillock; knoll.

lombriz *(lombréeth)* f. (earth)-worm, — **solitaria**, tapeworm. [book.

lomo *(lóhmoh)* m. loin; back,

lona *(lóhnah)* f. canvas; sail-cloth.

longevidad *(lonHaybéethád)* f. ripe old-age, longevity.

longitud (lonHeetood) f. length. Geog. longitude.
lonja (lónHah) f. exchange, saleroom; slice (of meat).
lontananza (lontahnáhnthah) f. distance; en —, far off.
loro (lóhroh) m. parrot.
losa (lóhsah) f. slab; flag-stone.
lote (lóhtay) m. portion, pile, bundle; ground-plot.
lotería (lohtayrée:ah) f. lottery; lotto.
loto (lóhtoh) m. lotus-(flower).
loza (lóhthah) china ware porcelain, crockery.
lozanía (lohthahnée:ah) f. luxuriance, freshness, vigour.
lozano (lohtháhnoh) adj. luxuriant, vigorous; sprightly.
lubricante (loobreekáhntay) m. lubricant, oil.
lubricar (loobreekáR) tr. to lubricate, to oil.
lúbrico (loobreekoh) adj. lubricous, greasy, slippery, oily.
lubrificante (loobreefeekáhntay) m. lubricant.
lucero (loothayroh) s. m. morning-star; (horses) star.
lucidez (lootheedayth) f. sanity, saneness; brillancy, clarity.
lucido (loothéedoh) adj. brilliant, splendid, very good.
lúcido (lóotheedoh) adj. lucid, sane, in one's senses.
luciérnaga (loothyáyRnahgah) f. glow-worm.
lucifer (lootheefayR) m. Lucifer; Satan.   [cifugous.
lucífugo (lootheéfoogoh) adj. lucimiento (lootheemyéntoh) m. brigtness; success.
lucir (loothéeR) intr. to shine. tr. to display, to show.
lucro (lóokroh) m. gain; profit.   [mournful.
luctuoso (looktw:óhsoh) adj. **lucha** (lóochah) f. struggle, fight; wrestling.
luchador (loochahdóR) m. wrestler, fighter.
luchar (loocháR) r. to fight, to wrestle.   [kery, derision.
ludibrio (loodéebryoh) s. mockluego (lwaýgoh) adv. presently; next, later, therewith. conj. then, therefore.
lugar (loogáR) m. place, spot; village; en — de, instead of; en su —, in one's place.
lúgubre (lóogoobray) adj. lugubrious, gloomy, dark, murky.
lujo (lóoHoh) m. luxury, luxuriousness.
lujoso (looHóosoh) adj. sumptuous, luxurious.   [xury.
lujuria (looHóoryah) f. lust, lujurioso (looHooryóhsoh) adj. voluptuous, lustful, lewd; luxurious.   [lumbago.
lumbago (loombáhgoh) m. Med.
lumbre (lóombray) f. fire; light.
lumbrera (loombráyrah) f. luminary; (build.) skylight; (fig.) sage, know-all.
luminaria (loomeenáhryah) f. illumination; firework; flare.
luminoso (loomynóhsoh) adj. luminous.   [plate.
luna (lóonah) f. moon; mirrorlunar (loonáR) adj. lunar(y); m. mole, (beauty-)spot; flaw.
lunático (loonáhteekoh) adj. lunatic.
lunes (lóonayss) m. Monday.
lupanar (loopahnáR) m. brothel.

lúpulo (lóopooloh) m. Bot. hops.
lustrar (loostráR) tr. to polish.
lustre (lóostray) m. luster, polish.
lustro (lóostroh) m. lustrum.
lustroso (loostróhsoh) adj. bright.
luteranismo (loostayrahnissmoh) m. Lutheranism.
luterano (loostayráhnoh) adj. Lutheran.
luto (lóotoh) m. mourning.
luz (looth) f. light; hint.

macabro (mahkáhbroh) adj. macabre.   [m. macaroni.
macarrones (mahkahRóhness) **maceración** (mahthayrahthyón) f. maceration.   [macerate.
macerar (mahthayráR) tr. to **maceta** (mahtháytah) f. flowerpot/plant-pot.   [lean; wan.
macilento (mahtheeléntoh) adj. **macizo** (mahthéethoh) adj. massive. Bot. flower-bed.
mácula (máhkoolah) f. stain, flaw.   [der, beater.
machaca (mahcháhkah) f. poun**machacar** (mahchahkáR) tr. to crush; to pound.   [tedious.
machacón (mahchahkón) adj. **machete** (mahcháytay) m. cutlass, cane-knife.
machihembrar (mahchyembráR) tr. to dovetail; to mortise.
macho (máhchoh) adj. male; m. male animal, jack, hemule.
machucamiento (mahchookahmyéntoh) m. bruising, crushing/pounding.
machucar (mahchookáR) tr. to bruise, to crush, to pound.
madama (mahdáhmah) f. madam; lady.   [hank.
madeja (mahdáyHay) f. skein;
madera (mahdáyrah) f. timber; wood, lumber.
maderaje (mahdayráHay) m. timber maderamen-(work).
maderero (mahdayráyroh) m. timber - merchant, lumberman.   [log.
madero (mahdayroh) m. beam;
madrastra (mahdráhstrah) f. step-mother.
madre (máhdray) f. mother; Eccl. a nun.
madreselva (mahdrayssélbah) f. Bot. honey-suckle.
madrigal (mahdreegáhl) m. madrigal.   [burrow/den.
madriguera (mahdreegáyrah) f.
madrina (mahdréenah) f. godmother; patroness; protectress.
madrugada (mahdroohgáhdah) f. dawn, early morning/(daybreak).   [m. early riser.
madrugador (mahdroohgahdóR) **madrugar** (mahdroohgáR) intr. to rise early, to anticipate.
maduración (mahdoorahthyón) f. ripening.   [to ripen.
madurar (mahdooráR) tr. e intr.
madurez (mahdoorayth) f. maturity; ripeness.
maduro (mahdóoroh) adj. ripe, mature, mellow.
m a e s t r a (mah/aystrah) f. (school)-mistress; teacher.

maestranza (mah/aystrahntha) f. arsenal; armoury.
maestría (mahestréeah) f. mastery; mastership.
maestro (mah/aystroh) adj. masterly, main; m. (school) master, teacher, crafmaster.
magia (máhHyah) f. magic, conjury.   [gic(al).
mágico (máhHeekoh) adj. magisterio (mahHeestáyryoh) m. mastery; mastership, teachers (as a class), teacher-training.
magistrado (mahHeestráhdoh) m. magistrate. [magisterial.
magistral (mahHeestráhl) adj. **magistratura** (mahHeestrahtóorah) f. magistracy.
magnánimo (mahgnáhneemoh) adj. magnanimous.
magnate (mahgnáhtay) m. magnate.   [magnesia.
magnesia (mahgnáyssyah) f. **magnético** (mahgnáyteekoh) adj. magnetic.
magnetizar (mahgnayteetháR) tr. to magnetize.
magnificencia (mahgneefeethénthyah) f. magnificence, splendour.
magnífico (mahgnéefeekoh) adj. magnificent; splendid; superb.   [nitude.
magnitud (mahgneetóod) f. magmagno (máhgnoh) adj. great.
mago (máhgoh) m. magician; wizard; pl. magi.
magro (máhgroh) adj. lean; meagre.   [ness.
magrura (mahgróorah) f. lean**magullamiento** (mahgoolyahmyéntoh) m. bruise.
magullar (mahgoolyáR) tr. to bruise.
mahometano (mah/ohmaytahnoh) m. y adj. Mohammedan, Moslem.   [corn.
maíz (mah/éeth) m. Bot. maize/-**maizal** (mah/eetáhl) m. maizefield/corn-field.
majadería (mahHahdayréeah) f. lumpishness, footle.
majadero (mahHahdáyroh) adj. grump; m. bore, pestle.
majar (mahHáR) tr. to crush.
majestad (mahHestáhd) f. majesty.   [adj. majestic.
majestuoso (mahHestwóhsoh) **majo** (máhHoh) adj. spruce, showy pretty; m. dandy.
mal (mahl) adj. bad, evil, ill; m. evil, harm, ill(ness); adv. badly, ill.   [ria.
malaria (mahláhryah) f. mammalcarado** (mahlkaháhdoh) adj. grimfaced.
maldad (mahldáhd) f. wickedness.   [curse, to damm.
maldecir (mahldaythéeR) tr. to **maldición** (mahldeethyón) f. malediction, damnation.
maldito (mahldéetoh) adj. wicked; damned; (coll.) not one.
maleable (mahlayáhblay) adj. malleable.   [vert.
malear (mahlayáR) tr. to pervert.
malearse (mahlayáRsay) r. to go wrong.
malecón (mahlaykón) m. dike; jetty.
maledicencia (mahlaydeethénthyah) f. slander.
maleficio (mahlayféethyoh) m. witchcraft, spell.
maléfico (mahláyfeekoh) adj. mischievous; harmful.
malestar (mahlaystáR) m. discomfort, uneasiness.

maleta (mahláytah) f. suit-case, valise; m. (coll.) poor bullfighter.
maletín (mahlaytéen) m. satchel; brief-case.
malevolencia (mahlaybohlaynthyah) f. malevolence, ill-will.
malévolo (mahláybohloh) adj. malevolent, mischievous.
maleza (mahláythah) f. overgrowth (of weeds), shrubbery.   [waste.
malgastar (mahlgahstáR) tr. to **malhablado** (mahlahbláhdoh) adj. foulmouthed.
malhechor (mahlaychóR) m. malefactor.   [wound badly.
malherir (mahlayréeR) tr. to **malhumorado** (mahloomohráhdoh) adj. ill-humoured; peevish, gruff.
malicia (mahléethyah) f. malice, shrewdness.   [suspect.
maliciar (mahleethyáR) tr. to **malicioso** (mahleethyóhssoh) adj. malicious; cunning.
malignidad (mahleegneedáhd) f. malice.   [licious.
maligno (mahléegnoh) adj. malo (máhloh) adj. bad; ill, evil, wicked, naughty.
malograr (mahlohgráR) tr. to lose, to waste.
malograrse (mahlohgráRsay) r. to fail, to miscarry.
maloliente (mahlohlyéntay) adj foulsmelling.
malsonante (mahlssohnáhntay) adj. ill-sounding.
malta (máhltah) f. malt.
maltratar (mahltrahtáR) tr. to mistreat, to abuse, to illtreat.   [treatment.
maltrato (mahltráhtoh) m. ill**maltrecho** (mahltráychoh) adj. battered, abused.
malva (máhlbah) f. mallow.
malvado (mahlbáhdoh) adj. wicked; m. wicked man.
malversar (mahlbayrsaR) tr. to embezzle.
malla (máhlyah) f. mesh (of a net); net(work), mail.
mallo (máhlyoh) m. mallet; pall-mall.
mallorquín (mahlyoRkeen) adj. y m. Maiorcan.   [gland.
mama (mahmáh) f. mamma(ry **mamá** (mahmáh) f. mamma; mother.   [(le)
mamar (mahmáR) tr. to suck-**mamarracho** (mahmahRáhchoh) m. botch, daub; guy, which sop.
mamífero (mahmeéfayroh) adj. mammalian; m. pl. mammals.   [milksop.
mamón (mahmóhn) m. sucker.
mampara (mahmpáhrah) f. screen.
mampostería (mahmposstayréeah) f. masonry rubble work.
maná (mchnáh) m. manna.
manada (mahnáhdah) f. flock; herd.
manantial (mahnántyáhl) m (water-)spring, fountain head.
manar (mahnáR) intr. to spring from, to issue.   [cubine
manceba (mahntháybah) f. con**mancebo** (mahntháyboh) m youth; (shop-clerk) journey man.   [blemish
mancilla (mahntéelyah) f. spot.
manco (máhnkoh) adj. y m handless; onehanded.
mancomunar (mahnkohmoonáR) tr. to associate.

mancomunidad (*mahnkohmoo-needáhd*) f. union, commonwealth. [spot.

mancha (*máhnchah*) f. stain;

manchar (*mahncháR*) tr. to smear, to sully, to spot, to stain.

mandado (*mahndáhdoh*) m. mandate; errand.

mandamiento (*mahndahmyéntoh*) m. commandment.

mandar (*mahndáR*) tr. to command, to rule; to send.

mandatario (*mahndahtáhryoh*) m. attorney; proxy.

mandato (*mahndáhtoh*) m. mandate.

mandíbula (*mahndéeboolah*) f. jaw(bone).

mando (*máhndoh*) m. command, authority, rule, power.

manducar (*mahndookáR*) tr. (coll.) to eat.

manecilla (*mahnaythéelyah*) f. small-hand, hand of a clock.

manejable (*mahnayHáblay*) adj. manageable.

manejar (*mahnayHáR*) tr. to handle, to wield. [ling.

manejo (*mahnáyHoh*) m. handling.

manera (*mahnáyrah*) f. manner; mode; way.

manga (*máhngah*) f. sleeve, (water-) hose, net-bag.

mango (*máhngoh*) m. handle; haft. *Bot.* mango(tree).

manguera (*mahngáyrah*) f. hose, air shaft. [muft.

manguito (*mahngéetoh*) m.

maní (*mahnée*) m. pea-nut.

manía (*mahnéeah*) f. mania, craze. [manacle.

maniatar (*mahnyahtáR*) tr. to manacle.

maniático (*mahnyáhteekoh*) adj. crank; m. maniac.

manicomio (*mahneekóhmyoh*) m. lunatic asylum, madhouse.

manicura (*mahneekóohrah*) f. manicure.

manicuro (*mahneekóohroh*) m. manicure.

manifestación (*mahneefestahthyón*) f. manifestation; (public) demonstration.

manifestar (*mahneefestáR*) tr to manifest.

manifiesto (*mahneefyéstoh*) adj. manifest; m. manifest(o).

maniobra (*mahnyóhbrah*) f. *Mil.* manœuvre. *Naut.* working of a ship.

maniobrar (*mahnyohbráR*) tr. to manipulate. *Naut.* to handle, or work a ship.

manipular (*mahneepooláR*) tr. to handle.

maniquí (*mahneekée*) m. puppet, manikin, dummy.

manivela (*mahneebáylah*) f. (crank-) handle, lever.

manjar (*mahnHáR*) m. food; victuals; delicacy.

mano (*máhnoh*) f. hand; side, coat(ing).

manojo (*mahnóhHoh*) m. bunch.

manosear (*mahnohssayáR*) tr. to handle; to finger.

manoseo (*mahnohssáy/oh*) m. handling, fingering.

mansedumbre (*mahnsaydóombray*) f. meekness, tameness.

mansión (*mahnsyón*) f. mansion, manor-house. [meek.

manso (*máhnsoh*) adj. tame;

manta (*máhntah*) f. blanket.

manteca (*mahntáykah*) f. butter; lard. [m. icecream.

mantecado (*mahntaykáhdoh*)

mantecoso (*mahntaykóhsoh*) adj. buttery. [cloth.

mantei (*mahntél*) m. table-

mantelería (*mahntaylayréeah*) f. table linen.

mantenedor (*mahntaynaydóR*) m. maintainer.

mantener (*mahntaynáiR*) tr. to maintain, to hold (up).

mantenerse (*mahntaynáyRsay*) r. to stand firm, to be steady.

mantenimiento (*mahntayneemyéntoh*) m. maintenance.

mantequilla (*mahntaykéelyah*) f. butter.

mantilla (*mahntéelyah*) f. mantilla, head-shawl.

mantillo (*mahntéelyoh*) s. mould. [cloak; robe.

manto (*máhntoh*) m. mantle;

mantón (*mahntón*) m. shawl.

manual (*mahnwáhl*) adj. manual; m. manual, handbook.

manufactura (*mahnoofaktóorah*) f. manufacture; factory; mill; make.

manufacturar (*mahnoofaktooráR*) tr. to manufacture, to make.

manuscrito (*mahnooskréetoh*) m. y adj. manuscript.

manutención (*mahnootenthyón*) f. maintenance.

manzana (*mhntháhnah*) f. apple, block of houses.

manzano (*mahntháhnoh*) m. apple-tree. [knack.

maña (*máhnyah*) s. craft; skill,

mañana (*mahnyáhnah*) f. morning morn; adv. to-morrow.

mañoso (*mahnyóhsoh*) adj. skilful, practical.

mapa (*máhpah*) m. map, chart.

mapamundi (*mahyahmóondee*) m. map of the world.

máquina (*máhkeenah*) f. machine; engine.

maquinación (*mahkeenahthyón*) f machination.

maquinal (*mahkeenáhl*) adj. mechanical.

maquinar (*mahkeenáR*) tr. to conspire. [machinery.

maquinaria (*mahkeenáhryah*) f.

maquinista (*mahkeenéestah*) s. machinist; engineer, railway engine driver.

mar (*maR*) m. sea; (fig.) oceans; **alta** —, high sea; **baja** —, low water/tide; **plea**—, high wate. [ket; tangle.

maraña (*mahráhnyah*) f. thic-

maravilla (*mahráhbéelyah*) f. wonder; marvel.

maravillar (*mahrahbeelyáR*) tr. to admire.

maravillarse (*mahrahbeelyáRsay*) r. to wonder (at).

maravilloso (*mahrahbeelyóhsoh*) adj. wonderful.

marca (*máRkah*) f. mark; note; brand, make. **— de fábrica**, trade-mark. [ker, scorer.

marcador (*maRkahdóR*) m. mar-

marcar (*maRkáR*) tr. to mark; to score. [tial.

marcial (*maRthyáhl*) adj. mar-

marcialidad (*maRthyahleedáhd*) f. martialness.

marco (*máRkoh*) m. frame.

marcha (*máRchah*) f. march; progress, pace, working.

marchar (*maRcháR*) intr. to go off; to march, to leave.

marchitar (*maRcheetáR*) tr. to wither. [r. to dry up.

marchitarse (*maRcheetáRsay*)

marchitez (*maRcheetéth*) f. fading. [ed.

marchito (*maRchéetoh*) adj. fad-

marea (*mahráyah*) f. tide.

marear (*mahrayáR*) tr. (coll.) to vex, to make dizzy, giddy.

marearse (*mahrayáRsay*) r. to be seasick. [swell.

marejada (*mahrayHáhdah*) f.

mareo (*mahráyoh*) m. sea-sickness, dizziness, giddiness.

marfil (*maRféel*) m. ivory.

margarina (*maRgahréenah*) f. *Chem.* margarine.

margarita (*maRgahréetah*) f. daisy.

margen (*máRHen*) m. margin.

marica (*mahréekah*) f. magpie; m. milksop.

marido (*mahréedoh*) m. husband. [virago, tomboy.

marimacho (*mahreemáhchoh*) m.

marina (*mahréenah*) f. marine, navy, shore, F. a. seascape.

marinero (*mahreenáyroh*) m. mariner, sailor; adj. seaworthy.

marino (*mahréenoh*) adj. marine; m. mariner, seaman.

marioneta (*mahryohnáytah*) f. puppet. [terfly.

mariposa (*mahreepóhsah*) f. but-

mariquita (*mahreektetah*) f. ladybird; m. milksop.

marisco (*mahréeskoh*) m. shellfish, molusc.

marisma (*mahréessmah*) f. marsh, swamp. [rital.

marital (*mahreetáhl*) adj. marital.

marítimo (*mahréeteemoh*) adj. maritime. [pot, pan.

marmita (*maRméetah*) f. kettle, pot. [marble.

mármol (*máRmol*) m. marble.

marqués (*maRkéss*) m. marquis. [marquee, canopy.

marquesa (*maRkaysséenah*) f.

marquetería (*maRkaytayréeah*) f. marquetry, inlaid work.

marrana (*mahRáhnah*) f. sow.

marrano (*mahRáhnoh*) m. pig; hog.

marrullero (*mahRoolyáyroh*) adj. crafty, cunning.

martes (*máRtess*) m. Tuesday.

martillar (*maRteelyáR*) tr. to hammer. [mer.

martillo (*maRtélyoh*) m. hammer.

mártir (*máRteeR*) m. martyr.

martirio (*maRtéeryoh*) m. martyrdom. [to martyrize.

martirizar (*maRteereetháR*) tr. to martyrize.

marxista (*maRkséestah*) m. marxist.

marxismo (*maRkseesmoh*) m. Marxism.

marzo (*máRthoh*) m. March.

mas (*mahs*) conj. but, yet.

más (*mahs*) adv. more, plus.

masa (*máhssah*) f. dough; mass.

masaje (*mahssáhHay*) m. massage.

masajista (*mahssaHéestah*) m. masseur; f. masseuse.

mascadura (*mahskahdóorah*) f. mastication.

mascar (*mahskáR*) tr. to chew.

máscara (*máhskahrah*) f. mask; disguise; s. masker.

mascarilla (*mahskahréelyah*) f. half mask/small mask.

masculino (*mahskooléenoh*) adj. masculine; male; virile.

masón (*mahssón*) m. Freemason.

masónico (*mahssóhneekoh*) adj. Masonic.

masticar (*mahsteekáR*) tr. to masticate/to chew. [mast.

mástil (*máhsteel*) m. *Naut.*

mastín (*mahstéen*) m. mastiff.

mata (*mahtah*) f. shrub; plant.

matadero (*mahtahdáyroh*) m. slaughterhouse.

matador (*mahtahdóR*) m. slayer, bullfighter, matador.

matanza (*mahtáhnthah*) f. butchery/massacre.

matar (*mahtáR*) tr. to kill, to slay, to murder.

matarse (*mahtáRsay*) r. to commit suicide, to get killed.

matarife (*mahtahréefay*) m. slaughterman.

matemática(s) (*mahtaymáhteekah(s)* f. mathematics.

matemático (*mahtaymáhteekoh*) adj. mathematical; m. mathematician.

materia (*mahtáyryah*) f. matter; stuff; subject. *Med.* pus.

materialismo (*mahtayryahleesmoh*) m. materialism.

maternal (*mahtaynrahl*) adj. maternal. [therly.

materno (*mahtáyrnoh*) adj. motherly.

matiz (*mahtéeth*) m. shade of colour. [gart.

matón (*mahtón*) m. bully; braggart.

matorral (*mahtohRáhl*) m. thicket.

matrícula (*mahrétkoolah*) f. register; list/number-plate/enrolment (at coll.).

matricular (*mahtreekoolaR*) tr. to matriculate; to register.

matricularse (*mahtreekooláRsay*) r. to enrol. to register.

matrimonial (*mahtreemoniáhl*) adj. matrimonial.

matrimonio (*mahtreemóhnioh*) m. marriage, matrimony, married, couple, married state.

matriz (*mahtréeth*) adj. principal; m. matrix; *Mech.* female screw. *Anat.* womb.

matrona (*mahtróhnah*) f. matron, midwife.

matute (*mahtóotay*) m. smuggling; smuggled goods.

matutear (*mahtootayáR*) tr. e intr. to smuggle.

matutino (*mahtootéenoh*) adj. matutinal.

maullar (*mah/oolyáR*) intr. to mew, to miaow.

maullido (*mah/oolyéedoh*) m. mew(ing). [mausoleum.

mausoleo (*mahoossohláyoh*) m.

maxilar (*makseeláR*) adj. maxilar(y); m. jaw. [axiom.

máxima (*mákseemah*) f. maxim;

máximo (*mákseemoh*) adj. chief; maximum; top, main

mayo (*máhyoh*) m. May; Maypole.

mayor (*mahyóR*) adj. greater, major, bigger, older, senior; m. elder.

medir (*maydeer*) tr. to measure; to compare; to adjust.

meditación (*maydeetahthyón*) f. meditation, deep thought.

meditar (*maydeetáR*) tr. to meditate; to muse; to consider.

mediterráneo (*maydeetayRáhnayoh*) adj. Mediterranean; neous. [thrive.

medrar (*maydráR*) intr. to

médula (*maydoolah*) f. marrow; pith.

mejilla (*mayHéelyah*) f. cheek.

mejor (*mayHóR*) adj. better, best; adv. better, rather.

mejora (*mayHohrah*) f. improvement.

mejorar (*mayHoráR*) tr. to improve; to better; intr. to recover. [very.

mejoría (*mayHohréeah*) f. recovery.

melancolía (*maylahnkohléeah*) f. melancholy, gloominess.

150 **melancólico** (*maylahnkóhléekoh*) adj. melancholic, gloomy.
melena (*mayláynah*) f. mane.
melindre (*mayléendray*) m. honey-fritter, overniceness / over-nicety.
melindroso (*mayleendróhssoh*) adj. finical/Finicky. [peach.
melocotón (*maylohkohtón*) m.
melocotonero (*maylohkohtohnáyroh*) m. peachtree.
melodía (*maylohdéeah*) f. melody/tune. [melodious.
melodioso (*maylohdyóssoh*) adj.
melodrama (*maylohdráhmah*) m. melodrama.
melón (*maylón*) m. melon.
mella (*maylyah*) f. notch; jag, dent, indentation.
mellar (*maylyáR*) tr. to (in)dent. [(-born).
mellizo (*maylyéethoh*) adj. twint
membrana (*maymbrahnah*) f. membrane.
membrete (*maymbraytay*) note; heading; label.
membrillo (*maymbreelyoh*) m. Bot. quince (-tree); **carne de —**, quince jelly.
memo (*máymoh*) adj. stupid.
memorable (*maymohráhblay*) adj. memorable.
memoria (*maymóhryah*) f. memory; report; pl. memoirs.
menaje (*maynáhHay*) m. household furniture.
mención (*menthyón*) f. mention.
mencionar (*menthyohnáR*) tr. to mention.
mendicante (*mayndeekahntay*) adj. mendicant, begging; n. beggar.
mendicidad (*mayndeetheedahd*) mendicity, beggary.
mendigar (*mayndeegaR*) tr. to beg (alms).
mendigo (*mayndéegoh*) m. beggar. [scrap, crust.
mendrugo (*mayndroogoh*) m.
menear (*maynayáR*) tr. to move; to stir, to shake, to wag.
menester (*maynaystayR*) m. necessity; want.
menesteroso (*maynaystayrohsoh*) adj. needy.
mengano (*mayngahnoh*) s. so-and-so. [waning.
mengua (*mayngwah*) f. decay/
menguado (*mayngwahdoh*) m. coward; adj. diminished.
menguante (*mayngwahntay*) adj. decreasing; f. ebbtide, wane of the moon.
menguar (*mengwáR*) intr. to decrease, to dwindle. [niscus.
menisco (*maynéeskoh*) m. me-
menor (*maynóR*) adj. smaller, less(er), younger; s. minor; **al por —**, retail. [nority.
menoría (*maynohréeah*) f. mi-
menos (*máynoss*) adv. less; fewer. [loss.
menoscabo (*maynoskáhboh*) m.
menospreciar (*maynospraythyáR*) tr. to depise, to underrate, to scorn.
menosprecio (*maynospráythyoh*) m. undervaluation, scorn.
mensaje (*maynsahHay*) m. message; errand.
mensajero (*maynsahHayroh*) m. messenger, carrier, errand boy.
menstruación (*maynstrwahthyon*) f. menstruation.
menstruo (*maynstrwoh*) m. menses. [menstruate.
menstruar (*maynstrwaR*) tr. to
mensual (*maynswahl*) adj. monthly.

menta (*mayntah*) f. (pepper)-mint.
mental (*mayntahl*) adj. mental.
mentalidad (*mentahleedád*) f. mentality. [tion.
mentar (*mayntahR*) tr. to mention.
mente (*mayntay*) f. mind.
mentir (*maynteeR*) intr. to lie.
mentira (*maynteeRah*) lie, fib.
mentiroso (*maynteerohsoh*) adj. lying; m. liar. [menu.
menú (*maynóo*) m. bill of fare,
menudear (*maynooday/áR*) intr. to occur frequently.
menudencia (*maynoodénthyah*) f. trifle.
menudillos (*maynoodéelyoss*) m. pl. giblets of fowls.
menudo (*maynóodoh*) adj. minute, tiny. [row; pith.
meollo (*mayóhlyoh*) m. marrow.
mercadear (*mayRkahdayRhR*) tr. to traffic/to trade.
mercader (*mayRkahdayR*) m. merchant, dealer, trader.
mercadería (*mayRkahdayreeah*) f. merchandise; pl. goods, wares. [ket(-place).
mercado (*mayRkahdoh*) m. market.
mercancía (*mayRkahnthya*) f. merchandise; pl. goods, (sale)wares.
mercante (*mayRkahntay*) adj. y s. trader, merchant.
mercantil (*mayRkahnteel*) adj. mercantile; commercial.
merced (*mayRthayd*) f. favour; mercy.
mercenario (*mayRthaynahryoh*) adj. y m. mercenary; adj. hireling.
mercería (*maiRthayréeah*) f. haberdashery. [mercury.
mercurio (*mayRkooryoh*) m.
merecer (*mayraytháiR*) intr. to deserve.
merecido (*mayraythéedoh*) adj. deserved; m. due, punishment.
merecimiento (*mayraytheemyéntoh*) m. merit.
merendar (*mayrayndahr*) intr. to lunch; to have a picnic.
meridiano (*mayreedyáhnoh*) m. meridiano.
meridional (*mayreedyohnáhl*) adj. meridional, southern.
merienda (*mayryéndah*) f. lunch(eon), picnic, afternoon tea.
mérito (*máyreetoh*) m. merit(oriousness), desert, worth.
meritorio (*mayreetóhryoh*) adj. meritorious, worker.
merluza (*maiRlóothah*) Ichth. hake. [loss.
merma (*máiRmah*) f. waste;
mermar (*mayRmáhR*) intr. to waste; to lessen.
mermelada (*mayRmayláhdah*) f. marmalade. [ple.
mero (*máyroh*) adj. mere; sim-
merodear (*mayrohdayáR*) intr. to maraud.
mes (*mess*) m. month.
mesa (*máyssah*) f. table, plateau. [teau.
meseta (*mayssáytah*) s. plateau.
mesías (*maysséeahss*) m. Messiah. [telry, inn.
mesón (*mayssón*) m. inn; hos-
mesonero (*mayssohnáyroh*) m. innkeeper.
mestizo (*maysteethoh*) adj. y m. mestizo, mongrel, hybrid.
mesura (*mayssóorah*) f. moderation; measure.
mesurado (*mayssooráhdoh*) adj. moderate.

meta (*máytah*) f. goal, alm.
metafísica (*maytahféesseekah*) f. metaphysics.
metafísico (*maytahféesseekoh*) adj. metaphysical; m. metaphysician. [taphor.
metáfora (*maytáhfohrah*) f. metal.
metal. (*maytáhl*) m. metal; brass. [metallic.
metálico (*maytáhleekoh*) adj.
metalurgia (*maytahlóoRHyah*) f. metallurgy.
metalúrgico (*maytahlóoRHeekoh*) adj. metallurgic(al).
metamorfosis (*maytahmoRfóhsseess*) f. metamorphosis; transformation.
meteórico (*maytayóhreekoh*) adj. meteoric(al). [teor.
meteoro (*maytayóhroh*) m. meteor.
meteorología (*maytayohrohlohHéeah*) f. meteorology.
meter (*maytayR*) tr. to put in, to make (as noise), to introduce.
metódico (*maytóhdeekoh*) adj. methodic(al).
método (*máytohdoh*) m. method/way.
metralla (*maytráhlyah*) f. grape-shot/shrapnel. [tric(al).
métrico (*máytreekoh*) adj. metric.
metro (*máytroh*) m. metre; "tube," underground railway.
mezcla (*méthklah*) f. mixture; blend.
mezclar (*methkláR*) tr. to mix.
mezclarse (*methláRsay*) r. to mix, to meddle.
mezquindad (*methkeendáhd*) f. meanness.
mezquino (*methkéenoh*) adj. niggard(ly), mean. [que.
mezquita (*methkéetah*) f. mosmi (*mee*) adj. my.
mí (*mee*) pron. me; to me.
mico (*méekoh*) m. monkey.
microbio (*meekróhbyoh*) m. microbe. [microphone.
micrófono (*meekróhfohnoh*) m.
microscopio (*meekroskohpyoh*) m. microscope.
miedo (*myédoh*) m. fear; dread. [fearful.
miedoso (*myedóhsoh*) adj.
miel (*myél*) f. honey.
miembro (*myémbroh*) m. member; fellow; part; limb.
mientras (*myéntrahss*) adv. while, as. [Wednesday.
miércoles (*myéRkohless*) m.
mies (*myéss*) f. corn, ripe grain. [fried crumbs.
miga (*méegah*) f. crumb; pl.
migaja (*meegáhHah*) f. crumb, scrap, bit. [migration.
migración (*meegrahthyón*) f.
mil (*meel*) m. one thousand.
milagro (*meeláhgroh*) m. miracle. [miraculous.
milagroso (*meelahgrohssoh*) adj.
milicia (*meeléethyah*) f. militia, soldiership.
miliciano (*meeleethyáhnoh*) m. militiaman; militian.
militante (*meeleetáhntay*) adj. militant.
militar (*meeleetaR*) m. soldier; adj. military; intr. to militate.
milla (*méelyah*) f. mile.
millar (*meelyáR*) m. thousand.
millón (*meelyón*) m. million.
millonario (*meelyohnáhryoh*) m. millionaire.
mimado (*meemáhdoh*) adj. spoiled/pampered.
mimar (*meemáR*) tr. to pet, to fondle.

mimbre (*méembray*) m. osier-twig.
mímica (*méemeekah*) f. pantomine, mock. [mic.
mímico (*méemeekoh*) adj. mimimo (*méemoh*) m. mime; caress. [source.
mina (*méenah*) f. mine, pit;
minar (*meenáR*) tr. to (under)-mine. [mineral.
mineral (*meenayráhl*) adj. y m.
minero (*meenáyroh* adj. mining; m. miner [miniature.
miniatura (*meenyahtóorah*) f.
miniaturista (*meenyahtooréestah*) s. miniaturist.
mínimo (*méenemoh*) adj. the least; smallest; minimun.
ministerio (*meeneestáyryoh*) m. ministry cabinet.
ministro (*meenéestroh*) m. cabinet minister, secretary.
minorar (*meenohráR*) tr. to lessen. [nority.
minoría (*meenohréeah*) f. mi-
minoridad (*meenohreedáhd*) f. minority; monage. [fle.
minucia (*meenóothyah*) f. tri-
minucioso (*meenoothyóhssoh*) adj. particular.
minúscula (*meenooskoolah*) f. small letter.
minuta (*meenóotah*) f. minute, lawyer's bill, bill of fare.
minuto (*meenootoh*) m. minute.
mío (*mééoh*) pron. mine.
miope (*myóhpay*) adj. short sighted; m. myope.
miopía (*myohpeeah*) f. myopia, short-sightedness.
mira (*méerah*) f. aim; care.
mirada (*meeráhdah*) f. look, glance.
mirado (*meeráhdoh*) adj. circumspect considered.
mirador (*meeradóR*) m. balcony/belvedere, vantage-point.
miramiento (*meerahmyéntoh*) m. consideration.
mirar (*meeráR*) tr. to look (at, upon). [-bird.
mirlo (*mééRloh*) m. Orn. black-
mirón (*meerón*) m. looker-on/ prier/peeping-Tom.
misa (*méessah*) f. mass. — mayor, high mass/service.
misal (*meessáhl*) m. missal.
misantropía (*meesahntrohpétah*) f. misanthopy.
misántropo (*meesáhntrohpoh*) m. misanthropist, man-hater. [f. miscellany.
miscelánea (*meessthayláhnayah*)
miserable (*meessayráhblay*) adj. miserable; lousy. [sery.
miseria (*meessáyryah*) f. mi-
misericordia (*meessayreekóRdyah*) f. mercy, pity.
misericordioso (*meessayreekoRdyóhsoh*) adj. merciful.
mísero (*méessayroh*) adj. miserable/wretched.
misión (*meessyón*) f. mission.
misionero (*meessyohnáyroh*) adj., m. missionary.
mismo (*méssmoh*) adj. same, very. [misogynist.
misógino (*meessóhHéenoh*) m.
misterio (*meestáyryoh*) m. mystery. [adj. mysterious.
misterioso (*meestayryóhssoh*)
mística (*méesteekah*) f. mysticism. [mystic.
místico (*méesteekoh*) adj. mystic.
mitad (*meetáhd*) f. half, midle.
mitigar (*meeteegáR*) tr. to mitigate.
mito (*méetoh*) m. myth.
mitología (*meetohlohHéeah*) f. mythology.

mitológico (*meetohlóhHeekoh*) adj. mythological.

mixto (*méekstoh*) adj. mixed/ mingled/medley.

mixturar (*meekstooráR*) tr. to mix/to mingle.

mobiliario (*mohbeelyáhryoh*) m. forniture.

mocedad (*mohthaydáhd*) f. youth(fulness).

mocetón (*mohthaytón*) m. strapping youth.

mocito (*mohthéetoh*) adj. juvenile; s. youngster.

moción (*mohthyón*) f. motion.

moco (*mókkoh*) m. mucus; (vulg.) snot. [f. mucosity.

mocosidad (*mohkohsseedáhd*)

mocoso (*mohkóhssoh*) adj. (vulg.) snotty; snivelly; m. brat.

mochila (*mohchéelah*) f. knapsack/ruck-sack/kit-bag.

moda (*móhdah*) f. fashion; mode. [model.

modelar (*mohdayláR*) tr. to modelo (*mohdáyloh*) m. model. [f. moderation.

moderación (*mohdayrahthyón*)

moderar (*mohdayráR*) tr. to moderate, to control.

modernismo (*mohdaiRnéessmoh*) m. modernism.

modernizar (*mohdaiRneetháR*) tr. to modernize.

moderno (*mohdáiRnoh*) adj. modern; up-to-date. [desty.

modestia (*mohdéstyah*) f. modesto (*mohdéstoh*) adj. modest; coy.

módico (*móhdeekoh*) adj. Com. moderate; reasonable.

modificación (*mohdeefeekahthyon*) m. modification.

modificar (*mohdeefeekáR*) tr. to modify. [idiom.

modismo (*mohdéessmoh*) m.

modista (*mohdéesstah*) f. dress-maker. [manner; way.

modo (*móhdoh*) m. mode, modulación (*mohdoolahthyón*) f. modulation. [modulate.

modular (*mohdooláR*) intr. to

mofa (*móhfah*) f. mock(ery), mofar (*mohfáR*) tr. to deride, to scoff.

mofarse (*mohfáRssay*) r. to poke fun at, to geer at.

mohín (*moh/eén*) f. grimace.

moho (*móh/oh*) m. moss. mould. [sy, mouldy.

mohoso (*móh/óhssoh*) adj. mossmojadura (*moh/Hahdóorah*) s. wetting, drenching.

mojar (*moh/HáR*) tr. to moisten; to wet.

mojigatería (*moHeegahtayréeah*) f. bigotry. [m. bigot.

mojigato (*mohHeegáhtoh*) adj. y mojón (*moh/Hón*) m. landmark.

molar (*moh/láR*) adj. grinding, molar; m. jaw-tooth.

molde (*mólday*) m. mould; pattern.

moldear (*moldayáR*) tr. to mould.

mole (*móh/láy*) f. huge mass.

molécula (*mohláykoolah*) f. molecule.

moler (*moh/láyR*) tr. to grind.

molestar (*moh/lestáhR*) tr. to vex; to tease; to bother.

molestia (*moh/léstya*) f. nuisance; bother.

molesto (*moh/laystoh*) adj. annoying, bothersome.

molicie (*mohléethye*) f. softness. [ing.

molienda (*mohlyéndah*) f. grindmolinero (*mohleenáyroh*) miller.

molinillo (*mohleenéetyoh*) coffee-grinder.

molino (*mohléenoh*) mill; — de viento, wind-mill.

molusco (*moh/looskoh*) m. mollusc. [bread.

molleja (*mohlyáyHah*) f. sweet-momentáneo (*mohmayntahnay/oh*) adj. momentary. [ment.

momento (*mohmayntoh*) m. momia (*móhmyah*) f. mummy.

momificar (*mohmeefeekáR*) tr. to mummify.

mona (*móhnah*) f. female monkey; (vulg.) drunkenness.

monacal (*mohnahkáhl*) adj. monachal, monastic.

monada (*mohnáhdah*) f. grimace; pretty child.

monaguillo (*mohnagéelyoh*) m. altar boy, choir-boy.

monarca (*mohnáRkah*) m. monarch. [monarchy.

monarquía (*mohnaRkéeah*) f. monárquico (*mohnáRkeekoh*) adj. monarchic(al); m. monarchist.

monasterio (*mohnahstáyryoh*) m. monastery; minster, cloister. [m. toothpick.

mondadientes (*mondahdyéntess*) mondadura (*mondahdóorah*) f. clean(s)ing; pl. parings, peelings.

mondar (*mondáR*) tr. to peel.

moneda (*mohháydah*) f. coin, money. [purse.

monedero (*mohnaydáyroh*) m. monería (*mohnayréech*) f. mimicry, childish-prank, monkey-trick. [monetary.

monetario (*mohnaytáhryoh*) adj. monigote (*mohneegóhtay*) m. bumpkin, puppet. [nitor.

monitor (*mohneetóR*) m. monja (*mónHah*) f. nun.

monje (*mónHay*) m. monk, cloisterer.

mono (*móhnoh*) adj. neat; pretty; m. ape; monkey.

monogamia (*mohnohgáhmyah*) f. monogamy.

monógamo (*mohnóhgahmoh*) adj. monogamous.

monólogo (*mohnóhlohgoh*) m. monologue. [monopoly.

monopolio (*mohnohpólyoh*) m. monopolizar (*monohhpohleetháR*) tr. to monopolize.

monotonía (*mohnohtohnéeah*) f. monotony.

monótono (*mohnóhtonoh*) adj. monotonous. [ter

monstruo (*mónstrwoh*) m. monsmonstruoso (*monstrwóhssoh*) m. adj. monstruous.

monta (*móntah*) f. amount.

montacargas (*montahkáRgahss*) m. lift, hoist, goods-lift.

montaje (*montáhHay*) m. assembling.

montaña (*montáhnyah*) f. mountain; pl. highlands.

montañoso (*montaknyóhssoh*) adj. mountainous.

montar (*montáR*) intr. to mount; tr. to ride (a horse); to amount to; to assemble.

monte (*móntay*) m. mountain; mount, forest, wood.

montería (*montayréeah*) s. hunting; hunt.

montero (*montáyroh*) s. hunter.

montón (*montón*) m. heap; pile.

montura (*montóorah*) f. riding-horse, setting (of jewels).

monumento (*mohnoomēntoh*) m. monument.

moño (*mohnyoh*) m. chignon, knot, bunt.

mora (*móhrah*) f. Bot. mulberry, black-berry. [ing.

morada (*mohráhdah*) f. dwellmorado (*mohráhdoh*) adj. mulberry-coloured; purple.

moral (*mohráhl*) m. ethics; morality; adj. moral.

moraleja (*mohrahláyHah*) f. moral, maxim, precept.

moralidad (*mohrahleedáhd*) f. morality. [to moralize.

moralizar (*mohrahleetháR*) intr. morar (*mohráR*) intr. to dwell.

morbo (*móRboh*) m. disease.

morboso (*moRbóhssoh*) adj. morbid.

morcilla (*moRthéelyah*) f. black-pudding. [f. mordacity.

mordacidad (*moRdahtheedáhd*)

mordaz (*moRdáhth*) adj. corrosive, acrimonious.

mordaza (*moRdáhthah*) f. gag, muzzle. [bite, nipping.

mordedura (*moRdaydóorah*) f. morder (*moRdayR*) tr. to bite, nibble, to gnaw.

mordiscar (*moRdeeskáR*) tr. to nibble, to gnaw.

mordisco (*moRdéeskóh*) m. bite.

moreno (*mohráynoh*) adj. brown, swarthy, tawny.

morfina (*moRféenah*) f. morphine.

morfinómano (*moRfeenóhmanhnoh*) adj. morphinomaniac; s. drug addict. [adj. dying.

moribundo (*mohreebóondoh*)

morir (*moréeR*) intr. to die.

morisco (*mohréeskoh*) adj. Moorish. [m. Moor.

moro (*móhroh*) adj. Moorish.

morral (*mohRáhl*) m. game-bag.

morriña (*mohRéenyah*) f. homesickness. [headland.

morro (*móhRoh*) m. snout, mortaja (*moRtáhHah*) f. shroud, winding-sheet.

mortal (*moRtáhl*) m. y adj. mortal, deadly, lethal.

mortalidad (*moRtahleedáhd*) f. morality; death rate.

mortandad (*moRtahndáhd*) f. massacre. [tar; cement.

mortero (*moRtáyroh*) m. mortmortífero (*moRtéefayroh*) death-dealing, fatal.

mortuorio (*moRtwóhryoh*) adj. mortuary. [rish.

moruno (*mohróonoh*) adj. Moomosaico (*mohssah/eekoh*) adj. y m. Mosaic; (F. a.) m. mosaic, tessellation.

mosca (*móskah*) f. fly. Sport. peso —, fly-weight.

moscardón (*moskaRdón*) m. bot-fly, hornet, drone, blue-bottlet. [catel.

moscatel (*moskahtayl*) m. musmosquetón (*moskaytón*) m. musket. [mosquito net.

mosquitero (*moskeetáyroh*) m. mosquito (*moskéetoh*) m. mosquito, gnat. [moustache.

mostacho (*mostáhchoh*) m. mostaza (*mostáhthah*) f. mustard(-seed).

mostrador (*mostrahdóR*) m. counter (of a shop).

mostrar (*mostráR*) tr. to show.

mostrarse (*mostráRssay*) r. to appear.

mota (*móhtah*) f. spot, speck.

mote (*móhtay*) m. nickname.

motejar (*mohtayHáR*) tr. to nickname.

motín (*mohtéen*) m. mutiny, riot. [se.

motivar (*mohteebáR*) tr. to cause.

motivo (*mohtéeboh*) m. motive; cause.

moto (*móhtoh*) f. (coll.) motor 151 cycle, motor-bike.

motocicleta (*mohtohtheekláytah*) f. motor cycle.

motor (*mohtóR*) m. engine, motor; adj. motor.

motorista (*mohtohrĕestah*) m. motorist. [moving.

movedizo (*mohbaydéethoh*) adj. mover (*mohbáyR*) tr. to move.

movible (*mohbéeblay*) adj. movable.

móvil (*móhbeel*) adj. movable; movible; m. motor; mover.

movilidad (*mohbeeleedáhd*) f. mobility.

movilización (*mohbeeleethahthyón*) f. mobilization.

movilizar (*mohbeeleetháR*) tr. to mobilize.

movimiento (*mohbeemyentoh*) m. movement, motion.

moza (*móhthah*) f. girl; lass; maid-servant.

mozo (*móhthoh*) adj. young; single; m. lad, youth, waiter, porter. [girl; lass.

muchacha (*moocháhchah*) f. muchacho (*moocháchoh*) m. boy; lad.

muchedumbre (*moochaydóombray*) f. crowd. [a lot.

mucho (*móochoh*) adj. much; muda (*moódah*) f. change.

mudanza (*moodáhnthah*) f. change, removal. [to move.

mudar (*moodáR*) tr. to change, mudez (*moodéth*) f. dumbness.

mudo (*moódoh*) adj. dumb; mute.

mueble (*mwáyblay*) f. piece of furniture; adj. movable.

mueca (*mwáykah*) f. grimace.

muela (*mwáylah*) f. molar tooth.

muelle (*mwáylyay*) Naut. pier, wharf. Mec. spring.

muerte (*mwáyRtay*) f. death.

muerto (*mwáyRtoh*) adj. y m. dead. [groove.

muesca (*mwáyskah*) f. notch, muestra (*mwáystrah*) f. pattern; sample; indication.

muestrario (*mwaystráhryo*) m. collection of samples.

mugrón (*moogrón*) m. sprig, layer.

mujer (*mooHáyR*) f. woman; wife.

mujeriego (*mooHayryégoh*) adj. fond of women. [manly.

mujeril (*mooHayréel*) adj. womula (*moólah*) f. she-mule.

mulato (*mooláhtoh*) m. y adj. mulatto; tawny. [prop.

muleta (*mooláytah*) f. crutch; mulo (*moóloh*) f. mule. [ty.

multa (*moóltah*) f. fine; penalmultar (*mooltáR*) tr. to fine.

múltiple (*móolteeplay*) adj. multiple.

multiplicar (*moolteepleekáR*) tr. to multiply. [titude.

multitud (*moolteetóod*) f. mulmundano (*moondáhnoh*) adj. mundane; worldly.

mundo (*móondoh*) m. world.

munición (*mooneethyón*) f. (am)munition.

municipal (*mooneetheepáhl*) adj. municipal.

municipio (*mooneethéepyoh*) m. municipality; township, borough.

muñeca (*moonyáykoh*) f. wrist. Anat. doll. [pet.

muñeco (*moonyáykoh*) m. pupmural (*mooráhl*) adj. mural.

muralla (*mooráhlyah*) f. wall.

murar (*mooráR*) tr. to wall.

152 murciélago (*mooRthyélahgoh*) m. *Orn.* bat.   [murmur.
murmullo (*mooRmóolyoh*) m.
murmuración (*mooRmoorah-thyón*) f. murmuring, gossip.
murmurar (*mooRmooráR*) tr. to murmur, to gossip.
muro (*móoroh*) m. wall; rampart.
murria (*móoRyah*) f. (coll.) fit of «blues», sullenness.
murrio (*móoRyoh*)` adj. sullen, sulky.
musa (*móossah*) f. muse.
muscular (*mooskooláR*) adj. muscular.   [cle.
músculo (*móoskooloh*) m. musmusculoso (*mooskoolóhssoh*) adj. musculous.   [seum.
museo (*moossáy*/*oh*) m. mumusgo (*móossgoh*) m. moss.
música (*móosseekah*) f. music.
musical (*moosseekáhl*) adj. musical.
músico (*móosseekoh*) adj. musical; m. musician.
musitar (*moosseetáR*) intr. to mutter.
muslo (*móosloh*) m. thigh.
mustio (*móostyoh*) adj. whitered.
mutabilidad (*moohtahbeeleedáhd*) f. mutability.
mutación (*mootahthyón*) f. mutation.   [mutilation.
mutilación (*mooteelahthyón*) f.
mutilar (*mooteeláR*) tr. to mutilate.   [f. mutuality.
mutualidad (*mootwahleedáhd*)
mutuo (*móotwoh*) adj. mutual.
muy (*mwee*) adv. very; greatly; (coll.) quite, awfully.

N n

nabo (*náhboh*) m. *Bot.* turnip.
nacer (*nahtháyR*) intr. to be born.
nacido (*nahthéedoh*) adj. born.
naciente (*nahthyéntay*) adj. rising.
nacimiento. (*nahtheemyéntoh*) m. birth, nativity.
nación (*nahthyón*) f. nation, people.   [national.
nacional (*nahthyohnáhl*) adj.
nacionalidad (*nahthyohnahleedáhd*) f. nationality.
nacionalista (*nahthyohnahleestah*) s. nationalist.
nada (*náhdah*) f. nothing (ness), pron. adv. nothing.   [mer.
nadador (*nahdahdóR*) m. swimnadar (*nahdáR*) intr. to swim.
nadie (*náhdye*) pron. nobody.
nafta (*náhftah*) f. naphtha.
naftalina (*nahftahléenah*) f. naphthalene.
naipe (*nah/eepay*) m. playing-card.   [rump.
nalga (*náhlgah*) f. buttock;
naranja (*nahráhnHah*) f. orange.   [orangeade.
naranjada (*nahrahnHáhdah*) f.
naranjo (*nahráhnHoh*) m. orange-tree.   [narccissus.
narciso (*nartheessoh*) m. *Bot.*
narcótico (*naRkóhteekoh*) adj. y m. narcotic.
narcotizar (*naRkohteetháR*) tr. to narcotize, to dope.
narigudo (*nahreegóodoh*) adj. big-nosed.   [ril.
nariz (*nahreéth*) f. nose, nostnarración (*nahRahthyón*) f. narration, story, tale.

narrar (*nahRáR*) tr. to narrate, to tell.   [narrative.
narrativo (*nahRahtéeboh*) adj.
nata (*náhtah*) f. cream.
natal (*nahtáhl*) adj. natal; native.   [birthday.
natalicio (*nahtahléethyoh*) adj.
natalidad (*nahtahleedáhd*) f. birth-rate.   [Nativity.
Natividad (*nahteebeedáhd*) f.
nativo (*nahtéeboh*) adj. y s. native.
natural (*nahtooráhl*) adj. natural; native.
naturaleza (*nahtoorahláythah*) f. nature; nationality, kind.
naturalidad (*nahtoorahleedáhd*) f. naturalness.
naturalista (*nahtoorahléestah*) s. naturalist, nudist.
naturalizar (*nahtoorahleetháR*) tr. to naturalize.
naufragar (*nah/oofrahgáR*) intr. to be shipwercked.
naufragio (*nah/oofráhgyoh*) m. shipwreck, failure.
náufrago (*nah/oofrahgoh*) adj. y s. shipwrecked (person), survivor, (of a wreck).
náusea (*náhoossayah*) f. nausea.
nauseabundo (*nah/oossayah-bóondoh*) adj. nauseous; loathsome, nasty.
náutica (*náh/oteekah*) f. nautics.   [nautic(al).
náutico (*náh/ooteekoh*) adj.
navaja (*nahbáhHah*) f. razor; claspknife, pen-knife, pocket-knife.   [gash, stab.
navajazo (*nahbahHáhthoh*) m.
naval (*nahbáhl*) adj. naval.
navarro (*nahbáhRoh*) adj. y m. Navarrese.   [aisle.
nave (*náhbay*) f. vessel; ship;
navegable (*nahbaygáhblay*) adj. navigable.
navegación (*nahbaygahthyón*) f. navigation; sailing.
navegante (*na`:baygáhntay*) m. navigator.
navegar (*nahbaygáR*) intr. to sail; to navigate.
Navidad (*nahbeedáhd*) f. Nativity; Christmas.
navideño (*nahbeedáynyoh*) adj. Christmas.   [owner.
naviero (*nahbyéroh*) m. shipnavío (*nahbéeoh*) m. war-ship.
neblina (*naybléenah*) f. mist; fog; haze.
nebuloso (*nayboolóhssoh*) adj. misty.   [pidity.
necedad (*naythaydáhd*) f. stunecesario (*naythayssáhryoh*) adj. necessary.
neceser (*naythayssáyR*) m. toilet case.
necesidad (*naythaysseedáhd*) f. necessity; need.
necesitado (*naythaysseetáhdoh*) adj. needy.
necesitar (*naythaysseetáR*) intr. to need, to lack.
necio (*náythoh*) adj. stupid; fool.
necrología (*naykrohlohHéeah*) f. necrology; obituary.
necrópolis (*naykróhpohleess*) f. necropolis, cemetery.
néctar (*nayktahR*) m. nectar.
negación (*naygahthyón*) f. denial; negation.
negado (*naygáhdoh*) adj. unfit.
negar (*naygáR*) intr. to deny.
negativa (*naygatéebah*) f. denial.
negativo (*naygatéeboh*) adj. y m. negative (photograph).

negligencia (*naygleeHénthyah*) f. negligence.   [negligent.
negligente (*naygleeHéntay*) adj.
negociación (*naygohthyahthyón*) f. negotiation.   [department.
negociado (*naygohthyáhdoh*) m.
negociante (*naygohthyáhnthay*) s. dealer; trader.
negociar (*naygohthyáR*) intr. to trade; to deal.
negocio (*naygóhthyoh*) m. business; affair.
negra (*náygrah*) f. negress.
negro (*náygroh*) adj. black, dark; m. negro.   [ness.
negrura (*naygróorah*) f. blackness.
negruzco (*naygroothkoh*) adj. blackish.   [infant.
nena (*náynah*) f. (fam.) female, baby.
nene (*náynay*) m. (fam.) baby.
neófito (*nayóhfeetoh*) m. neophite, novice, beginner.
neoyorquino (*nayohyoRkéenoh*) adj. y m. New-Yorker.
nepotismo (*naypohtéessmoh*) m. nepotism.   [sinew.
nervio (*nayRbyoh*) m. nerve, nervioso (*nayRbyóhssoh*) adj. nervous.   [f. nerviosity.
nerviosidad (*nayRbyossedáhd*)
nervudo (*nayRbóodoh*) adj. sinewy.
neto (*náytoh*) adj. neat, net.
neumático (*nehoomahteekoh*) adj. pneumatic; m. tyre, (G. B.), tire (USA.).
neumonía (*neh/oomohnéeah*) f. pneumonia.   [neuralgia.
neuralgia (*neh/hooráhlHyah*) f.
neurastenia (*neh/oorahstáyny-ah*) f. neurasthenia.
neurasténico (*neh/oorahstáynee-koh*) adj. neurasthenic.
neurótico (*neh/oorohteekoh*) adj. neurotic.
neutral (*neh/ootráhl*) adj. neutral; neuter.   [f. neutrality.
neutralidad (*neh/ootrahleedáhd*)
neutralizar (*neh/ootrahleetháR*) tr. to neutralize.   [ter.
neutro (*néh/ootroh*) adj. neunevada (*naybáhdah*) f. snowfall.
nevar (*naybáR*) intr. to snow.
nevera (*naybáyrah*) refrigerator, fridge (G. B.), freezer (USA).   [bond, tie.
nexo (*náyksoh*) m. nexus, ni (*nee*) conj. neither, nor.
nicotina (*neekohtéenah*) f. nicotine.
nicho (*néechoh*) m. niche.
nido (*néedoh*) m. nest.
niebla (*nyéblah*) f. mist; fog; haze   [ter.
nieta (*nyétah*) f. grand-daughter.
nieto (*nyétoh*) m. grand-son.
nieve (*nyébay*) f. snow.
nihilismo (*nee/eeléessmoh*) m. nihilism.   [not one.
ningún (*neengóon*) adj. no;
ninguno (*neengóonoh*) adj. no, none, not one; pron. none.
niña (*néenyah*) f. girl, baby-girl.
niñada (*neenyáhdah*) f. puerility.
niñez (*neenyáyth*) f. infancy, maid, nurse, baby-sitter.
niñería (*neenyayréeah*) f. puerility.   [chilhood.
niñez (*neenyáyth*) f. infancy,
niño (*néenyoh*) adj. childish; m. child.   [ese.
nipón (*neeyón*) adj. y m. Japanese.
níquel (*néekel*) m. nickel.
nivel (*neebél*) m. level; standard.   [vel.
nivelar (*neebayláR*) tr. to level.
no (*noh*) adv. no, not; — obstante, nevertheless.

nobiliario (*nohbeelyáhryoh*) adj. nobiliary.   [nobleman.
noble (*nóhblay*) adj. noble; m.
nobleza (*nohblaythah*) f. nobleness; nobility.
noción (*nohthyón*) f. notion; idea, concepts; pl. elements.   [ful, noxious
nocivo (*nohthéeboh*) adj. harm-noctámbulo (*noktáhmbooloh*) m. noctambulist.
nocturno (*noktóoRnoh*) adj. nocturnal; m. nocturne.
noche (*nóhchay*) f. night.
Nochebuena (*nohchaybwáynah*) f. Christmas Eve.   [nurse.
nodriza (*nohdréithah*) f. wetnómada (*nóhmahdah*) adj. nomad(ic).   [fame.
nombradía (*nombrahdee/ah*) f.
nombramiento (*nombrahmyén-toh*) f. nomination; appointment.   [me; to appoint.
nombrar (*nombráR*) tr. to name, nombre (*nóhmbray*) m. name; noun.
nómina (*nóhmeenah*) f. (pay) roll.   [minal.
nominal (*nohmeenáhl*) adj. nominar (*nohmeendR*) tr. to name, nominate, appoint.
non (*nón*) adj. odd; uneven; m. odd number; pares y —es, odds and evens.
noria (*nóhryah*) f. chain-pump.
norma (*nóRmah*) f. standard; norm.
normal (*noRmáhl*) adj. normal.
normalizar (*noRmahleetháR*) tr. to normalize.
norte (*nóRtay*) m. north.
norteamericano (*noRtayahmay-reekáhnoh*) adj. North American; m. American.
noruego (*nohrwáygoh*) adj. y m. Norwegian, Norse.
nos (*noss*) pron. we; us.
nosotros (*nohssóhtross*) pron. we; us.
nostalgia (*nosstahlHya*) f. nostalgia, homesickness.   [bill.
nota (*nóhtah*) f. note; notice;
notable (*nohtáhblay*) adj. remarkable; noticeable.
notar (*nohtáR*) tr. to note; to (re)mark.
notario (*nohtáhryoh*) m. notary public; registrar.
noticia (*nohtéethyah*) f. news.
noticiero (*nohteethyéroh*) m. reporter; news-cast.
notificación (*nohteefeekahthyón*) f. notification.   [notify.
notificar (*nohteefeekáR*) tr. to
notoriedad (*nohtohryedáhd*) f. notoriety.   [rious.
notorio (*nohtóhryoh*) adj. notonovato (*nohbáhtoh*) adj. y m. novice, beginner; new.
novedad (*nohbaydáhd*) f. novelty. *Com.* fancy.   [new.
novel (*nohbayl*) adj. novel;
novela (*nohbáylah*) f. novel; fiction.
novia (*nóhbyah*) f. girl friend, sweetheart, fiancée, bride.
noviazgo (*nohbyáthgoh*) m. courtship.   [novitiate.
noviciado (*nohbeethyádoh*) m.
novicio (*nohbéethyoh*) m. novice.   [november.
Noviembre (*nohbyémbray*) m.
novillada (*nohbeelyáhdah*) f. drove or fight of young bulls.
novillero (*nohbeelyáyroh*) m. «novillero» (young bullfighter).   [bull.
novillo (*nohbéelyoh*) m. young novio (*nóhbyoh*) m. boy friend, suitor, fiancé, bridegroom.

nublado *(noobláhdoh)* adj. cloudy. [over.
nublar *(noobláR)* tr. to cloud
nuca *(nóokah)* f. nape of the neck. [core.
núcleo *(nóoklayoh)* m. nucleus,
nudillo *(noodéelyoh)* m. knucle.
nudo *(nóodoh)* m. knot, burl, tie, tangle.
nudoso *(noodóhssoh)* adj. knotty.
nuera *(nwáyrah)* f. daughter-in-law. [our(s).
nuestro *(nwáystroh)* pron.
nueva *(nwáybah)* f. news, tidings. [vel.
nuevo *(nwáyboh)* adj. new; no-
nuez *(nwáyth)* f. (wal)nut, Adam's apple.
nulidad *(nooleedahd)* f. nullity; a nobody.
nulo *(nóoloh)* adj. void, null.
numeración *(noomayrathyón)* s. numeration. [meral.
numeral *(noomayráhl)* adj. nu-
numerar *(noomayráR)* tr. to number.
numerario *(noomayráhryoh)* adj. numerary; m. hard cash.
numérico *(noomáyreekoh)* adj. numeric(al). [ber.
número *(noomayroh)* m. num-
numeroso *(noomayróhssoh)* adj. numerous; crowded.
nunca *(nóonkah)* adv. never, (not) ever. [nunciature.
nunciatura *(noonthyatóorah)* f.
nuncio *(nóonthyoh)* m. nuncio.
nupcial *(noopthyáhl)* adj. nuptial. [wedding.
nupcias *(nóopthyahss)* f. pl.
nutrición *(nootreethyón)* f. nutrition. [to feed.
nutrir *(nootréeR)* tr. to nourish
nutritivo *(nootreetéeboh)* adj. nourishing.

ñoñería *(nyohnyayréeah)* f. drivel.
ñoñez *(nyohnyéth)* f. shyness, drivel, sloppy. [m. dotard.
ñoño *(nyóhnyoh)* adj. timid, shy;

o *(oh)* conj. or; either.
obcecación *(obthaykahthyón)* f. obduracy. [fuscate.
obcecar *(obthaykáR)* tr. to ob-
obcecarse *(obthaykáRssay)* r. to be obfuscated. [obey.
obedecer *(obhaydaytháyR)* tr. to
obediencia *(obhaydyénthyah)* f. obedience. [obedient.
obediente *(obhaydyéntay)* adj.
obelisco *(obhayléeskoh)* m. obelisk. [obesity.
obesidad *(obhaysseedáhd)* f.
obeso *(obháyssoh)* adj. obese, fat.
obispado *(obheespáhdoh)* m. bishopric; episcopate.
obispo *(obhéespoh)* m. bishop.
óbito *(óbheetoh)* m. obit, death.
obituario *(obheetwáryoh)* m. obituary. [tion.
objeción *(obHaythyón)* f. objec-
objetar *(obHaytáR)* tr. to object.
objetivo *(obHaytéeboh)* adj. objective; m. objective, aim, object-glass. [purpose.
objeto *(obHáytoh)* m. object,

oblicuidad *(ohbleekweedáhd)* f. obliquity, slant, bias.
oblicuo *(ohbléekwoh)* adj. oblique, slanting, skew.
obligación *(ohbleegahthyón)* f. obligation, bond; pl. duties.
obligar *(ohbleegáR)* tr. to oblige; to compel.
obligarse *(ohbleegáRssay)* r. to bind oneself.
obligatorio *(ohbleegahtóryoh)* adj. obligatory; binding.
óbolo *(óhbohloh)* m. obol(us), mite.
obra *(ohbrah)* f. work, act(ion), book, building. [act.
obrar *(ohbráR)* tr. to work, to
obrero *(ohbráyroh)* adj. working; m. worker, workman.
obscenidad *(obssthayneedáhd)* f. obscenity. [cene.
obsceno *(obsstháynoh)* adj. obs-
obscurecer *(obskooraytháyR)* intr. to obscure; to darken.
obscuridad *(obskooreedáhd)* f. obscurity, darkness.
obscuro *(obskóoroh)* adj. obscure; dark. [treat.
obsequiar *(obssaykyáR)* tr. to
obsequio *(obssáykyoh)* m. present, gift, treat.
obsequioso *(obssaykyóhssoh)* adj. obsequious, obliging.
observación *(obssayRbahthyon)* f. observation; note; remark.
observador *(obssayRbahdóR)* m. observer.
observante *(obssayRbáhntay)* adj. observant; observing.
observar *(obssayRbáR)* tr. to observe; to notice.
observatorio *(obssayRbahtóhryoh)* m. observatory.
obsesión *(obssayssyón)* f. obsession. [to obsess.
obsesionar *(obssayssyonáR)* tr.
obstáculo *(obstáhkooloh)* m. obstacle.
obstar *(obstáR)* intr. to oppose.
obstinación *(obsteenahthyón)* f. obstinacy. [persist in.
obstinarse *(obsteenáRsay)* r. to
obstrucción *(obstrookthyón)* f. obstruction.
obstruir *(obstrweéR)* tr. to obstruct.
obstruirse *(obstrweéRsay)* r. to clog, to be made up.
obtención *(obtenthyón)* f. attainment; tr. to obtain, to get.
obturar *(obtooráR)* tr. to stop up, to plug. [blunt.
obtuso *(obtóossoh)* adj. obtuse,
obús *(ohbóoss)* m. howitzer.
obviar *(obbyáR)* tr. to obviate; to prevent.
obvio *(óbbyoh)* adj. obvious.
oca *(óhkah)* f. Orn. goose.
ocasión *(ohkahssyón)* f. occasión. [occasional.
ocasional *(ohkahssyonáhl)* adj.
ocasionar *(ohkahssyonáR)* tr. to cause.
océano *(ohtháyahnoh)* m. ocean;
ocaso *(ohkáhssoh)* m. (sun)set, dusk.
occidental *(oktheedentáhl)* adj. occidental; west(ern).
occidente *(oktheedéntay)* m. occident; west.
occipital *(oktheepeetáhl)* adj. occipital. [occiput.
occipucio *(oktheepóothyoh)* m.
oceánico *(ohtháyáhneekoh)* adj. oceanic, Oceanian.
océano *(ohtháyahnoh)* m. ocean; sea.
ocio *(óhthyoh)* m. leisure.
ociosidad *(ohthyohsseedáhd)* f. idleness, leisure.

ocioso *(ohthyóhssoh)* adj. idle.
ocre *(óhkray)* m. ochre.
octubre *(októobray)* m. October.
ocular *(ohkooláR)* adj. ocular.
oculista *(ohkooléestah)* s. oculist. [ceal; to hide.
ocultar *(ohkooltáR)* tr. to con-
ocultarse *(ohkooltáRssay)* r. to hide. [occultism.
ocultismo *(ohkooltéessmoh)* m.
oculto *(ohkóoltoh)* adj. hidden.
ocupación *(ohkoopahthyón)* f. occupation; profession.
ocupado *(ohkoopáhdoh)* adj. busy, engaged. [cupant.
ocupante *(ohkoopántay)* s. oc-
ocupar *(ohkoopáR)* tr. to occupy.
ocurrencia *(ohkooRénthyah)* f. ocurrence; witty sally.
ocurrir *(ohkooRéeR)* intr. to happen.
oda *(óhdah)* f. ode.
odiar *(ohdyáR)* tr. to hate.
odio *(óhdyoh)* m. hatred; hate.
odioso *(odyóhssoh)* adj. odious; hateful.
odontólogo *(ohdontóhlohgoh)* m. odontologist.
oeste *(oháystay)* m. west.
ofender *(ohfendáiR)* tr. to offend.
ofenderse *(ohfendáyRssay)* r. to take offense. [injury.
ofensa *(ohfénssah)* f. offence;
ofensiva *(ohfensséebah)* f. offensive, attack. [offensive.
ofensivo *(ohfensséeboh)* adj.
oferta *(ohfáyRtah)* f. offer. Com. tender; proposal.
oficial *(ohfeethyáhl)* adj. official; m. officer, workmaster.
oficialidad *(ohfeethyahleedáhd)* f. officialdom, officers.
oficiar *(ohfeethyáR)* tr. to officiate; to minister.
oficina *(ohfeethéenah)* f. office.
oficinista *(ohfeetheenéestah)* s. clerk; (coll.) pen-pusher.
oficio *(ohféethyoh)* m. trade.
oficioso *(ohfeethyóhssoh)* adj. officious.
ofrecer *(ohfraythayR)* tr. to offer. Com. to bid.
ofrecimiento *(ohfraytheemyentoh)* m. offer(ing).
ofrenda *(ohfrayndah)* f. offering. [obfuscation.
ofuscación *(ohfooskahthyón)* f.
ofuscamiento *(ohfooskahmyéntoh)* m. obfuscation.
ofuscar *(ohfooskáR)* tr. to obfuscate; to blind.
ogro *(óhgroh)* m. ogre.
oído *(oh/eedoh)* m. hearing; ear.
oír *(oh/éeR)* tr. to hear; to attend (mass).
ojal *(ohHáhl)* m. buttonhole. loop.
ojalá *(ohHaháh)* interj. would to God!, I wish!
ojeada *(ohHayáhdah)* f. glance; glimpse. [glance.
ojear *(ohHayáR)* tr. to eye, to
ojera *(ohHáyrah)* f. rings, or bags, under one's eyes.
ojeriza *(ohHayréethah)* f. spite, grudge.
ojo *(óhHoh)* m. eye; (key-)-hole, interj. Beware!
ola *(óhlah)* wave; billow
oleada *(ohlayáhdah)* f. big wave, surge.
óleo *(óhlayoh)* m. oil; holy oil.
pintura al — oil-painting
oler *(ohléR)* tr. to smell; to scent.

olfatear *(olfahtayáR)* tr. to 153 smell. [smell.
olfato *(olfáhtoh)* m. sense of
olimpiada *(ohleempyáhdah)* f. Olimpiad; olimpic games.
olímpico *(ohléempeekoh)* adj. Olympic.
oliva *(ohléebah)* f. olive.
olivo *(ohléeboh)* m. Bot. olive-tree.
olor *(ohlóR)* m. smell; scent; mal —, stink, stench, smelly.
oloroso *(ohlorhóssoh)* adj. odoriferous.
olvidadizo *(olbeedahdéethoh)* adj. forgetful. [get.
olvidar *(olbeedáR)* tr. to for-
olvido *(olbéedoh)* m. forgetfulness; oblivion.
olla *(óhlyah)* f. kettle; stewpot.
ombligo *(ombléegoh)* m. navel.
omisión *(ohmeessyón)* f. omission; negligence.
omiso *(ohméessoh)* adj. neglectful.
omitir *(ohmeetéeR)* tr. to omit.
ómnibus *(ómneebooss)* m. omnibus.
omnipotencia *(omneepohténthyah)* f. omnipotence.
omnipotente *(omneepohténtay)* adj. omnipotent.
onda *(óndah)* f. wave.
ondeado *(ondayáhdoh)* adj. undulate(d), wavy. [wave.
ondear *(ondayáR)* tr. e intr. to
ondulación *(ondoolahtyón)* f. waving.
onza *(ónthah)* f. ounce.
opaco *(ohpáhkoh)* adj. opaque, dim.
opción *(opthyón)* m. option.
ópera *(óhpayrah)* f. opera; musical drama; opera-house.
operación *(ohpayrahthyón)* f. operation; working. Com. transaction.
operador *(ohpayrahdóR)* m. operator. [operating.
operante *(ohpayráhntay)* adj.
operar *(ohpayráR)* intr. to operate, to work; tr. Med. to operate.
operario *(ohpayráhryoh)* m. operator; workman.
opinar *(ohpeenáR)* intr. to judge, to give an opinion, to think. [view.
opinión *(ohpeenyón)* f. opinion;
opio *(óhpyoh)* m. opium.
oponer *(ohpohnáyR)* tr. to oppose, to withstand.
oportunidad *(ohpoRtooneedáhd)* f. opportunity. [opportune.
oportuno *(ohpoRtóonoh)* adj.
oportunismo *(ohpoRtoonéessmoh)* m. opportunism.
oposición *(ohpohsseethyón)* f. opposition; pl. examination (for professorship, etc.), competitive examination.
opositor *(ohpohsseetóR)* m. opposer; concurrent, candidate for competitive exam.
opresión *(ohprayssyón)* f. oppression. [oppressive.
opresivo *(ohpraysséeboh)* adj.
oprimir *(ohpreeméeR)* tr. to (op)press. [probium.
oprobio *(ohpróhbyoh)* m. op-
optar *(optáR)* tr. to choose.
óptica *(ópteekah)* f. optics.
óptico *(ópteekoh)* adj. optic; m. optician. [optimism.
optimismo *(opteeméessmoh)* m.
optimista *(opteeméesstah)* s. y adj. optimist(ic).
óptimo *(ópteemoh)* adj. best; finest.

154 **opuesto** *(ohpwáystoh)* adj. opposite.
opulencia *(ohpooléénthyah)* f. opulence. [opulent.
opulento *(ohpooléntoh)* adj.
oración *(ohrahthyón)* f. oration; prayer. *Gram.* sentence. [cle.
oráculo *(ohráhkooloh)* m. orador *(ohrahdóR)* m. orator, speaker.
oral *(ohráhl)* adj. oral, vocal.
orar *(ohráR)* intr. to pray.
oratoria *(ohrahtóhryah)* f. oratory; eloquence. [oratory.
oratorio *(ohrahtóhryoh)* m.
orbe *(óRbay)* m. orb; globe.
órbita *(óRbeetah)* f. orbit.
orden *(óRden)* m. order, method; f. order.
ordenación *(oRdaynahthyón)* f. arrangement; ordination.
ordenamiento *(oRdaynahmyéntoh)* m. ordaining, ordinance, arrangement.
ordenanza *(oRdaynáhnthah)* f. ordinance. *Mil.* m. orderly.
ordenar *(oRdaynáR)* tr. to arrange; to (put in) order.
ordenarse *(oRdaynáRsay)* r. *Eccl.* to be ordained.
ordeñar *(oRdaynyáR)* tr. to milk. [ordinal.
ordinal *(oRdeenáhl)* adj. y m.
ordinario *(oRdeenáhryoh)* adj. ordinary; common; coarse.
oreja *(ohráyHah)* f. ear.
orfebre *(oRfáybray)* m. goldsmith, silversmith.
orfebrería *(oRfaybrayréeah)* f. gold work. [orphanage.
orfelinato *(oRfayleenáhtoh)* m.
orfeón *(oRfay/ón)* m. choir, choral society.
orgánico *(oRgáhneekoh)* adj. organic(al).
organillo *(oRgahnéelyo)* m. barrel-organ, hurdy-gurdy.
organización *(oRgahneethathyón)* f. organization.
organizar *(oRgahneetháR)* tr. to organize.
órgano *(óRgahnoh)* m. organ.
orgía *(oRHéeah)* f. orgy, revel(ry).
orgullo *(oRgóolyoh)* m. pride.
orgulloso *(oRgoolyóhssoh)* adj. proud; haughty, conceited.
oriental *(ohryentáhl)* adj. oriental; eastern. [orient(ate).
orientar *(ohryentáR)* tr. to
orientarse *(ohryentáRsay)* r. (fig.) to find one's bearings.
oriente *(ohryéntay)* m. Orient, East. Levant. [fice; hole.
orificio *(ohreeféethyoh)* m. orifice.
origen *(ohréeHen)* m. origin.
original *(ohreeHeenáhl)* adj. original; odd; m. originalidad.
originalidad *(ohreeHeenahleedáhd)* f. originality.
originar *(ohreeHeenáR)* tr. to originate. [to arise.
originarse *(ohreeHeenáRsay)* r.
originario *(ohreeHeenáhryoh)* adj. originary, native.
orilla *(ohréelyah)* f. limit; border; bank, edge.
orillar *(ohreelyáR)* tr. to border.
orín *(ohréen)* m. rust.
orina *(ohréenah)* f. urine; (fig.) water; (fam.) piss.
orinar *(ohreenáR)* intr. to urinate; (fam.) to piss.
oriundo *(ohryóondoh)* adj. native of.
ornamentar *(oRnahmentáR)* tr. to adorn, to ornate.
ornamento *(oRnahméntoh)* m. ornament.

ornitología *(oRneetohlohHéeah)* f. ornithology.
oro *(óhroh)* m. gold; money (fig.). [brass.
oropel *(ohrohpél)* m. tinsel;
orquesta *(oRkéstah)* f. orchestra, dance-band. [tle.
ortiga *(oRtéegah)* f. *Bot.* nettle.
ortodoxia *(oRtohdóhksyah)* f. orthodoxy. [ortodox.
ortodoxo *(oRtohdóhksoh)* adj.
ortografía *(oRtohgrahféeah)* f.
ortopedia *(oRtohpáydyah)* f. orthopedy.
oruga *(ohróogah)* f. *Bot.* rocket. *Zool.* caterpillar.
os *(oss)* pron. you; to you.
osa *(óhssah)* f. she-beart; — Mayor, Ursa Major, — Menor, Ursa Minor.
osadía *(ohssahdéeah)* f. boldness, audacity. [bold.
osado *(ohssáhdoh)* adj. daring, father; best-man.
osamenta *(ohssahméntah)* f. skeleton.
osar *(ohssáR)* intr. to dare.
oscilación *(osstheelahthyón)* f. oscillation. [cillate.
oscilar *(osstheeláR)* intr. to oscillate.
óseo *(óhssayoh)* adj. osseous; bony.
osezno *(ohssáythnoh)* m. bear -whelp, -cub.
osificarse *(ohsseefeekáRsay)* r. to ossify.
oso *(óhssoh)* m. bear.
ostensivo *(ostensséeboh)* adj. ostensive.
ostentación *(ostentahthyón)* f. ostentation, display. [show.
ostentar *(ostentáR)* tr. to
ostentoso *(ostentóhssoh)* adj. showy, ostentatious.
ostra *(óstrah)* f. oyster.
otear *(ohtayáR)* tr. to observes to scan, to watch.
otero *(ohtáyroh)* m. hill (ock), knoll. [tumnal.
otoñal *(ohtohnyáhl)* adj. autoño *(ohtóhnyoh)* m. autumn, fall (USA.).
otorgamiento *(ohtoRgahmyéntoh)* m, grant. [grant.
otorgar *(ohtoRgáR)* tr. to other.
otro *(óhtroh)* adj. other, another. [tion.
ovación *(ohbahthyón)* f. ovacionar *(ohbahthyonáR)* tr. to applaud.
óvalo *(óhbahloh)* m. oval.
ovario *(ohbáhryoh)* m. ovary.
oveja *(ohbáyHah)* f. sheep, ewe (female sheep).
óvulo *(óhboohloh)* m. ovule.
oxidar *(ohkseedáR)* tr. to oxidate, to rust. [rust.
óxido *(óhkseedoh)* m. oxida, oxigenar *(ohkseeHaynáR)* tr. to oxygenate. [oxygen.
oxígeno *(ohkséeHaynoh)* m.
oyente *(ohyéntay)* m. hearer, listener.

P p

pabellón *(pahbaylyón)* m. pavilion, lodge, ensign (national flag).
pacer *(pahtháyR)* tr. to pasture, to graze. [patience.
paciencia *(pahthyénthyah)* f.
paciente *(pahthyéntay)* m. y adj. patient.
pacienzudo *(pahthyenthóodoh)* adj. (fam.) patient perservering. tolerant. [pacify.
pacificar *(pahtheefeekáR)* tr. to

pacífico *(pahthéefeekoh)* adj. pacific. [pacifism.
pacifismo *(pahtheeféessmoh)* m.
pacifista *(pahtheeféestah)* s. pacifist. [nant; to pact.
pactar *(pahktáR)* tr. to covenant.
pacto *(páhktoh)* m. pact.
pachorra *(pahchóhRah)* f. slug--gishness. [suffer.
padecer *(pahdaytháyR)* tr. to
padecimiento *(pahdaytheemyéntoh)* m. suffering.
padrastro *(pahdrástroh)* m. stepfather.
padrazo *(pahdráhthoh)* m. (augm.) indulgent father.
padre *(páhdray)* m. father.
padrenuestro *(pahdraynwéstroh)* Lord's prayer.
padrinazgo *(pahdreenáhthgoh)* m. patronage.
padrino *(pahdréenoh)* m. godfather; best-man.
padrón *(pahdrón)* m. census.
paella *(paháylyah)* f. paella, rice with meat, chicken, vegetables, etc. [wages.
paga *(páhgah)* f. pay(ment).
pagadero *(pahgahdáyroh)* adj. duc; payable.
pagado *(pahgáhdoh)* adj. paid.
pagador *(pahgahdóR)* m. paymaster.
pagano *(pahgáhnoh)* adj. hea -hen(ish), m. heathen, pagan.
pagar *(pahgáR)* tr. to pay.
pagaré *(pahgahráy)* m. bill; f. O. U.
página *(páhHeenah)* f. page.
pago *(páhgoh)* m. payment.
país *(pah:ées)* m. country; land.
paisaje *(pah/eessáhHay)* m. landscape, scenery.
paisana *(pah/eessáhnah)* f. country-woman.
paisano *(pah/eessáhnoh)* m. civilian; countryman; adj. compatriot.
paja *(páhHah)* f. straw.
pajar *(pahHáR)* m. strawloft; barn, hay-stack. [aviary.
pajarera *(pahHahráyrah)* f.
pájaro *(páhHahroh)* m. *Orn.* bird; (vulg.), puff.
pajarraco *(pahHahRáhkoh)* m. large bird; sharper.
paje *(páhHay)* m. page, valet.
pala *(páhlah)* f. shovel, spade, (for children). [promise.
palabra *(pahláhbrah)* f. word, small talk. [courtier.
palabrería *(pahlahbrayréeah)* f.
palaciego *(pahlahthyáygoh)* m. servant, retainer, underling.
palacio *(pahláhthyoh)* m. palace.
palada *(pahláhdah)* f. shovelful. *Naut.* oar stroke. [taste.
paladar *(pahlahdáR)* m. palate;
paladear *(pahlahdayáR)* tr. to relish to taste, to savour.
palanca *(pahláhnkah)* f. lever, handle. [wash-basin.
palangana *(pahlahngáhnah)* f.
palco *(pálkoh)* m. *Theat.* Box. stand. [sade.
palenque *(pahlénkay)* m. palipalero *(pahláyroh)* m. shoveller shovel-maker.
palestra *(pahléstrah)* f. wrestling court, palestra, ring.
paleta *(pahláytah)* f. fire-shovel, trowel, F. a. palette.
paletada *(pahlaytáhdah)* f. trowelful.
paleto *(pahláytoh)* m. rustic, churl; adj. rude, coarse.
palidecer *(pahleedaytháiR)* intr. to (grow) pale.

palidez *(pahleedéth)* f. paleness. ness. [pale.
pálido *(páhleedoh)* adj. pallid, palillero *(pahleelyáyroh)* m. tooth-piek case.
palillo *(pahléélyoh)* m. toothpick; pl. castanets. [chat.
palique *(pahléekay)* m. chitpaliza *(pahléethah)* f. cudgelling; beating, belting, caning.
palma *(páhlmah)* f. *Bot.* palmtree; palm or flat of the hand. [clap.
palmada *(pahlmáhdah)* f. slap, palmear *(pahlmayaR)* tr. to clap. [tree.
palmera *(pahlmáyrah)* f. palmpalmeta *(pahlmáytah)* f. ferule; cane. [sure (8 ¼ inches).
palmo *(páhlmoh)* m. span, measpalmotear *(palhmohtayáR)* tr. to clap hands.
palo *(páhloh)* m. stick; cudgel, suit (cards); mast.
paloma *(pahlóhmah)* f. dove, pigeon; (coll) pacifist.
palomar *(pahlohmáR)* m. pigeon-house, pigeon-hole.
palomino *(pahlohméenoh)* m. young pigeon. [pigeon.
palomo *(pahlóhmoh)* m. cock
palpable *(pahlpáhblay)* adj. palpable; obvious. [to feel.
palpar *(pahlpáR)* tr. to grope, -hen(ish), m. heathen, pagan.
palpitación *(pahlpeetahtyón)* f. palpitation, throbbing.
palpitar *(pahlpeetáR)* intr. to palpitate, to pant, to throb.
palúdico *(pahlóodeekoh)* adj. malarial.
palurdo *(pahlóoRdoh)* adj. y m. rustic, clownish daft.
pamplina *(pahmpléenah)* f. *Bot.* chickweed; (coll.) trifle.
pan *(pahn)* m. bread; loaf.
pana *(páhnah)* f. velveteen, corduroy. [nacea.
panacea *(pahnahtháyah)* f. pa panadería *(pahnahdayréeah)* f. bakery; baker's shop.
panadero *(pahnahdáyroh)* m. baker.
panal *(pahnáhl)* m. honeycomb.
panamericano *(pahnahmayreekáhnoh)* adj. Pan-American.
páncreas *(páhnkrayass)* m. *Anat.* pancreas.
pandero *(pahndáyroh)* m. tambourine. [party.
pandilla *(pahndéelyah)* f. gang, panecillo *(pahnaythéelyoh)* m. (French) roll, manchet.
paniagudo *(pahnyahgóodoh)* m. servant, retainer, underling.
pánico *(páhneekoh)* m. panic.
panorama *(pahnohráhmah)* m. panorama.
pantalones *(pahntahlóhness)* m. pl. trousers; knickers; slacks (for woman). [(lam-)shade.
pantalla *(pahntáhlyah)* f. screen, pantano *(pahntáhnoh)* m. swamp, reservoir.
pantanoso *(pahntanóhssoh)* adj. swampy, marshy.
panteísmo *(pahntaysessmoh)* m. pantheism. [pantheist.
panteísta *(pahntay/ésstah)* s.
panteón *(pahntayón)* m. pantheon.
pantomima *(pahntohméehmah)* f. pantomime.
pantorrilla *(pahntohRéelya)* f. calf (of the leg.)
pantufla *(pahntóofla)* f. babouche, slipper. [paunch.
panza *(pahnthah)* f. belly;
panzudo *(pahnthóodoh)* adj. big--bellied, pot-bellied.

pañal (pahnyáhl) m. (baby)-napkin (A) diaper.

paño (páhnyoh) m. cloth, kitchen-cloth, —os menores, underclothes.

pañuelo (pahnywáyloh) m. (hand) kerchief.

papá (pahpáh) m. Dad, daddy.

papa (páhpah) f. pap, porridge.

Papa (Páhpah) m. Pope.

papada (pahpáhdah) f. double chin. [dom; papacy.

Papado (pahpáhdoh) m. Pope-

papagayo (pahpahgáhyoh) m. (poll) parrot.

papal (pahpáhl) adj. papal.

papanatas (pahpahnáhtahss) m. simpleton; ninny.

paparrucha (pahpahRóochah) f. humbug. [Theat. rôle.

p a p e l (pahpél) m. paper

p a p e l e o (pahpayláyoh) m. (coll.) «red tape».

papelera (pahpayláyrah) f. papercase; (waste) paper-basket.

papelería (pahpaylayréeah) f. stationery, bookshop.

papeleta (pahpayláytah) f. slip of paper, chit, ticket.

paperas (pahpáyrahss) f. pl. mumps.

papilla (pahpéelyah) f. pap; (fig.) deceit. [popish.

papista (pahpéestah) s. Papist.

papo (páhpoh) m. double chin.

paquebote (pahkaybóhtay) m. Naut. packet-boat.

paquete (pahkáytay) m. pack-(et), parcel, package.

par (páR) adj. equal, even; m. pair, peer.

para (páhrah) prep. for; to, in order to; towards.

parabién (páhrahbyén) m. congratulations. [ble; parabola.

parábola (pahráhbohlah) f. para-

parabrisa (pahrahbréessah) m. wind-screen. [m. parachute.

paracaídas (pahrakah/éedahss)

paracaidista (pahrahkah/eedéestah) s. parachutist.

parada (pahráhdah) f. stop, halt, halting-place, stay Mil. parade. [whereabouts.

paradero (pahrahdáyroh) m.

parado (pahráhdoh) adj. spiritless, unemployed, stopped closed. [radox.

paradoja (pahrahdóhHah) f. pa-

parador (pahrahdóR) m. inn, hostel. [fin(e).

parafina (pahrahféenah) f. paraf-

paraguas (pahráhgwass) m. umbrella.

paraíso (pahrah/éessoh) m. paradise. Theat. «gods».

paralelo (pahrahláyloh) adj. y m. parallel. [ralysis.

parálisis (pahráhleessees) f. pa-

paraje (pahráhHay) m. place, spot.

paralítico (pahrahléeteekoh) adj. y m. paralytic (al).

paralizar (pahrahleetháR) tr. to paralyze, to palsy, to stop.

paramento (pahrahméntoh) m. ornament, trappings.

páramo (páhrahmoh) m. moor, waste-land.

parangón (pahrahngón) m. parangon, comparison.

parangonar (pahrahngohnáR) tr. to compare.

paraninfo (pahrahnéenfoh) m. paranymph, university hall.

parapetar (pahrahpaytáR) tr. to construct breast-works, to shelter behind a parapet.

parapeto (pahrahpáytoh) parapet; breastwork.

parar (pahráR) to. to stop, to hold up; intr. to stop, to become, to put up, to halt.

pararrayo (pahrahRáhyoh) m. lightning-rod, light-conductor.

parásito (pahráhsseetoh) m. parasite; adj. parastic (al).

parasol (pahrahsól) m. parasol; sunshade.

parcial (paRthyahl) adj. partial; onesided, biased, partisan.

parcialidad (paRthyahleedáhd) f. partiality, bias. [sober.

parco (páRkoh) adj. sparing,

pardal (paRdáhl) adj. rustic; m. Orn. sparrow.

pardo (páRdoh) adj. gray, grey, brown, dun.

pardusco (paRdóoskoh) adj. grayish, greyish.

parecer (pahraythayR) m. opinion; intr. to appear; to look.

parecerse (pahraytháyRsay) r. to look like.

parecido (pahraythéedoh) adj. resembling; like; s. likeness.

pared (pahréd) f. wall. [wall.

paredón (pahraydón) m. thick

pareja (paháyHah) f. pair; couple; dancing partner, mate.

parejo (paháyHoh) adj. equal.

parentela (pahrayntaylah) f. kin-(dred); relations.

parentesco (pahrayntayskoh) m. relationship.

paréntesis (pahráyntaysseess) f. parenthesis. Print. brackets.

paria (páhryah) m. pariah, outcast. [tion.

pariente (pahryéntay) s. rela-

parihuela (pahreewáylah) f. litter.

parir (pahréeR) tr. to bring forth; to bear, to give birth.

parlamentar (paRlahmentáR) intr. Mil. to parley.

parlamentario (paRlahmentáhryoh) adj. parliamentary; m. member of parliament.

parlamento (paRlahméntoh) m. parliament; (U. S. A.) Congress Theat. speech.

parlanchín (paRlahnchéen) adj. garrulous, m. chatener, talkative.

parlar (paRláR) intr. to chatter.

parloteo (paRlohtáyoh) m. prattle; talk, chat.

paro (páhroh) m. suspension, hold up, deadlock; — obrero, unemployment.

parodia (pahróhdyah) f. parody.

parpadear (paRpahdayáR) intr. to wink, to blink. [lid.

párpado (páRpahdoh) m. eye-

parque (páRkay) m. park, paddock. [simony.

parquedad (paRkaydáhd) f. par-

parra (páRah) f. (grape-) vine.

párrafo (páhRahfoh) m. paragraph.

parricida (páhReethéedah) s. parricide; (father's) murderer.

parricidio (páhReethéedyoh) m. paricide (murder).

parrilla (pahRéelyah) grill, grid-(iron).

párroco (páhRohkoh) m. parson.

parroquia (pahRóhkyah) f. parish. Com. patronage.

parroquial (pahRohkyáhl) adj. parochial.

parroquiano (pahRohkyáhnoh) m. parishioner; m. customer.

parsimonia (paRsseemóhnyah) s. parsimony.

parte (páRtay) f. part; share, party; pl. (coll.) the genitals; m. Mil. report. [tition.

partición (paRteethyón) f. participación (paRteetheepahthyón) f. participation; share.

participante (paRteetheepáhntay) m. sharer, participant. Sport. competitor.

participar (paRteetheepáR) intr. to participate; to take part. to share, to notify.

partícipe (parRtéetheepay) adj. participant. [ticle.

partícula (paRtéekoolah) f. particular (paRteekooláR) adj. particular; private; m. individual.

particularizar (paRteekoolahreetháR) tr. to particularize.

partida (paRtéedah) f. departure; entry; lot, game of cards.

partidario (paRteedahryoh) m. partisan.

partido (paRtéedoh) adj. divided, split; m. (political) party, side, utility. Sport. mach.

partir (paRtéeR) tr. to divide; intr. to depart; to set out.

parto (páRtoh) m. (child) birth, accouchement, lying in.

parturienta (paRtooryéntah) adj. y f. parturient.

párvulo (páRbooloh) adj. very small; s. child, a tot, pre-school child.

pasa (páhssah) f. raisin.

pasada (pahssáhdah) f. pass-(age), turn.

pasadero (pahssahdáyroh) adj. supportable, pasable. [alley.

pasadizo (pahssahdeéthoh) m.

pasado (pahssáhdoh) adj. past; stale; m. the past.

pasador (pahssahdóR) m. doorbolt, latch.

pasaje (pahssáhHay) m. pass-(age), voyage; fare.

pasajero (pahssáhHayroh) adj. transient;' m. passenger.

pasante (pahssáhntay) m. assistant of a lawyer; passer-by.

pasaporte (pahssahpóRtay) m. passport. [pass, to transfer.

pasar (pahssáR) tr. e intr. to

pasarse (pahssáRsay) r. to become putrid; to exceed.

pasatiempo (pahssahtyémpoh) m. pastime, hobby.

pasarela (pahssahráylah) f. gangway. [passover.

pascua (páhskwah) f. Easter; chal.

pascual (pahskwáhl) adj. pas-

pasear (pahssayáR) tr. e intr. to (take a) walk.

paseo (pahssáyoh) m. walk; promenade. [corridor.

pasillo (pahsséelyoh) m. lobby,

pasión (pahssyón) f. passion.

pasionaria (pahssyonáhryah) f. Bot. passion-flower.

pasivo (pahsséeboh) adj. passive. [pefy, to stun.

pasmar (pahssmáR) tr. to stu-

pasmarse (pahssmáRsay) r. to wonder, to be astonished

pasmado (pahssmáhdoh) amazed. [amazing.

pasmosa (pahssmóhssah) adj.

paso (páhssoh) m. pace; step; gait; passage; transition.

pasquín (pahskéen) m. pasquin-(ade), lampoon.

pasta (páhstah) f. paste, dough.

pastar (pahstáR) intr. to pasture, to graze. [pastry.

pastel (pahstayl) m. pie; cake,

pastelería (pahstaylayréeah) f. confectionery. [confectioner.

pastelero (pahstayláyroh) m.

pastilla (pahstéelyah) f. tablet. 155

pasto (páhstoh) m. pasture-(-ground).

pastor (pahstóR) m. shepherd; pastor; clergyman.

pastoral (pahstohráhl) adj. y f. pastoral. [pasture.

pastorear (pahstohrayáR) tr. to

pastoril (pahstohréel) adj. pastoral. [doughy.

pastoso (pahstóhsoh) adj.

pata (páhtah) f. foot; leg (of animals). Orni. duck.

patada (pah!áhdah) f. kick.

patalear (pahtahlayáR) intr. to kick about.

pataleo (pahtahláyoh) m. stamping of feet. [trum.

pataleta (pahtahláytah) f. tan-

patán (pahtáhn) m. churl, kern.

patata (pahtáhtah) f. Bot. potato. [ing fit.

patatús (pahtahtóoss) m. faint-

patear (pahtayáR) tr. e intr. to kick; to stamp the feet.

patentar (pahtentáR) tr. to patent. [f. patent.

patente (pahténtay) adj. patent,

patentizar (pahtenteetháR) tr. to evidence. [ternal, fatherly.

paternal (pahtayRnáhl) adj. pa-

paternalidad (pahtayRneedáhd) f. fatherhood.

paterno (pahtáyRnoh) adj. paternal, fatherly.

patético (pahtáyteekoh) adj. pathetic (al). [llows.

patíbulo (pahtéebooloh) m. gapatilla (pahtéelyah) f. whiskers.

patín (pahtéen) m. skate; — de ruedas, roller-skate.

patinar (pahteenáR) intr. to skate.

patio (páhtyoh) m. courtyard.

patizambo (pahteetháhmboh) adj. (knock-kneed) bandy-legged.

pato (páhtoh) m. drake, pagar el —, to pay the piper.

patología (pahtohlohHéeah) s. pathology. [humbug.

patraña (pahtráhnyah) f. fake.

patria (páhtryah) f. home(-land), father-land. [triarch.

patriarca (pahtryáRkah) m. patriarch.

patricio (pahtréethyoh) adj. and m. patrician. [m. patrimony.

patrimonio (pahtreemóhnyoh)

patriota (pahtryóhtah) s. patriot.

patriótico (pahtryóteekoh) adj. patriotic.

patriotero (pahtryohtáyroh) adj. y m. chauvinist (ic).

patriotismo (pahtryohtéessmoh) m. patriotism. [to sponsor.

patrocinar (pahtrohtheenáR) tr.

patrocinio (pahtrohthéenyoh) m. patronage, sponsorship.

patrón (pahtrón) m. land-lord. Com. pattern. Naut. master, skipper.

patrona (pahtróhnah) f. patroness; hostess, land-lady.

patronato (pahtrohnátoh) m. patronage. [employer.

patrono (pahtróhnoh) m. patron,

patronímico (pahtrohnéemeekoh) adj. patronymic, (father's name).

patrulla (pahtróolyah) f. patrol.

patrullar (pahtroolyáR) intr. to patrol. [adj. gradual.

paulatino (pah/oolahtéehnoh)

pausa (páh/oossah) f. pause, break. [slow, calm.

pausado (pah/oossáhdoh) adj.

pauta (páh/ootah) f. guide, rule.

156 pava (*páhbah*) f. *Orn.* turkey-hen; **pelar la —**, to coo, to flirt.   [to pave.
pavimentar (*pahbeementáR*) tr.
pavimento (*pahbeeméntoh*) m. pavement, tiled floor.
pavo (*páhboh*) m. *Orn.* turkey. **— real**, peacock.
pavonear (*pahbohnayáR*) intr. to show off.
pavor (*pahbóR*) m. terror; fear.
pavoroso (*pahbohróhsoh*) adj. frightful.
payaso (*pahyáhssoh*) m. clown.
payo (*páhyoh*) m. gawk, churl.
paz (*páhth*) f. peace; ease, rest.
peaje (*payáhHay*) m. toll.
peatón (*pay/atón*) m. pedestrian.
peca (*páykah*) f. freckle; spot.
pecado (*paykáhdoh*) m. sin.
pecador (*paykahdóR*) m. sinner.   [adj. sinful.
pecaminoso (*paykahmeenóhsoh*)
pecar (*paykáR*) intr. to sin.
pecera (*paytháyrah*) f. fish-globe, fish-bowl.
pecoso (*paykóhsoh*) adj. freckly.
peculiar (*paykoolyáR*) adj. peculiar.   [*dáhl*) f. peculiarity.
peculiaridad (*paykoolyaree-*
pecuniario (*paykoonyáhryoh*) adj. pecuniary.   [front.
pechera (*paycháyrah*) f. shirt-**pecho** (*páychoh*) m. chest, breast, bosom, teat.
pechuga (*paychóogah*) f. breast (of a fowl).   [pedagogy.
pedagogía (*paydahgohHéeah*) f.
pedagógico (*paydahgóhHeekoh*) adj. pedagogical.
pedagogo (*paydahgóhgoh*) m. pedagogue.   [dal.
pedal (*paydáhl*) m. treadle, pe-**pedante** (*paldáhntay*) adj. y s. pedant.   [pedantry.
pedantería (*paydahntayréeah*) f.
pedazo (*paydahthoh*) m. piece, bit, chunk.
pedestal (*paydestáhl*) m. pedestal.   [destrian.
pedrestre (*paydéstray*) adj. pe-**pedicuro** (*paydeekóoroh*) m. chiropodist.   [order.
pedido (*paydéedoh*) m. *Com.*
pedir (*paydéeR*) tr. to ask (for), to beg. *Com.* to order.
pedo (*páydoh*) m. flatulence; (vulg.) fart.
pedrada (*paydráhdah*) f. blow-hit/with a stone, throw of a stone, stone-trow.
pedregal (*paydraygáhl*) m. stony track, stony ground.
pedregoso (*paydraygóhsoh*) adj. stony.   [welry.
pedrería (*paydrayréeah*) f. je-**pedrisco** (*paydréeskoh*) m. hailtorm.
pega (*páygah*) f. joining, gluing, cementing products; (coll.) deceit, catch question, snag; **de —**, sham.
pegadizo (*paygahdéethoh*) adj. sticky, contagious.   [sticky.
pegajoso (*paygahHóhsoh*) adj.
pegar (*paygáR*) tr. to cement; to glue; to beat.
pegarse (*paygáRsay*) r. to adhere; to fight.
pegote (*paygóhtay*) m. coarse patch; F. a. postiche.
peinado (*payeenáhdoh*) m. hair. dressing coiffure; adj. combed, hair-do.
peinar (*payeenáR*) tr. to comb; to dress the hair.

peine (*páynay*) m. comb.
peineta (*payeenaytah*) f. back-comb.
peladilla (*paylahdéelyah*) sugared-almond; pebble.
pelado (*payláhdoh*) adj. hairless, bare(d).   [plucking.
peladura (*paylahdóorah*) f.
pelagatos (*paylahgáhtoss*) m. vagrant.
pelaje (*payláhHay*) m. fell, outward appearance.
pelambre (*payláhmbray*) f. hair.
pelar (*payláR*) tr. to cut the hair; to peel.
peldaño (*payldáhnyoh*) m. step; stair; ruhg.   [rrel.
pelea (*payláyah*) f. fight; qua-**pelear** (*paylayáR*) tr. to fight; to quarrel.   [scuffle.
pelearse (*paylayáRssay*) r. to quarrel.
pelele (*payláylay*) m. dummy. **— (de niño)**, romper.
peletería (*paylaytayréeah*) f. furriery; fur-trade.
peletero (*paylaytáyroh*) m. furrier, skin-dealer.
peliagudo (*paylyahgóodoh*) adj. (fam.) arduous, awkward.
pelícano (*payléekahnoh*) m. *Orn.* pelican.
película (*payléekoolah*) f. film.
peligrar (*payleegráR*) intr. to peril.   [peril.
peligro (*payléegroh*) m. danger;
peligroso (*payleegróhssoh*) adj. dangerous.
pelma (*pélmah*) m. pest, bore.
pelmazo (*pelmáhthoh*) m. bore(r).   [fell.
pelo (*páyloh*) m. hair; down, naked.
pelota (*paylóhtah*) f. ball, ballgame; (fig., vulg.) **en —s**, naked.
pelotazo (*paylohtáhthoh*) m. blow with a ball.
pelotilla (*paylohtéelyah*) f. pellet; (coll.) fawning.
pelotón (*paylohtón*) m. *Mil.* platon; big ball.
peluca (*paylóokah*) f. wig; peruke.   [shaggy.
peludo (*paylóodoh*) adj. hairy;
peluquería (*paylookayréeah*) f. hair-dressers's shop.
peluquero (*paylookayroh*) m. hair-dresser.   [fuzz.
pelusa (*paylóossah*) f. down, **pellejo** (*paylyáyHoh*) m. skin, rawhide.
pellizcar (*paylyéethkáR*) tr. to pinch, to tweak, to nip.
pellizco (*paylyéethkoh*) m. pinch.
pena (*páynah*) f. penalty, pain-(fulness), grief, sorrow, woe.
penal (*paynáhl*) adj. penal; m. penitentiary.   [nalty.
penalidad (*paynahleedáhd*) f. pe-**penar** (*paynáR*) intr. to grieve; tr. to chastise, to punish.
pendencia (*payndaynthyah*) f. quarrel.
pendenciero (*payndaynthyay-roh*) adj. quarrelsome.   [hang.
pender (*payndayR*) intr. to **pendiento** (*payndyentay*) f. slope; declivity m. earring; adj. hanging precipitous.
penetración (*paynaytrahthyón*) f. penetration.
penetrante (*paynaytráhntay*) adj. piercing.   [to penetrate.
penetrar (*paynaytráR*) tr. e intr. to penetrate.
península (*paynéenssoolah*) f. peninsula.   [ny.
penique (*paynéekay*) m. pen-**penitencia** (*payneetáynthyah*) f. penitence; penance.

penitenciaría (*payneetenhtyah-réeah*) f. penitentiary.
penitente (*payneetáyntay*) adj. y m. penitent.   [ful.
penoso (*paynóhssoh*) adj. painful.
pensado (*paynssahdoh*) adj. deliberate; **mal —**, ill thinking, one-track-minded.
pensamiento(*paynssahmyentoh*) m. thought.   [think.
pensar (*paynssaR*) intr. to
pensativo (*paynssateeboh*) adj. pensive, thoughtful.
pensión (*paynssyon*) f. pension; annuity; boarding-house, board; digs.   [retire.
pensionar (*paynssyohnaR*) tr. to **pensionista** (*paynssyoneestah*) s. boarder; lodger; pensioner.   [pentagon.
pentágono (*payntáhgohnoh*) m.
pentecostés (*payntaykosstayss*) m. pentecost, Whitsuntide.
penúltimo (*paynóolteemóh*) adj. penultimate, last but one.
penumbra (*paynóombrah*) f. penumbra, semi-darkness.
penuria (*paynóoryah*) f. penury, hardship.
peña (*páynyah*) f. rock; (fam.) group of friends.
peñasco (*paynyáhskoh*) m. big rock, boulder; fell; cliff.
peñascoso (*paynyahskóhssoh*) adj. rocky.
peñón (*paynyón*) m. rock.
peón (*payón*) m. (day)labourer, hand; man (in draughts), pawn (in chess).
peonaje (*paynáhHay*) m. gang of labourers, peonage.
peonza (*payónthah*) f. (whipping-)top.
peor (*payóR*) adj. y adv. worse; **el—**, the worst.   [ber.
pepino (*paypéenoh*) m. cucumber.
pepitoria (*paypeetóhryah*) f. giblet fricasseen; hodge-podge.   [smallness.
pequeñez (*paykaynyéth*) f.
pera (*páyrah*) f. pear.   [tree.
peral (*payrahl*) m. *Bot.* pear
percance (*payRkáhnthay*) m. mischance, mishap.
percatarse (*paykahtaRssay*) r. to notice.   [perception.
percepción (*payRthaypthyón*) f.
percibir (*payRtheebéeR*) tr. to perceive.   [percussion.
percusión (*payRkoossyón*) f.
percha (*páyRchah*) f. perch; pole.   [to miss.
perder (*payRdáyR*) tr. to lose;
perderse (*payRdáRssay*) r. to go astray, to get/be lost.
perdición (*payRdeethyón*) f. ruin, loss.   [damage.
pérdida (*páyRdeedah*) f. loss, **perdidamente** (*payRdeedahmén-tay*) adv. vehemently.
perdido (*payRdéedoh*) adj. lost.
perdigón (*payRdeegón*) m. *Orn.* young partridge, hail-shot, small-shot.
perdiguero (*payRdeegáyroh*) adj. y m. setter.   [tridge.
perdiz (*payRdéeth*) f. *Orn.* par-**perdón** (*payRdón*) m. pardon.
perdonar (*payRdohnáR*) tr. to pardon; to forgive.
perdonavidas (*payRdohnahbée-dahss*) m. (vulg.) bully.
perdulario (*payRdooláhryoh*) adj. perpetual.
perdurable (*payRdooráhblay*) adj. perpetual.
perdurar (*payRdooráR*) intr. to last (long).   [perish, die.
perecer (*payraythayR*) intr. to

perecerse (*payraythayRssay*) r. to desire eagerly.
peregrinación (*payraygreenah-thyon*) f. pilgrimage.
peregrinar (*payraygreenaR*) tr. to go on a pilgrimage.
peregrino (*payraygreenoh*) adj. strange; m pilgrim.
perejil (*ayrayHéel*) m. *Bot.* parsley.   [rennial.
perenne (*payraynnay*) adj. perennial.
perentoriedad (*payrayntohryay-dáhd*) f. peremptoriness.
perentorio (*payrayntohryoh*) adj. urgent.   [idleness.
pereza (*payráythah*) f. laziness;
perezoso (*payraythóhsoh*) adj. lazy, idle.   [perfection.
perfección (*payRfekthyon*) f.
perfeccionar (*payRfekthyohnaR*) tr. to perfect.
perfecto (*payRféktoh*) adj. perfect.   [dy, treachery.
perfidia (*payRféedyah*) f. perfi-**pérfido** (*payRfeedoh*) adj. perfidious.   [outline.
perfil (*payRféel*) m. profile;
perfilar (*payRfeeláR*) tr. to profile.
perforación (*payRfohrahthyón*) f. perforation; boring, drilling.
perfumar (*payRfoomáR*) tr. to perfume; to scent.
perfumería (*payRfoomayréeah*) f. perfumer's shop.
pergamino (*payRgaméenoh*) m. parchment.   [rity, skill.
pericia (*payréethyah*) f. dexte-**perifrasear** (*payreefrahsayáR*) tr. to periphrase.
perífrasis (*payréefrahseess*) f. periphrasis.
perilla (*payréelyah*) f. knob; **—, a propos.   [perimeter.
perímetro (*payréemaytroh*) m.
periódico (*payryóhdeekoh*) adj. periodical; m. newspaper, journal.   [m. journalism.
periodismo (*payryohdéessmoh*)
periodista (*payryohdéesstah*) s. journalist, newspaper-man, reporter.
período (*payréeohdoh*) m. period.   [incident.
peripecia (*payreepáythyah*) f.
peripuesto (*payreepwáystoh*) adj. (fam.) trig, spruce, elegant.   [periscope.
periscopio (*payreeskóhpyoh*) m.
perito (*payréetoh*) m. experienced m. expert; surveyor.
perjudicar (*payRHoodeekáR*) tr. to injure; to damage.
perjudicial (*payRHoodeethyál*) adj. prejudicial.
perjuicio (*payRHwéethyoh*) m. damage, harm, injury.
perjurar (*payRHooráR*) tr. to swear falsely, to perjure.
perjurio (*payRHóoryoh*) m. perjury.
perjuro (*payRHóoroh*) adj. perjured; forsworn; m. forswearer.
perla (*payRlah*) f. pearl.
permanecer (*payRmahnaynth-ayR*) intr. to persist; to stay.
permanencia (*payRmahnaynth-yah*) f. permanency.
permanente (*payRmahnéntay*) adj. permanent.
permisible (*payRmeesséeblay*) adj. permissible.
permiso (*payRméessoh*) m. permission, leave, permit.
permitir (*payRmeetéeR*) tr. to permit, lo allow.
permuta (*payRmóotah*) f. barter, exchange.

permutar *(payRmootáR)* tr. to barter.   [spike.

perno *(payRnoh)* m. pin; bolt;

pernoctar *(payRnoktáR)* intr. to pass the night.

pero *(páyroh)* conj. but; yet; except; m. defect.

perogullada *(payrohgroolyádah)* f. truism, platitude.

perpendicular *(payRpayndeekoolaR)* adj. perpendicular.

perpetuar *(payRpaytwáR)* tr. to perpetuate.

perpetuidad *(payRpaytweedáhd)* f. perpetuity.   [perpetual.

perpetuo *(payRpáytwoh)* adj.

perplejidad *(payRplayHeedáhd)* f. perplexity.   [perplexed.

perplejo *(payRpláyHoh)* adj.

perra *(payRah)* f. bitch, slut.

perrera *(payRayrah)* f. kennel.

perrería *(payRayréeah)* f. pack of dogs; mean trick.

perro *(páyRoh)* m. dog.   [like.

perruno *(payRóonoh)* adj. dog-

persecución *(payRssaykoothyón)* f. persecution.

perseguir *(payRssaygéeR)* tr. to pursue, to persecute.

perseverancia *(payRssaybayráhnthyah)* f. perseverance.

perseverar *(payRssaybayráR)* intr. to persevere, to persist.

persiana *(payRssyáhnah)* f. (Venetian) blinds.

persistencia *(payRssesténthyah)* f. persistence.

persistente *(payRsseestayntay)* adj. persistent.

persistir *(payRsseesteeR)* intr. to persist.   [son.

persona *(payRssóhnah)* f. per-

personaje *(payRssohndHay)* m. personage, character.

personal *(payRssohnáhl)* adj. personal.

personalidad *(payRssohnahleedáhd)* f. personality.

personificarse *(payRssohneefeekáRssay)* r. to report.

personificar *(payRssohneefeekáR)* tr. to personify.

perspectiva *(payRspaykteebah)* f. view.

perspicacia *(payRspeekahthyah)* f. perspicacity, acumen.

perspicaz *(payRspeekath)* adj. quick-sighted, acute.

persuadir *(payRswahdéeR)* tr. to persuade.   [persuasion.

persuasión *(payRswahssyón)* f.

persuasivo *(payRswahsséeboh)* adj. persuasive.

pertenecer *(payRtaynaythayR)* intr. to belong.

pertenencia *(payRtaynénthyah)* f. belonging.

pértiga *(payRteegah)* f. pole, rod, staff.   [obstinacy.

pertinacia *(payRteenáhthyah)* f.

pertinaz *(payRteenáhth)* adj. .obstinate.   [relevant.

pertinente *(payRteenéntay)* adj.

pertrechar *(payRtraycháR)* tr. to supply.

pertrechos *(payRtráychoss)* m. pl. supplies; equipment.

perturbación *(payRtooRbahthyón)* f. perturbation.

perturbar *(payRtooRbáR)* tr. to unsettle, to disturb.

perversidad *(payRbayRssedáhd)* f. perversity.

perversión *(payRbayRssyon)* f. perversion.

perverso *(payRbayRssoh)* adj. perverse.

pervertir *(payRbayRteeR)* tr. to corrupt.

pesa *(páyssah)* f. weight.

pesadez *(payssahdayth)* f. heaviness.   [nightmare.

pesadilla *(payssahdéelyah)* f.

pesado *(payssáhdoh)* adj. heavy; weighty.

pesadumbre *(payssahdóombray)* f. grief sorrow.   [dolence.

pésame *(páyssahmay)* m. condolence.

pesar *(payssáR)* m. sorrow, repentance; intr. to weigh, to prevail; tr. to weigh.

pesaroso *(payssahróhssoh)* adj. sorrowful, sorry.   [catch.

pesca *(paysskah)* f. fishing; fish-woman.

pescadera *(peskahdáyrah)* f. fish-market, fish-shop.

pescadería *(paysskahdayréeah)* f. fish-market, fish-shop.

pescadero *(paysskahdáyroh)* m. fishmonger.

pescado *(paysskáhdoh)* m. fish.

pescador *(paysskahdóR)* m. fisher(man), angler.   [gle.

pescar *(payskaR)* to fish, to angle.

pescuezo *(payskwaythoh)* m. neck, scruff.   [manger.

pesebre *(payssáybray)* m. crib, manger.

peseta *(payssáytah)* f. peseta, Spanish monetary unit.

pesimismo *(paysseeméessmoh)* m. pessimism.

pesimista *(paysseeméesstah)* adj. pessimistic; s. pessimist.

pésimo *(pásseemoh)* adj. very bad.

peso *(pássoh)* m. weight; load.

pesquería *(payskayreeah)* f. fishery.   [ry.

pesquisa *(payskéessah)* f. inquiry.

pestaña *(paystáhnyah)* f. eye-lash.

pestañear *(paystahnyáR)* tr. to blink.   [wink, blink.

pestañeo *(paystahnyáyoh)* m.

peste *(paystay)* f. pest; plague.

pestilencia *(paysteelaynthya)* f. pest(ilence).

pestilente *(paysteelayntay)* adj. pestilent.   [latch.

pestillo *(paystéelyoh)* m. bolt;

petaca *(paytáhkah)* f. cigar(et)case.   [tal.

pétalo *(páytahloh)* m. Bot. petal.

petardista *(paytaRdéesstah)* s. deceiver, cheat.

petardo *(paytáRdoh)* m. petard, fraud, swindle.   [tion.

petición *(payteethyón)* f. peti-

petimetre *(payteemáytray)* m. fop; beau.   [hard

pétreo *(páytrayoh)* adj. stony;

petrificar *(paytreefeekáR)* tr. to petrify.   [troleum.

petróleo *(paytróhlayoh)* m. pe-

petrolero *(paytrohláyroh)* m. oil-tanker.   [petulance.

petulancia *(paytoohláhnthyah)* f.

petulante *(paytoohláhntay)* adj. petulant.

pez *(payth)* m. fish; pitch, tar.

pezón *(paythón)* m. nipple, teat.

piadoso *(pyadóhssoh)* adj. pious.

piano *(pyáhnoh)* f. piano-forte. — de cola, grand piano.

piar *(pyaR)* intr. to chirp, to whine.

pica *(péekah)* f. bullfighter's goad; pike.   [peak.

picacho *(peekáhchoh)* m. top, prickel.

picada *(peekáhdah)* f. puncture.   [ing-shool.

picadero *(peekahdáyroh)* m. riding-school.

picadillo *(peekahdéelyoh)* m. minced meat.

picado *(peekáhdoh)* adj. pricked, cross; m. minced meat; (aviation) (nose-)dive.

picador *(peekahdóR)* m. (bullfight) picador.

picadura *(peekahdóorah)* f. pricking. cut tobacco.

picante *(peekáhntay)* adj. stinging; hot; m. spice(ry).

picapedrero *(peekahpaydráyroh)* m. stone-cutter.

picaporte *(peekahpóRtay)* m. doorknocker.

picar *(peekáR)* tr. to prick; to sting; to puncture, to mince, to goad, to incite.

picarse *(peekáRssay)* r. to take offense at.   [very; roguery.

picardía *(peekaRdéeah)* f. knavery.

picaresco *(peekaréskoh)* adj. roguish.

pícaro *(péekaroh)* adj. knavish; roguish; sly; m. rogue.

picatoste *(peekatóstay)* m. buttered) toast.

picazón *(peekathon)* f. itch(ing), tingle.   [peak.

pico *(péekoh)* m. Orn. beak;

picota *(peekóhtah)* f. pillory.

picotear *(peekotoyáR)* tr. to peck.   [pictorial.

pictórico *(peektohreekoh)* adj.

pichón *(peechón)* m. young pigeon.

pie *(pyay)* m. foot; base.

piedad *(pyaydáhd)* f. mercy, piety.

piedra *(pyáydrah)* f. stone.

piel *(pyel)* skin, hide; peel.

pienso *(pyénssoh)* m. feed; fodder.

pierna *(pyéRnah)* f. leg; limb.

pieza *(pyéthah)* f. piece; room.

pifia *(péefyah)* f. miscue, mishit; blunder.

pifiar *(peefyáR)* tr. to miscue.

pigmeo *(peekmáyoh)* adj. dwarfish; m. pigmy.   [mas.

pijama *(peeHáhmah)* m. pyjama

pila *(péelah)* f. trough, pile, heap. Elect. pile, battery.

pilar *(peeláR)* m. pillar.   [ter.

pilastra *(peeláhstrah)* f. pilastre.

píldora *(péeldorah)* f. pill.

pilotaje *(peelohtáhHay)* m. Naut. pilotage.

piloto *(peelóhtoh)* m. pilot.

pillaje *(peelyáhHay)* m. pillage, plunder.

pillar *(peelyáR)* tr. to plunder.

pillo *(péelyoh)* adj. knavish; m. knave.

pimentón *(preemayntóhn)* m. ground pepper, paprika.

pimienta *(peemyéntah)* f. Bot. pepper.

pimiento *(peemyéntoh)* m. Bot. capsicum; red-peppers.

pimpinela *(peempeenáylah)* f. Bot. pimpernel.   [sprout.

pimpollo *(peempóhlyoh)* m. Bot.

pinar *(peenáR)* m. pine-forest.

pincel *(peenthayl)* m. paint-brush.

pincelada *(peenthayláhdah)* f. stroke (with a brush).

pinchar *(peencháR)* tr. to prik to puncture.

pinchazo *(peencháhthoh)* m. puncture. Med. jab.

pinche *(péenchay)* m. scullion; kitchen-boy.

pincho *(péenchoh)* m. thorn, prickel.   [tatter.

pingajo *(peengáhHoh)* m. rag;

pingüe *(péengway)* adj. fat; greasy, plentiful.

pino *(péenoh)* m. Bot. pine-tree, fir.

pinta *(péentah)* f. spot, appearance; (coll.) looks.

pintado *(peentáhdoh)* adj. painted, just fit; recién —, wet paint.

pintar *(peentáR)* tr. to paint.

pintarse *(peentáRssay)* r. to rouge, to make oneself up.

pintor *(peentóR)* m. painter; — de brocha gorda, house painter.   [tress.

pintora *(peentóhrah)* f. painter

pintoresco *(peentohrayskoh)* adj. picturesque.   [ing paint.

pintura *(peentóohrah)* f. painting.

pinza *(péenhah)* f. damp, clip, nipper; pl. tongs, pliers.

piña *(péenyah)* f. pine-cone; cluster; — (tropical), pineapple.   [Mech. pinion.

piñón *(peenyón)* m. pinekernel.

pío *(péeoh)* adj. pious; devout.

piojo *(pyóhHoh)* m. louse.

piojoso *(pyohHóhssoh)* adj. lousy mean.   [hea.

piorrea *(pyohRáyah)* f. pyorrhea.

pipa *(péepah)* f. tobacco-pipe.

piqueta *(peekáytah)* f. mattock.

pira *(péerah)* f. pyre; stake.

piragua *(peerágwah)* f. pirogue dugout, (log-)canoe. [ramid.

pirámide *(peeráhmeeday)* f. pyramid.

pirata *(peeráhtah)* m. y f. pirate.

piratear *(peerahtayáR)* intr. to pirate.   [racy.

piratería *(peerahtayréeah)* f. piracy.

pirenaico *(peeraynáh/eekoh)* adj. Pyrenean.

piropear *(peerohpayaR)* tr. to say compliments.

piropo *(peeróhpoh)* m. compliment, flattery.

pirotecnia *(peerohtéknyah)* f. pyrotechnics.

pirueta *(peerwáytah)* f. pirouette, summersault.

pisada *(peessáhdah)* f. footstep; footprint.

pisar *(peessáR)* tr. to tread.

piscina *(peestheenah)* f. swimming-pool; baths.

piso *(péessoh)* m. floor; flat.

pisotear *(peessohtayáR)* tr. to trample on.   [pling.

pisoteo *(peessohtáy/oh)* m.

pista *(péestah)* r. track; footprint; scent; trail; trace.

pistola *(peestóhlah)* f. pistol, gun.   [ter.

pistolera *(peestohláyrah)* f. holster.

pistolero *(peestohláyroh)* m. gunman, gangster.

pistón *(peestón)* m. piston.

pitar *(peetáR)* intr. to blow a whistle; (coll.) to work.

pitillo *(peetéelyoh)* m. cigarette, fag.   [cate-call.

pito *(péetoh)* m. fife, whistle;

pitillera *(peeteelyáyrah)* f. cigarette-case.

pitonisa *(peetohneessah)* f. pythoness; fortune-teller.

pizarra *(peetháRah)* f. slate; blackboard.   [jot.

pizca *(péethkah)* f. mite; crumb;

pizpireta *(peethpeeráytah)* adj. y f. brisk, lively, smart.

placa *(pláhkah)* f. plaque, plate.   [gratulation.

pláceme *(pláhthaymay)* m. con-

placentero *(plahthayntayroh)* adj. pleasant.

placer *(plahtháR)* m. pleasure; delight; tr. to please.

placidez *(plahtheedayth)* f. placidity.   [cid; calm.

plácido *(pláhtheedoh)* adj. pla-

plaga *(plahgah)* f. plague; pest.

plagar *(plahgáR)* tr. to plague, to infest, to pester.

plagiar *(plchHyáR)* tr. to plagiarize.

plagio *(pláhHyoh)* m. plagiarism.

plan *(plahn)* m. plan, project, scheme.

plana *(pláhnah)* f. page, plain.

158 plancha *(pláhnchah)* f. plate, sheet, ((flat) iron; (coll.) blunder.

planchar *(plahncháR)* tr. to iron, (linen), to press. [net.

planeta *(plahnáytah)* m. pla-

planetario *(plahnaytáhryoh)* m. planetarium.

planicie *(plahnéethyay)* f. plain.

plano *(pláhnoh)* adj. plain; m. plane.

planta *(pláhntah)* f. plan; plantation; sole of the foot; — **baja,** ground floor.

plantación *(plahntahthyón)* f. plantation, planting.

plantar *(plahntáR)* tr. to plant.

plantarse *(plahntáRssay)* r. to stand upright; to put one's foot down. (coll.)

planteamiento *(plahntayahmyáyntoh)* m. planning.

plantear *(plahntayáR)* tr. to plan.

plantel *(plahntayl)* f. seed-plot.

plantilla *(plahntéelyah)* f. pattern; first sole. *Com.* staff.

plantón *(plahntón)* m. sprout; (coll.) long wait. [mould.

plasmar *(plahssmáR)* tr. to

plata *(pláhtah)* f. silver.

plataforma *(plahtahfóRmah)* f. platform.

plátano *(pláhtahnoh)* m. *Bot.* plane-tree. plantáin-tree banana. [chestra -pit, stall.

platea *(plahtáyah)* f. *Theat.* or-

plateado *(plahtayáhdoh)* adj. y m. silver-plated.

platear *(plahtayáR)* tr. to plate.

platería *(plahtayréeah)* f. silversmith's shop. [smith.

platero *(plahtáyroh)* m. silver-

plática *(pláhteekah)* f. talk, chat. [talk, to chat.

platicar *(plahteekáR)* tr. to

platillo *(plahtéelyoh)* m. saucer; balance-pan.

plato *(pláhtoh)* m. plate, dish, course (of meal).

playa *(pláhyah)* f. beach, shore.

plaza *(pláhthah)* f. square, place, market; (post.) town.

plazo *(pláhthoh)* m. term, time, respite, instalment.

pleamar *(playahmáR)* f. high water. [ple, plebs, mob.

plebe *(pláybay)* f. common people.

plebeyo *(playbáyyoh)* adj. plebeian; m. commoner.

plegable *(playgáhblay)* adj. foldable. [pliable, folding.

plegadizo *(playgahdéehtoh)* adj.

plegar *(playgáR)* tr. to fold.

plegaria *(playgáhryah)* f. prayer.

pleitear *(playtayáR)* tr. to plead, to litigate, (legal).

pleito *(pláytoh)* m. (law)suit, case. [nary.

plenario *(playnáhryoh)* adj. ple-

plenilunio *(playneelóonyoh)* m. full moon.

plenipotenciario *(playneepohtenthyáhryoh)* adj. y f. plenipotentiary.

plenitud *(playnetóod)* f. plenitude, fullness. [plenum.

pleno *(pláynoh)* adj. full; m.

pliego *(plyegoh)* m. sheet of paper, folded paper.

pliegue *(plyegay)* m. fold, plait.

plomada f. plumb(-line) sounding-lead, sinker lead; dull person. [me; pen.

pluma *(plóomah)* f. feather; plu-

plumaje *(ploomáhHay)* m. plumage.

plumífero *(plooméefayroh)* m. (poet.) feathered; m. (coll.) writer, clerk.

plumoso *(ploomóhssoh)* adj. feathery.

plural *(plooráhl)* adj. *Gram.* plural. [plurality.

pluralidad *(ploorahleedáhd)* f.

plus *(ploos)* m. extra pay, plus.

población *(pohblahthyón)* f. population; town. [populate.

poblar *(pohbláR)* tr. to people,

pobre *(póhbray)* adj. poor.

pobreza *(pohbráythah)* f. poverty, want, need. [sty.

pocilga *(pohthéelgah)* f. (pig-)

poco *(póhkoh)* adj. little; (pl.) few. m. a little; adv. little.

poda *(póhdah)* f. pruning; (season). [pruning-knife.

podadera *(pohdahdáyrah)* f.

podar *(pohdáR)* tr. to prune, to trim.

poder *(pohdáyR)* m. power; might; tr. to be able.

poderío *(pohdayréeoh)* m. power.

poderoso *(pohdayróhssoh)* adj. powerful; potent, mighty.

podredumbre *(pohdraydóombray)* f. corruption, putrid matter, rot.

poema *(poh/aymah)* m. poem.

poesía *(poh/aysséeah)* f. poetry, poesy; poem.

poeta *(poh/áytah)* s. poet.

poetastro *(poh/aytáhstroh)* m. poetaster.

poética *(poh/áyteekah)* f. poetry; poetics. [poetical).

poetisa *(poh/aytéessah)* f. poetess. [poetize.

poetizar *(poh/ayteetháR)* tr. to

polaco *(pohláhkoh)* adj. Polish; m. Pole. [ging.

polaina *(pohláh/eena)* f. legging.

polar *(pohláR)* adj. polar.

polea *(pohláyah)* f. pulley.

polémica *(pohláymeekah)* f. polemics, topic. [polemic(al).

polémico *(pohláymeekoh)* adj.

polen *(póhlen)* m. *Bot.* pollen.

policía *(pohleethéeah)* f. police; cleanliness, police woman; m. policeman.

policíaco *(pohleethéeahkoh)* adj. police, detective (story). [polychrome.

policromo *(pohléekrohmoh)* adj.

poligamia *(pohleegahméeah)* f. poligamy. [polygamist.

polígamo *(pohléegahmoh)* m.

políglota *(pohleeglohtah)* adj. polyglot. [lygon.

polígono *(pohléegonoh)* m. po-

polilla *(pohléelyah)* f. moth.

politeísmo *(pohleetayéessmoh)* m. polytheism.

politeísta *(pohleetayéesstah)* s. polytheist. [tics; policy.

política *(pohléeteekah)* f. politics.

político *(pohléeteekoh)* adj. politic(al) «in law», civil, m. politician, statesman.

póliza *(póhleethah)* f. *Com.* policy check, tax stamp.

polizón *(pohleethón)* m. stowaway. [sis, polo (game).

polo *(póhloh)* m. pole; (fig.) ba-

polvareda *(polbahráydah)* f. cloud of dust.

polvo *(pólboh)* m. dust powder; pl. toilet powder.

polvoriento *(polbohryéntoh)* adj. dusty. [der magazine.

polvorín *(polbohréen)* m. pow-

polla *(póhlyah)* f. pullet, young hen; (coll.) lass.

pollería *(pohlyayréeah)* f. poultry-shoo. [key.

pollino *(pohlyéenoh)* m. don-

pollo *(póhlyoh)* m. chicken; (coll.) [chick-(en).

polluelo *(pohlywayloh)* m.

pomada *(pohmáhdah)* f. pomade, ointment. [fruit.

pomelo *(pohmáyloh)* m. grape-

pomo *(póhmoh)* m. pome, pommel; — **de puerta** door knob.

pompa *(pómpah)* s. pomp; vanity; bubble; pageantry.

pomposo *(pompóhssoh)* adj. pompous; (coll.) swelled.

ponche *(pónchay)* m. punch.

ponchera *(poncháyrah)* f. punch-bowl.

ponderación *(pondayrahthyón)* f. weighing, pondering.

ponderar *(pondayráR)* tr. to ponder, to weight (in one's head).

ponedero *(pohnaydáyroh)* adj. egg-laying, layer (hen); m. hen's nest.

poner *(pohnayR)* tr. to lay (eggs); to set to put place.

ponerse *(pohnáyRssay)* r. to apply oneself to, to put on, to get. [(wind).

poniente *(pohnyéntay)* m. west.

pontificado *(ponteefeekáhdoh)* m. pontificate.

pontifical *(ponteefeekáhl)* adj. pontifical. [pontiff.

pontífice *(pontéefeethay)* m.

pontificio *(ponteeféethyoh)* adj. pontifical.

pontón *(pontón)* m. pontoon.

ponzoña *(ponthóhnyah)* f. poison, venom.

ponzoñoso *(ponthohnyóhssoh)* adj. poisonous, venomous.

popa *(póhpah)* f. *Naut.* poop; stern; a —, aft, abaft.

populacho *(pohpooláhchoh)* m. populace: mob. [pular.

popular *(pohpooláR)* adj. po-

popularidad *(pohpoolahreedáhd)* f. popularity.

popularizar *(pohpoolahreetháR)* tr. to popularize. [tle, bit.

poquito *(pohkéetoh)* m. a lit-

por *(poR)* prep. by, through, for, across, about, at.

porcelana *(poRthayláhnnah)* f. porcelain.

porcentaje *(poRthayntahHay)* m. percentage. [portion.

porción *(poRhyón)* f. part;

porche *(póRchay)* m. porch, arcade. [m. beggar.

pordiosero *(poRdyohssáyroh)*

porfía *(poRféeah)* f. stubbornness. [obstinate.

porfiado *(poRfeeáhdoh)* adj.

porfiar *(poRfeeáR)* tr. to persist. [ry; jaspor.

pórfido *(póRfeedoh)* m. prophy-

pormenor *(poRmaynóR)* m. detail; item; pl. details.

pornografía *(poRnohgrahféeeah)* f. pornograph(y).

pornográfico *(poRnohgráhfeekoh)* adj. pornographic.

poro *(póhroh)* m. pore.

porosidad *(pohrohsseedáhd)* f. porosity. [rous.

poroso *(pohróhssoh)* adj. po-

porque *(póRkay)* conj. because.

porqué *(poRkáy)* m. (fam.) the why. [filth.

porquería *(poRkayRéeah)* f.

porqueriza *(poRkayréethah)* f. hog-sty, pig-sty.

porra *(póhRah)* f. club, truncheon. [(coll.) a lot.

porrada *(pohRáhdah)* f. blow;

porraza *(pohRáhthoh)* f. blow, bang. [stupid.

porro *(póhRoh)* m. leek; dull,

porrón *(pohRón)* m. wine flask (with a long spout).

portada *(poRtáhdah)* f. portal; title-page.

portador *(poRtahdóR)* m. carrier. *Com.* bearer.

portal *(poRtáhl)* m. porch; front-door, entrance.

portalámparas *(poRtahláhmpahrahss)* m. lamp-holder.

portamonedas *(poRtahmohnáydahss)* m. purse.

portar *(poRtáR)* tr. to carry.

portarse *(poRtáRssay)* r. to behave. [table.

portátil *(poRtáhteel)* adj. portable.

portavoz *(poRtahbóth)* m. spokesman. [(with a door).

portazo *(poRtáhthoh)* m. slam

porte *(póRtay)* m. (cost of) carriage; freight deportment.

portento *(poRtayntoh)* m. portent.

portentoso *(poRtayntohssoh)* adj. prodigious.

portería *(poRtayréeah)* f. porter's lodge, goal (in football).

portero *(poRtáyroh)* m. doorkeeper, gate-keeper.

portezuela *(poRtaythwáylah)* f. little door.

pórtico *(póRteekoh)* m. portico.

portorriqueño *(poRtohReekáynyoh)* adj. Porto Rican.

porvenir *(poRbaynéeR)* m. (fam.) future.

pos *(poss)* adv. en —, alter.

posada *(pohssáhdah)* f. inn, lodging-house, guest-house.

posadera *(pohssahdáyrah)* f. hostess, landlady.

posaderas *(pohssahdáyrahss)* f pl. buttocks.

posadero *(pohssahdáyroh)* m. innkeeper, landlord.

posar *(pohssáR)* tr. to lay down, a burden; intr. to lodge, to rest. [alight upon.

posarse *(pohssáRssay)* r. to

posdata *(possdáhtah)* f. postscript. [ner.

poseedor *(pohssaydóR)* m. ow-

poseer *(pohssay:áyiR)* tr. to possess; to own. [possessed.

poseído *(pohssayéedoh)* adj.

posesión *(pohssayssyón)* f. possession, ownership.

posesivo *(pohssaysséeboh)* adj. possessive.

posibilidad *(pohsseebeeleedáhd)* f. possibility, likelihood.

posibilitar *(pohsseebeeleetáR)* tr. to make possible, to facilitate.

posible *(pohsséeblay)* adj. possible, likeable, feasible.

posición *(pohsseethyón)* f. position, situation

positivo *(pohsseetéeboh)* adj. positive, sure. [dregs.

poso *(póhssoh)* m. sediment;

posponer *(pospohnayR)* tr. to postpone, to put off.

postal *(postáhl)* adj. postal; f. postcard.

poste *(póstay)* m. post, pillar.

postergar *(postayRgaR)* tr. to postpone. [posterity.

posteridad *(postayreedáhd)* f.

posterior *(postayróR)* adj. posterior. [ket.

postigo *(postéegoh)* m. wic-

postín *(postéen)* m. (coll.) dash; **de** —, showy, posh.

postizo *(postéethoh)* adj. artificial, sham; m. switch.

postración *(postrahthyón)* f. postration.

postrar *(postráR)* tr. to postrate, to humble.

postre *(póstray)* m. dessert.

postrero *(postráyroh)* adj. hindermost.

postulación *(postoolahthyón)* f. postulation, collection.

postulado *(postooláhdoh)* m. postulate.

postular *(postooláR)* tr. to postulate. [humous.

póstumo *(póstoomoh)* adj. post-

postura *(postóorah)* f. position, stake in betting), laying.

potage *(pohtáhHay)* m. pottage, mixture; pl. vegetables.

potable *(pohtáhblay)* adj. potable, drinkable.

pote *(póhtay)* m. pot, jar.

potencia *(pohtáynthya)* f. power, misht. [potentate.

potentado *(pohtayntáhdoh)* m.

potente *(pohtáyntay)* adj. potent; mighty.

potestad *(pohtaystáhd)* f. power; jurisdiction.

potestativo *(pohtaystahteeboh)* adj. facultive, optional.

potranca *(pohtráhnkah)* f. young mare, filly. [rack.

potro *(pohtroh)* m. colt; foal;

pozo *(póhthoh)* m. well; pit.

práctica *(práhkteekah)* f. practice.

practicante *(prahkteekáhntay)* adj. practising; m. doctor's assistant, distrid-nurse.

practicar *(prahkteekáR)* tr. to practise, to drill.

práctico *(práhkteekoh)* adj. practical, skilful; m. *Naut.* pilot.

pradera *(prahdáyrah)* f. prairie.

prado *(práhdoh)* m. meadow.

preámbulo *(prayáhmbooloh)* m. preamble. [bend.

prebenda *(praybéndah)* f. prebend. precario *(praykáhryoh)* adj. precarious.

precaución *(praykah/oothyón)* f. (pre)caution, heedfulness, care. [provide for.

precaver *(praykahbayR)* tr. to

precaverse *(praykahbayRssay)* r. to be on one's guard.

precedencia *(praythaydénthyah)* f. precedence.

precedente *(praythaydéntay)* adj. y m. precedent.

preceder *(praythaydayR)* tr. to precede, to before/in front.

preceptivo *(praytheptéeboh)* adj. preceptive. [cept.

precepto *(praythéptoh)* m. pre-

preceptor *(praytheptoR)* s. master; preceptor. [yers.

preces *(práythess)* f. pl. pra-

preciado *(praythyáddoh)* adj. valued, esteemed. [lue.

preciar *(praythyáR)* tr. to va-

preciarse *(praytháRssay)* r. to boast, to claim to be/have.

precintar *(praytheentáR)* tr. to strap, to seal.

precio *(práythyoh)* m. price; cost.

preciosidad *(praythyohsseedáhd)* f. preciousness.

precioso *(praythyóhssoh)* adj. precious, pretty.

precipicio *(praytheepéethyoh)* m. precipice.

precipitación *(praytheepeetahthyón)* f. precipitation; hurry, haste.

precipitado *(praytheepeetáhdoh)* adj. sudden, hasty.

precipitar *(praytheepeetáR)* tr. to precipitate, to plunge.

precipitarse *(praytheepeetáRssay)* r. to haste, to rush.

precisar *(praytheessáR)* tr. to specify.

precisión *(praytheessyón)* f. necessity, preciseness, accuracy. [cessary, accurate.

preciso *(praythéessoh)* adj. ne-

precitado *(praytheetáhdoh)* adj. aforesaid, quoted above.

preclaro *(praykláhroh)* adj. illustrious. [f. precocity.

precocidad *(praykohtheedáhd)*

preconizar *(praykohneethaR)* tr. to preconize, to proclaim.

precoz *(praykóth)* adj. precocious.

precusor *(praykooRssóR)* m. harbinger, precursor, pioneer. [m. predecessor.

predecesor *(praydaytháyssoR)*

predecir *(praydaythée R)* tr. to foretell.

predestinación *(praydesteenahthyón)* f. predestination.

predestinado *(praydesteenáhdoh)* m. predestinate, foredoomed.

predestinar *(praydesteenáR)* tr. to predestin(at)e.

predicación *(praydeekahthyón)* f. preaching; sermon.

predicador *(praydeekahdóR)* m. preacher. [preach.

predicar *(praydeekáR)* tr. to

predicción *(praydeekthyón)* f. prediction. [predilection.

predilección *(praydeelekthyon)*

predilecto *(praydeeléktoh)* adj. favourite, preferred.

predisponer *(praydeespohnáyR)* tr. to predispose.

predisposición *(praydeespohsseethyón)* f. predisposition.

predominar *(praydohmeenáR)* tr. to predominate.

predominio *(praydohméenyoh)* m. predominance, superiority.

preexistir *(prayaykseesstteeR)* intr. to preexist. [face.

prefacio *(prayfáhthyoh)* m. preface. [prefixHoh)* m. Gram.

prefecto *(prayféktoh)* m. prefect.

preferencia *(prayfayrénthyah)* f. preference; choice.

preferible *(prayfayréeblay)* adj. preferable.

preferir *(prayfayréeR)* tr. to prefer, to choose. [prefix.

prefijo *(prayféeHoh)* m. Gram.

pregón *(praygón)* m. publication. [proclaim.

pregonar *(praygohnáR)* tr. to

pregunta *(praygóontah)* f. question; query. [ask, to query.

preguntar *(praygoontáR)* tr. to

prejuicio *(prayHwéethyoh)* m. prejudgment, bias, prejudice. [prejudge.

prejuzgar *(prayHoothgáR)* tr. to

prelado *(prayláhdoh)* m. prelate. [preliminary.

preliminar *(prayleemeenáR)* adj.

preludio *(prayloodyoh)* m. prelude.

prematuro *(praymahtóoroh)* adj. premature; precocious.

premeditación *(praymaydeetahthyón)* f. premeditation; forethought.

premeditar *(praymaydeetáR)* tr. to premeditate. [ward.

premiar *(praymyáR)* tr. to reward.

premio *(práymyoh)* m. reward, prize.

premioso *(praymyóhssoh)* adj. tight, close, burdensome, urgent.

premisa *(praymées soah)* f. premise; mark.

premura *(praymóorah)* f. urgency.

prenda *(préndah)* f. pledge; token, pawn; garment; pl. endowments.

prendar *(prendáR)* tr. to pledge, to pawn; to charm.

prendarse *(prendáRssay)* r. to take a fancy to.

prender *(prendayR)* tr. to seize, to pin; to arrest.

prendería *(prendayréeah)* f. frippery.

prendimiento *(prendeemyéntoh)* m. seizure, capture.

prensa *(prénssah)* f. press, (daily) press, journalism.

prensar *(prenssáR)* to press, to crush.

preñada *(praynyáhdah)* adj. y f. pregnant, enceinte; full; (coll.) in the family way.

preñado *(praynyáhdoh)* adj. full.

preocupación *(prayohkoopahthyón)* f. preocupation, worry.

preocupar *(prayohkoopaR)* tr. to preoccupy, to worry.

preparación *(praypahrahthyón)* f. preparation.

preparar *(praypahráR)* tr. to prepare, to arrange; to get something ready.

prepararse *(praypahráRssay)* r. to get ready.

preparativo *(praypahrahtéeboh)* m. preparation, arrangement.

preparatorio *(praypahrahtohryoh)* adj. preparatory, introductory.

preponderancia *(prayponderáhnthyah)* f. preponderance.

preponderar *(praypondayráR)* intr. to prevail.

preposición *(praypossithyón)* f. Gram. preposition.

prerrogativa *(prayRogahtéebah)* f. prerrogative; privilege.

presa *(práyssah)* f. catch; hold- (wrest.) dam.

presagiar *(prayssahHyáR)* tr. to prophesy, to augur.

presagio *(prayssáhHyoh)* m. presage, omen, augury.

presbiteriano *(pressbeetayryáhnoh)* adj. y m. Presbyterian.

presbítero *(pressbéetayroh)* m. presbyter; priest.

prescindir *(presstheendéeR)* tr. to leave aside, to do without.

prescribir *(preskreebéeR)* tr. to prescribe; intr. to lapse.

prescripción *(preskreepthyón)* f. prescription.

presencia *(prayssénthyah)* f. presence, port.

presenciar *(prayssenthyáR)* intr. to witness, to watch.

presentar *(prayssentáR)* tr. to present, to submit.

presente *(praysséntay)* m. grift-gift; present; adj. present, instant.

presentimiento *(prayssenteemyéntoh)* m. presentiment, misgiving.

presentir *(prayssentéeR)* tr. to have a presentiment of.

preservación *(prayssayRbahthyón)* f. preservation.

preservar *(prayssayRbahR)* tr. to preserve.

preservativo *(prayssayRbahtéeboh)* m. y adj. preservative, protective.

f. presidentship; presidency, chairmanship.

presidente *(prayseedéntay)* m. president, chairman.

presidiario *(praysseedyáhryoh)* m. convict.

presidio *(praysséedyoh)* m. penitentiary, garrison, fortress.

presidir *(praysseedéeR)* tr. to preside (over).

presión *(prayssyón)* f. pressure.

preso *(práyssoh)* m. prisoner; adj. imprisoned.

prestación *(prestahthyón)* f. lending, loan; contribution.

prestamista *(prestahméestah)* s. (money-) lender, pawn-broker. [loan.

préstamo *(préstamoh)* m. loan;

prestar *(prestáR)* tr. to lend; to loan.

prestarse *(prestáRssay)* r. to offer or lend oneself.

presteza *(prestáythah)* f. quickness.

prestidigitación *(presteedeeHeetahthyón)* f. juggling.

prestidigitador *(presteedeeHeetahdóR)* m. juggler. [tige.

prestigio *(prestéeHyoh)* m. prestige.

prestigioso *(presteeHyóhssoh)* adj. famous, eminent.

presto *(prestoh)* adj. quick, swift; adv. soom, promptly.

presumido *(prayssooméédoh)* adj. conceited.

presumir *(prayssoomééR)* to presume; intr. to show off.

presunción *(prayssoonthyón)* f. presumption, vanity.

presunto *(prayssóontoh)* adj. presumed, apparent.

presuponer *(prayssooponayR)* tr. to presuppose.

presupuesto *(prayssoopwáystoh)* m. motive; budget; estimate.

presuroso *(prayssooróhssoh)* adj. hasty, quick.

pretender *(praytendayR)* tr. to pretend, to claim.

pretendiente *(praytendyéntay)* m. candidate, suitor.

pretensión *(praytenssyón)* f. pretension; claim. [text.

pretexto *(praytékstoh)* m. pre-

prevalecer *(praybaylaythayR)* intr. to prevail; to outshine.

prevención *(praybenthyón)* f. prevention, caution.

prevenido *(praybaynédoh)* adj. cautious, careful, provident.

prevenir *(praybaynéeR)* tr. to (pre)arrange, to (fore)warn, to caution. [preventive.

preventivo *(praybentéeboh)* adj.

prever *(praybayR)* tr. to foresee. [vious.

previo *(práybyoh)* adj. previsión *(praybeessyón)* f. foresight. [reseer.

previsor *(praybeessóR)* m. foresed.

prieto *(pryáytoh)* adj. compressed.

prima *(préemah)* f. premium, (rel.) cousin. materia —, raw material.

primacía *(premahtéeah)* f. primacy, priority. [primary.

primario *(preemáhryoh)* adj. primavera *(preemahbáyrah)* s. spring(time).

primaveral *(preemahbayráhl)* adj. spring(like).

primer *(preemayR)* adj. first.

160 **primero** *(preemáyroh)* adj. first; adv. at fisrt.   [primitive.
primitivo *(preemeetéeboh)* adj.
primo *(préemoh)* adj. first; m. cousin; (coll.) simpleton.
primor *(preemóR)* m. beauty, dexterity.   [primordial.
primordial *(preemoRdyáhl)* adj.
primoroso *(preemohróhssoh)* adj. fine.   [cess.
princesa *(preentháyssah)* f. prin-
principado *(preentheepahdoh)* m. princedom; principality.
principal *(preentheepahl)* adj. principal, main, chief; m. first floor; chief.
príncipe *(préentheepay)* m. prince.   [adj. princely.
principesco *(preentheepéskoh)*
principiante *(preentheepyáhntay)* m. learner; beginner.
principiar *(preentheepyáR)* tr. to commence; to begin, to start.
principio *(preenthéepyoh)* m. beginning; start.
pringar *(preengáR)* tr. to baste; to grease.
pringoso *(preengóhssoh)* adj. greasy; (coll.) grimy.
prior *(pryóR)* m. prior.
priora *(pryoRah)* f. prioress.
prioridad *(pryohreedáhd)* f. priority.   [rush.
prisa *(préessah)* f. haste, hurry.
prisión *(preessyón)* f. prison jail.   [prisoner.
prisionero *(preessyohnáyroh)* m.
privación *(preebahthyón)* f. privation.
privado *(preebáhdoh)* adj. private; privy; m. favourite.
privar *(preebáR)* tr. to deprive; intr. to rule.   [privative.
privativo *(preebahtéeboh)* adj.
privilegiado *(preebeelayHyádoh)* adj. grifted.
privilegiar *(preebeelayHyáR)* tr. to (grant a) privilege.
privilegio *(preebeeláyHyo)* m. privilege.
pro *(proh)* m. profit; benefit; en —, for the benefit of, favour of.   [prow, stem.
proa *(próh/ah)* f. Naut. bow,
probabilidad *(prohbahbeeleedáhd)* f. probability; likelihood.
probable *(prohbáhblay)* adj. probable; likely.
probadura *(prohbahdóorah)* f. test; trial; fitting.
probar *(prohbáR)* tr. to try, to prove, (tail-) to fit; to taste.
problema *(prohbláymah)* m. problem.
problemático *(prohblaymáhtekoh)* adj. problematic(al).
procacidad *(prohkahtheedáhd)* f. impudence, petulance.
procaz *(prohkáth)* adj. impudent, insolent, saucy.
procedencia *(prohthaydénthyah)* f. origin.
proceder *(prohthaydayR)* m. behaviour; intr. to proceed, to behave.
procedimiento *(prohthaydeemyéntoh)* m. procedure, method.   [adj. prosecuted.
procesado *(prohthayssáhdoh)*
procesal *(prohthayssáhl)* adj. processal.   [process.
procesar *(prohthayssáR)* tr. to
procesión *(prohthayssyón)* f. procession.
proceso *(prohtháyssoh)* m. progress. Law. process, case, trial.

proclama *(prohkláhmah)* f. proclamation.
proclamar *(prohklahmáR)* tr. to proclaim.
procreación *(prohkrayahthyón)* f. procreation; generation.
procrear *(prohkraydR)* f. procreate.   [of attorney.
procura *(prohkóorah)* f. power
procurador *(prohkoorahdóR)* m. (law) attorney-at-law, solícitor.   [solicit; to try.
procurar *(prohkoorúR)* tr. to
prodigalidad *(prohdeegahleedáhd)* f. prodigality.   [vish.
prodigar *(prohdeegáR)* tr. to lavish.
prodigio *(prohdééHyoh)* m. prodigy; wonder. marvel.
prodigioso *(prohdeeHyóhssoh)* adj. prodigious; marvellous.
pródigo *(próhdeegoh)* adj. prodigal, wasteful; generous.
producción *(prohdookthyón)* f. product-(ion), output.
producir *(prohdooktheéR)* tr. to produce.   [adj. productive.
productivo *(prohdooktéeboh)* adj.
producto *(prohdóoktoh)* m. product, output.   [wess.
proeza *(proh/áythah)* f. prowess.
profanación *(prohfahnahthyón)* f. profanation.   [profane.
profanar *(prohfahnáR)* tr. to
profano *(prohfáhnoh)* adj. profane; lay.
profecía *(prohfaythéeah)* f. prophecy, prediction.
proferir *(prohfayréeR)* tr. to utter, pronounce.   [profess.
profesar *(prohfayssáR)* tr. to
profesión *(prohfayssyón)* f. profession; trade.
profeso *(prohfáyssoh)* adj. professed.   [cher, professor.
profesor *(prohfayssóR)* m. teacher.
profeta *(prohfáytah)* s. prophet.
profético *(prohfáyteekoh)* adj. prophetic(al).
profetizar *(prohfayteetháR)* tr. to prophesy; to foretell.
profiláctico *(prohfeeláhkteekoh)* adj. prophilactic; preventive.
prófugo *(próhfoogoh)* adj. fugitive. Mil. shirker.
profundidad *(prohfoondeedáhd)* f. profundity; depth.
profundizar *(prohfoondeetháR)* tr. to deepen.   [deep.
profundo *(prohfóondoh)* adj.
profusión *(prohfoossyón)* f. profusion.   [geny.
progenie *(prohHáynyay)* f. pro-
progenitor *(prohHayneetóR)* m. progenitor, forefather, ancestor.
programa *(prohgráhmah)* m. program(me), scheme.
progresar *(prohgrayssáR)* intr. to progress, to advance, to get on.
progresión *(prohgrayssyón)* f. progression, progress, advancement.   [adj. progressive.
progresivo *(prohgraysséeboh)*
progreso *(prohgráyssoh)* m. progress, growth.
prohibición *(proh/eebeethyón)* f. prohibition; veto, ban.
prohibir *(proh/eebéeR)* tr. to prohibit, to forbid, to ban.
prójimo *(prohHeemoh)* m. fellow-creature; neighbour.
prole *(próh/lay)* f. issue; offspring.   [adj. proletarian.
proletario *(proh/laytáhryoh)*
prolífico *(proléefeekoh)* adj. prolific, productive.
prolijo *(prohleeHoh)* adj. prolix, tedious, verbose.
prólogo *(próhlohgoh)* m. prologue, preface, introduction.

prolongación *(prohlongahthyón)* f. prolongation, extension, continuation.
prolongar *(prohlongáR)* tr. to prolong; to extend.
promedio *(prohmaydyoh)* m. middle; average; rate, mean.
promesa *(prohmáyssah)* f. promise, pledge, offering.
prometer *(prohmaytayR)* tr. to promise, to get engaged (for marriage).
prometido *(prohmaytéedoh)* m. betrothed; promised, offered.
prominencia *(prohmeenaynthya)* f. prominence, swell, knoll.
prominente *(prohmeenayntay)* adj. prominent, out-standing
promiscuo *(prohméeskwoh)* adj. promiscuous.
promoción *(prohmohthyón)* f. promotion, advancement.
promontorio *(prohmontóhryoh)* m. promontory; headland.
promotor *(prohmohtóR)* m. promoter, furtherer.
promover *(prohmohbayR)* tr. to promote; to advance; to forward.
promulgación *(prohmoolgahthyón)* f. promulgation.
promulgar *(prohmoolgáR)* tr. to promulgate; to publish, proclaim.
pronombre *(prohnómbray)* m. Gram. pronoun.
pronosticar *(prohnosteekáR)* tr. to prognosticate; to predict, foretell.
pronóstico *(prohnósteekoh)* m. prognostic. Med. prognosis, — del tiempo, weather forecast.
prontitud *(pronteetóod)* adj. promptitude, readiness.
pronto *(próntoh)* adj. prompt; quick; adv. soon.
pronunciación *(prohnoonthyahthyón)* f. pronunciation.
pronunciamiento *(prohnoonthyahmyéntoh)* m. insurrection, uprising.
pronunciar *(prohnoonthyáR)* tr. to pronounce, to utter; — un discurso, to deliver (make) a speech.
propagación *(prohpahgahthyón)* f. propagation, spreading.
propagar *(prohpahgáR)* tr. to propagate; to spread.
propalar *(prohpahláR)* tr. to divulge, to publish.
propasarse *(prohpahssáRssay)* r. to transgress, to go beyond.
propensión *(prohpenssyón)* f. propension, tendency, inclination.
propenso *(prohpénssoh)* adj. prone, towards, inclined to.
propiedad *(prohpyaydáhd)* f. ownership, property, real estate.
propietario *(prohpyaytáhryoh)* proprietor; m. propletor; owner.   [ty, tip.
propina *(prohpeénah)* f. gratul-
propio *(próhpyoh)* adj. one's own; proper; exact; characteristic.
proponer *(prohpohnayR)* tr. to propose, to suggest, to offer.
proponerse *(prohpohnayRssay)* r. to intend, to resolve.
proporción *(prohpoRthyón)* f. proportion.
proporcionar *(prohpoRthyonáR)* tr. to supply, to pro- vide.

proposición *(prohpohsseethyón)* f. proposition; proposal.
propósito *(prohpohsseetoh)* m purpose; aim, end; intention
propuesta *(prohpwestah)* f. proposal; offer, tender.
prorrata *(prohRáhtah)* f. quota. Com. in due proportion.
prórroga *(próhRohgah)* f. prorogation, renewal, respite.
prorrogar *(prohRohgáR)* tr. to prorogue; to extend, to renew; put off.
prorrumpir *(prohRoompéeR)* intr. to break forth; to burst (into).
prosa *(próhssah)* f. prose.
prosaico *(prossáh/eekoh)* adj prosaic.
proscribir *(proskreebéeR)* tr. to proscribe; to outlaw, to ban
prosecución *(prossaykoothyón)* f. prosecution; pursuit.
proseguir *(prossaygéeR)* tr. to continue, to go on, carry on.
prosélito *(prossáyleetoh)* m proselyte.
prospecto *(prospéktoh)* m. prospect(us), program(me), leaflet, pamphlet, folder.
prosperar *(prospayráR)* intr. to thrive, to prosper.
prosperidad *(prospayreedáhd)* f prosperity, success.
próspero *(próspayroh)* adj prosperous, successful.
prostitución *(prosteetoothyón)* f. prostitution.
prostituir *(prosteetwéeR)* tr. to prostitute, to corrupt, to debase.
prostituta *(prosteetóotah)* f prostitute, whore, harlot.
protección *(prohtekthyón)* f protection, support.
protector *(prohtektóR)* m. protector, supporter, defender.
proteger *(prohtayHayR)* tr. to protect; to favour, to defend.
proteína *(prohtayéenah)* f. protein.   [t(ation).
protesta *(prohtéstah)* f. protes-
protestante *(prohtestáhntay)* adj. protesting m. Protestant.
protestantismo *(prohtestahnteesmoh)* m. protestantism.
protestar *(prohtestáR)* tr. to protest; to assure.   [protocol.
protocolo *(prohtohkóhloh)* m.
prototipo *(prohtohtéepoh)* m. prototype, model, blue-print.
protuberancia *(prohtoobayráhnthyah)* f. protuberance; swell-(ing), bulge.
provecho *(prohbáychoh)* m. profit, utility.
provechoso *(prohbaychóhssoh)* adj. advantageous, profitable, good (for one's health).
proveedor *(prohbayadóR)* m. purveyor, supplier.
proveer *(prohbayáyR)* tr. to provide; to supply with.
porvenir *(porhbaynéeR)* intr. to proceed from, to arise, to issue, to originate.
proverbio *(prohbayRbyoh)* m. proverb, saying.
providencia *(prohbeedénthyah)* f. providence; foresight; judgment. [adj. providential.
providencial *(prohbeedenthyáhl)*
provincia *(prohbéenthyah)* f. province.   [provincial.
provincial *(prohbeenthyáhl)* adj.
provinciano *(prohbeenthyáhnoh)* adj. y m. provincial.
provisión *(prohbeessyón)* f. provision; supply; pl. victuals.
provisional *(prohbeessyohnáhl)* adj. provisional; temporary.

provocación *(prohbohkahthyón)* f. provocation, incitement.

provocar *(prohbohkáR)* tr. to provoke, to incite, to rouse.

provocativo *(prohbohkahtéeboh)* adj. provocative, provoking. [f. proximity, vicinity.

proximidad *(proksseemçedáhd)* próximo *(próksseemoh)* adj. near; next, neighbouring.

proyección *(prohyekthyón)* f. projection, (film) show.

proyectar *(prohyektáR)* tr. to project; to design.

proyectil *(prohyektéel)* m. projectile; missile. [designer.

proyectista *(prohyektéestah)* s.

proyecto *(prohyéktoh)* m. project; scheme, plan, design.

prudencia *(proodénthyah)* f. prudence, moderation.

prudente *(proodéntay)* adj. prudent, wise.

prueba *(prwáybah)* f. proof; sign, sample, trial; (tail.) fitting. *Mat.* check.

psicología *(seekohlohHéeah)* f. psychology.

psicológico *(seekohlóhHeekoh)* adj. psychologic(al).

psicólogo *(seekóhlohgoh)* m. psychologist. [chosis.

psicosis *(seekóhsseess)* f. psy-

psiquiatra *(seekyáhtrah)* s. psychiatrist.

psiquiatría *(seekyahtréeah)* s. psychiatry. [chic.

psíquico *(seekeekoh)* adj. psy-

púa *(póoah)* f. prickle; prong, needle. tooth. (of a comb.).

pubertad *(poobayRtáhd)* f. puberty. [f. publication.

publicación *(poobleekahthyón)*

publicar *(poobleekáR)* tr. to publish, to announce.

publicidad *(poobleetheedáhd)* f. publicity.

público *(póobleekoh)* adj. public; m. public, audience.

puchero *(poocháyroh)* m. cooking-pot; kettle; (fam.) to pout. [modest.

púdico *(póodeekoh)* adj. chaste,

pudiente *(poodyéntay)* adj. well-to-do, wealthy, rich.

pudín *(poodéen)* m. pudding.

pudor *(poodóR)* m. modesty, bashfulness.

pudoroso *(poodohróhssoh)* adj. bashful, modest.

pudrir *(poodréeR)* tr. to rot.

pudrirse *(poodréeRssay)* r. to decay.

pueblo *(pwáybloh)* m. town; village; people, population.

puente *(pwéntay)* m. bridge.

puerca *(pwayRkah)* f. sow, slut. [m. pig; hog.

puerco *(pwayRkoh)* adj. fithy;

puericultura *(pwayreekooltóorah)* f. *Med.* paediatrics.

pueril *(pwayréel)* puerile, childish.

puerilidad *(pwayreeleedáhd)* puerility; childishness.

puerro *(pwáyRoh)* m. *Bot.* leek.

puerta *(pwayRtah)* f. door, gate. *Sport.* goal.

puerto *(pwayRtoh)* m. port; harbour; mountain-pass.

pues *(pwéss)* conj. then; therefore, as, because, well.

puesta *(pwésstah)* f. set(ting); stake (at cards).

puesto *(pwésstoh)* m. place; spot, stand; stall; post.

púgil *(póoHeel)* m. boxer; pugilist, wrestler.

pugilato *(pooHeeláhtoh)* m. pugilism, boxing, wrestling, prize-fighting.

pugna *(póognah)* f. combat, struggle, battle, fight.

pugnar *(poognaR)* intr. to fight, to strive for, to struggle.

puja *(póoHah)* f. outbidding, hid. [werful, strong.

pujante *(pooHáhntay)* adj. po-

pujanza *(pooHáhnthah)* f. power; strength.

pujar *(pooHáR)* tr. to (out)bid.

pulcritud *(poolkreetood)* f. neatness. [neat.

pulcro *(póolkroh)* adj. tidy;

pulga *(póolgah)* f. flea.

pulgada *(poolgáhdah)* f. inch.

pulgar *(poolgáR)* m. thumb.

pulido *(pooleedoh)* adj. neat; bright; nice; polished.

pulir *(pooléeR)* tr. to polish. *Mech.* to buff.

pulmón *(poolmón)* m. lung.

pulmonía *(poolmohnéeah)* f. pneumonia.

pulpa *(póolpah)* f. pulp, flesh.

púlpito *(póolpeetoh)* m. pulpit.

pulposo *(poolpóhssoh)* adj. pulpous, pulpy, fleshy.

pulsación *(poolssahthyón)* f. pulsation, beat(ing), pulse.

pulsador *(poolssahdóR)* m. pulsator, vibrator.

pulsar *(poolssáR)* tr. to (feel the) pulse, to sound, to pulsate, to beat.

pulsera *(poolssáyrah)* f. bracelet, reloj de —, wrist watch.

pulso *(póolssoh)* m. pulse; care, steadiness of the hand.

pulverizar *(poolbayreetháR)* tr. to spray.

pulla *(póolyah)* f. quip, dig.

pundonor *(poondohnóR)* m. point of honour.

pundonoroso *(poondohnohróhssoh)* adj. punctilious.

punta *(póontah)* f. point; tip, end; top. [chion, stay.

puntal *(poontáhl)* m. prop, stan-

puntapié *(poontahpáy)* m. kick. [to stitch.

puntear *(poontayáR)* tr. to dot;

puntería *(poontayréeah)* f. aim.

puntilla *(poontéelyah)* f. narrow lace-ed-ging; de —s, on tiptoe. [tilio.

puntillo *(poontéelyoh)* m. punc-

punto *(póontoh)* m. point; dot; stitch. *Gram.* fullstop.

puntuación *(poontwahthyón)* f. punctuation. [tual; exact.

puntual *(poontwáhl)* adj. punc-

puntuar *(poontwáR)* tr. to punctuate, to point.

punzada *(poonthádah)* f. prick, sharp pain. [to sting.

punzar *(poontháR)* tr. to punch;

punzón *(poonthón)* m. punch; bodkin, puncher.

puñado *(poonyáhdoh)* m. handful, fistful.

puñal *(poonyáhl)* poniard; dagger. [stab.

puñalada *(poonyahláhdah)* f.

puñetazo *(poonyaytáhthoh)* m. blow with the fist, punch, jab. [ful; cuff.

puño *(póonyoh)* m. fist; hand-

pupa *(póopah)* f. pimple; pustule; ¡tengo —!, it hurts!, hacer —, to hurt.

pupila *(poopéelah)* f. pupil (of the eye), ward; (fig.) shrewdness.

pupilaje *(poopeeláhHay)* m. pupilage; boarding.

pupilo *(poopéeloh)* m. pupil, ward, (table-), boarder, lodger.

pureza *(pooráythah)* f. purity, innocence.

purga *(póoRgah)* f. purge.

purgante *(pooRgáhntay)* adj. purgative; laxative.

purgar *(pooRgáR)* tr. to purge.

purificar *(pooreefeekáR)* tr. to purify; to cleanse.

purista *(pooréestah)* m. purist.

puritano *(pooreetáhnoh)* adj. m. puritan(ical).

puritanismo *(pooreetahnéessmoh)* m. puritanism.

puro *(póoroh)* adj. pure; m. cigar. [ple.

púrpura *(póoRpoorah)* f. pur-

purpúreo *(pooRpóorayoh)* adj. purple.

pus *(pooss)* m. pus; matter.

pusilánime *(poosseeláhneemay)* adj. pusillanimous, faint (-hearted). [le; scal.

pústula *(póosstoolah)* f. pustu-

putrefacción *(pootrayfakhthyón)* f. putrefaction, rot(tenness).

que *(kay)* pron. who, whom, conj. to, than because; which; trat which, how; conj.

qué *(kay)* interrog. pron. what?, which?; exclam. how!, what a!

quebrada *(kaybráhdah)* f. chasm; ravine. [worry.

quebradero *(kaybrahdáyroh)* m.

quebradizo *(kaybrahdéethoh)* adj. brittle.

quebrado *(kaybráhdoh)* adj. broken; m. *Arith.* fraction.

quebradura *(kaybrahdóorah)* f. rupture; gap.

quebrantar *(kaybrahntáR)* tr. to break; to transgress (laws).

quebrar *(kaybráR)* tr. to break; intr. to become bankrupt.

queda *(káydah)* f. curfew.

quedar *(kaydáR)* intr. to stay; to be left, to agree.

quedo *(káydoh)* adj. quiet, still.

quehacer *(kayahthayR)* m. business; occupation; chores.

queja *(káyHah)* f. complaint, grudge.

quejarse *(kayHáRssay)* r. to complain, to moan, to grumble.

quejido *(kayHéedoh)* m. complaint, moan. [re.

quema *(káymah)* f. burning, fi-

quemadura *(kaymahdóorah)* f. burn.

quemar *(kaymáR)* tr. to burn, to (set) fire; intr. to be too hot. [*Law.* plaint.

querella *(kayráylyah)* f. quarrel.

querellante *(kayraylyáhntay)* s. complainant.

querellarse *(kayraylyáRssay)* r. to complain; to quarrel.

querencia *(kayrénthyah)* f. fondness, haunt, affection.

querer *(kayrayR)* tr. to want, to wish, to love, to intend, — decir, to mean.

querida *(kayréedah)* f. mistress, kept woman; adj. dear.

querido *(kayréedoh)* adj. dear; beloved; darling; m. lover.

queso *(káyssoh)* m. cheese.

quiá *(kyáh)* interj. come now!

quiebra *(kyáybrah)* f. crack; fracture; bankruptcy.

quien *(kyén)* pron. who, whom.

quiera *(kyáyrah)* adj. whoever. 161

quieto *(kyáytoh)* adj. quiet, still. [stillness.

quietud *(kyaytóod)* f. quietness.

quijada *(keeHáhdah)* f. jaw(-bone). [Quixotic action.

quijotada *(keeHohtáhdah)* f.

quijote *(keeHóhtay)* m. thighguard, tass, Quixote; hacer de —, to act quixotically.

quijotesco *(keeHohtéskoh)* adj. Quixotic.

quilate *(keeláhtay)* m. carat.

quilla *(kéelyah)* f. *Naut.* keel.

quimera *(keemáyrah)* f. chimera. [chimerical.

quimérico *(keemáyreekoh)* adj.

química *(kéemeekah)* f. chemistry.

químico *(kéemeekoh)* m. chemist; adj. chemical. [no.

quimono *(keemóhnoh)* m. kimo-

quina *(kéenah)* f. Peruvian bark.

quincalla *(keenkáhlyah)* f. hardware, small wares.

quincallería *(keenkahlyayréeah)* f. hardware trade, ironmongery, ironmonger's.

quincena *(keentháynah)* f. fortnight. [fortnightly.

quincenal *(keenthaynáhl)* adj.

quinina *(keenéenah)* f. quinine.

quinqué *(keenkáy)* m. oil lamp.

quinquenal *(keenkaynáhl)* adj. quinquennial, five year.

quinquenio *(keenkáynyoh)* m. quinquenium.

quinta *(kéentah)* f. countryseat. *Mil.* draft, conscription. [draft.

quintar *(keentáR)* tr. *Mil.* to

quinto *(kéentoh)* adj. fifth; m. *Mil.* draftee, recruit.

quiosco *(keeóhsskoh)* m. kiosk.

quiquiriquí *(keekeereekeé)* m. cock-a-doodle-do. [surgical.

quirúrgico *(keeróorHeekoh)* adj.

quisquilla *(keeskéelyah)* f. trifle; bickering. *Ichth.* shrimp.

quita *(kéetah)* intrj. God forbid.

quitanieves *(keetahnyáybess)* m. snow-plow; snow-plough.

quitar *(keetáR)* tr. to take (away, off, out, from), to rob.

quitarse *(keetáRssay)* r. to get rid of; to retire; to take off.

quitasol *(keetahssól)* m. parasol, sunshade, awning.

quite *(kéetay)* m. impediment, parry(ing), removal.

quizá(s) *(keetháh)* adv. perhaps, maybe.

rábano *(Ráhbahnoh)* m. *Bot.* radish.

rabí *(Rahbee)* m. rabbi.

rabia *(Ráhbyah)* f. hydrophobia; rabies; rage.

rabiar *(RahbyáR)* intr. to be rabid; to rage. [temper.

rabieta *(Rahbyetah)* f. fit of

rabino *(Rahbéenoh)* m. rabbi.

rabioso *(Rahbyóhssoh)* adj. rabid; mad, furious, raging.

rabo *(Ráhboh)* m. tail, end.

racimo *(Rahthémoh)* m. bunch.

raciocinar *(RahthyohtheenáR)* intr. to reason.

raciocinio *(Rahthyohthéenyoh)* m. reasoning.

162 ración (*Rahthyón*) f. ration, mess portion. [tional.
racional (*Rahthyohnáhl*) adj. ra-
racionalismo (*Rahthyohnahléessmoh*) m. rationalism. [ration.
racionar (*RahthyonáR*) tr. to
rada (*Ráhdah*) f. anchoring-ground, roadstead. [diation.
radiación (*Rahdyahthyón*) f. ra-
radiactividad (*Rahdyahkteebeedáhd*) f. radioactivity.
radiador (*RahdyahdóR*) m. radiator. [(ir)radiant.
radiante (*Rahdyáhntay*) adj.
radiar (*RahdyáR*) intr. to (ir)-radiate, to broadcast.
radicación (*Rahdeekahthyón*) f. radication, taking root. [cal.
radical (*Rahdeekáhl*) adj. radi-
radio (*Ráhdyoh*) m. radius (of a circle); (coll.) wireless, radio (set).
radiodifusión (*Rahdyohdefoossyón*) f. broadcasting.
radiografía (*Rahdyóhgrahféeah*) f. radiography.
radiotelegrafía (*Rahdyohtaylaygrahféeah*) f. radiotelegraphy.
radioterapia (*Rahdyohtayráhpyah*) f. radiotherapy.
radioyente (*Rahdyohyéntay*) s. listener (-in).
ráfaga (*Ráhfahgah*) f. gust (of wind); blast. [bare, frayed.
raído (*Rah/éedoh*) adj. thread-
raigambre (*Rah/eegámbray*) f. roots, tangle. [radix.
raíz (*Rah/éeth*) f. root. *Maths.*
raja (*RáhHah*) f. rent, chink, rasher, split, cranny, crack.
rajar (*RahHáR*) tr. to s(p)lit, to crack; (coll.) to boast.
rajarse (*RahHáRssay*) r. to split; (coll.) to back out, to peter out. [stock.
ralea (*Rahláyah*) f. breed;
ralladuras (*Rahlyahdóorahs*) f. pl. gratings.
rallar (*RahlyáR*) tr. to grate.
rallo (*Ráhlyoh*) m. grater, rasp(er).
rama (*Ráhmah*) f. branch, bough; department; **en —**, raw. [of) branches.
ramaje (*RahmáhHay*) m. (mass
ramera (*Rahmáyrah*) f. whore, slut, tramp; (vulg.) cow.
ramificación (*Rahmeefeekahthyón*) f. ramification.
ramificarse (*RahmeefeekáRssay*) r. to ramify, to branch off out.
ramillete (*Rahmeelyáytay*) m. bouquet, bunch.
ramo (*Ráhmoh*) m. bouquet, branch (of trade). [ramp.
rampa (*Ráhmpah*) f. slope,
ramplón (*Rahmplón*) adj. coarse, rude.
rana (*Ráhnah*) f. frog.
rancidez (*Rahntheedayth*) f. rancidity. [old.
rancio (*Ráhnthyoh*) adj. rancid;
ranchero (*Rahncháyroh*) m. steward (of a mess), (small) farmer; *U.S.A.* rancher.
rancho (*Ráhnchoh*) m. mess, farm, ranch. [nity.
rango (*Ráhngoh*) m. rank, dig-
rapacidad (*Rahpahtheedáhd*) f. rapacity, rapaciousness.
ranura (*Rahnóorah*) f. slot, slit, groove, chink.
rapar (*RahpáR*) tr. to shave off.
rapaz (*Rahpáhth*) adj. rapacious; m. young boy, lad.
rapé (*Rahpáy*) m. snuff; rappee. [(hair).
rape (*Ráhpay*) m. cropped

rapidez (*Rahpeedéth*) f. rapidity, velocity, celerity.
rapiña (*Rahpéenyah*) f. rapine, spoliation; **ave de —**, bird of prey.
raposa (*Rahpóhssah*) f. vixen.
rapsodia (*Rahpsohdya*) f. rhapsody.
rapto (*Ráptoh*) m. rape, ravishment, kidnapping; abduction.
raqueta (*Rahkáytah*) f. racket.
raquítico (*Rahkéeteekoh*) adj. rickety; (coll.) skinny.
rareza (*Rahráythah*) f. rarity; scarcity; oddity. [rarify.
rarificar (*RahreefeekáR*) tr. to
raro (*Ráhroh*) adj. rare; scarce; odd, queer, funny. [ness.
ras (*Rahss*) m. level; even-
rasante (*Rahssáhntay*) adj. levelling; f. gradient.
rasar (*RahssáR*) tr. to strickle, to skim. [m. skyscraper.
rascacielos (*Rahskahthyáylos*)
rascar (*RahskáR*) tr. to scrape, scratch. [rent, torn.
rasgado (*Rahssgáhdoh*) adj.
rasgar (*RahssgáR*) tr. to tear (to pieces), to rip.
rasgo (*Ráhssgoh*) m. stroke, trait, feature; deed, feat.
rasguñar (*RahssgoonyáR*) tr. to scratch. [scratch, scar.
rasguño (*Rahssgóonyoh*) m.
raso (*Ráhssoh*) adj. clear, open, level, flat; m. satin; **al —**, in the open air.
raspa (*Ráhspah*) f. rasp; coarse file. [per.
raspador (*RahspahdóR*) m. scra-
raspar (*RahspáR*) tr. to scrapet; to rub (off).
rastra (*Ráhstrah*) f. track, trail, sied(ge), harrow, rake.
rastrear (*RahstrayáR*) tr. to trace, to scent, to track. *Agric.* to harrow, to rake.
rastrero (*Rahstráyroh*) adj. sneaking, low. [rake.
rastrillar (*RahstreelyáR*) tr. to
rastrillo (*Rahstréelyoh*) m. rake; hackle.
rastro (*Ráhstroh*) m. track, scen, trace, trail.
rasurar (*RahssoordR*) tr. to shave. [pickpocket.
rata (*Ráhtah*) f. rat; m. (coll.)
ratear (*RahtayáR*) tr. to filch.
ratería (*Rahtayréeah*) f. larceny, petty crime.
ratero (*Rahtáyroh*) m. pickpocket, petty thief.
ratificación (*Rahteefeekahthyón*) f. ratification. [ratify.
ratificar (*RahteefeekáR*) tr. to
rato (*Ráhtoh*) m. while, spell; **—s perdidos**, spare time.
ratón (*Rahtón*) m. mouse.
ratonera (*Rahtohnáyrah*) f. mouse-trap.
raudal (*Rah/oodahl*) m. torrent, rapids; (fig.) **a —es**, plentiful.
raya (*Ráhyah*) f. streak, stripe, limit, score, part(ing); **tener a —**, to keep at bay. *Ichth.* ray, skate. [ed.
rayado (*Rahyáhdoh*) adj. strip-
rayar (*RahyáR*) tr. to stripe; to streak; to scratch.
rayo (*Ráhyoh*) m. ray; beam (of light).
raza (*Ráhthah*) f. race, breed.
razón (*Rahthón*) f. reason, sense, ratio, rate. *Com.* — **social**, firm; **tener —**, to be right.
razonable (*Rahthohnáhblay*) adj. reasonable.
razonamiento (*Rahthohnahmyéntoh*) m. reasoning. [son.
razonar (*RahthahnáR*) tr. to rea-

reacción (*Rayakthyon*) f. reaction; **avión a —**, jet.
reaccionar (*RayakthyonaR*) intr. to react. [tant.
reacio (*Rayáhthyoh*) adj. reluctant.
reactivo (*Rayahktéeboh*) m. reagent.
reactor (*RayahktóR*) m. *Phys.* jet-plane reactor.
real (*Rayáh*) adj. real; actual; royal.
realce (*Rayáhlthy*) m. relief, set-off. [yalty.
realeza (*Rayahláythah*) f. ro-
realidad (*Rayahleedáhd*) f. reality.
realista (*Rayahléesstah*) s. y adj. realist(ic), royalist(i).
realizar (*RayahleetháR*) intr. to fulfill, to carry out.
realzar (*RayahltháR*) tr. to heighten.
reanimar (*RayahneemáR*) tr. to cheer; to reanimate, to comfort. [resume.
reanudar (*RayahnoodáR*) tr. to resume.
reaparecer (*RayahpahraythayR*) intr. to reappear.
reaparición (*Rayahpahreethyón*) f. reappearance, recurrence.
reasegurar (*RayahssaygooráR*) tr. to reinsure.
reaseguro (*Rayahssaygóoroh*) m. reinsurance.
reata (*Rayátah*) f. packtrain, drove (of horses, mules).
rebaja (*RaybáhHah*) f. discount; deduction; rebate.
rebajar (*RaybahHáR*) tr. to discount, to rebate; (coll.) to knock off.
rebajarse (*RaybahHáRssay*) r. to humble oneself, to stoop, down. [slice.
rebanada (*Raybahnáhdah*) f.
rebanar (*RaybahnáR*) tr. to slice. [herd.
rebaño (*Raybáhnyoh*) m. flock;
rebasar (*RaybahssáR*) tr. to go beyond, to overflow. [fute.
rebatir (*RaybahteéR*) tr. to re-
rebato (*Raybáhtoh*) m. alarm (-bell). [to revolt.
rebelarse (*RaybaylaRssay*) r. to
rebelde (*Raybélday*) adj. rebellious; s. rebel.
rebeldía (*Raybeldéeah*) f. rebelliusness, stubborness. *Law.* default. [bellion.
rebelión (*Raybaylyón*) f. rebellion.
rebosante (*Raybohssáhntay*) adj. brimming, over-flowing.
rebosar (*RaybohssáR*) intr. to overflow.
rebotar (*RaybohtáR*) tr. to rebound, to bounce.
rebote (*Raybóhtay*) m. rebound; bounce; **de —**, indirectly.
rebozar (*RaybohtháR*) tr. to muffle up, to cover with batter; to baste.
rebozo (*Raybóhthoh*) m. muffler, shawl. [search.
rebusca (*Raybóoskah*) f.
rebuscar (*RaybooskáR*) tr. to search, to glean.
rebuznar (*RayboothnáR*) intr. to bray. [bray(ing).
rebuzno (*Rayboóthnoh*) m.
recadero (*Raykahdáyroh*) m. messenger, errand-boy.
recado (*Raykáhdoh*) m. message; errand.
recaer (*Raykah/ayR*) intr. to relapse; to fall back.
recaída (*Raykah/éedah*) f. relapse.
recalcar (*RaykahlkáR*) tr. to emphasize, to stress.
recalentar (*RaykahlentáR*) tr. to warm up.

recámara (*Raykáhmahrah*) f. dressing-room, breech of a gun.
recambio (*Raykáhmbyoh*) m. re-exchange; **piezas de —**, spare parts.
recapacitar (*RaykahpahtheetaR*) tr. to think over, to bethink.
recapitular (*RaykahpeetooláR*) tr. to recapitulate.
recargar (*RaykaRgáR*) tr. to recharge; to load again.
recargo (*RaykáRgoh*) m. surcharge. [coy(ish) shy.
recatado (*Raykahtáhdoh*) adj.
recato (*Raykáhtoh*) m. prudence; bashfulness, shyness.
recaudación (*Raykah/oodahthyón*) f. collection.
recaudador (*Raykah/oodahdóR*) m. tax-collector.
recaudar (*Raykah/oodáR*) tr. to collect taxes, to gather.
recelar (*RaytháylaR*) tr. to mistrust, to doubt, to suspect.
recelo (*Raytháyloh*) m. misgiving, suspicion.
receloso (*Raythaylóhssoh*) adj. mistrustful, fearful. [ception.
recepción (*Raythepthyón*) f. re-
receptáculo (*Raytheptáhkooloh*) m. container, bowl.
receptor (*RaytheptóR*) m. receiver. **— de radio**, radio set.
receta (*Raytháytah*) f. *Med.* prescription; recipe (cook.).
recetar (*RaythaytáR*) tr. to prescribe.
recibimiento (*Raythaybecmyéntoh*) m. reception; welcome.
recibir (*RaythebeeR*) tr. to receive; to welcome; to get, to have (letters, etc.)
recibo (*Raythéeboh*) m. receipt; acquitance.
reciente (*Raythyéntay*) adj. recent, new, fresh.
recinto (*Raythéentoh*) m. precinct, enclosure.
recio (*Ráythyoh*) adj. stout; strong, robust, vigorous.
recipiente (*Raytheepyéntay*) m. recipient. [reciprocal.
recíproco (*Raythéepróhkoh*) adj. reciprocal. [cite.
recitación (*Raytheetahthyón*) f.
recitar (*RaytheetáR*) tr. to recite.
reclamación (*Rayklamathyón*) f. claim, complaint.
reclamar (*RayklamáR*) tr. to (re)claim.
reclamo (*Raykláhmoh*) m. decoy bird, lure, catch word.
reclinar (*RaykleenáR*) tr. e intr. to recline; to lean bach.
reclinatorio (*Raykleenahtóhryoh*) m. praying desk; couch.
recluir (*RayklwéeR*) tr. to seclude. [clusion, seclusion.
reclusión (*Raykloossyón*) f. re-
recluso (*Rayklóossoh*) adj. y m. recluse, inmate.
recluta (*Ráyklóotah*) f. *Mil.* recruiting, levy; m. recruit, conscript.
reclutamiento (*Rayklootahmyéntoh*) m. *Mil.* recruiting.
reclutar (*RayklootáR*) tr. to recruit, to levy.
recobrar (*RraykohbráR*) tr. to recover; **— el sentido**, to come to.
recobrarse (*RaykohbráRssay*) r. to recover (from sickness or loss). [very.
recobro (*Raykóhbroh*) m. reco-
recodo (*Raykóhdoh*) m. turn(ing); bend.
recoger (*RaykohHáyR*) tr. to gather, to pick (up).

recogerse *(RaykohHáyRssay)* r. to withdraw, to retire.

recolección *(Raykohlekthyón)* f. harvest; gathering; compilation.

recomendable *(Raykohmendáhblay)* adj. (re)commendable, laudable.

recomendación *(Raykohmendahtyón)* f. (re)comendation; carta de —, introduction letter.

recomendar *(RaykohmendáR)* tr. to recommend.

recompensa *(Raykompénsah)* f. recompense, reward.

recompensar *(RaykompenssáR)* tr. to recompense, to reward.

reconcentrarse *(RaykonthentráRssay)* r. to concentrate (one's mind.)

reconciliación *(Raykontheelyahthyón)* f. reconciliation.

reconciliar *(RaykontheelyaR)* tr. to reconcile.

reconciliarse *(RaykontheelyaRssay)* r. to be reconciled.

reconocer *(RaykonohtháyR)* tr. to examine; to recognize; to acknowledge; to confess *Mil.* to scout.

reconocido *(Raykonohthéedoh)* adj. acknowledged; grateful, confessed.

reconocimiento *(Raykonohtheemyéntoh)* m. recognition; acknowledgement, gratitude.

reconquista *(Raykonkéestah)* f. reconquest.

reconquistar *(RaykonkeestáR)* tr. to reconquer.

reconstrucción *(Raykonstrookthyón)* r. reconstruction, rebuilding.

reconstruir *(RaykonstrwéeR)* tr. to reconstruct, to rebuild.

recopilación *(Raykonpeelahthyón)* f. summary, digest, compilation.

recopilar *(RaykohpeeláR)* tr. to compile, to collect.

recordar *(RaykoRdáR)* tr. to remind, to remember.

recorrer *(RaykohRayR)* tr. to survey, to travel, to tour.

recorrido *(RaykohRéedoh)* m. run, tour.

recortar *(RaykoRtáR)* tr. to cut away; to outline; to cut out; to trim.

recorte *(RaykóRtay)* m. outline; cutting, clip(ping), trimming(s). [cline.

recostar *(RaykostáR)* tr. to recline.

recreación *(Raykrayahthyón)* f. recreation; amusement.

recrear *(RaykráyR)* tr. to recreate; to amuse.

recreo *(Raykráy/oh)* m. recreation, break, play-time, recess.

recriminar *(RaykreemeenáR)* tr. to recriminate.

rectángulo *(Rektáhngooloh)* m. rectangle; adj. oblong.

rectificación *(Rekteefeekahthyón)* f. rectification.

rectificar *(RekteefeekáR)* tr. to rectify. [rectilineal.

rectilíneo *(Rekteeléenayoh)* adj.

rectitud *(Rekteetóod)* f. rectitude; straightness.

recto *(Réktoh)* adj. right, straight; m. *Anat.* rectum.

rector *(RektóR)* m. rector; parson, vicar. [rectorship.

rectorado *(Rektoráhdoh)* m.

rectoría *(Rektohréeah)* f. rectory, parsonage, vicarage.

recuento *(Raykwéntoh)* m. recount.

recuerdo *(RaykwéRdoh)* m. remembrance; memory, souvenir; pl. regards.

recular *(RaykooláR)* intr. to recoil, to back.

recuperación *(Raykoopayrahthyón)* f. recovery.

recuperar *(RaykoopayraR)* tr. to recover, to regain.

recurrir *(RaykooRéeR)* intr. to resort to.

recurso *(RaykóoRssoh)* m. resource. *Law.* appeal.

recusar *(RaykoossáR)* tr. to refuse, to decline.

rechazar *(RaychahtháR)* tr. to repel, to refect, to repulse.

rechazo *(Raychahthoh)* m. rebound, recoil, rebuff, rejection).

rechinar *(RaycheenáR)* intr. to squeak, to grind ones teeth.

rechoncho *(Raychónchoh)* adj. chubby. [network.

red *(Red)* f. net(ting), snare,

redacción *(Raydahkthyón)* f. wording, redaction, editorial staff/rooms).

redactar *(RaydahktáR)* tr. to draw up; to write.

redada *(Raydáhdah)* f. casting of net, catch; (coll.) round up.

rededor *(RaydaydóR)* m. surroundings; al or en —, around. [demption.

redención *(Raydenthyón)* f. redemption *(RaydentóR)* m. redeemer.

rédito *(Ráydeetoh)* m. interest; revenue; rent; pl. profits.

redomado *(Raydohmáhdoh)* adj. artful, crafty, sly. [all round.

redonda *(Raydóndah)* a la —, redondear *(RaydondayáR)* tr. to round (off), to make round.

redondel *(Raydondayl)* m. (fam.) circle; (bul)-ring, arena.

redondez *(Raydondayth)* f. roundness; [round; circular.

redondo *(Raydóndoh)* adj.

reducción *(Raydookthyón)* f. reduction, decrease.

reducir *(RaydoothéeR)* tr. to reduce, to cut down; to decrease, to diminish; to shrink.

reducto *(Raydoóktoh)* m. *Mil.* redoubt.

redundancia *(Raydoondáhnthyah)* f. redundance, excess.

redundar *(RaydoondáR)* intr. to result. [re-election.

reelección *(Ray/aylekthyón)* f. reelegir *(Ray/aylayHéeR)* tr. to re-elect.

reembarcar *(RayaymbarkaR)* tr. to reship, to re-embark.

reembolsar *(RayaymbolssaR)* tr. to refund.

reembolso *(Rayaymbolssoh)* m. reimbursement; pago a — C. O. D. (cash on delivery).

reemplazar *(RayaymplahthaR)* tr. to replace, to substitute.

reemplazo *(Rayaymplahthoh)* m. replacement; call-up (recruitment. [*Mil.* to re-enlist.

reengachar *(RayayngánchaR)* tr.

reenganche *(Rayayngánchay)* m. re-enlisting.

refajo *(RayfáhHoh)* m. underskirt.

referencia *(Rayfayrénthyah)* f. [reference.

referéndum *(Rayfayréndoom)* m. referendum.

referente *(Rayfayréntay)* adj. relating, referring.

referir *(RayfayréeR)* tr. e intr. to refer, to relate, to report.

refinado *(Rayfeenáhdoh)* adj. refined.

refinamiento *(Rayfeenahmyéntoh)* m. refinement, nicety.

refinar *(RayfeenáR)* tr. to (re)fine. [refinery.

refinería *(Rayfeenayréeah)* f.

reflector *(RayflektóR)* m. reflector, search-light.

reflejar *(RayflayHáR)* intr. to reflect.

reflejo *(RayfláyHoh)* adj. y m. reflex. [flection.

reflexión *(Rayflaykssyón)* f. reflexionar *(RayflaykssyohnáR)* intr. to meditate; to think over.

reflexivo *(Rayflayksséeboh)* adj. reflective; m. reflexive.

reflujo *(RayflóoHoh)* m. reflux, ebb, ebb-tide.

reforma *(RayfóRmah)* f. reform(ation).

reformable *(RayfoRmáhblay)* adj. reformable. [reform.

reformar *(RayfoRmáR)* tr. to reformarse *(RayfoRmáRssay)* r. to reform, to (a)mend.

reformatorio *(RayfoRmahtóhryoh)* adj. corrective; correctional; m. Borstal, approved school.

reforzar *(RayfoRtháR)* tr. to strengthen, to fortify.

refrán *(Rayfráhn)* m. proverb, saying. [rub.

refregar *(RayfraygáR)* tr. to refreír *(Rayfray:éeR)* tr. to fry again, to fry once more.

refrenar *(RayfraynáR)* tr. to refrain, to restrain, to curb.

refrescar *(RayfreskáR)* tr. to refresh; to cool (off).

refresco *(Rayfréskoh)* m. refreshment, soft drink (pop'-drink). [skirmish, affray.

refriega *(Rayfryáygah)* f. strife, refrigeración *(RayfreeHayrahthyón)* f. refrigeration, cooling.

refrigerador *(RayfreeHayrahdóR)* m. refrigerator, fridge, freezer.

refrigerar *(RayfreeHayráR)* tr. to refrigerate, to cool.

refrigerio *(RayfreeHáyryo)* m. refreshment.

refuerzo *(RayfwéRthoh)* m. reinforcement; succour; aid.

refugiado *(RayfooHyáhdoh)* m. refugee. [shelter.

refugiar *(RayfooHyáR)* tr. to refugiarse *(RayfooHyáRssay)* r. to take refuge.

refugio *(RayfóoHyoh)* m. refuge; shelter; asylum.

refundir *(RayfoondéeR)* tr. to recast, to remelt.

refunfuñar *(RayfoonfoonyáR)* tr. to grumble, to mutter.

refutación *(Rayfootahtyón)* f. refutation. [fute, to rebut.

refutar *(RayfootáR)* tr. to re-regadera *(Raygahdáyrah)* f. watering/can, sprinkler; (fam.) Está como una —, he/she is as mad as a hatter.

regadío *(Raygahdéeoh)* m. irrigated land. [delicate, dainty.

regalado *(Raygahláhdoh)* adj. regalar *(RaygaláR)* tr. to present, to give/make a gift.

regaliz *(Raygahléeth)* m. *Bot.* licuorice, (coll.) Spanish.

regalo *(Raygahláhdoh)* m. gift; present, confort.

regañar *(RaygahnyáR)* intr. to grumble; tr. to chide, to scold; to quarrel.

regaño *(Raygáhnyoh)* m. snart, scolding.\

regañón *(Raygahnyón)* adj. snarling.

regar *(RaygáR)* tr. to water; to irrigate; to sprinkle.

regata *(Raygáhtah)* f. boat-race.

regatear *(RaygahtayáR)* tr. to haggle, to barter.

regateo *(Raygahtayoh)* m. haggling, bartering.

regazo *(Raygáhthoh)* m. lap.

regencia *(RayHénthyah)* f. regency.

regeneración *(RayHaynayrahthyón)* f. regeneration.

regenerar *(RayHaynayráR)* tr. to regenerate. [manage.

regentar *(RayHentáR)* tr. to regente *(RayHayntay)* m. regent; manager.

regicida *(RayHeethéedah)* s. regicide (person). [regicide.

regicidio *(RayHeethédyoh)* m.

régimen *(RáyHeemen)* m. regime(n), management. *Méd.* diet.

regimiento *(RayHeemyéntoh)* m. *Mil.* regiment; administration. [yal.

regio *(RáyHyoh)* adj. regal, royal, region *(RayHyón)* f. region, area. [gional.

regional *(RayHyohnáhl)* adj. regir *(RayHéeR)* tr. to rule; to govern; intr. to be in force.

registrador *(RayHeestrahdóR)* adj. registering; m. registrar; caja —, cash register.

registro *(RayHéestroh)* m. search, registration, record.

registrar *(RaHyeestráR)* tr. to search, to record. [truation.

regla *(Ráyglah)* f. rule; menstruation.

reglamentar *(RayglahmentáR)* intr. to regulate.

reglamento *(Rayglahméntoh)* m. regulation(s), by laws.

regocijar *(RaygohtheeHáR)* tr. to gladden, rejoice.

regocijarse *(RaygohtheeHáRssay)* r. to rejoice.

regocijo *(RaygohthéeHoh)* m. joy; gladness, cheer.

regoldar *(RaygoldáR)* intr. to belch. [chubby, plimp.

regordete *(RaygoRdáytay)* adj. regresar *(RaygrayssáR)* intr. to return, to go/come back.

regresión *(Raygrayssyón)* f. regression, regress. [turn.

regreso *(Raygrayssoh)* m. re-regüeldo *(Raygwéldoh)* m. belch(ing). [tion ditch.

reguera *(Raygáyrah)* f. irriga-reguero *(Raygáyroh)* m. trickle.

regulación *(Raygoolahthyón)* f. regulation.

regular *(RaygooláR)* tr. to regulate; adj. regular, fairly good.

rehabilitar *(RayahbeeleetáR)* tr. to rehabilitate, to reinstate.

rehacer *(RayahthayR)* tr. to remake, to mend, to reorganize. [to recuperate.

rehacerse *(RayahthayRssay)* r.

rehén *(Rayayn)* m. hostage.

rehuir *(RaywéeR)* tr. e intr. to shun, to avoid, to refuse.

rehusar *(RayoossáR)* tr. to refuse, to decline. [to reprint.

reimprimir *(RaympreeméeR)* tr. to reina *(Ray:eenah)* f. queen.

reinado *(Rayeenahdoh)* m. regin, kingdom.

reinar *(RayeenáR)* intr. to reign.

reincidencia *(Rayeentheedenthya)* f. reiteration.

reincidir *(RayeentheedeeR)* intr. to backslide, to reiterate.

164 **reincorporar** (RaynkoRpohráR) tr. to reincorporate, to reimbody. [reign.

reino (Ráynoh) m. kindom;

reintegrar (RayntaygráR) tr. to reintegrate, to refund.

reintegro (Rayntáygroh) m. reimbursement. refund.

reír (RayeeR) intr. y r. to laugh.

reírse (RayeeRssay) intr. to laugh; — de, to laugh at.

reiterar (Ray/eetayraR) tr. to reiterate, to repeat.

reivindicar (Ray/eebeendeekaR) tr. to claim, to recover.

reja (RáyHah) f. grate, railling, rack, (plow)-share.

rejón (RayHón) m. spear employed by bull-fighters.

rejonear (RayHohnáyaR) tr. to wound bulls with the **rejón**.

rejuvenecer (RayHoobaynay-tháyR) tr. e intr. to rejuvenate. [tion; narration.

relación (Raylahthyón) f. relaciona

relacionar (RaylahthyonáR) tr. to relate, to report.

relacionarse (RaylahthyonáRssay) r. to get acquainted, with. [relaxation, slackening.

relajación (RaylahHahthyón) f.

relajado (RaylahHáhdoh) adj. dissolute, loose, relaxed.

relajar (RaylahHáR) tr. to relax, to slack(en). [relick.

relamer (RaylahmayR) tr. to

relamerse (RaylahmayRsay) r. to lick one's lips.

relamido (Raylahméedoh) adj. fop, affected, prim, dandy.

relámpago (Rayláhmpahgoh) m. flash of lightning.

relampaguear (RaylahmpahgayáR) intr. to lighten, to sparkle. [te, to tell.

relatar (RaylahtáR) tr. to narra-

relatividad (Raylahteebeedáhd) f. relativity. [lative.

relativo (Raylahtéeboh) adj. re-

relato (Rayláhtoh) m. tale, account. [legate.

relegar (RaylaygáR) tr. to re-

relevante (Raylaybáhntay) adj. outstanding.

relevar (RaylaybáR) tr. to emboss, to exonerate. Mil. to relieve. [lief. Sport. relay.

relevo (Rayláyboh) m. Mil. re-

relicario (Rayleekáhryoh) m. reliquary; shrine.

relieve (Raylyáybay) m. relief.

religión (RayleeHyón) f. religión.

religiosidad (RayleeHyoseedahd) f. religiousness.

religioso (RayleeHyóssoh) adj. religious; m. friar, religious.

relinchar (RayleencháR) intr. to neigh.

relincho (Rayléenchoh) m. neigh(ing). [vestige.

reliquia (Rayléekyah) f. relic;

reloj (RaylóH) m. clock, watch; — de pulsera, wrist watch; — despertador, alarm-clock.

relojería (RayloHayréeah) f. watchmaker's (shop).

relojero (RaylohHáyroh) m. watchmaker.

reluciente (Rayloothyentay) adj. shining, glittering.

relucir (RaylootheeR) intr. to shine, to glitter.

rellenar (RaylyaynáR) tr. to refill; to stuff; to cram, to pad.

relleno (Raylyáynoh) adj. stuffed; m. forcement, stuffing, padding.

remachar (RaymahcháR) tr. to rivet, to clinch. [vet.

remache (Raymáhchay) m. re-

remanente (Raymahnéntay) m. residue, remnant; remainder.

remanso (Raymáhnssoh) m. back-water.

remar (RaymáR) intr. to row.

rematado (Raymahtáhdoh) adj. ended; knocked down (at auction), finished.

rematar (RaymahtáR) tr. to end; to knock down an auction, to finish.

remate (Raymáhtay) m. end; conclusion; termination.

remedar (RaymaydáR) tr. to imitate; to mock; to copy.

remediar (RaymaydyáR) tr. to remedy.

remedio (Raymáydyoh) m. remedy; cure. [tation.

remedo (Raymáydoh) m. imitation.

rememorar (RaymaymohráR) tr. to recall.

remendar (RaymendáR) tr. to patch, to mend; to stitch.

remendón (Raymendón) m. cobbler, patcher. [oarsman.

remero (Raymáyroh) m. rower.

remesa (Raymáyssah) f. remittance, shipment. [patch.

remiendo (Raymyéndoh) m.

remilgo (Rayméelgoh) m. squeamishness.

reminiscencia (Raymeeneessthénthyah) f. reminiscense; memory, recollection.

remirado (Raymeeráhdoh) adj. prudent, cautious. [mission.

remisión (Raymeessyón) f. re-

remiso (Rayméessoh) adj. remiss, indolent, careless.

remitir (RaymeetéeR) tr. to send, to forward.

remitirse (RaymeetéeRssay) r. to refer, to quete.

remo (Réymoh) m. oar.

remojar (RaymoháR) tr. to steep; to dip. [ing.

remojo (RaymóhHoh) m. steep-

remolacha (Raymohláhchah) f. beet-root.

remolcar (RaymolkáR) tr. Naut. to (take in) tow, to tug.

remolino (Raymohléenoh) m. whirl(wind); whirlpool; vortex; eddy. [soft.

remolón (Raymohlón) adj. lazy;

remolque (Raymólkay) m. towage; trailer.

remonta (Raymóntah) f. Mil. remount(ing) cavalry.

remontar (RaymontáR) tr. to come up (a river).

rémora (Raymohrah) f. hindrance. [cause remorse.

remorder (RaymoRdáyR) tr. to

remordimiento (RaymoRdeemyentoh) m. remorse.

remoto (Raymóhtoh) adj. remote, far off, distant.

remover (RaymohbáyR) tr. to remove, to stir, to discharge.

remunerador (RaymoonayrahdóR) adj. y m. remunerator.

remunerar (RaymoonayráR) tr. to remunerate.

renacer (RaynahtháyR) intr. to be born again; to revive.

renacimiento (Raynahtheemyéntoh) m. regeneration, rebirth, Renaissance.

renacuajo (RaynahkwáHoh) m. tad-pole.

rencilla (Renthéelyah) f. slight grudge; (coll.) a bone to pick with.

rencilloso (Rentheelyóhssoh) adj. peevish, touchy.

rencor (RenkóR) m. rancour.

rencoroso (Renkohróhssoh) adj. rancorous. [surrender.

rendición (Rendeethyón) f.

rendido (Rendéedoh) adj. devoted, submissive, fatigued.

rendija (RendéeHah) f. crevice; cleft, crack, fissure, chink.

rendimiento (Rendeemyéntoh) m. weariness; rent; produce, performance.

rendir (RendéeR) tr. to subdue; to surrender; to tire; to yield.

rendirse (RendéeRssay) r. to surrender. to yield, give up/ way. [renegade.

renegado (Raynaygáhdoh) m.

renegar (RaynaygáR) tr. to deny; intr. to apostatize.

renglón (Renglón) m. line.

renombrado (Raynombráhdoh) adj. renowned, well-known, famous. [nown, fame.

renombre (Raynómbray) m. re-

renovación (Raynohbahthyón) f. renovation, renewal.

renovar (RaynohbáR) tr. to renew. [limp.

renquear (RenkayáR) intr. to

renta (Réntah) r. rent; revenue; income. [to yield.

rentar (RentáR) tr. to produce;

rentista (Rentéesstah) s. annuitant, financier.

renuncia (Raynóonthyah) f. renunciation; resignation.

renunciar (RaynoonthyáR) tr. to renounce, to resign.

reñido (Raynyéedoh) adj. (at variance with), angry with, cross with.

reo (Rayoh) m. offender; criminal, culprit, defendant, accused.

reojo (RayóhHoh) mirar de — to look awry, to look through the corner of one's eye.

reorganizar (RayoRgahneetháR) tr. to reorganize. [repair.

reparación (Rayparahthyón) f.

reparar (RaypaáR) tr. to repair; intr. to heed.

repartición (RaypaRteethyón) f. distribution. [distribute.

repartir (RaypaRtéeR) tr. to

repasar (RaypahssáR) tr. to repass; to revise, to go over it again. [sion.

repaso (Raypáhssoh) m. revi-

repeler (RaypayláyR) tr. to repel, to refuse.

repelente (Raypayléntay) adj. repelling, revolting.

repeloso (Raypaylóhssoh) adj. touchy [suddenly.

repente de (Raypéntay) loc. adv.

repentino (Raypentéenoh) adj. sudden.

repercusión (RaypayRkoossyón) f. repercussion; reverberation, influence, reflexion.

repercutir (RaypayRkootéeR) intr. to rebound, to reecho, to reverberate, to reflect.

repertorio (RaypayRtóhryoh) m. repertory. Theat. repertoire.

repetición (Raypayteethyón) f. repetition, reiteration.

repetir (RaypaytéeR) tr. to repeat, to reiterate.

repicar (RaypeekáR) r. to chop, to mince; to chime.

repique (Raypéekay) m. chime; chopping.

repiquetear (RaypeekaytayáR) to chime, to peal (bells).

repisa (Raypéessah) f. shelf, ledge, mantelpiece.

replegar (RayplaygáR) tr. to refold. Mil. to retreat.

replegarse (RayplaygáRssay) r. Mil. to rally.

repleto (Rayplátyoh) adj. replete; full up.

réplica (Ráypleekah) f. retort.

replicar (RaypleekáR) tr. intr. to retort, to reply, to respond.

repliegue (Rayplyáygay) m. crease; fold; retreat.

repoblación (Raypohblahthyon) f. repopulation, — forestal, afforestation. [repeople.

repoblar (RaypohbláR) tr. to

repollo (Raypóhlyoh) m. Bot. cabbage. [tore.

reponer (RaypohnáyR) tr. restore.

reportaje (RaypoRtáhHay) m. (press)report.

reportar (RaypoRtáR) tr. to moderate, to check.

reportarse (RaypoRtáRssay) r. to refrain, to control one self. [reporter.

reportero (RaypoRtáyroh) m.

reposado (Raypohssáhdoh) adj. peaceful, quiet.

reposar (RaypohssáR) intr. to repose, to rest, to lie down.

reposición (Raypohsseethyón) f. reposition. [confectionery.

repostería (Raypostayréeah) f.

repostero (Raypostáyroh) m. confectioner.

reprender (RayprendáyR) tr. to rebuke, to scold, to chide, to reprimand.

reprensible (Rayprensseeblay) adj. reprehensible. [reprisal.

represalia (Rayprayssáhlyah) f.

representación (Rayprayssentahthyón) f. representation. Theat. performance.

representante (Rayprayssentáhntay) m. representative, agent. [tr. to represent.

representar (RayprayssentáR)

representativo (Rayprayssentahtéeboh) adj. representative.

reprimenda (Rayprееméndah) f. reprimand. [repress.

reprimir (RaypreeméeR) tr. to

reprobar (RayprohbáR) tr. to reprove.

réprobo (Ráyprohboh) adj. y m. reprobate, wicked.

reprochar (RayprohcháR) tr. to reproach. [proach

reproche (Raypróhchay) m. re-

reproducción (Rayprohdook-thyón) f. reproduction, replica. [tr. to reproduce.

reproducir (RayprohdooktéeR)

reptil (Reptéel) adj. y m. reptile.

república (Raypoobleekah) f. republic.

republicanismo (Raypooblee-kahnéessmoh) m. republicanism.

republicano (Raypoobleekah-noh) adj. y m. republican.

repudiación (Raypoodyahthyón) f. repudiation.

repudiar (RaypoodyáR) tr. to repudiate. [diation.

repudio (Raypóodyoh) m. repu-

repuesto (Raypwéstoh) m. stock, supply; de — spare.

repugnancia (Raypoognáhnthy-ah) f. repugnance.

repugnar (RaypoognáR) intr. to be repugnant.

repugnante (Raypoognáhntay) adj. repugnant. [emboss.

repujar (RaypooHáR) tr. to

repulsa (Raypóolssah) f. reprimand. [pulsion.

repulsión (Raypoolssyón) f. re-

repulsivo (Raypoolsséeboh) adj. repulsive. [reputation.

reputación (Raypootahthyón) f.

reputar *(Raypootáʀ)* tr. to repute. [flatter, to woo.

requebrar *(Raykaybráʀ)* tr. to

requemado *(Raykaymáhdoh)* adj. tanned, sunburnt.

requemar *(Raykaymáʀ)* tr. to parch, to burn again, to overcook.

requerimiento *(Raykayreemyéntoh)* m. intimation, summons.

requerir *(Raykayréeʀ)* tr. to intimate; to require.

requesón *(Raykayssón)* m. curd.

requiebro *(Raykyáybroh)* m. compliment, flattery, cooing.

requisa *(Raykéessah)* f. Mil. requisition.

requisito *(Raykeesséetoh)* m. requisite, requirement.

res *(Ress)* f. head of cattle.

resabio *(Rayssáhbyoh)* m. aftertaste, vicious habit.

resaca *(Rayssáhkah)* f. surf, undertow; (coll.) hangover.

resalado *(Rayssahláhdoh)* adj. very graceful; charming, witty.

resaltar *(Rayssaltáʀ)* intr. to jut out. [nence.

resalte *(Rayssaltay)* m. promi-

resarcir *(RayssaRthéeʀ)* tr. to compensate, to indemnify.

resbaladizo *(Rayssbahlahdéethoh)* adj. slippery.

resbalar *(Rayssbahláʀ)* intr. to slip; to err. [(fig.) blunder.

resbalón *(Rayssbahlón)* m. slip;

rescatar *(Reskahtáʀ)* tr. to redeem; to ransom.

rescate *(Reskáhtay)* m. redemption; ransom.

rescindir *(Raysstheendeeʀ)* tr. to rescind, to cancel.

rescisión *(Resstheessyón)* f. recission, cancellment.

rescoldo *(Reskóldoh)* m. embers, cinders. [resentful.

resentido *(Rayssaynteedoh)* adj.

resentimiento *(Rayssaynteemyéntoh)* m. resentment.

resentirse *(RayssaynteeRssay)* r. to resent. [summary.

reseña *(Rayssáynyah)* f. review,

reseñar *(Rayssaynyáʀ)* tr. to review. [ve, stand-by.

reserva *(RayssayRbah)* f. reser-

reservado *(RayssayRbáhdoh)* adj. reserved, cautious; private.

reservar *(RayssayRbáʀ)* tr. to reserve; to book.

resfriado *(Resfryáhdoh)* m. cold, catarrh, chill.

resfriar *(Resfryáʀ)* tr. to cool.

resfriarse *(Resfryáʀssay)* r. to catch (a) cold.

resguardar *(RessgwaRdáʀ)* tr. to shield, to shelter.

resguardarse *(RessgwaRdáRssay)* r. to (take) shelter.

resguardo *(RessgwáRdoh)* m. shelter, guard, preservation. Com. voucher, counterfoil.

residencia *(Raysseedénthyah)* f. residence, mansion.

residencial *(Raysseedenthyáhl)* adj. residential. [sident.

residente *(Raysseedéntay)* s. re-

residir *(Raysseedéeʀ)* intr. to reside, to dwell. [sidue.

residuo *(Raysséedwoh)* m. re-

resignación *(Raysseegnahthyón)* f. resignation.

resignarse *(RaysseegnáRssay)* r. to resign, to put up with, to yield. [sin.

resina *(Raysséenah)* f. resin; rosin.

resistencia *(Raysseesténthyah)* f. resistance, opposition.

resistente *(Raysseesténtay)* adj. f. resistant.

resistir *(RaysseesteeʀR)* intr. to resist, to withstand, to weather (storms). [resolution.

resolución *(Rayssohloothyon)* f.

resolver *(Rayssolbáyʀ)* tr. to (re)solve, to decide.

resolverse *(RayssolbáyRssay)* r. to determine. [f. resonance

resonancia *(Rayssohnáhnthyah)*

resonar *(Rayssohnáʀ)* intr. to resound. [snort.

resoplar *(Rayssohpláʀ)* intr. to

resoplido *(Rayssohpléedoh)* m. snort(ing), puff.

resorte *(RayssóRtay)* m. spring; (fig.) means.

respaldar *(Respahldáʀ)* tr. to endorse, to back.

respaldo *(Respáhldoh)* m. (seat) back, endorsement.

respectivo *(Respektéeboh)* adj. respective. [tion; respect.

respecto *(Respéktoh)* m. relaspectable; honourable.

respetable *(Respaytáhblay)* adj.

respetar *(Respaytáʀ)* tr. to respect, to honour. [regard.

respeto *(Respáytoh)* m. respect,

respetuoso *(Respaytwóhssoh)* adj. respectful, obsequious.

respiración *(Respeerahthyón)* f. respiration, breath(ing).

respiradero *(Respeerahdáyroh)* m. breathing-hole, vent, ventilator.

respirar *(Respeeráʀ)* intr. to breathe, to get breath.

respiro *(Respéeroh)* m. respite, break.

resplandecer *(Resplahndaytháyʀ)* intr. to glitter, to glow.

resplandeciente *(Resplahndaytyéntay)* adj. resplendent, glittering, shining, glow.

resplandor *(Resplahndóʀ)* m. brilliancy, glave.

responder *(Respondáyʀ)* tr. e intr. to answer, to respond, to reply. [saucy, pert.

respondón *(Respondón)* adj.

responsabilidad *(Responssabeeleedáhd)* f. responsibility, liability.

responsable *(Responssáhblay)* adj. responsible, liable.

responso *(Respónssoh)* m. responsory, prayer.

respuesta *(Respwéstah)* f. answer, response, reply.

resquebrajar *(ReskaybrahHáʀ)* intr. to crack, to split.

resquemo(r) *(Reskaymóʀ)* m. remorse; pungency.

resquicio *(Reskéethyoh)* m. crack; chink.

restablecer *(RestahblaythayʀR)* tr. to restore, reinstate, reestablish.

restablecerse *(RestahblaythayRssay)* r. to recover.

restablecimiento *(Restahblaytheemyéntoh)* m. recovery; re-establishment.

restante *(Restáhntay)* r. remainder, remaining.

restar *(Restáʀ)* tr. to deduct, to take away.

restauración *(Restah/oorahtyón)* f. restoration.

restaurante *(Restah/ooráhntay)* m. restaurant.

restaurar *(Restah/ooráʀ)* intr. to restore. [restitution.

restitución *(Resteetoothyón)* f.

restituir *(Resteetwéeʀ)* tr. to restore. [scrub.

restregar *(Restraygáʀ)* tr. to

resto *(Réstoh)* m. remainder; rest; pl. remains.

restricción *(Restreekthyón)* f. restriction.

restrictivo *(Restreektéeboh)* adj. restrictive.

restriñimiento *(Restreenyeemyéntoh)* m. restriction.

resucitar *(Rayssootheetáʀ)* tr. to resuscitate; to revive.

resuelto *(Rayswéltoh)* adj. resolute. [effect.

resulta *(Rayssóoltah)* f. result;

resultado *(Rayssooltáhdoh)* m. result; issue.

resultar *(Rayssooltáʀ)* intr. to result; (coll.) work out (well, badly).

resumen *(Rayssóomen)* m. summary; extract. [abridged.

resumido *(Rayssoomeédoh)* adj.

resumir *(Rayssooméeʀ)* tr. to sum up; to abridge.

resurrección *(RayssooRekthyón)* f. resurrection; revival.

retablo *(Raytáhbloh)* m. altarpiece. [f. rearguard.

retaguardia *(RaytahgwáRdyah)*

retahila *(Raytahéelah)* f. file; string. [ce.

retal *(Raytáhl)* m. remnant, pie-

retar *(Raytáʀ)* tr. to challenge.

retardar *(RaytaRdáʀ)* tr. to retard; to delay.

retardo *(RaytáRdoh)* m. delay.

retazo *(Raytáhthoh)* m. remmant, piece.

retén *(Raytén)* m. stock. Mil. reserve. Mech. catch, ratchet. [tention.

retención *(Raytenthyón)* f. re-

retener *(Raytaynáyʀ)* tr. to retain; to hold back.

retentiva *(Raytentéebah)* f. retentiveness. [reticence.

reticencia *(Rayteethaynthya)* f.

retina *(Raytéenah)* f. retina.

retirada *(Rayteeráhdah)* f. withdrawal. Mil. retreat.

retirado *(Rayteeráhdoh)* adj. retired, remote; m. retired officer.

retirar *(Rayteeráʀ)* tr. to withdraw; to retire; to recoil.

retiro *(Rayteéroh)* m. retreat; retirement; recess.

reto *(Ráytoh)* m. challenge.

retocar *(RaytohkáʀR)* tr. to retouch; to finish up. [shoot.

retoño *(Raytóhnyoh)* m. sprout;

retoque *(Raytóhkay)* m. retouching, finoshing touch.

retorcer *(RaytoRtháyʀ)* tr. to twist, to wring.

retorcimiento *(RaytoRtheemyéntoh)* m. twisting, wringing.

retórica *(Raytóhreekah)* f. rhetoric. [rhetorical.

retórico *(Raytóhreekoh)* adj.

retornar *(RaytoRnáʀ)* tr. e intr. to return, come, go back.

retorno *(RaytóRnoh)* m. return; barter, exchange.

retozar *(Raytohtháʀ)* intr. to frisk, to romp, to frolic.

retozo *(Raytóhthoh)* m. frisk-(iness), frolic, rompness.

retozón *(Raytohthón)* adj. rompish.

retractación *(Raytrahktahthyón)* f. retrac(ta)tion.

retractar *(Raytrahktáʀ)* tr. to retract, to withdraw.

retraer *(Raytrah/áyʀ)* tr. dissuade, to retrieve.

retraerse *(Raytrah/áyRssay)* r. to withdraw from, to keep aloof.

retraído *(Raytrah/éedoh)* adj. y m. solitary.

retraimiento *(Raytrah/eemyéntoh)* m. withdrawal, shyness; seclusion.

retrasar *(Raytrahssáʀ)* tr. to delay, to put off.

retrasarse *(RaytrahssáRssay)* r. to be late. [lay.

retraso *(Raytráhssoh)* m. delay.

retratar *(Raytrahtáʀ)* tr. to portray, to depict; to photograph.

retratarse *(RaytrahtáRssay)* r. to have a photograph taken.

retratista *(Raytrahtéestah)* f. portarits painter, photographer.

retrato *(Raytráhtoh)* m. portrait, picture, photograph.

retreta *(Raytráytah)* f. Mil. retreat; tattoo.

retrete *(Raytráytay)* m. lavatory, water-closet.

retribución *(Raytreeboothyón)* f. reward; tip.

retribuir *(Raytreebwéeʀ)* tr. to retribute, to reward.

retroceder *(RaytrohthaydáyʀR)* intr. to retrocede, to recede, to go backward.

retroceso *(Raytrohthayssoh)* m. re(tro)cession.

retrógrado *(Raytróhgrahdoh)* adj. retrogressive, retrograde.

reuma *(Réh/oomah)* f. rheum; m. Med. rheumatism.

reumático *(Reh/oomáhteekoh)* adj. rheumatic.

reumatismo *(Reh/oomahtéessmoh)* m. rheumatism.

reunión *(Reh/oonyón)* f. reunion, meeting, gathering, assembly.

reunir *(Reh/oonéeʀ)* tr. to join, to assemble, to gather, to collect.

reunirse *(Reh/oonéeʀssay)* r. to join, to meet, to gather.

reválida *(Raybáhleedah)* f. final examination, revalidation.

revalidar *(Raybahleedáʀ)* tr. to si, to confirm. [venge.

revancha *(Raybáhnchah)* f. re-

revelación *(Raybaylahthyón)* f. revelation, disclosure.

revelado *(Raybayláhdoh)* m. Phot. development.

revelar *(Raybaylʀáʀ)* tr. to reveal, to disclose. Phot. to develop.

revendedor *(Raybendaydóʀ)* m. retailer; (ticket) speculator; hawker, pedlar.

revender *(Raybendáyʀ)* tr. to retail, to re-sell, to peddle.

reventa *(Raybéntah)* f. resale, retail.

reventar *(Raybentáʀ)* intr. to burst, to blow up/out; tr. to vex, to annoy.

reventón *(Raybentón)* adj. y m. (up)burst, blow-out.

reverencia *(Raybayrénthyah)* f. reverence; bow.

reverenciar *(Raybayrenthyáʀ)* tr. to revere; to reverence, venerate.

reversión *(RaybayRssyón)* f. reversion, return.

revés *(Raybéss)* m. reverse; back, wrong side; setback, misfortune; slap, cuf; the other way round; back to front, inside out

revisar *(Raybeessaʀ)* tr. to review; check, to overhaul.

revisión *(Raybeessyon)* f. revision, overhaul.

revisor *(RaybeessoʀR)* m. reviser, (ticket-) inspector collector.

revista *(Raybéestah)* f. review, magazine, journal. Mil. muster. Theat. revue.

166 **revistar** *(RaybeestáR)* tr. to review, to inspect. *Law.* revise.   [tr. to revivify.

revivificar *(RaybeebeefeekáR)*

revivir *(RaybeebéeR)* intr. to to revive, to return to life.

revocación *(Raybohkahthyón)* f. revocation, revokement.

revocar *(RaybohkáR)* tr. to revoke; unsay, take back.

revolotear *(RaybohlohtayáR)* intr. to flutter, to hover.

revoloteo *(Raybohlohtayoh)* m. fluttering, hovering.

revoltillo *(Rayboltéelyoh)* m. medley, jumble, mess.

revoltoso *(Rayboltóhssoh)* adj. prankish, mischievous.

revolución *(Raybohloothyón)* f. revolution; revolt; rebellion.

revolucionar *(RaybohloothyohndR)* tr. to revolutionize, to revolt.

revolucionarse *(RaybohloothyohnáRssay)* r. to rebel, to rise.

revolucionario *(Raybohloonáhryoh)* adj. revolutionary; s. revolutionist, rebel.

revolver *(RaybolbayR)* tr. to turn up, to stir, to shake.

revólver *(RaybólbaR)* s. revolver, pistol, gun.

revoque *(Raybóhkay)* m. plastering, whitewashing.

revuelco *(Raybwélkoh)* m. wallowing, rolling.

revuelo *(Raybweloh)* m. gyration (in flying), stir, sensation.

revuelto *(Raybwéltoh)* adj. unsetled, scrambled (eggs).

revulsión *(Rayboolssyón)* f. revulsion.   [gos, May.

rey *(Ray)* m. king; **Reyes Mareyezuelo** *(Rayyethwayloh)* m. petty king. *Orn.* kinglet.

rezagar *(RaythahgáR)* tr. to leave behind, to lag behind.

rezagarse *(RaythahgáRssay)* r. to lag.   [say prayers.

rezar *(RaytháR)* tr. to pray; to

rezo *(Ráythoh)* m. prayer.

ría *(Réeah)* f. river mouth, estuary.

riachuelo *(Ryachwáyloh)* m. rivulet; brook, stream.

riada *(Ryáhdah)* f. fresh(et), flood, inundation.

ribera *(Reebáyrah)* f. -shore (sea-) river bank.

ribereño *(Reeb/ayráynyoh)* adj. riverside; m. riparian.

ribete *(Reebáytay)* m. braid, edge, border.

ribetear *(ReebaytayáR)* tr. to border, to hem, to edge, to fringe.   [(coll.) very rich.

ricacho *(Reekáhchoh)* adj. y m.

rico *(Réekoh)* adj. rich; wealthy; delicious, sweet.

ridiculez *(Reedeekooléth)* f. ridicule, folly; oddity.

ridiculizar *(ReedeekooleetháR)* tr. to ridicule, to laugh at, to deride at, to nock at.

ridículo *(Reedéekooloh)* adj. ridiculous, laughable; m. ridicule.

riego *(Ryégoh)* m. irrigation.

riel *(Ryén)* m. rail; ingot; bar.

rienda *(Ryéndah)* f. rein of a bridle.   [ger hazard.

riesgo *(Ryéssgoh)* m. risk; danger.

rifa *(Réefah)* f. raffle, lottery, draw.   [(flots).

rifar *(ReefáR)* tr. raffle, to draw.

rifle *(Réeflay)* m. rifle.

rigidez *(ReeHeedéth)* f. rigidity, stiffeness.

rígido *(RéeHeedoh)* adj. rigid, stiff.

rigor *(ReegóR)* m. rigour, strictness, harshness.

riguroso *(Reegoohróhssoh)* adj. rigorous, strict, harsh.

rima *(Réemah)* f. rhyme, rime.

rimar *(ReemáR)* intr. to rhyme.

rincón *(Reenkón)* m. corner; nook.   [m. rhinoceros.

rinoceronte *(Reenohthayróntay)*

riña *(Réenyah)* f. quarrel; dispute, scuffle, fray.

riñón *(Reenyón)* m. kidney.

río *(Réeoh)* m. river, stream.

riqueza *(Reekáythah)* f. riches, wealth.

risa *(Réessah)* f. laugh, laughter.

risible *(Reesséeblay)* adj. laughable.   [faw.

risotada *(Reessohtáhdoh)* f. guffaw.

risueño *(Reeswáynyoh)* adj. smiling.   [thmic(al).

rítmico *(Réetmeekoh)* adj. rhythmic.

ritmo *(Réeetmoh)* m. rhythm.

rito *(Réetoh)* m. rite; ceremony.

ritual *(Reetwáhl)* m. y adj. ritual, ceremonial.

rival *(Reebáhl)* s. rival; competitor.   [valry.

rivalidad *(Reebahleedáh)* f. rivalizar *(ReebahleetháR)* tr. to rival; to vie, to compete.

rizado *(Reetháhdoh)* adj. curly, wavy, frizzled.

rizar *(ReetháR)* tr. to frizz(le), to cure, to crimp.

rizarse *(ReetháRssay)* r. to curl.

robar *(RohbáR)* tr. to rob; to plunder, to steal.

roble *(Róhblay)* m. *Bot.* oaktree.   [theft.

robo *(Róhboh)* m. robbery;

robustecer *(RohboostaythayR)* tr. to make strong.

robustez *(Rohboostayth)* f. robustness, stoutness, sturdiness.

robusto *(Rohbóostoh)* adj. robust, stout, sturdy.

roca *(Róhkah)* f. rock; stone, boulder.   [bing.

roce *(Róhthay)* m. friction, rubbing, scattering. *Naut.* spray.

rociada *(Rohthyáhdah)* f. sprinkling, scattering. *Naut.* spray.

rociador *(RohthyahdóR)* m. spinkler, sprayer, spray.

rociar *(RohthyáR)* tr. to sprinkle, to spray.   [jade.

rocín *(Rohthéen)* m. hack(ney).

rocío *(Rohthéeoh)* m. dew.

rodada *(Rohdáhdah)* f. rut; wheeltrack.

rodado *(Rohdáhdoh)* adj. dapple(d), round; canto —, pebble.

rodaja *(RohdáhHah)* f. slice, rasher; small wheel, castor.

rodaje *(RohdáhHay)* m. wheeling set of wheels, En —, running in.

rodar *(RohdáR)* intr. to roll (about), to spin, to wheel, to rotate.

rodear *(RohdáyaR)* tr. to surround, to encircle, to girdle.

rodeo *(Rohddyoh)* m. turn, roundabout, round-up. **Está dando —s**, he's beating about the bush.

rodilla *(Rohdéelyah)* f. knee.

rodillera *(Rohdeelyerah)* f. knee-cap; knee-guard; knee-patch.

rodillo *(Rohdeelyoh)* roller, cylinder, rolling-pin. *Print.* inking roller.

roedor *(Roh/aydóR)* adj. y m. gnawer. *Zool.* **roedores**, rodents.

roer *(Roh/ayR)* intr. to gnaw.

rogar *(RohgáR)* tr. to pray, to beg.   [gation, prayer.

rogativa *(Rohgahtéebah)* f. rogación, prayer.

rojez *(RohHayth)* f. redness.

rojizo *(RohHéethoh)* adj. reddish.

rojo *(RóhHoh)* adj. red, al — red-hot.

rollizo *(Rohlyéethoh)* adj. plump.

rollo *(Róhlyoh)* m. roll, cylinder, scroll, log.

romance *(Rohmáhnthay)* adj. y m. Romance, Romanic; m. Romance languaje.

romancero *(Rohmahntháyroh)* m. romancer; m. collection of romances.

romanizar *(RohmahneetháR)* tr. to Romanize.   [Roman.

romano *(Rohmáhnoh)* adj. y m.

rombo *(Rómboh)* m. rhomb-(us), diaod-shaped.

romería *(Rohmayréeah)* f. pilgrimage; country-party.

romero *(Rohmáyroh)* m. *Bot.* Rosemary; pilgrim; palmer.

rompecabezas *(Rompaykahbáythahss)* m. puzzle, riddle.

rompehielos *(Rompayyeloss)* m. icebreaker.

rompeolas *(Rompayóhlahss)* m. breakwater, jetty.

romper *(Rompá/R)* tr. e intr. to break (off).   [break.

romperse *(Rompá/Rssay)* r. to rompiente *(Rompyéntay)* adj. breaking; m. surf; surge, breakers, reefs.

ron *(Ron)* m. rum.

roncar *(RonkáR)* intr. to snore; to boast brag.

ronco *(Rónkoh)* adj. hoarse.

roncha *(Rónchah)* f. round slice; brutse, weal.

ronda *(Róndah)* f. night-patrol, beat, rounds.

rondalla *(Róndáhlyah)* f. fable, story; folk-music group.

rondar *(RondáR)* tr. to patrol, round, to haunt. [be hoarse.

ronquear *(RonkayaR)* intr. to

ronquera *(Ronkayrah)* f. hoarseness.   [re.

ronquido *(Ronkéedoh)* m. snore.

roña *(Róhnyah)* f. scab filth.

roñería *(Rohnyayréeah)* f. meanness.   [scabby; nasty.

roñoso *(Rohnyóhssoh)* adj.

ropa *(Róhpah)* f. clothes clothing; — **blanca**, linen; — **de cama**, bed linen; — **interior**, underwear.

ropaje *(RohpáhHay)* m. clothes, robe; drapery.   [be; locker.

ropero *(Rohpáyroh)* m. wardrobe.

roquedal *(Rohkaydáhhl)* m. rocky place.   [rocky.

roqueño *(Rohkáynyoh)* adj.

rorro *(RohRóh)* m. (coll.) baby.

rosa *(Róhssah)* f. *Bot.* rose; m. rose colour.

rosado *(Rohssáhdoh)* adj. rosed; rosy(-hued).

rosal *(Rohssáhl)* m. *Bot.* rose-bush.   [rose-garden.

rosaleda *(Rohssahláydah)* f.

rosario *(Rohssáhryoh)* m. *Eccl.* rosary, chaplet.

rosca *(Róskah)* f. screw-thread.

rosicler *(RohsseekláiR)* m. rose-pink.

rosquilla *(Roskéelyah)* f. rusk.

rostro *(Róstroh)* m. (human) face, visage, countenance.

rotación *(Rohtahthyón)* f. rotation, turn, revolution, whirl.

roto *(Róhtoh)* adj. broken; torn.

rótula *(Róhtoolah)* f. knee-pan.

rotular *(RohtoolaR)* tr. to label.

rótulo *(Róhtooloh)* m. label, sign, lettering, inscription, poster, showbill.

rotundo *(Rohtóondoh)* adj. round; plain; sonorous.

rotura *(Rohtóorah)* f. rupture, fracture, breakage, cerak.

rozadura *(Rohtahdóorah)* f. friction, chafing, abraison.

rozamiento *(Rohtahmyéntoh)* m. friction, rubbing.

rozar *(RohtháR)* tr. e intr. to stub; to rub against.

rubí *(Roobée)* s. ruby.

rubio *(Róobyoh)* adj. blonde, fair (-haired), ruddy.

rubor *(RoobóR)* m. blush, shame, bashfulness.

ruborizarse *(RoobohreetháRssay)* r. to blush.

ruboroso *(Roobohróhssoh)* adj. bashful, shameful.

rúbrica *(Róobreekah)* f. red mark, flourish (in signature).   [sign.

rubricar *(RoobreekáR)* tr. to

ruda *(Róodah)* f. *Bot.* rue.

rudeza *(Roodáythah)* f. rudeness, roughness, asperity.

rudimento *(Roodeemyéntoh)* m. rudiment; pl. elements.

rudo *(Róodoh)* adj. rude, rough, coarse; hard; stupid.

rueda *(Rwáydah)* f. wheel; castor, roller, circle, turn.

ruedo *(Rwáydoh)* m. rotation, turn, arena (in a bull-ring).

ruego *(Rwáygoh)* m. request, petition, entreaty.

rufián *(Roofyáhn)* m. ruffian, pimp, procurer.

rugido *(RooHéedoh)* m. roar.

rugiente *(RooHyéntay)* adj. roaring, bawling.

rugir *(RooHéeR)* intr. to roar, to bawl, bellow, howl.

rugosidad *(Roogohsseedah)* f. rugosity.

rugoso *(Roogóhssoh)* adj. rugose, corrugated.   [rhubarb.

ruibarbo *(RweebáRboh)* m. *Bot.*

ruido *(Rwéedoh)* m. noise; bustle, outcry, clatter, din.

ruidoso *(Rweedóhssoh)* adj. noisy, loud.

ruin *(Rwéen)* adj. vile; low mean, base; treacherous.

ruina *(Rwéenah)* f. ruin, downfall; pl. ruins.

ruindad *(Rweendahd)* f. meanness, baseness.   [nous.

ruinoso *(Rweenóhssoh)* adj. ruinous.

ruiseñor *(RweessaynyóR)* m. *Orn.* nightingale.

rumbo *(Róomboh)* m. course, bearing; ostentation, pomp.

rumboso *(Roombóhssoh)* adj. splendid; pompous.

rumiante *(Roomyáhntay)* adj. ruminant; reflecting, musing.

rumiar *(RoomyáR)* tr. to ruminate; to muse, to brood over, to muse. *Zool.* to chew the cud.

rumor *(RoomóR)* m. rumour, murmur, hearsay.

ruptura *(Rooptóorah)* f. rupture, break, crack, breakage.

ruso *(Róossoh)* adj. y m. Russian.

rusticidad *(Roossteetheedáhd)* f. rusticity.

rústico *(Róossteekoh)* adj. rustic; churlish, rude; m. peasant.

ruta *(Róotah)* f. route, itinerary.

rutina *(Rootéenah)* s. routine; habit; custom, rut.

rutinario *(Rooteenáhryoh)* adj. routinary; m. routinist.

sábado *(sáhbahdoh)* m. Saturday.

sábana *(sáhbahnah)* f. (bed) sheet; pl. bed-linen.

sabandija *(sahbahndéeHah)* f. vermin, grub, insect.

sabañón *(sahbahnyón)* m. chilblain. [aware.

sabedor *(sahbaydóR)* adj. y m.

saber *(sahbáR)* tr. to know, to be aware of, can; — a to taste of; m. learning.

sabia *(sáhbiah)* adv. knowingly, wise, sage.

sabiendas *(sahbyéndass)* adv. knowingly, consciously.

sabio *(sáhbyoh)* adj. wise; sage, learned, well-read; m. sage.

sablazo *(sahbláhthoh)* m. sabre stroke or wond; (coll.) touch; (fig.) sponging.

sabor *(sahbóR)* m. taste, flavour, smack, savour.

saborear *(sahbohrayáR)* tr. to savour, to smack, to relish, enjoy.

sabotaje *(sahbohtáhHay)* m. sabotage. [ty, delicious.

sabroso *(sahbróhssoh)* adj. tassabueso *(sahbwáyssoh)* m. (blood) hound; (fig.) detective; (USA.) private-eye.

saca *(sáhkah)* f. drawing out, large bag or sack.

sacabotas *(sahkahbóhtass)* m. boot-jack.

sacacorchos *(sahkahkóRchoss)* m. corkscrew.

sacar *(sahkáR)* tr. to draw (out); to take (out), to find out, to get. [charin.

sacarina *(sahkahréenah)* f. saccharine.

sacerdocio *(sahthayRdóhthyoh)* m. priesthood.

sacerdotal *(sahthayRdohtáhl)* adj. sacerdotal.

sacerdote *(sahthayRdóhtay)* m. priest; clergyman.

sacerdotisa *(sahthayRdohtéessah)* f. priestess.

saciar *(sahthyáR)* tr. to satiate; to satisty, to quench.

saciedad *(sahthyedahd)* f. satiety, glut, saturation.

saco *(sáhkoh)* m. sack, bag, sackful, plunder, pillage. Amer. coat.

sacramento *(sahkrahméntoh)* m. sacrament. [sacrifice.

sacrificar *(sahkreefeekáR)* tr. to

sacrificio *(sahkreeféethyoh)* m. sacrifice. [sacrilege.

sacrilegio *(sahkreeláyHyoh)* m.

sacristán *(sahkreestáhn)* m. sacristan, sexton, verger.

sacristía *(sahkreestéeah)* f. sacristy; vestry. [cred.

sacro *(sáhkroh)* adj. holy; sacudida *(sahkoodéedah)* f. shake; jerk, tremor, jolt.

sacudir *(sahkoodéeR)* tr. to shake, to jerk, to jolt, to jog, to agitate. [to shake off.

sacudirse *(sahkoodéeRssay)* r. to

saeta *(sah/áytah)* f. arrow; dart; Andalusian pious song.

sagacidad *(sahgahtheedáhd)* f. sagacity, shrewdness, sharpness, wit.

sagaz *(sahgáth)* adj. sagacious, shrewd, sharp, quick, smart.

sagrado *(sahgráhdoh)* adj. sacred, holy; m. sanctuary.

sagrario *(sahgráhryoh)* m. sanctuary. Eccl. ciborium.

sainete *(sah/eenáytay)* m. Theat. farce.

sal *(sáhl)* f. salt; (fig.) wit.

sala *(sáhlah)* f. hall, drawing-room, (hospital) ward, tribunal. Theat., house.

salado *(sahláhdoh)* adj. salted, salty, brackish, briny, witty.

saladura *(ahlahdóorah)* f. salting, pickled; saltness.

salamandra *(sahlahmáhndrah)* f. salamander. [cure.

salar *(sahláR)* tr. to salt; to

salario *(sahláhryoh)* m. salary; stipend; wages; pay. [lewd.

salaz *(sahláth)* adj. lustful;

salazón *(sahlathón)* f. salting, salt meat, salt fish.

salchicha *(sahlchéechah)* f. sausage, hot-dogs.

salchichón *(sahlcheechón)* m. large sausage.

saldar *(sahldáR)* tr. Com. to settle, to liquidate, to pay off.

saldo *(sáhldoh)* m. Com. balance, remnant, reject; venta de —s (clearance)-sale.

salero *(sahlayroh)* m. saltcellar; (fig.) gracefulness.

saleroso *(sahlayrohssoh)* adj. graceful; witty.

salida *(sahléedah)* f. departure; outset, exit; start, rise. Mil. sally.

saliente *(sahlyéntay)* adj. salient, profeeling, jutting-out.

salina *(sahléennah)* f. salt-pit; saltmine. [ne.

salino *(sahléennoh)* adj. salisalir *(sahléeR)* intr. to go out, to depart, to come out, to rise (the sun); to leave.

saliva *(sahléebah)* f. saliva, spit.

salmear *(sahlmayáR)* tr. to sing psalms.

salmista *(sahlméestah)* s. psalmist, psalm-singer.

salmo *(sáhlmoh)* m. psalm.

salmón *(sahlmón)* m. Ichth. salmón.

salmonete *(sahlmohnáytay)* m. Ichth. red mullet.

salmuera *(sahlmwáyrah)* f. brine; pickle.

salobre *(sahlóhbray)* adj. saltish, brackish, briny.

salón *(sahlón)* m. saloon, hall, drawing-room, assembly-room.

salpicadura *(sahlpeekahdóorah)* f. splash, spattering.

salpicar *(sahlpeekáR)* tr. to splash, to spatter.

salpicón *(sahlpeekón)* m. salmagundi. [vy.

salsa *(sáhlssah)* f. sauce; grasalsera *(sahlssáyrah)* f. gravy-dish. [m. grasshopper.

saltamontes *(sahltahmóntess)* saltar *(sahltáR)* intr. to leap; to spring; to jump; to hop, tr. to leap or jump over.

salteador *(sahltayadóR)* m. highwayman.

saltear *(sahltayáR)* tr. to rob on the highway; to assault, to hold up. [ter.

salterio *(sahltáyryoh)* m. psalsaltimbanco *(sahlteembáhnkoh)* —banqui *(—báhnkee)* m. mountebank, trifler.

salto *(sáhltoh)* m. spring; leap; hop; jump.

saltón *(sahltón)* adj. hopping, bulging; m. grasshopper.

salubre *(sahlóobray)* adj. salubrious, healthy.

salud *(sahlóod)* f. health.

saludable *(sahloodáhblay)* adj. salutary; healthful.

saludar *(sahloodáR)* tr. to greet; to salute; to hail.

saludo *(sahlóodoh)* m. salute, greeting.

salva *(sáhlbah)* f. Mil. volley; salvo. [vation.

salvación *(sahlbahthyón)* f. salvajada *(sahlbahHáhdah)* f. brutal/savage action.

salvaje *(sahlbáhHay)* adj. savage; wild; m. savage; (coll.) ignorant. [m. salvage.

salvamento *(sahlbahmáyntoh)* salvar *(sahlbáR)* tr. to save; to salvage, to overcome.

salvarse *(sahlbáRssay)* r. to escape (from danger).

salvavidas *(sahlbahbéedahss)* m. lifelbelt; bote —, life-boat.

salve *(sáhlbay)* interj. hail f. Eccl. Salve Regina.

salvedad *(sahlbaydáhd)* f. exception, reservation.

salvo *(sáhlboh)* adj. safe, saved; adv. excepting.

salvoconducto *(salbohkondooktoh)* m. safe-conduct, pass, permit.

sambenito *(sahmbaynéetoh)* m. sanbenito, (penitential garment).

san *(sahn)* adj. saint.

sanar *(sahnáR)* tr. to heal; to cure; intr. to recover.

sanatorio *(sahnahtóhryoh)* m. sanatorium.

sanción *(sahnthyón)* f. sanction, fine, censure, reproof, admonition, reprimand, rebuke.

sancionar *(sahnthyohnáR)* tr. to sanction; ratify, to fine, to reprimand, to admonish, to rebuke. [dal.

sandalia *(sahndáhlyah)* f. sandez *(sahndáyth)* f. nonsense, folly, twaddle, tommy-rot, tripe. [melon.

sandía *(sahndéeah)* f. water.

saneamiento *(sahnayahmyéntoh)* m. sanitation, sewage, drainage.

sanear *(sahnayáR)* tr. to make sanitary, to drain.

sangradura *(sahngrahdóorah)* f. bleeding; draining.

sangrar *(sahngráR)* tr. to bleed; intr. to bleed. [be bled.

sangrarse *(sahngráRssay)* f. to sangre *(sáhngray)* f. blood.

sangría *(ahngréeah)* f. bleeding; a mixture of red wine and fizzydrink, adding bits of fruit.

sangriento *(sahngryéntoh)* adj. bloody, blood-stained, bleeding. [leech.

sanguijuela *(sahngeeHwáylah)* f. sanguinario *(sahngeenáhryoh)* adj. sanguineous, blood-thirsty, cruel.

sanguíneo *(sahngéenayoh)* adj. sanguineous, bloody.

sanidad *(sahneedáhd)* f. health-(iness), sanity; health-office.

sano *(sáhnoh)* adj. sound; healthy. [adj. y f. saint, holy.

santa *(sáhntah)* f. female saint; santiamén *(sahntyahmén)* m. (coll.) jiffy.

santidad *(sahnteedáhd)* f. sanctity; holiness; Holiness; title of the Pope.

santificación *(sahnteefeekah-thyón)* f. sanctification.

santificar *(sahnteefeekáR)* tr. to sanctify.

santiguar *(sahnteegwáR)* tr. to bless; (coll.) to chastise.

santiguarse *(sahnteegwáRssay)* r. to cross oneself.

santísimo *(sahntéesseemoh)* adj. most holy.

santo *(sáhntoh)* adj. holy, saint-(ed), blessed; m. saint, saint's. day. Mil. — y seña, watchword. [te; dervish.

santón *(sahntón)* m. hypocrisantoral *(sahntohráhl)* m. calender of saints.

santuario *(sahntwáhryoh)* m. sanctuary.

saña *(sáhnyah)* f. passion; anger, rage, fury.

sañudo *(sahnyóodoh)* adj. furious, enraged. [dom.

sapiencia *(sahpyénthyah)* f. wissapo *(sáhpoh)* m. toad.

saquear *(sahkayáR)* tr. to ransack, to plunder, to pillage.

saqueo *(sahkáyoh)* m. plunder; pillage, spoil.

sarampión *(sahrahmpyón)* m. measles. [party.

sarao *(sahráh/oh)* m. evening

sarcasmo *(saRkássmoh)* m. sarcasm. [sarcastic.

sarcástico *(saRkásteekoh)* adj.

sardana *(saRdáhnah)* f. a Catalonian ring-dance.

sardina *(saRdéenah)* f. Ichth. sardine. [geant.

sargento *(saRHéntoh)* m. sergeant.

sarna *(sáRnah)* f. itch, mange, scabies.

sarnoso *(saRnóhssoh)* adj. itchy, mangy, scabby.

sarraceno *(sahRahtháynoh)* m. y adj. Saracen. [des.

sarro *(sáhRoh)* m. crust, sorsarta *(sáRtah)* f. string (of beads), line, row, series.

sartén *(saRtén)* f. frying-pan.

sastre *(sáhstray)* m. tailor.

sastrería *(sahstrayréeah)* s. a tailor's trade or shop.

satánico *(sahtáhneekoh)* adj. satanic; devillish.

Satán *(sahtáhn)* m. Satan, Devil; (coll.) Old Harry, Old Horny.

satélite *(sahtáyleetay)* m. satellite, follower, companion.

satinado *(sahteenáhdoh)* adj. glossy, glazy; m. glazing.

satinar *(sahteenáR)* tr. to glass, to glaze.

sátira *(sáhteerah)* f. satire.

satírico *(sahtéereekoh)* adj. satiric(al); m. satirist.

satirizar *(sahteereetháR)* tr. to satirize.

sátiro *(sáhteeroh)* m. satyr, lewd fellow. [satisfaction.

satisfacción *(sahteesfahthyón)* f.

satisfacer *(sahteesfahtháyR)* tr. to satisfy, to please, to satiate.

satisfactorio *(sahteesfahktóhryoh)* adj. satisfactory, pleasing, satisfying.

satisfecho *(sahteesfáychoh)* adj. satisfied, conten(ed).

saturar *(sahtooráR)* tr. to saturate, to glut, to fill.

sauce *(sáh/oothay)* m. Bot. willow.

saxofón, -fono *(sahkssohfón)* m. saxophone.

sazón *(sahthón)* f. maturity; season/ing, ripening; a la —, at that time.

sazonado *(sahthohnáhdoh)* adj. seasoned; mature, mellow, ripe.

sazonar *(sahthohnáR)* tr. to season; to ripen, to mature.

168 se *(say)* pron. (reflexive) yourself, himself, herself, itself, oneself, themselves; (dative personal, before **lo, la, los, las**) (to) you, (to) him, (to) her, (to) it, (to) them; (reciprocal verb) one another, each other; (indefinite subject, passive meaning) — **dice**, they say, it is said; — **habla inglés**, English spoken.
sebo *(sáyboh)* m. tallow; fat, suet.   [wy, greasy.
seboso *(saybóhssoh)* adj. tallo
secadero *(saykahdáyroh)* m. drying room.
secano *(saykáhnoh)* m. dry land **cultivo de** —, dry farming.
secante *(saykáhntay)* m. blotting paper, drier; drying oil.
secar *(saykáR)* tr. to dry; to drain, to wipe.
secarse *(saykáRssay)* r. to (grow) dry.
sección *(sekthyón)* f. section, division. *Mil.* platoon.
seccesión *(sekthayssyón)* f. secession, separation.
seco *(sáykoh)* adj. dry; dried up, barren, arid, husky, sharp.
secreción *(saykraythyón)* f. secretion.
secretaria *(saykraytáhryah)* f. (woman) secretary.
secretaría *(saykraytahréeah)* f. secretary's ofiice, secretaryship.   [secretary.
secretario *(saykraytáhryoh)* m.
secretear *(saykraytayáR)* intr. to speak in private, to whisper.
secreto *(saykráytoh)* adj. secret; m. secrecy; secret(ness).
secta *(séktah)* f. sect.
sectario *(sektáhryoh)* adj. y m. sectarian.
sector *(sektóR)* m. sector.
secuaz *(saykwáth)* adj. partisan; m. follower.
secuela *(saykwáylah)* f. sequel aftermath.
secuestrar *(saykwestráR)* tr. to kidnap, abduct.
secuestro *(saykwéstroh)* m. kidnapping, abduction.
secular *(saykooláR)* adj. secular; lay.   [tr. to secularize.
secularizar *(saykoolahreetháR)*
secundar *(saykoondáR)* tr. to second; to aid, to favour.
secundario *(saykoondáhryoh)* adj. secondary, second-rate.
sed *(sed)* f. thirst; eagerness, anxiety.
seda *(sáydah)* f. silk, **como una** —, without difficulty.
sedal *(saydáhl)* m. fishing/angling line.
sede *(sáyday)* f. see; **Santa Sede**, Holy See.   [sedentary.
sedentario *(saydentáhryoh)* adj.
sedición *(saydeethyón)* f. sedition; mutiny.   [seditious.
sedicioso *(saydeethyóhssoh)* adj.
sediento *(saydyéntoh)* adj. thirsty, dry; eager, anxious.
sedimento *(saydeeméntoh)* m. sediment, dreg, settling(s).
seducción *(saydookthyón)* f. seduction, rape, violation; allurement, enticement.
seducir *(saydookthéeR)* tr. to rape, to seduce; to allure, to entice.
seductor *(saydooktóR)* adj. seductive; m. seducer.

segador *(saygahdóR)* m. harvester, reaper, mower,
segar *(saygáR)* tr. to reap; to mow, to harvest.
seglar *(saygláR)* adj. lay, secular; m. layman.   [ment.
segmento *(segméntoh)* m. segregación *(saygraygahthyón)* f. segregation.
segregar *(saygraygáR)* tr. to segregate. *Med.* to secrete.
seguida *(saygéedah)* succesion, following, continuation; **en** —, immediately, at once, presently.
seguido *(saygéedoh)* adj. y adv. continuous, successive; straight.   [wer.
seguidor *(saygeedóR)* m. follower.
seguir *(saygéeR)* tr. to follow, to continue, to go on.
según *(saygóon)* prep. according to, as; it depends.
segundo *(saygóondoh)* adj. second; m. second (of time), (adv.) secondly.
seguridad *(saygooreedáhd)* f. security; safety; certainty.
seguro *(saygóoroh)* adj. safe; secure; sure; m. assurance, certain. *Mech.* safety-lock, click. *Com.* insurance.
seis *(sáyss)* adj. y m. six.
selección *(saylekthyón)* f. selection; pick; choice.
seleccionar *(saylekthyonáR)* tr. to select, to choose, to prek up.   [choice.
selecto *(sayléktoh)* adj. select, **selva** *(sélbah)* f. forest; jungle, the bush.
selvático *(selbáhteekoh)* adj. wild; sylvan.   [stamp.
sellar *(saylyáR)* tr. to seal, to **sello** *(sáylyoh)* m. seal, stamp, — **de correos**, postage-stamp.
semáforo *(saymáhfohroh)* m. traffic light, semaphore.
semana *(saymáhnah)* f. week.
semanal *(saymahnáhl)* adj. weekly.   [weekly paper.
semanario *(saymahnáhroyh)* m. **semblante** *(sembláhntay)* m. face; mien; aspect, looks.
sembrado *(sembráhdoh)* m. sown ground, corn-field.
sembrador *(sembrahdóR)* m. sower; seedsman. [to seed.
sembrar *(sembráR)* tr. to sow, **semejante** *(saymayHáhntay)* adj. similar; like, alike, resembling; m. fellow-creature.
semejanza *(saymayHáhnthak)* f. resemblance, likeness.
semejar *(saymayHáR)* intr. to resemble, to be like.
semejarse *(salmayHáRssay)* f. to be like.
semen *(sáymen)* m. semen.
semental *(sayméntahl)* adj. seedling, sapling; m. stallion.
semestre *(sayméstray)* m. half year, six-months.
semilla *(sayméelyah)* f. seed; (fig.) cause.
semillero *(saymeelyáyroh)* m. seed-plot; nursery; (fig.) hotbed.
seminario *(saymeenáhryoh)* m. seminary; seminar.
sémola *(saymohlah)* f. semolina, groats.
senado *(saynáhdoh)* m. senate, senate-hause/hall.   [tor.
senador *(saynahdóR)* m. senacillez *(sentheelyéth)* f. simplicity, plainness.
sencillo *(senthéelyoh)* adj. simple, plain; single.
senda *(séndah)* f. (foot-)path.

sendero *(sendáyroh)* m. path(way), foot-path.   [leither.
sendos *(séndos)* adj. one each,
senil *(saynéel)* adj. senile; aged.
seno *(sáynoh)* m. breas; bosom; chest; womb. *Mar.* bay, gulf.   [sation, feeling.
sensación *(senssáhthyón)* f. sensatez *(senssahteth)* f. good sense, sensibleness, horse-sense.
sensato *(senssáhtoh)* adj. sensible, whise, judicious, reasonable.
sensibilidad *(senseebeeleedáhd)* f. sensibility, sensitiveness.
sensible *(sensséeblay)* adj. sensitive; regrettable.
sensual *(sensswáhl)* adj. sensual, lewd, lustful, sensuous.
sensualidad *(sensswahleedáhd)* f. sensuality, lust, lewdness.
sentado *(sentáhdoh)* adj. seated, settled, sat, sitting-(down); steady, firm.
sentar *(sentáR)* tr. to sit; to fit, to suit; to seat.
sentarse *(sentáRssay)* r. to sit down, to squat.
sentencia *(senténthyah)* f. sentence, veredict, judgement.
sentenciar *(sententhyáR)* tr. to sentence, to judge, to condemn.
sentencioso *(sententhyóhssoh)* adj. sententious; axiomatic.
sentido *(sentéedoh)* adj. sensitive, touchy, susceptible; m. meaning.
sentimental *(senteementáhl)* adj. sentimental, emotional, affecting.
sentimiento *(senteemyéntoh)* m. feeling, sentiment; sorrow; concern, regret.
sentir *(sentéeR)* tr. to feel; to hear; to be sorry for; to regret.
seña *(sáynyah)* f. sign, signal; token; pl. address.
señal *(saynyáhl)* f. sign, signal, mark; vestige; sympton.
señalado *(saynyahláhdoh)* adj. noted, famous.
señalar *(saynyahláR)* tr. to mark (out), to signal(ize), to show, point out.
señalarse *(saynyahláRssay)* r. to distinguish oneself.
señor *(saynyóR)* m. mister, sir, lord, master, gentleman.
señora *(saynyórah)* f. lady, mistress; madam; dame.
señorear *(saynyohrayáR)* tr. to master, to rule, to lord.
señoría *(saynyoh/réeah)* f. lordship.   [jestic.
señorial *(saynyohryáhl)* adj. majestic; dominion, manor.
señorío *(saynyohréeoh)* m. seigniory; dominion, manor.
señorita *(saynyohréetah)* f. Miss, young lady.
señorito *(saynyohréetoh)* m. young gentleman, lordling.
señuelo *(saynywáyloh)* m. lure; decoy, bait.
separación *(saypahrahthyón)* f. separation, segregation, parting.
separar *(saypahráR)* tr. to separate; to part, to detach; to segregate.
separarse *(saypahráRssay)* r. to separate; to part.
separatismo *(saypahrahtéessmoh)* m. separatism. *Pol.* secessionism.
septentrión *(septentryón)* m. north.

septentrional *(septentryohnáhl)* adj. northern.
sepulcral *(saypoolkráhl)* adj. sepulchral.
sepultar *(saypooltáR)* tr. to bury; to entomb.
sepultura *(saypooltóorah)* f. sepulture, tomb, grave.
sepulturero *(saypooltooráyroh)* m. grave-digger.
sequedad *(saykaydáhd)* f. dryness, aridity.   [dryness.
sequía *(saykéeah)* f. drought, **séquito** *(sáykeetoh)* m. retinue.
ser *(sayR)* intr. to be; — **de**, to belong to; m. existence, being, entity.
serenar *(sayraynáR)* tr. to calm, to clear up.   [nade.
serenata *(sayraynátah)* f. serenata **serenidad** *(sayrayneedáthd)* f. serenity, calm, calmness.
sereno *(sayráynoh)* adj. serene; clear, quiet; calm; m. nightwatchman, night dew.
serie *(sáyryay)* f. series; suite, set; **fabricación en** —, mass producción.
seriedad *(sayryaydáhd)* f. seriousness, gravity, sternness.
serio *(sáyryoh)* adj. serious, grave, dignified, majestic, solemn.
sermón *(sayRmón)* m. sermon; (fig.) censure.
sermonear *(sayRmohnayáR)* tr. to preach; (fig.) to reprove, reprimand, censure.
serpear *(sayRpayáR)* intr. to meander; to crawl, to creep.
serpentear *(sayRpentayáR)* tr. to wind (along), to creep, to wriggle.
serpiente *(saRpyéntay)* f. snake, serpent.   [(y)er.
serrador *(sayRahdóR)* m. sawyer.
serrano *(sayRáhnoh)* adj. y m. highlander; **jamón** —, cured ham («serrano»).
serrar *(sayRáR)* tr. to saw.
serrín *(sayRéen)* m. sawdust.
servicial *(sayRbeethyáhl)* adj. obsequious, obliging, helpful.
servicio *(sayRbéethyoh)* m. service; duty; utility; help.
servido *(sayRbéedoh)* adj. pleased; served.
servidor *(sayRbeedóR)* m. servant; — **de Vd.**, at your service; helper.
servidumbre *(sayRbeedóombray)* f. servitude, servants, help.
servil *(sayRbéel)* adj. servile, obsequious, fawning, abasement, lattery.
servilleta *(sayRbeelyáytah)* f. tablenapkin, serviette.
servir *(sayRbéeR)* intr. to serve; to be useful; tr. to help on or to, to serve, to wait at table.
servirse *(sayRbéeRssay)* r. — **de**, to make use of; to help oneself (at table).
sesear *(sayssáyR)* intr. to pronounce c as s, before e and i.
sesión *(sayssyón)* f. session, sitting, meeting.
seso *(sáyssoh)* m. brain, brains, talent, wisdom.
sestear *(sestayáR)* intr. to take a nap, to doze off, to slumber, to drowse.
seta *(sáytah)* f. *Bot.* mushroom.
seto *(sáytoh)* m. hedge.
seudónimo *(sayoodóneemoh)* adj. pseudonymous; m. pseudonym, pen-name.

severidad *(saybayreedáhd)* f. severity, strictness, harshness, sternness.

severo *(saybáyroh)* adj. severe; rigorous; strict, rigid, stern, harsh.

sexo *(sékssoh)* m. sex; **bello —**, fair or gentle sex; **— débil**, the weaker sex. [tant.

sextante *(sekstáhntay)* m. sextant.

sexual *(seksswáhl)* adj. sexual; **órganos —es**; genitals.

sexualidad *(seksswahleedahd)* f. sexuality.

si *(see)* conj. if; whether.

sí *(see)* pron. himself, herself, itself, oneself, themselves; **dar de —**, to yield; adv. yes; yea, ay; m. assent.

sibarita *(seebahréetah)* s. Sybarite, epicure. [psychology.

sicología *(seekohlohHéeah)* m.

sidra *(séedrah)* f. cider.

siega *(syáygah)* f. mowing; harvest, crop, reaping-time.

siembra *(syémbrah)* f. sowing, seedtime.

siempre *(syémpray)* adv. always, ever; **— que**, provided.

sien *(syén)* f. *Anat.* temple.

sierra *(syáyRah)* f. saw; ridge of mountains.

siervo *(syerboh)* m. serf, servant, slave.

siesta *(syéstah)* f. siesta, nap, doze, slumber, snooze.

siete *(syetay)* adj. y m. seven.

sietemesino *(syaytaymayssée-noh)* adj. born in seven months, pre-mature.

sífilis *(séefeeleess)* f. syphilis.

sifilítico *(seefeeléeteekoh)* adj. syphilitic.

sifón *(seefón)* m. syphon.

sigilio *(seeHéeloh)* m. seal; secret, reserve, concealment.

sigiloso *(seeHeelóhssoh)* adj. reserved, silent.

siglo *(séegloh)* m. century.

signar *(seegnáR)* tr. to sign; to make the sign of the cross, to cross oneself.

signatario *(seegnahtáhryoh)* adj. y m. signatory; signing.

signatura *(seegnahtóorah)* f. signature, mark, sign.

significación *(seegneefeekah-thyón)* f. meaning; significance.

significar *(seegneefeekáR)* tr. to signify, to mean; to represent, to express.

significativo *(seegneefeekahtée-boh)* adj. significative, expressive.

signo *(séegnoh)* m. sign; signal; mark; fate; gesture.

siguiente *(seegyéntay)* adj. following, next.

sílaba *(séelahbah)* adj. syllable.

silbar *(seelbáR)* intr. to whistle; tr. *Theat.* to hiss, to catcall; to whiz. [tle.

silbato *(seelbáhtoh)* m. whistle.

silbido *(seelbéedoh)* m. whistle, hiss; whiz.

silenciar *(seelenthyáR)* tr. to silence, to hush, to muzzle, to gag; to keep silent; to keep quiet, to shut up.

silencio *(seelénthyoh)* m. silence; quiet, peace, stillness, calm, hush.

silencioso *(seelenthyóhssoh)* adj. silent; still, noiseless, hushed; silent as the grave.

silogismo *(seelohHéessmoh)* m. syllogism. [te.

silueta *(seelwáytah)* f. silhouet-

silvestre *(seelbésstray)* adj. wild; savage, uncultivated.

silla *(séelyah)* m. chair, seat; **— de montar**, saddle.

sillar *(seelyáR)* m. ashlar.

sillería *(seelyayréeah)* f. saddlery; choirtalls, stone masonry.

sillín *(seelyéen)* m. light (riding-)saddle, (bike-)saddle.

sillón *(seelyón)* m. arm chair.

sima *(séemah)* f. chasm, abyss.

simbólico *(seembóhleekoh)* adj. simbolic(al).

simbolismo *(seembohléessmoh)* m. symbolism.

simbolizar *(seembohleetháR)* intr. to symbolize.

símbolo *(séembohloh)* m. symbol, mark, sign. [metry.

simetría *(seemaytréeah)* f. symmetry. [semen.

simétrico *(seemaytreekoh)* adj. symmetric(al).

simiente *(seemyéntay)* f. seed.

símil *(séemeel)* m. simile; resemblance, comparison.

similar *(seemeeláR)* adj. similar, like, alike, resembling.

similitud *(seemeeleetóod)* f. similitude, likeness, resemblance. [key.

simio *(séemyoh)* m. ape; mono.

simpatía *(seempahtéeah)* f. sympathy; friendliness.

simpático *(seempáhteekoh)* adj. congenial; nice.

simpatizar *(seempahteetháR)* intr. to sympathize; to be congenial.

simple *(séemplay)* adj. single; simple; silly; plain; credulous.

simpleza *(seempláythah)* f. simpleness, silliness, folly.

simplicidad *(seempleetheedáhd)* f. simplicity, plainness, silliness. [to simplify.

simplificar *(seempleefeekáR)* tr. adj. simplfaneous.

simulación *(seemoolahthyón)* f. simulation, feigning, subterfuge.

simulacro *(seemooláhkroh)* m. simulacrum. *Mil.* sham battle; mock.

simular *(seemooláR)* tr. to simulate, to imitate, to feign.

simultáneo *(seemooltáhnayoh)* adj. simultaneous.

sin *(seen)* prep. without; **— embargo**, nevertheless, however. [nagogue.

sinagoga *(seenahgóhgah)* f. synagogue.

sincerar *(seenthayráR)* tr. to exculpate, to excuse, to justify, to vindicate.

sincerarse *(seenthayráRssay)* r. to excuse oneself, to justify oneself, etc.

sinceridad *(seenthayreedáhd)* f. sincerity, frankness.

sincero *(seentháyroh)* adj. sincere; true, frank, honest, pure.

sincronizar *(seenkroneetháR)* tr. to synchronize; to time.

sindicalismo *(seendeekahléessmoh)* m. syndicalism, unionism.

sindicalista *(seendeekahléestah)* adj. y m. syndicalist, unionist. [syndicate.

sindicar *(seendeekáR)* tr. to

sinfonía *(seenfohnéeah)* f. symphony. [symphonic.

sinfónico *(seenfóhneekoh)* adj.

singular *(seengooláR)* f. singular; odd; single, one, unique.

singularidad *(seengoolahree-dáhd)* f. singularity; oddity, rarity.

singularizar *(seengoolahreetháR)* tr. to single out.

singularizarse *(seengoolahree-tháRssay)* r. to distinguish oneself.

siniestra *(seenyéstrah)* f. left hand.

siniestro *(seenyéstroh)* sinister, left; m. *Com.* shipwreck, disaster.

sino *(séenoh)* conj. but, save, except; m. fate, doom.

sinónimo *(seenóhneemoh)* adj. synonymous; m. synonnym.

sinopsis *(seenópsseess)* m. synopsis, summary.

sinrazón *(seenRahthón)* f. injustice, wrong.

sinsabor *(seenssahbóR)* m. displeasure, umpleasantness.

sintaxis *(seentáhksseess)* f. syntax. [thesis.

síntesis *(séentaysseess)* f. synthetic(al).

sintético *(seentáyteekoh)* adj. synthetic(al).

sintetizar *(seentayteetháR)* tr. to synthesize. [tom.

síntoma *(séentohmah)* m. symptom.

sintomático *(seentohmáhteekoh)* adj. symptomatic(al).

sionismo *(syohnéesmoh)* m. Zionism.

sionista *(syoneestah)* s. Zionist.

siquiera *(seekyáyrah)* adv. at least, even; conj. although, though.

sirena *(seeráynah)* f. syren; mermaid. *Mech.* siren, foghorn. [servant.

sirvienta *(seeRbyéntah)* f. maid

sirviente *(seeRbyéntay)* m. servant, man-servant.

sisa *(séessah)* f. grab, petty theft, pilfering, (sew) dart.

sisar *(seessáR)* tr. to pilfer, to filch, (sew) to take in.

sísmico *(séessmeekoh)* adj. seismic(al). [tem, method.

sistema *(seesstáymah)* m. system.

sistemático *(seesstaymáhteekoh)* adj. systematic, methodic.

sitiar *(seetyáR)* tr. to besiege, to lay siege, to surround.

sitio *(séetyoh)* m. place, spot, room, stand(ing). *Mil.* siege, site. [ted, lying.

sito *(séetoh)* adj. located, situa-

situación *(seetwahthyón)* f. situation. *Naut.* bearing; location; position; condition.

situar *(seetwáR)* tr. to place, to locate, to situate, to put.

situarse *(seetwáRssay)* r. to station oneself; to settle; to place oneself; to establish oneself.

smoking *(smóhkeen)* m. dinnerjacket, tuxedo.

so *(soh)* prep. under, below; interj. whoa! soho!

sobaco *(sohbáhkoh)* m. armpit.

sobado *(sohbáhdoh)* adj. worn, shabby; soiled.

sobar *(sohbáR)* tr. to knead, to squeeze; to handle roughly.

soberanía *(sohbayrahnéeah)* f. sovereignty, dominion, rule.

soberano *(sohbayráhnoh)* adj. y m. sovereign, lord, ruler, King/Queen.

soberbia *(sohbáyRbyah)* f. haughtiness, loftiness, pomposity, arrogance.

soberbio *(sohbáyRbyoh)* adj. haughty, proud, lofty, conceited, puffed up.

sobornar *(sohboRnáR)* tr. to bribe, to corrupt. [ry).

soborno *(sohbóRnoh)* m. bribe-

sobra *(sóhbrah)* f. overplus; excess; pl. remains, offals, leaving, left over; **de —**, plenty.

sobrante *(sohbráhntay)* adj. remaining, odd; m. residue; left-over.

sobrar *(sohbráR)* intr. to be in excess, to be left over.

sobrasada *(sohbrahssáhdah)* f. a kind of (Majorcan) sausage.

sobre *(sóhbray)* prep. above; over, (up)on, about; m. envelope.

sobreabundancia *(sohbrayah-boondáhnthyah)* f. superabundance.

sobrecargar *(sohbraykáRgah)* f. overload, overburden. *Com.* overcharge.

sobrecoger *(sohbraykohHáyR)* tr. to startle, to surprise.

sobreentender *(sohbrayayntay-dayR)* intr. to be understood, to be supposed.

sobrehumano *(sohbrayh/oomáh-noh)* adj. superhuman.

sobrellevar *(sohbraylyaybáR)* tr. to bear, endure, undergo.

sobremanera *(sohbraymahnáy-rah)* adj. beyond measure, remarkably.

sobremesa *(sohbraymáyssah)* f. (fam.) after dinner (-chat,

sobrenatural *(sohbraynahtoo-ráhl)* adj. supernatural.

sobrenombre *(sohbraynómbray)* m. nickname.

sobrentender *(sohbrentendayR)* tr. to be understood, to be supposed.

sobreponer *(sohbraypohnáyR)* tr. to superimpose; to overlap; to overcome.

sobreponerse *(sohbraypohnáyR-ssay)* r. to control oneself.

sobreprecio *(sohbraypráythyoh)* m. extra charge, surcharge, overcharge.

sobrepujar *(sohbraypooHáR)* tr. to surpass; to outbid.

sobresaliente *(sohbrayssahlyén-tay)* adj. outstanding; m. (examination) very good; (distinction); excellent.

sobresalir *(sohbrayssahléeR)* tr. to outstand; to excel, to be prominent.

sobresaltar *(sohbrayssahltáR)* tr. to startle, to frighten, to make one jump.

sobresaltarse *(sohbrayssahltáR-ssay)* r. to be startled, to be frightened.

sobresalto *(sohbrayssáhltoh)* m. startle, shock, jump.

sobrestante *(sohbrayssahltán-tay)* m. overseer, foreman, gaffer.

sobresueldo *(sohbrayswayldoh)* m. extra wages, pay.

sobretodo *(sohbraytóhdoh)* m. overcoat.

sobrevenir *(sohbraybaynéeR)* v. impers. to take place, to happen. [briety, frugality.

sobriedad *(sohbryaydáhd)* f. sobriety.

sobrina *(sohbréenah)* f. niece.

sobrino *(sohbréenoh)* m. nephew. [frugal, temperate.

sobrio *(sóhbryoh)* adj. sober;

socarrar *(sohkahRáR)* tr. to singe; to scorch.

socarrón *(sohkahRón)* adj. cunning, crafty, sly, shrewed; mocker, jeerer.

socarronería *(sohkahRohnay-réeah)* f. cunning, slyness, craftiness, shrewdness; mockery.

170 **socavar** *(sohkahbáR)* tr. to undermine, excavate.

socavón *(sohkahbón)* m. cave, hole, subsidence, hollow.

sociabilidad *(sohthyahbeeleedáhd)* f. sociability, civility.

sociable *(sohthyáhblay)* adj. sociable, courteous.

social *(sohthyál)* adj. social.

socialismo *(sohthyahléessmoh)* m. socialism.

socialista *(sohthyahléestah)* adj. y s. socialist(ic).

socialización *(sohthyahleethahthyón)* f. socialization.

socializar *(sohthyahleetháR)* tr. to socialize.

sociedad *(sohthyaydáhd)* f. society; company, firm.

socio *(sóhthyoh)* m. associate; partney.   [f. sociology.

sociología *(sohthyohlohHéeah)*

sociológico *(sohthyohlóhHeekoh)* adj. sociologic (al).

socorrer *(sohkohRáyR)* tr. to succour; to assist, to help, to aid.

socorrido *(sohkohRéedoh)* adj. handy, trife; assited, aided.

socorro *(sohkóhRoh)* m. adj. succour, help, relief, aid, assistance.

soda *(sóhdah)* f. soda (water).

sodomía *(sohdohméeah)* f. sodomy.   [domite.

sodomita *(sohdohméetah)* m. so-

soez *(soh/ayth)* adj. mean; vile, coarse.   [settee.

sofá *(sohfáh)* m. couch; sofa,

sofisma *(sohféessmah)* m. sophism.

sofista *(sohféestah)* s. sophist.

sofistería *(sohfeestayréeah)* f. sophistry.   [sophisticate.

sofisticar *(sohfeesteekáR)* tr. to

sofocar *(sohfohkáR)* tr. to suffocate; to choke; to smother; put out, quench.

sofoco *(sohfóhkoh)* m. suffocation, vexation.   [slightly.

sofreir *(sohfrayéeR)* tr. to fry

soga *(sóhgah)* f. rope; cord.

sojuzgar *(sohHoothgáR)* tr. to subjugate, to subdue.

sol *(sol)* m. sun, sunlight, sunshine; **hacer** —, to be sunny.

solana *(sohláhnah)* f. sunny place, sun-gallery.

solapa *(sohláhpah)* f. lapel; (coll.) pretence.

solapado *(sohlahpáhdoh)* adj. crafty, artful, sneaky.

solar *(sohláR)* adj. solar; sunny; m. (ground-)plot, building-site.

solariego *(sohlahryáygoh)* adj. manorial, ancestral.

solaz *(sohláth)* m. solace; comfort; enjoyment, relaxation.

solazar *(sohlahtháR)* tr. to solace, to cheer, to amuse.

solazarse *(sohlahtháRssay)* r. to be comforted, to enjoy oneself.

soldadesca *(soldahdayskah)* f. s o l d i e r y, undisciplined troops.

soldadesco *(soldahdayskoh)* adj. soldierly, soldier-like.

soldado *(soldáhdoh)* m. soldier, — **raso,** private.

soldadura *(soldahdóorah)* f. solder(ing), welding.   [weld.

soldar *(soldáR)* tr. to solder, to

soledad *(sohlaydáthd)* f. solitude; loneliness.

solemne *(sohlémnay)* adj. solemn; (coll.) confirmed, impressive.

solemnidad *(sohlemneedáhd)* f. solemnity, pomp, impressiveness.

solemnizar *(sohlemneetháR)* tr. to solemnize, to celebrate.

soler *(sohláyR)* intr. to used to (last tense only) (for Pre. Ten.; — usually + verb.

solera *(sohláyrah)* f. of good origin vintage.

solfa *(sólfah)* f. sol-fa, musical notation; (coll.) beating.

solfear *(solfayáR)* intr. to sol-fa (coll.) to beat, to flog.

solfeo *(solfáyoh)* m. solfa(ing), flogging, beating.

solicitar *(sohleetheetáR)* tr. to solicit; to apply for.

solicitado *(sohleetheetáhdoh)* adj. Com. sought after, in demand.

solicito, a *(sohleetheetoh)* adj. solicitous, anxious, diligent.

solicitud *(sohleetheetóod)* f. solicitude; application; diligence.   [solidarity.

solidaridad *(sohleedahreedáhd)* f.

solidario *(sohleedáhryoh)* adj. solidary, partisan, «bed-fellow».

solidez *(sohleedayth)* f. solidity, soundness, firmness, strength.   [to solidify.

solidificar *(sohleedeefeekáR)* tr.

sólido *(sóhleedoh)* adj. y m. lid; firm, stout, sound, strong.

soliloquio *(sohleelohkyoh)* m. soliloquy, monologue.

solitaria *(sohleetáhryah)* f. tapeworm.

solitario *(sohleetáhryoh)* adj. solitary; m. (cards) solitaire; hermit.

soliviantar *(sohleebyahntáR)* tr. to rouse, to instigate.

solo *(sóhloh)* adj. (a)lone; single, lonely, by myself/yourself, etc., solitary; sole, unique, unaided; m. Mus. solo.

sólo *(sóhloh)* adv. only, solely.   [sirloin.

solomillo *(sohlohméelyoh)* m.

solsticio *(soltéethyoh)* m. solstice.

soltar *(soltáR)* tr. to let out, to loose(n), to untie, unfasten, to let go, to set off, to cast off.

soltarse *(soltáRssay)* r. to slip, to get loose, to come off.

soltería *(soltayréeah)* f. celibacy, bachelorhood, singleness.

soltero *(soltáyroh)* adj. single, unmarried; m. bachelor.

solterona *(soltayróhnah)* f. old maid, spinster, bachelor girl.

soltura *(soltóorah)* f. ease, fluency, freedom, laxity, looseness, relaxation.

soluble *(sohlóoblay)* adj. soluble, solvable.   [lution.

solución *(sohloothyón)* f. so-

solvencia *(solbénthyah)* f. solvency.   [solvent.

solvente *(solbéntay)* adj. Com.

sollozar *(sohlyohtháR)* intr. to sob.

sollozo *(sohlyóhthoh)* m. sob.

sombra *(sómbrah)* f. shade; shadow; **tener buena** —, to be pleasing, lucky, or witty.

sombrear *(sombrayáR)* tr. to shade, to shadow, to darken.

sombrero *(sombráyroh)* m. hat; — **de copa,** top hat; — **hongo,** bowler hat.

sombrilla *(sombréelyah)* f. parasol, sushade, awing.

sombrío *(sombréeoh)* adj. gloomy, shady, shadowy, shaded; sulky, sullon.

somero *(sohmáyroh)* adj. superficial, shallow.

someter *(sohmaytáyR)* tr. to subdue, to submit, to acquiesce, to comply.

someterse *(sohmaytáyRssay)* r. to yield, to submit.

somnífero *(somnéefayroh)* adj. somniferous, inducing sleep.

somnolencia *(somnohlénthyah)* f. sleepiness; drowsiness.

son *(son)* m. sound; manner. **en** — **de,** in the manner of, like, as.   [brated, famous.

sonado *(sohnáhdoh)* adj. celesonajero *(sohnahHáyroh)* m. baby's rattle.

sonambulismo *(sohnahmbooléessmoh)* m. somnambulism, sleepwalking.

sonámbulo *(sohnáhmbooloh)* adj. y m. somnambule, sleepwalker.   [sound, to ring.

sonar *(sohnáR)* tr. e intr. to

sonarse *(sohnáRssay)* r. to blow one's nose.

sonda *(sóndah)* f. Naut. sounding lead plummet, probe; (surg.) catherer.

sondear *(sondayáR)* tr. to sound; to fathom, to explore, to probe, to examine, to try.

sondeo *(sondáyoh)* m. sounding, exploring. Min. boring.

soneto *(sohnáytoh)* m. sonnet.

sonido *(sohnéedoh)* m. sound, noise.   [sonority.

sonoridad *(sohnohreedáhd)* f.

sonoro *(sohnóhroh)* adj. sonorous; loud. Phon. voiced.

sonreír *(sonRayéeR)* tr. to smile.

sonreírse *(sonRayéeRssay)* r. to smile.

sonrisa *(sonRéessah)* f. smile.

sonrojar *(sonRohHáR)* tr. to blush, to flush.

sonrojarse *(sonRohHáRssay)* r. to blush, to flush.

sonrojo *(sonRóhHoh)* m. blush.

sonrosado *(sonRohssáhdoh)* adj. rubicund, blushing, rosy.

sonsacar *(sonssahkáR)* tr. to pilfer, to entice, to allure.

soñar *(sohnyáR)* intr. to dream; **ni** —**lo,** by no means, couldn't dream of it.

soñolencia. *(sohnyohlénthyah)* f. drowsiness, sleepiness.

soñoliento *(sohnyohlyentoh)* adj. dozy, sleepy, drowsy; lazy, sluggish.

sopa *(sóhpah)* f. soup; pl. slops; **hecho una** —, wet through.

sopapo *(sohpáhpoh)* m. (coll.) slap.

sopesar *(sohpayssáR)* tr. to heft, to try the weight.   [tureen.

sopera *(sohpáyrah)* f. (soup-)

soplar *(sohpláR)* tr. e intr. to blow (out), to inflate; intr. (coll.) to tipple.

soplete *(sohpláytay)* m. blowpipe, soldering-pipe.

soplo *(sóhploh)* m. blowing; blast, puf, gust; (coll.) tip, to hint.

soplón *(sohplón)* m. tale taler, informer; (coll.) snick.

soponcio *(sohpónthyoh)* m. faint swoon, fainting-fit.

sopor *(sohpóR)* m. drowsiness, doziness, sleepiness.

soporífero *(sohpohréefayroh)* adj. soporific, dozy, dopy, sleepy, drowsy; soporiferous.   [tico.

soportal *(sohpoRtáhl)* m. por-

soportar *(sohpoRtáR)* tr. to put up with, to suffer, to bear, to support, to endure.

soporte *(sohpóRtay)* m. support, stand, rest; bracket.

sor *(soR)* f. sister (nun).

sorber *(soRbáyR)* tr. to sip; to absorb, to soak, to imbibe.

sorbete *(soRbáytay)* m. sherbet, water-ice; small sip.

sorbo *(sóRboh)* m. sip.

sordera *(soRdáyrah)* f. deafness, hardiness of hearing.

sordidez *(soRdeedayth)* f. sordidness, mastiness.

sórdido *(sóRdeedoh)* adj. sordid, nasty, mean, base, low, vile.

sordo *(sóRdoh)* adj. deaf; silent, hard of hearing.

sordomudo *(soRdohmóodoh)* adj. y m. deaft and dumb, deafmute, stone deaf.

sorna *(sóRnah)* f. irony, malice; sluggishness, laziness, slowness.

sorprendente *(soRprendéntay)* adj. surprising, astonishing, extraordinary, amazing.

sorprender *(soRprendáyR)* tr. to surprise, to astonish, to amaze, to astound.

sorprenderse *(soRprendáyRssay)* f. wonder at, to be surprised; to gape, to take aback.

sorpresa *(soRpráyssah)* f. surprise, astonishment, amazement, awe.

sortear *(soRtayáR)* intr. to raffle; to dodge; to draw lots, to cast lots.

sorteo *(soRtáy/oh)* m. raffle, casting lots.   [ger-ring

sortija *(soRtéeHah)* f. ring, fin-

sortilegio *(soRteeláyHyoh)* m. sorcery, exorcism, spell, charm, incantation.

sosegado *(sohssaygáhdoh)* adj. peaceful, quiet, calm.

sosegar *(sohssaygáR)* tr. to appease, to calm, to quiet.

sosegarse *(sohssaygáRssay)* r. to grow calm, to rest, to calm down.   [pidity; nonsense

sosería *(sohssayréeah)* f. insi-

sosiego *(sohssyáhgoh)* m. calmness, quietness.

soso *(sóhssoh)* adj. insipid; tasteless; dull.   [cion, mistrut.

sospecha *(sospáychah)* f. suspi-

sospechar *(sospaycháR)* tr. to suspect, to mistrust, to distrust; to doubt, to hesitate.

sospechoso *(sospaychóhssoh)* adj. suspicious; (coll.) fishy unreliable, suspect.

sospesar *(sospayssáR)* tr. to heft, to try the weight.

sostén *(sostén)* m. support(er), maintenance; (woman) brassiere; pl. brassiere; (coll.) «bra».

sostener *(sostaynáyR)* tr. to sustain; to maintain, to keep, to support.

sostenerse *(sostaynáyRssay)* r. to hold, to support oneself, to maintain oneself.

sotana *(sohtáhnah)* f. cassock, soutane.

sótano *(sóhtahnoh)* m. cellar.

sotavento *(sohtahbéntoh)* m. lee (ward).

soto *(sóhtoh)* m. grove; thick et; beneath, under.

su pron. his, her, its, their, your. (Vd., Vds.).

suave *(swáhbay)* adj. smooth, mellow, soft; mild, meek, easy, gentle.

suavidad *(swahbeedáhd)* f. softness, smoothness, gentleness, meekness, easiness.

suavizar *(swahbeetháR)* tr. to soften, to smooth, to soothe; to appease, to asuage.

subalterno *(soobahltáyRnoh)* adj. subaltern; inferior; m. subaltern, subordinate.

subarrendar *(soobahRendáR)* tr. to, to sub-let, to sub-lease.

subarrendatario *(soobahRendahtáhryoh)* m. undertenant, subtenant.

subarriendo *(soobahRyéndoh)* m. subletting.

subasta *(soobáhstah)* f. auction sale, public sale.

subastar *(soobahstáR)* tr. to auction.

súbdito *(sóobdeetoh)* adj. y s. subject. [to subdivide.

subdividir *(soobdeebeedeeR)* tr.

subdivisión *(soodeebeessyón)* f. subdivisión, subsection.

subida *(soobéedah)* f. ascent; rise; climb, upgrowth.

subido *(soobéedoh)* adj. raised on, high, loud (colours).

subir *(soobéeR)* intr. to rise, to come up, go, get or step up, to climb. *Com.* to amount to; tr. to raise, to lift up, to take/bring up.

súbito *(sóobeetoh)* adj. sudden, unexpected, unforeseen.

sublevación *(sooblaybahthyón)* f. (up)rising, revolt, sedition, insurrection.

sublevar *(sooblaybáR)* tr. to revolt, to insurrect; to rouse to rebellion. [to revolt.

sublevarse *(sooblaybáRssay)* r.

sublimar *(soobleemáR)* tr. to exalt, to heighten. *Chem.* sublimate.

sublime adj. sublime; lofty.

sublime *(soobléemay)* adj. sublime; lofty, exalted.

submarino *(soobmahréenoh)* adj. y m. submarine; m. U-boat.

subordinado *(sooboRdeenáhdoh)* adj. subordinate(d).

subordinar *(sooboRdeenáR)* tr. to subordinate, to subject.

subrayar *(soobrahyáR)* tr. to underline; to underscore; to emphasize, to stress.

subsanar *(soobssahnáR)* tr. to mend, to amend, to repair, to correct, to make right.

subscribir *(soobskreebéeR)* tr. to subscribe, to under-sign; to agree to. [subscriber.

subscriptor *(soobskreeptóR)* m.

subsecretario *(soobssaykraytáhryoh)* m. undersecretary.

subsidio *(soobssédeyoh)* m. subsidy, aid, allowance, grant.

subsistencia *(soobsseesténthyah)* f. subsistence; livelihood.

subsistir *(soobssestéeR)* intr. to subsist; to last, to live, to exist.

substitución *(soobsteetoothyón)* f. substitution, change, replacement.

substituir *(soobsteetwéeR)* tr. to substitute, to replace, to change for, to put in place of.

substituto *(soobsteetóotoh)* m. substitute, deputy, replacement.

substracción *(soobstrahkthyón)* f. substraction, deduction, take-away. *Arith.* theft, robbery shop-lifting.

substraer *(soobstraháyR)* tr. to substract; to deduct; to take away; to steal/rob/pinch.

substraerse *(soobstraháyRssay)* r. to withdraw, to retire, to elude.

subsuelo *(soobswáyloh)* m. subsoil, underground.

subterfugio *(soobtayRfóoHyoh)* m. subterfuge, trick, cheat, deception, guile.

subterráneo *(soobtayRahnay/oh)* adj. subterraneous, underground; m. subterranean, vault, cellar. [adj. suburban.

suburbano *(soobooRbáhnoh)* adj.

suburbio *(soobóoRbyoh)* m. suburb; pl. outskirts.

subvención *(soobbenthyón)* f. subvention; subsidy, grant, aid.

subvencionar *(soobbenthyonáR)* tr. to subsidize, to grant, to award, subvention, to finance.

subversión *(soobbayRssyón)* f. subversion, overthrow.

subversivo *(soobbayRsséeboh)* adj. subversive.

subvertir *(soobayRtéeR)* tr. to subvert, to upset; to destroy.

subyugar *(soobyoogáR)* tr. to subdue, to subject, to subjugate.

suceder *(soothaydáyR)* intr. to happen, to take place; tr. to follow, to succeed.

sucedido *(soothaydéedoh)* m. happening, event.

sucesión *(soothayssyón)* f. succession; issue, series.

sucesivo *(soothaysséeboh)* adj. successive, consecutive, next.

suceso *(sootháyssoh)* m. event, happening, ocurrence, incident.

suciedad *(soothyaydáhd)* f. dirt, muck, filth, grime; dirtiness, filthiness, muckiness, nastiness.

sucinto *(sootheéntoh)* adj. succint, brief, concise.

sucio *(sóothyoh)* adj. dirty, filthy, grimy, mucky, nasty.

suculento *(sookoolentoh)* adj. succulent, juicy, appetising.

sucumbir *(sookoombéeR)* intr. to succumb, to yield, to surrender; to perish, to die.

sud *(sood)* m. south.

sudamericano *(soodahmayreekahnoh)* adj. y m. South American.

sudar *(soodáR)* tr. to sweat, to perspire; (fig.) to toil/labour. [east.

sudeste *(soodéstay)* m. south-

sudor *(soodóR)* m. sweat; (fig.) toil, perspiration. [sweating.

sudoroso *(soodohróhssoh)* adj.

sudoeste *(soodohaystay)* m. south-west. [m. Swede.

sueco *(swáykoh)* adj. Swedish;

suegra *(swáygrah)* f. mother-in-law. [in-law.

suegro *(swáygroh)* m. father-

suela *(swáylah)* f. shoe-sole.

sueldo *(swéldoh)* m. wages; salary. [floor.

suelo *(swáyloh)* m. ground,

suelta *(swéltah)* f. loosening, freeing, let off.

suelto *(swéltoh)* adj. loose; light; free; m. small change, relaxed.

sueño *(swáynyoh)* m. sleep (iness), dream, vision, fancy.

suero *(swáyroh)* m. whey, serum.

suerte *(swayRtay)* f. luck, chance; lot, fortune, manner, fate, destiny.

suficiencia *(soofeethyénthyah)* f. sufficiency; ability, capacity.

suficiente *(soofeethyéntay)* adj. sufficient, enough; fit, able, capable.

sufragar *(soofrahgáR)* tr. to assist, to aid; to pay for.

sufragio *(soofráhHyoh)* m. vote; support, suffrage.

sufragista *(soofrahHéestah)* s. suffragist; f. suffragette.

sufrido *(soofréedoh)* adj. patient, bearing, enduring, long-suffering.

sufrimiento *(soofreemyéntoh)* m. suffering, endurance, tolerance.

sufrir *(soofréeR)* tr. to endure, to undergo; intr. to suffer, to endure, to tolerate.

sugerir *(sooHayréeR)* tr. to suggest; to hint.

sugestión *(sooHestyón)* f. suggestion, hint.

sugestionar *(sooHestyohnáR)* tr. to influence, to suggest.

suicida *(sweethéedah)* f. suicide.

suicidarse *(sweetheedáRssay)* f. to commit suicide.

suicidio *(sweethéedyoh)* m. suicide. [Swiss.

suizo *(swéetoh)* adj. y m.

sujeción *(sooHaythyón)* f. subjection; coercion; submission.

sujetar *(sooHaytáR)* tr. to subdue; to fasten, to hold down, to grasp.

sujetarse *(sooHaytáRssay)* r. to conform; to constrain oneself.

sujeto *(sooHáytoh)* adj. subject; liable; s. subject; individual, fellow.

suma *(sóomah)* f. sum; addition; amount, quantity; **en —**, in short. [sum up.

sumar *(soomáR)* tr. to add; to

sumario *(soomáhryoh)* adj. y m. summary, abrigment, compendium.

sumergible *(soomayRHéeblay)* adj. y m. submergible, sinkale; submarine.

sumergir *(soomayRhéeR)* r. to submerge, to dive, to plunge, to duck.

suministrar *(soomeeneestráR)* tr. to supply, to furnish, to provide.

suministro *(soomeenéestroh)* m. supply, provision, furnishing.

sumir *(sooméeR)* tr. to sink, to depress. [sink, to be sunk.

sumirse *(sooméeRssay)* r. to

sumisión *(soomeessyon)* f. submission, obedience, compliance.

sumiso *(sooméessoh)* adj. submissive, humble, compliant, meek.

sumo *(sóomoh)* adj. highest, greatest, utmost, extreme; **a lo —**, at most. [sumptuary.

suntuario *(soontwáhryoh)* adj.

suntuoso *(soontwóhssoh)* adj. sumptuous; magnificent; expensive, ostentatious.

supeditar *(soopaydeetáR)* tr. to subject, to subdue; to trample, to overpower.

superable *(soopayráhblay)* adj. superable, surmountable.

superar *(soopayráR)* tr. e intr. to surpass; to overcome, overpower; to excel.

superávit *(soopayráhbeet)* m. surplus; profit.

superchería *(soopayRchayréah)* f. deceit, trickery, wile, swindle, craft, guile.

superficialidad *(soopayRfeethyahleedáhd)* f. superficiality.

superficial *(soopayRfeethyáhl)* adj. superficial, shallow, light, surface; ignorant.

superfluo *(soopayRflwoh)* adj. superfluous; unnecessary, redundant.

superior *(soopayryóR)* adj. superior, upper; m. superior; greater, bigger, better.

superioridad *(soopayryohreedáhd)* f. superiority; majority; supremacy.

supernumerario *(soopayRnoomayráhryoh)* adj. supernumerary. [f. superstition.

superstición *(soopayRsteethyón)*

supersticioso *(soopayRsteethyóhssoh)* adj. superstitious.

supervivencia *(soopayRbeebénthyah)* f. survival.

superviviente *(soopayRbeebyéntay)* adj. surviving; m. survivor.

suplantación *(sooplahntahthyón)* f. supplanting, substitution, replacement.

suplantar *(sooplahntáR)* tr. to supplant, to substitute, to put in place, to supersede.

suplemento *(sooplayméntoh)* m. supplement.

suplente *(soopléntay)* adj. substituting, substitute; m. substitute; understudy; deputy.

súplica *(sóopleekah)* f. supplication, request, petition.

suplicar *(soopleekáR)* tr. to implore, to entreat, to request, to beg, to implore.

suplicio *(sooplééthyoh)* m. torture, torment, punishment.

suplir *(sooplééR)* tr. to substitute; to supply, to furnish, to provide.

suponer *(soopohnáyR)* tr. to suppose; to assume, to take for granted.

suposición *(soopohsseethyón . f. supposition, assumption, surmise.

supositorio *(soopohsseetóhryoh)* m. *Med.* suppository.

supremacía *(soopraymahthéeah)* f. supremacy.

supremo *(soopráymoh)* adj. supreme, highest; paramount, excessive.

supresión *(sooprayssyón)* f. suppresion, omission.

suprimir *(sooprayméeR)* tr. to suppress, to abolish, to omit; to cancel.

supuesto *(soopwéstoh)* adj. supposed, assumed; m. supposition, assumption; **por —**, of course; — **que**, allowing that, granting that.

supurar *(soopooráR)* tr. e intr. to suppurate. [wind.

sur *(sooR)* m. south; south

surcar *(sooRkáR)* tr. to furrow, to pough. *Naut.* to plough the waves.

surco *(sooRkoh)* m. furrow, groove, rut; wrinkle.

surgir *(sooRHéeR)* intr. to spout, to surge, to spurt, to appear, to come out.

surtido *(sooRtédoh)* m. assortment; supply, stock.

surtidor *(sooRteedóR)* s. purveyor; jet (fountain), water-spout.

surtir *(sooRtéeR)* tr. to supply, to furnish, to provide; to spout, to spurt; — **efecto,** to have the desired effect.

172 susceptibilidad *(soostheeptee-beeleedáhd)* f. susceptibility.

susceptible *(soostheptéeblay)* adj. susceptible, touchy.

suscitar *(soostheetáR)* tr. to stir up, to rouse, to promote.

suscribir *(sooskreebéeR)* tr. to subscribe; to accede to, to agree to.

suspender *(soospendáyR)* tr. to suspend; to hang up, to reject; (school.) to fail.

suspensión *(soospenssyón)* f. suspension, interruption; uncertainty.

suspenso *(soospénssoh)* adj. hung; m. failure (in examination).

suspicacia *(soospeekáhthyah)* f. suspiciousness; mistrust.

suspicaz *(soospeekáhth)* adj. suspicious, mistrustful.

suspirar *(soospeeráR)* intr. to sigh; to crave, to long for.

suspiro *(soospéeroh)* s. sigh.

sustancia *(soostáhnthyah)* f. substance.

sustentáculo *(soostentáhnkooloh)* m. prop, stay, support.

sustentar *(soostentáR)* tr. to sustain, to prop; to nourish, to food.

sustento *(soosténtoh)* m. food; sustenance, support.

susto *(sóostoh)* m. scare, fright, shock.

susurrar *(soossooRáR)* intr. to whisper; to murmur.

susurro *(soossóoRoh)* m. whisper, murmur.

sutil *(sóoteel)* adj. subtle; keen; volatile; thin, slender.

sutileza *(sooteeláythah)* f. subtlety; cunning, acumen, witticism; slenderness, thinness.   [seam.

sutura *(sootóorah)* f. suture;

suyo *(sóoyoh)* pron. his; hers, its.: theirs; one's; yours Vd., Vds.), **la** —a his (her, etc.) intention.

T | t

tabaco *(tahbáhkoh)* m. tobacco.

tabaquera *(tahbahkáyrah)* f. snuff-box; tobacco-pouch.

tabaquero *(tahbahkáyroh)* m. tobacconist.

taberna *(tahbayRnah)* f. tavern; wineshop; public house, pub.

tabernero *(tahbayRnáyroh)* m. tavern-keeper; tapster; (G. B.) publican, inn-keeper.

tabicar *(tahbeekáR)* tr. to wall up, close up.   [tion-wall.

tabique *(tahbéekay)* m. partition-wall.

tabla *(táhblah)* f. board, table, plank; pl. *Theat.* stage, (chess) draw.

tablado *(tahbláhdoh)* m. scaffold, stage, flooring.

tablero *(tahbláyroh)* m. board, panel, chessboard.

tableta *(tahbláytah)* f. tablet, pastil(le), pill, lozenge.

tablón *(tahblón)* m. plank, (thick) board; (coll.) drunkenness.   [stool.

taburete *(tahbooráytay)* m.

tacañear *(tahkahnyayaR)* intr. to be stingy, to be mean.

tacañería *(tahkahnyayréeah)* f. stinginess, meaness.

tacaño *(tahkáhnyoh)* adj. stingy, mean, miser.   [silent.

tácito *(táhtheetoh)* adj. tacit;

taciturno *(tahtheetoóRnoh)* adj. taciturn, reserved.

taco *(táhkoh)* m. plug, peg; stopper, bung, wadding; billiard cue; (coll.) oath.

tacón *(tahkón)* m. (shoe) heel.

táctica *(táhkteekah)* f. tactics.

táctico *(táhkteekoh)* adj. tactic-(al).

tacto *(táhktoh)* m. touch, tact.

tacha *(táhchah)* f. blemish, flaw, fault, spot, stain.

tachar *(tahcháR)* tr. to blame, accuse; to cross out, to efface.

tachuela *(tahchwáylah)* f. tack.

tahur *(tah/óoR)* m. (fam.) gambler, card-sharp, sharper.

taimado *(tah/eemáhdoh)* adj. cunning, cly, cunning.

tajada *(tahHáhdah)* f. slice.

tajar *(tahHáR)* tr. to cut; to chop, to cleave, hew, cut off.   [steep cliff.

tajo *(táhHoh)* m. cut, notch;

tal *(tahl)* adj. such; so; similar; as, so great, — **cual** such as it is, **¡qué** —! howdy!, — **para cual**, tit for tat.

tala *(táhlah)* f. felling of trees, havoc; devastation, ruin.

taladradora *(tahlahdrahdóhrah)* f. borer, drilling-machine.

taladrar *(tahlahdráR)* tr. to drill, to bore.

taladro *(tahláhdroh)* m. borer; drill.   [mien.

talante *(tahláhntay)* m. mood,

talar *(tahláR)* tr. to fell (trees); to prune; to lay waste.

talco *(tahlkoh)* *Min.* talc, tinsel; **(polvos de)** —, talcum powder.

talento *(tahléntoh)* m. talent, ability; to be gifted.

talismán *(tahleessmáhn)* m. talisman, amulet, charm.

talón *(tahlón)* m. heel. *Com.* check, cheque, voucher.

talonario *(tahlohnáhryoh)* m. stub-book, cheque-book.

talud *(tahlóod)* m. talus, slope.

talla *(táhlyah)* f. (wood-)carving, (jewel) cut; size, height.

tallar *(tahlyáR)* tr. to carve in wood.

talle *(táhlyay)* m. waist.

taller *(tahlyáR)* m. works, workshop, studio, work-room.

tallo *(táhlyoh)* m. stem, stalk.

tamaño *(tahmáhnyoh)* m. size; stature, bulk; adj. so big.

tambalear *(tahmbahlayáR)* intr. to stagger; to totter, to sway.

tambalearse *(tahmbahlayáRssay)* r. to reel.

tambaleo *(tahmbahláyoh)* m. reeling, swaying, stagger.

también *(tahmbyén)* adv. also, too, as well; likewise.

tambor *(tahmbóR)* m. drum; cylinder.

tamiz *(tahméeth)* m. sifter; sieve.

tamizar *(tahmeetháR)* tr. to sift; to sieve, to sort out.

tampoco *(tahmpóhkoh)* adv. neither; not either, nor.

tan *(tahn)* adv. so (much), as.

tanda *(táhndah)* f. turn, task, shift; batch, set. *Sport.* heat.

tango *(táhngoh)* m. tango (dance).

tanque *(táhnkay)* m. tank, pool; tanker.

tantear *(tahnkayáR)* tr. to test, to try; to calculate, to reckon.

tanteo *(tahntáyoh)* m. trial, test, score (spor.).

tanto *(táhntoh)* adj. so much, as much; m. quantum; point goal (in games); — **por ciento**, percentage; **treinta y —s** thirty odd; adv. so, thus; **al** — on the look out.

tapa *(táhpah)* f. lid; cover, (shoe) heel-blank, a slight relish served with some wine.

tapadera *(tahpahdáyrah)* f. (pot-) lid, cover.

tapar *(tahpáR)* tr. to cover, to obstruct, to plug, to stop up.

taparrabo *(tahpahRáhboh)* m. loincloth, bathing-trunks.

tapete *(tahpáytay)* m. rug, table; — **verde**, card-table mat.

tapia *(táhpyah)* f. wall.   [(up).

tapiar *(tahpyáR)* tr. to wall

tapicería *(tahpeethayréeah)* f. tapestry, upholstery.

tapicero *(tahpeetháyroh)* m. tapestry-maker; upholsterer.

tapioca *(tahpyókah)* f. *Bot.* tapioca.   [carpet.

tapiz *(tahpéeth)* m. tapestry;

tapizar *(tahpeetháR)* tr. to hang, to tapestry, to upholster.

tapón *(tahpón)* m. stopper, cork; plug.

taquigrafía *(tahkeegrahféeah)* f. shorthand, stenography.

taquígrafo *(tahkéegrahfoh)* m. stenographer, shorthand writer.

taquilla *(tahkéelyah)* f. box-office, ticket-office, booking-office; (furn.) locker.

taquillera *(tahkeelyáyrah)* f. ticket-seller, booking-clerk.

tara *(táhrah)* f. tare; tally.

tararear *(tahrahrayáR)* tr. e intr. to hum a tune.

tardanza *(taRdáhnthah)* f. delay, slowness, tardiness.

tardar *(taRdáR)* intr. to take long, to be late; to linger.

tarde *(táRday)* f. afternoon; evening; adv. late; **de — en —**, now and then.

tardío *(taRdéeoh)* adj. late, tardy, too late.

tarea *(tahráyah)* f. task; day's work; job, chore; toil.

tarifa *(tahréefah)* f. tariff; price-list, rate, fare, charge.

tarima *(tahréemah)* f. stand, dais, platform.

tarja *(táRHah)* f. tally; shield.

tarjeta *(taRHáytah)* f. card, label; — **de visita**, visting card.

tarraconense *(tahRahkohnaynssay)* adj. y s. (inhabitant) of Tarragona.   [pan, pot.

tarro *(táhRoh)* m. jar, milk-

tarta *(táRtah)* f. tart, cake, pie.

tartamudear *(taRtahmoodayáR)* intr. to stutter; no stammer.

tartamudeo *(taRtahmoodáyoh)* m. stutter(ing), stammering.

tartamudo *(taRtahmóodoh)* adj. y m. stutterer.

tartera *(taRtáyrah)* f. pan, saucepan, casserole.

tarugo *(tahróogoh)* m. wooden plug, stopper, bung.

tasa *(táhssah)* f. appraisal, rate; measure; valuation.

tasación *(tahssahthyón)* f. valuation, appraisement.

tasador *(tahssahdóR)* m. appraiser; valuer.

tasar *(tahssáR)* tr. to appraise, to valve, to price.   [«pub».

tasca *(táhsskah)* f. tavern,

tatarabuela *(tahtahrahbwáyllah)* f. greatgreat-grandmother.

tatarabuelo *(tahtahrahbwáylloh)* m. great-great-grandfather.

tataranieto *(tahtahrahnyáytoh)* m. great-great-grandson.

¡tate! *(táhtay)* interj. look out! beware!   [too(ing).

tatuaje *(tahtwáhHay)* m. tatuar *(tahtwáR)* tr. to tattoo.

taumaturgia *(tahoomahtóoRHyah)* f. thaumaturgy.

taumaturgo *(tah/oomahtóoRgoh)* adj. y m. miracle-worker.

taurino *(tah/ooréenoh)* adj. taurine; **el arte —**, the art of bullfighting.

tauromaquia *(tah/oorohmáhkyah)* f. tauromachy, bullfight(ing).

tautológico *(tah/ootohlóhHeekoh)* adj. tautologic(al).

taza *(táhthah)* f. cup; bowl, basin.   [sin.

tazón *(tahthón)* m. bowl, baté *(tay)* m. *Bot.* tea-plant; tea.

te *(tay)* pron. you. *Poet.* thee.

tea *(táyah)* f. torch (fire-)brand.

teatral *(tayahtráhl)* adj. theatric(al).

teatro *(tayáhtroh)* m. theatre; playhouse stage.

tecla *(táyklah)* f. key (as of piano).   [board.

teclado *(taykláhdoh)* m. key-

técnico *(taykneekoh)* adj. technic(al); m. technician.

tecnología *(tayknohlohHeeah)* f. technology.   [fing.

techado *(taychahdoh)* m. roof-

techar *(taychaR)* tr. to roof, to put up a roof.

techo *(táychoh)* m. ceiling.

tedio *(táydyoh)* m. tedium, weariness, boredom.

tedioso *(taydyóhssoh)* adj. tedious, weary, bored/boring, tiresome.

teja *(táyHah)* f. tile; roof-tile.

tejado *(tayHáhdoh)* m. roof, tiled roof, roof covering.

tejar *(tayHáR)* tr. to roof; tile-works/kiln.   [ver.

tejedor *(tayHaydóR)* m. weaver.

tejemaneje *(tayHaymahnáyHay)* m. (fam.) gimmick, knack, skill.

tejer *(tayHáyR)* tr. to weare; to wattle; to make webs (inset) to concoct.

tejido *(tayHéedoh)* m. tissue; weaving, fabric, cloth.

tela *(táylah)* f. cloth; fabric; stuff; (coll.) **tener —**, to have dough.

telar *(taylaR)* m. loom, frame.

telaraña *(taylahráhnyah)* f. cobweb.

telefonear *(taylayfohnayáR)* tr. to ring up, to telephone/phone; (U.S.A.) to call.

teléfono *(taylayfohnoh)* m. telephone.

telegrafiar *(taylaygrahfyáR)* tr. to telegraph; to wire, to cable.   [legraph.

telégrafo *(tayláygrahfoh)* m. te-

telegrama *(taylaygráhmah)* m. telegram; wire.   [telescope.

telescopio *(tayleskóhpyoh)* m.

telón *(taylón)* m. drop curtain. *Theat.* curtain.   [ject. topic.

tema *(táymah)* m. theme; subtemblar *(tembláR)* intr. to tremble; to shiver, to quake; — **de miedo**, shake with fear.

temblor *(tembláR)* m. trembling, shivering; — **de tierra** earthquake.

tembl(or)oso *(temblohróhssoh)* adj. trembling, tremulous, shoking.

temer *(taymáyR)* tr. to fear; to dread; intr. to be afraid.

temeridad (*taymayreedáhd*) f. temerity, rashness, foolhardiness.

temeroso (*taymayróhssoh*) adj. timorous, fearful, afraid, scared.

temible (*tayméeblay*) adj. dreadful, terrible, aweful, frightful, hair-raising, scary.

temor (*taymóR*) m. dread; fear. awe, terror, panic, funk, scare.

témpano (*témpahnoh*) m. ice-drift, ice-berg, ice-field: kettle-drum, drum-skin.

temperamento (*tempayrahméntoh*) m. temperament, temper. [f. temperature.

temperatura (*tempayrahtoorah*) f.

tempestad (*tempestáhd*) f. tempest; storm.

tempestuoso (*tempestwóhssoh*) adj. tempestuous; stormy, turbulent.

templado (*templáhdoh*) adj. p e r a t e ; hardened; mild *Clim.* lukewarm, (liquids).

templar (*templáR*) tr. to temper, to cool; to calm; to quench.

templarse (*templáRssay*) r. to moderate, to cool down, to restrain oneself.

temple (*témplay*) m. temper(ing) of metals; **pintado al** — painted with distemper; courage. [church, shrine.

templo (*témploh*) m. temple,

temporada (*tempohráhdah*) f. season, a period of time (short/long).

temporal (*tempohráhl*) adj. temporary; m. tempest, storm, gale.

temporalidad (*tempohrahleedáhd*) f. temporality.

temprano (*tempráhnoh*) adj. early; soon; adv. early, before time.

tenacidad (*taynahtheedáhd*) f. tenacity, toughness, stubborness.

tenacillas (*taynahthéelyahss*) f. pl. small tongs, nippers, tweezers, pincers, pliers.

tenaz (*taynáth*) adj. tenacious, obstinate, stubborn.

tenaza (*taynáthah*) f. claw (as of lobster) pl. pair of tongs pincers.

tendedero (*tendáydayroh*) m. dryng place for clothes.

tendedor (*tendaydóR*) m. stretcher, clothes-horse.

tendencia (*tendénthyah*) f. tendency, trend, bent, propensity.

tendencioso (*tendenthyóhssoh*) adj. tendentious, biased.

tender (*tendáyR*) tr. to stretch out, to span, to tend; to lay (pipes, lines, etc.). [stall.

tenderete (*tendayráytay*) street

tendero (*tendáyroh*) m. shop-keeper, retailer.

tenderse (*tendáyRssay*) r. to stretch out si, liedown.

tendido (*tendéedoh*) adj. Tech. laying, layout; m. grand stand. [new.

tendón (*tendón*) m. tendon, sinew.

tenebrosidad (*taynaybrohsseedáhd*) s. gloom, darkness, murk.

tenebroso (*taynaybróhssoh*) adj. gloomy, dark, murky.

tenedor (*taynaydóR*) m. keeper; holder, (table)fork; — **de libros** book-keeper.

teneduría (*taynaydooréeah*) f. book-keeping.

tener (*taynáyR*) tr. to have, to possess, to own to hold; — **por**, to consider, — **hambre** to be hungry. — **miedo**, to be afraid; — **ganas**, to fancy.

tenerse (*taynáyRssay*) r. to hold fast; — **en pie**, to stand.

tenería (*taynayréeah*) f. tannery.

teniente (*taynyéntay*) adj. deputy. *Mil.* lieutenant.

tenis (*táyneess*) m. tennis.

tenor (*taynóR*) tenor, condition, state. *Mus.* tenor(ist). *Com.* **a** — **de**, in compliance with.

tenorio (*taynóhryoh*) m. (coll.) lady-killer, Don Juan; (coll.) wolf.

tensión (*tenssyón*) f. tension; strain, stress. *Elect.* voltage; tautness. [tight, taut.

tenso (*ténssoh*) adj. tense, stiff,

tentación (*tentahthyón*) f. temptation, enticement, bait, allurement.

tentar (*tentáR*) tr. to grope; to tempt, to allure, to tantalize. to lure.

tentativa (*tentahtéebah*) f. attempt, trial, test, experiment.

tentempié (*tentempyáy*) m. (coll.) bite, snak.

tenue (*táynway*) adj. thin; tenuous, delicate, slight, trifling. *Art.* faint.

teñir (*taynyéeR*) tr. to dye; to tinge, stain, to tinct.

teocracia (*tayohkráhthyah*) f. theocracy.

teología (*tayohlohHéeah*) f. theology. [logian.

teólogo (*tayóhlohgoh*) m. theo-

teorema (*tayohráymah*) m. theorem.

teoría (*tayohréeah*) f. theory.

teórico (*tayóhreekoh*) adj. theoric, theoretical; m. theorist.

terapéutica (*tayrahpay/ooteekah*) f. therapeutic.

terapéutico (*tayrahpay/ooteekoh*) adj. therapeutic(al).

tercería (*tayRthayréeah*) f. mediation, arbitration. *Law.* third party.

tercero (*tayRtháyroh*) adj. third; m. mediator; go-between, middle-man. [triplet, trio.

terceto (*tayRtháytoh*) m. tercet,

terciado (*tayRthyáhdoh*) adj. cutláss, broad sword; slantiog, tilted, biased, crosswise.

terciar (*tayRthyáR*) tr. to place diagonally, to split in three parts; intr. to mediate, to arbitrate. [tiary (geol).

terciario, a (*tayRthyáRyoh*) terciario, a

tercio (*tayRthyoh*) adj. third; m. thirding, one third. *Mil.* regiment; **el Tercio** or los Tercios, Spanish Foreig Legion. [velvet.

terciopelo (*tayRthyohpáyloh*) m.

terco (*tayRkoh*) adj. stubborn, obstinate; stiff, pig-headed.

tergiversación (*tayRHeebayRssahtyón*) f. distortion, tergiversation, recantation.

tergiversar (*tayRHeebayRssáR*) tr. to twist, to change, to recant.

termal (*tayRmáhl*) adj. thermal.

termas (*táyRmahss*) f. pl. hot baths springs. [mic.

térmico (*tayRmeekoh*) adj. thermical.

terminación (*tayRmeenahthyón*) f. termination, end, ending, conclusion, close, finish.

terminal (*tayRmeenáhl*) adj. terminal; final; m. terminal.

terminar (*tayRmeenáR*) tr. to finish, to terminate, to close, to end; intr. to end, to result in.

término (*táyRmeenoh*) m. term; ending, finish, conclusion end; expiration; boundary; condition; **en primer** —, in the fore ground; **en último** —, in the background.

termita (*tayRméetah*) f. *Ent.* termite.

termodinámica (*tayRmohdeenáhmeekah*) f. thermodynamics. [m. thermometer.

termómetro (*tayRmóhmaytroh*)

termos (*tayRmoss*) m. thermos bottle, thermos-flask, vacuum-flask.

terna (*tayRnah*) f. thee candidates presented for selection, triad, tern. [veal.

ternera (*tayRnáyrah*) f. calf;

ternero (*tayRnáyroh*) m. (bull-)calf, steer. [cartilage.

ternilla (*tayRneelya*) f. gristle,

terno (*tayRnoh*) m. triad, ternary number; curse; **echar** —**s**, to swear.

ternura (*tayRnóorah*) f. tenderness, softness, delicacy.

terquedad (*tayRkaydáhd*) f. stubbornness, obstinacy, contumacy, pig-headedness.

terracota (*tayRahkóhtah*) f. terra cotta.

terrado (*tayRáhdoh*) m. (prov.) high terrace; flat roof.

terraplén (*tayRahplén*) m. (rail.) embankment, mound (fort.)

terraplenar (*tayRhplaynáR*) tr. to embank; to fill (in).

terrateniente (*tayRahtaynyéntay*) s. land-owner, —holder.

terraza (*tayRáhthah*) f. terrace, veranda, sidewalk cafe.

terrazo (*tayRahthoh*) m. landscape; (buil.) flooring slab.

terremoto (*tayRaymóhtoh*) m. earthquake, land-quake.

terrenal (*tayRaynáhl*) adj. worldly, earthly; mundane.

terreno (*tayRaynoh*) adj. terrene, earthly; m. land ground, soil, plot. [rrestrial.

terrestre (*tayRéstray*) adj. ter-

terrible (*tayRéeblay*) adj. terrible, horrible, aweful, dreadful. (coll.) huge.

territorial (*tayReetohryahl*) adj. territorial.

territorio (*tayReetóhryoh*) m. terrritory, district; land.

terrón (*tayRón*) m. clod, lump. — **de azúcar**, lum of sugar.

terror (*tayRóR*) m. terror; dread, awe, fright.

terrorífico (*tayRohreefeekoh*) adj. terrific, dreadful, aweful, bloodcurdling, hair-raising.

terrorismo (*tayRohréessmoh*) m. terrorism.

terrorista (*tayRohréestah*) s. terrorist; adj. terroristic.

terroso (*tayRóhssoh*) adj. earthy.

terruño (*tayRóonyoh*) m. piece of ground, the old sod; homeland, home-country.

tersar (*tayRssahR*) tr. to smooth, to polish.

terso (*táyRssoh*) adj. smooth, polished, glossy: concise.

tersura (*tayRssóorah*) f. smoothness, polish, terseness, brevity, terse, snappy

tertulia (*tayRtóolyah*) f. social meeting, coterie, assembly (evening) party. *Theat.* gallery.

tertuliano (*tayRtoolyahnoh*) adj. 173 member of a circle of friends.

tesar (*táyssahR*) tr. *Naut.* tesar un cabo, to haul (a rope) taut.

tesis (*táysseess*) f. thesis.

tesón (*tayssón*) m. tenacity, strength, toughness, stubbornness. [treasury.

tesorería (*tayssohrayréeah*) f.

tesorero (*tayssohráyroh*) m. treasurer.

tesoro (*tayssóhroh*) m. treasure; riches treasury, exchequer; thesaurus.

testa (*tétstah*) f. head; (coll.) nut, loaf, belfry. [tor.

testador (*testahdóR*) m. testa-

testaferro (*taystahfayRoh*) m. dummy, straw-man.

testamentario (*testahmentáhryoh*) m. executor; adj. testamentary.

testar (*testáR*) to (make a) will, to bequeath.

testarudo (*testahróodoh*) adj. stubborn, pig-headed, hard-headed. [ticle.

testículo (*taysteekooloh*) m. tes-

testificación (*testeefeekahthyón*) f. attestation.

testificar (*testeefeekáR*) tr. to attest, te witness, to testify.

testigo (*testéego*) s. witness; evidence, proof; — **visual**, eyewitness.

testimoniar (*testeemonyáR*) tr. to testify, to witness, to vouch for.

testimonio (*testeemóhnyoh*) m. testimony, affidavit; **falso** —, false witness.

teta (*táytah*) f. mamma(ry gland), nipple, teat; breast; **dar la** —, to suckle.

tetánico (*taytáhneekoh*) adj. tetanic(al). [nus.

tétano(s) (*táytahnoh*) m. teta-

tetera (*taytáyrah*) f. teapot; tea-kettle.

tétrico (*táytreekoh*) adj. dark, gloomy, sullen, lugubrious.

textil (*taystéel*) adj. textile fibrous.

texto (*tékstoh*) m. text.

textual (*tekstwáhl*) adj. textual.

textura (*tekstóorah*) f. texture.

tez (*teth*) f. complexion, skin.

ti (*tee*) pron. (to)you, thee.

tía (*tétah*) f. aunt, auntie; (coll.) dame; quean.

tiara (*tiáhrah*) f. tiara.

tibia (*teebya*) f. shin-bone.

tibieza (*teebyáythah*) t. tepididy, lukewarmness.

tibio (*téebyoh*) adj. tepid; lukewarm. [shark.

tiburón (*teeboorón*) m. *Ichth.*

tiempo (*tyémpoh*) m. time; weather. *Gram.* tense.

tienda (*tyéndah*) f. shop; — **de campaña**, tent.

tienta (*tyéntah*) f. probe; **andar a** —**s**, to grope, to fumble; **a** —, at random.

tiento (*tyéntoh*) m. touch; tact; **no tengo** —, my fingers are numb.

tierno (*tyeRnoh*) adj. tender; soft; fond; young.

tierra (*tyeRah*) f. earth; ground; soil; land; country; — **adentro**, inland; **tomar** —, to land. [rigid, taub.

tieso (*tyéssoh*) adj. stiff, hard;

tiesto (*tyéstoh*) m. flower-pot, plant-pot. [phus.

tifus (*téefooss*) m. *Med.* ty-

174 **tifón** *(teefón)* m. typhoon.
tigre *(téegray)* m. tiger.
tigresa *(teegráyssah)* f. tigress.
tijera *(teeHáyrah)* f. scissors.
tila *(téelah)* f. *Bot.* linden tree, linden blosson tea.
tildar *(teeldáR)* tr. to dot; to stigmatize, to brand.
tilde *(téelday)* m. tilde, dot, blemish. [tree.
tilo *(téeloh)* m. *Bot.* linden-
timador *(teemahdoR)* s. windler, cheater.
timar *(teemáR)* tr. to swindle, to cheat.
timba *(teembah)* f. gamblingden.
timbal *(teembahl)* m. kettle-drum. [to stamp.
timbrar *(teembráR)* tr. to seal,
timbre *(téembray)* m. seal, stamp; timbre; bell; quality of a voice; stamp duty.
timidez *(teemeedéth)* f. timidity, shyness, bashfulness, coyness.
tímido *(téeemeedoh)* adj. timid, shy, bashful, coy.
timo *(téemoh)* m. (coll.) cheat, swindle, fraud; **dar un —,** to swindle.
timón *(teemón)* m. rudder. *Aer., Naut.* rudder, helm.
timonel *(teemohnél)* m. helmsman.
timorato *(teemohráhtoh)* adj. timid, timorous, shy: faint-hearted.
tímpano *(téempahnoh)* m. tympanum. *Anat.* eardrum.
tina *(téenah)* f. large earthen jar; vat, (bath-)tub.
tinaja *(teenáhHah)* f. large earthen jar.
tinglado *(teenglahdoh)* m. shed (-roof); trick, artifice.
tiniebla *(teenyáyblah)* f. darkness; pl. utter darkness; **estar en —s,** to be completely ignorant.
tino *(téenoh)* m. accurate aim, tact, skillfeel, knack.
tinta *(téentah)* f. ink; tint; **de buena —,** from good source.
tinte *(téentay)* m. dyeing, tint, hue, colour dyer's shop.
tintero *(teentáyroh)* m. inkstand, ink-well, ink-pot.
tinto *(téentoh)* adj. dyed, tinged; **vino —,** red wine.
tintorería *(teentohrayréeah)* f. dyer's shop, dry-cleaners
tintorero *(teentohráyroh)* m. dyer, ((dry)-cleaner.
tintura *(teentóorah)* f. dyeing, tinture, dye, stain; smattering.
tiña *(téenya)* f. scald-head; (coll.) poverty, indigence; meanness.
tiñoso *(teenyósso)* adj. mangy penurious, niggardly, mean.
tío *(téeoh)* m. uncle; (fam.) good old man; man; fellow, guy.
tiovivo *(tyohbéeboh)* m. carrousel, merry-go-round.
típico *(téepeekoh)* adj. typic (al), characteristic.
tiple *(téerlay)* m. treble; s. soprano ·nger. *Naut.* one piece mast.
tipo *(téepoh)* m. type, pattern, standard, model, print character, rate; guy, fellow, chap; looks.
tipografía *(teepohgrahféeah)* f. typography, type-setting.
tipográfico *(teepohgráhfeekoh)* adj. typographic(al).

tipógrafo *(teepóhgrahfoh)* m. printer; typographer. [fall.
tira *(téerah)* f. strip, band. *Naut.*
tirabuzón *(teerahboothón)* m. hair-curl; corkscrew.
tirada *(teeráhdah)* f. throw; cast; stretch; edition. *Print.* off-print.
tirado *(teeráhdoh)* adj. very cheap, given awaw. *Naut.* long low boat; (coll.) very easy.
tirador *(teerahdóR)* m. thrower; pull, knob, handle, shoot(er), marksman, good-shot. [ny.
tiranía *(teerahnéeah)* f. tyranny.
tiranizar *(teerahneetháR)* tr. to tyrannize; to oppress.
tirano *(teeráhnoh)* adj. tyrannical; m. tyrant, despot.
tirante *(teeráhntay)* adj. tight, taut, strained (as relations); m. stretcher; pl. *U. S. A.* suspenders, braces *G. B.*
tirantez *(teerahntéth)* f, strain, tenseness, tension.
tirar *(teeráR)* tr. to throw (away); to shoot (off); (firearms) to waste; to print; intr. to draw, to pull, to carry on; to resemble (relat.).
tirarse *(teeráRssay)* to throw, to fling oneself.
tiricia *(teeréethya)* f. jaundice.
tiritar *(teereetáR)* intr. to shiver.
tiro *(téeroh)* m. cast, throw; shot, fling, target practice, shooting-grounsd, range, team or set of draught horses; **a —,** within shot; **— al blanco,** target shooting.
tirón *(teerón)* m. pull, tug, pull; **de un —,** at a stretch.
tirotear *(teerohtayáR)* intr. to snipe at, to exchange shots.
tirotearse *(teerohtayáRssay)* r. to fire at each other, to skirmish. [fire, skirmish
tiroteo *(teerohtáyoh)* m. crossion, dislike, antipathy.
tirria *(téeRyah)* f. (fam.) aver-
tisana *(teessáhnah)* f. infusion, (medicinal-).
tísico *(teésseekoh)* adj. y m. phthisical; consumptive.
tisis *(teésseess)* f. phthisis, consumption.
titán *(teetáhn)* m. titan.
titánico *(teetáhneekoh)* adj. titanic, colossal, huge.
títere *(téetayray)* m. puppet, marionette; **—s,** punch and judy show. [kle, titillation.
titilación *(teeteelahthyón)* f. tic-
titilar *(teeteelaR)* intr. to titillate, to tickle; to twinkle.
titiritero *(teeteereetayroh)* m. puppet-player, puppet show man.
titubear *(teetoobayáR)* intr. to totter, to hesitate, to stagger, to toddle.
titubeo *(teetoobáyoh)* m. totter (ing), staggering, vacillation, hesitation.
titulado *(teetoolááhdoh)* m. titleholder; adj. titled.
titular *(teetoolaR)* adj. titular (y); m. head-line; tr. to (en)-title; to obtain a title.
título *(téetooloh)* m. title, head-line, heading; (acad.) diploma, degree. *Com.* certificate, bond.
tiza *(téethah)* f. chalk; clay.
tiznar *(teethnáR)* tr. to stain; to blot, to smub, to blackon
tizón *(teethón)* m. firebrand, char-coal; (fig.) disgrace.
toalla *(tohahlyah)* f. towel.

tobillo *(tohbéelyoh)* m. ankle.
tobogán *(tohbohgáhn)* m. slide.
toca *(tóhkah)* f. toque, head-dress.
tocado *(tohkáhdoh)* adj. touched; m. coiffure, head-dress. **— de la cabeza,** to be potty/ dotty/crackors.
tocador *(tohkahdóR)* m. player; dressing or toilet-table, boudoir, toilet-room.
tocar *(tohkáR)* tr. to touch. *Mus.,* to play; to ring (a bell, to hit; intr. to appertain, to concern; to fail to one's lot, to touch, to call (at a port); **— fondo,** to strike aground; **a toca teja,** ready money. [sake.
tocayo *(tohkáhlyoh)* adj. namesake.
tocinero *(tohteenáyroh)* m. pork-seller. [salt pork.
tocino *(tohtéenoh)* m. bacon;
todavía *(tohdahbéeah)* adj. yet; still; ever notwithstanding, nevertheless; **— no,** not yet.
todo *(tóhdoh)* adj. all; entire; whole, every, each; m. whole, everything; adv. entirely, botally, quite; **con —,** notwithstanding; **sobre —,** above all.
todopoderoso *(tohdohpohdayróhssoh)* adj. almighty; m. the Almighty.
toga *(tóhgah)* t. toga; gown.
toldo *(tóldoh)* m. awning; tilt, canvas, sun-shade.
tolerable *(tohlayháhblay)* adj. tolerable, bearable, allowable, permissible.
tolerancia *(tohlayráhnthyah)* f. tolerance, allowance.
tolerante *(tohlayráhntay)* adj. tolerant.
tolerar *(tohlayráR)* tr. to tolerate, endure; permit.
toma *(tóhmah)* f. taking, take, catch. *Med.* d ose; outlet, water/electricity mains.
tomar *(tohmáR)* tr. to take, to catch, to have; **— el pelo,** to pull one's leg, to eat/ drink; **— el sol,** to sun-bathe.
tomate *(tohmáhtay)* m. tomato.
tómbola *(tóhmbohlah)* f. tombola, charity raffle booth.
tomillo *(tohméelyoh)* m. *Bot.* thyme.
tomo *(tóhmoh)* m. volume, tome; **de — y lomo,** of importance.
ton *(ton)* **sin — ni son,** without rime of reason. [song air.
tonada *(tohnáhdah)* f. tune.
tonadilla *(tohnahdéelyah)* f. short tune. [tub.
tonel *(tohnayl)* m. cask; barrel;
tonelada *(tohnayláhdah)* f. ton.
tonelaje *(tohnayláHay)* m. *Naut.* tonnage, capacity. *Com.* tonnage duty.
tonelete *(tohnayláytay)* m. little barrel; kilt, short skirt.
tónico *(tóhneekoh)* adj. y m. tonic; (coll.) pick-me-up. *Gram.* tonic, accented.
tonificar *(tohneefeekáR)* tr. to strenghen, to tone up.
tono *(tóhnoh)* m. tone. *Mus.* key, pitch; **darse —,** to give oneself airs.
tontada *(tontáhdah)* f. silliness, nonsense, foolishness.
tontear *(tontayáR)* intr. to fool, to talk monsense.
tontería *(tontayréeah)* f. foolery, nonsense, folly.
tonto *(tóntoh)* adj. silly, foolish; m. fool dolt.

topar *(tohpáR)* tr. to collide; to meet by chance.
tope *(tóhpay)* m. but, buffer; **hasta el —,** to the brim.
topetazo *(tohpaytáhthoh)* m. bump, collision. [collision.
topetón *(tohpaytón)* m. bump,
tópico *(tohpeekoh)* adj. topical; m. topic, subject.
topo *(tóhpoh)* m. mole.
topografía *(tohpohgrahféeah)* f. topography, surveying.
topógrafo *(tohpóhgrahfoh)* m. topographer, surveyor.
toque *(tóhkay)* m. touch; ringing of bells, peal, toll.
torbellino *(toRbaylyéenoh)* m. whirlwind; (coll.) a bull in a china shop.
torcedura *(toRthaydóorah)* f. twist(ing); sprain.
torcer *(toRtháyR)* tr. to twist, to bend; to crook, to pervert.
torcerse *(toRthayRssay)* r. to warp, to go wrong; to be sprained.
torcido *(toRthéedoh)* adj. twisted, crooked; awry; bent.
tordo *(tóRdoh)* adj. dapple, gray (horses); mfl thrush.
toreador *(tohrayahdóR)* m. bull-fighter.
torear *(tohrayáR)* intr. to fight bulls; (coll.) to mock, tease.
toreo *(tohráyoh)* m. bullfighting.
torero *(tohráyroh)* m. bullfighter.
toril *(tohréel)* m. bull pen.
tormenta *(toRméntah)* f. storm, tempest, gale.
tormento *(toRméntoh)* m. torment; torture; worry.
tormentoso *(toRmentóhssoh)* adj. stormy; turbulent.
torna *(tóRnah)* f. restitution; return; (coll.) **se cambiaron las —s,** there was a turn-about.
tornar *(toRnáR)* tr. e intr. to repeat, to return; to transform. [change, to become.
tornarse *(toRnáRssay)* r. to
tornasol *(toRnahssól)* m. *Bot.* sunflower. [turner.
torneador *(toRnayahdóR)* m.
tornear *(toRnayáR)* tr. to turn up. [ment, contest.
torneo *(toRnáyoh)* m. tourna-
tornero *(toRnáyroh)* m. turner, lathe-turner. [vice, clamp.
tornillo *(toRnéelyoh)* m. screw,
torniquete *(toRneekáytay)* m. turnstile. *Med.* torniquet.
torno *(tóRnoh)* m. lathe; winch.
toro *(tóhroh)* m. bull; pl. bull-fight. [fruit.
toronja *(tohrónHah)* f. grape-
torpe *(tóRpay)* adj. dull; heavy; clumsy; lascivious.
torpedear *(toRpaydayáR)* tr. to torpedo. [torpedo.
torpedo *(toRpáydoh)* m. *Naut.*
torpeza *(toRpáythah)* f. rudeness; torpidness; lewdness, clumsiness.
torre *(tóhRay)* f. tower; turret; belfry; villa, castle or rook (in chess).
torrefacción *(tohRayfahkthyón)* f. torrefaction, toasting.
torrejón *(tohRayHón)* m. little tower. [torrential.
torrencial *(tohRenthyáhl)* adj.
torrente *(tohRéntay)* m. torrent; rush; plenty.
torreón *(tohRayón)* m. fortified tower, keep, turret.
torrero *(tohRáyroh)* m. light-house-keeper. [er.
torrezno *(tohRáythnoh)* m. rash-

torta *(tóRtah)* f. round cake, pie; (coll.) slap, box.

tortilla *(toRtéelyah)* f. omelet; **hacerse —**, to smash to bits.

tórtola *(tóRtohlah)* f. *Orn.* turtle-dove.

tórtolo *(tóRtohloh)* m. *Orn.* male turtle-dove; (fam.) lover.

tortuga *(toRtóogah)* f. turtle, tortoise; (coll.) **paso de —**, snail pace.

tortuoso *(toRtwóhssoh)* adj. tortuous, winding.

tortura *(toRtóorah)* f. torture, torment, rack.

torturar *(toRtooráR)* tr. to torture, to torment.

tos *(tos)* f. cough. [ing-cough.

tosferina *(tosfayréenah)* whooptosco **tosco** *(tóskoh)* adj. coarse; rough; clownish, ill-bred.

toser *(tossáyR)* intr. to cough.

tostada *(tostáhdah)* f. toast.

tostado *(tostáhdoh)* adj. toasted; tanned, swarthy, crisp; m. toasting.

tostador *(tostahdóR)* m. toaster, roaster. [roast.

tostar *(tostáR)* tr. to toast; to

tostón *(tostón)* m. buttered or oiled toast, roast pig; (coll.) irksome, tedious.

total *(tohtáhl)* adj. total, whole, entire; m. total, sum.

totalidad *(tohtahleedáhd)* f. totality.

tótem *(tóhtem)* m. totem.

tóxico *(tóksseekoh)* adj. y m. toxic, poisonous.

tozudo *(tohthóodoh)* adj. stubborn, obstinate, pig-headed.

traba *(tráhbah)* f. tie, lock, hind(e)rance, drag.

trabado *(trahbáhdoh)* adj. tied, hooked, jammed, locked.

trabajado *(trahbahHáhdoh)* adj. laboured; wrought.

trabajador *(trahbahHahdóR)* m. worker, workman; adj. laborious, hard-working.

trabajar *(trahbahHáR)* tr. e intr. to work, to toil. *Agric.* to till.

trabajo *(trahbáhHoh)* m. work labour; task, toil, job; pl. want, need, hardship.

trabajoso *(trahbahHóssoh)* adj. laborius, painful, hard.

trabalenguas *(trahbahléngwahss)* m. tongue twister.

trabar *(trahbáR)* tr. to fasten; bind, to jam, to entwine, to fasten, to clasp; to begin (a friendship).

trabarse *(trahbáRssay)* r. to bind, to lock, to get fasten.

trabazón *(trahbahthón)* m. bracing, union, bond. [crackers.

traca *(tráhkah)* f. string of firetracción **tracción** *(trahkthyón)* f. traction; draught. *Tech.* tensile strength.

tractor *(trahktóR)* m. tractor.

tradición *(trahdeethyón)* f. tradition.

tradicional *(trahdeethyohnáhl)* adj. traditional. [translation.

traducción *(trahdookthyón)* f.

traducir *(trahdoothéeR)* tr. to translate. [translator.

traductor *(trahdooktóR)* m.

traer *(trah/ayR)* tr. to bring, to fetch; (coll.) **traer y llevar,** to fetch and carry.

traficante *(trahfeekáhntay)* m. merchant; dealer; trader; pl. tradesfolk.

traficar *(trahfeekáR)* intr. to traffic, to trade, to deal.

tráfico *(tráhfeekoh)* m. traffic; trade.

tragahombres *(trahgahombrays)* m. (coll.) bully.

tragaldabas *(trahgahldahbahss)* m. (coll.) glutton.

tragaluz *(trahgahlóoth)* m. skylight; bull's eye (in a ship).

tragar *(trahgáR)* tr. to swallow, to gulp dow; (coll.) **— el anzuelo,** to fall for it [gedy.

tragedia *(trahHáydyah)* f. tratrágico **trágico** *(tráhHeekoh)* adj. tragic(al); m. tragedian.

tragicomedia *(trahHeekohmáydyah)* t. tragicomedy

trago *(tráhgoh)* m. gulp, drink; (coll.) adversity; **echar un —,** to hawe/take a drink.

tragón *(trahgón)* adj. gluttonous; voracious, ravenous; m. gobber, glutton. [son.

traición *(trah/eethyón)* f. treatraicionero **traicionero** *(tra/eethyohnáyroh)* adj. treacherous. [to betray.

traicionar *(trah/eethyohnáR)* tr. to betray.

traidor *(trah/eedóR)* m. traitor; betrayer; adj. treacherous.

traidora *(trah/eedóhrah)* f. traitress.

traje *(tráhHay)* m. suit; costume; dress; **— de luces,** bullfighter's costume; **baile de —,** fancy dress-ball.

trajín *(trahHéen)* m. going to and fro, bustle, carrying, hustle and bustle.

trajinar *(trahHeenáR)* tr. to carry back and forth; intr. to travel to and fro.

trama *(tráhmah)* f. weft, woof (in a cloth); plot, intrigue.

tramar *(trahmáR)* tr. to weave; to plot.

tramitar *(trahmeetaR)* tr. to carry through, to transact (documents, etc.).

trámite *(tráhmeetay)* m. step; pl. paper work; red-tape.

tramo *(tráhmoh)* m. stretch, tractof land, flight (of stairs).

tramoya *(trahmóhyah)* f. *Theat.* trick; artifice; stage machinery/trappings.

tramoyista *(trahmohyéesstah)* s. stagemachinist; swindler.

trampa *(tráhmpah)* f. trap; snare, trap-door; fraud, deceit, trick.

trampear *(trampayaR)* tr. e intr. to dodge, to cheat, to swindle.

tramposo *(trahmpóhssoh)* adj. tricky; m. cheater; trick(st)er.

tranca *(tráhnkah)* f. cross-bar club; ¡**tiene una —!,** he's stoned!

trancazo *(trahnkáhthoh)* m. blow, with a cudgel; (coll.) grippe, flu.

trance *(tráhnthay)* m. peril; critical moment, juneture; **a todo —,** at any price.

tranquilidad *(trahnkeeleedáhd)* f. still(ness), rest, quietness, calmness, tranquility, peace.

tranquilizar *(trahnkeeleetháR)* tr. to calm, to quieten down, to pacify, to tranquilize.

tranquilizarse *(trahnkeeleetháRssay)* r. to grow calm, to calm down, to relax.

tranquilo *(trahnkéeloh)* adj. quiet; still, calm, tranquil, peaceful.

transacción *(trahnssahkthyón).* f. transaction, dealing.

transatlántico *(trahnssahláhnteekoh)* adj. transatlantic; m. liner.

transbordar *(trahnssboRdáR)* tr. *Naut.* to tranship, to transfer.

transbordo *(trahnssbóRdoh)* m. transfer, transhipment.

transcribir *(trahnskreebéeR)* tr. to transcribe, to copy.

transcripción *(trahnskreepthyón)* f. transcript(ion), copy.

transcurrir *(trahnskooRéeR)* intr. to (e)lapse, to pass.

transcurso *(trahnskóoRssoh)* m. course; during.

transeúnte *(trahnssayóontay)* adj. transient; m. passer-by, sojourner.

transferir *(trahnssfayréeR)* tr. to transfer; to remove.

transfiguración *(trahnssfeegoorahthyón)* f. transfiguration, transformation.

transfigurar *(trahnssfeegooráR)* tr. to transfigure; to transform.

transformación *(trahnssfoRmahthyón)* f. transformation; change.

transformar *(trahnssfoRmáR)* tr. to transform, to change, to turn.

transfusión *(trahnssfoossyón)* f. transfusión; **— de sangre,** blood-transfusion.

transgredir *(trahnssgraydéeR)* intr. to transgress, to trespass.

transición *(trahnsseethyón)* f. transition, change, passage.

transigir *(trahnsseeHéeR)* intr. to agree, to give in/may.

transitar *(trahnsseetáR)* intr. to pass by; to travel, to journey, to move, to go.

tránsito *(tráhnsseetoh)* m. transit, traffic, passage, passing.

transitorio *(trahnsseetóhryoh)* adj. transitory, transient, temporary.

transmigrar *(trahnssmeegráR)* intr. to transmigrate.

transmisión *(trahnssmeessyón)* f. transmission.

transmitir *(trahnssmeetéeR)* tr. to transmit; to transfer; (rad.) to broadcast; to convey.

transparencia *(trahnspahrénthyah)* f. transparency.

transparente *(trahnspahréntay)* adj. transparent; limpidity, clarity.

transpiración *(trahnsspeerahthyón)* f. transpiration, perspiration.

transpirar *(trahnsspeeráR)* intr. to perspire, to transpire.

transportár *(trahnspoRtáR)* tr. to carry (over), to transport, to convey, (ship.) to ship.

transporte *(trahnspóRtay)* m. transport(ation); shipment, carriage; freight.

transversal *(trahnsbayRssáhl)* adj. transversal; traverse, cross-wise, oblique, askew, slant, biased.

tranvía *(trahnbéeah)* m. tram(way), street-car.

trapecio *(trahpáythyoh)* m. trapeze. *Geom.* trapezium.

trapería *(trahpayréeah)* f. frippery, rag-fair; be rag-trad.

trapero *(trahpáyroh)* m. ragdealer; rag-and-bone man.

trapo *(tráhpoh)* m. rag; tatter, cloth. [windpipe.

tráquea *(tráhkayah)* s. trachea.

traquetear *(trahkaytayáR)* tr. e intr. to shake, to jolt, to jog, to jerk.

traqueteo *(trahkaytáyoh)* m. shaking, jogging, jerking, ricketing. [yond.

tras *(trahss)* prep. after, be-

trascendencia *(trahssthendénthya)* f. consequence, transcendence.

trascendental *(trahssthendéntahl)* adj. transcendental; momentuous, of paramount importance.

trascender *(trahssthendayR)* tr. to transcend; to leak out, to go beyond.

trasero *(trahssáyroh)* adj. hind(er), back, rear; m. bottom; rump. [adj. nomadic.

trashumante *(trahssoomáhntay)*

trashumar *(trahssoomáR)* intr. to nomadize, to migrate.

trasiego *(trahssyáygoh)* m. upset, decantation, transfer.

trasladar *(trahslahdáR)* tr. to (re)move, to transfer; to postpone.

traslado *(trahsláhdoh)* m. transfer; copy; moving, removal.

traslucir *(trahsloothéeR)* tr. to infer.

traslucirse *(trahslootéeRssay)* r. to leak out, to shine through.

trasluz *(trahslóoth)* m. transverse light; **al —,** against the light.

trasnochado *(trahsnohcháhdoh)* adj. hackneyed; worn out, tired through sleeplessness.

trasnochador *(trahsnohchahdóR)* m. nighthawk, nightrake.

trasnochar *(trahsnohcháR)* intr. to keep late hours, to go on the tiles. [to mislay.

traspapelar *(trahspahpayláR)* tr.

traspasar *(trahspahssáR)* intr. to pass (over), to cross, to pierce, to transfer, to go through. [transfer.

traspaso *(trahspáassoh)* m.

traspié *(trahspyáy)* s. slip, stumble, trip; **dar —s,** to stumble/or to trip over.

trasplantar *(trahsplahntáR)* tr. to transplant.

trasplante *(trahspláhntay)* m. transplantation.

trasquilar *(trahskeeláR)* tr. to shear; to snip, to clip.

trastada *(trasstáhdah)* f. (coll.) mean trick.

trastazo *(trasstáhthoh)* m. (coll.) thump, blow.

trastero *(trasstáyroh)* m. lumber-room, junk-room.

trastienda *(trahstyéndah)* f. backshop, back-room (of a shop).

trasto *(tráhstoh)* m. piece of furniture; (coll.) trash, lumber, junk, rubbish; worthless person; pl. implements, tools.

trastornar *(trahstoRnáR)* tr. to upset; to disturb, to trouble.

trastorno *(trahstóRnoh)* m. upset; disturbance, disorder, trouble.

trata *(tráhtah)* f. slave-trade; **se — de,** it's about.

tratable *(trahtáhblay)* adj. tractable, compliant; accessible, get-at-able.

tratadista *(trahtahdéesstah)* s. author of treatises.

tratado *(trahtáhdoh)* m. treaty; treatise; pact, agreement.

tratamiento *(trahtahmyéntoh)* m. *Med.* treatment; appellation, address.

176 **tratante** *(trahtáhntay)* m. dealer, trader, merchant.

tratar *(trahtáR)* tr. to treat; to discuss (a subject); to trade, to deal.

tratarse *(trahtáRssay)* r. to maintain friendly relaions.

trato *(tráhtoh)* m. treatment; manner; pact, agreement.

trauma *(tráh/oomah)* m. trauma(tism).

traumatismo *(trah/oomahtéessmoh)* m. trauma(tism).

través *(trahbayss)* m. bias; slant; al —, across; **campo a—**, cross country.

travesero *(trahbayssáyroh)* m. transom; adj. cross.

travesía *(trahbaysséeah)* f. crossing; passage, sea-voyage.

travesura *(trahvaysóorah)* f. trick, prank, caper, antic, mischief.

traviesa *(trahbyéssah)* f. (rail.) sleeper; (arch.) rafter.

travieso *(trahbyéyssoh)* adj. frolic(some), naughty, mischievous.

trayecto *(trahyektoh)* m. (trans)stage, fare-stage; distance.

traza *(tráhthah)* f. first sketch; trace, outline; aspect, looks.

trazado *(trahtháhdoh)* m. sketch, layout, outline, direction, designing.

trazar *(trahtháR)* tr. to lay out, to sketch, to outline, to trace, to mark out.

trazo *(tráhthoh)* m. stroke; sketch; design, tracing.

trébol *(tráybol)* m. *Bot.* clover, shamrock.

trecho *(tráychoh)* m. stretch, distance; **de — en —**, from time to time.   [pite.

tregua *(tráygwah)* f. truce; res-

tremebundo *(traymaybóondoh)* adj. dreadful, frightful, aweful.

trementina *(traymentéenah)* f. turpentine; (coll.) turps.

tremendo *(trayméndoh)* adj. dreadful, terrible, aweful; huge, enormous.

trémulo *(tráymooloh)* adj. tremulous, shaking, trembling.

tren *(trayn)* m. train; retinue; **— directo**, through-train; **— de aterrizage**, landing geat.   [pl. tresses.

trenza *(traynthah)* f. braid, plait;

trenzar *(trentháR)* tr. to braid, to plait(hair).

trepa *(tráypah)* f. climbing. drilling; (coll.) flogging.

trepador *(traypahdóR)* adj. climbing; m. creeper, climber.

trepanación *(traypahnahthyón)* f. trepanation.

trepanar *(traypahnáR)* tr. to trepan.

trepar *(traypáR)* intr. to climb, to creep up (as ivy); to bore, to perforate, to drill.

trepidar *(traypeedáR)* intr. to shake, to vibrate, to quake.

tres *(tress)* adj. three.

tresillo *(traysséelyoh)* m. ombre (game), living-room suite, three-piece suite.

treta *(tráytah)* f. trick; wile.

triángulo *(tryáhngooloh)* m. triangle.

tribu *(tréeboo)* f. tribe.

tribulación *(treeboolahthyón)* f. tribulation.

tribuna *(treebóonah)* f. tribune; rostrum; stand. *Sport.* grandstand.

tribunal *(treeboonáhl)* m. tribunal; court of justice.

tributar *(treebootáR)* tr. to pay- (taxes); to pay homage.

tributario *(treebootáhryoh)* adj. tributary; taxpayer.

tributo *(treebóotoh)* m. tribute, tax.   [cle.

triciclo *(treethéekloh)* m. tricy-

tricolor *(treekohlóR)* adj. tricolour(ed).

tricornio *(treekóRnyoh)* m. three-cornered hat.

trienal *(tryanáhl)* adj. triennial.

trienio *(tryáynyoh)* m. triennium, three yearly period.

trifásico *(treefahseekoh)* adj. *Elec.* three-phase.

trifulca *(treefoolkah)* f. (coll.) squabble, quarrel, row.

trigal *(treegáhl)* m. wheat-field.

trigo *(tréegoh)* m. wheat; pl. crops.

trigueño *(treegáynyoh)* adj. swarthy, brunette, brownish.

trilla *(tréelyah)* f. thrashing.

trillado *(treelyáhdoh)* adj. thrashed; trite, hackeneyed; **camino —**, beaten track.

trilladora *(treelyahdóhrah)* f. thrashing-machine.

trillar *(treelyáR)* tr. to thrash; to frequent, to repeat.

trimestral *(treemestráhl)* adj. quarterly.

trimestre *(treeméstray)* m. quarter, trimester.

trinar *(treenáR)* intr. to trill; (coll.) to rage, to be very angry.

trinca *(tréenkah)* f. triad, ternary. *Naut.* cord.

trinchante *(treencháhntay)* m. carver, carving-knife.

trinchar *(treencháR)* tr. to carve.   [trench, trenchcoat.

trinchera *(treencháyrah)* f. *Mil.*

trineo *(treenáyoh)* m. sleigh, sled(ge).

trinidad *(treeneedahd)* f. trinity.

trino *(tréenoh)* adj. ternary; m. trill.

trío *(tréeoh)* m. trio.

tripa *(tréepah)* f. gut; bowel, intestine, tripe; (coll.) belly; pl. bowels, entrails.   [ble.

triple *(tréeplay)* adj. triple; tre-

triplicar *(treepleekáR)* tr. to triple.

trípode *(tréepohday)* m. tripod.

tríptico *(tréeptekoh)* m. triptych.

tripudo *(treepoodoh)* adj. bigbellied, pot-bellied.

tripulación *(treepoolahthyón)* f. crew.   [man.

tripular *(treepooláR)* intr. to

triquiñuela *(treekeenywaylah)* s. chicanery, cheat, craft.

tris *(treess)* m. crack; trice; instant, nick of time; **en un —**, within an ace.

triscar *(treeskáR)* intr. to romp about, to stamp the feet.

triste *(tréestay)* adj. sad; dull, sorrowfull, gloomy.

tristeza *(treestáythah)* f. sadness; sorrow, grief.

tristón *(treestón)* adj. sad.

trituración *(treetoorahthyón)* f. trituration, crushing, pulverization.

triturar *(treetooráR)* tr. to triturate, to crush, to reduce to powder.   [phal.

triunfal *(tryoonfáhl)* adj. triumphal.

triunfar *(tryoonfáR)* intr. to triumph; to trump (in cards).

triunfo *(tryóonfoh)* m. triumph, victory, success, conquest.

trivial *(treebyáhl)* adj. trivial-trite, trifling, useless.

trivialidad *(treebyahleedáhd)* f. trivialness, triviality, triteness; (coll.) child's play.

trocar *(trohkaR)* tr. to exchange, to barter, to change.

trocha *(tróhchah)* f. trail, path, short-cut.

trofeo *(trohfáyoh)* m. trophy.

trola *(tróhlah)* n. f. (coll.) fib, lie.

trole *(tróhlay)* m. trolleypole.

tromba *(trómbah)* f. waterspout.

trompa *(trómpah)* f. trunk, nozzle, proboscis. *Mus.* horn.

trompada *(trompáhdah)* f. (coll.) collision, blow.

trompeta *(trompáytah)* f. trumpet, bugle; bugler; m. trumpeter.

trompicón *(trompeekón)* m. stumble, trip; (coll.) push.

trompo *(trómpoh)* m. spinning top.

tronada *(trohnáhdah)* f. thunder-storm.   [der.

tronar *(trohnáR)* intr. to thun-

tronco *(trónkoh)* m. log, trunk (of tree), stem; body, stock; stalk; **dormir como un —**, to sleep like a log.

tronchar *(troncháR)* tr. to chop off, to cut off, to mutilate.

troncho *(trónchoh)* stem; stalk.

tronera *(trohnáyrah)* m. harumscarum. *Naut.* port-lide.

trono *(tróhnoh)* m. throne.

tropa *(tróhpah)* f. troops, soldiers; crowd; *Mil.* ranks.

tropel *(trohpáyl)* m. rush, throng.   [hurry; outrage.

tropelía *(trohpayléeah)* f. rush,

tropezar *(trohpaytháR)* tr. e intr. to stumble, to trip; to meet by chance, to stumble upon.

tropezón *(trohpaythón)* m. stumble, tripping; **a —es**, by fits and starts.

trópico *(tróhpeekoh)* m. tropic.

tropiezo *(trohpyáythoh)* m. stumble; trip; difficulty, fault; squabble, quarrel.

troquel *(trohkél)* m. die; stamp.

trotar *(trohtáR)* intr. to trot; (coll.) to hustle.

trote *(tróhtay)* m. trot; **para todo —**, for everyday wear/use.

trovador *(trohbahdóR)* m. troubadour, minstrel.

trozo *(tróhthoh)* m. piece; bit, chunk; passage (of a book).

truco *(tróokoh)* m. trick; device, ruse, wile, cheat, hoax.

truculento *(trookooláyntoh)* adj. truculent.

trucha *(tróochah)* f. *Ichth.* trout.

trueno *(trwáynoh)* m. thunder(-clap); (fig.) teddy-boy.

trueque *(trwáykay)* m. barter, exchange.   [lie, deceit, fib.

trufa *(tróofah)* f. *Bot.* truffle;

truhán *(trwáhn)* adj. y m. cheat, croot, rogue, swindler, rascal, scoundrel; jester.

truhanear *(trwahnayáR)* intr. to swindle; to jest.

truncar *(troonkáR)* tr. to truncate; to maim, to mutilate; to cut short, to abridge.

tu *(too)* poss. pron. your, thy.

tú *(too)* pers. pron. you, thou.

tuberculosis *(toobayRkoolóhsseess)* f. *Med.* tuberculosis, consumption.

tuberculoso *(toobayRkoolóhssoh)* adj. tuberculous.

tubería *(toobayréeah)* f. tubing, pipe line, piping.

tubo *(tóoboh)* m. tube; pipe; **— de ensayo**, test tube.

tubular *(tooboolaR)* adj. tubular.

tuerca *(twáyRkah)* f. *Mec.* nut.

tuerto *(twáyRtoh)* adj. one-eyed person.

tuétano *(twáytahnoh)* m. marrow; **hasta los —s**, to the marrow.

tufo *(tóofoh)* m. fumes, vapour, nasty smell; (coll.) airs.

tugurio *(toogóoryoh)* m. hut, cabin; (fam.) hovel; (fam.) low class pub.

tul *(tool)* m. tulle.   [tulip.

tulipán *(tooleepáhn)* m. *Bot.*

tullido *(toolyédoh)* adj. crippled; m. cripple.

tullir *(toolyeeR)* intr. to cripple, *Orn.* to excrete.

tumba *(tóombah)* f. tomb; grave, sepulchre, cataphalque.

tumbar *(toombáR)* tr. to throw down; to fell; (coll.) to knock down; intr. to tumble, to fall down.

tumbarse *(toombáRssay)* r. to lie down.

tumbo *(tóomboh)* m. tumble; fall, somersault.

tumbona *(toombóhnah)* f. deckchair, rocking-chair.

tumefacción *(toomayfakthyón)* f. tumefaction; swelling.

tumor *(toomóR)* m. tumour.

túmulo *(tóomooloh)* s. tumulus; tomb, grave, funeral pile.

tumulto *(toomóoltoh)* s. tumult-(uousness), uproar; crowd, uprising.   [adj. tumultuous.

tumultuoso *(toomooltwóhssoh)*

tuna *(tóonah)* f. vagrancy, serenading party.

tunanta *(toonáhntah)* adj. y f. hussy, minx.

tunante *(toonáhntay)* m. truant, rascal, rouge, idler, crafty.

tunantería *(toonahntayréeah)* f. rowdyism, truantship.

tunar *(toonáR)* intr. to loiter about, to loaf.

tunda *(tóondah)* f. (coll.) beating, flogging, leathering.

túnel *(tóonel)* m. tunnel.

túnica *(tóoneeka)* f. tunic, robe, gown.

tuno *(tóonoh)* m. truant; rake; loafer, rascal; adj. roguish, cunning.   [random.

tuntún (al) *(toontoon)* adv. at

tupé *(toopáy)* m. toupee, toupet; (coll.) cheek.

tupido *(toopéedoh)* adj. dense, thick; closewoven.

turba *(tóoRbah)* f. crowd, rabble; peat.   [barrassment.

turbación *(tooRbahthyón)* f. em-

turbamulta *(tooRbahmóoltah)* f. multittude, crowd, rabble.

turbante *(tooRbáhntay)* m. turban.   [to upset, to embarass.

turbar *(tooRbáR)* tr. to. disturb.

turbina *(tooRbéenah)* f. turbine, water-wheel.

turbio *(tóoRbyoh)* adj. turbid, muddy, trouble.: **algo —**, something dishonest.

turbonada *(tooRbohnáhdah)* f. squall, pelting shower, hurricane, tornado.

turbulencia *(tooRbóolaynthya)* f. turbulence, disorder.

turbulento *(tooRbooláyntoh)* adj. turbid, muddy, tumultuous tumultuous.   [swelling.

turgencia *(tooRHénthyah)* f.

turgente *(tooRHéntay)* adj. turgescent, swollen.   [rism.

turismo *(tooréessmoh)* m. tou-

turista (*tooréestah*) s. tourist.
turnar (*tooRnáR*) intr. to alternate, to relay; to work in turns/shifts.
turno (*tóoRnoh*) turn, round, shift, **a su —**, in one's turn.
turrón (*tooRón*) m. nougat.
tutear (*tootayáR*) tr. to treat as «thou», «thee», etc.
tutela (*tootáylah*) f. guardianship, ward(ship), tutelage.
tutelar (*tootayláR*) adj. tutelar; tutelary.
tutiplén (*tooteeplayn*) adv. abundantly, plenty. [tor.
tutor (*tootóR*) m. guardian; tutora (*tootóhrah*) f. tutoress.
tutoría (*tootohréeah*) f. tutelage, guardianship. [ne.
tuyo (*tóoIyoh*) pron. yours, thi-

ubicación (*oobeekahthyón*) f. location, emplacement: ubiquity.
ubicuidad (*oobeekweedáhd*) f. ubiquity, ubiquitousness.
ubicuo (*oobéekwoh*) adj. ubiquitous, omnipresent.
ubre (*óobray*) f. udder,dug, teat.
ufanarse (*oofahnáRssay*) r. to boast, to brag.
ufano (*oofáhnoh*) adj. gay, cheerful; proud, haughty, arrogant. [keeper.
ujier (*ooHyáiR*) m. usher, door-
úlcera (*óolthayrah*) f. Med. ulcer. [cerate, to fester.
ulcerar (*oolthayráR*) tr. to ulcerarse (*oolthayráRssay*) r. to ulcerate.
ulceroso (*oolthayrohssoh*) adj. ulcerous, festering.
ulterior (*ooltayryoR*) adj. (place) ulterior; subsequent later, (time).
últimamente (*oolteemahméntay*) adv. last(ly), recently, of late, finelly.
ultimar (*oolteemáR*) tr. to finish, to end, to close.
ultimátum (*oolteemáhtoom*) m. ultimatum.
último (*óolteemoh*) adj. last, latest, rear(most), late, latter; **por —**, finally, lastly; **Estar a últimos de**, to be at the end of —.
ultrajar (*ooltrahHáR*) tr. to offend, to outrage: to despise, to deprecate.
ultraje (*ooltráhHay*) m. outrage, insult. [outrageous.
ultrajoso (*ooltrahHossoh*) adj.
ultramar (*ooltrahmáR*) adj. y adv. oversea(s).
ultramarino (*ooltrahmahréenoh*) adj. ultramarine, oversea; pl. groceries, delicatessen, grocer's (shep).
ultranza (a) (*ooltrahnthah*) adv. at all costs, to death.
ultratumba (*ooltrahtoombah*) adv. beyond the grave/tomb.
ulular (*oolooláR*) intr. to hoot, to howl, to shrick.
umbral (*oombráhl*) m. threshold; (fig.) rudiments, beginnings.
umbría (*oombréeah*) f. umbrage(ousness), shady place.
umbrío (*oombréeoh*) adj. umbrageous, shady.
unánime (*oonáhneemay*) adj. unanimous, with one voice, all at once.

unanimidad (*oonahneemeedáhd*) f. unanimity. [anointing.
unción (*oonthyón*) f. unction.
uncir (*oonthéeR*) tr. to yoke.
undulación (*oondoolahthyón*) f. undulation, wave motion.
ungir (*oonHéeR*) tr. to anoint.
ungüento (*oongwéntoh*) m. unguent, ointment, balsam, liniment. [adv. only, soley.
unicamente (*ooneekahmayntay*) únicamente
único (*óoneekoh*) adj. alone, unique, sole, only, odd.
unidad (*ooneedáhd*) f. unity; unit: singleness, oneness.
unificar (*ooneefeekáR*) tr. to unify, to unite.
uniformar (*ooneefoRmáR*) tr. to make uniform, to standardize.
uniforme (*ooneefóRmay*) adj. y m. uniform. *Mil.* regimentals.
uniformidad (*ooneefoRmeedáhd*) f. uniformity, harmony.
unión (*oonyón*) f. union, alliance, coalision; wedding. *Mech.* joint. *Com.* fusion. .
unir (*oonéeR*) tr. to join; to unite; to attach, fasten, bind. unirse (*oonéeRssay*) r. to (con)-join, to associate, to marry; to associate. *Com.* to merge.
universal (*ooneebayRssáhl*) adj. universal, general, all embracing; world wide.
universalidad (*ooneebayRssahleedáhd*) f. universality.
universidad (*ooneebayRsseedáhd*) f. university.
universo (*ooneebáyRssoh*) m. the universe.
uno (*óonoh*) adj. one; a, an, sole; pl. some, pron. (any or some) one; pl. some, few; **unos...otros,** some...others; **— por —,** one by one.
untar (*oontáR*) tr. to smear, to grease, to anoint; (fig.) to bribe. [of animals.
unto (*óontoh*) m. ointment; fat
untuoso (*oontwóhssoh*) adj. unctuous, greasy.
untura (*oontóorah*) f. unction.
uña (*óonyah*) f. (finger) nail, hoof, claw; (coll.) ligth fingers. *Mech.* gripper, clutch. *Naut.* bill of an anchor; **a — de caballo,** at full speed; **mostrar las —s,** to show one's teeth; **ser — y carne.** (To be) very close friends.
uñero (*oonyáyroh*) m. ingrowing nail.
upa (*óopah*) interj. up, up!
uranio (*ooráhnyoh*) m. uranium.
urbanidad (*ooRbahneedáhd*) f. urbanity; civility, politeness.
urbanización (*ooRbahneethahthyón*) f. urbanization.
urbanizar (*ooRbahneetháR*) tr. to urbanize.
urbano (*ooRbáhnoh*) adj. urban; polite; urbane; **(guardia) urbano,** traffic policeman.
urbe (*óoRbay*) s. f. large modern town. [warp.
urdimbre (*ooRdéembray*) f.
urdir (*ooRdéeR*) tr. to warp; to contrive, to plot. [gency.
urgencia (*ooRHénthyah*) f. urgente (*ooRHéntay*) adj. urgent, pressing. **—mente,** urgently.
urgir (*ooRHéeR*) intr. to be urgent, to press.
urinario (*ooreenáhryoh*) adj. urinary; m. urinal.

urna (*óoRnah*) f. urn; casket, ballot-box.
usado (*oossáhdoh*) adj. used, usual, worn out, secondhand. [custom.
usanza (*oossáhnthah*) f. usage;
usar (*oossáR*) tr. to use; to wear; to employ, to exercise.
usía (*oosséeah*) pron. f. your lordship.
uso (*óossoh*) m. use; service usage, employment, wear(ing); experience; custom, mode, fashion.
usted (*oosstáyd*) pron. you.
usual (*oosswáhl*) adj. usual; customary, current. **—mente,** usually, generally.
usuario (*oosswáhryoh*) adj. user.
usufructo (*oossoofróoktoh*) m. usufruct; enjoyment.
usufructuar (*oossoofrootwáR*) tr. to usufruct. [fit, interest.
usura (*oossóorah*) f. usury, prousurero (*oossooráyroh*) m. usurer; moneylender.
usurpación (*oossooRpahthyón*) f. usurpation. [usurp.
usurpar (*oossooRpáR*) tr. to usteniilo (*ootensséelyoh*) m. utensil, decive, contrivance; implement.
útil (*óoteel*) adj. useful, helpful; m. pl. utensils, tools. **—mente,** usefully, profitably.
utilidad (*ooteeleedáhd*) f. usefulness, utility; pl. benefit.
utilitario (*ooteeleedáhryoh*) adj. utilitarian.
utilizar (*ooteeleetháR*) tr. to utilize, to use, to make use of.
utopía (*ootohpéeah*) f. utopia.
utópico (*ootóhpeekoh*) adj. utopian.
uva (*óobah*) f. grape; **un racimo de —s,** a . bunch of grapes; **está hecho una —,** he's dead-drunk.

vaca (*báhkah*) f. cow; beef.
vacación (*bahkahthyón*) f. vacation; pl. holidays.
vacante (*bahkáhntay*) adj. unoccupied, vacant; free void; f. vacancy. [cant, to vacate.
vacar (*bahkáR*) intr. to be vavaciado (*bahthyáhdoh*) m. cast (in a mould).
vaciador (*bahthyadóR*) m. moulder, caster; dumper, emptier.
vaciar (*bahthyáR*) tr. to empty; to evacuate, to pour out; to mould/cast; to discharge. vaciarse (*bahthyáRssay*) r. to overflow, to be spilt.
vaciedad (*bahthyaydáhd*) f. emptiness; nonseuse, silliness.
vacilación (*bahtheelahthyón*) f. vacillation, hesitation; staggering, reeling.
vacilar (*bahtheeláR*) intr. to hesitate, to vacillate; to stagger, to reel.
vecío (*bahthézoh*) adj. void, empty; unoccupied, vacant. m. emptiness; vacuum.
vacuidad (*bahkweedáhd*) f. vacuity, emptiness.
vacuna (*bahkóonah*) f. cowpox; vaccine. [vaccination.
vacunación (*bahkoonahthyón*) f.
vacunar (*bahkoonáR*) tr. to vaccinate. [vine.
vacuno (*bahkóonoh*) adj. bo-

vacuo (*báhkwoh*) adj. empty, 177 void, unoccupied, vacant.
vade (*báhday*) m. vademecum, portfolio, case.
vadeable (*bahdayáhblay*) adj. fordable; conquerable.
vadear (*bahdayáR*) tr. to ford, to wade, to ford.
vado (*báhdoh*) m. (river) ford.
vagabundear (*bahgahboondayaR*) intr. to loiter about.
vagabundo (*bahgahbóondoh*) adj. vagabond; m. tramp, vagrant, loiterer. [grancy.
vagancia (*bahgáhnthyah*) f. vavagar (*bahgáR*) intr. to loiter about, to be idle, to roam about. [vagrant, errant.
vagaroso (*bahgohróhssoh*) adj.
vagido (*bahHéedoh*) m. cry (of a newborn child).
vago (*báhgoh*) adj. errant, loitering; vague; m. loafer, vagrant.
vagón (*bahgón*) m. waggon. *Rail.* coach; **vagón cama,** sleeping car; **coche restaurante,** restaurant car.
vagoneta (*bahgohnáytah*) f. ginny-carriage, lorry, truck, van.
vaguear (*bahgayáR*) intr. to loiter, wandor, to roam.
vaguedad (*bahgaydáhd*) f. vagueness, ambiguity.
vaharada (*bah/ahráhdah*) f. breath, whiff, puff, waft.
vahído (*bah/éedoh*) m. vertigo, dizziness, giddiness.
vaho (*báh/oh*) m. steam; vapour, fume.
vaina (*bah/eenah*) f. scabbard; sheath. *Bot.* pod husk.
vainilla (*bah/eenéelyah*) f. *Bot.* vanilla.
vaivén (*bah/eebén*) m. sway, see-saw, fluctuation; swinging, ups and downs.
vajilla (*bahHéelyah*) f. tableservice; (dinner-) set, dishes.
vale (*báhlay*) m. bond, promissory note; voucher.
valedero (*bahlaydáyroh*) adj. valid.
valentía (*bahlenteeah*) f. valour; courage, feat, bravery, manliness. [bully.
valentón (*bahlentón*) adj. y m.
valentonada (*bahlentohnáhdah*) f. brag; boast.
valer (*bahláyR*) intr. to be worth(y), to cost; tr. to protect, to amount to; **— la pena,** to be worth while.
valerse (*bahláyRssay*) r. **— de,** to employ; to manage.
valeroso (*bahlayrohssoh*) adj. valiant; brave, courageous.
valía (*bahléeah*) f. worth, valuation, price.
validez (*bahleedayth*) f. validity.
válido (*báhleedoh*) adj. valid; lawful.
valiente (*bahlyéntay*) adj. valiant, brave, gallant, courageous; **—mente,** valiantly, courageously. [luable.
valioso (*bahlyóhssoh*) adj.
valor (*bahlóR*) m. value, worth, usefulness; bravery, validity, courage, gallantry, valour; pl. securities, stock, bonds.
valoración (*bahlohrahthyón*) f. valuation, appraisement.
valorar (*bahlohráR*) tr. to estimate; to value, to appraise, to price.
vals (*bahlss*) s. m. waltz.
valsar (*bahlssáR*) intr. to waltz.

178 **valuación** *(bahlwahthyón)* f. appraisement, valuation; estimate. [to appraise, to rate.

valuar *(bahlwáR)* tr. to value,

válvula *(bahlboolah)* f. valve, — **de seguridad,** safety valve.

valla *(báhlyah)* f. fence. *Sport.* hurdle. [to fence.

vallar *(bahlyáR)* tr. to enclose;

valle *(báhlyay)* m. valley; vale; dale, basin, glen. [vat.

vampiro *(bahmpéeroh)* m. vampire.

vanagloria *(bahnahglóhryah)* f. vainglory, boastfulness, conceit.

vanagloriarse *(bahnahglohryáRssay)* r. to boast, to brag, to be proud.

vanaglorioso, a *(bahnahglohryossoh)* adj. conceited, vainglorious; —**mente,** vaingloriously.

vanamente *(bahnahmayntay)* adv. vainly, uselessly.

vanguardia *(bahngwáRdyah)* f. vanguard. [conceit.

vanidad *(bahneedáhd)* f. vanity,

vanidoso *(bahneedóhssoh)* adj. vain, conceited, haughty, showy, foyyish.

vano *(báhnoh)* adj. vain; useless, futile, frivolous.

vapor *(bahpóR)* m. vapour; steam. *Naut.* steamboat, steamer.

vaporizar *(bahpohreetháR)* tr. to vaporize; intr. to evaporate.

vaporoso *(bahpohróhssoh)* adj. vaporous; ethereal, cloudy.

vapulear *(bahpoolayáR)* tr. (coll.) to whip, to flog.

vapuleo *(bahpooláyoh)* m. whipping, flogging.

vaquería *(bahhkayréeah)* f. dairy; dairy-farm.

vaqueriza *(bahkayréethah)* f. stable, cow-shed. [boy.

vaquero *(bahkáyroh)* m. cowvara *(báhrah)* f. rod; (yard-) stick; pole, staff; **varita mágica,** magic wand; — **de pescador,** fishing-rod.

varadero *(bahrahdáyroh)* m. shipyard.

varar *(bahráR)* tr. e intr. *Naut.* to run a ground, to be stranded.

varear *(bahrayáR)* tr. to beat down fruit, to wound bulls with a goad.

variable *(bahryáhblay)* adj. variable, changeable, fickle.

variación *(bahryahthyón)* f. variation; change.

variado *(bahryáhdoh)* adj. variegated; assorted (sweets, biscuits).

variar *(bahryáR)* tr. to change; shift, to alter; intr. to vary, change, turn. *Naut.* to deviate. [rix.

varice *(bahréethay)* f. *Méd.* va-

varicela *(bahreetháylah)* f. *Med.* varicella; (coll.) chicken-pox.

variedad *(bahryaydáhd)* f. variety, change. *Com.* assortment.

varilla *(bahréelyah)* f. small rod, curtain-rod; rib of umbrella/fan/corset.

vario *(báhryoh)* adj. different, various fickle; pl. some, several, various.

varón *(bahrón)* m. male; man.

varonil *(bahrohnéel)* adj. male; manly, masculine.

vasallaje *(bahssahlyáhHay)* m. vassalage, servitude.

vasallo *(bahssáhlyoh)* adj. y m. vassal, subject.

vascuence *(bahskwénthay)* m. Basque (language).

vasija *(bahsséeHah)* f. vessel, receptacle; cask.

vaso *(báhssoh)* m. glass, tumbler, beaker.

vástago *(báhsstahoh)* m. stem, sucker, shoot, tiller; — **del émbolo,** piston-rod.

vasto *(báhsstoh)* adj. vast; large, immense, huge.

vate *(báhtay)* m. bard; poet.

vaticinar *(bahteetheenáR)* tr. to foretell, predict, forecast.

vaticinio *(bahteethéenyoh)* m. prediction, forecasting.

vatio *(bahtyoh)* m. watt.

vaya *(bahyah)* f. scoff, sneer, jeer. (int.) **¡— por Dios!** Good Heavens! **¡—, hombre!** well, man! **¡— un lío!** that's a pretty kettle of fish!

vecinal *(baytheenáhl)* adj. vicinal; neighbouring; **camino —,** country road.

vecindad *(baytheendáhd)* f. neighbourhood, vicinity; population, inhabitants.

vecindario *(baytheendáhryoh)* m. neighbourhood, population, inhabitants.

vecino *(baythéenoh)* adj. neighbouring; adjoining; m. neighbour; citizen.

veda *(báydah)* f. prohibition; close season (for fishing or shooting).

vedar *(baydáR)* tr. to prohibit; to forbid; to hinder, to obstruct.

vega *(báygah)* f. (cultivated) plain, meadow, fertile ground. [vegetation.

vegetación *(bayHaytahthyón)* f.

vegetal *(bayHaytáhl)* adj. y m. vegetable, plant.

vegetariano *(bayHaytahryáhnoh)* adj. y m. vegetarian.

vehemencia *(bayayménthyah)* f. vehemence, impetuosity; force, heat.

vehemente *(bayayméntay)* adj. vehement, impetuous, fiery, fervent, keen; —**mente,** vehemently, hotly. [hicle.

vehículo *(bayéekooloh)* m. ve-

veinte *(báyntay)* adj. twenty.

vejación *(bayHahthyón)* f. vexation, ill-treatment.

vejamen *(bayHáhmen)* m. vexation, taunt, ill-treatment.

vejar *(bayHáR)* tr. to vex; to taunt, to tease, to annoy.

vejestorio *(bayHestóhryoh)* m. (coll.) fossil, geezer. [gaffer.

vejete *(bayHáytay)* m. (coll.)

vejez *(bayHáyth)* f. old age.

vejiga *(bayHéegah)* f. bladder; blister.

vela *(báylah)* f. vigil, wake(fulness); candle; sail, awning.

velada *(bayláhdah)* f. watch, evening party.

velador *(baylahdóR)* m. watchman, lamp table.

velar *(bayláR)* intr. to watch, to keep watch/vigil, to be awake; tr. to watch, to keep. *Phot.* — **un negativo,** to fog a negative.

velatorio *(bayyahtohryo)* m. wetch by corpse before, burying.

veleidad *(baylaydáhd)* f. inconstancy, fickleness, whim.

veleidoso *(baylaydóhssoh)* adj. inconstant, fickle, inconstant.

velero *(bayláyroh)* adj. *Naut.* swiftsailing; m. sailing ship.

veleta *(bayláytah)* f. wathercock; vane; s. fickle person.

velo *(báyloh)* m. veil, curtain, cover mask; **correr el —,** to pull off the mask; **correr el — sobre,** to draw a veil over.

velocidad *(baylohtheedáh)* f. velocity; swiftness; speed; haste; **a toda —,** top speed.

velocímetro *(baylohtheemaytroh)* m. speedometer.

velódromo *(baylóhdrohmoh)* m. velodrome, cycle-track.

veloz *(baylóth)* adj. swift, quick, fast nimble. [softhair.

vello *(báylyoh)* m. down, nap,

vellosidad *(baylyohsseedáhd)* f. hairiness, downiness.

velloso *(baylyóhssoh)* adj. downy, hairy.

velludo *(baylyóodoh)* adj. downy, shangy, hairy, woolly; m. shag.

vena *(báynah)* f. vein; blood vessel; *Min.* vein, seem; **estar de —,** to be in high spirits/or lucky; **estar en —,** to be inspired.

venal *(baynáhl)* adj. venal, salable; maketable; mercenary.

venalidad *(baynahleedáhd)* f. venality.

vencedor *(benthaydóR)* m. winner, conqueror, victor.

vencejo *(bentháyHoh)* m. *Orn.* swit, black-martin.

vencer *(bentháyR)* tr. to win, to defeat; intr. *Com.* to fall due; to win.

vencible *(benthéeblay)* adj. vincible, superable, conquerable.

vencido *(benthéedoh)* adj. defeate, subdued; due payable.

vencimiento *(bentheemyéntoh)* m. *Com.* expiration.

venda *(béndah)* f. bandage; band. [dage, dressing.

vendaje *(bendáhHay)* m. ban-

vendar *(bendáR)* tr. to bandage, to hoodwink.

vendaval *(bendahbáhl)* m. blow storm, gale.

vendedor *(bendaydóR)* m. seller, salesman, vendor, retailer.

vender *(bendayR)* tr. to sell; (fig.) to betray; — **al por mayor,** to sell wholesale; — **al por menor,** to sell retail; — **al contado,** to sell on cash; — **a plazos,** hire-purchase. [(fig.) betrayed.

vendido *bendéedoh)* adj. sold;

vendimia *(bendéemyah)* f. vintage.

vendimiador *(bendeemyahdóR)* s. vintager.

vendimiar *(bendeemyáR)* tr. to gather the vintage.

veneno *(baynáynoh)* m. poison, venom; wrath, passion.

venenoso *(baynaynóhssoh)* adj. poisonous, venomous.

venerable *(baynayráhblay)* adj. venerable; —**mente,** venerably.

veneración *(baynayrahthyón)* f. veneration, worship.

venerar *(baynayráR)* tr. to venerate; to worship; to honour.

venéreo *(baynáyrayoh)* adj. venereal.

vengador *(bengahdóR)* m. avenger, revenger.

venganza *(bengáhnthah)* f. revenge, vengeance, avenge.

vengar *(bengáR)* tr. to revenge, to avenge.

vengarse *(bengáRssay)* r. to take vengeance, to take avenge.

vengativo *(bengahtéeboh)* adj. revengeful, vindictive.

venia *(báynyah)* f. permission, leave; forgiveness, pardon.

venial *(baynyáhl)* adj. venial, excusable.

venida *(baynéedah)* f. arrival; coming; (hidr.) flood, freshet.

venidero *(baynéedáyroh)* adj. future; (fort)coming, next.

venir *(baynéeR)* intr. to come; — **al caso,** to be relevant; — **a menos,** to decline; — **como anillo al dedo,** to suit perfectly.

venta *(béntah)* f. sale; inn; **de/ en —,** on sale/for sale.

ventaja *(bentáhHah)* f. advantage. *Sport.* handicap.

ventajoso *(bentahHóhssoh)* adj. advantageous, profitable.

ventana *(bentáhnah)* f. window; — **de la nariz,** nostril; **tirar por la —,** to squande.

ventarrón *(bentahRón)* m. gust, of wind/strong wind.

ventero *(bentáyroh)* m. ing-keeper.

ventilación *(benteelahthyón)* f. ventilation.

ventilador *(benteelahdóR)* s. ventilator, fan, *Naut.* air shaft.

ventilar *(benteeláR)* tr. to ventilate; to fan; to air; (fig.) to discurs, examine.

ventisca *(bentéeskah)* f. blizzard, snow-storm.

ventisquero *(benteeskáyroh)* m. snowdrift, glacier.

ventolera *(bentohláyrah)* f. gust of wind; (coll.) whim.

ventosa *(bentóhssah)* f. vent. *Med.* cupping (glass).

ventosear *(bentohssayáR)* intr. to break wind.

ventosidad *(bentohsseedáhd)* f. flatulence.

ventoso *(bentóhssoh)* adj. windy.

ventrílocuo *(bentréeolohkwoh)* m. ventriloquist.

ventura *(bentóorah)* f. luck; chance; **por —,** by chance; risk.

venturoso *(bentooróhssoh)* adj. lucky, fortunate; happy.

venus *(baynooss)* f. venus, beautiful woman; (coll.) doll.

ver *(bayR)* tr. to see, to watch; to examine; **no tiene nada que — con,** it has nothing to do with.

verse *(bayRssay)* r. to find oneself, to be obvious, to meet; — **en apuros,** to be in difficulties.

vera *(báyrah)* f. edge; border.

veracidad *(bayrahtheedáhd)* f. veracity, truthfulness.

veranear *(bayrahnayáR)* intr. to spend the summer.

veraneo *(bayrahnáyoh)* m. summer, holidays.

veraniego *(bayrahnyáygoh)* adj. summer.

verano *(bayráhnoh)* m. summer(season); —**illo de San Martín,** Indian summer.

veras *(báyrahss)* f. pl. truth; **de —,** truthfully, really.

veraz *(bayráth)* adj. veracious, truthful.

verbal *(bayRbáhl)* adj. verbal; oral; —**mente,** verbally, orally.

erbena (*bayRbáynah*) f. evening fair, evening open-air party. [expression.

erbo (*báyRboh*) m. verb; word,

erbosidad (*bayRbohsseedáhd*) f. verbosity.

erboso (*bayRbóhssoh*) adj. verbose; loquatious, talkative; (coll.) gassy. [racity, reality.

erdad (*bayRdáhd*) f. truth; **verdadero** (*bayRdahdáyroh*) adj. true, veritable, real, genuine, sincere, truthfub; —**mente**, truly, indeed.

erde (*bayRday*) adj. green; unripe, obscene; m. green (colour); **viejo** —, gay old dog; **un chiste** —, a blue joke/-story. [greenness.

erdor (*bayRdóR*) m. verdure,

erdecillo, ron (*vayRdaytheely-oh, vayRdayrohn*) m. *Orn.* greenfinch. [greenish.

erdoso (*bayRdóhssoh*) adj.

erdugo (*bayRdóhgoh*) m. hangman, executioner. *Bot.* tiller; scourge, lash.

edulera (*bayRdoolayrah*) f. market-woman; foul-mouth woman. [greengrocer.

erdulero (*bayRdooláyroh*) m.

erdura (*bayRdóorah*) m. verdure, greeness; vegetables; (coll.) greens.

ereda (*bayráydah*) f. path, foot-path, track.

erga (*baylgah*) f. penis; *Naut.* yard. [garden.

ergel (*bayrHayl*) n. m. orchard,

ergonzante (*bayRgontháhntay*) adj. shameful, bashful.

ergonzoso (*bayRgonthóhssoh*) adj. bashful; shameful, shy.

ergüenza (*bayRgwénthah*) f. shame; shyness; modesty, bashfulness; **perder la** —, to be shameless; pl. the genitals. [truthful.

erídico (*bayréedeekoh*) adj.

erificación (*bayreefeekahthyón*) f. verification, checkup.

erificar (*bayreefeekáR*) tr. to very, to check.

erificarse (*bayreefeekáRssay*) r. to take place, to prove true/right.

erja (*bayRHah*) f. grate; railing. [mouth.

ermut (*bayRmóot*) m. ver-

ernáculo (*bayRnáhkooloh*) adj. vernacular, native.

erosímil (*bayrohsséemeel*) adj. likely, probable.

erosimilitud (*bayrohsseemeel-tóod*) f. verisimilitude, likelihood, probability.

erruga (*bayRóogah*) f. wart; (coll.) bore, nuisance.

errugoso (*bayRoogóhssoh*) adj. warty.

ersado (*bayRssáhdoh*) adj. versed; conversant (with); experienced, learned.

ersar (*bayRssáR*) intr. to treat of; to be conversant. [satile.

ersátil (*bayRssáhteel*) adj. ver-

ersatilidad (*bayRssahteelee-dáhd*) f. versatility.

ersificación (*bayRsseefeekah-thyón*) f. versification.

ersificar (*bayRsseefeekáR*) tr. to versify. [translation.

ersión (*bayRssyón*) f. version,

erso (*bayRssoh*) m. verse; line.

értebra (*báyRtaybrah*) f. vertebra.

ertebrado (*bayRtaybráhdoh*) adj. vertebrate.

ertedero (*bayRtaydáyroh*) m. dump; (dom.) sink, drains.

---

verter (*bayRtáyR*) tr. to spill, to pour, to empty, to dump, to ender. [tical, upright.

vertical (*bayRteekáhl*) adj. ver-

vértice (*báyRteethay*) m. vertex, apex. [slope.

vertiente (*bayRtyéntay*) m. y f.

vertiginoso (*bayRteeHeenóhs-sóh*) adj. vertiginous, giddy.

vértigo (*bayRteegooh*) m. giddiness, dizziness, vertigo.

vespertino (*bespayRtéenoh*) adj. vesper(tine), evening.

vestíbulo (*bestéebooloh*) m. vestibule; entrance hall, lobby.

vestido (*bestéedoh*) m. dress, clothes; — **de etiqueta**, full dress; adj. dressed, clad.

vestigio (*baysteeHyoh*) m. vestige, trace; pl. ruins remains.

vestimenta (*besteeméntah*) f. vestment; (coll.) gear.

vestir (*bestéeR*) tr. to clothe; to dress; to disguise, to put on.

vestuario (*bestwáhryoh*) m. apparel, clothes, wardrobe. *Theat.* dressing-room.

veta (*báytah*) f. vein, lode, *Min.* seam; grain. (wood) grain.

veterano (*baytayráhnoh*) adj. y m. veteran, eperienced.

veterinaria (*baytayreenáhryah*) f. veterinary science.

veterinario (*baytayreenáhryoh*) m. veterinary, horse-doctor.

veto (*báytoh*) m. veto.

vetusto (*baytóostoh*) adj. vetust, ancient, very old.

vez (*bayth*) time, turn; **una** —, once; **a veces**, sometimes; **érase una** —, once upon a time; **de una** — **para siempre**, once and for all.

vía (*béeah*) f. way; road; — **férrea**, track, railway, line.

viaducto (*byahdóoktoh*) m. viaduct.

viajante (*byahHáhntay*) m. (commercial) traveller; adj. travelling. [vel, to journey.

viajar (*byahHáR*) intr. to tra-

viaje (*byáhHay*) m. journey; tour, (bysea) voyage; trip; travel.

viajero (*byahHáyroh*) m. traveller; passenger.

vianda (*byáhndah*) f. viands; food; pl. victuals. [cum.

viático (*byáhteekoh*) m. viati-

víbora (*béebohrah*) f. viper.

vibración (*beebrahthyón*) f. vibration, oscillation, sheking.

vibrar (*beebráR*) tr. e intr. to vibrate, to oscillate, to shake.

vicaría (*beekahréeah*) f. vicarship; vicarage. [curate.

vicario (*beekáhryoh*) m. vicar,

vicealmirante (*beethayahlmee-ráhnte*) m. vice-admiral.

vicecónsul (*beethaykónssool*) m. vice-consul.

viceconsulado (*beethaykonssoo-láhdoh*) m. vice-consulate.

vicepresidente (*beethayprays-seedéntay*) m. vice-president.

viciar (*beethyáR*) tr. to vitiate, to spoil, to corrupt, to deprave. [indulge in vice,

viciarse (*beethyáRssay*) r. to

vicio (*béethyoh*) m. vice, waywardness (in childdren).

vicioso (*beethyóhssoh*) adj. vicious, corrupt, spoiled (of children).

vicisitud (*beetheesseetóod*) adj. vicissitude. [tim.

víctima (*béekteemah*) f. vic-

---

victoria (*beektóhryah*) f. victory, triumph.

victorioso (*beektohryóhssoh*) adj. victorious; —**mente**, victoriously.

vid (*beed*) f. *Bot.* vine.

vida (*béedah*) f. life, living.

vidente (*beedéntay*) m. seer; adj. secing.

vidriado (*beedryáhdoh*) adj. glazed; m. glazing.

vidriar (*beedryáR*) tr. to glaze.

vidriera (*beedryáyrah*) f. glass case; show-window.

vidriero (*beedryéroh*) m. glazier; (coll.) **hijo de** —, glazier's son. [window)-pane.

vidrio (*beedryoh*) m. glass,

vidrioso (*beedryóhssoh*) adj. glassy, vitreous.

viejo (*byáyHoh*) adj. old; aged; stale; ancient; m. old man; **cuentos de** —**as**, old wives tales.

viento (*byéntoh*) m. wind; air, breze; **contra viento y marea**, against wind and tide.

vientre (*byéntray*) m. belly; womb.

viernes (*byáyRness*) m. Friday.

viga (*béegah*) f. beam; girder.

vigente (*beeHéntay*) adj. in force.

vigía (*beeHéeah*) f. watch-tower; m. lookout, watch.

vigilancia (*beeHeelánthyah*) f. watchfulness; vigilance.

vigilante (*beeHeelahntay*) m. watch-man, guard, (exam.) invigilator; adj. watchful, vigilant.

vigilar (*beeHeeláR*) tr. to watch over; intr. to keep guard.

vigilia (*beeHéelyah*) f. vigil, watch.

vigor (*beegór*) m. vigour, strenght, force, energy; (coll.) power.

vigoroso (*beegohróhssoh*) adj. vigorous, strong, powerful.

vil (*beel*) adj. vile, mean, sordid, abject.

vileza (*beeláythah*) f. vileness, meaness, sordidness.

vilipendiar (*beeleependyáR*) tr. to contemn.

vilipendio (*beeleepéndyoh*) m. contempt, scorn.

villa (*béelyah*) f. town; villa, country-seat.

villancico (*beelyahnthéekoh*) m. Christmas carol.

villano (*beelyáhnoh*) adj. villainous; m. rustic, rascal.

villorrio (*beelyohRyoh*) m. poor hamlet. [gar.

vinagre (*beenáhgray*) m. vine-

vinagrera (*beenahgráyrah*) f. vinegar-cruet.

vinajera (*beenahHáyrah*) f. wine vessel for the Mass.

vinatero (*beenahtáyroh*) m. wine merchant. [wine.

vinazo (*beenáhthoh*) m. strong

vincular (*beenkooláR*) tr. to entail, to attach; to perpetuate. [bond.

vínculo (*béenkooloh*) m. tie,

vindicacion (*beendeekahthyón*) f. vindication; revenge.

vindicar (*beendeekáR*) tr. to vindicate, to evenge, to revenge; to defend.

vino (*béenoh*) s. wine; — **tinto**, red wine; — **de Jerez**, sherry; — **de Oporto**, Port wine.

viña (*béenyah*) f. vineyard.

viñedo (*beenyáydoh*) m. vineyard.

viñeta (*beenyáytah*) f. vignette.

---

violáceo (*byohláhthayoh*) adj. violaceous, violet coloured, purple coloured.

violación (*byohlahthyón*) f. violation; rape, seduction; disobedience.

violador (*byohlahdóR*) m. violator, rapist, assailant, ravisher. [to ravish, to rape.

violar (*byohláR*) tr. to violate,

violencia (*byohlénthyah*) f. violence, force.

violentar (*byohléntaR*) tr. to force, to breakinto, to force open. [lent.

violento (*byohléntoh*) adj. vio-

violeta (*byohláytah*) f. violet.

violín (*byohléen*) m. violín; fiddle.

violinista (*byohleenéestah*) m. violinist; fiddler. [bass.

violón (*byohlón*) m. double

violoncelo (*byohlontháyloh*) m. (violon)cello, bass-viol.

virar (*beeráR*) tr. *Naut.* to tack, to veer. *Phot.* to fix.

virgen (*béeRHen*) adj. virgin; maiden; f. virgin, maid; **la** — **María**, Virgin Mary; **tierras** —**es**, new lands. [ginal.

virginal (*beRHeenahl*) adj. vir-

virginidad (*beeRHeeneedáhd*) f. virginity, maidenhood.

virgo (*béeRgoh*) m. virginity. *Anat.* hymen. [ly.

viril (*beeréel*) adj. virile; man-

virilidad (*beereeleedáhd*) f. virility, manhood, strength.

virreina (*beeRáynah*) f. viceroy's wife.

virrey (*beeRáylee*) m. viceroy.

virtual (*beeRtwáhl*) adj. virtual, actual.

virtud (*beeRtóod*) f. virtue.

virtuoso (*beeRtwóhssoh*) adj. just, virtuous; —**amente**, virtuously. [pox.

viruela (*beerwáylah*) f. small-

virulencia (*beeroolénthyah*) f. virulence; malignance.

virulento (*beerooléntoh*) adj. virulent, malignant.

virus (*béerooss*) m. virus, poison. [shaving.

viruta (*beeróotah*) f. (wood)

visado (*beessáhdoh*) m. visa.

visaje (*beessáhHay*) m. grimace, grin, smirk.

visar (*beessáR*) tr. to visa, to examine (documents).

vísceras (*béessthayrahss*) f. pl. viscera, entrails.

viscosidad (*beesskohsseedáhd*) f. visc(os)ity. [cous; glutinous.

viscoso (*beesskóhssoh*) adj. vis-

visera (*beessáyrah*) f. eye-shade, blinker, visor (of a cap).

visibilidad (*beesseebeeleedáhd*) f. visibility.

visible (*beesseeblay*) adj. visible; perceptible, evident.

visión (*beessyón*) f. sight; vision; spectre, apparition; phantom; **ver visiones**, to dream, to build castles in the air.

visionario (*beessyohnáhryoh*) adj. y m. visionary; dreamer.

visita (*beesséetah*) f. visit; call; visitor, caller; **hacer una** —, to pay a call.

visitar (*beesseetáR*) tr. to visit; call (up)on, to pay a visit.

visitarse (*beesseetáRssay*) r. to go to the doctor.

vislumbrar (*beessloombráR*) tr. to glimpse, to catch a glimpse/glimmer.

viso (*béessoh*) m. sheen, lustre; look-out, prospect; (woman) slip.

180 **visón** (*beessón*) m. mink.
víspera (*béesspayrah*) f. eve, day before.
vista (*béesstah*) f. sight; view.
vistazo (*beesstáhthoh*) m. glance; **dar un —**, to glance over.
vistoso.(*beesstóhssoh*) adj. showy, fine, nice, attractive.
visual (*beesswáhl*) adj. visual.
vital (*beetáhl*) adj. vital, essential.
vitalicio (*beetahléethyoh*) adj. during life; m. life-insurance; life-long.   [tality.
vitalidad (*beetahleedáhd*) s. vi-
vitorear (*beetohrayáR*) tr. to cheer, (up), to acclaim.
vítreo (*béebrayoh*) adj. vitreous, glassy.
vitrificar (*beetreefeekaR*) tr. to vitrify.   [se.
vitrina (*beetréenah*) f. show-ca-
vitualla (*beetwáhlyah*) f. victuals; food, previsions.
vituperable (*beetoopayráhblay*) adj. vituperable, blameworthy.   [blame, reproach.
vituperar (*beetoopayráR*) tr. to
vituperio (*beetoopáyyoh*) m. vituperation, brame, reproach; insult, affront.
viuda (*byóodah*) f. widow.
viudedad (*byoodaydáhd*) f. widowhood, widow's pension.   [hood.
viudez (*byoodayth*) f. widow-
viudo (*byóodoh*) m. widower.
viva (*beebáh*) f. hurrath, cheer; interj. long live!
vivac (*beebáhk*) m. bivouac.
vivacidad (*beebahtheedáhd*) f. vivacity, liveliness.
vivamente (*beebahmayntay*) adv. vividly.
vivaque (*beebáhkay*) m. bivouac.
vivaquear (*beebahkayáR*) intr. to bivouac.
vivaracho (*beebahráhchoh*) adj. lively, smart, frisky.
vivaz (*beebáth*) adj. lively, bright, witty.
víveres (*béebayress*) m. pl. provisions, victuals. *Mil.* stores.
vivero (*beebáyroh*) m. *Bot.* nursery, fish-pond, vivarium.
viveza (*beebáythah*) f. liveliness; briskness; witticism; lustre.   [bright.
vívido (*béebeedoh*) adj. vivid,
vividor (*beebeedóR*) adj. thrifty; m. fast liver; (coll.) sponger.
vivienda (*beebyéndah*) f. dwelling-house, flat, apartments.
viviente (*beebyéntay*) adj. living, alive, animated.
vivificar (*beebeefeekáR*) tr. to vivify, animated, to enliven.
vivir (*beebéeR*) intr. to live; m. life, living.
vivo (*béeboh*) adj. alive; living; lively, intense; quick.
vizcaíno (*beethkah/éenoh*) adj. y m. Biscayan.
vocablo (*bohkáhbloh*) m. word; term.   [m. vocabulary.
vocabulario (*bohkahbooláhryoh*) f.
vocación (*bohkahthyón*) f. vocation, call(ing).
vocal (*bohkáhl*) adj. vocal; f. vowell; m. voting member.
vocalizar (*bohkahleetháR*) intr. to vocalize.
vocear (*bohthayáR*) tr. e intr. to cry out, to bawl, to short, to howl, to cat-call.
vocería (*bohthayréeah*) f. vociferation, bawling, shouting.
vociferar (*bohtheefayraR*) intr. to vociferate, to shout.

voladizo (*bohlahdéethoh*) adj. projecting, jutting-out.
volado (*bohláhdoh*) m. sponge-sugar.
volador (*bohlahdóR*) adj. flying; m. flyingfish, sky-rocket.
voladura (*bohlahdóorah*) f. blasting, explosion, blowing up.
volante (*bohláhntay*) adj. flying, wandering, (motorcar) steering wheel.
volar (*bohláR*) intr. to fly; to flutter, to hover; tr. to fly, to blast, to blow out. [fowling.
volatería (*bohlahtayréeah*) f.
volátil (*bohláhteel*) adj. volatile; (coll.) changeable, fickle.
volcán (*bolkáhn*) m. volcano.
volcánico (*bolkáhneekoh*) adj. volcanic.
volcar (*bolkáR*) tr. to overturn; intr. to upset. *Naut.* to capsize.
volcarse (*bolkáRssay*) r. to topple, to spill, to upset; (coll.) to go all out for.
voleo (*bohláyoh*) m. lob, volley.
volición (*bohleethyón*) f. volition.   [litive.
volitivo (*bohleetéeboh*) adj. vo-
volquete (*bolkáytay*) m. dumpcart, dump truck, dumping device, tip-car (=tipper).
voltaje (*boltáhHay*) m. *Elec.* voltage.
voltear (*boltayáR*) tr. to whirl; to upset; intr. to roll over, to tumble.
voltereta (*boltayráytah*) f. tumble, somersault.
volubilidad (*bohloobeeleedáhd*) f. volubility, fickleness.
voluble (*bohlóoblay*) adj. inconstant, fickle.
volumen (*bohlóomen*) m. volume; size, corpulence; book.
voluminoso (*bohloomeenóhssoh*) adj. bulky, voluminous.
voluntad (*bohloontáhd*) f. will; intention, volition; **a —**, optional, at one's will.
voluntariedad (*bohloontahryaydáhd*) f. free will, spontaneity.
voluntario (*bohloontáhryoh*) adj. voluntary; willing; m. *Mil.* volunteer.
voluntarioso (*bohloontahryóhssoh*) adj. wilful; **—amente**, wilfuly.
voluptuosidad (*bohlooptwohsseedáhd*) f. voluptuousness.
voluptuoso (*bohlooptwóhssoh*) f. voluptuous, sensous, lustful, lewd.
volver (*bolbáyR*) tr. to turn (up, over, upside down or inside out); intr. to return, to revolve, to go back, come back, to come again.
volverse (*bolbáyRssay*) r. to turn around, to turn; to become, to grow.
vomitar (*bohmeetáR*) intr. to vomit, to bring up. *Tech.* to spew.
vomitivo (*bohmeetéeboh*) adj. vomitive.   [(ing.).
vómito (*bohmeetoh*) m. vomit.
vomitona (*bohmeetóhnah*) m. (coll.) violent vomiting.
voracidad (*bohrahtheedáhd*) f. voracity, greediness.
voraz (*bohráhth*) adj. voracious, ravenous; fierce, destructive.   [lar.
vos (*boss*) pron. you (singu-
vosotros (*bohssóhtross*) pron. you (plural).
votación (*bohtahthyón*) f. voting, poll, ballot.

votante (*bohtáhntay*) s. voter, elector, contituent.
votar (*bohtáR*) intr. to vote.
votivo (*bohtéeboh*) adj. votive.
voto (*bóhtoh*) m. vote, vow, suffrage, ballet.
voz (*both*) f. voice; word, term, expression; **a —ces**, in a loud voice; **a media —**, in a whisper; **en — alta**, aloud: **dar voces**, to cry out.
vuelco (*bwélkoh*) m. overturn.
vuelo (*bwáyloh*) m. flight, flying.
vuelta (*bwéltah*) f. turn; return, reverse; stroll, walk; **a — de correo**, by return post; **a la —**, on returning, on one's way back; **dar una —**, go for a walk; **andar a —s con**, to mess about with.
vuestro (*bwéstroh*) pron. your-(s).   [to vulcanize.
vulcanizar (*boolkahneetháR*) tr.
vulgar (*boolgáR*) adj. vulgar, rommon, coarse.
vulgaridad (*boolgahreedáhd*) f. vulgarity.   [to popularize.
vulgarizar (*boolgahreetháR*) tr.
vulgo (*bóolgoh*) m. mob, populace; the general public.
vulnerable (*boolnayráhblay*) adj. vulnerable.   [mage.-
vulnerar (*boolnayráR*) tr. to da-

zafar (*thahfáhR*) tr. to edorn, embellish. *Naut.* to free, to lighten a ship.
zafarse (*thahfáRssay*) r. to es cape; to avoid.
zafarrancho (*thahfahRáhnchoh* m. *Naut.* clearing for action (coll.) wrangle, squabble.
zafio (*tháhfyoh*) adj. rough coarse, rude, ignorant. [re
zafir(o) (*thahféeroh*) m. sapphi
zaga (*tháhgah*) f. rear (part) adv. behind; **ir a la —**, to g just behind.
zagal (*thahgáhl*) m. fine youth swain, shepherd.
zaguán (*thahgwáhn*) m. vesti bule, porch, hall.
zaguero (*thahgáyroh*) adj. rea hind; m. (foot) full-back
zaherir (*thah/ayréeR*) tr. to re proach, to censure, to blame
zahorí (*thah/ohrée*) s. diviner soothsayer; astute, cute per son.   [sty
zahurda (*thah/ooRdah*) f. (pig-
zaino (*thah/eenoh*) m. chest nut coloured horse.
zalamería (*thahlahmayréeah*) flattery.
zalamero (*thahlahmáyroh*) a wheedler, flatterer.
zamarra (*thahmahRrah*) f sheepskin jacket.
zambo (*tháhmboh*) adj. bow legged, bandy-legged. [din
zambra (*tháhmbrah*) f. feas
zambullida (*thahmboolyéedah* f. diving, plunge, ducking dipping.
zambullidura (*thahmboolyeedóo rah*) f. diving, plunge.
zambullir (*thahmboolvéeR*) tr. to duck, plunge, dive.
zambullirse (*thahmboolyée ssay*) r. to dive, to plunge, to dip; to hide.
zampar (*thahmpáR*) tr. to de vour eagerly, to hide quickly r. to rush in.   [ton
zampón (*thahmpón*) m. glut
zanahoria (*thahnah/óhryah*) f. *Bot.* carrot.
zanca (*tháhnkah*) f. long :hank or leg; **por —s y barrancas**, by hook or by crook.
zancada (*thahnkáhdah*) f. long stride.   [trip (up)
zancadilla (*thahnkahdéelyah*) f
zanco (*tháhnkoh*) m. stilt.
zancudo (*thahnkóodoh*) adj long-shanked; f. waders.
zanganería (*thahngahnayréeah* f. idleness.
zángano (*tháhngahnoh*) m. dro ne; (coll.) idler, sluggard loafer.

xenofobia (*xaynohfóhbyah*) f. xenophobia, hatred of foreigners.
xenófono (*xaynóhfohboh*) adj. hater of strangers, xenophobe.
xilografía (*xeelohgrahféeah*) f. xylography. [adj.xylographic.
xilográfico (*xeelohgráhfeekoh*)
xilófono-xilórgano (*xeelóRgahnoh*) m. xylophone.

y (*ee*) conj. and.
ya (*yah*) adv. already; now, presently, **— que**, since, **¡—voy!**, I'm coming!
yacente (*yahthéntay*) adj. lying.
yacer (*yahthayR*) intr. to lie (down), to be situated.
yacimiento (*yahtheemyéntoh*) m. *Min.* bed, deposit, field, layer.   [Yankee.
yanqui (*yáhnkee*) adj. y m.
yarda (*yáRdah*) f. English yard, yard-stick.
yate (*yáhtay*) m. *Naut.* yacht.
yedra (*yáydrah*) f. *Bot.* ivy.
yegua (*yáygwah*) f. mare.
yema (*yáymah*) f. bud; shoot, button yolk of egg; **— del dedo**, tip of the finger.
yerba (*yáyRbah*) f. grass, herb, weed; **— marina**, sea-weed.
yermo (*yáyRmoh*) adj. waste, desert; m. desert, waste land.
yerno (*yáyRnoh*) m. son-in-law.
yerro (*yáyRoh*) m. error; mistake, fault.
yerto (*yáyRtoh*) adj. stiff rigid.
yesal (*yessáhl*) m. gypsumpit.
yesca (*yesskah*) f. tinder, punk, spunk; (fig.) fuel; provocation.
yeso (*yáyssoh*) m. gypsum; plaster; chalk; plaster cast.

yesoso (*yayssóhssoh*) adj. gyp seous.
yo (*yoh*) pron. I; m. (philoso phy) I, the self, the ego.
yodo (*yóhdoh*) m. iodine.
yugo (*yóogoh*) m. (ox-)yoke oppression.   [jugular vein
yugular (*yoogooláR*) f. *Ana*
yunque (*yóonkay*) m. anvil.
yunta (*yóontah*) f. couple; pair joined, united.
yuxtaponer (*yookstahpohnáyR* tr. to juxtapose, to place cor tiguosly.
yuxtaposición (*yookstahpohssee thyón*) f. juxtaposition.

zanguango (*thangwáhngoh*) m. lazy fellow, fool.

zanja (*tháhnHah*) f. ditch; trench, furrow, drain, gully.

zanjar (*thahnHáR*) tr. to excavate, to open ditches; to settle disputes.

zapa (*tháhpah*) f. spade. *Mil.* sap(ping).   [sapper.

zapador (*thahpadóR*) m. *Mil.*

zapapico (*thahpahpéekoh*) m. picx(axe), mattock.   [mine.

zapar (*thahpáR*) intr. to sap, to

zapata (*thahpáhtah*) n. f. leatherhinge. *Mech.* shoe of a brake.

zapatear (*thahpahtayáR*) tr. to beat time with the feet, to tapdance; to kick/tread with the shoe; to treat badly.

zapatería (*thahpahtayréeah*) f. shoe (maker's) shop.

zapatero (*thahpahtáyroh*) m. shoemaker shoe dealer; — remendón, cobbler; ¡zapatero a tus zapatos! mind your own business!

zapateta (*thahpahtáytah*) f. caper, jump, leap.   [per.

zapatilla (*thahpahtéelyah*) f. slip-

zapato (*tahpáhtoh*) m. shoe.

zar (*thaR*) m. czar.

zarandajas (*thahrahndáhHahss*) f. pl. trifles, odds and ends.

zarandear (*thahrahndayáR*) tr. to winnow; toss, to shake, to jolt.

zarandearse (*thahrahndayáRssay*) r. to move to and fro.

zarandeo (*thahrahndáyoh*) m. sifting, winnowing; folting.

zarina (*thahréenah*) f. czarina.

zarpa (*tháRpah*) f. paw, claw; weighing anchor; **echar la —,** to claw.

zarpar (*tháRpáR*) tr. to weigh anchor, to sail.

zarpazo (*tháRpáhthoh*) m. clawing; thud.

zarza (*tháRthah*) f. bramble, (bracken), glace full of bramble.   [*Bot.* blackberry.

zarzamora (*thaRthahmóhrah*) f.

zarzaparrilla (*thaRthahpahRéelyah*) f. *Bot.* sarsaparrilla.

z a r z u e l a (*thaRthwáylah*) f. *Theat.* zarzuela, Spanish musical comedy.   [lin.

zepelín (*thaypayléen*) s. zappe-

zigzag (*theegthághg*) m. zigzag.

zigzaguear (*theegthahgayaR*) intr. to zigzag.

zipizape (*theepeetháhpay*) m. row, scuffle.

zizaña (*theethahnyah*) f. darnel.

zócalo (*thóhkahloh*) m. socle, socket.   [diac.

zodíaco (*thohdéeahkoh*) m. zo-

zona (*thóhnah*) f. zone.

zoología (*thoh/ohlohHéeah*) f. zoology.

zoológico (*thoh/ohlóhHeekoh*) adj. zoological.

zopenco (*thohpénkoh*) adj. doltish; dull; m. blockhead, dunce.

zoquete (*thohkáytay*) m. block, chunk; (coll.) blockhead, dunce, dolt.

zorra (*thóhRah*) f. vixen, slyboots; (coll.) prostitute.

zorrería (*thohRayréeah*) f. artfulness (of a fox); craft, cunning.

zorro (*thóhRoh*) m. fox, sly/ cunning, fellow; pl. duster. adj. cunning, foxy.

zozobra (*thohthóhbrah*) f. worry, anxiety. *Naut.* sinking, foundering, capsizing.

zozobrar (*thohthohbráR*) intr. to founder, to sin; to fret, to worry.

zueco (*thwáykoh*) m. wooden shoe; clog; sabot.

zumba (*thóombah*) f. joke, humbug, cattle bell.

zumbador (*thoombahdoR*) *Elect.* buzzer; adj. buzzing, homming.

zumbar (*thoombáR*) intr. to to buzz; tr. to beat, to box one's ears.   [(ming), blow.

zumbido (*thoombéedoh*) m. hum-

zumbón (*thoombón*) adj. waggish; facetious; m. wag, jester.   [profit.

zumo (*thóomoh*) m. sap; juicie;

zumoso (*thoomóhssoh*) adj. juicy.   [ing; mend.

zurcido (*thooRthéedoh*) m. darn-

zurcir (*thóoRthéeR*) tr. to darn.

zurdo (*thóoRdoh*) adj. left-handed; **no ser —,** to be very clever.

zurra (*thóoRah*) f. currying; flogging; hiding; scuffle, spanking.

zurrar (*thooRáR*) tr. to curry; to tan; to spank, to drub, to flog, to whip.   [whip, lash.

zurriago (*thooRyáhgoh*) m.

zurrón (*thooRón*) m. sheperd's pouch, game-bag.

zutano (*thootáhnoh*) m. so-and-so.

francés-español

A a

a *(á)* (del verbo avoir).

à *(á)* prep. a; con; de; en; hasta; para; por.

abaca *(abacá)* f. abacá.

abaissant, e *(abesán, ánt)* adj. humillante.

abaissement *(abes^emán)* m. bajada; baja; abatimiento.

abaisser *(abesé)* tr. bajar; rebajar.

abandon *(abandón)* m. abandono.

abandonnement *(abandon^emán)* m. abandono.

abandonner *(abandoné)* tr. abandonar.

abaque *(abák)* m. ábaco.

abasourdir *(abasurdír)* tr. aturdir.

abasourdissement *(abasurdis^emán)* m. asombro.

abat *(aba)* m. derribo; tala; m. pl. menudillos.

abâtardir *(abatardír)* tr. bastardear.

abat-jour *(abajúr)* m. pantalla.

abattage *(abatáj)* m. tala; matanza (del ganado).

abattement *(abat^emán)* m. abatimiento.

abattis *(abatí)* m. derribo; menudos.

abattoir *(abatuár)* m. matadero.

abattre *(abátr)* derribar; matar; abatir.

abbaye *(abei)* f. abadía.

abbé *(abé)* m. abad; abate.

abcès *(absé)* m. absceso.

abdication *(abdicasión)* f. abdicación.

abdiquer *(abdiké)* tr. abdicar.

abdomen *(abdomén)* m. abdomen.

abécédaire *(abesedér)* m. abecedario.

abeille *(abéy)* f. abeja.

aberration *(aberrasión)* f. aberración.

abêtir *(abetír)* tr. embrutecer.

abhorrer *(aborré)* tr. aborrecer.

abîme *(abím)* m. abismo.

abîmer *(abimé)* tr. estropear.

abject, e *(abjéct)* adj. abyecto, a.

abjection *(abjecsión)* f. abyección.

abjurer *(abjüré)* tr. abjurar.

ablation *(ablasión)* f. ablación.

ablution *(ablüsión)* f. ablución.

abnégation *(abnegasión)* f. abnegación.

aboi *(abuá)* m. ladrído; **aux abois**, acosado.

aboiement *(abuamán)* m. ladrido.

abolir *(abolír)* tr. abolir.

abolition *(abolisión)* f. abolición.

abomination *(abominasión)* f. abominación.

abominable *(abominábl)* adj. abominable.

abondance *(abondáns)* f. abundancia.

abondant, e *(abondán, ánt)* adj. abundante.

abonder *(abondé)* intr. abundar.

abonné, e *(aboné)* m. abonado, a.

abonnement *(abon^emán)* m. abono.

abonner *(aboné)* tr. abonar.

abonnir *(abonír)* tr. abonar, mejorar.

abord *(abór)* m. abordaje; pl. alrededores; **d'abord**, primeramente.

abordage *(abordáj)* m. abordaje.

aborder *(abordé)* tr. abordar.

aborigène *(aboríjén)* adj. aborigen.

abortif, ive *(abortif, ív)* adj. abortivo, va.

aboucher *(abuché)* tr. abocar; enchufar.

aboulie *(abuli)* f. abulia.

aboutir *(abutír)* intr. terminar; desembocar; dar por resultado.

aboutissement *(abutis^emán)* m. término; resultado.

aboyer *(abuayé)* intr. ladrar.

abracadabrant *(abracadabrán)* adj. fam. estupendo.

abrasif, ive *(abrasíf, ív)* adj. y s. abrasivo, va.

abrégé(*(abrejé)* m. compendio.

abréger *(abrejé)* tr. abreviar.

abreuver *(abrevé)* tr. abrevar.

abreuvoir *(abrevuár)* m. abrevadero.

abréviation *(abreviasión)* f. abreviatura.

abri *(abrí)* m. abrigo; amparo.

abricot *(abricó)* m. albaricoque.

abricotier *(abricotié)* m. albaricoquero.

abriter *(abrité)* tr. abrigar.

abrogation *(abrogasión)* f. abrogación.

abrupt, e *(abrü'pt)* adj. escarpado, a.

abruti, e *(abrüti)* adj. embrutecido, a.

abrutir *(abrütír)* embrutecer.

abrutissement *(abrütis^emán)* m. embrutecimiento.

abscisse *(absís)* f. abscisa.

absence *(absáns)* f. ausencia.

absent, e *(absán, ánt)* adj. y s. ausente.

absenter (s') *(sabsanté)* r. ausentarse.

abside *(absíd)* m. ábside.

absinthe *(absént)* f. ajenjo.

absolu, e *(absolü)* adj. absoluto, a.

absolution *(absolüsión)* f. absolución.

absolutisme *(absolütísm)* m. absolutismo.

absorbant, e *(absorbán, ánt)* adj. absorbante.

absorber *(absorbé)* tr. absorber.

absorption *(absorpsión)* f. absorción.

absoudre *(absúdr)* tr. absolver.

abstenir (s') *(sabstenír)* r. abstenerse.

abstention *(abstansión)* f. abstención.

abstinence *(abstináns)* f. abstinencia.

abstraction *(abstracsión)* f. abstracción.

abstraire *(abstrér)* tr. abstraer.

abstrait, e *(abstré, ét)* adj. y n. abstracto.

absurde *(absü'rd)* adj. y s. absurdo, a.

absurdité *(absürdité)* f. absurdo.

abus *(abü')* m. abuso.

abuser *(abüsé)* intr. abusar.

acabit *(acabí)* m. calidad, clase.

acacia *(acasiá)* m. acacia.

académicien *(academisién)* m. académico.

académie *(academí)* f. academia.

acajou *(acajú)* m. caoba.

acanthe *(acánt)* f. acanto.

acariâtre *(acariátr)* adj. áspero, a.

accablant, e *(acablán, ánt)* adj. agobiante.

accablement *(acabl^emán)* m. agobio.

accabler *(acablé)* tr. agobiar.

accalmie *(acalmí)* f. calma.

accaparer *(acaparé)* tr. acaparar.

accéder *(acsedé)* intr. acceder.

accélérateur, trice *(acselератér, tris)* adj. acelerador, ra.

accélération *(acselerasión)* f. aceleración.

accélérer *(acseleré)* tr. acelerar.

accent *(acsán)* m. acento.

accentuer *(acsantüé)* tr. acentuar.

acceptation *(acseptasión)* f. aceptación.

accepter *(acsepté)* tr. aceptar.

acception *(acsepsión)* f. acepción.

accès *(acsé)* m. acceso.

accessible *(acsesíbl)* adj. accesible.

accessit *(acsesít)* m. accésit.

accessoire *(acsesuár)* adj. accesorio.

accident *(acsidán)* m. accidente.

accidentel, elle *(acsidantél)* adj. accidental.

acclamation *(aclamasión)* f. aclamación.

acclamer *(aclamé)* tr. aclamar.

acclimatation *(aclimatasión)* f. aclimatación.

acclimater *(aclimaté)* tr. aclimatar.

accolade *(acoláд)* f. abrazo.

accommodant, e *(acomodán, ánt)* adj. complaciente.

accommodement *(acomod^emán)* m. acomodamiento.

accommoder *(acomodé)* tr. acomodar.

accompagnement *(aconpañ^emán)* m. acompañamiento.

accompagner *(aconpañé)* tr. acompañar.

accomplir *(aconplír)* tr. cumplir.

accomplissement *(aconplis^emán)* m. cumplimiento.

accord *(acór)* m. acuerdo.

accordailles *(acordáy)* f. pl. esponsales.

accordéon *(acordeón)* m. acordeón.

accorder *(acordé)* tr. acordar; afinar.

accort, e *(acór, órt)* adj. vivaracho, a.

accoster *(acosté)* tr. acercarse; atracar.

accouchement *(acuch^emán)* m. parto.

accoucher *(acuché)* tr. parir.

accoucheur, euse *(acuchér, és)* s. comadrón, ona.

accouder (s') *(sacudé)* tr. acodarse.

accoudoir *(acuduár)* m. reclinatorio.

accoupler *(acuplé)* tr. acoplar.

accourcir *(acursír)* tr. acortar.

accourir *(acurír)* intr. acudir.

accoutrement *(acutr^emán)* m. atavío.

accoutumé, e *(acutümé)* adj. acostumbrado, a.

accoutumer *(acutümé)* tr. acostumbrar.

accréditer *(acredité)* tr. acreditar.

accroc *(acró)* m. desgarrón; dificultad.

accrochage *(acrocháj)* m. enganche; tropiezo (vehículos).

accrocher *(acroché)* tr. enganchar.

accroissement *(acruas^emán)* m. crecimiento.

accroître *(acruátr)* tr. acrecentar.

accroupir (s') *(sacrupír)* tr. acurrucarse.

accueil *(akéy)* m. acogida.

accueillir *(akeyír)* tr. acoger.

acculer *(aculé)* tr. acorralar.

accumulateur, trice *(acümülatér, tris)* s. acumulador, a.

accumuler *(acümülé)* tr. acumular.

accusateur, trice *(acüsatér, tris)* s. acusador, a.

accusation *(acüsasión)* f. acusación.

accusé, e *(acüsé)* adj. et s. acusado, a.

accuser *(acüsé)* tr. acusar.

acerbe *(asérb)* adj. acerbo, a.

acérer *(aseré)* tr. acerar; aguzar.

acétylène *(asetilén)* m. acetileno.

achalander *(achalandé)* tr. aparroquiar.

acharnement *(acharn^emán)* m. encarnizamiento.

acharner (s') *(sacharné)* tr. encarnizarse.

achat *(achá)* m. compra.

acheminer *(ach^eminé)* tr. encaminar.

acheter *(ach^eté)* tr. comprar.

acheteur, euse *(achetér, és)* s. comprador, a.

achèvement *(achev^emán)* m. acabamiento.

achever *(ach^evé)* tr. acabar.

achoppement *(achop^emán)* m. tropiezo; obstáculo.

acide *(asíd)* adj. ácido, a; m. ácido.

acidité *(asídité)* f. acidez.

acier *(asié)* m. acero.

acné *(acné)* f. acne.

acolyte *(acolít)* m. acólito.

acompte *(acónt)* m. pago a cuenta.

à-coup *(acú)* m. sacudida.

acoustique *(acustík)* f. acústica.

acquéreur *(akerér)* m. adquiridor.

acquérir *(akerír)* tr. adquirir.

acquet *(aké)* m. adquisición; pl. gananciales.

acquiescer *(akiesé)* intr. consentir.

acquis, e *(akí, ís)* adj. adquirido.

acquisition *(akisisión)* f. adquisición.

acquit *(akí)* m. recibo; **pour acquit**, recibí.

acquittement *(akit^emán)* m. pago; absolución.

acquitter *(akité)* tr. pagar, absolver.

âcre *(ácr)* adj. acre, áspero, a.

acrobate *(acrobát)* s. acróbata.

acrobatie *(acrobasi)* f. acrobacia.

acte *(áct)* m. acto; contrato.

acteur, trice *(actér, tris)* s. actor, triz.

actif, ive *(actif, ív)* adj. activo, a.

action *(acsión)* f. acción.

actionnaire *(acsionér)* s. accionista.

activer *(activé)* tr. activar.

activité *(activité)* f. actividad.

actualité *(actüalité)* f. actualidad.

actuel, elle *(actüél)* adj. actual.

actuellement *(actüel^emán)* adv. actualmente.

acuité *(acüité)* f. agudeza.
adage *(adáj)* m. adagio.
adaptation *(adaptasión)* f. adaptación.
adapter *(adapté)* tr. adaptar.
addition *(adisión)* f. adición.
additionnel, elle *(adisionél)* adj. adicional.
additionner *(adisioné)* tr. adicionar.
adepte *(adépt)* s. adepto, a.
adéquat, e *(adekuá, át)* adj. adecuado, a.
adhérence *(aderáns)* f. adherencia.
adhérent, e *(aderán, ánt)* adj. adherente.
adhérer *(aderé)* intr. adherir.
adhésion *(adesión)* f. adhesión.
adieu *(adié)* loc. adv. adiós.
adipeux, euse *(adipé, és)* adj. adiposo, a.
adjacent, e *(adjasán, ánt)* adj. adyacente.
adjectif, (adjectif, ív) m. adjetivo.
adjoindre *(adjuéndr)* tr. agregar.
adjoint *(adjuén)* m. adjunto, asociado.
adjonction *(adjoncsión)* f. agregación. [te.
adjudant *(adjüdán)* m. ayudante.
adjudication *(adjüdicasión)* f. adjudicación.
adjuger *(adjüjé)* tr. adjudicar.
adjuration *(adjürasión)* f. conjuro.
admettre *(admétr)* tr. admitir.
administrateur, trice *(administratér, trís)* s. administrador, administradora.
administratif, ive *(administratif, ív)* adj. administrativo, a.
administration *(administrasión)* f. administración.
administrer *(administré)* tr. administrar.
admirable *(admirábl)* adj. admirable.
admirateur, trice *(admiratér, trís)* adj. admirador, a.
admiration *(admirasión)* f. admiración.
adopter *(adopté)* tr. adoptar.
admission *(admisión)* f. admisión.
admonestation *(admonestasión)* f. admonestación.
adolescence *(adolesáns)* f. adolescencia.
adolescent, e *(adolesán, ánt)* s. adolescente.
adonner (s') *(sadoné)* r. entregarse.
adopter *(adopté)* tr. adoptar.
adoptif, ive *(adoptif, ív)* adj. adoptivo, a.
adoption *(adopsión)* f. adopción.
adorable *(adorábl)* adj. adorable.
adorateur, trice *(adoratér, trís)* s. adorador, a.
adoration *(adorasión)* f. adoración.
adorer *(adoré)* tr. adorar.
adosser *(adosé)* tr. apoyar.
adoucir *(adusír)* tr. suavizar.
adoucissant, e *(adusisán, ánt)* adj. calmante.
adresse *(adrés)* f. dirección; destreza.
adresser *(adresé)* tr. dirigir.
adroit, e *(adruá, át)* adj. diestro, a; astuto, a.
adulation *(adülasión)* f. adulación.
aduler *(adülé)* tr. adular.
adulte *(adü'lt)* adj. y s. adulto, a.

adultère *(adültér)* adj. y s. adúltero; m. adulterio.
adultérer *(adültéré)* tr. adulterar.
advenir *(adv°nír)* impers. acontecer.
adverbe *(advérb)* m. adverbio.
adversaire *(adversér)* m. adversario.
adversité *(adversité)* f. adversidad.
aération *(aerasión)* f. ventilación.
aérer *(aeré)* tr. ventilar.
aérien, ienne *(aerién)* adj. aéreo, a.
aérodrome *(aerodróm)* m. aeródromo.
aérodynamique *(aerodinamík)* f. aerodinámica.
aérolithe *(aerolít)* m. aerolito.
aéronaute *(aeronót)* s. aeronauta.
aéronautique *(aeronotík)* f. aeronáutica.
aéronaval, ale *(aeronavál)* adj. aeronaval.
aéronef *(aeronéf)* m. aeronave.
aéroplane *(aeroplán)* m. aeroplano.
aéroport *(aeropór)* m. aeropuerto.
aérostat *(aerostá)* m. aeróstato.
affabilité *(afabilité)* f. afabilidad.
affable *(afábl)* adj. afable.
affadir *(afadír)* tr. desazonar.
affaiblir *(afeblír)* tr. debilitar.
affaiblissement *(afeblis°mán)* m. debilitación.
affaire *(afér)* f. asunto, negocio; pleito.
affairé, e *(aferé)* adj. atareado, a.
affaisser *(afesé)* tr. hundir; s' —. r. desplomarse.
affaler (s') *(safalé)* r. dejarse caer.
affamé, e *(afamé)* adj. hambriento, a.
affectation *(afectasión)* f. afectación.
affecté, e *(afecté)* adj. afectado, da.
affecter *(afecté)* tr. afectar.
affection *(afecsión)* f. afecto.
affectueusement *(afectü°es°mán)* adv. afectuosamente.
affectueux, euse *(afectüé, és)* adj. afectuoso, a.
affermage *(afermáj)* m. arrendamiento.
affermer *(afermé)* tr. arrendar un predio.
affermir *(afermír)* tr. consolidar.
affermissement *(afermis°mán)* m. consolidación.
affiche *(afích)* f. anuncio; cartel.
afficher *(afiché)* tr. fijar (carteles, etc.), alardear.
affiler *(afilé)* tr. afilar.
affiliation *(afiliasión)* f. afiliación.
affilier *(afilié)* tr. afiliar.
affiner *(afiné)* tr. afinar.
affinité *(afinité)* f. afinidad.
affirmatif, ive *(afirmatif, ív)* adj. afirmativo, a.
affirmation *(afirmasión)* f. afirmación.
affirmer *(afirmé)* tr. afirmar.
affleurer *(afl°ré)* tr. enrasar; intr. aflorar (minerales).
affliction *(aflicsión)* f. aflicción.
affligeant, e *(afliján, ánt)* adj. aflictivo, va.
affliger *(aflijé)* tr. afligir.
affluence *(aflüáns)* f. afluencia.
affluent, e *(aflüán, ánt)* adj. y s. afluente.

affluer *(aflüé)* tr. afluir.
afflux *(aflü')* m. aflujo.
affolement *(afol°mán)* m. enloquecimiento.
affoler *(afolé)* tr. enloquecer.
affranchi, e *(afranchi)* s. liberto, a.
affranchir *(afranchír)* tr. franquear, librar; eximir.
affranchissement *(afranchis°mán)* m. franqueo; exención. [sias.
affre *(áfr)* m. horror; pl. ansias.
affréter *(afreté)* tr. fletar.
affreux, euse *(afré, és)* adj. horrendo, a.
affront *(afrón)* m. afrenta.
affronter *(afronté)* tr. afrontar.
affubler *(afüblé)* tr. disfrazar.
affût *(afü')* m. cureña; **être à l'affût,** estar al acecho.
affûter *(afüté)* tr. afilar.
afin *(afén)* conj. a fin de.
agaçant, e *(agasán, ánt)* adj. irritante.
agacer *(agasé)* tr. excitar, irritar.
agape *(agáp)* f. ágape.
âge *(áj)* f. edad, época.
âgé, e *(ajé)* adj. anciano, a.
agence *(ajáns)* f. agencia.
agencer *(ajansé)* tr. arreglar.
agenda *(ajendá)* m. agenda.
agenouiller (s') *(sajenuyé)* r. arrodillarse.
agent *(ajén)* m. agente.
agglomération *(aglomerasión)* f. aglomeración.
agglutinant, e *(aglütinán, ánt)* adj. y s. aglutinante.
aggravation *(agravasión)* f. agravación.
aggraver *(agravé)* tr. agravar.
agile *(ajíl)* adj. ágil.
agilité *(ajilité)* f. agilidad.
agio *(ajió)* m. agio.
agir *(ajír)* intr. obrar, actuar. **s'—.** *(sajír)* v. pron. imp. tratarse.
agissement *(ajis°mán)* m. acto, maniobra.
agitateur *(ajitatér)* m. agitador.
agitation *(ajitasión)* f. agitación.
agiter *(ajité)* tr. agitar.
agneau *(añó)* m. cordero.
agonie *(agoni)* f. agonía.
agonisant, e *(agonisán, ánt)* adj. agonizante.
agoniser *(agonisé)* intr. agonizar.
agrafe *(agráf)* m. corchete; broche.
agrafer *(agrafé)* tr. abrochar.
agraire *(agrér)* adj. agrario, a.
agrandir *(agrandír)* tr. agrandar; engrandecer.
agrandissement *(agrandis°mán)* m. engrandecimiento.
agréable *(agreábl)* adj. agradable.
agréé *(agreé)* m. procurador.
agréer *(agreé)* tr. aceptar; intr. agradar.
agrégat *(agregá)* m. agregado.
agrégation *(agregasión)* f. agregación.
agrégé *(agrejé)* m. profesor.
agréger *(agrejé)* tr. agregar.
agrément *(agremán)* m. aprobación; gracia.
agrémenter *(agremanté)* tr. adornar.
agrès *(agré)* m. pl. aparejos.
agresseur *(agresér)* m. agresor.
agressif, ive *(agresif, ív)* adj. agresivo, va.
agression *(agresión)* f. agresión.
agricole *(agricól)* adj. agrícola.
agriculteur *(agricültér)* m. agricultor.
agriculture *(agricültü'r)* f. agricultura.
aguerrir *(aguerrír)* tr. aguerrir.

aguets *(agué)* m. pl. acecho.
aguicher *(aguiché)* tr. provocar.
ah! *(á)* interj. ¡ah!, ¡ay!
ahaner *(aané)* intr. jadear.
ahuri, e *(aürí)* adj. aturdido, a.
ahurir *(aürír)* tr. aturdir.
ahurissement *(aüris°mán)* m. estupefacción.
aide *(éd)* s. ayudante; f. ayuda.
à l'aide! *(al éd)* ¡socorro!
aider *(edé)* tr. ayudar, auxiliar.
aïe! *(aí)* interj. ¡ay!
aïeul, e *(aiél)* s. abuelo, a.
aïeux *(aié)* m. pl. antepasados.
aigle *(égl)* m. águila.
aigre *(égr)* adj. agrio, a.
aigrette *(egrét)* f. penacho.
aigreur *(egrér)* f. acidez.
aigrir *(egrír)* tr. agriar.
aigu, ë *(egü')* adj. agudo, a.
aiguille *(egüíy)* f. aguja.
aiguiller *(egüiyé)* tr. cambiar de vía.
aiguilleur *(egüiyér)* m. guardaagujas.
aiguillon *(egüiyón)* m. aguijón.
aiguiser *(egüisé)* tr. afilar.
aiguiseur *(egüisér)* m. afilador.
ail *(áy)* m. ajo.
aile *(él)* f. ala.
ailé, e *(elé)* adj. alado, a.
aileron *(el°rón)* m. aleta.
ailleurs *(ayér)* adv. en otra parte.
d'ailleurs *(dayér)* por otra parte.
aimable *(emábl)* adj. amable.
aimant, e *(emán, ánt)* adj. amante; m. imán.
aimanter *(emanté)* tr. imantar.
aimer *(emé)* tr. amar; gustar de.
aine *(én)* f. ingle.
aîné, e *(ené)* adj. y s. primogénito, a.
ainsi *(ensí)* adv. así; conj. por consiguiente; como.
air *(ér)* m. aire; tono, aspecto; **le grandair,** el aire libre.
airain *(erén)* m. bronce.
aire *(ér)* f. aérea; era.
aisance *(esáns)* f. facilidad; bienestar.
aise *(és)* f. contento; conveniencia, comodidad; **à son aise,** a sus anchas.
aisé, e *(esé)* adj. fácil, cómodo, a.
aisselle *(esél)* f. sobaco.
ajournement *(ajurn°mán)* m. aplazamiento.
ajourer *(ajuré)* tr. aplazar.
ajouter *(ajuté)* tr. añadir.
ajustage *(ajüstáj)* m. ajuste.
ajuster *(ajüsté)* tr. ajustar.
alambic *(alanbíc)* m. alambique.
alarmant, e *(alarmán,ánt)* adj. alarmante.
alarme *(alárm)* f. alarma.
alarmer *(alarmé)* tr. alarmar.
albâtre *(albátr)* m. alabastro.
album *(albóm)* m. álbum.
albumen *(albümén)* m. albumen.
albumine *(albümín)* f. albúmina.
alcali *(alcali)* m. álcali.
alcalin, ine *(alcalén, ín)* alcalino, a.
alcool *(alcoól)* m. alcohol.
alcoolique *(alcoolík)* adj. alcohólico, a.
alcoolisme *(alcoolísm)* m. alcoholismo.
alcôve *(alcóv)* f. alcoba.
aléa *(aleá)* m. riesgo.
aléatoire *(aleatuár)* adj. aleatorio, a.
alène *(alén)* f. lezna.
alentour *(alantúr)* adv. alrededor.
alentours *(alantúr)* m. pl. alredededores.
alerte *(alért)* f. alarma; adj. despierto, a; interj. ¡alerta!

alerter *(alerté)* tr. alertar.
aléser *(alesé)* tr. alisar.
alezan *(alesán)* adj. et s. alazán.
alfa *(alfá)* m. esparto.
algèbre *(aljébr)* f. álgebra.
algide *(aljíd)* adj. álgido.
algue *(álg)* f. alga.
alibi *(alibí)* m. coartada.
aliénable *(alienábl)* adj. alienable.
aliénation *(alienasión)* f. enajenación.
aliéné, e *(alièné)* adj. y n. loco, loca.
aliéner *(alièné)* tr. enajenar; s'— *(saliené)* r. volverse loco.
alignement *(aliñemán)* m. alineación.
aligner *(aliñé)* tr. alinear.
aliment *(alimán)* m. alimento.
alimentaire *(alimantér)* adj. alimenticio, a.
alimentation *(alimantasión)* f. alimentación.
alimenter *(alimanté)* tr. alimentar.
alinéa *(alineá)* m. párrafo.
aliter *(alité)* tr. acostar; s'— *(salité)* r. guardar cama.
alizés *(alisé)* m. pl. alisios.
allaitement *(aletemán)* m. lactancia.
allaiter *(aleté)* tr. amamantar.
alléchant, e *(alechán, ánt)* adj. apetitoso, sa; atractivo, va.
allécher *(aleché)* tr. cebar; atraer.
allée *(alé)* f. ida; paseíllo.
allégation *(alegasión)* f. alegación.
alléger *(alejé)* tr. alijar; aliviar.
allégorie *(alegorí)* f. alegoría.
allégorique *(alegorík)* adj. alegórico, a.
allégresse *(alegrés)* f. alegría.
alléguer *(alegué)* tr. alegar.
aller *(alé)* intr. ir; andar; dirigirse a; convenir; sentar; laisser aller, abandonar; s'en — *(sané)* r. irse.
allergie *(alerjí)* f. alergia.
alliage *(aliáj)* m. aleación; liga.
alliance *(aliáns)* f. alianza.
allié, e *(alié)* adj. y n. aliado, a.
allier *(alié)* tr. ligar, alear; unir.
allitération *(aliterasión)* f. aliteración.
allocation *(alocasión)* f. asignación.
allongement *(alonjemán)* m. prolongación.
allonger *(alonjé)* tr. alargar.
allouer *(alué)* tr. abonar; conceder.
allumer *(alümé)* tr. encender.
allumette *(alümét)* f. cerilla.
allure *(alü'r)* f. paso; porte, sesgo; marcha (vehículos).
allusif, ive *(alüsíf, ív)* adj. alusivo, a.
allusion *(alüsión)* f. alusión.
alluvion *(alüvión)* f. aluvión.
almanach *(almaná)* m. almanaque.
aloès *(aloés)* m. acíbar.
aloi *(aluá)* m. ley (metales); fig. calidad (cosas).
alors *(alór)* adv. entonces.
alouette *(aluét)* f. alondra.
alourdir *(alurdír)* tr. entorpecer.
alourdissement *(alurdisemán)* adv. entorpecimiento.
alpaga *(alpagá)* m. alpaca.
alpestre *(alpéstr)* adj. alpestre.
alphabet *(alfabé)* m. alfabeto.
alpinisme *(alpinísm)* m. alpinismo.
altération *(alterasión)* f. alteración.
altercation *(altercasión)* f. altercado.
altéré, e *(alteré)* adj. alterado, a; sediento, a.

altérer *(alteré)* tr. alterar.
alternatif, ive *(alternatíf, ív)*
alternateur *(alternatér)* m. alternador.
alterne *(altérn)* adj. alterno, a.
alterner *(alterné)* intr. alterar.
altesse *(altés)* f. alteza.
altier, ère *(altié, ièr)* adj. altanero, ra. [tro.
altimètre *(altimétr)* m. altímetro.
altitude *(altitü'd)* f. altitud.
altruisme *(altrüísm)* m. altruismo.
aluminium *(alüminióm)* m. aluminio.
alun *(alen)* m. alumbre.
alvéole *(alveól)* m. alvéolo.
amabilité *(amabilité)* f. amabilidad.
amadou *(amadú)* m. yesca.
amadouer *(amadué)* tr. halagar.
amaigrir *(amegrír)* tr. enflaquecer.
amaigrissement *(amegrisemán)* m. enflaquecimiento.
amalgame *(amalgám)* m. amalgama.
amande *(amánd)* f. almendra.
amandier *(amandié)* m. almendro.
amant, e *(amán, ánt)* adj. y s. amante.
amarante *(amaránt)* f. amaranto.
amarre *(amár)* f. amarra.
amarrer *(amarré)* tr. amarrar.
amas *(amá)* m. montón.
amasser *(amasé)* tr. amontonar; fig. atesorar.
amateur *(amatér)* adj. y s. aficionado.
amazone *(amasón)* f. amazona.
ambages *(anbáj)* f. pl. ambages.
ambassade *(anbasád)* f. embajada.
ambassadeur *(anbasadér)* m. embajador. [te.
ambiance *(anbiáns)* f. ambiente.
ambiant, e *(anbián, ánt)* adj. y s. ambiente.
ambigu, ë *(anbigü')* adj. ambiguo, a.
ambitieux, euse *(anbisié, és)* adj. ambicioso, a.
ambition *(anbisión)* f. ambición.
ambitionner *(anbisioné)* ambicionar.
ambre *(ánbr)* m. ámbar.
ambroisie *(anbruasí)* f. ambrosía.
ambulance *(anbüláns)* f. ambulancia.
ambulant, e *(anbülán, ánt)* adj. ambulante.
âme *(ám)* f. alma.
amélioration *(ameliorasión)* f. mejora.
améliorer *(amelioré)* tr. mejorar.
amen *(amén)* m. amén.
aménagement *(amenajemán)*
aménager *(amenajé)* tr. arreglar.
amende *(amánd)* f. enmienda.
amendement *(amandemán)* m. enmienda.
amender *(amandé)* tr. enmendar.
amène *(amén)* adj. ameno, a.
amener *(amené)* tr. traer.
aménité *(amenité)* f. amenidad.
amer, ère *(amér)* adj. amargo, amarga.
amerrir *(amerrír)* intr. amarrar.
amertume *(amertü'm)* f. amargura.
ameublement *(ameblemán)* m. mobiliario.
ameublir *(ameblír)* tr. mullir.
ameuter *(ameté)* tr. amotinar.
ami, e *(amí)* adj. y s. amigo, a.
amiable *(amiábl)* adj. amistoso, a.

amiante *(amiánt)* m. amianto.
amical, e *(amicál)* adj. amistoso, a.
amidon *(amidón)* m. almidón.
amidonner *(amidoné)* tr. almidonar.
amincir *(amensír)* tr. adelgazar.
amiral *(amirál)* m. almirante.
amirauté *(amiroté)* m. almirantazgo.
amitié *(amitié)* f. amistad; pl. recuerdos, expresiones.
ammoniaque *(amoniák)* f. amoníaco.
amnésie *(amnesí)* f. amnesia.
amnistie *(amnistí)* f. amnistía.
amoindrir *(amuendrír)* tr. disminuir.
amollir *(amolír)* tr. ablandar; debilitar.
amonceler *(amonselé)* tr. amontonar.
amoncellement *(amonselemán)* m. amontonamiento.
amont (en) *(anamón)* loc. aguas arriba.
amorce *(amórs)* f. cebo.
amorcer *(amorsé)* tr. cebar; atraer.
amorphe *(amórf)* adj. amorfo, a.
amortir *(amortír)* tr. amortizar; amortiguar.
amortissement *(amortisemán)* m. amortiguamiento; amortización.
amortisseur *(amortisér)* m. amortiguador.
amour *(amúr)* m. amor.
amouracher *(amuraché)* tr. enamoriscarse.
amoureux, euse *(amuré, és)* adj. enamorado, a.
amphibie *(anfibí)* adj. y n. anfibio.
amphithéâtre *(anfiteátr)* m. anfiteatro.
amphore *(anfór)* f. ánfora.
ample *(ánpl)* adj. amplio, a.
ampleur *(anplér)* amplitud.
amplificateur *(anplificatér)* m. ampliador. [car.
amplifier *(anplifié)* tr. amplificar.
amplitude *(anplitü'd)* f. amplitud.
ampoule *(anpúl)* f. ampolla; bombilla.
ampoulé, e *(anpulé)* adj. ampuloso, a.
amputation *(anpütasión)* f. amputación.
amputer *(anpüté)* tr. amputar.
amulette *(amülét)* f. amuleto.
amusant, e *(amüsán, ánt)* adj. divertido, a.
amusement *(amüsemán)* m. diversión.
amuser *(amüsé)* tr. divertir.
amygdales *(amigdál)* f. pl. amígdalas.
an *(án)* m. año.
anachronisme *(anacronísm)* m. anacronismo.
analogie *(analojí)* f. analogía.
analogue *(analóg)* adj. análogo, a.
analphabète *(analfabét)* adj. y s. analfabeto.
analyse *(analís)* f. análisis.
analyser *(analisé)* tr. analizar.
ananas *(ananá)* m. ananás.
anarchie *(anarchí)* f. anarquía.
anarchiste *(anarchíst)* s. anarquista.
anathème *(anatém)* m. anatema.
anatomie *(anatomí)* f. anatomía. [pasados.
ancêtres *(ansétr)* m. pl. antepasados.
anchois *(anchuá)* m. anchoa.
ancien, ienne *(ansién)* adj. antiguo, a.
ancienneté *(ansieneté)* f. antigüedad.
ancre *(áncr)* f. ancla.

ancrer *(ancré)* tr. anclar.
andouille *(andúy)* f. morcilla; necio.
âne *(án)* m. asno.
anéantir *(aneantír)* tr. aniquilar.
anéantissement *(aneantisemán)* m. aniquilación.
anecdote *(anecdót)* f. anécdota.
anémie *(anemí)* f. anemia.
anémique *(anemík)* adj. anémico, a.
anémone *(anemón)* f. anémona.
ânerie *(anerí)* f. necedad.
anesthésie *(anestesí)* f. anestesia.
anfractuosité *(anfractüosité)* f. anfractuosidad.
ange *(ánj)* m. ángel.
angélique *(anjelik)* adj. angélico, a.
angélus *(anjelü's)* m. ángelus.
angine *(anjíne)* f. angina.
angle *(ángl)* m. ángulo.
anglicanisme *(anglicanísm)* m. anglicanismo.
angoisse *(anguás)* f. angustia.
angoisser *(anguasé)* tr. angustiar.
anguille *(anguíy)* f. anguila.
angulaire *(angülér)* adj. angular.
anguleux, euse *(angülé, és)* adj. anguloso, a.
animer *(animé)* tr. animar.
anhydride *(anidríd)* m. anhídrido.
anicroche *(anicróch)* f. dificultad.
aniline *(anilín)* f. anilina.
animal, e *(animál)* adj. y s. animal.
animation *(animasión)* f. animación.
animer *(animé)* tr. animar.
animosité *(animosité)* f. animosidad.
anisette *(anisét)* f. anís.
ankylose *(ankilós)* f. anquilosis.
annales *(anál)* f. pl. anales.
anneau *(anô)* m. año.
annexe *(anécs)* f. anexo.
annexer *(anecsé)* tr. anexar.
annexion *(anecsión)* f. anexión.
annihiler *(aniilé)* tr. aniquilar.
anniversaire *(aniversér)* adj. et n. aniversario; cumpleaños.
annonce *(anóns)* f. anuncio.
annoncer *(anonsé)* tr. anunciar.
annonciation *(anonsiasión)* f. anunciación.
annotation *(anotasión)* f. anotación.
annoter *(anoté)* tr. anotar.
annuaire *(anüér)* m. anuario.
annualité *(anüalité)* f. anualidad.
annuel, elle *(anüél)* adj. anual.
annulaire *(anülér)* adj. y s. anular.
annulation *(anülasión)* f. anulación.
annuler *(anülé)* tr. anular.
anoblir *(anoblír)* tr. ennoblecer.
anode *(anód)* m. ánodo.
anodin, e *(anodén, ín)* adj. y s. anodino, a.
anomalie *(anomalí)* f. anomalía.
anonyme *(anoním)* adj. y s. anónimo, a.
anormal, e *(anormál)* adj. anormal.
anse *(áns)* f. asa; ensenada.
antagonisme *(antagonísm)* m. antagonismo.
antécédent, e *(antesedán, ánt)* adj. antecedente.

antenne (*antén*) s. antena; entena.   [terior.
antérieur, e (*anteriér*) adj. an-
anthologie (*antoloʝí*) f. antología.
antracite (*antrasít*) m. antracita.
anthropophage (*antropofáʝ*) adj. y s. antropófago.
antiaérien (*antiaerién*) adj. y s. antiaéreo.
antibiotique (*antibiotík*) m. antibiótico.
antichambre (*antichánbr*) f. antecámara.
antichar (*antichár*) adj. y n. antitanque.
anticipation (*antisipasión*) f. anticipación.
anticiper (*antisipé*) tr. anticipar.
antidérapant (*antiderapán*) adj. y s. antideslizante.
antidote (*antidót*) m. antídoto.
antilope (*antilóp*) f. antílope.
antipathie (*antipati*) f. antipatía.
antipathique (*antipatík*) adj. antipático, a.
antipode (*antipód*) m. antípoda.
antiquaille (*antikáy*) f. antigualla.   [rio.
antiquaire (*antikér*) m. anticua-
antique (*antík*) adj. antiguo, a.
antiquité (*antikité*) f. antigüedad.
antiseptique (*antiseptík*) adj. antiséptico, a.
antithèse (*antités*) f. antítesis.
antre (*ántr*) m. antro.
anus (*anü's*) m. ano.
anxiété (*ancsieté*) f. ansiedad.
anxieux, e (*ancsié, és*) adj. ansioso, a.
aorte (*aórt*) f. aorta.
août (*ú, út*) m. agosto.
apaisement (*apasᵉmán*) m. apaciguamiento.
apanage (*apanáʝ*) m. atributo, patrimonio.
apathie (*apati*) f. apatía.
apathique (*apatík*) adj. apático, a.
apercevoir (*apersᵉvuár*) tr. percibir; s'— (*sapersᵉvuár*) r. fijarse.
aperçu (*apersü'*) m. resumen; ojeada.
apéritif (*aperitíf*) s. aperitivo.
apetisser (*apetisé*) tr. disminuir.
à peu près (*apᵉpré*) loc. adv. aproximadamente.
apeuré, e (*aperé*) adj. asustado, a.
aphone (*afón*) adj. afónico, a.
aphonie (*afoni*) f. afonía.
apiculture (*apicültü'r*) f. apicultura.
apitoyer (*apituayé*) tr. apiadar.
aplanir (*aplanír*) tr. allanar.
aplatir (*aplatír*) tr. aplastar.
aplomb (*aplón*) m. plomada; aplomo.
apocalypse (*apocalíps*) f. apocalipsis.
apocope (*apocóp*) f. apócope.
apogée (*apoʝé*) m. apogeo.
apologie (*apoloʝí*) f. apología.
apoplexie (*apoplecsi*) f. apoplejía.
apostasie (*apostasi*) f. apostasía.
apostat (*apostá*) adj. y s. apóstata.
apposter (*aposté*) tr. apostar (gente, etc.).
apostolat (*apostolá*) m. apostolado.
apostrophe (*apostróf*) f. apóstrofo.

apostropher (*apostrofé*) tr. apostrofar.
apothéose (*apoteós*) f. apoteosis.
apothicaire (*apotikér*) m. boticario.
apôtre (*apótr*) m. apóstol.
apparaître (*aparétr*) intr. aparecer.
apparat (*apará*) m. aparato, boato.
appareil (*aparéy*) m. aparato.
appareillage (*apareyáʝ*) m. aparejamiento.
appareiller (*apareyé*) tr. aparejar; aparear.
appareilleur (*apareyér*) m. aparejador.
apparemment (*aparamán*) adv. aparentemente.
apparence (*aparáns*) f. apariencia.
apparent, e (*aparán, ánt*) adj. aparente.
apparenter (*aparanté*) tr. emparentar.
appariteur (*aparitér*) m. bedel.
apparition (*aparisión*) f. aparición.
appartement (*apartᵉmán*) m. piso.
appartenance (*apartenáns*) f. pertenencia.
appartenir (*apartenír*) intr. pertenecer.
appas (*apá*) m. pl. encantos.
appât (*apá*) m. cebo; atractivo.
appâter (*apaté*) tr. cebar.
appauvrir (*apovrír*) tr. empobrecer.
appauvrissement (*apovrisᵉmán*) m. empobrecimiento.
appel (*apél*) m. llamada.
appeler (*apᵉlé*) tr. llamar, convocar; s'—r. llamarse.
appellation (*apelasión*) f. apelación.
appendice (*apendís*) m. apéndice.
appendicite (*apendisít*) f. apendicitis.
appesantir (*apesantír*) tr. hacer pesado.
appétence (*apetáns*) f. apetencia.
appétissant, e (*apetisán, ánt*) adj.
appétit (*apeti*) m. apetito.
applaudir (*aplodír*) tr. aplaudir.
applaudissement (*aplodisᵉmán*) m. aplauso.
application (*aplicasión*) f. aplicación.
appliquer (*apliké*) tr. aplicar.
appoint (*apuén*) m. pico (de cuentas, etc.).
appointements (*apuentᵉmán*) n. pl. sueldo.
appointer (*apuenté*) tr. asalariar; sacar punta.
apport (*apór*) m. aportación.
apporter (*aporté*) tr. traer; aportar.   [jar.
apposer (*aposé*) tr. poner, fi-
apposition (*aposisión*) f. aposición.
appréciable (*apresiábl*) adj. apreciable.
appréciation (*apresiasión*) f. apreciación.
apprécier (*apresié*) tr. apreciar.
appréhender (*apreandé*) tr. aprehender.
appréhensif, ive (*apreansíf, ív*)
appréhension (*apreansión*) f. aprehensión.
apprendre (*aprándr*) tr. aprender, enseñar.
apprenti (*apranti*) s. aprendiz.
apprentissage (*aprantisáʝ*) m. aprendizaje.
apprêt (*apré*) m. aderezo.
apprêter (*apreté*) tr. preparar; aderezar.

apprivoiser (*aprivuasé*) tr. domesticar.
approbateur, trice (*aprobatér, tris*) s. aprobador, a.
approbation (*aprobasión*) f. aprobación.
aprochable (*aprochábl*) adj. accesible.
aproche (*apróch*) f. acceso; proximidad.
aprocher (*aproché*) tr. acercar.
approfondir (*aprofondír*) tr. ahondar, profundizar.
approprier (*aproprié*) tr. apropiar; s'—. r. apropiarse.
approuver (*apruvé*) tr. aprobar.
approvisionnement (*aprovisionᵉmán*) m. abastecimiento.
aprovisionner (*aprovisioné*) tr. abastecer, proveer.
approximatif, ive (*aprocsimatíf, ív*) adj. aproximativo, a.
approximation (*aprocsimasión*) f. aproximación.
appui (*apüí*) m. apoyo.
appuyer (*apuiyé*) tr. apoyar.
âpre (*ápr*) adj. áspero, a.
après (*apré*) adv. prep. y conj. después; luego; tras, detrás.
d'après (*dapré*) según; ci-après (*si-apré*) más adelante.
après-demain (*apredemén*) adv. pasado mañana.
après-guerre (*apreguér*) m. posguerra.
après-midi (*apremidi*) f. tarde.
âpreté (*aprᵉté*) f. aspereza.
apte (*ápt*) adj. apto, a.
aptitude (*aptitü'd*) f. aptitud.
apurer (*apüré*) tr. comprobar.
aquarelle (*akuarél*) f. acuarela.
aquarium (*akuarióm*) m. acuario.
aquatique (*akuatík*) adj. acuático, a.
aqueduc (*akᵉdü'c*) m. acueducto.
aqueux, euse (*aké, és*) adj. acuoso, a.
aquilin, e (*akilén, ín*) adj. aguileño, a.
aquilon (*akilón*) m. aquilón.
arabesque (*arabésk*) f. arabesco.
arable (*arábl*) adj. arable.
arachide (*arachíd*) f. maní.
araignée (*areñé*) f. araña.
araser (*arasé*) tr. enrasar.
arbalète (*arbalét*) f. ballesta.
arbitrage (*arbitráʝ*) m. arbitraje.
arbitraire (*arbitrér*) adj. arbitrario, a.
arbitre (*arbítr*) m. árbitro; albedrío.
arbitrer (*arbitré*) tr. arbitrar.
arborer (*arboré*) tr. enarbolar.
arborescent, e (*arboresán, ánt*) adj. arborescente.
arboriculture (*arboricültü'r*) f. arboricultura.
arbousier (*arbusié*) m. madroño.
arbre (*árbr*) m. árbol.
arbrisseau (*arbrisó*) m. arbolito.
arbuste (*arbü'st*) m. arbusto.
arc (*árc*) m. arco.
arcade (*arcád*) f. arcada.
arc-boutant (*arbután*) m. arbotante.
arceau (*arsó*) m. arco.
arc-en-ciel (*arcansiél*) m. arco iris.
archaïque (*arkaík*) adj. arcaico, arcaica.
archange (*arkánʝ*) m. arcángel.
arche (*árch*) f. arco; arca.
archéologie (*arkeoloʝí*) f. arqueología.
archéologue (*arkeológ*) m. arqueólogo.

archer (*arché*) m. arquero.
archet (*arché*) m. arco.
archevêque (*archevék*) m. arzobispo.
archiduc (*archidü'c*) m. archiduque.   [lago.
archipel (*archipél*) m. archipié-
architecte (*architéct*) m. arquitecto.
architecture (*architectü'r*) f. arquitectura.
archives (*archí'v*) f. pl. archivos.
archiviste (*archivíst*) m. archivero.
arçon (*arsón*) m. arzón.
ardent, e (*ardán, ánt*) adj. ardiente.
ardeur (*ardér*) f. ardor.
ardoise (*arduás*) f. pizarra.
ardu, e (*ardü'*) adj. arduo, a.
are (*ár*) m. área.
arène (*arén*) f. arena; plaza de toros.
arête (*arét*) f. arista; espina.
argent (*arʝán*) m. dinero; plata.
argenter (*arʝanté*) tr. platear.
argenterie (*arʝantᵉri*) f. vajilla, plata labrada.
argentifère (*arʝantifér*) adj. argentífero, a.
argentin, e (*arʝantén, ín*) adj. argentino, a.
argile (*arʝíl*) f. arcilla.
argot (*argó*) m. jerga.
arguer (*argüé*) m. argüir.
argument (*argümán*) m. argumento.
argumenter (*argümanté*) intr. argumentar.
aride (*aríd*) adj. árido, a.
aridité (*aridité*) f. aridez.
aristocrate (*aristocrát*) s. aristócrata.
aristocratie (*aristocrasi*) f. aristocracia.
aristocratique (*aristocratík*) adj. aristocrático, a.
arithmétique (*aritmetík*) f. aritmética.
arlequin (*arlekén*) m. arlequín.
armateur (*armatér*) m. armador.
armature (*armatü'r*) f. armadura.
arme (*árm*) f. arma.
armée (*armé*) f. ejército.
armement (*armᵉmán*) m. armamento.
armer (*armé*) tr. armar.
armistice (*armistís*) m. armisticio.
armoire (*armuár*) f. armario.
armoiries (*armuari*) f. pl. armas (blasón).
armure (*armü'r*) f. armadura.
armurier (*armü'rié*) m. armero.
aromate (*aromát*) m. aroma.
aromatique (*aromatík*) adj. aromático, a.
aromatiser (*aromatisé*) tr. aromatizar.
arôme (*aróm*) f. aroma.
arpenter (*arpanté*) tr. medir, recorrer.
arpenteur (*arpantér*) m. agrimensor.
arquer (*arké*) tr. arquear; intr. encorvarse.
arrachement (*arrachᵉmán*) m. arrancamiento; *Arq.* arranque.
arrache-pied (d') (*darrachᵉpié*) loc. adv. de un tirón.
arracher (*arraché*) tr. arrancar.
arrangement (*arranʝᵉmán*) m. arreglo.
arranger (*arranʝé*) tr. arreglar.
arrérages (*arreráʝ*) m. pl. atrasos.
arrestation (*arrestasión*) f. detención.
arrêt (*arré*) m. detención; parada (autos); tope; sentencia.

arrêté (*arreté*) m. decisión.

arrêter (*arreté*) tr. detener.

arrhes (*árr*) f. pl. arras.

arrière (*arriér*) adv. atrás, detrás.

arrière-boutique (*arrierbutík*) f. trastienda.

arrière-garde (*arriergárd*) f. retaguardia.

arrière-pensée (*arrierpansé*) f. segunda intención.

arrière-plan (*arrierplán*) m. último término.

arriérer (*arrieré*) tr. atrasar; **s'—** (*sarrieré*) r. endeudarse; rezagarse.

arrimer (*arrimé*) tr. arrumar.

arrivage (*arriváj*) m. llegada.

arrivée (*arrivé*) f. llegada.

arriver (*arrivé*) intr. llegar.

arriviste (*arrivíst*) m. ambicioso.

arrogance (*arrogáns*) f. arrogancia.

arrogant, e (*arrogán, ánt*) adj. s. arrogante.

arroger (s') (*sarrojé*) r. arrogarse.

arrondir (*arrondír*) tr. redondear.

arrondissement (*arrondismán*) m. distrito.

arrosage (*arrosáj*) m. riego, regadío.

arroser (*arrosé*) tr. regar; rociar.

arrosoir (*arrosuár*) m. regadera.

arsenal (*arsenál*) m. arsenal.

arsenic (*arseník*) m. arsénico.

art (*ár*) m. arte.

artère (*artér*) f. arteria.

arthritisme (*artritism*) m. artritismo.

artichaut (*artichó*) m. alcachofa.

article (*artícl*) m. artículo.

articulation (*articülàsión*) f. articulación.

articuler (*articülé*) tr. articular.

artifice (*artifís*) m. artificio.

artificiel, elle (*artifisiél*) adj. artificial.

artillerie (*artiyeri*) f. artillería.

artilleur (*artiyér*) s. artillero.

artisan (*artisán*) m. artesano.

artiste (*artíst*) s. artista.

artistique (*artistík*) adj. artístico, a.

as (*ás*) m. as.

ascendance (*asandáns*) f. ascendencia.

ascendant, e (*asandán, ánt*) adj. y s. ascendiente.

ascenseur (*asansér*) m. ascensor.

ascension (*asansión*) f. ascensión.

ascète (*asét*) s. asceta.

ascétisme (*asetism*) m. ascetismo.

aseptique (*aseptík*) adj. aséptico, a.

asile (*asíl*) m. asilo.

aspect (*aspé*) m. aspecto.

asperge (*aspérj*) f. espárrago.

asperger (*aspergé*) tr. rociar.

aspérité (*asperité*) f. aspereza.

aspersion (*aspersión*) f. aspersión.

asphalte (*asfált*) m. asfalto.

aphyxiant, e (*asficsián, ánt*) adj. asfixiante.

aphyxie (*asficsi*) f. asfixia.

aphyxier (*asficsié*) tr. asfixiar.

aspic (*aspíc*) m. áspid.

aspirant, e (*aspirán, ánt*) adj. aspirante.

aspirateur (*aspiratér*) adj. y s. aspirador.

aspirer (*aspiré*) tr. aspirar.

aspirine (*aspirín*) f. aspirina.

assagir (*asajír*) tr. ajuiciar.

assaillant (*asayán*) m. agresor.

assaillir (*asayír*) tr. asaltar.

assainir (*asenír*) m. asesino.

assainissement (*asenismán*) m. saneamiento.

assaisoner (*asesoné*) tr. sazonar.

assassin (*asasén*) m. asesino.

assassinat (*asasiná*) m. asesinato.

assassiner (*asasiné*) tr. asesinar.

assaut (*asó*) m. asalto.

assécher (*aseché*) tr. desecar.

assemblage (*asanbláj*) m. conjunto.

assemblée (*asanblé*) f. asamblea.

assembler (*asanblé*) tr. juntar.

assener (*asené*) tr. asestar.

assentiment (*asantimán*) m. asentimiento.

asseoir (*asuár*) tr. asentar; sentar; **s'—** r. sentarse.

assermenté (*asermanté*) adj. juramentado.

assertion (*asersión*) f. aserción.

asservir (*aservír*) tr. avasallar.

asservissement (*aservismán*) m. avasallamiento.

assesseur (*asesér*) m. asesor.

assez (*asé*) adv. bastante.

assidu, e (*asidü*) adj. asiduo, asidua.

assiduité (*asidüité*) f. asiduidad.

assiégeant, e (*asiejián, ánt*) adj. sitiador, a.

assiéger (*asiejé*) tr. sitiar, asediar.

assiette (*asiét*) f. plato.

assignation (*asiñasión*) f. asignación.

assigner (*asiñé*) tr. asignar.

assimilation (*asimilasión*) f. asimilación.

assimiler (*asimilé*) tr. asimilar.

assise (*asís*) f. hilada de piedras; pl. audiencia, tribunal.

assistance (*asistáns*) f. asistencia.

assister (*asisté*) intr. asistir.

association (*asosiasiél*) f. asociación.

associé (*asosié*) m. asociado, socio.

associer (*asosié*) tr. asociar.

assombrir (*asonbrír*) tr. obscurecer, ensombrecer.

assommant, e (*asomán*) adj. fastidioso, a.

assommer (*asomé*) tr. apalear.

assommoir (*asomuár*) m. maza.

assomption (*asonpsión*) f. asunción.   [cia.

assonance (*asonáns*) f. asonancia.

assonant, e (*asonán, ánt*) adj. asonante.

assorti, e (*asortí*) adj. adecuado, a; bien provisto.

assortir (*asortír*) tr. surtir, proveer.

assoupir (*asupír*) tr. adormecer.

assoupissement (*asupismán*) m. sopor.

assouplir (*asuplír*) tr. suavizar; domar.

assourdir (*asurdír*) tr. ensordecer.

assourdissant (*asurdisán*) adj. ensordecedor; atronador.

assouvir (*asuvír*) tr. saciar.

assouvissement (*asuvismán*) m. saciedad.

assujetir (*asüjetír*) tr. sujetar, someter.

assumer (*asümé*) tr. asumir.

assurance (*asüráns*) f. seguridad; confianza; seguro.

assuré, e (*asüré*) adj. asegurado, a.

assurément adv. seguramente.

assurer (*asüré*) tr. asegurar.

assureur (*asürér*) m. asegurador.

astérisque (*asterísk*) m. asterisco.

asthme (*ásm*) m. asma.

asticot (*asticó*) m. gusano (cebo).

astiquer (*astiké*) tr. lustrar.

astrakan (*astrakán*) m. astracán.

astre (*ástr*) m. astro.

astreindre (*astréndr*) tr. obligar.

astringent, e (*astrenján, ánt*) adj. astringente.

astrologie (*astroloji*) f. astrología.

astrologue (*astrológ*) m. astrólogo.

astronaute (*astronót*) m. astronauta.

astronautique (*astronotík*) f. astronáutica.

astronome (*astronóm*) m. astrónomo.

astronomie (*astronomi*) f. astronomía.

astronomique (*astronomík*) adj. astronómico, a.

astuce (*astü's*) f. astucia.

astucieux, euse (*astüsié, és*) adj. astuto, a.

atavisme (*atavism*) m. atavismo.

atelier (*atelié*) m. taller; estudio.

atermoiement (*atermuamán*) m. moratoria.

atermoyer (*atermuayé*) tr. aplazar.

athée (*até*) m. ateísta, ateo.

athéisme (*ateísm*) m. ateísmo.

athlète (*atlét*) m. atleta.

athlétisme (*atletísm*) m. atletismo.

atlas (*atlás*) m. atlas.

atmosphère (*atmosfér*) f. atmósfera.

atmosphérique (*atmosferík*) adj. atmosférico, a.

atome (*atóm*) m. átomo.

atomique (*atomík*) adj. atómico, a.

atonie (*atoni*) f. atonía.

atour (*atúr*) m. adorno mujeril.

atout (*atú*) m. triunfo.

atrium (*atrióm*) m. atrio.

atroce (*atrós*) adj. atroz.

atrocité (*atrosité*) f. atrocidad.

atrophier (*atrofié*) tr. atrofiar.

attabler (s') (*satablé*) r. sentarse a la mesa.

attachant, e (*atachán, ánt*) adj. atractivo, a.

attache (*atách*) r. lazo; ligamento.

attaché (*ataché*) adicto, agregado.

attachement (*atachmán*) m. apego.

attacher (*ataché*) tr. atar, sujetar; atraer.

attaque (*aták*) f. ataque.

attaquer (*ataké*) tr. atacar.

attarder (s') (*satardé*) r. entretenerse.

atteindre (*aténdr*) tr. alcanzar.

atteinte (*atént*) f. alcance; golpe; daño.

attelage (*atláj*) m. tiro, yunta.

atteler (*atlé*) tr. enganchar.

attenant, e (*atenán, ánt*) adj. contiguo.

attendant (en) (*anatandán*) loc. adv. entre tanto; **en attendant que,** (*anatandanké*) loc. conj. hasta que.

attendre (*aténdr*) tr. esperar.

attendrir (*atandrír*) tr. enternecer, conmover.

attendrissant, e (*atandrisán, ánt*) adj. enternecedor, a.

attendrissement (*atandrismán*) m. enternecimiento.

attendu que (*atandü'ké*) loc. conj. puesto que.

attentat (*atantá*) m. atentado.

attente (*atánt*) f. espera.

attenter (*atanté*) intr. atentar.

attentif, ive (*atantif, ív*) adj. atento, a.

attention (*atansión*) f. atención.

attenuant, e (*atenüán, ánt*) adj. atenuante.

attenuer (*atenüé*) tr. atenuar.

aterrer (*aterré*) tr. atterrar.

atterrir (*aterrír*) intr. aterrizar.

atterrissage (*aterrisáj*) m. aterrizaje.

attestation (*atestasión*) f. atestación.

attester (*atesté*) tr. atestar.

attiédir (*atiedír*) tr. entibiar.

attiffer (*atifé*) tr. fam. ataviar.

attirail (*atiráy*) m. arreo; pertrecho.

attirance (*atiráns*) f. atractivo.

attirant, e (*atirán, ánt*) adj. atractivo, a.

attirer (*atiré*) tr. atraer.

attiser (*atisé*) tr. atizar.

attitrer (*atitré*) tr. titular.

attitude (*atitü'd*) f. actitud.

attouchement (*atuchmán*) m. toque.

atractif, ive (*atractif, ív*) adj. atractivo, a.

attraction (*atracsión*) f. atracción.

attrait (*atré*) m. atractivo.

attrape (*atráp*) f. trampa; fig. engaño.

attraper (*atrapé*) tr. atrapar.

attrayant, e (*atreyán, ánt*) adj. atractivo, a.

attribuer (*atribüé*) tr. atribuir.

attribut (*atribü'*) m. atributo.

attribution (*atribüsión*) f. atribución.

attrister (*atristé*) tr. entristecer.

attroupement (*atrupmán*) m. grupo (tumultuoso).

au (*ó*) al, contracción de à le, a él; en pl. es **aux,** a los, a las.

aubade (*obád*) f. alborada.

aubaine (*obén*) f. ganga.

aube (*ób*) f. alba, álabe.

aubépine (*obepín*) f. espino.

auberge (*obérj*) m. posada.

aubergine (*oberjín*) f. berenjena.

aubergiste (*oberjíst*) s. posadero, a.

aucun, e (*okén, ü'n*) adj. y pron. alguno, a; ninguno, a.

aucunement (*ocünmán*) adv. de ningún modo.

audace (*odás*) f. audacia.

audacieux, euse (*odasié, és*) adj. audaz.

au-decà (*odesá*) adv. de la parte de acá.

au-dedans (*odedán*) adv. dentro.

au-dehors (*odeór*) adv. fuera.

au-delà (*odelá*) adv. de la parte de allá.

au-dessous (*odesú*) adv. debajo.

au-dessus (*odesü'*) adv. encima.

au-devant (*odeván*) adv. ante, al encuentro.

audience (*odiáns*) f. audiencia.

auditeur (*oditér*) m. auditor, oyente.

auditif, ive (*oditif, ív*) adj. auditivo, a.

audition (*odisión*) f. audición.

auditoire (*odituár*) m. auditorio.

auge (*ój*) f. artesa.

augmentation (*ogmantasión*) f. aumento.

augmenter (*ogmanté*) tr. aumentar.

augure (*ogü'r*) m. augur, augurio.

augurer (*ogüré*) tr. augurar.

auguste (*ogü'st*) adj. augusto, a.

aujourd'hui (*ojurdüi*) adv. hoy.

aumône (*omón*) f. limosna.

aumônier (*omonié*) m. limosnero; capellán.

aune o **aulne** (*ón*) m. álamo.

auparavant (*oparaván*) adv. antes.

auprès (*opré*) adv. junto a.

auquel, elle, els, elles (*okél*) pr. rel. al cual, a la cual, a los cuales, a las cuales.

auréole (*oreól*) f. aureola.

auriculaire (*oricülér*) adj. auricular.

aurifère (*orifér*) adv. aurífero, a.

aurore (*orór*) f. aurora.

ausculter (*oscülté*) tr. auscultar.

auspice (*ospís*) m. auspicio.

aussi (*osi*) conj. también; adv. además, tan.

aussitôt (*ositó*) adv. al momento.

aussitôt que (*ositoké*) tan pronto como.

austère (*ostér*) adj. austero, a.

austérité (*osterité*) f. austeridad.

austral, e (*ostrál*) adj. austral.

autan (*otán*) m. ábrego.

autant (*otán*) adv. tanto, lo mismo; **d'autant plus que** (*dotanplüké*) tanto más, cuanto que.

autarchie (*otarchí*) f. autarquía.

autarcie (*otarsí*) f. autarcia.

autel (*otél*) m. altar.

auteur (*otér*) m. autor.

authenticité (*otantisité*) f. autenticidad.

authentique (*otantík*) adj. auténtico, a.

autobus (*otobü's*) m. autobús.

autochtone (*otokitón*) m. autóctono.

autodrome (*otodróm*) m. autódromo.

autogire (*otojír*) m. autogiro.

autographe (*otográf*) adj. y s. autógrafo.

automate (*otomát*) m. autómata.

automatique (*otomatík*) adj. automático, a.

automne (*otón*) m. otoño.

automobile (*otomobíl*) adj. y s. automóvil.

automobiliste (*otomobilíst*) automovilista.

autonome (*otonóm*) adj. autónomo, a.   [mía.

autonomie (*otonomí*) f. autono-

autopsie (*otopsí*) f. autopsia.

autorisation (*otorisasión*) f. autorización.

autoriser (*otorisé*) tr. autorizar.

autorité (*otorité*) f. autoridad.

autoroute (*otorút*) f. autopista.

autour (*otúr*) prep. alrededor; **tout autour** (*tutotúr*) por todas partes.

autre (*ótr*) adj. otro, a.

autrefois (*otr³fuá*) adv. antes.

autrement (*otr³mán*) adv. de otro modo.

autruche (*otrü'ch*) f. avestruz.

autrui (*otrüi*) pron. el prójimo; lo ajeno.

auvent (*ován*) m. alero.

auxiliaire (*ocsilier*) adj. y s. auxiliar.

avachir (s) (*savachír*) r. deformarse.

aval (*avál*) m. endoso; río abajo.

avalanche (*avalánch*) f. alud.

avaler (*avalé*) tr. tragar, avalar.

avance (*aváns*) f. adelanto; anticipo; **d'avance** (*daváns*) loc. adv. de antemano.

avancement (*avans³mán*) m. ascenso, adelanto.

avancer (*avansé*) tr. avanzar.

avanie (*avaní*) f. afrenta.

avant (*aván*) prep. antes; m delantero; **en avant** (*anaván*) loc. conj. adelante.

avantage (*avantáj*) m. ventaja.

avantager (*avantajé*) tr. aventajar.

avantageux, euse (*avantajé, és*) adj. ventajoso, a.

avant-bras (*avanbrá*) m. antebrazo.

avant-coureur (*avancurér*) m. precursor.

avant-dernier, ère (*avandernié, iér*) adj. penúltimo, a.

avant-garde (*avangárd*) f. vanguardia.

avant-hier (*avantiér*) adv. anteayer.

avant-poste (*avanpóst*) m. avanzada.

avant-propos (*avanpropó*) m. prólogo.

avant-veille (*avanvéy*) f. antevíspera.

avare (*avár*) adj. y s. avaro, a.

avarice (*avarís*) f. avaricia.

avaricieux, euse (*avarisié, és*) adj. avaricioso, a.

avarie (*avarí*) f. avería.

avarier (*avarié*) tr. averiar.

avatar (*avatár*) m. transformación.

avec (*avéc*) prep. con.

avenant (*av³nán*) adj. agradable; atento.

avènement (*aven³mán*) m. advenimiento.

avenir (*av³nír*) intr. suceder; m. el porvenir.

aventure (*avantü'r*) f. aventura.

aventurer (*avantüré*) tr. aventurar.

aventureux, euse (*avantüré, és*) adj. aventurero, a.

aventurier (*avantürié*) m. aventurero.

avenue (*av³nü'*) f. avenida; alameda.

avérer (*averé*) tr. comprobar.

averse (*avérs*) f. chaparrón.

aversion (*aversión*) f. aversión.

avertir (*avertír*) tr. advertir.

avertissement (*avertis³mán*) m. advertencia.

avertisseur (*avertisér*) adj. y m. avisador.

aveu (*avé*) m. declaración; confesión.

aveuglant (*aveglán, ánt*) adj. cegador, ra.

aveugle (*avégl*) adj. y s. ciego, a; **à l'aveugle**, loc. adv. a tontas y a locas.

aveuglément (*aveglemán*) m. ceguera; obcecación.

aveuglement (*avegl³mán*) adv. ciegamente.

aveugler (*aveglé*) tr. cegar.

aveuglette (à l') (*alaveglét*) loc. adv. a ciegas.

aviateur, trice (*aviatér, trís*) adj. y s. aviador, a.

aviation (*aviasión*) f. aviación.

avide (*avíd*) adj. ávido, a.

avidité (*avidité*) f. avidez.

avilir (*avilír*) tr. envilecer.

avilissement (*avilis³mán*) m. envilecimiento.

avion (*avión*) m. avión.

aviron (*avirón*) m. remo.

avis (*aví*) m. aviso; anuncio; parecer.

avisé (*avisé*) adj. prudente.

aviser (*avisé*) tr. avisar; divisar.

aviso (*avisó*) m. aviso.

aviver (*avivé*) tr. avivar.

avocat (*avocá*) m. abogado.

avoine (*avuán*) f. avena.

avoir (*avuár*) v. aux. haber; tr. tener; **avoir à**, tener que; m. haber.

avoisinant, e (*avuasinán, ánt*) adj. vecino, a.

avoisiner (*avuasiné*) tr. lindar.

avortement (*avort³mán*) m. aborto.   [fig. fracasar.

avorter (*avorté*) intr. abortar;

avorton (*avortón*) m. aborto.

avoué (*avué*) m. procurador.

avouer (*avué*) tr. confesar.

avril (*avríl*) m. abril.

axe (*ács*) m. eje.

axiome (*acsióm*) m. axioma.

ayant-droit (*eyandruá*) m. derecho-habiente.

azotate (*asotát*) m. nitrato.

azote (*asót*) nitrógeno.

azur (*asü'r*) m. azul.

azuré, e (*asüré*) adj. azulado, a.

baba (*babá*) m. bizcocho; **rester baba** (*resté babá*) quedar patitieso.

babeurre (*babér*) m. suero de la leche.

babillage (*babiyáj*) m. habladuría.

babiller (*babiyé*) tr. charlar.

babine (*babín*) f. morro, hocico.

babiole (*babiól*) f. fruslería.

bâbord (*babór*) m. babor.

babouche (*babúch*) f. babucha.

bac (*bác*) m. barca.

baccalauréat (*bacaloreá*) m. bachillerato.   [nal.

bacchanale (*bacanál*) f. baca-

bacchante (*bacánt*) f. bacante.

bâche (*bách*) f. toldo.

bachelier (*bachelié*) m. bachiller.

bachot (*bachó*) m. barquilla; pop. bachillerato.

bacille (*basíl*) m. bacilo.

bâcle (*bácl*) f. tranca.

bâcler (*baclé*) tr. atrancar; frangollar.

bactérie (*bacteri*) f. bacteria.

badaud, e (*badó, ód*) adj. y s. papanatas; mirón.

badigeonner (*badijoné*) tr. enlucir.

badin (*badén*) adj. bromista.

badinage (*badináj*) m. jugueteo.

badiner (*badiné*) tr. juguetear.

badinerie (*badin³rí*) f. broma.

bafouer (*bafué*) tr. mofarse.

bafouiller (*bafuyé*) fam. tr. tartajear.

bagage (*bagáj*) m. equipaje.

bagarre (*bagár*) f. disputa.

bagatelle (*bagatél*) f. bagatela.

bagnard (*bañár*) m. presidiario

bagne (*báñ*) m. presidio.

bagnole (*bañól*) f. carricoche.

bague (*bág*) f. sortija.

bah! (*bá*) interj. ¡bah!

bahut (*baü'*) m. cofre; baúl.

bai (*bé*) adj. bayo.

baie (*bé*) f. bahía, baya; vano.

baigner (*beñé*) tr. bañar; **se —** (*sebegné*) r. bañarse.

baigneur, euse (*beñér, és*) n. bañista.

baignoire (*beñuár*) f. bañera.

bail (*báy*) f. arrendamiento.

bâillement (*bay³mán*) m. bostezo.

bâiller (*bayé*) tr. bostezar.

bailler (*bayé*) tr. dar; arrendar.

bailleur, eresse (*bayér, erés*) s. arrendador, a.

bâillon (*bayón*) m. mordaza.

bâillonner (*bayoné*) tr. amordazar.

bain (*bén*) m. baño.

baïonnette (*bayonét*) f. bayoneta.

baiser (*besé*) m. beso; tr. besar.

baisse (*bés*) f. baja.

baisser (*besé*) bajar; **se —** (*sebesé*) r. agacharse.

bajoue (*bajú*) f. moflete.

bal (*bál*) m. baile.

balade (*baládj*) f. paseo.

balader (se) (*sebaladé*) r. pop. pasearse.

balafre (*baláfr*) f. chirlo.

balai (*balé*) m. escoba.

balance (*baláns*) f. balance; balanza.

balancement (*balans³mán*) m. balanceo.

balancer (*balansé*) tr. balancear.

balancier (*balansié*) m. balancín.

balançoire (*balansuár*) f. columpio.

balast o **ballast** (*balást*) m. balasto.

balayer (*baleyé*) tr. barrer.

balayeur, euse (*baleyér, és*) s. barrendero, a.

balbutiement (*balbüsimán*) m. balbuceo.

balbutier (*balbüsié*) intr. balbucear.

balcon (*balcón*) m. balcón.

baldaquin (*baldakén*) m. baldaquín.

baleine (*balén*) f. ballena.

balise (*balís*) f. boya, baliza.

balistique (*balistík*) f. balística.

baliverne (*balivérn*) f. cuchufleta.

ballade (*baládj*) f. balada.

balle (*bál*) f. bala; pelota.

ballerine (*bal³rín*) f. bailarina.

ballet (*balé*) m. ballet.

ballon (*balón*) m. globo; balón.

ballonner (*baloné*) tr. hinchar.

ballot (*baló*) m. fardo.

ballotage (*balotáj*) m. empate (votos).

balloter (*baloté*) tr. embalar; traquetear.

balnéaire (*balneér*) adj. y s. balneario, a.

balourd (*balúr*) m. palurdo.

balourdise (*balurdís*) s. patochada; torpeza.

balsamique (*balsamík*) adj. balsámico, a.

balustrade (*balüstrád*) f. balaustrada.

bambin, e (*banbén, ín*) s. chicuelo, a.

bambou (*banbú*) m. bambú.

ban (*bán*) m. edicto; destierro.

banal, e (*banál*) adj. trivial, vulgar.

banalité (*banalité*) f. vulgaridad.

banane *(banán)* f. banana; plátano.

bananier *(bananié)* m. plátano.

banc *(bán)* m. banco.

bancaire *(bankér)* adj. bancario, a.

bancal, e *(bancál)* adj. y n. patizambo, a.

banco *(bancó)* m. copo (en el juego).

bandage *(bandáj)* m. vendaje, braguero; cubierta de neumático.

bande *(bánd)* f. bando; banda; faja. [tón.

bandeau *(bandó)* m. venda; lisbander *(bandé)* tr. vendar.

banderille *(band^eríy)* f. banderilla.

banderole *(band^eról)* f. banderola; portafusil.

bandit *(bandí)* m. bandido.

bandoulière *(banduliér)* f. banderola.

banlieue *(banlié)* f. alrededores (ciudad); afueras.

banne *(bán)* f. toldo; banasta.

bannière *(baniér)* f. bandera.

bannir *(banír)* tr. desterrar.

bannissement *(banis^emán)* m. destierro. [co.

banque *(bánk)* f. banca; banbanqueroute *(bank^erút)* f. bancarrota.

banquet *(banké)* m. banquete.

banquette *(bankét)* f. banqueta.

banquier *(bankié)* m. banquero.

banquise *(bankís)* f. banco de hielo.

baobab *(baobáb)* m. baobab.

baptême *(batém)* m. bautismo.

baptiser *(batisé)* tr. bautizar.

baptistère *(batistér)* m. bautisterio.

baquet *(baké)* m. cubeta.

bar *(bár)* m. bar; róbalo.

baragouiner *(baragüiné)* tr. chapurrear.

baraque *(barák)* f. barraca.

baratte *(barát)* f. mantequera.

baratter *(baraté)* tr. batir la leche.

barbare *(barbár)* adj. bárbaro, a.

barbarie *(barbarí)* f. barbarie.

barbarisme *(barbarísm)* m. barbarismo.

barbe *(bárb)* f. barba.

barbeau *(barbó)* m. barbo.

barbelé, e *(barbelé)* adj. arpado, a.

barbiche *(barbích)* f. perilla.

barbier *(barbié)* m. barbero.

barboter *(barboté)* intr. murmurar.

barbouillage *(barbuyáj)* m. embadurnamiento.

barbouiller *(barbuyé)* tr. embadurnar, pintorrear.

barbu, e *(barbü)* adj. barbudo, a.

bard *(bár)* m. angarillas.

barde *(bárd)* f. albarda.

barder *(bardé)* tr. bardar; lardar.

barème *(barém)* m. baremo.

baril *(baríl)* m. barril.

bariolage *(barioláj)* m. mezcolanza.

barioler *(bariolé)* tr. abigarrar.

baromètre *(barométr)* m. barómetro.

baron *(barón)* m. barón.

baronne *(barón)* f. baronesa.

baroque *(barók)* adj. barroco, a.

barque *(bárk)* f. barca.

barrage *(barráj)* f. barrera; presa.

barre *(bár)* f. barra; palanca.

barreau *(barró)* m. foro.

barrer *(barré)* tr. atrancar; atajar; borrar; **chèque barré**, cheque cruzado.

barrette *(barrét)* f. birreta.

barricade *(barricád)* f. barricada.

barricader *(barricadé)* tr. atrincherar.

barrière *(barriér)* f. barrera.

barrique *(barrík)* f. barrica.

baryton *(baritón)* m. barítono.

bas *(bá)* m. media.

bas, basse *(bá, bás)* adj. bajo, a; humillante.

bas *(bá)* adv. bajo, abajo.

basalte *(basált)* m. basalto.

basaner *(basané)* tr. curtir (el cutis).

bascule *(bascü'l)* f. báscula.

basculer *(basculé)* intr. oscilar.

base *(bás)* f. base.

baser *(basé)* tr. basar.

bas-fond *(bafón)* m. escollo.

basilic *(basilík)* m. basilisco.

basilique *(basilík)* f. basílica.

basque *(básk)* m. faldón.

bas-relief *(bareliéf)* m. bajorrelieve.

basse *(bás)* f. bajo.

basse-contre *(bascóntr)* f. contrabajo.

basse-cour *(bascúr)* f. corral.

basse-fosse *(basfós)* f. mazmorra.

bassesse *(basés)* f. bajeza.

basset *(basé)* adj. y s. perro zarcero.

bassin *(basén)* m. dársena; cuenca; pelvis.

bassine *(basín)* f. caldero.

bassiner *(basiné)* tr. calentar (cama); fig. fastidiar.

bastingage *(bastengáj)* m. empalletado.

bastion *(bastión)* m. bastión.

bastonnade *(bastonád)* f. paliza.

bât *(bá)* m. basto, albarda.

bataille *(batáy)* f. batalla.

bataillon *(batayón)* m. batallon.

bâtard, e *(batár, árd)* adj. y s. bastardo, a; f. bastardilla.

bateau *(bató)* m. barco.

batelier ière *(bat^elié, iér)* s. batelero a.

bâti *(batí)* m. armazón.

bâtiment *(batimán)* m. buque; edificio.

bâtisse *(batís)* f. obra, edificio.

bâtisseur *(batisér)* n. edificador.

batiste *(batíst)* f. batista.

bâton *(batón)* m. bastón.

bâtonner *(batoné)* tr. apalear.

bâtonier *(batonié)* m. decano (abogado).

batracien *(batrasién)* m. batracio.

battage *(batáj)* m. vareo; trilla.

battant *(batán)* m. badajo; hoja (de puerta, etc.); adj. batiente.

battement *(bat^emán)* m. batidor.

batterie *(bat^erí)* f. batería.

batteuse *(batés)* f. trilladora.

battoir *(batuár)* m. pala.

battre *(bátr)* tr. batir; golpear; latir. se— *(sebátr)* r. batirse, luchar.

battue *(batü')* f. batida.

baudet *(bodé)* m. borrico.

baudrier *(bodrié)* m. tahalí.

baudruche *(bodrü'ch)* f. tripa.

bauge *(bój)* f. porquera; adobe.

baume *(bóm)* m. bálsamo.

bauxite *(bocsít)* f. bauxita.

bavard, e *(bavár, árd)* adj. y s. hablador, a.

bavardage *(bavardáj)* m. charla.

bavarder *(bavardé)* intr. charlar.

bave *(báv)* f. baba.

baver *(bavé)* intr. y tr. babear.

bavette *(bavét)* f. babero.

bayer *(bayé)* intr. embobarse.

bayette *(bayét)* f. bayeta.

bazar *(basár)* m. bazar.

béant, e *(beán, ánt)* adj. abierto, a.

béat *(beá)* s. beato.

béatifier *(beatifié)* tr. beatificar.

béatitude *(beatitü'd)* f. beatitud.

beau, belle *(bó, bél)* adj. y s. bello, a; hermoso, a.

beaucoup *(bocú)* adv. mucho, a.

beau-fils *(bofís)* m. yerno.

beau-frère *(bofrér)* m. cuñado.

beau-père *(bopér)* m. suegro.

beauté *(boté)* f. belleza.

beaux-arts *(bosár)* m. pl. bellas artes.

bebé *(bebé)* m. nene; niñito.

bec *(béc)* m. pico.

bécasse *(becás)* f. becada.

bêche *(béch)* f. azada.

bêcher *(beché)* tr. cavar.

becquée *(beké)* f. cebo; comida (pajarito).

becqueter *(bek^eté)* tr. picotear.

bedaine *(bedén)* f. barriga.

bedeau *(bedó)* m. pertiguero.

bée *(bé)* adj. f. abierta.

beffroi *(befruá)* m. atalaya.

bégaiement *(begueyán, ánt)* adj. balbuciente.

bégayer *(begueyé)* intr. tartamudear.

bègue *(bég)* adj. y s. tartamudo, a.

béguin *(beguén)* m. papelina.

beige *(béj)* adj. beige.

beignet *(beñé)* m. buñuelo.

bel, le *(bél)* adj. bello, a.

bêlement *(bel^emán)* m. balido.

bêler *(belé)* intr. balar.

belette *(belét)* f. comadreja.

bélier *(belié)* m. morueco.

belle-fille *(belfíy)* f. nuera.

belle-mère *(belmér)* f. suegra.

belle-sœur *(belsér)* f. cuñada.

belligérant, e *(belijerán)* adj. beligerante.

belliqueux, euse *(beliké, és)* adj. belicoso, a.

belvédère *(belvedér)* m. mirador.

bémol *(bemól)* m. bemol.

bénédiction *(benedicsión)* f. bendición.

bénéfice *(benefís)* m. beneficio.

bénéficiaire *(benefisiér)* adj. y s. beneficiario, a.

bénéficier *(benefisié)* intr. lucrar; tr. beneficiar.

benêt *(bené)* s. bobo.

bénévole *(benevól)* adj. benévolo, a.

bénévolence *(benevoláns)* f. benevolencia.

bénignité *(beniñité)* f. benignidad.

bénin, igne *(benén, beniñ)* adj. benigno, a.

bénir *(benír)* tr. bendecir.

bénitier *(benitié)* m. pila.

benjoin *(benjuén)* m. benjuí.

benne *(bén)* f. cuévano.

benzine *(bensín)* f. bencina.

béquille *(bekíy)* f. muleta.

bercail *(bercáy)* m. redil, aprisco.

berceau *(bersó)* m. cuna.

bercer *(bersé)* tr. mecer.

berceuse *(bersés)* f. mecedora.

béret *(beré)* m. boina.

berge *(bérj)* f. orilla.

berger, ère *(berjé, ér)* s. pastor, a.

bergerie *(berjerí)* f. redil, aprisco.

berlin e *(berlén, ín)* f. berlina.

berlingot *(berlengó)* n. caramelo.

berne *(bérn)* f. manteamiento;

en berne, a media asta.

berner *(berné)* tr. mantear; burlar.

besace *(besás)* f. alforja.

bésicles *(besícl)* f. pl. gafas.

besogne *(besóñ)* f. trabajo.

besogner *(besoñé)* tr. trabajar.

besogneur, euse *(besoñér, és)* adj. necesitado, a.

besoin *(besuén)* m. necesidad.

bestiaire *(bestiér)* m. gladiador.

bestial, e *(bestiál)* adj. bestial.

bestialité *(bestialité)* f. bestialidad.

bestiaux *(bestió)* m. pl. ganado.

bétail *(betáy)* m. ganado.

bête *(bét)* f. bestia; necio, a; bête de somme, acémila.

bêtise *(betís)* f. necedad.

béton *(betón)* m. hormigón.

bette *(bét)* f. acelga.

betterave *(beteráv)* s. remolacha.

beuglement *(begl^emán)* m. mugido.

beugler *(beglé)* intr. berrear. mugir.

beurre *(bér)* m. manteca.

beurrer tr. untar con manteca.

bévue *(bevü')* f. equivocación.

biais *(bié)* m. sesgo.

biaiser *(bié)* intr. torcer; andar con rodeos.

bibelots *(bib^eló)* m. chuchería.

biberon *(bib^erón)* m. biberón.

bible *(bíbl)* f. biblia.

bibliographie *(bibliografí)* f. bibliografía.

bibliophile *(bibliofíl)* m. bibliófilo.

bibliotécaire *(bibliotekér)* m. bibliotecario.

bibliotèque *(biblioték)* f. biblioteca.

bicarbonate *(bicarbonát)* m. bicarbonato.

biceps *(biséps)* m. bíceps.

biche *(bich)* f. corza; cierva.

bicoque *(bicók)* f. bicoca.

bicyclette *(bisiclét)* f. bicicleta.

bidet *(bidé)* m. bidé.

bidon *(bidón)* m. lata, cantimplora.

bief *(biéf)* m. tramo (canal).

bielle *(biél)* f. biela.

bien *(bién)* m. bien; adv. bien; muy, mucho; **bien plus**, además; **bien que**, aunque.

bien-aimé, e *(bienemé)* adj. y s. querido, a.

bien-être *(bienétr)* m. bienestar.

bienfaisance *(bienfesáns)* f. beneficencia.

bienfaisant, e *(bienfesán, ánt)* adj. benéfico, a.

bienfait *(bienfé)* m. beneficio.

bienfaiteur, trice *(bienfetér, tris)* s. bienhechor, a.

bienheureux, euse *(bieneré, és)* s. bienaventurado, a.

biennal, e *(biénal)* adj. bienal.

bienséance *(bienseáns)* f. conveniencia.

bienséant *(bienseán)* adj. decente.

bientôt *(bientó)* adv. pronto; à bientôt, hasta luego.

bienveillance *(bienveyáns)* f. benevolencia.

bienveillant, e *(bienveyán, ánt)* adj. benévolo, a.

bienvenu, e *(bienvenü')* adj. y f. bien venido, a.

bière *(biér)* f. cerveza; ataúd.

biffer *(bifé)* tr. tachar.

bifteck (*bifték*) m. biftec.
bifurcation (*bifúrcasión*) f. bifurcación.
bifurquer (*bifürké*) tr. bifurcar; s— bifurcarse
bigame (*bigám*) adj. y s. bígamo.
bigarré, e (*bigarré*) adj. abigarrado, a.
bigarrure (*bigarrü'r*) f. mezcolanza.
bigle (*bígl*) adj. y s. bizco.
bigot, e (*bigó, ót*) adj. y s. mojigato, a.
bijou (*bijú*) f. joya, alhaja.
bijouterie (*bijut°rí*) f. joyería.
bijoutier (*bijutié*) m. joyero.
bilan (*bilán*) m. balance.
bile (*bíl*) f. bilis.
bilieux, euse (*bilié, és*) adj. bilioso, a.
billard (*biyár*) m. billar.
bille, f. bola; **roulement à billes**, juego de bolas.
billet (*biyé*) m. billete; **billet à ordre**, pagaré.
billot (*biyó*) m. tajo.
bimensuel, elle (*bimansuél*) adj. bimensual.
bimoteur (*bimotér*) adj. y s. bimotor.
binocle (*binócl*) m. binóculo.
biographie (*biografí*) f. biografía.
biologie (*biol°ji*) f. biología.
bipède (*bipéd*) adj. y s. bípedo.
bis, e (*bí, bís*) adj. moreno, a; bazo; m. repetición; adv. bis. adv. bis.
bisaïeul, e (*bisayél*) s. bisabuelo, a.
biscornu, e (*biscornü'*) adj. estrambótico, a.
biscotte (*biscót*) f. tostada.
biscuit (*biscüi*) m. bizcocho.
bise (*bís*) f. aquilón; cierzo.
biseau (*bisó*) m. bisel.
biseauter (*bisoté*) tr. biselar.
bison (*bisón*) m. bisonte.
bisquer (*biské*) intr. rabiar.
biser (*bisé*) tr. repetir (teatro).
bisextil, e (*bisecstíl*) adj. bisiesto, a.
bistouri (*bisturi*) m. bisturí.
bistre (*bístr*) m. bistre.
bistré, e (*bistré*) adj. ahumado, a.
bistrer (*bistré*) tr. sombrear.
bitume (*bitü'm*) m. betún.
bivac o **bivouac** (*bivác, bivuác*) m. vivac.
bizarre (*bisár*) adj. raro, a; extraño, a.
bizarrerie (*bisarrerí*) f. rareza.
blafard, e (*blafár, ard*) adj. pálido, a.
blague (*blág*) f. broma; petaca.
blaguer (*blagué*) intr. mentir.
blagueur, euse (*blaguér, és*) s. embustero, a; bromista.
blaireau (*bleró*) m. brocha; tejón.
blâme (*blám*) m. reprobación.
blâmer tr. censurar.
blanc, che (*blán, blánch*) adj. blanco, a; m. blanco; **blanc d'Espagne**, yeso mate.
blanc-bec (*blanbéc*) m. boquirrubio.
blanchâtre (*blanchátr*) adj. blanquecino, a.
blancheur (*blanchér*) f. blancura.
blanchir (*blanchír*) tr. blanquear; jalbegar.
blanchissage (*blanchisáj*) m. lavado.

blanchisserie (*blanchis°rí*) f. lavadero.
blanchisseur, euse (*blanchisér, és*) s. lavandero, a.
blasé, e (*blasé*) adj. hastiado, a.
blaser (*blasé*) tr. hastiar.
blason (*blasón*) m. blasón.
blasphémateur, trice (*blasfematér, tris*) s. blasfemo, a.
blasphème (*blasfém*) m. blasfemia.
blasphémer (*blasfemé*) intr. blasfemar.
blatte (*blát*) f. cucaracha.
blé (*blé*) m. trigo.
blême (*blém*) adj. pálido, a.
blêmir (*blemír*) intr. palidecer.
bléser (*blesé*) intr. cecear.
blessant, e (*blesán, ánt*) adj. ofensivo a.
blessé, e (*blesé*) adj. y s. herido, a.
blesser (*blesé*) tr. herir.
blessure (*blesü'r*) f. herida.
bleu, e (*blé*) adj. y s. m. azul; cardenal.
bleuâtre (*bleátr*) adj. azulado, a.
bleuet (*bleé*) m. azulejo; aciano.
bleuir (*bleír*) tr. azular.
blindage (*blendáj*) m. blindaje.
blinder (*blendé*) tr. blindar.
bloc (*blóc*) m. trozo; bloque.
blocage (*blocáj*) m. casquijo; inmovilización; (créditos).
blocus (*blocü's*) m. bloqueo.
blond, e (*blon, ónd*) adj. y s. rubio, a.
blonde (*blónd*) f. blonda.
blondir (*blondír*) intr. amarillear; dorarse.
bloquer (*bloké*) tr. bloquear.
blottir (se) (*seblotír*) r. acurrucarse.
blouse (*blús*) f. blusa.
bluet (*blüé*) m. aciano.
bluff (*bléf*) m. bluf.
bluter (*blüté*) tr. cerner.
boa (*boá*) m. boa.
bobard (*bobár*) m. fam. embuste.
bobèche (*bobéch*) f. arandela.
bobine (*bobín*) f. bobina; carrete.
bobo (*bobó*) m. pupa.
bocage (*bocáj*) m. soto, boscaje.
bocal (*bocál*) m. bocal.
bock (*bók*) m. vaso de cerveza.
bœuf (*béf*) m. buey.
bohemien, enne (*boemién*) adj. y s. bohemio, a; gitano, a.
boire (*buár*) tr. beber.
bois (*buá*) m. bosque; madera; astas; leño.
boiser (*buasé*) tr. cubrir de árboles.
boiserie (*buas°rí*) f. enmaderado.
boisseau (*buasó*) m. celemín.
boisson (*buasón*) f. bebida.
boîte (*buát*) f. caja; **boîte aux lettres**, buzón.
boiter (*buaté*) intr. cojear.
boiteux, euse (*buaté, és*) adj. s. cojo, a.
bol (*ból*) m. tazón.
bolchevik (*bolchevík*) adj. y s. bolchevique.
bolet (*bolé*) m. seta.
bolide (*bolíd*) m. bólido.
bombance (*bonbáns*) f. francachela.
bombardement (*bonbard°mán*) m. bombardeo.
bombarder (*bonbardé*) tr. bombardear.
bombardier (*bonbardié*) adj. y s. bombardero.
bombe (*bónb*) f. bomba.

bomber (*bonbé*) tr. encorvar.
bon, bonne (*bón*) adj. bueno, buen, a; m. bono; adv. bien; interj. ¡bueno!
bonace (*bonás*) f. bonanza.
bonasse (*bonás*) adj. bonachón.
bonbon (*bonbón*) m. confite.
bonbonne (*bonbón*) f. damajuana.
bonbonnière (*bonboniér*) f. caja para dulces.
bond (*bón*) m. bote, salto.
bonde (*bónd*) f. tapón; agujero.
bonder (*bondé*) tr. abarrotar.
bondir (*bondír*) intr. saltar.
bondissement (*bondis°mán*) m. brinco, salto.
bonheur (*bonér*) m. felicidad.
bonifier (*bonifié*) bonificar.
boniment (*bonimán*) m. charlatanería.   [días.
bonjour (*bonjúr*) m. buenos
bonne (*bón*) f. criada.
bonnet (*boné*) m. gorro.
bonneterie (*bonet°rí*) f. bonetería.
bonsoir (*bonsuár*) m. buenas noches.
bonté (*bonté*) f. bondad.
bord (*bór*) m. borde.
bordée (*bordé*) f. bordada; andanada.
border (*bordé*) tr. orlar; rodear.
bordereau (*bord°ró*) m. factura.
bordure (*bordü'r*) f. orla.
boréal, e (*boreál*) adj. boreal.
borgne (*bórñ*) adj. y s. tuerto, a.
borique (*borík*) adj. bórico, a.
borne (*bórn*) f. límite; linde;
borné, e (*borné*) adj. fig. limitado, a.
borner (*borné*) tr. amojonar; —se (*seborné*) r. limitarse.
bosquet (*bóské*) m. bosquecillo.
bosse (*bós*) f. joroba; chichón; abolladura.
bosseler (*bos°lé*) tr. abollar.
bosselure (*bos°lü'r*) f. abolladura.
bossu, e (*bosü'*) adj. y s. jorobado, a.
bot (*bó*) adj. estropeado; **pied bot**, patizambo.
botanique (*botaník*) f. botánica.
botaniste (*botanist*) m. botánico.
botte (*bót*) f. bota, manojo.
boter (*boté*) tr. calzar.
bottine (*botín*) f. botín.
bouc (*búc*) m. cabrón; odre.
boucan (*bucán*) m. fam. jarana.
boucaner (*bucané*) tr. acecinar.
boucanier (*bucanié*) m. cazador (toros); pirata.
bouche (*búch*) f. boca.
boucher, chère (*buché, ér*) s. carnicero, a.
boucherie (*buch°rí*) f. carnicería; fig. matanza.
bouchon (*buchón*) m. tapón.
bouchonner (*buchoné*) tr. tapar.
boucle (*búcl*) f. bucle; hebilla.
boucler (*buclé*) tr. abrochar; rizar.
bouclier (*bucliér*) m. escudo.
bouddhisme (*budísm*) m. budismo.
bouder (*budé*) intr. enojarse.
boudeur, euse (*budér, és*) adj. mohíno, a.
boudin (*budén*) m. morcilla.
boudoir (*buduár*) m. gabinete.
boue (*bú*) f. lodo.
bouée (*bué*) f. boya; **bouée de sauvetage**, salvavidas.
boueur (*buér*) m. basurero.
bouffant, e (*bufán, ánt*) adj. afollado, a.

bouffée (*bufé*) f. bocanada.
bouffir (*bufír*) tr. inflar.
bouffon (*bufón*) m. bufón.
bouffonnerie (*bufon°rí*) f. bufonada.
bouger (*bujé*) intr. moverse.
bougie (*buji*) f. bujía.
bougon, onne (*bugón*) s. regañón, ona.
bouillabaisse (*buyabés*) f. sopa de pescado.
bouillant, e (*buyán, ánt*) adj. hirviente.
bouilli (*buyi*) m. la carne del cocido.
bouillie (*buyi*) f. papilla.
bouillir (*buyír*) intr. hervir.
bouillon (*buyón*) m. caldo.
bouillonner (*buyoné*) intr. hervir; barbotar.
bouillotte (*buyót*) f. escalfador.
boulanger (*bulanjé*) m. panadero.
boulangerie (*bulanj°rí*) f. panadería.
boule (*búl*) f. bola.
bouleau (*buló*) m. abedul.
bouledogue (*bul°dóg*) m. alano.
boulet (*bulé*) m. bala (cañón) aglomerado (carbón).
boulette (*bulé*) f. albóndiga.
boulevard (*bul°vár*) m. bulevar.
bouleversement (*bul°vers°mán*) m. trastorno.
bouleverser (*bul°versé*) tr. trastornar.
boulon (*bulón*) m. perno.
boulot, otte (*buló, ót*) fam. adj. regordete, a; pop. m. trabajo.
bouquet (*buké*) m. ramillete; fragancia; bosquete.
bouquin (*bukén*) m. cabrón; libraco.
bouquiniste (*bukiníst*) m. vendedor de libros de lance.
bourbe (*búrb*) f. cieno.
bourbeux, euse (*burbé, és*) adj. fangoso, a.
bourbier (*burbié*) m. lodazal.
bourde (*búrd*) f. mentira.
bourdon (*burdón*) f. abejorro; campana.
bourdonnement (*burdon°mán*) m. zumbido.
bourdonner (*burdoné*) intr. y tr. zumbar; susurrar.
bourg (*búr*) m. burgo.
bourgade (*burgád*) f. aldea.
bourgeois (*burjuá*) s. burgués.
bourgeosie (*burjuasí*) f. burguesía.
bourgeon (*burjón*) m. yema.
bourgeonner (*burjoné*) intr. brotar; salir grano.
bourrache (*burrách*) f. borraja.
bourrade (*burrád*) f. golpe.
bourrasque (*burrásk*) f. borrasca.
bourre (*búr*) f. borra.
bourreau (*burró*) m. verdugo.
bourrée (*burré*) f. broza.
bourrelet (*burr°lé*) m. burlete.
bourrelier (*burr°lié*) m. guarnicionero.
bourrer (*burré*) tr. atiborrar.
bourru, e (*burrü'*) adj. brusco, a.
bourse (*búrs*) f. bolsa; beca.
boursier (*bursié*) m. becario.
boursoufler (*bursuflé*) tr. hinchar.
boursouflure (*bursuflü'r*) f. hinchazón.
bousculade (*buscülád*) f. atropello.
bousculer (*buscülé*) tr. empujar.
bouse (*bús*) f. boñiga.
bousiller (*busiyé*) intr. fam. chapuzar.
boussole (*busól*) f. brújula.
bout (*bú*) m. cabo pedazo; **jusqu'au bout**, hasta el fin.

boutade *(butád)* f. humorada.
boute-en-train *(butantrén)* m. bromista.
bouteille *(butéy)* f. botella.
boutique *(butík)* f. tienda.
boutiquier *(butikié)* m. tendero.
bouton *(butón)* m. botón; grano; yema.
boutonner *(butoné)* tr. abrochar; intr. brotar.
boutonnière *(butoniér)* f. ojal.
bouture *(butü'r)* f. esqueje.
bovin, e *(bovén, ín)* adj. bovino, a.
boxe *(bócs)* f. boxeo.
boxer *(bocsé)* tr. boxear.
boxeur *(bocsér)* s. boxeador.
boyau *(buayó)* m. tripa.
boycotter *(boicoté)* tr. boicotear.
boy-scout *(boi-scút)* m. explorador.
bracelet *(bras'lé)* m. pulsera.
braconnier *(braconié)* m. cazador furtivo.
braguette *(braguét)* f. bragueta.
brahmanisme *(bramanísm)* m. bramanismo.
brai *(bré)* m. brea, resina.
brailler *(brayé)* intr. chillar.
braire *(brér)* intr. rebuznar.
braise *(brés)* f. brasa.
bramer *(bramé)* intr. bramar.
brancard *(brancár)* m. camilla; vara.
brancardier *(brancardié)* m. camillero.   [je.
branchage *(bránchage)* f. ramaje.
branche *(bránch)* f. rama.
branchement *(branch'mán)* m. ramificación.
brancher *(branché)* tr. e intr. enchufar; ramificar.
branchies *(branchí)* f. pl. branquias.
brandiller *(brandiyé)* tr. columpiar.
brandir *(brandír)* tr. blandir.
branlant, e *(branlán, ánt)* adj. vacilante.
branle *(bránl)* m. vaivén, impulso.
branle-bas *(branl'bá)* m. zafarrancho.
branlement *(branl'mán)* m. vibración; oscilación.
branler *(branlé)* tr. vibrar.
braque *(brák)* m. perro perdiguero; fig. atolondrado.
braquer *(braké)* tr. apuntar, asestar.
bras *(brá)* m. brazo; **bras dessus, bras dessous,** del brazo; **avoir le bras long,** tener influencia.
braser *(brasé)* tr. soldar.
brasier *(brasié)* m. brasero.
brasiller *(brasiyé)* intr. fosforecer, tostar.
brassard *(brasár)* m. brazal.
brassée *(brasé)* f. braza.
brasser *(brasé)* tr. agitar; intr. bracear.   [ría.
brasserie *(bras'rí)* f. cervecería.
brasure *(brasü'r)* f. soldadura.
bravache *(bravách)* m. fanfarrón.
bravade *(bravád)* f. bravata.
brave *(bráv)* adj. valiente; bueno, a.
braver *(bravé)* tr. desafiar.
bravo! *(bravó)* interj. ¡bravo!
bravoure *(bravúr)* f. valentía.
brebis *(brebí)* f. oveja.
brèche *(bréch)* f. brecha; mella.
bredouille *(bredúy)* f. dobla; **revenir bredouille,** salir con el rabo entre piernas.
bredouiller *(breduyé)* intr. farfullar.
bref, brève *(bréf, év)* adj. y m. breve; adv. breve, en una palabra.

breloque *(brelók)* f. dije.
bretelles *(bretél)* pl. tirantes.
breuvage *(brevác)* m. brebaje.
brevet *(brevé)* m. patente; título.
breveter *(brev'té)* tr. patentar.
bréviaire *(breviér)* m. breviario.
bribe *(bríb)* f. migaja.
bric-à-brac *(bricabrác)* m. baratillo.
brick *(brík)* m. bergantín.
bricole *(bricól)* f. petral; chapuz.
bricoler *(bricolé)* intr. fam. hacer toda clase de oficios.
bride *(bríd)* f. brida; freno; **à bride abattue,** a rienda suelta.
brider *(bridé)* tr. embridar.
brief, ève *(brief, év)* adj. breve.
brièvement *(briev'mán)* adv. brevemente.
brièveté *(briev'té)* f. brevedad.
brigade *(brigád)* f. brigada.
brigadier *(brigadié)* m. cabo.
brigand *(brigán)* m. bandido.
brigandage *(brigandác)* m. bandidaje.
briguer *(brigué)* tr. intrigar.
brillamment *(briyamán)* adv. brillantemente.
brillant, e *(briyán, ánt)* adj. brillante.
briller *(briyé)* intr. brillar.
brimade *(brimád)* f. broma.
brin *(brén)* m. brizna; hebra.
brindille *(brendíy)* f. ramilla.
brioche *(brióch)* f. bollo.
brio *(brió)* m. brío.
brique *(brík)* f. ladrillo.
briquet *(briké)* m. eslabón, mechero.
bris *(brí)* r. fractura; restos.
brisant *(brisán)* m. rompiente.
brise *(brís)* f. brisa.
brisé, e *(brisé)* p. p. de **briser.**
brise-glace *(bris'glás)* m. rompehielos.
brise-lames *(bris'lám)* m. rompeolas.
briser *(brisé)* tr. romper, quebrantar.
brisure *(brisü'r)* f. rotura.
broc *(bróc)* m. jarro.   [der.
brocanter *(brocanté)* intr. revender.
brocanteur, euse *(brocantér, és)* s. revendedor.
brocart *(brocár)* m. brocado.
broche *(bróch)* f. broche; broca; asador.
brocher *(broché)* m. lucio.
brochure *(brochü'r)* f. folleto.
brocheur *(brochér)* m. encuadernador.
brodequin *(brod'kén)* m. borceguí.
broder *(brodé)* tr. bordar.
broderie *(brod'rí)* f. bordado.
brodeur, euse *(brodér, és)* s. bordador, a.
bromure *(bromü'r)* m. bromuro.
bronche *(bróñch)* f. bronquio.
broncher *(bronché)* intr. tropezar; moverse.
bronchite *(bronchít)* f. bronquitis.
bronze *(bróns)* m. bronce.
bronzer *(bronsé)* tr. broncear.
broquart *(brocár)* m. cervatillo.
brosse *(brós)* f. cepillo; brocha.
brosser *(brosé)* tr. cepillar.
brouette *(bruét)* f. carretilla.
brouhaha *(bruaá)* m. algazara.
brouillard *(bruyár)* m. niebla.
brouille *(brúy)* f. riña; desavenencia.
brouiller *(bruyé)* tr. enredar; **se—** *(sebruyé)* r. turbarse; r. enemistarse.
brouillon, onne *(bruyón)* adj. enredador, a; m. borrador.

broussailles *(brusáy)* f. pl. maleza.
brousse *(brús)* f. maleza.
brouter *(bruté)* tr. pacer.
broyage *(bruayáj)* m. trituración.
broyer *(bruayé)* tr. triturar; moler.
broyeur *(bruayér)* m. moledor.
bru *(brü')* f. nuera.
bruine *(brüín)* f. escarcha.
bruiner *(brüiné)* impers. lloviznar.
bruire *(brüír)* intr. zumbar.
bruissement *(bruis'mán)* m. zumbido.
bruit *(brüí)* m. ruido.
brûlant, e *(brülán, ánt)* adj. ardiente.
brûlé, e *(brülé)* adj. quemado.
brûle-pourpoint (à) *(abrülé'purpuén)* m. adv. a quemarropa.
brûler *(brülé)* tr. quemar; intr. arder.
brûlure *(brülü'r)* f. quemadura.
brume *(brü'm)* f. bruma.
brumeux, euse *(brümé, és)* adj. brumoso, a.
brun, e *(brén, ü'n)* adj. moreno, a.
brunâtre *(brünátr)* adj. morenucho, a.
brunir *(brünír)* tr. bruñir; tostarse.
brunissage *(brünisáj)* m. bruñidor.
brusque *(brü'sk)* adj. brusco, a.
brusquer *(brüské)* tr. zaherir; precipitar.
brusquerie *(brüsk'rí)* f. brusquedad.
brut *(brü't)* adj. bruto, a (peso); tosco, a.
brutal, e *(brütál)* adj. brutal.
brutaliser *(brütalisé)* tr. maltratar.
brutalité *(brütalité)* f. brutalidad.
brute *(brü't)* s. bruto.
bruyant, e *(brüiyán, ánt)* adj. ruidoso, a.
bruyère *(brüiyér)* f. brezo.
buanderie *(büand'rí)* f. lavadero.
buccal, e *(bücál)* adj. bucal.
bûche *(bü'ch)* f. leño.
bûcher *(büché)* m. hoguera; tr. trabajar.
bûcheron *(büch'rón)* m. leñador.
bucolique *(bücolík)* adj. bucólico, a.   [to.
budget *(büdjé)* m. presupuesto.
buée *(büé)* f. vaho; vapor.
buffet *(büfé)* m. aparador, fonda.
buffle *(bü'fl)* m. búfalo.
buis *(büí)* m. boj.
buisson *(büisón)* m. matorral.
buissonneux, euse *(buisoné, és)* adj. breñoso, a.
buissonnier, ière *(buisoné, iér)* adj. montaraz; **faire l'école buissonnière,** hacer novillos.
bulbe *(bü'lb)* m. bulbo.
bulbeux, euse *(bülbé, és)* adj. bulboso, a.
bulle *(bü'l)* f. ampolla, burbuja; bula.
bulletin *(bül'tén)* m. boletín.
bure *(bü'r)* f. sayal.
bureau *(büró)* m. oficina, escritorio; **bureau de tabac,** estanco.
bureaucrate *(bürocrát)* m. burócrata.
bureaucratie *(bürocrasí)* f. burocracia.
burette *(bürét)* f. vinagreras; vinajeras.
burin *(bürén)* m. buril.
buriner *(büriné)* tr. burilar.

burlesque *(bürlésk)* adj. burlesco, a.
burnous *(bürnú)* m. albornoz.
buse *(bü's)* f. cernícalo.
busquer *(büské)* tr. emballenar; fruncir.
buste *(bü'st)* m. busto.
but *(bü't; bü't)* m. blanco (de tiro); fin, mira; **aller droit au but,** ir al grano.
butane *(bütán)* adj. y s. butano.
butée *(büté)* f. estribo de un puente.
buter *(büté)* tr. topar, tropezar.
buter (se) *(sebüté)* r. obstinarse.
butin *(bütén)* m. botín.
butiner *(bütiné)* tr. pillar; libar (abejas).
butoir *(bütuár)* m. tope.
butor *(bütór)* m. alcaraván; zopenco.
butte *(bü't)* f. cerro; **être en butte à,** estar expuesto a.
buvable *(büvábl)* adj. potable.
buvard *(büvár)* m. secante.
buvette *(büvét)* f. cantina.
buveur, euse *(büvér, és)* s. bebedor, a.

c' pron. dem. **ce** *(sé)* ante vocal o **h** muda.
ça *(sá)* pron. dem. esto, eso, aquello; **ça va?** ¿qué tal?; **c'est ça,** esto es. **ça** adv. aquí; allá. allí.
cabale *(cabál)* f. cábala.
cabane *(cabán)* f. cabaña.
cabaret *(cabaré)* m. restaurante; taberna.
cabaretier *(cabar'tié)* m. tabernero.
cabas *(cabá)* m. capacho.
cabestan *(cabestán)* m. cabrestante.
cabillaud *(cabiyó)* m. bacalao fresco.
cabine *(cabín)* f. camarote; caseta de baños; locutorio.
cabinet *(cabiné)* m. gabinete; despacho; **cabinet d'aisances,** retrete; **cabinet de toilette,** *(cabiné de tualét)* tocador.
cable *(cábl)* m. cable.
cabler *(cablé)* tr. cablegrafiar.
cablogramme *(cablográm)* m. cablegrama.
cabosser *(cabosé)* tr. abollar.
cabotage *(cabotáj)* m. cabotaje.
caboteur *(cabotér)* m. (barco) de cabotaje.
cabotin *(cabotén)* m. farsante; cómico.
cabrer (se) *(secabré)* r. encabritarse.
cabriole *(cabriól)* f. cabriola.
cabriolet *(cabriolé)* m. cabriolé.
cacahuète *(cacüét)* f. cacahuete.
cacao *(cacaó)* m. cacao.

cacarder (*cacardé*) intr. graznar.
cacatoès (*cacatoés*) m. cacatúa.
cachalot (*cachaló*) m. cachalote.
cache (*cách*) f. escondrijo.
cachenez (*cach⁰né*) m. bufanda.
cacher (*caché*) tr. esconder, tapar.
cachet (*caché*) m. sello; vale.
cacheter (*cach⁰té*) tr. sellar.
cachette (*cachét*) f. escondrijo.
cachot (*cachó*) m. calabozo.
cachotter (*cachoté*) tr. ocultar.
cachotterie (*cachot⁰rí*) f. tapujo.
cacophonie (*cacofoní*) f. cacofonía.
cactus (*cactü's*) m. cacto.
cadastre (*cadástr*) m. catastro.
cadavre (*cadávr*) m. cadáver.
cadeau (*cadó*) m. regalo.
cadenas (*cadená*) m. candado.
cadence (*cadáns*) f. cadencia.
cadencer (*cadansé*) tr. acompasar.
cadet, ette (*cadé, ét*) adj. menor (hijo, a); m. cadete.
cadran (*cadrán*) m. cuadrante; esfera.
cadre (*cádr*) m. marco; orla; cuadro (ejército, etc.)
cadrer (*cadré*) intr. adaptarse.
caduc, uque (*cadü'k*) adj. caduco, a.   [dad.
caducité (*cadüsité*) f. caducidad.
cafard (*cafár*) s. camandulero; m. cucaracha; desaliento.
café (*café*) m. café.
cafetier (*caf⁰tié*) m. cafetero.
cafetière (*caf⁰tiér*) f. cafetera.
caféier (*cafeié*) m. cafeto.
cage (*cáj*) f. jaula; gavia.
cagnardise (*cañardís*) f. haraganería.
cagneux, euse (*cañé, és*) adj. y s. patizambo.
cagot (*cagó*) m. gazmoño.
cagoule (*cagúl*) f. cogulla.
cahier (*caié*) m. cuaderno.
cahot (*caó*) m. vaivén; sacudida.
cahoter (*caoté*) tr. traquetear.
cahute (*caü't*) f. chozuela.
caille (*cáy*) f. codorniz.
caillé (*cayé*) m. cuajo.
cailler (*cayé*) tr. coagular.
caillot (*cayó*) m. coágulo.
caillou (*cayú*) m. guijarro.
caillouter (*cayuté*) tr. empedrar.
cailloutis (*cayutí*) m. grava.
caïman (*caimán*) m. caimán.
caisse (*kés*) f. caja; cajón; **caisse d'épargne**, caja de ahorros.
caissier, ère (*kesié, iér*) s. cajero, a.
caisson (*kesón*) m. arcón.
cajoler (*cajolé*) tr. mimar.
cajoleur (*cajolér*) adj. y s. zalamero.
cal (*cál*) m. callosidad, callo.
calamité (*calamité*) f. calamidad.
calamiteux, euse (*calamité, és*) adj. calamitoso, a.
calandre (*calándr*) f. calandria.
calcaire (*calkér*) adj. calcáreo.
calcination (*calsinasión*) f. calcinación.
calciner (*calsiné*) tr. calcinar.
calcium (*calsióm*) m. calcio.
calcul (*calcü'l*) m. cálculo.
calculateur, trice (*calculatér, trís*) adj. y s. calculador, a.

calculer '(*calcülé*) tr. calcular.
cale (*cál*) f. cala; cuña.
calé, e (*calé*) adj. rico, a; instruido, a.
calebasse (*cal⁰bás*) f. calabaza.
caleçon (*cal⁰són*) m. calzoncillos.
calèche (*caléch*) f. calesa.
caléfaction (*calefacsión*) f. calefacción.
calembour (*calanbúr*) m. retruécano.
calendrier (*calandrié*) m. calendario.
calepin (*cal⁰pén*) m. agenda.
caler (*calé*) tr. acuñar; intr. *Mar.* calar (el buque).
calfeutrer (*calfeutré*) tr. calafatear; fig. encerrarse.
calibre (*calíbr*) m. calibre.
calibrer (*calibré*) tr. calibrar.
calice (*calís*) m. cáliz.
calicot (*calicó*) m. indiana.
califat (*califá*) m. califato.
calife (*calíf*) m. califa.
califourchon (à) (*acalifurchón*) loc. adv. a horcajadas.
câlin, e (*calén, ín*) adj. y s. zalamero, a.
câliner (*caliné*) tr. acariciar.
câlinerie (*calin⁰rí*) f. caricia.
calligraphie (*caligrafí*) f. caligrafía.
callosité (*calosité*) f. callosidad.
calmant, e (*calmán, ánt*) adj. y s. calmante.
calmar (*calmár*) m. calamar.
calme (*cálm*) m. calma; adj. tranquilo, a.
calmer (*calmé*) tr. calmar.
calomel (*calomél*) m. calomelanos.
calommiateur, trice (*calomniatér, trís*) adj. y s. calumniador, a.
calomnie (*calomní*) f. calumnia.
calomnier (*calomnié*) tr. calumniar.
calorie (*calorí*) f. caloría.
calorifère (*calorifér*) adj. y s. calorífero, a.
calorifique (*calorifík*) adj. calorífico, a.
calotte (*calót*) f. casquete; fam. pescozón.
calque (*cálk*) m. calco.
calquer (*calké*) tr. calcar.
calvaire (*calvér*) m. calvario.
calvitie (*calvisí*) f. calvicie.
camarade (*camarád*) s. camarada.
camard, e (*camár, árd*) adj. y s. chato, a.
cambrer (*canbré*) tr. arquear, combar.
cambriolage (*canbrioláj*) m. robo.
cambrioler tr. robar.
cambrioleur (*canbriolér*) m. ladrón.
cambrure (*canbrü'r*) f. comba.
camée (*camé*) m. camafeo.
caméléon (*cameleón*) m. camaleón.
camelot (*cam⁰ló*) m. camelote; buhonero.
camelote (*cam⁰lót*) f. buhonería; chapucería.
caméra (*camerá*) f. cámara (cine).
camériste (*cameríst*) f. camarera.
camion (*camión*) m. camión.
camionnette (*camionét*) f. camioneta.
camionneur (*camionér*) m. carretero.
camisole (*camisól*) f. camisola.
camomille (*camomíy*) f. camomila.
camoufler (*camuflé*) tr. disfrazar.

camp (*cán*) m. campo; campamento.
campagnard, e (*canpañár, árd*) adj. campesino, a.
campagne (*canpáñ*) f. campaña (mil.); campo.
campement (*canp⁰mán*) m. campamento.
camper (*canpé*) intr. acampar.
camphre (*cánfr*) m. alcanfor.
camus, e (*camü', üs*) adj. chato, a.
canaille (*canáy*) f. canalla.
canal (*canál*) m. canal.
canalisation (*canalisasión*) f. canalización.
canaliser (*canalisé*) tr. canalizar.
canapé (*canapé*) m. canapé.
canard (*canár*) m. pato; infundio.
canari (*canari*) m. canario.
cancan (*cancán*) m. chisme.
cancanier, ière (*cancanié, iér*) adj. y s. chismoso, a.
canceller (*cansélé*) tr. cancelar.
cancer (*cansér*) m. cáncer.
cancéreux, euse (*canseré, és*) adj. canceroso, a.
cancre (*cáncr*) m. langostino; fig. avaro.
candélabre (*candelábr*) m. candelabro.
candeur (*candér*) f. candor.
candi (*candí*) adj. candi o cande.
candidat (*candidá*) m. candidato.
candidature (*candidatü'r*) f. candidatura.
candide (*candíd*) adj. cándido, a.
cane (*cán*) f. pata.
canevas (*can⁰vá*) m. cañamazo.
canif (*caníf*) m. cortaplumas.
caniculaire (*caniculér*) adj. canicular.
canin, e (*canén, ín*) adj. canino, a.
caniveau (*canivó*) m. badén.
canne (*cán*) f. caña; vara.
canneler (*can⁰lé*) tr. acanalar.
cannelle (*canél*) f. canela.
cannelure (*can⁰lü'r*) f. estría.
cannetille (*can⁰tíy*) f. canutillo.
cannibale (*canibal*) m. caníbal.
canon (*canón*) m. cañón; canon.
canonique (*canoník*) adj. canónico, a.
canoniser (*canonisé*) tr. canonizar.   [neo.
canonnade (*canonád*) f. cañoneo.
canonner (*canoné*) tr. cañonear.
canot (*canó*) m. canoa, bote.
canotage (*canotáj*) m. paseo en bote.
canotier (*canotié*) m. remero; sombrero.
cantate (*cantát*) f. cantata.
cantatrice (*cantatrís*) f. cantante, diva.
cantilène (*cantilén*) f. cantinela.
cantine (*cantín*) f. cantina.
cantinier, ière (*cantinié, iér*) s. cantinero, a.
cantique (*cantík*) m. cántico.
canton (*cantón*) m. cantón.
cantonnement (*canton⁰mán*) m. acantonamiento.
cantonner (*cantoné*) tr. acantonar.
cantonnier (*cantonié*) m. caminero.   [ta.
canule (*canü'l*) f. cánula; espicho.
caoutchouc (*cautchú*) m. caucho.
cap (*cáp*) m. *Geog.* cabo; proa.
capable (*capábl*) adj. capaz.
capacité (*capasité*) f. capacidad.
caparaçon (*caparasón*) m. caparazón.
cape (*cáp*) f. capa.
capillaire (*capilér*) adj. capilar.

capillarité (*capilarité*) f. capilaridad.
capitaine (*capitén*) m. capitán.
capital, e (*capitál*) adj. y s. capital.
capitalisme (*capitalism*) m. capitalismo.
capitaliste (*capitalíst*) m. capitalista.
capiteux, euse (*capité, és*) adj. espirituoso, a; embriagador, a.
capitonner (*capitoné*) tr. acolchar.
capitulaire (*capitülér*) adj. capitular.
capitulation (*capitülasión*) f. capitulación.
capituler (*capitülé*) capitular.
caporal (*caporál*) m. *Mil.* cabo.
capot (*capó*) m. capote.
capote (*capót*) f. capota; capote.
capoter (*capoté*) intr. zozobrar.
câpre (*cápr*) f. alcarrapa.
caprice (*caprís*) m. capricho.
capricieux euse (*caprisié, és*) adj. caprichoso, a.
capricorne (*capricórn*) m. capricornio.
capsule (*capsü'l*) f. cápsula.
captation (*captasión*) f. captación.
capter (*capté*) intr. captar.
captieux, euse (*capsié, és*) adj. capcioso, a.
captif, ive (*captíf, ív*) adj. cautivo, a.
captiver (*captivé*) tr. cautivar.
captivité (*captivité*) f. cautiverio.
capture (*captü'r*) f. captura.
capturer (*captüré*) tr. capturar.
capuchon (*capüchón*) m. capuchón.
capucin, e (*capüsén, ín*) adj. capuchino, a.
caque (*cák*) f. barril (arenques).
caquet (*caké*) m. charla.
caqueter (*caketé*) intr. cacarear; charlar.
car (*cár*) conj. pues; m. autocar.
carabine (*carabín*) f. carabina.
carabinier (*carabinié*) m. carabinero.
caracoler (*caracolé*) intr. caracolear.   [ter.
caractère (*caractér*) m. carácter.
caractériser (*caracterisé*) tr. caracterizar.
caractéristique (*caracteristík*) adj. y f. característico, a.
carafe (*caráf*) f. garrafa.
carambolage (*caranboláj*) m. carambola.
caramel (*caramél*) m. caramelo.
carapace (*carapás*) f. caparazón.
carat (*cará*) m. quilate.
caravane (*caraván*) f. caravana.
caravelle (*caravél*) f. carabela.
carbone (*carbón*) m. carbono.
carbonique (*carboník*) adj. carbónico, a.
carboniser (*carbonisé*) tr. carbonizar.
carburant, e (*carbürán, ánt*) adj. y m. carburante.
carburateur, trice (*carbüratér, trís*) adj. carburador, a.
carbure (*carbü'r*) m. carburo.
carcan (*carcán*) m. argolla.
carcasse (*carcás*) f. esqueleto; caparazón; pop. cuerpo.
carder (*cardé*) tr. cardar.
cardiaque (*cardiák*) adj. cardíaco, a.
cardinal, e (*cardinál*) adj. cardinal, e; m. cardenal.
cardon (*cardón*) m. cardo.
carême (*carém*) m. cuaresma.
carence (*caráns*) f. carencia.

carène *(carén)* f. carena.
caréner *(carené)* tr. carenar.
caressant, e *(caresán, ánt)* adj. cariñoso, a.
caresse *(carés)* f. caricia.
caresser *(caresé)* tr. acariciar.
cargaison *(carguesón)* f. cargamento.
cargo *(cargó)* m. buque mercante.
cariatide *(cariatíd)* f. cariátide.
caricature *(caricatü'r)* f. caricatura.
caricaturiste *(carictüríst)* s. caricaturista.
carie *(cari)* f. carie.
carier *(carié)* tr. cariar.
carillon *(cariyón)* m. carillón.
carillonner *(cariyoné)* tr. repicar.
carillonneur *(cariyonér)* m. campanero.
carlingue *(carléng)* f. carlinga.
carmelite *(carm^elit)* adj. y s. carmelita.
carmín *(carmén)* m. carmín.
carnage *(carnáj)* m. carnicería.
carnassier, ière *(carnasié, iér)* adj. carnicero, a; f. zurrón.
carnation *(carnasión)* f. tez.
carnaval *(carnavál)* m. carnaval.
carnet *(carné)* m. cuadernito.
carnivore *(carnivór)* adj. carnívoro, a.
carotte *(carót)* f. zanahoria.
caroube *(carúb)* f. algarroba.
caroubier *(carubié)* m. algarrobo.
carpe *(cárp)* m. carpo; carpa.
carpette *(carpét)* f. carpeta.
carquois *(carkuá)* m. carcaj.
carré, e *(carré)* adj. cuadrado, a; m. cuadrado, cuadro.
carrefour *(carr^efúr)* m. encrucijada.
carrelage *(carr^eláj)* m. embaldosado.
carrément *(carremán)* adv. a escuadra; fig. firmemente.
carrer *(carré)* tr. cuadrar; **se —** *(secarré)* pavonearse.
carrière *(carriér)* f. cantera; carrera.
carriole *(carriól)* f. calesa.
carrossable *(carrosábl)* adj. carretero.
carrosse *(carrós)* m. carroza.
carrosserie *(carros^eri)* f. carrocería.
carroussel *(carrusél)* m. carrera.
carrure *(carrü'r)* f. anchura de espaldas.
cartable *(cartábl)* m. cartera.
carte *(cárt)* f. tarjeta; naipe; lista de manjares; mapa; **carte postale**, tarjeta postal.
cartel *(cár***t***él)* m. desafío; cartel.
cartilage *(cartiláj)* m. cartílago.
cartographie *(cartografí)* f. cartografía.
carton *(cartón)* m. cartón.
cartonner *(cartoné)* tr. encartonar.
cartouche *(cartúch)* m. cartucho.
cartouchière *(cartuchiér)* f. cartuchera.
cas *(cá)* m. caso; suceso; **en tout cas**, en todo caso, **le cas échéant**, en caso de necesidad.
casanier, ière *(casanié, iér)* adj. y s. casero, a.
casaque *(casák)* f. casaca.
casbah *(casbá)* f. alcazaba.
cascade *(cascád)* f. cascada.
case *(cás)* f. casilla, choza.
caséine *(casćín)* f. caseína.
casemate *(cas^emát)* f. casamata.
caser *(casé)* tr. colocar.
caserne *(casérn)* f. cuartel.

caserner *(caserné)* tr. acuartelar.
casier *(casié)* m. casillero.
casino *(casinó)* m. casino.
casque *(cásk)* m. casco.
casquette *(caskét)* f. gorra.
cassant, e *(casán, ánt)* adj. frágil; fig. brusco, a.
cassation *(casasión)* f. *For.* casación.
casse *(cás)* f. rotura.
casse-cou *(cas^ecú)* m. derrumbadero; persona temeraria.
casse-noisettes *(cas^enuasét)* m. pl. cascanueces.
casser *(casé)* tr. romper, quebrar; *Jur.* casar (anular).
casserole *(cas^eról)* f. cacerola.
casse-tête *(cas^etét)* f. rompecabezas.
cassette *(casét)* f. cofrecito.
cassolette *(casolét)* f. pebetero.
cassonade *(casonád)* f. azúcar terciado, cogucho.
cassure *(casü'r)* f. rotura.
castagnette *(castañét)* f. castañeta.
caste *(cást)* f. casta.
castor *(castór)* m. castor.
castrer *(castré)* tr. castrar.
casuel, elle *(casuél)* adj. casual.
casuiste *(casuíst)* m. casuista.
cataclysme *(cataclísm)* m. cataclismo.
catacombes *(catacónb)* f. pl. catacumbas.
catafalque *(catafálk)* m. catafalco.
catalogue *(catalóg)* m. catálogo.
cataplasme *(cataplásm)* f. cataplasma.
catapulte *(catapü'lt)* f. catapulta.
cataracte *(cataráct)* f. catarata.
catarrhe *(catár)* m. catarro.
catastrophe *(catastróf)* f. catástrofe.
catéchisme *(catechísm)* m. catecismo.
catégorie *(categorí)* f. categoría.
catégorique *(categorík)* adj. categórico, a.
cathédrale *(catedrál)* f. catedral.
cathode *(catód)* f. cátodo.
catholicisme *(catolisísm)* m. catolicismo.
catholique *(catolík)* adj. católico, a.
cauchemar *(coch^emár)* m. pesadilla.
caudal, e *(codál)* adj. caudal.
causalité *(cosalité)* f. casualidad.
cause *(cós)* f. causa; interés; **pour cause**, con motivo.
causer *(cosé)* tr. causar; intr. conservar.
causerie *(cos^erí)* f. charla.
causette *(cosét)* f. hablilla.
causeur, euse *(cos^er, és)* adj. y s. conversador.
caustique *(costík)* adj. y s. cáustico, a.
cautèle *(cotél)* f. cautela.
cauteleux, euse *(cotölös)* adj. cauteloso, a.
cautériser *(coterisé)* tr. cauterizar.
caution *(cosión)* f. caución; **être caution**, salir fiador.
cautionner *(cosionné)* tr. afianzar, garantir.
cavalcade *(cavalcád)* f. cabalgata.
cavalerie *(caval^erí)* f. *Mil.* caballería.
cavalier *(cavalié)* m. jinete.
cave *(cáv)* f. bodega, sótano; adj. hueco, a.
caveau *(cavó)* m. cripta; pañol.
caver *(cavé)* tr. cavar; intrigar.

caverne *(cavérn)* f. caverna.
caverneux, euse *(caverné, és)* adj. cavernoso, a.
caviar *(caviár)* m. caviar.
cavité *(cavité)* f. cavidad.
ce, cet *(sé, sét)* adj. dem. m. este, ese, aquel.
ce *(sé)* o **c'** pron. dem. n. esto, eso, aquello.
céans *(séan)* adv. aquí dentro.
ceci *(sesí)* pron. dem. m. esto.
cécité *(sesité)* f. ceguera.
céder *(sedé)* tr. ceder.
cédille *(sedíy)* f. cedilla.
cèdre *(sédr)* m. cedro.
cédule *(sedü'l)* f. cédula.
ceindre *(séndr)* tr. ceñir.
ceinture *(sentü'r)* f. cintura, cinturón.
cela *(selá)* pron. dem. m. eso, aquello.
célèbre *(selébr)* adj. célebre.
célébrer *(selebré)* tr. celebrar.
célébrité *(selebrité)* f. celebridad.
céler *(selé)* tr. celar; ocultar.
céleri *(sel^erí)* m. apio.
célérité *(selerité)* f. celeridad.
céleste *(selést)* adj. celeste.
célibat *(selibá)* m. celibato.
célibataire *(selibatér)* m. célibe, soltero, a.
celle *(sél)* pron. dem. f. la; **celle-ci** *(sel^esí)* ésta; **celle-lá** *(sel^elá)* aquélla.
cellier *(selié)* m. bodega.
cellophane *(selofán)* adj. m. celofán.
cellule *(selü'l)* f. celda; célula.
celluloïd *(selülóid)* m. celuloide.
cellulose *(selülós)* f. celulosa.
celui *(selüí)* pron. dem. m. el; **celui-ci** *(selüísí)* éste; **celui-là** *(selüílá)* aquél.
cément *(semán)* m. cemento.
cénacle *(senácl)* m. cenáculo.
cendre *(sándr)* f. ceniza.
cendrier *(sandrié)* m. cenicero.
cène *(sén)* f. cena.   ta.
cénobite *(senobít)* m. cenobita.
cens *(sáns)* m. censo.
censé, e *(sansé)* adj. reputado, a.
censeur *(sansér)* m. censor.
censure *(sansü'r)* f. censura.
censurer *(sansüré)* tr. censurar.
cent *(sán)* adj. cien.
centaine *(santén)* f. centena.
centaure *(santór)* m. centauro.
centenaire *(sant^enér)* adj. centenario, a.
centigrade *(santigrád)* adj. centígrado, a.
centigramme *(santigrám)* m. centígramo.
centilitre *(santilítr)* m. centílitro.
centime *(santím)* m. céntimo.
centimètre *(santimétr)* m. centímetro.
central, ale *(santrál)* adj. central; céntrico, a.
centralisateur, trice *(santralisatér, trís)* adj. centralizador, a.
centralisation *(sanǐralisasión)* f. centralización.
centraliser *(santralisé)* tr. centralizar.
centre *(sántr)* m. centro.
centrer *(santré)* tr. centrar.
centrifuge *(santrifü'j)* adj. centrífugo, a.
centripète *(santripét)* adj. centrípeta.
centuple *(santü'pl)* adj. y s. céntuplo.
cep *(sép)* m. cepa; cepo.
cèpe *(sép)* m. seta.
cependant *(sepandán)* conj. sin embargo; mientras tanto.
céramique *(seramík)* f. cerámica.
cerbère *(serbér)* m. cancerbero.

cerceau *(sersó)* m. aro.
cercle *(sércl)* m. círculo.
cercler *(serclé)* tr. sujetar con aros.
cercueil *(serkéy)* m. ataúd.
céréale *(sereál)* adj. y s. cereal.
cérébral, e *(serebrál)* adj. cerebral.
cérémonie *(seremoni)* f. ceremonia.
cérémonieux, euse *(seremonié, és)* adj. ceremonioso, a.
cerf *(sér)* m. ciervo.
cerf-volant *(servolán)* m. cometa; escarabajo.
cerise *(seris)* f. cereza; guinda.
cerisier *(serisié)* m. cerezo.
cerne *(sérn)* m. ojeras; orla.
cerner *(serné)* tr. cercar; rodear.
certain, e *(sertén)* adj. cierto, a.
certes *(sért)* adv. seguramente.
certificat *(sertifícá)* m. certificado.
certifier *(sertifié)* tr. certificar.
certitude *(sertitü'd)* f. certidumbre.
cerumen *(serümen)* m. cerumen.
cerveau *(servó)* m. cerebro.
cervelas *(servelá)* m. salchicha, chorizo.
cervelet *(serv^elé)* m. cerebelo.
cervelle *(servél)* f. sesos; juicio.
ces *(sé)* adj. dem. estos, as.
cessant, e *(sesán, ánt)* adj. cesante.
cessation *(sesasión)* f. cesación.
cesse *(sés)* f. cese.
cesser *(sesé)* intr. cesar.
cession *(sesión)* f. cesión.
c'est à dire *(setadír)* loc. conj. es decir.
césure *(sesü'r)* f. cesura.
cet *(sét)* adj. dem. este.
cétacé, e *(setasé)* adj. y s. cetáceo, a.
cette *(sét)* adj. dem. esta.
ceux, celles *(sé, sél)* pron. dem. plural de **celui** y **celle**.
chacal *(chacál)* m. chacal.
chacun, e *(chakén, ü'n)* pron. indet. cada uno, a; cada cual.
chagrin, e *(chagrén, ín)* adj. triste; m. pena.
chagriné, e *(chagriné)* adj. afligido, a.
chagriner *(chagriné)* tr. desazonar, apenar.
chahut *(chaü')* m. barullo.
chahuter *(chaüté)* intr. armar escándalo.
chai *(ché)* m. bodega.
chaîne *(chén)* f. cadena.
chaînette *(chenét)* f. cadenilla, cadeneta.
chaînon *(chenón)* m. eslabón.
chair *(chér)* f. carne.
chaire *(chér)* f. púlpito; cátedra.
chaise *(chés)* f. silla.
chaland *(chalán)* m. *Mar.* chalana.
châle *(chál)* m. chal, mantón.
chalet *(chalé)* m. chalet.
chaleur *(chalér)* f. calor.
chaleureux, euse *(chaleré, és)* adj. caluroso, a.
chaloupe *(chalúp)* f. chalupa.
chalumeau *(chalümó)* m. soplete.   [fil.
chamailler *(chamayé)* intr. reñir.
chamarrer *(chamarré)* tr. galonear.
chambard *(chanbár)* m. trastorno.

chambarder *(chanbardé)* tr. trastornar.

chambre *(chánbr)* f. habitación; tribunal.

chameau *(chamó)* m. camello.

chamois *(chamuá)* m. gamuza.

champ *(chán)* m. campo; **sur le** *(sü'r lé chán)* **inmediatamente.**

champagne *(chanpáñ)* m. champaña.

champêtre *(chanpétr)* adj. campestre.

champignon *(chanpiñón)* m. hongo, seta.

champion *(chanpión)* m. campeón.

championnat *(chanpioná)* m. campeonato.

chance *(cháns)* f. suerte.

chancelant, e *(chans^elán, ánt)* adj. vacilante.

chanceler *(chans^elé)* intr. tambalearse, vacilar.

chancelier *(chans^elié)* m. canciller.

chancellerie *(chansel^eri)* f. cancillería.

chanceux, euse *(chansé, és)* adj. afortunado, a.

chancre *(cháncr)* m. chancro.

chandail *(chandáy)* m. jersey.

chandelier *(chand^elié)* m. candelero, candelabro.

chandelle *(chandél)* f. vela.

change *(chánj)* m. cambio.

changeable *(chanjábl)* adj. canjeable.

changeant, e *(chanján, ánt)* adj. variable.

changement *(chanj^emán)* m. cambio.

changer *(chanjé)* tr. cambiar.

changeur *(chanjér)* m. cambista.

chanoine *(chanuán)* m. canónigo.

chanson *(chansón)* f. canción.

chant *(chán)* m. canto.

chantage *(chantáj)* m. chantage.

chanter *(chanté)* intr. cantar.

chanteur, euse *(chantér, és)* s. y adj. cantor, a.

chantier *(chantié)* m. astillero; obra (al aire libre).

chantre *(chántr)* m. chantre.

chanvre *(chánvr)* m. cáñamo.

chaos *(kaó)* m. caos.

chaotique *(kaotík)* adj. caótico, a.

chape *(cháp)* f. capa; chapa.

chapeau *(chapó)* m. sombrero.

chapelain *(chap^elén)* m. capellán.

chapelet *(chap^elé)* m. rosario.

chapelle *(chapél)* f. capilla.

chaperon *(chap^erón)* m. caperuza.

chapiteau *(chapitó)* m. capitel.

chapitre *(chapítr)* m. capítulo.

chapon *(chapón)* m. capón.

chaque *(chák)* adj. cada.

char *(chár)* m. carro.

charabia *(charabiá)* m. algarabía.

charade *(charád)* f. charada.

charbon *(charbón)* m. carbón.

charbonnerie *(charbon^eri)* f. carbonería.

charbonnier *(charbonié)* m. carbonero.

chacuterie *(chacüt^eri)* f. salchichería.

chacutier, ière *(charcütié, iér)* s. salchichero, a.

chardon *(chardón)* m. cardo.

chardonneret *(chardon^eré)* m. jilguero.

charge *(chárj)* f. carga; cargo.

chargement *(charj^emán)* m. carga; cargamento.

charger *(charjé)* tr. cargar; gravar; encargar.

chargeur *(charjér)* s. y adj. cargador.

chariot *(charió)* m. carretón.

charitable *(charitábl)* adj. caritativo, a.

charité *(charité)* f. caridad.

charivari *(charivari)* m. jaleo.

charmant, e *(charmán, ánt)* adj. encantador, a.

charme *(chárm)* m. encanto.

charmer *(charmé)* tr. encantar.

charmeur, euse *(charmér, és)* s. encantador, a.

charnel, elle *(charnél)* adj. carnal.

charnier *(charnié)* m. osario.

charnière *(charniér)* f. bisagra.

charnu, e *(charnü')* adj. carnoso, a.

charogne *(charóñ)* f. carroña.

charpente *(charpánt)* f. armazón.

charpenté *(charpanté)* adj. constituido.

charpenterie *(charpant^eri)* f. carpintería.

charpentier *(charpantié)* m. carpintero.

charrette *(charrét)* f. carreta.

charrier *(charrié)* tr. acarrear.

charron *(charrón)* m. constructor de carros.

charrue *(charrü')* f. arado.

charte *(chárt)* f. carta forera.

chartreuse *(chartrés)* f. cartuja.

chasse *(chás)* s. caza.

chasse-neige *(chas^néj)* m. quitanieves.

chasser *(chasé)* tr. cazar; fig. apartar.

chasseur *(chasér)* s. cazador.

chassie *(chasí)* f. legaña.

châssis *(chasí)* m. bastidor.

chaste *(chást)* adj. casto.

chasteté *(chast^eté)* f. castidad.

chat, chatte *(chá, át)* s. gato, a.

châtaigne *(chatéñ)* f. castaña.

châtaignier *(chateñié)* m. castaño.

châtain *(chatén)* adj. y s. castaño (color).

château *(cható)* m. castillo.

châtelain *(chat^elén)* m. castellano.

châtier *(chatié)* tr. castigar.

châtiment *(chatimán)* m. castigo.

chatoiement *(chatuamán)* m. viso; cambiante.

chatouiller *(chatuyé)* tr. cosquillear.   [quilloso.

chatouilleux *(chatuyé)* adj. cosquilloso.

chatoyant *(chatuayán)* adj. tornasolado.

chatoyer intr. tornasolar.

châtrer *(chatré)* tr. castrar.

chaud, e *(chó, ód)* adj. caliente.

chaudement *(chod^emán)* adv. con calor.

chaudière *(chodiér)* f. caldera.

chaudron *(chodrón)* m. caldero.

chaudronnier, ière *(chodronié, iér)* adj. calderero, a.

chauffage *(chofáj)* m. calefacción.

chauffer *(chofé)* tr. calentar.

chauffeur *(chofér)* m. chófer.

chauler *(cholé)* tr. Agr. encalar.

chaume *(chóm)* m. rastrojo; bálago.

chaumière *(chomiér)* f. choza.

chaussée *(chosé)* f. calzada; **le rez-de-chaussée,** planta baja.

chausse-pied *(chos^pié)* m. calzador.

chausser *(chosé)* tr. calzar.

chausses *(chós)* f. pl. calzones.

chaussette *(chosét)* f. calcetín.

chausson *(chosón)* m. zapatilla.

chaussure *(chosü'r)* f. calzado.

chauve *(chóv)* adj. y s. calvo, a.

chauve-souris *(chov^surí)* f. murciélago.

chauvin *(chovén)* m. patriotero.

chaux *(chó)* f. cal.

chavirer *(chaviré)* intr. zozobrar.

chef *(chéf)* m. jefe.

chef-d'œuvre *(ched^évr)* m. obra maestra.

chef-lieu *(cheflié)* m. Geog. cabeza de partido.

chemin *(chémén)* m. camino.

chemin de fer *(chemén de fér)* ferrocarril.

cheminée *(cheminé)* f. chimenea.

cheminer *(cheminé)* intr. caminar.

cheminot *(cheminó)* m. ferroviario.

chemise *(chemís)* f. camisa.

chenal *(chenál)* m. canal.

chêne *(chén)* m. roble; encina.

chêne-liège *(chen^liéj)* m. alcornoque.

chenil *(cheni)* m. perrera; fig. pocilga.

chenille *(cheníy)* f. oruga.

chenu, e *(chenü')* adj. cano, a.

cheptel *(cheptél)* m. ganado.

chèque *(chék)* m. cheque.

cher, chère *(chér)* adj. querido, a; f. comida.

chercher *(cherché)* tr. buscar, inquirir.

chercheur, euse *(cherchér, és)* adj. y s. investigador, a.

chérir *(cherir)* tr. querer.

cherté *(cherté)* f. carestía.

chérubin *(cherübén)* m. querubín.

chétif, ive *(chetif, ív)* adj. ruin; enclenque.

cheval *(chevál)* m. caballo.

chevalerie *(cheval^eri)* f. caballería.

chevalet *(chevalé)* m. caballete.

chevalier *(chevalié)* m. caballero.

chevauchée *(chevoché)* f. cabalgata.

chevaucher *(chevoché)* intr. cabalgar.

chevelu, e *(chev^elü')* adj. cabelludo, a.   [ra.

chevelure *(chevelü'r)* f. cabellera.

chevet *(chevé)* m. cabecera de la cama.

cheveu *(chevé)* m. cabello.

cheville *(cheviy)* f. tobillo.

chèvre *(chévr)* f. cabra; cabria.

chevreau *(chevró)* m. cabrito.

chèvrefeuille *(chevr^féy)* m. madreselva.

chevreuil *(chevréy)* m. corzo.

chevrotant, e *(chevrotán, ánt)* adj. tembloroso, a.

chewing gum *(chuingóm)* m. chicle.

chez *(ché)* prep. en casa de; en, entre.

chic *(chíc)* m. gusto, elegancia.

chicane *(chicán)* f. embrollo; pleito.

chicaner *(chicané)* intr. embrollar.

chiche *(chích)* adj. mezquino, a.

chicorée *(chicoré)* f. achicoria.

chien, enne *(chién)* f. perro, a.

chiffon *(chifón)* m. trapo.

chiffoner *(chifoné)* tr. arrugar; fig. molestar.

chiffonier, ière *(chifonié, iér)* s. trapero, a.

chiffre *(chífr)* m. cifra.

chiffrer *(chifré)* tr. numerar; cifrar.

chignon *(chiñón)* m. moño.

chimère *(chimér)* f. quimera.

chimie *(chimí)* f. química.

chimpanzé *(chenpansé)* m. chimpancé.

chinoiserie *(chinuas^eri)* f. extravagancia.

chiper *(chipé)* tr. fam. robar.

chiquenaude *(chik^nód)* f. capirotazo.

chiquer *(chiké)* tr. mascar tabaco.

chiromancie *(kiromansi)* f. quiromancia.

chirurgie *(chirürji)* f. cirugía.

chirurgien *(chirürjién)* m. cirujano.

chlore *(clór)* m. cloro.

chloroforme *(cloroförm)* m. cloroformo.

chlorophylle *(clorofíl)* f. clorofila.

choc *(chóc)* m. choque.

chocolat *(chocolá)* m. chocolate.

chœur *(kér)* m. coro.

choir *(chuár)* intr. caer.

choisir *(chuasir)* tr. escoger.

choix *(chuá)* m. elección.

choléra *(kolerá)* m. cólera.

chômage *(chomáj)* m. paro forzoso.

chômer *(chomé)* tr. holgar.

chômeur *(chomér)* m. parado (sin trabajo).

chopine *(chopín)* f. cuartillo.

chopper *(chopé)* intr. tropezar.

choquant, e *(chokán, ánt)* adj. chocante.

choquer *(choké)* tr. chocar.

chorégraphie *(koreográfi)* f. coreografía.

chorus *(korü's)* m. coro.

chose *(chós)* f. cosa.

chou *(chú)* m. col.

choucroute *(chucrút)* f. col blanca fermentada.

chouette *(chuét)* f. lechuza.

chou-fleur *(chuflér)* m. coliflor.

choyer *(chuayé)* tr. mimar.

chrétien, ienne *(kretién)* adj. y s. cristiano, a.

chrome *(króm)* m. cromo.

chronique *(kroník)* f. crónica; adj. crónico, a.

chroniqueur *(kronikér)* m. cronista.

chronologie *(kronoloji)* f. cronología.

chronomètre *(kronométr)* m. cronómetro.

chrysanthème *(krisantém)* m. crisantemo.

chuchoter *(chüchoté)* tr. cuchichear.

chute *(chü't)* f. caída; fracaso. **ci** *(si)* adv. aquí; es contracción de **ici; ci-inclus, ci-joint,** adjunto; **ci-après,** a continuación.

cible *(síbl)* f. blanco, señal.

ciboire *(sibuár)* m. copón.

cicatrice *(sicatrís)* f. cicatriz.

cicatriser *(sicatrisé)* tr. cicatrizar.

cicérone *(siserón)* m. cicerone.

cidre *(sídr)* m. sidra.

ciel *(siél)* m. cielo.

cierge *(siérj)* m. cirio.

cigale *(sigál)* f. cigarra.

cigare *(sigár)* m. cigarro.

cigarete *(sigarét)* f. cigarrillo.

cigogne *(sigóñ)* f. cigüeña.

ciguë *(sigü')* f. cicuta.

cil *(síl)* m. pestaña.

cime *(sim)* f. cima.

ciment *(simán)* m. cemento.

cimenter *(simanté)* tr. cementar.   [terio.

cimetière *(sim^etiér)* m. cementerio.

cinéma *(sinemá)* m. cine.

cinématographier *(sinematografié)* tr. filmar.

cingler (senglé) intr. singlar.
cinq (sénk) adj. cinco.
cinquante (senkánt) adj. cincuenta.
cinquième (senkiém) adj. y s. quinto, a.
cintrer (sentré) tr. abovedar.
cirage (siráj) m. betún.
circoncision (sirconsisión) f. circuncisión.
cinconférence (sirconferáns) f. circunferencia.
circonflexe (sirconflécs) adj. circunflejo.
circonscription (sirconscripsión) f. circunscripción.
circonscrire (sirconscrír) tr. circunscribir.
circonspect, e (sirconspé, éct) adj. circunspecto, a.
circonstance (sirconstáns) f. circunstancia.
circuit (sircüí) m. circuito.
circulaire (sircülér) adj. circular.
circulation (sircülasión) f. circulación.
circuler (sircülé) intr. circular.
cire (sir) f. cera.
cirer (siré) tr. encerar.
cireur (sirér) m. limpiabotas.
cirque (sírk) m. circo.
cisailles (sisáy) f. pl. cizallas.
ciseau (sisó) m. cincel; pl. tijeras.
ciseler (siselé) tr. cincelar.
ciselure (siselü'r) f. cinceladura.
citadelle (sitadél) f. ciudadela.
citadin, e (sitadén) s. ciudadano, a.
citation (sitasión) f. citación.
cité (sité) f. ciudad.
citer (sité) tr. citar, emplazar.
citerne (sitérn) f. cisterna.
cithare (sitár) f. cítara.
citoyen, enne (situayén) s. ciudadano, a.
citrin, e (sitrén, ín) adj. cetrino, a.
citron (sitrón) m. limón.
citronnade (sitronád) f. limonada.
citronnier (sitronié) m. limonero.
citrouille (sitrúy) f. calabaza.
civet (sivé) m. guiso de liebre.
civière (sivié'r) f. angarillas.
civil, e (sivíl) adj. civil.
civilisation (sivilisasión) f. civilización.
civiliser (sivilisé) tr. civilizar.
civilité (sivilité) f. cortesía.
civique (sivík) adj. cívico, a.
claie (clé) f. zarzo: cañizo.
clair, e (clér) adj. claro. a.
clairet (cleré) adj. y s. clarete.
claire-voie (clervuá) f. claraboya.
clairière (clerié'r) f. clara; claro (en un bosque).
clairon (clerón) m. clarín.
clairvoyant, e (clervuayán, ánt) adj. y s. clarividente.
clameur (clamér) f. clamor.
clandestin, e (clandestén, ín) adj. clandestino, a.
clapoter (clapoté) intr. chapotear.
clapotis (clapotí) m. chapoteo.
clapper (clapé) intr. claquear.
claque (clák) f. palmada.
claquement (clak°mán) m. chasquido.
claquer (claké) intr. crujir; casteñetear.
claquement (clak°té) intr. cacarear.
clarifier (clarifié) tr. clarificar.
clarinette (clarinét) f. clarinete.
clarté (clarté) f. claridad.
classe (clás) f. clase.
classement (clas°mán) m. clasificación.
classer (clasé) tr. clasificar.

classeur (clasér) m. clasificador.
classique (clasík) adj. y s. clásico, a.
claudication (clodicasión) f. claudicación.
clause (clós) s. cláusula.
clavecin (clav°sén) m. clave.
clavicule (clavicü'l) f. clavícula.
clavier (clavié) m. teclado.
clef (clé) f. llave; clave.
clémence (clemáns) f. clemencia.
clément, e (clemán, ánt) adj. clemente.
clerc (clér) m. pasante; clérigo.
clergé (clerjé) m. clero.
clerical, e (clericál) adj. y s. clerical.
cliché (cliché) m. cliché o clisé.
client, e (clián, ánt) s. cliente.
clientèle (cliantél) f. clientela.
cligner (cliñé) tr. guiñar.
clignoter (cliñoté) intr. pestañear.
climat (climá) m. clima.
climatologie (climatoloji) f. climatología.
clin d'œil (clén déy) m. pestañeo.
clinique (cliník) f. clínica.
clique (clík) f. pandilla.
cliqueter (clik°té) intr. resonar.
cliquetis (clik°tí) m. ruido, chischás.
cliver (clivé) tr. hender (mineral).
cloaque (cloák) m. cloaca.
clochard (clochár) m. pordiosero.
cloche (clóch) f. campana.
clocher (cloché) m. campanario; intr. cojear.
clochette (clochét) f. campanilla.
cloison (cluasón) f. tabique.
cloisonner (cluasoné) tr. tabicar.
cloître (cluátr) m. claustro.
cloîtrer (cluatré) tr. enclaustrar.
clopiner (clopiné) intr. renquear.
cloporte (clopórt) m. cochinilla.
cloque (clók) f. vejiguilla.
clore (clór) tr. cerrar.
clos, e (cló, ós) p. p. de clore; m. cercado; à huis clos, a puerta cerrada.
clôture (clotü'r) f. cercado; clausura; fin.
clôturer (cloturé) tr. cercar, terminar.
clou (clú) m. clavo; divieso.
clouer (clué) tr. cercar, terminar.
clouter (cluté) tr. clavetear.
clown (clún) m. payaso.
club (clëb) m. club.
coagulation (coagülasión) f. coagulación.
coaguler (coagülé) tr. coagular.
coalition (coalisión) f. coalición.
coasser (coasé) intr. croar.
cobalt (cobált) m. cobalto.
cobaye (cobáy) m. cobayo.
coca (cocá) f. coca.
cocagne (cocáñ) f. cucaña.
cocaïne (cocaín) f. cocaína.
cocarde (cocárd) f. escarapela.
cocasse (cocás) adj. bromista.
coche (cóch) m. tartana, galera; f. muesca.
cochenille (coch°níy) f. cochinilla.
cocher (coché) m. cochero.
cochon (cochón) m. cerdo; fig. sucio.
cochonnerie (cochon°rí) f. cochinada.
coco (cocó) m. capullo.

cocon (cocón) m. capullo.
cocotier (cocotié) m. cocotero.
cocotte (cocót) f. pajarita; cazuela; fam. ramera; cocotte minute, olla a presión.
coction (cocsión) f. cocción.
code (cód) m. código.
codicille (codisíl) m. codicilo.
codifier (codifié) tr. codificar.
coefficient (coefisián) m. coeficiente.
coercitif, ve (coersitif, ív) adj. coercitivo, a.
cœur (kér) m. corazón; par cœur, de memoria.
coexistence (coecsistáns) f. coexistencia.
coffre (cófr) m. cofre.
coffre-fort (cofr°fór) m. caja de caudales.
coffrer (cofré) tr. encerrar; embaular.
cognac (coñác) m. coñac.
cognasse (coñás) f. membrillo.
cognassier (coñasié) m. membrillero.
cognée (coñé) f. hacha.
cogner (coñé) tr. golpear; r. darse un golpe; pop. pelearse.
cohabiter (coabité) intr. cohabitar.   [cia.
cohérence (coeráns) f. coherencohérent, e (coerán, ánt) adj. coherente.
cohésion (coesión) f. cohesión.
cohorte (coórt) f. cohorte.
cohue (coü) f. muchedumbre, barahunda.
coi, coite (cuá, cuát) adj. quieto, a; callado, a.
coiffe (cuáf) f. cofia.
coiffer (cuafé) tr. cubrir la cabeza; peinar; se— (secuafé) r. peinarse.
coiffeur (cuafér) m. peluquero.
coiffure (cuafü'r) f. peinado, tocado.
coin (cuén) m. esquina; rincón; cuña.
coincer (cuensé) tr. acuñar; fam. sujetar.
coïncidence (coensidáns) f. coincidencia.
coïncider (coensidé) intr. coincidir.
coing (cuén) m. membrillo.
coke (cók) m. coque.
col (cól) m. cuello; puerto de montaña.
coléoptère (coleoptér) m. coleóptero.
colère (colér) f. cólera.
colérique (colerík) adj. y s. colérico, a.
colifichet (colifiché) m. baratija.
colimaçon (colimasón) m. caracol.
colin (colén) m. merluza.
colique (colík) f. cólico.
colis (colí) m. paquete, bulto.
collaborateur (colaboratér) m. colaborador.
collaboration (colaborasión) f. colaborador.
collaborer (colaboré) intr. colaborar.
collage (coláj) m. encolamiento.
collant, e (colán, ánt) adj. ajustado, a.
collation (colasión) f. colación.
colle (cól) f. cola.
collecte (coléct) f. colecta.
collecteur (colectér) m. colector.
collectif, ive (colectif, ív) adj. colectivo, a.
collectionner (colecsioné) intr. coleccionar.
collectivité (colectivité) f. colectividad.

collège (coléj) m. colegio.
collégien (colejién) m. colegial.
collègue (colég) m. colega.
coller (colé) tr. encolar; pegar.
collet (colé) m. cuello (de vestido).
colleter (colté) tr. coger por el cuello.
collier (colié) m. collar.
colline (colín) f. colina.
collision (colisión) f. colisión.
collocation (colocasión) f. colocación.
colloïde (coloíd) m. coloide.
colloque (colók) m. coloquio.
collusion (colüsión) f. colusión.
colmater (colmaté) tr. colmatar.
colombe (colónb) f. paloma.
colombier (colonbié) m. palomar.
colon (colón) m. colono.
côlon (colón) m. colon.
colonel (colonél) m. coronel.
colonie (coloní) f. colonia.
colonisation (colonisasión) f. colonización.
coloniser (colonisé) tr. colonizar.
colonnade (colonád) f. columnata.
colonne (colón) f. columna.
colorant, e (colorán, ánt) adj. colorante.
colorer (coloré) tr. colorar; fig. colorear.
coloris (colorí) m. colorido.
colossal (colosál) adj. colosal.
colosse (colós) m. coloso.
colporteur (colportér) m. buhonero.
coma (comá) m. coma.
combat (conbá) m. combate.
combattant, e (conbatán, ánt) adj. combatiente.
combattre (conbátr) tr. combatir.
combien (conbién) adv. cuán, cuánto, a; cuántos, as.
combinaison (conbinesón) f. combinación.   [nar.
combiner (conbiné) tr. combicomble (cónbl) m. colmo; adj. colmado, a.
combler (conblé) tr. colmar.
combustible (conbüstíbl) s. y adj. combustible.
combustion (conbüstión) f. combustión.
comédie (comedi) f. comedia.
comédien, enne (comedién) s. comediante.
comestible (comestíbl) s. y adj. comestible.
comète (comét) f. cometa.
comice (comís) m. comicio.
comique (comík) adj. cómico, a.
comité (comité) m. comité.
commandant (comandán) s. y adj. comandante.
commande (cománd) f. encargo.
commandement (comand°mán) m. mando; mandamiento; mandato.
commander (comandé) tr. mandar. Com. hacer un pedido.
commanditaire (comanditér) s. comanditario.
commandite (comandít) f. comandita.
comme (cóm) adv. como; cuán; conj. como; cuando.
commémoration (comemorasión) f. conmemoración.
commémorer (comemoré) tr. conmemorar.

commencement (*comansᵉmán*) m. comienzo.
commencer (*comansé*) tr. comenzar.
commensal (*comansál*) s. comensal.
comment (*comán*) adv. cómo.
commentaire (*comantér*) m. comentario.
commenter (*comanté*) tr. comentar.
commérage (*comeráj*) m. comadreo.
commerçant, e (*comersán, ánt*) s. comerciante.
commerce (*comérs*) m. comercio.
commercer (*comersé*) intr. comerciar.
commercial, e (*comersiál*) adj. comercial.
commère (*comér*) f. comadre.
commettant (*cometán*) m. comitente. [**ter.**
commettre (*cométr*) tr. comeminación.
commination (*cominasión*) f. conminación.
comminatoire (*cominatuár*) adj. conminatorio, a.
commis (*comí*) m. dependiente.
commisération (*comiserasión*) f. conmiseración.
commissaire (*comisér*) m. comisario.
commissariat (*comisariá*) m. comisaría.
commission (*comisión*) f. comisión.
commissionner (*comisioné*) tr. comisionar.
commode (*comód*) adj. cómodo, a; f. cómoda.
commodité (*comodité*) f. comodidad.
commodore (*comodór*) m. comodoro.
commotion (*comosión*) f. conmoción.
commuer (*comüé*) tr. conmutar.
commun, e (*comén, ü'n*) adj. y n. común.
communauté (*comünoté*) f. comunidad.
commune (*comü'n*) f. distrito; ayuntamiento.
communément (*comünemán*) adv. comúnmente.
communication (*comünicasión*) f.
communier (*comunié*) tr. comulgar.
communiquer (*comüniké*) tr. comunicar.
communisme (*comünism*) m. comunismo.
communiste (*comünist*) adj. y s. comunista.
commutateur (*comütatér*) m. conmutador.
compact, e (*conpáct*) adj. compacto.
compagne (*conpáñ*) m. compañera. [ñía.
compagnie (*conpañí*) f. compañía.
compagnon (*conpañón*) m. compañero.
comparable (*conparábl*) adj. comparable.
comparaison (*conparesón*) f. comparación.
comparaître (*conparétr*) intr. comparecer.
comparer (*conparé*) tr. comparar.
comparse (*conpárs*) s. comparsa.

compartiment (*conpartimán*) m. compartimento; casilla.
comparution (*conparüsión*) f. comparecencia.
compas (*conpá*) m. compás.
compassion (*conpasión*) f. compasión.
compatibilité (*conpatibilité*) f. compatibilidad.
compatible (*conpatíbl*) adj. compatible.
compatir (*conpatír*) intr. compadecerse.
compatissant, e (*conpatisán, ánt*) adj. compasivo, a.
compatriote (*conpatriót*) m. compatriota.
compensation (*conpansasión*).
compenser (*conpansé*) tr. compensar. [dre.
compère (*conpér*) m. compadre.
compétence (*conpetáns*) f. competencia.
compétent, e (*conpetán, ánt*) adj. competente.
compétiteur, trice (*conpetitér, tris*) adj. competidor, a.
compétition (*conpetisión*) f. competición.
compilation (*conpilasión*) f. compilación.
compiler (*conpilé*) tr. compilar.
complainte (*conplént*) f. querella; queja.
complaire (*conplér*) intr. complacer.
complaisance (*conplesáns*) f. complacencia.
complément (*conplemán*) m. complemento.
complémentaire (*conplemantér*) adj. complementario, a.
complet, ète (*conplé, ét*) adj. completo, a.
compléter (*conpleté*) tr. completar. [plejo, a.
complexe (*conplécs*) adj. complico.
complication (*conplicasión*) f. complicación.
complice (*conplís*) m. cómplice.
complicité (*conplisité*) f. complicidad.
compliment (*conplimán*) m. cumplimiento, cumplido.
complimenter (*conplimanté*) tr. cumplimentar.
compliqué, e (*conpliké*) adj. complicado.
compliquer (*conpliké*) tr. complicar.
complot (*conpló*) m. complot.
comploter (*conploté*) tr. tramar.
comportement (*conportᵉmán*) m. conducta.
comporter (*conporté*) tr. soportar; **se—** (*seconporté*) conducirse.
composé (*conposé*) m. compuesto.
composer (*conposé*) tr. componer; intr. transigir.
composite (*conposít*) adj. compuesto.
compositeur (*conpositér*) m. compositor.
composition (*conposisión*) f. composición.
compote (*conpót*) f. compota.
compréhensible (*conpreansíbl*) adj. comprensible.
compréhension (*conpreansión*) f.
comprendre (*conprándr*) tr. comprender.
compresse (*conprés*) f. compresa.
compresseur (*conpresér*) m. compresor.
comprimé, é (*conprimé*) adj. comprimido, a.
comprimer (*conprimé*) tr. comprimir.
compris, e (*conprí, ís*) adj. comprendido, a.

compris (*conprí*) incluso.
compromettant (*conprometán*) adj. comprometedor.
compromettre (*conprométr*) tr. comprometer.
compromis (*conpromí*) m. compromiso.
comptabilité (*contabilité*) f. contabilidad.
comptable (*contábl*) m. contador; tenedor de libros.
comptant (*contán*) adj. contante; **au comptant**, al contado.
compte (*cónt*) m. cuenta; **compte rendu**, informe; **compte courant**, cuenta corriente.
compter (*conté*) tr. contar.
compteur (*contér*) m. contador (aparato).
comptoir (*contuár*) m. mostrador; factoría.
concentration (*consantrasión*) f. concentración.
concentrer (*consantré*) tr. concentrar.
concept (*consépt*) m. concepto.
conception (*consepsión*) f. concepción.
concave (*concáv*) adj. cóncavo, a.
concavité (*concavité*) f. concavidad.
concentrique (*consantrík*) adj. concéntrico, a. [der.
concéder (*consedé*) tr. conceder.
compulser (*conpülsé*) tr. compulsar.
concasser (*concasé*) tr. triturar.
comput (*conpü't*) m. cómputo.
comtesse (*contés*) f. condesa.
comté (*conté*) m. condado.
comte (*cónt*) m. conde.
concerner (*conserné*) tr. concernir.
concert (*consér*) m. concierto.
concerter (*conserté*) tr. concertar.
concertiste (*consertíst*) s. concertista.
concession (*consesión*) f. concesión.
concevoir (*consevuár*) tr. concebir. [serje.
concierge (*consiérj*) s. conserje.
concile (*consíl*) m. concilio.
conciliabule (*consiliabü'l*) m. conciliábulo.
conciliateur, trice (*consiliatér, tris*) s. conciliador.
conciliation (*consiliasión*) f. conciliación.
concilier (*consilié*) tr. conciliar.
concis, e (*consí, ís*) adj. conciso, a.
concitoyen, enne (*consituayén*) s. conciudadano, a.
conclave (*conclàv*) m. cónclave.
concluant, e (*conclüán, ánt*) adj. concluyente.
conclure (*conclü'r*) tr. concluir; intr. deducir.
conclusion (*conclüsión*) f. conclusión.
concombre (*concónbr*) m. pepino.
concordance (*concordáns*) f. concordancia.
concordant, e (*concordán, ánt*) adj. concordante.
concordat (*concordá*) m. concordato. [dia.
concorde (*concórd*) f. concordar.
concorder (*concordé*) intr. concordar.
concourir (*concurír*) intr. concurrir.
concours (*concúr*) m. concurso.
concret, ète (*concré, ét*) adj. concreto, a.
concubine (*concübín*) f. concubina.
concupiscence (*concüpisáns*) f. concupiscencia.

concurrence (*concurráns*) f. concurrencia.
concurrencer (*concürransé*) tr. competir con.
condamnation (*condanasión*) f. condenación.
condamné (*condané*) adj. y s. condenado.
condamner (*condané*) tr. condenar.
condensateur (*condansatér*) m. condensador.
condensation (*condansasión*) f. condensación.
condenser (*condansé*) tr. condensar.
condescendance (*condesandáns*) f. condescendencia.
condescendre (*condesándr*) intr. condescender.
condiment (*condimán*) m. condimento.
condisciple (*condisípl*) m. condiscípulo.
condition (*condisión*) f. condición.
conditionnel, elle (*condisionél*) adj. condicional.
conditionner (*condisioné*) tr. acondicionar.
condoléance (*condoleáns*) f. pésame.
condor (*condór*) m. cóndor.
conducteur, trice (*condüctér, tris*) s. conductor, a.
conduire (*condü'ir*) tr. guiar.
conduite (*condü'it*) f. conducta; cañería.
cône (*cón*) m. cono.
confection (*confesión*) f. confección.
confectionner (*confecsioné*) tr. confeccionar.
confédération (*confederasión*) f. confederación.
confédérer (se) (*seconfederé*) f. confederarse.
conférence (*conferáns*) f. conferencia.
conférencier (*conferansié*) m. conferenciante.
conférer (*conferé*) tr. conferir; intr. conferenciar.
confesser (*confesé*) tr. confesar; r. confesarse.
confesseur (*confesér*) m. confesor.
confession (*confesión*) f. confesión.
confessionnal (*confesionál*) m. confesionario.
confiance (*confiáns*) f. confianza.
confiant, e (*confián, ánt*) adj. confiado, a.
confidence (*confidáns*) f. confidencia.
confident, e (*confidán, ánt*) s. confidente.
confidentiel, elle (*confidansiél*) adj. confidencial.
confier (*confié*) tr. confiar.
configuration (*configürasión*) f. configuración.
configurer (*configüré*) intr. y tr. configurar.
confiner (*confiné*) intr. y tr. confinar. [nes.
confins (*confén*) m. pl. confines.
confirmation (*confirmasión*) f. confirmación.
confirmer (*confirmé*) tr. confirmar.
confiscation (*confiscasión*) f. confiscación.
confiserie (*confisᵉrí*) f. confitería.
confiseur, euse (*confisér, és*) s. confitero, a.
confisquer (*confiské*) tr. confiscar.
confit (*confí*) m. dulce.

confiture *(confitü'r)* f. confitura.

conflagration *(conflagrasión)* f. conflagración.

conflit *(confli)* m. conflicto.

confluent *(confluán)* m. confluencia.

confondre *(confóndr)* tr. confundir.

conformation *(conformasión)* f. conformación.

conforme *(confórm)* adj. conforme.

conformément *(conformemán)* adv. conformemente.

confort *(confór)* m. confort, comodidad.

confortable *(confortábl)* adj. cómodo, a.

conforter *(conforté)* tr. confortar.

confrère *(confrér)* m. colega.

confrérie *(confreri)* f. cofradía.

confrontation *(confrontasión)* f. confrontación.

confronter *(confronté)* tr. confrontar.

confus, e *(confü, ü's)* adj. confuso, a.

confusion *(confüsión)* f. confusión.

congé *(conjé)* m. permiso, licencia; vacaciones.

congédier *(conjedié)* tr. despedir.

congeler *(conjelé)* tr. congelar.

congestion *(conjestión)* f. congestión.

conglomérat *(conglomerá)* m. conglomerado.

congratulation *(congratülasión)* f. congratulación.

congre *(cóngr)* m. congrio«

congrégation *(congregasión)* f. congregación.

congrès *(congré)* m. congreso.

congru, e *(congrü')* adj. congruente.

conifère *(conifér)* adj. y s. conífero, a.

conique *(conik)* adj. cónico, a.

conjecture *(conjectü'r)* f. conjetura.

conjoint, e *(conjuén, ént)* s. cónyuge; adj. unido, a.

conjointement *(conjuentemán)* adv. juntamente.

conjonctif, ive *(conjonctif, ív)* adj. conjuntivo, a.

conjoncture *(conjonctü'r)* f. coyuntura.

conjugaison *(conjüguesón)* f. conjugación.

conjuguer *(conjügué)* tr. conjugar.

conjuration *(conjürasión)* f. conjuración.

conjurer *(conjüré)* intr. conspirar.

connaissance *(conesáns)* f. conocimiento.

connaisseur, euse *(conesér, és)* s. conocedor, a.

connaître *(conétr)* tr. conocer.

connecter *(conecté)* tr. conectar.

connexion *(conecsión)* f. conexión.

connivence *(conináns)* f. connivencia.

connu, e *(conü')* p. p. de connaître y adj.

conque *(cónk)* f. concha; cuenca.

conquérant, e *(conkerán, ánt)* adj. y s. conquistador, a.

conquérir *(conkerír)* tr. conquistar.

conquête *(conkét)* f. conquista.

consacrer *(consacré)* tr. consagrar.

consanguin *(consanguén)* adj. consanguíneo.

conscience *(consiáns)* f. conciencia.

conscient, e *(consián, ánt)* adj. consciente.

conscription *(conscripsión)* f. reclutamiento.

conscrit *(conscrí)* m. quinto, recluta.

consécration *(consecrasión)* f. consagración.

consécutif, ive *(consecütif, ív)* adj. consecutivo, a.

conseil *(conséy)* m. consejo.

conseiller *(conseyé)* tr. aconsejar; m. consejero.

consentement *(consantemán)* m. consentimiento.

consentir *(consantír)* intr. consentir.

conséquence *(consekáns)* f. consecuencia.

conséquent *(consekán)* adj. y s. consecuente; **par conséquent**, por consiguiente.

conservateur, trice *(conservatér, tris)* adj. y s. conservador, a.

conservation *(conservasión)* f. conservación.

conservatoire *(conservatuár)* adj. y s. conservatorio.

conserve *(consérv)* f. conserva.

conserver *(conservé)* tr conservar.

considérable *(considerábl)* adj. considerable.

considération *(considerasión)* f. consideración.

considérer *(consideré)* tr. considerar.

consignataire *(consiñatér)* m. consignatario.

consigne *(consiñ)* f. consigna.

consigner *(consiñé)* tr. consignar.

consistance *(consistáns)* f. consistencia.

consistant, e *(consistán, ánt)* adj. consistente.   [tir.

consister *(consisté)* tr. consistir.

consistoire *(consistuár)* m. consistorio.

consolation *(consolasión)* f. consolación.

consoler *(consolé)* tr. consolar.

consolidation *(consolidasión)* f. consolidación.

consolider *(consolidé)* tr. consolidar.

consommateur *(consomatér)* m. consumidor.

consommation *(consomasión)* f. consumo; extinción.

consommé, e *(consomé)* adj. consumado, a; consumido, a; m. caldo.

consommer *(consomé)* tr. consumir; consumar.

consonance *(consonáns)* f. consonancia.

consonne *(consón)* f. consonante.

consorts *(consór)* m. pl. consortes.

consortium *(consorsióm)* m. consorcio.

conspirateur *(conspiratér)* adj. y s. conspirador.

conspiration *(conspirasión)* f. conspiración.

conspirer *(conspiré)* intr. conspirar.

conspuer *(conspué)* tr. insultar.

constamment *(constamán)* adv. constantemente.

constance *(constáns)* f. constancia.

constant, e *(constán, ánt)* adj. constante.

constatation *(constatasión)* f. constatación.

constater *(constaté)* tr. comprobar.

constellation *(constelasión)* f. constelación.

constellé, e *(constelé)* adj. constelado, a.

consternation *(consternasión)* f. consternación.

consterner *(consterné)* tr. consternar.

constipation *(constipasión)* f. estreñimiento.

constituant, e *(constitüán, ánt)* adj. constituyente.

constituer *(constitüé)* tr. constituir.

constitution *(constitüsión)* f. constitución.

constructeur *(construictér)* adj. y s. constructor.

construction *(construcsión)* f. construcción.

construire *(construír)* tr. construir.

consul *(consü'l)* m. cónsul.

consulat *(consülá)* m. consulado.

consulter *(consülté)* tr. consultar.   [mlr.

consumer *(consümé)* tr. consumir.

cotact *(contáct)* m. contacto.

contagieux, euse *(contajié, és)* adj. contagioso, a.

contagion *(contajión)* f. contagio.

contaminer *(contaminé)* tr. contaminar.

conte *(cónt)* m. cuento.

contemplation *(contanplasión)* f. contemplación.

contempler *(contanplé)* tr. contemplar.

contemporain, e *(contanporén)* adj. y s. contemporáneo, a.

contenance *(contenáns)* f. capacidad; aspecto.

contenir *(contenír)* tr. contener.

content, e *(contán, ánt)* adj. contento, a.

contentement *(contantemán)* m. contento.

contenter *(contanté)* tr. contentar.

contentieux, euse *(contansié, és)* adj. y s. contencioso, a.

contention *(contansión)* f. contención.

contenu, e *(contenü')* adj. y s. contenido.

conter *(conté)* tr. contar.

contestation *(contestasión)* f. discusión.

contester *(contesté)* tr. e intr. discutir.

contexture *(contecstü'r)* f. contextura.

contigu, ë *(contigü')* adj. contiguo, a.

contiguïté *(contigüité)* f. contiguidad.   [tinencia.

continence *(contináns)* f. con-

continent, e *(continán)* adj. y s. continente.

continental, e *(continantál)* adj continental.

contingence *(contenjáns)* f. contingencia.

contingent, e *(contenján, ánt)* adj. y s. contingente.

continu, e *(continü')* adj. continuo, a.

continuation *(continüasión)* f. continuación.

continuel, elle *(continüél)* adj. continuo.

continuer *(continüé)* tr. e intr. continuar.

continuité *(continüité)* f. continuidad.

contondant, e *(contondán, ánt)* adj. contundente.

contorsion *(contorsión)* f. contorsión.

contour *(contúr)* m. contorno.

contourner *(conturné)* tr. contornear.

contracter *(contracté)* tr. contratar; contraer.

contraction *(contracsión)* f. contracción.

contradiction *(contradicsión)* f. contradicción.

contradictoire *(contradictuár)* adj. contradictorio, a.

contraindre *(contréndr)* tr. constreñir.

contrainte *(contrént)* f. apremio.

contraire *(contrér)* adj. y s. contrario.

contrarier *(contrarié)* tr. contrariar.

contrariété *(contrarieté)* f. contrariedad.   [te.

contraste *(contrást)* m. contras-

contraster *(contrasté)* intr. contrastar.

contrat *(contrá)* m. contrato.

contravention *(contravansión)* f. infracción.

contre *(cóntr)* prep. contra; junto a; m. lo contrario.

contre-attaque *(contraták)* f. contraataque.

contre-balancer *(contrebalansé)* tr. contrapesar.

contre-bande *(contrebánd)* contrabando.

contrebandier *(contrebandié)* s. contrabando.

contre-basse *(contr-bás)* f. contrabajo.

contre-carrer *(contrecarré)* tr. contrarrestar.

contre-cœur *(contrekér)* de mala gana.

contre-coup *(contrecú)* m. repercusión.

contre-courant *(contrecurán)* m. contracorriente.

contredire *(contredír)* tr. contradecir.

contrée *(contré)* f. comarca.

contrefaçon *(contrefasón)* f. falsificación.

contrefaire *(contrefér)* tr. contrahacer.

contrefort *(contrefór)* m. contrafuerte.

contre-jour *(contrejúr)* m. contraluz.

contremaître *(contremér)* m. contramaestre.

contrepartie *(contreparti)* f. contrapartida.

contrepoids *(contrepuá)* m. contrapeso.

contresens *(contresáns)* m. contrasentido: **à contresens**, al revés.

contresigner *(contresiñé)* tr. refrendar.

contretemps *(contretán)* m. contratiempo.

contrevenir *(contrevenír)* intr. contravenir.

contribuable *(contribüábl)* adj. y s. contribuyente.

contribuer *(contribüé)* intr. contribuir.

contribution *(contribüsión)* f. contribución.

contrit, e *(contrí, ít)* adj. contrito, a.

contrôle *(contról)* m. registro, inspección.

contrôler *(controlé)* tr. inspeccionar.

contrôleur, euse *(controlér, és)* adj. y s. revisor.

contrordre *(contrórdr)* m. contraorden.

controverse *(controvérs)* f. controversia.
contumace *(contümás)* f. contumacia.
contusion *(contüsión)* f. contusión.
contusionner *(contüsioné)* tr. contusionar.
convaincant, e *(convencán, ánt)* adj. convincente.
convaincre *(convéncr)* tr. convencer.
convaincu *(convencü')* adj. convencido.
convenable *(convenábl)* adj. conveniente.
convenance *(convenáns)* f. conveniencia.
convenir *(convenír)* intr. convenir; impers. importar.
convention *(convansión)* f. convención.
convergence *(converjáns)* f. convergencia.
convergent, e *(converján, ánt)* adj. convergente.
converger *(converjé)* intr. converger.
conversation *(conversasión)* f. conversación.
converser *(conversé)* intr. conversar.
conversion *(conversión)* f. conversión. [tlr.
convertir *(convertír)* tr. convertir.
convertisseur *(convertisér)* m. convertidor.
convexe *(convécs)* adj. convexo, a.
convict *(convíct)* adj. convicto.
conviction *(convicsión)* f. convicción.
convier *(convié)* tr. convidar.
convive *(convív)* s. convidado, a.
convocation *(convocasión)* f. convocatoria.
convoi *(convuá)* m. convoy, tren.
convoiter *(convuaté)* tr. codiciar.
convoitise *(convuatís)* f. codicia.
convoquer *(convoké)* tr. convocar. [yar.
convoyer *(convuayé)* tr. convoyar.
convulsif, ive *(convülsíf, ív)* adj. convulsivo, a.
coopération *(cooperasión)* f. cooperación.
coopérer *(coopéré)* intr. cooperar.
coordination *(coordinasión)* f. coordinación.
coordonner *(coordoné)* tr. coordinar.
copain *(copén)* m. compañero.
copeau *(copó)* m. viruta.
copie *(copí)* f. copia.
copier *(copié)* tr. copiar.
copieux, euse *(copié, és)* adj. copioso, a.
copiste *(copíst)* m. copista.
coprah *(coprá)* m. copra.
copule *(copü'l)* f. cópula.
coq *(cók)* m. gallo.
coque *(cók)* f. cáscara; casco.
coquelicot *(cokelicó)* m. amapola.
coqueluche *(cokelü'ch)* m. tos ferina.

coquet, ette *(coké, ét)* adj. y s. lindo, a; coqueta.
coquetier *(coketié)* m. huevero.
coquetterie *(coketrí)* f. coquetería.
coquillage *(cokiyáj)* m. marisco.
coquille *(cokíy)* f. concha.
coquin, ine *(cokén, ín)* adj. y s. pícaro, a.
cor *(cór)* m. callo; cuerno.
corail *(coráy)* m. coral.
corbeau *(corbó)* m. cuervo.
corbeille *(corbéy)* f. canasta.
corbillard *(corbiyár)* m. carro fúnebre.
corde *(córd)* f. cuerda.
cordeau *(cordó)* m. cordel.
cordelier *(cordelié)* m. franciscano.
cordial, e *(cordiál)* adj. cordial.
cordialité *(cordialité)* f. cordialidad.
cordier *(cordié)* m. cordelero.
cordon *(cordón)* m. cordón.
cordonnier *(cordonié)* s. zapatero.
coreligionnaire *(correlijionér)* s. correligionario.
coriace *(coriás)* adj. coriáceo, a.
cormoran *(cormorán)* m. mergo. [na.
corne *(córn)* f. cuerno; boci-
corné, e *(corné)* adj. córneo, a.
corneille *(cornéy)* f. corneja.
cornemuse *(cornemü's)* f. gaita.
cornet *(corné)* m. corneta; cubilete.
corniche *(corních)* f. cornisa.
cornichon *(cornichón)* m. pepinillo; mentecato.
cornue *(cornü')* f. retorta.
corollaire *(corolér)* m. corolario.
corolle *(coról)* f. corola.
corporation *(corporasión)* f. corporación.
corporel, elle *(corporél)* adj. corpóreo, a.
corps *(cór)* m. cuerpo.
corpulence *(corpüláns)* f. corpulencia.
corpulent *(corpülán)* f. corpulento.
corpuscule *(corpüscü'l)* m. corpúsculo.
correct, e *(corréct)* adj. correcto.
correcteur *(correctér)* m. corrector.
correctif, ive *(correctíf, ív)* adj. y s. correctivo, a.
correction *(correcsión)* f. corrección.
correctionnel *(correcsionél)* adj. y s. correccional.
corrélatif, ve *(correlatíf, ív)* adj. correlativo, a.
corrélation *(correlasión)* f. correlación.
correspondance *(correspondáns)* f. correspondencia.
correspondant, e *(correspondán, ánt)* adj. correspondiente; m. corresponsal.
correspondre *(correspóndr)* intr. corresponder.
corridor *(corridór)* f. pasillo.
corriger *(corrijé)* tr. corregir.
corroborer *(corroboré)* tr. corroborar.
corroder *(corrodé)* tr. corroer.
corrompre *(corrónpr)* tr. corromper.
corrosif, ive *(corrosíf, ív)* adj. y s. corrosivo, a.
corrosion *(corrosión)* f. corrosión.
corroyer *(corruayé)* tr. curtir.
corrupteur, trice *(corrüptér, trís)* adj. y s. corruptor, a.
corruption *(corrüpsión)* f. corrupción.

corsage *(corsáj)* m. corpiño.
corsaire *(corsér)* m. corsario.
corsé, e *(corsé)* adj. fuerte.
corselet *(corselé)* m. corselete.
corset *(corsé)* m. corsé.
cortège *(cortéj)* m. cortejo.
corvée *(corvé)* f. trabajo.
corvette *(corvét)* f. *Mar.* corbeta.
cosmétique *(cosmetík)* adj. y s. cosmético.
cosmique *(cosmík)* adj. cósmico, a.
cosmographie *(cosmografí)* f. cosmografía.
cosmopolite *(cosmopolít)* adj. y s. cosmopolita.
cosse *(cós)* f. *Bot.* vaina.
cossu, e *(cosü')* adj. adinerado, a.
costaud *(costó)* adj. y s. robusto.
costume *(costü'm)* m. vestido, m. corriente.
cote *(cót)* f. cuota; cotización.
côte *(cót)* f. costa; costilla; cuesta; côte à côte, al lado uno de otro.
côté *(coté)* m. lado; de côté, de lado.
coteau *(cotó)* m. collado.
côtelette *(cotelét)* f. chuleta.
coter *(coté)* tr. anotar; acotar.
coterie *(cotrí)* f. corro; pandilla.
cothurne *(cotür'n)* m. coturno.
côtier, ière *(cotié, iér)* adj. costero, a.
cotillon *(cotiyón)* m. cotillón.
cotisation *(cotisasión)* f. cotización.
cotiser *(cotisé)* tr. cotizar; escotar.
coton *(cotón)* m. algodón.
cotonnade *(cotonád)* f. cotonada.
côtoyer *(cotuayé)* tr. *Mar.* costear.
cotre *(cótr)* m. cúter.
cottage *(cotáj)* m. quinta.
cotte *(cót)* f. saya; cota.
cotylédon *(cotiledón)* m. cotiledón.
cou o col *(cú, col)* m. cuello.
couard, e *(cuár, árd)* adj. cobarde.
couardise *(cuardís)* f. cobardía.
couchant *(cuchán)* adj. y s. poniente.
couche *(cúch)* f. lecho; parto; pañal.
coucher *(cuché)* tr. tender; se— *(secuché)* r. acostarse; ponerse *(astro)*. [tre.
couchette *(cuchét)* f. cuna; camastro.
coucou *(cucú)* m. cuco.
coude *(cúd)* m. codo; recodo.
coudoyer *(cuduayé)* tr. codear.
coudre *(cúdr)* tr. coser.
coudrier *(cudrié)* m. avellano.
couffin *(cufén)* m. espuerta.
coulage *(culáj)* m. derramamiento.
coulant, e *(culán, ánt)* adj. fluente; corriente.
coulée *(culé)* f. colada.
couler *(culé)* intr. manar; hundirse (navío).
couleur *(culér)* f. color.
couleuvre *(culévr)* f. culebra.
coulisse *(culís)* f. bastidores; ranura; jareta.
couloir *(culuár)* m. pasillo.
coup *(cú)* m. golpe; coup d'œil, ojeada; tout à coup, de pronto.
coupable *(cupábl)* adj. y s. culpable.
coupant e *(cupán, ánt)* adj. cortante; m. filo.
coupe *(cúp)* f. corte; copa.
coupe-circuit *(cupesircuí)* m. fusible.

couper *(cupé)* tr. cortar.
coupeur *(cupér)* m. cortador.
couperet *(cupré)* m. cuchilla.
couperose *(cupérós)* f. caparrosa.
couple *(cúpl)* m. pareja.
coupler *(cuplé)* tr. aparear.
couplet *(cuplé)* m. copla.
coupole *(cupól)* f. cúpula.
coupon *(cupón)* m. cupón; retal.
coupure *(cupü'r)* f. corte.
cour *(cúr)* f. corte; tribunal; patio; cour-d'assises, audiencia; cour-d'appel, tribunal superior; cour des comptes, tribunal de cuentas.
courage *(curáj)* m. valor.
courageux, euse *(curajé, és)* adj. valeroso, a.
couramment *(curamán)* adv. corrientemente.
courant, e *(curán, ánt)* adj. m. corriente.
courbature *(curbatü'r)* f. agujetas.
courbe *(cúrb)* adj. curvo, a; f. curva.
courber *(curbé)* tr. encorvar; se—*(securbé)* r. encorvarse; someterse.
courbette *(curbét)* f. cabezada.
courbure *(curbü'r)* f. curvatura.
coureur, euse *(curér, és)* s. corredor, a.
courge *(cúrj)* f. calabaza.
courir *(curír)* intr. correr.
couronne *(curón)* f. corona.
couronnement *(curonemán)* m. coronamiento.
couronner *(curoné)* tr. coronar.
courrier *(currié)* m. correo.
courroie *(currúá)* f. correa.
courroucer *(currusé)* tr. enojar.
courroux *(currú)* m. enojo.
cours *(cúr)* m. curso; corriente; avenida; cotización.
course *(cúrs)* f. carrera; corrida.
coursier *(cursié)* m. corcel.
court, e *(cúr, cúrt)* adj. corto, a; tout court, simplemente.
courtage *(curtáj)* m. corretaje.
court-circuit *(cursircül)* m. corto circuito.
courtier *(curtié)* m. corredor.
courtisan *(curtisán)* m. cortesano.
courtiser *(curtisé)* tr. cortejar.
courtois, e *(curtuá, ás)* adj. cortés.
courtoisie *(curtuasí)* f. cortesía.
couseuse *(cusés)* f. costurera.
cousin, e *(cusén, ín)* s. primo, a.
coussin *(cusén)* m. cojín.
coussinet *(cusiné)* m. cojinete.
coût *(cú)* m. coste.
couteau *(cutó)* m. cuchillo.
coutelas *(cutelá)* m. cuchilla.
coutelier, ère *(cutelié, iér)* s. cuchillero, a.
coûter *(cuté)* intr. costar.
coûteux, euse *(cuté, és)* adj. costoso, a.
coutume *(cutü'm)* f. costumbre.
coutumier, ère *(cutümié, iér)* adj. acostumbrado, a.
couture *(cutü'r)* f. costura.
couturière *(cutüriér)* f. costurera.
couvaison *(cuvesón)* f. incubación.
couvée *(cuvé)* f. pollada, nidada.
couvent *(cuván)* m. convento.
couver *(cuvé)* tr. incubar.
couvercle *(cuvércl)* m. tapadera.
couvert *(cuvér)* m. cubierto.
couvert, e *(cuvér, ért)* adj. cubierto, a.

couverture (*cuvertü'r*) f. manta, funda.   [ra.
couveuse (*cuvés*) f. incubado.
couvre-feu (*cuvr°fé*) m. queda.
couvre-lit (*cuvr°li*) m. colcha.
couvre-pieds (*cuvr°pié*) m. cubrepié.
couvrir tr. cubrir.
crabe (*cráb*) m. cangrejo.
crachat (*crachá*) m. esputo.
cracher (*craché*) tr. e intr. escupir.
craie (*cré*) f. tiza, creta.
craindre (*créndr*) tr. temer.
crainte (*crént*) f. temor.
craintif, ive (*crentif, ív*) adj. temeroso, a.
cramoisi, e (*cramuasí*) adj. carmesí.
crampe (*cránp*) f. calambre.
crampon (*cranpón*) m. grapa.
cramponner (*cranponé*) tr. enganchar; **se—**(*secranponé*) r. asirse.
cran (*crán*) m. muesca; **avoir du cran,** tener energía.
crâne (*crán*) m. cráneo.
crânerie (*cran°rí*) f. fanfarronada.
crapaud (*crapó*) m. sapo.
crapule (*crapü'l*) f. crápula.
craque (*crák*) f. fam. patraña.
craqueler (*crak°lé*) tr. agrietar.
craquement (*crak°mán*) m. crujido.
craquer (*craké*) intr. crujir.
craqueter (*crak°té*) intr. castañetear; crepitar.
crasse (*crás*) f. mugre.
crasseux, euse (*crasé, és*) adj. mugriento, a.
cratère (*cratér*) m. cráter.
cravache (*cravách*) f. látigo.
cravate (*cravát*) f. corbata.
crayon (*creyón*) m. lápiz.
créance (*creáns*) f. crédito; **lettre de créance,** credenciales.
créancier, ère (*creansié, iér*) s. acreedor, a.
créateur, trice (*creatér, trís*) adj. y s. creador, a.
création (*creasión*) f. creación.
créature (*creatü'r*) f. criatura.
crécelle (*cresél*) f. carraca.
crèche (*créch*) f. pesebre; casa cuna.
crédit (*credi*) m. crédito.
créditer (*credité*) tr. acreditar; abonar.
créditeur (*creditér*) m. acreedor.
credo (*credó*) m. credo.
crédule (*credü'l*) adj. crédulo, a.   [dad.
crédulité (*credülité*) f. credulidad.
créer (*creé*) tr. crear; inventar.
crémaillère (*cremayér*) f. cremallera.
crémation (*cremasión*) f. cremación.
crématoire (*crematuár*) adj. y s. crematorio.
crème (*crém*) f. crema, nata.
crémerie (*crem°rí*) f. lechería, mantequería.
crémier, ère (*cremié, iér*) s. lechero, a.
créneau (*crenó*) m. almena.
créneler (*cren°lé*) tr. almenar; dentar.
créole (*creól*) adj. y s. criollo, a.
crêpe (*crép*) m. crespón; luto; hojuela.
crêper (*crepé*) tr. rizar.
crêpi (*crepí*) m. enjalbegado.
crépir (*crepír*) tr. enjalbegar.
crépitation (*crepitasión*) f. crepitación.
crépiter (*crepité*) intr. crepitar.
crépuscule (*crepüscü'l*) m. crepúsculo.

crépon (*crepón*) m. crespón.
crépu, e (*crepü'*) adj. crespo, a.
cresson (*cresón*) m. berro.
crétace (*cretasé*) adj. y s. cretáceo.
crête (*crét*) f. cresta; cimera.
crétin (*cretén*) m. cretino.
cretonne (*cretón*) f. cretona.
creuser (*crešé*) tr. cavar; profundizar.
creuset (*cresé*) m. crisol.
creux, euse (*cré, és*) adj. hueco, a.
crevaison (*crevás*) f. reventón.
crevasse (*crevás*) f. grieta.
crevasser (*crevasé*) tr. agrietar.
crever (*crevé*) tr. reventar.
crève-coeur (*crevkér*) m. disgusto.
crevette (*crevét*) f. langostino.
cri (*cri*) m. grito.
criailler (*criayé*) intr. chillar.
crible (*cribl*) m. criba.
cribler (*criblé*) tr. cribar; acribillar.
cric (*cric*) m. Mec. gato.
criée (*crié*) f. pregón.
crier (*crié*) intr. gritar.
crieur, euse (*criér, és*) s. voceador, a; **crieur public,** pregonero.
crime (*crím*) m. crimen.
criminel, elle (*criminél*) adj. criminal.
crin (*crén*) s. crin; cerda.
crinière (*criniér*) f. crines; melena.
crinoline (*crinolín*) f. crinolina.
crique (*crik*) f. Mar. cala.
criquet (*criké*) m. langosta.
crise (*cris*) f. crisis.
crisper (*crispé*) tr. crispar.
crisser (*crisé*) intr. rechinar.
cristal (*cristál*) m. cristal.
cristallin, e (*cristalén, ín*) adj. cristalino, a.
cristallisation (*cristalisasión*) f. cristalización.
cristalliser (*cristalisé*) tr. e intr. cristalizar.
cristallographie (*cristalografí*) f. cristalografía.
criterium (*criterióm*) m. criterio.
critique (*critik*) adj. y s. crítico; f. crítica.
critiquer (*critiké*) tr. criticar.
critiqueur (*critikér*) m. criticón.
croasser (*croasé*) intr. graznar.
croc (*cróc*) m. garfia; colmillo.
croc-en-jambe (*crocanjánb*) m. zancadilla.
crochet (*croché*) m. corchete; ganzúa.
crochu, e (*crochü'*) adj. corvo, a.
crocodile (*crocodíl*) m. cocodrilo.
croire (*cruár*) tr. creer; tener fe.
croisades (*cruasád*) f. pl. cruzadas.
croisé (*cruasé*) adj. y s. cruzado, a.
croisée (*cruasé*) f. ventana; Arq. crucero.
croisement (*cruas°mán*) m. cruzamiento.
croiser (*cruasé*) tr. cruzar.
croiseur (*cruasér*) m. Mar. crucero.
croisière (*cruasiér*) f. crucero.
croissance (*cruasáns*) f. crecimiento.
croissant, e (*cruasán, ánt*) m. creciente; media luna.
croître (*cruátr*) intr. crecer.
croix (*cruá*) f. cruz; aspa.
croque-mitaine (*crok°mitén*) m. coco.
croquer (*croké*) tr. e intr. mascar.

croquette (*krokét*) f. croqueta.
croquis (*kroki*) m. croquis.
crosse (*krós*) f. báculo; culata.
crotte (*crót*) f. cagarruta.
crotter (*croté*) tr. ensuciar.
crottin (*crotén*) m. estiércol.
croulant, e (*crulán, ánt*) adj. ruinoso, a.
croulement (*crul°mán*) m. hundimiento.
crouler (*crulé*) intr. hundirse.
croupe (*crúp*) f. grupa.
croupion (*crupión*) s. rabadilla.
croupir (*crupír*) intr. encegarse; fig. sumirse.
croupissement (*crupis°mán*) m. estancación.
croustillant, e (*crustiyán, ánt*) adj. cuscurroso, a.
croustiller (*crustiyé*) tr. e intr. cuscurrear.
croûte (*crút*) f. corteza; costra; **casser la croûte,** tomar un bocado.
croûton (*crutón*) m. cuscurro.
croyable (*cruayábl*) adj. creíble.   [cia.
croyance (*cruayáns*) f. creencia.
croyant, e (*cruayán, ánt*) adj. y s. creyente.
cru, e (*crü'*) adj. crudo, a; m. terruño, vidueño.
cruauté (*cruoté*) f. crueldad.
cruche (*crü'ch*) f. cántaro.
crucial, e (*crüsiál*) adj. crucial.
crucifère (*crüsifér*) adj. crucífero, a.
crucifier (*crüsifié*) tr. crucificar.
crucifix (*crüsifi*) m. crucifijo.
crudité (*crüdité*) f. crudeza.
crue (*crü'*) f. crecida.
cruel, elle (*crüél*) adj. cruel.
crûment (*crümán*) adv. crudamente.
crustacé, e (*crüstasé*) adj. y s. crustáceo, a.
crypte (*crípt*) f. cripta.
cube (*cüb'*) m. cubo; adj. cúbico, a.
cuber (*cübé*) tr. cubicar.
cubique (*cübík*) adj. cúbico, a.
cubisme (*cübísm*) m. cubismo.
cubitus (*cübitü's*) m. cúbito.
cueillette (*keyét*) f. recolección.
cueillir (*keyír*) tr. coger.
cuiller o cuillère (*cüiyér*) f. cuchara.
cuir (*cüír*) m. cuero.
cuirasse (*cüirás*) f. coraza.
cuirassé, e (*cüirasé*) adj. acorazado, a.
cuirasser (*cüirasé*) tr. acorazar.
cuire (*cüír*) tr. coger.
cuisant, e (*cüisán, ánt*) adj. picante; fig. agudo, a.
cuisine (*cüisín*) f. cocina.
cuisiner (*cüisiné*) tr. cocinar.
cuisinier (*cüisinié*) s. cocinero.
cuisinière (*cüisiniér*) f. cocinera; cocina (aparato).
cuisse (*cüis*) f. muslo; nalga.
cuisson (*cüisón*) f. cochura.
cuistre (*cüístr*) m. pedante.
cuite (*cüit*) f. cochura; pop. borrachera.
cuivre (*cüívr*) m. cobre.
cuivré, e (*cüivré*) adj. cobrizo, cobriza.
cul (*cü'*) m. culo.
culasse (*cülás*) f. culata.
culbute (*cülbü't*) tr. voltear, volcar, derribar.
culbuter (*cülbüté*) tr. voltear, volcar, derribar.
cul-de-sac (*cü-de-sác*) m. callejón sin salida.
culinaire (*cülinér*) adj. culinario, a.
culminant, e (*cülminán, ánt*) adj. culminante.
culmination (*cülminasión*) f. culminación.

culot (*cüló*) m. pop. descaro.
culotte (*cülót*) f. calzón.
culpabilité (*cülpabilité*) f. culpabilidad.
culte (*cü'lt*) m. culto.
cultivateur, trice (*cültivatér, trís*) s. cultivador, a.
cultivé, e (*cültivé*) tr. cultivar.
culture (*cültü'r*) f. cultivo; fig. cultura.   [tural.
culturel, elle (*cültürél*) adj. cultural.
cumin (*cümén*) m. comino.
cumul (*cümü'l*) m. cúmulo.
cumuler (*cümülé*) tr. acumular.
cunette (*cünét*) f. cuneta.
cupide (*cüpíd*) adj. ávido.
cupidité (*cüpidité*) f. avidez, avaricia.
curatif, ive (*cüratif, ív*) adj. curativo, a.
curation (*cürasión*) f. curación.
cure (*cü'r*) f. cura, curato.
curé (*cüré*) m. párroco.
cure-dents (*cür°dán*) m. mondadientes.
curée (*cüré*) f. encarne (caza); fig. botín.
curer (*cüré*) tr. limpiar.
curie (*cürí*) f. curia.
curieux, euse (*cürié, és*) adj. curioso, a.   [dad.
curiosité (*cüriosité*) f. curiosidad.
cursif, ive (*cürsif, ív*) adj. cursivo, a.
custode (*cüstód*) f. custodia; m. custodio.
cutané, e (*cütané*) adj. cutáneo, a.
cuve (*cü'v*) f. cuba.
cuver (*cüvé*) intr. remostar.
cyanure (*sianü'r*) m. cianuro.
cybernétique (*sibernétik*) f. cibernética.
cycle (*sícl*) m. ciclo.
cyclisme (*siclísm*) m. ciclismo.
cycliste (*siclíst*) s. ciclista.
cyclone (*siclón*) m. ciclón.
cyclopéen, enne (*siclopeén*) adj. ciclópeo, a.
cygne (*síñ*) m. cisne.
cylindre (*siléndr*) m. cilindro.
cylindrée (*silendré*) f. embolada.
cymbales (*senbál*) f. pl. platillos.
cynégétique (*sinejetík*) f. cinegética.
cynique (*siník*) adj. y s. cínico, a.
cynisme (*sinísm*) m. cinismo.
cyprès (*sipré*) m. ciprés.

dactylo (*dactiló*) s. mecanógrafo, a.
dactylographie (*dactilografí*) f. mecanografía.
dada (*dadá*) m. caballito; fam. tema.
dadais (*dadé*) m. bobalicón.
dague (*dág*) f. daga.
dahlia (*daliá*) m. dalia.
daigner (*deñé*) intr. dignarse.
daim (*dén*) m. gamo.

dais (*dé*) m. patio; dosel.
dallage (*dalá*j) m. enlosado.
dalle (*dál*) f. losa.
daller (*dalé*) tr. enlosar.
daltonisme (*daltoním*) m. daltonismo.
dame (*dám*) f. señora; dama. **Notre-Dame, la Virgen; dame!** interj. ¡cáspita!
damier (*damié*) m. tablero (juegos).
damnation (*danasión*) f. condenación.
damné, e (*dané*) adj. y s. condenado, a.
damner (*dané*) tr. condenar (infierno).
dandin (*dandén*) m. fam. bobo.
dandiner (se) (*sedandiné*) tr. contonearse.
danger (*danjé*) m. peligro.
dangereux, euse (*danjeré, és*) adj. peligroso, a.
dans (*dán*) prep. en; dentro de.
danse (*dáns*) f. danza.
danser (*dansé*) intr. y tr. bailar.
danseur, euse (*dansér, és*) s. bailarín, ina.
dard (*dár*) m. dardo.
darder (*dardé*) tr. flechar (sol); fig. lanzar.
darse (*dárs*) f. dársena.
date (*dát*) f. fecha, data.
dater (*daté*) intr. datar; tr. fechar.
datif (*datíf*) s. dativo.
datte (*dát*) m. dátil.
dattier (*datié*) m. datilera.
daube (*dób*) f. adobo.
dauber (*dobé*) tr. zaherir; guisar.
dauphin (*dofén*) m. delfín.
daurade (*dorád*) f. dorada.
davantage (*davantáj*) adv. más.
de (*de*) prep. de; en ocasiones se traduce con, en, entre, para, por; se elide delante de vocal o h muda.
dé (*dé*) m. dedal; dado.
déambuler (*deanbulé*) intr. deambular.
débâcle (*debácl*) f. deshielo; ruina.
déballer (*debalé*) tr. desembalar.
débandade (*debandád*) f. desbandada.
débander (*debandé*) tr. desbandar; desvendar; aflojar.
débarbouiller (*debarbuyé*) tr. lavar.
débarcadère (*debarcadér*) m. desembarcadero.
débardeur (*debardér*) m. descargador.
débarquement (*debarkemán*) m.
débarquer (*debarké*) tr. desembarcar.
débarras (*debarrá*) m. desembarazo.
débarrasser (*debarrasé*) tr. desembarazar.
débarrer (*debarré*) tr. desatrancar.
débat (*debá*) m. debate.
débattre (*debátr*) tr. debatir; **se—.** (*sedebátr*) r. agitarse, resistirse.
débauche (*debóch*) f. desenfreno.
débauché, e (*deboché*) s. libertino, a.
débaucher (*deboché*) tr. pervertir.
débile (*debíl*) adj. débil.

débilité (*debilité*) f. debilidad.
débiliter (*debilité*) tr. debilitar.
débit (*debí*) m. expendeduría; debe (*Com*); caudal (río, etc.).
débitant, e (*debitán, ánt*) s. vendedor, a.
débiter (*debité*) tr. despachar, vender.
débiteur, euse (*debitér, és*) s. embustero, a.
débiteur, trice (*debitér, trís*) s. deudor, a.
déblai (*deblé*) m. escombra; escombro.
déblayer (*debleyé*) tr. desembarazar. [to.
déboire (*debuár*) m. fig. disgusto.
déboisement (*debuasemán*) m. desmonte.
déboiser (*debuasé*) tr. desmontar.
déboîter (*debuaté*) tr. dislocar.
débonder (*debondé*) tr. destapar.
débonnaire (*debonér*) adj. bondadoso, a.
débordant, e (*debordán, ánt*) adj. desbordante.
débordement (*debordemán*) m. desbordamiento.
déborder (*debordé*) intr. desbordar; extravasarse.
débouché (*debuché*) m. salida.
déboucher (*debuché*) tr. destapar; intr. desembocar.
déboursement (*debursemán*) m. desembolso.
débourser (*debursé*) tr. desembolsar.
debout (*debú*) adv. de pie; **debout!** interj. ¡arriba!
déboutonner (*debutoné*) tr. desabrochar.
débraillé, a (*debrayé*) adj. despechugado, a.
débrayage (*debreyáj*) m. desembrague.
débrayer (*debreyé*) tr. desembragar.
débris (*debrí*) m. residuos.
débrouillard, e (*debruyár, árd*) adj. listo, a.
débrouiller (*debruyé*) tr. arreglar; **se—** (*sedebruyé*) r. salir de apuro.
débrutir (*debrütír*) tr. desbastar.
début (*debü'*) m. estreno; principio.
débutant, e (*debütán, ánt*) s. principiante.
débuter (*debüté*) intr. principiar.
deçà (*desá*) prep. de este lado.
décacheter (*decachété*) tr. abrir una carta.
décade (*decád*) f. década.
décadence (*decadáns*) f. decadencia.
décadent, a (*decadán, ánt*) adj. y s. decadente.
décagramme (*decagrám*) m. decagramo.
décalage (*decaláj*) m. descalce. [tro.
décalitre (*decalítr*) m. decalitro.
décalogue (*decalóg*) m. decálogo.
décalquer (*decalké*) tr. calcar.
décamètre (*decamétr*) m. decámetro.
décamper (*decanpé*) intr. fam. largarse.
décantation (*decantasión*) f. decantación.
décapiter (*decapité*) tr. decapitar.
décaver (*decavé*) tr. desbancar.
décéder (*desedé*) intr. fallecer.
déceler (*deselé*) tr. descubrir.
décembre (*desánbr*) m. diciembre.

décemment (*desamán*) adv. decentemente.
décence (*desáns*) f. decencia.
décent, e (*desán, ánt*) adj. decente.
décentraliser (*desantralisé*) tr. descentralizar.
déception (*desepsión*) f. decepción.
décerner (*deserné*) tr. otorgar.
décès (*desé*) m. defunción.
décevant, e (*deseván, ánt*) adj. engañoso, a.
décevoir (*desevuár*) tr. engañar; decepcionar.
déchaînement (*dechenemán*) m. desencadenamiento.
déchaîner (*dechené*) tr. desencadenar.
déchanter (*dechanté*) intr. desistir.
décharge (*dechárj*) f. descarga; descargo.
déchargement (*decharjemán*) m. descarga.
décharger (*decharjé*) tr. descargar.
déchargeur (*decharjér*) m. descargador.
décharné, e (*decharné*) adj. descarnado, a.
déchausser (*dechosé*) tr. descalzar.
déchéance (*decheáns*) f. decadencia.
déchet (*deché*) m. desperdicio.
déchiffrer (*dechifré*) tr. descifrar.
déchiqueter (*dechiketé*) tr. desmenuzar.
déchirant, e (*dechirán, ánt*) adj. desgarrador, a.
déchirement (*dechiremán*) m. desgarro; pl. luchas.
déchirer (*dechiré*) tr. desgarrar.
déchirure (*dechirü'r*) f. rasgón, desgarrón.
déchoir (*dechuár*) intr. decaer.
déchu, e (*dechü'*) adj. decaído, a.
décidé, e (*desidé*) adj. decidido, a.
décider (*desidé*) tr. decidir.
décigramme (*desigrám*) m. decigramo.
décilitre (*desilítr*) m. decilitro.
décimal, e (*desimál*) adj. decimal.
décimer (*desimé*) tr. diezmar.
décimètre (*desimétr*) m. decímetro.
décisif, ive (*desisíf, ív*) adj. decisivo, a.
décision (*desisión*) f. decisión.
déclamation (*declamasión*) f. declamación.
déclamer (*declamé*) tr. declamar.
déclaration (*declarasión*) f. declaración..
déclarer (*declaré*) tr. declarar.
déclasser (*declasé*) tr. desarreglar; sacar de su esfera.
déclic (*declíc*) m. disparador.
déclin (*declén*) m. declive.
déclinaison (*declinesón*) f. declinación.
décliner (*decliné*) intr. declinar, decaer.
déclivité (*declivité*) f. declividad.
déclouer (*decluè*) tr. desclavar.
décocher (*decoché*) tr. disparar; fig. lanzar, dar (miradas).
décoction (*decocsión*) f. decocción.
décoiffer (*decuafé*) tr. despeinar.
décollage (*decoláj*) m. despegue (avión).

décoller (*decolé*) tr. desencolar; despegar.
décolletage (*decoltáj*) m. escote.
décolleter (*decolté*) tr. escotar.
décolorer (*decoloré*) tr. descolorir.
décombres (*decónbr*) m. pl. escombros.
décommander (*decomandé*) tr. anular.
décomposer (*deconposé*) tr. descomponer.
décomposition (*deconposisión*) f. descomposición.
décompte (*decónt*) m. descuento.
décompter (*deconté*) tr. descontar.
déconcertant, e (*deconsertán, ánt*) adj. sorprendente.
déconcerter (*deconserté*) tr. desconcertar.
déconfit, e (*deconfí, it*) adj. confuso, a.
déconseiller (*deconseyé*) tr. desaconsejar.
déconsidérer (*deconsideré*) tr. desconsiderar.
décontenancer (*decontenansé*) tr. aturdir.
déconvenue (*deconvenü'*) f. chasco.
décor (*decór*) m. decoración.
décorateur (*decoratér*) m. decorador.
décoration (*decorasión*) f. decoración.
décorer (*decoré*) tr. adornar; condecorar.
décortiquer (*decortiké*) tr. descortezar.
décorum (*decoróm*) m. decoro.
découdre (*decúdr*) tr. descoser.
découler (*deculé*) intr. destilar, fluir; fig. derivarse.
découper (*decupé*) tr. recortar; cortar. [te.
découpure (*decupü'r*) f. recortado.
découragé (*decurajé*) adj. desalentado.
découragement (*decurajemán*) m. abatimiento.
décourager (*decurajé*) tr. desalentar.
décousu, e (*decusü'*) adj. descosido, a.
découverte (*decuvért*) f. descubrimiento.
découvreur, euse (*decuvrér, és*) s. descubridor, a.
découvrir (*decuvrír*) tr. descubrir.
décrasser (*decrasé*) tr. desengrasar.
décréditer (*decredité*) tr. desacreditar.
décrépit, e (*decrepí, it*) adj. decrépito, a.
décrépitude (*decrepitü'd*) f. decrepitud.
décret (*decré*) m. decreto.
décréter (*decreté*) tr. decretar.
décrier (*decrié*) tr. desacreditar.
décrire (*decrír*) tr. describir.
décrocher (*decroché*) tr. descolgar.
décroître (*decruátr*) intr. decrecer.
décrotter (*decroté*) tr. limpiar.
décrue (*decrü'*) f. descenso (aguas).
déçu, e (*desü'*) adj. engañado, a.
décupler (*decüplé*) tr. decuplicar.
dédaigner (*dedeñé*) tr. desdeñar.
dédaigneur, euse (*dedeñér, és*) adj. y s. desdeñoso, a.

dédain (dedén) m. desdén.
dédale (dedál) m. dédalo.
dedans (dedán) adv. dentro.
dédicace (dedicás) f. dedicatoria.
dédier (dedié) tr. dedicar.
dédire (dedír) tr. desdecir.
dédit (dedí) m. retractación.
dédommager (dedomaĵé) tr. indemnizar; compensar.
dédoubler (dedublé) tr. desdoblar.
déduction (dedücsión) f. deducción.
déduire (dedüír) tr. deducir.
déesse (deés) f. diosa.
défaillance (defayáns) f. desfallecimiento.
défaillir (defayír) intr. desfallecer; desmayar.
défaire (deférr) tr. deshacer; se —(sedefér) r. desembarazarse.
défaite (defét) f. derrota.
défalquer (defalké) tr. desfalcar.
défaut (defó) m. falta; defecto.
défaveur (defavér) f. desfavor.
défavorable (defavorábl) adj. desfavorable.
défection (defecsión) f. defección.
défectueux, euse (defectüé, és) adj. defectuoso, a.
défectuosité (defectüosité) f. defecto.
défendeur (defandér) s. demandado.
défendre (defándr) tr. defender; prohibir.
défense (defáns) f. defensa; prohibición; pl. colmillos.
défenseur (defansér) s. defensor.
défensif, ive (defansíf, ív) adj. defensivo, a.
déférant, e (deferán, ánt) adj. deferente.
déférence (deferáns) f. deferencia.
déférer (deferé) tr. deferir.
déferler (deferlé) intr. reventar (las olas).
défeuiller (defeyé) tr. deshojar.
défi (defi) m. reto; desafío.
défiance (defiáns) f. desconfianza.   [fiado, a.
défiant, e (defián, ánt) descon-
déficeler (defisé²lé) tr. desatar.
déficit (defisít) m. déficit.
défier (defié) tr. desafiar; se —(sedefié) r. desconfiar.
défigurer (defigüré) tr. desfigurar.
défilé (defilé) m. desfile; desfiladero.
défiler (defilé) intr. desfilar.
défini, e (defini) adj. definido, a.
définir (definír) tr. definir.
définissable (definisábl) adj. definible.
définitif, ive (definitíf, ív) adj. definitivo, a.
définition (definisión) f. definición.
déflagration (deflagrasión) f. deflagración.
déflation (deflasión) f. deflación.
défleurir (deflerír) tr. desflorecer.
déflorer (defloré) tr. desflorar.
défoncer (defonsé) tr. ahondar.
déformation (deformasión) f. deformación.
déformer (deformé) tr. deformar.
défraîchir (defrechír) tr. ajar.
défrayer (defreyé) tr. costear.
défricher (defriché) tr. roturar.
défunt, e (defén, ént) adj. y s. difunto, a.

dégagé, e (degaĵé) adj. desembarazado, a.
dégagement (degaĵmán) m. soltura.
dégager (degaĵé) tr. desempeñar, despejar.
dégarnir (degarnír) tr. desguarnecer.
dégât (degá) m. estrago.
dégel (deĵél) f. deshielo.
dégeler (deĵelé) tr. e intr. deshelar.
dégénération (deĵenerasión) f. degeneración.
dégénéré, e (deĵeneré) adj. y s. degenerado, a.
dégénérer (deĵeneré) intr. degenerar.
degingandé, e (deĵengandé) adj. desgarbado, a.
déglutition (deglutisión) f. deglución.   [char.
dégonfler (degonflé) tr. deshin-
dégorger (degorĵé) tr. vomitar; desaguar.
dégourdi, e (degurdí) adj. listo, a.
dégourdir (degurdír) tr. desentumecer, despabilar.
dégoût (degü') m. asco.
dégoûtant, e (degután, ánt) adj. repugnante.
dégoûter (deguté) tr. hastiar; repugnar.
dégoutter (deguté) intr. gotear.
dégradation (degradasión) f. degradación.
dégrader (degradé) tr. degradar.
dégrafer (degrafé) tr. desabrochar.
dégraisser (degresé) tr. desengrasar.
degré (degré) m. grado.
dégrèvement (degrev²mán) m. exoneración.
dégringoler (degrengolé) intr. caer.
dégrossir (degrosír) tr. desbastar.
déguenillé, e (degueniyé) adj. desharrapado, a.
déguerpir (deguerpír) tr. e intr. huir.
déguisement (deguis²mán) m. disfraz.
déguiser (deguisé) tr. disfrazar.
dégustation (degüstasión) f. degustación.
déguster (degüsté) tr. catar.
déhancher (se) (sedeanché) r. derrengarse; contonearse.
dehors (deór) adv. fuera; m. lo exterior; **au dehors**, afuera.
déifier (deifié) tr. deificar.
déjà (deĵá) adv. ya.
déjection (deĵecsión) f. deyección.
déjeuner (deĵené) m. almuerzo; **petit déjeuner**, desayuno.
déjouer (deĵué) tr. frustrar.
delà (delá) prep. más allá.
délabrement (delabr²mán) m. deterioro.
délabrer (delabré) tr. deteriorar.
délacer (delasé) tr. desatar.
délai (delé) m. plazo; demora.
délaisser (delesé) tr. abandonar.   [creo.
délassement (delas²mán) m. re-
délasser (delasé) tr. descansar.
délateur, trice (delatér, trís) s. delator, a.
délation (delasión) f. delación.
délayer (deleyé) tr. desleír; diluir.
délectation (delectasión) f. deleite.
délecter (delecté) tr. deleitar.

délégation (delegasión) f. delegación.
délégué, e (delegué) s. delegado, a.
déléguer (delegué) tr. delegar.
delester (delesté) tr. deslastrar.
délétère (deletér) adj. deletéreo, a.
délibération (deliberasión) f. deliberación.
délibéré, e (deliberé) adj. deliberado, a.
délibérer (deliberé) tr. e intr. deliberar.
délicat, e (delicá, át) adj. delicado, a.
délicatesse (delicatés) f. delicadeza.
délice (delís) f. delicia.
délicieux, euse (delisié, és) adj. delicioso, a.
délié, e (delié) adj. desligado, desligada.
délier (delié) tr. desatar.
délimiter (delimité) tr. limitar.
délinéation (delineasión) f. delineación.
délinquant, e (delenkán, ánt) s. delincuente
déliquescent, e (delikesán, ánt) adj. delicuescente.
délirant, e (delirán, ánt) adj. delirante.
délire (delír) m. delirio.
délirer (deliré) intr. delirar.
délit (delí) m. delito.
délivrance (delivráns) f. liberación.
délivrer (delivré) tr. libertar; dar luz.
déloger (deloĵé) tr. desalojar.
déloyal, e (deluayál) adj. desleal.
déloyauté (deluayoté) f. deslealtad.
delta (deltá) m. delta.
déluge (delü'ĵ) m. diluvio.
déluré, e (delüré) adj. astuto, a.
délustrer (delüstré) tr. deslustrar.
démagogie (demagoĵí) f. demagogia.
démagogue (demagóg) m. demagogo.
démailloter (demayoté) tr. quitar los pañales.
demain (demén) adv. y s. mañana.
démancher (demanché) tr. desmangar.
demande (demánd) f. demanda; petición; pedido.
demander (demandé) tr. preguntar; pedir, demandar.
demandeur, eresse (demandér, erés) s. demandante.
démangeaison (demanĵesón) f. picazón; fam. deseo.
démanger (demanĵé) intr. picar.
démanteler (demant²lé) tr. desmantelar.
démarcation (demarcasión) f. demarcación.
démarche (demárch) f. paso; diligencia.
démarrage (demarráĵ) m. desamarre; arranque.
démarrer (demarré) tr. desamarrar; intr. zarpar; arrancar (motor).
démasquer (demaské) tr. desenmascarar.
démêlé (demelé) m. querella.
démêler (demelé) tr. desenredar; disputar.
démêloir (demeluár) m. batidor.
démembrer (demanbré) tr. desmembrar.
déménagement (demenaĵ²mán) m. mudanza.

déménager (demenaĵé) tr. trasladar; intr. mudarse de la casa.   [cla.
démence (demáns) f. demencia.
dément, e (demán, ánt) s. demente.
démener (se) (sedemené) r. agitarse.
démenti (demantí) m. mentís.
démentir (demantír) tr. desmentir.
démériter (demerité) intr. desmerecer.
démesuré, e (demesüré) adj. desmesurado, a.
démettre (demétr) tr. dislocar; se— (sedemétr) r. dimitir.
demeurant, e (demérán, ánt) adj. residente; **au demeurant**, por lo demás.
demeure (demér) f. morada.
demeurer (demeré) intr. quedar; permanecer; habitar.
demi, e (demí) adj. y s. medio, a; adv. medio, a medias.
demi-cercle (demisércl) m. semicírculo.
demi-mot (à) (a demimó) loc. adv. a media palabra.
demi-pensionnaire (demipansionér) s. medio pensionista.
demi-saison (demisesón) f. entretiempo.   [sión
démission (demisión) f. dimi-
démissionner (demisioné) intr. dimitir.
demi-teinte (demitént) f. media tinta.
demi-tour (demitúr) m. media vuelta.
démobiliser (demobilisé) tr. desmovilizar.
démocratie (democrasí) f. democracia.
démocratique (democratík) adj. democrático, a.
démodé, e (demodé) adj. pasado de moda.
démoder (demodé) tr. pasar de moda.
demoiselle (demuasél) f. señorita.
démolir (demolír) tr. derribar.
démolition (demolisión) f. demolición.
démon (demón) m. demonio.
démoniaque (demoniák) adj. demoníaco, a.
démonstration (demonstrasión) f. demostración.
démontage (demontáĵ) m. desmontadura.
démonter (demonté) tr. desmontar; fig. desconcertar.
démontrer (demontré) tr. demostrar.
démoralisation (demoralisasión) f. desmoralización.
démoraliser (demoralisé) tr. desmoralizar.
démordre (demórdr) intr. desistir.
démunir (demünír) tr. desproveer.
dénaturé, e (denatüré) adj. desnaturalizado, a.
dénaturer (denatüré) tr. desnaturalizar; fig. malear.
dénégation (denegasión) f. denegación.
déni (deni) m. negativa.
déniaiser (deniesé) tr. despabilar.
dénicher (deniché) tr. sacar del nido; intr. fig. descubrir.
denier (denié) m. denario.

dénier (*denié*) tr. denegar.

dénigrant, e (*denigrán, ánt*) adj. denigrante.

dénigrer (*denigré*) tr. denigrar.

déniveler (*denivᵉlé*) tr. desnivelar.

dénombrement (*denonbrᵉmán*) m. enumeración.

dénombrer (*denonbré*) tr. enumerar.

dénominateur (*denominatér*) m. denominador.

dénomination (*denominasión*) f. denominación.

dénommer (*denomé*) tr. denominar, nombrar.

dénoncer (*denonsé*) tr. denunciar.

dénonciateur, trice (*denonsiatér, trís*) s. denunciador, a.

dénonciation (*denonsiasión*) f. denuncia.

dénoter (*denoté*) tr. denotar.

dénouement (*denumán*) m. desenlace.

dénouer (*denué*) tr. desanudar.

denrée (*danré*) f. género, artículo; mercancía.

dense (*dáns*) adj. denso, a.

densité (*dansité*) f. densidad.

dent (*dán*) f. diente.

dentaire (*dantér*) adj. dentario, a.

dentée (*danté*) dentellada.

dentelé, e (*dantᵉlé*) adj. dentado, a.

dentelle (*dantél*) f. encaje.

dentier (*dantié*) m. dentadura artificial.

dentifrice (*dantifrís*) adj. y s. dentífrico.

dentiste (*dantíst*) m. dentista.

denture (*dantü'r*) f. dentadura.

dénuder (*denüdé*) tr. desnudar.

dénué, e (*denüé*) adj. desprovisto, a.

dénuement (*denümán*) m. privación.

dénuer (*denüé*) tr. despojar.

dénutrition (*denütrisión*) f. desnutrición.

dépanner (*depané*) tr. reparar.

dépaqueter (*depakᵉté*) tr. desempaquetar.

départ (*depár*) m. salida, partida.

départager (*departaĵé*) tr. desempatar.

département (*departᵉmán*) m. departamento.

départir (*departír*) tr. distribuir.

dépasser (*depasé*) tr. pasar; aventajar.

dépaver (*depavé*) tr. desempedrar.

dépayser (*depeisé*) tr. desorientar.

dépecer (*depesé*) tr. despedazar.

dépêche (*depéch*) f. despacho.

dépêcher (*depeché*) tr. despachar; se— (*sedepeché*) r. apresurarse.

dépeigner (*depeñé*) tr. despeinar.

dépeindre (*depéndr*) tr. describir.

dépenaillé, e (*depᵉnayé*) adj. andrajoso, a.

dépendance (*depandáns*) f. dependencia.

dépendre (*depándr*) tr. descolgar; intr. depender.

dépens (*depán*) m. pl. gastos.

dépense (*depáns*) f. gasto; despensa.

dépenser (*depansé*) tr. gastar.

dépensier (*depansié*) adj. gastador.

dépérir (*deperír*) intr. desmedrar; debilitarse.

dépeupler (*depᵉplé*) tr. despoblar.

dépiler (*depilé*) tr. depilar.

dépiquer (*depiké*) tr. trillar.

dépister (*depisté*) tr. despistar.

dépit (*depi*) m. despecho; en dépit, a pesar de.

déplacé, e (*deplasé*) adj. desplazado, a.

déplacement (*deplasᵉmán*) m. cambio de lugar; traslado.

déplacer (*deplasé*) tr. mudar.

déplaire (*deplér*) intr. desagradar.

déplaisant, e (*deplesán, ánt*) adj. desagradable.

déplaisir (*deplesír*) m. desagrado.

déplier (*deplié*) tr. desplegar.

déplisser (*deplisé*) tr. desplegar.

déploiement (*depluamán*) m. despliegue.

déplorable (*deplorábl*) adj. deplorable.

déplorer (*deploré*) tr. deplorar.

déployer (*depluayé*) tr. desplegar.

déplumer (*deplümé*) tr. desplumar.

dépolir (*depolír*) tr. deslustrar.

dépopulation (*depopulasión*) f. despoblación.

déportation (*deportasión*) f. deportación.

déporter (*deporté*) tr. deportar.

déposant, e (*deposán, ánt*) adj. y s. deponente.

déposer (*deposé*) tr. deponer; depositar.

dépositaire (*depositér*) m. depositario.

déposséder (*deposedé*) tr. desposeer.

dépôt (*depó*) m. depósito; poso.

dépotoir (*depotuár*) m. vertedero.

dépouille (*depúy*) f. despojo.

dépouillement (*depuyᵉmán*) m. recuento.

dépouiller (*depuyé*) tr. despojar.

dépourvu, e (*depurvü*) adj. desprovisto, a; au dépourvu, de improviso.

dépravation (*depravasión*) f. depravación.

dépravé (*depravé*) adj. y s. depravado.

déprécation (*deprekasión*) f. deprecación.

déprécier (*depresié*) tr. menospreciar.

déprédation (*depredasión*) f. depredación.

dépression (*depresión*) f. depresión.

déprimer (*deprimé*) tr. deprimir.

depuis (*depüi*) prep. desde; desde hace; adv. después.

dépuratif, ive (*depüratíf, ív*) adj. depurativo, a.

dépurer (*depüré*) tr. depurar.

député (*depüté*) m. diputado.

déraciner (*derasiné*) tr. desarraigar.

déraillement (*derayᵉmán*) m. descarrilamiento.

dérailler (*derayé*) intr. descarrilar.

déraison (*deresón*) f. desatino.

déraisonner (*deresoné*) intr. desatinar.

dérangement (*deranĵᵉmán*) m. desarreglo; molestia.

déranger (*deranĵé*) tr. desarreglar.

déraper (*derapé*) intr. patinar (una rueda).

derechef (*derechéf*) adv. de nuevo.

dérèglement (*dereglᵉmán*) m. desarreglo.

dérégler (*dereglé*) tr. desarreglar.

dérider (*deridé*) tr. desarrugar; alegrar.

dérision (*derisión*) f. irrisión.

dérisoire (*derisuár*) adj. irrisorio, a.

dérivation (*derivasión*) f. derivación.

dérive (*deriv*) f. deriva.

dérivée (*derivé*) f. derivada.

dériver (*derivé*) intr. derivar.

derme (*dérm*) m. dermis.

dernier, ère (*dernié, iér*) adj. último, a; parado.

dernièrement (*dernierᵉmán*) adv. últimamente.

dérobé, e (*derobé*) adj. escondido, a; robado, a.

dérober (*derobé*) tr. hurtar; ocultar.

dérogation (*derogasión*) f. derogación.

déroger (*deroĵé*) intr. derogar.

dérouiller (*deruyé*) tr. desenmohecer.

déroulement (*derulᵉmán*) m. desarrollo.

dérouler (*derulé*) tr. desarrollar.

déroute (*derút*) f. derrota.

dérouter (*deruté*) tr. desconcertar.

derrière (*derriér*) prep. detrás; adv. detrás, tras de; m. trasero.

des (*dé*) art. pl. de los, de las; unos, as.

dès lors (*delór*) loc. adv. desde entonces.

désabuser (*desabüsé*) tr. desengañar.

désaccord (*desacór*) m. desacuerdo.

désaccoutumer (*desacutümé*) tr. desacostumbrar.

désaffection (*desafecsión*) f. desafecto.

désagréable (*desagreábl*) adj. desagradable.

désagréger (*desagreĵé*) tr. disgregar.

désagrément (*desagremán*) m. desagrado; contrariedad.

désaltérant, e (*desalterán, ánt*) adj. refrigerante.

désaltérer (*desalteré*) tr. refrescar.

désappointement (*desapuentᵉmán*) m. decepción.

désappointer (*desapuenté*) tr. chasquear; contrariar.

désapprobation (*desaprobasión*) f. desaprobación.

désapprouver (*desapruvé*) tr. desaprobar.

désarçonner (*desarsoné*) tr. desmontar; fig. confundir.

désarmement (*desarmᵉmán*) m. desarme.

désarmer (*desarmé*) tr. desarmar.

désarroi (*desarruá*) m. confusión.

désarticuler (*desarticulé*) tr. desarticular.

désastre (*desástr*) m. desastre.

désastreux, euse (*desastré, és*) adj. desastroso, a.

désavantage (*desavantáĵ*) m. desventaja.

désavantager (*desavantaĵé*) tr. perjudicar.

désavantageux, euse (*desavantaĵé, és*) adj. desventajoso, a.

désaveu (*desavé*) m. desaprobación.

désavouer (*desavué*) tr. desaprobar; negar.

desceller (*deselé*) tr. desellar.

descendance (*desandáns*) f. descendencia.

descendant, e (*desandán, ánt*) s. descendiente.

descendre (*desándr*) intr. descender.

descente (*desánt*) f. bajada; descenso; descente de lit, alfombrilla.

descriptif, ive (*descriptíf, ív*) adj. descriptivo, a.

description (*descripsión*) f. descripción.

désemballer (*desanbalé*) tr. desembalar.

désembourber (*desanburbé*) tr. desatascar.

désemparer (*desanparé*) tr. desamparar.

désenfler (*desanflé*) tr. deshinchar.

désensorceller (*desansorselé*) tr. desencantar.

déséquilibré, e (*desekilibré*) adj. y s. desequilibrado, a.

désert (*desér*) adj. y s. desierto.

déserter (*deserté*) tr. e intr. desertar.

déserteur (*desertér*) adj. y s. desertor.   [ción.

désertion (*desersión*) f. deserción.

désespération (*desesperasión*) f. desesperación.

désespéré, e (*desesperé*) adj. desesperado, a.

désespérer (*desesperé*) intr. y tr. desesperar.

désespoir (*desespuár*) m. desesperación.

déshabiller (*desabiyé*) tr. desnudar.

déshabituer (*desabitüé*) tr. desacostumbrar.

déshériter (*deserité*) tr. desheredar.

déshonnête (*desonét*) adj. deshonesto, a.

déshonnêteté (*desonetᵉté*) f. deshonestidad.

déshonneur (*desonér*) m. deshonor.

déshonorant, e (*desonorán, ánt*) adj. deshonrante.

déshonorer (*desonoré*) tr. deshonrar.

désignation (*desiñasión*) f. designación.

désigner (*desiñé*) tr. designar.

désillusion (*desilüsión*) f. desilusión.

désillusionner (*desilüsioné*) tr. desilusionar.

désinence (*desináns*) f. desinencia.

désinfectant, e (*desenfectán, ánt*) adj. s. desinfectante.

désinfecter (*desenfecté*) adj. y s. desinfectante.

désinfecter (*desenfecté*) tr. desinfectar.

désinfection (*desenfecsión*) f. desinfección.

désintégration (*desentegrasión*) f. desintegración.

désintégrer (*desentegré*) tr. desintegrar.

désintéressé, e (*desenteresé*) adj. desinteresado, a.

désintéresser (*desenteresé*) tr. indemnizar; se —(*sedesenteresé*) r. desinteresarse.

désinvolte (*desenvólt*) adj. desenvuelto, a.

désinvolture (*desenvoltür*) f. desenvoltura.

désir (*desír*) m. deseo.

désirable (*desirábl*) adj. deseable.

désirer (*desiré*) tr. desear.

désireux, euse *(desiré, és)* adj. deseoso, a.
désistement *(desistᵉmán)* m. desistimiento.
désister (se) *(sedesisté)* r. desistir.
désobéir *(desobeír)* tr. desobedecer.
désobéissance *(desobeisáns)* f. f. desobediencia.
désobéissant, e *(desobeisán, ánt)* adj. desobediente.
désobligeant, e *(desobliján, ánt)* adj. descortés.
désœuvré, e *(desevré)* adj. y s. ocioso, a.
désœuvrement *(desevrᵉmán)* m. ociosidad, holganza.
désolant, e *(desolán, ánt)* adj. doloroso, a; desolador, a.
désolation *(desolasión)* f. desolación.
désoler *(desolé)* tr. desolar.
désopilant, e *(desopilán, ánt)* adj. fam. alegre.
désordonné, e *(desordoné)* adj. desordenado, a.
désordonner *(desordoné)* tr. desordenar.
désordre *(desórdr)* m. desorden.
désorganisation *(desorganisasión)* f. desorganización.
désorganiser *(desorganisé)* tr. desorganizar.
désorienter *(desorianté)* tr. desorientar.
désormais *(desormé)* adv. en adelante.
despote *(despót)* m. déspota.
despotisme *(despotísm)* m. despotismo.
desquels *(dekél)* pr. de los cuales.
dessaisir (se) *(sedesesír)* r. desasirse.
dessaler *(desalé)* tr. desalar.
desséchement *(desechᵉmán)* m. desecamiento.
dessécher *(deseché)* tr. desecar.
dessein *(desén)* m. designio.
desserrer *(deserré)* tr. aflojar.
dessert *(desér)* m. postre.
desserte *(desért)* f. aparador.
desservir *(deservír)* tr. servir.
dessin *(desén)* m. dibujo; diseño.
dessinateur, trice *(desinatér, trís)* s. dibujante.
dessiner *(desiné)* tr. dibujar.
dessous *(desú)* adv. encima; m. lo de encima; ventaja.
dessus *(desú')* adv. encima; m. lo de encima; ventaja.
destin *(destén)* m. destino.
destinataire *(destinatér)* m. destinatario.
destination *(destinasión)* f. destino; destinación.
destinée *(destiné)* f. destino.
destiner *(destiné)* tr. destinar.
destituer *(destitüé)* tr. destituir.
destitution *(destitüsión)* f. destitución.
destructeur, trice *(destrüctér, trís)* adj. y s. destructor,
destruction *(destrücsión)* f. destrucción.
désuet, ète *(desüé, ét)* adj. anticuado, a.   [so.
désuétude *(desüetü'd)* f. desuso.
désunir *(desünír)* tr. desunir.
détachement *(detachᵉmán)* m. destacamento; desinterés.
détacher *(detaché)* tr. destacar; desligar.
détail *(detáy)* m. detalle; **au détail**, al por menor.
détaillant, e *(detayán, ánt)* adj. detallista.
détailler *(detayé)* tr. detallar.
détaler *(detalé)* intr. largarse.

détaxer *(detacsé)* tr. desgravar.
détecteur *(detectér)* m. detector.   [ve.
détective *(detectív)* m. detecti-
déteindre *(deténdr)* tr. desteñir.
déteint, e *(detén, ént)* adj. desteñido, a.
dételer *(detelé)* tr. desenganchar.
détendre *(detándr)* tr. aflojar.
détenir *(detenír)* tr. detentar; detener.
détente *(detánt)* f. disparador; distensión (gas); fig. descanso.
détention *(detansión)* f. detención; retención.
détenu, e *(detenü')* adj. detenido, a.
détériorer *(deterioré)* tr. deteriorar.
détermination *(determinasión)* f. determinación.
déterminer *(determiné)* tr. determinar.
déterrer *(deterré)* tr. desenterrar.
détestable *(detestábl)* adj. detestable.
détester *(detesté)* tr. detestar.
détonateur *(detonatér)* s. detonador.
détonation *(detonasión)* f. detonación.
détoner *(detoné)* intr. detonar.
détonner *(detoné)* intr. desentonar.
détour *(detúr)* m. rodeo.
détournement *(deturnᵉmán)* m. malversación; desviación.
détourner *(deturné)* tr. desviar; malversar.
détracteur *(detractér)* m. detractor.
détraquer *(detraké)* tr. descomponer; perturbar.
détrempe *(detránp)* f. Pint. temple.
détremper *(detranpé)* tr. destemplar; remojar.
détresse *(detrés)* f. angustia; apuro; miseria.
détriment *(detrimán)* m. detrimento.
détritus *(detritü's)* m. detrito.
détroit *(detruá)* m. estrecho.
détromper *(detronpé)* tr. desengañar.
détrôner *(detroné)* tr. destronar.
détrousser *(detrusé)* tr. robar.
détruire *(detruír)* tr. destruir.
dette *(dét)* f. deuda.
deuil *(déy)* m. luto, duelo.
deux *(dé)* adj. dos.
deuxième *(desiém)* adj. segundo, a.
dévaler *(devalé)* intr. bajar.
dévaliser *(devalisé)* tr. desvalijar.
dévaluation *(devalüasión)* f. desvaluación.
dévaluer *(devalüé)* tr. desvaluar.
devancer *(devansé)* tr. aventajar.
devancier, ère *(devansié, iér)* m. antecesor, a.
devant *(deván)* prep. delante; ante; adv. enfrente; m. delantera; **au-devant**, al encuentro.
devanture *(devantü'r)* f. escaparate.
dévastateur, trice *(devastatér, trís)* adj. y s. devastador, a.
dévastation *(devastasión)* f. devastación.
déveine *(devén)* f. mala suerte.
développement *(developᵉmán)* m. desarrollo; Fot. revelado.
développer *(developé)* tr. desarrollar; Fot. revelar.

dévergondage *(devergondáj)* m. libertinaje descarado.
dévergondé, e *(devergondé)* adj. desvergonzado, a.
devers *(devér)* prep. hacia; **par devers**, en poder de.
deverser *(deversé)* intr. desplomarse; tr. desbordar.
deversoir *(deversuár)* m. desaguadero.
dévêtir (se) *(sedevetír)* r. desnudarse.
déviation *(deviasión)* f. desviación.
dévider *(devidé)* tr. devanar.
dévier *(devié)* tr. desviar.
devin, eresse *(devén, devinerés)* s. adivino, a.
deviner *(deviné)* tr. adivinar.
devinette *(devinét)* f. adivinanza.
devis *(devi)* m. plática; presupuesto.
dévisager *(devisaje)* tr. mirar de hito en hito.
devise *(devís)* f. divisa.
deviser *(devisé)* tr. platicar.
dévisser *(devisé)* tr. destornillar.
dévoiler *(devualé)* tr. fig. revelar.
devoir *(devuár)* tr. deber.
dévolu, e *(devolü')* adj. atribuido, a.; debido, a.
dévolution *(devolüsión)* f. devolución.   [adicta.
dévoué, e *(devué)* adj. adicto,
dévouement *(devumán)* m. abnegación; adhesión.
dévouer *(devué)* tr. consagrar; r. entregarse; dedicarse.
dextérité *(decsterité)* f. destreza.
diabète *(diabét)* m. diabetes.
diable *(diábl)* m. diablo.
diablerie *(diablᵉrí)* f. diablura.
diabolique *(diabolík)* adj. diabólico, a.
diaconat *(diaconá)* m. diaconato.
diacre *(diácr)* m. diácono.
diadème *(diadém)* f. diadema.
diagnostic *(diagnostíc)* m. diagnóstico.
diagonal, e *(diagonál)* adj. y s. diagonal.
dialecte *(dialéct)* m. dialecto.
dialectique *(dialectík)* f. dialéctica.
dialogue *(dialóg)* m. diálogo.
dialoguer *(dialogué)* intr. dialogar.
diamant *(diamán)* m. diamante.
diamètre *(diamétr)* m. diámetro.
diapason *(diapasón)* m. diapasón.
diaphane *(diafán)* adj. diáfano, a.
diaphragme *(diafrágm)* m. diafragma.
diarrhée *(diarré)* f. diarrea.
diatribe *(diatríb)* f. diatriba.
dictateur *(dictatér)* m. dictador.
dictature *(dictatü'r)* f. dictadura.
dictée *(dicté)* f. dictado.
dicter *(dicté)* tr. dictar.
diction *(dicsión)* f. dicción.
dictionnaire *(dicsionér)* m. diccionario.
dicton *(dictón)* m. refrán.
didactique *(didactík)* f. didáctica.
dièdre *(diédr)* adj. diedro.
diérèse *(dierés)* f. diéresis.
diète *(diét)* f. dieta.
dieu *(dié)* m. Dios.
diffamation *(difamasión)* f. difamación.
diffamer *(difamé)* tr. difamar.
différemment *(diferamán)* ad. diferentemente.

différence *(diferáns)* f. diferencia.
différencier *(diferansié)* tr. diferenciar.
différend *(diferán)* m. diferencia; litigio.
différent, e *(diferán, ánt)* adj. diferente.
différentiel, elle *(diferansiél)* adj. y s. diferencial.
différer *(diferé)* tr. diferir.
difficile *(difisíl)* adj. difícil.
difficulté *(dificülté)* f. dificultad.
difforme *(difórm)* adj. deforme.
difformité *(difformité)* f. deformidad.
diffus, e *(difü', ü's)* adj. difuso, a.
diffuser *(difüsé)* tr. difundir; radiar.
diffusion *(difüsión)* f. difusión.
digérer *(dijeré)* tr. digerir.
digestif, ive *(dijestíf, ív)* adj. digestivo, a.   [tión.
digestion *(dijestión)* f. diges-
digitale *(dijitál)* f. digital.
digne *(diñ)* adj. digno, a.
dignitaire *(diñitér)* m. dignatario.
dignité *(diñité)* f. dignidad.
digression *(digresión)* f. digresión.
digue *(díg)* f. dique; malecón.
dilapider *(dilapidé)* tr. dilapidar.
dilatation *(dilatasión)* f. dilatación.
dilater *(dilaté)* tr. dilatar; **se—** *(sedilaté)* r. dilatarse.
dilatoire *(dilatuár)* adj. dilatorio, a.
dilemme *(dilém)* m. dilema.
dilettante *(diletánt)* adj. dilettante.
diligence *(dilijáns)* f. diligencia.
diligent, e *(diliján, ánt)* adj. diligente.
diluer *(dilüé)* tr. diluir.
diluvien, ne *(dilüvién)* adj. diluviano, a.
dimanche *(dimánch)* m. domingo.
dime *(dím)* f. diezmo.
dimension *(dimansión)* f. dimensión.
diminuer *(diminüé)* tr. e intr. disminuir.
diminutif, ive *(diminütíf, ív)* adj. y s. diminutivo.
diminution *(diminüsión)* f. disminución.
dinde *(dénd)* f. pava.
dindon *(dendón)* m. pavo.
dîner *(diné)* intr. comer; s. comida.
diocèse *(diosés)* m. diócesis.
diphtérie *(difterí)* f. difteria.
diphtongue *(diftóng)* f. diptongo.
diplomate *(diplomát)* adj. y s. diplomático.
diplomatie *(diplomasí)* f. diplomacia.
diplomatique *(diplomatík)* adj. diplomático, a.
diplôme *(diplóm)* m. diploma.
diplômé, e *(diplomé)* adj. y s. diplomado, a.
dire *(dír)* tr. y s. decir; **c'est-à-dire**, es decir.
direct, e *(diréct)* adj. directo, a.
directeur, trice *(directér, trís)* s. director, a.
direction *(direcsión)* f. dirección.
directoire *(directuár)* m. directorio.

dirigeable *(dirijábl)* adj. y s. dirigible.
dirigeant, e *(diriján, ánt)* adj. y s. dirigente.
diriger *(dirijé)* tr. dirigir.
discernement *(disern^emán)* m. discernimiento.
discerner *(diserné)* tr. discernir.
disciple *(disipl)* m. discípulo.
disciplinaire *(disiplinér)* adj. disciplinario, a.
discipline *(disiplín)* f. disciplina.
discipliner *(disipliné)* tr. disciplinar.
discontinu, e *(discontinü')* adj. discontinuo, a.
discontinuité *(discontinüité)* f. discontinuidad.
discordance *(discordáns)* f. discordancia.
discordant, e *(discordán, ánt)* adj. discordante.
discorde *(discórd)* f. discordia.
discourir *(discurír)* intr. discurrir; charlar.
discours *(discúr)* m. discurso.
discourtois, e *(discurtuá, ás)* adj. y s. descortés.
discrédit *(discredí)* m. descrédito.
discréditer *(discredité)* tr. desacreditar.
discret, ète *(discré, ét)* adj. discreto, a.
discrétion *(discresión)* f. discreción. [par.
disculper *(discülpé)* tr. discul-
discussion *(discüsión)* f. discusión.
discutable *(discütábl)* adj. discutible.
discuter *(discüté)* tr. discutir.
disette *(disét)* f. penuria.
diseur, euse *(disér, és)* s. decidor, a.
disgrâce *(disgrás)* f. desgracia.
disgracier *(disgrasié)* tr. desgraciar.
disjoindre *(disjuéndr)* tr. desunir.
dislocation *(dislocasión)* f. dislocación.
disloquer *(disloké)* tr. dislocar.
disparaître *(disparétr)* intr. desaparecer.
disparate *(disparát)* adj. dispar.
disparition *(disparisión)* f. desaparición.
dispensaire *(dispansér)* m. dispensario.
dispense *(dispáns)* f. dispensa.
dispenser *(dispansé)* tr. dispensar. [sar.
disperser *(dispersé)* tr. disper-
dispersion *(dispersión)* f. dispersión.
disponibilité *(disponibilité)* f. disponibilidad.
disponible *(disponíbl)* adj. disponible.
dispos *(dispó)* adj. dispuesto.
disposer *(disposé)* tr. disponer.
dispositif *(dispositíf)* m. dispositivo.
disposition *(disposisión)* f. disposición.
disproportion *(disproporsión)* f. desproporción.
disproportionné, e *(disproporsioné)* adj. desproporcionado, a.
dispute *(dispü't)* f. disputa.
disputer *(dispüté)* intr. disputar.
disqualifier *(diskalifié)* tr. descalificar.
disque *(dísk)* m. disco.

dissection *(disecsión)* f. disección.
dissemblable *(disanblábl)* adj. desemejante.
disséminer *(diseminé)* tr. diseminar.
dissension *(disansión)* f. disensión.
dissentiment *(disantimán)* m. disentimiento.
disséquer *(diseké)* tr. disecar.
dissertation *(disertasión)* f. disertación.
disserter *(diserté)* intr. disertar.
dissidence *(disidáns)* f. disidencia.
dissident, e *(disidán, ánt)* adj. y s. disidente.
dissimulation *(disimülasión)* f. disimulación.
dissimulé, e *(disimülé)* adj. disimulado, a.
dissimuler *(disimülé)* tr. disimular.
dissipation *(disipasión)* f. disipación.
dissipé, e *(disipé)* adj. disipado, a.
dissiper *(disipé)* tr. disipar.
dissocier *(disosié)* tr. disociar.
dissolu, e *(disolü')* adj. disoluto, a.
dissoluble *(disolü'bl)* adj. disoluble.
dissolution *(disolüsión)* f. disolución.
dissolvant, e *(disolván, ánt)* adj. y s. disolvente.
dissonance *(disonáns)* f. disonancia.
dissonant, e *(disonán, ánt)* adj. disonante.
dissoudre *(disúdr)* tr. disolver.
dissous, oute *(disú, út)* adj. disuelto, a.
dissuader *(disüadé)* tr. disuadir.
dissuasion *(disüasión)* f. disuasión.
distance *(distáns)* f. distancia.
distancer *(distansé)* tr. adelantar.
distant *(distán)* adj. distante.
distension *(distansión)* f. distensión.
distillation *(distilasión)* f. destilación.
distiller *(distilé)* tr. e intr. destilar.
distinct, e *(disténct)* adj. distinto, a.
distinctif, ive *(distenctíf, ív)* adj. distintivo, a.
distinction *(distencsión)* f. distinción.
distingué, e *(distengué)* adj. distinguido, a.
distinguer *(distengué)* tr. distinguir.
distorsion *(distorsión)* f. torcedura.
distraction *(distracsión)* f. distracción.
distraire *(distrér)* tr. distraer.
distrait, e *(distré, ét)* adj. distraído, a. [buir.
distribuer *(distribüé)* tr. distri-
distributeur, trice *(distribütér, trís)* s. distribuidor, a.
distribution *(distribüsión)* f. distribución.
district *(district)* m. distrito.
dit, e *(dí, ít)* p. p. y adj. dicho, dicha; **autrement dit,** en otras palabras.
dithyrambe *(ditiránb)* m. ditirambo.
diurne *(diü'rn)* adj. diurno, a.
divagation *(divagasión)* f. divagación.
divaguer *(divagué)* intr. divagar.

divan *(diván)* m. diván.
divergence *(diverjáns)* f. divergencia.
divergent, e *(diverján, ánt)* adj. divergente.
diverger *(diverjé)* divergir.
divers, e *(diver, érs)* adj. diverso, a.
diversion *(diversión)* f. diversión.
diversité *(diversité)* f. diversidad.
divertissant, e *(divertisán, ánt)* adj. divertido, a.
divertissement *(divertis^emán)* m. diversión.
dividende *(dividánd)* m. dividendo.
divin, e *(divén, ín)* adj. divino, a.
divination *(divinasión)* f. adivinación.
diviniser *(divinisé)* tr. divinizar.
divinité *(divinité)* f. divinidad.
diviser *(divisé)* tr. dividir.
diviseur *(divisér)* m. divisor.
divisible *(divisíbl)* adj. divisible.
division *(división)* f. división.
divorce *(divórs)* m. divorcio.
divorcer *(divorsé)* intr. divorciar.
divulgation *(divülgasión)* f. divulgación.
divulguer *(divülgué)* tr. divulgar.
dix *(dí, dís)* adj. y s. diez.
dixième *(disiém)* adj. y s. décimo, a.
dizaine *(disén)* f. decena.
docile *(dosíl)* adj. dócil.
docilité *(dosilité)* f. docilidad.
dock *(dók)* m. dock.
docte *(dóct)* adj. docto, a.
docteur *(doctér)* s. doctor.
doctrine *(doctrín)* f. doctrina.
document *(docümán)* m. documento.
documentaire *(docümantér)* adj. y s. documental.
documentation *(docümantasión)* f. documentación.
dodeliner *(dodeliné)* tr. mecer.
dodu, e *(dodü')* adj. regordete, a.
dogmatique *(dogmatík)* adj. dogmático, a.
dogme *(dógm)* m. dogma.
dogue *(dóg)* m. dogo; alano.
doigt *(duá)* m. dedo; **petit doigt,** meñique.
doit *(duá)* m. debe.
doléance *(doleáns)* f. queja.
dolent, e *(dolán, ánt)* adj. y s. doliente.
dollar *(dolár)* m. dólar.
domaine *(domén)* m. dominio; finca; campo (ciencia).
dôme *(dóm)* m. domo; cúpula.
domestique *(domestík)* m. criado.
domestiquer *(domestiké)* tr. domesticar. [lio.
domicile *(domisíl)* m. domici-
domicilier (se) *(sedomisilié)* r. domiciliarse.
dominant, e *(dominán, ánt)* adj. dominante.
dominateur, trice *(dominatér, trís)* adj. dominador, a.
domination *(dominasión)* f. dominación.
dominer *(dominé)* tr. e intr. dominar.
dominicain, e *(dominikén)* s. dominico, a.
dominical, e *(dominicál)* adj. dominical.
domino *(dominó)* m. dominó.
dommage *(domáj)* m. daño; **c'est dommage!,** es lástima.
dompter *(donté)* tr. domar.
dompteur *(dontér)* s. domador.
don *(dón)* m. don.

donateur, trice *(donátér, trís)* m. y f. donador, a.
donation *(donasión)* f. donación.
donc *(dónc)* conj. luego; pues.
donjon *(donjón)* m. torreón.
donnant, e *(donán, ánt)* adj. dadivoso, a.
donnée *(doné)* f. dato.
donneur, euse *(donér, és)* s. donador, a.
dont *(dón)* pron. cuyo, a; cuyos, as; del (de la) cual, de los (las) cuales.
doper *(dopé)* intr. drogar.
dorade *(dorád)* f. dorada.
doré, e *(doré)* adj. dorado, a.
dorénavant *(dorenaván)* adv. en adelante.
dorer *(doré)* tr. dorar.
dorloter *(dorloté)* tr. mimar.
dormant, e *(dormán, ánt)* adj. durmiente; estancada (agua).
dormeur, euse *(dormér, és)* s. dormilón.
dormir *(dormír)* intr. dormir.
dorsal, e *(dorsál)* adj. dorsal.
dortoir *(dortuár)* m. dormitorio.
dorure *(dorü'r)* f. dorado.
dos *(dó)* m. espalda; dorso.
dose *(dós)* f. dosis.
doser *(dosé)* tr. dosificar.
dossier *(dosié)* m. respaldo; sumario; expediente; legajo.
dot *(dót)* f. dote.
dotation *(dotasión)* f. dotación.
doter *(doté)* tr. dotar.
douane *(duán)* f. aduana.
douanier, ière *(duanié, iér)* adj. y s. aduanero, a.
doublage *(dublá'j)* m. doblaje.
double *(dúbl)* adj. y s. doble.
doubler *(dublé)* tr. doblar.
doublure *(dublü'r)* f. forro.
douceâtre *(dusátr)* adj. dulzón.
doucement *(dus^emán)* adv. despacito.
douceur *(dusér)* f. dulzura; suavidad.
douche *(dúch)* f. ducha.
doucher *(duché)* tr. duchar.
doué, e *(dué)* adj. dotado, a.
douer *(dué)* tr. dotar.
douille *(dúy)* f. casquillo.
douillet, ette *(duyé, ét)* adj. delicado, a; muelle.
douleur *(dulér)* f. dolor.
douloureux, euse *(duluré, és)* adj. doloroso, a.
doute *(dút)* m. duda.
douter *(duté)* intr. dudar.
douteux, euse *(duté, és)* adj. dudoso, a.
douve *(dúv)* f. duela; zanja.
doux, douce *(dú, dús)* adj. dulce; suave, manso, a.
douzaine *(dusén)* f. docena.
douze *(dús)* s. y adj. doce.
doyen *(duayén)* m. decano; deán.
draconien, enne *(draconién)* adj. draconiano, a.
dragée *(dra'jé)* f. grajea, peladilla.
dragon *(dragón)* m. dragón.
drague *(drág)* f. draga.
draguer *(dragué)* tr. dragar.
drainer *(drené)* tr. avenar; desecar; drenar (Med.).
dramatique *(dramatík)* adj. dramático, a.
dramatiser *(dramatisé)* tr. dramatizar.
dramaturge *(dramatü'rj)* s. dramaturgo.
drame *(drám)* m. drama.
drap *(drá)* m. paño; **drap de lit,** sábana.
drapeau *(drapó)* m. bandera.
draper *(drapé)* tr. enlutar; volver.
draperie *(drap^erí)* ropaje.
drapier *(drapié)* m. pañero.

dressage (*dresáj*) m. doma.
dresser (*dresé*) tr. erguir, preparar; domar.
dresseur (*dresér*) m. domador.
dressoir (*dresuár*) m. aparador.
drogue (*dróg*) f. droga.
droguer (*drogué*) tr. jaropear, fam. adulterar.   [ría.
droguerie (*drogüerí*) f. droguedroit, e (*druá, át*) adj. derecho,
recto, a; f. derecha; línea recta; m. derecho.
droiture (*druatü'r*) f. rectitud.
drôle (*dról*) adj. gracioso, sa; raro, a; m. pícaro.
drôlerie (*droleri*) f. chuscada.
dromadaire (*dromadér*) m. dromedario.
dru, e (*drü'*) adj. espeso, a.
du (*dü'*) art. contr. del.
dû (*dü'*) adj. debido; m. débito; fig. merecido.
dualisme (*düalísm*) m. dualismo.
dubitatif, ive (*dübitatíf, ív*) adj. dubitativo, a.
duc (*dü'c*) m. duque.
duchesse (*düchés*) f. duquesa.
ductile (*düctíl*) adj. dúctil.
duel (*düél*) m. duelo; desafío.
dueliste (*düelíst*) s. duelista.
dulcifier (*dülsifié*) tr. dulcificar.
dûment (*dümán*) adv. debidamente.
dune (*dü'n*) f. duna.
duo (*düó'*) m. dúo.
dupe (*dü'p*) f. incauto, a.
duper (*düpé*) tr. engañar.
duperie (*düp*e*rí*) f. engaño.
dupeur (*düpér*) m. engañador.
duplicata (*düplicatá*) m. duplicado.
duplicité (*düplisité*) f. duplicidad.
duquel (*dükél*) pron. rel. del cual.
dur, e (*dü'r*) adj. duro, a; difícil.
durable (*dürábl*) adj. durable.
durant (*dürán*) prep. durante.
durcir (*dürsír*) tr. endurecer.
durcissement (*dürsis*e*mán*) m. endurecimiento.
durée (*düré*) f. duración.
durer (*düré*) intr. durar.
dureté (*dür*e*té*) f. dureza.
durillon (*düriyón*) m. callosidad.
duvet (*düvé*) m. vello; plumón.
duveté, e (*düv*e*té*) adj. velloso, vellosa.
dynamique (*dinamík*) adj. dinámico, a; f. dinámica.
dynamisme (*dinamísm*) m. dinamismo.
dynamite (*dinamít*) f. dinamita.
dynamo (*dinamó*) f. dínamo.
dynastie (*dinastí*) f. dinastía.
dyne (*dín*) f. dina.
dysenterie (*disant*e*rí*) f. disentería.
dyspepsie (*dispepsi*) f. dispepsia.

eau (*ó*) f. agua.
eau-de-vie (*odeví*) f. aguardiente.
ébahi, e (*ebaí*) adj. estupefacto, a.

ébahir (s') (*sebaír*) f. fam. pasmarse.
ébahissement (*ebais*e*mán*) m. pasmo, estupefacción.
ébats (*ebá*) m. pl. fam. pasatiempo.
ébauche (*eboch*) f. bosquejo.
ébaucher (*eboché*) tr. bosquejar, esbozar.
ébène (*ebén*) f. ébano.
ébéniste (*ebeníst*) m. ebanista.
éblouir (*eblüír*) tr. deslumbrar.
éblouissant, e (*ebluisán, ánt*) adj. deslumbrador, a.
éblouissement (*ebluis*e*mán*) m. deslumbramiento.
ébouillanter (*ebuyanté*) tr. escaldar.
éboulement (*ebul*e*mán*) m. desmoronamiento.
ébouler (*ebulé*) tr. desmoronar.
éboulis (*ebulí*) m. derrumbe.
ébouriffer (*eburifé*) tr. desgreñar.
ébrancher (*ebranché*) tr. derramar.
ébranlement (*ebranl*e*mán*) m. estremecimiento.
ébranler (*ebranlé*) tr. conmover, sacudir.
ébrécher (*ebreché*) tr. mellar.
ébriété (*ebrieté*) f. embriaguez.
ébrouement (*ebrumán*) m. resoplido.
ébruiter (*ebrüité*) tr. propalar.
ébullition (*ebülision*) f. ebullición.
écaille (*ecáy*) f. escama; concha.
écailler (*ecayé*) tr. escamar.
écailleux, euse (*ecayé, és*) adj. escamoso, a.
écarlate (*ecarlát*) f. escarlata.
écarquiller (*ecarkiyé*) tr. abrir mucho (ojos, etc.).
écart (*ecár*) m. diferencia; fig. digresión; **à l'écart**, aparte.
écarté, e (*ecarté*) adj. aislado, a.
écarteler (*ecart*e*lé*) tr. descuartizar.
écartement (*ecart*e*mán*) m. separación.
écarter (*ecarté*) tr. descartar, separar.
ecchymose (*ekimós*) f. equimosis.
ecclésiastique (*ecl*e*siastík*) adj. y s. eclesiástico, a.
écervelé, e (*eserv*e*lé*) s. loco, a.
échafaud (*echafó*) m. patíbulo, andamio.
échafaudage (*echafodáj*) m. andamiaje.
échafauder (*echafodé*) tr. construir andamios; fig. fundar.
échalas (*echalá*) m. rodrigón.
échalote (*echalót*) m. chalote.
échancrer (*echancré*) tr. escotar.
échancrure (*echancrü'r*) f. escote, escotadura.
échange (*echánj*) m. cambio.
échanger (*echanjé*) tr. cambiar; trocar.
échantillon (*echantiyón*) m. muestra.
échantillonnage (*echantiyonáj*) m. muestrario.
échappatoire (*echapatuár*) f. escapatoria; subterfugio.
échappé (*echapé*) f. escapada.
échappement (*echap*e*mán*) m. escape.
échapper (*echapé*) intr. escapar.
écharde (*echárd*) f. púa, espina.
écharpe (*echárp*) f. chal; banda; faja.
écharper (*echarpé*) tr. acuchillar.
échasse (*echás*) f. zanco.
échassier (*echasié*) m. *Orn.* zancuda.

échauder (*echodé*) fr. escaldar.
échauffement (*echof*e*mán*) m. irritación; calentamiento.
échauffer (*echofé*) tr. calentar.
échauffourée (*echofuré*) f. encuentro, refriega.
échéance (*echeáns*) f. vencimiento; plazo.
échéant, e (*echeán, ánt*) adj. que vence; **le cas échéant**, si se presenta el caso.
échec (*echéc*) m. jaque, fracaso.
échecs (*echéc*) m. pl. ajedrez.
échelle (*echél*) f. escala; escalera.
échelon (*echelón*) m. escalón.
échelonner (*ech*e*loné*) tr. escalonar.
écheveau (*echevó*) m. madeja.
échevelé, e (*echev*e*lé*) adj. despeinado, a.
échevin (*echevén*) m. regidor.
échine (*echín*) f. espinazo; lomo.
échiquier (*echikié*) m. tablero.
écho (*ecó*) m. eco.
échoir (*echuár*) intr. tocar en suerte; vencer un plazo.
échoppe (*echóp*) f. tenducho.
échouer (*echué*) intr. varar; fracasar.
éclabousser (*eclabusé*) tr. salpicar.
éclaboussure (*eclabusü'r*) f. salpicadura.
éclair (*eclér*) m. destello; relámpago.
éclairage (*ecleráj*) m. alumbrado.
éclaircie (*eclersí*) f. claro.
éclaircir (*eclersír*) tr. aclarar; despejar.
éclaircissement (*eclersis*e*mán*) m. aclaración.
éclairé, e (*ecleré*) adj. alumbrado, a; fig. ilustrado, a.
éclairer (*ecleré*) tr. alumbrar.
éclaireur (*eclerér*) m. explorador.
éclat (*eclá*) m. pedazo; brillo; explosión; fig. esplendor.
éclatant, e (*eclatán, ánt*) adj. brillante.
éclatement (*eclat*e*mán*) m. estallido.
éclater (*eclaté*) intr. estallar, resplandecer.
éclectique (*eclectík*) adj. ecléctico, a.
éclipse (*eclíps*) f. eclipse.
éclipser (*eclipsé*) tr. eclipsar.
écliptique (*ecliptík*) f. eclíptica; adj. eclíptico, a.
éclopé, e (*eclopé*) adj fam. cojo, a.
éclore (*eclór*) intr. abrirse (las flores); salir del huevo.
éclosion (*eclosión*) f. nacimiento.
écluse (*eclü's*) f. presa; esclusa.
écœurant, e (*ekerán, ánt*) adj. repugnante.
écœurer (*ekeré*) tr. asquear.
école (*ecól*) f. escuela.
écolier, e (*ecolié, iér*) adj. y s. escolar.
éconduire (*econdüír*) tr. despedir.   [mato.
économat (*económá*) m. economía.
économe (*económ*) m. ecónomo; adj. económico.
économie (*economí*) f. economía.
économiser (*economisé*) tr. economizar.
économiste (*economíst*) m. economista.
écoper (*ecopé*) tr. achicar.
écorce (*ecórs*) f. corteza.
écorcer (*ecorsé*) tr. descortezar.

écorcher (*ecorché*) tr. desollar.
écorchure (*ecorchü'r*) f. desolladura.
écorner (*ecorné*) tr. descantillar.
écot (*ecó*) m. escote, gasto.
écoulement (*ecul*e*mán*) m. derrame; venta; *Med.* evacuación.
écouler (*eculé*) tr. fluir; — r. derramarse, pasar.
écourter (*ecurté*) tr. acortar.
écoute (*ecút*) f. escucha.
écouter (*ecuté*) tr. escuchar.
écoutille (*ecutíy*) f. escotilla.
écran (*ecrán*) m. pantalla.
écrasant, e (*ecrasán, ánt*) adj. aplastante; abrumador.
écrasement (*ecras*e*mán*) m. aplastamiento.
écraser (*ecrasé*) aplastar.
écrémer (*ecremé*) tr. desnatar.
écrevisse (*ecrevís*) f. cangrejo.
écrier (s') (*secrié*) r. exclamar.
écrin (*ecrén*) m. estuche.
écrire (*ecrír*) tr. escribir.
écrit, e (*ecrí, ít*) adj. escrito, a; m. escrito.
écriteau (*ecritó*) m. rótulo.
écriture (*ecritü'r*) f. escritura; pl. cuentas.
écrivain (*ecrivén*) m. escritor.
écrou (*ecrú*) m. tuerca.
écrouer (*ecrué*) tr. encarcelar.
écroulement (*ecrul*e*mán*) m. derrumbamiento.
écrouler (s') (*secrulé*) r. hundirse.
écru, e (*ecrü'*) adj. crudo, a (hilo o tejido).
écu (*ecü'*) m. escudo.
écueil (*ekéy*) m. escollo.
écuelle (*ecüél*) f. escudilla.
écumant, e (*ecümán, ánt*) adj. espumante.
écume (*ecü'm*) f. espuma.
écumer (*ecümé*) tr. espumar.
écumoire (*ecümuár*) f. espumadera.
écureuil (*ecüréy*) m. ardilla.
écurie (*ecürí*) f. cuadra.
écusson (*ecüsón*) m. escudo.
écuyer (*ecüiyé*) m. escudero, jinete.
écuyère (*ecüiyér*) f. amazona.
eczéma (*ecsemá*) m. eczema.
éden (*edén*) m. edén.
édenté, e (*edanté*) adj. desdentado, a.
édicter (*edicté*) tr. publicar edictos.
édicule (*edicü'l*) m. edículo.
édifiant, e (*edifián, é*) adj. edificante.
édifice (*edifís*) m. edificio.
édifier (*edifié*) tr. edificar.
édile (*edil*) m. edil.
édit (*edi*) m. edicto.
éditer (*edité*) tr. editar.
édition (*edisión*) f. edition.
éditorial, e (*editoriál*) adj. editorial.
édredon (*edredón*) m. edredón.
éducateur, trice (*educatér, írís*) adj. y s. educador.
éducation (*educasión*) f. educación.
éduquer (*edüké*) tr. pop. educar.
effacé, e (*efasé*) adj. borrado, a; fig. insignificante.
effacer (*efasé*) tr. borrar; fig. oscurecer.
effarement (*efar*e*mán*) m. pavor.
effarer (*efaré*) tr. azorar.

effaroucher (*efaruché*) tr. alarmar; asustar.

effectif, ive (*efectíf, ív*) adj. y s. efectivo, a.

effectuer (*efectüé*) tr. efectuar.

efféminé (*efeminé*) adj. afeminado.

effervescence (*efervesáns*) f. efervescencia.

effervescent, e (*efervesán, ánt*) adj. efervescente.

effet (*efé*) m. efecto; pl. valores, objetos.

effeuiller (*efeyé*) tr. deshojar.

efficace (*eficás*) adj. eficaz.

efficient, e (*efisián, ánt*) adj. eficiente.

effigie (*efijí*) f. efigie.

effilé, e (*efilé*) adj. deshilachado, a; afilado, a.

effiler (*efilé*) tr. deshilar.

effilocher (*efiloché*) tr. deshilar, deshilachar.

efflanqué, e (*eflanké*) adj. enflaquecido, a; flaco, a.

effleurer (*efleré*) tr. desflorar; rozar.

effluve (*eflü'v*) m. efluvio.

effondrement (*efondr*^e*mán*) m. hundimiento.

effondrer (s') (*sefrondré*) r. hundirse.   [zarse.

efforcer (s') (*seforsé*) r. esforzarse.

effort (*efór*) m. esfuerzo.

effraction (*efracsión*) f. fractura.

effrayant, e (*efreyán, ánt*) adj. horroroso, a.

effrayer (*efreyé*) tr. espantar.

effréné, e (*efrené*) adj. desenfrenado, a.

effriter (*efrité*) tr. desmoronar.

effroi (*efruá*) m. espanto; terror.

effronté, e (*efronté*) adj. desvergonzado, a.

effronterie (*efront*^e*rí*) f. desvergüenza.

effroyable (*efruayábl*) adj. espantoso, a.

effusion (*efüsión*) f. efusión.

égal, e (*egál*) adj. igual.

égaler (*egalé*) tr. igualar.

égaliser (*egalisé*) tr. igualar.

égalité (*egalité*) f. igualdad.

égard (*egár*) m. consideración; miramiento.

égaré, e (*egaré*) adj. extraviado.

égarement (*egar*^e*mán*) m. extravío.

égarer (*egaré*) tr. extraviar.

égayer (*egueyé*) tr. alegrar.

égide (*ejíd*) f. égida.

églantier (*eglantié*) m. rosal silvestre.

églogue (*eglóg*) f. égloga.

église (*eglís*) f. iglesia.

égoïsme (*egoísm*) m. egoísmo.

égoïste (*egoíst*) f. egoísta.

égorgement (*egorj*^e*mán*) m. degollación.

égorger (*egorjé*) tr. degollar.

égorgeur, euse (*egorjér, és*) s. degollador, a.

égosiller (s') (*segosiyé*) r. desgañitarse.

égout (*egú*) m. alcantarilla.

égoutier (*egutié*) m. pocero.

égoutter (*eguté*) tr. escurrir.

égoutoir (*egutuár*) m. escurridero.

égratigner (*egratiñé*) tr. arañar.

égratignure (*egratiñü'r*) f. araño, rasguño.

égrener (*egrené*) tr. desgranar.

eh! (*é*) interj. ¡eh!

éhonté, e (*eonté*) adj. desvergonzado, a.

éjaculer (*ejacülé*) tr. eyacular.

éjection (*ejecsión*) f. eyección.

élaboration (*elaborasión*) f. elaboración.

élaborer (*elaboré*) tr. elaborar.

élaguer (*elagué*) tr. podar, limpiar.

élan (*elán*) m. arranque, impulso. (*Zool.*) anta.

élancé, e (*elansé*) adj. esbelto, a.   [pulso.

élancement (*elans*^e*mán*) m. impulso.

élancer (*elansé*) tr. lanzar; intr. punzar.

s— r. entusiasmarse.

élargir (*elarjír*) tr. ensanchar.

élargissement (*elarjis*^e*mán*) m. ensanche; *Jur.* libertad.

élasticité (*elastisité*) f. elasticidad.

élastique (*elastík*) adj. y s. elástico, a.

électeur (*electér*) m. elector.

électif, ive (*electíf, ív*) adj. electivo, a.

élection (*elecsión*) f. elección.

électoral, e (*electorál*) adj. electoral.

électricien (*electrisién*) m. electricista.

électricité (*electrisité*) f. electricidad.

électrification (*electrificasión*) f. electrificación.

électrique (*electrík*) adj. eléctrico, a.

électriser (*electrisé*) tr. electrizar.

électrocution (*electrocüsión*) f. electrocución.

élégance (*elegáns*) f. elegancia.

élégant, e (*elegán, ánt*) adj. elegante.

élément (*elemán*) m. elemento.

élémentaire (*elementér*) adj. elemental.

éléphant (*elefán*) m. elefante.

élevage (*el*^e*váj*) m. cría de ganado.

élévateur (*elevatér*) adj. y s. elevador.

élévation (*elevasión*) f. elevación.

élève, e (*elév*) s. alumno, a.

élevé, e (*elevé*) adj. elevado, a; educado, a.

élever (*elevé*) tr. elevar, criar.

éleveur (*elevér*) m. ganadero.

élider (*elidé*) tr. elidir.

éligible (*elijíbl*) adj. elegible.

élimination (*eliminasión*) f. eliminación.

éliminer (*eliminé*) tr. eliminar.

élire (*elír*) tr. elegir.

élision (*elisión*) f. elisión.

élite (*elít*) f. élite.

elle (*él*) pron. pers. ella.

elle (*él*) pron. pers. ella.

ellipse (*elíps*) f. elipse; elipsis.

elliptique (*eliptík*) adj. elíptico, a.

élocution (*elocüsión*) f. elocución.

éloge (*elój*) m. elogio.

élogieux, euse (*elojié, és*) adj. elogiador, a.

éloigné, e (*eluañé*) adj. alejado, a.

éloignement (*eluañ*^e*mán*) m. alejamiento.

éloigner (*eluañé*) tr. alejar.

éloquence (*elokáns*) f. elocuencia.

éloquent, e (*elokán, ánt*) adj. elocuente.

élu, e (*elü*) adj. escogido, a.

élucider (*elüsidé*) tr. dilucidar.

élucubration (*elücübrasión*) f. elucubración.

éluder (*elüdé*) tr. eludir.

émacié, e (*emasié*) adj. demacrado, a.

émail (*emáy*) m. esmalte.

émailler (*emayé*) tr. esmaltar.

émanation (*emanasión*) f. emanación.

émancipation (*emansipasión*) f. emancipación.

émanciper (*emansipé*) tr. emancipar.

émaner (*emané*) intr. emanar.

émarger (*emarjé*) tr. marginar.

emballage (*anbaláj*) m. embalaje.

emballement (*anbal*^e*mán*) m. arrebato.

emballer (*anbalé*) tr. embalar. **s—** r. entusiasmarse.

embarcadère (*anbarcadér*) m. embarcadero.

embarcation (*anbarcasión*) f. embarcación.

embardée (*anbardé*) f. despiste (auto).

embargo (*anbargó*) m. embargo.

embarquement (*anbark*^e*mán*) m. embarque; embarco.

embarquer (*anbarké*) tr. embarcar.

embarras (*anbarrá*) m. estorbo; embarazo.

embarrassant, e (*anbarrasán, ánt*) adj. embarazoso, a.

embarrasser (*anbarrasé*) tr. embarazar, estorbar.

embauchage (*anbocháj*) m. enganche.

embaucher (*anboché*) tr. contratar.

embaumer (*anbomé*) tr. embalsamar.

embaumeur (*anbomér*) m. embalsamador.

embelli, e (*anbelí*) adj. embellecido, a.

embellir (*anbelír*) tr. embellecer.

embellissement (*anbelis*^e*mán*) m. embellecimiento.

embêtant, e (*anbetán, ánt*) adj. fastidioso, a.

embêtement (*anbetmán*) m. aburrimiento, fastidio.

embêter (*anbeté*) tr. fastidiar.

emblaver (*anblavé*) tr. sembrar.

emblée (d') (*danblé*) loc. adv. de repente.

emblème (*anblém*) m. emblema.

emboîtement (*anbuat*^e*mán*) m. encaje, enchufe.

emboîter (*anbuaté*) tr. encajar.

embolie (*anbolí*) f. embolia.

embonpoint (*anbonpuén*) m. gordura.

emboucher (*anbuché*) tr. embocar.

embouchure (*anbuchü'r*) f. boquilla, embocadura; desembocadura.

embourber (*anburbé*) tr. atascar.

embourser (*anbursé*) tr. embolsar.

embouteillage (*anbuteyáj*) m. embotellamiento.

embranchement (*anbranch*^e*mán*) m. ramal; empalme.

embrasement (*anbras*^e*mán*) m. incendio.

embraser (*anbrasé*) tr. abrasar.

embrassade (*anbrasád*) f. abrazo.

embrasser (*anbrasé*) tr. abrazar; besar.

embrasure (*anbràsü'r*) f. tronera; vano de puerta o ventana.

embrayage (*anbreyáj*) m. embrague.

embrayer (*anbreyé*) tr. embragar.

embrocher (*anbroché*) tr. espetar; fig. y pop. ensartar.

embrouiller (*anbruyé*) tr. embrollar.

embrumer (s') (*sanbrümé*) r. nublarse.

embrun (*anbrén*) m. brumazón.

embryon (*anbrión*) f. embrión.

embryonnaire (*anbrionér*) adj. embrionario, a.

embûche (*anbü'ch*) f. trampa; emboscada.

embuscade (*anbüscád*) f. emboscada.

embusquer (*anbüské*) tr. emboscar.

émeraude (*em*^e*ród*) f. esmeralda.

émergence (*emerjáns*) f. emergencia.

émergent, e (*emerján, ánt*) adj. emergente.

émerger (*emerjé*) intr. emerger.

émeri (*em*^e*rí*) m. esmeril.

émérite (*emerít*) adj. emérito, a; benemérito, a.

émerveillement (*emervey*^e*mán*) m. admiración, sorpresa.

émerveiller (*emerveyé*) tr. maravillar.

emetteur (*emetér*) m. emisor (radio).

émettre (*emétr*) tr. emitir.

émeute (*emét*) f. motín.

émeutier (*emetié*) m. amotinador.   [Jar.

émietter (*emieté*) tr. desmigajar.

émigrant, e (*emigrán, ánt*) s. emigrante.

émigration (*emigrasión*) f. emigración.

émigré, e (*emigré*) adj. emigrado, a.

émigrer (*emigré*) intr. emigrar.

eminemment (*eminamán*) adv. eminentemente.

éminence (*emináns*) f. eminencia.

éminent, e (*eminán, ánt*) adj. eminente.

émir (*emír*) m. emir.

émissaire (*emisér*) m. emisario.

émission (*emisión*) f. emisión.

emmagasiner (*anmagasiné*) tr. almacenar.

emmailloter (*anmayoté*) tr. fajar.

emmancher (*anmanché*) tr. enmangar.

emmanchure (*anmanchü'r*) f. escotadura.

emmêler (*anmelé*) tr. enmarañar.

emménager (*anmenajé*) tr. instalar.

emmener (*anmené*) tr. llevarse.

emmenotter (*anmenoté*) tr. maniatar.

emmitonner (*anmitoné*) tr. envolver.

emmitoufler (*anmituflé*) tr. arropar, a.

emmurer (*anmüré*) tr. emparedar.

émoi (*emuá*) m. emoción.

émollient, e (*emolián, ánt*) adj. emoliente.

émolument (*emolümán*) m. emolumento.

émonder (*emondáj*) m. poda.

émonder (*emondé*) tr. podar; talar.

émotion (*emosión*) f. emoción.

émotionner (*emosioné*) tr. emocionar.

émoudre (*emúdr*) tr. amolar; afilar.

émouleur (*emulér*) m. afilador.

émoulu, e (*emulü'*) adj. afilado, a.

émousser (*emusé*) tr. embotar.

émoustiller (*emustiyé*) tr. alegrar.

émouvant, e (*emuván, ánt*) adj. conmovedor, a.

émouvoir *(emuvuár)* tr. conmover.

empailler *(anpayé)* tr. disecar.

empan *(anpán)* m. palmo.

empaqueter *(anpakᵉté)* tr. empaquetar.

emparer (s') *(sanparé)* r. apoderarse.

empâter *(anpaté)* tr. empastar; cebar (aves).

empêchement *(anpechᵉmán)* m. impedimento.

empêcher *(anpeché)* tr. impedir.

empeigne *(anpéñ)* f. empeine.

empereur *(anpᵉrér)* m. emperador.   [nar.

empeser *(anpesé)* tr. almidonar.

empester *(anpesté)* tr. apestar.

empêtrer *(anpetré)* tr. trabar.

emphase *(anfás)* f. énfasis.

emphatique *(anfatík)* adj. enfático, a.

empierrer *(anpierré)* tr. empedrar.

empiètement *(anpietᵉmán)* m. usurpación.

empiéter *(anpieté)* tr. usurpar.

empilement *(anpilᵉmán)* m. apilamiento.

empiler *(anpilé)* tr. apilar.

empire *(anpír)* m. imperio.

empirement *(anpirᵉmán)* m. empeoramiento.

empirer *(anpiré)* tr. e intr. empeorar.

empirique *(anpirík)* adj. empírico, a.

empirisme *(anpirism)* m. empirismo.

emplacement *(anplasᵉmán)* m. situación, colocación.

emplâtre *(anplátr)* m. emplasto.

emplette *(anplét)* f. compra.

emplir *(anplír)* tr. llenar.

emploi *(anpluá)* m. empleo.

employé, e *(anpluayé)* adj. y s. empleado, a.

employer *(anpluayé)* tr. emplear, usar.

employeur, euse *(anpluayér, és)* m. patrono, a.

emplumer *(anplümé)* tr. emplumar.

empocher *(anpoché)* tr. embolsar.

empoignade *(anpuañád)* f. agarrada.

empoigner *(anpuañé)* tr. empuñar; agarrar; fig. conmover.

empois *(anpuá)* m. engrudo.

empoisonnement *(anpuasonᵉmán)* m. envenenamiento.

empoisonner *(anpuasoné)* tr. envenenar.

empoisonneur, euse *(anpuasonér, é)* s. envenenador, a.

emporté, e *(anporté)* adj. colérico, a.

emportement *(anportᵉmán)* m. arrebato.   [tar.

emporter *(anporté)* transportar.

emporter (s') *(sanporté)* r. encolerizarse.

empourprer *(anpurpré)* tr. teñir de púrpura.

empreindre *(anpréndr)* tr. imprimir.

empreinte *(anprént)* f. impresión; huella.

empressé, e *(anpresé)* adj. solícito, a.

empressement *(anpresᵉmán)* m. diligencia.

empresser (s') *(sanpresé)* r. apresurarse.

emprisonnement *(anprisonᵉmán)* m. encarcelamiento.

emprisonner *(anprisoné)* tr. aprisionar.

emprunt *(anprén)* m. empréstito; préstamo; fig. postizo.

emprunter *(anprenté)* tr. pedir, tomar prestado.

ému, e *(emü)* adj. conmovido.

emulation *(emülásion)* f. emulación.

emule *(emü'l)* s. émulo, a.

émulsion *(emülsión)* f. emulsión.

en *(án)* prep. en; a, con, por, de; pr. de él; de ello (ella).

énamourer (s') *(senamuré)* r. enamorarse.

encablure *(ancablü'r)* f. Mar. cable, medida.

encadrement *(ancadrᵉmán)* m. marco; orla.

encadrer *(ancadré)* tr. encuadrar.

encager *(ancajé)* tr. enjaular.

encaisse *(ankés)* f. existencia en caja.

encaissement *(ankesᵉmán)* m. encajonamiento.

encaisser *(ankesé)* tr. encajonar; Com. ingresar.

encan *(ancán)* m. subasta.

encarter *(ancarté)* tr. encartar.

en-cas *(ancá)* m. reserva.

encaustique *(ancostík)* adj. encáustico, a.

enceinte *(ancént)* f. cerco; recinto; adj. encinta.

encens *(ansáns)* m. incienso.

encenser *(ansansé)* tr. incensar.

encensoir *(ansansuár)* m. incensario.

encéphale *(ansefál)* m. encéfalo.

encerclement *(anserclᵉmán)* m. cerco.

encercler *(ansercié)* tr. cercar.

enchaînement *(anchenᵉmán)* m. encadenamiento.

enchaîner *(anchené)* tr. encadenar.

enchanté, e *(anchanté)* adj. y s. encantado, a.

enchantement *(anchantᵉmán)* m. encanto.

enchanter *(anchanté)* tr. encantar.

enchanteur, eresse *(anchantér, erés)* adj. y s. encantador, a.

enchâsser *(anchasé)* tr. engastar.

enchère *(anchér)* f. subasta.

enchérir *(anchérír)* tr. pujar; encarecer.

enchérissement *(ancherisᵉmán)* m. encarecimiento.

enchevêtrement *(anchevetrᵉmán)* m. enredo.

enchevêtrer *(anchevetré)* tr. embrollar; encabestrar.

enclave *(ancláv)* f. enclave.

enclaver *(anclavé)* tr. empotrar.

enclin, e *(anclén, ín)* adj. propenso, a.

encloîtrer *(ancluatré)* tr. enclaustrar.

enclore *(anclór)* tr. cercar.

enclos *(ancló)* m. cercado.

enclume *(anclü'm)* f. yunque.

encoche *(ancóch)* m. muesca.

encoignure *(ancuañü'r)* f. rincón.

encolure *(ancolü'r)* f. cuello (de un caballo; fig. estampa (de una persona).

encombrant, e *(anconbrán ánt)* adj. embarazoso, a.   [bo.

encombre *(ancónbr)* m. estorbo.

encombrer *(anconbré)* tr. obstruir.

encontre (à l') *(alancóntr)* loc. adv. en contra.

encore *(ancór)* adv. aún, todavía; aun así; al menos.

encourageant, e *(ancuraján, ánt)* adj. estimulante.

encouragement *(ancurajᵉmán)* m. estímulo.

encourager *(ancurajé)* tr. estimular, animar, fomentar.

encourir *(ancurír)* tr. e intr. incurrir.

encre *(áncr)* f. tinta.

encrier *(ancrié)* m. tintero.

encyclique *(ansiclík)* f. encíclica.

encyclopédie *(ansiclopedi)* f. enciclopedia.

endémique *(andemík)* adj. endémico, a.

endetter (s') *(sandeté)* r. endeudarse.

endeuiller *(andeyé)* tr. enlutar.

endiablé, e *(andiablé)* adj. endiablado, a.

endiguer *(andigué)* tr. poner dique.

endimanché, e *(andimanché)* adj. endomingado, a.

endive *(andiv)* f. endibia.

endoctriner *(andoctriné)* tr. adoctrinar.

endolori, e *(andolorí)* adj. dolorido, a.

endommager *(andomajé)* tr. dañar.

endormir *(andormír)* tr. adormecer s'— *(sandormír)* r. dormirse.

endossement *(andosᵉmán)* m. endoso.

endosser *(andosé)* tr. endosar; vestir.

endosseur *(andosér)* m. endosante.

endroit *(andruá)* m. sitio, lugar.

enduire *(andüír)* tr. untar.

enduit *(andüí)* m. baño. capa.

endurance *(andüráns)* f. resistencia.

endurant, e *(andürán, ánt)* adj. sufrido, a.

endurcir *(andürsír)* tr. endurecer.

endurcissement *(andürsisᵉmán)* m. endurecimiento.

endurer *(andüré)* tr. soportar.

énergie *(enerjí)* f. energía.

énergique *(enerjík)* adj. enérgico, a.

énergumène *(energümén)* m. energúmeno.

énervant, e *(enervá n, ánt)* adj. enervante.

énervement *(enervᵉmán)* m. enervamiento.

énerver *(enervé)* tr. enervar.

enfance *(anfáns)* f. infancia.

enfant *(anfán)* s. niño, a.

enfantement *(anfantᵉmán)* m. parto.

enfanter *(anfanté)* tr. parir.

enfantillage *(anfantiyáj)* m. chiquilla.

enfantin, e *(anfantén, in)* adj. infantil.

enfariner *(anfariné)* tr. enharinar.

enfer *(anfér)* m. infierno.

enfermer *(anfermé)* tr. encerrar.

enfilade *(anfiládé)* f. hilera.

enfiler *(anfilé)* tr. ensartar; (fig.) enfilar.

enfin *(anfén)* adv. en fin; por fin.

enflammer *(anflamé)* tr. inflamar.

enflé, e *(anflé)* adj. inflado, a.

enfler *(anflé)* tr. inflar; hinchar.

enflure *(anflü'r)* f. hinchazón.

enfoncement *(anfonsᵉmán)* m. hundimiento.

enfoncer *(anfonsé)* tr. hundir.

enfouir *(anfuír)* tr. enterrar.

enfourcher *(anfurché)* tr. cabalgar.

enfreindre *(anfréndr)* tr. infringir.

enfuir (s') *(sanfüír)* r. fugarse.

enfumer *(anfümé)* tr. ahumar.

engagé *(angajé)* m. voluntario, alistado.

engageant, e *(angaján, ánt)* adj. insinuante.

engagement *(angajᵉmán)* m. compromiso; combate.

engager *(angajé)* tr. empeñar; exhortar; obligar; enganchar.

engainer *(anguené)* tr. envainar.

engeance *(anjáns)* f. casta, ralea.

engelure *(anjᵉlü'r)* f. sabañón.

engendrer *(anjandré)* tr. engendrar.

engin *(anjén)* m. aparato; redes.

englober *(anglobé)* tr. englobar.

engloutir *(anglutír)* tr. tragar.

engluer *(anglüé)* tr. untar con liga.

engommer *(angomé)* tr. engomar.

engoncer *(angonsé)* tr. envarar.

engorger *(angorjé)* tr. atascar.

engouement *(angumán)* m. capricho.

engouer (s') *(sangu-é)* r. encapricharse.

engouffrer (s') *(sangufré)* r. abismarse; sumirse.

engourdir *(angurdír)* tr. entorpecer.

engourdissement m. *(angurdisᵉmán)* m. entorpecimiento.

engrais *(angré)* m. abono.

engraisser *(angresé)* tr. engordar.

engrenage *(angrenáj)* m. engranaje.

engueuler *(anguelé)* tr. pop. insultar.

enhardir *(anardír)* tr. alentar.

enhardissement *(anardisᵉmán)* m. aliento, osadía.

énigmatique *(enigmatik)* adj. enigmático, a.

énigme *(enígm)* m. enigma.

enivrant, e *(enivrán, ánt)* adj. embriagador, a.

enivrement *(anivrᵉmán)* tr. embriagar.

enivrer *(anivré)* tr. embriagar.

enjambée *(anjanbé)* f. zancada.

enjamber *(anjanbé)* tr. pasar, saltar

enjeu *(anjé)* m. puesta; lo que se arriesga.

enjoindre *(anjuéndr)* tr. ordenar.

enjôler *(anjolé)* tr. engatusar.

enjôleur, euse *(anjolér, és)* s. zalamero, a.

enjoliver *(anjolivé)* tr. adornar.

enjoué, e *(anjué)* adj. jovial.

enjouement *(anjumán)* m. jovialidad.

enlacement *(anlasᵉmán)* m. enlace.

enlacer *(anlasé)* tr. enlazar.

enlaidir *(anledír)* tr. afear.

enlèvement *(anlevᵉmán)* m. levantamiento; rapto.

enlever *(anlevé)* tr. levantar; raptar; robar.

enliser (s') *(sanlisé)* r. hundirse.

enluminure *(anlüminü'r)* f. iluminación.

ennemi, e *(enᵉmi)* adj. y s. enemigo, a.   [cer.

ennoblir *(annoblír)* tr. ennoblecer.

ennui *(annüí)* m. fastidio.

ennuyant, e *(annüiyán, ánt)* adj. fastidioso, a.

ennuyer *(annuiyé)* tr. fastidiar; aburrir.

ennuyeux, euse (annuiyé, és) adj. fastidioso, a.

énoncé (enonsé) m. enunciado.

énoncer (enonsé) tr. enunciar.

énorgueiller (enorgueyír) tr. enorgullecer.

énorme (enórm) adj. enorme.

énormité (enormité) f. enormidad.

enquérir (s') (sankerír) r. informarse; indagar.

enquête (ankét) f. información; indagación.

enracinement (anrasin*e*mán) m. arraigamiento.

enraciner (anrasiné) tr. arraigar.

enragé, e (anra*j*é) adj. rabioso, a.

enrager (anra*j*é) tr. rabiar.

enrayer (anreyé) tr. fig. refrenar.

enrégimenter (anre*j*imanté) tr. regimentar; fig. afiliar.

enregistrement (anre*j*istr*e*mán) m. registro; empradronamiento.

enregistrer (anre*j*istré) tr. registrar.

enregistreur (anre*j*istrér) m. registrador.

enrhumer (anrümé) tr. resfriar; **s'—** (sanrümé) r. acatarrarse.

enrichir (anrichír) tr. enriquecer.

enrôlement (anrol*e*mán) m. alistamiento.

enrôler (anrolé) tr. alistar.

enrouement (anrumán) m. ronquera.

enrouer (anrué) tr. enronquecer.

enrouiller (anruyé) tr. enmohecer.

enrouler (anrulé) tr. enrollar.

enrubanner (s') (sanrübané) r. adornarse.

ensacher (ansaché) tr. ensacar.

ensanglanter (ansanglanté) tr. ensangrentar.

enseignant, e (anseñán, ánt) adj. enseñante.

enseigne (anséñ) f. muestra; insignia.

enseignement (anseñ*e*mán) m. enseñanza.

enseigner (anseñé) tr. enseñar.

ensemble (ansánbl) m. conjunto; adv. junto, juntamente.

ensemencement (ansemans*e*mán) m. siembra.

ensemencer (ansemansé) tr. sembrar.

enserrer (anserré) tr. encerrar.

ensevelir (ansev*e*lír) tr. sepultar.

ensoleillé, e (ansoleyé) adj. soleado, a.

ensoleiller (ansoleyé) tr. solear.

ensorceler (ansorselé) tr. hechizar.

ensorceleur, euse (ansorselér, és) s. hechicero, a.

ensorcellement (ansorsel*e*mán) m. hechizo.

ensuite (ansuít) adv. después.

ensuivre (s') (sansuívr) r. resultar.

entablement (antabl*e*mán) m. entablamento.

entacher (antaché) tr. tachar.

entaille (antáy) f. cortadura; muesca.

entailler (antayé) tr. cortar.

entamer (antamé) tr. empañar (el honor); entablar; cortar; comenzar.

entendement (antand*e*mán) m. amontonamiento.   [nar.

entasser (antasé) tr. amonto-

entendement (antand*e*mán) m. entendimiento.

entendre (antándr) tr. oír; **bien entendu**, loc. adv. por supuesto.

entente (antánt) f. acuerdo, alianza.

entériner (anteriné) tr. ratificar.

enterrement (anterr*e*mán) m. entierro.

enterrer (anterré) tr. enterrar.

en-tête (antét) m. membrete; encabezamiento.

entêté, e (anteté) adj. terco, a.

entêtement (antét*e*mán) m. testarudez.

entêter (s') (santeté) r. obstinarse.

enthousiasme (antusiásm) m. entusiasmo.

enthousiasmer (antusiasmé) tr. entusiasmar.

enthousiaste (antusiást) adj. y s. entusiasta.

entiché, e (antiché) adj. imbuido, a.

enticher (antiché) tr. encaprichar.

entier, ère (antié, iér) adj. y s. entero, íntegro.

entièrement (antier*e*mán) adv. enteramente.

entité (antité) f. entidad.

entomologie (antomolo*j*í) f. entomología.

entonner (antoné) tr. entonar.

entonnoir (antonuár) m. embudo.

entorse (antórs) f. esguince.

entortiller (antortiyé) tr. enroscar.

entour (à l') (á lantúr) loc. adv. alrededor.

entourage (antura*j*) m. cerco; fig. círculo de amistades, etcétera.

entourer (anturé) tr. rodear.

entournure (anturnü'r) f. sisa, escotadura.

entracte (antráct) m. entreacto.

entraider (s') (santredé) r. ayudarse.

entrailles (antráy) f. pl. entrañas.

entrain (antrén) m. animación.

entraînant, e (antrenán, ánt) adj. arrebatador, a.

entraînement (antren*e*mán) m. arrastramiento.

entraîner (antrené) tr. arrastrar; acarrear; entrenar; fig. entusiasmar.

entraîneur (antrenér) m. entrenador.

entrave (antráv) f. traba.

entraver (antravé) tr. trabar.

entre (ántr) prep. entre.

entre-bailler (antr*e*bayé) tr. entreabrir.

entrechat (antr*e*chá) m. pirueta.

entre-choquer (s') (santr*e*choké) rec. chocarse.

entrecôte (antr*e*cót) m. solomillo.

entre-croiser (s') (santr*e*cruasé) r. entrecruzarse.

entrée (antré) f. entrada; ingreso.

entre-faites (sur ces) (sü'r sesantr*e*fét) f. pl. en esto.

entrefilet (antr*e*filé) m. suelto de periódico.

entrelarder (antr*e*lardé) tr. mechar.

entre-mêler (antr*e*melé) tr. entremezclar.

entre-mets (antremé) m. manjar ligero.

entre-metteur, euse (antr*e*metér, és) s. mediador, a.

entre-mise (antr*e*mís) f. mediación.

entre-pont (antrepón) m. entrepuente.

entreposer (antr*e*posé) tr. almacenar.

entrepôt (antr*e*pó) m. depósito.

entreprenant, e (antr*e*prenánt) m. emprendedor, a.

entreprendre (antr*e*prándr) tr. emprender.

entrepreneur, euse (antr*e*prenér, és) emprendedor, a; empresario.

entreprise (antr*e*prís) f. empresa.

entrer (antré) intr. entrar.

entresol (antr*e*sól) m. entresuelo.

entretemps (antr*e*tán) m. intervalo.

entretenir (antr*e*tenír) tr. mantener, conservar.

entretien (antr*e*tién) m. conservación; plática.

entre-tuer (s') (santr*e*tué) rec. matarse recíprocamente.

entrevoir (antr*e*vuár) tr. entrever.   [ta.

entrevue (antr*e*vü') f. entrevista.

entr'ouvrir (antruvrír) tr. entreabrir.

énumération (enümerasión) f. enumeración.

énumérer (enüméré) tr. enumerar.

envahir (anvaír) tr. invadir.

envahissement (anvais*e*mán) m. invasión.

envahisseur (anvaisér) tr. invasor.

envaser (anvasé) tr. encenagar.

enveloppant, e (anvelopán, ánt) adj. envolvente.

enveloppe (anv*e*lóp) f. sobre; envoltura.

envelopper (anv*e*lopé) tr. envolver.

envenimer (anvenimé) tr. envenenar.

envergure (anvergü'r) f. envergadura.

envers (anvér) m. revés, envés; prep. para, con.

envi (à l') (á lanvi) loc. adv. a porfía.

enviable (anviábl) adj. envidiable.

envie (anvi) f. envidia; deseo; peca.

envier (anvié) tr. envidiar.

envieux, euse (anvié, és) adj. envidioso, a.

environ (anvirón) adv. aproximadamente; prep. sobre. pl. alrededores.

environnant, e (anvironán, ánt) adj. cercano, a.

environnement (anviron*e*mán) m. cercanía.

environner (anvironé) tr. rodear.

environs (anvirón) m. pl. alrededores, inmediaciones, cercanías.

envisager (anvisa*j*é) tr. considerar.

envoi (anvuá) m. envío.

envol (anvól) m. vuelo.

envoler (s') (sanvolé) r. elevar; volar.

envoûtement (anvut*e*mán) m. hechizo.

envoûter (anvuté) tr. hechizar.

envoyé, e (anvuayé) s. enviado, a.

envoyer (anvuayé) tr. enviar

envoyeur (anvuayér) m. expedidor, remitente.

épagneul, e (epañél) adj. y s. podenco, a (perro).

épais, aisse (epé, és) adj. espeso, a; fig. grosero, a.

épaisseur (epesér) f. espesor.

épaissir (epesír) tr. espesar.

épanchement (epanch*e*mán) m. derrame; fig. efusión.

épancher (epanché) tr. derramar; fig. desahogar.

épandage (epandá*j*) m. derramamiento.

épanouir (epanuir) tr. abrir; fig. dilatar (el corazón); r. alegrarse (cara).

épanouissement (epanuis*e*mán) m. florescencia; fig. expansión del ánimo.

épargne (epárñ) f. ahorro.

épargner (eparñé) tr. ahorrar.

éparpillement (eparpiy*e*mán) m. desparramadura.

éparpiller (eparpiyé) tr. desparramar.

épars, e (epár, árs) adj. disperso, a.

épatant, e (epatán, ánt) adj. asombroso, a; estupendo, a.

épater (epaté) tr. achatar, asombrar.

épaule (epól) f. hombro.

épaulement (epol*e*mán) m. espaldón.

épauler (epolé) tr. fig. apoyar.

épaulette (epolét) f. hombrera; charretera.

épave (epáv) adj. perdido, a; f. restos de un naufragio.

épée (epé) r. espada.

épeler (epelé) tr. deletrear.

éperdu, e (eperdü') adj. perdido, a; desatinado, a.

éperdument (eperdümán) adv. perdidamente.

éperon (ep*e*rón) m. espuela; polón.   [lear.

éperonner (ep*e*roné) tr. espolear.

épervier (epervié) m. gavilán.

éphèbe (eféb) m. efebo.

éphémère (efemér) adj. efímero, ra.

éphémérides (efemeríd) f. pl. efemérides.

épi (epí) m. espiga.

épice (epís) f. especia.

épicentre (episántr) m. epicentro.

épicer (episé) trf. sazonar.

épicerie (epis*e*ri) colmado.

épicier, ière (episié, iér) s. abacero, a.

épicurisme (epicürísm) m. epicureísmo.

épidémie (epidemí) f. epidemia.

épiderme (epidérm) f. epidermis.

épier (epié) tr. espiar.

épieu (epié) m. chuzo.

épigramme (epigrám) f. epigrama.

épigraphe (epigráf) f. epígrafe.

épilepsie (epilepsí) f. epilepsia.

épileptique (epileptík) adj. epiléptico, a.

épiler (epilé) tr. depilar.

épilogue (epilóg) m. epílogo.

épinard (epinár) m. espinaca.

épine (epín) f. espina; espino; **épine dorsale**, (epín dorsál) espinazo.

épineux, euse (epiné, és) adj. espinoso, a.

épingle (epéngl) f. alfiler.

épingler (epenglé) tr. prender con alfileres.

épinière (epinié) adj. espinal.

épiphanie (epifaní) f. epifanía.

épique (epík) adj. épico, a.

épiscopat (episcopá) m. episcopado.

épisode (episód) m. episodio.

épisodique (episodík) adj. episódico, a.

épistolaire (epistolér) adj. epistolar.

épitaphe (epitáf) f. epitafio.

épître (epítr) f. epístola.

épithète (epitét) m. epíteto.

éploré, e (eploré) adj. afligido, a.

éplucher (eplüché) tr. mondar, limpiar.

épluchure (eplüchü'r) f. mondadura.

éponge (epónj) f. esponja.

éponger (eponjé) adj abrumador, a.

épopée (epopé) f. epopeya.

époque (epók) f. época.

époumoner (s') (sepumoné) r. desgañitarse.　　　　[to.

épousailles (epusáy) f. pl. esponsales.

épouse (epü's) f. esposa.

épouser (epüsé) tr. casarse.

épousseter (epüs²té) tr. desempolvar; cepillar.

épouvantable (epuvantábl) adj. espantoso, a.

épouvantail (epuvantáy) m. espantajo.

épouvante (epuvánt) f. espanto.

épouvanter (epuvanté) tr. espantar.

époux (epú) s. esposo.

éprendre (s') (seprándr) r. prendarse.

épreuve (eprév) f. prueba.

épris, e (eprí, ís) adj. enamorado ,a.

éprouver (epruvé) tr. probar, sentir.

éprouvette (epruvét) f. probeta.

epuisant, e (epuisán, ánt) adj. agotador, a.

epuisement (epuis²mán) m. agotamiento.

epuiser (epuisé) tr. agotar.

épuration (epürasión) f. depuración.

épurer (epüré) tr. depurar.

équarrir (ekarrír) tr. escuadrar.

équateur (ekuaté r) m. ecuador.

équation (ekuasión) f. ecuación.

équerre (ekér) f. cartabón.

équestre (ekéstr) adj. ecuestre.

équidistant, e (eküidistán, ánt) adj. equidistante.

équilibre (ekilíbr) m. equilibrio.

équilibrer (ekilibré) tr. equilibrar.

équinoxe (ekinócs) m. equinoccio.

équipage (ekipáj) m. equipo, tripulación.

équipe (ekíp) f. cuadrilla de obreros; equipo.

équipement (ekip²mán) m. equipo.

équitable (ekitábl) adj. equitativo, a.

equitablement (ekitabl²mán) adv. equitativamente.

équitation (ekitasión) f. equitación.

équité (ekité) f. equidad.

équivalence (ekiváláns) f. equivalencia.

équivalent, e (ekivalán, ánt) y s. equivalente.

équivoque (ekivók) adj. y s. equívoco, a.

érable (erábl) m. Bot. arce.

érafler (eraflé) tr. rasguñar.

éraflure (eraflü'r) f. rasguño.

éraflure (eraflü'r) f. rasgón, raja.

ère (ér) f. era.

érection (erecsión) f. erección.

éreintant, e (erentán, ánt) adj. brumador, a.

éreinter (erenté) tr. derrengar, deslomar.

ergot (ergó) m. espolón (aves); cornezuelo (centeno).

ergoter (ergoté) tr. porfiar.

ériger (erijé) tr. erigir; s'— (serijé) erigirse.

ermitage (ermitáj) m. ermita.

ermite (ermít) m. ermitaño, eremita.

éroder (erodé) tr. corroer, carcomer.

érosion (erosión) f. erosión.

érotique (erotík) adj. erótico, a.

errant, e (errán, ánt) adj. errante.

errer (erré) intr. errar.

erreur (errér) f. error.

erroné, e (erroné) adj. erróneo, a.　　　　[to.

éructation (erüctasión) f. eructo.

érudit, e (erüdi, ít) adj. erudito, a.

érudition (erüdisión) f. erudición.

éruptif, ive (erüptíf, ív) adj. eruptivo, a.

éruption (erüpsión) f. erupción.

érysipèle (erisipél) f. erisipela.

escabeau (escabó) m. escabel.

escadre (escádr) f. escuadra.

escadrille (escadríy) f. escuadrilla.

escadron (escadrón) m. escuadrón.

escalade (escalád) f. escalamiento.

escalader (escaladé) tr. escalar.

escale (escál) f. escala marítima.

escalier (escalié) m. escalera.

escalope (escalóp) f. lonja (ternera).

escamoter (escamoté) tr. escamotear.

escapade (escapád) f. escapatoria.

escarbille (escarbíy) f. carbonilla.

escarbot (escarbó) m. escarabajo.

escarcelle (escarsél) f. escarcela.

escrime (escrím) f. esgrima.

escrimer (escrimé) intr. esgrimir.

escroc (escró) m. estafador.

escroquer (escroké) tr. estafar.

escroquerie (escrok²rí) f. estafa.

ésotérique (esoterík) adj. esotérico, a.

espace (espás) m. espacio.

espacer (espasé) tr. espaciar.

espadon (espadón) m. pez espada.

espadrille (espadríy) f. alpargata.

espagnolette (españolét) f. falleba.

espalier (espalié) m. espaldera.

espèce (espés) f. especie.

escargot (escargó) m. caracol.

escarmouche (escarmúch) f. escaramuza.

escarole (escaról) f. escarola.

escarpé, e (escarpé) adj. escarpado, a.

escarpement (escarp²mán) m. escarpa.

escarpolette (escarpolét) f. columpio.

escient (esián) m. consciente.

esclaffer (s') (sesclafé) r. soltar la carcajada.

esclavage (esclaváj) m. esclavitud.

esclave (esclávv) s. esclavo.

escogriffe (escogríf) m. desvergonzado; jayán.

escompte (escónt) m. descuento.

escompter (esconté) tr. descontar.

escorte (escórt) f. escolta.

escorter (escorté) tr. escoltar.

escuade (escuád) f. Mil. escuadra.

espérance (esperáns) f. esperanza.

espéranto (esperantó) m. esperanto.

espérer (esperé) esperar.

espiègle (espiégl) m. travieso.

espièglerie (espiegl²rí) f. travesura.

espion, onne (espión) s. espía.

espionnage (espionáj) m. espionaje.

espionner (espioné) tr. espiar.

esplanade (esplanád) f. explanada.

espoir (espuár) m. esperanza.

esprit (esprí) m. espíritu; ingenio, agudeza; bel esprit, hombre culto.

esquif (eskíf) m. esquife.

esquinter (eskenté) tr. reventar.

esquisse (eskís) f. esbozo.

esquisser (eskisé) tr. bosquejar.

esquiver (eskivé) tr. esquivar.

essai (esé) m. ensayo.

essaim (esén) m. enjambre.

essayage (eseyáj) m. ensayo.

essayer (eseyé) tr. ensayar.

essence (esáns) f. esencia; gasolina.

essentiel, elle (esansiél) adj. esencial.

essieu (esié) m. eje.

essor (esór) m. vuelo, impulso.

essorer (esoré) tr. orear.

essoufflement (esufl²mán) m. sofocación, ahogo.

essouffler (esuflé) tr. sofocar.

essui (esüí) m. tendedero.

essuiemain (esüimén) m. toalla.

essuyer (esüiyé) tr. enjugar; fig. sufrir.

est (ést) m. este, oriente.

estacade (estacád) f. estacada.

estafette (estafét) f. estafeta.

estafilade (estafilád) f. chirlo.

estampage (estanpáj) m. estampado.

estampe (estánp) f. estampa.

estamper (estanpé) tr. estampar.

estampille (estanpíy) f. estampilla.

estère (estér) f. estera de juncos.

esthétique (estetík) f. estética; adj. estético, a.

estimable (estimábl) adj. estimable.

estimateur (estimaté r) m. tasador.

estimation (estimasión) f. estimación.

estime (estím) f. estima.

estimer (estimé) tr. estimar.

estival, e (estivál) adj estival.

estivant, e (estiván, ánt) s. veraneante.

estoc (estóc) m. estoque.

estocade (estocád) f. estocada.

estomac (estomá) m. estómago.

estompe (estónp) f. esfumino.

estomper (estonpé) tr. esfumar.

estrade (estrád) f. estrado; tarima.　　　　[lisiado.

estropié, e (estropié) adj. y s.

estropier (estropié) tr. lisiar.

estuaire (estüér) m. estuario.

esturgeon (esturjón) m. esturión.

et (e) conj. y, e.

étable (etábl) f. establo.

établi (etabli) m. banco. obrador.

établir (etablír) tr. establecer.

établissement (etablis²mán) m. establecimiento.

étage (etáj) m. piso.

étager (etajé) tr. superponer.

étagère (etajér) f. estante.

étaim (etén) m. estambre.

étain (etén) m. estaño.

étalage (etaláj) m. ostentación; escaparate.

étaler (etalé) tr exponer; fig. ostentar; s' (setalé) r. extenderse.

étalon (etalón) m. caballo semental; tipo legal métrico.

étamer (etamé) tr. estañar; azogar.

étamine (etamín) f. estameña; Bot. estambre.

étanche (etánch) adj. estanco, a.

étanchement (etanch²mán) m. estancación.

étancher (etanché) tr. estancar; calafatear; apagar (sed).

étançon (etansón) m. puntal.

étang (etán) m. estanque.

étape (etáp) f. etapa.

état (etá) m. estado.

étau (etó) m. torno.

étayer (eteyé) tr. apuntalar.

été (eté) m. estío; verano.

éteignoir (eteñuár) m. apagador.

éteindre (eténdr) tr. apagar.

étendard (etandár) m. estandarte.

étendre (eténdr) tr. extender.

étendue (etandü') f. extensión.

éternel, elle (eternél) adj. eterno, a.

éterniser (eternisé) tr. eternizar.

éternité (eternité) f. eternidad.

éternuement (eternümán) m. estornudo.

éternuer (eternüé) tr. estornudar.

éther (etér) m. éter.

éthéré, e (eteré) adj. etéreo, a.

éthique (etík) adj. ético, a; f. ética.

ethnique (etník) adj. étnico, a.

ethnographie (etnografí) f. etnografía.

étiage (etiáj) m. estiaje.

étincelant, e (etens²lán, ánt) adj. centelleante.

étinceler (etens²lé) intr. chispear; centellear.

étincelle (etensél) f. chispa.

étioler (etiolé) tr. ahilar; marchitar.

étiqueter (etik²té) tr. rotular.

étiquette (etikét) f. rótulo, etiqueta.

étirer (etiré) tr. estirar.

étoffe (etóf) f. tela; fig. laya.

étoffer (etofé) tr. vestir.

étoile (etuál) f. estrella.

étoilé, e (etualé) adj. estrellado, a.

étoiler (etualé) tr. estrellar.

étole (etól) s. estola.

étonnant, e (etonán, ánt) adj. asombroso, a.

étonnement (eton²mán) m. asombro.

étonner (etoné) tr. asombrar.

étouffant, e (etufán, ánt) adj. sofocante.

étouffement (etuf²mán) m. sofocación.

étouffer (etufé) tr. sofocar.

étoupe (etúp) f. estopa.

étourderie (eturd²rí) f. atolondrado, a.

étourdir (eturdír) tr. aturdir.

étourdissant, e (eturdisán, ánt) adj. aturdidor, a.

étourdissement (eturdis²mán) m. aturdimiento.　　　　[no.

étourneau (eturnó) m. estornino.

étrange (etránj) adj. extraño, a.

étranger (etranjé) adj. y s. extranjero, a.

étrangeté (*etranjᵉté*) f. extrañeza.

étranglement (*etrangleᵉmán*) m.
estrangulación; fig. angostura.

étrangler (*etranglé*) tr. estrangular.

étrave (*etráv*) f. *Mar.* roda.

être (*étr*) v. aux. ser, existir;
estar; m. ser; ente.

étrécir (*etresir*) tr. estrechar.

étrécissement (*etresisᵉmán*) m.
estrechamiento.

étreindre (*etréndr*) tr. apretar,
abrazar.

étreinte (*etrént*) f. apretón;
abrazo; fig. opresión.

étrenne (*etrén*) f. estreno; pl.
aguinaldo.

étrenner (*etrené*) tr. dar aguinaldo; estrenar.

étrier (*etrié*) m. estribo.

étrille (*etríy*) f. almohaza.

étriller (*etriyé*) tr. limpiar; fig.
vapulear.

étriper (*etripé*) tr. destripar.

étriqué, e (*etriké*) adj. estrecho, a; mezquino, a.

étroit, e (*etruá, át*) adj. estrecho, a.   [*chez*.

étroitesse (*etruatés*) f. estre-

étude (*etü'd*) m. estudio.

étudiant (*etüdián*) m. estudiante.

étudier (*etüdié*) intr. estudiar.

étui (*etüi*) m. estuche.

étuve (*etü'v*) f. estufa.

étuvée (*etüvé*) f. estofado.

étymologie (*etimoloji*) f. etimología.

eucalyptus (*ecaliptü's*) m. eucalipto.

eucharistie (*ekaristi*) f. eucaristía.

eunuque (*enü'k*) m. eunuco.

euphémisme (*efemísm*) m. eufemismo.

eux (*é*) pr. m. pl. ellos.

évacuation (*evacüasión*) f. evacuación.

évacuer (*evacüé*) tr. evacuar.

évader (s') (*sevadé*) r. evadirse.

évaluation (*evalüasión*) f. evaluación.

évaluer (*evalüé*) tr. evaluar.

évangélique (*evanjelík*) adj.
evangélico, a.

évangéliser (*evanjelisé*) tr.
evangelizar.

évangéliste (*evanjelist*) m.
evangelista.

évangile (*evanjíl*) m. evangelio.

évanouir (s') (*sevanuír*) r. desmayarse.

évanouissement (*evanuisᵉmán*)
m. desvanecimiento.

évaporation (*evaporasión*) f.
evaporación.

évaporer (*evaporé*) evaporar.

évasé, e (*evasé*) adj. ensancha-
do, a.

évaser (*evasé*) tr. ensanchar
una abertura.

évasif, ive (*evasíf, ív*) adj. evasivo, a.

évasion (*evasión*) f. evasión.

évêché (*eveché*) m. obispado.

éveil (*evéy*) m. alerta; aviso.

éveillé, e (*eveyé*) adj. despierto, a.

éveiller (*eveyé*) tr. despertar.

événement (*evenᵉmán*) m. acontecimiento; suceso.

évent (*eván*) m. oreo; alteración.

éventail (*evantáy*) m. abanico.

éventaire (*evantér*) m. azafate.

éventer (*evanté*) tr. abanicar;
s'— (*sevanté*) r. abanicarse.

éventoir (*evantuár*) m. aventa-
dor.

éventrer (*evantré*) tr. destripar.

éventualité (*evantüalité*) f.
eventualidad.

éventuel, elle (*evantüél*) adj.
eventual.

évêque (*evék*) m. obispo.

évertuer (s') (*severtüé*) r. esforzarse.

éviction (*evicsión*) f. evicción.

évidemment (*evidamán*) adv.
evidentemente.

évidence (*evidáns*) f. evidencia.

évident, e (*evidán, ánt*) adj. evidente.

évider (*evidé*) tr. *Art.* vaciar.

évier (*evié*) m. fregadero.

évincer (*evensé*) tr. fig. suplantar.

éviter (*evité*) tr. evitar.

évocation (*evocasión*) f. evocación.

évoluer (*evolüé*) intr. evolucionar.

évolution (*evolüsión*) f. evolución.

évoquer (*evoké*) tr. evocar.

exacerber (*ecsaserbé*) tr. exacerbar.

exact, e (*ecsáct*) adj. exacto.

exaction (*ecsacsión*) f. exacción.

exactitude (*ecsactitü'd*) f. exactitud.

exagération (*ecsajerasión*) f.
exageración.

exagéré, e (*ecsajeré*) adj. exagerado, a.

exagérer (*ecsajeré*) tr. exagerar.

exaltation (*ecsaltasión*) f. exaltación.

exalté, e (*ecsalté*) adj. exaltado, a.

exalter (*ecsalté*) tr. exaltar.

examen (*ecsamén*) m. examen.

examinateur, trice (*ecsaminatér,
tris*) s. examinador, a.

examiner (*ecsaminé*) tr. examinar.

exaspération (*ecsasperasión*) f.
exasperación.

exaspérer (*ecsasperé*) tr. exasperar.

exaucer (*ecsosé*) tr. atender.

excavation (*ecscavasión*) f. excavación.

excaver (*ecscavé*) tr. excavar,
cavar.

excédant, e (*ecsedán, ánt*) adj.
excedente.

excédent, e (*ecsedán*) m. exceso,
resto.

excéder (*ecsedé*) tr. exceder.

excellence (*ecseláns*) f. excelencia.

excellent, e (*ecselán, ánt*) adj.
excelente.

exceller (*ecselé*) intr. sobresalir.

excentricité (*ecsantrisité*) f. excentricidad.

excentrique (*ecsantrík*) adj. excéntrico, a.   [*to*.

excepté (*ecsepté*) prep. excep-

excepter (*ecsepté*) tr. exceptuar.

exception (*ecsepsión*) f. excepción.

exceptionnel, elle (*ecsepsionél*)
adj. excepcional.

excès (*ecsé*) m. exceso.

excessif, ive (*ecsesíf, ív*) adj.
excesivo, a.

excipient (*ecsipián*) m. *Farm.*
excipiente.

excitant, e (*ecsitán, ánt*) adj.
excitante.

excitation (*ecsitasión*) f. excitación.

exciter (*ecsité*) tr. excitar.

exclamation (*ecsclamasión*) f.
exclamación.

exclamer (*ecsclamé*) intr. y r.
exclamar.

exclure (*ecsclü'r*) tr. excluir.

exclusif, sive (*ecsclüsíf, ív*) adj.
exclusivo, a.

exclusivité (*ecsclüsivité*) f. exclusiva.

excommunication (*ecscomünica-
sión*) f. excomunión.

excommunier (*ecscomünié*) tr.
excomulgar.

excoriation (*ecscoriasión*) f. excoriación.

excrément (*ecscremán*) m. excremento.

excroissance (*ecscruasáns*) f.
excrecencia.   [*slón*.

excursion (*ecscürsión*) f. excur-

excursioniste (*ecscürsioníst*) s.
excursionista.

excuse (*ecscü's*) f. excusa.

excuser (*ecscüsé*) tr. excusar.

exécrable (*ecsecrábl*) adj. execrable.

exécrer (*ecsecré*) tr. execrar.

exécutant, e (*ecsecütán, ánt*) s.
ejecutante.

exécuter (*ecsecüté*) tr. ejecutar.

exécutif, ive (*ecsecütíf, ív*) adj.
ejecutivo, a.

exécution (*ecsecusión*) f. ejecución.

exemplaire (*ecsamplér*) adj. y
s. ejemplar.

exemple (*ecsánpl*) m. ejemplo.

exempt, e (*ecsán, ánt*) adj.
exento, a.

exempter (*ecsanté*) tr. eximir.

exemption (*ecsansión*) f. exención.

exercer (*ecsersé*) tr. ejercitar;
ejercer.

exercice (*ecsersís*) m. ejercicio.

exhalaison (*ecsalesón*) f. emanación.

exhalation (*ecsalasión*) f. exhalación.

exhaler (*ecsalé*) tr. exhalar.

exhausser (*ecsosé*) tr. elevar.

exhiber (*ecsibé*) tr. exhibir.

exhibition (*ecsibisión*) f. exhibición.

exhortation (*ecsortasión*) f. exhortación.

exhorter (*ecsorté*) tr. exhortar.

exhumer (*ecsümé*) tr. exhumar.

exigeant, e (*ecsiján, ánt*) adj.
exigente.

exigence (*ecsijáns*) f. exigencia.

exiger (*ecsijé*) tr. exigir.

exil (*ecsíl*) m. destierro.

exilé, e (*ecsilé*) adj. y s. desterrado, a.

exiler (*ecsilé*) tr. desterrar.

existant, e (*ecsistán, ánt*) adj.
existente.

existence (*ecsistáns*) f. existencia.

exister (*ecsisté*) intr. existir.

exode (*ecsód*) m. éxodo.

exonérer (*ᵉcsoneré*) tr. exonerar.

exorbitant, e (*ecsorbitán, ánt*)
adj. exorbitante.

exorciser (*ecsorsisé*) tr. exorcizar.

exotique (*ecsotík*) adj. exótico, a.

expansif, ive (*ecspansíf, ív*) adj.
expansivo, a.

expansion (*ecspansión*) f. expansión.

expatrier (*ecspatrié*) tr. expatriar.

expectation (*ecspectasión*) f. expectación.

expectative (*ecspectatív*) f. expectativa.

expectorer (*ecspectoré*) tr. expectorar.

expédient (*ecspedián*) m. expediente.

expédier (*ecspedié*) tr. expedir.

expéditeur, trice (*ecspeditér,
tris*) s. expedidor, a.

expéditif, ive (*ecspeditíf, ív*) adj.
expeditivo, a.

expédition (*ecspedisión*) f. expedición.

expéditionnaire (*ecspedisionér*)
adj. expedicionario, a.

expérience (*ecsperiáns*) f. experiencia; experimento.

expérimentation (*ecsperimanta-
sión*) f. experimentación.

expérimenter (*ecsperimanté*) tr.
experimentar.

expert, e (*ecspér, ért*) adj. y s.
experto, a; perito.

expertise (*ecspertís*) f. tasación.

expiation (*ecspiasión*) f. expiación.

expirer (*ecspiré*) tr. expiar.

expiration (*ecspirasión*) f. expiración.

expirer (*ecspiré*) intr. expirar;
espirar.

explication (*ecsplicasión*) f. explicación.

explicite (*ecsplisít*) adj. explícito, a.   [*car*.

expliquer (*ecspliké*) tr. expli-

exploit (*ecspluá*) m. hazaña.

exploitation (*ecspluatasión*) f.
explotación.

exploiter (*ecspluaté*) tr. explotar.

exploiteur (*ecspluatér*) m. explotador.

explorateur, trice (*ecsploratér,
tris*) s. explorador, a.

exploration (*ecsplorasión*) f. exploración.

explorer (*ecsploré*) tr. explorar.

exploser (*ecsplosé*) tr. explotar.

exploser (*ecsplosé*) intr. explotar, estallar.

explosif, ive (*ecsplosíf, ív*) adj.
y s. explosivo, a.

explosion (*ecsplosión*) f. explosión.

exportateur (*ecsportatér*) m. exportador.

exportation (*ecsportasión*) f. exportación.

exporter (*ecsporté*) tr. exportar.

exposant (*ecsposán*) s. exponente; expositor.

exposé (*ecsposé*) m. informe.

exposer (*ecsposé*) tr. exponer;
s'— (*secsposé*) r. exponerse.

exposition (*ecsposisión*) f. exposición.

exprès, esse (*ecspré, és*) adj.
expreso, a; adv. expresa-
mente.

express (*ecsprés*) adj. y s. expreso.

expressément (*ecspresemán*)
adv. expresamente.

expressif, ive (*ecspresíf, ív*) adj.
expresivo, a.

expression (*ecspresión*) f. expresión.

exprimer (*ecsprimé*) tr. exprimir; expresar.

expropriation (*ecspropiasión*) f.
expropiación.

exproprier (*ecsproprié*) tr. expropiar.

expulser (*ecspülsé*) tr. expulsar.

expulsion (*ecspülsión*) f. expulsión.

exquis, e (*ecski, ís*) adj. exquisito, a.

extase (*ecstás*) f. éxtasis.

extasier (s') (*secstasié*) r. extasiarse.

extatique (*ecstatík*) adj. extático, a.

extenseur (*ecstansér*) adj. y s. extensor.
extension (*ecstansión*) f. extensión.
exténuation (*ecstenüasión*) f. extenuación.
exténuer (*ecstenüé*) tr. extenuar.
extérieur (*ecsteriér*) adj. y s. exterior.
extérioriser (*ecsteriorisé*) tr. exteriorizar.
exterminateur, trice (*ecsterminatér, tris*) adj. y s. exterminador, a.
extermination (*ecsterminasión*) f. exterminio.
exterminer (*ecsterminé*) tr. exterminar.   [do.
externat (*ecsterná*) m. externa-
externe (*ecstérn*) adj. y s. externo, a.
extinction (*ecstencsión*) f. extinción.
extincteur (*ecstenctér*) adj. y s. extintor.
extirper (*ecstirpé*) tr. extirpar.
extorquer (*ecstorké*) tr. arrancar.
extorsion (*ecstorsión*) f. extorsión.
extraction (*ecstracsión*) f. extracción.
extradition (*ecstradisión*) f. extradición.
extraire (*ecstrér*) tr. extraer.
extrait (*ecstré*) tr. extracto.
extraordinaire (*ecstraordinér*) adj. extraordinario.
extravagance (*ecstravagáns*) f. extravagancia.
extravagant, e (*ecstravagán, ánt*) adj. extravagante.
extrême (*ecstrém*) adj. extremo, a.; m. extremo.
extrême-onction (*ecstremoncsión*) f. extremaunción.
extremité (*ecstremité*) f. extremidad.
extrinsèque (*ecstrensék*) adj. extrínseco, a.
exubérance (*ecsüberáns*) f. exuberancia.
exubérant, e (*ecsüberán, ánt*) adj. exuberante.
exulter (*ecsülté*) intr. alegrarse, exultar.

fable (*fábl*) f. fábula.
fabricant (*fabricán*) m. fabricante.   [cación.
fabrication (*fabricasión*) f. fabri-
fabrique (*fabrík*) f. fábrica.
fabriquer (*fabriké*) tr. fabricar.
fabuleux, euse (*fabülé, és*) adj. y s. fabuloso, sa.   [ta.
fabuliste (*fabülíst*) m. fabulis-
façade (*fasád*) f. fachada.
face (*fás*) f. faz; frente; **en face**, enfrente.
facetie (*fasesí*) f. broma.
facetieux, euse (*fasesié, és*) adj. chistoso, a.
facette (*fasét*) f. faceta.
fâché, e (*faché*) adj. enfadado, enfadada.
fâcher (*faché*) tr. enfadar.
fâcheux, euse (*faché, és*) adj. enfadoso, a; importuno, a.
facial, e (*fasiál*) adj. facial.

facile (*fasíl*) adj. fácil.
facilité (*fasilité*) f. facilidad.
faciliter (*fasilité*) tr. facilitar.
façon (*fasón*) f. hechura; modo; pl. modales.
faconde (*facónd*) f. facundia.
façonner (*fasoné*) tr. formar.
fac-similé (*fac-similé*) m. facsímile.   [tero.
facteur (*factér*) m. factor; cartero.
factice (*factís*) adj. facticio, a.
factieux, euse (*facsié, és*) adj. y s. faccioso, a.
faction (*facsión*) f. facción.
facture (*factü'r*) f. factura.
facturer (*factüré*) tr. facturar.
facultatif, ive (*facültatíf, ív*) adj. facultativo, a.
faculté (*facülté*) f. facultad.
fadaise (*fadés*) f. tontería.
fade (*fád*) adj. soso, a.
fagot (*fagó*) m. haz (de leña); fig. patraña.   [tir mal.
fagoter (*fagoté*) tr. hacinar; vestir mal.
faible (*fébl*) adj. débil; flaco, a.
faiblement (*febl'mán*) adv. débilmente.
faiblesse (*fébls*) f. debilidad.
faiblir (*feblír*) intr. debilitar; ceder.
faïence (*faiáns*) f. loza.
faille (*fáy*) f. falla.
failli, e (*fayí*) adj. fallido, a; quebrado, a.
faillible (*fayíbl*) adj. falible.
faillir (*fayír*) intr. faltar, quebrar; estar a punto de.
faillite (*fayít*) f. quiebra.
faim (*fén*) f. hambre.
fainéant, e (*fenéán, ánt*) adj. y s. holgazán.
fainéantise (*feneantís*) f. holgazanería.
faire (*fér*) tr. hacer.
faisable (*fesábl*) adj. factible.
faisan (*fesán*) m. faisán.
faisceau (*fesó*) m. haz, manojo.
fait, e (*fé, ét*) adj. hecho, a; m. hecho; **tout à fait**, enteramente.
faîte (*fét*) m. cima, cumbre.
faix (*fé*) m. carga.
falaise (*falés*) f. acantilado.
fallacieux, euse (*falasié, és*) adj. falaz.
falloir (*faluár*) impers. ser preciso.
falot, e (*faló, ót*) adj. bromista; m. farol.
falsificateur (*falsificatér*) m. falsificador.
falsification (*falsificasión*) f. falsificación.
famé, e (*famé*) adj. reputado, a.
famélique (*famelík*) adj. y s. famélico, a.
fameux, euse (*famé, és*) adj. famoso, a.
familial, e (*familiál*) adj. familiar.
familiariser (*familiarisé*) tr. familiarizar.
familiarité (*familiarité*) f. familiaridad.
familier, ère (*familié, iér*) adj. y s. familiar.
famille (*famíy*) f. familia.
famine (*famín*) f. hambre.
fanal (*fanál*) m. fanal; faro.
fanatique (*fanatík*) adj. fanático, a.   [zar.
fanatiser (*fanatisé*) tr. fanati-
fanatisme (*fanatísm*) m. fanatismo.
faner (*fané*) tr. marchitar; ajar.
fanfare (*fanfár*) f. charanga.
fanfaron (*fanfarón*) f. fanfarrón.
fanfreluche (*fanfrelü'ch*) f. bagatela.
fange (*fánj*) f. fango.
fangeux, euse (*fánjé, és*) adj. cenagoso, a.

fanion (*fanión*) m. banderín.
fantaisie (*fantesí*) f. fantasía.
fantasmagorie (*fantasmagorí*) f. fantasmagoría.
fantasque (*fantásk*) adj. antojadizo, a.
fantassin (*fantasén*) m. infante.
fantastique (*fantastík*) adj. fantástico, a.
fantoche (*fantóch*) m. fantoche.
fantôme (*fantóm*) m. fantasma.
faon (*fán*) m. cervatillo.
faquin (*fakén*) m. faquín.
faquir (*fakír*) m. faquir.
farandole (*farandól*) f. farándula.
faraud (*faró*) m. presumido.
farce (*fárs*) f. farsa; payasada.
farceur, euse (*farsér, és*) s. farsante.
farcir (*farsír*) tr. rellenar.
fard (*fár*) m. afeite.
fardeau (*fardó*) m. fardo.
farder (*fardé*) tr. afeitar; acicalar; fig. disfrazar.
faribole (*fariból*) f. paparrucha.
farine (*farín*) f. harina.
farouche (*farúch*) adj. feroz; fig. huraño, a.
fascicule (*fasicü'l*) f. fascículo.
fascination (*fasinasión*) f. fascinación.
fasciner (*fasiné*) tr. fascinar.
fascisme (*fasísm*) m. fascismo.
faste (*fást*) adj. fasto; m. fausto.
fastidieux, euse (*fastidié, és*) adj. fastidioso, a.
fastueux, euse (*fastüé, és*) adj. fastuoso, a.
fat (*fá*) adj. fatuo.
fatal, e (*fatál*) adj. fatal.
fatalisme (*fatalísm*) m. fatalismo.
fataliste (*fatalíst*) adj. y s. fatalista.
fatalité (*fatalité*) m. fatalidad.
fatidique (*fatidík*) adj. fatídico, fatídica.
fatigant, e (*fatigán, ánt*) adj. fatigoso, a.
fatigue (*fatíg*) f. fatiga.
fatigué (*fatigué*) tr. cansar.
fatras (*fatrá*) m. fig. fárrago; mezcla.
fatuité (*fatüité*) f. fatuidad.
faubourg (*fobúr*) m. arrabal.
faucher (*foché*) tr. segar.
faucheur, euse (*fochér, és*) s. segador, a.
faucille (*fosíl*) f. hoz.
faucon (*focón*) m. halcón.
faufiler (*fofilé*) tr. hilvanar; **—se** (*sefofilé*) r. deslizarse.
faune (*fón*) f. fauna; m. fauno.
faussaire (*fosér*) s. falsario.
faussement (*fos'mán*) adv. falsamente.
fausser (*fosé*) tr. falsear.
fausset (*fosé*) m. falsete.
fausseté (*fos'té*) f. falsedad.
faute (*fót*) f. falta; culpa.
fauteuil (*fotéy*) m. butaca.
fauteur, trice (*fotér, tris*) s. fautor, a.
fauve (*fóv*) m. fiera; adj. leonado, a.
fauvette (*fovét*) f. curruca.
faux, fausse (*fó, ós*) adj. falso, falsa; hipócrita; f. guadaña.
faveur (*favér*) f. favor.
favorable (*favorábl*) adj. favorable.
favori, rit (*favorí, it*) adj. y s. favorito, a.
favoris (*favorí*) m. pl. patillas.
favoriser (*favorisé*) tr. favorecer.
fébrile (*febríl*) adj. febril.
fécal, e (*fecál*) adj. fecal.
fécond, e (*fecón, ónd*) adj. fecundo, a.

fécondation (*fecondasión*) f. fecundación.
féconder (*fecondé*) tr. fecundar.
fécondité (*fecondité*) f. fecundidad.
fécule (*fecü'l*) f. fécula.
féculent, e (*fecülán, ánt*) adj. feculento, a.
fédéral, e (*federál*) adj. y s. federal.
fédéralisme (*federalism*) m. federalismo.
fédération (*federasión*) f. federación.
fédéré, e (*federé*) adj. y s. federado, a.
fédérer (*federé*) tr. federar.
fée (*fé*) f. hada.
féerie (*ferí*) f. hechizo.
féerique (*ferík*) adj. mágico, a.
feindre (*féndr*) tr. fingir.
feinte (*fént*) f. fingimiento.
feldspath (*feldspát*) m. feldespato.
fêlé, e (*felé*) adj. cascado, a.
fêler (*felé*) tr. cascar, rajar.
félicitation (*felisitasión*) f. felicitación.
félicité (*felisité*) f. felicidad.
féliciter (*felisité*) tr. felicitar.
félin, e (*felén, in*) adj. felino, a.
félon, e (*felón*) adj. y s. felón.
félonie (*feloní*) f. felonía.
fêlure (*felü'r*) f. raja, grieta.
femelle (*femél*) f. hembra.
féminin, e (*feminén, in*) adj. y s. femenino, a.
féminisme (*feminísm*) s. feminismo.
femme (*fám*) f. mujer.
fémur (*femü'r*) m. fémur.
fenaison (*fenesón*) f. siega (del heno).
fendiller (se) (*sefandiyé*) r. resquebrajarse.
fendre (*fándr*) tr. hender, rajar.
fendu, e (*fandü'*) adj. hendido, hendida.
fenêtre (*fenétr*) f. ventana.
fenil (*fení*) m. henil.
fenouil (*fenúy*) m. hinojo.
fente (*fánt*) f. hendidura.
féodal, e (*feodál*) adj. feudal.
fer (*fér*) m. hierro; grilletes; **fer à repasser**, plancha.
fer-blanc (*ferblán*) m. hoja de lata.
ferblantier (*ferblantié*) m. hojalatero.
férié, e (*ferié*) adj. festivo, a.
férir (*ferír*) tr. golpear; **sans coup férir**, sin lucha.
fermage (*fermáj*) m. arriendo.
ferme (*férm*) adj. firme; f. alquería.
fermement (*ferm'mán*) adv. firmemente.
ferment (*fermán*) m. fermento.
fermentation (*fermantasión*) f. fermentación.
fermenter (*fermanté*) tr. e intr. fermentar.
fermer (*fermé*) tr. cerrar.
fermeté (*ferm'té*) f. firmeza.
fermeture (*ferm'tü'r*) f. cierre.
fermier, ère (*fermié, iér*) s. colono, arrendatario, a.
fermoir (*fermuár*) m. cierre; formón.
féroce (*ferós*) adj. feroz.
férocité (*ferosité*) f. ferocidad.
ferraille (*ferráy*) f. hierro viejo.
ferré, e (*ferré*) adj. herrado, a.
ferrer (*ferré*) tr. herrar.
ferronnerie (*ferron'erí*) f. herrería.

ferrugineux, euse (*ferrüjiné, és*) adj. ferruginoso, a.
ferrure (*ferü'r*) f. herraje.
fertile (*fertíl*) adj. fértil.
fertiliser (*fertilisé*) tr. fertilizar.
fertilité (*fertilité*) f. fertilidad.
féru, e (*ferü'*) adj. herido, a.
férule (*ferü'l*) f. férula.
fervent, e (*fervánt, ánt*) adj. ferviente.
ferveur (*fervér*) f. fervor.
fesse (*fés*) f. nalga.
fessée (*fesé*) f. pop. azotaína.
festin (*festén*) m. festín.
festival (*festivál*) m. festival.
feston (*festón*) m. festón.
festonner (*festoné*) tr. festonear.
festoyer (*festuayé*) tr. festejar.
fête (*fét*) f. fiesta.
Fête-Dieu (*fet e dié*) f. Corpus.
fêter (*feté*) tr. festejar; celebrar (fiesta, etc.).
fétiche (*fetích*) m. fetiche.
fétide (*fetíd*) adj. fétido, a.
feu, e (*fé*) m. fuego, lumbre.
feu, e (*fé*) adj. difunto, a.
feudataire (*fedatér*) adj. y s. feudatario, a.
feuillage (*feyáj*) m. follaje.
feuille (*féy*) f. hoja.
feuillet (*feyé*) m. hoja.
feuilleter (*feyeté*) tr. hojear.
feuilleton (*feyetón*) m. folletín, folleto.
feuillu, e (*feyü'*) adj. frondoso, frondosa.
feutre (*fétr*) m. fieltro.
fève (*fév*) f. haba.
février (*fevrié*) m. febrero.
fez (*fés*) m. fez.
fiacre (*fiácr*) m. coche de punto.
fiançailles (*fiansáy*) f. pl. esponsales.
fiancé, e (*fiansé*) s. novio, a.
fiancer (*fiansé*) tr. desposar.
fiasco (*fiascó*) n. fam. fiasco.
fibre (*fíbr*) f. fibra.
fibreux, euse (*fibré, és*) adj. fibroso, a.
ficeler (*fis'lé*) tr. atar.
ficelle (*fisél*) f. cordel, bramante.
fiche (*fích*) f. papeleta, ficha.
ficher (*fiché*) tr. hincar; echar; **se—**. r. mofarse.
fichier (*fichié*) m. fichero.
fichtre! (*fíchtr*) interj. ¡caramba!
fichu, e (*fichü'*) adj. arruinado, a; pop. dichoso, a; m. pañoleta.
fictif, ive (*fitif, ív*) adj. ficticio, a.
fiction (*ficsión*) f. ficción.
fidèle (*fidél*) adj. y s. fiel.
fidélité (*fidelité*) f. fidelidad.
fiduciaire (*fidüisiér*) adj. y s. fiduciario, a.
fief (*fiéf*) m. feudo.
fieffé, e (*fiefé*) adj. enfeudado, a.
fiel (*fiél*) m. hiel.
fiente (*fiánt*) f. fiemo, estiércol.
fier (*fié*) tr. fiar; **se—** r. fiarse.
fier, ière (*fiér*) adj. orgulloso, a; altivo, a.
fièrement (*fier e mán*) adv. orgullosamente.
fierté (*fierté*) f. orgulloso, altivez.
fièvre (*fiévr*) f. fiebre.
fiévreux,euse (*fievré, és*) adj. febril.
fifre (*fífr*) m. pífano.

figer (*fijé*) tr. cuajar, congelar.
fignoler (*fiñolé*) intr. esmerarse en.
figue (*fíg*) f. higo.
figuier (*figuié*) m. higuera.
figurant, e (*figürán, ánt*) s. comparsa.
figuratif, ive (*figüratif, ív*) adj. figurativo, a.
figuration (*figürasión*) f. figuración.
figure (*figü'r*) f. figura; cara.
figurer (*figüré*) tr. intr. figurar.
figurine (*figürín*) f. figurilla.
fil (*fil*) m. hilo, filo, alambre; **fil à plomb**, plomada.
filage (*filáj*) m. hilado.
filament (*filamán*) m. filamento.
filandreux, euse (*filandré, és*) adj. hebroso.
filasse (*filás*) f. estopa.
filature (*filatür*) f. fábrica de hilados.
file (*fil*) f. fila, hilera; **à la file**, loc adv. en fila.
filer (*filé*) tr. hilar; pop. largarse.
filet (*filé*) m. hililло; red.
fileur, euse (*filér, és*) s. y adj. hilandero, a.
filial, e (*filiál*) adj. filial.
filiation (*filiasión*) f. filiación.
filière (*filiér*) f. hilera; terraja.
filigrane (*filigrán*) f. filigrana.
filin (*filén*) m. jarcia; beta.
fille (*fíy*) f. hija; niña, muchacha.
fillette (*fiyét*) f. niña.
filleul, e (*fiyél*) n. ahijado, a.
film (*film*) f. filme.
filmer (*filmé*) tr. filmar.
filon (*filón*) m. filón.
filou (*filú*) m. fullero; ratero.
fils (*fís*) m. hijo.
filtre (*fíltr*) m. filtro.
filtrer (*filtré*) tr. filtrar.
fin, e (*fén, ín*) adj. fino, a; f. fin.
final, e (*finál*) adj. final; s. final.
finalité (*finalité*) f. finalidad.
finance (*fináns*) f. dinero contante; pl. tesoro, erario.
financer (*finansé*) intr. pagar.
financier (*finansié*) m. capitalista; banquero.
finaud, e (*finó, ód*) adj. marrullero, a.
finesse (*finés*) f. delicadeza; malicia.
fini, e (*finí*) m. finito (lo); adj. acabado, a.
finir (*finír*) tr. terminar.
fiole (*fiól*) f. frasco.
fioritures (*fioritü'r*) f. pl. adornos, floreos.
firmament (*firmamán*) m. firmamento.
firme (*fírm*) f. firma.
fisc (*fisc*) m. fisco.
fiscal e (*fiscál*) adj. fiscal.
fissure (*fisü'r*) f. grieta.
fistule (*fistü'l*) f. fístula.
fixation (*ficsasión*) f. fijación.
fixe (*fics*) adj. fijo, a.
fixer (*ficsé*) tr. fijar.
fixité (*ficsité*) f. fijeza.
flacon (*flacón*) m. fracaso.
flageller (*flajelé*) tr. flagelar.
flagornerie (*flagorn e rí*) f. adulación.
flagrant, e (*flagrán, ánt*) adj. flagrante.
flair (*flér*) m. olfato; fig. perspicacia.
flairer (*fleré*) tr. olfatear.
flamant (*flamán*) m. flamenco.
flambeau (*flanbó*) m. antorcha.
flambée (*flanbé*) f. llamarada.
flamber (*flanbé*) tr. arder.
flamboyant, e (*flanbuayán, ánt*) adj. resplandeciente.

flamboyer (*flanbuayé*) f. llamear, flamear.
flamme (*flám*) f. llama; gallardete.
flammèche (*flaméch*) f. chispa.
flan (*flán*) m. flan.
flanc (*flán*) m. ijar; flanco, costado.
flancher (*flanché*) i. vacilar.
flanelle (*flanél*) f. franela.
flâner (*flané*) intr. callejear.
flanquer (*flanké*) tr. flanquear; pop. asestar; arrojar.
flaque (*flák*) f. charca.
flasque (*flásk*) adj. flojo, a.
flatter (*flaté*) tr. halagar.
flatterie (*flat e rí*) f. adulación.
flatteur, euse (*flatér, és*) adj. y s. adulador, a.
flatulence (*flatüláns*) f. flatulencia.
fléau (*fleó*) m. azote; plaga.
flèche (*fléch*) f. flecha.
fléchir (*flechír*) tr. doblar; intr. ceder.
fléchissement (*flechis e mán*) m. doblegamiento.
flegmatique (*flegmatík*) adj. flemático, a.
flegme (*flégm*) m. flema.
flegmon (*flegmón*) m. flemón.
flétrir (*fletrír*) tr. marchitar.
flétrissure (*fletrisü'r*) f. marchitez; ignominia.
fleur (*flér*) f. flor.
fleuraison (*fleresón*) f. florecimiento; floración.
fleuret (*fleré*) m. florete.
fleurette (*flerét*) f. florecita; fig. requiebro.
fleuri, e (*fleri*) adj. florido, a.
fleurir (*flerír*) tr. florear; intr. florecer.
fleurissant, e (*flerisán, ánt*) adj. floreciente.
fleuriste (*flerist*) adj. y s. florista.
fleuron (*flerón*) m. florón.
fleuve (*flév*) m. río.
flexibilité (*flecsibilité*) f. flexibilidad.
flexible (*flecsibl*) adj. flexible.
flexion (*flecsión*) f. flexión.
flibustier (*flibüstié*) m. filibustero.
flirter (*flerté*) intr. coquetear.
flocon (*flocón*) m. copo.
floconneux, euse (*floconé, és*) adj. coposo, a.
floraison (*floresón*) f. floración.
floriculture (*floricültü'r*) f. floricultura.
florin (*florén*) m. florín.
florissant, e (*florisán, ánt*) adj. floresciente.
flot (*fló*) m. ola; oleaje; fig. multitud.
flottaison (*flotesón*) f. Mar. flotación.
flottant, e (*flotán, ánt*) adj. flotante, fluctuante.
flotte (*flót*) f. armada.
flottement (*flot e mán*) m. fluctuación.
flotter (*floté*) intr. nadar; flotar.
flotteur (*flotér*) m. flotador.
flotille (*flotíy*) f. flotilla.
flou (*flú*) adj. ligero; vaporoso.
fluctuation (*flüctüasión*) f. fluctuación.
fluctuer (*flüctüé*) tr. fluctuar.
fluet, ette (*flüé, ét*) adj. delgado, a.
fluide (*flü'd*) adj. y s. fluido, a.
fluidité (*flüidité*) f. fluidez.
fluor (*flüór*) m. flúor.
flûte (*flü't*) f. flauta.
flûtiste (*flütist*) s. flautista.
fluvial, e (*flüviál*) adj. fluvial.
flux (*flü*) m. flujo.

fluxion (*flücsión*) f. fluxión; pop. flemón.
focal, e (*focál*) adj. focal.
fœtus (*fetü's*) m. feto.
foi (*fuá*) f. fe.
foie (*fuá*) m. hígado.
foin (*fuén*) m. heno.
foire (*fuár*) f. feria.
fois (*fuá*) f. vez, turno.
foison (*fuasón*) f. abundancia.
foisonner (*fuasoné*) intr. abundar; cundir.
fol, folle (*fól*) adj. y s. loco, a.
folâtre (*folátr*) adj. retozón.
folâtrer (*folatré*) intr. juguetear; bromear.
foliation (*foliasión*) f. foliación.
folie (*foli*) f. locura.
folio (*folió*) m. folio.
folklore (*folklór*) m. folklore.
follet, ette (*folé, ét*) adj. y s. dim. fam. locuelo, a. **feu follet**, fuego fatuo.
fomenter (*fomanté*) tr. fomentar.
foncé, e (*fonsé*) adj. obscuro, a.
foncer (*fonsé*) tr. cavar.
foncier, ère (*fonsié, iér*) adj. fig. profundo, a; **crédit foncier**, crédito hipotecario.
foncièrement (*fonsiér e mán*) adv. a fondo; en el fondo.
fonction (*fonsión*) f. función.
fonctionnaire (*fonsionér*) m. funcionario.
fonctionnel, elle (*fonsionél*) adj. funcional.
fonctionnement (*fonsion e mán*) m. funcionamiento.
fonctionner (*fonsioné*) intr. funcionar.
fond (*fón*) m. fondo; solar.
fondamental, e (*fondamantál*) adj. fundamental.
fondant (*fondán*) adj. fundente.
fondateur, trice (*fondatér, tris*) adj. y s. fundador, a.
fondation (*fondasión*) f. fundación.
fondé, e (*fondé*) adj. fundado, a; **fondé de pouvoir**, apoderado.
fondement (*fond e mán*) m. fundamento.
fonder (*fondé*) tr. fundar.
fonderie (*fond e rí*) f. fundición.
fondeur (*fondér*) m. fundidor.
fondre (*fóndr*) tr. fundir.
fondrière (*fondriér*) f. hondonada.
fondu, e (*fondü'*) adj. fundido, a.
fontaine (*fontén*) f. fuente.
fonte (*fónt*) f. fundición; hierro colado.
fonts (*fón*) m. pila bautismal.
football (*futból*) m. fútbol.
for (*fór*) m. fuero.
forage (*foráj*) m. horadación.
forain, e (*forén*) adj. y s. foráneo, a; forastero, a.
forban (*forbán*) m. pirata.
forçat (*forsá*) m. forzado.
force (*fórs*) m. fuerza.
forcé, e (*forsé*) adj. forzado, a.
forcément (*forsemán*) adv. forzosamente.
forcené, e (*forsené*) adj. y s. furioso, a.
forcer (*forsé*) tr. forzar.
forclusion (*forclusión*) f. Jur. exclusión.
forer (*foré*) tr. horadar.
forestier, ière (*forestié, iér*) adj. forestal.
foret (*foré*) m. broca; taladro.
forêt (*foré*) f. selva, bosque.
forfait (*forfé*) m. crimen, iniquidad; **à forfait**, a destajo.
forge (*fórj*) f. fragua.

forger *(forjé)* tr. forjar.
forgeron *(forjerón)* m. herrero.
forgeur *(forjér)* m. forjador.
formaliser (se) *(seformalisé)* r. formalizarse, ofenderse.
formaliste *(formalíst)* adj. y s. formalista.
formalité *(formalité)* f. formalidad.
format *(formá)* m. forma, formato.
formatif, ive *(formatíf, ív)* adj. formativo, a.
formation *(formasión)* f. formación.
forme *(fórm)* f. forma; horma; pl. modales.
formel, elle *(formél)* adj. formal.
former *(formé)* tr. formar.
formidable *(formidábl)* adj. formidable.
formol *(formól)* m. formol.
formulaire *(formülér)* m. formulario.
formule *(formü'l)* f. fórmula.
formuler *(formülé)* tr. formular.
forniquer *(forniké)* intr. fornicar.
fors *(fór)* prep. excepto.
fort, e *(fór, órt)* adj. s. y adv. fuerte; muy.
forteresse *(fort'rés)* f. fortaleza.
fortifiant, e *(fortifián, ánt)* adj. y s. fortificante.
fortification *(fortificasión)* f. fortificación.
fortifier *(fortifié)* tr. fortalecer.
fortin *(fortén)* m. fortín.
fortuit, e *(fortuí, ít)* adj. fortuito, a.
fortune *(fortü'n)* f. fortuna.
fortuné, e *(fortüné)* adj. afortunado, a.
forum *(foróm)* m. foro.
fosse *(fós)* f. zanja; fosa.
fossé *(fosé)* f. foso; zanja.
fossette *(fosét)* f. hoyuelo en en la cara.
fossile *(fosíl)* adj. y s. fósil.
fossoyeur *(fosuayér)* m. sepulturero.
fou, fol, folle *(fú, fól)* adj. y s. loco, a; m. bufón; alfil; fig. disparatado.
foudre *(fúdr)* f. rayo.
foudroyant, e *(fudruayán, ánt)* adj. fulminante.
foudroyer *(fudruayé)* tr. fulminar.
fouet *(fué)* m. látigo.
fouetter *(fueté)* tr. batir, fustigar, azotar.
fougère *(fujér)* f. helecho.
fougue *(fúg)* f. ímpetu.
fougueux, euse *(fugué, és)* adj. fogoso, a.
fouille *(fúy)* f. excavación, registro.
fouiller *(fuyé)* tr. cavar; registrar.
fouillis *(fuyí)* m. confusión.
foulard *(fulár)* m. pañuelo.
foule *(fúl)* f. gentío.
foulée *(fulé)* f. pisada.
fouler *(fulé)* tr. prensar; hollar.
foulure *(fulü'r)* f. esguince.
four *(fúr)* m. horno.
fourberie *(furb'rí)* f. trapacero, a.
fourberie *(furberí)* f. trapacería.
fourbir *(furbír)* tr. bruñir, pulir.
fourbu, e *(furbü')* adj. Vet. aguado, a; fig. cansado, a.
fourche *(fúrch)* f. horca, bieldo.
fourcher *(furché)* intr. bifurcarse; fig. y fam. trabarse.
fourchette *(furchét)* f. tenedor.

fourgon *(furgón)* m. furgón.
fourmi *(furmí)* f. hormiga.
fourmilier *(furmilié)* m. oso hormiguero.
fourmilière *(furmiliér)* f. hormiguero; gentío, bullicio.
fourmiller *(furmiyé)* intr. hormiguear.
fournaise *(furnés)* f. horno, hoguera.
fourneau *(furnó)* m. hornillo.
fournée *(furné)* f. hornada.
fournir *(furnír)* tr. suministrar.
fournisseur *(furnisér)* m. proveedor.
fourniture *(furnitü'r)* f. suministro.
fourrage *(furráj)* m. forraje.
fourragère *(furrajér)* adj. forrajera.
fourré, e *(furré)* adj. guarnecido, a; metido, a; m. espesura.
fourreau *(furró)* m. vaina; funda.
fourrer *(furré)* tr. forrar de pieles; fig. y fam. meter.
fourreur *(furrér)* m. peletero.
fourrure *(furrü'r)* f. piel.
fourvoyer *(furvuayé)* tr. descarriar. **se—** *(sefurvuayé)* r. equivocarse.
foyer *(fuayé)* m. hogar; fogón; salón de descanso.
frac *(frác)* m. frac.
fracas *(fracá)* m. estrépito.
fracasser *(fracasé)* tr. romper, quebrar.
fraction *(fracsión)* f. fracción.
fractionner *(fracsioné)* tr. fraccionar.
fracture *(fractü'r)* f. fractura.
fracturer *(fractüré)* tr. fracturar.
fragile *(frajíl)* adj. frágil.
fragilité *(frajilité)* f. fragilidad.
fragment *(fragmán)* m. fragmento.
frai *(fré)* m. desove.
fraîcheur *(frechér)* f. frescor, frescura.
fraîchir *(frechír)* intr. refrescar.
frais, aîche *(fré, fréch)* adj. fresco, a; pl. gastos.
fraise *(frés)* f. fresa.
framboise *(franbuás)* f. frambuesa.
franc, anche *(fran, fránch)* adj. franco, a; m. franco.
franchement *(franch'mán)* adv. francamente.
franchir *(franchír)* tr. atravesar.
franchise *(franchís)* f. franquicia; franqueza.
franciscain *(fransiskén)* adj. y s. franciscano.
franco *(francó)* adv. franco.
franc-parler *(franparlé)* m. franqueza.
franc-tireur *(frantirér)* m. guerrillero.
frange *(fránj)* f. franja.
franger *(franjé)* tr. franjear.
frappant, e *(frapán, ánt)* adj. sorprendente.
frapper *(frapé)* tr. golpear; acuñar; herir; intr. llamar a una puerta.
fraternel, elle *(fraternél)* adj. fraterno, a.
fraterniser *(fraternisé)* intr. fraternizar.
fraternité *(fraternité)* f. fraternidad.
fratricide *(fratrisíd)* adj. y s. fratricida; fratricidio.
fraude *(fród)* m. fraude.
frauder *(frodé)* tr. defraudar.
fraudeur, euse *(frodér, és)* s. defraudador, ra.
frauduleux, euse *(frodülé, és)* adj. fraudulento, a.

frayer *(freyé)* tr. abrir; intr. desovar; fam. congeniar.
frayeur *(freyér)* f. espanto.
fredaine *(fredén)* f. calaverada.
fredonner *(fredoné)* intr. tararear.
frégate *(fregát)* f. fragata.
frein *(frén)* m. freno.
freiner *(frené)* intr. frenar.
frelater *(frelaté)* tr. adulterar.
frêle *(frél)* adj. endeble.
freluquet *(frelüké)* m. mequetrefe.
frémir *(fremír)* intr. estremecerse.
frémissant, e *(fremisán, ánt)* adj. tembloroso, a.
frémissement *(fremis'mán)* m. estremecimiento, temblor.
frénésie *(frenesí)* f. frenesí.
frénétique *(frenetík)* adj. y s. frenético, a.
fréquemment *(frekamán)* adv. frecuentemente.
fréquence *(frekáns)* f. frecuencia.
fréquent, e *(frekán, ánt)* adj. frecuente.
fréquentation *(frekantasión)* f. frecuentación.
fréquenter *(frekanté)* tr. frecuentar.
frère *(frér)* m. hermano; fray.
fresque *(frésk)* f. fresco (Pint.).
frêt *(fré)* m. Mar. flete.
fréter *(freté)* tr. fletar.
fréteur *(fretér)* m. fletador.
frétiller *(fretiyé)* intr. bullir.
fretin *(fretén)* m. morralla.
friable *(friábl)* adj. friable.
friand, e *(frián, ánd)* adj. y s. goloso, a; sabroso, a.
friandise *(friandís)* f. golosina.
fricassée *(fricasé)* f. fricasé.
friche *(frich)* f. baldío.
fricot *(fricó)* m. pop. guisado.
fricoter *(fricoté)* intr. pop, guisar.
friction *(fricsión)* f. fricción.
frictionner *(fricsioné)* tr. estregar.
frigidaire *(frijidér)* m. nevera.
frigidité *(frijidité)* f. frigidez.
frigorifique *(frigorifík)* adj. frigorífico, a.
frileux, euse *(frilé, és)* adj. y s. friolero, a.
frimas *(frimá)* m. escarcha.
frimousse *(frimús)* f. pop. cara.
fringale *(frengál)* f. hambre.
fringant, e *(frengán, ánt)* adj. vivaracho, a; fogoso, a.
friper *(fripé)* tr. arrugar.
fripier, ière *(fripié, iér)* s. ropavejero, a.
fripon, onne *(fripón)* s. bribón. ona.
friponnerie *(fripon'rí)* f. bribonada.
fripouille *(fripúy)* f. pillo.
frire *(frír)* tr. freír.
frise *(frís)* f. friso; bambalina.
frisé, e *(frisé)* adj. rizado, a.
friser *(frisé)* tr. rizar; fig. rozar.
frisquet, ette *(friské, ét)* adj. fam. fresquito, a.
frisson *(frisón)* m. escalofrío.
frissonner *(frisoné)* intr. estremecerse.
frit, e *(fri, ít)* adj. frito, a.
friture *(fritü'r)* f. fritura.
frivole *(frivól)* adj. frívolo, a.
frivolité *(frivolité)* f. frivolidad.
froc *(fróc)* m. hábito (monja).
froid, e *(fruá, ád)* adj. frío, a; m. frío.
froidement *(fruad'mán)* adv. friamente.
froideur *(fruadér)* f. frialdad.
froidure *(fruadü'r)* f. frío.
froissement *(fruas'mán)* m. estregón, refregón; disgusto.

froisser *(fruasé)* tr. arrugar; fig. ofender.
frôlement *(frol'mán)* m. roce.
frôler *(frolé)* tr. rozar.
fromage *(fromáj)* m. queso.
froment *(fromán)* m. trigo.
fronce *(fróns)* f. pliegue, frunce.
froncement *(frons'mán)* m. fruncimiento.
froncer *(fronsé)* tr. arrugar.
frondaison *(frondesón)* f. frondosidad.
fronde *(frónd)* f. honda; fronda.
fronder *(frondé)* tr. conspirar.
frondeur *(frondér)* m. hondero; fig. revoltoso.
front *(frón)* m. frente.
frontal, e *(frontál)* adj. frontal.
frontière *(frontiér)* f. frontera.
frontispice *(frontispís)* m. frontispicio.
fronton *(frontón)* m. frontón.
frottement *(frot'mán)* m. frotamiento; roce.
frotter *(froté)* tr. frotar; untar; vapulear.
froussard *(frusár)* adj. y n. pop. cobardón.
frousse *(frús)* f. pop. miedo.
fructifier *(früctifié)* intr. fructificar.
fructueux, euse *(früctüé, és)* adj. fructuoso, sa.
frugal, e *(frügál)* adj. frugal.
frugalité *(frügalité)* f. frugalidad.
fruit *(frui)* m. fruto; fruta.
fruitier, ière *(fruitié, iér)* adj. frutal; frutero, a.
fruste *(frü'st)* adj. gastado, a.
frustration *(frustrasión)* f. frustración.
frustrer *(früstré)* tr. frustrar.
fugace *(fügás)* adj. fugaz.
fugitif, ive *(fujitíf, ív)* adj. fugitivo, a.
fugue *(fü'g)* f. fam. fuga.
fuir *(füír)* intr. huir; tr. evitar.
fuite *(füít)* f. huida; fuga.
fulgurant, e *(fülgürán, ánt)* adj. fulgurante.
fulminant, e *(fülminán, ánt)* adj. fulminante.
fulminer *(fülminé)* intr. y tr. fulminar.
fumage *(fümáj)* m. ahumadura; estercoladura.
fumé, e *(fümé)* adj. ahumado, a.
fumée *(fümé)* f. humo.
fumer *(fümé)* tr. humear; tr. ahumar; estercolar.
fumerolle *(füm'ról)* f. fumarola.
fumet *(fümé)* m. humillo, olorcillo.
fumeur *(fümér)* m. fumador.
fumeux, euse *(fümé, és)* adj. humoso, a.
fumier *(fümié)* m. estiércol; estercolero.
fumiger *(fümijé)* tr. fumigar.
fumiste *(fümíst)* m. fumista; fig. y pop. farsante.
fumoir *(fümuár)* m. fumadero.
funèbre *(fünébr)* adj. fúnebre.
funérailles *(füneráy)* f. pl. funerales.
funéraire *(fünerér)* adj. funerario, a.
funeste *(fünést)* adj. funesto, a.
funiculaire *(fünicülér)* adj. y s. funicular.
fur *(fü'r)* m.; loc. **au fur et à mesure,** a medida que.

furet (*füré*) m. hurón.
fureter (*füreté*) intr. huronear; indagar.
fureur (*fürér*) f. furor.
furibond, e (*füribón, ónd*) adj. y s. furibundo, a.
furie (*fürí*) f. furia.
furieux, euse (*fürié, és*) adj. furioso, a.
furoncle (*füróncl*) m. forúnculo.
fusain (*füsén*) m. carboncillo.
furtif, ive (*fürtíf, ív*) adj. furtivo, a.
fuseau (*füsó*) m. huso.
fusée (*füsé*) f. cohete.
fuser (*füsé*) intr. fundirse.
fusible (*füsíbl*) adj. fusible.
fusil (*füsí*) m. fusil.
fusillade (*füsiyád*) f. tiroteo.
fusiller (*füsiyé*) tr. fusilar.
fusion (*füsión*) f. fusión.
fusionner (*füsioné*) tr. fusionar.
fustiger (*füstiĵé*) tr. fustigar.
fût (*fü'*) m. caja (arma); fuste; tonel, pipa.
futaie (*füté*) f. oquedal; arbolado.
futaille (*fütáy*) f. tonel.
futé, e (*füté*) adj. astuto, a.
futile (*fütíl*) adj. fútil.
futilité (*fütilité*) f. futilidad.
futur, e (*fütü'r*) adj. y s. futuro, a.
fuyant, e (*füiyán, ánt*) adj. fugitivo, a; fugaz.
fuyard, e (*füiyár, árd*) adj. fugitivo, a.

gabardine (*gabardín*) f. gabardina.
gabare (*gabár*) f. gabarra.
gabarit (*gabari*) m. gálibo.
gabelle (*gabél*) f. gabela.
gabion (*gabión*) m. *Fort.* cestón.
gâche (*gách*) f. cerradero.
gâcher (*gaché*) tr. amasar; fig. echar a perder.
gâchette (*gachét*) f. gatillo.
gâchis (*gachí*) m. lozada; fig. atolladero.
gaffe (*gáf*) f. *Mar.* bichero; fam. torpeza.
gage (*gáĵ*) m. prenda, garantía; pl. salario.
gager (*gaĵé*) tr. apostar.
gageure (*gaĵér*) f. apuesta.
gagnant, e (*gañán, ánt*) adj. y s. ganador, a.
gagner (*gañé*) tr. ganar.
gai, e (*gué*) adj. alegre.
gaiement (*guemán*) adv. alegremente.
gaieté (*gueté*) f. alegría.
gaillard, e (*gayár, árd*) adj. gallardo.
gaillardise (*gayardís*) f. fam. desenvoltura.
gain (*guén*) m. ganancia.
gaine (*guén*) f. vaina; repisa.
gala (*galá*) m. gala; festín.
galant, e (*galán, ánt*) adj. galán, galante. [tería.
galanterie (*galanteri*) f. galan-

galaxie (*galacsí*) f. galaxia.
galbe (*gálb*) m. *Arq.* gálibo; perfil.
gale (*gál*) f. sarna; carcoma.
galejade (*galeĵád*) f. broma.
galène (*galén*) f. *Min.* galena.
galère (*galér*) f. *Mar.* galera.
galerie (*galerí*) f. galería.
galérien (*galerién*) m. galeote.
galerne (*galérn*) f. galerna.
galet (*galé*) m. guijarro; guija.
galetas (*galeta*) m. buhardilla.
galette (*galét*) f. torta; galleta; pop. dinero.
galeux, euse (*galé, és*) adj. y s. sarnoso, a.
galimatias (*galimatiá*) m. galimatías.
galion (*galión*) m. *Mar.* galeón.
galle (*gál*) f. *Bot.* agalla.
gallicisme (*galísm*) m. galicismo.
galoche (*galóch*) f. galocha.
galon (*galón*) m. galón.
galop (*galó*) m. galope.
galoper (*galopé*) fam. correr; tr. galopar.
galopin (*galopén*) m. galopín, tunante.
galvanisateur (*galvanisatér*) m. y adj. galvanizador.
galvaniser (*galvanisé*) tr. galvanizar.
galvanomètre (*galvanométr*) m. galvanómetro.
galvauder (*galvodé*) tr. estropear; fig. mancillar.
gambade (*ganbád*) f. zancada.
gambader (*ganbadé*) intr. saltar, brincar.
gamelle (*gamél*) f. fiambrera.
gamin, e (*gamén, ín*) s. chiquillo, a.
gaminerie (*gaminerí*) f. travesura.
gamme (*gám*) f. gama.
ganache (*ganách*) f. quijada (caballo); fig. zopenco.
gandin (*gandén*) m. pisaverde.
ganglion (*ganglión*) m. ganglio.
gangrène (*gangrén*) f. gangrena.
gangue (*gáng*) f. *Miner.* ganga.
gant (*gán*) m. guante.
gantelet (*gantelé*) m. manopla.
ganter (*ganté*) tr. enguantar.
garage (*garáĵ*) m. garaje.
garance (*garáns*) f. *Bot.* rubia.
garant, e (*garán, ánt*) f. garantía.
garantie (*garantí*) f. garantía.
garantir (*garantír*) tr. garantizar.
garce (*gárs*) f. ramera.
garçon (*garsón*) m. muchacho, camarero; aprendiz, soltero.
garde (*gárd*) f. guardia; cuidado; m. guarda, guardián.
garde-barrière (*gardᵉbarriér*) s. guardabarrera.
garde-boue (*gardᵉbú*) m. guardabarros.
garde-champêtre (*gardᵉchampétr*) m. guardabosque.
garde-fou (*gardᵉfú*) m. parapeto.
garde-manger (*gardᵉmanĵé*) m. despensa. [nía.
garder (*gardé*) tr. guardar.
garderie (*garderí*) f. guardería.
garde-robe (*gardᵉrób*) f. guardaropa.
gardien (*gardién*) s. guardián; portero (deportes).
gare (*gár*) f. estación; interj. ¡cuidado!
garenne (*garén*) f. conejar; coto.
garer (*garé*) tr. atracar. **se**— (*segaré*) r. apartarse, guarecerse.

gargariser (se) (*segargarisé*) r. hacer gárgaras.
gargarisme (*gargarísm*) m. gargarismo.
gargouille (*gargúy*) f. gárgola.
gargouillement (*garguyᵉmán*) m. gorgoteo.
gargoulette (*gargulét*) f. botijo.
gargousse (*gargús*) f. *Artill.* saquete de pólvora; cartucho.
garigue (*garíg*) f. landa; erial.
garnement (*garnᵉmán*) m. picarón.
garni, e (*garni*) adj. guarnecido, a; amueblado, a.
garnir (*garnír*) tr guarnecer.
garnison (*garnisón*) f. guarnición.
garniture (*garnitü'r*) f. adorno.
garrot (*garró*) m. cruz (animales); garrote.
gars (*gá*) m. mozo. [che.
gaspillage (*gaspiyáĵ*) m. derroche.
gaspiller (*gaspiyé*) tr. derrochar.
gaspilleur, euse (*gaspiyér, és*) s. derrochador, a.
gastrique (*gastrík*) ad. gástrico, a.
gastronomie (*gastronomí*) f. gastronomía.
gâteau (*gató*) m. pastel; panal.
gâter (*gaté*) tr. echar a perder.
gâterie (*gatᵉrí*) f. fam. mimo.
gâteux, euse (*gaté, és*) s. chocho, a.
gâtisme (*gatísm*) m. chochez.
gauche (*góch*) adj. izquierdo, a; torpe; f. izquierda (mano).
gauchement (*gochᵉmán*) adv. torpemente.
gaucher, ère (*goché, ér*) adj. y s. zurdo, a.
gaucherie (*gochᵉrí*) f. torpeza.
gauchir (*gochír*) intr. torcerse; tr. ladear.
gauchissement (*gochisᵉmán*) m. ladeamiento.
gaufre (*gófr*) f. panal de miel; barquillo; adorno.
gaufrer (*gofré*) tr. m. imprimir; estampar.
gaule (*gól*) f. pértiga; varal.
gausser (se) (*segosé*) r. mofarse.
gaver (*gavé*) tr. pop. cebar (animales); **se**— r. hartarse.
gavette (*gavét*) f. riel, lingote.
garroche (*garróch*) f. pilluelo.
gaz (*gás*) m. gas.
gaze (*gás*) f. gasa.
gazelle (*gasél*) f. gacela.
gazeux, euse (*gasé, és*) adj. gaseoso, a.
gazogène (*gasoĵén*) m. gasógeno.
gazomètre (*gasométr*) m. gasómetro.
gazon (*gasón*) m. césped.
gazouillement (*gasuyᵉmán*) m. gorjeo.
gazouiller (*gasuyé*) intr. susurrar.
geai (*ĵé*) m. grajo.
géant, e (*ĵeán, ánt*) adj. y s. gigante.
geindre (*ĵéndr*) intr. quejarse.
gel (*ĵél*) m. hielo; helada.
gélatine (*ĵelatín*) f. gelatina.
gélatineux, euse (*ĵelatiné, és*) adj. gelatinoso, a.
gelée (*ĵelé*) f. helada; gelatina. de caldo; jalea.
geler (*ĵelé*) tr. helar.
gémir (*ĵemír*) tr. gemir.
gémissant, e (*ĵemisán, ánt*) adj. gimiente.
gémissement (*ĵemisᵉmán*) m. gemido.
gemme (*ĵém*) f. yema.
gênant, e (*ĵenán, ánt*) adj. molesto, a.
gencive (*ĵansív*) f. encía.
gendarme (*ĵandárm*) m. gendarme.

gendre (*ĵándr*) m. yerno.
gêne (*ĵén*) f. molestia.
gêné, e (*ĵené*) adj. molesto, a; apurado, a.
généalogie (*ĵenealoĵí*) f. genealogía.
gêner (*ĵené*) tr. estorbar.
général, e (*ĵenerál*) adj. y s. general.
généraliser (*ĵeneralisé*) tr. generalizar.
généralité (*ĵeneralité*) f. generalidad.
générateur, trice (*ĵeneratér, tris*) adj. generador, a; m. generador; f. generatriz.
génération (*ĵenerasión*) f. generación.
généreux, euse (*ĵeneré, és*) adj. generoso, a.
générique (*ĵenerík*) adj. genérico, a.
générosité (*ĵenerosité*) f. generosidad.
genèse (*ĵenés*) m. génesis.
genêt (*ĵené*) m. hiniesta.
genévrier (*ĵenevrié*) m. enebro.
gêneur, euse (*ĵenér, és*) m. importuno, a.
génial, e (*ĵeniál*) adj. genial.
génie (*ĵeni*) m. genio; ingeniería; cuerpo de ingenieros.
génisse (*ĵenís*) f. ternera.
génital, e (*ĵenitál*) adj. genital.
genou (*ĵenú*) m. rodilla.
genouillère (*ĵenuyér*) f. rodillera.
genre (*ĵánr*) m. género.
gentiane (*ĵansián*) f. genciana.
gens (*ĵán*) s. pl. gente.
gent (*ĵán*) f. nación; raza.
gentil, ille (*ĵantí, tíy*) adj. gentil, lindo.
gentilhomme (*ĵantiyóm*) m. caballero, hidalgo.
gentillesse (*ĵantiyés*) f. gentileza.
gentiment (*ĵa:timán*) adv. gentilmente.
génuflexion (*ĵenüflecsión*) f. genuflexión.
géographe (*ĵeográf*) m. geógrafo.
géographie (*ĵeografi*) m. geografía.
geôle (*ĵeól*) f. cárcel.
geôlier (*ĵeolié*) m. carcelero.
géologie (*ĵeoloĵí*) f. geología.
géologue (*ĵeológ*) m. geólogo.
géomètre (*ĵeométr*) m. geómetra.
géométrie (*ĵeometri*) f. geometría.
gérance (*ĵeráns*) f. gerencia.
géranium (*ĵeranióm*) m. geranio.
gérant, e (*ĵerán, ánt*) s. gerente.
gerbe (*ĵérb*) f. gavilla, haz.
gercer (*ĵersé*) tr. agrietar.
gerçure (*ĵersü'r*) f. grieta.
gérer (*ĵeré*) tr. administrar.
germain, e (*ĵermén*) adj. hermano, a.
germe (*ĵérm*) m. germen.
germer (*ĵermé*) intr. germinar.
germination (*ĵerminasión*) f. germinación.
gérondif (*ĵerondíf*) m. gerundio.
gésier (*ĵesié*) m. molleja.
gésir (*ĵesí*) intr. yacer.
gestation (*ĵestasión*) f. gestación.
geste (*ĵést*) m. gesto; hazaña.
gesticulation (*ĵesticulasión*).
gesticuler (*ĵesticülé*) tr. gesticular.
gestion (*ĵestión*) f. gestión.
geyser (*ĵesér*) m. geiser.
gibbosité (*ĵibosité*) f. giba.
gibecière (*ĵibᵉsiér*) f. morral.
gibet (*ĵibé*) m. horca; patíbulo.

gibier (jibié) m. caza.
giboyeux, euse (jibuayé, és) adj. abundante en caza.
gicler (jiclé) intr. salpicar.
gifle (jifl) f. fam. bofetada.
gifler (jiflé) tr. fam. abofetear.
gigantesque (jigantésk) adj. gigantesco, a.
gigot (jigó) m. pierna de carnero.
gilet (jilé) m. chaleco.
gingembre (jinjénbr) m. jenjibre.
girafe (jiráf) f. jirafa.
giratoire (jiratuár) adj. giratorio, a.
girofle (jirófl) m. clavo, especia.
giroflée (jiroflé) f. alhelí.
giron (jirón) m. falda, regazo.
girouette (jiruét) f. veleta.
gisement (jisᵉmán) m. yacimiento.
gitane (jitán) s. gitano, a.
gite (jit) m. albergue.
givre (jivr) m. escarcha.
glabre (glábr) adj. lampiño, a.
glace (glás) f. hielo; helado, cristal, espejo.
glacer (glasé) tr. helar, congelar.
glacial, e (glasiál) adj. glacial.
glacier (glasié) m. glaciar; horchatero.
glacière (glasiér) f. nevera.
glacis (glasi) m. glacis.
glaçon (glasón) m. témpano.
glaçure (glasü'r) f. vidriado.
gladiateur (gladiatér) m. gladiador.
glaïeul (glaiél) m. gladíolo.
glaire (glér) f. flema; clara de huevo.
glaise (glés) f. greda, arcilla.
glaive (glév) m. espada.
gland (glán) m. bellota; borla.
glande (gland) f. glándula.
glandulaire (glandülér) adj. glandular.
glaner (glané) intr. y tr. rebuscar; fig. recoger.
glaneur, euse (glanér, és) s. espigador, a.
glapir (glapír) intr. gañir; chillar.
glapissement (glapisᵉmán) m. gañido.
glas (glá) m. doble de campana, toque de agonía.
glauque (glók) adj. glauco.
glèbe (gléb) f. gleba.
glissade (glisád) f. resbalón.
glissant, e (glisán, ánt) adj. resbaladizo, a.
glissement (glisᵉmán) deslizamiento.
glisser (glisé) intr. resbalar, deslizarse; **se—** r. deslizarse.
glisseur, euse (glisér, és) adj. resbalador, a.
glissière (glisiér) f. corredera.
glissoire (glisuár) m. resbaladero.
global, e (globál) adj. global.
globe (glób) m. globo.
globule (globü'l) m. adj. globuloso, a.
gloire (gluár) f. gloria.
gloriette (gloriét) f. glorieta.
glorieux, euse (glorié, és) adj. glorioso, a.
glorifier (glorifié) tr. glorificar.
gloriole (gloriól) f. vanagloria.
glose (glós) f. glosa.
gloser (glosé) tr. glosar.
glossaire (glosér) m. glosario.
glotte (glót) f. glotis.
gloussement (glusᵉmán) m. cloqueo.
glousser (glusé) intr. cloquear.
glouton, onne (glutón) adj. y s. glotón, ona.

gloutonnerie (glutonᵉri) f. glotonería, gula.
glu (glü') f. liga.
gluant, e (glüán, ánt) adj. viscoso, a.
glucose (glücós) f. glucosa.
glycérine (gliserín) f. glicerina.
glycine (glisín) f. glicina.
gnome (gnóm) m. gnomo.
go (tout de) (tudegó) loc. adv. de rondón.
gobelet (gobᵉlé) m. cubilete.
gober (gobé) tr. zampar.
godelureau (godᵉlüró) m. majo.
godet (godé) m. cortadillo; cangillón; pliegue.
godille (godíy) f. espadilla.
godillot (godiyó) m. borceguí.
goéland (goelán) m. gaviota.
goémon (goemón) m. fuco.
gogo (gogó) m. crédulo, bobo; **à gogo,** a gusto.
goguenard, e (goguᵉnár) adj. y s. guasón, ona.
goinfre (gu-énfr) m. pop. glotón.
goitre (guátr) m. papera.
golfe (gólf) m. golfo.
gomme (góm) f. goma.
gommer (gomé) tr. engomar.
gond (gón) m. gozne.
gondole (gondól) f. góndola.
gondoler (gondolé) **se—,** r. alabearse.
gondolier (gondolié) m. gondolero.
gonflé, e (gonflé) adj. hinchado, a.
gonflement (gonflᵉmán) m. hinchazón.
gonfler (gonflé) tr. hinchar.
gong (góng) m. batintín.
gorge (górj) f. garganta; pecho (de mujer).
gorgée (gorjé) f. trago.
gorger (gorjé) tr. saciar; colmar.
gorille (goríy) m. gorila.
gosier (gosié) m. gaznate.
gosse (gós) m. chiquillo, a.
gothique (gotík) adj. gótico, a.
gouache (gu-ách) f. Pint. aguada.
gouailler (gu-ayé) intr. burlarse.
goudron (gudrón) m. alquitrán.
goudronner (gudroné) tr. alquitranar.
gouffre (gúfr) m. sima; abismo.
gouge (gúj) f. gubia; escoplo.
gouja (gúj) m. paje; granuja.
goujon (gujón) m. gobio.
goulet (gulé) m. boquete.
goulot (guló) m. gollete.
goulu, e (gulü') adj. y s. tragón, ona.
goupille (gupíy) f. pasador.
goupillon (gupiyón) m. hisopo.
gourd, e (gúr, úrd) adj. entumecido, a; torpe.
gourde (gúrd) f. cantimplora.
gourdin (gurdén) m. garrote.
gourmand, e (gurmán, ánd) s. glotón, ona.
gourmander (gurmandé) tr. reprender.
gourmandise (gurmandís) f. golosina.
gourmet (gurmé) m. gastrónomo.
gousse (gús) f. vaina (frutos).
gousset (gusé) m. bolsillo.
goût (gú) m. gusto.
goûter (guté) tr. gustar; merendar; m. merienda.
goutte (gút) f. gota.
gouttelette (gutᵉlét) f. gotita.
goutter (guté) intr. gotear.
goutteux, euse (guté, és) adj. gotoso, a.
gouttière (gutiér) f. canalón.

gouvernail (guvernáy) m. timón.
gouvernant, e (guvernán, ánt) adj. gobernante; f. ama de llaves.
gouvernement (guvernᵉmán) m. gobierno.
gouverner (guverné) tr. gobernar.
gouverneur (guvernér) m. gobernador.
grabat (grabá) m. camastro.
grabuge (grabü'j) m. pelotera.
grâce (grás) f. gracia; **de grâce,** por favor.
gracier (grasié) tr. indultar.
gracieux, euse (grasié, és) adj. gracioso, a.
gracile (grasíl) adj. grácil.
gracilité (grasilité) f. sutileza, delgadez.
gradation (gradasión) f. gradación.
grade (grád) m. grado.
gradé (gradé) m. graduado.
gradin (gradén) m. grada; gradería.
graduel, elle (gradüél) adj. y s. gradual.
graduer (gradüé) tr. graduar.
grailler (grayé) intr. graznar.
grain (grén) m. grano; fig. chubasco; **grain de beauté,** lunar.
graine (grén) f. simiente.
graissage (gresáj) m. engrase.
graisse (grés) f. grasa.
graisser (gresé) tr. engrasar.
graisseur (gresér) m. engrasador.
graisseux, euse (gresé, és) adj. grasiento, a.
graminées (graminé) f. gramíneas.
grammaire (gramér) f. gramática.
grammairien (gramerién) adj. y s. gramático.
gramme (grám) m. gramo.
grand, e (grán, ánd) adj. grande.
grandeur (grandér) f. grandeza; m. tamaño, magnitud.
grandiose (grandiós) adj. grandioso.
grandir (grandír) intr. crecer.
grand-mère (granmér) f. abuela.
grand-messe (granmés) f. misa mayor.
grand-père (granpér) m. abuelo.
grands-parents (granparán) m. abuelos.
grange (gránj) f. granero.
granit (grani) m. granito.
granulaire (granülér) adj. granular.
granule (granü'l) m. granulo.
granuler (granülér) tr. granular.
graphique (grafík) adj. gráfico, a.
graphite (grafít) m. grafito.
graphologie (grafolojí) f. grafología.
grappe (gráp) f. racimo.
grappin (grapén) m. garfio.
gras, asse (grá, ás) adj. gordo, a; fig. y fam. pingüe.
grasseyer (grasᵉyé) intr. tartajear.
grassouillet, ette (grasuyé, ét) adj. regordete, a.
gratification (gratificasión) f. gratificación.
gratifier (gratifié) tr. gratificar.
gratin (gratén) m. pegado (cazuela); tostado.
gratiner (gratiné) tr. tostar.
gratis (gratís) adv. gratis.
gratitude (gratitü'd) f. gratitud.
grattage (gratáj) m. raspadura.
gratte-ciel (gratᵉsiél) m. rascacielos. [par.
gratter (graté) tr. rascar; ras-
grattoir (gratuár) m. raspador.

gratuit, e (gratuí, ít) adj. gratuito, a.
gratuité (gratuité) f. gratuidad.
gravats (gravá) m. pl. cascote.
grave (gráv) adj. y s. grave.
gravelle (gravél) f. mal de piedra.
gravement (gravᵉmán) adv. gravemente
graver (gravé) tr. gravar.
graveur (gravér) m. grabador.
gravier (gravié) m. arena gruesa.
gravir (gravír) tr. e intr. trepar.
gravité (gravité) f. gravedad.
graviter (gravité) intr. gravitar.
gravure (gravü'r) f. grabado.
gré (gré) m. grado, voluntad.
gredin (gredén, ín) s. vil; miserable;
gréement (gremán) m. Mar. aparejo.
gréer (greé) tr. aparejar.
greffe (gréf) m. injerto.
greffer (grefé) tr. injertar.
greffier (grefié) m. escribano.
grégaire (greguér) adj. gregario, a.
grège (gréj) f. seda cruda.
grêle (grél) adj. delgado, a; m. granizo.
grêler (grelé) intr. granizar.
grêlon (grelón) m. pedrisco.
grelot (greló) m. cascabel.
grelottant, e (grelotán, ánt) adj. aterrido, a.
grelotter (greloté) tr. tiritar.
grenache (grenách) m. garnacha.
grenade (grenád) f. granada.
grenadier (grenadié) m. granado; granadero.
grenadine (grenadín) f. granadina.
grenaille (grenáy) f. granalla.
grenat (grená) m. granate.
grener (grené) intr. granar.
grenier (grenié) m. granero.
grenouille (grenúy) f. rana.
grenu, e (grenü') adj. graneado, a.
grès (gré) m. arenisca.
grésil (gresí) m. granizo menudo.
grésiller (gresiyé) intr. granizar.
grève (grév) f. playa; huelga.
grevé, e (grevé) adj. gravado, a.
gribouillage (gribuyáj) m. garabatos.
grief (grief) m. agravio.
griffe (grif) f. garra; estampilla.
griffer (grifé) tr. arañar.
griffonner (grifoné) tr. garrapatear.
grignoter (griñoté) intr. roer.
gril (grí) m. parrillas.
grillade (griyád) f. carbonada.
grillage (griyáj) m. alambrera; tostado.
grille (gríy) reja.
griller (griyé) tr. tostar.
grillon (griyón) m. grillo.
grimace (grimás) f. gesto, mueca.
grimacer (grimasé) intr. gesticular.
grimpant, e (grenpán, ánt) adj. trepador, a.
grimper (grenpé) intr. trepar.
grincement (grensᵉmán) m. rechinamiento.
grincer (grensé) tr. rechinar.
gringalet (gringalé) m. alfeñique.
grippe (gríp) f. gripe.

grippé, e (gripé) adj. acatarrado, a.
gripper (gripé) tr. agarrar; se— r. arrugarse una tela.
gris, e (grí, ís) adj. gris; fam. ebrio, a; canoso, a.
grisaille (grisáy) f. claroscuro.
grisâtre (grisátr) adj. pardusco.
griser (grisé) tr. embriagar.
griserie (griseri) f. embriaguez.
grisette (grisét) f. modistilla.
grisonnant, e (grisonán, ánt) adj. encaneciente.
grisou (grisú) m. grisú (gas).
grive (grív) f. zorzal.
griveler (griveléé) tr. e intr. cohechar.
grivois, e (grivuá, ás) tr. e intr. cohechar.
grivoiserie (grivuaseri) f. picardía.
grorg (gróg) m. grog.
grognement (groñemán) m. gruñido.
grogner (groñé) intr. gruñir.
grognon (groñón) adj. y s. gruñón.
groin (gruén) m. jeta de cerdo.
grommeler (gromeléé) i. refunfuñar.
grondement (grondemán) m. ruido sordo; rugido.
gonder (grondé) intr. rugir; reprender.
gronderie (gronderi) f. reprimenda.
grondeur, euse (grondér, és) adj. y s. regañón, ona.
groom (grúm) m. botones.
gros, osse (gró, ós) adj. grueso, a; m. grueso; adv. mucho; **en gros,** al por mayor.
groseille (groséy) f. grosella.
groseillier (groseyié) m. grosellero.
grossesse (grosés) f. embarazo.
grosseur (grosér) f. grosor.
grossier ère (grosié, ér) adj. grosero, a.
grossièrete (grosiereté) f. grosería.
grossir (grosír) i. engrosar; tr. aumentar.
grossissant, e (grosisán, ánt) adj. creciente.
grossissement (grosisemán) m. aumento.
grossiste (grosíst) m. mayorista.
grotesque (grotésk) adj. grotesco.
grotte (grót) f. gruta.
grouillant, e (gruyán, ánt) adj. bullente.
grouiller (gruyé) i. hormiguear.
groupe (grúp) m. grupo.
groupement (grupemán) m. agrupamiento.
grouper (grupé) intr. agrupar.
gruau (grüó) m. flor de la harina.
grue (grü') f. grulla; grúa.
gruger (grüjé) tr. cascar con los dientes; fam. malversar.
grumeau (grumó) m. grumo.
grumeler (se) (se grumeléé) r. cuajarse.
gué (gué) m. vado.
guenille (gueníy) f. guiñapo.
guenon (guenón) f. mona.
guépard (guepár) m. onza (Zool).
guêpe (guép) f. avispa.
guêpier (guepié) m. avispero.
guère (guér) adv. apenas.

guéridon (gueridón) m. velador.
guérir (guerír) tr sanar, curar.
guérison (guerisón) f. curación.
guérisseur (guerisér) m. curandero.
guérite (guerít) f. garita.
guerre (guér) f. guerra.
guerrier, ière (guerrié, ér) adj. y s. guerrero.
guerroyer (guerruayé) intr. guerrear.
guet (gué) m. acecho; ronda.
guet-apens (guetapán) m. emboscada.
guêtre (guétr) f. polaina.
guetter (gueté) tr. acechar.
guetteur (guetér) m. vigía; atalaya.
gueulard, e (guelár, árd) adj. vocinglero, a.
gueule (guél) f. fauces.
gueuler (guelé) intr. gritar.
gueux, euse (gué, és) adj. y s. indigente; mendigo, a.
gui (gui) f. muérdago.
guichet (guiché) m. postigo; ventanilla; taquilla.
guide (guíd) m. guía; f. rienda.
guider (guidé) tr. guiar.
guidon (guidón) m. guión; manillar.
guigne (guíñ) f. guinda. **porter la guigne,** tener mala sombra.
guigner (guiñé) tr. guiñar.
guignol (guiñól) m. polichinela.
guillemet (guiyemé) m. comillas.
guilleret, ette (guiyeré, ét) adj. alegre.
guillotine (guiyotín) f. guillotina.
guillotiner (guiyotiné) tr. guillotinar.
guimauve (guimóv) f. malvavisco.
guimbarde (guenbárd) f. carricoche.
guindé, e (guendé) adj. afectado.
guinder (se) (se guendé) r. engreírse.
guinguette (guenguét) f. ventorrillo.
guirlande (guirlánd) f. guirnalda.
guise (guís) f. guisa, manera.
guitare (guitár) f. guitarra.
guitariste (guitaríst) s. guitarrista.
gustation (güstasión) f. gustación.
guttural, e (gütürál) adj. gutural.
gymnase (gimnás) m. gimnasio.
gymnaste (gimnást) m. gimnasia.
gypse (gíps) m. yeso.

ha! (á) interj. ¡ah!
habile (abíl) adj. hábil.
habileté (abileté) f. habilidad.
habilité (abilité) f. Jur. capacidad legal.
habiliter (abilité) tr. habilitar.
habillement (abiyemán) m. vestido.
habiller (abiyé) tr. vestir.

habit (abí) m. vestido, traje; hábito.
habitable (abitábl) adj. habitable.
habitacle (abitácl) m. habitáculo.
habitant, e (abitán, ánt) s. habitante.
habitation (abitasión) f. habitación.
habiter (abité) tr. e intr. habitar.
habitude (abitü'd) f. hábito, costumbre.
habitué, e (abitüé) adj. y s. acostumbrado, a.
habituel, elle (abitüél) adj. habitual.
habituer (abitüé) tr. habituar.
hâbleur, euse (ablér, és) s. hablador, a.
hache (ách) f. hacha, segur.
hacher (ache) tr. picar (carne).
hachette (achét) f. destral.
hachis (achí) m. picadillo.
hachoir (achuár) m. cuchilla.
hachure (achü'r) f. líneas cruzadas.
hagard, e (agár, árd) adj. huraño, a.
haie (é) f. seto; fig. fila.
haillon (ayón) m. harapo.
haine (én) f. odio.
haineux, euse (ené, és) adj. rencoroso, a.
haïr (aír) tr. odiar.
haïssable (aisábl) adj. aborrecible.
halage (aláj) m. sirga.
hâle (ál) m. bochorno.
haleine (alén) f. aliento.
haler (alé) tr. halar.
hâler (alé) tr. curtir, tostar.
haletant, e (aletán, ánt) adj. jadeante.
halètement (aletemán) m. jadeo.
haleter (aleté) intr. jadear.
hall (ól) m. hall.
halle (ál) f. mercado.
hallebarde (alebárd) f. alabarda.
hallucination (alüsinasión) f. alucinación.
halluciner (alüsiné) tr. alucinar.
halo (aló) m. halo.
halte (ált) f. alto, parada.
haltère (altér) m. pesa de gimnasia.
hamac (amác) m. hamaca.
hameau (amó) m. aldea.
hameçon (amesón) m. anzuelo.
hampe (ánp) f. asta (lanza).
hanche (ánch) f. cadera; anca.
handicap (andicáp) m. handicap.
handicaper (andicapé) tr. desaventajar.
hangar (angár) m. cobertizo.
hanneton (anetón) m. abejorro.
hanté, e (anté) adj. frecuentado, a.
hanter (anté) adj. frecuentar; obsesionar.
hantise (antís) f. trato; obsesión.
happer (apé) tr. agarrar.
harangue (aráng) f. arenga.
haranguer (arangué) tr. e intr. arengar.
haras (ará) m. yeguada; remonta.
harasser (arasé) tr. cansar.
harceler (arseléé) tr. acosar.
harde (árd) f. manada; traílla.
hardes (árd) f. pl. trapos.
hardi,e (ardí) adj. atrevido, a.
hardiesse (ardiés) f. osadía.
hardiment (ardimán) adv. atrevidamente.
harem (arém) m. harén.
hareng (arán) m. arenque.
hargneux, euse (arñé, és) adj. arisco, a.
haricot (aricó) m. alubia.

haridelle (aridél) f. rocín.
harmonica (armonicá) m. armónica.
harmonie (armoní) f. armonía.
harmonieux, euse (armonié, és) adj. armonioso, a.
harmoniser (armonisé) tr. armonizar.
harmonium (armonióm) m. armonio.
harnaché (arnaché) tr. enjaezar; ataviar (ridículamente).
harnais (arné) m. arnés.
harpe (árp) f. arpa.
harpie (arpí) f. arpía.
harpon (arpón) m. arpón.
harponner (arponé) tr. arponear.
hasard (asár) m. azar, acaso.
hasarder (asardé) tr. arriesgar.
hasardeux, euse (asardé, és) adj. arriesgado, a.
hâte (át) f. prisa.
hâter (até) tr. apresurar; se— r. apresurarse.
hâtif, ive (atíf, ív) adj. prematuro, a.
hâtivement (ativemán) adv. prematuramente.
hausse (ós) f. alza; elevación.
haussement (osemán) m. alzamiento.
hausser (osé) tr. alzar; aumentar; **hausser les épaules,** encogerse de hombros.
haut, e (ó, ót) adj. y s. alto, a; adv. alto; **là-haut,** arriba, hacia arriba.
hautain, e (otén) adj. altanero, a.
hautbois (obuá) m. oboe.
haut-de-chausses (odechós) m. calzones.
haute-cour (otecúr) f. tribunal supremo.
hauteur (otér) f. altura; altanería.
haut-fond (ofón) m. bajío.
haut-fourneau (ofurnó) m. alto horno.
haut-le-cœur (olekér) m. náusea.
haut-le-corps (olecór) f. estremecimiento.
haut-parleur (oparlér) m. altavoz.
hâve (áv) s. macilento.
havre (ávr) m. abra.
havresac (avresác) m. mochila.
hé! (é) interj. ¡eh! ¡hola!
heaume (óm) m. yelmo.
hebdomadaire (ebdomadér) adj. semanal.
hébergement (eberjemán) m. albergue.
héberger (eberjé) tr. albergar, hospedar. [a.
hébété, e (ebeté) adj. atontado,
hébéter (ebeté) tr. atontar.
hécatombe (ecatónb) f. hecatombe.
hectare (ectár) f. hectárea.
hectogramme (ectográm) m. hectogramo.
hectolitre (ectolítr) m. hectolitro.
hectomètre (ectométr) m. hectómetro.
hégémonie (ejemoní) f. hegemonía.
hégire (ejír) f. héjira.
hein! (én) interj. fam. ¡eh!
hélas (elás) interj. ¡ay!
héler (elé) tr. llamar (Mar).
hélice (elís) f. hélice.
hélicoptère (elicoptér) m. helicóptero.
héliogravure (eliogravü'r) f. fotograbado.
héliotrope (eliotróp) m. heliotropo.
hématite (ematít) f. hematites.
hémisphère (emisfér) m. hemisferio.

hémorragie *(emorraĵí)* f. hemorragia.
hémorroïdes *(emorroíd)* f. pl. hemorroides.
hennir *(enír)* intr. relinchar.
hennissement *(enisᵉmán)* m. relincho.
hépatique *(epatík)* adj. hepático.
heptagone *(eptagón)* m. heptágono.
héraldique *(eraldík)* adj. heráldico, a.
héraut *(eró)* m. heraldo.
herbage *(erbáĵ)* m. herbaje.
herbe *(érb)* f. hierba.
herbier *(erbié)* m. herbario.
herbivore *(erbivór)* adj. y s. hebívoro, a.
herculéen, enne *(ercüleén)* adj. hercúleo, a.
hère *(ér)* m. fam. pelagatos.
héréditaire *(ereditér)* adj. hereditario, a.
héritage *(eritáĵ)* m. herencia;
hérésie *(eresí)* f. herejía.
héréditique *(eretík)* adj. herético, a; s. hereje.
hérisser *(erisé)* tr. erizar.
hérisson *(erisón)* m. erizo.
héritage *(eritáĵ)* m. herencia; patrimonio.
hériter *(erité)* tr. e intr. heredar.
héritier, ère *(eritié, ér)* s. heredero, a.
hermaphrodite *(ermafrodít)* adj. y s. hermafrodita.
hermétique *(ermetík)* adj. hermético, a.
hermine *(ermín)* f. armiño.
hermitage *(ermitáĵ)* m. ermita.
hermite *(ermít)* m. ermitaño.
hernie *(erní)* f. hernia.
héroïne *(eroín)* f. heroína.
héroïque *(eroík)* adj. heroico, a.
héroïsme *(eroísm)* m. heroísmo.
héron *(erón)* m. garzo.
héros *(eró)* m. héroe.
herse *(érs)* f. rastrillo.
hésitant, e *(esitán, ánt)* adj. vacilante.
hésitation *(esitasión)* f. duda, vacilación.
hésiter *(esité)* intr. titubear.
hétéroclite *(eteroclít)* adj. heteróclito, a.
hétérodoxe *(eterodócs)* adj. heterodoxo, a.
hétérogène *(eteroĵén)* adj. heterogéneo, a.
hêtre *(étr)* m. haya.
heure *(ér)* f. hora; **tout à l'heure,** luego; hace un instante.
heureux, euse *(éré, és)* adj. feliz.
heurt *(ér)* m. choque.
heurter *(erté)* tr. chocar; fig. contrariar; herir; intr. tropezarse.
heurtoir *(ertuár)* m. aldaba.
hexagone *(ecsagón)* adj. y s. hexágono.
hiatus *(iatü's)* m. hiato.
hibernation *(ibernasión)* f. hibernación.
hibou *(ibú)* m. búho.
hic *(íc)* m. fam. busilis, hito.
hideux, euse *(idé, és)* adj. horroroso, a; repugnante.
hier *(iér)* adv. ayer.
hiérarchie *(ierarchí)* f. jerarquía.
hiérarchique *(ierarchík)* adj. jerárquico, a.
hiéroglyphe *(ieroglíf)* m. jeroglífico, a.
hiéronymite *(ieronimít)* m. fraile jerónimo.
hilarité *(ilarité)* f. hilaridad.
hippique *(ipík)* adj. hípico, a.
hippodrome *(ipodróm)* m. hipódromo.

hippopotame *(ipopotám)* m. *Zool.* hipopótamo.
hirondelle *(irondél)* f. golondrina.
hirsute *(irsü't)* adj. hirsuto, a.
hisser *(isé)* tr. izar.
histoire *(istuár)* f. historia; fam. cuento.
historien *(istorién)* m. historiador.
historique *(istorík)* adj. histórico, a; m. historial.
histrion *(istrión)* m. histrión.
hiver *(ivér)* m. invierno.
hiverner *(ivérné)* intr. invernar.
hobereau *(obᵉró)* m. aguilucho; hidalgo de gotera.
hochement *(ochᵉmán)* m. cabeceo.
hocher *(oché)* tr. mover.
hochet *(oché)* m. chupador, sonajero.
holocauste *(olocóst)* m. holocausto.
homard *(omár)* m. bogavante.
homélie *(omeli)* f. homilía.
homéopathie *(omeopatí)* f. homeopatía.
homicide *(omisíd)* adj. y s. homicida; m. homicidio.
homage *(omáĵ)* m. homenaje.
homme *(óm)* m. hombre.
homogène *(omoĵén)* adj. homogéneo, a.
homologuer *(omologué)* tr. homologar.
homonyme *(omoním)* adj. homónimo, a.
homosexuel *(omosecsüél)* adj. homosexual.
honnête *(onét)* adj. honrado, a; honesto, a; cortés.
honnêteté *(onetᵉté)* f. probidad; honestidad.
honneur *(onér)* m. honor; honra.
honnir *(onír)* tr. infamar.
honorable *(onorábl)* adj. honorable.
honoraire *(onorér)* adj. honorario; m. pl. honorarios.
honorer *(onoré)* adj. honrar.
honorifique *(onorifík)* adj. honorífico, a.
honte *(ónt)* f. vergüenza.
honteux, euse *(onté, és)* adj. vergonzoso, a; avergonzado, avergonzada.
hôpital *(opitál)* m. hospital.
hoquet *(oké)* m. hipo.
horaire *(orér)* adj. y s. horario.
horde *(órd)* f. horda.
horion *(orión)* m. fam. golpe.
horizon *(orisón)* m. horizonte.
horizontal, e *(orisontál)* adj. horizontal.
horloge *(orlóĵ)* f. reloj.
horloger *(orloĵé)* m. relojero.
horlogerie *(orloĵᵉrí)* f. relojería.
hormis *(ormí)* prep. excepto.
horoscope *(oroscóp)* m. horóscopo.
horreur *(orrér)* f. horror.
horrible *(orríbl)* adj. horrible.
horrifier *(orrifié)* tr. horrorizar.
horripiler *(orripilé)* tr. horripilar.
hors *(ór)* pr. fuera; excepto.
hors-d'œuvres *(ordévr)* m. entremeses.
horticulteur *(orticültér)* m. horticultor.
horticulture *(orticültü'r)* f. horticultura.
hospice *(ospís)* m. hospicio.
hospitalier, ière *(ospitalié, ér)* adj. hospitalario, a.
hospitaliser *(ospitalisé)* tr. hospitalizar.
hospitalité *(ospitalité)* f. hospitalidad.

hostie *(ostí)* f. hostia.
hostile *(ostíl)* adj. hostil.
hostilité *(ostilité)* f. hostilidad.
hôte, esse *(ót, otés)* s. huésped; hostelero, a.
hôtel *(otél)* m. palacio; hotel; hostería.
hôtel de ville *(otél dé víl)* m. casa consistorial.
hôtel-dieu *(oteldié)* m. hospital.
hôtelier, ière *(otᵉlié, ér)* s. hostelero, a.
hôtellerie *(otelᵉrí)* f. hostelería, posada.
hotte *(ót)* f. capacho.
houblon *(ublón)* m. lúpulo.
houe *(ú)* f. azada; azadón.
houille *(úy)* f. hulla.
houillère *(uyér)* f. mina de hulla.
houle *(úl)* f. ola; marejada.
houlette *(ulét)* f. cayado.
houleux, euse *(ulé, és)* adj. agitada, a *(Mar.)*
houppe *(úp)* f. borla; moño.
houppelande *(upᵉlánd)* f. hopalanda.
hourra *(urrá)* m. hurra, vítor.
houspiller *(uspiyé)* tr. sacudir; injuriar.
housse *(ús)* f. gualdrapa; funda.
houx *(ú)* m. acebo.
hublot *(übló)* m. *Mar.* portilla.
huche *(ü'ch)* f. artesa.
huée *(üé)* f. abucheo.
huer *(üé)* tr. gritar; rechiflar.
huile *(üíl)* f. aceite.
huiler *(üilé)* tr. aceitar.
huilerie *(üilᵉrí)* f. almazara.
huilier *(üilié)* m. vinagreras.
huis *(üí)* m. puerta; **à huis clos** a puerta cerrada.
huissier *(üisié)* m. ujier, portero.
huit *(üít)* adj. num. ocho.
huitième *(üitiém)* adj. ord. octavo, a.
huître *(üítr)* f. ostra.
humain, e *(ümén)* adj. humano, a; humana.
humaniser *(ümanisé)* tr. humanizar.
humanisme *(ümanism)* m. humanismo.
humaniste *(ümaníst)* m. humanista.
humanitaire *(ümanitér)* adj. humanitario, a.
humanité *(ümanité)* f. humanidad.
humble *(énbl)* adj. y s. humilde.
humecter *(ümecté)* tr. humectar.
humer *(ümé)* tr. sorber; aspirar.
humeur *(ümér)* f. humor.
humide *(ümíd)* adj. húmedo, a.
humidité *(ümidité)* f. humedad.
humiliant, e *(ümilián, ánt)* adj. humillante.
humiliation *(ümiliasión)* f. humillación.
humilier *(ümilié)* tr. humillar.
humilité *(ümilité)* f. humildad.
humorisme *(ümorísm)* m. humorismo.
humoriste *(ümoríst)* adj. y s. humorista.
humoristique *(ümoristík)* adj. humorístico, a.
humour *(ümúr)* m. gracejo, humor.
humus *(ümü's)* m. tierra vegetal.
hune *(ü'n)* f. *Mar.* cofa.
huppe *(ü'p)* f. abubilla; moño.
hure *(ü'r)* f. cabeza; guedeja.
hurlement *(ürlᵉmán)* m. aullido; fig. alarido.
hurler *(ürlé)* intr. aullar; gritar.
huron *(ürón)* m. hurón.

hussard *(üsár)* m. húsar.
hutte *(ü't)* f. choza; barraca.
hyacinthe *(iasént)* f. jacinto.
hybride *(ibríd)* adj. híbrido, a.
hydrate *(idrát)* m. hidrato.
hydraulique *(idrolík)* adj. hidráulico, a; f. hidráulica.
hydrogène *(idroĵén)* m. hidrógeno.
hydrographie *(idrografí)* f. hidrografía.
hydrologie *(idroloĵí)* f. hidrología.
hydrophile *(idrofíl)* adj. hidrófilo.
hydropisie *(idropisí)* f. hidropesía.
hydrothérapie *(idroterapí)* f. hidroterapia.
hyène *(ién)* f. hiena.
hygiène *(iĵién)* f. higiene.
hygiénique *(iĵieník)* adj. higiénico, a.
hymne *(ímn)* m. himno.
hyperbate *(iperbát)* f. hipérbaton.
hyperbole *(iperból)* f. hipérbole; hipérbola.
hypertrophie *(ipertrofí)* f. hipertrofia.
hypnose *(ipnós)* h. hipnosis.
hypnotique *(ipnotík)* adj. hipnótico, a.
hypnotisme *(ipnotísm)* m. hipnotismo.
hypocrisie *(ipocrisí)* f. hipocresía.
hypocrite *(ipocrít)* adj. y s. hipócrita.
hipothèque *(ipoték)* f. hipoteca.
hipothéquer *(ipoteké)* tr. hipotecar.
hipothèse *(ipotés)* f. hipótesis.
hystérie *(isteri)* f. histerismo.
hysterique *(isterík)* adj. histérico, a.

iceberg *(isᵉbérg)* m. iceberg.
ichtyologie *(ictioloĵí)* f. ictiología.
ici *(isí)* adv. aquí, acá.
icône *(icón)* f. icono.
ictère *(ictér)* m. icterícia.
idéal, e *(idéál)* adj. y s. ideal.
idéaliser *(idealisé)* tr. idealizar.
idéalisme *(idealism)* m. idealismo.
idéaliste *(idealist)* adj. y s. idealista.
idée *(idé)* f. idea.
idem *(idém)* adv. ídem.
identification *(identificasión)* f. identificación.
identique *(idantík)* adj. idéntico, a.
identité *(idantité)* f. identidad.
idéologie *(ideoloĵí)* f. ideología.
idiome *(idióm)* m. idioma.
idiot, e *(idió, ót)* adj. y s. idiota.
idiotie *(idiosí)* f. idiotez.
idiotisme *(idiotísm)* m. idiotismo.

idoine *(iduán)* adj. idóneo, a.
idolâtre *(idolátr)* adj. y s. idólatra.
idolâtrer *(idolatré)* f. idolatrar.
idole *(idól)* m. ídolo.
idylle *(idíl)* f. idilio.
idyllique *(idilík)* adj. idílico, a.
if *(if)* m. tejo.
ignare *(iñár)* adj. y s. ignaro, a.
igné, e *(igné)* adj. ígneo, a.
ignition *(ignisión)* f. ignición.
ignoble *(iñóbl)* adj. innoble.
ignominie *(iñominí)* f. ignominia.
ignominieux, euse *(iñominié,
és)* adj. ignominioso, a.
ignorance *(iñoráns)* f. ignorancia.
ignorant, e *(iñorán, ánt)* adj. y
s. ignorante.
ignorer *(iñoré)* tr. ignorar.
iguane *(iguán)* m. iguana.
il *(il)* pron. pers. sing. m. él.
île *(il)* f. isla.
illégal, e *(ilegál)* adj. ilegal.
illégallité *(ilegalité)* f. ilegalidad.
illégitime *(ilejitím)* adj. ilegítimo.
illégitimité *(ilejitimité)* f. ilegitimidad.
illettré, e *(iletré)* adj. iletrado,
iletrada.
illicite *(ilisít)* adj. ilícito, a.
illimité, e *(ilimité)* adj. ilimitado, a.
illisible *(ilisíbl)* adj. ilegible.
illogique *(ilojík)* adj. ilógico, a.
illumination *(ilüminasión)* f. iluminación.
illuminer *(ilüminé)* tr. iluminar.
illusion *(ilüsión)* f. ilusión.
illusionner *(ilüsioné)* tr. ilusionar.
illusionniste *(ilüsioníst)* m. ilusionista.
illusoire *(ilüsuár)* adj. ilusorio,
ilusoria.
illustration *(ilüstrasión)* f. ilustración.
illustre *(ilü'str)* adj. ilustre.
illustrer *(ilüstré)* tr. ilustrar.
ilot *(iló)* m. islote.
image *(imáj)* f. imagen.
imaginable *(imajinábl)* adj. imaginable.
imaginaire *(imajinér)* adj. imaginario, a.
imaginatif, ive *(imajinatíf, ív)*
adj. imaginativo, a.
imagination *(imajinasión)* f. imaginación.
imaginer *(imajiné)* tr. imaginar;
idear.
imbécile *(enbesíl)* adj. y s. imbécil.
imbécillité *(enbesilité)* f. imbecilidad.
imberbe *(enbérb)* adj. imberbe.
imbiber *(enbibé)* tr. embeber.
imbriqué, e *(enbriké)* adj. imbricado, a.   [llo.
imbroglio *(enbroglió)* m. embro-
imbu, e *(enbü')* adj. imbuido, a.
imitateur, trice *(imitatér, trís)*
adj. y s. imitador, a.
imitation *(imitasión)* f. imitación.
imiter *(imité)* tr. imitar.
immaculé, e *(immacülé)* adj. inmaculado, a.
immanent, e *(immanán, ánt)*
adj. inmanente.
immanquable *(immancábl)* adj.
infalible.
immatériel, elle *(immateriél)* adj.
inmaterial.
immatricule *(immatricü'l)* f. matrícula, padrón.

immatriculer *(immatricülé)* tr.
matricular; empadronar.
inmédiat, e *(immediá)* adj. inmediato, a.
inmédiatement *(immediat⁰mán)*
adv. inmediatamente.
immémorial, e *(immemoriál)* adj.
immemorial.
immense *(immáns)* adj. inmenso, a.
immensité *(immansité)* f. inmensidad.
immerger *(immerjér)* tr. sumergir.
immersion *(immersión)* f. inmersión.
immeuble *(immébl)* adj. y s.
inmueble.
immigrant, e *(immigrán, ánt)*
adj. y s. inmigrante.
immigration *(immigrasión)* f. inmigración.
immigrer *(immigré)* intr. inmigrar.
imminence *(immináns)* f. inminencia.
imminent, e *(imminán, ánt)* adj.
inminente.
immiscer *(immisé)* tr. inmiscuir.   [vil.
immobile *(immobíl)* adj. inmó-
immobilier, ère *(immobilié, ér)*
adj. inmobiliario, a.
immobilisation *(immobilisasión)*
f. inmovilización.
immobiliser *(immobilisé)* tr. inmovilizar.
immobilité *(immobilité)* f. inmovilidad.
immodéré, e *(immoderé)* adj.
inmoderado, a.
immoler *(immolé)* tr. inmolar.
immonde *(immónd)* adj. inmundo, a.
immondice *(immondís)* f. inmundicia.
immoral, e *(immorál)* adj. inmoral.
immoralité *(immoralité)* f. inmoralidad.
immortaliser *(immortalisé)* tr.
inmortalizar.
immortalité *(immortalité)* f. inmortalidad.
immortel, elle *(immortél)* adj.
inmortal.
immuable *(immüábl)* adj. inmutable.
immuniser *(immünisé)* tr. inmunizar.   [dad.
immunité *(immünité)* f. inmuni-
immutabilité *(immütabilité)* f.
inmutabilidad.
impair, e *(enpér)* adj. impar.
impalpable *(enpalpábl)* adj. impalpable.
impardonnable *(enpardonábl)*
adj. imperdonable.
imparfait, e *(enparfé, ét)* adj.
imperfecto, a.
impartial, e *(enparsiál)* adj. imparcial.
impartialité *(enparsialité)* f. imparcialidad.
impasse *(enpás)* f. callejón sin
salida.
impassibilité *(enpasibilité)* f. impasibilidad.
impassible *(enpasíbl)* adj. impasible.
impatiemment *(enpasiamán)*
adv. impacientemente.
impatience *(enpasiáns)* f. impaciencia.
impatient, e *(enpasián, ánt)* adj.
impaciente.
impatienter *(enpasianté)* tr. impacientar.   [do, a.
impavide *(enpavíd)* adj. impávi-
impayable *(enpeyábl)* adj. impagable; fam. chistoso, a.
impayé, e *(enpeyé)* adj. no pagado, a.

impeccable *(enpecábl)* adj. impecable.
impénétrable *(enpenetrábl)* adj.
impenetrable.
impénitent, e *(enpenitán, ánt)*
adj. y s. impenitente.
impératif, ive *(enperatíf, ív)* adj.
y s. imperativo, a.
impératrice *(enperatrís)* f. emperatriz.
imperceptible *(enperseptíbl)* adj.
imperceptible.
imperfection *(enperfecsión)* f.
imperfección.
impérial, e *(enperiál)* adj. y s.
imperial.
impérialisme *(enperialísm)* m.
imperialismo.
impérialiste *(enperialíst)* adj. y
s. imperialista.
impérieux, euse *(enperié, és)*
adj. imperioso, a.
impérissable *(enperisábl)* adj.
imperecedero, a.
impéritie *(enperisí)* f. impericia.
imperméable *(enpermeábl)* adj.
y s. impermeable.
impersonnel, elle *(enpersonél)*
adj. impersonal.
impertinence *(enpertináns)* f. impertinencia.
impertinent, e *(enpertinán, ánt)*
adj. impertinente.
imperturbable *(enpertürbábl)*
adj. imperturbable.
impétueux, euse *(enpetüé, és)*
adj. impetuoso, a.
impétuosité *(enpetüosité)* f. impetuosidad, ímpetu.
impie *(enpí)* adj. y s. impío, a.
impiété *(enpieté)* f. impiedad.
impitoyable *(enpituayábl)* adj.
despiadado, a.
implacable *(enplacábl)* adj. implacable.
implanter *(enplanté)* tr. implantar.
implicite *(enplisít)* adj. implícito, a.
impliquer *(enpliké)* tr. implicar.
implorer *(enploré)* tr. implorar.
impoli, e *(enpolí)* adj. y s. descortés.
impolitesse *(enpolités)* f. descortesía.
impondérable *(enponderábl)* adj.
imponderable.
impopulaire *(enpopulér)* adj. impopular.
impopularité *(enpopülarité)* f.
impopularidad.
importance *(enportáns)* f. importancia.
important, e *(enportán, ánt)* adj.
y s. importante.
importateur *(enportatér)* m. importador.
importation *(enportasión)* f. importación.
importer *(enporté)* tr. e intr. importar.
importun, e *(enportén, ü'n)* adj.
importuno, a.
importuner *(enportüné)* tr. importunar.
importunité *(enportünité)* f. importunidad.
imposable *(enposábl)* adj. impo-
nible.
imposant, e *(enposán, ánt)* adj.
imponente.
imposé, e *(enposé)* adj. contribuyente.
imposer *(enposé)* tr. imponer.
imposition *(enposisión)* f. imposición.
impossibilité *(enposibilité)* f. imposibilidad.
impossible *(enposíbl)* adj. y s.
imposible.   [ta.
imposte *(enpóst)* f. Arq. impos-
imposteur *(enpostér)* adj. y s.
impostor.

imposture *(enpostü'r)* f. impostura.
impôt *(enpó)* m. impuesto.
impotence *(enpotáns)* adj. impotencia.
impotent, e *(enpotán, ánt)* adj.
impotente.
impracticable *(enpraticábl)* adj.
impracticable.
imprécation *(enprecasión)* f. imprecación.
imprécis, e *(enpresí, ís)* adj. impreciso, a.
imprégner *(enpreñé)* tr. impregnar.
imprenable *(enprenábl)* adj.
inexpugnable.
imprescriptible *(enprescriptíbl)*
adj. imprescriptible.
impression *(enpresión)* f. impresión.
impressionnable *(enpresionábl)*
adj. impresionable.
impressionner *(enpresioné)* tr.
impresionar.
impressionnisme *(enpresionísm)*
m. impresionismo.
imprévoyance *(enprevuayáns)* f.
imprevisión.
imprévoyant, e *(enprevuayán,
ánt)* adj. imprevisor, a.
imprévu, e *(enprevü')* adj. imprevisto, a.
imprimé, e *(enprimé)* adj. y s.
impreso.
imprimer *(enprimé)* tr. imprimir.
imprimerie *(enprim⁰rí)* f. imprenta.   [sor.
imprimeur *(enprimér)* m. impre-
improbabilité *(enprobabilité)* f.
improbabilidad.
improbable *(enprobábl)* adj. improbable.
improbe *(enprób)* adj. ímprobo, a.
improductif, e *(enprodüctif, ív)*
adj. improductivo, a.
impromptu *(enprontü')* m. improvisación.
impropre *(enprópr)* adj. impropio.
improvisateur, trice *(enprovisa-
tér, tris)* s. improvisador.
improvisation *(enprovisasión)* f.
improvisación.
improviser *(enprovisé)* tr. e intr.
improvisar.
improviste (à l') *(alenprovíst)*
loc. adv. de improviso.
imprudence *(enprüdáns)* f. imprudencia.
imprudent, e *(enprüdán, ánt)*
adj. imprudente.
impudence *(enpüdáns)* f. impudencia.
impudent, e *(enpüdán, ánt)* adj.
y s. impudente.
impudeur *(enpüdér)* f. impudor.
impudique *(enpüdík)* adj. impúdico, a.
impuissance *(enpüisáns)* f. impotencia.
impuissant, e *(enpüisán, ánt)*
adj. impotente.
impulser *(enpülsé)* tr. impulsar.
impulsif, ive *(enpülsíf, ív)* adj.
impulsivo, a.
impulsion *(enpülsión)* f. impulsión.
impunément *(enpünemán)* adv.
impunemente.
impuni, e *(enpüní)* adj. impune.
impunité *(enpünité)* f. impunidad.
impur, e *(enpü'r)* adj. impuro, a.   [za.
impureté *(enpür⁰té)* f. impureimputable *(enpütábl)* adj. imputable.
imputation *(enpütasión)* f. imputación.

imputer (enpüté) tr. imputar.
imputrescible (enpütresíbl) adj. incorruptible.
inacceptable (inaseptábl) adj. inaceptable.
inaccessible (inacsesíbl) adj. inaccesible.
inaccoutumé, e (inacutümé) adj. desusado, a.
inachevé, e (inachevé) adj. inacabado, a.
inactif, ive (inactíf, ív) adj. inactivo, a.
inaction (inacsión) f. inacción.
inadéquat, e (inadecuá, át) adj. inadecuado, a.
inadmissible (inadmisíbl) adj. inadmisible.
inaliénable (inalienábl) adj. inalienable.
inaltérable (inalterábl) adj. inalterable.
inamovible (inamovíbl) adj. inamovible.
inanimé, e (inanimé) adj. inanimado, a.
inanité (inanité) f. inanidad, futilidad.
inanition (inanisión) f. inanición.
inaperçu, e (inapersü') adj. inadvertido, a.
inapplicable (inaplicábl) adj. inaplicable.
inappréciable (inapresiábl) adj. inapreciable.
inapte (inápt) adj. inepto, a.
inaptitude (inaptitü'd) f. ineptitud.
inarticulé, e (inarticülé) adj. inarticulado, a.
inassouvi, e (inasuví) adj. insatisfecho, a (deseo, etc).
inattendu, e (inatandü') adj. inesperado, a.
inauguration (inogürasión) adj. inauguración.
inaugurer (inogüré) tr. inaugurar.
inavouable (inavuábl) adj. inconfesable.
incalculable (encalcülábl) adj. incalculable.
incandescence (encandesáns) f. incandescencia.
incandescent, e (encandesán, ánt) adj. incandescente.
incapable (encapábl) adj. y s. incapaz.
incapacité (encapasité) f. incapacidad.
incarcérer (encaseré) tr. encarcelar.
incarnation (encarnasión) f. encarnación.
incarner (encarné) tr. encarnar.
incassable (encasábl) adj. irrompible.
incendiaire (ensandiér) adj. y s. incendiario, a.
incendie (ensandí) m. incendio.
incendier (ensandié) tr. incendiar.
incertain, e (ensertén) adj. incierto, a.
incertitude (ensertitü'd) f. incertidumbre.
incessamment (ensesamán) adv. incesantemente.
incessant, e (ensesán, ánt) adj. incesante.
incessible (ensesíbl) adj. intransferible.
inceste (ensést) m. incesto.
incestueux, euse (ensestüé, és) adj. incestuoso, a.
incidemment (ensidamán) adv. incidentemente.
incidence (ensidáns) f. incidencia.
incident, e (ensidán, ánt) adj. y s. incidente.

incinération (ensinerasión) f. incineración.
incinérer (ensineré) tr. incinerar.
inciser (ensisé) tr. cortar.
incisif, ive (ensisíf, ív) adj. incisivo, a.
incision (ensisión) f. incisión.
inciter (ensité) tr. incitar.
inclémence (enclemáns) f. inclemencia.
inclément, e (enclemán, ánt) adj. inclemente.
inclinaison (enclinesón) f. inclinación.
inclination (enclinasión) f. inclinación.
incliner (encliné) tr. inclinar.
inclure (enclü'r) r. incluir.
inclus, e (enclü' ü's) adj. incluido, a; ci—, incluso, a.
incognito (incoñitó) adv. y m. incógnito.
incohérence (encoeráns) f. incoherencia.
incohérent, e (encoerán, ánt) adj. incoherente.
incolore (encolór) adj. incoloro, a.
incomber (enconbé) tr. incumbir.
incombustible (enconbüstíbl) adj. incombustible.
incommensurable (encomansürábl) adj. inconmensurable.
incommode (encomód) adj. incómodo, a.
incommodité (encomodité) f. incomodidad.
incomparable (enconparábl) adj. incomparable.
incompatibilité (enconpatibilité) f. incompatibilidad.
incompatible (enconpatíbl) adj. incompatible.
incompétence (enconpetáns) f. incompetencia.
incompétent, e (enconpetán, ánt) adj. incompetente.
incomplet, ète (enconplé, ét) adj. incompleto, a.
incompréhensible (enconpreansíbl) adj. incomprensible.
incompris, e (enconprí, ís) adj. y s. incomprendido, a.
inconcevable (encons^evábl) adj. inconcebible.
inconciliable (enconsiliábl) adj. inconciliable.
incongru, e (encongrü) adj. incongruente.
incongruité (encongrüité) adj. incongruencia.
inconnu, e (enconü') adj. y s. desconocido, a; m. lo ignorado; f. incógnita.
inconscience (enconsiáns) f. inconsciencia.
inconscient, e (enconsián, ánt) adj. y s. inconsciente.
inconséquent, e (enconsekán, ánt) adj y s. inconsecuente.
inconsidéré, e (enconsideré) adj. y s. inconsiderado, a.
inconsistant, e (enconsistán, ánt) adj. inconsistente.
inconsolable (enconsolábl) adj. inconsolable. [constancia.
inconstance (enconstáns) f. inconstant, e (enconstán, ánt) adj. inconstante; voluble.
incontestable (encontestábl) adj. incontestable, irrefutable.
incontinence (encontináns) f. incontinencia.
incontinent, e (encontinán, ánt) adj. incontinente.
inconvenance (enconv^enáns) f. inconveniencia.
inconvenant, e (enconv^enán, ánt) adj. inconveniente.
inconvénient (enconvenián) m. inconveniente.

inconvertible (enconvertíbl) adj. inconvertible.
incorporel, elle (encorporél) adj. incorpóreo, a.
incorporer (encorporé) tr. incorporar.
incorrect, e (encorréct) adj. incorrecto, a.
incorrection (encorrecsión) f. incorrección.
incorrigible (encorriíbl) adj. incorregible.
incorruptible (encorrüptíbl) adj. incorruptible.
incrédule (encredü'l) adj. y s. incrédulo, a.
incrédulité (encredülité) f. incredulidad.
incriminer (encriminé) tr. incriminar.
incroyable (encruayábl) adj. increíble.
incroyant (encruayán, ánt) m. incrustation (encrüstasión) f. incrustación.
incruster (encrüsté) tr. incrustar.
incubation (encübasión) f. incubación.
inculpation (encülpasión) f. inculpación.
inculpé, e (enculpé) adj. y s. acusado, a.
inculper (encülpé) tr. inculpar.
inculquer (encülké) tr. inculcar.
inculte (encü'lt) adj. inculto, a.
incurable (encürábl) adj. y s. incurable.
incurie (encüri) f. incuria.
incursion (encürsión) f. incursión.
indécence (endesáns) f. indecencia.
indécent, e (endesán, ánt) adj. indecente.
indéchiffrable (endechifrábl) adj. indescifrable.
indécis, e (endesí, ís) adj. indeciso. [cisión.
indécision (endesisión) f. indé**indéclinable** (endeclinábl) adj. indeclinable.
indéfini, e (endefiní) adj. y s. indefinido, a.
indéfinissable (endefinisábl) adj. indefinible.
indéformable (endeformábl) adj. indeformable.
indéfrisable (endefrisábl) adj. y m. permanente.
indélébile (endelebíl) adj. indeleble.
indélicat, e (endelicá, át) adj. sin delicadeza.
indélicatesse (endelicatés) f. falta de delicadeza.
indemne (endémn) adj. indemne.
indemniser (endemnisé) tr. indemnizar.
indemnité (endemnité) f. indemnización.
indéniable (endeniábl) adj. innegable.
indépendance (endepandáns) f. independencia.
indépendant, e (endepandán, ánt) adj. independiente.
indescriptible (endescriptíbl) adj. indescriptible.
indestructible (endestrüctíbl) adj. indestructible.
indésirable (endesirábl) adj. indeseable.
indéterminé, e (endeterminé) adj. indeterminado, a.
index (endécs) adj. y s. índice.
indicateur, trice (endicaté̱r, trís) adj. y s. indicador, a.
indicatif, ive (endicatíf, ív) adj. y s. indicativo, a.
indication (endicasión) f. indicación.

indice (endís) m. indicio.
indicible (endisíbl) adj. indecible.
indifférence (endiferáns) f. indiferencia.
indifférent, e (endiferán, ánt) adj. y s. indiferente.
indigence (endiíáns) f. indigencia. [dígena.
indigène (endiíén) adj. y s. in**indigent, e** (endiián, ánt) adj. y s. indigente.
indigeste (endiíést) adj. indigesto, a.
indigestion (endiíestión) f. indigestión.
indignation (endiñasión) f. indignación.
indigne (endiñ) adj. y s. indigno, a.
indigner (endiñé) tr. indignar.
indignité (endiñité) f. indignidad.
indigo (endigó) m. índigo, añil.
indiquer (endiké) tr. indicar.
indirect, e (endiréct) adj. indirecto, a.
indiscipline (endisiplín) f. indisciplina.
indiscipliné, e (endisipliné) adj. indisciplinado, a.
indiscret, ète (endiscré, ét) adj. y s. indiscreto, a.
indiscrétion (endiscresión) f. indiscreción.
indiscutable (endiscütábl) adj. indiscutible.
indispensable (endispansábl) adj. y s. indispensable.
indisposer (endisposé) tr. indisponer.
indisposition (endisposisión) f. indisposición.
indissolubilité (endisolübilité) f. indisolubilidad.
indissoluble (endisolü'bl) adj. indisoluble.
indistinct, e (endisténct) adj. indistinto, a. [duo.
individu (endividü') m. indivi**individualisme** (endividüalísm) m. individualismo.
individualiste (endividüalíst) m. individualista.
individualité (endividüalité) f. individualidad.
individuel, elle (endividüél) adj. individual.
indivis, e (endiví, ís) adj. indiviso, a.
indivisible (endivisíbl) adj. indivisible.
indocile (endosíl) adj. indócil.
indocilité (endosilité) f. indocilidad.
indolence (endoláns) f. indolencia.
indolent, e (endolán, ánt) adj. y s. indolente.
indomptable (endontábl) adj. indomable.
indu, e (endü') adj. indebido, a.
indubitable (endübitábl) adj. indudable. [ción.
induction (endücsión) f. induc**induire** (endüír) tr. inducir.
indulgence (endüliáns) f. indulgencia.
indulgent, e (endülián, ánt) adj. indulgente.
indult (endü'lt) m. indulto.
indûment (endümán) adv. indebidamente.
industrialiser (endüstrialisé) tr. industrializar.
industrie (endüstri) f. industria.
industriel, elle (endüstriél) adj. y s. industrial.

industrieux, euse *(endüstrié, és)* adj. industrioso, a.
inébranlable *(inebranlábl)* adj. inquebrantable.
inédit, e *(inedí, ít)* adj. inédito, a.
ineffable *(inefábl)* adj. inefable.
ineffaçable *(inefasábl)* adj. imborrable.   [caz.
inefficace *(ineficás)* adj. inefi-
inefficacité *(ineficasité)* f. ineficacia.
inégal, e *(inegál)* adj. desigual.
inégalité *(inegalité)* f. desigualdad.
inéluctable *(inelüctábl)* adj. ineluctable.
inéludable *(inelüdábl)* adj. ineludible.
inénarrable *(inenarrábl)* adj. inenarrable.
inepte *(inépt)* adj. inepto, a.
ineptie *(inepsí)* f. inepcia, necedad.
inépuisable *(inepüisábl)* adj. inagotable.
inerme *(inérm)* adj. inerme.
inerte *(inért)* adj. inerte.
inertie *(inersí)* f. inercia.
inesperé, e *(inesperé)* adj. inesperado, a.
inestimable *(inestimábl)* adj. inestimable.
inévitable *(inevitábl)* adj. inevitable.
inexact, e *(inecsáct)* adj. inexacto, a.
inexactitude *(inecsactitü'd)* f. inexactitud.
inexcusable *(inecscüsábl)* adj. inexcusable.
inexistant, e *(inecsistán, ánt)* adj. inexistente.
inexorable *(inecsorábl)* adj. inexorable.
inexpérience *(inecsperiáns)* f. inexperiencia.
inexpérimenté, e *(inecsperimanté)* adj. inexperto, a.
inexplicable *(inecsplicábl)* adj. inexplicable.
inexploité, e *(inecspluaté)* adj. inexplotado, a.
inexploré, e *(inecsploré)* adj. inexplorado, a.
inexpressif, ive *(inecspresíf, ív)* adj. inexpresivo, a.
inexprimable *(inecsprimábl)* adj. indecible.
inexpugnable *(inecspügnábl)* adj. inexpugnable.
inextinguible *(inecstenguíbl)* adj. inextinguible.
inextricable *(inecstricábl)* adj. inextricable.
infaillibilité *(enfayibilité)* f. infalibilidad.
infaillible *(enfayíbl)* adj. infalible.
infamant, e *(enfamán, ánt)* adj. infamante.
infame *(enfám)* adj. y s. infame.
infamie *(enfamí)* f. infamia.
infant, e *(enfán, ánt)* s. infante a.
infanterie *(enfantºrí)* f. infantería.
infanticide *(enfantisíd)* m. infanticidio; adj. y s. infanticida.
infantile *(enfantíl)* adj. infantil.
infatigable *(enfatigábl)* adj. infatigable.
infatuer *(enfatüé)* tr. infatuar.
infécond, e *(enfecón, ónd)* adj. infecundo, a.
infect, e *(enféct)* adj. infecto, a.

infectant, e *(enfectán, ánt)* adj. infectante.
infecter *(enfecté)* tr. infectar.
infectieux, euse *(enfecsié, és)* adj. infeccioso, a.
infection *(enfecsión)* f. infección.
inféoder *(enfeodé)* tr. enfeudar.
inférer *(enferé)* tr. inferir.
inférieur, e *(enferiér)* adj. y s. inferior.
infériorité *(enferiorité)* f. inferioridad.   [nal.
infernal, e *(enfernál)* adj. infer-
infertile *(enfertíl)* adj. estéril.
infertilité *(enfertilité)* f. esterilidad.
infester *(enfesté)* tr. infestar.
infidèle *(enfidél)* adj. infiel.
infidélité *(enfidelité)* f. infidelidad.
infiltration *(enfiltrasión)* f. infiltración.
infiltrer (s') *(senfiltré)* r. infiltrarse.
infime *(enfím)* adj. ínfimo, a.
infini *(enfiní)* m. infinito, a.
infinité *(enfinité)* f. infinidad.
infinitif *(enfinitíf)* m. infinitivo.
infirme *(enfírm)* adj. enfermizo, enfermiza.
infirmerie *(enfirmºrí)* f. enfermería.
infirmier, ère *(enfirmié, ér)* f. enfermero, a.
infirmité *(enfirmité)* f. enfermedad crónica; achaque.
inflammable *(enflamábl)* adj. inflamable.
inflammation *(enflamasión)* f. inflamación.
inflamatoire *(enflamatuár)* adj. inflamatorio, a.
inflation *(enflasión)* f. inflación.
infléchir *(enflechír)* tr. encorvar.
inflexible *(enflecsíbl)* adj. inflexible.
inflexion *(enflecsión)* f. inflexión.
infliger *(enfliÿé)* tr. infligir.
influence *(enflüáns)* f. influencia.
influencer *(enflüansé)* tr. influir.
influent, e *(enflüán, ánt)* adj. influyente.
influer *(enflüé)* tr. influir.
informateur, trice *(enformatér, trís)* adj. informador, a.
information *(enformasión)* f. información.
informer *(enformé)* tr. e i. informar; **s—** *(senformé)* r. informarse.
infortune *(enfortü'n)* f. infortunio.
infortuné, e *(enfortüné)* adj. y s. infortunado, a.
infracteur *(enfractér)* f. infractor.   [clón.
infraction *(enfracsión)* f. infrac-
infranchissable *(enfranchisábl)* adj. infranqueable.
infructueux, euse *(enfrüctüé, és)* adj. infructuoso, a.
infuser *(enfüsé)* tr. infundir.
infusion *(enfüsión)* f. infusión.
ingénier (s') *(senÿenié)* r. ingeniarse.
ingénieur *(enÿeniér)* m. ingeniero.
ingénieux, euse *(enÿenié, és)* ingenioso.
ingéniosité *(enÿeniosité)* f. ingeniosidad.
ingénu, e *(enÿenü)* adj. y s. ingenuo, a.
ingénuité *(enÿenüité)* f. ingenuidad.   [cia.
ingérence *(enÿeráns)* f. ingeren-
ingérer *(enÿeré)* tr. ingerir.

ingrat, e *(engrá, át)* adj. y s. ingrato, a.
ingratitude *(engratitü'd)* f. ingratitud.
ingrédient *(engredián)* m. ingrediente.
inhabile *(inabíl)* adj. inhábil.
inhabité, e *(inabité)* adj. inhabitado, a.
inhalation *(inalasión)* f. inhalación.
inhaler *(inalé)* tr. inhalar.
inhérent, e *(inerán, ánt)* adj. inherente.
inhibition *(inibisión)* f. inhibición.
inhospitalier, ère *(inospitalié, ér)* adj. inhospitalario, a.
inhumain, e *(inümén)* adj. inhumano, a.
inhumation *(inümasión)* f. inhumación.
inimaginable *(enimaÿinábl)* adj. inimaginable.
inimitable *(inimitábl)* adj. inimitable.
inimitié *(inimitié)* f. enemistad.
inintelligible *(inenteliÿíbl)* adj. ininteligible.
ininterrompu, e *(inenterrompü')* adj. ininterrumpido, a.
inique *(iník)* adj. inicuo, a.
iniquité *(inikité)* f. iniquidad.
initial, e *(inisiál)* adj. y s. inicial.
initiateur, trice *(inisiatér, trís)* adj. y s. iniciador, a.
initiation *(inisiasión)* f. iniciación.
initiative *(inisiatív)* f. iniciativa.
initié, e *(inisié)* adj. y s. iniciado, a.
initier *(inisié)* tr. iniciar.
injecter *(enÿecté)* tr. inyectar.
injecteur, trice *(enÿectér trís)* adj. y s. inyector.
injection *(enÿecsión)* f. orden terminada.
injure *(enÿü'r)* f. injuria.
injurier *(enÿürié)* tr. injuriar.
injurieux, euse *(enÿürié, és)* adj. injurioso, a.
injuste *(enÿü'st)* adj. y s. injusto, a.
injustice *(enÿüstís)* f. injusticia.
injustifiable *(enÿüstifiábl)* adj. injustificable.
injustifié, e *(enÿüstifié)* adj. injustificado, a.
inlassable *(enlasábl)* adj. incansable.
inné, e *(inné)* adj. innato, a.
innocence *(inosáns)* f. inocencia.
innocent, e *(inosán, ánt)* adj. y s. inocente.
innombrable *(innonbrábl)* adj. innumerable.
innovateur, trice *(innovatér, trís)* adj. y s. innovador, a.
innovation *(innovasión)* f. innovación.
innover *(innové)* tr. innovar.
inoccupé, e *(inocüpé)* adj. desocupado, a.
inoculer *(inoclé)* tr. inocular.
inodore *(inodór)* adj. inodoro, inodora.
inoffensif, ive *(inofansíf, ív)* adj. inofensivo, a.
inondation *(inondasión)* f. inundación.
inonder *(inondé)* tr. inundar.
inopérant *(inonperán)* adj. inactivo.
inopiné, e *(inopiné)* adj. inopinado, a.
inopportun, e *(inoportén, tü'n)* adj. inoportuno, a.
inoubliable *(inublиábl)* adj. inolvidable.
inouï, e *(inuí)* adj. inaudito, a.
inoxydable *(inocsidábl)* adj. inoxidable.

inqualifiable *(enkalifiábl)* adj. incalificable.
inquiet, ète *(enkié, ét)* adj. inquieto, a.
inquiéter *(enkieté)* tr. inquietar.
inquiétude *(enkietü'd)* f. inquietud.
inquisiteur *(enkisitér)* m. inquisidor.
inquisition *(enkisisión)* f. inquisición.
insaisissable *(ensesisábl)* adj. que no se puede coger; fig. imperceptible; incomprensible.   [lubre.
insalubre *(ensalü'br)* adj. insa-
insatiable *(ensasiábl)* adj. insaciable.
inscription *(enscripsión)* f. inscripción.
inscrire *(enscrír)* tr. inscribir.
insecte *(enséct)* m. insecto.
insecticide *(ensectisíd)* adj. y s. insecticida.
insectivore *(ensectivór)* adj. insectívoro.
insécurité *(ensecürité)* f. inseguridad.
insensé, e *(ensansé)* adj. y s. insensato, a.
insensibilité *(ensansibilité)* f. insensibilizar.
insensible *(ensansíbl)* adj. insensible.
inséparable *(enseparábl)* adj. inseparable.
insérer *(enseré)* tr. insertar.
insertion *(ensersión)* f. inserción.
insidieux, euse *(ensidié, és)* adj. insidioso, a.
insigne *(ensíñ)* adj. insigne; m. insignia.
insignifiant, e *(ensiñifián, ánt)* adj. insignificante.
insinuant, e *(ensinüán, ánt)* adj. insinuante.
insinuation *(ensinüasión)* f. insinuación.
insinuer *(ensinüé)* tr. insinuar.
insipide *(ensipíd)* adj. insípido, a.
insistance *(ensistáns)* f. insistencia.
insister *(ensisté)* intr. insistir.
insociable *(ensosiábl)* adj. insociable.
insolation *(ensolasión)* f. insolación.
insolence *(ensoláns)* f. insolencia.
insolent, e *(ensolán, ánt)* adj. y s. insolente.
insolite *(ensolít)* adj. insólito, a.
insoluble *(ensolü'bl)* adj. insoluble.
insolvable *(ensolvábl)* adj. insolvente.
insomnie *(ensomní)* f. insomnio.
insondable *(ensondábl)* adj. insondable.
insouciance *(ensusiáns)* f. despreocupación.
insouciant, e *(ensusián, ánt)* adj. despreocupado.
insoucieux, euse *(ensusié, és)* adj. descuidado, a.
insoumis, e *(ensumí, ís)* adj. insumiso, a.
insoutenable *(ensutºnábl)* adj. insostenible.
inspecter *(enspecté)* tr. inspeccionar.
inspecteur, trice *(enspectér, trís)* s. inspector, a.
inspection *(enspecsión)* f. inspección.
inspirateur, trice *(enspiratér, trís)* s. inspirador, a.
inspiration *(enspirasión)* f. inspiración.
inspirer *(enspiré)* tr. inspirar.

instabilité *(enstabilité)* f. inestabilidad. [ble.

instable *(enstábl)* adj. inestable.

installation *(enstalasión)* f. instalación.

installer *(enstalé)* tr. instalar.

instamment *(enstamán)* adv. encarecidamente.

instance *(enstáns)* f. instancia.

instant, e *(enstán, ánt)* adj. insistente; m. instante.

instantané, e *(enstantané)* adj. instantáneo, a; f. instantánea *(Fot.)*.

instar (à l') *(alenstár)* loc. prop. a la manera, a ejemplo.

instauration *(enstorasión)* f. instauración.

instaurer *(enstoré)* tr. instaurar.

instigateur, trice *(enstigatér, tris)* s. instigador, a.

instigation *(enstigasión)* f. instigación.

instiguer *(enstigué)* tr. instigar.

instinct *(enstén)* m. instinto.

instinctif, ive *(enstenctíf, ív)* adj. instintivo, a.

instituer *(enstitüé)* tr. instituir.

institut *(enstitü')* m. instituto.

instituteur, trice *(enstitütér, tris)* s. institutor, a; maestro, a.

institution *(enstitüsión)* f. institución.

instructeur *(enstrüctér)* adj. y s. instructor.

instructif, ive *(enstrüctíf, ív)* adj. instructivo, a.

instruction *(enstrücsión)* f. instrucción.

instruire *(enstrüir)* tr. instruir.

instruit, e *(enstrüí, ít)* adj. instruido, a.

instrument *(enstrümán)* m. instrumento.

insu *(ensü)* m. ignorancia.

insubmersible *(ensübmersíbl)* adj. insumergible.

insubordination *(ensübordinasión)* f. insubordinación.

insubo.:.donné, e *(ensübordoné)* adj. insubordinado, a.

insuccès *(ensücsé)* m. fracaso.

insuffisance *(ensüfisáns)* f. insuficiencia.

insufisant, e *(ensüfisán, ánt)* adj. insuficiente.

insuffler *(ensüflé)* tr. insuflar.

insulaire *(ensülér)* adj. y s. insular, isleño, a.

insuline *(ensülín)* f. insulina.

insultant, e *(ensültán, ánt)* adj. insultante.

insulte *(ensü'lt)* f. insulto.

insulter tr. insultar.

insupportable *(ensüportábl)* adj. insoportable, inaguantable.

insurgé, e *(ensürjé)* adj. y s. insurgente.

insurger (s') *(sensürjé)* r. rebelarse, sublevarse.

insurmontable *(ensürmontábl)* adj. insuperable.

insurrection *(ensürrecsión)* f. insurrección.

intact, e *(entáct)* adj. intacto, a.

intangible *(entanjíbl)* adj. intangible.

intarissable *(entarisábl)* adj. inagotable.

intégral, e *(entegrál)* adj. integral, íntegro; f. *Mat.* integral.

intégration *(entegrasión)* f. integración.

intègre *(entégr)* adj. íntegro, a.

intégrer *(entegré)* tr. integrar.

intégrité *(entegrité)* f. integridad.

intellect *(enteléct)* m. intelecto.

intellectuel, elle *(entelectüél)* adj. intelectual.

intelligence *(entelijáns)* f. inteligencia.

intelligent, e *(entelijáN, ánt)* adj. inteligente.

intelligible *(entelijíbl)* adj. inteligible.

intempérance *(entanperáns)* f. intemperancia.

intempérant, e *(entanperán, ánt)* adj. y s. intemperante.

intempérie *(entanperí)* f. intemperie.

intempestif, e *(entanpestíf, ív)* adj. intempestivo, a.

intenable *(entenábl)* adj. insostenible.

intense *(entáns)* adj. intenso, a.

intensif, ive *(entansíf, ív)* adj. intensivo, a.

intensifier *(entansifié)* tr. intensificar.

intensité *(entansité)* f. intensidad.

intenter *(entanté)* tr. intentar.

intention *(entansión)* f. intención.

intentionné, e *(entansioné)* adj. intencionado, a.

intercaler *(entercalér)* tr. intercalar.

intercéder *(entersedé)* tr. interceder.

intercepter *(entersepté)* tr. interceptar.

intercession *(entersesión)* f. intercesión.

interdiction *(enterdicsión)* f. interdicción.

interdire *(enterdír)* tr. prohibir; **interdit** *(enterdi)* m. entredicho; adj. sobrecogido, a; prohibido, a.

intéressant, e *(enteresán, ánt)* adj. interesante.

intéressé, e *(enteresé)* adj. y s. interesado, a.

intérêt *(enteré)* m. interés.

interférence *(enterferáns)* f. interferencia.

intérieur, e *(enteriér)* adj. y s. interior.

intérim *(enterim)* m. ínterin.

intérimaire *(enterimér)* adj. y s. interino, a.

interjection *(enterjecsión)* f. interjección.

interlinéaire *(enterlineér)* adj. interlineal.

interlocuteur, trice *(enterlocütér, tris)* s. interlocutor, a.

interloquer *(enterloké)* tr. fig. aturdir.

intermède *(enterméd)* m. intermedio; sainete.

intermédiaire *(entermediér)* adj. y s. intermediario, a.

interminable *(enterminábl)* adj. interminable.

intermittence *(entermitáns)* f. intermitencia.

intermittent, e *(entermitán, ánt)* adj. intermitente.

internat *(enterná)* m. internado.

international, e *(enternasionál)* adj. internacional.

interne *(entérn)* adj. interno, a.

interner *(enterné)* tr. internar.

interpellation *(enterpelasión)* f. interpelación.

interpeller *(enterpelé)* tr. interpelar.

interposer *(enterposé)* tr. interponer.

interprétation *(enterpretasión)* f. interpretación.

interprète *(enterprét)* s. intérprete.

interpréter *(enterpreté)* tr. interpretar.

interrogatif, ive *(enterrogatif, ív)* adj. interrogativo, a.

interrogation *(enterrogasión)* f. interrogación.

interrogatoire *(enterrogatuár)* m. interrogatorio.

interroger *(enterrojé)* tr. interrogar.

interrompre *(enterrómpr)* tr. interrumpir.

interrupteur, trice *(enterrüptér, tris)* adj. interruptor, a; m. interruptor (elect.).

interruption *(enterrüpsión)* m. interrupción.

intersection *(entersecsión)* f. intersección.

interstice *(enterstís)* m. intersticio.

interurbain, e *(enterürbén)* adj. interurbano, a.

intervalle *(entervál)* m. intervalo.

intervenir *(entervenír)* intr. intervenir.

intervention *(entervansión)* f. intervención.

interview *(enterviu)* f. entrevista.

intestin, e *(entestén, ín)* adj. y m. intestino.

intime *(entím)* adj. y s. íntimo, a.

intimer *(entimé)* tr. intimar.

intimidation *(entimidasión)* f. intimidación.

intimider *(entimidé)* tr. intimidar.

intimité *(entimité)* f. intimidad.

intituler *(entitülé)* tr. intitular.

intolérable *(entolerábl)* adj. intolerable.

intolérance *(entoleráns)* f. intolerancia.

intolérant, e *(entoleran,ánt)* adj. intolerante.

intonation *(entonasión)* f. entonación.

intoxication *(entocsicasión)* f. intoxicación.

intraduisible *(entradüisíbl)* adj. intraducible.

intraitable *(entretábl)* adj. intratable.

intransigeant, e *(entransiján, ánt)* adj. intransigente.

intransitif, ive *(entransitíf, ív)* adj. *Gram.* intransitivo, a.

intrépide *(entrepíd)* adj. intrépido, a.

intrépidité *(entrepidité)* f. intrepidez.

intrigant, e *(entrigán, ánt)* adj. y s. intrigante.

intrigue *(entríg)* f. intriga.

intriguer *(entrigué)* intr. intrigar.

intrinsèque *(entrensék)* adj. intrínseco, a.

introduction *(entrodücsión)* f. introducción.

introduire *(entrodüir)* tr. introducir.

introuvable *(entruvábl)* adj. que no se puede encontrar.

intrus, e *(entrü' ü's)* adj. y s. intruso, a.

intrusion *(entrüsión)* f. intrusión.

intuitif, ive *(entüitíf, ív)* adj. intuitivo, a.

intuition *(entüision)* f. intuición.

inusable *(inüsábl)* adj. que no puede usarse.

inusité, e *(inüsité)* adj. inusitado.

inutile *(inütíl)* adj. inútil.

inutilité *(inütilité)* f. inutilidad.

invaincu, e *(envenkü')* adj. invicto, a.

invalide *(envalíd)* adj. inválido, a.

invalidité *(envalidité)* f. invalidez.

invariable *(envariábl)* adj. invariable.

invasion *(envasión)* f. invasión.

invective *(envectív)* f. invectiva.

inventaire *(envantér)* m. inventario.

inventer *(envanté)* tr. inventar.

inventeur, trice *(envantér, tris)* s. inventor, a.

invention *(envansión)* f. invención.

inverse *(envérs)* adj. inverso, a.

inversion *(enversión)* f. inversión.

invertébré, e *(envertebré)* adj. y s. invertebrado, a.

invertir *(envertír)* tr. invertir.

investigateur, trice *(envestigatér, tris)* adj. investigador, a.

investigation *(envestigasión)* f. investigación.

investir *(envestír)* tr. investir.

investissement *(envestis'mán)* m. *Mil.* cerco.

investiture *(envestitü'r)* f. investidura.

invétéré, e *(enveteré)* adj. inveterado, a.

invincible *(envensíbl)* adj. invencible.

inviolabilité *(enviolabilité)* f. inviolabilidad.

inviolable *(enviolábl)* adj. inviolable.

invisible *(envisíbl)* adj. invisible.

invitation *(envitasión)* f. invitación.

invité, e *(envité)* adj. y s. invitado, a.

inviter *(envité)* tr. invitar.

invocation *(envocasión)* f. invocación.

involontaire *(envolontér)* adj. involuntario.

invoquer *(envoké)* tr. invocar.

invraisemblable *(envresanblábl)* adj. invulnerable.

iode *(iód)* m. yodo.

ion *(ión)* m. ión.

irascible *(irasíbl)* adj. irascible.

ire *(ír)* f. ira.

iris *(irís)* m. iris.

iriser *(irisé)* tr. irisar.

ironie *(ironí)* f. ironía.

ironique *(ironík)* adj. irónico, a.

irradiation *(irradiasión)* f. irradiación.

irradier *(irradié)* intr. irradiar.

irrationnel, elle *(irrasionél)* adj. irracional.

irréalisable *(irrealisábl)* adj. irrealizable.

irréalité *(irrealité)* f. irrealidad.

irréconciliable *(irreconsiliábl)* adj. irreconciliable.

irrécusable *(irrecüsábl)* adj. irrecusable.

irréductible *(irredüctíbl)* adj. irreductible.

irréel *(irreél)* adj. irreal.

irréfléchi, e *(irreflechí)* adj. irreflexivo, a.

irréfutable *(irrefütábl)* adj. irrefutable.

irrégularité *(irregülarité)* f. irregularidad.

irrégulier, ère *(irregülié, ér)* adj. irregular.

irrémédiable *(irremediábl)* adj. irremediable.

irrémissible *(irremisíbl)* adj. irremisible.

irremplaçable *(irranplasábl)* adj. insustituible.

irréparable *(irreparábl)* adj. irreparable.

irréprochable *(irreprochábl)* adj. irreprochable.

irrésistible *(irresistíbl)* adj. irresistible.

irrésolu, e *(irresolü')* adj. irresoluto, a.

irrespectueux, euse *(irrespectüé, és)* adj. irrecpetuoso, a.

irrespirable *(irrespirábl)* adj. irrespirable.

irresponsable *(irresponsábl)* adj. irresponsable.

irrévocable *(irrevocábl)* adj. irrevocable.

irrigation *(irrigasión)* f. riego.

irriguer *(irrigué)* tr. regar.

irritable *(irritábl)* adj. irritable.

irritant, e *(irritán, ánt)* adj. y s. irritante.

irritation *(irritasión)* f. irritación.

irriter *(irrité)* tr. irritar.

irruption *(irrüpsión)* f. irrupción.

islamisme *(islamísm)* m. islamismo.

isocèle *(isosél)* adj. Geom. isósceles.

isochrone *(isocrón)* adj. isócrono, a.

isolant, e *(isolán, ánt)* adj. Fís. aislador, a.

isolement *(isol·mán)* m. aislamiento.

isoler *(isolé)* tr. aislar.

issu, e *(isü')* adj. nacido, a; salido, a; descendiente.

issue *(isü')* f. salida; fig. fin.

isthme *(ism)* m. istmo.

italique *(italík)* f. letra bastardilla.

itinéraire *(itinerér)* adj. y s. itinerario.

ivoire *(ivuár)* m. marfil.

ivraie *(ivré)* f. cizaña.

ivre *(ivr)* adj. ebrio, a.

ivresse *(ivrés)* f. embriaguez.

ivrogne *(ivróñ)* adj. y s. borracho, a.

ivrognerie *(ivroñ·rí)* f. borrachera.

jabot *(jabó)* m. buche, papo.

jacasser *(jacasé)* intr. charlar.

jachère *(jachér)* f. barbecho.

jacinthe *(jasént)* f. jacinto.

jactance *(jactáns)* f. jactancia.

jade *(jád)* m. jade.

jadis *(jadís)* adv. antiguamente.

jaguar *(jagu-ár)* m. jaguar.

jaillir *(jayír)* intr. salir, brotar.

jais *(jé)* m. azabache.

jalon *(jalón)* m. jalón.

jalonner *(jaloné)* intr. y tr. jalonar.

jalouser *(jalusé)* tr. tener celos; envidiar.

jalousie *(jalusí)* f. celos; envidia; celosía.

jaloux, ouse *(jalú, ús)* adj. y s. celoso, a; envidioso, a.

jamais *(jamé)* adv. jamás.

jambage *(janbáj)* m. jamba; palote.

jambe *(jánb)* f. pierna.

jambon *(janbón)* m. jamón.

jante *(jánt)* f. llanta.

janvier *(janvié)* m. enero.

japper *(japé)* intr. ladrar; reñir.

jaquette *(jakét)* f. sayo.

jardin *(jardén)* m. jardín.

jardinage *(jardináj)* m. jardinería.

jardinier ière *(jardinié, ér)* s. jardinero, a.

jargon *(jargón)* m. jerga.

jarre *(jár)* f. jarra, jarro.

jarret *(jarré)* m. jarrete.

jarretelle *(jarr·tél)* f. liga.

jarretière *(jarr·tiér)* f. liga.

jars *(jár)* m. ganso.

jaser *(jasé)* intr. charlar.

jasmin *(jasmén)* m. jazmín.

jaspe *(jásp)* m jaspe.

jasper *(jaspé)* tr. jaspear.

jatte *(ját)* f. cuenco.

jauge *(jój)* f. cabida; aforo; arqueo (navío).

jauger *(jojé)* tr. aforar; arquear. [llento, a.

jaunâtre *(jonátr)* adj. amarillento, a.

jaune *(jón)* adj. amarillo, a; **jaune d'œuf,** yema de huevo.

jaunir *(jonír)* tr. amarillear.

jaunisse *(jonís)* f. ictericia.

javelle *(javél)* f. gavilla.

javelot *(javeló)* m. venablo.

je *(jé)* pron. pers. yo.

jet *(jé)* m. tiro; chorro; Bot. vástago.

jetée *(jeté)* f. escollera.

jeter *(jeté)* tr. lanzar, echar; tirar.

jeton *(jetón)* m. ficha.

jeu *(jé)* m. juego.

jeudi *(jedí)* m. jueves.

jeun (à) *(a jén)* adv. en ayunas.

jeune *(jén)* adj. joven.

jeûne *(jén)* m. ayuno.

jeûner *(jené)* intr. ayunar.

jeunesse *(jenés)* f. juventud.

joaillerie *(joay·rí)* f. joyería.

joaillier, ière *(joayié, ér)* s. joyero, a.

jobard *(jobár)* m. bobalicón.

jocrisse *(jocrís)* m. bragazas.

joie *(juá)* f. gozo, alegría.

joindre *(juéndr)* tr. juntar; alcanzar; fig. unir.

joint, e *(juén, ént)* adj. junto, a; m. juntura; **ci-joint,** adjunto.

jointure *(juentü'r)* f. juntura.

joli, e *(jolí)* adj. lindo, a.

jonc *(jón)* m. junco.

joncher *(jonché)* tr. cubrir.

jonction *(joncsión)* f. unión, reunión; confluencia.

jongler *(jonglé)* intr. hacer juegos malabares; fig. manejar.

jongleur *(jonglér)* s. juglar.

jonque *(jónk)* f. junco.

joue *(jú)* f. carrillo, mejilla.

jouer *(jué)* intr. jugar; tocar (instrumento); tr. jugar; fig. representar un papel; se **jouer de,** burlarse de uno; engañarle.

jouet *(jué)* m. juguete.

joueur, euse *(juér, és)* s. jugador, a.

joufflu, e *(juflü')* adj. mofletudo, a.

joug *(júg)* m. yugo.

jouir *(juír)* intr. gozar.

jouissance *(juisáns)* f. goce.

jouisseur, euse *(juisér, és)* adj. gozador, a.

joujou *(jujú)* m. juguete.

jour *(júr)* m. día; claridad.

journal *(jurnál)* m. diario.

journalier, ère *(jurnalié, ér)* adj. diario, a.

journalisme *(jurnalísm)* m. periodismo. [dismo.

journaliste *(jurnalíst)* s. periodista.

journée *(jurné)* f. día, jornada.

journellement *(jurnel·mán)* adv. diariamente.

joute *(jút)* f. justa.

jouvenceau, celle *(juvansó, sél)* s.

jovial, e *(joviál)* adj. jovial.

jovialité *(jovialité)* f. jovialidad.

joyau *(juaió)* m. joya; alhaja.

joyeux, euse *(juaié, és)* adj. chistoso, a; alegre.

jubilation *(jübilasión)* f. júbilo.

jubilé *(jübilé)* m. jubileo.

jubiler *(jübilé)* intr. regocijarse.

jucher *(jüché)* intr. posarse; fig. encaramarse.

judiciaire *(jüdisiér)* adj. judicial.

judicieux, euse *(jüdisié, és)* adj. juicioso, a.

juge *(jü'j)* m. juez.

jugement *(jüj·mán)* m. juicio.

juger *(jüjé)* tr. juzgar.

jugulaire *(jügülér)* adj. y s. yugular.

juguler *(jügülé)* tr. degollar.

juif, ive *(jüíf, ív)* adj. y s. judío, a.

juillet *(jüiyé)* m. julio.

juin *(jüén)* m. junio.

jujube *(jüjü'b)* m. azufaifa, yuyuba.

jumeau, elle *(jümó, él)* adj. y s. gemelo, a.

jumeler *(jüm·lé)* tr. emparejar.

jumelles *(jümél)* f. pl. gemelos.

jument *(jümán)* m. yegua.

jungle *(jéngl)* f. selva.

jupe *(jü'p)* f. falda, saya.

jupon *(jüpón)* m. zagalejo, refajo.

juré, e *(jüré)* adj. y s. jurado, jurada.

jurement *(jür·mán)* m. juramento.

juridiction *(jüridicsión)* f. jurisdicción.

juridique *(jüridík)* adj. jurídico, a.

jurisprudence *(jürisprudáns)* f. jurisprudencia.

juriste *(jüríst)* m. jurista.

juron *(jürón)* m. juramento.

jury *(jürí)* m. jurado.

jus *(jü')* m. jugo; zumo.

jusque *(jü'sk)* prep. hasta.

juste *(jü'st)* adj. justo, a; adv. justo.

justesse *(jüstés)* f. justeza.

justice *(jüstís)* f. justicia.

justicier *(jüstisié, ér)* adj. y s. justiciero.

justificatif, ive *(jüstificatif, ív)* adj. justificativo, a.

justification *(jüstificasión)* f. justificación.

justifier *(jüstifié)* tr. justificar.

jute *(jü't)* m. yute.

juteux, euse *(jüté, és)* adj. jugoso, a.

juvénile *(jüveníl)* adj. juvenil.

juxtaposer *(jücstaposé)* tr. yuxtaponer.

juxtaposition *(jücstaposisión)* f. yuxtaposición.

kakatoés *(kakatoés)* m. papagayo.

kaki *(kaki)* m. caqui.

kaléidoscope *(kaleidoscóp)* m. calidoscopio.

kangourou *(kangurú)* m. canguro.

kaolin *(kaolén)* m. coalín.

képi *(kepí)* m. quepis.

kilo *(kiló)* m. kilo.

kilogramme *(kilográm)* m. kilogramo.

kilomètre *(kilométr)* m. kilómetro.

kimono *(kimonó)* m. quimono.

kiosque *(kiósk)* m. kiosco.

klaxon *(klacsón)* m. bocina.

kyste *(kíst)* m. Cir. quiste.

la *(lá)* art. f. y pron. la; m. Mús. la.

là *(lá)* adv. allá, allí, ahí; **là bas,** allí, allá abajo; **là-haut,** allí, allá arriba. [jo.

labeur *(labér)* m. labor, trabajo.

labié, e *(labié)* adj. Bot. labiado, a.

laboratoire *(laboratuár)* m. laboratorio.

laborieux, euse *(laborié, és)* adj. laborioso, a.

labour *(labúr)* m. labor.

labourage *(laburáj)* m. labranza.

labourer *(laburé)* tr. arar.

laboureur *(laburér)* m. labrador.

labyrinthe *(labirént)* m. laberinto.

lac *(lác)* m. lago.

lacer *(lasé)* tr. enlazar, atar.

lacérer *(laseré)* tr. lacerar.

lacet *(lasé)* m. cordón, lazo.

lâche *(lách)* adj. flojo, a; cobarde, vil.

lâcher *(laché)* tr. aflojar.

lâcheté *(lach·té)* f. cobardía.

laconique *(laconík)* adj. lacónico, a.

laconisme *(laconísm)* m. laconismo.

lacrymal *(lacrimál)* adj. lacrimal.

lacté, e *(lacté)* adj. lácteo, a.

lacune *(lakü'n)* f. laguna; claro.

lacustre *(lakü'str)* adj. lacustre.

ladre *(ládr)* adj. y s. avaro.

lagune *(lagü'n)* f. laguna.

lai, e *(lé)* adj. y s. lego.

laid, e *(lé, léd)* adj. feo, a.

laideur (ledér) f. fealdad.
lainage (lenáj) m. lana; tela de lana.
laine (lén) f. lana.
laïque (laík) adj. y s. laico, a.
laisse (lés) f. traílla.
laisser (lesé) tr. dejar.
laissez-passer (lesepasé) m. pase.
lait (lé) m. leche; petit lait, suero.
laitage (letáj) m. lacticinio.
laiteux, euse (leté, és) adj. lechoso, a.
laitier, ière (letié, ér) adj. y s. lechero, a.
laiton (letón) m. latón.
laitue (letü') f. lechuga.
laïus (laiü's) s. fam. discurso.
lama (lamá) m. llama; lama.
lambeau (lanbó) m. jirón.
lambin, e (lanbén, ín) adj. y s. remolón, ona.
lambris (lanbrí) m. revestimiento.
lame (lám) f. lámina; hoja (espada).
lamelle (lamél) f. laminilla.
lamentable (lamantábl) adj. lamentable.
lamentation (lamantasión) f. lamentación.
lamenter (lamanté) tr. lamentar.
laminage (lamináj) tr. laminado (metales).
laminer (laminé) tr. laminar.
laminoir (laminuár) m. laminador.
lampadaire (lanpadér) f. lamparín.
lampe (lánp) f. lámpara.
lampion (lanpión) m. lamparilla.
lampiste (lanpíst) m. lamparero.
lampisterie (lanpist°rí) f. lampistería.
lamproie (lanpruá) f. lamprea.
lance (láns) f. lanza.
lancement (lans°mán) m. botadura.
lancer (lansé) tr. lanzar.
lanceur, euse (lansér, és) adj. lanzador, a.
lancette (lansét) f. lanceta.
lancier (lansié) m. lancero.
lancinant, e (lansinán, ánt) adj. lancinante.
langage (langáj) m. lenguaje.
lanche (lánch) f. lancha.
lange (lánj) m. mantillas, pañal.
langoureux, euse (languré, és) adj. lánguido, a.
langouste (langú'st) f. langosta.
langue (láng) f. lengua, idioma.
languette (languét) f. lengüeta.
langueur (languér) f. languidez.
languir (languír) intr. languidecer.
languissant, e (languisán, ánt) adj. lánguido, a.
lanière (laniér) f. correa, tira.
lanterne (lantérn) f. linterna.
lanterner (lanterné) intr. perder el tiempo.
laper (lapé) intr. y tr. beber a lengüetadas.
lapidaire (lapidér) adj. y s. lapidario, a.
lapider (lapidé) tr. lapidar.
lapin (lapén) s. conejo.
lapis-lazuli (lapislasüli) m. lapislázuli.
laps (láps) m. lapso; espacio de tiempo.
lapsus (lapsü's) m. lapsus.
laquais (laké) m. lacayo.
laque (lák) f. laca; m. maque.
larcin (larsén) m. hurto, robo.
lard (lár) m. tocino.

larder (lardé) tr. mechar; fig. acribillar.
lardon (lardón) m. mecha.
large (lárj) adj. ancho, a; liberal.
largement (larj°mán) adv. ampliamente.
largesse (larjés) f. largueza.
largeur (larjér) f. anchura.
larguer (largué) tr. Mar. largar.
larme (lárm) f. lágrima.
larmoyant, e (larmuayánt) adj. lloroso, a.
larmoyer (larmuaié) intr. lloriquear.
larron (larrón) m. ladrón.
larve (lárv) f. larva.
laryngite (larenjít) f. laringitis.
larynx (laréncs) m. laringe.
las, lasse (lá, lás) adj. cansado, a.
lascif, ive (lasíf, ív) adj. lascivo, a.
lassant, e (lassán, ánt) adj. cansado, a; fastidioso, a.
lasser (lasé) tr. cansar.
lassitude (lasitü'd) f. lasitud.
lasso (lasó) m. lazo.
latent, e (latán, ánt) adj. latente.
latéral, e (laterál) adj. lateral.
latitude (latitü'd) f. latitud.
latrines (latrín) f. pl. letrinas.
latte (lát) f. lata; charrasca.
laudatif, ive (lodatíf, ív) adj. laudatorio, a.
lauréat, e (loreá, át) adj. y s. laureado, a.
laurier (lorié) m. laurel.
lavabo (lavabó) m. lavabo.
lavage (laváj) m. lavado.
lavande (lavánd) f. espliego.
lavanderie (lavand°rí) f. lavadero.
lave (láv) f. lava.
lavement (lav°mán) m. lavamiento.
laver (lavé) tr. lavar.
lavette (lavét) f. estropajo.
laveur, euse (lavér, és) s. lavador, a.
lavis (laví) Pint. aguada.
lavoir (lavuár) m. lavadero.
laxatif, ive (lacsatíf, ív) adj. laxante.
layette (leiét) f. canastilla.
lazaret (lasaré) m. lazareto.
le, la, les (le, la, le) arts. deter. el, la, los o las; pron. pers. lo, la, les, los.
leader (lidér) m. jefe, dirigente.
lécher (leché) tr. lamer.
leçon (lesón) f. lección.
lecteur, trice (lectér, trís) s. lector, a.
lecture (lectü'r) f. lectura.
légal, e (legál) adj. legal.
légalisation (legalisasión) f. legalización.
légaliser (legalisé) tr. legalizar.
légalité (legalité) f. legalidad.
légat (legá) m. legado.
légataire (legatér) s. legatario.
légation (legasión) f. legación.
légendaire (lejandér) adj. y s. legendario, a.
légende (lejánd) f. leyenda.
léger, ère (lejé, ér) adj. ligero, a.
légèreté (lejer°té) f. ligereza.
légiférer (lejiferé) intr. legislar.
légion (lejión) f. legión.
légionnaire (lejionér) adj. y s. legionario.
législateur, trice (lejislatér, trís) adj. y s. legislador, a.
législatif, ive (lejislatíf, ív) adj. legislativo, a.
législation (lejislasión) f. legislación.

législature (lejislatü'r) f. legislatura.
légiste (lejíst) m. legista.
légitime (lejitím) adj. legítimo. legítima.   [mar.
légitimer (lejitimé) tr. legitimiste (lejitimíst) adj. y s. legitimista.
légitimité (lejitimité) f. legitimidad.
legs (lé) m. legado.
léguer (legué) tr. legar.
légume (legü'm) m. legumbre.
lendemain (landemén) m. el día siguiente.
lénitif, ive (lenitíf, ív) adj. y s. lenitivo, a.
lent, e (lán, lánt) adj. lento, a.
lenteur (lantér) f. lentitud.
lentille (lantíy) f. lenteja; lente.
lentisque (lantísk) m. lentisco.
léonin, e (leonén, ín) adj. leonino, a.
léopard (leopár) m. leopardo.
lèpre (lépr) f. lepra.
lépreux, euse (lepré, és) adj. y s. leproso, a.
lequel, laquelle, lesquels, lesquelles (lekél, lakél, lekél) pron. relat, el (la) cual, los (las) cuales, quien, quienes, interj. ¿cuál, cuáles?
les (lé) art. y pr. pl. los, las.
léser (lesé) tr. perjudicar.
lésion (lesión) f. lesión.
lessive (lesív) f. lejía; colada.
lessiver (lesivé) tr. colar (la ropa).
lest (lést) m. lastre.
leste (lést) adj. ligero, a.
léthargie (letarjí) f. letargo.
léthargique (letarjík) adj. letárgico, a.
lettre (létr) f. letra; carta; lettre de créance, credencial.
lettré, e (letré) adj. y s. letrado.
leur (lér) pron. pers. les; adj. poses. sus.
leurre (lerré) m. señuelo; fig. añagaza.
leurrer (lerré) tr. engañar.
levain (levén) m. levadura.
levant (leván) adj. naciente; levante.
levé, e (levé) adj. levantado, a.
levée (levé) f. recolección; baza; dique.
lever (levé) tr. levantar; alzar; reclutar; recoger; intr. leudar; se— (se levé) r. levantarse; m. levantamiento; salida (astro).
levier (levié) m. palanca.
levis (leví) adj. levadizo.
levier (levié) m. palanca.
lévite (levít) s. levita.
lèvre (lévr) f. labio.
lévrier (levrié) m. galgo; lebrel.
levure (levü'r) f. levadura.
lexique (lecsík) m. léxico.
lézard (lesár) m. lagarto.
lézarde (lesárd) f. grieta.
lézarder (lesardé) tr. rajar.
liaison (liesón) f. enlace; unión.
liane (lián) f. enredadera.
liant, e (lián, ánt) adj. flexible; fig. afable.
liane (lián) f. liana.
liard (liár) m. ochavo.
liasse (liás) f. legajo.
libation (libasión) f. libación.
libelle (libél) m. libelo.
libellé (libelé) m. redacción.
libellule (libelü'l) f. libélula.
liber (libér) m. Bot. liber.
libéral, e (liberál) adj. y s. liberal.
libéralisme (liberalísm) m. liberalismo.

libéralité (liberalité) f. liberalidad.
libérateur, trice (liberatér, trís) s. libertador, a.
libération (liberasión) f. liberación.
libérer (liberé) tr. liberar; licenciar (soldados).
libertaire (libertér) s. libertario.
liberté (liberté) f. libertad.
libertin, e (libertén, ín) adj. licencioso, a.
libertinage (libertináj) m. licencia.
libidineux, euse (libidiné, és) adj. libidinoso, a.
libraire (librér) m. librero.
librairie (libreri) f. librería.
libre (líbr) adj. libre.
libre-échange (librechánj) m. librecambio.
lice (lís) f. liza, palenque.
licence (lisáns) f. licencia; licenciatura.
licencié, e (lisansié) adj. y s. licenciado, a.
licenciement (lisansimán) m. licenciamiento.
licencier (lisansié) tr. licenciar.
licencieux, euse (lisansié, és) adj. licencioso, a.
lichen (likén) m. liquen.
licite (lisít) adj. lícito, a.
licou (licú) m. ronzal; cabestro.
lie (lí) f. pozo; hez.
lié, e (lié) adj. atado, a.
liège (liéj) m. corcho.
lien (lién) m. ligadura; lazo.
lier (lié) tr. liar; trabar amistad.
lierre (liér) m. hiedra.
liesse (liés) f. regocijo.
lieu (lié) m. lugar, sitio; au lieu de, en lugar de.
lieue (lié) f. legua.
lieutenant (lier°nánt) m. lugarteniente; teniente.
lièvre (liévr) m. liebre.
ligament (ligamán) m. Anat. ligamento.
ligature (ligatü'r) f. ligadura.
ligaturer (ligatüré) tr. ligar.
lignage (liñáj) m. linaje.
ligne (liñ) f. línea, caña de pescar.
lignée (liñé) f. raza, linaje.
ligneux, euse (liñé, és) adj. leñoso, a.
lignite (liñít) m. lignito.
ligoter (ligoté) tr. atar.
ligue (líg) f. liga.
liguer (ligué) tr. ligar.
lilas (lilá) adj. y s. lila.
limace (limás) f. babosa.
limaçon (limasón) m. caracol.
limaille (limáy) f. limaduras.
limande (limánd) f. platija.
limbe (lénb) m. limbo.
lime (lím) f. lima.
limer (limé) tr. limar.
limier (limié) m. sabueso.
limitation (limitasión) f. limitación.
limite (limít) f. límite.
limiter (limité) tr. limitar.
limitrophe (limitróf) adj. limítrofe.
limon (limón) m. lodo; limo.
limonade (limonád) f. limonada.   [ne.
limousine (limusín) f. limousimpide (lenpid) adj. límpido, a.
limpidité (lenpidité) f. limpidez.
lin (lén) m. lino.

línceul (lensél) m. sudario; mortaja.
linéaire (lineér) adj. lineal.
linge (lénj) m. ropa blanca.
lingerie (lenjerí) f. lencería.
lingot (lengó) m. lingote.
linguiste (lengü-íst) m. lingüista.
linguistique (lengü-istík) adj. lingüístico, a; f. lingüística.
liniment (linimán) m. linimento.
linotte (linót) f. pardillo.
linteau (lentó) m. dintel.
lion, onne (lión) s. león, leona.
lionceau (lionsó) m. leoncillo.
lippe (líp) f. bezo.
liquéfier (likefié) tr. liquidar; licuar.
liqueur (likér) f. licor.
liquidation (likidasión) f. liquidación.
liquide (likíd) adj. y s. líquido.
liquider (likidé) tr. liquidar.
lire (lír) m. azucena; lirio.
lire (lír) tr. leer; f. lira.
liséré (liseré) m. cinta, ribete.
lisible (lisíbl) adj. legible.
lisière (lisiér) f. orilla, aledaño, linde.
lisse (lís) adj. liso, a.
lisser (lisé) tr. alisar.
liste (líst) f. lista; nómina.
lit (li) m. lecho, cama.
litanies (litaní) f. pl. letanía.
liteau (litó) m. lista; listón.
literie (literí) f. ropa de cama.
lithographie (litografí) f. litografía.
lithologie (litoloji) f. litología.
litière (litiér) f. litera; cama (caballerías).
litige (litíj) m. litigio.
litigieux, euse (litijié, és) adj. litigioso, a.
litre (lítr) m. litro.
littéraire (literér) adj. literario, a.
littéral, e (literál) adj. literal.
littérateur (literatér) m. literato.
littérature (literatü'r) f. literatura.
littoral, e (litorál) adj. y s. litoral.
liturgie (litürji) f. liturgia.
liturgique (litürjík) adj. litúrgico, a.
livide (livíd) adj. lívido, a.
livraison (livresón) f. entrega.
livre (lívr) m. libro; f. libra.
livrée (livré) f. librea.
livrer (livré) tr. entregar.
livret (livré) m. libreto.
livreur (livrér) m. mozo.
lobe (lób) m. lóbulo.
local, e (locál) adj. y s. local.
localiser (localisé) tr. localizar.
localité (localité) f. localidad.
locataire (locatér) s. inquilino, a.
location (locasión) f. locación; alquiler; contaduría.
locomoteur, trice (locomotér, trís) adj. locomotor, a.
locomotion (locomosión) adj. locomoción.
locomotive (locomotív) f. locomotora.
locution (locüsión) f. locución.
logarithme (logarítm) m. logaritmo.
loge (lój) f. castilla, caseta; palco; logia.
logement (lojemán) m. alojamiento.

loger (lojé) intr. habitar. fig. colocar.
logeur, euse (lojér, és) s. posadero, a; huésped, a.
logique (lojík) f. lógica; adj. lógico, a.
logis (loji) m. vivienda; casa.
loi (lua) f. ley.
loin (luén) adv. lejos.
lointain, e (luentén) adj. lejano, a; m. lejanía.
loisir (luasír) m. ocio; à loisir, loc. adv. cómodamente.
lombaire (lonbér) adj. lumbar.
lombes (lónb) m. pl. Anat. lomos.
lombric (lonbríc) m. lombriz.
long, gue (lón, lóng) adj. largo, a.
longe (lónj) f. ronzal; lomo.
longer (lonjé) tr. costear, bordear.
longévité (lonjevité) f. longevidad.
longitude (lonjitü'd) f. longitud.
longtemps (lontán) adv. largo tiempo.
longuement (longuemán) adv. largamente.
longueur (longuér) f. largo, longitud; lentitud.
longue-vue (longuevü') f. anteojo de larga vista.
lopin (lopén) m. pop. retazo.
loquace (locuás) adj. locuaz.
loquacité (locuasité) f. locuacidad.
loque (lók) f. jirón, pingajo.
loquet (loké) m. picaporte.
loqueteux, euse (loketé, és) adj. haraposo, a.
lorgner (lorñé) tr. ojear, mirar con lentes.
lorgnette (lorñét) f. catalejo, gemelos.
lorgnon (lorñón) m. lente.
lors (lór) adv. entonces.
lorsque (lórsk) conj. cuando.
losange (losánj) m. rombo.
lot (ló) m. lote; premio.
loterie (loterí) f. lotería.
lotion (losión) f. loción.
lotir (lotír) tr. repartir.
lotissement (lotisemán) m. reparto.
lotus (lotü's) m. Bot. loto.
louable (luábl) adj. loable.
louage (luáj) m. alquiler.
louange (luánj) f. loa.
louche (lúch) adj. bizco, a; fig. sospechoso, a; f. cucharón.
loucher (luché) intr. bizquear.
louer (lué) tr. alabar, alquilar.
loueur, euse (luér, és) s. adulador, a; alquilador, a.
loufoque (lufók) m. pop. chiflado.
loup (lú) m. lobo; antifaz.
loupe (lúp) f. lupia; lente.
louper (lupé) tr. hacer mal (una cosa).
lourd, e (lúr, lúrd) adj. pesado, a; fig. tosco, a.
lourdaud, e (lurdó, ód) adj. torloustic.
loustic (lustíc) m. fam. bufón.
loutre (lútr) f. nutria.
louve (lúv) f. loba.
louvetau (luvetó) m. lobezno.
louvoyer (luvuaié) intr. Mar. bordear; fig. andar con rodeos.
loyal, e (luaiál) adj. leal.
loyauté (luaioté) f. lealtad.
loyer (luaié) m. alquiler.
lubie (lübí) f. fam. capricho.
lubricité (lübrisité) f. lubricidad.
lubrifiant, e (lübrifián, ánt) adj. lubricante.
lubrifier (lübrifié) tr. lubricar.
lubrique (lübrík) adj. lúbrico, a.
lucarne (lücárn) f. lumbrera.
lucide (lüsíd) adj. lúcido, o.

lucidité (lüsidité) f. lucidez.
luciole (lüsiól) f. luciérnaga.
lucratif, ive (lücratíf, ív) adj. lucrativo, a.
lucre (lü'cr) m. lucro.
lueur (lüér) f. fulgor, resplandor; destello.
luette (lüét) f. úvula.
luge (lü'j) f. luge.
lugubre (lügü'br) adj. lúgubre.
luire (lüír) intr. lucir.
luisant, e (lüisán, ánt) adj. luciente.   [go.
lumbago (lonbagó) m. lumbalumière** (lümiér) f. luz.
lumignon (lümiñón) m. pálido.
luminaire (lüminér) m. luminar.
lumineux, euse (lüminé, és) adj. luminoso, a.
lunaire (lünér) adj. lunar.
lunaison (lünesón) f. lunación.
lunatique (lünatík) adj. lunático, a.
lunch (lénch) m. almuerzo.
lundi (lendí) m. lunes.
lune (lü'n) f. luna.
lunette (lünét) f. anteojo; pl. espejuelos; gafas.
lupin (lüpén) m. altramuz.
luron, onne (lürón) s. pop. persona alegre.
lustre (lü'str) m. lustre; araña; lustro.
lustrer (lüstré) tr. lustrar.
luth (lü't) m. laúd.
luthérien, enne (lüterién) adj. y s. luterano, a.
lutin (lütén, ín) adj. listo, a; m. duende.
lutrin (lütrén) m. facistol.
lutte (lü't) f. lucha.
lutter (lüté) intr. luchar.
lutteur (lütér) m. luchador.
luxation (lücsasión) f. luxación.
luxe (lü'cs) m. lujo.
luxer (lücsé) tr. dislocar.
luxueux, euse (lücsué, és) adj. lujoso, a.
luxuriant, e (lücsürián, ánt) adj. lozano, a; frondoso, a.
luxurieux, euse (lücsürié, és) adj. lujurioso, a.
luzerne (lüsérn) f. alfalfa.
lycée (lisé) m. liceo; instituto.
lycéen, enne (liseén) m. colegial, a.
lymphatique (lenfatík) adj. linfático, a.
lymphe (lénf) f. linfa.
lynchage (lenchái) m. linchamiento.
lynx (léncs) m. lince.
lyre (lír) f. lira.
lyrique (lirík) adj. y s. lírico, a.
lyrisme (lirísm) m. lirismo.

Mm

ma (má) adj. poses. fem. mi.
macabre (macábr) adj. macabro, a.
macaron (macarón) m. mostachón.
macaroni (macaroni) m. pl. macarrones.
macération (maserasión) f. maceración.
macérer (maseré) tr. macerar.
mâchefer (machefér) m. cagáfierro.

mâcher (maché) tr. mascar.
machiavélique (makiavelík) adj. maquiavélico, a.
mâchicoulis (machiculí) m. barbacana.
machin (machén) m. pop. fulano; chisme.
machinal, e (machinál) adj. maquinal.
machination (machinasión) f. maquinación.
machine (machín) f. máquina.
machiner (machiné) tr. maquinar.
machinerie (machinerí) f. maquinaria.
machinisme (machinísm) m. maquinismo.
machiniste (machiníst) m. maquinista.
mâchoire (machuár) f. mandíbula; quijada.
mâchonner (machoné) tr. fam. masullar.
maçon (masón) m. albañil.
maçonner (masoné) tr. construir.
maçonnerie (masonerí) f. albañilería; masonería.
macule (macü'l) f. mácula.
maculer (maculé) tr. Impr. macular.
madame (madám) f. señora.
mademoiselle (mademuasél) f. señorita.
madone (madón) f. madona.
madrague (madrág) f. almadraba.
madré, e (madré) adj. y s. veteado, a; fig. astuto, a.
madrépore (madrepór) m. madrépora.
madrier (madrié) m. madero.
madrigal (madrigál) m. madrigal.
maestro (maestró) m. Mús. maestro.   cén.
magasin (magasén) m. almacén.
magasinage (magasinái) m. almacenaje.
magasinier (magasinié) m. guardaalmacén.
mage (máj) m. mago.
magicien, enne (majisién) adj. y s. mago, a; brujo, a.
magie (mají) f. magia.
magique (majík) adj. mágico, a.
magistral, e (majistrál) adj. magistral.
magistrat (majistrá) m. magistrado.
magistrature (majistratü'r) f. magistratura.
magnanime (mañaním) adj. y s. magnánimo, a.
magnanimité (mañanimité) f. magnanimidad.
magnat (mañá) m. magnate.
magnésie (mañesi) f. magnesia.
magnésium (mañesióm) m. magnesio.
magnétique (mañetík) adj. magnético, a.
magnétiseur, euse (mañetisér, és) s. magnetizador, a.
magnétisme (mañetísm) m. magnetismo.
magnéto (mañetó) f. magneto.
magnificence (mañifisáns) f. magnificencia.
magnifique (mañifík) adj. magnífico, a.
magnolia (mañoliá) m. magnolia.
magot (magó) m. macaco; fam. gato.
mahométan, e (maometán) adj. y s. mahometano, a.
mai (mé) m. mayo.
maigre (mégr) adj. delgado, a; magro, a.

maigreur *(megrér)* adj. delgadez; fig. aridez.

maigrir *(megrír)* tr. e intr. adelgazar.

mail *(máy)* m. mallo; mazo; paseo.

maille *(máy)* f. malla; red.

maillet *(mayé)* m. mazo.

maillon *(mayón)* f. malla; red.

maillot *(mayó)* m. pañales; traje de baño.

main *(mén)* f. mano; **prêter la main,** ayudar.

maind'-œuvre *(mendévr)* f. mano de obra.

main-forte *(menfórt)* f. ayuda.

mainlevée *(menlevé)* f. desembargo.

mainmise *(menmís)* f. embargo.

maint, e *(mén, mént)* adj. muchos, as.

maintenant *(mentᵉnán)* adv. ahora.

maintenir *(mentᵉnír)* tr. mantener.

maintien *(mentién)* m. conservación; talante.

maire *(mér)* m. alcalde.

mairie *(merí)* f. alcaldía.

mais *(mé)* conj. mas, pero.

maïs *(maís)* m. maíz.

maison *(mesón)* f. casa; **maison d'arrêt,** cárcel.

maisonnée *(mesoné)* f. casa (familia).

maisonnette *(mesonét)* f. casita.

maître *(métr)* m. amo; maestro; maestre; **maître-autel,** altar mayor.

maîtresse *(metrés)* f. ama, maestra, manceba.

maîtrise *(metrís)* f. maestría, dominio.

maîtriser *(metrisé)* tr. dominar.

majesté *(maǰesté)* f. majestad.

majestueux, euse *(maǰestué, és)* adj. majestuoso, a.

majeur, e *(maǰér)* adj. mayor.

majolique *(maǰolík)* f. loza.

major *(maǰór)* m. mayor.

majorat *(maǰorá)* m. mayorazgo.

majoration *(maǰorasión)* f. aumento (precios).

majordome *(maǰordóm)* m. mayordomo.

majuscule *(maǰüscü'l)* adj. y s. mayúsculo, a.

mal *(mál)* m. mal; adv. mal: **mal au cœur,** náuseas; **mal de mer,** mareo.

malade *(malád)* adj. enfermo, a.

maladie *(maladí)* f. enfermedad.

maladif, ive *(maladíf, ív)* adj. enfermizo, a.

maladresse *(maladrés)* f. torpeza.

maladroit, e *(maladruá, át)* adj. torpe.

malaise *(malés)* m. malestar.

malaisé, e *(malesé)* adj. difícil.

malandrin *(malandrén)* m. malandrín.

malappris, e *(malaprí, ís)* adj. y s. malcriado.

malaria *(malariá)* f. malaria.

malavisé, e *(malavisé)* adj. y s. indiscreto, a.

malaxer *(malacsé)* tr. amasar.

malchance *(malcháns)* f. mala suerte.

malchanceux, euse *(malchansé, és)* adj. desdichado, a.

mâle *(mál)* m. varón; macho; adj. varonil.

malédiction *(maledicsión)* f. maldición.

maléfice *(malefís)* m. maleficio.

malencontreux, euse *(malancontré, és)* adj. desgraciado, a.   [error.

malentendu *(malantandü')* m.

malévole *(malevól)* adj. malévolo, a.

malfaisant, e *(malfesán, ánt)* adj. dañino, a.

malfaiteur, trice *(malfetér, trís)* m. malhechor, a.

malfamé, e *(malfamé)* adj. de mala fama.

malgré *(malgré)* prep. a pesar de.

malhabile *(malabíl)* adj. inhábil.

malheur *(malér)* m. desgracia; **malheur!** ¡maldición!

malheureux, euse *(maleré, és)* adj. desgraciado, a.

malhonnête *(malonét)* adj. deshonrado, a; grosero, a.

malice *(malís)* f. malicia, malignidad.

malicieux, euse *(malisié, és)* adj. malicioso, a.

malin, igne *(malén, malíñ)* adj. maligno, a.

malingre *(maléngr)* adj. enclenque.

malintentionné, e *(malentansioné)* adj. y s. mal intencionado, a.

malle *(mál)* f. baúl, cofre.

malléabilité *(maleabilité)* f. maleabilidad.

malléable *(maleábl)* adj. maleable.

malmener *(malmené)* tr. maltratar.

malpropre *(malprópr)* adj. y s. sucio, a.

malpropreté *(malproprᵉté)* f. desaliño, suciedad.

malsain, e *(malsén)* adj. malsano, a.

malséant, e *(malseán, ánt)* adj. indecoroso, a.

malt *(mált)* m. malta.

maltraiter *(maltreté)* tr. maltratar.

malveillance *(malveyáns)* f. malevolencia.

malveillant, e *(malveyán, ánt)* adj. y s. malévolo, a.

malversation *(malversasión)* f. malversación.

malvoisie *(malvuasí)* f. malvasía.

maman *(mamán)* f. mamá; **grand'maman,** abuelita.

mamelle *(mamél)* f. teta.

mamelon *(mamelón)* m. pezón.

mamifère *(mamifér)* adj. y m. mamífero.

manant *(manán)* m. rústico.

manche *(mánch)* m. mango; f. manga.

mancheron *(manchᵉrón)* m. mancera.

manchette *(manchét)* f. puño (camisa); título (periódico).

manchon *(manchón)* m. manguito.

manchot, e *(manchó, ót)* adj. y s. torpe; pájaro bobo.

mandarin *(mandarén)* m. mandarín.

mandarine *(mandarín)* f. mandarina.

mandat *(mandá)* m. mandato; poder; giro.

mandataire *(mandatér)* s. mandatario.

mandater *(mandaté)* tr. librar, girar.

mander *(mandé)* tr. mandar, llamar.

mandibule *(mandibü'l)* f. mandíbula.

mandoline *(mandolín)* f. mandolina.

mandrin *(mandrén)* m. mandril.

manège *(manéǰ)* m. manejo; picadero; tío vivo.

mânes *(mán)* m. pl. manes.

manette *(manét)* f. manecilla.

manganèse *(manganés)* m. manganeso.

mangeable *(manǰábl)* adj. comestible.

mangeoire *(manǰuár)* f. pesebre.

manger *(manǰé)* tr. comer.

mangeur, euse *(manǰér, és)* s. comedor, a.

maniable *(maniábl)* adj. manejable.

maniaque *(maniák)* adj. y s. maniático, a.

manie *(maní)* f. manía.

maniement *(manimán)* m. manejo.

manier *(manié)* tr. manejar.

manière *(maniér)* f. manera. pl. modales.

maniéré, e *(manieré)* adj. amanerado, a.

manifestation *(manifestasión)* f. manifestación.

manifeste *(manifést)* adj. manifiesto, a; m. manifiesto.

manifester *(manifesté)* tr. manifestar.

manigance *(manigáns)* f. treta.

manioc *(maniók)* m. mandioca.

manipulateur *(manipülatér)* m. manipulador.

manipulation *(manipülasión)* f. manipulación.

manipuler *(manipülé)* tr. manipular.

manivelle *(manivél)* f. manivela; manubrio.

manne *(mán)* f. maná.

mannequin *(manᵉkén)* m. maniquí.

manoeuvre *(manévr)* m. obrero, peón; f. maniobra.

manoeuvrer *(manᵉvré)* intr. y tr. maniobrar.

manoir *(manuár)* m. casa solariega.

manomètre *(manométr)* m. manómetro.

manouvrier *(manuvrié)* m. jornalero.

manquant, e *(mankán, ánt)* adj. y s. falto, a.

manque *(mánk)* m. falta, ausencia.

manqué, e *(manké)* adj. malogrado, a.

manquement *(mankᵉmán)* m. falta.

manquer *(manké)* intr. faltar; fallar; tr. desperdiciar.

mansarde *(mansárd)* f. buhardilla.

mansuétude *(mansuetü'd)* f. mansedumbre.

mante *(mánt)* f. manto; manta (insecto).

manteau *(mantó)* m. capote; abrigo.   [lete.

mantelet *(mantᵉlé)* m. mantellina.

mantille *(mantíy)* f. mantilla.

manucure *(manücü'r)* s. manicuro, a.

manuel, elle *(manüél)* adj. y s. manual.

manufacture *(manüfactü'r)* f. manufactura.

manufacturer *(manüfactüré)* tr. manufacturar.

manuscrit *(manüscrí)* adj. y s. manuscrito, a.

manutention *(manütansión)* f. manutención.

mappemonde *(mapᵉmónd)* f. mapamundi.

maquereau *(makᵉró)* m. caballa.

maquette *(makét)* f. maqueta.

maquignon *(makiñón)* m. chalán.

maquillage *(makiyáǰ)* m. afeite.

maquiller *(makiyé)* tr. dar, poner afeites.

maquis *(makí)* m. matorral.

maquisard, e *(makisár, árd)* m. guerrillero, a.

marabout *(marabú)* m. morabito; marabú.

maraîcher, ère *(mareché, ér)* s. hortelano, a.

marais *(maré)* m. pantano; charco; **marais salant,** salina.   [mo.

marasme *(marásm)* m. marasmo.

marâtre *(marátr)* f. madrastra.

maraud, e *(maró, ód)* s. tunante.

maraudage *(marodáǰ)* m. merodeo.

marauder *(marodé)* intr. merodear.

maraudeur *(marodér)* m. merodeador.

marbre *(márbr)* m. mármol.

marbrer *(marbré)* tr. jaspear; estucar.

marbrier *(marbrié)* m. marmolista.   [do.

marbrure *(marbrü'r)* f. jaspeamarc** *(már)* m. marco; orujo.

marchand, e *(marchán, ánd)* s. comerciante.

marchandage *(marchandáǰ)* m. regateo.

marchander *(marchandé)* tr. regatear.

marchandise *(marchandís)* f. mercancía.

marche *(márch)* f. marcha (territorio); marcha; peldaño.

marché *(marché)* m. mercado; trato; **marché noir,** estraperlo; **bon marché,** barato.

marchepied *(marchᵉpié)* m. grada; estribo.

marcher *(marché)* intr. andar.

marcheur, euse *(marchér, és)* s. andador.

marcottage *(marcotáǰ)* m. acodadura.

mardi *(mardi)* m. martes; **mardi gras,** martes de carnaval.

mare *(már)* f. balsa; charco.

marécage *(marecáǰ)* m. pantano; ciénaga.

marécageux, euse *(marecaǰé, és)* adj. pantanoso, a.

maréchal *(marechál)* m. mariscal.

maréchal-ferrant *(marechalferrán)* m. herrador.

marée *(maré)* f. Mar. marea; pescado fresco; **marée haute,** pleamar; **marée basse,** bajamar.

margarine *(margarín)* f. Quím. margarina.

marge *(márǰ)* f. margen.

margelle *(marǰél)* f. brocal.

marginal, e *(marǰinál)* adj. marginal.

marginer *(marǰiné)* tr. marginar.

mari *(marí)* m. marido.

mariage *(mariáǰ)* m. casamiento, matrimonio.

marier *(marié)* tr. casar.

marin, e *(marén, ín)* adj. y s. marino, a.

marinade *(marinád)* f. escabeche.

marine *(marín)* f. marina.

marinier *(marinié)* m. marinero.

marionnette *(marionét)* f. títere.

maritime *(maritím)* adj. marítimo.

maritorne *(maritórn)* f. maritornes.

marivaudage *(marivodáj)* m. discreteo.

marmaille *(marmáy)* f. chiquillería.

marmelade *(marm^eládʼ)* m. mermelada.

marmite *(marmít)* f. marmita; olla.

marmiton *(marmitón)* m. pinche.

marmonner *(marmoné)* tr. mascullar.

marmoréen, enne *(marmoreén)* adj. marmóreo, a.

marmot *(marmó)* m. rapazuelo.

marmotte *(marmót)* f. marmota.

marmotter *(marmoté)* barbotar, mascullar.

marne *(márn)* f. marga.

maronner *(maroné)* intr. refunfuñar.

maroquin *(marokén)* m. tafilete, cordobán.

maroquinerie *(marokin^erí)* f. tafiletería.

marotte *(marót)* fig. manía.

maroufle *(maráfl)* m. bribón.

marquant, e *(markán, ánt)* adj. notable.

marque *(márk)* f. marca; señal.

marquer *(marké)* tr. marcar; mostrar.

marqueterie *(market^erí)* f. taracea.

marquis *(marki)* m. marqués.

marquise *(markís)* f. marquesa; marquesina.

marraine *(marrén)* f. madrina.

marri, e *(marri)* adj. pesaroso, pesarosa.

marron *(marrón)* m. castaña; **marron glacé**, castaña confitada; adj. castaño; marrón (color); adj. y s. cimarrón.

marronnier *(marronié)* m. castaño.

mars *(márs)* m. marte; marzo.

marsouin *(marsuén)* m. marsopa.

marteau *(martó)* m. martillo.

marteler *(mart^elé)* tr. machacar.

martial, e *(marsiál)* adj. marcial.

martinet *(martiné)* m. martinete.

martingale *(martengál)* f. martingala.

martre *(mártr)* f. Zool. marta.

martyr, e *(martír)* s. mártir.

martyre *(martír)* m. martirio.

martyriser *(martirisé)* tr. martirizar.

marxisme *(marcsísm)* m. marxismo.

` **mas** *(más)* m. masía.

mascarade *(mascarádʼ)* f. mascarada.

mascotte *(mascót)* f. mascota.

masculin, e *(masculén, ín)* adj. masculino, a.

masque *(másk)* m. máscara.

masqué, e *(maské)* adj. enmascarado, a.

masquer *(maské)* tr. enmascarar; encubrir.

massacrant, e *(masacrán, ánt)* adj. insoportable.   [za.

massacre *(masácr)* m. matan-

massacrer *(masacré)* tr. matar; destrozar.

massage *(masáj)* m. Med. masaje.

masse *(más)* f. masa; fig. fondo, caudal.

massepain *(mas^epén)* m. mazapán.

masser *(masé)* tr. Med. amasar (dar masaje); Mil. concentrar.

masseur *(masér)* m. Med. masajista.

massif, ive *(masíf, ív)* adj. macizo, a.

massue *(masü')* f. maza.

mastic *(mastíc)* m. almáciga.

mastication *(masticasión)* f. masticación.

mastiquer *(mastiké)* tr. pegar con zulaque; masticar.

mastoc *(mastóc)* m. mastuerzo.

mastodonte *(mastodónt)* m. mastodonte.

masure *(masü'r)* f. fig. casucha.

mat, e *(má, át)* adj. mate; m. mate (ajedrez).

mât *(má)* m. Mar. mástil, palo.

matador *(matadór)* m. matador; espada.

matamore *(matamór)* m. matamoros.

match *(mátch)* m. match.

matelas *(mat^elá)* m. colchón.

matelasser *(mat^elasé)* tr. acolchar.

matelasier, ière *(mat^elasié, ér)* s. colchonero, a.

matelot *(mat^eló)* m. marinero.

mater *(maté)* tr. dar mate (ajedrez); domar.

matérialiser *(materialisé)* tr. materializar.

matérialisme *(materialísm)* m. materialismo.

matérialiste *(materialíst)* adj. y s. materialista.

matériaux *(materió)* m. pl. materiales.

matériel, elle *(materiél)* adj. y s. material.

maternel, elle *(maternél)* adj. materno, a.

maternité *(maternité)* f. maternidad.

mathématicien *(matematisién)* m. matemático.

mathématique *(matematík)* adj. matemático, a; f. pl. matemáticas.

matière *(matiér)* f. materia; asignatura.

matin *(matén)* m. mañana (la).

mâtin *(matén)* m. mastín.

matinal, e *(matinál)* adj. matutino, a.

mâtiné, e *(matiné)* adj. cruzado, a.

matinée *(matiné)* f. mañana (la); función, concierto (de día).

matois, e *(matuá, ás)* adj. y s. astuto, ta.

matou *(matú)* m. gato.

matraque *(matrák)* f. garrote.

matras *(matrá)* m. matraz.

matriarcat *(matriarcá)* m. matriarcado.

matrice *(matrís)* adj. y s. matriz.

matricule *(matricü'l)* f. matrícula.

matrimonial, e *(matrimoniál)* adj. matrimonial.

matrone *(matrón)* f. matrona.

maturation *(matürasión)* f. maduración.

mâture *(matü'r)* f. arboladura.

maturité *(matürité)* f. madurez.

maudire *(modír)* tr. maldecir.

maudit, e *(modí, ít)* adj. maldito, a.

maugréer *(mogreé)* intr. renegar.

mausolée *(mosolé)* f. mausoleo.

maussade *(mosádʼ)* adj. tosco, a; desagradable.

mauvais, e *(mové, és)* adj. y s. malo, a.

mauve *(móv)* f. malva.

maxillaire *(macsilér)* adj. maxilar.

maxime *(macsím)* f. máxima.

maximum *(macsimóm)* m. máximum.

mayonnaise *(maionés)* f. mayonesa.

mazout *(masú)* m. aceite pesado.

me *(mé)* pr. pers. me.

méandre *(meándr)* m. meandro.

mécanicien *(mecanisién)* m. mecánico.

mécanique *(mecaník)* adj. mecánico, a; mecánica.

mécanisme *(mecanísm)* m. mecanismo.

mécène *(mesén)* m. mecenas.

méchanceté *(machans^eté)* f. maldad.

méchant, e *(mechán, ánt)* adj. y s. malo, a.

mèche *(méch)* f. mecha; mechón.

mécompte *(mecónt)* f. trabacuenta; desengaño.

méconnaissable *(meconesábl)* adj. desconocido, a.

méconnaître *(meconétr)* tr. desconocer.

mécontent, e *(mecontán, ánt)* adj y s. descontento, a.

mécontentement *(mecontant^emán)* m. descontento.

mécontenter *(mecontanté)* tr. descontentar.

mécréant, e *(mecreán, ánt)* adj. descreído, a; incrédulo, a.

médaille *(medáy)* f. medalla.

médaillon *(medayón)* m. medallón.

médecin *(med^esén)* m. médico.

médecine *(med^esín)* f. medicina.

médian, e *(medián)* adj. mediano, a.

médiat, e *(mediá, át)* adj. mediato, a.

médiateur, trice *(mediatér, trís)* s. mediador, a.   [ción.

médiation *(mediasión)* f. mediación.

médical, e *(medicál)* adj. médical.

médicament *(medicamánt)* m. medicamento.

médication *(medicasión)* f. medicación.

médicinal, e *(medisinál)* adj. medicinal.

médiocre *(mediócr)* adj. mediocre.

médiocrité *(mediocrité)* f. mediocridad.

médire *(medír)* intr. murmurar.

médisance *(medisáns)* f. maledicencia.

médisant, e *(medisán, ánt)* adj. murmurador, a.

méditatif, ive *(meditatif, ív)* adv. meditativo, a.

méditation *(meditasión)* f. meditación.

méditer *(medité)* tr. e intr. meditar.

médium *(medióm)* m. medio; medium.

médius *(mediü's)* m. dedo medio.

médullaire *(medülér)* adj. medular.

méduse *(medü's)* f. medusa.

meeting *(mítíng)* m. mitin.

méfait *(mefé)* m. fam. fechoría.

méfiance *(mefiáns)* f. desconfianza.

méfiant, e *(mefián, ánt)* adj. y s. desconfiado, a.

méfier (se) *(se mefié)* r. desconfiar; recelar.

mégalomanie *(megalomaní)* f. megalomanía.

mégarde *(megárd)* f. inadvertencia.

mégère *(mejér)* f. fig. arpía.

mégot *(megó)* m. colilla.

meilleur, e *(meyér)* adj. y s. mejor.

mélancolie *(melancolí)* f. melancolía.

mélancolique *(melancolík)* adj. y s. melancólico, a.

mélange *(melánj)* m. mezcla.

mélanger *(melanjé)* f. mezclar.

mélasse *(meldás)* f. melaza.

mêlée *(melé)* f. refriega.

mêler *(melé)* tr. mezclar.

mélèze *(melés)* m. Bot. alerce.

mélisse *(melís)* f. melisa.

méli-mélo *(melimeló)* m. baturrillo.

mélodie *(melodi)* f. melodía.

mélodieux, euse *(melodié, és)* adj. melodioso, a.

mélodique *(melodík)* adj. melódico, a.

mélodrame *(melodrám)* m. melodrama.   [mano.

mélomane *(meloman)* s. melómano.

melon *(melón)* m. melón.

membrane *(manbrán)* f. membrana.

membre *(mánbr)* m. miembro.

même *(mém)* adj. mismo, a; adv. aún, hasta; **de même que**, así como, lo mismo que; **tout de même**, de todas maneras.

mémento *(mementó)* m. memento.

mémoire *(memuár)* f. memoria; m. informe.

mémorable *(memorábl)* adj. memorable.

mémorandum *(memorandóm)* m. memorandum.

menaçant, e *(menasán, ánt)* adj. amenazador, a.

menace *(menás)* f. amenaza.

menacer *(menasé)* tr. amenazar.

ménage *(menáj)* m. menaje; matrimonio (marido y mujer); **femme de ménage**, mujer de faenas.

ménagement *(menaj^emán)* m. miramiento.

ménager *(menajé)* tr. economizar **se—**. *(se menajé)* r. cuidarse.

menager, ère *(menajé, ér)* adj. económico, a; f. mujer de su casa.

ménagerie *(menaj^erí)* f. casa de fieras.

mendiant, e *(mendián, ánt)* s. mendicante; mendigo, a.

mendicité *(mandisité)* f. mendicidad.

mendier *(mandié)* tr. mendigar.

menée *(mené)* f. amaño.

mener *(mené)* tr. conducir, dirigir.

meneur *(menér)* m. conductor, guía; fig. instigador.

méninge *(menénj)* f. meninge.

méningite *(menenjít)* f. meningitis.

menotte *(menót)* f. manita; pl. manillas, esposas.

mensonge *(mansónj)* m. mentira.

mensonger, ère *(mansonjé, ér)* adj. mentiroso, a.

mensuel, elle *(mansüél)* adj. mensual.

mental, e *(mantál)* adj. mental.

mentalité *(mantalité)* f. mentalidad.

menteur, euse *(mantér, ės)* adj. mentiroso, a.

menthe *(mánt)* f. menta.

mention *(mansión)* f. mención.

mentionner *(mansioné)* tr. mencionar.

mentir *(mantír)* intr. mentir.

menton *(mantón)* m. barbilla.

mentor *(mantór)* m. mentor.

menu, e *(manü)* adj. menudo, a; m. minuta.

menuet *(manüé)* m. minué.

menuisier *(manüisié)* m. carpintero.

méprendre (se) *(se meprándr)* r. equivocarse.

mépris, e *(meprí, ís)* adj. equivocado, a; m. desprecio.

méprisable *(meprisábl)* adj. despreciable.

méprisant, e *(meprisán, ánt)* adj. despreciativo, a.

méprise *(meprís)* f. equivocación.

mépriser *(meprisé)* tr. menospreciar.

mer *(mér)* f. mar.

mercantile *(mercantíl)* adj. mercantil.

mercenaire *(mersenér)* adj. mercenario, a.

mercerie *(merserí)* f. mercería.

merci *(mersí)* f. merced; m. gracias; **sans merci**, sin piedad.

mercredi *(mercredí)* m. miércoles.

mercure *(mercü'r)* m. mercurio.

mercuriale *(mercüriál)* f. mercurial.

mère *(mér)* f. madre; fam. tía; **belle-mère**, suegra.

méridien, enne *(meridién)* adj. meridiano, a; m. meridiano.

méridional, e *(meridionál)* adj. s. meridional.

meringue *(meréng)* f. merengue.

méritant, e *(meritán, ánt)* adj. benemérito, a.

mérite *(merít)* m. mérito.

mériter *(merité)* tr. merecer.

méritoire *(meritüár)* adj. meritorio, a.

merlan *(merlán)* m. pescadilla.

merle *(mérl)* m. mirlo; mero (pez).

merluche *(merlü'ch)* f. merluza.

merveille *(mervéy)* f. maravilla.

merveilleux, euse *(merveyé,és)* adj. maravilloso, a.

mes *(mé)* adj. poses. mis; míos, mías.

mésalliance *(mesaliáns)* f. casamiento desigual.

mésange *(mesánj)* f. Ornit. paro.

mésaventure *(mesavantü'r)* f. contratiempo.

mésestimer *(mesestimé)* tr. menospreciar; desestimar.

mesquin, e *(meskén, ín)* adj. mezquino, a.

mesquinerie *(meskin^erí)* f. mezquindad.

message *(mesáj)* m. mensaje.

messager, ère *(mesajé, ér)* s. mensajero, a.

messagerie *(mesaj^erí)* f. mensajería.

messe *(més)* f. misa.

messie *(mesí)* m. mesías.

messieurs *(mesié)* m pl. señores.

mesurable *(mesürábl)* adj. mensurable.

mesure *(mesü'r)* f. medida; mesura; **au fur et à mesure**, a medida que.

mesuré, e *(mesüré)* adj. medido, a; fig. mesurado, a.

mesurer *(mesüré)* tr. medir.

métairie *(meterí)* f. alquería.

métal *(metál)* m. metal.

métallique *(metalík)* adj. metálico, a.

métallurgie *(metalürjí)* f. metalurgia.

métamorphique *(metamorfík)* adj. metamórfico, a.

métamorphose *(metamorfós)* f. metamorfosis.

métaphore *(metafór)* f. metáfora.

métaphysique *(metafisík)* f. metafísica.

métayer, ère *(meteié, ér)* s. aparcero, a.

météore *(meteór)* m. meteoro.

météorologie *(meteoroloji)* f. meteorología.

méthode *(metód)* f. método.

méthodique *(metodík)* adj. metódico, a.

méticuleux, euse *(meticülé, és)* adj. meticuloso, a.

métier *(metié)* m. oficio; telar.

métis, isse *(metí, ís)* adj. y s. mestizo, a.

mètre *(métr)* m. metro.

métrique *(metrík)* adj. y s. métrico, a.

métropole *(metropól)* f. metrópoli.

métropolitain, e *(metropolitén)* adj. y s. metropolitano, a.

mets *(mé)* m. plato, manjar.

metteur *(metér)* m. el que pone.

mettre *(métr)* tr. poner; **se—.** *(se métr)* r. ponerse.

meuble *(mébl)* adj. y s. mueble.

meubler *(meblé)* tr. amueblar.

meugler *(meglé)* intr. mugir.

meule *(mél)* f. muela (molino); pila (de heno, etc.).

meulière *(meliér)* adj. molar; f. asperón.

meunier, ière *(menié, ér)* s. molinero, a.

meurtre *(mértr)* m. muerte, asesinato.

meurtri *(mertrí)* adj. magullador, afligido.

meurtrier, ière *(mertrié, ér)* adj. mortífero, a; sangriento, a; f. aspillera.

meurtrir *(mertrír)* tr. magullar.

meurtrissure *(mertrisü'r)* f. magullamiento.

meute *(mét)* f. jauría.

mévente *(mevánt)* f. mala venta.

mi *(mi)* m. medio; mitad. *Mús.* mi.

miasme *(miásm)* m. miasma.

miaulement *(miol^emán)* m. maullido.

miauler *(miolé)* intr. maullar.

mica *(micá)* m. mica.

miche *(mích)* f. hogaza.

micheline *(mich^elín)* f. autovía.

microbe *(micrób)* m. microbio.

micron *(micrón)* m. micrón.

microphone *(microfón)* m. micrófono.

microscope *(microscóp)* m. microscopio.

microsillon *(microsiyón)* m. microsurco.

midi *(midí)* m. mediodía.

midinette *(midinét)* f. modistilla.

mie *(mí)* f. miga del pan.

miel *(miél)* m. miel.

mielleux, euse *(mielé, és)* adj. meloso, a.

mien, enne *(mién)* adj. poses. pron. mío, mía.

miette *(miét)* f. migaja.

mieux *(mié)* adv. mejor, más; m. lo mejor.

mièvre *(miévr)* adj. enclenque; afectado.

mignard, e *(miñár, árd)* adj. lindo, a; melindroso, a.

mignonne *(miñón)* adj. mono, a.

migrateur, trice *(migratér, trís)* adj. migrador, a.

migraine *(migrén)* f. jaqueca.

migration *(migrasión)* f. migración.

mijaurée *(mijoré)* f. remilgada.

mijoter *(mijoté)* tr. cocer lentamente; fig. preparar.

mil *(míl)* adj. num. abrev. de **mille**, mil; m. mijo.

milan *(milán)* m. milano.

milice *(milís)* f. milicia.

milicien *(milisién)* m. miliciano.

milieu *(miliė)* m. medio.

militaire *(militér)* adj. y s. militar.

militant, e *(militán, ánt)* adj. militante.

militariser *(militarisé)* tr. militarizar.

militarisme *(militarism)* m. militarismo.

militer *(milité)* i. militar.

mille *(míl)* adj. num. mil; m. milla.

mille-feuille *(milféy)* f. *Bot.* milenrama.

milliard *(miliár)* m. mil millones.

milliardaire *(miliardér)* adj. millonario.

millier *(milié)* m. millar.

milligramme *(miligrám)* m. miligramo.

millimètre *(milimétr)* m. milímetro.

million *(milión)* m. millón.

millionnaire *(milionér)* adj. y s. millonario, a.

mime *(mím)* m. mimo.

mimer *(mimé)* tr. remedar.

mimique *(mimík)* adj. y s. mímico, a.

minable *(minábl)* adj. miserable.

minaret *(minaré)* m. alminar.

minauder *(minodé)* intr. hacer monadas.

mince *(méns)* adj. delgado, a.

minceur *(mensér)* f. delgadez.

mine *(mín)* f. semblante, cara.

miner *(miné)* tr. minar.

minerai *(min^eré)* m. mineral, mena.

minéral, e *(minerál)* adj. mineral.

minéralogie *(mineraloji)* f. mineralogía.

minet, ette *(miné, ét)* s. fam. gatito, a.

mineur, e *(minér)* adj. menor (edad); m. minero.

miniature *(miniatü'r)* f. miniatura.

minier, ière *(minié, ér)* adj. minero, a.

minime *(miním)* adj. mínimo, a.

minimum *(minimóm)* m. mínimum.

ministère *(ministér)* m. ministerio.

ministériel, elle *(ministeriél)* adj. ministerial.

ministre *(minístr)* m. ministro.

minorité *(minorité)* f. minoridad, minoría.

minoterie *(minot^erí)* f. molino (de harina).

minuit *(minüí)* m. medianoche.

minuscule *(minüscü'l)* adj. s. minúsculo, a.

minute *(minü't)* f. minuto; minuta.

minutie *(minüsi)* f. minucia.

minutieux, euse *(minüsié, és)* adj. minucioso, a.

mioche *(mióch)* m. chiquillo, a.

miracle *(mirácl)* m. milagro.

miraculeux, euse *(miraculé, és)* adj. milagroso, a.

mirage *(miráj)* m. espejismo.

mire *(mír)* f. mira.

mirer *(miré)* tr. mirar.

mirifique *(mirifík)* adj. mirífico, a.

miroir *(miruár)* m. espejo.

miroitant, e *(miruatán, ánt)* adj. espejeante.

miroitement *(miruat^emán)* m. reflejo, reverberación.

miroiter *(miruaté)* i. reverberar.

mis, ise *(mí, mís)* adj. puesto, a.

misaine *(misén)* f. trinquete.

misanthrope *(misantróp)* adj. y s. misántropo.

miscellanées *(miselané)* f. pl. miscelánea.

mise *(mís)* f. puesta, puja; manera de vestirse.

miser *(misé)* tr. apuntar, hacer puesta.

misérable *(miserábl)* adj. y s. miserable.

misère *(misér)* f. miseria.

miséricorde *(misericórd)* f. misericordia.

miséricordieux, euse *(misericordié, és)* adj. y s. misericordioso, a.

missel *(misél)* m. misal.

mision *(misión)* f. misión.

missionnaire *(misionér)* m. misionero.

missive *(misív)* f. misiva.

mitaine *(mitén)* f. mitón; **croquemitaine**, coco.

mite *(mít)* f. polilla.

mitiger *(mitijé)* tr. mitigar.

mitonner *(mitoné)* intr. cocer a fuego lento.

mitoyen, enne *(mituaién)* adj. medianero, a.

mitraille *(mitráy)* f. metralla.

mitrailler *(mitrayé)* intr. ametrallar.

mitrailleur *(mitrayér)* m. ametrallador.

mitrailleuse *(mitrayés)* f. ametralladora.

mitre *(mítr)* f. mitra.

mitré, e *(mitré)* adj. mitrado, a.

mixte *(micst)* adj. y s. mixto, a.

mixture *(micstü'r)* f. mixtura.

mobile *(mobíl)* adj. móvil.

mobilier, ère *(mobilié, ér)* adj. mobiliario, a; ajuar.

mobilisation *(mobilisasión)* f. movilización.

mobiliser *(mobilisé)* tr. movilizar.

mobilité *(mobilité)* f. movilidad.

moche *(móch)* adj. pop. feo, a.

modalité *(modalité)* f. modalidad.   [da.

mode *(mód)* m. modo; f. moda.

modèle *(modél)* m. modelo.

modeler *(mod^elé)* tr. modelar.

modeleur *(mod^elér)* m. modelador.

modérateur, trice *(moderatér, trís)* s. moderador, a.

modération *(moderasión)* f. moderación.

modéré, e *(moderé)* adj. y s. moderado, a.

modérer *(moderé)* tr. moderar.

moderne *(modérn)* adj. moderno, a.

moderniser *(modernisé)* tr. modernizar.

modernisme *(modernísm)* m. modernismo.

modeste *(modést)* adj. modesto, a.

modestie *(modestí)* f. modestia.

modicité *(modisité)* f. modicidad.

modification *(modificasión)* f. modificación.

modifier *(modifié)* tr. modificar.

modique *(modík)* adj. módico, a.

modiste *(modíst)* f. modista.

modulation *(modülasión)* f. modulación.

module *(modü'l)* m. módulo.

moduler *(modülé)* tr. modular.

moelle *(moél)* f. médula; tuétano.

moelleux, euse *(moelé, és)* adj. meduloso, a; muelle.

moellon *(moelón)* m. morrillo.

mœurs *(mér)* f. pl. costumbres.

moi *(muá)* pron. pers. yo, me, mi.

moignon *(muañón)* m. *Cir.* muñón.

moindre *(muéndr)* adj. menor.

moine *(muán)* m. monje.

moineau *(muanó)* m. gorrión.

moins *(muén)* adv. de comp. menos; m. menos.

moire *(muár)* f. muaré.

moirer *(muaré)* tr. dar aguas (tela).

mois *(muá)* m. mes.

moisir *(muasír)* adj. enmohecer. Ú. t. c. intr. y c. r.

moisissure *(muasisü'r)* f. moho.

moisson *(muasón)* f. cosecha.

moissonner *(muasoné)* tr. cosechar, segar.

mossonneur, euse *(muasonér, es)* s. segador, a.

moite *(muát)* adj. húmedo, a.

moiteur *(muatér)* f. humedad.

moitié *(muatié)* f. mitad.

mol, molle *(mól)* adj. blando, a.

molaire *(molér)* adj. y s. molar.

môle *(mól)* m. rompeolas.

moléculaire *(molecülér)* adj. molecular.

molécule *(molecü'l)* f. molécula.

molester *(molesté)* tr. molestar.

mollesse *(molés)* f. blandura.

mollet, ette *(molé, ét)* adj. dim. de *mou*, blandito, a; m. pantorrilla.

molletière *(moletiér)* f. polaina.

mollir *(molír)* i. aflojar.

mollusque *(molü'sk)* m. molusco.

môme *(móm)* s. chicuelo.

moment *(momán)* m. momento.

momentané, e *(momantané)* adj. momentáneo, a.

momie *(momí)* f. momia.

momifier *(momifié)* tr. momificar.

mon *(món)* adj. pos. m. mi.

monacal, e *(monacál)* adj. monacal.

monarchie *(monarchí)* f. monarquía.

monarchique *(monarchík)* adj. monárquico, a.

monarque *(monárk)* m. monarca.

monastère *(monastér)* m. monasterio.

monastique *(monastík)* adj. monástico, a.

monceau *(monsó)* m. montón.

mondain, e *(mondén)* adj. y s. mundano, a.

monde *(mónd)* m. mundo, gente.

monder *(mondé)* tr. mondar.

mondial, e *(mondiál)* adj. mundial.

monétaire *(monetér)* adj. monetario, a.

moniteur *(monitér)* s. monitor.

monnaie *(moné)* f. moneda; moneda suelta.

monnayer *(moneié)* tr. amonedar.

monnayeur *(moneiér)* adj. y s. monedero.

monocle *(monócl)* m. monóculo.

monogramme *(monográm)* m. monograma.

monographie *(monografí)* f. monografía.

monolithe *(monolít)* adj. y s. monolito.

monologue *(monológ)* m. monólogo.

monôme *(monóm)* m. monomio.

monoplan, e *(monoplán)* adj. y s. monoplano, a.

monopole *(monopól)* m. monopolio.

monopoliser *(monopolisé)* tr. monopolizar.

monosyllabe *(monosiláb)* adj. y s. monosílabo, a.

monothéisme *(monoteísm)* m. monoteísmo.

monotone *(monotón)* adj. monótono, a.   [tonía.

monotonie *(monotoní)* f. monotonía.

monseigneur *(monseñér)* m. monseñor.

monsieur *(mesié)* m.˙ señor.

monstre *(mónstr)* m. monstruo.

monstrueux, euse *(monstrüé, és)* adj. monstruoso, a.

monstruosité *(monstrüosité)* f. monstruosidad.

mont *(món)* m. monte.

montage *(montáj)* m. montaje.

montagnard, e *(montañár, árd)* adj. y s. montañés, esa.

montagne *(montáñ)* f. montaña.

montagneux, euse *(montañé, és)* adj. montañoso, a.

montant, e *(montán, ánt)* adj. montante; m. montante; importe.

mont-de-piété *(mondepieté)* m. monte de piedad.

montée *(monté)* f. subida.

monter *(monté)* tr. e intr. subir, montar.

monteur *(montér)* m. montador.

monticule *(monticü'l)* m. montecillo.   [loj.

montre *(móntr)* f. muestra; re-

montrer *(montré)* tr. mostrar.

montueux, euse *(montüé, és)* adj. montuoso, a.

monture *(montü'r)* f. cabalgadura; montura.

monument *(monümán)* m. monumento.

monumental, e *(monümantál)* adj. monumental.

moquer (se) *(se moké)* r. burlarse.

moquerie *(monkerí)* f. burla.

moquette *(mokét)* f. moqueta.

moqueur, euse *(mokér, és)* adj. y s. burlón, ona.

moraine *(morén)* f. morena.

moral, e *(morál)* adj. moral; f. moral; ánimo.

moraliser *(moralisé)* tr. moralizar.

moraliste *(moralíst)* f. moralista.

moralité *(moralité)* f. moralidad.

morbide *(morbíd)* adj. mórbido, a.

moratoire *(moratuár)* adj. moratorio, a.

morceau *(morsó)* m. pedazo.

morceler *(morselé)* tr. dividir.

morcellement *(morsel°mán)* m. partición.

mordant, e *(mordán, ánt)* adj. mordaz; m. mordiente.

mordiller *(mordiyé)* tr. mordiscar.   [der.

mordre *(mórdr)* tr. e intr. mor-

morfondre *(morfóndr)* tr. enfriar; **se—,** r. flg. aburrirse.

morgue *(mórg)* f. orgullo; depósito de cadáveres.

moribond, e *(moribón, ónd)* adj. y s. moribundo, a.

moricaud, e *(moricó, ód)* adj. y s. negrillo, a.

morigéner *(morijené)* tr. morigerar.

morne *(mórn)* adj. triste.

morose *(morós)* adj. taciturno.

morphine *(morfín)* f. morfina.

morphologie *(morfoloji)* f. morfología.

mors *(mór)* m. bocado (freno).

morse *(mórs)* f. *Zool.* morsa.

morsure *(morsü'r)* f. mordedura.

mort, e *(mór, mórt)* adj. y s. muerto, a; f. muerte.

mortadelle *(mortadél)* f. mortadela.

mortaise *(mortés)* f. mortaja.

mortalité *(mortalité)* f. mortalidad.

mortel, elle *(mortél)* adj. y s. mortal.

mortier *(mortié)* m. mortero, argamasa.

mortifère *(mortifér)* adj. mortífero, a.

mortification *(mortificasión)* f. mortificación.

mortifier *(mortifié)* tr. mortificar.

mortuaire *(mortüér)* adj. mortuorio, a.

morue *(morü')* f. bacalao.

morve *(mórv)* f. moco.

morveux, euse *(morvé, és)* adj. mocoso, a.

mosaïque *(mosaík)* f. mosaico.

mosquée *(moské)* f. mezquita.

mot *(mó)* m. palabra, vocablo.

moteur, trice *(moté̀r, tris)* adj. y s. motor.

motif *(motíf)* m. motivo.

motion *(mosión)* f. moción.

motiver *(motivé)* tr. motivar.

motocyclette *(motosiclét)* f. motocicleta.

motorisation *(motorisasión)* f. motorización.

motoriser *(motorisé)* tr. motorizar.   [te.

motte *(mót)* f. terrón; mogo-

mou, molle *(mú, mól)* adj. blando, a.

mouchard *(muchár)* m. soplón.

moucharder *(muchardé)* tr. espiar, soplonear.

mouche *(múch)* f. mosca.

moucher *(muché)* r. sonarse.

moucheron *(much°rón)* m. mosquito.

moucheter *(much°té)* tr. motear.

mouchoir *(muchuár)* m. pañuelo.

moudre *(múdr)* tr. moler.

moue *(mú)* f. mueca, gesto.

mouette *(muét)* f. gaviota.

moufle *(múfl)* f. guante; aparejo (polea).

mouillage *(muyáj)* m. fondeadero.

mouiller *(muyé)* tr. mojar; fandear.

moulage *(muláj)* m. vaciado.

moule *(múl)* m. molde; f. mejillón.

mouler *(mulé)* tr. amoldar, vaciar.

moulin *(mulén)* m. molino.

moulinet *(muliné)* m. molinete.

moulure *(mulü'r)* f. moldura.

mourant, e *(murán, ánt)* adj. y s. moribundo.

mourir *(murír)* i. morir.

mousquetaire *(musk°tér)* m. mosquetero.

mousqueton *(musk°tón)* m. *Mil.* tercerola.

mousse *(mús)* m.˙ grumete; f. musgo; espuma.

mousseline *(mus^elín)* f. muselina.

mousser *(musé)* intr. espumear.

mousseux, euse *(musé, és)* adj. espumoso, a.

mousson *(musón)* f. monzón.

moustache *(mustách)* f. bigote.

moustiquaire *(mustikér)* f. mosquitero.

moustique *(mustík)* m. mosquito.

moût *(mú)* m. mosto.

moutarde *(mutárd)* f. mostaza.

mouton *(mutón)* m. carnero.

moutonneux, euse *(mutoné, és)* adj. rizado, a; aborregado, a.

mouture *(mutü'r)* f. molienda.

mouvant, e *(muván, ánt)* adj. movedizo, a.

mouvement *(muv°mán)* m. movimiento.

mouvementé, e *(muv°manté)* adj. animado, a; variado, a.

mouvoir *(muvuár)* tr. mover.

moyen, enne *(muaién)* adj. medio, a; mediano, a; media aritmética; m. medio; pl. riquezas, medios.

moyennant *(muaienán)* prep. mediante.

moyeu *(muaié)* m. cubo (rueda).

muable *(müábl)* adj. mudable.

mucilage *(müsiláj)* m. mucílago.

mucosité *(mücosité)* f. mucosidad.

mucus *(mücü's)* m. moco.

mue *(mü')* f. muda.

muer *(müé)* intr. mudar.

muet, ette *(müé, ét)* adj. y s. mudo, a.

mufle *(mü'fl)* m. hocico, jeta.

mugir *(müjír)* intr. mugir.

mugissement *(müjis°mán)* m. mugido.

muguet *(mügué)* m. lirio de valle.

mulâtre, esse *(mülátr, és)* adj. y s. mulato, a.

mule *(mü'l)* f. sandalia; mula.

mulet *(mülé)* m. mulo.

muletier *(mül°tié)* m. arriero.

mulot *(müló)* m. *Zool.* ratón de campo.

multicolore *(mülticolór)* adj. multicolor.

multiple *(mültípl)* adj. múltiple.

multiplication *(mültiplicasión)* f. multiplicación.

multiplicité *(mültiplisité)* f. multiplicidad.

multiplier *(mültiplié)* tr. e i. multiplicar.

multitude *(mültitü'd)* f. multitud.

municipal, e *(münisipál)* adj. municipal.

municipalité *(münisipalité)* f. municipalidad.

munificence *(münifisáns)* f. munificencia.

munir *(münír)* tr. proveer.

munition *(münisión)* f. munición.

muqueux, euse *(müké, és)* adj. mucoso, a.

mur *(mü'r)* m. muro, pared.

mûr, e *(mü'r)* adj. maduro, a.

muraille *(müráy)* f. muralla.

N n

mural, e (*mürál*) adj. mural.
mûre (*mü'r*) f. mora; zarzamora.
murène (*mürén*) f. morena (pez).
murer (*müré*) tr. murar; tapiar.
mûrier (*mürié*) m. morera.
mûrir (*mürír*) i. y tr. madurar.
murmure (*mürmü'r*) m. murmullo.
murmurer (*mürmüré*) intr. murmurar.
musaraigne (*müsaréñ*) f. musaraña.
musarder (*müsardé*) intr. gandulear.
musc (*mü'sc*) m. almizcle.
muscade (*müscád*) adj. y s. moscada.
muscadin (*müscadén*) m. fig. petimetre.
muscat (*müscá*) m. moscatel.
muscle (*mü'scl*) m. músculo.
musclé, e (*müsclé*) adj. musculoso, a.
musculaire (*müscüler*) adj. muscular.
musculature (*müscülatü'r*) f. musculatura.
musculeux, euse (*müscülé, és*) adj. musculoso, a.
muse (*mü's*) f. musa; numen.
museau (*müsó*) m. hocico.
musée (*müsé*) m. museo.
museler (*müs°lé*) tr. abozalar; fig. amordazar.
muselière (*müs°liér*) f. bozal.
musette (*müsét*) f. gaita, morral.
muséum (*müseóm*) m. museo.
musical, e (*müsicál*) adj. musical.
musicien, enne (*müsisién*) adj. y s. músico.
musique (*müsík*) f. música.
musquer (*müské*) tr. almizclar.
musulman, e (*müsülmán*) adj. y s. musulmán, ana.
mutation (*mütasión*) f. mutación.
mutilation (*mütilasión*) f. mutilación.
mutiler (*mütilé*) tr. mutilar.
mutin, e (*mütén, in*) adj. y s. revoltoso, a; vivaracho, a.
mutiner (se) (*se mütiné*) r. amotinarse.   [ción.
mutinerie (*mütin°rí*) f. obstinamutisme** (*mütísm*) m. mudez.
mutualité (*mütüalité*) f. mutualidad.
mutuel, elle (*mütüél*) adj. mutuo, a.
myope (*mióp*) adj. y s. miope.
myopie (*miopí*) f. miopía.
myriade (*miriád*) f. miríada.
myriamètre (*miriamétr*) m. miriámetro.
myrrhe (*mírr*) f. mirra.
myrte (*mírt*) m. Bot mirto.
mystère (*mistér*) m. misterio.
mystérieux, euse (*misterié, és*) adj. misterioso.
mysticisme (*mistisísm*) m. misticismo.   [burla.
mystification (*mistificasión*) f.
mystifier (*mistifié*) tr. burlar.
mystique (*mistík*) adj. y s. místico, a.
mythe (*mít*) m. mito.
mythologie (*mitoloʃí*) f. mitología.

nabot, e (*nabó, ót*) s. fam. personilla.
nacelle (*nasél*) f. barquilla.
nacre (*nácr*) f. nácar.
nacré, e (*nacré*) adj. nacarado, a.
nage (*náʃ*) f. nado, natación.
nageoire (*naʃuár*) f. atleta.
nager (*naʃé*) i. nadar.
nageur, euse (*naʃér, és*) s. nadador, a.
naguère (*naguér*) adv. no ha mucho.
naïade (*naiád*) f. náyade.
naïf, ïve (*naíf, ív*) adj. ingenuo, a; sencillo, a.
nain, e (*nén*) adj. y s. enano, a.
naissance (*nesáns*) f. nacimiento.
naître (*nétr*) intr. nacer.
naïveté (*naiv°té*) f. ingenuidad.
nantir (*nantír*) tr. afianzar; se—. r. precaverse; proveerse.
nantissement (*nantis°mán*) m. fianza.
naphtaline (*naftalín*) f. naftalina.
naphte (*náft*) m. nafta.
nappe (*náp*) f. mantel; capa.
narcisse (*narsís*) m. narciso.
narcotique (*narcotík*) adj. y s. narcótico.
nard (*nár*) m. Bot. nardo.
nargue (*nárg*) f. desdén.
narguer (*narguér*) tr. desdeñar, hacer befa.
narine (*narín*) f. ventana de la nariz.
narquois, e (*narkuá, ás*) adj. y s. burlón, ona.
narrateur, trice (*narratér, tris*) s. narrador, a.
narratif, ive (*narratíf, ív*) adj. narrativo, a.
narration (*narrasión*) f. narración.
narrer (*narré*) tr. narrar.
nasal, e (*nasál*) adj. nasal.
naseau (*nasó*) m. nariz (ventana).
nasillard, e (*nasiyár, árd*) adj. y s. gangoso, a.
nasse (*nás*) f. nasa.
natal, e (*natál*) adj. sing. natal.
natalité (*natalité*) f. natalidad.
natation (*natasión*) f. natación.
natif, ive (*natíf, ív*) adj. y s. nativo, a.
nation (*nasión*) f. nación.
national, e (*nasionál*) adj. nacional.
nationalisme (*nasionalísm*) m. nacionalismo.
nationaliste (*nasionalíst*) adj. y s. nacionalista.
nationalité (*nasionalité*) f. nacionalidad.
nativité (*nativité*) f. natividad.
natte (*nát*) f. estera; trenza.
natter (*naté*) tr. trenzar.
naturalisation (*nätüralisasión*) f. naturalización.
naturaliser (*nätüralisé*) tr. naturalizar.
naturalisme (*nätüralísm*) m. naturalismo.

nature (*natü'r*) f. naturaleza.
naturel, elle (*natürél*) adj. y s. natural.
naufrage (*nofráʃ*) m. naufragio.
naufragé, e (*nofraʃé*) adj. y s. náufrago, a.
naufrager (*nofraʃé*) intr. naufragar.
nauséabond, e (*noseabón, ónd*) adj. nauseabundo, a.
nausée (*nosé*) f. náusea.
nautique (*notík*) adj. náutico, a.
naval, e (*navál*) adj. naval.
navet (*navé*) m. nabo.
navette (*navét*) f. lanzadera; faire la navette, ir y venir.
navigable (*navigábl*) adj. navegable.
navigateur (*navigatér*) adj. y s. navegante.
navigation (*navigasión*) f. navegación.
naviguer (*navigué*) intr. navegar.
navire (*navír*) m. navío.
navrant, e (*navrán, ánt*) adj. aflictivo, a.
navrer (*navré*) tr. afligir.
ne (*né*) adv. no.
né, e (*né*) adj. nacido, a; nato, a; de nacimiento.
néanmoins (*neanmuén*) conj. sin embargo.
néant (*neán*) m. la nada.
nébuleux, euse (*nebülé, és*) adj. nebuloso, a; f. nebulosa.
nécessaire (*nesesér*) adj. necesario, a; m. lo necesario.
nécessité (*nesesité*) f. necesidad.
nécessiter (*nesesité*) tr. necesitar.
nécessiteux, euse (*nesesité, és*) adj. y s. necesitado, a.
nécrologie (*necroloʃí*) f. necrología.
nécromancien, enne (*necromansién*) s. nigromántico, a.
nécropole (*necropól*) f. necrópolis.
nectar (*nectár*) m. néctar.
nef (*néf*) f. nave.
néfaste (*nefást*) adj. nefasto, a.
nèfle (*néfl*) f. níspero.
négatif, ive (*negatíf, ív*) adj. y s. negativo, a.
négation (*negasión*) f. negación.
négligé, e (*negliʃé*) adj. descuidado, a.
négligeable (*negliʃábl*) adj. desdeñable.
négligemment (*negliʃamán*) adv. descuidadamente.
négligence (*negliʃáns*) f. negligencia.
négligent, e (*negliʃán, ánt*) adj. y s. negligente.
négliger (*negliʃé*) tr. descuidar.
négoce (*negós*) m. negocio.
négociant (*negosián*) m. negociante.
négociateur, trice (*negosiatér, tris*) s. negociador, a.
négociation (*negosiasión*) f. negociación.
négocier (*negosié*) intr. negociar.
nègre (*négr*) adj. y s. negro, a (raza).
négresse (*negrés*) f. negra.
neige (*néʃ*) f. nieve.
neiger (*neʃé*) impers. nevar.
neigeux, euse (*neʃé, és*) adj. nevoso, a.
nenni (*neni*) adv. nones, no.
néologisme (*neoloʃísm*) m. neologismo.
néophyte (*neofít*) s. neófito, a.
néphrite (*nefrít*) f. nefritis.
nerf (*nérf*) m. nervio.
nerveux, euse (*nervé, és*) adj. nervioso, a.

nervosité (*nervosité*) f. nerviosidad.
nervure (*nervü'r*) f. nervura; Arq. nervadura.
net, ette (*né, nét*) adj. neto, a; adv. netamente.
nettement (*net°mán*) adv. claramente.
netteté (*net°té*) f. claridad.
nettoiement o **-toyage** (*netuámán, netuaiáʃ*) m. limpieza.
nettoyer (*netuaié*) tr. limpiar.
neuf, euve (*néf, név*) adj. nuevo, a; m. lo nuevo; adj. y s. m. nueve.
neurasthénie (*nerasteni*) f. neurastenia.
neurologie (*neroloʃí*) f. neurología.
neurone (*nerón*) m. neurona.
neutraliser (*netralisé*) tr. neutralizar.
neutralité (*netralité*) f. neutralidad.
neutre (*nétr*) adj. neutro, a. neutral.
neveu (*nevé*) m. sobrino.
névralgie (*nevralʃí*) f. neuralgia.
névralgique (*nevralʃík*) adj. neurálgico, a.
nez (*né*) m. nariz.
ni (*ni*) conj. ni. .
niable (*niábl*) adj. negable.
niais, e (*nié, és*) adj. y s. fig. bobo, a.
niaiserie (*nies°ri*) f. bobería.
niche (*ních*) f. nicho; hornacina.
nichée (*niché*) f. nidada.
nicher (*niché*) i. anidar; tr. alojar.
nickel (*nikél*) m. níquel.
nickeler (*nik°lé*) tr. niquelar.
nicotine (*nicotín*) f. nicotina.
nid (*ni*) m. nido.
nièce (*niés*) f. sobrina.
nier (*nié*) tr. negar.
nigaud, e (*nigó, ód*) adj. simple.
nimbe (*némb*) m. nimbo.
nimbus (*nenbü's*) m. nimbo.
nippe (*níp*) f. atavío; pl. pop. trapos.
nipper (*nipé*) tr. ataviar.
nitrate (*nitrát*) m. nitrato.
nitrique (*nitrík*) adj. nítrico, a.
nitroglycérine (*nitrogliserín*) f. nitroglicerina.
niveau (*nivó*) m. nivel.
niveler (*niv°lé*) tr. nivelar.
nivellement (*nivel°mán*) m. nivelación.
noble (*nóbl*) adj. y s. noble.
noblesse (*noblés*) f. nobleza.
noce (*nós*) f. boda; fam. juerga; pl. nupcias.
noceur, euse (*nosér, és*) s. juerguista.
noctambule (*noctanbü'l*) adj. y s. noctámbulo.
nocturne (*noctü'rn*) adj. y s. nocturno, a.
Noël (*noél*) m. Navidad.
nœud (*né*) m. nudo.
noir, e (*nuár*) adj. negro, a; triste; m. color negro.
noirâtre (*nuarátr*) adj. negruzco, a.
noirceur (*nuarsér*) f. negrura; fig. maldad.
noircir (*nuarsír*) tr. ennegrecer.
noircissure (*nuarsisü'r*) f. mancha negra.
noise (*nuás*) f. disputa, pendencia.   [llano.
noisetier (*nuas°tié*) m. Bot. ave-
noisette (*nuasét*) f. avellana.
noix (*nuá*) f. nuez.

nom *(nón)* m. nombre; nom de famille, apellido.
momade *(nomád)* adj. y s. nómada.
nombre *(nónbr)* m. número.
nombrer *(nonbré)* tr. contar.
nombreux, euse *(nonbré, és)* adj. numeroso, a.
nombril *(nonbríl)* m. ombligo.
nomenclature *(nomanclatü'r)* f. nomenclatura.
nominal, e *(nominál)* nominal.
nominatif *(nominatíf)* adj. y s. nominativo.
nomination *(nominasión)* f. nombramiento.
nommé, e *(nomé)* adj. nombrado, a; llamado, a.
nommer *(nomé)* tr. nombrar; llamar.
non *(nón)* adv. no (sin el verbo).
non-activité *(nonactivité)* f. reemplazo, cesantía.
nonagénaire *(nonajenér)* adj. y s. nonagenario, a.
nonce *(nóns)* m. nuncio.
nonchalance *(nonchaláns)* f. dejadez.
nonchalant, e *(nonchalán, ánt)* adj. indolente.
nonciature *(nonsiatü'r)* f. nunciatura.
non-conformiste *(nonconformíst)* adj. y s. no conformista.
non-jouissance *(nonjuisáns)* f. *Jur.* privación del usufructo.
non-lieu *(nonlié)* m. *Jur.* denegación.
nonne *(nón)* f. monja.
nonobstant *(nonobstán)* prep. a pesar de; adv. no obstante. non plus loc. adv. tampoco.
non-sens *(nonsáns)* m. contrasentido.
nopal *(nopál)* m. nopal.
nord *(nór)* m. norte.
nord-est *(nordést)* m. nordeste.
nordique *(nordík)* adj. nórdico.
nord-ouest *(norduést)* m. noroeste.
noria *(noriá)* f. noria.
normal, e *(normál)* adj. normal.
normalité *(normalité)* f. normalidad.
nos *(nó)* adj. pos. nuestros, as.
nostalgie *(nostalji)* f. nostalgia.
nostalgique *(nostaljík)* adj. nostálgico, a.
nota *(notá)* m. nota.
notabilité *(notabilité)* f. notabilidad.
notable *(notábl)* adj. y s. notable.
notaire *(notér)* m. notario.
notamment *(notamán)* adv. particularmente.
notarial, e *(notariál)* adj. notarial.
notation *(notasión)* v. tr. notar.
note *(nót)* f. nota; cuenta.
noter *(noté)* tr. notar.
notice *(notís)* f. noticia.
notifier *(notifié)* tr. notificar.
notion *(nosión)* f. noción.
notoire *(notuár)* adj. notorio, a.
notoriété *(notorieté)* f. notoriedad.   [tro, a.
notre *(nótr)* adj. pos. nuestro; nôtre *(nótr)* pr. pos. nuestro, a.
nouer *(nué)* tr. anudar; fig. tramar.
noueux, euse *(nué, és)* adj. nudoso, a.
nougat *(nugá)* m. turrón.

nouilles *(núy)* f. pl. tallarines.
nourri, e *(nurrí)* adj. alimentado, a; criado, a.
nourrice *(nurrís)* f. nodriza.
nourricier, ère *(nurrisié, ér)* adj. nutricio, a.
nourrir *(nurrír)* tr. nutrir.
nourrissant, e *(nurrisán, ánt)* adj. nutritivo, a.
nourrisson *(nurrisón)* m. niño lactante.
nourriture *(nurritü'r)* f. alimento.
nous *(nú)* pr. pers. nosotros, as (sujeto); nos (compl.).
nouveau *(nuvó)* adj. y s. nuevo, a; nouveau-né, recién nacido.
nouveauté *(nuvoté)* f. novedad.
nouvelle *(nuvél)* f. noticia, novela.
novateur, trice *(novatér, trís)* adj. y s. novador, a.
novembre *(novánbr)* m. noviembre.
novice *(novís)* adj. y s. novicio, a.
noviciat *(novisiá)* m. noviciado.
noyade *(nuayád)* f. ahogamiento.
noyau *(nuayó)* m. hueso de las frutas; fig. núcleo.
noyé, é *(nuayé)* adj. y s. ahogado, a.
noyer *(nuayé)* tr. ahogar; se—, *(se nuayé)* r. ahogarse; m. nogal.
nu, e *(nü')* adj. desnudo, a.
nuage *(nüáj)* m. nube.
nuageux, euse *(nüajé, és)* adj. nublado, a.
nuance *(nüáns)* f. matiz.
nuancer *(nüansé)* tr. matizar.
nubile *(nübíl)* adj. núbil.
nudité *(nüdité)* f. desnudez.
nue *(nü')* f. nube.
nuée *(nüé)* f. nube, caterva.
nuire *(nüír)* tr. perjudicar.
nuisible *(nüisíbl)* adj. nocivo.
nuit *(nüí)* f. noche.
nul, nulle *(nü'l)* adj. ninguno, a; nadie; nulo, a.
nullement *(nü'lemán)* adv. de ningún modo.
nullité *(nülité)* f. nulidad.
numéraire *(nümerér)* adj. y s. numerario, a.
numéral, e *(nümerál)* adj. numeral.
numérateur *(nümeratér)* m. *Arit.* numerador.
numération *(nümerasión)* f. numeración.
numérique *(nümerík)* adj. numérico, a.
numéro *(nümeró)* m. número.
numéroter *(nümeroté)* tr. numerar.
numismatique *(nümismatík)* adj. numismático, a.
nuptial, e *(nüpsiál)* adj nupcial.
nuque *(nü'k)* f. nuca.
nutritif, ive *(nütritíf, ív)* adj. nutritivo, a.
nutrition *(nütrisión)* f. nutrición.
nymphe *(nénf)* f. ninfa.

o! *(ó)* interj. ¡oh!
oasis *(oasís)* f. oasis.
obédience *(obediáns)* f. obediencia.
obéir *(obeír)* intr. obedecer.
obéissance *(obeisáns)* f. obediencia.
obéisant, e *(obeisán, ánt)* adj. obediente.
obélisque *(obelísk)* adj. obelisco.
obérer *(oberé)* tr. empeñar.
obèse *(obés)* adj obeso, a.
obésité *(obesité)* f. obesidad.
objecter *(objecté)* tr. objetar.
objecteur *(objectér)* adj. y s. objetante.
objectif, ive *(objectíf, ív)* adj. y s. objetivo, a.
objection *(objecsión)* f. objeción.
objectivité *(objectivité)* f. objetividad.
objet *(objé)* m. objeto.
oblation *(oblasión)* f. oblación.
obligation *(obligasión)* f. obligación.
obligatoire *(obligatuár)* adj. obligatorio, a.
obligé, e *(oblijé)* adj. obligado, a; agradecido, a.
obligeance *(oblijáns)* f. cortesanía.
obligeant, e *(oblijánt, ánt)* adj. obsequioso, a.
obliger *(oblijé)* tr. obligar.
oblique *(oblík)* adj. oblicuo, a.
obliquer *(oblíké)* intr. oblicuar.
oblitération *(obliterasión)* f. obliteración.
oblitérer *(obliteré)* tr. obliterar.
oblong, gue *(oblón, óng)* adj. oblongo, a.
obole *(oból)* f. óbolo.
obscène *(obsén)* adj. obsceno, a.
obscénité *(obsenité)* f. obscenidad.
obscure, e *(obscü'r)* adj. oscuro, a.
obscurcir *(obscü'rsír)* tr. obscurecer.
obscurcissement *(obscürsismán)* m. obscurecimiento.
obscurité *(obscürité)* f. obscuridad.
obsédé, e *(obsedé)* adj. obsesionado, a.
obséder *(obsedé)* tr. atormentar.
obsèques *(obsék)* f. pl. exequias.
obséquieux, euse *(obsekié, és)* adj. obsequioso, a.
observance *(obsérváns)* f. observancia.
observateur, trice *(observatér, trís)* s. observador, a.
observation *(observasión)* f. observación.
observatoire *(observatuár)* m. observatorio.
observer *(observé)* tr. observar.

obsession *(obsesión)* f. obsesión.
obstacle *(obstácl)* m. obstáculo.
obstination *(obstinasión)* f. obstinación.
obstiné, e *(obstiné)* adj. obstinado, a.
obstiner (s') *(sobstiné)* r. obstinarse.
obstruction *(obstrücsión)* f. obstrucción.
obstruer *(obstrüé)* tr. obstruir.
obtempérer *(obtanperé)* i. obtemperar.
obtenir *(obtenír)* tr. obtener.
obtention *(obtansión)* f. obtención.
obturateur, trice *(obtüratér, trís)* adj. y obturador, a.
obturation *(obtürasión)* f. obturación.
obtus, e *(obtü'. ü's)* adj. obtuso, a.
obus *(obü')* m. *Artill.* granada.
obusier *(obüsié)* m. *Artill.* obús.
obvier *(obvié)* intr. obviar.
occasion *(ocasión)* f. ocasión.
occasionnel, elle *(ocasionél)* adj. ocasional.
occasionner *(ocasioné)* tr. ocasionar.
occident *(ocsidán)* m. occidente.
occidental, e *(ocsidántál)* adj. occidental.
occipital, e *(ocsipitál)* adj. occipital.
occiput *(ocsipü't)* m. occipucio.
occire *(ocsír)* tr. matar.
occlusion *(oclüsión)* f. oclusión.
occulte *(ocü'lt)* adj. oculto, a.
occultisme *(ocültísm)* m. ocultismo.
occupant, e *(ocüpán, ánt)* adj. y s. ocupante.
occupation *(ocüpasión)* f. ocupación.
occuper *(ocüpé)* tr. ocupar; s'—. r. ocuparse.
occurrence *(ocürráns)* f. ocurrencia.
océan *(oseán)* m. océano.
ocre *(ócr)* f. ocre.
octaèdre *(octaédr)* m. octaedro.
octave *(octáv)* f. octava.
octobre *(octóbr)* m. octubre.
octogénaire *(octojenér)* adj. y s. octogenario, a.
octogone *(octogón)* adj. y s. octógono.
octroi *(octruá)* m. concesión; arbitrios municipales; fielato.
octroyer *(octruaié)* tr. conceder.
oculaire *(ocülér)* adj. y s. ocular.   [lista.
oculiste *(ocülíst)* adj. y s. oculodalisque *(odalísk)* f. odalisca.
ode *(ód)* f. oda.
odeur *(odér)* f. olor.
odieux, euse *(odié, és)* adj. odioso.
odontologie *(odontoloji)* f. odontología.
odorant, e *(odorán, ánt)* adj. oloroso, a.
odorat *(odorá)* m. olfato.
odoriférant, e *(odoriferán, ánt)* adj. odorífero, a.
odyssée *(odisé)* f. odisea.
œcuménique *(ecümeník)* adj. ecuménico, a.
œil *(éy)* m. ojo; œil de boeuf, claraboya.
œillade *(eyád)* f. ojeada.
œillet *(eyé)* m. clavel.
œsophage *(esofáj)* m. esófago.
œuf *(éf)* m. huevo.
œuvre *(évr)* f. obra.
offensant, e *(ofansán, ánt)* adj. ofensivo, a.

offense *(ofáns)* f. ofensa.

offensé, e *(ofansé)* adj. ofendido, a.

offenseur *(ofansér)* m. ofensor.

offensif, ive *(ofansíf, ív)* adj. ofensivo, va.

offertoire *(ofertuár)* m. ofertorio.

office *(ofís)* m. oficio.

officiel, cielle *(ofisiél)* adj. oficial.

officier *(ofisié)* intr. oficiar; m. oficial.

officieux, euse *(ofisié, és)* adj. oficioso, a.

officine *(ofisín)* f. oficina; laboratorio.

offrande *(ofránd)* f. ofrenda.

offrant, e *(ofrán, ánt)* adj. y s. oferente; postor.

offre *(ofr)* f. oferta, ofrecimiento.

offrir *(ofrír)* tr. ofrecer.

offusquer *(ofüské)* tr. ofuscar.

ogival, e *(ojivál)* adj. *Arq.* ojival.

ogive *(ojív)* f. *Arq.* ojiva.

ogre, ogresse *(ógr, ogrés)* s. ogro.

oh! *(ó)* interj. ¡oh!

oie *(uá)* f. oca, ganso.

oignon *(oñón)* m. cebolla; callo.

oindre *(uéndr)* tr. untar; ungir.

oint *(uén)* adj. untado, a; ungido, a.

oiseau *(uasó)* m. pájaro; à vol d'oiseau, a vista de pájaro.

oiseux, euse *(uasé, és)* adj. ocioso, a.

oisif, ive *(uasíf, ív)* adj. y s. ocioso, a.

oisiveté *(uasivᵉté)* f. ociosidad.

oléagineux, euse *(oleajiné, és)* adj. oleaginoso, a.

olfactif, ive *(olfactíf, ív)* adj. olfativo, a.

olifant *(olifán)* m. cuerno.

oligarchie *(oligarchí)* f. oligarquía.

olivâtre *(olivátr)* adj. aceitunado, a.

olive *(olív)* f. aceituna.

olivier *(olivié)* m. olivo.

olympiade *(olenpiád)* f. olimpíada.

olympien, enne *(olenpién)* adj. olímpico, a.

olympique *(olenpík)* adj. olímpico, a.

ombilic *(onbilíc)* m. ombligo.

ombrage *(onbráj)* m. sombra; fig. desconfianza.

ombrager *(onbrajé)* tr. dar sombra.

ombrageux, euse *(onbrajé, és)* adj. asombradizo, a; fig. receloso.

ombre *(ónbr)* f. sombra.

ombrelle *(onbrél)* f. sombrilla.

ombrer *(onbré)* tr. sombrear.

ombreux, euse *(onbré, és)* adj. umbroso, a.

omelette *(omᵉlét)* f. tortilla.

omettre *(ométr)* tr. omitir.

omission *(omisión)* f. omisión.

omnibus *(omnibü's)* m. ómnibus.

omnipotent, e *(omnipotán, ánt)* adj. omnipotente.

omnivore *(omnivór)* adj. omnívoro, a.

omoplate *(omoplát)* f. omóplato.

on *(ón)* pron. indef. se; uno.

once *(óns)* f. onza.

oncle *(óncl)* m. tío.

onction *(oncsión)* f. unción; untura.

onctueux, euse *(onctüé, és)* adj. untuoso, a.

onde *(ónd)* f. onda.

ondée *(ondé)* f. aguacero.

ondoiement *(onduamán)* m. ondeo.

ondoyant, e *(onduayán, ánt)* adj. ondulante.

ondoyer *(onduayé)* intr. ondear.

ondulation *(ondülasión)* f. ondulación.

ondulatoire *(ondülatuár)* adj. ondulatorio, a.

onduler *(ondülé)* intr. ondular.

onéreux, euse *(oneré, és)* adj. oneroso, a.

ongle *(óngl)* m. uña.

onguent *(ongán)* m. ungüento.

onomatopée *(onomatopé)* f. onomatopeya.

onomastique *(onomastík)* f. onomástica.   [gía.

ontologie *(ontoloji)* f. ontolo-

onyx *(onícs)* m. ónice.

onze *(óns)* adj. once.

opale *(opál)* f. ópalo.

opalin, e *(opalén, ín)* adj. opalino, a.

opaque *(opák)* adj. opaco, a.

opéra *(operá)* m. ópera.

opérateur, trice *(operatér, trís)* s. operador, a.

opération *(operasión)* f. operación.

opérer *(operé)* tr. e i. obrar; operar.

opérette *(operét)* f. opereta.

ophtalmie *(oftalmí)* f. oftalmía.

opiné *(opiné)* intr. opinar.

opiniâtre *(opiniátr)* adj. y s. terco, a; pertinaz.

opiniâtreté *(opiniatrᵉté)* f. obstinación.

opinion *(opinión)* f. opinión.

opium *(opióm)* m. opio.

oportun, e *(oportén, iⁱn)* adj. oportuno, a.

opportunément *(oportünemán)* adv. oportunamente.

opportunisme *(oportünísm)* m. oportunismo.

opportuniste *(oportüníst)* adj. y s. oportunista.

opportunité *(oportünité)* f. oportunidad.

opposant, e *(oposán, ánt)* adj. y s. oponente.

opposé *(oposé)* adj. opuesto, a.

opposer *(oposé)* tr. oponer.

opposite *(oposít)* s. lo contrario.

opposition *(oposisión)* f. oposición.

oppresser *(opresé)* tr. oprimir.

oppresseur *(opresér)* m. opresor.

oppressif, ive *(opresíf, ív)* adj. opresivo.

oppression *(opresión)* f. opresión.

opprimé, e *(oprimé)* adj. y s. oprimido, a.

opprimer *(oprimé)* tr. oprimir.

opprobre *(oprób)* m. oprobio.

opter *(opté)* intr. optar, elegir.

opticien *(optisién)* m. óptico.

optime *(optím)* adj. óptimo, a.

optimisme *(optimísm)* m. optimismo.

optimiste *(optimíst)* adj. optimista.

option *(opsión)* f. opción.

optique *(optík)* adj. y f. óptico, a.

opulence *(opüláns)* f. opulencia.

opulent, e *(opülán, ánt)* adj. opulento, a.

opuscule *(opüscü'l)* m. opúsculo.

or *(ór)* conj. ahora bien; m. oro.

oracle *(orácl)* m. oráculo.

orage *(oráj)* m. tormenta.

orageux, euse *(orajé, és)* adj. borrascoso, a; tempestuoso, tempestuosa.

oraison *(oresón)* f. oración.

oral, e *(orál)* adj. oral.

orange *(oránj)* f. naranja.

oranjé, e *(oranjé)* adj. anaranjado, a.

orangeade *(oranjád)* f. naranjada.

oranger *(oranjé)* m. *Bol.* naranjo.

orangoutan *(orangután)* m. *Zool.* orangután.

orateur *(oratér)* m. orador.

oratoire *(oratuár)* adj. y s. oratorio.

oratorio *(oratorió)* m. *Mús.* oratorio.

orbe *(órb)* m. orbe.

orbite *(orbít)* f. órbita.

orchestre *(orkéstr)* m. orquesta.

orchidées *(orkidé)* f. orquídeas.

ordinaire *(ordinér)* adj. y s. ordinario, a.

ordinairement *(ordinerᵉmán)* adv. de costumbre.

ordinal, e *(ordinál)* adj. ordinal.

ordination *(ordinasión)* f. ordenación.

ordonnance *(ordonáns)* f. ordenanza; receta.

ordonnateur, trice *(ordonatér, trís)* adj. y s. ordenador, a.

ordonné, e *(ordoné)* adj. ordenado, a; f. ordenada.

ordonner *(ordoné)* tr. ordenar.

ordre *(órdr)* m. orden; endoso.

ordure *(ordü'r)* f. inmundicia; basura. fig. indecencia.

ordurier, ère *(ordürié, ér)* adj. obsceno, a.

orée *(oré)* f. orilla.

oreille *(oréy)* f. oreja; oído; prêter l'oreille, dar oídos.

oreiller *(oreyé)* m. almohada.

oreillons *(oreyón)* m. pl. paperas.

ores *(ór)* adv. ahora; d'ores et déjà, desde ahora.

orfèvre *(orfévr)* m. platero; orfebre.   [ría.

orfèvrerie *(orfevrᵉrí)* f. orfebre-

organe *(orgán)* m. órgano.

organique *(organík)* adj. orgánico, a.

organisateur, trice *(organisatér, trís)* adj. y s. organizador, a.

organisation *(organisasión)* f. organización.

organisé, e *(organisé)* adj. organizado, a.

organiser *(organisé)* tr. organizar.

organisme *(organism)* m organismo.

orge *(órj)* f. cebada.

orgeat *(orjá)* m. horchata.

orgelet *(orjᵉlé)* m. orzuelo.

orgie *(orjí)* f. orgía.

orgue *(órg)* m. *Mús.* órgano; orgue de barbarie, organillo de manubrio.

orgueil *(orguéy)* m. orgullo.

orgueilleux, euse *(orguᵉyé, és)* adj. y s. orgulloso, a.

orient *(orián)* m. oriente.

oriental, e *(oriantál)* adj. oriental.

orientation *(oriantasión)* f. orientación.

orienter *(orianté)* tr. orientar; s'—, r. orientarse.

orifice *(orifís)* m. orificio.

originaire *(orijinér)* adj. originario, a.

original, e *(orijinál)* adj. y s. original.

originalité *(orijinalité)* f. originalidad.

origine *(orijín)* f. origen.

originel, elle *(orijinél)* adj. original.

oripeau *(oripó)* m. oropel.

orle *(órl)* m. *Arq.* filete; orla.

orme *(órm)* m. olmo.

ornement *(ornᵉmán)* m. adorno.

ornementation *(ornemantasión)* f. ornamentación.

ornementer *(ornᵉmanté)* tr. ornamentar.

orner *(orné)* tr. ornar.

ornière *(orniér)* f. rodada, carril.

orographie *(orografí)* f. orografía.

orphelin, e *(orfᵉlén, ín)* adj. y s. huérfano, a.

orphelinat *(orfᵉliná)* f. orfanato.

orphéon *(orfeón)* m. orfeón.

orteil *(ortéy)* m. dedo del pie.

orthodoxe *(ortodócs)* adj. y s. ortodoxo, a.

orthographe *(ortográf)* f. ortografía.

orthopédie *(ortopedi)* f. ortopedia.

ortie *(ortí)* f. ortiga.

os *(ós)* m. hueso.

oscillation *(osilasión)* f. oscilación.

oscillatoire *(osilatuár)* adj. oscilatorio, a.

osciller *(osilé)* intr. oscilar.

osé, e *(osé)* adj. osado, a.

oseille *(oséy)* f. *Bot.* acedera.

oser *(osé)* tr. osar.

osier *(osié)* m. mimbre.

osmose *(osmós)* f. ósmosis.

ossature *(osatü'r)* f. osamenta; armazón.

osselet *(osᵉlé)* m. huesecillo.

ossements *(osᵉmán)* m. pl. osamenta.

osseux, euse *(osé, és)* adj. huesoso, a.

ossifier *(osᵉfié)* tr. osificar.

ossuaire *(osüér)* m. osario.

ostensible *(ostansíbl)* adj. ostensible.

ostensoir *(ostansuár)* m. custodia.

ostentation *(ostantasión)* f. ostentación.

ostracisme *(ostrasísm)* m. ostracismo.

otage *(otáj)* m. rehén.

otarie *(otarí)* f. otaria.

ôter *(oté)* tr. quitar.

ou *(ú)* conj. o, u.

où *(ú)* adv. donde, en donde adonde.

ouaille *(uáy)* f. feligrés.

ouate *(uát)* f. algodón en rama.

ouater *(uaté)* tr. acolchar.

oubli *(ublí)* m. olvido.

oublie *(ublí)* f. barquillo.

oublier *(ublié)* tr. olvidar.

oublieux, euse *(ublié, és)* adj. olvidadizo, a.

ouest *(uést)* m. oeste.

ouf! *(uf)* interj. ¡uf!

oui *(uí)* adv. sí.

ouï-dire *(uidír)* m. rumores.

ouïe *(uí)* f. oído; pl. agallas de los peces.

ouïr *(uír)* tr. oír.

ouragan *(uragán)* m. huracán.

ourdir *(urdír)* tr. urdir.

ourler *(urlé)* tr. repulgar.

ourlet *(urlé)* m. repulgo.

ours *(úrs)* m. oso.

ourse *(úrs)* f. osa.

oursin *(ursén)* m. erizo de mar.

ourson *(ursón)* m. osezno.

outarde *(utárd)* f. avutarda.

outil *(utí)* m. herramienta; utensilio.

outillage *(utiyáj)* m. herramientas.

outiller *(utiyé)* tr. proveer de herramientas.

outrage (utráj) m. ultraje.
outrageant, e (utraján, ánt) adj. ultrajante.
outrager (utrajé) tr. ultrajar.
outrageux, euse (utrajé, és) adj. ultrajoso, a.
outrance (utráns) f. exageración; **à outrance,** loc. adv. a ultranza.
outrancier, ière (utransié, ér) adj. exagerado, a; excesivo, excesiva.
outre (útr) prep. allende; adv. además; f. odre.
outré, e (utré) adj. exagerado, a.
outrecuidance (utrᵉcuidáns) f. jactancia.
outre-mer (utrᵉmér) adv. ultramar.
outrepasser (utrᵉpasé) tr. traspasar, rebasar.
outrer (utré) tr. extremar, exasperar.
ouvert, e (uvér, ért) adj. abierto, a.
ouverture (uvertü'r) f. abertura; apertura.
ouvrable (uvrábl) adj. de trabajo.
ouvrage (uvráj) m. obra.
ouvrager (uvrajé) tr. trabajar; labrar.
ouvrer (uvré) tr. trabajar; labrar (una materia).
ouvreur, euse (uvrér, és) s. acomodador, a.
ouvrier, ère (uvrié, ér) s. obrero, a.
ouvrir (uvrír) tr. abrir; **s'—** (suvrír) r. abrirse.
ovaire (ovér) m. Zool. ovario.
ovale (ovál) adj. oval. m. óvalo.
ovation (ovasión) f. ovación.
oxydation (ocsidación) f. Quím. oxidación.
oxyde (ocsíd) m. óxido.
oxyder (ocsidé) tr. oxidar.
oxygène (ocsijén) m. oxígeno.
ozone (osón) m. ozono.

pacha (pachá) m. bajá.
pachyderme (pachidérm) m. paquidermo.
pacification (pasificasión) f. pacificación.
pacifier (pasifié) tr. pacificar.
pacifique (pasifík) adj. pacífico, a.
pacifiste (pasifíst) adj. pacifista.
pacotille (pacotíy) f. pacotilla.
pacte (páct) m. pacto.
pactiser (pactisé) intr. pactar.
pagaie (pagué) f. zagual.
pagaïe (pagáy) f. pop. desorden.
paganisme (paganísm) m. paganismo.
page (páj) f. página; m. paje.
pagination (pajinasión) f. paginación.

pagne (páñ) m. taparrabo.
pagode (pagód) f. pagoda.
paiement (pemán) m. pago.
païen, enne (paién) adj. y s. pagano, a.
paillard, e (payár, árd) adj. y s. libertino, a.
paillasse (payás) f. jergón; m. payaso.
paillasson (payasón) m. estera.
paille (páy) f. paja, quebraza; adj. color pajizo.
paillette (payét) f. pepita de oro; lentejuela.
pain (pén) m. pan; **petit pain,** panecillo.
pair (pér) adj. y s. parejo, a; m. par.
paire (pér) f. par, pareja.
paisible (pesíbl) adj. apacible.
paître (pétr) tr. pacer.
paix (pé) f. paz.
pal (pál) m. palo; estaca.
palabre (palábr) s. parloteo, charla.
palace (palás) m. hotel de lujo.
paladin (paladén) m. paladín.
palais (palé) m. palacio; paladar; audiencia.   [lea).
palan (palán) m. aparejo (po-
palatin, e (palatén, ín) adj. palatino, a; palaciego, a.
pale (pál) f. pala; compuerta.
pâle (pál) adj. pálido, a.
paléographie (paleografí) f. paleografía.
paléontologie (paleontoloji) f. paleontología.
palestre (paléstr) f. palestra.
palette (palét) f. paleta.
pâleur (palér) f. palidez.
palier (palié) m. rellano.
pâlir (palír) intr. palidecer.
palissade (palisád) f. empalizada.
palliatif, ive (paliatif, ív) adj. y s. paliativo, a.
pallier (palié) tr. paliar.
palmarès (palmarés) m. lista de precios.
palme (pálm) f. palma.
palmier (palmié) m. palmera.
palmipède (palmipéd) adj. palmípedo.
palombe (palónb) m. paloma torcaz.
pâlot, ote (paló, ót) adj. paliducho, a.
palpable (palpábl) adj. palpable.
palper (palpé) intr. palpitar.
paludéen, enne (palüdeén) adj. palúdico, a; palustre.
paludisme (palüdísm) m. paludismo.
pâmer (pamé) intr. pasmar.
pâmoison (pamuasón) f. desmayo.
pamphlet (panflé) m. libelo.
pamphlétaire (panfletér) m. libelista.
pampre (pánpr) m. pámpano.
pan (pán) m. paño, faldón.
panacée (panasé) f. panacea.
panache (panách) m. penacho.
panacher (panaché) tr. y r. matizar, mezclar.
panaris (panarí) m. panadizo.
pancarte (pancárt) f. cartel.
pancréas (pancreás) m. páncreas.
panégyrique (panejirík) m. panegírico.
paner (pané) tr. empanar.
pangolin (pangolén) m. armadillo.   [ta.
panier (panié) m. cesta, canas-
panique (paník) f. pánico.
panne (pán) f. pana; avería.
panneau (panó) m. tablero, red.
panonceau (panonsó) m. escudo.
panoplie (panopli) f. panoplia.

panorama (panoramá) m. panorama.
panoramique (panoramík) adj. panorámico, a.
pansage (pansáj) m. limpieza.
panse (páns) f. panza, barriga.
pansement (pansᵉmán) m. cura.
panser (pansé) tr. curar.
pansu, e (pansü') adj. y s. panzudo, a.
pantalon (pantalón) m. pantalón.
pantelant, e (pantᵉlán, ánt) adj. jadeante; fig. palpitante.
panthéon (panteón) m. panteón.
panthère (pantérᶻ f. pantera.
pantin (pantén) m. títere; pelele.
pantomime (pantomím) m. pantomima.
pantoufle (pantúfl) f. zapatilla.
paon (pán) m. pavo real.
papa (papá) m. papá.
papauté (papoté) f. papado.
pape (páp) m. papa.
paperasse (paperás) f. papelote.
papeterie (papetᵉrí) f. papelería.
papier (papié) m. papel.
papillon (papiyón) m. mariposa.
papillonner (papiyoné) intr. mariposear.
papilloter (papiyoté) intr. pestañear; parpadear.
papyrus (papirü's) m. papiro.
pâque (pák) f. pascua.
paquebot (pakᵉbó) m. paquebote.
pâquerette (pakᵉrét) f. Bot. margarita.
paquet (paké) m. paquete.
paqueter (pakᵉté) tr. empaquetar.
par (pár) prep. por, con de, en, a causa de, a fin de.
parabole (paraból) f. parábola.
parachever (parachᵉvé) tr. acabar.
parachute (parachü't) m. paracaídas.
parachutiste (parachütíst) m. paracaidista.
parade (parád) f. Mil. parada, alarde, gala.
parader (paradé) intr. maniobrar; alardear.
paradis (paradí) m. paraíso.
paradoxal, e (paradocsál) adj. paradójico, a.
paradoxe (paradócs) m. paradoja.
parafe (paráf) m. rúbrica.
parafer (parafé) tr. rubricar.
paraffine (parafín) f. parafina.
parage (paráj) m. linaje; paraje.
paragraphe (paragráj) m. párrafo.
paraître (parétr) intr. parecer, aparecer.
parallèle (paralél) adj. paralelo.
parallélisme (paralelísm) m. paralelismo.
parallélogramme (paralelográm) m. Geom. paralelogramo.
paralyser (paralisé) tr. paralizar.
paralysie (paralisí) f. parálisis.
paralytique (paralitík) adj. y s. paralítico, a.   [gón.
parangon (parangón) m. parangón.
parapet (parapé) m. parapeto.
paraphrase (paráfrás) f. paráfrasis.
parapluie (paraplüi) m. paraguas.
parasite (parasít) adj. y s. parásito.
parasol (parasól) m. sombrilla.
paratonnerre (paratonér) m. pararrayo.
paravent (paraván) biombo.

parc (párk) m. parque.
parcelle (parsél) f. parcela.
parceller (parsᵉlé) tr. dividir.
parce que (parsᵉ ké) conj. porque.
parchemin (parchᵉmén) m. pergamino.
parcimonie (parsimoní) f. parsimonia.
parcimonieux, euse (parsimonié, és) adj. parco, a.
parcourir (parcurír) tr. recorrer.
parcours (parcúr) m. recorrido.
pardessus (pardesü') m. gabán.
pardon (pardón) m. perdón.
pardonner (pardoné) tr. perdonar.
paré, e (paré) adj. engalanado, a.
pare-boue (parᵉbú) m. parafango.
pare-brise (parᵉbrís) m. guardabrisa.
parechoc (parᵉchóc) m. parachoques.
pareil, elle (paréy) adj. y s. igual.
parement (parᵉmán) m. adorno; muro; bocamanga.
parent, e (parán, ánt) s. pariente; pl. padres.
parenté (paranté) f. parentesco; parentela.   [tesis.
parenthèse (parantés) f. parénparer** (paré) tr. adornar.
paresse (parés) f. pereza.
paresseux, euse (paresé, és) adj. y s. perezoso, a.
parfait, e (parfé,ét) adj. y s. perfecto, a.
parfois (parfuá) adv. a veces.
parfum (parfém) m. perfume.
parfumer (parfümé) tr. perfumar.
parfumerie (parfumᵉrí) f. perfumería.
parfumeur, euse (parfumér, és) s. perfumista.
pari (pari) m. apuesta.
paria (pariá) m. paria.
parier (parié) tr. apostar.
parité (parité) f. paridad.
parjure (parjü'r) m. perjurio; adj. y s. perjuro, a.
parlant, e (parlán, ánt) adj. sonoro (cine).
parlement (parlᵉmán) m. parlamento.
parlementaire (parlᵉmantér) adj. y s. parlamentario, a.
parlementer (parlᵉmanté) i. parlamentar.
parler (parlé) i. y tr. hablar; m. hablar; m. habla.
parleur, euse (parlér, és) s. hablador, a.
parloir (parluár) m. locutorio.
parmi (parmí) prep. entre.
parodie (parodí) f. parodia.
paroi (paruá) f. pared.
paroisse (paruás) f. parroquia.
paroissien, enne (paruasién) s. feligrés, sa, parroquiano, a.
parole (paról) f. palabra.
paroxysme (parocsísm) m. paroxismo.
parquer (parké) tr. apriscar; aparcar.
parquet (parké) m. estrado; entarimado; tribunal.
parqueter (parkᵉté) tr. entarimar.
parrain (parrén) m. padrino.
parrainage (parrenáj) m. padrino.
parricide (parrisíd) adj. y s. parricidio; parricida.
parsemer (parsemé) tr. esparcir.
part (pár) f. parte; **faire part,** comunicar.
partage (partáj) m. partición, repartición.

partager *(partajé)* tr. partir, repartir.
partance *(partáns)* f. *Mar.* leva; **en partance,** en franquía.
partant *(partán)* m. que sale o corre; conj. por lo tanto.
partenaire *(partenér)* m. compañero en el juego.
parterre *(partér)* m. cuadro (jardín); patio de butacas.
parti *(partí)* m. partido.
partial, e *(parsiál)* adj. parcial.
partialité *(parsialité)* f. parcialidad.
participant, e *(partisipán, ánt)* adj. participante.
participation *(partisipasión)* f. participación.
participe *(partisíp)* m. participio.
participer *(partisipé)* i. participar.
particulariser *(particülarisé)* tr. particularizar.
particularité *(particülarité)* f. particularidad.
particule *(particü'l)* f. partícula.
particulier, ière *(particülié, iér)* adj. y s. particular.
partie *(partí)* f. parte; partida.
partiel, elle *(parsiél)* adj. parcial.
partir *(partír)* tr. e i. partir.
partisan *(partisán)* m. partidario. [titivo, a.
partitif, ive *(partíf, ív)* adj. partition **partition** *(partisión)* f. partitura.
partout *(partú)* adv. en todas partes.
parure *(parü'r)* f. adorno.
parvenir *(parvenír)* intr. llegar, lograr.
parvenu, e *(parvenü')* adj. y s. advenedizo, a.
parvis *(parví)* m. atrio.
pas *(pá)* m. paso. adv. no; ni.
passable *(pasábl)* adj. pasadero.
passade *(pasád)* f. pasada.
passage *(pasáj)* m. paso, pasaje.
passager, ère *(pasajé, ér)* adj. y s. pasajero, a.
passant, e *(pasán, ánt)* adj. m. transeúnte.
passe *(pás)* f. pasada; paso; pl. pasas.
passé, e *(pasé)* adj. pasado, a; m. lo pasado.
passementerie *(pasemant⁰rí)* f. pasamanería.
passe-partout *(pas⁰partú)* m. ganzúa; sierra.
passe-passe *(pas⁰pás)* m. juego de manos.
passeport *(pas⁰pór)* m. pasaporte.
passer *(pasé)* i. y tr. pasar; **se—** r. contentarse con.
passereau *(pas⁰ró)* m. gorrión.
passerelle *(pas⁰rél)* f. pasarela.
passe-temps *(pas⁰tán)* m. pasatiempo.
passible *(pasíbl)* adj. pasible.
passif, ive *(pasíf, ív)* adj. y s. pasivo, a.
passiveté *(pasiv⁰té)* f. pasividad.
passoire *(pasuár)* f. colador.
pastèque *(pasték)* f. sandía.
pasteur *(pastér)* m. pastor.
pasteuriser *(past⁰risé)* tr. pasteurizar.

pastiche *(pastích)* m. imitación.
pastille *(pastíy)* f. pastilla.
pastoral *(pastorál)* adj. pastoril; pastoral.
patate *(patát)* f. batata.
pataud, e *(pató, ód)* adj. y s. patudo, a.
patauger *(patojé)* i. chapoteo.
pâte *(pát)* f. pasta.
pâté *(paté)* m. empanada; manzana (casas).
patène *(patén)* f. patena.
patenôtre *(pat⁰nótr)* f. paternóster.
patent, e *(patán, ánt)* adj. y f. patente.
patenter *(patanté)* tr. patentar.
pater *(patér)* m. el padrenuestro.
paternel, elle *(paternél)* adj. paternidad.
paternité *(paternité)* f. paternidad.
pâteux, euse *(paté, és)* adj. pastoso, a.
pathétique *(patetík)* adj. y s. patético, a.   [gía.
pathologie *(patoloji)* f. patología.
pathologique *(patolojík)* adj. patológico, a.
patibulaire *(patibülér)* adj. patibulario, a.
patience *(pasiáns)* f. paciencia.
patient, e *(pasián, ánt)* adj. y s. paciente.
patienter *(pasianté)* intr. tener paciencia.
patin *(patén)* m. patín.
patinage *(patináj)* m. patinaje.
patine *(patín)* f. pátina.
patiner *(patiné)* intr. patinar.
patinette *(patinét)* f. patinete.
patineur *(patinér)* m. patinador.
pâtir *(patír)* intr. padecer.
pâtisserie *(patis⁰rí)* f. pastelería.
pâtissier *(patisié)* s. pastelero.
pâtre *(pátr)* m. pastor.
patriarcat *(patriarcá)* m. patriarcado.
patriarche *(patriárch)* m. patriarca.
patricien, enne *(patrisién)* adj. y s. patricio, a.
patrimoine *(patrimuán)* m. patrimonio.
patriote *(patriót)* adj. y s. patriota.
patriotique *(patriotík)* adj. patriótico, a.
patriotisme *(patriotísm)* m. patriotismo.
patron, onne *(patrón)* s. patrono, a.
patronage *(patronáj)* m. patronato; patrocinio.
patronat *(patroná)* m. patronato.
patronner *(patroné)* tr. patrocinar.
patrouille *(patrúy)* f. patrulla.
patrouiller *(patruyé)* intr. patrullar.
patte *(pát)* f. pata; presilla.
pattu, e *(patü')* adj. patudo, a.
pâturage *(patüráj)* m. pasto.
pâture *(patü'r)* f. pasto.
paume *(póm)* f. palma (mano); pelota (juego).
paupérisme *(poperísm)* m. pauperismo.
paupière *(popiér)* f. párpado.
pause *(pós)* f. pausa.
pauvre *(póvr)* adj. y s. pobre.
pauvreté *(povr⁰té)* f. pobreza.
pavaner (se) *(s⁰pavané)* r. pavonearse.
pavé *(pavé)* m. adoquín, pavimento.
paver *(pavé)* tr. pavimentar.
pavillon *(paviyón)* m. pabellón.
pavois *(pavuá)* m. pavés.

pavoiser *(pavuasé)* tr. *Mar.* empavesar.
payable *(peyábl)* adj. pagable.
paye *(péy)* f. paga.
payement *(pey⁰mán)* m. pago.
payer *(peyé)* tr. pagar.
payeur, euse *(peyér, és)* s. pagador, a.
pays *(pei)* m. país.
paysage *(peisáj)* m. paisaje.
paysan, anne *(peisán)* s. y adj. campesino, a.
péage *(peáj)* m. peaje.
peau *(pó)* f. piel, cutis.
peccadille *(pecadíy)* f. pecadillo.
pêche *(péch)* f. melocotón; pesca.
péché *(peché)* m. pecado.
pécher *(peché)* intr. pecar.
pêcher *(peché)* tr. pescar; m. melocotonero.
pêcherie *(pech⁰rí)* f. pesquería.
pêcheur, cheresse *(pechér, cherés)* tr. pecador, a.
pêcheur, euse *(pechér, és)* s. pescador, a.
pectoral, e, aux *(pectorál, ó)* adj. y s. pectoral; pectorales.
pécule *(pecü'l)* m. peculio.
pécuniaire *(pecüniér)* adj. pecuniario, a.
pédagogie *(pedagoji)* f. pedagogía.
pédagogique *(pedagojík)* adj. pedagógico, a.
pédagogue *(pedagóg)* m. pedagogo.
pédale *(pedál)* f. pedal.
pédaler *(pedalé)* intr. pedalear.
pédant, e *(pedán, ánt)* adj. y s. pedante.
pédanterie *(pedant⁰rí)* f. pedantería.
pédestre *(pedéstr)* adj. pedestre.
pédicure *(pedicü'r)* f. pedicuro.
pédoncule *(pedoncü'l)* m. pedúnculo.
pègre *(pégr)* f. pop. hampa.
peigne *(péñ)* m. peine; carda.
peigner *(peñé)* tr. peinar.
peignoir *(peñuár)* m. peinador.
peindre *(péndr)* tr. pintar.
peine *(pén)* f. pena.
peiné, e *(pené)* adj. afligido, a.
peiner *(pené)* tr. afligir; fatigar.
peintre *(péntr)* m. pintor.
peinture *(pentü'r)* f. pintura.
péjoratif, ive *(pejoratíf, ív)* adj. y s. despectivo, a.
pêle-mêle *(pel⁰mél)* adv. revuelto; m. baturrillo.
peler *(p⁰lé)* tr. pelar.
pèlerin *(pel⁰rén)* s. peregrino.
pèlerinage *(pel⁰rináj)* m. peregrinación.
pèlerine *(pel⁰rín)* f. esclavina.
pélican *(pelicán)* m. pelícano.
pelisse *(pelís)* f. pelliza.
pelle *(pél)* f. pala.
pelletée *(pel⁰té)* f. paletada.
pelleterie *(pelet⁰rí)* f. peletería.
pellicule *(pelicü'l)* f. película.
pelote *(pelót)* f. ovillo.
peloter *(peloté)* i. pelotear.
peloton *(pelotón)* m. ovillo; pelotón.
pelotonner *(pelotoné)* tr. devanar; **se—** (se *pelotoné)* r. encogerse.
pelouse *(pelüs)* f. césped.
peluche *(pelü'ch)* f. felpa.
pelure *(pelü'r)* f. mondadura.
pénal, e *(penál)* adj. penal.
pénalité *(penalité)* f. penalidad.
pénates *(penát)* adj. y s. penates.
penaud, e *(penó, ód)* adj. avergonzado, e.

penchant, e *(panchán, ánt)* adj. inclinado, a; m. pendiente; fig. inclinación a.
pencher *(panché)* tr. inclinar.
pendaison *(pandesón)* f. fam. ahorcadura.
pendant *(pandán)* adj. y s. pendiente; prep. durante; mientras.
pendeloque *(pand⁰lók)* f. arambel.
pendentif *(pandantíf)* m. colgante; *Arq.* pechina.
pendre *(pándr)* tr. colgar; ahorcar; intr. pender.
pendu, e *(pandü')* adj. y s. colgado, a; ahorcado, a.
pendule *(pandü'l)* m. péndulo.
pêne *(pén)* m. pestillo.
pénétrant, e *(penetrán, ánt)* penetrante.
pénétration *(penetrasión)* f. penetración.
pénétrer *(penetré)* tr. e intr. penetrar.
pénible *(penibl)* adj. penoso, a.
péniche *(peních)* f. *Mar.* lancha.
pénicilline *(penisilín)* f. penicilina.
péninsule *(penensü'l)* f. península.
pénitence *(penitáns)* f. penitencia.
pénitencier *(penitansié)* m. penitenciaría.
pénitentiaire *(penitansiér)* adj. penitenciario, a.
pénitent, e *(penitán, ánt)* adj. y s. penitente.
pénombre *(penónbr)* f. penumbra.   [to.
pensée *(pansé)* f. pensamiento.
penser *(pansé)* tr. e intr. pensar.
penseur *(pansér)* m. pensador.
pensif, ive *(pansíf, ív)* adj. pensativo, a.
pension *(pansión)* f. pensión.
pensionnaire *(pansionér)* s. pensionista.
pensionnat *(pansioná)* m. pensionado.
pensionner *(pansioné)* tr. pensionar.
pensum *(pensóm)* m. castigo.
pentagone *(pentagón)* adj. y s. pentágono.
pente *(pánt)* f. pendiente.
pentecôte *(pant⁰cót)* f. pentecostés.
pénultième *(penültiém)* adj. y s. penúltimo, a.
penurie *(penüri)* f. penuria.
pépie *(pepí)* f. pepita (aves).
pépier *(pepié)* intr. piar.
pépin *(pepén)* m. pepita.
pépinière *(pepiniér)* f. plantel, f. pepita (oro, etc.).
percale *(percál)* f. percal.
perçant, e *(persán, ánt)* adj. penetrante.
perce *(pérs)* f. taladro.
percée *(persé)* f. apertura.
percement *(pers⁰mán)* m. horadación.
perce-neige *(pers-néj)* f. campanilla blanca.
perce-oreille *(persoréy)* m. tijereta.   [caudador.
percepteur *(persptér)* m. re-
perceptible *(perseptíbl)* adj. perceptible.
perception *(persepsión)* f. percepción.
percer *(persé)* tr. horadar, penetrar; intr. abrirse paso.

perceuse (persés) f. taladradora.
percevoir (persevuár) tr. recaudar; percibir.
perche (pérch) f. pértiga.
percher (perché) intr. y r. posarse.
perchoir (perchuár) m. percha; estacada.
perclus, e (perclü, ü's) adj. tullido, a.
perçoir (persuár) m. barrenilla.
percussion (percüsión) f. percusión.
percuter (percüté) tr. percutir.
percuteur (percütér) m. percutor.
perdition (perdisión) f. perdición.
perdre (pérdr) tr. e intr. perder.
perdreau (perdró) m. perdigón.
perdrix (perdrí) f. Zool. perdiz.
perdu, e (perdü') adj. perdido, a.
père (pér) m. padre.
pérégrination (peregrinasión) f. peregrinación.
péremptoire (perantuár) adj. perentorio, a.
pérennité (perenité) f. perennidad.
perfection (perfecsión) f. perfección.
perfectionnement (perfecsionᵉmán) m. perfeccionamiento.
perfectionner (perfecsioné) tr. perfeccionar.
perfide (perfíd) adj. y s. pérfido, a.
perfidie (perfidí) f. perfidia.
perforation (perforasión) f. perforación.
perforer (perforé) tr. perforar.
péricliter (periclité) intr. periclitar.
périgée (perijé) m. Astr. perigeo.
péril (perfl) m. peligro.
perilleux, euse (periyé, és) adj. peligroso.
périmer (perimé) intr. Jur. prescribir (una acción).
périmètre (perimétr) m. perímetro.
période (periód) f. período.
périodique (periodík) adj. periódico, a.
péripétie (peripesí) f. peripecia.
périphérie (periferí) f. periferia.
périphrase (perifrás) f. perífrasis.
periple (perípl) m. periplo.
périr (perír) intr. perecer.
périscope (periscóp) m. periscopio.
périssable (perisábl) adj. perecedero, a.
péritonite (peritonít) f. peritonitis.
perle (pérl) f. perla.
perler (perlé) i. brotar (sudor); tr. acicalar.
permanence (permanáns) f. permanencia.
permanent, e (permanán, ánt) adj. permanente.
perméable (permeábl) adj. permeable.
permettre (permétr) tr. permitir.
permis, e (permi, ís) adj. permitido, a; m. permiso.
permission (permisión) f. permiso.

permutation (permütasión) f. permutación.
permuter (permüté) tr. permutar.
pernicieux, euse (permisié, és) adj. pernicioso, a.
péroraison (peroresón) f. peroración.
pérorer (peroré) intr. perorar.
perpendiculaire (perpandicülér) adj. y s. perpendicular.
perpétrer (perpetré) tr. perpetrar.
perpétuel, elle (perpetüél) adj. perpetuo, a.
perpétuer (perpetüé) tr. perpetuar.
perpétuité (perpetüité) f. perpetuidad.
perplexe (perplécs) adj. perplejo, a.
perplexité (perplecsité) f. perplejidad.
perquisition (perkisisión) f. pesquisa.
perquisitionner (perkisisioné) intr. registrar.
perron (perrón) m. escalinata.
perroquet (perroké) m. papagayo.
perruche (perrü'ch) f. cotorra.
perruque (perrü'k) f. peluca.
persécuté, e (persecüté) adj. y s. perseguido, a.
persécuter (persecüté) tr. perseguir.
persécuteur, trice (persecütér, tris) adj. y s. perseguidor, a.
persécution (persecüsión) f. persecución.
persévérance (perseveráns) f. perseverancia.
persévérant, e (perseverán, ánt) adj. perseverante.
persévérer (perseveré) tr. perseverar.
persienne (persién) f. persiana.
persifler tr. chancear.
persifleur, euse s. chancero, zumbón, a.
persil (persi) m. Bot. perejil.
persistance (persistáns) f. persistencia.
persistant, e (persistán, ánt) adj. persistente.
persister (persisté) i. persistir.
personnage (pe̦rsonáj) m. personaje.
personnalité (personalité) f. personalidad.
personne (persón) m. persona; pr. ind. nadie, ninguno.
personnel, elle (personél) adj. y s. personal.
personnifier (personifié) tr. personificar.
perspective (perspectíf) f. perspectiva.
perspicace (perspicás) adj. perspicaz.
perspicacité (perspicasité) f. perspicacia.
persuader (persüadé) tr. persuadir.
persuasif, ive (persüasíf, ív) adj. persuasivo, a.
persuasion (persuasión) f. persuasión.
perte (pért) f. pérdida.
pertinemment (pertinᵉmán) adv. pertinentemente.
pertinent, e (pertinán, ánt) adj. pertinente.
perturbateur, trice (pertürbatér, tris) adj. y s. perturbador, a.
perturbation (pertürbasión) f. perturbación.
pervers, e (pervér, érs) adj. y s. perverso, a.
perversion (perversión) f. perversión.
perversité (persversité) f. perversidad.

pervertir (pervertír) tr. pervertir.
pesage (pesáj) m. peso.
pesant, e (pesán, ánt) adj. pesado, a; m. peso.
pesanteur (pesantér) f. peso, gravedad; fig. pesadez.
pesée (pesé) f. pesada.
pèse-lettres (pesᵉlétr) m. pesacartas.
peser (pesé) tr. e intr. pesar.
pessimisme (pesimism) m. pesimismo.
pessimiste (pesimíst) m. pesimista.
peste (pést) f. peste.
pester (pesté) intr. echar pestes.
pestiféré, e (pestiferé) adj. y s. apestado, a.
pestilence (pestiláns) f. pestilencia.
pestilentiel, elle (pestilansiél) adj. pestilencial.
pet (pé) m. pedo.
pétale (petál) m. Bot. pétalo.
petarade (petarád) f. pedorrera.
petard (petár) m. petardo.
peter (peté) i. peer; fig. crepitar.
petillant, e (petiyán, ánt) adj. chispeante, espumoso.
petillement (petiyᵉmán) m. chisporroteo. [tear.
petiller (petiyé) i. chisporropetit, e (pᵉtí, ít) adj. y s. pequeño, a; petit à petit (pᵉtitapᵉti) poco a poco.
petite-fille (pᵉtitᵉffy) f. nieta.
petitesse (pᵉtités) f. pequeñez.
petit-fils (pᵉtifls) m. nieto.
pétition (petisión) f. petición.
pétitionnaire (petisionér) s. peticionario.
petit-lait (pᵉtilé) m. suero (leche).
petitmaître (pᵉtimétr) s. petimetre.
pétri, e (petri) adj. amasado, a; fig. forjado, a.
pétrifier (petrifié) intr. petrificar.
pétrin (petrén) m. artesa.
pétrir (petrír) tr. amasar.
pétrissage (petrisáj) m. amasijo; amasadura.
pétrole (petról) m. petróleo.
pétrolier (petrolié) m. petrolero.
pétulance (petüláns) f. petulancia.
pétulant, e (petülán, ánt) adj. petulante.
peu (pé) adv. poco; m. poco.
peuplade (peplád) f. población; horda.
peuple (pépl) m. pueblo.
peuplement (peplᵉmán) m. población, acción de poblar.
peuplier (peplié) m. álamo.
peur (pér) f. miedo.
peureux, euse (peré, és) adj. y s. medroso, a.
peut-être (petétr) adv. quizá.
pharaon (faraón) m. faraón.
phare (fár) m. faro.
pharisien (farisién) m. fariseo.
pharmacie (farmasí) f. farmacia.
pharmacien (farmasién) m. farmacéutico.
pharyngite (farenjít) f. faringitis.
pharynx (faréncs) m. Anat. faringe.
phase (fás) m. fase.
phénix (fenícs) m. fénix.
phénol (fenól) m. Quím. fenol.
phénoménal, e (fenomenál) adj. fenomenal.
phénomène (fenomén) m. fenómeno.

philanthrope (filantróp) m. filántropo.
philatélie (filateli) m. filatelia.
philarmonique (filarmoník) adj. filarmónico, a.
philologie (filoloji) f. filología.
philosophe (filosóf) m. filósofo.
philosophie (filosofí) f. filosofía.
philtre (filtr) m. filtro.
phlegmon (flegmón) m. flemón.
phobie (fobí) f. fobia.
phonétique (fonetík) adj. y f. fonético, a.
phonographe (fonográf) m. fonógrafo.
phoque (fók) m. foca.
phosphate (fosfát) m. fosfato.
phosphore (fosfór) m. fósforo.
phosphorescent, e (fosforesánánt) adj. fosforescente.
photocopie (fotocopí) f. fotocopia.
photographe (fotográf) m. fotógrafo.
photographie (fotografí) f. fotografía.
photographier (fotografié) tr. fotografiar.
photographique (fotografík) adj. fotográfico, a.
photogravure (fotogravü'r) f. fotograbado.
phrase (frás) f. frase.
phtisie (ftisí) f. tisis.
phtisique (ftisík) adj. tísico.
phylloxéra (filocserá) m. filoxera.
physicien (fisisién) m. físico.
physiologie (fisioloji) f. fisiología.
physionomie (fisionomí) f. fisonomía.
physionomiste (fisionomíst) s. fisonomista.
physique (fisík) adj. y s. físico, a.
piaffer (piafé) intr. piafar.
piailler (piayé) intr. chillar.
pianiste (pianíst) s. pianista.
piano (pianó) m. y adv. piano.
piauler (piolé) intr. piar.
pic (píc) m. pico.
picador (picadór) m. picador.
picaresque (picarésk) adj. picaresco, a.
picorer (picoré) intr. pecorear.
picotement (picotᵉmán) m. picazón.
picoter (picoté) tr. picar, picotear.
pictural, e (pictürál) adj. pictórico, a.
pie (pí) f. urraca; fig. y fam. cascarona; adj. pío.
pièce (piés) f. pieza, habitación; documento.
pied (pié) m. pie.
piédestal (piedestál) m. pedestal.
piège (piéj) m. lazo, trampa.
pierraille (pierráy) m. pedregal.
pierre (piérr) m. piedra.
pierreries (pierrᵉri) f. pl. pedrería.
pierreux, euse (pierré, és) adj. pedregoso, a.
pierrot (pierró) m. personaje cómico.
piété (pieté) f. piedad.
piétinement (pietinᵉmán) m. pataleo.
piétiner (pietiné) f. patalear; tr. pisotear.
piéton (piétón) m. peatón.
piètre (piétr) adj. ruin.
pieu (pié) m. estaca.
pieuvre (piévr) f. pulpo.
pieux, euse (pié, és) adj. piadoso, a.
pigeon (pijón) m. paloma.

pigeonnier (*pijonié*) m. palomar.

pigment (*pigmán*) m. pigmento.

pignon (*piñón*) m. remate (pared); rueda dentada; piñón.

pignoratif, ive (*pignoratif, ív*) adj. *Jur.* pignoraticio, a.

pilastre (*pilástr*) m. *Arq.* pilastra.

pile (*píl*) f. pila, estribo.

piler (*pilé*) tr. machacar, mojar.

pilier (*pilié*) m. pilar.

pileux, euse (*pilé, és*) adj. piloso, a.

pillage (*piyáj*) m. pillaje.

piller (*piyé*) tr. pillar, saquear.

pilon (*pilón*) m. mano (de mortero).

pilonner (*piloné*) tr. moler, apisonar, bombardear.

pilori (*pilorí*) m. picota.

pilotage (*pilotáj*) m. pilotaje.

pilote (*pilót*) m. piloto.

piloter (*piloté*) tr. pilotar.

pilotis (*pilotí*) m. pilote.

pilule (*pilü'l*) f. píldora.

piment (*pimán*) m. pimiento.

pimenté (*pimanté*) adj. picante.

pimpant, e (*pinpán, ánt*) adj. peripuesto, a.

pin (*pén*) m. pino.

pinacle (*pinácl*) m. pináculo.

pinacothèque (*pinacoték*) f. pinacoteca.

pinard (*pinár*) pop. vino.

pince (*péns*) f. pellizco; pl. pliegue (tela); alicates.

pincé, e (*péns*) adj. pellizcado, a. f. pellizco.

pinceau (*pensó*) m. pincel.

pincement (*pens^emán*) m. pellizco; *Mús.* punteo.

pincer (*pensé*) tr. pellizcar; puntear, etc.; coger.

pincettes (*pensét*) f. pl. tenazas; pinzas.

pingouin (*pengu-én*) m. pingüino.

pingre (*péngr*) m. avaro.

pinson (*pensón*) m. pinzón.

pintade (*pentád*) f. pintada.

pinte (*pént*) f. pinta.

pioche (*pióch*) f. azadón.

piocher (*pioché*) tr. azadonar; fam. trabajar mucho.

piocheur (*pioch^er*) m. azadonero, trabajador.

piolet (*piolé*) m. piqueta.

pion (*pión*) m. celador; peón.

pionnier (*pionié*) m. colonizador; precursor.

pipe (*píp*) f. pipa, tonel.

pipette (*pipét*) f. *Quím.* pipeta.

piquant, e (*pikán, ánt*) adj. picante; m. espina.

pique (*pík*) f. pica; f. espadas (baraja).

pique-assiette (*pikasiét*) m. fam. parásito, a.

pique-nique (*pik^eník*) m. comida campestre.

piquer (*piké*) tr. e intr. picar; mechar; se—, preciarse, ofenderse.

piquet (*piké*) m. estaca; *Mil.* piquete.

piquette (*pikét*) f. aguapié.

piqûre (*pikü'r*) f. picadura; inyección.

pirate (*pirát*) m. pirata.

piraterie (*pirat^erí*) f. piratería.

pire (*pír*) adj. peor; m. lo peor.

pirogue (*piróg*) f. piragua.

pirouette (*piruét*) f. pirueta.

pis (*pí*) adv. peor; m. lo peor; tela, ubre.

pisciculture (*pisicültü'r*) f. piscicultura.

piscine (*pisín*) f. piscina.

pisé (*pisé*) m. tapia de tierra.

pissenlit (*pisanlí*) m. meón; amargón.

pisser (*pisé*) tr. e intr. mear.

piste (*píst*) f. pista.

pistil (*pistíl*) m.*Bot.* pistilo.

pistolet (*pistolé*) m. pistola.

piston (*pistón*) m. émbolo, cornetín.

pistonner (*pistoné*) tr. recomendar.

pitance (*pitáns*) f. pitanza.

piteux, euse (*pité, és*) adj. lastimoso.

pitié (*pitié*) f. piedad.

piton (*pitón*) m. armella, picacho.

pitoyable (*pituayábl*) adj. compasivo, a; lastimoso, a.

pitre (*pítr*) m. payaso.

pittoresque (*pitorésk*) adj. pintoresco, a.

pivoine (*pivuán*) f. *Bot.* peonía.

pivot (*pivó*) m. eje; quicio.

pivoter (*pivoté*) intr. girar.

placard (*placár*) m. alacena; cartel. [teles.

placarder (*placardé*) tr. fijar car-

place (*plás*) f. plaza; sitio.

placement (*plas^emán*) m. colocación, inversión.

placer (*plasé*) tr. colocar.

placide (*plasíd*) adj. plácido, a.

placidité (*plasidité*) f. placidez.

plafond (*plafón*) m. techo.

plafonner (*plafoné*) tr. techar, volar.

plage (*pláj*) f. playa.

plagiat (*plajiá*) m. plagio.

plagier (*plajié*) tr. plagiar.

plaider (*pledé*) tr. e intr. litigar; defender.

plaideur, euse (*pledér, és*) s. pleiteador, a.

plaidoirie (*pleduarí*) f. defensa (der.).

plaidoyer (*pleduayé*) m. discurso (der.).

plaie (*plé*) f. plaga.

plaignant, e (*plenán, ánt*) y s. querellante, demandante.

plain, e (*plén*) adj. llano, a.

plaindre (*pléndr*) tr. lamentar; compadecer; se— (*sepléndr*) r. dolerse.

plaine (*plén*) f. llanura, llano.

plainte (*plént*) f. lamento; *Jur.* queja. [liente.

plaintif, ive (*plentíf, ív*) adj. do-

plaire (*plér*) intr. agradar; impers. querer.

plaisance (*plesáns*) f. recreo.

plaisant, e (*plesán, ánt*) adj. agradable, chistoso, a

plaisanter (*plesanté*) intr. bromear; tr. chunguearse.

plaisanterie (*plesant^erí*) f. chanza, chiste, burla.

plaisantin (*plesantín*) m. bufón.

plaisir (*plesír*) m. placer.

plan, e (*plán*) adj. y s. plano, a; m. plano, plan.

planche (*plánch*) f. tabla; lámina.

plancher (*planché*) m. piso, suelo.

planer (*plané*) intr. cernerse, planear.

planétaire (*planetér*) adj. planetario, a.

planète (*planét*) f. planeta.

planeur (*plan*ér*) m. planador, planeador (avión).

planisphère (*planisfér*) m. planisferio.

plant (*plán*) m. plantón, plantío.

plantation (*plantasión*) f. plantación.

plante (*plánt*) f. planta.

planter (*planté*) tr. plantar.

planteur (*plantér*) m. colono.

planton (*plantón*) m. ordenanza; plantón.

plantureux, euse (*plantüré, és*) adj. abundante.

plaque (*plák*) f. chapa; placa.

plaqué, e (*plaké*) adj. chapeado, a; m. plaqué.

plaquer (*plaké*) tr. chapear; pegar carteles.

plaquette (*plakét*) f. folleto.

plasticité (*plastisité*) f. plasticidad.

plastique (*plastík*) adj. y f. plástico, a.

plastron (*plastrón*) m. peto; pechera.

plastronner (*plastroné*) intr. fachendear.

plat, e (*plá, át*) adj. y s. plano, a; trivial; m. fuente (vajilla).

platane (*platán*) m. plátano.

plateau (*plató*) m. meseta; platillo; bandeja; m. plataforma.

platine (*platín*) m. platino; platina.

platitude (*platitü'd*) f. necedad.

platonique (*platoník*) adj. platónico, a.

plâtrage (*platráj*) m. enyesado.

plâtras (*platrá*) m. cascote.

plâtre (*plátr*) m. yeso.

plâtrer (*platré*) tr. enyesar.

plausible (*plosíbl*) adj. plausible.

plèbe (*pléb*) f. plebe.

plébéien, enne (*plebeién*) adj. y s. plebeyo, a.

plébiscite (*plebisít*) m. plebiscito.

plein, e (*plén*) adj. y s. lleno, a; pleno, a.

plénier, ière(*plenié, iér*) adj. plenario, a.

plénipotentiaire, (*plenipotansiér*) adj. y s. plenipotenciario, a.

plénitude (*plenitü'd*) f. plenitud.

pléthore (*pletór*) f. plétora.

pléthorique (*pletoník*) adj. pletórico, a.

pleur (*plér*) m. llanto; pl. lágrimas.

pleurard, e (*plerár*) m. fam. llorón.

pleurer (*pleré*) intr. y tr. llorar.

pleurésie (*pleresí*) f. pleuresía.

pleureur, euse (*plerér, és*) s. llorón, ona.

pleurnicher (*plerniché*) intr. lloriquear. [ver.

pleuvoir (*plevuár*) impers. llo-

plèvre (*plévr*) f. *Anat.* pleura.

pli (*plí*) m. pliegue, pliego.

pliable (*pliábl*) adj. plegable.

pliant, e (*plián, ánt*) adj. plegable; fig. dúctil.

plier (*plié*) tr. plegar; se— (*seplié*) r. amoldarse.

plinthe (*plént*) f. plinto; zócalo.

plissage (*plisáj*) m. doblado.

plissement (*plis^emán*) m. plegadura, plegado.

plisser (*plisé*) tr. plegar.

plomb (*plón*) m. plomo; perdigones.

plombage (*plonbáj*) m. emplomado.

plomber (*plonbé*) tr. emplomar; aplomar; *Cir.* empastar.

plombier (*plonbié*) m. plomero.

plongeant, e (*plonján, ánt*) adj. dirigido de alto a bajo; fijante (tiro).

plongée (*plonjé*) f. talud; sumersión.

plongeon (*plonjón*) m. zambullida.

plonger (*plonjé*) tr. sumergir, zambullir; fig. sumir.

plongeur (*plonjér*) m. buzo.

ployer (*pluayé*) tr. plegar; intr. ceder, doblegarse.

pluie (*plüí*) f. lluvia.

plumage (*plümáj*) m. plumaje.

plume (*plü'm*) f. pluma.

plumeau (*plümó*) m. plumero.

plumer (*plümé*) tr. desplumar; pelar.

plumet (*plümé*) m. plumero.

plumier (*plümié*) m. plumero.

pluralité (*plüralité*) f. pluralidad.

pluriel, elle (*plüriél*) adj. y s. plural.

plus (*plü*) adv. más; ya más; non plus, tampoco; au plus tôt, cuanto antes.

plusieurs (*plüsiér*) adj. pl. varios, as; pr. indef. algunos, as.

plus-value (*plüvalü'*) f. alza, aumento de valor.

plûtot (*plütó*) adv. más bien.

pluvieux, euse (*plüvié, és*) adj. lluvioso, a.

pluviomètre (*plüviométr*) m. pluviómetro.

pneu (*pné*) m. neumático.

pneumonie (*pnemoní*) f. pulmonía.

poche (*póch*) f. bolsillo.

pocher (*poché*) tr. magullar; escalfar (huevos).

pochette (*pochét*) f. bolsillo.

podium (*podióm*) m. podio.

poêle (*puál*) f. sartén; m. estufa.

poème (*poém*) m. poema.

poésie (*poesí*) f. poesía.

poète (*poét*) m. poeta.

poétique (*poétik*) adj. poético, a.

poids (*puá*) m. peso.

poignant, e (*puañán, ánt*) adj. punzante; penetrante.

poignard (*puañár*) m. puñal.

poignarder (*puañardé*) tr. apuñalar.

poigne (*puáñ*) f. pop. puños; energía.

poignée (*puañé*) f. puñado; empuñadura, apretón (manos).

poignet (*puañé*) m. muñeca; puño de camisa.

poil (*puál*) m. pelo.

poilu, e (*pualü'*) adj. velludo, a; valiente.

poinçon (*puensón*) m. punzón.

poinçonner (*puensoné*) tr. contrastar.

poindre (*puéndr*) intr. despuntar.

point (*puén*) m. punto; adv. no; point du tout, de ningún modo; mettre au point, acabar; enfocar (foto).

pointage (*puentáj*) m. puntería; tanteo.

pointe (*puént*) f. punta; tachuela; agudeza.

pointer (*puenté*) tr. herir; despuntar; puntear.

pointillé, e (*puentiyé*) adj. punteado, a.

pointilleux, euse (*puentiyé, és*) adj. quisquilloso, a.

pointu, e (*puentü'*) adj. puntiagudo, a.

pointure (*puentü'r*) f. puntos (medidas).

poire (*puár*) f. pera; pop. primo.

poireau (*puaró*) m. *Bot.* puerro.

poirier (*puarié*) m. *Bot.* peral.

pois (*puá*) m. guisante; pois chiche (*puachích*) garbanzo.

poison (*puasón*) m. veneno.

poissarde (*puasárd*) f. verdulera.

poisser (*puasé*) tr. empegar; ensuciar.

poisseux, euse *(puasé, és)* adj. pegajoso, a.

poisson *(puasón)* m. pez, pescado.

poissonnerie *(puasonᵉrí)* f. pescadería.

poitrail *(puatráy)* m. pecho.

poitrinaire *(puatrinér)* adj. y s. tísico, a.

poitrine *(puatrín)* f. pecho.

poivre *(puávr)* m. pimienta.

poix *(puá)* f. pez (resina).

poker *(pokér)* m. poker.

polaire *(polér)* adj. polar.

polariser *(polarisé)* tr. *Fís.* polarizar.

pôle *(pól)* m. polo.

polémique *(polemík)* adj. y f. polémico, a.

polémiste *(polemíst)* m. polemista.

poli, e *(poli)* adj. pulido, a; cortés.

police *(polís)* f. policía; póliza.

policer *(polisé)* tr. civilizar.

polichinelle *(polichinél)* m. polichinela.

policier *(polisié)* m. y adj. policial; guardia.

poliment *(polimán)* adv. cortésmente.

polir *(polír)* tr. pulir.

polissage *(polisáj)* m. pulimento.

polissoir *(polisuár)* m. pulidor.

polisson, onne *(polisón)* s. granuja; adj. licencioso, a.

polissonnerie *(polisonᵉrí)* f. bribonada.

politesse *(polités)* f. cortesía.

politicien, enne *(politisién)* n. político, a.

politique *(politík)* f. política; adj. político, a.

pollen *(polén)* m. polen.

polluer *(polüé)* tr. manchar, profanar.

pollution *(polüsión)* f. polución.

poltron, onne *(poltrón)* adj. y s. poltrón, ona.

polycopiste *(policopíst)* m. multicopista.

polychromie *(policromí)* f. policromía.

polyèdre *(poliédr)* m. poliedro.

polygamie *(poligamí)* f. poligamia.

polyglotte *(poliglót)* adj. y s. políglota.

polygone *(poligón)* m. polígono.

polype *(políp)* m. pólipo.

polytechnique *(politecník)* adj. politécnico, a.

polythéisme *(politeísm)* m. politeísmo.

pommade *(pomád)* f. pomada.

pomme *(póm)* f. manzana; pomme de terre, patata.

pommé, e *(pomé)* adj. repolludo, a.

pommeau *(pomó)* m. pomo.

pommette *(pomét)* f. pómulo.

pommier *(pomié)* m. manzano.

pompe *(pónp)* f. pompa, fausto; bomba (máquinas).

pomper *(ponpé)* tr. aspirar; fig. absorber.

pompeur, euse *(ponpér, és)* adj. pomposo, a.

pompier *(ponpié)* m. bombero.

pompon *(ponpón)* m. perendengue; pompón.

pomponner *(ponponé)* tr. adornar.

ponce *(póns)* f. piedra pómez.

poncer *(ponsé)* tr. apomazar.

ponction *(poncsión)* f. *Cir.* puntura.

ponctualité *(ponctüalité)* f. puntualidad.

ponctuation *(ponctüasión)* f. puntuación.

ponctué, e *(ponctüé)* adj. puntuado, a.

ponctuel, elle *(ponctüél)* adj. puntual.

ponctuer *(ponctüé)* tr. puntuar.

pondérable *(ponderábl)* adj. ponderable.

pondération *(ponderasión)* f. ponderación.

pondérer *(ponderé)* tr. ponderar.

pondeuse *(pondés)* f. ponedora (gallina).

pondre *(póndr)* tr. poner.

pont *(pón)* m. puente; pont-levis, puente levadizo.

ponte *(pónt)* f. postura (gallinas); m. punto (juego).

pontife *(pontíf)* pontífice.

pontificat *(pontificá)* m. pontificado.

pontifier *(pontifié)* intr. pontificar.

ponton *(pontón)* m. pontazgo.

pontonnier *(pontonié)* m. *Mil.* pontonero.

pope *(póp)* m. pope.

popeline *(popᵉlín)* f. popelina.

popote *(popót)* f. pop. pitanza.

populace *(popülás)* f. populacho.

populaire *(popülér)* adj. popular.

populariser *(popülarisé)* tr. popularizar.

popularité *(popülarité)* f. popularidad.

population *(popülasión)* f. población.

populeux, euse *(popülé, és)* populoso, a.

porc *(pór)* m. puerco; porc-épic *(porkepík)* m. puerco espín.

porcelaine *(porselén)* f. porcelana.

porche *(pórch)* m. soportal.

porcher, ère *(porché, ér)* s. porquero, a.

porcherie *(porchᵉrí)* f. pocilga.

pore *(pór)* m. poro.

poreux, euse *(poré, és)* adj. poroso, a.

pornographie *(pornografí)* f. pornografía.

porosité *(porosité)* f. porosidad.

porphyre *(porfír)* m. pórfido.

port *(pór)* m. puerto; porte.

portail *(portáy)* m. portada.

portant, e *(portán, ánt)* adj. conductor, a; m. asa.

portatif, ive *(portatíf, ív)* adj. portátil.

porte *(pórt)* f. puerta; mettre à la porte, echar a la calle.

porté, e *(porté)* adj. propenso, a.

porte-affiches *(portáfich)* m. cartelera.

porte-avions *(portavión)* m. portaaviones.

porte-bagages *(portᵉbagáj)* m. portaequipaje.

porte-cigarettes *(portᵉsigarét)* m. pitillera.

porte-drapeau *(portᵉdrapó)* m. abanderado.

portée *(porté)* f. camada; alcance; fig. trascendencia.

portefaix *(portᵉfé)* m. ganapán.

portefeuille *(portᵉféy)* m. cartera.

portemanteau *(portᵉmantó)* m. percha.

portemonnaie *(portᵉmoné)* m. portamonedas.

porteparapluies *(portᵉparaplüí)* m. paragüero.

porteparole *(portᵉparól)* m. portavoz.

porte-plume *(portᵉplü'm)* m. portaplumas.

porter *(porté)* tr. llevar. fig. inducir; producir.

porteur, euse *(portér, és)* adj. portador, a.

porte-voix *(portᵉvuá)* m. bocina.

portier *(portié)* m. portero.

portière *(portiér)* f. portezuela (coche).

portion *(porsión)* f. porción.

portique *(portík)* m. pórtico.

portrait *(portré)* m. retrato.

portraitiste *(portretíst)* s. retratista.

pose *(pós)* f. colocación, actitud; fig. afectación.

posé, e *(posé)* adj. serio, a.

posément *(posemán)* adv. pausadamente.

poser *(posé)* tr. poner; fig. sentar, deponer (las armas); enunciar (preguntas); posar fig. echarlas por; se— *(seposé)* r. ponerse.

poseur *(posér)* m. fig. presumido.

positif, ive *(positif, ív)* positivo, a.

position *(posisión)* f. posición.

positivisme *(positivísm)* m. positivismo.

possédé, e *(posedé)* adj. poseído, a; s. poseso, a.

posséder *(posedé)* tr. poseer.

possesseur *(posesér)* m. poseedor.

possessif, ive *(posesíf, ív)* adj. posesivo, a.

possession *(posesión)* f. posesión.

possibilité *(posibilité)* f. posibilidad.

possible *(posíbl)* adj. posible.

postal, e *(postál)* adj. postal.

poste *(póst)* m. puesto; aparato (radio, etc.); emisora; bureau de poste, administración de correos; poste restante, lista de correos.

poster *(posté)* tr. apostar, colocar.

postérieur, e *(posteriér)* adj. posterior; m. el trasero.

postérité *(posterité)* f. posteridad.

posthume *(postü'm)* adj. póstumo, a.

postiche *(postích)* adj. postizo, a.

postillon *(postiyón)* m. postillón.

post-scriptum *(post-scriptóm)* post-data.

postulant, e *(postülán, ánt)* s. postulante.

postulat *(postülá)* m. postulado.

postuler *(postülé)* tr. postular.

posture *(postü'r)* f. postura.

pot *(pó)* m. olla; bote, tarro, jarro; pot de chambre, orinal.

potable *(potábl)* adj. potable.

potache *(potách)* m. fam. colegial.

potage *(potáj)* m. sopa, potage.

potager, ère *(potajé, ér)* adj. hortelano, a; m. huerta.

potasse *(potás)* f. potasa.

pot-au-feu *(potofé)* m. puchero.

poteau *(potó)* m. poste.

potelé, e *(potᵉlé)* adj. rollizo, a.

potence *(potáns)* f. horca.

potentat *(potantá)* m. potentado.

potentiel, elle *(potansiél)* adj. potencial.

poterie *(potᵉrí)* f. loza; alfarería.

poterne *(potérn)* f. poterna.

potier *(potié)* m. alfarero.

potin *(potén)* m. azófar; fig. chisme.

potion *(posión)* f. poción; pócima.

potiron *(potirón)* m. calabaza.

pou *(pú)* m. piojo.

poubelle *(pubél)* f. cubo de la basura.

pouce *(pús)* m. pulgar; pulgada.

poudre *(púdr)* f. polvo; pólvora.

poudrer *(pudré)* tr. empolvar.

poudrerie *(pudrᵉrí)* f. fábrica de pólvora.

poudreux, euse *(pudré, és)* adj. polvoriento, a.

pouf *(púf)* m. taburete acolchado.

pouffer *(pufé)* intr. reventar.

pouille *(pu'y)* f. pulla.

pouilleux, euse *(puyé, és)* adj. y s. piojoso, a.

poulailler *(pulayé)* m. gallinero.

poulain *(pulén)* m. potro.

poularde *(pulárd)* f. polla cebada.

poule *(púl)* f. gallina; poule mouillée, cobarde.

poulet *(pulé)* m. pollo.

poulette *(pulét)* f. pollita.

pouliche *(pulích)* f. potranca.

poulie *(pulí)* f. polea.

poulpe *(púlp)* m. *Zool.* pulpo.

pouls *(pú)* m. pulso.

poumon *(pumón)* m. pulmón.

poupe *(púp)* f. *Mar.* popa.

poupée *(pupé)* f. muñeca.

poupin, e *(pupén, in)* adj. y s. currutaco, a.

pouponnière *(puponiér)* f. casa-cuna.

pour *(púr)* prep. por, para; en cuanto a; m. pro.

pourboire *(purbuár)* m. propina.

pourceau *(pursó)* m. cerdo.

pourcentage *(pursantáj)* m. porcentaje.

pourchasser *(purchasé)* tr. perseguir.

pourfendre *(purfándr)* tr. tajar.

pourlécher *(purleché)* tr. relamer.

paurparler *(purparlé)* m. negociación.

pourpoint *(purpuén)* m. jubón.

pourpre *(púrpr)* f. púrpura; m. tabardillo.

pourpré, e *(purpré)* adj. purpúreo, a.

pourquoi *(purkuá)* conj. por qué; m. porqué.

pourri, e *(purrí)* adj. podrido, a.

pourrir *(purrír)* intr. y tr. podrir.

pourriture *(purritü'r)* f. podredumbre.

poursuite *(pursüít)* f. persecución; solicitación; pl. *Jur.* diligencia.

poursuivre *(pursüívr)* tr. perseguir; proseguir. *Jur.* demandar.

pourtant *(purtán)* conj. sin embargo, no obstante.

pourtour *(purtúr)* m. contorno.

pourvoi *(purvuá)* m. *Jur.* apelación.

pourvoir *(purvuár)* intr. proveer.

pourvoyeur *(purvuayér)* m. proveedor.

pourvu, e *(purvü')* adj. provisto, a; pourvu que, con tal que.

pousse *(pús)* f. retoño, brote.

poussée *(pusé)* f. empujón.
pousser *(pusé)* tr. empujar; incitar; intr. crecer (plantas).
poussière *(pusiér)* f. polvo.
poussiéreux, euse *(pusieré, és)* adj. polvoriento, a.
poussif, ive *(pusíf, ív)* adj. asmático, a.
poussin *(pusén)* m. polluelo.
poutre *(pútr)* f. viga; madero.
pouvoir *(puvuár)* intr. poder; m. poder.
pragmatique *(pragmatík)* f. pragmática.
prairie *(prerí)* f. pradera.
praline *(pralín)* f. almendra garrapiñada.
praticable *(praticábl)* adj. practicable.
praticien *(pratisién)* m. práctico.
pratiquant, e *(pratikán, ánt)* adj. observante, practicante.
pratique *(pratík)* f. práctica; rutina; adj. práctico, a.
pratiquer *(pratiké)* tr. practicar.
pré *(pré)* m. prado.
préalable *(prealábl)* previo, a; **au-préalable**, loc. adv. antes, ante todo.
préambule *(preanbü'l)* m. preámbulo.
préavis *(preaví)* m. previo aviso.
prébende *(prebánd)* f. prebenda.
précaire *(prekér)* adj. precario, a.
précaution *(precosión)* f. precaución.
précédemment *(presedamán)* adv. anteriormente.
précédent, e *(presedán, ánt)* adj. y s. precedente.
précéder *(presedé)* tr. preceder.
précepte *(presépt)* m. precepto.
précepteur *(preseptér)* m. preceptor.
prêche *(préch)* f. prédica.
prêcher *(preché)* tr. predicar.
prêcheur *(prechér)* m. predicador.
précieux, euse *(presié, és)* adj. precioso, a.
préciosité *(presiosité)* f. afectación; preciosidad.
précipice *(presipís)* m. precipicio.
précipitation *(presipitasión)* f. precipitación.
précipité, e *(presipité)* adj. y m. precipitado, a.
précipiter *(presipité)* tr. precipitar.
précis, e *(presí, ís)* adj. preciso, a; m. compendio.
précisément *(presisemán)* adv. precisamente.
préciser *(presisé)* tr. precisar.
précision *(presisión)* f. precisión.
précoce *(precós)* adj. precoz.
précocité *(precosité)* f. precocidad.
préconçu, e *(preconsü')* adj. preconcebido, a.
préconiser *(preconisé)* tr. preconizar.
précurseur *(precürsér)* m. precursor.
prédécesseur *(predesesér)* m. predecesor.
prédestiner *(predestiné)* tr. predestinar.
prédéterminer *(predeterminé)* tr. predeterminar.
prédicat *(predicá)* m. predicado.
prédicateur *(predicatér)* m. predicador.

prédication *(predicasión)* f. predicación.
prediction *(predicsión)* f. predicción.
prédilection *(predilecsión)* f. predilección.
prédire *(predír)* tr. predecir.
prédisposer *(predisposé)* tr. predisponer.
prédisposition *(predisposisión)* f. predisposición.
prédominance *(predomináns)* f. predominio.
prédominant, e *(predominán, ánt)* adj. predominante.
prédominer *(predominé)* intr. predominar.
prééminence *(preemináns)* f. preeminencia.
prééminent, e *(preeminán, ánt)* adj. preeminente.
préétabli, e *(preetabli)* adj. preestablecido, a.
préexistence *(preecsistáns)* f. preexistencia.
préface *(prefás)* f. prefacio.
prefecture *(prefectü'r)* f. prefectura.
préférable *(preferábl)* adj. preferible.
préférence *(preferáns)* f. preferencia.
préférer *(preferé)* tr. preferir.
préfet *(prefé)* m. prefecto.
préfixe *(prefícs)* adj. y s. prefijo.
préhension *(preansión)* f. aprehensión.
préhistoire *(preistuár)* f. prehistoria.
préhistorique *(preistorík)* adj. prehistórico, a.
préjudice *(prejüdís)* m. perjuicio.
préjudiciable *(prejüdisiábl)* adj. perjudicial.
préjugé *(prejüjé)* m. perjuicio.
prélasser (se) *(se prelasé)* r. pavonearse.
prélat *(prelá)* m. prelado.
prélèvement *(prelev^emán)* m. extracción previa; porción.
prélever *(prelevé)* tr. tomar, extraer.
préliminaire *(preliminér)* adj. y s. preliminar.
prélude *(prelü'd)* m. preludio.
préluder *(prelüdé)* intr. preludiar.
prématuré, e *(prematüré)* adj. prematuro, a.
préméditation *(premeditasión)* f. premeditación.
préméditer *(premedité)* tr. premeditar.
prémices *(premís)* f. pl. primicias.
premier, ière *(premié, ér)* adj. primero, a; primo (números); f. estreno (teatro).
premisse *(premís)* f. premisa.
prémunir *(premünír)* tr. prevenir, precaver.
prendre *(prándr)* tr. tomar; intr. arraigar.
preneur, euse *(prenér, és)* s. tomador, a; arrendatario, a.
prénom *(prenón)* m. nombre.
préocupation *(preocüpasión)* s. preocupación.
préoccuper *(preocüpé)* tr. preocupar.
préparateur *(preparatér)* m. preparador.
préparatifs *(preparatíf)* m. pl. preparativos.
préparation *(preparasión)* f. preparación.
préparatoire *(preparatuár)* adj. preparatorio, a.

préparer *(preparé)* tr. preparar.
prépondérance *(preponderáns)* f. preponderancia.
prépondérant, e *(preponderán, ánt)* adj. preponderante.
préposé, e *(preposé)* adj. y s. encargado, a.
préposition *(preposisión)* f. preposición.
prérogative *(prerogatív)* f. prerrogativa.
près *(pré)* adv. cerca, junto; **à peu près**, más o menos.
présage *(preságj)* m. presagio.
présager *(presajé)* tr. presagiar.
presbyte *(presbít)* adj. y s. présbita.
presbytère *(presbitér)* m. la casa del párroco.
prescience *(presiáns)* f. presciencia.
prescription *(prescripsión)* f. prescripción.
prescrire *(prescrír)* tr. prescribir.
présence *(presáns)* f. presencia.
présent, e *(presán, ánt)* adj. y s. presente.
présentable *(presantábl)* adj. presentable.
présenter *(presanté)* tr. presentar.
préservatif, ive *(preservatíf, ív)* adj. y s. preservativo, a.
préservation *(preservasión)* f. preservación.
préserver *(preservé)* tr. preservar.
présidence *(presidáns)* f. presidencia.
président *(presidán)* m. presidente.
présidentiel, elle *(presidansiél)* adj. presidencial.
présider *(presidé)* intr. presidir.
présidiaire *(presidiér)* m. presidiario.
présomptif, ive *(presonptíf, ív)* adj. presunto, a.
présomption *(presonpsión)* f. presunción.
présomptueux, euse *(presonptüé, és)* adj. y s. presuntuoso, a.
presque *(présk)* adv. casi.
presqu'île *(preskíl)* f. península.
pressant, e *(presán, ánt)* adj. urgente.
pressé, e *(presé)* adj. apretado, a; apresurado, a.
pressentiment *(presantimán)* m. presentimiento.
pressentir *(presantír)* tr. presentir.
presse-papiers *(pres^epapié)* m. pisapapeles.
presser *(presé)* tr. apretar; prensar; apresurar; apremiar; oprimir; **se—**, r. apretarse, apresurarse.
pression *(presión)* f. presión.
pressoir *(presuár)* m. lagar.
pressurer *(presüré)* tr. prensar, estrujar.
prestance *(prestáns)* f. prestancia.
prestation *(prestasión)* f. prestación.
preste *(prést)* adj. pronto, a.
prestidigitateur *(prestidijitatér)* m. prestidigitador.
prestige *(prestíj)* f. prestigio.
prestigieux, euse *(prestijié, és)* adj. prestigioso, a.
présumer *(presümé)* tr. e intr. presumir.
prêt, e *(pré, prét)* adj. preparado, a; m. préstamo.

prétendant, e *(pretandán, ánt)* s. pretendiente.
prétendre *(pretándr)* tr. pretender.
prétendu, e *(pretandü')* adj. supuesto, a.
prétentieux, euse *(pretansié, és)* adj. presuntuoso, a.
prétention *(pretansión)* f. pretensión.
prêter *(preté)* tr. prestar; fig. atribuir.
prêteur, euse *(pretér, és)* m. prestamista.
prétérit *(preterít)* m. pretérito.
prétexte *(pretécst)* m. pretexto.
prétexter *(pretecsté)* tr. pretextar.
prétoire *(pretuár)* m. pretorio.
prêtre *(prétr)* m. sacerdote.
prêtresse *(pretrés)* f. sacerdotisa.
preuve *(prév)* f. prueba.
preux *(pré)* adj. y s. denodado; paladín.
prévaloir *(prevaluár)* intr. prevalecer.
prévaricateur *(prevaricatér)* adj. y s. prevaricador.
prévenance *(prevenáns)* f. fineza.
prévenant, e *(prevenán, ánt)* adj. atento, a.
prévenir *(prevenír)* tr. prevenir; precaver.
préventif, ive *(prevantíf, ív)* adj. preventivo, a.
prévention *(prevansión)* f. prevención.
prévenu, e *(prevenü')* adj. prevenido, a; acusado, a.
prévision *(previsión)* f. previsión.
prévoir *(prevuár)* tr. prever.
prévoyance *(prevuayáns)* f. previsión.
prévoyant, e *(prevuayán, ánt)* adj. previsor, a.
prie-dieu *(pridié)* m. reclinatorio.
prier *(prié)* tr. rezar, orar; rogar.
prière *(priér)* f. oración; ruego.
prieur, e *(priér)* s. prior.
primaire *(primér)* adj. primario, a.
prime-sautier, ière *(prim^esotié, ér)* adj. espontáneo, a.
primeur *(primér)* f. fruta temprana, primicia.
primevère *(prim^evér)* f. Bot. primavera.
primitif, ive *(primitíf, ív)* adj. primitivo, a.
primo *(primó)* adv. primeramente.
primordial, e *(primordiál)* adj. primordial.
prince *(préns)* m. príncipe.
princesse *(prensés)* f. princesa.
princier, ière *(prensié, ér)* adj. principesco, a.
principal, e *(prensipál)* adj. y s. principal.
principauté *(prensipoté)* m. principado.
principe *(prensíp)* m. principio.
printanier, ière *(prentanié, ér)* adj. primaveral.
printemps *(prentán)* m. primavera.
priorité *(priorité)* f. prioridad.
pris, e *(prí, ís)* adj. tomado, a; cogido, a; f. toma, captura, disputa.

priser (*prisé*) tr. pasar; intr. tomar rapé.
priseur (*prisér*) m. tasador.
prisme (*prísm*) m. *Geom.* prisma.
prison (*prisón*) f. prisión, cárcel.
prisonnier, ière (*prisonié, ér*) s. prisionero, a; preso, a.
privation (*privasión*) f. privación.
privauté (*privoté*) f. familiaridad.
privé, e (*privé*) adj. privado, a; particular.
priver (*privé*) tr. privar; **se—,** (*se privé*) r. privarse.
privilège (*privilèj*) m. privilegio.
privilégié, e (*privilejié*) adj. y s. privilegiado, a.
privilégier (*privilejié*) tr. privilegiar.
prix (*prí*) m. precio; premio; **prix de revient,** precio de coste.
probabilité (*probabilité*) f. probabilidad.
probable (*probábl*) adj. probable.
probant, e (*probán, ánt*) adj. que prueba.
probe (*prób*) adj. probo.
probité (*probité*) f. probidad.
problématique (*problematik*) adj. problemático, a.
problème (*problém*) m. problema.
procédé (*prosedé*) m. procedimiento.
procéder (*prosedé*) intr. proceder.
procédure (*prosedü'r*) f. enjuiciamiento.
procès (*prosé*) m. proceso; **— verbal,** m. acta.
procession (*prosesión*) f. procesión.
prochain, e (*prochén*) adj. próximo, a; m. prójimo.
prochainement (*prochenᵉmán*) adv. próximamente.
proche (*próch*) adj. próximo, a; m. pl. allegados; adv. cerca.
proclamation (*proclamasión*) f. proclamación.
proclamer (*proclamé*) tr. proclamar.
procréer (*procreé*) tr. procrear.
procuration (*procürasión*) f. procuración; poder.
procurer (*procüre*) tr. procurar.
procureur (*procürér*) s. apoderado; procurador.
prodigalité (*prodigalité*) f. prodigalidad.
prodige (*prodíj*) m. prodigio.
prodigieux, euse (*prodijié, és*) adj. prodigioso, a.
prodigue (*prodíg*) adj. y s. pródigo, a.
prodiguer (*prodigué*) tr. prodigar.
prodrome (*prodróm*) m. pródromo.
producteur, trice (*prodüctér, tris*) adj. y s. productor, a.
productif, ive (*prodüctíf, ív*) adj. productivo, a.
production (*prodücsión*) f. producción.
produire (*prodüír*) tr. producir.
produit (*prodüí*) m. producto.
proéminent, e (*proeminán, ánt*) adj. prominente.
profanateur, trice (*profanatér, tris*) adj. y s. profanador, a.

profanation (*profanasión*) f. profanación.
profane (*profán*) adj. y s. profano, a.
profaner (*profané*) tr. profanar.
proférer (*preferé*) tr. proferir.
professer (*profesé*) tr. profesar.
professeur (*profesér*) m. profesor.
profession (*profesión*) f. profesión.
professionnel, elle (*profesionél*) adj. profesional.
profil (*profíl*) m. perfil.
profiler (*profilé*) tr. perfilar.
profit (*profí*) m. provecho.
profitable (*profitábl*) adj. aprovechable.
profiter (*profité*) f. aprovechar.
profiteur (*profitér*) adj. y s. aprovechador.
profond, e (*profón, ónd*) adj. profundo, a.
profondeur (*profondér*) f. profundidad.
profusion (*profüsión*) f. profusión.
progéniture (*projenitü'r*) f. progenitura.   [grama.
programme (*prográm*) m. programa.
progrès (*progré*) m. progreso.
progresser (*progresé*) intr. progresar.
progressif, ive (*progresif, ív*) adj. progresivo, a.
progression (*progresión*) f. progresión.
prohiber (*proibé*) tr. prohibir.
prohibition (*proibisión*) f. prohibición.
proie (*pruá*) f. presa; rapiña.
projecteur (*projectér*) m. proyector.
projectile (*projectíl*) m. proyectil.
projection (*projecsión*) f. proyección.
projet (*projé*) m. proyecto.
projeter (*projeté*) m. proyectar.
prolétaire (*proletér*) m. proletario.
prolétariat (*proletariá*) m. proletariado.
prolifique (*prolifík*) adj. prolífico, a.
prolixe (*prolícs*) adj. prolijo.
prologue (*prológ*) m. prólogo.
prolongation (*prolongasión*) f. prolongación.
prolongement (*prolonjᵉmán*) m. prolongamiento.
prolonger (*prolonjé*) tr. prolongar.
promenade (*promᵉnád*) f. paseo.
promener (*promᵉné*) tr. pasear; **se—,** pasearse.
promeneur, euse (*promᵉnér, és*) s. paseante.
promesse (*promés*) f. promesa.
promettre (*prométr*) tr. prometer.
promis, e (*promí, ís*) adj. prometido, a.
promiscuité (*promiscüité*) f. promiscuidad.
promontoire (*promontuár*) m. promontorio.
promoteur (*promotér*) m. promotor.
promotion (*promosión*) f. promoción.
promouvoir (*promuvuár*) tr. promover.
prompt, e (*prón,ónt*) adj. pronto, a.
promptement (*prontᵉmán*) adv. prontamente.
promptitude (*prontitü'd*) f. prontitud.

promulguer (*promülgué*) tr. promulgar.
prôner (*proné*) tr. predicar.
pronom (*pronón*) m. *Gram.* pronombre.
pronominal, e (*pronominál*) adj. pronominal.
prononcé, e (*prononsé*) adj. pronunciado.
prononcer (*prononsé*) tr. pronunciar.
prononciation (*prononsiasión*) f. pronunciación.
pronostic (*pronostíc*) m. pronóstico.
pronostiquer (*pronostiké*) tr. pronosticar.
propagande (*propagánd*) f. propaganda.
propagateur (*propagatér*) m. propagador.
propagation (*propagasión*) f. propagación.
propager (*propajé*) tr. propagar.
propension (*propansión*) f. propensión.
prophète (*profét*) m. profeta.
prophétie (*profesí*) f. profecía.
prophétique (*profetík*) adj. profético, a.
prophétiser (*profetisé*) tr. profetizar.
prophylaxie (*profilacsí*) f. profilaxis.
propice (*propís*) adj. propicio, a.
proportion (*proporsión*) f. proporción.
proportionnel, elle (*proporsionél*) adj. proporcional.
proportionner (*proporsioné*) tr. proporcionar.
propos (*propó*) m. propósito; dicho; murmuración.
proposer (*proposé*) tr. proponer.
proposition (*proposisión*) f. proposición.
propre (*própr*) adj. propio, a; limpio, a.
propreté (*propᵉté*) f. limpieza.
propriétaire (*propriétér*) s. propietario.
propriété (*propriété*) f. propiedad.
propulseur (*propülsér*) adj. y s. propulsor.
propulsion (*propülsión*) f. propulsión.
prorata (*proratá*) m. prorrata.
prorogation (*prorrogasión*) f. prórroga.
proroger (*prorrojé*) tr. prorrogar.
prosaïque (*prosaík*) adj. prosaico, a.
prosateur (*prosatér*) m. prosista.
proscription (*proscripsión*) f. proscripción.
proscrire (*proscrír*) adj. proscribir.
proscrit, e (*proscri, ít*) adj. y s. proscrito, a.
prose (*prós*) f. prosa.
prosélytisme (*proselitism*) m. proselitismo.
prosodie (*prosodí*) f. prosodia.
prospection (*prospecsión*) f. prospección.
prospectus (*prospectü's*) m. prospecto.
prospère (*prospér*) adj. próspero, a.
prospérer (*prosperé*) intr. prosperar.
prospérité (*prosperité*) f. prosperidad.
prostate (*prostát*) f. próstata.
prosterner (*prosterné*) tr. prosternar.
prostituée (*prostitüé*) f. prostituta.

promulguer (*promülgué*) tr. promulgar.
prostitution (*prostitüsión*) f. prostitución.
prostration (*prostrasión*) f. postración.
protagoniste (*protagoníst*) m. protagonista.
protecteur, trice (*protectér, tris*) adj. y s. protector, a.
protection (*protecsión*) f. protección.
protectorat (*protectorá*) m. protectorado.
protéger (*protejé*) tr. proteger.
protéine (*protein*) f. proteína.
protestant, e (*protestán, ánt*) adj. y s. protestante.
protestantisme (*protestantism*) m. protestantismo.
protestation (*protestasión*) f. protesta.
protester (*protesté*) tr. e intr. protestar.
protêt (*proté*) m. protesto.
prothèse (*protés*) f. prótesis.
protocolaire (*protocolér*) adj. protocolar.
protocole (*protocól*) m. protocolo.
protoplasma (*protoplasmá*) m. protoplasma.
prototype (*prototíp*) m. prototipo.
protuberence (*protüberáns*) f. protuberancia.
proue (*prú*) f. *Mar.* proa.
prouesse (*prués*) f. proeza.
prouver (*pruvé*) tr. probar.
provenance (*provᵉnáns*) f. procedencia.
provenant, e (*provᵉnán, ánt*) adj. procedente.
provenir (*provᵉnír*) intr. provenir.   [bio.
proverbe (*provérb*) m. proverbio.
proverbial, e (*proverbiál*) adj. proverbial.
providence (*providáns*) f. providencia.
providentiel, elle (*providansiél*) adj. providencial.
province (*provéns*) f. provincia.
provincial, e (*provensiál*) adj. y s. provincial.
proviseur (*provisér*) m. provisor.
provision (*provisión*) f. provisión.
provisionnel, elle (*provisionél*) adj. provisional.
provisoire (*provisuár*) adj. provisorio, a; provisional.
provocant, e (*provocán, ánt*) adj. provocante.
provocateur, trice (*provocatér, tris*) adj. y s. provocador, a.
provocation (*provocasión*) f. provocación.
provoquer (*provoké*) tr. provocar.
proxénète (*procsenét*) s. proxeneta.
proximité (*procsimité*) f. proximidad.
prude (*prü'd*) adj. y s. gazmoño, a.
prudence (*prüdáns*) f. prudencia.
prudent, e (*prüdán, ánt*) adj. prudente.
prune (*prü'n*) f. ciruela.
pruneau (*prünó*) m. pasa.
prunelle (*prünél*) f. niña de los ojos.
prunier (*prünié*) m. ciruelo.
prurit (*prüri*) m. prurito.
psalmodier (*psalmodié*) intr. y tr. salmodiar.
psaume (*psóm*) m. salmo.
pseudo (*psedó*) pref. seudo.
pseudonyme (*psedoním*) adj. seudónimo, a.
psychanalyse (*psicanalís*) f. psicoanálisis.

psychiatre *(psikiátr)* m. psiquiatra.
psychologie *(psikoloji)* f. psicología.
psychologue *(psikológ)* f. psicólogo.
psychose *(psikós)* f. psicosis.
puant, e *(püán, ánt)* adj. hediondo, a.
puanteur *(püantér)* f. hediondez.
puberté *(püberté)* f. pubertad.
pubis *(pübís)* m. pubis.
public, ique *(püblík)* adj. público, a; m. el público.
publication *(püblicasión)* f. publicación.
publiciste *(püblisíst)* m. publicista.
publicité *(püblisité)* f. publicidad.
publier *(püblié)* tr. publicar.
puce *(pü's)* f. pulga.
pucelle *(püsél)* f. doncella.
puceron *(püs⁰rón)* m. pulgón.
pudeur *(pudér)* f. pudor.
pudique *(püdík)* adj. púdico, a.
puer *(pué)* intr. y tr. heder.
puériculture *(püericültü'r)* f. puericultura.
puéril, e *(püeríl)* adj. pueril.
puérilité *(püerilité)* f. puerilidad.
pugilat *(püjilá)* m. pugilato.
puis *(püí)* adv. luego, después.
puiser *(püisé)* tr. sacar.
puisque *(püísk)* conj. puesto que.
puissance *(püisáns)* f. potencia, poder.
puissant, e *(püisán, ánt)* adj. y s. poderoso, a; potente.
puits *(püí)* m. pozo.
pulluler *(pülülé)* intr. pulular.
pulmonaire *(pülmonér)* adj. pulmonar.
pulpe *(pü'lp)* f. pulpa.
pulsation *(pülsasión)* f. pulsación.
pulvérisateur *(pülverisatér)* m. pulverizador.
pulvériser *(pülverisé)* tr. pulverizar.
pulvérulent, e *(pülverülán, ánt)* adj. pulverulento, a.
puma *(pümá)* m. puma.
punaise *(pünés)* f. chinche.
punch *(pénch)* m. ponche.
punir *(pünír)* tr. castigar.
punissable *(pünisábl)* adj. punible.
punition *(pünisión)* f. castigo.
pupille *(püpíl)* f. pupila (del ojo); s. pupilo, a.
pupitre *(püpítr)* m. pupitre.
pur, e *(pü'r)* adj. puro, a.
purée *(püré)* f. puré.
pureté *(pür⁰té)* f. pureza.
purgatif, ive *(pürgatíf, ív)* adj. y s. purgante.
purgatoire *(pürgatuár)* m. purgatorio.
purge *(pü'rj)* f. purga.
purger *(pürjé)* tr. purgar.
purification *(pürificasión)* f. purificación.
purifier *(pürifié)* tr. purificar.
purin *(pürén)* m. estiércol (líquido).
puriste *(püríst)* s. purista.
puritain, e *(püritén)* adj. y s. puritano, a.
purpurin, e *(pürpürén, ín)* adj. purpurino, a.
purulent, e *(pürülán, ánt)* adj. purulento, a.
pus *(pü')* m. pus.
pusillanime *(püsilaním)* adj. pusilánime.
pustule *(püstü'l)* f. *Med.* pústula.
putréfaction *(pütrefacsión)* f. putrefacción.
putréfier *(pütrefié)* tr. podrir.

putride *(pütríd)* adj. pútrido, a.
pygmée *(pigmé)* m. pigmeo.
pyjama *(pijamá)* m. pijama.
pylône *(pilón)* m. pilón.
pylore *(pilór)* m. *Anat.* píloro.
pyramide *(piramíd)* f. pirámide.
pyrite *(pirít)* f. pirita.
pyrotechnie *(pirotecní)* f. pirotecnia.
python *(pitón)* m. pitón.
pythonisse *(pitonís)* f. pitonisa.

quadragénaire *(kuadrajenér)* adj. y s. cuadragenario, a.
quadrangulaire *(kuadrangülér)* adj. cuadrangular.
quadrant *(kuadrán)* m. cuadrante.
quadrige *(kuadríj)* m. cuadriga.
quadrilatère *(kuadrilatér)* m. cuadrilátero.
quadrillage *(kadriyáj)* m. cuadrícula.
quadrille *(kadríy)* f. cuadrilla.
quadrillé, e *(kadriyé)* adj. cuadrillado, a.
quadrumane *(kuadrümán)* adj. y s. cuadrumano.
quadrupède *(kuadrüpéd)* adj. y s. cuadrúpedo.
quadruple *(kuadrü'pl)* adj. y s. cuádruple.
quadrupler *(kuadrüplé)* tr. cuadriplicar.
quai *(ké)* m. muelle; andén.
qualificateur *(kalificatér)* m. calificador.
qualificatif, ive *(kalificatíf, ív)* adj. y s. calificativo, a.
qualification *(kalificasión)* f. calificación.
qualifié, e *(kalifié)* adj. calificado, a.
qualifier *(kalifié)* tr. calificar.
qualité *(kalité)* f. calidad.
quand *(kán)* adv. cuando; conj. aunque.
quant à *(kantá)* loc. prep. en cuanto, a.
quantitatif, ive *(kantitatíf, ív)* adj. cuantitativo, a.
quantité *(kantité)* f. cantidad.
quarante *(karánt)* adj. y s. cuarenta.
quarantaine *(karantén)* f. cuarentena.
quart *(kár)* m. cuarto.
quarteron, onne *(kart⁰rón)* s. cuarteron, ona; m. cuarterón (peso).
quartier *(kartié)* m. cuarto, pedazo; cuarto (luna).
quartz *(kuárts)* m. cuarzo.
quaternaire *(kuaternér)* adj. y m. cuaternario, a.
quatorze *(katórs)* adj. y s. catorce.
quatrain *(katrén)* m. cuarteta; cuarteto.
quatre *(kátr)* adj. y s. cuatro.
quatuor *(kuatüór)* m. cuarteto.
que *(ké)* pron. relat. que; adv. cuán; como.
quel, quelle *(kél)* adj. que, cual.
quelconque *(kelcónk)* adj. cualquier, a; alguno, a.
quelque *(kélk)* adj. alguno, a.
quelquefois *(kelk⁰fuá)* adv. a veces.

quelqu'un, e *(kelkén, ü'n)* pr. indef. alguno, a.
quémander *(kemandé)* intr. y tr. mendigar.
quémandeur, euse *(kemandér, és)* s. pedigüeño, a.
quenelle *(kenél)* f. albóndiga.
quenouille *(kenúy)* f. rueca.
querelle *(kerél)* f. querella.
quereller *(kerelé)* tr. reñir.
querelleur, euse *(kerelér, és)* adj. y s. camorrista.
quérir *(kerír)* tr. buscar.
questeur *(kuestér)* m. cuestor.
question *(kestión)* f. cuestión, pregunta.
questionnaire *(kestionér)* m. cuestionario.
questioner *(kestioné)* tr. interrogar.
quête *(két)* f. busca; colecta.
quêter *(keté)* tr. buscar; pedir.
queue *(ké)* f. cola; mango.
qui *(kí)* pr. rel. que, quien, el que.
quiconque *(kicónk)* pr. indef. quienquiera que.
quiétude *(kietü'd)* f. quietud.
quignon *(kiñón)* m. mendrugo.
quille *(kíy)* f. quilla; bolo.
quincaillerie *(kencay⁰rí)* f. quincallería; buhonería.
quinconce *(kencóns)* m. tresbolillo.
quinine *(kinín)* f. quinina.
quinquagénaire *(kuenkuajenér)* adj. y s. quincuagenario, a.
quinquet *(kenké)* m. quinqué.
quinquina *(kenkiná)* m. quina.
quint *(kén)* adj. quinto.
quintal *(kentál)* m. quintal.
quinte *(ként)* f. *Mus.* quinta; acceso de tos.
quintessence *(kentesáns)* f. quintaesencia.
quintette *(kentét)* m. *Mus.* quinteto.
quinzaine *(kensén)* f. quincena.
quinze *(kéns)* adj. y s. quince.
quiproquo *(kiprokó)* m. confusión.
quittance *(kitáns)* f. recibo.
quitte *(kít)* adj. en paz, libre, exento.
quitter *(kité)* tr. alejarse; quitarse los vestidos.
qui-vive *(kivív)* interj. ¿quién vive?
quoi *(kuá)* pron. relat. que, qué cosa; **de quoi**, con qué, lo bastante; **quoi que**, cualquier cosa que; **quoi!** ¡cómo! o ¡qué!
quoique *(kuák)* conj. aunque.
quolibet *(kolibé)* m. chocarrería; pulla.
quorum *(koróm)* m. quorum.
quote-part *(kotpár)* f. cuota.
quotidien, enne *(kotidién)* adj. cotidiano, a.
quotient *(kosián)* m. cociente.
quotité *(kotité)* f. cupo, cuota.

rabâchage *(rabachái)* m. repetición pesada.
rabâcher *(rabaché)* intr. y tr. machacar.

rabais *(rabé)* m. rebaja.
rabaisser *(rabesé)* tr. rebajar.
rabat *(rabá)* m. alzacuello; ojeo.
rabatteur *(rabatér)* m. ojeador.
rabattre *(rabátr)* tr. derribar; rebajar; ojear; birlar; intr. torcer; **se—**, doblarse. [bí.
rabbin *(rabén)* m. rabino; rabiot *(rabió)* m. pop. sobrante.
râble *(rábl)* m. lomo.
râblé, e *(rablé)* adj. robusto, a.
rabot *(rabó)* m. cepillo (de carpintero).
raboter *(raboté)* tr. acepillar.
raboteux, euse *(raboté, és)* adj. áspero, a.
rabougri, e *(rabugrí)* adj. achaparrado, a.
rabougrir *(rabugrír)* intr. achaparrarse; no medrar.
rabrouer *(rabrué)* tr. reprender.
racaille *(racáy)* f. fam. chusma.
raccommodage *(racomodáj)* m. remiendo.
raccommoder *(racomodé)* tr. remendar, reconciliar.
raccommodeur, euse *(racomodér, és)* s. remendón, ona.
raccord *(racór)* m. enlace.
raccordement *(racord⁰mán)* m. enlace.
raccorder *(racordé)* tr. enlazar, empalmar.
raccourci, e *(racursí)* adj. acortado, a; m. escorzo.
raccourcir *(racursír)* acortar, abreviar.
raccourcissement *(racursis⁰mán)* m. acortamiento.
raccroc *(racró)* m. chiripa.
raccrocher *(racroché)* tr. colgar, detener; **se—**, r. agarrarse.
race *(rás)* f. raza.
rachat *(rachá)* m. rescate.
racheter *(rach⁰té)* tr. rescatar.
rachitique *(rachitík)* adj. raquítico.
rachitisme *(rachitísm)* raquitismo.
racine *(rasín)* f. raíz.
racle *(rácl)* f. rasqueta, raspador.
raclée *(raclé)* f. tunda.
racler *(raclé)* tr. raspar.
racloir *(racluár)* m. raspador.
racoler *(racolé)* tr. enganchar, reclutar.
racoleur *(racolér)* m. gancho; reclutador.
racontar *(racontár)* m. cuento.
raconter *(raconté)* tr. contar.
racornir *(racornír)* tr. endurecer.
rade *(rád)* f. rada.
radeau *(radó)* m. balsa.
radiateur *(radiatér)* s. radiador.
radiation *(radiasión)* f. fís. radiación.
radical, e *(radicál)* adj. y s. radical.
radié, e *(radié)* adj. radiado, a.
radier *(radié)* tr. tachar; intr. radiar.
radieux, euse *(radié, és)* adj. radioso, a; radiante.
radio *(radió)* f. radio.
radio-actif, ive *(radicactíf, ív)* adj. radioactivo, a.
radiographie *(radiografí)* f. radiografía.
radioscopie *(radioscopí)* f radioscopia.
radiotélégraphie *(radiotelegrafí)* f. radiotelegrafía.
radiotélégraphiste *(radiotelegrafíst)* m. radiotelegrafista.
radis *(radí)* m. rábano.

radium (*radióm*) m. radium.
radoter (*radoté*) intr. chochear.
radoteur, euse (*radotér, és*) s. chocho, a.
radoub (*radú*) m. *Mar.* carena.
radoucir (*radusír*) tr. suavizar.
rafale (*rafál*) f. ráfaga.
raffermir (*rafermír*) tr. fortalecer.
raffermissement (*rafermis*e*mán*) m. fortalecimiento.
raffinage (*rafináj*) m. refinadura.
raffiné, e (*rafiné*) adj. refinado, a.
raffinement (*rafin*e*mán*) m. refinación; refinamiento.
raffiner (*rafiné*) tr. refinar.
raffinerie (*rafin*e*rí*) f. refinería.
raffoler (*rafolé*) apasionarse.
rafistoler (*rafistolé*) tr. recomponer.
rafle (*ráfl*) f. saqueo, redada.
rafler (*raflé*) tr. saquear.
rafraîchir (*rafrechír*) tr. refrescar.
rafraîchissant, e (*rafrechisán, ánt*) adj. refrescante.
rafraîchissement (*rafrechis*e*mán*) m. enfriamiento; fig. refrigerio.
ragaillardir (*ragayardír*) tr. refocilar.
rage (*ráj*) f. rabia.
rager (*rajé*) intr. fam. rabiar.
rageur, euse (*rajér, és*) s. rabioso, a.
ragoût (*ragú*) m. guisado.
raid (*réd*) m. raid.
raide (*réd*) adj. rígido, a; escarpado, a; adv. de repente.
raideur (*redér*) f. tiesura.
raidir (*radír*) tr. atiesar, **se—** r. aterirse; resistir.
raie (*ré*) f. raya.
rail (*ráy*) m. riel, raíl.
railler (*rayé*) tr. ridiculizar; burlarse.
raillerie (*ray*e*rí*) f. zumba.
railleur, euse (*rayér, és*) adj. y s. burlón, ona.
rainure (*renü'r*) f. ranura.
raisin (*resén*) m. uva.
raison (*resón*) f. razón.
raisonnable (*reso*ná*bl*) adj. razonable.
raisonnement (*reson*e*mán*) m. razonamiento.
raisonner (*resoné*) intr. razonar.
rajeunir (*rajenír*) tr. rejuvenecer, remozar.
rajeunissement (*rajenis*e*mán*) m. rejuvenecimiento.
rajouter (*rajuté*) tr. agregar.
rajuster (*rajüsté*) tr. componer.
râle (*rál*) m. estertor.
ralentir (*ralantír*) tr. detener, moderar.
ralentissement (*ralantis*e*mán*) m. aminorar la marcha.
râler (*ralé*) intr. agonizar.
ralliement (*ralimán*) m. reunión.
rallier (*ralié*) tr. reunir; fig. captar; incorporarse.
rallonge (*ralónj*) f. añadido; larguero.
rallonger (*ralonjé*) tr. alargar.
rallumer (*ralümé*) tr. volver a encender; fig. reanimar.
ramage (*ramáj*) m. ramaje; gorjeo.
ramassé, e (*ramasé*) adj. rehecho, a; recio, a.
ramasser (*ramasé*) tr. recoger; juntar.
ramassis (*ramasí*) m. revoltillo; montón.

rame (*rám*) f. tren; *Mar.* remo; resma.
rameau (*ramó*) m. ramo.
ramée (*ramé*) f. enramada.
ramener (*ram*e*né*) tr. traer; devolver.
ramer (*ramé*) tr. intr. remar.
rameur (*ramér*) m. remero.
rameux, euse (*ramé, és*) adj. ramoso, a.
ramier (*ramié*) s. paloma torcaz.
ramification (*ramificasión*) f. ramificación.
ramifier (*ramifié*) tr. ramificar.
ramollir (*ramolír*) tr. reblandecer.
ramollissement (*ramolis*e*mán*) m. *Med.* reblandecimiento.
ramoneur (*ramonér*) m. deshollinador.
rampant, e (*rampán, ánt*) adj. rampante; rastrero, a.
rampe (*ránp*) f. pasamano; tramo; rampa.
ramper (*ranpé*) intr. arrastrarse.
ramure (*ramü'r*) f. ramaje; cornamenta.
rance (*ráns*) adj. y s. rancio, a.
rancir (*ransír*) intr. enranciarse.
rancœur (*rankér*) m. rencor.
rançon (*ransón*) f. rescate.
rançonner (*ransoné*) tr. exigir rescate; desollar, robar.
rancune (*rankü'n*) f. rencor.
rancunier, ière (*rankünié, ér*) adj. y s. rencoroso, a.
randonnée (*randoné*) f. vuelta; caminata.
rang (*rán*) m. rango, fila, clase.
rangé, e (*ranjé*) adj. ordenado, ordenada; f. fila.
ranger (*ranjé*) tr. colocar, ordenar, alinear, apartar.
ranimer (*ranimé*) tr. reanimar.
rapace (*rapás*) adj. rapaz.
rapacité (*rapasité*) f. rapacidad.
râpage (*rapáj*) m. raspadura.
rapatriement (*rapatrimán*) m. repatriación.
rapatrier (*rapatrié*) tr. repatriar.
râpe (*ráp*) f. rallo; raspa.
râpé, e (*rapé*) adj. rallado, a; raído, a.
râper (*rapé*) tr. rallar; limar.
rapetisser (*rapetisé*) tr. achicar.
rapide (*rapíd*) adj. rápido, a.
rapidité (*rapidité*) f. rapidez.
rapiècement (*rapies*e*mán*) m. remiendo.
rapiécer (*rapiesé*) tr. remendar.
rapine (*rapín*) f. rapiña, hurto.
rappel (*rapél*) m. llamamiento; llamada.
rappeler (*rap*e*lé*) tr. volver a llamar; **se—** r. acordarse de.
rapport (*rapór*) m. rendimiento; informe; relación; proporción.
rapporter (*raporté*) tr. traer; devolver; producir, referir; chismear; revocar; **se—** r. atenerse; referirse.
rapporteur, euse (*raportér, és*) s. soplón, ona; *Geom.* transportador.
rapprochement (*raproch*e*mán*) m. aproximación; fig. reconciliación.
rapprocher (*raproché*) tr. aproximar; reconciliar; comparar.
rapsodie (*rapsodí*) f. rapsodia.
rapt (*rápt*) m. rapto.
raquette (*rakét*) f. raqueta.
rare (*rár*) adj. raro, a; escaso, a.
raréfaction (*rarefacsión*) f. enrarecimiento.
raréfier (*rarefié*) tr. rarificar, enrarecer.
rarement (*rar*e*mán*) adv. rara vez. [sez.
rareté (*rar*e*té*) f. rareza; esca-

ras, e (*rá, ás*) adj. raso, a; m. raso (tela).
rasade (*rasád*) f. vaso lleno.
rasant, e (*rasán, ánt*) adj. rasante.
raser (*rasé*) afeitar; rozar; arrasar.
rasoir (*rasuár*) m. navaja, maquinilla (de afeitar).
rassasier (*rasasié*) tr. saciar.
rassemblement (*rasanbl*e*mán*) m. reunión; asamblea.
rassembler (*rasanblé*) tr. juntar, reunir.
rasseoir (*rasuár*) tr. sentar o colocar; **se—** r. sentarse de nuevo.
rasséréner (*raserené*) tr. serenar.
rassis, e (*rasí, ís*) adj. sentado, sentada de nuevo.
rassortiment (*rasortimán*) m. nuevo surtido.
rassurant, e (*rasürán, ánt*) adj. tranquilizador, a.
rassurer (*rasüré*) tr. tranquilizar.
rat (*rá*) m. rata; cicatrero.
rata (*ratá*) m. pop. rancho.
ratafia (*ratafiá*) m. ratafia, rosoli.
ratatiner (se) (*seratatiné*) r. arrugarse, encogerse.
ratatouille (*ratatúy*) f. pop. guisote.
rate (*rát*) f. *Anat.* bazo.
râteau (*rató*) m. *Agr.* rastrillo.
râteler (*rat*e*lé*) tr. rastrillar.
râtelier (*rat*e*lié*) m. pesebre, armero; fig. dentadura.
rater (*raté*) intr. fallar (arma); marrar; fig. fracasar.
ratière (*ratiér*) f. ratonera.
ratification (*ratificasión*) f. ratificación.
ratifier (*ratifié*) tr. ratificar.
ration (*rasión*) f. ración.
rationalisme (*rasionalism*) m. *Filos.* racionalismo.
rationnel elle (*rasionél*) adj. racional.
rationnement (*rasion*e*mán*) m. racionamiento.
rationner (*rasioné*) tr. racionar.
ratisser (*ratisé*) tr. raspar, raer.
ratissure (*ratisü'r*) f. raedura.
raton (*ratón*) m. ratoncito.
rattachement (*ratach*e*mán*) m. relación.
rattacher (*rataché*) tr. volver a atar; fig. relacionar.
rattraper (*ratrapé*) tr. alcanzar.
rature (*ratü'r*) f. tachón.
raturer (*ratüré*) tr. tachar.
rauque (*rók*) adj. ronco, a.
ravage (*raváj*) m. estrago.
ravager (*ravajé*) tr. asolar.
ravageur (*ravajér*) m. devastador.
ravalement (*raval*e*mán*) m. revoque.
ravaler (*ravalé*) tr. tragar de nuevo; revocar; fig. abatir.
ravaudage (*ravodáj*) m. chapucería.
ravauder (*ravodé*) tr. remendar.
ravi, e (*raví*) fig. encantado, a.
ravigoter (*ravigoté*) tr. reanimar.
ravin (*ravén*) m. barranco.
ravine (*ravín*) f. torrentera.
ravinement (*ravin*e*mán*) m. abarrancamiento.
raviner (*raviné*) tr. arroyar.
ravir (*ravír*) tr. arrebatar.
raviser (se) (*seravisé*) r. mudar de parecer.
ravissant, e (*ravisán, ánt*) adj. arrebatador, a, encantador, a.
ravissement (*ravis*e*mán*) m. arrebatamiento; arrebato.

ravisseur (*ravisér*) m. raptor.
ravitaillement (*ravitay*e*mán*) m. abastecimiento.
ravitailler (*ravitayé*) tr. abastecer.
raviver (*ravivé*) tr. avivar.
rayé, e (*reyé*) adj. rayado, a; listado, a.
rayer (*reyé*) tr. rayar.
rayon (*reyón*) m. rayo (luz, rueda); anaquel; panal; sección; *Geom.* radio.
rayonnant, e (*reyonán, ánt*) adj. radiante.
rayonne (*reyón*) f. rayón.
rayonnement (*reyon*e*mán*) m. irradiación; resplandor.
rayonner (*reyoné*) intr. radiar.
rayure (*reyü'r*) f. rayadura.
raz (*rá*) m. marejada; **raz de marée**, maremoto.
razzia (*rasiá*) f. saqueo.
réactif, ive (*reactíf, ív*) adj. reactivo, a.
réaction (*reacsión*) f. reacción.
réactionnaire (*reacsionér*) adj. y s. reaccionario, a.
réagir (*reajír*) intr. reaccionar.
réalisable (*realisábl*) adj. realizable.
réalisateur (*realisatér*) m. realizador; director.
réalisation (*realisasión*) f. realización.
réaliser (*realisé*) tr. realizar.
réalisme (*realísm*) m. realismo.
réaliste (*realíst*) adj. y s. realista.
réalité (*realité*) f. realidad.
réapparaître (*reaparétr*) intr. reaparecer.
réarmement (*rearm*e*mán*) m. rearme.
rébarbatif, ive (*rebarbatíf, ív*) adj. rudo, a; áspero, a.
rebâtir (*rebatír*) tr. reedificar.
rebattre (*rebátr*) tr. vapulear, machacar.
rebattu, e (*rebatü*) adj. trillado, a; dicho a.
rebelle (*rebél*) adj. y s. rebelde.
rebeller (se) (*serebelé*) r. rebelarse.
rebellion (*rebelion*) r. rebelión.
rebiffer (se) (*serebifé*) r. fam. respingar, resistirse.
reboisement (*rebuas*e*mán*) m. repoblación de montes.
reboiser (*rebuasé*) tr. repoblar de árboles.
rebondir (*rebondír*) intr. rebotar.
rebondissement (*rebondis*e*mán*) m. rebote.
rebord (*rebór*) m. borde; ribete.
rebours (*rebúr*) m. contrapelo; **à rebours**, al revés.
rebouteur (*rebutér*) s. curandero; algebrista.
rebrousser (*rebrüsé*) tr. repelar; **rebrousser chemin**, volver hacia atrás.
rebuffade (*rebüfád*) f. fam. sofión; repulsa.
rébus (*rebüs*) m. jeroglífico.
rebut (*rebü*) m. desecho, hez.
rebutant, e (*rebütán, ánt*) adj. repugnante; chocante.
rebuter (*rebüté*) tr. disgustar; rechazar.
récalcitrant, e (*recalsitrán, ánt*) alj. y s. recalcitrante.
récapitulation (*recapitülasión*) f. recapitulación.
récapituler (*recapitülé*) tr. recapitular.
recel (*resél*) m. encubrimiento.
receler (*reselé*) tr. ocultar.
receleur (*reselér*) m. encubridor.

récemment *(resamán)* adv. recientemente.

recensement *(resansᵉmán)* m. censo.

recenser *(resansé)* tr. empadronar; recontar.

récent, e *(resán, ánt)* adj. reciente.

récépissé *(resepisé)* m. recibo.

réceptacle *(reseptácl)* m. receptáculo.

récepteur *(reseptér)* m. receptor.

réception *(resepsión)* f. recepción.   [ta.

recette *(resét)* f. ingreso; rece-

recevable *(resevábl)* adj. admisible.

receveur *(resevér)* s. recaudador; cobrador.

recevoir *(resevuár)* tr. recibir.

rechange *(rechánj)* m. recambio, repuesto.

réchapper *(rechapé)* intr. escaparse.

recharger *(recharjé)* tr. recargar.

réchaud *(rechó)* m. escalfador; estufilla.

réchauffer *(rechofé)* tr. recalentar.

rêche *(rech)* adj. áspero, a.

recherche *(rechérch)* f. investigación.

recherché *e (recherché)* adj. esmerado, a; afectado, a.

rechercher *(recherché)* tr. investigar; averiguar.

rechigner *(rechiñé)* intr. poner ceño.

rechute *(rechü't)* f. recaída.

récidiver *(residivé)* intr. reincidir.

récidiviste *(residivíst)* m. reincidente.

récif *(resíf)* m. arrecife.

récipiendaire *(resipiandér)* m. recipiendario.   [te.

récipient *(resipián)* m. recipien-

réciproque *(resiprók)* adj. recíproco, a.

récit *(resí)* m. relato.

récital *(resitál)* m. recital.

récitation *(resitasión)* f. recitación.

réciter *(resité)* tr. recitar.

réclamation *(reclamasión)* f. reclamación.

réclame *(reclám)* f. propaganda.

réclamer *(reclamé)* tr. e intr. reclamar.

reclure *(reclü'r)* tr. recluir.

reclus *e (reclü, ü's)* adj. y s. recluído, a.

reclusion *(reclüsión)* f. reclusión.

recoin *(recuén)* m. rinconcillo.

récolte *(recólt)* f. cosecha.

récolter *(recolté)* tr. cosechar.

recommandable *(recomandábl)* adj. recomendable.

recommandation *(recomandasión)* f. recomendación.

recommander *(recomandé)* tr. recomendar; certificar (cartas).

recommencer *(recomansé)* tr. volver a empezar.

récompense *(reconpáns)* f. recompensa.

récompenser *(reconpansé)* tr. recompensar.

recomposer *(reconposé)* tr. recomponer.

réconciliation *(reconsiliasión)* f. reconciliación.

réconcilier *(reconsilié)* tr. reconciliar.

reconduire *(recondüir)* tr. despedir.

réconfort *(reconfór)* m. consuelo.

réconforter *(reconforté)* tr. confortar.

reconnaissance *(reconesáns)* f. reconocimiento; resguardo; agradecimiento.

reconnaissant, e *(reconesán, ánt)* adj. agradecido, a.

reconnaître *(reconétr)* tr. reconocer.

reconquérir *(reconkérir)* tr. reconquistar.

reconquête *(reconkét)* f. reconquista.

reconstituant, e *(reconstitüán, ánt)* adj. y s. reconstituyente.

reconstituer *(reconstitüé)* tr. reconstruir.

reconstitution *(reconstitüsión)* f. reconstitución.

reconstruction *(reconstrücsión)* f. reconstrucción.

reconstruire *(reconstrüir)* tr. reconstruir.

recopier *(recopié)* tr. volver a copiar.

record *(recór)* m. record.

recouper *(recupé)* tr. recortar.

recourber *(recurbé)* tr. encorvar.

recourir *(recurír)* tr. fig. recurrir.

recours *(recúr)* m. recurso.

recouvrable *(recuvrábl)* adj. recuperable.

recouvrement *(recuvrᵉmán)* m. recobro; recaudación.

recouvrer *(recuvré)* tr. recobrar; recaudar.

recouvrir *(recuvrír)* tr. recubrir; disimular.

récréatif, ive *(recreatíf, ív)* adj. recreativo, a.

récréation *(recreasión)* f. recreación, recreo.

récréer *(recreé)* tr. recrear, divertir.

récrier (se) *(serecrié)* r. indignarse, protestar, exclamar.

récrimination *(recriminasión)* f. recriminación.

récriminer *(recriminé)* tr. recriminar.

recroqueviller (se) *(serecrokᵉviyé)* r. contraerse.

recrudescence *(recrüdesáns)* f. recrudescencia.

recrue *(recrü')* f. recluta.

recrutement *(recrütᵉmán)* m. reclutamiento.

recruter *(recrüté)* tr. reclutar.

recruteur *(recrütér)* adj. y s. reclutador.

rectangle *(rectángl)* adj. y s. *Geom.* rectángulo.

rectangulaire *(rectangülér)* adj. rectangular.

recteur, trice *(rectér, trís)* adj. rector, a.

rectification *(rectificasión)* f. rectificación.

rectifier *(rectifié)* tr. rectificar.

rectiligne *(rectiliñ)* adj. rectilíneo, a.

rectitude *(rectitü'd)* f. rectitud.

rectum *(rectóm)* m. *Anat.* recto.

reçu, e *(resü')* adj. recibido, a; m. recibo.

recueil *(rekéy)* m. colección.

recueillement *(rekeyᵉmán)* m. recogimiento.

recueilli, e *(rekeyí)* adj. recogido, a.

recueillir *(rekeyír)* tr. cosechar; reunir.

recul *(recü'l)* m. retroceso.

reculade *(recüládᵉ)* f. reculada.

reculé, e *(recülé)* adj. remoto, a.

reculer *(recülé)* tr. apartar; intr. recular; retroceder.

reculons (à) *(arecülón)* loc. adv. a reculones.

récupération *(recüperasión)* f. recuperación.

récupérer *(recüperé)* tr. recuperar; se— r. rehacerse.

récuser *(recüsé)* tr. recusar.

rédacteur *(redactér)* m. redactor.

rédaction *(redacsión)* f. redacción.

reddition *(redisión)* f. rendición.

rédempteur *(redantér)* m. redentor.

rédemption *(redansión)* f. redención.

redevable *(redevábl)* adj. deudor, a.

redevance *(redeváns)* f. renta.

redevenir *(redevenír)* intr. volver a ser.

rédiger *(redijé)* tr. redactar.

rédimer (se) *(seredimé)* r. redimirse.

redingote *(redengót)* f. levita.

redire *(redír)* tr. repetir; referir.

redondant, e *(redondán, ánt)* adj. redundante.

redonner *(redoné)* tr. volver a dar.

redoublement *(redublᵉmán)* m. redoblamiento.

redoubler *(redublé)* tr. redoblar.

redoutable *(redutábl)* adj temible.

redoute *(reduté)* f. *Fort.* reducto.

redouter *(reduté)* tr. temer.

redressement *(redresᵉmán)* m. enderezamiento.

redresser *(redresé)* tr. enderezar.

réducteur, trice *(redüctér, trís)* adj. y s. reductor, a.

réduction *(redücsión)* f. reducción.

réduire *(redüir)* tr. reducir.

réduit *(redüi)* m. *Fort.* reducto; retrete.

rééditer *(reedité)* tr. reeditar.

réel, elle *(reél)* adj. real.

réélire *(reelír)* tr. reelegir.

réexpédier *(reecspedié)* tr. reexpedir.

refaire *(refér)* tr. rehacer; se— *(serefér)* r. reponerse.

réfection *(refecsión)* f. refección.

réfectoire *(refectuár)* m. refectorio.

référence *(referáns)* f. referencia.

référendum *(referandóm)* m. referendum.

référer *(referé)* tr. referir; intr. *Jur.* informar.

refermer *(refermé)* tr. cerrar de nuevo.

réfléchi, e *(reflechí)* adj. premeditado, a; reflexivo, a; reflejo, a.

réfléchir *(reflechír)* tr. reflejar; fig. reflexionar.

réflecteur *(reflectér)* adj. y s. reflector.

reflet *(reflé)* m. reflejo.

refléter *(refleté)* tr. reflejar.

réflexe *(reflécs)* adj. *Fisiol.* reflejo, a.

réflexion *(reflecsión)* f. reflexión.

refluer *(reflüé)* intr. refluir.

reflux *(reflü)* m. reflujo.

refondre *(refóndr)* tr. refundir.

refonte *(refónt)* f. refundición.

réformateur, trice *(reformatér, trís)* s. reformador, a.

réforme *(refórm)* f. reforma.

réformer *(reformé)* tr. reformar; licenciar.

refouler *(refolé)* intr. regolfar; rechazar.

réfractaire *(refractér)* adj. refractario, a.

réfraction *(refracsión)* f. refracción.

refrain *(refrén)* m. estribillo.

réfréner *(refrené)* tr. refrenar.

réfrigérant, e *(refrijerán, ánt)* adj. y s. refrigerante.

réfrigération *(refrijerasión)* f. refrigeración.

réfrigérer *(refrijeré)* tr. refrigerar.

réfringent, e *(refrenján, ánt)* adj. *Fís.* refringente.

refroidir *(refruadír)* tr. enfriar; se — r. enfriarse.

refroidissement *(refruadisᵉmán)* m. enfriamiento.

refuge *(refü'j)* m. refugio.

réfugié, e *(refüjié)* adj. y m. refugiado, a.

réfugier (se) *(serefüjié)* r. refugiarse.

refus *(refü')* m. negativa.

refuser *(refüsé)* tr. rehusar; negar.

réfutation *(refütasión)* f. refutación.

réfuter *(refüté)* tr. refutar.

regagner *(regañé)* tr. recuperar; volver, regresar.

régal *(regál)* m. festín.

régalade *(regalád)* f. regalo; à la régalade, a chorro.

régaler *(regalé)* tr. regalar.

regard *(regár)* m. mirada.

regarder *(regardé)* tr. mirar; atañer.

régate *(regát)* f. regata.

régence *(rejáns)* f. regencia.

régénérateur, trice *(rejeneratér, trís)* adj. y s. regenerador, a.

régénération *(rejenerasión)* f. regeneración.

régénérer *(rejeneré)* tr. regenerar.

régent, e *(reján, ánt)* adj. y s. regente.

régicide *(rejisíd)* adj. y s. regicida.

régie *(rejí)* f. administración.

regimber *(rejenbé)* intr. respingar.

régime *(rejím)* m. régimen.

régiment *(rejimán)* m. regimiento.

région *(rejión)* f. región.

régional, e *(rejionál)* adj. regional.

régir *(rejír)* tr. regir.

régisseur *(rejisér)* m. administrador.

registre *(rejístr)* m. registro.

registrer *(rejistré)* tr. registrar.

réglage *(reglá)* m. rayado; arreglo (de un mecanismo).

règle *(regl)* f. regla.

réglé, e *(reglé)* adj. arreglado, a.

règlement *(reglᵉmán)* m. reglamento; arreglo.

réglementaire *(reglamantér)* adj. reglamentario, a.

réglementer *(reglamanté)* tr. reglamentar.

régler *(reglé)* tr. arreglar; pagar.

réglisse *(reglís)* f. regaliz.

règne *(réñ)* m. reino; reino.

régner *(reñé)* intr. reinar.

regorger *(regorjé)* intr. rebosar.

régression *(regresión)* f. regresión.

regret *(regré)* m. pesar; pl. quejas.

regrettable *(regretábl)* adj. deplorable.
regretter *(regreté)* tr. sentir; echar de menos.
régulariser *(regülarisé)* tr. regularizar.
régularité *(regülarité)* f. regularidad.
régulateur, trice *(regülatér, tris)* adj. y s. regulador, a.
régulier, ière *(regülié, iér)* adj. regular.
réhabiliter *(reabilité)* tr. rehabilitar.
rehausser *(reosé)* tr. realzar.
réimprimer *(reenprimé)* tr. reimprimir.
rein *(rén)* m. *Anat.* riñón.
reine *(rén)* f. reina.
réinstaller *(reenstalé)* tr. reinstalar.
réintégrer *(reentegré)* tr. reintegrar.
réitérer *(reiteré)* tr. reiterar.
rejaillir *(rejayír)* intr. brotar; rebotar; fig. reflejar.
rejaillissement *(rejayisᵉmán)* m. rebote; reflejo.
rejet *(rejé)* m. recusación; rechazo.
rejeter *(rejeté)* tr. rechazar; retoñar.
rejeton *(rejetón)* m. retoño.
rejoindre *(rejuéndr)* tr. alcanzar; juntar.
réjoui, e *(rejuí)* adj. alegre.
réjouir *(rejuír)* tr. alegrar; se— r. regocijarse.
réjouissance *(rejuisáns)* f. regocijo; pl. festejos.
réjouissant, e *(rejuisán, ánt)* adj. alegre.
relâche *(relách)* m. descanso.
relâché, e *(relaché)* adj. flojo, a; fig. relajado, a.
relâchement *(relachᵉmán)* m. aflojamiento; fig. relajación.
relâcher *(relaché)* tr. aflojar; soltar; fig. relajar.
relais *(relé)* m. posta; *Mont.* parada.
relancer *(relansé)* tr. *Mont.* rempujar; fig. hostigar.
relaps, e *(reláps)* adj. y s. relapso, a.
relater *(relaté)* tr. relatar.
relatif, ive *(relatif, ív)* adj. relativo, a.
relation *(relasión)* f. relación; relato.
relativité *(relativité)* f. relatividad.
relaxation *(relacsasión)* f. relajación.
relayer *(releyé)* tr. y r. relevar; remudar.
reléguer *(relegué)* tr. relegar.
relent *(relán)* m. mal olor.
relève *(relév)* f. relevo.
relevé, e *(relᵉvé)* adj. levantado, a; m. extracto.
relèvement *(relevᵉmán)* m. levantamiento; restablecimiento.
relever *(relᵉvé)* tr. levantar; ensalzar; sazonar; notar; *Mil.* relevar; intr. depender.
relief *(relié)* m. relieve.
relier *(relié)* tr. unir; encuadernar.
relieur *(reliér)* m. encuadernador.
religieux, euse *(relijié, és)* adj. y s. religioso, a.
religion *(relijión)* f. religión.
reliquaire *(relikér)* m. relicario.

relique *(relík)* f. reliquia.
relire *(relír)* tr. releer.
reliure *(reliü'r)* f. encuadernación.
relouer *(relué)* tr. subarrendar.
reluire *(relüír)* intr. relucir
reluisant, e *(reluisán, ánt)* adj. reluciente.
remaniement *(remanimán)* m. retoque.
remanier *(remanié)* modificar.
remarier *(remarié)* tr. casar (de nuevo).
remarquable *(remarkábl)* adj. notable.
remarque *(remárk)* f. observación.
remarquer *(remarké)* tr. notar.
rembarquer *(ranbarké)* tr. reembarcar.
remblai *(ranblé)* m. terraplén.
remblayer *(ranbleyé)* tr. terraplenar.
rembourrer *(ranburré)* tr. rellenar.
remboursement *(ranbursᵉmán)* m. reembolso.
rembourser *(ranbursé)* tr. reembolsar.
rembruni, e *(ranbrüní)* adj. triste.
remède *(reméd)* m. remedio.
remédier *(remedié)* intr. remediar.
remémorer *(rememoré)* tr. rememorar.
remerciement *(remersimán)* m. agradecimiento; gracias.
remercier *(remersié)* tr. agradecer; despedir.
remettre *(remétr)* tr. reponer; restablecer; entregar.
réminiscence *(reminisáns)* f. reminiscencia.
remise *(remís)* f. entrega; rebaja; retraso; cochera.
rémission *(remisión)* f. remisión.
remmailler *(ranmayé)* tr. remallar.
remonte *(remónt)* f. *Mil.* remonta.
remonter *(remonté)* intr. fig. remontarse; tr. volver a subir; fig. reanimar.
remontrance *(remontráns)* f. amonestación; advertencia.
remontrer *(remontré)* tr. mostrar (de nuevo); exponer; amonestar.
remordre *(remórdr)* tr. remorder.
remords *(remór)* m. remordimiento.
remorque *(remórk)* f. remolque.
remorquer *(remorké)* tr. remolcar.
remorqueur *(remorkér)* adj. y s. remolcador.
rémouleur *(remulér)* m. amolador.
remous *(remú)* m. remolino.
rempart *(ranpár)* m. muralla.
remplaçant, e *(ranplasán, ánt)* s. substituto, a.
remplacement *(ranplasᵉmán)* m. reemplazo.
remplacer *(ranplasé)* tr. reemplazar.
rempli, e *(ranpli)* adj. lleno, a.
remplir *(ranplír)* tr. rellenar; desempeñar; cumplir.
remplissage *(ranplisáj)* m. relleno; fig. ripio.
remployer *(ranpluayé)* tr. volver a emplear.
remporter *(ranporté)* tr. llevarse nuevamente; conseguir.
remuant, e *(remüán, ánĭ)* adj. inquieto, a.
remue-ménage *(remümenáj)* m. mudanza, trasiego.

remuement *(remümán)* m. trastorno.
remuer *(remüé)* tr. remover; fig. conmover.
rémunération *(remünerasión)* f. remuneración.
rémunérer *(remüneré)* tr. remunerar.
renaissance *(renesáns)* f. renacimiento.
renaissant, e *(renesán, ánt)* adj. renaciente.
renaître *(renétr)* intr. renacer.
renard *(renár)* m. zorro.
renchérir *(rancherír)* tr. encarecer.
renchérissement *(rancherisᵉmán)* m. encarecimiento.
rencontre *(rancóntr)* f. encuentro. [trar.
rencontrer *(rancontré)* tr. encon-
rendement *(randᵉmán)* m. rendimiento, producto.
rendez-vous *(randevú)* m. cita.
rendormir *(randormír)* tr. volver a dormir.
rendre *(rándr)* tr. volver; rendir; se— *(serándr)* r. irse a; rendirse.
rendu, e *(randü)* adj. rendido, a; devuelto, a.
rêne *(rén)* f. rienda.
renégat, e *(renegá, át)* adj. y s. renegado, a.
renfermer *(ranfermé)* tr. encerrar.
renflement *(ranflᵉmán)* m. hinchazón.
renfler *(ranflé)* intr. y tr. hinchar.
renflouer *(ranflué)* tr. poner a flote.
renfoncement *(ranfonsᵉmán)* m. rehundimiento. [dir.
renfoncer *(ranfonsé)* tr. rehun-
renforcé, e *(ranforsé)* adj. reforzado, a.
renforcement *(ranforsᵉmán)* m. refuerzo.
renforcer *(ranforsé)* tr. reforzar.
renfort *(ranfór)* m. refuerzo.
renfrognement *(ranfroñᵉmán)* m. ceño.
renfrogner *(ranfroñé)* tr. poner ceño.
rengaine *(ranguén)* f. (pop.) majadería; estribillo.
reniement *(reniman)* m. negación; reniego.
renier *(renié)* tr. negar; renegar.
renifler *(reniflé)* intr. sorber, aspirar; pop. refunfuñar.
renne *(rén)* m. reno.
renom *(renón)* m. renombre.
renommé, e *(renomé)* adj. renombrado, a.
renoncement *(renonsᵉmán)* m. renuncia.
renoncer *(renonsé)* intr. renunciar.
renonciation *(renonsiasión)* f. renuncia.
renouer *(renué)* tr. reanudar.
renouveau *(renuvó)* m. la primavera; fig. renovación.
renouveler *(renuvelé)* tr. renovar.
renouvellement *(renuvelᵉmán)* m. renovación.
rénovateur, trice *(renovatér, tris)* adj. y s. renovador, a.
rénovation *(renovasión)* f. renovación.
rénover *(renové)* tr. renovar.
renseignement *(ranseñᵉmán)* m. informe, dato.
renseigner *(ranseñé)* tr. informar; se— *(seranseñé)* r. informarse.
rentable *(rantábl)* adj. lucrativo, a.

rente *(ránt)* f. renta; **rente viagère**, renta vitalicia.
renter *(ranté)* tr. rentar; asignar.
rentier, ière *(rantié, iér)* s. rentista.
rentrée *(rantré)* f. entrada; ingreso; reaparición.
rentrer *(rantré)* intr. volver abrir (los tribunales, los colegios); ingresar; tr. entrar.
renversant, e *(ranversán, ánt)* adj. fam. asombroso, a.
renverse (à la) loc. adv. boca arriba.
renversé, e *(ranversé)* adj. derribado, a.
renversement *(ranversᵉmán)* m. inversión; derribo; trastorno.
renverser *(ranversé)* tr. invertir; derribar; trastornar; volcar.
renvoi *(ranvuá)* m. envío, devolución; aplazamiento.
renvoyer *(ranvuayé)* tr. devolver; remitir; despedir, aplazar.
repaire *(repér)* m. guarida.
repaître *(repétr)* intr. comer; se— *(serepétr)* saciarse.
répandre *(repándr)* tr. derramar; esparcir; fig. propagar.
réparable *(reparábl)* adj. reparable.
reparaître *(reparétr)* intr. reaparecer.
réparateur, trice *(reparatér, tris)* adj. y s. reparador, a.
réparation *(reparasión)* f. reparación.
réparer *(reparé)* tr. reparar.
repartie *(reparti)* f. réplica.
repartir *(repartír)* tr. e intr. replicar; intr. volver a partir.
répartir *(repartír)* tr. repartir, distribuir.
répartition *(repartisión)* f. reparto.
repas *(repá)* m. comida.
repassage *(repasáj)* m. planchado.
repasser *(repasé)* intr. afilar; planchar.
repasseuse *(repasés)* f. planchadora.
repêcher *(repeché)* tr. sacar del agua; sacar de apuro.
repentant, e *(repantán, ánt)* adj. arrepentido, a.
repentir (se) *(serepantír)* r. arrepentirse.
repentir *(repantír)* m. arrepentimiento.
répercussion *(repercüsión)* f. repercusión.
répercuter *(repercüté)* tr. repercutir.
repère *(repér)* m. marca, señal; **point de—**, punto de mira.
repérer *(reperé)* tr. señalar, marcar, localizar.
répertoire *(repertuár)* m. repertorio.
répéter *(repeté)* tr. repetir, ensayar.
répétiteur *(repetitér)* m. repetidor.
répétition *(repetisión)* f. repetición.
repeupler *(repeplé)* tr. repoblar.
repiquer *(repiké)* tr. repicar.
répit *(repí)* m. tregua.
replacer *(replasé)* tr. colocar de nuevo.
replâtrage *(replatráj)* m. revoque, arreglo.
replâtrer *(replatré)* tr. revocar; fig. arreglar.
replet, ète *(replé, ét)* adj. repleto, a.
repli *(repli)* m. pliegue.
replier *(replié)* tr. doblar; se— r. replegarse.

réplique (*replík*) f. réplica.
répliquer (*repliké*) tr. e intr. replicar.
répondant (*repondán*) m. fiador.
répondre (*repóndr*) tr. e intr. responder.
réponse (*repóns*) f. respuesta.
repopulation (*repopülasión*) f. repoblación.
report (*repór*) m. suma anterior.
reportage (*reportáj*) m. reportaje.
reporter (*reporté*) tr. volver a llevar.
reporteur (*reportér*) m. reportero.
repos (*repó*) m. descanso.
reposant, e (*reposán, ánt*) adj. descansado, a.
reposer (*reposé*) tr. descansar.
repoussant, e (*repusán, ánt*) adj. repugnante.
repousser (*repusé*) tr. rechazar; intr. crecer de nuevo.
répréhensible (*repreansíbl*) adj. reprensible.
reprendre (*reprándr*) tr. volver a tomar, reanudar, recobrar, reprender.
représaille (*represáy*) f. represalia.
représentant, e (*represantán, ánt*) m. representante.
représentatif, ive (*representatíf, ív*) adj. representativo, a.
représentation (*represantasión*) f. representación.
représenter (*represanté*) tr. representar.
répression (*represión*) f. represión.
réprimande (*reprimánd*) tr. reprensión.
réprimander (*reprimandé*) tr. reprender.
réprimer (*reprimé*) tr. reprimir.
repris (*reprí*) m. **—de justice,** reincidente.
reprise (*reprís*) f. recuperación; **à plusieurs reprises,** zurcido; repetidas veces.
repriser (*reprisé*) tr. zurcir.
réprobation (*reprobasión*) f. reprobación.
reproche (*repróch*) m. reproche.
reproducteur, trice (*reprodüctér, trís*) adj. reproductor, a.
reproduction (*reprodücsión*) f. reproducción.
reproduire (*reprodüír*) tr. reproducir; **se—** (*sereprodüír*) r. reproducirse.
réprouvable (*repruvábl*) adj. reprobable.
réprouvé, e (*repruvé*) adj. y s. réprobo, a.
réprouver (*repruvé*) tr. reprobar.
reptile (*reptíl*) adj. y s. reptil.
repu, e (*repü*) adj. repleto, a; harto, a.
républicain, e (*repüblikén*) adj. y s. republicano, a.
république (*repüblík*) f. república.
répudier (*repüdié*) tr. repudiar.
répugnance (*repüñáns*) f. repugnancia.
répugnant, e (*repüñán, ánt*) adj repugnante.
répugner (*repüñé*) intr. repugnar.
répulsif, ive (*repülsíf, ív*) adj. repulsivo, a.
répulsion (*repülsión*) f. repulsión.
réputation (*repütasión*) f. reputación.
réputer (*repüté*) tr. reputar.
requerir (*rekérír*) tr. requerir.
requête (*rekét*) f. *Jur.* anular.
requin (*rekén*) m. tiburón.

requis, e (*rekí, ís*) adj. requerido, a.
réquisition (*rekisisión*) f. requisa.
réquisitionner (*rekisisioné*) tr. requisar.
réquisitoire (*rekisituár*) m. requisitoria.
rescinder (*resendé*) tr. *Jur.* anular.
rescousse (*rescús*) f. ataque, ayuda; **à la—,** en auxilio.
réseau (*resó*) m. redecilla; red.
réserve (*resérv*) f. reserva; discreción.
réservé, e (*reservé*) adj. reservado, a.
réserver (*reservé*) tr. reservar.
réserviste (*reservíst*) m. reservista.
réservoir (*reservuár*) m. depósito.
résidant, e (*residán, ánt*) adj. residente.
résidence (*residáns*) f. residencia.
résider (*residé*) intr. residir.
résidu (*residü*) m. residuo.
résignation (*resiñasión*) f. resignación.
résigner (*resiñé*) tr. resignar; **se—** (*seresiñé*) r. resignarse.
résiliation (*resiliasión*) f. anulación.
résilier (*resilié*) tr. rescindir.
résine (*resín*) f. resina.
résineux, euse (*resiné, és*) adj. resinoso, a.
résistance (*resistáns*) f. resistencia.
résistant, e (*resistán, ánt*) adj. resistente.
résister (*resisté*) intr. resistir.
résolu, e (*resolü*) adj. resuelto, resuelta.
résolution (*resolüsión*) f. resolución.
résonance (*resonáns*) f. resonancia.
résonnant, e (*resonán, ánt*) adj. retumbante.
résonnement (*resonemán*) m. retumbo.
résonner (*resoné*) intr. resonar.
résorber (*resorbé*) tr. reabsorber.
résoudre (*resúdr*) tr. resolver, anular; **se—** (*seresúdr*) r. decidirse.
respect (*respé*) m. respeto.
respectable (*respetábl*) adj. respetable.
respectif, ive (*respectíf, ív*) adj. respectivo, a.
respectueux, euse (*respectüé, és*) adj. respetuoso, a.
respirable (*respirábl*) adj. respirable.
respiration (*respirasión*) f. respiración.   [pirar.
respirer (*respiré*) intr. y tr. res-
resplendir (*resplandír*) intr. resplandecer.
resplendissant, e (*resplandisán, ánt*) adj. resplandeciente.
responsabilité (*responsabilité*) f. responsabilidad.
responsable (*responsábl*) adj. responsable.
resquilleur (*reskiyér*) m. fam. gorrón.
ressac (*resác*) m. *Mar.* resaca.
ressaisir (*resesír*) tr. recobrar.
ressemblance (*resanbláns*) f. semejanza.
ressemblant, e (*resanblán, ánt*) adj. semejante.
ressembler (*resanblé*) intr. semejar, parecerse.
ressemeler (*resemelé*) tr. echar suelas, remontar.
ressentiment (*resantimán*) m. resentimiento.

ressentir (*resantír*) tr. sentir.
resserrer (*reserré*) tr. apretar; fig. estrechar; *Med.* estreñir.
ressort (*resór*) m. resorte, muelle, fuerza, competencia.
ressortissant, e (*resortisán, ánt*) adj. dependiente de una jurisdicción; s. súbdito.
ressource (*resúrs*) f. recurso.
ressusciter (*resüsité*) tr. e intr. resucitar.
restant, e (*restán, ánt*) adj. restante; m. resto.
restaurant, e (*restorán, ánt*) adj. restaurativo, a; m: restaurante, fonda.
restaurateur, trice (*restoratér, trís*) s. restaurador, a.
restaurer (*restoré*) tr. restaurar.
reste (*rést*) m. resto resta.
rester (*resté*) intr. quedarse, sobrar.
restituer (*restitüé*) tr. restituir.
restitution (*restitüsión*) f. restitución.
restreindre (*restréndr*) tr. restringir.
restrictif, ive (*restrictíf, ív*) adj. restrictivo, a.
restriction (*restricsión*) f. restricción.
résultant, e (*resültán, ánt*) adj. y s. resultante.
résultat (*resültá*) m. resultado.
résulter (*resülté*) intr. resultar.
résumé (*resümé*) m. resumen.
résumer (*resümé*) tr. resumir.
résurrection (*resürrecsión*) f. resurrección.
rétable (*retábl*) m. retablo.
rétablir (*retablír*) tr. restablecer.
rétablissement (*retablismán*) m. restablecimiento.
rétamer (*retamé*) tr. restañar.
retard (*retár*) m. retraso.
retardataire (*retardatér*) adj. y s. retrasado, a.
retarder (*retardé*) tr. retrasar.
retenir (*reténír*) tr. volver a tener; retener; llevar (adición); **se—** r. contener.
rétention (*retansión*) f. retención.
retentir (*retantír*) intr. resonar, retumbar.
retentissant, e (*retantisán, ánt*) adj. retumbante.
retenu, e (*reténü*) adj. recatado, a; f. descuento; moderación, recato.
réticence (*retisáns*) f. reticencia.
réticulaire (*retikulér*) adj. reticular.
réticule (*retikü'l*) m. retícula.
rétif, ive (*retíf, ív*) adj. reacio, a.
rétine (*retín*) f. *Anat.* retina.
retiré, e (*retiré*) adj. retirado, a.
retirer (*retiré*) tr. retirar; sacar; **se—** r. retirarse.
retombée (*retonbé*) f. caída, recaída.
retomber (*retonbé*) intr. recaer.
retordre (*retórdr*) tr. retorcer.
rétorquer (*retorké*) tr. redargüir.
retors, e (*retór, órs*) adj. retorcido a; fig, astuto, a.
retouche (*retúch*) f. retoque.
retoucher (*retuché*) tr. e intr. retocar.
retour (*retúr*) m. vuelta, retorno, fig. mudanza; **aller et —,** ida y vuelta.
retourner (*returné*) tr. volver; devolver.
retracer (*retrasé*) tr. volver a trazar; referir.
rétractation (*retractasión*) f. retractación.

rétracter (*retracté*) tr. retractar.
rétractile (*retractíl*) adj. retráctil.
retrait (*retré*) m. retiración.
retraite (*retrét*) f. retirada; retreta; retiro; jubilación.
retraité, e (*retreté*) adj. y s. jubilado, a; retirado, a.
retraiter (*retreté*) tr. jubilar.
retranchement (*retranchemán*) m. atrincheramiento.
retrancher (*retranché*) tr. cercenar; suprimir; atrincherar; **se —** (*seretranché*) r. atrincherarse; fig, escudarse.
rétréci, e (*retresí*) adj. estrecho, a; reducido, a.
rétrécir (*retresír*) tr. estrechar, reducir.
rétrécissement (*retresismán*) m. estrechamiento.
retremper (*retranpé*) tr. remojar; fortalecer.
rétribuer (*retribüé*) tr. retribuir.
rétribution (*retribüsión*) f. retribución.
rétroactif, ive (*retroactif, ív*) adj. retroactivo, a.
rétrograde (*retrográd*) adj. y s. retrógrado.
rétrograder (*retrogradé*) tr. retroceder.
rétrospectif, ive (*retrospectíf, ív*) adj. retrospectivo, a.
retrousser (*retrusé*) tr. arremangar.
rétroviseur (*retrovisér*) m. retrovisor.
rets (*ré*) m. red.
réunion (*reünión*) f. reunión.
réunir (*reünír*) tr. reunir.
réussi, e (*reüsí*) adj. acertado, a.
réussir (*reüsír*) intr. acertar, lograr.
réussite (*reüsít*) f. éxito, acierto.   [dar.
revalider (*revalidé*) tr. revalidar.
revaloriser (*revalorisé*) tr. revalorizar.
revanche (*revánch*) f. desquite.
rêvasser (*revasé*) intr. soñar.
rêve (*rev*) m. sueño, ensueño.
revêche (*revéch*) adj. acerbo, a; fig. arisco, a.
réveil (*revéy*) m. el despertar; *Mil.* diana.
réveille-matin (*reveymatén*) m. despertador.
réveiller (*reveyé*) tr. despertar; **se —** r. reanimarse.
réveillon (*reveyón*) m. cena de Nochebuena.
révélateur, trice (*revalatér, trís*) adj. y s. revelador, a.
révélation (*revelasión*) f. revelación.
révéler (*revelé*) tr. revelar.
revenant, e (*revenán, ánt*) adj. agradable; m. fantasma.
revendeur, use (*revandér, és*) s. revendedor, a.
revendication (*revandicasión*) f. reivindicación.
revendiquer (*revandiké*) tr. reivindicar.
revenir (*revenír*) intr. volver; acordarse de; salir; costar.
revente (*revánt*) f. reventa.
revenu (*revenü*) m. renta.
rêver (*revé*) intr. soñar; tr. imaginar; fig. anhelar.
réverbération (*reverberasión*) f. reverberación.
réverbère (*reverbér*) m. reverbero, farola.

reverdir *(reverdír)* tr. e intr. reverdecer.
révérence *(reveráns)* f. reverencia.
révérend, e *(reverán, ánd)* adj. y s. reverendo, a.
révérer *(reveré)* tr. reverenciar.
rêverie *(rev⁰rí)* f. ensueño.
revers *(revér)* m. reverso; revés; solapa; fig. infortunio.
reverser *(reversé)* tr. volver a verter.
revêtement *(revet⁰mán)* m. Arq. revestimiento; revoque.
revêtir *(revetír)* tr. investir; revestir.
rêveur, euse *(revér, és)* adj. y s. soñador, a; pensativo, a.
revient *(revién)* m. coste.
revirement *(revir⁰mán)* m. fig. cambio repentino; **revirement de fonds,** transferencia.
réviser *(revisé)* tr. revisar.
réviseur *(revisér)* m. revisor, revisador.
révision *(revisión)* f. revisión.
revivre *(revívr)* intr. revivir.
révocable *(revocábl)* adj. revocable.
révocation *(revocasión)* f. revocación.
revoir *(revuár)* tr. volver a ver, revisar; **au —** hasta la vista. revisar; au — hasta la vista.
révoltant, e *(revoltán, ánt)* adj. irritante.
révolté *(revolté)* s. sublevado.
révolter *(revolté)* tr. amotinar; **se —** r. rebelarse.
révolu, e *(revolü')* adj. concluido, a; cumplido, a.
révolution *(revolüsión)* f. revolución.
révolutionnaire *(revolüsionér)* adj. y s. revolucionario, a.
revolutionner *(revolüsioné)* tr. revolucionar.
revolver *(revolvér)* m. revólver.
révoquer *(revoké)* tr. revocar; destituir.
revue *(revü')* f. revista.
révulsif, ive *(revülsíf, ív)* adj. y s. revulsivo, a.
rez-de-chaussée *(redchosé)* m. planta baja.
rhétorique *(retoríc)* f. retórica.
rhinocéros *(rinoserós)* m. rinoceronte.
rhombe *(rónb)* m. Geom. rombo.
rhubarbe *(rübárb)* f. ruibarbo.
rhum *(róm)* m. ron.
rhumatisant, e *(rümatisán, ánt)* adj. y s. reumático, a.
rhumatisme *(rümatísm)* m. reumatismo; reuma.
rhume *(rü'm)* m. resfriado.
riant, e *(rián, ánt)* adj. risueño, a.   [hila.
ribambelle *(ribanbél)* f. retahíla.
ribaud, e *(ribó, ód)* adj. y s. ribaldo, a.
ricanement *(rican⁰mán)* m. mofa, fisga.
ricaner *(ricané)* intr. reírse burlonamente.
riche *(rích)* adj. y s. rico, a.
richesse *(richés)* f. riqueza.
ricin *(risén)* m. Bot. ricino.
ricocher *(ricoché)* intr. rebotar.
ricochet *(ricoché)* m. rebote.
rictus *(ríctüs)* m. rictus.
ride *(ríd)* f. arruga.
ridé, e *(ridé)* adj. arrugado, a.
rideau *(ridó)* m. telón.
rider *(ridé)* tr. arrugar.
ridicule *(ridicü'l)* adj. ridículo, a.

ridiculiser *(ridicülisé)* tr. ridiculizar.
rien *(rién)* m. nada.
rieur, euse *(riér, és)* s. reidor, a.
rigide *(rijíd)* adj. rígido, a.
rigidité *(rijidité)* f. rigidez.
rigolade *(rigolád)* f. broma, risa.
rigole *(rigól)* f. reguera, zanja.
rigoler *(rigolé)* intr. pop. reír.
rigolo, ote *(rigoló, ót)* adj. y s. pop. gracioso, a; cómico, a.
rigorisme *(rigorísm)* m. rigorismo.
rigoriste *(rigoríst)* adj. y s. rigorista.
rigoureux, euse *(riguré, és)* adj. riguroso, a.
rigueur *(riguér)* f. rigor.
rime *(rím)* f. rima.   [sificar.
rimer *(rimé)* intr. rimar; tr. versificar.
rinçage *(rensáj)* m. enjuague.
rincée *(rensé)* f. fam. paliza.
rincer *(rensé)* tr. enjuagar.
ring *(ríng)* m. ring.
ringard *(rengár)* m. barra.
ripaille *(ripáy)* f. francachela.
riposte *(ripóst)* f. réplica.
riposter *(riposté)* intr. y tr. replicar.
rire *(rír)* intr. reír; — **aux éclats,** reír a carcajadas; m. risa.
risette *(risét)* f. fam. risilla.
risible *(risíbl)* adj. risible.
risque *(rísk)* m. riesgo.
risquer *(riské)* tr. arriesgar.
rissoler *(risolé)* t. tostar.
rite *(rít)* m. rito.
ritournelle *(ritürnél)* f. ritornelo.
rituel, elle *(ritüél)* adj. ritual.
rivage *(riváj)* m. ribera.
rival, e *(rivál)* adj. y s. rival.
rivaliser *(rivalisé)* intr. rivalizar.
rivalité *(rivalité)* f. rivalidad.
rive *(rív)* f. orilla.
river *(rivé)* tr. remachar.
riverain, e *(riv⁰rén)* adj. y s. ribereño, a.
rivet *(rivé)* m. remache.
rivière *(riviér)* f. río.
rixe *(rícs)* f. riña.
riz *(rí)* m. arroz.
rizière *(risiér)* f. arrozal.
robe *(rób)* f. vestido de mujer; ropa talar; fig. toga.
robinet *(robiné)* m. grifo; espita.
robot *(robó)* m. autómata.
robuste *(robü'st)* adj. robusto, a.
robustesse *(robüstés)* f. robustez.
roc *(róc)* m. roca.
rocaille *(rocáy)* f. rocalla.
rocailleux, euse *(rocayé, és)* adj. pedregoso, a.
roche *(róch)* f. roca.
rocher *(roché)* m. peñasco.
rochet *(roché)* m. roquete; trinquete.
rocheux, euse *(roché, és)* adj. rocoso, a.
rococo *(rococó)* adj. y s. charro, a; rococó.
rôder *(rodé)* tr. merodear, vagar.
rôdeur *(rodér)* m. vagabundo.
rodomontade *(rodomontád)* f. bravata.
rogation *(rogasión)* f. rogación; pl. rogativas.
rogatoire *(rogatuár)* adj. requisitorio, a (de asados).
rogne *(róñ)* f. roña, sarna.
rogner *(roñé)* tr. recortar, escatimar.   [males].
rognon *(roñón)* m. riñón (animales).
rognure *(roñü'r)* f. recorte.
rogue *(róg)* adj. arrogante.
roi *(ruá)* m. rey.
roide *(ruád)* adj. tieso, a.

roitelet *(ruat⁰lé)* m. reyezuelo.
rôle *(ról)* m. lista; papel desempeñado; **à tour de—,** por turno.
romaine *(romén)* f. romana.
roman *(román)* m. y adj. novela, románico, a. (arte.)
romance *(románs)* f. romance; romanza.
romancier *(romansié)* m. novelista.
romanesque *(romanésk)* adj. romanesco, a.
romanichel *(romanichél)* n. gitano.
romantique *(romantík)* adj. y s. romántico, a.
romantisme *(romantísm)* m. romanticismo.
romarin *(romarén)* m. Bot. romero.   [mero.
rompre *(rónpr)* tr. romper; quebrantar.
rompu, e *(ronpü')* adj. roto, a; cansado, a; fig. ducho, a.
ronce *(róns)* f. zarza.
ronchonner *(ronchoné)* intr. refunfuñar.
rond, e *(rón, ónd)* adj. redondo, a; f. ronda; letra redondilla; m. redondel; **en —,** en redondo.
rondeau *(rondó)* m. Mús. rondó.
rondelet, ette *(rond⁰lé, ét)* adj. fam. regordete.
rondelle *(rondél)* f. rodela; rodaja.
rondement *(rond⁰mán)* adv. vivamente.
rondeur *(rondér)* f. redondez.
rondin *(rondén)* m. rodillo, leño redondo.
rond-point *(ronpuén)* m. plazoleta.
ronflant, e *(ronflán, ánt)* adj. rumoroso, a; retumbante.
ronflement *(ronfl⁰mán)* m. ronquido, zumbido.
ronfler *(ronflé)* intr. roncar, zumbar, (motores, etc.).
rongement *(ronj⁰mán)* m. roedura.
ronger *(ronjé)* tr. roer; corroer.
rongeur *(ronjér)* adj. roedor.
ronron *(ronrón)* m. runrún.
ronronner *(ronroné)* intr. ronronear.
rosace *(rosás)* f. Arq. rosetón.
rosaire *(rosér)* m. rosario.
rosbif *(rosbíf)* m. rosbif.
rose *(rós)* r. rosa.
rosé, e *(rosé)* adj. rosado, a.
roseau *(rosó)* m. caña.
rosée *(rosé)* f. rocío.
roserai *(ros⁰ré)* f. rosaleda.
rosier *(rosié)* m. rosal.
rosse *(rós)* f. rocín; adj. malo, a.
rosser *(rosé)* tr. vapulear.
rossignol *(rosiñól)* m. ruiseñor.
rot *(ró)* m. pop. regüeldo.
rôt *(ró)* m. asado.
rotatif, ive *(rotatíf, ív)* adj. rotativo, a.
rotation *(rotasión)* f. rotación.
roter *(roté)* intr. pop. regoldar.
rôti *(rotí)* m. asado.
rôtie *(rotí)* f. tostada.
rôtir *(rotír)* tr. asar; tostar.
rôtisserie *(rotis⁰rí)* f. pollería.
rôtisseur, euse *(rotisér, és)* s. vendedor, a (de asados).
rôtissoire *(rotisuár)* f. asador.
rotonde *(rotónd)* f. rotonda.
rotondité *(rotondité)* f. rotundidad; redondez.
rotor *(rotór)* m. rotor.
rotule *(rotü'l)* f. rótula.
roturier, ière *(rotürié, ér)* adj. y s. plebeyo, a.
rouage *(ruáj)* m. rodaje.

roublardise *(rublardís)* f. astucia; tunantería.
rouble *(rúbl)* m. rublo.
roucouler *(ruculé)* intr. arrullar.
roue *(rú)* f. rueda.
roué, e *(rué)* adj. aporreado, a; s. taimado, a.
rouelle *(ruél)* f. rueda, tajada.
rouer *(rué)* tr. enrodar; — **de coups,** aporrear.
rouerie *(rurí)* f. bellaquería.
rouet *(rué)* m. torno para hilar.
rouge *(rúj)* adj. rojo, a; colorado, a; rojo (color), rubor, colorete.
rougeâtre *(rujátr)* adj rojizo, a.
rougeaud, e *(rujó, ód)* adj. y s. rubicundo, a.
rougeole *(rujól)* f. sarampión.
rouget *(rujé)* m. salmonete.
rougeur *(rujér)* f. rubicundez; bochorno.
rougir *(rujír)* tr. enrojecer; intr. sonrojarse.
rouille *(rúy)* f. herrumbre, moho, orín.
rouillé, e *(ruyé)* adj. enmohecido, a; oxidado, a.
rouiller *(ruyé)* tr. enmohecer, oxidar.
roulage *(ruláj)* m. acarreo, rodaje.
rouleau *(ruló)* m. rollo; rodillo.
roulée *(rulé)* f. pop. paliza.
roulement *(rul⁰mán)* m. rodadura; turno. — **à billes,** juego de bolas.
rouler *(rulé)* tr. enrollar; intr. rodar; fam. engañar; **se —,** *(se rulé)* r. revolcarse.
roulette *(rulét)* f. ruleta.
roulier *(rulié)* m. carretero.
roulotte *(rulót)* f. coche de feriante.
roupiller *(rupiyé)* intr. dormir.
roupilleur, euse *(rupiyér, és)* s. fam. dormilón, ona.
rouspéter *(ruspeté)* intr. rezongar.
roussâtre *(rusátr)* adj. rojizo, a.
rousseur *(rusér)* f. rojez; **taches de—,** pecas.
roussi, e *(rusí)* adj. chamuscado, a.
roussir *(rusír)* tr. chamuscar.
route *(rút)* f. carretera; ruta.
routier, ière *(rutié, ér)* adj. de carretera; caminero, a.
routine *(rutín)* f. rutina.
routinier, ière *(rutinié, ér)* adj. y s. rutinario, a.
rouvre *(rúvr)* m. roble.
rouvrir *(ruvrír)* tr. volver a abrir.
roux, rousse *(rú, rús)* adj. bermejo, a; adj. y s. pelirrojo, a.
royal, e *(ruayál)* adj. real; regio, a.
royaliste *(ruayalíst)* adj. y s. realista.
royaume *(ruayóm)* m. reino.
royauté *(ruayoté)* f. realeza.
ruade *(rüád)* f. coz.
ruban *(rübán)* m. cinta.
rubicond, e *(rübicón, ónd)* adj. rubicundo, a.
rubis *(rübí)* m. rubí.
rubrique *(rübrík)* f. rúbrica.
ruche *(rü'ch)* f. colmena.
ruchée *(rüché)* f. enjambre, panal.
rude *(rü'd)* adj. rudo, a; áspero, a.
rudement *(rud⁰mán)* adv. rudamente; pop. enormemente.
rudesse *(rüdés)* f. rudeza.
rudiment *(rüdimán)* m. rudimento.
rudimentaire *(rüdimantér)* adj. rudimentario, a.
rudoyer *(rüduayé)* tr. maltratar.
rue *(rü')* f. calle.

ruée *(rüé)* f. acometida, precipitación.
ruelle *(rüél)* f. callejuela.
ruer *(rüé)* intr. cocear; **se—** *(se rüé)* r. abalanzarse.
rugir *(rüjír)* intr. rugir.
rugissement *(rüjis⁰mán)* m. rugido.
rugosité *(rügosité)* f. rugosidad.
rugueux, euse *(rügué, és)* adj. rugoso, a.
ruine *(rüín)* f. ruina.
ruiner *(rüiné)* tr. arruinar.
ruineux, euse *(rüiné, és)* adj. ruinoso, a.
ruisseau *(rüisó)* m. arroyo.
ruisselant, e *(rüis⁰lán, ánt)* adj. que fluye.
ruisseler *(rüis⁰lé)* intr. chorrear.
ruisselement *(rüisel⁰mán)* m. chorro, chorreo.
rumeur *(rümér)* f. rumor.
ruminant, e *(rüminán, ánt)* adj. y s. rumiante.
ruminer *(rüminé)* tr. rumiar.
rupture *(rüptü'r)* f. ruptura.
rural, e *(rürál)* adj. rural.
ruse *(rü's)* f. astucia.
rusé, e *(rüsé)* adj. y s. astuto, a.
ruser *(rüsé)* intr. obrar con astucia.
rusticité *(rüstisité)* f. rusticidad.
rustique *(rüstík)* adj. rústico, a.
rustre *(rü'str)* adj. y s. palurdo, a.
rut *(rü')* m. brama, celo.
rutilant, e *(rütilán, ánt)* adj. rutilante.
rythme *(rítm)* m. ritmo.
rythmer *(ritmé)* intr. rimar.
rythmique *(ritmík)* adj. rítmico, a.

S s

sa *(sá)* adj. pos. f. su.
sabbat *(sabá)* m. sábado de los judíos; aquelarre; fig. zambra, algazara.
sabine *(sabín)* f. *Bot.* sabina.
sable *(sábl)* m. arena.
sabler *(sablé)* tr. enarenar.
sablière *(sabliér)* f. arenal.
sablonneux, euse *(sabloné, és)* adj. arenoso, a.
sabord *(sabór)* m. *Mar.* porta.
sabot *(sabó)* m. zueco; casco; pezuña.
sabotage *(sabotáj)* m. sabotaje.
saboter *(saboté)* tr. sabotear.
sabre *(sábr)* m. sable.
sac *(sác)* m. saco; mochila; bolso.
saccade *(sacád)* f. sacudida.
saccadé, e *(sacadé)* adj. brusco, a; cortado, a.
saccager *(sacajé)* tr. saquear.
saccharine *(sacarín)* f. sacarina.
sacerdoce *(saserdós)* m. sacerdocio.
sacerdotal, e *(saserdotál)* adj. sacerdotal.
sachet *(saché)* m. saquito.
sacoche *(sacóch)* f. bolsa.
sacre *(sácr)* m. consagración.
sacré, e *(sacré)* adj. sagrado, a; pop. maldito, a.
sacrement *(sacr⁰mán)* m. sacramento.

sacrer *(sacré)* tr. consagrar; intr. blasfemar.
sacrifice *(sacrifís)* m. sacrificio.
sacrifier *(sacrifié)* tr. sacrificar.
sacrilège *(sacriléj)* m. sacrilegio; adj. y s. sacrílego, a.
sacripant *(sacripán)* m. pillete.
sacristain *(sacristén)* m. sacristán.
sacristie *(sacristí)* f. sacristía.
safran *(safrán)* m. azafrán.
sagace *(sagás)* adj. sagaz.
sagacité *(sagasité)* f. sagacidad.
sage *(sáj)* adj. prudente, juicioso, a; m. sabio.
sage-femme *(saj⁰fám)* f. partera.
sagesse *(sajés)* f. sabiduría; prudencia.
sagittaire *(sajitér)* m. sagitario; f. *Bot.* sagitaria.
saignant, e *(señán, ánt)* adj. sangriento, a.
saignée *(señé)* f. sangría.
saigner *(señé)* tr. sangrar; intr. sangrarse.
saillant, e *(sayán, ánt)* adj. saliente.
saillie *(sayí)* f. protuberancia; fig. agudeza; *Arq.* saledizo.
saillir *(sayír)* intr. brotar; sobresalir.
sain, e *(sén)* adj. sano, a.
saindoux *(sendú)* m. manteca de cerdo.
sainfoin *(senfuén)* m. esparceta.
saint, e *(sén, sént)* adj. y s. santo, a.
sainteté *(sent⁰té)* f. santidad.
saint-père *(senpér)* m. Padre Santo.
saisie *(sesí)* f. embargo.
saisir *(sesír)* tr. asir, agarrar; entender.
saisissant, e *(sesisán, ánt)* adj. sorprendente.
saisissement *(sesis⁰mán)* m. pasmo; fig. emoción.
saison *(sesón)* f. estación (del año); temporada; sazón.
salade *(salád)* f. ensalada; celada. [ra.
saladier *(saladié)* m. ensalade-
salaire *(salér)* m. salario.
salaison *(salesón)* f. salazón.
salamandre *(salamándr)* f. salamandra.
salarié, e *(salarié)* adj. y s. asalariado, a.
salarier *(salarié)* tr. asalariar.
salaud *(saló, ód)* adj. y s. marrano, a; sucio, a.
sale *(sál)* adj. sucio, a; obsceno, a.
salé, e *(salé)* adj. salado, a.
saler *(salé)* tr. salar.
saleté *(sal⁰té)* f. suciedad.
salière *(saliér)* f. salero.
saligaud *(saligó, ód)* s. pop. puerco, a; soez.
salin, e *(salén, ín)* adj. salino, a; f. salina.
salir *(salír)* tr. ensuciar.
salissant, e *(salisán, ánt)* adj. que ensucia.
salive *(salív)* f. saliva.
saliver *(salivé)* intr. salivar.
salle *(sál)* f. sala.
saloir *(saluár)* m. saladero.
salon *(salón)* m. salón.
salopard *(salopár)* m. sucio; pop. cochino.
salope *(salóp)* f. pop. sucia.
saloperie *(salop⁰rí)* f. porquería.
salopette *(salopét)* f. pantalón de trabajo.
salpêtre *(salpétr)* m. salitre.
salsifis *(salsifí)* m. salsifí.
saltimbanque *(saltenbánk)* m. saltimbanqui.
salubre *(salü'br)* adj. salubre.

salubrité *(salübrité)* f. salubridad.
saluer *(salüé)* tr. saludar.
salut *(salü')* m. salud, salvación; saludo.
salutaire *(salütér)* adj. saludable.
salutation *(salütasión)* f. salutación.
salve *(sálv)* f. salva.
samedi *(sam⁰dí)* m. sábado.
sanatorium *(sanatorióm)* m. sanatorio.
sanctifiant, e *(sanctifián, ánt)* adj. santificante.
sanctifier *(sanctifié)* tr. santificar.
sanction *(sancsión)* f. sanción.
sanctionner *(sancsioné)* tr. sancionar.
sanctuaire *(sanctüér)* m. santuario.
sandale *(sandál)* f. sandalia.
sandwich *(sanduítch)* m. sandwich.
sang *(sán)* m. sangre.
sanglant, e *(sanglán, ánt)* adj. sangriento, a.
sangle *(sángl)* f. cincha.
sangler *(sanglé)* tr. cinchar.
sanglier *(sanglié)* m. jabalí.
sanglot *(sangló)* m. sollozo.
sangloter *(sangloté)* intr. sollozar.
sangsue *(sansü')* f. sanguijuela.
sanguin, e *(sanguén, ín)* adj. sanguíneo, a.
sanguinaire *(sanguinér)* adj. sanguinario, a.
sanguinolent, e *(sanguinolán, ánt)* adj. sanguinolento.
sanitaire *(sanitér)* adj. sanitario.
sans *(sán)* prep. sin.
sanscrit, e *(sanscrí, ít)* adj. y s. sánscrito, a.
sans-façon *(sanfasón)* m. franqueza.
sans-gêne *(sanjén)* m. fam. descaro.
sansonnet *(sansoné)* m. estornino.
santal *(santál)* m. sándalo.
santé *(santé)* f. salud; sanidad.
saoul, e *(sú, súl)* adj. borracho, a.
saouler *(sulé)* tr. emborrachar.
saper *(sapé)* tr. zapar, minar.
sapeur *(sapér)* m. zapador.
saphir *(safír)* m. zafiro.
sapin *(sapén)* m. *Bot.* abeto.
sarabande *(sarabánd)* f. zarabanda.
sarbacane *(sarbacán)* f. cerbatana.
sarcasme *(sarcásm)* m. sarcasmo.
sarcastique *(sarcastík)* adj. sarcástico, a.
sarclage *(sarcláj)* m. escarda.
sarcler *(sarclé)* tr. escardar.
sarcophage *(sarcofáj)* m. sarcófago.
sardine *(sardín)* f. sardina.
sarment *(sarmán)* m. sarmiento.
sarrasin *(sarrasín)* m. *Bot.* alforfón.
sarrau *(sarró)* m. blusa.
sasser *(sasé)* tr. cerner; colar.
satanique *(sataník)* adj. satánico, a.
satellite *(satelít)* m. satélite.
satiété *(satieté)* f. saciedad.
satin *(satén)* m. raso; satén.
satiné, e *(satiné)* adj. lustroso, a.
satiner *(satiné)* tr. satinar.
satire *(satír)* f. sátira.
satirique *(satirík)* adj. satírico, a.
satiriser *(satirisé)* tr. e intr. satirizar.

satisfaction *(satisfacsión)* f. satisfacción.
satisfaire *(satisfér)* tr. e intr. satisfacer.
satisfaisant, e *(satisfesán, ánt)* adj. satisfactorio, a.
satisfait, e *(satisfé, ét)* adj. satisfecho, a.
satrape *(satráp)* m. sátrapa.
saturation *(satürasión)* f. saturación.
saturer *(satüré)* tr. saturar.
satyre *(satír)* m. sátiro.
sauce *(sós)* f. salsa.
saucière *(sosiér)* f. salsera.
saucisse *(sosís)* f. salchicha.
saucisson *(sosisón)* m. salchichón.
sauf, sauve *(sóf, sóv)* adj. salvo, a; prep. salvo.
sauf-conduit *(sofcondüí)* m. salvoconducto.
sauge *(sój)* f. salvia.
saugrenu, e *(sogr⁰nü')* adj. fam. absurdo, a.
saule *(sól)* m. sauce.
saumâtre *(somátr)* adj. salobre.
saumon *(somón)* m. salmón.
saumure *(somü'r)* f. salmuera.
saupoudrer *(sopudré)* tr. espolvorear.
saurien *(sorién)* m. saurio.
saut *(só)* m. salto.
sauter *(soté)* intr. y tr. saltar; saltear (cocina).
sauterelle *(sot⁰rél)* f. saltamontes.
sauteur, euse *(sotér, és)* s. saltador, a.
sautillant, e *(sotiyán, ánt)* adj. brincador, a.
sautillement *(sotiy⁰mán)* m. brinco.
sautiller *(sotiyé)* intr. brincar.
sautoir *(sotuár)* m. aspa.
sauvage *(sováj)* adj. y s. salvaje.
sauvagerie *(sovaj⁰rí)* f. salvajería.
sauvegarde *(sov⁰gárd)* f. salvaguardia.
sauvegarder *(sov⁰gardé)* tr. salvaguardar.
sauver *(sové)* tr. salvar. **se—** *(se sové)* r. salvarse; huir.
sauvetage *(sov⁰táj)* m. salvamento.
sauveur *(sovér)* m. salvador.
savane *(savám)* f. sabana.
savant, e *(saván, ánt)* adj. y s. sabio, a.
savate *(savát)* f. chancla.
savetier *(sav⁰tié)* m. remendón.
saveur *(savér)* f. sabor.
savoir *(savuár)* tr. saber; m. saber, ciencia; **savoir gré**, agradecer.
savoir-faire *(savuarfér)* m. habilidad.
savoir-vivre *(savuarvívr)* m. mundología, experiencia.
savon *(savón)* m. jabón.
savonnage *(savonáj)* m. jabonadura.
savonner *(savoné)* tr. enjabonar.
savonnette *(savonét)* f. jaboncillo.
savonneux, euse *(savoné, és)* adj. jabonoso, a.
savourer *(savuré)* tr. saborear.
savoureux, euse *(savurér, és)* adj. sabroso, a.
saxophone *(sacsofón)* m. saxófono.
sbire *(sbír)* m. esbirro.

scabreux, euse *(scabré, és)* adj. escabroso, a.

scalpel *(scalpél)* m. escalpelo.

scalper *(scalpé)* tr. escalpar.

scandale *(scandál)* m. escándalo.

scandaleux, euse *(scandalé, és)* adj. escandaloso, a.

scandaliser *(scandalisé)* tr. escandalizar.

scander *(scandé)* tr. escandir.

scaphandre *(scafándr)* m. escafandra.

scaphandrier *(scafandrié)* m. buzo.

scapulaire *(scapülér)* m. escapulario.

scarabée *(scarabé)* m. escarabajo.

scarlatine *(scarlatín)* f. escarlatina.

scarole *(scaról)* f. escarola.

sceau *(só)* m. sello.

scélérat, e *(scelerá, át)* adj. y s. malvado, a.

scellé *(selé)* m. sello judicial.

sceller *(selé)* tr. sellar.

scénario *(senarió)* m. escenario.

scène *(sén)* f. escena; escenario.   [co, a.

scénique *(seník)* adj. escénico.

scepticisme *(septisísm)* m. escepticismo.

sceptique *(septík)* adj. y s. escéptico, a.

sceptre *(séptr)* m. cetro.

schéma *(chemá)* m. esquema.

schématique *(chematík)* adj. esquemático, a.

schématiser *(chematisé)* tr. esquematizar.

schismatique *(chismatík)* adj. y s. cismático, a.

schisme *(chísm)* m. cisma.

schiste *(chíst)* m. esquisto.

sciage *(siáj)* m. aserradura.

sciatique *(siatík)* f. *Med.* ciática.

scie *(si)* f. sierra; pez espada.

sciemment *(siamán)* adv. a sabiendas.

science *(siáns)* f. ciencia.

scientifique *(siantifík)* adj. científico.

scier *(sié)* tr. aserrar.

scierie *(si°rí)* f. aserradero mecánico.

scinder *(sendé)* tr. cortar.

scintillant, e *(sentiyán, ánt)* adj. centelleante.

scintiller *(sentiyé)* intr. centellear.

scission *(sisión)* f. escisión.

sciure *(siü'r)* f. serrín.

sclérose *(scleró s)* f. esclerosis.

scolaire *(scolér)* adj. escolar.

scolarité *(scolarité)* f. escolaridad.

scolastique *(scolastík)* adj. y s. escolástico, a.

scorbut *(scorbü')* m. escorbuto.

scorie *(scorí)* f. escoria.

scorpion *(scorpión)* m. escorpión.

scrofuleux euse *(scrofülé, és)* adj. y s. escrofuloso, a.

scrupule *(scrüpü'l)* m. escrúpulo.

scrupuleux, euse *(scrüpülé, és)* adj. escrupuloso, a.

scruter *(scrüté)* tr. escudriñar.

scrutin *(scrütén)* m. escrutinio.

sculpter *(scülpté)* tr. esculpir.

sculpteur *(scülptér)* m. escultor.

sculpture *(scülptü'r)* f. escultura.

se *(sé)* pron. pers. se.

séance *(seáns)* f .sesión.

sáant, e *(seán, ánt)* adj. conveniente; m. asiento.

seau *(só)* m. cubo.

sébacé, e *(sebasé)* adj. sebáceo, a.

sec, sèche *(séc, séch)* adj. seco, a.

sécante *(secánt)* f. *Geom.* secante.

sécateur *(secatér)* m. podadera.

sécession *(sesesión)* f. separación.

sécher *(seché)* tr. secar, enjugar.

sécheresse *(sech°rés)* f. sequedad.

séchoir *(sechuár)* m. secadero.

second, e *(segón, ónd)* adj. segundo, a; m. segundo.

secondaire *(segondér)* adj. secundario, a.

seconde *(segónd)* f. segundo (tiempo); clase (bachillerato).   [dar.

seconder *(segondé)* tr. secundar.

secouer *(secué)* tr. sacudir.

secourable *(securábl)* adj. compasivo, a.

secourir *(securír)* tr. socorrer.

secours *(secúr)* m. socorro; au secours! ¡socorro!

secousse *(secús)* f. sacudida.

secret, ete *(secré, ét)* adj. y m. secreto.

secrétaire *(secretér)* m. secretario; escritorio.

secrétariat *(secretariá)* m. secretaría.

sécréter *(secreté)* tr. secretar.

sécrétion *(secresión)* f. secreción.

sectaire *(sectér)* adj. y s. sectario, a.

secte *(séct)* f. secta.

secteur *(sectér)* m. sector.

section *(secsión)* f. sección.

sectionner *(secsioné)* tr. fraccionar, cortar.

séculaire *(secülér)* adj. secular.

secularisation *(secülarisasión)* f. secularización.

seculier, ière *(secülié, ér)* adj. secular.

sécurité *(secürité)* f. seguridad.

sédatif, ive *(sedatíf, ív)* adj. *Med.* sedativo, a.

sédentaire *(sedantér)* adj. sedentario, a.

sédiment *(sedimán)* m. sedimento.

sédimentaire *(sedimantér)* adj. sedimentario, a.

séditieux, euse *(sedisié, és)* adj. sedicioso, a.

sédition *(sedisión)* f. sedición.

séducteur, trice *(sedüctér, tris)* adj. y s. seductor, a.

séduction *(sedücsión)* f. seducción.

séduire *(sedüír)* tr. seducir.

séduisant, e *(sedüisán, ánt)* adj. seductor, a.

segment *(segmán)* m. segmento.

ségrégation *(segregasión)* f segregación.

seiche *(séch)* f. jibia, sepia.

seigle *(ségl)* m. *Bot.* centeno.

seigneur *(señér)* m. señor.

seigneurial, e *(señèrial)* adj. señorial.

sein *(sén)* m. seno; pecho.

seing *(sén)* m. firma.

seize *(sés)* adj. y s. dieciséis.

séjour *(sejúr)* m. estancia; permanencia.

séjourner *(sejurné)* tr. morar; permanecer.

sel *(sél)* m. sal.

select *(seléct)* adj. selecto.

sélectif, ive *(selectif, ív)* adj. selectivo, a.

sélection *(selecsión)* f. selección.

sélectionner *(selecsioné)* tr. seleccionar.

selle *(sél)* f. sillín; silla de montar; evacuación de vientre.

seller *(selé)* tr. ensillar.

sellette *(selét)* f. banquillo.

selon *(selón)* prep. según.

semaille *(semáy)* f. siembra; pl. sementera.

semaine *(semén)* f. semana.

sémaphore *(semafór)* m. *Mar.* semáforo.

semblable *(sanblábl)* adj. y s. semejante.

semblant *(sanblán)* m. apariencia.

sembler *(sanblé)* intr. parecer.

semelle *(semél)* f. suela.

semence *(semáns)* f. simiente.

semer *(semé)* tr. sembrar.

semestre *(seméstr)* m. semestre.

semeur *(semér)* m. sembrador.

sémillant, e *(semiyán, ánt)* adj. vivaracho, a.

séminaire *(seminér)* m. seminario.

séminariste *(seminaríst)* m. seminarista.

semis *(semí)* m. semillero.

semoir *(semuár)* m. sembradora.

semonce *(semóns)* f. amonestación.

semoule *(semúl)* f. sémola.

sénat *(sená)* m. senado.

sénateur *(senatér)* m. senador.

sénile *(seníl)* adj. senil.

sénilité *(senilité)* f. senectud.

sens *(sáns)* m. sentido; sentir; opinión; lado.

sensation *(sansasión)* f. sensación.

sensationnel, elle *(sansasionél)* adj. sensacional.

sensé, e *(sansé)* adj. sensato, a.

sensibiliser *(sansibilisé)* tr. sensibilizar.

sensibilité *(sansibilité)* f. sensibilidad.

sensible *(sansíbl)* adj. sensible.

sensiblerie *(sansibl°rí)* f. sensiblería.

sensitif, ive *(sansitíf, ív)* adj. sensitivo, a.

sensualité *(sansüalité)* f. sensualidad.

sensuel, elle *(sansüél)* adj. sensual.

sentence *(santáns)* f. sentencia.

sentencieux, euse *(santansié, és)* adj. sentencioso, a.

senteur *(santér)* f. olor.

sentier *(santié)* m. sendero.

sentiment *(santimán)* m. sentimiento.

sentimental, e *(santimantál)* adj. sentimental.

sentimentalisme *(santimantalísm)* m. sentimentalismo.

sentinelle *(santinél)* f. centinela.

sentir *(santír)* tr. sentir; oler.

seoir *(suár)* intr. sentarse, sentar; convenir.

séparation *(separasión)* f. separación.

séparatisme *(separatísm)* m. separatismo.

séparé, e *(separé)* adj. separado, a.

séparer *(separé)* tr. separar.

sept *(sét)* adj. y s. siete.

septembre *(septánbr)* m. septiembre.

septième *(setiém)* adj. séptimo, a.

sépulcral, e *(sepülcrál)* adj. sepulcral.

sépulcre *(sepü'lcr)* m. sepulcro.

sépulture *(sepültü'r)* f. sepultura.

séquelle *(sekél)* f. secuela.

séquence *(sekáns)* f. secuencia.

séquestre *(sekéstr)* m. secuestro.

séquestrer *(sekestré)* tr. secuestrar.

serein, e *(serén)* adj. sereno, a.

sérénade *(serenád)* f. serenata.

sérénité *(serenité)* f. serenidad.

serf, serve *(sérf, érv)* adj. y s. siervo, a.

serge *(sérj)* f. sarga.

sergent *(serján)* m. sargento.

série *(serí)* f. serie.

sérieux, euse *(serié, és)* adj. serio, a; m. seriedad.

seringue *(seréng)* f. jeringa.

serment *(sermán)* m. juramento.

sermon *(sermón)* m. sermón.

sermonner *(sermoné)* tr. fam. sermonear.

serpent *(serpán)* m. serpiente.

serpenter *(serpanté)* intr. serpentear.

serpette *(serpét)* f. podadera.

serpillière *(serpiyér)* f. arpillera.

serre *(sér)* f. garra; invernadero.

serré, e *(serré)* adj. apretado, a.

serre-frein *(serr°frén)* m. guardafreno.

serrement *(serr°mán)* m. apretón; presión.

serre-papiers *(serr°papié)* m. pisapapeles.

serrer *(serré)* tr. apretar; ajustar, estrechar.

serrure *(serrü'r)* f. cerraja, cerradura.

serrurier *(serrürié)* m. cerrajero.

sertir *(sertír)* tr. engastar.

sérum *(seróm)* m. suero.

servage *(servá j)* m. servidumbre.

servante *(servánt)* f. sirvienta.

serviable *(serviábl)* adj. servicial.

service *(servís)* m. servicio.

serviette *(serviét)* f. servilleta; cartera.

servil *(servíl)* adj. servil.

servir *(servír)* tr. e intr. servir.

servitude *(servitü'd)* f. servidumbre.

ses *(sé)* adj. poses. sus.

session *(sesión)* f. sesión.

seuil *(séy)* m. umbral.

seul, e *(sél)* adj. solo, a.

sève *(sév)* f. savia.

sévère *(sevér)* adj. y s. severo, a.

sévérité *(severité)* f. severidad.

sévices *(sevís)* m. pl. sevicia.

sévir *(sevír)* intr. castigar; fig. reinar.

sevrage *(sevrá j)* m. destete.

sevrer *(sevré)* tr. destetar .

sexe *(sécs)* m. sexo.

sextant *(secstán)* m. *Astr.* sextante.

sexuel, elle *(secsüél)* adj. sexual.

seyant, e *(seyán, ánt)* adj. que sienta bien.

shampooing *(chanpuén)* m. champú.

si *(si)* conj. si; adv. tan; s. note *(Mús.)*

sicaire *(sikér)* m. sicario, a.

sidecar *(sidecár)* m. sidecar.

sidéral, e *(sidérál)* adj. sideral.

sidérurgie *(siderürji)* f. siderurgia.

siècle *(siécl)* m. siglo.

siège *(siéj)* m. asiento; sede; sitio, asedio.

siéger *(siejé)* intr. residir, presidir.

sien, ienne *(sién)* adj. y pron. poses. suyo, suya.
sieste *(siést)* f. siesta.
sifflement *(sifl°mán)* m. silbo; silbido.
siffler *(siflé)* intr. y tr. silbar.
sifflet *(siflé)* m. silbato, pito.
sigle *(sígl)* m. sigla.
signal *(siñál)* m. señal.
signalement *(siñal°mán)* m. filiación.
signaler *(siñalé)* tr. señalar.
signalisation *(siñalisasión)* f. señalización.
signataire *(siñatér)* f. firmante.
signature *(siñatü'r)* f. firma.
signe *(siñ)* m. signo; señal, seña.
signer *(siñé)* tr. e intr. firmar; **se—** *(sesiñé)* r. santiguarse.
significatif, ive *(siñificatíf, ív)* adj. significativo, a.
signification *(siñificasión)* f. significación.
signifier *(siñifié)* tr. significar.
silence *(siláns)* m. silencio.
silencieux, euse *(silansié, és)* adj. silencioso, a.
silex *(silécs)* m. sílice, pedernal.
silhouette *(siluét)* f. silueta.
silice *(silís)* f. sílice.
sillage *(siyáj)* m. Mar. estela; singladura.
sillon *(siyón)* m. surco.
sillonné, e *(siyoné)* adj. surcar.
silo *(siló)* m. silo.
similaire *(similér)* adj. similar.
similitude *(similitü'd)* f. similitud.
simple *(sénpl)* adj. simple; sencillo, a.
simplicité *(senplisité)* f. simplicidad.
simplification *(senplifikasión)* f. simplificación.
simplifier *(senplifié)* tr. simplificar.
simulacre *(simülácr)* m. simulacro.
simulation *(simülasión)* f. simulación.
simuler *(simülé)* tr. simular.
simultané, e *(simültané)* adj. simultáneo, a.
simultanéité *(simültaneité)* f. simultaneidad.
sinapisme *(sinapísm)* m. sinapismo.
sincère *(sensér)* adj. sincero, a.
sincérité *(senserité)* f. sinceridad.
sinécure *(senecü'r)* f. sinecura.
singe *(sénj)* m. mono, simio.
singer *(senjé)* tr. remedar; imitar.
singerie *(senj°rí)* f. monada.
singulariser *(sengülarisé)* tr. singularizar.
singularité *(sengülarité)* f. singularidad.
singulier, ière *(sengülié, iér)* adj. singular.
sinistre *(sinístr)* adj. siniestro, a; m. siniestro, desgracia.
sinistré, e *(sinistré)* adj. y n. siniestrado, a.
sinon *(sinón)* conj. sino, si no, de otro modo, etc.
sinueux, euse *(sinüé, és)* adj. sinuoso, a.
sinusite *(sinüsít)* f. sinusitis.
sinuosité *(sinüosité)* f. sinuosidad.
siphon *(sifón)* m. sifón.
sirène *(sirén)* f. sirena.
sirop *(siró)* m. jarabe.
siroter *(siroté)* tr. e intr. paladear.
sismique *(sismík)* adj. sísmico, a.
sismographe *(sismográf)* m. sismógrafo.

site *(sít)* m. sitio, paisaje.
sitôt *(sitó)* adv. tan pronto.
situation *(sitüasión)* f. situación.
situer *(sitüé)* tr. situar, colocar.
six *(sís)* adj. y s. seis.
ski *(skí)* m. esquí.
skieur *(skiér)* m. esquiador.
snobisme *(snobísm)* m. esnobismo.
sobre *(sóbr)* adj. sobrio, a.
sobriété *(sobrieté)* f. sobriedad.
sobriquet *(sobriké)* m. apodo.
soc *(sóc)* m. reja del arado.
sociable *(sosiábl)* adj. sociable.
social, e *(sosiál)* adj. social.
socialisme *(sosialísm)* m. socialismo.
socialiste *(sosialíst)* adj. y s. socialista.
sociétaire *(sosietér)* adj. y s. socio.
société *(sosieté)* f. sociedad.
socle *(sócl)* m. zócalo.
socque *(sók)* m. coturno; chanclo.
socquette *(sokét)* f. Neol. calcetín bajo.
soda *(sodá)* m. soda.
sœur *(sér)* f. hermana; **belle-sœur** *(bel°sér)* f. cuñada.
sofa *(sofá)* m. sofá.
soi *(suá)* pron. reflex., sí; **avec soi** *(aveksuá)* consigo.
soi-disant *(suadisán)* loc. que dice ser, etc.
soie *(suá)* f. seda.
soierie *(suarí)* f. sedería.
soif *(suáf)* f. sed.
soigné, e *(suañé)* adj. esmerado, a.
soigner *(suañé)* tr. cuidar.
soigneux, euse *(suañé, és)* adj. cuidadoso, a.
soin *(suén)* m. cuidado.
soir *(suár)* m. tarde, noche.
soirée *(suaré)* f. noche; velada.
soit *(suá)* adv. sea, bien está; conj. sea que, ya ora.
soixante *(suasánt)* adj. y s. sesenta.
soixante-dix *(suasant°dís)* adj. y s. setenta.
sol *(sól)* m. suelo; Mús. sol.
solaire *(solér)* adj. solar.
soldat *(soldá)* m. soldado.
solde *(sóld)* f. sueldo; m. saldo.
solder *(soldé)* tr. asalariar; saldar.
sole *(sól)* f. lenguado.
soleil *(soléy)* m. sol.
solennel, elle *(solanél)* adj. solemne.
solenniser *(solanisé)* tr. solemnizar.
solennité *(solanité)* f. solemnidad.
solfège *(solféj)* m. solfeo.
solidaire *(solidér)* adj. solidario, a.
solidariser (se) *(sesolidarisé)* r. solidarizarse.
solidarité *(solidarité)* f. solidaridad.
solide *(solíd)* adj. y s. sólido, a.
solidification *(solidifikasión)* f. solidificación.
solidifier *(solidifié)* tr. solidificar.
solidité *(solidité)* f. solidez.
soliloque *(solilók)* m. soliloquio.
soliste *(solíst)* m. solista.
solitaire *(solitér)* adj. y s. solitario, a.
solitude *(solitü'd)* f. soledad.
solive *(solív)* f. viga (techo).
sollicitation *(solisitasión)* f. solicitación.
solliciter *(solisité)* tr. solicitar.

solliciteur, euse *(solisitér, tés)* adj. y n. solicitante.
sollicitude *(solisitü'd)* f. solicitud, cuidado.
solstice *(solstís)* m. solsticio.
solubilité *(solübilité)* f. solubilidad.
soluble *(solü'bl)* adj. soluble.
solution *(solüsión)* f. solución.
solvabilité *(solvabilité)* f. solvencia.
solvable *(solvábl)* adj. solvente.
sombre *(sónbr)* adj. sombrío, a.
sombrer *(sonbré)* intr. Mar. zozobrar.
sommaire *(somér)* adj. sumario, a; m. sumario.
sommation *(somasión)* f. intimación.
somme *(sóm)* f. suma; carga; **bête de somme**, acémila; m. fam. sueño.
sommeil *(soméy)* m. sueño.
sommeiller *(someyé)* intr. dormitar.
sommer *(somé)* tr. intimar; notificar; sumar.
sommet *(somé)* m. cima; Geom. vértice.
sommier *(somié)* m. colchón de muelles; sommier.
sommité *(sommité)* f. eminencia.
somnambule *(somnanbü'l)* adj. y s. sonámbulo, a.
somnifère *(somnifér)* adj. somnífero, a.
somnolence *(somnoláns)* f. somnolencia.
somnolent, e *(somnolán, ánt)* adj. soñoliento, a.
somptuaire *(sontüér)* adj. suntuario, a.
somptuosité *(sontüosité)* f. suntuosidad.
son *(són)* adj. poses. su.
son *(són)* m. sonido; salvado.
sonate *(sonát)* f. Mús. sonata.
sondage *(sondáj)* m. sondeo.
sonde *(sónd)* f. sonda.
sonder *(sondé)* tr. sondear.
songe *(sónj)* m. sueño, ensueño.
songer *(sonjé)* intr. soñar; pensar.
songeur *(sonjér)* adj. y s. soñador; visionario.
sonnaille *(sonáy)* f. cencerro, esquila.
sonnant, e *(sonán, ánt)* adj. sonoro, a.
sonner *(soné)* intr. y tr. sonar; tocar; tañer; llamar.
sonnerie *(son°rí)* f. campaneo; toques de clarín o corneta.
sonnet *(soné)* m. soneto.
sonnette *(sonét)* f. campanilla; cascabel.
sonneur *(sonér)* m. campanero.
sonore *(sonór)* adj. sonoro, a.
sonorité *(sonorité)* f. sonoridad.
sophisme *(sofísm)* m. sofisma.
sophistiquer *(sofistiké)* tr. sofisticar.
soporifique *(soporifík)* adj. y s. soporífico, a.
sorbet *(sorbé)* m. sorbete.
sorcellerie *(sorsel°rí)* f. hechicería, brujería.
sorcier, ière *(sorsié, ér)* s. hechicero, a; bruto, a.
sordide *(sordíd)* adj. sórdido, a.
sordidité *(sordidité)* f. sordidez.
sorgho *(sorgó)* m. sorgo, zahína.
sort *(sór)* m. suerte, sino.
sortant, e *(sortán, ánt)* adj. y s. saliente.
sorte *(sórt)* f. suerte, especie, género; modo, manera; condición.
sortie *(sortí)* f. salida.

sortilège *(sortiléj)* m. sortilegio.
sortir *(sortír)* intr. salir; tr. sacar.
sot, otte *(só, ót)* adj. y s. tonto, a.
sottise *(sotís)* f. necedad, tontería.
sou *(sú)* m. sueldo, moneda.
soubassement *(subas°mán)* m. Arq. basamento.
soubresaut *(subr°só)* m. sobresalto.
souche *(súch)* f. tronco; talón.
souci *(susí)* m. cuidado, zozobra.
soucier (se) *(sesusié)* r. inquietarse; interesarse.
soucieux, euse *(susié, és)* adj. inquieto, a; cuidadoso, a.
soucoupe *(sucúp)* f. platillo de jícara o taza.
soudain, e *(sudén)* adj. súbito, a; adv. de pronto.
soudaineté *(suden°té)* f. calidad de súbito.
soude *(súd)* f. sosa.
souder *(sudé)* tr. soldar.
soudoyer *(suduayé)* tr. sobornar.
soudure *(sudü'r)* f. soldadura.
souffle *(súfl)* m. soplo; aliento; fig. inspiración.
souffler *(suflé)* tr. soplar; respirar; apuntar (teatro); excitar.
soufflerie *(sufl°rí)* f. fuelle.
soufflet *(suflé)* m. fuelle; bofetada.
souffleter *(sufl°té)* tr. abofetear.
souffrance *(sufráns)* f. sufrimiento.
souffrant, e *(sufrán, ánt)* adj. enfermo, a.
souffrir *(sufrír)* tr. e intr. sufrir.
soufre *(súfr)* m. azufre.
souhait *(sué)* m. deseo, anhelo; felicitación.
souhaitable *(suetábl)* adj. apetecible, deseable.
souhaiter *(sueté)* tr. desear, anhelar; felicitar.
souiller *(suyé)* tr. manchar, ensuciar; mancillar.
souillure *(suyü'r)* f. mancha, mancilla, borrón.
soûl, e *(sú, súl)* adj. harto, a; pop. borracho, a.
soulagement *(sulaj°mán)* m. alivio.
soulager *(sulajé)* tr. aliviar; consolar.
soûler *(sulé)* tr. hartar; **se—** *(sesulé)* r. emborracharse.
soulèvement *(sulev°mán)* m. levantamiento; sublevación.
soulever *(sulevé)* tr. sublevar, levantar.
soulier *(sulié)* m. zapato.
souligner *(suliñé)* tr. subrayar.
soumettre *(sumétr)* tr. someter.
soumis, e *(sumí, ís)* adj. sometido, a; sumiso, a.
soumission *(sumisión)* f. sumisión.
soupape *(supáp)* f. Mec. válvula.
soupçon *(supsón)* m. sospecha.
soupçonner *(supsoné)* tr. sospechar, recelar.
soupçonneux, euse *(supsoné, és)* adj. suspicaz.
soupe *(súp)* f. sopa.
soupente *(supánt)* f. desván.

souper *(supé)* intr. cenar; m. cena.
soupeser *(supesé)* tr. sopesar.
soupière *(supiér)* f. sopera.
soupir *(supír)* m. suspiro.
soupirail *(supiráy)* m. lumbrera, tragaluz.
soupirant, e *(supirán, ánt)* adj. pretendiente; enamorado, a.
soupirer *(supiré)* intr. suspirar; anhelar.
souple *(súpl)* adj. flexible.
souplesse *(suplés)* f. flexibilidad.
source *(súrs)* f. manantial, fuente; origen.
sourcil *(sursí)* m. ceja.
sourciller *(sursiyé)* intr. fruncir las cejas.   [do, a.
sourd, e *(súr, úrd)* adj. y s. sordina *(surdín)* f. sordina.
sourdine *(surdín)* f. sordina.
sourd-muet *(surmüé)* adj. y s. sordomudo.
sourdre *(súrdr)* intr. brotar.
souriant, e *(surián, ánt)* adj. risueño, a; sonriente.
souricière *(surisiér)* f. ratonera.
sourire *(surír)* intr. sonreírse; m. sonrisa.
souris *(surí)* f. ratón.
sournois, oise *(surnuá, ás)* adj. y s. cazurro, a; disimulado, a.
sournoiserie *(surnuaséri)* f. disimulo.
sous *(sú)* prep. bajo, debajo, so: **sous prétexte** *(supretéxt)* so pretexto.
sous-bail *(subáy)* m. subarriendo.
sous-bois *(subuá)* m. maleza.
sous-chef *(suchéf)* m. subjefe.
souscripteur *(suscriptér)* m. subscriptor.
souscription *(suscripsión)* f. subscripción.
souscrire *(suscrír)* tr. subscribir; intr. subscribirse, adherirse.
sous-entendre *(susantándr)* tr. sobrentender.
sous-entendu, e *(susantandü')* adj. y s. tácito, a; supuesto, a.
sous-estimer *(susestimé)* tr. desestimar.
sous-lieutenant *(suliet°nán)* m. subteniente.
sous-locataire *(sulocatér)* s. realquilado, subarrendatario.
sous-location *(sulocasión)* f. subarriendo.
sous-marin, e *(sumarén, ín)* adj. y m. submarino.
sous-mutiple *(sumültípl)* adj. y s. *Mat.* submúltiplo.
sous-secrétaire *(susecretér)* m. subsecretario.
soussigné, e *(susiñé)* adj. y s. infrascrito.
soussol *(susól)* m. subsuelo.
soustraction *(sustracsión)* f. substracción.
soustraire *(sustrér)* tr. substraer.
soutache *(sutách)* f. sutás.
soutane *(sután)* f. sotana.
soute *(sút)* f. *Mar.* pañol.
soutènement *(suten°nán)* m. sostenimiento.
soutenir *(sut°nír)* tr. sostener.
soutenu, e *(sut°nü')* adj. sostenido, a.
souterrain, e *(suterrén)* adj. y s. subterráneo, a.
soutien *(sutién)* m. sostén; apoyo.
soutien-gorge *(sutiengórj)* m. sostén.

soutirer *(sutiré)* tr. trasegar; fig. sonsacar.
souvenir *(suvenír)* m. recuerdo; **se— (se**suvenír*)* r. acordarse.
souvent *(suván)* adv. a menudo.
souverain, e *(suv°rén)* adj. y s. soberano, a.
souveraineté *(suveren°té)* f. soberanía.
soyeux, euse *(suayé, és)* adj. sedoso, a.
spacieux, euse *(spasié, és)* adj. espacioso, a.
spadassin *(spadasén)* m. espadachín.
sparadrap *(sparadrá)* m. *Farm.* esparadrapo.
spart *(spárt)* m. esparto.
spasme *(spásm)* m. *Med.* espasmo.
spasmodique *(spasmodík)* adj. *Med.* espasmódico.
spath *(spát)* m. *Miner.* espato.
spatule *(spatü'l)* f. espátula.
speaker *(spikér)* m. locutor.
spécial, e *(spesiál)* adj. especial.
spécialiser *(spesialisé)* tr. especializar.
spécialiste *(spesialíst)* adj. y s. especialista.
spécialité *(spesialité)* f. especialidad.
spécifier *(spesifié)* tr. especificar.
spécifique *(spesifík)* adj. y s. específico, a.
spectacle *(spectácl)* m. espectáculo.
spectaculaire *(spectacülér)* adj. espectacular.
spectateur, trice *(spectatér, tris)* s. espectador, a.
spectre *(spéctr)* m. espectro.
spéculateur, trice *(speculatér, tris)* s. especulador, a.
spéculation *(specülasión)* f. especulación.
spéculer *(speculé)* intr. especular.
spéléologie *(speleoloji)* f. espeleología.
sphère *(sfér)* f. esfera.
sphéricité *(sferisité)* f. esfericidad.
sphérique *(sferík)* adj. esférico, a.
sphinx *(sféncs)* m. esfinge.
spiral, e *(spirál)* adj. y s. espiral.
spirite *(spirít)* s. espiritista.
spiritisme *(spiritism)* m. espiritismo.
spiritualisme *(spiritüalism)* m, espiritualismo.
spiritualité *(spiritüalité)* f. espiritualidad.
spirituel, elle *(spiritüél)* adj. espiritual; ingenioso, a.
splendeur *(splandér)* f. esplendor.   [dido, a.
splendide *(splandíd)* adj. espléndido, a.
spoliateur, trice *(spoliatér, tris)* adj. y s. despojador, a.
spoliation *(spoliasión)* f. expoliación.
spolier *(spolié)* tr. despojar.
spongieux, euse *(sponjié, és)* adj. esponjoso, a.
spontané, e *(spontané)* adj. espontáneo, a.
spontanéite *(spontaneité)* f. espontaneidad.
sporadique *(sporadík)* adj. esporádico, a.
spore *(spór)* f. espora.
sport *(spór)* m. deporte.
sportif, ive *(sportíf, ív)* adj. deportivo, a.
spumeux, euse *(spümé, és)* adj. espumoso, a.
squale *(skuál)* m. escualo.

squameux, euse *(skamé, és)* adj. escamoso, a.
square *(skuár)* m. jardín; square.
squelette *(skelét)* m. esqueleto.
squelettique *(skeletík)* adj. esquelético, a.
stabilisateur, trice *(stabilisatér, tris)* adj. y s. estabilizador, a.
stabiliser *(stabilisé)* tr. estabilizar.
stabilité *(stabilité)* f. estabilidad.
stable *(stábl)* adj. estable.
stade *(stád)* m. estadio.
stage *(stáj)* m. pasantía.
stagiaire *(stajiér)* adj. y s. pasante.
stagnant, e *(stañán, ánt)* adj. estancado, a.
stagnation *(stañasión)* f. estancamiento.
stalactite *(stalactít)* f. estalactita.
stalagmite *(stalagmít)* f. estalagmita.
stance *(stáns)* f. estancia, estrofa.
stand *(stán)* m. stand.
standard *(standár)* m. norma; standard.
station *(stasión)* f. parada; estación.
stationnaire *(stasionér)* adj. estacionario, a.
stationnement *(stasion°mán)* m. parada, estación.
stationner *(stasioné)* intr. pararse, estacionarse.
statique *(statík)* adj. y s. estático, a.
statistique *(statistík)* f. estadística.
statuaire *(statuér)* f. estatuaria.
statue *(statü')* f. estatua.
statuer *(statüé)* tr. estatuir.
stature *(statü'r)* f. estatura.
statut *(statü')* m. estatuto.
stéarine *(stearín)* f. estearina.
stèle *(stél)* f. estela.
stéllaire *(stelér)* adj. estelar.
sténo-dactylographe *(stenodactilográf)* n. taquimecanógrafo, a.
sténographie *(stenografí)* f. estenografía.
steppe *(stép)* f. estepa.
stérile *(steríl)* adj. estéril.
stériliser *(sterilisé)* tr. esterilizar.
stérilité *(sterilité)* f. esterilidad.
sterling *(sterling)* adj. esterlina (libra).
sternum *(sternóm)* m. *Anat.* esternón.
stigmate *(stigmát)* m. stigma.
stimulant, e *(stimülán, ánt)* adj. y s. estimulante.
stimulation *(stimülasión)* f. estímulo.
stimuler *(stimülé)* tr. estimular.
stipendiaire *(stipandiér)* adj. estipendiario, a.
stipulation *(stipülasión)* f. estipulación.
stipuler *(stipülé)* tr. estipular.
stock *(stók)* m. stock; depósito.
stocker *(stoké)* tr. almacenar.
stoïcisme *(stoisísm)* m. estoicismo.
stoïque *(stoík)* adj. estoico, a.
stomacal, e *(stomacál)* adj. estomacal.
stopper *(stopé)* tr. e intr. parar.
store *(stór)* m. cortina; estor.
strabisme *(strabísm)* m. *Med* estrabismo.
strangulation *(strangülasión)* f. estrangulación.
strapontin *(strapontén)* m. bigotera.

stratagème *(stratajém)* m. estratagema, ardid.
stratégie *(strateji)* f. estrategia.
stratégique *(stratejík)* adj. estratégico, a.
stratification *(straificasión)* adj. estratificación.
stratifier *(stratifié)* tr. estratificar.
stratosphère *(stratosfér)* f. estratosfera.
stratus *(stratü's)* m. estrato.
strict, e *(stríct)* adj. estricto, a.
strident, e *(stridán, ánt)* adj. estridente.
strie *(stri)* f. estría.
strié, e *(strié)* adj. estriado, a.
strier *(strié)* tr. estriar.
strophe *(stróf)* f. estrofa.
structure *(strüctü'r)* f. estructura.
stuc *(stü'k)* m. estuco.
studieux, euse *(stüdié, és)* adj. estudioso, a.
studio *(stüdió)* m. estudio (cine, etc.)
stupéfaction *(stüpefacsión)* f. estupefacción.
stupéfait, e *(stüpefé, ét)* adj. estupefacto, a.
stupéfiant, e *(stüpefián, ánt)* adj. estupefaciente.
stupéfier *(stüpefié)* tr. producir estupor.
stupide *(stüpíd)* adj. y s. estúpido, a.
stupidité *(stüpidité)* f. estupidez; majadería.
style *(stíl)* m. estilo.
stylet *(stilé)* m. estilete, verduguillo.
styliste *(stilíst)* m. estilista.
stylo *(stiló)* m. estilográfica; **stylo à bille** bolígrafo.
suaire *(süér)* m. sudario.
suant, e *(süán, ánt)* adj. sudoroso, a.
suave *(süáv)* adj. suave.
suavité *(süavité)* f. suavidad.
subalterne *(sübaltérn)* adj. y s. subalterno, a.
subconscient, e *(sübconsián, ánt)* adj. y m. subconsciente.
subdivision *(sübdivisión)* f. subdivisión.
subir *(sübír)* tr. sufrir (un mal, etcétera).
subit, e *(sübí, ít)* adj. súbito, a.
subitement *(sübit°mán)* adv. súbitamente.
subjectif, ive *(sübjectíf, ív)* adj. y s. subjetivo, a.
subjectivité *(sübjectivité)* f. subjetividad.
subjonctif *(sübjonctíf)* m. subjuntivo.
subjuguer *(sübjügué)* tr. subyugar, sojuzgar.
sublime *(süblím)* adj. y s. sublime.
sublimité *(süblimité)* f. sublimidad.
submerger *(sübmerjé)* tr. sumergir.
submersible *(sübmersíbl)* adj. sumergible.
submersion *(sübmersión)* f. sumersión.
subordination *(sübordinasión)* f. subordinación.
subordonné, e *(sübordoné)* tr. subordinar.
suborner *(süborné)* tr. sobornar.
suborneur, euse *(sübornér, és)* n. y adj. sobornador, a.
subreptice *(sübreptís)* adj. subrepticio, a.
subséquent, e *(sübsekán, ánt)* adj. subsiguiente.
subside *(sübsíd)* m. subsidio.

subsidiaire *(sübsidiér)* adj. subsidiario, a.

subsistance *(sübsistáns)* f. subsistencia; pl. víveres.

subsister *(sübsisté)* intr. subsistir.

substance *(sübstáns)* f. substancia.

substantiel, elle *(sübstansiél)* adj. substancial.

substantif, ive *(sübstantíf, ív)* adj. y s. substantivo, a.

substituer *(sübstitüé)* tr. substituir.

substitut *(sübstitü')* m. substituto.

substitution *(sübstitüsión)* f. substitución.

subterfuge *(sübterfüj)* m. subterfugio.

subtil, e *(sübtíl)* adj. sutil.

subtilisation *(sübtilisasión)* f. sutilización.

subtiliser *(sübtilisé)* tr. e intr. sutilizar.

subtilité *(sübtilité)* f. sutileza.

suburbain, e *(sübürbén)* adj. suburbano, a.

subvenir *(sübvenír)* intr. subvenir.

subvention *(sübvansión)* f. subvención.

subventionner *(sübvansioné)* tr. subvencionar.

subversif, ive *(sübversíf, ív)* adj. subversivo, a.

subversion *(sübversión)* f. subversión.

suc *(sü'c)* m. jugo; zumo.

succédané, e *(sücsedané)* adj. y s. *Med.* sucedáneo, a.

succéder *(sücsedé)* intr. suceder.

succès *(sücsé)* m. éxito, resultado. [sor.

successeur *(sücsesér)* m. suce-

successif, ive *(sücsesíf, ív)* adj. sucesivo, a.

succession *(sücsesión)* f. sucesión.

succint, e *(sücsén, ént)* adj. sucinto, a.

succion *(sücsión)* f. succión.

succomber *(süconbé)* intr. sucumbir.

succulent, e *(sücülán, ánt)* adj. suculento, a.

succursale *(sücürsál)* f. sucursal.

sucer *(süsé)* tr. chupar.

sucette *(süsét)* f. chupador.

sucre *(sü'cr)* m. azúcar.

sucré, e *(sücré)* adj. azucarado, a; confitado, a.

sucrer *(sücré)* tr. azucarar.

sucrerie *(sücrᵉrí)* f. azucarera; refinería; p. dulces.

sucrier *(sücrié)* m. azucarero.

sud-est *(sü'd)* m. sur.

sud-est *(südést)* m. sudeste.

sudorifique *(südorifík)* adj. *Med.* sudorífico, a.

sud-ouest *(süduést)* m. sudoeste.

suée *(süé)* f. pop. mal trago; sudor copioso.

suer *(süé)* intr. sudar.

sueur *(süér)* f. sudor.

suffire *(süfír)* intr. bastar; se— *(sesüfír)* r. bastarse.

suffisance *(süfisáns)* f. suficiencia.

suffisant, e *(süfisán, ánt)* adj. y s. suficiente.

suffixe *(süfícs)* m. sufijo.

suffocant, e *(süfocán, ánt)* adj. sofocante.

suffocation *(süfocasión)* f. sofocación.

suffoquer *(süfoké)* tr. e intr. sofocar.

suffragant, e *(süfragán, ánt)* adj. y n. sufragáneo, a.

suffrage *(süfráj)* m. sufragio, voto.

suggérer *(süjeré)* tr. sugerir.

suggestif, ive *(süjestíf, ív)* adj. sugestivo, a.

suggestion *(süjestión)* f. sugestión.

suggestionner *(süjestioné)* tr. sugestionar.

suicide *(süisíd)* m. suicidio.

suicidé *(süisidé)* m. suicida.

suicider (se) *(sesüisidé)* r. suicidarse.

suie *(süi)* f. hollín.

suif *(süíf)* m. sebo.

suintement *(süentᵉmán)* m. rezumadura.

suinter *(süenté)* tr. e intr. rezumar.

suite *(süít)* f. séquito; persecución, continuación; serie; tanda; consecuencia.

suivant, e *(süiván, ánt)* adj. siguiente; m. acompañante; f. sirviente.

suivant *(süiván)* prep. según, en razón de.

suivi, e *(süiví)* adj. seguido, a.

suivre *(süívr)* tr. seguir.

sujet, ette *(süjé, ét)* adj. sujeto, a; propenso, a; m. tema; motivo; sujeto; persona; súbdito.

sujétion *(süjesión)* f. sujeción.

sulfure *(sülfü'r)* m. sulfuro.

sultan *(sültán)* m. sultán.

superbe *(süpérb)* adj. y s. soberbio, a; f. soberbia.

supercherie *(süperchᵉrí)* f. superchería.

superficie *(süperfisí)* f. superficie.

superficiel, elle *(süperfisiél)* adj. superficial.

superflu, e *(süperflü')* adj. y s. superfluo, a.

supérieur, e *(süperiér)* adj. y s. superior, a.

supériorité *(süperiorité)* f. superioridad.

superlatif, ive *(süperlatíf, ív)* adj. y s. superlativo, a.

superposer *(süperposé)* tr. sobreponer.

superposition *(süperposisión)* f. superposición.

superstitieux, euse *(süperstisié, és)* adj. y s. superticioso, a.

superstition *(süperstisión)* f. superstición.

supplanter *(süplanté)* tr. suplantar.

suppléance *(süpléans)* f. suplencia.

suppléant, e *(süpléán, ánt)* adj. y s. suplente.

suppléer *(süpléé)* tr. e intr. suplir.

supplément *(süplemán)* m. suplemento.

supplémentaire *(süplemantér)* adj. suplementario, a.

supplétif, ive *(süpletíf, ív)* adj. supletorio, a.

suppliant, e *(süplián, ánt)* adj. suplicante.

supplication *(süplicasión)* f. súplica.

supplice *(süplís)* m. suplicio.

supplicié, e *(süplisié)* adj. y s. ajusticiado, a.

supplicier *(süplisié)* tr. ajusticiar.

supplier *(süplié)* tr. suplicar.

supplique *(süplík)* f. súplica.

support *(süpór)* m. soporte.

supportable *(süportábl)* adj. soportable.

supporter *(süporté)* tr. sostener; soportar.

supposé, e *(süposé)* adj. supuesto, a.

supposer *(süposé)* tr. suponer.

supposition *(süposisión)* f. suposición.

suppositoire *(süposituár)* m. *Med.* supositorio.

suppôt *(süpó)* m. agente; fig. satélite.

suppression *(süpresión)* f. supresión.

supprimer *(süprimé)* tr. suprimir.

suppuration *(süpürasión)* f. supuración.

suppurer *(süpüré)* intr. supurar.

supputer *(süpüté)* tr. suputar.

suprématie *(süpremasí)* f. supremacía.

suprême *(süprém)* adj. supremo, a.

sur *(sü'r)* prep. sobre, encima; por, con, de, etc.

sur, e *(sü'r)* adj. agrio, a; ácido, a.

sûr, e *(sü'r)* adj. seguro, a.

surabondance *(sürabondáns)* f. superabundancia.

surabondant, e *(sürabondán, ánt)* adj. superabundante.

surajouter *(sürajuté)* tr. sobreañadir.

suralimentation *(süralimantasión)* f. sobrealimentación.

suranné, e *(sürané)* adj. anticuado, a.

surbaissé, e *(sürbesé)* adj. rebajado, a (arco, bóveda, etc.).

surcharge *(sürcháj)* f. sobrecarga; fig. recargo.

surcharger *(sürchajé)* tr. sobrecargar.

surchauffer *(sürchofé)* m. requemar, calentar con exceso.

surcroît *(sürcruá)* m. aumento; **par surcroît,** además.

surdité *(sürdité)* f. sordera.

surélever *(sürelᵉvé)* tr. sobrealzar.

sûrement *(sürᵉmán)* adv. seguramente; ciertamente.

surenchère *(süranchér)* f. puja.

sûreté *(sürᵉté)* f. seguridad.

surexciter *(sürecsité)* tr. sobreexcitar.

surface *(sürfás)* f. superficie.

surfaire *(sürfér)* tr. e intr. encarecer; encomiar.

surgir *(sürjír)* intr. surgir.

surhausser *(sürosé)* tr. sobrealzar.

surhomme *(süróm)* m. superhombre.

surhumain, e *(sürümén)* adj. sobrehumano, a.

surir *(sürír)* intr. agriarse.

surmenage *(sürmenáj)* m. agotamiento.

surmener *(sürmené)* tr. fatigar.

surmontable *(sürmontábl)* adj. superable.

surmonter *(sürmonté)* tr. superar; vencer.

surnager *(sürnajé)* intr. sobrenadar.

surnaturel, elle *(sürnatürél)* adj. sobrenatural.

surnom *(sürnón)* m. sobrenombre, apodo.

surnombre *(sürnónbr)* m. número excesivo.

surnommer *(sürnomé)* tr. apellidar, apodar.

surnuméraire *(sürnümerér)* adj. y s. supernumerario, a.

surpasser *(sürpasé)* tr. descollar; sobrepujar.

surplis *(sürplí)* m. sobrepelliz.

surplomb *(sürplón)* m. desplomo.

surplomber *(sürplonbé)* intr. desplomarse; tr. dominar, sobrepasar.

surplus *(sürplü')* m. demasía; lo sobrante.

surprenant, e *(sürprenán, ánt)* adj. sorprendente.

surprendre *(sürprándr)* tr. sorprender.

surprise *(sürprís)* f. sorpresa.

sursaut *(sürsó)* m. sobresalto.

sursauter *(sürsoté)* intr. sobresaltar.

surseoir *(sürsuár)* tr. sobreseer.

sursis *(sürsí)* m. *Jur.* prórroga, plazo.

surtaxe *(sürtács)* f. sobretasa.

surtout *(sürtú)* adv. sobre todo.

surveillance *(sürveyáns)* f. vigilancia.

surveillant, e *(sürveyán, ánt)* adj. y s. vigilante.

surveiller *(sürveyé)* intr. vigilar.

survenir *(sürvenír)* intr. sobrevenir.

survie *(sürví)* f. supervivencia.

survivance *(sürviváns)* f. supervivencia.

survivant, e *(sürviván, ánt)* adj. y s. superviviente.

survivre *(sürvívr)* intr. sobrevivir.

survoler *(sürvolé)* tr. volar por encima de.

sus *(sü's)* prep. sobre.

susceptibilité *(süseptibilité)* f. susceptibilidad.

susceptible *(süseptíbl)* adj. susceptible.

susciter *(süsité)* tr. suscitar.

susdit, e *(süsdí, ít)* adj. y s. susodicho, a.

suspect, e *(süspé, éct)* adj. sospechoso, a.

suspecter *(süspecté)* tr. sospechar.

suspendre *(süspándr)* tr. suspender.

suspendu, e *(süspandü')* adj. suspendido, a; colgado, a.

suspens *(süspáns)* adj. suspenso; **en suspens,** en suspenso.

suspension *(süspansión)* f. suspensión.

suspensoir *(süspansuár)* m. suspensorio.

suspicion *(süspisión)* f. *Jur.* sospecha.

sustentation *(süstantasión)* f. sustentación.

sustenter *(süstanté)* tr. sustentar.

susurrer *(süsürré)* tr. e intr. susurrar.

suture *(sütü'r)* f. sutura.

suzerain, e *(süsᵉrén)* adj. y s. soberano, a.

svelte *(svélt)* adj. esbelto, a.

sveltesse *(sveltés)* f. esbeltez.

sybarite *(sibarít)* m. sibarita.

syllabe *(siláb)* f. sílaba.

syllogisme *(silojísm)* m. silogismo.

sylvestre *(silvéstr)* adj. silvestre.

symbole *(senból)* m. símbolo.

symbolique *(senbolík)* adj. simbólico, a.

symboliser *(senbolisé)* intr. simbolizar.

symbolisme *(senbolísm)* m. simbolismo.

symétrie *(simetrí)* f. simetría.

symétrique *(simetrík)* adj. simétrico, a.

sympathie *(senpatí)* f. simpatía.

sympathique *(senpatík)* adj. simpático, a.

sympathiser (*senpatisé*) intr. simpatizar.
symphonie (*senfoni*) f. sinfonía.
symphonique (*senfoník*) adj. sinfónico, a.
symptomatique (*sentomatík*) adj. sintomático, a.
symptôme (*sentóm*) m. síntoma; fig. indicio.
synagogue (*sinagóg*) f. sinagoga.
synchronique (*sencroník*) adj. sincrónico, a.
synchroniser (*sencronisé*) tr. sincronizar.
syncope (*sencóp*) f. síncope.
syndicalisme (*sendicalísm*) s. sindicalismo.
syndicaliste (*sendicalíst*) adj. y s. sindicalista.
syndicat (*sendicá*) m. sindicato.
syndiquer (*sendiké*) tr. sindicar.
synode (*sinód*) m. sínodo.
synonyme (*sinoním*) adj. sinónimo, a.
synoptique (*sinoptík*) adj. sinóptico, a.
syntaxe (*sentács*) f. *Gram.* sintaxis.
synthèse (*sentés*) f. síntesis.
synthétique (*sentetík*) adj. sintético, a.
synthétiser (*sentetisé*) tr. sintetizar.
syphilis (*sifilís*) f. sífilis.
syntoniser (*sentonisé*) tr. sintonizar.
systématique (*sistematík*) adj. sistemático, a.
systématiser (*sistematisé*) tr. sistematizar.
système (*sistém*) m. sistema.

ta (*tá*) adj. poses. tu.
tabac (*tabá*) m. tabaco.
tabernacle (*tabernácl*) m. tabernáculo.
table (*tábl*) f. mesa; tabla; índice.
tableau (*tabló*) m. cuadro; pizarra.
tablette (*tablét*) f. tabla; anaquel; pastilla.
tablier (*tablié*) m. delantal; mandíl; tablero.
tabouret (*tabouré*) m. taburete.
tache (*tách*) f. mancha.
tâche (*tách*) f. tarea.
tacher (*taché*) tr. manchar.
tâcher (*taché*) intr. procurar.
tacheté, e (*tach⁰té*) adj. manchado, a.
tacheter (*tach⁰té*) tr. manchar, salpicar.
tachygraphie (*takigrafi*) f. taquigrafía.
tacite (*tasít*) adj. tácito, a.
taciturne (*tasitü'rn*) adj. taciturno.
tact (*táct*) m. tacto.
tacticien (*tactisién*) m. táctico.

tactique (*tactík*) f. táctica.
tafettas (*tafetá*) m. tafetán.
taie (*té*) f. funda de almohada; nube en el ojo.
taillader (*tayadé*) tr. tajar, sajar.
taillant (*tayán*) m. tajo, filo o corte.
taille (*táy*) f. corte; tajo, estatura; talle; pecho o tributo; talla; entalladura.
tailler (*tayé*) tr. tajar; cortar.
tailleur (*tayér*) m. sastre.
tailleuse (*tayés*) f. modista, costurera.
taillis (*tayí*) m. monte bajo.
taire (*tér*) tr. callar; **se—**. (*setér*) callarse.
talc (*tálc*) m. talco.
talent (*talán*) m. talento.
talion (*talión*) m. talión.
talisman (*talismán*) m. talismán.
talle (*tál*) f. vástago.
taloche (*talóch*) f. pescozón.
talon (*talón*) m. talón; tacón.
talonner (*taloné*) tr. espolear; perseguir.
talus (*talü'*) m. talud.
tamarin (*tamarén*) m. *Bot.* tamarindo.
tambour (*tanbúr*) m. tambor.
tambourin (*tanburén*) m. tamboril.
tamis (*tamí*) m. tamiz.
tamiser (*tamisé*) tr. tamizar.
tampon (*tanpón*) m. tapón, taco; tope de vagón.
tamponnement (*tanpon⁰mán*) m. tapadura; taponamiento; choque de vagones.
tamponner (*tanponé*) tr. tapar, taponar; chocar (trenes).
tandis (*tandi*) adv. mientras; **tandis que**, mientras que.
tangage (*tangáj*) m. *Mar.* balanceo, cabeceo.
tangence (*tanjáns*) f. tangencia.
tangent, e (*tanján, ánt*) adj. y s. tangente.
tangible (*tanjíbl*) adj. tangible.
tanière (*taniér*) f. cubil, guarida.
tanin (*tanén*) m. tanino.
tanné, e (*tané*) adj. curtido, a; fig. color atezado.
tanner (*tané*) tr. curtir las pieles.
tanneur (*tanér*) m. curtidor.
tant (*tán*) m. tanto, tan.
tante (*tánt*) f. tía.
tantôt (*tantó*) adv. luego; poco ha; ora, ya.
taon (*tán*) m. tábano.
tapage (*tapáj*) m. alboroto, escándalo.
tapageur, euse (*tapajér, és*) s. alborotador, a.
tape (*táp*) f. fam. manotazo.
taper (*tapé*) tr. pegar, golpear; fam. sablear (pedir dinero).
tapette (*tapét*) f. palmadita.
tapioca (*tapiocá*) m. tapioca.
tapir (*tapír*) m. *Zool.* tapir; **se—** (*setapír*) r. agazaparse.
tapis (*tapi*) m. tapiz, alfombra; tapete.
tapisser (*tapisé*) tr. tapizar, entapizar.
tapisserie (*tapis⁰ri*) f. tapicería; empapelado; colgadura.
tapissier, ière (*tapisié, ér*) s. tapicero, a.
tapoter (*tapoté*) tr. aporrear.
taquin, e (*takén, ín*) adj. y s. revoltoso, a.
taquiner (*takiné*) intr. y tr. molestar, incomodar.
taquinerie (*takin⁰ri*) f. molestia, oposición.
tarauder (*tarodé*) tr. aterrajar.
tard (*tár*) adv. tarde.

tarder (*tardé*) intr. tardar; impers. estar impaciente.
tardif, ive (*tardíf, ív*) adj. tardío, a.
tare (*tár*) f. tara; deterioro; tacha, defecto.
taré, e (*taré*) adj. deteriorado, a.
tarentule (*tarantü'l*) f. tarántula.
tarer (*taré*) tr. deteriorar.
targette (*tarjét*) f. pestillo.
targuer (se) (*setargué*) r. engreírse.
tarière (*tariér*) f. taladro.
tarif (*taríf*) m. tarifa.
tarir (*tarír*) tr. secar; fig. apurar; intr. agotarse.
tarissement (*taris⁰mán*) m. agotamiento.
tarte (*tárt*) f. tarta.
tartine (*tartín*) f. rebanada.
tartufe (*tartü'f*) m. fam. gazmoño, hipócrita.
tas (*tá*) m. pila, montón.
tasse (*tás*) f. taza.
tassement (*tas⁰mán*) m. asiento; apisonamiento. [tonar.
tasser (*tasé*) tr. apilar, amon-
tâter (*taté*) tr. tentar; intr. catar; probar.
tatillon, onne (*tatiyón*) s. pop. reparón, ona.
tâtonnement (*taton⁰mán*) m. tanteo; fig. titubeo.
tâtonner (*tatoné*) intr. tentar, andar a tientas.
tâtons (à) (*á tatón*) loc. adv. a tientas; fig. a ciegas.
tatouage (*tatuáj*) m. tatuaje.
tatouer (*tatué*) tr. tatuar.
taudis (*todi*) m. tugurio.
taupe (*tóp*) f. *Zool.* topo.
taureau (*toró*) m. *Zool.* toro.
tauromachie (*toromachí*) f. tauromaquia.
taux (*tó*) m. tasa; interés.
taverne (*tavérn*) f. taberna.
taxe (*tács*) f. tasa; tarifa.
taxer (*tacsé*) tr. tasar; tachar, acusar.
taxi (*tacsí*) m. taxi.
te (*té*) pron. pers. te.
technicien (*tecnisién*) m. técnico.
technique (*tecník*) adj. y f. técnico, a.
technologie (*tecnoloji*) f. tecnología.
tégument (*tegümán*) m. tegumento.
teigne (*téñ*) f. polilla; tiña.
teigneux, euse (*téñé, és*) adj. y s. tiñoso, a.
teindre (*téndr*) tr. teñir; tintar.
teint (*tén*) m. tinte, tintura; tez.
teinte (*tént*) f. tinta; matiz.
teinter (*tenté*) tr. teñir, tintar.
teinture (*tentü'r*) f. tintura; tinte.
teinturerie (*tentür⁰ri*) f. tintorería.
teinturier, ière (*tentürié, ér*) s. tintorero, a.
tel, telle (*tél*) adj. tal.
télégramme (*telegrám*) m. telegrama.
télégraphe (*telegráf*) m. telégrafo.
télégraphie (*telegrafi*) f. telegrafía.
télégraphier (*telegrafié*) tr. telegrafiar.
télégraphique (*telegrafík*) adj. telegráfico, a.
télégraphiste (*telegrafíst*) m. telegrafista.
télémètre (*telemétr*) m. telémetro.
téléphérique (*teleferík*) m. teleférico.
téléphone (*telefón*) m. teléfono.

téléphonie (*telefoni*) f. telefonía.
téléphoniste (*telefoníst*) s. telefonista.
téléphotographie (*telefotografi*) f. telefotografía.
télescope (*telescóp*) m. telescopio.
téléviseur (*televisér*) m. televisor.
télévision (*televisión*) f. televisión.
téméraire (*temerér*) adj. y s. temerario, a.
témérité (*temerité*) f. temeridad.
témoignage (*temuañáj*) m. testimonio.
témoigner (*temuañé*) intr. atestiguar, testificar.
témoin (*temuén*) m. testigo.
tempe (*tanp*) f. sien.
tempérament (*tanperamán*) m. temperamento.
tempérance (*tanperáns*) f. templanza.
tempérant, e (*tanperán, ánt*) adj. temperante.
température (*tanperatü'r*) f. temperatura.
tempéré, e (*tanperé*) adj. templado, a.
tempérer (*tanperé*) tr. atemperar.
tempête (*tanpét*) f. tempestad.
tempêter (*tanpeté*) intr. fam. echar pestes.
tempétueux, euse (*tanpetüé, és*) adj. tempestuoso, a.
temple (*tánpl*) m. templo.
temporaire (*tanporér*) adj. temporario, a.
temporel, elle (*tanporél*) adj. temporal.
temporiser (*tanporisé*) tr. contemporizar.
temps (*tán*) m. tiempo.
tenace (*tenás*) adj. tenaz, terco, a.
tenacité (*tenasité*) f. tenacidad.
tenaille (*tenáy*) f. tenaza.
tenailler (*tenayé*) tr. atenazar.
tenancier, ière (*tenansié, ér*) s. amo; terrateniente.
tendance (*tandáns*) f. tendencia.
tendancieux, euse (*tandansié, és*) adj. tendencioso, a.
tendant, e (*tandán, ánt*) adj. que tiende a.
tender (*tandér*) m. ténder.
tendeur, euse (*tandér, és*) s. tendedor, a; m. tensor.
tendoir (*tanduár*) m. tendedor.
tendon (*tandón*) m. *Anat.* tendón.
tendre (*tándr*) adj. tierno, a; tr. tender. [terneza.
tendresse (*tandrés*) f. ternura.
tendu, e (*tandü'*) adj. tenso, a.
ténèbres (*tenébr*) f. pl. tinieblas.
ténébreux, euse (*tenebré, és*) adj. tenebroso, a. [nido.
teneur (*tenér*) f. tenor, contenido.
ténia (*tenía*) m. tenia.
tenir (*tenír*) tr. tener, asir; saber, tener noticia; cumplir; **tenir tête**, hacer frente; intr. **tenir bon** aguantar, resistir; r. estarse; **s'en tenir**, atenerse a, contentarse con.
tennis (*tenis*) m. tenis.
ténor (*tenór*) m. *Mús.* tenor.
tension (*tansión*) f. tensión.
tentacule (*tantakü'l*) m. tentáculo.
tentant, e (*tantán, ánt*) adj. tentador, a; incitante.
tentateur, trice (*tantatér, trís*) adj. y s. tentador, a.
tentation (*tantasión*) f. tentación.

tentative (*tantatív*) f. tentativa.

tente (*tánt*) f. tienda de campaña.

tenter (*tanté*) tr. tentar, intentar.

tenture (*tantü'r*) f. colgadura.

tenu, e (*tenü'*) adj. cuidado, a; obligado, a.

ténu, e (*tenü'*) adj. tenue.

tenue (*tenü'*) f. maneras, modales; porte; *Mil.* uniforme.

tergiverser (*terjiversé*) intr. tergiversar.

terme (*térm*) m. término; plazo; vencimiento de un plazo; pl. términos.

terminaison (*terminesón*) f. terminación. [nal.

terminal (*terminál*) adj. termi-

terminer (*terminé*) tr. terminar.

termite (*termít*) m. termita, carcoma.

terne (*térn*) adj. empañado, a; apagado, a; m. terno.

ternir (*ternír*) tr. empañar.

terrain (*terrén*) m. terreno.

terrasse (*terrás*) f. terraplén; terrado, azotea.

terrassement (*terras^emán*) m. desmonte; cava.

terrasser (*terrasé*) tr. terraplenar; aterrar, derribar.

terrassier (*terrasié*) m. contratista, cavador.

terre (*tér*) f. tierra.

terreau (*terró*) m. mantillo.

terreplein (*terr^eplén*) m. *Fort.* terraplén.

terrer (*terré*) tr. acollar; intr. soterrarse.

terrestre (*terréstr*) adj. terrestre.

terreur (*terrér*) f. terror.

terrible (*terríbl*) adj. terrible.

terrien, enne (*terrién*) s. terrateniente.

terrier (*terrié*) m. madriguera.

terrifier (*terrifié*) tr. aterrorizar.

terrine (*terrín*) f. barreño; cuenco.

territoire (*territuár*) m. territorio.

territorial, e (*territoriál*) adj. territorial.

terroir (*terruár*) m. terruño.

terroriser (*terrorisé*) tr. aterrorizar.

terrorisme (*terrorísm*) m. terrorismo.

terroriste (*terroríst*) m. terrorista.

tes (*té*) adj. poses; pl. tus.

tesson (*tesón*) m. tiesto, casco.

test (*tést*) m. prueba, ensayo.

testament (*testamán*) m. testamento.

tester (*testé*) intr. testar.

tétanos (*tetanós*) m. *Med.* tétanos.

têtard (*tetár*) m. renacuajo.

tête-à-tête (*tetatét*) m. entrevista, conversación.

tête (*tét*) f. cabeza.

téter (*teté*) tr. mamar.

tétine (*tetí'*) f. ubre, teta.

têtu, e (*tetü'*) adj. testarudo, a.

texte (*técst*) m. texto.

textile (*tecstíl*) adj. textil.

textuel, elle (*tecstüél*) adj. textual.

texture (*tecstü'r*) f. textura.

thé (*té*) m. te.

théâtral, e (*teatrál*) adj. teatral.

théâtre (*teátr*) m. teatro.

théière (*teiér*) f. tetera.

thème (*tém*) m. tema.

théologie (*teoloji*) f. teología.

théologien (*teoljién*) m. teólogo.

théorème (*teorém*) m. teorema.

théoricien (*teorisién*) m. teórico.

théorie (*teori*) f. teoría.

théorique (*teorík*) adj. teórico, a.

thérapeutique (*terapetík*) f. *Med.* terapéutica.

thermal, e (*termál*) adj. termal.

thermes (*térm*) m. pl. termas, baños.

thermomètre (*termométr*) m. termómetro. [rar.

thésauriser (*tesorisé*) tr. atesorar.

thèse (*tés*) f. tesis.

thon (*tón*) m. atún.

thoracique (*torasík*) adj. torácico, a.

thorax (*torács*) m. tórax, pecho.

thym (*tén*) m. *Bot.* tomillo.

thyroïde (*tiroíd*) adj. tiroides.

tiare (*tiár*) f. tiara.

tic (*tíc*) m. tic.

tiède (*tiéd*) adj. tibio, a.

tiédeur (*tiedér*) intr. tibieza.

tiédir (*tiedír*) intr. entibiarse.

tien, ienne (*tién*) adj. poses. tuyo, a.

tiers, ierce (*tiér, tiérs*) adj. tercero, a; m. tercio.

tige (*tíj*) f. tronco; tallo.

tignasse (*tiñás*) f. pop. peluca; pelo.

tigre, esse (*tígr, és*) s. tigre, esa.

tilleul (*tiyél*) m. *Bot.* tilo; tila.

timbale (*tenbál*) f. *Mús.* timbal.

timbalier (*tenbalié*) m. timbalero.

timbre (*ténbr*) m. timbre; sello; membrete.

timbré, e (*tenbré*) adj. sellado, a; chiflado, a.

timbrer (*tenbré*) tr. sellar.

timide (*timíd*) adj. tímido, a.

timidité (*timidité*) f. timidez.

timon (*timón*) m. *Mar.* timón.

timonier (*timonié*) m. *Mar.* timonel.

timoré, e (*timoré*) adj. timorato, a.

tine (*tín*) f. cuba.

tintamarre (*tentamár*) m. algazara, gresca.

tintement (*tent^emán*) m. tañido; retintín; zumbido.

tinter (*tenté*) tr. tañer; repicar; intr. sonar; zumbar.

tique (*tík*) f. garrapata.

tir (*tír*) m. tiro.

tirade (*tirád*) f. tirada; trozo.

tirage (*tiráj*) m. tiro, tirada; sorteo.

tiraillement (*tiray^emán*) m. tirón; malestar; pop. dificultad.

tirailler (*tirayé*) tr. dar tirones; importunar; intr. tirotear.

tirailleur (*tirayér*) m. *Mil.* tirador.

tirant (*tirán*) m. cordón de zapato, calado (barcos); *Arq.* tirante.

tire (*tír*) f. tirón.

tiré, e (*tiré*) adj. cansado, a; fig. peripuesto; m. *Com.* librado.

tire-bouchon (*tir^ebuchón*) m. sacacorchos, tirabuzón.

tire-ligne (*tir^elíñ*) m. tiralíneas.

tirelire (*tir^elír*) f. alcancía, hucha.

tire-point (*tir^epuén*) m. lezna.

tirer (*tiré*) tr. tirar, sacar; correr; echar, librar, girar (letra de cambio); intr. sortear; se—. r. zafarse.

tiret (*tiré*) m. guión.

tireur, euse (*tirér, és*) s. tirador, a; librador.

tiroir (*tiruár*) m. cajón.

tisane (*tisán*) f. tisana.

tison (*tisón*) m. tizón.

tisonner (*tisoné*) tr. atizar el fuego. [jido.

tissage (*tisáj*) m. textura, te-

tisser (*tisé*) tr. tejer.

tisserand (*tis^erán*) m. tejedor.

tisseur (*tisér*) m. tejedor.

tissu (*tisü'*) m. tejido.

titan (*titán*) m. titán.

titanique (*titaník*) adj. titánico, a.

titre (*títr*) m. título; tratamiento.

titré, e (*titré*) adj. titulado, a.

titrer (*titré*) tr. titular.

tituber (*titübé*) intr. titubear.

titulaire (*titülér*) adj. y s. titular.

toast (*tóst*) m. brindis.

toboggan (*tobogán*) m. tobogán.

tocsin (*tocsén*) m. rebato, somatén.

toge (*tój*) f. toga.

toi (*tuá*) pron. pers. tú, te, ti.

toile (*tuál*) f. lienzo; telón; telaraña.

toilette (*tualét*) f. compostura, aseo; tocador.

toise (*tuás*) f. toesa.

toiser (*tuasé*) tr. medir; fig. mirar.

toison (*tuasón*) f. vellón.

toit (*tuá*) m. techo.

toiture (*tuatü'r*) f. techumbre; techado.

tôle (*tól*) f. palastro.

tolérable (*tolerábl*) adj. tolerable.

tolérance (*toleráns*) f. tolerancia.

tolérant, e (*tolerán, ánt*) adj. tolerante.

tolérer (*toleré*) tr. tolerar.

tomate (*tomát*) f. tomate.

tombant, e (*tonbán, ánt*) adj. colgante, que cae o declina.

tombe (*tónb*) f. tumba.

tombeau (*tonbó*) m. tumba, sepulcro.

tombée (*tonbé*) f. caída.

tomber (*tonbé*) intr. caer.

tombereau (*tonb^eró*) m. volquete.

tombola (*tonbolá*) f. rifa.

tome (*tóm*) m. tomo.

ton (*tón*) adj. poses. tu.

ton (*tón*) m. tono.

tonalité (*tonalité*) f. tonalidad.

tondeur, euse (*tondér, és*) s. esquilador, a.

tondre (*tóndr*) tr. esquilar; tundir.

tonifier (*tonifié*) tr. tonificar.

tonique (*toník*) adj. y s. tónico, a.

tonitruant, e (*tonitrüán, ánt*) adj. estruendoso, a.

tonnage (*tonáj*) m. *Mar.* arqueo.

tonnant, e (*tonán, ánt*) adj. tonante.

tonne (*tón*) f. tonelada; cuba.

tonneau (*tonó*) m. tonel; *Mar.* tonelada.

tonnelier (*ton^elié*) m. tonelero.

tonner (*toné*) impers. tronar.

tonsure (*tonsü'r*) f. tonsura.

tonte (*tónt*) f. esquileo.

topaze (*topás*) f. topacio.

topinambour (*topinanbúr*) m. pa· pa real.

topique (*topík*) adj. y s. tópico, a.

topographie (*topografi*) f. topografía.

topographique (*topografík*) adj. topográfico, a.

toquade (*tokád*) f. manía, capricho.

toque (*tók*) f. birrete.

toqué, e (*toké*) s. fam. maniático, a.

torche (*tórch*) f. antorcha, tea.

torcher (*torché*) tr. limpiar, tapiar.

torchis (*torchí*) m. argamasa de barro y paja.

torchon (*torchón*) m. rodilla, trapo.

tordre (*tórdr*) tr. torcer, retorcer.

toréador (*toreadór*) m. torero.

torpeur (*torpér*) f. entorpecimiento, entumecimiento.

torpille (*torpíy*) f. torpedo.

torpiller (*torpiyé*) tr. torpedear.

torpilleur (*torpiyér*) adj. y s. *Mar.* torpedero.

torréfaction (*torrefacsión*) f. torrefacción.

torréfier (*torrefié*) tr. tostar.

torrent (*torrán*) m. torrente.

torrentiel, elle (*torransiél*) adj. torrencial.

torride (*torríd*) adj. tórrido, a.

tors, e (*tór, tórs*) adj. torcido, a.

torse (*tórs*) m. torso, tronco.

torsion (*torsión*) f. torsión.

tort (*tór*) m. entuerto, agravio, sinrazón; perjuicio; **à tort**, injustamente.

torticolis (*torticoli*) m. *Med.* torticolis.

tortiller (*tortiyé*) tr. retorcer.

tortionnaire (*torsionér*) adj. inicuo, a; verdugo.

tortue (*tortü'*) f. tortuga.

tortueux, euse (*tortüé, és*) adj. tortuoso, a.

torture (*tortü'r*) f. tortura; tormento.

torturer (*tortüré*) tr. atormentar.

tôt (*tó*) adv. presto, pronto.

total, e (*totál*) adj. y s. total.

totaliser (*totalisé*) tr. totalizar.

totalité (*totalité*) f. totalidad.

touchant (*tuchán*) adj. conmovedor; prep. tocante a.

touche (*túch*) f. toque; tecla; traste; estilo.

touche-à-tout (*tuchatú*) m. entrometido.

toucher (*tuché*) tr. tocar; cobrar, recibir; tañer; conmover; m. tacto.

touffe (*túf*) f. mata; manojo; mechón.

touffu, e (*tufü'*) adj. espeso, a; frondoso, a.

toujours (*tujúr*) adv. siempre.

toupet (*tupé*) m. tupé.

toupie (*tupí*) f. trompo, peón.

tour (*túr*) m. tour; torreón; m. torno; vuelta; giro, vez, turno; circuito, juego de manos; rasgo de habilidad; chasco.

tourbe (*túrb*) f. turba.

tourbillon (*turbiyón*) m. torbellino.

tourbillonner (*turbiyoné*) intr. arremolinar.

tourelle (*turél*) f. torrecilla.

tourillon (*turiyón*) m. eje, gozne.

tourisme (*turísm*) m. turismo.

touriste (*turíst*) s. turista.

tourment (*turmán*) m. tormento.

tourmente (*turmánt*) f. tormenta; *Mar.* temporal.

tourmenter (*turmanté*) tr. atormentar.

tournant, e (*turnán, ánt*) adj. giratorio, a; m. recodo, vuelta.

tournebroche (*turn^ebróch*) m. asador.

tournedos (*turn^edó*) m. filete (buey).

tournée (*turné*) f. visita de inspección; fam. correría, expedición.

tourner (*turné*) tr. voltear; volver; tornear; *Mil.* atacar de flanco; intr. rodar, girar, cambiar de dirección.

tournesol (*turn^esól*) m. girasol, tornasol.

torneur (*turnér*) m. tornero.

tournevis (*tourn^evís*) m. destornillador.

tourniquet (*turniké*) m. molinete; *Circ.* torniquete.

tornoi (*turnuá*) m. torneo.

tournoyer (*turnuayé*) intr. revolotear, rodar.

tournure (*turnü'r*) f. giro, sesgo; talante.

tourte (*túrt*) f. empanada.

tourterelle (*turt^erél*) f. tórtola.

tous (*tú*) adj. pos. todos.

tousser (*tusé*) intr. toser.

tout, e (*tú, tút*) adj. pos. todo, a; adv. enteramente.

toutefois (*tut^efuá*) adv. no obstante.

toute-puissance (*tut^epüisáns*) f. omnipotencia.

toutou (*tutú*) m. perrito.

tout-puissant (*tupüisán*) adj. y m. todopoderoso, a.

toux (*tú*) f. tos.

toxine (*tocsín*) f. toxina.

toxique (*tocsík*) adj. y m. tóxico, a.

tracas (*tracá*) m. tráfago, inquietud.

tracasser (*tracasé*) tr. fam. inquietar, fastidiar; intr. afanarse.

tracasserie (*tracas^erí*) f. enredo; incomodidad.

tracassier, ière (*tracasié, ér*) adj. y s. enredador, a; chismoso, a.

trace (*trás*) f. huella, rastro; vestigio; m. trazo.

tracer (*trasé*) tr. trazar, delinear.

trachée (*traché*) f. tráquea.

traçoir (*trasuár*) m. buril; puntero.

tract (*tráct*) m. folleto.

tracteur (*tractér*) m. tractor.

traction (*tracsión*) f. tracción.

tradition (*tradisión*) f. tradición.

traditionnel, elle (*tradisionél*) adj. tradicional.

traducteur (*tradüctér*) m. traductor.

traduction (*tradücsión*) f. traducción.

traduire (*tradüír*) tr. traducir.

trafic (*trafic*) m. tráfico.

trafiquant (*trafikán*) m. traficante.

trafiquer (*trafiké*) intr. traficar; tr. negociar.

tragédie (*trajedi*) f. tragedia.

tragédien, enne (*trajedién*) s. trágico, a. (actores).

tragique (*trajík*) adj. trágico, a.

trahir (*traír*) tr. traicionar.

trahison (*traisón*) f. traición.

train (*trén*) m. tren; paso (de una caballería), buen paso.

traînant, e (*trenán, ánt*) adj. rastrero, a; monótono, a.

traînard (*trenár*) m. rezagado; fig. negligente, flojo.

traîne (*trén*) f. arrastre, reata, cola (vestido).

traîneau (*trenó*) m. trineo.

traînée (*trené*) f. reguero.

traîner (*trené*) tr. arrastrar; fig. diferir; intr. rezagarse.

traire (*trér*) tr. ordeñar.

trait (*tré*) m. saeta; tiro de un coche; trazo; rasgo, trago; guión.

traitable (*tretábl*) adj. tratable.

traite (*trét*) f. trecho; tráfico; trata; letra de cambio.

traité (*treté*) m. tratado.

traitement (*tret^emán*) m. trato, tratamiento; salario.

traiter (*treté*) tr. tratar, asistir, negociar. [traidor, a.

traître, esse (*trétr, és*) adj. y s.

traîtrise (*tretrís*) f. traición.

trajectoire (*trajectuár*) f. trayectoria.

trajet (*trajé*) m. trayecto.

trame (*trám*) f. trama.

tramer (*tramé*) tr. tramar.

tramontane (*tramontán*) f. tramontana.

tramway (*tranvué*) m. tranvía.

tranchant, e (*tranchán, ánt*) adj. cortante; m. corte, filo.

tranche (*tránch*) f. tajada; rebanada; lonja o loncha.

tranchée (*tranché*) f. zanja; trinchera.

trancher (*tranché*) tr. tajar, cortar; zanjar. [lo.

tranquille (*trankíl*) adj. tranquilo.

tranquillisant, e (*trankilisán, ánt*) adj. tranquilizador.

tranquilliser (*trankilisé*) tr. tranquilizar.

tranquillité (*trankilité*) f. tranquilidad.

transaction (*transacsión*) f. transacción.

transatlantique (*transatlantík*) adj. y s. transatlántico, a.

transbordement (*transbord^emán*) m. transbordo.

transborder (*transbordé*) tr. transbordar.

transbordeur (*transbordér*) adj. y s. transbordador.

transcendent, e (*transandán, ánt*) adj. trascendente.

transcendental, e (*transandantál*) adj. trascendental.

transcription (*trancripsión*) f. transcripción.

transcrire (*transcrír*) tr. transcribir.

transe (*tráns*) f. zozobra, ansia.

transept (*transépt*) m. *Arq.* crucero.

transfèrement (*transfer^emán*) m. transferencia.

transférer (*transferé*) tr. transferir.

transfert (*transfér*) m. traspaso.

transfiguration (*transfigürasión*) f. transfiguración.

transfigurer (*transfigüré*) tr. transfigurar.

transformation (*transformasión*) f. transformación.

transformer (*transformé*) tr. transformar.

transfuge (*transfü'j*) m. tránsfuga.

transfuser (*transfüsé*) tr. transfundir.

transfusion (*transfüsión*) f. transfusión.

transgresser (*transgresé*) tr. transgredir.

transgresseur (*transgresér*) m. transgresor.

transgression (*transgresión*) f. infracción.

transhumance (*transümáns*) f. trashumancia.

transi, e (*transí*) adj. transido, a.

transiger (*transijé*) intr. transigir.

transir (*transír*) tr. helar (de frío, etc.); intr. aterirse.

transit (*transi*) m. franquicia, tránsito.

transiter (*transité*) tr. transitar.

transitif, ive (*transitíf, ív*) adj. *Gram.* transitivo, a.

transition (*transisión*) f. transición.

transitoire (*transituár*) adj. transitorio, a.

translation (*translasión*) f. traslación.

translucide (*translüsíd*) adj. translúcido, a.

transmettre (*transmétr*) tr. transmitir.

transmigration (*transmigrasión*) f. transmigración.

transmissible (*transmisíbl*) adj. transmisible.

transmission (*transmisión*) f. transmisión.

transmuable (*transmüábl*) adj. transmutable.

transmutation (*transmütasión*) f. transmutación.

transparence (*transparáns*) f. transparencia.

transparent, e (*transparán, ánt*) adj. transparente.

transpercer (*transpersé*) tr. traspasar.

transpiration (*transpirasión*) f. *Med.* transpiración; sudor.

transpirer (*transpiré*) intr. transpirar.

transplanter (*transplanté*) tr. trasplantar.

transport (*transpór*) m. transporte.

transporter (*transporté*) tr. transportar.

transposer (*transposé*) tr. transponer; *Mús.* transportar.

transvaser (*transvasé*) tr. transvasar, trasegar.

transversal, e (*transversál*) adj. transversal.

trapèze (*trapés*) m. trapecio.

trappe (*tráp*) f. trampa; escotillón; trapa.

trapu, e (*trapü'*) adj. rechoncho, a.

traquenard (*trak^enár*) m. pasitrote; trampa.

traquer (*traké*) tr. batir; ojear; fig. acosar.

travail (*traváy*) m. trabajo.

travailler (*travayé*) tr. e intr. trabajar.

travailleur, euse (*travayér, és*) s. trabajador, a.

travée (*travé*) f. bovedilla; tramo.

travers (*travér*) m. ancho, anchura; sesgo, irregularidad; fig. extravagancia.

traverse (*travérs*) f. travesaño; traviesa.

traversée (*traversé*) f. *Mar.* travesía.

traverser (*traversé*) tr. atravesar.

traversin (*traversén*) m. almohadón.

travesti, e (*travestí*) adj. disfrazado, a.

travestir (*travestír*) tr. disfrazar.

travestissement (*travestis^emán*) m. disfraz.

trébucher (*trebüché*) intr. tropezar.

trèfle (*tréfl*) m. *Bot.* trébol.

tréfonds (*trefón*) m. fig. el fondo.

treillage (*treyáj*) m. espaldar, enrejado.

treille (*tréy*) f. parra, emparrado.

treillis (*treyí*) m. enrejado o celosía.

treize (*trés*) adj. y s. trece.

tréma (*tremá*) adj. y s. diéresis.

tremblant, e (*tranblán, ánt*) adj. tembloroso, a.

tremble (*tránbl*) m. álamo temblón.

tremblement (*tranbl^emán*) m. temblor; tremblement de terre, terremoto.

trembler intr. temblar; estremecerse.

trembler (*tranblé*) intr. temblar; estremecerse.

tremblote, euse (*tranblér, és*) adj. y s. temblón, ona.

tremblotant, e (*tranblotán, ánt*) adj. tembloroso, a.

trembloter (*tranbloté*) intr. temblar un poco; tiritar.

trémie (*tremí*) f. tolva.

trémousser (*tremusé*) tr. zarandear, intr. aletear.

trempe (*tránp*) f. temple; fig. temperamento.

tremper (*tranpé*) tr. mojar, remojar; templar; intr. emparparse.

trente (*tránt*) adj. y s. treinta.

trépanation (*trepanasión*) f. *Cir.* trepanación.

trépas (*trepá*) m. *Poét.* muerte, óbito.

trépasser (*trepasé*) intr. morir.

trépidation (*trepidasión*) f. trepidación.

trépied (*trepié*) m. trípode.

trépigner (*trepiñé*) intr. patalear.

très (*tré*) adv. muy.

trésor (*tresór*) m. tesoro.

trésorerie (*tresor^erí*) f. tesorería.

trésorier (*tresorié*) m. tesorero.

tressage (*tresáj*) m. trenzado.

tressaillement (*tresay^emán*) m. estremecimiento.

tressaillir (*tresayír*) intr. estremecerse.

tressauter (*tresoté*) intr. sobresaltarse.

tresse (*trés*) f. trenza.

tresser (*tresé*) tr. trenzar.

tréteau (*tretó*) m. caballete; pl. tablado.

treuil (*tréy*) m. cabria, torno.

trêve (*trév*) f. tregua.

tri (*tri*) m. tresillo; tría.

triage (*triáj*) m. tría; selección; escrutinio.

triangle (*triángl*) m. triángulo.

triangulaire (*triangülér*) adj. triangular.

tribord (*tribór*) m. *Mar.* estribor.

tribu (*tribü'*) f. tribu.

tribulation (*tribülasión*) f. tribulación.

tribun (*tribén*) m. tribuno.

tribunal (*tribünál*) m. tribunal.

tribune (*tribü'n*) f. tribuna.

tribut (*tribü'*) m. tributo.

tributaire (*tribütér*) adj. y s. tributario, a.

tricher (*triché*) tr. e intr. hacer trampas.

tricherie (*trich^erí*) f. trampa, fullería.

tricheur, euse (*trichér, és*) s. tramposo, a.

tricolore (*tricolór*) adj. tricolor.

tricorne (*tricórn*) m. tricornio.

tricot (*tricó*) m. tejido, prenda (de punto).

tricoter (*tricoté*) tr. hacer media, calceta o punto.

tricycle (*trisícl*) m. triciclo.

trident (*tridán*) m. tridente.

triennal, e (*trienál*) adj. trienal.

trier (*trié*) tr. triar, entresacar.

trigonométrie (*trigonometrí*) f. trigonometría.

trille (*tríy*) m. *Mús.* trino.

trilogie (*triloji*) f. trilogía.

trimer (*trimé*) intr. fam. trabajar.

trimestre (*triméstr*) m. trimestre.

trimestriel, elle (*trimestriél*) adj. trimestral.

trinquer (*trenké*) intr. trincar.

trinquet (*trenké*) m. *Mar.* palo de mesana.

trio (*trió*) m. trío; terceto.

triomphal, e *(trionfál)* adj. triunfal.

triomphant, e *(trionfán, ánt)* adj. triunfante.

triomphateur *(trionfatér)* m. triunfador.

triomphe *(triónf)* m. triunfo.

triompher *(trionfé)* intr. triunfar.

tripe *(tríp)* f. tripa; callos.

triple *(trípl)* adj. y s. triple, triplo.

tripler *(triplé)* tr. triplicar.

triplette *(triplét)* f. tripleta.

tripot *(tripó)* m. garito.

tripotage *(tripotáj)* m. baturrillo, chanchullo.

tripoter *(tripoté)* tr. manosear; intr. enredar, intrigar.

triptyque *(triptík)* m. tríptico.

trique *(trík)* f. pop. garrote.

triste *(tríst)* adj. triste.

tristesse *(tristés)* f. tristeza.

triturer *(tritüré)* tr. triturar.

trivial, e *(triviál)* adj. trivial.

trivialité *(trivialité)* f. trivialidad.

troc *(tróc)* m. trueque.

troche *(tróch)* m. manojo, haz.

trochet *(troché)* m. gajo, racimo.

troglodytes *(troglodít)* m. pl. trogloditas.

trogne *(tróñ)* f. cara rubicunda.

trognon *(troñón)* m. troncho.

trois *(truá)* adj. y s. tres.

troisième *(truasiém)* adj. y s. tercero, a.

trolley *(trolé)* m. trole.

trombe *(trónb)* f. tromba; torbellino.

trombone *(tronbón)* m. *Mús.* trombón.

trompe *(trónp)* f. trompa.

tromper *(tronpé)* tr. engañar; burlar.

tromperie *(tronpʰerí)* f. engaño, embuste.

trompette *(tronpét)* f. trompeta.

trompeur, euse *(tronpér, és)* adj. y s. engañoso, a; engañador, a.

tronc *(trón)* m. tronco; cepillo.

tronçon *(tronsón)* m. trozo.

tronçonner *(tronsoné)* tr. cortar, dividir.

trône *(trón)* m. trono.

trôner *(troné)* tr. predominar.

tronqué, e *(tronké)* adj. truncado, a.

tronquer *(tronké)* tr. truncar.

trop *(tró)* adv. demasiado.

trophée *(trofé)* m. trofeo.

tropical, e *(tropicál)* adj. tropical.

tropique *(tropík)* m. trópico.

troquer *(troké)* tr. trocar.

trot *(tró)* m. trote.

trotter *(troté)* intr. trotar.

trotteur *(trotér)* m. trotón; trotador.

trottin *(trotén)* m. aprendiza.

trottiner *(trotiné)* intr. trotar corto; corretear.

trottinette *(trotinét)* f. patineta, patín.

trottoir *(trotuár)* m. acera.

trou *(trú)* m. agujero; fig. tabuco.

troubadour *(trubadúr)* m. trovador.

troublant, e *(trublán, ánt)* adj. turbador, a.

trouble *(trúbl)* m. turbación; perturbación; pl. disturbios; adj. turbio, a.

trouble-fête *(trublʰefét)* m. aguafiestas.

troubler *(trublé)* tr. enturbiar; turba.

trouée *(trué)* f. boquete; brecha.

trouer *(trué)* tr. agujerear, horadar.

troupe *(trúp)* f. tropel, cuadrilla; tropa.

troupeau *(trupó)* m. manada, rebaño.

troupier *(trupié)* m. pop. soldado.

trousse *(trús)* f. lío, haz; estuche; pl. calzas.

trousseau *(trusó)* m. manojo, estuchito; hatillo, ajuar.

trousser *(trusé)* tr. arremangar; recoger.

trouvaille *(truváy)* f. fam. hallazgo.

trouver *(truvé)* tr. hallar; encontrar; impers.: **il se trouve que**, ocurre que.

truand, e *(trüán, ánd)* s. truhán.

truc *(trü'c)* m. truco; tramoya, artimaña.

trucage *(trücáj)* m. falsificación.

truchement *(trüchʰemán)* m. trujamán.

truculent, e *(trüculán, ánt)* adj. truculento, a.

truelle *(trüél)* f. llana, paleta.

truffe *(trü'f)* f. trufa.

truffer *(trüfé)* tr. trufar.

truie *(trüí)* f. *Zool.* marrana.

truite *(trüít)* f. trucha.

trumeau *(trümó)* m. entreventana.

truquer *(trüké)* tr. fam. falsificar.

tsar *(tsár)* m. zar.

tu *(tü')* pron. pers. tú.

tuant, e *(tüán, ánt)* adj. fam. penosísimo, a.

tube *(tü'b)* m. tubo.

tubercule *(tüberci'l)* m. tubercúlo.

tuberculeux, euse *(tüberculé, és)* adj. tuberculoso, a.

tuberculose *(tüberculós)* f. *Med.* tuberculosis.

tubulaire *(tübülér)* adj. tubular.

tuer *(tüé)* tr. matar.

tuerie *(tüeri)* f. matanza, carnicería.

tueur *(tüér)* m. matador, matarife.

tuile *(tüíl)* f. teja; fig. y fam. accidente inopinado.

tuilerie *(tüilʰerí)* f. tejar.

tulipe *(tülíp)* f. *Bot.* tulipán.

tulle *(tü'l)* m. tul.

tuméfaction *(tümefacsión)* f. tumefacción.

tumeur *(tümér)* f. tumor.

tumulte *(tümü'lt)* m. tumulto.

tumultuex, euse *(trümü'ltié, és)* adj. tumultuoso, a.

tumulus *(tümülü's)* m. túmulo.

tunique *(tüník)* f. túnica.

tunnel *(tünél)* m. túnel.

turban *(türbán)* m. turbante.

turbine *(türbín)* f. turbina.

turbulence *(türbüláns)* f. turbulencia.

turbulent, e *(türbülán, ánt)* adj. turbulento, a.

turpitude *(türpitü'd)* f. torpeza.

tutélaire *(tütelér)* adj. tutelar.

tutelle *(tütél)* f. tutela.

tuteur, trice *(tütér, trís)* m. y f. tutor.

tutoyer *(tütuayé)* tr. tutear.

tuyau *(tüiyó)* m. tubo, cañón, caño; fam. informe; **tuyau d'arrosage**, manga de riego.

tuyauterie *(tüiyotʰerí)* f. tubería.

tympan *(tenpán)* m. tímpano.

type *(típ)* m. tipo.

typhoide *(tifoíd)* adj. tifoídeo, a.

typhon *(tifón)* m. tifón.

typhus *(tifü's)* m. *Med.* tifus.

typique *(tipík)* adj. típico, a.

typographe *(tipográf)* m. tipógrafo.

typographie *(tipografí)* f. tipografía.

tyran *(tirán)* m. tirano.

tyrannie *(tiraní)* f. tiranía.

tyranique *(tiraník)* adj. tiránico, a. [zar.

tyranniser *(tiranisé)* tr. tiranizar.

tzigane *(tsigán)* adj. y s. gitano, a.

ubiquité *(übiküité)* f. ubicuidad.

ulcère *(ülsér)* m. úlcera.

ulcérer *(ülseré)* tr. ulcerar.

ultérieur, e *(ülteriér)* adj. ulterior.

ultimatum *(ültimatóm)* m. ultimátum.

ultime *(ültím)* adj. último, a.

un, e *(én, ü'n)* adj. unido, a; liso, a.

unanime *(ünaním)* adj. unánime.

unanimité *(ünanimité)* f. unanimidad.

uni, e *(üni)* adj. unido, a; liso, a.

unification *(ünificasión)* f. unificación.

unifier *(ünifié)* tr. unificar.

uniforme *(ünifórm)* adj. y m. uniforme.

uniformiser *(üniformisé)* tr. uniformar.

uniformité *(üniformité)* f. uniformidad.

unilatéral, e *(ünilaterál)* adj. unilateral.

union *(ünión)* f. unión.

unique *(ünik)* adj. único, a.

unir *(ünír)* tr. unir.

unisson *(ünisón)* m. *Mús.* unísono; **à l'unisson**, de acuerdo.

unitaire *(ünitér)* adj. unitario, a.

unité *(ünité)* f. unidad.

univers *(ünivér)* m. universo.

universalité *(üniversalité)* f. universalidad.

universel, elle *(üniversél)*

universitaire *(üniversitér)* adj. universitario, a.

université *(üniversité)* f. universidad.

uranium *(üraniom)* m. uranio.

urbain, e *(ürbén)* adj. urbano, a.

urbanité *(ürbanité)* f. urbanidad.

urée *(üré)* f. *Quím.* urea.

urgence *(ürjáns)* f. urgencia.

urgent, e *(ürján, ánt)* adj. urgente.

urine *(ürín)* f. orina.

uriner *(üriné)* tr. orinar.

urinoir *(ürinuár)* m. meadero.

urne *(ü'rn)* f. urna.

urticaire *(ürtikér)* f. urticaria.

us *(ü's)* m. pl. usos.

usage *(üsáj)* m. uso; **hors d'usage**, desusado.

usager *(üsajé)* m. usuario.

usé, e *(üsé)* adj. usado, a; fig. gastado, a.

user *(üsé)* tr. usar, gastar, deteriorar.

usine *(üsín)* f. fábrica.

usité, e *(üsité)* adj. usado, a; acostumbrado, a.

ustensile *(üstansíl)* m. utensilio.

usuel, elle *(üsüél)* adj. usual.

usufructuaire *(üsüfrüctüér)* adj. usufructuario, a.

usufruit *(üsüfrüí)* m. *Jur.* usufructo.

usure *(üsü'r)* f. usura, deterioro.

usurier, ière *(üsürié, iér)* s. usurero, a.

usurpateur, trice *(üsürpatér, trís)* s. usurpador, a.

usurpation *(üsürpasión)* f. usurpación.

usurper *(üsürpé)* tr. usurpar.

utérus *(ütérü's)* m. útero.

utile *(ütíl)* adj. útil.

utilisation *(ütilisasión)* f. utilización.

utiliser *(ütilisé)* tr. utilizar.

utilitaire *(ütilitér)* adj. y s. utilitario, a.

utilitarisme *(ütilitarísm)* m. utilitarismo.

utilité *(ütilité)* f. utilidad.

utopie *(ütopí)* f. utopía.

utopique *(ütopík)* adj. utópico, a.

vacance *(vacáns)* f. vacante; pl. vacaciones.

vacant, e *(vacán, ánt)* adj. vacante.

vacarme *(vacárm)* m. batahola, algazara.

vacation *(vacasión)* f. vacación.

vaccin *(vacsén)* m. vacuna.

vaccination *(vacsinasión)* f. vacunación.

vacciner *(vacsiné)* tr. vacunar.

vache *(vách)* f. vaca.

vacher, ère *(vaché, ér)* s. vaquero; a.

vacherie *(vachʰerí)* f. vaquería.

vacillant, e *(vacilán, ánt)* adj. vacilante.

vacillation *(vasilasión)* f. vacilación.

vaciller *(vasilé)* intr. vacilar.

vacuité *(vacüité)* f. vacuidad.

va-et-vient *(vaevién)* m. vaivén.

vagabond, e *(vagabón, ónd)* adj. y s. vagabundo, a.

vagabondage *(vagabondáj)* m. vagancia.

vagabonder *(vagabondé)* intr. fam. vagabundear.

vagin *(vajén)* m. vagina.

vagir *(vajír)* intr. dar vagidos.

vagissement *(vajisʰemán)* m. vagido.

vagon *(vagón)* m. vagón.

vague *(vág)* f. ola, oleada; adj. vago, a; m. vaguedad.

vaguer *(vagué)* intr. vagar.

vaillance *(vayáns)* f. valentía.

vaillant, e *(vayán, ánt)* adj. valiente.

vain, e *(vén)* adj. vano, a.

vaincre *(véncr)* tr. vencer.

vaincu, e *(vencü')* adj. y s. vencido, a.

vainqueur *(venkér)* adj. y s. vencedor.

vaisseau (*vesó*) m. vaso, vasija; buque, nave, bóveda.

vaisselle (*vesél*) f. vajilla.

val (*vál*) m. val, valle.

valable (*valábl*) adj. valedero, a.

valence (*valáns*) f. valencia (quím.).

valet (*valé*) m. criado; sota.

valétudinaire (*valétüdinér*) adj. valetudinario, a.

valeur (*valér*) f. valor.

valeureux, euse (*valeré, és*) adj. valeroso, a.

validation (*validasión*) f. validación.

valide (*valíd*) adj. válido, a.

valider (*validé*) tr. validar.

validité (*validité*) f. validez.

valise (*valís*) f. valija; maleta.

vallée (*valé*) f. valle.

vallon (*valón*) m. vallecillo.

valoir (*valuár*) intr. y tr. valer.

valorisation (*valorisasión*) f. valuación, valorización.

valoriser (*valorisé*) tr. valorizar.

valse (*váls*) f. vals.

valser (*valsé*) intr. valsar.

value (*valü'*) f. valía.

valve (*válv*) f. válvula.

valvule (*valvü'l*) f. válvula.

vampire (*vanpír*) m. vampiro.

vandalisme (*vandalísm*) m. vandalismo.

vanille (*vaníy*) f. vainilla.

vanité (*vanité*) f. vanidad.

vaniteux, euse (*vanité, és*) adj. y s. vanidoso, a.

vannage (*vanáj*) m. ahecho.

vanne (*ván*) f. compuerta.

vanneau (*vanó*) m. avefría.

vanner (*vané*) tr. ahechar.

vannier (*vanié*) m. cestero.

vantail (*vantáy*) m. hoja (de puerta, etc.).

vantard, e (*vantár, árd*) adj. y s. jactancioso, a.

vantardise (*vantardís*) f. jactancia.

vanter (*vanté*) tr. alabar, encomiar.

vapeur (*vapér*) f. vapor.

vaporeux, euse (*vaporé, és*) adj. vaporoso, a.

vaporisateur (*vaporisatér*) m. vaporizador.

vaporiser (*vaporisé*) tr. vaporizar.

vaquer (*vaké*) intr. vacar.

vareuse (*varés*) f. blusa.

variable (*variábl*) adj. variable.

variant, e (*varián, ánt*) adj. y f. variante.

variation (*variasión*) f. variación.

varice (*varís*) f. *Med.* varicela.

varié (*varié*) adj. variado, a.

varier (*varié*) tr. e intr. variar.

variété (*variété*) f. variedad.

variole (*variól*) f. *Med.* viruela.

variqueux, euse (*variké, és*) adj. *Med.* varicoso, a.

varlope (*varlóp*) f. garlopa.

vasculaire (*vascülér*) adj. vascular.

vase (*vás*) m. jarro, jarrón; cieno.

vaseline (*vaselín*) f. vaselina.

vaseux, euse (*vasé, és*) adj. cenagoso, a.

vasistas (*vasistás*) m. postiguillo.

vassal, e (*vasál*) s. vasallo, a.

vassalité (*vasalité*) m. vasallaje.

vaste (*vást*) adj. vasto, a.

vaudeville (*vod^evíl*) m. zarzuela.   [pillo.

vaurien (*vorién*) m. bergante,

vautour (*votúr*) m. *Zool.* buitre.

vautrer (se) (*sevotré*) f. revolcarse.

veau (*vó*) m. ternero; ternera (carne); becerro (piel).

vedette (*vedét*) f. falúa; estrella (cine, teatro).

végétal, e (*vejetál*) adj. y s. vegetal.

végétarien, 'enne (*vejetarién*) adj. y s. vegetariano, a.

végétatif, ive (*vejetatíf, ív*) adj. vegetativo, a.

végétation (*vejetasión*) f. vegetación.

végéter (*vejeté*) intr. vegetar.

véhémence (*veemáns*) f. vehemencia.

véhément, e (*veemán, ánt*) adj. vehemente.

véhicule (*veicü'l*) m. vehículo.

veille (*véy*) f. vigilia.

veillée (*veyé*) f. velada.

veiller (*veyé*) intr. y tr. velar.

veilleur (*veyér*) m. sereno.

veilleuse (*veyés*) f. lamparilla, mariposa.

veinard, e (*venár, árd*) adj. y s. pop. afortunado, a.

veine (*vén*) f. vena; veta, filón; suerte.

veineux, euse (*vené, és*) adj. venoso, a; veteado, a.

velléité (*veleité*) f. veleidad.

vélo (*veló*) m. fam. bicicleta.

véloce (*velós*) adj. veloz.

vélocipède (*velosipéd*) m. velocípedo.

vélocité (*velosité*) f. velocidad.

vélodrome (*velodróm*) m. velódromo.

velours (*velúr*) m. terciopelo.

velouté, e (*veluté*) adj. aterciopelado.

velouter (*veluté*) tr. aterciopelar.

velu, e (*velü'*) adj. velludo, a.

venaison (*venesón*) f. caza, venado.

vénal, e (*venál*) adj. venal.

vénalité (*venalité*) f. venalidad.

vendange (*vandánj*) f. vendimia.

vendanger (*vandanjé*) tr. vendimiar.

vendangeur, euse (*vandanjér, és*) s. vendimiador, a.

vendeur, euse (*vandér, és*) s. vendedor, a.

...re (*vándr*) tr. vender.

vendredi (*vandredí*) m. viernes.

vénéneux, euse (*venené, és*) adj. venenoso, a.

vénérable (*venerábl*) adj. venerable.

vénération (*venerasión*) f. veneración.

vénérer (*veneré*) tr. venerar.

vénerie (*ven^erí*) f. montería.

veneur (*venér*) m. montero.

vengeance (*vanjáns*) f. venganza.

venger (*vanjé*) tr. vengar.

vengeur, eresse (*vanjér, erés*) adj. y s. vengador, a.

véniel, elle (*veniél*) adj. venial.

venimeux, euse (*venimé, és*) adj. venenoso, a.

venin (*venén*) m. veneno.

venir (*venír*) intr. venir; **venir de**, acabar de.

vent (*ván*) m. viento.

vente (*vánt*) f. venta.

venter (*vanté*) intr. impers. ventear.

venteux, euse (*vanté, és*) adj. ventoso, a; flatulento, a.

ventilateur (*vantilatér*) m. ventilador.

ventilation (*vantilasión*) f. ventilación.

ventiler (*vantilé*) tr. ventilar.

ventosité (*vantosité*) f. ventosidad; flato.

ventouse (*vantús*) f. ventosa.

ventre (*vántr*) m. vientre; **à plat ventre**, boca abajo.

ventricule (*vantricü'l*) m. *Anat.* ventrículo.

ventriloque (*vantrilók*) adj. y s. ventrilocuo, a.

ventru, e (*vantrü'*) adj. ventrudo, a.

venu, e (*venü'*) adj. venido, a; f. arribo, venida.

vêpres (*vépr*) f. pl. vísperas.

ver (*vér*) m. gusano; lombriz; polilla.

véracité (*verasité*) f. veracidad.

véranda (*verandá*) f. galería.

verbal, e (*verbál*) adj. verbal.

verbe (*vérb*) m. verbo; palabra, ton.

verbiage (*verbiáj*) f. palabrería.

verdâtre (*verdátr*) adj. verdoso, a.

verdet (*verdé*) m. cardenillo.

verdeur (*verdér*) f. verdor.

verdict (*verdíct*) m. veredicto.

verdir (*verdír*) tr. pintar de verde; intr. verdear.

verdoyant, e (*verduayán, ánt*) adj. que verdea.

verdoyer (*verduayé*) intr. verdecer, reverdecer.

verdure (*verdü'r*) f. verdor, verdura.

véreux, euse (*veré, és*) adj. agusanado, a.

verge (*vérj*) f. vara.

verger (*verjé*) m. vergel.

vergeté, e (*verjeté*) adj. veteado, a.

verglas (*verglá*) m. escarcha.

vergogne (*vergóñ*) f. vergüenza.

vergue (*vérg*) f. *Mar.* verga.

véridique (*veridík*) adj. verídico, a; veraz.

vérificateur (*verificatér*) m. perito verificador.

vérification (*verificasión*) f. verificación, comprobación.

vérifier (*verifié*) tr. verificar.

vérin (*verén*) m. cric, gato.

vérisme (*verísm*) m. verismo.

véritable (*veritábl*) adj. verdadero, a.

vérité (*verité*) f. verdad.

verjus (*verjü'*) m. agraz.

vermeil, elle (*verméy*) adj. bermejo, a.

vermicelle (*vermisél*) m. fideos.

vermine (*vermín*) f. insectos parásitos; fig. gentuza.

vermoulu, e (*vermulü'*) adj. apolillado, a.

vernir (*vernír*) tr. barnizar.

vernis (*verní*) m. barniz.

vernissage (*vernisáj*) m. barnizado.

vernisser (*vernisé*) tr. vidriar.

vérole (petite) (*petít veról*) f. viruelas.

verre (*vér*) m. vidrio; vaso.

verrerie (*ver^erí*) f. vidriería, cristalería.

verrou (*verrú*) m. cerrojo.

verrouiller (*verruyé*) tr. echar el cerrojo o la aldaba.

verrue (*verrü'*) f. verruga.

vers (*vér*) prep. hacia; m. verso.

versant (*versán*) m. vertiente.

versatile (*versatíl*) adj. versátil.

verse (à) (*avérs*) loc. adv. a cántaros.

versé, e (*versé*) adj. vertido, a; versado, a.

versement (*vers^emán*) m. entrega, depósito, pago (de dinero).

verser (*versé*) tr. verter; echar (líquido); volcar un coche, entregar (dinero).

verset (*versé*) m. versículo.

versification (*versificasión*) f. versificación.

versifier (*versifié*) tr. e intr. versificar.

version (*versión*) f. traducción; fig. versión.

verso (*versó*) m. vuelta, dorso (de una hoja, etc.).

vert, e (*vér, ért*) adj. verde.

vertébral, e (*vertebrál*) adj. *Anat.* vertebral.

vertèbre (*vertébr*) f. vértebra.

vertébré, e (*vertebré*) adj. *Zool.* vertebrado, a.

vertical, e (*verticál*) adj. vertical.

vertige (*vertíj*) m. vértigo.

vertigineux, euse (*vertijiné, és*) adj. vertiginoso, a.

vertu (*vertü'*) f. virtud.

vertueux, euse (*vertüé, és*) adj. virtuoso, a.

verve (*vérv*) f. numen, inspiración.

verveine (*vervén*) f. verbena.

vesce (*vés*) f. veza, arveja.

vésicule (*vesicü'l*) f. *Med.* vesícula; vejiguilla.

vessie (*vesí*) f. *Anat.* vejiga.

veste (*vest*) f chaqueta.

vestiaire (*vestiér*) m. vestuario.

vestibule (*vestibü'l*) m. vestíbulo.

vestige (*vestíj*) m. vestigio.

veston (*vestón*) m. americana.

vêtement (*vet^emán*) m. vestido.

vétéran (*veterán*) m. veterano.

vétérinaire (*veterinér*) m. veterinario.

vétille (*vetíy*) f. fam. fruslería.

vêtir (*vetír*) tr. vestir.

veto (*vetó*) m. veto.

vétusté (*vetüsté*) f. vetustez, vejez.

veuf, ve (*vér, év*) adj. viudo, a.

veule (*vél*) adj. flojo, a; endeble.

veulerie (*vel^erí*) f. debilidad.

veuvage (*vevái*) m. viudez.

vexant, e (*vecsán, ánt*) adj. molesto, a.

vexation (*vecsasión*) f. vejación.

vexatoire (*vecsatuár*) adj. vejatorio, a.

vexer (*vecsé*) tr. vejar.

viable (*viábl*) adj viable.

viaduc (*viadü'c*) m. viaducto.

viager, ère (*viajé, ér*) adj vitalicio, a; m. renta vitalicia.

viande (*viánd*) f. carne.

viatique (*viatík*) m. viático.

vibrant, e (*vibrán, ánt*) adj. vibrante.   [ción.

vibration (*vibrasión*) f. vibra-

vibrer (*vibré*) intr. vibrar.

vicaire (*vikér*) m. vicario.

vice (*vís*) m. vicio; pref. vice.

vice-amiral (*visamirál*) m. vicealmirante.

vice-consul (*vis^econsü'l*) m. vicecónsul.

vice-president (*vis^epresidán*) m. vicepresidente.

vice-roi (*vis^eruá*) m. virrey.

vicier (*visié*) tr. viciar.

vicieux, euse (*visié, és*) adj. vicioso, a.

vicinal, e (*visinál*) adj. vecinal.

vicissitude (*visisitü'd*) f. vicisitud.

victime (*victím*) f. víctima.

victoire (*victuár*) f. victoria.

victorieux, euse (*victorié, és*) adj. victorioso, a.

victuaille (*victüáy*) f. vitualla.

vidange (*vidánj*) f. vaciamiento.

vidanger (*vidanjé*) tr. vaciar, limpiar (letrinas, etc.).

vide (*víd*) adj. vacío, a. m. vacío.

vider (*vidé*) tr. vaciar, desocupar; fig. terminar.

vie (*ví*) f. vida.
vieil, vieille (*viéy*) adj. y s. viejo, a.
vieillard (*vieyár*) m. anciano, viejo.
vieillesse (*vieyés*) f. senectud, vejez.
vieillir (*vieyír*) tr. e intr. envejecer, caducar.
vieillissement (*vieyisᵉmán*) m. envejecimiento, vejez.
vieillot, otte (*vieyó, ót*) adj. y s. fam. vejete.
vierge (*viérj*) adj. y s. virgen.
vieux (*vié*) adj. y s. viejo.
vif, ive (*víf, ív*) adj. y s. vivo, a.
vigie (*viji*) f. Mar. vigía.
vigilance (*vijiláns*) f. vigilancia.
vigilant, e (*vijilán, ánt*) adj. vigilante.
vigile (*vijíl*) f. vigilia.
vigne (*viñ*) f. vid; viña.
vigneron, onne (*viñᵉrón*) s. viñador, a.
vignette (*viñét*) f. viñeta.
vignoble (*viñóbl*) m. viñedo.
vigogne (*vigóñ*) f. vicuña.
vigoureux, euse (*viguré, és*) adj. vigoroso, a.
vigueur (*viguér*) f. vigor.
vil, e (*víl*) adj. vil.
vilain, e (*vilén*) adj. feo, a; malo, a; m. villano.
vilebrequin (*vilᵉbrekén*) m. berbiquí.
vilenie (*vilᵉní*) f. villanía.
vilipender (*vilipandé*) tr. vilipendiar.
villa (*vilá*) f. quinta.
village (*viláj*) m. lugar, pueblo.
villageois, e (*vilajuá, ás*) adj. aldeano, a.
ville (*víl*) f. villa, ciudad.
villégiateur (*vilejiatér*) m. veraneante.
villégiature (*vilejiatü'r*) f. veraneo; vacaciones.
vin (*vén*) m. vino.
vinaigre (*vinégr*) m. vinagre.
vinaigrette (*vinegrét*) f. vinagreta.
vindicatif, ive (*vendicatíf, ív*) adj. vengativo, a.
vindicte (*vendíct*) f. vindicta.
vineux, euse (*viné, és*) adj. vinoso, a.
vingt (*vén*) adj. y s. veinte.
vingtaine (*ventén*) f. veintena.
vingtième (*ventiém*) adj. vigésimo, a.
vinicole (*vinicól*) adj. vinícola.
vinification (*vinificasión*) f. vinificación.
viol (*viól*) m. violación.
violacé, e (*violasé*) adj. violáceo, a.
violation (*violasión*) f. violación.
violence (*violáns*) f. violencia.
violent, e (*violán, ánt*) adj. violento, a.
violenter (*violanté*) tr. violentar.
violer (*violé*) tr. violar; infringir.
violet, e (*violé, ét*) adj. y s. violado, a; f. violeta.
violon (*violón*) m. violín; calabozo.
violoncelle (*violonsél*) m. violoncelo.
violoniste (*violoníst*) m. violinista.
vipère (*vipér*) f. víbora.
virage (*viráj*) m. virada, viraje.
virement (*virᵉmán*) m. traspaso; giro; Mar. virada.
virer (*viré*) intr. virar; Mar. virar; tr. transferir (fondos).
virevolte (*virᵉvólt*) f. torno, vuelta. [nal.
virginal, e (*virjinál*) adj. virgi-
virginité (*virjinité*) f. virginidad.
virgule (*virgü'l*) f. coma.

viril, e (*viríl*) adj. viril.
virilité (*virilité*) f. virilidad.
virole (*viról*) f. virola.
virtuel, elle (*virtü'él*) adj. virtual.
virtuose (*virtüós*) s. virtuoso.
virulence (*viruláns*) f. virulencia.
virulent, e (*virülán, ánt*) adj. virulento, a.
virus (*virü's*) m. virus.
vis (*vís*) f. tornillo.
visa (*visá*) m. visto bueno, visado.
visage (*visáj*) m. cara, rostro.
vis-à-vis (*visaví*) loc. adv. enfrente, respecto de.
viscère (*visér*) f. víscera.
viscosité (*viscosité*) f. viscosidad.
visée (*visé*) f. mira, intención.
viser (*visé*) tr. e intr. apuntar; fig. aspirar a; visar.
viseur (*visér*) m. enfocador; punto de mira (fusil).
visibilité (*visibilité*) f. visibilidad.
visible (*visíbl*) adj. visible.
visière (*visiér*) f. visera, mira.
vision (*visión*) f. visión.
visionnaire (*visionér*) adj. y s. visionario, a.
visitation (*visitasión*) f. visitación.
visite (*visít*) f. visita.
visiter (*visité*) tr. visitar.
visiteur, euse (*visitér, és*) s. visitador, a.
visquex, euse (*viské, és*) adj. viscoso, a.
visser (*visé*) tr. atornillar.
visuel, elle (*visüél*) adj. visual.
vital, e (*vitál*) adj. vital.
vitalité (*vitalité*) f. vitalidad.
vitamine (*vitamín*) f. vitamina.
vite (*vít*) adj. rápido, a; adv. pronto.
vitesse (*vités*) f. velocidad.
viticole (*viticól*) adj. vitícola.
viticulteur (*viticültér*) m. viticultor.
viticulture (*viticültü'r*) f. viticultura.
vitrail (*vitráy*) m. vidriera.
vitre (*vítr*) f. vidrio, cristal.
vitré, e (*vitré*) adj. vítreo, a.
vitrerie (*vitrᵉrí*) f. vidriería, cristalería.
vitreux, euse (*vitré, és*) adj. vidrioso, a.
vitrier (*vitrié*) m. vidriero.
vitrifier (*vitrifié*) tr. vitrificar.
vitrine (*vitrín*) f. escaparate.
vitupérer (*vitüperé*) tr. vituperar.
vivace (*vivás*) adj. vivaz.
vivacité (*vivasité*) f. vivacidad.
vivandier, ière (*vivandié, iér*) s. cantinero, a.
vivant, e (*vivàn, ánt*) adj. y s. viviente, vivo, a.
vivat (*vivá*) interj. y m. viva, vítor.
vive (*vív*) interj. y ¡viva!
viveur (*vivér*) m. disoluto, disipado.
vivier (*vivié*) m. vivero de peces.
vivifiant, e (*vivifián, ánt*) adj. vivificador, a.
vivifier (*vivifié*) tr. vivificar.
vivre (*vívr*) intr. vivir; pl. víveres.
vizir (*visír*) m. visir.
vocable (*vocábl*) m. vocablo.
vocabulaire (*vocabülér*) m. vocabulario.
vocal, e (*vocál*) adj. vocal.
vocaliser (*vocalisé*) intr. Mús. vocalizar.
vocatif (*vocatíf*) m. Gram. vocativo.
vocation (*vocasión*) f. vocación.

vocifération (*vosiferasión*) f. vociferación.
vociferer (*vosiferé*) intr. vociferar.
vœu (*vé*) m. voto; ruego.
vogue (*vóg*) f. boga.
voguer (*vogué*) intr. Mar. bogar.
voici (*vuasi*) prep. he aquí.
voie (*vuá*) f. vía, camino.
voilà (*vualá*) prep. he ahí.
voile (*vuál*) m. velo; f. Mar. vela.
voilé, e (*vualé*) adj. velado, a; oculto, a.
voiler (*vualé*) tr. velar, fig. ocultar.
voilier (*vualié*) m. velero.
voilure (*vualü'r*) f. velamen.
voir (*vuár*) tr. ver; mirar.
voire (*vuár*) adv. hasta, aún.
voirie (*vuari*) f. vialidad; policía urbana; muladar.
voisin, e (*vuasén, ín*) adj. y s. vecino, a.
voisinage (*vuasináj*) m. vecindad.
voiture (*vuatü'r*) f. carruaje.
voiturée (*vuatüré*) f. carretada.
voiturer (*vuatüré*) tr. acarrear.
voiturier (*vuatürié*) m. carretero.
voix (*vuá*) f. voz; voto.
vol (*vól*) m. vuelo; robo.
volage (*voláj*) adj. y s. voluble.
volaille (*voláy*) f. volatería.
volailler (*volayé*) m. gallinero; recovero.
volant, e (*volán, ánt*) adj. volador, a; volante.
volatil, elle (*volatíl*) adj. volátil.
volatiliser (*volatilisé*) tr. volatilizar.
vol-au-vent (*volován*) m. pastel hojaldrado.
volcan (*volcán*) m. volcán.
volcanique (*volcaník*) adj. volcánico, a.
volcanisme (*volcanísm*) m. volcanismo.
volée (*volé*) f. volada, bandada; paliza.
voler (*volé*) intr. volar; tr. robar.
volet (*volé*) m. postigo.
voleter (*volᵉté*) intr. revolotear.
voleur, euse (*volér, és*) s. ladrón, ona.
volière (*voliér*) f. pajarera.
volontaire (*volontér*) adj. y s. voluntario, a.
volonté (*volonté*) f. voluntad.
volontiers (*volontié*) adv. de buena gana.
volt (*vólt*) m. voltio.
voltage (*voltáj*) m. voltaje.
volte-face (*voltᵉfás*) f. media vuelta.
voltige (*voltíj*) f. cuerda floja, volteo.
voltiger (*voltijé*) intr. revolotear, caracolear.
voltigeur (*voltijér*) m. volatín.
volubilis (*volübilís*) m. correhuela.
volubilité (*volübilité*) f. volubilidad.
volume (*volü'm*) m. volumen.
volumineux, euse (*volüminé, és*) adj. voluminoso, a.
volupté (*volüpté*) f. voluptuosidad.
voluptueux, euse (*volüptüé, és*) adj. y s. voluptuoso, a.
volute (*volü't*) f. voluta.
vomir (*vomír*) tr. vomitar.
vomissement (*vomisᵉmán*) m. vómito.
vomitif, ive (*vomitíf, ív*) adj. y s. vomitivo, a.
vorace (*vorás*) adj. voraz.

voracité (*vorasité*) f. voracidad.
vos (*vó*) adj. poses. pl. vuestros, as; sus.
votant, e (*votán*) adj y s. votante.
votation (*votasión*) f. votación.
vote (*vót*) m. voto, votación.
voter (*voté*) tr. e intr. votar.
votif, ive (*votíf, ív*) adj. votivo, a.
votre (*vótr*) adj. pos. vuestro, a.
vôtre: le—, la— (*le, la vótr*) pron. poses. el vuestro, la vuestra; **les vôtres**, los vuestros, las vuestras.
vouer (*vué*) tr. ref. consagrar; encomendar.
vouloir (*vuluár*) tr. querer; m. el querer, la voluntad.
voulu, e (*vulü'*) adj. querido, a.
vous (*vú*) pron. pers. vos, vosotros, as; usted, ustedes; os; le, les.
voussoir (*vusuár*) m. Arq. dovela.
voûte (*vút*) f. bóveda.
voûté, e (*vuté*) adj. abovedado, a; encorvado, a.
voûter (*vuté*) tr. abovedar.
voyage (*vuayáj*) m. viaje.
voyager (*vuayajé*) intr. viajar.
voyageur, euse (*vuayajér, és*) s. viajero, a.
voyant, e (*vuayán, ánt*) adj. vistoso, a; adj. y s. vidente.
voyelle (*vuayél*) f. Gram. vocal.
voyou (*vuayú*) m. pop. granuja.
vrac (en) (*anvrác*) loc. adv. en desorden; Mar. a granel.
vrai, e (*vré*) adj. verdadero, a.
vraiment (*vremán*) adv. verdaderamente.
vraisemblable (*vresanblábl*) adj. y s. verosímil.
vraisemblance (*vresanbláns*) f. verosimilitud.
vrille (*vríy*) f. barrena; Bot. zarcillo.
vriller (*vriyé*) tr. barrenar.
vrombissement (*vronbisᵉmán*) m. zumbido.
vu, e (*vü'*) adj. visto; a; **vu que**, puesto que; f. vista; fig. designio, mira, perspicacia; **en vue de**, con objeto de.
vulgaire (*vülguér*) adj. vulgar; m. vulgo.
vulgarisation (*vülgarisasión*) f. vulgarización.
vulgariser (*vülgarisé*) tr. vulgarizar.
vulgarité (*vülgarité*) f. vulgaridad.
vulnerable (*vülnerábl*) adj. vulnerable.

wagon (*vagón*) m. vagón.
wagon-lit (*vagonli*) m. coche cama.
wagonnet (*vagoné*) m. vagoneta.
wagon-restaurant (*vagonrestorán*) m. vagón restaurante.

water-closet *(uoĭerclosét)* m. retrete.
watt *(uát)* m. vatio.
whisky *(uiski)* m. whisky.
wolfram *(volfrán)* m. volframio.

xylographie *(csilográfi)* f. xilografía.
xylophone *(csiloŕón)* m. xilófono.

— (X x image)

xénophobe *(csenofób)* adj. y s. xenófobo, a.
xénophobie *(csenofobí)* m. xenofobia.

y *(i)* adv. ahí, allí, allá; pron. a él, en él; a ella, en ella; a ello, en ello.
yacht *(yák)* m. yate.
yack *(yák)* m. yack.
yard *(yár)* m. yarda.
yeux *(yé)* m. pl. ojos.
yoghourt *(yogúr)* m. yogurt.
youyou *(yuyú)* m. canoa.

ypérite *(iperít)* f. iperita.
yucca *(yucá)* m. *Bot.* yuca.

zagaie *(sagué)* f. azagaya.
zèbre *(sébr)* m. *Zool.* cebra.
zébrer *(sebré)* tr. cebrar.
zébrure *(sebrü'r)* f. raya, lista.
zébu *(sebü')* m. cebú.
zèle *(sél)* m. celo, fervor.
zélé *(selé)* adj. celoso, a; diligente.
zénith *(senít)* m. *Astr.* cenit.

zéphyr *(seŕír)* m. céfiro.
zéro *(seró)* m. cero.
zeste *(sést)* m. binza (nuez); cáscara (naranja).
zézaiement *(sesemán)* m. ceceo.
zézayer *(seseyé)* intr. cecear.
zibeline *(sibelín)* adj. y s. cebellina.
zigouiller *(siguyé)* tr. pop. matar.
zigzag *(sigság)* m. zigzag.
zigzaguer *(sigsagué)* intr. zigzaguear.
zinc *(sén)* m. cinc.
zinguer *(sengué)* tr. galvanizar con cinc.
zizanie *(sesani)* f. cizaña.
zodiaque *(sodiák)* m. zodíaco.
zona *(soná)* f. *Med.* zona.
zone *(són)* f. zona.
zoologie *(solojí)* f. zoología.
zoologique *(solojík)* adj. zoológico, a.
zut! *(sü't)* int. ¡bah! ¡no!
zygomatique *(sigomaĭk)* adj. cigomático, a.

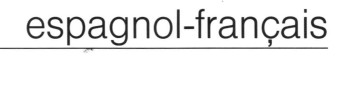

espagnol-français

A a

a (á) prép. à par; de; en; vers; sur; avec; jusque.

abacá (abacá) f. abaca.

abacería (abazëría) f. épicerie.

ábaco (ábaco) m. abaque.

abad (abád) m. abbé; prêtre.

abadejo (abadë'jo) m. morue.

abadía (abadía) f. abbaye.

abajo (abájo) adv. en bas; interj. à bas!

abalanzar (abalanzár) tr. balancer; —se r. se lancer; se précipiter sur.

abanderado (abandërádo) m. porte-drapeau.

abandonado, da (abandonádo, da) adj. s. abandonné, e; négligent, e.

abandonar (abandonár) tr. abandonner.

abandono (abandóno) m. abandon.

abanicar (abanicár) tr. éventer.

abanico (abaníco) m. éventail.

abaratar (abaratár) tr. baisser le prix.

abarcar (abarcár) tr. étreindre, embrasser; fig. contenir.

abarrancar (abarrancár) tr. raviner.

abarrotar (abarrotár) tr. bonder; barroter.

abastecer (abastëzë'r) tr. approvisionner; avitailler.

abastecimiento (abastëzimië'nto) m. approvisionnement.

abasto (abásto) m. provision; approvisionnement.

abate (abátë) m. abbé.

abatido, da (abatído, da) adj. abattu, e; fig. humilié, e.

abatimiento (abatimië'nto) m. abattement.

abatir (abatír) tr. abattre.

abdicación (abdicazión) f. abdication.

abdicar (abdicár) tr. abdiquer.

abdomen (abdómën) m. abdomen.

abecedario (abëzëdário) m. abécédaire.

abedul (abëdou'l) m. Bot. bouleau.

abeja (abë'ja) f. abeille.

abejorro (abëjórro) m. bourdon, hanneton.

aberración (abërrazión) f. aberration.

abertura (abërtou'ra) f. ouverture.

abeto (abë'to) m. sapin.

abierto, ta (abië'rïo, ta) adj. ouvert, e.

abigarrado, da (abigarrádo, da) adj. bigarré, e.

abismado, da (abismádo, da) adj. abîmé, e; fig. anéanti, e.

abismar (abismár) tr. abîmer.

abismo (abísmo) m. abîme.

abjuración (abjourazión) f. abjuration.

abjurar (abjourár) tr. abjurer.

ablación (ablazión) f. ablation.

ablandar (ablandár) tr. ramollir.

ablución (ablouzión) f. ablution.

abnegación (abnëgazión) f. abnégation.

abnegado, da (abnëgádo, da) adj. dévoué, e.

abochornado, da (abochornádo, da) adj. honteux, euse.

abochornar (abochornár) tr. faire rougir de honte.

abofetear (abofëtëár) tr. gifler.

abogacía (abogazía) f. profession d'avocat; barreau.

abogado (abogádo) m. avocat.

abogar (abogár) tr. plaider; fig. intercéder.

abolengo (abolë'ngo) m. ascendance.

abolición (abolizión) f. abolition.

abolir (abolír) tr. abolir.

abolladura (aboyadou'ra) f. bosselure.

abollar (aboyár) tr. bosseler.

abominable (abomináblë) adj. abominable.

abominación (abominazión) f. abomination.

abonado, da (abonádo, da) adj. abonné, e.

abonar (abonár) tr. accréditer; cautionner; créditer; allouer; engraisser la terre.

abonaré (abonarë') m. bon pour une somme. [engrais.

abono (abóno) m. abonnement;

abordaje (abordájë) m. Mar. abordage.

abordar (abordár) tr. aborder.

aborígenes (aboríjenes) m. pl. aborigènes.

aborrecer (aborrëzë'r) tr. abhorrer, haïr.

aborrecible (aborrëzíblë) adj. haïssable.

aborrecimiento (aborrëzimië'nto) m. aversion.

abortar (abortár) intr. avorter.

aborto (abórto) m. avortement.

abotonar (abotonár) tr. boutonner.

abovedar (abovëdár) tr. voûter.

abrasador, ra (abrassadór, ra) adj. brûlant, e; fig. ardent, e.

abrasar (abrassár) r. embraser, brûler.

abrasivo, va (abrassívo, va) adj. abrasif, ive.

abrazar (abrazár) tr. embrasser; adopter, suivre.

abrazo (abrázo) m. embrassement, accolade.

ábrego (ábrëgo) m. autan.

abrelatas (abrëlátas) m. ouvre-boîte.

abrevadero (abrëvadë'ro) m. abreuvoir.

abreviar (abrëviár) tr. abréger.

abreviatura (abrëviatou'ra) f. abréviation.

abrigar (abrigár) tr. abriter; fig. défendre, protéger.

abrigo (abrígo) m. abri; manteau.

abril (abríl) m. avril.

abrir (abrír) tr. ouvrir. [ner.

abrochar (abrochár) tr. boutonner.

abrogar (abrogár) tr. abroger.

abrojo (abrójo) m. épine.

abrumador, ra (abroumadór, ra) adj. et s. accablant, e.

abrumar (abroumár) tr. accabler; écraser.

abrupto, ta (abrou'pto, ta) adj. abrupt, e.

absceso (abszë'sso) m. Chir. abcès.

abscisa (abszíssa) f. Géom. abscisse.

ábside (ábsidë) f. Archit. abside.

absolución (absolouzión) f. absolution; absoute.

absolutismo (absolutísmo) m. absolutisme.

absolutista (absoloutísta) adj. y s. absolutiste.

absoluto, ta (absolou'to, ta) adj. absolu, e.

absolver (absolvë'r) tr. absoudre, acquitter.

absorber (absorbë'r) tr. absorber. [tion.

absorción (absorzión) f. absorp-

absorto, ta (absórto, ta) adj. ravi, e; ébahi, e.

abstención (abstënzión) f. abstention.

abstenerse (abstënë'rsë) r. s'abstenir.

abstinencia (abstinë'nzia) f. abstinence.

abstracción (abstraczión) f. abstraction.

abstracto, ta (abstrácto, ta) adj. abstrait, e.

abstraer (abstraë'r) tr. abstraire.

absuelto, ta (absouë'lto, ta) adj. absous, soute.

absurdo, da (absou'rdo, da) adj. absurde; m. absurdité.

abuchear (abouchëár) tr. huer.

abuela (abouë'la) f. aïeule, grand-mère.

abuelo (abouë'lo) m. aïeul, grand-père.

abulia (abou'lia) f. aboulie.

abultado, da (aboultádo, da) adj. grossi, e.

abultar (aboultár) tr. grossir.

abundancia (aboundánzia) f. abondance.

abundante (aboundántë) adj. abondant, e.

abundar (aboundár) intr. abonder.

aburrido, da (abourrído, da) adj. ennuyé, e

aburrimiento (abourrimië'nto) m. ennui.

aburrir (abourrír) tr. ennuyer.

abusar (aboussár) tr. abuser.

abusivo, va (aboussívo, va) adj. abusif, ive.

abuso (abou'sso) m. abus.

abyecto, ta (abië'cto, ta) adj. abject, e.

acá (acá) adv. ici.

acabado, da (acabádo, da) adj. parfait, e; fini, e; usé, e.

acabar (acabár) tr. achever; terminer; intr. finir; venir de.

acacia (acázia) f. acacia.

academia (acadë'mia) f. académie.

académico, ca (acadë'mico, ca) adj. académique; m. académicien.

acaecer (acaëzë'r) tr. arriver, survenir.

acaloramiento (acaloramië'nto) m. échauffement; —arse r. s'échauffer, s'irriter.

acallar (acayár) tr. faire taire.

acampar (acampár) tr. et intr. camper.

acanalado, da (acanaládo, da) adj. cannelé, e.

acanalar (acanalár) tr. canneler.

acantilado, da (acantiládo, da) adj. Mar. escarpé, e; m. falaise.

acanto (acánto) m. acanthe.

acantonar (acantonár) tr. cantonner.

acaparador (acaparadór) adj. et s. accapareur.

acaparar (acaparár) tr. accaparer.

acariciador, da (acariziadór, ra) adj. et s. caressant, e.

acariciar (acariziár) tr. caresser.

acarrear (acarrëár) tr. charrier; fig. occasionner.

acarreo (acarrë'o) m. charriage; transport.

acaso (acásso) m. hasard; adv. peut-être.

acatamiento (acatamië'nto) m. vénération, respect.

acatar (acatár) tr. vénérer, respecter.

acatarrado, da (acatarrádo, da) adj. enrhumé, e.

acatarrarse (acatarrársë) r. s'enrhumer.

acato (acáto) m. respect.

acaudalado, da (aca-oudaládo, da) adj. riche.

acaudillar (aca-oudiyár) tr. commander, diriger.

acceder (aczëdë'r) intr. accéder; accorder.

accesible (aczëssíblë) adj. accessible.

accesión (aczëssión) f. accession.

accésit (aczë'ssit) m. accessit.

acceso (aczë'sso) m. accès.

accesorio, ria (aczëssório, a) adj. accessoire.

accidentado, da (aczidëntádo, da) adj. accidenté, e.

accidental (aczidëntál) adj. accidentel, elle.

accidente (aczidë'ntë) m. accident.

acción (aczión) f. action.

accionar (aczionár) intr. gesticuler; tr. actionner (machines, etc.).

accionista (aczionísta) s. actionnaire.

acebo (azë'bo) m. houx.

acechar (azëchár) tr. guetter, épier.

acecho (azë'cho) m. guet; en acecho, à l'affût.

acedera (azëdë'ra) f. oseille.

acedía (azëdía) f. aigreur.

aceitar (azëitár) tr. huiler.

aceite (azë'itë) m. huile.

aceitera (azëitë'ra) f. huilier.

aceituna (azëitou'na) f. olive.

aceitunado, da (azëitounádo, a) adj. olivâtre.

aceleración (azëlërazión) f. accélération.

acelerado, da (azëlërádo, da) adj. accéléré, e.

acelerador (azëlëradór) m. accélérateur.

acelerar (azëlërár) tr. accélérer.

acelga (azë'lga) f. Bot. bette.

acémila (azë'mila) f. bête de somme; fig. buse.

acendrado, da (azëndrádo, da) adj. purifié, e; affiné, e.

acento (azë'nto) m. accent.

acentuación (azëntouazión) f. accentuation.

acentuar (azëntouár) tr. accentuer.

acepción (azëpzión) f. acception.

acepillar (azëpiyár) tr. raboter; brosser.

aceptable (azëptáblë) adj. acceptable.

aceptación (azëptazión) f. acceptation.

aceptar (azëptár) tr. accepter.

acequia (azë'kia) f. rigole.

acera (azë'ra) f. trottoir.

acerar (azërár) tr. acérer.

acerbo, ba (azë'rbo, ba) adj. acerbe.

acerca (azë'rca) adv. près; acerca de, à l'égard de, quant à.

acercar (azërcár) tr. approcher; —se s'approcher.

acero (azë'ro) m. acier.

acérrimo, ma (azĕ´rrimo, ma) adj. inébranlable, tenace.
acertado, da (azĕrtádo, da) adj. convenable; réussi, e.
acertar (azĕrtár) tr. deviner; réussir.
acertijo (azĕrtíjo) m. devinette.
acetileno (azĕtilĕ´no) m. acétylène.
aciago, ga (aziágo, ga) adj. funeste.
acíbar (azíbar) m. aloès.
acicalar (azicalár) f. fourbir, polir.
acicate (azicátĕ) m. éperon; fig. incitation.
acidez (azidĕ´z) f. acidité.
ácido, da (ázido, da) adj. acide; m. Chim. acide.
acierto (aziĕ´rto) m. adresse, succès; réussite.
aclamación (aclamazión) f. acclamation.
aclamar (aclamár) tr. acclamer.
aclaración (aclarazión) f, éclaircissement.
aclarar (aclarár) tr. éclaircir.
aclimatación (aclimatazión) f. acclimatation. [mater.
aclimatar (aclimatár) tr. acclimater.
acné (acnĕ´) m. acné.
acobardar (acobardár) tr. décourager, intimider.
acodar (acodár) tr. couder; marcotter; —se r. s'accouder.
acogedor, ra (acojĕdór, a) s. accueillant, e.
acoger (acojĕ´r) tr. accueillir; fig. protéger; —se r. recourir; se réfugier.
acogida (acojída) f. accueil; se réfugier.
acogimiento (acojimiĕ´nto) m. accueil.
acolchar (acolchár) tr. ouater, matelasser.
acólito (acólito) m. acolyte.
acometer (acometér) tr. attaquer, assaillir; entreprendre.
acometida (acometída) f. attaque.
acomodadizo, za (acomodadízo, za) adj. accommodable.
acomodado, da (acomodádo, da) adj. convenable; aisé, e; riche.
acomodador, ra (acomodadór, ra) m. placeur, euse; f. ouvreuse des loges.
acomodamiento (acomodamiénto) m. accommodement.
acomodar (acomodár) tr. accommoder; arranger.
acompañamiento (acompañamiénto) m. accompagnement.
acompañar (acompañár) tr. accompagner.
acompasado, da (acompassádo, da) adj. mesuré, e; cadencé, e.
acompasar (acompassár) tr. compasser.
acondicionado, da (acondizionádo, da) adj. arrangé, e; conditionné, e.
acondicionar (acondizionár) tr. conditionner.
acongojar (acongojár) r. angoisser.
aconsejar (aconsĕjár) tr. conseiller.
acontecer (acontĕzĕ´r) intr. arriver, advenir.
acontecimiento (acontĕzimiĕ´nto) m. événement.
acopio (acópio) m. approvisionnement.

acoplar (acoplár) tr. assembler, accoupler.
acorazado (acorazádo) m. Mar. cuirassé.
acorazar (acorazár) tr. Mar. et Fort. cuirasser.
acordar (acordár) tr. accorder; —se r. se souvenir.
acorde (acórdĕ) adj. conforme; m. Mús. accord.
acordeón (acordĕón) m. Mús. accordéon.
acordonar (acordonár) tr. cordonner, entourer.
acorralar (acorralár) tr. parquer; cerner.
acorrer (acorrĕ´r) tr. accourir.
acortar (acortár) tr. raccourcir.
acosar (acossár) tr. harceler.
acostar (acostár) tr. coucher; —se r. se coucher. Mar. s'accoster.
acostumbrar (acostoumbrár) tr. accoutumer.
acotar (acotár) tr. borner; coter.
acre (ácrĕ) adj. âcre; m. acre.
acrecentar (acrĕzĕntár) tr. accroître.
acreditado, da (acrĕditádo, da) adj. accrédité, e.
acreditar (acrĕditár) tr. accréditer, créditer.
acreedor, ra (acrĕĕdór, ra) s. créancier, ère; fig. digne de.
acribillar (acribiyár) tr. cribler.
acritud (acritou´d) f. âcreté.
acrobacia (acrobázia) f. acrobatie.
acróbata (acróbata) s. acrobate.
acta (ácta) f. acte; procès-verbal.
actitud (actitou´d) f. attitude.
activar (activár) tr. activer.
actividad (actividád) f. activité.
activo, va (activo, va) adj. actif, ive.
acto (ácto) m. acte, action.
actor (actór) m. acteur, comédien.
actriz (actríz) f. actrice, comédienne.
actuación (actouazión) f. procédure, agissement.
actual (actouál) adj. actuel, elle.
actualidad (actoualidád) f. actualité.
actuar (actouár) tr. procéder Jur.; agir.
acuarela (acouarĕ´la) f. aquarelle.
acuario (acouário) m. aquarium.
acuartelar (acouartĕlár) tr. caserner.
acuático, ca (acouático, ca) adj. aquatique.
acuciar (acouziár) tr. estimuler, presser.
acuchillar (acouchiyár) tr. poignarder.
acudir (acoudír) intr. accourir.
acueducto (acouĕdou´cto) m. aqueduc.
acuerdo (acouĕ´rdo) m. accord, avis.
acullá (acouyá) adv. là, de ce côté-là.
acumulación (acoumulazión) f. accumulation.
acumulador (acoumouladór) m. accumulateur.
acumular (acoumoulár) tr. accumuler; imputer.
acuñar (acougnár) tr. monnayer.
acuoso, sa (acouósso, a) adj. aqueux, euse.
acurrucarse (acourroucársĕ) r. s'accroupir.
acusación (acoussazión) f. accusation.
acusado, ada (acoussádo, da) n. et adj. accusé, e.

acusador, ra (acoussadór, a) s. accusateur, trice.
acusar (acoussár) tr. accuser.
acuse de recibo, accusé de réception.
acústica (acou´stica) f. Phys. acoustique.
acústico, ca (acou´stico, a) adj. acoustique.
achacar (achacár) tr. imputer, attribuer.
achacoso, sa (achacósso, a) adj. maladif, ive.
achaque (achákĕ) m. infirmité.
achicar (achicár) tr. rapetisser; Mar. écoper.
achicoria (achicória) f. Bot. chicorée.
achicharrar (achicharrár) tr. rissoler; brûler.
adagio (adájio) m. proverbe.
adalid (adalíd) m. chef.
adaptación (adaptazión) f. adaptation.
adaptar (adaptár) tr. adapter.
adarga (adárga) f. bouclier, écu.
adecuado, da (adĕcouádo, da) adj. appropié, e; convenable.
adefesio (adĕfĕ´ssio) m. personne ou objet ridicule.
adelantado, da (adĕlantádo, da) adj. précoce; avancé, e.
adelantar (adĕlantár) tr. avancer; devancer.
adelante (adĕlántĕ) adj. avant; en avant: en adelante, dorénavant, désormais.
adelanto (adĕlánto) m. avancement, progrès; payement anticipé.
adelgazar (adĕlgazár) tr. amincir; intr. maigrir.
ademán (adĕmán) m. geste.
además (adĕmás) adv. en outre; en plus.
adentro (adĕ´ntro) adv. dedans, au dedans.
adepto, ta (adĕ´pto, ta) adj. et s. adepte.
aderezar (adĕrĕzár) tr. parer; apprêter; —se r. se vêtir avec soin.
aderezo (adĕrĕ´zo) m. ornement; parure; préparation des mets.
adeudado, da (adĕoudádo, da) adj. endetté, e.
adeudar (adĕoudár) tr. débiter; devoir.
adherencia (adĕrĕ´nzia) f. adhérence.
adherente (adĕrĕ´ntĕ) adj. adhérent, e.
adherir (adĕrír) intr. adhérer.
adhesión (adĕssión) f. adhésion.
adhesivo, va (adĕssivo, va) adj. adhésif, ive.
adición (adizión) f. addition.
adicional (adizionál) adj. additionnel, elle.
adicionar (adizionár) tr. additionner.
adicto, ta (adícto, ta) adj. dévoué, e.
adiestrar (adiĕstrár) tr. dresser.
adinerado, da (adinĕrádo, da) adj. riche.
adiós (adiós) interj. adieu.
adiposo, sa (adipósso, a) (adj. Anat. adj. adipeux, euse.
adivinanza (adivinánza) f. fam. énigme, devinette.
adivinar (adivinár) tr. deviner.
adivino, na (adivino, na) s. devin, devineresse.
adjetivo (adjĕtivo) m. Gram. adjectif.
adjudicación (adjoudicazión) f. adjudication.
adjudicar (adjoudicár) tr. adjuger.
adjuntar (adjountár) tr joindre.

adjunto, ta (adjounto, ta) adj. adjoint, e; ci-joint.
adjurar (adjourár) tr. adjurer.
administración (administrazión) f. administration.
administrador, a (administradór, a) s. administrateur, trice.
administrar (administrár) tr. administrer; conférer.
administrativo, va (administrativo, va) adj. administratif, ive.
admirable (admirábl) adj. admirable.
admiración (admirazión) f. admiration.
admirado, da (admirádo, da) adj. étonné, e.
admirador, ra (admiradór, a) s. admirateur, trice.
admirar (admirár) tr. admirer; étonner.
admisible (admissibl) adj. admissible.
admisión (admissión) f. admisión.
admitir (admitír) tr. admettre.
adobar (adobár) tr. dauber; tanner les peaux.
adobe (adóbĕ) m. bauge; brique crue.
adobo (adóbo) m. daube; apprêt.
adocenado, da (adozĕnádo, da) adj. ordinaire.
adoctrinar (adoctrinár) tr. endoctriner.
adolecer (adolĕzĕ´r) intr. souffrir de.
adolescencia (adolĕszĕ´nzia) f. adolescence.
adolescente (adolĕszĕ´ntĕ) adj. et s. adolescent, e.
adonde (adóndĕ) adv. où.
adopción (adopzión) f. adoption.
adoptar (adoptár) tr. adopter.
adoptivo, va (adoptivo, va) adj. adoptif, ive.
adoquín (adokínn) m. pavé; fig. sot.
adorable (adorábl) adj. adorable.
adoración (adorazión) f. adoration.
adorador, ra (adoradór, a) s. adorateur, trice.
adorar (adorár) tr. adorer.
adormecer (adormĕzĕ´r) tr. assoupir; endormir; apaiser. —se r. s'assoupir; s'engourdir.
adornar (adornár) tr. orner.
adorno (adórno) m. ornement.
adosar (adossár) tr. adosser.
adquirir (adkirír) tr. acquérir.
adquisición (adkissizión) f. acquisition.
adrede (adrĕ´dĕ) adv. exprès.
aduana (adouána) f. douane.
aduanero (adouanĕ´ro) m. douanier.
aducción (adoucción) f. adduction.
aducir (adouzír) tr. alléguer.
adueñarse (adouĕgnársĕ) r. s'emparer.
adulación (adoulazión) f. adulation.
adulador, ra (adouladór, a) s. adulateur, trice.
adular (adoulár) tr. aduler, flatter.
adulteración (adoultĕrazión) f. adultération.
adulterar (adoultĕrár) tr. adultérer.
adulterio (adoultĕ´rio) m. adultère.
adúltero, ra (adou´ltero, ra) s. adultère.
adulto, ta (adou´lto, ta) adj. et s. adulte.
adusto, ta (adou´sto, ta) adj. intraitable.

advenedizo, za (advĕnĕdízo, za) adj. et s. parvenu, e.

advenimiento (advĕnimiĕ'nto) m. avènement; venue.

adverbio (advĕ'rbio) m. Gram. adverbe.

adversario (advĕrsário) m. adversaire.

adversidad (advĕrsidád) f. adversité.

adverso, sa (advĕ'rso, sa) adj. adverse.

advertencia (advĕrtĕ'nzia) f. avertissement.

advertir (advĕrtír) tr. avertir; remarquer.

adviento (aviĕ'nto) m. avent.

adyacente (adiazĕ'ntĕ) adj. adjacent, e.

aeración (aĕrazión) f. aération, e.

aéreo, a (aĕ'rĕo, a) adj. aérien, enne.

aerodinámica (aĕrodinámica) f. Phys. aérodynamique.

aeródromo (aĕródromo) m. aérodrome.

aerolito (aĕrólito) m. aérolithe.

aeronáutica (aĕronáoutica) f. aéronautique.

aeronave (aĕronávĕ) f. aéronef.

aeroplano (aĕropláno) m. aéroplane.

aeropuerto (aĕropuĕ'rto) m. aéroport.

aeróstato (aĕróstato) m. aérostat.

afabilidad (afabilidád) f. affabilité.

afable (afábl) adj. affable.

afamado, da (afamádo, da) adj. fameux, euse.

afán (afán) m. effort; anxiété.

afanarse (afanársĕ) r. s'évertuer.

afanoso, sa (afanósso, a) adj. pénible, laborieux, euse.

afear (afĕár) tr. enlaidir; blâmer.

afección (afĕczión) f. affection.

afectación (afĕctazión) f. affectation.

afectado, da (afĕctádo, da) adj. affecté, e.

afectar (afĕctár) tr. affecter.

afectivo, va (afĕctívo va) adj. affectif, ive.

afecto, ta. (afĕcto, ta) adj. affectionné, e; affecté, e; m. affection.

afectuoso, sa (afĕctuósso, sa) adj. affectueux, euse.

afeitar (afĕitár) tr. raser; farder; se— r. se raser; se farder

afeite (afĕ'itĕ) m. fard.

afelpado, da (afĕlpádo, da) adj. velouté, e.

afeminado, da (afĕminádo, da) adj. efféminé, e.

aferrado, da (afĕrrádo, da) adj. obstiné, e.

aferrar (afĕrrár) tr. saisir. —se r. se cramponner, s'obstiner.

afianzar (afianzár) tr. affermir.

afición (afizión) f. affection; penchant.

aficionado, da (afizionádo, da) adj. et s. amateur.

aficionarse (afizionársĕ) r. s'attacher à.

afilado, da (afiládo, da) adj. aiguisé, e.

afilar (afilár) tr. affiler; aiguiser.

afiliación (afiliazión) f. affiliation, association.

afiliado, da (afiliádo, da) adj. affilié, e.

afiliar (afiliár) tr. affilier.

afín (afinn) s. affin, e.

afinar (afinár) tr. achever; affiner; Mús. accorder.

afinidad (afinidád) f. affinité.

afirmación (afirmazión) f. affirmation.

afirmar (afirmár) tr. affermir; fig. affirmer.

afirmativo, va (afirmativo, va) adj. affirmatif, ive.

aflicción (afliczión) f. affliction.

afligido, da (aflijído, da) adj. affligé, e.

afligir (aflijír) tr. affliger.

aflojar (aflojár) tr. relâcher.

afluencia (afluĕ'nzia) f. affluence.

afluente (afluĕ'ntĕ) adj. et s. affluent.

afluir (aflouír) tr. affluer; abonder.

afónico, ca (afónico, ca) adj. aphone.

aforismo (aforísmo) m. aphorisme.

aforo (afóro) m. jaugeage.

afortunado, da (afortounádo, da) adj. fortuné, e.

afrenta (afrĕ'nta) f. affront.

afrentar (afrĕntár) tr. faire un affront.

afrentoso, sa (afrĕntósso, sa) adj. outrageant, e.

afrontar (afrontár) tr. affronter.

afuera (afouĕ'ra) adv. dehors, hors; interj. place! place!; s. pl. les environs.

agacharse (agachársĕ) r. se baisser, se blottir.

agalla (agáya) f. galle, branchie; pl. fip. courage.

ágape (agápĕ') m. agape.

agarrada (agarráda) f. fam. disputa.

agarradero (agarradĕ'ro) m. manche; poignée.

agarrado, da (agarrádo, da) adj. agriffé, e; fam. mesquin, e; avare.

agarrar (agarrár) tr. saisir avec force; —se r. se cramponner, se disputer.

agarrotar (agarrotár) tr. garroter; fam. serrer fortement.

agasajar (agassajár) tr. festoyer, flatter.

agasajo (agassájo) m. prévenance, présent; collation.

agencia (ajĕ'nzia) f. agence.

agenciar (ajĕnziár) tr. solliciter, procurer.

agencioso, sa (ajĕnziósso, sa) adj. diligent, e.

agenda (ajĕ'nda) f. agenda.

agente (ajĕ'ntĕ) m. agent.

ágil (ájil) adj. agile.

agilidad (ajilidád) f. agilité.

agio (ájio) m. agio.

agitación (ajitazión) f. agitation.

agitador, ra (ajitádor, a) s. meneur, euse.

agitar (ajitár) tr. agiter.

aglomeración (aglomĕrazión) f. agglomération.

aglomerar (aglomĕrár) tr. agglomérer.

aglutinante (agloutinántĕ) adj. et s. agglutinant.

aglutinar (agloutinár) tr. agglutiner.

agobiar (agobiár) tr. accabler.

agobio (agóbio) m. accablement.

agolparse (agolpársĕ) r. s'assembler.

agonía (agonía) f. agonie.

agonizante (agonizántĕ) adj. agonisant, e.

agonizar (agonizár) intr. agoniser.

agostar (agostár) tr. brûler, faner.

agosto (agósto) m. août.

agotamiento (agotamiĕ'nto) m. épuisement.

agotar (agotár) tr. épuiser.

agraciado, da (agrazládo, da) adj. gracieux, euse.

agradable (agradáblĕ) adj. agréable.

agradar (agradár) tr. plaire.

agradecer (agradĕzĕ'r) tr. reconnaître, remercier.

agradecido, da (agradĕzído, da) adj. reconnaissant, e.

agradecimiento (agradĕzimiĕ'nto) m. reconnaissance, gratitude.

agrado (agrádo) m. affabilité; agrément. [dir.

agrandar (agrandár) tr. agrandir.

agrario, ira (agrário, a) adj. agraire.

agravación (agravazión) f. aggravation.

agravar (agravár) tr. aggraver.

agraviar (agraviár) tr. injurier, offenser.

agravio (agrávio) m. offense; grief.

agraz (agráz) m. verjus.

agredir (agredír) tr. attaquer.

agregación (agrĕgazión) f. agrégation.

agregado (agrĕgádo) m. agrégat; agrégé.

agregar (agrĕgár) tr. agréger, ajouter.

agresion (agressión) f. agression.

agresivo, va (agressívo, va) adj. agressif, ive.

agresor, ra (agressór, ra) s. agresseur.

agreste (agrĕ'stĕ) adj. agreste.

agriar (agriár) tr. aigrir.

agrícola (agrícola) adj. agricole.

agricultor (agricoultór) m. agriculteur.

agricultura (agricoultou'ra) f. agriculture.

agrietado, da (agriĕtádo, da) adj. crevassé, fen. dillé.

agrimensor (agrimĕnsór) m. arpenteur.

agrio, gria (ágrio, a) adj. aigre.

agrónomo (agrónomo) m. agronome.

agrupación (agroupazión) f. groupement, parti.

agrupar (agroupár) tr. grouper.

agua (ágoua) f. eau; pl. ondes.

aguacero (agouazĕ'ro) m. averse.

aguador (agouadór) s. porteur d'eau.

aguantar (agouantár) tr. endurer; soutenir; —se r. fam. se contenir.

aguante (agouántĕ) m. endurance; fig. tolérance.

aguar (agouár) tr. mêler de l'eau avec une liqueur; fig. troubler (un plaisir).

aguardar (agouardár) tr. attendre.

aguardiente (agouardiĕ'ntĕ) m. eau-de-vie.

aguarrás (agouarrás) f. essence de térébentine.

agudeza (agoudĕ'za) f. acuité; fig. finesse, saillie.

agudo, do (agou'do, da) adj. aigu, ë; fig. spirituel, elle.

agüero (agouĕ'ro) m. augure.

aguerrido, da (aguĕrrído, da) adj. aguerri, e.

aguerrir (aguĕrrír) tr. aguerrir.

aguijón (aguijón) m. aiguillon.

aguijonear (aguijonĕár) m. aiguillonner.

águila (águila) f. Zool. aigle.

aguileño, ña (aguilĕ'ño, ña) adj. aquilin, e.

aguilucho (aguilou'cho) m. aiglon.

aguinaldo (aguináldo) m. étrennes.

aguja (agou'ja) f. aiguille; aguja de gancho, crochet.

agujerear (agoujĕrĕár) tr. percer, trouer.

agujero (agoujĕ'ro) m. trou; aiguillier.

agujeta (agoujĕ'ta) f. aiguillette; pl. courbature.

agusanado, da (agousanádo, da) adj. véreux, euse.

aguzar (agouzár) tr. aiguiser.

¡ah! (á) interj. ¡ah!

ahechar (aĕchár) tr. cribler, vanner.

ahí (a-í) adv. là.

ahijado, da (a-ijádo, da) s. filleul, e.

ahinco (a-ínnco) m. empressement. [piffré, e.

ahíto, ta (a-íto, ta) adj. empiffré, e.

ahogado, da (aogádo, da) adj. étouffé, e; noyé, e.

ahogar (aogár) tr. noyer, étouffer.

ahogo (aógo) m. étouffement.

ahondar (aondár) tr. approfondir.

ahora (aóra) adv. maintenant, à présent.

ahorcado, da (aorcádo, da) s. pendu, e.

ahorcar (aorcár) tr. pendre.

ahorrar (aorrár) tr. épargner, ménager.

ahorro (aórro) m. épargne.

ahuecar (aouĕcár) tr. creuser.

ahumar (aoumár) tr. fumer, enfumer.

ahuyentar (aouiĕ'ntar) tr. fig. chasser, éloigner.

airado, da (a-irádo, da) adj. furieux, euse.

aire (á-irĕ) m. air; vent; fig. manières.

airear (a-irĕár) tr. aérer.

airoso, sa (a-irósso, sa) adj. aéré, e.; gracieux, euse.

aislado, da (a-isládo, da) adj. isolé, e.

aislador ra (a-isladór, ra) adj. et s. Phys. isolant, e; m. isoloir.

aislamiento (a-islamiĕ'nto) m. isolement.

aislar (a-islár) tr. isoler.

ajar (ajár) tr. froisser; —se r. se faner.

ajedrez (ajĕdrĕ'z) m. échecs (jeu)

ajenjo (ajĕ'njo) m. absinthe.

ajeno, na (ajĕ'no, na) adj. d'autrui.

ajetreo (ajĕtrĕ'o) m. fatigue, tracas.

ajiaceite (ajiazĕ'tĕ) m. ailloli.

ajo (ájo) m. ail.

ajuar (ajouár) m. trousseau; ajuar de casa, mobilier.

ajustamiento (ajoustamiĕ'nto) m. ajustement.

ajustar (ajoustár) tr. régler, ajuster.

ajuste (ajou'stĕ) m. ajustement; marché, transaction.

ajusticiar (ajousticiár) tr. exécuter, supplicier.

al (ál) contraction de a el, au.

ala (ála) f. aile.

alabanza (alabánza) f. louange.

alabar (alabár) tr. louer, vanter.

alabarda (alabárda) f. hallebarde. [tre.

alabastro (alabástro) m. albâtre.

alabearse (alabĕársĕ) r. se déjeter (le bois).

alacena (alazĕ'na) f. placard.
alacrán (alacrán) m. scorpion.
alado, da (aládo, da) adj. ailé, e.
alambicado, da (alambicádo, da) adj. alambiqué, e.
alambique (alambíkĕ) m. alambic.
alambrada (alambráda) f. réseau de fils de fer barbelés.
alambrado (alambrádo) m. grillage.
alambre (alámbrĕ) m. fil de fer.
alameda (alamĕ'da) f. peupleraie; allée.
álamo (álamo) m. Bot. peuplier.
alarde (alárdĕ) m. parade, ostentation.
alardear (alardĕár) intr. se vanter.
alargamiento (alargamiĕ'nto) m. allongement; délai.
alargar (alargár) tr. allonger; étendre.
alarido (alarído) m. hurlement.
alarma (alárma) f. alarme.
alarmar (alarmár) tr. alarmer.
alarmista (alarmísta) m. alarmiste.
alba (álba) f. aube.
albacea (albazĕ'a) m. exécuteur testamentaire.
albañal (albagnál) m. égout.
albañil (albagníl) m. maçon.
albañilería (albagnilĕría) m. maçonnerie.
albarda (albárda) f. bât.
albaricoque (albaricókĕ) m. abricot.
albaricoquero (albaricokĕ'ro) m. abricotier.
albedrío (albĕdrío) m. arbitre, caprice.
alberca (albĕ'rca) f. bassin, réservoir.
albergar (albĕrgár) tr. héberger.
albergue (albĕ'rguĕ) m. auberge; abri.
albino, na (albíno, na) adj et s. albinos.
albóndiga (albóndiga) f. boulette.
albor (albór) m. blancheur; l'aube matinale.
alborada (alboráda) f. aubade.
albornoz (albornóz) m. bournous.
alborotador, ra (alborotadór, a) adj. et s. tapageur, euse.
alborotar (alborotár) tr. troubler, ameuter; —se r. s'inquiéter; s'emporter.
alboroto (alboróto) m. tumulte, vacarme; émeute.
alborozar (alborozár) tr. réjouir, égayer.
alborozo (alborózo) m. gaieté, joie.
albufera (alboufĕ'ra) f. étang salé.
álbum (álboum) m. album.
albumen (albou'men) m. albumen.
albúmina (albou'mina) f. albumine.
alcachofa (alcachófa) f. artichaut.
alcahuete (alcaouĕ'tĕ) adj. et s. maquereau, entremetteur.
alcalde (alcáldĕ) m. maire; juge.
alcaldesa (alcaldĕ'ssa) f. mairesse.
alcaldía (alcaldía) f. mairie.
alcalino, na (alcalíno, na) adj. Chim. alcalin, e.

alcance (alcánzĕ) m. atteinte; portée.
alcancía (alcanzía) f. tirelire.
alcanfor (alcanfór) m. camphre.
alcantarilla (alcantaríya) f. égout.
alcanzar (alcanzár) tr. atteindre, joindre; fig. obtenir; comprendre.
alcazaba (alcazába) f. casbah.
alcázar (alcázar) m. château; Mar. gaillard d'arrière.
alce (álzĕ) m. élan.
alcoba (alcóba) f. alcôve.
alcohol (alco-ól) m. Chim. alcool.
alcohólico, ca (alco-ólico, ca) adj. alcoolique.
alcoholismo (alco-olismo) m. Méd. alcoolisme.
alcornoque (alcornókĕ) m. chêne-liège; fig. imbécile.
alcurnia (alcou'rnia) f. lignage.
alcuza (alcou'za) f. huilière.
aldaba (aldába) f. heurtoir.
aldea (aldĕ'a) f. village.
aldeano, na (aldĕáno, na) s. villageois, e.
aleación (alĕazión) f. aliage.
aleatorio, ria (alĕatório, a) aléatoire.
aleccionar (alĕczionár) tr. enseigner.
alegación (alĕgazión) f. allégation. [ter.
alegar (alĕgár) tr. alléguer, ci-
alegato (alĕgáto) m. allégation.
alegoría (alĕgoría) f. allégorie.
alegórico, ca (alĕgórico, ca) adj. allégorique.
alegrar (alĕgrár) tr. égayer, réjouir; —se r. se réjouir.
alegría (alĕgría) f. joie; gaieté.
alejamiento (alĕjamiĕ'nto) m. éloignement.
alejar (alĕjár) tr. éloigner.
alelado, da (alĕládo, da) adj. allégorique.
aleluya (alĕlou'ya) f. alléluia.
alentar (alĕntár) tr. fig. animer, intr. respirer.
alerce (alĕ'rzĕ) m. mélèze.
alero (alĕ'ro) m. Achit. avant-toit.
alerta (alĕ'rta) f. alerte.
alertar (alĕrtár) tr. alerter.
aleta (alĕ'ta) f. aileron; nageoire.
aletargarse (alĕtargársĕ) r. tomber en léthargie.
aleteo (alĕtĕ'o) m. battement des ailes.
alevosía (alĕvossía) f. perfidie.
alfabeto (alfabĕ'to) m. alphabet.
alfalfa (alfálfa) f. luzerne.
alfanje (alfánjĕ) m. cimeterre.
alfarería (alfarĕría) f. poterie.
alfarero (alfarĕ'ro) m. potier.
alféizar (alfĕ'izar) m. embrasure.
alférez (alfĕ'rĕz) m. porte-drapeau; sous-lieutenant.
alfil (alfíl) m. fou (échecs).
alfiler (alfilĕ'r) m. épingle.
alfombra (alfómbra) f. tapis.
alfombrar (alfombrár) tr. tapisser.
alforfón (alforfón) m. blé sarrasin.
alforja (alfórja) f. bissac; besace.
alga (álga) f. algue.
algarabía (algarabía) f. fig. baragouin; brouhaha.
algarada (algaráda) f. algarade; criallerie.
algarroba (algarróba) f. caroube.
algarrobo (algarróbo) m. caroubier.
algazara (algazára) f. criaillerie.

álgebra (áljĕbra) f. algèbre.
álgido, da (áljido, da) adj. algide.
algo (álgo) pron. et adv. quelque chose, quelque peu, un peu.
algodón (algodón) m. coton.
alguacil (algouazíl) m. aguazil.
alguien (álguiĕn) pron. quelqu'un.
algún (algou'n) pron. quelque; **algún tanto**, loc. adv. un peu.
alguno, na (algou'no, na) adj. quelqu'un, quelqu'une; quelque, quelconque.
alhaja (alája) f. bijou.
alhelí (alĕlí) m. giroflée.
aliado, da (aliádo, da) adj. allié, e.
alianza (aliánza) f. alliance.
aliarse (aliársĕ) r. s'allier.
alias (álias) adv. lat, autrement dit.
alicates (alicátĕs) m. pl. pinces lle.
aliciente (aliziĕ'nĕ) m. attrait.
alienista (aliĕnísta) adj. et s. aliéniste.
alientar (aliĕntár) tr. aliéner.
aliento (aliĕ'nto) m. haleine; fig. courage.
aligerar (alijĕrár) tr. alléger; fig. soulager.
alijo (alíjo) m. allègement; bagage.
alimaña (alimágna) f. animal nuisible.
alimentación (alimĕntazión) f. alimentation.
alimentar (alimĕntár) tr. alimenter, nourrir.
alimenticio, cia (alimĕntízio, a) adj. alimentaire.
alimento (alimĕ'nto) m. aliment.
alineación (alinĕazión) f. alignement.
alinear (alinĕár) tr. aligner.
aliñar (alignár) tr. parer; fig. apprêter.
alisar (alissár) tr. polir, lisser.
alisios (alissios) m. pl. alizés.
alistamiento (alistamiĕ'nto) m. recrutement.
alistar (alistár) tr. enrôler; recruter.
aliviar (aliviár) tr. alléger; fig. calmer.
alivio (alívio) m. allègement; soulagement.
aljibe (aljibe) m. citerne.
aljofaina (aljofá-ina) f. cuvette de toilette.
alma (álma) f. âme.
almacén (almazĕ'n) m. magasin.
almacenaje (almazĕnájĕ) m. magasinage; emmagasinage.
almacenar (almazĕnár) tr. emmagasiner.
almáciga (almáziga) f. mastic; pépinière.
almadraba (almadrába) f. madrague.
almanaque (almanákĕ) m. almanach.
almazara (almazára) f. moulin à huile.
almeja (almĕ'ja) f. Zool. moule.
almena (almĕ'na) f. créneau.
almendra (almĕ'ndra) f. amande.
almendro (almĕ'ndro) m. Bot. amandier.
almíbar (almíbar) m. sirop.
almidón (almidón) m. amidon.
almidonar (almidonár) tr. empeser.
almirantazgo (almirantázgo) m. amirauté.
almirante (almirántĕ) m. amiral.
almirez (almirĕz) m. égrugeoir; mortier.
almizcle (almízclĕ) m. musc.

almizcleño, ña (almizclĕ'gno, a) adj. musqué, e.
almohada (almoáda) f. oreiller; taie d'oreiller.
almohadilla (almoadíya) f. coussinet.
almoneda (almonĕ'da) f. encan.
almorranas (almorránas) f. pl. hémorroïdes.
almorzar (almorzár) tr. déjeuner.
almuerzo (almouĕ'rzo) m. déjeuner.
alocado, da (alocádo, da) adj. étourdi, e.
alocución (alocouzión) f. allocution.
alojamiento (alojamiĕ'nto) m. logement.
alojar (alojár) tr. loger.
alondra (alóndra) f. alouette.
alpaca (alpáca) f. alpaca (animal); alpaga (étoffe).
alpargata (alpargáta) f. espadrille.
alpestre (alpĕ'strĕ) adj. alpestre.
alpinismo (alpinísmo) m. alpinisme.
alpinista (alpinísta) adj. et s. alpiniste.
alpiste (alpístĕ) m. alpiste.
alquería (alkĕría) f. ferme.
alquiler (alkilĕ'r) m. louage; loyer.
alquimia (alkímia) f. alchimie.
alquitrán (alkitrán) m. goudron.
alquitranar (alkitranár) goudronner.
alrededor (alrĕdĕdór) adv. autour.
alrededores (alrĕdĕdórĕs) m. pl. environs.
alta (áltá) f. congé, incorporation; inscription.
altanería (altanĕría) fig. fierté, arrogance.
altanero, ra (altanĕ'ro, ra) adj. fig. hautain, e.
altar (altár) m. autel.
altavoz (altavóz) m. haut-parleur.
alteración (altĕrazión) f. altération.
alterar (altĕrár) tr. altérer.
altercado (altĕrcádo) m. altercation.
altercar (altĕrcár) tr. disputer.
alternancia (altĕrnánzia) f. alternance.
alternar (altĕrnár) tr. alterner.
alternativa (altĕrnatíva) f. alternative.
alternativo, va (altĕrnativo, va) adj. alternatif, ive.
alterno, na (altĕ'rno, na) adj. alterne.
alteza (altĕ'za) f. altesse; fig. élévation.
altibajo (altibájo) m. aspérité; fig. pl. vicissitudes.
altiplanicie (altiplaníziĕ) f. plateau.
altísimo (altíssimo) m. le Très-Haut.
altitud (altitou'd) f. altitude.
altivez (altivĕ'z) f. fierté, hauteur. [ière.
altivo, va (altívo, va) adj. altier,
alto, ta (álto, ta) adj. haut, e.
altramuz (altramou'z) m. lupin.
altruismo (altrouísmo) m. altruisme.
altura (altou'ra) f. hauteur.
alubia (alou'bia) f. haricot.
alucinación (alouzinazión) f. hallucination.
alucinar (alouzinár) tr. halluciner.
alud (alou'd) m. avalanche.
aludir (aloudír) tr. faire allusion.

alumbrado *(aloumbrádo)* m. éclairage.

alumbramiento *(aloumbramién̄to)* m. illumination; enfantement.

alumbrar *(aloumbrár)* tr. éclairer; intr. enfanter.

alumbre *(alou'mbrĕ)* m. alun.

aluminio *(aloumínio)* m. aluminium.

alumno, na *(alou'mno, na)* s. élève.

alusión *(aloussión)* f. allusion.

alusivo, va *(aloussívo)* adj. allusif, ive.

aluvión *(alouvión)* m. alluvion.

alvéolo *(alvĕ'olo)* m. alvéole.

alverja *(alvĕ'rja)* f. vesce.

alza *(álza)* f. enchérissement, hausse.

alzada *(alzáda)* f. Jur. appel, hauteur.

alzamiento *(alzamiĕ'nto)* m. haussement; enchère; révolte, soulèvement.

alzar *(alzár)* tr. hausser, lever. **—se** *(alzárse)* r. se dresser; se révolter.

allá *(ayá)* adv. là.

allanar *(ayanár)* tr. aplanir; Jur. violer (domicile).

allegado, da *(ayegádo, da)* adj. proche; m. parent.

allegar *(ayĕgár)* tr. assembler, approcher.

allende *(ayĕ'ndĕ)* adj. au delà.

allí *(ayí)* adv. là.

ama *(áma)* f. maîtresse; gouvernante, nourrice.

amabilidad *(amabilidád)* f. amabilité.

amable *(amáblĕ)* adj. aimable.

amador, ra *(amadór, a)* s. amoureux, euse.

amaestrar *(amaĕstrár)* tr. dresser.

amagar *(amagár)* tr. menacer; fig. faire semblant.

amago *(amágo)* m. menace.

amainar *(ama-inár)* tr. Mar amener; fig. modérer.

amalgama *(amalgáma)* f. amalgame.

amalgamar *(amalgamár)* tr. amalgamer.

amamantar *(amamantár)* tr. allaiter.

amancebado, da *(amanzĕbádo, da)* adj. concubinaire.

amanecer *(amanĕzĕ'r)* intr. poindre (le jour); m. point du jour.

amanerado, da *(amanĕrádo, da)* adj. concubinaire.

amansar *(amansár)* tr. apprivoiser.

amante *(amántĕ)* adj. et s. amant, e; amoureux, euse.

amaño *(amágno)* m. fig. artifice, ruse.

amapola *(amapóla)* f. coquelicot.

amar *(amár)* tr. aimer.

amaranto *(amaránto)* m. amarante.

amarar *(amarár)* intr. amerir.

amargar *(amargár)* intr. être amer; tr. donner de l'affliction.

amargo, ga *(amárgo, ga)* adj. amer, ère.

amargura *(amargou'ra)* f. amertume.

amarillear *(amariyĕár)* intr. jaunir.

amarillento, ta *(amariyĕ'nto, ta)* adj. jaunâtre.

amarillo *(amaríyo)* adj. jaune.

amarra *(amárra)* f. Mar. amarre.

amarradura *(amarradou'ra)* f. amarrage.

amarrar *(amarrár)* Mar. amarrer.

amasar *(amassár)* tr. pétrir; gâcher (du mortier); fig. manigancer.

amasijo *(amassíjo)* m. pétrissage; fig. ramassis.

amatista *(amatísta)* f. améthyste.

amazona *(amazóna)* f. amazone.

ambages *(ambájĕs)* m. pl. ambages.

ámbar *(ámbar)* m. ambre.

ambición *(ambizión)* f. ambition.

ambicionar *(ambizionár)* tr. ambitionner.

ambicioso, sa *(ambiziósso, a)* adj. et s. ambitieux, euse.

ambiente *(ambiĕ'nte)* m. ambiance; milieu.

ambigüedad *(ambigouĕdád)* f. ambiguïté.

ambiguo, gua *(ambígo-o, a)* adj. ambigu, ë.

ámbito *(ámbito)* m. enceinte, confin.

ambos, bas *(ámbos, as)* adj. pl. tous deux.

ambrosía *(ambrossía)* f. ambroisie.

ambulancia *(amboulánzia)* f. ambulance.

ambulante *(amboulántĕ)* adj. ambulant, e.

amedrentar *(amĕdrĕntár)* tr. effrayer.

amén *(amĕ'n)* m. et adv. amen; ainsi soit-il.

amenaza *(amĕnáza)* f. menace.

amenazador, ra *(amĕnazadór, a)* adj. et s. menaçant, e.

amenidad *(amĕnidád)* f. aménité.

amenizar *(amĕnizár)* tr. rendre agréable.

ameno, na *(amĕ'no, na)* adj. agréable, délicieux, euse.

americana *(amĕrikána)* f. veston, veste.

ametralladora *(amĕtrayadóra)* f. mitrailleuse.

ametrallar *(amĕtrayár)* tr. mitrailler.

amianto *(amiánto)* m. amiante.

amiga *(amíga)* f. amie; concubine.

amigable *(amigáblĕ)* adj. amiable.

amígdalas *(amígdalas)* f. Anat. amygdales.

amigo, ga *(amígo, ga)* adj. et s. ami, e.

amilanarse *(amilanársĕ)* r. se décourager.

aminorar *(aminorár)* tr. diminuer, amoindrir.

amistad *(amistád)* f. amitié.

amistades *(amistádĕs)* f. pl. relations.

amistoso, sa *(amistósso, sa)* adj. amical, e.

amnesia *(amnésia)* f. amnésie.

amnistía *(amnistía)* f. amnistie.

amnistiar *(amnistiár)* tr. amnistier.

amo *(ámo)* m. maître.

amodorrarse *(amodorrársĕ)* r. s'assoupir.

amohinar *(amo-inár)* tr. fâcher.

amojonar *(amojonár)* tr. borner.

amolador *(amoladór)* adj et s. rémouleur.

amolar *(amolár)* tr. émoudre, affiler.

amoldar *(amoldár)* tr. mouler; fig. façonner.

amoldarse *(amoldársĕ)* r. régler sa conduite.

amonestación *(amonĕstazión)* f. admonition.

amonestar *(amonĕstár)* tr. admonester.

amoníaco *(amoníaco)* m. ammoniaque.

amontonamiento *(amontonamiĕ'nto)* m. entassement.

amontonar *(amontonár)* tr. amonceler.

amor *(amór)* m. amour.

amoratado, da *(amoratádo, da)* adj. livide, violacé, e.

amordazar *(amordazár)* tr. bâillonner.

amorfo, fa *(amórfo, fa)* adj. amorphe.

amorío *(amorío)* m. fam. amourette.

amoroso, sa *(amorósso, sa)* adj. amoureux, euse.

amortajar *(amortajár)* tr. ensevelir.

amortiguación *(amortigouazión)* f. amortissement.

amortiguador *(amortigouadór)* m. amortisseur.

amortiguar *(amortigouár)* tr. amortir.

amortizar *(amortizár)* tr. amortir une dette, etc.

amotinar *(amotinár)* tr. ameuter.

amparar *(amparár)* tr. protéger **—se** r. s'abriter; se défendre.

amparo *(ampáro)* m. protection.

amperio *(ampĕ'rio)* m. ampère.

ampliación *(ampliazión)* f. ampliation.

ampliar *(ampliár)* tr. agrandir, augmenter.

amplificación *(amplifikazión)* f. amplification.

amplificador *(amplifikadór)* m. amplificateur.

amplificar *(amplifikár)* tr. amplifier.

amplio, a *(ámplio, a)* adj. ample.

amplitud *(amplitou'd)* f. ampleur; amplitude.

ampolla *(ampóya)* f. ampoule; fiole.

ampulosidad *(ampoulossidád)* f. boursouflure.

amputación *(ampoutazión)* f. amputation.

amputar *(ampoutár)* tr. amputer.

amueblar *(amouĕblár)* tr. meubler.

amuleto *(amoulĕ'to)* m. amulette.

amurallar *(amourayár)* tr. murer.

anacoreta *(anacorĕ'ta)* m. anachorète.

anacronismo *(anacronismo)* m. anachronisme.

ánade *(ánade)* m. canard.

anagrama *(anagráma)* m. anagramme.

anales *(análes)* m. annales.

analfabeto, ta *(analfabĕ'to, ta)* adj. et s. analphabète.

análisis *(análissis)* f. analyse.

analítico, ca *(analítico, ca)* adj. analytique.

analizar *(analizár)* tr. analyser.

analogía *(analojía)* f. analogie.

análogo, ga *(análogo, ga)* adj. analogue.

ananás *(ananás)* f. ananas.

anaquel *(anakĕl)* m. rayon.

anaranjado, da *(anaranjádo, da)* adj. orangé, e.

anarquía *(anarkía)* f. anarchie.

anarquista *(anarkísta)* f. anarchiste.

anatema *(anatĕ'ma)* s. anathème.

anatomía *(anatomía)* f. anatomie.

anca *(ánca)* f. croupe; hanche.

ancianidad *(anzianidád)* f. vieillesse.

anciano, na *(anziáno, na)* adj. et s. vieux, vieille; vieillard.

ancla *(áncla)* f. Mar. ancre.

anclar *(anclár)* intr. Mar. ancrer.

áncora *(áncora)* f. ancre.

ancho, cha *(áncho, cha)* adj. large; m. largeur.

anchoa *(anchóa)* f. anchois.

anchura *(anchou'ra)* f. largeur.

andamio *(andámio)* m. échafaud.

andanada *(andanáda)* f. volée, bordée.

andanza *(andánza)* f. aventure, cas.

andar *(andár)* intr. marcher.

andarín *(andarínn)* marcheur; coureur.

andén *(andĕ'n)* m. quai (d'une gare).

andrajo *(andrájo)* m. aillon.

andrajoso, sa *(andrajósso, sa)* adj. déguenillé, e.

andurriales *(andourriáles)* m. pl. lieux écartés.

anécdota *(anécdota)* f. anecdote.

anegar *(anĕgár)* tr. submerger, noyer.

anejo, ja *(anĕ'jo, ja)* adj. et s. annexe.

anémico, ca *(anĕ'mico, ca)* adj. Méd. anémique. [ne.

anémona *(anĕ'mona)* f. anémo-

anestesia *(anĕstĕ'ssia)* f. anesthésie.

anestesiar *(anĕstĕssiár)* tr. anesthésier.

anexión *(anĕgsión)* annexion.

anexo, sa *(anĕ'gso, sa)* adj. annexe.

anfibio, bia *(anfíbio, a)* adj. amphibie; amphibien.

anfiteatro *(anfitĕátro)* m. amphithéâtre.

anfitrión *(anfitrión)* m. amphitryon.

ánfora *(ánfora)* f. amphore.

anfractuosidad *(anfractouossidád)* f. anfractuosité.

anfractuoso, sa *(anfractouósso, sa)* adj. anfractueux, euse.

angarillas *(angaríyas)* f. pl. civière.

ángel *(ánjel)* m. ange.

angélico, ca *(anjélico, ca)* adj. angélique.

angina *(anjína)* f. angine.

angosto, ta *(angósto, ta)* adj. étroit, e.

angostura *(angostou'ra)* f. étrecissement.

anguila *(anguíla)* f. anguille.

angular *(angoulár)* adj. angulaire.

ángulo *(ángoulo)* m. angle.

anguloso, sa *(angoulósso, a)* adj. anguleux, euse.

angustia *(angou'stia)* f. angoisse.

angustiar *(angou'stiár)* tr. angoisser.

angustioso, sa *(angoutiósso, a)* adj. angoissant, e.

anhelante *(anĕlántĕ)* adj. haletant, e.

anhelar *(anĕlár)* intr. haleter; tr. e. intr. désirer; ambitionner.

anhelo *(anĕ'lo)* m. désir véhément.

anhídrido *(anídrido)* m. anhydride.

anidar *(anidár)* intr. nicher.

anilina *(anilína)* f. aniline.

anilla *(aníya)* f. anneau de métal.

anillo *(aníyo)* m. anneau; bague.

ánima *(ánima)* f. âme.

animación *(animazión)* f. animation; fig. vivacité.

animador, ra *(animadór, a)* adj. et s. qui anime.

animadversión *(animadversión)* f. animadversion, blâme.

animal *(animál)* m. animal; bête; adj. animal.

animar *(animár)* tr. animer; encourager.

ánimo *(ánimo)* m. esprit, âme; courage.

animosidad *(animossidád)* f. courage; animosité.

animoso, sa *(animósso, a)* adj. courageux, euse.

aniquilación *(anikilazión)* f. anéantissement.

aniquilador, ra *(anikiladór, a)* adj. et s. qui anéantit.

aniquilamiento *(anikilamién'to)* m. dépérissement.

aniquilar *(anikilár)* tr. anihiler, anéantir.

anís *(anís)* m. anis.

anisete *(anisë'të)* m. anisette.

aniversario *(anivërsário)* m. anniversaire.

ano *(áno)* m. anus.

anoche *(anóchë)* adv. hier au soir, hier soir.

anochecer *(nochëzë'r)* tr. faire nuit.

anodino, na *(anodíno, na)* adj. anodin, e.

ánodo *(ánodo)* m. anode.

anomalía *(anomalía)* f. anomalie.

anómalo, la *(anómalo, la)* adj. anormal, e.

anonadar *(anonadár)* tr. anéantir.

anónimo, ma *(anónimo, ma)* adj. et s. anonyme; anonymat.

anormal *(anormál)* adj. et s. anormal, e.

anotación *(anotazión)* f. annotation.

anotar *(anotár)* tr.. annoter.

anquilosis *(ankilóssis)* f. ankylose.

ansia *(ánsia)* f. angoisse; ansiété; convoitise.

ansiar *(ansiár)* tr. convoiter.

ansiedad *(ansiëdád)* f. anxiété.

ansioso, sa *(ansiósso, a)* adj. anxieux; euse; avide.

antagonismo *(antagonísmo)* m. antagonisme.

antagonista *(antagonísta)* m. antagoniste.   [jadis.

antaño *(antágno)* adv. antan;

ante *(ántë)* m. élan; daim; prep. devant, en présence de; adv. avant; **ante todo,** avant tout.

anteayer *(antëa-iér)* adv. avant-hier.

antebrazo *(antëbrázo)* m. avantbras.

antecámara *(antëcámara)* f. antichambre.

antecedente *(antëzëdë'ntë)* m. antécédent.

anteceder *(antëzëdë'r)* tr. précéder.

antecesor, a *(antëzëssór, a)* s. antécesseur; pl. ancêtres, aïeux.

antedicho, cha *(antëdícho, cha)* adj. susdit, e.

antediluviano, na *(antëdilouviáno)* adj. antédiluvien, enne.

antelación *(antëlazión)* f. antériorité, priorité.

antemano (de) loc. adv. à l'avance.

antena *(antë'na)* f. antenne.

anteojo *(antëójo)* m. lunette; pl. lunettes, bésicles; **anteojo de teatro,** lorgnette; **anteojo de larga vista,** lunette d'approche.

antepasado, da *(antëpassádo, da)* adj. passé, e (temps); m. pl. aïeux, ancêtres.

antepenúltimo, ma *(antëpënou'ltimo, ma)* adj. antépénultième.

anteponer *(antëponë'r)* tr. préférer; mettre devant.

anteproyecto *(antëpro-ië'cto)* m. avant-projet.

anterior *(antëriór)* adj. antérieur, e.   [tériorité.

anterioridad *(antërioridád)* f. antériorité.

antes *(ántës)* adv. avant, auparavant; prép. avant.

antesala *(antësála)* f. antichambre.

antevíspera *(antëvíspera)* f. avant-veille.

antiaéreo, a *(antiaë'rëo, a)* adj. et n. anti-aérien, enne.

anticipación *(antizipazión)* f. anticipation.

anticipar *(antizipár)* tr. anticiper.

anticipo *(antizípo)* m. avance.

anticuado, da *(anticouádo, da)* adj. inusité, e; démodé, e.

anticuario *(anticouário)* m. antiquaire.

antídoto *(antídoto)* m. antidote.

antifaz *(antifáz)* m. masque.

antigualla *(antigouáya)* f. antiquité; pl. antiquailles.

antigüedad *(antigouëdád)* f. ancienneté; l'antiquité; pl. antiquités.

antiguo, gua *(antígouo, a)* adj. ancien, enne; antique; m. vétéran.

antílope *(antílopë)* m. Zool. antilope.

antiparras *(antipárras)* f. pl. fam. lunettes, bésicles.

antipatía *(antipatía)* f. antipathie.

antípoda *(antípoda)* m. antipode.

antiséptico, ca *(antisséptico, ca)* adj. et s. Méd. antiséptique.

antitanque *(antitánkë)* adj. et n. antichar.

antítesis *(antitëssis)* f. antithèse.

antojadizo, za *(antojadízo, za)* adj. capricieux, euse; fantasque.

antojarse *(antojársë)* r. convoiter; désirer.

antojo *(antójo)* m. envie, caprice.

antología *(antolojía)* f. anthologie.

antonomasia *(antonomássia)* f. antonomase.

antorcha *(antórcha)* f. torche.

antracita *(antrazíta)* f. anthracite.

antro *(ántro)* m. antre, caverne.

antropofagia *(antropofájia)* f. anthropophagie.

antropófago, ga *(antropófago, ga)* adj. et s. anthropophage.

antropoide *(antropó-idë)* adj. et s. anthropoïde.

antropología *(antropolojía)* f. anthropologie.

antropomorfo *(antropomórfo)* adj. anthropomorphe.

anual *(anouál)* adj. annuel.

anualidad *(anoualidád)* f. annualité; annuité.

anuario *(anouário)* m. annuaire.

anubarrado, da *(anoubarrádo, da)* adj. nuageux, euse.

anudar *(anoudár)* tr. nouer.

anulación *(anoulazión)* f. annulation.

anular *(anoulár)* tr. annuler; adj. annulaire.

anunciación *(anounziazión)* f. annonciation.

anunciar *(anounziár)* tr. annoncer; présager.

anuncio *(anou'nzio)* m. annonce.

anverso *(anvë'rso)* m. face: envers.

anzuelo *(anzouë'lo)* m. hameçon.

añadidura *(agnadidou'ra)* f. addition, supplément.

añadir *(agnadír)* tr. ajouter.

añagaza *(agnagáza)* f. leurre, ruse.

añejo, ja *(agnë'jo, ja)* adj. vieux, vieille, suranné, e; rance.

añicos *(agnícos)* m. pl. miettes.

añil *(agníl)* m. indigo.

año *(ágno)* m. an, année; **año bisiesto,** année bissextile.

añoranza *(agnoránza)* f. regret.

añorar *(agnorár)* tr. regretter.

aorta *(aórta)* f. Anat. aorte.

apabullar *(apabouyár)* tr. confondre, aplatir.

apacentar *(apazëntár)* tr. paître.

apacible *(apazíblë)* adj. paisible.

apaciguamiento *(apazigouamién'to)* m. apaisement.

apaciguar *(apaziguár)* tr. apaiser.

apadrinar *(apadrinár)* tr. servir de parrain; protéger.

apagado, da *(apagádo, da)* adj. éteint, e; amorti, e.

apagar *(apagár)* tr. éteindre.

apaisado, da *(apa-issádo, da)* adj. oblong, ongue.

apalear *(apalëár)* tr. bâtonner.

apañar *(apagnár)* tr. arranger, saisir.

apaño *(apágno)* m. arrangement.

aparador *(aparadór)* m. dressoir, buffet.

aparato *(aparáto)* m. appareil; apprêt; pompe.

aparatoso, sa *(aparatósso, a)* adj. pompeux, euse.

aparcamiento *(aparcamié'nto)* m. stationnement.

aparcar *(aparcár)* tr. stationner, parquer.

aparcería *(aparzëría)* f. métayage.

aparcero *(aparzë'ro)* m. métayer.

aparear *(aparëár)* tr. apparier.

aparecer *(aparëzë'r)* intr. apparaître.

aparecido *(aparëzído)* m. revenant.

aparejador, ra *(aparëjadór, a)* adj. et s. appareilleur; aprêteur, euse.

aparejar *(aparëjár)* tr. préparer, apprêter; harnacher; Mar. gréer; appareiller.

aparejo *(aparë'jo)* m. apprêt, préparation; harnais; Mar. agrès.

aparentar *(aparëntár)* tr. feindre, simuler.

aparente *(aparë'ntë)* adj. apparent, e; factice.

aparición *(aparizión)* f. apparition.

apariencia *(aparië'nzia)* f. apparence.

apartadero *(apartadë'ro)* m. voie de garage; refuge.

apartado, da *(apartádo, da)* adj. écarté, e; m. boîte postale.

apartar *(apartár)* tr. séparer, diviser; fig. dissuader.

aparte *(apártë)* adv. séparément, à part; m. alinéa.

apasionado, da *(apassionádo, da)* adj. passionné, e.

apasionamiento *(apassionamië'n to)* m. passion, aveuglement.

apasionar *(apassionár)* tr. passionner.

apatía *(apatía)* f. apathie.

apático, ca *(apático, ca)* adj. apathique.

apeadero *(apëadë'ro)* m. montoir; pied-à-terre.

apearse *(apëársë)* r. descendre de cheval, de voiture.

apechugar *(apëchougár)* intr. se résigner.

apedrear *(apëdrëár)* tr. lapider, jeter des pierres.

apegarse *(apëgársë)* r. s'attacher, s'affectionner.

apego *(apë'go)* m. attachement, adhésion.

apelación *(apëlazión)* f. appel, appellation.

apelar *(apëlár)* tr. appeler.

apellidar *(apëyidár)* tr. surnommer; appeler, nommer.

apellido *(apëyído)* m. nom de famille.

apenado, da *(apënádo, da)* adj. affligé, e.

apenar *(apënár)* tr. affliger.

apenas *(apë'nas)* adv. à peine.

apéndice *(apë'ndizë)* m. appendice.

apendicitis *(apëndizítis)* f. appendicite.

apercibir *(apërzibír)* tr. préparer, disposer; avertir.

aperitivo *(apëritívo)* m. apéritif.

apero *(apë'ro)* m. bergerie; pl. outils (agricoles).   [re.

apertura *(apërtou'ra)* f. ouverture.

apesadumbrar *(apëssadoumbrár)* tr. contrister, chagriner.

apestar *(apëstár)* tr. empester.

apetecer *(apëtëzë'r)* tr. convoiter, désirer.

apetecible *(apëtëzíblë)* adj. désirable.   [tence.

apetencia *(apëtë'nzia)* f. appétence.

apetito *(apëtíto)* m. appétit.

apetitoso, sa *(apëtitósso, a)* adj. appétissant, e.

apiadarse *(apiadársë)* r. s'apitoyer.

ápice *(ápizë)* m. sommet, pointe; fig. rien.

apicultor *(apicoultór)* m. apiculteur.

apilar *(apilár)* tr. empiler.

apiñar *(apignár)* tr. grouper, serrer.

apio *(ápio)* m. Bot. céleri.

apisonar *(apissonár)* tr. tasser.

aplacar *(aplacár)* tr. apaiser.

aplanamiento *(aplanamië'nto)* m. aplanissement.

aplanar *(aplanár)* tr. aplanir.

aplastar *(aplastár)* tr. aplatir; écraser.

aplaudir *(aplaoudír)* tr. applaudir.

aplauso *(apláousso)* m. applaudissement.

aplazamiento *(aplazamië'nto)* m. ajournement.

aplazar *(aplazár)* tr. ajourner.

aplicación *(aplicazión)* f. application.

aplicado, da *(aplicádo, da)* adj. appliqué, e.

aplicar *(aplicár)* tr. appliquer.

aplomado, da *(aplomádo, da)* adj. plombé, e; fig. calme.

aplomo *(aplómo)* m. aplomb.

apocado, da *(apocádo, da)* adj. pusillanime.

apocalipsis *(apocalípsis)* m. apocalypse.

apocamiento *(apocamiĕ'nto)* m. pusillanimité.

apócope *(apócopë)* m. *Gram.* apocope.

apócrifo, fa *(apócrifo, fa)* adj. apocryphe.

apodar *(apodár)* tr. surnommer.

apoderado *(apodërádo)* m. procureur, mandataire, fondé de pouvoirs.

apoderarse *(apodërársë)* r. s'emparer.

apodo *(apódo)* m. surnom.

apogeo *(apojĕ'o)* m. apogée.

apolillado, da *(apoliyádo, da)* adj. artisonné, e; mité, e.

apolillarse *(apoliyársë)* r. être rongé par les mites.

apología *(apolojía)* f. apologie.

apoplejía *(apoplejía)* f. *Méd.* apoplexie.

aporrear *(aporrĕár)* tr. rosser, rouer de coups.

aportación *(aportazión)* f. apport.

aportar *(aportár)* tr. apporter.

aposición *(apos8ición)* f. apposition.   [ger.

aposentar *(apossĕntár)* tr. loaposento *(apossĕ'nto)* m. logement.

aposta *(apósta)* adv. exprès.

apostar *(apostár)* tr. parier, gager; poster.

apostasía *(apostassía)* f. apostasie.

apostillar *(apostiyár)* tr. apostiller.

apóstol *(apóstol)* m. apôtre.

apostolado *(apostoládo)* m. apostolat.

apostólico, ca *(apostólico, ca)* adj. apostolique.

apostrofar *(apostrofár)* tr. apostropher.

apóstrofe *(apóstrofe)* m. *Rhét.* apostrophe.

apóstrofo *(apóstrofo)* m. *Gram.* apostrophe.

apostura *(apostou'ra)* f. bonne prestance.

apoteosis *(apotĕóssis)* f. apothéose.

apoyar *(apo-iár)* tr. appuyer; fig. aider; —se r. être appuyé sur.

apoyo *(apó-io)* m. appui.

apreciable *(aprĕziábĭë)* adj. appréciable.

apreciación *(aprĕziazión)* f. appréciation.

aprecio *(aprĕ'zio)* m. appréciation; estime.

aprehender *(aprĕëndĕ'r)* tr. appréhender.

aprehensión *(aprĕënsión)* f. appréhension.

apremiante *(aprĕmiántë)* adj. pressant, e.

apremio *(aprĕ'mio)* m. urgence; contrainte.

aprender *(aprĕndĕ'r)* tr. apprendre.

aprendiz, za *(aprĕndíz, a)* s. apprenti, e.

aprendizaje *(aprĕndizájë)* m. apprentissage.

aprensión *(aprĕnsión)* f. crainte, appréhension.

aprensivo, va *(aprĕnsívo, va)* adj. craintif, ive.

apresamiento *(aprĕssamiĕ'nto)* m. capture, prise.

apresar *(aprĕssár)* tr. saisir.

aprestar *(aprĕstár)* tr. apprêter; préparer.

apresto *(aprĕ'sto)* m. apprêt.

apresuramiento *(aprĕssouramiĕ'nto)* m. hâte, précipitation.

apresurar *(aprĕssourár)* tr. hâter; activer.

apretar *(aprĕtár)* tr. serrer, presser.

apretón *(aprĕtón)* m. étreinte, serrement.

aprieto *(apriĕ'to)* m. gêne.

aprisa *(apríssa)* adv. vite.

aprisionar *(aprisionár)* tr. emprisonner; enchaîner.

aprobación *(aprobazión)* f. approbation.

aprobado, da *(aprobádo, da)* adj. bon, bonne; admis, e. (examen).

aprobar *(aprobár)* tr. approuver.

apropiación *(apropiazión)* f. appropriation.

apropiado, da *(apropiádo, da)* adj. approprié, e; convenable à.

apropiar *(apropiár)* tr. approprier.

apropiarse *(apropiársë)* r. s'approprier.

aprovechable *(aprovĕcháblë)* adj. profitable.

aprovechado, da *(aprovĕchádo, da)* adj. sordide, avare, appliqué, e.

aprovechamiento *(aprovĕchamiĕ'nto)* m. profit, utilité.

aprovechar *(aprovĕchár)* intr. profiter, être utile; tr. utiliser.

aproximación *(aprogsimazión)* f. approche; *Math.* approximation.

aproximadamente *(aprogsimadamĕ'ntë)* adv. à peu près.

aproximar *(aprogsimár)* tr. approcher.

aproximativo, va *(aprogsimativo, va)* adj. approximatif, ive.

aptitud *(aptitou'd)* f. aptitude.

apto, ta *(ápto, ta)* adj. apte.

apuesta *(apouĕ'sta)* f. pari, gageure.

apuesto, ta *(apouĕ'sto, ta)* adj. paré, e, élégant, e.

apuntación *(apountazión)* f. annotation, note.

apuntador, ra *(apountadór, ra)* adj. et s. pointeur; m. souffleur (théâtre).

apuntalar *(apountalár)* tr. étayer.

apuntar *(apountár)* tr. pointer, viser; noter; fig. insinuer; intr. poindre.

apunte *(apou'ntë)* m. annotation; note; souffleur.

apuñalar *(apougnalár)* tr. poignarder.

apurado, da *(apourádo, da)* adj. épuré, e; épuisé, e; gêné, e.

apurar *(apourár)* tr. purifier; épurer; épuiser; —se r. s'affliger.

apuro *(apou'ro)* m. détresse; angoisse.

aquejar *(akĕjár)* tr. affliger.

aquel, lla *(akĕ'l, akĕ'ya)* adj. dém.; ce, cet, cette (-la);
aquel día, ce jour-là.

aquél, lla, aquello *(akĕ'l, akĕ'ya, akĕ'yo)* pron. dém. celui-là, celle-là, cela.

aquí *(akí)* adv. ici.

aquiescencia *(akiĕsĕ'nzia)* f. *Jur.* acquiescement.

aquietar *(akiĕtár)* tr. calmer; —se r. s'apaiser.

aquilatar *(akilatár)* tr. essayer (les métaux); examiner.

aquilino, na *(akilíno, na)* adj. aquilin, e.

aquilón *(akilón)* m. aquilon.

ara *(ára)* f. autel.

arabesco *(arabĕ'sco)* m. arabesque.

arado *(arádo)* m. charrue.

arancel *(aranzĕ'l)* m. tarif.

arancelario, ria *(aranzĕlário, ria)* adj. tarifaire.

arandela *(arandĕ'la)* f. bobèche.

araña *(arágna)* f. araignée; lustre.

arañar *(aragnár)* tr. égratigner; griffer.

arañazo *(aragnázo)* m. égratignure.

arar *(arár)* tr. labourer.

arbitraje *(arbitrájë)* m. arbitrage.

arbitrar *(arbitrár)* tr. arbitrer; imaginer.

arbitrariedad *(arbitrariĕdád)* f. procédé arbitraire.

arbitrario, ria *(arbitrário, a)* adj. arbitraire.

arbitrio *(arbítrio)* m. arbitre; moyen.

árbitro *(árbitro)* m. arbitre, juge.

árbol *(árbol)* m. arbre.

arbolado *(arboládo)* m. futaie; adj. boisé.

arboladura *(arboladou'ra)* f. *Mar.* mâture.

arbolar *(arbolár)* tr. arborer; *Mar.* mâter.

arboleda *(arbolĕ'da)* f. futaie.

arborescente *(arborĕsĕ'ntë)* adj. arborescent, e.

arboricultura *(arboricoultou'ra)* f. arboriculture.

arbusto *(arbou'sto)* m. *Bot.* arbuste.

arca *(árca)* f. caisse, coffre de bois; arche.

arcabuz *(arcabou'z)* m. arquebuse.

arcada *(arcáda)* f. arcade; nausée.

arcaduz *(arcadou'z)* m. auget, godet.

arcaico, ca *(arcá-ico, ca)* adj. archaïque.

arcángel *(arcánjël)* m. archange.

arce *(árzë)* m. érable.

arcediano *(arzĕdiáno)* m. archidiacre.

arcilla *(arzíya)* f. argile, glaise.

arcipreste *(arziprĕ'stë)* m. archiprêtre.

arco *(árco)* m. arc; archet; cerceau; arco iris, arc-en-ciel.

archiduque *(archidou'kë)* m. archiduc.

archipiélago *(archipiĕ'lago)* m. archipel.

archivar *(archivár)* tr. classer.

archivero *(archivĕ'ro)* m. archiviste.

archivo *(archívo)* m. archives.

arder *(ardĕ'r)* intr. et tr. brûler.

ardid *(ardíd)* m. ruse, astuce.

ardiente *(ardiĕ'ntë)* adj. ardent, e.

ardilla *(ardíya)* f. écureuil.

ardor *(ardór)* m. ardeur.

arduo, a *(árdouo, a)* adj. arduo, e.

área *(árĕa)* f. aire; are.

arena *(arĕ'na)* f. arène; sable; gravier.

arenal *(arĕnál)* m. sablière, grève.

arenga *(arĕnga)* f. harangue.

arengar *(arĕngár)* tr. haranguer.

arenilla *(arĕníya)* f. sablon; sable.

arenisca *(arĕnísca)* f. grès.

arenoso, sa *(arĕnósso, sa)* adj. sablonneux, euse.

arenque *(arĕ'nkë)* m. hareng.

argamasa *(argamássa)* f. mortier.

argentífero, ra *(arjĕntífero, ra)* adj. argentifère.

argentino, na *(arjĕntíno, na)* adj. et s. argentin, e; argenté, e.

argolla *(argóya)* f. anneau.

argucia *(argou'zia)* f. argutie.

argüir *(argouír)* intr. arguer.

argumentación *(argoumĕntazión)* f. argumentation.

argumentar *(argoumĕntár)* intr. argumenter.

argumento *(argoumĕ'nto)* m. argument.

aridez *(aridĕ'z)* f. aridité.

árido, da *(árido, da)* adj. aride.

ariete *(ariĕ'të)* m. bélier.

arisco, ca *(arisco, ca)* adj. sauvage; hargneux, euse.

arista *(arísta)* f. arête.

aristocracia *(aristocrázia)* f. aristocratie.

aristócrata *(aristócrata)* m. aristocrate.

aritmética *(aritmĕ'tica)* f. arithmétique.

arlequín *(arlëkínn)* m. arlequin.

arma *(árma)* f. arme.

armada *(armáda)* f. flotte de guerre.

armadía *(armadía)* f. radeau.

armador *(armadór)* m. armateur.

armadura *(armadou'ra)* f. armure, charpente.

armamento *(armamĕ'nto)* m. armement.

armar *(armár)* tr. armer; monter.

armario *(armário)* m. armoire.

armatoste *(armatóstë)* m. meuble lourd et embarrassant.

armazón *(armazón)* f. charpente; armature.

armería *(armĕría)* f. galerie d'armes anciennes; armurerie.

armero *(armĕ'ro)* m. armurier; râtelier.

armiño *(armígno)* m. hermine.

armisticio *(armistízio)* m. armistice.

armonía *(armonía)* f. harmonie.

armónica *(armónica)* f. harmónica.

armonioso, sa *(armoniósso, sa)* adj. harmonieux, euse.

armonizar *(armonizár)* tr. harmoniser.

arnés *(arnĕ'ss)* m. harnais.

aroma *(aróma)* f. m. arôme; aromate.

aromático, ca *(aromático, ca)* adj. aromatique.

aromatizar *(aromatizár)* tr. aromatiser.

arpa *(árpa)* f. harpe.

arpía *(arpía)* f. harpie.   [re.

arpillera *(arpiyĕ'ra)* f. serpillière.

arpón *(arpón)* m. harpon.

arponar *(arponár)* tr. harponner.

arqueo *(arkĕ'o)* m. courbure; *Mar.* jaugeage; vérification.

arqueología *(arkĕolojía)* f. archéologie.

arqueólogo *(arkĕólogo)* m. archéologue.

arquero *(arkĕ'ro)* m. archer.

arquitecto *(arkitĕ'cto)* f. architecte.

arquitectura *(arkitĕctou'ra)* f. architecture.

arrabal *(arrabál)* m. faubourg.

arrabales *(arrabáless)* m. pl. banlieue.

arrabio *(arrábio)* m. fonte.
arraigar *(arra-igár)* intr. enraciner.
arraigo *(arrá-igo)* m. bien-fonds, immeubles.
arrancar *(arrancár)* tr. arracher.
arranque *(arránkë)* m. arrachement, démarrage.
arras *(árrss)* f. pl. arrhes.
arrasar *(arrassár)* tr. raser; aplanir; démanteler.
arrastrar *(arrastrár)* tr. traîner; fig. entraîner, attirer; intr. intr. ramper.
arrastre *(arrástrë)* m. traînage.
arrear *(arrëár)* tr. animer, aiguillonner (bêtes).
arrebatado, da *(arrëbatádo, da)* adj. emporté, e; impétueux, euse.
arrebatador, ra *(arrëbatadór, a)* adj. et s. ravissant, e.
arrebatar *(arrëbatár)* tr. ravir, enlever de force.
arrebato *(arrëbáto)* m. emportement.
arreciar *(arrëziár)*, intr. redoubler.   [écueil.
arrecife *(arrëzífë)* m. récif.
arredrarse *(arrëdrársë)* r. s'effrayer.
arreglado, da *(arrëgládo, da)* adj. réglé, e; fixé, e.
arreglar *(arrëglár)* tr. régler; arranger; —se r. être réglé, arrangé.
arreglo *(arrë'glo)* m. ajustement, arrangement; réglement.
arremangar *(arrëmangár)* tr. retrousser.
arremeter *(arrëmëtë'r)* tr. attaquer.
arremetida *(arrëmëtída)* f. attaque impétueuse.
arrendamiento *(arrëndamië'nto)* m. fermage, loyer; bail.
arrendar *(arrëndár)* tr. affermer.
arrendatario, ria *(arrëndatário, a)* s. fermier, ière.
arreos *(arrë'os)* m. p. accessoires; harnais.
arrepentido, da *(arrëpëntido, da)* adj. repentant, e; repenti, e.
arrepentimiento *(arrëpëntimië'nto)* m. repentir.
arrepentirse *(arrëpëntírsë)* r. se repentir.
arrestado, da *(arrëstádo, da)* adj. hardi, e; m. détenu, arrêté.
arresto *(arrësto)* m. arrestation; hardiesse.
arriar *(arriár)* tr. Mar. amener.
arriba *(arríba)* adv. dessus, en haut; au-dessus; ci-dessus.
arribada *(arribáda)* f. Mar. arrivée, arrivage.
arribar *(arribár)* intr. arriver.
arribo *(arríbo)* m. arrivée.
arriendo *(arrië'ndo)* m. bail.
arriero *(arrië'ro)* m. muletier.
arriesgado, da *(arriësgádo, da)* adj. risqué, e.
arriesgar *(arriësgár)* tr. risquer.
arrimar *(arrimár)* tr. approcher.
arrinconar *(arrinnconár)* tr. mettre dans un coin; laisser de côté.
arroba *(arróba)* f. arrobe.
arrobamiento *(arrobamië'nto)* m. extase.
arrodillarse *(arrodiyársë)* r. s'agenouiller.
arrogancia *(arrogánzia)* f. arrogance.

arrogante *(arrogántë)* adj. arrogant, e.
arrojadizo, za *(arrojadízo, za)* adj. qu'on peut jeter; arma arrojadiza, arme de trait.
arrojado, da *(arrojádo, da)* adj. intrépide.   [ter.
arrojar *(arrojár)* tr. lancer, jeter.
arrojo *(arrójo)* m. audace, hardiesse.
arrollador, ra *(arroyadór, a)* adj. entraînant, e.
arrollar *(arroyár)* tr. rouler; entraîner; fig. mettre en déroute.
arropar *(arropár)* tr. couvrir.
arrostrar *(arrostrár)* tr. affronter.
arroyada *(arro-iáda)* f. ravine; crue (ruisseau).
arroyo *(arró-io)* m. ruisseau.
arroz *(arróz)* m. riz.
arrozal *(arrozál)* m. zizière.
arruga *(arrou'ga)* f. ride; faux pli.
arrugado, da *(arrougádo, da)* adj. ridé, e; froncé, e.
arrugar *(arrougár)* tr. rider; froisser.
arruinado, da *(arrouinádo, da)* adj. ruiné, e.
arruinar *(arrouinár)* tr. ruiner.
arrullar *(arrouyár)* tr. roucouler; bercer.
arrullo *(arrou'yo)* m. roucoulement; berceuse.
arsenal *(arsënál)* m. arsenal.
arsénico *(arsë'nico)* m. arsenic.
arte *(ártë)* art, adresse; bellas artes, beaux-arts.
artefacto *(artëfácto)* m. ouvrage mécanique.
arteria *(artë'ria)* f. artère.
artero, ra *(artë'ro, ra)* adj. rusé, e.
artesa *(artë'ssa)* f. auge; huche.
artesano, na *(artëssáno, na)* s. artisan, e.
artesiano *(artëssiáno)* s. pozo artesiano, puits artésien.
artesonado, da *(artëssonádo, da)* adj. lambrissé, e; m. Archit. lambris.
ártico, ca *(ártico, ca)* adj. arctique.
articulación *(articoulazión)* f. articulation.
articulado, da *(articouládo, da)* adj. articulé, e.
articular *(articoulár)* tr. articuler; adj. articulaire.
articulista *(articoulísta)* m. journaliste.
artículo *(articoulo)* m. article.
artífice *(artífizë)* m. artiste, artisan.
artificial *(artifiziál)* adj. artificiel, elle.
artificio *(artifízio)* m. artifice.
artificioso, sa *(artifiziósso, a)* adj. artificieux, euse.
artillería *(artiyëría)* f. artillerie.
artillero *(artiyë'ro)* m. artilleur.
artimaña *(artimágna)* f. piège.
artista *(artísta)* m. artiste.
artístico, ca *(artístico, ca)* adj. artistique.
artritismo *(artritismo)* m. arthritisme.
arzobispado *(arzobispádo)* m. archevêché.
arzobispo *(arzobispo)* m. archevêque.
arzón *(arzón)* m. arçon de selle.
as *(ás)* m. as.
asa *(ássa)* f. anse.
asado, da *(assádo, da)* adj. rôti, e; m. rôti.
asar *(assár)* m. broche; rôtissoire.

asaetear *(assaëtëár)* tr. percer (de flèches).
asalariado, da *(assalariádo, da)* adj. salarié, e.
asalariar *(assalariár)* tr. salarier.
asaltar *(assaltár)* tr. assaillir.
asalto *(assálto)* m. assaut.
asamblea *(assamblë'a)* f. assemblée.
asar *(assár)* tr. rôtir.
ascendencia *(aszëndë'nzia)* f. ascendance.
ascendente *(aszëndë'ntë)* m. adj. ascendant, e.
ascender *(aszëndë'r)* intr. monter, s'élever; fig. avancer, monter.
ascendiente *(aszëndië'ntë)* s. ascendent, e.
ascensión *(aszënsión)* f. ascension.
ascenso *(aszë'nso)* m. avancement, promotion.
ascensor *(aszënsór)* m. ascenseur.
asceta *(aszë'ta)* m. ascète.
ascetismo *(aszëtísmo)* m. ascétisme.
asco *(ásco)* m. dégoût.
ascua *(áscoua)* f. braise.
aseado, da *(aseádo, da)* adj. propre.
asear *(aseár)* tr. nettoyer.
asechanza *(assëchánza)* f. piège, embûche.
asechar *(assëchár)* tr. dresser des embûches.
asediar *(assëdiár)* tr. assiéger; fig. importuner.
asedio *(assë'dio)* m. siège.
asegurado, da *(assëgourádo, da)* adj. assuré, e; sûr, e.
asegurador *(assëgouradór)* m. assureur.
asegurar *(assëgourár)* tr. assurer.
asemejarse *(assëmëjársë)* r. se ressembler.
asentado, da *(assëntádo, da)* adj. situé, e; sage, rassis, e.
asentar *(assëntár)* tr. asseoir; assurer; intr. convenir.
asentimiento *(assëntimië'nto)* m. assentiment.
asentir *(assëntír)* intr. assentir.
aseo *(assë'o)* m. propreté; parure.
aséptico, ca *(assë'ptico, ca)* aseptique.
asequible *(assëkiblë)* adj. accessible.
aserradero *(assërradë'ro)* m. scierie.
aserrado, da *(assërrádo, da)* adj. denté, e.
aserrar *(assërrár)* tr. scier.
aserrín *(assërrínn)* m. sciure.
aserto *(assë'rto)* m. assertion.
asesinar *(assësinár)* tr. assassiner.
asesinato *(assësináto)* m. assassinat.
asesino *(assësíno)* m. assassin.
asesor *(assësór)* m. assesseur.
asesoramiento *(assëssoramië'nto)* m. conseil.
asesorarse *(assëssorársë)* r. prendre conseil.
asestar *(assëstár)* tr. asséner.
aseveración *(assëvërazión)* f. affirmation.
aseverar *(assëvërár)* tr. affirmer.
asfalto *(asfálto)* m. asphalte.
asfixia *(asfígsia)* f. asphyxie.
asfixiado, da *(asfigsiádo, da)* adj. et s. asphyxié, e.
asfixiante *(asfigsiántë)* adj. asphyxiant, e.
asfixiar *(asfigsiár)* tr. asphyxier.
así *(assí)* adv. ainsi.
asidero *(assidë'ro)* m. anse, manche.

asiduidad *(assidouidád)* f. assiduité.
asiduo, dua *(assídouo, a)* adj. assidu, e.
asiento *(assië'nto)* m. siège, base.
asignación *(assig-nazión)* f. assignation.
asignar *(assig-nár)* tr. assigner.
asignatura *(assig-natou'ra)* f. matière.
asilo *(assílo)* m. asile.
asimilación *(assimilazión)* f. assimilation.   [ler.
asimilar *(assimilár)* tr. assimiler.
asimismo *(assimísmo)* adv. aussi; de même.
asir *(assír)* tr. saisir, empoigner.
asistencia *(assistë'nzia)* f. assistance; aide.
asistenta *(assistë'nta)* f. femme de ménage.
asistente *(assistë'ntë)* m. assistant; aide; ordonnance.
asistir *(assistír)* tr et intr. assister.
asma *(ásma)* f. asthme.
asno *(ásno)* m. âne, baudet.
asociación *(assoziazión)* f. association.
asociado *(assoziádo)* m. associé, adjoint.
asociar *(assoziár)* tr. asocier.
asolar *(assolár)* tr. ravager.
asomar *(assomár)* intr. poindre; tr. montrer; —se r. se montrer.
asombrar *(assombrár)* tr. ombrager; effrayer; fig. étonner.
asombro *(assómbro)* m. épouvante; étonnement.
asombroso, sa *(assombrósso, a)* adj. étonnant, e.
asomo *(assómo)* m. ombre, indice.
asonancia *(assonánzia)* f. assonance.
aspa *(áspa)* f. sautoir; dévidoir; aile de moulin à vent; croix.
aspaviento *(aspavië'nto)* m. simagrée.
aspecto *(aspë'cto)* m. aspect.
aspereza *(aspërë'za)* f. âpreté.
áspero, ra *(áspëro, ra)* adj. âpre.
aspersión *(aspërsión)* f. aspersion.
áspid *(áspid)* m. aspic.
aspillera *(aspiyë'ra)* f. meurtrière.
aspiración *(aspirazión)* f. aspiration.
aspirador *(aspiradór)* m. aspirateur.
aspirante *(aspirántë)* adj. et s. aspirant, e.
aspirar *(aspirár)* tr. aspirer; désirer.
aspirina *(aspirína)* f. aspirine.
asquear *(askëár)* tr. répugner; écœurer.
asquerosidad *(askërossidád)* f. saleté, saloperie.
asqueroso, sa *(askërósso, a)* adj. sale; dégoûtant, e.
asta *(ásta)* f. hampe; corne.
asterisco *(astërísco)* m. asterisque.
astilla *(astíya)* f. éclat.
astillero *(astiyë'ro)* m. chantier naval.
astringente *(astrinjë'ntë)* adj. astringent, e.
astro *(ástro)* m. astre.
astrolabio *(astrolábio)* m. astrolabe.
astrología *(astrolojía)* f. astrologie.
astrólogo *(astrólogo)* m. astrologue.
astronomía *(astronomía)* f. astronomie.

astrónomo *(astrónomo)* m. astronome.

astronauta *(astronáouta)* m. astronaute.

astronáutico, ca *(astronáoutico, ca)* adj et n. astronautique.

astronave *(astronávë)* f. astronef.

astucia *(astou'zia)* f. astuce, ruse.

astuto, ta *(astou'to, ta)* adj. astucieux, euse.

asueto *(assoué'to)* m. vacance, congé.

asumir *(assoumír)* tr. assumer.

asunción *(assounzión)* f. assomption.

asunto *(assou'nto)* m. sujet, affaire.

asustadizo, za *(assoustadízo, za)* adj. craintif, ive.

asustar *(assoustár)* tr. effrayer.

atacar *(atacár)* tr. attaquer.

atadura *(atadou'ra)* f. attache.

atajar *(ataĵár)* tr. barrer; fig. couper.

atajo *(ataĵo)* m. chemin de traverse.

atalaya *(atalá-ia)* f. beffroi.

atañer *(atagné'r)* impers; concerner.

ataque *(atákë)* m. attaque.

atar *(atár)* tr. attacher, lier.

atareado, da *(atarëádo, da)* adj. affairé, e.

atascar *(atascár)* tr. engorger; embourber; —se r. s'embourber.

atasco *(atásco)* m. obstacle, difficulté.

ataúd *(ataou'd)* m. cercueil, bière.

ataviar *(ataviár)* tr. parer; —se r. se parer, s'orner.

atavío *(atavío)* m. parure.

atavismo *(atavísmo)* m. atavisme.

ateísmo *(atëísmo)* m. athéisme.

atemorizar *(atëmorizár)* tr. effrayer.

atemperar *(atëmpërár)* tr. tempérer.

atenazar *(atënazár)* tr. tenailler.

atención *(atënzión)* f. attention.

atender *(atëndë'r)* intr. prêter attention; prendre soin.

ateneo *(atënë'o)* m. athénée.

atenerse *(atënë'rsë)* r. s'en tenir à.

atentado, da *(atëntádo, da)* m. attentat.

atentar *(atëntár)* tr. attenter.

atento, ta *(atë'nto, ta)* adj. attentif, ive.

atenuación *(atënouazión)* f. atténuation.

atenuante *(atënouántë)* adj. atténuant, e.

atenuar *(atënouár)* tr. atténuer.

aterciopelado, da *(atërziopëládo, da)* adj. velouté, e.

aterido, da *(atërído, da)* adj. transi, e.

aterirse *(atërírsë)* r. se transir.

aterrador, ra *(atërradór, a)* adj. terrifiant, e.

aterrar *(atërrár)* tr. atterrer, terrasser; fig. terrifier.

aterrizaje *(atërrizáĵë)* m. atterrissage.

aterrizar *(atërrizár)* intr. atterrir.

aterrorizar *(atërrorizár)* tr. terrifier.

atesorar *(atësorár)* tr. thésauriser.

atestación *(atëstazión)* f. attestation, témoignage.

atestado *(atëstádo)* m. procès-verbal; attestation.

atestar *(atëstár)* bourrer; Jur. attester.

atestiguar *(atëstigouár)* tr. témoigner, attester.

atiborrar *(atiborrár)* tr. rembourrer.

atinar *(atinár)* tr. frapper au but; fig. deviner juste.

atisbar *(atisbár)* tr. guetter, fureter.

atizar *(atizár)* tr. attiser.

atlas *(átlas)* m. atlas.

atleta *(atlë'ta)* m. athlète.

atlético, ca *(atlë'tico, ca)* adj. athlétique.

atletismo *(atlëtísmo)* m. athlétisme.

atmósfera *(atmósfera)* f. atmosphère.

atmosférico, ca *(atmosférico, ca)* adj. atmosphérique.

atolondrado, da *(atolondrádo, da)* adj. étourdi, e.

atolladero *(atoyadë'ro)* m. bourbier; fig. embarras.

atómico, ca *(atómico, ca)* adj. atomique.

átomo *(átomo)* m. atome.

atonía *(atonía)* f. Méd. atonie.

atónito, ta *(atónito, ta)* adj. étonné, e.

atontado, da *(atontádo, da)* adj. sot, sotte; ahuri, e.

atontar *(atontár)* tr. étourdir.

atormentar *(atormëntár)* tr. tourmenter.

atornillar *(atorniyár)* tr. visser.

atracadero *(atracadë'ro)* m. Mar. atterrage.

atracador *(atracadór)* m. agresseur.

atracar *(atracár)* tr. accoster; dévaliser.

atracción *(atrazión)* f. attraction.

atraco *(atráco)* m. vol (à main armée).

atractivo, va *(atractívo, va)* adj. attractif, ive; m. attrait.

atraer *(atraë'r)* tr. attirer.

atrancar *(atrancár)* tr. barrer.

atrapar *(atrapár)* tr. fam. attraper.

atrás *(atráss)* adv. arrière, derrière, en arrière.

atrasado, da *(atrassádo, da)* adj. arriéré, e.

atrasar *(atrassár)* tr. retarder; reculer.

atraso *(atrásso)* m. retard, délai; pl. arrérages; pertes.

atravesar *(atravëssár)* tr. traverser.

atrayente *(atra-ië'ntë)* adj. attrayant, e.

atreverse *(atrëvë'rsë)* r. oser.

atrevido, da *(atrëvído, da)* adj. hardi, e.

atrevimiento *(atrëvimië'nto)* m. hardiesse.

atribución *(atribouzión)* f. attribution.

atribuir *(atribouír)* tr. attribuer; —se r. s'arroger.

atributo *(atribou'to)* f. attribut.

atrincherar *(atrinchërár)* tr. retrancher; —se r. se retrancher.

atrio *(átrio)* m. atrium; parvis.

atrocidad *(atrozidád)* f. atrocité.

atrofia *(atrófia)* f. atrophie.

atrofiado, da *(atrofiádo, da)* adj. atrophié.

atronar *(atronár)* tr. assourdir.

atropellar *(atropëyár)* tr. bousculer; écraser.

atropello *(atropë'yo)* m. bousculade.

atroz *(atróz)* adj. atroce.

atún *(atou'n)* m. thon.

aturdido, da *(atourdído, da)* adj. étourdi, e; fig. stupéfait, e.

aturdimiento *(atourdimië'nto)* m. étourdissement.

aturdir *(atourdír)* tr. étourdir.

audacia *(aoudázia)* f. audace.

audaz *(aoudáz)* adj. audacieux, euse; hardi, e. [ouïe.

audición *(aoudizión)* f. audition;

audiencia *(aoudië'nzia)* f. audience; cour ou tribunal de justice.

auditor *(aouditór)* m. auditeur

auditorio *(aouditório)* m. auditoire.

auge *(áouĵë)* m. apogée.

augur *(aougou'r)* m. augure.

augurar *(aougourár)* tr. augurer.

augurio *(aougou'rio)* m. augure.

augusto, ta *(aougou'sto, ta)* adj. auguste.

aula *(áoula)* f. salle, classe.

aullar *(aouyár)* intr. hurler.

aullido *(aouyído)* m. hurlement.

aumentación *(aoumëntazión)* f. augmentation.

aumentar *(aoumëntár)* tr. augmenter.

aumento *(aoumë'nto)* m. augmentation.

aun ou aún *(aou'n)* adv. aussi; même; encore; toutefois.

aunar *(aounár)* tr. unir, assembler.

aunque *(áounkë)* conj. quoique, bien que, nonobstant.

áureo, rea *(áourëo, a)* adj. qui est d'or; doré, e.

aureola *(aourëóla)* f. auréole.

aurícula *(aourícula)* f. auricule.

auricular *(aouricoulár)* adj. auriculaire.

aurora *(aouróra)* f. aurore.

auscultar *(aouscoultár)* tr. ausculter.

ausencia *(aousë'nzia)* f. absence.

ausentarse *(aousëntársë)* r. s'absenter.

ausente *(aousë'ntë)* adj. absent, e.

auspicio *(aouspízio)* m. auspice.

austeridad *(aoustëridád)* f. austérité.

austero, ra *(aoustë'ro, ra)* adj. austère.

austral *(aoustrál)* adj. austral, e.

autarquía *(aoutarkía)* f. autarchie.

auténtico, ca *(aoutë'ntico, ca)* adj. authentique.

auto *(áouto)* m. automobile; pl. pièces d'un procès.

autobús *(aoutobou'ss)* m. autobus.

autocar *(aoutocár)* m. autocar.

autócrata *(aoutócrata)* m. autocrate.

autóctono, na *(aoutóctono, na)* adj. autochtone.

autódromo *(aoutódromo)* m. autodrome.

autogiro *(aoutoĵíro)* m. autogire.

autógrafo *(aoutógrafo)* m. autographe.

autómata *(aoutómata)* m. automate.

automático, ca *(aoutomático, ca)* adj. automatique.

automotor *(aoutomotór)* m. automoteur.

automóvil *(aoutomóvil)* adj. s. automobile.

autonomía *(aoutonomía)* f. autonomie.

autónomo, ma *(aoutónomo, ma)* adj. autonome.

autorización *(aoutorizazión)* f. autorisation.

autorizado, da *(aoutorizádo, da)* adj. autorisé, e.

autorizar *(aoutorizár)* tr. autoriser.

auxiliar *(aougsiliár)* tr. aider, secourir; adj. auxiliaire.

auxilio *(aougsílio)* m. aide, secours.

aval *(avál)* m. aval. [che.

avalancha *(avaláncha)* f. avalanche.

avance *(avánzë)* m. avancement; avance.

avanzar *(avanzár)* tr. avancer.

avaricia *(avarízia)* f. avarice.

avaricioso, sa *(avariziósso, sa)* adj. avare.

avaro, ra *(aváro, a)* adj. avare.

avasallar *(avassayár)* tr. asservir.

avatar *(avatár)* m. avatar.

ave *(ávë)* f. oiseau.

avecinar *(avëzinár)* tr. avoisiner.

avecinarse *(avëzinársë)* r. se domicilier.

avellana *(avëyána)* f. noisette.

avellano *(avëyáno)* m. noisetier, coudrier.

avena *(avë'na)* f. avoine.

avenamiento *(avënamië'nto)* m. écoulement (eaux stagnantes).

avenencia *(avënë'nzia)* f. arrangement; conformité.

avenida *(avënída)* f. avenue; crue, inondation.

avenirse *(avënírsë)* r. s'arranger. [ger.

aventajar *(avëntaĵár)* tr. avanta-

aventar *(avëntár)* tr. éventer.

aventura *(avëntou'ra)* f. aventure.

aventurar *(avëntourár)* tr. aventurer. —se r. s'aventurer, se hasarder.

aventurero, ra *(avëntourë'ro, ra)* adj. et s. aventurier, ière.

avergonzado, da *(avërgonzádo, da)* adj. honteux, euse.

avergonzar *(avërgonzár)* tr. faire honte; —se r. avoir honte.

avería *(avëría)* f. avarie; panne.

averiarse *(avëriársë)* r. s'avarier; se gâter.

averiguación *(avërigouazión)* f. enquête, vérification.

averiguar *(avërigouár)* tr. vérifier, rechercher.

aversión *(avërsión)* f. aversion.

avestruz *(avëstrou'z)* m. autruche.

aviación *(aviazión)* f. aviation.

aviador *(aviadór)* m. aviateur.

avicultura *(avicoultou'ra)* f. aviculture.

avidez *(avidë'z)* f. avidité.

ávido, da *(ávido, da)* adj. avide.

avieso, a *(aviësso, a)* adj. tortueux, euse; fig. méchant, e.

avinagrar *(avinagrár)* tr. aigrir.

avión *(avión)* m. avion.

avisado, da *(avissádo, da)* adj. avisé, e; prudent, e.

avisador *(avissadór)* m. avertisseur

avisar *(avissár)* tr. aviser, avertir.

aviso *(avísso)* m. avis, avertissement.

avispa *(avíspa)* f. Zool. guêpe.

avispado, da *(avispádo, da)* adj. vif, vive; éveillé, e. [ser.

avispar *(avispár)* tr. fig. déniai-

avispero *(avispë'ro)* m. guêpier.

avistar *(avistár)* tr. apercevoir.

avituallar *(avitoua-yar)* tr. ravitailler.

avivar (avivár) tr. animer, hâter; dégourdir; fig. ranimer.
avutarda (avoutárda) f. outarde.
axila (agsíla) f. Anat. aisselle.
axioma (agsióma) m. axiome.
¡ay! (á-i) interj. ah! hélas!.
aya (á-ia) f. gouvernante.
ayer (a-iě'r) adv. hier.
ayo (á-io) m. précepteur.
ayuda (a-iou'da) f. aide, secours; **ayuda de cámara**, valet de chambre.
ayudante (a-ioudántě) adj. 'qui aide, auxiliaire; m. adjudant.
ayudar (a-ioudár) tr. aider.
ayunar (a-iounár) intr. jeûner.
ayuno (a-iou'no) m. jeûne, abstinence.
ayuntamiento (a-iountamiě'nto) m. municipalité, hôtel de ville.
azabache (azabáchě) m. jais.
azada (azáda) f. bêche, houe.
azadón (azadón) m. pioche.
azadonar (azadonár) tr. piocher, bêcher.
azafata (azafáta) f. dame d'atours; hôtesse de l'air.
azafrán (azafrán) m. safran.
azahar (azaár) m. fleur d'oranger.
azar (azár) m. hasard, casualité.
azaroso, sa (azarósso, sa) adj. hasardeux, euse.
azogue (azóguě) m. mercure.
azor (azór) m. autour.
azoramiento (azoramiě'nto) m. effarement.
azorar (azorár) tr. effarer.
azotar (azotár) tr. fouetter.
azotea (azótěa) f. terrasse.
azúcar (azou'car) s. sucre.
azucarero (azoucarě'ro) m. sucrier.
azucena (azoucě'na) f. lis.
azud (azou'd) f. écluse.
azufre (azou'frě) m. soufre.
azul (azou'l) m. bleu; **azul celeste**, bleu céleste, clair.
azulado, da (azouládo, da) adj. bleuâtre.
azular (azoulár) tr. bleuir; azurer.
azulejo (azoulě'jo) m. carreau de faïence; Bot. bluet.
azuzar (azouzár) tr. exciter; irriter.

baba (bába) f. bave, salive.
babero (babě'ro) m. bavette.
babia (bábia) **(estar en)** loc. fam. bayer aux corneilles.
babieca (babiě'ca) m. fam. nigaud.
babor (babór) m. Mar. bâbord.
babosa (babóssa) f. limace.
babucha (babou'cha) f. babouche.
baca (báca) f. bâche.
bacalao (bacaláo) m. morue.
bacanal (bacanál) f. bacchanale.
bacía (bazía) f. plat à barbe.

bacilo (bazílo) m. Zool. bacile.
bacteria (bactě'ria) f. Zool. bacterie.
báculo (bácoulo) m. bâton; crosse.
bache (báchě) m. fondière; ornière.
bachiller (bachiyě'r) m. bachelier.
bachillerato (bachiyěráto) m. baccalauréat.
badajo (badá̦jo) m. battant d'une cloche.
badén (badě'n) m. fossé, ravin.
bagaje (bagá̦jě) m. bagage.
bagatela (bagatě'la) f. bagatelle.
bahía (ba-ía) f. baie.
bailable (ba-ilábl̃ě) adj. dansant, e.
bailador, ra (ba-iladór, a) adj. et s. danseur, euse.
bailar (ba-ilár) intr. danser; pirouetter.
bailarín, na (ba-ilarín, a) adj. et s. danseur, euse; f. ballerine.
baile (bá-ilě) m. danse; bal.
baja (bá̦ja) f. baisse, diminution; perte (soldats).
bajá (ba̦já) m. pachá.
bajada (ba̦jáda) f. descente; pente.
bajamar (ba̦jamár) f. basse mer.
bajar (ba̦jár) intr. descendre; baisser.
bajel (ba̦jě'l) m. vaisseau.
bajeza (ba̦jě'za) f. bassesse.
bajo, ja (bá̦jo, ̦ja) adj. bas, basse; méprisable; m. Mus. basse; Mar. bas-fond; adv. sous, dessous; doucement.
bala (bála) f. balle.
balada (baláda) f. ballade.
baladí (baladí) adj. futile.
baladronada (baladronáda) f. fanfaronnade.
balance (balánzě) m. balancement; roulis; bilan.
balancear (balanzěár) intr. balancer, osciller; rouler (navire).
balanceo (balanzě'o) m. balancement.
balancín (balanzín) m. balancier.
balandro (balándro) f. Mar. balandre.
balanza (balánza) f. balance.
balar (balár) intr. bêler.
balaustrada (balaoustráda) f. balaustrade.
balaustre (baláoustrě) m. balaustre.
balazo (balázo) m. coup de balle.
balbuceo (balbouzě'o) intr. balbutiement.
balbucear (balbouzěár) intr. balbutier.
balcón (balcón) m. balcon.
baldado, da (baldádo, da) adj. et s. estropié, e.
baldaquino (baldakíno) m. baldaquin.
balde (báldě) m. Mar. seau; **de balde** loc. adv. gratis, pour rien; **en balde** loc. adv. en vain, vainement.
baldeo (baldě'o) m. Mar. lavage d'un navire.
baldío, día (baldío, a) adj. inculte, en friche.
baldón (baldón) m. affront.
baldosa (baldóssa) f. carreau.
balido (balído) m. bêlement.
balística (balística) f. balistique.
baliza (balíza) f. balise.
balneario (balněário) m. balnéaire.
balompié (balompiě') m. football.

balón (balón) m. ballot; ballon.
baloncesto (balonzě'sto) m. basket-ball.
balsa (bálsa) f. mare; radeau.
bálsamo (bálsamo) m. baume.
baluarte (balouártě) m. bastion.
ballena (bayě'na) f. baleine; pl. les fanons (corset).
ballenero, ra (bayěně'ro, ra) adj. et s. baleinier, ière.
ballesta (bayě'sta) f. baliste; arbalète; ressort (voiture).
bambolearse (bambolěársě) f. se balancer.
bambú (bambou') m. bambou.
banana (banána) f. banane.
bananero (bananě'ro) m. bananier.
banasta (banásta) f. panier, hotte.
banca (bánca) f. bancelle; banque.
bancal (bancál) m. carré; levée de terre.
bancario, ria (bancário, a) adj. bancaire.
bancarrota (bancarróta) f. banqueroute.
banco (bánco) m. banc, siège; banque.
banda (bánda) f. cordon; bande; troupe.
bandada (bandáda) f. volée, bande d'oiseaux.
bandeja (bandě'ja) f. plateau à rebord.
bandera (bandě'ra) f. drapeau, bannière.
bandería (bandería) f. bande, parti, coterie.
banderilla (banděríya) f. dard garni de rubans.
banderillero (banděriyě'ro) m. toréador chargé de planter les dards.
banderín (banděrín) m. guidon.
banderola (banděróla) f. banderole.
bandido (bandído) m. bandit.
bando (bándo) m. ban; faction.
bandolera (bandolě'ra) f. bandoulière.
bandolero (bandolě'ro) m. brigand.
bandurria (bandou'rria) f. mandore.
banquero (bankě'ro) m. banquier.
banqueta (bankě'ta) f. banquette.
banquete (bankě'tě) m. banquet, festin.
banquillo (bankíyo) m. sellette.
bañador (bagnadór) m. costume de bain.
bañar (bagnár) tr. baigner; **—se** r. se baigner.
bañera (bagně'ra) f. baignoire.
bañista (bagnísta) m. baigneur.
baño (bágno) m. bain; baignoire.
baobab (baobáb) m. baobab.
baptisterio (baptistě'rio) m. baptistère.
bar (bár) m. bar.
barahunda (baraou'nda) f. confusion, tumulte.
baraja (bará̦ja) f. un jeu de cartes.
barajar (bara̦jár) tr. mêler les cartes; brouiller.
baranda (baránda) f. rampe.
barandilla (barandíya) f. rampe (d'escalier, etc.).
baratijas (barati̦jas) f. pl. babioles, colifichets.
baratillo (baratíyo) m. friperie.
barato, ta (baráto, ta) adj. bon marché.
baratura (baratou'ra) f. bas prix, mévente.
barba (bárba) f. barbe; menton.

barbaridad (barbaridád) f. barbarité; témérité; grossièreté.
barbarie (barbáriě) f. barbarie.
barbarismo (barbarísmo) m. barbarisme; fam. barbarie.
bárbaro, ra (bárbaro, a) adj. barbare.
barbecho (barbě'cho) m. jachère.
barbería (barbería) f. barberie.
barbero (barbě'ro) m. barbier.
barbilampiño, ña (barbilampigno, na) adj. imberbe.
barbilla (barbíya) f. bout du menton.
barbo (bárbo) m. barbeau.
barbudo, buda (barbou'do, da) adj. barbu, e.
barca (bárca) f. barque; bac.
barcarola (barcaróla) f. barcarolle.
barcaza (barcáza) f. Mar. allège.
barco (bárco) m. bateau, vaisseau.
barítono (baritono) m. Mus. baryton.
barlovento (barlově'nto) m. Mar. le dessus du vent.
barniz (barníz) m. vernis; fard.
barnizar (barnizár) tr. vernir.
barómetro (barómětro) m. baromètre.
barón (barón) m. baron.   [ne.
baronesa (baroně'ssa) f. baron-
barquero (barkě'ro) m. batelier.
barquichuelo (barkichouě'lo) m. dim. de **barco**, petit bateau.
barquilla (barkíya) f. nacelle, barquette.
barquillo (barkíyo) m. petit bateau; oublie, gaufre.
barra (bárra) f. barre; lingot.
barraca (barráca) f. baraque, hutte.
barranca (barránca) f. ravine, fondrière.
barranco (barránco) m. ravin.
barredura (barrědou'ra) f. balayage; pl. balayures.
barrena (barrě'na) f. ville; tarière; foret.
barrenar (barrěnár) tr. forer; percer; saborder.
barrendero, ra (barrěnděro, ra) s. balayeur, euse.
barreno (barrě'no) m. grosse tarière; fougasse.
barreño (barrě'gno) m. terrine.
barrer (barrě'r) tr. balayer.
barrera (barrě'ra) f. barrière.
barriada (barriáda) f. quartier.
barrica (barríca) f. barrique.
barricada (barricáda) f. barricade.
barriga (barriga) f. ventre.
barrigudo, da (barrigou'do, da) adj. ventru, e.
barril (barríl) m. baril.
barrio (bárrio) m. quartier d'une ville; faubourg.
barrizal (barrizál) m. bourbier.
barro (bárro) m. boue; glaise.
barroco, ca (barróco, ca) adj. et s. baroque.
barrote (barrótě) m. barreau.
barruntar (barrountár) tr. conjecturer.
bártulos (bártoulos) m. pl. affaires.
barullo (barou'yo) m. confusion.
basa (bássa) f. Arch. base.
basalto (bassálto) m. basalte.
basamento (bassaě'nto) m. Achr. soubassement.
basca (básca) f. nausée.
báscula (báscoula) f. bascule.
bascular (basculár) intr. basculer.
base (bássě) f. base.
basílica (basílica) f. basilique.
basilisco (bassilísco) m. basilic.

basta (básta) f. faufilure; bâti; interj. ¡basta! assez!

bastante (bastántë) adv. assez.

bastar (bastár) intr. suffire; abonder. [que (lettre).

bastardilla (bastardíya) f. itali-

bastardo, da (bastárdo, da) adj. bâtard, e.

bastidor (bastidór) m. châssis; métier à broder; coulisse de théâtre.

bastilla (bastíya) f. ourlet.

bastimento (bastimë'nto) m. provision (vivres); bâtiment.

bastión (bastión) m. bastion.

basto, ta (básto, ta) adj. grossier, ière; m. bât.

bastón (bastón) m. bâton; canne.

bastonazo (bastonázo) m. coup de bâton.

basura (bassou'ra) f. balayures, ordures.

basurero (bassourë'ro) m. boueur.

bata (báta) f. robe de chambre.

batalla (batáya) f. bataille.

batallar (batayár) intr. batailler.

batallón (batayón) m. bataillon.

batata (batáta) f. patate.

batelero, ra (batelë'ro, ra) s. batelier, ière.

batería (batería) f. batterie.

batido, da (batído, da) adj. battu, e. — m. battage.

batidora (batidóra) f. fouet.

batiente (batië'në) adj. battant.

batir (batír) tr. abattre; battre.

batista (batísta) f. batiste.

batracio (batrázio) m. batracien.

batuta (batou'ta) f. baguette (musique).

baúl (baou'l) m. bahut, malle.

bautismo (baoutísmo) m. baptême; fe de bautismo, extrait de baptême.

bautizar (baoutizár) tr. baptiser.

bautizo (baoutízo) m. baptême.

bauxita (baoussíta) f. bauxite.

bayeta (ba-ië'ta) f. flanelle.

bayo, ya (bá-io, a) adj. bai, e.

bayoneta (ba-ionë'ta) f. baïonnette.

baza (báza) f. levée (cartes).

bazar (bazár) m. bazar.

bazo (bázo) m. Anat. rate.

bazofia (bazófia) f. graillons.

bazuca (bazou'ca) m. bazooka.

beata (beáta) f. religieuse séculière; fam. bigote.

beatería (beatería) f. iron. bigoterie.

beatificar (beatificár) tr. beatifier.

beatitud (beatitou'd) f. béatitude.

beato, ta (beáto, ta) adj. béat, e.

bebedero, ra (bëbëdë'ro, ra) adj. buvable; m. abreuvoir; auget.

bebedor, ra (bëbëdór, a) adj. et s. buveur, euse.

beber (bëbë'r) tr. boire.

bebida (bëbída) f. boisson.

beca (bë'ca) f. bourse.

becada (bëcáda) f. bécasse.

becario, ria (bëcário, a) n. boursier, ière.

becerrada (bëzërráda) f. course de jeunes taureaux.

becerro (bëzë'rro) m. veau.

bedel (bëdë'l) m. bedeau, appariteur.

befa (bë'fa) f. dérision, raillerie.

beldad (bëldád) f. beauté.

bélico, ca (bë'lico, ca) adj. belliqueux, euse.

beligerante (bëlijëránte) adj. belligérant, e.

bellaquería (bëyakëría) f. coquinerie; fourberie.

belleza (bëyë'za) f. beauté.

bello, lla (bë'yo, ya) adj. beau, bel, belle.

bellota (bëyóta) f. gland.

bencina (bënzína) f. benzine.

bendecir (bëndëzír) tr. bénir; louer.

bendición (bëndizión) f. bénédiction.

bendito, ta (bëndíto, ta) adj. saint, e; bienheureux, euse; es un bendito, c'est un benêt.

benedictino, na (bënëdictíno, na) adj. bénédictin, e.

beneficencia (bënëfizë'nzia) f. bienfaisance.

beneficiar (bënëfiziár) tr. bénéficier.

beneficio (bënëfízio) m. bienfait; bénéfice.

beneficioso, sa (bënëfiziósso, a) adj. profitable, utile.

benéfico, ca (bënë'fico, ca) adj. bienfaisant, e.

benemérito, ta (bënëmë'rito, ta) adj. digne.

beneplácito (bënëplázito) m. agrément.

benevolencia (bënëvolë'nzia) f. bienveillance.

benévolo, la (bënë'volo, la) adj. bénévole.

benignidad (bënig-nidád) f. bénignité.

benigno, na (bëníg-no, na) adj. bénin, igne.

benjuí (bënjouí) m. benjoin.

beodo, da (bëódo, da) adj. ivre.

berbiquí (bërbiki) m. vilebrequin.

berenjena (bërënjë'na) f. aubergine.

bergante (bërgánte) m. coquin, e.

bergantín (bërgantínn) m. Mar. brick.

berlina (bërlína) f. berline.

bermejo, ja (bërmë'jo, ja) adj. vermeil, eille.

bermellón (bërmëyón) m. vermillon.

berrido (bërrído) m. beuglement.

berrinche (bërrínchë) m. colère d'enfant.

berro (bë'rro) m. cresson.

berza (bë'rza) f. chou.

bessamanos (bëssamános) m. baisemains.

besar (bësár) tr. baiser; —se rec. s'embrasser.

beso (bë'sso) m. baiser.

bestia (bë'stia) f. bête, animal; bestia de carga, bête de somme.

bestial (bëstiál) adj. bestial, e.

bestialidad (bëstialidád) f. bestialité.

besugo (bëssou'go) m. pagre.

besuquear (bëssoukëár) tr. baisoter.

betún (bëtou'n) m. bitume; cirage.

bibelot (bibëlót) m. bibelot.

biberón (bibërón) m. biberon.

biblia (bíblia) f. bible.

bíblico, ca (bíblico, ca) adj. biblique.

bibliófilo (bibliófilo) m. bibliophile.

biblioteca (bibliotë'ca) f. bibliothèque.

bibliotecario (bibliotëcário) bibliothécaire.

bicarbonato (bicarbonáto) m. bicarbonate.

biceps (bízëps) m. Anat. biceps.

bicicleta (biziclë'ta) f. bicyclette.

bicoca (bicóca) f. bicoque; fig. bagatelle.

bicharraco (bicharráco) m. bestiole.

bicho (bícho) m. bestiole; fam. insecte.

bidé (bidë') m. bidet.

bidón (bidón) m. bidon.

biela (bië'la) f. bielle.

bien (bië'n) m. bien; pl. richesses.

bienal (biënál) adj. biennal, e.

bienaventurado, da (biënaventourádo, da) adj. bienheureux, euse.

bienaventuranza (biënaventouránza) f. béatitude.

bienestar (biënëstár) m. bienêtre.

bienhechor, ra (biënëchór, a) adj. et s. bienfaiteur, trice.

bienvenida (biënvenída) f. bienvenue.

biftec (biftë'c) m. bifteck.

bifurcación (bifourcazión) f. bifurcation.

bifurcarse (bifourcársë) r. se bifurquer.

bigamia (bigámia) f. bigamie.

bigote (bigótë) m. moustache.

bilingüe (bilinngouë) adj. bilingue.

bilioso, sa (biliósso, a) adj. bilieux, euse.

bilis (bílis) f. bile.

billar (biyár) m. billard.

billete (biyë'të) m. billet.

billetero (biyë'tëro) m. porte-billets.

bimotor (bimotór) adj. et s. bimoteur.

binóculo (binócoulo) m. binocle. [phie.

biografía (biografía) f. biographie.

biología (biolojía) f. biologie.

biombo (biómbo) m. paravent.

bípedo (bípedo) adj. et s. bipède.

birrete (birrë'të) m. bonnet rond.

bisabuelo, a (bissabouélo, a) s. bisaïeul, e.

bisagra (bisságra) f. charnière, gond.

bisar (bissár) tr. bisser.

bisectriz (bissëctríz) adj. et s. Géom. bissectrice.

bisel (bissë'l) m. biseau.

bisiesto (bissië'sto) adj. bissextile.

bisonte (bissóntë) m. Zool. bison.

bisoño, ña (bissógno, a) adj. novice; inexpérimenté, e.

bisturí (bistourí) m. Chir. bistouri.

bisutería (bissoutëría) f. bijouterie.

bizarría (bizarría) f. courage.

bizarro (bizárro) adj. courageux, euse.

bizco, ca (bízco, ca) adj. bigle, louche.

bizcocho (bizcócho) m. biscuit.

biznieto, ta (biznië'to, ta) s. arrière-petit-fils, arrière petite-fille.

blanco, ca (blánco, ca) adj. blanc, blanche; m. blanc (couleur); but, cible.

blancura (blancou'ra) f. blancheur.

blandear (blandëár) intr. mollir, céder.

blandir (blandír) tr. brandir.

blando, da (blándo, da) adj. mou, molle; doux douce.

blandura (blandou'ra) f. mollesse, douceur.

blanquear (blankëár) tr. blanchir.

blanqueo (blankë'o) m. blanchiment.

blasfemar (blasfëmár) intr. blasphémer.

blasfemia (blasfë'mia) f. blasphème.

blasfemo, ma (blasfë'mo, ma) adj. blasphémateur, trice.

blasón (blassón) m. blason.

blasonar (blassonár) tr. blasonner; se vanter.

bledo (blë'do) m. Bot. blette; no dársele a uno un bledo, ne pas se soucier.

blindado, da (blinndádo, da) adj. blindé, e.

blindaje (blinndájë) m. blindage.

blindar (blinndár) tr. blinder.

blonda (blónda) f. blonde.

bloque (blókë) m. bloc.

bloquear (blokëár) tr. bloquer.

bloqueo (blokë'o) m. blocus.

blusa (blou'ssa) f. blouse.

boa (bó-a) f. boa.

boato (boáto) m. apparat, faste.

bobada (bobáda) f. sottise.

bobalicón, na (bobalicón, a) adj. et s. fam. nigaud, e.

bobear (bobëár) intr. nigauder; niaiser. [tise.

bobería (bobëría) f. sottise, bê-

bobina (bobína) f. bobine.

bobo, ba (bóbo, ba) adj. et s. sot, sotte.

boca (bóca) f. bouche.

bocacalle (bocacáyë) f. entrée d'une rue.

bocadillo (bocadíyo) m. goûter, sandwich.

bocado (bocádo) m. bouchée; morsure.

bocal (bocál) m. bocal.

bocanada (bocanáda) f. gorgée, bouffée.

boceto (bocë'to) m. ébauche.

bocina (bocína) f. cor, cornet; portevoix.

bocoy (bocó-i) m. boucaut.

bochorno (bochórno) m. chaleur; rougeur (visage), honte.

bochornoso, sa (bochornósso, a) adj. honteux, euse.

boda (bóda) f. noces, mariage.

bodega (bodë'ga) f. cave; cellier. Mar. cale.

bodegón (bodëgón) m. gargote; cabaret; tableau.

bofetada (bofëtáda) f. soufflet, gifle.

boga (bóga) f. vogue; fig. faveur publique.

bogar (bogár) intr. Mar. voguer, ramer.

bogavante (bogavántë) m. Mar. homard.

bohemio, mia (boë'mio, a) adj. et s. bohémien, enne; bohème.

boicotear (bo-icotëár) tr. boycotter.

boicoteo (bo-icotë'o) m. boycottage.

boina (bó-ina) f. béret.

boj (bój) m. buis.

bola (bóla) f. boule; bille; fam. mensonge.

bolchevique (bolchëvíkë) adj. et s. bolchevik.

boletín (bolëtínn) m. billet.

boleto (bolë'to) m. billet.

bólido (bólido) m. bolide.

bolígrafo (bolígrafo) m. stylo à bille.

bolo (bolíyo) m. fuseau.

bolo (bólo) m. quille.

bolsa (bólsa) f. bourse.

bolsillo (bolsíyo) m. poche.

bolsista (bolsísta) m. boursier.

bolso (bólso) m. bourse, sac à main.

bollo (bóyo) m. brioche.

bomba (bómba) f. pompe, bombe.

bombacho (bombácho) m. pantalon bouffant.

bombardear (bombardëár) tr. bombarder.

bombardeo (bombardë'o) m. bombardement.

bombardero (bombardë'ro) m. bombardier.

bombear (bombëár) tr. bomber.

bombero (bombë'ro) m. pompier.

bombilla (bombíya) ampoule.

bombo (bómbo) m. Mus. grosse caisse.

bombón (bombón) m. bonbón.

bombona (bombóna) f. bombone.

bonachón, na (bonachón, a) adj. bonnasse.

bonancible (bonanzíblë) adj. calme, doux (temps).

bonanza (bonánza) f. bonance.

bondad (bondád) f. bonté.

bondadoso, sa (bondadósso, a) adj. bon, bonne.

bonete (bonë'të) m. bonnet.

bonificar (bonificár) tr. bonifier.

bonito, ta (boníto, ta) adj. joli, e; m. bonite.

bono (bóno) m. bon.

boñiga (bogníga) f. bouse.

boqueada (bokëáda) f. le dernier soupir.

boquear (bokëár) intr. ouvrir la bouche, expirer.

boqueron (bokërón) m. anchois.

boquete (bokë'të) m. brèche; pertuis.

boquiabierto, ta (bokiabië'rto, ta) adj. badaud, e; étonné, e.

boquilla (bokíya) f. embouchure, porte-cigarette.

borbotar (borbotár) intr. bouillonner.

borbotón (borbotón) m. bouillonnement.

borceguí (borzëguí) m. brodequin.

borda (bórda) f. chaumière; bord (bateau).

bordado (bordádo) m. broderie.

bordar (bordár) tr. broder.

borde (bórdë) m. bord.

bordear (bordëár) intr. Mar. louvoyer.

bordillo (bordíyo) m. bordure (trottoir).

bordo (bórdo) m. bord.

boreal (borëál) adj. boréal, e.

bórico, ca (bórico, ca) adj. borique.

borla (bórla) f. houppe, gland.

borra (bórra) f. bourre.

borrachera (borrachë'ra) f. ivresse.

borracho, cha (borrácho, cha) adj. et s. ivre.

borrador (borradór) m. brouillon.

borraja (borrája) f. bourrache.

borrar (borrár) tr. effacer, biffer.

borrasca (borrásca) f. bourrasque, tempête.

borrascoso, sa (borrascósso, a) adj. orageux, euse.

borrego, ga (borrë'go, ga) s. agneau; fig. ignorant, e.

borrica (borríca) f. ânesse, bourrique.

borrico (borríco) m. âne, fig. bête, lourdaud.

borrón (borrón) m. tache (d'encre).

borroso, sa (borrósso, a) adj. brouilleux, euse; confus, e.

boscaje (boscájë) m. bocage; Peint. paysage.

bosque (bóskë) m. bois.

bosquejar (boskëjár) tr. esquisser, ébaucher.

bosquejo (boskë'jo) m. esquisse, ébauche.

bostezar (bostëzár) intr. bâiller.

bostezo (bostë'zo) m. bâillement.

bota (bóta) f. outre à vin, tonneau, botte.

botadura (botadou'ra) f. lancement d'un navire.

botánica (botánica) f. botanique.

botánico, ca (botánico, ca) adj. botanique; m. botaniste.

botar (botár) tr. lancer, jeter.

botarate (botarátë) m. homme léger; étourdi.

bote (bótë) m. pot; bocal; petit bateau, canot; botte.

botella (botë'ya) f. bouteille.

botica (botíca) f. pharmacie; pop. mercerie.

boticario (boticário) m. pharmacien; pop. mercier.

botija (botíja) f. sorte de cruche; jarre.

botijo (botíjo) m. cruche.

botín (botínn) m. butin; brodequin.

botiquín (botikínn) m. boîtier.

botón (botón) m. bouton.

botones (botónës) m. groom.

bóveda (bóvëda) f. Arch. voûte.

boxeador (bogsëadór) m. boxeur.

boxear (bogsëár) intr. boxer.

boxeo (bogsë'o) m. boxe.

boya (bó-ia) f. Mar. bouée.

bozal (bozál) m. muselière.

bracear (brazëár) intr. mouvoir ou remuer les bras. Mar. brasser.

bracero (brazë'ro) m. manoeuvre.

braga (brága) f. braie; pl. braies, culottes.

bragazas (bragázas) f. pl. augm. de bragas, m. fig. benêt, jocrisse.

braguero (braguë'ro) m. brayer, bandage (hernies).

bragueta (braguë'ta) f. brayette, braguette.

bramar (bramár) intr. bramer, mugir.

bramido (bramído) m. mugissement.

branquias (bránkias) f. pl. branchies.

brasa (brássa) f. braise.

brasero (brassë'ro) m. brasier, brasero.

bravata (brav'ata) f. bravade.

braveza (bravë'za) f. courage.

bravío, vía (bravío, a) adj. sauvage, farouche.

bravo, va (brávo, va) adj. brave, vaillant, e.

bravura (bravou'ra) f. bravoure, courage.

braza (bráza) f. brasse, mesure.

brazada (brazáda) f. brassée.

brazal (brazál) m. brassard.

brazalete (brazalë'të) m. bracelet.

brazo (brázo) m. bras.

brea (brë'a) f. brai; goudron.

brebaje (brëbájë) m. breuvage.

brecha (brë'cha) f. brèche.

brega (brë'ga) f. mêlée, querelle.

bregar (brëgár) intr. lutter, se débattre.

breve (brë'vë) m. bref; adj. bref, brève.

brevedad (brëvëdád) f. brièveté.

breviario (brëviário) m. bréviaire.

brezo (brë'zo) m. bruyère.

bribón (bribón) m. coquin.

bribonada (bribonáda) f. coquinerie.

brida (brída) f. bride.

brigada (brigáda) f. brigade.

brigadier (brigadië'r) m. brigadier.

brillante (briyántë) adj. brillant, e; m. brillant, (diamant).

brillar (briyár) intr. briller.

brillo (bríyo) m. lustre, éclat.

brincar (brincár) intr. sauter, bondir.

brinco (brínco) m. saut, bond.

brindar (brindár) intr. toaster, trinquer.

brindis (bríndis) m. toast.

brío (brío) m. vigueur, brío.

brioso, sa (briósso, a) adj. courageux, euse; vigoureux, euse.

brisa (bríssa) f. brise.

brizna (brízna) f. brin.

broca (bróca) f. bobine; foret.

brocado (brocádo) m. brocart.

brocal (brocál) m. margelle.

brocha (brócha) f. brosse, blaireau.

broche (bróchë) m. agrafe.

broma (bróma) f. plaisanterie, badinage.

bromear (bromëár) tr. plaisanter.

bromista (bromísta) adj. badin, e; blagueur, euse.

bromuro (bromou'ro) m. bromure.

bronca (brónca) f. pop. querelle.

bronce (brónzë) m. bronze.

broncear (bronzëár) tr. bronzer.

bronco, ca (brónco, ca) adj. rude, âpre.

bronquio (brónkio) m. Anat. bronche.

bronquitis (bronkitiss) f. Méd. bronchite.

brotar (brotár) intr. germer, bourgeonner, jaillir, sourdre (eau).

brote (brótë) m. bourgeon, bouton, pousse.

broza (bróza) f. broussailles.

bruja (brou'ja) f. sorcière.

brujería (broujëría) f. sorcellerie.

brujo (brou'jo) m. sorcier.

brújula (brou'joula) f. Mar. boussole.

bruma (brou'ma) f. brume, brouillard.

brumoso, a (broumósso, a) adj. brumeux, euse.

bruñido (brougnído, da) m. brunissage.

bruñir (brougnír) tr. brunir, polir.

brusco, ca (brou'sco, ca) adj. brusque.

brusquedad (brouskëdád) f. brusquerie.

brutal (broutál) adj. brutal.

brutalidad (broutalidád) f. brutalité.

bruto, ta (brou'to, ta) adj. brut, e; m. brute.

bucanero (boucanë'ro) m. boucanier.

bucear (bouzëár) tr. plonger, s'enfoncer sous l'eau.

buceo (bouzë'o) m. plongeon.

bucle (bou'clë) m. boucle.

bucólico, ca (boucólico, ca) adj. bucolique.

buche (bou'chë) m. jabot; gésier.

budismo (boudísmo) m. bouddhisme.

buen (bouë'n) adj. apócope de bueno, bon.

buenaventura (bouënavëntou'ra) f. bonne fortune, bonne aventure.

bueno, na (bouë'no, na) adj. bon, onne; ¡bueno! bon!

buey (bouë'-i) m. bœuf.

búfalo (bou'falo) m. buffle.

bufanda (boufánda) f. cachenez.

bufete (boufë'të) m. bureau, table à écrire.

buffet (boufë't) m. buffet.

bufido (boufído) m. grondement.

bufo, fa (bou'fo, fa) adj. et s. bouffe.

bufón (boufón) m. bouffon, plaisant.

buhardilla (bouardíya) f. mansarde.

buho (bou'o) m. hibou.

buhonero (bouonë'ro) m. colporteur.

buitre (bou'itrë) m. vautour.

bujía (boujía) f. bougie.

bula (bou'la) f. bulle.

bulbo (bou'lbo) m. bulbe.

bulto (bou'lto) m. volume; paquet; ballot; bosse.

bulla (bou'ya) f. bruit, tapage.

bullicio (bouyízio) m. rumeur, bruit, agitation.

bullicioso, sa (bouyiziósso, a) adj. remuant, e; bruyant, e.

bullir (bouyír) intr. bouillir; bouillonner; s'agiter.

buñuelo (bougnouë'lo) m. beignet.

buque (bou'kë) m. vaisseau.

burbuja (bourbou'ja) f. bulle (d'air).

burbujear (bourboujëár) intr. bouillonner.

burdel (bourdë'l) m. bordel.

burdo, da (bou'rdo, da) adj. grossier, ière.

burgo (bou'rgo) m. bourgade.

burgués (bourguë's) m. bourgeois.

burguesía (bourguëssía) f. bourgeoisie.

buril (bouríl) m. burin.

burla (bou'rla) f. moquerie, raillerie.

burladero (bourladë'ro) m. refuge pour le toréador.

burlador, ra (bourladór, a) adj. moqueur, euse; m. séducteur.

burlar (bourlár) tr. railler, plaisanter; duper.

burlesco, ca (bourlë'sco, a) adj. fam. burlesque.

burlete (bourlë'të) m. bourrelet.

burlón, na (bourlón, na) adj. moqueur, euse.

burocracia (bourocrázia) f. bureaucratie.

burra (bou'rra) f. ânesse.

burrada (bourráda) f. fig. ânerie, sottise.

burro (bou'rro) m. âne.

bursátil (boursátil) adj. de bourse.

busca (bou'sca) f. recherche; quête.

buscador, ra (bouscadór) s. chercheur, euse.

buscar (bouscár) tr. chercher.

búsqueda (bou'skëda) f. recherche.

busto (bou'sto) m. buste.

butaca (boutáca) f. fauteuil.

butano (boutáno) m. butane.

buzo (*bou'zo*) m. boîte aux lettres.

cabal (*cabál*) adj. juste; fig. accompli, e; parfait, e.
cábala (*cábala*) f. cabale.
cabalgadura (*cabalgadou'ra*) f. bête de somme; monture.
cabalgar (*cabalgár*) intr. et tr. monter à cheval; chevaucher.   [cade.
cabalgata (*cabalgáta*) f. cavalcade.
caballa (*cabáya*) f. maquereau.
caballar (*cabayár*) adj. chevaline.
caballeresco, ca (*cabayërësco, ca*) adj. fam. chevaleresque.
caballería (*cabayërla*) f. monture; cavalerie; chevalerie.
caballeriza (*cabayëríza*) f. écurie.
caballero, ra (*cabayë'ro, ra*) adj. qui va à cheval; m. gentilhomme; chevalier (noble); monsieur.
caballerosidad (*cabayërossidád*) f. générosité.
caballeroso, sa (*cabayërósso, a*) adj. chevaleresque.
caballete (*cabayë'të*) m. chevalet.
caballito (*cabayíto*) m. petit cheval; pl. chevaux de bois.
caballo (*cabáyo*) m. cheval; cavalier (échecs, dames).
cabaña (*cabágna*) f. cabane, chaumière; troupeau.
cabecear (*cabëzëár*) intr. hocher, secouer la tête; *Mar.* tanguer.
cabecera (*cabëzë'ra*) f. oreiller; vignette; chevet.
cabecilla (*cabëzíya*) f. m. chef d'insurgés.
cabellera (*cabëyë'ra*) f. chevelure.
cabello (*cabë'yo*) m. cheveu.
cabelludo, da (*cabëyou'do, da*) adj. chevelu, e.
caber (*cabë'r*) intr. tenir; tr. contenir.
cabestrillo (*cabëstríyo*) m. écharpe.
cabestro (*cabë'stro*) m. licou.
cabeza (*cabë'za*) f. tête; chef, commencement.
cabezazo (*cabëzázo*) m. coup de tête.
cabezudo (*cabëzou'do*) m. muge; fig. et fam. têtu, opiniâtre.   [tenance.
cabida (*cabída*) f. capacité, contenance.
cabina (*cabína*) f. cabine.
cabizbajo, ja (*cabizbájo, ja*) adj. fam. triste.
cable (*cáblë*) m. *Mar.* câble.
cablegrafiar (*cablëgrafiár*) tr. câbler.
cablegrama (*cablëgráma*) m. câblogramme.
cabo (*cábo*) m. bout; cap; caporal.
cabotaje (*cabotájë*) m. *Mar.* cabotage.
cabra (*cábra*) f. chèvre.
cabrero, ra (*cabrë'ro, ra*) s. chevrier, ière.
cabrestante (*cabrëstántë*) m. cabestan.

cabria (*cábria*) f. chèvre (appareil).
cabrío, bría (*cabrío, a*) adj. caprin, ine; **macho cabrío**, bouc.
cabriola (*cabrióla*) f. cabriole; fig. saut.
cabriolé (*cabriolë'*) m. cabriolet.
cabrita (*cabríta*) f. chevrette.
cabrito (*cabríto*) m. chevreau.
cabrón (*cabrón*) m. bouc; fig. et fam. cocu, canard.
cacahuete (*caca-ouë'të*) m. arachide.
cacao (*cacáo*) cacao, cacaoyer.
cacarear (*cacarëár*) intr. caqueter.
cacareo (*cacarë'o*) m. caquet.
cacatúa (*cacatou'a*) m. cacatoès.
cacería (*cazërla*) f. chasse (une partie de).
cacerola (*cazëróla*) f. casserole.
cacique (*cazíkë*) m. cacique.
cacofonía (*cacofonía*) f. cacophonie.
cacto (*cácto*) m. cactus.
cachalote (*cachalótë*) m. cachalot.
cacharrero (*cacharrë'ro*) m. potier.
cacharro (*cachárro*) m. vase grossier.
cachaza (*cacháza*) f. fam. flegme.
cachazudo, da (*cachazou'do, da*) adj. flegmatique.
cachear (*cachëár*) tr. fouiller.
cachete (*cachë'të*) m. claque; gourmade.
cachiporra (*cachipórra*) f. massue.
cachivache (*cachiváchë*) m. tesson; meuble hors de service.
cacho (*cácho*) m. morceau.
cachorro, rra (*cachórro, a*) s. le petit (d'une chienne, etc.).
cada (*cáda*) adj. chaque.
cadalso (*cadálso*) m. échafaud.
cadáver (*cadávër*) m. cadavre.
cadavérico, ca (*cadavë'rico, ca*) adj. cadavérique.
cadena (*cadë'na*) f. chaîne; **cadena perpetua** prison à perpétuité.
cadencia (*cadë'nzia*) f. cadence.
cadencioso, sa (*cadënziósso, a*) adj. harmonieux, euse.
cadera (*cadë'ra*) f. hanche.
cadete (*cadë'të*) m. cadet.
caducar (*cadoucár*) intr. radoter; dépérir.
caducidad (*cadouzidád*) f. caducité.
caduco, ca (*cadou'co, ca*) adj. caduc, uque.
caer (*caë'r*) intr. tomber.
caída (*ca-ída*) f. chute; déclin; faute.
caimán (*ca-imán*) m. caïman.
caja (*cája*) f. boîte; bière, cercueil; cage (escalier); caisse; **caja de ahorros**, caisse d'épargne.
cajero (*cajë'ro*) m. caissier.
cajetilla (*cajëtíya*) f. paquet de cigarettes.
cajista (*cajísta*) m. compositeur, typographe.

cajón (*cajón*) m. caisse; tiroir.
cal (*cál*) f. chaux.
cala (*cála*) f. *Mar.* cale, crique.
calabaza (*calabáza*) f. courge, citrouille; calebasse.
calabozo (*calabózo*) m. cachot.
calado (*caládo*) m. ouvrage ou broderie à jour; *Mar.* tirant d'eau.
calafatear (*calafatëár*) tr. calfeutrer.
calamar (*calamár*) m. calmar.
calambre (*calámbrë*) m. crampe.
calamidad (*calamidád*) f. calamité.
calamitoso, sa (*calamitósso, a*) adj. calamiteux, euse.
calaña (*calágna*) f. modèle; fig. acabit.
calar (*calár*) tr. pénétrer, percer; broder à jour.
calavera (*calavë'ra*) f. tête de mort; m. fig. écervelé.
calaverada (*calavëráda*) f. fam. étourderie.
calcar (*calcár*) tr. calquer.
calceta (*calzë'ta*) f. bas tricoté.
calcetín (*calzëtínn*) m. chaussette.
calcinar (*calzinár*) tr. calciner.
calcio (*cálzio*) m. *Chim.* calcium.
calco (*cálco*) m. calque.
calcomanía (*calcomanía*) f. décalcomanie.
calculador, ra (*calcouladór, a*) adj. et s. calculateur, trice.
calcular (*calcoulár*) tr. calculer.
cálculo (*cálcoulo*) m. calcul.
calda (*cálda*) f. chauffage; pl. bains thermaux.
caldear (*caldëár*) tr. chauffer.
caldera (*caldë'ra*) f. chaudière; caisse de timbale.
calderada (*caldëráda*) f. chaudronnée.
calderero (*caldërë'ro*) m. chaudronnier.
calderilla (*caldëríya*) f. petite monnaie.
caldero (*caldë'ro*) m. chaudron.
caldo (*cáldo*) m. bouillon; sauce, jus.
calefacción (*calëfaczión*) f. caléfaction, chauffage.
calendario (*calëndário*) m. calendrier.
calentador (*calëntadór*) m. bassinoire; adj. qui chauffe.
calentar (*calëntár*) tr. chauffer; **—se** r. se chauffer; fig. s'échauffer.
calentura (*calëntou'ra*) f. fièvre.
calenturiento, ta (*calëntourië'n-to, ta*) adj. fiévreux, euse.
calesa (*calë'ssa*) f. cabriolet.
caletre (*calë'trë*) m. fam. jugement; discernement.
calibrar (*calibrár*) tr. calibrer.
calibre (*calíbre*) m. calibre.
calidad (*calidád*) f. qualité.
cálido, da (*cálido, da*) adj. chaud, e.
califa (*calífa*) m. calife.
califato (*califáto*) m. califat.
calificación (*calificazión*) f. qualification.
calificado, da (*calificádo, da*) adj. qualifié, e.
calificar (*calificár*) tr. e intr. qualifier.
caligrafía (*caligrafía*) f. calligraphie.
cáliz (*cáliz*) m. calice.
calizo, za (*calizo, za*) adj. et s. calcaire.
calma (*cálma*) f. calme.
calmante (*calmántë*) m. calmant.
calmar (*calmár*) tr. e intr. calmer.

calmoso, sa (*calmósso, sa*) adj. calme; fam. flegmatique.
calomelanos (*calomëlános*) m. calomel.
calor (*calór*) m. chaleur; chaud.
caloría (*caloría*) f. calorie.
calorífero, ra (*calorífëro, ra*) adj. et s. calomniateur, trice.
calumniar (*caloumniár*) tr. calomnier.
caluroso, sa (*calourósso, a*) adj. chaleureux, euse; chaud, e.
calva (*cálva*) f. calvitie.
calvario (*calvário*) m. calvaire.
calvero (*calvë'ro*) f. clairière.
calvicie (*calvízië*) f. calvitie.
calvo, va (*cálvo, va*) adj. chauve.
calza (*cálza*) f. chausse; pl. fam. les bas.
calzada (*calzáda*) f. chaussée.
calzado, da (*calzádo, da*) adj. chaussé, e; m. chaussure.
calzador (*calzadór*) m. chausse-pied.
calzar (*calzár*) tr. chausser.
calzón (*calzón*) m. culotte.
calzoncillos (*calzonzíyos*) m. pl. caleçons.
callado, da (*cayádo, da*) adj. silencieux, euse.
callar (*cayár*) tr. taire; intr. se taire.
calle (*cáye*) f. rue.
calleja (*cayë'ja*) f. ruelle.
callejear (*cayëjëár*) intr. battre le pavé.
callejero, ra (*cayëjë'ro, ra*) adj. flâneur, euse.
callejón (*cayëjón*) m. ruelle; **callejón sin salida**, impasse.
callista (*cayísta*) m. pédicure.
callo (*cáyo*) m. cor, durillon.
cama (*cáma*) f. lit; couche.
camada (*camáda*) f. ventré, portée.
camafeo (*camafë'o*) m. camée.
camaleón (*camalëón*) m. caméléon.
cámara (*cámara*) f. salon; salle; chambre.
camarada (*camaráda*) m. camarade.
camarera (*camarë'ra*) f. femme de chambre; camériste.
camarero (*camarë'ro*) m. chambellan; garçon d'hôtel, de café; camérier.
camarilla (*camaríya*) f. dim. de **cámara**, chambrette; camarille.
camarín (*camarín*) m. loge, cabinet (d'acteur).
camarista (*camarísta*) f. camériste.
camarón (*camarón*) m. crevette.
camarote (*camarótë*) m. cabine (bateaux).
camastro (*camástro*) m. grabat.
cambiar (*cambiár*) tr. échanger; changer; modifier.
cambio (*cámbio*) troc, échange; change; changement.
camelar (*camëlár*) tr. fam. courtiser.
camello (*camë'yo*) m. chameau.
camilla (*camíya*) f. dim. de **cama**; couchette; brancard.
camillero (*camiyë'ro*) m. brancardier.
caminante (*caminántë*) m. voyageur.
caminar (*caminár*) intr. voyager; marcher; cheminer.
caminata (*caminá ta*) f. fam. longue promenade.

caminero, ra *(caminë'ro, ra)* adj. routier, ière; m. cantonnier.

camino *(camíno)* m. chemin, voie.

camión *(camión)* m. camion.

camioneta *(camionë'ta)* f. camionnette.

camisa *(camíssa)* f. chemise.

camiseta *(camissë'ta)* f. chemisette.

camisón *(camissón)* m. chemise longue.   [mille.

camomila *(camomíla)* f. camo-

camorra *(camórra)* f. fam. rixe.

campamento *(campamë'nto)* m. campement.

campana *(campána)* f. cloche; manteau de cheminée.

campanada *(campanáda)* f. coup de cloche; fig. scandale.

campanario *(campanário)* m. clocher.

campanear *(campanëár)* intr. carillonner.

campaneo *(campanë'o)* m. tintement; dandinement.

campanero *(campanë'ro)* m. sonneur.

campanilla *(campaníya)* f. clochette, sonnette; liseron.

campaña *(campágna)* f. campagne.

campar *(campár)* intr. camper; exceller; **campar por sus respetos**, prov. vivre indépendant.

campechano, a *(campëcháno, na)* adj. fam. franc, franche.

campeón *(campëón)* m. champion.

campeonato *(campëonáto)* m. championnat.

campero, ra *(campë'ro, ra)* adj. découvert, e (en rase campagne).

campesino, na *(campëssíno, na)* adj. champêtre; campagnard, campagnarde.

campestre *(campë'strë)* adj. champêtre.

camping *(cámping)* m. camping.

campiña *(campígna)* f. campagne; **la campiña**, les champs.

campo *(cámpo)* m. champ, campagne.

can *(cán)* m. chien.

cana *(cána)* f. cheveu blanc.

canal *(canál)* s. canal; chenal.

canalización *(canalizazión)* f. canalisation.

canalizar *(canalizár)* tr. canaliser.

canalla *(canáya)* f. canaille.

canallada *(canayáda)* f. canaillerie.

canapé *(canapé)* m. canapé.

canario *(canário)* m. canari; serin.

canasta *(canásta)* f. corbeille d'osier.

canastilla *(canastíya)* f. dim. petite corbeille; layette.

canasto *(canásto)* m. panier d'osier.

cancel *(canzë'l)* m. tambour d'église.

cancela *(canzë'la)* f. grille (porte).

cancelar *(canzëlár)* tr. biffer, rayer.

cáncer *(cánzër)* m. cancer.

canciller *(canziyë'r)* m. chancelier.

canción *(canzión)* f. chanson.

cancionero *(canzionë'ro)* m. chansonnier; recueil de chansons.

cancha *(cáncha)* f. terrain (sport, etc.).

candado *(candádo)* m. cadenas.

candela *(candë'la)* f. chandelle.

candelabro *(candëlábro)* m. candélabre.

candelaria *(candëlária)* f. fête de la Chandeleur.

candelero *(candëlë'ro)* m. chandelier.

candente *(candë'ntë)* adj. incandescent, e.

candidato *(candidáto)* m. candidat.

candidatura *(candidatou'ra)* f. candidature.

candidez *(candidë'z)* f. fig. candeur.

cándido, da *(cándido, da)* adj. fig. candide; simple. [sine.

candil *(candíl)* m. lampe de cui-

candileja *(candilë'ja)* f. lampion; pl. rampe (théâtre).

candor *(candór)* m. candeur.

canela *(canë'la)* f. cannelle.

cangrejo *(cangrë'jo)* m. écrevisse; crabe (mer).

canguro *(cangou'ro)* m. kangourou.

caníbal *(caníbal)* m. cannibale.

canícula *(canícoula)* f. canicule.

canino, na *(caníno, na)* adj. canin, e.

canje *(cánjë)* m. échange.

canjear *(canjëár)* tr. échanger.

cano, na *(cáno, na)* adj. blanc, blanche (cheveux).

canoa *(canóa)* f. canot, pirogue.

canon *(cánon)* m. canon.

canónico, ca *(canónico, ca)* adj. canonique.

canónigo *(canónigo)* m. chanoine.

canonizar *(canonizár)* adj. canoniser.

canoso, sa *(canósso, sa)* adj. chenu, e.

cansado, da *(cansádo, da)* adj. ennuyeux, euse; fatigué, e.

cansancio *(cansánzio)* m. lassitude, fatigue.

cansar *(cansár)* tr. lasser, fatiguer; **—se** *(cansársë)* r. se lasser.

cantante *(cantántë)* s. chanteur, euse.

cantar *(cantár)* intr. chanter; m. fam. chanson.

cántaro *(cántaro)* m. cruche; **llover a cántaros**, pleuvoir à verse.

cantata *(cantáta)* f. cantate.

cantera *(cantë'ra)* f. carrière.

cantero *(cantë'ro)* m. tailleur de pierres.

cántico *(cántico)* m. cantique.

cantidad *(cantidád)* f. quantité.

cantimplora *(cantimmplóra)* f. chantepleure, gourde.

cantina *(cantína)* f. cantine.

canto *(cánto)* m. chant; pierre, coin.

cantón *(cantón)* m. coin; Blas. canton.

cantor, ra *(cantór, ra)* s. chanteur, euse.

canuto *(canou'to)* m. tuyau.

caña *(cágna)* f. canne, roseau; tige.

cañada *(cagnáda)* f. gorge de montagne; sentier.

cañamazo *(cagnamázo)* m. toile d'étoupe; canevas.

cáñamo *(cágnamo)* m. chanvre.

cañaveral *(cagnavërál)* m. cannaie.

cañería *(cagnëría)* f. conduite (d'eau).

cañizo *(cagnízo)* m. claie de roseaux.

caño *(cágno)* m. conduit, tuyau, tube.

cañón *(cagnón)* m. canon; tube, tuyau.

cañonazo *(cagnonázo)* m. coup de canon.

cañonear *(cagnonëár)* tr. canonner.

cañonero, ra *(cagnonë'ro, ra)* s. cannonière, chaloupe.

caoba *(caóba)* f. acajou.

caos *(cáos)* m. chaos.

capa *(cápa)* f. manteau; enveloppe, couverture; couche.

capacidad *(capazidád)* f. capacité.

caparazón *(caparazón)* m. caparaçon; carcasse.

caparra *(capárra)* f. tique.

caparrosa *(caparróssa)* f. couperose.

capataz *(capatáz)* m. contremaître.

capaz *(capáz)* adj. capable.

capazo *(capázo)* m. cabas.

capcioso, sa *(capziósso, a)* adj. captieux, euse.

capear *(capëár)* tr. esquiver le taureau; fig. tromper.

capelo *(capë'lo)* m. chapeau.

capellán *(capëyán)* m. chapelain.

capellina *(capëyína)* f. morion; capuchon.

caperuza *(capërou'za)* f. bonnet en capuchon.

capilar *(capilár)* adj. capillaire.

capilla *(capíya)* f. capuchon; chapelle.

capital *(capitál)* m. capital; f. capitale; adj. principal, e.

capitalismo *(capitalísmo)* m. capitalisme.

capitalista *(capitalísta)* m. capitaliste.

capitán *(capitán)* m. Mil. capitaine.

capitanear *(capitanëár)* tr. commander.

capitel *(capitë'l)* m. Archit. chapiteau.

capitulación *(capitoulazión)* f. capitulation.

capitular *(capitoulár)* adj. capitulaire; intr. capituler.

capítulo *(capítoulo)* m. chapitre.

capón *(capón)* m. chapon.

captura *(captou'ra)* f. capture.

capturar *(captourár)* intr. capoter (avión).

capricho *(caprícho)* m. caprice.

caprichoso, sa *(caprichósso, a)* adj. capricieux, euse.

cápsula *(cápsoula)* f. capsule.

captación *(captazión)* f. captation.

captar *(captár)* tr. capter.

captura *(captou'ra)* f. capture.

capturar *(captourár)* tr. capturer, saisir.

capucha *(capou'cha)* f. capuce.

capuchina *(capouchína)* f. capucine.

capuchino *(capouchíno)* m. capucin.

capucho *(capou'cho)* m. capuchon.

capullo *(capou'yo)* m. cocon, bouton.

cara *(cára)* f. face, visage; mine.

carabela *(carabë'la)* f. caravelle.

carabina *(carabína)* f. carabine.

carabinero *(carabinë'ro)* m. carabinier, douanier.

caracol *(caracól)* m. escargot; limaçon, escalier en limaçon.

carácter *(carácter)* m. caractère.

característico, ca *(caractërístico, ca)* adj. caractéristique.

caracterizar *(caractërizár)* tr. caractériser.

¡caramba! *(carámba)* interj. peste!

carámbano *(carámbano)* m. glaçon.

carambola *(carambóla)* f. carambole.

caramelo *(caramë'lo)* m. caramel.

carantoña *(carantógna)* f. fam. pl. cajoleries, caresses.

caravana *(caravána)* f. caravane.

¡caray! *(cará-i)* interj. peste! diable!

carbón *(carbón)* m. charbon.

carbonero *(carbonë'ro)* m. charbonnier.

carbónico, ca *(carbónico, ca)* adj. Chim. carbonique.

carbonizar *(carbonizár)* tr. carboniser.

carbono *(carbóno)* m. Chim. carbone.

carburador *(carbouradór)* m. carburateur.

carburante *(carbouràntë)* m. carburant.

carburar *(carbourár)* tr. carburer.

carburo *(carbou'ro)* m. Chim. carbure.

carcaj *(carcáj)* m. carquois.

carcajada *(carcajáda)* f. éclat de rire.

cárcel *(cárzël)* f. prison.

carcelero *(carzëlë'ro)* m. geôlier.

carcoma *(carcóma)* f. vermoulure.

carcomer *(carcomë'r)* tr. ronger.

carcomido, da *(carcomído, da)* adj. vermoulu, e.

cardar *(cardár)* tr. carder.

cardenal *(cardënál)* m. cardinal; meurtrissure.

cardenillo *(cardëníyo)* m. vert-de-gris.   [cardiaque.

cardíaco, ca *(cardíaco, ca)* adj.

cardinal *(cardinál)* adj. cardinal.

cardo *(cárdo)* m. Bot. chardon; cardon.

carear *(carëár)* tr. confronter.

carena *(carë'na)* f. Mar. carénage.

carenar *(carënár)* tr. caréner.

carencia *(carë'nzia)* f. manque.

careo *(carë'o)* m. confrontation.

carestía *(carëstía)* f. disette, cherté.

careta *(carë'ta)* f. masque.

carga *(cárga)* f. charge.

cargado *(cargádo)* adj. chargé, e.

cargador *(cargadór)* m. chargeur; portefaix.

cargamento *(cargamë'nto)* m. chargement, cargaison.

cargar *(cargár)* tr. charger; fam. assommer; importuner.

cargo *(cárgo)* m. chargement; charge; emploi.

cariarse *(cariársë)* r. se carier.

cariátide *(cariátidë)* f. cariatide.

caricatura *(caricatou'ra)* f. caricature.

caricaturista *(caricatourísta)* s. caricaturiste.

caricaturizar *(caricatourizár)* tr. caricaturer.

caricia *(carízia)* f. caresse.

caridad *(caridád)* f. charité.

caries *(cáriës)* m. carie.

cariño *(carígno)* m. tendresse.

cariñoso, sa *(carignósso, a)* adj. caressant, e.

carita *(caríta)* f. dim. petit visage.   [charitable.

caritativo, va *(caritativo, va)* adj.

cariz *(caríz)* m. aspect.

carlinga *(carlínnga)* f. Mar. carlingue.

carmelita *(carmëlíta)* adj. et s. carme, carmélite.

carmesí *(carmössi)* m. carmin; cramoisi.

carmín *(carmínn)* m. carmin.

carnada *(carnáda)* f. amorce; appât. [elle.

carnal *(carnál)* adj. charnel.

carnaval *(carnavál)* m. carnaval.

carne *(cárnö)* f. chair d'animal, viande.

carnecería *(carnözöría)* f. carnage; boucherie.

carnero *(carnö'ro)* m. bélier, mouton.

carnet *(carnö't)* m. carnet.

carnicería *(carnizöría)* f. boucherie, carnage.

carnicero *(carnizö'ro)* m. boucher; adj. carnassier.

carnívoro, ra *(carnívoro, ra)* adj. carnivore; *Zool.* carnassier.

carnoso, sa *(carnósso, sa)* adj. charnu; e.

caro, ra *(cáro, ra)* adj. cher, ère; adv. cher.

carpa *(cárpa)* f. carpe.

carpeta *(carpö'ta)* f. tapis de table; chemise (papiers).

carpintería *(carpinntöría)* f. charpenterie.

carpintero *(carpinntö'ro)* m. charpentier; menuisier.

carraca *(carráca)* f. caraque; crécelle.

carrasca *(carrásca)* f. *Bot.* chênevert.

carrera *(carrö'ra)* f. course, carrière.

carreta *(carrö'ta)* f. charrette.

carrete *(carrö'tö)* m. petite bobine; *Phot.* rouleau.

carretera *(carrötö'ra)* f. route.

carretero *(carrötö'ro)* m. charron; charretier.

carretilla *(carrötíya)* f. dim. petite charrette; brouette.

carretón *(carrötón)* m. tombereau; charette.

carricoche *(carricóchö)* m. fourgon; carriole.

carril *(carríl)* m. ornière; chemin étroit, sillon.

carrillo *(carríyo)* m. dim. petit char; joue; poulie; petite voiture.

carro *(cárro)* m. chariot; train de voiture; char.

carrocería *(carrozöría)* f. carrosserie.

carrocero *(carrozö'ro)* m. cocher.

carromato *(carromáto)* m. haquet.

carroña *(carrógna)* f. charogne.

carroza *(carróza)* f. carrosse.

carruaje *(carrouájö)* m. voiture de voyage.

carta *(cárta)* f. lettre; charte; carte à jouer.

cartabón *(cartabón)* m. équerre.

cartapacio *(cartapázio)* m. cahiers ou portefeuille d'écolier.

cartear *(cartöár)* intr. jouer (fausses cartes); —**se** *(cartöársö)* r. s'écrire.

cartel *(cartö'l)* m. affiche, placard.

cartelera *(cartölö'ra)* f. porte-affiches.

cartera *(cartö'ra)* f. portefeuille de poche; serviette.

carterista *(cartörísta)* m. voleur.

cartero *(cartö'ro)* m. facteur.

cartílago *(cartílago)* m. cartilage.

cartilla *(cartíya)* f. abécédaire; livret.

cartomancia *(cartománzia)* f. cartomancie.

cartón *(cartón)* m. carton.

cartuchera *(cartouchö'ra)* f. giberne.

cartucho *(cartou'cho)* m. *Mil.* cartouche.

cartuja *(cartou'ja)* f. chartreuse.

cartujo *(cartou'jo)* m. chartreux.

cartulario *(cartoulário)* m. cartulaire.

cartulina *(cartoulína)* f. carte, carton.

casa *(cássa)* f. maison; **casa consistorial,** hôtel de ville.

casaca *(cassáca)* f. casaque.

casación *(cassazión)* f. cassation.

casadero, ra *(cassadö'ro, ra)* adj. nubile.

casado, da *(cassádo, da)* s. marié, e.

casamentero, ra *(cassamöntö'ro)* m. marieur, euse.

casamiento *(cassamiö'nto)* m. mariage.

casar *(cassár)* tr. marier. —**se** r. se marier, épouser.

cascabel *(cascabö'l)* m. grelot.

cascada *(cascáda)* f. cascade.

cascadura *(cascadou'ra)* f. fêlure.

cascajo *(cascájo)* m. gravier; m. pl. gravats.

cascanueces *(cascanouö'zös)* m. casse-noix.

cascar *(cascár)* tr. casser, briser.

cáscara *(cáscara)* f. coquille, écorce.

cascarón *(cascarón)* m. coquille.

casco *(cásco)* m. crâne, casque; carcasse; sabot (cheval).

cascote *(cascötö)* m. décombres, plâtras.

caseína *(cassöína)* f. caséine.

caserío *(cassörío)* m. hameau.

casero, ra *(cassö'ro, ra)* s. propriétaire; fam. casanier, lère.

caseta *(cassö'ta)* f. dim. maisonnette.

casi *(cássi)* adv. quasi, presque.

casilla *(cassíya)* f. maisonnette; case.

casino *(cassíno)* m. casino.

caso *(cásso)* m. cas.

caspa *(cáspa)* f. pellicules.

casquete *(caskö'tö)* m. casque; calotte.

casquivano, na *(caskiváno, na)* adj. étourdi, e.

casta *(cásta)* f. race, lignée, descendance.

castaña *(castágna)* f. châtaigne; marron.

castañeteo *(castagnötö'o)* m. claquement des dents.

castaño, ña *(castágno, a)* adj. châtain, e; m. chataignier; marronnier.

castañuela *(castagnouö'la)* f. castagnette.

castellano, na *(castöyáno)* s. castillan (langue espagnole); châtelain, e.

castidad *(castidád)* f. chasteté.

castigar *(castigár)* tr. châtier, punir.

castigo *(castígo)* m. châtiment, punition.

castillo *(castíyo)* m. château, forteresse.

castizo, za *(castízo, za)* adj. de bonne race; châtié, e.

casto, ta *(cásto, ta)* adj. chaste.

castor *(castór)* m. castor.

castrar *(castrár)* tr. châtrer.

castrense *(caströ'nsö)* adj. militaire.

casual *(casouál)* adj. casuel, elle.

casualidad *(casoualidád)* f. hasard.

casucha *(casou'cha)* f. fam. cahute.

casulla *(casou'ya)* f. chasuble.

cataclismo *(cataclísmo)* m. cataclysme.

catacumbas *(catacou'mbas)* f. pl. catacombes.

catador *(catadór)* m. gourmet.

catadura *(catadou'ra)* f. dégustation, semblant.

catafalco *(catafálco)* m. catafalque.

catalejo *(catalö'jo)* m. lunette d'approche.

catálogo *(catálogo)* m. catalogue.

cataplasma *(cataplásma)* f. cataplasme.

catapulta *(catapou'lta)* f. *Mil.* catapulte.

catar *(catár)* tr. goûter.

catarata *(cataráta)* f. cataracte.

catarro *(catárro)* m. catarrhe.

catastro *(catástro)* m. cadastre.

catástrofe *(catástrofö)* f. catastrophe.

catecismo *(catözísmo)* m. catéchisme.

catedral *(catödrál)* f. cathédrale, église.

catedrático *(catödrático)* m. professeur.

categoría *(catögoría)* f. catégorie.

categórico, ca *(catögórico, ca)* catégorique.

caterva *(catö'rva)* f. troupe, foule.

cateto *(catö'to)* m. balourd.

cátodo *(cátodo)* m. cathode.

catolicismo *(catolizísmo)* m. catholicisme.

católico, ca *(católico, ca)* adj. catholique.

catorce *(catórzö)* adj. quatorze.

catre *(cátrö)* m. lit de sangle.

cauce *(cáouzö)* m. lit d'une rivière.

caución *(caouzión)* f. caution.

caucho *(cáoucho)* m. caoutchouc.

caudal *(caoudál)* m. biens, richesses; abondance, débit (d'eau).

caudaloso, osa *(caoudalósso, a)* adj. de grand débit (fleuve), riche, important, e.

caudillo *(caoudíyo)* m. chef.

causa *(cáoussa)* f. cause.

causalidad *(caoussalidád)* f. causalité.

causante *(caoussántö)* m. ayant cause.

causar *(caoussár)* tr. causer, produire.

cáustico, ca *(cáoustico, ca)* adj. et s. caustique.

cautela *(caoutö'la)* f. ruse.

cauteloso, sa *(caoutölósso)* adj. cauteleux, euse.

cauterizar *(caoutörizár)* tr. cautériser.

cautivar *(caoutivár)* tr. captiver.

cautiverio *(caoutivö'rio)* m. captivité.

cautivo, va *(caoutívo, va)* adj. captif, ive.

cauto, ta *(cáouto, ta)* adj. prudent, e.

cava *(cáva)* f. fosse; caverne; sommellerie; **vena cava,** veine cave.

cavador *(cavadór)* m. terrassier, fossoyeur.

cavar *(cavár)* tr. creuser; intr. pénétrer dans. [cavité.

caverna *(cavö'rna)* f. caverne.

cavernoso, sa *(cavörnósso, a)* adj. caverneux, euse.

caviar *(caviár)* m. caviar.

cavidad *(cavidád)* f. cavité.

cavilación *(cavilazión)* f. fausse subtilité, sophisme.

cavilar *(cavilár)* tr. user de sophisme, réfléchir.

cayado *(ca-iádo)* m. houlette, crosse.

caza *(cáza)* f. chasse.

cazador, ra *(cazadór, a)* s. chasseur, euse (poét. chasseresse); f. veston; **cazador furtivo,** braconnier.

cazar *(cazár)* tr. chasser.

cazo *(cázo)* m. poêlon, sorte de cuiller.

cazoleta *(cazolö'ta)* f. dim. petite casserole, bassinet, garde d'épée.

cazuela *(cazouö'la)* f. casserole de terre.

cazurro, rra *(cazou'rro, a)* adj. fam. bourru, e.

cebada *(zöbáda)* f. *Bot.* orge.

cebar *(zöbár)* tr. engraisser, amorcer.

cebo *(zö'bo)* m. nourriture, engrais; fig. appât.

cebellina *(zöböyína)* f. zibeline.

cebolla *(zöbóya)* f. oignon; bulbe.

cebra *(zö'bra)* f. zèbre.

cecear *(zözöár)* tr. zézayer.

cedazo *(zödázo)* m. tamis, sas.

ceder *(zödö'r)* tr. e intr. céder.

cedilla *(zödíya)* f. cédille.

cedro *(zö'dro)* m. cèdre.

cédula *(zö'doula)* f. cédula, billet.

cegar *(zögár)* tr. aveugler, combler.

ceguedad *(zöguödád)* f. cécité, aveuglement.

ceguera *(zöguö'ra)* f. privation de la vue, ophtalmie.

ceja *(zö'ja)* f. sourcil.

cejar *(zöjár)* intr. reculer; céder.

celada *(zöláda)* f. salade (casque) embuscade, embûche.

celar *(zölár)* tr. et intr. graver; celer.

celda *(zö'lda)* f. cellule.

celebración *(zölöbrazión)* f. célébration.

celebrar *(zölöbrár)* célébrer.

célebre *(zö'löbrö)* adj. célèbre.

celebridad *(zölöbridád)* f. célébrité.

celemín *(zölömínn)* m. boisseau.

celeridad *(zölöridád)* f. célérité.

celeste *(zölö'stö)* adj. céleste.

celestial *(zölöstiál)* adj. céleste.

celibato *(zölibáto)* m. célibat.

celo *(zö'lo)* m. zèle; appetit charnel; pl. jalousie.

celofán *(zölofán)* m. cellophane.

celosía *(zölossía)* f. jalousie de fenêtre.

celoso, sa *(zölósso, a)* adj. jaloux, ouse.

célula *(zö'loula)* f. cellule.

celular *(zöloulár)* adj. *Anat.* cellulaire.

celuloide *(zöloulói-dö)* m. celluloïd.

celulosa *(zöloulóssa)* f. cellulose.

cementerio *(zömöntö'rio)* m. cimetière.

cemento *(zömö'nto)* m. ciment; cément.

cena *(zö'na)* f. cène, souper.

cenáculo *(zönácoulo)* m. cénacle.

cenacho *(zönácho)* m. cabas.

cenador *(zönadór)* m. berceau (de jardin).

cenagal (zĕnagál) m. bourbier.
cenar (zĕnár) intr. souper.
cencerrada (zĕnzĕrráda) f. fam. charivari.
cencerro (zĕnzĕ'rro) m. clarine, sonnaille.
cenefa (zĕnĕ'fa) f. bordure (de tableau, etc).
cenicero (zĕnizĕ'ro) m. cendrier.
ceniciento, ta (zĕnizie'nto, ta) adj. cendré, e.
cenit (zĕ'nit) m. zénith.
ceniza (zĕníza) f. cendre.
cenobita (zĕnobíta) f. cénobite.
censo (zĕ'nso) m. cens, rente.
censor (zĕnsór) m. censeur.
censura (zĕnsou'ra) f. censure.
censurar (zĕnsourár) tr. censurer, critiquer.
centauro (zĕntáouro) m. centaure.
centella (zĕntĕ'ya) f. étincelle, foudre.
centellear (zĕntĕyeár) intr. étinceler, briller.
centena (zĕntĕ'na) f. centaine.
centenario, ria (zĕntĕnário, a) adj. et s. centenaire.
centeno (zĕntĕ'no) m. seigle.
centésimo, ma (zĕntĕ'ssimo, a) adj. centième.
centígrado, da (zĕntígrado, da) adj. centigrade.
centímetro (zĕntímĕtro) m. centimètre.
céntimo (zĕ'ntimo) m. centime.
centinela (zĕntinĕ'la) f. sentinelle.
central (zĕntrál) adj. central, e.
centralismo (zĕntralismo) m. centralisme.
centralización (zĕntralizazión) f. centralisation.
centralizar (zĕntralizár) tr. centraliser.
centrar (zĕntrár) tr. centrer.
céntrico, ca (zĕ'ntrico, ca) adj. central, e.
centrífugo, ga (zĕntrífugo, ga) adj. centrifuge.
centrípeto, ta (zĕntrípĕto, ta) adj. centripète.
centro (zĕ'ntro) m. centre.
céntuplo (zĕ'ntouplo) adj. et s. centuple.
centuria (zĕntou'ria) f. centaine (d'années), centurie.
ceñido, da (zĕgnído, da) adj. ceint, e.
ceñidor (zĕgnidór) m. ceinture.
ceñir (zĕgnír) tr. ceindre; —se r. fig. se restreindre, se borner.
ceño (zĕ'gno) m. froncement de sourcils.
ceñudo, da (zĕgnou'do, da) adj. sombre.
cepa (zĕ'pa) f. Bot. souche, cep.
cepillar (zĕpiyár) tr. brosser, raboter.
cepillo (zĕpíyo) m. rabot, brosse.
cepo (zĕ'po) m. billot; cep; branche; jas.
cera (zĕ'ra) f. cire.
cerámica (zĕrámica) f. céramique.
cerca (zĕ'rca) f. clôture; adv. près.
cercado (zĕrcádo) m. clos, enclos.
cercanía (zĕrcanía) f. voisinage.
cercano, na (zĕrcáno, na) adj. proche.

cercar (zĕrcár) tr. clore; assiéger.
cercenar (zĕrzĕnár) tr. rogner.
cerciorar (zĕrziorár) tr. certifier; affirmer; —se r. s'assurer.
cerco (zĕ'rco) m. cercle, enceinte; Mil. siège (d'une place).
cerda (zĕ'rda) f. crin; soie (sanglier, etc.) truie.
cerdo (zĕ'rdo) m. cochon, porc.
cereal (zĕrĕál) adj. Bot. céréale.   [cervelet.
cerebelo (zĕrĕbĕ'lo) m. Anat.
cerebro (zĕrĕ'bro) m. cerveau.
ceremonia (zĕrĕmónia) f. cérémonie.
ceremonial (zĕrĕmoniál) adj. et s. cérémonial.
ceremonioso, sa (zĕrĕmoniósso, a) adj. cérémonieux, euse.
cereza (zĕrĕ'za) f. cerise.
cerezo (zĕrĕ'zo) m. cerisier.
cerilla (zĕríya) f. allumette, cérumen.
cerner (zĕrnĕ'r) tr. bluter; intr. être en fleur.
cero (zĕ'ro) m. Arithm. zéro.
cerrado, da (zĕrrádo, da) adj. fermé, e; m. enclos.
cerradura (zĕrradou'ra) f. serrure.
cerrajero (zĕrrajĕ'ro) m. serrurier.
cerrar (zĕrrár) clore, fermer, boucher.
cerril (zĕrríl) adj. scabreux, euse; grossier, ière; sauvage.
cerro (zĕ'rro) m. coteau, colline.
cerrojo (zĕrrójo) m. verrou.
certamen (zĕrtámĕn) m. duel; concours.
certero, ra (zĕrtĕ'ro, ra) adj. adroit, e.
certeza (zĕrtĕ'za) f. certitude.
certidumbre (zĕrtidou'mbrĕ) f. certitude.
certificado (zĕrtificádo) m. certificat.
certificar (zĕrtificár) tr. certifier; recommander (lettres).
cerumen (zĕrou'mĕn) m. cérumen.
cervecería (zĕrvĕzĕría) f. brasserie.
cerveza (zĕrvĕ'za) f. bière.
cerviz (zĕrvíz) f. nuque.
cesación (zĕssazión) f. cessation.
cesar (zĕssár) intr. cesser.
cese (zĕ'ssĕ) m. cessation.
cesión (zĕssión) f. cession.
césped (zĕ'spĕd) m. gazon.
cesta (zĕ'sta) f. corbeille, panier.
cesto (zĕ'sto) m. panier d'osier.
cesura (zĕssou'ra) f. cesure.
cetáceo, a (zĕtázĕo, a) adj. et s. cétacé, e.
cetrino, na (zĕtríno, na) adj. citrin, e.
cetro (zĕ'tro) m. spectre.
chabacano, na (chabacáno, na) adj. grossier, ière; rustre.
chabola (chabóla) f. baraque.
chacal (chacál) m. chacal.
chacota (chacóta) f. joie bruyante; divertissement; plaisanterie.
cháchara (cháchara) f. babil; caquet.
chafar (chafár) tr. écraser; gâter.
chaflán (chaflán) m. biseau.
chal (chál) m. châle.
chalado, da (chaládo, da) adj. toqué, e.
chalana (chalána) f. chaland.
chaleco (chalĕ'co) m. gilet.
chalet (chalĕ't) m. chalet.

chancleta (chanclĕ'ta) f. savate.
chanclo (chánclo) m. socque; claque.
chanchullo (chanchou'yo) m. intrigue.
chantaje (chantájĕ) m. chantage.
chantre (chántrĕ) m. chantre.
chanza (chánza) f. plaisanterie.
chapa (chápa) f. plaque.
chapado (chapádo) m. placage.
chaparrón (chaparrón) m. averse.
chapoteo (chapotĕ'o) m. barbotement.
chapucear (chapouzĕár) tr. bousiller, gâcher.
chapucero (chapouzĕ'ro) m. bousilleur.
chapurrear (chapourrĕár) tr. baragouiner.
chapuzón (chapouzón) m. plongeon.
chaqueta (chakĕ'ta) f. jaquette.
charada (charáda) f. charade.
charanga (charánga) f. fanfare.
charca (chárca) f. mare.
charco (chárco) m. flaque.
charla (chárla) f. fam. bavardage.
charlar (charlár) intr. fam. bavarder.
charlatán, na (charlatán, a) adj. bavard, e.
charnela (charnĕ'la) f. charnière.
charol (charól) m. vernis.
chascarrillo (chascarríyo) m. historiette.
chasco (chásco) m. échec; déception.
chasis (chássis) m. châssis.
chasquear (chaskĕár) tr. faire claquer.
chasquido (chaskído) m. claquement; craquement.
chatarra (chatárra) f. ferraille.
chato, ta (cháto, ta) adj. camus, e; plat, e; m. verre de vin.
chaval (chavál) f. jeune fille.
chaveta (chavĕ'ta) f. clavette; **perder la chaveta**, perdre l'esprit.
cheque (chĕ'kĕ) m. chèque.
chicle (chíklĕ) m. chewing gum.
chico, ca (chíco, ca) adj. petit, e; m. enfant, petit garçon.
chichón (chichón) m. bosse à la tête.
chifladura (chifladou'ra) f. manie; toquade.
chillar (chiyár) intr. fam. crier; grincer.
chillido (chiyído) m. cri ou son aigu.
chillón, na (chiyón, a) s. fam. criard, e.
chimenea (chimĕnĕ'a) f. cheminée.
chimpancé (chimmpanzĕ') m. chimpanzé.
chinche (chínchĕ) f. punaise.
chiquillo, lla (chikíyo, ya) adj. dim. de **chico**, tout petit.
chiquillada (chikiyáda) f. enfantillage.
chiribitil (chiribitíl) m. galetas; recoin.
chirigota (chirigóta) f. plaisanterie.
chirimbolo (chirimmbólo) m. bibelot.
chiripa (chiripa) f. raccroc, chance.
chirivía (chirivía) f. panais.
chirriar (chiriár) intr. pétiller, grincer, crier.
chisme (chísmĕ) m. rapport, babiole, indiscretion.
chismorreo (chismorrĕ'o) m. bavardage.

chismoso, sa (chismósso, a) adj. cancanier, ière.
chispa (chíspa) f. étincelle; fig. vivacité d'esprit.
chispazo (chispázo) m. jaillissement d'une étincelle.
chispeante (chispĕántĕ) adj. étincelant, e.
chispear (chispĕár) intr. étinceler, pétiller.
chisporrotear (chisporrotĕár) intr. pétiller, étinceler, crépiter.
chisporroteo (chisporrotĕ'o) m. petillement, crépitation.
chistar (chistár) intr. marmotter, parler.
chiste (chístĕ) m. plaisanterie.
chistera (chistĕ'ra) f. chapeau (haut de forme).
chistoso, sa (chistósso, a) adj. plaisant, e.
chivo (chívo) m. bouc.
chocante (chocántĕ) adj. choquant, e.
chocar (chocár) intr. heurter; tr. choquer.
chocolate (chocolátĕ) m. chocolat.
chocolatería (chocolatĕría) f. chocolaterie.
chochear (chochĕár) intr. radoter.
chófer (chófĕr) m. chauffeur.
chopo (chópo) m. Bot. peuplier.
choque (chókĕ) m. choc.
chorizo (chorízo) m. saucisson.
chorrear (chorrĕár) intr. dégoutter.
chorro (chórro) m. jet.
choza (chóza) f. cabane, hutte.
chubasco (choubásco) m. averse.
chubasquero (choubaskĕ'ro) m. imperméable.
chuchería (chouchĕría) f. colifichet; bagatelle.
chufa (chou'fa) f. fruit du souchet.
chufleta (chouflĕ'ta) f. raillerie.
chulo, la (chou'lo, la) s. grossier; ière; drôle; m. souteneur.
chuleta (choulĕ'ta) f. côtelette.
chupador, ra (choupadór, a) adj. et s. suceur, euse; m. hochet.   [pirer.
chupar (choupár) tr. sucer, aspirer.
chupetear (choupĕtĕár) tr. suçoter.
chupón, na (choupón, a) adj. fam. qui suce; s. parasite.
churre (chou'rrĕ) m. suint.
churro (chou'rro) m. beignet; fig. malfaçon.
chuscada (chouscáda) f. bonne grâce.
chusco, ca (chou'sco, ca) adj. et s. drôle.
chusma (chou'sma) f. chiourme; populace.
chuzo (chou'zo) m. pique, hallebarde.
cianuro (zianou'ro) m. cyanure.
cibernética (zibĕrnĕ'tica) f. cybernétique.
cicatriz (zicatríz) f. cicatrice.
cicatrizar (zicatrizár) tr. cicatriser.
ciclismo (ziclísmo) m. cyclisme.
ciclista (ziclísta) s. cycliste.
ciclo (ziclo) m. cycle.
ciclón (ziclón) m. cyclone.
ciclópeo, a (ziclópĕo, a) adj. cyclopéen, enne.
cicuta (zicou'ta) f. ciguë.
cidra (zídra) f. citron.
ciego, ga (ziĕ'go, ga) adj. aveugle.
cielo (ziĕ'lo) m. ciel.
ciempiés (ziĕmpiĕ's) f. millepieds.

cien (zië'n) adj. num. cent.
ciénaga (zië'naga) f. marais.
ciencia (zië'nzia) f. science.
cieno (zië'no) m. boue, fange.
científico, ca (zië'ntífico, ca) adj. scientifique; savant.
ciento (zië'nto) adj. num. cent.
cierre (zië'rrë) m. fermeture.
cierto, ta (zië'rto, ta) adj. certain, e.
ciervo (zië'rvo) m. cerf.
cierzo (zië'rzo) m. bise.
cifra (zífra) f. chiffre.
cigarra (zigárra) f. cigale.
cigarrillo (zigarríyo) m. cigarette.
cigarro (zigárro) m. cigare.
cigüeña (zigouë'gna) f. cigogne; manivelle de tour.
cigüeñal (zigouëgnál) m. vilebrequin (d'un moteur).
cilindrada (zilinndráda) f. méc. cylindrée.
cilindro (zilínndro) m. cylindre.
cima (zíma) f. cime, sommet.
cimentar (ziměntár) tr. cimenter.
cimiento (zimië'nto) m. fondement.
cinc (zínnc) m. zinc.
cincel (zinnzë'l) m. ciseau, ciselet.
cincelar (zinnzëlár) tr. ciseler.
cinco (zínnco) adj. num. et m. cinq.
cincuenta (zinncouë'nta) adj. num. cinquante.
cincha (zínncha) f. sangle de selle, etc.
cine (zíné) m. cinéma.
cinematógrafo (zinëmatógrafo) m. cinématographe.
cínico, ca (zínico, ca) adj. cynique.
cinismo (zinísmo) m. cynisme.
cinta (zínnta) f. ruban.
cintura (zinntou'ra) f. ceinture.
cinturón (zinntourón) m. ceinturon.
ciprés (ziprë'ss) m. Bot. cyprès. [que.
circense (zirzë'nsë) adj. du circo (zírco) m. cirque.
circuito (zircouíto) m. circuit.
circulación (zircoulazión) f. circulation.
circular (zircoulár) intr. circuler; f. circulaire (lettre).
círculo (zírcoulo) m. cercle.
circundar (zircoundár) tr. entourer.
circunferencia (zircounfërë'nzia) f. circonférence.
circunflejo (zircounflë'jo) adj. cinconflexe.
circunloquio (zircounlókio) m. circonlocution.
circunscripción (zircounscripzión) f. circonscription.
circunspecto, ta (zircounspë'cto, ta) adj. circonspect, e.
circunstancia (zircounstánzia) f. circonstance.
circunstancial (zircounstanziál) adj. circonstanciel, elle.
circunvalación (zircounvalazión) f. circonvallation.
cirio (zírio) m. cierge.
ciruela (zirouë'la) f. prune.
ciruelo (zirouë'lo) m. prunier.
cirugía (zirouJía) f. chirurgie.
cirujano (ziroujáno) m. chirurgien.
cisco (zísco) m. poussier; fig. tapage.
cisma (zísma) m. schisme.
cismático, ca (zismático, ca) adj. schismatique.
cisne (zísnë) m. cygne.
cisterna (zistë'rna) f. citerne.
cita (zíta) f. rendez-vous; citation.

citación (zitazión) f. citation.
citar (zitár) tr. citer, donner rendez-vous.
cítara (zítara) f. cithare.
ciudad (zioudád) f. ville, cité.
ciudadano, na (zioudadáno, na) adj. citadin, e; m. citoyen.
ciudadela (zioudadë'la) f. citadelle.
cívico, ca (zívico, ca) adj. civique.
civil (zivíl) adj. civil, e.
civilización (zivilizazión) f. civilisation.
civilizar (zivilizár) tr. civiliser.
civismo (zivísmo) m. civisme.
cizalla (zizáya) f. cisaille.
cizaña (zizágna) f. ivraie; fig. zizanie.
clamar (clamár) tr. e intr. crier; se plaindre.
clamor (clamór) m. cri, clameur.
clandestinidad (clandëstinidád) f. clandestinité.
clara (clára) f. fam. éclaircie; blanc d'œuf.
claraboya (clarabó-ia) f. claire-voie.
clarear (clareár) intr. éclaircir, poindre.
clarete (clarë'të) adj. clairet (vin).
claridad (claridád) f. clarté.
clarificar (clarificár) tr. clarifier.
clarín (clarínn) m. Mus. clairon.
clarinete (clarinë'të) m. Mus. clarinette.
clarividencia (clarividë'nzia) f. clairvoyance.
claro, ra (cláro, ra) adj. clair, e; clairsemé, e.
claroscuro (claroscou'ro) m. clair-obscur.
clase (clássë) f. classe; sorte.
clásico, ca (clássico, ca) adj. classique.
clasificación (classificazión) f. classification.
clasificador (classificadór) m. classeur (papiers).
clasificar (classificár) tr. classer.
claudicar (claoudicár) intr. clocher, boiter; fig. se soumettre.
claudicación (claoudicazión) f. claudication.
claustro (cláoustro) m. cloître.
cláusula (cláoussoula) f. clause.
clausura (claoussou'ra) f. clôture.
clausurar (claoussourár) tr. clore, fermer.
clavar (clavár) tr. clouer.
clave (clavë') f. Archit. clef de voûte; m. Mús. clavecin.
clavel (clavë'l) m. œillet.
clavetear (clavëtëár) intr. clouter.
clavicordio (clavicórdio) m. clavecin.
clavícula (clavicou'la) f. Anat. clavicule.
clavija (clavíja) f. cheville.
clavo (clávo) m. clou; cor, durillon.
clemencia (clëmë'nzia) f. clémence.
clemente (clëmë'ntë) adj. clément, e.
clerecía (clërë'zia) f. clergé.
clerical (clërícál) adj. clérical, e.
clérigo (clë'rigo) m. clerc.
clero (clë'ro) m. clergé.
cliente (clië'ntë) s. client, e.
clientela (clientë'la) f. clientèle.
clima (clíma) m. climat.
climatología (climatoloJía) f. climatologie.
clínica (clínica) f. clinique.

clise (clissë') m. cliché.
cloaca (cloáca) f. cloaque, égout.
cloro (clóro) m. Chim. chlore.
clorofila (clorofíla) f. chlorophylle.
cloroformo (clorofórmo) m. chloroforme.
club (clou'b) m. club.
clueca (clouë'ca) adj. couveuse.
coacción (coazión) f. coaction.
coagulación (coagoulazión) f. coagulation.
coagular (coagoulár) tr. coaguler.
coágulo (coágoulo) m. Med. coagulum; caillot.
coalición (coalizión) f. coalition.
coartada (coartáda) f. alibi.
coartar (coartár) tr. borner, restreindre.
cobalto (cobálto) m. cobalt.
cobarde (cobárdë) adj. lâche.
cobardía (cobardía) f. lâcheté.
cobayo (cobá-io) m. cobaye.
cobertera (cobërtë'ra) f. couvercle.
cobertor (cobërtór) m. courtepointe, couverture.
cobertura (cobërtou'ra) f. couverture.
cobijar (cobijár) tr. couvrir, boucher.
cobrador (cobradór) m. receveur.
cobranza (cobránza) f. recouvrement.
cobrar (cobrár) tr. exiger, percevoir.
cobre (cóbrë) m. cuivre.
cobrizo, za (cobrízo, za) adj. cuivré, e.
cobro (cóbro) m. recouvrement, perception.
cocaína (coca-ína) f. cocaïne.
cocción (coczión) f. coction.
cocear (cozeár) tr. ruer.
cocer (cozë'r) tr. cuire.
cocido, da (cozído, da) p. p. de cocer; m. pot-au-feu.
cocina (cozína) f. cuisine.
cocinar (cozinár) tr. cuisiner.
cocinero, ra (cozinë'ro, ra) s. cuisinier, ière.
coco (cóco) m. Bot. coco (noix de) ;fam. croquemitaine.
cocodrilo (cocodrílo) m. crocodile.
cocotero (cocotë'ro) m. cocotier.
coche (cóchë) m. voiture; carrosse.
cochera (cochë'ra) f. remise.
cochero (cochë'ro) m. cocher.
cochino, na (cochíno, na) adj. fam. malpropre, sale.
codazo (codázo) m. coup de coude.
codear (codeár) intr. coudoyer.
códice (códizë) m. registre.
codicia (codízia) f. cupidité, convoitise.
codiciar (codiziár) tr. convoiter.
codicilo (codizílo) m. codicile.
codicioso, sa (codiziósso, sa) adj. avide.
codificar (codificár) tr. codifier.
código (código) m. code.
codo (códo) m. coude; coudée.
codorniz (codorníz) f. caille.
coeficiente (coëfizië'ntë) m. coefficient.
coetáneo, a (coëtáněo, a) adj. contemporain, e.
coexistencia (coëcsistë'nzia) f. coexistence.
cofa (cófa) f. Mar. hune.
cofia (cófia) f. coiffe.
cofrade (cofrádë) s. confrère.
cofradía (cofradía) f. confrérie.
cofre (cófrë) m. coffre.

coger (cojë'r) tr. cueillir; prendre; fig. contenir; occuper (un espace).
cogida (cojída) f. cueillette; coup de corne (taureaux).
cogollo (cogóyo) m. cœur (de laitue, etc.).
cogote (cogótë) m. nuque.
cohabitar (coabitár) intr. cohabiter.
cohechar (coëchár) tr. suborner.
coherencia (coërë'nzia) f. cohérence.
coherente (coërë'ntë) adj. cohérent, e.
cohesión (coëssión) f. cohésion.
cohete (coë'të) m. fusée.
cohibir (co-ibír) tr. réfréner, réprimer.
cohorte (coórtë) f. cohorte.
coincidencia (co-innzidë'nzia) f. coïncidence.
coincidir (co-innzidír) tr. coïncider.
cojear (cojëár) intr. boiter, clocher.
cojera (cojë'ra) f. boitement, clochement.
cojín (cojínn) m. coussin.
cojinete (cojinë'të) m. coussinet.
cojo, ja (cójo, ja) adj. et s. boiteux, euse.
col (cól) f. chou.
cola (cóla) f. queue; colle.
colaboración (colaborazión) f. collaboration.
colaborador, ra (colaboradór, a) s. collaborateur, trice.
colaborar (colaborár) tr. collaborer.
colación (colazión) f. collation.
colada (coládda) f. lessivage.
colador (coladór) m. tamis.
colar (colár) tr. couler, filtrer (une liqueur).
colcha (cólcha) f. couverture piquée, courtepointe.
colchón (colchón) m. matelas de lit.
colección (colëczión) f. collection; recueil, réunion.
coleccionar (colëczionár) tr. collectionner.
colecta (colë'cta) f. collecte.
colectivismo (colë'ctivísmo) m. collectivisme.
colector (colëctór) m. collecteur.
colega (colë'ga) m. collègue..
colegial, la (colëjiál, a) adj. et s. collégien, enne.
colegiata (colëjiáta) f. église collégiale.
colegio (colë'jio) m. collège.
colegir (colëjír) tr. recueillir, déduire.
coleóptero (colëóptëro) m. coléoptère.
colérico, ca (colë'rico, ca) adj. colérique.
coleta (colë'ta) f. natte; chignon.
colgador (colgadór) m. étendoir.
colgadura (colgadou'ra) f. tenture.
colgante (colgántë) m. Archit. feston; adj. suspendu, e.
colgar (colgár) tr. prendre.
cólico (cólico) m. colique.
coliflor (coliflór) f. Bot. chou-fleur.
coligarse (coligársë) r. s'allier.
colilla (coliya) f. mégot.
colina (colína) f. colline.
colindante (colinndántë) adj. limitrophe.
colisión (colissión) f. collision.
colmado, da (colmádo, da) adj. comblé, e; m. épicerie.
colmar (colmár) tr. combler.
colmena (colmëna) f. ruche.

278

colmillo *(colmíyo)* m. canine; défense **(éléphant)**.
colmo *(cólmo)* m. comble.
colocación *(colocazión)* f. placement; fig. place, emploi.
colocar *(colocár)* tr. placer.
colofón *(colofón)* m. note finale.
colon *(cólon)* m. *Anat.* côlon.
colonia *(colónia)* f. colonie; eau de Cologne.
colonial *(coloniál)* adj. colonial, e.
colonización *(colonizazión)* f. colonisation.
colonizar *(colonizár)* intr. coloniser.
colono *(colóno)* m. colon; fermier.
coloquio *(colókio)* m. colloque.
color *(colór)* m. couleur.
coloración *(colorazión)* f. coloration.
colorado, da *(colorádo, da)* adj. rouge; vermeil, eille.
colorante *(colorántë)* adj. et s. colorant, e.
colorear *(coloreár)* tr. fig. colorer.
colorete *(coloré'të)* m. rouge, fard.
colorido *(colorído)* m. coloris.
colosal *(colossál)* adj. colossal, e.
coloso *(colósso)* m. colosse.
columbrar *(coloumbrár)* tr. apercevoir.
columna *(colou'mna)* f. colonne.
columnata *(coloumnáta)* f. colonnade.
columpiar *(coloumpiár)* tr. balancer.
columpio *(colou'mpio)* m. balançoire.
colusión *(coloussión)* f. collusion.
collado *(coyádo)* m. coteau, colline.
collar *(coyár)* m. collier, carcan.
coma *(cóma)* f. virgule; m. coma.
comadre *(comádrë)* f. commère; sage-femme.
comadrear *(comadreár)* intr. fam. bavarder.
comadreja *(comadrë'ja)* f. belette.
comadrona *(comadróna)* f. sage-femme.
comandante *(comandántë)* m. commandant.
comandita *(comandíta)* f. commandite.
comanditario, ria *(comanditário, a)* adj. commanditaire.
comarca *(comárca)* f. contrée.
comba *(cómba)* f. courbure, cambrure.
combate *(combátë)* m. combat.
combatiente *(combatië'ntë)* m. combattant.
combatir *(combatír)* tr. et intr. combattre.
combinación *(combinazión)* f. combinaison.
combinado, da *(combinádo, da)* adj. combiné, e; m. combiné. [ner.
combinar *(combinár)* tr. combiner.
combustible *(comboustíblë)* adj. combustible.
combustión *(comboustión)* f. combustion.
comedia *(comë'dia)* f. comédie.
comediante, ta *(comëdiántë, ta)* adj. et s. comédien, enne.
comedido, da *(comëdído, da)* ad. modéré, e; discret, ète.
comedor *(comëdór)* m. salle à manger.
comendador *(comëndadór)* m. commandeur.

comensal *(comënsál)* adj. commensal.
comentar *(comëntár)* tr. commenter.
comentario *(comëntário)* m. commentaire.
comenzar *(comënzár)* tr. e intr. commencer.
comer *(comë'r)* tr. manger.
comercial *(comërziál)* adj. commercial, e.
comerciante *(comërziántë)* m. commerçant.
comerciar *(comërziár)* tr. commercer.
comercio *(comë'rzio)* m. commerce.
comestible *(comëstíblë)* adj. comestible; m. pl. aliments.
cometa *(comë'ta)* m. *Astr.* comète; cerf-volant.
cometer *(comëtë'r)* tr. commettre. [sion.
cometido *(comëtído)* m. mission.
comezón *(comëzón)* f. démangeaison.
comicios *(comízios)* m. pl. comices.
cómico, ca *(cómico, ca)* adj. comique.
comida *(comída)* f. aliment; nourriture; repas; dîner.
comienzo *(comië'nzo)* m. commencement.
comilona *(comilóna)* f. repas abondant.
comillas *(comíyas)* f. pl. guillemets.
comisaría *(comissaría)* f. commissariat.
comisario *(comissário)* m. commissaire.
comisión *(comissión)* f. commission.
comisionista *(comissionísta)* m. commissionnaire.
comité *(comité)* m. comité.
comitiva *(comitíva)* f. suite, cortège.
como *(cómo)* adv. comme; comment; conj. puisque.
comodidad *(comodidád)* f. commodité.
cómoda *(cómoda)* f. commode.
cómodo, da *(cómodo, da)* adj. commode.
comodoro *(comodóro)* m. commodore.
compacto, ta *(compácto, ta)* adj. compact, e.
compadecer *(compadëzë'r)* tr. plaindre; compartir.
compadre *(compádrë)* m. compère.
compaginar *(compajinár)* tr. assembler, combiner.
compañero, ra *(compagnë'ro, ra)* s. compagnon, compagne.
compañía *(compagnía)* f. compagnie.
comparable *(comparáblë)* adj. comparable.
comparación *(comparazión)* f. comparaison.
comparar *(comparár)* tr. comparer.
comparativo, va *(comparativo, va)* adj. comparatif, ive.
comparecencia *(comparëzë'nzia)* f. comparution.
comparecer *(comparëzë'r)* intr. *Jur.* comparaître.
comparsa *(compársa)* f. comparse.
compartimiento *(compartimië'nto)* m. compartiment.

compartir *(compartír)* tr. répartir.
compás *(compáss)* m. compás; *Mus.* mesure.
compasión *(compassión)* f. compassion, pitié.
compasivo, va *(compassívo, va)* adj. compatissant, e.
compatibilidad *(compatibilidád)* f. compatibilité.
compatible *(compatíblë)* adj. compatible.
compatriota *(compatrióta)* s. compatriote. [traindre.
compeler *(compëlë'r)* tr. contraindre.
compendiar *(compëndiár)* tr. abréger.
compendio *(compë'ndio)* m. abrégé, précis.
compenetrarse *(compënëtrársë)* r. se compénétrer.
compensación *(compënsazión)* f. compensation.
compensar *(compënsár)* tr. compenser.
competencia *(compëtë'nzia)* f. compétence.
competente *(compëtë'ntë)* adj. compétent, e.
competer *(compëtë'r)* intr. compéter.
competición *(compëtizión)* f. compétition.
competidor, ra *(compëtidór, ra)* adj. et s. compétiteur, trice.
competir *(compëtír)* intr. concourir; rivaliser.
compilación *(compilazión)* f. compilation.
compilar *(compilár)* tr. compiler.
compinche *(compínnchë)* s. fam. copain.
complacencia *(complazë'nzia)* f. complaisance.
complacer *(complazë'r)* tr. complaire.
complaciente *(complazië'ntë)* p. prés. de **complacer.**
complejo *(complë'jo)* adj. complexe.
complementario, ria *(complëmëntário, a)* adj. complémentaire. [m. complément.
complemento *(complëmë'nto)*
completar *(complëtár)* tr. compléter.
completo, ta *(complë'to, ta)* adj. complet, ète.
complexión *(complëgsión)* f. complexion.
complicación *(complicazión)* f. complication.
complicado, da *(complicádo, da)* adj. compliqué, e.
complicar *(complicár)* tr. compliquer. [ce.
cómplice *(cómplizë)* s. complice.
complicidad *(complizidád)* f. complicité.
complot *(complót)* m. complot.
componer *(compone'r)* tr. composer; arranger.
comportamiento *(comportamië'nto)* m. conduite.
comportar *(comportár)* tr. comporter; —se r. se conduire.
composición *(compossizión)* f. composition.
compositor *(compossitór)* m. compositeur.
compostura *(compostou'ra)* f. contenance; réparation.
compota *(compóta)* f. compote.
compra *(cómpra)* f. achat, emplette.

comprador *(compradór)* m acheteur.
comprar *(comprár)* tr. acheter.
comprender *(comprëndë'r)* tr comprendre.
comprensión *(comprënsión)* f compréhension.
comprensivo, va *(comprënsívo va)* adj. compréhensif, ive.
compresa *(comprë'ssa)* f. *Chi* compresse.
compresor *(comprëssór)* m. com presseur.
comprimido *(comprimído)* m comprimé.
comprimir *(comprimír)* tr. com primer.
comprobación *(comprobazión* f. vérification, certitude.
comprobante *(comprobántë)* m pièce justificative, vérifica teur.
comprobar *(comprobár)* tr. co firmer; prouver.
comprometedor, ra *(compromë tëdór, a)* adj. compromet tant, e.
comprometer *(compromëtë'r)* tr compromettre.
compromiso *(compromísso)* m compromis.
compuerta *(compoue'ria)* f. éclu se, vanne.
compuesto, ta *(compoue'sto, ta adj. composé, e.
compulsar *(compoulsár)* f. *Ju* compulser; contraindre.
compungido, da *(compounjíd da)* adj. affligé, e.
computar *(compoutár)* tr. co puter. [pu
cómputo *(cómpouto)* m. com
comulgante *(comoulgántë)* s communiant, e.
comulgar *(comoulgár)* tr. et ir tr. communier.
común *(comou'n)* adj. commur e; m. communauté.
comunal *(comounál)* adj. com munal, e.
comunicación *(comounicazión* f. communication.
comunicado *(comounicádo)* n communiqué.
comunicar *(comounicár)* tr. com muniquer.
comunidad *(comounidád)* f. com munauté; communion.
comunismo *(comounísmo)* n communisme.
comunista *(comounísta)* adj. e s. communiste.
con *(cón)* prep. avec.
conato *(conáto)* m. effort; te tative.
concavidad *(concavidád)* f. co cavité.
cóncavo, va *(cóncavo, va)* ac concave.
concebir *(conzëbír)* intr. conc voir.
conceder *(conzëdë'r)* tr. acco der.
concejal *(conzëjál)* m. consei ler municipal.
concejo *(conzë'jo)* m. conse municipal.
concentración *(conzëntrazión* f. concentration.
concentrado, da *(conzëntrád da)* adj. concentré, e.
concentrar *(conzëntrár)* tr. con centrer.
concéntrico, ca *(conzë'ntrico, adj. Geom. concentrique.
concepción *(conzëpzión)* f. con ception.
concepto *(conzë'pto)* m. con cept.
conceptuar *(conzëptouár)* tr. ger, penser.
concerniente *(conzërnië'ntë)* prés. de **concernir.**

concernir *(conzërnír)* intr. concerner, appartenir.

concertar *(conzërtár)* tr. arranger, traiter; concerter.

concesión *(conzëssión)* f. concession, privilège.

concesionario *(conzëssionário)* m. concessionnaire.

conciencia *(conziëʹnzia)* f. conscience.

concienzudo, da *(conziënzou'do, da)* adj. consciencieux, euse.

concierto *(conziëʹrto)* m. concert; ordre; accord.

conciliábulo *(conziliáboulo)* m. conciliabule.

conciliación *(conziliazión)* f. conciliation.

conciliador, ra *(conziliadór, a)* s. conciliateur, trice.

conciliar *(conziliár)* adj. conciliaire; tr. concilier.

concilio *(conzílio)* m. concile.

concisión *(conzissión)* f. concision.

conciso, sa *(conzísso, a)* adj. concis, e.

conciudadano *(conzioudadáno)* s. concitoyen.

cónclave *(cónclavë)* m. conclave.

concluir *(conclouír)* tr. conclure.

conclusión *(conclussión)* f. conclusion; en conclusión, enfin.

concomitancia *(concomitánzia)* f. concomitance.

concordancia *(concordánzia)* f. concordance.

concordar *(concordár)* tr. accorder; intr. s'accorder.

concordato *(concordáto)* m. concordat.

concordia *(concórdia)* f. concorde.

concreción *(concrëzión)* f. concrétion. [ser.

concretar *(concrëtár)* tr. préciser.

concreto, ta *(concrëʹto, ta)* adj. concret, ète.

concubina *(concoubína)* f. concubine.

concupiscencia *(concoupiszëʹnzia)* f. concupiscence.

condensador *(condënsadór)* m. m. *Phys.* condensateur.

condensar *(condënsár)* tr. condenser.

condesa *(condëʹssa)* f. contesse.

condado *(condádo)* m. comté.

conde *(cóndë)* m. comte.

condecoración *(condëcorazión)* f. décoration.

condecorar *(condëcorár)* tr. décorer.

condena *(condëʹna)* f. condamnation.

condenación *(condënazión)* f. condamnation; damnation.

condenado, da *(condënádo, da)* adj. et s. damné, e.

condenar *(condënár)* tr. condamner.

condensación *(condënsazión)* f. *Phys.* condensation.

condescender *(condëszëndëʹr)* tr. condescendre.

condescendiente *(condëszëndiëʹntë)* adj. complaisant, e.

condición *(condizión)* f. condition.

condicional *(condizionál)* adj. conditionnel, elle.

condicionar *(condizionár)* intr. conditionner.

condimentar *(condimëntár)* tr. assaisonner.

condimento *(condimëʹnto)* m. assaisonnement.

condiscípulo *(condiszípoulo)* m. condisciple.

condolencia *(condolëʹnzia)* f. condoléance.

cóndor *(cóndor)* m. condor.

conducción *(condouczión)* f. conduite; conduction.

conducir *(condouzír)* tr. conduire.

conducta *(condou'cta)* f. conduite.

conducto *(condou'cto)* m. conduit.

conductor *(condouctór)* s. conducteur.

conectar *(conëctár)* tr. connecter.

conejo *(conëʹjo)* m. lapin.

conexión *(conëgsión)* f. connexion.

confabulación *(confaboulazión)* f. confabulation.

confección *(confëczión)* f. confection.

confeccionar *(confëczionár)* tr. confectionner.

confederación *(confëdërazión)* f. confédération, alliance.

confederado, da *(confëdërádo, da)* adj. et s. confédéré, e.

confederar *(confëdërár)* adj. liguer, coaliser.

conferencia *(confërëʹnzia)* f. conférence.

conferenciante *(confërënziántë)* s. conférencier, ière.

conferenciar *(confërënziár)* tr. conférer; délibérer.

conferir *(confërír)* tr. conférer.

confesar *(confëssár)* tr. confesser.

confesión *(confëssión)* f. confesión, aveu.

confesonario *(confëssionário)* m. confessional.

confesor *(confëssór)* m. confesseur.

confiado, da *(confiádo, da)* adj. confiant, e; hardi, e.

confianza *(confiánza)* f. confiance.

confiar *(confiár)* tr. confier.

confidencia *(confidëʹnzia)* f. confidence.

confidencial *(confidënziál)* adj. confidentiel, elle.

confiar *(confiár)* tr. confier.

confín *(confím)* m. confín.

confinar *(confinár)* intr. confiner; tr. reléguer.

confirmación *(confirmazión)* f. confirmation.

confirmar *(confirmár)* tr. confirmer.

confiscación *(confiscazión)* f. confiscation.

confiscar *(confiscár)* tr. confisquer.

confitar *(confitár)* tr. confire.

confite *(confitë)* m. dragée.

confitería *(confitería)* f. boutique de confiseur.

confitero *(confitëʹro)* s. confiseur.

confitura *(confitou'ra)* f. confiture.

conflagración *(conflagrazión)* f. conflagration.

conflicto *(conflícto)* m. conflit.

confluencia *(confluëʹnzia)* f. confluent; confluence.

confluir *(confluír)* intr. confluer.

conformación *(conformazión)* f. conformation.

conformar *(conformár)* tr. conformer; —se r. fig. se résigner.

conforme *(confórmë)* adj. conforme; de même avis.

conformidad *(conformidád)* f. conformité.

confort *(confór)* m. confort.

confortable *(confortáblë)* adj. confortable.

confortar *(confortár)* tr. conforter.

confraternidad *(confratërnidád)* f. fraternité.

confrontación *(confrontazión)* f. confrontation.

confrontar *(confrontár)* tr. confronter; comparer.

confundir *(confoundír)* tr. confondre; —se r. se confondre.

confusión *(confoussión)* f. confusion.

confuso, sa *(confou'sso, sa)* adj. confus, e.

congelar *(conjëlár)* tr. congeler.

congeniar *(conjëniár)* intr. sympathiser.

congénito, ta *(conjëʹnito, ta)* adj. congénital, e.

congestión *(conjëʹstión)* f. *Méd.* congestion.

conglomerado *(conglomërádo)* m. conglomérat.

congoja *(congója)* f. angoisse.

congraciar *(congraziár)* tr. flatter.

congratulación *(congratoulazión)* f. congratulation.

congregación *(congrëgazión)* f. congrégation.

congregar *(congrëgár)* tr. assembler, réunir.

congreso *(congrëʹsso)* m. congrès.

congrio *(cóngrio)* m. congre.

congruencia *(congrouëʹnzia)* f. congruence.

congruente *(congrouëʹntë)* adj. congru, e.

cónico, ca *(cónico, ca)* adj. conique.

conjetura *(conjëtou'ra)* f. conjecture.

conjeturar *(conjëtourár)* tr. conjecturer.

conjugación *(conjougazión)* f. conjugaison.

conjugar *(conjougár)* tr. conjuguer.

conjunción *(conjounzión)* f. conjonction.

conjuntivitis *(conjountivítis)* f. conjonctivite.

conjunto, ta *(conjou'nto, ta)* adj. conjoint, e; uni, e; m. assemblage.

conjuración *(conjourazión)* f. conspiration.

conjurado *(conjourádo)* m. conjuré, conspirateur.

conjurar *(conjourár)* tr. conjurer.

conjuro *(conjou'ro)* m. conjuration.

conmemoración *(conmëmorazión)* f. commémoration.

conmemorar *(conmëmorár)* tr. commémorer.

conmemorativo, va *(conmëmorativo, va)* adj. commémoratif, ive.

conmigo *(conmígo)* pron. pers. avec moi.

conminar *(conminár)* tr. menacer.

conminatorio, ria *(conminatório, a)* adj. comminatoire.

conmiseración *(conmissërazión)* f. commisération.

conmoción *(conmozión)* f. commotion.

conmovedor, ra *(conmovëdór, a)* adj. émouvant, e.

conmover *(conmovëʹr)* tr. émouvoir.

conmutador *(conmoutadór)* m. *Méc.* commutateur.

conmutar *(conmoutár)* tr. commuer; échanger.

connivencia *(connivëʹnzia)* f. connivence.

cono *(cóno)* m. *Math.* cône.

conocedor, ra *(conozëdór, a)* adj. et. s. connaisseur, euse.

conocer *(conozëʹr)* tr. connaître.

conocido, da *(conozído, da)* adj. connu, e; renommé, e; s. connaissance.

conocimiento *(conozimiëʹnto)* m. connaissance; idée, notion.

conque *(cónkë)* conj. donc; ainsi, de sorte que.

conquista *(conkísta)* f. conquête.

conquistador, ra *(conkistadór, a)* adj. et s. conquérant, e.

conquistar *(conkistár)* tr. conquérir.

consabido, da *(consabído, da)* adj. dit, e; susdit, e.

consagración *(consagrazión)* f. consécration.

consagrar *(consagrár)* tr. consacrer.

consanguíneo, a *(consanguíneo, a)* adj. consanguin.

consciente *(conszëʹntë)* adj. conscient, e.

consecución *(consëcouzión)* f. consécution.

consecuencia *(consëcou'ënzia)* f. conséquence.

consecuente *(consëcou'ëntë)* adj. conséquent, e.

consecutivo, va *(consëcoutivo)* adj. consécutif, ive. [nir.

conseguir *(consëguír)* tr. obtenir.

consejero, ra *(consëjëʹro, ra)* s. conseiller.

consejo *(consëʹjo)* m. conseil.

consentimiento *(consëntimiëʹnto)* m. consentement.

consentir *(consëntír)* tr. consentir. [ge.

conserje *(consëʹrjë)* m. concierge.

conserjería *(consërjëría)* f. conciergerie.

conserva *(consëʹrva)* f. conserve.

conservación *(consërvazión)* f. conservation.

conservador, ra *(consërvadór, a)* s. conservateur, trice.

conservar *(consërvár)* tr. conserver; confire.

conservatorio *(consërvatório)* m. conservatoire.

considerable *(considëráblë)* adj. considérable; fig. important, e.

consideración *(considërazión)* f. considération.

considerado, da *(considërádo, da)* adj. prudent, e.

considerar *(considërár)* tr. considérer.

consigna *(consigna)* f. *Mil.* consigne.

consignación *(consig-nazión)* f. consignation.

consignador *(consig-nadór)* m. consignateur.

consignar *(consig-nár)* tr. déléguer; assigner; consigner.

consignatario *(consig-natário)* m. consignataire.

consigo *(consígo)* pron. pers. avec soi.

consiguiente *(consiguiëʹntë)* adj. et s. conséquent, e; por consiguiente, en conséquence.

consistencia *(consisté"nzia)* f. consistance.

consistente *(consisté"ntë)* adj. qui a de la consistance.

consistir *(consistír)* tr. consister.

consistorial *(consistoriál)* adj. consistorial, e; casa consistorial, hôtel ou maison de ville.

consistorio *(consistório)* m. consistoire.

consola *(consóla)* f. console.

consolación *(consolazión)* f. consolation.

consolador, ra *(consoladór, a)* adj. et s. consolateur, trice.

consolar *(consolár)* tr. consoler.

consolidación *(consolidazión)* f. consolidation.

consolidar *(consolidár)* tr. consolider; fig. affermir.

consonancia *(consonánzia)* f. *Mus.* consonnance; correspondance, accord.

consonante *(consonántë)* adj. consonnant, e; f. consonne.

consorcio *(consórzio)* m. participation; société.   [e.

consorte *(consórtë)* s. conjoint,

conspiración *(conspirazión)* f. conspiration, complot.

conspirador *(conspiradór)* m. conspirateur.

conspirar *(conspirár)* intr. conspirer.

constancia *(constánzia)* f. constance.

constante *(constántë)* adj. constant, e.

constar *(constár)* intr. conster; être composé de.

constelación *(constëlazión)* f. *Astr.* constellation.

consternación *(constërnazión)* f. consternation.

consternar *(constërnár)* tr. consterner.

constipado, da *(constipádo, da)* ad. constipé, e; enrhumé, e; m. rhume.

constipar *(constipár)* tr. constiper.

constitución *(constitouzión)* f. constitution.

constitucional *(constitouzionál)* constitutionnel, elle.

constituir *(constitouír)* tr. constituer; ordonner, statuer.

constitutivo, va *(constitoutivo, va)* adj. constitutif, ive.

constituyente *(constitouié"ntë)* adj. et s. constituant, e.

constreñir *(constrégnir)* tr. contraindre.

construcción *(constrouczión)* f. construction.

constructor *(constrouctór)* m. constructeur.

construir *(constrouír)* tr. construire.

consuelo *(consouë"lo)* m. consolation.

consuetudinario, ria *(consouëtoudinário, a)* adj. ordinaire; habituel, elle.

cónsul *(cónsoul)* m. consul.

consulado *(consouládo)* m. consulat.

consular *(consoulár)* adj. consulaire.

consulta *(consou'lta)* f. consultation.

consultar *(consoultár)* tr. consulter.

consultorio *(consoultório)* m. cabinet de consultation.

consumación *(consoumazión)* f. consommation.

consumido, da *(consoumido, da)* adj. consommé, e.

consumar *(consoumár)* tr. consommer.

consumido, da *(consoumido, da)* adj. maigre.

consumidor, ra *(consoumidór, a)* adj. et s. consommateur, trice.

consumir *(consoumír)* tr. consommer; consumer; —se r. se consommer.

consumo *(consou'mo)* m. consommation; pl. octroi.

contabilidad *(contabilidád)* f. comptabilité.

contacto *(contácto)* m. contact.

contado, da *(contádo, da)* adj. rare; al contado, au comptant.

contador, ra *(contadór, a)* adj. qui compte; m. calculateur; compteur.

contaduría *(contadouría)* f. chambre des comptes; trésorerie.

contagiar *(contajiár)* tr. empester, contagier.

contagio *(contájio)* m. contagion.

contagioso, sa *(contajiósso, a)* adj. contagieux, euse.

contaminación *(contaminazión)* f. souillure; contagion.

contaminar *(contaminár)* tr. contaminer.

contante *(contántë)* adj. comptant.

contar *(contár)* tr. compter; raconter.

contemplación *(contëmplazión)* f. contemplation; complaisance.

contemplar *(contëmplár)* tr. contempler.

contemplativo, va *(contëmplativo, va)* adj. contemplatif, ive.

contemporáneo, a *(contëmporáneo, a)* adj. contemporain, e.

contemporanizar *(contëmporanizár)* intr. contemporiser.

contencioso, sa *(contënziósso, a)* adj. contentieux, euse.

contender *(contëndë"r)* intr. combattre; disputer.

contendiente *(contëndie"ntë)* adj. et n. adversaire; concurrent, e.

contener *(contënë"r)* tr. contenir.

contenido, da *(contënido, da)* adj. retenu, e; prudent, e; m. contenu.

contentar *(contëntár)* tr. contenter, satisfaire; —se r. se contenter.

contento, ta *(contë"nto, ta)* m. contentement, joie; adj. content, e.

contestación *(contëstazión)* f. contestation; réponse.

contestar *(contëstár)* tr. répondre; contester.

contexto *(contë"csto)* m. contexte.

contextura *(contëcstou'ra)* f. contexture.

contienda *(contië"nda)* f. dispute.

contigo *(contigo)* pron. pers. avec toi.

contiguo, gua *(contigouo, a)* adj. contigu, uë.

continencia *(continë"nzia)* f. continence.

continental *(continëntál)* adj. continental, e.

continente *(continë"ntë)* m. continent; contenant.

contingencia *(continnjë"nzia)* f. contingence.

contingente *(continnjë"ntë)* adj. contingent, e; m. contingent.

continuación *(continouazión)* f. continuation; continuité.

continuador, ra *(continouadór, a)* adj. continuateur, trice.

continuar *(continouár)* tr. et intr. continuer.

continuidad *(continouidád)* f. continuité. [continu, e.

continuo, a *(continouo, a)* adj.

contorno *(contórno)* m. contour.

contorsión *(contorsión)* n. contorsion.

contra *(cóntra)* prep. contre; en contra, en sens contraire.

contraalmirante *(contraalmirántë)* m. *Mar.* contre-amiral.

contraataque *(contraatákë)* m. contre-attaque.

contrabajo *(contrabájo)* m. *Mus.* contrebasse.

contrabalancear *(contrabalanzëár)* tr. contrebalancer.

contrabandista *(contrabandísta)* m. contrebandier.

contrabando *(contrabándo)* m. contrebande.

contracción *(contraczión)* f. *Phys.* contraction.

contráctil *(contráctil)* adj. contractile.

contracto, ta *(contrácto, ta)* adj. contracté, e.

contradanza *(contradánza)* f. contredanse.

contradecir *(contradëzír)* tr. contredire; —se r. se contredire.

contradicción *(contradiczión)* f. contradiction.

contradictor, ra *(contradictór, a)* adj. et s. contradicteur, trice.

contradictorio, ria *(contradictório, a)* adj. contradictoire.

contraer *(contraë"r)* tr. rétrécir, restreindre; contracter.

contrafuerte *(contrafouë"rtë)* m. contrefort.

contrahecho, cha *(contraë"cho, a)* adj. contrefait, e.

contraluz *(contralou'z)* f. contre-jour.

contramaestre *(contramaë"strë)* m. *Mar.* contremaître; contrôleur.

contramarcha *(contramárcha)* f. *Mil.* contremarche.

contramina *(contramína)* f. *Fort.* contremine.

contraorden *(contraórdën)* f. contre-ordre.

contrapelo (a) *(a contrapë"lo)* loc. adv. à contre-poil.

contrapeso *(contrapë"sso)* m. contrepoids.

contraponer *(contraponë"r)* tr. comparer; opposer.

contraposición *(contraposizzión)* f. opposition, contraste.

contraproducente *(contraprodouzë"ntë)* adj. contraire.

contrariar *(contrariár)* tr. contrarier.

contrariedad *(contrariëdád)* f. contrariété, opposition.

contrario, ria *(contrário, a)* adj. contraire; m. ennemi.

contrarrestar *(contrarrëstár)* tr. résister, repousser.

contrasentido *(contrassëntído)* m. contresens.

contraseña *(contrassë"gna)* f. contremarque.

contrastar *(contrastár)* tr. résister, contraster.

contraste *(contrásië)* m. contraste; vérificateur (poids, etc.).

contrata *(contráta)* f. contrat.

contratar *(contratár)* tr. commercer; faire un contrat.

contratiempo *(contratië"mpo)* m. contretemps.

contratista *(contratísta)* m. entrepreneur; adjudicataire.

contrato *(contráto)* m. contrat, traité.

contraveneno *(contrayëne"no)* m. contrepoison.

contravenir *(contravënír)* intr. contrevenir; fig. s'opposer.

contrayente *(contra-ië"ntë)* n. contractant, e.

contribución *(contribouzión)* f. contribution.

contribuir *(contribouír)* tr. contribuer.

contribuyente *(contribouië"ntë)* adj. contribuant, e; m. contribuable.

contrición *(contrizión)* f. contrition.

contrincante *(contrinncántë)* m. concurrent, e; compétiteur, trice.

contristar *(contristár)* tr. contrister.

contrito, ta *(contríto, ta)* adj. contrit, e.

control *(contról)* m. contrôle.

controlar *(controlár)* tr. contrôler.

controversia *(controvë"rsia)* f. controverse.

contubernio *(contoubë"rnio)* m. cohabitation; intrigue.

contumacia *(contoumázia)* f. opiniâtreté; *For.* contumace.

contumaz *(contoumáz)* adj. opiniâtre; *For.* contumace.

contundente *(contoundë"ntë)* adj. contondant, e.

conturbar *(contourbár)* tr. troubler; fig. agiter.

contusión *(contoussión)* f. contusion.

contuso, sa *(contou'sso, a)* adj. contus, e.

convalecencia *(convalëzë"nzia)* f. convalescence.

convaleciente *(convalëzië"ntë)* adj. et s. convalescent, e.

convencer *(convënzë"r)* tr. convaincre.

convencimiento *(convënzimië"nto)* m. conviction.

convención *(convënzión)* f. convention, accord.

convencional *(convënzionál)* adj. conventionnel, elle.

conveniencia *(convënië"nzia)* f. convenance.

conveniente *(convënië"ntë)* adj. convenable.

convenio *(convë"nio)* m. convention.

convenir *(convënír)* intr. convenir.

convento *(convë"nto)* m. couvent.

convergencia *(convërjë"nzia)* f. *Math.* convergence.

convergente *(convërjë"ntë)* adj. convergent, e.

convergir *(convërjír)* intr. converger.

conversación *(convërsazión)* f. conversation.

conversar *(convërsár)* intr. converser.

conversión *(convërsión)* f. conversion.

converso, sa *(convë"rso, sa)* adj. converti, e.

convertir (convĕrtír) tr. conver- tir.

convexidad (convĕgsidád) f. con- vexité.

convexo, xa (convĕ'gso, sa) adj. convexe.

convicción (conviczión) f. con- viction.

convicto, ta (convícto, ta) adj. convaincu, e.

convidado (convidádo) m. invi- té; convive.

convidar (convidár) tr. convier, inviter.

convincente (convinnzĕ'ntĕ) adj. convaincant, e.

convite (convítĕ) m. invitation.

convivir (convivír) intr. vivre en- semble.

convocación (convocazión) f. convocation.

convocar (convocár) tr. convo- quer.

convocatoria (convocatória) f. lettre de convocation.

convoy (convó-i) m. convoi.

convulsión (convoulsión) f. con- vulsion.

convulsivo, va (convoulsívo, va) adj. convulsif, ive.

conyugal (coniougál) adj. con- jugal, e.

cónyuge (cóniouĭjĕ) m. con- joint.

coñac (cognác) m. cognac.

cooperación (cooperazión) f. coopération.

cooperador, ra (cooperadór, ra) s. coopérateur, trice.

cooperar (cooperár) intr. coo- pérer.

cooperativa (cooperatíva) f. coo- pérative.

coordinación (coordinazión) f. coordination.

coordinar (coordinár) tr. coor- donner.

copa (cópa) f. coupe; cime (ar- bre); forme de chapeau.

copar (copár) tr. faire banco, saisir, surprendre (guerre).

copartícipe (copartízipĕ) s. co- partageant, e.

copia (cópia) s. copie.

copiar (copiár) tr. copier, imi- ter.

copioso, sa (copiósso, a) adj. copieux, euse.

copista (copísta) adj. et s. co- piste.

copla (cópla) f. couplet.

copo (cópo) m. flocon; quenouil- le.

copra (cópra) f. coprah.

cópula (cópoula) f. lien; copula- tion.

coque (cókĕ) m. coke.

coqueta (cokĕ'ta) f. coquette.

coquetear (cokĕtĕár) intr. co- queter.

coquetería (cokĕtĕría) f. coquet- terie.

coraje (corájĕ) m. courage.

coral (corál) adj. choral, e; m. corail.

coraza (coráza) f. cuirasse.

corazón (corazón) m. cœur.

corazonada (corazonáda) f. bat- tement de cœur.

corbata (corbáta) f. cravate.

corbeta (corbĕ'ta) f. Mar. cor- vette.

corcel (corzĕ'l) m. coursier.

corcova (corcóva) f. bosse.

corcovado, da (corcovádo, da) adj. et s. bossu, e.

corchete (corchĕ'tĕ) m. agrafe; crochet.

corcho (córcho) m. liège.

cordaje (cordájĕ) m. Mar. cor- dage.

cordel (cordĕ'l) m. cordeau, fi- celle.

cordero (cordĕ'ro) s. agneau.

cordial (cordiál) adj. et s. cor- dial, e.

cordialidad (cordialidád) f. cor- dialité.

cordillera (cordiyĕ'ra) f. chaîne de montagnes.

cordón (cordón) m. cordon.

cordura (cordou'ra) f. sagesse.

coreografía (coreografía) f. cho- réographie.

coriáceo, cea (coriázĕo, a) adj. coriace.

corista (corísta) s. choriste.

cornada (cornáda) f. coup de corne.

cornamenta (cornamĕ'nta) f. cornes d'animal.

cornamusa (cornamou'ssa) f. Mus. cornemuse.

córnea (córnĕa) f. cornée.

corneja (cornĕ'[ja) f. corneille.

córneo, a (córnĕo, a) adj. cor- né, e.

corneta (cornĕ'ta) s. cornet à bouquin; cornette.

cornetín (cornĕtínn) m. cornet à pistons.

cornisa (corníssa) f. corniche.

cornudo, da (cornou'do, da) adj. cornu, e; m. cornard, cocu.

cornúpeto (cornou'pĕto) fam. taureau.

coro (córo) m. chœur.

corola (coróla) f. Bot. corolle.

corolario (corolário) m. corol- laire.

corona (coróna) f. couronne.

coronación (coronazión) f. cou- ronnement.

coronar (coronár) tr. couronner.

coronel (coronĕ'l) m. colonel.

coronilla (coroníya) f. sommet de la tête.

corpiño (corpígno) m. corset de femme; camisole.

corporación (corporazión) f. corporation.

corpóreo, a (corpórĕo, a) adj. corporel elle.

corpulento, ta (corpoulĕ'nto, ta) adj. corpulent, e.

corpulencia (corpoulĕ'nzia) f. corpulence.

Corpus (córpous) m. Fête-Dieu.

corpúsculo (corpou'scoulo) m. corpuscule.

corral (corrál) m. cour; basse- cour.

correa (corrĕ'a) f. courroie.

correaje (corrĕájĕ) m. amas des courroies.

corrección (correczión) f. cor- rection.

correccional (correczionál) adj. correctionnel, elle.

correctivo, va (corrĕctívo, va) adj. correctif, ive; m. adou- cissement.

correcto, ta (corrĕ'cto, ta) adj. correct, e.

corrector, ra (corrĕctór, a) adj. et s. correcteur, trice.

corredera (corrĕdĕ'ra) f. coulis- se.

corredizo, za (corrĕdízo, za) adj. coulant, e.

corredor, ra (corrĕdór, a) adj. coureur, euse; m. corridor; courtier.

corregir (corrĕjír) tr. corriger.

correlación (corrĕlazión) f. cor- rélation.

correlativo, va (corrĕlatívo, va) adj. corrélatif, ive.

correligionario (corrĕliĭjionário) m. coreligionnaire.

correo (corrĕ'o) m. courrier; poste.

correr (corrĕ'r) intr. courir; cou- ler; s'écouler; tr. se jeter sur.

correría (corrĕría) f. course; in- cursion.

correspondencia (correspondĕ'n- zia) f. correspondance.

corresponder (correspondĕ'r) in- tr. correspondre.

correspondiente (correspon- diĕ'ntĕ) adj. correspondant, e.

corresponsal (corresponsál) m. correspondant.

corretaje (corrĕtájĕ) m. cour- tage.

corretear (corrĕtĕár) tr. courir, battre le pavé.

corrida (corrída) f. course.

corrido, da (corrído, da) adj. honteux, euse; expérimen- té, e.

corriente (corriĕ'ntĕ) adj. cou- rant, e; s. courant, cours, fil de l'eau.

corrillo (corríyo) m. petit cer- cle; groupe.

corro (córro) m. cercle.

corroboración (corroborazión) f. corroboration.

corroborar (corroborár) tr. cor- roborer.

corroer (corroĕ'r) tr. corroder, ronger.

corromper (corrompĕ'r) tr. cor- rompre.

corrosión (corrossión) f. corro- sion.

corrosivo, va (corrossívo, va) adj. corrosif, ive.

corrupción (corroupzión) f. co- rruption.

corruptor, ra (corrouptór, a) adj. et s. corrupteur, trice.

corsario, a (corsário, a) adj. et n. corsaire.

corsé (corsĕ') m. corset.

cortacircuitos (cortazircouítos) m. coupecircuit.

cortador, ra (cortadór, a) adj. et s. coupeur, euse.

cortapisa (cortapíssa) f. restric- tion; condition.

cortar (cortár) tr. couper, tail- ler; abréger.

corte (córtĕ) m. tranchant; cou- pure; f. cour.

cortedad (cortĕdád) f. petites- se; fig. timidité.

cortejar (cortĕjár) tr. courtiser.

cortejo (cortĕ'jo) m. cortège, suite.

cortés (cortĕ's) adj. courtois, civil.

cortesano, na (cortĕssáno, a) adj. courtois, e; m. cour- tisan.

cortesía (cortĕssía) f. polites- se, égard; courtoisie.

corteza (cortĕ'za) f. écorce; croûte.

cortijo (cortíjo) m. métairie.

cortina (cortínna) f. rideau.

cortinaje (cortínnajĕ) m. ri- deaux, draperie.

corto, ta (córto, ta) adj. court, e; pusillanime; borné, e.

corva (córva) f. jarret.

corveta (corvĕ'ta) f. courbette.

corzo (córzo) m. chevreuil.

cosa (cóssa) f. chose.

cosecha (cossĕ'cha) f. récolte.

cosechar (cossĕchár) tr. récol- ter.

coser (cossĕ'r) tr. coudre.

cosmético (cosmĕ'tico, ca) m. cosmétique.

cósmico, ca (cósmico, ca) adj. cosmique.

cosmografía (cosmografía) f. cosmographie.

cosmonauta (cosmonáouta) m. (aer.) astronaute.

cosmonáutica (cosmonáoutica) f. astronautique.

cosmopolita (cosmopolíta) adj. et n. cosmopolite.

cosmos (cósmos) m. cosmos.

coso (cósso) m. enceinte, arène.

cosquillas (coskíyas) f. pl. cha- touillement; hacer cosqui- llas, chatouiller. [sac.

costa (cósta) f. côte; prix; fig.

costar (costár) intr. coûter.

coste (costĕ') m. coût, prix.

costear (cóstĕár) tr. défrayer; revendre; Mar. côtoyer.

costilla (costíya) f. côte; pl. les épaules, le dos.

costo (cósto) m. prix; frais.

costoso, a (costósso, sa) adj. coûteux, euse.

costra (cóstra) f. croûte.

costumbre (costou'mbrĕ) f. coutume; pl. mœurs.

costura (costou'ra) f. couture.

costurera (costourĕ'ra) f. cou- turière; lingère.

cota (cóta) f. cotte; cote.

cotejar (cótĕjár) tr. comparer.

cotidiano, na (cotidiáno, na) adj. quotidien, ienne.

cotización (cotizazión) f. coti- sation; cours (des valeurs), cote. [coter.

cotizar (cotizár) tr. cotiser;

coto (cóto) m. clos; terrain clos; poner coto, restrein- dre.

cotorra (cotórra) f. perruche.

coyuntura (có-iountou'ra) f. jointure; fig. conjoncture.

coz (cóz) f. ruade.

cráneo (cránĕo) m. crâne.

crápula (crápoula) f. crapule.

craso, sa (crásso, a) adj. gras, grasse, épais, épaisse.

cráter (crátĕr) m. cratère.

creación (crĕazión) f. création.

creador (crĕadór) m. créateur.

crear (crĕár) tr. créer.

crecer (crĕzĕ'r) intr. croître, grandir.

crecida (crĕzída) f. crue d'eau.

crecido, da (crĕzído, da) adj. fig. grand, e; abondant, e.

creciente (crĕziĕ'ntĕ) m. crois- sant.

crecimiento (crĕzimiĕ'nto) m. accroissement.

credencial (crĕdĕnziál) adj. qui accrédite; f. lettre de créance.

crédito (crĕ'dito) m. crédit; créance.

credo (crĕ'do) m. credo.

credulidad (crĕdoulidád) f. cre- dulité; croyance.

crédulo, la (crĕ'doulo, la) adj. crédule.

creencia (crĕĕ'nzia) f. cro- yance.

creer (crĕĕ'r) tr. croire.

crema (crĕ'ma) f. crème; tré- ma.

cremación (crĕmazión) f. cré- mation.

cremallera (crĕmayĕ'ra) f. cré- maillère.

crematorio, ria (crĕmatório, a) adj. et s. crématoire.

crepitar (crĕpitár) intr. crépi- ter.

crepuscular (crĕpouscoulár) adj. crépusculaire.

crepúsculo (crĕpou'scoulo) m. crépuscule.

crespo, pa (crĕ'spo, pa) adj. crépu, e; frisé, e.

crespón (crĕspón) m. crépon.

cresta (crĕ'sta) f. crête; huppe.

creta (crĕ'ta) f. Minér. craie.

cretino, na (crĕtíno, na) adj. et s. crétin, e.

cretona (crĕtóna) f. cretonne.

creyente (crĕyĕ'ntĕ) p. prés. de creer; adj. et s. croyant, e.

cría (cría) f. portée; élevage; nourrisson; couvée.

282

criada (*criáda*) f. servante, do-domestique.

criadero, ra (*criadĕ'ro, ra*) m. pépinière; gisement (mines).

criado, da (*criádo, da*) adj. crée, e; élevé, e; s. domestique.

criador, ra (*criadór, a*) s. créateur, trice.

crianza (*criánza*) f. éducation; élevage; allaitement.

criar (*criár*) tr. créer; nourrir, allaiter; élever.

criatura (*criatou'ra*) f. créature; nourrisson.

criba (*críba*) f. crible.

cribado (*cribádo*) m. criblage.

cribar (*cribár*) tr. cribler.

crimen (*crímĕn*) m. crime.

criminal (*criminál*) adj. criminel, elle.

crin (*crínn*) f. crin.

crío (*crío*) m. nourrisson.

criollo (*crióyo*) m. créole.

cripta (*crípta*) f. crypte.

crisantemo (*crissantĕ'mo*) m. chrysanthème.

crisis (*críssis*) f. crise.

crisma (*crísma*) s. chrême.

crisol (*crissól*) m. creuset.

crispar (*crispár*) tr. crisper.

cristal (*cristál*) m. cristal; miroir. -

cristalino, na (*cristalínno, a*) adj. et s. m. cristallin, e.

cristalizar (*cristalizár*) tr. cristalliser.

cristiandad (*cristiandád*) f. chrétienté.

cristianismo (*cristianísmo*) m. christianisme.

cristiano, na (*cristiáno, na*) adj. et. s. chrétien, ienne.

Cristo (*crísto*) m. le Christ.

criterio (*critĕ'rio*) m. critérium.

crítica (*crítica*) f. critique.

criticar (*criticár*) tr. critiquer. censurer.

crítico, ca (*crítico, ca*) adj. critique; m. critique.

croar (*croár*) intr. coasser.

cromo (*crómo*) m. *Chim.* chrome.

crónica (*crónica*) f. chronique.

crónico, ca (*crónico, ca*) f. chronique.

cronista (*cronísta*) m. chroniqueur.

cronología (*cronolojía*) f. chronologie.

cronómetro (*cronómĕtro*) m. chronomètre.

croqueta (*crokĕ'ta*) f. croquette.

croquis (*crókis*) m. croquis.

cruce (*crou'zĕ*) m. croisement.

crucero (*crouzĕ'ro*) m. transept; porte-croix; *Mar.* croisière; croiseur.

crucial (*crouziál*) adj. crucial, e.

crucificar (*crouzificár*) tr. crucifier.   [fix.

crucifijo (*crouzifíjo*) m. crucifix.

c r u d a m e n t e (*croudamĕ'nte*) adv. crûment.

crudeza (*croudĕ'za*) f. crudité; fig. rigueur.

crudo, da (*crou'do, da*) adj. cru, e.

cruel (*crouĕ'l*) adj. cruel, elle.

crueldad (*crouĕldád*) f. cruauté.

cruento, ta (*crouĕ'nto, ta*) adj. sanglant, e.

crujía (*croujía*) f. *Mar.* coursive.   [ment.

crujido (*croujído*) m. craque-

crujir (*croujír*) intr. craquer.

crustáceo, a (*croustázĕo, a*) adj. crustacé, e.

cruz (*crou'z*) f. croix; garrot.

cruzada (*crouzáda*) f. croisade.

cruzado, a (*crouzádo, da*) adj. croisé, e.

cruzamiento (*crouzamiĕ'nto*) m. croisement.

cruzar (*crouzár*) tr. croiser.

cuaderno (*couadĕ'rno*) m. cahier.

cuadra (*couádra*) f. écurie; chambrée; pâté (maisons).

cuadrado, da (*couadrádo, da*) adj. carré, e; m. carré.

cuadrante (*couadrántĕ*) m. quadrant; cadran.

cuadrar (*couadrár*) tr. carrer; cadrer; équarrir.

cuadratura (*couadratou'ra*) f. quadrature.

cuadrícula (*couadrícoula*) f. graticule; quadrillage.

cuadricular (*couadricoulár*) tr. graticuler; quadriller.

cuadrilátero (*couadrilátĕro*) s. *Geom.* quadrilatère.

cuadrilla (*couadríya*) f. troupe; pl. quadrilles.

cuadro (*couádro*) m. carré.

cuadrúpedo, da (*couadrou'pĕdo, da*) adj. et s. quadrupède.

cuádruple (*couádrouplĕ*) adj. quadruple.

cuadruplicar (*couadrouplicár*) tr. quadrupler.

cuajar (*couajár*) tr. cailler; fig. réussir; m. caillette.

cuajo (*couájo*) m. lait en grumeau; caillement.

cual (*couál*) pron. rel. quel, quelle.

cualidad (*coualidád*) f. qualité.

cualquier, ra (*coualkiér, a*) pron. indef. quelconque; quel qu'il soit; quelle qu'elle soit.

cuan (*couán*) adv. combien.

cuando (*couándo*) adv. quand, lorsque.

cuantía (*couantía*) f. quantité.

cuantioso, sa (*couantiósso, a*) adj. considérable; nombreux, euse.

cuanto, ta (*couánto, ta*) adj. tant, autant; adj. et adv. combien.

cuarenta (*couarĕ'nta*) adj. quarante.

cuarentena (*couarĕntĕ'na*) f. quarantaine.

cuaresma (*couarĕ'sma*) f. carême.

cuartearse (*couartĕársĕ*) r. s'entr'ouvrir; se fendiller.

cuartel (*couartĕ'l*) m. quartier, quart; caserne.

cuarterón (*couartĕrón*) m. quarteron.

cuarteto (*couartĕ'to*) m. quatrain.

cuartilla (*couartíya*) f. feuillet.

cuartillo (*couartíyo*) m. chopine.

cuarto, ta (*couárto, ta*) adj. quatrième; m. quart; appartement; chambre.

cuarzo (*couárzo*) m. quartz.

cuaternario (*couatĕrnário*) m. quaternaire.

cuatrero (*couatrĕ'ro*) m. voleur de bestiaux.

cuatro (*couátro*) adj. quatre.

cuba (*cúba*) m. cuve, tonneau.

cubeta (*coubĕ'ta*) f. cuvette.

cúbico, ca (*cou'bico, ca*) adj. cubique.

cubierta (*coubiĕ'rta*) f. couverture; pont (mer.)

cubierto, ta (*coubiĕ'rto, ta*) adj. couvert, e; m. couvert (assiette, serviette, etc.).

cubil (*coubíl*) m. repaire.

cubilete (*coubilĕ'te*) m. gobelet.

cúbito (*cou'bito*) m. *Anat.* cubitus.

cubo (*cou'bo*) m. cube; seau.

cubrecama (*coubrĕcáma*) f. couverture.

cubrir (*coubrír*) tr. couvrir.

cucaña (*coucágna*) f. cocagne.

cucaracha (*coucarácha*) f. blatte; cafard.

cuclillas (en) (*ĕn couclíyas*) loc. adv. accroupi.

cuclillo (*couclíyo*) m. coucou.

cuco, ca (*cou'co, ca*) adj. joli, e; rusé, e; m. coucou.

cucurucho (*coucourou'cho*) m. cornet de papier.

cuchara (*couchára*) f. cuiller; cuillère.

cucharada (*coucharáda*) f. cuillerée.

cucharón (*coucharón*) m. grande cuiller.

cuchichear (*couchichĕár*) intr. chuchoter.

cuchilla (*couchíya*) f. couperet.

cuchillada (*couchiyáda*) f. coup de couteau; estafilade.

cuchillo (*couchíyo*) m. couteau.

cuchitril (*couchitríl*) m. réduit.

cuchufleta (*couchouflĕ'ta*) f. fig. plaisanterie, pointe.

cuello (*couĕ'yo*) m. cou, col.

cuenca (*couĕ'nca*) f. écuelle; bassin.

cuenco (*couĕ'nco*) m. terrine.

cuenta (*couĕ'nta*) f. compte.

cuentagotas (*couĕntagótas*) m. compte-gouttes.

cuentista (*couĕntísta*) s. conteur.

cuento (*couĕ'nto*) m. conte, historiette.

cuerda (*couĕ'rda*) f. corde.

cuerdo, da (*couĕ'rdo, da*) adj. prudent, e; sage.

cuerno (*couĕ'rno*) m. corne, cornet.

cuero (*couĕ'ro*) m. cuir, outre.

cuerpo (*couĕ'rpo*) m. corps.

cuervo (*couĕ'rvo*) m. corbeau.

cuesta (*couĕ'sta*) f. côte de montagne.

cuestión (*couĕstión*) f. question.

cuestionario (*couĕstionário*) m. questionnaire.

cueva (*couĕ'va*) f. caverne; cave.

cuévano (*couĕ'vano*) m. hotte.

cuezo (*couĕ'zo*) m. auge à plâtre.

cuidado (*couidádo*) m. soin; fig. crainte, soupçon; ¡cuidado! interj. attention!

cuidadoso, sa (*couidadósso, a*) adj. soigneux, euse.

cuidar (*couidár*) tr. soigner.

cuita (*cou'ita*) f. affliction, chagrin.

culata (*couláta*) f. culasse; crosse (de fusil).   [crosse.

culatazo (*coulatázo*) m. coup de crosse.

culebra (*coulĕ'bra*) f. couleuvre.

culinario, ria (*coulinário, a*) adj. culinaire.

culminante (*coulminántĕ*) adj. culminant, e.

culo (*cou'lo*) m. cul; fond.

culpa (*cou'lpa*) f. faute.

culpabilidad (*coulpabilidád*) f. culpabilité.

culpable (*coulpáblĕ*) adj. coupable.

culpar (*coulpár*) tr. inculper.

cultivable (*coultiváblĕ*) adj. cultivable.

cultivador (*coultivadór*) m. cultivateur.

cultivar (*coultivár*) tr. cultiver.

cultivo (*coultívo*) m. culture.

culto, ta (*cou'lto, ta*) adj. cultivé; m. culte.

cultura (*coultou'ra*) f. culture.

cumbre (*cou'mbrĕ*) f. cime.

cumpleaños (*cumplĕágnos*) m. anniversaire.

cumplido, da (*cumplído, da*) adj. ample; accompli, e; m. compliment.

cumplimentar (*cumplimĕntár*) tr. complimenter.

cumplimiento (*cumplimiĕ'nto*) m. accomplissement.

cumplir (*cumplír*) tr. accomplir; intr. convenir, échoir.

cúmulo (*cou'moulo*) m. cumul, tas.

cuna (*cou'na*) f. berceau.

cundir (*coundír*) intr. s'étendre; se propager.

cuneta (*counĕ'ta*) f. cunette, fossé.

cuña (*cou'gna*) f. coin.

cuñada (*cougnáda*) f. belle-sœur.

cuñado (*cougnádo*) m. beau-frère.

cuño (*cou'gno*) m. coin, marque, empreinte.

cuociente (*couoziĕ'ntĕ*) m. *Arith.* quotient.

cuota (*couóta*) f. quote-part.

cupé (*coupĕ'*) m. coupé.

cuplé (*couplĕ'*) m. couplet.

cupo (*cou'po*) m. quote-part.

cupón (*coupón*) m. coupon.

cúpula (*cou'poula*) f. coupole.

cura (*cou'ra*) m. curé; f. cure, guérison; soin.

curación (*courazión*) f. curation.

curandero (*courandĕ'ro*) m. guérisseur.

curar (*courár*) intr. guérir, soigner.

curativo, va (*courativo, va*) adj. curatif, ive.

cureña (*courĕ'gna*) f. affût de canon.

curia (*cou'ria*) f. tribunal ecclésiastique; curie.

curiosear (*couriossĕár*) intr. fureter; être curieux.

curiosidad (*couriossidád*) f. curiosité.

curioso, sa (*couriósso, a*) adj. et s. curieux, euse.

cursar (*coursár*) tr. fréquenter; étudier.

cursi (*cou'rsi*) adj. fam. poseur, euse.

cursillo (*coursíyo*) m. dim. de curso; cours secondaire.

cursivo, va (*coursivo, va*) adj. *Impr.* italique.

curso (*cou'rso*) m. cours.

curtido, da (*courtído, da*) adj. tanné, e; fig. accoutumé, e.

curtidor (*courtidór*) m. corroyeur, tanneur.

curtir (*courtír*) tr. corroyer.

curva (*cou'rva*) f. courbe.

curvatura (*courvatou'ra*) f. courbure.

curvilíneo, a (*courvilínĕo, a*) adj. courbe.

cúspide (*cou'spidĕ*) f. sommet.

custodia (*coustódia*) f. garde; ostensoir.

custodiar (*coustodiár*) tr. garder, surveiller.

cutáneo, a (*coutánĕo, a*) adj. cutané, e.

cutis (*cou'tiss*) m. peau (du visage).

cuyo, ya *(cou'io, a)* pron. rel. dont, de qui, duquel, de laquelle.

D d

dable *(dáblë)* adj. faisable.
dactilógrafo *(dactilógrafo)* m. dacylographe.
dádiva *(dádiva)* f. don, présent.
dadivoso, sa *(dadivósso, a)* adj. dactylographe.
dado *(dádo)* m. dé à jouer.
dador *(dadór)* m. donneur.
daga *(dága)* f. dague.
dalia *(dália)* f. dahlia.
daltonismo *(daltonísmo)* m. daltonisme.
dama *(dáma)* f. dame.
damajuana *(damajouána)* f. damejeanne.
damasco *(damásco)* m. damas; abricotier.
damasquinado, da *(damaskinádo, da)* adj. damasquiné, e.
damisela *(damissë'la)* f. jeune fille.
damnificar *(damnificár)* tr. nuire, endommager.
danza *(dánza)* f. danse.
danzar *(danzár)* intr. danser.
danzarín *(danzarínn)* m. danseur.
dañar *(dagnár)* tr. nuire.
dañino, na *(dagníno, na)* adj. nuisible.
daño *(dágno)* m. dommage, préjudice.
dañoso, sa *(dagnósso, a)* adj. nuisible.
dar *(dár)* tr. donner, livrer.
dardo *(dárdo)* m. dard.
dársena *(dársëna)* f. darse.
data *(dáta)* f. date; crédit.
datar *(datár)* tr. dater.
dátil *(dátil)* m. datte.
datilera *(datilë'ra)* f. dattier.
dato *(dáto)* m. donnée, indice.
de *(dë')* prép. de; en.
deán *(dëán)* m. doyen de chapitre.
debajo *(dëbájo)* adv. sous, dessous.
debate *(dëbátë)* m. débat.
debatir *(dëbatír)* tr. débattre.
debe *(dë'bë)* m. Comm. doit; débit.
deber *(dëbë'r)* m. devoir; dette tr. devoir, être obligé.

debidamente *(dëbidamë'ntë)* adv. dûment.
debido, da *(dëbído, da)* adj. dû, e.
débil *(dë'bil)* adj. débile, faible.
debilidad *(dëbilidád)* f. debilité, faiblesse.
debilitar *(dëbilitár)* tr. débiliter, affaiblir.
débito *(dë'bito)* m. dette.
debut *(dëbou't)* m. début.
debutar *(dëboutár)* intr. débuter.
década *(dë'cada)* f. décade.
decadencia *(dëcadë'nzia)* f. décadence.
decadente *(dëcadë'ntë)* adj. décadent, e.
decaer *(dëcaë'r)* intr. déchoir.
decaimiento *(dëca-imië'nto)* m. décadence.
decálogo *(dëcálogo)* m. décalogue.
decámetro *(dëcámëtro)* m. decamètre.
decano *(dëcáno)* m. doyen.
decantar *(dëcantár)* tr. décanter.
decapitación *(dëcapitazión)* f. décapitation.
decapitar *(dëcapitár)* tr. décapiter.
decena *(dëzë'na)* f. dizaine.
decencia *(dëzë'nzia)* f. décence.
decenio *(dëzë'nio)* m. espace de dix ans.
decentar *(dëzëntár)* tr. entamer.
decente *(dëzë'ntë)* adj. décent, e.
decepción *(dëzëpzión)* f. déception.
decepcionar *(dëzëpzionár)* tr. décevoir.
decidir *(dëzidír)* tr. décider.
decigramo *(dëzigrámo)* m. décigramme. [tre.
decilitro *(dëzilitro)* m. décilitre.
décima *(dë'zima)* f. dixième.
decimal *(dëzimál)* adj. décimal, e.
décimo, ma *(dë'zimo, ma)* adj. dixième.
decir *(dëzír)* tr. dire.
decisión *(dëzissión)* f. décision.
decisivo, va *(dëzissívo, va)* adj. décisif, ive.
declamación *(dëclamazión)* f. déclamation.
declamar *(dëclamár)* tr. déclamer.
declaración *(dëclarazión)* f. déclaration; Jur. témoignage.
declarar *(dëclarár)* tr. déclarer.
declinación *(dëclinazión)* f. pente; fig. décadence; Gram. déclinaison.
declinar *(dëclinár)* intr. pencher; tr. Gram. décliner.
declive *(dëclivë)* m. descente, pente.
decoración *(dëcorazión)* f. décoration.
decorado *(dëcorádo)* m. décor (théâtre).
decorar *(dëcorár)* tr. décorer.
decorador *(dëcoradór)* m. décorateur.
decorativo, va *(dëcorativo, va)* adj. décoratif, ive.
decoro *(dëcóro)* m. honneur; fig. respect.
decoroso, sa *(dëcorósso, a)* adj. décent, e.
decrecer *(dëcrëzë'r)* intr. décroître.
decreciente *(dëcrëzië'ntë)* adj. décroissant.
decrépito, ta *(dëcrë'pito, ta)* adj. décrépit, e.
decrepitud *(dëcrëpitou'd)* f. décrépitude.

decretar *(dëcrëtár)* tr. décréter.
decreto *(dëcrë'to)* m. décret.
dechado *(dëchádo)* m. modèle.
dedal *(dëdál)* m. dé à coudre.
dedicación *(dëdicazión)* f. dédicace.
dedicar *(dëdicár)* tr. dédier.
dedicatoria *(dëdicatória)* f. dédicace.
dedillo *(dëdíyo)* m. petit doigt.
dedo *(dë'do)* m. doigt.
deducción *(dëdouczión)* f. déduction.
deducir *(dëdouzír)* tr. conclure; déduire.
deductivo, va *(dëdouctívo, va)* adj. déductif, ive.
defecar *(dëfëcár)* tr. déféquer.
defección *(dëfëczión)* f. défection.
defecto *(dëfë'cto)* m. défaut.
defectuosidad *(dëfëctouossidád)* f. défectuosité.
defectuoso, sa *(dëfëctouósso, a)* adj. défectueux, euse.
defender *(dëfëndë'r)* tr. défendre, protéger.
defensa *(dëfë'nsa)* f. défense.
defensivo, va *(dëfënsívo, va)* adj. défensif, ive.
defensor *(dëfënsór)* s. défenseur.
deferencia *(dëfërë'nzia)* f. déférence.
deficiencia *(dëfizië'nzia)* f. déficience.
deficiente *(dëfizië'ntë)* adj. déficient, e.
déficit *(dë'fizit)* m. déficit.
definición *(dëfinizión)* f. définition, explication.
definir *(dëfinír)* tr. définir, expliquer.
definitivo, va *(dëfinitívo, va)* adj. définitif, ive.
deflagración *(dëflagrazión)* f. déflagration.
deformación *(dëformazión)* f. déformation.
deformar *(dëformár)* tr. déformer.
deforme *(dëfórmë)* adj. difforme.
deformidad *(dëformidád)* f. difformité.
defraudar *(dëfraoudár)* tr. frauder.
defuera *(defouë'ra)* adv. dehors.
defunción *(dëfounzión)* f. décès.
degeneración *(dëjënërazión)* f. dégénération.
degenerar *(dëjënërár)* intr. dégénérer.
deglución *(dëglouzión)* f. déglutition.
degollación *(dëgoyazión)* f. égorgement.
degollar *(degoyár)* tr. égorger.
degradación *(dëgradazión)* f. dégradation.
degradar *(dëgradár)* tr. dégrader.
degüello *(degouë'yo)* m. décapitation.
degustación *(dëgoustazión)* f. dégustation.
dehesa *(dëë'ssa)* f. pâturage.
deidad *(dë-idád)* f. divinité.
deificar *(dë-ificár)* tr. déifier.
dejación *(dëjazión)* f. renonciation; cession.
dejadez *(dëjadë'z)* f. négligence.
dejar *(dëjár)* tr. laisser.
del *(dë'l)* contr. du; de l'.
delación *(dëlazión)* f. délation.
delantal *(dëlantál)* m. tablier.
delante *(dëlántë)* adv. avant, devant.
delantera *(dëlantë'ra)* f. devant; les devants; avant-garde.

delantero, ra *(dëlantë'ro, ra)* adj. de devant; m. avant.
delatar *(dëlatár)* tr. dénoncer.
delator *(dëlatór)* f. délateur.
delectación *(dëlëctazión)* f. plaisir.
delegación *(dëlëgazión)* f. délégation.
delegado *(dëlëgádo)* m. délégué.
delegar *(dëlëgár)* tr. déléguer.
deleitar *(dëlë-itár)* tr. délecter, divertir.
deleite *(dëlë'-iţe)* m. plaisir.
deletéreo, a *(dëlëtë'rëo, a)* adj. délétère.
deletrear *(dëlëtrëár)* tr. épeler.
deleznable *(dëlëznáblë)* adj. frêle.
delfín *(dëlfínn)* m. dauphin.
delgadez *(dëlgadë'z)* f. maigreur.
delgado, da *(dëlgádo, da)* adj. maigre, mince.
deliberar *(dëlibërár)* tr. et intr. délibérer.
delicadez *(dëlicadë'z)* f. délicatesse, faiblesse.
delicadeza *(dëlicadë'za)* f. délicatesse, politesse.
delicado, da *(dëlicádo, da)* adj. délicat, e; frêle.
delicia *(dëlízia)* f. délice, plaisir.
delicioso, sa *(dëliziósso, a)* adj. délicieux, euse.
delicuescente *(dëlicouëszë'ntë)* adj. déliquescent, e. [ter.
delimitar *(dëlimitár)* tr. délimiter.
delincuencia *(dëlincouë'nzia)* f. criminalité.
delincuente *(dëlinncouë'ntë)* m. délinquant.
delineante *(dëlineántë)* m. dessinateur (plans).
delinear *(dëlineár)* tr. dessiner, esquisser.
delinquir *(dëlinnkír)* tr. délinquer, faillir.
delirante *(dëlirántë)* adj. délirant, e.
delirar *(dëlirár)* intr. délirer.
delirio *(dëlírio)* m. délire.
delito *(dëlíto)* m. délit, faute.
delta *(dëlta)* m. delta.
demacrado, da *(dëmacrádo, da)* adj. émacié, e.
demagogia *(dëmagójia)* f. démagogie.
demanda *(dëmánda)* f. demande.
demandar *(dëmandár)* intr. demander.
demarcación *(dëmarcazión)* f. démarcation.
demás *(dëmás)* adv. de plus; outre que; m. le surplus; adj. pl. les autres.
demasía *(dëmassía)* f. excès.
demasiado, da *(dëmassiádo, da)* adj. assez; trop.
demencia *(dëmë'nzia)* f. démence.
demente *(dëmë'ntë)* adj. dément, e.
democracia *(dëmocrázia)* f. démocratie.
demócrata *(dëmócrata)* s. démocrate.
demoledor *(dëmolëdór)* adj. démolissant, e; m. démolisseur.
demoler *(dëmolë'r)* tr. démolir.
demonio *(dëmónio)* m. démon, diable.
demora *(dëmóra)* f. délai, retardement.

demorar (*dëmorár*) intr. s'arrêter, tarder.
demostración (*dëmostrazión*) f.
démonstration.
demostrar (*dëmostrár*) tr. démontrer.
denegación (*dënëgazión*) f. de-
négation.
denegar (*dënëgár*) tr. dénier.
denigrante (*dënigrántë*) s. dénigrant, e.
denigrar (*dënigrár*) tr. dénigrer.
denodado, da (*dënodádo, da*)
adj. intrépide.
denominación (*dënominazión*) f.
dénomination.
denominar (*dënominár*) tr. nommer, surnommer.
denostar (*dënostár*) tr. injurier.
denotar (*dënotár*) tr. dénoter.
denodado, da (*dënodádo, da*)
adj. intrépide.
denominación (*dënominazión*)
f. dénomination.
denominar (*dënominár*) tr. nommer, surnommer.
densidad (*dënsidád*) f. densité.
denso, sa (*dë'nso, sa*) adj. dense.
dentado, da (*dëntádo, da*) adj.
denté, e; m. engrenure.
dentadura (*dëntadou'ra*) f. râtelier; denture.
dentición (*dëntizión*) f. dentition.
dentífrico (*dëntífrico*) m. dentifrice.
dentista (*dëntísta*) m. dentiste.
dentro (*dë'ntro*) adv. dedans,
au dedans.
denuedo (*dënouë'do*) m. bravoure.
denuesto (*dënouë'sto*) m. inju-
rie.
denuncia (*dënou'nzia*) m. dénonciation.
denunciar (*dënounziár*) tr. dénoncer.
deparar (*dëparár*) tr. procurer.
departamento (*dëpartamë'nto*)
m. département.
departir (*dëpartír*) intr. causer.
depauperar (*dëpaoupérár*) tr.
appauvrir.
dependencia (*dëpëndë'nzia*) f.
dépendance.
depender (*dëpëndë'r*) intr. dépendre.
dependiente (*dëpëndië'ntë*) adj.
dépendant, e; m. employé.
depilar (*dëpilár*) tr. dépiler.
depilatorio (*dëpilatório*) m. dé-
pilatoire.
deplorable (*dëploráblë*) adj. déplorable.
deplorar (*dëplorár*) tr. déplorer.
deponer (*dëponë'r*) tr. destituer.
deportación (*dëportazión*) f. déportation.
deportar (*dëportár*) tr. déporter.
deporte (*dëpórtë*) m. divertissement, sport.
deportivo, va (*dëportívo, va*)
adj. et s. sportif, ive.
deposición (*dëpossizión*) f. dé-
position.
depositar (*dëpossitár*) tr. déposer.
depósito (*dëpóssito*) m. dépôt.
deprecación (*dëprëcazión*) f. dépravation.
depravado, da (*dëpravádo, da*)
adj. dépravé, e.

depravar (*dëpravár*) tr. dépra-
ver.
deprecación (*dëprëcazión*) f. déprécation.
depresión (*dëprëssión*) f. dépression.
deprimir (*dëprimír*) tr. déprimer.
depuesto, ta (*dëpouë'sto, ta*) p.
p. déposé, e.
depuración (*dëpourazión*) f. dé-
puration.
depurar (*dëpourár*) tr. dépurer.
depurativo, va (*dëpourativo, va*)
s. dépuratif.
derecha (*dërë'cha*) f. droite.
derecho, cha (*dërë'cho, cha*) f.
droit, e; m. droit.
deriva (*dëríva*) f. dérive.
derivación (*dërivazión*) f. dérivation.
derivar (*dërivár*) tr. dériver.
derogación (*dërogazión*) f. dérogation.
derramamiento (*dërramamië'nto*)
m. épanchement; fig. profusion.
derramar (*dërramár*) tr. verser.
derretido, da (*dërrëtído, da*) adj.
fondu, e.
derretir (*dërrëtír*) tr. fondre; dissiper.
derribar (*dërribár*) tr. abattre;
renverser.
derribo (*dërríbo*) m. démolition;
décombres.   [ser.
derrocar (*dërrocár*) tr. renver-
derrochador (*dërrochadór*) m.
dissipateur.
derrochar (*dërrochár*) tr. dissiper.
derroche (*dërróchë*) m. gaspillage.
derrota (*dërróta*) f. route; déroute.
derrotar (*dërrotár*) tr. vaincre.
derruir (*dërrouír*) tr. démolir.
derrumbamiento (*dërroumba-
mië'nto*) m. écroulement.
derrumbar (*dërroumbár*) tr.
écrouler; ébouler.
desabotonarse (*dëssabotonársë*)
r. se déboutonner.
desabrido, da (*dëssabrído, da*)
adj. insipide; aigre.
desabrigar (*dëssabrigár*) tr. dépouiller, mettre à nu.
desabrochar (*dëssabrochár*) tr.
dégrafer; —se r. se dégrafer.
desacatar (*dëssacatár*) tr. manquer de respect.
desacato (*dëssacáto*) m. manque
de respect.
desacierto (*dëssazië'rto*) m. erreur, bévue.
desacorde (*dëssacórdë*) adj. discordant, e.
desacostumbrado, da (*dëssacos-
toumbrádo, da*) adj. inhabi-
tuel, elle.
desacreditar (*dëssacrëditár*) tr.
décréditer.
desacuerdo (*dëssacouë'rdo*) m.
désaccord.
desafecto (*dëssafë'cto*) m. inimitié.
desafiar (*dëssafiár*) tr. défier.
desafinar (*dëssafinár*) tr. Mus.
désaccorder.
desafío (*dëssafío*) m. défi.
desafortunado, da (*dëssafortou-
nádo, da*) adj. malheureux,
euse.
desafuero (*dëssafouë'ro*) m. injustice.
desagradable (*dëssagradáblë*)
adj. désagréable.
desagradar (*dëssagradár*) tr. dé-
sagréer.
desagradecido, da (*dëssagradë-
zído, da*) adj. ingrat, e.
desagrado (*dëssagrádo*) m. désagrément.

desagravio (*dëssagrávio*) m. réparation, satisfaction.
desagüe (*dësságouë*) m. égout,
drainage.
desaguisado, da (*dëssaguissádo,
da*) adj. injuste; m. injure,
offense.
desahogado, da (*dëssaogádo, da*)
adj. impudent, e.
desahogar (*dëssaogár*) intr. alléger; soulager.
desahogo (*dëssaógo*) m. soulagement; fig. hardiesse.
desahuciar (*dëssaouziár*) tr. désespérer; expulser.
desahucio (*dëssáouzio*) m. congé; expulsion.
desairado, da (*dëssa-irádo, da*)
adj. disgracieux, euse
desairar (*dëssa-irár*) tr. dédaigner, mépriser.
desaire (*dëssa-irë*) m. mauvaise
grâce, etc.; fig. dédain.
desajustar (*dëssajoustár*) tr. dé-
sajuster.
desalar (*dëssalár*) tr. dessaler.
desalentar (*dëssalëntár*) tr. décourager.
desaliento (*dëssalië'nto*) m. découragement.
desaliñar (*dëssalignár*) tr. déranger l'ordre, etc.
desaliño (*dëssaligno*) m. défaut
d'arrangement; fig. négligence.
desalmado, da (*dëssalmádo, da*)
adj. cruel, elle.
desalojar (*dëssalojár*) tr. déloger.   [saltérer.
desalterar (*dëssaltérár*) tr. dé-
desamortizar (*dëssamortizár*) tr.
aliéner.
desamparado, da (*dëssampará-
do, da*) adj. délaissé, e.
desamparar (*dëssamparár*) tr.
abandonner, délaisser.
desamparo (*dëssampáro*) m. dé-
laissement; fig. abandon.
desangrar (*dëssangrár*) tr. saigner.
desanimar (*dëssanimár*) tr. décourager.
desánimo (*dëssánimo*) m. découragement.
desaliñar (*dëssalignár*) tr. déranger l'ordre, etc.
desaliño (*dëssaligno*) m. défaut
d'arrangement; fig. néglicen-
ce.
desalmado, da (*dëssalmádo, da*)
adj. cruel, elle.   [ger.
desalojar (*dëssalojár*) tr. délo-
desalterar (*dëssaltérár*) tr. désaltérer.
desamortizar (*dëssamortizár*) tr.
aliéner.
desamparado, da (*dëssampará-
do, da*) adj. délaissé, e.
desamparar (*dëssamparár*) tr.
abandonner, délaisser.
desamparo (*dëssampáro*) m. dé-
laissement; fig. abandon.
desangrar (*dëssangrár*) tr. saigner.
desapacible (*dëssapazíblë*) adj.
désagréable, dur.
desaparecer (*dëssaparëzë'r*) tr.
disparaître.
desaparición (*dëssaparizión*) f.
disparition.
desapego (*dëssapë'go*) m. fig.
désintéressement.
desapercibido, da (*dëssapërzibí-
do, da*) adj. dépourvu, e; inaperçu, e.
desaplicado, da (*dëssaplicádo,
da*) adj. inappliqué, e.
desaprobación (*dëssaprobazión*)
f. désapprobation.
desaprobar (*dëssaprobár*) tr. désapprouver.
desaprovechar (*dëssaprovëchár*)
tr. mal employer.

desarmar (*dëssarmár*) tr. désarmer.
desarme (*dëssármë*) m. désarmement.
desarraigar (*dëssarra-igár*) r. déraciner.
desarraigo (*dëssarrá-igo*) m. dé-
racinement.
desarrapado (*dëssarrapádo*) s.
déguenillé.
desarreglado, da (*dëssarrëgládo,
da*) adj. déréglé, e.
desarreglar (*dëssarrëglár*) tr. dérégler.
desarreglo (*dëssarrë'glo*) m. désordre.
desarrollar (*dëssarroyár*) tr. développer.
desarrollo (*dëssarróyo*) m. développement.
desarrugar (*dëssarrougár*) tr. déplisser; dérider.
desarticular (*dëssarticoulár*) tr.
désarticuler.
desasirse (*dëssassírsë*) r. se dessaisir.
desasosiego (*dëssassossië'go*) m.
trouble, inquiétude.
desastre (*dëssástrë*) m. désastre.
desastroso, sa (*dëssastrósso, a*)
adj. désastreux, euse.
desatar (*dëssatár*) tr. détacher;
—se r. fig. se déchaîner.
desatender (*dëssatëndë'r*) tr.
être distrait; mépriser.
desatinado, da (*dëssatinádo, da*)
adj. insensé; e; excessif,
excessive.
desatinar (*dëssatinár*) tr. déraisonner.
desatino (*dëssatino*) m. folie, extravagance.
desautorizar (*dëssaoutorizár*) tr.
désavouer.
desavenencia (*dëssavenë'nzia*) f.
discorde.
desavenir (*dëssavenír*) tr. brouiller, indisposer.
desayunar (*dëssa-iounár*) r. déjeuner.
desayuno (*dëssa-iou'no*) m. petit déjeuner.
desazón (*dëssazón*) f. aigreur;
fig. dégoût; inquiétude.
desbancar (*dësbancár*) tr. fig.
supplanter.
desbandada (*dësbandáda*) f. débandade.
desbandarse (*dësbandársë*) r.
Mil. se débander.
desbarajuste (*dësbarajou'stë*) m.
désordre.
desbaratar (*dësbaratár*) tr. défaire.
desbastar (*dësbastár*) tr. dégrossir.
desautorizar (*dësaoutorizár*) tr.
désavouer.
desbarrar (*dësbarrár*) intr. glisser; fig. déraisonner.
desbordamiento (*dësbordamië'n-
to*) m. débordement.
desbordar (*dësbordár*) intr. déborder.
descabellado, da (*dëscabëyádo,
da*) adj. échevelé, e; absurde.
descabellar (*dëscabëyár*) tr. tuer
(le taureau).
descabezar (*dëscabëzár*) tr. décapiter.
descalabro (*dëscalábro*) m. contretemps, échec.
descalificar (*dëscalificár*) tr. disqualifier.
descalzar (*dëscalzár*) tr. déchausser.
descaminado, da (*dëscaminádo,
da*) adj. égaré, e.
descamisado, da (*dëscamissádo,
da*) adj. indigent, e.
descampado (*dëscampádo*) m.
rase campagne.

descansar *(dĕscansár)* intr. reposer.

descanso *(dĕscánso)* m. repos.

descarado, da *(dĕscarádo, da)* adj. effronté, e.

descaro *(dĕscáro)* m. effronterie.

descarga *(dĕscárga)* f. décharge, déchargement.

descargar *(dĕscargár)* tr. décharger.

descargo *(dĕscárgo)* m. décharge; acquit de la conscience.

descarnar *(dĕscarnár)* tr. décharner.

descaro *(dĕscáro)* m. insolence.

descarriar *(dĕscarriár)* tr. égarer.

descarrilamiento *(dĕscarrilamiĕ'nto)* m. déraillement.

descarrilar *(dĕscarrilár)* tr. dérailler.

descarrío *(dĕscarrío)* m. égarement.

descartar *(dĕscartár)* tr. écarter.

descendencia *(dĕsz̆ĕndĕ'nzia)* f. descendance, extraction.

descendente *(dĕsz̆ĕndĕ'niĕ)* adj. descendant, e.

descender *(dĕsz̆ĕndĕ'r)* intr. descendre; procéder, dériver.

descendiente *(dĕsz̆ĕndiĕ'ntĕ)* adj. descendant, e; issu, e.

descendimiento *(dĕsz̆ĕndimiĕ'nto)* m. descente.

descenso *(dĕsz̆e'nso)* m. descente.

descentralización *(dĕsz̆ĕntralizazión)* f. décentralisation.

descentralizar *(dĕsz̆ĕntralizár)* tr. décentraliser.

descifrar *(dĕsz̆ifrár)* tr. déchiffrer.

desclavar *(dĕsclavár)* tr. déclouer. [cher.

descolgar *(dĕscolgár)* tr. décrocolorar

descolorar *(dĕscolorár)* tr. décolorer.

descolorido, da *(dĕscolorído, da)* adj. blême.

descollar *(dĕscoyár)* intr. surpasser.

descombrar *(dĕscombrár)* tr. déblayer.

descomedido, da *(dĕscomĕdído, da)* adj. grossier; ière; démesuré, e.

descomponer *(dĕscomponĕ'r)* tr. décomposer, troubler.

descomposición *(dĕscomposizión)* f. décomposition; dérangement.

descompuesto, ta *(dĕscompoŭ'sto, ta)* adj. effronté, e; dérangé, e.

descomulgar *(dĕscomoulgár)* tr. excommunier.

descomunal *(dĕscomounál)* adj. démesuré, e.

desconcertante *(dĕsconzĕrtántĕ)* adj. déconcertant, e.

desconcertar *(dĕsconzĕrtár)* tr. déconcerter.

desconcierto *(dĕsconziĕ'rto)* m. désordre, dérangement.

desconectar *(dĕsconĕctár)* tr. débrayer; couper.

desconfiado, da *(dĕsconfiádo, da)* adj. soupçonneux, euse.

desconfianza *(dĕsconfiánza)* f. défiance.

desconfiar *(dĕsconfiár)* intr. se défier, se méfier.

desconocer *(dĕsconozĕ'r)* tr. méconnaître; ignorer; désavouer.

desconocido, da *(dĕsconozído, da)* adj. méconnu.

desconocimiento *(dĕsconozimĭ'ĕnto)* m. ignorance.

desconsiderado, da *(dĕsconsidĕrádo, da)* adj. inconsidéré, e.

---

desconsolar *(dĕsconsolár)* tr. affliger, désoler.

desconsuelo *(dĕsconsouĕ'lo)* m. désolation, affliction.

descontar *(dĕscontár)* tr. décompter.

descontentar *(dĕscontĕntár)* tr. mécontenter.

descontento *(dĕscontĕ'nto)* m. mécontentement.

descorazonar *(dĕscorazonár)* tr. décourager.

descorchar *(dĕscorchár)* tr. déboucher.

descorrer *(dĕscorrĕ'r)* tr. couler; tirer les rideaux, etc.

descortés *(dĕscortĕ's)* adj. impoli, e.

descortesía *(dĕscortĕssía)* f. impolitesse.

descortezar *(dĕscortĕzár)* tr. écorcer.

descoser *(dĕscossĕ'r)* tr. découdre.

descrédito *(dĕscrĕ'dito)* m. discrédit.

descreído, da *(dĕscrĕ-ído, da)* adj. incrédule; fig. infidèle.

describir *(dĕscribír)* tr. décrire.

descripción *(dĕscripzión)* f. description.

descriptivo, va *(dĕscriptívo, va)* adj. descriptif, ive.

descrito, ta *(dĕscríto, ta)* p. p. de describir.

descuartizar *(dĕscouartizár)* tr. écarteler.

descubierto, ta *(dĕscoubiĕ'rto, ta)* adj. délaissé, e.

descubridor, ra *(dĕscoubridór, a)* s. découvreur, euse.

descubrimiento *(dĕscoubrimiĕ'nto)* m. découverte; invention.

descubrir *(dĕscoubrír)* tr. découvrir.

descuento *(dĕscouĕ'nto)* m. décompte.

descuidado, da *(dĕscouidádo, da)* adj. négligent, e; negligé, e.

descuidar *(dĕscouidár)* tr. négliger; oublier.

descuido *(dĕscouido)* m. négligence.

desde *(dĕ'sdĕ)* prep. depuis; dès.

desdecir *(dĕsdĕzír)* tr. dédire.

desdén *(dĕsdĕ'n)* m. dédain.

desdentado, da *(dĕsdĕntádo, da)* adj. édenté, e.

desdeñar *(dĕsdĕgnár)* tr. dédaigner, mépriser.

desdeñoso, sa *(dĕsdĕgnósso, a)* adj. dédaigneux, euse.

desdicha *(dĕsdícha)* f. malheur, infortune.

desdichado, da *(dĕsdichádo, da)* adj. malheureux, euse.

desdoblar *(dĕsdoblár)* tr. dédoubler.

desdorar *(dĕsdorár)* tr. dédorer; fig. ternir la réputation.

deseable *(dĕssĕáblĕ)* adj. désirable.

desear *(dĕssĕár)* tr. désirer, souhaiter.

desecar *(dĕssĕcár)* tr. dessécher.

desechar *(dĕssĕchár)* tr. dédaigner.

desecho *(dĕssĕ'cho)* m. reste, rebut.

desembarazar *(dĕssĕmbarazár)* tr. débarrasser; évacuer; —se r. fig. se débarrasser.

desembarazo *(dĕssĕmbarázo)* m. débarras.

desembarcadero *(dĕssĕmbarcadĕ'ro)* m. débarcadère.

desembarcar *(dĕssĕmbarcár)* tr. débarquer.

desembarco *(dĕssĕmbárco)* m. débarquement.

---

desembarque *(dĕssĕmbárkĕ)* m. débarquement.

desembocadura *(dĕssĕmbocadou'ra)* f. embouchure.

desembocar *(dĕssĕmbocár)* intr. déboucher; aboutir.

desembolsar *(dĕssĕmbolsár)* tr. débourser.

desembolso *(dĕssĕmbólso)* m. déboursement.

desembragar *(dĕssĕmbragár)* tr. débrayer.

desembrague *(dĕssĕmbráguĕ)* m. débrayage.

desembrollar *(dĕssĕmbroyár)* tr. débrouiller.

desempaquetar *(dĕssĕmpakĕtár)* tr. dépaqueter.

desempatar *(dĕssĕmpatár)* tr. départager.

desempedrar *(dĕssĕmpĕdrár)* tr. dépaver.

desempeñar *(dĕssĕmpĕgnár)* tr. dégager; exercer; acquitter.

desempeño *(dĕssĕmpĕ'gno)* m. dégagement; accomplissement.

desempolvar *(dĕssĕmpolvár)* tr. épousseter.

desencadenamiento *(dĕssĕncadĕnamiĕ'nto)* m. déchaînement.

desencadenar *(dĕssĕncadĕnár)* tr. déchaîner.

desencajar *(dĕssĕncajár)* tr. disloquer.

desencaminar *(dĕssĕncaminár)* tr. égarer; détourner.

desencanto *(dĕssĕncánto)* m. désenchantement.

desenclavar *(dĕssĕnclavár)* tr. désenclouer.

desencoger *(dĕssĕncojĕ'r)* tr. dérouler, déplier; —se r. se dégourdir.

desenfadado, da *(dĕssĕnfadádo, da)* adj. gai, e.

desenfado *(dĕssĕnfádo)* m. désinvolture; sans-gêne.

desenfrenado, da *(dĕssĕnfrénado, da)* adj. désabusé, e.

desenfreno *(dĕssĕnfrĕ'no)* m. dérèglement.

desenganchar *(dĕssĕnganchár)* tr. décrocher; dételer.

desengañado, da *(dĕssĕngagnádo, da)* adj. désabusé, e.

desengañar *(dĕssĕngagnár)* tr. détromper.

desengaño *(dĕssĕngágno)* m. désabusement.

desengrasar *(dĕssĕngrassár)* tr. dégraisser.

desenlace *(dĕssĕnlázĕ)* m. dénouement.

desenlazar *(dĕssĕnlazár)* tr. désenlacer, dénouer.

desenmarañar *(dĕssĕnmaragnár)* tr. démêler.

desenmascarar *(dĕssĕnmascarár)* tr. démasquer.

desenredar *(dĕssĕnrĕdár)* tr. fig. débrouiller, démêler.

desenrollar *(dĕssĕnroyár)* tr. dérouler.

desenroscar *(dĕssĕnroscár)* tr. détortiller.

desentenderse *(dĕssĕntĕndĕ'rsĕ)* r. se désintéresser.

desenterrar *(dĕssĕntĕrrár)* tr. déterrer.

desentonar *(dĕssĕntonár)* intr. détonner, sortir du ton.

desentono *(dĕssĕntóno)* m. faux ton.

desentornillar *(dĕssĕntorniyár)* tr. dévisser.

desentrañar *(dĕssĕntragnár)* fig. approfondir.

desentumecer *(dĕssĕntoumĕzĕ'r)* tr. dégourdir.

desenvainar *(dĕssĕnva-inár)* tr. dégainer.

---

desenvoltura *(dĕssĕnvoltou'ra)* f. hardiesse; fig. grâce.

desenvolver *(dĕssĕnvolvĕ'r)* tr. développer; fig. débrouiller.

deseo *(dĕssĕ'o)* m. désir.

deseoso, sa *(dĕssĕósso, a)* adj. désireux, euse.

desequilibrado, da *(dĕssĕkilibrádo, da)* adj. déséquilibré, e.

desequilibrio *(dĕssĕkilibrio)* m. manque d'équilibre.

deserción *(dĕssĕrzión)* f. Mil. désertion.

desertar *(dĕssĕrtár)* intr. déserter.

desertor *(dĕssĕrtór)* m. déserteur.

desesperación *(dĕssĕspĕrazión)* f. désespoir.

desesperado, da *(dĕssĕspĕrádo, da)* adj. désespéré, e.

desesperar *(dĕssĕspĕrár)* tr. désespérer.

desestimar *(dĕssĕstimár)* tr. mésestimer.

desfachatez *(dĕsfachatĕ'z)* f. effronterie.

desfalcar *(dĕsfalcár)* tr. défalquer, détourner.

desfalco *(dĕsfálco)* m. défalcation; détournement.

desfallecer *(dĕsfayĕzĕ'r)* tr. défaillir.

desfallecimiento *(dĕsfayĕzimiĕ'nto)* m. défaillance.

desfavorable *(dĕsfavoráblĕ)* adj. défavorable.

desfigurar *(dĕsfigourár)* tr. défigurer.

desfiladero *(dĕsfiladĕ'ro)* m. défilé.

desfilar *(dĕsfilár)* tr. défiler.

desfile *(dĕsfílĕ)* m. défilé.

desflorar *(dĕsflorár)* tr. défleurir; déflorer.

desgajar *(dĕsgajár)* tr. arracher, séparer.

desgana *(dĕsgána)* f. dégoût; m. fig. aversion.

desganar *(dĕsganár)* tr. dégoûter.

desgañitarse *(dĕsgagnitársĕ)* r. fam. s'égosiller.

desgarbado, da *(dĕsgarbádo, da)* adj. dégingandé, e.

desgarrador *(dĕsgarradór)* m. et s. déchirant, e.

desgarrar *(dĕsgarrár)* tr. déchirer.

desgarro *(dĕsgárro)* m. déchirure; fig. impudence.

desgastar *(dĕsgastár)* tr. user.

desgaste *(dĕsgástĕ)* m. usure; détérioration.

desgracia *(dĕsgrázia)* f. disgrâce; malheur.

desgraciado, da *(dĕsgraziádo, da)* adj. malheureux, euse.

desgranar *(dĕsgranár)* tr. égrener.

desgrasar *(dĕsgrassár)* tr. dégraisser.

desgreñar *(dĕsgrĕgnár)* tr. écheveler.

desguarnecer *(dĕsgouarnĕzĕ'r)* tr. dégarnir.

desguazar *(dĕsgouazár)* tr. dégrossir.

deshabitado, da *(dĕssabitádo, da)* adj. dépeuplé, e; inhabité, e.

deshacer *(dĕssazĕ'r)* tr. défaire.

deshecho, cha *(dĕssĕ'cho, cha)* adj. défait, e.

desherbar *(dĕssĕrbár)* tr. sarcler. [hériter.

desheredar *(dĕssĕrĕdár)* tr. dés-

deshielo *(dëssië'lo)* m. dégel.

deshinchar *(dëssinnchár)* tr. dégonfler.

deshojar *(dëssojár)* tr. effeuiller.

deshollinador *(dëssoyinadór)* s. ramoneur.

deshollinar *(dëssoyinár)* tr. ramoner.

deshonesto, ta *(dëssonë'sto, ta)* adj. déshonnête.

deshonor *(dëssonór)* m. déshonneur; affront.

deshonra *(dëssónra)* f. déshonneur; infamie, opprobe.

deshonrar *(dëssonrár)* tr. déshonorer, outrager.

deshonroso, sa *(dëssonrósso, a)* adj. déshonorant, e.

deshora *(dëssóra)* f. heure indue.

desidia *(dëssídia)* f. négligence.

desierto, ta *(dëssië'rto, ta)* adj. désert, e; m. désert.

designación *(dëssig-nazión)* f. désignation.

designar *(dëssig-nár)* tr. désigner.

designio *(dëssíg-nio)* m. dessein; projet.

desigual *(dëssigouál)* adj. inégal, e.

desigualdad *(dëssigoualdád)* f. inégalité.

desilusión *(dëssiloussión)* f. désillusion.

desilusionar *(dëssiloussionár)* tr. désillusionner.

desinfección *(dëssinfëczión)* f. désinfection.

desinfectante *(dëssinnfëctántë)* adj. et s. désinfectant, e.

desinfectar *(dëssinnfëctár)* tr. désinfecter.

desinflar *(dëssinnflár)* tr. dégonfler.

desintegración *(dëssinntëgrazión)* f. désintégration.

desintegrar *(dëssinntëgrár)* tr. désintégrer.

desinterés *(dëssinntërë's)* m. désintéressement.

desinteresado, da *(dëssinntërëssádo, da)* adj. désintéressé, e.

desistir *(dëssistír)* intr. se désister.

desleal *(dëslëál)* adj. déloyal, traître.

deslealtad *(dëslëaltád)* f. déloyauté.

desleír *(dëslë-ír)* tr. délayer.

deslenguado, da *(dëslëngouádo, da)* adj. médisant, e.

desligar *(dësligár)* t. délier.

deslindar *(dëslinndár)* tr. borner; délimiter.   [te.

desliz *(dëslíz)* m. glissade; fau-

deslizadizo, za *(dëslizadízo, za)* adj. glissant, e.

deslizamiento *(dëslizamië'nto)* m. glissade.

deslizar *(dëslizár)* intr. glisser.

deslucido, da *(dëslouzído, da)* adj. peu brillant, e.

deslucir *(dëslouzír)* tr. obscurcir, ternir; fig. décréditer.

deslumbrador, ra *(dësloumbradór, a)* adj. éblouissant, e.

deslumbramiento *(dësloumbramië'nto)* m. éblouissement.

deslumbrante *(dësloumbrántë)* adj. éblouissant, e.

deslumbrar *(dësloumbrár)* tr. éblouir.

deslustrar *(dësloustrár)* tr. ternir.

desmán *(dësmán)* m. dérèglement; excès.

desmandarse *(dësmandársë)* r. s'insolenter.

desmantelar *(dësmantëlár)* tr. démanteler.

desmañado, da *(dësmagnádo, da)* adj. maladroit, e.

desmayado, da *(dësma-iádo, da)* adj. évanoui, e; pâle.

desmayarse *(dësma-iársë)* r. s'évanouir.

desmayo *(dësmá-io)* m. défaillance, évanouissement.

desmedido, da *(dësmëdído, da)* adj. démesuré, e.

desmedrado, da *(dësmëdrádo, da)* adj. chétif. ive.

desmejorar *(dësmëjorár)* tr. détériorer.

desmelenar *(dësmëlënár)* tr. décheveler.

desmembrar *(dësmëmbrár)* tr. démembrer.

desmemoriado, da *(dësmëmoriádo, da)* adj. oublieux, euse.

desmentir *(dësmëntír)* tr. démentir.

desmenuzar *(dësmënouzár)* tr. émietter.

desmerecer *(dësmërëzë'r)* tr. démériter.

desmesurado, da *(dësmëssourádo, da)* adj. démésuré, e.

desmigajar *(dësmigajár)* tr. émietter.

desmilitarizar *(dësmilitarizár)* tr. démilitariser.

desmontar *(dësmontár)* tr. déboiser; démonter.

desmonte *(dësmóntë)* m. déboisement.

desmoralización *(dësmoralizazión)* f. démoralisation.

desmoralizar *(dësmoralizár)* tr. démoraliser.

desmoronar *(dësmoronár)* tr. miner, détruire; —se r. dépérir.

desmovilizar *(dësmovilizár)* tr. démobiliser.

desnatar *(dësnatár)* tr. écrémer.

desnaturalizado, da *(dësnatouralizádo, da)* adj. dénaturé, e.

desnivel *(dësnivë'l)* m. dénivellement.

desnivelar *(dësnivëlár)* tr. déniveler.

desnudar *(dësnoudár)* tr. déshabiller; fig. dépouiller.

desnudez *(dësnoudë'z)* f. nudité.

desnudo, da *(dësnou'do, da)* adj. nu, e.

desnutrición *(dësnoutrizión)* f. dénutrition.

desobedecer *(dëssobëdëzë'r)* tr. désobéir.

desobediencia *(dëssobëdië'nzia)* f. désobéissance.

desobediente *(dëssobëdië'ntë)* adj. et s. qui désobéit.

desocupación *(dëssocoupazión)* f. désoccupation.

desocupado, da *(dëssocoupádo, da)* adj. inoccupé, e.

desocupar *(dëssocoupár)* tr. débarrasser, évacuer.

desolación *(dëssolazión)* f. désolation.

desolado, da *(dëssoládo, da)* adj. désolé, e.

desollar *(dëssoyár)* tr. écorcher.

desorden *(dëssórdën)* m. désordre; fig. excès.

desordenado, da *(dëssordënádo, da)* adj. désordonné, e.

desordenar *(dëssordënár)* tr. déranger.

desorganización *(dëssorganizazión)* f. désorganisation.

desorganizar *(dëssorganizár)* tr. désorganiser.

desorientar *(dëssoriëntár)* tr. désorienter.

desovar *(dëssovár)* intr. frayer.

despabilado, da *(dëspabiládo, da)* adj. fig. éveillé, e; vif, ive.

despacio *(dëspázio)* adv. lentement; interj. doucement!

despachar *(dëspachár)* tr. dépêcher, expédier; vendre, débiter.

despacho *(dëspácho)* m. dépêche, expédition; bureau; débit (commerce); brevet; vente.   [aplatir, écraser.

despachurrar *(dëspachourrár)* tr.

despanzurrar *(dëspanzourrár)* tr. fam. éventrer.

desparramar *(dësparramár)* tr. éparpiller.

despavorido, da *(dëspavorído, da)* adj. effrayé, e; vif, ive.

despectivo, va *(dëspëctívo, va)* adj. méprisant, e.

despechado, da *(dëspëchádo, da)* adj. dépité, e.

despechar *(dëspëchár)* tr. dépiter, désespérer.

despecho *(dëspë'cho)* m. dépit.

despedazar *(dëspëdazár)* tr. dépecer.

despedida *(dëspëdída)* f. adieu.

despedir *(dëspëdír)* tr. jeter, congédier, reconduire.

despegado, da *(dëspëgádo, da)* adj. revêche, dur, e.

despegar *(dëspëgár)* tr. décoller.

despego *(dëspë'go)* m. indifférence.

despegue *(dëspë'guë)* m. décollage.

despeinar *(dëspëinár)* tr. décoiffer.

despejado, da *(dëspëjádo, da)* adj. clair, e; ouvert, e; clairvoyant, e.

despejar *(dëspëjár)* tr. débarrasser; évacuer un lieu; dégager.

despellejar *(dëspëyëjár)* tr. écorcher.

despensa *(dëspë'nsa)* f. gardemanger; dépense; provisions.

despeñadero *(dëspëgnadë'ro)* m. précipice.

despeñar *(dëspëgnár)* tr. précipiter.

desperdiciar *(dëspërdiziár)* tr. dissiper; gaspillage; reste.

desperdigar *(dëspërdigár)* tr. disperser.

desperezarse *(dëspërëzársë)* r. s'étirer.

desperfecto *(dëspërfë'cto)* m. dégât; défaut.

despertador *(dëspërtadór)* s. réveille-matin; réveil.

despertar *(dëspërtár)* tr. éveiller, réveiller.

despiadado, da *(dëspiadádo, da)* adj. méchant, e.

despido *(dëspído)* m. congé.

despilfarrar *(dëspilfarrár)* tr. gaspiller.

despilfarro *(dëspilfárro)* m. gaspillage.

despistado, da *(dëspistádo, da)* adj. désorienté, e.

despistar *(dëspistár)* tr. dépister.

despiste *(dëspístë)* m. dérapage; fig. désorientation.

desplante *(dësplántë)* m. effronterie.

desplazamiento *(dësplazamië'nto)* m. déplacement.

desplazar *(dësplazár)* tr. déplacer.

desplegar *(dësplëgár)* tr. déplier; déployer.

despliegue *(dësplië'guë)* m. déploiement.

desplomarse *(dësplomársë)* r. s'écrouler.

desplumar *(dësploumár)* tr. déplumer.

despoblación *(dëspoblazión)* f. dépeuplement.

despoblado, da *(dëspobládo, da)* adj. dépeuplé, e; m. désert.

despoblar *(dëspoblár)* tr. dépeupler.

despojar *(dëspojár)* tr. dépouiller, déposséder; —se r. se dépouiller.

despojo *(dëspójo)* m. spoliation; butin; dépouilles.

desposado, da *(dëspossádo, da)* adj. fiancé, e.

desposar *(dëspossár)* tr. fiancer, marier.

desposeer *(dëspossë'r)* tr. déposséder.

desposorio *(dëspossório)* m. fiançailles.

déspota *(dë'spota)* m. despote.

despótico, ca *(dëspótico, ca)* adj. despotique.

despotismo *(dëspotismo)* m. despotisme.

despotricar *(dëspotricár)* intr. fam. parler inconsidérément.

despreciable *(dësprëziáblë)* adj. méprisable.

despreciado, da *(dësprëziádo, da)* adj. méprisé, e.

despreciador, ra *(dësprëziadór, a)* adj. et s. qui méprise.

despreciar *(dësprëziár)* tr. mépriser.

desprecio *(dësprë'zio)* m. mépris.

desprender *(dësprëndë'r)* tr. détacher; dégager; —se r. se défaire; se déduire.

desprendido, da *(dësprëndído, da)* adj. désintéressé, e.

desprendimiento *(dësprëndimië'nto)* m. détachement; désintéressement.

despreocupación *(dësprëocoupazión)* f. insouciance.

despreocupado, da *(dësprëocoupádo, da)* adj. insouciant, e.

despreocuparse *(dësprëocoupársë)* r. se tranquilliser.

desprevenido, da *(dësprëvënído, da)* adj. non préparé, e.

desproporción *(dësproporzión)* f. disproportion.

despropósito *(dëspropóssito)* m. absurdité, impertinence.

desprovisto, ta *(dësprovísto, ta)* adj. dépourvu, e.

después *(dëspoué'ss)* adv. après.

despuntar *(dëspountár)* tr. émousser, épointer; intr. exceller, éclore, poindre.

desquiciar *(dëskiziár)* tr. bouleverser, ébranler.

desquite *(dëskítë)* m. revanche; fig. vengeance.

destacamento *(dëstacamë'nto)* m. détachement.

destacar *(dëstacár)* tr. détacher.

destajo *(dëstájo)* m. forfait.

destapar *(dëstapár)* tr. déboucher.

destello *(dëstë'yo)* m. étincellement; éclat.

destemplanza *(dëstëmplánza)* f. intempérance.

destemplar *(dëstëmplár)* tr. déranger, troubler.

desteñir *(dëstëgnír)* tr. déteindre.

desternillarse *(dëstërniyársë)* r. se pâmer de rire.

desterrar *(dëstërrár)* tr. bannir, exiler; fig. chasser.

destetar *(dëstëtár)* tr. sevrer.

destierro *(dëstië'rro)* m. banissement, exil.

destilación (dĕstilazión) f. distillation.
destilar (dĕstilár) tr. distiller.
destinar (dĕstinár) tr. destiner.
destinatario (dĕstinatário) m. destinataire.
destino (dĕstino) m. destin, destinée.
destitución (dĕstitouzión) f. destitution.
destituir (dĕstitouír) tr. destituer.
destornillador (dĕstorniyadór) m. tournevis.
destornillar (dĕstorniyár) tr. dévisser.
destreza (dĕstrĕ'za) f. dextérité, habilité; adresse.
destripar (dĕstripár) tr. étriper; fig. ouvrir une chose.
destronar (dĕstronár) tr. détrôner.
destrozar (dĕstrozár) tr. détruire; Mil. défaire.
destrozo (dĕstrózo) m. destruction.
destrucción (dĕstrouczión) f. destruction.
destructor, ra (dĕstrouctór, a) s. destructeur, trice.
destruir (dĕstrouír) tr. détruire.
desuncir (dĕssounzír) tr. dételer.
desunión (dĕssounión) f. disjonction.
desunir (dĕssounír) tr. désunir, séparer.
desuso (dĕssou'sso) m. désuétude.
desvalido, da (dĕsvalído, da) adj. délaissé, e.
desvalijar (dĕsvalijár) tr. dévaliser.
desván (dĕsván) m. grenier.
desvanecer (dĕsvanĕzĕ'r) tr. dissiper; —se r. s'évanouir.
desvanecimiento (dĕsvanĕzimiĕ'nto) m. évanouissement.
desvariar (dĕsvariár) intr. extravaguer.
desvarío (dĕsvarío) m. délire; fig. extravagance.
desvelar (dĕsvĕlár) tr. tenir éveillé.
desvelo (dĕsvĕ'lo) m. insomnie; fig. vigilance.
desvencijado, da (dĕsvĕnzijádo, da) adj. disjoint, e.
desventaja (dĕsvĕntája) f. désavantage.
desventura (dĕsvĕntou'ra) f. malheur.
desventurado, da (dĕsvĕntourádo, da) adj. malheureux, euse.
desvergonzado, da (dĕsvĕrgonzádo, da) adj. effronté, e.
desvergüenza (dĕsvĕrgouĕ'nza) f. impudence.
desviación (dĕsviazión) f. déviation.
desviar (dĕsviár) tr. détourner; fig. dissuader.
desvío (dĕsvío) m. déviation.
desvirtuar (dĕsvirtouár) tr. altérer; affaiblir.
desvivirse (dĕsvivírsĕ) r. désirer avec ardeur.
detallar (dĕtayár) tr. détailler.
detalle (dĕtáyĕ) m. détail.
detective (dĕtĕctívĕ) m. détective.
detector (dĕtĕctór) m. détecteur.
detención (dĕtĕnzión) f. délai; saisie, détention; arrêt.
detener (dĕtĕnĕ'r) tr. arrêter.
detenimiento (dĕtĕnimiĕ'nto) m. délai; arrêt; attention.
detentar (dĕtĕntár) intr détenir.
detentor (dĕtĕntór) m. détenteur.
detergente (dĕtĕrjĕ'ntĕ) adj. détergent, e.

deteriorar (dĕtĕriorár) tr. détériorer; —se r. se gâter.
deterioro (dĕtĕrióro) m. détérioration.
determinación (dĕtĕrminazión) f. détermination.
determinado, da (dĕtĕrminádo, da) adj. déterminé, e.
determinar (dĕtĕrminár) tr. déterminer.
detestable (dĕtĕstáblĕ) adj. détestable.
detestar (dĕtĕstár) tr. détester.
detonación (dĕtonazión) f. détonation.
detractor, ra (dĕtractór, a) adj. et s. détracteur, trice.
detrás (dĕtrás) adv. derrière.
detrimento (dĕtrimĕ'nto) m. détriment.
deuda (dĕ'ouda) f. dette.
deudo, da (dĕ'oudo, da) s. parent, e.
deudor, ra (dĕoudór, a) adj. et s. débiteur, trice.
devanar (dĕvanár) tr. dévider.
devaneo (dĕvanĕ'o) m. rêverie.
devastación (dĕvastazión) f. dévastation.
devastador (dĕvastadór) m. dévastateur.
devastar (dĕvastár) tr. dévaster.
devoción (dĕvozión) f. dévotion.
devolución (dĕvolouzión) s. dévolution.
devolver (dĕvolvĕ'r) tr. rendre.
devorador, ra (dĕvoradór, a) adj. et s. dévorant, e.
devorar (dĕvorár) tr. dévorer, avaler.
devoto, ta (dĕvóto, ta) adj. dévot, e.
devuelto, ta (dĕvouĕ'lto, ta) adj. rendu, e.
deyección (dĕiĕczión) f. déjection.
día (día) m. jour.
diabetes, tis (diabétes, is) f. Méd. diabète.
diablo (diáblo) m. diable.
diablura (diablou'ra) f. méchanceté, espièglerie.
diabólico, ca (diabólico, ca) adj. diabolique.
diácono (diácono) m. diacre.
diadema (diadĕ'ma) f. diadème.
diáfano, na (diáfano, na) adj. diaphane.
diafragma (diafrágma) m. Anat. diaphragme.
diagnosticar (diag-nosticár) tr. diagnostiquer.
diagnóstico (diag-nóstico) m. diagnostic.
diagonal (diagonál) adj. Geom. diagonal, e.
dialéctica (dialĕ'ctica) f. dialectique.
dialecto (dialĕ'cto) m. dialecte.
dialogar (dialogár) intr. dialoguer.
diálogo (diálogo) m. dialogue.
diamante (diamántĕ) m. diamant.
diámetro (diámetro) m. Geóm. diamètre.
diana (diána) f. diane.
diapasón (diapassón) m. diapason.
diariamente (diariamĕ'ntĕ) adj. journellement.
diario, ria (diário, a) adj. journalier, ière; m. journal; gazette.
diarrea (diarrĕ'a) f. diarrhée.
diatriba (diatríba) f. diatribe.
dibujante (dibouĵántĕ) s. dessinateur.
dibujar (diboujár) tr. dessiner.
dibujo (dibou'jo) m. dessin.
dicción (diczión) f. diction.

diccionario (diczionário) m. dictionnaire.
diciembre (diziĕ'mbrĕ) m. décembre.
dictado (dictádo) m. dictée.
dictador (dictadór) m. dictateur.
dictadura (dictadou'ra) f. dictature.
dictáfono (dictáfono) m. dictaphone.
dictamen (dictámĕn) m. avis, opinion.
dictar (dictár) tr. dicter.
dicha (dícha) f. bonheur; chance.
dicho (dícho) m. mot, (locution), dicton.
dichoso, sa (dichósso, a) adj. heureux, euse.
didáctico, ca (didáctico, ca) adj. didactique.
diecinueve (diĕzinouĕ'vĕ) adj. dix-neuf.
dieciocho (diĕziócho) adj. dix-huit.
dieciséis (diĕzissĕ'is) adj. seize.
diecisiete (diĕzissiĕ'tĕ) adj. dix-sept.
diedro (diĕ'dro) adj. dièdre.
diente (diĕ'ntĕ) m. dent.
diestra (diĕ'stra) f. main droite.
diestro, tra (diĕ'stro, tra) adj. droit, e; adroit, e.
dieta (diĕ'ta) f. diète; salaire.
diez (diĕ'z) adj. num. card. et s. dix.
diezmar (diĕzmár) tr. décimer.
diezmo (diĕ'zmo) m. dixième; dîme.
difamación (difamazión) f. difamation.
difamador, ra (difamadór, a) adj et s. diffamateur, trice.
difamar (difamár) tr. diffamer.
difamatorio, ria (difamatório, a) adj. diffamatoire.
diferencia (difĕrĕ'nzia) f. .différence.
diferenciar (difĕrĕnziár) tr. différencier, distinguer.
diferente (difĕrĕ'ntĕ) adj. différent, e.
diferir (difĕrír) tr. différer.
difícil (difízil) adj. difficile.
dificultad (dificoultád) f. difficulté.
dificultar (dificoultár) tr. créer des dificultés.
difteria (diftĕría) f. diphtérie.
difundir (difoundír) tr. répandre.
difunto, ta (difou'nto, ta) adj. s. défunt, e.
difusión (difoussión) f. difusión.
difuso, sa (difou'sso, a) adj. diffus, e.
digerir (diĵĕrír) tr. digérer.
digestión (diĵĕstión) f. digestion.
digestivo, va (diĵĕstívo, a) adj. digestif, ive.
digital (diĵitál) f. digitale.
dignarse (dig-nársĕ) r. daigner.
dignatario (dig-natário) m. dignitaire.
dignidad (dig-nidád) f. dignité; dignitaire.
digno, na (díg-no, na) adj. digne.
digresión (digrĕssión) f. digression.
dilación (dilazión) f. délai.
dilapidar (dilapidár) tr. dilapider.
dilatación (dilatazión) f. dilatation, extension.
dilatado, da (dilatádo, da) adj. fig. nombreux, euse; vaste; diffus, e.
dilatar (dilatár) tr. dilater; différer.
dilatorio, ria (dilatório, a) adj. dilatoire.

dilema (dilĕ'ma) m. dilemme.
diletante (dilĕtántĕ) adj. dilettante.
diligencia (dilijĕ'nzia) f. diligence; fam. affaire.
diligente (dilijĕ'ntĕ) adj. diligent, e.
dilucidar (dilouzidár) tr. dilucider.
diluir (dilouír) tr. diluer.
diluviar (dilouviár) intr. pleuvoir à verse.
diluvio (dilou'vio) m. déluge.
dimanar (dimanár) intr. fig. émaner.
dimensión (dimĕnsión) f. dimension.
diminuto, ta (diminou'to, ta) adj. petit, e.
dimisión (dimissión) f. démission.
dinámico, ca (dinámico, ca) adj. dynamique; f. dynamique.
dinamismo (dinamismo) m. dynamisme.
dinamita (dinamíta) f. dynamite.
dinastía (dinastía) f. dynastie.
dinero (dinĕ'ro) m. argent; denier. [teau.
dintel (dinntĕ'l) m. Archit. linteau.
diocesano, na (diozĕssáno, na) adj. diocésain, e.
diócesis (diózĕssis) f. diocèse.
Dios (diós) m. Dieu.
diosa (dióssa) f. Mit. déesse.
diploma (diplóma) m. diplôme.
diplomacia (diplomázia) f. diplomatie.
diplomático, ca (diplomático, ca) adj. diplomatique.
diptongo (diptóngo) m. diphtongue.
diputación (dipoutazión) f. députation.
diputado (dipoutádo) m. député.
dique (díke) m. digue.
dirección (dirĕczión) f. direction.
directo, ta (dirĕ'cto, ta) adj. direct, e.
director, ra (dirĕctor, a) adj. et s. directeur, trice.
directorio (dirĕctório) m. directoire.
dirigible (dirijíble) adj. et s. dirigeable.
dirigir (dirijír) tr. diriger, adresser; r. s'adresser.
discernimiento (diszĕrnimiĕ'nto) m. discernement.
discernir (diszĕrnír) tr. discerner, distinguer.
disciplina (disziplína) tr. discipline.
disciplinar (disziplinár) tr. discipliner.
discípulo, la (diszípoulo, la) s. disciple.
disco (disco) m. disque.
díscolo, la (díscolo, la) adj. indocile.
disconvenir (disconvĕnír) intr. différer d'opinion.
discordancia (discordánzia) f. discordance; désaccord.
discordar (discordár) adj. discordant, e.
discordia (discórdia) f. discorde.
discreción (discrĕzión) f. discrétion.
discrepancia (discrĕpánzia) f. dissentiment.
discrepar (discrĕpár) intr. différer.
discreto, ta (discrĕ'to, ta) adj. discret, ète.

discriminar *(discriminár)* tr. séparer.
disculpa *(discou'lpa)* f. disculpation.
disculpar *(discoulpár)* intr. disculper.
discurrir *(discourrír)* tr. inventar.
discurso *(discou'rso)* m. discours, propos, raisonnement.
discusión *(discoussión)* f. discussion.
discutir *(discoutír)* tr. discuter.
disecar *(dissěcár)* tr. disséquer.
diseminar *(dissěminár)* tr. disséminer.
disensión *(dissěnsión)* f. dissension.
disentería *(dissěntěría)* f. dysenterie.
disentir *(dissěntír)* intr. différer.
diseñar *(dissěgnár)* tr. dessiner; esquisser.
diseño *(dissě'gno)* m. dessin, esquisse.
disertación *(disěrtazión)* m. dissertation.
disertar *(disěrtár)* tr. disserter.
disfraz *(disfráz)* m. déguisement.
disfrazar *(disfrazár)* tr. déguiser.
disfrutar *(disfroutár)* tr. jouir d'une chose.
disgregar *(disgrěgár)* tr. disgréguer.
disgustar *(disgoustár)* tr. dégoûter; fig. fâcher; —se *(disgoustársě)* r. rompre, se brouiller.
disgusto *(disgou'sto)* m. dégoût; chagrin.
disidente *(dissiděʼntě)* adj. dissident, e.
disimulación *(dissimoulazión)* f. dissimulation.
disimular *(dissimoulár)* tr. dissimuler.
disimulo *(dissimou'lo)* m. dissimulation.
disipar *(dissipár)* tr. dissiper.
dislocar *(dislocár)* tr. disloquer.
disminución *(disminouzión)* f. diminution.
disminuir *(disminouír)* tr. diminuer.
disolución *(dissolouzión)* f. dissolution.
disoluto, ta *(dissolou'to, ta)* adj. dissolu, e.
disolvente *(dissolvě'ntě)* adj. et s. dissolvant, e.
disolver *(dissolvě'r)* tr. dissoudre.
dispar *(dispár)* adj. dissemblable.
disparador *(disparadór)* m. détente.
disparar *(disparár)* tr. tirer un coup de fusil, etc.
disparatado, da *(disparatádo, da)* adj. étourdi, e; déraisonnable.
disparatar *(disparatár)* adv. extravaguer.
disparate *(disparátě)* m. extravagance, sottise.
disparidad *(disparidád)* f. disparité.
disparo *(dispáro)* m. coup de feu.
dispendio *(dispě'ndio)* m. dépense excessive.
dispendioso, sa *(dispěndióssa, a)* adj. dispendieux, euse.

dispensa *(dispě'nsa)* f. dispense.
dispensar *(dispěnsár)* tr. dispenser.
dispensario *(dispěnsário)* m. dispensaire.
dispepsia *(dispěpsia)* f. dyspepsie.
dispersar *(dispěrsár)* tr. disperser.
dispersión *(dispěrsión)* f. dispersion.
disperso, sa *(dispě'rso, sa)* adj. dispersé, e.
displicente *(displizě'ntě)* adj. déplaisant, e.
disponer *(disponě'r)* tr. disposer; fig. résoudre.
disponible *(disponíblě)* adj. disponible.
disposición *(dispossizión)* f. disposition.
dispositivo *(dispossitívo)* m. dispositif.
dispuesto, ta *(dispouě'sto, ta)* adj. disposé, e.
disputa *(dispou'ta)* f. dispute.
disputar *(dispoutár)* tr. e intr. disputer.
disquisición *(diskissizión)* f. disquisition.
distancia *(distánzia)* f. distance; fig. inégalité.
distanciar *(distanziár)* tr. distancer.
distante *(distántě)* adj. distant, e.
distar *(distár)* intr. être distant; fig. différer.
distensión *(distěnsión)* f. distension.
distinción *(distinnzión)* f. distinction.
distinguido, da *(distinnguído, da)* adj. distingué, e; illustre.
distinguir *(distinnguír)* tr. distinguer, fig. préférer.
distintivo, va *(distinntívo, va)* adj. distinctif, ive; m. attribut.
distinto, ta *(distínnto, ta)* adj. distinct, e; clair, e.
distracción *(distrazzión)* f. distraction.
distraer *(distraě'r)* tr. distraire.
distraído, da *(distra-ído, da)* adj. distrait, e.
distribución *(distribouzión)* f. distribution.
distribuir *(distribouír)* tr. distribuer.
distrito *(distríto)* m. district.
disturbio *(distou'rbio)* m. trouble.
disuadir *(dissouadír)* tr. dissuader.
disuasión *(dissouassión)* f. dissuasion.
disuelto, ta *(dissouě'lto, ta)* adj. dissous, oute.
disyuntiva *(disíountíva)* f. alternative.
ditirambo *(ditirámbo)* m. dithyrambe.
diurno, na *(diou'rno, na)* adj. diurne.
divagación *(divagazión)* f. divagation.
divagar *(divagár)* intr. divaguer.
diván *(diván)* m. divan.
divergencia *(divěrjě'nzia)* f. divergence.
divergente *(diverjě'ntě)* adj. divergent, e.
diversidad *(divěrsidád)* f. diversité.
diversificar *(divěrsificár)* tr. diversifier.
diversión *(divěrsión)* f. diversion; divertissement.
diverso, sa *(divě'rso, sa)* adj. divers, e.

divertido, da *(divěrtído, da)* adj. gai, e; divertissant, e.
divertir *(divěrtír)* tr. amuser, distraire.
dividendo *(dividě'ndo)* m. dividende.
dividir *(dividír)* tr. diviser.
divinidad *(divinidád)* f. divinité.
divinizar *(divinizár)* tr. diviniser.
divino, na *(divíno, na)* adj. divin, e.
divisa *(divíssa)* f. devise, emblème.
divisar *(divissár)* tr. voir confusément.
divisible *(divissíblě)* adj. divisible.
división *(divissión)* f. division.
divisor *(divissór)* m. diviseur.
divorciar *(divorziár)* tr. divorcer.
divorcio *(divórzio)* m. divorce.
divulgación *(divoulgazión)* f. divulgation.
divulgar *(divoulgár)* tr. divulguer.
dobladillo *(dobladíyo)* m. ourlet.
doblar *(doblár)* tr. doubler, courber; plier.
doble *(dóblě)* adj. double; m. doble.
doblegar *(doblěgár)* tr. courber, plier.
doblez *(doblě'z)* m. pli; fig. duplicité.
doce *(dózě)* adj. num. card. et n. douze.
docena *(dozě'na)* f. douzaine.
docente *(dozě'ntě)* adj. enseignant, e.
dócil *(dózil)* adj. docile.
docilidad *(dozilidád)* f. docilité.
docto, ta *(dócto, ta)* adj. docte.
doctor, ra *(doctór, a)* s. docteur doctoresse.
doctoral *(doctorál)* adj. doctoral, e.
doctrina *(doctrína)* f. doctrine, enseignement.
documentación *(docoumě'ntazión)* f. documentation.
documental *(docoumě'ntál)* adj. et s. documentaire.
documento *(docoumě'nto)* m. document.
dogma *(dógma)* m. dogme.
dogmático, ca *(dogmático, ca)* adj. dogmatique.
dogal *(dogál)* m. licou.
dogo *(dógo)* m. dogue.
dólar *(dólar)* m. dollar.
dolencia *(dolě'nzia)* f. infirmité, maladie.
doler *(dolě'r)* intr. sentir de la douleur.   [frant, e.
doliente *(dolíě'ntě)* adj. souffrant.
dolor *(dolór)* m. douleur.
doloroso, sa *(dolorósso, a)* adj. douloureux, euse.
domador, ra *(domadór, a)* s. dompteur, euse.
domar *(domár)* tr. dompter.
domesticar *(domě'sticár)* tr. apprivoiser.
doméstico, ca *(domě'stico, ca)* adj. domestique; m. serviteur.
domicilio *(domizílio)* m. domicile.
dominación *(dominazión)* f. domination.
dominador, ra *(dominadór, a)* adj. et s. dominateur, trice.
dominante *(dominántě)* adj. dominant, e.
dominar *(dominár)* tr. dominer.
domingo *(domínngo)* m. dimanche.
dominio *(domínio)* f. domination; domaine.
dominó *(dominó)* m. domino (habit et jeu).
don *(dón)* m. don.

donación *(donazión)* f. donation.
donador, ra *(donadór, a)* s. donateur, trice; donneur, euse.
donaire *(doná-irě)* m. gentillesse, grâce.
donar *(donár)* tr. donner.
donatario *(donatário)* m. donataire; donateur.
donativo *(donatívo)* m. présent, don.
doncella *(donzě'ya)* f. demoiselle; femme de chambre.
donde *(dóndě)* adv. où.
donoso, sa *(donósso, a)* adj. gracieux, euse.
doña *(dógna)* f. dame, madame.
dorado, da *(dorádo, da)* adj. doré, e; m. dorure.
dorar *(dorár)* tr. dorer.
dormilón, na *(dormilón, na)* adj. et s. dormeur, euse.
dormir *(dormír)* intr. dormir.
dormitar *(dormitár)* intr. sommeiller.
dormitorio *(dormitório)* m. dortoir; chambre à coucher.
dorsal *(dorsál)* adj. dorsal, e.
dorso *(dórso)* m. dos; revers.
dos *(dós)* adj et s. deux.
dosel *(dossě'l)* m. dais.
dosis *(dóssis)* f. dose.
dotación *(dotazión)* f. dotation.
dotador, ra *(dotadór, a)* s. fondateur, trice.
dotar *(dotár)* tr. doter; pourvoir.
dote *(dótě)* s. dot; pl. dons de la nature.
dovela *(dově'la)* f. voussoir.
draga *(drága)* f. drague.
dragón *(dragón)* m. dragon.
drama *(dráma)* m. drame.
dramático, ca *(dramático, ca)* adj. dramatique.
dramatizar *(dramatizár)* tr. dramatiser.
dramaturgo *(dramatou'rgo)* m. dramaturge.
droga *(dróga)* f. drogue.
droguería *(droguěría)* f. droguerie.
dromedario *(dromědário)* m. dromadaire.
druida *(drouída)* m. druide.
dualismo *(doualísmo)* m. dualisme.
ducado *(doucádo)* m. duché; ducat.
dúctil *(douc'til)* adj. ductile.
ductilidad *(douctilidád)* f. ductilité.
ducha *(dou'cha)* f. douche.
ducho, cha *(dou'cho, chá)* adj. fam. accoutumé, e; adroit, e.
duda *(dou'da)* f. doute.
dudar *(doudár)* tr. douter.
dudoso, sa *(doudósso, a)* adj. douteux, euse.
duela *(douě'la)* f. douve.
duelo *(douě'lo)* m. duel; deuil, affliction.
duende *(douě'ndě)* m. esprit follet; lutin.
dueña *(douě'gna)* f. duègne; maîtresse.
dueño *(douě'gno)* m. maître, seigneur.
dulce *(dou'lzě)* m. confiture; douceur; adj. doux, douce.
dulcificar *(doulzificár)* tr. dulcifier.
dulzura *(doulzou'ra)* f. douceur; bonté.
duna *(dou'na)* f. dune.
dúo *(dou'o)* m. duo.
duplicar *(douplicár)* tr. doubler.
duplicidad *(douplizidád)* f. duplicité.

duplo, pla *(dou'plo, a)* adj. double.

duque *(dou'kë)* m. duc.

duquesa *(douké'ssa)* f. duchesse.

duración *(dourazión)* f. durée.

duradero, a *(douradë'ro, a)* adj. durable.

durante *(douránté)* adv. durant.

durar *(dourár)* intr. durer.

dureza *(dourë'za)* f. dureté.

durillo *(douríyo)* m. durillon.

durmiente *(dourmië'nté)* adj. dormant, e.

duro, ra *(dou'ro, a)* adj. dur, e.

E e

ebanista *(ëbanista)* m. ébéniste.

ebanistería *(ëbanistéria)* f. ébénisterie.

ébano *(ë'bano)* m. ébène.

ebrio, bria *(ë'brio, a)* adj. ivre.

ebullición *(ëbouyizión)* f. ébullition.

ecléctico, ca *(ëclë'ctico, ca)* adj. éclectique.

eclesiástico, ca *(ëclëssiástico, ca)* adj. et s. ecclésiastique.

eclipsar *(ëclipsár)* tr. éclipser.

eclipse *(ëclípsë)* m. *Astr.* éclipse.

eco *(ë'co)* m. écho.

economato *(ëconomáto)* m. économat.   [mle.

economía *(ëconomía)* f. économie.

económico, ca *(ëconómico, ca)* adj. économique.

economista *(ëconomísta)* m. économiste.

economizar *(ëconomizár)* tr. économiser.

ecónomo *(ëcónomo)* m. économe.

ecuación *(ëcouazión)* f. équation.

ecuador *(ëcouadór)* m. équateur.

ecuanimidad *(ëcouanimidád)* f. équanimité.

ecuatorial *(ëcouatoriál)* adj. équatorial.

ecuestre *(ëcouë'strë)* adj. équestre.

ecuménico, ca *(ëcoumë'nico, ca)* adj. œcuménique.

eczema *(ëczë'ma)* m. eczéma.

echar *(ëchár)* tr. jeter, lancer, ressortir; pousser; r. se coucher.

edad *(ëdád)* f. âge.

edén *(ëdë'n)* m. éden.

edición *(ëdizión)* f. édition.

edicto *(ëdícto)* m. édit; placard.

edículo *(ëdícoulo)* m. édicule.

edificación *(ëdificazión)* m. édification.

edificar *(ëdificár)* tr. édifier; bâtir.

edificio *(ëdifízio)* m. édifice.

editar *(ëditár)* tr. éditer.

editor *(ëditór)* m. éditeur.

editorial *(ëditoriál)* adj. éditorial, e; m. éditorial.

edredón *(ëdrëdón)* m. édredon.

educación *(ëdoucazión)* f. éducation.

educado, da *(ëdoucádo, da)* adj. bien élevé, e.

educador, ra *(ëdoucadór, a)* s. éducateur, trice.

educar *(ëdoucár)* tr. élever, instruire.

efectivo, va *(ëfëctívo, va)* adj. effectif, ive.

efecto *(ëfë'cto)* n. effet.

efectuar *(ëfëctouár)* tr. effectuer.

efemérides *(ëfëmë'ridës)* f. pl. éphémérides.

efervescencia *(ëfërvëszë'nzia)* f. effervescence.

eficacia *(ëficázia)* f. efficacité.

eficaz *(ëficáz)* adj. efficace.

eficiencia *(ëfizië'nzia)* f. efficacité.

eficiente *(ëfizië'ntë)* adj. efficient, e.

efigie *(ëfíjië)* f. effigie.

efímero, ra *(ëfímëro, ra)* adj. éphémère.

efluvio *(ëflou'vio)* m. émanation.

efusión *(ëfoussión)* f. effusion.

efusivo, va *(ëfoussívo, va)* adj. affectueux, euse.

égida *(ë'jida)* f. égide.

égloga *(ë'gloga)* f. églogue.

egoísmo *(ëgo-ísmo)* m. égoïsme.

egoísta *(ëgo-ista)* s. egoïste.

egregio, gia *(ëgrë'jio, a)* adj. éminent, e, illustre.

eje *(ë'jë)* m. essieu, axe.

ejecución *(ëjëcouzión)* f. exécution.

ejecutar *(ëjëcoutár)* tr. exécution.

ejecutivo, va *(ëjëcoutívo, va)* adj. exécutif, ive.

ejemplar *(ëjëmplár)* adj. exemplaire.

ejemplo *(ëjë'mplo)* m. exemple.

ejercer *(ëjërzë'r)* tr. exercer.

ejercicio *(ëjërzízio)* m. exercice.

ejercitar *(ëjërzitár)* tr. exercer, pratiquer.

ejército *(ëjë'rzito)* m. armée.

el *(ë'l)* art. m. le.

él *(ë'l)* pron. pers. il; lui.

elaboración *(ëlaborazión)* f. élaboration.

elasticidad *(ëlastizidád)* f. élasticité.

elástico, ca *(ëlástico, ca)* adj. élastique.

elección *(ëlëczión)* f. élection.

electivo, va *(ëlëctívo, va)* adj. électif, ive.

electo, ta *(ëlë'cto, ta)* adj. et s. élu, e.

elector *(ëlëctór)* m. electeur.

electoral *(ëlëctorál)* adj. électoral, e.

electricidad *(ëlëctrizidád)* f. *Phys.* électricité .

eléctrico, ca *(ëlë'ctrico, ca)* adj. électrique.

electrificación *(ëlëctrificazión)* f. électrification.

electrizar *(ëlëctrizár)* tr. *Phys.* électriser; fig. animer.

electrocución *(ëlëctrocouzión)* f. électrocution.

electrón *(ëlëctrón)* m. électron.

electrónica *(ëlëctrónica)* ad. et f. électronique.

elefante *(ëlëfántë)* m. éléphant.

elegancia *(ëlëgánzia)* f. élégance.

elegante *(ëlëgántë)* adj. élégant, e.

elegido, da *(ëlëjído, da)* adj. élu, e.

elegir *(ëlëjír)* tr. élire.

elemental *(ëlëmëntál)* adj. élémentaire.   [ment.

elemento *(ëlëmë'nto)* m. élément.

elevación *(ëlëvazión)* f. élévation.

elevado, da *(ëlëvádo, da)* adj. fig. élevé, e.

elevador, ra *(ëlëvador, a)* m. élévateur.

elevar *(ëlëvár)* tr. élever; —se r. s'extasier.

elidir *(ëlidír)* tr. élider.

eliminación *(ëliminazión)* f. élimination.

eliminar *(ëliminár)* r. éliminer.

elipse *(ëlípsë)* f. *Géom.* ellipse.

elisión *(ëlissión)* f. élision.

elucidar *(ëlouzidár)* tr. élucider.

elixir *(ëligsír)* m. élixir.

elocución *(ëlocouzión)* f. élocution.

elocuencia *(ëlocouë'nzia)* f. éloquence.

elocuente *(ëlocouë'ntë)* adj. éloquent, e.

elogiar *(ëlojiár)* tr. louer.

elogio *(ëlójio)* m. éloge.

eludir *(ëloudír)* tr. éluder.

ella *(ë'ya)* pron. elle.

ello *(ë'yo)* pron. dem. cela.

emanación *(ëmanazión)* f. émanation.

emanar *(ëmanár)* tr. émaner.

embadurnar *(ëmbadournár)* tr. barbouiller.

embajada *(ëmbajáda)* f. ambassade.

embajador *(ëmbajadór)* m. ambassadeur.

embalaje *(ëmbalájë)* m. emballage.

embalar *(ëmbalár)* tr. emballer.

embaldosar *(ëmbaldossár)* tr. daller.

embalsamar *(ëmbalsamár)* tr. embaumer.

embalse *(ëmbálsë)* m. reservoir d'eau.

embarazada *(ëmbarazáda)* f. grosse (femme).

embarazar *(ëmbarazár)* tr. embarrasser.

embarazo *(ëmbarázo)* m. embarras, grossesse.

embarazoso, sa *(ëmbarazósso, a)* adj. embarrassant, e.

embarcación *(ëmbarcazión)* f. embarcation.

embarcadero *(ëmbarcadë'ro)* m. embarcadère.

embarcar *(ëmbarcár)* tr. embarquer.

embarco *(ëmbárco)* m. embarquement.

embargar *(ëmbargár)* tr. saisir.

embargo *(ëmbárgo)* m. séquestre.

embarrancar *(ëmbarrancár)* intr. échouer.

embate *(ëmbátë)* m. ressac.

embaucar *(ëmbaoucár)* tr. leurrer, enjôler.

embelesar *(ëmbëlëssár)* tr. étonner.

embeleso *(ëmbëlë'sso)* m. transport, extase.

embellecer *(ëmbëyëzë'r)* tr. embellir.

embestida *(ëmbëstída)* f. assaut.

embestir *(ëmbëstír)* tr. attaquer, assaillir.

emblanquecer *(ëmblankëzë'r)* tr. blanchir.

emblema *(ëmblë'ma)* m. emblème.

embocadura *(ëmbocadou'ra)* f. embouchure.

embolia *(ëmbólia)* f. embolie.

émbolo *(ë'mbolo)* m. piston.

embolsar *(ëmbolsár)* tr. embourser.

emborrachar *(ëmborrachár)* enivrer.

emborronar *(ëmborronár)* tr. barbouiller, griffonner.

emboscada *(ëmboscáda)* f. embuscade.

emboscar *(ëmboscár)* tr. embusquer.

embotar *(ëmbotár)* tr. émousser, émouvoir.

embotellar *(ëmbotëyár)* tr. embouteiller.

embozado, da *(ëmbozádo, da)* adj. et s. couvert, e; déguisé, e.

embragar *(ëmbragár)* tr. embrayer.

embrague *(ëmbráguë)* m. embrayage.   [vrer.

embriagar *(ëmbriagár)* tr. enivrer.

embriaguez *(ëmbriaguë'z)* f. ivresse.

embrión *(ëmbrión)* m. embryon.

embrionario, ria *(ëmbrionário, a)* adj. embryonnaire.

embrollar *(ëmbroyár)* tr. embrouiller.

embrollo *(ëmbróyo)* embrouillement.

embrujar *(ëmbroujár)* tr. ensorceler.

embrutecer *(ëmbroutëzë'r)* tr. abrutir, rendre stupide.

embudo *(ëmbou'do)* m. entonnoir.

embuste *(ëmbou'stë)* m. ruse, mensonge.

embustero *(ëmboustë'ro)* m. menteur.

embutido *(ëmboutído)* m. marqueterie, saucisson.

embutir *(ëmboutír)* incruster, fourrer.

emergencia *(ëmërjë'nzia)* f. émergence.

emerger *(ëmërjë'r)* intr. émerger.

emigración *(ëmigrazión)* f. émigration.

emigrado, da *(ëmigrádo, da)* adj. et s. émigré.

emigrante *(ëmigrántë)* s. émigrant, e.

emigrar *(ëmigrár)* tr. émigrer.

eminencia *(ëminë'nzia)* f. éminence.

eminente *(ëminë'ntë)* adj. éminent, e.

emir *(ëmír)* m. émir.

emisario *(ëmissário)* m. émissaire.   [sion.

emisión *(ëmissión)* f. émission.

emisor *(ëmissór)* m. émetteur.

emitir *(ëmitír)* tr. émettre.

emoción *(ëmozión)* f. émotion.

emocionar *(ëmozionár)* tr. émouvoir.

emocionante *(ëmozionántë)* adj. émouvant, e.

emolumento *(ëmoloumë'nto)* m. émolument.

empacho *(ëmpácho)* m. embarras, indigestion.

empadronamiento *(ëmpadronamië'nto)* m. recensement.

empalagar *(ëmpalagár)* tr. affadir, dégoûter.

empalago *(ëmpalágo)* m. dégoût, nausée.

empalagoso, sa *(ëmpalagósso, sa)* adj. écœurant, e.

empalizada *(ëmpalizáda)* f. palissade.

empalmar *(ëmpalmár)* tr. embrancher, joindre.

empalme *(ëmpálmë)* m. embranchement.

empanada *(ëmpanáda)* f. pâté.

empanadilla *(ëmpanadíya)* f. rissole.

empañar *(ëmpagnár)* tr. emmailloter; ternir.

empapar *(ěmpapár)* tr. tremper, imbiber.
empapelar *(ěmpapělár)* tr. tapisser.
empaque *(ěmpákě)* m. empaquetage, aspect.
empaquetar *(ěmpakětár)* tr. empaqueter.
emparedado, da *(ěmparědádo, da)* adj. claquemuré, e; m. sandwich.
emparedar *(ěmparědár)* tr. emmurer.
emparentar *(ěmparěntár)* intr. s'apparenter, s'allier.
empastar *(ěmpastár)* tr. empâter.
empaste *(ěmpástě)* m. empâtement.
empatar *(ěmpatár)* tr. ballotter; égaliser.
empate *(ěmpátě)* m. ballottage.
empedernido, da *(ěmpěděrnído, da)* adj. inflexible, impitoyable.
empedrado, da *(ěmpědrádo, da)* adj. et s. pavé, e; m. pavage.
empedrar *(ěmpědrár)* tr. paver.
empeine *(ěmpě'-ině)* m. bas-ventre; le cou-de-pied; empeigne.
empeñar *(ěmpěgnár)* tr. engager.
empeñarse *(ěmpěgnársě)* f. s'endetter; s'engager à.
empeño *(ěmpě'gno)* m. engagement, gage.
empeorar *(ěmpěorár)* tr. et intr. empirer.
e m p equeñecer *(ěmpěkěgnězě'r)* tr. amoindrir.
emperador *(ěmpěradór)* m. empereur..
emperatriz *(ěmpěrátríz)* f. impératrice.
empezar *(ěmpězár)* tr. commencer.
empinado, da *(ěmpinádo, da)* adj. élevé, e.
empinar *(ěmpinár)* tr. hausser; fam. boire.
empírico, ca *(ěmpírico, ca)* adj. et s. empirique.
emplasto *(ěmplásto)* m. emplâtre.
emplazamiento *(ěmplazamiě'nto)* m. citation, emplacement.
emplazar *(ěmplazár)* tr. assigner.
empleado, da *(ěmplěádo, da)* adj. et s. employé, e.
emplear *(ěmplěár)* tr. employer.
empleo *(ěmplě'o)* m. emploi.
empobrecer *(ěmpobrězě'r)* tr. appauvrir.
empobrecimiento *(ěmpobrězimiě'nto)* m. appauvrissement.
empolvar *(ěmpolvár)* tr. poudrer.
empollar *(ěmpoyár)* tr. couver; potasser.
empollón *(ěmpoyón)* m. potasseur.
emponzoñar *(ěmponzognár)* tr. envenimer; fig. infecter.
emporio *(ěmpório)* m. emporium.
empotrar *(ěmpotrár)* tr. enchâsser; claquemurer.
emprendedor, ra *(ěmprěndědór, a)* adj. et s. entreprenant, e.

emprender *(ěmprěndě'r)* tr. entreprendre.
empresa *(ěmprě'ssa)* f. entreprise, dessein.
empresario, ria *(ěmprěssário, a)* s. entrepreneur, euse.
empréstito *(ěmprě'stito)* m. emprunt.
empujar *(ěmpoujár)* tr. pousser.
empuje *(ěmpou'jě)* m. poussée.
empujón *(ěmpoujón)* m. coup; m. poussée.
empuñadura *(ěmpougnadou'ra)* f. poignée.
empuñar *(ěmpougnár)* tr. empoigner.
emulación *(ěmoulazión)* f. émulation.
emular *(ěmoulár)* tr. imiter, rivaliser.
émulo, la *(ě'moulo, a)* adj. émule.
emulsión *(ěmoulsión)* f. émulsion.
en *(ě'n)* prep. dans, en; sur, à, au.
enaguas *(ěnágouas)* f. pl. jupon.
enajenación *(ěnajěnazión)* f. aliénation.
enajenar *(ěnajěnár)* tr. aliéner.
enaltecer *(ěnaltězě'r)* tr. relever, exalter.
enamorado, da *(ěnamorádo, da)* adj. amoureux, euse.
enamorar *(ěnamorár)* tr. inspirer de l'amour.
enano, na *(ěnáno, na)* adj. y s. nain, e.
enarbolar *(ěnarbolár)* tr. arborer.
enardecer *(ěnardězě'r)* tr. enhardir.
e n c a b ezamiento *(ěncabězamiě'nto)* m. en-tête; taxe; recensement.
encabezar *(ěncabězár)* tr. commencer; recenser.
encabritarse *(ěncabritársě)* tr. se cabrer.
encadenar *(ěncaděnár)* tr. enchaîner.
encajar *(ěncajár)* tr. enchâsser.
encaje *(ěncájě)* m. enchâssure, dentelle, emboîture.
encajonar *(ěncajonár)* tr. encaisser.
encalar *(ěncalár)* tr. blanchir.
encallar *(ěncayár)* intr. Mar. échouer.
encaminar *(ěncaminár)* tr. acheminer.
encanecer *(ěncaněžě'r)* intr. grisonner.
encantador, ra *(ěncantadór, a)* adj. et s. enchanteur, enchanteresse.
encantamiento *(ěncantamiě'nto)* m. enchantement, charme.
encantar *(ěncantár)* tr. enchanter, ensorceler.
encanto *(ěncánto)* m. enchantement.   [yauter.
encañonar *(ěncagnonár)* tr. encapricharse *(ěncaprichársě)* r. s'entêter, désirer.
encaramarse *(ěncaramársě)* r. grimper.
encarar *(ěncarár)* tr. dévisager; braquer.
encarcelación *(ěncarzělazión)* f. incarcération.
encarcelar *(ěncarzělár)* tr. emprisonner.
encarecer *(ěncarězě'r)* tr. enchérir.
encargado *(ěncargádo)* m. contremaître; charge.
encargar *(ěncargár)* tr. charger, commissionner.

encargo *(ěncárgo)* m. charge, commission.
encariñarse *(ěncarignársě)* r. s'attacher, s'affectionner.
encarnación *(ěncarnazión)* f. incarnation; carnation.
encarnado, da *(ěncarnádo, da)* adj. incarnat, e.
encarnar *(ěncarnár)* intr. s'incarner.
encarnizado, da *(ěncarnizádo, da)* adj. acharné, e.
e n c a rnizamiento *(ěncarnizamiě'nto)* m. acharnement.
encarnizar *(ěncarnizár)* tr. fig. acharner.
encarrilar *(ěncarrilár)* tr. mettre sur la voie; acheminer.
encasillado *(ěncasiyádo)* m. quadrillage.
encasquetarse *(ěncaskětársě)* r. s'obstiner.
encauzar *(ěncauozár)* tr. canaliser.
encendedor *(ěnzěndědór)* m. allumoir; briquet.
encender *(ěnzěnděr)* tr. allumer.
encerado *(ěnzěrádo)* m. toile cirée; tableau-noir.
encerar *(ěnzěrár)* tr. cirer.
encerrado, da *(ěnzěrrádo, da)* adj. fermé, e.
encerrar *(ěnzěrrár)* tr. enfermer; fig. contenir.
encía *(ěnzía)* f. gencive.
enciclopedia *(ěnziclopě'dia)* f. encyclopédie.
encierro *(ěnziě'rro)* m. enclos, clôture; fig. retraite; cachot.
encima *(ěnzíma)* adv. dessus, sur; en haut, en outre.
encina *(ěnzína)* f. chêne.
encinta *(ěnzínnta)* adj. enceinte.
enclaustrado, da *(ěnclaoustrádo, da)* adj. cloîtré, e.
enclavar *(ěnclavár)* tr. clouer.
enclenque *(ěnclě'nkě)* adj. chétif, ive.
encoger *(ěncojě'r)* tr. raccourcir; rétrécir.
encogido, da *(ěncojído, da)* adj. pusillanime, timide.
encolar *(ěncolár)* tr. coller.
encolerizar *(ěncolěrizár)* tr. irriter.
encolerizarse *(ěncolěrizársě)* r. se fâcher.
encomendar *(ěncoměndár)* tr. recommander; charger.
encomio *(ěncómio)* m. éloge.
encono *(ěncóno)* m. animosité, haine.
encontrar *(ěncontrár)* tr. rencontrer, trouver.
encopetado, da *(ěncopětádo, da)* adj. présomptueux, euse.
encorvadura *(ěncorvadou'ra)* f. courbure.
encorvar *(ěncorvár)* tr. courber.
encrespar *(ěncrěspár)* tr. friser.
encrucijada *(ěncrouzijáda)* f. carrefour.
encuadernación *(ěncouaděrnazión)* f. reliure.
encuadernador *(ěncouaděrnadór)* m. relieur.
encuadernar *(ěncouaděrnár)* tr. relier.
encuadrar *(ěncouadrár)* tr. encadrer.
encubridor, ra *(ěncoubridór, ra)* adj. qui cache, etc; receleur, euse.
encubrimiento *(ěncoubrimiě'nto)* m. recel.
encubrir *(ěncoubrír)* tr. cacher, receler.
encuentro *(ěncouě'ntro)* m. rencontre.

encuesta *(ěncouě'sta)* f. enquête.
encumbrado, da *(ěncoumbrádo, da)* adj. haut, e; élevé, e.
encumbramiento *(ěncoumbramiě'nto)* m. hauteur; élévation.
encumbrar *(ěncoumbrár)* tr. élever; monter.
encharcado, da *(ěncharcádo, da)* adj. stagnant, e.
encharcar *(ěncharcár)* tr. remplir d'eau; inonder.
enchufar *(ěnchoufár)* tr. brancher.
enchufe *(ěnchou'fě)* m. prise de courant; union (tuyaux); fig. emploi commode.
endeble *(ěndě'blě)* adj. faible.
endémico, ca *(ěndě'mico, ca)* adj. endémique.
endemoniado, da *(ěnděmoniado, da)* adj. endiablé, e.
enderezar *(ěnděrězár)* tr. redresser.
endeudarse *(ěnděoudársě)* r. s'endetter.
endiablado, da *(ěndiabládo, da)* adj. diabolique.
endosar *(ěndossár)* tr. endosser.
endoso *(ěndósso)* m. endossement.
endulzar *(ěndoulzár)* tr. adoucir.
endurecer *(ěndourězě'r)* tr. endurcir.
endurecimiento *(ěndourězimiě'nto)* m. endurcissement.
enebro *(ěně'bro)* m. génévrier.
enemigo, ga *(ěně mígo, ga)* adj. et s. ennemi, e.
enemistad *(ěněmistád)* f. inimitié, haine.
enemistar *(ěněmistár)* tr. brouiller.
energía *(ěněrjía)* f. énergie.
enérgico, ca *(ěně'rjico, ca)* adj. énergique.
energúmeno, na *(ěněrgou'měno, na)* s. énergumène.
enero *(ěně'ro)* m. janvier.
enervar *(ěněrvár)* tr. énerver.
enfadar *(ěnfadár)* tr. ennuyer, fâcher.
enfado *(ěnfádo)* m. fâcherie; ennui.
énfasis *(ě'nfassis)* f. Reth. emphase.
enfático, ca *(ěnfático, ca)* adj. emphatique.
enfermar *(ěnfěrmár)* intr. tomber malade; tr. rendre malade; fig. nuire.
enfermedad *(ěnfěrmědád)* f. infirmité, maladie; fig. dommage.
enfermería *(ěnfěrmería)* f. infirmerie.
enfermero, ra *(ěnfěrmě'ro, ra)* s. infirmier, ière.
enfermizo, za *(ěnfěrmízo, za)* adj. valétudinaire.
enfermo, ma *(ěnfě'rmo, ma)* adj. infirme, malade.
enfeudar *(ěnfěoudár)* tr. fieffer, inféoder.
enfilar *(ěnfilár)* tr. enfiler; diriger.
enflaquecer *(ěnflakězě'r)* tr. affaiblir, amaigrir.
enflaquecimiento *(ě n f lakězimiě'nto)* m. amaigrissement.
enfocar *(ěnfocár)* tr. mettre au point; envisager.
enfoque *(ěnfókě)* m. mise au point.
enfrascar *(ěnfrascár)* tr. verser un liquide.
enfrascarse *(ěnfrascársě)* r. fig. s'embarrasser.
enfrentar *(ěnfrěntár)* tr. mettre vis à vis.

enfrentarse *(ënfrëntársë)* r. affronter.

enfrente *(ënfré'ntë)* adv. en face, vis à vis.

enfriamiento *(ënfriamië'nto)* m. refroidissement.

enfriar *(ënfriár)* tr. rafraîchir, refroidir.

enfundar *(ënfoundár)* tr. engainer.

enfurecer *(ënfourëzë'r)* tr. irriter.

engalanar *(ëngalanár)* tr. embellir, orner.

enganchar *(ënganchár)* tr. accrocher; enrôler.

enganche *(ëngánchë)* m. accrochement; enrôlement.

engañar *(ëngagnár)* tr. tromper, duper.

engaño *(ëngágno)* m. fourberie, tromperie, fraude.

engañoso, sa *(ëngagnósso, a)* adj. et s. trompeur, euse.

engarzar *(ëngarzár)* tr. enfiler, entrelacer.

engastar *(ëngastár)* tr. enchâsser.

engaste *(ëngástë)* m. enchâssure.

engatusar *(ëngatoussár)* tr. fam. flatter, enjôler.

engendrar *(ënjëndrár)* tr. engendrer; fig. occasionner.

engendro *(ënjë'ndro)* m. fœtus, avorton. [ber.

englobar *(ënglobár)* tr. englo-

engomar *(ëngomár)* tr. gommer.

engordar *(ëngordár)* tr. et intr. engraisser.

engorde *(ëngórdë)* m. engraissement (des animaux).

engorro *(ëngórro)* m. fam. embarras, obstacle.

engorroso, sa *(ëngorrósso, a)* adj. embarrassant, e.

engranaje *(ëngränájë)* m. engrenage.

engrandecer *(ëngrandëzë'r)* tr. agrandir.

engrandecimiento *(ëngrandëzimië'nto)* m. agrandissement.

engrasar *(ëngrassár)* tr. graisser.

engreírse *(ëngrë-írsë)* tr. s'enorgueillir.

engrosar *(ëngrossár)* tr. et intr. grossir.

engrudo *(ëngrou'do)* m. colle de pâte.

engullir *(ëngouyír)* tr. engloutir.

enharinar *(ënarinár)* tr. enfariner.

enhebrar *(ënëbrár)* tr. enfiler.

enhiesto, ta *(ënië'sto, ta)* adj. dressé, e.

enhorabuena *(ënorabuë'na)* f. compliment; congratulation.

enigma *(ënígma)* m. énigme.

enigmático, ca *(ënigmático, ca)* adj. énigmatique.

enjabonar *(ënjabonár)* tr. savonner.

enjaezar *(ënjaëzár)* tr. harnacher.

enjalbegar *(ënjalbëgár)* tr. badigeonner (à la chaux).

enjambre *(ënjámbrë)* m. essaim.

enjaular *(ënjaoulár)* tr. encager.

enjuagar *(ënjouagár)* tr. rincer, nettoyer.

enjugar *(ënjougár)* tr. sécher; essuyer.

enjuiciar *(ënjouiziár)* f. instruire un procès; juger.

enjundia *(ënjou'ndia)* f. graisse de volaille; fig. et fam. intrigue.

enjuto, ta, *(ënjou'to, ta)* adj. maigre.

enlace *(ënlázë)* m. entrelacement; liaison; fig. parenté.

enladrillado *(ënladriyádo)* m. carrelage. [reler.

enladrillar *(ënladriyár)* tr. car-

enlazar *(ënlazár)* tr. lier, entrelacer; fig. unir.

enloquecer *(ënlokëzë'r)* tr. rendre fou; intr. devenir fou.

enlosar *(ënlossár)* tr. daller.

enlucido *(ënlouzído)* m. crépi; badigeon.

enlucir *(ënlouzír)* tr. blanchir.

enlutar *(ënloutár)* tr. endeuiller; affliger.

enmaderar *(ënmadërár)* tr. boiser.

enmarañar *(ënmaragnár)* tr. brouiller.

enmascarar *(ënmascarár)* tr. masquer.

enmendar *(ënmëndár)* tr. corriger; dédommager; amender.

enmienda *(ënmië'nda)* f. correction.

enmohecer *(ënmoëzë'r)* tr. moisir.

enmudecer *(ënmoudëzë'r)* tr. faire taire; devenir muet; se taire.

ennegrecer *(ënnëgrëzë'r)* tr. noircir.

ennoblecer *(ënnoblëzë'r)* tr. anoblir; ennoblir.

enojadizo, za *(ënojadízo, za)* adj. colérique.

enojar *(ënojár)* tr. fâcher, irriter.

enojo *(ënójo)* m. colère, courroux.

enojoso, sa *(ënojósso, a)* adj. offensant, e; fâcheux, euse.

enorgullecer *(ënorgouyëzë'r)* tr. enorgueillir.

enorme *(ënórmë)* adj. énorme.

enormidad *(ënormidád)* f. énormité.

enramada *(ënramáda)* f. ramée.

enranciarse *(ënranziársë)* r. rancir.

enrarecer *(ënrarëzë'r)* tr. raréfier.

enredadera *(ënrëdadë'ra)* f. Bot. liseron.

enredar *(ënrëdár)* tr. embrouiller, entortiller; intriguer.

enredo *(ënrë'do)* m. entortillement, embrouillement.

enrejado *(ënrëjádo)* m. treillage de jardin; grillage.

enrevesado, da *(ënrëvëssádo, da)* adj. embrouillé, e.

enriquecer *(ënrikëzë'r)* tr. enrichir.

enrojecer *(ënrojëzë'r)* tr. et intr. rougir.

enrollar *(ënroyár)* tr. enrouler.

enronquecer *(ënronkëzë'r)* tr. enrouer.

enroscar *(ënroscár)* tr. plier; visser; enrouler.

ensalada *(ënsaláda)* f. salade.

ensaladera *(ënsaladë'ra)* f. saladier.

ensalmo *(ënsálmo)* m. enchantement.

ensalzar *(ënsalzár)* tr. exalter.

ensamblar *(ënsamblár)* tr. assembler.

ensanchar *(ënsanchár)* tr. agrandir, élargir.

ensanche *(ënsánchë)* m. agrandissement, élargissement.

ensangrentar *(ënsangrëntár)* tr. ensanglanter.

ensañarse *(ënsagnársë)* r. s'acharner.

ensartar *(ënsartár)* tr. enfiler.

ensayar *(ënsa-iár)* tr. essayer, répéter; tenter.

ensayo *(ënsa-io)* m. preuve, essai; répétition.

ensenada *(ënsënáda)* f. baie.

enseña *(ënsë'gna)* f. enseigne; étendard.

enseñanza *(ënsëgnánza)* f. enseignement, instruction.

enseñar *(ënsëgnár)* tr. enseigner, instruire; indiquer.

enseñorearse *(ënsëgnorëársë)* r. se rendre maître, s'emparer.

enseres *(ënsë'rës)* m. pl. effets, meubles, outils.

ensillar *(ënsiyár)* tr. seller.

ensimismarse *(ënsimismársë)* r. s'absorber.

ensombrecer *(ënsombrëzë'r)* tr. assombrir.

ensordecer *(ënsordëzë'r)* tr. assourdir.

ensuciar *(ënsouziár)* tr. souiller, tacher.

ensueño *(ënsouë'gno)* m. rêve, songe.

entablar *(ëntablár)* tr. planchéier; engager.

entalladura *(ëntayadou'ra)* f. sculpture; gravure.

entarimado *(ëntarimádo)* m. plancher; parquet.

entender *(ëntëndë'r)* tr. entendre, comprendre; connaître.

entendido, da *(ëntëndído, da)* adj. entendu, e; intelligent, e.

entendimiento *(ëntëndimië'nto)* m. entendement.

enteramente *(ëntëramë'ntë)* adv. entièrement.

enterar *(ëntërár)* tr. informer; enseigner.

entereza *(ëntërë'za)* f. intégrité.

enternecer *(ëntërnëzë'r)* tr. attendrir; fig. émouvoir.

entero, ra *(ëntë'ro, ra)* adj. entier, ière.

enterrador *(ëntërradór)* m. fossoyeur.

enterrar *(ëntërrár)* tr. enterrer.

entidad *(ëntidád)* f. entité.

entierro *(ëntië'rro)* m. enterrement.

entoldar *(ëntoldár)* tr. banner; tapisser.

entomología *(ëntomolojía)* f. entomologie.

entonación *(ëntonazión)* f. intonation.

entonar *(ëntonár)* tr. entonner.

entonces *(ëntónzës)* adv. alors.

entontecer *(ëntontëzë'r)* tr. abrutir, abêtir, hébéter.

entorchado *(ëntorchádo)* m. galon.

entornar *(ëntornár)* tr. entrebâiller.

entorpecer *(ëntorpëzë'r)* tr. engourdir; hébéter; embarrasser.

e n t orpecimiento *(ëntorpëzimië'nto)* m. engourdissement; torpeur.

entrada *(ëntráda)* f. entrée; billet.

entrante *(ëntrántë)* adj. et m. rentrant.

entrañable *(ëntragnáblë)* adj. intime, affectueux, euse.

entrañar *(ëntragnár)* tr. renfermer.

entrañas *(ëntrágnas)* f. pl. entrailles.

entrar *(ëntrár)* tr. et intr. entrer.

entre *(ë'ntrë)* prép. entre; parmi.

entreabrir *(ëntrëabrír)* tr. entr'ouvrir.

entreacto *(ëntrëácto)* m. entr'acte.

entrecejo *(ëntrëzë'jo)* m. fig. froncement des sourcils.

entrecortado, da *(ëntrëcortádo, da)* adj. entrecoupé, e.

entredicho *(ëntrëdícho)* m. prohibition; interdit.

entredós *(ëntrëdós)* m. entredeux.

entrega *(ëntrë'ga)* f. remise; livraison.

entregar *(ëntrëgár)* tr. livrer, remettre.

entrelazar *(ëntrëlazár)* tr. entrelacer.

entremés *(ëntrëmë's)* m. intermède (théâtre); hors-d'œuvre.

entremeter *(ëntrëmëtë'r)* tr. entremettre.

entremeterse *(ëntrëmëtë'rsë)* r. s'entremettre.

entremetido, da *(ëntrëmëtído, da)* adj. intrigant, e.

entrenador *(ëntrënadór)* m. entraîneur.

entrenamiento *(ëntrënamië'nto)* m. entraînement.

entrenar *(ëntrënár)* tr. entraîner.

entresacar *(ëntrëssacár)* tr. trier; émonder.

entresuelo *(ëntrëssouë'lo)* m. entresol.

entretanto *(ëntrëtánto)* adv. tandis que, pendant.

entretela *(ëntrëtë'la)* f. treillis, bayette, etc.

entretener *(ëntrëtënë'r)* tr. différer; entretenir, amuser.

entretenido, da *(ëntrëtënído, da)* adj. amusant, e.

entretenimiento *(ëntrëtënimië'nto)* m. divertissement, récréation.

entretiempo *(ëntrëtië'mpo)* m. demi-saison.

entrever *(ëntrëvë'r)* tr. entrevoir.

entrevista *(ëntrëvísta)* f. entrevue.

entristecer *(ëntristëzë'r)* tr. attrister.

entristecerse *(ëntristëzë'rsë)* r. s'affliger.

entroncar *(ëntroncár)* tr. et intr. unir; s'allier; contracter.

entuerto *(ëntouë'rto)* m. tort.

entumecer *(ëntoumëzë'r)* tr. enfler, engourdir.

entumecimiento *(ëntoumëzimië'nto)* m. engourdissement.

enturbiar *(ëntourbiár)* tr. troubler.

entusiasmar *(ëntoussiasmár)* tr. enthousiasmer.

entusiasmo *(ëntoussiásmo)* m. enthousiasme.

entusiasta *(ëntoussiásta)* s. enthousiaste.

enumeración *(ënoumërazión)* f. énumération.

enumerar *(ënoumërár)* tr. énumerer.

enunciar *(ënounziár)* tr. énoncer.

envainar *(ënva-inár)* tr. rengaîner.

envalentonar *(ënvalëntonár)* tr. enhardir.

envanecer *(ënvanëzë'r)* tr. infatuer.

envasar *(ënvassár)* tr. remplir; ensacher.

envase *(ënvássë)* m. remplissage; recipient.

envejecer *(ënvëjëzë'r)* tr. vieillir.

envejecimiento *(ënvëjëzimië'nto)* m. vieillissement.

envenenador, ra *(ĕnvĕnĕnadór, ra)* s. empoisonneur, euse.

e n v enenamiento *(ĕnvĕnĕnamiĕ'nto)* m. empoisonnement.

envenenar *(ĕnvĕnĕnár)* tr. empoisonner; fig. envenimer.

envergadura *(ĕnvĕrgadou'ra)* f. envergure.

envés *(ĕnvĕ's)* m. envers d'une étoffe; fig. et fam. dos.

enviado, da *(ĕnviáddo, da)* adj. et. s. envoyé, e; messager, ère.

enviar *(ĕnviár)* tr. envoyer.

envidia *(ĕnvídia)* f. envie.

envidiar *(ĕnvidiár)* tr. envier; fig. désirer.

envidioso, sa *(ĕnvidiósso, sa)* adj. envieux, euse; jaloux, ouse.

envilecer *(ĕnvilĕcĕ'r)* tr. avilir.

envilecerse *(ĕnvilĕcĕ'rsĕ)* r. s'avilir.

envilecimiento *(ĕnvilĕcimiĕ'n-to)* m. avilissement.

envío *(ĕnvío)* m. envoi, remise.

enviudar *(ĕnvioudár)* intr. devenir veuf, veuve.

envoltorio *(ĕnvoltório)* m. paquet; baluchon.

envoltura *(ĕnvoltou'ra)* f. langes, couche d'enfant.

envolver *(ĕnvolvĕ'r)* tr. envelopper.

enyesar *(ĕniĕssár)* tr. plâtrer.

épico, ca *(ĕ'pico, ca)* adj. épique.

epicentro *(ĕpizĕ'ntro)* m. épicentre.

epicureísmo *(ĕpicourĕísmo)* m. épicurisme.

epidemia *(ĕpidĕ'mia)* f. épidémie.

epidémico, ca *(ĕpidĕ'mico, ca)* adj. épidémique.

epidermis *(ĕpidĕ'rmis)* f. épiderme.

epifanía *(ĕpifanía)* f. épiphanie.

epígrafe *(ĕpígrafĕ)* m. épigraphe.

epilepsia *(ĕpilĕ'psia)* f. épilepsie.

epiléptico, ca *(ĕpilĕ'ptico, ca)* adj. épileptique.

epílogo *(ĕpílogo)* m. épilogue.

episcopado *(ĕpiscopádo)* m. épiscopat.

episódico, ca *(ĕpissódico, ca)* adj. épisodique.

episodio *(ĕpissódio)* m. épisode.

epístola *(ĕpístola)* f. épître, missive.

epistolar *(ĕpistolár)* adj. épistolaire.

epitafio *(ĕpitáfio)* m. épitaphe.

epíteto *(ĕpítĕto)* m. épithète.

época *(ĕ'poca)* f. époque.

epopeya *(ĕpopĕ'ia)* f. épopée.

equidad *(ĕkidád)* f. équité, justice.

equidistante *(ĕkidistántĕ)* adj. équidistant, e.

equidistar *(ĕkidistár)* intr. être équidistant.

equilibrar *(ĕkilibrár)* tr. équilibrer.   [bre.

equilibrio *(ĕkilíbrio)* m. équili-

equinoccio *(ĕkinóczio)* m. équinoxe.

equipaje *(ĕkipájĕ)* m. équipage; bagages.

equipar *(ĕkipár)* tr. équiper.

equiparar *(ĕkipárar)* tr. comparer.

equipo *(ĕkípo)* m. équipement, équipe.

equitación *(ĕkitazión)* f. équitation.

equitativo, va *(ĕkitatívo, va)* adj. juste, équitable.

equivalencia *(ĕkivalĕ'nzia)* f. équivalence.

equivalente *(ĕkivalĕ'ntĕ)* adj. équivalent, e.

equivaler *(ĕkivalĕ'r)* intr. équivaloir.

equivocación *(ĕkivocazión)* f. équivoque, erreur.

equivocadamente *(ĕkivocada-mĕ'ntĕ)* adv. par erreur.

equivocar *(ĕkivocár)* tr. confondre; tromper.

equivocarse *(ĕkivocársĕ)* r. se méprendre.

equívoco, ca *(ĕkívoco, ca)* adj. équivoque; m. équivoque.

era *(ĕ'ra)* f. ère; aire; carré.

erario *(ĕrário)* m. trésor public; fig. finances.

erección *(ĕrĕczión)* f. érection.

erguir *(ĕrguir)* tr. lever, dresser.

erial *(ĕriál)* adj. inculte; m. friche.

erigir *(ĕrijír)* tr. ériger.

erisipela *(ĕrissipĕ'la)* f. erysipèle.

erizado, da *(ĕrizádo, da)* adj. épineux, euse.

erizar *(ĕrizár)* tr. dresser, hérisser.

erizo *(ĕrízo)* m. hérisson.

ermita *(ĕrmíta)* f. ermitage.

ermitaño *(ĕrmitágno)* m. ermite.

erosión *(ĕrossión)* f. érosion.

erótico, ca *(ĕrótico, ca)* adj. érotique.

errabundo, da *(ĕrrabou'ndo, da)* adj. errant, e.

errante *(ĕrrántĕ)* adj. errant, e; filant, e (étoile).

errar *(ĕrrár)* tr. errer; manquer, rater.

errata *(ĕrráta)* f. erratum; errata.

erróneo, a *(ĕrrónĕo, a)* adj. erroné, e.

error *(ĕrrór)* m. erreur.

eructar *(ĕrouctár)* intr. éructer.

eructo *(ĕrou'cto)* m. éructe; rot.

erudición *(ĕroudizión)* f. érudition.

erudito, ta *(ĕroudíto, ta)* adj. et s. érudit, e; savant, e.

erupción *(ĕroupzión)* f. éruption.

eruptivo, va *(ĕrouptívo, va)* adj. éruptif, ive.

esbeltez *(ĕsbĕlĕ'z)* f. sveltesse.

esbelto, ta *(ĕsbĕ'lto, ta)* adj. svelte.

esbirro *(ĕsbírro)* m. esbirre.

esbozar *(ĕsbozár)* tr. ébaucher.

esbozo *(ĕsbózo)* m. ébauche, esquisse.

escabechar *(ĕscabĕchár)* tr. mariner; fig. tuer; refuser (aux examens).

escabeche *(ĕscabĕ'chĕ)* m. espèce de saumure.

escabel *(ĕscabĕ'l)* m. escabeau.

escabrosidad *(ĕscabrossidád)* f. âpreté d'un chemin; fig. rudesse.

escabroso, sa *(ĕscabrósso, sa)* adj. scabreux, euse.

escabullirse *(ĕscabouyírsĕ)* r. glisser des mains; disparaître.

escafandra *(ĕscafándra)* f. scaphandre.

escala *(ĕscála)* f. échelle; escale.

escalada *(ĕscaláda)* f. escalade.

escalador, ra *(ĕscaladór, ra)* adj. et s. qui escalade; m. pop. voleur.

escalafón *(ĕscalafón)* m. tableau d'avancement.

escalar *(ĕscalár)* tr. escalader.

escaldar *(ĕscaldár)* tr. échauder.

escalera *(ĕscalĕ'ra)* f. escalier.

escalfar *(ĕscalfár)* tr. pocher.

escalofrío *(ĕscalofrío)* m. frisson.

escalinata *(ĕscalináta)* f. perron.

escalón *(ĕscalón)* m. échelon; marche.

escalonar *(ĕscalonár)* tr. échelonner.

escalpelo *(ĕscalpĕ'lo)* m. scalpel.

escama *(ĕscáma)* f. écaille; fig. et fam. rancune.

escamotear *(ĕscamotĕár)* tr. escamoter.

escampar *(ĕscampár)* intr. cesser de pleuvoir; tr. débarrasser.

escanciar *(ĕscanziár)* tr. verser à boire.

escandalizar *(ĕscandalizár)* tr. scandaliser.

escándalo *(ĕscándalo)* m. scandale.

escandaloso, sa *(ĕscandalósso, a)* adj. scandaleux, euse.

escaño *(ĕscágno)* m. banc à dossier.

escapada *(ĕscapáda)* f. escapade.

escapar *(ĕscapár)* tr. échapper.

escaparate *(ĕscaparátĕ)* m. vitrine; étalage.

escapatoria *(ĕscapatória)* f. fuite; fam. excuse, défaite.

escape *(ĕscápĕ)* m. fuite.

escapulario *(ĕscapoulário)* m. escapulaire.

escarabajo *(ĕscarabájo)* m. scarabée, escarbot.

escaramuza *(ĕscaramou'za)* f. scarmouche; fig. rixe; dispute.

escarapela *(ĕscarapĕ'la)* f. cocarde.

escarbar *(ĕscarbár)* tr. fouiller, gratter.

escarcha *(ĕscárcha)* f. givre.

escarlata *(ĕscarláta)* f. écarlate; cochenille; rougeole.

escarlatina *(ĕscarlatína)* f. fièvre scarlatine.

escarmentar *(ĕscarmĕntar)* tr. reprendre, corriger avec rigueur.

escarmiento *(ĕscarmiĕ'no)* m. exemple, expérience; châtiment.

escarnecer *(ĕscarnĕzĕ'r)* tr. se railler, se moquer.

escarnio *(ĕscárnio)* m. moquerie, mépris.

escarola *(ĕscaróla)* f. escarolle.

escarpa *(ĕscárpa)* f. escarpe.

escarpado, da *(ĕscarpádo, da)* adj. escarpé, e.

escasear *(ĕscassĕár)* tr. lésiner; épargner; intr. diminuer, manquer.

escasez *(ĕscasĕ'z)* f. disette, manque.

escaso, sa *(ĕscásso, a)* adj. court, e; insuffisant, e.

escatimar *(ĕscatimár)* tr. lésiner; trancher.

escayola *(ĕscaióla)* f. stuc.

escena *(ĕscĕ'na)* f. scène.

escenario *(ĕscĕnário)* m. scénario, scène.

escénico, ca *(ĕscĕ'nico, ca)* adj. scénique.

escéptico, ca *(ĕscĕ'ptico, ca)* adj. sceptique.

escisión *(ĕszission)* f. scission.

esclarecer *(ĕsclarĕzĕ'r)* tr. éclaircir; ennoblir.

esclarecimiento *(ĕsclarĕzimiĕ'n-to)* m. éclaircissement.

esclavitud *(ĕsclavitou'd)* f. esclavage, servitude.

esclavizar *(ĕsclavizár)* tr. asservir.

esclavo, va *(ĕsclávo, va)* s. esclave.

esclusa *(ĕsclou'ssa)* f. écluse.

escoba *(ĕscóba)* f. balai.

escocer *(ĕscozĕ'r)* tr. cuire; fam. fâcher, piquer.

escoger *(ĕscojĕ'r)* tr. choisir.

escogido, da *(ĕscojído, da)* adj. choisi, e.

escolar *(ĕscolár)* m. écolier; scolaire.

escolástico, ca *(ĕscolástico, ca)* adj. et n. scolastique.

escolta *(ĕscólta)* f. Mil. escorte.

escoltar *(ĕscoltár)* tr. escorter.

escollera *(ĕscoyĕ'ra)* f. écueil artificiel.

escollo *(ĕscóyo)* m. écueil.

escombros *(ĕscómbros)* m. décombres.

esconder *(ĕscondĕ'r)* tr. cacher.

escondidas (a) loc. adv. en cachette.

escondido, a *(ĕscondído, a)* adj. caché, e.

escondite *(ĕscondítĕ)* m. cache, cachette.

escondrijo *(ĕscondríjo)* m. cache, cachette.

escopeta *(ĕscopĕ'ta)* f. fusil de chasse.

escoplo *(ĕscóplo)* m. ciseau.

escorbuto *(ĕscorbou'to)* m. scorbut.

escoria *(ĕscória)* f. scorie.

escorpión *(ĕscorpión)* m. scorpion.

escotadura *(ĕscotadou'ra)* f. échancrure.

escote *(ĕscótĕ)* m. échancrure; décolleté; écot.

escotilla *(ĕscotíya)* f. Mar. écoutille.

escozor *(ĕscozór)* m. cuisson.

escriba *(ĕscríba)* m. scribe.

escribanía *(ĕscribanía)* f. étude ou office de notaire; écritoire.

escribano *(ĕscribáno)* m. écrivain public, greffier.

escribiente *(ĕscribiĕ'ntĕ)* m. écrivain copiste.

escribir *(ĕscribír)* tr. écrire; composer.

escrito, ta *(ĕscríto, ta)* adj. écrit, e; m. écrit.

escritor, ra *(ĕscrítor, ra)* m. écrivain.

escritorio *(ĕscritório)* m. bureau.

escritura *(ĕscritou'ra)* f. écriture.

escrofuloso, sa *(ĕscrofoulósso, sa)* adj. et s. scrofuleux, euse.

escrúpulo *(ĕscrou'poulo)* m. scrupule.

escrupuloso, sa *(ĕscropoulósso, a)* adj. scrupuleux, euse.

escrutar *(ĕscroutár)* tr. scruter, faire le scrutin.

escrutinio *(ĕscroutínio)* m. scrutin.

escuadra *(ĕscouádra)* f. équerre; escouadre; escadre.

escuadrilla *(ĕscouadríya)* f. escadrille.

escuadrón *(ĕscouadrón)* m. escadron.

escuálido, da *(ĕscouálido, da)* adj. maigre.

escualo *(ĕscouálo)* m. squale.

escuchar *(ĕscouchár)* tr. écouter.

escudero *(ĕscoudĕ'ro)* m. écuyer.

escudilla *(ĕscoudíya)* f. écuelle.

escudo *(ĕscou'do)* m. écu; bouclier.

escudriñar *(ĕscoudrignár)* tr. scruter, rechercher.

escuela *(ĕscouĕ'la)* f. école.

escueto, ta *(ĕscouĕ'to, ta)* adj. débarrassé, e; dégagé, e.

esculpir *(ĕscoulpír)* tr. sculpter.

escultor *(ĕscoultór)* m. sculpteur.

escultura *(ĕscoultou'ra)* f. sculpture.

escupidera *(ĕscoupidĕ'ra)* f. crachoir.

escupir *(ĕscoupír)* tr. cracher.

escurridizo, za *(ĕscourridízo, za)* adj. glissant, e.

escurrir *(ĕscourrír)* tr. vider; int. dégoutter; glisser.

ese, esa; esos, esas *(ĕ'ssĕ, a, os, as)* adj. ce... là, cette... là, ces... là.

ése, ésa; ésos, ésas *(ĕ'ssĕ, a, os, as)* pr. ce-lui-là, celle-là, ceux-là, celles-là.

esencial *(ĕssĕnziál)* adj. essentiel, elle.

esfera *(ĕsfĕ'ra)* f. sphère.

esférico, ca *(ĕsfĕ'rico, ca)* adj. sphérique.

esfinge *(ĕsfínnjĕ)* m. sphinx.

esforzado, da *(ĕsforzádo, da)* adj. courageux, euse; brave.

esforzar *(ĕsforzár)* tr. encourager.   [forcer.

esforzarse *(ĕsforzársĕ)* r. s'ef-

esfuerzo *(ĕsfouĕ'rzo)* m. effort.

esfumar *(ĕsfoumár)* tr. stomper un dessin.

esfumarse *(ĕsfoumársĕ)* r. s'évanouir.

esgrima *(ĕsgríma)* f. escrime.

esgrimir *(ĕsgrimír)* intr. manier (armes, etc.).

esguince *(ĕsguínnzĕ)* m. écart; foulure.

eslabón *(ĕslabón)* m. chaînon; maillon; briquet.

esmaltar *(ĕsmaltár)* tr. émailler.

esmalte *(ĕsmáltĕ)* m. émail.

esmerado, da *(ĕsmĕrádo, da)* adj. soigné, e; soigneux, euse.

esmeralda *(ĕsmĕrálda)* f. émeraude.

esmerarse *(ĕsmĕrársĕ)* r. s'appliquer.

esmero *(ĕsmĕ'ro)* m. soin.

esmeril *(ĕsmĕríl)* m. émeri.

eso *(ĕ'sso)* pron. dem. ce, cela.

esófago *(ĕsófago)* m. œsophage.

espaciar *(ĕspaziár)* tr. dilater, étendre; espacer.

espacio *(ĕspázio)* m. espace, distance.

espacioso, sa *(ĕspaziósso, a)* adj. spacieux, euse.

espada *(ĕspáda)* f. épée; matador.

espadachín *(ĕspadachínn)* m. spadassin.

espalda *(ĕspálda)* f. dos.

espantajo *(ĕspantájo)* m. épouvantail.

espantar *(ĕspantár)* tr. épouvanter.   [te.

espanto *(ĕspánto)* m. épouvan-

espantoso, sa *(ĕspantósso, sa)* adj. terrible, épouvantable.

espato *(ĕspáto)* m. *Min.* spath.

espátula *(ĕspátoula)* f. spatule.

esparadrapo *(ĕsparadrápo)* m. sparadrap.

esparcimiento *(ĕsparzimiĕ'nto)* m. éparpillement; enjouement; épanchement.

esparcir *(ĕsparzír)* tr. répandre; divulguer.

espárrago *(ĕspárrago)* m. asperge.

esparto *(ĕspárto)* m. sparte; alfa.

espasmo *(ĕspásmo)* m. spasme.

especia *(ĕspĕ'zia)* m. épice.

especial *(ĕspĕziál)* adj. spécial, e; loc. adv. en especial, particulièrement.

especialidad *(ĕspĕzialidád)* f. spécialité.

especialista *(ĕspĕzialísta)* m. spécialiste.

especializarse *(ĕspĕzializársĕ)* r. se spécialiser.

especie *(ĕspĕ'ziĕ)* f. spèce.

especificar *(ĕspĕzificár)* tr. spécifier.

específico, ca *(ĕspĕzífico, ca)* adj. spécifique.

espectáculo *(ĕspĕctácoulo)* m. spectacle.

espectador, ra *(ĕspĕctadór, ra)* m. spectateur, trice.

espectro *(ĕspĕ'ctro)* m. spectre.

especulación *(ĕspĕcoulazión)* f. spéculation, contemplation.

especulador, ra *(ĕspĕcouladór, ra)* m. spéculateur, trice.

especular *(ĕspĕcoulár)* tr. spéculer.

especulativo, va *(ĕspĕcoulatívo, va)* adj. spéculatif, ive.

espejismo *(ĕspĕjísmo)* m. mirage.

espejo *(ĕspĕ'jo)* m. miroir, glace.

espeleología *(ĕspĕlĕolojía)* f. spéléologie.

espeluznante *(ĕspĕlouznántĕ)* adj. épouvantable.

espera *(ĕspĕ'ra)* f. attente; délai.

esperanza *(ĕspĕránza)* f. espérance, espoir.

esperar *(ĕspĕ'rar)* tr. espérer; attendre.

esperanto *(ĕspĕránto)* m. espéranto.

espesar *(ĕspĕssár)* tr. épaissir.

espeso, sa *(ĕspĕ'sso, sa)* adj. épais, aisse.

espesor *(ĕspĕssór)* m. épaisseur.

espesura *(ĕspĕssou'ra)* f. épaisseur.

espía *(ĕspía)* f. espion.

espiar *(ĕspiár)* tr. épier, guetter.

espiga *(ĕspíga)* f. épi.

espigar *(ĕspigár)* tr. glaner.

espigón *(ĕspigón)* m. jetée.

espina *(ĕspína)* f. épine; arête.

espinaca *(ĕspináca)* f. *Bot.* épinard.

espinazo *(ĕspinázo)* m. épine; échine.

espinilla *(ĕspiníya)* f. *Anat.* tibia.

espino *(ĕspíno)* m. épine; aubépine; espino artificial, fil de fer barbelé.

espinoso, sa *(ĕspinósso, sa)* adj. épineux, euse.

espionaje *(ĕspionájĕ)* m. espionnage.

espira *(ĕspíra)* f. spire.

espiral *(ĕspirál)* adj. spiral, e; f. spirale.

espirar *(ĕspirár)* tr. exhaler; respirer; intr. expirer.

espiritismo *(ĕspiritísmo)* m. spiritisme.   [tiste.

espiritista *(ĕspiritísta)* s. spiri-

espíritu *(ĕspíritou)* m. esprit.

espiritual *(ĕspiritouál)* adj. spirituel, elle.

espiritualilad *(ĕspiritoualidád)* f. spiritualité.

espita *(ĕspíta)* f. cannelle, robinet.

esplendente *(ĕsplĕndĕ'ntĕ)* adj. brillant, e.

esplendidez *(ĕsplĕndidĕ'z)* f. splendeur.

espléndido, da *(ĕsplĕ'ndido, da)* adj. splendide.

esplendor *(ĕsplĕndór)* m. splendeur, éclat.

esplendoroso, sa *(ĕsplĕndorósso, a)* adj. splendide.

espliego *(ĕspliĕ'go)* m. lavande.

espolear *(ĕspolĕár)* tr. éperonner.

espoleta *(ĕspolĕ'ta)* f. fusée.

espolón *(ĕspolón)* m. éperon.

espolvorear *(ĕspolvorĕár)* tr. saupoudrer.

esponja *(ĕspónja)* f. éponge.

esponjoso, sa *(ĕsponjósso, a)* adj. spongieux, euse.

esponsales *(ĕsponsálĕs)* m. pl. fiançailles.

espontáneo, a *(ĕspontánĕo, a)* adj. spontané, e.

espora *(ĕspóra)* f. spore.

esporádico, ca *(ĕsporádico, ca)* adj. esporadique.

esposo, sa *(ĕspósso, sa)* s. époux, ouse; f. pl. menottes.

espuela *(ĕspouĕ'la)* f. éperon.

espuerta *(ĕspouĕ'rta)* f. cabas.

espuma *(ĕspou'ma)* f. écume.

espumadera *(ĕspoumadĕ'ra)* f. écumoire.

espumar *(ĕspoumár)* tr. écumer.

espumoso, sa *(ĕspoumósso, sa)* adj. écumeux, euse.

esputo *(ĕspou'to)* m. crachat.

esqueje *(ĕskĕ'jĕ)* m. bouture.

esquela *(ĕskĕ'la)* f. billet.

esqueleto *(ĕskĕlĕ'to)* m. squelette.

esquema *(ĕskĕ'ma)* f. schéma ou schème.

esquemático, ca *(ĕskĕmático, ca)* adj. schématique.

esquí *(ĕski)* m. ski.

esquiador *(ĕskiadór)* m. squieur.

esquife *(ĕskífĕ)* m. esquif.

esquila *(ĕskíla)* f. sonnaille; tonte.

esquilar *(ĕskilár)* tr. tondre.

esquina *(ĕskína)* f. angle; coin.

esquivar *(ĕskivár)* tr. esquiver, éviter.

esquivez *(ĕskivĕ'z)* f. dédain, mépris.

estabilidad *(ĕstabilidád)* f. stabilité.

estabilizador, ra *(ĕstabilizadór, ra)* adj. et s. stabilisateur, trice.

estabilizar *(ĕstabilizár)* tr. stabiliser.

establecer *(ĕstablĕzĕ'r)* tr. établir, statuer.

establecerse *(ĕstablĕzĕ'rsĕ)* r. s'établir.

establecimiento *(ĕstablĕzimiĕ'nto)* m. établissement.

establo *(ĕstáblo)* m. étable.

estaca *(ĕstáca)* f. pieu; bâton.

estacada *(ĕstacáda)* f. palissade.

estación *(ĕstazión)* f. station; gare; temps, saison.

estacional *(ĕstazionál)* adj. saisonnier, ière.

estacionario, ria *(ĕstazionário, a)* adj. stationnaire.

estacionarse *(ĕstazionársĕ)* intr. stationner.

estadio *(ĕstádio)* m. stade.

estadista *(ĕstadísta)* m. homme d'état.

estadística *(ĕstadística)* f. statistique.

estado *(ĕstádo)* m. état.

estafa *(ĕstáfa)* f. escroquerie.

estafador, ra *(ĕstafadór, ra)* s. scroqueur, euse.

estafar *(ĕstafár)* tr. escroquer.

estafeta *(ĕstafĕ'ta)* f. estafette; bureau de poste.

estalactita *(ĕstalactíta)* f. stalactite.

estalagmita *(ĕstalagmíta)* f. stalagmite.

estallar *(ĕstayár)* intr. éclater.

estallido *(ĕstayído)* m. explosion; éclatement.

estambre *(ĕstámbrĕ)* m. étaim; étamine.

estampa *(ĕstámpa)* f. estampe; empreinte.

estampado *(ĕstampádo)* m. estampage.

estampar *(ĕstampár)* tr. estamper.

estampido *(ĕstampído)* m. explosion, éclat, bruit.

estampilla *(ĕstampíya)* f. estampille.

estancarse *(ĕstancársĕ)* r. s'étancher.

estancia *(ĕstánzia)* f. séjour; chambre.

estanco *(ĕstánco)* m. bureau de tabac; dépôt de la régie.

estandarte *(ĕstandártĕ)* m. étendard.

estanque *(ĕstánkĕ)* m. étang, bassin.

estante *(ĕstántĕ)* m. étagère.

estañar *(ĕstagnár)* tr. étamer.

estaño *(ĕstágno)* m. étain.

estar *(ĕstár)* intr. être, etc.

estática *(ĕstática)* f. statique.

estatua *(ĕstátoua)* s. statue.

estatuir *(ĕstatouír)* tr. statuer.

estatura *(ĕstatou'ra)* f. taille.

estatuto *(ĕstatou'to)* m. statut.

este *(ĕ'stĕ)* m. est.

este, esta *(ĕ'stĕ, a)* adj. ce, ce... ci, cet, cet... ci; cette, cette... ci.

éste, esta *(ĕ'stĕ, a)* pron. dém. celui-ci; celle-ci.

estearina *(ĕstĕarína)* f. stéarine.

estela *(ĕstĕ'la)* f. sillage, stèle.

estéril *(ĕstĕ'ril)* adj. stérile.

esterilidad *(ĕstĕrilidád)* f. stérilité.

esterilizar *(ĕstĕrilizár)* tr. stériliser.

esterlina *(ĕstĕrlína)* f. sterling.

estertor *(ĕstĕrtór)* m. *Med.* râle.

estética *(ĕstĕ'tica)* f. esthétique.

estiércol *(ĕstiĕ'rcol)* m. fiente; fumier.

estigma *(ĕstígma)* f. stigmate.

estigmatizar *(ĕstigmatizár)* tr. stigmatiser.

estilar *(ĕstilár)* intr. avoir coutume; rédiger.

estilo *(ĕstílo)* m. style; fig. usage.

estilográfica *(ĕstilográfica)* f. stylo.

estima *(ĕstíma)* f. estime.

estimable *(ĕstimáblĕ)* adj. estimable.

estimación *(ĕstimazión)* f. estimation.

estimar *(ĕstimár)* tr. estimer.

estimulante *(ĕstimoulántĕ)* adj. stimulant, e.

estimular *(ëstimoulár)* tr. stimouler.

estímulo *(ëstímoulo)* m. stimulation.

estío *(ëstío)* m. été.

estipendio *(ëstipë'ndio)* m. gage, solde.

estipular *(ëstipoulár)* stipuler.

estirar *(ëstirár)* tr. allonger; étirer.

estirpe *(ëstírpë)* f. lignée; souche.

estival *(ëstivál)* adj. d'été.

esto *(ë'sto)* pron. dém. ceci.

estocada *(ëstocáda)* f. estocade.

estofado *(ëstofádo)* m. étuvée, ragoût.

estofar *(ëstofár)* tr. broder; étuver.

estoicismo *(ëstoizísmo)* m. stoïcisme; fig. fermeté.

estóico, ca *(ëstó-ico, ca)* adj. stoïque; m. stoïcien.

estolidez *(ëstolidë'z)* f. bêtise.

estomacal *(ëstomacál)* adj. stomacal, e.

estómago *(ëstómago)* m. estomac.

estopa *(ëstópa)* f. étoupe.

estoque *(ëstókë)* m. estoc.

estorbar *(ëstorbár)* tr. gêner.

estorbo *(ëstórbo)* m. empêchement, embarras.

estornudar *(ëstornoudár)* intr. éternuer.

estornudo *(ëstornou'do)* m. éternuement.

estornino *(ëstornino)* m. étourneau.

estos, as *(ë'stos, as)* adj. dém. ces, ces... ci.

ésos, as *(ë'ssos, as)* pron. dém. ceux-ci, celles-ci.

estrabismo *(ëstrabísmo)* m. strabisme.

estrado *(ëstrádo)* estrade.

estrafalario, ria *(ëstrafalário, a)* adj. drôle, extravagant, e.

estrago *(ëstrágo)* m. dégât.

estrambótico, ca *(ëstrambótico, ca)* adj. extravagant, e

estrangulación *(ëstrangoulazión)* f. étranglement, strangulation.

estrangular *(ëstrangoulár)* tr. étrangler.

estratagema *(ëstratajë'ma)* f. stratagème.

estratega *(ëstratë'ga)* m. stratège.   [gie.

estrategia *(ëstratë'jia)* f. stratégie.

estratégico, ca *(ëstratë'jico, ca)* adj. stratégique.

estrechar *(ëstrëchár)* tr. étrécir, rétrécir; resserrer.

estrechez *(ëstrëchë'z)* étroitesse, rétrécissement.

estrecho, cha *(ëstrë'cho, a)* adj. étroit, e; m. détroit, défilé.

estrella *(ëstrë'ya)* f. étoile.

estrellado, da *(ëstrëyádo, da)* adj. étoilé, e; brisé, e.

estrellar *(ëstrëyár)* tr. briser; étoiler.

estremecer *(ëstrëmëzë'r)* tr. frémir; ébranler.

estremecimiento *(ëstrëmëzimië'nto)* m. frémissement.

estrenar *(ëstrënár)* tr. étrenner.

estreno *(ëstrë'no)* m. étrenne; début.

estreñimiento *(ëstrëgnimië'nto)* m. constipation.

estrépito *(ëstrë'pito)* m. bruit, fracas.

estrepitoso, sa *(ëstrëpitósso, a)* adj. bruyant, e.

estría *(ëstría)* f. strie.

estribación *(ëstribazión)* f. contrefort.

estribar *(ëstribár)* intr. porter; s'appuyer; fig. se fonder.

estribillo *(ëstribíyo)* m. refrain de chanson.

estribo *(ëstríbo)* m. arc-boutant; étrier; marchepied.

estribor *(ëstribór)* m. tribord.

estricto, ta *(ëstrícto, ta)* adj. strict, e.

estridente *(ëstridë'ntë)* adj. strident, e.

estrofa *(ëstrófa)* f. strophe.

estropajo *(ëstropájo)* m. torchon.

estropear *(ëstropëár)* tr. estropier.

estructura *(ëstrouctou'ra)* f. structure.

estruendo *(ëstrouë'ndo)* m. grand bruit, fracas; tumulte.

estruendoso, sa *(ëstrouëndósso, a)* adj. bruyant, e.

estrujar *(ëstroujár)* tr. presser, serrer.

estuario *(ëstouário)* m. estuaire.

estuche *(ëstou'chë)* m. étui; écrin.

estudiante *(ëstoudiántë)* m. étudiant, élève.

estudiar *(ëstoudiár)* tr. étudier.

estudio *(ëstou'dio)* m. étude; atelier de peintre, etc.

estudioso, sa *(ëstoudiósso, a)* adj. studieux, euse.

estufa *(ëstou'fa)* f. étuve; poêle.

estulticia *(ëstoultízia)* f. fam. folie.

estupefacción *(ëstoupëfazzión)* f. stupéfaction.

estupefacto, ta *(ëstoupëfácto, ta)* adj. fam. stupéfait, e.

estupendo, da *(ëstoupë'ndo, da)* adj. admirable.

estupidez *(ëstoupidë'z)* f. stupidité.

estúpido, da *(ëstou'pido, da)* adj. stupide.

estupor *(ëstoupór)* m. stupeur.

esturión *(ëstourión)* m. esturgeon.

etapa *(ëtápa)* f. étape.

éter *(ë'tër)* m. Phys. éther.   [ser.

eternidad *(ëtërnidád)* f. éternité.

eternizar *(ëtërnizár)* tr. éterniser.

eterno, na *(ëtë'rno, na)* adj. éternel, elle.

ética *(ë'tica)* f. étique, morale.

etimología *(ëtimolojía)* f. étymologie.

etiqueta *(ëtikë'ta)* f. étiquette.

étnico, ca *(ë'tnico, ca)* adj. ethnique.

eucalipto *(ëucalípto)* m. eucalyptus.

eucaristía *(ëucaristía)* f. eucharistie.

eucarístico, ca *(ëucarístico, ca)* adj. eucharistique.

euforia *(ëufória)* f. euphorie.

eunuco *(ëunou'co)* m. eunuque.

evacuación *(ëvacouazión)* f. évacuation.

evacuar *(ëvacouár)* tr. évacuer.

evadir *(ëvadír)* tr. éviter, fuir; —se r. s'évader.

evaluar *(ëvalouár)* tr. évaluer.

evangélico, ca *(ëvanjë'lico, ca)* adj. évangélique.

evangelio *(ëvanjë'lio)* m. évangile.

evangelista *(ëvanjëlísta)* m. évangéliste.

evangelizar *(ëvanjëlizár)* tr. évangéliser.

evaporación *(ëvaporazión)* f. évaporation.

evaporar *(ëvaporár)* intr. s'évaporer; tr. exhaler.

evasión *(ëvassión)* f. évasion.

evasivo, va *(ëvasívo, va)* adj. évasif, ive.   [ce.

evento *(ëvë'nto)* m. contingen-

eventual *(ëvëntouál)* adj. eventuel, elle.

eventualidad *(ëvëntoualidád)* f. éventualité.

evidencia *(ëvidë'nzia)* f. évidence.

evidenciar *(ëvidënziár)* tr. mettre en évidence.

evidente *(ëvidë'ntë)* adj. évident, e.

evitación *(ëvitazión)* f. évitement.

evitar *(ëvitár)* tr. éviter.

evocación *(ëvocazión)* tr. évocation.

evocar *(ëvocár)* tr. évoquer.

evolución *(ëvolouzión)* f. évolution.

evolucionar *(ëvolouzionár)* intr. évoluer.

exacción *(ëgsazzión)* f. exaction.

exactitud *(ëgsactitou'd)* f. exactitude.

exacerbar *(ëgsazerbár)* tr. aigrir.

exacto, ta *(ëgsácto, ta)* adj. exact, e.

exageración *(ëgsajërazión)* f. exagération.

exagerado, da *(ëgsajërádo, da)* adj. exagéré, e.

exagerar *(ëgsajërár)* tr. exagérer.

exágono *(ëgságono)* s. hexagone.

exaltación *(ëgsaltazión)* f. exaltation.

exaltar *(ëgsaltár)* tr. élever; exalter.

examen *(ëgsámën)* m. examen.

examinar *(ëgsaminár)* tr. examiner.

exangüe *(ëgsángouë)* adj. exténué, e.

exánime *(ëgsánimë)* adj. inanimé, e; fig. consterné, e.

exasperación *(ëgsaspërazión)* f. exaspération.

exasperar *(ëgsaspërár)* tr. aigrir, irriter.

excavación *(ëgscavazión)* f. excavation.

excavar *(ëgscavár)* tr. creuser.

excedente *(ëgszëdë'nië)* adj. excédant, e.

exceder *(ëgszëdë'r)* tr. excéder.

excelencia *(ëgszëlë'nzia)* f. excellence.

excelente *(ëgszëlë'ntë)* adj. excellent, e.

excelso, sa *(ëgszë'lsso, a)* adj. élevé, e.

excentricidad *(ëgszëntrizidád)* f. excentricité.

excéntrico, ca *(ëgszë'nirico, ca)* adj. excentrique.

excepción *(ëgszëpzión)* f. exception.

excepcional *(ëgszëpzionál)* adj. exceptionnel elle.

excepto *(ëgszë'pto)* adv. excepté, hormis.

exceptuar *(ëgszëptouár)* tr. excepter.

excesivo, va *(ëgszëssívo, va)* adj. excessif, ive.

exceso *(ëgszë'sso)* m. excès.

excipiente *(ëgszipië'në)* m. excipient.

excitación *(ëgszitazión)* f. excitation.

excitante *(ëgszitántë)* adj. excitant, e.

excitar *(ëgszitár)* tr. exciter.

exclamación *(ëgsclamazión)* f. exclamation.

exclamar *(ëgsclamár)* intr. s'écrier.

excluir *(ëgsclouir)* tr. exclure.

exclusión *(ëgscloussión)* f. exclusion.

exclusiva *(ëgscloussíva)* f. exclusivité, privilège.

exclusivo, va *(ëgscloussívo, va)* adj. exclusif, ive.

excomulgar *(ëgscomoulgár)* tr. excommunier.

excomunión *(ëgscomounión)* f. excommunion.   [coriation.

excoriación *(ëgscoriazión)* f. ex-

excremento *(ëgscrëmë'nto)* m. excrément.

excursión *(ëgscoursión)* f. excursion.

excursionista *(ëgscoursionísta)* adj et s. excursionniste.

excusa *(ëgscou'ssa)* f. excuse.

excusado, da *(ëgscoussádo, da)* adj. exempt, e; reservé, e; m. cabinet, lieu d'aisance.

excusar *(ëgscoussár)* tr. excuser, justifier.

execrable *(ëgsëcráblë)* adj. exécrable.

exención *(ëgsënzión)* f. exemption.

exentar *(ëgsëntár)* tr. exempter.

exento, ta *(ëgsë'nto, ïa)* adj. exempté, e.

exequias *(ëgsë'kias)* f. obsèques.

exhalar *(ëgsalár)* tr. exhaler.

exhausto, ta *(ëgsáousio, ta)* adj. épuisé, e.

exhibición *(ëgsibizión)* f. exhibition.

exhibir *(ëgsibír)* tr. exhiber.

exhortación *(ëgsortazión)* f. exhortation.

exhortar *(ëgsortár)* tr. exhorter.

exhumación *(ëgsoumazión)* f. exhumation.

exhumar *(ëgsoumár)* tr. exhumer.

exigencia *(ëgsijë'nzia)* f. exigence.

exigente *(ëgsijë'ntë)* adj. exigent, e.

exigir *(ëgsijír)* tr. exiger.

exiguo, gua, *(ëgsígouo, a)* adj. exigu, uë.

exiliado, da *(ëgsiliádo, da)* adj. et n. exilé, e.

exilio *(ëgsílio)* m. exil.

eximio, mia *(ëgsímio, a)* adj. excellent, e.

eximir *(ëgsimír)* tr. exempter.   tence; pl. marchandises, etc.

existencia *(ëgsistë'nzia)* f. existence; pl. marchandises, etc.

existir *(ëgsistir)* intr. exister.

éxito *(ë'gsito)* m. succès.

éxodo *(ë'gsodo)* m. exode.

exonerar *(ëgsonërár)* m. exonérer.

exorbitante *(ëgsorbitántë)* adj. exorbitant, e.

exorcismo *(ëgsorzísmo)* m. exorcisme.

exordio *(ëgsórdio)* m. exorde.

exótico, ca *(ëgsótico, ca)* adj. exotique.

expansión *(ëgspansión)* f. expansion.

expansivo, va *(ëgspansívo, va)* adj. expansif, ive.

expatriarse *(ëgspatriársë)* tr. s'expatrier.

expectación *(ëgspëctazión)* f. expectation, attente.

expectativa *(ëgspëctatíva)* f. expectative.   [pectorer.

expectorar *(ëgspëctorár)* tr. ex-

expedición *(ëgspëdizión)* f. expédition; fig. diligence.

expedicionario, ria *(ëgspëdizionário, a)* adj. expéditionnaire.

expediente *(ëgspëdië'ntë)* m. dossier; expédient.

expedir *(ëgspëdír)* tr. expédier.

expeditivo, va *(ëgspëdítívo, va)* adj. expéditif, ive.

expedito, ta *(ëgspëdíto, ta)* adj. disposé, e; dégagé, e.

expeler *(ëgspëlë'r)* tr. chasser, expulser.

expendedor *(ëgspëndëdór)* m. vendeur; receleur.

expendeduría *(ëgspëndëdouría)* f. débit (de tabac, etc.).

expender *(ëgspëndë'r)* tr. dépenser, débiter.

expensas *(ëgspë'nsas)* f. pl. dépenses, frais.

experiencia *(ëgspërië'nzia)* f. expérience.

experimentar *(ëgspërimëntár)* tr. expérimenter.

experimento *(ëgspërimë'nto)* m. expérience, épreuve.

experto, ta *(ëgspë'rto, ta)* adj. expert, e; m. expert.

expiar *(ëgspiár)* tr. expier; purifier.

expirar *(ëgspira˱)* intr. expirer.

explanada *(ëgsplanáda)* f. esplanade.

explicación *(ëgsplicazión)* f. explication.

explicar *(ëgsplicár)* tr. expliquer.

explícito, ta *(ëgsplízito, ta)* adj. explicite.

exploración *(ëgsplorazión)* f. exploration.   [rer.

explorar *(ëgsplorár)* tr. explorer.

explorador, ra *(ëgsplorador, ra)* s. explorateur, trice.

explosión *(ëgsplossión)* f. explosion.

explosivo, va *(ëgsplossívo, va)* adj. et n. explosif, ive.

explotación *(ëgsplotazión)* f. exploitation.

explotador *(ëgsplotadór)* m. exploiteur.

explotar *(ëgsplotár)* tr. et intr. exploiter.

expoliación *(ëgspoliazión)* f. expoliation.

exponente *(ëgsponë'ntë)* m. exposant.

exponer *(ëgsponër)* tr. exposer.

exportación *(ëgsportazión)* f. exportation.

exportador *(ëgsportadór)* adj. et n. exportateur.

exportar *(ëgsportár)* tr. exporter.

exposición *(ëgspossizión)* f. exposition.

expositor *(ëgspossitór)* m. exposant.

expresar *(ëgsprëssár)* tr. exprimer.

expresión *(ëgsprëssión)* f. expression.

expresivo, va *(ëgsprëssívo, va)* adj. expressif, ive.

expreso, sa *(ëgsprë'sso, a)* adj. exprès, esse; m. express.

exprimir *(ëgsprimír)* tr. exprimer.

expropiación *(ëgspropiazión)* f. expropiation.

expropiar *(ëgspropiár)* tr. exproprier.

expuesto, ta *(ëgspoue'sto, ta)* adj.

expulsar *(ëgspoulsár)* tr. expulser, chasser.

expulsión *(ëgspoulsión)* f. expulsión.

exquisito, ta *(ëgskissíto, ta)* adj. exquis, e.

extasiarse *(ëgstassiársë)* r. s'extasier.

éxtasis *(ë'gstassis)* m. extase.

extender *(ëgstëndë'r)* tr. étendre.

extenderse *(ëgstëndë'rsë)* r. s'étendre.

extensión *(ëgstënsión)* f. extension.

extensivo, va *(ëgstënsívo, va)* adj. extensif, ive.

extenso, sa *(ëgstë'nso, sa)* adj. étendu, e.

extenuar *(ëgstënouár)* tr. exténuer.

extenuarse *(ëgstënouársë)* r. s'épuiser.

exterior *(ëgstëriór)* adj. extérieur, e; m. extérieur.

exteriorizar *(ëgstëriorizár)* tr. extérioriser.

exterminar *(ëgstërminár)* tr. exterminer.

exterminio *(ëgstërmínio)* m. extermination.

externo, na *(ëgstë'rno, na)* adj. externe.

extinción *(ëgstinnzión)* f. extinction.

extinguir *(ëgstinnguír)* f. éteindre.

extinto, ta *(ëgstínnto, ta)* adj. éteint, e.

extirpar *(ëgstirpár)* tr. extirper.

extracción *(ëgstraczión)* f. extraction.

extractar *(ëgstractár)* tr. extraire.

extracto *(ëgstrácto)* m. extrait.

extradición *(ëgstradizión)* f. extradition.

extraer *(ëgstraë'r)* tr. extraire.

extralimitarse *(ëgstralimitársë)* r. outrepasser.

extranjero, ra *(ëgstranjëro, ra)* adj. étranger, ère.

extrañar *(ëgstragnár)* tr. éloigner; rejeter, admirer

extrañarse *(ëgstragnársë)* r. s'étonner.

extrañeza *(ëgstragnë'za)* f. étrangeté.

extraño, na *(ëgstrágno, na)* adj. étrange.

extraordinario, ria *(ëgstraordinário, a)* adj. extraordinaire.

extrarradio *(ëgstrarrádio)* m. banlieue.

extravagancia *(ëgstravagánzia)* f. extravagance.

extravagante *(ëgstravagántë)* adj. extravagant, e.

extraviado, da *(ëgstraviádo, da)* adj. égaré, e.

extraviar *(ëgstraviár)* tr. égarer.

extravío *(ëgstravío)* m. égarement.

extremado, da *(ëgstrëmádo, da)* adj. excessif, ive; exagéré, e.

extremar *(ëgstrëmár)* tr. pousser à l'extrémité.

extremidad *(ëgstrëmidád)* i. extrémité.

extremo, ma *(ëgstrë'mo, a)* adj. extrême; m. extrémité.

exuberancia *(ëgsoubëránzia)* f. exubérance.

exuberante *(ëgsoubërántë)* adj. exubérant, e.

eyección *(ëiëkzión)* f. éjection.

fa *(fá)* m. *Mus.* fa (note).

fábrica *(fábrica)* f. fabrique; maçonnerie; usine.

fabricación *(fabricazión)* f. fabrication.

fabricante *(fabricántë)* m. fabricant.

fabricar *(fabricár)* tr. fabriquer; inventer.

fábula *(fáboula)* f. fable.

fabulista *(faboulísta)* m. fabuliste.

fabuloso, sa *(faboulósso, sa)* adj. fabuleux, euse.

facción *(faczión)* f. faction; pl. traits du visage.

faccioso, sa *(facziósso, a)* adj. factieux, euse.

faceta *(fazë'ta)* f. facette.

fácil *(fázil)* adj. facile.

facilidad *(fazilidád)* f. facilité, aisance.

facilitar *(fazilitár)* tr. faciliter.

facineroso, sa *(fazinërósso, a)* adj. et s. scélérat, e.

factible *(factíblë)* adj. faisable.

facticio, cia *(factízio, a)* adj. factice.

factor *(factór)* m. facteur.

factoría *(factoría)* f. factorie.

factura *(factou'ra)* f. *Comm.* facture.

facturar *(factourár)* tr. facturer; enregistrer.

facultad *(facoultád)* f. faculté.

facultativo, va *(facoultatívo, a)* adj. facultatif, ive; m. médecin.   [de.

facundia *(jucou'ndia)* f. faconde.

facha *(fácha)* f. aspect, figure.

fachada *(fachádá)* f. façade.

faena *(faë'na)* f. besogne.

faisán *(fa-issán)* m. faisan.

faja *(fája)* f. bande.

fajar *(fajár)* tr. bander; enmailloter.

fajo *(fájo)* m. botte, faisceau, fagot.

falacia *(falázia)* f. tromperie.

falange *(falánjë)* f. phalange.

falaz *(faláz)* adj. fourbe.

falda *(fáldá)* f. jupe; flanc (de montagne).

faldón *(faldón)* m. pan, jupon.

falible *(falíblë)* adj. faillible.

falsario, ria *(falsário, a)* adj. faussaire.

falsear *(falsëár)* tr. falsifier, fausser, contrefaire.

falsedad *(falsëdád)* f. fausseté; mensonge.

falsete *(falsë'të)* m. fausset.

falsificación *(falsificazión)* f. falsification.

falsificar *(falsificár)* tr. falsifier.

falso, sa *(fálso, a)* adj. faux, fausse.

falta *(fáltá)* m. faute, manque.

faltar *(faltár)* intr. manquer; faillir.

falto, ta *(fálto, a)* adj. dépourvu, e.

falla *(fáya)* f. faille; défaut.

fallar *(fayár)* tr. décider, déterminer; échouer.

fallecer *(fayëzë'r)* intr. décéder.

fallecimiento *(fayëzimië'nto)* m. décès.

fallecido, da *(fayëzído, da)* adj. failli, e.

fallo *(fáyo)* m. sentence; arrêt.

fama *(fáma)* f. renommée.

famélico, ca *(famë'lico, ca)* adj. famélique.

familia *(família)* f. famille; race.

familiar *(familiár)* adj. familier, ière; familial, e.

familiaridad *(familiaridád)* f. familiarité.

familiarizar *(familiarizár)* tr. familiariser.

famoso, sa *(famósso, a)* adj. fameux, euse.

fanal *(fanál)* m. fanal.

fanático, ca *(fanático, ca)* adj. fanatique.

fanatismo *(fanatísmo)* m. fanatisme.

fanfarrón, na *(fanfarrón, a)* adj. y s. fam. fanfaron, onne.

fango *(fángo)* m. boue.

fantasía *(fantassía)* m. fantaisie.   [me.

fantasma *(fantásma)* f. fantôme.

fantástico, ca *(fantástico, ca)* adj. fantastique.

farándula *(farándoula)* f. farandole.

fardo *(fárdo)* m. ballot.

faringe *(farinnjë)* f. *Anat.* pharynx.

fariseo *(farissë'o)* m. pharisien.

farmacéutico *(farmazë'outico)* m. pharmacien.

farmacia *(farmázia)* f. pharmacie.

faro *(fáro)* m. phare.

farol *(faról)* m. lanterne.

farola *(faróla)* f. fanal.

fárrago *(fárrago)* m. fatras.

farsa *(fársa)* f. comédie, farce.

farsante *(farsántë)* m. fig. farceur.

fascinación *(faszinazión)* f. fascination.

fascinador, ra *(faszinadór, ra)* adj. et s. enchanteur, eresse.

fascinante *(faszinántë)* adj. fascinant, e.

fascinar *(faszinár)* tr. fasciner.

fascismo *(faszísmo)* m. fascisme.

fase *(fássë)* f. phase.

fastidiar *(fastidiár)* tr. dégoûter; fig. fâcher.

fastidio *(fastidio)* m. degoût; fig. chagrin.

fastidioso, sa *(fastidiósso, a)* adj. fastidieux, euse.

fastuoso, sa *(fastouósso, a)* adj. fastueux, euse.

fatal *(fatál)* adj. fatal, e.

fatalidad *(fatalidád)* f. fatalité.

fatalismo *(fatalísmo)* m. fatalisme.

fatídico, ca *(fatídico, ca)* adj. fatidique.

fatiga *(fatíga)* f. fatigue.

fatigar *(fatigár)* tr. fatiguer.

fatigoso, sa *(fatigósso, a)* adj. fatigant, e; pénible.

fatuo, a *(fátouo, a)* adj. fat; stupide.

fauna *(fáouna)* m. faune.

fausto, ta *(fáousto, ta)* adj. heureux, euse; fig. plaisir.

favor *(favór)* m. faveur; fig. plaisir.

favorable *(favoráblë)* adj. favorable, propice.

favorecer *(favorëzë'r)* tr. favoriser.

favorecido, da *(favorëzído, da)* adj. favorisé, e.

favoritismo *(favoritísmo)* m. favoritisme.

favorito, ta *(favoríto, ta)* adj. favori, te.

faz *(fáz)* f. face, visage.

fe *(fë')* f. foi.

fealdad *(fëaldád)* f. laideur.

febrero *(fëbrë'ro)* m. février.

febril *(fëbríl)* adj. fébrile.

fécula *(fë'coula)* f. fécule.

fecundar *(fëcoundár)* tr. féconder.

fecundidad *(fëcoundidád)* f. fécondité.

fecundizar *(fëcoundizár)* tr. féconder, fertiliser.

fecundo, da *(fĕcou'ndo, da)* adj. fécond, e.
fecha *(fĕ'cha)* f. date, époque.
fechar *(fĕchár)* tr. dater.
fechoría *(fĕchoría)* f. mauvaise action.
federación *(fĕdĕrazión)* f. fédération.
federal *(fĕdĕrál)* adj. fédéral, e.
federalismo *(fĕdĕralísmo)* m. fédéralisme.
feldespato *(fĕldĕspáto)* f. feldspath.
felicidad *(fĕlizidád)* f. félicité, bonheur.
felicitación *(fĕlizitazión)* f. félicitation.
felicitar *(fĕlizitár)* tr. féliciter.
feligrés, sa *(fĕligrĕ's, a)* s. paroissien, ienne.
felino, na *(fĕlíno, na)* adj. félin, e.
feliz *(fĕlíz)* adj. heureux, euse.
felonía *(fĕlonía)* f. félonie.
felpa *(fĕ'lpa)* f. panne, peluche.
femenino, na *(fĕmĕníno, na)* adj. féminin, e.
fenómeno *(fĕnómĕno)* m. phénomène.
feo, a *(fĕ'o, a)* adj. laid, e.
feracidad *(fĕrazidád)* f. fertilité, fécondité.
feraz *(fĕráz)* adj. fertile.
féretro *(fĕ'rĕtro)* m. bière, cercueil.
feria *(fĕ'ria)* f. foire.
fermentación *(fĕrmĕntazión)* f. fermentation.
fermentar *(fĕrmĕntár)* tr. et intr. fermenter.
fermento *(fĕrmĕ'nto)* m. ferment, levain.
ferocidad *(fĕrozidád)* f. férocité.
feroz *(fĕróz)* adj. féroce.
férreo, a *(fĕ'rrĕo, a)* adj. ferré, e; fig. dur, e.
ferretería *(fĕrrĕtĕría)* f. quincaillerie.
ferrocarril *(fĕrrocarríl)* m. chemin de fer.
ferroviario *(fĕrroviário)* m. cheminot.
fértil *(fĕ'rtil)* adj. fertile.
fertilidad *(fĕrtilidád)* tr. fertilité. [ser.
fertilizar *(fĕrtilizár)* tr. fertili-
férula *(fĕ'roula)* f. férule.
ferviente *(fĕrviĕ'ntĕ)* adj. fervent, e.
fervor *(fĕrvór)* m. fig. ferveur.
fervoroso, sa *(fĕrvorósso, a)* adj. fervent, e.
festejar *(fĕstĕjár)* tr. festoyer; faire la cour.
festejo *(fĕstĕ'jo)* m. fête.
festín *(fĕstínn)* m. fête, festin.
festival *(fĕstivál)* m. festival.
festividad *(fĕstividád)* f. enjouement; festivité.
festivo, va *(fĕstívo, va)* adj. de fête; joyeux, euse.
fetiche *(fĕtíchĕ)* m. fétiche.
fétido, da *(fĕ'tido, da)* adj. fétide.
feudal *(fĕoudál)* adj. féodal, e.
feudalismo *(fĕoudalísmo)* m. féodalité.
feudo *(fĕ'oudo)* m. fief.
fiado, da *(fiádo, da)* adj. fié, e; sûr, e; **al fiado**, à crédit.
fiador *(fiadór)* m. répondant; caution.
fiambre *(fiámbrĕ)* adj. et s. viandes froides.
fiambrera *(fiambrĕ'ra)* f. garde-manger.

fianza *(fiánza)* f. caution, cautionnement.
fiar *(fiár)* tr. cautionner; vendre à crédit.
fiasco *(fiásco)* m. fiasco.
fibra *(fíbra)* f. fibre.
ficción *(ficzión)* f. fiction.
ficticio, cia *(fictízio, a)* adj. feint, e; factice.
ficha *(ficha)* f. fiche; jeton.
fichero *(fichĕ'ro)* m. fichier.
fidedigno, na *(fidĕdíg-no, a)* adj. croyable, digne de foi.
fidelidad *(fidĕlidád)* f. fidélité.
fideos *(fidĕ'os)* m. pl. vermicelle.
fiebre *(fiĕ'brĕ)* f. fièvre.
fiel *(fiĕ'l)* adj. fidèle.
fieltro *(fiĕ'ltro)* m. feutre.
fiera *(fiĕ'ra)* f. bête féroce.
fiereza *(fiĕrĕ'za)* f. cruauté, férocité.
fiero, ra *(fiĕ'ro, a)* adj. cruel, elle; âpre.
fiesta *(fiĕ'sta)* f. fête.
figura *(figou'ra)* f. figure; grimace.
figurado, da *(figourádo, da)* adj. figuré.
figurar *(figourár)* tr. figurer.
figurín *(figourínn)* m. gravure; modèle.
fijador, ra *(fijadór, a)* adj. et n. fixateur, trice.
fijar *(fijár)* tr. déterminer, fixer.
fijeza *(fijĕ'za)* f. fermenté, stabilité.
fijo, ja *(fíjo, a)* adj. fixe, stable.
fila *(fíla)* f. file.
filamento *(filamĕ'nto)* m. filament.
filántropo *(filántropo)* m. philantropee.
filarmónico, ca *(filarmónico, a)* adj. philarmonique.
filatelia *(filatĕ'lia)* f. philatélie.
filete *(filĕ'tĕ)* m. filet.
filiación *(filiazión)* filiation.
filial *(filiál)* adj. filial, e.
filibustero *(filibousté'ro)* m. filibustier.
filiforme *(filifórmĕ)* adj. filiforme.
filigrana *(filigrána)* f. filigrane.
filme *(filmĕ)* m. film.
filo *(fílo)* m. fil; tranchant.
filología *(filolojía)* f. philologie.
filón *(filón)* m. filon.
filosofía *(filossofía)* f. philosophie.
filósofo, fa *(filóssofo, a)* adj. et s. philosophe.
filtración *(filtrazión)* f. filtration.
filtrar *(filtrár)* tr. filtrer.
filtro *(fíltro)* m. filtre.
fin *(finn)* m. fin; terme.
finado, da *(finádo, da)* adj. et s. mort.
final *(finál)* adj. final, e; m. fin, terminaison.
finalizar *(finalizár)* tr. finir, terminer, achever.
financiero, ra *(finanziĕ'ro, ra)* adj. et s. financier, ière.
finanzas *(finánzas)* f. finances.
finca *(fínnca)* f. propriété.
fineza *(finĕ'za)* f. finesse.
fingir *(finjír)* tr. feindre.
fino, na *(fíno, na)* adj. fin, e.
finura *(finou'ra)* f. finesse.
firma *(fírma)* f. seing, signature; **firma en blanco**, blancseing.
firmamento *(firmamĕ'nto)* m. firmament.
firmar *(firmár)* tr. signer.
firme *(fírmĕ)* adj. ferme.
firmeza *(firmĕ'za)* f. fermeté.

fiscal *(fiscál)* m. procureur; adj. fiscal.
fisco *(físco)* m. fisc.
física *(física)* f. physique.
físico *(físico)* m. physicien.
fisiología *(fisiolojía)* m. phisiologie.
fisonomía *(fisonomía)* f. phisionomie.
fístula *(fístoula)* f. fistule.
fisura *(fisou'ra)* f. fissure.
flaco, ca *(fláco, ca)* adj. maigre.
flagelación *(flajĕlazión)* f. flagellation.
flagrante *(flagrántĕ)* adj. flagrant, e.
flamante *(flamántĕ)* adv. brillant, e.
flamenco, ca *(flamĕ'nco, ca)* adj. flamand, e; m. Zool. flamant.
flan *(flán)* m. flan.
flanco *(flánco)* m. flanc.
flanquear *(flankĕár)* tr. Mil. flanquer.
flaquear *(flakĕár)* intr. vaciller, chanceler.
flaqueza *(flakĕ'za)* f. maigreur; faiblesse.
flato *(fláto)* m. flatuosité.
flauta *(fláouta)* f. flûte.
flautista *(fláoutísta)* m. flûteur.
fleco *(flĕ'co)* m. frange.
flecha *(flĕ'cha)* f. flèche.
flema *(flĕ'ma)* m. flegme.
flemático, ca *(flĕmático, ca)* adj. flegmatique.
flemón *(flĕmón)* m. phlegmon.
fletar *(flĕtár)* tr. fréter.
flete *(flĕ'tĕ)* m. fret.
flexibilidad *(flĕgsibilidád)* f. flexibilité.
flexible *(flĕgsíblĕ)* adj. flexible.
flexión *(flĕgsión)* f. flexion.
flojear *(flojĕár)* intr. faiblir.
flojedad *(flojĕdád)* f. faiblesse.
flojo, ja *(flójo, a)* adj. flexible; lâche.
flor *(flór)* f. fleur.
flora *(flóra)* f. Bot. flore. [son.
floración *(florazión)* f. floral-
florecer *(florĕzĕ'r)* intr. fleurir.
floreciente *(florĕziĕ'ntĕ)* adj. florissant, e.
florecimiento *(florĕzimiĕ'nto)* m. floraison.
florero *(florĕ'ro)* m. pot à fleur.
florido, da *(florído, da)* adj. fleuri, e.
florista *(florísta)* s. fleuriste.
flota *(flóta)* f. flotte.
flotación *(flotazión)* f. flottaison.
flotante *(flotántĕ)* adj. flottant, e.
flotar *(flotár)* intr. flotter, surnager.
flote *(flótĕ)* m. flottement; **a flote**, à flot.
fluctuación *(flouctouazión)* f. fluctuation.
fluctuar *(flouctouár)* intr. fluctuer.
fluidez *(flouidĕ'z)* f. fluidité.
fluído, da *(flou'ido, da)* adj. fluide; m. fluide.
fluir *(flouír)* intr. fluer, couler.
flujo *(flou'jo)* m. flux.
fluorescente *(flouorĕszĕ'ntĕ)* adj. fluorescent, e.
fluvial *(flouviál)* adj. fluvial, e.
fluxión *(flougsión)* f. flux; fluxion.
foca *(fóca)* f. Zool. phoque.
foco *(fóco)* m. foyer.
fofo, fa *(fófo, a)* adj. mou, molle.
fogata *(fogáta)* m. feu clair.
fogón *(fogón)* m. foyer, âtre; fourneau.
fogonero *(fogonĕ'ro)* m. chauffeur.

fogosidad *(fogossidád)* f. fougue.
fogoso, sa *(fogósso, a)* adj. igné, e; fig. fougueux, euse.
folio *(fólio)* m. folio; **en folio**, in folio.
folklore *(folklórĕ)* m. folklore.
follaje *(foyájĕ)* m. feuillage.
folleto *(foyĕ'to)* m. bulletin.
fomentar *(fomĕntár)* tr. fomenter; fig. favoriser.
fomento *(fomĕ'nto)* m. fomentation; protection.
fonda *(fónda)* f. hôtel, auberge.
fondeadero *(fondĕadĕ'ro)* m. Mar. mouillage.
fondear *(fondĕár)* tr. sonder; intr. Mar. mouiller.
fondo *(fóndo)* m. fond.
fonética *(fonĕ'tica)* m. phonétique.
fonógrafo *(fonógrafo)* m. phonographe.
fontanero *(fontanĕ'ro)* m. fontainier.
forajido *(forajído)* adj. et s. bandit.
foráneo, a *(foránĕo, a)* adj. forain, e.
forastero, ra *(forastĕro, a)* adj. et s. étranger, ère.
forcejear *(forzĕjĕár)* tr. forcer; intr. faire effort.
forense *(forĕ'nsĕ)* adj. du barreau.
forestal *(forĕstál)* adj. forestier, ière.
forja *(fórja)* f. forge.
forjar *(forjár)* tr. forger.
forma *(fórma)* f. forme.
formación *(formazión)* f. formation.
formal *(formál)* adj. formel, elle.
formalidad *(formalidád)* f. formalité.
formalizar *(formalizár)* tr. former.
formato *(formáto)* m. format.
formidable *(formidáblĕ)* adj. formidable.
formol *(formól)* m. formol.
fórmula *(fórmoula)* f. formule.
formulario *(formoulário)* m. formulaire.
fornicar *(fornicár)* tr. forniquer.
fornido, da *(fornído, da)* adj. robuste.
foro *(fóro)* m. barreau.
forraje *(forrájĕ)* m. fourrage.
forrajar *(forrajár)* f. fourrager.
forrar *(forrár)* tr. doubler une étoffe.
forro *(fórro)* m. doublure.
fortalecer *(fortalĕzĕ'r)* tr. fortifier.
fortaleza *(fortalĕ'za)* f. force; vigueur. Mil. forteresse.
fortificación *(fortificazión)* f. fortification.
fortificar *(fortificár)* tr. fortifier.
fortín *(fortín)* m. fortin.
fortuito, ta *(fortouíto, ta)* adj. fortuit, e.
forúnculo *(forou'ncoulo)* m. furoncle.
fortuna *(fortou'na)* f. fortune.
forzado, da *(forzádo, da)* adj. forcé, e; m. forçat, galérien.
forzar *(forzár)* tr. forcer.
forzoso, sa *(forzósso, sa)* adj. forcé, e.
forzudo, da *(forzou'do, da)* adj. fort, e.
fosa *(fóssa)* f. fosse.
fosfato *(fosfáto)* m. Chim. phosphate.
fosforescente *(fosforĕszĕ'ntĕ)* adj. phosphorescent, e.

fósforo (*fósforo*) m. phospho-re.

fósil (*fósil*) adj. fossile.

foso (*fósso*) m. fossé.

fotogénico, ca (*fotojé'nico, ca*) adj. photogénique.

fotografía (*fotografía*) f. photographie.

fotografiar (*fotografiár*) tr. photographier.

fotógrafo (*fotógrafo*) m. photographe.

frac (*frác*) m. frac.

fracasar (*fracassár*) intr. échouer.

fracaso (*fracásso*) m. échec.

fracción (*fracción*) f. fraction.

fraccionario, ria (*fraccionário, a*) adj. fractionnaire.

fractura (*fractou'ra*) f. fracture.

fragancia (*fragánzia*) f. odeur agréable.

fragante (*fragántë*) adj. odoriférant, e.

fragata (*fragáta*) f. frégate.

frágil (*frájil*) adj. fragile.

fragilidad (*frajilidád*) f. fragilité. [ment.

fragmento (*fragmë'nto*) m. fragment.

fragor (*fragór*) m. bruit; fracas.

fragua (*frágoua*) f. forge.

fraguar (*fragouár*) tr. forger.

fraile (*frá-ilë*) m. moine.

frambuesa (*frambou'ssa*) f. framboise.

francachela (*francachë'la*) f. festin.

franco, ca (*fránco, ca*) adj. franc, franche; libre; sincère.

franela (*franë'la*) f. flanelle.

franja (*fránja*) f. frange.

franquear (*frankëár*) tr. franchir; affranchir.

franqueo (*frankë'o*) m. affranchissement.

franqueza (*frankë'za*) f. franchise.

franquicia (*frankízia*) f. franchise.

frasco (*frásco*) m. flacon.

frase (*frássë*) f. phrase.

fraternal (*fratërnál*) adj. fraternel, elle.

fraternidad (*fratërnidád*) f. fraternité.

fraternizar (*fratërnizár*) intr. fraterniser.

fraterno, na (*fratë'rno, na*) adj. fraternel, elle.

fratricida (*fratrizída*) m. fratricide.

fraude (*fráoudë*) m. fraude.

fraudulento, ta (*fraoudoulë'nto, ta*) adj. frauduleux, euse.

fray (*frá-i*) m. frère, religieux.

frecuencia (*frëcouë'nzia*) m. fréquence.

frecuentado, da (*frëcouëntádo, da*) adj. fréquenté, e.

frecuentar (*frëcouëntár*) tr. fréquenter.

frecuente (*frëcouë'ntë*) adj. fréquent, e.

fregadero (*frëgadë'ro*) m. évier.

fregar (*frëgár*) tr. frotter; nettoyer.

freir (*frëír*) tr. frire.

frenar (*frënár*) tr. freiner.

frenesí (*frënessí*) m. frénésie.

frenético, ca (*frënë'tico, ca*) adj. frénétique.

frente (*frë'ntë*) m. front; frente a frente, face à face.

fresa (*frë'ssa*) f. fraise.

fresco, ca (*frë'sco, ca*) adj. frais, fraîche; m. frais; fresque.

frescura (*frëscou'ra*) f. fraîcheur; fig. toupet.

fresno (*frë'sno*) m. frêne.

friable (*friáblë*) adj. friable.

---

frialdad (*frialdád*) f. froideur.

fricción (*friczión*) f. friction.

friega (*frië'ga*) f. friction.

frigorífico, ca (*frigorífico, ca*) adj. frigorifique.

frío, a (*frío, a*) adj. froid, e; m. froid.

friolento, ta (*friolë'nto, ta*) adj. frileux, euse.

friolera (*friolë'ra*) f. bagatelle.

frisar (*frissár*) tr. friser; fig. s'approcher.

friso (*frisso*) m. frise; lambris.

fritada (*fritáda*) f. friture.

frito, ta (*frito, ta*) adj. frit, e.

frivolidad (*frivolidád*) f. frivolité. [vole.

frívolo, la (*frívolo, la*) adj. frivole.

frondoso, sa (*frondósso, sa*) adj. feuillu, e; touffu, e.

frontal (*frontál*) adj. Anat. frontal, e.

frontera (*frontë'ra*) f. frontière.

fronterizo, za (*frontërízo, za*) adj. limitrophe.

frontispicio (*frontispízio*) m. frontispice.

frontón (*frontón*) m. fronton.

frotación (*frotazión*) f. friction; frottement.

frotamiento (*frotamië'nto*) m. frottement.

frotar (*frotár*) tr. frotter.

fructífero, ra (*fructífëro, ra*) adj. fructifère.

fructificar (*fructificár*) tr. fructifier.

frugal (*frougál*) adj. frugal, e.

frugalidad (*frougalidád*) f. frugalité.

fruición (*frouizión*) f. jouissance.

fruncimiento (*frounzimië'nto*) m. froncement.

frunzir (*frounzír*) tr. froncer.

fruslería (*frouslëría*) f. futilité, frivolité.

frustrar (*froustrár*) tr. frustrer.

frustrarse (*froustrarsë*) r. échouer, avorter.

fruta (*frou'ta*) f. fruit.

frutal (*froutál*) adj. fruitier, ière.

frutero (*froutë'ro*) m. fruitier.

fruto (*frou'to*) m. fruit.

fuego (*fouë'go*) m. feu.

fuelle (*fouë'yë*) m. soufflet.

fuente (*fouë'ntë*) f. fontaine; fig. source; grand plat ou bassin.

fuera (*fouë'ra*) adv. hors, dehors; outre, de plus; interj. hors d'ici!

fuero (*fouë'ro*) m. loi; for; pl. privilèges.

fuerte (*fouë'rtë*) adj. fort; fort, e.

fuerza (*fouë'rza*) f. force, vigueur; pl. forces, troupes.

fuga (*fou'ga*) f. fuite; fugue.

fugarse (*fougársë*) r. s'enfuir.

fugaz (*fougáz*) adj. fugace.

fugitivo, va (*foujitívo, va*) adj. fugitif, ive; m. fuyard.

fulano, na (*fouláno, na*) s. un tel, une telle.

fulgor (*foulgór*) m. éclat; lueur.

fulgurante (*foulgourántë*) adj. fulgurant.

fulminante (*foulminántë*) adj. fulminant, e; foudroyant, e.

fulminar (*foulminár*) tr. foudroyer, fulminer.

fumadero (*foumadë'ro*) m. fumoir.

fumador (*foumadór*) m. fumeur.

fumar (*foumár*) tr. et intr. fumer.

función (*founzión*) f. fonction; solennité; représentation.

funcionar (*founzionár*) intr. fonctionner.

---

funda (*fou'nda*) f. fourreau; housse. [dation.

fundación (*foundazión*) f. fondation.

fundado, da (*foundádo, da*) fondé, e.

fundador, ra (*foundadór, ra*) adj. et s. fondateur, trice.

fundamental (*foundamëntál*) adj. fondamental, e.

fundamento (*foundamë'nto*) m. fondement; fig. cause.

fundar (*foundár*) tr. fonder.

fundición (*foundizión*) f. fonte.

fundir (*foundír*) tr. fondre.

fúnebre (*fou'nëbrë*) adj. funèbre.

funeral (*founërál*) adj. funéraire; m. pl. funérailles.

funerario, ria (*founërário, ria*) adj. funéraire.

funesto, ta (*founë'sto, ta*) adj. funeste. [niculaire.

funicular (*founicoulár*) adj. funiculaire.

furgón (*fourgón*) f. fourgon.

furia (*fou'ria*) f. furie; ardeur.

furioso, sa (*fouriósso, sa*) adj. furieux, euse.

furor (*fourór*) m. fureur.

furtivo, va (*fourtívo, va*) adj. furtif, ive. [sible.

fusible (*foussíblë*) adj. et s. fusible.

fusil (*foussíl*) m. fusil.

fusilamiento (*foussilamië'nto*) m. fusillade, fusillement.

fusilar (*foussilár*) tr. fusiller.

fusión (*foussión*) f. fusion.

fusionar (*foussionár*) tr. fusionner.

fustigar (*foustigár*) tr. fustiguer.

fútbol (*fou'tbol*) m. football.

fútil (*fou'til*) adj. futile.

futilidad (*foutilidád*) f. futilité.

futuro, ra (*foutou'ro, ra*) adj. futur, e; m. le futur.

gabán (*gabán*) m. pardessus.

gabardina (*gabardína*) f. gabardine.

gabarra (*gabárra*) f. gabare.

gabela (*gabë'la*) f. gabelle.

gabinete (*gabinë'të*) m. cabinet.

gacela (*gazë'la*) f. gazelle.

gaceta (*gazë'ta*) f. gazette.

gafas (*gáfas*) f. pl. lunettes.

gaita (*gá-ita*) f. musette, cornemuse.

gaitero (*ga-itë'ro*) m. joueur de cornemuse.

gajo (*gájo*) m. branche, trochet.

gala (*gála*) f. gala; grâce pl. atours.

galán (*galán*) m. galant, jeune premier.

galante (*galántë*) adj. galant, e; fig. beau, gentil.

galantear (*galantëár*) tr. courtiser.

galantería (*galantëría*) f. galanterie.

galardón (*galardón*) m. récompense.

galardonar (*galardonár*) tr. récompenser.

galeón (*galeón*) m. galion.

galera (*galë'ra*) f. galère; guimbarde.

galería (*galëría*) f. galerie.

galerna (*galë'rna*) f. galerne.

galgo (*gálgo*) m. lévrier.

---

galicismo (*galizísmo*) m. gallicisme.

galimatías (*galimatías*) m. galimatias.

galón (*galón*) m. galon.

galopada (*galopáda*) f. galopade.

galopar (*galopár*) intr. galoper.

galope (*galópë*) m. galop.

gallardear (*gayardëár*) intr. montrer de la grâce.

gallardete (*gayardë'të*) m. gaillardet. [courage.

gallardía (*gayardía*) f. grâce, gallardo, da (*gayárdo, da*) adj. gaillard, e.

galleta (*gayë'ta*) f. galette, biscuit.

gallina (*gayína*) f. poule; fig. lâche.

gallinero (*gayinë'ro*) poulailler.

gallo (*gáyo*) m. coq.

gama (*gáma*) f. Mus. gamme; daim femelle.

gamo (*gámo*) m. daim.

gamuza (*gamou'za*) f. chamois.

gana (*gána*) f. désir, envie.

ganadería (*ganadëría*) f. élevage.

ganadero, ra (*ganadë'ro, ra*) adj. de troupeau; m. éleveur.

ganado (*ganádo*) m. troupeau.

ganador, ra (*ganadór, ra*) adj. et s. gagnant, e.

ganancia (*ganánzia*) f. gain, profit.

ganar (*ganár*) tr. gagner.

ganchillo (*ganchíyo*) m. crochet (aiguille, etc.); m. croc.

gandul (*gandou'l*) m. vagabond, fainéant.

ganga (*gánga*) f. gangue; fig. aubaine.

ganglio (*gánglio*) m. ganglion.

gangrena (*gangrë'na*) f. Chir. gangrène.

ganso (*gánso*) m. jars.

ganzúa (*ganzou'a*) f. rossignol, passe-partout.

gañán (*gagnán*) m. journalier.

garabatear (*garabatëár*) tr. griffonner.

garabato (*garabáto*) m. crochet; griffonnage.

garaje (*garájë*) m. garage.

garante (*garántë*) m. garant.

garantía (*garántía*) f. garantie.

garantizar (*garantizár*) tr. garantir.

garapiñar (*garapignár*) tr. praliner.

garbanzo (*garbánzo*) m. pois chiche.

garbo (*gárbo*) m. grâce, libéralité.

garboso, sa (*garbósso, sa*) adj. gracieux, euse; fig. libéral, e. [nia.

gardenia (*gardë'nia*) f. gardénia.

garfio (*gárfio*) m. crochet.

garganta (*gargánta*) f. gorge, gosier.

gárgara (*gárgara*) f. gargarisme.

gárgola (*gárgola*) f. Archit. gargouille.

garita (*garíta*) f. guérite.

garra (*gárra*) f. griffe, serre.

garrafa (*garráfa*) f. carafe.

garrapata (*garrapáta*) f. tique.

garrapatear (*garrapatëár*) tr. grifonner.

garrote (garrótĕ) m. bâton; garrot.
garza (gárza) f. héron.
gas (gás) m. Chim. gaz.
gasa (gássa) f. gaze.
gaseoso, sa (gassĕósso, a) adj. gazeux, euse.
gaseosa (gassĕóssa) f. limonade.
gasolina (gassolína) essence.
gastar (gastár) tr. dépenser, gâter.
gasto (gásto) m. dépense.
gastronomía (gastronomía) f. gastronomie.
gata (gáta) f. chatte.
gatillo (gatíyo) m. détente.
gato (gáto) m. chat; cric.
gaveta (gavĕ'ta) f. tiroir.
gavilán (gavilán) m. épervier.
gavilla (gavíya) f. javelle; gerbe.
gaviota (gavióta) f. Zool. mouette.
gazapo (gazápo) m. lapereau; fam. erreur.
gazmoño, ña (gazmógno, na) adj. prude.
gaznate (gaznátĕ) m. gorge, gosier.
gazpacho (gazpácho) m. soupe froide.
geiser (jĕ'-issĕr) m. geyser.
gelatina (jĕlatína) f. gélatine.
gema (jĕ'ma) f. Min. gemme.
gemelo, la (jĕmĕ'lo, la) adj. jumeau, elle; m. pl. boutons de manchette; jumelles (lorgnette).
gemido (jĕmído) m. gémissement.
gemir (jĕmír) intr. gémir, soupirer.
gendarmería (jĕndarmĕría) f. gendarmerie.
genealogía (jĕnĕalojía) f. généalogie.
generación (jĕnĕrazión) f. génération.
generador, ra (jĕnĕradór, ra) génératif, ive; m. générateur.
general (jĕnĕrál) adj. et s. général, e.   [rale.
generala (jĕnĕrála) f. généralizar (jĕnĕralizár) tr. généraliser.
genérico, ca (jĕnĕ'rico, ca) adj. générique.
género (jĕ'nĕro) m. genre; pl. denrées.
generosidad (jĕnĕrossidád) f. générosité.
generoso, sa (jĕnĕrósso, a) adj. généreux, euse.
génesis (jĕ'nĕssis) m. genèse.
genial (jĕniál) adj. génial, e.
genio (jĕ'nio) m. génie.
gente (jĕ'ntĕ) f. gens.
gentil (jĕntíl) adj. gentil, ille.
gentileza (jĕntilĕ'za) f. gentillesse.
gentío (jĕntío) m. foule.
genuflexión (jĕnouflĕgsión) f. génuflexion.
genuino, na (jĕnouíno, na) adj. vrai, e; pur, e.
geografía (jĕografía) f. géographie.
geología (jĕolojía) f. géologie.
geometría (jĕomĕtría) f. géometrie.
geranio (jĕránio) m. Bot. géranium.
gerencia (jĕrĕ'nzia) f. gerence.
gerente (jĕrĕ'ntĕ) s. gérent, e.

germen (jĕ'rmĕn) m. germe.
germinación (jĕrminazión) f. germination.
germinar (jĕrminár) tr. germer.
gerundio (jĕrou'ndio) m. Gram. gérondif.
gesta (jĕ'sta) f. geste.
gestación (jĕstazión) f. gestation.
gesticulación (jĕsticoulazión) f. gesticulation.
gesticular (jĕsticoulár) intr. gesticuler.
gestión (jĕstión) f. démarche; gestion.
gesto (jĕ'sto) m. geste.
gestor (jĕstór) m. gérant.
gigante, ta (jigántĕ, ta) adj. gigantesque; s. géant, e.
gigantesco, ca (jigántĕ'sco, ca) adj. gigantesque.
gimnasia (jimnássia) f. gymnastique.
ginebra (jinĕ'bra) f. genièvre.
girar (jirár) intr. tourner; tirer.
girasol (jirassól) m. tournesol.
giro (jíro) m. tour; mandat.
gitano, na (jitáno, na) adj. et s. bohémien, ienne; gitan, e.
glacial (glaziál) adj. glacial, e.
glaciar (glaziár) m. glacier.
gladiador (gladiadór) m. gladiateur.
glándula (glándoula) f. glandule.
glauco, ca (gláouco, ca) adj. glauque.
gleba (glĕ'ba) f. glèbe.
glicerina (glizĕrína) f. Chim. glycérine.
global (globál) adj. global, e.
globo (glóbo) m. globe.
glóbulo (glóboulo) m. globule.
gloria (glória) f. gloire.
glorieta (glorĕ'ta) f. rondpoind, charmille.
glorificar (glorificár) tr. glorifier.
glorioso, sa (gloriósso, sa) adj. glorieux, euse.
glosa (glóssa) f. glose.
glosar (glossár) tr. gloser.
glosario (glossário) m. glossaire.
glotis (glótis) f. glotte.
glotón (glotón) m. glouton.
glotonería (glotonĕría) f. gloutonnerie.
glucosa (gloucóssa) f. glucose.
gobernación (gobĕrnazión) f. gouvernement.
gobernador (gobĕrnadór) m. gouverneur.
gobernar (gobĕrnár) tr. gouverner.
gobierno (gobiĕ'rno) m. gouvernement.
goce (gózĕ) m. jouissance.
golfo (gólfo) m. golfe; fam. voyou.
golondrina (golondrína) f. hirondelle.
golosina (golossína) f. gourmandise.
goloso, sa (golósso, a) adj. gourmand, e.
golpe (gólpĕ) m. coup.
golpear (golpĕár) tr. frapper.
goma (góma) f. gomme.
góndola (góndola) f. gondole.
gordo, da (górdo, da) adj. gros, grosse.
gordura (gordou'ra) f. graisse; embonpoint.
gorila (goríla) m. gorile.
gorjear (gorjĕár) intr. fredonner, gazouiller.
gorjeo (gorjĕ'o) m. roulade, gazouillement.
gorra (górra) f. casquete.
gorrión (gorrión) m. moineau.

gorro (górro) m. bonnet rond.
gota (góta) f. goutte.
gotear (gotĕár) intr. dégoutter.
gotera (gotĕ'ra) f. gouttière.
gótico, ca (gótico, ca) adj. gothique.
gozar (gozár) tr. jouir.
gozne (góznĕ) m. gond.
gozo (gózo) m. joie, plaisir.
gozoso, sa (gozósso, a) adj. joyeux, euse.
grabado (grabádo) m. gravure.
grabador (grabadór) m. graveur.
grabar (grabár) tr. graver.
gracejo (grazĕ'jo) m. agrément, enjouement.
gracia (grázia) f. grâce; plaisanterie; pl. merci.
grácil (grázil) adj. gracile.
graciosidad (graziossidád) f. beauté, plaisanterie.
gracioso, sa (graziósso, a) adj. gracieux, euse.
grada (gráda) f. degré, marchepied. herse; pl. gradins.
gradería (gradĕría) f. gradins.
grado (grádo) m. degré, grade, gré.
graduación (gradouazión) f. graduation; Mil. grade.
graduado, da (gradouádo, da) adj. gradué, e.
gradual (gradouál) adj. graduel, elle.
graduar (gradouár) tr. graduer.
gráfico, ca (gráfico, ca) adj. graphique.
grafito (grafíto) m. graphite.
grafología (grafolojía) f. graphologie.
grágea (grájĕa) f. dragée.
gramática (gramática) f. grammaire.   [née.
gramínea (gramínĕa) f. graminée.
gramo (grámo) m. gramme.
gran (grán) adj. grand, e.
grana (grána) f. graine; écarlate
granada (granáda) f. grenade.
granar (granár) tr. grener.
granate (granátĕ) m. grenat.
grande (grándĕ) f. grand, e.
grandeza (grandĕ'za) f. grandeur.
grandiosidad (grandiossidád) f. grandeur, magnificence.
grandioso, sa (grandiósso, a) adj. grand, e; Peint, grandiose.
granear (granĕár) tr. semer.
granel (a) (a granĕ'l) m. adv. en tas, sans compter.
granero (granĕ'ro) m. grenier.
granito (graníto) m. granit.
granizar (granizár) intr. grêler.
granizo (granízo) m. grêle.
granja (gránja) f. grange, ferme.
granjero (granjĕ'ro) m. fermier, métayer.
grano (gráno) m. grain, graine; bouton.
granuja (granou'ja) m. pop. gamin; voyou, coquin.
granuloso, sa (granoulósso, a) adj. granuleux, euse.
grapa (grápa) f. grappe.
grasa (grássa) f. graisse.
grasiento, ta (grassiĕ'nto, ta) adj. gras, grasse.
graso, sa (grásso, a) adj. gras, grasse; graisseux, euse.
gratificación (gratĭficazión) f. gratification.
gratificar (gratificár) tr. gratifier.
gratis (grátis) adv. gratis.
gratitud (gratitou'd) f. gratitude.
gratuito, ta (gratouíto, ta) adj. gratuit, e.

grava (gráva) f. gravier.
gravamen (gravámĕn) m. charge, obligation.
gravar (gravár) tr. opprimer, importuner, etc.
grave (grávĕ) adj. grave, grief.
gravedad (gravĕdád) f. gravité.
gravitación (gravĭtazión) f. gravitation.
gravitar (gravitár) tr. graviter.
gravoso, sa (gravósso, a) adj. onéreux, euse.
graznar (graznár) intr. croasser.
graznido (graznído) m. croassement.
greda (grĕda) f. argile, glaise.
gremio (grĕ'mío) m. corps, syndicat corporatif.   [lée.
greña (grĕ'ña) f. chevelure mêlée; fig. dispute.
gresca (grĕ'sca) f. fam. tumulte; fig. dispute.
grey (grĕ'-i) f. troupeau, peuple.
grieta (griĕ'ta) f. crevasse, gerçure.
grifo (grífo) m. robinet.
grillo (gríyo) m. grillon; pl. fers prisonniers).
grima (gríma) f. horreur, dégoût.
gripe (grípĕ) f. grippe.
gris (grís) adj. et s. gris, e.
grisú (grisou') m. grisou.
gritar (gritár) intr. crier.
gritería (gritĕría) f. criaillerie, clameur.
grito (gríto) m. cri.
grosella (grossĕ'ya) f. groseille.
grosería (grossĕría) f. grossièreté.
grosero, ra (grossĕ'ro, ra) adj. grossier, ière.
grosor (grossór) m. grosseur.
grotesco, ca (grotĕ'sco, ca) adj. grotesque.
grúa (grou'a) f. Méc. grue.
grueso, sa (grouĕ'sso, a) adj. gros, grosse; m. grosseur.
grulla (grou'ya) f. grue.
grumete (groumĕ'tĕ) m. Mar. mousse.
grumo (grou'mo) m. grumeau.
gruñido (grougnído) m. grognement.
gruñir (grougnír) f. croupe.
gruñir (grougnír) intr. grogner, crier.
grupa (grou'pa) f. croupe.
grupo (grou'po) m. groupe.
guadaña (gouadágna) f. faux.
guante (gouántĕ) m. gant.
guapo, pa (gouápo, pa) adj brave; beau, belle.
guarda (gouárda) s. garde, gardien.
guardaaguja (gouardagou'ja) m. aiguilleur.
guardabarrera (gouardabarrĕ'ra) m. garde-barrière.
guardabarros (gouardabárros) m. garde-boue.
guardacostas (gouardacóstas) m. garde-côte.
guardafreno (gouardafrĕ'no) m. serre-frein.
guardapolvo (gouardapólvo) m. housse; cache-poussière.
guardar (gouardár) tr. garder.
guardarropa (gouardarrópa) f. garde-robe.
guardia (gouárdia) f. garde.
guardián (gouardián) m. gardien.
guarecer (gouarĕzĕ'r) tr. secourir, défendre —se r. se réfugier.
guarida (gouarída) f. tanière des animaux, retraite, asile.
guarnecer (gouarnĕzĕ'r) tr. garnir.
guarnición (gouarnizión) f. garniture, enchâssure, garnison.

guarnicionería *(gouarnizionëría)* f. bourellerie.

guasa *(gouássa)* f. raillerie.

guasón, na *(gouassón, a)* adj. et s. moqueur, euse.

gubernativo, va *(goubërnativo, va)* adj. gouvernemental, e.

gubia *(gou'bia)* f. gouge.

guerra *(guë'rra)* f. guerre.

guerrear *(guërrëár)* tr. faire la guerre.

guerrera *(guërrë'ra)* f. tunique (militaire).

guerrero, ra *(guërrë'ro, ra)* adj. guerrier, ière.

guerrilla *(guërríya)* f. guérrilla.

guerrillero *(guërriyë'ro)* m. guérrillero, franc-tireur.

guía *(guía)* s. guide; indicateur.

guiar *(guiár)* tr. guider.

guijarro *(guijárro)* m. caillou.

guillotina *(guiyotína)* f. guillotine.

guinda *(guínnda)* m. guigne.

guiñapo *(guignápo)* m. haillon.

guiñar *(guignár)* tr. guigner.

guiño *(guígno)* m. œillade.

guión *(guión)* f. étendard; trait d'union.

guirnalda *(guirnálda)* f. guirlande.

guisado *(guissádo)* m. ragoût.

guisante *(guissántë)* m. pois.

guisar *(guissár)* tr. apprêter; assaisonner les viandes.

guiso *(guísso)* m. assaisonnement.

guitarra *(guitárra)* f. guitare.

guitarrista *(guitarrísta)* m. joueur de guitare.

gula *(gou'la)* f. gourmandise.

gusano *(goussáno)* m. ver.

gustar *(goustár)* tr. goûter; agréer; savourer.

gusto *(gou'sto)* m. goût; saveur; plaisir.

gustoso, sa *(goustósso, a)* adj. savoureux, euse.

gutural *(goutourál)* adj. gutural, e.

haba *(ába)* f. fève.

habano *(abáno)* m. havane.

haber *(abë'r)* m. avoir, bien; tr. avoir, posséder; imp. y avoir.

habichuela *(abichouë'la)* f. haricot.

hábil *(ábil)* adj. habile.

habilidad *(abilidád)* f. habilité.

habilidoso, sa *(abilidósso, a)* adj. adroit, e.

habilitado *(abilitádo)* m. officier payeur.

habilitar *(abilitár)* tr. habiliter.

habitación *(abitazión)* f. habitation. [tant, e.

habitante *(abitántë)* s. habitant.

habitar *(abitár)* tr. habiter, demeurer.

hábito *(ábito)* m. habit; habitude.

habitual *(abituál)* adj. habituel, elle.

habituar *(abituár)* tr. habituer.

habituarse *(abituársë)* r. s'habituer.

habla *(ábla)* f. langue, langage.

hablador, ra *(abladór, ra)* adj. et s. babillard, e.

habladuría *(abladouría)* f. parlerie, bavardage.

hablar *(ablár)* tr. parler.

hacedero *(azëdë'ro)* adj. faisable.

hacedor *(azëdór)* m. auteur; faiseur.

hacendado, da *(azëndádo, da)* adj. riche; propriétaire.

hacendista *(azëndísta)* m. financier.

hacendoso, sa *(azëndósso, a)* adj. actif, ive; laborieux, euse.

hacer *(azë'r)* tr. faire; agir.

hacia *(ázia)* prép. vers.

hacienda *(azië'nda)* f. ferme, domaine; finance; fortune.

hacinar *(azinár)* tr. fig. entasser.

hacha *(ácha)* f. hache; torche.

hachazo *(acházo)* m. coup de hache.

hada *(áda)* f. fée.

halagar *(alagár)* tr. caresser.

halago *(alágo)* m. caresse.

halagüeño, ña *(alagouë'gno, a)* adj. flateur, euse.

halcón *(alcón)* m. faucon.

hálito *(álito)* m. haleine.

halo *(álo)* m. halo.

hallar *(ayár)* tr. trouver; découvrir.

hallarse *(ayársë)* r. se trouver.

hallazgo *(ayázgo)* m. trouvaille.

hamaca *(amáca)* f. hamac.

hambre *(ámbrë)* f. falm; famine.

hambriento, ta *(ambrië'nto, ta)* adj. affamé, e.

hampa *(ámpa)* f. gueuserie.

hangar *(angár)* m. hangar.

haragán *(aragán)* m. fainéant, paresseux.

haraganería *(araganëría)* f. paresse, fainéantise.

harapiento, ta *(arapië'nto, a)* dj. déguenillé, e.

harapo *(arápo)* m. haillon.

harén *(arë'n)* m. harem.

harina *(arína)* f. farine.

hartar *(artár)* tr. rassasier; fig. dégoûter, ennuyer.

hartazgo *(artázgo)* m. rassasiement.

harto, ta *(árto, ta)* adj. rassasié, e; adv. assez, suffisamment.

hasta *(ásta)* prép. jusqu'à; encore, même.

hastiar *(astiár)* tr. dégoûter; ennuyer.

hastío *(astío)* m. dégoût; ennui.

hato *(áto)* m. troupeau; baluchon.

haya *(á-ia)* f. hêtre.

haz *(áz)* m. faisceau, fagot.

hazaña *(azágna)* f. exploit, prouesse.

hebdomadario, ria *(ëbdomadário, ria)* adj. et s. hebdomadaire.

hebilla *(ëbíya)* f. boucle.

hebra *(ë'bra)* f. aiguillée, fil, etc.; filament.

hecatombe *(ëcatómbë)* f. hécatombe.

hectárea *(ëctárea)* f. hectare, mesure.

hectogramo *(ëctográmo)* m. hectogramme.

hectolitro *(ëctolítro)* m. hectolitre.

hectómetro *(ëctómëtro)* m. hectomètre.

hechicería *(ëchizëría)* f. sorcellerie; fig. charme.

hechicero, ra *(ëchizë'ro, ra)* adj. et s. sorcier, ière; fig. enchanteur, enchanteresse.

hechizar *(ëchizár)* tr. ensorceler; fig. charmer, enchanter.

hechizo *(ëchízo)* m. sortilège; fig. attrait, charme.

hecho, cha *(ë'cho, cha)* adj. fait, e; m. acte, fait.

hechura *(ëchou'ra)* f. façon; structure; forme.

heder *(ëdë'r)* intr. puer.

hediondo, da *(ëdióndo, da)* adj. puant, e.

hedor *(ëdór)* m. infection, puanteur.

hegemonía *(ëjëmonía)* f. hégémonie.

helada *(ëláda)* f. gelée.

helado, da *(ëládo, da)* adj. gelé, e; m. glace.

helar *(ëlár)* tr. e intr. geler.

helecho *(ëlë'cho)* m. fougère.

hélice *(ë'lizë)* f. hélice.

helicóptero *(ëlicóptëro)* m. hélicoptère. [trope.

heliotropo *(ëliotrópo)* m. hélio-

hembra *(ë'mbra)* f. femelle; femme.

hemisferio *(ëmisfë'rio)* m. hémisphère.

hemorragia *(ëmorrájia)* f. Méd. hémorragie.

hemorroides *(ëmorró-idës)* f. pl. hémorroïdes.

henchir *(ënchír)* tr. emplir, remplir.

hender *(ëndë'r)* tr. fendre.

hendidura *(ëndidou'ra)* f. fente.

henil *(ënil)* m. fenil.

heno *(ë'no)* m. Bot. foin.

hepático, ca *(ëpático, ca)* adj. hépatique.

heráldica *(ëráldica)* f. blason.

heraldo *(ëráldo)* m. héraut.

herbáceo, a *(ërbázëo, a)* adj. herbacé, e.

herbario *(ërbário)* m. herbier.

herbívoro, ra *(ërbívoro, ra)* adj. herbivore.

hercúleo, a *(ërcou'lëo, a)* adj. herculéen, enne.

heredad *(ërëdád)* f. héritage; propriété.

heredar *(ërëdár)* tr. hériter, succéder.

heredero, ra *(ërëdë'ro, ra)* adj. et s. héritier, ière.

hereditario, ria *(ërëditario, ria)* adj. héréditaire.

hereje *(ërë'jë)* m. hérétique.

herejía *(ërëjía)* f. hérésie.

herencia *(ërë'nzia)* f. héritage, hérédité.

herida *(ërída)* f. blessure.

herido, da *(ërído, da)* adj. blessé, e.

herir *(ërír)* tr. blesser.

hermafrodita *(ërmafrodíta)* adj. et s. hermaphrodite.

hermana *(ërmána)* f. sœur.

hermanar *(ërmanár)* tr. égaler, rendre égal; intr. fraterniser.

hermandad *(ërmandád)* f. fraternité; union; conformité.

hermano *(ërmáno)* s. frère.

hermético, ca *(ërmë'tico, ca)* adj. hermétique.

hermosear *(ërmossëár)* tr. embellir.

hermoso, sa *(ërmósso, a)* adj. beau, belle.

hermosura *(ërmossou'ra)* f. beauté.

hernia *(ë'rnia)* f. hernie.

héroe *(ë'roë)* m. héros.

heroicidad *(ëro-izidád)* f. héroïsme, héroïcité.

heroico, ca *(ëró-ico, ca)* adj. héroïque.

heroína *(ëro-ína)* f. héroïne.

heroísmo *(ëro-ísmo)* m. héroïsme.

herrador *(ërradór)* m. maréchal ferrant.

herradura *(ërradou'ra)* f. fer de cheval.

herramienta *(ërramië'nta)* f. ferrement.

herrar *(ërrár)* r. ferrer.

herrería *(ërrëría)* f. forge; ferronnerie.

herrero *(ërrë'ro)* m. forgeron.

hervidero *(ërvidë'ro)* m. bouillonnement.

hervir *(ërvír)* intr. bouillir; fourmiller.

heteróclito, a *(ëtëróclito, a)* adj. hétéroclite.

heterodoxo, a *(ëtërodógso, a)* adj. hétérodoxe.

heterogéneo, a *(ëtëroje'nëo, a)* adj. hétérogène.

hexágono *(ëgságono)* m. hexagone.

hez *(ëz)* f. lie, scorie.

hiato *(iáto)* m. hiatus.

híbrido, da *(íbrido, da)* adj. hybride. [me.

hidalgo *(idálgo)* m. gentilhom-

hidalguía *(idalguía)* f. noblesse.

hidratar *(idratár)* tr. hydrater.

hidráulico, ca *(idráoulico, ca)* adj. hydraulique.

hidroavión *(idroavión)* m. hydroavion.

hidrofobia *(idrofóbia)* f. hydrophobie.

hidrógeno *(idrógëno)* m. Chim. hydrogène.

hidrografía *(idrografía)* f. hydrographie.

hiedra *(ië'dra)* f. lierre.

hiel *(ië'l)* f. fiel.

hielo *(ië'lo)* m. glace.

hiena *(ië'na)* f. hyène.

hierba *(ië'rba)* f. herbe.

hierro *(ië'rro)* m. fer.

hígado *(ígado)* m. foie.

higiene *(ijië'në)* f. hygiène.

higiénico, ca *(ijië'nico, ca)* adj. hygiénique.

higo *(ígo)* m. figue.

higuera *(iguë'ra)* f. figuier.

hija *(íja)* f. fille.

hijo *(íjo)* s. fils.

hila *(íla)* f. fil; pl. charpie.

hilacha *(ilácha)* f. effilure.

hilado *(iládo)* m. filature.

hilandero, ra *(ilandë'ro, ra)* s. fileur, filandière.

hilar *(ilár)* tr. filer.

hilaridad *(ilaridád)* f. hilarité.

hilera *(ilë'ra)* f. file, rangée.

hilo *(ílo)* m. fil; filet.

hilvanar *(ilvanár)* tr. faufiler.

himno *(imno)* m. hymne.

hincapié *(incapië')* m. insistance; effort.

hincar *(incár)* tr. ficher.

hincha *(incha)* f. inimitié.

hinchado, da *(inchádo, da)* adj. enflé, e; fig. présomptueux, euse.

hinchar *(inchár)* tr. enfler.

hincharse *(inchársë)* r. s'enfler.

hinchazón *(inchazón)* m. enflure.

hinojo *(inójo)* m. Bot. fenouil.

hípico, ca *(ípico, ca)* adj. hippique.

hipnotismo *(ipnotismo)* m. hypnotisme.

hipnotizar *(ipnotizár)* tr. hipnotiser.

hipo *(ípo)* m. hoquet.

hipocresía *(ipocrëssía)* f. hypocrisie.

hipócrita (*ipócrita*) adj. et s. hypocrite.
hipódromo (*ipódromo*) m. hippodrome.
hipopótamo (*ipopótamo*) m. hyppopotame.
hipoteca (*ipotḕca*) f. hypothèque.
hipotenusa (*ipotēnou'ssa*) f. hypothénuse.
hipótesis (*ipótēssis*) f. hypothèse.
hipotético, ca (*ipotḕtico, ca*) adj. hypothétique.
hirsuto, ta (*irsou'to, ta*) adj. herissé, e.
hirviente (*irviḕntḗ*) adj. bouillant, e.
hispanismo (*ispanísmo*) m. hispanisme.
histérico, ca (*istḕrico, ca*) adj. hystérique.
histerismo (*istērísmo*) m. hystérie.
historia (*istória*) f. histoire; conte.   [rien.
historiador (*istoriadór*) s. historique.
histórico, ca (*istórico, ca*) adj. historique.
historieta (*istoriḕ'ta*) f. dim. historiette.
histrión (*istrión*) m. histrion.
hito, ta (*íto, ta*) adj. fixe; m. terme, borne, but.
hocico (*ozíco*) m. museau.
hogar (*ogár*) m. foyer.
hogaza (*ogáza*) f. pain; miche.
hoguera (*oguḕ'ra*) f. feu; bûcher.
hoja (*ó)a*) f. feuille; lame d'épée; battant.
hojalata (*ojaláta*) f. fer-blanc.
hojaldre (*ojáldrḗ*) f. pâte feuilletée.
hojarasca (*ojarásca*) f. feuilles mortes; feuillage.
hojear (*ojḕár*) tr. feuilleter.
¡hola! (*óla*) interj. holà!
holgado, da (*olgádo, da*) adj. ample, spacieux, euse; fig. à l'aise.
holganza (*olgánza*) f. tranquillité; divertissement.
holgar (*olgár*) intr. se reposer; —se, se réjouir.
holgazán (*olgazán*) m. vagabond, fainéant.
holgazanería (*olgazanḕría*) f. fainéantise.
holgura (*olgou'ra*) f. fête; aise.
holocausto (*olocaou'sto*) m. holocauste.
hollar (*oyár*) tr. fouler aux pieds; fig. humilier.
hollín (*oyínn*) m. suie.
hombre (*ómbrḗ*) m. homme.
hombro (*ómbro*) m. épaule.
homenaje (*omḕnájḗ*) m. hommage.
homicida (*omizída*) adj. et s. homicide.
homicidio (*omizídio*) m. homicide, meurtre.
homogeneidad (*omojēnḕidád*) f. homogénéité.
homogéneo, a (*omojḕ'nḕo, a*) adj. homogène.
homólogo (*omólogo*) adj. *Géom.* et *Log.* homologue.
homónimo, ma (*omónimo, ma*) adj. homonyme.
honda (*ónda*) f. fronde.
hondero (*ondḕ'ro*) m. frondeur.
hondo, da (*óndo, da*) adj. profond, e.
hondonada (*ondonáda*) f. creux, ornière.

honestidad (*onēstidád*) f. honnêteté.
honesto, ta (*onḕ'sto, ta*) adj. honnête.
hongo (*óngo*) m. champignon.
honor (*onór*) m. honneur.
honorable (*onoráblḕ*) adj. honorable.
honorario, ria (*onorário, ria*) adj. honoraire; m. pl. honoraires.
honorífico, ca (*onorífico, ca*) adj. honorifique.
honra (*ónra*) f. honneur.
honradez (*onradḕ'z*) f. honnêteté.   [honnête.
honrado, da (*onrádo, da*) adj.
honrar (*onrár*) tr. honorer.
honroso, sa (*onrósso, a*) adj. honnête.
hora (*óra*) f. heure.
horadar (*oradár*) tr. perforer.
horario, ria (*orário, ria*) adj. horaire.   [fourche.
horca (*órca*) f. potence, gibet;
horchata (*orcháta*) m. orgeat.
horda (*órda*) f. horde.
horizontal (*orizonḗtál*) adj. horizontal, e.
horizonte (*orizóntḕ*) m. horizon.
horma (*órma*) f. forme.
hormiga (*ormíga*) f. fourmi.
hormigón (*ormigón*) m. béton.
hormiguero (*ormiguḕ'ro*) m. fourmilière.
hornacina (*ornazína*) f. niche.
hornada (*ornáda*) f. fournée.
hornero (*ornḕ'ro*) m. fournier.
hornillo (*ornīyo*) m. fourneau.
horno (*órno*) m. four; **alto horno**, haut fourneau.
horóscopo (*oróscopo*) m. horoscope.
horquilla (*orkíya*) f. fourche.
horrendo, da (*orrḕ'ndo, da*) adj. horrible.
hórreo (*órrḕo*) m. grenier.
horrible (*orríblḕ*) adj. horrible.
horripilar (*orripilár*) tr. horripiler.
horrísono, na (*orríssono, na*) adj. horrible (bruit).
horror (*orrór*) m. horreur.
horrorizar (*orrorizár*) t. horrifier.
horroroso, sa (*orrorósso, sa*) adj. horrible; affreux, euse.
hortaliza (*ortaliza*) f. légume.
hortelano, na (*ortḕláno, na*) s. jardinier, ière.
hortensia (*ortḕ'nsia*) f. *Bot.* hortensia.
hortícola (*orticola*) adj. horticole.
horticultor (*orticoultór*) m. horticulteur.
hosco, ca (*ósco, ca*) adj. renfrogné, e.
hospedaje (*ospḕdájḕ*) m. hospitalité, hôtellerie.
hospedar (*ospḕdár*) tr. héberger.
hospedería (*ospḕdḕría*) f. hotel.
hospicio (*ospízio*) m. hospice.
hospital (*ospitál*) m. hôpital.
hospitalario, ria (*ospitalário, a*) adj. hospitalier, ière.
hospitalidad (*ospitalidád*) f. hospitalité.
hospitalizar (*ospitalizár*) tr. hospitaliser.
hostería (*ostḕría*) f. hôtellerie, auberge.
hostia (*óstia*) f. hostie.
hostigar (*ostigár*) tr. châtier; chagriner.
hostil (*ostíl*) adj. hostile, ennemi.
hostilidad (*ostilidád*) f. hostilité.   [ler.
hostilizar (*ostilizár*) tr. harce-

hotel (*otḕ'l*) m. hôtel.
hotelero, ra (*otḕlḕ'ro, ra*) adj. s. hôtelier, ière.
hoy (*ó-i*) adv. aujourd'hui.
hoyo (*ó-io*) m. fosse; creux.
hoz (*óz*) f. faucille.
hucha (*ou'cha*) f. huche; tirelire.
hueco, ca (*ouḕ'co, ca*) adj. creux, euse; m. creux, trou.
huelga (*ouḕ'lga*) f. relâche; grève.
huelguista (*ouḕlguísta*) m. gréviste.
huella (*ouḕ'ya*) f. trace, vestige.
huérfano, na (*ouḕ'rfano, na*) adj. et s. orphelin, ine.
huero, ra (*ouḕ'ro, ra*) adj. fig. vide.
huerta (*ouḕ'rta*) f. jardin potager; verger.
huerto (*ouḕ'rto*) m. jardin potager.
hueso (*ouḕ'sso*) m. os; noyau.
huésped, da (*ouḕ'spḕd, da*) s. hôte, hôtesse.
hueste (*ouḕ'stḕ*) f. *Mil.* armée.
huesudo, da (*ouḕssou'do, da*) adj. osseux, euse.
huevo (*ouḕ'vo*) m. œuf.
huida (*ouída*) f. fuite.
huidizo, za (*ouidízo, za*) adj. fugitif, ive.
huir (*ouír*) intr. fuir; fig. éviter.
hule (*ou'lḕ*) m. toile cirée.
hulla (*ou'ya*) f. houille.
humanidad (*oumanidád*) f. humanité.
humanismo (*oumanísmo*) f. humanisme.
humanista (*oumanísta*) f. humaniste.
humanitario, ria (*oumanitário, ria*) adj. humanitaire.
humano, na (*oumáno, na*) adj. humain, e.
humareda (*oumarḕ'da*) f. fumée.
humeante (*oumḕántḕ*) adj. fumant, e.
humear (*oumḕár*) intr. fumer.
humedad (*oumḕdád*) f. humidité.
humedecer (*oumḕdḕzḕ'r*) tr. humecter.
húmedo, da (*ou'mḕdo, da*) adj. humide.
humildad (*oumildád*) f. humilité.   [ble.
humilde (*oumíldḕ*) adj. humilié.
humillación (*oumiyazión*) f. humiliation.
humillante (*oumiyántḕ*) adj. humiliant, e.
humillar (*oumiyár*) tr. abaisser; fig. humilier.
humo (*ou'mo*) m. fumée.
humor (*oumór*) m. humeur; enjouement.
humorada (*oumoráda*) f. caprice, fantaisie.
humorismo (*oumorísmo*) m. humorisme.
humorista (*oumorísta*) s. humoriste.
humus (*ou'mous*) m. humus.
hundimiento (*oundimiḕ'nto*) m. enfoncement, affaissement.
hundir (*oundír*) tr. enfoncer, couler à fond, submerger.
huracán (*ouracán*) m. ouragan.
huraño, ña (*ourágno, a*) adj. insociable.
hurgar (*ourgár*) tr. remuer; susciter.
hurón (*ourón*) m. furet.
huronear (*ouronḕár*) tr. fureter.

hurtadillas (a) (*a ourtadíyas*) loc. adv. à la dérobée; en cachette.
hurtar (*ourtár*) tr. voler, dérober.
hurto (*ou'rto*) m. vol, larcin.
husmear (*ousmḕár*) tr. flairer.
huso (*ou'sso*) m. fuseau.

ibérico, ca (*ibḕ'rico, ca*) adj. ibérique.
iceberg (*izḕbḕ'rg*) m. iceberg.
icono (*icóno*) m. icône.
ida (*ída*) f. allée, course.
idea (*idḕ'a*) f. idée; objet, but.
ideal (*idḕál*) adj. et s. idéal.
idealismo (*idḕalísmo*) m. idéalisme.
idear (*idḕár*) tr. concevoir; imaginer.
ideario (*idḕ'ário*) m. doctrine.
ídem (*ídḕm*) adv. idem.
idéntico, ca (*idḕ'ntico, ca*) adj. identique.
identidad (*idḕntidád*) f. identité.
identificar (*idḕntificár*) tr. identifier.   [gie.
ideología (*idḕolojía*) f. idéologie.
idilio (*idílio*) m. idylle.
idioma (*idióma*) m. idiome.
idiosincrasia (*idiossinncrássia*) f. idiosyncrasie.
idiota (*idióta*) adj. idiot, e.
idiotez (*idiotḕ'z*) f. idiotie.
idólatra (*idólatra*) adj. idolâtre.
idolatrar (*idolatrár*) tr. idolâtrer.
idolatría (*idolatría*) f. idolâtrie.
ídolo (*ídolo*) m. idole.
idóneo, a (*idónḕo, a*) adj. propre, apte.
iglesia (*iglḕ'ssia*) f. église.
ignominia (*ig-nomínia*) f. ignominie.
ignominioso, sa (*ig-nominiósso, a*) adj. ignominieux, euse.
ignorancia (*ig-noránzia*) f. ignorence.
ignorante (*ig-norántḕ*) adj. ignorant, e.
ignorar (*ig-norár*) tr. ignorer.
igual (*igouál*) adj. égal, e.
igualar (*igoualár*) tr. égaler; égaliser.
igualdad (*igoualdád*) f. égalité.
ijada (*ijáda*) f. flanc.
ilación (*ilazión*) f. suite.
ilegal (*ilḕgál*) adj. illégal, e.
ilegalidad (*ilḕgalidád*) f. illegalité.
ilegible (*ilḕjíblḕ*) adj. illisible.
ilegítimo, ma (*ilḕjítimo, ma*) adj. illégitime.
ileso, sa (*ilḕ'sso, a*) adj. intact, e.
iletrado (*ilḕtrádo*) s. illettré.
ilícito, ta (*ilízito, ta*) adj. illicite.
ilimitado, da (*ilimitádo, da*) adj. illimité, e.
ilógico, ca (*ilójico, ca*) adj. illogique.
iluminación (*iluminazión*) f. illumination.
iluminar (*ilouminár*) tr. illuminer.

ilusión (iloussión) f. illusion.

ilusionar (iloussionár) s. illusionner.

ilusionista (iloussionísta) s. illusionniste.

iluso, sa (ilou'sso, a) adj. et s. illusionné, e; rêveur, euse.

ilusorio, ria (iloussório, ria) adj. illusoire; Jur. nul.

ilustración (iloustrazión) f. illustration.

ilustrado, da (iloustrádo, da) adj. illustré, e.

ilustrar (iloustrár) tr. éclairer; fig. inspirer; illustrer.

ilustre (ilou'strë) adj. illustre.

imagen (imájën) f. image.

imaginación (imajinazión) f. imagination.

imaginar (imajinár) tr. inventer; intr. imaginer.

imaginario, ria (imajinário, ria) adj. imaginaire.

imaginería (imajinería) f. imagerie.

imán (imán) m. aimant.

imbécil (immbë'zil) adj. imbécile.

imbecilidad (immbëzilidád) f. imbécillité.

imberbe (immbë'rbë) adj. imberbe.

imborrable (immborráblë) adj. ineffaçable.

imbricado, da (immbricádo, da) adj. imbriqué, e.

imbuir (immbouír) tr. induire; persuader. [tion.

imitación (imitazión) f. imitaimitador, ra (imitadór, ra) adj. et s. imitateur, trice.

imitar (imitár) tr. imiter.

impaciencia (immpazië'nzia) f. impatience.

impacientar (immpaziëntár) tr. impatienter.

impaciente (immpazië'ntë) adj. impatient, e.

impacto (immpácto) m. impact.

impagable (immpagáblë) adj. impagable.

impalpable (immpalpáblë) adj. impalpable.

impar (immpár) adj. impair, e.

imparcial (immparziál) adj. impartial, e. [tir.

impartir (immpartír) tr. répar-

impasible (immpassíblë) adj. impassible.

impávido, da (immpávido, da) adj. intrépide.

impecable (immpëcáblë) adj. impeccable.

impedido, da (immpëdído, da) adj. perclus, e.

impedimento (immpëdimë'nto) m. empêchement.

impedir (immpëdír) tr. empêcher; fig. embarrasser.

impeler (immpëlë'r) tr. pousser.

impenetrable (immpënëtráblë) adj. impénétrable.

impenitente (immpënitë'ntë) adj. impénitent, e.

impensado, da (immpënsádo, da) adj. imprévu, e.

imperar (immpërár) intr. régner; tr. fig. commander.

imperativo, va (immpërativo, va) adj. impératif, ive.

imperceptible (immpërcëptíblë) adj. imperceptible.

imperdible (immpërdíblë) m. épingle (de sûreté).

imperdonable (immpërdonáblë) adj. impardonnable.

imperfección (immpërfëczión) f. imperfection.

imperfecto, ta (immpërfë'cto, ta) adj. imparfait, e.

imperecedero, ra (immpërëzëdë'ro, ra) adj. impérissable.

imperial (immpëriál) adj. impérial, e.

impericia (immpërízia) f. impéritie.

imperio (immpë'rio) m. empire.

imperioso, sa (immpëriósso, sa) adj. impérieux, euse.

impermeable (immpërmëáblë) adj. imperméable.

impersonal (immpërsonál) adj. impersonnel, elle.

impertérrito, ta (immpërtë'rrito, ta) adj. imperturbable.

impertinencia (immpërtinë'nzia) f. impertinence.

impertinente (immpërtinë'ntë) adj. impertinent, e.

imperturbable (immpërtourbáblë) adj. imperturbable.

ímpetu (ímmpëtou) m. impétuosité.

impetuosidad (immpëtouossidád) f. impétuosité.

impetuoso, sa (immpëtouósso, a) adj. impétueux, euse.

impío, a (immpío, a) adj. impie.

implacable (immplacáblë) adj. implacable.

implantar (immplantár) tr. implanter.

implicar (immplicár) intr. impliquer.

implícito, ta (immplízito, ta) adj. implicite. [rer.

implorar (immplorár) tr. implo-

imponente (immponë'ntë) tr. imposant, e.

imponer (immponë'r) tr. imposer.

impopular (immpopoulár) adj. impopulaire.

importación (immportazión) f. importation.

importancia (immportánzia) f. importance.

importante (immportántë) adj. important, e.

importar (immportár) tr. importer; intr. monter (somme).

importe (immpórtë) m. montant.

importunar (immportounár) tr. importuner.

importuno, na (immportou'no, na) adj. importun, e.

imposibilidad (immpossibilidád) f. inpossibilité.

imposibilitar (immpossibilitár) tr. rendre impossible.

imposible (immpossíblë) adj. impossible.

imposición (immpossizión) f. imposition.

imposta (immpósta) f. Arq. imposte.

impostor (immpostór) m. imposteur.

impostura (immpostou'ra) f. imposture.

impotencia (immpotë'nzia) f. impuissance.

impotente (immpotë'ntë) adj. impuissant, e.

impracticable (immpracticáblë) adj. impraticable.

imprecación (immprëcazión) f. imprécation.

imprecisión (immprëzissión) f. imprécision.

impregnar (immprëg-nár) tr. imprégner.

imprenta (immprënta) f. imprimerie.

imprescindible (immprëszindíblë) adj. indispensable.

impresión (immprëssión) f. impression.

impresionar (immprëssionár) tr. impressionner. adj. imprimé, e; m. imprimé.

impresor (immprëssór) m. imprimeur.

imprevisión (immprëvissión) f. imprévision.

imprevisto, ta (immprëvísto, ta) adj. imprévu, e. [mer.

imprimir (immprimír) tr. impri-

improbable (immprobáblë) adj. improbable.

ímprobo, ba (ímmprobo, ba) adj. méchant, e; fig. pénible.

improcedente (immprozëdë'ntë) adj. inconvenant, e.

improductivo, va (immprodouctivo, va) adj. improductif, ive.

improperio (immpropë'rio) m. injure, outrage.

impropio, a (immprópio, a) adj. impropre.

improvisación (immprovissazión) f. improvisation.

improvisado, da (immprovissádo, da) adj. improvisé, e.

improviso, sa (immprovísso, a) adj. imprévu, e; de improviso, subitement.

imprudencia (immproudë'nzia) f. imprudence.

imprudente (immproudë'ntë) adj. imprudent, e.

impúdico, ca (immpou'dico, ca) adj. impudique.

impuesto, ta (immpouë'sto, a) adj. imposé, e; m. impôt.

impugnar (immpoug-nár) tr. impugner.

impulsar (immpoulsár) tr. pousser; fig. exciter.

impulsión (immpoulsión) f. impulsion.

impulsivo, va (immpoulsivo, va) adj. impulsif, ive.

impulso (immpou'lso) m. impulsion; élan.

impune (immpou'në) adj. impuni, e.

impunidad (immpounidád) f. impunité.

impureza (immpourë'za) f. impur, e. [ter.

impuro, ra (immpou'ro, ra) adj.

imputar (immpoutár) tr. impu-

inacabable (inacabáblë) adj. interminable.

inaccesible (inaczëssíblë) adj. inaccessible.

inaceptable (inacëptáblë) adj. inacceptable.

inactivo, va (inactívo, va) adj. inactif, ive.

inadecuado, da (inadëcouádo, da) adj. inadéquat, e.

inadmisible (inadmissíblë) adj. inadmissible.

inadvertencia (inadvërtë'nzia) f. inadvertance.

inagotable (inagotáblë) adj. inépuisable.

inaguantable (inagouantáblë) adj. insupportable, intolérable.

inajenable (inajënáblë) adj. inaliénable.

inalterable (inaltëráblë) adj. inaltérable.

inamovible (inamovíblë) adj. inamovible. [tion.

inanición (inanizión) f. inani-

inanimado, da (inanimádo, da) adj. inanimé, e.

inapelable (inapëláblë) adj. sans appel.

inapetencia (inapëtë'nzia) f. inappétence.

inapreciable (inapréziáblë) adj. inappréciable.

inarticulado, da (inarticouládo, da) adj. inarticulé, e.

inaudito, ta (inaoudíto, ta) adj. inouï, e.

inauguración (inaaougourazión) f. inauguration.

inaugurar (inaougourár) tr. inaugurer.

incalculable (inncalcouláblë) adj. incalculable.

incalificable (inncalificáblë) adj. inqualifiable.

incandescencia (inncandëszë'nzia) f. incandescence.

incandescente (inncandëszë'ntë) adj. incandescent, e.

incansable (inncansáblë) adj. infatigable.

incapacidad (inncapazidád) f. incapacité.

incapacitar (inncapazitár) tr. interdire. [ble.

incapaz (inncapáz) adj. incapa-

incautarse (inncaoutársë) tr. réquisitionner.

incauto, ta (inncáouto, ta) adj. imprudent, e; naïf, ive.

incendiar (inzëndiár) tr. incendier.

incendiario, ria (innzëndiário, ria) adj. et s. incendiaire.

incendio (innzë'ndio) m. incendie.

incensario (innzënsário) m. encensoir.

incentivo (innzëntívo) m. stimulant.

incertidumbre (innzërtidou'mbrë) f. incertitude.

incesante (innzësántë) adj. continuel, elle.

incesto (innzë'sto) m. inceste.

incidente (innzidë'ntë) adj. et s. incident, e.

incidir (innzidír) intr. échoir, tomber.

incienso (innzië'nso) m. encens.

incierto, ta (innzië'rto, ta) adj. incertain, e.

incinerar (innzinerár) tr. incinérer.

incipiente (innzipië,ntë) adj. commençant, e; novice.

incisión (innzissión) f. incision.

incisivo, va (innzissívo, va) adj. incisif, ive.

inciso (innzísso) m. incise.

incitación (innzitazión) f. incitation.

incitar (innzitár) tr. inciter.

inclemencia (innclëmë'nzia) f. inclémence.

inclemente (innclëmë'ntë) adj. inclément, e.

inclinación (innclinazión) f. inclination; inclinaison.

inclinar (innclinár) tr. incliner; fig. pousser à.

incluir (innclouír) tr. inclure, insérer.

inclusa (innclou'ssa) f. hôpital pour les enfants trouvés.

inclusión (innclousión) f. inclusion; fig. entrée, accès.

inclusive (innclousívë) adv. inclusivement.

inclusivo, va (inncloussívo, va) adj. inclusif, ive.

incluso, sa (innclou'sso, a) adj. inclus, e.

incoar (inncoár) tr. initier, commencer.

incógnito, ta (inncóg-nito, ta) adj. inconnu, e; de incógnito, incognito.

incoherencia (inncoërë'nzia) f. incohérence.

incoherente (inncoërë'ntë) adj. incohérent, e.

incoloro, ra (inncolóro, ra) adj. incolore.

incólume (inncóloumë) adj. indemne.
incombustible (inncombustiblë) adj. incombustible.
incomodar (inncomodár) tr. incommoder.
incomodidad (inncomodidád) f. incommodité.
incómodo, da (inncómodo, da) adj. incommode.
incomparable (inncomparáblë) adj. incomparable.
incompatible (inncompatiblë) adj. incompatible.
incompetente (inncompëtë'ntë) adj. incompétent, e.
incompleto, ta (inncomplë'to, ta) adj. incomplet, ète.
incomprendido, da (inncomprëndído, da) adj. et s. incompris, e.
incomprensible (inncomprënsíblë) adj. incompréhensible.
incomunicado, da (inncomunicádo, da) adj. isolé, e.
inconcebible (innconzëbíblë) adj. inconcevable.
incondicional (inncondizionál) adj. sans condition.
inconfesable (innconfëssáblë) adj. inavouable.
incongruente (inncongrouë'ntë) adj. incongru, e.
inconmensurable (innconmënsouráblë) adj. incommensurable.
inconmovible (innconmoyíblë) adj. inébranlable.
inconsciente (innconszië'ntë) adj. inconscient, e.
inconsistente (innconsistë'ntë) adj. inconsistant, e.
inconsolable (innconsoláblë) adj. inconsolable.
inconstancia (innconstánzia) f. inconstance.
inconstante (innconstántë) adj. inconstant, e.
incontable (inncontáblë) adj. innombrable.
incontestable (inncontëstáblë) adj. incontestable.
incontinencia (inncontinë'nzia) f. incontinence.
incontinenti (inncontinë'nti) adv. incontinent; sur-le-champ.
incontrastable (inncontrastáblë) adj. irréfutable.
inconveniencia (innconvënië'nzia) f. inconvenance; incommodité.
inconveniente (innconvënië'ntë) m. inconvénient; adj. inconvenant, e.
incorporación (inncorporazión) f. incorporation; amalgame.
incorporar (inncorporár) tr. incorporer.
incorpóreo, a (inncorpórëo, a) adj. incorporel, elle.
incorrección (inncorrëkzión) incorrection.
incorrecto, ta (inncorrë'cto, ta) adj. incorrect, e.
incorregible (inncorrëjíblë) adj. incorrigible.
incorruptible (inncorrouptíblë) adj. incorruptible; intègre.
incredulidad (inncrëdoulidád) f. incrédulité.
incrédulo, la (inncrë'doulo, la) adj. incrédule.
increíble (inncrëíblë) adj. incroyable.
incremento (inncrëmë'nto) m. accroissement.

increpar (inncrëpár) tr. réprimander.
incriminar (inncriminár) tr. incriminer.
incruento, ta (inncrouë'nto, ta) adj. non sanglant, e.
incrustar (inncroustár) tr. incruster.
incubación (inncoubazión) f. incubation.
incubadora (inncoubadóra) f. couveuse.
inculcar (inncoulcár) tr. inculquer.
inculpar (inncoulpár) tr. inculper.
inculto, ta (inncou'lto, ta) adj. inculte.
incumbencia (inncoumbë'nzia) f. charge, obligation.
incumbir (inncoumbír) intr. incomber.
incurable (inncouráblë) adj. incurable.
incuria (inncou'ria) f. négligence.
incurrir (inncourrír) intr. encourir.
incursión (inncoursión) f. incursion.
indagación (inndagazión) f. recherche.
indagar (inndagár) tr. rechercher.
indebido, da (inndëbído, da) adj. indu, e.
indecencia (inndëzë'nzia) f. indécence.
indecente (inndëzë'ntë) adj. indécent, e.
indecible (inndëzíblë) adj. indicible.
indecisión (inndëzissión) r. indécision.
indeciso, sa (inndëzísso, a) adj. indécis, e.
indecoroso, sa (inndëcorósso, a) adj. indécent, e.
indefectible (inndëfëctíblë) adj. indéfectible.
indefenso, sa (inndëfë'nso, a) adj. qui est sans défense.
indefinible (inndëfiníblë) adj. indéfinissable; inconcevable.
indefinido, da (inndëfinído, da) adj. indéfini, e.
indeleble (inndëlë'blë) adj. indélébile.
indemne (inndë'mnë) adj. indemne.
indemnización (inndëmnizazión) f. indemnité.
indemnizar (inndëmnizár) tr. indemniser.
independencia (inndëpëndë'nzia) f. indépendance.
independiente (inndëpëndië'ntë) adj. indépendant, e.
indescifrable (inndëszifráblë) adj. indéchiffrable.
indescriptible (inndëscriptíblë) adj. indescriptible.
indeseable (inndëssëáblë) adj. et s. indésirable.
indestructible (inndëstrouctíblë) adj. indestructible.
indeterminado, da (inndëtërminádo, da) adj. indéterminé, e.
indicación (inndicazión) f. indication.
indicador (inndicadór) adj. et s. indicateur.
indicar (inndicár) tr. indiquer.
indicativo, va (inndicativo, va) adj. et s. m. indicatif, ive.
índice (inndizë) m. index.
indicio (inndízio) m. índice.
indiferencia (inndiffërë'nzia) f. indifférence.
indiferente (inndiffërë'ntë) adj. indifférent, e.

indígena (inndíjëna) adj. et s. indigène.
indigencia (inndijë'nzia) f. indigence.
indigente (inndijë'ntë) adj. indigent, e.
indigestión (inndijëstión) f. indigestion.
indigesto, ta (inndijë'sto, ta) adj. indigeste.
indignación (inndignazión) f. indignation. [gner.
indignar (inndig-nár) tr. indignarse (inndig-nársë) r. s'indigner.
indignidad (inndig-nidád) f. indignité.
indigno, na (inndíg-no, na) adj. indigne.
índigo (inndigo) m. indigo.
indirecto, ta (inndirë'cto, ta) adj. indirect, e; f. insinuation.
indisciplina (inndisziplína) f. indiscipline.
indisciplinado, da (inndisziplinádo, da) adj. indiscipliné, e.
indiscreción (inndiscrëzión) f. indiscrétion.
indiscreto, ta (inndiscrë'to, ta) adj. indiscret, ète.
indiscutible (inndiscoutíblë) adj. indiscutable.
indisoluble (inndissolou'blë) adj. indissoluble.
indispensable (inndispënsáblë) adj. indispensable.
indisponer (inndisponë'r) tr. indisposer; fâcher.
indisposición (inndispossizión) f. indisposition.
indispuesto, ta (inndispouë'sto, ta) adj. indisposé, e.
indistinto, ta (inndistínto, ta) adj. indistinct, e.
individual (inndividouál) adj. individuel, elle.
individuo (inndivídouo) m. individu.
indivisible (inndivissíblë) adj. indivisible.
indiviso, sa (inndivísso, a) adj. indivis, e.
indócil (inndózil) adj. indocile.
índole (inndolë) f. caractère.
indolencia (inndolë'nzia) f. indolence.
indolente (inndolë'ntë) adj. indolent, e.
indomable (inndomáblë) adj. indomptable.
indómito, ta (inndómito, ta) adj. indompté, e.
inducir (inndouzír) tr. induire.
inductor (inndouctór) adj. et s. inducteur.
indudable (inndoudáblë) adj. indubitable.
indulgencia (inndouljë'nzia) f. indulgence.
indulgente (inndouljë'ntë) adj. indulgent, e.
indultar (inndoultár) tr. pardonner; fig. exempter.
indulto (inndou'lto) m. indult.
indumentaria (inndoumëntária) f. costume.
industria (inndou'stria) f. industrie.
industrial (inndoustriál) adj. et s. industriel, elle.
inédito, ta (inë'dito, ta) adj. inédit, e.
inefable (inëfáblë) adj. ineffable.
ineficaz (inëficáz) adj. inefficace.
ineludible (inëloudíblë) adj. inévitable.
inenarrable (inënarráblë) adj. narrable.

inepto, ta (inë'pto, ta) adj. inepte.
inequívoco, ca (inëkívoco, ca) adj. inéquivoque.
inercia (inë'rzia) f. inertie; apathie.
inerme (inë'rmë) adj. inerme.
inerte (inë'rtë) adj. inerte.
inesperado, da (inëspërádo, da) adj. inespéré, e.
inestable (inëstáblë) adj. instable.
inestimable (inëstimáblë) adj. inestimable.
inevitable (inëvitáblë) adj. inexcusable.
inexacto, ta (inëgsácto, ta) adj. inexact, e.
inexcusable (inëgscoussáblë) adj. inexcusable.
inexistente (inëgsistë'ntë) adj. inexistant, e.
inexorable (inëgsoráblë) adj. inexorable.
inexperto, ta (inëgspë'rto, ta) adj. inexpérimenté, e.
inexplicable (inëgsplicáblë) adj. inexplicable.
inexplorado, da (inëgsplorádo, da) adj. inexploré, e.
inexplotado, da (inëgsplotádo, da) adj. inexploité, e.
inexpugnable (inëgspoug-náblë) adj. inexpugnable.
inextinguible (inëgstinnguíblë) adj. inextinguible.
inextricable (inëgstricáblë) adj. inextricable.
infatuar (innfatouár) tr. infatuer.
infalible (innfalíblë) adj. infaillible.
infamante (innfamántë) adj. infamant, e.
infamar (innfamár) tr. diffamer.
infame (innfámë) adj. infâme.
infamia (innfámia) f. infamie.
infancia (innfánzia) f. enfance.
infantería (innfantëría) f. infanterie.
infanticida (innfantizída) m. infanticide.
infantil (innfantíl) adj. enfantin, e.
infatigable (innfatigáblë) adj. infatigable.
infatuar (innfatouár) tr. infatuer.
infausto, ta (innfáousto, ta) adj. malheureux, euse.
infección (innfëczión) f. infection.
infeccioso, sa (innfëcziósso, a) adj. infectieux, euse.
infectar (innfëctár) tr. infecter.
infecto, ta (innfë'cto, ta) adj. infect, e.
infeliz (innfëlíz) adj. malheureux, euse.
inferior (innfëriór) adj. inférieur, e.
inferioridad (innfërioridád) f. infériorité.
inferir (innfërír) tr. inférer.
infernal (innfërnál) adj. infernal, e.
infestar (innfëstár) tr. infester; infecter.
infidelidad (innfidëlidád) f. infidélité, déloyauté.
infiel (innfië'l) adj. infidèle, païen.
infierno (innfië'rno) m. enfer.
infiltración (innfiltrazión) f. infiltration.
infiltrar (innfiltrár) tr. infiltrer; r. s'infiltrer.
ínfimo, ma (innfimo, ma) adj. infime.
infinidad (innfinidád) f. infinité.
infinito, ta (innfinito, ta) adj. infini, e; m. l'infini.

inflación (*innflazión*) f. inflation; enflure.

inflamable (*innflamáblë*) adj. inflammable.

inflamación (*innflamazión*) f. inflammation.

inflamar (*innflamár*) tr. enflammer.

inflar (*innflár*) tr. enfler.

inflexible (*innflëgsíblë*) adj. inflexible.

infligir (*innflijír*) tr. infliger.

influencia (*innflouë'nzia*) f. influence.

influir (*innflouír*) tr. **influencer;** fig. **influer.**

influjo (*innflou'jo*) m. influence.

influyente (*innflouië'ntë*) adj. influent, e.

información (*innformazión*) f. information.

informalidad (*innformalidád*) f. manque de sérieux.

informar (*innformár*) tr. informer.

informe (*innfórmë*) m. rapport, information; adj. informe.

infortunio (*innfortou'nio*) m. infortune, malheur.

infracción (*innfrazión*) f. infraction.

infractor (*innfractór*) m. infracteur.

infraganti (*innfragánti*) loc. adv. **sur le fait.**

infranqueable (*innfrankëáblë*) adj. infranchissable.

infringir (*innfrinnjír*) tr. enfreindre.

infructuoso, sa (*innfrouctuosso, a*) adj. infructueux, euse.

infundado, da (*innfoundádo, da*) adj. non fondé, e.

infundir (*innfoundír*) tr. infuser; fig. inspirer.

infusión (*innfoussión*) f. infusion.

ingeniar (*innjëniár*) tr. imaginer.

ingeniarse (*innjëniársë*) r. s'ingénier.

ingeniero (*innjënië'ro*) m. ingénieur.

ingenio (*innjë'nio*) m. esprit, génie.

ingenioso, sa (*innjëniósso, a*) adj. ingénieux, euse.

ingente (*innjë'ntë*) adj. énorme.

ingenuo, nua (*innjë'nouo, a*) adj. ingénu, e.

ingerencia (*innjërë'nzia*) f. ingérence.

ingerir (*innjërír*) tr. ingérer.

ingle (*innglë*) f. aine.

ingratitud (*inngratitou'd*) f. ingratitude.

ingrato, ta (*inngráto, ta*) adj. ingrat, e.

ingrediente (*inngrëdië'ntë*) m. ingrédient.

ingresar (*inngrëssár*) intr. entrer, rentrer.

ingreso (*inngrë'sso*) m. entrée.

inhábil (*inábil*) adj. inhabile.

inhabilitar (*inabilitár*) tr. rendre ou déclarer inhabile.

inhabitable (*inabitáblë*) adj. inhabitable.

inhabitado, da (*inabitádo, da*) adj. inhabité, e.

inhalación (*inalazión*) f. inhalation.

inherente (*inërë'ntë*) adj. inhérent, e.

inhibición (*inibizión*) f. inhibition.

inhospitalario, ria (*inospitalário, ria*) adj. inhospitalier, ière.

inhumación (*inoumazión*) f. inhumation.

inhumano, na (*inoumáno, na*) adj. inhumain, e.

iniciación (*iniziazión*) f. initiation.

inicial (*iniziál*) adj. initial, e.

iniciar (*iniziár*) tr. initier.

iniciativa (*iniziatíva*) f. initiative.

inicuo, cua (*inícouo, a*) adj. inique.

inimaginable (*inimajináblë*) adj. inimaginable.

inimitable (*inimitáblë*) adj. inimitable.

ininteligible (*ininntëlijíblë*) adj. inintelligible.

iniquidad (*inikidád*) f. iniquité.

injuriar (*innjouriár*) tr. injurier.

injerto, ta (*innjë'rto, ta*) adj. enté, e; m. greffe.

injuria (*innjou'ria*) f. injure.

injuriar (*innjou'riár*) tr. injurier.

injurioso, sa (*innjouriósso, a*) adj. injurieux, euse.

injusticia (*innjoustízia*) f. injustice.

injustificado, da (*innjoustificádo, da*) adj. injustifié, e.

injusto, ta (*innjou'sto, ta*) adj. injuste.

inmaculado, da (*innmacouládo, da*) adj. inmaculé, e.

inmanente (*innmanë'ntë*) adj. inmanent, e.

inmaterial (*innmatëriál*) adj. immatériel, elle.

inmediaciones (*innmëdiaziónës*) f. pl. environs.

inmediato, ta (*innmëdiáto, ta*) adj. inmédiat, e.

inmejorable (*innmëjoráblë*) adj. parfait, e.

inmemorial (*innmëmoriál*) adj. inmémorial, e.

inmensidad (*innmënsidád*) f. immensité.

inmenso, sa (*innmënso, sa*) adj. inmense.

inmerecido, da (*innmërëzído, da*) adj. inmerité, e.

inmersión (*innmërsión*) f. inmersion.

inmigración (*innmigrazión*) f. inmigration.

inmigrante (*innmigrántë*) s. inmigrant, e.

inminencia (*innminë'nzia*) f. inminence.

inminente (*innminë'ntë*) adj. inminente, e.

inmiscuirse (*innmiscouírsë*) r. s'inmiscer.

inmolar (*innmolár*) tr. inmoler.

inmortal (*innmortál*) adj. immortel, elle.

inmortalidad (*innmortalidád*) f. immortalité.

inmortalizar (*innmortalizár*) tr. immortaliser.   [bile.

inmóvil (*innmóvil*) adj. immobile.

inmovilidad (*innmovilidád*) f. immobilité.

inmueble (*innmouë'blë*) m. immeuble.

inmundicia (*innmoundízia*) f. immondice.

inmundo, da (*innmou'ndo, da*) adj. immonde.

inmune (*innmou'në*) adj. exempt, e.

inmunidad (*innmounidád*) f. immunité.

inmunizar (*innmounizár*) tr. immuniser.

inmutable (*innmoutáblë*) adj. immuable.

inmutarse (*innmoutársë*) r. s'émouvoir.

innato, ta (*innáto, ta*) adj. inné, e.

innecesario, ria (*innëzëssário, ria*) adj. inutile.

innegable (*innëgáblë*) adj. incontestable.

innoble (*innóblë*) adj. ignoble.

innovación (*innovazión*) f. innovation.

innovar (*innovár*) tr. innover.

innumerable (*innoumëráblë*) adj. innombrable.

inocencia (*inoze'nzia*) f. innocence.

inocente (*inozë'ntë*) adj. innocent, e.

inocular (*inocoulár*) adj. inoculer.

inodoro, ra (*inodóro, ra*) adj. inodore.

inofensivo, va (*inofë'nssivo, va*) adj. inoffensif, ive.

inolvidable (*inolvidáblë*) adj. inoubliable.

inoportuno, na (*inoportou'no, na*) adj. inopportun, e.

inorgánico, ca (*inorgánico, ca*) adj. inorganique.

inoxidable (*inogsidáblë*) adj. inoxydable.

inquebrantable (*innkëbrantáblë*) adj. inébranlable.

inquietante (*innkiëtántë*) adj. inquiétant, e.

inquietar (*innkiëtár*) tr. inquiéter.

inquieto, ta (*innkië'to, ta*) adj. inquiet, ète.

inquietud (*innkiëtou'd*) f. inquiétude.

inquilino (*innkilíno*) m. locataire.

inquirir (*innkirír*) tr. s'enquérir, s'informer.

inquisición (*innkissizión*) f. enquête; inquisition.

insaciable (*innsaziáblë*) adj. insatiable.

insalubre (*innsalou'brë*) adj. insalubre.

insano, na (*innsáno, na*) adj. insensé, e.

inscribir (*innscribír*) tr. inscrire.

inscripción (*innscripzión*) f. inscription.

insecticida (*innsëctizída*) adj. insecticide.

insecto (*innsë'cto*) m. insecte.

inseguridad (*innsëgouridád*) f. insécurité, e.

inseguro, ra (*innsëgou'ro, ra*) adj. incertain, e.

insensatez (*innsënsatë'z*) f. sottise; imprévoyance.

insensato, ta (*innsënsáto, ta*) adj. insensé, e.

insensible (*innsënsíblë*) adj. insensible.

insepulto, ta (*innsëpou'lto, ta*) adj. sans sépulture.

inserción (*innsërzión*) f. insertion.

insertar (*innsërtár*) tr. insérer.

inservible (*innsërvíblë*) adj. inutilisable.

insidia (*innsídia*) f. embûche, piège.

insigne (*innsíg-në*) adj. insigne.

insignia (*innsíg-nia*) f. enseigne; insigne; pl. bannières.

insignificancia (*innsíg-nificánzia*) f. insignifiance.

insignificante (*innsíg-nificántë*) adj. insignifiant, e.

insinuación (*innsinouazión*) f. insinuation.

insinuar (*innsinouár*) tr. insinuer.

insipidez (*innsipidë'z*) f. insipidité.

insípido, da (*innsípido, da*) adj. insipide.

insistencia (*innsistë'nzia*) f. insistance.

insistente (*innsistë'ntë*) adj. insistant, e.   [ter.

insistir (*innsistír*) intr. insister.

insociabilidad (*innsoziabilidád*) f. insociabilité.

insociable (*innsoziáblë*) adj. insociable.

insolación (*innsolazión*) f. insolation.

insolencia (*innsolë'nzia*) f. insolence.

insolente (*innsolë'ntë*) adj. insolent, e.

insólito, ta (*innsólito, ta*) adj. insolite.

insoluble (*innsolou'blë*) adj. indissoluble.

insolvencia (*innsolvë'nzia*) f. insolvabilité.

insolvente (*innsolvë'ntë*) adj. insolvable.

insomnio (*innsómnio*) m. insomnie.

insondable (*innsondáblë*) adj. insondable.

insoportable (*innsoportáblë*) adj. insupportable.

insostenible (*innsostëníblë*) f. insoutenable.

inspección (*innspëczión*) f. inspection.

inspeccionar (*innspëczionár*) tr. inspecter.

inspector (*innspëctór*) m. inspecteur.

inspiración (*innspirazión*) f. inspiration.

inspirar (*innspirár*) tr. inspirer.

instable (*innstáblë*) adj. instable.

instalación (*innstalazión*) f. installation.

instalar (*innstalár*) tr. installer.

instancia (*innstánzia*) f. instance.

instantáneo, a (*innstantánëo, a*) adj. instantané, e; f. instantanée.

instante (*innstántë*) m. instant.

instar (*innstár*) tr. insister.

instigación (*innstigazión*) f. instigation, suggestion.

instigar (*innstigár*) tr. instiguer.

instinto (*innstínnto*) m. instinct.

institución (*innstitouzión*) f. institution.

instituir (*innstitouír*) tr. instituer.

instituto (*innstitou'to*) m. institut, lycée.

instrucción (*innstrouczión*) f. instruction.

instructivo, va (*innstrouctívo, va*) adj. instructif, ive.

instructor (*innstrouctór*) adj. et s. instructeur.

instruido, ida (*innstrouído, da*) adj. instruit, e.   [re.

instruir (*innstrouír*) tr. instruire.

instrumento (*innstroumë'nto*) m. instrument; machine.

insubordinado, da (*innsoubordinádo, da*) adj. insubordonné, e.

insubordinarse (*innsoubordinársë*) r. s'insurger.

insuficiencia (*innsoufizië'nzia*) f. insuffisance.

insuficiente (*innsoufizië'ntë*) adj. insufisant, e.

insufrible (*innsoufríblë*) adj. insupportable, intolérable.

insular (*innsoulár*) adj. et s. insulaire.

insulso, sa (*innsou'lso, sa*) adj. insipide.

insultar (*innsoultár*) tr. insulter.

insulto (*innsou'lto*) m. insulte.

insumergible (*innsoumërjíblë*) adj. insubmersible.

insuperable *(innsoupěráblě)* adj. insurmontable.

insurrección *(innsourrěczión)* f. insurrection.

insurrecto, ta *(innsourrě'cto, ta)* s. insurgé, e.

insustituible *(innsoustitouíblě)* adj. irremplaçable.

intacto, ta *(inntácto, ta)* adj. intact, e.

intachable *(inntacháblě)* adj. irréprochable.

integral *(inntěgrál)* adj. intégral, e.

integrante *(inntěgrántě)* adj. intégrant, e.

integridad *(inntěgridád)* f. intégrité.

íntegro, gra *(inntěgro, gra)* adj. entier, ière; fig. intègre.

intelecto *(inntělě'cto)* m. intellect.

intelectual *(inntělěctouál)* adj. et s. intellectuel, elle.

inteligencia *(inntělijě'nzia)* f. intelligence; connaissance.

inteligente *(inntělijě'ntě)* adj. intelligent, e.

inteligible *(inntělijíblě)* adj. intelligible.

intemperancia *(inntěmpěránzia)* f. intempérance.

intemperie *(inntěmpě'riě)* f. intempérie.

intempestivo, va *(inntěmpěstivo, va)* adj. intempestif, ive.

intención *(inntěnzión)* f. intention.

intencionado, da *(inntěnzionádo, da)* adj. intentionné, e.

intencional *(inntěnzionál)* adj. intentionnel, elle.

intendencia *(inntěndě'nzia)* f. intendance.

intensidad *(inntěnsidád)* f. intensité.

intenso, sa *(inntě'nso, sa)* adj. intense.

intentar *(inntěniár)* tr. prétendre; tenter.

intento *(inntě'nto)* m. intention, but.

intercalar *(inntěrcalár)* tr. intercaler.

intercambio *(inntěrcámbio)* m. échange, e.

interceder *(inntěrzědě'r)* intr. intercéder.

interceptar *(inntěrzěptár)* tr. intercepter.

intercesión *(inntěrzěssión)* f. intercession.

intercontinental *(inntěrcontiněntál)* adj. intercontinental, e.

interdicción *(inntěrdiczión)* f. interdiction.

interés *(inntěrě's)* m. intérêt; prix, valeur.

interesado, da *(inntěrěssádo, da)* adj. intéressé, e.

interesante *(inntěrěssántě)* adj. intéressant, e.

interesar *(inntěrěssár)* intr. tirer du profit; s'intéresser; tr. intéresser.

interferencia *(inntěrfěrě'nzia)* f. *Phys.* interférence.

interino, na *(inntěríno, na)* adj. provisoire.

interior *(inntěrióř)* adj. intérieur, e; m. l'intérieur, lé dedans.

interjercción *(inntěrjěczión)* f. interjection.

interlocutor *(inntěrlocoutór)* s. interlocuteur.

intermediario, ria *(inntěrmědiário, a)* adj. intermédiaire.

intermedio, dia *(inntěrmě'dio, dia)* adj. intermediaire; m. intermède; entracte.

interminable *(inntěrmináblě)* adj. interminable.

intermitente *(inntěrmitě'ntě)* adj. intermittent, e.

internacional *(inntěrnazionál)* adj. international, e.

internado *(inntěrnádo)* m. internat.

internar *(inntěrnár)* tr. interner.

internarse *(inntěrnársě)* r. fig. s'insinuer dans.

interno, na *(inntě'rno, na)* adj. interne.

interpelación *(inntěrpělazión)* f. interpellation.

interpelar *(inntěrpělár)* tr. interpeler.

interpolar *(inntěrpolár)* tr. interpoler.

interponer *(inntěrponě'r)* tr. interposer.

interpretación *(inntěrprětazión)* f. interprétation.

interpretar *(inntěrprětár)* tr. interpréter.

intérprete *(inntě'rprětě)* s. interprète.

interrogación *(inntěrrogazión)* f. interrogation.

interrogar *(inntěrrogár)* tr. interroger.

interrogatorio *(inntěrrogatório)* m. interrogatoire.

interrumpir *(inntěrroumpír)* tr. interrompre.

interrupción *(inntěrroupzión)* f. interruption.

interruptor, ra *(inntěrrouptór, ra)* adj. et s. interrupteur.

intersección *(inntěrsěczión)* f. intersection.

intersticio *(inntěrstízio)* m. interstice.

intervalo *(inntěrválo)* m. intervalle.

intervención *(inntěrvěnzión)* f. intervention.

intervenir *(inntěrvěnír)* intr. intervenir.

interventor *(inntěrvěntór)* contrôleur.

intestinal *(inntěstinál)* adj. intestinal, e.

intestino, na *(inntěstíno, na)* adj. intestin, e; m. intestin.

intimar *(inntimár)* tr. intimer.

intimarse *(inntimársě)* r. fig. s'insinuer dans l'affection, etc.

intimidad *(inntimidád)* f. intimité.

intimidar *(inntimidár)* tr. intimider.

íntimo, ma *(inntimo, ma)* adj. intime.

intolerable *(inntolěráblě)* adj. intolérable.

intolerancia *(inntoléránzia)* f. intolérance.

intolerante *(inntolěrántě)* adj. intolérant, e.

intoxicar *(inntogsicár)* tr. intoxiquer.

intraducible *(inntradouzíblě)* adj. intraduisible.

intranquilo, la *(inntrankílo, la)* adj.

intransferible *(inntransfěríblě)* adj. incessible.

intransigente *(inntransijě'ntě)* adj. intransigeant, e.

intransitable *(inntransitáblě)* adj. impraticable.

intratable *(inntraiáblě)* adj. intraitable.

intrepidez *(inntrěpidě'z)* f. intrépidité; fig. témérité.

intrépido, da *(inntrě'pido, da)* adj. intrépide; fig. téméraire.

intriga *(inntríga)* f. intrigue.

intrigante *(inntrigántě)* adj. intrigant, e.

intrigar *(inntrigár)* tr. intriguer.

intrincado, da *(inntrinncado, da)* adj. embrouillé, e.

intrínseco, ca *(inntrínnsěco, ca)* adj. intrinsèque.

introducción *(inntrodouczión)* f. introduction.

intruso, sa *(inntrou'sso, a)* adj. intrus, e.

intuición *(inntouizión)* f. intuition.

intuitivo, va *(inntouitivo, va)* adj. intuitif, ive.

inundación *(inoundazión)* f. inondation.

inundar *(inoundár)* tr. inonder.

inusitado, da *(inoussitádo, da)* adj. inusité, e.

inútil *(inou'til)* adj. inutile.

inutilidad *(inoutilidád)* f. inutilité.

inutilizar *(inoutilizár)* tr. rendre inutile.

invadir *(innvadír)* tr. envahir.

invalidar *(innvalidár)* tr. invalider.

inválido, da *(innválido, da)* adj. invalide.

invariable *(innvariáblě)* adj. invariable.

invasión *(innvassión)* f. invasion.

invasor *(innvassór)* adj. et s. envahisseur.

invectiva *(innvectíva)* f. invective.

invencible *(innvěnzíblě)* adj. invincible.

invención *(innvěnzión)* f. invention.

inventar *(innvěntár)* tr. inventer.

inventario *(innvěntário)* m. inventaire.

invento *(innvě'nto)* m. invention.

inventor *(innvěntór)* m. inventeur.

invernadero *(innvěrnadě'ro)* m. hivernage.

invernal *(innvěrnál)* adj. hivernal, e.

invernar *(innvěrnár)* intr. hiverner.

inverosímil *(innvěrossímil)* adj. invraisemblable.

inversión *(innvěrsión)* f. inversion.

inverso, sa *(innvě'rso, a)* adj. inverse.

invertebrado, da *(innvěrtěbrádo, da)* adj. *Zool.* invertébré, e.

invertir *(innvěrtír)* tr. transposer, inverser; dépenser.

investigación *(innvěstigazión)* f. investigation, recherche.

investigador *(innvěstigadór)* m. investigateur.

investigar *(innvěstigár)* tr. rechercher, s'informer.

investir *(innvěstír)* tr. investir.

inveterado, da *(innvětěrádo, da)* adj. invétéré, e.

invicto, ta *(innvícto, ta)* adj. invincible.

invierno *(innviě'rno)* m. hiver.

inviolabilidad *(innviolabilidád)* f. inviolabilité.

inviolable *(innvioláblě)* adj. inviolable.

invisible *(innvissíblě)* adj. invisible.

invitación *(innvitazión)* f. invitation.

invitado, da *(innvitádo, da)* adj. et s. invité, e.

invitar *(innvitár)* tr. inviter.

invocación *(innvocazión)* f. invocation. [quer.

invocar *(innvocár)* tr. invoquer.

involuntario, ria *(innvolountário, ria)* adj. involontaire.

invulnerable *(innvoulněráblě)* adj. invulnérable.

inyección *(iniěczión)* f. injection.

inyectar *(iniěctár)* tr. injecter.

ión *(ión)* m. ion.

ir *(ír)* intr. aller.

irse *(irsě)* r. s'en aller.

ira *(ira)* f. colère, indignation.

iracundo, da *(iracou'ndo, da)* adj. colérique, irascible.

iris *(iris)* m. iris.

ironía *(ironía)* f. ironie.

irónico, ca *(irónico, ca)* adj. ironique.

irracional *(irrazionál)* adj. irraisonnable; irrationnel, elle.

irradiación *(irradiazión)* f. irradiation.

irradiar *(irradiár)* tr. irradier.

irreal *(irréál)* adj. irréel, elle.

irrealizable *(irréalizáblě)* adj. irréalisable.

irreconciliable *(irréconciliáblě)* adj. irréconciliable.

irreductible *(irrědouctíblě)* adj. irréductible.

irreflexión *(irrěflěgsión)* f. irreflexion.

irregular *(irrěgoulár)* adj. irrégulier, ière.

irregularidad *(irrěgoularidád)* f. irrégularité.

irremediable *(irrěmědiáblě)* adj. irrémédiable.

irremisible *(irrěmissíblě)* adj. irrémissible.

irreparable *(irrěparáblě)* adj. irréparable.

irreprochable *(irrěprocháblě)* irréprochable.

irresistible *(irrěsistíblě)* adj. irrésistible.

irresoluto, ta *(irrěssolou'to, ta)* adj. irrésolu, e.

irrespirable *(irrěspiráblě)* adj. irrespirable.

irresponsable *(irrěsponsáblě)* adj. irresponsable.

irreverencia *(irrěvěrě'nzia)* f. irrévérence.

irrevocable *(irrěvocáblě)* adj. irrévocable.

irrigación *(irrigazión)* f. irrigation.

irrisorio, ria *(irrissório, ria)* adj. risible.

irritación *(irritazión)* f. irritation.

irritar *(irritár)* tr. irriter.

irrompible *(irrompíblě)* adj. incassable.

irrupción *(irroupzión)* f. irruption.

isla *(isla)* f. île.

islamismo *(islamismo)* m. islamisme.

isleño, ña *(islě'gno, gna)* adj. insulaire.

islote *(islótě)* m. *Géogr.* îlot.

isósceles *(issószělěs)* adj. isocèle.

istmo *(istmo)* m. *Géogr.* isthme.

itinerario *(itiněrário)* m. itinéraire.

izar *(izár)* tr. *Mar.* hisser.

izquierda *(izkiě'rda)* f. gauche.

izquierdo, da *(izkiě'rdo, da)* adj. gauche.

jabalí (jabalí) m. sanglier.
jabalina (jabalína) f. javeline.
jabón (jabón) m. savon.
jabonar (jabonár) tr. savonner; fig. réprimander.
jaca (jáca) f. bidet (cheval).
jacinto (jazínnto) m. hyacinthe.
jactancia (jactánzia) f. jactance.
jactancioso, sa (jactanziósso, a) adj. vantard, e.
jactarse (jactársë) r. se vanter.
jade (jádë) m. jade.
jadeante (jadëántë) adj. haletant, e.
jadear (jadeár) intr. haleter.
jadeo (jadë'o) m. essoufflement.
jaez (jaë'z) m. harnais; fig. qualité.
jaguar (jagouár) m. jaguar.
jalea (jalë'a) f. gelée, conserve.
jalear (jalë'ár) tr. exciter, applaudir.
jaleo (jalë'o) m. danse; chambard.
jalón (jalón) m. jalon.
jalonar (jalonár) tr. jalonner.
jamás (jamás) adj. jamais.
jamón (jamón) m. jambon.
jaque (jákë) m. échec.
jaqueca (jakë'ka) f. migraine.
jara (jára) f. ciste.
jarabe (jarábë) m. sirop.
jarana (jarána) f. tapage.
jardín (jardínn) m. jardin.
jardinería (jardinería) m. jardinage.
jardinero (jardinë'ro) m. jardinier.
jarra (járra) f. jarre.
jarro (járro) m. pot à anse.
jarrón (jarrón) m. vase.
jaspe (jáspë) m. jaspe.
jaula (jáoula) f. cage, loge.
jauría (jaouría) m. meute.
jazmín (jazmínn) m. jasmin.
jefatura (jëfatou'ra) f. direction.
jefe (jë'fë) m. chef.   [bre.
jengibre (jënjíbrë) m. gingem-
jerarquía (jërarkía) f. hiérarchie.
jerga (jë'rga) f. jargon, paillasse.
jergón (jërgón) m. paillasse.
jeringa (jërínnga) f. seringue.
jeroglífico (jëroglífico) m. hiéroglyphe.
jersey (jërsë'-i) m. jersey, chandail.
jesuita (jëssouíta) m. jésuite.
jícara (jícara) f. tasse à chocolat.   [neret.
jilguero (jilguë'ro) m. chardon-
jinete (jinë'të) m. cavalier, écuyer.
jira (jíra) f. excursion.
jirafa (jiráfa) f. girafe.
jirón (jirón) m. lambeau.
jocoso, sa (jocósso, a) adj. badin, e; plaisant, e.
jofaina (jofá-ina) f. cuvette.
jolgorio (jolgório) m. diversion.
jornada (jornáda) f. journée.
jornal (jornál) m. salaire.
jornalero (jornalë'ro) m. journalier.

joroba (joróba) f. bosse.
jorobado, da (jorobádo, da) adj. bossu, e.
joven (jóvën) adj. jeune; m. jeune homme; f. jeune fille.
jovial (joviál) adj. jovial, e; gai, e.
jovialidad (jovialidád) f. gaieté.
joya (jó-ia) f. joyau, bijou.
joyería (jo-iëría) f. bijouterie.
joyero (jo-ië'ro) m. bijoutier.
jubilación (joubilazión) f. jubilation.
jubilado, da (joubiládo, da) adj. jubilé, e.
jubilar (joubilár) tr. jubiler.
júbilo (jou'bilo) m. joie, plaisir.
jubón (joubón) m. pourpoint.
judía (joudía) f. haricot.
judicial (joudiziál) adj. judiciaire.
judío, a (joudío, a) adj. et s. juif, ive.
juego (jouë'go) m. jeu.
juerga (jouë'rga) f. divertissement.
jueves (jouë'vës) m. jeudi.
juez (jouë'z) m. juge.
jugada (jougáda) f. coup au jeu; mauvais tour.
jugador, ra (jougadór, ra) adj. et s. joueur, euse.
jugar (jougár) intr. jouer.
juglar (jouglár) m. jongleur.
jugo (jou'go) m. suc.
jugoso, sa (jougósso, a) adj. succulent, e; juteux, euse.
juguete (jouguë'të) m. jouet.
juguetear (jouguëtëár) intr. bádiner; jouer.
juguetón, na (jouguëtón, na) adj. badin, e.
juicio (jouízio) m. jugement.
juicioso, sa (jouiziósso, a) adj. judicieux, euse.
julio (jou'lio) m. juillet.
jumento (joumë'nto) m. bête de somme; fig. âne.
junco (jou'nco) m. jonc, jonque.
junio (jou'nio) m. juin.
junta (jou'nta) f. junte, assemblée, comité.
juntar (jountár) tr. joindre, unir.
junto, ta (jou'nto, ta) adj. joint, e; uni, e; adv. auprès, tout proche.
jura (jou'ra) f. serment.
jurado, da (jourádo, da) adj. juré, e; m. juré; jury.
juramento (jouramë'nto) m. serment, jurement.
jurar (jourár) tr. jurer.
jurídico, ca (jourídico, ca) adj. juridique.
jurisconsulto (jourisconsou'lto) m. jurisconsulte.
jurisdicción (jourisdizión) f. juridiction, autorité.
jurisprudencia (jourisproudë'nzia) f. jurisprudence.
jurista (jourísta) m. juriste.
justicia (joustízia) f. justice, équité.
justiciero, ra (joustizië'ro, ra) adj. justicier, ère.
justificación (joustificazión) f. justification.
justificante (joustificántë) adj. justificant.
justificar (joustificár) tr. justifier.
justo, ta (jous'to, ta) adj. juste, équitable; m. juste.
juvenil (jouvëníl) adj. juvénile.
juventud (jouvëntou'd) f. jeunesse.
juzgado (jouzgádo) m. tribunal, judicature.
juzgar (jouzgár) tr. et intr. juger.

kaolín (kaolínn) m. kaolin.
kermese (kërmë'ssë) f. kermesse.
kilogramo (kilográmo) m. kilogramme.
kilómetro (kilómëtro) m. kilomètre.
kilovatio (kilovátio) m. kilowat.
kiosco (kiósko) m. kiosque.

la (lá) art. f. la; m. Mus. la.
laberinto (labërínnto) m. labyrinthe.
labia (lábia) f. fam. éloquence; verve.
labio (lábio) m. lèvre.
labor (labór) f. travail; ouvrage; labour.
laborable (laboráblë) adj. labourable.
laborar (laborár) tr. travailler.
laboratorio (laboratório) m. laboratoire.
laborioso, sa (laboriósso, a) adj. laborieux, euse.
labrador, ra (labradór, ra) s. paysan, anne; m. laboureur.
labranza (labránza) f. labourage.
labrar (labrár) tr. travailler; labourer; bâtir.
labriego (labrië'go) m. paysan.
laca (láca) f. laque.
lacayo (lacá-io) m. laquais.
lacerar (lazërár) intr. lacérer.
lacio, cia (lázio, zia) adj. flétri, e.
lacónico, ca (lacónico, ca) adj. laconique.
lacra (lácra) f. fig. défaut, vice.
lacrar (lacrár) tr. nuire; cacheter.
lacre (lácrë) m. cire d'Espagne.
lacrimal (lacrimál) adj. lacrymal.
lactancia (lactánzia) f. allaitement.
lactar (lactár) tr. allaiter.
lácteo, a (láctë'o, a) laiteux, euse; vía láctea, voie lactée.
lacustre (lacou'strë) adj. lacustre.
ladear (ladeár) tr. faire pencher.
ladera (ladë'ra) f. versant.
ladino, na (ladíno, na) adj. habile; malin, igne.
lado (ládo) m. côté.
ladrar (ladrár) intr. aboyer.
ladrido (ladrído) m. aboiement.
ladrillo (ladríyo) m. brique.
ladrón, na (ladrón, na) adj. et s. voleur, euse.
lagar (lagár) m. pressoir.

lagartija (lagartíja) f. petit lézard.
lagarto (lagárto) m. lézard.
lago (lágo) m. lac.
lágrima (lágrima) f. larme.
lagrimear (lagrimëár) intr. larmoyer.
lagrimoso, sa (lagrimósso, a) adj. larmoyant, e.
laguna (lagou'na) f. lagune; lacune.
laico, ca (lá-ico, ca) adj. laïque.
lamentable (lamëntáblë) adj. lamentable, déplorable.
lamentación (lamëntazión) f. la mentation.
lamentar (lamëntár) tr. lamenter, déporter.
lamento (lamë'nto) m. lamentation.
lamer (lamë'r) tr. lécher.
lámina (lámina) f. lame de métal; estampe, image.
laminador (laminadór) m. laminoir.
lámpara (lámpara) f. lampe.
lamparilla (lamparíya) f. veilleuse.
lamprea (lamprë'a) f. lamproie.
lana (lána) f. laine.
lance (lánzë) m. jet; hasard; querelle.
lancero (lanzë'ro) m. lancier.
lancha (láncha) f. chaloupe, canot.
langosta (langósta) f. sauterelle; langouste.
langostín (langostínn) m. crevette.
languidecer (languidëzë'r) intr. languir.
languidez (languidë'z) f. langueur.
lánguido, da (lánguido, da) adj. languissant, e.
lanza (lánza) f. lance.
lanzada (lanzáda) f. coup de lance.
lanzadera (lanzadë'ra) f. navette.
lanzamiento (lanzamië'nto) m. lancement.
lanzar (lanzár) tr. lancer, jeter.
lapicero (lapizë'ro) m. portecrayon, crayon.
lápida (lápida) f. dalle.
lapidar (lapidár) tr. lapider.
lapidario, ria (lapidário, a) adj. et s. lapidaire.
lápiz (lápiz) m. crayon.
lapso (lápso) m. laps.
largar (largár) tr. céder, lâcher.
largarse (largársë) r. Mar. alarguer; fig. s'en aller.
largo, ga (lárgo, ga) adj. long, gue.
larguero (larguë'ro) m. montant.
largueza (larguë'za) f. largesse, libéralité.
largura (largou'ra) f. longueur.
laringe (larínnjë) f. Anat. larynx.
larva (lárva) f. Zool. larve.
las (lás) art. f. pl. les.
lascivo, va (laszívo, va) adj. lascif, ive.
lasitud (lassitou'd) f. lassitude.
lástima (lástima) f. pitié, compassion.
lastimar (lastimár) tr. blesser.
lastimero, ra (lastimë'ro, ra) adj. plaintif, ive.
lastimoso, sa (lastimósso, a) adj. pitoyable.

lastre (*lástrë*) m. lest.
lata (*láta*) f. latte; **hojalata**, fer-blanc.
latente (*latë'ntë*) adj. latent, e.
lateral (*latërál*) adj. latéral, e.
latido (*latído*) m. battement.
latigazo (*latigázo*) m. coup de fouet.
látigo (*látigo*) m. fouet.
latín (*latínn*) m. latin.
latinidad (*latinidád*) f. latinité.
f. latinité. 　　　　[ter.
latir (*latír*) intr. battre, palpi-
latitud (*latitou'd*) f. *Géogr.* la-titude.
latón (*latón*) m. laiton.
latoso, sa (*latósso, a*) adj. as-sommant, e.
latrocinio (*latrozínio*) m. vol, larcin.
laúd (*laou'd*) m. luth.
laudable (*laoudáblë*) adj. loua-ble.
laureado, da (*laourëádo, da*) adj. lauréat, e.
laurel (*laourë'l*) m. *Bot.* laurier.
lava (*láva*) f. lave.
lavabo (*lavábo*) m. lavabo.
lavadero (*lavadë'ro*) m. lavoir.
lavado (*lavádo*) m. lavage.
lavadora (*lavadora*) f. machine à laver.
lavandería (*lavandëría*) f. blan-chisserie.
lavar (*lavár*) tr. laver.
lavativa (*lavatíva*) f. lavement.
laxante (*lagsántë*) adj. laxatif, ive.
laxo, xa (*lagso, sa*) adj. lâche; relâché, e.
laya (*lá-ia*) f. bêche; acabit.
lazada (*lazáda*) f. nœud coulant.
lazareto (*lazarë'to*) m. lazaret.
lazarillo (*lazaríyo*) m. enfant d'aveugle.
lazo (*lázo*) m. nœud coulant; lacet, piège; fig. lien.
le (*lë'*) pron. le, lui.
leader (*lëdër*) m. leader.
leal (*lëál*) adj. loyal, e.
lealtad (*lëaltád*) f. loyauté.
lebrel (*lëbrë'l*) m. lévrier.
lección (*lëczión*) f. leçon.
lector (*lëctór*) m. lecteur.
lectura (*lëctou'ra*) f. lecture.
leche (*lë'chë*) f. lait.
lechera (*lëchë'ra*) f. laitière.
lechería (*lëchëría*) f. laiterie.
lecho (*lë'cho*) m. lit.
lechón (*lëchón*) m. cochon, porc.
lechuga (*lëchou'ga*) f. laitue.
lechuza (*lëchou'za*) f. chouette.
leer (*lëë'r*) tr. lire.
legación (*lëgazión*) f. légation.
legado (*lëgádo*) m. légat; legs.
legal (*lëgál*) adj. légal, e; fidè-le.
legalidad (*lëgalidád*) f. fidélité; légalité.
legalización (*lëgalizazión*) f. lé-galisation.
legalizar (*lëgalizár*) tr. légali-ser.
legaña (*lëgágna*) f. chassie.
legar (*lëgár*) tr. léguer.
legendario, ria (*lëjëndário, ria*) adj. légendaire.
legión (*lëjión*) f. légion.
legionario, ria (*lëjionário, ria*) adj. et s. légionnaire.
legislación (*lëjislazión*) f. légis-lation.
legislador (*lëjisladór*) m. légis-lateur.
legislar (*lëjislár*) tr. légiférer.

legislativo, va (*lëjislatívo, va*) adj. législatif, ive.
legislatura (*lëjislatou'ra*) f. lé-gislature.
legitimar (*lëjitimár*) tr. légiti-mer.
legítimo, ma (*lëjítimo, ma*) adj. légitime.
legua (*lë'goua*) f. lieue.
legumbre (*lëgou'mbrë*) m. lé-gume.
lejanía (*lëjanía*) f. éloignement.
lejano, na (*lëjáno, na*) adj. loin-tain, e.
lejía (*lëjía*) m. lessive.
lejos (*lë'jos*) adv. loin.
lema (*lë'ma*) f. argument.
lencería (*lënzëría*) f. lingerie.
lengua (*lë'ngoua*) f. langue.
lenguado (*lëngouádo*) m. sole.
lenguaje (*lëngouájë*) m. langa-ge.
lenitivo, va (*lënitívo, va*) adj. lénitif, ive.
lente (*lë'ntë*) f. *Phys.* lentille; m. pl. lorgnon.
lenteja (*lëntë'ja*) f. lentille.
lentejuela (*lëntëjouë'la*) f. pail-lette.
lentitud (*lëntitou'd*) f. lenteur.
lento, ta (*lë'nto, ta*) adj. lent, e.
leña (*lë'gna*) f. bois à brûler.
leñador (*lëgnadór*) m. bûche-ron.
leño (*lë'gno*) m. bûche.
leñoso, sa (*lëgnósso, a*) adj. ligneux, euse.
león (*lëón*) m. lion.
leona (*lëóna*) f. lionne.
leonado, da (*lëonádo, da*) adj. fauve.
leopardo (*lëopárdo*) m. léo-pard.
lepra (*lë'pra*) f. lèpre.
leproso, sa (*lëprósso, a*) adj. lépreux, euse.
les (*lë's*) pr. leur.
lesión (*lëssión*) f. lésion.
lesionar (*lëssionár*) tr. blesser; léser.
letanía (*lëtanía*) f. litanie.
letárgico, ca (*lëtárjico, ca*) adj. léthargique.
letargo (*lëtárgo*) m. léthargie.
letra (*lë'tra*) f. lettre.
letrado (*lëtrádo*) m. avocat; adj. savant, e.
letrero (*lëtrë'ro*) m. inscrip-tion; écriteau.
letrina (*lëtrína*) f. latrines.
leva (*lë'va*) f. départ; levée de soldats.
levadizo, za (*lëvadízo, za*) adj. levis; **puente levadizo**, pont-levis.
levadura (*lëvadou'ra*) f. levure, levain.
levantamiento (*lëvantamië'nto*) m. élévation; soulèvement.
levantar (*lëvantár*) tr. lever; élever; soulever.
levante (*lëvántë*) m. levant.
levantisco, ca (*lëvantísco, ca*) adj. turbulent, e.
levar (*lëvár*) tr. lever.
leve (*lë'vë*) adj. léger, ère.
levita (*lëvíta*) m. lévite; redin-gote.
léxico (*lë'gsico*) m. lexique.
ley (*lë'-i*) f. loi.
leyenda (*lë-ië'nda*) f. légende.
liana (*liána*) f. liane.
liar (*liár*) tr. lier, attacher.
libación (*libazión*) f. libation.
libelo (*libë'lo*) m. libelle.
libélula (*libë'loula*) f. libellule.
liberal (*libërál*) adj. libéral, e.
liberalidad (*libëralidád*) f. libé-ralité.
liberalismo (*libëralísmo*) m. li-béralisme.
libertad (*libërtád*) f. liberté.

libertador, ra (*libërtadór, a*) adj. et s. libérateur, trice.
libertar (*libërtár*) tr. affran-chir; libérer.
libertinaje (*libërtinájë*) m. li-bertinage.
libertino (*libërtíno*) adj. et s. libertin.
libra (*líbra*) f. livre.
librador (*libradór*) m. tireur (lettre de change).
libramiento (*libramië'nto*) m. mandat; délivrance.
libranza (*libránza*) f. mandat, traite.
librar (*librár*) tr. délivrer, li-vrer. 　　　　[e.
libre (*librë*) adj. livre; exempt,
librea (*librë'a*) f. livrée.
librería (*librëría*) f. librairie; bibliothèque.
librero (*librë'ro*) m. libraire.
libreta (*librë'ta*) f. livret; agen-da; cahier.
libro (*líbro*) m. livre.
licencia (*lizë'nzia*) f. licence.
licenciado (*lizënziádo*) m. li-cencié.
licenciar (*lizënziár*) tr. licen-cier.
licenciatura (*lizënziatou'ra*) f. licence.
licencioso, sa (*lizënziósso, a*) adj. licencieux, euse.
liceo (*lizë'o*) m. lycée; école.
lícito, ta (*lízito, ta*) adj. licite.
licor (*licór*) m. liqueur.
lid (*líd*) f. lice; combat; dispu-te.
lidia (*lídia*) f. lutte, combat (de taureaux, et.)
lidiador (*lidiadór*) m. combat-tant, lutteur.
lidiar (*lidiár*) intr. combattre; fig. disputer.
liebre (*lië'brë*) f. lièvre.
lienzo (*lië'nzo*) m. tissu; toile.
liga (*líga*) f. jarretière; ligue; alliage; pl. glu.
ligadura (*ligadou'ra*) f. ligatu-re, lien.
ligar (*ligár*) tr. lier, attacher; allier.
ligazón (*ligazón*) f. liaison, union.
ligereza (*lijërë'za*) f. légéreté; imprudence.
ligero, ra (*lijë'ro, ra*) adj. léger, ère; inconstant, e.
lila (*líla*) f. lilas.
lima (*líma*) f. lime.
limadura (*limadou'ra*) f. limail-le.
limar (*limár*) tr. limer; polir.
limbo (*límbo*) m. limbe.
limitación (*limitazión*) f. limi-tation, restriction.
limitado, da (*limitádo, da*) adj. borné, e.
limitar (*limitár*) tr. limiter.
límite (*límitë*) m. borne, limite.
limítrofe (*limítrofë*) adj. limi-trophe.
limo (*límo*) m. limon, boue.
limón (*limón*) m. citron.
limonada (*limonáda*) f. limona-de.
limonero (*limonë'ro*) m. citron-nier.
limosna (*limósna*) f. aumône.
limpiabotas (*limmpiabótas*) m. brosseur.
limpiar (*limmpiár*) tr. nettoyer.
límpido, da (*límmpido, da*) adj. limpide.
limpieza (*limmpië'za*) f. propre-té; fig. pureté.
limpio, pia (*límmpio, a*) adj. propre. 　　　　[née.
linaje (*linájë*) m. lignage, lig-
linaza (*lináza*) f. graine de lin.
lince (*línzë*) m. lynx.

linchamiento (*linnchamië'nto*) m. lynchage.
linchar (*linnchár*) tr. lyncher.
lindante (*linndántë*) adj. conti-gu, ë.
lindar (*linndár*) intr. avoisiner, être contigu.
linde (*linndë*) m. borne, limite.
lindero (*linndë'ro*) m. borne, li-mite.
lindo, da (*linndo, da*) adj. beau, belle; joli, e.
línea (*línëa*) f. ligne; borne.
lineal (*linëál*) adj. linéaire.
linfa (*línnfa*) f. lymphe.
linfático, ca (*linnfático, ca*) adj. lymphatique.
lingote (*linngótë*) m. *Min.* lin-got.
lingüística (*linngouística*) f. lin-guistique.
lino (*líno*) m. lin.
linterna (*linntë'rna*) f. lanterne.
lío (*lío*) m. paquet, ballot; fig. imbroglio.
liquen (*líkën*) m. lichen.
liquidación (*likidazión*) f. liqui-dation.
liquidar (*likidár*) tr. liquéfier; li-quider.
líquido, da (*likido, da*) adj. li-quide.
lira (*líra*) f. lyre.
lírico, ca (*lírico, ca*) adj. et s. f. lyrique.
lirio (*lírio*) m. lis.
lirismo (*lirísmo*) m. lyrisme.
lisiado, da (*lissiádo, da*) adj. et s. estropié, e.
liso, sa (*lísso, a*) adj. lisse.
lisonja (*lissónja*) f. flatterie.
lisonjear (*lissonjëár*) tr. flatter.
lisonjero, ra (*lissonjë'ro, a*) adj. flatteur, euse.
lista (*lísta*) f. liste.
listo, ta (*lísto, ta*) adj. leste; actif, ive.
listón (*listón*) m. filet, planche.
litera (*litë'ra*) f. litière.
literal (*litërál*) adj. littéral, e.
literario, ria (*litërário, ria*) adj. litté-raire.
literato, ta (*litëráto, ta*) adj. let-tré, e.
literatura (*litëratou'ra*) f. litté-rature.
litigante (*litigántë*) m. plai-deur.
litigar (*litigár*) tr. plaider.
litigio (*litíjio*) m. litige.
litoral (*litorál*) adj. littoral, e; m. littoral.
litro (*lítro*) m. litre.
liturgia (*litou'rjia*) f. liturgie.
litúrgico, ca (*litou'rjico, ca*) adj. liturgique.
liviandad (*liviandád*) f. légère-té; fig. impudicité.
liviano, na (*liviáno, a*) adj. lé-ger, ère; fig. impudique.
lividez (*lividë'z*) f. lividité.
lívido, da (*lívido, da*) adj. li-vide.
llaga (*yága*) f. plaie.
llama (*yáma*) f. flamme; m. lama.
llamada (*yamáda*) f. appel; ren-voi.
llamamiento (*yamamië'nto*) m. convocation; rappel.
llamar (*yamár*) tr. appeler; ci-ter; frapper.
llamarada (*yamaráda*) f. gran-de flamme.
llamativo, va (*yamatívo, va*) adj. criard, e.
llameante (*yamëántë*) adj. flam-boyant, e.
llamear (*yamëár*) intr. flambo-yer.
llana (*yána*) f. truelle.
llaneza (*yanë'za*) f. franchise, bonhomie.

llano, na *(yáno, a)* adj. plat, e; uni, e; m. plaine.
llanta *(yánta)* f. jante.
llanto *(yánto)* m. pleurs, lamentations.
llanura *(yanoú'ra)* f. plaine
llave *(yávë)* f. clef.
llavero *(yavë'ro)* m. porte-clefs.
llegada *(yëgáda)* f. arrivée.
llegar *(yëgár)* intr. arriver; atteindre.
llenar *(yënár)* tr. emplir; remplir; fig. combler.
lleno, na *(yë'no, a)* adj. empli, e; rempli, e.
llevar *(yëvár)* tr. porter.
llorar *(yorár)* tr. pleurer.
lloriquear *(yorikëár)* intr. pleurnicher.
lloro *(yóro)* m. pleurs.
llorón *(yorón)* m. pleureur.
lloroso, sa *(yorósso, a)* adj. plaintif, ive; larmoyant, e.
llover *(yovë'r)* intr. pleuvoir.
llovizna *(yovízna)* f. bruine.
lloviznar *(yoviznár)* intr. bruiner.
lluvia *(you'via)* f. pluie.
lluvioso, sa *(youviósso, a)* adj. pluvieux, euse.

lo *(ló)* art. le; pron. le.
loa *(lóa)* f. louange.
loable *(loáblë)* adj. louable.
loar *(loár)* tr. louer.
loba *(lóba)* f. louve.
lobato *(lobáto)* m. louvereau
lobo *(lóbo)* m. loup.
lóbrego, ga *(lóbrëgo, ga)* adj sombre.
lóbulo *(lóboulo)* m. *Anat.* lobe.
locación *(locazión)* f. location.
local *(locál)* adj. local.
localidad *(localidád)* f. localité.
localizar *(localizár)* tr. localiser.
loción *(lozión)* f. lotion.
loco, ca *(lóco, ca)* adj. fou. folle.
locomoción *(locomozión)* f. locomotion.
locomotora *(locomotóra)* f. locomotive.
locuacidad *(locouazidád)* f. loquacité.
locuaz *(locouáz)* adj. babillard e.
locución *(locouzión)* f. locution. [mence.
locura *(locou'ra)* f. folle, délocutor *(locoutór)* m. speaker.
locutorio *(locoutório)* m. parloir.
lodazal *(lodazál)* m. bourbier.
lodo *(lódo)* m. boue, fange.
logaritmo *(logarítmo)* m. logarithme.
logia *(lójia)* f. loge.
lógica *(lójica)* f. logique.
lograr *(lográr)* tr. obtenir.
logro *(lógro)* m. obtention: gain; réussite.
loma *(lóma)* f. coteau, tertre, lombriz *(lombríz)* f. lombric; ver.
lomo *(lómo)* m. lombes; lomo; dos.
lona *(lóna)* f. toile à voile.
longaniza *(longaníza)* f. espèce de saucisse ou d'andouille.
longevidad *(lonjëvidád)* f. longévité.
longitud *(lonjitou'd)* f. longueur; longitude.
lonja *(lónja)* f. loge, bourse de comerce; tranche. [tain.
lontananza *(lontanánza)* f. loinloro *(lóro)* m. perroquet.
los *(lós)* art. m. pl. les; pron. pers. les.

losa *(lóssa)* f. dalle.
lote *(lótë)* m. lot.
lotería *(lotëría)* f. loterie.
loto *(lóto)* m. *Bot.* lotus.
loza *(lóza)* f. faïence.
lozanía *(lozanía)* f. luxuriance; vigueur, vivacité.
lozano, na *(lozáno, na)* adj. vert, e; fig. gai, e.
lúbrico, ca *(lou'brico, ca)* adj. lubrique.
lubricante *(loubricántë)* adj. lubrifiant, e.
lucero *(louzë'ro)* m. étoile brillante.
lucidez *(louzidë'z)* f. lucidité; éclat.
lúcido, da *(lou'zido, da)* adj. lucide.
luciente *(louzië'ntë)* adj. luisant, e.
luciérnaga *(louzië'rnaga)* f. ver luisant; luciole.
lucimiento *(louzimië'nto)* m. lueur; éclat, lustre.
lucio, cia *(lou'zio, a)* adj. luisant, e; m. brochet.
lucir *(louzír)* intr. luire, éclairer; briller.
lucrarse *(loucrársë)* r. profiter.
lucrativo, va *(loucrativo, va)* f. lucratif, ive.
lucro *(lou'cro)* m. lucre, profit.
luctuoso, sa *(louctouósso, a)* adj. triste; funèbre.
lucubración *(loucoubrazión)* f. lucubration.
lucha *(lou'cha)* f. lutte; combat; dispute.
luchador, ra *(louchadór, a)* adj. et s. lutteur, euse.
luchar *(louchár)* tr. lutter.
luego *(louë'go)* adv. aussitôt, sur-le-champ; ensuite, depuis.
lugar *(lougár)* m. lieu; village; motif; **en lugar,** au lieu de.
lugareño, ña *(lougarë'gno, a)* adj. villageois, e.
lugarteniente *(lougartënië'ntë)* m. lieutenant.
lúgubre *(lou'goubrë)* adj. lugubre.
lujo *(lou'jo)* m. luxe.
lujoso, sa *(loujósso, a)* adj. luxueux, euse.
lujuria *(loujou'ria)* f. luxure.
lujurioso, sa *(loujouriósso, a)* adj. luxurieux, euse.
lumbago *(loumbágo)* m. lumbago.
lumbre *(lou'mbrë)* f. feu.
lumbrera *(loumbrë'ra)* f. corps lumineux; fig. lumière (savoir).
luminoso, sa *(louminósso, a)* adj. lumineux, euse.
luna *(lou'na)* f. lune; glace de miroir.
lunar *(lounár)* m. grain de beauté; adj. lunaire.
lunático, ca *(lounático, ca)* adj. lunatique.
lunes *(lou'nës)* m. lundi.
lúpulo *(lou'poulo)* m. *Bot.* houblon.
lustrar *(loustrár)* tr. lustrer.
lustre *(lou'strë)* m. lustre; fig. splendeur.
lustro *(lou'stro)* m. lustre.
lustroso, sa *(loustrósso, a)* adj. brillant, e.
luto *(lou'to)* m. deuil.
luxación *(lougsazión)* f. luxation.
luz *(lou'z)* m. lumière, clarté; fig. jour.

macabro, bra *(macábro, a)* adj. macabre.
macarrones *(macarrónës)* m. macaroni.
maceración *(mazërazión)* f. macération.
macerar *(mazërár)* tr. macérer.
maceta *(mazë'ta)* f. pot à fleurs.
macilento, ta *(mazilë'nto, ta)* adj.
macizo, za *(mazízo, a)* adj. massif, ive; s. massif.
mácula *(mácoula)* f. macule, tache.
machacar *(machacár)* tr. battre, piler; intr. fig. insister opiniâtrement.
machacón, na *(machacón, a)* adj. pesant, e; ennuyeux, euse.
machete *(machë'të)* m. sabre court. [let.
macho *(mácho)* m. mâle; mumachucar *(machoucár)* tr. battre, meurtrir.
madeja *(madë'ja)* f. écheveau.
madera *(madë'ra)* f. bois.
maderaje *(madërájë)* m. charpente.
madero *(madë'ro)* m. poutre, madrier.
madrastra *(madrástra)* f. marâtre.
madre *(mádrë)* f. mère.
madreselva *(madrësë'lva)* f. *Bot.* chèvrefeuille.
madrigal *(madrigál)* m. madrigal.
madriguera *(madriguë'ra)* f. terrier de lapin; fig. et fam. repaire de voleurs.
madrina *(madrína)* f. marraine; protectrice.
madroño *(madrógno)* m. *Bot.* arbousier; arbouse.
madrugada *(madrougáda)* f. point du jour; aube.
madrugador, ra *(madrougadór, a)* adj. et s. matinal, e.
madrugar *(madrougár)* intr. se lever tôt; se hâter.
madurar *(madourár)* tr. mûrir.
madurez *(madourë'z)* f. maturité.
maduro, ra *(madou'ro, a)* adj. mûr, e; fig. circonspect, e.
maestra *(maë'stra)* f. institutrice; maîtresse.
maestría *(maëstría)* f. adresse, art; gravité.
maestro, tra *(maë'stro, a)* adj. excellent, e; maître; instituteur.
magia *(májia)* f. magie.
mágico, ca *(májico, ca)* adj. magique.
magisterio *(majistë'rio)* m. emploi de maître; magistère.
magistrado *(majistrádo)* m. magistrat.
magistral *(majistrál)* adj. magistral, e.

magistratura *(majistratou'ra)* f. magistrature.
magnánimo, ma *(mag-nánimo, a)* adj. magnanime.
magnesia *(mag-në'ssia)* f. magnesie.
magnético, ca *(mag-në'tico, ca)* adj. magnétique.
magnificencia *(mag-nifizë'nzia)* f. magnificence, splendeur.
magnífico, ca *(mag-nífico, ca)* adj. magnifique.
magnitud *(mag-nitou'd)* f. grandeur.
magno, na *(mág-no, na)* adj. grand, e.
magnolia *(mag-nólia)* f. magnolia.
mago, ga *(mágo, ga)* adj. mage; magicien, ienne.
magro, gra *(mágro, a)* adj. maigre.
magulladura *(magouyadou'ra)* f. meurtrissure.
magullar *(magouyár)* tr. meurtrir.
mahometano, na *(maomëtáno, na)* adj. mahométan, e.
maíz *(ma-íz)* m. maïs.
majadería *(majadería)* f. sottise.
majadero *(majadë'ro)* adj. ennuyeux.
majestad *(majëstád)* f. majesté.
majestuoso, sa *(majëstuósso, a)* adj. majestueux, euse.
majo *(májo)* m. fanfaron; galant.
mal *(mál)* m. mal; maladie; adj. mauvais, e; adv. mal.
malabarista *(malabarísta)* m. jongleur.
malacostumbrado, da *(malacostoumbrádo, da)* adj. gâté, e; mal habitué, e.
malavenido, da *(málavënido, da)* adj. mécontent, e.
malaventurado, da *(malavëntourádo, da)* adj. malheureux, euse.
malbaratar *(malbaratár)* tr. mévendre.
malcriado, da *(malcriádo, da)* adj. mal élevé, e.
maldad *(maldád)* f. méchanceté.
maldecir *(maldëzír)* tr. maudire; médire.
maldición *(maldizión)* f. malédiction.
maldito, ta *(maldíto, ta)* adj. maudit, e; méchant, e.
maleabilidad *(maléabilidád)* f. malléabilité.
maleable *(maléáblë)* adj. malléable.
maleante *(maleántë)* adj. et s. malfaiteur, trice.
malear *(maleár)* tr. pervertir.
malecón *(malecón)* m. digue; levée.
maledicencia *(malëdizë'nzia)* f. médisance.
maleficencia *(malëfizë'nzia)* f. malfaisance.
maleficio *(malëfízio)* m. dommage; maléfice.
maléfico, ca *(malë'fico, ca)* adj. maléfique.
malestar *(malëstár)* m. malaise.
maleta *(malë'ta)* f. valise.
maletín *(malëtínn)* m. petite valise.
malevolencia *(malëvolë'nzia)* f. malveillance.
malévolo, la *(malë'volo, la)* adj. malveillant, e.

maleza (*maléza*) f. ronces, broussailles.

malgastar (*malgastár*) tr. gaspiller; dissiper.

malhablado, da (*malabládo, da*) adj. effronté, e; insolent, e.

malhechor (*maléchór*) adj. et s. malfaiteur.

malhumorado, da (*maloumorádo, da*) adj. de mauvaise humeur.

malicia (*malízia*) f. malice; fam. soupçon.

malicioso, sa (*maliziósso, a*) adj. malicieux, euse.

malignidad (*malig-nidád*) f. malignité.

maligno, na (*malíg-no, na*) adj. malin, e.

malintencionado, da (*malinténzionádo, da*) adj. malintentionné, e.

malo, la (*málo, la*) adj. mauvais, e; méchant, e; malade.

malograr (*malográr*) tr. déconcerter.

malograrse (*malogrársë*) r. échouer.

malparado, da (*malparádo, da*) adj. en mauvais état.

malquistar (*malkistár*) tr. brouiller.

malsano, na (*malsáno, na*) adj. malsain, e; maladif, ive.

malsonante (*malsonánië*) adj. malsonnant, e.

malta (*málta*) m. malt.

maltratar (*maltratár*) tr. maltraiter.

maltrato (*maltráto*) m. mauvais traitement.

maltrecho (*maltrë'cho*) adj. maltraité.

malva (*málva*) f. mauve.

malvado, da (*malvádo, da*) adj. et s. méchant, e.

malvasía (*malvassía*) f. malvoisie.

malversación (*malvërsazión*) f. malversation.

malversar (*malvërsár*) tr. malverser.

malla (*máya*) f. maille.

mallo (*máyo*) m. mail.

mama (*máma*) f. mamelle; fam. maman.

mamá (*mamá*) f. maman.

mamar (*mamár*) tr. têter.

mamarrachada (*mamarracháda*) f. bigarrure, sottise.

mamarracho (*mamarrácho*) m. fam. fantoche, sot.

mamífero (*mamíféro*) m. mammifère.

mampara (*mampára*) f. paravent.

mampostería (*mampostëría*) f. maçonnerie.

maná (*maná*) m. manne.

manada (*manáda*) f. troupeau; fig. troupe.

manantial (*manantiál*) m. source.

manar (*manár*) intr. jaillir; couler; fig. abonder.

manceba (*manzë'ba*) f. concubine, maîtresse.

mancebo (*manzë'bo*) m. jeune homme; garçon.

mancilla (*manzíya*) f. tache.

mancillar (*manziyár*) tr. tacher.

manco, ca (*mánco, ca*) adj. manchot.

mancomunidad (*mancomounidád*) f. union, association, solidarité.

mancha (*máncha*) f. tache.

manchado, da (*manchádo, da*) adj. taché, e.

manchar (*manchár*) tr. tacher.

mandamiento (*mandamië'nio*) m. commandement; ordonnance.

mandar (*mandár*) tr. commander; offrir, envoyer.

mandatario (*mandatário*) m. mandataire.

mandato (*mandáto*) m. ordre.

mandíbula (*mandiboula*) f. mâchoire.

mandil (*mandíl*) m. tablier.

mandioca (*mandióca*) f. manioc.

mando (*mándo*) m. autorité; commandement.

mandolina (*mandolína*) f. mandoline.

mandria (*mándria*) adj. lâche, poltron.

manecilla (*manëzíya*) f. petite main, manivelle; aiguille de montre.

manejable (*manëjáblë*) adj. maniable, souple.

manejar (*manëjár*) tr. manier.

manejo (*manë'jo*) m. maniement; manège.

manera (*manë'ra*) f. manière, sorte.

manga (*mánga*) f. manche d'habit; chausse, largeur (bateau); trombe.

manganeso (*manganë'sso*) m. manganèse.

mango (*mángo*) m. manche d'outil; manguier.

manguera (*mangué'ra*) f. manche de pompe.

manía (*manía*) f. manie.

maniatar (*maniatár*) tr. lier, attacher.

maniático, ca (*maniático, ca*) adj. maniaque.

manicomio (*manicómio*) m. asile d'aliénés.

manifestación (*manifëstazión*) f. manifestation.

manifestante (*manifëstánië*) s. manifestant, e.

manifestar (*manifëstár*) tr. manifester.

manifiesto, ta (*manifië'sto, ta*) adj. évident, e; m. manifeste. [menottes.

manilla (*maníya*) f. bracelet;

manillar (*maniyár*) m. guidon (bicyclette). [vre.

maniobra (*manióbra*) f. manœuvre; fig. embrouillement.

maniobrar (*maniobrár*) tr. e intr. manœuvrer.

manipulación (*manipoulazión*) f. manipulation.

manipular (*manipoulár*) tr. manipuler.

maniquí (*manikí*) m. mannequin.

manivela (*manivë'la*) f. manivelle.

manjar (*manjár*) m. mets, manger.

mano (*máno*) f. main.

manojo (*manójo*) m. botte, faisceau, poignée.

manómetro (*manómëtro*) m. manomètre.

manopla (*manópla*) f. gantelet de fer; manique.

manosear (*manossëár*) tr. manier.

manoseo (*manossë'o*) m. maniement.

manotada (*manotáda*) coup donné avec la main.

mansalva (a) (*a mänsálva*) m. adv. en sûreté.

mansedumbre (*mansëdou'mbrë*) f. douceur, bénignité.

mansión (*mansión*) f. séjour; maison.

manso, sa (*mánso, sa*) adj. doux, douce; paisible.

manta (*mánia*) f. couverture.

manteca (*mantë'ca*) f. saindoux; graisse; beurre.

mantecado (*mantëcádo*) m. gâteau au beurre.

mantel (*mantë'l*) m. nappe.

mantelería (*mantëlëría*) f. linge de table.

mantener (*mantënë'r*) tr. maintenir, soutenir.

mantenimiento (*mantënimië'nto*) m. entretien, subsistance.

mantequera (*mantëkë'ra*) f. baratte.

mantequilla (*mantëkíya*) f. beurre frais.

mantilla (*mantíya*) f. mantille.

mantillo (*mantíyo*) m. terreau.

manto (*mánto*) m. mante; manteau.

mantón (*mantón*) m. châle.

manual (*manouál*) m. manuel; adj. manuel, elle.

manubrio (*manou'brio*) m. manivelle.

manufactura (*manoúfactou'ra*) m. manufacture.

manuscrito, ta (*manouscrito, ta*) adj. et s. m. manuscrit, e.

manutención (*manouiención*) f. subsistance, manutention.

manzana (*manzána*) f. pomme; îlot de maisons.

manzanilla (*manzaníya*) f. camomille; vin (andalou).

manzano (*manzáno*) m. pommier.

maña (*mágna*) f. adresse, dextérité.

mañana (*magnána*) f. matin; adv. demain.

mañoso, sa (*magnósso, a*) adj. adroit, e.

mapa (*mápa*) m. carte géographique.

mapamundi (*mapamou'ndi*) m. mappemonde.

maquiavélico, ca (*makiavë'lico, ca*) adj. machiavélique.

máquina (*mákina*) f. machine.

maquinación (*makinazión*) f. machination.

maquinar (*makinár*) tr. machiner.

maquinaria (*makinária*) f. machinerie.

maquinista (*makinísta*) m. machiniste, mécanicien.

mar (*már*) s. mer.

maraña (*marágna*) f. broussaille; fig. embrouillement.

marasmo (*marasmo*) m. marasme.

maravilla (*maravíya*) f. merveille.

maravillar (*maraviyár*) tr. émerveiller; fig. admirer.

maravillarse (*maraviyársë*) r. s'étonner.

maravilloso, sa (*maraviyósso, a*) adj. merveilleux, euse.

marca (*márca*) f. marche (province), mesure, marque.

marcar (*marcár*) tr. marquer.

marcial (*marziál*) adj. martial, e.

marco (*márco*) m. cadre; marc.

marcha (*márcha*) f. marche.

marchar (*marchár*) intr. marcher, avancer.

marcharse (*marchársë*) s'en aller.

marchitar (*marchitár*) tr. flétrir, faner.

marchito, ta (*marchito, ta*) adj. fané, e.

marea (*marë'a*) f. marée.

marear (*marëár*) tr. fig. et fam. importuner.

marearse (*marëársë*) r. avoir le mal de mer.

marejada (*marëjáda*) f. houle.

mareo (*marë'o*) m. mal de mer; fig. ennui.

marfil (*marfíl*) m. ivoire.

marga (*márga*) f. marne.

margarina (*margarína*) f. margarine.

margarita (*margaríta*) f. Bot. marguerite.

margen (*márjën*) f. bord, rive, lisière. [nal, e.

marginal (*marjinál*) adj. margi-

maridaje (*maridájë*) m. mariage; fig. union étroite.

maridar (*maridár*) intr. se marier.

marido (*marído*) m. mari.

marina (*marína*) f. marine.

marinero, ra (*marinë'ro, ra*) adj. marinier, ière; m. matelot, marin.

marino, na (*maríno, na*) adj. marin, e; m. marin.

marioneta (*marionëta*) f. marionnette.

mariposa (*maripóssa*) f. papillon; petite veilleuse.

mariscal (*mariscál*) m. maréchal; maréchal-ferrant.

marital (*maritál*) adj. marital, e.

marítimo, ma (*marítimo, ma*) adj. maritime.

marmita (*marmíta*) f. marmite.

mármol (*mármol*) m. marbre.

marmóreo, a (*marmórëo, a*) adj. marmoréen, enne.

maroma (*maróma*) m. grosse corde.

marqués (*markë's*) m. marquis.

marquesa (*markë'ssa*) f. marquise.

marquesina (*markëssína*) f. marquise (auvent).

marquetería (*markëtëría*) f. marqueterie.

marranada (*marranáda*) f. cochonnerie.

marrano (*marráno*) m. cochon.

marrullero, ra (*marrouyë'ro, a*) adj. rusé, e.

marsopa (*marsópa*) f. marsouin.

martes (*mártës*) m. mardi.

martillo (*martíyo*) m. marteau.

martingala (*martingála*) f. martingale.

mártir (*mártir*) s. martyr.

martirio (*martírio*) m. martyre.

martirizar (*martirizár*) tr. martyriser.

marzo (*márzo*) m. mars.

más (*más*) conj. advers. mais.

masa (*mássa*) f. pâte; masse.

masaje (*massájë*) m. massage.

masajista (*massajísta*) s. masseur, euse.

mascar (*mascár*) tr. mâcher.

máscara (*máscara*) f. masque.

mascarada (*mascaráda*) f. mascarade.

mascarilla (*mascaríya*) f. demi-masque.

mascota (*mascóta*) f. mascotte.

masculino, na (*mascoulíno, na*) adj. masculin, e.

masón (*massón*) s. franc-maçon.

masticación (*masticazión*) f. mastication.

masticar (*masticár*) tr. mâcher.

mástil (*mástil*) m. mât.

mastín (*mastín*) m. mâtin.

mastodonte (*mastodóntë*) m. mastodonte.

mata (*máta*) f. arbrisseau, buisson, tresse. [toir.

matadero (*matadë'ro*) m. abat-

matanza (*matánza*) f. tuerie, massacre.

matar (*matár*) tr. tuer.

matarife *(matarífë)* m. tueur.
mate *(mátë)* m. mat; adj. mat, e.
matemáticas *(matëmáticas)* f. pl. mathématiques.
matemático, ca *(matëmático, a)* adj. mathématique; m. mathématicien.
materia *(matë'ria)* f. matière.
material *(matëriál)* adj. matériel, elle; pl. matériaux.
materialismo *(matërialísmo)* matérialisme.
maternal *(matërnál)* adj. maternel, elle.
maternidad *(matërnidád)* f. maternité.
materno, na *(matë'rno, na)* adj. maternel, elle.
matiz *(matíz)* m. nuance.
matizar *(matizár)* tr. nuancer.
matorral *(matorrál)* m. buisson.
matraz *(matráz)* m. matras.
matrícula *(matrícoula)* f. matricule.
matricular *(matricoulár)* tr. immatriculer.
matrimonial *(matrimoniál)* adj. matrimonial, e.
matrimonio *(matrimónio)* m. mariage.
matriz *(matríz)* f. matrice.
matrona *(matróna)* f. matrone.
matutino, na *(matoutíno, na)* adj. matutinal, e.
maullar *(maouyár)* intr. miauler.
maullido *(maouyído)* m. miaulement.
mausoleo *(maoussolë'o)* m. mausolée.
maxilar *(magsilár)* adj. maxillaire.
máxime *(mágsimë)* adv. surtout, principalement.
máximo, ma *(mágsimo, ma)* adj. sup. maximum.
maximum *(magsimou'm)* m. maximum.
mayo *(má-io)* f. mai.
mayor *(ma-ió)* adj. plus grand, e; majeur; m. major; pl. aïeux, ancêtres; **por mayor**, en gros.
mayordomo *(ma-iordómo)* m. majordome.
mayoría *(ma-ioría)* f. majorité.
mayorista *(ma-iorísta)* m. marchand en gros.
mayúscula *(ma-iou'scoula)* f. majuscule.
maza *(máza)* f. masse; massue.
mazapán *(mazapán)* m. massepain.
mazmorra *(mazmórra)* f. cachot.
mazo *(mázo)* m. maillet.
me *(më')* cas irrégulier du pronom **yo**: moi, à moi, me.
meandro *(meándro)* m. méandre.
mear *(meár)* intr. pisser, uriner.
mecánica *(mëcánica)* f. mécanique.
mecánico, ca *(mëcánico, ca)* adj. mécanique; m. mécanicien. [mécanisme.
mecanismo *(mëcanísmo)* m.
mecanografía *(mëcanografía)* f. mécanographie.
mecedora *(mëzëdóra)* f. berceuse.
mecer *(mëzë'r)* tr. remuer; bercer.
mecha *(më'cha)* f. mèche; lardon.
mechero *(mëchë'ro)* m. bec de gaz.
mechón *(mëchón)* m. grosse mèche; touffe de cheveux.

medalla *(mëdáya)* f. médaille.
media *(më'dia)* f. bas; moyenne.
mediación *(mëdiazión)* f. médiation.
mediador, ra *(mëdiadór, a)* s. médiateur, trice.
mediana *(mëdiána)* f. moyenne.
medianía *(mëdianía)* f. modération; fig. fortune, moyenne.
mediano, na *(mëdiáno, a)* adj. médiocre, moyen, enne.
mediante *(mëdiántë)* adv. moyennant.
mediar *(mëdiár)* intr. arriver ou être au milieu; fig. s'entremettre.
medicamento *(mëdicamë'nto)* m. médicament.
medicina *(mëdizína)* f. médecine; remède.
medicinal *(mëdizinál)* adj. médicinal, e.
medición *(mëdizión)* f. mesure.
médico, ca *(më'dico, ca)* adj. médical, e; m. médecin.
medida *(mëdída)* f. mesure.
medio, da *(më'dio, a)* adj. demi, e; m. milieu, moyen.
mediocre *(mëdiócrë)* adj. médiocre.
mediodía *(mëdiodía)* m. midi.
medir *(mëdír)* tr. mesurer.
meditabundo, da *(mëditaboú'n-do, da)* adj. méditatif, ive.
meditación *(mëditazión)* f. méditation.
meditar *(mëditár)* tr. méditer; intr. réfléchir.
medrar *(mëdrár)* intr. croître; fig. profiter.
medroso, sa *(mëdrósso, a)* adj. craintif, ive.
médula *(më'doula)* f. moelle.
medusa *(mëdou'ssa)* f. méduse.
megalomanía *(mëgalomanía)* f. mégalomanie.
mejilla *(mëjíya)* f. joue.
mejillón *(mëjiyón)* m. moule.
mejor *(mëjór)* adj. meilleur; adv. mieux.
mejora *(mëjóra)* f. amélioration.
mejorar *(mëjorár)* tr. améliorer.
mejoría *(mëjoría)* f. amélioration.
melancolía *(mëlancolía)* f. mélancolie, tristesse.
melancólico, ca *(mëlancólico, ca)* adj. mélancolique.
melena *(mëlë'na)* f. chevelure, toison, crinière.
melenudo, da *(mëlënou'do, da)* adj. chevelu, e.
melindroso, sa *(mëlinndrósso, a)* adj. minaudier, ière.
melocotón *(mëlocotón)* m. pêche.
melodía *(mëlodía)* f. mélodie.
melodioso, sa *(mëlodiósso, a)* adj. mélodieux, euse.
melodrama *(mëlodráma)* m. mélodrame.
melón *(mëlón)* m. melon.
meloso, sa *(mëlósso, a)* adj. mielleux, euse.
mella *(më'ya)* f. brèche.
mellado, da *(mëyádo, da)* adj. ébréché, e.
mellar *(mëyár)* tr. ébrécher; écorner.
mellizo, za *(mëyízo, za)* adj. jumeau, elle.
membrana *(mëmbrána)* f. membrane.
membranoso, sa *(mëmbranósso, a)* adj. membraneux, euse.
membrete *(mëmbrë'të)* m. en-tête.
membrillo *(mëmbríyo)* m. coing.

memo, ma *(më'mo, ma)* adj. sot, sotte.
memorable *(mëmoráblë)* adj. mémorable.
memorándum *(mëmorándoum)* m. mémorandum.
memoria *(mëmória)* f. mémoire.
mención *(mënzión)* f. mention.
mencionar *(mënzionár)* tr. mentionner.
mendicidad *(mëndizidád)* f. mendicité.
mendigar *(mëndigár)* tr. mendier.
mendigo, ga *(mëndígo, ga)* adj. mendiant, e.
mendrugo *(mëndrou'go)* m. croûton.
menear *(mënëár)* tr. remuer; —se *(mënëársë)* r. se remuer.
meneo *(mënë'o)* m. remuement.
menester *(mënëstë'r)* m. besoin.
menesteroso, sa *(mënëstërós-so, a)* adj. nécessiteux, euse.
menestra *(mënë'stra)* f. potage.
menestral *(mënëstrál)* m. artisan.
menestral m. artisan.
mengano, na *(mëngáno, na)* s. un tel, une telle.
mengua *(më'ngoua)* f. diminution.
menguado, da *(mëngouádo, da)* adj. sot, sotte; lâche.
menguante *(mëngouántë)* f. déclin (de la lune etc.)
menguar *(mëngouár)* intr. décroître, diminuer; manquer.
meningitis *(mëninnjítis)* f. méningite.
menor *(mënór)* f. adj. moindre; mineur, e. —**por menor** en détail.
menoría *(mënoría)* f. minorité.
menos *(më'nos)* adv. moins; hormis, excepté.
menoscabo *(mënoscábo)* m. dommage, détérioration; diminution.
menospreciar *(mënosprëziár)* tr. déprecier, mépriser.
menosprecio *(mënosprë'zio)* m. mépris, dédain.
mensaje *(mënnsájë)* m. message.
mensajero, ra *(mënsajë'ro, ra)* s. messager, ère.
mensual *(mënsouál)* adj. mensuel, elle.
mensualidad *(mënsoualidád)* f. mensualité.
menta *(më'nta)* f. Bot. menthe.
mental *(mëntál)* adj. mental, e.
mentalidad *(mëntalidád)* f. mentalité.
mente *(më'ntë)* f. entendement.
mentir *(mëntír)* intr. mentir.
mentira *(mëntíra)* f. mensonge.
mentiroso, sa *(mëntirósso, a)* adj. menteur, euse.
mentís *(mëntís)* m. démenti.
mentón *(mëntón)* m. menton.
mentor *(mëntór)* m. mentor.
menú *(mënou')* m. menu.
menudear *(mënoudëár)* tr. répéter, réitérer.
menudencia *(mënoudë'nzia)* f. petitesse; pl. minuties; abattis.
menudillos *(mënoudíyos)* m. pl. abattis.
menudo, da *(mënou'do, da)* adj. menu, e; peu important.
meñique *(mëgníkë)* adj. petit doigt.
meollo *(mëóyo)* m. moelle.
mercader *(mërcadë'r)* m. marchand.
mercadería *(mërcadería)* f. marchandise; commerce.
mercado *(mërcádo)* m. marché.

mercancía *(mërcanzía)* f. marchandise, denrée.
mercante *(mërcántë)* m. marchand.
mercantil *(mërcantíl)* adj. mercantile.
mercar *(mërcár)* tr. acheter.
merced *(mërzë'd)* f. grâce; plaisir; volonté.
mercenario, ria *(mërzënário, a)* s. mercenaire.
mercería *(mërzëría)* f. mercerie.
mercurio *(mërcou'rio)* m. mercure.
merecer *(mërëzë'r)* tr. mériter; fig. obtenir, valoir.
merecido, da *(mërëzído, da)* adj. mérité,e.
merecimiento *(mërëzimië'nto)* m. mérite. [ter.
merendar *(mërëndár)* intr. goûter.
merendero *(mërëndë'ro)* m. guinguette.
merengue *(mërë'nguë)* m. meringue.
meridiano *(mëridiáno)* m. méridien.
meridional *(mëridionál)* adj. méridional, e.
merienda *(mërië'nda)* f. goûter.
mérito *(më'rito)* m. mérite.
meritorio, ria *(mëritório, a)* adj. méritoire.
merluza *(mërlou'za)* f. merluche; colin; pop. cuite.
merma *(më'rma)* f. diminution, perte, déchet.
mermar *(mërmár)* intr. diminuer, subir du déchet.
mermelada *(mërmëláda)* f. marmelade.
mero, ra *(më'ro, ra)* adj. simple.
merodear *(mërodëár)* intr. marauder.
merodeo *(mërodë'o)* m. maraudage.
mes *(më's)* m. mois.
mesa *(më'ssa)* f. table.
meseta *(mëssë'ta)* f. plateau; palier.
mesón *(mëssón)* m. auberge.
mesonero *(mëssonë'ro)* m. hôte, aubergiste.
mestizo, za *(mëstízo, za)* adj. métis, isse.
mesura *(mëssou'ra)* f. modestie, bienséance; politesse.
mesurado, da *(mëssourádo, a)* adj. mesuré, e.
mesurar *(mëssourár)* tr. modérer; mesurer.
meta *(më'ta)* f. but.
metafísica *(mëtafíssica)* f. métaphysique.
metáfora *(mëtáfora)* f. métaphore.
metal *(mëtál)* m. métal; laiton.
metálico, ca *(mëtálico, ca)* adj. métalique.
metalurgia *(mëtalou'rjia)* f. métallurgie.
metamorfosis *(mëtamorfóssis)* f. métamorphose.
meteoro *(mëtëóro)* m. météore.
meteorología *(mëtëorolojía)* f. météorologie.
meter *(mëtë'r)* tr. mettre.
meticuloso, sa *(mëticoulósso, a)* adj. méticuleux, euse.
metódico, ca *(mëtódico, ca)* adj. méthodique.
método *(më'todo)* m. méthode.
metralla *(mëtráya)* f. mitraille.
métrico, ca *(më'trico, ca)* adj. métrique.

metro *(mĕ'tro)* m. mètre.
metrópoli *(mĕtrópoli)* f. métropole.
mezcla *(mĕ'zcla)* f. mélange.
mezclar *(mĕzclár)* tr. mêler, mélanger.
mezquino, na *(mĕzkíno, na)* adj. pauvre, mesquin, e.
mezquita *(mĕzkíta)* f. mosquée.
mí *(mí)* pron. me, à moi.
mi, mis *(mí, mís)* adj. pos. apócope de mío, mía, míos, mías, mon, ma, mes.
miaja *(miája)* f. miette.
miasma *(miásma)* m. miasme.
mica *(míca)* f. mica.
mico *(míco)* m. singe.
microbio *(micróbio)* m. microbe.
micrófono *(micrófono)* m. microphone.
microorganismo *(microorganismo)* m. microorganisme.
microscópico, ca *(microscópico, ca)* adj. microscopique.
microscopio *(microscópio)* m. microscope.
microsurco *(microssou'rco)* m. microsillon.   [peur.
miedo *(miĕ'do)* m. crainte,
miedoso, sa *(miĕdósso, a)* adj. fam. peureux, euse.
miel *(miĕ'l)* f. miel.
miembro *(miĕ'mbro)* m. membre.
mientes *(miĕ'ntĕs)* f. pl. pensée.
mientras *(miĕ'ntras)* adv. tandis que.
miércoles *(miĕ'rcolĕs)* m. mercredi.
mies *(miĕ's)* f. moisson.
miga *(míga)* f. mie de pain.
migaja *(migája)* f. miette.
migración *(migrazión)* f. migration.
migratorio, ria *(migratório, a)* adj. migratoire.
mijo *(míjo)* m. mil, millet.
mil *(míl)* adj. et s. mille; mil.
milagro *(milágro)* m. miracle; prodige.
milagroso, sa *(milagrósso, a)* adj. miraculeux, euse.
milano *(miláno)* m. milan.
milicia *(milízia)* f. milice.
miliciano *(miliziáno)* m. milicien.
miligramo *(miligrámo)* m. milligramme.
milímetro *(milímĕtro)* m. millimètre.
militante *(militántĕ)* s. militant, e.
militar *(militár)* adj. militaire; intr. militer.
militarismo *(militarísmo)* m. militarisme.
milla *(míya)* f. mille.
millar *(miyár)* m. millier.
millón *(miyón)* m. million.
millonario, ria *(miyonário, a)* adj. millionnaire.
millonésimo, ma *(miyonĕ'ssimo, a)* adj. millionième.
mimar *(mimár)* tr. cajoler, caresser.
mimado, da *(mimádo, da)* adj. cajolé, e.
mimbre *(mímbrĕ)* m. osier.
mímica *(mímica)* f. mimique.
mimo *(mímo)* m. mime; cajolerie.
mimoso, sa *(mimósso, a)* adj. mignard, e.
mina *(mína)* f. mine.

minar *(minár)* tr. miner.
minarete *(minarĕ'tĕ)* m. minaret.
mineral *(minĕrál)* adj. et s. minéral, e.
mineralogía *(minĕralojía)* f. minéralogie.
minería *(minĕría)* f. minerie.
minero *(minĕ'ro)* m. mineur; adj. minier, ière.
miniatura *(miniatou'ra)* f. miniature.
mínimo, ma *(mínimo, ma)* adj. minime.
ministerial *(ministĕriál)* adj. ministériel, elle.
ministerio *(ministĕ'rio)* m. ministère.
ministro *(minístro)* m. ministre.
minuciosidad *(minouziossidád)* f. minutie.
minucioso, sa *(minouziósso, a)* adj. minutieux, euse.
minúscula *(minou'scoula)* f. minuscule.
minúsculo, la *(minou'scoulo, la)* adj. minuscule.
minuta *(minou'ta)* f. minute, brouillon, menu.
minutero *(minoutĕ'ro)* m. aiguille (montre).
minuto *(minou'to)* m. minute.
mío, mía, míos, mías *(mío, mía, míos, mías)* pron. pos. le mien, la mienne, les miens, les miennes.
miope *(miópĕ)* s. myope.
miopía *(miopía)* f. myopie.
mirada *(miráda)* f. œillade, coup d'œil.
mirado, da *(mirádo, da)* adj. circonspect, e.
mirador *(miradór)* m. spectateur; belvédère.
miramiento *(miramiĕ'nto)* m. considération, égard.
mirar *(mirár)* tr. regarder; considérer.
mirlo *(mírlo)* m. merle.
mirón, na *(mirón, ā)* adj. et s. curieux, euse.
mirra *(mírra)* f. myhrre.
mirto *(mírto)* m. *Bot.* myrte.
misa *(míssa)* f. messe.
misal *(missál)* m. missel.
misántropo *(missántropo)* m. misanthrope.
miscelánea *(miszĕlánĕa)* f. miscellanée.
miserable *(missĕráblĕ)* adj. misérable.
miseria *(missĕ'ria)* f. misère; avarice.
misericordia *(missĕricórdia)* f. miséricorde.
misericordioso, sa *(missĕricordiósso, a)* adj. miséricordieux, euse.
mísero, a *(mísĕro, a)* adj. misérable.
misión *(missión)* f. mission.
misionero *(missionĕ'ro)* m. missionnaire.
misiva *(missíva)* f. missive, billet.
mismo, ma *(mísmo, a)* pron. même; semblable.
misterio *(mistĕ'rio)* m. mystère.
misterioso, sa *(mistĕriósso, a)* adj. mystérieux, euse.
mística *(mística)* f. mystique.
místico, ca *(místico, ca)* adj. mystique.
misticismo *(mistizísmo)* m. mysticisme.
mistificar *(mistificár)* tr. mystifier.
mitad *(mitád)* f. moitié.
mitigar *(mitigár)* tr. mitiger.
mito *(míto)* m. mythe.

mitología *(mitolojía)* f. mythologie.
mitra *(mítra)* f. mitre.
mixto, ta *(mígsto, ta)* adj. mixte.   [ge.
mixtura *(migstou'ra)* f. mélange.
mobiliario, ria *(mobiliário, a)* adj. mobilier, ière; m. mobilier.
mocedad *(mozĕdád)* f. jeunesse.
mocetón, ona *(mozĕtón, a)* s. gaillard, e.
moción *(mozión)* f. motion.
moco *(móco)* m. morve; moissure.
mocosidad *(mocossidád)* f. mucosité.
mochila *(mochíla)* f. havresac.
mochuelo *(mochouĕ'lo)* m. hibou.
moda *(móda)* f. mode.
modales *(modálĕs)* m. pl. manières.
modelar *(modĕlár)* tr. modeler.
modelo *(modĕ'lo)* m. modèle; moule.
moderación *(modĕrazión)* f. modération.
moderado, da *(modĕrádo, da)* adj. fig. modéré, e.
moderar *(modĕrár)* tr. modérer.
modernismo *(modĕrnísmo)* m. modernisme.
modernizar *(modĕrnizár)* tr. moderniser.
moderno, na *(modĕ'rno, na)* adj. moderne.
modestia *(modĕ'stia)* f. modestie.
modesto, ta *(modĕ'sto, ta)* adj. modeste.
módico, ca *(módico, ca)* adj. modique.
modificación *(modificazión)* f. modification.
modificar *(modificár)* tr. modifier.
modismo *(modísmo)* m. idiotisme.
modista *(modísta)* f. modiste, couturière.
modo *(módo)* m. mode; manière.
modorra *(modórra)* f. assoupissement.
modoso, sa *(modósso, a)* adj. sérieux, euse.
modulación *(modoulazión)* f. *Mus.* modulation.
modular *(modoulár)* intr. *Mus.* moduler.
mofa *(mófa)* f. raillerie.
mofar *(mofár)* intr. persifler, railler.
mofarse *(mofársĕ)* r. se moquer.
mogote *(mogótĕ)* m. botte, motte.
mohín *(mo-ínn)* m. grimace, geste.
mohino, na *(mo-íno, na)* adj. fâché, e; triste.
moho *(móo)* m. rouille.
mohoso, sa *(moósso, a)* adj. moisi, e.
mojadura *(mojadou'ra)* f. mouillure.
mojar *(mojár)* tr. mouiller.
mojigato, ta *(mojigáto, ta)* adj. hypocrite.
mojón *(mojón)* m. borne, limite.
molar *(molár)* adj. meulière; molaire.
molde *(móldĕ)* f. grande masse. modèle.
moldear *(moldĕár)* tr. mouler.
moldura *(moldou'ra)* f. moulure.
molde *(móldĕ)* f. grande masse.
molécula *(molĕ'coula)* f. molécule.

molecular *(molĕcoulár)* adj. moléculaire.
moler *(molĕ'r)* tr. moudre, broyer.
molestar *(molĕstár)* tr. molester, tourmenter.
molestia *(molĕ'stia)* f. ennui; incommodité.
molesto, ta *(molĕ'sto, ta)* adj. fâcheux, euse; ennuyeux, euse.
molicie *(molíziĕ)* f. mollesse.
molienda *(moliĕ'nda)* f. mouture; fig. lassitude, fatigue.
molinero *(molinĕ'ro)* m. meunier.
molinillo *(moliníyo)* m. petit moulin à café.
molino *(molíno)* m. moulin.
molusco *(molou'sco)* m. mollusque.
molleja *(moyĕ'ja)* f. gésier.
momentáneo, a *(momĕntánĕo, a)* adj. momentané, e.
momento *(momĕ'nto)* m. moment.
momia *(mómia)* f. momie.
momificar *(momificár)* tr. momifier.
mona *(móna)* f. guenon; fam. ivresse; cuite.
monacal *(monacál)* adj. monacal, e.
monada *(monáda)* f. mine, grimace.
monaguillo *(monaguíyo)* m. enfant de chœur.
monarca *(monárca)* m. monarque.
monarquía *(monarkía)* f. monarchie.
monárquico, ca *(monárkico, ca)* adj. monarchique.
monasterio *(monastĕ'rio)* m. monastère.
monástico, ca *(monástico, ca)* adj. monastique.
mondadientes *(mondadiĕ'ntĕs)* m. cure-dents.
mondadura *(mondadou'ra)* f. émondage; pl. épluchures.
mondar *(mondár)* tr. monder, nettoyer.
moneda *(monĕ'da)* f. monnaie.
monedero *(monĕdĕ'ro)* m. monnayeur.
monetario *(monĕtário)* m. monétaire.
monigote *(monigótĕ)* m. marmouset.
monitor *(monitór)* m. moniteur.
monja *(mónja)* f. nonne, religieuse.
monje *(mónjĕ)* m. moine.
mono, na *(móno, na)* s. mono; adj. fam. mignon, onne.
monóculo *(monócoulo)* m. monocle.
monólogo *(monólogo)* m. monologue.
monopolio *(monopólio)* m. monopole.
monopolizar *(monopolizár)* intr. monopoliser.
monotonía *(monotonía)* f. monotonie.
monótono, na *(monótono, na)* adj. monotone.
monstruo *(mónstruo)* m. monstre.
monstruosidad *(monstruossidád)* f. monstruosité.
monstruoso, sa *(monstruosso, a)* adj. monstrueux, euse.
monta *(mónta)* f. montant, total.
montacargas *(montacárgas)* m. monte-charge.
montaje *(montájĕ)* m. montage.
montante *(montántĕ)* m. espadon; *Blas.* montant.
montaña *(montágna)* f. montagne.

montañés, sa *(montagnës, a)* adj. montagnard, e.
montañoso, sa *(montagnósso, a)* adj. montagneux, euse.
montar *(montár)* intr. monter.
montaraz *(montaráz)* adj. fig. agreste, farouche.
monte *(mónïë)* m. mont.
montera *(montë'ra)* f. gros bonnet.
montería *(montëría)* f. vénerie.
montés *(montë's)* adj. sauvage; farouche.
montículo *(montículo)* m. monticule.
montón *(montón)* m. monceau, tas.
montuoso, sa *(montouósso, a)* adj. montueux, euse.
montura *(montou'ra)* m. monture.
m o n u m e n t a l *(monoumëntál)* adj. monumental, e.
monumento *(monoumë'nto)* m. monument.
monzón *(monzón)* m. mousson.
moño *(mógno)* m. chignon; huppe.
mora *(móra)* f. mûre.
morada *(moráda)* f. demeure.
morado, da *(morádo, da)* adj. violet, ette.   [bitant.
morador, ra *(moradór, a)* s. ha-
moral *(morál)* f. morale; adj. moral, e.   [té.
moraleja *(moralë'ja)* f. morali-
moralidad *(moralidád)* f. moralité.
moralizar *(moralizár)* tr. moraliser.
morar *(morár)* intr. demeurer, séjourner.
moratoria *(moratória)* f. répit, délai.
mórbido, da *(mórbido, da)* adj. malade; morbide.
morboso, sa *(morbósso, a)* adj. malsain, e.
morcilla *(morzíya)* f. boudin.
mordaz *(mordáz)* adj. âcre; mordant, e; médisant, e.
mordaza *(mordáza)* f. bâillon.
mordedura *(mordëdou'ra)* f. morsure.
morder *(mordë'r)* tr. mordre.
mordiente *(mordië'nïë)* adj. mordant, e.
mordisco *(mordísco)* m. morsure.
moreno, na *(morë'no, a)* adj. brun, e.
morera *(morë'ra)* f. mûrier blanc.
morfina *(morfína)* f. morphine.
morfología *(morfolojía)* f. morphologie.
moribundo, da *(moribou'ndo, da)* adj. moribond, e.
morigerar *(morijërár)* adj. morigéner.
morir *(morír)* intr. mourir.
morosidad *(morossidád)* f. retardement, lenteur.
moroso, sa *(morósso, a)* adj. lent, e; tardif, ive.
morral *(morrál)* m. musette; havresac; carnassière.
morriña *(morrígna)* f. nostalgie.
morro *(mórro)* m. corps rond; lippe; museau.
mortaja *(mortája)* f. suaire, linceul; mortaise.
mortal *(mortál)* adj. mortel, elle.
mortalidad *(mortalidád)* f. mortalité.
mortandad *(mortandád)* f. mortalité.
mortero *(mortë'ro)* m. mortier.
mortífero, ra *(mortífëro, ra)* adj. meurtrier, ière.

mortificación *(mortificazión)* f. mortification.
mortificar *(mortificár)* tr. mortifier, chagriner.
murtuorio, ria *(mortouório, a)* adj. mortuaire.
morueco *(morouë'co)* m. bélier.
mosaico *(mossá-ico)* n. mosaïque.
mosca *(mósca)* f. mouche.
moscada *(moscáda)* adj. muscade.
moscardón *(moscardón)* m. gros taon; fig. importun.
moscatel *(moscatë'l)* adj. muscat.
mosquetón *(moskëtón)* m. mousqueton.
mosquitero *(moskitë'ro)* m. moustiquaire.
mosquito *(moskíto)* m. moustique.   [de.
mostaza *(mostáza)* m. moutar-
mosto *(mósto)* m. moût.
mostrador *(mostradór)* m. comptoir.
mostrar *(mostrár)* tr. montrer.
mote *(mótë)* m. sobriquet.
motejar *(motëjár)* tr. railler, se moquer.
motín *(motínn)* m. mutinerie, émeute.
motivar *(motivár)* tr. motiver.
motivo *(motívo)* m. motif, cause.
motocicleta *(motoziclë'ta)* f. motocyclette.
motor *(motór)* m. moteur.
motriz *(motríz)* adj. motrice.
movedizo, za *(movëdízo, za)* adj. mouvant, e; inconstant, e.
mover *(movër)* tr. mouvoir; remuer.
móvil *(móvil)* adj. et s. mobile.   [lité.
movilidad *(movilidád)* f. mobi-
movilizar *(movilizár)* tr. mobiliser.
movimiento *(movimië'nto)* m. mouvement.
moza *(móza)* f. jeune femme; servante.
mozalbete *(mozalbë'të)* m. jouvenceau.
mozo, za *(mózo, za)* adj. jeune; m. domestique.
mucosa *(moucóssa)* f. Anat. muqueuse.
muchacha *(mouchácha)* f. fille.
muchacho *(mouchácho)* s. garçon.
muchedumbre *(mouchëdou'mbrë)* f. foule, multitude.
mucho, cha *(mou'cho, cha)* adj. beaucoup de; adv. beaucoup.
muda *(mou'da)* f. changement; mue.
mudanza *(moudánza)* f. changement.
mudar *(moudár)* tr. changer; muer.
mudo, da *(mou'do, da)* adj. muet, ette.
mueble *(mouë'blë)* adj. et s. meuble.
mueca *(mouë'ca)* f. fam. grimace.
muela *(mouë'la)* f. meule; butte; pl. dents molaires.
muelle *(mouë'yë)* adj. mou, molle; ressort; quai (d'un port).
muérdago *(mouë'rdago)* m. Bot. gui.
muerte *(mouë'rtë)* f. mort; fig. meurtre.
muerto, ta *(mouë'rto, ta)* adj. et s. mort, e.
muesca *(mouë'sca)* f. entaille; mortaise.

muestra *(mouë'stra)* f. échantillon; modèle.
muestrario *(mouëstrário)* m. collection d'échantillons.
mugido *(moujído)* m. mugissement.
mugir *(moujír)* intr. mugir.
m u g r e *(mou'grë)* f. crasse, graisse.
mugriento, ta *(mougrië'nto, ta)* crasseux, euse.   [se.
mujer *(moujër)* f. femme; épou-
mula *(mou'la)* f. mule.
muladar *(mouladár)* m. fumier.
mulato, ta *(mouláto, ta)* adj. et s. mulâtre.
muleta *(moulë'ta)* f. jeune mule; béquille; muléta.
mulo *(mou'lo)* f. mulet.
multa *(mou'lta)* f. amende.
multar *(moultár)* tr. amender.
multicolor *(moulticolór)* adj. multicolore.
multiplicación *(moultiplicazión)* m. Arithm. multiplication.
multiplicar *(moultiplicár)* tr. multiplier.
multiplicidad *(moultiplizidád)* f. multiplicité.
múltiplo *(mou'ltiplo)* s. multiple.
multitud *(moultitou'd)* f. multitude.
mullido, da *(mouyído, da)* adj. ameubli, e.
mullir *(mouyír)* tr. amollir.
mundanal *(moundanál)* adj. mondain.
mundano, na *(moundáno, na)* adj. mondain, e.
mundial *(moundiál)* adj. mondial, e.
mundo *(mou'ndo)* m. monde.
munición *(mounizión)* f. munition.
municipal *(mounizipál)* adj. municipal, e.
municipalidad *(mounizipalidád)* f. municipalité.
municipio *(mounizípio)* m. commune, municipe.
muñeca *(mougnë'ca)* f. le poignet; poupée d'enfant.
muñeco *(mougnë'co)* m. marionnette.
muñón *(mougnón)* m. moignon.
mural *(mourál)* adj. mural, e.
muralla *(mouráya)* f. muraille.
murciélago *(mourzië'lago)* m. chauve-souris.
murmullo *(mourmou'yo)* m. murmure.
murmuración *(mourmourazión)* f. médisance, calomnie.
murmurador, ra *(mourmouradór, a)* adj. et s. médisant, e.
murmurar *(mourmourár)* murmurer.
muro *(mou'ro)* m. mur, muraille.
musa *(mou'ssa)* f. muse.
musaraña *(moussarágna)* f. musaraigne.
muscular *(mousculár)* adj. musculaire.
musculatura *(mouscoulatou'ra)* f. musculature.
músculo *(mou'scoulo)* m. muscle.
musculoso, sa *(mouscoulósso, a)* adj. musculeux, euse.
muselina *(moussëlína)* f. mousseline.
museo *(moussë'o)* m. musée.
musgo *(mou'sgo)* m. mousse.
música *(mou'ssica)* f. musique.
musical *(moussicál)* adj. musical, e.
músico *(mou'ssico)* m. musicien.
musitar *(moussitár)* intr. marmotter.

muslo *(mou'slo)* m. cuisse.
mustio, tia *(mou'stio, a)* adj. triste; fané, e.
mutación *(mouïazión)* f. mutation.
mutilación *(moutilazión)* f. mutilation.
mutilar *(moutilár)* tr. mutiler.
mutismo *(moutísmo)* m. mutisme.
mutualidad *(moutoualidád)* f. mutualité.
mutuo, tua *(mou'touo, a)* adj. mutuel, elle.
muy *(mou'-i)* adv. très fort.

N n

nabo *(nábo)* m. navet.
nácar *(nácar)* m. nacre.
nacela *(nazë'la)* f. nacelle.
nacer *(nazë'r)* intr. naître.
nacido, da *(nazído, da)* adj. né, e.
naciente *(nazië'ntë)* adj. naissant, e.
nacimiento *(nazimië'nto)* m. naissance.
nación *(nazión)* f. nation.
nacional *(nazionál)* adj. national, e.
nacionalidad *(nazionalidád)* f. nationalité.
nacionalismo *(nazionalísmo)* m. nationalisme.
nacionalista *(nazionalísta)* adj. et s. nationaliste.
nada *(náda)* f. néant; rien.
nadador, ra *(nadadór, a)* adj. et s. nageur, euse.
nadar *(nadár)* intr. nager.
nadie *(nádië)* pron. ind. personne, nul.
nado (a) *(a nádo)* loc. adv. a la nage.
nafta *(náfta)* f. naphte.
naftalina *(naftalína)* f. naphtaline.
naipe *(ná-ipë)* m. carte à jouer.
nalga *(nálga)* f. fesse.
nao *(náo)* f. navire, vaisseau.
naranja *(naránja)* f. orange.
naranjada *(naranjáda)* f. orangeade.
naranjal *(naranjál)* m. orangerie.
naranjo *(naránjo)* m. oranger.
narciso *(narzísso)* m. narcisse.
narcótico, ca *(narcótico, ca)* adj. narcotique.
nardo *(nárdo)* m. nard.
nariz *(naríz)* f. nez.
narración *(narrazión)* f. narration.
narrador, ra *(narradór, a)* s. narrateur, trice.
narrar *(narrár)* tr. narrer, raconter.
nasa *(nássa)* f. nasse.
nasal *(nassál)* adj. nasal, e.
nata *(náta)* f. crème.
natación *(natazión)* f. natation.
natal *(natál)* adj. natal, e.
natalicio *(natalízio)* m. anniversaire.

natalidad *(natalidád)* f. natalité.
natividad *(natividád)* f. nativité.
nativo, va *(natívo, va)* adj. naturel, elle.
nato, ta *(náto, ta)* adj. né, e.
natural *(natourál)* adj. naturel, elle; natif, ive.
naturaleza *(natourale̅'za)* f. nature.
naturalidad *(natouralidád)* f. naturalité.
naturalista *(natouralista)* m. naturaliste.
naturalizar *(natouralizár)* tr. naturaliser.
naufragar *(naoufragár)* intr. naufrager; fig. échouer.
naufragio *(naoufrájio)* m. naufrage.
náufrago, ga *(náoufrago, ga)* adj. naufragé, e.
náusea *(náoussĕa)* f. nausée.
nauseabundo, da *(naoussĕabou'ndo, da)* adj. nauséabond, e.
nauta *(náouta)* m. matelot.
náutica *(náoutica)* f. nautique.
náutico, ca *(náoutico, ca)* adj. nautique.
navaja *(navája)* f. couteau pliant; rasoir.
naval *(navál)* adj. naval, e.
nave *(návĕ)* f. *Mar.* vaisseau; nef.
navegable *(navĕgáblĕ)* adj. navigable.
navegación *(navĕgazión)* f. navigation.
navegante *(navĕgántĕ)* s. marin, navigateur.
navegar *(navĕgár)* intr. naviguer.
navidad *(navidád)* f. Noël.
naviero *(navie̅'ro)* m. *Mar.* armateur.
navío *(navío)* m. navire.
neblina *(neblína)* f. brouillard épais.
nebulosa *(nĕboulóssa)* f. nébuleuse.
nebulosidad *(nĕboulossidád)* f. nebulosité.
nebuloso, sa *(nĕboulóso, a)* adj. nébuleux, euse.
necedad *(nĕzĕdád)* f. niaiserie.
necesario, ria *(nĕzĕssário, a)* adj. nécessaire.
necesidad *(nĕzĕssidád)* f. nécessité, besoin, disette.
necesitar *(nĕzĕssitár)* tr. nécessiter; intr. avoir besoin.
necio, cia *(nĕ'zio, a)* adj. imprudent, e; sot, sotte.
necrología *(nĕcrolojía)* f. nécrologie.
necrópolis *(nĕcrópolis)* f. nécropole.
néctar *(nĕ'ctar)* m. nectar.
nefando, da *(nĕfándo, da)* adj. abominable.
nefasto, ta *(nĕfásto, ta)* adj. nefaste.
negación *(nĕgazión)* f. négation.
negar *(nĕgár)* tr. nier; refuser.
negativa *(nĕgatíva)* f. négation; négative.
negativo, va *(nĕgativo, va)* adj. négatif, ive.
negligencia *(nĕglijĕ'nzia)* f. négligence.
negligente *(nĕglijĕ'ntĕ)* adj. négligent, e.
negociación *(nĕgoziazión)* f. négociation.
negociado *(nĕgoziádo)* m. bureau.

negociante *(nĕgoziántĕ)* m. négociant.
negociar *(nĕgoziár)* intr. négocier.
negocio *(nĕgózio)* m. affaire; gain.
negro, gra *(nĕ'gro, a)* m. noir, nègre; adj. noir, e; fig. sombre.
negrura *(nĕgrour'a)* f. noirceur.
negruzco, ca *(nĕgrou'zco, ca)* adj. noirâtre.
nene *(nĕ'nĕ)* m. fam. bébé.
neófito *(nĕófito)* m. néophyte.
neologismo *(nĕolojísmo)* m. néologisme.
nervio *(nĕ'rvio)* m. nerf.
nerviosidad *(nĕrviossidád)* f. nervosité.
nervioso, sa *(nĕrviósso, a)* adj. nerveux, euse.
neto, ta *(nĕ'to, ta)* adj. net, nette.
neumático, ca *(nĕoumático, ca)* adj. pneumatique.
neuralgia *(nĕouráljia)* f. névralgie.
neurastenia *(nĕourastĕ'nia)* f. neurasthénie.
neutral *(nĕoutrál)* adj. neutre.
neutralidad *(nĕoutralidád)* f. neutralité.
neutralizar *(nĕoutralizár)* tr. neutraliser.
neutro, tra *(nĕou'tro, a)* adj. neutre.
nevada *(nĕváda)* f. chute de neige.
nevar *(nĕvár)* intr. neiger.
nevera *(nĕvĕ'ra)* f. glacière.
nexo *(nĕ'gso)* m. liaison. [me.
ni *(ní)* conj. neg. ni; pas mê-
nicotina *(nicotína)* f. nicotine.
nicho *(nícho)* m. niche.
nido *(nído)* m. nid.
niebla *(nie̅'bla)* f. brouillard.
nieto, ta *(nie̅'to, ta)* s. petit-fils, petite-fille.
nieve *(nie̅'vĕ)* f. neige.
ninfa *(nínnfa)* f. nymphe.
ningún *(ninngou'n)* adj. aucun.
ninguno, na *(ninngou'no, na)* adj. aucun, e; nul, nulle.
niña *(nígna)* f. fillette; prunelle de l'œil.
niñera *(nignĕ'ra)* f. bonne.
niñez *(nignĕ'z)* f. enfance.
niño, ña *(nígno, a)* adj. et s. enfant, petit garçon, petite fille.
níquel *(níkĕl)* m. nickel.
níspero *(níspĕro)* m. neflier; nèfle.
nítido, da *(nítido, da)* adj. pur, e; brillant, e.
nitrato *(nitráto)* m. nitrate.
nitrógeno *(nitrójĕno)* m. azote.
nivel *(nivĕ'l)* m. niveau.
nivelación *(nivĕlazión)* f. nivellement.
nivelar *(nivĕlár)* tr. niveler.
no *(nó)* adv. neg. non; non pas; ne pas.
noble *(nóblĕ)* adj. noble.
nobleza *(noblĕ'za)* f. noblesse.
noción *(nozión)* f. notion.
nocivo, va *(nozívo, va)* adj. nuisible.
nocturno, na *(noctou'rno, na)* adj. nocturne.
noche *(nóchĕ)* f. nuit; soir; media noche, minuit.
nochebuena *(nochĕbou̅ĕ'na)* f. nuit de Noël.
nodriza *(nodríza)* f. nourrice.
nogal *(nogál)* m. noyer.
nómada *(nómada)* adj. nomade.
nombramiento *(nombramie̅'nto)* m. nomination.

nombrar *(nombrár)* tr. nommer.
nombre *(nómbrĕ)* m. nom; renom.
nomenclatura *(nomĕnclatou'ra)* f. nomenclature.
nómina *(nómina)* f. liste.
noria *(nória)* f. noria.
norma *(nórma)* f. norme; règle.
normal *(normál)* adj. normal, e.
normalidad *(normalidád)* f. état normal.
normalizar *(normalizár)* tr. normaliser.
norte *(nórtĕ)* m. nord.
nos *(nós)* pron. per. pl. nous.
nosotros *(nossótros)* pron. pers. pl. nous.
nostalgia *(nostáljia)* f. nostalgie.
nota *(nóta)* f. marque; note.
notable *(notáblĕ)* adj. et s. notable.
notar *(notár)* tr. marquer; noter.
notaría *(notaría)* f. notariat; étude de notaire.
notario *(notário)* m. notaire.
noticia *(notízia)* f. nouvelle.
noticiario *(notiziário)* m. actualités (cinéma).
notificar *(notificár)* tr. notifier.
notoriedad *(notoriĕdád)* f. notoriété.
notorio, ria *(notório, ria)* adj. notoire.
novato, ta *(nováto, ta)* adj. novice.
novedad *(novĕdád)* f. nouveauté.
novel *(novĕ'l)* adj. novice.
novela *(novĕ'la)* f. roman, nouvelle, conte; fig. mensonge.
novelista *(novĕlísta)* m. romancier.
noveno, na *(novĕ'no, a)* adj. neuvième; f. neuvaine.
noventa *(novĕ'nta)* adj. et s. quatre-vingt-dix, nonante.
novia *(nóvia)* f. nouvelle mariée; fiancée.
noviazgo *(noviázgo)* m. fiançailles.
novicio *(novízio)* m. novice.
noviembre *(novie̅'mbrĕ)* m. novembre.
novillada *(noviyáda)* f. course de jeunes taureaux.
novillo *(novíyo)* m. jeune taureau.
novio *(nóvio)* m. fiancé; nouveau marié.
nube *(nou'bĕ)* f. nuage; nue.
nublado, da *(noubládo da)* adj. nuageux, euse.
nublar *(noublár)* tr. couvrir de nuages.
nublarse *(noublársĕ)* r. s'obscurcir.
nuca *(nou'ca)* f. nuque.
núcleo *(nou'clĕo)* m. noyau, centre.
nudillo *(noudíyo)* m. jointure des doigts.
nudo *(nou'do)* m. nœud.
nudoso, sa *(noudósso, a)* adj. noueux, euse.
nuera *(nou̅ĕ'ra)* f. bru, belle-fille.
nuestro, tra *(nou̅ĕ'stro, a)* adj. notre.
nueva *(nou̅ĕ'va)* f. nouvelle.
nueve *(nou̅ĕ'vĕ)* adj. num. neuf.
nuevo, va *(nou̅ĕ'vo, va)* adj. neuf, neuve; nouveau, elle.
nuez *(nou̅ĕ'z)* f. noix.
nulidad *(noulidád)* f. nullité.
nulo, la *(nou'lo, la)* adj. nul, nulle.
numeración *(noumĕrazión)* f. numération.

numeral *(noumĕrál)* adj. numéral, e.
numerar *(noumĕrár)* tr. nombrer, compter; numéroter.
numerario, ria *(noumĕrário, a)* adj. numérique; m. numeraire.
numérico, ca *(noumĕ'rico, ca)* adj. numérique.
número *(nou'mĕro)* m. nombre.
numeroso, sa *(noumĕrósso, a)* adj. nombreux, euse.
nunca *(nou'nca)* adv. jamais.
nunciatura *(nounziatou'ra)* f. nonciature.
nuncio *(nou'nzio)* m. nonce.
nupcial *(noupziál)* adj. nuptial, e.
nupcias *(nou'pzias)* f. pl. noces.
nutria *(nou'tria)* f. loutre.
nutrición *(noutrizión)* f. nutrition.
nutrido, da *(noutrído, da)* adj. nourri, e.
nutrir *(noutrír)* tr. nourrir.
nutritivo, va *(noutritívo, va)* adj. nutritif, ive.

ñoñería *(gnognĕría)* f. niaiserie.
ñoño, ña *(gnógno, a)* adj. niais, e.

o *(ó)* conj. disj. ou.
oasis *(oásis)* m. oasis.
obcecación *(obzĕcazión)* f. aveuglement.
obcecado, da *(obzĕcádo, da)* adj. aveuglé, e.
obcecar *(obzĕcár)* tr. aveugler.
obedecer *(obĕdĕzĕ'r)* tr. obéir.
obediencia *(obĕdiĕ'nzia)* f. obéissance.
obediente *(obĕdiĕ'ntĕ)* adj. obéissant, e.
obelisco *(obĕlísco)* m. obélisque.
obertura *(obĕrtou'ra)* f. *Mus.* ouverture.
obesidad *(obĕssidád)* f. obésité.
obeso, sa *(obĕ'sso, a)* adj. obèse.
obispado *(obispádo)* m. évêché.
obispo *(obíspo)* m. évêque.
objeción *(objĕzión)* f. objection.
objetar *(objĕtár)* tr. objecter.
objetivo, va *(objĕtívo, va)* adj. objectif, ive; m. objectif.
objeto *(objĕ'to)* m. objet; but.
oblicuo, cua *(oblicou'o, a)* adj. oblique.
obligación *(obligazión)* f. obligation.
obligar *(obligár)* tr. obliger; contraindre.
obligatorio, ria *(obligatório, a)* adj. obligatoire.

óbolo *(óbolo)* m. obole.

obra *(óbra)* f. œuvre, ouvrage.

obrar *(obrár)* tr. faire, construire, fabriquer; intr. agir.

obrero, ra *(obrĕ'ro, a)* s. ouvrier, ière.

obsceno, na *(obszĕ'no, a)* adj. obscène.

obscurecer *(obscourĕzĕ'r)* tr. obscurcir. [curité.

obscuridad *(obscouridád)* f. obs-

obscuro *(obscou'ro)* adj. obscur, e.

obsequiar *(obsĕkiár)* tr. courtiser; faire des cadeaux.

obsequio *(obsĕ'kio)* m. cadeau; obligeance.

obsequioso, sa *(obsĕkiósso, a)* adj. complaisant, e; obséquieux, euse.

observación *(obsĕrvazión)* f. observation.

observador, ra *(obsĕrvadór, a)* s. observateur, trice.

observancia *(obsĕrvánzia)* f. observance.

observar *(obsĕrvár)* tr. observer.

observatorio *(obsĕrvatório)* m. observatoire.

obsesión *(obsĕssión)* f. obsession.

obstáculo *(obstácoulo)* m. obstacle.

obstante (no) *(no obstántĕ)* adv. nonobstant.

obstinación *(obstinazión)* f. obstination.

obstinado, da *(obstinádo, da)* adj. obstiné, e.

obstinarse *(obstinársĕ)* r. s'obstiner.

obstruir *(obstrouír)* tr. obstruer.

obtención *(obtĕnzión)* f. obtention.

obtener *(obtĕnĕ'r)* tr. obtenir.

obturador *(obtouradór)* n. obturateur.

obturar *(obtourár)* tr. obturer.

obtuso, sa *(obtou'sso, a)* adj. obtus, e.

obús *(obou's)* m. obus, obusier.

obviar *(obviár)* tr. obvier.

obvio, via *(óbvio, a)* adj. évident, e.

oca *(óca)* f. oie.

ocasión *(ocassión)* f. occasion.

ocasional *(ocassionál)* adj. occasionnel, elle.

ocasionar *(ocassionár)* tr. occasionner.

ocaso *(ocásso)* m. crépuscule; couchant; décadence.

occidental *(oczidĕntál)* adj. occidental, e.

occidente *(oczidĕ'ntĕ)* m. occident.

océano *(ozĕ'ano)* m. *Géogr.* océan.

ocio *(ózio)* m. loisir, repos.

ociosidad *(oziossidád)* f. oisiveté.

ocioso, sa *(oziósso, a)* adj. oisif, ve.

ocre *(ócrĕ)* m. ocre.

octavo, va *(octávo, va)* adj. huitième.

octubre *(octou'brĕ)* m. octobre.

ocular *(oculár)* adj. oculaire.

oculista *(oculísta)* m. oculiste.

ocultación *(ocoultazión)* f. occultation.

ocultar *(ocoultár)* tr. occuper.

oculto, ta *(ocou'lto, ta)* adj. occulte, caché, e.

ocupación *(ocoupazión)* f. occupation.

ocupar *(ocoupár)* tr. occuper.

ocurrencia *(ocourrĕ'nzia)* f. occurrence.

ocurrir *(ocourrír)* intr. souvenir; se produire.

ochenta *(ochĕ'nta)* adj. quatre-vingts.

ocho *(ócho)* adj. huit.

oda *(óda)* f. ode.

odiar *(odiár)* tr. haïr.

odio *(ódio)* m. haine, aversion.

odioso, sa *(odiósso, a)* adj. odieux, euse.

odisea *(odissĕ'a)* f. odysée.

oeste *(oĕ'stĕ)* m. ouest.

ofender *(ofĕndĕ'r)* tr. offenser.

ofenderse *(ofĕndĕ'rsĕ)* r. s'offenser, se fâcher.

ofensa *(ofĕ'nsa)* f. offense, injure.

ofensiva *(ofĕnsíva)* f. offensive.

ofensivo, va *(ofĕnsívo, va)* adj. offensif, ive.

ofensor *(ofĕnsór)* m. offenseur.

oferta *(ofĕ'rta)* f. offre.

oficial *(ofiziál)* m. ouvrier; officier; commis de bureau, etc.

oficiala *(ofiziála)* f. ouvrière.

oficialidad *(ofizialidád)* f. cadres (militaires).

oficiar *(ofiziár)* tr. officier.

oficina *(ofizína)* f. boutique; bureau.

oficinista *(ofizinísta)* m. bureaucrate.

oficio *(ofízio)* m. office; métier; emploi.

oficioso, sa *(ofiziósso, a)* adj. officieux, euse.

ofrecer *(ofrĕzĕ'r)* tr. offrir.

ofrecimiento *(ofrĕzimiĕ'nto)* m. offre; promesse.

ofrenda *(ofrĕ'nda)* f. offrande.

oftalmólogo *(oftalmólogo)* m. oculiste.

ofuscación *(ofouscazión)* m. éblouissement; aveuglement.

ofuscar *(ofouscár)* tr. offusquer.

ogro *(ógro)* m. ogre.

oído *(o-ído)* m. ouïe, oreille.

oír *(o-ír)* tr. ouïr, entendre.

ojal *(ojál)* m. boutonnière.

¡ojalá! *(ojalá)* interj. plût à Dieu.

ojeada *(ojĕáda)* f. œillade, coup d'œil.

ojear *(ojĕár)* tr. fixer les yeux; battre les buissons.

ojeras *(ojĕ'ras)* f. pl. cerne.

ojeriza *(ojĕríza)* f. haine.

ojiva *(ojíva)* f. ogive.

ojo *(ójo)* m. œil.

ola *(óla)* f. onde, vague; houle.

oleada *(olĕáda)* f. grosse vague; marée.

oleaje *(olĕájĕ)* m. vagues.

óleo *(ólĕo)* m. huile; onction.

oleoducto *(olĕodou'cto)* m. pipe-line.

oler *(olĕ'r)* tr. et intr. sentir.

olfatear *(olfatĕár)* tr. flairer.

olfato *(olfáto)* m. odorat; flair.

olímpico, ca *(olímpico, ca)* adj. olympique.

oliva *(olíva)* f. olive.

olivo *(olívo)* m. olivier.

olivar *(olivár)* m. olivaie.

olmo *(ólmo)* m. orme.

olor *(olór)* m. odeur.

oloroso, sa *(olorósso, a)* adj. odorant, e.

olvidadizo, za *(olvidadízo, za)* adj. oublieux, euse.

olvidar *(olvidár)* tr. oublier.

olvido *(olvído)* m. oubli.

olla *(óya)* f. marmite; bouilli, pot-au-feu.

ombligo *(omblígo)* m. nombril.

omisión *(omissión)* f. omission.

omitir *(omitír)* tr. omettre.

ómnibus *(ómnibous)* m. omnibus.

omnipotencia *(omnipotĕ'nzia)* f. toute-puissance.

omnipotente *(omnipotĕ'ntĕ)* adj. tout-puissant.

omoplato *(omopláto)* m. omoplate.

once *(ónzĕ)* adj. onze.

onda *(ónda)* f. onde.

ondear *(ondĕár)* intr. ondoyer, flotter.

ondulación *(ondoulazión)* f. ondulation.

ondulado, da *(ondouládo, da)* adj. ondulé, e.

ondular *(ondoulár)* intr. onduler.

oneroso, sa *(onĕrósso, a)* adj. onéreux, euse.

onza *(ónza)* f. once; guépard.

opaco, ca *(opáco, ca)* adj. opaque.

ópalo *(ópalo)* m. opale.

opción *(opzión)* f. option.

ópera *(ópĕra)* f. opéra.

operación *(opĕrazión)* f. opération.

operador, ra *(opĕradór, a)* adj. opérateur, trice.

operar *(opĕrár)* tr. opérer, agir.

operario *(opĕrário)* m. ouvrier.

opinar *(opinár)* intr. opiner, juger.

opinión *(opinión)* f. opinion.

opio *(ópio)* m. opium.

opíparo, ra *(opíparo, a)* adj. copieux, euse.

oponer *(oponĕ'r)* tr. opposer.

oportunidad *(oportounidád)* f. opportunité.

oportuno, na *(oportou'no, a)* adj. opportun, e.

oposición *(opossizión)* f. opposition; concours.

opositor, ra *(opossitór, a)* s. opposant, e; concurrent, e.

opresión *(oprĕssión)* f. oppression.

opresivo, va *(oprĕssívo, va)* adj. oppressif, ive.

opresor *(oprĕssór)* adj. et n. oppresseur.

oprimir *(oprimír)* tr. opprimer; fig. presser.

oprobio *(opróbio)* m. opprobre.

optar *(optár)* tr. opter, choisir.

óptica *(óptica)* f. optique.

óptico, ca *(óptico, ca)* adj. optique.

optimismo *(optimísmo)* m. optimisme.

optimista *(optimísta)* m. optimiste.

óptimo, ma *(óptimo, ma)* adj. sup. de **bueno**, très bon.

opuesto, ta *(opouĕ'sto, ta)* adj. opposé, e. [lence.

opulencia *(opoulĕ'nzia)* f. opu-

opulento, ta *(opoulĕ'nto, a)* adj. opulent, e.

opúsculo *(opou'scoulo)* m. opuscule.

oquedad *(okĕdád)* f. concavité.

oración *(orazión)* f. oration; proposition.

oráculo *(orácoulo)* m. oracle.

orador, ra *(oradór, a)* s. orateur.

oral *(orál)* adj. oral, e.

orangután *(orangoután)* m. orang-outan.

orar *(orár)* intr. haranguer; fig. prier, supplier.

oratoria *(oratória)* f. *Art.* oratoire.

oratorio, ria *(oratório, a)* adj. adj. oratoire; m. oratoire.

orbe *(órbĕ)* m. globe; orbe.

órbita *(órbita)* f. *Astr.* orbite.

orden *(órdĕn)* s. ordre; rapport; rang.

ordenación *(ordĕnazión)* f. arrangement, ordination.

ordenar *(ordĕnár)* tr. ordonner.

ordeñar *(ordĕgnár)* tr. traire.

ordinal *(ordinál)* adj. ordinal, e.

ordinario, ria *(ordinário, a)* adj. ordinaire.

oreja *(orĕ'ja)* f. oreille.

orfebre *(orfĕ'brĕ)* m. orfèvre.

orfelinato *(orfĕlináto)* m. orphelinat.

orfeón *(orfĕón)* m. orphéon.

orgánico, ca *(orgánico, cá)* adj.

organillo *(organíyo)* m. orgue de Barbarie.

organismo *(organísmo)* m. organisme. [niste.

organista *(organísta)* s. orga-

organización *(organizazión)* f. organisation; fig. disposition.

organizar *(organizár)* tr. organiser; disposer.

órgano *(órgano)* m. orgue; organe.

orgía *(orjía)* f. orgie.

orgullo *(orgou'yo)* m. orgueil.

orgulloso, sa *(orgouyósso, a)* adj. orgueilleux, euse.

orientación *(oriĕntazión)* f. orientation.

oriental *(oriĕntál)* adj. oriental, e.

orientar *(oriĕntár)* tr. orienter.

orificio *(orifízio)* m. orifice.

oriflama *(orifláma)* f. oriflamme.

origen *(oríjĕn)* m. origine.

originalidad *(orijinalidád)* f. originalité.

original *(orijinál)* m. original; adj. originel, elle.

originar *(orijinár)* tr. motiver, causer.

originario, ria *(orijinário, a)* adj. originaire.

orilla *(oríya)* f. bord; lisière.

orín *(orínn)* m. rouille.

orina *(orína)* f. urine.

orinal *(orinál)* m. pot de chambre.

orinar *(orinár)* intr. uriner, pisser.

orla *(órla)* f. bord; *Blas.* orle.

ornamento *(ornamĕ'nto)* m. ornement.

ornar *(ornár)* tr. orner.

ornato *(ornáto)* m. ornement, parure.

oro *(óro)* m. or.

oropel *(oropĕ'l)* m. oripeau.

orquesta *(orkĕ'sta)* f. orchestre.

orquídea *(orkídĕa)* m. orchidée.

ortigal *(ortigál)* f. ortie.

ortodoxia *(ortodóxia)* f. orthodoxie.

ortografía *(ortografía)* f. orthographe.

oruga *(orou'ga)* f. roquette; chenille.

orzuelo *(orzouĕ'lo)* m. orgelet.

os *(ós)* pron. pers. vous.

osa *(óssa)* f. ourse.

osadía *(ossadía)* f. hardiesse; zèle.

osado, da *(ossádo, a)* adj. hardi, e.

osamenta *(ossamĕ'nta)* f. ossement.

osar *(ossár)* intr. oser.

osario *(ossário)* m. ossuaire.

oscilación *(oszilazión)* f. oscillation.

oscilar *(oszilár)* intr. osciller.

oscuro, ra *(oscou'ro, a)* adj. obscur, e.

óseo, a *(óssĕo, a)* adj. osseux, euse.

osezno *(ossĕ'zno)* m. ourson.

ósmosis *(ósmossis)* f. osmose.

oso *(ósso)* m. ours.
ostensible *(ostënsíblë)* adj. ostensible.
ostentación *(ostëntazión)* f. ostentation.
ostentar *(ostëntár)* tr. montrer; intr. se vanter.
ostra *(óstra)* f. huitre.
ostracismo *(ostrazísmo)* m. ostracisme.
otear *(otëár)* tr. guetter; observer.
otero *(otë'ro)* m. butte.
otoñal *(otognál)* adj. automnal, e.
otoño *(otógno)* m. automne.
otorgamiento *(otorgamië'nto)* m. octroi, permission.
otorgar *(otorgár)* tr. octroyer, accorder.
otro, tra *(ótro, a)* adj. autre.
ovación *(ovazión)* f. ovation.
oval *(ovál)* adj. ovale.
ovalado, da *(ovaládo, da)* adj. ovale.
óvalo *(óvalo)* m. ovale.
ovario *(ovário)* m. ovaire.
oveja *(ovë'ja)* f. brebis.
ovillo *(ovíyo)* m. pelote.
óxido *(ógsido)* m. oxyde.
oxidar *(ogsidár)* tr. oxyder.
oxígeno *(ogsíjëno)* m. oxygène.
oyente *(o-ië'ntë)* p. prés. de oir; s. auditeur.
ozono *(ozóno)* m. ozone.

pabellón *(pabëyón)* m. pavillon.
pacer *(pazë'r)* tr. paître; brouter.
paciencia *(pazië'nzia)* f. patience.
paciente *(pazië'ntë)* adj. patient, e.
pacienzudo, da *(pazïënzou'do, da)* adj. fam. très patient, e.
pacificación *(pazifizazión)* f. pacification.
pacificador, ra *(pazifizadór, a)* adj. et s. pacificateur, trice.
pacificar *(pazifikár)* tr. pacifier.
pacífico, ca *(pazífico, ca)* adj. pacifique.
pactar *(pactár)* intr. pactiser, convenir.
pacto *(pácto)* m. pacte.
padecer *(padëzë'r)* tr. souffrir.
padecimiento *(padëzimië'nto)* m. souffrance.   père.
padrastro *(padrástro)* m. beau-père.
padre *(pádrë)* m. père.
padrino *(padríno)* m. parrain.
padrón *(padrón)* m. recensement.
paga *(pága)* f. paie.
pagadero, ra *(pagadë'ro, a)* adj. payable.
pagador, ra *(pagadór, a)* s. payeur, euse.
pagaduría *(pagadouría)* f. bureau du payeur, etc.
pagano, na *(pagáno, na)* adj. et s. païen, enne.

pagar *(pagár)* tr. payer.
pagaré *(pagarë')* m. mandat; billet à ordre.
página *(pájina)* f. page.
pago *(págo)* m. payement.
pagoda *(pagóda)* m. pagode.
país *(pa-ís)* m. pays, contrée.
paisaje *(pa-issájë)* m. paysage, tableau.
paisano, na *(pa-issáno, na)* adj. compatriote; civil, e.
paja *(pája)* f. paille.
pajar *(pajár)* m. pailler.
pájaro *(pájaro)* m. oiseau.
paje *(pájë)* m. page.
pajizo, za *(pajízo, za)* adj. jaune paille.
pala *(pála)* f. parole, battoir; empeigne.
palabra *(palábra)* f. parole, mot, terme.
palabrería *(palabrëría)* f. bavardage.
palaciego, ga *(palazië'go, a)* adj. courtisan, e.
palacio *(palázio)* m. palais.
palada *(paláda)* f. pelletée.
paladar *(paladár)* m. palais de la bouche; déguster, savourer.
paladín *(paladínn)* m. paladin.
palanca *(palánca)* f. levier.
palangana *(palangána)* f. cuvette.
palco *(pálco)* m. loge de théâtre.
palenque *(palë'nkë)* m. barrière; arène.
palestra *(palë'stra)* f. arène.
paleta *(palë'ta)* f. palette; truelle.
pallar *(paliár)* tr. pallier.
palidecer *(palidëzë'r)* intr. pâlir.
palidez *(palidë'z)* f. pâleur.
pálido, da *(pálido, da)* adj. pâle.
palillo *(palíyo)* m. affiquet; cure-dents de bois; pl. fuseaux, baguettes.
palique *(palíkë)* m. babil.
paliza *(palíza)* f. bastonnade.
palizada *(palizáda)* f. palissade.
palma *(pálma)* f. palmier; palme; paume de la main.
palmada *(palmáda)* f. claque; pl. battement de mains.
palmear *(palmëár)* intr. battre des mains.
palmera *(palmë'ra)* f. palmier.
palmo *(pálmo)* m. palme; empan.
palo *(pálo)* m. bâton; bois; coup de bâton.
paloma *(palóma)* f. pigeon, colombe.
palomar *(palomár)* m. pigeonnier.
palomilla *(palomíya)* f. teigne.
palomo *(palómo)* m. pigeon.
palpable *(palpáblë)* adj. palpable.
palpar *(palpár)* tr. toucher; tâtonner.   [pitation.
palpitación *(palpitazión)* f. palpitante *(palpitántë)* adj. palpitant, e.
palpitar *(palpitár)* intr. palpiter.
palúdico, ca *(palou'dico, ca)* adj. paludéen, enne.
palurdo, da *(palou'rdo, da)* adj. balourd, e.
pan *(pán)* m. pain.
panacea *(panazë'a)* f. panacée.
panadería *(panadëría)* f. boulangerie.
panadero, ra *(panadë'ro, ra)* s. boulanger, ère.
panal *(panál)* m. rayon de miel.
páncreas *(páncrëas)* m. pancréas.
pandereta *(pandërë'ta)* f. tambour.

pandilla *(pandíya)* f. ligue; complot.
panecillo *(panëzíyo)* m. petit pain.
panegírico *(panëjírico)* m. panégyrique.
panel *(panë'l)* m. panneau.
pánico *(pánico)* m. panique.
panorama *(panoráma)* m. panorama.
pantalón *(pantalón)* m. pantalon.
pantalla *(pantáya)* f. écran.
pantano *(pantáno)* m. réservoir; marais.
pantanoso, sa *(pantanósso, a)* adj. marécageux, euse.
panteón *(pantëón)* m. panthéon.
pantera *(pantë'ra)* f. panthère.
pantomima *(pantomíma)* f. pantomime.
pantorrilla *(pantorríya)* f. mollet.
pantufla *(pantou'fla)* f. pantoufle.
panza *(pánza)* f. panse, ventre.
pañal *(pagnál)* m. couche, lange.
pañero *(pagnë'ro)* m. marchand drapier.
paño *(págno)* m. drap; étoffe.
pañuelo *(pagnouë'lo)* m. mouchoir.
papa *(pápa)* m. pape; papa; bouillie.
papá *(papá)* m. papa, père.
papada *(papáda)* f. double menton.
papado *(papádo)* m. papauté.
papagayo *(papagá-io)* m. perroquet, perruche.
papanatas *(papanátas)* m. niais.
papel *(papë'l)* m. papier; billet d'avis, rôle.
papelera *(papëlë'ra)* f. secrétaire, bureau.
papelería *(papëlëría)* f. papeterie; paperasses.
papeleta *(papëlë'ta)* f. billet d'avis; cornet.
papera *(papë'ra)* f. goitre.
papilla *(papíya)* f. bouillie.
papiro *(papíro)* m. papyrus.
paquete *(pakë'të)* m. paquet.
paquidermo *(pakidë'rmo)* adj. pachyderme.
par *(pár)* m. paire; pair; adj. pair, égal.
para *(pára)* prep. pour; vers.
parabién *(parabië'n)* m. félicitation, compliment.
parábola *(parábola)* f. parabole.
parabrisa *(parabríssa)* m. parebrise.
paracaídas *(paraca-ídas)* m. parachute.
parachoques *(parachókës)* m. pare-chocs.
parada *(paráda)* f. arrêt, séjour. *Mil.* parade.
paradero *(paradë'ro)* f. lieu où l'on s'arrête; fig. fin, terme.
parado, da *(parádo, da)* adj. arrêté, e; oisif, ive; s. chômeur (ouvrier).
paradoja *(paradója)* f. paradoxe.
paradójico, ca *(paradójico, ca)* adj. paradoxal, e.
parador *(paradór)* m. auberge.
paraguas *(parágouas)* m. parapluie.
paraíso *(para-isso)* m. paradis.
paraje *(parájë)* m. parage; lieu.
paralelo, la *(paralë'lo, la)* adj. et s. parallèle.
parálisis *(parálissis)* f. paralysie.
paralítico, ca *(paralítico, ca)* adj. paralytique.
paralizar *(paralizár)* tr. paralyser.

paramento *(paramë'nto)* m. ornement.
páramo *(páramo)* m. lande.
parangón *(parangón)* m. parallèle, comparaison.
parangonar *(parangonár)* tr. parangonner.
paraninfo *(paraninnfo)* m. paranymphe.
parapetarse *(parapëtársë)* r. se mettre à l'abri.
parapeto *(parapë'to)* m. parapet.
parar *(parár)* tr. arrêter.
pararrayo *(pararrá-io)* m. paratonnerre.
parásito *(parássito)* m. parasite.
parasol *(parassól)* m. parasol.
parcela *(parzë'la)* f. parcelle.
parcial *(parziál)* adj. partiel, elle; partial, e.
parcialidad *(parzialidád)* f. partialité.
parco, ca *(párco, ca)* adj. économe, sobre.
parche *(párchë)* m. emplâtre; peau de tambour.
pardillo *(pardíyo)* m. linotte.
pardo, da *(párdo, da)* adj. gris, e; sombre.
pardusco, ca *(pardou'sco, ca)* adj. grisâtre.
parecer *(parëzë'r)* tr. paraître. m. avis.
parecido, da *(parëzído, da)* adj. ressemblant, e; m. ressemblance.
pared *(parë'd)* f. mur, muraille.
paredón *(parëdón)* m. grand mur.
pareja *(parë'ja)* f. paire; couple.
parejo *(parë'jo)* adj. pareil.
parentela *(parentë'la)* f. parenté.
parentesco *(parentë'sco)* m. parenté.
paréntesis *(parë'ntéssis)* f. parenthèse.
paria *(pária)* m. paria.
paridad *(paridád)* f. parité.
pariente *(parië'ntë)* adj. parent, e.
parihuela *(pariouë'la)* f. brancard.
parir *(parír)* tr. accoucher; mettre bas; fig. enfanter.
parlamentar *(parlamëntár)* tr. parler, converser; parlementer.
parlamentario, ria *(parlamëntário, ria)* adj. et s. parlementaire.
parlamento *(parlamë'nto)* m. harangue, etc.; parlement.
parlanchín, na *(parlanchínn, a)* adj. et s. fam. bavard.
paro *(páro)* m. arrêt; **paro forzoso**, chômage.
parodia *(paródia)* f. parodie.
parodiar *(parodiár)* tr. parodier.
paroxismo *(parogsísmo)* m. paroxisme.
parpadear *(parpadëár)* intr. clignoter.
párpado *(párpado)* m. paupière.
parque *(párkë)* m. parc.
parquedad *(parkëdád)* f. parcimonie.
parra *(párra)* f. treille.
párrafo *(párrafo)* m. paragraphe.   [de.
parricida *(parrizída)* s. parricide.
parricidio *(parrizídio)* m. parricide.
parrilla *(parríya)* f. pl. gril.
párroco *(párroco)* m. curé.
parroquia *(parrókia)* f. paroisse.
parroquiano, na *(parrokiáno, a)* adj. paroissien, enne; client, e.

parsimonia *(parsimónia)* f. parcimonie.
parte *(párte)* f. partie; part.
partición *(partizión)* f. partage, participation.
participante *(partizipánte)* adj. participant, e.
participar *(partizipár)* tr. faire part; intr, participer; avoir part.
partícipe *(partízipe)* adj. participant, e.
participio *(partizípio)* m. participe.
partícula *(partícoula)* f. particule.
particular *(particoulár)* adj. particulier, ière; s. individu.
particularidad *(particoularidád)* f. particularité.
partida *(partída)* f. départ; partie; quantité.
partidario *(partidário)* m. partisan.
partido *(partído)* m. parti.
partir *(partír)* tr. partager; diviser; intr. partir.
partitura *(partitou'ra)* f. partiture.
parto *(párto)* m. accouchement.
parturienta *(partouriё'nta)* f. femme en couches.
parvedad *(parvedád)* f. petitesse.
párvulo *(párvoulo)* m. petit enfant.
pasa *(pássa)* f. raisin sec.
pasada *(passáda)* f. passage; **de pasada,** en passant.
pasadera *(passadё'ra)* f. passerelle.
pasadero, ra *(passadё'ro, ra)* adj. passable.
pasadizo *(passadízo)* m. passage étroit.
pasado *(passádo)* m. le passé.
pasador *(passadór)* m. contrebandier; targette ou verrou.
pasaje *(passájё)* m. passage.
pasajero, ra *(passajё'ro, ra)* m. passager; adj. passager, ère.
pasamanería *(passamanёría)* f. passementerie.
pasamano *(passamáno)* m. rampe.
pasante *(passánte)* m. stagiaire, clerc d'avocat ou d'avoué; répétiteur de collège.
pasaporte *(passapórte)* m. passeport.
pasar *(passár)* tr. passer; outrepasser; souffrir; intr. passer.
pasatiempo *(passatiё'mpo)* m. passe-temps.
Pascua *(páskoua)* f. Pâques.
pase *(pásё)* m. permission; passe.
pasear *(passёár)* tr. promener; intr. se promener.
paseo *(passё'o)* m. promenade.
pasillo *(passíyo)* m. couloir.
pasión *(passión)* f. passion.
pasividad *(passividád)* f. passivité.
pasivo, va *(passívo, va)* adj. passif, ive.
pasmado, da *(pasmádo, da)* adj. pâmé, e.
pasmar *(pasmár)* tr. causer un spasme; transir de froid; fig. étonner.
pasmarse *(pasmársё)* r. se pâmer.
pasmo *(pásmo)* m. pâmoison.
pasmoso, sa *(pasmósso, a)* adj. merveilleux, euse.
paso *(pásso)* m. pas; passage.
pasquín *(paskínn)* m. pasquin; placard.

pasta *(pásta)* f. pâte; fig. argent.
pastar *(pastár)* intr. paître.
pastel *(pastё'l)* m. gâteau; pâté; pastel.
pastelería *(pastёlёría)* f. pâtisserie.
pastelero *(pastёlё'ro)* m. pâtissier.
pastilla *(pastíya)* f. pastille.
pasto *(pásto)* m. pâture, pâturage.
pastor *(pastór)* m. berger; pasteur.
pastoso, sa *(pastósso, a)* adj. pâteux, euse.
pastura *(pastou'ra)* f. pâture.
pasturaje *(pastourájё)* m. pâturage.
pata *(páta)* f. patte; cane.
patada *(patáda)* f. coup de pied.
patalear *(patalёár)* intr. trépigner.
patán *(patán)* m. rustre.
patata *(patáta)* f. pomme de terre.
patatús *(patatou's)* m. fam. syncope, attaque.
patear *(patёár)* tr. trépigner; siffler (théâtre).
patentar *(patёntár)* tr. patenter.
patente *(patё'ntё)* f. brevet; adj. évident, e.
patentizar *(patёntizár)* tr. mettre en évidence.
paternal *(patёrnál)* adj. paternel, elle.
paternidad *(patёrnidád)* f. paternité.
paterno, na *(patё'rno, na)* adj. paternel, elle.
patético, ca *(patё'tico, ca)* adj. pathétique.
patíbulo *(patíboulo)* m. échafaud.
patillas *(patíyas)* f. pl. favoris.
patín *(patínn)* m. pétrel, patin.
patinador, ra *(patinadór, ra)* adj. et s. patineur, euse.
patinaje *(patinájё)* m. patinage.
patinar *(patinár)* intr. patiner.
patinete *(patinё'tё)* m. patinette.
patio *(pátio)* m. cour; parterre.
patitieso *(patitiё'sso)* adj. stupéfait, e.
patizambo, ba *(patizámbo, ba)* adj. cagneux, euse.
pato *(páto)* m. canard.
patología *(patolojía)* f. pathologie.
patraña *(patrágna)* f. fausse nouvelle.
patria *(pátria)* f. patrie.
patriarca *(patriárca)* m. patriarche.
patriarcal *(patriarcál)* adj. patriarcal, e.
patricio, cia *(patrízio, zia)* adj. patricien, enne.
patrimonio *(património)* m. patrimoine.
patrio, tria *(pátrio, a)* adj. qui concerne la patrie.
patriota *(patrióta)* m. patriote.
patriótico, ca *(patrióticо, ca)* adj. patriotique.
patriotismo *(patriotismo)* m. patriotisme.
patrocinar *(patrozinár)* tr. patronner, soutenir.
patrocinio *(patrozínio)* m. patronage; appui.
patrón *(patrón)* m. patron; modèle.
patrona *(patróna)* f. maîtresse du logis; protectrice.
patronato *(patronáto)* m. patronage.
patronímico, ca *(patronímico, ca)* adj. patronimique.

patrono *(patróno)* m. patron.
patrulla *(patrou'ya)* f. patrouille.
paulatino, na *(paoulatíno, na)* adj. lent, e.
pausa *(páoussa)* f. pause.
pausado, da *(paoussádo, da)* adj. lent, e.
pauta *(páouta)* f. règle, exemple.
pavo *(pávo)* m. dindon; **pavo real,** paon.
pavonear *(pavonёár)* intr. se pavaner.
pavor *(pavór)* f. peur, frayeur.
pavoroso, sa *(pavorósso, a)* adj. effrayant, e.
payasada *(pa-iassáda)* f. bouffonnerie.
payaso *(pa-iásso)* m. paillasse, clown, bouffon.
paz *(páz)* f. paix.
peaje *(pёájё)* m. péage.
peatón *(pёatón)* m. piéton.
peca *(pё'ca)* f. tache de rousseur.
pecado *(pёcádo)* m. péché; fig. excès.
pecador, ra *(pёcadór, ra)* adj. et s. pécheur, pécheresse.
pecaminoso, sa *(pёcaminósso, a)* adj. de péché.
pecar *(pёcár)* intr. pécher.
pecera *(pёzё'ra)* f. aquarium.
peculiar *(pёcouliár)* adj. particulier, ière; especial, e.
peculiaridad *(pёcouliaridád)* f. particularité.
peculio *(pёcou'lio)* m. pécule.
pecuniario, ria *(pёcouniário, a)* adj. pécuniaire.
pechera *(pёchё'ra)* f. plastron.
pecho *(pё'cho)* m. poitrine; poitrail; sein; courage.
pechuga *(pёchou'ga)* f. blanc de volaille; poitrine.
pedagogía *(pёdagojía)* f. pédagogie.
pedal *(pёdál)* m. pédale.
pedalear *(pёdalёár)* intr. pédaler.
pedante *(pёdántё)* m. pédant.
pedantería *(pёdantёría)* f. pédanterie.
pedantesco, ca *(pёdantёsco, a)* adj. pédantesque.
pedazo *(pёdázo)* m. morceau.
pedernal *(pёdёrnál)* m. silex.
pedestal *(pёdёstál)* m. piédestal.
pedestre *(pёdё'strё)* adj. pédestre.
pedicuro *(pёdicou'ro)* m. pédicure.
pedido *(pёdído)* m. commande; demande.
pedigüeño, ña *(pёdigouё'gno, a)* adj. demandeur, euse.
pedir *(pёdír)* tr. demander; mendier.
pedo *(pё'do)* m. pet.
pedrada *(pёdráda)* f. coup de pierre.
pedrea *(pёdrё'a)* f. grêle; petits lots (loterie).
pedregal *(pёdrёgál)* m. lieu pierreux.
pedregoso, sa *(pёdrёgósso, a)* adj. pierreux, euse.
pedrería *(pёdrёría)* f. pierreries.
pedrisco *(pёdrisco)* m. grêle.
pedúnculo *(pёdou'ncoulo)* m. pédoncule.
pega *(pё'ga)* f. poix; colle.
pegadizo, za *(pёgadízo, za)* adj. gluant; e; contagieux, euse.
pegado, da *(pёgádo, a)* adj. collé, e; battu, e.
pegajoso, sa *(pёgajósso, a)* adj. gluant, e; contagieux, euse.

pegar *(pёgár)* tr. coller; joindre; battre; mettre.
pegote *(pёgótё)* m. emplâtre de poix.
peinado *(pё-inádo)* m. coiffure.
peinar *(pё-inár)* tr. peigner.
peine *(pё'-inё)* m. peigne.
peladilla *(pёladíya)* f. dragée (amande).
pelado, da *(pёládo, da)* adj. pelé, e; tondu, e.
peladura *(pёladou'ra)* f. épluchure.
pelagatos *(pёlagátos)* m. homme sans **moyens.**
pelaje *(pёlájё)* f. pelage.
pelar *(pёlár)* tr. peler; plumer.
peldaño *(pёldágno)* m. marche, échelon, degré. [relle.
pelea *(pёlё'a)* f. combat; que-
pelear *(pёlёár)* tr. combattre.
pelele *(pёlё'lё)* m. mannequin; fig. fantoche.
peletería *(pёlёtёría)* f. pelleterie.
peliagudo, da *(pёliagou'do, da)* adj. fig. et fam. embrouillé, e; épineux, euse.
pelícano *(pёlícano)* m. pélican.
película *(pёlícoula)* f. pellicule; film.
peligrar *(pёligrár)* intr. être en danger; fig. péricliter.
peligro *(pёlígro)* m. péril, danger.
peligroso, sa *(pёligrósso, a)* adj. périlleux, euse.
pelmazo *(pёlmázo)* m. homme lourd, ennuyeux.
pelo *(pё'lo)* m. poil; cheveux.
pelota *(pёlóta)* f. balle.
pelotón *(pёlotón)* m. peloton.
peluca *(pёlou'ca)* f. perruque.
peludo, da *(pёlou'do, da)* adj. poilu, e; chevelu, e.
peluquería *(pёloukёría)* f. boutique de perruquier.
peluquero *(pёloukё'ro)* m. coiffeur.
pelusa *(pёlou'ssa)* f. duvet; poil.
pelvis *(pё'lvis)* f. Anat. bassin.
pellejo *(pёyё'jo)* m. peau; outre.
pelliza *(pёyíza)* f. pelisse.
pellizcar *(pёyizcár)* tr. pincer.
pellizco *(pёyízco)* m. pincement; pincée.
pena *(pё'na)* f. peine.
penacho *(pёnácho)* m. panache.
penado *(pёnádo)* m. prisonnier.
penal *(pёnál)* adj. pénal.
penalidad *(pёnalidád)* f. pénalité.
penar *(pёnár)* tr. punir; intr. pâtir.
pendencia *(pёndё'nzia)* f. dispute.
pendenciero, ra *(pёndёnziё'ro, ra)* adj. querelleur, euse.
pender *(pёndё'r)* intr. pendre.
pendiente *(pёndiё'ntё)* m. penchant, pente; pendant d'oreilles.
péndulo *(pё'ndoulo)* m. pendule.
penetración *(pёnёtrazión)* f. pénétration.
penetrar *(pёnёtrár)* tr. pénétrer.
penicilina *(pёnizilína)* f. pénicilline.
península *(pёninnsoula)* f. péninsule.
peninsular *(pёninnsoulár)* adj. péninsulaire.

penitencia (*pěnité'nzia*) f. pénitence.

penitenciaría (*pěnitěnziaría*) f. penitencerie.

penitenciario (*pěnitěnziário*) m. pénitencier.

penitente (*pěnit'ěntě*) adj. et s. pénitent, e.

penoso, sa (*pěnósso, a*) adj. pénible.

pensador, ra (*pěnsadór, ra*) adj. et s. penseur.

pensamiento (*pěnsamiě'nto*) m. pensée.

pensar (*pěnsár*) tr. penser.

pensativo, va (*pěnsatívo, va*) adj. pensif, ive.

pensión (*pěnsión*) f. pension.

pensionado, da (*pěnsionádo, a*) adj. et s. pensionnaire.

pensionar (*pěnsionár*) tr. pensioner.

pensionista (*pěnsionísta*) s. pensionnaire; boursier.

pentágono (*pěntágono*) adj. et s. pentagone.

penúltimo, ma (*pěnou'ltimo, a*) adj. pénultième.

penumbra (*pěnou'mbra*) f. pénombre.

penuria (*pěnou'ria*) f. pénurie.

peña (*pě'gna*) f. roche, rocher, roc.

peñasco (*pěgnásco*) m. roche, rocher.

peñón (*pěgnón*) m. rocher.

peón (*pěón*) m. piéton; journalier; toupie; pion.

peonza (*pěónza*) f. sabot.

peor (*pěór*) adj. pire; adv. pis.

pepinillos (*pěpiníyos*) m. pl. Bot. cornichons.

pepino (*pěpíno*) m. concombre.

pepitoria (*pěpitória*) f. fricassée.

pequeñez (*pěkěgně'z*) f. petitesse; fig. bassesse.

pequeño, ña (*pěkě'gno, gna*) adj. petit, e.

pera (*pě'ra*) f. poire.

peral (*pěrál*) m. Bot. poirier.

percal (*pěrcál*) m. percale.

percance (*pěrcánzě*) m. contretemps.

percatar (*pěrcatár*) intr. considérer, penser.

percatarse (*pěrcatársě*) r. -s'a percevoir.

percebe (*pěrzě'bě*) m. pousse-pied.

percepción (*pěrzěpzión*) f. perception.

perceptible (*pěrzěptíblě*) adj. perceptible.

percibir (*pěrzibír*) tr. percevoir; comprendre; fig. apercevoir.

percibo (*pěrzíbo*) m. perception.

percusión (*pěrcoussión*) f. percussion.   [teur.

percutor (*pěrcoutór*) m. percu-

percha (*pě'rcha*) f. perche; portemanteau.

perder (*pěrdě'r*) tr. perdre.

perderse (*pěrdě'rsě*) r. se perdre; s'égarer.

perdición (*pěrdizión*) f. perdition.

pérdida (*pě'rdida*) f. perte; fig. dépérissement.

perdigón (*pěrdigón*) m. perdreau; pl. menu plomb.

perdiguero (*pěrdiguě'ro*) m. braque; chien d'arrêt.

perdiz (*pěrdíz*) f. perdrix.

perdón (*pěrdón*) m. pardon.

perdonar (*pěrdonár*) tr. pardonner.

perdurable (*pěrdouráblě*) adj. perpétuel, elle.

perdurar (*pěrdourár*) intr. durer.

perecedero, ra (*pěrězědě'ro, ra*) adj. périssable.

perecer (*pěrězě'r*) intr. périr.

peregrinación (*pěrěgrinazión*) f. pèlerinage.

peregrinar (*pěrěgrinár*) tr. aller en pèlerinage.

peregrino, na (*pěrěgríno, na*) adj. et s. pèlerin, ine; rare.

perejil (*pěrějíl*) m. persil.

perenne (*pěrě'nně*) adj. continuel, elle.

perentorio, ria (*pěrěntório, ria*) adj. péremptoire.

pereza (*pěrě'za*) f. paresse.

perezoso, sa (*pěrězósso, a*) adj. paresseux, euse.

perfección (*pěrfěczión*) f. perfection.

perfeccionamiento (*pěrfěczionamiě'nto*) m. perfectionnement.

perfeccionar (*pěrfěczionár*) tr. finir, perfectionner.

perfecto, ta (*pěrfě'cto, ta*) adj. parfait, e.

perfidia (*pěrfídia*) f. perfidie.

pérfido, da (*pě'rfido, da*) adj. perfide.

perfil (*pěrfíl*) m. profil.

perforación (*pěrforazión*) f. perforation.

perforar (*pěrforár*) tr. perforer.

perfumar (*pěrfoumár*) tr. parfumer.

perfumería (*pěrfoumería*) f. parfumerie.

perfumista (*pěrfoumísta*) s. parfumeur, euse.

pergamino (*pěrgamíno*) m. parchemin.

pericial (*pěriziál*) f. savoir, habilité.

periferia (*pěrifě'ria*) f. périphérie.

perilla (*pěríya*) f. petite poire; bouc; de perillas, à propos.

perímetro (*pěrímětro*) m. périmètre.

periódico, ca (*pěriódico, ca*) adj. périodique; m. journal. journalisme.

periodismo (*pěriodísmo*) m. journalisme.

periodista (*pěriodísta*) m. journaliste.

período (*pěríodo*) m. période.

peripecia (*pěripě'zia*) f. péripétie.

peripuesto, ta (*pěripouě'sto, ta*) adj. paré, e.

periscopio (*pěriscópio*) m. périscope.

perito, ta (*pěríto, ta*) alj. savant, e; expert, e.

perjudicar (*pěrjoudicár*) tr. nuire.

perjudicial (*pěrjoudiziál*) adj. préjudiciable.

perjuicio (*pěrjouízio*) m. préjudice, tort, dommage.

perjurar (*pěrjourár*) intr. parjurer; jurer.

perjuro, ra (*pěrjou'ro, ra*) adj. parjure.

perla (*pě'rla*) f. perle.

permanecer (*pěrmaněžě'r*) intr. rester, demeurer.

permanencia (*pěrmaně'nzia*) f. permanence.

permanente (*pěrmaně'ntě*) adj. permanent, e.

permeable (*pěrměáblě*) adj. perméable.

permisión (*pěrmissión*) f. permission.

permitir (*pěrmitír*) tr. permettre.

permutar (*pěrmoutár*) tr. permuter.

pernicioso, sa (*pěrniziósso, a*) adj. pernicieux, euse.

perno (*pě'rno*) m. boulon.

pernoctar (*pěrnoctár*) intr. passer la nuit.

pero (*pě'ro*) conj. adversat. mais.

perogrullada (*pěrogrouyáda*) f. lapalissade.

perol (*pěról*) m. bassine.

perpendicular (*pěrpěndicoulár*) adj. perpendiculaire.

perpetrar (*pěrpětrár*) tr. perpétrer.

perpetuar (*pěrpětouár*) tr. perpétuer; fig. éterniser.

perpetuidad (*pěrpětouidád*) f. perpétuité.

perpetuo, tua (*pěrpě'tuo, a*) adj. perpétuel, elle.

perplejidad (*pěrplějidád*) f. perplexité.

perplejo, ja (*pěrplě'jo, ja*) adj. perplexe.

perrera (*pěrrě'ra*) f. chenil.

perro (*pě'rro*) m. chien.

persecución (*pěrsěcouzión*) f. persécution.

perseguidor, ra (*pěrsěguidór, a*) adj. et s. persécuteur, trice.

perseguir (*pěrsěguír*) tr. poursuivre; fig. persécuter, vexer.

perseverancia (*pěrsěyěránzia*) f. persévérance.

perseverar (*pěrsěvěrár*) intr. persévérer.

persiana (*pěrsiána*) f. persienne.

persistencia (*pěrsistě'nzia*) f. persistance.

persistente (*pěrsistě'ntě*) adj. persistant, e.

persistir (*pěrsistír*) intr. persister.

persona (*pěrsóna*) f. personne; fig. personnage.

personaje (*pěrsonájě*) m. personnage.

personal (*pěrsonál*) adj. personel, elle.

personalidad (*pěrsonalidád*) f. personnalité.

personificar (*pěrsonificár*) tr. personnifier.

perspectiva (*pěrspěctíva*) f. perspective.

perspicacia (*pěrspicázia*) f. perspicacité.

perspicaz (*pěrspicáz*) adj. perspicace.

persuadir (*pěrsouadír*) tr. persuader.

persuasión (*pěrsouassión*) f. persuasion.

persuasivo, va (*pěrsouassivo, a*) adj. persuasif, ive.

pertenecer (*pěrteněžě'r*) intr. appartenir.

pertenencia (*pěrtěně'nzia*) f. appartenance.

pértiga (*pě'rtiga*) f. perche.

pertinacia (*pěrtinázia*) f. pertinacité; obstination.

pertinaz (*pěrtináz*) adj. obstiné, e; opiniâtre.

pertinente (*pěrtině'ntě*) adj. pertinent, e.

pertrechar (*pěrtrěchár*) tr. munir; pourvoir.

pertrechos (*pěrtrě'chos*) m. pl. munitions; provisions.

perturbación (*pěrtourbazión*) f. perturbation.

perturbador, ra (*pěrtourbadór, ra*) adj. et s. perturbateur, trice.

perturbar (*pěrtourbár*) tr. troubler.

perversidad (*pěrvěrsidád*) f. perversité.

perversión (*pěrvěrsión*) f. perversion.

perverso, sa (*pěrvě'rso, sa*) adj. pervers, e.

pervertir (*pěrvěrtír*) tr. pervertir.

pesa (*pě'ssa*) f. poids.

pesas (*pě'ssas*) f. pl. haltères.

pesada (*pěssáda*) f. pesée.

pesadez (*pěssadě'z*) f. pesanteur; lourdeur.

pesadilla (*pěssadíya*) f. cauchemar.

pesado, da (*pěssádo, da*) adj. fâcheux, euse.

pesadumbre (*pěssadou'mbrě*) f. inquiétude; chagrin.

pésame (*pě'ssamě*) m. condoléance.

pesar (*pěsár*) m. chagrin, souci; tr. et intr. peser; a pesar de, malgré.

pesaroso, sa (*pěssarósso, a*) fâché, e; peiné, e.

pesca (*pě'sca*) f. pêche.

pescadería (*pěscadería*) f. poissonnerie.

pescado (*pěscádo*) m. poisson.

pescador, ra (*pěscadór, ra*) s. pêcheur, euse.

pescante (*pěscántě*) m. siège de cocher.

pescar (*pěscár*) tr. pêcher.

pescuezo (*pěscoué'zo*) m. cou.

pesebre (*pěssě'brě*) m. crèche.

pesimismo (*pěssimísmo*) m. pessimisme.

pesimista (*pěssimísta*) m. pessimiste.

pésimo, ma (*pě'ssimo, ma*) adj. très mauvais.

peso (*pě'sso*) m. poids.

pespunte (*pěspou'ntě*) m. piqûre; arrière-point.

pesquería (*pěskěría*) f. pêche; pêcherie.

pesquisa (*pěskíssa*) f. perquisition; enquête.

pestaña (*pěstágna*) f. cil.

pestañear (*pěstagněár*) intr. clignoter.

peste (*pě'stě*) f. peste; mauvaise odeur; injure.

pestilencia (*pěstilě'nzia*) f. peste.

pestilente (*pěstilě'ntě*) adj. puant, e.

pestillo (*pěstíyo*) m. pène, verrou.

petaca (*pětáca*) f. malle; blague à tabac.

pétalo (*pě'talo*) m. pétale.

petardo (*pětárdo*) m. petard.

petición (*pětizión*) f. demande; requête.

peticionario, ria (*pětizionário, ria*) adj. pétitionnaire.

pétreo, a (*pě'trěo, a*) adj. pierreux, euse.

petrificar (*pětrificár*) tr. pétrifier.

petróleo (*pětrólěo*) m. pétrole.

petulancia (*pětoulánzia*) f. pétulance.

petulante (*pětoulántě*) adj. pétulant, e.

pez (*pě'z*) m. poisson; f. poix.

pezón (*pězón*) m. mamelon.

pezuña (*pězou'gna*) f. sabot.

piadoso, sa (*piadósso, a*) adj. pieux, euse.

piafar (*piafár*) intr. piaffer.

pianista (*pianísta*) m. pianiste.

piano (*piáno*) m. piano.

piar (*piár*) intr. piauler.

piara (*piára*) f. troupeau de cochons, de mulets, etc.

pica (*píca*) f. pique.

picacho (*picácho*) m. pic (montagnes).
picada (*picáda*) f. piqûre.
picadero (*picadë'ro*) m. manège.
picadillo (*picadíyo*) m. hachis.
picado, da (*picádo, da*) adj. faché, e; haché, e; m. hachis.
picador (*picadór*) m. écuyer de manège; billot de cuisine.
picadura (*picadou'ra*) f. piqûre; tabac. [e.
picante (*picántë*) adj. piquant,
picapedrero (*picapëdrë'ro*) m. tailleur de pierre.
picaporte (*picapórtë*) m. loquet.
picar (*picár*) tr. piquer; hacher; piler; mordre; pincer.
picardía (*picardía*) f. fam. malice, ruse.
picaresco, ca (*picarë'sco, ca*) adj. picaresque.
pícaro, ra (*pícaro, ra*) adj. et s. fam. coquin, e.
picazón (*picazón*) m. démangeaison.
pico (*píco*) m. bec; pic; pop. marmite.
picor (*picór*) m. démangeaison.
picota (*picóta*) f. fourche patibulaire.
picotear (*picotéár*) tr. becqueter; fig. et fam. babiller.
pictórico, ca (*pictórico, ca*) adj. pictural, e.
pichón (*pichón*) m. pigeonneau.
pie (*pië'*) m. pied; base.
piedad (*piëdád*) f. piété; pitié.
piedra (*pië'dra*) f. pierre.
piel (*pië'l*) f. peau; fourrure.
pienso (*pië'nso*) m. ration d'avoine, etc.
pierna (*pië'rna*) f. jambe.
pieza (*pië'za*) f. pièce.
pigmento (*pigmë'nto*) m. pigment.
pigmeo, a (*pigmë'o, a*) adj. et s. pygmée.
pijama (*pijáma*) m. pyjama.
pila (*píla*) f. auge; bassin; fonts baptismaux; bénitier; pile, évier.
píldora (*píldora*) f. pilule.
pilón (*pilón*) m. bassin, auge.
piloto (*pilóto*) n. pilote.
pillaje (*piyájë*) m. pillage.
pillar (*piyár*) tr. piller, voler.
pillo, lla (*píyo, ya*) adj. fam. maraud, e; vaurien, enne.
pimentón (*pimëntón*) m. poivron.
pimienta (*pimië'nta*) f. poivre.
pimiento (*pimië'nto*) m. piment.
pimpollo (*pimmpóyo*) m. rejeton; fig. beau.
pinar (*pinár*) m. forêt de pins.
pincel (*pinnzë'l*) m. pinceau.
pincelada (*pinnzëláda*) f. coup de pinceau.
pinchar (*pinnchár*) tr. piquer.
pinchazo (*pinncházo*) m. piqûre; crevaison (pneumatique).
pinche (*pínnchë*) m. marmiton.
pincho (*pínncho*) m. piquant.
pingajo (*pinngájo*) m. lambeau.
pingüe (*pínngouë*) adj. gros, osse; gras, asse.
pingüino (*pinngouíno*) m. pingouin.
pino (*píno*) m. pin.
pintado, da (*pinntádo, da*) adj. peint, e.
pintar (*pinntár*) tr. peindre; fig. décrire.
pintor (*pinntór*) m. peintre.
pintoresco, ca (*pinntorë'sco, a*) adj. pittoresque.
pintura (*pinntou'ra*) f. peinture.
pinzas (*pínnzas*) f. pl. pinces.

piña (*pígna*) f. pomme de pin; ananas.
piñón (*pignón*) m. pignon.
pío, a (*pío, a*) adj. pieux, euse.
piojo (*pióIo*) m. pou.
piojoso, sa (*piojósso, a*) adj. pouilleux, euse; avare.
pipa (*pípa*) f. pipe, grande futaille.
piqueta (*pikë'ta*) f. pic.
piquete (*pikë'të*) m. Mil. piquet.
pira (*píra*) f. bûcher.
piragua (*pirágoua*) f. pirogue.
pirámide (*pirámidë*) f. pyramide.
pirata (*piráta*) m. pirate.
piratería (*piratëría*) f. piraterie.
pirita (*piríta*) f. pyrite.
piropo (*pirópo*) m. mot flatteur.
pirueta (*pirouë'ta*) f. pirouette.
pisada (*pissáda*) f. trace; foulée.
pisapapeles (*pissapapë'lës*) m.
pisar (*pissár*) tr. fouler, marcher dessus.
piscina (*piszína*) f. piscine.
piso (*písso*) m. étage; plancher; sol.
pisotear (*pissotéár*) tr. fouler, refouler.
pista (*písta*) f. piste, trace.
pistilo (*pistílo*) m. pistil.
pistola (*pistóla*) f. pistolet.
pistolero (*pistolë'ro*) m. assassin.
pistoletazo (*pistolëtázo*) m. coup de pistolet.
pistón (*pistón*) m. piston.
pitar (*pitár*) intr. siffler.
pitillo (*pitíyo*) m. cigarrette.
pito (*píto*) m. sifflet.
pitón (*pitón*) m. corne; Bot. bourgeon. [se.
pitonisa (*pitoníssa*) f. pythonis-
pitorro (*pitórro*) m. canule.
pizarra (*pizárra*) f. ardoise; tableau noir.
pizca (*pízca*) f. miette, etc.
placa (*pláca*) f. plaque.
placentero, ra (*plazëntë'ro, ra*) adj. plaisant, e.
placer (*plazë'r*) tr. agréer, plaire; m. plaisir.
placidez (*plazidë'z*) f. placidité.
plácido, da (*plázido, da*) adj. tranquille.
plaga (*plága*) f. plaie, fléau, calamité.
plagado, da (*plagádo, da*) adj. rempli, e.
plagiario, ria (*plajiário, ria*) adj. plagiaire.
plagio (*plájio*) m. plagiat.
plan (*plán*) m. plan.
plana (*plána*) f. truelle; page; plaine.
planta (*plánta*) f. plante, plan; **planta baja**, rez-de-chaussée.
plantador (*plantadór*) m. planteur.
plantar (*plantár*) tr. planter.
planteamiento (*plantëamië'nto*) m. plan, projet.
plantear (*plantëár*) tr. tracer, former un plan.
plantel (*plantë'l*) m. pépinière.
plantilla (*plantíya*) f. semelle, cadre (des employés, etc.).
plantío (*plantío*) m. plantation.
plancha (*pláncha*) f. planche; plaque; fer à repasser.
planchadora (*planchadóra*) f. repasseuse.
planchar (*planchár*) tr. repasser.
planeador (*planëadór*) m. planeur.
planeta (*planë'ta*) m. planète.
planicie (*planízië*) f. plaine.
planisferio (*planisfë'rio*) m. planisphère.

plano, na (*pláno, na*) adj. plan, e; m. plan.
plasma (*plásma*) m. plasme.
plasmar (*plasmár*) tr. créer; former.
plástico, ca (*plástico, ca*) adj. et s. plastique.
plata (*pláta*) f. argent.
plataforma (*platafórma*) f. plate forme.
plátano (*plátano*) m. platane; banane; bananier.
platea (*platë'a*) f. parterre (théâtre).
plateado, da (*platëádo, da*) adj. argenté, e.
platear (*platëár*) tr. argenter.
platería (*platëría*) f. orfèvrerie.
platero (*platë'ro*) m. orfèvre.
plática (*plática*) f. conversation, entretien.
platillo (*platíyo*) m. plateau de balance, soucoupe.
platino (*platíno*) m. plat, assiette.
platónico, ca (*platónico, ca*) adj. platonique.
plausible (*plaoussíblë*) adj. plausible.
playa (*plá-ia*) m. plage; grève.
plaza (*pláza*) f. place, marché.
plazo (*plázo*) m. terme, délai.
pleamar (*plëamár*) f. la pleine mer.
plebe (*plë'bë*) f. populace.
plebeyo, ya (*plëbë'io, a*) adj. plébéien, enne.
plebiscito (*plëbiszíto*) m. plébiscite.
plegable (*plëgáblë*) adj. pliable.
plegar (*plëgár*) tr. plier.
plegaria (*plëgária*) f. prière.
pleitear (*plë-itëár*) tr. plaider.
pleitista (*plë-itísta*) adj. litigieux, euse.
pleito (*plë'-ito*) m. procès; litige, querelle.
pleno, na (*plë'no, na*) adj. pleine, e.
plenitud (*plënitou'd*) f. plénitude.
pleura (*plë'oura*) f. plèvre.
pleuresía (*plëourëssía*) f. pleurésie.
pliego (*plië'go*) m. feuille de papier; dépêche.
pliegue (*plië'guë*) m. pli.
plomada (*plomáda*) f. fil à plomb.
plomizo, za (*plomízo, za*) adj. plombé, e.
plomo (*plómo*) m. plomb.
pluma (*plou'ma*) f. plume.
plumaje (*ploumájë*) m. plumage.
plumero (*ploumë'ro*) m. plumasseau, plumier.
plumón (*ploumón*) m. duvet.
plural (*plourál*) adj. pluriel.
pluralidad (*plouralidád*) f. pluralité.
población (*poblazión*) f. peuplade; population, ville.
poblado, da (*pobládo, da*) adj. peuplé, e; m. lieu habité.
poblador (*pobladór*) m. habitant.
poblar (*poblár*) tr. peupler.
pobre (*póbrë*) adj. pauvre.
pobreza (*pobrë'za*) f. pauvreté.
pocilga (*pozílga*) f. porcherie; fig. lieu sale.
pócima (*pózima*) f. potion.
poco, ca (*póco, ca*) adj. peu.
podar (*podár*) tr. tailler, élaguer.
poder (*podë'r*) m. pouvoir, puissance; tr. pouvoir.
poderío (*podë'río*) m. pouvoir, puissance, autorité.
poderoso, sa (*podërósso, a*) adj. puissant, e.

podredumbre (*podrëdou'mbrë*) f. pourriture.
poema (*poë'ma*) m. poème.
poesía (*poëssía*) f. poésie.
poético, ca (*poë'tico, ca*) adj. poétique.
poetisa (*poëtíssa*) f. poétesse.
polaina (*polá-ina*) f. guêtre.
polar (*polár*) adj. polaire.
polea (*polë'a*) f. poulie.
polémica (*polë'mica*) f. dispute, controverse.
polen (*pólën*) m. pollen.
policía (*polizía*) f. police.
policromía (*policromía*) f. polychromie.
poligamia (*poligámia*) f. polygamie.
polígloto (*poligloto*) adj. polyglotte.
polígono (*polígono*) m. polygone.
polilla (*políya*) f. teigne.
pólipo (*pólipo*) m. polype.
política (*polítíca*) f. politique.
político, ca (*político, ca*) adj. politique; m. politicien; courtois, poli.
póliza (*póliza*) f. billet de change; police (d'assurance).
polizón (*polizón*) m. fam. polisson.
polo (*pólo*) m. pôle.
polución (*polouzión*) f. pollution.
polvareda (*polvarë'da*) f. nuage de poussière, fig. et fam. dispute.
polvera (*polvë'ra*) f. boîte à poudre.
polvo (*pólvo*) m. poussière.
pólvora (*pólvora*) f. poudre.
polvoriento, ta (*polvorië'nto, ta*) adj. poudreux, euse.
polvorín (*polvorínn*) m. poudrière.
pollino (*poyíno*) m. ânon, âne.
pollo (*póyo*) m. poulet.
polluelo (*poyouë'lo*) m. poussin.
pomada (*pomáda*) f. pommade.
pómez (*pómëz*) f. pierre ponce.
pomo (*pómo*) m. pommeau.
pompa (*pómpa*) f. pompe.
pomposo, sa (*pompósso, a*) adj. pompeux, euse.
pómulo (*pómoulo*) m. pommette.
ponderación (*pondërazión*) f. pondération.
ponderar (*pondërár*) tr. ponderer.
ponencia (*ponë'nzia*) f. rapport; exposé.
poner (*ponë'r*) tr. mettre; poser; pondre; **—se** se mettre; se coucher (astres).
poniente (*ponië'ntë*) m. couchant, occident.
pontificado (*pontificádo*) m. pontificat.
pontífice (*pontifizë*) m. pontife.
pontón (*pontón*) m. ponton.
popa (*pópa*) f. poupe.
ponzoña (*ponzógna*) f. venin.
ponzoñoso, sa (*ponzognósso, a*) adj. venimeux, euse.
populacho (*popoulácho*) m. populace.
popular (*popoulár*) adj. populace.
popularidad (*popoularidád*) f. popularité.
popularizar (*popoularizár*) tr. populariser.
populoso, sa (*popoulósso, a*) adj. peuplé, e.

por *(pór)* prép. pour; par.
porcelana *(porzëlána)* f. porcelaine.
porcentaje *(porzëntájë)* m. pourcentage.
porción *(porzión)* f. portion.
porche *(pórchë)* m. porche.
pordiosero, ra *(pordiosë'ro, a)* adj. et s. mendiant, e.
porfía *(porfía)* f. querelle; obstination; **a porfía**, à l'envi.
porfiar *(porfiár)* tr. disputer.
pórfido *(pórfido)* m. porphyre.
pormenores *(pormënórës)* m. pl. détails, circonstances.
pornografía *(pornografía)* f. pornographie.
poro *(póro)* m. pore.
porosidad *(porossidád)* f. porosité.
poroso, sa *(porósso, a)* adj. poreux, euse.
porque *(pórkë)* conj. parce que.
porqué *(porkë')* m. pourquoi.
porquería *(porkëría)* f. saleté, ordure.
porra *(pórra)* f. massue.
porrazo *(porrázo)* m. coup de massue.
porrón *(porrón)* m. sorte de cruche.
portada *(portáda)* f. frontispice; titre d'un livre.
portador, ra *(portadór, ra)* adj. et s. porteur, euse.
portal *(portál)* m. vestibule; portique.
portamonedas *(portamonë'das)* m. porte-monnaie.
portaplumas *(portaplou'mas)* m. porte-plume.
portarse *(portársë)* r. se comporter.
portátil *(portátil)* adj. portatif, ive.
portavoz *(portavóz)* m. porte-voix. [te.
porte *(pórtë)* m. port; conduportento *(portë'nto)* m. prodige.
portentoso, sa *(portëntósso, a)* adj. prodigieux, euse.
portería *(portëría)* f. conciergerie.
portero *(portë'ro)* m. concierge; portier.
portezuela *(portëzouë'la)* f. petite porte.
pórtico *(pórtico)* m. portique.
porvenir *(porvënír)* m. avenir.
posada *(possáda)* f. maison, logis; hôtellerie; auberge.
posaderas *(possadë'ras)* f. pl. les fesses.
posadero *(possadë'ro)* m. hôtelier, aubergiste.
posar *(possár)* intr. loger; **—se** r. s'asseoir, se reposer.
posdata *(posdáta)* f. post-scriptum.
poseedor, ra *(possëëdór, ra)* adj. et s. possesseur.
poseer *(possëë'r)* tr. posséder.
poseído, da *(possëído, da)* adj. possédé, e.
posesión *(possëssión)* f. possession.
posesionar *(possëssionár)* tr. donner possession; **—se**, r. prendre possession.
posesivo, va *(possëssívo, va)* adj. possessif, ive.
posibilidad *(possibilidád)* f. possibilité.
posibilitar *(possibilitár)* tr. rendre possible.
posible *(possíblë)* adj. possible.

posición *(possizión)* f. position.
positivo, va *(possitívo, va)* adj. positif, ive.
poso *(pósso)* m. marc. lie; sédiment. [tre.
posponer *(posponë'r)* tr. remetpostal *(postál)* adj. postal, e; **tarjeta postal,** carte postale.
poste *(póstë)* m. poteau; pilier.
postergar *(postërgár)* tr. ajourner.
posteridad *(postëridád)* f. postérité. [rieur, e.
posterior *(postëriór)* adj postéposterioridad *(postërioridád)* f. postériorité.
postigo *(postígo)* m. guichet; pl. battants, volets, etc.
postillón *(postiyón)* m. postillon.
postizo, za *(postízo, za)* adj. postiche.
postor *(postór)* m. enchérisseur.
postración *(postrazión)* f. prosternation.
postrado, da *(postrádo, da)* adj. prosterné, e.
postrar *(postrár)* tr. humilier; abattre. etc; **—se,** r. se prosterner.
postre *(póstrë)* m. p. dessert; **a la postre,** à la fin.
postrero, ra *(postrë'ro, ra)* adj. dernier, ière.
postrimerías *(postrimërías)* f. pl. les derniers temps.
postulado *(postouládo)* m. *Phil.* postulat.
postulante *(postoulántë)* s. postulant, e. [ler.
postular *(postoulár)* tr. postulposumo, ma *(póstoumo, ma)* adj. posthume.
postura *(postou'ra)* f. posture, position.
potable *(potáblë)* adj. potable.
potaje *(potájë)* m. potage.
potasa *(potása)* f. potasse.
pote *(pótë)* m. pot.
potencia *(potë'nzia)* f. puissance, faculté.
potencial *(potënziál)* adj. potentiel, elle.
potentado *(potëntádo)* m. potentat.
potente *(potë'ntë)* adj. fam. puissant, e.
potestad *(potëstád)* f. pouvoir; puissance.
potro *(pótro)* m. poulain.
pozo *(pózo)* m. puits.
práctica *(práctica)* f. pratique.
practicable *(practicáblë)* adj. praticable.
practicante *(practicántë)* m. praticien.
practicar *(practicár)* tr. pratiquer.
práctico, ca *(práctico, ca)* adj. pratique; expert, e.
pradera *(pradë'ra)* f. prairie.
prado *(prádo)* m. pré.
pragmática *(pragmática)* f. pragmatique.
preámbulo *(prëámboulo)* m. préambule.
prebenda *(prëbë'nda)* f. prébende.
precario, ria *(prëcário, ria)* adj. précaire.
precaución *(prëcaouzión)* f. précaution.
precaver *(prëcavë'r)* tr. prévenir.
precavido, da *(prëcavído, da)* adj. prévoyant, e.
precedencia *(prëzëdë'nzia)* f. antériorité; préséance.
precedente *(prëzëdë'ntë)* adj. précédent, e.
preceder *(prëzëdë'r)* tr. précéder.

preceptivo, va *(prëzëptívo, va)* adj. préceptif, ive. [te.
precepto *(prëzë'pto)* m. précepreceptor *(prëzëptór)* m. précepteur.
preces *(prë'zës)* f. pl. prières.
preciado, da *(prëziádo, da)* adj. orgueilleux, euse; de valeur.
preciarse *(prëziársë)* r. se vanter, se glorifier.
precinto *(prëzínnto)* m. attache; cachet.
precio *(prë'zio)* m. prix, valeur.
preciosidad *(prëziossidád)* f. excellence.
precioso, sa *(prëziósso, sa)* adj. précieux, euse.
precipicio *(prëzipízio)* m. précipice.
precipitación *(prëzipitazión)* f. précipitation.
precipitar *(prëzipitár)* tr. précipiter **—se,** r. se précipiter.
precisar *(prëzissár)* tr. préciser; obliger.
precisión *(prëzissión)* f. contrainte; précision.
preciso, sa *(prëzísso, sa)* adj. nécessaire; précis, e.
preclaro, ra *(prëcláro, ra)* adj. illustre. [cocité.
precocidad *(prëcozidád)* f. précoz *(prëcóz)* adj. précoce.
precursor, ra *(prëcoursór, ra)* adj. et s. précurseur.
predecesor *(prëdëzëssór)* m. prédécesseur; pl. devanciers.
predecir *(prëdëzír)* tr. prédire.
predestinación *(prëdëstinazión)* f. predestination.
predestinar *(prëdëstinár)* tr. prédestiner. [dication.
predicación *(prëdicazión)* f. prédicar *(prëdicár)* tr prêcher.
predicción *(prëdiczión)* f. prédiction.
predilección *(prëdilëczión)* prédilection.
predilecto, ta *(prëdilë'cto, ta)* adj. chéri, e; préféré.
predisponer *(prëdisponë'r)* tr. prédisposer.
predisposición *(prëdispossizión)* f. prédisposition.
predominar *(prëdominár)* tr. prédominer.
predominio *(prëdomínio)* m. prédominance.
preeminente *(prëëminë'ntë)* adj. prééminent, e.
prefacio *(prëfázio)* m. préface.
prefecto *(prëfë'cto)* m. préfet.
preferencia *(prëfërë'nzia)* f. préférence.
preferible *(prëfëríblë)* adj préférable.
preferir *(prëfërír)* tr. préférer.
prefijo *(prëfíjo)* m. *Gram.* préfixe.
pregón *(prëgón)* m. ban.
pregonar *(prëgonár)* tr. publier; annoncer.
pregunta *(prëgou'nta)* f. demande, question.
preguntar *(prëgountár)* tr. questionner; demander.
prehistoria *(prë-istória)* f. préhistoire.
prejuicio *(prëjouízio)* m. préjugé.
prelado *(prëládo)* m. prélat.
preliminar *(prëliminár)* adj. préliminaire.
preludio *(prëlou'dio)* m. prélude.
prematuro, ra *(prëmatou'ro, ra)* adj. prématuré, e.
premeditación *(prëmëditazión)* f. préméditation.
premeditar *(prëmëditár)* tr. préméditer. [ser.
premiar *(prëmiár)* tr. récompen-

premio *(prë'mio)* m. prix, récompense.
premisa *(prëmíssa)* f. prémisse.
premura *(prëmou'ra)* f. urgence.
prenda *(prë'nda)* f. gage; vêtement.
prender *(prëndë'r)* tr. prendre; arrêter.
prensa *(prë'nsa)* f. presse, imprimerie.
prensar *(prënsár)* tr. presser.
preñada *(prëñáda)* adj. f. enceinte.
preocupación *(prëocupazión)* f. préoccupation.
preocupado, da *(prëocoupádo, da)* adj. préoccupé, e.
preocupar *(prëocoupár)* tr. préoccuper.
preparación *(prëparazión)* f. préparation.
preparar *(prëparár)* tr. préparer.
preparativos *(prëparatívos)* m. pl. préparatifs.
preparatorio, ria *(prëparatório, ria)* adj. préparatoire.
preponderancia *(prëpondëránzia)* f. prépondérance.
preponderar *(prëpondërár)* intr. prévaloir.
preposición *(prëpossizión)* f. préposition.
prerrogativa *(prërrogatíva)* f. prérogative.
presa *(prë'ssa)* f. prise; proie; digue.
presagiar *(prëssajiár)* tr. présager.
presagio *(prëssájio)* m. présage, augure. [tre.
presbítero *(prësbítero)* m. prêprescindir *(prëszinndír)* tr. omettre, prescinder.
prescribir *(prëscribír)* tr. prescrire.
presencia *(prëssë'nzia)* f. présence.
presenciar *(prëssënziár)* tr. être présent à.
presentación *(prëssëntazión)* f. présentation.
presentar *(prëssëntár)* tr. présenter; **—se** r. se présenter, paraître.
presente *(prëssë'ntë)* adj. présent; e; m. présent, don.
presentimiento *(prëssëntimië'nto)* m. pressentiment.
presentir *(prëssëntír)* tr. pressentir.
preservar *(prëssërvár)* tr. préserver.
preservativo, va *(prëssërvatívo, va)* adj. et s. préservatif, ive.
presidencia *(prëssidë'nzia)* f. présidence.
presidente *(prëssidë'ntë)* m. président.
presidiario *(prëssidiário)* m. forçat.
presidio *(prëssídio)* m. galères; bagne.
presidir *(prëssidír)* tr. présider.
presión *(prëssión)* f. pression.
preso, sa *(prë'sso, a)* adj. et s. arrêté, e; prisonnier, ière.
prestamista *(prëstamísta)* m. prêteur.
préstamo *(prë'stamo)* m. emprunt; prêt.
prestar *(prëstár)* tr. prêter.
presteza *(prëstë'za)* f. prestesse; agilité.
prestidigitador *(prëstidijitadór)* m. prestidigitateur.
prestigio *(prëstíjio)* m. prestige.
prestigioso, sa *(prëstijiósso, a)* adj. prestigieux, euse.
presto, ta *(prë'sto, ta)* adj. prête, prompt, e; prêt, e; adv. promptement.
presumido, da *(prëssoumído, da)* adj. vain, e; présomptueux, euse.

presumir (prëssoumír) tr. présumer; faire l'important.
presunción (prëssounzión) f.
présomption, conjeture.
presunto, ta (prëssou'nto, ta)
adj. présumé, e.
presuntuoso, sa (prëssountouós-
so, a) adj. présomptueux, euse.
presuponer (prëssouponë'r) tr.
présupposer.
presupuesto (prëssoupouë'sto)
m. budget.
presuroso, sa (prëssourósso, a)
adj. prompt, e.
pretender (prëtëndë'r) tr. prétendre.
pretendiente (prëtëndië'ntë) m.
prétendant.
pretensión (prëtënsión) f. pré-
tension.
pretérito, ta (prëtë'rito, ta) adj.
et s. passé, e; Gram. prétérit.   [ter.
pretextar (prëtëgstár) tr. prétex-
pretexto (prëtë'gsto) m. prétexte.
pretorio (prëtório) m. prétoire.
pretil (prëtíl) m. mur d'appui;
garde-fou.
prevalecer (prëvalëzë'r) intr.
prévaloir.
prevaricación (prëvaricazión) f.
prévarication.
prevención (prëvënzión) f. prévention; prévoyance.
prevenir (prëvënír) tr. préparer;
prévoir; prévenir.
preventivo, va (prëvëntívo, va)
adj. préventif, ive.
prever (prëvë'r) tr. prévoir.
previo, via (prë'vio, via) adj.
préalable.
previsión (prëvissión) f. prévision.
previsor, ra (prëvissór, ra) adj.
prévoyant, e.
previsto, ta (prëvísto, ta) adj.
prévu, e.   [ne.
prima (príma) f. prime; cousi-
primacía (primazía) f. primauté.
primado (primádo) m. primauté;
primat.
primario, ria (primário, ria) adj.
primaire.
primavera (primavë'ra) f. printemps.
primero, ra (primë'ro, ra) adj.
premier, ère; adv. première-
ment; plutôt.
primitivo, va (primitívo, va) adj.
primitif, ive.
primo m. cousin.
primogénito, ta (primojë'nito,
ta) adj. aîné, e.
primor (primór) m. habileté;
charme.
princesa (prinnzë'ssa) f. princesse.
principado (prinnzipádo) m.
principauté.
principal (prinnzipál) adj. principal, e.
príncipe (prinnzipë) m. prince.
principiante (prinnzipiántë) m.
commencant, apprenti.
principiar (prinnzipiár) tr. commencer.
principio (prinnzípio) m. principe, commencement.
prior (priór) m. prieur.
priorato (prioráto) m. prieuré.
prioridad (prioridád) f. priorité.
prisa (prissa) f. hâte.
prisión (prissión) f. prise, capture; prison.
prisionero (prissionë'ro) m. prisonnier.
prisma (prísma) m. prisme.
privación (privazión) f. privation.

privado, da (privádo, da) adj.
privé, e; m. favori.
privanza (privánza) f. privauté.
privar (privár) tr. priver; empêcher.
privarse (privársë) r. se priver,
s'abstenir.
privativo, va (privatívo, va)
adj. privatif, ive.
privilegiado, da (privilëjiádo, a)
adj. privilégié, e.
privilegiar (privilëjiár) tr. privilégier.
privilegio (privilë'jio) m. privilège.
proa (próa) f. proue.
probabilidad (probabilidád) f.
probabilité.
probable (probáblë) adj. probable.
probar (probár) tr. éprouver;
essayer; prouver; goûter.
problema (problë'ma) m. problème.
problemático, ca (problëmático,
ca) adj. problématique.
probo, ba (próbo, ba) adj.
.probe.
procaz (procáz) adj. insolent, e.
procedencia (prozëdë'nzia) f.
origine; provenance.
proceder (prozëdë'r) m. procédé; intr. proceder.
procedimiento (prozëdimië'nto)
m. procédé.
procesado, da (prozëssádo, da)
adj. et s. inculpé, e.
procesar (prozëssár) tr. instruire un procès, inculper.
procesión (prozëssión) f. procession.
proceso (prozë'sso) m. procès.
proclamación (proclamazión) f.
proclamation, ban.
proclamar (proclamár) tr. proclamer.
procrear (procrëár) tr. procréer.
procuración (procourazión) f.
administration; procuration.
procurador (procouradór) m.
procureur; aloué.
pocurar (procourár) tr. procurer; essayer.
prodigalidad (prodigalidád) f.
prodigalité.
prodigar (prodigár) tr. prodiguer.
prodigio (prodíjio) m. prodige.
prodigioso, sa (prodijiósso, a)
adj. prodigieux, euse.
pródigo, ga (pródigo, ga) adj.
prodigue.
producción (prodouczión) f.
production.
producir (prodouzír) tr. produire.
productivo, va (prodouctívo, va)
adj. productif, ive.
producto (prodouc'to) m. produit.
productor, ra (prodouctór, ra)
adj. et s. producteur, trice.
proeza (proë'za) f. prouesse.
progenitura (projënitou'ra) f.
profanación (profanazión) f.
profanation.
profanador, ra (profanadór, ra)
adj. et s. profanateur, trice.
profanar (profanár) tr. profaner.
profano, na (profáno, na) adj.
profane.
profecía (profëzía) f. prophétie.
proferir (profërír) tr. proférer.
profesar (profëssár) tr. professer.
profesión (profëssión) f. profession.
profesional (profëssionál) adj.
et s. professionnel elle.
profesor, ra (profëssór, ra) s.
professeur.
profeta (profë'ta) m. prophète.

profético, ca (profë'tico, ca)
adj. prophétique.
profetizar (profëtizár) tr. prophétiser.
prófugo, ga (prófougo, ga) adj.
fugitif, ive; m. réfractaire.
profundidad (profoundidád) f.
profondeur.
profundizar (profoundizár) tr.
approfondir.
profundo, da (profou'ndo, da)
adj. profond, e.
profusión (profoussión) f. profusion.   [race.
progenie (projë'nië) f. lignée.
progenitura (projënitou'ra) f.
progéniture.
programa (prográma) m. programme.
progresar (progrëssár) intr. progresser.
progresión (progrëssión) f. progression.
progresivo, va (progrëssívo, va)
adj. progresif, ive.
progreso (progrë'sso) m. progrès.
prohibición (pro-ibizión) f. prohibition, défense.
prohibir (pro-ibír) prohiber, défendre.
prójimo (prójimo) m. prochain.
prole (prólë) f. lignée; descendance.
proletario, ria (prolëtário, ria)
adj. prolétaire.
prolífico, ca (prolífico, ca) adj.
prolifique.
prolijo, ja (prolíjo, ja) adj. prolixe.
prólogo (prólogo) m. prologue.
prolongación (prolongazión) f.
prolongation.
prolongar (prolongár) tr. prolonger.
promedio (promë'dio) m. milieu; moyenne.
promesa (promë'ssa) f. promesse; vœu.
prometer (promëtë'r) tr. promettre; assurer.
prometido, da (promëtído, da)
adj. promis, e; s. fiancé, e.
prominencia (prominë'nzia) f.
proéminence, avancement.
prominente (prominë'në) adj.
éminent, e; élevé, e.
promiscuo, cua (promíscouo, a)
adj. mêlé, e.
promisión (promissión) f. pro-
mission.
promoción (promozión) f. promotion.
promontorio (promontório) m
promontoire.
promotor (promotór) m. promoteur.
promover (promovë'r) tr. promouvoir.
promulgación (promoulgazión)
f. promulgation.
promulgar (promoulgár) tr. promulguer.
pronombre (pronómbrë) m.
Gram. pronom.
pronunciarse (pronounziársë) r.
s'insurger.
propagación (propagazión) f.
propagation.
pronosticar (pronosticár) tr.
pronostiquer.
pronóstico (pronóstico) m. pronostic, jugement.
prontitud (prontitou'd) f. promptitude.
pronto, ta (prónto, ta) adj.
prompt, e; prêt, e.
pronunciación (pronounziazión)
f. prononciation.
pronunciamiento (pronounzia-
mië'nto) m. insurrection.
pronunciar (pronounziár) tr.

propagador, ra (propagadór, a)
adj. et s. propagateur, trice.
propaganda (propagánda) f. propagande.
propagar (propagár) tr. propager; agrandir.
propalar (propalár) tr. publier.
propasarse (propassársë) r. abuser.
propensión (propënsión) f. propension.
propenso, sa (propë'nso, a)
adj. enclin, ine.
propicio, cia (propízio, zia) adj.
propice.   [prieté.
propiedad (propiedád) f. pro-
propietario, ria (propiëtário, a)
s. propriétaire.
propina (propína) f. pourboire.
propinar (propinár) tr. administrer.
propio, pia (própio, pia) adj.
propre.
proponer (proponë'r) tr. proposer.
proporción (proporzión) f. proportion.
proporcional (proporzionál) adj.
proportionnel, elle.
proporcionar (proporzionár) tr.
proportionner.
propósito (propóssito) m. propos.
propuesta (propouë'sta) f. proposition.
propugnar (propougnár) tr. défendre.
propulsor (propoulsór) m. Méc.
propulseur.
prorrata (prorráta) f. prorata.
prórroga (prórroga) f. prorogation.
prorrumpir (prorroumpír) intr.
éclater.
prosa (próssa) f. prose.
prosaico, ca (prossá-ico, ca)
adj. prosaïque.
proscribir (proscribír) tr. proscrire.
proseguir (prossëguír) tr. poursuivre.
prosélito (prossë'lito) m. pro-
sélyte.
prosista (prossísta) m. prosateur.
prosodia (prossódia) f. prosodie.
prospecto (prospë'cto) m. prospectus.
prosperar (prospërár) intr. prospérer.
prosperidad (prospëridád) f.
prospérité.
próspero, ra (próspëro, ra) adj.
prospère.
prosternarse (prostërnársë) r.
se prosterner.
prostitución (prostitouzión) f.
prostitution.
prostituir (prostitouír) tr. pros-
tituer.
prostituta (prostitou'ta) f. prostituée.
protagonista (protagonísta) m.
protagoniste.
protección (protëczión) f. protection.
proteccionista (protëczionísta)
m. protectionniste.
prctector, ra (protëctór, ra)
adj. et s. protecteur, trice.
protectorado (protëctorádo) m.
protectorat.   [ger.
proteger (protëjë'r) tr. proté-
proteína (protë-ína) f. protéine.
prótesis (prótëssis) f. prothèse.

protesta (*prote̊'sta*) f. protestation.
protestante (*prote̊stántë*) adj. et. s. protestant, e.
protestar (*prote̊stár*) tr. protester.
protesto (*prote̊'sto*) m. protêt.
protocolo (*protocólo*) m. protocole.
protoplasma (*protoplásma*) m. protoplasme.
prototipo (*prototípo*) m. prototype.
protuberancia (*protoubëránzia*) f. protubérance.
provecho (*prove̊'cho*) m. profit.
provechoso, sa (*prove̊chósso, a*) adj. profitable.
proveedor, ra (*prove̊ëdór, ra*) s. pourvoyeur, euse; fournisseur, euse.
proveer (*prove̊e̊'r*) tr. pourvoir, fournir.
provenir (*provenír*) intr. provenir.
proverbial (*provërbiál*) adj. proverbial, e.
proverbio (*prove̊'rbio*) m. proverbe.
providencia (*provide̊'nzia*) f. prévoyance.
providencial (*providënziál*) adj. providentiel, elle.
provincia (*provínzia*) f. province.
provisión (*provissión*) f. provision.
provisional (*provissionál*) adj. provisionnel, elle.
provocación (*provocazión*) f. provocation.
provocar (*provocár*) tr. provoquer.
provocativo, va (*provocativo, va*) adj. provocateur, trice.
proximidad (*progsimidád*) f. proximité:
próximo, ma (*prógsimo, ma*) adj. proche, prochain, e.
proyección (*pro-iëczión*) f. projection.
proyectar (*pro-iëctár*) tr. projecter.
proyectil (*pro-iëctíl*) m. projectile.
proyecto (*pro-ië'cto*) m. projet.
prudencia (*proude̊'nzia*) f. prudence.
prudente (*proude̊'ntë*) adj. prudent, e.
prueba ‚ (*proůe̊'ba*) f. preuve, épreuve.
prurito (*prourito*) m. prurit.
psicología (*psicolojía*) f. psychologie.
psicosis (*psicóssis*) f. psychose.
psiquiatra (*psikíatra*) s. psychiatre.
psíquico (*psíkiko*) adj. psychique.
púa (*poů'a*) f. épine, pointe, etc.
pubertad (*poubërtád*) f. puberté.
publicación (*poublicazión*) f. publication.
publicar (*poublicár*) tr. publier.
publicidad (*poublizidád*) f. publicité.
público, ca (*poů'blico, ca*) adj. public, ique; m. le public.
puchero (*pouche̊'ro*) m. pot; pot-au-feu.
púdico, ca (*poů'dico, ca*) adj. pudique.
pudiente (*poudië'ntë*) adj. puissant, e; riche.
pudor (*poudór*) m. pudeur.

pudrir (*poudrír*) tr. et intr. pourrir.
pueblo (*poůe̊'blo*) m. village; peuple.
puente (*poůe̊'ntë*) s. pont.
puerco, ca (*poůe̊'rco, ca*) adj. sale; fig. grossier, ière; m. porc.
pueril (*poůeríl*) adj. puéril, e.
puerro (*poůe̊'rro*) m. poireau.
puerta (*poůe̊'rta*) f. porte.
puerto (*poůe̊'rto*) m. port; col.
pues (*poůe̊'s*) conj. donc, ainsi; puisque.
puesto, ta (*poůe̊'sto, ta*) adj. mis, e; placé, e; m. lieu; emploi; *Mil.* poste; f. mise, coucher.
púgil (*poů'jil*) m. pugile.
pugna (*poů'g-na*) f. combat.
pugnar (*poug-nár*) intr. combattre.
puja (*poů'ja*) f. enchère.
pujante (*poůjántë*) adj. puissant, e.
pujanza (*poůjánza*) f. force, vigueur.
pulcritud (*poulcritoůd*) f. propreté.
pulcro, ca (*poů'lcro, cra*) adj. beau, belle; recherché, e.
pulga (*poů'lga*) f. puce.
pulgada (*poulgáda*) f. pouce (mesure).
pulgar (*poulgár*) m. pouce.
pulgón (*poulgón*) m. puceron.
pulido, da (*poulído, da*) adj. poli, e; beau, belle.
pulimentar (*poulimëntár*) tr. brunir, polir.
pulimento (*poulime̊'nto*) m. poli.
pulir (*poulír*) tr. polir; orner.
pulmón (*poulmón*) m. poumon.
pulmonar (*poulmonár*) adj. pulmonaire.
pulmonía (*poulmonía*) f. pneumonie.
pulpa (*poů'lpa*) f. pulpe.
púlpito (*poů'lpito*) m. chaire.
pulpo (*poů'lpo*) m. poulpe; pieuvre.
pulsación (*poulsazión*) f. pulsation.
pulsar (*poulsár*) tr. toucher, tâter le pouls; fig. sonder.
pulsera (*poulse̊'ra*) f. bracelet.
pulso (*poů'lso*) m. pouls.
pulular (*pouloulár*) intr. pulluler.
pulverizar (*poulve̊rizár*) tr. pi-... , pulvériser.
pulla (*poů'ya*) f. pouille.
puma (*poů'ma*) m. puma.
pundonor (*poundonór*) m. point d'honneur.
punta (*poů'nta*) f. pointe.
puntal (*pountál*) m. étai, étançon.
puntapié (*pountapië'*) m. coup de pied.
puntear (*pountëár*) tr. pincer; pointiller.
puntería (*pountería*) f. visée; pointage.
puntiagudo, da (*pountiagoůdo, da*) adj. pointu, e.
puntilla (*pount̊íya*) f. petite dentelle.
puntillo (*pountíyo*) m. vétille, bagatelle.
puntilloso, sa (*pountiyósso, sa*) adj. pointilleux, euse.
punto (*poů'nto*) m. point; but; point de couture.
puntuación (*pountoůazión*) f. ponctuation.
puntual (*pountoůál*) adj. ponctuel, elle.
puntualidad (*pountoůalidád*) f. ponctualité.
puntualizar (*pountoůalizár*) tr. préciser; perfectionner.

puntuar (*pountoůár*) tr. ponctuer.
punzante (*pounzántë*) adj. piquant, e; fig. poignant e.
punzón (*pounzón*) m. poinçon.
puñado (*pougnádo*) m. poignée.
puñal (*pougnál*) m. poignard.
puñalada (*pougnaláda*) f. coup de poignard.
puñetazo (*pougnëtázo*) m. coup de poing.
puño (*poů'gno*) m. poing; poignée; poignet; manchette.
pupila (*poupíla*) f. *Anat.* pupile.
pupilo (*poupílo*) m. pupile; pensionnaire.
pupitre (*poupítrë*) m. pupitre.
puré (*pourë'*) m. purée.
pureza (*poůe̊'za*) f. pureté.
purga (*poů'rga*) f. purgation; purge.
purgación (*pourgazión*) f. purgation; blénorragie.
purgante (*pourgántë*) m. purgatif. [pier.
purgar (*pourgár*) tr. purger; expier.
purgatorio (*pourgatório*) m. purgatoire.
purificar (*pourificár*) tr. purifier.
purista (*pourísta*) f. puriste.
puritano, na (*pouritáno, na*) adj. puritain, e.
puro, ra (*poů'ro, ra*) adj. pur, e.
púrpura (*poů'rpoura*) f. pourpre.
purpúreo, a (*pourpoů're̊o, a*) adj. pourpré, e.
purulento, ta (*pouroulë'nto, ta*) adj. purulent, e.
pus (*poů's*) m. pus.
pusilánime (*poussilánimë*) adj. pusillanime.
pústula (*poů'stoula*) f. pustule.
putrefacción (*poutrëfakzión*) f. putréfaction.
putrefacto, ta (*poutrëfácto, ta*) adj. pourri, e.

que (*kë'*) pr. rel. que, qui, quoi, lequel, laquelle, que; conj. que.
quebrada (*këbráda*) f. ravin.
quebradero (*këbrade̊'ro*) m. briseur; **quebradero de cabeza**, souci, inquiétude, etc.
quebradizo, za (*këbradízo, za*) adj. fragile.
quebrado, da (*këbrádo, da*) adj. cassé, e; accidenté, e; (relief); m. fraction.
quebradura (*këbradoů'ra*) f. rupture, fracture; hernie.
quebrantar (*këbrantár*) tr. rompre, briser; casser.
quebranto (*këbránto*) m. lassitude; dommage.
quebrar (*këbrár*) tr. briser, rompre; fig. enfreindre.
quedar (*këdár*) intr. rester; convenir.
quedo, da (*kë'do, da*) adj. calme; adv. à voix basse, bas.
quehacer (*këaze̊'r*) m. affaire, travail.
queja (*kë'ja*) f. plainte.   [dre.
quejarse (*këjársë*) r. se plaindre.
quejido (*këjído*) m. gémissement, plainte.

quemadura (*këmadoů'ra*) f. brulure.
quemar (*këmár*) tr. brûler fig. détruire, dissiper.
querella (*kërë'ya*) f. plainte, querelle.
querellarse (*kërëyársë*) r. se plaindre.
querer (*kërë'r*) tr. vouloir; fig. aimer; m. amour, affection.
querido, da (*kërído, da*) adj. bienaimé, e; cher, ère; f. maitresse.
queso (*kë'sso*) m. fromage.
quicio (*kízio*) m. pivot, gond.
quiebra (*kië'bra*) f. fente, crevasse; banqueroute.
quien (*kië'n*) pron. relat. qui, lequel, laquelle.
quienquiera (*kiënkië'ra*) pron. indét. quiconque.
quieto, ta (*kië'to, ta*) adj. calme; tranquille.
quietud (*kiëtoůd*) f. repos; fig. tranquillité
quijada (*kijáda*) f. mâchoire.
quilate (*kilátë*) m. carat.
quilla (*kíya*) f. *Mar.* quille.
quimera (*kimë'ra*) f. chimère; querelle.
quimérico, ca (*kimë'rico, ca*) adj. vain, e; chimérique.
química (*kímica*) f. chimie.
químico (*kímico*) m. chimiste; adj. chimique.
quimono (*kimóno*) m. kimono.
quina (*kína*) f. quinquina.
quincalla (*kinncáya*) f. quincaille.   [quincaillerie.
quincallería (*kinncayëría*) f.
quince (*kinnzë*) adj. et s. quince.
quincena (*kinnze̊'na*) f. quinzaine.
quiniela (*kinië'la*) f. pari (sports, etc).
quinqué (*kinnkë'*) m. quinquet.
quinquenio (*kinnkë'nio*) m. cinq ans.
quinta (*kínnta*) f. maison de campagne; conscription, recrutement.
quintal (*kinntál*) m. quintal.
quintar (*kinntár*) tr. *Mil.* tirer au sort.
quinteto (*kinntë'to*) m. quintette.
quinto, ta (*kínnto, ta*) adj. cinquième; s. conscrit.
quiosco (*kiósco*) m. kiosque.
quirúrgico, ca (*kiroů'rjico, ca*) adj. chirurgique.
quisquilloso, sa (*kikiyósso, a*) adj. délicat, e; vétilleux, euse, par hasard.
quiste (*kístë*) m. kyste.
quitamanchas (*kitamánchas*) s. dégraisseur, euse.
quitanieves (*kitanië'vës*) m. chasse-neige.
quitanza (*kitánza*) f. quittance.
quitar (*kitár*) tr. ôter; retirer; déroger.
quitasol (*kitassól*) m. parasol; ombrelle.
quite (*kítë*) m. obstacle, parade.
quizá(s) (*kizá(s)*) adv. peut-être.

rabadilla *(rabadíya)* f. croupion.
rábano *(rábano)* f. radis.
rabia *(rábia)* f. rage.
rabiar *(rabiár)* tr. enrager.
rabino *(rabíno)* m. rabbin.
rabiosso, sa *(rabiósso, a)* adj. enragé, e.
rabo *(rábo)* m. queue.
racimo *(razímo)* m. grappe; raisin.   [sonnement.
raciocinio *(raziozínio)* m. raición *(razión)* f. ration.
racional *(razionál)* adj. rationnel, elle.
racionar *(razionár)* tr. rationner.
racha *(rácha)* f. rafale.
rada *(ráda)* f. rade.
radiación *(radiazión)* f. radation.
radiactividad *(radiactividád)* f. radio-activité.
radiactivo, va *(radiactívo, va)* adj. radio-actif, ive.
radiador *(radiadór)* m. radiateur.
radiante *(radiánté)* adj. radiant, e.
radiar *(radiár)* m. rayonner.
radical *(radicál)* adj. radical, e.
radicar intr. prendre racine;
—se r. s'enraciner.
radio *(rádio)* m. rayon; radius; radio.
radiodifusión *(radiodifoussión)* f. radiodiffusion.
radiografía *(radiografía)* f. radiographie.
radioyente *(radio-ié'nté)* s. auditeur, trice. (de radio).
raer *(raé'r)* tr. racler, ratisser.
ráfaga *(ráfaga)* f. rafale.
raído, da *(raído, da)* adj. râpé, e; usé, e.
raíz *(ra-íz)* f. racine.
raja *(rá-ja)* f. copeau; fente.
rajar *(ra-jár)* tr. fendre, couper.
ralea *(ralé'a)* f. race, espèce.
ralladura *(rayadou'ra)* r. râpure, ratissure.
rama *(ráma)* f. branche.
ramaje *(ramájé)* m. ramure; ramage.
ramal *(ramál)* m. longe, licou; embranchement.
ramera *(ramé'ra)* f. prostituée.
ramificación *(ramificazión)* m. ramification.
ramificarse *(ramificársé)* r. se ramifier.
ramillete *(ramiyé'té)* m. bouquet de fleurs.
ramo *(rámo)* m. rameau; bouquet; branche.
rampa *(rámpa)* f. rampe; pente.
ramplón, na *(ramplón, na)* adj. lourd, e.
rana *(rána)* f. grenouille.
rancio, cia *(ránzio, zia)* m. repas (soldat), ferme.
rango *(rángo)* m. rang.
ranura *(ranu'ra)* f. rainure.
rapacidad *(rapazidád)* f. rapacité.   [voler.
rapar *(rapár)* tr. fam. raser;
rapaz *(rapáz)* m. enfant; adj. rapace.
rape *(rápé)* m. fam. rasure.
rapidez *(rapidé'z)* f. rapidité.

rápido, da *(rápido, da)* adj. rapide.
rapiña *(rapígna)* f. rapine.
raposa *(rapóssa)* f. renard; fig. rusée (personne).
rapsodia *(rapsódia)* f. rapsodie.
raptar *(raptár)* tr. ravir.
rapto *(rápto)* rapt, accès.
raptor, ra *(raptór, ra)* adj. et s. ravisseur, euse.
raqueta *(rakë'ta)* f. raquette.
raquítico, ca *(rakítico, ca)* adj. rachitique.
rarefacción *(rarëfazción)* f. rarefaction.
rareza *(rarë'za)* f. rareté.
raro, ra *(ráro, ra)* adj. rare.
rasante *(rassánté)* adj. rasant, e.
rascacielos *(rascazië'los)* m. gratte ciel.
rascar *(rascár)* tr. gratter.
rasgar *(rasgár)* tr. déchirer.
rasgo *(rásgo)* m. trait.
rasguear *(rasguëár)* tr. jouer de la guitare.
rasguño *(rasgou'gno)* m. égratignure.
raso *(rásso)* m. satin; clairière; adj. ras, e.
raspador *(rapadór)* m. grattoir.
raspadura *(rapadou'ra)* f. raclure; rature.
raspar *(rapár)* tr. racler.
rastrear *(rasträár)* tr. suivre la piste.
rastrero, ra *(rastrë'ro, ra)* adj. rampant, e; traînant, e.
rastrillar *(rastriyár)* tr. râteler.
rastrillo *(rastríyo)* m. râteau.
rastro *(rástro)* m. trace; râteau.
rastrojo *(rastrójo)* m. chaume.
rasurar *(rassourár)* tr. raser.
rata *(ráta)* f. rat; fam. filou.
ratero *(raté'ro)* m. filou, voleur.
ratificación *(ratificazión)* f. ratification.
ratificar *(ratificár)* tr. ratifier.
rato *(ráto)* m. moment.
ratón *(ratón)* m. rat, souris.
ratonera *(ratoné'ra)* f. souricière.
raudal *(raoudál)* m. courant, torrent.
raudo, da *(ráoudo, da)* adj. rapide.
raya *(rá-ia)* f. raie, ligne; borne.
rayado, da *(ra-iádo, da)* adj. rayé, e; m. rayures.
rayar *(ra-iár)* tr. rayer; souligner; intr. fig. exceller.
rayo *(rá-io)* m. rayon; radius; foudre.
raza *(rázaa)* f. race.
razón *(razón)* m. raison; motif.
razonable *(razonáblé)* adj. raisonnable.
razonamiento *(razonamië'nto)* m. raisonnement.
razonar *(razonár)* intr. raisonner.
reacción *(reaczión)* f. réaction.
reaccionar *(reaczionár)* intr. réagir.
reacio, cia *(reázio, zia)* adj. rétif, ive.
reactivo, va *(reactívo, va)* adj. Chim. réactif, ive.
real *(reál)* adj. réel, elle; royal, e.
realce *(reálzë)* m. relief, effet.
realeza *(realë'za)* f. royauté.
realidad *(realidád)* f. réalité.
realismo *(realísmo)* m. royalisme; réalisme.
realista *(realísta)* m. royaliste.
realización *(realizazión)* f. réalisation.
realizar *(realizár)* tr. réaliser.
realmente *(realmë'nté)* adv. réellement.
realzar *(realzár)* tr. rehausser.

reanimar *(reanimár)* tr. réanimer.
reanudar *(reanoudár)* tr. renouer.
reaparecer *(reaparëzë'r)* intr. réapparaître.
reapertura *(reapërtou'ra)* f. réarmement.
reasumir *(reassoumír)* tr. reprendre.
rebaja *(rëbája)* f. rabais.
rebajar *(rëbajár)* tr. rabaisser; rabattre.
rebanada *(rëbanáda)* f. tranche de pain, etc.
rebaño *(rëbágno)* m. troupeau.
rebasar *(rëbassár)* tr. franchir, dépasser, excéder.
rebatir *(rëbatír)* tr. repousser.
rebato *(rëbáto)* m. alarme, tocsin.
rebelarse *(rëbëlársë)* r. se rebeller; se révolter.
rebelde *(rëbë'ldë)* adj. et s. rebelle.
rebelión *(rëbëlión)* f. rébellion.
reblandecer *(rëblandëzë'r)* tr. ramollir.
reborde *(rëbórdë)* m. rebord.
rebosar *(rëbossár)* intr. regorger; fig. surabonder.
rebotar *(rëbotár)* tr. rebondir.
rebote *(rëbótë)* m. rebondissement.
rebozar *(rëbozár)* paner; couvrir.
rebuznar *(rëbouznár)* intr. braire.
rebuzno *(rëbou'zno)* m. braiment.
recado *(rëcádo)* m. commission.
recaer *(rëcaë'r)* intr. retomber.
recaída *(rëca-ída)* f. rechute.
recalar *(rëcalár)* tr. Mar. arriver.
recalcar *(rëcalcár)* tr. serrer, bourrer, appuyer.
recalcitrante *(rëcalzitrántë)* adj. et sing. récalcitrant, e.
recalentar *(rëcalëntár)* tr. réchauffer.
recambio *(rëcámbio)* m. rechange.
recapacitar *(rëcapazitár)* tr. mémorer.
recapitular *(rëcapitoulár)* tr. récapituler.
recargar *(rëcargár)* tr. recharger.
recargo *(rëcárgo)* m. surcharge.
recato *(rëcáto)* m. prudence; pudeur.
recaudación *(rëcaoudazión)* f. recouvrement; bureau de recette.
recaudador *(rëcaoudadór)* m. receveur.
recaudar *(rëcaoudár)* tr. recouvrer, percevoir.
recelar *(rëzëlár)* m. craindre; soupçonner.
recelo *(rëzë'lo)* m. crainte, défiance.
receloso, sa *(rëzëlósso, a)* adj. craintif, ive.
recepción *(rëzëpzión)* f. réception.
receptáculo *(rëzëptácoulo)* m. réceptacle.
receptor, ra *(rëzëptór, ra)* adj. et s. qui reçoit; m. récepteur.
receta *(rëzë'ta)* f. ordonnance.
recetar *(rëzëtár)* tr. formuler.
recibimiento *(rëzibimië'nto)* m. réception.
recibir *(rëzibír)* tr. recevoir; admettre.
recibo *(rëzíbo)* m. reçu, quittance.
reciente *(rëzië'nté)* adj. récent, e.

recinto *(rëzinnto)* m. enceinte.
recio, cia *(rë'zio, zia)* adj. fort, e; robuste; dur, e.
recipiente *(rëzipië'nté)* m. recipient.
recíproco, ca *(rëzíproco, ca)* adj. réciproque.
recitación *(rëzitazión)* f. récitation.
recitar *(rëzitár)* tr. reciter.
reclamación *(rëclamazión)* f. réclamation.
reclamar *(rëclamár)* tr. réclamer.
reclamo *(rëclámo)* m. appeau; réclame.
reclinar *(rëclinár)* tr. incliner, pencher.
reclinatorio *(rëclinatório)* m. accoudoir.
recluir *(rëclouír)* tr. reclure.
reclusión *(rëcloussión)* f. clôture; fig. détention, réclusion.
recluso, sa *(rëclou'sso, a)* adj. reclus, e.
recluta *(rëclou'ta)* f. Mil. recrue.
reclutar *(rëcloutár)* tr. Mil. recruter.
recobrar *(rëcobrár)* tr. recouvrer.
recodo *(rëcódo)* m. angle, coude.
recoger *(rëcojë'r)* tr. reprendre, recueillir, ramasser.
recogerse *(rëcojë'rsë)* r. se retirer; se recueillir.
recogida *(rëcojída)* f. retraite; saisie; récolte.
recogimiento *(rëcojimië'nto)* m. retraite; recueillement.
recolección *(rëcolëczión)* f. récolte.
recomendación *(rëcomëndazión)* f. recommandation.
recomendar *(rëcomëndár)* tr. recommander.
recompensa *(rëcompë'nsa)* f. récompense.
recompensar *(rëcompënsár)* tr. compenser; récompenser.
recomponer *(rëcompónë'r)* tr. recomposer.
reconciliación *(rëconziliazión)* f. réconciliation.
reconciliar *(rëconziliár)* tr. réconcilier.
reconciliarse *(rëconziliársë)* r. se réconcilier.
recóndito, ta *(rëcóndito, ta)* adj. très caché, e.
reconocer *(rëconozë'r)* tr. revoir; reconnaître.
reconocimiento *(rëconozimië'nto)* m. reconnaissance; vérification.
reconquista *(rëconkísta)* f. reconquête.
reconquistar *(rëconkistár)* tr. reconquérir.
reconstituir *(rëconstitouír)* tr. reconstituer.
reconstruir *(rëconstrouír)* tr. reconstruire.
recopilar *(rëcopilár)* tr. récapituler; compiler.
recordar *(rëcordár)* tr. rappeler; intr. fig. se souvenir.
recordatorio *(rëcordatório)* m. memento.
recorrer *(rëcorrë'r)* tr. parcourir.
recorrido *(rëcorrído)* m. parcours.
recortar *(rëcortár)* tr. rogner; découper.

recorte (rĕcórtĕ) m. découpure.
recreación (rĕcrĕazión) f. récréation.
recrear (rĕcrĕár) tr. récréer.
recreativo, va (rĕcrĕatívo, va) adj. récréatif, ive.
recreo (rĕcrĕ'o) m. récréation.
recriminar (rĕcriminár) tr. récriminer.
recrudecimiento (rĕcroudĕzimiĕ'nto) m. recrudescence.
rectangular (rĕctangoulár) adj. rectangulaire.
rectángulo (rĕctángoulo) m. Géom. rectangle.
rectificación (rĕctificazión) f. rectification.
rectificar (rĕctificár) tr. rectifier.
rectilíneo, a (rĕctilínĕo, a) adj. rectiligne.   [de.
rectitud (rĕctitou'd) f. rectitude.
recto, ta (rĕ'cto, ta) adj. droit, e; équitable; Anat. rectum.
rector (rĕctór) s. recteur; curé.
recuento (rĕcouĕ'nto) m. inventaire.
recuerdo (rĕcouĕ'rdo) m. souvenir.
recular (rĕcoulár) intr. reculer.
recuperación (rĕcoupĕrazión) f. récupération.
recuperar (rĕcoupĕrár) tr. récupérer.
recurrir (rĕcourrír) tr. recourir.
recurso (rĕcou'rso) m. recours.
recusar (rĕcousár) tr. refuser.
rechazar (rĕchazár) tr. repousser.
rechazo (rĕcházo) m. ricochet.
rechinar (rĕchinár) intr. grincer, craquer.
rechoncho, cha (rĕchóncho, a) adj. fam. trapu, e.
red (rĕ'd) f. filet; réseau.
redacción (rĕdazción) f. rédaction.
redactar (rĕdactár) tr. rédiger.
redactor (rĕdactór) m. rédacteur.
redada (rĕdáda) f. rafle (police); coup de filet.
redención (rĕdĕnzión) f. rachat; rédemption.
redentor, ra (rĕdĕntór, ra) adj. et s. redempteur.
redil (rĕdíl) m. bergerie, bercail.
redimir (rĕdimír) tr. rédimer.
rédito (rĕ'dito) tr. revenu.
redoble (rĕdóblĕ) m. redoublement, roulement.
redoma (rĕdóma) f. bouteille, fiole, etc.
redomado, da (rĕdomádo, da) adj. fam. rusé, e.   [dir.
redondear (rĕdondĕár) tr. arrondir.
redondel (rĕdondĕ'l) m. cercle; cirque; arène.
redondo, da (rĕdóndo, da) adj. rond, e; arrondi, e.
reducción (rĕdouczión) f. réduction.
reducir (rĕdoucír) tr. réduire.
reducto (rĕdou'cto) m. redoute.
redundancia (rĕdoundánzia) f. redondance.
redundar (rĕdoundár) intr. regorger; fig. tourner au profit de.
reedificar (rĕĕdificár) tr. réédifier.
reelección (rĕĕlĕczión) f. réélection.
reelegir (rĕĕlĕjír) tr. réélire.
reembarcar (rĕĕmbarcár) tr. rembarquer.

reembolsar (rĕĕmbolsár) tr. rembourser.
reembolso (rĕĕmbólso) m. remboursement.
reemplazar (rĕĕmplazár) tr. remplacer.
reemplazo (rĕĕmplázo) m. remplacement.
reenganchar (rĕĕnganchár) tr. Mil. enrôler de nouveau.
reengancharse (rĕĕnganchársĕ) r. Mil. se réengager.
refajo (rĕfájo) m. sorte de jupe.
refección (rĕfĕczión) f. réfection.
refectorio (rĕfĕctório) m. refectoire.
referencia (rĕfĕrĕ'nzia) f. référence.   [referendum.
referéndum (rĕfĕrĕ'ndoum) m.
referente (rĕfĕrĕ'ntĕ) adj. relatif, ive.
referir (rĕfĕrír) tr. rapporter.
referirse (rĕfĕrírsĕ) r. se référer.
refinación (rĕfinazión) f. raffinage.
refinado, da (rĕfinádo, da) adj. raffiné, e.
refinamiento (rĕfinamiĕ'nto) m. raffinement.
refinar (rĕfinár) tr. raffiner.
refinería (rĕfinĕría) f. raffinerie.
reflector (rĕflĕctór) m. Phys. réflecteur.
reflejar (rĕflĕjár) intr. réfléchir; refléter.
reflejo (rĕflĕ'jo) m. reflet; réflexe.
reflexión (rĕflĕgsión) f. réflexion; reflet.
reflexionar (rĕflĕgsionár) tr. réfléchir, considérer.
reflexivo, va (rĕflĕgsívo, va) adj. réfléchissant, e; Gram. réfléchi.
refluir (rĕflouír) intr. refluer.
reflujo (rĕflou'jo) m. reflux.
reforma (rĕfórma) f. réforme.
reformar (rĕformár) restaurer; réformer.
reformatorio (rĕformatório) m. maison de correction.
reforzar (rĕforzár) tr. renforcer.
refracción (rĕfrazción) f. réfraction.
refractario, ria (rĕfractário, ria) adj. réfractaire.   [adage.
refrán (rĕfrán) m. proverbe;
refregar (rĕfrĕgár) tr. frotter.
refrenar (rĕfrĕnár) tr. fig. réfréner.
refrescar (rĕfrĕscár) tr. et intr. rafraîchir.
refresco (rĕfrĕ'sco) m. rafraîchissement.
refriega (rĕfriĕ'ga) f. combat, querelle.
refrigerante (rĕfrijĕrántĕ) adj. réfrigérant, e.
refrigerador (rĕfrijĕradór) adj. et. s. réfrigérateur.
refrigerar (rĕfrijĕrár) tr. rafraîchir.
refrigerio (rĕfrijĕ'rio) m. rafraîchissement; collation.
refuerzo (rĕfouĕ'rzo) m. renfort.
refugiar (rĕfoujiár) tr. donner asile.
refugiarse (rĕfoujiársĕ) r. se refugier.
refugio (rĕfou'jio) m. refuge.
refulgente (rĕfoujĕ'ntĕ) adj. brillant, e.
refundir (rĕfoundír) tr. refondre.
refunfuñar (rĕfounfougnár) tr. murmurer.
refutación (rĕfoutazión) f. refutation.
refutar (rĕfoutár) tr. réfuter.

regadera (rĕgadĕ'ra) f. arrosoir.
regadío (rĕgadío) irrigation.
regalar (rĕgalár) tr. donner en cadeau, récréer.
regaliz (rĕgalíz) f. réglisse.
regalo (rĕgálo) m. cadeau.
regañar (rĕgagnár) intr. gronder.
regar (rĕgár) tr. arroser.
regata (rĕgáta) f. régate.
regatear (rĕgatĕár) tr. marchander; intr. user de détours.
regazo (rĕgázo) m. giron.
regencia (rĕjĕ'nzia) f. régence.
regeneración (rĕjĕnĕrazión) f. régénération.
regenerar (rĕjĕnĕrár) tr. régénérer.
regentar (rĕjĕntár) tr. régenter.
regente (rĕjĕ'ntĕ) m. régent.
regicida (rĕjizída) adj. et s. régicide.
régimen (rĕ'jimĕn) m. régime.
regimiento (rĕjimiĕ'nto) m. régiment.
regio, gia (rĕ'jio, jia) adj. royal, e.
región (rĕjión) f. région, contrée.
regional (rĕjionál) adj. régional, e.
regir (rĕjír) tr. régir; guider.
registrar (rĕjistrár) tr. enregistrer; contrôler.
registro (rĕjístro) m. registre; enregistrement.
regla (rĕgla) f. règle.
reglamentario, ria (rĕglamĕntário, ria) adj. réglementaire.
reglamento (rĕglamĕ'nto) m. règlement.
regocijar (rĕgozijár) tr. réjouir.
regocijo (rĕgozíjo) m. réjouissance.   [nir.
regresar (rĕgrĕssár) intr. revenir.
regresión (rĕgrĕssión) f. retour.
regreso (rĕgrĕ'sso) m. retour.
reguero (rĕguĕ'ro) m. petit ruisseau; traînée.
regulación (rĕgoulazión) f. régulation.
regulador, ra (rĕgouladór, ra) adj. régulateur, trice.
regular (rĕgoulár) adj. regulier, ière; tr. mesurer, régler.
regularidad (rĕgoularidád) f. régularité.
regularizar (rĕgoularizár) tr. régulariser.
rehabilitar (rĕabilitár) tr. réhabiliter.
rehacer (rĕazĕ'r) tr. refaire.
rehén (rĕĕ'n) m. otage.
rehuir (rĕouír) tr. et intr. se retirer; s'enfuir, rejeter.
rehusar (rĕoussár) tr. refuser.
reimprimir (rĕimmprimír) tr. réimprimer.
reina (rĕ'ina) f. reine.
reinado (rĕinádo) m. règne.
reinar (rĕinár) intr. régner.
reincidencia (rĕinnzidĕ'nzia) f. récidive.
reincidir (rĕinnzidír) tr. récidiver.
reincorporar (rĕinnporár) tr. réincorporer.
reino (rĕ'ino) m. royaume; règne.
reintegrar (rĕinntĕgrár) tr. réintégrer.
reintegro (rĕinntĕ'gro) m. remboursement.
reír (rĕ-ír) intr. rire.
reiterar (rĕ-itĕrár) tr. réitérer.
reivindicación (rĕ-ivinndicazión) f. revendication.
reivindicar (rĕ-ivinndicár) tr. revendiquer.
reja (rĕ'ja) f. grille; soc.

rejuvenecer (rĕjouvĕnĕzĕ'r) intr. rajeunir.
relación (rĕlazión) f. relation; rapport; récit.
relacionar (rĕlazionár) tr. établir un rapport.
relajación (rĕlajazión) f. relâchement.
relámpago (rĕlámpago) m. éclair.
relapso, a (rĕlápso, a) adj. et s. relaps, e.
relatar (rĕlatár) tr. raconter.
relatividad (rĕlatividád) f. relativité.
relativo, va (rĕlatívo, va) adj. relatif, ive.
relato (rĕláto) m. récit.
relegar (rĕlĕgár) tr. envoyer en exil, bannir.
relente (rĕlĕ'ntĕ) m. serein.
relevante (rĕlĕvántĕ) adj. relevé, e; remarquable.
relevar (rĕlĕvár) tr. relever.
relevo (rĕlĕ'vo) m. Mil. relève.
relicario (rĕlicário) m. reliquaire.
relieve (rĕliĕ'vĕ) m. relief.
religión (rĕlijión) f. religion.
religiosidad (rĕlijiossidád) f. religiosité.
religioso, sa (rĕlijiósso, a) adj. religieux, euse.
relinchar (rĕlinnchár) intr. hennir.
relincho (rĕlínncho) m. hennissement.
reliquia (rĕlikia) f. relique.
reloj (rĕlój) f. horloge; montre; pendule.   [rie.
relojería (rĕlojĕría) f. horloge-
relojero (rĕlojĕ'ro) m. horloger.
reluciente (rĕlouziĕ'ntĕ) adj. reluisant, e.
relucir (rĕlouzír) intr. reluire.
relumbrante (rĕloumbrániĕ) adj. brillant, e.
rellano (rĕyáno) m. palier.
rellenar (rĕyĕnár) tr. remplir.
relleno, na (rĕyĕ'no, na) adj. rempli, e.
remanente (rĕmanĕ'ntĕ) m. reste.
remanso (rĕmánso) m. eau dormante; fig. lenteur.
remar (rĕmár) intr. ramer; nager.
rematar (rĕmatár) tr. finir, achever; adjurer.
remate (rĕmátĕ) m. fin; adjudication.
remedar (rĕmĕdár) tr. imiter; contrefaire.
remediar (rĕmĕdiár) tr. remédier.
remedio (rĕmĕ'dio) m. remède; ressource.
remendar (rĕmĕndár) tr. rapiécer, raccommoder.
remero, ra (rĕmĕ'ro, ra) s. rameur, euse.
remesa (rĕmĕ'ssa) f. remise, envoi.
remiendo (rĕmiĕ'ndo) m. raccommodage.
remilgo (rĕmílgo) m. minauderie.
reminiscencia (rĕminiszĕ'nzia) f. réminiscence.
remisión (rĕmissión) f. renvoi; rémission.
remiso, sa (rĕmísso, a) adj. indolent, e.
remitente (rĕmitĕ'ntĕ) adj. et s. expéditeur.
remitir (rĕmitír) tr. remettre, envoyer.
remo (rĕ'mo) m. rame, aviron.
remojar (rĕmojár) tr. détremper.
remojo (rĕmójo) m. détrempe.
remolacha (rĕmolácha) f. betterave.

remolcador *(rĕmolcadór)* m. remorqueur.   [quer.
remolcar *(rĕmolcár)* tr. remor-
remolino *(rĕmolíno)* m. tourbillon.
remolque *(rĕmólkĕ)* m. remorque.
remontar *(rĕmontár)* tr. remonter.
rémora *(rĕ'mora)* f. *Zool.* rémora; fig. obstacle.
remordimiento *(rĕmordimiĕ'nto)* m. remords.
remoto, ta *(rĕmóto, ta)* adj. éloigné, e; distant, e.
remover *(rĕmovĕ'r)* tr. émouvoir, remuer.
remozar *(rĕmozár)* tr. rajeunir.
remuneración *(rĕmounĕrazión)* f. rémunération.
remunerar *(rĕmounĕrár)* tr. rémunérer.
renacer *(rĕnazĕ'r)* tr. renaître.
renacimiento *(rĕnazimiĕ'nto)* m. renaissance.
renacuajo *(rĕnacouájo)* m. têtard.
rencilla *(rĕnzíya)* f. fam. querelle; rancune.
rencor *(rĕncór)* m. rancune.
rencoroso, sa *(rĕncorósso, a)* adj. rancunier, ière.
rendición *(rĕndizión)* f. reddition.
rendido, da *(rĕndído, da)* adj. rendu, e; soumis, e.
rendija *(rĕndíja)* f. lézarde, fente.
rendimiento *(rĕndimiĕ'nto)* m. reddition; fatigue; soumission; rapport; revenu.
rendir *(rĕndír)* tr. soumettre, assujetir; rendre; produire.
renegado, da *(rĕnĕgádo, da)* adj. et s. renégat, e.
renegar *(rĕnĕgár)* tr. nier; désavouer; intr. renier.
renglón *(rĕnglón)* m. ligne.
reno *(rĕ'no)* m. renne.
renombrado, da *(rĕnombrádo, da)* adj. renommé, e.
renombre *(rĕnómbrĕ)* m. surnom; renom.
renovación *(rĕnovazión)* f. renouvellement.
renovar *(rĕnovár)* tr. renouveler.
renta *(rĕ'nta)* f. rente, revenu.
rentista *(rĕntísta)* m. rentier.
renuncia *(rĕnou'nzia)* f. renonciation.
renunciamiento *(rĕnounzimiĕ'nto)* m. renoncement.
renunciar *(rĕnounzíár)* tr. renoncer.
reñido, da *(rĕgnído, da)* adj. brouillé, e; disputé, e.
reñir *(rĕgnír)* intr. disputer; tr. réprimander.   [ble.
reo *(rĕ'o)* m. criminel, coupa-
reorganizar *(rĕorganizár)* tr. réorganiser.
reparación *(rĕparazión)* f. réparation.
reparar *(rĕparár)* tr. réparer.
reparo *(rĕpáro)* m. réparation, remarque.
repartición *(rĕpartizión)* f. répartition.
repartidor, ra *(rĕpartidór, ra)* s. distributeur, trice.
repartir *(rĕpartír)* tr. partager.
reparto *(rĕpárto)* m. fam. partage.
repasar *(rĕpassár)* tr. repasser.
repaso *(rĕpásso)* m. revision.
repelente *(rĕpĕlĕ'ntĕ)* adj. repoussant, e.
repeler *(rĕpĕlĕ'r)* tr. repousser; rejeter.
repente (de) *(dĕ rĕpĕ'ntĕ)* loc. adv. subitement.
repentino, na *(rĕpĕntíno, na)* adj. soudain e.

repercusión *(rĕpĕrcoussión)* f. répercussion.
repercutir *(rĕpĕrcoutír)* intr. répercuter.
repertorio *(rĕpĕrtório)* m. répertoire.
repetición *(rĕpĕtizión)* f. répétition.
repetir *(rĕpĕtír)* tr. répéter.
repicar *(rĕpicár)* tr. carillonner.
repique *(rĕpíkĕ)* m. carillon.
repisa *(rĕpíssa)* f. modillon.
replegarse *(rĕplĕgárse)* r. *Mil.* se replier.
repleto, ta *(rĕplĕ'to, ta)* adj. replet, ète.
réplica *(rĕ'plica)* f. réplique.
replicar *(rĕplicár)* intr. répliquer.
repliegue *(rĕpliĕ'guĕ)* m. repli.
repoblar *(rĕpoblár)* tr. repeupler.
repollo *(rĕpóyo)* m. chou-pommé.
reponer *(rĕponĕ'r)* tr. remettre, replacer.
reportaje *(rĕportájĕ)* m. reportage.
reportar *(rĕportár)* tr. reporter.
reportero *(rĕportĕ'ro)* m. reporter.
reposado, da *(rĕpossádo, da)* adj. paisible.
reposar *(rĕpossár)* intr. se reposer; reposer.
reposición *(rĕpossizión)* f. restitution.
reposo *(rĕpósso)* m. repos.
repostería *(rĕpostĕría)* f. pâtisserie.
reprender *(rĕprĕndĕ'r)* tr. reprendre, blâmer.
reprensible *(rĕprĕnsíblĕ)* adj. répréhensible.
reprensión *(rĕprĕnsión)* f. répréhension, blâme.
represa *(rĕprĕssa)* f. barrage.
represalia *(rĕprĕssália)* f. représailles.
representación *(rĕprĕssĕntazión)* f. représentation.
representante *(rĕprĕssĕntántĕ)* m. représentant.
representar *(rĕprĕssĕntár)* tr. représenter.
represión *(rĕprĕssión)* f. répression.
reprimenda *(rĕprimĕ'nda)* f. fam. réprimande.
reprimir *(rĕprimír)* tr. réprimer.
reprobación *(rĕprobazión)* f. réprobation.
reprobar *(rĕprobár)* tr. réprouver.   [vé.
réprobo *(rĕ'probo)* m. réprou-
reprochar *(rĕprochár)* tr. reprocher.
reproche *(rĕpróchĕ)* m. reproche.
reproducción *(rĕprodouczión)* f. reproduction.
reproducir *(rĕprodouzír)* tr. reproduire.
reptil *(rĕptíl)* m. reptile.
república *(rĕpou'blica)* f. république.
republicano, na *(rĕpoublicáno, na)* adj. et s. républicain, e.
repudiar *(rĕpoudiár)* tr. répudier.
repudio *(rĕpou'dio)* m. répudiation.
repugnancia *(rĕpoug-nánzia)* f. répugnance.
repugnante *(rĕpoug-nántĕ)* adj. répugnant, e.
repugnar *(rĕpoug-nár)* tr. répugner.
repujar *(rĕpoujár)* tr. repousser; bosseler.   [but.
repulsa *(rĕpou'lsa)* f. refus; re-
repulsión *(rĕpoulsión)* f. répulsion.

repulsivo, va *(rĕpoulsívo, va)* adj. répulsif, ive.
reputación *(rĕpoutazión)* f. réputation.
reputado, da *(rĕpoutádo, da)* adj. réputé, e.
reputar *(rĕpoutár)* tr. réputer; fig. estimer.
requerimiento *(rĕkĕrimiĕ'nto)* m. réquisition; *For.* intimation.
requerir *(rĕkĕrír)* tr. requérir.
requiebro *(rĕkiĕ'bro)* m. compliment, flatterie.
requisa *(rĕkíssa)* f. réquisition; inspection.
requisito *(rĕkissíto)* m. formalité.
res *(rĕ's)* f. bête.
resabio *(rĕssábio)* m. déboire; tic.
resaca *(rĕssáca)* f. *Mar.* ressac.
resaltar *(rĕssaltár)* intr. rejaillir, ressortir.
resarcir *(rĕssarzír)* tr. récompenser, dédommager.
resbaladizo, za *(rĕsbaladízo, za)* adj. glissant, e.
resbalar *(rĕsbalár)* intr. glisser.
resbalón *(rĕsbalón)* m. glissade.
rescatar *(rĕscatár)* tr. racheter.
rescate *(rĕscátĕ)* m. rachat; rançon.
rescindir *(rĕszindír)* tr. rescinder.
rescoldo *(rĕscóldo)* m. braise.
resecar *(rĕssĕcár)* tr. ressécher.
resentimiento *(rĕssĕntimiĕ'nto)* m. ressentiment.
resentirse *(rĕssĕntírsĕ)* r. se ressentir.
reseña *(rĕssĕ'gna)* f. description.
reseñar *(rĕssĕgnár)* tr. décrire.
reserva *(rĕssĕ'rva)* f. réserve.
reservado, da *(rĕssĕrvádo, da)* adj. réservé, e.
reservar *(rĕssĕrvár)* tr. réserver.
resfriado, da *(rĕsfriádo, da)* adj. refroidi, e; m. rhume.
resfriar *(rĕsfriár)* tr. rafraîchir; —se r. se refroidir, s'enrhumer.
resguardar *(rĕsgouardár)* t. défendre, garantir; —se r. se précautionner.
resguardo *(rĕsgouárdo)* m. abri; garantie; récépissé.
residencia *(rĕssidĕ'nzia)* f. résidence.
residente *(rĕssidĕ'ntĕ)* m. résident.
residir *(rĕssidír)* intr. résider.
residuo *(rĕssídouo)* m. résidu.
resignación *(rĕssig-nazión)* f. résignation.
resignarse *(rĕssig-nársĕ)* r. se résigner.
resina *(rĕssína)* f. résine.
resinoso, sa *(rĕssinósso, a)* adj. résineux, euse.
resistencia *(rĕssistĕ'nzia)* f. résistance.
resistente *(rĕssistĕ'ntĕ)* adj. résistant, e.
resistir *(rĕssistír)* intr. résister.
resolución *(rĕssolouzión)* f. résoudre.
resolver *(rĕssolvĕ'r)* tr. résoudre.
resonancia *(rĕssonánzia)* f. résonnance.
resonante *(rĕssonántĕ)* adj. resonnant, e; retentissant, e.
resonar *(rĕssonár)* intr. résonner.
resoplar *(rĕssoplár)* intr. souffler.
resorte *(rĕssórtĕ)* m. ressort.
respaldar *(rĕspaldár)* tr. protéger.
respaldo *(rĕspáldo)* m. revers; dossier; dos.
respectivo, va *(rĕspĕctívo, va)* adj. respectif, ive.

respecto *(rĕspĕ'cto)* m. rapport, relation.
respetable *(rĕspĕtáblĕ)* adj. respectable.   [ter.
respetar *(rĕspĕtár)* tr. respec-
respeto *(rĕspĕ'to)* m. respect.
respetuoso, sa *(rĕspĕtouósso, a)* adj. respectable, respectueux, euse.
respiración *(rĕspirazión)* f. respiration.
respiradero *(rĕspiradĕ'ro)* m. soupirail; fig. soulagement.
respirar *(rĕspirár)* intr. respirer.
respiro *(rĕspíro)* m. relâche, repos, répit.
resplandecer *(rĕsplandĕzĕ'r)* intr. luire, resplendir.
resplandeciente *(rĕsplandĕziĕ'ntĕ)* adj. resplendissant, e.
resplandor *(rĕsplandór)* m. splendeur; fig. éclat.
responder *(rĕspondĕ'r)* intr. répondre.
responsabilidad *(rĕsponsabilidád)* f. responsabilité.
responsable *(rĕsponsáblĕ)* adj. responsable.
responso *(rĕspónso)* m. répons.
respuesta *(rĕspouĕ'sta)* f. réponse.
resquebrajadura *(rĕskĕbrajadou'ra)* f. fente, crevasse.
resquebrajar *(rĕskĕbrajár)* tr. fendre.
resquicio *(rĕskízio)* m. ouverture, fente.
resta *(rĕ'sta)* f. reste, résidu.
restablecer *(rĕstablĕzĕ'r)* tr. rétablir.
restablecimiento *(rĕstablĕzimiĕ'nto)* m. rétablissement.
restante *(rĕstántĕ)* adj. restant, e.
restañar *(rĕstagnár)* tr. rétamer; étancher.
restar *(rĕstár)* tr. soustraire, rester.
restauración *(rĕstaourazión)* f. restauration.
restaurante *(rĕstaourántĕ)* adj. et s. restaurant.
restaurar *(rĕstaourár)* tr. restaurer.
restitución *(rĕstitouzión)* f. restitution.
restituir *(rĕstitouír)* tr. restituer.
resto *(rĕ'sto)* m. reste.
restregar *(rĕstrĕgár)* tr. frotter.
restricción *(rĕstriczión)* f. restriction.
restrictivo, va *(rĕstrictívo, va)* adj. restrictif, ive.
restringir *(rĕstrinnjír)* tr. restreindre.
restreñimiento *(rĕstrĕgnimiĕ'nto)* m. rétention, constipation.
resucitar *(rĕssouzitár)* tr. et intr. ressusciter.
resuelto, ta *(rĕssouĕ'lto, ta)* adj. résolu, e.
resultado *(rĕssoultádo)* m. résultat.
resultar *(rĕssoultár)* intr. rejaillir, résulter.
resumen *(rĕssou'mĕn)* m. résumé.
resumir *(rĕssoumír)* tr. résumer, abréger.
resurgir *(rĕssourjír)* intr. réapparaître.
resurrección *(rĕssourrĕczión)* f. résurrection.
retablo *(rĕtáblo)* m. *Archit.* rétable.

retaguardia (*rĕtagouárdia*) f. Mil. arrière-garde.
retahíla (*rĕta-íla*) f. file; fig. et fam. liste ennuyeuse.
retal (*rĕtál*) m. coupon, morceau de toile.
retama (*rĕtáma*) f. Bot. genêt.
retar (*rĕtár*) tr. provoquer.
retardar (*rĕtardár*) tr. retarder.
retardo (*rĕtárdo*) m. retard.
retazo (*rĕtázo*) m. morceau (tolle, etc.)
retén (*rĕtĕ'n*) m. réserve; **de retén**, en réserve, à part.
retención (*rĕtĕnzión*) f. réservation.
retener (*rĕtĕnĕ'r*) tr. retenir; garder.
retentiva (*rĕtĕntíva*) f. mémoire.
reticencia (*rĕtizĕ'nzia*) f. réticence.
retícula (*rĕtícoula*) f. réticule.
retina (*rĕtína*) f. Anat. rétine.
retirada (*rĕtiráda*) f. retraite.
retirar (*rĕtirár*) tr. retirer.
retirado, da (*rĕtirádo, da*) adj. retiré, e.
retiro (*rĕtíro*) m. retraite.
reto (*rĕ'to*) m. défi, menace.
retocar (*rĕtocár*) tr. retoucher.
retoñar (*rĕtoñár*) intr. repousser.
retoño (*rĕtógno*) m. rejeton.
retoque (*rĕtókĕ*) m. retouche.
retorcer (*rĕtorzĕ'r*) tr. retordre.
retórica (*rĕtórica*) f. rhétorique.
retornar (*rĕtornár*) tr. retourner, tourner.
retorno (*rĕtórno*) m. retour.
retorta (*rĕtórta*) f. cornue.
retozar (*rĕtozár*) intr. jouer, folâtrer.
retozón, na (*rĕtozón, na*) adj. folâtre.
retractar (*rĕtractár*) r. retracter, desavouer.
retraer (*rĕtraĕ'r*) tr. retirer; dissuader; —se, r. se retirer.
retraído, da (*rĕtra-ído, da*) adj. retiré, e.
retraimiento (*rĕtra-imiĕ'nto*) m. retraite; abstention. [der.
retrasar (*rĕtrassár*) tr. rétrograrretraso** (*rĕtrásso*) m. retard.
retratar (*rĕtrajár*) tr. peindre, faire un portrait.
retratista (*rĕtrajtísta*) m. portraitiste.
retrato (*rĕtráto*) m. portrait.
retreta (*rĕtrĕ'ta*) f. retraite.
retrete (*rĕtrĕ'tĕ*) m. cabinet, lavabo, retrait.
retribución (*rĕtribouzión*) f. rétribution.
retribuir (*rĕtribouír*) tr. rétribuer.
retroceder (*rĕtrozĕdĕ'r*) intr. reculer.
retroceso (*rĕtrozĕ'sso*) m. recul.
retrógrado, da (*rĕtrógrado, da*) adj. rétrograde.
retumbante (*rĕtoumbántĕ*) adj. ronflant, e.
retumbar (*rĕtoumbár*) tr. résonner.
reuma (*rĕ'ouma*) f. rhumatisme.
reumatismo (*rĕoumatísmo*) m. rhumatisme.
reunión (*rĕounión*) f. réunion.
reunir (*rĕounír*) tr. réunir; rassembler.
reválida (*rĕválida*) f. équivalence.
revalidar (*rĕvalidár*) tr. ratifier, confirmer.

revancha (*rĕváncha*) f. revanche.
revelación (*rĕvĕlazión*) f. révélation.
revelador, ra (*rĕvĕladór, ra*) adj. et s. révélateur, trice.
revelar (*rĕvĕlár*) tr. révéler.
revendedor, ra (*rĕvĕndĕdór, ra*) s. revendeur, euse.
revender (*rĕvĕndĕ'r*) tr. revendre.
reventa (*rĕvĕ'nta*) f. revente.
reventar (*rĕvĕntár*) intr. crever, éclater.
reventón (*rĕvĕntón*) m. crevaison. [verbérer.
reverberar (*rĕvĕrbĕrár*) intr. réverbero** (*rĕvĕrbĕ'ro*) m. réverbère.
reverdecer (*rĕvĕrdĕzĕ'r*) intr. réverdir.
reverencia (*rĕvĕrĕ'nzia*) f. révérence.
reverenciar (*rĕvĕrĕnziár*) tr. révérencier.
reverenciado, da (*rĕvĕrĕnziádo, da*) adj. révérend, e.
reverente (*rĕvĕrĕ'ntĕ*) adj. respectueux, euse.
reverso (*rĕvĕ'rso*) m. revers.
revés (*rĕvĕ's*) m. envers.
revestir (*rĕvĕstír*) tr. revêtir.
revisar (*rĕvissár*) tr. revoir.
revisión (*rĕvissión*) f. revision.
revisor (*rĕvissór*) m. reviseur.
revista (*rĕvísta*) f. revue.
revivir (*rĕvivír*) tr. revivre.
revocación (*rĕvocazión*) f. révocation.
revocar (*rĕvocár*) tr. révoquer.
revolcarse (*rĕvolcársĕ*) r. se vautrer.
revoltoso, sa (*rĕvoltósso, a*) adj. remuant, e; turbulent, e.
revolución (*rĕvolouzión*) f. révolution; trouble.
revolucionario, ria (*rĕvolouzionário, ria*) adj. et s. revolutionnaire.
revólver (*rĕvólvĕr*) m. revolver.
revolver (*rĕvolvĕ'r*) tr. retourner, tourner; rouler.
revoque (*rĕvókĕ*) m. crépi.
revuelo (*rĕvouĕ'lo*) m. allée et venue (d'un oiseau, etc.); vol.
revuelta (*rĕvouĕ'lta*) f. retour, détour; révolution.
revuelto, ta (*rĕvouĕ'lto, ta*) adj. révulsif, ive.
revulsivo, va (*rĕvoulsivo, va*) adj. révulsif, ive.
rey (*rĕ'-i*) m. roi.
reyerta (*rĕ-iĕ'rta*) f. altération, querelle.
reyezuelo (*rĕ-iĕzouĕ'lo*) m. dim. roitelet.
rezagado, da (*rĕzagádo, da*) adj. retardé, e.
rezagar (*rĕzagár*) tr. laisser derrière.
rezar (*rĕzár*) tr. prier.
rezo (*rĕ'zo*) m. prière.
rezongar (*rĕzongár*) tr. fam. grogner, murmurer.
rezumar (*rĕzoumár*) tr. suinter.
ría (*ría*) f. estuaire.
riachuelo (*riachouĕ'lo*) m. dim. petite rivière.
riada (*ridda*) f. débordement, crue.
ribera (*ribĕ'ra*) f. côte, rivage.
ribereño, ña (*ribĕrĕ'gno, gna*) adj. riverain, e.
ribete (*ribĕ'tĕ*) m. bord, bordure.
rico, ca (*rico, ca*) adj. riche.
rictus (*ríctous*) m. rictus.
ridiculez (*ridicoulĕ'z*) r. ridicule.
ridiculizar (*ridicoulizár*) tr. ridiculiser.

ridículo, la (*ridícoulo, la*) adj. ridicule.
riego (*riĕ'go*) m. arrosement.
riel (*riĕ'l*) m. lingot, rail.
rienda (*riĕ'nda*) f. rêne, bride.
riesgo (*riĕ'sgo*) m. risque, péril.
rifa (*rífa*) f. loterie.
rifar (*rifár*) tr. mettre en loterie.
rigidez (*rijidĕ'z*) f. rigidité.
rígido, da (*ríjido, da*) adj. rigide.
rigor (*rigór*) m. rigueur.
riguroso, sa (*rigourósso, a*) adj. rigoureux, euse; rude.
rima (*ríma*) f. rime.
rimar (*rimár*) tr. fouiller; rimer.
rincón (*rinncón*) m. coin.
ring (*rinng*) m. ring.
rinoceronte (*rinozĕrónte*) m. rhinocéros.
riña (*rigna*) f. querelle, dispute.
riñón (*rignón*) m. rein, rognon.
río (*río*) m. fleuve, rivière.
riqueza (*rikĕ'za*) f. richesse.
risa (*rissa*) f. rire; sourire.
risco (*risco*) m. rocher escarpé.
risotada (*rissotáda*) f. éclat de rire.
risueño, ña (*rissouĕ'gno, gna*) adj. riant, e.
ritmo (*rítmo*) m. rythme.
rito (*ríto*) m. rite.
ritual (*ritouál*) adj. rituel, elle.
rival (*rivál*) adj. et s. rival.
rivalidad (*rivalidád*) f. rivalité.
rivalizar (*rivalizár*) intr. rivaliser.
rizado, da (*rizádo, da*) adj. frisé, e.
rizar (*rizár*) tr. friser les cheveux; plisser.
rizo (*rízo*) m. boucle.
robar (*robár*) tr. ravir, voler, dérober.
roble (*róblĕ*) m. rouvre.
robo (*róbo*) m. vol. larcin.
robustecer (*roboustĕzĕ'r*) tr. fortifier.
robusto, ta (*robou'sto, ta*) adj. robuste.
roca (*róca*) f. roche.
roce (*rózĕ*) m. frottement.
rociar (*roziár*) tr. asperger; intr. bruiner.
rocín (*rozínn*) m. rosse (cheval.
rocío (*rozío*) m. rosée.
rodaja (*rodája*) f. roue de poulie.
rodaje (*rodájĕ*) f. rouage.
rodar (*rodár*) tr. rouler.
rodear (*rodĕár*) tr. entourer.
rodeo (*rodĕ'o*) m. détour.
rodilla (*rodíya*) f. genou; **de rodillas**, à genoux.
rodillera (*rodiyĕ'ra*) f. genouillère.
rodillo (*rodíyo*) m. rouleau.
roedor (*roĕdór*) m. rongeur.
roedura (*roĕdou'ra*) f. rognure.
roer (*roĕ'r*) tr. ronger.
rogación (*rogazión*) f. prière; pl. rogations.
rogar (*rogár*) tr. prier, supplier.
rogativa (*rogatíva*) f. prières publiques. [ge.
rojez (*rojĕ'z*) f. la couleur rougeâtre.
rojizo, za (*rojízo, za*) adj. rougeâtre.
rojo, ja (*rójo, ja*) adj. rouge.
rollizo, za (*roylízo, za*) adj. jouffu, e; fort, e.
rollo (*róyo*) m. rouleau.
romana (*romána*) f. romaine, peson (balance).
romance (*románzĕ*) adj. et s. romance.
románico, ca (*románico, ca*) adj. roman, e.

romanticismo (*romantizísmo*) m. romanticisme.
romántico, ca (*romántico, ca*) adj. romantique.
rombo (*rómbo*) m. rhombe.
romería (*romĕría*) f. pèlerinage.
romero, ra (*romĕ'ro, ra*) adj. pèlerin, ine; m. romarin.
rompecabezas (*rompĕcabĕ'zas*) m. casse-tête.
rompehielos (*rompĕ-iĕ'los*) m. brise-glace.
rompeolas (*rompĕólas*) m. brise-lames.
romper (*rompĕ'r*) tr. rompre, briser; Agr. défricher.
rompiente (*rompiĕ'nĭĕ*) m. brisant.
rompimiento (*rompimiĕ'nto*) m. rupture.
roncar (*roncár*) intr. ronfler.
ronco, ca (*rónco, ca*) adj. enroué, e; rauque.
ronda (*rónda*) f. ronde; Mil. guet.
rondalla (*rondáya*) f. sérénade nocturne.
rondar (*rondár*) intr. faire la ronde.
ronquera (*ronkĕ'ra*) f. enrouement.
ronquido (*ronkído*) m. ronflement.
ronronear (*ronronĕár*) intr. ronronner.
roña (*rógna*) f. rogne; crasse.
roñoso, sa (*rognósso, a*) adj. fam. rogneux, euse; . crasseux, euse.
ropa (*rópa*) f. vêtements; **ropa blanca**, linge.
ropaje (*ropájĕ*) m. robe, habillement, hardes.
ropero, ra (*ropĕ'ro, ra*) adj. et s. confectionneur, euse; m. garde-robe.
roquedo (*rokĕ'do*) m. roc.
rosa (*róssa*) f. rose.
rosal (*rossál*) m. rosier.
rosario (*rossário*) m. rosaire, grand chapelet.
rosca (*rósca*) f. vis; pain ou biscuit rond.
rosquilla (*roskíya*) f. gimblette.
rostro (*róstro*) m. face, visage.
rotación (*rotazión*) f. rotation.
roto, ta (*róto, ta*) adj. rompu, e.
rótula (*rótoula*) f. Anat. rotule.
rotular (*rotoulár*) intr. intituler; étiqueter.
rótulo (*rótoulo*) m. étiquette; placard.
rotundo, da (*rotou'ndo, da*) adj. rond, e.
rotura (*rotou'ra*) f. rupture.
roturar (*rotourár*) tr. défricher.
rozadura (*rozadou'ra*) f. frottement; frôlement.
rozar (*rozár*) tr. frôler; frotter; sarcler.
rubí (*roubí*) m. rubis.
rubicundo, da (*roubicou'ndo, a*) adj. rubicond, e.
rubio, bia (*roubio, a*) adj. blond, e; f. garance.
rublo (*rou'blo*) m. rouble.
rubor (*roubór*) m. rougeur; pudeur.
ruborizarse (*rouborizársĕ*) f. rougir.
rúbrica (*rou'brica*) f. rubrique.
rubricar (*roubricár*) tr. parafer; sceller une dépêche, etc.
rucio, a (*rou'zio, ia*) adj. gris, e; m. âne.
rudeza (*roudĕ'za*) f. grossièreté, rudesse.
rudimento (*roudimĕ'nto*) m. principe; pl. rudiments.
rudo, da (*rou'do, da*) adj. rude; grossier, ière.

rueda *(roue͞'da)* f. roue; cercle, rond.
ruedo *(roue͞'do)* m. roulement; arènes (taureaux).
ruego *(roue͞'go)* m. prière, supplication.
rufián *(roufián)* m. entremetteur; rufian.
rugido *(rouĵído)* m. rugissement.
rugir *(rouĵír)* intr. rugir.
rugosidad *(rougossidád)* f. rugosité.
rugoso, sa *(rougósso, a)* adj. rugueux, euse.
ruido *(rouído)* m. bruit.
ruidoso, sa *(rouidósso, a)* adj. bruyant, e.
ruin *(rouínn)* adj. vil, e; abject, e; avare.
ruina *(rouína)* f. ruine; pl. ruines d'un édifice.
ruindad *(rouinndád)* f. indignité; avarice.
ruinoso, sa *(rouinósso, a)* adj. ruineux, euse.   [signol.
ruiseñor *(rouissëgnór)* m. rossignol.
ruleta *(roulḗ'ta)* f. roulette.
rumbo *(rou͞'mbo)* m. route; direction; faste.
rumboso, sa *(roumbósso, a)* adj. pompeux, euse.
rústico, ca *(rou͞'stico, ca)* adj. rustique.
rumiante *(roumiántë)* adj. rumiant, e.
rumiar *(roumiár)* tr. ruminer.
rumor *(roumór)* m. rumeur.
rumoroso, sa *(roumorósso, a)* adj. bruyant, e.
ruptura *(rouptou͞'ra)* f. rupture.
rural *(rourál)* adj. rural, e.
ruta *(rou͞'ta)* f. route, itinéraire.
rutilante *(routilántë)* adj. rutilant, e.
rutina *(routína)* f. routine.
rutinario, ria *(routinário, ria)* adj. routinier, ière.

S s

sábado *(sábado)* m. samedi.
sábana *(sábana)* f. drap de lit.
sabana *(sabána)* f. savane.
sabandija *(sabandíja)* f. bestiole.
sabañón *(sabagnón)* m. engelure.
saber *(sabḗ'r)* m. savoir; tr. savoir; expérimenter; intr. avoir un goût.
sabiduría *(sabidouría)* f. sagesse.
sabiendas (a) loc. adv. sciemment.
sabio, bia *(sábio, bia)* adj. savant, e; m. savant; sage.
sablazo *(sablázo)* m. coup de sabre; fam. emprunt.
sable *(sáblë)* m. sabre.
sabor *(sabór)* m. saveur; fig. goût.
saborear *(saborëár)* tr. savourer.
sabotaje *(sabotáĵë)* m. sabotage.
sabroso, sa *(sabrósso, a)* adj. savoureux, euse.
sabueso *(saboue͞'sso)* s. griffon.
sacacorchos *(sacacórchos)* m. tire-bouchon.

sacamanchas *(sacamánchas)* m. dégraisseur.
sacamuelas *(sacamoue͞'las)* m. arracheur de dents.
sacar *(sacár)* tr. tirer; excepter; extraire.
sacarina *(sacarína)* f. saccharine.
sacerdocio *(sazërdózio)* m. sacerdoce.
sacerdotal *(sazërdotál)* adj. sacerdotal, e.
sacerdote *(sazërdótë)* m. prêtre.
sacerdotisa *(sazërdotísa)* f. prêtresse.
saciar *(saziár)* tr. rassasier. —se r. se rassasier.
saciedad *(saziëdád)* f. satiété.
saco *(sáco)* m. sac; sachée.
sacramento *(sacramḗ'nto)* m. sacrament.
sacrificar *(sacraficár)* tr. sacrifier; —se r. se sacrifier.
sacrificio *(sacrifízio)* m. sacrifice.
sacrilegio *(sacrilḗ'ĵio)* m. sacrilège.
sacrílego, ga *(sacrílëgo, ga)* adj. sacrilège.
sacristán *(sacristán)* m. sacristain.
sacristía *(sacristía)* f. sacristie.
sacro, sacra *(sácro, cra)* adj. sacré, e; *Anat.* sacrum.
sacudida *(sacoudída)* f. secousse.
sacudir *(sacoudír)* tr. secouer.
saeta *(sae͞'ta)* f. flèche.
sagacidad *(sagazidád)* f. sagacité.
sagaz *(sagáz)* adj. sagace.
sagitario *(saĵitário)* m. sagittaire.
sagrado, da *(sagrádo, da)* adj. sacré, e.
sagrario *(sagrário)* m. trésor; tabernacle.
sainete *(sa-inḗ'të)* m. saynète (théâtre).
sal *(sál)* f. sel; fig. raillerie.
sala *(sála)* f. salle.
salado, da *(saládo, da)* adj.. salé, e; fig. et fam. gracieux, euse.
salamandra *(salamándra)* f. salamandre.
salar *(salár)* tr. saler.
salario *(salário)* m. salaire.
salazón *(salazón)* f. salaison.
salchicha *(salchícha)* f. saucisse.
salchichón *(salchichón)* m. augm. saucisson.
saldar *(saldár)* tr. solder un compte.
saldo m. solde.
saledizo *(saledízo)* m. *Archit.* larmier.   [grâce.
salero *(salḗ'ro)* m. salière; fam.
saleroso, sa *(salërósso, a)* adj. gracieux, euse.
salida *(salída)* f. sortie; issue; débouché; saillie.
saliente *(saliḗ'ntë)* adj saillant, e.
salina *(salína)* f. saline.
salino, na *(salíno, na)* adj. salin, e.
salir *(salír)* tr. sortir; partir; se lever (astre); paraître.
salitre *(salítrë)* m. nitre, salpêtre.
saliva *(salíva)* f. salive.
salmo *(sálmo)* m. psaume.
salmodiar *(salmodiár)* intr. psalmodier.
salmón *(salmón)* m. saumon.
salmonete *(salmonḗ'të)* m. rouget.
salmuera *(salmoue͞'ra)* f. saumure.
salobre *(salóbrë)* adj. saumâtre.

salón *(salón)* m. salon.
salpicadura *(salpicadou͞'ra)* f. éclaboussure.
salpicar *(salpicár)* tr. éclabousser.
salpicón *(salpicón)* m. vinaigrette.
salsa *(sálsa)* f. sauce.
saltamontes *(saltamónɥes)* m. sauterelle.
saltar *(saltár)* intr. sauter.
salteador *(saltëadór)* m. brigand
saltimbanqui *(saltimmbánki)* m. fam. saltimbanque.
salto *(sálto)* m. saut; bond; chute d'eau.
saltón, na *(saltón, a)* adj. bondissant, e.
salubre *(salou͞'brë)* adj. salubre, salutaire.
salubridad *(saloubridád)* f. salubrité.
salud *(salou͞'d)* f. santé; salut.
saludable *(saloudáblë)* adj. salutaire.
saludar *(saloudár)* tr. saluer.
saludo *(salou͞'do)* m. *Mil.* salut.
salva *(sálva)* f. *Artill.* salve.
salvación *(salvazión)* f. salut.
salvado, da *(salvádo, da)* adj. sauvé, e; m. son.
salvador, ra *(salvadór, a)* adj. et s. sauveur, euse.
salvaguardia *(salvagouárdia)* f. sauvegarde.
salvaje *(salváĵë)* adj. sauvage.
salvamento *(salvamḗ'nto)* f. sauvetage.   [ter.
salvar *(salvár)* tr. sauver; évi-
salvavidas *(salvavídas)* m. bouée de sauvetage.
salve *(sálvḗ)* f. salve, prière.
salvedad *(salvëdád)* f. excuse, préambule.
salvo, va *(sálvo, a)* adj. sauf, sauve; adv. sauf, excepté.
salvoconducto *(salvocondou͞'cto)* m. sauf-conduit.
san *(sán)* adj. saint.
sanar *(sanár)* tr. et intr. guérir.
sanatorio *(sanatório)* m. sanatorium.
sanción *(sanzión)* f. sanction.
sancionar *(sanzionár)* tr sanctionner.
sandalia *(sandália)* f. sandale.
sándalo *(sándalo)* m. santal.
sandez *(sandḗ'z)* f. folie, sottise.
sandía *(sandía)* f. pastèque.
saneado, da *(sanëádo, da)* adj. assaini, e.
saneamiento *(sanëamiḗ'nto)* m. assainissement.
sanear *(sanëár)* tr. assainir; cautionner.
sangrar *(sangrár)* tr. et intr. saigner.
sangre *(sángrë)* f. sang.
sangría *(sangría)* f. saignée.
sangriento, ta *(sangriḗ'nto ta)* adj. sanglant, e.
sanguijuela *(sanguiĵoue͞'la)* f. sangsue.
sanguinario, ria *(sanguinário, a)* adj. sanguinaire.
sanguíneo, nea *(sanguínëo, a)* adj. sanguin, e.
sanidad *(sanidád)* f. santé.
sanitario, ria *(sanitário, a)* adj. sanitaire.
sano, na *(sáno, na)* adj. sain, e.
santiamén *(santiamḗ'n)* m. fam. un moment, un instant.
santidad *(santidád)* f. sainteté.
santificación *(santificazión)* f. sanctification.
santificar *(santificár)* tr. sanctifier.
santiguarse *(santigouársë)* r. se signer.
santo, ta *(sánto, a)* adj. saint, e; m. saint, image.

santoral *(santorál)* m. martyrologue.
santuario *(santouário)* m. sanctuaire.
saña *(ságna)* f. colère, fureur.
sañudo, da *(sagnou͞'do, a)* adj. furieux, euse.
sapo *(sápo)* m. crapaud.
saquear *(sakëár)* tr. saccager.
saqueo *(sakḗ'o)* m. sac, pillage.
sarampión *(sarampión)* m. rougeole.
sarao *(saráo)* m. soirée, bal.
sarcasmo *(sarcásmo)* m. sarcasme.
sarcástico, ca *(sarcástico, ca)* adj. sarcastique.
sarcófago *(sarcófago)* m. sarcophage.
sardina *(sardína)* f. sardine.
sarga *(sárga)* f. serge.
sargento *(sarĵḗ'nto)* m. sergent.
sarmiento *(sarmiḗ'nto)* m. sarment.
sarna *(sárna)* f. gale.
sarnoso, sa *(sarnósso, a)* adj. galeux, euse.
sarro *(sárro)* m. tartre.
sarta *(sárta)* f. chapelet; fig. suite, enchaînement.
sartén *(sartḗ'n)* f. poêle.
sastre *(sástrë)* m. tailleur d'habits.
sastrería *(sastrëría)* f. atelier de tailleur.
satánico, ca *(satánico, a)* adj. satanique.
satélite *(satḗ'litë)* m. satellite.
satén *(satḗ'n)* m. satin.
satinar *(satinár)* tr. satiner.
sátira *(sátira)* f. satire.
satírico, ca *(satírico, ca)* adj. satirique.
satirizar *(satirizár)* tr. satiriser.
sátiro *(sátiro)* m. satyre.
satisfacción *(satisfazión)* f. satisfaction.
satisfacer *(satisfazḗ'r)* tr. satisfaire.
satisfactorio, ria *(satisfactório, a)* adj. satisfaisant, e.
satisfecho, cha *(satisfḗ'cho, a)* adj. satisfait, e.
sátrapa *(sátrapa)* m. satrape.
saturación *(satourazión)* f. saturation.
saturar *(satourár)* tr. saturer.
sauce *(sáouzḗ)* m. saule.
saurio *(sáourio)* m. saurien.
savia *(sávia)* f. sève.
saxófono *(sagsófono)* m. saxophone.
saya *(sá-ia)* f. jupe de dessus.
sazón *(sazón)* f. saison; fig. saveur, goût.
sazonar *(sazonár)* tr. assaisonner; fig. mûrir.
se *(sḗ)* pron. pers. se, soi; on.
sebo *(sḗ'bo)* m. suif, grasse.
secadero *(sëcadḗ'ro)* m. séchoir.
secano *(sëcáno)* m. terrain non irrigué.
secante *(sëcántë)* adj. séchant, e; m. papier buvard; f. sécante.
secar *(sëcár)* tr. dessécher, sécher.
sección *(sëczión)* f. section.
secesión *(sëzëssión)* f. sécession.
seco, ca *(sḗ'co, ca)* adj. sec, sèche.   [tion.
secreción *(sëcrëzión)* f. sécré-
secretar *(sëcrëtár)* tr. sécréter.
secretaría *(sëcrëtaría)* f. secrétariat.

secretario (sĕcrĕtário) m. secrétaire.

secreto, ta (sĕcrĕ'to, ta) adj. secret, ète; m. secret.

secta (sĕ'cta) f. secte.

sectario, ria (sĕctário, a) adj. et s. sectaire.

sector (sĕctór) m. Géom. secteur.

secuaz (sĕcouáz) adj et s. partisan, e.

secuela (sĕcouĕ'la) f. séquelle.

secuencia (sĕcouĕ'nzia) f. séquence.

secuestración (sĕcouĕ'strazión) f. séquestration.

secuestrar (sĕcouĕ'strár) tr. séquestrer; saisir.

secuestro (sĕcouĕ'stro) m. séquestre.

secular (sĕcoulár) adj. séculier, séculaire.

secularizar (sĕcoularizár) tr. séculariser.

secundar (sĕcoundár) tr. seconder.

secundario, ria (sĕcoundário, a) adj. sécondaire.

sed (sĕ'd) f. soif.

seda (sĕ'da) f. soie.

sedal (sĕdál) m. ligne de pêcheur; séton.

sedante (sĕdántĕ) adj. et s. sédatif, ive.

sede (sĕ'dĕ) f. évêché, siège.

sedentario, ria (sĕdĕntário, a) adj. sédentaire.

sedición (sĕdizión) f. sédition; fig. révolte.

sedicioso, sa (sĕdizióssо, a) adj. séditieux, euse.

sediento, ta (sĕdiĕ'nto, ta) adj. altéré, e; fig. avide.

sedimento (sĕdimĕ'nto) m. sédiment.

seducción (sĕdoucción) f. séduction.

seducir (sĕdouzír) tr. séduire, tromper.

seductor, ra (sĕdouctór, a) adj. séducteur, trice.

segador, ra (sĕgadór, a) s. Agr. faucheur, euse; moissonneur, euse.

segar (sĕgár) tr. Agr. faucher, moissonner.

seglar (sĕglár) adj. séculier, ière; laïque.

segmento (sĕgmĕ'nto) m. segment.

segregación (sĕgrĕgazión) f. ségrégation.

segregar (sĕgrĕgár) tr. séparer.

seguida (sĕguída) f. suite; **en seguida**, tout de suite.

seguido, da (sĕguído, a) adj. suivi, e; fig. uni, e.

seguimiento (sĕguimiĕ'nto) m. suite; poursuite; procédure.

seguir (sĕguír) tr. suivre, poursuivre.

según (sĕgou'n) prép. selon.

segundo, da (sĕgou'ndo, a) adj. second, e; deuxième; m. seconde (temps).

seguridad (sĕgouridád) f. sûreté; sécurité.

seguro, ra (sĕgou'ro, a) adj. sûr, e; m. sauf-conduit; Com. assurance.

seis (sĕ'-is) adj. num. six.

selección (sĕlĕcción) f. sélection.

selectivo, va (sĕlĕctívo, va) adj. sélectif, ive. [choisi, e.

selecto, ta (sĕlĕ'cto, a) adj.

selva (sĕ'lva) f. forêt, bois.

selvático, ca (sĕlvático, ca) adj. sauvage.

sellar (sĕyár) tr. sceller; empreindre; finir.

sello (sĕ'yo) m. sceau, cachet.

semáforo (sĕmáforo) m. sémaphore.

semana (sĕmána) f. semaine.

semanal (sĕmanál) adj. hebdomadaire.

semanario, ria (sĕmanário, a) adj. et s. hebdomadaire.

semblante (sĕmblántĕ) m. physionomie; visage, face.

semblanza (sĕmblánza) f. portrait, biographie.

sembrado, da (sĕmbrádo, da) adj. semé, e; m. terre ensemencée.

sembrador (sĕmbradór) m. semeur; semoir.

sembradura (sĕmbradou'ra) f. ensemencement.

sembrar (sĕmbrár) tr. semer.

semejante (sĕmĕjántĕ) adj semblable; pareil, eille.

semejanza (sĕmĕjánza) f. ressemblance.

semejar (sĕmĕjár) intr. ressembler.

semental (sĕmĕntál) m. étalon.

sementera (sĕmĕntĕ'ra) f. ensemencement, semaille.

semestre (sĕmĕ'strĕ) m. semestre.

semicírculo (sĕmizírcoulo) m. demi-cercle.

semilla (sĕmíya) f. semence, graine.

semillero (sĕmiyĕ'ro) m. semis; fig. source, pépinière de maux.   [minaire.

seminario (sĕminário) m. sé-

seminarista (sĕminarísta) m. séminariste.

sémola (sĕ'mola) f. sémoule.

sempiterno, na (sĕmpitĕ'rno, a) adj. sempiternel, elle.

senado (sĕnádo) m. sénat.

senador (sĕnadór) m. sénateur.

sencillez (sĕnziyĕ'z) f. simplicité; ingénuité.

sencillo, lla (sĕnzíyo, a) adj. simple; ingénu, e.

senda (sĕ'nda) f. sentier.

sendero (sĕndĕ'ro) m. sentier.

sendos, das (sĕ'ndos, as) adj. pl. deux; chacun, e.

senectud (sĕnĕctou'd) f. sénilité.

senil (sĕníl) adj. sénile.

seno (sĕ'no) m. sein; creux; golfe; sinus (Chir. et Math.).

sensación (sĕnsazión) f. sensation.

sensacional (sĕnsazionál) adj. sensationnel, elle.

sensatez (sĕnsatĕ'z) f. sagesse.

sensato, ta (sĕnsáto, ta) adj. sensé, e.

sensibilidad (sĕnsibilidád) f. sensibilité.

sensibilizar (sĕnsibilizár) tr. sensibiliser.

sensible (sĕnsíblĕ) adj. sensible.

sensitivo, va (sĕnsitívo, va) adj. sensitif, ive.

sensual (sĕnsouál) adj. sensuel, elle.

sensualidad (sĕnsoualidád) f. sensualité.

sentado, da (sĕntádo, da) adj. assis, e; sensé, e.

sentar (sĕntár) tr. asseoir.

sentarse (sĕntársĕ) r. s'asseoir.

sentencia (sĕntĕ'nzia) f. sentence; avis, opinion.

sentenciar (sĕntĕnziár) tr. juger; condamner.

sentido, da (sĕntído, da) adj. sensible; m. sens.

sentimental (sĕntimĕntál) adj. sentimental, e.

sentimiento (sĕntimiĕ'nto) m. sentiment.

sentir (sĕntír) tr. sentir; entendre; souffrir; m. sentiment, avis.

seña (sĕ'gna) f. signe, marque.

señal (sĕgnál) m. signe; borne; marque; trace.

señalado, da (sĕgnaládo, da) adj. signalé, e; distingué, e.

señalar (sĕgnalár) tr. marquer, signaler.

señor (sĕgnór) m. monsieur; maître; dieu.

señora (sĕgnóra) f. madame.

señoría (sĕgnoría) f. segneurie.

señorío (sĕgnorío) m. seugneurie, distinction.

señorita (sĕgnoríta) f. mademoiselle, demoiselle.

señuelo (sĕgnouĕ'lo) m. leurre, appât.

separación (sĕparazión) f. séparation.

separar (sĕparár) tr. séparer, désunir.

separatismo (sĕparatísmo) m. séparatisme.

sepelio (sĕpĕ'lio) m. inhumation.

sepia (sĕ'pia) f. seiche.

septentrional (sĕptĕntrionál) adj. septentrional, e.

septiembre (sĕptiĕ'mbrĕ) m. septembre.

séptimo, ma (sĕ'ptimo, ma) adj. septième.

sepulcral (sĕpoulcrál) adj. sépulcral, e.

sepulcro (sĕpou'lcro) m. sépulture.   [rer.

sepultar (sĕpoultár) tr. enter-

sepultura (sĕpoultou'ra) f. sépulture.

sepulturero (sĕpoultourĕ'ro) m. fossoyeur.

sequedad (sĕkĕdád) f. sécheresse.

sequía (sĕkía) f. sécheresse.

séquito (sĕ'kito) m. suite, cortège.

ser (sĕ'r) m. être, essence; v. subst. et aux. être; exister.

serenar (sĕrĕnár) tr. calmer; fig. apaiser.

serenarse (sĕrĕnársĕ) r. se calmer.

serenata (sĕrĕnáta) f. sérénade.

serenidad (sĕrĕnidád) f. sérénité.

sereno, na (sĕrĕ'no, na) adj. serein, e; m. veilleur de nuit.

serie (sĕ'riĕ) f. série, suite.

seriedad (sĕriĕdád) f. sérieux, gravité.

serio, ria (sĕ'rio, a) adj. sérieux, euse; grave.

sermón (sĕrmón) m. sermon.

sermonear (sĕrmonĕár) tr. fam. sermonner.

serpentear (sĕrpĕntĕár) intr. serpenter.

serpentín (sĕrpĕntínn) m. serpentin.

serpentina (sĕrpĕntína) f. serpentine.

serpiente (sĕrpiĕ'ntĕ) f. serpent.

serranía (sĕrranía) f. pays de montagnes.

serrano, na (sĕrráno, a) adj. montagnard, e.

serrar (sĕrrár) tr. scier.

serrín (sĕrrínn) m. sciure.

serrucho (sĕrrou'cho) m. égoïne, scie.

servible (sĕrvíblĕ) adj. utilisable.

servicial (sĕrviziál) adj. serviable.

servicio (sĕrvízio) m. service.

servidor, ra (sĕrvidór, a) s. serviteur, servante.

servidumbre (sĕrvidou'mbrĕ) f. domisticité, servitude.

servil (sĕrvíl) adj. servile.

servilleta (sĕrviyĕ'ta) f. serviette.

servir (sĕrvír) tr. servir.

sesear (sĕssĕár) tr. prononcer les c comme les s.

sesenta (sĕssĕ'nta) adj. et s. soixante.

sesentón, na (sĕssĕ'ntón, a) adj. et s. fam. sexagénaire.

seso (sĕ'sso) m. cervelle.

sestear (sĕstĕár) intr. faire la sieste.

seta (sĕ'ta) f. Bot. champignon.

setenta (sĕtĕ'nta) adj. soixante-dix.

seto (sĕ'to) m. haie.

seudo (sĕ'oudo) préf. pseudo, faux.

seudónimo, ma (sĕoudónimo, ma) s. pseudonyme.

severidad (sĕvĕridád) f. sévérité.

severo, ra (sĕvĕ'ro, ra) adj. sévère.

sexo (sĕ'gso) m. sexe.

sextante (sĕgstántĕ) m. sextant.

sexto, ta (sĕ'gsto, ta) adj. sixième.

sexual (sĕgsouál) adj. sexuel, elle.

si (sí) m. Mus. si.

si (si) conj. cond. si, en cas que.

sí (sí) adv. oui; pron. pers. soi.

sibarita (sibaríta) m. sybarite.

sicario (sicário) m. sicaire.

sidecar (sidĕcár) m. sidecar.

sideral (sidĕrál) adj. sideral, e.

siderurgia (sidĕrou'rjia) f. sidérurgie.

sidra (sídra) f. cidre.

siega (siĕ'ga) f. moisson.

siembra (siĕ'mbra) f. semailles.

siempre (siĕ'mprĕ) adv. toujours.

sien (siĕ'n) f. tempe.

sierra (siĕ'rra) f. scie; chaîne de montagnes.

siervo, va (siĕ'rvo, a) adj. serf, serve.

siesta (siĕ'sta) f. sieste.

siete (siĕ'tĕ) adj. et s. sept.

sífilis (sífilis) f. Méd. syphilis.

sifón (sifón) m. Phys. syphon.

sigilo (sijílo) m. sceau; secret.

sigiloso sa (sijilósso, a) adj. secret, ète.

sigla (sígla) f. sigle.

siglo (sfglo) m. siècle.

signar (sig-nár) tr. signer; marquer.

signarse (sig-nársĕ) r. se signer.

significado (sig-nificádo) m. signification.

significar (sig-nificár) tr. signifier.

significativo, va (sig-nificativo, va) adj. significatif, ive.

signo (sig-no) m. signe.

siguiente (siguiĕ'ntĕ) adj. suivant, e.

sílaba (sílaba) f. syllabe.

silbar (silbár) intr. siffler.

silbato (silbáto) m. sifflet.

silbido (silbído) m. sifflement.

silencio (silĕ'nzio) m. silence.

silencioso, sa (silĕnziósso, a) adj. silencieux, euse.

sílice (sílizĕ) f. silice.

silo (sílo) m. silo.

silogismo (silojísmo) m. syllogisme.

silueta *(silouë'ta)* f. silhouette.

silvestre *(silvë'strë)* adj. sylvestre.

silla *(síya)* f. fauteuil; fig. siège; chaise; selle.

sillín *(siyínn)* m. selle, sellette.

sillón *(siyón)* m. fauteuil.

sima *(síma)* f. creux, caverne.

simbólico, ca *(simmbólico, ca)* adj. symbolique.

simbolismo *(simmbolísmo)* m. symbolisme.

simbolizar *(simmbolizár)* intr. symboliser.

símbolo *(símmbolo)* m. symbole.

simetría *(simëtría)* f. symétrie.

simétrico, ca *(simë'trico, ca)* adj. symétrique.

simiente *(simië'ntë)* f. semence.

símil *(símil)* m. ressemblance; adj. semblable.

similar *(similár)* adj. similaire.

similitud *(similitou'd)* f. ressemblance.

simio *(símio)* m. singe.

simpatía *(simpatía)* f. sympathie.

simpático, ca *(simpático, ca)* adj. sympathique.

simpatizar *(simmpatizár)* intr. sympathiser.

simple *(símmplë)* adj. simple; fig. niais, e.

simpleza *(simmplë'za)* f. niaiserie.

simplicidad *(simmplizidád)* f. simplicité.

simplificar *(simplificár)* tr. simplifier.

simulación *(simoulazión)* f. simulation.

simulacro *(simoulácro)* m. simulacre.

simular *(simoulár)* tr. simuler.

simultáneo, a *(simoultánëo, a)* adj. simultané, e.

sin *(sínn)* prép. sans.

sinagoga *(sinagóga)* f. synagogue.

sinapismo *(sinapísmo)* m. sinapisme.

sinceridad *(sinnzëridád)* f. sincérité.

sincero, ra *(sinnzë'ro, a)* adj. sincère.

síncope *(sínncopë)* m. syncope.

sincronizar *(sinncronizár)* intr. synchroniser.

sindicalismo *(sinndicalísmo)* m. syndicalisme.

sindicalista *(sinndicalísta)* s. syndicaliste.

sindicato *(sinndicáto)* m. syndicat.

sinecura *(sinnëcou'ra)* f. sinécure.

sinfonía *(sinnfonía)* f. symphonie.

singladura *(sinngladou'ra)* f. Mar. cinglage. [ller.

singular *(sinngoulár)* adj. singular

singularidad *(sinngoularidád)* f. singularité.

singularizar *(sinngoularizár)* tr. distinguer; —se r. se singulariser.

siniestro, tra *(sinië'stro, a)* adj. gauche; méchant, e; m. sinistre.

sino *(síno)* m. sort, destinée; conj. mais.

sinónimo, ma *(sinónimo, ma)* dj. synonyme.

sinóptico, ca *(sinóptico, ca)* adj. synoptique.

sinrazón *(sinnrazón)* f. tort, injustice.

sinsabor *(sinnsabór)* m. chagrin, déplaisir.

sintaxis *(sinntágsis)* f. Gram. syntaxe.

síntesis *(sínntëssis)* f. synthèse.

sintético, ca *(sinntë'tico, ca)* adj. synthétique.

sintetizar *(sinntëtizár)* tr. synthétiser. [me.

síntoma *(sínntoma)* m. symptô-

sintonizar *(sinntonizár)* intr. syntoniser.

sinuosidad *(sinouossidád)* f. sinuosité.

sinuoso, sa *(sinouósso, a)* adj. sinueux, euse.

sinvergüenza *(sinnvërgouë'nza)* s. dévergondé, e.

siquiera *(sikië'ra)* conj. au moins, du moins.

sirena *(sirë'na)* f. sirène.

sirga *(sírga)* f. corde.

sirvienta *(sirvië'nta)* f. servante.

sirviente *(sirvië'ntë)* m valet.

sisa *(síssa)* f. échancrure; anse.

sísmico, ca *(sísmico, ca)* adj. sismique.

sismógrafo *(sismógrafo)* m. sismographe.

sistema *(sistë'ma)* m. système.

sistemático, ca *(sistëmático, ca)* adj. systématique.

sitiador *(sitiadór)* adj et s. assiégeant.

sitiar *(sitiár)* tr. assiéger.

sitio *(sítio)* m. lieu, place; emplacement; siège.

sito, ta *(síto, ta)* adj. situé, e.

situación *(sitouazión)* f. situation.

situar *(sitouár)* tr. situer, placer; —se r. se placer.

so *(só)* prép. sous; au-dessous.

sobaco *(sobáco)* m. aisselle.

sobar *(sobár)* tr. manier, pétrir; châtier.

soberanía *(sobëranía)* f. souveraineté.

soberano, na *(sobëráno, na)* adj. souverain, e; m. souverain.

soberbia *(sobë'rbia)* f. présomption, superbe.

soberbio, bia *(sobë'rbio, a)* adj. superbe.

sobornar *(sobornár)* tr. suborner.

soborno *(sobórno)* m. subornation.

sobra *(sóbra)* f. excès; pl. restes.

sobrante *(sobrántë)* adj. excédent, e.

sobrar *(sobrár)* m. surpasser; fig. être de trop.

sobrasada *(sobrassáda)* f. grosse saucisse.

sobre *(sóbrë)* prep. sur; de plus; un peu plus de; m. enveloppe.

sobreabundar *(sobrëaboundár)* intr. surabonder.

sobrecarga *(sobrëcárga)* tr. surcharge. [surcharger.

sobrecargar *(sobrëcargár)* tr.

sobrecejo *(sobrëzë'jo)* m. froncement de sourcils.

sobrecoger *(sobrëcojë'r)* tr. surprendre.

sobreexcitar *(sobrëëgszitár)* tr. surexciter.

sobrehumano, na *(sobrëoumáno)* adj. surhumain, e.

sobrellevar *(sobrëyëvár)* tr. soulager; fig. supporter.

sobremanera *(sobrëmanë'ra)* adv. excessivement.

sobremesa *(sobrëmë'ssa)* f. peau (en guise de nappe); **de sobremesa,** aussitôt après le dîner.

sobrenadar *(sobrënadár)* intr. surnager.

sobrenatural *(sobrënatourál)* adj. surnaturel, elle.

sobrenombre *(sobrënómbrë)* m. surnom; fig. sobriquet.

sobreentender *(sobrëntëndë'r)* intr. sous-entendre.

sobrepasar *(sobrëpassár)* intr. surpasser. [plis.

sobrepelliz *(sobrëpëyíz)* m. surpelis.

sobreponer *(sobrëponë'r)* tr. superposer.

sobreprecio *(sobrëprë'zio)* m. plus haut prix.

sobrepujar *(sobrëpoujár)* tr. surmonter, surpasser.

sobresaliente *(sobrësalië'ntë)* m. avec mention (examen); adj. distingué, e.

sobresalir *(sobrëssalir)* tr. surpasser.

sobresaltar *(sobrëssaltár)* tr. sauter sur; fig. effrayer.

sobresalto *(sobrëssálto)* m. sursaut; fig. surprise.

sobreseer *(sobrëssëë'r)* intr. surseoir.

sobrestante *(sobrëstántë)* m. piqueur, surveillant.

sobresueldo *(sobrëssouë'ldo)* m. surpaye.

sobretodo *(sobrëtódo)* m. surtout, pardessus.

sobrevenir *(sobrëvënír)* intr. survenir.

sobriedad *(sobriëdád)* f. sobriété.

sobrino *(sobríno)* m. neveu.

sobrio, bria *(sóbrio, a)* adj. sobre.

socarrón *(socarrón)* adj. fin, e; rusé, e.

socarronería *(socarronëría)* f. finesse, fourberie.

socavar *(socavár)* tr. miner.

socavón *(socavón)* m. caverne; galerie.

sociabilidad *(soziabilidád)* f. sociabilité.

sociable *(soziáblë)* adj. sociable.

social *(soziál)* adj. social, e.

socialismo *(sozialísmo)* m. socilisme.

socialista *(sozialísta)* m. socialiste.

sociedad *(soziëdád)* f. société.

socio *(sózio)* m. compagnon; associé.

socorrer *(socorrë'r)* tr. secourir.

socorro *(socórro)* m. secours.

soda *(sóda)* f. soude, soda.

soez *(soë'z)* adj. vil, e; grossier, ière.

sofá *(sofá)* m. sofá.

sofisma *(sofísma)* m. sophisme.

sofocación *(sofocazión)* f. suffocation.

sofocar *(sofocár)* tr. suffoquer.

sofocón *(sofocón)* m. chagrin.

sofreír *(sofrëír)* tr. frire légèrement.

soga *(sóga)* f. corde.

sojuzgar *(sojouzgár)* tr. subjuguer.

sol *(sól)* m. soleil; Mus. sol.

solana *(solána)* f. endroit ensoleillé.

solapa *(solápa)* f. revers d'un habit.

solapado, da *(solapádo, da)* adj. rusé, e; fourbe.

solar *(solár)* m. terrain, souche; adj. solaire; tr. carreler.

solariego, ga *(solarië'go, ga)* adj. patrimonial, e; noble.

solaz *(soláz)* m. plaisir, divertissement.

solazar *(solazár)* tr. récréer, divertir.

soldada *(soldáda)* f. salaire.

soldadesca *(soldadë'sca)* f. soldatesque.

soldado *(soldádo)* m. soldat.

soldadura *(soldadou'ra)* f. soudure.

soldar *(soldár)* tr. souder.

soledad *(solëdád)* f. solitude.

solemne *(solë'mnë)* adj. solennel, elle.

solemnidad *(solëmnidád)* f. solennité.

solemnizar *(solëmnizár)* tr. solenniser.

soler *(solë'r)* intr. avoir coutume.

solfa *(sólfa)* f. solfège, volée (coups).

solfeo *(solfë'o)* m. solfège.

solicitación *(solizitazión)* f. solicitation.

solicitar *(solizitár)* intr. solliciter.

solícito, ta *(solízito, ta)* adj. diligent, e.

solicitud *(solizitou'd)* f. sollicitude; pétition; demande.

solidaridad *(solidaridád)* f. solidarité.

solidario, ria *(solidário, a)* adj. solidaire.

solidez *(solidë'z)* f. solidité.

solidificar *(solidificár)* tr. solidifier.

sólido, da *(sólido, da)* adj. solide.

solitario, ria *(solitário, a)* adj. solitaire; f. solitaire.

solo, la *(sólo, a)* adj. seul, e; m. Mus. solo.

solio *(sólio)* m. trône.

sólo *(sólo)* adv. seulement.

solomillo *(solomíyo)* m. filet de porc.

solsticio *(solstízio)* m. solstice.

soltar *(soltár)* tr. délier, détacher; lâcher.

soltero, ra *(soltë'ro, ra)* adj. et s. célibataire.

solterón, ra *(soltërón, a)* adj. et s. vieux garçon, vieille fille.

soltura *(soltou'ra)* f. souplesse, aisance.

soluble *(solou'blë)* adj. soluble.

solución *(solouzión)* f. solution.

solucionar *(solouzionár)* tr. résoudre.

solvencia *(solvë'nzia)* f. solubilité.

solvente *(solvë'ntë)* adj. solvable.

sollozar *(soyozár)* intr. sangloter.

sollozo *(soyózo)* m. sanglot.

sombra *(sómbra)* f. ombre.

sombrear *(sombrëár)* tr. ombrer.

sombrería *(sombrëría)* f. chapellerie.

sombrero *(sombrë'ro)* m. chapeau.

sombrilla *(sombríya)* f. petit parasol; ombrelle.

sombrío, a *(sombrío, a)* adj. sombre.

somero, ra *(somë'ro, ra)* adj. superficiel, elle. [tre.

someter *(somëtë'r)* tr. soumet-

sometimiento *(somëtimië'nto)* m. soumission.

somnámbulo, la *(somnámboulo, a)* adj. et s. somnambule.

somnolencia *(somnolë'nzia)* f. assoupissement; envie de dormir.

son *(són)* m. son; loc. **sin ton ni son, sans rime ni raison.**

sonado, da *(sonádo, da)* adj. célèbre, fameux, euse.

sonaja *(sonája)* f. grelot.

sonajero *(sonajë'ro)* m. hochet.

sonante *(sonántë)* adj. sonnant, e; sonore.

sonar (*sonár*) intr. sonner; tr. jouer d'un instrument; —se r. se moucher.
sonata (*sonáta*) f. *Mus.* sonate.
sonda (*sónda*) f. sonde.
sondear (*sondeár*) tr. sonder.
sondeo (*sondẽ'o*) m. sondage.
soneto (*sonẽ'to*) m. *Poés.* sonnet.
sonido (*sonído*) m. son; timbre.
sonoridad (*sonoridád*) f. sonorité; fig. résonnement.
sonoro, ra (*sonóro, a*) adj. sonore.
sonreir (*sonréir*) intr. sourire.
sonrisa (*sonrísa*) f. sourire.
sonrojar (*sonrojár*) tr. faire rougir quelqu'un.
sonrojarse (*sonrojársẽ*)' r. rougir.
sonrojo (*sonrójo*) m. honte; affront.
soñador, ra (*soñadór, a*) adj. songeur, euse; rêveur, euse.
soñar (*soñár*) tr. songer, rêver.
soñoliento, ta (*soñoliẽ'nto, ta*) adj. assoupi, e; endormi, e.
sopa (*sópa*) f. soupe.
sopera (*sopẽ'ra*) f. soupière.
soplar (*soplár*) intr. souffler; accuser, dénoncer.
soplete (*soplẽ'tẽ*) m. chalumeau.
soplo (*sóplo*) m. souffle; avis, délation.
soplón, na (*soplón, a*) adj. mouchard, e.
sopor (*sopór*) m. assoupissement.
soporífero, ra (*soporífẽro, a*) adj. soporifère, soporifique.
soportable (*soportáblẽ*) adj. supportable.
soportal (*soportál*) m. porche.
soportar (*soportár*) m. supporter.
soporte (*sopórtẽ*) m. support.
soprano (*sopráno*) m. soprano.
sor (*sór*) f. sœur (religieuse).
sorber (*sorbẽ'r*) tr. humer; fig. absorber.
sorbete (*sorbẽ'tẽ*) m. sorbet.
sorbo (*sórbo*) m. trait, gorgée.
sordera (*sordẽ'ra*) f. surdité.
sórdido, da (*sórdido, da*) adj. fig. sordide.
sordina (*sordína*) f. sourdine.
sordo, da (*sórdo, da*) adj. sourd, e.
sorna (*sórna*) f. nonchalance; fig. malice.
sorprender (*sorprẽndẽ'r*) tr. surprendre.
sorpresa (*sorprẽ'ssa*) f. surprise.
sortear (*sorteár*) tr. tirer, jeter au sort.
sorteo (*sortẽ'o*) m. tirage au sort.
sortija (*sortíja*) f. bague.
sortilegio (*sortilẽ'jio*) m. sortilège.
sosa (*sóssa*) f. *Chim.* soude.
sosegado, da (*sossẽgádo, da*) adj. calme, paisible.
sosegar (*sossẽgár*) tr. calmer, pacifier.
sosiego (*sossiẽ'go*) m. calme, repos.
soslayar (*sosla-iár*) tr. biaiser.
soslayo (al) (*al soslá-io*) loc. adv. de travers.
soso, sa (*sósso, a*) adj. fade, insipide.
sospecha (*sospẽ'cha*) f. soupçon.

sospechar (*sospẽchár*) tr. soupçonner.
sospechoso, sa (*sospẽchósso, a*) adj. suspect, e.
sostén (*sostẽ'n*) m. soutien.
sostener (*sostẽnẽ'r*) tr. soutenir.
sotana (*sotána*) f. soutane.
sótano (*sótano*) m. cave.
soto (*sóto*) m. bois, bocage.
su (*sou'*) adj. pos. son, sa, leur.
suave (*souávẽ*) adj. suave; paisible.
suavidad (*souavidád*) f. suavité.
suavizar (*souavizár*) tr. adoucir.
subalterno, na (*soubaltẽ'rno, a*) adj. subalterne, subordonné, e.
subarrendar (*soubarrẽndár*) tr. sous-louer.
subasta (*soubásta*) f. vente aux enchères.
súbdito, ta (*sou'bdito, ta*) adj. et s. sujet.
subdividir (*soubdividír*) tr. subdiviser.
subdivisión (*soubdivissión*) f. subdivision.
subida (*soubída*) f. montée; fig. crue, accroissement.
subir (*soubír*) intr. et tr. monter.
súbito, ta (*sou'bito, ta*) adj. subit, e.
sublevación (*soublẽvazión*) f. soulèvement.
sublevar (*soublẽvár*) r. soulever.   [mer.
sublimar (*soublimár*) tr. sublimer.
sublime (*soublímẽ*) adj. sublime.
submarino, na (*soubmarino, a*) adj. sous-marin, e; m. sous-marin (navire).
subordinación (*soubordinazión*) f. subordination.
subordinar (*soubordinár*) tr. subordonner.
subrayar (*soubra-iár*) tr. souligner.
subsanar (*soubsanár*) tr. disculper; réparer (une faute, etcétera).
subscribir (*soubscribír*) tr. souscrire.
subscripción (*soubscripzión*) f. souscription.
subscriptor (*soubscriptór*) s. souscripteur.
subsidio (*soubsídio*) m. subside.
subsistencia (*soubsistẽ'nzia*) f. subsistance.
subsistir (*soubsistír*) intr. subsister.
substancia (*soubstánzia*) f. substance.
substancial (*soubstanziál*) adj. substantiel, elle.
substitución (*soubstitouzión*) f. substitution.
substituir (*soubstitouír*) tr. substituer.
substituto (*soubstitou'to*) m. substitut.
substracción (*soubstrazzión*) f. soustraction.
substraer (*soubstraẽ'r*) tr. soustraire.   [sol.
subsuelo (*soubsouẽ'lo*) m. sous-sol.
subteniente (*soubtẽniẽ'ntẽ*) m. *Mil.* sous-lieutenant.
subterfugio (*soubtẽrfou'jio*) m. subterfuge.
subterráneo, nea (*soubtẽrránẽo, a*) adj. souterrain, e; m. souterrain.
suburbano, na (*soubourbáno, a*) adj. suburbain, e.
suburbio (*soubou'rbio*) m. faubourg.
subvención (*soubvẽnzión*) f. subvention.

subvenir (*soubvẽnír*) tr. subvenir.
subversión (*soubvẽrsión*) f. subversion.
subversivo, va (*soubvẽrsívo, a*) adj. subversif, ive.
subyugar (*soub-iougár*) tr. subjuguer.
suceder (*souzẽdẽ'r*) intr. succéder; fig. arriver, survenir.
sucesión (*souzẽssión*) f. succession, suite; hérédité.
sucesivo, va (*souzẽssívo, va*) adj. successif, ive.
suceso (*souzẽ'sso*) m. succès; laps de temps.
sucesor, ra (*souzẽssór, a*) adj. et s. successeur.
suciedad (*souziẽdád*) f. malpropreté, saleté.
sucinto, ta (*souzínnto, ta*) adj. succint, e.
sucio, cia (*sou'zio, a*) adj. sale.
suculento, ta (*soucoulẽ'nto, ta*) adj. succulent, e.
sucumbir (*soucoumbír*) intr. succomber.
sucursal (*soucoursál*) f. succursale.
sudeste (*soudẽ'stẽ*) m. sud-est.
sudoeste (*soudoẽ'stẽ*) m. sud-ouest.
sudar (*soudár*) tr. suer.
sudario (*soudário*) m. suaire.
sudor (*soudór*) m. sueur.
sudoriento, ta (*soudoriẽ'nto, ta*) adj. trempé, e de sueur.
suegro, gra (*souẽ'gro, a*) s. beau-père, belle-mère.
suela (*souẽ'la*) f. semelle.
sueldo (*souẽ'ldo*) m. sou; honoraires, salaire.
suelo (*souẽ'lo*) m. sol; plancher.
suelto, ta (*souẽ'lto, ta*) adj. délié, e; fig. libre; m. entrefilet (journaux).
sueño (*souẽ'gno*) m. sommeil; rêve, songe.
suero (*souẽ'ro*) m. petit lait; sérosité.
suerte (*souẽ'rtẽ*) f. sort; chance; sorte.
suficiencia (*soufiziẽ'nzia*) f. suffisance.
suficiente (*soufiziẽ'ntẽ*) adj. suffisant, e.
sufragar (*soufragár*) tr. aider, assister.   [ge.
sufragio (*soufrájio*) m. suffra-
sufrimiento (*soufrimiẽ'nto*) m. souffrance.
sufrir (*soufrír*) tr. souffrir.
sugerir (*soujẽrír*) tr. suggérer.
sugestión (*soujẽstión*) f. suggestion.
sugestivo, va (*soujẽstívo, va*) adj. sugestif, ive.
suicida (*souizída*) s. suicide.
suicidarse (*souizidársẽ*) r. se suicider.
suicidio (*souizídio*) m. suicide.
sujeción (*soujẽzión*) f. sujetion.
sujetar (*soujẽtár*) tr. assujettir; fig. astreindre.
sujeto, ta (*soujẽ'to, ta*) adj. sujet, ète; m. sujet; fig. exposé.
sulfurarse (*soulfourársẽ*) r. s'irriter.
sultán (*soultán*) m. sultan.
suma (*sou'ma*) f. somme; addition.
sumar (*soumár*) tr. abréger; additionner.
sumario, ria (*soumário, a*) adj. sommaire; m. abrégé.
sumergible (*soumẽrjíblẽ*) adj. et s. submersible.
sumergir (*soumẽrjír*) tr. submerger.

sumersión (*soumẽrsión*) f. submersion.
sumidero (*soumidẽ'ro*) m. égout.
suministrar (*souministrár*) tr. fournir.
suministro (*souministro*) m. fourniture.
sumir (*soumír*) tr. enfoncer.
sumirse (*soumírsẽ*) r. s'enfoncer, s'enterrer.
sumisión (*soumissión*) f. soumission.
sumiso, sa (*soumísso, a*) adj. soumis, e.
sumo, ma (*sou'mo, ma*) adj. suprême.
suntuosidad (*sountouossidád*) f. somptuosité.
suntuoso, sa (*sountouósso, a*) adj. somptueux, euse.
supeditar (*soupẽditár*) tr. assujetir.   [ser.
superar (*soupẽrár*) tr. surpasser.
superchería (*soupẽrchẽria*) f. supercherie.
superficial (*soupẽrfiziál*) adj. superficiel, elle.
superficie (*soupẽrfíziẽ*) f. surface.
superfluo, a (*soupẽ'rflouo, a*) adj. superflu, e.
superior (*soupẽriór*) adj. supérieur, e.
superioridad (*soupẽrioridád*) f. supériorité.
superlativo, va (*soupẽrlativo, va*) adj. plus grand, e; m. superlatif, ive.
supernumerario, ria (*soupẽrnoumẽrário, a*) adj. surpernuméraire.
superposición (*soupẽrpossizión*) f. superposition.
superstición (*soupẽrstizión*) f. superstition.
supersticioso, sa (*soupẽrstizioso, a*) adj. superstitieux, euse.
supervivencia (*soupẽrvivẽ'nzia*) f. survivance.
superviviente (*soupẽrviviẽ'ntẽ*) adj. et s. survivant, e.
suplantar (*souplantár*) tr. supplanter.
suplementario, ria (*souplẽmẽntário, a*) adj. supplémentaire.
suplemento (*souplẽmẽ'nto*) m. supplément.
suplente (*souplẽ'ntẽ*) m. suppléant.
súplica (*sou'plica*) f. supplication; supplique.
suplicar (*souplicár*) tr. supplier.
suplicio (*souplízio*) m. supplice.
suplir (*souplír*) tr. suppléer.
suponer (*souponẽ'r*) tr. supposer; feindre.
suposición (*soupossizión*) f. supposition.
supositorio (*soupossitório*) m. *Méd.* suppositoire.
supremacía (*souprẽmazía*) f. suprématie.
supremo, ma (*souprẽ'mo, ma*) adj. suprême.
supresión (*souprẽssión*) f. suppression.   [primer.
suprimir (*souprimír*) tr. sup-
supuesto, ta (*soupouẽ'sto, ta*) adj. supposé, e; m. supposition.
supurar (*soupourár*) tr. suppurer.
suputar (*soupoutár*) tr. suppurer.
sur (*sou'r*) m. sud.
surcar (*sourcár*) tr. sillonner.
surco (*sou'rco*) m. sillon.
surgir (*sourjír*) intr. surgir, sourdre, jaillir.
surtido, da (*sourtído, da*) adj. assorti, e; m. assortiment.

surtidor, ra *(souřtidór, a)* s. pourvoyeur, euse; m. jet d'eau.

surtir *(sourtír)* tr. fournir; intr. sourdre, jaillir.

surto, ta *(sou'rto, ta)* adj. mouillé, e; ancré, e.

susceptible *(sousžěptíblě)* adj. susceptible.

suscitar *(souszitár)* tr. susciter.

suscribir *(souscribír)* tr. souscrire.

suspender *(souspěndě'r)* tr. suspendre; refuser (aux examens).

suspensión *(souspěnsión)* f. suspension.

suspenso, sa *(souspě'nso, sa)* adj. suspendu, e; étonné, e; collé, e (aux examens).

suspicacia *(souspicázia)* f. méfiance; soupçon.

suspicaz *(souspicáz)* adj. soupçonneux, euse.

suspirar *(souspirár)* tr. soupirer.

suspiro *(souspíro)* m. soupir.

sustentar *(soustěntár)* tr. soutenir; sustenter; nourrir.

sustento *(soustě'nto)* m. nourriture, subsistance.

sustituir *(soustituír)* tr. substituer.

susto *(sou'sto)* m. peur, crainte.

susurrar *(sousourrár)* intr. murmurer.

susurro *(sousou'rro)* m. murmure.

sutil *(soutíl)* adj. subtil, e.

sutileza *(soutilě'za)* f. subtilité.

sutilizar *(soutilizár)* tr. subtiliser.

sutura *(soutou'ra)* f. suture.

suyo, ya *(sou'-io, a)* pron. poss. le sien, la sienne; pl. les siens, les siennes.

tabaco *(tabáco)* m. tabac.

tabaquera *(tabakě'ra)* f. tabatière.

tábano *(tábano)* m. taon.

taberna *(tabě'rna)* f. taverne, cabaret.

tabernero *(taběrně'ro)* m. cabaretier.

tabique *(tabíkě)* m. cloison.

tabla *(tábla)* f. planche.

tablado *(tabládo)* m. plancher; scène (théâtre).

tablero *(tablě'ro)* m. planche.

tableta *(tablě'ta)* f. tablette.

tablón *(tablón)* m. grosse planche.

taburete *(taburě'tě)* m. tabouret.

tacaño, a *(tacágno, a)* adj. et s. avare, misérable.

tácito, ta *(tázito, ta)* adj. tacite.

taciturno, na *(tazitou'rno, na)* adj. taciturne; fig. sombre.

taco *(táco)* m. coin, cheville; bourre; queue de billard.

tacón *(tacón)* m. talon.

táctica *(táctica)* f. tactique.

táctico *(táctico)* m. tacticien.

tacto *(tácto)* m. toucher; tact.

tacha *(tácha)* f. tache; petit clou.

tachar *(tachár)* tr. accuser; effacer, barrer.

tachuela *(tachouě'la)* f. broquette, clou.

tafetán *(tafětán)* m. taffetas.

tafilete *(tafilě'tě)* m. maroquin.

tahalí *(taali)* m. baudrier.

tahur *(taou'r)* m. tricheur.

taimado, da *(ta-imádo, da)* adj. fam. sournois, e.

tajada *(tajáda)* f. tranche; tranchoir.

tajar *(tajár)* tr. couper, tailler.

tajo *(tájo)* m. coupure, taillade.

tal *(tál)* adj. tel, telle.

tala *(tála)* f. coupe; taille des arbres; fig. ravage.

taladrar *(taladrár)* tr. percer.

taladro *(taládro)* m. tarière.

talante *(talántě)* m. mine, prestance; état.

talar *(talár)* tr. couper un bois; fig. dévaster.

talco *(tálco)* m. talc.

talega *(talě'ga)* f. sac.

talento *(talě'nto)* m. talent.

talión *(talión)* m. talion.

talismán *(talismán)* m. talisman.

talón *(talón)* m. talon.

talonario *(talonário)* m. livre à souche.

talud *(talou'd)* m. talus.

talla *(tálya)* f. taille; sculpture.

tallar *(talyár)* tr. tailler; sculpter.

talle *(tályě)* m. ceinture, taille.

taller *(talyě'r)* m. atelier.

tallo *(tályo)* m. tige, brin.

tamaño, ña *(tamágno, na)* adj. si grand, e;m. grandeur.

tambalear *(tambalěár)* intr. vaciller, chanceler.

tambaleo *(tambalě'o)* m. vacillation.

también *(tambiě'n)* adv. aussi, pareillement. [caisse.

tambor *(tambór)* m. tambour.

tamiz *(tamíz)* m. tamis.

tamizar *(tamizár)* tr. tamiser.

tampoco *(tampóco)* adv. nég. non plus.

tan *(tán)* adv. si; aussi, autant.

tanda *(tánda)* f. tour; série.

tangente *(tanjě'ně)* adj. f. tangente.

tangible *(tanjíblě)* adj. palpable.

tango *(tángo)* m. tango.

tanino *(taníno)* m. tanin.

tanque *(tánkě)* m. tank.

tantear *(tantěár)* tr. tâtonner.

tanteo *(tantě'o)* m. tâtonnement.

tanto, ta *(tánto, ta)* adj. tant, autant; m. but; adv. tant, autant, aussi.

tañer *(tagně'r)* tr. jouer (un instrument; claquer.

tañido *(tagnído)* m. son.

tapa *(tápa)* f. couvercle.

tapadera *(tapadě'ra)* f. couvercle.

tapar *(tapár)* tr. boucher; couvrir.

taparrabo *(taparrábo)* m. maillot; caleçon.

tapete *(tapě'tě)* m. tapis de (table).

tapia *(tápia)* tr. mur.

tapicería *(tapizěría)* f. tapisserie.

tapicero *(tapizě'ro)* m. tapissier.

tapioca *(tapióca)* f. tapioca.

tapiz *(tapíz)* m. tapis.

tapizar *(tapizár)* tr. tapisser.

tapón *(tapón)* m. bouchon.

taponar *(taponár)* tr. tamponner.

taquigrafía *(takigrafía)* f. sténographie.

taquígrafo, fa *(takígrafo, fa)* s. sténographe.

taquilla *(takíya)* f. guichet.

tara *(tára)* f. tare.

tararear *(tararěár)* tr. fredonner.

tardanza *(tardánza)* f. retard.

tardar *(tardár)* intr. tarder.

tarde *(tárdě)* f. après-midi; soir; adv. tard.

tardío, a *(tardío, a)* adj. tardif. ive.

tarea *(tarě'a)* f. tâche.

tarifa *(tarífa)* f. tarif.

tarima *(taríma)* m. marchepied; escabeau. [site.

tarjeta *(tarjě'ta)* f. carte de visite.

tarro *(tárro)* m. pot de terre.

tarta *(tárta)* f. tarte.

tartamudear *(tartamouděár)* intr. bégayer, balbutier.

tartamudeo *(tartamoudě'o)* m. bégaiement.

tartamudo, da *(tartamou'do, da)* adj. bègue.

tartana *(tartána)* f. tartane.

tártaro *(tártaro)* m. tartre.

tarugo *(tarou'go)* m. cheville de bois.

tasa *(tássa)* f. taxe ou taux; tarif.

tasación *(tassazión)* f. taxe.

tasador *(tassadór)* s. taxateur.

tasar *(tassár)* tr. taxer.

tasca *(tásca)* f. taverne.

tatuaje *(tatouájě)* m. tatouage.

tatuar *(tatouár)* tr. tatouer.

taurino, na *(taouríno, na)* adj. qui concerne les taureaux.

tauromaquia *(taouromákia)* f. tauromachie.

taza *(táza)* f. tasse.

tazón *(tazón)* m. bol.

té *(té)* m. thé.

té *(té)* pr. te.

tea *(tě'a)* f. torche.

teatral *(těatrál)* adj. théâtral, e.

teatro *(těátro)* m. théâtre.

tecla *(tě'cla)* f. touche d'orgue.

teclado *(těcládo)* m. clavier.

técnica *(tě'cnica)* f. technique.

técnico, ca *(tě'cnico, ca)* adj. technique; m. technicien.

techado *(těchádo)* m. couvert; toiture.

techo *(tě'cho)* m. plafond; toit.

techar *(těchár)* tr. couvrir (une maison).

techumbre *(těchou'mbrě)* m. toiture.

tedio *(tě'dio)* m. dégoût.

teja *(tě'ja)* f. tuile.

tejado *(tějádo)* m. toit.

tejer *(tějě'r)* tr. tisser.

tejido *(tějído)* m. tissu, étoffe.

tejón *(tějón)* m. Zool. blaireau.

tela *(tě'la)* f. tissu de laine, etc.; toile.

telar *(tělár)* m. métier à tisser.

telaraña *(tělarágna)* f. toile d'araignée.

telefonear *(tělěfoněár)* tr. téléphoner.

telefonista *(tělěfonísta)* s. téléphoniste

teléfono *(tělě'fono)* m. téléphone.

telegrafiar *(tělěgrafiár)* tr. télégraphier.

telégrafo *(tělě'grafo)* m. télégraphe.

telegrama *(tělěgráma)* m. télégramme.

telescopio *(tělěscópio)* m. télescope.

televisión *(tělěvissión)* f. télévision.

telón *(tělón)* m. rideau.

tema *(tě'ma)* m. thème.

temblar *(těmblár)* intr. trembler.

temblor *(těmblór)* m. tremblement.

tembloroso, sa *(těmblorósso, a)* adj. tremblant, e.

temer *(těmě'r)* tr. craindre.

temerario, ria *(těměrário, a)* adj. téméraire.

temeridad *(těměridád)* f. témérité.

temeroso, sa *(těměrósso, a)* adj. craintif, ive.

temible *(těmíblě)* adj. redoutable.

temor *(těmór)* m. crainte.

témpano *(tě'mpano)* m. glaçon.

temperamento *(těmpěramě'nto)* m. tempérament.

temperar *(těmpěrár)* tr. tempérer.

temperatura *(těmpěratou'ra)* f. température.

tempestad *(těmpěstád)* f. tempête.

tempestuoso, sa *(těmpěstouósso, a)* adj. orageux, euse.

templado, da *(těmpládo, da)* adj. tempérant, e; tempéré, e; modéré, e.

templanza *(těmplánza)* tempérance; fig. modération.

temple *(tě'mplě)* m. trempe.

templar *(těmplár)* tr. tempérer; tremper; accorder.

templo *(tě'mplo)* m. temple.

temporada *(těmporáda)* f. saison, époque.

temporal *(těmporál)* adj. temporel, elle; temporaire; m. tempête.

temprano, na *(tě'mprano, na)* adj. prématuré, e; précoce; adv. de bonne heure.

tenacidad *(těnazidád)* f. ténacité.

tenacillas *(těnazíyas)* f. pl. pincettes; fer à friser.

tenaz *(těnáz)* f. tenace.

tenaza *(těnáza)* f. tenaille.

tendencia *(těndě'nzia)* f. tendance.

tender *(těndě'r)* tr. étendre, déplier; tendre.

tendero, da *(těndě'ro)* s. marchand.

tendido, da *(těndído, da)* adj. étendu, e; tendu, e; m. gradin bas.

tendón *(těndón)* m. Anat. tendon.

tenebroso, sa *(těněbrósso, a)* adj. ténébreux, euse.

tenedor, ra *(těnědór, ra)* adj. et s. possesseur, euse; m. fourchette, teneur de livres.

teneduría *(těnědouría)* f. Com. tenue (des livres); comptabilité.

tener *(těně'r)* tr. avoir; tenir.

tenia *(tě'nia)* f. tenia.

teniente *(těniě'niě)* m. lieutenant.

tenor *(těnór)* m. teneur; ténor.

tenorio *(těnório)* m. séducteur.

tensión *(těnsión)* f. tension.

tenso, sa *(tě'nso, sa)* adj. tendu, e.

tentación *(těntazión)* f. tentation.

tentador, ra *(těntadór, a)* adj. et s. tentateur, trice.

tentar *(těntár)* tr. toucher; tâter, tenter.

tentativa *(těntativa)* f. tentative.

tenue *(tě'nouě)* adj. ténu, e;

teñir *(těgnír)* tr. teindre. faible.

teología *(těolojía)* f. théologie.

teorema *(těorě'ma)* f. théorème.

teoría *(těoría)* f. théorie.

teórico, ca *(těórico, ca)* adj. théorique; s. théoricien, enne.

terapéutica *(těrapě'outica)* f. thérapeutique.

tercero, ra *(tĕrzĕ'ro, ra)* adj. troisième; m. tiers, médiateur.

terceto *(tĕrzĕ'to)* m. tercet; trio.

terciar *(tĕrziár)* intr. intervenir.

tercio, cia *(tĕ'rzio, a)* ad. num. troisième; m. tiers; f. tierce.

terciopelo *(tĕrziopĕ'lo)* m. velours.

terco, ca *(tĕ'rco, ca)* adj. têtu, e; obstiné, e.

tergiversación *(tĕrjivĕrsazión)* f. tergiversation.

tergiversar *(tĕrjivĕrsár)* tr. tergiverser.

termal *(tĕrmál)* adj. thermal, e.

termas *(tĕ'rmas)* f. pl. thermes.

terminación *(tĕrminazión)* f. fin; terminaison.

terminal *(tĕrminál)* adj. terminal, e.

terminante *(tĕrminántĕ)* adj. formel, elle.

terminar *(tĕrminár)* tr. terminer.

término *(tĕ'rmino)* m. terme, fin.

termómetro *(tĕrmómĕtro)* m. thermomètre.

termos *(tĕ'rmos)* m. thermos.

ternera *(tĕrnĕ'ra)* f. s. génisse; veau (viande).

ternero *(tĕrnĕ'ro)* m. veau.

ternura *(tĕrnou'ra)* f. tendresse.

terquedad *(tĕrkĕdád)* f. entêtement.

terrado *(tĕrrádo)* m. terrasse.

terraplén *(tĕrraplĕ'n)* m. terreplein; plateau.

terraplenar *(tĕrraplĕnár)* tr. terraser; remblayer.

terrateniente *(tĕrratĕniĕ'ntĕ)* m. propriétaire foncier.

terraza *(tĕrráza)* f. terrasse.

terremoto *(tĕrrĕmóto)* m. tremblement de terre.

terrenal *(tĕrrĕnál)* adj. terrestre.

terreno, na *(tĕrrĕ'no, na)* adj. terrestre; m. terrain.

terrestre *(tĕrrĕ'strĕ)* adj. terrestre.

terrible *(tĕrríblĕ)* adj. terrible.

terrón *(tĕrrón)* m. motte; grumeau; morceau de sucre.

terror *(tĕrrór)* m. terreur.

terrorismo *(tĕrrorísmo)* m. terrorisme.

terrorista *(tĕrrorísta)* s. terroriste.

terruño *(tĕrrou'gno)* m. terroir.

terso, sa *(tĕ'rso, a)* adj. poli, e; luisant, e.

tertulia *(tĕrtou'lia)* f. réunion; soirée.

tesis *(tĕ'ssis)* f. thèse.

tesón *(tĕssón)* m. fermeté.

tesorería *(tĕssorĕría)* f. trésorerie.

tesorero *(tĕssorĕ'ro)* f. trésorier.

tesoro *(tĕssóro)* m. trésor.

testa *(tĕ'sta)* f. tête; front.

testador, ra *(tĕstadór, a)* s. testateur, trice.

testamento *(tĕstamĕ'nto)* m. testament.

testar *(tĕstár)* intr. tester.

testarudez *(tĕstaroudĕ'z)* f. entêtement.

testarudo, da *(tĕstarou'do, da)* adj. fam. entêté, e.

testículo *(tĕstícoulo)* m. testicule.

testificación *(tĕstificazión)* f. attestation, témoignage.

testificar *(tĕstificár)* tr. témoigner; attester.

testigo *(tĕstígo)* m. témoin.

testimoniar *(tĕstimoniár)* intr. témoigner, attester.

testimonio *(tĕstimónio)* m. témoignage.

teta *(tĕ'ta)* f. mamelle, teton.

tétanos *(tĕ'tanos)* m. tétanos.

tetar *(tĕtár)* tr. allaiter.

tetera *(tĕtĕ'ra)* f. thélère.

tétrico, ca *(tĕ'trico, ca)* adj. mélancolique.

textil *(tĕgstíl)* adj. textile.

texto *(tĕ'gsto)* m. texte.

textual *(tĕgstouál)* adj. textuel, elle.

textura *(tĕgstou'ra)* f. texture.

tez *(tĕ'z)* f. teint.

ti *(ti)* pr. toi.

tía *(tía)* f. tante.

tiara *(tiára)* f. tiare.

tibieza *(tibiĕ'za)* f. tiédeur.

tibio, bia *(tíbio, a)* adj. tiède; f. tibia.

tiburón *(tibourón)* m. requin.

tiempo *(tiĕ'mpo)* m. temps.

tienda *(tiĕ'nda)* f. tente, boutique.

tienta *(tiĕ'nta)* f. sonde; **a tientas**, à tâtons.

tiento *(tiĕ'nto)* m. tact, tâtonnement.

tierno, na *(tiĕ'rno, na)* adj. tendre.

tierra *(tiĕ'rra)* f. terre.

tieso, sa *(tiĕ'sso, a)* adj. raide.

tiesto *(tiĕ'sto)* m. pot à fleurs.

tiesura *(tiĕssou'ra)* f. dureté, rigidité.

tifus *(tífous)* m. *Méd.* typhus.

tigre *(tígrĕ)* m. tigre.

tijeras *(tijĕ'ras)* f. pl. ciseaux.

tila *(tíla)* f. tilleul.

tildar *(tildár)* tr. traiter de.

tilde *(tíldĕ)* m. accent; tilde.

tilo *(tílo)* m. tilleul.

timador, ra *(timadór, ra)* s. voleur, euse.

timar *(timár)* tr. escroquer.

timbrar *(timmbrár)* tr. timbrer.

timbre *(tímmbrĕ)* m. timbre.

timidez *(timidĕ'z)* f. timidité.

tímido, da *(tímido, da)* adj. timide.

timo *(tímo)* m. escroquerie.

timón *(timón)* m. gouvernail, barre.

timonel *(timonĕ'l)* m. timonier; barreur.

timorato, ta *(timoráto, ta)* adj. timoré, e.

tímpano *(tímmpano)* m. *Anat.* tympan.

tina *(tína)* f. chaudière; cuve.

tinaja *(tinája)* f. jarre; cuve.

tinglado *(tinngládo)* m. hangar; échafaudage.

tinieblas *(tiniĕ'blas)* f. pl. ténèbres.

tino *(tíno)* m. assurance; fig. prudence.

tinta *(tínnta)* f. encre.

tinte *(tínntĕ)* m. teinture.

tintero *(tinntĕ'ro)* m. encrier.

tinto, ta *(tínnto, ta)* adj. teint, e; rouge (vin).

tintorería *(tinntorĕría)* f. teinturerie.

tintura *(tinntou'ra)* f. teinture.

tiña *(tígna)* f. teigne.

tiñoso, sa *(tignósso, a)* adj. teigneux, euse; fig. avare.

tío *(tío)* m. oncle; fig. rustre.

tiovivo *(tiovívo)* m. manège, chevaux de bois. [que.

típico, ca *(típico, ca)* adj. typi-

tiple *(típlĕ)* m. *Mus.* dessus; soprano.

tipo *(típo)* m. type.

tipografía *(tipografía)* f. typographie.

tipógrafo *(tipógrafo)* m. imprimeur.

tira *(tíra)* f. bande; bandelette.

tirabuzón *(tirabouzón)* m. tirebouchon.

tirada *(tiráda)* f. jet, tirage; distance.

tirador *(tiradór)* m. tireur.

tiralíneas *(tiralínĕas)* m. tireligne.

tiranía *(tiranía)* f. tyrannie.

tiránico, ca *(tiránico, ca)* adj. tyrannique.

tiranizar *(tiranizár)* tr. tyranniser. [ran.

tirano, na *(tiráno, na)* adj. ty-

tirante *(tirántĕ)* adj. tendu, e; m. tirant; pl. traits; bretelles.

tirantez *(tirantĕ'z)* f. longueur d'une chose; tension.

tirar *(tirár)* tr. tirer; fig. viser à.

tiritar *(tiritár)* intr. grelotter.

tiro *(tíro)* m. tir; attelage; trait de carrosse, etc.

tirón *(tirón)* m. secousse; effort.

tirotear *(tirotĕár)* intr. tirailler.

tiroteo *(tirotĕ'o)* m. tiraillerie.

tirria *(tírria)* f. antipathie.

tisana *(tissána)* f. tisane.

tísico, ca *(tíssico, ca)* adj. phtisique.

tisis *(tíssis)* f. phtisie.

titán *(titán)* m. titan.

titánico, ca *(titánico, ca)* adj. titanique.

títere *(títĕrĕ)* m. marionnette; pl. danseuse de corde, etc.

titiritero *(titiritĕ'ro)* m. joueur de marionnettes.

titubear *(titoubĕár)* intr. vaciller; fig. hésiter.

titubeo *(titoubĕ'o)* m. vacillation.

titular *(titoulár)* adj. titulaire; intr. tr. intituler.

título *(títoulo)* m. titre.

tiza *(tíza)* f. craie.

tiznar *(tiznár)* tr. noircir.

tizón *(tizón)* m. tison.

toalla *(toáya)* f. essuie-main.

tobillo *(tobíyo)* m. cheville.

tobogán *(tobogán)* m. toboggan.

toca *(tóca)* f. coiffe.

tocado *(tocádo)* m. coiffure.

tocador *(tocadór)* m. table ou cabinet de toilette.

tocar *(tocár)* tr. toucher, jouer, sonner.

tocayo, ya *(tocá-io, a)* adj. homonime.

tocinería *(tozinĕría)* f. charcuterie.

tocinero, ra *(tozinĕ'ro, a)* s. charcutier, ière.

tocino *(tozíno)* m. lard.

todavía *(todavía)* adv. encore, cependant.

todo, da *(tódo, da)* adj. tout, e; m. tout.

toga *(tóga)* f. toge.

toldo *(tóldo)* m. banne; bâche.

tolerable *(tolĕráblĕ)* adj. tolérable, supportable.

tolerancia *(tolĕránzia)* f. tolérance.

tolerante *(tolĕrántĕ)* adj. tolérant, e.

tolerar *(tolĕrár)* tr. tolerer.

tolva *(tólva)* f. trémie.

tomar *(tomár)* tr. prendre, saisir.

tomate *(tomátĕ)* m. tomate.

tómbola *(tómbola)* f. tombola.

tomillo *(tomíyo)* m. thym.

tomo *(tómo)* m. volume, tomo.

tonada *(tonáda)* f. chanson.

tonadilla *(tonadíya)* f. chansonnette; vaudeville.

tonalidad *(tonalidád)* f. tonalité.

tonel *(tonĕ'l)* m. tonneau.

tonelada *(tonĕláda)* f. tonne; *Mar.* tonneau.

tonelage *(tonĕlájĕ)* m. tonnage.

tónico, ca *(tónico, ca)* adj. tonique.

tono *(tóno)* m. ton.

tonsura *(tonsou'ra)* f. tonsure.

tontada *(tontáda)* f. sottise.

tontería *(tontĕría)* f. sottise.

tonto, ta *(tónto, ta)* adj. sot, sotte, niais, e.

topacio *(topázio)* m. topace.

topar *(topár)* tr. choquer, heurter.

tope *(tópĕ)* m. choc, heurt, bout.

topetón *(topĕtón)* m. choc, heurt.

tópico, ca *(tópico, ca)* adj. et s. topique.

topo *(tópo)* m. taupe.

topografía *(topografía)* f. topographie.

toque *(tókĕ)* m. tact, sonnerie; touche.

tórax *(tórags)* m. thorax.

torbellino *(torbĕyíno)* m. tourbillon.

torcedura *(torzĕdou'ra)* f. entorse, torsion.

torcer *(torzĕ'r)* tr. tordre, courber; intr. se détourner, s'écarter.

torcido, da *(torzído, da)* adj. tordu, e.

tordo, da *(tórdo, da)* adj. gris pommelé; m. grive.

torear *(torĕár)* tr. e intr. combattre les taureaux.

torero *(torĕ'ro)* m. toréador.

tormenta *(tormĕ'nta)* f. tourmente, orage.

tormento *(tormĕ'nto)* m. tourment.

torna *(tórna)* f. restitution; retour.

tornar *(tornár)* tr. rendre; intr. revenir.

tornasol *(tornassól)* m. tournesol.

torneo *(tornĕ'o)* m. tournoi.

tornero *(tornĕ'ro)* m. tourneur.

tornillo *(torníyo)* m. vis.

torniquete *(tornikĕ'tĕ)* m. tourniquet.

torno *(tórno)* m. tour; retour.

toro *(tóro)* m. taureau.

torpe *(tórpĕ)* adj. gauche; maladroit, e.

torpedear *(torpĕdĕár)* tr. torpiller.

torpedero *(torpĕdĕ'ro)* m. torpilleur.

torpeza *(torpĕ'za)* f. maladresse; fig. stupidité.

torre *(tórrĕ)* f. tour.

torrefacción *(torrĕfazión)* f. torréfaction.

torrejón *(torrĕjón)* m. donjon.

torrencial *(torrĕnziál)* adj. torrentiel, elle.

torrente *(torrĕ'ntĕ)* m. torrent.

tórrido, da *(tórrido, da)* adj. torride.

torsión *(torsión)* f. torsion.

torso *(tórso)* m. torse.

torta *(tórta)* f. tourte, tarte; fam. gifle.

tortilla *(tortíya)* f. omelette.

tórtola *(tórtola)* f. tourterelle.

tortuoso, sa *(tortouósso, a)* adj. tortueux, euse.

tortuga *(totou'ga)* f. tortue.

tortura *(totou'ra)* f. torture.

torturar *(totourár)* tr. torturer.

tos *(tós)* f. toux.

tosco, ca *(tósco, ca)* adj. grossier, ière.

toser *(tossĕ'r)* intr. tousser.

tostada *(tostáda)* f. rôtie.

tostado, da *(tostádo, da)* adj. rôti, e.

tostar *(tostár)* tr. rôtir; fig. griller.

total *(totál)* m. total; adj. total, e.

totalidad *(totalidád)* f. totalité.

tóxico, ca *(tógsico, ca)* adj. toxique.

toxina *(togsína)* f. toxine.

tozudo, da *(tozou'do, da)* adj. entêté, e.

traba *(trába)* f. lien; entrave.

trabajador, ra *(trabajadór, a)* adj. et s. travailleur, euse.

trabajar *(trabajár)* tr. travailler.

trabajo *(trabájo)* m. travail.

trabar *(trabár)* tr. joindre; entraver.

trabazón *(trabazón)* f. liaison.

trabuco *(trabou'co)* m. tromblon.

tracción *(traczión)* f. traction.

tractor *(tractór)* m. tracteur.

tradición *(tradizión)* f. tradition.

tradicional *(tradizionál)* adj. traditionnel, elle.

traducción *(tradouczión)* f. traduction.

traducir *(tradouzír)* tr. traduire.

traductor, ra *(tradouciór, a)* s. traducteur.

traer *(trae'r)* tr. apporter, porter, amener.

traficante *(traficánte)* f. trafiquant.

traficar *(traficár)* intr. trafiquer.

tráfico *(tráfico)* m. trafic.

tragaluz *(tragalou'z)* f. lucarne; larmier.

tragar *(tragár)* tr. avaler.

tragedia *(traje'dia)* f. tragédie.

trágico, ca *(trájico, ca)* adj. tragique.

trago *(trágo)* m. coup, gorgée; fig. disgrâce.

tragón, na *(tragón, a)* adj. fam. glouton, onne.

traición *(tra-izión)* f. trahison, perfidie.

traicionar *(tra-izionár)* tr. trahir.

traidor, ra *(tra-idór, a)* s. traître.

traje *(tráje)* m. costume, complet, habit.

trajín *(trajínn)* m. trafic, agitation.

trajinar *(trajinár)* tr. transporter, aller et venir.

trama *(tráma)* f. trame; fig. complot.

tramar *(tramár)* tr. tramer; fig. cabaler.

trámite *(trámite)* f. formalité.

tramo *(trámo)* m. morceau, section.

tramoya *(tramó-ia)* f. coulisse, artifice.

trampa *(trámpa)* f. piège, trappe, tricherie.

tramposo, sa *(trampósso, a)* adj. tricheur, euse.

tranca *(tránca)* f. barre; trique.

trance *(tránze)* m. péril; fig. moment critique.

tranquilidad *(trankilidád)* f. tranquillité, paix.

tranquilizar *(trankilizár)* tr. tranquilliser.

tranquilo, la *(trankílo, la)* adj. tranquille.

transacción *(transaczión)* f. transaction.

transatlántico, ca *(transatlántico, ca)* adj. et s. transatlantique.

transbordador *(transbordadór)* adj. et n. transbordeur.

transbordo *(transbórdo)* m. transbordement.

transcontinental *(transcontinëntál)* adj. transcontinental, e.

transcribir *(transcribír)* tr. transcrire.

transcripción *(transcripzión)* f. transcription.

transcurrir *(transcourrír)* intr. s'écouler.

transcurso *(transcou'rso)* m. cours, laps de temps.

transeúnte *(transëou'ntë)* adj. passant, e.

transferencia *(transfërë'nzia)* f. transfèrement; virement.

transferible *(transfëríblë)* adj. tranférable.

transferir *(transfërír)* tr. transférer.

transfigurarse *(transfigourársë)* r. se transformer, se transfigurer.

transformación *(transformazión)* f. transformation.

transformador, ra *(transformadór, a)* adj. et s. transformateur, trice.

transformar *(transformár)* tr. transformer.

transfusión *(transfoussión)* f. transfusion.

transgresión *(transgrëssión)* f. transgression.

transición *(transizión)* f. transition.

transigencia *(transijë'nzia)* f. accomodement.

transigir *(transijír)* tr. transiger.

transistor *(transistór)* m. transistor.

transitar *(transitár)* intr. passer, traverser.

tránsito *(tránsito)* m. passage; transit.

transitorio, ria *(transitório, a)* adj. transitoire.

translúcido, da *(translou'zido, da)* adj. transparent, e.

transmisión *(transmissión)* f. transmission.

transmisor *(transmissór)* adj. et n. transmetteur.

transmitir *(transmitír)* tr. transmettre.

transmutación *(transmoutazión)* f. transmutation.

transmutar *(transmoutár)* tr. transmuer.

transparencia *(transparë'nzia)* f. transparence.

transparente *(transparë'ntë)* adj. transparent, diaphane.

transpirar *(transpirár)* intr. transpirer.

transportar *(trans-por-tár)* tr. transporter.

transporte *(transpórtë)* m. transport.

transvasar *(transvassár)* tr. transvaser.

transversal *(transvërsál)* adj. transversal, e.

tranvía *(tranvía)* m. tramway.

trapa *(trápa)* f. trappe.

trapecio *(trapë'zio)* m. trapèze.

trapero *(trapë'ro)* m. chiffonnier.

trapo *(trápo)* m. chiffon, haillon.

tráquea *(trákëa)* f. trachée.

traqueteo *(trakëtë'o)* m. cahotage, pétarade.

tras *(trás)* prép. derrière, après.

trascendencia *(traszëndë'nzia)* f. trascendance.

trascendental *(traszëndëntál)* adj. trascendant, e; trascendental, e.

trascendente *(traszëndë'ntë)* adj. trascendant, e.

trascender *(traszëndë'r)* intr. être trascendant, exhaler.

trasero, ra *(trasë'ro, a)* adj. qui vient après; m. le derrière.

trashumante *(trassoumántë)* adj. trashumant, e.

trasiego *(trassië'go)* m. transvasement; soutirage.

traslación *(traslazión)* f. translation.

trasladar *(trasladár)* tr. transférer; copier, transcrire.

traslucir *(traslouzír)* tr. deviner, entrevoir.

trasluz *(traslou'z)* m. transparence.

trasnochador, ra *(trasnochadór, ra)* n. noctambule.

trasnochar *(trasnochár)* intr. passer la nuit sans dormir.

traspasar *(traspassár)* tr. transmettre; traverser; fig. transgresser.

traspaso *(traspásso)* m. transfert.

trasplantar *(trasplantár)* tr. transplanter.

trasplante *(trasplántë)* m. transplantation.

trasquilar *(traskilár)* tr. tondre.

trastienda *(trastië'nda)* f. arrière-boutique.

trasto *(trásto)* m. vieux meuble; personne inutile.

trastocar *(trastocár)* tr. troquer, changer.

trastornar *(trastornár)* tr. bouleverser, troubler.

trastorno *(trastórno)* m. bouleversement.

trata *(tráta)* f. traite, vente d'esclaves noirs.

tratable *(tratáblë)* adj. traitable.

tratadista *(tratadísta)* m. auteur de traités.

tratado *(tratádo)* m. traité.

tratamiento *(tratamië'nto)* m. traitement, accueil; titre.

tratante *(tratántë)* m. marchand.

tratar *(tratár)* tr. traiter, trafiquer; fig. tâcher, s'efforcer de.

trato *(tráto)* m. accord; fig. traitement.

través *(travë's)* m. travers; fig. traverse.

travesaño *(travëságno)* m. traversin; traversin.

travesía *(travëssía)* f. traverse, traversée.

travesura *(travëssou'ra)* f. espièglerie; vivacité, étourderie.

travieso, sa *(travië'sso, a)* adj. espiègle.

trayecto *(tra-ië'cto)* m. trajet.

trayectoria *(tra-ië'ctória)* f. trajectoire.

traza *(tráza)* f. ébauche, aspect; fig. project.

trazar *(trazár)* tr. tracer.

trazo *(trázo)* m. trace, dessin.

trébol *(trë'bol)* m. trèfle.

trece *(trë'zë)* adj. et s. treize.

trecho *(trë'cho)* m. espace de temps ou de lieu.

tregua *(trë'goua)* f. trêve.

treinta *(trë'innta)* adj. et s. trente.

tremendo, da *(trëmë'ndo, da)* adj. terrible.

trémulo, la *(trë'moulo, la)* adj. tremblant, e.

tren *(trë'n)* m. tiain; suite.

trenza *(trë'nza)* f. tresse, natte.

trenzar *(trënzár)* tr. tresser.

trepar *(trëpár)* intr. grimper, gravir.

trepidación *(trëpidazión)* f. trépidation.

tres *(trë's)* adj. et s. trois.

treta *(trë'ta)* f. fig. ruse.

triangular *(triangoulár)* adj. triangulaire.

triángulo *(triángoulo)* m. triangle.

tribu *(tríbou)* f. tribu.

tribulación *(triboulazión)* f. tribulation.

tribuna *(tribou'na)* f. tribune.

tribunal *(tribounál)* m. tribunal.

tribuno *(tribou'no)* m. tribun.

tributar *(triboutár)* tr. payer tribut; rendre hommage.

tributario, ria *(triboutário, a)* adj. tributaire.

tributo *(tribou'to)* m. tribut.

triciclo *(trizíclo)* m. tricycle.

tricolor *(tricolór)* adj. tricolore.

tricornio *(tricórnio)* m. tricorne.

tridente *(tridë'ntë)* m. trident.

trienal *(triënál)* adj. triennal, e.

tricolor *(tricolór)* adj. tricolore.

trienio *(trië'nio)* m. triennat.

trigo *(trígo)* m. blé.

trigonometría *(trigonomëtría)* f. trigonométrie.

trigueño, ña *(triguë'gno, a)* adj. brun, e.

trilla *(tríya)* f. battage.

trilladora *(triyadóra)* f. batteuse.

trillar *(triyár)* tr. battre le blé; dépiquer.

trillo *(tríyo)* m. batteuse.

trimestral *(trimëstrál)* adj. trimestriel, elle.

trimestre *(trimë'strë)* m. trimestre.

trinchar *(trinnchár)* tr. découper.

trinchera *(trinnchë'ra)* f. tranchée; gabardine.

trineo *(trinë'o)* m. traîneau.

trinidad *(trinidád)* f. trinité.

trino, na *(tríno, na)* adj. trin ou trine; m. fredon.

trío *(trío)* m. trio.

tripa *(trípa)* f. tripe, intestin.

triple *(tríplë)* adj. triple.

triplicar *(triplicár)* tr. tripler.

trípode *(tripodë)* s. trépied.

tripulación *(tripoulazión)* f. équipage.

tripulante *(tripoulántë)* m. marin.

tripular *(tripoulár)* tr. équiper.

triquina *(trikína)* f. trichine.

triquinosis *(trikinóssis)* f. trichinose.

triquiñuela *(trikignouë'la)* f. ruse.

triste *(tristë)* adj. triste.

tristeza *(tristë'za)* f. tristesse, chagrin.

triturar *(tritourár)* tr. triturer.

triunfador, ra *(triounfadór, a)* adj. et s. triomphateur, trice.

triunfal *(triounfál)* adj. triomphal, e.

triunfar *(triounfár)* intr. triompher; vaincre.

triunfo *(triou'nfo)* m. triomphe.

trivial *(triviál)* adj. trivial, e.

trivialidad *(trivialidád)* f. trivialité.

triza *(tríza)* f. miette.

trocar *(trocár)* tr. troquer.

trofeo *(trofë'o)* m. trophée.

troglodita *(troglodíta)* m. troglodyte.

tromba *(trómba)* f. trombe.

trombón *(trombón)* m. trombone.

trompazo *(trompázo)* m. coup de toupie; fig. coup violent.

trompeta *(trompë'ta)* f. trompette.

trompicón (*trompicón*) m. faux pas.
trompo (*trómpo*) m. toupie.
tronar (*tronár*) intr. tonner.
tronco (*trónco*) m. tronc, souche.
tronchar (*tronchár*) tr. *Bot.* couper.
trono (*tróno*) m. trône.
tropa (*trópa*) f. *Mil.* troupe.
tropel (*tropĕ'l*) m. foule; fig. précipitation.
tropezar (*tropĕzár*) intr. broncher; trébucher; butter.
tropezón (*tropĕzón*) m. heurt, faux pas.
trópico (*trópico*) m. *Astr.* tropique.
tropiezo (*tropiĕ'zo*) m. faux pas, heurt.
trotar (*trotár*) intr. trotter.
trote (*trótĕ*) m. trot.
trovador, ra (*trovadór, a*) adj. et s. trouvère.
trozo (*trózo*) m. tronçon.
truco (*trou'co*) m. truc.
truculento, ta (*troucoulĕ'nto, a*) adj. truculent, e.
trucha (*trou'cha*) f. truite.
trueno (*troue'no*) m. tonnerre.
trueque (*troue'kĕ*) m. troc.
trufa (*trou'fa*) f. truffe.
truhán (*trouán*) f. bouffon; fripon.
truncar (*trouncár*) tr. tronquer.
tú (*tou'*) pron. pers. tu, toi.
tu (*tou'*) adj. poses. ton, ta.
tubérculo (*toubĕ'rcoulo*) m. tubercule.
tuberculosis (*toubĕrcoulóssis*) f. tuberculose.
tuberculoso, sa (*toubĕrcoulósso, a*) adj. tuberculeux, euse.
tubería (*toubĕría*) f. tuyautage.
tubo (*tou'bo*) m. tubo, tuyau.
tubular (*touboulár*) adj. tubulaire.
tuerca (*touĕ'rca*) f. écrou.
tuerto, ta (*touĕ'rto, ta*) adj. borgne.
tuétano (*touĕ'tano*) m. moelle.
tufo (*tou'fo*) m. odeur forte.
tugurio (*tougou'rio*) m. taudis.
tul (*tou'l*) m. tulle.
tulipán (*toulipán*) m. tulipe.
tullido, da (*touyído, da*) adj. perclus, e.
tumba (*tou'mba*) f. tombe; culbute.
tumbar (*toumbár*) tr. faire tomber; intr. culbuter.
tumbo (*tou'mbo*) m. chute, culbute.
tumefacción (*toumĕfacçión*) f. tuméfaction.
tumor (*toumór*) m. tumeur.
túmulo (*tou'moulo*) m. tumulus.
tumulto (*toumou'lto*) m. tumulte.
tumultuoso, sa (*toumoultouósso, a*) adj. tumultueux, euse.
tunante (*tounántĕ*) adj. et s. vagabond, e; fig. rusé, e.
tunda (*tou'nda*) f. tonte; fig. volée; raclée.
túnel (*tou'nĕl*) m. tunnel.
túnica (*tou'nica*) f. tunique.
tupé (*toupĕ'*) m. toupet.
tupido, da (*toupído, da*) adj. serré, e; dru, e.
turba (*tou'rba*) f. foule; tourbe.
turbación (*tourbaçión*) f. trouble.
turbador, ra (*tourbadór, a*) adj. et s. perturbateur, trice.
turbante (*tourbántĕ*) m. turban.

turbar (*tourbár*) tr. troubler.
turbina (*tourbína*) f. turbine.
turbio, bia (*tou'rbio, a*) adj. trouble.
turbulencia (*tourboulĕ'nzia*) f. turbulence.
turbulento, ta (*tourboulĕ'nto, ta*) adj. trouble; turbulent, e.
turismo (*tourísmo*) m. tourisme.
turista (*tourísta*) s. touriste.
turnar (*tournár*) intr. alterner, se succéder.
turno (*tou'rno*) m. tour.
turrón (*tourrón*) m. nougat.
tutear (*toutĕár*) tr. tutoyer.
tutela (*toutĕ'la*) f. tutelle.
tutelar (*toutĕlár*) adj. tutélaire.
tutor, ra (*toutór, a*) s. tuteur.
tuyo, ya (*tou'-io, a*) pron. poss. le tien, la tienne.

ubérrimo, a (*oubĕ'rrimo, a*) adj. très abondant, e.
ubicar (*oubicár*) intr. situer.
ubre (*ou'brĕ*) m. pis.
ufanarse (*oufanársĕ*) r. se vanter.
ufano, na (*oufáno, a*) adj. fier, ière; fig. satisfait, e.
ujier (*oujiĕ'r*) m. huissier.
úlcera (*ou'lzĕra*) f. ulcère.
ulterior (*ouliĕriór*) adj. ultérieur, e.
ultimar (*oultimár*) tr. achever; conclure.
ultimátum (*oultimátoum*) m. ultimatum.
último, ma (*ou'ltimo, ma*) adj. dernier, ière.
ultrajar (*oultrajár*) tr. outrager; mépriser.
ultraje (*oultrájĕ*) m. outrage.
ultramar (*oultramár*) adj. pays d'outre-mer.
ultramarino, na (*oultramaríno, na*) adj. d'outremer; **tienda de ultramarinos**, épicerie.
umbral (*oumbrál*) m. seuil.
umbrío, bría (*oumbrío, a*) adj. ombrageux, euse.
un, una (*ou'n, ou'na*) art. indéfini, un, une.
unánime (*ounánimĕ*) adj. unanime.
unanimidad (*ounanimidád*) f. unanimité.
unción (*ounzión*) f. onction.
uncir (*ounzír*) tr. atteler.
undécimo, ma (*oundĕ'zimo, a*) adj. onzième.
ungir (*ounjír*) tr. oindre.
ungüento (*oungouĕ'nto*) m. onguent.
único, ca (*ou'nico, ca*) adj. unique.
unidad (*ounidád*) f. unité.
unificar (*ounificár*) tr. unifier.
uniformar (*ouniformár*) tr. rendre uniforme.
uniforme (*ouniformĕ*) adj. et n. uniforme.
uniformidad (*ouniformidád*) f. uniformité.
unión (*ounión*) f. union.
unir (*ounír*) tr. unir; joindre.

unísono, na (*ouníssono, na*) adj. qui est à l'unisson.
unitario, ria (*ounitário, a*) adj. unitaire.
universal (*ounivĕrsál*) adj. universel, elle.
universalidad (*ounivĕrsalidád*) f. universalité.
universidad (*ounivĕrsidád*) f. université.
universo (*ounivĕ'rso*) m. univers.
uno, una (*ou'no, a*) adj. num. un, une; m. l'unité; adv. environ; pr. ind. on.
untar (*ountár*) tr. oindre.
untarse (*ountársĕ*) r. se graisser, se tacher.
unto (*ou'nto*) m. onguent; graisse des animaux.
uña (*ou'gna*) f. ongle; griffe.
uranio (*ouránio*) m. uranium.
urbanidad (*ourbanidád*) f. urbanité.
urbanizar (*ourbanizár*) tr. urbaniser.
urbano, na (*ourbáno, a*) adj. civil, e; poli, e; m. agent de ville.
urdir (*ourdír*) tr. ourdir.
urinario, ria (*ourinário, a*) adj. urinaire.
urna (*ou'rna*) f. urne.
urraca (*ourráca*) f. pie.
urticaria (*ourticária*) f. urticaire.
usado, da (*oussádo, da*) adj. usé, e.
usanza (*ousánza*) f. usage.
usar (*oussár*) tr. user.
usía (*oussía*) s. votre seigneurie.
uso (*ou'sso*) m. usage.
usual (*oussouál*) adj. usuel, elle.
usuario, ria (*oussouário, a*) adj. usufruitier, ière.
usufructo (*oussoufrou'cto*) m. usufruit.
usufructuario, ria (*oussoufructouário, a*) adj. usufruitier, ière.
usura (*oussou'ra*) f. usure.
usurero, ra (*oussourĕ'ro, a*) s. usurier, ière.
usurpación (*oussourpazión*) f. usurpation.
usurpador, ra (*oussourpadór, a*) adj. et s. usurpateur, trice.
usurpar (*oussourpár*) tr. usurper.
utensilio (*outĕnsílio*) m. utensile.
útero (*ou'tĕro*) m. utérus.
útil (*ou'til*) m. utile; adj. utile, profitable.
utilidad (*outilidád*) f. utilité, profit.
utilitario, ria (*outilitário, a*) adj. utilitaire.
utilizar (*outilizár*) tr. utiliser.
utopía (*outopía*) f. utopie.
utópico, ca (*outópico, a*) adj. irréalisable.
uva (*ou'va*) f. raisin; grappe.

vaca (*váca*) m. vache.
vacación (*vacazión*) f. vacation, vacance.
vacaciones (*vacaziónĕs*) f. pl. vacances.
vacante (*vacántĕ*) adj. vacant, e.
vacar (*vacár*) intr. vaquer.
vaciar (*vaziár*) tr. vider; mouler; creuser.
vaciedad (*vaziĕdád*) f. vacuité; sottise.
vacilación (*vazilazión*) f. vacillation.
vacilante (*vazilántĕ*) adj. hésitant, e.
vacilar (*vazilár*) intr. vaciller.
vacío, cía (*vazío, a*) adj. vide, vacant, e.
vacuna (*vacou'na*) f. vaccin(e).
vacunar (*vacounár*) tr. vacciner.
vacuno, na (*vacou'no, a*) adj. bovin, e.
vacuo, a (*vacou'o, a*) adj. vide.
vadear (*vadĕár*) tr. guéer.
vado (*vádo*) m. gué.
vagabundo, da (*vagabou'ndo, a*) adj. vagabond, e.
vagancia (*vagánzia*) f. vagabondage.
vagar (*vagár*) intr. vaguer; errer.
vagido (*vajído*) m. vagissement.
vago, ga (*vágo, ga*) adj. errant, e; fig. vague; m. vagabond.
vagón (*vagón*) m. wagon.
vagoneta (*vagonĕ'ta*) f. wagonet.
vaguada (*vagouáda*) f. thalweg.
vaguear (*vaguĕár*) intr. vaguer.
vaguedad (*vaguĕdád*) f. vague.
vahido (*va-ído*) m. vertige.
vaho (*vá-o*) m. vapeur.
vaina (*vá-ina*) f. gaine, fourreau; gousse.
vainilla (*va-iníya*) f. vanille.
vaivén (*va-ivĕ'n*) m. va-et-vient.
vajilla (*vajíya*) f. vaisselle.
vale (*válĕ*) m. bon, billet.
valedero, ra (*valĕdĕ'ro, a*) adj. valeur.
valentía (*valĕntía*) f. vaillance, valeur.
valentón (*valĕntón*) m. fanfaron.
valer (*valĕ'r*) tr. et intr. valoir.
valeroso, sa (*valĕrósso, a*) adj. valeureux, euse.
valetudinario, a (*valĕtoudinário, a*) adj. valétudinaire.
valía (*valía*) f. valeur.
validación (*validazión*) f. validation.
validar (*validár*) tr. valider.
validez (*validĕ'z*) f. validité.
válido, da (*válido, da*) adj. valide.   [lant, e.
valiente (*valiĕ'ntĕ*) adj. vaillant, e.
valija (*valíja*) f. valise.
valioso, sa (*valiósso, a*) adj. précieux, euse.
valor (*valór*) m. valeur; bravoure; qualité.
valorar (*valorár*) tr. évaluer.
vals (*váls*) m. valse.
valuación (*valouazión*) f. évaluation.

valuar (*valouár*) tr. évaluer.
válvula (*válvoula*) f. valvule; soupape.
valla (*váya*) f. palissade.
vallado (*vayádo*) m. clôture.
valle (*váyë*) m. vallée.
vampiro (*vampíro*) m. vampire.
vanagloria (*vanaglória*) f. vaine gloire.
vanagloriarse (*vanagloriársë*) r. se vanter.
vandalismo (*vandalísmo*) m. vandalisme.
vanguardia (*vangouárdia*) f. avant-garde.
vanidad (*vanidád*) f. vanité; présomption.
vanidoso, sa (*vanidósso, a*) adj. vain, e; vaniteux, euse.
vano, na (*váno, na*) adj. vain, e; frivole.
vapor (*vapór*) m. vapeur.
vaporización (*vaporizazión*) f. vaporisation.
vaporoso, sa (*vaporósso, a*) adj. vaporeux, euse.
vapulear (*vapoulëár*) tr. fouetter.
vapuleo (*vapoulë'o*) m. fouettement.
vaquería (*vakéría*) f. vacherie.
vaquero, ra (*vakë'ro, a*) adj. et s. vacher, ère.
vara (*vára*) f. verge, baguette.
varar (*varár*) intr. échouer, s'ensabler.
varear (*varëár*) tr. gauler; piquer. [ble.
variable (*variáblë*) adj. variable.
variación (*variazión*) f. variation.
variado, da (*variádo, da*) adj. bigarré, e; varié, e.
variar (*variár*) tr. intr. varier.
várice (*várizë*) f. *Méd.* varice.
variedad (*variëdád*) f. variété.
varilla (*varíya*) f. tringle; baguette.
vario, ria (*vário, a*) adj. divers, e; pl. plusieurs.
varón (*varón*) m. mâle; homme.
varonil (*varoníl*) adj. viril, e.
vasallo (*vassáyo*) m. vassal.
vaselina (*vassëlína*) f. vaseline.
vasija (*vassíja*) f. vase.
vaso (*vásso*) m. vase; verre.
vástago (*vástago*) m. rejeton.
vasto, ta (*vásto, ta*) adj. vaste.
vate (*vátë*) m. poète.
vaticinar (*vatizinár*) tr. vaticiner. [tie.
vaticinio (*vatizínio*) m. prophé-
vecinal (*vezinál*) adj. vicinal, e.
vecindad (*vezinndád*) f. voisinage.
vecindario (*vezinndário*) m. population.
vecino, na (*vezíno, a*) adj. voisin, e.
veda (*vé'da*) f. prohibition.
vedar (*vëdár*) tr. défendre; prohiber.
vega (*vé'ga*) f. plaine.
vegetación (*vëjëtazión*) f. végétation.
vegetal (*vëjëtál*) adj. végétal, e.
vegetar (*vëjëtár*) intr. végéter.
vegetariano, na (*vëjëtariáno, a*) adj. végétarien, ienne.
vehemencia (*vëëmë'nzia*) f. véhémence.
vehemente (*vëëmë'ntë*) adj. véhément, e. [le.
vehículo (*vë-ícoulo*) m. véhicu-
veinte (*vë'-intë*) adj. num. et s. vingt.
vejación (*vëjazión*) f. vexation.
vejar (*vëjár*) tr. vexer; critiquer.
vejatorio, ria (*vëjatório, a*) adj. vexatoire.
vejez (*vëjë'z*) f. vieillesse.
vejiga (*vëjíga*) f. vessie.

vela (*vé'la*) f. veille; veillée; bougie, chandelle; *Mar.* voile de navire.
velada (*vëláda*) f. veillée.
velador (*vëladór*) m. guéridon.
velamen (*vëlámën*) m. *Mar.* voilure.
velar (*vëlár*) intr. veiller; fig. être attentif.
veleidad (*vëlëidád*) f. velléité.
veleidoso, sa (*vëlëidósso, a*) adj. inconstant, e.
velero (*vëlë'ro*) m. voilier.
veleta (*vëlë'ta*) f. girouette.
velo (*vë'lo*) m. voile.
velocidad (*vëlozidád*) f. vitesse.
velódromo (*vëlódromo*) m. vélodrome.
veloz (*vëlóz*) adj. léger; prompt.
vello (*vë'yo*) m. duvet.
velloso, sa (*vëyósso, a*) adj. velu, e.
vena (*vé'na*) f. veine; filon.
venablo (*vënáblo*) m. javelot.
venado (*vënádo*) m. cerf.
venal (*vënál*) adj. veineux, euse; fig. venal, e.
venalidad (*vënalidád*) f. vénalité.
vencedor (*vënzëdór*) m. vainqueur.
vencejo (*vënzë'jo*) m. lien d'osier; martinet.
vencer (*vënzë'r*) tr. vaincre; échoir.
vencido, da (*vënzído, da*) adj. vaincu, e; échu, e [délai); expiré, e.
vencimiento (*vënzimië'nto*) m. victoire, fin d'un délai.
venda (*vé'nda*) f. bande, bandelette.
vendaje (*vëndájë*) m. bandage.
vendar (*vëndár*) tr. bander.
vendaval (*vëndavál*) m. vent, ouragan.
vendedor, ra (*vëndëdór, a*) adj. et s. vendeur, euse.
vender (*vëndë'r*) tr. vendre.
vendimia (*vëndímia*) f. vendange.
vendimiador, a (*vëndimiadór, ra*) s. vendangeur, euse.
vendimiar (*vëndimiár*) tr. vendanger.
veneno (*vënë'no*) m. poison; venin.
venenoso, sa (*vënënósso, a*) adj. vénéneux, euse.
veneración (*vënërazión*) f. vénération.
venerar (*vënërár*) tr. vénérer.
venéreo, rea (*vënë'rëo, a*) adj. vénérien, enne.
vengador, ra (*vëngadór, a*) adj. et s. vengeur, eresse.
venganza (*vëngánza*) f. vengeance.
vengar (*vëngár*) tr. venger.
vengativo, va (*vëngatívo, a*) adj. vindicatif, ive.
venia (*vé'nia*) f. pardon; permission.
venial (*vëniál*) adj. véniel, elle.
venida (*vënída*) f. venue.
venidero, ra (*vënidë'ro, ra*) adj. futur, e.
venir (*vënír*) intr. venir; arriver.
venta (*vé'nta*) f. vente; auberge.
ventaja (*vëntája*) f. avantage.
ventajoso, sa (*vëntajósso, a*) adj. avantageux, euse.
ventana (*vëntána*) f. fenêtre.
ventarrón (*vëntarrón*) m. rafale.
ventero (*vëntë'ro*) m. aubergiste.
ventilación (*vëntilazión*) f. ventilation.
ventilador (*vëntiladór*) m. ventilateur.

ventilar (*vëntilár*) tr. ventiler; éclaircir.
ventisca (*vëntísca*) f. bourrasque.
ventisquero (*vëntiskë'ro*) m. glacier.
ventosa (*vëntóssa*) f. ventouse.
ventosidad (*vëntossidád*) f. ventosité; vent, pet.
ventrílocuo (*vëntrílocouo*) adj. et s. ventriloque.
ventura (*vëntou'ra*) f. chance, fortune, hasard.
venturoso, sa (*vëntourósso, a*) adj. heureux, euse.
ver (*vë'r*) tr. voir.
vera (*vë'ra*) f. bord.
veracidad (*vërazidád*) f. véracité.
veraneante (*vëranëántë*) adj. et s. villégiateur, euse.
veranear (*vëranëár*) intr. passer l'été; villégiaturer.
veraneo (*vëranë'o*) m. villégiature.
veraniego, ga (*vëranië'go, a*) adj. estival, e.
verano (*vëráno*) m. été.
veras (*vë'ras*) f. pl. vérité, sincérité.
veraz (*vëráz*) adj. véridique.
verbal (*vërbál*) adj. verbal, e.
verbena (*vërbë'na*) f. verveine.
verbo (*vë'rbo*) m. verbe, mot, terme.
verbosidad (*vërbossidád*) f. verbosité.
verdad (*vërdád*) f. vérité.
verdadero, ra (*vërdadë'ro, a*) adj. vrai, e.
verde (*vë'rdë*) adj. et s. vert, e.
verdear (*vërdëár*) intr. verdir.
verdor (*vërdór*) m. verdure; verdeur.
verdoso, sa (*vërdósso, a*) adj. verdâtre. [reau.
verdugo (*vërdou'go*) m. bour-
verdugón (*vërdougón*) m. bleu.
verdura (*vërdou'ra*) f. verdure; pl. légumes.
verga (*vë'rga*) f. verge, vergue.
vereda (*vërë'da*) f. sentier.
verga (*vërjë'l*) m. verger.
vergonzoso, sa (*vërgonzósso, a*) adj. honteux, euse.
vergüenza (*vërgouë'nza*) f. honte.
verídico, ca (*vërídico, ca*) adj. véridique.
verificación (*vërifikazión*) f. vérification.
verificar (*vërifikár*) tr. vérifier.
verismo (*vërísmo*) m. vérisme.
verja (*vë'rja*) f. treillis, grille.
vermut (*vërmút*) m. vermouth.
verosímil (*vërosímil*) adj. vraisemblable.
verruga (*vërrou'ga*) f. verrue.
versado, da (*vërsádo, da*) adj. versé e.
versátil (*vërsátil*) adj. versatile.
versificación (*vërsifikazión*) f. versification.
versión (*vërsión*) f. version.
vértebra (*vë'rtëbra*) f. vertèbre.
vertebrado, da (*vërtëbrádo, da*) adj. *Zool.* vertébré, e.
verter (*vërtë'r*) tr. verser; vider.
vertical (*vërticál*) adj. vertical, e.
vértice (*vë'rtizë*) s. sommet.
vertiente (*vërtië'ntë*) s. versant.
vertiginoso, sa (*vërtijinósso, a*) adj. vertigineux, euse.
vértigo (*vë'rtigo*) m. vertige.
vespertino, na (*vëspërtíno, a*) adj. du soir.
vestíbulo (*vëstíboulo*) f. vestibule.
vestido (*vëstído*) m. habit, vêtement; adj. vêtu.

vestigio (*vëstíjio*) m. vestige.
vesícula (*vëssícoula*) f. vésicule.
vestimenta (*vëstimë'nta*) f. vêtement.
vestir (*vëstír*) tr. vêtir, habiller; —se r. s'habiller.
vestuario (*vëstouário*) m. vestiaire.
veta (*vë'ta*) f. veine; filon.
veterano, na (*vëtëráno, na*) adj. vétéran, e.
veterinario (*vëtërinário*) m. vétérinaire.
veto (*vë'to*) m. veto.
vetustez (*vëtoustë'z*) f. vétusté.
vez (*vë'z*) f. fois.
vía (*vía*) f. chemin; voie.
viable (*viáblë*) adj. viable.
viaducto (*viadou'cto*) m. viaduc.
viajante (*viajántë*) m. commis voyageur.
viajar (*viajár*) intr. voyager.
viaje (*viájë*) m. voyage.
viajero (*viajë'ro*) m. voyageur.
vianda (*viánda*) f. aliment.
viático (*viático*) m. viatique.
víbora (*víbora*) f. vipère.
vibración (*vibrazión*) f. vibration.
vibrante (*vibrántë*) adj. vibrant, e.
vibrar (*vibrár*) intr. vibrer.
vicario (*vicário*) m. vicaire.
vicealmirante (*vizëalmirántë*) m. vice-amiral.
viceversa (*vizëvë'rsa*) adj. au contraire.
viciar (*viziár*) tr. vicier.
vicio (*vízio*) m. vice.
vicioso, sa (*viziósso, a*) adj. vicieux, euse.
vicisitud (*vizissitou'd*) f. vicissitude.
víctima (*víctima*) f. victime.
victoria (*victória*) f. victoire.
victorioso, sa (*victoriósso, a*) adj. victorieux, euse.
vicuña (*vicou'gna*) f. vigogne.
vid (*vid*) f. vigne.
vida (*vída*) f. vie.
vidente (*vidë'ntë*) adj. et s. voyant, e.
vidriar (*vidriár*) tr. vernisser.
vidriera (*vidrië'ra*) f. vitrage.
vidriero (*vidrië'ro*) m. verrier; vitrier.
vidrio (*vídrio*) m. verre; vitre.
vidrioso, sa (*vidriósso, a*) adj. vitreux, euse.
viejo, ja (*vië'jo, a*) adj. vieux, vieille; m. vieux.
viento (*vië'nto*) m. vent; air.
vientre (*vië'ntrë*) m. ventre.
viernes (*vië'rnës*) m. vendredi.
viga (*víga*) f. poutre; solive.
vigente (*vijë'ntë*) adj. qui est en vigueur.
vigía (*vijía*) m. vigie.
vigilancia (*vijilánzia*) f. vigilance.
vigilante (*vijilántë*) adj. vigilant, e; m. surveillant.
vigilar (*vijilár*) tr. et intr. surveiller.
vigilia (*vijília*) f. veille; pl. vigile.
vigor (*vigór*) m. vigueur.
vigorizar (*vigorizár*) tr. fortifier.
vigoroso, sa (*vigorósso, a*) adj. vigoureux, euse.
vil (*vil*) adj. vil, e.
vileza (*vilë'za*) f. abjection, bassesse.
vilipendiar (*vilipëndiár*) tr. vilipender.

vilipendio *(vilipĕ′ndio)* m. mépris; indignité.
villa *(víya)* f. bourg, petite ville.
villancico *(viyanzíco)* m. Nöel (chant).
villanía *(viyanía)* f. vilenie.
villano, na *(viyáno, na)* adj. et s. roturier, ière; vilain, e; abject, e.
vinagre *(vinágrĕ)* m. vinaigre.
vinagrera *(vinagrĕ′ra)* f. vinaigrier.
vinajera *(vinajĕ′ra)* f. burette.
vincular *(vinncoulár)* tr. unir; appuyer; fig. fonder.
vínculo *(vínncoulo)* m. lien.
vindicativo, va *(vinndicaívo, va)* adj. vindicatif, ive.
vino *(víno)* m. vin.
viña *(vígna)* f. vigne.
viñador *(vignadór)* m. vigneron.
viñedo *(vignĕ′do)* m. vignoble.
viñeta *(vignĕ′ta)* f. vignette.
violáceo, a *(violázĕo, a)* adj. violacé, e.
violación *(violazión)* f. violation.
violar *(violár)* tr. violer; profaner.
violencia *(violĕ′nzia)* f. violence.
violentar *(violĕntár)* tr. violenter.
violento, ta *(violĕ′nto, ta)* adj. violent, e.
violeta *(violĕ′ta)* f. violette.
violín *(violínn)* m. violon.
violinista *(violinísta)* m. violoniste.
violón *(violón)* m. contre-basse.
violoncelo *(violonzĕ′lo)* m. violoncelle.
viraje *(virájĕ)* m. virage.
virar *(virár)* tr. virer.
virgen *(vírjĕn)* f. vierge.
virginal *(virjinál)* adj. virginal, e.
virginidad *(virjinidád)* f. virginité.
viril *(víril)* adj. viril, e.
virilidad *(virilidád)* f. virilité.
virreinato *(virrĕ-ináto)* m. viceroyauté.
virrey *(virrĕ′-i)* m. vice- roi.
virtual *(virtouál)* adj. virtuel, elle.
virtud *(virtou′d)* f. vertu.
virtuoso, sa *(virtouósso, a)* adj. vertueux, euse.
viruela *(virouĕ′la)* f. petite vérole. [lence.
virulencia *(virouĕ′nzia)* f. viru-
virulento, ta *(virouĕ′nto, ta)* adj. virulent, e.
virus *(vírous)* m. virus.
viruta *(virou′ta)* f. copeau.
visado *(vissádo)* m. visa.
visar *(vissár)* tr. viser.
víscera *(vísszĕra)* f. viscère.
viscosidad *(viscossidád)* f. viscosité.
viscoso, sa *(viscósso, a)* adj. visqueux, euse.
visera *(vissĕ′ra)* f. visière.
visibilidad *(vissibilidád)* f. visibilité.
visible *(vissíblĕ)* adj. visible.
visillo *(vissíyo)* m. rideau.
visión *(vissión)* f. vision.
visionario, ria *(vissionário, a)* adj. visionnaire.
visita *(vissíta)* f. visite.
visitante *(vissitántĕ)* s. visiteur, euse.
visitar *(vissitár)* tr. visiter.

vislumbrar *(visloumbrár)* intr. entrevoir; fig. conjecturer.
víspera *(víspĕra)* f. veille; pl. vêpres.
vista *(vísta)* f. vue.
vistazo *(vistázo)* m. coup d'œil.
vistoso, sa *(vistósso, a)* adj. voyant, e; agréable.
vital *(vitál)* adj. vital, e.
vitalicio, cia *(vitalízio, a)* adj. à vie; viager, ère.
vitalidad *(vitalidád)* f. vitalité.
viticultura *(viticoultou′ra)* f. viticulture.
vitorear *(vitorĕár)* tr. acclamer.
vítreo, trea *(vítrĕo, a)* adj. vitreux, euse.
vitrina *(vitrína)* f. vitrine.
vitualla *(vitouáya)* f. victuailles.
vituperar *(vitoupĕrár)* tr. blâmer.
vituperio *(vitoupĕ′rio)* m. blâme.
viudez *(vioudĕ′z)* f. viudité.
viudo, da *(viou′do, da)* adj. et s. veuf, veuve.
vivacidad *(vivazidád)* f. vivacité.
vivaque *(vivakĕ)* m.Mil. bivouac.
vivaquear *(vivakĕár)* intr. Mil. bivouaquer.
vivaracho, cha *(vivarácho, a)* adj. fam. éveillé, e.
vivaz *(viváz)* adj. vivace.
víveres *(vívĕrĕs)* m. pl. vivres.
vivero *(vivĕ′ro)* m. pépinière.
viveza *(vivĕ′za)* f. vivacité.
vivienda *(viviĕ′nda)* f. demeure, logis. [vant, e.
viviente *(viviĕ′ntĕ)* adj. et s. vi-
vivificar *(vivificár)* tr. vivifier.
vivir *(vivír)* tr. vivre.
vivo, va *(vívo, a)* adj. vif, ive; vivant, e.
vocablo *(vocáblo)* m. mot, terme, parole.
vocabulario *(vocaboulário)* m. vocabulaire.
vocación *(vocazión)* f. vocation.
vocal *(vocál)* adj. vocal, e; f. voyelle.
vocalizar *(vocalizár)* tr. et intr. vocaliser.
vocativo *(vocatívo)* m. vocatif.
vocear *(vozĕár)* intr. crier; tr. annoncer.
vocerío *(vozĕrío)* m. tapage.
vociferación *(vozifĕrazión)* f. vociération.
vocinglero, ra *(vozinglĕ′ro, a)* adj. fam. braillard, e.
voladizo, za *(voladízo, a)* adj. détaché, e; m. saillie.
volador, ra *(voladór, a)* adj. volant, e.
volante *(volántĕ)* adj. volant, e; m. volant.
volar *(volár)* intr. voler.
volatería *(volatĕría)* f. volaille.
volátil *(volátil)* adj. volatile; Chim. volatil.
volatilizar *(volatilizár)* tr. volatiliser.
volcán *(volcán)* m. volcan.
volcánico, ca *(volcánico, ca)* adj. volcanique.
volcanismo *(volcanísmo)* m. volcanisme.
volcar *(volcár)* tr. tourner; verser.
voleo *(volĕ′o)* m. volée.
volquete *(volkĕ′tĕ)* m. tombereau.
voltaje *(voltájĕ)* m. voltage.
voltear *(voltĕár)* tr. faire tourner; renverser; intr. voltiger.
voltereta *(voltĕrĕ′ta)* f. saut, cabriole.
voltio *(vóltio)* m. volt.
volubilidad *(voloubilidád)* f. volubilité.
voluble *(volou′blĕ)* adj. inconstant, e.

volumen *(volou′mĕn)* m. volume.
voluminoso, sa *(volouminósso, a)* adj. volumineux, euse.
voluntad *(volou′ntád)* f. volonté.
voluntario, ria *(volountário, a)* adj. et s. volontalre.
voluptuoso, sa *(volouptouósso, a)* adj. voluptueux, euse.
voluta *(volou′ta)* f. volute.
volver *(volvĕ′r)* tr. tourner; remettre; rendre; intr. revenir, retourner.
vomitar *(vomitár)* tr. vomir.
vómito *(vómito)* m. vomissement.
voracidad *(vorazidád)* f. voracité.
voraz *(voráz)* adj. vorace.
vos *(vós)* pron. pers. vous.
vosotros *(vossótros)* pron. pers. vous.
votación *(votazión)* f. votation.
votante *(votántĕ)* adj. et s. votant, e.
votar *(votár)* intr. voter.
votivo, va *(votívo, a)* adj. votif, ive.
voto *(vóto)* m. vœu; voix; suffrage; vote.
voz *(vóz)* f. voix; cri; mot.
vozarrón *(vozarrón)* m. grosse voix.
vuelco *(vouĕ′lco)* m. chavirement, culbute.
vuelo *(vouĕ′lo)* m. vol; ampleur; Archit, saillie.
vuelta *(vouĕ′lta)* f. tour; détour.
vuelto, ta *(vouĕ′lto, ta)* adj. tourné, e; retourné, e.
vuestro, tra *(vouĕ′stro, a)* adj. et pron. poss. votre, le vôtre.
vulgar *(voulgár)* adj. vulgaire.
vulgaridad *(voulgaridád)* f. vulgarité.
vulgarizar *(voulgarizár)* tr. vulgariser.
vulgo *(vou′lgo)* m. vulgaire.
vulnerable *(voulnĕráblĕ)* adj. vulnérable.
vulnerar *(voulnĕrár)* tr. fig. blesser; nuire.

xenofobia *(gsĕnofóbia)* f. xenophobie.
xilófono *(gsilófono)* m. xylophone.
xilografía *(gsilografía)* f. xylographie.

y *(i)* conj. et.
ya *(iá)* adv. déjà; maintenant; enfin.
yacente *(iazĕ′ntĕ)* adj. gisant, e.

yacer *(iazĕ′r)* intr. être couché; gésir.
yacimiento *(iazimiĕ′nto)* m. gisement.
yate *(iátĕ)* m. yacht.
yedra *(iĕ′dra)* f. lierre.
yegua *(iĕ′goua)* f. jument.
yelmo *(iĕ′lmo)* m. heaume.
yema *(iĕ′ma)* f. bouton, bourgeon; jaune d'œuf.
yerba *(iĕ′rba)* f. herbe.
yermo, ma *(iĕ′rmo, ma)* adj. inhabité, e; inculte (terrain); m. désert.
yerno *(iĕ′rno)* m. gendre, beaufils.
yerro *(iĕ′rro)* m. erreur.
yerto, ta *(iĕ′rto, ta)* adj. raide; rigide.
yesca *(iĕ′sca)* f. mèche, amadou, etc.
yeso *(iĕ′sso)* m. plâtre, gypse.
yo *(ió)* pron. je, moi.
yodo *(iódo)* m. iode.
yugo *(iou′go)* m. joug.
yugular *(iougoulár)* adj. jugulaire; tr. juguler.
yunque *(iou′nkĕ)* m. enclume.
yunta *(iou′nta)* f. paire, attelage.
yute *(iou′tĕ)* m. jute.
yuxtaponer *(iougstaponĕ′r)* tr. juxtaposer.

Z | z

zafarse *(zafársĕ)* fig. et fam. s'enfuir.
zafarrancho *(zafarráncho)* m. Mar. branle-bas de combat.
zafio, fia *(záfio, a)* adj. grossier, ière; rustre.
zafiro *(zafíro)* m. saphir.
zaga *(zága)* f. arrière; derriere.
zagal *(zagál)* m. garçon; jeune berger.
zaguán *(zagouán)* m. vestibule.
zaherir *(za-ĕrír)* tr. reprocher; réprimander.
zahorí *(zaorí)* m. devin.
zalamería *(zalamĕría)* f. flatterie.
zalamero, ra *(zalamĕ′ro, ra)* adj. flatteur, euse.
zambo, ba *(zámbo, ba)* adj. cagneux, euse.
zambomba *(zambómba)* f. instrument sonore.
zambra *(zámbra)* f. fête moresque; vacarme.
zambullida *(zambouyída)* f. plongeon.
zambullir *(zambouyír)* tr. plonger; submerger; —se r. plonger.
zampar *(zampár)* tr. manger goulûment.
zanahoria *(zanaória)* f. carotte.
zanca *(zánca)* f. jambe d'olseau; fig. jambe longue et grêle.
zancada *(zancáda)* f. enjambée.
zancadilla *(zancadíya)* f. croc-en-jambe.
zanco *(zánco)* m. échasse.
zancudo, da *(zancou′do, da)* adj. qui a de longues échasses; f. pl. Zool. échassiers.
zángano *(zángano)* m. bourdon; fig. paresseux.

zanja *(zánja)* f. fosse, fossé.

zanjar *(zanjár)* tr. trancher.

zapa *(zápa)* f. bêche, pelle; *Fort.* sape.

zapador *(zapadór)* m. sapeur.

zapar *(zapár)* intr. saper.

zapatazo *(zapatázo)* m. coup de soulier.

zapateado *(zapatëádo)* m. sorte de danse.

zapatear *(zapatëár)* tr. frapper du pied; danser.

zapatería *(zapatëría)* f. cordonnerie.

zapatero *(zapatë'ro)* m. cordonnier; **zapatero de viejo,** savetier.

zapatilla *(zapatíya)* f. escarpin.

zapato *(zapáto)* m. soulier.

zar *(zár)* m. tsar.

zarabanda *(zarabánda)* f. sarabande.

zarandear *(zarandëár)* tr. remuer, secouer.

zarcillo *(zarzíyo)* m. *Bot.* vrille.

zarigüeya *(zarigoue'-ia)* s. sarigue.

zarpa *(zárpa)* f. griffe; patte.

zarpar *(zarpár)* tr. *Mar.* lever l'ancre.

zarpazo *(zarpázo)* m. coup de patte.

zarza *(zárza)* f. *Bot.* ronce.

zarzal *(zarzál)* m. roncerale.

zarzamora *(zarzamóra)* f. mûre sauvage.

zarzaparrilla *(zarzaparríya)* f. *Bot.* salsepareille.

zarzuela *(zarzoue'la)* f. vaudeville.

zepelín *(zëpëlínn)* m. zeppelin.

zigzag *(zigzág)* m. zigzag.

zipizape *(zipizápë)* m. querelle; tapage.

zurriago *(zourriágo)* m. fouet.

zurrón *(zourrón)* m. panatière.

zutano, na *(zoutáno, na)* s. tel, telle.

ziszás *(ziszás)* m. zigzag.

zócalo *(zócalo)* m. socle.

zodíaco *(zodíaco)* m. zodiaque.

zona *(zóna)* f. zone.

zoología *(zoolojía)* f. zoologie.

zopenco, ca *(zopë'nco, ca)* adj. et s. idiot, e.

zoquete *(zokë'të)* m. morceau de bois ou de pain; fig. homme stupide.

zorra *(zórra)* f. renard.

zorro *(zórro)* m. renard mâle; fam. rusé.

zozobra *(zozóbra)* f. inquiétude.

zozobrar *(zozobrár)* intr. naufrager.

zueco *(zouë'co)* m. sabot; galoche.

zumba *(zou'mba)* f. sonnaille; plaisanterie.

zumbar *(zoumbár)* tr. bourdonner, tinter.

zumbido *(zoumbído)* m. bourdonnement; sifflement.

zumbón, na *(zoumbón, na)* adj. fig. plaisant, e.

zumo *(zou'mo)* m. suc, jus; fig. profit.

zurcido *(zourzído)* m. reprise.

zurcir *(zourzír)* tr. repriser.

zurdo, da *(zou'rdo, da)* adj. gaucher, ère.

zurra *(zou'rra)* m. drayage; fig. bastonnade.

zurrar *(zourrár)* tr. corroyer; châtier.

alemán-español

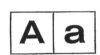

Aal m. anguila.
Aas n. carroña.
aasen fam. v. disipar, derrochar.
ab prep. de; desde; — **Berlín**, de Berlín; — **und zu**, de cuando en cuando.
abändern v. alterar; cambiar.
Abänderung f. cambio; alteración.
abarbeiten v. pagar con su trabajo; **sich —**, matarse trabajando.
Abart f. variedad.
Abbau m. demolición; explotación. Preis: reducción.
abbeißen v. dar mordiscos a.
abbestellen v. dar contraorden.
Abbild n. imagen; copia.
abbilden v. retratar; dibujar.
Abbildung f. dibujo; ilustración.
Abbitte f. ruego; súplica.
abbitten v. pedir perdón.
abblättern v. deshojar.
abblenden v. diafragmar; amortiguar.
abbrechen v. quitar, romper; interrumpir.
abbrennen v. quemar; consumirse (por el fuego).
abbringen v. disuadir; desviar, apartar.
abbröckeln v. desmenuzar.
Abbruch m. derribo; fig. ruptura; — **tun**, dañar.
abbürsten v. cepillar. [beto.
Abc n. abecé, abecedario; alfa-
abdachen v. destechar.
Abdachung f. rampa; falda.
abdanken v. retirarse, abdicar.
Abdankung f. abdicación.
abdecken v. descubrir; **den Tisch —**, quitar la mesa.
abdrehen v. retorcer; Hahn: cerrar.
abdrosseln v. estrangular.
Abdruck m. impresión; copia.
abdrucken v. imprimir.
Abend m. tarde, noche; **gegen —**, al anochecer; **gestern —**, anoche; **zu — essen**, cenar. [che.
Abendblatt n. diario de la no-
Abendessen n. cena.
Abendland n. occidente.
Abendmahl n. (das Heilige —) Comunión.
Abendstern. m. véspero.
abends adv. por la tarde (noche).
Abenteuer n. aventura.
Abenteurer m. aventurero.
aber conj. pero; mas; pues; sin embargo.
Aberglaube m. superstición.
abermals adv. de nuevo, otra vez.
abernten v. cosechar.
abfahren v. salir; marcharse.
Abfahrt f. salida, marcha.
Abfall m. caída; defección; desecho.
abfallen v. caer; fig. apostatar.
abfällig adj. desfavorable.
abfangen v. coger.
abfärben v. desteñir. [ner.
abfassen v. redactar, compo-
abfeilen v. limar, pulir.
abfertigen v. despachar, expedir; fig. despedir.

abfeuern v. tirar.
abfinden v. satisfacer, pagar; **sich —**, acomodarse.
Abfindung f. arreglo; indemnización.
abfliegen v. partir (en avión).
Abfluß m. desagüe.
abformen v. moldear.
Abfuhr f. acarreo.
abführen v. conducir; purgar.
Abführmittel n. purgante.
abfüllen v. trasegar, embotellar.
Abgabe f. entrega; contribución; derecho; tasa.
abgabenfrei adj. franco.
Abgang m. salida; pérdida.
abgeben v. entregar, ceder.
abgedroschen fig. adj. trivial.
abgehärtet adj. fig. curtido.
abgehen v. irse; caerse.
abgelebt adj. revejido.
abgelegen adj. apartado.
abgemessen adj. mesurado.
abgeneigt adj.: — **sein**, tener desapego.
abgenutzt adj. usado.
Abgeordnete(r) m. diputado (a Cortes).
Abgeordnetenhaus n. Congreso; Cámara de los diputados; Cortes.
Abgesandte(r) m. delegado.
Abgeschlossenheit f. aislamiento. [soso.
abgeschmackt adj. insípido,
abgesehen von adv. prescindiendo de.
abgespannt adj. fatigado.
Abgespanntheit f. cansancio.
abgestanden adj. rancio.
abgestumpft adj. fig. cansado.
abgewöhnen v. deshabituar.
abgießen v. derramar.
Abglanz m. reflejo.
abgleiten v. resbalar.
Abgott m. ídolo.
abgrasen v. pacer.
abgrenzen v. trazar linderos.
Abgrund m. abismo.
Abguß m. molde.
abhalten v. apartar; celebrar (reunión); fig. impedir.
abhandeln v. tratar; conseguir una rebaja.
abhanden adj.: — **kommen**, extraviarse.
Abhandlung f. tratado.
Abhang m. cuesta; rampa.
abhängen v. descolgar; depender de.
abhängig adj. (de)pendiente.
abhärten v. endurecer.
abhaspeln v. aspar.
abhauen v. cortar.
abheben v. quitar; alzar (los naipes).
abhelfen v. remediar.
abhetzen v. cansar.
Abhilfe f. remedio.
abhobeln v. (a)cepillar.
abholen v. ir a buscar, retirar.
abholzen v. rozar, talar.
abhorchen v. escuchar.
abhören v. interrogar.
abhülsen v. desgranar.
abirren v. perderse.
Abirrung f. extravío.
Abitur n. bachillerato.
abkaufen v. comprar.
Abklatsch m. clisé.
abklopfen v. golpear.
abknicken v. quebrar.
abknöpfen v. desabotonar.
abkochen v. cocer.
Abkomme m. descendiente.
Abkommen n. arreglo.
abkommen v. desviarse; caer en desuso; **vom Wege —**, extraviarse.
abkratzen v. raspar, rascar.

abkühlen v. refrescar(se).
Abkühlung f. enfriamiento, refresco.
Abkunft f. origen.
abkürzen v. acortar, abreviar.
Abkürzung f. abreviación, abreviatura.
abladen v. descargar.
Abladen n. descarga, descargue.
Ablage f. depósito.
ablagern v. depositar.
Ablaß m. desagüe; perdón.
ablassen v. dejar; renunciar a.
Ablauf m. desagüe; término; expiración; vencimiento; curso.
ablaufen v. correr; expirar, terminar (plazo).
Ableben n. muerte.
ablecken v. lamer.
ablegen v. deponer; quitarse de; **Eid —** prestar juramento; **Zeugnis, Rechenschaft —**, dar.
ablehnen v. rechazar.
Ablehnung f. negativa.
ableiten v. deducir, desviar.
Ableitung f. derivación.
ablenken v. desviar; distraer.
ableugnen v. (re)negar.
abliefern v. entregar.
Ablieferung f. entrega; remisión.
ablösen v. despegar, desliar; descargar; relevar.
abmachen v. desatar; quitar; arreglar; concertar.
Abmachung f. arreglo.
abmagern v. demacrarse.
abmähen v. segar.
Abmarsch m. marcha, partida.
abmarschieren v. marchar(se).
abmelden v. contramandar, dar de baja.
abmessen v. medir; mensurar.
Abmessung f. medición, medida.
abnagen v. roer.
Abnahme f. disminución; baja; toma; amputación.
abnehmbar adj. desmontable.
abnehmen v. quitar; desprender; levantar; comprar; disminuir.
Abnehmer m. comprador, cliente.
Abneigung f. aversión; desafecto, des(a)pego, desvío.
abnorm adj. anormal.
abnutzen v. usar, gastar.
Abnutzung f. desgaste, uso.
Abonnement n. abono, suscripción.
Abonnent m. abonado, subscriptor.
abonnieren v. abonar.
Abordnung f. delegación.
Abort m. excusado, retrete.
abpassen v. fig. espiar.
abpflücken v. (re)coger.
abplatten v. allanar.
abprallen v. saltar, rebotar.
abprägen s. **prägen.**
abrasieren v. afeitar; rasurar; raspar, cepillar.
abraspeln v. raspar.
abraten v. disuadir.
abräumen v. despejar, descombrar, quitar (la mesa).
abrechnen v. descontar, rebajar; hacer el balance; ajustar.
Abrechnung f. descuento; cuenta.
abreiben v. fregar, frotar.
Abreibung f. fricción, frotamiento.
Abreise f. salida, partida.
abreisen v. salir, marcharse.
abreißen v. arrancar; romper.
abrichten v. adiestrar.

abriegeln v. echar el cerrojo.
Abriß m. plano; boceto.
abrollen v. rodar, desenrollar.
abrunden v. redondear.
Abrüstung f. desarme.
abrutschen v. resbalar.
Absage f. negativa.
absagen v. dar contraorden.
Absatz m. meseta (de escalera); tacón (de zapato); párrafo (libro); venta (comercio).
Absatzgebiet n. mercado.
abschaffen v. abolir.
Abschaffung f. anulación; abolición.
abschälen v. pelar.
abschätzen v. tasar; aforar.
Abschaum m. fig. hez.
abscheren v. tundir.
Abscheu m. abominación.
abscheuern v. fregar; desgastar.
abscheulich adj. aborrecible; horrible; asqueroso.
abschicken v. enviar.
Abschied m. despedida; adiós; — **nehmen**, despedirse.
abschießen v. tirar, disparar.
Abschlag m. (re)baja; **auf —**, a cuenta.
abschlagen v. abatir; cortar; rehusar; negar.
abschlägig adj.: **abschlägige Antwort,** f. repulsa.
Abschlagzahlung f. pago a plazos.
abschleifen v. afilar, desgastar.
Abschleppdienst m. remolque.
abschleppen v. (Auto, Schiff) remolcar.
abschließen v. cerrar con llave; terminar; dar fin; **sich —**, retirarse.
Abschluß m. conclusión; fin; término; liquidación.
abschmieren v. engrasar.
Abschmieren n. engrase (Auto). [tar.
abschneiden v. (a)cortar; qui-
Abschnitt m. trozo, corte, sección; cupón; párrafo.
abschöpfen v. (Milch) desnatar.
abschrauben v. destornillar.
abschrecken v. espantar.
abschreckend adj. horrendo.
abschreiben v. copiar; plagiar; descontar.
Abschrift f. copia.
abschürfen v. excoriar.
Abschuß m. Waffe; disparo; Raketen; lanzamiento
Abschußrampe f. rampa de lanzamiento (de cohetes).
abschüssig adj. pendiente.
abschwächen v. debilitar.
abschwören v. renegar.
absehen v.: **von etwas—**, prescindir de.
abseits adv. aparte.
absenden v. enviar; despachar; delegar.
Absender m. remitente.
absetzen v. deponer; destituir; retirar; vender.
Absicht f. intención; propósito; idea.
absichtlich adj. intencionado; adv. con intención, adrede.
absitzen v. desmontar (vom Pferd).
Absolutismus m. absolutismo.
absondern v. separar; apartar; aislar.

absorbieren v. absorber.

abspannen v. aflojar; desenganchar (Pferd).

absperren v. cerrar; bloquear; aislar.

absprechen v. privar.

absprengen v. hacer saltar.

abspringen v. (re)saltar; desunirse.

Absprung m. salto; bajada (paracaídas).

abspülen v. enjuagar.

abstammen v. descender (de).

Abstammung f. origen, derivación.

Abstand m. distancia; — nehmen, desistir.

abstechen v. cortar; matar; fig. contrastar (de).

abstecken v. deslindar.

absteigen v. bajar, descender.

abstellen v. abolir, anular; parar (una máquina).

abstempeln v. sellar.

absterben v. morir(se).

Abstieg m. bajada.

abstimmen v. votar.

Abstinenz f. abstención.

abstreifen v. quitar(se).

abstufen v. graduar; matizar.

Abstufung f. graduación.

abstumpfen v. despuntar; fig. entorpecer.

Absturz m. caída.

abstürzen v. precipitar; estrellarse.

Abt m. abad.

Abtei f. abadía.

Abteil f. cupé; departamento; compartimiento.

abteilen v. separar.

Abteilung f. división, departamento; sección.

abtragen v. quitar; usar, gastar (la ropa).

Abtreibung f. aborto.

abtrennen v. separar.

abtreten v. gastar andando; ceder (Recht etc.).

Abtretung f. cesión.

abtrocknen v. secar(se).

abtrünnig adj. insurrecto.

abtun v. quitar; abolir.

aburteilen v. juzgar, fallar.

abwägen v. pesar; tantear.

Abwendung f. apartamiento.

abwerfen v. derribar; (Geld) rentar.

abwesend adj. ausente.

Abwesenheit f. ausencia.

abwickeln v. devanar; fig. arreglar, terminar.

abwischen v. fregar; enjugar.

abzahlen v. pagar a plazos.

abzählen v. contar, restar.

abzehrend adj. consuntivo.

Abzehrung f. consunción.

Abzeichen n. marca, insignia; seña(l).

abzeichnen v. copiar; firmar.

Abzeichnung f. copia; diseño.

abwarten v. aguardar, esperar.

abwärts adv. hacia abajo.

abwaschen v. lavar, fregar.

abwechseln v. cambiar, variar.

abwechselnd adj. alternativo.

Abwechslung f. cambio; alter(n)ación.

Abwehr f. defens(iv)a.

Abweichung f. desvío; diferencia; discordancia.

abweiden v. pacer.

abweisen v. despedir, rechazar; negar; repeler.

Abziehbild n. calcomanía.

abziehen v. sacar, quitar; sustraer; destilar; imprimir; irse.

abzielen v. poner la mira en.

abzirkeln v. compasar.

Abzug m. partida; descuento; deducción; tirada.

Abzugsrinne f. desagüe, alcantarilla.

abzweigen v. separar; bifurcarse.

Abzweigung f. ramal; bifurcación.

ach! interj. ¡ah! ¡ay!

Achat m. ágata.

Achse f. eje; árbol.

Achsel f. hombro: die Achseln zucken, encogerse de hombros; Achselhöhle sobaco.

Acht f. destierro; atención, cuidado: sich in acht nehmen guardarse; außer acht lassen desatender.

acht adj. ocho; achthundert, ochocientos; achtjährig, de ocho años; achtlos descuidado.   [descuido.

Achtlosigkeit f. distracción.

achtzehn adj. diez y ocho.

achtbar adj. estimable; apreciable.   [bilidad.

Achtbarkeit f. estima; respetabilidad.

achten v. estimar; respetar: — auf. prestar atención a.

ächten v. proscribir.

achtenswert adj. respetable.

achtgeben v. fijarse, poner atención; cuidar de.

achtsam adj. atento, cuidadoso.

Achtsamkeit f. cuidado.

Achtung f. estimación; atención.

achtzig adj. ochenta.

ächzen v. gemir.

Acker m. campo; Ackerbau, m. agricultura; Ackerbauingenieur m. ingeniero agrónomo.

addieren v. adicionar, sumar.

Addition f. adición, suma.

Adel m. nobleza.

adelig adj. nobiliario.

Adelige(r) m. noble.

adeln v. ennoblecer.

Adelstitel m. título nobiliario.

Ader f. vena, arteria; zur — lassen, sangrar.

Aderlaß m. sangría.

Adjektiv n. adjetivo.

Adjutant m. ayudante.

Adler m. águila.

Admiral m. almirante; Admiralität f. almirantazgo.

adoptieren v. adoptar; prohijar.

Adreßbuch n. anuario.

Adresse f. dirección, señas.

adressieren v. dirigir (carta).

Advent m. Adviento.

Adverb n. adverbio.

Advokat m. abogado.

Affe m. mono.

Affekt m. afecto; pasión.

affektiert adj. afectado, amanerado.

Afrika n. África.

Afrikaner m. africano.

After m. asno, trasero.

Agent m. agente, representante.

Agentur f. agencia.

Agraffe f. broche.

Ägypten n. Egipto.

ägyptisch adj. egipcio.

Ahle f. lezna.

Ahn m. abuelo; Ahnen pl. antepasados.

ahnden v. castigar; vengar.

ähneln v. parecerse.

ahnen v. entrever, sospechar.

ähnlich adj. semejante.

Ahnung f. presentimiento; idea.

Ahorn m. arce.

Ähre f. espiga.

Akademie f. academia, escuela (superior).

Akademiker m. universitario, académico; akademisch adj. académico.

akklimatisieren v. aclimatar.

Akkord m. acorde; arreglo.

Akkordarbeit f. destajo.

Akkreditiv n. carta de crédito.

Akkumulator m. acumulador.

Akrobat m. acróbata.

Akt m. acto; desnudo.

Akte f. acta.

Akten f. pl. expediente; autos, documentos.

Aktentasche f. cartera; portadocumentos.

Aktie f. acción, título.

Aktiengesellschaft f. sociedad anónima (S. A.).

Aktionär m. accionista.

aktiv adj. activo.

Aktiva n. pl. (Kapital) activo.

aktuell adj. actual.

Akustik f. acústica.

akut adj. agudo.

Akzent m. acento.

Akzept n. aceptación.

Akzeptant m. aceptador (letra de cambio).

akzeptieren v. aceptar (una letra).

Alabaster m. alabastro.

Alarm m. alarma.

Albanien n. Albania.

albern adj. necio, tonto.

Albernheit f. tontería.

Album n. álbum.

Alge f. alga.

Algerien n. Argelia.

algerisch adj. argelino.

Alibi n. alibí, coartada.

alkalisch adj. alcalino.

Alkohol m. alcohol.

all, alles adj. todo; alle Menschen, todos los hombres; das All n. el universo.   [sal.

allgemein adj. general, universal.

Allgemeinheit f. generalidad; público.

Allheilmittel n. fam. sanalotodo.

alljährlich adj. anual.

Allmacht f. omnipotencia.

allmählich adj. sucesivo; poco a poco.

alltäglich adj. diario, cotidiano, trivial.

allzu, allzuviel adv. demasiado.

Allee f. alameda, avenida; paseo.

allein adj. solo, aislado, solitario; einzig und —, únicamente.

Alleinberechtigung f. derecho exclusivo; exclusiva.

Alleinhandel m. monopolio.

Alleinvertreter m. agente exclusivo.

allenfalls adv. acaso.   [tes.

allenthalben adv. en todas partes.

allerdings adv. verdad es que; ciertamente, sin duda.

allererste adj. el primero de todos.

allerhand adj. de toda clase.

Allerheiligen - (Fest) n. el día de Todos Santos.

allerhöchst adj. supremo.

allerliebst adj. encantador.

allerorten adv. en todas partes.

allerseits adv. de (por) todas partes.

all(e)zeit adv. siempre.

Allianz f. alianza.

alliiert adj. aliado.

Almosen n. limosna.   [lla.

Alpdrücken n. íncubo, pesadilla.

Alpen pl. (Los) Alpes.

Alphabet n. alfabeto.

Alraun m. mandrágora.

als conj. como, que; älter —, mayor que; — ob como si.

alsbald adv. luego; inmediatamente.   [pués.

alsdann adv. entonces; después.

also adv. así; con que; por consiguiente; ¡pues!

alt adj. anciano; viejo; — werden, envejecer; wie — sind Sie?, ¿qué edad tiene usted?

altmodisch adj. pasado de moda.

Altstimme f. contralto.

Altweibersommer m. veranillo.

Altar m. altar.

Alter n. edad, ancianidad, vejez; antigüedad.

älter adj. mayor.

Altersgenosse m. coetáneo.

Altersrente f. pensión vitalicia.

altersschwach adj. caduco, decrépito.

Altertum n. antigüedad.

altertümlich adj. antiguo.

Altertumsforscher m. arqueólogo.

Amateur m. aficionado.

Amboß m. yunque.

Ameise f. hormiga.

Ameisensäure f. ácido fórmico.

Amen n. amén, así sea.

Amerika n. América.

Amerikaner m. americano.

Amme f. nodriza.

Ammoniak n. amoniaco.

Ampel f. lámpara, velón.

Ampere n. amperio.

amputieren v. amputar.

Amsel f. mirlo.

Amt n. empleo, cargo; función; oficina; oficio; central.

amtlich adj. oficial.

Amtsalter n. antigüedad.

Amtsbezirk m. jurisdicción.

Amtsblatt n. diario oficial.

Amtseid m. jura.

Amtsführung f. administración, gestión.

Amtsgericht n. juzgado municipal.

Amtssiegel n. sello.

Amtstag m. día hábil.

an prep. a, en, de, contra, sobre; — sich, de por sí; adv. von jetzt —, desde ahora, de aquí (en) adelante.

Analyse f. análisis.

analysieren v. analizar.

Ananas f. piña, ananá(s).

anatomisch adj. anatómico.

anbahnen v. abrir camino.

Anbau m. construcción adicional; cultivo.

anbauen v. añadir (una pieza); cultivar (campo).

anbei adj. adjunto, incluso.

anbeißen v. morder.

anbelangen v. concerner; was mich anbelangt, en cuanto a mí.

anberaumen v. fijar.

anbeten v. adorar; admirar.

Anbetracht m.: in —, con respecto a; en vista de.

anbetreffen v. concernir, tocar.

anbieten v. ofrecer.

anbinden v. atar, li(g)ar.

Anblick m. aspecto, vista.

anblicken v. mirar.

anbohren v. barrenar.

anbrechen v. comenzar, empezar.

anbrennen v. pegar fuego; encender(se).

anbringen v. colocar.

Anbruch m. Tag; alba; Nacht; anochecer; comienzo.

Andacht f. devoción.

andächtig adj. devoto; pío.

andalusisch adj. andaluz.

andauern v. durar, continuar.

Anden pl. los Andes. [do.

Andenken m. memoria, recuer-

ander adj. otro: **einen Tag um den andern,** cada dos días; **unter anderen,** entre otros.

andermal adv. otra vez.

ändern v. cambiar, mudar, variar, alterar.

andernfalls adv. en otro caso, en caso contrario.

anders adv. de otro modo; distintamente.

ander(er)seits adv. por otra parte.

andersgläubig adj. heterodoxo.

anderswo adv. en otra parte.

anderswoher adv. de otra parte.

anderthalb adj. uno y medio.

Änderung f. cambio, alteración, mutación; modificación.

anderwärts adv. en otra parte.

anderweitig adj. ulteriormente.

andeuten v. indicar, anunciar; dar a entender.

Andrang m. aflujo, aglomeración; concurrencia.

androhen v. amenazar.

andrücken v. apretar (contra).

aneignen, sich etwas —, v. apropiarse, adueñarse de.

aneinander adj. juntos, uno con otro.

aneinanderreihen v. enfilar, juntar.

Anekdote f. anécdota.

Anerbieten n. ofrecimiento.

anerkannt adj. acreditado.

anerkennen v. reconocer; apreciar.

Anerkennung f. reconocimiento.

anfahren v. acarrear; chocar, tropezar.

Anfahrt f. entrada; acarreo.

Anfall m. ataque; asalto; **Krankheit:** acceso. [car.

anfallen v. asaltar; atacar; to-

Anfang m. principio; origen.

anfangen v. empezar, comenzar; entrar; nacer.

Anfangs... adj. inicial.

anfassen v. coger, asir; tocar.

anfechten v. discutir; atacar.

anfertigen v. fabricar; confeccionar; hacer.

anfeuchten v. mojar; rociar.

anfeuern v. encender; fig. incitar, animar.

anflehen v. suplicar.

Anflug m. vuelo; fig. dejo.

Anforderung f. exigencia.

Anfrage f. pregunta; demanda, solicitud.

anfragen v. preguntar, informarse.

anfügen v. añadir.

Anfuhr f. acarreo, camionaje.

anführen v. acaudillar; citar, aducir; fam. engañar.

Anführer m. jefe; caudillo.

Angabe f. indicación; dato.

angeben v. indicar; declarar; denunciar; **einzeln —,** detallar; **genau —,** precisar; fam. soplar, fanfarronear(se).

angeblich adj. supuesto.

angeboren adj. innato; natural.

Angebot n. oferta; proposición; ofrecimiento.

angebrannt adj. quemado; chamuscado.

angehören v. pertenecer.

Angehörige(r) m. pariente.

Angeklagte(r) m. acusado.

Angel f. gozne (Tür); **aus den Angeln heben,** desgoznar.

Angelegenheit f. negocio; asunto; caso; cuestión; punto; problema.

Angelhaken m. anzuelo.

angeln v. pescar con caña.

Angelrute f. caña de pescar.

Angelschnur f. sedal.

angemessen adj. adecuado; debido.

angenehm adj. agradable; grato.

angenommen adj.: **— daß,** dado que.

angesehen adj. estimado, respetado; notable.

Angesicht n. cara; rostro.

angesichts adv. en vista (delante) de, considerando que.

Angestellte(r) m. dependiente, empleado.

angewöhnen v. acostumbrar; familiarizar.

Angewohnheit f. hábito; costumbre.

Angler m. pescador de caña.

angreifen v. coger; tocar; atacar; debilitar.

Angreifer m. agresor.

angrenzen v. confinar, lindar.

angrenzend adj. adyacente.

Angriff m. ataque, asalto.

Angriffskrieg m. guerra ofensiva.

Angst f. angustia; miedo, temor.

Angstschweiß m. sudor frío.

ängstigen v. angustiar; dar miedo; asustar.

anhaben v. llevar (traje).

anhalten v. parar; detener(se); durar; **— um,** pedir la mano de.

Anhalter m. autostop.

Anhang m. apéndice; suplemento. [añadir.

anhängen v. colgar; enganchar;

Anhänger m. partidario; remolque (Wagen).

anhänglich adj. fiel.

anhäufen v. acumular; amontonar; acopiar.

anheften v. atar, segar, sujetar.

Anhöhe f. colina; loma.

anhören v. escuchar.

Ankauf m. compra, adquisición.

ankaufen v. comprar, adquirir.

Anker m. ancla; **Technik:** áncora.

Ankergeld n. anclaje.

ankern v. anclar.

Ankertau n. amarra; cable.

anketten v. encadenar.

Anklage f. acusación; denuncia.

Anklageschrift f. acusatoria.

anklagen v. acusar; inculpar; denunciar.

Ankläger m. acusador.

ankleben v. pegar.

ankleiden v. vestir.

Ankleidezimmer n. tocador; guardarropía.

anklopfen v. llamar (a la puerta).

anknöpfen v. abotonar.

anknüpfen v. atar; liar; entablar (conversación, relaciones).

ankommen v. llegar; **auf etwas —,** (fig.) depender de.

ankündigen v. anunciar; avisar.

Ankündigung f. anuncio; aviso.

Ankunft f. llegada.

Anlage f. planta; inversión (de dinero); instalación.

anlangen v. llegar, venir.

Anlaß m. motivo; causa.

Anlasser m. arranque (Auto).

Anlauf m. asalto, carrera.

anlaufen v. empezar a correr; arrancar (Motor).

anlegen v. poner (traje); Geld: invertir; Schiff: atracar.

anlehnen v. arrimar; apoyar.

Anleihe f. empréstito.

anleiten v. enseñar; instruir.

Anleitung f. enseñanza; instrucción.

anlocken v. atraer.

anlöten v. soldar.

anlügen v. mentir; engañar.

anmachen v. atar, fijar; encender (luz).

anmalen v. pintar; colorar.

anmaßen v.: **sich —,** atreverse a. [gante.

anmaßend adj. presumido; arro-

anmelden v. avisar; hacer saber.

Anmeldung f. anuncio; aviso.

anmerken v. (a)notar.

Anmut f. gracia; donaire.

annageln v. (en) clavar.

annähen v. coser a.

annähern v. acercar.

annähernd adj. aproximativo.

Annäherung f. aproximación.

Annahme f. aceptación; admisión; suposición.

annehmbar adj. admisible.

annehmen v. aceptar; tener; admitir; suponer; Kind: prohijar, adoptar; recibir.

annehmlich adj. agradable.

Annonce f. inserción; anuncio.

annoncieren v. insertar; anunciar.

Anode f. ánodo.

anonym adj. anónimo.

anordnen v. ordenar; disponer; arreglar.

anpassen v. ajustar; probar.

anpflanzen v. plantar.

Anpflanzung f. plantación; plantío.

Anprall m. choque.

amprallen v. rebotar, chocar; dar con.

anprobieren v. probar.

anraten v. aconsejar.

anrechnen v. poner en cuenta.

Anrecht n. derecho.

anreden v. hablar a.

anregen v. animar, estimular.

anregend adj. incitante.

Anregung f. excitación; estimulación.

anrennen v. chocar (contra).

anrichten v. preparar; causar.

anrücken v. acercarse; aproximarse (ejército).

anrufen v. invocar; llamar (al teléfono).

anrühren v. tocar; amasar.

ansagen v. hacer saber; anunciar.

Ansager m. locutor (radio).

ansässig adj. domiciliado.

anschaffen v. procurar; comprar(se).

anschaulich adj. claro, gráfico.

Anschauung f. intuición; opinión.

Anschauungsunterricht m. enseñanza intuitiva.

Anschein m. parecer; aire.

anscheinend adj. aparente.

Anschlag m. golpe; choque; cartel; proyecto; atentado.

Anschlagsäule f. anunciadora.

anschließen v. unir; enchufar; empalmar.

Anschluß m. empalme (de los trenes); comunicación telefónica; fig. amistad, compañía; relación.

anschnallen v. atar; amarrar.

anschneiden v. encentar; empezar.

anschrauben v. atornillar.

anschreiben v. anotar, apuntar; poner en cuenta.

Anschuldigung f. acusación.

anschweißen v. soldar.

anschwellen v. hinchar(-se); crecer.

Anschwellung f. inflación; hinchazón; crecida (del río).

ansehen v. mirar; considerar.

Ansehen n. crédito; prestigio.

ansehnlich adj. considerable, notable.

ansengen v. sollamar.

Ansicht f. vista; opinión, idea; parecer.

ansiedeln v. colonizar; establecer(se).

Ansiedlung f. colonia; población.

anspannen v. Pferd; enganchar.

Anspielung f. alusión.

anspitzen v. aguzar, afilar.

anspornen v. espolear; fig. incitar.

Anspruch m. derecho; exigencia; demanda; pretensión; **— erheben** reclamar; **in — nehmen,** absorber; ocupar.

anspruchslos adj. modesto.

anspruchsvoll adj. pretencioso; exigente.

Anstalt f. institución, instituto; establecimiento.

Anstand m. decencia; acecho (caza). [niente.

anständig adj. decente; conve-

anstatt adv. en lugar de.

anstechen v. picar (Faß).

anstecken v. poner; prender con alfileres; enfermedad; contagiar; Licht: escender.

ansteckend adj. contagioso.

Ansteckung f. contagio; infección.

anstehen v. fam. formar (o hacer) cola.

ansteigen v. subir; elevarse.

anstellen v. emplear; Radio: poner; **sich geschickt —,** darse maña.

anstellig adj. diestro, hábil.

Anstellung f. colocación, empleo.

anstiften v. causar; instigar.

Anstoß m. choque, empuje; fig. escándalo.

anstoßen v. tropezar, chocar con, dar contra; brindar.

anstößig adj. escandaloso.

anstreichen v. pintar (Wand).

anstrengen v. fatigar; **sich —,** esforzarse.

Anstrengung f. esfuerzo (físico); fatiga.

anstürmen v. asaltar.

Anteil m. parte, porción; interés, cuota.

Antenne f. antena.

antibiotisch adj. antibiótico.

antik adj. antiguo.

Antike f. edad antigua; antigüedad.

Antiquar m. anticuario.

Antiquitäten f. pl. antigüedades.

Antlitz n. rostro; cara.

Antrag n. solicitud.

antreffen v. encontrar; dar con.

antreiben v. accionar (una máquina); fig. espolear; empujar; impulsar.

antreten v. formarse; empezar; emprender.

Antrieb m. impulso; Maschine: accionamiento.

Antwort f. respuesta, contestación.

antworten v. responder, contestar.

anvertrauen v. (con) fiar.

Anwalt m. abogado; defensor; procurador.

Anwartschaft f. expectativa.

anweisen v. enseñar; Geld: asignar; girar.

Anweisung f. instrucción; orden; asignación.
anwenden v. emplear, usar, aplicar.
Anwendung f. empleo, uso.
anwerben v. reclutar, alistar (Soldat).
anwesend adj. presente; asistente.
Anwesenheit f. presencia, asistencia.
Anzahl f. número; cantidad; cuantía.
anzahlen v. pagar a cuenta.
Anzahlung f. pago a cuenta.
Anzeichen n. señal; indicio.
anzeichnen v. señalar; anotar.
Anzeige f. anuncio; aviso; indicación; acuse (de recibo).
anzeigen v. indicar, anunciar; avisar; denunciar.
Anzeiger m. indicador; noticiero.   [calzar.
anziehen v. atraer; vestir(se);
anziehend adj. atractivo.
Anziehung f. atracción.
Anzug m. traje.
anzünden v. encender.
anzweifeln v. dudar.
Apfel m. manzana.
Apfelbaum m. manzano.
Apfelwein m. sidra.
Apfelsine f. naranja.
Apotheke f. farmacia.
Apotheker m. farmacéutico.
Apparat m. aparato; aparejo; máquina (fotográfica).
Appell m. llamada.
Appetit m. apetito, gana.
Applaus m. aplauso.
Aprikose f. albaricoque.
April m. abril.
Aquarell n. acuarela.
Äquator m. ecuador.
Arabien m. Arabia.
arabisch adj. árabe.
Arbeit f. trabajo; labor, tarea; faena; deber(es); obra; — **einstellen**, feriar.
arbeiten v. trabajar, labrar.
Arbeiter m. trabajador; obrero; jornalero.
Arbeitgeber m. patrón, amo.
Arbeitnehmer m. obrero; empleado.
arbeitsam adj. trabajador.
Arbeits... adj. (de) obrero.
Arbeits...einstellung f. paro; huelga.
Arbeits...lohn m. salario; jornal.
arbeits...los adj. sin trabajo.
Arbeits...lose(r) m. parado (forzoso).
Arbeits...losigkeit f. falta de trabajo.
Arbeits...ministerium n. Ministerio de Trabajo.
Arbeits...tag m. día laborable.
Archäologe m. arqueólogo.
Architektur f. arquitectura.
Archiv n. archivo.
arg adj. malo; adv. mal.
Argentinien n. La Argentina.
argentinisch adj. argentino.
Ärger m. enojo, enfado; disgusto.
ärgerlich adj. enojoso.
ärgern v. enojar, enfadar, molestar.
Ärgernis n. escándalo; disgusto.
Arglist f. astucia.
arglistig adj. astuto, malicioso.
arglos adj. cándido, ingenuo.

Argwohn m. sospecha; recelo; desconfianza.
argwöhnen v. sospechar, desconfiar.   [confiado.
argwöhnisch adj. suspicaz, desconfiado.
Arie f. aria; canción.
Aristokratie f. aristocracia.
arm adj. pobre, apurado.
Arm m. brazo.
Armaturenbrett n. (Auto) cuadro de mando.
Armband n. brazalete.
Armbanduhr f. reloj de pulsera.
Armbrust f. ballesta.
Armlehne f. brazo (de sillón).
Armvoll m. brazada, —do.
Armee f. ejército.
Ärmel m. manga.
Armenien n. Armenia.
ärmlich adj. miserable.
Armut f. pobreza, inopia.
Arsch m. vulg. culo.
Art f. especie, clase; modo; manera.
artig adj. modoso; Kind: formal; cortés, atento.
Artikel m. artículo.
Artischocke f. alcachofa.
Arznei f. medicina; medicamento; remedio.   [dico.
Arzt m. doctor, facultativo; médico.
Asbest m. asbesto.
Aschbecher m. cenicero.
Asche f. ceniza.
Aschermittwoch m. Miércoles de Ceniza.
Asien n. Asia.
Asphalt m. asfalto.
Assistent m. asistente.
Assyrien n. Asiria.
Ast m. rama; ramo.
astig adj. ramoso; nudoso.
Astronaut m. astronauta.
Asyl n. asilo; refugio.
Atelier n. taller, estudio.
Atem m. aliento, respiración.
Atembeschwerde f. ahogo.
atemlos adj. sofocado; jadeante.
Athlet m. atleta.
Atlantik m. (Océano) Atlántico.
Atlas m. atlas; satén.
atmen v. respirar.
Atmung f. respiración.
Atmosphäre f. atmósfera; fig. ambiente.
Atom n. átomo.
Atom... adj. atómico, nuclear.
Atomforscher m. atomista.
Atomkern m. núcleo (del átomo).
Atommeiler m. pila atómica, reactor atómico.
Atomtheorie f. atomismo.
Attentat n. atentado.
Attest n. certificado.
ätzen v. corroer; cauterizar; grabar al agua fuerte.
auch conj. también; — **nicht**, tampoco; — **das nicht**, ni eso; **wenn**—, aunque, aun cuando; **nicht nur** ..., **sondern auch**, no sólo ... sino también.
Audienz f. audiencia.
auf prep. sobre; en; a; por; hacia; contra; —**immer**, para siempre; adv. arriba; —**!** ¡vamos!
Aufbau m. (re)construcción.
aufbauen v. construir, edificar.
aufbäumen v. rebelar(se).
aufbessern v. aumentar; mejorar.   [var.
aufbewahren v. guardar, reservar.
aufblähen, aufblasen v. hinchar, inflar.
aufblühen v. abrirse (la flor).
aufbrausend adj. fig. colérico.
aufbrechen v. abrir(se), romper; partir.
aufbügeln v. planchar.

aufbürden v. imponer, cargar.
aufdecken v. descubrir.
aufdrehen v. abrir (Hahn).
aufdringlich adj. importuno.
aufdrucken v. imprimir, estampar.
aufdrücken v. abrir apretando; imprimir; poner (sello).
aufeinanderfolgend adj. seguido; sucesivo.
aufeinanderhäufen v. amontonar.
Aufenthalt m. permanencia, estancia, parada.
Aufenthaltsort m. paradero, residencia.
auferstehen v. resucitar.
auffahren v. subir; levantarse bruscamente.
auffallen v. chocar, llamar la atención.
auffallend adj. llamativo; vistoso.
auffangen v. coger.
auffassen v. fig. comprender.
Auffassung f. idea, modo de ver.   [bailar.
auffordern v. invitar; sacar a
Aufforderung f. invitación, demanda.
auffrischen v. refrescar; fig. renovar, restaurar.
aufführen v. construir, representar; **sich** — conducirse.
Aufführung f. construcción; representación.
auffüllen v. (re)llenar.
Aufgabe f. tarea, tema, lección, abandono.
Aufgang m. subida; salida (del sol); Haus: escalera.
aufgeben v. abandonar; expedir; proponer.
aufgedunsen adj. hinchado.
aufgehen v. salir; nacer (sol); deshacerse (nudo, lazo).
Aufgeld n. agio.   [(a).
aufgelegt (zu) adj. dispuesto.
aufgeschossen fig. adj. talludo.
aufgeweckt adj. fig. vivo.
Aufguß m. infusión.
aufhaken v. desenganchar.
aufhalten v. detener, impedir.
aufhängen v. suspender.
Aufhäufung f. acopio.
aufheben v. recoger, alzar; guardar; anular.
Aufhebung f. abolición.
aufheitern v. animar; **sich** —, aclararse (Himmel).
aufhetzen v. incitar, irritar; instigar.
aufhorchen v. escuchar.
aufhören v. cesar, acabar, terminar, dejar.
aufkaufen v. comprar en grande, acaparar.
aufklären v. aclarar, explicar, ilustrar.
Aufklärung f. aclaración; fig. ilustración.
aufknöpfen v. desabotonar.
aufkommen v. aparecer; fig. — **für**, responder de.
aufkratzen v. arañar; cardar.
aufladen v. cargar.
Auflage f. carga; edición.
auflauern v. espiar, acechar.
aufleben v. reanimarse.
auflegen v. (im)poner; Telefon: colgar; Buch: editar.
auflehnen v.: **sich** —, rebelarse.
auflesen v. recoger.
auflockern v. mullir.
auflösen v. soltar, deshacer; resolver; disolver.
Auflösung f. (di)solución; desenlace; resolución.
aufmachen v. abrir, deslizar.

Aufmarsch m. desfile (de tropas).
aufmerksam adj. atento; galante, cortés.
Aufmerksamkeit f. atención; cortesía.
aufmuntern v. animar.
Aufnahme f. acogida; recepción; **photographische** —, fotografía.
aufnehmen v. acoger; admitir; incorporar; aceptar; tomar (fotografía).
aufopfern v. sacrificar.
aufpassen v. poner atención; cuidar.
aufplatzen v. reventar(se).
aufquellen f. brotar; inflarse.
aufräumen v. (d)escombrar; arreglar.
aufrecht adj. derecho, recto; levantado, en pie.
aufrechterhalten v. sostener; conservar.
aufregen v. excitar, irritar, turbar, agitar.
Aufregung f. agitación, irritación, emoción.
aufreißen v. rasgar; arrancar; dibujar.
aufrichten v. levantar, erigir; **sich** —, incorporarse, enderezarse.
aufrichtig adj. sincero; franco.
Aufrichtigkeit f. sinceridad, franqueza.
aufrollen v. arrollar.
Aufruf m. llamada; citación.
aufrufen v. llamar, citar.
Aufruhr m. tumulto, rebelión, revolución.
aufrühren v. remover; agitar.
Aufrührer m. rebelde, insurrecto.
Aufsatz m. tocado; artículo, composición.
aufsaugen v. absorber.
aufscheuchen v. espantar.
aufschichten v. apilar.
aufschieben v. dilatar; suspender; aplazar; atrasar.
aufschlagen v. golpear; cascar; abrir (libro); Ärmel: arremangar; Preis: alzar.
aufschließen v. abrir (con llave).
Aufschluß m. abertura; aclaración.
aufschneiden v. cortar; fig. exagerar, fanfarronear.
Aufschneider m. fanfarrón.
Aufschnitt m.: **kalter** —, fiambre.
aufschrauben v. desenroscar.
aufschrecken v. espantar.
aufschreiben v. escribir, (a)notar.
Aufschrift f. rótulo, sobre; señas.
aufschütten v. echar; Damm: terraplenar.
Aufschwung m. incremento.
Aufsehen n. sensación; — **erregen**, impresionar.
Aufseher m. vigilante, guardia, inspector; capataz; intendente.
aufsetzen v. poner, colocar; Brief: redactar.
Aufsicht f. inspección, vigilancia.
aufsitzen v. montar a caballo.
aufspannen v. (ex)tender.
aufspeichern v. almacenar.
aufspießen v. atravesar.
aufspringen v. saltar; abrirse; nacer.
Aufstand m. insurrección, rebelión, revolución.
aufstecken v. prender con alfileres.

aufstehen v. levantarse, alzarse; früh —, madrugar; Tür: estar abierta.

aufsteigen v. subir, ascender.

aufstellen v. poner; erigir; armar, montar (una máquina); establecer; formar.

Aufstieg m. subida, ascensión; fig. ascenso.

aufstreichen v. poner sobre.

aufstützen v. apoyar en.

aufsuchen v. Person: ir a ver.

auftakeln v. aparejar.   [cer.

auftauchen v. emerger; apare-

auftauen v. deshelar(se).

Auftrag m. encargo, orden, misión; pedido.

auftragen v. servir (comida); aplicar; encargar.

Auftraggeber m. comitente.

auftrennen v. descoser.

Auftritt m. fig. escena.

aufwachen v. despertarse.

Aufwand m. gasto, pompa.

aufwärmen v. recalentar.

aufwarten v. servir.

Aufwärter m. criado; asistente.

aufwärts adv. hacia (hasta) arriba.   [sita.

Aufwartung f. servicio; fig. vi-

aufwecken v. despertar.

aufweichen v. remojar(se).

aufwenden v. gastar.

aufwerfen v. echar, erigir; plantear (una cuestión).

aufwerten v. revalorizar.

aufwickeln v. arrollar; rizar (pelo).

aufwiegeln v. sublevar.

aufwischen v. fregar.

aufwühlen v. revolver.

aufzählen v. contar; detallar.

Aufzählung f. enumeración.

aufzehren v. consumir.

aufzeichnen v. notar, apuntar; dibujar.

Aufzeichnung f. apuntación; dibujo.

aufziehen v. alzar, izar; criar; dar cuerda (al reloj); desfilar; burlarse.

Aufzug m. desfile, procesión; Drama: acto; elevador, montacargas; ascensor.

Augapfel m. pupila.

Auge n. ojo, vista; mit bloßem —, a simple vista; in die — öffnen, abrir los ojos a uno.

Augen fallen v. fig. sobresaltar, chocar.

Augenarzt m. oculista.

Augenblick m. momento.

augenblicklich adj. instantáneo; adv. al instante.

Augenbraue f. ceja.

Augenentzündung f. oftalmía.

augenfällig adj. evidente.

Augenglas n. lente, anteojo, gafas.

Augenlicht n. vista.

Augenlid n. párpado.

Augenmaß n. cálculo a simple vista.

Augennerv m. nervio óptico.

Augenschein m. apariencia.

augenscheinlich adj. aparente.

Augenstern m. pupila.

Augenwimper f. pestaña.

Augenzahn m. colmillo.

Augenzeuge m. testigo ocular.

August m. agosto (mes).

Auktion f. almoneda, subasta.

aus prep. de; con; por; — einem Glas trinken, beber en un vaso; — Furcht, de miedo; es ist —, se acabó.

ausarbeiten v. elaborar; redactar; componer.

ausarten v. degenerar.

ausatmen v. exhalar, expirar.

ausbaggern v. dragar.

Ausbau m. construcción; fig. desarrollo.

ausbessern v. remendar; reparar; restaurar.   [paro.

Ausbesserung f. remiendo, re-

ausbeuten v. beneficiar; explotar; fam. chupar.

ausbilden v. formar; perfeccionar; educar, instruir.

ausbitten v. suplicar, pedir.

ausbleiben v. tardar; faltar.

Ausbleiben n. ausencia, tardanza.

Ausblick m. perspectiva; vista.

ausbrechen v. arrancar; vomitar; evadirse (Häftling); estallar.

ausbreiten v. (ex)tender; desplegar; divulgar; propagar.

Ausbruch m. erupción; estallido; explosión.

ausbrüten v. empollar.

Ausdauer f. perseverancia, persistencia, constancia, tenacidad.

ausdauern v. durar; perseverar; persistir; resistir.

ausdenken v. imaginar, ingeniar, idear; concebir.

ausdörren v. (re)secar; desecar.

ausdrehen v. apagar (luz).

Ausdruck m. expresión, locución, frase, voz.

ausdrücken v. exprimir; fig. expresar.

ausdrücklich adj. expreso; preciso.

ausdrucksvoll adj. expresivo.

Ausdrucksweise f. lenguaje, modo de expresar.

Ausdünstung f. evaporación, exhalación, transpiración.

auseinanderbringen v. separar.

auseinanderfallen v. caer en pedazos.   [guir.

auseinanderhalten fig. distin-

auseinandernehmen v. desmontar; deshacer.

auseinandersetzen v. fig. exponer, detallar.

Auseinandersetzung f. explicación; arreglo; disputa.

auserwählen v. elegir, escoger.

ausfahren v. salir (en coche); Schiff: zarpar.

Ausfahrt f. salida (en carruaje); Torweg: puerta cochera.

Ausfall m. salida (Heer): pérdida, déficit; caída (del pelo).

ausfaliend adj. agresivo.

ausfegen v. barrer.

ausfeilen v. limar, pulir.

Ausfertigung f. redacción; despacho.

ausflaßen v. derramarse.

Ausflacht f. fig. excusa.

Ausflug m. salida; excursión; vuelta.

Ausfluß m. derrame; efluvio; desagüe; salida.

ausfragen v. examinar.

Ausfuhr f. exportación.

Ausfuhrzoll m. derecho de exportación.

ausführen v. exportar; ejecutar, cumplir.

ausführlich adj. extenso, detallado.

Ausführlichkeit f. extensión, prolijidad.

Ausführung f. ejecución.

ausfüllen v. (re)llenar.

Ausgabe f. gasto, desembolso; distribución, emisión, edición.

Ausgang m. salida; fig. fin.

ausgeben v. gastar; emitir.

ausgedehnt adj. extenso, vasto.

ausgehen v. salir; acabar(se); caerse (el pelo); apagarse (luz).

ausgenommen prep. excepto, salvo.

ausgesucht, ausgezeichnet adj. excelente, eminente, distinguido.

ausgiebig adj. substancioso.

ausgießen v. verter.

ausgleichen v. igualar; ajustar; arreglar; compensar; saldar (cuenta).

ausgleiten v. deslizar.

ausgraben v. excavar; exhumar, desenterrar.

Ausguß m. derrame; efusión; vertedor.

aushaken v. desenganchar.

aushalten v. aguantar.

Aushändigung f. entrega.

aushängen v. colgar; exhibir.

ausharren v. perseverar.

Aushebung f. reclutamiento.

ausheilen v. curar, sanar.

aushelfen v. socorrer.

aushöhlen v. (ex)cavar.

aushorchen v. sondear; examinar.

auskehren v. barrer, escobar.

auskleiden v. desnudar; forrar.

ausklopfen v. sacudir (el polvo).

auskommen v. Küken: nacer; contentarse con algo; — mit concertarse con uno; sein Auskommen haben, tener bastante.

auskratzen v. raspar; borrar.

auskundschaften v. explorar; espiar.

Auskunft v. información; informe.

Auskunftei f. oficina; agencia de información.

auslachen v. reírse de.

ausladen v. descargar.

Auslage f. desembolso; Schaufenster: escaparate.

Ausland n. extranjero (país), exterior.

Auslandskorrespondent m. corresponsal extranjero.

Auslandsschuld f. deuda exterior.

Ausländer m., ausländisch adj. extranjero.

auslassen v. omitir, suprimir; ensanchar (el vestido).

auslaufen v. partir, zarpar. (Zug; Schiff); vaciarse, derramarse (Flüssigkeit).

auslaugen v. colar (Wäsche).

ausleeren v. vaciar, evacuar.

auslegen v. poner de muestra; exponer, explicar; interpretar; Geld: desembolsar.

Auslegung f. exposición; comentario.

Auslese f. selección; flor.

ausliefern v. entregar.

auslöschen v. apagar; borrar.

auslosen v. sortear.

auslösen v. soltar; rescatar.

Auslöser m. Fotoapparat: disparador.

Auslösung f. rescate.

auslüften v. ventilar, airear.

ausmachen v. apagar; fijar; convenir; formar parte; ascender a (una suma).

ausmalen v. iluminar; pintar.

ausmessen v. medir.

Ausmessung f. medición; medida.

Ausnahme f. excepción.

Ausnahmefall m. caso excepcional.

ausnahmsweise adv. excepcionalmente.

ausnehmen v. desanidar (las aves); destripar; sich gut —, hacer buena impresión.

ausnutzen, ausnützen v. aprovechar; explotar.

auspacken v. desempaquetar.

auspfeifen v. silbar.

ausplaudern v. propalar.

auspressen v. prensar.

Auspuff m. escape.

Auspuffgas n. gas de escape.

Auspuffrohr n. tubo de escape.

auspumpen v. sacar con bomba.

ausquetschen v. exprimir.

ausradieren v. raspar.

ausräumen v. desamueblar.

ausrechnen v. computar.

Ausrede f. escapatoria, excusa.

ausreden v. acabar de hablar; sich —, disculparse.

ausreichen v. bastar.

ausrenken v. desencajar.

ausrotten v. extirpar.

Ausruf m. exclamación; pregón.

ausrufen v. exclamar; gritar; pregonar; proclamar.

Ausrufungszeichen n. admiración.

ausruhen v. descansar.

ausrüsten v. proveer, equipar; armar.

Ausrüstung f. equipo; aderezo.

ausrutschen v. resbalar.

aussäen v. sembrar.

aussagen v. manifestar; declarar; afirmar.

Aussatz m. lepra.

ausschalten v. desconectar (Strom); excluir.

ausscheiden v. separar(se).

Ausscheidungskämpfe m. pl. eliminatorias.

ausschenken v. verter (líquido).

ausschiffen v. desembarcar.

ausschimpfen v. injuriar.

ausschlafen v. dormir bastante.

Ausschlag m. erupción; fig. den — geben, resolver.

ausschlagen v. cocear (Tier); fig. rehusar, negar.

ausschlaggebend adj. decisivo.

ausschließen v. excluir.

ausschließlich adj. exclusivo.

Ausschluß m. exclusión; eliminación.

Ausschmückung f. adorno, decoración.

ausschneiden v. (re)cortar, tajar.

Ausschnitt m. corte; sección; recorte (de periódico); escote (vestido).

ausschrauben v. destornillar.

Ausschreitung f. exceso.

Ausschuß m. desecho; junta, comisión.

ausschütten v. verter, vaciar.

ausschweifend adj. libertino; licencioso.

Ausschweifung f. libertinaje; exceso.

aussehen v. buscar con la vista; aparecer, aparentar.

Aussehen n. aspecto; apariencia.

außen adv. (a)fuera; por fuera; de fuera, nach —, hacia fuera.

Außen..., adj. exterior.

Außenministerium n. Ministerio del Estado.

außer prep. fuera, además de, excepto; menos; — sich geraten, enajenarse; — sich sein, no caber en sí.
äußer(e) adj. exterior.
Äußer(e) n. exterior; apariencia.
außerdem adv. además.
außerehelich adj. ilegítimo.
außergerichtlich adj. extrajudicial.
außergewöhnlich adj. extraordinario.
außerhalb prep. fuera de.
außerordentlich adj. excepcional; adv. sumamente. [mo.
äußerlich adj. exterior; extreäußern v. manifestar, declarar.
Äußerung f. expresión, declaración.
aussetzen v. exponer; interrumpir; parar(se).
Aussicht f. vista; perspectiva.
aussichtslos adj. inútil.
Aussonderung f. separación.
ausspannen v. desenganchar (Pferde); soplar (fam.).
ausspionieren v. espiar.
Aussprache f. pronunciación; discusión.
aussprechen v. pronunciar; expresar.
Ausspruch m. dicho; declaración.
ausspucken v. escupir.
ausspülen v. enjuagar.
Ausstand m. crédito; huelga.
ausständig adj. atrasado; en huelga.
ausstatten v. dotar; equipar.
Ausstattung f. equipo; dote, ajuar; Bühne: decoración.
aussteigen v. bajar (del coche).
ausstellen v. exponer; exhibir; extender (documentos); girar (letras).
Aussteller m. expositor; librador.
Ausstellung f. exposición.
aussterben v. despoblarse.
aussteuern V. ausstatten.
ausstoßen v. expulsar; expeler; lanzar, soltar (Laute).
ausstrahlen v. irradiar.
ausstrecken v. (ex)tender, estirar.
ausstreichen v. borrar, rayar.
ausstreuen v. esparcir.
ausströmen v. derramarse.
aussuchen v. seleccionar.
Austausch m. (inter)cambio.
austauschen v. cambiar; recambiar.
Auster f. ostra.
austilgen v. exterminar.
Australien n. Australia.
australisch adj. australiano.
austreten v. salir; retirarse.
austrocknen v. secar(se).
ausüben v. ejercer; practicar.
ausübend adj. ejecutivo.
Ausübung f. ejercicio; práctica.
Ausverkauf m. venta total, liquidación.
Auswahl f. (s)elección; surtido.
auswählen v. escoger.
auswandern v. emigrar.
auswärts adj. fuera de...
auswechseln v. (re)cambiar.
Ausweg m. salida.
ausweichen v. dar paso.
Ausweis m. legitimación; documentación; cédula (o carnet) de identidad.

ausweisen v. proscribir; despedir; sich —, documentarse.
Ausweisung f. destierro.
auswendig adv. de memoria.
auswerfen v. echar; arrojar.
auswickeln v. desenvolver.
auswiegen v. pesar.
auswischen v. fregar; borrar.
Auswurf m. esputo.
auszahlen v. pagar.
Auszahlung f. pago.
auszählen v. enumerar.
Auszehrung f. consunción.
auszeichnen v. distinguir; condecorar; sich —, sobresalir.
Auszeichnung f. distinción; mención honorífica.
ausziehen v. sacar; quitar; extraer (diente); mudarse; sich —, desnudarse.
Auszug m. salida; mudanza; extracto; compendio, resumen.
Automat m. autómata.
automatisch adj. automático.
Auto n. automóvil, coche.
Autobahn f. autopista.
Autobus m. autobús.
Autofahrer m. automovilista; chófer.
Autogramm n. autógrafo.
Autoreifen m. neumático.
Autorennen n. carrera de automóviles.
Autosport m. automovilismo.
Autor m. autor.
Autorität f. autoridad.
Axt f. hacha.

Baby n. bebé.
Bach m. arroyo.
Backbord n. babor.
Backfisch m. fig. pollita, pava.
Backform f. tartera.
Backofen m. horno.
Backstein m. ladrillo, adobe.
Backtrog m. masera.
Backwerk n. pastelería.
Backe f. mejilla.
backen v. coger; freír.
Backenzahn m. muela.
Bäcker m. panadero.
Bäckerei f. panadería.
Bad n. baño; balneario.
Badeanstalt f. baños.
Badeanzug m. traje de baño, bañador.
Badehose f. calzoncillo de baño.
Badekabine f. caseta.
Bademantel m. albornoz.
Bademütze f. gorro de baño.
Badeort m. balneario; playa.
Badestube f. cuarto de baño.
Badewanne f. bañera.
baden v. bañar(se).
Bagger m. draga.
baggern v. dragar.
Bahn f. camino; vía; ferrocarril; carrera; órbita; trayectoria.
Bahnhof m. estación.
Bahnsteig m. andén.
Bahnstrecke f. vía, línea.
Bahnwärter m. guardavía.
bahnen v.: Weg —, abrir paso.
Bahre f. féretro.
Baisse f. baja (en la Bolsa).
Bakelit n. baquelita.

bald conj. pronto; en breve; dentro de poco; casi. — darauf, poco después; so — als möglich, cuanto antes.
Baldachin m. baldaquín.
baldig adj. pronto; próximo.
baldigst adv. cuanto antes, lo antes posible.
Balg m. piel; fuelle.
Balkan m. Balcanes.
Balken m. viga.
Balkon m. balcón.
Ball m. pelota; balón; bola (de billar); globo; baile.
Ballkleid n. traje de baile.
Ballsaal m. salón de baile.
Ballade f. balada; romance.
Ballast m. lastre.
Ballen m. bala; fardo; die Faust ballen v. cerrar el puño.
Ballett n. (cuerpo de) baile.
Ballon m. balón; globo.
Bambus m. bambú.
Banane f. plátano.
Band m. tomo; volumen; n. cinta; cuerda; cordón; fleje (Eisen); am laufenden —, en serie.
Bandwurm m. tenia.
Bande f. banda; cuadrilla.
bändigen v. dom(estic)ar.
Bandit m. bandido; ladrón.
bange adj. temeroso; mir ist—, me da miedo.
bangen v. sentir miedo.
Bangigkeit f. inquietud.
Bank f. (pl. Bänke) banco; (pl. Banken) banco (comercial).
Bankanweisung f. cheque.
Blankkredit m. crédito bancario.
Banknote f. billete de banco.
bank(e)rott adj. quebrado.
Bank(e)rott m. bancarrota, quiebra; — machen, quebrar.
Bankett n. banquete.
Bankier m. banquero.
Bann m. destierro; excomunión; fig. encantamiento.
bannen v. desterrar; fascinar.
Banner n. estandarte; bandera.
bar adj. puro; efectivo (dinero); gegen —, al contado.
Bär m. oso.
Baracke f. barraca.
Barbier m. barbero; peluquero.
barbieren v. afeitar.
barfuß adj. descalzo.
Bargeld n. dinero contante, líquido.
Bariton m. barítono.
barmherzig adj. caritativo.
Barmherzigkeit f. misericordia, caridad.
Barren m. lingote; barra; paralelas (Sport).
barsch adj. hosco, áspero.
Barschaft f. efectivo.
Bart m. barba; paletón (llave).
bartlos adj. imberbe.
bärtig adj. barbudo.
Barzahlung f. pago al contado.
Base f. prima.
Baske m. vasco(ngado).
Baß m. (contra)bajo.
Bast m. líber.
Bastard m. bastardo.
Bastei f. bastión.
Batist m. batista.
Batterie f. batería, pila.
Bau m. obra, construcción; edificio.
Baufach n. arquitectura.
baufällig adj. ruinoso.
Bauführer m. maestro de obras.
Baukunst f. arquitectura.
Baumeister m. arquitecto.
Baustelle f. solar.   [co.
Baustil m. estilo arquitectóni-
Bauch m. vientre; abdomen; barriga.

Bauchbinde f. faja.
Bauchweh n. dolor de vientre.
bauchig adj. panzudo.
bauen v. construir; fabricar.
Bauer m. labrador, agricultor; campesino; sota (naipes); n. jaula.
Bauernbursche m. mozo.
Bauerngut n. casa de labor.
Bauernhof m. finca (rústica).
Baum m. árbol.
Baumharz n. resina.
Baumrinde f. corteza.
Baumschule f. vivero.
Baumstamm m. tronco.
Baumstumpf m. tocón.
Baumwolle f. algodón.
Baumwollindustrie f. industria algodonera.
bäumen v. sich —, enderezarse; encabritarse.
Bausch m. Watte: ta(m)pón.
Bayer m. bávaro.
Bayern n. Baviera.
Bazillus m. bacilo.
beabsichtigen v. intentar.
beachten v. considerar; tener en cuenta.
beachtenswert adj. notable.
Beachtung f. atención; consideración.
Beamte(r) m. funcionario.
beanspruchen v. reclamar; exigir; desgastar.
beanstanden v. reclamar.
beantragen v. proponer.
beantworten v. responder; contestar a.
Beantwortung f. respuesta.
Bearbeitung f. labor; cultivo; refundición, adaptación.
beaufsichtigen v. inspeccionar; guiar; vigilar.
beauftragen v. encargar; comisionar; delegar.
bebauen v. cultivar; labrar.
Becher m. copa, vaso; cubilete (dados).
Becken n. pila; cuenca; jofaina, lavamanos; (anatom.) pelvis.
Bedacht m. reflexión; consideración; cuidado.
bedächtig adj. circunspecto, atento; lento.
bedanken v. dar las gracias.
Bedarf m. necesidad; falta.
bedauern v. compadecer; sentir, lamentar.
bedauernswert adj. lamentable, deplorable.
bedecken v. cubrir; abrigar.
bedenken v. considerar; reflexionar.
Bedenken n. duda; escrúpulo.
bedenklich adj. crítico, delicado.
bedeuten v. significar; importar; declarar; das bedeutet, quiere decir.
bedeutend adj. notable, importante.
Bedeutung f. importancia; significación; sentido.
bedeutungslos adj. insignificante.
bedienen v. servir; despachar; manejar.
Bedienung f. servicio; Apparat: manejo.
Bedingung f. condición; estipulación.
bedingungslos adj. incondicional.
Bedrängnis f. apuro; pena.
bedrohen v. amenazar.
Bedrohung f. amenaza.
bedrücken v. oprimir; agobiar.
bedürfen v. necesitar, carecer.
Bedürfnis n. necesidad.
Bedürfnisanstalt f. excusado, retrete.

bedürftig adj. necesitado, indigente.
Bedürftigkeit f. pobreza.
beehren v. honrar.
beeilen v.: (sich —) darse prisa.
beeinflussen v. influir (sobre).
beend(ig)en v. acabar, concluir, llevar a cabo.
Beend(ig)ung f. conclusión, término.
beerben v. heredar.
beerdigen v. enterrar; inhumar.
Beerdigung f. entierro; sepultura; inhumación.
Beere f. baya; grano.
Beet n. bancal; cuadro.
befähigt adj. capaz, apto.
befallen v. atacar (Krankheit).
befassen v.: sich mit etwas —, ocuparse en algo.
Befehl m. orden, mando.
befehlen v. ordenar, dar orden; dictar.
Befehlshaber m. comandante, jefe.
befestigen v. fortificar; sujetar; afirmar.
befeuchten v. mojar.
befinden v. encontrar; sich —, estar, econtrarse.
Befinden n. estado de salud.
befindlich adj. situado.
beflecken v. manchar.
befolgen v. seguir.
befördern v. promover; expedir, enviar.
Beförderung f. expedición; transporte; promoción.
befrachten v. cargar; fletar.
Befragung f. consulta.
befreien v. libertar; eximir, dispensar.
Befreiung f. liberación.
befremden v. sorprender, chocar.
befremdlich adj. extraño, sorprendente.
befreunden v.: sich —, amistarse, familiarizarse (con).
befriedigen v. contentar, satisfacer.
Befriedigung f. satisfacción.
befruchten f. fecundar.
Befugnis f. autorización, competencia.
befugt adj. competente; facultado.
befürchten v. temer; dudar.
befürworten v. recomendar.
Begabung f. talento, ingenio.
begeben v. negociar (letras de cambio); sich —, suceder, ocurrir; dirigirse a.
begegnen v. encontrar, dar con; suceder.
Begegnung f. encuentro.
begehen v. cometer (una falta); celebrar (fiesta).
begehren v. exigir; desear; apetecer.
Begehrlichkeit f. avidez, codicia.
begeistern v. entusiasmar(se); animar.
Begeisterung f. entusiasmo, éxtaxis.
Begierde f. anhelo, avidez, deseo, apetito.
begießen v. regar, rociar.
Beginn m. principio, introito.
beginnen v. empezar, comenzar, iniciar; echar a.
Beglaubigung f. certificación; legalización, atestación.
begleichen v. saldar (cuentas).
begleiten v. acompañar; seguir.
Begleitung f. acompañamiento; séquito.
beglückwünschen v. felicitar.
begnadigen v. perdonar.

Begnadigung f. perdón, amnistía.
begnügen v.: sich —, contentarse, acomodarse.
begraben v. enterrar; sepultar.
Begräbnis n. entierro, sepultura.
Begräbnisfeier f. funerales.
begreifen v. comprender; entender; concebir.
begreiflich adj. comprensible.
begrenzen v. limitar.
Begriff m. idea, noción.
begründen v. fundar; establecer; basar, motivar.
begrüßen v. saludar.
Begrüßung f. saludo.
begünstigen v. favorecer, proteger.
Begünstigung v. protección; encubrimiento.
behaart adj. peludo, velludo.
behäbig adj. cómodo.
behagen v. agradar, placer.
Behagen n. placer, gusto; conveniencia.
behaglich adj. cómodo, confortable; a gusto.
behalten v. guardar; (re-)tener; conservar.
Behälter m. depósito, tanque.
behandeln v. tratar; manipular; atender.
Behandlung f. tratamiento (médico); manejo.
beharren v. persistir, insistir; obstinarse.
beharrlich adj. perseverante; tenaz.
Beharrlichkeit f. perseverancia, constancia; tenacidad.
behaupten v. afirmar, asegurar; mantener. [ción.
Behauptung f. afirmación; aserbeheben** v.: sich —, pasarse, acomodarse.
behend adj. ágil; listo.
beherbergen v. alojar.
beherrschen v. dominar; poseer (idiomas).
Beherrschung f. dominación.
beherzigen v. tomar a pecho.
behindern v. estorbar, impedir.
Behörde f. autoridad.
behüten v. guardar; preservar.
behutsam adj. avisado; adv. con cuidado.
bei prep. junto a; cerca de; en; con; entre; sobre; en casa de; — alledem, con todo (eso); — mir, conmigo.
beibringen v. enseñar; inferir (heridas).
Beichte f. confesión.
beichten v. confesar(se).
beide adj. pl. ambos, los dos.
beiderseitig (rseits) adj. de ambos lados; adv. mutuamente.
Beifall m. aprobación; aplauso; — klatschen, aplaudir.
beifügen v. añadir, incluir.
Beigabe f. suplemento.
Beil n. hacha, destral.
beilegen v. añadir; Streit, Feindschaft; poner término a. [miento.
Beilegung f. arreglo, acomodaBeileid** n. pésame.
heimessen v. atribuir.
Bein n. pierna; hueso; pata de la mesa.
Beinkleider n. pl. pantalones.
beinahe adv. casi; cerca.
Beiname m. mote, apodo.
beipflichten v. consentir, asentir.
beisammen adj. junto(s).
Beischlaf m. coito.
Beisen n. presencia.
beiseite adv. aparte.
beisetzen v. enterrar.

Beisitzer m. asesor.
Beispiel n. ejemplo; zum —, por ejemplo.
beispiellos adj. sin igual.
beißen v. morder; picar. [rro.
Beistand m. asistencia, socobeistehen** v. asistir.
Beitrag m. contribución; cuota.
beitragen v. contribuir, cooperar a.
beitreten v. acceder, ingresar.
Beitritt m. afiliación; ingreso.
Beiwagen m. sidecar.
beiwohnen v. presenciar.
Beize f. cáustico.
beizeiten adv. a tiempo.
bejahrt adj. entrado en días.
Bejahung f. respuesta afirmativa.
bejammernswert adj. deplorable, lamentable.
bekämpfen v. combatir.
Bekämpfung f. lucha; impugnación; campaña.
bekannt adj. conocido; notorio, público.
Bekannte(r) m. conocido.
bekanntmachen v. publicar, anunciar.
Bekanntmachung f. publicación, proclama.
Bekanntschaft f. conocimiento; Person: conocido.
bekehren v. convertir.
bekennen v. confesar.
Bekenntnis n. confesión.
beklagen v. deplorar, lamentar.
Beklagte(r) m. acusado.
Beckleidung f. vestido; revestimiento (Wand); desempeño (de un cargo).
beklemmen v. sofocar; oprimir.
bekommen v. recibir; adquirir; es bekommt mir gut, me satisface; me prueba.
beköstigen v. alimentar.
bekräftigen v. afirmar; asegurar.
Bekräftigung f. confirmación.
bekränzen v. coronar.
bekreuzigen, sich —, v. persignarse.
bekümmern v. afligir.
belachen v. reírse de.
beladen v. cargar.
belagern v. sitiar, asediar.
Belagerungszustand m. estado de sitio.
belangen v. acusar (de).
belasten v. agravar; cargar (en cuenta); pesar sobre.
belästigen v. molestar, cansar.
Belästigung f. molestia, enojo.
belauern v. acechar; espiar, atisbar.
belaufen v.: sich — auf, importar, subir, montar, ascender a.
belauschen v. espiar.
beleben v. animar.
belebt adj. vivo; concurrido.
Belebung f. animación.
Beleg m. documento; prueba.
belegen v. ocupar; probar, justificar.
Belehrung f. instruir; informar; enseñar.
Belehrung f. instrucción.
beleibt adj. obeso.
beleidigen v. ofender; injuriar; insultar.
Beleidigung f. ofensa, injuria, ultraje. [nar.
beleuchten v. alumbrar, ilumiBeleuchtung** f. alumbrado, iluminación.
Belgien n. Bélgica.
Belgier m. belga.
belichten v. exponer.
belieben v. agradar, gustar.
Belieben n. agrado, gusto.
beliebt adj. estimado, en boga.

Beliebtheit f. popularidad.
bellen v. ladrar.
belohnen v. recompensar, retribuir.
Belohnung f. recompensa.
belügen v. mentir a.
belustigen, sich —, v. divertirse.
bemächtigen vi: sich —, apoderarse, apropiarse.
bemannen v. tripular.
bemerken v. observar, percibir, notar.
bemerkenswert adj. notable.
Bemerkung f. observación; nota.
bemühen v. molestar; sich —, procurar; esforzarse.
Bemühung f. afán, esfuerzo.
benachbart adj. vecino, afín.
benachrichtigen v. avisar; advertir; informar; comunicar.
Benachrichtigung f. aviso, comunicación.
benachteiligen v. perjudicar.
benehmen v.: sich —, portarse, conducirse.
Benehmen n. conducta; actitud.
beneiden v. envidiar.
benennen v. nombrar, denominar; calificar.
Benennung f. nombre, título.
Benommenheit f. sopor.
benötigen v. precisar.
benutzen v. aprovechar, usar.
Benutzung f. uso, empleo.
Benzin n. bencina, gasolina.
Benzintank m. depósito de gasolina.
beobachten v. observar; mirar.
Beobachtung f. observación.
bequem adj. cómodo, confortable.
Bequemlichkeit f. comodidad, conveniencia.
beraten v. aconsejar; deliberar.
Beratung f. consulta; conferencia.
berauben v. robar; privar.
berauschen v. emborrachar.
berechnen v. calcular; contar.
Berechnung f. cálculo, cuenta; cómputo.
Berechtigung f. autorización, habilitación; derecho.
bereden v. persuadir; conferenciar.
Beredsamkeit f. elocuencia, persuasión.
Bereich m. dominio, alcance.
bereichern v. enriquecer.
bereifen v. escarchar; Auto: poner neumáticos.
bereisen v. viajar por.
bereit adj. pronto; dispuesto a.
bereiten v. preparar, aderezar.
bereits adv. ya.
bereitwillig adj. solícito.
Bereitwilligkeit f. solicitud, diligencia.
bereuen v. arrepentirse.
Berg m. montaña; pico.
Berg... adj. montañés; minero.
bergab adv. cuesta abajo.
bergauf adv. cuesta arriba.
Bergbau m. minería.
bergig adj. montañoso.
Bergkette f. sierra.
Bergmann m. (pl. **Bergleute**) minero.
Bergrücken m. cresta.
Bergsteiger m. alpinista, montañista.
Bergwerk n. mina.
bergen v. salvar.

Bericht m. informe, relato; report(aj)e.

Berichterstatter m. relator; reportero.

berichten v. informar, relatar.

berichtigen v. rectificar, corregir.   [arreglo.

Berichtigung f. corrección,

Bernstein m. ámbar.

bersten v. reventar(se).

berüchtigt adj. de mala fama.

berücksichtigen v. considerar; atender a.

Berücksichtigung f. consideración.

Beruf m. profesión.

berufen v. nombrar; reclamar.

Berufs... adj. profesional.

Berufung f. apelación; nombramiento.

beruhen v.: **—auf**, consistir en.

beruhigen v. tranquilizar, sosegar.

Beruhigung f. calma.

berühmt adj. célebre; de fama.

berühren v. tocar.

Berührung f. (con)tacto.

besänftigen v. apaciguar.

Besatz m. guarnición.

Besatzung f. equipo, tripulación.

beschädigen v. dañar; deteriorar; averiar.

Beschädigung f. deterioro; daño, avería.

beschaffen v. procurar; adj. acondicionado.

Beschaffenheit f. estado, índole, calidad.

beschäftigen v. ocupar; emplear.

Beschäftigung f. ocupación; empleo, colocación.

beschämen v. avergonzar.

beschatten v. sombrear.

beschauen v. contemplar.

Bescheid m. respuesta; informe.

bescheiden v.: **sich —**, resignarse; adj. modesto; humilde.

Bescheidenheit f. modestia.

bescheinen v. iluminar.

bescheinigen v. certificar; acusar (recibo).

Bescheinigung f. certificación; recibo.   [quiar.

beschenken v. regalar, obse-

beschießen v. bombardear.

beschimpfen f. insultar, injuriar.

Beschimpfung f. afrenta, ultraje, insulto, injuria.

beschirmen v. amparar.

Beschlag m. herraje, guarnición.

Beschlagnahme f. embargo, secuestro, confiscación.

beschlagnahmen v. confiscar.

beschlagen v. herrar; guarnecer.

beschleunigen v. acelerar; apresurar; dar prisa; adelantar; aliviar (paso).

beschließen v. resolver, decidir; determinar; concluir.

Beschluß m. resolución; acuerdo, conclusión.

beschmieren v. ensuciar.

beschneiden v. (re)cortar.

beschränken v. limitar, restringir.

beschränkt adj. limitado; fig. corto de alcances.

beschreiben v. describir.

beschuldigen v. (in)culpar, acusar.

Beschuldigung f. acusación, inculpación.   [rar.

beschützen v. proteger, ampa-

Beschützer m. protector, patrón.   [ción; pena.

Beschwerde f. queja, reclama-

beschweren v. cargar; **sich —**, quejarse.

beschwerlich adj. fastidioso; fam. cargante.

beschwichtigen v. acallar.

beschwören v. (con)jurar.

beseitigen v. eliminar.

Besen m. escoba.

besessen adj. fig. poseído; endemoniado.

besetzen v. ocupar; proveer (empleo); guarnecer.

besichtigen v. inspeccionar, examinar; visitar.

Besichtigung f. examen.

besiedeln v. colonizar.

besiegen v. vencer.

besinnen v.: **sich—**, acordarse.

Besinnung f. conocimiento; **zur — kommen**, recobrar el conocimiento.

besinnungslos adj. sin conocimiento.

Besitz m. posesión, propiedad; finca, inmueble.

besitzen v. poseer; tener.

Besitzer m. posesor, dueño, amo; propietario.

Besitzung f., **Besitztum** n. V. **Besitz.**

besohlen v. echar suelas.

Besoldung f. sueldo, salario.

besonder adj. particular.

Besonderheit f. particularidad, especialidad.

besonders adv. especialmente, ante todo.

besonnen adj. sensato.

besorgen v. procurar; comprar.

Besorgnis f. inquietud.

besorgt adj. preocupado.

Besorgung f. compra(s).

besprechen v. discutir; conferenciar.

Besprechung f. discusión, conferencia, entrevista.

besser adj. mejor; **umso —**, tanto mejor.

bessern v. mejorar; remediar.

Besserung f. mejor(í)a.

Bestand m. existencia(s); duración.

beständig adj. constante; duradero.

Beständigkeit f. estabilidad, permanencia.

bestätigen v. confirmar; acusar (recibo).

Bestätigung f. confirmación; acuse.

bestatten v. sepultar; enterrar.

bestäuben v. empolvor(iz)ar.

beste adj. mejor; adv. **—ens**, **aufs —e**, lo mejor; **zum —en geben**, obsequiar; **zum —en haben**, burlarse de.

Bestechung f. soborno, cohecho; corrupción.

Besteck n. estuche; cubierto.

bestehen v. existir; sufrir (examen); **— auf**, insistir en; **— aus**, consistir en, constar de.

Bestehen n. existencia.

besteigen v. subir, montar.

bestellen v. ordenar; pedir (mercancía); cultivar (campo).

Bestellung f. cultivo; orden, encargo; recado.

Bestie f. bestia, fiera.

bestimmen v. decidir; fijar; disponer de; destinar.

bestimmt adj. definitivo; seguro; cierto; fijo.

Bestimmung f. determinación, decisión; destino.

Bestimmungsort m. (lugar de) destino.

bestrafen v. castigar; penar.

bestrahlen v. irradiar.

Bestreben n. esfuerzo.

bestreiten v. disputar; litigar; pagar (Kosten).

bestürmen v. asaltar.

bestürzt adj. atónito.

Besuch m. visita.

besuchen v. visitar; frecuentar.

Besucher m. visitante, concurrente.

Betätigung f. actuación.

betäuben v. aturdir; narcotizar.

Betäubung f. narcosis.

Betäubungsmittel n. narcótico.

beteiligen v. hacer participar; interesar; **sich —**, tomar parte.

Beteiligung f. participación, interés.

beten v. orar, rogar; rezar.

beteuern v. afirmar.

Beton m. hormigón.

betonen v. acentuar; fig. subrayar.

Betonung f. acentuación, acento.

betören v. seducir.

betrachten v. contemplar; considerar.

Beträchtlich adj. notable.

Betrachtung f. consideración, reflexión.

Betrag m. importe, suma.

betragen v. elevarse a; **sich —** (com)portarse.

Betragen n. conducta.

betrauern v. deplorar.

Betreff m.: **in—**, en cuanto, tocante a.

betreffen v. concernir, repectar a.   [cante a.

betreffend adj. respectivo, to-

betreten v. Raum: entrar.

Betrieb m. explotación; empresa; actividad.

Betriebsjahr n. ejercicio.

Betriebskapital n. capital de explotación.

Betriebsamkeit f. actividad, industria.

betrinken v.: **sich —**, emborracharse.

betroffen v. fig. confuso.

betrüben v. afligir, entristecer.

Betrübnis f. aflicción, pena.

betrübt adj. afligido; triste.

Betrug m. engaño, trampa.

betrügen v. engañar, estafar; fam. timar.

Betrüger m. engañador, defraudador.

Betrügerisch adj. fraudulento; tramposo.

betrunken adj. borracho.

Bett n. cama, lecho; cauce (de un río); **zu — (e) gehen**, acostarse; **das — hüten**, guardar cama.   [ma.

Bettdecke f. colcha, sobre ca-

Bettlaken n. sábana.

Bettüberzug m. funda.

Bettvorleger m. alfombrilla.

Bettwäsche f. ropa de cama.

betteln v. mendigar; pedir.

Bettler adj. mendigo.

beugen v. inclinar, doblar.

Beule f. bollo; chichón.

beunruhigen v. inquietar, alarmar; perturbar; agitar.

beurkunden v. documentar.

beurlauben v. despedir.

beurteilen v. juzgar, censurar.

Beurteilung f. juicio, dictamen; crítica.

Beute f. botín, presa.

Beutel m. bolsa, bolso.

bevölkern v. poblar.

Bevölkerung f. población, habitantes.

bevollmächtigen v. autorizar, dar poder(es).

Bevollmächtigte(r) m. apoderado, procurador.

bevor adv. antes que, antes de.

bevorstehen v. estar inminente.

bevorzugen v. favorecer.

bewachen v. guardar; vigilar, custodiar.

bewaffnen v. armar; equipar; municionar.

Bewaffnung f. armamento.

bewahren v. conservar; preservar.

bewähren v.: **sich—**, acreditarse, calificarse.

bewältigen v. vencer.

bewandert adj. fig. experto.

bewässern v. regar.

Bewässerung f. riego, regadío.

Bewässerungsgebiet f. huerta.

Bewässerungsgraben m. reguera.

bewegen v. mover, agitar; emocionar.

Beweggrund m. motivo, causa.

beweglich adj. movible.

bewegliche Güter n. pl. bienes muebles.

Bewegung f. movimiento.

bewegungslos adj. inmóvil.

beweinen v. deplorar.

Beweis m. prueba, comprobación.

Beweisführung f. demostración.

Beweisgrund m. argumento.

beweisen v. demostrar; (com)-probar.

beweiskräftig adj. comprobante.

bewerben v.: **sich — um**, aspirar, pretender, solicitar.

Bewerbung f. candidatura, concurso; petición en matrimonio.

bewerten v. apreciar.

bewilligen v. conceder; otorgar, acordar; votar.

bewirken v. efectuar; causar.

bewirten v. obsequiar.

bewirtschaften v. administrar; explotar.

bewohnen v. habitar; ocupar.

Bewohner v. habitante, inquilino.

bewölkt adj. nubloso.

Bewunderer m. admirador.

bewundern v. admirar.

Bewundernswürdig adj. admirable.

Bewunderung f. admiración.

bewußt adj. consciente; en cuestión.   [to.

bewußtlos adj. sin conocimien-

Bewußtlosigkeit f. desmayo.

bezahlen v. pagar; saldar.

Bezahlung f. pago, saldo.

bezaubern v. fascinar.

bezeichnen v. marcar; señalar; indicar, designar.

bezeigen v. (de)mostrar, probar.

bezeugen v. atestar; dar fe.

beziehen v. cubrir (Möbel etcétera); comprar (Ware); cobrar (Geld); **sich — auf**, referirse a.

Beziehung f. relación, referencia.

beziehungsweise adv. respectivamente.

beziffern v. numerar; cifrar.

Bezirk m. distrito, barrio.

Bezug m. guarnición (Stoff etc.); compra (Ware); cobro (Geld); referencia.

bezwecken v. intentar.

bezweifeln v. poner en duda.
Bibel f. la Biblia.
Biber m. castor.
bieder adj. honrado; probo.
biegen v. encovar; **um die Ecke —**, doblar la esquina.
Biegsamkeit f. flexibilidad.
Biegung f. flexión.
Biene f. abeja.
Bier n. cerveza.
Bierbrauerei f. cervecería.
bieten v. ofrecer; pujar.
Bilanz f. balance, saldo.
Bild n. imagen, cuadro, retrato; Druck: estampa.
Bildbericht m. (periódico) report(aj)e gráfico, grafarreport(aj)e.
Bildfunk m. radiofotografía.
Bildhauer m. escultor.
Bildschirm m. pantalla (del aparato de televisión).
bildschön adj. hermosísimo.
bilden v. formar; educar, instruir; enseñar.
bildende Künste f. pl. artes plásticas.
bildlich adj. figurado.
Bildung f. forma(-ción); educación, cultura.
Billard n. billar.
Billardkugel f. bola.
Billardstock m. taco.
billig adj. justo; barato, económico; a buen precio.
billigen v. admitir.
Billigung f. aprobación.
Bimsstein m. (piedra) pómez.
Binde f. tira, faja; venda; banda.
Bindestrich m. guión.
binden v. atar, liar; sujetar; encuadernar (libros); **sich —**, comprometerse a.
bindend adj. fig. obligatorio.
Binder m. corbata.
Bindfaden m. bramante.
Bindung f. unión.
binnen prep. dentro de.
Binnenland n. interior (del país).
Biologe m. biólogo.
Biologie f. biología.
biologisch adj. biológico.
Birke f. abedul.
Birne f. pera. V. **Glühlampe.**
bis prep. hasta (que); a.
Bischof m. obispo.
bisher adv. hasta ahora.
Biß m. mordisco, mordedura.
bißchen: loc. adv. **ein —**, un poco.
Bissen m. bocado.
bissig adj. mordaz.
Bistum n. obispado.
bisweilen adv. alguna vez.
Bitte f. ruego, demanda.
bitte! adv. por favor.
bitten v. rogar, pedir; suplicar.
bitter adj. amargo.
blähen v. hinchar, inflar; causar ventosidades.
blamieren v. desacreditar.
blank adj. reluciente.
Blankounterschrift f. firma en blanco. [gan].
Blase f. burbuja; vejiga (Or-
Blasebalg m. fuelle.
blasen v. soplar; tocar (Instrument). [de viento].
Blasinstrument n. instrumento
blaß adj. pálido.
Blässe f. palidez.
Blatt n. hoja.
Blatter f. viruela.
blättern v. hojear.
blau adj. azul.
Blaubeere f. arándano.
Blausäure f. ácido prúsico.
Blech n. plancha, chapa; hojalata.
Blechbüchse f. lata.
Blei n. plomo.

Bleistift m. lápiz.
bleiben v. permanecer; quedar(se), estar.
bleibend adj. permanente.
bleich adj. pálido, descolorido.
bleichen v. blanquear.
Bleichsucht f. clorosis.
bleiern adj. de plomo.
Blende f. blenda; Kamera: diafragma.
blenden v. cegar; fig. fascinar.
Blick m. mirada; vista.
blicken v. mirar; **— lassen** mostrar. [falso.
blind adj. ciego; fig. opaco;
Blinde(r) m. ciego.
Blinddarm m. apéndice.
Blinddarmentzündung f. apendicitis.
Blindflug m. vuelo a ciegas.
Blindgänger m. granada no estallada.
Blindheit f. ceguedad.
blindlings adv. a ciegas.
blinken v. relucir, brillar.
Blitz m. relámpago, rayo.
Blitzableiter m. pararrayos.
blitzen v. relampaguear.
Block m. tajo, cepo, bloque.
Blockade f. bloqueo.
blockieren v. bloquear.
blöde adj. estúpido.
blöd adj. rubio.
bloß adj. simple; mero; desnudo; adj. sólo.
bloßstellen v. comprometer.
blühen v. florecer; prosperar.
Blume f. flor; aroma (Wein).
Blumenhandlung f. floristería.
Blumenkohl m. coliflor.
Blumentopf m. maceta.
Blumenvase f. florero.
Bluse f. blusa.
Blut n. sangre.
blutarm adj. anémico.
Blutegel m. sanguijuela.
Bluterguß m. derrame.
blutlos adj. exangüe.
Blutübertragung f. transfusión de sangre.
Blutvergiftung f. infección de la sangre.
Blüte f. flor; fig. prosperidad.
bluten v. sangrar, echar sangre.
blutig adj. sangriento.
Bö f. ráfaga.
Bock m. macho cabrío, cabrón; Sport: caballo; Sägen: burro; Stuhl: pescante.
bockig adj. obstinado.
Boden m. tierra, terreno; suelo; Haus: desván; Gefäß: fondo.
Bodenkredit m. crédito territorial.
bodenlos adj. sin fondo.
Bodensatz m. poso.
Bogen m. arco; Papier; pliego.
Bogenlicht n. (luz de) arco voltaico.
Bogenschütze m. arquero.
Bohle f. tablón; madero.
Bohne f. judía, alubia.
bohren v. taladrar; barrenar.
Bohrer m. taladro.
Bohrloch n. barreno; pozo petrolífero.
Bohrung f. taladro; diámetro interior.
Boje f. boya.
Bolzen m. flecha, perno, clavija; pivote.
bombardieren v. bombardear.
Bombe f. bomba.
Bomber m. bombardero.
bombensicher adj. a prueba de bomba.
Bonbon n. caramelo.
Boot n. bote, barco.
Bord m. bordo.
Bordell n. burdel.

borgen v. prestar; dejar.
Börse f. bolsa, lonja.
Börsenagent m. agente (corredor) de bolsa.
Börsenbericht m. boletín de bolsa.
Börsennotierung f. cotización.
Börsenwucher m. agiotaje.
Borste f. cerda, seta.
Borte f. galón.
Böschung f. talud.
böse adj. malo, enojado.
Böse n. mal.
boshaft adj. malicioso.
böswillig adj. malévolo.
Bote m. mensajero, recadero.
Botschaft f. mensaje; embajada.
Botschafter m. embajador.
Bottich m. cuba, tina.
boxen v. boxear.
Boxer m. boxeador, pugilista.
Boxkampf m. boxeo.
Branche f. negocio; ramo.
Brand m. fuego, incendio; gangrena (im Körper).
Brandmal n. quemadura.
Brandsohle f. plantilla.
Brandstifter m. incendiario.
branden v. romperse (olas).
brandig adj. chamuscado.
Brandung f. oleaje, resaca.
Branntwein m. aguardiente.
Brasilien n. el Brasil.
Brasilianer m. brasileño.
braten v. asar; freír; tostar.
Braten m. asado.
Bratkartoffeln f. pl. patatas fritas.
Bratpfanne f. sartén.
Bratspieß m. asador.
Bratwurst f. salchicha.
Brauch m. uso, hábito, costumbre.
brauchbar adj. apto, útil; utilizable.
brauchen v. necesitar; precisar.
Brauerei f. cervecería.
braun adj. pardo, moreno; castaño (color).
Braunkohle f. lignito.
bräunen v. tostar, curtir.
Brause f. ducha; Getränk: gaseosa.
Brausepulver n. polvo efervescente.
brausen v. hervir; mugir (mar).
Braut f. novia.
Braut... adj. de boda, nupcial.
Bräutigam m. novio, prometido; fam. futuro.
brav adj. valiente, honrado.
brechen v. romper(se), quebrar; fracturar (hueso); reflejar (luz); **(sich er—)** vomitar.
Brechreiz m. náuseas.
Brechmittel n. vomitivo.
Brei m. papilla, papas.
breit adj. ancho, amplio; lato; extenso.
Breite f. anchura, latitud.
Breitengrad m. (grado de) latitud.
Bremse f. freno.
bremsen v. frenar.
Bremser m. guardafrenos.
Brennglas n., Brennspiegel m. espejo ustorio.
Brennholz n. leña.
Brennessel f. ortiga.
Brennpunkt m. foco.
Brennstoff m. combustible.
Brennweite f. distancia focal.
brennbar v. inflamable.
brennen v. arder, encenderse; quemar; destilar (aguardiente).
Brenner v. destilador; mechero.
Brett n. tabla.

Brief m. carta.
Briefbeschwerer m. pisapapeles.
Briefcouvert n. sobre.
Briefkasten m. buzón.
Briefmappe f. cartera.
Briefmarke f. sello.
Briefordner m. archivador.
Brieftasche f. cartera.
Briefträger m. cartero.
Briefwaage f. pasacartas.
Briefwechsel m. correspondencia.
Brillant m., brillant adj. brillante.
Brille f. anteojos, gafas.
bringen v. traer; llevar; Nutzen: producir; **um etwas —**, hacer perder.
Brise f. brisa.
Brocken m. pedazo.
brodeln v. hervir.
Brombeere f. zarza(mora).
Bronze f. bronce.
Brot n. pan.
Brötchen n. panecillo.
Bruch m. rotura; fractura; hernia **(innerer —)**; Zahlen: fracción.
Bruchstück n. fragmento.
Brücke f. puente.
Brückengeländer n. parapeto, pretil. [fraile.
Bruder m. hermano; Mönch:
brüderlich adj. fraternal.
Bruderschaft f. hermandad, fraternidad.
Brühe f. caldo, salsa.
brühen v. escaldar.
brüllen v. mugir; aullar.
brummen v. zumbar; gruñir.
Brünette f. morena.
Brunnen m. pozo; fuente.
Brust f. pecho, seno; Geflügel: pechuga.
Brustbild n. busto.
Brustfell n. pleura.
Brustkasten m. tórax.
Brustwarze f. pezón, tetilla, teta.
brüsten: sich —, v. jactarse.
Brüstung f. antepecho.
Brut f. cría.
brüten v. empollar.
brutto adj. (en) bruto.
Bube m. mozo; im Kartenspiel: sota.
Buch n. libro, tomo.
Buchbinder m. encuadernador.
Buchdeckel m. tapa.
Buchdruck m. impresión, imprenta.
Buchführung f. contabilidad.
Buchhalter m. tenedor de libros.
Buchhändler m. librero.
Buche f. haya.
buchen v. sentar (en cuenta).
Bücherabschluß m. balance.
Bücherei f. biblioteca.
Bücherfreund m. bibliófilo.
Bücherregal n. estante.
Büchse f. lata; fusil.
Buchstabe m. letra, carácter.
buchstabieren v. deletrear.
buchstäblich adj. literal; a la letra.
Bucht f. bahía, golfo.
Buchung f. asiento.
Buckel m. giba.
bücken v.: sich —, bajarse.
Bude f. tienda, puesto.
Budget n. presupuesto.
Büfett n. bufete.
Bug m. Schiff: proa.

Bügel m. asa, percha.
Bügeleisen n. plancha.
bügeln v. planchar.
Bühne f. escena(rio).
Bulgarien n. Bulgaria.
bulgarisch adj. búlgaro.
Bulle m. toro.
bummeln v. vagar; pasearse.
Bund m. unión, liga.
Bündel n. lío, atado.
Bundesgenosse m. aliado.
Bundesstaat m. estado federal.
Bundestag m. congreso de Diputados.
Bündnis n. alianza, coalición, confederación.
bunt adj. multicolor; vario.
Bürde f. carga, peso.
Burg f. castillo.
Bürge m. fiador.
bürgen v. garantizar, garantir; responder.
Bürger m. ciudadano.
Bürger... adj. civil.
Bürgerkrieg m. guerra civil.
Bürgermeister m. alcalde.
Bürgerschaft f. vecindario.
Bürgersteig m. acera, orilla.
Bürgschaft f. fianza, caución.
Büro n. oficina, despacho.
Bursche m. joven, mozo.
Bürste f. cepillo; brocha.
bürsten v. (a)cepillar.
Busch m. mata, arbusto.
Büschel m. y n. mechón.
Busen m. pecho, seno; golfo.
Busenfreund m. amigo íntimo.
Buße f. penitencia; multa.
büßen v. expiar; fig. pagar.
Büßer m. penitente.
Büste f. busto.
Büstenhalter m. corsé, sostén.
Butter f. mantequilla; manteca de vaca.
Butterbrot n. mantecada.
Butterfaß n. mantequera.
Buttermilch f. suero de manteca.

Camping n. camping.
Cape n. capa.
Cello n. violoncelo.
Ceylon n. Ceilán.
Champagner m. champaña, champán.
Chance f. posibilidad.
Charakter m. carácter; genio, índole, natural(eza).
Charlatan m. charlatán.
Chauffeur m. chófer.
Chaussee f. carretera; camino.
Chef m. principal, dueño; jefe.
Chefarzt m. médico en jefe.
Chemie f. química.
Chemikalien pl. productos químicos.
chemisch adj. químico.
chinesisch adj. chino.
Chirurg m. cirujano.
Chirurgie f. cirugía.
chirurgisch adj. quirúrgico.
Chlor n. cloro.
Chor m. coro.
Choral m. cántico.
Chorsänger m. corista.

Christ m. cristiano.
Christfest n. Navidad.
Christkind n. Niño Jesús.
Christentum n. cristianismo.
Christus m. Cristo, Jesucristo.
Chronik f. crónica.
Clown m. payaso.
Codex m. Código.
Conférencier m. anunciador.
Couch f. sofá, cama turca.
Cousin m. primo.
Couvert n. sobre.
Creme f. crema.
Cypern n. (Isla de) Chipre.

da adv. aquí, allí, ahí; entonces; cuando, al tiempo de; como (que); porque; puesto que.
Dabei adv. junto, cerca a eso; — **sein**, estar presente, asistir.
Dach n. tejado, techo.
Dachdecker m. techador.
Dachkammer f. guardilla.
Dachluke f. tragaluz.
Dachpappe f. cartón piedra.
Dachrinne f. gotera.
Dachziegel m. teja.
Dachs m. tejón.
dadurch adv. por allá; por ese medio, así
dadurh-daß adv. por; debido a.
dafür adv. por esto; en cambio; en recompensa de; — **und dagegen**, pro y contra.
dafürhalten v. creer.
dagegen adv. contra eso; en cambio; — **sein**, tener inconveniente en.
daheim adv. en casa.
daher adv. de ahí; de allá; por lo tanto; así.
dahin adv. hacia allí.
damals adv. (por) entonces.
Damast m. damasco.
Dame f. señora; Karte im Spiel: caballo; Brettspiel: juego de damas.
damit adv. con eso; para (que).
Damm m. dique, terraplén.
dämmern v. amanecer; obscurecer; atardecer.
Dämmerung f. crepúsculo; Morgen: alba.
Dampf m. vapor, humo.
Dampfbad n. baño de vapor.
dampfen v. vaporear, humear.
dämpfen v. reprimir; Stimme: (re)bajar; Fleisch: estofar; Schall: amortiguar.
Dampfer m. (buque de) vapor.
Dampfkessel m. caldera, generador.
Dampfmaschine f. máquina de vapor.
danach adv. después; según.
daneben adj. junto a; cerca de; además.
Danemark n. Dinamarca.
dänisch adj. dinamarqués, danés.
Dank m. gracias; **vielen —!** ¡muchas gracias!; — **sagen**, dar gracias.
dankbar adj. agradecido, reconocido.
Dankbarkeit f. gratitud; agradecimiento.
danken v. agradecer.

dann adv. entonces, después, luego; — **und wann**, a veces.
daran adv. en (a, de) eso.
darauf adv. encima (de eso); después.
daraus adv. de(sde) allí; de es(t)o. [dar.
darbringen v. ofrecer; fig. brin-
darin v. (allí) dentro.
darlegen v. exponer; declarar; mostrar.
Darlegung f. explicación.
Darlehen n. préstamo.
Darm m. intestino; tripa.
darren v. secar al horno.
darstellen v. (re)presentar.
Darstellung f. (re)presentación.
darüber adv. sobre eso; encima; además de eso; — **hinaus**, más allá.
darum adv. por es(t)o.
darunter adv. debajo; abajo; menos; entre. [**was**, lo que.
das art. el, la, lo; es(t)o; —
Dasein n. existencia; vida.
daß conj. que; **so —**, de modo que.
dasselbe pron. lo mismo.
datieren v. fechar; datar.
Dattel f. dátil.
Dattelpalme f. palmera.
Datum n. fecha; día.
Dauer f. duración, permanencia; **auf die —**, a la larga.
dauerhaft adj. duradero; persistente. [compasión.
dauern v. durar, tardar; inspirar
dauernd adj. continuo.
Dauerwellen f. pl. ondulación permanente.
Daumen m. pulgar.
davon adj. de ello; —**laufen**, escapar; —**tragen**, ganar; llevar.
davor adv. delante de.
dazu adv. a (con, para) eso; además.
dazwischen adv. entre, en medio; de por medio; —**kommen**, —**treten**, intervenir; —**legen**, interponer; — **llegend** adj. intermedio. [tar.
debattieren v. debatir, disputar.
Debet n. debe; adeudado.
Debüt n. estreno, debut.
Deck n. puente; cubierta (Schiff).
Deckbett n. colcha.
Decke f. cubierta; manta; cobertor. Stube: techo.
Deckel m. tapa(dera).
decken v. cubrir; tapar; poner (la mesa).
Deckung f. abrigo; seguridad.
Degen m. espada.
Degenstoß m. estocada.
dehnen v. extender; dilatar; estirar; prolongar.
Dehnung f. extensión; prolongación; expansión.
Deich m. dique.
Deichsel f. lanza; tronco.
dein(e) pron. tu, tus; **die Deinen** m. pl. los tuyos.
deinetwegen adv. por ti.
Dekolleté n. escote.
Dekorateur m. decorador.
Delikatesse f. delicadeza; golosina.
Delikatessenhandlung f. tienda de comestibles finos.
demnach adv. según es(t)o.
demnächst prep. pronto; próximamente.
Demokrat m., **demokratisch** adj. demócrata.
Demokratie f. democracia.
Demonstrativpronomen n. pronombre demostrativo.
Demut f. humildad.
demütig adj. humilde, sumiso.

Demütigung f. humillación.
Denkmal n. monumento.
Denkmünze f. medalla.
Denkschrift f. memoria.
denken v. pensar (en) reflexionar; opinar; imaginarse; figurarse.
denn conj. pues; porque.
dennoch conj. sin embargo; no obstante; con todo eso.
deponieren v. depositar.
Depositen n. pl. depósitos.
der art. el lo; es(t)e.
derart adv. de tal modo; tan.
derb(e) adj. recio, fuerte; fig. brusco, áspero.
deren adj. cuyo.
derer adj. de estos, -as.
derjenige adj. (el) aquel.
desgleichen adj. asimismo, igualmente.
deshalb adv. por es(t)o; por tal motivo.
desinfizieren v. desinfectar.
desodorieren v. desodorar.
desodorierend adj., **Desodorierungsmittel** n. desodorante.
dessen adj. del cual, cuyo.
destillieren v. destilar.
desto adv. tanto; **je größer,** **besser** cuanto mayor, tanto mejor.
Detail n. detalle, pormenor.
Detektiv m. detective.
deuten v. interpretar; indicar.
deutlich adj. claro; preciso.
Deutlichkeit f. claridad; distinción.
deutsch adj. alemán.
Deutschland n. Alemania.
Dezember m. diciembre.
Diagnose f. diagnóstico.
Dialog m. diálogo.
Diät f. dieta; régimen.
dich pron. te, (a) ti.
dicht adj. espeso, denso; compacto.
dichten v. componerse versos; (ab-), impermeabilizar.
Dichter m. poeta.
Dichtigkeit f. densidad.
Dichtung f. poesía.
dick adj. grueso; corpulento; gordo.
Dicke f. espesor.
Dieb m. ladrón.
Diebstahl m. hurto; robo.
Diele f. tabla; vestíbulo.
dienen v. servir (para).
Diener m. criado; servidor.
dienlich adj. útil, oportuno.
Dienst m. servicio, oficio; empleo; función.
Dienstag m. martes.
diensteifrig adj. oficioso.
dienstlich adj. oficial.
Dienstmädchen n. criada.
Dienstvorschrift f. ordenanza.
dieser, diese, dieses (dies), adj. este, esta, esto.
Dietrich m. ganzúa (llave).
Diktaphon m. dictáfono.
Diktat n. dictado.
diktieren v. dictar.
Ding n. cosa; objeto.
dir pron. te; a ti.
Direktor m. gerente, jefe.
Dirigent m. director de orquesta.
diskontieren v. descontar.
Distel f. cardo.
Dividende f. dividendo; cuota.
dividieren v. dividir. [pues.
doch conj. sin embargo; pero;
Docht m. mecha.
Dock n. dársena.
Doktor m. doctor; médico.
Dokument n. documento.
Dokumentar... adj. documental.
Dokumentarfilm m. documental.

Dolch m. puñal; daga.
Dollar m. dólar.
Dolmetscher m. intérprete.
Dom m. catedral.
Donner m. trueno.
donnern v. tronar.
Donnerstag m. jueves.
Doppel n. doble; duplicado.
Doppel... adj. doble.
Doppeldecker m. biplano (avión).
Doppelpunkt m. dos puntos.
doppelsinnig adj. ambiguo.
doppelt adj. doble.
Dorf n. aldea; pueblo.
Dorn m. espina; púa.
dort adv. allí; allá; (por) ahí.
dorther adj. de allí.
dorthin adj. hacia allí.
dortig adj. de allí.
Dose f. caj(it)a; lata.
Dosenöffner m. abrelatas.
dosieren v. dosificar.
Dosis f. dosis; toma.
Dotter m. yema (de huevo).
Draht m. hilo; alambre.
Drahtgitter n. alambrado.
drahtlos adj. sin hilos.
Drahtseilbahn f. ferrocarril funicular.
Drang m. apretura; aprieto.
drängen v. apretar; empujar; insistir; urgir.
drau\u03b2en adv. fuera, afuera.
Drechsler m. torneador.
Dreh... adj. rotativo; giratorio.
Drehbank f. torno.
drehen v. volver, dar vueltas; girar; Film: rodar; torcer; **ro**-tar.
Drehung f. rotación.
drei adj. tres.
dreieckig adj. triangular.
dreifach adj. triple.
dreifarbig adj. tricolor.
Dreikönigstag m. Epifanía.
dreisilbig adj. trisílabo.
dreist adj. insolente.
dreschen v. trillar.
Dreschmaschine f. trilladora.
dressieren v. adiestrar.
dringend, dringlich adj. urgente.
drinnen adv. (allí) dentro.
Drittel n. tercio.
drohen v. amenazar.
dröhnen v. retumbar.
Drohung f. amenaza; reto.
Droschke f. coche de punto.
Drosselung f. estrangulación.
drüben adv. al otro lado.
Druck m. (com)presión; Buch: impresión.
drucken v. imprimir.
Drucker m. impresor.
Druckerei f. imprenta, taller gráfico.
Druckfehler m. errata.
Druckknopf m. botón (de presión).
Druckmesser m. manómetro.
Drucksache f. impreso.
Drucktopf m. olla a presión.
drücken v. prensar; estrechar; comprimir, pesar; fig. agobiar.
drückend adj. opresivo.
Drücker m. picaporte (Tür); gatillo (Gewehr).
Drüse f. glándula.
du pron. tú.
Duell n. duelo.
Duett n. dúo.
Duft m. perfume.
dulden v. sufrir; aguantar; tolerar.
duldsam adj. tolerante.
Duldung f. tolerancia.
dumm adj. imbécil; tonto.
dumpf adj. sordo; ahogado.
Düne f. duna.
Dung m. abono; estiércol.

Dünkel m. presunción.
dunkel adj. obscuro; opaco.
Dunkelheit f. obscuridad.
dunkeln v. anochecer; obscurecer.
dünn adj. delgado; fino; claro.
Dunst m. vaho; humo.
Duplikat n. duplicado.
durch prep. a través de; por medio de; **— und —**, absolutamente.
durchaus adv. enteramente, por completo; **— nicht**, de ningún modo.
durchblicken v. entrever; recorrer; mirar por.
durchbohren v. taladrar, perforar.   [abrir brecha.
durchbrechen v. quebrar(se);
durchdringend adj. penetrante.
durcheinander adj. revuelto; confuso.
Durchfahrt f. travesía; paso.
Durchfall m. diarrea.
durchfallen v. fracasar; Prüfung: **— lassen**, suspender.
durchfliegen v. atravesar (volando).
Durchfuhr f. tránsito.
durchführen v. ejecutar; lograr.
Durchgang m. paso; pasaje.
Durchgangszoll m. derecho de tránsito.
durchgehen v. pasar; desbocarse (el caballo); examinar, repasar.
durchgreifend adj. enérgico.
durchkreuzen v. cruzar; atravesar.
durchlassen v. dejar pasar.
durchlaufen v. recorrer.
durchlesen v. leer; repasar.
Durchleuchtung f. radioscopia.
durchlöchern v. perforar; agujerear; acribillar.
durchlüften v. ventilar.
Durchmesser m. diámetro.
durchpausen v. calcar.
durchqueren v. atravesar.
durchreisen v. pasar por.
durchreißen v. rasgar.
durchschauen v. fig. calar.
durchscheinend adj. traslúcido, transparente.
Durchschlag m. colador; copia.
durchschneiden v. cortar; fig. cruzar.
Durchschnitt m. promedio.
durchschnittlich adv. por término medio.
Durchschnitts... adj. medio; fig. mediano.   [gir.
durchsehen v. repasar; corregir.
durchsetzen v. conseguir; **sich —**, imponer(se).
Durchsicht f. examen; revisión.
durchsichtig adj. transparente; traslúcido.
Durchstich m. abertura; brecha; túnel.
durchstreichen v. tachar, borrar; rayar.
durchsuchen v. registrar.
durchtrieben adj. astuto.
durchwachen v. pasar en vela (la noche).
durchwärmen v. caldear, calentar.
durchwaten v. vadear.
durchweg adv. generalmente; siempre.
durchwühlen v. revolver.
durchzeichnen v. calcar.
durchziehen v. (hacer) pasar a través; recorrer.
dürfen v. poder; tener derecho; **ich darf nicht**, no debo.
Dürftigkeit f. pobreza.
dürr adj. árido, seco; magro.
Dürre f. sequedad; sequía; aridez.
Durst m. sed.

dürsten v. tener sed; fig. anhelar.
durstig adj. sediento.
Dusche f. ducha.
Düse. f. tobera.
Düsenantrieb m. impulsión por reacción.
Düsenbomber m. reactor bombardero.
Düsenflugzeug n., **Düsenjäger** m. avión de reacción.
düster v. obscuro; lúgubre.
Dutzend n. docena.
dutzendweise adv. por docenas.
Dynamit n. dinamita.

Ebbe f. reflujo; bajamar; marea baja.
eben adj. llano; liso; adv. exactamente; apenas.
Ebenbild n. retrato.   [bién.
ebenfalls adv. igualmente; tam-
Ebenholz n. ébano.
ebenso adv. asimismo; **— wie tan... como.**   [tanto.
ebensosehr, ebensoviel adv.
Ebene f. llanura; plano.
Echo n. eco.
Echolot n. ecómetro.
echt adj. verdadero; propio; auténtico; original.
Ecke f. ángulo; rincón; esquina.
Eckhaus n. casa de la esquina.
Ecktisch m. rinconera.
Eckzahn m. colmillo.
edel adj. noble; Metall: precioso.
Edelmann m. noble; caballero.
Edelstein m. piedra preciosa; joya.
Edelwei\u03b2 n. leontopodio.
egal adj. igual semejante.
Egge f. rastr(ill)o.
ehe adv. antes de (que).
Ehe f. matrimonio.
Ehebrecher m. adúltero.
ehelich adj. conyugal; Kind: legítimo.
Eheleute pl. esposos, cónyuges.
Ehemann m. marido, esposo.
Ehepaar n., **Ehestand** m. matrimonio.
ehemals adv. antiguamente.
eher adv. más bien; antes que.
Ehrbarkeit f. honradez; probidad.
Ehrfurcht f. (profundo) respeto, veneración.
Ehrgeiz m. ambición.
ehrliebend adj. leal.
Ehrlichkeit f. honradez.
ehrlos adj. infame; deshonrado.
ehrwürdig adj. venerable, respetable.
Ehre f. honor; honra.
ehren v. honrar; respetar.
Ehrenamt n. cargo honorífico.
Ehrenmann m. hombre de honor, hombre honrado.
ehrenvoll adj. honoroso, honorable.
Ehrenwort n. palabra (de honor).
Ei n. huevo.
Eigelb n. yema.   [men.
Eiwei\u03b2 n. clara de huevo; albu-
Eiche f. encina, roble.
Eichel f. bellota.
eichen v. marcar, contrastar, aforar.

Eichhörnchen n. ardilla.
Eichma\u03b2 n. patrón.
Eid m. juramento; **— leisten** prestar.
Eidechse f. lagarto.
Eierbecher m. huevero.
Eierkuchen m. tortilla.
Eierstock m. ovario.
Eifer m. fervor, ardor, afán.
Eifersucht f. celos.
eifersüchtig adj. celoso.
eigen adj. propio; particular.
Eigenart f. singularidad.
eigenmächtig adj. arbitrario.
Eigenname m. nombre propio.
Eigennutz m. interés (personal).
Eigensinn, -wille m. obstinación.   [ter.
Eigenschaft f. cualidad; carác-
Eigenschaftswort n. adjetivo.
eigentlich adj. propio, verdadero; adv. propiamente; a la verdad.
Eigentum n. propiedad.
eigentümlich adj. propio; peculiar; extraño.
eignen v.: **sich —**, ser apto, útil, a propósito.
Eilbote m. correo expreso.
Eile f. urgencia; **— haben**, tener prisa; urgir.
eilends adv., **eilig** adj. apresurado; urgente; adv. de prisa.
Eilfracht f. carga a gran velocidad.
Eilmarsch m. marcha forzada.
Eilzug m. (tren) rápido.
Eimer m. cubo.
ein, einer, eine, eines art. un, uno, una; **— Uhr,** la una.
einander pron. uno a otro.
einäschern v. incinerar.
einatmen v. aspirar; inhalar.
einäugig adj. tuerto.
Einband m. encuadernación.
Einbildung f. imaginación; ilusión; presunción.   [idea.
Einblick m. vista; mirada; fig.
einbrechen v. romper (-se); cometer robo con fractura.
Einbruch m. rotura; robo con fractura; caída (Nacht).
einbürgern v. naturalizar.
Einbu\u03b2e f. pérdida; daño.
eindringen v. penetrar; invadir (enemigo).
Eindringling m. instruso.
Eindruck m. estampa; fig. efecto, impresión.
einerlei adv. lo mismo.
einfach adj. simple.
einfädeln v. enhilar, enhebrar; fig. tramar; entablar.
Einfahrt f. entrada; puerta cochera; boca (Hafen).
Einfall m. caída; invasión; idea.
einfallen v. invadir; ocurrírsele a uno.
Einfalt f. candidez.
einfarbig adj. unicolor.
einfassen v. orlar; guarnecer; Steine: engastar.
einfetten v. untar; engrasar.
einflö\u03b2en v. instilar (Medizin); inspirar, infundir (miedo).
Einflu\u03b2 m. embocadura; fig. prestigio; influencia.
einförmig adj. uniforme.
einfügen v. encajar; incluir.
Einfuhr f. importación.
Einfuhrverbot n. prohibición de importar.
Einfuhrzoll m. derechos de entrada.

einführen v. introducir; importar.
Einführung f. introducción.
einfüllen v. envasar.
Eingabe f. petición.
Eingang m. entrada; ingreso.
Eingeboren adj. nativo, indígena.
Eingebung f. inspiración.
eingehen v. ingresar (fondos); extinguirse; contraer (matrimonio).
Eingemachte(s) n. confitura; conserva; mermelada.
eingeschrieben adj. Brief: (por correo) certificado.
Eingeständnis n. confesión.
eingeweide n. intestinos; entrañas; vísceras, tripas.
eingewöhnen v. acostumbrar.
eingießen v. echar, verter.
Eingriff m. intervención; usurpación; Arzt: operación.
einhalten v. retener; pararse; Versprechen: cumplir.
einhändigen v. entregar.
einheimisch adj. del país; nativo; nacional.
Einheit f. unidad, conjunto.
Einholen v. alcanzar; comprar.
einhüllen v. envolver; tapar.
einig adj. de acuerdo.
einige pron. pl. algunos.
einigen v. poner de acuerdo, unir.
einigermaßen adv. en cierto modo.
Einigkeit f. acuerdo, conformidad.
Einkassierung f. cobro.
Einkauf m. compra.
einkaufen v. comprar.
Einkaufspreis m. precio de coste.
Einkehr f. hospedaje.
einkerben v. hacer muescas.
einklammern v. trabajar; poner entre paréntesis.
Einklang m. fig. armonía.
Einkommen n. renta, ingreso.
Einkommensteuer f. impuesto sobre la renta.
einladen v. invitar.
Einladung f. invitación, convite; cita.
Einlage f. imposición (Geld); plantilla (Schuh).
Einlaß m. admisión.
einlassen v. dejar entrar.
einlaufen v. Stoff: encogerse.
einlegen v. Geld: imponer, ingresar; depositar.
einleiten v. introducir; preparar; encaminar; iniciar.
einleuchtend adj. obvio.
einlösen v. redimir; cobrar.
einmal adv. una vez; auf —, de una vez; de improviso; nicht —, ni siquiera; ni aun.
Einmaleins n. tabla (o sistema) de multiplicar.
einmauern v. empotrar.
Einmütigkeit f. conformidad.
Einnahme f. toma; renta(s).
Einöde f. desierto.
einölen v. enaceitar.
einpacken v. empaquetar.
einpflanzen v. (im)plantar.
einprägen v. imprimir, grabar; fig. imbuir.
einrahmen v. encuadrar.
einrammen v. (a)pisonar.
einräumen v. (con)ceder.
einreiben v. friccionar.
einreihen v. alistar; enfilar.

einreißen v. desgarrar(se).
einrenken v. reducir; arreglar.
einrichten v. organizar; disponer; establecer; instalar; amueblar.
Eins f. uno.
einsalben v. untar; ungir.
einsalzen v. salar.
einsam adj. sol(itari)o, retirado.
Einsamkeit f. soledad, desierto.
einsammeln v. (re)coger.
einschalten v. intercalar; Geräte: conectar, enchufar.
einschenken v. llenar (el vaso).
einschicken v. enviar, remitir.
einschieben v. meter; intercalar.
Einschiffung f. embarque.
einschlafen v. adormecerse.
einschlagen v. clavar; embalar; seguir (un camino).
einschließen v. (en)cerrar; incluir; contener; comprender.
einschließlich adv. inclusive.
einschmeicheln v. insinuarse.
einschmelzen v. (re)fundir.
einschmieren v. untar; engrasar.
einschneidend adj. fig. radical.
Einschränkung f. limitación, restricción, reducción.
einschreiben v. inscribir; registrar; matricular; certificar (cartas).
Einschreiben n. certificado.
einschreiten v. intervenir.
Einschüchterung f. intimidación.
einsehen v. entender.
einseifen v. (en)jabonar.
einseitig adj. unilateral.
einsetzen v. poner; colocar en; insertar; instituir; establecer; instalar; sich — für, abogar por.
Einsicht f. comprensión; inspección.
einsichtig adj. inteligente.
Einsiedler m. ermitaño.
einsperren v. encarcelar.
Einspritzung f. inyección.
Einspruch m.: — erheben, oponerse; protestar.
einspurig adj. de una sola vía.
einst adv. un día; en otros tiempos, antiguamente.
einstecken v. meter; embolsar; fig. tragar(se).
einsteigen v. subir, montar.
einstellen v. emplear; suspender (pago); Kamera: enfocar; Arbeit: declararse en huelga; Maschine: regular, ajustar.
einstimmig adj. unánime.
einstürzen v. derrumbarse.
einstweilen adv. entretanto.
eintauschen v. cambiar; trocar.
einteilen v. dividir, repartir; distribuir; clasificar.
eintönig adj. monótono.
Eintracht f. concordia.
eintragen v. inscribir; registrar; rentar, rendir.
einträglich adj. productivo.
eintreiben v. Nagel: clavar; Geld: activar el pago.
eintreten v. entrar; ingresar; geschehen: ocurrir.
Eintritt m. entrada; ingreso.
Eintrittskarte f. entrada, billete; boleto.
einverleiben v. incorporar(se).
einverstanden adv. de acuerdo; conforme.
Einverständnis n. acuerdo.
Einwand m. objeción.
einwandern v. inmigrar.
einweihen v. inaugurar; estrenar.

einwickeln v. envolver; arrollar.
einwilligen v. consentir (en).
Einwohner m. habitante.
einzahlen v. pagar, imponer.
einzäunen v. acotar; cercar.
Einzelhaft f. incomunicación.
Einzelhändler m. detallista.
Einzelwesen n. individuo.
Einzelheit f. detalle, pormenor.
einzeln adj. solo; aislado; suelto; adv. separadamente.
einziehen v. entrar (Haus); Besitz: confiscar; adquirir (informes); cobrar (Geld).
einzig adj. único; singular.
Eis n. hielo; eßbares: helado.
Eisbahn f. patinadero.
Eisbär m. oso blanco.
Eisbrecher m. rompehielos.
eiskalt adj. helado; glacial.
Eislauf m. patinaje.
Eisschrank m. nevera.
Eiszeit f. época glacial.
Eisen n. hierro.
Eisenbahn f. ferrocarril.
Eisen... adj. ferroviario; de tren(es).
Eisenbahnwagen m. vagón.
Eisenbahnzug m. tren.
Eisenbeschlag m. herraje.
Eisenbeton m. hormigón armado.
Eisenwaren f. pl. ferretería.
eisern adj. de hierro.
eiserner Vorhang m. fig. Telón de Acero.
eitel adj. van(idos)o; frívolo.
Eitelkeit f. vanidad.
Eiter m. pus.
eiterig adj. purulento; supurativo.
eitern v. supurar.
Ekel m. asco, repugnancia.
ekelhaft adj. asqueroso.
ekeln v. repugnar, dar asco.
elektrisch adj. eléctrico.
elektrisieren v. electrizar.
Elektrizität f. electricidad.
Elektronenlehre Elektronik f. electrónica.
Elektromagnet m. electroimán.
Elektrotechnik f. electrotecnia.
Element n. elemento; pila.
elend adj. miserable; desdichado.
Elend n. miseria.
Elf f. once.
Elfe f. sílfide.
Elfenbein n. marfil.
Ellbogen m. codo.
elterlich adj. paternal, paterno.
Eltern m. pl. los padres.
Embryo m. embrión.
Empfang m. recibo, recepción, acogida.
empfangen v. recibir; acoger.
Empfänger m. receptor (Rundfunk); destinatario.
Empfängnis f. concepción.
Empfangsschein m. (acuse de) recibo, resguardo.
Empfangszimmer n. sala de recibo.
empfehlen v. recomendar.
empfehlenswert adj. recomendable.
Empfehlung f. recomendación; recuerdos.
empfinden v. sentir.
empfindsam adj. sensible; sentimental.
Empfindung f. sensación.
empor adv. (hacia) arriba.
emporbringen v. elevar, llevar adelante.
emporsteigen v. ascender, subir.
empören v. sublevar; indignar; sich —, rebelarse.
emsig adj. asiduo, activo.

End... m. extremo, final.
Ende n. fin(al), término.
enden v. acabar; terminar(se).
endgültig adj. definitivo.
endlich adv. en fin, finalmente.
Endung f. terminación.
eng adj. estrecho; ceñido.
Engel m. ángel.
England n. Inglaterra.
englisch adj. inglés.
Enkel m. nieto.
entarten v. degenerar.
entbehren v. carecer, necesitar.
Entbehrung f. carencia, miseria.
Entbindung f. dispensa; parto.
entblößen v. descubrir; desnudar; despojar.
entdecken v. descubrir.
Ente f. pato, pata; fig. gazapo.
entehren v. deshonrar; profanar; prostituir.
Enteignung f. expropiación.
enterben v. exheredar.
entfärben v. desteñir.
entfernen v. alejar; apartar; retirar.
entfernt v. apartado; remoto.
Entfernung f. distancia.
entfremden v. enajenar.
entführen v. secuestrar.
entgegen v. contra(rio, a).
entgegeneilen v. correr al encuentro de.
entgegenkommen v. fig. complacer.
entgegenwirken v. contrarrestar.
entgegnen v. responder.
Entgelt n. recompensa.
entgleisen v. descarrilar.
enthaaren v. pelar, depilar.
enthalten v. contener, incluir; sich —, abstenerse de.
Enthaltsamkeit f. abstinencia.
enthaupten v. decapitar.
entkleiden v. desnudar; despojar.
entkommen v. evadir(se).
entkorken v. descorchar.
entkräften v. debilitar.
entladen v. descargar.
entlang prep. a lo largo de.
entlassen v. despedir.
entlasten v. descargar.
entlegen adj. remoto; lejano.
entmutigen v. desanimar.
entnehmen v. tomar; sacar.
entreißen v. arrancar; quitar.
entrüsten v. indignar(se).
entsagen v. renunciar a; abdicar (la corona).
entschädigen v. indemnizar; reintegrar(se); recompensar.
entscheiden v. decidir; resolver; fallar (sentencia).
entscheidend adj. decisivo.
entschließen v.: sich —, decidirse.
entschlossen adj. decidido; resoluto.
Entschluß m. resolución, determinación, decisión.
entschuldigen v. excusar; disculpar, dispensar.
Entschuldigung f. excusa, disculpa.
entsetzen v. destituir; horrorizar; espantar.
Entsetzen n. espanto, consternación.
entsetzlich adj. horrible.
entsetzt adj. atónito.
entsinnen v.: sich —, acordarse; recordar.   [der a.
entsprechen v. (cor)responder.
entsprechend adj. análogo; correspondiente; conforme.
entspringen v. originarse.
entstehen v. nacer; resultar.
entstellen v. deformar.
enttäuschen v. desengañar.

entvölkern v. despoblar.
entwaffnen v. desarmar.
entwässern v. desaguar; desecar.
Entwässerung f. desagüe.
entweder: conj. — ... oder o... o.
entweichen v. Gas: escapar(se).
entwenden v. robar, hurtar.
entwerfen v. trazar, proyectar; bosquejar.
entwerten v. depreciar.
entwickeln v. desarrollar; revelar (Filme); fig. idear.
Entwickler m. revelador.
Entwicklung f. evolución; desarrollo.
entwinden v. arrancar, quitar con violencia.
entwirren v. desembrollar.
entwöhnen v. Kind: destetar.
entwürdigen v. degradar.
Entwurf m. proyecto, plan, borrador, bosquejo.
entziehen v. privar de.
entziffern v. descifrar.
entzückend adj. encantador.
entzünden v. inflamar; encender.
Entzündung f. inflamación.
entzwei adv. roto.
entzweibrechen v. romper, quebrar.
entzweien v. desunir; enemistar.
Epoche f. época.
er pron. él.
erachten v. creer; juzgar.
Erachten n. opinión.
erbarmen v. dar lástima; sich —, compadecerse, tener lástima.
erbärmlich adj. miserable.
erbauen v. construir; edificar.
Erbe m. heredero; n. herencia, sucesión.
erben v. heredar.
erbitten v. solicitar; pedir.
erbittern v. exasperar, amargar; fig. enojar.
erbittert adj. resentido.
erblassen, erbleichen v. palidecer.
erblich adj. hereditario.
erblicken v. divisar; ver.
erblinden v. cegar, quedarse ciego.
erbrechen v. forzar; sich —, vomitar.
Erbrochen n. vómito.
Erbschaft f. herencia.
Erbse f. guisante.
Erdball m. globo terrestre.
Erdbeben n. terremoto.
Erdbeere f. fresa.
Erde f. tierra, mundo.
erden v. dar tierra a (una antena).
Erdgeschoß n. piso bajo, planta.
Erdkarte f. mapamundi.
Erdkunde f. geografía.
Erdnuß f. cacahuete.
Erdöl n. petróleo.
Erdölleitung f. oleoducto.
Erdteil m. continente.
erdolchen v. apuñalar.
erdreisten v.: sich —, atreverse.
erdrosseln v. estrangular.
erdrücken v. aplastar; sofocar.
erdulden v. soportar.
ereignen v.: sich —, suceder; ocurrir.
Ereignis n. acontecimiento, suceso.
erfahren v. enterarse; saber; experimentar; adj. experto.
Erfahrung f. experiencia, práctica.
erfinden v. inventar; idear.
Erfindung f. invención.

Erfolg m. éxito.
erfolgen v. resultar; ocurrir.
erfolglos adj. infructuoso; sin efecto.
erfordern v. requerir, exigir; pedir.
erforschen v. examinar; investigar; explorar.
erfreuen v. alegrar.
erfreut adj. contento.
erfrieren v. helarse.
erfrischen v. refrescar.
erfüllen v. llenar; cumplir.
Erfüllung f. cumplimiento, realización.
ergänzen v. añadir; comple(men)tar; suplir.
ergeben v. producir; valer; sich —, rendirse; resultar.
Ergebnis n. resultado, producto.
ergiebig adj. rico, productivo.
ergießen v.: sich —, derramar(se).
ergreifen v. coger; asir.
ergründen v. profundizar; fig. averiguar, espiar.
Erguß m. derrame; efusión.
erhaben adj. de relieve; excelso.
erhalten v. conservar; sostener; mantener; percibir.
erhaltung f. conservación.
erhängen v. ahorcar.
erhärten v. endurecer(se).
erhaschen v. coger; fam. pescar.
erheben v. exaltar; elevar; cobrar; sich —, remontarse.
erheblich adj. importante; considerable.
erhellen v. iluminar.
erhitzen v. calentar.
erhöhen v. elevar; levantar; realzar; aumentar (precio).
erholen v.: sich —, recrearse.
erinnern v. recordar; sich —, acordarse de.
Erinnerung f. recuerdo, memoria.
erkalten v. enfriarse.
erkälten v.: sich —, constiparse; resfriarse.
Erkältung f. constipado, resfriado.
erkennen v. reconocer; divisar.
erkenntlich adj. reconocido.
Erkenntnis f. entendimiento.
Erklärung f. explicación; Krieg: declaración.
erkranken v. caer enfermo.
erkundigen v.: sich —, informarse; inquirir.
erlangen v. alcanzar, lograr.
Erlaß m. edicto, decreto.
erlassen v. perdonar; dispensar; emitir; publicar.
erlauben v. permitir.
Erlaubnis f. permiso, licencia.
Erläuterung f. aclaración; explicación.
Erle f. aliso, chopo.
erleben v. vivir hasta; experimentar; ver.
erledigen v. acabar; expedir.
erleichtern v. aliviar; facilitar.
erlernen v. aprender.
erleuchten v. iluminar.
Erlös m. producto.
erlöschen v. extinguirse.
erlösen v. librar, salvar.
ermächtigen v. autorizar; apoderar.
ermahnen v. amonestar.
ermäßigen v. moderar; reducir, rebajar (precio).
ermatten v. fatigar, cansar.
ermitteln v. averiguar.
ermöglichen v. facilitar.
ermorden v. asesinar; matar.
Ermüdung f. cansancio, fatiga.
ermutigen v. animar.

ernähren v. alimentar; nutrir; sustentar.
Ernährung f. alimentación.
ernennen v. nombrar; elegir.
Erneuerung f. renovación.
erniedrigen v. rebajar; fig. envilecer.
Erniedrigung f. fig. humillación.
ernst adj. serio; grave.
Ernst m. seriedad, gravedad.
Ernte f. cosecha, recolección.
ernten v. cosechar; recolectar.
erobern v. conquistar, tomar.
eröffnen v. abrir; inaugurar; hacer saber.
erörtern v. discutir.
Erpressung f. fig. chantaje.
erproben v. experimentar, ensayar.
erprobt adj. probado.
erregen v. excitar, irritar; conmover; agitar.
Erregung f. emoción, agitación.
erreichen v. alcanzar; llegar a; conseguir.
errichten v. erigir; establecer; construir; levantar.
erringen v. ganar, obtener.
erröten v. ruborizarse.
Ersatz m. compensación, remplazo, substituto.
Ersatz... adj. de repuesto, de recambio.
Ersatzmann m. substituto.
Ersatzmittel n. sucedáneo.
erscheinen v. aparecer; asomarse; salir, publicarse (libro).
erschießen v. matar; fusilar.
erschöpfen v. agotar; cansar, extenuar.
Erschöpfung f. agotamiento, extenuación.
erschrecken v. espantar; asustar; aterrar.
erschüttern v. estremecer; sacudir; conmover.
Erschütterung f. conmoción; sacudida.
erschweren v. dificultar.
ersetzen v. remplazar; substituir; indemnizar.
ersinnen v. imaginar(se).
erspähen v. espiar.
ersparen v. ahorrar; economizar.
erst adj. primero; principal; adv. primeramente, antes; sólo.
erstgeboren adj. primogénito.
erstklassig adj. de primera clase.
erstarren v. entumecerse; helarse, congelarse.
erstatten v. devolver; reembolsar.
Erstaufführung f. estreno.
erstaunen v. admirar(se).
erstaunlich adj. asombroso.
erstaunt adj. asombrado.
erstechen v. acuchillar.
ersticken v. sofocar; ahogar(se), asfixiar(se).
ersuchen v. pedir; solicitar.
erteilen v. dar; conceder.
ertönen v. (re)sonar.
Ertrag m. producto, renta, beneficio.
ertragen v. soportar; aguantar; resistir.
erträglich adj. soportable; tolerable.
ertränken v. ahogar.
ertrinken v. ahogarse.
erwachen v. despertarse.
erwachsen adj. adulto.
erwägen v. considerar; ponderar; examinar.
erwähnen v. escoger; elegir.
erwähnen v. mencionar.
erwärmen v. calentar.
erwarten v. aguardar, esperar.

Erwartung f. espera, expectación.
erweichen v. ablandar(se).
erweisen v. (de)mostrar, manifestar; hacer (honor); sich — als resultar.
erweitern v. ensanchar.
Erwerb m. adquisición, ganancia.
erwerben v. adquirir; merecer.
Erwerbslose(r) m. parado forzoso.
Erwerbsquelle f. recurso, oficio.
Erwiderung f. respuesta, contestación, réplica.
erwürgen v. estrangular.
Erz n. mineral, metal.
erzählen v. contar, narrar; referir.
Erzählung f. historia, cuento.
Erzbischof m. arzobispo.
Erzengel m. arcángel.
Erzfeind m. enemigo mortal.
erzhaltig adj. metalífero.
Erzherzog m. archiduque.
erzeugen v. producir; crear.
Erzeugnis n. producto.
erziehen v. criar, educar.
Erziehung f. crianza, educación.
Erziehungs... adj. educativo.
erzielen v. lograr, obtener.
erzürnen v. encolerizar.
es pron. ello, lo.
Esche f. fresno.
Esel m. burro, asno.
eßbar adj. comestible.
essen v. comer.
Essen n. comida, plato.
Essig m. vinagre.
Eßlöffel m. cuchara.
Eßlust f. apetito.
Eßtisch m. mesa de comedor.
Eßwaren f. pl. comestibles.
Etage f. piso.
Etikett n. rótulo.
Etui n. estuche.
etwa adj. acaso; — zwanzig unos veinte.
etwas adv. algo; un poco de.
euch pron. os; a vosotros.
euer adj. vuestro; vuestros.
Eule f. búho, lechuza.
europäisch adj. europeo.
Euter n. ubre.
ewig adj. eterno, perpetuo.
Ewigkeit f. eternidad.
Exemplar n. ejemplar, copia.
Existenz f. existencia.
Existenzialist m. existencialista.
exotisch adj. exótico.
explodieren v. hacer explosión, explotar.
Export m. exportación.
exportieren v. exportar.
extra adv. extra, accesorio, aparte.
Extrablatt n. suplemento extraordinario.
Extrazug m. tren especial.

Fabel f. fábula, cuento.
Fabrik f. fábrica.

Fabrikant m. fabricante.
Fabrikat n. producto.
Fabrikarbeiter m. obrero.
Fabrikmarke f. marca registrada.
Fabrikpreis m. precio de fábrica.
fabrizieren v. fabricar, manufacturar.
Fach n. compartimiento; anaquel; tabla (de un estante); cajón; ramo.
Facharzt m. (médico) especialista.
Fachausdruck m. término técnico.
Fachmann m. experto, perito, profesional.
Fachwerk n. entramado.
Fächer m. abanico.
Fackel f. hacha, antorcha.
fade adj. soso, insípido.
Faden m. hilo.
Fadennudeln f. pl. fideos.
fadenscheinig adj. raído.
fähig adj. capaz, apto; hábil.
Fähigkeit f. capacidad, habilidad; poder.
fahl adj. descolorido, pálido.
fahnden v. perseguir.
Fahne f. bandera; pabellón.
Fahrbahn f. carretera, pista.
fahren v. mit der Bahn: ir, andar en; selbst: conducir; Waren: transportar.
Fahrer m. chófer, conductor.
Fahrgast m. viajero, pasajero.
Fahrgeld n. pasaje.
Fahrkarte f. billete, boleto.
fahrlässig adj. negligente.
Fahrplan m. horario (de trenes).
Fahrrad n. bicicleta.
Fahrstuhl m. ascensor, montacargas.
Fahrt f. viaje; trayecto.
Fahrzeug n. vehículo.
Fähre f. balsa, pontón.
Fährmann m. barquero.
Fährte f. rastro, huella.
Falke m. halcón.
Fall m. caída; fig. caso, hecho; asunto; Prozeß: causa.
Fallschirm m. paracaídas.
Fallschirmspringer m. paracaidista.
Fallsucht f. epilepsia.
Falle f. trampa, lazo.
fallen v. caer; bajar (Preis); lästig —, molestar; schwer —, costar (trabajo).
fällen v. talar (Baum); Urteil: sentenciar.
fällig adj. vencido; pagadero.
Fälligkeit f. vencimiento.
falls adv. en caso que; si.
falsch adj. falso; incorrecto.
fälschen v. falsear, falsificar; adulterar.
Falschmünzer m. monedero falso.
Falt... adj. plegable.
Falte f. pliegue, arruga, doblez.
falten v. doblar; plegar; arrugar, fruncir (la frente).
Falter m. mariposa.
Falz m. ranura.
Familie f. familia.
Familien... adj. familiar.
Familienname m. apellido.
Fang m. presa, captura.
fangen v. coger, prender.
Farbe f. color, tinte; pintura.
Farbfilm m. película en color(es).

farbig adj. colorado, de color.
farblos adj. incoloro.
Farbstoff m. tinta, tinte.
färben v. teñir, colorar, tintar.
Färberei f. tintorería.
Färbung f. color(ido).
Farm f. hacienda, granja.
Farn m. helecho.
Fasan m. faisán.
Fasching m. carnaval.
Faschismus m. fascismo.
Faser f. fibra.
faserig adj. fibroso.
fasern v. deshilachar.
Faß n. tonel, barril, cuba.
Fassade f. fachada, frente.
fassen v. coger; asir; contener, comprender; formular.
Fassung f. engaste (Edelsteine); serenidad; cabida (Raum); versión (Film etc.).
Fassungsvermögen n. comprensión; capacidad.
fast adv. casi; cerca (de).
fasten v. ayunar, comer de vigilia.
Fastnacht f. carnaval.
fatal adj. fatal; trágico.
fauchen v. bufar (gato).
faul adj. podrido, corrompido; perezoso, vago.
faulen v. pudrirse.
faulenzen v. haraganear.
Faulheit f. pereza.
Fäulnis f. putrefacción.
Faust f. puño.
Fausthandschuh m. mitón.
Februar m. Febrero.
fechten v. esgrimir; luchar.
Feder f. pluma; Uhr etc.: resorte, muelle.
Federball m. volante.
Federbett n. plumón.
Federgewicht n. Boxen: peso pluma.
Federhalter m. portaplumas.
federnd adj. elástico.
Federung f. elasticidad; suspensión.
Federvieh n. aves de corral.
Federzeichnung f. dibujo a pluma.
Fee f. hada, fada.
Fegefeuer n. purgatorio.
fegen v. barrer; escobar.
fehlen v. faltar, errar; estar ausente.
Fehler m. falta; error; errata; defecto.
fehlerfrei adj. sin falta, correcto.
fehlerhaft adj. incorrecto; vicioso; deficiente.
Fehlgeburt f. aborto.
Fehlschlag m. fracaso.
Fehltritt m. desliz.
Feier f. fiesta, festividad, celebración.
Feierabend m. cesación del trabajo.
feierlich adj. solemne.
feiern v. celebrar; feriar.
Feierstunde f. acto solemne.
Feiertag m. día de fiesta.
feige adj. cobarde.
Feige f. higo.
Feigenbaum m. higuera.
Feigheit f. cobardía.
Feigling m. cobarde.
Feile f. lima.
feilen v. limar.
feilschen v. baratear.
fein adj. fino; sutil; menudo; distinguido; selecto.
Feingefühl n. delicadeza, tacto.
Feinschmecker m. gastrónomo.
Feind m. enemigo; adversario.
feindlich adj. hostil; opuesto.
Feindschaft f. enemistad, rivalidad.
feist adj. gordo, obeso.

Feld n. campo, sembrado; Schach: casilla.
Feldarbeiter m. labrador.
Feldbett n. catre.
Feldherr m. generalísimo.
Feldmeßkunst f. agrimensura.
Feldspat m. feldespato.
Feldstecher m. gemelos.
Feldweg m. senda.
Felzug' m. campaña.
Felge f. llanta; pina.
Fell n. piel, pellejo.
Fels(en) m. peña, roca.
Felsblock m. peñasco.
Felsenriff n. arrecife.
felsig adj. peñasco, roqueño.
Fenster n. ventana, vidriera; ventanilla (de un coche).
Fensterbrett n. antepecho.
Fensterkreuz n. crucero.
Fensterladen m. contraventana.
Fensterrahmen m. bastidor, marco.   [tal.
Fensterscheibe f. vidrio, cristal.
Ferien pl. vacaciones.
Ferkel n. cochinillo.
fern adj. lejos; apartado.
Ferne f. distancia, lejanía.
ferner adv. además (de eso).
ferngelenkt adj. teledirigido.
Ferngespräch n. conferencia telefónica.
Fernglas n. anteojos (de larga vista).
fernhalten v. alejar.
fernmeldewesen n. telegrafía.
Fernrohr n. telescopio.
Fernschreiber m. teletipo.
Fernsehen n. televisión.
Fernsehapparat, Fernseher m. (aparato) televisor.
Fernsehteilnehmer m. televidente.
Fernsicht f. panorama.
Fernsprechamt n. central telefónica.
Fernsprechbuch n. guía telefónica.
Fernsprecher m. teléfono.
Fernsprechzelle f. cabina telefónica.
Fernverkehr m. servicio (ferroviario) general.
Ferse f. talón.
fertig adj. hecho; terminado; listo; pronto; dispuesto.
fertigbringen v. lograr.
Fertigkeit f. destreza, rutina.
Fertigkleidung f. confección.
Fertigware f. producto elaborado (acabado).
Fessel f. traba.
Fesseln f. pl. cadenas.
fesseln v. encadenar, maniatar; aprisionar; trabar; fig. cautivar, fascinar.
fesselnd adj. fig. interesante.
fest adj. firme, duro; estable, sólido; fijo.
Fest n. fiesta, festividad.
festbinden v. liar, atar.
festhalten v. sujetar.
Festigkeit f. firmeza; estabilidad.
Festkleid n. traje de gala.
Festland n. continente.
festlich adj. festivo.
festmachen v. sujetar, fijar.
Festmahl n. banquete.
Festnahme f. detención; arresto.
festschrauben v. atornillar.
festsetzen v. fijar; regular.
Festspiel n. festival.
feststellen v. comprobar.
Festtag m. (día de) fiesta.
Festung f. fortaleza.
fett adj. graso; gordo, obeso.
Fett n. grasa, manteca.
fetthaltig adj. adiposo.
fettig adj. gras(ient)o, untuoso.

feucht adj. húmedo.
Feuchtigkeit f. humedad.
Feuer n. fuego, incendio, lumbre; fig. ardor, brío.   [tible.
feuerbeständig adj. incombus-
Feuerbestattung f. cremación.
Feuereifer m. fervor.
feuergefährlich adj. inflamable.
Feuerhaken m. hurgón.
Feuerherd m. hogar, fogón.
Feuerlöschapparat m. extintor.
feuern v. hacer fuego; disparar (Gewehr).
feuerrot adj. rojo encendido.
Feuersbrunst f. incendio; brasa.
Feuerschiff n. buque faro.
feuerspeiender Berg m. volcán.
Feuerspritze f. bomba (de incendio).
Feuerung f. combustible.
Feuerstein m. pedernal.
Feuerversicherung f. seguro contra incendios.
Feuerwache f. guardia de bomberos.
Feuerwaffe f. arma de fuego.
Feuerwehr f. cuerpo de bomberos.
Feuerwehrmann m. bombero.
Feuerwerk n. fuegos artificiales.
Feuerzeug n. mechero; encendedor.
feurig adj. ardiente; fogoso.
Fichte f. pino.
Fieber n. fiebre.
fieberartig, fieberhaft adj. febril.
Fiebermittel n. febrífugo; antipirético.
Fieberschauer m. escalofrío.
Figur f. figura; talla.
Filet n. filete; solomillo.
Filiale f. sucursal.
Film m. película, film(e).
Filmaufnahme f. filmación, rodaje.
Filmbegeisterte(r) m. aficionado al cine, cineísta.
Filmdrama n. cinedrama.
Filmdramaturg m. guionista.
filmen v. filmar.
Filmregisseur m. director (artístico).
Filmschauspieler m. (Filmstar m.) actor (estrella) cinematográfico (-a).
Filter n. filtro.
Filz m. fieltro.
Finanz... adj. financiero.
Finanzierung f. financiación.
Finanzwesen n. hacienda.
finden v. hallar, encontrar.
Finger m. dedo.
Fingerhut m. dedal.
Fingernagel m. uña.
Fingersatz m. pulsación (Klavier).
Fink m. pinzón.
Finnland n. Finlandia.
finster adj. obscuro; sombrío; tenebroso.
Finsternis f. obscuridad.
Firma f. razón social; casa.
firnissen v. (em)barnizar.
Fisch m. pez; pescado.
Fischbein n. ballena.
fischen v. pescar.
Fischer m. pescador.
Fischerei f., **Fischfang** m. pesca.
Fischhändler m. pescadero.
Fischlaich m. freza.
Fischzug m. lance; pesca.
fix adj. pronto; ligero.
fixieren v. fijar (Negativ).
flach adj. plano; llano; glatt: raso; Nase: chato.
Fläche f. superficie; plano; llano; llanura.
Flächenmaß n. medida cuadrada.

Flachs m. lino.
flackern v. flamear.
Flagge f. bandera, pabellón.
flaggen v. empavesar; izar la bandera.
Flak f. defensa antiaérea.
Flamme f. llama.
flammen v. flamear.
Flammenwerfer m. lanzallamas.
Flanke f. ijar; costado; flanco.
Flasche f. botella; frasco; Säugling: biberón; **auf Flaschen ziehen** embotellar.
Flaschenzug m. aparejo.
flattern v. aletear; flotar.
flau adj. flojo, flaco.
Flaum m. vello, plumón.
Flechte f. trenza; herpe, eczema.
flechten v. trenzar.
Fleck m. mancha; tacha; sitio, lugar.
Fleckenreiniger m. quitamanchas.
fleckig adj. manchado.
Fledermaus f. murciélago.
flehen v. suplicar; rogar.
Fleisch n. carne.
Fleischbrühe f. caldo.
Fleischer m. carnicero.
Fleischerei f. carnicería.
fleischfarben adj. encarnado.
fleischfressend adj. carnívoro.
Fleischkloß m. albóndiga.
Fleiß m. aplicación; diligencia; actividad.
fleißig adj. aplicado, activo; oficioso.
Flicken m. remiendo.
flicken v. remendar; zurcir; recoser.
Flieder m. lila.
Fliege f. mosca.
fliegen v. volar.
fliegend adj. volante.
Flieger m. aviador.
Fliegeralarm m. alarma aérea.
fliehen v. huir; escaparse.
Fliese f. azulejo; baldosa.
Fließband n. cinta continua.
fließen v. fluir, correr.
fließend adj. corriente, fluido; —sprechen v. hablar corrientemente.
flimmern v. brillar; centellear.
flink adj. ágil; diestro.
Flinte f. fusil; escopeta.
Flitter m. lentejuela; oropel.
Flitterwochen f. pl. luna de miel.
Flocke f. copo; vedija.
Floh m. pulga.
Flor m. crespón, velo.
Floß n. balsa; armadía.
Flosse f. Fisch: aleta.
Flöte f. flauta; tibia.
flott adj. a flote; fig. guapo.
Flotte f. flota; armada.
Fluch m. maldición; reniego.
fluchen v. maldecir; jurar; blasfemar.
Flucht f. fuga; evasión.
flüchten v. escaparse; huir(se).
flüchtig adj. fugitivo; prófugo; fugaz; fig. ligero; Gas: volátil. [giado.
Flüchtling m. fugitivo; refu-
Flug m. vuelo.
Flug... adj. aéreo.
Flugbahn f. trayectoria.
Flugblatt n. hoja volante.
Flugboot n. hidro.
Flugdienst m. servicio aéreo.
Fluggast m. pasajero.
Flughafen m. aeropuerto.
Flugplan m. horario (de aviones).
Flugplatz m. aeródromo.
Flugtechnik f. aviación.
Flugverbindung f. línea aérea; enlace aéreo.
Flugverkehr m. servicio aéreo.

Flugzeug n. avión.
Flugzeugträger m. porta(a)viones. [Tür: batiente.
Flügel m. ala; piano de cola;
Flur f. campiña; vega; m. vestíbulo, corredor.
Fluß m. río; fig. corriente; flujo.
flußaufwärts adv. agua (río) arriba.
Flußbett n. lecho; cauce.
flüssig adj. líquido; fluido.
Flüssigkeit f. líquido.
flüstern v. susurrar.
Flut f. flujo; pleamar.
Fohlen n. potro.
Folge f. serie; orden; continuación; consecuencia; resultado; efecto.
folgen v. seguir; suceder; resultar; obedecer.
folgend adj. siguiente.
folgendermaßen adv. en la forma siguiente.
folgern v. deducir; concluir; argumentar.
folglich adv. por lo tanto.
folgsam adj. dócil.
Folter f. tormento.
Fön m. secador (eléctrico).
Fonds m. fondos; valores.
fordern v. pedir; exigir; reclamar; requerir.
fördern v. activar; fomentar; favorecer; extraer (Erze).
Forderung f. petición; exigencia; demanda.
Forke f. horca.
Form f. forma; hechura; figura; Gießerei: molde. [des.
Formalitäten pl. f. formalida-
Format n. tamaño.
Formel f. fórmula.
formell adj. formal.
formen v. formar, figurar; moldear.
förmlich adj. ceremonioso.
Formular n. formulario; modelo. [sondear.
forschen v. investigar; inquirir;
Forscher m. investigador, explorador.
Forschung f. investigación; examen; exploración.
Forschungsreise f. expedición.
Forst m. selva; bosque.
Förster m. guardabosque.
fort adj. ido; perdido.
Fortbewegung f. locomoción.
fortbleiben v. faltar.
fortdauern v. continuar.
fortdauernd adj. permanente; continuo.
fortfahren v. continuar; seguir.
fortgehen v. irse, marcharse, salir. [nuo.
fortlaufend adj. seguido, conti-
fortpflanzen v. propagar.
fortschaffen v. llevar, transportar.
fortschreitend adj. progresivo.
Fortschritt m. progreso, adelanto. [guir.
fortsetzen v. continuar, prose-
fortwährend adj. continuo; constantemente; siempre.
Fracht f. carga(mento); flete; acarreo.
Frachtbrief m. conocimiento; talón de ferrocarril.
Frachtgut n. envío a pequeña velocidad.
Frachtschiff n. buque de carga.
Frage f. pregunta; cuestión; problema.
Fragebogen m. cuestionario.
fragen v. preguntar, interrogar.
Fragepronomen n. pronombre interrogativo.
Fragezeichen n. interrogación.
fraglich adj. en cuestión; incierto. [tas.
frankieren v. franquear (car-

Frankreich n. Francia.
Franse f. franja; fleco.
französisch adj. francés.
Fräse f. fresa.
fräsen v. fresar.
Fratze f. mueca; gesto.
Frau f. mujer; señora.
Frauen... adj. femenino; de señora.
Frauenarzt m. ginecólogo.
Fräulein n. señorita.
frech adj. insolente, fresco.
frei adj. libre, independiente; Stelle: vacante; Kosten: gratuito; — **Haus,** franco domicilio; **im Freien** al aire libre.
Freiantenne f. antena exterior.
freibleibend adj. sin compromiso (entrega).
freigebig adj. generoso.
Freigeist m. librepensador.
Freihafen m. puerto franco.
Freihandel m. librecambio.
Freiherr m. noble.
Freikarte f. billete de favor; pase.
freilassen v. poner en libertad, emancipar. [quear.
freimachen v. libertad, fran-
Freimaurer m. francmasón.
freimut m. franqueza; sinceridad.
freisprechen v. absolver, excusar; libertar.
Freistaat m. república.
freistehen adj. libre, vacante.
Freitag m. viernes.
freiwillig adj. voluntario, espontáneo.
freien v. pedir en matrimonio.
Freier m. pretendiente, novio.
Freiheit f. libertad; licencia, independencia.
Freiheitsberaubung f. detención (ilegal).
freilich adv. ciertamente, sin duda, naturalmente.
fremd adj. extranjero; extraño; forastero; ajeno.
Fremde f. (país) extranjero.
Fremdenbuch n. registro de viajeros.
Fremdenführer m. guía de forasteros.
Fremdenlegion f. legión extranjera; tercio extranjero.
Fremdenverkehr m. turismo.
Fremde(r) m. extranjero; forastero. [jera.
Fremdsprache f. lengua extran-
Frequenz f. frecuencia.
fressen v. comer; tragar.
Freude f. alegría; gozo; placer.
freudig adj. alegre.
freudlos adj. triste.
freuen v. gustar; placer; **sich** —, alegrarse.
Freund m. amigo.
Freundin f. amiga.
freundlich adj. amable, amigable.
Freundschaft f. amistad.
Frevel m. delito, crimen.
Friede(n) m. paz; fig. calma, tranquilidad.
Frieden(s)stifter m. pacificador.
Friedensvertrag m. tratado de paz.
Friedhof m. cementerio, camposanto.
friedlich adj. pacífico.
frieren v. helar(se); tener frío.
frisch adj. fresco, nuevo, reciente; verde (fruta); vivo.
Frische f. frescura, vigor.
Friseur m. peluquero.
frisieren v. peinar, rizar.
Frist f. plazo; término; prórroga.
fristen v. prolongar; prorrogar; fam. ir pasando.

Frisur f. peinado; tocado.
froh adj. contento; alegre; feliz.
Fröhlichkeit f. alegría.
fromm adj. pío, piadoso; religioso, devoto.
frönen v. fig. entregarse a (un vicio). [pus.
Fronleichnam m. día del Cor-
Front f. frente; fachada.
Frosch m. rana.
Frost m. frío; helada.
Frostschutzmittel n. antirrefrigerante.
frottieren v. frotar.
Frucht f. fruto; fruta (nur Obst).
fruchtbar adj. fértil, fecundo.
fruchtbringend adj. fructífero.
früh adj. temprano; **heute** —, esta mañana; **morgen** —, mañana por la mañana; — **aufstehen** madrugar.
früher adv. más temprano; antes.
frühestens adv. lo más pronto.
Frühgeburt f. parto prematuro.
Frühjahr n., **Frühling** m. primavera.
frühreif adj. prematuro; precoz.
Frühstück n. desayuno; almuerzo.
frühstücken v. desayunarse.
frühzeitig adj. temprano.
Fuchs m. zorro, zorra.
fuchteln v. agitar.
Fuder n. carretada.
Fuge f. juntura (Holz); fuga.
fügen v. juntar, encajar **sich** —, someterse; conformarse.
fügsam adj. dócil, obediente.
fühlen v. sentir; tocar.
Fühlungnahme f. fig. contacto.
Fuhre f. carga; carretada.
Fuhrlohn m. acarreo.
Fuhrmann m. carretero.
führen v. guiar; conducir; gobernar; administrar; tener (la palabra); hacer (la guerra); vender (género); llevar (los libros); **bei sich** —, llevar consigo; **Prozeß** —, pleitear.
füren v. guiar; conducir; gobernar; administrar; tener (la palabra); hacer (la guerra); vender (género); llevar (los libros); **bei sich** —, llevar consigo; **Prozeß** —, pleitear.
Führer m. conductor, guía; cabo; caudillo.
Führerschein m. carnet de conducir.
Führung f. conducción; conducta; dirección; gestión.
Fülle f. abundancia; copia.
füllen v. (re)llenar; envasar.
Füllfeder f. estilográfica, pluma fuente.
Füllung f. relleno.
Fund m. hallazgo.
Fundbüro n. registro de objetos perdidos.
Fundament n. fundamento; base; cimientos.
fünf adj. cinco.
fünfzehn adj. quince.
fünfzig adj. cincuenta.
Funke m. chispa; centella.
funkeln v. brillar; relucir.
funken v. radiar.
Funker m. radiotelegrafista; operador.
Funkspruch m. radiograma.

Funktelegraphie f. radiotelegrafía.
Funkturm m. torre emisora.
für prep. para, por, de, a.
Fürbitte f. intercesión, súplica.
Fürsorge f. solicitud; precaución.
Fürsprecher m. intercesor.
Fürwort n. pronombre.
Furche f. surco; carril.
Furcht f. temor; miedo; espanto.
furchtbar adj. terrible, temible.
fürchten v. temer; tener miedo.
furchtlos adj. intrépido.
furchtsam adj. temeroso, tímido, miedoso; cobarde.
Fürst m. príncipe.
Fürstentum n. principado.
Furt f. vado.
Fuß m. pie; Tisch: pata; Tier: pata; base.
Fßball m. fútbol; balompié.
Fußballspieler m. futbolista.
Fußballtoto n. quiniela(s).
Fußbank f. banquillo.
Fußbekleidung f. calzado.
Fußboden m. piso; suelo.
fußen v. (auf) fundarse (en).
Fußende n. Bett: pies.
Fußgänger m. peatón; transeúnte.
Fußpfad m. vereda.
Fußpfleger m. pedicuro.
Fußsohle f. planta del pie.
Fußweg m. senda; sendero.
Futter n. cebo, pasto, forraje; forro (del vestido).
Futteral n. estuche, vaina.
füttern v. cebar; dar de comer; dar forraje, pienso; forrar (vestido).

Gabe f. don; regalo, ofrenda; fig. prenda; talento.
Gabel f. horca; tenedor (del cubierto).
gabeln v.: sich —, bifurcarse.
Gabelung f. bifurcación.
gackern v. cacarear.
gaffen v. quedarse boquiabierto.
Gage f. gaje, sueldo.
gähnen v. bostezar.
Gähnen n. bostezo.
Gala f. (traje de) gala.
Galanterie f. galantería, cortesía.
Galanteriewaren f. pl. bisutería, artículos de fantasía.
Galerie f. galería; paraíso (de teatro).
Galgen m. horca, patíbulo.
galgenfrist f. fig. plazo muy breve.
Galle f. bilis, hiel.
Gallenblase f. vejiga.
Gallenstein m. cálculo biliar.
Gallert n. gelatina.
Galopp m. galop(e).
galoppieren v. galop(e)ar.
galvanisieren v. galvanizar.

Galvanoplastik f. galvanoplástica.
Gamasche f. polaina.
Gang m. marcha; camino; función; corredor, pasillo; asalto (esgrima); plato (comida).
Gangart f. paso, andar.
gangbar adj. vendible, de buena salida (Ware).
Gangschaltung f. (bicicleta; coche); coche: cambio de marchas.
Gans f. ganso, ánsar; oca.
Gänseblümchen n. margarita.
Gänsefüßchen n. pl. comillas.
ganz adj. todo, entero, completo; total; adv. enteramente, del todo; por entero; — und gar, absolutamente, por completo; im ganzen en suma.
gänzlich adv. totalmente.
gar adj. cocido a punto; adv. muy, mucho; — nicht de ningún modo; — nichts nada absolutamente.
Garage f. garaje.
Garantie f. garantía, fianza.
Garbe f. gavilla, haz.
Garderobe f. guardarropa, cuarto de vestir; vestuario.
Gardine f. cortina.
gären v. fermentar; fig. hervir.
Garn n. hilo; red (pesca).
garnieren v. guarnecer, orlar.
Garnison f. guarnición.
Garnitur f. orla; juego.
Garten m. jardín.
Gartenbau m. horticultura.
Gartenerde f. mantillo.
Gartenhaus n., **Gartenlaube** f. pabellón.
Gartenland m. huerta.
Gärtner m. jardinero.
Gärtnerei f. jardinería, horticultura.
Gärung f. fermentación.
Gas n. gas.
Gasanstalt f. fábrica de gas.
Gasbehälter m. gasómetro.
Gasflasche f. bombona de gas.
gasförmig adj. gaseiforme.
Gashahn m. llave de gas.
Gashebel m. acelerador.
Gasherd, Gaskocher m. cocina a gas.
Gasmaske f. careta antigás.
Gasleitung f. gaseoducto.
Gaszähler m. contador (de gas).
Gasse f. calle(ja).
Gassenhauer m. copla de ciego.
Gassenjunge m. pillo, golfo.
Gast f. huésped, convidado, tertuliano.
gastfreundlich adj. hospitalario.
Gastgeber m. anfitrión.
Gasthaus n. **Gasthof** m. fonda, casa de huéspedes.
Gastmahl n. banquete, festín.
Gastrecht n. derecho de hospitalidad.
Gastspiel n. salida de un actor forastero.
Gastwirt m. fondista; dueño de un restaurante; posadero.
Gatte m. marido, esposo, cónyuge.
Gattin f. mujer, esposa.
Gattung f. género; especie, clase, suerte. [nérico.
Gattungsname m. nombre genérico.
Gau m. comarca, distrito.
Gaukelei f. fig. charlatanería.
Gaukler m. jugador de manos; prestidigitador; charlatán.
Gaul m. rocín, caballejo.
Gaumen m. paladar.
Gauner m. pillo, estafador, bribón.

Gaunerei f. estafa, bribonada.
Gaze f. gasa, crespón.
Geächtete(r) m. proscrito.
Gebäck n. pasteles, galletas.
Gebärde f. gesto, ademán.
gebärden v.: sich —, comportarse.
Gebärdenspiel n. mímica.
Gebärdenspieler m. pantomimo.
gebären v. parir; dar a luz.
Gebäude n. edificio.
geben v. dar; entregar; representar (Theater); es gibt hay.
Gebet n. oración; rezo.
Gebiet n. territorio, dominio.
gebieten v. imperar; disponer (de algo).
Gebieter m. soberano; amo.
gebildet adj. culto, civilizado; intelectual.
Gebirge n. sierra, montaña(s).
gebirgig adj. montañoso, montuoso. [llera.
Gebirgskette f. sierra, cordillera.
Gebiß n. dentadura (postiza).
Gebläse n. soplete.
geboren adj. nacido, nativo de; — werden nacer.
Gebot. n. mandamiento, orden; oferta, postura (Auktion).
Gebrauch m. uso, usanza, empleo.
Gebrauchsanweisung f. modo de empleo (uso).
gebrauchen v. usar, emplear, servirse de.
gebräuchlich adj. usual, corriente. [que.
Gebrechen n. defecto, achaque.
Gebrechlich adj. quebradizo; achacoso.
Gebrüder m. pl. hermanos.
Gebrüll n. rugido; mugido (Kuh): bramido.
Gebühr f. deber, conveniencia.
Gebühren f. pl. impuestos, derechos.
gebühren v. convenir.
gebührend adj. debido.
Geburt f. nacimiento, parto.
gebürtig adj. natural de.
Geburtsadel m. nobleza hereditaria.
Geburtshelfer m. partero, comadrón.
Geburtsort m. lugar del nacimiento.
Geburtstag m. cumpleaños.
Gebüsch n. matorral, zarzal.
Geck m. necio; pisaverde.
Gedächtnis n. memoria, recuerdo.
Gedanke m. pensamiento, idea.
Gedankenaustausch m. cambio de impresiones.
Gedankengang m. razonamiento.
gedankenlos adj. irreflexivo, aturdido.
Gedankenstrich m. guión.
Gedärm n. intestinos, tripas.
Gedeck n. cubierto.
gedeihen v. prosperar; florecer; desarrollarse.
Gedenkfeier f. acto conmemorativo.
Gedenktag m. aniversario.
gedenken v. recordar; hacer memoria.
Gedicht n. poesía, poema.
gediegen adj. sólido; puro.
Gedränge n. aglomeración (de gente); gentío.
gedrängt adj. apretado, conciso; denso.
Geduld f. paciencia.
geduldig adj. paciente, sufrido.
geeignet adj. propio; apto.
Gefahr f. riesgo, peligro.

gefährden v. aventurar; arriesgar. [ve.
gefährlich adj. peligroso; grave.
Gefährte m. compañero, socio.
Gafälle n. pendiente, declive.
Gefallen m. placer, gusto; favor.
gefallen v. agradar; placer; sich —, complacerse; sich nichts — lassen, no sufrir ancas.
gefällig adj. complaciente.
Gefälligkeit f. complacencia, favor.
Gafallsucht f. coquetería.
gefangen adj. preso, detenido; — nehmen, arrestar, prender.
Gefangenenwärter m. carcelero.
Gefangene(r) m. preso, prisionero, cautivo.
Gefangenschaft f. cautividad.
Gefängnis n. prisión, cárcel.
Gefäß n. vaso.
Gefecht n. combate, lucha.
Gefieder n. plumaje.
Geflecht n. enrejado.
Geflügel n. volatería, aves (de corral).
Gefolge n. séquito.
gefräßig adj. voraz, tragón.
gefrieren v. helarse.
Gefrierfleisch n. carne congelada.
Gefrierpunkt m. (punto de) congelación.
Gefüge n. encaje, estructura.
gefügig adj. flexible; fig. dócil.
Gefühl n. sentimiento, sensación, sentido.
gefühllos adj. insensible, duro.
Gefühlsinn m. tacto. [tuoso.
gefühlvoll adj. sensible, afectuoso.
gegen prep. hacia; por; en contra; en comparación de.
Gegenangriff m. contraataque.
Gegenbefehl m. contraorden.
Gegenbeweis m. contraprueba.
Gegendienst m. servicio recíproco, retorno.
Gegendruck m. contrapresión.
gegeneinander adv. uno a otro; mutuamente.
Gegenfüßler m. antípoda.
Gegengewicht m. contrapeso.
Gegengift n. antídoto, contraveneno.
Gegenlicht n. contraluz.
Gegenmittel n. remedio.
Gegenpapst m. antipapa.
Gegenrede f. réplica, objeción.
Gegenreformation f. contrarreforma.
Gegensatz m. contraste.
Gegenseite f. revés, lado opuesto.
gegenseitig adj. mutuo, mutual.
Gegenstand m. objeto, tema.
Gegenströmung f. contracorriente.
Gegenteil n. contrario.
gegenüber adv. frente, cara a cara.
gegenüberstellen v. carear.
Gegenüberstellung f. confrontación. [lidad.
Gegenwart f. presencia; actualidad.
Gegenwehr f. defensa.
Gegenwert m. equivalencia, equivalente.
Gegenwirkung f. reacción.
Gegend f. comarca, región.
Gegner m. adversario, contrario, rival, opositor.
Gehalt m. contenido, substancia, valor real; m. sueldo.
gehaltvoll adj. substancioso; de buena ley; sólido.
Gehaltszulage f. aumento de sueldo, sobresueldo.
gehässig adj. odioso, hostil.
Gehäuse n. caja, estuche.
Gehege n. cerca(do).

geheim adj. secreto, oculto, íntimo.

Geheimrat m. consejero privado.

Geheimpolizei f. policía secreta.

Geheimpolizist m. detective.

Geheimschrift f. cifra.

Geheimnis n. secreto, misterio.

geheimnisvoll adj. misterioso.

gehen v. ir(se), marchar(se), andar; salir; funcionar (máquina); fermentar (pasta); wie geht es Inhen? ¿cómo está usted?

Geheul n. aullido.

Gehilfe m. dependiente, ayudante.

Gehirn n. cerebro; seso.

Gehirnerschütterung f. conmoción cerebral.

Gehölz n. bosque(cillo).

Gehör n. oído.

gehorchen v. obedecer.

gehören v. pertenecer; corresponder; ser de; sich —, convenir, ser debido.

gehörig adj. perteneciente, correspondiente; adv. convenientemente, debidamente.

gehorsam adj. obediente, dócil.

Gehorsam m. obediencia, sumisión.

Geier m. buitre.

Geige f. violín.

geigen v. tocar el violín.

Geigenbauer m. constructor de violines.

Geigenspieler m. violinista, violín.

geil adj. lascivo; exuberante.

Geisel m. rehén. [ciplina.

Geißel f. látigo, azote; fig. disgeißeln v. castigar, flagelar.

Geist m. espíritu, (in)genio; fig. sal; espectro (Erscheinung).

geistlos adj. soso; insípido.

geistreich, Geistvoll adj. ingenioso.

geisterhaft adj. sobrenatural.

geistesabwesend adj. ausente; distraído.

Geistesblitz m. fig. destello.

Geistesgegenwart f. presencia de ánimo.

geisteskrank adj. alienado, loco.

geistesschwach adj. corto de alcances; imbécil.

geistig adj. intelectual; espiritual; mental.

geistlich adj. espiritual; clerical, eclesiástico.

Geistliche(r) m. clérigo, cura.

Geistlichkeit f. clero.

Geiz m. avaricia.

Geizhals m. avaro.

geizen v. ser avaro.

geizig adv. avaro, mezquino.

Gekicher n. risas ahogadas.

Geklapper n. tableteo; tecleo.

Geklingel n. tintineo.

Gekröse n. asadura(s).

gekünstelt adj. amanerado.

Gelächter n. carcajada, risa.

Gelage n. festín, orgía.

Gelände n. terreno, paisaje.

Geländer n. balaustrada, antepecho, pasamano.

gelangen v. llegar.

gelassen adj. tranquilo.

geläufig adj. corriente; habitual.

gelb adj. amarillo.

Gelbfilter m. filtro amarillo.

gelbbraun adj. ocre.

Gelbsucht f. ictericia.

Geld n. dinero; moneda; fam. tela, pasta, mosca.

Gelder n. pl. fondos.

Geldanleihe f. empréstito.

Geldanweisung f. libranza.

Geldbeutel m. bolsa.

Geldbrief m. carta con valores declarados.

Geldforderung f. crédito.

Geldgier f. codicia.

Geldkrisis f. crisis monetaria.

Geldleute adj. pl. financieros.

Geldmittel adj. pl. fondos, recursos.

Geldschrank m. caja de caudales.

Geldstrafe f. multa.

Geldstück n. moneda, pieza.

Geldumlauf m. circulación, giro del dinero.

Geldwechsel m. cambio de monedas. [efectivo.

Geldwert m. valor metálico.

Gelee n. jalea.

gelegen adj. situado; günstig; conveniente.

Gelegenheit f. ocasión, oportunidad. [sista.

Gelegenheitsdichter m. versificador.

Gelegenheitskauf m. compra de lance, ganga.

gelegentlich adj. casual; adv. de paso.

gelehrig adj. dócil; apto.

Gelehrte(r) m. sabio, literato.

Geleise n. carril; vía.

Geleit n. conducta, convoy; escolta.

Geleitbrief m. salvoconducto.

geleiten v. convoyar, acompañar.

Gelenk n. articulación; coyuntura, nudillo.

Geliebte(r) m. amante, querido.

gelind adj. suave, moderado.

gelingen v. salir bien; conseguir.

Gelingen n. éxito.

gellend adj. agudo, penetrante.

geloben v. prometer; votar.

gelten v. valer, costar; ser valedero (válido); pasar; ser tenido por.

Geltung f. valor; importancia, crédito; vigor (de la ley); fig. autoridad.

Gelübde n. voto, promesa.

gelüstten v. desear, ansiar; apetecer, anhelar.

Gemach n. cuarto, aposento.

gemächlich adj. cómodo, despacio.

Gemahl m. esposo, marido.

Gemahlin f. esposa, señora.

Gemälde n. cuadro, pintura.

gemäß adv. conforme a; según.

gemäßigt adj. moderado, templado.

gemein adj. común, vulgar; bajo; vil(lano).

gemeingültig adj. generalmente admitido.

Gemeingut n. bien público.

Gemeinplätze m. pl. lugares comunes.

Gemeinwohl n. bien común.

Gemeinde f. comunidad; municipio; Kirche: parroquia.

Gemeinderat m. ayuntamiento.

Gemeindevorsteher m. alcalde.

Gemeinheit f. bajeza, vileza, infamia.

gemeinsam adj. común.

Gemeinschaft f. comunidad, compañía.

gemessen adj. fig. formal.

Gemetzel n. carnicería.

Gemisch n. mezcla, mixtura.

Gemse f. gamuza.

Gemurmel n. murmullo, susurro.

Gemüse n. verdura, hortaliza; legumbre.

Gemüsegarten m. huerto.

Gemüseladen m. verdulería.

Gemüt n. pecho, corazón, alma.

gemütlich adj. cómodo; confortable.

Gemütsart f. carácter, genio, temperamento.

Gemütsbewegung f. emoción, afecto.

Gemütsruhe f. serenidad.

genau adj. exacto, justo, preciso; fiel; puntual.

Genauigkeit f. exactitud, precisión.

Gendarmerie f. guardia civil.

genehm adj. conveniente, aceptable.

genehmigen v. aprobar; aceptar; permitir; sancionar.

Genehmigung f. aprobación, permiso, autorización.

Genehnigung f. aprobación, permiso, autorización.

geneigt adj. inclinado; fig. propenso; dispuesto; günstig; favorable.

General m. general.

Generalbaß m. bajo continuo.

Generalleutnant m. teniente general.

Generalstab m. Estado Mayor.

Generalversammung f. junta general.

Generator m. generador.

genesen v. sanar; reconvalecer; restablecerse.

Genesung f. restablecimiento, convalecencia.

Genick n. nuca, cerviz, pescuezo (Tiere).

Genie n. genio, talento.

genieren v. incomodar.

genießbar adj. comestible; potable.

genießen adj. gozar, disfrutar; saborear.

Genius. m. genio, dios tutelar.

Genosse m. compañero, camarada; socio.

Genossenschaft f. asociación, sociedad, consorcio, cooperativa.

genug adv. bastante, suficiente; —! ¡basta!

Genüge f.: — tun satisfacer, contentar.

genügen v. bastar; ser suficiente; satisfacer.

genügend adv. suficiente.

genügsam adj. sobrio, frugal; modesto.

genugtun v. satisfacer.

Genugtuung f. satisfacción, reparación, desagravio.

Genuß m. goce, disfrute.

Gepäck n. bagaje, equipaje.

Gepäckaufbewarung f. consigna.

Gepäckausgabe f. despacho de equipajes.

Gepäcknetz n. (Zug) rejilla.

Gepäckraum m. furgoneta.

Gepäckschein m. resguardo, talón.

Gepäckträger m. mozo (de cuerda).

Gepäckwagen m. furgón.

Geplärr n. gritería.

Geplauder n. charla, palique.

Gepolter n. ruido, estrépito.

Gepräge n. sello; cuño; impresión, estampa.

Geprassel n. fragor, crepitar.

gerade adj. recto; directo; par (número); adv. precisamente.

geradeheraus adv. francamente.

geradebiegen v. enderezar.

geradezu adv. directamente.

geradlinig adj. rectilíneo.

Gerät n. utensilio; aparato; enseres; aparejos.

geraten v. caer, venir (en); gut —, salir bien, lograrse; außer sich —, estar fuera de sí; in Wut —, montar en cólera.

Geratewohl n.: aufs —, al azar; fam. a la ventura de Dios.

geräumig adj. espacioso, ancho.

Geräusch n. ruido, rumor.

geräuschlos adj. silencioso.

gerben v. curtir, adobar.

gerecht adj. justo, recto.

Gerechtigkeit f. justicia, rectitud.

Gerede n. rumores.

Gereiztheit f. irritación.

gereuen v. arrepentirse.

Gericht n. Essen: plato, guiso, comida; tribunal, juzgado.

gerichtlich adj. judicial; foral.

Gerichtsbarkeit f. jurisdicción.

Gerichtshof m. tribunal, juzgado, audiencia.

Gerichtskosten f. pl. costas.

Gerichtsschranken f. pl. barra.

Gerichtsschreiber m. escribano, actuario.

Gerichtstermin m., Gerichtsverfahren n., Gerichtsverhandlung f. proceso, vista, procedimiento.

Gerichtsvollzieher m. ejecutor.

gerieben adj. fig. taimado.

gering adj. pequeño, insignificante; fútil; ordinario; bajo.

geringschätzen v. menospreciar, desdeñar; nicht im geringsten de ninguna manera.

geringfügig adj. insignificante.

Geringschätzung f. menosprecio, desprecio, desdén.

gerinnen v. coagular(se).

Gerippe n. esqueleto, osamenta; fig. armazón.

gern adv. de buena gana, con gusto; gozosamente.

Geröll n. rocalla, escombros.

Gerste f. cebada.

Gerstenfeld n. cebadal.

Gerstenkorn n. orzuelo (Entzündung).

Geruch m. olor.

geruchlos adj. inodoro.

Geruch(s)sinn m. olfato.

Gerücht n. rumor, fama.

geruhen v. dignarse.

Gerümpel n. trastos viejos.

Gerüst n. tablado, andamio.

gesamt adj. todo; total; entero.

Gesamtsumme f. suma (importe) total.

Gesamtheit f. totalidad, complexo, colectividad.

Gesandte(r) m. embajador, enviado; ministro plenipotenciario.

Gesandtschaft f. (de)legación, embajada.

Gesang m. canto.

Gesangbuch n. cancionero.

Gesangverein m. orfeón.

Gesäß n. nalgas, trasero.

Geschäft n. negocio, operación, transacción comercial; comercio, oficio; tienda.

geschäftig adj. activo.

geschäftlich adj. comercial, de negocios.

Geschäftsfreund m. corresponsal.

Geschäftsführer m. gerente.

Geschäftshaus n. casa comercial.

Geschäftslokal n. despacho, almacén.
Geschäftsmann m. hombre de negocios, comerciante.
Geschäftsreisende(r) m. viajante.
Geschäftsvertreter m. representante.
Geschäftszweig m. ramo (de negocio).
geschehen v. suceder, ocurrir.
Geschenk n. regalo, obsequio.
Geschichte f. historia; cuento.
geschichtlich adj. histórico.
Geschick n. destino; suerte, hado.
Geschicklichkeit f. habilidad, talento, acierto.
geschickt adj. hábil, diestro.
Geschirr n. vaso, vasija; vajilla (de mesa); aparejo (del caballo).
Geschirrschrank m. vasar.
Geschlecht n. sexo; género; raza; familia; generación.
geschlechtlich adj. sexual.
Geschlechtskrankheit f. enfermedad venérea.
Geschlechtsname m. apellido.
Geschlechtstrieb m. instinto sexual.
Geschmack m. gusto; sabor.
geschmacklos adj. insípido, soso; fam. cursi.   [gusto.
geschmackvoll adj. de buen
Geschmeide n. joya, alhaja.
geschmeidig adj. flexible, ágil.
Geschnatter n. graznido.
Geschöpf n. criatura, ser.
Geschoß n. proyectil; piso (de vivienda).
Geschoßbahn f. trayectoria.
Geschrei n. grifería, chillido.
Geschütz n. cañón.
Geschützfeuer n. fuego de artillería.
Geschwader n. escuadra.
Geschwätz n. charla, palique.
geschwätzig adj. locuaz, charlatán, parlanchín.   [aun.
geschweige denn adv. menos
geschwind adj. presto, veloz; rápido; de prisa.
Geschwindigkeit f. velocidad, rapidez; prisa.
Geschwister n. pl. hermanos.
Geschworene(ngericht (n.) m. jurado.   [mor.
Geschwulst f. hinchazón, tumor.
Geschwür n. absceso.
Geselle (Handwerk) m. oficial.
gesellen; v. sich —, asociar (se).
gesellig adj. sociable.
Gesellschaft f. sociedad, compañía; tertulia, círculo.
Gesellschafter m. socio, asociado.
gesellschaftlich adj. colectivo.
Gesellschaftsabend m. reunión.
Gesellschaftsanzug m. traje de sociedad.
Gesellschaftsspiel n. juego de sociedad.
Gesellschaftszimmer n. salón.
Gesetz n. ley, derecho.
Gesetzbuch n. código.
gesetzgebend adj. legislativo.
Gesetzgebund f. legislación.
Gesetzlosigkeit f. anarquía.
gesetmäßig adj. legal, lícito; legítimo.
gesetzwidrig adj. ilegal.
gesetzt adj. sentado, grave; daß puesto que.

Gesicht n. cara, rostro.
Gesichtsfarbe f. tez.
Gesichtsfeld n. campo visual.
Gesichtskreis m. horizonte.
Gesichtspunkt m. punto de vista.
Gesichtssinn m. vista.
Gesichtszug n. facción.
Gesindel n. populacho.
Gesinnung f. opinión, modo de pensar; sentimiento.
gesittet adj. culto; civilizado, cortés; decente.
Gespann n. tiro; yunta (de bueyes).
gespannt adj. tendido; tirante.
Gespenst n. fantasma, espectro, visión, aparición.
Gespinst n. hilado.
Gespräch n. conversación, diálogo; Telefon: conferencia.
gesprächig adj. hablador, locuaz.
Gestade n. orilla, litoral.
Gestalt f. forma, figura; talla.
gestalten v. formar, figurar, amoldar.
Gestaltung f. forma(ción).
Geständnis n. confesión.
Gestank n. mal olor, hedor.
gestatten v. permitir, conceder.
Geste f. gesto, ademán.
gestehen v. confesar.
Gestein n. roca(lla).
Gestell n. caballete; pedestal, tablero; estante.
gestern adv. ayer; — abend anoche.
Gestirn n. constelación, astro.
gestirnt adj. estrellado (cielo).
gestreif adj. rayado, a rayas.
Gestrüpp n. zarzal, maleza.
Gestüt n. yeguada.
Gesuch n. solicitud, ruego.
gesund adj. sano, saludable.
gesunden v. restablecerse.
Gesundheit f. salud; sanidad; —! ¡Jesús!
Gesundheitspflege f. higiene.
Gesundheitspolizei f. policía sanitaria.
Gesundheitszustand m. (estado de) salud.
Getrampel n. pateleo, ruido.
Getränk n. bebida.
getrauen v.: sich — atreverse.
Getreide n. trigo, cereales.
Getreidespeicher m. granero.
getreu adj. fiel, leal.
Getriebe n. rodaje; Zahnrad: engranaje; mecanismo.
getrost adj. confiado.
Getümmel n. tumulto, ruido.
Gevatter m. compadre.
Gewächs n. planta.
Gewächshaus n. estufa, invernáculo, invernadero.
Gewähr f. garantía, fianza, seguridad.
gewähren v. conceder.
gewährleisten v. garantizar.
Gewhrsam m. guardia; arresto.
Gewalt f. poder; mando, autoridad; fuerza.
Gewaltherrscher m. déspota, tirano.
gewaltig adj. poderoso; fuerte.
gewaltsam adj. violento.
gewalttätig adj. brutal.
Gewand n. traje, vestido.
gewandt adj. ágil; hábil.
Gewässer n. aguas.
Gewebe n. tejido; tela.
Gewehr n. fusil.
Gewehrlauf m. cañón (de fusil).
Geweih n. cornamenta.
Gewerbe n. industria, profesión, oficio.
Gewerbe... adj. industrial.
gewerblich adj. industrial; profesional.

Gewerkschaft f. sindicato.
Gewicht n. peso; fig. importancia.
gewichtig adj. pesado; fig. de peso.
Gewimmel n. agitación.
Gewinde n. guirnalda; gozne, rosca; filete (del tornillo).
Gewinn m. ganancia, beneficio, provecho; premio (lotería).
Gewinnanteil m. dividendo.
gewinnbringend adj. lucrativo.
gewinnen v. ganar, sacar; extraer (minerales).
Gewinnung f. extracción.
gewiß adj. cierto, seguro.
Gewissen n. conciencia.
gewissenhaft adj. escrupuloso.
gewissenlos adj. sin conciencia.
Gewissensangst f. angustia.
Gewissensbisse m. pl. remordimientos.
Gewissenszweifel m. escrúpulo.
gewissermaßen adv. en cierto modo.
Gewitter n. tempestad, tormenta.
gewogen adj. fig. benévolo.
gewöhnen v. acostumbrar.
Gewohnheit f. costumbre, hábito.
gewohnheitsmäßig adj. habitual.
Gewohnheitsmensch m. rutinero.
gewöhnlich adj. ordinario, común, regular; trivial.
gewohnt adj. acostumbrado.
Gewölbe n. bóveda; cueva.
Gewölk n. nublado.
Gewühl n. muchedumbre.
gewunden adj. torcido; sinuoso.
Gewürz n. condimento; aderezo.
Gewürzwaren f. pl. especias.
gezahnt adj. dent(ell)ado.
Gezänk n. querella.
geziemen v.: sich —, convenir; ser conveniente, decente.
geziert adj. amanerado.
gezwungen adj. fig. afectado.
Gicht f. gota, artritis.
Giebel m. frontón.
Gier f. avidez, ansia.
gierig adj. ávido, ansioso; voraz.
Gießbach m. torrente.
gießen v. echar, derramar; verter; Metall: fundir; vaciar.
Gießer m. fundidor.
Gießerei f. fundición.
Gießform f. molde.
Gießkanne f. regadera.
Gift n. veneno, tóxico.
giftig adj. venenoso; envenenado.
Gilde f. gremio.
Ginster m. genista.
Cipfel m. cumbre, cima, pico; fig. colmo.
Gips m. yeso, escayola.
gipsartig adj. yesoso.
Gipsverband m. vendaje enyesado.
gipsen v. enyesar, enlucir.
Girant. m. endosante.
girieren v. endosar; girar.
Giro n. endoso.
Girobank f. banco de giros.
Gitarre f. guitarra.
Gitarrenspieler m. guitarrista.
Gitter n. reja; verja.
Gitterwerk n. enrejado.
Glacéleder n. cabritilla.
Glanz m. brillo, lustre, esmalte; fulgor, esplendor, pompa.
Glanzleder n. charol.
Glanzpapier n. papel satinado.

glänzen v. brillar, (re)lucir.
glänzend adj. brillante; lustroso.
Glas n. vidrio; cristal; Trinkglas: copa, vaso.
Glasauge m. ojo postizo.
Glasbläser m. soplador de vidrio.
Glashütte f. vidriería.
glasig adj. vidrioso; vítreo.
Glasscheibe f. cristal.
Glasschrank f. vitrina.
Glastür f. (puerta) vidriera.
Glaswaren f. pl. cristalería.
Glaser m. vidriero.
Glaserei f. vidriería.
glasieren v. vidriar; barnizar; Gebäck: garapiñar.
Glasur f. barniz, esmalte; garapiña.
gläsern adj. de vidrio.
glatt adj. liso, terso; escurridizo.
glatteis n. helada.
glätten v. lustrar; alisar.
Glatze f. calva, tonsura.
Glaube m. fe; creencia.
glauben v. creer, opinar.
Glaubensbekenntnis n. profesión de fe, credo.
Glaubensgenosse m. correligionario.
Glaubenslehre f. dogma.
glaubhaft, glaubwürdig adj. creíble; fidedigno.
Gläubiger m. acreedor.
gleich adj. igual, par; lo mismo; adv. inmediatamente, al momento.
gleichalt(e)rig adj. coetáneo.
gleichartig adj. análogo; similar.
gleichbedeutend adj. sinónimo; idéntico.
Gleichberechtigung f. igualdad de derechos.
gleichfalls adv. lo mismo, igualmente.
gleichförmig adj. uniforme; monótono.
Gleichgewicht n. equilibrio.
gleichgültig adj. indiferente; apático.
Gleichklang m. acorde.
gleichmachen v. igualar; adecuar.
Gleichmaß n. proporción, simetría.   [lidad.
Gleichmut m. calma, impasibi-
gleichnamig adj. homónimo.
Gleichstrom m. corriente continua.   [igual.
gleichwertig adj. equivalente;
gleichwohl adv. no obstante.
gleichzeitig adj. simultáneo, contemporáneo; sincrónico.
gleichen v. semejar; parecerse.
Gleichheit f. igualdad, semejanza.
Gleichnis n. alegoría; parábola.
Gleichung f. ecuación.
gleiten v. resbalar; deslizar(se).
Gleitflug m. planeo.
gleitschutz m. antideslizante.
Gletscher m. ventisquero.
Glied n. miembro; eslabón; fila.
Gliederreißen n. dolores artríticos.   [car.
gliedern v. encadenar; clasifi-
Gliederung f. articulación, estructura.
Gliedmaßen f. pl. miembros.
glimmen v. arder lentamente.
glimpflich adv. moderado, discreto.
glitschen v. deslizar(se).
glitzern v. centellear.
Glocke f. campana; Glas: globo.
Glockenblume f. campánula.
glockenförmig adj. acampanado.

Glockengeläute n. campaneo.
Glockenschlag m. campanada.
Glockeschwengel m. badajo.
Glockenturm m. campanario.
Glosse f. glosa.
Glück n. fortuna; felicidad; dicha; — haben, tener suerte; zum —, afortunadamente; — wünschen felicitar.
Glückseligkeit f. felicidad.
Glückwunsch m. enhorabuena; felicitación.
Glucke f. (gallina) clueca.
glücken v. salir bien.
glücklich adj. feliz; afortunado; dichoso; fausto.
Glücksfall m. suerte, azar.
Glücksspiel n. juego de azar.
Glühlampe f. bombilla.
Glühwein m. vino caliente.
Glühwurm m. luciérnaga.
glühen v. calentar; arder.
glühend adj. ardiente.
Glut f. ardor; brasa.
Gnade f. merced, gracia; perdón.
Gnadenerlaß m. amnistía.
Gnadenstoß m. golpe de gracia.
gnädig adj. clemente.
Gold n. oro.
Goldammer f. verderón.
golden adj. de oro; dorado.
Goldfisch m. pez dorado.
Goldgehalt m. ley.
Goldgrube f. fig. filón.
Goldschmeid m. platero.
Goldwaage f. pesillo.
Goldwährung f. oro; patrón.
Golf m. golfo; golf.
Gondel f. góndola.
gönnen v.: nich —, envidiar.
Gönner m. protector; patrono; mecenas.
Gosse f. albañal.
Gott m. Dios. — sei Dank! ¡gracias a Dios!
gottlos adj. impío, ateo.
Gottesdienst m. culto, oficio divino.
Gotteshaus n. iglesia.
Gotteslästerer m. blasfemo.
Göttin f. diosa.
Göttlich adj. divino.
Götze m. ídolo.
Gouvernante f. aya.
Grab n. sepulcro; sepultura; fosa; tumba.
Grabwölbe n. cripta.
Grabmal n. sepulcro; túmulo.
Grabschrift f. epitafio.
Graben m. foso; zanja.
graben v. (ex)cavar.
Grad m. grado.
Gradeinteilung f. escala; graduación.
Graf m. (Gräfin f.) conde(sa).
grämen v. sich —, afligirse.
Gramm n. gramo.
Grammatik f. gramática.
Grammophon n. gramófono.
Granate f. granada.
graphisch adj. gráfico.
Gras n. hierba.
Grashalm m. tallo de hierba.
grasen v. pacer; pastar.
gräßlich adj. detestable.
Grat. m. filo; cresta.
Gräte f. espina.
Gratulation f. enhorabuena; felicitación, parabién; (con)-gratulación.
gratulieren v. felicitar; (con)-gratular.
grau adj. gris, Haar: cano(so).
graubraun adj. pardo.
grauen v. Tag: amanecer; dar horror.
grauenhaft adj. horroroso, espantoso, terrible.
Graupe f. cebada mondada.
graupeln v. granizar.

Graus m. horror; espanto.
grausam adj. cruel.
Grausamkeit f. crueldad.
grausen v. tener horror.
grausig adj. espantoso.
Graveur m. grabador.
gravieren v. grabar.
gravitätisch adj. serio.
Grazie f. gracia; garbo.
greifbar adj. palpable.
greifen v. coger, asir, tomar, prender; um sich — propagarse.
Greis m. anciano, viejo.
greisenhaft adj. senil.
grell adj. penetrante, agudo; chillón (color).
Grenz... adj. fronterizo.
Grenzfall m. caso límite.
Grenze f. límite; frontera; término.
grenzen v. confinar, lindar.
grenzenlos adj. inmenso.
Grenzzoll m. aduana.
Greuel m. horror; abominación.
Greueltat f. atrocidad.
greulich adj. horrible; abominable; atroz.
Grieche m. griego.
Griechenland n. Grecia.
griesgrämig adj. gruñón.
Grieß m. grava; sémola.
Griff m. mango; asa; asidero; puño Tätigkeit: agarro.
Griffel m. lápiz de pizarra.
Grille f. grillo; fig. manía.
grillenhaft adj. fig. maniático.
Grimasse f. mueca.
grimmig adj. furioso, feroz.
Grippe f. gripe.
grob adj. grosero; burdo; bruto; gordo (falta).
Grobheit f. grosería; rudeza.
grollen v. guardar rencor; retumbar (trueno).
gros: en —, (al) por mayor.
groß adj. grande; grueso; alto, largo.   [nífico.
großartig adj. grandioso; magneroso.
Großeltern pl. abuelos.
Großenkel m. bisnieto.
Großhandel m. comercio al por mayor.
großherzig adj. magnánimo.
großjährig adj. mayor (de edad).
Großmacht f. gran potencia.
großmütig adj. magnánimo; generoso.
Großmutter f. abuela.
großsprecherisch adj. fanfarrón, valentón.
großstädtisch adj. de gran ciudad (capital).
Großvater m. abuelo.
Größe f. grandeza; amplitud; altura; tamaño, grandor.
Größenwahn m. megalomanía.
größtenteils adv. por mayor parte.
Grotte f. gruta; caverna.
Grube f. hoya; mina (Mine).
Grubenarbeiter m. minero.
grübeln v. cavilar.
Gruft f. fosa; cripta.
grün adj. verde; — werden, grünen v. (en)verdecer.
Gründonnerstag m. Jueves Santo.
Grünfutter n. herbaje; forraje.
Grünkramhändlerin f. verdulera.
Grünspan m. cardenillo; verdín.
Grund m. fondo; fundamento; suelo; terreno; fig. causa; motivo, razón; base.
Grundbegriff m. concepto.
Grundbesitz m. bienes (raíces); latifundio(s).
Grundbuch n. catastro; registro.

grundfalsch adj. completamente falso.
Grundfläche f. base.
Grundgesetz n. ley fundamental; constitución.
Grundlage f. base.
Grundlegung f. fundación.
grundlos adj. sin fondo; fig. vano, baldío.
Grundriß m. planta; plan; traza.
Grundsatz m. principio.
Grundstein m. piedra fundamental; primera piedra.
Grundstoff m. elemento.
Grundstück n. finca.
Grundton m. tónica.
Grundzahl f. número cardinal.
gründen v. fundar, establecer; constituir, crear.
Gründer m. fundador.
gründlich adj. radical, fundamental; adv. a fondo. [ción.
Gründung f. fundación, creagrunzen v. gruñir.
Gruppe f. grupo; partido.
gruppieren v. agrupar.
Gruß m. saludo; recuerdo; salutación.
grüßen v. saludar.
Grütze f. sémola.
gucken v. mirar.   [vigor.
gültig adj. valedero; válido; en
Gummi n. goma; caucho.
Gummiband n. cinta elástica.
Gummibaum m. árbol del caucho.
Gummilack m. goma laca.
Gummireifen m. neumático.
Gummischuh m. chanclo.
gummieren v. engomar.
Gunst f. favor; honra.
günstig adj. favorable.
Günstling m. favorito.
Gurgel f. garganta, cuello.
gurgeln v. gargarizar.
Gurke f. pepino.
Gurt m. pretina; cintura.
Gürtel m. cinturón; cintura.
gürten v. ceñir.
Guß m. Metalle: fundición, fusión; Wasser: chorro, aguacero.   [lado.
Gußeisen n. hierro fundido (coGußform f. molde.
Gußstahl m. acero fundido.
gut adj. buen(o); bondadoso; adv. bien; kurz und —, en fin.
Gut n. bien; hacienda; finca.
Gutachten n. opinión; dictamen.
Gutdünken n. parecer; juicio.
Guthaben n. haber; activo.
gutheißen v. aprobar; sancionar.
gutherzig adj. fam. bonachón; bonazo.
gutmachen v. remediar; reparar.
gutschreiben v. acreditar, abonar.
gutstehen für v. responder, garantizar, salir fiador por.
Güte f. bondad; (buena) calidad, fineza.
Güterbahnhof m. muelle de mercancías.
Gütergemeinschaft f. comunidad de bienes.
Güterwagen m. vagón de mercancías (de carga); camión.
gütig adj. bondadoso, bueno; benévolo.
gütlich adv. amistosamente.
Gutsbesitzer m. propietario.
Gymnastik f. gimnasia.
gymnastisch adj. gimnástico.

Haar n. cabello, pelo; Körper: vello.
Haarausfall m. caída del pelo.
Haarbüschel m. mechón; tupé.
Haarentferner m. depilador.
Haarfarbe f. tintura para el pelo; color del pelo.
haarfein n. capilar.
Haarlocke f. bucle; rizo.
Haarnadel f. horquilla.
Haarnetz n. redecilla.
Haarröhrchen n. tubo capilar.
haarscharf adj. fig. muy preciso.
haarsträubend adj. horripilante; espeluznante.
Haartracht f. peinado.
Haarwasser n. loción.
Haarwulst m. moño.
haaren v. pelarse; perder el pelo.
haarrig adj. peludo.
Habe f. bienes; fortuna.
haben v. haber; tener; poseer; llevar.
Haben n. haber; caudal; crédito.
Habgier f. codicia; avidez.
habhaft werden v. lograr, conseguir.
Habicht m. azor.
Hackklotz m. tojo.
Hackfleisch n. carne picada; picadillo.   [chete.
Hackmesser n. cuchilla; maHacke f. azada; pico; zapapico.
Hacken m. talón.
hacken v. tajar; picar (carne); partir (leña); cavar.
Häcksel n. pajada.
hadern v. reñir.
Hafen m. puerto; fig. refugio.
Hafendamm m. muelle.
Hafenstadt f. ciudad marítima; puerto.
Hafer m. avena.
Haft f. arresto; reclusión; retención.
haftbar adj. responsable.
haften v. estar pegado; — für responder de.
Haftpflicht f. responsabilidad.
Hagebutte f. escaramujo.
Hagel m. granizo.
Hagelschauer m. granizada.
hageln v. granizar.
hager adj. flaco, magro.
Hahn m. gallo; grifo (de una cañería); disparador (de fusil).
Hahnrei m. cornudo.
Hai, Haifisch m. tiburón.
häkeln v. hacer labor de ganchillo.
Häkelnadel f. ganchillo.
Haken m. gancho; broche.
halb adj. medio, mediado; — 12 Uhr, las once y media.
halbamtlich adj. semioficial.
Halbbruder m. hermanastro.
halbdunkel adj. claroscuro.
halbfertig, Waren: semimanufacturado.
Halbinsel f. península.
Halbjahr n. semestre.
Halbkreis m. semicírculo.
Halbkugel m. hemisferio.
halblaut adv. en voz baja.

Halbmesser m. radio.
Halbmond m. media luna.
halboffen adj. entreabierto.
Halbschatten m. penumbra.
Halbton m. semitono.
halbvoll adj. a medio llenar.
halbwegs adv. regularmente.
halbwüchsig adj. adolescente.
halbieren v. partir, dividir en dos mitades.
Hälfte f. mitad; medio.
Halfter f. ronzal; camal.
Halle f. pórtico; vestíbulo; portal; sala; mercado. Werk: nave.
hallen v. resonar, retumbar.
hallo! interj. ¡olga!, ¡ea!
Halm m. tallo.
Hals m. cuello; garganta.
Halsausschnitt m. escote.
Halsband m. collar.
Halsentzündung f. angina.
halsstarrig adj. terco; testarudo.
Halstuch n. pañuelo.
Halt m. alto; parada. fig. apoyo, sostén.
halt! interj. ¡alto!
haltmachen v. detenerse, pararse. [resistente.
haltbar adj. sólido; duradero,
halten v. tener, mantener; sostener; guardar, conservar; durar; cumplir; celebrar (boda); pronunciar (un discurso).
Haltestelle f. paradero; parada; estación.
haltlos adj. inconsistente.
Haltung f. postura; porte; actitud.
Halunke m. pícaro; pillo.
Hammel m. carnero.
Hammer m. martillo.
hämmern v. martillar.
Hamster m. hamster.
Hand f. mano; aus freier —, a pulso; bei der —, a (la) mano.
Handarbeit f. trabajo manual; labor (de mujer).
Handball m. Sport: balonmano.
Handbreite f. palmo.
Handbuch n. manual.
Handbremse f. freno de mano.
Handfesseln f. pl. esposas.
Handfläche f. palma.
Handgelenk n. muñeca; pulso.
Handgepäck n. equipaje de mano.
handgreiflich adj. palpable, evidente. [lar.
handhaben v. manejar; manipu-
Handkoffer m. maleta.
Handpflege f. manicura.
Handschrift f. escritura; letra.
Handschuh m. guante.
Handtuch n. toalla.
Handvoll f. puñado.
Handwerk n. oficio.
Handwerker m. artesano.
Handzeichnung f. dibujo a mano.
Händedruck m. apretón de manos.
Händeklatschen n. palmada; palmoteo.
Handel m. negocio, comercio.
handeln v. obrar; comerciar; sich — um, tratarse de.
Handelsagent m. comisionista.
Handelsbilanz f. balanza de comercio.
Handelsbrauch m. uso mercantil.

Handelsbrief m. carta comercial.
Handelsflotte f. marina mercante.
Handelsgesellschaft f. compañía, sociedad comercial.
Handelsgesetzbuch n. Código de Comercio.
Handelskammer f. Cámara de Comercio.
Handelsschiff n. buque mercante.
Handelsschule f. escuela mercantil.
Handelsvertrag m. tratado de comercio.
Handelszweig m. ramo.
Händler m. negociante.
handlich adj. manejable; práctico.
Handlung f. acción; acto; función; operación; comercio; tienda; almacén. [jante.
Handlungsreisende(r) m. via-
Handlungsweise f. proceder.
Hanf m. cáñamo.
Hang m. fig. tendencia.
Hängeboden m. camaranchón.
Hängebrücke f. puente colgante.
Hängematte f. hamaca.
Hängeschloß n. candado.
hängen v. colgar, suspender; pender de.
hantieren v. manejar.
Happen m. bocado.
Harfe f. arpa.
Harke f. rastr(ill)o.
harken v. rastrillar.
harmlos adj. inofensivo, inocente; cándido.
harmonieren v. armonizar; concordar.
Harmonika f. acordeón.
harmonisch adj. armonioso, armónico.
Harn m. orina.
Harnblase f. vejiga.
harnen v. orinar.
Harnuntersuchung f. uroscopia.
Harnisch m. arnés; coraza.
Harpune f. arpón.
hart adj. duro; fig. cruel; difícil. [sensible.
hartherzig adj. inhumano; in-
hartnäckig adj. tenaz; obstinado; aferrado; pertinaz.
Härte f. dureza; solidez.
härten v. endurecer; templar (el acero).
Harz n. resina.
Häscher m. alguacil; esbirro.
Hase m. liebre.
Haselnuß f. avellana.
Hasenscharte f. labio leporino.
Haß m. odio.
hassen v. odiar; detestar.
häßlich adj. feo; asqueroso.
Häßlichkeit f. fealdad.
Hast f. prisa; precipitación.
hastig adj. precipitado; adv. a toda prisa.
Hauklotz m. tajo.
Haube f. gorra; cofia; Maschinen: capó.
Hauch m. soplo; aliento; exhalación.
hauchen v. soplar; exhalar.
hauen v. tajar, cortar.
Haufe(n) m. montón; pila; cúmulo; gentío.
häufen v. amontonar; apilar.
häufig adj. frecuente, corriente; adv. a menudo.
Haupt n. cabeza; fig. jefe; caudillo.
Haupt... adj. principal, mayor.
Hauptbuch n. libro mayor.
Hauptdarsteller m. protagonista.
Hauptgewinn m. premio gordo.
Hauptmann m. capitán.

Hauptniederlage f. depósito central.
Hauptpostamt n. oficina central de correos.
Hauptquartier n. cuartel general.
Hauptrolle f. papel principal.
hauptsächlich adj. principal, capital; esencial; adv. sobre todo.
Hauptstadt f. capital, metrópoli.
Hauptverfahren n. proceso plenario.
Hauptwort n. substantivo.
Hauptzweig m. ramo principal.
Häuptling m. jefe (tribu).
Haus n. casa; domicilio; hogar; zu Hause en casa; nach Hause a casa; von — zu — de casa en casa.
Haus... adj. de casa, casero.
Hausarrest m. reclusión en casa.
Hausarzt m. médico de cabecera.
Hausbesitzer m. propietario, dueño.
Hausdiener m. doméstico.
Hausflur m. vestíbulo, portal, zaguán.
Hausfrau f. ama de la casa.
Haushalt m. gobierno de casa.
Haushälterin f. ama de llaves.
Haushalt-(splan) m. presupuesto.
Hausherr m. amo, propietario, dueño de la casa.
Hauskleid n. bata.
Hausmädchen n. criada.
Hausmeister m. portero.
Hausmittel n. remedio casero.
Hausschuhe m. pl. zapatillas.
Haussuchung f. registro domiciliario.
Haustier n. animal doméstico.
Hauswirt m. propietario.
hausen v. habitar, vivir; fig. hacer estragos.
Häusergruppe f. manzana.
hausieren v. vender por las calles.
häuslich adj. doméstico.
Hausse f. alza (Börse).
Haut f. piel, cutis.
Hautarzt m. dermatólogo.
Hautfarbe f. tez.
häuten v. despellejar; sich —, mudar la piel.
Häutung f. muda.
Hebamme f. comadrona, partera, matrona.
Hebel m. palanca.
heben v. levantar; elevar; (re-) alzar.
hecheln v. rastrillar.
Hecht m. sollo, lucio.
Hecke f. seto (vivo).
Heer n. ejército; fig. multitud.
Heerführer m. general, jefe, caudillo.
Heerstraße f. camino real.
Heerwesen n. milicia.
Heeres... adj. militar; del ejército.
Heeresübung f. maniobra.
Hefe f. levadura, hez.
Heft n. mango, puño (Griff); cuaderno, folleto.
Heftnacht f. hilván, basta.
Heftpflaster n. emplasto, tafetán inglés.
heften v. hilvanar; fig. clavar; fijar; poner en rústica (libro).
heftig adj. violento, vehemente; impetuoso; vivo, ardiente.
Heftigkeit f. vehemencia, brío, intensidad.
hegen v. cuidar.
Hehler m. encubridor.
Heide f. brezal, brezo; m. pagano; infiel.

Heidelbeere f. arándano.
heidnisch adj. pagano.
heikel adj. delicado, precario.
heil adj. salvo; intacto.
Heil n. salud; salvación.
Heiland m. Salvador.
Heilanstalt f. sanatorio, hospital.
Heilkraft f. virtud curativa.
Heilkräuter n. pl. hierbas (medicinales).
Heilmittel n. remedio, medicamento.
Heilquellen f. pl. aguas minerales, balneario, termas.
Heilverfahren n. terapéutica.
heilbar adj. curable.
heilen v. sanar, curar(se).
Heilung f. cura, restablecimiento. [grado.
heilig adj. santo, sacro, sa-
Heiliger Abend m. Nochebuena; der Heilige Stuhl la Santa Sede.
Heiligenschein m. aureola, nimbo.
Heilige(r) m. santo.
Heiligkeit f. santidad.
Heiligtum n. santuario, reliquia.
heilsam adj. saludable, sano.
Heilsarmee f. ejército de (la) salvación.
Heim n. casa, domicilio, hogar.
heim adv. a casa.
Heimarbeit f. trabajo en domicilio.
Heimfahrt f. regreso.
Heimkehr f. regreso (a su casa).
heimsuchen v. fig. plagar.
Heimtücke f. astucia, malicia.
heimwärts adv. hacia su casa (patria).
Heimweg m. (camino de) regreso, vuelta.
Heimweh n. nostalgia, añoranza.
Heimat f., Heimatland n. patria, país (suelo) natal.
heimatlich adj. nat(ur)al.
heimatlos adj. sin patria, errante.
Heimatmuseum n. museo regional.
Heimatrecht n. derecho de naturaleza.
Heimchen n. grillo.
heimlich adj. secreto, oculto, clandestino.
Heimlichkeit f. disimulo.
Heirat f. matrimonio, casamiento.
heiraten v. casarse; contraer matrimonio. [mano.
heiratsfähig adj. núbil.
Heiratsantrag m. petición de
Heiratsgut n. dote.
Heiratsvermittler m. casamentero. [do.
heiser adj. ronco; enronqueci-
Heiserkeit f. ronquera.
heiß adj. caliente, caluroso, cálido; fig. ardiente, vivo; es ist —, hace calor.
heiße Zone zona tórrida.
Heißhunger m. hambre canina.
heißen v. ordenar; llamarse; significar; das heißt esto es; es decir.
heiter adj. sereno; alegre, gayo.
Heiterkeit f. serenidad, alegría.
heizen v. calentar; encender (lumbre).
Heizer m. fogonero.
Heizkörper, Heizofen m. radiador.
Heizmaterial n. combustible.
Heizsonne f. sol eléctrico.
Heizung f. calefacción.
Held m. héroe; campeón.
Heldin f. heroína.

Heldengedicht n. poema épico.
Heldenmut m. heroísmo.
Heldentat f. hazaña.
Heldentod m. muerte heroica.
helfen v. ayudar, socorrer; asistir; auxiliar.
Helfer m. asistente, ayudante.
Helfershelfer m. cómplice.
hell adj. claro. — **werden** aclararse; amanecer.
hellblau adj. azul claro.
Hellseher m. visionario.
Helligkeit f. claridad; luz.
Helm m. casco.
Hemd n. camisa; Unterwäsche: camiseta.
Hemd(s-) ärmel m. manga de camisa.
Hemdeneinsatz m. pechera.
Heimdenladen m. camisería.
hemmen v. detener; impedir; regresar (agua).
hemmend adj. represivo.
Hemmnis n. obstáculo.
Hemmschuh m. galga, torno.
Hemmung f. retardo, torbo; fig. escrúpulo.
Hengst m. caballo padre.
Henkel m. asa, asidero.
henken v. ahorcar.
Henker m. verdugo.
Henne f. gallina; polla.
her aquí, acá, por aquí; **von außen** — de fuera; **hin und** — de un lado a otro; **von je** — desde siempre.
herbestellen v. llamar, hacer venir.
herbringen v. traer.
hergeben v. volver, dar.
hergebracht adj. tradicional.
herkommen v. venir; fig. proceder.
Herkunft f. procedencia, origen, descendencia.
herleiten v. deducir, derivar.
herplappern v. recitar maquinalmente.
herrichten v. aderezar, preparar; poner (la mesa).
herrühren v. proceder, provenir de.
hersagen v. recitar.
herstammen v. descender.
herstellen v. fabricar; construir, confeccionar.
herzählen v. contar, enumerar.
herab adv. (hacia) abajo; **von oben** — de arriba abajo.
herabdrücken v. rebajar (el precio).
herabhängen v. pender, colgar.
herabkommen v. bajar, descender; **sich herablassen** dignarse.
herabsehen auf v. fig. mirar con desprecio.
herabsetzen v. (re)bajar (precio); fig. desacreditar.
herabsteigen v. bajar, descender.
herabstürzen v. despeñarse.
herabwürdigen v. despreciar, humillar.
heran adv. por aquí, cerca.
herangehen, herankommen, herannahen v. acercarse.
heranreichen v. alcanzar a.
heranwachsen v. crecer, desarrollarse.   [mar parte.
heranziehen v. atraer; hacer tomar.
herauf adv. hacia arriba.
heraufkommen, heraufsteigen v. subir, elevarse.
heraufziehen v. tirar hacia arriba.
heraus adv. fuera.
herausfinden v. descubrir.
herausfordern v. provocar.
Herausgabe f. restitución; publicación; edición (libro).

herausgeben v. devolver; publicar, editar.   [tor.
Herausgeber m. editor; redactor.
herauskommen v. salir, publicarse, aparecer.
herausnehmen v. sacar; quitar.
herausputzen v. engalanar.
herausreißen v. arrancar, sacar.
herausstreichen v. fam. elogiar.
heraustreten v. salir fuera.
herausziehen v. extraer, arrancar.
herb adj. áspero, acerbo.
herbei adv. (por) aquí; (por) acá.
herbeieilen v. acudir.
herbeiführen v. traer; causar.
herbeiholen v. ir a buscar.
herbeisehnen v. anhelar.
herbeiströmen v. afluir.
Herberge f. alojamiento; albergue.
Herbst m. otoño.
herbstlich adj. otoñal, autumnal.
Herd m. hogar, fogón; hornillo; fig. foco.
Herde f. rebaño.
herein adv. aquí, (a)dentro; —! ¡adelante!
hereinfallen v. fam. sufrir un chasco.
hereinlassen v. dejar entrar; hacer pasar.
Hering m. arenque.
Hermelin n. armiño.
hernach adv. después, luego.
Herold m. heraldo.
Herr m. señor; amo, jefe, patrono.
Herren... adj. de caballero(s).
herrenlos adj. sin dueño; abandonado.
Herrgott m. Dios, el Señor.
Herrin f. señora, ama, dueña.
herrisch adj. imperioso.
herrlich adj. magnífico.
Herrlichkeit f. esplendor.
Herrschsucht f. deseo inmoderado de dominar; despotismo.
Herrschaft f. imperio, mando, autoridad.
herrschaftlich adj. señorial.
herrschen v. reinar; dominar; gobernar.   [gente.
Herrscher n. soberano, rey, regente.
herüber adv. a este lado.
herum adv. alrededor; en torno.
herumdrehen v. girar, volver; dar vueltas.
herumlaufen v. corretear; correr alrededor de.
herumreisen v. recorrer (un país).
herumstöbern v. huronear.
herumstreifen, sich herumtreiben v. vaga(bundea)r.
herunterfallen v. caer.
herunterlassen v. bajar.
herunterschlucken v. tragar.
hervor adv. adelante; (hacia) fuera.   [proferir.
hervorbringen v. producir, criar;
hervorgehen v. salir; resultar.
hervorgucken v. asomar(se).
hervorheben v. fig. acentuar.
hervorkommen v. salir; nacer.
hervorquellen v. surgir.
hervorragen v. resaltar; distinguirse.
hervorragend adj. saliente; eminente.
hervorrufen v. llamar; motivar; provocar. **sich hervortun** distinguirse.
hervorziehen v. sacar (fuera).
Herz n. corazón; pecho; fig. alma; Kartenspiel: copa.
herzbeklemmung f. opresión del corazón.
herzergreifend adj. conmovedor.

Herzfehler m. insuficiencia cardíaca.
Herzklopfen n. palpitaciones, latidos.
Herz(e)leid n. pena; pesar.
herzlos adj. insensible.
Herzschlag m. latido (del corazón); (ataque de) apoplejía.
herzzerreißend adj. desgarrador.
herzhaft adj. brioso; resuelto.
herzig adj. querido; bonito.
herzlich adj. cordial, afectuoso.
Herzlichkeit f. cordialidad.
Herzog m. duque.
Herzogin f. duquesa.
Herzogtum n. ducado.
Hetze f. cacería, persecución.
hetzen v. azuzar.
Hetzjagd f. cacería.   [rio.
Hetzrede f. discurso difamatorio.
Heu m. heno.
Heuboden m. henil, henal.
Heuernte f. siega del heno.
Heugabel f. bieldo.   [tón.
Heuschrecke f. langosta, saltón.
Heuchelei f. hipocresía.
heucheln v. fingir, simular.
heuchlerisch adj. hipócrita; **comediante**.
heulen v. aullar; mugir, bramar; fam. llorar.
heute adv. hoy; — **früh** esta mañana; **noch** — hoy mismo.
heutig adj. de hoy.
heutzutage adv. hoy día; al presente.
Hexe f. bruja, hechicera.
hexen v. brujear.   [bago.
Hexenschuß m. ciática; lumbago.
Hexerei f. magia.
Hieb m. golpe; sablazo.
hier adv. (por) aquí; —! ¡presente!
hierauf adv. a eso, después.
hieraus adv. de aquí, de eso.
hierbei adv. con esto; incluso.
hierdurch adv. por aquí, así.
hierfür adv. por eso.
hierher adv. por aquí.
hiermit adv. con eso; así.
hierüber adv. de esto.
hiervon adv. de esto.
hierzulande adv. en este país.
hiesig adj. de aquí; del país.
Hilfe f. ayuda, socorro, subsidio.
hilfreich adj. caritativo.
hilfsbedürftig adj. necesitado.
Hilfsmittel n. remedio, recurso.
Hilfsschule f. escuela de anormales.
Hilfszeitwort n. verbo auxiliar.
Himbeere f. frambuesa.
Himmel m. cielo, firmamento, **unter freiem** — al aire libre.
himmelblau adj. (azul) celeste.
himmelschreiend adj. escandaloso.
Himmelskörper m. cuerpo celeste.
Himmelfahrt f. Ascensión.
Himmelsrichtung f. punto cardinal.
himmelweit adj. enorme.
himmlisch adj. celeste; divino.
hin hacia; por allí — **und her** de aquí para allí. — **und wieder** de vez en cuando. — **und zurück** ida y vuelta.
hinbringen v. llevar; pasar (el tiempo).
hindeuten v. señalar, indicar.
Hinfahrt f. ida.
hinfallen v. caer (al suelo).
hinfällig adj. caduco.
Hingabe f. abandono.
hingeben v. entregar; **sich** — dedicarse a.
hingehen v. ir allá.

hinhalten v. entretener.
hinlänglich adj. suficiente.
hinlegen v. colocar, poner.
hinleiten v. conducir.
hinnehmen v. tomar, aceptar.
hinraffen v. arrebatar.
Hinreise f. ida.
hinreißen v. arrebatar.
hinrichten v. ejecutar; ajusticiar; electrocutar.
hinscheiden v. morir, fallecer.
hinsehen v. mirar hacia.
hinsetzen v. colocar, poner; **sich** — sentarse.
Hinsicht f. respecto.
hinstellen v. colocar; meter.
Hinweg m. ida. **sich über alles hinwegsetzen** arramblar con todo.
Hinweis m. indicación, nota.
hinweisen v. indicar, mostrar.
hinzielen v. tender a.
hinab adv. (hacia) abajo.
hinan adv. hacia arriba.
hinauf adv. hacia arriba; subiendo.
hinauffahren, hinaufgehen, hinauflaufen, hinaufsteigen v. subir.
hinaufheben v. levantar.
hinaus adv. (hacia) afuera; fuera de.   [che].
hinausfahren v. salir (en coche).
hinausgehen v. salir.
hinauswerfen v. echar fuera, arrojar.
hinderlich adj. embarazoso.
hindern v. impedir, estorbar, molestar.
Hindernis n. impedimento, obstáculo.   [rante.
hindurch adv. a través de; durante.
hinein adv. adentro, por dentro.
hineingehen v. entrar.
hineinschieben, hineinstecken v. introducir, meter.
hinken v. cojear.
hinkend adj. cojo.
hinten adv. detrás, atrás; en el fondo.   [trás.
hintenan adv. a la cola, por detrás.
hinter prep. detrás de; tras; adj. trasero, posterior.
Hinterbein n. pierna trasera.
hinterdrein adj. después del hecho.
hintereinander adj. uno tras otro.
hintergehen v. engañar.
Hintergrund m. fondo.
Hinterhaus n. interior.
hinterher adv. después.
Hinterhof m. patio interior.
Hinterlassenschaft f. legado.
hinterlegen v. depositar.
Hinterlist f. astucia, perfidia.
Hinterrad n. rueda trasera.
Hinterschiff n. popa.
hintertreiben v. frustrar.
Hinterzimmer n. trascuarto.
hinüber adv. al otro lado; más allá.
hinunter adj. abajo; bajando.
hinzusetzen, hinzutun, hinzufügen, hinzuzählen v. añadir.
Hirn n. cerebro, sesos.
Hirngespinst n. fantasma.
Hirsch m. ciervo.
Hirt m. pastor (auch fig.) **Hirten...** adj. pastoral.
hissen v. izar, enarbolar.
historisch adj. histórico. [sidad.
Hitze f. calor, ardor; fig. fogosidad.
hitzig adj. ardiente; fogoso.

Hitzschlag m. congestión.
Hobel m. cepillo (de carpintero).   [pilladuras.
Hobelspäne m. pl. virutas, acehobeln v. acepillar.
hoch adj. alto, elevado; avanzado (Alter); —! ¡viva!
Hochachtung f. gran estimación).
Hochamt n. misa mayor.
Hochbahn f. ferrocarril aéreo.
Hochdruck m. alta presión.
Hochebene f. meseta.
hochfein adj. superfino.
Hochhaus n. rascacielos.
hochheilig adj. sacrosanto.
Hochland n. montes; sierra.
hochmütig adj. orgulloso, presuntuoso.
Hochofen m. alto horno.
Hochparterre n. entresuelo.
Hochschule f. academia, Universidad.
Hochsee f. altamar.
Hochspannung f. alta tensión.
Hochstapler m. estafador, caballero de industria.
Hochverrat m. alta traición.
Hochwasser n. crecida; inundación.
Hochwild n. caza mayor.
höchst sup. el más alto, supremo; soberano.
Höchst... adj. máximo; sumo.
hochstens adv. a lo más.
Hochzeit f. boda(s), nupcias.
Hochzeits... adj. nupcial, de boda.
hocken v. sich —, acuclillarse.
Hocker m. taburete.
Höcker m. giba, corcova.
Hode f. testículo.
Hof m. innerer: patio; corral; corte (real).
Hofdame f. dama de honor.
hoffärtig adj. soberbio, orgulloso.
Hofnarr m. bufón.
Hofstaat m. corte.
hoffen v. esperar, confiar.
Hoffnung f. esperanza.
hoffnungslos adj. desesperado.
höflich adj. cortés, atento.
Höflichkeit f. cortesía.
Höfling m. cortesano.
Höhe f. altura, altitud.
Hoheit f. alteza, grandeza.
Höhensonne f. sol artificial.
Höhenunterschied m. desnivel.
Höhepunkt m. fig. colmo.
höher adj. más elevado; superior.
hohl adj. hueco, cóncavo.
Hohlmaß n. medida de capacidad.
Hohlspiegel m. espejo cóncavo.
Hohlweg m. desfiladero.
Höhle f. cueva, gruta.
Hohn m. mofa, escarnio.
höhnen v. burlarse, mofarse.
höhnisch adj. irónico.
Hökerin f. verdulera.
hold adj. favorable; lindo.
holen v. ir a buscar, ir por.
Holland n. Holanda.
Hölle f. infierno.
Höllenangst f. ansia mortal.
höllisch adj. infernal.
holperig adj. escabroso.
Holz n. madera; Bauholz: leña.
holzen v. cortar leña.
Holzessig m. ácido piroleñoso.
Holzfäller, Holzhacker m. leñador.
holzig adj. leñoso.

Holzklotz m. tajo.
Holzkohle f. carbón vegetal.
Holzscheit m. leño.
Holzschnitt m. grabado en madera.
Holzsplitter m. astilla.
Holzwurm m. carcoma. [torpe.
hölzern adj. de madera; fig.
Honig m. miel.
Honorar n. honorarios, paga.
honorieren v. retribuir.
Hopfen m. lúpulo.
hopsen v. brincar, saltar.
hörbar adj. perceptible.
horchen v. escuchar.
Horde f. horda.
hören v. oír; escuchar.
Hörer m. oyente, radioescucha; alumno; Telefon: receptor.
Horizont m. horizonte.
Horn n. cuerno, asta, pitón (del toro).
Hornhaut f. callo; córnea (del ojo).
Hornisse f. avispón.
Hornist m. corneta.
Hörrohr n. estetoscopio.
Hörsaal m. auditorio, aula.
Horst m. nido (del águila).
Hort m. tesoro; asilo (niños).
Hörweite f. alcance de la voz.
Hose f. pantalón, calzón.
Hosenschlitz m. bragueta.
Hosenträger m. tirantes.
Hostie f. hostia.
Hotel n. hotel.
Hotelbesitzer, Hotelier m. hotelero.
hübsch adj. bonito, gracioso.
Hubschrauber m. helicóptero.
Huf m. casco, uña.
Hufeisen n. herradura.
Hufschmied m. herrador.
Hüfte f. cadera; anca (Tier).
Hügel m. colina, collado.
Huhn n. polla, gallina.
Hühnerauge n. callo.
Hühnerstall m. gallinero.
Huld f. benevolencia, favor.
huldigen v. rendir homenaje; reverenciar.
Huldigung f. homenaje.
Hülle f. capa, envoltura.
Hülse f. cáscara; vaina.
Hülsenfrüchte f. pl. legumbres; leguminosas.
Hummel f. abej(a)ón.
Hummer m. langosta.
Humor m. humor.
humpeln v. fam. cojear.
Hund m. perro.
Hundehütte f. perrera.
Hundekälte f. frío infernal.
Hunderennbahn f. canódromo.
Hundesteuer f. impuesto sobre los perros.
hundert adj. cien(to).
hundertjährig adj. centenario.
Hunderter m. centena.
Hüne m. gigante.
Hunger m. hambre.
hungern v. tener hambre; guardar dieta.
Hungersnot f. hambre, carestía.
hungrig adj. hambriento.
Hupe f. bocina, claxon.
hupen v. tocar la bocina.
hüpfen v. saltar.
Hürde f. zarzo, valla.
Hürdenrennen n. carrera de obstáculos.
Hure f. prostituta, puta.
hurtig adj. presto, veloz.
hüsteln v. tosiquear.
husten v. toser.
Husten m. tos.
Hut m. sombrero; f. guarda, precaución.
hüten v. guardar; vigilar; sich — guardarse.

Hüter m. guardia.
Hutgeschäft n. sombrerería.
Hutkrempe f. ala.
Hütte f. cabaña, casuca.
Hütten... adj. metalúrgico, siderúrgico.
Hüttenwerk n. herrería, fundición.
Hyäne f. hiena.
Hyazinthe f. jacinto.
hydraulisch adj. hidráulico.
Hydroplan m. hidroplano.
hygienisch adj. higiénico.
Hypothek f. hipoteca.
hypothekarisch adj. hipotecario.
Hysterie f. histerismo.

ich pron. yo.
ideal adj. ideal.
Idee f. idea, concepto.
Identität f. identidad.
Idyll n. idilio.
idyllisch adj. idílico.
Igel m. erizo.
ihm pron. a él; le; se.
ihn pron. le, los, las, les; se.
ihr pron. a ella; le; la; se. pl. vosotros; su(s).
ihrerseits adv. de su parte.
Illustration f. ilustración.
illustriert adj. ilustrado.
Illustrierte f. (Zeitschrift) revista.   [merienda.
Imbiß m. bocadillo; colación;
Imker m. colmenero.
immer adv. siempre; — mehr más y más; — noch todavía, aún.
immerhin adv. de todos modos.
immerwährend adj. perpetuo.
immerzu adv. continuamente.
Immobilien f. pl. bienes raíces, inmuebles, fincas.
immun adj. inmune; fig. inviolable.
impfen v. injertar; vacunar.
Impfung f. vacuna(ción).
Import m. importación.
Importeur m. importador.
importieren v. importar.
imposant adj. imponente.
imstande (zu) adj. capaz (de).
in prep. en; a; de; con; dentro de; entre.
Inbegriff m. suma, substancia.
inbegriffen adv. incluso, inclusive.
Inbrunst f. fervor, ardor.
indem conj. mientras; durante; — er sprach hablando.
indes(sen) adv. entretanto; conj. no obstante.
Indianer m. indi(an)o.
indiskret adj. indiscreto.
individuell adj. individual.
Individuum n. individuo, sujeto.
Indossant m. endosante.
Indossat m. endosatorio.
Indosso n. endoso.
indossieren v. endosar.
Industrie f. industria.
Industrielle(r) m. industrial.
ineinander adv. uno en otro.
ineinanderfügen v. encajar, ajustar.
Infanterie f. infantería.
infizieren v. inficionar.
Influenza f. gripe, influenza.
infolge adv. debido a, a causa de.

Information f. informe, información.
infrarot adj. infrarrojo.
Ingenieur m. ingeniero.
Ingrimm m. rabia, rencor.
Inhaber m. propietario; tenedor (de títulos); dueño.
Inhalt m. contenido.
Inhaltsangabe f. resumen.
Inhaltsverzeichnis n. índice, tabla de materias.
Inland n. interior (del país).
inländisch adj. natural; nacional; del país.
inliegend adj. incluso, adjunto.
inmitten adv. en medio de.
innehaben v. poseer, tener, ocupar.
innewerden v. descubrir, percatarse de.
innewohnen v. ser propio de.
innen adv. (a)dentro, en el interior.
Innenminister m. Ministro de Gobernación (Amér. del Interior).
inner adj. interior.
Innere(s) n. interior.
innerhalb adv. (por) dentro, en el interior; prep. dentro de.
innig adj. íntimo, cordial.
Innung f. gremio, corporación.
Insasse m. inquilino.
insbesondere adv. especialmente, en particular.
insgeheim adv. secretamente.
insgemein adv. generalmente.
insgesamt adv. todos juntos.
Inschrift f. inscripción, letrero.
Insekt n. insecto.
Insektenpulver n. polvo insecticida.
Insel f. isla.   [leño.
Inselbewohner m. insular, isleño.
Inselmeer m. archipiélago.
inserieren v. insertar, anunciar.
insofern adv. con tal que.
Insolvenz f. insolvencia.
inspizieren v. inspeccionar; visitar.
Installateur m. instalador, montador, lampista.
instandsetzen v. arreglar.
inständig adj. encarecido.
Instanz f. instancia.
Instanzenweg m. tramitación.
Instinkt m. instinto.
Institut n. instituto, institución, centro.
Instrument n. instrumento.
inszenieren v. poner en escena.
intensiv adj. intenso; activo.
interessant adj. interesante, curioso.
Interesse n. interés.
Interessent m. interesado.
Interpunktion f. puntuación.
intim adj. íntimo.
Intimität f. intimidad.
intrigieren v. intrigar.
Intrige f. intriga, complot.
invalide adj. inválido.
Inventar n., Inventur f. inventario.
inwendig adj. interior.
inwieweit adj. hasta qué punto.
inzwischen adv. entretanto.
irden adj. de barro (loza).
irdisch adj. mundano, temporal.
irgendeiner, irgendjemand, irgendwer pron. alguno, alguien, cualquier.
irgendeinmal adv. alguna vez.
irgendetwas pron. algo.
irgendwann adv. en cualquier tiempo que sea.   [manera.
irgendwie adv. de cualquier
irgendwo, irgendwohin adv. en alguna parte.   [parte.
irgendwoher adv. de cualquier
Irland n. Irlanda.

ironisch adj. irónico.
Irrgarten m. laberinto.
Irrgläubige(r) adj. herético, hereje.
irrig adj. equívoco, erróneo.
Irrsinn m. locura.
irrsinnig adj. loco, enajenado.
Irrtum m. error, equivocación.
irrtümlich adv. equivocadamente.
Irrwisch m. duende.
irre adj. extraviado; enajenado, loco.   [derse.
irregehen v. extraviarse, perirreleiten v. extraviar.
irremachen v. confundir.
irrereden v. delirar.
Irre(r) m. loco, alienado.
irren v. errar, vagar; sich — equivocarse; estar equivocado.
Irrenanstalt f. manicomio.
Irrenarzt m. alienista.
Islam m. islamismo.
Island n. Islandia.
Isolator m. aislador.
isolieren v. aislar.
Italien n. Italia.
Italiener m. italiano.

ja. adv. sí.
Jacht f. yate.
Jacke f., Jackett n. chaqueta; americana; Amér. saco.
Jagd f. caza, cacería.
Jagdgewehr n. escopeta.
Jagdhund m. perro de caza.
Jagdrevier n. coto.
Jagdschein m. licencia de caza.
jagen v. cazar.
Jäger m. cazador; Flugzeug: avión de caza.
jäh adj. repentino, brusco; precipitado; abrupto; escarpado.
jählings adj. de repente, precipitadamente.
Jahr n. año; im — 1927 en (el año) 1927.
Jahrbücher n. pl. anales.
Jahrbuch n. anuario.
jahrelang adj. durante (muchos) años.
Jahrgang m. Wein: cosecha.
Jahrhundert n. siglo; centenario.
Jahrmarkt m. feria.
Jahrtausend n. milenario.
Jahrzehnt n. década.
Jahresabschluß m. balance anual.
Jahreseinkommen n. renta anual.
Jahresfeier f., Jahrestag m. aniversario.
Jahreszeit f. estación.
jährlich adj. anual; cada año.
Jähzorn m. iracundia, irascibilidad.
jähzornig adj. colérico, irascible; iracundo.
Jalousie f. persiana.
Jammer m. pena, desolación; lamento; lástima.
jämmerlich adj. lamentable, lastimoso; miserable.
jammern v. lamentar(se).
Januar m. enero.
Japan n. el Japón.
Jasmin m. jazmín.
jäten v. escardar, arrancar.

Jauche f. abono líquido.
jauchzen v. dar gritos de júbilo.
jawohl adv. sí, por cierto.
je adv. y conj. jamás; — zwei, de dos en dos; — nachdem según que; — mehr, desto mehr cuanto más, tanto más.
jedenfalls adv. en todo caso.
jeder, jede, jedes pron. cada, cualquier, todo.
jedermann pron. cada uno; todo el mundo.
jederzeit adv. siempre; cuando quiera.
jedesmal adv. cada vez.
jedoch adv. sin embargo, pero; no obstante.
jeher adv. von — en todo tiempo, siempre.
jemals adj. jamás; nunca.
jemand adj. alguno, cualquiera(a).
jener, jene, jenes adj. y pron. aquel (betont: aquél); aquella; aquello.
jenseits prep. más allá de, al otro lado de.
Jenseits n. el otro mundo.
jetzig adj. presente, actual.
jetzt adv. ahora, actualmente; bis — hasta hoy (ahora).
Joch n. yugo; yunta.
Jod n. yodo.
Johannisbeere f. grosella.
Jolle f. yola, lancha.
Joppe f. batín.
Journal n. periódico, revista.
Journalist m. periodista.
Journalistik f. periodismo.
Jubel adj. júbilo.
Jubelfest, Jubeljahr n. jubileo.
jubeln v. dar gritos de júbilo; regocijarse.
Jubiläum n. aniversario, bodas.
jucken v. picar; rascar(se).
Jude m. judío.
Judenfeind m. antisemita.
Judentum n. judaísmo.
jüdisch adj. judío, judaico.
Jugend f. juventud; mocedad.
Jugend..., jugendlich adj. juvenil.
Jugendherberge f. albergue juvenil.
Jugendstreich m. muchachada.
Jugendzeit f. juventud, mocedades.
Juli m. julio.
jung adj. joven; fig. nuevo.
junger Mann adj. joven.
Jungfer f. s. Jungfrau: alte — solterona.
Jungfrau f. virgen.
jungfräulich adj. virginal.
Junggeselle m. soltero; solterón.
Junge m. muchacho; niño.
jungen v. parir (Tiere).
jünger adj. más joven; menor.
Jünger m. discípulo.
Jüngling m. joven, adolescente.
Jünglingsalter n. adolescencia.
jüngst adv. recientemente, recién.
Juni m. junio.
junior adj. hijo.
Jura n. pl. Derecho.
Jurist m. jurista.
juristisch adj. jurídico.
Jury f. jurado.
Jute f. yute.
Juwel n. joya.
Juwelen n. pl. joyas, alhajas.
Juwelier m. joyero, platero.

Kabel n. cable.
Kabelbericht m. cablegrama.
Kabeljau m. merluza, bacalao.
kabeln v. cablegrafiar.
Kabine f. cabina; camarote (Schiff).
Kabinett n. gabinete; consejo de ministros.
Kabinettskrise f. crisis ministerial.
Kabriolett n. cabriolé, cupé.
Kachel f. azulejo, baldosa.
Käfer m. escarabajo.
Kaffee m. café.
Kaffeebohne f. grano de café.
Kaffeebrennerei f. tostadero de café.
Kaffeehaus n. café.
Kaffeekanne f. cafetera.
Kaffeelöffel m. cucharilla.
Kaffeemühle f. molinillo de café.
Käfig m. jaula.
kahl adj. pelado, calvo; desnudo.
kahlköpfig adj. calvo; fam. pelón.
Kahn m. bote, barco.
Kai m. muelle.
Kaiser m. emperador.
Kaiserreich n. imperio.
Kaiserschnitt m. operación cesárea.
kaiserlich adj. imperial.
Kajüte f. camarote.
Kakaobaum m. cacao.
Kaktus m. cacto.
Kalb n. ternero; ternera; becerro.
kalben v. parir (vacas).
Kaldaunen f. pl. callos; tripas.
Kalender m. almanaque, calendario, anuario.
kalfatern v. calafatear.
Kali n. potasa.
Kalk m. cal.
kalkig adj. calcáreo; calizo.
kalt adj. frío, helado; es ist — hace frío.
kaltblütig adv. a sangre fría.
Kälte f. frío.
Kamel n. camello.
Kameltreiber m. camellero.
Kamera f. cámara, máquina (fotográfica).
Kamerad m. camarada; compañero.
Kamille f. manzanilla.
Kamin m. chimenea.
Kamm m. peine; fig. cresta.
kämmen v. peinar; cardar (lana).
Kammer f. cámara; gabinete; alcoba.
Kammerdiener m. ayuda de cámara.
Kammerzofe f. doncella.
Kampf m. combate; lucha, pelea.
Kampfplatz m. campo; arena.
kämpfen v. combatir, pelear; batirse.
Kampfer m. alcanfor.
Kanal m. canal; acequia; alcantarilla.
Kanalisation f. canalización; alcantarillado.
kanalisieren v. canalizar.
Kandidat m. candidato, aspirante.

kandieren v. escarchar.
Kaninchen n. conejo.
Kanne f. cántaro; jarro.
Kanone f. cañón.
Kanonenboot n. cañonero.
Kanonenschuß m. cañonazo.
Kante f. esquina; cantón; ángulo; borde.
Kantine f. cantina.
Kanzel f. púlpito.
Kanzlei f. cancillería; escribanía.
Kanzler m. canciller.
Kap n. cabo.
Kapelle f. capilla; orquesta.
Kapellmeister m. director de orquesta.
Kaper m. corsario.
Kapital n. capital; caudal; fondos.
Kapitalist m. capitalista.
Kapitän m. capitán.
Kapitel n. capítulo.
Kappe f. gorro, bonete.
Kapriole f. cabriola.
Kapsel f. cápsula; cajita.
kaputt adj. fam. estropeado.
Kapuze f. capucha.
Karabiner m. carabina.
Karat n. quilate.
Kardinal m. cardenal.
Karfreitag m. Viernes Santo.
karg adj. escaso, pobre.
Karikatur f. caricatura.
Karneval m. carnaval.
Karosserie f. carrocería.
Karpfen m. carpa.
Kartause f. cartuja.
Karte f. carta; tarjeta (postal, de visita); Atlas: mapa.
Kartei f. fichero.
Karteikarte f. ficha.
Kartenspiel n. juego de naipes.
Kartenzeichner m. cartógrafo.
Kartoffel f. patata.
kartoniert adj. en rústica (Buch).
Karussel n. tiovivo.
Karwoche f. Semana Santa.
Käse m. queso.
Kaserne f. cuartel.
Käsestoff m. caseína.
Kasse f. caja.
Kassenbestand m. saldo.
Kassenzettel m. vale.
kassieren v. cobrar.
Kassierer m. cajero; cobrador.
Kastagnette f. castañeta; castañuela.
Kastanie f. castaña.
Kaste f. casta; fig. clase.
Kasten m. caja; cofre.
kastrieren v. castrar, capar.
Katalog m. catálogo.
Katarrh m. catarro.
Katastrophe f. catástrofe.
Kater m. gato; fig. fam. mona.
Katholik m. católico.
Katze f. gato, gata.
Kauderwelsch n. guirigay.
kauen v. mas(ti)car.
Kauf m. compra, adquisición.
kaufen v. comprar.
Käufer m. comprador; cliente.
Kaufhaus n. almacén.
käuflich adj. de venta, venal.
Kaufmann m. comerciante, negociante.   [pra.
Kaufpreis m. precio de compra.
kaum adv. apenas.
Kaution f. fianza, caución.
Kautschuk m. caucho.
Kauz m. lechuza.

Kavalier m. caballero.
keck adj. osado, descarado.
Kegel m. bolo; cono.
Kegelbahn f. boleo.
kegeln v. jugar a los bolos.
Kehle f. garganta; cuello.
Kehlkopf m. laringe.
kehren v. barrer; escobar.
Kehricht m. barreduras; basura.
kehrseite f. revés.
Keil m. cuña.
Keim m. germen.
keimen v. germinar, brotar.
keimfrei adj. aséptico; — machen esterilizar.
kein adj. ningún, ninguna; nadie, ninguno; ich habe keine Zeit no tengo tiempo.
keineswegs adv. de ninguna manera.
keinmal adv. ninguna vez; nunca.
Kelch m. copa; cáliz.
Kelle f. cucharón; llama (del albañil).
Keller m. cueva; bodega.
Kellermeister m. bodeguero.
Kellerwechsel m. Bank: letra ficticia.
Kellerwohnung f. sótano(s).
Kellerei f. bodega.
Kellner m. camarero.
Kelter f. prensa; lagar.
keltern v. prensar, pisar la uva.
kennen v. conocer, saber.
kennenlernen v. hacer conocimiento, conocer.
Kenner m. perito.
Kenntlich adj. reconocible.
Kenntnis f. conocimiento; saber.
Kennwort n. lema.
Kennzeichen n. señal; marca.
kennzeichnen v. caracterizar; señalar, marcar.
kentern v. zozobrar.   [diente.
Kerbe f. muesca, entalladura;
kerben v. entallar.
Kerker m. cárcel; prisión.
Kerl m. hombre, fam. tío.
Kern m. hueso; pepita; grano; fig. substancia; núcleo.
Kern..., adj. nuclear; V. Atom...
kerngesund adj. muy sano.
Kernobst n. frutas pepitosas.
Kernseife f. jabón duro, de piedra.
Kerze f. bujía; vela.
Kessel m. caldera.
Kesselpauke f. timbal.
Kesselstein m. incrustación.
Kette f. cadena; fig. serie.
Kettegelenk, Kettenglied n. eslabón.
ketten v. encadenar.
Kettenregel f. regla conjunta.
Ketzer m. hereje.
ketzerisch adj. herético.
keuchen v. jadear; anhelar.
Keuchhusten m. tos ferina.
Keule f. maza; cachiporra; pierna (de carnero).
Kichererbse f. garbanzo.
Kichern v. reírse con disimulo.
Kiefer m. mandíbula; f. pino (silvestre).
Kiel m. cañón (de pluma); quilla.
Kielwasser n. estela.
Kieme f., Kiemen pl. agallas; branquias.
Kien m., Kienfackel f. tea.
Kienapfel m. piña.
Kienholz n. leña resinosa.

Kiepe f. cuévano.
Kies m. grava; casquijo.
Kiesel m. guijarro.
Kieselerde f. sílice.
Kieselstein m. guijarro.
Kilogramm n. kilo(gramo).
Kilometer m. kilómetro.
Kilowatt n. kilovatio.
Kind n. niño; niña; hijo; chico.
Kindbett n. puerperio.
Kinderfrau f. niñera.
Kindergarten m. jardín de infancia.
Kinderheim n. sanatorio para niños.
Kinderlähmung f. parálisis infantil.
Kinderwagen m. cochecito de niños.
kinderleicht adj. sumamente fácil.
kinderlos adj. sin hijos.
Kinderstreich m. niñería; niñada.
Kindesalter n. niñez; infancia.
Kindesmörder m. infanticida; an Kindesstatt annehmen, adoptar.
Kindheit f. infancia, niñez.
kindisch adj. de niño, pueril; — reden chochear.
kindlich adj. infantil.
Kinn n. mentón, barb(ill)a.
Kinnbacken m. mandíbula.
Kino n. cine.
Kiosk m. quiosco.
kippen v. volcar.
Kippwagen m. volquete.
Kirchhof m. cementerio, camposanto.
kirchlich adj. eclesiástico; religioso.
Kirchspiel n., Kirchsprengel m. parroquia.
Kirchturm m. campanario.
Kirche f. iglesia; templo.
Kirchenbann m. excomunión.
Kirchendiener m. sacristán.
Kirchenlied n. cántico.
Kirchenmusik f. música sagrada.
Kirchenrat m. consistorio.
Kirchenspaltung f. cisma.
Kirchenstaat m. Estados Pontificios.
Kirchenversammlung f. concilio, sínodo.
Kirmes f. verbena; kermesse.
Kirschbaum m. cerezo.
Kirsche f. cereza.
Kissen n. cojín, almohada.
Kissenbezug m. funda.
Kiste f. caja; cajón.
Kitt m. mástic, masilla.
Kittel m. casaca; blusa.
kitten v. unir con masilla.
Kitzel m. cosquillas; fig. prurito.
kitzeln v. hacer cosquillas.
klaffen v. estar entreabierto; entreabrirse.
kläffen v. ladrar.
Klafter f. braza, estéreo.
Klage f. queja; querella; pleito; acusación. — führen pleitear.
klagen v. lamentarse; poner pleito.
Kläger m. demandante; actor.
kläglich adj. lamentable; lastimoso.
Klammer f. grapa; grapón; pinzas; Schrift: paréntesis.
klammern v. asegurar con grapas; sich — agarrarse.
Klang m. son(ido); timbre.
Klanglehre f. acústica.
klanglos adj. sordo; afónico.
klangvoll adj. sonoro.
Klappbett n. cama plegable (o de tijeras).
Klappe f. válvula; llave, lengüeta, tecla (Instrument); tapa.

klappen v. auseinander—: abrir; in die Höhe —: levantar.
Klapper f. matraca.
klappern v. tabletear; castañear (dientes).
Klapperschlange f. crótalo.
Klapphut m. clac.
Klappsitz m. butaca con asiento movible; bigotera.
Klappstuhl m. silla de tijera.
Klaps m. palmada.
klar adj. claro, limpio; puro.
klären v. aclarar, clarificar.
Klarheit f. claridad.
Klarinette f. clarinete.
Klasse f. clase.
klassifizieren v. clasificar.
klassisch adj. clásico.
Klatsch m. palmada; chismes.
Klatschbase f. comadrera.
klatschen v. palmotear; comadrear.
klatschhaft adj. chismoso.
Klaue f. garra; uña, pata.
Klause f. celda; ermita.
Klausel f. cláusula.
Klaviatur f. teclado.
Klavier n. piano.
Klavierauszug m. partitura.
Klavierspieler m. pianista.
kleben v. pegar(se), adherirse.
Klebstoff m. aglutinante.
klebrig adj. pegajoso, viscoso; glutinoso.
Klecks m. mancha; borrón.
Klee m. trébol; trifolio.
Kleid n. traje; vestido; ropa.
kleiden v. vestir(se); gut —
sentar bien.   [cha.
Kleiderhaken m. colgador, percha.
Kleiderschrank m. (armario) ropero.
Kleiderständer m. perchero.
kleidsam adj. que sienta bien.
Kleidungsstück n. prenda; ropa.
Kleie f. salvado; afrecho.
klein adj. pequeño, chico, menudo; corto; bajo; von — auf desde niño.
Kleingeld n. moneda menuda (suelta).
Kleinhandel m. comercio al por menor.
Kleinheit f. pequeñez.
Kleinigkeit f. insignificancia; bagatela.
kleinlaut adj. abatido.
Kleinlich adj. minucioso; mezquino.
kleinmütig adj. pusilánime.
Kleinod n. joya; alhaja.
Kleinstädter m. provinciano.
Kleinvieh n. ganado menor.
Kleister m. engrudo; cola.
Klemme f. pinza; tenaza; fig. apuros.
klemmen v. apretar; coger (con pinzas).
Klempner m. hojalatero.
Klepper m. rocín.
Klette f. lampazo; bardana.
klettern v. trepar, subir.
Klima n. clima.
Klimmzug m. flexión.
klimpern v. teclear; rasguear.
Klinge f. hoja; fig. acero.
Klingel f. campanilla; timbre (eléctrico).
klingeln v. llamar; tocar el timbre.
klingen v. (re)sonar.
Klinik f. clínica.
Klinke f. picaporte.
Klippe f. escollo; roca.
klirren v. tintin(e)ar.
Klischee n. clisé.
Klistier n. lavativa.
klitschig adj. pastoso.
Kloben m. Holz: leño.
klopfen v. golpear, macear; sacudir (el vestido); llamar (a la puerta).

Klopfer m. aldaba; llamador (de puerta).
Klöppel m. mazo; badajo (de la campana); bolillo (para hacer encaje).
Klöppeln n. hacer encajes.
Klops m. albondiguilla.
Klosett n. excusado; retrete.
Kloß m. albóndiga.
Kloster n. convento; monasterio; claustro.
Klosterbruder m. fraile.
Klosterzelle f. celda.
Klotz m. tronco, tajo; cepo.
Klub m. círculo, club.
Kluft f. abismo.
klug adj. cuerdo; inteligente; sensato.
Klugheit f. prudencia; discreción; inteligencia.
Klumpen m. bulto; terrón; bola; grumo.
klumpig adj. grumoso.
knabbern v. mordiscar.
Knabe m. muchacho, chico, niño.
knabenhaft adj. pueril.
knacken v. crujir; estallar.
Knall m. estallido; detonación; estampido.
Knallgas n. gas fulminante.
knallen v. chascar; estallar, detonar; restallar (látigo).
knapp adj. ajustado; estrecho; apretado; ceñido.
Knappe m. minero.
Knappheit f. escasez; estrechez.
Knarre f. carraca.
knarren v. rechinar; crujir; chillar, chirriar.
knattern v. traquear.
Knäuel n. ovillo.
Knauf m. pomo; capitel.
knauserig adj. tacaño; roído.
knautschen v. arrugar, chafar.
Knebel m. garrote; mordaza.
Knebeln v. agarrotar; amordazar.
Knecht m. mozo, sirviente; gañán.
knechten v. sujetar; esclavizar.
Knechtschaft f. servidumbre; fig. esclavitud.
kneifen v. pellizcar.
Kneifer m. lentes.
Kneifzange f. tenaza; alicates.
Kneipe f. taberna.
kneten v. amasar.
Knick m. raja; dobladura; pliegue.
knicken v. doblar.
knickern v. escatimar.
Knicks m. reverencia.
Knie. n. rodilla.
Kniestrumpf m. rodillera.
knie(e)n v. arrodillarse.
Kniff m. pellizco; pliegue; fig. truco.
kniffen v. plegar, doblar.
knipsen v. perforar (billetes); fam. Foto: sacar.
Knirps m. hombrecillo, enano; paraguas plegable.   [tes.]
knirschen v. rechinar (los dientes).
knistern v. crepitar; crujir.
knittern v. arrugar, chafar.
Knoblauch m. ajo.
Knöchel m. tobillo, nudillo.
Knochen m. hueso.
Knochenbruch m. fractura.
Knochengerüst n. esqueleto.
knochig adj. óseo, huesoso.
Knödel m. albóndiga.
Knolle f. bulbo; nodo, nudo.
knollig adj. tuber(cul)oso, bulboso.
Knopf m. botón.
Knorpel m. ternilla.
knorrig adj. nudoso; rudo.
Knospe f. botón; yema; brote.
knospen v. brotar; abotonar.

Knoten m. nudo; nodo.
Knotenpunkt m. cruce, empalme.
knüpfen v. anudar, atar.
Knüppel m. garrote; porra.
knurren v. regañar, gruñir.
Kobold m. duende, trasgo.
Koch m. cocinero.
Kochbuch n. libro de cocina.
Kochgeschirr n. batería de cocina.
Kochkessel m. marmita.
Kochlöffel m. cucharón.
Kochsalz n. sal común.
Kochtopf m. olla.
kochen v. cocer, hervir; cocinar, guisar.
Kocher m. hornillo, cocinilla.
Köcher m. carcaj; aljaba.
Köder m. cebo; fig. añagaza.
Kodex m. códice; código.
Koffer m. cofre, baúl; maleta.
Koffer... adj. portátil.
Kofferträger m. mozo de equipajes.
Kohl m. col; berza.
Kohlkopf m. repollo.
Kohle f. carbón; hulla.
Kohlenbecken n. brasero.
Kohlenbergwerk n. mina de hulla (carbón).
Kohlensäure f. ácido carbónico.
Kohlenschaufel f. badil.
Kohlenstoff m. carbono.
Kohlenwasserstoff m. hidrocarburo.
Köhler m. carbonero.
Koje f. camarote.
kokettieren v. coquetear.
kokon m. capullo.
Kokospalme f. cocotero.
Kokosnuß f. coco.
Koks m. cok, coque.
Kolben m. culata (de fusil); émbolo; alambique (Glas).
Kolik f. cólico.
Kolleg n. colegio; curso.
Kollege m. colega.
Kollegium n. claustro de profesores (universitario).
Koller m. rabia, manía.
Kolonialwarenhandel m. colmado, abacería.
Kolonie f. colonia.
kolonisieren v. colonizar.
Kolonist m. colono.
Kolonne f. columna.
Kolorit n. colorido.
Kolumbien n. Colombia.
kombinieren v. combinar.
Komet m. cometa.
Komik f. cómico.
Komiker m. cómico; gracioso.
komisch adj. cómico; burlesco; bufo.
Komma n. coma.
Kommandant m. comandante.
kommandieren v. mandar, ordenar.
Kommanditgesellschaft f. sociedad en comandita.
Kommando n. mando.
kommen v. venir; llegar; acudir; — lassen hacer venir; enviar por; zu sich —, volver en sí.
Kommissar m. comisario.
Kommissionär m. comisionista.
Kommode f. cómoda.
Kommunismus m. comunismo.
Komödiant m. comediante; cómico, actor.
Komödie f. comedia.
Kompaß m. brújula.
Kompliment n. cumplimiento.
komponieren v. componer.
Komponist m. compositor.
Kompott n. compota.
Konditor m. pastelero.
kondolieren v. dar el pésame.

Konfekt n. dulces; bombones.
Konfektion f. confección; hechura.
Konflikt m. conflicto, apuro.
kongreß m. congreso.
König m. rey.
Königin f. reina.
königlich adj. real.
Königreich n. reino.
Königs... adj. real.
Königspaar n. los reyes.
Konjunktiv m. subjuntivo.
Konjunktur f. coyuntura.
konkav adj. cóncavo.
Konkurrent m. competidor; rival.
Konkurrenz f. competencia.
konkurrieren v. competir.
Konkurs m. quiebra.
konservativ adj. conservador.
Konserve f. conserva.
konservieren v. conservar.
Konsul m. cónsul.
Konsulat n. consulado.
Konsument m. consumidor.
Konto m. cuenta.
Kontokorrent n. cuenta corriente.
Kontraktbruch m. infracción del contrato.
Kontrast m. contraste.
Kontrolle f. registro, inspección, control.   [sor.
Kontrolleur m. inspector, revi-
kontrollieren v. registrar, comprobar; controlar.
Kontur f. contorno.
Konversationslexikon n. diccionario enciclopédico; enciclopedia.
Konzept n. borrador.
Konzert n. concierto.
Köper m. cruzado (Stoff).
Kopf m. cabeza; testa; aus dem Kopfe de memoria; den — verlieren, confundirse; mit dem — nicken cabecear.
Kopfarbeit f. trabajo intelectual.
Kopfende n. cabecera (de la cama).
Kopfkissen n. almohada.
kopflos adj. aturdido.
Kopfrechnen n. cálculo mental.
Kopfsalat m. lechuga.
Kopfschmerz m. dolor de cabeza.
Kopfsteuer f. impuesto personal, capitación.
Kopfstoß m. cabezazo.
köpfen v. decapitar.
Kopie f. copia.
Kopierapparat m. copiador.
Kopierpresse f. prensa copiadora.
Kopierstift m. lápiz tinta.
kopieren v. copiar.
koppeln v. acoplar; atar.
Koralle f. coral.
Korb m. cesto, cesta, canasto(ill)o; den — geben fig. repulsar.
Korbgeflecht n. mimore(s).
Korbwaren f. pl. cestería.
Kork m. corcho.
Korkeiche f. alcornoque.
Korken m. corcho, tapón.
Korkrinde f. (corteza de) corcho.
Korkenzieher m. sacacorchos.
Korn n. grano(s); cereales; aufs — nehmen fig. apuntar sobre.
Kornähre f. espiga de trigo.
Kornblume f. aciano.
Kornkammer f. granero.
körnen v. granular.
körnig adj. gran(ul)oso.
Körper m. cuerpo.
Körperbau m. constitución.
Körperhaltung f. porte.

Körperpflege f. aseo.
Körperchen n. corpúsculo.
Körperlich adj. corporal; físico.
Körperschaft f. corporación, comunidad.
Korps n. cuerpo.
Korrektur f. corrección.
Korrespondent m. corresponsal.
Korrespondenz f. correspondencia.
Korridor m. corredor.
Korsett n. corsé, justillo.
Korsika n. Córcega.
Kosewort n. caricia.
Kost f. alimento, comida, víveres.
kostbar adj. precioso; valeroso.
Kostgänger m. pensionista, huésped.
kostspielig adj. costoso, caro.
kosten v. costar, valer, importar; probar, gustar; saborear.
Kostenanschlag m. presupuesto.
kostenfrei adj. libre de gastos.
Kostenpreis m. precio de coste.
köstlich adj. delicioso.
Kostüm n. traje; disfraz.
Kot m. barro, lodo.
Kotelett n. chuleta.
Köter m. fam. mastín.
Krabbe f. gámbaro.
Krach m. estallido, detonación; ruido; Börse: crac.
krachen v. crujir, estallar; tronar.
Kraft f. fuerza, intensidad, energía; facultad, virtud; in — sein, estar en vigor.
Kraftaufwand m. esfuerzo.
Kraftbrühe f. caldo.
Kraftfahrer m. conductor.
kraftlos adj. débil, flaco.
Kraftwagen m. vehículo; automóvil.
Kraftwerk n. central (eléctrica): Amér. usina.
kräftig adj. fuerte, vigoroso, robusto; intenso; eficaz.
kräftigen v. fortificar, reforzar.
Kragen m. cuello.
Krähe f. corneja; grajo.
krähen v. cantar (gallo).
Kralle f. garra, uña.
Kram m. trastos, baratijas.
kramen fam. revolver.
Krämer m. tendero.
Krampe f. grapa.
Krampf m. calambre; convulsión.
Krampfader v. várice.
krampfhaft adj. convulsivo.
Kran m. grúa.
krank adj. enfermo, malo.
kränken v. ofender, fig. herir.
Krankenauto n. ambulancia.
Krankenhaus n. hospital.
Krankenkasse f. caja de seguros contra enfermedades.
Krankenkost f. dieta, régimen.
Krankenpfleger m. enfermero.
Krankenversicherung f. seguro contra enfermedades.
Kranke(r) m. enfermo, paciente.
krankhaft adj. enfermizo, mórbido.
Krankheit f. enfermedad, dolencia, mal.
Krankheitserscheinung f. síntoma.
Kränkung f. agravio, ofensa.
Kranz m. corona.
kraß adj. craso; extremo.
Krater m. cráter.
Krätze f. sarna.
kratzen v. rascar, arañar.
kraulen v. nadar a la india.
kraus adj. crespo, rizado.
kräuseln v. rizar, engrifar.

Kraut n. hierba.
Kräutertee m. infusión de hierbas.
Krawall m. fam. tumulto.
Krawatte f. corbata.
Kreatur f. criatura.
Krebs m. cangrejo, cáncer.
Kredenztisch m. aparador.
Kredit m. crédito.
Kreditbrief m. carta de crédito.
kreditieren v. acreditar; abonar.
Kreide f. creta, greda.
Kreis m. círculo; distrito, fig. esfera.
Kreisbahn f. órbita.
kreisförmig adj. circular.
Kreislauf m. circulación.
Kreisel m. trompo; peón.
kreisen v. girar, dar vueltas.
Krempe f. Hut: ala.
Krepp m. crespón.
Kreuz n. cruz; riñones (anatomisch); das — brechen deslomar; unter Kreuzband bajo faja.
kreuzen v. cruzar; atravesar.
Kreuzer m. crucero.
Kreuzfahrer m. cruzado.
kreuzförmig adj. cruciforme.
Kreuzgang m. claustro.
kreuzigen v. crucificar.
Kreuzigung v. crucifixión.
Kreuzverhör n. interrogatorio.
Kreuzworträtsel n. palabras cruzadas, crucigrama.
Kreuzzug m. cruzada.
kriechen v. arrastrarse.
Krieg m. guerra; — führen guerrear.
Krieger m. guerrero.
kriegführend adj. beligerante.
Kriegsdienst f. servicio militar.
Kriegsflotte f. armada.
Kriegsgefangene(r) m. prisionero de guerra.
Kriegskunst f. estrategia.
Kriegsschauplatz m. teatro de (la) guerra.   [rra.
Kriegsschiff n. buque de gue-
Kriegsverletzte(r) m. mutilado de guerra.
Kriminalfilm m. película policíaca.
Kriminalpolizei f. policía secreta.
Krippe f. pesebre.
Kritik f. crítica, censura.
Kritiker m. crítico.
Krokodil n. cocodrilo.
Kronleuchter m. araña.
Kronprinz m. príncipe heredero.
Krone f. corona; copa (de árbol).
krönen v. coronar.
Kropf m. bocio, buche.
Kröte f. sapo, escuerzo.
Krücke f. muleta.
Krug m. cántaro, jarro.
Krume f. miga (de pan).
krumm adj. corvo, curvo, sinuoso, torcido; tuerto.
krümmen v. encorvar; doblar; retorcer.
Krümmung f. curva, retorsión, viraje.
Krüppel m. mutilado.
Kruste f. corteza, crosta.
Kübel m. cuba, tina.
Kubik... m. cubo, cúbico.
Küche f. cocina; kalte — fiambres.
Küchengerät n. batería de cocina.
Küchenschrank m. alacena.

Kuchen m. pastel, torta.
Kuchenbäcker m. pastelero.
Kuckuck m. cuc(lill)o.
Kugel f. bola; globo; bala; esfera.
Kugel..., kugelförmig adj. esférico.
Kugellager n. cojinete de bolas.
Kugelschreiber m. bolígrafo.
Kugelstoßen n. lanzamiento de pesos.
Kuh f. vaca.
Kuhpocken f. pl. vacuna.
kuhl adj. fresco; fig. frío.
Kühlanlage f. instalación frigorífica.
Kühlschrank m. nevera, refrigerador.
Kühle f. frescura, fresco(r).
kühlen v. refrescar.
Kühler m. radiador.
kühn adj. osado, atrevido; audaz; intrépido.
Kühnheit f. atrevimiento, audacia.
Kulisse f. bastidor.
kultivieren v. cultivar; labrar.
Kultur f. cultura, civilización.
Kulturfilm m. película documental.
Kulturland n. país civilizado.
Kümmel m. comino.
Kummer m. pena, pesar; disgusto, aflicción.
kümmerlich adj. miserable, pobre.
kümmern v. afligir; sich — (um), preocuparse, cuidarse de.
kundgeben v. demostrar, declarar.
Kundgebung f. demostración, manifestación.
Kunde m. cliente; comprador; conocimiento, información.
kundig adj. versado; perito.
kündigen v. despedir, despachar.
Kündigung f. revocación, despedida.
Kundschaft f. clientela.
Kundschafter m. explorador.
künftig adj. futuro.
Kunst f. arte; habilidad.
Kunstausstellung f. exposición de bellas artes.
Kunstgewerbe n. industria artística.
Kunstgriff m. artificio, artimaña.
Kunstseide f. seda artificial.
Kunststoff m. (material) plástico.
Kunstwerk n. obra de arte.
Künstler m. artista.
künstlerisch adj. artístico.
künstlich adj. artificial. Zähne, Haare: postizo.
Kupfer n. cobre.
kupferfarben adj. cobrizo.
Kupferstich m. grabado (en cobre).
Kuppe f. copa, cima.
Kuppel f. cúpula.
Kupplerin f. alcahueta.
Kupplung f. enganche, acoplamiento, embrague.
Kur f. tratamiento, cura.
Kurbel f. manivela, cigüeña.
Kurbelwelle f. árbol cigüeñal.
Kürbis m. calabaza.
Kurgast m. bañista.
kurieren v. curar, sanar.
Kurort m. balneario.
Kurs m. curso; cambio (Bolsa); rumbo (buque).

Kursbericht m. boletín (de la Bolsa).
Kursbuch n. guía de ferrocarriles.   [zación.
Kurszettel m. boletín de cotiKürschner m. peletero.
Kurve f. curva.
kurz adj. corto, breve; vor kurzem hace poco.
kurzatmig adj. asmático.
Kurzfilm m. película de corto metraje; filmet.
kurzfristig adj. a plazo corto.
kurzgefaßt adj. sumario; conciso.
Kurzschrift f. taquigrafía.
kurzsichtig adj. miope, corto de vista.
Kurzware f. pl. mercería.
Kurzwellensender m. emisora de onda corta.
Kurzweil f. pasatiempo, distracción.
Kürze f. brevedad.
kürzen v. acortar, abreviar; reducir.
kürzlich adv. recientemente, hace poco.
Kuß m. beso.
küssen v. besar.
Küste f. costa, playa.
Küsten... adj. litoral.
Küster m. sacristán.
Kutsche f. coche, carroza.
Kutscher m. cochero.
Kutte f. cogulla.
Kutter m. cúter, balandra.

laben v. refrescar.
Labor(atorium) n. laboratorio.
Labsal n. refresco.
lächeln v. sonreírse.
Lächeln n. sonrisa.
lachen v. reír(se).
Lachen n. risa.
lächerlich adj. ridículo.
Lack m. laca, barniz.
lackieren v. (em)barnizar, charolar.
Lackleder n. charol.
laden v. cargar; convidar, invitar; citar (Gericht).
Laden m. tienda, comercio.
Ladendiener m. mozo.
Ladenfenster n. escaparate.
Ladenpreis m. precio de venta.
Ladentisch m. mostrador.
Laderaum m. furgoneta.
Ladung. f. carga(mento).
Lager n. Bett: lecho; Heer: campamento. Waren: almacén, depósito; Kugel: cojinete.
Lagerbestand m. inventario; existencias.
Lagergeld n. Lagermiete f. derecho de almacenaje.
lagern v. almacenar, depositar.
Lagerung f. almacenaje, acampamento.
lahm adj. tullido, cojo.
lähmen v. paralizar.
Lähmung f. parálisis.
Laie f. laico, lego; profano.
Lake f. salmuera.
Laken n. sábana.
Lamn n. cordero.
Lampe f. lámpara.
Lampenfabrikant, Lampenhändler m. lampista.
Lampenschirm m. pantalla.

Land n. tierra; país; campo.
Landarbeiter m. bracero, gañán.
Landbesitz m. finca; Amér. estancia.
Landbriefträger m. peatón.
landeinwärts adv. tierra adentro.
Landkarte f. mapa.
Landmann m. campesino.
Landmacht f. potencia continental; ejército.
Landmesser m. agrimensor.
Landpartie f. excursión campestre.   [quinta.
Landsitz m. casa de campo,
Landstraße f. carretera.
Landstreicher m. vag(abund)o.
Landstrich m. comarca.
Landtag m. Dieta.
Landwirt m. labrador, agricultor.
Landwirtschaft f. agricultura.
landen v. desembarcar; tomar tierra; Flugzeug; aterrizar.
Ländereien f. pl. tierras.
Landes... adj. nacional, del país.
Landesherr m. soberano.
Landesgrenze f. frontera.
Landesverrat m. alta traición.
Landesverweisung f. destierro.
ländlich adj. campestre, rústico, rural; aldeano.
Landsmann m. compatriota, paisano.
Landschaft f. región, paisaje.
Landung f. arribada, desembarque. Flugzeug: aterrizaje.
Landungsbahn f. pista de aterrizaje.
Landungsplatz m. desembarcadero.
Landungssteg m. pasarela.
lang adj. largo, alto, grande; zwei Jahre —, durante dos años.
langjährig adj. viejo.
Langmut f. paciencia.
Langspielplatte f. disco (de) microsurcos.
langweilig adj. aburrido, fastidioso.
Langwelle f. onda larga.
lange adv. largo (mucho) tiempo; — vorher mucho antes.
langen v. bastar; alargar (la mano).
Länge f. longitud, largo.   [tud.
Langengrad m. grado de longilänglich adj. oblongo, oval.
längs prep. a lo largo de.
langsam adj. lento, tardío, adv. despacio.
Längsschnitt m. corte longitudinal.
längst adj. el más largo; adv. hace mucho tiempo.
Lappen m. paño, trapo.
läppisch adj. necio.
Lärm m. ruido, estrépito.
lärmen v. hacer ruido, alborotar.
lärmend adj. ruidoso, estruendoso.
Larve f. máscara; larva.
lassen v. dejar; renunciar; mandar (hacer).
lässig adj. flojo, perezoso.
Lasso n. lazo.
Last f. carga, peso.
lasten v. pesar; zu Lasten schreiben cargar (en cuenta); adeudar.
Laster n. vicio.
lasterhaft adj. vicioso, perverso.
lästern v. difamar; blasfemar.
lästig adj. molesto, pesado; fastidioso, cargante.
Lasttier n. bestia de carga.
Lastwagen m. camión.
Latein n. latín.

Laterne f. farol, linterna.
Laternenanzünder m. farolero.
Latte f. lata, ripia.
Latz m. peto, bragueta.
lau(warm) adj. tibio.
Laub n. follaje, ramaje.
Laubbaum m. árbol de fronda.
Laubfrosch m. rama de zarzal.
Laube f. cenador, emparrado.
Lauch m. puerro.
lauern v. acechar, espiar.
Lauf m. curso, carrera; corriente, marcha.
Laufbahn f. fig. carrera.
laufen v. correr; fluir (las aguas); marchar, funcionar (máquina).
laufend adj. corriente; actual.
Läufer m. corredor; alfil (ajedrez); alfombra.
Laufpaß m. fig. despedida.
Lauge f. lejía; colada.
Laune f. humor; capricho. gute —, buen humor.
launenhaft, launisch adj. caprichoso.
lauschen v. escuchar; espiar.
laut adj. sonoro, fuerte, alto; adv. en voz alta; prep. según.
Laut m. son(ido); voz, tono.
Laute f. laúd.
läuten v. tocar, sonar.
lauter adj. puro, mero, claro; todo; sincero.
läutern v. aclarar, purificar, purgar, depurar.
lautlos adj. mudo, silencioso.
Lautsprecher m. altavoz.
Lautstärke f. intensidad (de sonido); (radio)potencia.
Lautstärkenmesser m. fonómetro.
Lawine f. avalancha.
Lazarett n. hospital (militar).
leben v. vivir; existir.
Leben n. vida.
lebendig adj. viviente, vivo; vivaz.
Lebensbeschreibung f. biografía.
lebensfähig adj. viable.
Lebensfrage f. cuestión vital.
Lebensgefahr f. peligro de muerte.
Lebensgröße f. tamaño natural.
Lebenskraft f. vitalidad.
lebenslänglich adj. vitalicio, perpetuo.
Lebenslauf m. curriculum vitae, hoja de servicio.
Lebensmittel n. pl. víveres.
Lebensrente f. renta (pensión) vitalicia.   [vida.
Lebensstandard m. nivel de
Lebensunterhalt m. sustento.
Lebensversicherung f. seguro sobre la vida.
Lebenswandel m. conducta.
Lebenszeit f. para toda la vida.
Leber f. hígado.
Leberfleck m. lunar.
Lebertran m. aceite de hígado de bacalao.
Lebewohl n. despedida; adiós.
lebhaft adj. animado; vivaz.
Leck n. vía de agua, rotura. — sein hacer agua.
lecken v. lamer; hacer agua.
lecker adj. goloso.
Leckerbissen m. Leckerei f. golosina.
Leder n. cuero, piel.
ledern adj. de cuero (piel).
ledig adj. libre; soltero.
lediglich adv. sólo.
leer adj. vacío, desocupado.
Leere f. vacío.
leeren v. vaciar, evacuar.
Leergang m. marcha en vacío.
Leerung f. recogida (Briefkasten).

Legen v. poner, meter, colocar; **sich** — echarse; fig. calmarse.
Legende f. leyenda.
legieren v. ligar, alear.
Leh(e)n n. feudo.
Leh(e)ns... adj. feudal.
Lehm m. barro, arcilla.
Lehne f. respaldo, apoyo.
lehnen v.: **sich** —, apoyar(se) en, arrimar(se).
Lehnstuhl m. sillón, butaca.
Lehrbuch n. libro de texto.
Lehre f. doctrina; enseñanza, instrucción; aprendizaje.
lehren v. enseñar; instruir.
Lehrer m. profesor, maestro.
Lehrerin f. profesora, institutriz.
Lehrfilm m. película instructiva.
Lehrgang m. curso.
Lehrherr m. maestro; patrón.
Lehrling m. aprendiz.
lehrreich adj. instructivo.
Lehrsatz m. dogma, tesis, teorema.
Lehrstuhl m. cátedra.
Lehrzeit f. aprendizaje.
Leib m. cuerpo, vientre.
Leibbinde f. faja.
Leibchen m. corsé, justillo.
Leibeigene(r) m. siervo.
Leibesübung f. ejercicio gimnástico.
Leibesuntersuchung f. cacheo.
Leibgarde f. guardia de corps.
Leibgericht n. plato favorito.
leibhaftig adj. en persona.
leiblich adj. corporal; carnal.
Leibschmerzen m. pl. dolor de vientre.
Leibwäsche f. ropa interior.
Leiche f., **Leichnam** m. cadáver, muerto.
Leichen... adj. fúnebre.
Leichenbegängnis n. funeral(-es), entierro.
leicht adj. ligero, leve; fácil.
Leichtathletik f. atletismo (ligero).
leichtfertig adj. ligero; frívolo.
Leichtmetall n. metal ligero.
leichthin adv. a la ligera.
leichtsinnig adj. ligero, frívolo.
Leichtigkeit f. ligereza, facilidad.
leid: es tut mir — adv. lo siento.
Leid n. pena, agravio, pesar.
leiden v. padecer; sufrir.
Leiden n. sufrimiento, dolor, dolencia.
Leidenschaft f. pasión, afecto.
leidenschaftlich adj. apasionado.
leider adv. desgraciadamente.
leidig adj. molesto.
leidlich adj. soportable.
Leidtragende(n) pl. los afligidos.
Leier f. lira.
Leierkasten m. organillo.
Leihamt, Leihhaus n. monte de piedad. Amér. montepío.
Leihbibliothek f. biblioteca circular.
leihen v. prestar; dejar; dar (tomar) prestado.
Leim m. cola.
leimen v. encolar, pegar.
Lein m. lino.
Leinwand f. lienzo, tela; fig. Lino; pantalla.
Leine f. cuerda.
Leinen n. tela, lienzo.
leise adj. bajo (voz); quedo; adv. en voz baja.
Leiste f. listón; Tuch: orilla; anatomisch: ingle.
leisten v. hacer, ejecutar, cumplir, prestar (servicio).
Leisten m. horma.

Leistenbruch m. hernia inguinal.
Leistung f. cumplimiento, trabajo, rendimiento, producción.
leistungsfähig adj. productivo; solvente.
Leitartikel m. artículo de fondo.
Leitfaden m. guía.
leitfähig adj. conductivo.
leiten v. conducir; guiar; llevar; dirigir.
Leiter m. conductor, guía; director, gerente; f. escala.
Leitung f. conducción; gerencia; Röhren: tubería.
Leitungsdraht m. hilo conductor.
Leitungsrohr n. tubo.
Lende f. lomo, riñones.
lenkbar adj. dirigible.
lenken v. guiar; manejar; dirigir; pilotar.
Lenker m., **Lenkstange** f. guía.
Lenkrad n. volante.
Lenz m. primavera. **einen** — **haben** vivir como un patriarca.
Lerche f. alondra.
lernen v. aprender; estudiar; estar de aprendiz.
lesbar adj. legible.
Lesebuch n. libro de lectura.
Lesezimmer n. salón de lectura.
lesen v. leer; decir (misa); Wein: recoger.
Leser m. lector.
letzt(e) adj. último, extremo.
Leuchtfeuer n. fanal.
Leuchtgas n. gas de alumbrado.
Leuchtkraft f. fuerza luminosa.
Leuchtturm m. faro.
leuchten v. (re)lucir, brillar.
Leuchter m. candelabro, palmatoria.
leugnen v. negar.
Leumund m. reputación, fama.
Leute pl. la gente.
Leutnant m. teniente.
leutselig adj. afable.
Lexikon n. diccionario.
licht adj. claro.
Licht... adj. luminoso.
Licht n. luz, claridad; vela.
Lichtbild n. fotografía.
Lichtdruck m. fotograbado.
lichtempfindlich adj. sensible (a la luz).
lichten v. aclarar.
Lichtmeß f. la Candelaria.
Lichtstrahl m. rayo de luz.
Lid n. párpado.
lieb adj. querido, caro; amable.
liebäugeln v. querer.
Liebhaber m. amante, galán; aficionado.
Liebhaberei f. afición.
Liebhaberin f. dama joven.
Liebkosen v. acariciar.
lieblos adj. inhumano.
Liebe f. amor, afecto.
liebevoll adj. afectuoso.
lieben v. amar, querer.
liebenswürdig adj. amable.
lieber adv. antes bien.
Liebes... adj. amoroso, de amor.
Liebesgaben f. pl. ofrendas.
Liebespaar n. pareja enamorada, los amantes.
Liebeswerk n. obra de caridad.
lieblich adj. agradable, gracioso.
Liebling m. favorito.
Lieblings... adj. favorito.
Liebreiz m. atractivo.
Liebschaft f. galanteo, amores.
Liebste(r) m. amante, querido.
Lied n. canción, cantar, copla.
Liederbuch n. cancionero.
liederlich adj. descuidado, desordenado; desidioso.

Lieferant m. proveedor, abastecedor.
liefern v. entregar; suministrar.
Lieferung f. entrega.
Lieferungsschein m. talón (de entrega).
Lieferungszeit f. término (plazo) de entrega.
liegen v. estar echado (tendido; situado); **es liegt mir daran** me importa.
Liegenschaften f. pl. bienes inmuebles.
Liegestuhl m. silla extensible.
Lift m. ascensor.
Likör m. licor.
lila adj. de color lila.
Lilie f. lirio, azucena.
Limonade f. limonada.
Linde f. tilo.
lindern v. aliviar, lenificar.
Linderung f. alivio, mitigación.
Lineal n. regla.
Linie f. línea, renglón, raya.
linieren v. rayar.
links adv. a la izquierda.
Linotype f. linotipia.
Linse f. lenteja; optish: lente.
Lippe f. labio.
Lippen... adj. labial.
Lippenstift m. colorete; barrita de carmín.
lispeln v. cecear.
List f. astucia, maña.
Liste f. lista, tabla.
Liter n. litro.
Litze f. cordón, trencilla.
Lob n. elogio, alabanza.
Lobgesang m. himno.
loben v. alabar, elogiar.
lobenswert adj. laudable.
Loch n. agujero.
lochen v. agujerear; perforar.
Locher m. perforador.
Lockmittel n. cebo.
Lockruf m. reclamo.
Locke f. rizo, bucle, sortija.
locken v. atraer.
locker adj. flojo, poroso.
lockern v. aflojar.
lockig adj. rizado.
lodern v. arder; flamear.
Löffel m. cuchara.
löffeln v. coger (comer) con cuchara.
Loge f. palco.
logieren v. alojar(se).
Logik f. lógica.
Logtafel f. barquilla.
Lohn m. recompensa; salario, gaje; jornal.
Lohnarbeiter m. jornalero.
lohnen v. recompensar, asalariar; **sich** —, producir, valer (la pena).
lohnend adj. ventajoso, retributivo.
Lohnsteuer f. impuesto sobre los salarios.
Lokomotive f. locomotora.
Lokomotivführer m. maquinista.
Lorbeer, Lorbeerkranz m. laurel.
Los n. billete, quiniela, boleto (lotería); suerte, destino, hado.
los adj. suelto, libre; **was ist** —? ¿qué ocurre?
losbinden v. desatar, deshacer.
losdrücken v. disparar.
loskaufen v. rescatar, redimir.
loslassen v. soltar, largar.
losmachen v. deshacer, desatar; **sich** —desasirse; andarse. [cia.
Lossagung f. separación, renunlosschrauben** v. desatornillar.
lossprechen v. absolver. [ser.
losstrennen v. separar; descoLöschblatt** n. (papel) secante.
Löschmannschaft f. cuerpo de bomberos.

löschen v. apagar, extinguir; borrar (escrito); descargar, alijar (Schiff).
lose adj. flojo, suelto; a granel.
losen v. echar suertes; sortear.
lösen v. soltar; desatar; desligar; deshacer; anular; disolver, resolver; adivinar (un acertijo).
Lösung f. (di)solución.
Lot n. sonda, plomada.
loten v. echar la sonda; sondar.
löten v. soldar, estañar.
Lötkolben m. soldador.
Lotse m. práctico, piloto.
Lotterie f. lotería, rifa.
Löwe m. león.
Löwin f. leona.
Luchs m. lince.
Lücke f. vacío, hueco; espacio; fig. laguna, falta.
Luft f. aire; atmósfera.
luft... adj. aéreo.
Luftballon m. globo aerostático, aeróstato.
Luftbild n. aerofoto.
Luftblase f. burbuja.
luftdicht adj. hermético.
Luftdruck m. presión atmosférica.
Luftdruckbremse f. freno de aire comprimido.
Luftfahrt f. aviación.
luftig adj. ventoso; vaporoso.
Luftheizung f. calefacción por aire caliente.
Luftklappe f. válvula.
Luftkurort m. estación climática. [aire.
luftleer adj. vacío (libre) de
Luftlinie f. línea directa.
Luftloch n. bache.
Luftmatratze f. colchón neumático.
Luftpost f. correo aéreo.
Luftpumpe f. bomba neumática.
Luftreifen m. neumático.
Luftröhre f. tráquea.
Luftröhrenkatarrh m. bronquitis.
Luftschiff n. aeronave.
Luftschiffahrt f. aeronáutica.
Luftschlauch m. cámara de aire.
Luftschutz... adj. antiaéreo.
Luftspiegelung f. espejismo.
Luftstreitkraft f. fuerza aérea.
Luftwaffe f. aviación militar.
Luftziegel m. adobe.
Luftzug m. (corriente de) aire.
lüften v. airear, ventear, ventilar; fig. levantar.
Lüftung f. ventilación.
Lüge f. mentira, embuste.
lügen v. mentir.
Lügner m. mentiroso, embustero.
Luke f. tragaluz; escotilla.
Lümmel m. zopenco.
Lump m. canalla.
Lumpen m. andrajo, trapo.
Lumpenhändler, Lumpensammler m. trapero.
Lunge f. pulmones.
Lungenentzündung f. pulmonía, neumonía.
lungenkrank adj. tísico, tuberculoso.
Lungensucht f. tisis pulmonar, tuberculosis.
Lunte f. mecha.
Lupe f. lente (de aumento).
Lust f. placer, deleite, gozo; — **haben**, tener gana(s).
Lustgarten m. jardín de recreo.

lustig adj. alegre, divertido, gracioso; **sich — machen (über)** burlarse (de).
Lustspiel n. comedia.
Lustbarkeit f. diversión, regocijo.
lüstern adj. codicioso, deseoso; concupiscente, lascivo.
lutschen v. chup(ete)ar.
Luxemburg n. Luxemburgo.
luxuriös adj. lujoso, suntuoso.
Luxus m. lujo.
Luxusartikel m. artículo de lujo.
Luxussteuer f. impuesto suntuario.
Lymphe f. linfa.
Lyzeum n. liceo, colegio.

machen v. hacer; fabricar; producir; confeccionar; causar, dar.
Macherlohn m. hechura.
Macht f. poder, potencia, autoridad; mando; fuerza(s).
Machtbereich m. alcance.
Machthaber m. potentado.
machtlos adj. impotente; débil.
mächtig adj. poderoso, fuerte.
Machwerk n. chapucería. ·
Mädchen n. muchacha, chica, joven; kleines: niña; **Dienst —** criada.
Mädchenhandel m. trata de blancas.
Made f. cresa, gusano.
Magazin n. almacén, depósito.
Magd f. criada, sirvienta.
Magen m. estómago.
Magenentzündung f. gastritis.
Magenlikör m., **magenstärkend** adj. estomacal.
mager adj. flaco; enjuto; seco.
Magerkeit f. flaqueza.
Magermilch f. leche desnatada.
magisch adj. mágico.
Magistrat m. municipio, ayuntamiento.
Magnet m. imán; magneto.
magnetisch adj. magnético.
Mahagoni(holz) n. caoba.
mähen v. segar, guadañar.
Mähmaschine f. guadañadora.
Mahl n. comida, festín.
Mahlzeit f. comida; **—!**, ¡buen provecho!
mahlen v. moler.
Mähne f. melena; crines.
mahnen v. advertir, apercibir; avisar; recordar, reclamar (el pago).
Mahnschreiben n., **Mahnung** f. advertencia, amonestación; apremio, reclamación.
Mähre f. (Pferd) rocín.
Mai m. mayo.
Maiblume f. lirio del valle, muguete.
Maikäfer m. melolonta.
Mais m. maíz.
Maiskolben m. mazorca.
Majestät f. majestad.
majestätisch adj. majestuoso, magnífico.
majorenn adj. de mayor edad.
Makel m. mancha, defecto, tacha.

makellos adj. intachable, sin tacha.
mäkeln v. criticar.
Makler m. corredor; Börse: agente de cambio.
Mal n. marca, señal; Mutter—: lunar; vuelta, vez; **zum ersten —** por primera vez.
malen v. pintar; retratar.
Maler m. pintor.
Malerbürste f. brocha.
Malerei f. pintura.
malerisch adj. pintoresco.
Malz n. malta.
Malzbier n. cerveza de malta.
Malzkaffee m. malta.
man pron. uno; **— muß** es preciso, hay que; se necesita; **— sagt** dícese, dicen.
manch adj. algún, alguno; más de uno; tal.
manche adj. pl. algunos, varios, muchos.
manches Mal adj. muchas veces; frecuentemente.
mancherlei adv. diverso (s); toda clase de.
manchmal adv. a veces, de cuando en cuando.
Mandant m. comitente.
Mandel f. almendra.
Mandeln pl. Hals: amígdalas.
Mandelbaum m. almendro.
Mandelmilch f. horchata de almendras.
Mangel f. (Wäsche) calandria, prensa. m. defecto; apuro, falta, escasez.
mangelhaft adj. defectuoso; tachoso.
Mangeln (an) v. carecer; faltar; (Wäsche) prensar.
manierlich adj. cortés; modoso.
Manikür f. manicura.
Mann m. hombre; varón; Ehemann: esposo.
mannbar adj. núbil.
Mannbarkeit f. nubilidad; pubertad. [ta].
mannhaft adj. valiente.
mannigfach, mannigfaltig adj. vari(ad)o; diverso, múltiple.
Mannequin m. maniquí.
männlich adj. masculino; varón; viril; Tier: macho.
Mannschaft f. tropa, guarnición; equipo (deporte); tripulación (barco).
Manöver n. maniobra.
Mansarde f. buhardilla.
Manschette f. puño.
Manschettenknopf m. gemelo.
Mantel m. capa, abrigo; gabán; Reifen: cubierta.
Manuskript n. manuscrito; original.
Mappe f. cartera.
Märchen n. cuento (de hadas).
Marder m. marta.
Marine f. marina.
marinieren v. escabechar; marinar.
Marionette f. muñeca, -co; títere.
Mark n. medula; f. marco.
Marke f. ficha, Brief: sello; Firmen—: marca.
markieren v. marcar.
markig adj. fig. enérgico.
Markt m. mercado; feria; plaza; **Schwarzer —**, fig. fam. estraperlo.
Marktbude f. puesto.
Markthalle f. mercado.
Marktpreis m. precio corriente.
Marktschreier m. charlatán.
Marmelade f. mermelada.
Marmor m. mármol.
marokkanisch adj. marroquí.
Marokko n. Marruecos.
Marone f. castaña.

Mars m. Marte.
Marsch m. marcha.
Marschroute f. ruta.
Marschall m. mariscal.
marschieren v. marchar.
Marter f. martirio; tormento; tortura.
Märtyrer m. mártir.
März m. marzo.
Marzipan m. mazapán.
Masche f. malla.
maschenfest adj. indesmallable.
Maschine f. máquina.
Maschinen... adj. maquinal, mecánico.
Maschinengewehr n. ametralladora.
Maschinenmeister m. maquinista.
Maschinenschreiben n. mecanografía.
Maschinenschreiber m. mecanógrafo.
Maschinerie f. maquinaria.
Masern m. pl. sarampión.
Maske f. máscara; careta; disfraz.
Maskenball m. baile de máscaras.
Maskenzug m. mascarada.
maskieren v. enmascarar; disfrazar.
Maß n. medida; dimensión; talla; **in hohem Maße** altamente, en alto grado; **über alle Maßen** excesivamente; **— nehmen** tomar la medida.
Maßanzug m. traje a medida.
maßgebend adj. competente.
maßlos adj. inmenso; ilimitado.
Maßnahme f., **Maßregel** f. medida; disposición.
Maßstab m. escala.
maßvoll adj. comedido; moderado.
Massage f. masaje.
Masse f. masa, mole.
massenhaft adj. en masa.
Massenkauf m. acaparamiento.
mäßig adj. moderado; módico.
mäßigen v. moderar; templar.
Mäßigkeit f. moderación; frugalidad.
Mäßigung f. moderación.
massiv adj., **Massiv** n. macizo.
Mast m. Schiff: mástil, árbol; palo.
Mastdarm m. recto.
Mastfutter m. cebo.
mästen v. engordar; cebar.
Material n. material.
Materialist m., **materialistisch** adj. materialista.
Mathematik f. matemáticas.
Matratze f. colchón.
Matrize f. matriz.
Matrose m. marinero.
matt adj. mate; descolorido; débil; flojo.
Matte f. estera; alfombra.
Mattigkeit f. debilidad; agotamiento; flaqueza.
Mauer f. muro; muralla.
Mauerstein m. ladrillo.
Mauerwerk n. (obra de) albañilería.
Maul n. boca; fam. morro.
Maulbeere f. mora.
Maulesel m., **Maultier** n. mulo; macho.
Maulkorb m. bozal.
Maulschelle f. bofetada.
Maulwurf m. topo.
Maure m. mor(isc)o.
Maurer m. albañil.
Maurerkelle f. llana; paleta.
Maus f. ratón.
Mausefalle f., **Mauseloch** n. ratonera.
Mauser f. muda.
mausern v.: **sich —** estar de muda.

Maximum n. máximo.
Mayonnaise f. mayonesa.
Mechanik f. mecánica.
Mechaniker m. mecánico; maquinista.
Mechanismus m. mecanismo.
mechanzisch adj. mecánico; maquinal.
meckern v. gritar (la cabra); fam. murmurar.
Medaillon n. medallón.
Medizin f. medicina; medicamento.
Mediziner m. médico; estudiante de medicina.
medizinisch adj. médico, medic(in)al.
Meer n. mar m. (f.) **busen** golfo. [tre.
Meerrettich m. rábano silvestre.
Meerschweinchen n. conejillo de Indias.
Meeres... adj. de mar.
Meeresstille f. calma.
Megatonne f. megatón, megatonelada.
Mehl n. harina.
Mehlbrei m. gachas, papas.
Mehlkleister m. engrudo.
Mehlsack m. costal.
mehlig adj. harinoso.
mehr adv. más (de); **nicht —** ya no; **— groß als klein** más bien grande que pequeño.
Mehrausgabe f. aumento (del gasto).
mehrdeutig adj. equívoco; ambiguo.
mehrfach adj. múltiple.
Mehrgebot n. puja.
Mehrgewicht n. sobrecarga.
mehrmalig adj. repetido.
mehrsilbig adj. polisílabo.
Mehrwert m. excedente, sobrante.
Mehrzahl f. la mayor parte; plural.
mehren v. aumentar.
mehrere pl. varios; algunos.
Mehrheit f. mayoría.
meiden v. evitar; huir.
Meierei f. granja.
Meile f. milla; legua.
mein adj. mi, mis.
Meineid m. perjurio; **— leisten**, jurar en falso; perjurar.
meinen v. pensar; creer; opinar; querer decir.
meiner adj. de mí.
meinerseits adv. de mi parte.
meinetwegen adv. por mí.
Meinung f. opinión; idea; dictamen.
Meinungsverschiedenheit f. diferencia (de pareceres).
Meißel m. cincel.
meißeln v. cincelar; esculpir.
meist: **das meiste**, la mayor parte; lo más.
meistens adv. las más veces.
die meisten pl. los más, la mayor parte, la mayoría.
Meistbietende(r) m. el mayor postor.
Meister m. maestro.
Meisterstück, Meiterswerk, n. obra maestra.
meisterhaft adj. magistral; adv. con maestría.
meistern v. dominar; criticar.
Meisterschaft f. maestría; campeonato (deporte).
Melange f. mezcla.
melden v. anunciar; saber; decir; **sich —**, presentarse.
Meldung f. anuncio; informe; inscripción.
melken v. ordeñar.
melodisch adj. melodioso.
Melone f. melón; sandía.
Membran(e) f. diafragma; anatomisch: membrana.

Menagerie f. casa de fieras.
Menge f. multitud; cuantía; cantidad; Menschen: gentío.
mengen v. mezclar.
Mennige f. minio.
Mensch m. hombre; persona.
Menschenalter n. generación.
Menschenfeind m. misántropo.
Menschenfreund m. filántropo.
Menschengeschlecht n. género humano; humanidad.
Menschenmenge f. gentío; muchedumbre.
Menschenrecht n. derecho humano.
menschenscheu adj. insociable; huraño.
Menschenverstand, gesunder m. sentido común.
Menschenwerk n. obra humana.
Menschheit f. género humano.
menschlich adj. humano.
Menschlichkeit f. humanidad.
Menuett n. minué.
Mergel m. marga.
Merkmal n. señal; marca; indicio.
merkwürdig adj. notable; extraño; curioso.
merkbar, merklich adj. perceptible, considerable, visible.
merken v. notar; apuntar; retener (en la memoria); prestar atención (a); fijarse (en); hacer caso.
Meßamt n. oficio (divino).
meßbar adj. mensurable.
Meßbuch n. misal.
Meßtisch m. plancheta.
Messe f. feria (de muestras); misa; stille — misa rezada.
messen v. medir; mensurar.
Messer n. cuchillo; navaja.
Messergriff m. mango.
Messerklinge f. hoja de cuchillo.
Messerrücken m. recazo.
Messerschmied m. cuchillero.
Messerstich m. cuchillada.
Messing n. latón.
Mestize m. mestizo.
Metall n. metal.
Metall... adj. metálico; metalúrgico.
Metallader f. filón.
metallgeld n. dinero contable.
metallhaltig adj. metalífero.
Metaphysik f. metafísica.
Meter n. (m.), metro.
Methode f. método.
methodisch adj. metódico.
Metropole f. metrópoli.
Mettwurst f. salchichón.
Metzger m. carnicero.
Metzgerei f. carnicería.
meucheln v. asesinar; matar alevosamente.
Meute f. jauría.
Meuterei f. motín.
Mexikaner m. mexicano.
Mexiko n. México, Méjico.
mich pron. a mí, me.
Mieder n. corsé.
Miene f. aire; cara.
Miesmuschel f. almeja.
Miete f. alquiler; arrendamiento.
Mietvertrag m. contrato de inquilinato (o arrendamiento).
mieten v. alquilar; arrendar.
Mieter m. inquilino.
Mikrobe f. microbio.
Mikrophon n. microfón, micrófono.
Mikroskop n. microscopio.
Milbe f. ácaro.
Milch f. leche.
Milch... adj. lechoso; lácteo.
Milchbrei m. papilla.
Milchglas n. vidrio ópalo.
Milchkanne f. jarro para leche.
Milchkuh f. vaca lechera.

Milchladen m. lechería.
Milchmädchen n. lechera.
Milchstraße f. vía láctea.
Milchzahn m. diente de leche.
mild, milde adj. dulce; suave; blando; apacible.
mildern v. templar; moderar; suavizar; atenuar; aplacar.
mildernd adj. paliativo; Umstand; atenuante.
mildtätig adj. piadoso; caritativo.
Milieu n. ambiente.
Militär n. soldados; tropas.
Militärarzt m. médico castrense.
Militärdienst m. servicio militar.
militärisch adj. militar.
Milliarde f. mil millones.
Millimeter n. milímetro.
Millionär m. millonario.
Milz f. bazo.
Mimiker m. mímico, actor.
minder adj. menor; más pequeño; adv. menos.
Minderbetrag m. déficit.
minderjährig adj. menor de edad.
minderwertig adj. (de calidad) inferior.
Minderzahl, Minderheit f. minoría.
mindern v. disminuir; reducir; bajar.
mindest adj. menor, mínimo.
mindestens adv. al menos; nicht im mindesten de ningún modo.
Mindestgewicht n. peso mínimo.
Mine f. mina.
Minenwerfer m. lanzaminas.
Mineral... adj. n. mineral.
Minimal... adj. minimal; mínimo.
Minister m. ministro.
Ministerkrisis f. crisis ministerial.
Ministerpräsident m. presidente del consejo de ministros.
Ministerium n. ministerio.
minus adv. menos.
Minus n. déficit.
Minuspol m. polo negativo.
Minute f. minuto.
Minutenzeiger m. minutero.
mir pron. me, a mí.
Mischehe f. matrimonio mixto.
mischen v. mezclar.
Mischling m. mestizo.
Mischung f. mezcla; mixtura.
mißachten v. menospreciar; desdeñar.
Mißbildung f. deformación.
mißbilligen v. desaprobar.
Mißbrauch m. abuso.
mißbräuchlich adj. abusivo.
mißdeuten v. interpretar mal.
Mißerfolg m. fracaso.
Mißernte f. mala cosecha.
mißfallen v. desagradar.
Mißgeburt f. engendro.
Mißgeschick n. mala suerte; adversidad.
mißgestaltet adj. deforme.
mißgestimmt adj. de mal humor.
mißgönnen v. envidiar.
mißgünstig adj. envidioso.
mißhandeln v. maltratar; estropear.
Mißkredit m. descrédito.
mißlingen v. fracasar; fallar.
mißmutig adj. malhumorado.
Mißton m. disonancia.
mißtönend adj. discordante.
mißtrauen v. desconfiar; dudar.
mißtrauisch adj. desconfiado; receloso; escéptico.
Mißverhältnis n. desproporción.

Mißverhältnis n. desproporción, disonancia.
Mißverständnis n. equivocación; error.
mißverstehen v. entender mal.
Missetat f. crimen.
Missetäter m. malhechor.
missen v. carecer; prescindir (de algo).
Missionar m. misionero.
Mist m. estiércol.
Misthaufen m. estercolero; muladar.
Mistel f. muérdago.
mit prep. con; — mir conmigo; — dir contigo; — sich consigo.
Mitarbeit f. colaboración; cooperación.
Mitarbeiter m. colaborador.
Mitbewerber m. competidor; rival.
mitbringen v. traer.
Mitbürger m. conciudadano.
miteinander adv. juntos; uno con otro.
mitempfinden v. simpatizar.
Mitgift f. dote.
Mitglied n. miembro; socio.
Mithilfe f. auxilio.
Mitinhaber m. copropietario.
Mitlaut m. consonante.
Mitleid n. compasión; condolencia. [ticipar.
mitmachen v. tomar parte; par-
Mitmensch m. prójimo.
mitnehmen v. llevar(se).
Mitschuldige(r) m. cómplice.
Mitschüler m. condiscípulo.
Mitspieler m. compañero de juego.
Mittag m. mediodía, zu — speisen comer.
Mittagessen n. comida.
Mittagsruhe f. siesta.
Mitte f. mitad; medio; centro; — April a mediados de abril.
mitteilen v. comunicar; hacer saber, informar.
Mitteilen v. comunicar; hacer hacer saber, informar.
mitteilsam adj. comunicativo.
Mitteilung f. comunicación; participación; nota.
Mittel n. medio; recurso; remedio.
mittel adj. central; medi(an)o.
Mittelalter n. edad media.
mittelalterlich adj. medieval.
Mittelfinger m. dedo (del) corazón.
mittellos adj. sin recursos.
mittelmäßig adj. mediano; mediocre.
Mittelpunkt m. centro; fig. corazón.
mittels prep. mediante.
Mittelschule f. instituto de segunda enseñanza.
Mittelsorte f. clase mediana.
Mittelstümer m. Sport; delantero centro.
Mittelwort n. participio.
Mittelwelle f. onda media.
mitten in, — auf en medio de; — durch a través de.
Mitternacht f. medianoche.
Mittler m. medianero.
mittlerweile adv. entretanto.
Mittwoch m. miércoles.
mitunter prep. a veces.
Mitwelt f. los contemporáneos.
mitwirken v. cooperar.
Mitwirkunga v. colaboración; concurso.
Mitwisser m. consabidor.
mitzählen v. incluir (entre).
Mixer m. coctelero.

Möbel n. mueble.
Möbeltischler m. ebanista.
Möbelwagen m. carro de mudanza.
möblieren v. amueblar.
Mode f. moda; in — en boga.
Modeartikel m. novedad.
Modefarbe f. color de moda.
Modezeitung f. revista de modas.
Modell n. modelo; patrón; nuestra, molde.
moderig adj. mohoso.
modern v. pudrir(se).
modern adj. moderno; nuevo.
mogeln v. trampear; fullear.
mögen v. querer, desear, gustar, tener gana; poder.
möglich adj. posible; eventual.
möglicherweise adv. quizá.
Möglichkeit f. posibilidad.
möglichstbald adv. lo antes posible.
Mohn m. adormidera.
Mohr m. moro; negro.
Mohrrübe, Möhre f. zanahoria.
Molch m. salamandra.
Mole f. muelle.
Molekül n. molécula.
Molke f. suero.
Molkerei f. lechería.
Moment m. momento, instante, fam. rato. [nea.
Momentaufnahme f. instantá-
momentan adj. momentáneo.
Monarch m. monarca.
Monat m. mes; laufender —, el mes corriente. [meses.
monatlich adj. mensual, por
Monats... adj. mensual.
Monatsbinde f. paño higiénico.
Monatsblutung f. menstruo, menstruación.
Monatsgehalt n. mensualidad, paga mensual.
Mönch m. monje, religioso, fraile.
Mönchskloster n. monasterio, convento.
Mönchskutte f. cogulla.
Mönchsorden m. orden religiosa.
Mond m. luna.
Mond... adj. lunar.
Mondfinsternis f. eclipse lunar.
Mondlicht n. luz lunar.
Mondsichel f. media luna, creciente. [mo.
Mondsucht f. so(m)nambulis-
Mondwechsel m. lunación.
Monokel n. monóculo.
Monopol n. monopolio, exclusiva.
monoton adj. monótono.
Montag m. lunes.
Montage f. montaje.
montieren v. armar, montar.
Montur f. uniforme.
Moor n. pantano, aguazal.
Moos n. musgo.
Mops m. doguillo.
Morast m. pantano, fango.
Morchel f. morilla.
Mord m., Mordtat f. asesinato, homicidio.
morden v. matar, asesinar.
Mörder m. asesino.
Morgen m. mañana.
morgen (früh; abend) adv. mañana (por la mañana; por la noche).
Morgendämmerung f. alba, amanecer.
Morgenland n. oriente.
Morgenrot n., Morgenröte f. aurora.

Morgenzeitung f. diario de la mañana.
Morphium m. morfina.
morsch adj. podrido.
Mörser m. mortero.
Mörtel m. argamasa.
Moschee f. mezquita.
Moskito m. mosquito.
Moskitonetz n. mosquitero.
Moslem m. musulmán.
Mostrich m. mostaza.
Motor m. motor.
Motorboot n. canoa automóvil.
Motorhaube f. capó.
Motorrad n. motocicleta.
Motorschiff n. motonave.
Motorschraube f. hélice.
Motorsport m. motorismo.
Motte f. polilla.
Motto m. lema, divisa.
Möve f. gaviota.
Mücke f. mosquito.
mucksen fam. v. menearse.
müde adj. fatigado; cansado; fig. harto de.
Müdigkeit f. fatiga, cansancio.
Muff m. manguito.
Muffe f. enchufe.
Mühe f. trabajo, pena, fatiga, cansancio.
mühelos adj. fácil; sin fatiga.
mühevoll adj. penoso, trabajoso.
Mühlbach m. caz.
Mühlstein m. muela.
Mühle f. molino.
Mühsal f. trabajo, fatiga.
mühsam, mühselig adj. penoso, fatigoso.
Mulde f. artesa; valle.
Mull m. muselina, gasa.
Müll m. basura.
Müller m. molinero.
Mumie f. momia.
Mund m. boca; mit offenem Munde boquiabierto.
Mundart f. dialecto.
Mundstück n. boquilla.
Mundtuch n. servilleta.
Mundvorrat m. provisiones de boca.
Mundwinkel m. comisura (de los labios).
Mündel n. pupilo, -a.
munden v. saber bien.
münden v. desembocar.
mündig adj. mayor de edad.
Mündigkeit f. mayor edad.
mündlich adj. oral.
Mündung f. (des)embocadura.
munkeln v. murmurar.
munter adj. despierto; listo, vivo; alegre.
Münze f. pieza, moneda.
Münzeinheit f. unidad monetaria.
Münzen v. acuñar.
Münzstempel m. cuño.
mürbe adj. tierno; fig. cansado.
murmeln v. murmurar, susurrar.
Murmeltier n. marmota.
mürrisch adj. hosco, gruñón.
Mus n. mermelada, puré.
Muschel f. concha, marisco.
Museum n. museo.
Musik f. música.
Musik..., musikalisch adj. Musikant, Musiker m. músico.
Musikdirektor m. director de orquesta.
Muskat m.: Muskatnuß f. nuez moscada.
Muskel m. músculo.

Muskel... adj. muscular.
Muskete f. mosquete.
Muße f. ocio(s).
müssen v. ser precioso; deber de, tener que; man muß arbeiten, hay que trabajar.
Müßiggang m. ociosidad.
Muster n. modelo, muestra. Stoff: dibujo.
Musterbuch n. muestrario.
Mustermesse f. feria de muestras.
musterhaft adj. ejemplar.
mustern v. examinar, inspeccionar; pasar revista.
Musterung f. inspección, Soldaten: reclutamiento.
Mut m. valor, coraje, ánimo; — fassen cobrar ánimo.
mutig adj. valiente, animoso.
mutlos adj. desanimado.
mutmaßen v. presumir, entrever; sospechar.
mutmaßlich adj. probable, presunto.
Mutmaßung f. presunción, sospecha.
Mutwille m. petulancia.
mutwillig adj. petulante; adv. adrede.
Mutter f. madre; fig. mechanisch: matriz, tuerca.
Mutter... adj. maternal, matriz.
Mutterland n. país natal, madre patria.
Muttermal n. lugar.
Muttersprache f. lengua materna, nativa.
Mutterschaft f. maternidad.
Mütze f. gorra, gorro.
Myrte f. mirto, murta.

N n

Nabe f. cubo (de una rueda).
Nabel m. ombligo.
nach prep. después (de, que); tras; por, hacia, para; según, conforme; — Gewicht al peso; — Madrid a Madrid; — und — poco a poco.
nachäffen v. imitar (con burla).
nachahmen v. imitar, copiar.
Nachahmung f. imitación; copia.
Nachbar m. vecino.
Nachbar... adj. vecino, -al.
Nachbarschaft f. vecindad, inmediación.
Nachbestellung f. pedido suplementario.
nachbilden v. copiar, reproducir.
nachdatieren v. posfechar.
nachdem conj. después de, según y conforme.
nachdenken v. pensar, meditar.
nachdenklich adj. pensativo.
Nachdruck m. reproducción; energía.
nachdrücklich adj. enérgico, expresivo.
nacheinander adv. uno después de otro; sucesivamente.
Nachen m. navecilla, barca.
Nachernte f. segunda cosecha.
Nachfolge f. sucesión.
nachfolgen v. seguir; suceder.
nachforschen v. inquirir, investigar; rebuscar.
Nachforschung f. investigación, pesquisa.

Nachfrage f. demanda.
nachfüllen v. rellenar.
nachgeben v. ceder, rendirse.
Nachgeburt f. secundinas.
nachgehen v. atrasar, retardar (reloj).
nachgemacht adj. postizo; imitado.
Nachgeschmack m. dejo; gustillo.
nachgiebig adj. flexible; fig. indulgente.
Nachhall m. resonancia, eco.
nachhelfen v. ayudar.
nachher adj. después, más tarde.
Nachhilfe f. ayuda.
nachholen v. recuperar, recobrar.
Nachhut f. retaguardia.
nachklingen v. resonar.
Nachkomme m. descendiente.
Nachkommenschaft f. descendencia, prole.
Nachlaß m. disminución; herencia.
nachlassen v. dejar (seguir); aflojar, rebajar (el precio); calmarse.
nachlässig adj. negligente, descuidado.
nachlaufen v. correr tras.
nachmachen v. imitar, falsificar.
Nachmittag m. tarde.
Nachnahme f. re(e)mbolso.
nachrechnen v. examinar (una cuenta).
Nachrede f. epílogo; böse — murmuración.
nachreiten v. (per)seguir a caballo.
Nachricht f. noticia, informe, aviso.
Nachrichten pl. Rundfunk: diario hablado.
Nachrichtenübermitt(e)lung f. radiocomunicación.
Nachruf m. memoria, necrología.
Nachschlagebuch m. prontuario, libro de consulta.
nachschlagen v. consultar (obra).
Nachschlüssel m. ganzúa.
Nachschub m. (tropas de) refuerzo.
nachsehen v. examinar, comprobar.
nachsenden v. reexpedir.
nachsichtig adj. indulgente, tolerante. [nar.
nachsinnen v. meditar, reflexio-
Nachsommer m. veranillo de San Martín.
Nachspiel n. epílogo; fig. consecuencia.
nachspüren v. rastrear; fig. husmear.
nächst adj. el más cercano (próximo, corto, breve).
nächstens adv. en breve, dentro de poco.
nächstliegend adj. lo más cerca.
nachstellen v. posponer, atrasar (reloj); Person: perseguir.
Nächstenliebe f. amor al prójimo.
nachsuchen v. (re)buscar.
Nacht f. noche; bei —.
nachts adj. de noche; — werden, anochecer.
Nacht... adj. nocturno.
Nachtfalter m. falena.
Nachtgeschirr n. orinal.
Nachthemd n. camisón.
Nachtmahl n. cena.
Nachtschicht f. turno de noche.
Nachttisch m. mes(it)a de noche.
Nachtwache f. vela, vigilancia.

Nachtwächter m. sereno, vigilante.
Nachtwandler m. sonámbulo.
Nachteil m. desventaja.
Nachtigall f. ruiseñor.
nächtigen v. trasnochar.
Nachtisch m. postre.
nächtlich adj. nocturno, de noche.
Nachtrag m. suplemento, apéndice.
nachtragen v. añadir, fig. guardar rencor.
nachträglich adj. suplementario, adicional, posterior.
nachwachsen v. renacer.
Nachwehen f. pl. dolores del puerperio.
Nachweis m. comprobación, prueba.
Nachwelt f. posteridad.
nachwirken v. producir efecto posterior.
Nachwort n. epílogo.
Nachwuchs m. descendientes.
nachzahlen v. pagar el resto.
Nachzahlung f. pago posterior (adicional).
Nachzügler m. retrasado.
Nacken m. nuca, cerviz, pescuezo.
nackend, nackt adj. desnudo.
Nacktheit f. desnudez.
Nadel f. aguja, alfiler; Baum: pinocha.
Nadelbaum m. conífera.
Nadelkissen n. acerico.
Nadelöhr n. ojo de la aguja.
Nadelstich m. agujazo.
Nagel m. uña; Metall: clavo.
Nagelbürste f. limpiauñas.
Nagelfeile f. lima para las uñas.
nageln v. clavar, fig. fijar.
nagelneu adj. fig. nuevo, flamante.
nagen v. roer.
Nager, Nagetier n. roedor.
nah adj. próximo, cercano; inminente (peligro).
Nahe(r) Osten m. Cercano Oriente; — bei cerca de, junto a.
Nähgarn n. hilo (de coser).
Nähmaschine f. máquina de coser.
Nähnadel f. aguja.
nähen v. coser.
Näherin f. costurera.
Nähe f. proximidad, cercanía, vecindad.
nähern v. acercar, aproximar; sich —, acercarse.
nähren v. nutrir, alimentar; mantener; fig. fomentar.
nahrhaft adj. alimenticio.
Nährstoff m. substancia alimenticia, alimento.
Nährwert m. valor nutritivo.
Nahrung f. nutrición, alimento.
Nahrungsmangel m. escasez, necesidad.
Nahrungsmittel n. pl. alimentos, víveres.
Naht f. costura, sutura.
nahtlos adj. sin costura.
naiv adj. ingenuo; sencillo.
Name m. nombre (Vorname); apellido.
namens prep. llamado, de nombre. [clatura.
Namenliste f. nómina, nomen-
namenlos adj. anónimo.
Namenstag m. (día del) santo.
Namensunterschrift f. firma.
namentlich adj. nominal; adv. especialmente.
namhaft adj. notable; — machen nombrar.
nämlich adj. mismo; adv. es (quiere) decir, esto es.
Napf m. escudilla, hortera.
Narbe f. cicatriz.

Narkose f. narcosis.
Narkotikum n. narcótico.
narkotisieren v. narcotizar.
Narr m. loco; bufón.
Narretei f., **Narrheit** f. locura, arlequinada.
närrisch adj. loco; cómico.
Narzisse f. narciso.
naschen v. golosinear.
naschhaft adj. goloso.
Nase f. nariz, narices, fig. olfato.
Nasen... adj. de (la) nariz, nasal.
Nasenloch n. ventana (de la nariz).
naseweiss adj. indiscreto.
Nashorn n. rinoceronte.
naß adj. mojado; húmedo; empapado.
naßkalt adj. frío y húmedo.
Nässe f. humedad.
nässen v. (re)mojar, humedecer.
Nation f. nación.
Nationalökonomie f. economía política.
Natron n. sosa.
Natter f. culebra, víbora.
Natur f. naturaleza; **nach der — al natural.
Naturerscheinung f. fenómeno.
Naturforscher m. naturalista.
Naturgesetz n. ley natural, ley física.
Naturkunde f. historia natural.
Naturtrieb m. instinto.
Naturschutz m. protección del campo.
naturwidrig adj. antinatural.
Naturwissenschaften f. pl. ciencias físicas y naturales.
Naturalleistung f. pago en especie.
Naturell n. genio, carácter, índole.
natürlich adj. natural.
Nebel m. niebla, bruma.
Nebelhorn n. sirena.
nebelhaft adj. nebuloso, vago.
nebelig adj. nebuloso; nublado; brumoso.
neben prep. junto a, cerca de; con; además; entre.
Neben... adj. adicional, accesorio, secundario.
nebenan adv. al lado.
nebendei adv. de paso.
Nebenbuhler m. rival.
nebeneinander adv. junto(s).
Nebenfluß m. afluente.
Nebengeräusch n. ruido parásito.
Nebengewinn m. ganancia extraordinaria.
Nebenhaus n. casa contigua.
Nebenlinie f. línea colateral.
Nebenprodukt n. derivado.
Nebenrolle f. papel secundario.
Nebensache f. fig. bagatela.
nebenstehend adj. vecino, adyacente.
Nebenstraße f. calle adyacente (lateral), bocacalle.
Nebenverdienst m. emolumentos.
Nebenzimmer n. habitación contigua, vecina.
nebst prep. con, además.
necken v. hostigar, excitar.
Neffe m. sobrino.
negativ adj. negativo.
Neger m. negro.
Neid m. envidia, celos.
neidisch adj. envidioso.
Neige f. resto, residuo.
neigen v. inclinar, bajar; — **zu** fig. tender a.

Neigung f. declive, inclinación; fig. afición, tendencia.
nein adv. no.
Nelke f. clavel; clavo.
nennen v. nombrar, llamar, denominar.
Nenner m. denominador.
Nennwert m. valor nominal.
Nerv m. nervio.
Nervenarzt m. neurólogo.
nervenkrank adj. neurótico.
Nervenschmerz m. neuralgia.
Nervensystem n. sistema nervioso.
nervig adj. fig. vigoroso.
nervös adj. nervioso, irritado.
Nessel f. ortiga.
Nest n. nido.
nett adj. lindo, mono, bonito; Person; simpático.
Nettogewicht n. peso neto.
Netz n. red; malla.
netzen v. rociar, mojar.
neu adj. nuevo, reciente; fresco; moderno; **von neuem** de nuevo.
Neubau m. reconstrucción.
Neubearbeitung f. refundición.
Neubildung f. reorganización.
Neugierde f. curiosidad, indiscreción.
Neujahr n. año nuevo.
Neujahrsgeschenk n. aguinaldo.
neulateinisch adj. neolatino.
neumodisch adj. de última moda.
Neumond m. luna nueva.
Neusilber n. alpaca.
Neuzeit f. época moderna.
neuerdings adv. recientemente, últimamente.
Neuerer m. innovador.
Neuerung f. reforma.
Neuheit f., **Neuigkeit** f. novedad, noticia.
neulich adv. recientemente, el otro día, últimamente.
Neuling m. principiante.
neun adv. nueve.
neutral adj. neutral.
Neutralität f. neutralismo.
Neutrum n. neutro.
nicht adv. no; —**mehr** ya no; **durchaus—** de ningún modo; — **wahr?** ¿verdad?; — **wissen** ignorar.
Nichtachtung f. irreverencia, falta de respeto.
Nichtraucher m. no fumador.
Nichte f. sobrina.
nichtig adj. nulo; fútil.
Nichtigkeit f. nulidad, futilidad.
nichts adv. nada.
nichtsdestoweniger adv. no obstante, con todo (eso).
nichtssagend adj. insignificante, fútil.
Nichtstuer m. holgazán.
nichtswürdig adj. indigno, despreciable.
Nickel m. níquel.
nicken v. hacer señal con la cabeza; saludar.
nie adv. nunca, jamás.
nieder adj. bajo; adv. abajo.
niederbeugen v. inclinar, encorvar. [primir; rebajar.
niederdrücken v. oprimir, deprimir.
niedergeschlagen adj. deprimido. [pes, a hachazos].
niederhauen v. derribar (a golpe).
niederknien v. arrodillarse; ponerse de rodillas.
niederkommen v. parir.
Niederlage f. depósito, almacén; derrota; fracaso.
Niederlande pl. los Países Bajos.
niederländisch adj. neerlandés.
niederlassen v. bajar, descender; **sich —** instalarse.

Niederlassung f. establecimiento, colonia.
niederlegen v. bajar, depositar.
niederreißen v. derribar.
Niederschlag m. sedimento, poso; lluvia; **sich niedersetzen** sentarse.
niederstoßen v. derribar; apuñalar. [fame.
niederträchtig adj. vil, soez, infame.
niedertreten v. pisotear; torcer (los tacones).
Niederung f. llano, llanura.
niedlich adj. lindo, gracioso.
Niednagel m. respingón.
niedrig adj. bajo; fig. vil.
Niedrigwasser n. bajamar.
niemals s. **nie.**
Niere f. riñón.
Niere... adj. renal, nefrítico.
niesen v. estornudar.
Niet m. remache; roblón.
Nihilist m. nihilista.
nimmer s. **nie.**
nippen v. beborrotear.
nirgends adv. en ninguna parte.
Nische f. nicho; rincón.
nisten v. anidar, hacer nido.
Niveau n. nivel.
Nixe f. ondina.
noch adj. todavía, aún; más; ya; — **einmal** otra vez más; de nuevo; — **heute** hoy mismo; **weder... noch... ni... ni...**
nochmalig adj. repetido.
nochmals adv. otra vez.
Nomen n. nombre substantivo.
Nonne f. monja, religiosa.
Nonnenkloster n. convento de monjas.
Nord, Norden m. Norte.
Nordamerika n. América del Norte, Norteamérica.
Nordländer m. septentrional.
Nordlicht n. aurora boreal.
Nordost m. Nordeste.
Nordpol m. polo norte.
Nordsee f. Mar del Norte.
Nordwest(en) m. Noroeste.
Nordwind m. (viento) norte.
nördlich adj. del norte; septentrional; ártico.
nörgeln v. criticar.
Norm f. norma, regla.
normal adj. normal.
Normalzeit f. hora oficial.
Norwegen n. Noruega.
Not f. necesidad; urgencia; miseria, pobreza, apuro; pena; **es tut —,** es preciso.
Not... adj. de urgencia (emergencia, necesidad); de reserva (repuesto); provisional.
Notar m. notario, escribano.
Notariat n. notariado.
notariell adj. notarial.
Notbehelf m. expediente.
Notbremse f. freno de alarma.
Notdurft f. necesidad.
notdürftig adj. provisional.
Note f. nota (Música, Examen, Brief.); apunte, glosa; billete (de banco).
Noten pl. música.
Notenbank f. banco de emisión.
Notenpult n., **Notenständer** m. atril.
Notensystem n. pentagrama.
Notfall m. caso urgente.
notgedrungen adv. forzosamente.
notieren v. apuntar, (a-) notar; cotizar (Bolsa).
nötig adj. necesario, preciso; conveniente.
nötigen v. obligar, forzar.
Nötigung f. obligación, coacción.
Notiz f. not(ici)a.
Notizbuch n. libreta, agenda.

Notlandung f. aterrizaje forzoso.
notleidend adj. indigente, pobre.
Notlüge f. mentirilla.
Notschrei m. grito de socorro.
Notsignal m. señal de peligro, alarma.
Notstand m. estado de crisis.
Nottaufe f. agua de socorro.
Notwehr f. legítima defensa.
notwendig adj. necesario, indispensable, preciso.
Notzucht f. violación, estupro.
Novelle f. novela (corta).
November m. noviembre.
Nu m.: **im — en un momento.
Nuance f. matiz.
nüchtern adj. en ayunas; sobrio; fig. insípido.
Nüchternheit f. sobriedad, fig. insipidez.
Nudel f., **Nudeln** pl. pastas, fideos, tallarines.
null adj. nulo.
Null f. cero, fig. nulidad.
Nummer f. número, cifra.
Nummernschild n. matrícula.
nun adv. ahora, pues; **von — an** desde ahora, en adelante; desde entonces; — **aber,** ahora bien.
nur adv. sólo, solamente.
Nuß f. nuez, avellana.
Nußbaum m. nogal.
Nute f. muesca, ranura.
Nutzanwendung f. aplicación práctica.
nutzbar adj. aprovechable.
nutzbringend adj. lucrativo, provechoso, útil.
Nutzen m. utilidad, provecho, ventaja, beneficio.
nutzen, nützen v. ser útil, servir para; utilizar, aprovechar.
Nutzholz n. madera.
nützlich adj. útil, provechoso; saludable.
nutzlos adj. inútil, improductivo.
Nutznießer m. usufructuario, beneficiario.
Nylon n. nilón.

Oase f. oasis.
ob conj. si; **als —,** como si.
Obacht f. atención, cuidado.
Obdach n. albergue, abrigo, asilo, refugio.
oben adv. arriba, encima.
obenan, obenauf adv. encima, en lo alto. [te.
oben(dr)ein adv. además; aparte.
obenerwähnt adj. arriba dicho, citado, mencionado.
ober adj. superior; de arriba.
Ober m. camarero.
Ober... adj. superior, supremo; mayor, primer(o).
Oberarzt m. médico en jefe.
Oberaufseher m. inspector general.
Oberbefehlshaber m. generalísimo.
Oberbett n. edredón.
Oberbürgermeister m. alcalde mayor.

Oberfläche f. superficie, área.
oberhalb adv. encima.
Oberhaupt n. cabeza; jefe, caudillo.
Oberhemd n. camisa.
Oberkellner m. jefe (de) camarero(s).
Oberlandesgericht n. Audiencia Territorial.
Oberleitung f. dirección; Bus: línea aérea.
Oberleitungsbus m. trolebús.
Oberlicht n. Fenster: claraboya.
Oberschenkel m. muslo.
Oberstaatsanwalt m. procurador general.
Oberst m. coronel.
Oberstleutnant m. teniente coronel.
obgleich conj. aunque, bien que.
Obhut f. guardia, protección.
Objekt n. objeto.
objektiv adj., Objektiv n. objetivo.
Oblate f. oblea, hostia.
Obmann m. jefe, tercero.
Obrigkeit f. autoridad.
Obst n. fruta(s).
Obstbaum m. árbol frutal.
Obstgarten m. huerto, huerta.
Obsthändler m. frutero.
obwalten v. existir, reinar.
Ochs(e) m. buey.
Ocker m. ocre.
öde adj. desierto, inculto.
oder conj. o (u: este u otro); entweder... —..., o... o...
Ofen m. estufa, horn(ill)o.
Ofenloch n. boca de horno.
Ofensetzer m. fumista, estufista.
offen adj. abierto; descubierto; franco, sincero; vacante.
offenherzig adj. sincero, llano.
offenkundig adj. público, notorio.
offenbar adj. manifiesto, claro.
offenbaren v. manifestar; publicar; descubrir.
Offenheit f. franqueza, llaneza, sinceridad.   [(mente).
offensichtlich adj. evidente-
öffentlich adj. público, paladino.
Öffentlichkeit f. publicidad, público.
offerieren v. ofrecer, hacer una oferta.
offiziell adj., Offizier m. oficial.
öffnen v. abrir; destapar, descorchar (botellas).
Öffnung f. abertura, boca.
oftmals adv. a menudo, muchas veces; frecuentemente.
öfters adv. a veces.
Oheim, Ohm m. tío.
ohne prep. sin.
ohnedies, ohnehin adv. sin eso; de todos modos.
Ohnmacht f. desmayo, desfallecimiento; debilidad; in — fallen desmayarse.
ohnmächtig adj. desmayado, fig. débil. impotente.
Ohr n. oreja; oído; zu Ohren kommen llegar a oídos.
Öhr n. ojo de la aguja.
Ohrenarzt n. otólogo.
Ohrenbeichte f. confesión auricular.
Ohrenentzündung f. otitis.
Ohrenklappe f. orejera (de las gorras).
Ohrenklingen n. silbido.
Ohrensausen n. zumbido de oídos.

Ohrenschmalz m. cerumen.
Ohrfeige f. bofetada.   [oreja.
Ohrläppchen n. lóbulo de la
Ohrring m. arete, pendiente.
Ohrwurm m. cortapicos.
Ökonom m. ingeniero agrónomo.
Oktober m. octubre.
Öl n. aceite; óleo (pintura); Schmieröl: lubri(fi)cante.
Ölbaum m. olivo, aceituno.
Ölbild n. pintura al óleo.
Ölfläschchen, Ölkännchen n. aceitera.
Ölleitung f. oleoducto.
Ölmühle f. almazara.
Ölmalerei f. pintura al óleo.
Ölquelle f. pozo de petróleo.
Oleander m. adelfa.
ölen v. untar con aceite; lubrificar; engrasar.
ölig adj. aceitoso, oleoso.
Olive f. aceituna, oliva.
Olivenhain m. olivar.
Ölung f. engrase, unción; Letzte — Extremaunción.
olympisch adj.: Olympische Spiele n. pl. juegos olímpicos; Olimpíada.
Omelett n., -e f. tortilla.
Omnibus m. ómnibus; autocar.
ondulieren v. ondular, marcar.
Onkel m. tío.
Opal m. ópalo.
Oper f. ópera.
Operateur m. operador.
Operation f. operación.
Operette f. opereta, zarzuela.
operieren v. operar.
Operndichter m. libretista.
Operngucker m. gemelos.
Opernsänger m. cantante de ópera.
Operntext m. libreto.
Opfer n. sacrificio; víctima.
Opfergabe f. ofrenda.
Opfertier n. víctima.
opfern v. sacrificar, ofrecer.
Opium n. opio.
Opponent m. opositor.
Optik f. óptica.
Opus n. obra (Musik).
Orakel n. oráculo.
Orange f. naranja.
Orangenblüte f. azahar.
Orangenwasser n. naranjada.
Orang-Utang m. orangután.
Orchester n. orquesta; banda.
Orchideen f. pl. orquídeas.
Orden m. orden (religiös); condecoración.
Ordensbruder m. cofrade.
Ordensgelübde n. voto.
Ordenskleid n. hábito.
ordentlich adj. ordenado; regular; ordinario (miembro).
Order f. orden.
Ordinate f. ordenada.
ordnen v. poner en orden, arreglar; concretar, reglar.
Ordnung f. orden, arreglo; zur — rufen llamar al orden.
ordnungsgemäß adj. legal.
ordnungsliebend adj. arreglado; metódico.   [plinario.
Ordnungsstrafe f. castigo disci-
Ordnungszahl f. número ordinal.
Organ n. órgano.
organisch adj. orgánico.
organisieren v. organizar; formar.
Organist m. organista.
Orgel f. órgano.
Orgelbauer m. organero.
Orgeldreher m. organillero.
Orgie f. orgía.
Orient m. oriente.
orientieren v. orientar.
Orientierung f. orientación.
original, originell adj. original.
Orkan m. huracán, tornado.
Ornat m. vestidura.

Ort m. sitio, puesto, lugar; pueblo, localidad, plaza.
örtlich adj. local.
Ortschaft f. población.
Ortsbeschreibung f. topografía.
Ortsgespräch n. conferencia local.
Ortsveränderung f. locomoción.
Ortsvorsteher m. alcalde.
Öse f. corcheta, hembra.
Ost, Osten m. Este, Oriente.
Osterfest, Ostern n. Pascua.
Österreich n. Austria.
Österreicher m., österreichisch adj. austriaco.
östlich adj. oriental, del Este.
Otter f. víbora, nutria.
Ouvertüre f. obertura.
oval adj. oval; ovalado.
Oxyd n. óxido.
Ozean m. océano.
Ozean... adj. oceánico; transatlántico.

Paar n. par, pareja.
paar: ein — adj. unos, algunos, unos cuantos.
paaren v. aparear; acoplar, unir.
paarweise adv. a pares; por parejas; de dos en dos.
Pacht f. arriendo, arrendamiento.
Pachtgut n. arquería, cortijo.
Pachtzins m. renta.
pachten v. arrendar.
Pächter m. arrendatario.
Pack m. paquete, paca.
Päckchen n. paquete, paquetito; Zigaretten etc.: cajetilla.
packen v. embalar; empaquetar; envolver; hacer la maleta; asir, coger.
packend adj. fig. impresionante.
Packer m. embalador.
Packesel m. burro de carga.
Packleinwand f. hule, arpillera.
Packpapier n. papel de embalaje.
Packung f. s. Verpackung, Päckchen.
Packwagen m. furgón.
Pädagog m. pedagogo.
Paddel n. pala, canalete.
Paddelboot n. canoa.
Page m. paje; botones.
Paket n. paquete, bulto.
Paketboot n. paquebote.
Pakt m. pacto, contrato.
Palast m. palacio, castillo.
Palette f. paleta.
Palmbaum m., Palme f. palma, palmera.
Palmsonntag m. Domingo de Ramos.
Palmzweig m. palma.
Panamahut m. jipijapa.
panieren v. rebozar.
Panik f. pánico.
Panne f. pana, avería.
Panther m. pantera.
Pantoffel m. zapatilla, chinela.
Pantomime f. pantomima.
pan(t)schen v. fam. aguar.
Panzer m. coraza, armadura; tanque.
Panzerflotte f. escuadra de acorazados.
Panzerkreuzer m. crucero acorazado.
panzern v. acorazar, blindar.
Panzerschiff n. (buque) acorazado.

Panzerung f. blindaje.
Papagei m. papagayo, loro.
Papier n. papel; escrito, documento.
Papierbogen m. pliego, hoja.
Papiergeld n. papel moneda, billete.
Papierkorb m. papelera.
Papierladen m. papelería.
Papiertüte f. alcartaz.
Pappe f. cartón.
Pappschachtel f. caja de cartón.
Pappel f. álamo.
päppeln v. dar papilla a.
pappig adj. pastoso.
Paprika m. pimienta roja; pimentón.
Papst m. Papa.
päpstlich adj. papal.
Parabel f. parábola.
Parade f. parada, desfile; Truppen: revista.
Paradies n. paraíso; fig. edén; cielo.
paradiesisch adj. paradisíaco.
Paraffin n. parafina.
Paragraph m. párrafo; artículo.
parallel adj. paralelo.
Paralyse f. parálisis.
Parasit m. parásito.
Parfum, Parfüm n. perfume.
parfumieren v. perfumar.
pari n. a la par (cambio).
parieren v. parar; desviar (un golpe); apostar (en juego); fig. defenderse.
Park m. parque.
parken v. estacionar (coche).
Parkverbot n. prohibición de estacionarse.
Parkett n. entablado; entarimado (Fußboden); platea (Theater).
Parkettplatz, -sitz m. butaca de (platea).
Parlament n. parlamento.
Parodie f. parodia.
parodistisch adj. paródistico.
Parole f. santo y seña; contraseña.
Partei f. partido; Gericht: parte.
Parteigänger m. partidario; secuaz.
parteilos adj. neutro; imparcial.
parteiisch adj. parcial.
Parteilichkeit f. parcialidad.
Parterre n. piso bajo; platea.
Partie f. partida; lote (de géneros); excursión; partido (matrimonio).
Partitur f. partitura.
Partner m. compañero, socio asociado.
parzellieren v. parcelar.
Pascha m. bajá.
Paß m. paso; pasaporte.
Paßamt, n. despacho (oficina) de pasaportes.
Passage f. pasaje.
Passagier m. viajero; pasajero.
Passagierdampfer m. vapor de pasajeros.
Passant m. peatón; transeúnte.
Passatwind m. viento alisio.
passen v. ajustar, adaptar caer, sentar (bien); pasa (juego); es paßt mir nich no me conviene.
passend adj. justo; apropiado conveniente.
passieren v. pasar; atravesar ocurrir.
Passierschein m. pase.
Passionswoche f. Semana Sar ta.
Pastellmalerei f. pintura al pas tel.
Pastete f. pastel; bollo.
pasteurisieren v. pasterizar.

Pate m. padrino, compadre.
Patenkind n. ahijado, -a.
Patent n. patente.
Patentamt n. oficina (registro) de patentes.
Patentinhaber m. concesionario.
patentieren v. patentar; registrar (una patente).
Pater m. sacerdote, cura.
Patient m. paciente, enfermo.
Patin f. madrina, comadre.
Patriarch m. patriarca.
Patrone f. cartucho.
Patrouille f. patrulla; ronda.
Pauke f. timbal; bombo.
Pauker fam. s. Lehrer.
Pauschal... adj. global.
Pause f. pausa; detención; intervalo; silencio; recreo (escuela).
Pavillon m. pabellón.
Pech n. pez; betún; fig. mala suerte.
pechschwarz adj. negro fuerte.
Pedant m. pedante.
Pegel m. fluviómetro.
peilen v. sondear, escandallar; tantear (Radio).
Pein f. tormento; pena, dolor.
peinigen v. atormentar; martirizar.
peinlich adj. molesto, doloroso; minucioso; delicado.
Peitsche f. látigo; fusta.
peitschen v. fustigar.
Peitschenknall m. latigazo.
Pellkartoffeln f. pl. patatas (cocidas) en cáscara.
Pelz m. piel; pelliza.
Pelzhandel m. peletería.
Pelzmantel m. abrigo de pieles.
Pendel m. (n.) péndulo; péndola.
Penduluhr f. reloj de péndola.
Pendelverkehr m. servicio de vaivén.
pendeln v. oscilar.
Penicillin n. penicilina.
Pension f. retiro; jubilación; renta (vitalicia); pensión, casa de huéspedes.
Pergament n. pergamino.
Periode f. período; menstruación (de la mujer).
Perle f. perla.
Perlmutter f. nácar; madreperla.
perlen v. brillar; espumar (vino).
Perlenschnur f. collar de perlas.
perplex adj. perplejo.
Persien n. Persia.
Person f. persona; Theater: personaje; papel. **pro** — por cabeza.
Personal n. personal.
Personalausweis m. carnet (papel) de identidad.
Personalbeschreibung f. filiación; señas personales.
Personalliste f. nómina.
Personalpronomen n. pronombre personal.
Personenbeförderung f. transporte de viajeros (pasajeros).
Personenwagen m. coche.
Personenzug m. tren de viajeros; tren correo.
persönlich adj. personal, individual; en persona.
Persönlichkeit f. personalidad; personaje.
Perücke f. peluca.
Pessimist m., **pessimistisch** adj. pesimista.
Pest f. peste.
Petersilie f. perejil.
Petroleum n. petróleo.
Petroleumlampe f. lámpara de petróleo.

Petschaft n. sello.
Pfad m. sendero, senda; vereda.
Pfadfinder m. explorador.
Pfaffe m. fam. cura, fraile.
Pfahl m. estaca; palo; poste; mástil.
Pfahlbauten m. pl. construcciones lacustres.
Pfand n. prenda; empeño; fianza, garantía.
Pfandbrief m. título hipotecario. [montepío.
Pfandleihe f. monte de piedad,
Pfandleiher m. prestamista.
Pfandverschreibung f. hipoteca.
pfänden v. embargar; secuestrar.
Pfändung f. embargo; ejecución.
Pfanne f. sartén.
Pfannkuchen m. tortilla; buñuelo.
Pfarrer m. (cura) párroco.
Pfarrkirche f. iglesia parroquial.
Pfau m. pavo real; pavón.
Pfeffer m. pimienta.
Pfeffergurken f. pepinillos.
Pfefferkuchen m. alajú.
Pfefferminze f. menta, hierbabuena.
Pfefferstrauch m. pimiento.
pfeffern v. poner pimienta.
Pfeife f. silbato; chiflo; pífano; pipa (de fumar).
pfeifen v. silbar; tocar el pífano.
Pfeil m. flecha, saeta.
Pfeiler m. pilar, poste; pilastra.
pferchen v. apriscar.
Pferd n. caballo; potro.
Pferdedieb m. cuatrero.
Pferdeknecht m. mozo de cuadra.
Pferdesport m. deporte hípico.
Pferdestall m. cuadra.
Pferdestärke (PS) f. caballo (vapor).
Pfiff m. silb(id)o; chifla; fig. truco.
Pfifferling m. cantarela.
pfiffig adj. astuto.
Pfiffigkeit f. astucia; sutileza.
Pfingsten pl. Pentecostés.
Pfirsich m. melocotón, durazno.
Pfirsichbaum m. melocotonero.
Pflanze f. planta.
pflanzen v. plantar.
Pflanzenkenner m. botánico.
Pflanzer m. plantador; colono.
pflanzlich adj. vegetativo, vegetal.
Pflanzung f. plantación; plantaje; plantío; colonia.
Pflaster n. adoquinado, empedrado (calle); emplasto, parche; tafetán inglés.
Pflasterstein m. adoquín.
pflastern v. adoquinar, empedrar; enladrillar.
Pflaume f. ciruela.
Pflege f. cuidado; asistencia; administración; cultivo.
Pflegeeltern pl. padres adoptivos.
pflegen v. cuidar; — zu acostumbrar, soler.
Pflicht f. deber; obligación; oficio.
Pflichtteil n. Erbe: legítima.
Pflock m. estaca; taco.
pflücken v. coger; recolectar.
Pflug m. arado; aladro.
pflügen v. arar; labrar.
Pforte f. puerta.
Pförtner m. portero, conserje.
Pfosten m. poste; pilar.
Pfote f. pata.
Pfropf, Pfropfen m. tapón; corcho.
pfropfen v. tapar; injertar.
Pfründe f. prebenda.
Pfuhl m. charco, pantano.
pfui! interj. ¡qué asco!, ¡puf!

Pfund n. libra.
pfuschen v. fam, chapucear.
Pfütze f. charco.
Phantasie f. fantasía; imaginación.
phantasieren v. fantasear; delirar; improvisar (Musik).
phantastisch adj. fantástico.
Phantom n. fantasma.
Phase f. fase; etapa.
Philolog(e) m. filólogo.
Phiole f. redoma; frasco.
phlegmatisch adj. flemático.
Photoapparat m. máquina fotográfica, cámara.
Photograph m. fotógrafo.
Photographie f. foto (grafía).
photographieren v. fotografiar, retratar.
Physik f. física.
Pianist m. pianista.
Picke f. piqueta; pico.
Pickel m. gran(ill)o; pústula.
picken v. picotear (aves).
piepen v. piar, pipiar.
Pik n. espadas.
pikant adj. fig. picante; salado.
Pilger m. peregrino.
Pille f. píldora.
Pilot m. piloto.
Pilz m. hongo; seta.
Pinie f. pino.
Pinsel m. pincel; Maler: brocha.
pinseln v. pincelar.
Pirat m. pirata, corsario.
Pistazie f. pistacho.
Pistole f. pistola.
plädieren v. abogar.
Plage f. tormento; vejación; fig. azote; plaga.
plagen v. atormentar, molestar.
Plakat n. cartel.
Plakatsäule f. columna anunciadora.
Plan m. plan, proyecto; plano; dibujo; programa; idea.
planlos adj. sin plan.
Planwagen m. carro con toldo.
Planwirtschaft f. economía dirigida.
Plane f. toldo.
planen v. proyectar; idear.
Planet m. planeta.
Planke f. tabla, tablón.
Plantage f. plantación; plantaje.
plappern v. charlotear.
Plastik (stoff) n. plástico.
platt adj. llano, liso; Nase: chato; fig. bajo.
plattdrücken v. aplastar, aplanar.
Plattform f. plataforma.
Plattfuß m. pie plano.
Plättbrett n. tabla de planchar.
plätten v. planchar.
Plättfrau f. planchadora.
Platte f. plancha; tabla; hoja; chapa; placa (fotográfica).
Plattenspieler m. tocadiscos.
Platz m. puesto, sitio, lugar; plaza; campo.
Platzagent m. corredor (de plaza).
Platzanweiser m. acomodador.
Platzpatrone f. cartucho sin bala.
Platzregen m. aguacero.
platzen v. estallar; reventar.
plaudern v. charlar.
Plenarsitzung f. sesión en pleno.
Plombe f. plomo; precinto; empaste (diente).
plombieren v. plomar; empastar (dientes).
plötzlich adj. súbito, repentino; instantáneo; adv. repentinamente, de pronto, de repente.
plump adj. grosero; torpe.
Plunder m. baratijas.
plündern v. saquear; pillar.

Plünderung f. pillaje, saqueo, saco.
plus adv. más.
Plüsch m. felpa; velludo.
pneumatisch adj. neumático.
pöbelhaft adj. plebeyo; vulgar.
pochen v. golpear; latir (corazón); llamar (a la puerta). **auf etwas** — alardear.
Pocke f. viruela.
Pockenimpfung f. vacunación.
Podium n. estrado.
Pokal m. copa.
pökeln v. salar; adobar.
Pol m. polo.
Polen n. Polonia.
Police f. póliza.
Polier m. capataz.
polieren v. pulir, abrillantar.
Politur f. lustre, bruñido.
Polizei f. policía; guardia.
Polizeiwache f. cuartelillo de policía; Delegación.
Polizist m. (agente de) policía; guardia (municipal).
Polster n. almohada; cojín; acolchado.
Polterabend m. víspera de la boda.
poltern v. hacer ruido, alborotar.
Pomade f. pomada.
Pomp m. pompa; fausto.
Pony n. jaca.
Pore f. poro.
porös adj. poroso.
Portemonnaie n. portamonedas, monedero.
Portiersfrau f. portera.
Portion f. porción, ración.
Porto n. franqueo; porte.
portofrei adj. libre de porte.
Porträt n. retrato.
Porzellan n. porcelana.
Posaune f. trombón.
Positiv n. prueba positiva.
Posse f. farsa; bufonada; sainete.
possenhaft adj. burlesco, bufón.
Possessivpronomen n. pronombre posesivo.
Post f. correo.
Postamt n. oficina de correos; estafeta.
Postanweisung f. giro postal.
Postbeamte(r) m. empleado de correos.
Postbote m. cartero.
Postdirektor m. administrador de correos.
Postfach n. apartado.
Postkarte f. tarjeta postal.
postlagernd adj. lista de correos; apartado.
Postpaket n. paquete postal.
Postschalter m. taquilla; despacho.
Postscheckverkehr m. giro postal.
Postschiff n. vapor correo.
Postverein m. unión postal.
postwendend adj. a vuelta de correo.
Postwesen n. servicio de correos, postal.
Postzug m. tren correo.
Posten m. puesto; colocación; partida (de mercancía), lote; Geld: asiento; Wache: centinela.
Potenz f. potencia.
Pracht f. magnificencia; pompa; lujo; esplendor.
prächtig adj. magnífico, precioso; lujoso.

Prädikat n. atributo.
prägen v. imprimir; estampar; acuñar (moneda).
Prägung f. acuñación.
prahlen v. jactarse; alabarse.
Prahler m. fanfarrón.
praktisch adj. práctico. Mediziner: general.
praktizieren v. practicar, ejercer.
Praliné n. bombón.
prall adj. tirante; tieso.
Prämie f. premio, precio; prima.
Prämienanleihe f. empréstito a prima.
prämieren v. premiar.
prangen v. lucir, brillar.
Pranke f. garra, zarpa, pata.
Präparat n. preparado; producto.
Präpositionen f. preposición.
Präsident m. presidente.
Präsidentschaft f. presidencia.
prasseln v. crujir; crepitar; azotar.
prassen v. banquetear.
Praxis f. práctica, experiencia; Arzt: consulta.
Predigt f. sermón.
Preis m. precio; premio; coste.
Preisangabe f. cotización.
Preisausschreibung f. certamen, concurso público.
Preisermäßigung f. reducción de precio; rebaja.
preisgekrönt adj. premiado.
Preisliste f. lista de precios, catálogo.
Preisrichter m. juez, árbitro.
Preisschwankung f. fluctuación, oscilación de precio.
Preissteigerung f. aumento de precios; encarecimiento.
preiswert adj. barato, económico.
preisen v. elogiar, alabar.
preisgeben v. abandonar, dejar.
Preiselbeere f. arándano encarnado.
Premiere f. estreno.
prellen v. fig. estafar.
Pressefotograf m. reportero gráfico.
Pressefreiheit f. libertad de la prensa.
Presse f. prensa.
pressen v. prensar; apretar; comprimir.
prickeln v. picar, escocer.
Priester m. sacerdote; cura.
Priesterweihe f. ordenación.
Primel f. prímula.
Prinz m. príncipe.
Prinzessin f. princesa.
Prinzip n. principio; sistema.
Prise f. presa; toma.
Pritsche f. catre.
privat adj. privado, particular.
Privileg n. privilegio.
Probe f. prueba; muestra; Theater: ensayo; examen.
Probeabzug m. prueba, galerada.
Probebestellung f. pedido de ensayo.
Probenummer f. número de muestra.   [sayo.
probeweise adv. por vía de ensayo.
Probezeit f. tiempo de prueba, de ensayo.
probieren v. probar, ensayar; experimentar.
Produkt n. producto.

Produzent m. productor; Ware: fabricante.
produzieren v. producir.
Professor m. catedrático.
Profil n. perfil.
Profit m. provecho, beneficio.
Prognose f. pronóstico.
Programm n. programa.
Prokurist m. apoderado.
Promenade f. paseo.
promovieren v. doctorarse.
Propeller m. propulsor; hélice.
Prophet m. profeta.
Prophezeiung f. profecía; predicción.
Prospekt m. prospecto; folleto.
protestieren v. protestar.
Protokoll n. protocolo; acta; das — aufnehmen levantar acta.
protzen v. fanfarronear.
Proviant m. provisiones, víveres.
Provinz f. provincia.
Provinz... adj. provincial, regional.
provisorisch adj. provisional.
Prozedur f. procedimiento.
Prozent n. tanto por ciento; zwei — el 2 por ciento.
Prozeß m. proceso, pleito; litigio; — führen pleitear.
Prozeßakten f. pl. autos.
Prozeßführung f. procedimiento.
Prozeßkosten pl. gastos judiciales.
prüfen v. examinar, probar; reconocer.
Prüfung f. examen; prueba.
Prügel m. garrote, palo; pl. paliza.
prügeln v. apalear, dar palos.
Prunk m. pompa; boato; magnificencia.
prunkvoll adj. lujoso, magnífico.
Psalm m. salmo.
Pseudonym n. seudónimo.
Psycholog(e) m. (p)sicólogo.
Publikum n. público.
publizieren v. publicar.
Pudding m. flan, budín.
Puder m. polvos.
Puderdose f. polvera.
pudern v. polvorear; sich — ponerse polvos.
Puffer m. Waggon: tope.
Pullover m. jersey.
Puls m. pulso; — fühlen tomar pulso.
Pulsader f. arteria.
Pulsschlag m. pulsación; latido.
pulsieren v. palpitar.
Pult n. pupitre; atril.
Pulver n. pólvora; polvo.
Pumpe f. bomba.
pumpen v. sacar, extraer con bomba; fam. fig. prestar.
Pumpwerk n., Pumpstation f. central hidráulica.
Punkt m. punto; tanto (en el juego); — zwei Uhr (a) las dos en punto.
pünktlich adj. puntual, preciso.
Pupille f. pupila.
Puppe f. muñeca, co.
Purpur m. púrpura.
Putz m. adorno, atavío, artículos de moda.
Putzmacherin f. modista.
putzsüchtig adj. coqueta.
putzen v. limpiar; pulir; dar brillo; sich — componerse.
Putzfrau f. fregona.
Pyramide f. pirámide.

Quadrat n., Quadrat..., adj.; quadratisch adj. cuadrado.
Quai m. muelle.
quaken v. cantar, croar.
Qual f. tormento, martirio, fig. tortura, pena.
quälen v. atormentar.
qualifizieren v. cualificar.
Qualität f. calidad, Mensch: cualidad; clase.
Qualm m. humazo.
qualmen v. humear, echar humo.
Quantität f. cantidad.
Quantum n. cantidad, cuanto.
Quartal n. trimestre.
Quartett n. cuarteto.
Quartier n. acuartelamiento; cuartel.
Quaste f. borla, fleco.
Quatsch m. fam. tonterías.
Quecksilber n. mercurio.
Quelle f. fuente, manantial, fig. origen.
quellen v. manar, brotar; henchir.
quer adj. transversal, travesero; adv. a través.
Querbalken m. travesaño.
Querstraße f. travesía.
querüber adv. al otro lado.
quetschen v. magullar; aplastar; confundir.
quieken v. guañir; chillar.
Quintett n. quinteto.
Quirl m. molinillo.
quitt adj. igual; fig. pagado, en paz.
Quitte f. membrillo.
quittieren v. dar recibo (de pago); confirmar.
Quittung f. recibo, resguardo.
Quote f. cuota.

Rabatt m. rebaja, descuento.
Rabatte f. Beet: arriate.
Rabe m. cuervo.
Rache f. venganza.
Rachen m. fauces, garganta.
rächen, sich — an v. vengar(se), de.
Rächer m. vengador.
Rad n. rueda; fam. bicicleta.
Radar m. y n. radar.
Radfahrbahn f. velódromo, pista (de bicicletas).
Radfahrsport m. ciclismo.
Radfahrer m. ciclista.
Radnabe f. cubo.
Radrennen n. carrera ciclista.
Radau m. fam. jaleo.
Räderwerk n. engranaje.
Radiergummi n. goma de borrar.
Radiermesser n. raspador.
radieren v. raspar; grabar (al agua fuerte).
Radierung f. grabado al agua fuerte.

Radieschen n. rabanito.
radioaktiv adj. radioactivo.
Radiogramm n. radiograma.
Radium n., Radius m. radio.
raffen v. arrebatar.
raffinieren v. refinar.
Rahe f. verga.
Rahm m. crema, nata.
Rahmen m. marco, cuadro, bastidor.
rahmen v. Bild: encuadrar.
Rain m. linde(ro).
Rakete f. cohete.
Raketen(abschuß)basis f. rampa (o base) de lanzamiento.
rammen v. Schiff: embestir.
Rampe f. rampa; proscenio.
Ramsch m. pacotilla.
Rand m. linde, orilla; margen, canto.
Rand..., adj. marginal.
Randbemerkung f. glosa, acotación.
Rang m. rango, clase, posición; Theater: piso, preferencia.
Rangordnung. f. graduación, clasificación.
Rangierbahnhof m. estación de maniobras.
rangieren v. maniobrar; formar (trenes).
Ranke f. zarcillo.
Ränke m. pl. intrigas.
ranken v. trepar(se) por.
ranzig adj. rancio.
Rappe m. caballo negro.
Raps m. colza.
rar adj. raro; escaso.
rasch adj. veloz, pronto.
rascheln v. rozar; crujir.
Rasen m. césped.
rasen v. tener rabia; enfurecerse.
rasend adj. furioso, delirante.
Rasierapparat m. rasurador.
Rasierbecken n. bacía.
Rasierklinge f. hoja de afeitar.
Rasiermaschine f. máquina de afeitar.
Rasiermesser n. navaja.
Rasierstube f. peluquería, barbería.
rasieren v. afeitar, rasurar.
Raspel f. rallo, escofina.
Rasse f. raza; casta.
Rast f. parada, descanso; etapa, alto.
rastlos adj. incansable.
rasten v. descansar, posar; hacer alto.
Rat m. consejo, advertencia.
Ratgeber m. consejero.
Rathaus n. ayuntamiento.
ratlos adj. desconcertado.
Ratschlag m. consejo.
Rate f. cuota, pago parcial; in Raten a plazos.
raten v. aconsejar, advertir; Rätsel: adivinar.
ratifizieren v. ratificar.
Ration f. ración, porción.
ratsam adj. conveniente, recomendable.
Rätsel n. enigma, acertijo.
rätselhaft adj. inexplicable, misterioso.
Ratte f. rata.
Rattenfalle f. ratonera.
Raub m. robo, rapiña; botín, presa.
Raubanfall m. atraco.
Raubfisch m. pez de rapiña.
Raubgier f. rapacidad.
Raubmord m. asesinato (con robo).
Raubtier n. animal carnicero.
Raubvogel m. ave de rapiña.
rauben v. robar; hurtar, quitar.
Räuber m. bandolero, bandido, ladrón.
räuberisch adj. rapaz.
Rauch m. humo.

Rauchfang m. chimenea.
Rauchware f. peletería.
Rauchzimmer n. fumadero.
rauchen v. fumar (tabaco); humear (chimenea).
Raucher m. fumador.
Rauchercoupé n. departamento para fumadores.
Räucherkammer f. ahumadero.
räuchern v. ahumar.
Raufbold m. camorrista, matón.
raufen v. pelear, agarrarse.
Rauferei f. riña, pelamesa.
rauh adj. áspero; tosco; ronco (voz).
rauhen v. cardar (paño).
Rauhreif m. escarcha.
Raum m. espacio, sitio; local, plaza; cabida.
Raumfahrer m. astronauta, cosmonauta.
Raumfahrt f. astronáutica.
Raumschiff n. astronave.
räumen v. quitar; desocupar; despejar; limpiar.
Räumung f. evacuación, despejo.
Raupe f. oruga.
Raupenantrieb m. tracción de orugas.   [na.
Rausch m. borrachera, fam. mo-
rauschen v. susurrar, murmurar; rugir (mar).
Rauschgift n. estupefaciente.
rauschgiftsüchtig adj. toxicómano.
Rauschgold n. oropel.
Razzia f. batida.
Reagenz n. reactivo.
Reaktor m. reactor.
Rebe f. sarmiento, vid.
Rebell m. rebelde.
Rebhuhn n. perdiz.
Rechen m. rastrillo.
Rechenaufgabe f. problema de aritmética.
Rechenbuch n. libro de aritmética.
Rechenmaschine f. calculadora.
Rechenschaft ablegen f. rendir cuenta.
rechnen v. contar, calcular (auf, con).
Rechnung f. cuenta, cálculo; factura; **laufende** — cuenta corriente.
Rechnungsabschluß m. balance, saldo.
Rechnungswesen n. contabilidad.
recht adj. derecho; recto, justo; propio; conveniente; **das ist** — así es; **rechte Seite** derecho, cara, anverso; — **schwer** bien difícil.
Recht n. derecho; jurisprudencia. — **haben** tener razón.
Rechteck n. rectángulo.
rechtfertigen v. justificar; disculpar.
rechthaberisch adj. porfiado.
rechtlos adj. sin derecho, ilegal.
rechtmäßig adj. legal, legítimo; justo.
rechts adv. a (la) derecha.
rechtschaffen adj. honrado, probo; leal.
Rechtschreibung f. ortografía.
Rechtsprechung f. jurisdicción.
rechtwinkelig adj. rectangular.
rechtzeitig adj. oportuno; adv. a la hora; en debido tiempo.
Rechte f. mano derecha; derecha(s) (partido).
Rechts... adj. jurídico, legal.
Rechtsanspruch m. derecho, título.
Rechtsanwalt m. abogado.
Rechtsfall m. caso litigioso, causa.
Rechtsgelehrte(r) m. jurista, legista.

Rechtsgrund m. título legal.
rechtsgültig adj. válido; vigente; valedero.
Rechtskraft f. fuerza de ley, validez, vigor.
Rechtssache f. causa, pleito, proceso.
Rechtsspruch m. sentencia, fallo.
Rechtsstreit m. litigio, pleito, proceso.
rechtswidrig adj. ilegal.
Rechtswissenschaft f. jurisprudencia.
Reck n. barra fija.
Rede f. habla; discurso, oración; — **halten** pronunciar un discurso; — **stehen** dar cuenta.
Redefluß m. verbosidad, locuacidad.
Redekunst f. retórica.
reden v. hablar; pronunciar un discurso.
Redensart f., **Redewendung** f. giro, frase, modismo; locución.
redlich adj. probo, fiel, leal.
Redlichkeit f. probidad, integridad.
Redner m. orador.
redselig adj. locuaz.
Reede f. rada.
Reeder m. armador, naviero.
Reederei f. compañía naviera.
reell adj. leal, sólido; **reelle Firma** casa respetable.
Reep n. cuerda.
Referat n. informe, relato; relación.
Referendar m. licenciado en derecho.
Referent m. relator; ponente.
Referenz f. referencia.
referieren v. referir; informar.
reffen v. arrizar.
reflektieren v. reflejar; reverberar; **auf etwas** — interesarse por algo.
Reflex m. reflejo.
Reform f. reforma.
Reformation f. Reforma.
reformieren v. reformar.
Refrain m. estribillo.
Regal n. estante, anaquel.
Regatta f. regata.
rege adj. activo, animado.
Regel f. regla, norma.
regellos adj. irregular.
regelmäßig adj. regular.
regeln v. regular, arreglar, ajustar.
Regelung f. regulación.
regen v. mover.   [na.
Regen m. lluvia, Feiner: lloviznar.
Regenbogen m. arco iris.
Regenguß m. chaparrón, aguacero.
Regenmantel m. impermeable.
Regenschirm m. paraguas.
Regenwasser n. agua llovediza, pluvial.
Regenwetter n. tiempo lluvioso.
Regenwurm m. lombriz.
Regent m. soberano.
Regie f. dirección escénica, artística.
regieren v. gobernar; regir.
Regierung f. gobierno, regencia.
Regierungsform f. régimen.
Regierungspolitik f. política gubernamental.
Regierungszeit f. reinado.
Region f. región, comarca.
Regisseur m. director de escena, artístico.
Register n. registro, índice, lista.
Registratur f. registro, archivo.
resgistrieren v. registrar.
regnen v. llover; caer agua.
regnerisch adj. lluvioso.
Regulierung f. regulación.

regungslos adj. inmóvil.
Reh n. corzo, corza.
Reibe f. rallo, rallador.
reiben v. frotar, friccionar; rallar.
Reibung f. fricción, frote, fig. conflicto.
reich adj. rico; — **werden** enriquecer.
Reich n. imperio, reino, estado.
reichen v. ser suficiente; alcanzar; ofrecer.
reichhaltig, reichlich adj. abundante.
Reichs... adj. imperial; nacional.
Reichtum m. riqueza.
reif adj. maduro; en sazón.
Reif (Reifen) m. aro, cerco; Rauhreif: escarcha.
reifen v. madurar, sazonar.
Reifeprüfung f. bachillerato.
Reihe f. fila, serie, orden; **nach der** —, por turno.
Reihenfolge f. serie, turno.
Reiher m. garza real.
Reim m. rima, fig. verso.
reimen v. rimar.
rein adj. puro, limpio; adv. meramente.
Reinertrag, Reingewinn m. producto (beneficio) neto, líquido.
Reinheit f. pureza.
reinigen v. limpiar, depurar; fregar.
Reinigung f. purificación; **chemische** —, tintorería.
reinlich adj. limpio; aseado.
Reinlichkeit f. limpieza.
Reis m. arroz.
Reise f. viaje.
Reiseapotheke f. botiquín.
Reisebüro n. agencia de viajes (turismo).
Reisebus m. autocar.
Reiseführer m. guía.
Reisegesellschaft f. grupo de viajeros (o de turistas).
Reisekredit m. crédito circular.
reisen v. viajar; ir de viaje.
Reisende(r) m. viajero; viajante.
Reisepaß m. pasaporte.
Reiseroute f. itinerario, ruta.
Reisesack m. valija, maleta.
Reisescheck m. cheque de viaje.
Reiseverkehr m. (Reisezeit f.) (temporada de) turismo.
Reisig n. ramas (secas).
Reißbrett n. tablero (de dibujo).
Reißfeder f. tiralíneas.
Reißnagel m. chinche.
Reißverschluß m. cierre automático.
Reißzeug n. caja de compases.
reißen v. arrancar; tirar; desgarrar; rasgar; **an sich** — apoderarse de.
Reißen n. fam. reumatismo.
reißend adj. rápido; feroz (animal).
Reit... adj. de caballos, hípico.
Reitbahn f. picadero; hipódromo.
Reitkunst f. equitación.
Reitpeitsche f. látigo, fusta.
Reitpferd n. caballo de silla.
Reitstiefel m. bota de montar.
Reitweg m. camino de herradura.
reiten v. cabalgar, montar, ir (a caballo).
Reiter m. jinete.
Reiterzug m. cabalgada.
Reiterei f. caballería.
Reiz m. irritación, excitación; estímulo; atracción.
reizlos adj. soso.
Reizmittel n. irritante.
reizvoll adj. atractivo.

reizbar adj. irritable.
reizen v. excitar, irritar; provocar; estimular; incitar.
reizend adj. encantador.
Reizung f. irritación.
Reklame f. propaganda, publicidad.
reklamieren v. reclamar.
Rekrut m. recluta.
Relativpronomen n. pronombre relativo.
Relief n. relieve.
religiös adj. religioso; pío.
Reliquie f. reliquia.
Rennauto n. coche de carreras.
Rennbahn f. pista; hipódromo.
Rennpferd n. caballo de carreras.
Renntier n. reno.
rennen v. correr; gegen: chocar, tropezar con.
renommiert adj. renombrado.
Rente f. renta, pensión.
Rentner m. rentista.
rentieren v. rentar; reportar beneficio.
Reparatur f. reparación.
reparieren v. reparar.
Repertoire n. repertorio.
Reportage f. reportaje.
Reporter m. reportero.
Republik f. república.
Requisiten n. pl. accesorios de escena.
Reserve f. reserva.
Reserve... adj. de recambio.
reservieren v. reservar.
Reservoir n. depósito.
Respekt m. respeto.
respektvoll adj. respetuoso.
respektive adv. respectivamente.
Rest m. resto; residuo.
restlos adj. entero, total.
Resultat n. resultado.
Resumee n. resumen.
Retorte f. retorta.
retten v. salvar.
Rettich m. rábano.
Rettung f. salvación, salvamento.
Rettungsboot n. lancha de salvamento (salvavidas).
Rettungsgürtel m. cinturón salvavidas.   [perdido.
rettungslos adj. sin remedio,
Retuscheur m. retocador.
Reue f. arrepentimiento.
reuen v. arrepentirse; **es reut mich** me pesa.
reuevoll, reuig adj. arrepentido.
Reuse f. nasa.
revidieren v. revisar.
Revier n. distrito, coto.
Revolutionär m. revolucionario.
Revolver m. revólver.
Revue f. revista.
rezensieren v. criticar, censurar; reseñar.
Rezept n. receta.
Rhabarber m. ruibarbo.
rheumatisch adj. reumático.
Rheumatismus m. reuma (-tismo).
rhythmisch adj. rítmico.
Richtplatz m. patíbulo.
Richtschnur f. fig. regla, norma.
richten v. enderezar; alinear; ajustar; dirigir; apuntar (arma); fijar (mirada).
Richter m. juez; Sport: árbitro.
Richterspruch m. sentencia.
richtig adj. justo, correcto; verdadero, propio; fiel.
Richtigkeit f. exactitud.

Richtung f. dirección; tendencia, curso, sentido.
riechen v. oler **(nach:** a).
Riege f. sección (deporte).
Riegel m. cerrojo, postillo; pasador.
Riemen m. correa.
Riese m. gigante, titán.
Rieselfeld n. campo de regadío.
rieseln v. correr; rociar.
riesenhaft, riesig adj. gigantesco; colosal; inmenso.
Riff n. arrecife.
Rille f. ranura, muesca.
Rind n. buey, vaca.
Rindfleisch n. carne de vaca.
Rindleder n. becerro.
Rindvieh n. ganado vacuno.
Rinde f. corteza.
Rinderbraten m. vaca asada.
Ring m. anillo, aro; sortija; alianza; sindicato; Sport: liza.
Ringbahn f. ferrocarril de circunvalación.
Ringfinger m. dedo anular.
Ringkampf m. lucha.
Ringelnatter f. coralillo.
ringen v. torcer; luchar, pelear.
Ringer m. luchador.
ringsum adv. en torno; alrededor; por todas partes.
Rinne f. reguera; gotera, canal.
rinnen v. fluir.
Rinnsal n. reguero.
Rinnstein m. arroyo (de la calle).
Rippe f. costilla; Blatt: raspa.
Rippenfell n. pleura.
Rippenfellentzündung f. pleuritis.
Risiko n. riesgo; peligro.
riskieren v. arriesgar; aventurar.
Rispe f. panícula.
Riß m. desgarradura, rotura; rasgón; grieta.
Ritt m. paseo a caballo.
Ritter m. caballero; hidalgo.
Ritterschlag m. acolada.
ritterlich adj. caballeresco.
rittlings adv. a horcajadas.
Ritze f. grieta, rasguño.
Roastbeef n. rosbif.
Robbe f. foca.
Robe f. vestido talar.
Röcheln n. estertor.
Rock m. chaqueta, americana; falda (de mujer).
rodeln v. lugear.
roden v. desmontar, rozar.
Rogen m. huevas (pescado).
Roggen m. centeno.
roh adj. crudo: bruto; fig. inculto, grosero; brutal.
Rohprodukte m. pl., **Rohstoffe** m. pl. materias primas.
Rohr n. caña, caño; cañón, tubo.
Rohrleitung f. cañería.
Rohrpost f. correo neumático, tubular.
Rohrstuhl m. silla de mimbre.
Rohrzucker m. azúcar de caña.
Röhre f. tubo, caño; Radio: válvula.
röhrenförmig adj. tubular.
Röhricht n. cañaveral.
Rolle f. ro(di)llo, polea; prensa (para ropa); parte, papel (teatro).
rollen v. rodar; arrollar; alisar (la ropa).
Roller m. monopatín (juguete).
Rollfeld n. pista de aterrizaje.
Rollgeld n. camionaje, acarreo.

Rollschuh m. patín de rollos.
Rolltreppe f. escalera movible (mecánica).
Roman m. novela.
Romantik f. romanticismo.
romantisch adj. romántico.
römisch adj. romano.
Röntgenbild n. radiografía, radiograma.
Röntgenstrahlen m. pl. rayos X.
rosa adj. rosa.
Rose f. rosa.
Rosenkranz m. rosario.
Rosenholz n. palo de rosa.
Rosette f. rosetón.
rosig adj. rosado.
Rosine f. (uva) pasa.
Roß n. caballo.
Roßhaar n. crin.
Roßkastanie f. regoldo.
Rost m. herrumbre, óxido; parrillas (para asar).
rosten v. oxidarse.
rösten v. tostar; asar.
rostfrei adj. inoxidable.
rostig adj. oxidado, herrumbroso.
rot adj. rojo, encarnado; tinto, negro (vino).
Rotbuche f. haya.
rotglühend adj. puesto al rojo.
Rotlauf m. erisipela.
Rotschwanz m. colirrojo.
Rotwild n. venado.
Rotations..., adj. rotativo.
Röte f. rojez, rojo; rubor.
röten v. enrojecer.
rotieren v. rotar, girar.
rötlich adj. rojizo.
Rotte f. banda, cuadrilla.
Routine f. rutina, práctica.
Rübe f. remolacha, nabo.
Rubrik f. columna.
ruchlos adj. perverso, vil.
Ruck m. tirón, estirón.
Rucksack m. morral, mochila.
Rückäußerung f. contestación, réplica.
rückbezüglich adj. reflexivo.
Rückfahrt f. vuelta, regreso.
Rückfall m. recaída.
Rückgabe f. devolución.
Rückgang m. retroceso, fig. baja.
rückgängig machen adj. anular (pedido).
Rückgrat n. espina dorsal.
Rückhalt m. recurso; apoyo.
Rückkauf m. retroventa.
Rückkehr f. regreso, vuelta.
Rückmarsch m. retirada.
Rückreise f. vuelta, regreso, retorno.
Rückschlag m. fig. revés.
rückschrittlich adj. reaccionario; retrógrado.
Rückseite f. revés, dorso, respaldo, reverso.
Rücksendung f. devolución.
Rücksicht f. consideración, atención.
rücksichtslos adj. desconsiderado.
Rücksitz m. (asiento) trasero.
Rückspiegel m. espejo retrovisor.
Rücksprache f. trato verbal.
Rückstand m. resto, remanente; **im —,** atrasado (pago).
Rückstoß m. repulsión, rechazo.
Rücktritt m. dimisión, retiro; Fahrrad: contrapedal.
rückversichern v. reasegurar.
rückwärts adv. (hacia) atrás; por detrás.
Rückweg m. regreso, vuelta.
Rückwirkung f. reacción, reflexión.
Rückzahlung f. rembolso.
Rückzug m. retirada.

Rücken m. espalda(s); dorso; lomo (animal, libro).
rücken v. mover(se).
Rückenlehne f. respaldo.
Rückenwirbel m. vértebra.
Rudel n. manada.
Ruder n. remo.
Ruderer m. remero.
rudern v. remar.
Ruf m. llamada, llamamiento, grito; fig. renombre, fama.
rufen v. llamar, gritar; **— lassen** hacer venir.
rügen v. reprender.
Ruhe f. descanso; calma, paz, tranquilidad.
Ruhegehalt n. retiro; renta.
Ruhestand m. retiro, jubilación.
Ruhestörer m. perturbador.
ruhen v. descansar, fig. yacer.
ruhig adj. quieto, tranquilo.
Ruhm m. fama, gloria.
ruhmbegierig adj. ambicioso.
Ruhmsucht f. ansia de gloria.
ruhmvoll adj. glorioso.
rühmen v. alabar, elogiar; ponderar; **sich —,** (vana) gloriarse.
rühmlich adj. glorioso.
Ruhr f. disentería.
Rühreier n. pl. huevos revueltos.
rühren v. mover; fig. conmover, emocionar.
rührend adj. conmovedor.
rührig adj. activo, ágil.
Rührung f. emoción.
Ruin m. ruina.
Ruine f. ruinas.
ruiniert adj. arruinado.
Rum m. ron.
Rumänien n. Rumania.
Rummel m. alboroto.
Rumpf m. tronco, torso; Flugzeug: fuselaje.
rümpfen v. Nase: torcer.
rund adj. redondo.
Rundblick m. panorama.
Runde f. corro, ronda, vuelta.
Rundfunk m. radiofonía.
Rundfunkgerät n. (aparato de) radio.
Rundfunkrede f. discurso radiado.
Rundfunksender m. (radio) emisor.
Rundfunksprecher m. radio (locutor).
Rundfunkteilnehmer m. radioescucha.
Rundgang m. vuelta **(machen:** dar).
Rundreise f. viaje circular.
Rundschreiben n. (carta) circular.
rundweg adv. rotundamente.
Rundung f. redondez, curva.
Runzel f. arruga.
runzelig adj. arrugado, rugoso.
runzeln v. arrugar; Stirn: fruncir.
Rüpel m. grosero.
rupfen v. pelar, desplumar.
Ruß m. tizne.
Russe m. ruso.
Rüssel m. trompa.
Rußland n. Rusia.
rüsten v. equipar; armar.
rüstig adj. robusto.
Rüstung f. armamento; Harnisch: armadura.
Rute v. vara, azote.
Rutschbahn f. resbaladero.
rutschen v. resbalar, deslizar.
rütteln v. sacudir.

Saal m. sala, salón.
Saat f. siembra; Korn: semillas.
sabbern v. fam, babear.
Säbel m. sable.
Sabotage f. sabotaje.
sachgemäß adj. conveniente, apropiado.
Sachkenntnis f. pericia, conocimientos profesionales.
sachkundig adj., **Sachkundige(r)** m. perito, experto.
Sachregister n. índice.
Sachverständige(r) m. perito, experto.
Sachwert m. valor real (efectivo).
Sache f. cosa, objeto, asunto, hecho, caso; causa.
sachlich adj. objetivo.
sächlich adj. neutro.
Sachse m. sajón.
Sack m. saco, costal, talego.
Sackgasse f. calle sin salida.
Sackleinwand f. arpillera.
Säemann m. sembrador.
Säemaschine f. sembradora.
säen v. sembrar.
Saft m. zumo, jugo.
saftig adj. jugoso.
Sage f. mito, leyenda.
Säge f. sierra.
Sägebock m. tijera.
Sägespäne m. pl. serrín.
sägen v. (a) serrar.
sagen v. decir.
sagenhaft adj. legendario.
Sahne f. nata; crema.
Saison f. temporada.
Saite f. cuerda.
Sakko m. chaqueta, saco.
Salat m. ensalada; grüner: lechuga.
Salbe f. ungüento.
Saldo m. saldo, balance.
Salon m. salón, sala.
Salpeter m. salitre, nitro.
Salz n. sal.
Salzfaß n., **Salzstreuer** m. saler(it)o.
Salzlake f. salmuera.
Salzsäure f. ácido clorhídrico.
Salzwerk n. salina.
salzen v. salar.
salzig adj. salado.
Same(n) m. simiente; semen.
Sammel... adj. colectivo.
sammeln v. reunir; recoger; coleccionar; amontonar.
Sammler m. coleccionista.
Sammlung f. colección, colecta.
Samstag m. sábado.
samt prep. (junto) con.
Samt m. terciopelo.
sämtlich adj. todo(s juntos).
Sand m. arena.
sandig adj. arenoso.
Sandkorn n. grano de arena.
Sanduhr f. ampolleta.
Sandale f. sandalia.
sanft adj. suave, apacible.
Sänfte f. silla de manos.
Sanftmut m. dulzura.
Sänger m. cantante (de ópera), cantador.
Saphir m. zafiro.
Sardelle f. anchoa.
Sardine f. sardina.
Sarg m. ataúd, féretro.
Satan m. Satanás.
Satellit m. satélite.

Satin m. satén.
Satire f. sátira.
satt adj. harto; satisfecho; saciado; — bekommen cansarse.
Sattel m. silla (de montar); abra (montaña); sillín (bicicleta).
sattelfest adj. fig. versado.
Sattelgurt m. cincho.
satteln v. ensillar.
sättigen v. hartar, saciar; Chemie: saturar.
Sattler m. talabartero.
Satz m. salto; sedimento, poso; frase; puesta (juego); composición (libro); juego (platos).
Satzung f. estatuto, reglamento.
Sau f. puerca, cerda.
sauber adj. limpio, aseado; pulcro.
Sauberkeit f. limpieza; aseo.
säubern v. limpiar.
Sauce f. salsa.
sauer adj. agrio, ácido; fig. penoso.
Sauerstoff m. oxígeno.
sauersüß adj. agridulce.
säuern v. acedar, acidular.
saufen v. beber (con exceso).
saugen v. chupar, mamar.
Saugflasche f. biberón.
Saugpumpe f. bomba aspirante.
säugen v. amamantar.
Säugetier n. mamífero.
Säugling m. lactante.
Säule f. columna.
Saum m. dobladillo (Kleid); orla; Rand: borde.
säumen v. Kleid: orlar; tardar.
säumig adj. lento, tardío; moroso.
Säure f. acidez; ácido.
sausen v. zumbar, silbar; gemir (viento).
Schabefleisch f. carne picada (cruda).
schaben v. raer, raspar.
schäbig adj. raído (vestido).
Schablone f. patrón, modelo.
Schach n. ajedrez; — dem König!, ¡jaque al rey!
Schachbrett n. tablero.
Schachfeld n. escaque.
schachmatt adj. jaque mate.
Schachzug m. jugada.
schachern v. fam. traficar.
Schacht m. pozo.
Schachtel f. caja.
schachteln v. encadenar.
schade: — um interj. lástima.
Schaden m. daño, perjuicio; avería; mal.
schaden v. dañar, causar perjuicio.
Schadenersatz m. indemnización.
schadenfroh adj. malicioso, maligno.
schadhaft adj. defectuoso.
Schädel m. cráneo.
schädigen v. dañar.
schädlich adj. dañino, perjudicial; nocivo.
Schaf n. carnero, oveja.
Schafhürde f. aprisco.
Schafvieh n. ganado lanar.
Schäfer m. pastor.
schaffen v. crear, producir; constituir; causar.
Schaffner m. conductor, cobrador; revisor.
Schafott n. patíbulo.
Schaft m. asta, mango; caña (de la bota).
schäkern v. chacotear.
Schal m. chal.
schal adj. soso, insulso.
Schale f. cáscara, piel, corteza; concha; taza, jícara, platillo.

schälen v. pelar, mondar; descortezar.
Schalk m. pícaro, tuno.
Schall m. son(ido).
Schalldämpfer m. silencioso, sordina.
schalldicht adj. aislado contra ruidos.
Schallehre f. acústica.
schallen v. sonar.
Schallplatte f. disco.
Schallplattensammlung f. discoteca.
Schallwelle f. onda sonora.
schalten v. gobernar; mandar.
Schalter m. ventanilla, taquilla; despacho; conectador, llave, interruptor.
Schalthebel m. palanca (de cambios).
Schaltjahr n. año bisiesto.
Scham f. pudor, vergüenza.
schamhaft adj. púdico.
schamlos adj. desvergonzado, imprudente.
Schamröte f. rubor.
Schamteile m. pl. partes pudendas.
schämen v. sich —, avergonzarse, tener vergüenza.
Schande f. vergüenza, afrenta.
Schandfleck m. mancha.
Schandtat f. infamia, vileza.
schänden v. deshonrar, violar.
schändlich adj. infame, vil.
Schanzarbeit f. fortificación.
Schanze f. trinchera.
Schar f. banda, tropel; Pflug: reja.
scharen v. formar grupos, agrupar.
scharf adj. afilado, cortante; agudo; fig. mordaz, picante; penetrante; fino (oído); severo.
Scharfblick m. perspicacia.
Scharfrichter m. verdugo.
scharfsichtig adj. perspicaz.
Scharfsinn m. sagacidad.
scharfsinnig adj. sagaz, ingenioso.
Schärfe f. agudeza; corte, filo; fig. rigor; acritud.
schärfen v. afilar.
Scharlach m. escarlata.
Scharlachfieber n. escarlatina.
Scharnier n. charnela.
Schärpe f. banda, faja.
scharren v. escarbar (gallina).
Scharte f. mella.
Schatten m. sombra.
Schattenriß m. silueta.
Schattenseite f. fig. revés.
schattieren v. sombrear; matizar.
schattig adj. sombrío.
Schatulle f. cofrecillo.
Schatz m. tesoro; fig. prenda.
Schatzanweisung f. bono del tesoro.
Schatzkammer f. tesorería.
Schatzmeister m. tesorero, cajero. [luar.
schätzen v. apreciar; tasar, vaSchätzung f. tasación.
Schau f. muestra, exposición.
Schauder m. horror, escalofrío.
schauderhaft adj. horroroso.
schaudern v. estremecerse, tiritar.
schauen v. contemplar.
Schauer m. chubasco; horror.
Schaufel f. pal(et)a.
Schaufenster n. escaparate.
Schaukasten m. vitrina.
Schaukel f. columpio.
Schaukelstuhl m. mecedora.
schaukeln v. mecer.
Schaum m. espuma.
Schaumwein m. champaña.
Schauplatz m. teatro, escena.

Schauspiel n. espectáculo, obra dramática, drama.
Schauspieler m. actor, comediante.
Scheck m. cheque.
Scheckbuch n. talonario.
scheckig adj. roano, pío.
Scheffel m. fanega.
Scheibe f. disco, lonja, tajada; rebanada (de pan); cristal, vidrio; blanco (tiro).
Scheibenhonig m. miel en panal.
Scheibenwischer m. limpiacristales, limpiaparabrisas.
Scheide f. vaina; anatomisch: vagina.
Scheidewasser n. agua fuerte.
scheiden v. separar, apartar; sich — lassen divorciarse.
Scheidung f. divorcio (Ehe).
Schein m. resplandor, claridad; resguardo; billete (de banco); fig. apariencia, aire.
Schein... adj. ficticio, aparente.
scheinheilig adj. hipócrita.
Scheinwerfer m. reflector, proyector, faro.
scheinbar adj. aparente.
scheinen v. lucir, brillar; die Sonne scheint hace sol; es scheint mir me parece.
Scheitel m. vértice, corona; raya (en el cabello).
scheitern v. naufragar, fig. fracasar; estrellarse.
Schelle f. cencerro.
Schellfisch m. bacalao.
Schelm m. pícaro.
Schelmen... adj. picaresco.
schelten v. reñir; injuriar.
Schema n. esquema; gráfica.
Schemel m. taburete.
Schenkwirt m. tabernero.
Schenke f. taberna.
Schenkel m. muslo; lado.
schenken v. regalar, donar.
Schenkung f. donación; regalo.
Scherbe f. tiesto; casco.
Schere f. tijeras.
scheren v. esquilar (Tier).
Scherenschleifer m. afilador.
Scherz m. broma; chiste.
Scherzname m. apodo.
scherzen v. bromear.
scherzhaft adj. burlón; jocoso.
scheu adj. tímido.
Scheu f. timidez; espanto.
scheuchen v. ahuyentar.
scheuen v. espantarse; fig. temer.
Scheuerlappen m. fregador; rodilla.
scheuern v. fregar.
Scheune f. granero.
Scheusal n. monstruo.
scheußlich adj. horrible; feo.
Schi m. esquí; — laufen, — fahren v. esquiar.
Schilift m. telesilla; telesquí (góndola).
Schisport m. deporte de esquiar.
Schicht f. capa; estrato; turno.
schichten v. apilar.
schicken v. enviar; mandar; sich — ser conveniente; fügen: conformarse.
schicklich adj. adecuado.
Schicksal n. destino; suerte.
Schiebefenster n. ventana corrediza.
schieben v. empujar; apartar.
Schieber m. pasador; fig. acaparador.
Schiedsgericht n. tribunal de árbitros.
Schiedsrichter m. juez árbitro.
schief adj. oblicuo; inclinado.
Schiefer m. pizarra.
schielen v. mirar bizco, bizcar.

Schienbein n. tibia.
Schiene f. rail, riel.
schienen v. entablillar.
Schießgewehr n. arma de fuego.
schießen v. tirar; disparar.
Schiff n. buque, barco; nave.
Schiffbruch m. naufragio.
Schiffbrüchige(r) m. náufrago.
Schiffahrt f. navegación, náutica.
schiffbar adj. navegable.
Schiffchen n. lanzadera (máquina).
Schiffer m. barquero; navegante.
Schiffseigentümer m. armador.
Schiffsjunge m. grumete.
Schiffsladung f. cargamento.
Schhiffspapiere n. pl. documentos (de embarque).
Schiffsrumpf m. casco; cuerpo.
Schiffsschraube f. hélice.
Schiffswerft f. astillero.
Schilauf m. arte de esquiar.
Schilift m. telesquí.
Schild m. escudo; rótulo; placa.
Schilddrüse f. tiroides.
Schildkröte f. tortuga.
schildern v. describir.
Schildern v. tornasolar.
Schilf n. caña; junco.
Schimmel m. moho; caballo blanco.
schimmern v. relucir, brillar.
schimpfen v. injuriar, insultar.
Schimpfwort n. ultraje, injuria.
schinden v. despellejar; vejar; sich — matarse trabajando.
Schinken m. jamón.
Schippe f. pala.
Schirm m. paraguas; Sonne: quitasol; pantalla; visera; gorra.
Schirmständer m. paragüero.
Schlacht f. batalla. [lla.
Schlachtfeld n. campo de bataSchlachthaus m. matadero.
Schlachtlinie f. frente.
schlachten v. matar.
Schlächter m. carnicero.
Schlacke f. escoria.
Schlaf m. sueño.
Schlafanzug m. pijama.
schlafen v. dormir; descansar; — gehen v. acostarse.
schlaflos adj. insomne, desvelado.
Schlafmittel n. dormitivo.
schlaftrunken adj. soñoliento.
Schlafwagen m. coche-cama (-s).
Schlafzimmer n. alcoba; Amér. dormitorio.
Schläfe f. sien.
schlaff adj. flojo; laso.
schläfrig adj. soñoliento.
Schlag m. golpe; ataque (de apoplejía); portezuela (coche).
Schlagader f. arteria.
Schlagbaum m. barrera.
schlagfertig adj. dispuesto a replicar.
Schlaginstrument n. instrumento de percusión.
Schlagwort n. dicho agudo.
schlagen v. golpear, pegar; dar (la hora); batir (huevos); talar (leña); echar (raíces).
Schlager m. éxito (de venta); canción de moda.
Schläger m. Tennis: raqueta.
Schlägerei f. riña.
Schlamm m. fango; barro.

Schlammig adj. fangoso.
Schlange f. serpiente, culebra; Personen; cola.
schlank adj. esbelto.
Schlaraffenland n. jauja.
schlau adj. listo; astuto.
Schlauch m. tubo (de goma).
schlecht adj. malo; kurze Form und adv.: mal; comp. peor.
schleichen v. andar furtivamente.
schleichend adj. furtivo; Krankheit: latente.
Schleier m. velo.
Schleifrad n. muela.
Schleife f. lazo, nudo.
schleifen v. afilar; amolar; arrastrar.
Schleim m. mucosidad; flema; moco.
Schleimhaut f. (membrana) mucosa.
schlendern v. andar sin rumbo, vagar.
Schleppdamfer m. remolcador.
Schlepptau n. remolque.
Schleppe f. cola.
schleppen v. arrastrar; tirar; remolcar (barcos).
schleudern v. arrojar; lanzar; patinar (coche).
Schleuderpreis m. precio ruinoso.
Schleuse f. presa; esclusa.
schlicht adj. sencillo, simple.
schlichten v. arreglar; alisar.
schließen v. (en)cerrar; concluir; trabar (amistad); concertar (paz); contraer (matrimonio).
Schließer m. llavero.
schließlich adj. definitivo. adv. finalmente.
schlimm adj. mal(o).
Schlinge f. lazo.
schlingern v. balancear (buque).
Schlingpflanze f. enredadera.
Schlips m. corbata.
Schlitten m. trineo; carro (máquinas).
Schlittschuh m. patín; — laufen patinar.
schlitzen v. hender; cortar.
Schloß n. castillo; palacio; cerradura (puerta); cierre.
Schlot m. chimenea.
Schlosserei f. cerrajería.
schluchzen v. sollozar.
Schluck m. trago, sorbo.
Schluckauf m. hipo.
schlucken v. tragar.
schlummern v. dormitar.
Schlund m. garganta.
schlüpfen v. deslizar; (aus) salir (de).
schlüpfrig adj. resbaladizo, escurridizo; fig. obsceno.
schlürfen v. sorber.
Schluß m. cierre; fin(al); término.
Schlußfolgerung f. consecuencia.
Schlußlicht n. faro piloto.
Schlußwort n. epílogo.
Schlüssel m. llave; clave (telegráfica).
Schlüsselblume f. primavera.
Schlüsselloch n. ojo (de la cerradura).
Schlüsselring m. llavero.
schlüssig werden v. resolverse.
Schmach f. ultraje.
schmachten v. languidecer.
schmächtig adj. delgado.

schmackhaft adj. gustoso.
schmähen v. ultrajar.
Schmähung f. injuria.
schmal adj. estrecho.
schmalspurig adj. de vía estrecha (ferrocarril).
Schmalz n. manteca de cerdo.
schmarotzen v. vivir a costa ajena.
schmausen v. banquetear.
schmecken v. saber (bien).
Schmeichelei f. lisonja.
schmeicheln v. adular, lisonjear.
Schmeichler m. adulador.
Schmelz m. esmalte.
schmelzen v. fundir; derretirse.
Schmelztiegel m. crisol.
Schmerz m. dolor; sufrimiento.
schmerzen v. doler; causar pena; hacer sufrir.
schmerzhaft, schmerzvoll adj. doloroso.
Schmetterling m. mariposa.
schmettern v. arrojar.
Schmied m. herrero.
Schmiede f. forja; fragua.
Schmiedeeisen n. hierro forjado.
Schmiedehammer m. martinete.
schmieden v. forjar.
schmiegsam adj. flexible.
Schmieröl n. aceite lubrificante.
Schmierseife f. jabón blando.
Schmiere f. unto; fig. compañía de cómicos de la legua.
schmieren v. untar; engrasar.
Schminke f. pintura.
schmirgeln v. esmerillar.
Schmorbraten m. estofado.
schmoren v. estofar.
Schmuck m. adorno; alhaja.
schmücken v. (ad)ornar.
Schmuggel m. contrabando.
Schmuggler m. contrabandista.
Schmutz m. suciedad; basura.
Schmutztitel m. Buch: anteportada.
schmutzig adj. sucio.
Schnabel m. pico.
Schnalle f. hebilla.
schnallen v. abrochar; prender.
Schnappschloß n. cerradura de muelle.
Schnappschuß m. Foto: instantánea.
schnappen v. fam. coger.
Schnaps m. aguardiente.
schnarchen v. roncar.
schnarren v. rechinar.
schnattern v. graznar.
schnauben v. sonarse.
schnaufen v. jadear; resoplar (caballo).
Schnauze f. hocico.
Schnecke f. caracol.
Schnee m. nieve.
Schneeball m. bola de nieve.
Schneeflocken f. copo (de nieve).
Schneegestöber n. nevasca; nevada.
Schneeglöckchen n. campanilla (blanca).
Schneepflug m. quitanieves.
schneeweiß adj. níveo.
Schneide f. filo.
Schneidezahn m. diente incisivo.
schneiden v. cortar; partir; tajar.
schneidend adj. cortante; penetrante.
Schneider m. sastre, modisto.
Schneiderei f. sastrería.
schneidern v. hacer de sastre.
schneien v. nevar.
schnell adj. rápido, veloz, pronto; adv. de prisa.
Schnellhefter m. clasificador.
Schnellschrift f. taquigrafía.
Schnellwaage f. romana.

Schnellzug m. rápido; expreso.
Schnelligkeit f. velocidad.
Schnepfe f. chocha.
schnippisch adj. respondón.
Schnitt m. corte; incisión; hechura, patrón (traje).
Schnittwunde f. cortadura.
Schnitte f. tajada.
Schnitter m. segador.
Schnitzel n. recorte.
Schnitzer m. tallista; fig. falta.
Schnitzerei f. entalladura.
Schnörkel m. arabesco.
schnüffeln v. olfatear; ventear; husmear (fig.).
Schnupfen m. resfriado.
Schnur f. cordón; bramante.
schnurgerade adj. a cordel.
schnüren v. atar.
Schnürsenkel m. herrete.
Schnurrbart m. bigote(s).
schnurren v. zumbar; roncar.
Schokolade f. chocolate.
Scholle f. lenguado (pez); témpano (hielo).
schon adv. ya.
schön adj. hermoso, bello; Wetter: bueno.   [clas.
schönen Dank adv. muchas gracias.
schonen v. cuidar.
Schönheit f. belleza.
Schönheitspflege f. cosmética.
Schonung f. Wald: renoval.
schöpfen v. crear; sacar (agua); tomar (aliento); concebir (sospecha).
Schöpfer m. creador.
Schöpfung f. creación.
Schorf m. costra.
Schornstein m. chimenea.
Schornsteinfeger m. deshollinador.
Schoß m. seno; regazo.
Schößling m. retoño.
Schote f. vaina.
Schottland n. Escocia.
schräg adj. oblicuo; sesgado.
Schramme f. rasguño.
Schrank m. armario; vitrina.
Schranke f. barrera; barra (tribunal).
Schraube f. tornillo: rosca; hélice (buque y avión).
schrauben v. atornillar.
Schraubenzieher m. destornillador.
Schraubstock m. torno.
Schreck(en) m. susto, pavor.
schrecklich adj. terrible, horrible.
Schrei m. grito, chillido.
Schreibheft n. cuaderno.
Schreibmappe f. carpeta.
Schreibmaschine f. máquina de escribir.
Schreibtisch m. escritorio.
Schreibzeug n. escribanía.
schreiben v. escribir.
Schreiben n. escrito; carta.
Schreiber m. escritor; copista.
schreien v. gritar; chillar.
Schreiner m. ebanista.
Schrift f. escritura; escrito; letra.
Schriftführer m. secretario.
schriftlich adj. escrito.
Schriftsetzer m. cajista.
Schriftsteller m. escritor; autor.
Schriftverkehr m. correspondencia.
schrill adj. estridente; chillón.
Schritt m. paso.
Schritte pl. fig. gestiones.
schroff adj. abrupto; brusco.
Schrot m. perdigones; Korn: trigo triturado.
Schrott m. chatarra.
Schrubber m. escobón.
Schubkarren m. carretón.
Schublade f. cajón.
schüchtern adj. tímido.
Schuft m. canalla.

Schuh m. zapato, allgemein: calzado.
Schuhanzieher m. calzador.
Schuhladen m. zapatería.
Schuhmacher m. zapatero.
Schuhputzer m. limpiabotas.
Schuhwichse f. lustre, pasta.
Schul... adj. escolar.
Schularbeit f. deber.
Schulbuch n. libro de texto.
Schulmappe f. vade(mécum).
schulpflichtig adj. sometido a la enseñanza obligatoria.
Schulunterricht m. enseñanza; clase.
Schuld f. deuda; deber; culpa.
schuldlos adj. inocente.
Schuldschein m. pagaré.
schulden v. deber.
Schuldenmasse f. pasivo.
schuldig adj. culpable.
Schuldigkeit f. obligación.
Schuldner m. deudor.
Schule f. escuela; clase.
Schüler m. alumno.
Schulter f. hombro.
Schuppe f. escama (pez); caspa.
Schuppen m. cobertizo, avión; hangar.
schüren v. atizar.
schürfen v. cavar.
Schürze f. delantal.
Schuß m. tiro, disparo.
Schußlinie f. puntería.
Schußwaffe f. arma de fuego.
Schüssel f. fuente; plato.
Schuster m. zapatero.
Schutt m. escombros.
Schüttelfrost m. escalofrío.
schütteln v. sacudir.
schütten v. echar, verter.
Schutz m. amparo; abrigo.
Schutz... adj. protector.
Schutzengel m. ángel tutelar.
schutzlos adj. desamparado.
Schutzmann m. (agente de) policía; guardia.
Schutzmarke f. marca de fábrica.
Schutzzoll m. derecho protector.
Schütze m. tirador.
schützen v. proteger; amparar.
Schützengraben m. trinchera.
Schützling m. protegido.
schwach adj. débil, extenuado; flojo.
Schwachsinn m. imbecilidad.
Schwachstrom m. corriente (eléctrica) de baja tensión.
Schwäche f. debilidad.
schwächen v. debilitar; extenuar.
schwächlich adj. enfermizo.
Schwager m. cuñado.
Schwalbe f. golondrina.
Schwall m. torrente.
Schwamm m. esponja.
Schwan m. cisne.
Schwanger f. embarazada, encinta.
schwängern v. fig. saturar.
Schwank m. farsa.
schwanken v. vacilar; oscilar.
Schwankung f. vacilación; fluctuación.
Schwanz m. cola; robo.
Schwarm m. enjambre.
schwärmen v. enjambrar (abejas); vagar; fig. fantasear; trasnochar.
schwarz adj. negro; moreno (tez, pan); fig. ilícito; ilegal; clandestino.
Schwarzhändler m. comerciante sin permiso o ilegal.
Schwarzseher m. fig. pesimista.
schwatzen v. charlar; parlotear.
Schwebebahn f. ferrocarril aéreo.

schweben v. estar suspendido; flotar; estar expuesto (al peligro).

schwebend adj. deuda: flotante; fig. en vilo.

Schweden n. Suecia.

Schwefel m. azufre.

Schwefel... adj. sulfúrico; sulfuroso.

Schweif m. cola; rabo.

schweigen n. callar(se).

schweigsam adj. silencioso.

Schwein n. cerdo; fig. puerco, marrano, cochino.

Schweinerei f. porquería.

Schweinsborste f. cerda.

Schweiß m. sudor; transpiración.

schweißen v. soldar (metales).

Schweiz f. Suiza.

schwelgen v. regalarse.

Schwelle f. umbral; dintel; tren: traviesa.

schwellen v. hinchar(se), crecer.

schwemmen v. acarrear; bañar.

schwenken v. menear; agitar.

schwer adj. pesado; duro; difícil; grave (enfermedad).

schwerfällig adj. torpe.

schwerhörig adj. tardo de oído.

Schwerindustrie f. industria pesada.

Schwerkraft f. gravitación.

Schwermut f. melancolía.

Schwerpunkt m. centro de gravitación.

Schwere f. pesadez; peso; gravedad.

Schwert n. espada.

Schwester f. hermana.

Schwiegereltern pl. suegros.

Schwiegermutter f. suegra.

Schwiegersohn m. yerno.

Schwiegertochter f. nuera.

Schwiele f. callo (sidad).

schwierig adj. difícil; arduo.

Schwierigkeit f. dificultad.

Schwimmbassin n. piscina.

Schwimmgürtel m. cinturón (de nadar).

Schwimmsport m. natación.

schwimmen v. nadar; flotar.

Schwimmer m. nadador; flotador.

Schwindel m. vértigo, mareo.

schwindeln v. tener vértigo; fig. trapacear.

schwinden v. desvanecerse; pasar.

Schwindler m. embaucador.

schwindsüchtig adj. tísico, tuberculoso.

schwingen v. agitar, vibrar.

Schwingung f. vibración.

schwirren v. silbar, zumbar.

schwitzen v. sudar, transpirar.

schwören v. jurar.

schwül adj. bochornoso.

schwülstig adj. altisonante.

Schwung m. fig. impulso, ímpetu.

Schwungkraft f. elasticidad, fuerza centrífuga.

Schwungrad n. volante.

Schwur m. juramento.

Schwurgericht n. jurado.

sechs adj. seis.

sechzehn adj. dieciséis.

sechzig adj. sesenta.

See f. mar; offene — alta mar. m. lago.

See... adj. marítimo, naval.

Seebad n. baño de playa.

Seefracht f. carga.

Seefrachtbrief m. conocimiento.

Seegang m. oleaje.

Seehund m. foca.

seekrank adj. mareado.

Seemann m. (pl. Seeleute) marin(er)o.

Seemeile f. milla (marina).

Seeräuber m. pirata, corsario.

Seeschaden m. avería.

Seestern m. estrellamar.

seetüchtig adj. en estado de navegar.

Seewarte f. observatorio marino.

Seewesen n. marina; navegación.

Seezunge f. lenguado.

Segel n. vela.

Segelflug m. vuelo sin motor.

Segelregatta f. regata de balandros.

Segelschiff n. buque (barco) de vela.

Segeltuch n. lona.

segeln v. navegar.

Segen m. bendición, fig. felicidad.

Seh... adj. óptico; visual.

Sehkraft f. vista.

Sehschärfe f. facultad visiva.

sehen v. ver; mirar; apercibir; observar.

Sehenswürdigkeit f. curiosidad.

Sehnsucht f. añoranza, ansia.

Sehne f. tendón.

Sehnen v. sich — nach añorar, ansiar, anhelar.

sehnig adj. tendinoso, fig. musculoso.

sehnlich adj. ansioso; vehemente.

sehr adv. muy; mucho; — groß grandísimo; so — tan (-to).

seicht adj. de bajo fondo.

Seide f. seda.

Seidenraupe f. gusano de seda.

Seife f. jabón.

Seifenpulver n. jabón en polvo.

Seil n. cuerda, soga.

Seilbahn f. ferrocarril) funicular.

Seiltänzer m. funámbulo.

sein v. ser; Zustand: estar; hungrig — tener hambre.

sein n. existencia. — pron. su(s).

seinetwegen adv. por (amor de) él.

seinig adj. suyo.

seit prep. desde (hace); a partir de.

Seite f. lado; costado, costera; parte; flanco; página (libro).

Seiten... adj. (co)lateral.

Seitenansicht f. perfil.

Seitenhieb m. fig. indirecta.

Seitensprung m. fig. escapada.

Seitenstraße f. bocacalle.

seitens adv. de (por) parte de.

Sekretär m. secretario; escritorio (mueble).

Sekt m. champaña.

Sekundant m. padrino.

Sekunde f. segundo.

selbst adj. mismo; von —, por (de) sí mismo; adv. (sogar) hasta.

Selbst... adj. auto(mático).

Selbständig adj. independiente.

Selbstbedienung f. autoservicio.

Selbstbedienungsladen m. supermercado.

Selbstbeherrschung f. dominio sobre sí mismo.

selbstbewußt adj. presumido.

Selbsterhaltung f. conservación.

Selbstgespräch n. monólogo.

Selbstherrscher m. autócrata.

Selbsthilfe f. defensa propia.

Selbstkostenpreis m. precio de coste.

Selbstlaut m. vocal.

selbstlos adj. desinteresado.

Selbstmord m. suicidio.

selbstsüchtig adj. egoísta.

selbstverständlich adj. evidente; adv. desde luego.

Selbstverwaltung f. autonomía.

selig adj. feliz; beato.

Seligkeit f. bienaventuranza, gloria.

selten adj. raro; adv. rara vez.

seltsam adj. raro; particular.

Senat m. senado.

Sendbrief m. misiva.

senden v. enviar, remitir. Rundfunk: emitir; radiar. Fernsehen: televisar.

Sendeturm m. (torre) emisora.

Sendung f. envío, remesa; Rundfunk: emisión.

Senf m. mostaza.

sengen v. chamuscar.

Senkblei n. plomada.

senkrecht adj. vertical.

senken v. bajar, hundir; sumergir.

Senkung f. hundimiento, baja.

sensationell adj. sensacional.

Sense f. guadaña.

September m. se(p)tiembre.

Serum n. suero.

Service n. servicio (de mesa).

servieren v. servir (la mesa).

Serviette f. servilleta.

Sessel m. sillón, butaca.

Setzei n. huevo estrellado.

Setzkasten m. caja.

setzen v. poner, meter; colocar; componer (música y libros); fijar (un plazo) sich —, sentarse, establecerse.

Setzer m. cajista.

Seuche f. epidemia, peste.

seufzen v. suspirar, gemir.

sexuell adj. sexual.

sezieren v. disecar.

sich pron. se (de, para, a) sí.

Sichel f. hoz, falce.

sicher adj. seguro; cierto, firme.

Sicherheit f. seguridad, certeza, certidumbre, garantía.

Sicherheitsnadel f. imperdible.

Sicherheitsventil n. válvula de seguridad.

sichern v. asegurar; poner en salvo.

Sicherung f. garantía; fusible.

Sicht f. vista.

Sichtvermerk m. visado.

Sichtwechsel m. letra a la vista.

sichtbar adj. visible.

Sichten v. ver; Radio, Fernsehen: visualizar.

sickern v. gotear, calarse.

sie pron. ella; la; ellos, ellas; los, las.

Sie pron. usted, ustedes.

Sieb n. criba, tamiz.

sieben adj. siete.

siebzehn adj. diecisiete.

siebzig adj. setenta.

siech adj. achacoso.

Siede... adj. de ebullición.

sieden v. bullir, hervir.

Siedler m. colono.

Siedlung f. colonia.

Sieg m. victoria, triunfo.

Siegel n. sello.

siegeln v. sellar.

siegen v. vencer, triunfar.

Sieger m. vencedor.

Sieges... adj. triunfal.

siegreich adj. triunfante.

Signal n. señal, aviso.

Silbe f. sílaba.

Silbentrennung f. separación de sílabas.

Silber n. plata.

silberhaltig adj. argentífero.

singen v. cantar.

Singspiel n. oper(et)a.

Singvogel m. ave cantora.

sinken v. bajar, hundir(se).

Sinn m. sentido, concepto; fig. afición; acepción (de una palabra).

Sinnbild n. símbolo.

sinnlos adj. insensato, absurdo.

Sinnspruch m. sentencia.

sinnen v. reflexionar; pensar en.

Sinneswerkzeug n. órgano del sentido.

Sinnlichkeit f. sensualidad.

Sintflut f. diluvio.

Sippe f. parentela.

Sirup m. jarabe, almíbar.

Sitte f. uso, costumbre, hábito.

Sittenlehre f. moral.

sittenlos adj. inmoral.

Sittenpolizei f. brigada de higiene social.

sittlich adj. moral; ético.

sittsam adj. modesto.

Sitz m. asiento, sede, fig. residencia.

sitzen v. estar sentado; quedar; sentar, caer (vestido); — bleiben (Mädchen) fig. quedar soltera; (Schule) quedar suspenso.

Sitzung f. sesión, reunión.

Skandal m. escándalo.

Skandinavien n. Escandinavia.

Skelett n. esqueleto.

skeptisch adj. escéptico.

Ski s. Schi.

Skizze f. bosquejo; esbozo, borrador.

skizzieren v. bosquejar.

Sklave m. esclavo.

Sklavenhandel m. trata de negros.

Sklaverei f. esclavitud, servidumbre.

Skrupel m. escrúpulo.

Skulptur f. escultura.

Slogan m. eslogan.

Smaragd m. esmeralda.

so adv. así, tal; (— sehr, — viel) tan (-to); — wie..., tan... como...; — daß, de modo (manera) que.

sobald conj. tan pronto como.

sodann adv. luego.

soeben adv. hace poco.

sofort adv. en seguida, inmediatamente.

sogar adv. hasta.

sogleich s. sofort.

soweit adv. en cuanto; hasta tanto.

sowohl... conj. als auch..., tanto como..., o... o...

Socke f. calcetín.

Sockel m. zócalo, pedestal.

Soda f. sosa, soda. de Seltz.

Sodawasser n. agua de sifón, acedia.

Sodbrennen n. acedía.

Sofa n. sofá, canapé.

Sohle f. planta (del pie); suela (del zapato).

Sohn m. hijo.

Solawechsel m. pagaré.

solch adj. tal.

Sold m. soldada, paga.

Soldat m. soldado, militar.

Sole f. agua salina.

solide adj. sólido; formal.

Soll m.: — und Haben debe y haber.

sollen v. deber, haber de, tener que; es soll sein dicen que es.

Sommer m. verano.

Sommer... adj. estival.

Sommerfrische f. veraneo.

Sommersprossen f. pl. pecas.

Sonder... adj. especial; particular; aparte.

sonderbar adj. extraño, raro.

Sonderling m. original, tipo.

sondern conj. sino; v. apartar.

Sonderrecht m. privilegio.

Sonnabend m. sábado.
Sonne f. sol; **die — scheint** hace sol.
Sonnen... adj. de sol; solar.
Sonnenaufgang m. salida del sol.
Sonnenblume f. girasol.
Sonnenbrand m. solanera.
Sonnendach n. tendal, toldo.
Sonnenfinsternis f. eclipse solar.
Sonnenschein m. (luz del) sol.
Sonnenschirm m. parasol.
Sonnenstich m. insolación.
Sonnenuntergang m. puesta del sol.
Sonnenwende f. solsticio.
sonnig adj. (a)soleado.
Sonntag m. domingo.
sonst adv. a no ser así; en otro caso; además; alguna otra cosa; **— nichts** nada más.
sonstig adj. otro; demás.
Sorgfalt f. cuidado, esmero, exactitud.
sorgfältig adj. atento; esmerado.
sorglos adj. confiado.
Sorge f. preocupación, pena.
sorgen v. cuidar, tener cuidado; preocuparse (de algo).
sorgsam adj. cuidadoso, diligente.
Sorte f. clase, género, especie.
sortieren v. ajustar, clasificar.
Sortiment n. surtido.
Soubrette f. tiple ligera.
Souffleur m. apuntador.
Souverän m. soberano.
Sowjetunion f. Unión Soviética.
sozial adj. social.
spähen v. acechar; espiar.
Spalt m. hendedura, rendija.
Spalte f. s. **Spalt**; Buch: columna.
spalten v. hender; escindir.
Spaltung f. división, escisión, Atom.: fisión.
Span m. astilla, viruta.
Spange f. prendero.
Spanien n. España.
Spanier m. español.
Spann m. empeine (del pie).
Spannkraft f. elasticidad, fuerza elástica.
Spanne f. fig. espacio (de tiempo).
spannen v. estirar, (ex)tender.
spannend adj. interesante.
Spannung f. tensión; voltaje.
Sparbuch n. libreta de ahorros.
Sparbüchse f. hucha.
Sparkasse f. caja de ahorros.
sparen v. ahorrar; economizar.
Spargel m. espárrago.
spärlich adj. escaso.
sparsam adj. económico.
Spaß m. broma; gracia.
spaßen v. bromear.
spaßhaft adj. chistoso.
Spaßmacher m. bromista, bufón.
spät adj. tarde, tardío.
später adj. ulterior, posterior.
spätestens adv. a más tardar.
Spätobst n. frutas tardías.
Spaten m. azadón.
Spatz m. gorrión.
spazieren v. pasear(se), dar un paseo.
Spazierfahrt f., **Spaziergang** m. paseo.
Specht m. (pájaro) carpintero.
Speck m. tocino, lardo.

Spediteur m. agente de transportes.
Speditionsgeschäft n. agencia de transportes.
Speer m. lanza, asta.
Speiche f. radio, rayo (rueda).
Speichel m. saliva.
Speicher m. granero.
speichern v. almacenar; depositar.
speien v. escupir; vomitar.
Speise f. alimento; plato, comida.
Speisekammer f. despensa.
Speisekarte f. minuta, menú.
Speiseröhre f. esófago.
Speisewagen m. coche restaurante.
Speisezimmer m. comedor.
speisen v. (dar de) comer; alimentar.
Spektrum n. espectro.
spekulieren v. especular; jugar.
Spende f. donativo.
spenden v. d(on)ar; fig. tributar.   [par.
sperrangelweit adv. de par en
Sperrgut n. mercancía de gran bulto.
Sperrsitz m. butaca.
Sperre f. barrera, fig. prohibición.
sperren v. cerrar, barrear, bloquear.
Spesen pl. gastos, costas.
Spezial... adj. especial.
spezifisch adj. específico.
Spiegel m. espejo.
Spiegelei n. huevo estrellado.
spiegeln v. reflejar.
Spiel n. juego; Sport: partida.
Spieldose f. caja de música.
Spielfilm m. película (o film) de largometraje.
Spielkarte f. naipe, carta.
Spielraum m. margen; libertad.
Spielsachen f. pl. juguetes.
spielen v. jugar; tocar (instrumento); representar, interpretar (un papel).
Spieler m. jugador; instrumentista.
Spieß m. pica; asador.
spießen v. (tras)pasar.
Spinat m. espinaca.
Spindel f. huso.
Spinne f. araña.
spinnen v. hilar.
Spinngewebe n. telaraña.
Spinnerei f. hilandería.
Spion m. espía.
spionieren v. espiar, acechar.
Spirale f. espiral.
Spiritus m. alcohol.
spitz adj. apuntado, agudo.
Spitzbogen m. ojiva.
Spitzbube m. bribón.
spitzfindig adj. sutil.
Spitzname m. apodo, mote.
Spitze f. punta, pico; tela; encaje.
Spitzel m. espía, soplón.
spitzen v. apuntar; fig. aguzar.
Splitter m. astilla; espina (en la piel); fragmento.
spontan adj. espontáneo.
Sporn m. espuela, espolón.
Sport m. deporte.
Sport..., sportlich adj. deportivo.
Sportplatz m. campo de deporte(s).
Sportsmann m. deportista.
Spott m. burla, mofa.
spottbillig adj. baratísimo.
spotten v. burlarse, reírse (de).
spöttisch adj. burlón.
Sprachforscher m. lingüista.
Sprachlehre f. gramática.
Sprache f. lengua, idioma, habla.   [ta.
Sprechstunde f. hora de consul-

Sprechzimmer n. consulta.
sprechen v. hablar; conversar; decir.
Sprecher m. orador; locutor (radio).
Sprengbombe f. bomba (explosiva).
Sprengstoff m. explosivo.
Sprengel m. diócesis.
sprengen v. agua: regar; (hacer) saltar; galopar.
Sprichwort n. proverbio, refrán.
sprießen v. brotar; nacer.
Springbrunnen, m. surtidor, fuente.
Springflut f. marea viva.
springen v. saltar, brincar.
Springer m. ajedrez: caballo.
Spritze f. jeringa, inyección; bomba.
spritzen v. rociar; echar (agua, etcétera).
spröde adj. quebradizo; duro, seco (piel); terco.
Sprößling m. vástago, brote.
Spruch m. refrán; juicio.
Sprudel m. borbollón; gaseosa.
sprudeln v. borbotar, brotar.
sprühen v. chispear.
Sprung m. salto, brinco; raja, quebraja(dura).
Sprungbrett n. trampolín.
Sprungfeder f. muelle.
spucken v. escupir.
Spuck m. fantasma(s).
Spule f. carrete; bobina.
spülen v. lavar, regar, bañar; aclarar (ropa).
Spur f. rastro.
Spurweite f. ancho de vía.
spüren v. husmear; sentir.
Staat m. Estado, nación.
staatlich, staats... adj. político; público; nacional.
Staatsangehörigkeit f. nacionalidad.
Staatsanwalt m. fiscal.
Staatsbürger m. ciudadano.
Staatshaushalt m. presupuesto.
Staatsmann m. político.
Staatsoberhaupt n. soberano.
Staatsschuld f. deuda pública.
Staatswissenschaften f. pl. (ciencias) política(s).
Stab m. bastón, palo.
stabil adj. estable, firme.
Stachel m. púa, espigón.
Stachelbeere f. grosella.
Stacheldraht m. alambre de púas.
Stadium n. estado, fase.
Stadt f. ciudad, villa, población.
Stadt..., städtisch adj. municipal, urbano.
Stadtgemeinde f. municipio.
Stadtrat m. ayuntamiento, concejo municipal.
Stadtviertel n. barrio.
Staffelei f. caballete.
staffeln v. graduar, escalonar.
Stahl m. acero.
Stahlwerk n. fundición de acero.
stählen v. fig. fortificar.
Stall m. establo, cuadra.
Stamm m. tronco; abolengo; tribu; radical (palabras).
Stammbaum m. árbol genealógico.
Stammgast m. parroquiano.
stammeln v. balbucear.
stammen v. descender, proceder; provenir (de).
stampfen v. apisonar, pisar; barco; arfar.
Stand m. estado, situación; profesión, posición; mercado; puesto.
Standbild n. estatua.
Standpunkt m. punto de vista, criterio.
Ständer m. poste, soporte.
ständig adj. continuo, fijo.

Standesamt n. registro civil.
standhaft adj. perseverante; constante.
Stange f. vara, percha, barra.
stanzen v. remachar.
Stapel m. pila, montón.
Stapellauf m. botadura.
stapeln v. apilar; depositar (Waren).
Star m. estornino (ave); catarata; fig. cine: estrella.
stark adj. fuerte; grueso, gordo; cargado (café).
Starkstrom m. corriente de alta tensión.
Stärke f. fuerza, vigor, intensidad; almidón.
stärken v. fortificar.
Stärkung f. confortación; refacción.
starr adj. tieso; fijo, inmóvil.
starren v. mirar de hito en hito.
starrsinnig adj. testarudo.
Station f. estación, parada.
Statist m. comparsa.
Stativ n. trípode.
statt prep. en lugar de, en vez de.
stattfinden v. tener lugar, efectuarse.
statthaft adj. permitido, válido.
stattlich adj. gallardo; imponente.
Stätte f. lugar, sitio.
Staub m. polvo.
Staubgefäß n. pistilo.
Staubsauger m. aspirador (de polvo).
Staubwedel m. plumero.
staubig adj. polvoroso, polvoriento.
stauen v. estancar, estibar.
staunen v. extrañar(se).
Stechbecken n. silleta.
stechen v. pinchar; pungir; matar (reses); picar; cortar (naipes); grabar (en cobre).
Steckbrief m. carta requisitoria.
Steckdose f. enchufe.
Stecknadel f. alfiler.
Steckrübe f. nabo.
stecken v. meter, clavar.
Steckenpferd m. fig. manía.
Stecker m. clavija.
Steg m. senda; pasadera.
Stehkragen m. cuello alto.
Stehleiter f. escalera de tijera.
Stehplatz m. puesto de general.
stehen v. estar de pie, estar derecho; caer, sentar (vestido); **— lassen**, dejar.
stehenbleiben v. pararse.
stehend adj. de pie, derecho.
stehlen v. robar, hurtar.
steif adj. tieso, rígido; almidonado (cuello); inflexible; fig. grave.
Steig m. senda.
Steigbügel m. estribo.
steigen v. subir; ascender; montar; aumentar.
Steiger m. capataz de mina.
steigern v. alzar, subir; graduar.
Steigung f. ascenso, cuesta.
steil adj. abrupto, escarpado, enriscado.
Stein m. piedra.
steinalt adj. reviejo.
Steinbruch m. cantera.
Steindruck m. litografía.
Steingut n. loza.
steinig adj. pedregoso.
Steinkohle f. hulla, carbón mineral.
steinreich adj. riquísimo.
Steinzeit f. edad de piedra.
Steißbein n. coxis.
Stelldichein n. cita.
Stellvertreter m. substituto, representante.

Stelle f. sitio, lugar, puesto; colocación, empleo; **auf der —** en el acto.
stellen v. poner, meter; colocar; poner (la hora); **sich —,** presentarse; **sich krank —,** fingirse enfermo.
Stellung f. situación; empleo; posición (social).
Stemmeisen n. escoplo.
stemmen v. apoyar; sostener; **sich — gegen** fig. oponerse.
Stempel m. sello, timbre; estampilla; cuño; matasellos.
Stempelkissen n. tampón.
stempeln v. timbrar, sellar; matar (sello).
Stengel m. tallo.
Stenograph m. taquígrafo.
Stenotypist m. taquimecanógrafo.
Steppdecke f. colcha.
Steppe f. estepa, Am. pampa.
steppen v. pespuntear.
Sterbe... adj. s. **Todes...** **sterben** v. morir(se).
sterblich adj. mortal.
stereophon adj. estereofónico.
Stereophonie f. esterofonía.
Stereotypie f. estereotipia.
steril adj. estéril.
Stern m. estrella, astro.
Sternbild n. constelación.
Sterndeuter m. astrólogo.
stets adv. siempre.
Steuer f. impuesto, contribución; derecho(s); n. timón.
Steuerbord n. estribor.
Steuereinnehmer m. recaudador.
Steuermann m. timonel, piloto.
Steuerrad n. rueda del timón; Auto: volante.
steuern v. timonear, dirigir.
Steuerung f. Schiff: gobierno; Auto: conducción; Flugzeug: pilotaje; Maschine: mando.
Stich m. picadura, picazo, pinchazo; punto (de aguja); grabado.
Stichprobe f. prueba (al azar).
Stichwort n. pie, apunte.
sticheln v. fig. echar indirectas.
Stick... adj. de bordar.
Stickstoff m. nitrógeno.
sticken v. bordar.
Stickerei f. bordado.
Stief... -astro, -astra; z. B. **Stiefbruder** m. hermanastro.
Stiefel m. bota, zapato.
Stiege f. escalera.
Stiel m. astil; pezón.
Stier m. toro.
Stierkampf m. (corrida de toros).
Stierkampfarena f. plaza de toros.
Stierkämpfer m. torero, matador, espada.
Stift m. clavija; lápiz; fig. fam. aprendiz; n. asilo; capítulo.
stiften v. fundar.
Stiftung f. donación.
Stil m. estilo; modo.
still adj. silencioso, tranquilo; **—!** ¡silencio!
Stilleben n. naturaleza muerta.
Stillstand m. detención, suspensión, paro.
Stille f. calma, tranquilidad.
stillen v. sosegar; apagar (la sed); restañar (la sangre); amamantar.
Stimmabgabe f. voto.
stimmlos adj. sordo.
Stimme f. voz; voto; parte.
stimmen v. templar; votar; fig. ser verdad.
Stimmung f. temple, humor.
stinken v. heder, oler mal.
Stirn f. frente.
Stirnrunzeln n. ceño.

stöbern v. **(in)** revolver.
Stock m. bastón, caña.
Stock(werk) n. piso.
stocken v. pararse, detenerse; cesar; fig. cortarse.
stockig adj. mohoso.
Stockung f. paralización, estagnación.
Stoff m. tela; materia(l); fig. tema, argumento.
Stoffwechsel m. metabolismo.
stöhnen v. gemir.
Stollen m. (galería de) mina.
stolpern v. tropezar.
stolz adj. orgulloso.
Stolz m. orgullo, soberbia.
stopfen v. (re)llenar, meter; tapar (agujero); zurcir (ropa).
Stoppel f. rastrojo.
stoppen v. parar.
Stoppuhr f. cronómetro.
Stöpsel m. tapón; corcho.
Storch m. cigüeña.
stören v. molestar, estorbar; (per)turbar.
Störung f. estorbo, molestia; perturbación; Radio: interrupción.
Stoß m. golpe, empuje, choque; montón (Holz).
Stoßdämpfer m. parachoques.
stoßweise adv. a golpes.
stoßen v. empujar; chocar, tropezar, dar (con).
stottern v. balbucear.
Straferlaß m. amnistía.
Stragesetzbuch n. código penal.
Strafpunkt m. Sport: tanto de castigo.
Strafrecht n. derecho penal.
Strafschuß m. Fußball: penalty.
Strafe f. castigo, pena, punición; multa (pecuniaria).
strafen v. castigar, penar.
straff adj. estirado, tirante.
Sträfling m. penado, reo.
Strahl m. rayo; chorro, golpe de agua.
strahlen v. radiar, brillar, resplandecer.
strahlenförmig adj. radial.
Strahlung f. (ir)radiación.
stramm adj. tieso, tirante.
Strand m. playa, costa.
Strandgut n. restos de naufragio.
Strandkorb m. caseta.
stranden v. varar, naufragar.
Strang m. cuerda, soga.
strapazieren v. cansar.
Straße f. calle, camino; carretera.
Straßenbahn f. tranvía.
Straßenkehrer m. barrendero.
Straßenkreuzung f. cruce.
Straßenverkehr m. tráfico (callejero).
Straßenverzeichnis n. callejero.
sträuben v. **(sich)** fig. oponerse.
Strauch m. arbusto.
Strauß m. avestruz (ave); ramillete, ramo.
streben v. esforzarse, intentar.
Streber m. fam. empollón.
strebsam adj. asiduo.
Strecke f. espacio, trecho (de camino); trayecto; vía.
strecken v. estirar; distender; fig. entregar las armas.
Streckenarbeiter m. peón caminero.
Streich m. golpe; chasco, burla, jugada.
Streichholz n. fósforo, cerilla.
Streichinstrument n. instrumento de cuerda.
streicheln v. acariciar.
streichen v. pasar (sobre algo); untar; borrar; pintar.
Streifband n. faja.
Streifschuß m. rozadura.

Streifwache f. patrulla, ronda.
Streifzug m. correría.
streifen v. rozar, pasar rozando; rayar.
Streifen m. raya; tira.
Streik m. huelga.
Streikstörer m. esquirol.
streiken v. declararse en huelga.
Streiker m. huelguista.
Streit m. disputa, pelea; pleito.
Streitfrage f. problema.
Streitkräfte f. pl. fuerzas militares, tropas.
streitsüchtig adj. contencioso.
streiten v. disputar, pelear, reñir.
streng adj. severo, rígido; serio.
Strenge f. rigor.
streuen v. derramar.
Strich m. rasgo; fig. terreno.
Strick m. cuerda, tralla.
Strickarbeit f. labor de punto.
Stricknadel f. aguja de calcetar.
Strickwaren f. pl. géneros de punto.
stricken v. hacer punto, mallar.
striegeln v. almohazar.
Stroh n. paja.
Strohwitwer m. fam. marido, cuya esposa está ausente.
Strolch m. vag(abund)o.
Strom m. río, torrente; eléctrica; corriente.
stromaufwärts adv. agua (río) arriba.
Stromerzeuger m. generador.
Stromkreis m. circuito.
stromlinienförmig adj. aerodinámico. [rata.
Stromschnelle f. torrente, cata-
strömen v. fluir, correr.
Strömung f. corriente, fig. tendencia.
Strudel m. remolino.
Strumpf m. media.
Strumpfband n. liga.
struppig adj. hirsuto, zarzoso.
Stube f. cuarto, habitación.
Stubenarrest m. arresto de casa.
Stubenmädchen n. camarera, moza.
Stück n. pedazo, trozo; fragmento; pieza; pastilla (jabón); teatro: obra.
Stückgüter n. pl. bultos sueltos.
stückweise adv. por piezas.
Stückzucker m. azúcar en terrón.
stückeln v. despedazar.
Student m. estudiante.
Studie f., **Studium** n. estudio.
studieren v. estudiar.
Stufe f. escalón; rango.
stufenweise adv. gradualmente.
Stuhl m. silla, asiento.
stülpen v. (ar)remangar.
stumm adj. mudo.
Stummel m. muñón (miembro); colilla (cigarro).
Stummfilm m. cine mudo.
stümpern v. chapucear.
stumpf adj. romo, sin punta; fig. insensible.
Stumpf m. tronco.
Stumpfsinn m. letargo, apatía.
Stunde f. hora; lección.
stundenlang adj. durante horas.
Stundenplan m. horario.
Stundung f. prórroga, plazo.
Sturm m. tempestad, tormenta.
Sturmflut f. marea alta.
Sturmwind m. huracán.
stürmen v. asaltar; **es stürmt** hace (hay) huracán.
Stürmer m. delantero.
stürmisch adj. tormentoso; fig. impetuoso.
Sturz m. caída; descenso.
Sturzflug m. vuelo picado.
Sturzsee f. golpe de mar.

stürzen v. derribar, arrojar; precipitar; caer(se).
Stute f. yegua.
Stütze f. apoyo, sostén.
stützen v. apoyar, arrimar.
Stützpunkt m. base.
stutzig adj. perplejo.
Subjekt n. sujeto.
Suche f. busca, pesquisa.
suchen v. buscar; s. **versuchen.**
Sucht f. manía **(nach:** por).
Süd, Süden m. Sur, Sud.
Süd... adj. del Sur.
südländisch, südlich adj. meridional, del Sur.
Südosten m. sudeste.
Südpol m. polo antártico.
Südwest m. sudoeste.
Sühne f. expiación.
Sülze f. saladillo.
Summe f. suma, cantidad, importe.
summen v. zurrir.
summieren v. adicionar.
Sumpf m. pantano, marjal.
Sünde f. pecado.
Sünder m. pecador.
Sündflut f. diluvio.
sündigen v. pecar.
Suppe f. sopa, caldo.
Suppenschüssel f. **Suppenteller** m. plato sopero.
süß adj. dulce; fig. mono.
süßsauer adj. agridulce.
Süßstoff m. sacarina.
Süßwasser n. agua dulce.
Süße f. dulzura.
süßen v. azucarar, dulcificar.
Süßigkeit f. dulce; pl. golosinas.
sympathisch adj. simpático.
Symphonie f. sinfonía.
synchronisieren v. sincronizar.
System n. sistema.
Szene f. escena(rio).

Tabak m. tabaco.
Tabaksdose f. petaca, tabaquera.
Tabak(waren)handlung f. estanco, expendeduría; tabaquería.
Tabakpfeife f. pipa.
Tabelle f. tabla; lista.
Tablett n. azafate.
Tablette f. tableta; pastilla.
Tadel m. censura; reprimenda.
tadellos adj. sin falta.
tadeln v. censurar; criticar.
Tafel f. mesa; **Schreib —,** pizarra; tableta de chocolate.
Tafel... adj. s. **Tisch...**
tafeln v. fam. banquetear.
Täfelung f. n. entablado.
Tag m. día; fecha; jornada; **am Tage** m. de día. **— für —,** cada día.
Tageblatt, Tagebuch n. diario.
Tagelöhner m. jornalero.
Tagereise f. jornada.
tagen v. alborear; celebrar (sesión).
Tages... adj. del día, diario.
Tagesanbruch m. alba, amanecer.
Tagesbericht m. boletín.

Tageszeit f. hora (del día).
Tageszeitung f. diario, periódico.
Tagung f. congreso.
täglich adj. diario, cotidiano; diurno (trabajo); adv. todos los días.
Taille f. talle; cintura.
Takt m. compás; tiempo; fig. tacto.
taktlos adj. fig. indiscreto.
Taktmesser m. metrónomo.
Taktstock m. batuta.
taktvoll adj. fig. discreto.
Tal n. valle.
Talsperre f. presa.
Talent n. talento; genio.
Talg m. sebo.
tamponieren v. taponar.
Tang m. alga(s).
Tank m. tanque; depósito.
tanken v. cargar gasolina (o combustible).
Tankstelle f. surtidor de gasolina; autoestación.
Tankwart m. empleado (de una autoestación).
Tanne(nbaum m.) f. abeto.
Tante f. tía.
Tanz m. baile.
tanzen v. bailar.
Tanzfläche f. pista de baile.
Tanzstück n. bail(abl)e.
Tänzer m. bailador; Berufs —: bailarín.
Tapete f. papel pintado.
Tapeziernagel m. tachón.
tapezieren v. empapelar.
Tapezierer m. tapicero.
tapfer adj. valiente; bravo.
Tapferkeit f. valor.
Tarif m. tarifa.
Tasche f. bols(ill)o.
Taschen... adj. de bolsillo, portátil.
Taschendieb m. ratero.
Taschengeld n. alfileres.
Taschenmesser n. navaja.
Taschentuch n. pañuelo.
Tasse f. taza; jícara.
Tastatur f. teclado.
Taste f. tecla.
tasten v. palpar; teclear.
Tastsinn m. tacto.
Tat f. acción; acto; Helden —: hazaña: Tatbestand m. hechos.
Tatkraft f. energía.
Tatsache f. hecho; realidad.
tatsächlich efectivo; adv. de hecho; realmente.
Täter m. culpable; reo.
tätig adj. activo.
Tätigkeit f. actividad; actuación.
tätowieren v. tatuar.
Tau n. cable; cuerda; m. rocío.
Tauwetter n. deshielo.
taub adj. sordo; fig. vacío.
taubstumm adj. sordomudo.
Taube f. paloma.
Taubenschlag m. palomar.
tauchen v. sumergir; bucear.
Taucher m. buzo.
Taucheranzug m. escafandro.
tauen v. derretirse.
Taufbecken n. pila bautismal.
Taufname m. nombre de pila.
Taufpate m., Taufpatin f. padrino, madrina.
Taufe f. bautismo; bautizo.
taufen v. bautizar.
taugen v. valer, servir.
Taugenichts m. pillo.
tauglich adj. apto; idóneo.
Taumel m. vahído; vértigo.
Tausch m. cambio; trueque.

tauschen v. cambiar; permutar.
täuschen v. engañar; alucinar.
Täuschung f. engaño; ilusión.
tausend adj. mil.
Taxe f. tasa(ción); tarifa; taxi (coche).
taxieren v. tasar; valuar.
Technik f. técnica.
technisch adj. técnico.
Tee m. té; infusión (de hierbas).
Teekanne f., Teekessel m. tetera.
Teelöffel m. cucharilla.
Teer m. brea; alquitrán.
Teich m. estanque; künstlich: vivero (de peces).
Teig m. pasta, masa.
Teil m. (n.) parte, trozo.
Teil... adj. parcial.
teilhaben v. tener parte, participar.
Teilhaber m. socio.
Teilnahme f. participación: interés; compasión.
teilnahmslos adj. indiferente.
Teilnehmer m. participante: abonado.
Teilzahlung f. pago a plazos.
Teilchen n. partícula.
teilen v. dividir; partir.
teils adv. (en) parte.
Teilung f. partición; f. división.
Teint m. tez.
Telegramm n. telegrama.
Tele... adj. telegráfico.
Telegraphie f. telegrafía.
telegraphieren v. telegrafiar.
Telephon n. teléfono.
Tele adj. telefónico.
Telephonhörer m. auricular.
Telephongespräch n. conferencia telefónica.
telephonieren v. telefonear; llamar (por teléfono).
Teleskop n. telescopio.
Teller m. plato.
Tempel m. templo.
Temperament n. carácter, genio; temperamento.
Temperatur f. temperatura.
Tempo n. tiempo; velocidad; compás.
Tendenz f. tendencia.
Tennis n. tenis.
Tennisschläger m. raqueta.
Teppich m. alfombra.
Teppichklopfer m. sacudidor.
Termin m. fecha; plazo.
Terpentin m. trementina.
Terrine f. sopera.
Test m. prueba.
teuer adj. caro, fig. precioso.
Teuerung f. carestía.
Teufel m. diablo; demonio.
teuflisch adj. diabólico; infernal.
Text m. texto; libreto (de ópera).
Textilien pl. tejidos.
Textilindustrie f. industria textil.
Theater n. teatro.
Theaterdichter m. dramaturgo.
Theaterstück n. pieza.
Theaterzettel m. programa.
Thema n. tema; asunto.
theoretisch adj. teórico.
thermisch adj. térmico.
Thermometer n. termómetro.
Thron m. trono.
Thunfisch m. atún.
tief adj. profundo, bajo, hondo.
Tiefbau m. construcción subterránea.
Tiefgang m. calado.
Tiefe f. hondura; fondo.
Tiegel m. crisol; cacerola.
Tier n. animal; bestia; fiera.
Tier adj. zoológico.
Tieranatomie f. zootomía.
Tierheilkunde f. veterinaria.

tierisch adj. animal; fig. bestial.
Tiger m. tigre.
tilgbar adj. amortizable.
tilgen v. anular; borrar; extinguir (deuda).
Tinte f. tinta.
Tintenfaß n. tintero.
Tintenfisch m. calamar.
Tintenwischer m. limpiaplumas.
tippen v. tocar; teclear.
Tippzettel m. quiniela.
Tisch m. mesa.
Tischbesteck n. cubierto.
Tischdecke f. mantel.
Tischgeschirr n. vajilla.
Tischzeit f. hora de comer.
Tischler m. carpintero; muebles; ebanista.
Tischlerei f. carpintería.
Titel m. título.
Titelbild n., Titelseite f. portada.
toasten v. echar un brindis.
toben v. enfurecerse; rabiar.
Tochter f. hija.
Tod m. muerte; fallecimiento.
Tod..., tödlich adj. mortal.
Todesanzeige f. esquela fúnebre.
Todesfall m. defunción.
Todeskampf m. agonía.
Todesstrafe f. pena capital.
Todestag m. día del fallecimiento.
Todesurteil n. sentencia de muerte.
Toilette f. aseo; retrete.
Toilettenpapier n. papel higiénico.
Toilettentisch m. tocador.
toll adj. furioso; rabioso.
Tollwut f. rabia.
Tölpel m. torpe.
Ton m. tono, sonido; m. arcilla.
Tonart f. tonalidad.
Tonband n. cinta magnetofónica.
Tonbandgerät n, magnetofón, essigsaure Tonerde f. acetato de alúmina.
Tondichter m. compositor.
Tonfilm m. película sonora.
tönen v. (re)sonar.
Tonne f. tonel; barril; tonelada.
Topf m. olla.
Töpfer m. fumista.
Tor n. puerta; portal; fútbol: gol.
Torhüter m. deportes: guardameta.
Torf m. turba.
töricht adj. tonto.
Torpedoboot n. torpedero.
Torte f. tarta; torta.
tot adj. muerto, difunto.
totschlagen v. s. töten.
Totengräber m. sepulturero.
Totenschein m. partida de defunción.
töten v. matar, asesinar.
Totoschein m. quiniela.
Tour f. vuelta; excursión.
Tourenzahl f. número de revoluciones.
Tourist m. turista.
traben v. trotar, ir a trote.
Tracht f. traje.
trachten nach v. procurar.
Tragbahre f. angarillas.
Tragriemen m. correón.
Tragweite f. fig. extensión.
tragbar adj. transportable.
tragen v. llevar; traer; soportar.
träge adj. perezoso: inerte.
Träger m. mozo de cuerda; portador; soporte.
tragisch adj. trágico.
Trainer m. entrenador.
Tran m. aceite de pescado.
Träne f. lágrima.
Tränke f. abrevadero.
Transistor m. transistor.

Transport m. transporte; acarreo.
trassieren v. girar, librar.
Tratte f. giro; letra de cambio.
Traube f. uva.
trauen v. casar; (auf) confiar; fiarse de.
Trauring m. anillo nupcial.
Trauung f. casamiento.
Trauer f. tristeza; luto.
Trauerspiel n. tragedia.
trauern v. afligirse; llevar luto.
träufeln v. gotear.
Traum m. sueño.
träumen v. soñar.
traurig adj. triste; afligido.
traut adj. íntimo.
Trauer... adj. fúnebre.
treffen v. acertar; encontrar; hallar; tomar (medidas).
treffend adj. precioso; oportuno.   [mio.
Treffer m. blanco (tiro); pretrefflich adj. exquisito.
Treibeis n. témpanos flotantes.
Treibhaus n. invernadero.
Treibkraft f. fuerza motriz.
Treibstoff m. combustible.
treiben v. empujar arrojar, conducir (rebaño); echar (raíces); repujar (metales); ocuparse; ejercer (un oficio).
trennen v. separar; partir; deshacer.
Trennung f. separación; Ehe: divorcio.
Treppe f. escalera.
Treppengländer n. barandilla.
Treppenhaus n. caja (de escalera).
Treppenstufe f. escalón.
treten v. pisar; poner el pie; andar; entrar; ponerse.
treu adj. fiel, leal.
treuherzig adj. sincero; cándido.
Treulosigkeit f. perfidia; deslealtad.
Treue f. fidelidad; fe.
Tribüne f. tribuna.
Trichter m. embudo.
Trick m. truco.
Trickfilm m. dibujos animados.
Trieb m. retoño; brote; fig. impulso; instinto.
Triebfeder f. resorte; fig. móvil.
Triebrad n. rueda motriz.
Triebsand m. arena movediza.
Triebwerk n. mecanismo.
triefen v. chorrear; gotear.
Trikot m. (n.) tejido de punto.
Trinkgeld n. propina.
Trinkspruch m. brindis.
Trinkwasser n. agua potable.
trinken v. beber; tomar (café).
trippeln v. andar a pasitos.
Tritt m. paso; patada.
Trittbrett n. pedal; estribo.
Triumph m. triunfo.
trocken adj. seco; árido.
Trockenboden m. secadero.
Trockenheit f. sequedad; sequía.
trocknen v. secar; ponerse seco.
Trödler m. ropavejero.
Trolleybus m. trolebús.
Trommel f. tambor.
Trommelfell n. tímpano.
trommeln v. tocar el tambor.
Tropen f. pl. trópicos.
tropisch adj. tropical.
Tropfen m. gota.
tropfen v. gotear.
Trost m. consuelo.
trostlos adj. desconsolador; desesperado.
trösten v. consolar.
tröstlich adj. consolador.
trotz prep. a pesar (de).
Trotz m. terquedad.

trotzdem adv. con todo eso; **no obstante**.
trotzig adj. obstinado.
trotzen v. arrostrar; hacer frente.
Trübsinn m. melancolía; tristeza.
trübe adj. turbio; nebuloso (cielo).
trüben v. enturbiar; turbar.
Trübsal f. aflicción; tristeza.
Trugbild n. fantasma.
trügen v. engañar.
Truhe f. arca; hucha.
Trümmer m. pl. ruinas.
Trunksucht f. alcoholismo.
Truppe m. compañía (de cómicos); cuadrilla, tropa; ejército.
Truthahn m. pavo.
Truthenne f. pava.
Tube f. tubo.
Tuberkulose f. tuberculosis; tisis.
Tuch n. paño; tela; pañuelo.
Tüchtigkeit f. habilidad; aptitud.
tückisch adj. astuto; falso.
Tugend f. virtud.
Tüll m. tul.
Tülle f. pitón, pico.
Tulpe f. tulipán; tulipa.
Tümpel m. charco.
tun v. hacer; ejecutar. — **als ob** aparentar, fingir.
Tünche f. revoque; blanqueo.
Tunke f. salsa.
Tunnel m. túnel.
Tür f. puerta.
Türangel f. gozne; charnela.
Türflügel m. hoja (de puerta).
Türhüter m. portero.
Türklinke f. picaporte.
Türklopfer m. llamador.
Türkis m. turquesa.
Turm m. torre, campanario; roque (ajedrez).
Turnhalle f. gimnasio.
Turnverein m. sociedad de gimnastas.
turnen v. hacer gimnasia.
Tusch m. toque de clarín.
Tusche f. tinta china.
Tuschkasten m. caj(it)a de pinturas.
Tüte f. cucurucho.
Typ(e) m. (f.) tipo.
Typhus m. fiebre tifoidea; tifo.
Tyrann m. tirano; déspota.

übel adj. malo, mal; dañoso; — **sein,** tener náuseas.
Übel n. mal; perjuicio.
Übelbefinden n. malestar.
übelnehmen v. tomar a mal.
übelriechend adj. fétido.
Übeltäter m. malhechor.
übelwollend adj. malintencionado.
Übelkeit f. náusea; mareo.
üben v. practicar; ejercer; ejercitarse.
über prep. por encima (de); sobre; más de; — **Berlin reisen** pasar por.
überall adv. en todas partes.
Überanstrengung f. trabajo excesivo.
überarbeiten v. rehacer; retocar; **sich** — trabajar excesivamente.
überaus adv. sumamente.

überbieten v. (sobre)pujar; superar.
Überblick m. ojeada general; fig. resumen.
Überbringer m. portador.
überdecken v. cubrir; revestir.
überdies adv. además.
Überdruß m. disgusto; cansancio; hartura.
übereilt adj. precipitado, abrupto.
übereinander adv. uno sobre otro.
übereinkommen v. ponerse de acuerdo.
Übereinkunft f. acuerdo.
übereinstimmen v. concordar; coincidir. [me.
übereinstimmend adj. conformar.
überfahren v. pasar, atravesar; atropellar.
Überfahrt f. travesía.
überfallen v. sorprender; at(r)acar.
überfliegen v. atravesar volando; fig. recorrer.
Überfluß m. abundancia.
überflüssig adj. superfluo; sobrante.
Überfracht f. sobrecarga.
Übergabe f. entrega, rendición.
Übergang m. (tras)paso, transición.
übergeben v. entregar, presentar; **sich** —, vomitar.
übergehen v. pasar por; omitir.
Übergewicht n. sobrepeso; fig. predominio.
übergießen v. derramar, verter sobre.
Übergriff m. abuso.
überhängen v. suspender sobre.
überhäufen v. colmar.
überhaupt adv. en resumidas cuentas.
überhitzen v. recalentar.
überholen v. pasarse delante.
überhören v. no oír, desoír.
überirdisch adj. divino; celeste.
überkochen v. rebosar hirviendo.
überladen v. fig. recargar, sobrecargar.
überlassen v. dejar; ceder.
überlaufen v. rebosar; desbordar (río); fig. desertar.
überleben v. sobrevivir.
überlegen adj. superior; v. ponderar; considerar.
Überlegenheit f. superioridad.
überliefern v. transmitir.
überlisten v. entrampar.
Übermacht f. prepotencia.
übermannen v. vencer.
Übermaß n. demasía, exceso.
Übermensch m. superhombre.
übermorgen adv. pasado mañana.
übermütig adj. petulante.
übernachten v. pasar la noche, trasnochar.
Übernahme f. toma de posesión.
Überpreis m. sobreprecio.
überragen v. sobresalir; fig. dominar.
überraschen v. sorprender.
Überraschung f. sorpresa.
Überredung f. persuasión.
Überreichung f. presentación, entrega.
Überrest m. resto, residuo.
übersättigen v. saciar con exceso; sobresaturar.
überschätzen v. estimar demasiado.
Überschall m. ultrasonido.
Überschall... adj. supersónico.
Überschallgeschwindigkeit f. velocidad supersónica.
überschlagen v. tantear; calcular.

überschreiten v. pasar; fig. exceder.
Überschreitung f. infracción.
Überschrift f. sobrescrito; título.
Überschuh m. chanclo.
Überschuß m. sobrante, superávit.
Überschwemmung f. inundación.
überseeisch adj. transatlántico; ultramarino.
übersehen v. abarcar con la vista; no ver.
übersenden v. expedir.
übersetzen v. traducir.
Übersetzung f. traducción.
Übersicht f. fig. resumen.
übersichtlich adj. claro.
übersiedeln v. cambiar de domicilio; trasladarse.
übersinnlich adj. trascendental.
überspannt adj. exaltado.
überspringen fig. omitir.
übersteigen v. fig. superar.
überströmen v. desbordarse.
überstürzen v. derribar.
übertragbar adj. transferible.
übertragen v. transportar; transferir, transmitir; endosar (letra); encargar.
übertreffen v. sobrepujar; superar.
übertreiben v. exagerar.
übertreten v. atravesar; cambiar religión; infringir, violar (ley).
Übertretung f. infracción, violación.
Übertritt m. paso, conversión.
übervorteilen v. perjudicar.
überwachen v. vigilar, velar.
überwältigend adj. fig. imponente.
überweisen v. asignar, girar.
Überweisung f. remisión; giro.
überwiegen v. prevalecer.
überwinden v. vencer.
überwintern v. invernar.
Überzahl f. número excedente.
überzeugen v. convencer, persuadir.
Überzeugung f. persuasión; convicción.
überziehen v. cubrir, revestir; mudar (la ropa blanca de cama).
Überzieher m. sobretodo.
überzuckern v. azucarar.
Überzug m. cubierta, funda, forro.
üblich adj. usual, corriente.
übrig adj. restante; de sobra; **das übrige,** el resto, lo demás; **im übrigen, übrigens,** por lo demás.
übrigbleiben v. sobrar.
übriglassen v. dejar.
Übung f. ejercicio, práctica.
Ufer n. orilla, borde.
Uhr f. reloj; **wieviel —? ¿qué hora? es ist 8** — son las ocho.
Uhrfeder f. muelle.
Uhrmacher m. relojero.
Uhrmacherei f. relojería.
Uhrwerk n. ruedas, mecanismo.
Uhrzeiger m. aguja, manecilla.
Uhu m. búho.
Ulme f. olmo.
ultrakurz adj. ultracorto.
um prep. alrededor de; hacia, a (las dos); por; a causa de; al precio de, a cambio de; por amor de, en consideración a; — **so besser** tanto mejor; **zu** conj. para, a fin de; **die Zeit ist** — el tiempo ha pasado.
umarbeiten v. rehacer, refundir; adaptar; arreglar (vestido).
umarmen v. abrazar.
Umbau m. reconstrucción.

umbiegen v. (re)doblar, torcer.
umbinden v. atar, ponerse.
umbrechen v. romper, derribar.
umbringen v. matar, asesinar.
umdrehen v. volver, dar la vuelta.
Undrehung f. rotación, giro; pl. revoluciones.
Umfang m. circunferencia, contorno; fig. volumen, extensión, escala.
Umfassung f. cerca; recinto.
umformen v. re-, transformar.
Umfrage f. encuesta.
Umgang m. trato, contacto.
Umgangsformen f. pl. modales.
Umgangssprache f. lenguaje usual.
ungeben v. cercar, rodear.
Ungebung f. alrededores, afueras (Stadt); fig. ambiente.
umgehen v. rodear; tratar; evitar; **mit umgehender Post,** a vuelta de correo.
umgekehrt adj. al revés, contrario.
umgraben v. (re)cavar.
Umhang m. manto, capa.
umher adv. alrededor.
umherirren v. errar.
umherziehend adj. ambulante.
umhin adv. **nicht** — **können,** no poder remediarlo.
umhüllen v. envolver; tapar.
Umkehr f. vuelta.
umkehren v. volver, regresar.
umkippen v. volcar; derribar.
umklammern v. estrechar; agarrar.
umkleiden v. cambiar el vestido.
Umkreis m. círculo, recinto; periferia; **im Umkreise,** a la redonda.
Umlauf m. circulación; revolución; circular.
umlegen v. doblar; cambiar.
umleiten v. desviar.
umliegend adj. adyacente, vecino.
umpflanzen v. trasplantar.
umquartieren v. cambiar de alojamiento; desalojar.
umrechnen v. calcular (en).
umreißen v. derribar; perfilar.
Umriß m. contorno; croquis.
umrühren v. remover.
Umsatz m. cifra de negocios (transacciones), venta, salida.
Umschalter m. conmutador.
umschauen v. s. umsehen.
Umschlag m. forro; compresa; sobre; cambio brusco (tiempo).
umschlagen v. doblar; volcar; fig. cambiar.
Umschlagplatz m. punto de trasbordo.
umschnallen v. ceñir (la espada).
Umschrift f. transcripción.
Umschweife m. pl. rodeos.
Umschwung m. cambio brusco (repentino); revolución.
umsehen v. sich, mirar atrás (alrededor); volver la cabeza.
umsichtig adj. circunspecto.
umsonst adv. gratuitamente, gratis; fig. en vano.
Umstand m. circunstancia, caso, hecho; **Umstände** pl. cumplidos, ceremonias; detalles.
umständlich adj. circunstancioso; complicado.

Umstandswort n. adverbio.
umsteigen v. cambiar (de tren, etcétera).
Umsteigebahnhof m. estación de correspondencia.
Umstellung f. inversión.
umtoßen v. volcar; fig. anular.
Umsturz m. vuelco; revolución, golpe de estado; trastorno.
Umtausch m. cambio, permuta.
umtauschen v. cambiar.
Umwälzung f. cambio radical.
umwandeln v. convertir.
umwechseln v. cambiar; alternar.
Umweg m. rodeo.
umwenden v. (re)volver.
umwerfen v. derribar, tumbar.
umziehen v. mudarse de casa; sich — mudarse (vestido).
Umzug m. mudanza; procesión.
Unabhängigkeit f. independencia.
unablässig adj. continuo, perpetuo.
unabsehbar adj. inmenso, interminable.
Unabsichtlich adj. casual; adv. sin intención.
unachtsam adj. desatento; descuidado.
unähnlich adj. distinto.
unanfechtbar adj. indiscutible.
unangemessen adj. inoportuno.
unangenehm adj. desagradable.
unangetastet adj. intacto.
Unannehmlichkeit f. contrariedad, fastidio.
unansehnlich adj. insignificante; mezquino.
unanständig adj. indecente; obsceno.
unappetitlich adj. asqueroso.
unartig adj. mal criado.
unauffällig adj. disimulado.
unaufhörlich adj. perpetuo.
unaufmerksam adj. distraído.
unaufrichtig adj. falso.
unausbleiblich adj. inevitable.
unauslöschlich adj. indeleble.
unausstehlich adj. insoportable.
unbarmherzig adj. inclemente, cruel; inhumano.
unbebaut adj. inculto.
unbedeutend adj. insignificante.
unbedingt adj. categórico; absoluto.
unbefangen adj. imparcial; ingenuo.
unbefugt adj. incompetente.
unbegreiflich adj. incomprensible.
unbegrenzt adj. ilimitado.
unbegründet adj. inmotivado.
Unbehagen n. malestar, incomodidad.
unbeholfen adj. torpe.
unbekannt adj. desconocido.
unbekümmert adj. descuidado.
unbeliebt adj. malquisto.
unbemerkt adj. inadvertido.
unbequem adj. incómodo.
unberechenbar adj. incalculable; caprichoso.
unberührt adj. intacto.
unbeschäftigt adj. desocupado; ocioso.
Unbescheidenheit f. inmodestia.
unbescholten adj. íntegro, irreprochable.
unbeschränkt adj. ilimitado.
unbesetzt adj. vacante, vacío.
Unbesonnenheit f. imprudencia.
unbesorgt adj. despreocupado.

unbeständig adj. inconstante, instable.
unbestechlich adj. incorruptible.
unbestimmt adj. indefinido; indeciso.
Unbestimmtes Pronomen n. pronombre indefinido.
unbestritten adj. sin contradicción.
unbewaffnet adj. desarmado.
unbeweglich adj. inmóvil.
unbewohnt adj. inhabitado.
unbewußt adj. inconsciente.
unbezahlbar adj. impagable.
unbiegsam adj. inflexible; tieso.
unbrauchbar adj. inútil.
und conj. y, e.
undankbar adj. ingrato.
undatiert adj. sin fecha.
undefinierbar adj. indefinible.
undeutlich adj. indefinido, vago.
undicht adj. permeable; que junta (cierra) mal.
undurchdringlich adj. impermeable.
undurchsichtig adj. opaco.
uneben adj. desigual; accidentado (terreno).
unehelich adj. ilegítimo, bastardo.
unehrlich adj. ímprobo, desleal.
uneigennützig adj. desinteresado.
Uneinigkeit f. desacuerdo, discordia.
unempfindlich adj. insensible.
unendlich adj. interminable, inmenso; infinito.
unentbehrlich adj. indispensable.
unentgeltlich adj. gratuito; gratis.
unentschieden adj. indeterminado; en suspenso; empatado (juego) ; —es Resultat, n. empate.
unentschlossen adj. irresoluto.
unerbittlich adj. inexorable.
unerfahren adj. inexperto.
unergiebig adj. improductivo.
unerhört adj. inaudito, fig. enorme.
unerklärlich adj. inexplicable.
unerläßlich adj. indispensable.
unerlaubt adj. prohibido; ilegal.
unermüdlich adj. infatigable.
unerreichbar adj. inaccesible.
unersättlich adj. insaciable.
unerschöpflich adj. inagotable.
unerschrocken adj. impávido.
unerschütterlich adj. imperturbable.
unerschwinglich adj. exorbitante.
unerträglich adj. insoportable.
unerwartet adj. inesperado.
unerwünscht adj. indeseable; importuno.
unfähig adj. incapaz, inhábil.
Unfall m. accidente.
Unfallstation f. casa de socorro.
Unfallversicherung f. seguro contra accidentes.
Unfehlbarkeit f. infalibilidad.
unförmig adj. informe, deforme.
unfrankiert adj. sin franqueo.
unfreundlich adj. intratable.
unfruchtbar adj. estéril, árido.
Ungarn n. Hungría.
ungebildet adj. inculto; incivil.
ungebräuchlich adj. fuera de uso.
ungebührlich adj. inconveniente.
ungebunden adj. en rústica (libro).
ungeduldig adj. impaciente.
ungeeignet adj. impropio, inadecuado.
ungefähr adv. aproximadamente; — zwei Tage, unos dos días.

ungefällig adj. descortés.
ungehemmt adj. libre.
ungeheuer adj. enorme, inmenso.
Ungeheuer n. monstruo.
ungehorsam adj. desobediente; indisciplinado.
Ungehorsam m. inobediencia.
ungelegen adj. inoportuno; a deshora.
ungelenk adj. torpe.
ungemein adv. sumamente.
ungenau adj. inexacto.
ungenügend adj. insuficiente.
ungepflegt adj. desaseado.
ungerade adj. impar (número).
ungerecht adj. injusto.
ungern adv. a disgusto; de mal grado.
ungeschickt adj. inhábil, torpe.
ungesellig adj. insociable.
ungesetzlich adj. ilegítimo, ilegal.
ungestört adv. en paz.
Ungestüm n. ímpetu, vehemencia.
ungesund adj. malsano.
ungeübt adj. inexperto.
Ungewißheit f. incertidumbre, duda.
ungewöhnlich adj. extraordinario; raro.
ungewohnt adj. insólito.
Ungeziefer n. insectos, bichos.
ungezogen adj. malcriado; travieso (niño).
ungezwungen adj. desenvuelto, natural.
ungläubig adj. incrédulo, infiel; ateo, pagano.
unglaublich adj. increíble.
ungleich adj. desigual; distinto.
Unglück n. desgracia, mala suerte; Eisenbahn: accidente.
unglücklich adj. infeliz, desdichado, desafortunado.
Unglückstag m. día aciago.
Ungnade f. malevolencia.
ungültig adj. inválido.
ungünstig adj. desfavorable.
Unheil n. desastre; desgracia.
unheilbar adj. incurable.
unheimlich adj. siniestro, lúgubre.
unhöflich adj. descortés.
unhörbar adj. imperceptible.
Universität f. Universidad.
Universitäts... adj. universitario.
unklar adj. indistinto; turbio.
unklug adj. imprudente.
Unkosten pl. gastos.
Unkraut n. mala hierba.
unkultiviert adj. inculto.
unlängst adv. hace poco.
unleserlich adj. ilegible.
Unlust f. mala gana.
unmanierlich adj. mal criado, grosero.
unmäßig adj. inmoderado.
unmenschlich adj. inhumano.
unmerklich adj. imperceptible.
unmittelbar adj. inmediato; directo.
unmodern adj. fuera de moda.
Unmöglichkeit f. imposibilidad.
unmündig adj. menor de edad.
unnachgiebig adj. inflexible.
unnatürlich adj. fig. afectado.
unnötig adj. innecesario.
unordentlich adj. desarreglado, desordenado; descuidado.
unparteiisch, unparteilich adj. imparcial, neutral.
unpassend adj. inadecuado; inconveniente, inoportuno.
unpersönlich adj. impersonal.
unpünktlich adj. poco puntual.
Unrecht n. injusticia, error; — haben no tener razón; equivocarse.
unrechtmäßig adj. ilegítimo.

unredlich adj. desleal; ímprobo.
unregelmäßig adj. irregular.
unreif adj. inmaduro; verde.
unrein adj. impuro; sucio.
unrichtig adj. incorrecto.
Unruhe f. inquietud, agitación; volante (de un reloj).
Unruhen pl. disturbios.
uns pron. a nosotros; nos.
unschädlich adj. innocuo. — machen, neutralizar (un veneno) ; fig. hacer inofensivo.
Unschädlichkeit f. innocuidad.
unscharf adj. poco claro; Photo: borroso.
unscheinbar adj. insignificante.
unschlüssig adj. indeciso.
Unschuld f. inocencia; ingenuidad.
unschuldig adj. inocente.
unser pron. nuestro, nuestra.
unsicher adj. incierto; dudoso.
unsichtbar adj. invisible.
Unsinn m. disparate, absurdo.
Unsitte f. vicio; abuso.
unsozial adj. antisocial.
unsterblich adj. inmortal.
Unsumme f. suma enorme.
unsympathisch adj. antipático.
Untat f. malhecho.
untätig adj. ocioso; desocupado.
untauglich adj. inhábil; incapaz.
unteilbar adj. indivisible.
unten adv. (a)bajo, debajo; al pie; weiter — más abajo.
unter prep. bajo, debajo de; entre, en medio (de); a condición de; adj. bajo, inferior; de debajo; der unterste, el más bajo, último, ínfimo.
Unter..., adj. oft: sub..., inferior.
Unterarm m. antebrazo.
unterbelichten v. no exponer bastante (foto).
Unterbilanz f. déficit.
unterbleiben v. no ocurrir.
unterbrechen v. interrumpir.
unterbreiten v. fig. presentar.
unterbringen v. alojar.
unterdessen adv. entretanto.
unterdrücken v. reprimir; oprimir.
untereinander adv. entre ellos.
unterernährt adj. mal alimentado.
Untergang m. ruina, caída; naufragio; puesta (del sol).
untergeben adj. sometido, subordinado.
untergehen v. hundirse; naufragar; fig. perecer; ponerse.
Untergestell n. soporte; armazón; Auto: chasis.
untergraben v. minar; socavar.
Untergrund m. subsuelo.
Untergrundbahn f. ferrocarril subterráneo, fam. metro.
unterhalb adv. por debajo (de).
Unterhalt m. mantenimiento, sustento.
unterhalten v. mantener; entretener; sich — divertirse; conversar.
Unterhaltung f. conversación; distracción.
Unterhandlung f. negociación.
Unterhemd n. camiseta.
Unterholz n. monte bajo.
Unterhose f. calzoncillos.
Unterjacke f. chaleco.
Unterkiefer m. mandíbula inferior.
unterkommen v. encontrar albergue, alojarse; colocarse.
Unterlage f. fundamento; falsilla (para escribir).
unterlassen v. dejar (de hacer).
Unterlauf m. Fluß: curso inferior.

Unterleib m. bajo vientre, abdomen.
unterliegen v. sucumbir.
untermischen v. (entre)mezclar.
unternehmen v. emprender.
unternehmend adj. activo.
Unternehmer m. contratista, empresario.
Untermieter m. subinquilino, realquilado.
unterordnen v. subordinar.
Unterredung f. conversación, conferencia, coloquio.
Unterricht m. enseñanza, instrucción, clase, lecciones.
unterrichten v. enseñar; informar; advertir.
Unterrichtsfach n. asignatura.
Unterrock m. enaguas.
untersagen v. prohibir.
unterschätzen v. menospreciar.
unterscheiden v. distinguir, diferenciar.
unterschlagen v. substraer; defraudar.
unterschreiben v. firmar.
Unterseeboot n. submarino.
untersetzt adj. rechoncho.
unterstreichen v. subrayar.
Unterstützung f. apoyo; auxilio; asistencia, subvención.
untersuchen v. examinar, explorar; revisar; registrar; reconocer.
Untersuchungshaft f. prisión preventiva.
Untertan m. súbdito.
Untertasse f. platillo.
Unterwäsche f. ropa interior.
unterwegs adv. en, durante el camino.
unterweisen v. instruir, enseñar.
Unterwelt f. bajos fondos (fig.).
unterwerfen v. someter, sujetar.
unterwürfig adj. sumiso.
unterzeichnen v. firmar.
Untier n. monstruo.
untreu adj. infiel; desleal.
Untreue f. deslealtad, perfidia.
untröstlich adj. inconsolable.
untüchtig adj. incapaz.
unübersehbar adj. inmenso.
unübertrefflich adj. insuperable.
unumschränkt adj. absoluto.
ununterbrochen adj. ininterrumpido.
unveränderlich adj. invariable.
unveräußerlich adj. inalienable.
unverbesserlich adj. inmejorable.
unverbindlich adj. sin compromiso.
unverdaulich adj. indigesto.
unverfroren adj. descarado.
unvergeßlich adj. inolvidable.
unvergleichbar adj. incomparable, sin igual.
unverheiratet adj. soltero.
unverhofft adj. imprevisto.
unverhohlen adv. con franqueza.
unverkäuflich adj. invendible.
unverletzt adj. intacto, ileso.
unvermeidlich adj. inevitable.
unvermutet adj. inesperado.
unvernünftig adj. irrazonable.
unverschämt adj. descarado, impertinente.
unversehens adv. de improviso.
unverständlich adj. incomprensible; cerrado.
unverwüstlich adj. fig. imperturbable.
unverzagt adj. intrépido.
unverzüglich adj. inmediato; adv. en el acto, al instante.
unvollendet adj. incompleto.
unvollkommen adj. imperfecto.
unvollständig adj. incompleto, defectuoso.

unvorhergesehen adj. imprevisto; inesperado.
unvorsichtig adj. imprudente.
unwahr adj. falso, mentiroso; ilusorio.
unwahrscheinlich adj. inverosímil.
unweigerlich adj. absoluto.
unwesentlich adj. poco importante; secundario, accesorio.
Unwetter n. tempestad.
unwichtig adj. insignificante.
unwiderruflich adj. irrevocable.
Unwille m. enfado, enojo.
unwillkürlich adj. inconsciente.
unwirksam adj. ineficaz.
unwissend adj. ignorante.
unwissentlich adv. inconscientemente; sin saberlo.
unwohl adj. indispuesto.
unwürdig adj. indigno.
Unzahl f. sinnúmero.
unzählig adj. innumerable.
unzerbrechlich adj. infrangible.
unzertrennlich adj. inseparable.
Unzucht f. impudicia.
unzufrieden adj. malcontento.
unzugänglich adj. inaccesible.
unzulänglich adj. insuficiente.
unzuträglich adj. malsano.
unzuverlässig adj. inseguro, informal.
unzweifelhaft adj. indudable.
üppig adj. exuberante; abundante.
Uran n. uranio.
Urahn m. bisabuelo.
uralt adj. viejísimo.
Uraufführung f. estreno.
urbar adj. labrantío (terreno).
Urenkel m. biznieto.
Urheber m. autor.
Urkunde f. documento.
Urlaub m. permiso; vacaciones.
Ursache f. causa, motivo.
Ursprung m. origen, principio.
ursprünglich adj. primitivo; original; fig. ingenuo.
Urwald m. selva virgen.
Urzeit f. época primitiva.
Urin m. orina.
Urne f. urna.
Urteil n. juicio, opinión.
urteilen v. juzgar, opinar; fallar; sentenciar.
Urteilsspruch m. sentencia, fallo.

vage adj. vago, indeciso.
Vakuum n. vacío.
Valuta f. valor, cotización.
Vanille f. vainilla.
Varieté n. variedades.
Vase f. florero, jarro.
Vater m. padre.
Vater... adj. paterno, paternal.
Vaterland n. patria.
Vegetarier m. vegetariano.
Veilchen n. violeta.
Ventil n. válvula.
Ventilator m. ventilador.
ventilieren v. ventilar, airear.
verabreden v. concertar, estipular.
Verabredung f. compromiso; cita.
verabreichen v. dar.
verabschieden v. despedir(se).
verabscheuen v. aborrecer, detestar.
verachten v. desdeñar.
verächtlich adj. despreciable.

Verachtung f. desprecio, desdén.
verallgemeinern v. generalizar.
veralten v. pasar de moda.
veränderlich adj. variable; móvil.
verändern v. cambiar; variar; alterar, modificar; transformar.
Veränderung f. cambio, alteración.
veranlagen v. (pre)disponer, calcular.
veranlassen v. ocasionar, motivar, mover.
Veranlassung f. motivo; impulso. [lar.
veranschlagen v. valorar, calcu-
veranstalten v. disponer; organizar.
Veranstaltung f. concurso; representación.
verantworten v. responder (de algo). [dad.
Verantwortung f. responsabili-
verarbeiten v. elaborar; emplear.
verarmen v. empobrecer.
verausgaben v. gastar; fig. agotar.
Verb n. verbo.
Verband m. unión, asociación, sindicato; vendaje.
Verbandkasten m. botiquín.
Verbandstoff m. gasa yodofórmica.
verbannen v. desterrar.
verbauen v. obstruir, ocupar.
verbergen v. ocultar, esconder, disimular, tapar.
verbessern v. corregir, enmendar; mejorar, reformar.
Verbesserung f. mejora, enmienda.
verbeugen v. sich —, inclinarse.
Verbeugung f. inclinación, reverencia.
verbieten v. prohibir.
verbinden v. vendar (herida); unir, juntar, ligar; poner en comunicación (telefónica); sich —, aliarse.
verbindlich adj. obligatorio; obsequioso, cortés.
Verbindlichkeit f. obligación.
Verbindung f. unión, comunicación; junta; enlace, encaje; empalme; relación.
Verbindungsbahn f. línea de empalme.
verblassen v. palidecer.
verblenden v. cegar.
verblüffen v. desconcertar.
verbluten v. desangrarse.
verborgen v. prestar, dar prestado. adj. oculto.
Verbot n. prohibición.
Verbrauch m. consumo, desgaste.
verbrauchen v. consumir.
Verbraucher m. consumidor.
Verbrechen n. crimen, delito.
Verbrecher m. criminal.
verbreiten v. propagar; difundir.
verbreitern v. ensanchar.
Verbreitung f. propagación.
verbrennen v. arder, quemar(se); abrasar(se).
Verbrennung f. combustión; Wunde: quemado; cremación (de cadáveres).
verbringen v. pasar (tiempo).
verbunden adj. junto, anexo; fig. obligado.
verbünden v. aliar(se).
verbürgen v. garanti(za)r.
Verdacht m. sospecha, recelo.
verdächtigen v. sospechar.
verdammt adj. maldito.
Verdammung f. condenación.
verdampfen v. evaporar(se).
verdanken v. deber, reconocer.

verdauen v. digerir.
verdaulich adj. digestivo.
Verdauung f. digestión.
Verdeck n. toldo; imperial (tranvía).
verdecken v. cubrir, ocultar.
Verderb m. perdición, ruina.
verderben v. echar(se) a perder, estropear, deteriorar, dañar; corromper, pervertir (costumbres).
Verderbnis f. corrupción, perversión.
verdichten v. condensar.
verdienen v. ganar; merecer.
Verdienst m. ganancia, beneficio, provecho. n. mérito.
verdienstvoll adj. de mérito.
verdoppeln v. doblar.
verdorben adj. corrompido; fig. corrupto, perverso.
verdorren v. secarse.
verdrängen v. desalojar.
verdrehen v. torcer, volver.
verdrießen v. enfadar, enojar.
Verdruß m. disgusto, fastidio, enojo, enfado.
verdunkeln v. obscurecer.
verdünnen v. diluir, desleír.
verdunsten v. evaporar (-se).
Verdunstung f. evaporación, vaporización.
verdursten v. morir(se) de sed.
verdutzt adj. desconcertado.
verehren v. honrar, venerar.
Verehrung f. adoración, homenaje.
vereidigt adj. jurado.
Verein m. (re)unión, sociedad, círculo.
vereinbaren v. concertar, convenir, acordar.
Vereinbarung f. acuerdo, convenio.
vereinfachen v. simplificar.
vereinigen v. reunir, aliar; **die Vereinigten Staaten** m. pl. los Estados Unidos.
Vereinte Nationen f. pl. Naciones Unidas (O. N. U.).
vereinzelt adj. aislado, separado.
vereiteln v. frustrar.
vererben v. heredar, legar.
Vererbung f. herencia.
verfahren v. proceder; gastar (gasolina).
Verfahren n. procedimiento.
Verfall m. decadencia, ruina.
verfallen v. degenerar; vencer (un plazo, una letra de cambio).
Verfallszeit f. vencimiento.
Verfälschung f. falsificación.
verfänglich adj. insidioso.
verfärben v. cambiar de color.
verfassen v. componer, redactar.
Verfasser m. autor, escritor.
Verfassung f. constitución; condición, disposición.
Verfassungs... adj. constitucional.
verfaulen v. pudrir(se).
verfehlen v. no acertar; perder.
verfeindet adj. enemistado.
verfeinern v. refinar; depurar.
verfilmen v. filmar; adaptar al cine.
verfliegen v. evaporarse; fig. huir.
verfluchen v. maldecir.
verflüssigen v. liquefacer.
verfolgen v. (per)seguir; cazar.

Verfolgung f. persecución, caza.
verfrachten v. fletar (barco).
verfügbar adj. disponible.
verfügen v. disponer; ordenar.
Verfügung f. disposición; decreto, orden.
verführen v. seducir; inducir (a).
Vergangenheit f. pasado.
vergänglich adj. pasajero.
Vergaser m. carburador.
vergeben v. conferir (un cargo); perdonar (una culpa).
vergebens adv. en vano.
vergeblich adj. inútil.
Vergebung f. perdón.
vergehen v. pasar; fig. morir.
Vergehen n. delito.
vergelten v. recompensar, pagar.
Vergeltung f. venganza, satisfacción.
vergessen v. olvidar.
vergeuden v. malgastar.
vergewaltigen v. violar.
vergewissern v. asegurar (se).
vergießen v. derramar, verter.
vergiften v. envenenar.
vergittern v. enrejar.
Vergleich m. comparación; fig. convenio.
vergleichbar adj. comparable.
vergleichen v. comparar.
vergnügen v.: **sich** — divertirse, distraerse.
Vergnügen n. placer, gusto.
vergnügt adj. contento; alegre, divertido.
Vergnügungs... adj. de recreo.
vergolden v. dorar.
vergraben v. enterrar.
vergrößern v. agrandar, aumentar; amplificar; ensanchar.
Vergrößerung f. aumento; ampli(fic)ación (foto).
Vergrößerungsglas n. lente de aumento.
Vergünstigung f. ventaja; rebaja.
vergüten v. abonar.
verhaften v. arrestar, detener.
Verhaftung f. arresto, detención.
verhalten v. detener. **sich** —, (com) portarse.
Verhalten n. conducta, porte.
Verhältnis n. proporción, relación, situación; pl. circunstancias.
verhältnismäßig adj. proporcional, relativo.
Verhältniswort n. preposición.
verhandeln v. negociar, tratar; discutir.
Verhandlung f. discusión, negociación, debate.
verhängen v. cubrir, tapar; infligir (un castigo).
verhängnisvoll adj. fatal.
verheeren v. devastar.
verhehlen v. ocultar.
verheiraten v. casar (se).
verhelfen v. ayudar (a obtener).
verhindern v. impedir, obstar.
verhöhnen v. mofarse (de).
Verhör n. interrogatorio; examen (de testigos).
verhören v. examinar; **sich** —, oir equivocadamente.
verhüllen v. tapar, velar.
verhungern v. morir (se) de hambre.
verhüten v. prevenir.
verirren v.: **sich** —, perderse, extraviarse.
verjähren v. caducar.

verkappt adj. disfrazado.
Verkauf m. venta, despacho.
verkaufen v. vender.
Verkäufer m. vendedor.
Verkaufs... adj. de venta.
Verkehr m. circulación, tráfico; servicio (urbano); comunicación, relación, trato; **außer** — incomunicado.
verkehren v. transitar, circular; tratar (con uno).
Verkehrsampel f. semáforo.
Verkehrsbüro n. oficina de turismo.
Verkehrsmittel n. medio de comunicación.
Verkehrsordnung f. disposición (reglamento) del tráfico.
Verkehrspolizist m. guardia (urbana) de tráfico.
Verkehrsstörung f. interrupción del servicio (tráfico).
Verkehrsstraße f. vía de comunicación.   [falso.
verkehrt adj. inverso, al revés;
verkitten v. enmasillar.
verklagen v. demandar.
verkleiden v. disfrazar; vestir; revestir (de madera).
verkleinern v. disminuir, reducir; rebajar.
verknüpfen v. enlazar, atar.
verkommen adj. depravado.
verkümmert adj. desmedrado.
verkündigen v. anunciar; pronunciar (un fallo).
Verkündigung f. anunciación.
verkuppeln v. acoplar; fig. alcahuetear.
verkürzen v. acortar, abreviar.
verladen v. cargar; embarcar; fletar.
Verladung f. embarque.
Verlag m., **Verlagshaus** n. (casa) editorial.
verlangen v. pedir; apetecer.
Verlangen n. deseo; anhelo; petición.
verlängern v. prolongar, alargar.
verlangsamen v. retardar.
verlassen v. dejar, abandonar; **sich auf jdn.** — contar con uno.   [cha.
Verlauf m. (trans) curso; mar-
verlaufen v. pasar; **sich** — extraviarse; perderse.
verlegen v. apartar; trasladar; aplazar; Buch: publicar, editar; adj. perplejo.
Verlegenheit f. embarazo; fig. aprieto.
Verleger m. editor.
verleihen v. prestar; dar.
verleiten v. inducir; tentar.
verletzen v. herir; fig. ofender; infringir.
Verletzung f. herida; violación.
verleugnen v. (re) negar.
Verleumdung f. calumnia; difamación.
verlieben v.: **sich** — in enamorarse de.
verlieren v. perder.
Verlies n. calabozo.
verloben v.: **sich** — prometerse.
Verlobte (r) m. prometido, novio.
Verlobung f. esponsales.
Verlobungsring m. alianza.
Verlockung f. tentación.
verlogen adj. mentiroso.
verloren adj. perdido.
Verlosung f. sorteo, rifa.
Verlust m. pérdida; daño; baja; avería.
Vermählung f. casamiento.
vermehren v. aumentar; crecer.
vermeintlich adj. supuesto.
Vermerk m. nota, apunte.
vermessen v. medir, mensurar; adj. osado; presumido.

Vermessung f. medición.
vermieten v. alquilar.
Vermieter m. alquilador.
vermindern v. disminuir, reducir; acortar; rebajar.
vermischen v. mezclar.
vermissen v. echar de menos.
vermitteln v. intervenir; negociar.
vermittelnd adj. intermediario.
Vermittelung f. intervención; mediación.
Vermittler m. mediador; intercesor.
vermögen v. poder; ser capaz.
Vermögen n. poder; facultad; caudal; bienes.
vermögend adj. acaudalado.
Vermögensteuer f. impuesto sobre la renta.
vermuten v. suponer; opinar.
vermutlich adj. probable.
Vermutung f. suposición.
vernachlässigen v. descuidar.
vernarben v. cicatrizarse.
vernehmen v. percibir; interrogar.
Vernehmung f. interrogatorio.
Verneinung f. negación.
vernichten v. aniquilar; destruir; exterminar; anular.
vernickeln v. niquelar.
vernieten v. remachar.
Vernunft f. razón.
vernünftig adj. razonable, racional.
veröden v. despoblar (se).
veröffentlichen v. publicar; editar.
verordnen v. mandar, decretar; disponer; prescribir (medicamento).
Verordnung f. decreto; disposición.
verpachten v. arrendar.
verpacken v. embalar; enfardar.
Verpackung f. envoltorio; embalaje.
verpassen v. perder.
verpfänden v. empeñar; pignorar.
verpflegen v. alimentar.
Verpflegung f. alimentos; manutención.
verpflichten v. obligar.
Verpflichtung f. obligación; compromiso.
Verprovlantierung f. abasto.
Verrat m. traición.
verraten v. denunciar.
verräterisch adj. traidor.
verrechnen v. poner en cuenta; calcular; **sich** — calcular mal.
Verrechnung f. arreglo; compensación.
verreisen v. ir, salir (de viaje).
Verrenkung f. dislocación.
verrichten v. hacer; ejecutar.
verringern v. disminuir; reducir.
verrinnen v. pasar; correr.
verrosten v. oxidarse.
verrücken v. (re) mover.
verrückt adj. loco; insensato.
verrufen adj. de mala fama.
Vers m. verso; copla.
versagen v. rehusar; negar; faltar (tiro); fig. fracasar.
versammeln v. (re) unir.
Versammlung f. asamblea, reunión; congreso.
Versand m. envío; expedición; remesa.
versanden v. enarenar (se).
versäumen v. omitir; descuidar; faltar a.
Versäumnis f. negligencia; descuido; pérdida.
verschaffen v. proporcionar; procurar; facilitar.
verschämt adj. vergonzoso.
verschanzen v. fortificar.
verschärfen v. agravar.

verschenken v. regalar.
verscheuchen v. ahuyentar.
verschicken v. enviar; remitir.
verschieben v. cambiar; desplazar.
verschieden adj. distinto; vario.
verschiedentlich adv. varias veces.
verschiffen v. transportar; embarcar.
verschimmeln v. enmohecerse.
verschlafen v. pasar durmiendo; despertarse tarde; adj. soñoliento.
verschlagen adj. astuto.
verschlechtern v. deteriorar.
verschleiern v. velar; tapar.
verschleppen v. arrastrar; importar (enfermedad); secuestrar (un niño).
verschließen v. cerrar (con llave).
verschlingen v. devorar.
verschlucken v. tragar; **sich** — atragantarse.
Verschluß m. cierre; obturador (Kamera); **unter** — bajo llave.
verschmachten v. estar muriendo (de sed).
verschmähen v. despreciar.
verschmelzen v. fundirse; fig. fusionarse.
verschmitzt adj. socarrón.
verschnüren v. atar, ligar.
verschollen adj. desaparecido.
verschonen v. ahorrar; perdonar.
verschönern v. embellecer.
verschränken v. cruzar (brazos).
verschreiben v. prescribir (medicinas); **sich** — comprometerse; hacer faltas al escribir.
verschrotten v. vender como chatarra; desguazar (buques).
verschulden v. ser culpable de; causar.
Verschulden n. culpa.
verschütten v. derramar; enterrar.
verschweigen v. callar.
verschwenden v. prodigar.
verschwenderisch adj. pródigo, disipador.
Verschwendung f. disipación.
verschwiegen adj. callado.
verschwinden v. desaparecer.
Verschwinden n. desaparición.
verschwommen adj. vago; borroso.
verschwören v. **sich** — conspirar, conjurarse.
Verschwörung f. conspiración.
versehen v. proveer de; cumplir (un encargo).
versehentlich adj. por descuido.
Versehen n.: **aus** — por equivocación.
versengen v. quemar (se).
Versenkung f. hudimiento; torpedo; escena; foso.
versetzen v. trasladar; desplazar; empeñar; asestar (un golpe); responder.
Versetzung f. traslado; promoción (alumnos).
versichern v. asegurar; afirmar.
Versicherung f. seguridad; seguro.
Versicherungs... adj. de seguros.
versiegeln v. sellar.
versiegen v. fig. agotarse.
versilbern v. platear.
versinken v. hundirse.
versöhnen v. reconciliar.
versöhnlich adj. conciliador.
Versorgung f. abasto; cuidado.
verspäten v.: **sich** — atrasarse; tardar.

Verspätung f. retraso.
versperren v. barrear.
verspotten v. mofarse de.
versprechen v. prometer; dar palabra; **sich—** equivocarse al hablar.
Versprechen n. promesa.
verspüren v. sentir.
verstaatlichen v. nacionalizar.
Verstand m. inteligencia; intelecto; juicio.
Verstandes... adj. intelectual.
verständig adj. inteligente.
verständigen v. anunciar; entenderse; ponerse de acuerdo.
verständlich adj. comprensible.
Verständnis n. entendimiento; comprensión.
verständnisvoll adj. comprensivo.
verstärken v. reforzar; intensificar; aumentar.
Verstärker m. reforzador (Foto); transistor (Radio).
Verstärkung f. refuerzo; concentración.
verstauchen v. dislocarse.
verstauen v. arrumar; estibar.
Versteck n. escondrijo.
verstecken v. esconder.
verstehen v. entender, comprender; conocer.
versteigern v. vender en subasta; subastar.
verstellbar adj. movible; regulable.
Verstellung f. fig. disimulo.
versteuern v. pagar impuestos (derechos). sobre.
verstimmt adj. malhumorado.
verstopfen v. obstruir; tapar; estreñir.
verstorben adj. difunto.
verstoßen v. repudiar (a la mujer); **— gegen** fig. pecar.
verstreuen v. esparcir.
verstummen v. enmudecer.
verstümmeln v. mutilar.
Versuch m. ensayo; experimento; prueba.
versuchen v. ensayar; probar; **zu:** tratar (de).
Versuchs... adj. de experimentación.
Versuchung f. tentación.
versüßen v. dulcificar.
vertagen v. aplazar.
vertauschen v. cambiar (por algo); permutar.
verteidigen v. defender; abogar.
Verteidiger m. defensor; defensa (fútbol).
Verteidigung f. defensa.
Verteidigungs... adj. defensivo.
verteilen v. distribuir; repartir.
Verteilung f. distribución.
Vertiefung f. ahondamiento; cavidad; hueco.
Vertilgung f. exterminio.
Vertrag m. contrato; pacto; acuerdo; **Staats—:** tratado.
vertragen v. aguantar; **sich —,** estar de acuerdo; avenirse; congeniar; **er verträgt...,** ...le prueba.
verträglich adj. tratable.
vertrauen v. fiarse de, confiar en.
Vertrauen n. confianza.
Vertrauensbruch m. abuso de confianza.
vertraulich adj. confidencial; íntimo.
vertreiben v. expulsar; echar; pasar (el tiempo).
Vertreibung f. expulsión.
vertreten v. re(e)mplazar, substituir; representar.
Vertreter m. agente; substituto.
Vertretung f. representación; agencia.

vertrösten v. ir dando largas.
verüben v. perpetrar.
verunglücken v. sufrir (perecer en) una desgracia.
verunreinigen v. manchar.
verunstalten v. deformar.
veruntreuen v. desfalcar.
verursachen v. causar; producir.   [clar.
verurteilen v. condenar, sentenciar.
Verurteilung f. condena.
vervielfältigen v. multiplicar; reproducir (fotos); copiar.
vervollkommnen v. perfeccionar.
vervollständigen v. comple(men)tar.
verwachsen v. cerrarse (herida).
verwahren v. resguardar; **sich — preservarse; protestar.**
verwalten v. administrar.
Verwalter m. administrador.
Verwaltungs... adj. administrativo.
verwandeln v. cambiar; volver.
Verwandlung f. transformación; mutación (escena).
verwandt adj. pariente, análogo.   [nidad.
Verwandtschaft f. parentela; afinidad.
Verwarnung f. amonestación.
verwechseln v. confundir.
Verwegenheit f. audacia.
verweigern v. negar; rehusar.
Verweis m. represión.
verweisen v. remitir (a); desterrar; expulsar; reprender.
verwelken v. marchitar (-se).
verweltlichen v. secularizar, laicalizar.
verwenden v. usar, emplear.
verwerten v. aprovechar.
verwesen v. pudrirse.
Verwicklung f. enredo, embrollo; drama; nudo; intriga.
verwirklichen v. realizar.
verwirren v. embrollar; desarreglar; fig. desconcertar; enmarañar (pelo).
Verwirrung f. enredo; desorden.
verwischen v. borrar.
verwittern v. descomponerse.
verwöhnen v. mimar.
verwunden v. herir.
verwundern v. sorprender.
verwünschen v. maldecir.
verwüsten v. desolar.
verzagt adj. desanimado.
verzehren v. consumir; gastar; comer(se).
verzeichnen v. apuntar; registrar.
Verzeichnis n. lista; índice; tabla.
verzeihen v. perdonar; excusar.
Verzeihung f. perdón; **—!** dispense.
verzerren v. desfigurar; torcer.
verzichten v. renunciar (a).
Verzierung f. adorno; ornamento.
verzinsen v. pagar intereses.
Verzögerung f. tardanza; retraso; demora.
verzollen v. aduanar; declarar.
Verzückung f. éxtasis.
verzweifeln v. desesperar (-se).
vespern v. merendar.
Veto n. veto; **ein — einlegen,** vetar.
Vetter m. primo.
Vieh n. animal; reses; ganado.
Viehherde f. rebaño.
Viehzucht f. ganadería, cría de ganado.
Viehzüchter m. ganadero.
viel adj. mucho.
viel..., adv. poli..., multi...; sehr — muchísimo; zu — demasiado.

vielfältig adj. múltiple.
vielleicht adv. tal vez, quizá(s), acaso.
vielmals adv. muchas veces.
vielmehr adv. más bien.
vielsagend adj. significativo.
vielseitig adj. fig. universal.
vier adj. cuatro.
viereckig adj. cuadrado.
Vierer m. con cuatro remos.
viermotorig adj. tetramotor.
Viersitzer m. coche de cuatro asientos.
Viertel n. cuarto; barrio (ciudad).   [meses.
Vierteljahr n. trimestre; tres
vierzehn adj. catorce; **— Tage** quince días; quincena.
vierzig adj. cuarenta.
Villa f. quinta; torre.
Violine f. violín.
Visite f. visita.
Visitenkarte f. tarjeta.
Visum n. visado.
Vitamine n. pl. vitaminas.
vitaminisieren v. vitaminizar.
Vogel m. pájaro; ave.
Vogelbauer n. jaula.
vogelfrei adj. fuera de la ley; **aus der Vogelperspektive** f. a vista de pájaro.
Vogelscheuche f. espantajo.
Vokabel f. vocablo; voz.
Volk n. pueblo; gente; nación.
Völkerkunde f. etnología.
Völkerwanderung f. invasión de los Bárbaros.
Volks adj. popular, nacional.
Volksabstimmung f. plebiscito.
Volksbefragung f. referéndum.
Volksschule f. escuela primaria.
Volksstamm m. tribu.
volkstümlich adj. popular.
Volksversammlung f. mitin.
Wolksweise f. aire popular; copla.
Volkswirtschaft f. economía política.
Volkszählung f. censo.
voll adj. lleno; fig. pleno; completo (coche).
vollautomatisch adj. completamente automático.
Vollblut n. (caballo de) pura sangre.
Vollgas n.: **mit — a todo gas.**
volljährig adj. mayor (de edad).
Vollmacht f. poder (general).
Vollmilch f. leche sin desnatar.
Vollmond m. luna llena.
vollständig, vollzählig adj. completo, entero.
Vollversammlung f. sesión plenaria.
vollbringen, vollenden v. ejecutar; efectuar; acabar; terminar; cumplir.
vollkommen adj. perfecto.
vollstrecken, ziehen v. ejecutar; cumplir; Unterschrift; ratificar.
Volt n. voltio.
von prep. de; **— ... an** desde...; a partir de...; por.
vor prep. delante de (algo); antes (del tiempo); ante; hace (ocho días); de miedo, por miedo.
Vorabend m. víspera.
Vorahnung f. presentimiento.
voran adv. ante; adelante.
vorangehen v. anteceder, pasar delante.
Voranschlag m. presupuesto.
vorarbeiten v. hacer los preparativos.
voraus adv. **(im —)** de antemano; anticipadamente; adelantado.
Voraussage f. predicción.
vorausschicken v. fig. anticipar.

voraussehen v. prever.
voraussetzen v. suponer.
voraussichtlich adj. probable.
Vorauszahlung f. pago anticipado; anticipo.
Vorbedeutung f. presagio; agüero.
Vorbehalt m. reserva.
vorbei adv. delante; al lado; tiempo: pasado.
vorbeiziehen v. etc. pasar.
vorbereiten v. preparar.
Vorbereitung f. preparación, pl. preparativos.
vorbeugen v. prevenir.
Vorbeugungs... adj. preventivo.
Vorbild n. modelo; ejemplo.
Vorbote m. fig. síntoma.
vorder adj. anterior, delantero, de delante; frontal.
Vorderansicht f. vista de frente.
Vordergrund m. primer término (plano).
Vordermann m. delantero.
vordringen v. avanzar.
voreilig adj. precipitado.
voreingenommen adj. parcial.
vorenthalten v. retener.
Vorfahren m. pl. antepasados.
vorfallen v. suceder; pasar.
Vorfahrt f. prioridad.
vorführen v. presentar, demostrar; Film: proyectar.
Vorgang m. suceso; proceso.
Vorgänger m. antecesor.
vorgehen v. anteceder; ocurrir; proceder (a algo); reloj: adelantarse.
Vorgesetzte(r) m. superior, jefe.
vorgestern adv. anteayer.
Vorhaben n. intención; plan.
Vorhalle f. vestíbulo, atrio.
Vorhandensein n. existencia.
Vorhang m. cortina; escena: telón; **Eiserner —** (fig.) Telón de Acero.   [te.
vorher adv. antes; primeramente.
Vorherbestimmung f. predestinación.
vorhergehend adj. precedente; anterior.
vorhersehen v. prever.
vorherrschen v. predominar.
vorhin adv. poco antes.
vorig adj. pasado; último.
Vorkenntnis f. pl. conocimientos preliminares.
vorkommen v. suceder.
Vorkriegszeit f. anteguerra.
Vorladen v. citar (tribunal).
Vorlage f. modelo; muestra.
Vorläufer m. precursor.
vorläufig adj. provisional; adv. por ahora.
Vorlegeschloß n. candado.
vorlegen v. poner delante; **pre-**sentar.
Vorlesung f. conferencia; curso.
vorletzt adj. penúltimo.
Vorliebe f. predilección.
vormals adv. antiguamente, antes.
vormerken v. apuntar.
Vormittag m. mañana.
Vormund m. tutor.
Vormundschaftsgericht n. consejo pupilar.
vorn adv. delante, por delante; de frente; fig. desde el principio.
Vorname m. nombre (de pila).
vornehm adj. distinguido; noble.
vornehmen v.: **sich —** proponerse (algo).

Vornehmlich adv. principalmente.
Vorot m. arrabal, suburbio.
Vorrang m. prioridad.
Vorrat m. provisión; **fondos;** existencias.
Vorratskammer f. despensa.
Vorrecht n. privilegio.
Vorrede f. prefacio, prólogo.
Vorrichtung f. dispositivo.
vorrücken v. adelantar(se).
Vorsatz m. propósito; plan.
Vorschlag m. proposición; propuesta.
vorschlagen v. proponer.
vorschreiben v. prescribir; ordenar.
Vorschrift f. reglamento; instrucción; prescripción.
Vorschuß m. anticipo.
vorsehen v. prever; **sich —** guardarse **(de).**
Vorsehung f. Providencia.
Vorsicht f. precaución; prudencia.
vorsichtig adj. cauto.
Vorsichtsmaßregel f. medida de precaución.
Vorsitz m. presidencia.
vorsitzen v. presidir.
Vorsorge f. precaución.
Vorspann m. (Film) reparto.
Vorspeise f. entrada; entremés.
Vorspiel n. preludio; Oper: obertura. [ventaja.
Vorsprung m. Mauer: saliente;
Vorstadt f. arrabal(es).
Vorstand m. dirección.
vorstehend adj. saliente.
vorstellen v. presentar; adelantar (un reloj); representar (un papel); **sich —** presentarse; imaginarse.
Vorstellung f. (re)presentación, función (de teatro); idea; imaginación.
Vorstoß m. avance.
Vorstrafe f. antecedente penal.
Vorteil m. ventaja; provecho, beneficio.
vorteilhaft adj. ventajoso; favorable.
Vortrag m. recitación; discurso; conferencia; interpretación.
vortrefflich adj. exquisito.
Vortritt m. precedencia.
vorüber: — sein haber pasado, cesado.
vorübergehen v. pasar.
Vorübergehender(r) m. transeúnte, paseante.
Voruntersuchung f. sumaria.
Vorurteil m. perjuicio; fig. preocupación.
Vorverhandlungen f. pl. preliminares.
Vorverkauf m. despacho (de billetes) en contaduría.
Vorwand m. pretexto.
vorwärts adv. (hacia) adelante.
vorwärtskommen v. avanzar; fig. progresar.
vorwegnehmen v. anticipar.
vorwerfen v. reprochar.
vorwiegend adj. fig. preponderante.
Vorwort n. prólogo, prefacio.
Vorwurf m. tema; reproche.
Vorzeichen n. augurio; signo (matemático).
vorzeigen v. mostrar.
Vorzeit f. antigüedad.
vorzeitig adj. prematuro.
vorziehen f. fig. preferir.
Vorzug m. preferencia; prioridad.

vorzüglich adj. superior, exquisito; sobresaliente (nota).
Vulkan m. volcán.
vulkanisieren v. vulcanizar.

W w

Waage f. balanza; báscula.
waagerecht adj. horizontal.
Wabe f. panal .
wach adj. despierto.
Wachdienst m. vigilancia.
Wache f. (cuerpo de) guardia; **— stehen, wachen** v. velar, vigilar.
Wacholder m. enebro.
Wachs n. cera.
Wachstuch n. hule.
Wachszündhölzchen n. cerilla.
wachsam adj. vigilante, alerto.
wachsen v. crecer; aumentar (se).
Wachstum n. crecimiento.
Wachtmeister m. primer sargento; fam. guardia.
Wachtposten m. centinela.
Wachtturm m. atalaya.
Wachtel f. codorniz.
wackeln v. tambalear, cojear.
Wade f. pantorrilla.
Waffe f. arma.
Waffenstillstand m. armisticio.
Waffel f. barquillo.
wägbar adj. ponderable.
wagen v. atreverse, osar.
Wagen m. carro; coche.
Wagenfenster n. ventanilla.
Wagenheber m. gato.
Wagenschlag m. portezuela.
Waggon m. vagón.
waghalsig adj. temerario.
Wahl f. elección; votación.
Wahl... adj. electoral.
Wahlgang m. escrutinio.
Wahlrecht n. sufragio.
Wahlspruch m. lema.
Wahlstimme f. voto.
wählbar adj. elegible.
wählen v. elegir; votar (para); marcar (número de teléfono).
Wähler m. elector.
wählerisch adj. difícil de contentar.
Wahn m. ilusión, imaginación.
Wahnsinn m. enajenación, locura, demencia.
wahnsinnig adj. loco.
wähnen v. creer, figurarse.
wahr adj. verdadero, real; sincero; **nicht —?** ¿verdad?
wahrnehmbar adj. perceptible; visible.
wahrnehmen v. percibir; divisar; fig. aprovechar(se de).
wahrsagen v. augurar; decir la buena ventura.
wahrscheinlich adj. verosímil, probable(mente).
Wahrzeichen n. símbolo.
wahren v. guardar.
währen v. durar.
während prep. durante; conj. mientras que.
Wahrheit f. verdad, realidad.
Währung f. valor (monetario), cambio; moneda.
Währungs... adj. monetario.
Waise m. huérfano, -a.
Waisenhaus n. asilo (de huérfanos), orfanat(ori)o.
Wal(fisch) m. ballena.
Wald m. bosque, selva.

Wald... adj. del bosque, forestal.
Wallfahrt f. peregrinación, romería.
Wallach m. caballo capón.
Wallung f. ebullición, hervor.
Walnuß f. nuez.
Walroß n. morsa.
Walzblech n. chapa laminada.
Walze f. cilindro, rodillo; apisonadora (de carreteras).
walzen v. laminar.
walzenförmig adj. cilíndrico.
Walzer m. vals.
Walzwerk n. laminador.
Wand f. pared, muro; tabique.
Wandbekleidung f. revestimiento, entabladura.
Wandkarte f. mapa mural.
Wandschrank m. alacena.
Wanduhr f. reloj de pared.
wandelbar adj. variable.
Wander... adj. circulante, ambulante. [sionista.
Wanderer m. caminante, excursionista.
Wanderung f. viaje, excursión.
Wange f. mejilla.
wanken v. vacilar, flaquear.
wann adv. cuando; **seit —?** ¿desde cuándo?
Wanne f. cuba; bañera.
Wanze f. chinche.
Wappen n. escudo de armas, blasón. [tículo.
Ware f. mercancía, género, artículo.
Warenabsatz m. salida.
Warenbestand m. existencias.
Warenhaus n. almacén.
Warenlager n. depósito, almacén, stock.
Warenrechnung f. factura.
Warenstempel m., **Warenzeichen** n. marca de fábrica.
warm adj. caliente, cálido; caluroso (tiempo); **mir ist —** tengo calor.
Wärme f. calor, fig. ardor.
Wärm... adj. térmico, calórico.
wärmeerzeugend adj. calorífico.
wärmen v. calentar.
Wärmflasche f. calentador.
warnen v. advertir, avisar, anunciar.
Warnung f. advertencia, aviso.
Warte f. observatorio.
warten v. esperar; aguardar; cuidar, asistir (a).
Wärter m. guarda, guardián.
warum adv. por qué.
Warze f. verruga.
was pron. qué; **— für (ein)** qué (clase de); pron. (lo) que, lo cual.
Waschanstalt f. lavadero, tintorería.
Waschbecken n. lavamanos.
Waschfaß n. cuba.
Waschfrau f. lavandera.
Waschküche f. lavadero.
Waschmaschine f. lavadora.
Waschtisch m. lavabo.
Wäsche f. ropa blanca, lavado, colada.
Wäschegeschäft n. lencería.
waschen v. lavar; colar.
Wasser n. agua.
Wasser... adj. acuático, hidráulico; náutico.
Wasserdampf m. vapor.
wasserdicht adj. impermeable.
Wasserfall m. cascada, catarata.
Wasserflugzeug n. hidroavión.
Wasserglas n. vaso, copa.
wasserhaltig adj. acuoso.
Wasserklosett n. water.
Wasserkrug m. cántaro, garrafa.
Wasserkühlung f. refrigeración por agua.
Wasserlandung f. amaraje.

Wasserleitung f. acueducto, cañería.
Wassermann m. Acuario.
Wassermelone f. sandía.
Wassermühle f. aceña.
wasserscheu adj. hidrófobo.
Wasserspiegel m. nivel de agua.
Wasserstand m. altura del agua.
Wasserstoff m. hidrógeno.
Wasserstrahl m. chorro de agua.
Wasserstraße f., **Wasserweg** m. vía fluvial, vía marítima.
Wasserwelle f. ondulación al agua.
Wasserwerk n. central hidráulica. [ca.
Wasserzeichen n. filigrana, marca.
wässern v. aguar; regar.
waten v. vadear.
Watt n. vatio; Meer: bajío.
Watte f. algodón (en rama), guata.
weben v. tejer.
Webstuhl m. telar.
Wechsel m. cambio; mudanza; variación; letra (de cambio); giro.
Wechselaussteller m. librador.
Wechselfieber n. fiebre intermitente. [m. cambio.
Wechselgeld n., **Wechselkurs**
Wechseljahre n. pl. edad crítica.
wechselseitig adj. mutuo, recíproco.
Wechselstrom m. corriente alterna. [bio.
Wechselstube f. casa de cam-
wechseln v. cambiar, mudar (se).
wecken v. despertar.
Wecker m. despertador (reloj).
weder conj.: **—... noch, ni... ni.**
Weg m. camino, vía; ruta; paso; fig. medio.
weg s. **fort, wegen** prep. **a** (por) causa de, con motivo (de).
wegfahren v. salir (en coche).
wegfallen v. dejar de suceder.
wegfliegen v. volar (-se).
weggehen v. irse, salir.
wegkommen v. desaparecer.
weglassen v. omitir.
weglaufen v. escaparse.
wegnehmen v. quitar.
wegräumen v. remover.
wegreißen v. arrebatar.
wegrücken v. apartar (se).
wegschicken v. despedir; enviar.
'wegstoßen v. empujar.
wegtreten v. romper filas.
Wegweiser m. indicador.
wegwerfen v. arrojar; echar.
wegziehen v. mudarse de casa.
weh interj. **— mir!** ¡ay de mí; **— tun** hacer daño, causar dolor.
Weh n. dolor, mal.
wehklagen v. lamentarse.
wehmütig adj. melancólico, triste.
Wehen pl. dolores del parto.
wehen v. soplar (viento); tremolar (bandera).
Wehr n. presa.
Wehrmacht f. ejército.
Wehrpflicht f. obligación del servicio militar.
wehren v.: **sich —,** defenderse, resistir.
Weib n. mujer.
Weibchen n. hembra (animales).
weibisch adj. afeminado.
weiblich adj. femenino.
weich adj. blando; suave; tierno; delicado; metal: dulce.
Weiche f. cambio de vía; aguja.
weichen v. ceder.
Weichensteller m. guardagujas.

Weide f. sauce (árbol); prado, pastos.

weiden v. pacer, pastar; **sich —** fig. gozar.

Weidenrute f. mimbre.

weigern v.: **sich —** negarse, resistirse. [ración.

Weigerung f. negativa, degene-

Weihnachten n. pl. Navidad.

Weihnachts... adj. navideño.

Weihnachtsabend m. Nochebuena. [gallo.

Weihnachtsmesse f. misa de

Weihnachtslied n. villancico.

Weihe f. bendición.

weihen v. consagrar; ordenar (sacerdote).

Weihrauch m. incienso.

Weihwasser n. agua bendita.

weil conj. porque.

Weile f. rato, momento.

weilen v. permanecer, detenerse.

Wein m. vino.

Weinbau m. vinicultura.

Weinbeere f. grano de uva.

Weinberg m. viña. [no].

Weinflasche f. botella (para vi-

Weingeist m. alcohol.

Weinglas n. copa, vaso.

Weinhandlung f., **Weinkeller** m. bodega.

Weinlaube f. emparrado.

Weinlese f. vendimia.

Weinrebe f. vid.

Weinschenke f. taberna.

Weintraube f. uva.

weinen v. llorar.

weise adj. prudente, sabio.

Weise(r) m. sabio.

Weise f. modo, manera, estilo; canción, aire.

weisen (auf) v. indicar.

Weisheit f. sabiduría, saber.

weisagen v. presagiar, profetizar.

weiß adj. blanco.

Weißblech n. hojalata.

weißen v. blanquear.

Weißfisch m. albur.

weißglühend adj. incandescente.

weißhaarig adj. cano (-so).

Weißkohl m. repollo.

Weißware f. lencería.

Weißwein m. vino blanco.

Weisung f. instrucción.

weit adj. ancho, extenso, amplio; vasto; grande; lejano; adv. lejos; **zu — gehen** excederse; **— besser** mucho mejor; **bei weitem nicht** ni mucho menos; **von weitem** de lejos; **wie —?** ¿qué distancia?

weiter: — nichts adv. nada más.

weithin adv. a lo lejos.

weitläufig. adj. amplio; detallado.

weitsichtig adj. présbite; fig. perspicaz. [dental.

weittragend adj. fig. transcen-

Weite f. anchura, extensión, distancia.

weiten v. ensanchar.

Weizen m. trigo.

welch pron. qué, cuál; quien, (el) que, el cual.

welk adj. marchito.

welken v. marchitarse.

Wellblech n. chapa ondulada.

Welle f. ola, onda; árbol, eje.

Wellenbad n. baño de oleaje.

Wellenbrecher m. rompeolas.

Wellenkamm m. cresta.

Wellenlänge f. longitud de onda.

Wellenreiten n. (deporte del) acuaplano.

Wellensittich m. cotorra.

Welt f. mundo.

Welt... adj. del mundo, mundial; universal.

Weltall n. universo.

Weltausstellung f. exposición universal. [mundial.

weltbekannt adj. de renombre

Weltbürger m. cosmopolita.

Weltgeschichte f. historia universal.

Welthandel m. comercio internacional.

Weltkarte f. mapamundi.

Weltkrieg m. guerra mundial.

Weltkugel f. globo terrestre.

Weltmeer n. océano.

Weltraum m. espacio; Universo.

Weltraumfahrer etc. s. **Raumfahrer** etc.

Weltrekord m. marca mundial.

Weltruf m. fama mundial.

Weltstadt f. metrópoli. [do.

Weltuntergang m. fin del mun-

wem pron. ¿a quién?

wen pron. ¿a quién?; ¿quién?

Wendekreis m. trópico.

Wendeltreppe f. escalera de caracol.

wenden v. volver; girar; **sich — (an)** dirigirse a.

wendig adj. acomodadizo.

Wendung f. vuelta, viraje; fig. giro.

wenig adj. poco; escaso.

weniger adv. menos; **am wenigsten** (por) lo menos.

wenigstens adv. al menos, siquiera.

wenn conj. si; cuando.

wenngleich conj. aunque; **selbst —** aun cuando.

wer pron. ¿quién?

Werbe... adj. de propaganda (o publicidad).

werben v. alistar; **— um** solicitar, pedir; **— (für)** hacer propaganda (por).

Werbung f. publicidad; propaganda; reclutamiento.

werden v. (llegar a) ser, volverse, hacerse; convertirse, ponerse; resultar; **arm —** empobrecerse; **alt —** envejecer, etcétera.

werfen v. echar, lanzar.

Werft f. astillero.

Werk n. obra; trabajo; fábrica.

Werkbank f. banco.

Werkführer m. capataz, contramaestre.

Werkstatt f. taller.

Werktag m. día laborable.

werktätig adj. activo.

Werkzeug n. herramienta, instrumentos.

Werkzeugtasche f. herramental.

wert adj. caro, de valor; estimado; digno (de).

Wert m. valor.

Wertbestimmung f. valuación.

Wertbrief m. carta con valor declarado. [cía.

wertig f. (chemisch) valen-

wertlos adj. sin valor.

Wertpapiere n. pl. títulos, valores. [dos.

Wertsendung f. valores declara-

wertvoll adj. valioso, precioso.

Wesen n. ser, existencia, esencia. [cipal.

wesentlich adj. esencial; prin-

weshalb, weswegen adv. ¿por qué?

Wespe f. avispa.

wessen adv. cuyo; ¿de quién?

West, Westen m. Oeste.

Weste f. chaleco.

westlich adj. occidental, del Oeste.

Wettbewerb m. competencia, concurso.

wetteifern v. emular, competir.

Wettlauf m. carrera.

Wettrennen n. carrera(s).

Wettstreit m. rivalidad; concurso.

Wette f. apuesta.

wetten v. apostar.

Wetter n. tiempo.

Wetterbericht m. boletín meteorológico.

Wetterkunde f. meteorología.

wetterleuchten v. fucilar.

wichsen v. lustrar (las botas).

wichtig adj. importante, considerable.

Wichtigkeit f. importancia.

Wickelkind n. niño de teta.

wickeln v. envolver; arrollar.

Widder m. carnero; Aries.

wider prep. contra.

widerfahren v. ocurrir.

Widerhaken m. garfio.

widernatürlich adj. innatural.

widerrechtlich adj. injusto, ilegal.

Widerrede f. réplica; oposición.

widerrufen v. revocar, desmentir.

Widerschein m. reflejo.

widersetzen v. oponer(se).

widersinnig adj. absurdo.

widerspenstig adj. rebelde; **sich widerspiegeln** v. reflejarse.

widersprechen v. contradecir.

Widerspruch m. oposición, protesta.

Widerstand m. resistencia.

widerstehen v. resistir; repugnar (comida).

widerwärtig adj. repugnante; asqueroso.

Widerwille m. aversión, antipatía.

widerwillig adv. a disgusto.

widmen v. dedicar(se a).

widrig adj. contrario, opuesto.

wie adv. y conj. ¿cómo? (así) como; cual; cuando.

wieder adv. otra vez, de nuevo; verbos: volver a (hacer); re...

wiederaufbauen v. construir de nuevo.

wiederaufrüsten v. rearmar.

wiederbeleben v. reanimar.

Wiederbestellung f. nuevo pedido.

wiederbringen v. devolver.

wiedereinlösen v. desempeñar.

wiedererlangen v. recobrar, recuperar.

wiedererkennen v. reconocer.

Wiedereröffnung f. reapertura.

wiedererstatten v. restituir; reembolsar.

wiedererzählen v. repetir.

wiederfinden v. hallar.

Wiedergabe f. devolución; reproducción; interpretación.

Wiedergeburt f. renacimiento.

wiedergutmachen v. reparar.

wiederholen v. repetir, recapitular.

Wiederkäuer m. rumiante.

Wiederkehr f. vuelta, regreso.

wiedersehen v. rever, volver a ver; **auf Wiedersehen!** ¡hasta la vista!

wiederum adv. de nuevo.

Wiedervereinigung f. reunión.

Wiederverheiratung f. segundo matrimonio.

wiederwählen v. reelegir.

Wiege f. cuna.

Wiegeschein m. talón de peso.

wiegen v. pesar; mecer, arrullar (un niño).

wiehern v. relinchar.

Wiese f. prado, pradera.

wieso adv. ¿cómo?; ¿por qué?

wieviel? adv. ¿cuánto -a?

wild adj. salvaje; planta: silvestre; bravío; feroz.

Wilder m. salvaje.

Wildbret n. caza.

Wilddieb m. cazador furtivo.

Wildleder n. ante, gamuza.

Wildschwein n. jabalí.

wildern v. cazar en vedado.

Wildnis f. desierto.

Wille m. voluntad; gana.

Willensfreiheit f. criterio; libre albedrío.

Willenskraft f. energía.

willfahren v. complacer (a).

willig adj. dispuesto, de buena voluntad.

willkommen adj. bien venido.

Willkür f. arbitrariedad.

wimmeln v. pulular.

Wimpel m. gallardete.

Wimper f. pestaña.

Wind m. viento, aire.

Windbeutel m. clase de buñuelo.

Windhose f. tromba.

Windhund m. galgo.

Windmühle f. molino de viento.

Windpocken f. pl. viruelas locas.

Windrose f. rosa náutica.

Windscheibe f. parabrisas.

Windstille f. calma.

Windstoß m. ráfaga.

Winde f. polea.

Windel f. pañal.

winden v. torcer, retorcerse; tejer (guirnaldas); sacar (de manos).

windig adj. ventoso; **es ist —** hace aire (viento).

Windung f. vuelta; recodo.

Wink m. seña(l); fig. advertencia.

Winkel m. ángulo; esquina.

Winkeleisen n. escuadra.

winkelig adj. anguloso.

winken v. hacer una señal (con la mano, etc.).

Winker m. flecha móvil.

Winter m. invierno.

Winter... adj. invernal.

Winterschlaf m. sueño hibernal.

Winzer m. viñador.

winzig adj. enano; mezquino.

Wippe f. columpio, báscula.

wir pron. nosotros, -as.

Wirbel m. remolino; redoble (de tambor); vértebra; clavija (de violín). [bral.

Wirbelsäule f. columna verte-

Wirbeltier n. vertebrado.

wirbeln v. girar; formar remolinos.

wirken v. obrar; producir efecto; tejer.

wirklich adj. real; efectivo; verdadero.

Wirklichkeit f. realidad, verdad.

wirksam adj. activo, eficaz.

Wirksamkeit f. eficacia.

Wirkstoff m. substancia activa, hormona.

Wirkung f. acción, resultado.

wirkungslos adj. sin efecto, ineficaz.

wirr adj. enredado; confuso.

Wirrwarr m. caos; trastorno, maraña.

Wirsingkohl m. col rizada.

Wirt m. casa: propietario; patrón; tabernero; fondista.

Wirtshaus n. resturante.

wirtschaften v. gobernar (una casa).

Wirtschafterin f. ama de llaves.

Wirtschafts... adj. económico.

Wirtschaftsjahr n. ejercicio.

wischen v. estregar.

Wischlappen m. rodilla (trapo).
Wismut m. (n.) bismuto.
wispern v. murmurar.
wissen v. saber, conocer.
Wissen n. saber.
wissenswert adj. de interés.
Wissenschaft f. ciencia.
Wissenschaftler m., wissenschaftlich adj. científico.
wittern v. husmear; olfatear.
Witterung f. tiempo.
Witwe f. viuda.
Witwer m. viudo.
Witz m. chiste; gracia, ingenio.
Witzblatt n. periódico humorístico.
witzig adj. chistoso, fam. saleroso.
wo adv. donde? ¿dónde?
wobei, wodurch, wofür, wogegen, etc. adv. con lo cual, con que; por lo cual, porque, ¿por qué?; ¿por (para) qué?; contra lo cual, contra que; etc.
Woche f. semana.
Wochenbett n. (sobre)parto.
Wochenblatt n. semanario.
Wochengeld n. semanal.
Wochenschau f. noticiario; fam. no-do.
Wochentag m. día laborable.
wöchentlich adj. semanal, semanario; adv. cada semana.
Wöchnerin f. parida.
wogen v. ondear, agitarse.
wohl adv. bien; por cierto; sí; leben Sie —!, ¡vaya usted con Dios!, ¡adiós!; — bekomm's!, ¡buen provecho!
Wohl n. bien (estar); auf Dein Wohl!, ¡a tu salud!
wohlbehalten adj. en buen estado (buena salud).
Wohlergehen n. prosperidad.
Wohlfahrtsausschuß m. comité de salud pública.
wohlfeil adj. barato.
wohlgefällig adj. satisfactorio.
Wohlgeruch m. perfume, aroma.
wohlgewogen adj. benévolo.
wohlhabend adj. adinerado.
wohlklingend adj. armonioso, sonoro.
wohlriechend adj. aromático; perfumado.
Wohlstand m. prosperidad.
wohltätig adj. benéfico; caritativo.
wohltun v. hacer bien.
wohlverdient adj. benemérito.
wohlwollend adj. benévolo.
Wohnhaus n. casa; domicilio.
Wohnort, Wohnsitz m. residencia.
Wohnzimmer n. sala de estar.
wohnen v. habitar, vivir.
wohnhaft adj. residente.
Wohnung f. domicilio, estancia; piso, casa.
Wohnungsamt n. Oficina de Alojamiento.
Wohnungsbau m. construcción de viviendas.
Wohnwagen m. caravana.
Wolf m. lobo.
Wolke f. nube.
Wolkenbruch m. aguacero, lluvia torrencial.
Wolkenkratzer m. rascacielos.
wolkig adj. nublado.
Wolle f. lana.
Wollindustrie f. industria lanera.
wollen v. querer; tener la voluntad, intención.

Wollust f. lujuria, lascivia; voluptuosidad.
Wonne f. delicia, goce.
Wort n. palabra, voz.   [juro.
wortbrüchig adj. desleal; perwortkarg adj. parco en palabras.
Wortlaut m. texto original.
Wortschatz m. vocabulario.
Wortspiel n. juego de palabras.
Wortbildung f. formación de las palabras.
Wortwechsel m. discusión, altercado.
Wörterbuch n. diccionario.
wörtlich adj. literal; a la letra.
Wrack n. buque naufragado.
Wucher m. usura.
Wucherer m. usurero.
wuchern v. usurear; planta: lozanear.
Wuchs m. estatura, figura.
Wucht f. peso, carga; ímpetu, violencia.
wühlen v. revolver; agitar.
wulstig adj. abultado.
wund adj. herido; escoriado.
Wundarzneikunst f. cirugía.
Wundfieber n. fiebre traumática.
Wunde f. herida.
Wunder n. milagro, prodigio; maravilla.
wunderschön adj. hermosísimo.
wunderbar adj. milagroso, prodigioso; maravilloso.
wunderlich adj. extraño, raro.
wundern v. extrañar(se), asombrar(se).
Wunsch m. deseo, anhelo, gana.
wünschen v. desear, querer.
Würde f. dignidad; título.
würdevoll, würdig adj. digno (de).
würdigen v. creer digno; estimar.
Würdigung v. aprecio.
Wurf m. tiro, tirada, lance; cría (animales).
Wurfgeschoß n. arma arrojadiza.
Wurfleine f. guía.
Würfel m. dado; Stoffmuster: cuadrado; geometrisch: cubo.
Würfelbecher m. cubilete.
würfelförmig adj. cúbico.
Würfelzucker m. azúcar cuadradillo.
würgen v. ahogar.
Wurm m. gusano; lombriz.
wurmstichig adj. carcomido.
Wurst f. salchichón, embutido.
Würstchen n. salchicha.
Würze f. especia, condimento; fig. sal.
Wurzel f. raíz.
Wurzelzeichen n. radical.
würzeln v. arraigar, echar raíces.
würzen v. sazonar.
würzig adj. aromático.
wüst adj. desierto; confuso.
Wüste f. desierto.
Wüstling m. libertino.
Wut f. rabia, furia.
wütend adj. furioso, rabioso.

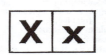

Xbeine n. pl. piernas torcidas, zambas.

xbeinig adj. patizambo.
xmal adv. infinidad de veces.
Xstrahlen m. pl. rayos X.

Zacken m. punta, púa, diente.
zaghaft adj. temeroso.
zähe adj. tenaz; duro.
Zahl f. cifra, número.
Zahladjektive n. adjetivo numeral.
Zahlkarte f. cheque (postal).
zahllos adj. innumerable.
zahlreich adj. numeroso, copioso.
Zahltag m. día de pago; vencimiento.
zahlbar adj. pagadero.
zählbar adj. contadero.
zahlen v. pagar.
zählen v. contar, enumerar.
Zähler m. contador (gas, etc.); numerador.
Zahlung f. pago.
Zählung f. (e)numeración; censo.
Zahlungsanweisung f. orden de pago, cheque.
Zahlungsaufschub m. prórroga.
Zahlungsbedingungen f. pl. condiciones de pago.
Zahlungsfrist f. plazo, término.
zahlungsunfähig adj. insolvente.
zahm adj. manso; doméstico.
zähmen v. dom(estic)ar.
Zahn m. diente; Backen —, muela; Eck— colmillo.
Zahn... adj. dental.
Zahnarzt m. dentista.
Zahnbürste f. cepillo para los dientes.   [za.
Zahnersatz m. dentadura postiZahnfäule f. caries.
Zahnfleisch n. encía.
Zahnlücke f. mella.
Zahnpaste f. pasta dentrífica.
Zahnrad n. rueda dentada.
Zahnradbahn f. ferrocarril de cremallera.
Zahnstocher m. palillo (higiénico).
Zahnweh n. dolor de muelas (dientes).
Zahnwurzel f. raigón.
zahnen v. echar dientes.
Zange f. tenazas, pinzas.
Zank m. riña, disputa, pelea.
zanken v. reñir; pelear(se).
zart adj. tierno, sutil.
zartfühlend adj. delicado.
zärtich adj. cariñoso.
Zäpfchen n. Hals: úvula; After: supositorio.
Zapfen m. taco, tapón, (madera); espiga (barril).
Zapfenstreich m. retreta.
zappeln v. patalear.
Zaum m. brida; freno.
Zaumzeug n. guarnición.
Zaun m. cerca, valla(do).
Zaunkönig m. reyezuelo.
zausen v. desgreñar (pelo).
Zeche f. gasto, consumición; mina.
zechen v. trincar.

Zehe f. dedo (del pie); auf Zehen (spitzen) de puntillas.
zehn adj. diez.
Zehntel n. décimo.
Zeichen n. signo, señal; marca.
Zeichenbrett n. tablero.
Zeichensetzung f. puntuación.
Zeichensprache f. lenguaje por señas.
zeichnen v. dibujar, marcar; firmar, signar; suscribir.
Zeichner m. dibujante.
Zeichnung f. dibujo.
Zeigefinger m. (dedo) índice.
zeigen v. (de)mostrar, enseñar; indicar.
Zeiger m. manecilla; reloj: minutero, horario.
Zeile f. línea, renglón.
Zeilenschalter m. interlineador.
Zeit f. tiempo; hora.
Zeitabschnitt m. período, época.
zeiten v. Sport: cronometrar.
Zeitalter n. era, tiempo, edad.
zeitgemäß adj. actual; moderno.   [ráneo.
zeitgenössisch adj. contempozeitlebens adv. durante (en) toda la vida.
Zeitlupe f. retardador.
Zeitpunkt m. momento, instante.
Zeitraffer m. acelerador.
Zeitraum m. período.
Zeitrechnung f. cronología, era.
Zeitschrift f. revista.
Zeitvertreib m. pasatiempo.
Zeitwort n. verbo.
zeitig adj. temprano; adv. a tiempo.
zeitlich adj. temporal.
Zeitung f. periódico, diario.
Zeitungskorrespondent m. corresponsal; periodista.
Zeitungsstand m. quiosco.
Zeitungswesen n. periodismo, prensa.
Zelle f. celda, cabina; célula (Gewebe).
Zelt n. tienda (de campaña).
Zeltdach n. toldo.
zelten v. acampar.
Zelten n. camping.
Zement m. cemento.
Zensur f. censura.
Zentimeter m. centímetro.
Zentner m. quintal.
Zentrale f. central.
Zentralheizung f. calefacción central.
Zepter n. cetro.
zerbersten v. reventar (-se).
zerbrechen v. romper(se); quebrar; deshacer.
zerbrechlich adj. frágil, rompedizo.
zerbröckeln v. desmenuzar.
zerdrücken v. chafar.
Zerfall m. desmoronamiento, ruina.
zerfressen adj. carcomido.
zergehen v. derretirse, deslírse.
zehacken v. picar, despedazar.
zerhauen v. cortar; deshacer.
zerkleinern v. desmenuzar.
zerknirscht adj. atrito.
zerknittern v. chafar, arrugar.
zerkratzen v. rasguñar.
zerlegen v. descomponer, desmontar; trinchar (viandas).
zermalmen v. triturar, moler.
zernagen v. (cor)roer.
zerpflücken v. deshojar; desplumar.
zerplatzen v. reventar; estallar.
zerreißen v. rasgar; romper(se).
zerren v. (es)tirar; arrancar.
Zerrung f. distensión.
zerrinnen v. derretirse; fig. desaparecer.

zerrissen adj. roto.
zerrütten v. turbar, arruinar.
zersägen v. serrar.
zerschellen v. romper(se), estrellar(se).
zerschmettern v. estrellar; destruir.
zersetzen v. descomponer.
zerspalten v. hender.
zersplittern v. hacer astillas; malgastar (energías).
zerspringen v. romperse, estallar.
zerstäuben v. pulverizar.
zerstören v. destruir, deshacer, demoler.
Zerstörer m. destructor; barco: cazatorpedero.
zerstreuen v. esparcir, fig. distraer.
zerstreut adj. distraído.
zerstückeln v. despedazar, desmenuzar.
zertreten v. pisotear.
zerzaust adj. desgreñado (pelo).
Zettel m. pedazo de papel, papeleta; teatro: programa.
Zettelankleber m. cartelero.
Zeug n. material; tela; ropa; cosas; albernes —, disparate; unnützes —, trastos.
Zeuge m. testigo.
zeugen v. atestiguar, deponer (testigos); procrear.
Zeugenaussage f. declaración.
Zeugnis n. testimonio; certificado, fe.
Zeugung f. procreación.
zeugungsunfähig adj. impotente.
Ziege f. cabra.
Ziegel m. ladrillo, teja.
Ziegeldach n. tejado.
Ziegelei f. tejar, ladrillar.
Ziehbrunnen m. pozo con garrucha.
ziehen v. (es)tirar; sacar; trazar (círculos); girar (letra de cambio); extraer (diente); mudar(se) de casa.
Ziehung f. sorteo; giro (letra de cambio).
Ziel n. blanco (tiro); fin, límite; plazo, término; objeto; meta.
ziellos adj. vago.
Zielscheibe f. blanco.
zielen v. apuntar a.
ziemen v. (sich —,) convenir.
ziemlich adv. bastante.
Zier... adj. de adorno.
Zierrat m. atavío, ornamento.
Zierde f. adorno.
zieren v. (ad)ornar; sich —, melindrear.
zierlich adj. delgado, lindo.
Ziffer f. cifra, número; guarismo.
Zifferblatt n. esfera.
Zigarette f. cigarrillo.
Zigarettenpapier n. papel de fumar.
Zigarre f. (cigarro) puro.
Zigarrenhandlung f. estanco.
Zigarrentasche f. petaca, cigarrera.
Zigeuner m. gitano, flamenco.
Zimmer n. habitación, cuarto, sala.
Zimmerdecke f. techo.
Zimmermädchen n. camarera.
Zimmermann m. carpintero.
zimmern v. carpintear.
zimperlich adj. melindroso.
Zimt m. canela.
Zink n. cinc.
Zinke f. púa, diente.
Zinn n. estaño.
Zins m. renta; interés.
Zinsabschnitt m. cupón.
Zinsfuß m. tipo de interés.

Zinseszins m. interés compuesto.
Zipfel m. cabo, punta.
Zirkel m. compás; fig. grupo, círculo.
Zirkus m. circo.
zischen v. sisear; borbotar (Wasser).
zitieren v. citar.
Zitrone f. limón.
Zitronenbaum m. limonero.
Zitronenpresse f. exprimidera.
Zitteraal m. gimnoto.
zittern v. trepidar; tiritar (de frío).
zivil adj. civil.
Zivilist m. paisano.
zögern v. vacilar; tardar.
Zofe f. doncella.
Zoll m. pulgada (medida); (derechos de) aduana.
Zollangabe f. declaración.
Zollbeamte(r) m. aduanero, vista (de aduana).
zollfrei adj. exento de derechos.
Zollrevision f. visita, registro de aduana.
Zollsiegel n. marchamo.
Zolltarif m. arancel.
Zollverschluß m. precinto.
Zone f. zona.
zoologisch adj. zoológico.
Zopf m. trenza; coleta.
Zorn m. cólera, ira.
zornig adj. colérico, enojado.
zottig adj. velludo.
zu adj. en casa de; con; por (ejemplo); — Fuß a pie; zum General ernennen nombrar general; um — para; (la puerta está) cerrada; demasiado (grande).
Zubehörteil n. accesorio.
Zubereitung f. preparación, aderezo.
zublinzeln v. guiñar (el ojo).
zubringen v. pasar (el tiempo).
Zubringerdienst m. servicio de enlace.
Zucht f. cría, cultivo; raza; disciplina.
Zuchthaus n. presidio, correccional.
Zuchthäusler m. penitenciario.
Zuchtvieh n. ganado de cría.
züchten v. criar, cultivar.
Züchter m. Vieh: ganadero; cultivador.
Züchtigung f. castigo (corporal).
zucken v. palpitar.
Zucker m. azúcar.
Zuckerguß m. baño de azúcar.
Zuckerkrankheit f. diabetes.
Zuckerrohr n. caña de azúcar.
Zuckerschale f. azucarero.
Zuckerwerk n. confituras, dulces.
zudecken v. tapar, cubrir.
zudem adv. además.
zudrehen v. cerrar (grifo).
zudringlich adj. impertinente.
zuerkennen v. conceder; adjudicar.
zuerst adv. primeramente; ante todo; antes.
Zufall m. azar; casualidad.
zufällig adj. casual; adv. por casualidad.
zufließen v. correr, afluir (hacia).
Zuflucht f. refugio; remedio.
Zufluß m. afluencia; afluente (de un río).
zufrieden adj. contento.
Zufriedenheit f. satisfacción, contento.
zufriedenstellend adj. satisfactorio.
zufügen v. añadir; dolor: causar.
Zufuhr f. acarreo, transporte.

Zug m. tiro; tirón; corriente (de aire); paso procesión, desfile; jugada (ajedrez); trago (bebida); rasgo (pluma, cara); redada (pesca); tren; chupada (puro).
Zugbrücke f. puente levadizo.
Zugführer m. jefe de tren.
Zugkraft f. fuerza de (a)tracción.
Zugleine f. cable de remolque.
Zugpferd n. caballo de tiro.
Zugstück n. teatro: éxito.
Zugvogel m. ave de paso.
Zugabe f. añadidura.
Zugang m. acceso.
zugänglich adj. accesible.
zugeben v. añadir; fig. conceder.
zugegen: adv. — sein estar presente.
zugehörig adj. perteneciente.
Zügel m. rienda; brida.
Zügellosigkeit f. desenfreno.
zügeln v. enfrenar.
zugerichtet adj.: übel — malparado.
zugestehen v. otorgar, conceder.
zugetan adj. afect(uos)o.
zugig adj. ventoso, expuesto a corriente de aire.
zugleich adv. junto; a la vez.
zugreifen v. servirse; asir.
zugrunde richten v. arruinar.
zuhaken v. abrochar.
zuhalten v. cubrir con la mano; taparse (los oídos).
Zuhälter m. rufián.
zuhängen v. tapar (con velo, etcétera).
zuheilen v cicatrizarse.
zuhören v. escuchar; dar oído.
Zuhörer m. oyente; pl. auditorio.
zuklappen v. cerrar(se).
zukleben v. pegar.
zuknöpfen v. abrochar.
zukommen v. corresponder.
Zukunft f. futuro, porvenir.
zukünftig adj. futuro; adv. en adelante.
Zulage f. aumento, suplemento (de paga).
zulassen v. dejar cerrado; admitir, aceptar.
Zulauf m. afluencia; concurso.
zulegen v. añadir.
zulesten adv. por último, por fin.
zulöten v. soldar.
zumachen v. cerrar, tapar.
zumuten v. exigir.
zunächst adv. primeramente.
zunähen v. coser; juntar.
Zunahme f. aumento; crecimiento; subida.
Zuname m. apellido.
Zündhölzchen n. fósforo.
Zündkerze f. bujía (motor).
Zündschlüssel m. llave de encendido.
Zündschnur f. mecha.
zünden v. encender.
Zündung f. encendido; ignición.
zunehmen v. crecer, aumentar.
Zuneigung f. fig. afecto.
Zunge f. lengua.
zungenfertig adj. locuaz.
zunichte adv.: — machen destruir; anonadar.
zupfen v. tirar; deshilar.
zurechnen v. poner en cuenta.
zurechnungsfähig adj. responsable (de sus acciones).
zurechtfinden v. (sich) orientarse.
zurechtlegen v. preparar.
zurechtmachen v.: sich —, arreglarse.
zurechtkommen v. llegar.
Zurechtweisung f. reprimenda.
zuriegeln v. echar cerrojo.
zürnen v. estar enfadado.

zurück adv. (hacia) atrás; atrasado; (zurückgekehrt) de vuelta.
zurückbekommen v. recuperar.
zurückbringen v. devolver.
zurückdatieren v. antedatar.
zurükdenken v. acordarse (de algo).
zurückdrängen v. rechazar.
zurückfahren v. volver.
zurückfordern v. reclamar.
zurückgeben v. devolver, restituir.
zurückgehen v. retroceder; volverse; bajar (precio).
zurückgesetzt adj. fig. menospreciado.
zurückgezogen adj. retirado.
zurückgreifen v. remontarse a.
zurückhalten v. retener.
zurückhaltend adj. reservado.
zurückkehren v. volver (atrás); regresar. eine Strecke zurücklegen v. recorrer un trayecto.   [car.
zurücknehmen v. recoger; revozurückrufen v. llamar; fig. recordar.
zurückschlagen v. rebatir; desviar (un golpe); devolver (la pelota).   [zarse.
zurückschrecken v. atemorizurückschreiben v. contestar.
zurücksetzen v. fig. postergar.
zurückstehen v. fig. ser inferior.
zurückstellen v. atrasar (reloj).
zurückstoßend adj. repugnante, repulsivo.
zurückströmen v. refluir.
zurücktreten v. retroceder; fig. anular; retirarse.   [der.
zurückweichen v. (retro-) cezurückweisen v. negar, rehusar.
zurückwerfen v. rechazar; reflejar.
zurückzahlen v. reembolsar; (de)- volver. sie zurückziehen retirarse.
zurufen v. llamar; aclamar.
Zusage f. promesa.
zusammen adv. junto(s); uno con otro; en conjunto, en total.   [ción, cooperación.
Zusammenarbeit f. colaborazusammenberufen v. convocar.
Zusammenbruch m. derrumbamiento; fig. fracaso; ruina; quiebra.
zusammendrängen v. comprimir; fig. concentrar.
zusammenfahren v. chocar (dos trenes); fig. estremecerse.   [coincidir.
zusammenfallen s. stürzen; fig.
zusammenfalten v. plegar, doblar.
Zusammenfassung f. resumen, compendio.
zusammengehörig adj. del mismo... (grupo etc.).
zusammenhalten v. comparar; fig. armonizar.
Zusammenhang m. conexión; relación; continuidad.
zusammenheften v. hilvanar.
Zusammenklang m. acorde; fig. armonía.
Zusammenkunft f. reunión; congreso.
zusammenlegbar adj. plegable.
zusammenpassen v. hacer juego; fig. congeniar.
zusammenrechnen v. sumar; adicionar.

zusammenrücken v. juntar (-se).
zusammensetzen v. componer; armar (máquina).
Zusammenspiel n. conjunto.
zusammenstellen v. combinar; agrupar.
Zusammenstoß m. choque; colisión; atropello; fig. conflicto.
Zusammensturz m. hundimiento; ruina.
zusammenstürzen v. hundirse.
Zusammentreffen n. encuentro; coincidencia.
zusammmenzählen v. sumar; adicionar.
zusammenziehen v. contraer; recoger; acortar; astringir.
Zusatz m. adición; añadidura; suplemento.
Zuschauer m. espectador.
Zuschlag m. adjudicación; aumento, recargo.
zuschlagen v. cerrar de golpe.
Zuschlagsporto n. porte adicional.
zuschließen v. cerrar (con llave).
zuschneiden v. cortar.
zuschrauben v. atornillar.
zuschreiben v. atribuir (obra, etcétera).
Zuschrift f. carta.
Zuschuß m. sobrepaga; ayuda (de costa).
zusehen v. mirar; fig. procurar.
zusenden v. enviar (a casa).
zusetzen v. juntar; perder; fig. apretar.

Zusicherung f. promesa, seguridad.
zuspitzen v. fig. agravar (-se).
Zuspruch m. consejo(s).
Zustand m. estado; situación.
zustandebringen v. realizar, llevar a cabo.
zuständig adj. competente.
zustehen v. competer; pertenecer.
Zustellung f. reparto (cartas); entrega.
Zustimmung f. consentimiento.
zustopfen v. tapar.
zustoßen v. fig. sobrevenir.
zuströmen v. afluir.
Zutaten f. pl. ingredientes.
zuteilen v. adjudicar.
Zuteilung f. adscripción.
zutragen v.: sich — pasar, ocurrir.
zuträglich adj. saludable; conveniente.
zutrauen v. confiar.
zutraulich adj. confiado; familiar.
Zutraulichkeit f. confianza; cariño.
zutreffen v. acertar; ser exacto.
Zutrinken n. brindis.
Zutritt m. acceso; admisión.
Zutun n. intervención.
zuverlässig adj. de confianza, leal.
zuversichtlich adj. confiado.
zuviel adv. demasiado; de más.
Zuviel n. demasía, exceso.
zuvor adv. antes.
zuvorkommen v. adelantarse; prevenir a.
zuvorkommend adj. cortés, atento.
Zuwachs m. aumento.
zuwandern v. inmigrar.
zuweilen adv. a veces.

zuweisen v. destinar; consignar.
zuwenden v. procurar algo (a).
zuwider adj. opuesto; repugnante.
zuzahlen v. añadir (al pagar).
zuziehen v. cerrar; correr (una cortina); contraer (odio).
Zwang m. fuerza; violencia.
zwanglos adj. sin ceremonia; familiar.
Zwangsarbeit f. trabajos forzados.
Zwangsvergleich m. arreglo forzoso.
zwangsweise adv. por fuerza.
zwanzig adj. veinte.
zwar adv. es verdad que, por cierto; und — y precisamente; o sea.
Zweck m. objeto, própósito, fin.
zweckdienlich, zweckmäßig adj. conveniente; útil; práctico.
zwecklos adj. inútil.
zwecks prep. para, con el fin de (de).
zwei adj. dos.
zweideutig adj. equívoco; ambiguo.
Zweikampf m. duelo.
zweimal adv. dos veces.
zweimotorig adj. bimotor.
zweiseitig adj. bilateral.
Zweisitzer m. coche de dos asientos.
zweisprachig adj. bilingüe.
zweiteilig adj. de dos piezas.
zweitletzt adj. penúltimo.
Zweifel m. duda; incertidumbre.
zweifelhaft adj. dudoso.
zweifellos adj. sin duda, indudable.
zweifeln v. dudar (de algo).
Zweig m. ramo (de la industria, etc.); rama.

Zweiggeschäft, n., Zweigstelle f. sucursal; casa filial.
Zwerchfell n. diafragma.
Zwerg m. enano.
zwicken v. pellizcar.
Zwieback m. bizcocho; galleta.
Zwiegespräch n. conversación; diálogo.
Zwielicht n. medialuz, entreluz.
Zwiespalt m. desunión; discrepancia.
Zwietracht f. discordia.
Zwiebel f. cebolla; bulbo.
Zwilling m. gemelo.
zwingen v. forzar, obligar.
Zwirn m. hilo (torcido).
zwischen prep. entre.
Zwischenakt m. entreacto.
Zwischen... adj. intermedio.
Zwischendeck n. entrepuente.
Zwischenfall m. incidente.
Zwischenhändler m. intermediario.
zwischenlanden v. hacer escala.
Zwischenraum m. intervalo; espacio intermedio.
Zwischenrunde f. Sport: semifinal.
Zwischenspiel n. interludio.
Zwischenwand f. tabique.
Zwischenzeit f. intervalo; in der — entretanto.
Zwist m. discordia; disputa.
zwölf adj. doce.
Zyankali n. cianuro de potasa.
zyklisch adj. cíclico.
Zyklist m. ciclista.
Zylinder m. cilindro; tubo (de lámpara).
Zylinderhut m. sombrero de copa (alta).
zylindrisch adj. cilíndrico.
zynisch adj. cínico; desvergonzado.
Zypresse f. ciprés.

spanisch-deutsch

a prep. an, auf, bei, bis, in, mit, nach, um, zu: **a casa** nach Hause; **jugar a los naipes** Karten spielen; **a la mesa** am Tisch; **a mi regreso** bei meiner Rückkehr; **de dos a tres** von zwei bis drei: **a los pocos días** nach wenigen Tagen; **a vuelta de correo** postwendend; **a las dos** um zwei Uhr; **a pie** zu Fuß; **dibujo a mano** Handzeichnung; **¿a como?** wie teuer?; **a saberlo yo** wenn ich es gewußt hätte.
abacería f. Kramladen.
abacero m. Krämer.
abad m. Abt.
abadejo m. Kabeljau; Zaunkönig.
abadesa f. Äbtissin.
abadía f. Abtei.
abajo adv. unten; her-, hinunter; **el — firmado** Untezeichnete(r); **más —** weiter unten; **— las armas!** die Waffen nieder!
abalanzar v. werfen.
abalanzarse a v. sich stürzen in.
abanderar v. r e g i s t r i e r e n (Schiff).
abandonado adj. mutlos, vernachlässigt.
abandonar v. verlassen; **—se** sich überlassen.
abandono m. Verlassen; Nachlässigkeit.
abanicar v. fächeln.
abanico m. Fächer.
abaniqueo m. Fächeln.
abaratar v. verbilligen.
abaratarse v. billiger werden.
abarcar v. umfassen, enthalten.
abarquillarse v. einschrumpfen.
abastecedor m. Lieferant.
abastecer v. versorgen.
abasto m. Proviant; Versorgung.
abatanar v. walken.
abatido, a adj. niedergeschlagen.
abatimiento m. Niederreißen; Herabwürdigung.
abatir v. niederreißen; fig. demütigen.
abdicación f. Abdankung, Aufgeben.
abdicar v. abdanken, entsagen.
abdomen m. Unterleib.
abecé, abecedario m. Alphabet.
abedul m. Birke.
abeja f. Biene.
abejón m. Hummel.
aberración f. Abweichung.
abertura f. (Er-)Öffnung.
abeto m. Tanne.
abierto, a adj. offen; fig. aufrichtig.
abismar v. in einen Abgrund stürzen.
abismo m. Abgrund.
abjuración f. Abschwören.
abjurar v. widerrufen.
ablandar v. erweichen, mildern.
ablución f. Abwaschen.
abnegación f. Entsagung.
abobado, a adj. einfältig.
abochornar v. versengen; fig. beschämen.
abofetear v. ohrfeigen.

abogacía f. Anwaltschaft.
abogado m. Rechtsanwalt; Fürsprecher.
abogar v. verteidigen.
abolengo m. Herkunft, Stamm.
abolición f. Abschaffung.
abolir v. abschaffen; aufheben.
abollar v. verbeulen.
abombado, a adj. bauchig.
abominable adj. abscheulich.
abominar v. verabscheuen; anekeln.
abonar v. rechtfertigen; empfehlen; bürgen; düngen.
abonaré m. Geldanweisung.
abono m. Gewähr, Bürgschaft; Düngung; Abonnement.
abordaje m. Entern.
abordar v. entern; fig. erörtern.
aborígenes m. pl. Ureinwohner.
aborrecer v. hassen.
aborrecible adj. abscheulich.
aborrecimiento m. Abscheu, Haß, Ekel.
abortar v. vor der Zeit gebären; fig. mißlingen.
aborto m. Fehlgeburt.
abotagarse v. anschwellen.
abotonar v. zuknöpfen.
abovedar v. wölben.
abra f. Bucht; Engpaß.
abrasador, a adj. brennend.
abrasar v. anzünden, verbrennen.
abrazadera f. Zwinge.
abrazar v. umarmen; fig. übersehen.
abrazo m. Umarmung.
abrelatas m. Büchsenöffner.
abrevar v. tränken (Vieh).
abreviar v. abkürzen.
abreviatura f. Abkürzung.
abrigar v. (be-)schützen; **—se** sich zudecken.
abrigo m. Schutz; **al — de** geschützt gegen.
abril m. April.
abrillantar v. polieren.
abrir v. (ter-)öffnen, anfangen; sich aufhellen (Tag); **— la mano** bestechlich sein; **— su pecho**, sein Herz ausschütten.
abrochador m. Knopfhaken.
abrochar v. zuknöpfen.
abrogar v. abschaffen.
abrumador, a adj. drückend.
abrumar v. (er-)drücken; fig. belästigen.
abrupto, a adj. steil; jäh.
absceso m. Geschwür.
absolución f. Los-, Freisprechung.
absolutamente adv. durchaus; gänzlich; **— nada** gar nichts.
absolutismo m. Absolutismus.
absoluto, a adj. unabhängig, absolut.
absolver v. freisprechen.
absorber v. ein- aufsaugen; fig. fesseln.
absorción f. Einsaugung, Verzehrung.
absorto, a adj. erstaunt; entzückt.
abstenerse v. sich enthalten.
abstinencia f. Enthaltsamkeit.
abstinente adj. enthaltsam, mäßig.
abstracto adj. abstrakt.
abstraer v. abziehen, abstrahieren; **— de** absehen von.
abstruso, a adj. verborgen.
absurdo, a adj. widersinnig.
abuela f. Großmutter.
abuelo m. Großvater, Ahnherr.
abuelos pl. die Großeltern.
abultar v. vergrößern; fig. übertreiben.
abundancia f. Überfluß.
abundante adj. reichlich.

abundar v. reichlich vorhanden sein. [weilig.
aburrido, a verdrießlich; langweilig.
aburrimiento m. Verdruß, Langeweile.
aburrir v. langweilen.
abusar v. mißbrauchen.
abusivo, a adj. mißbräuchlich.
abuso m. Mißbrauch.
abyección f. Verworfenheit.
acá adv. hier(her); **— y allá** hier und dort; **de — para allá** hin und her.
acabado, a adj. fertig; vollkommen.
acabar v. (be-)enden; sterben; **— de comer** soeben gegessen haben.
acabarse v. zu Ende gehen.
academia f. Akademie, Schule.
académico, a adj. akademisch; m. Akademiker.
acaecer v. sich ereignen.
acaecimiento m. Ereignis.
acalorar v. erhitzen; fig. entflammen. [gen.
acallar v. zum Schweigen bringen.
acampar v. lagern.
acanalar v. auskehlen, riefeln.
acantilado, a adj. steil.
acaparador m. Aufkäufer, fam. Hamsterer.
acaparar v. aufkaufen.
acariciar v. liebkosen, streicheln.
ácaro m. (Käse-) Milbe.
acarrear v. befördern; fig. verursachen.
acarreo m. Frachtwesen; Rollgeld.
acaso m. Zufall; adv. vielleicht.
acatamiento m. Ehrfurcht.
acatar v. (ver)ehren.
acatarrarse v. sich erkälten.
acaudalado, a adj. reich.
acaudillar v. befehligen.
acceder v. beitreten, zustimmen.
accesible adj. zugänglich.
accesión f., **acceso** m. Zutritt, Annäherung, Anfall.
accesorio, a adj. zugehörig; m. Zubehör.
accidentado, a adj. kränklich.
accidental adj. zufällig; nebensächlich.
accidente m. Zufall, Unfall.
acción f. Handlung; Gefecht; Aktie.
accionamiento m. Antrieb.
accionar v. gestikulieren; antreiben.
acebo m. Stechpalme.
acecinar v. einsalzes, räuchern.
acecinarse v. ausdorren.
acecho m. Hinterhalt.
aceitar v. ölen.
aceite m. Öl.
aceitera f. Ölkrug.
aceitero m. Ölhändler.
aceituna f. Olive.
aceituno m. Olivenbaum.
aceleración f. Beschleunigung.
acelerador m. Gaspedal.
acelerar v. beschleunigen.
acensuar v. besteuern.
acento m. Akzent, Betonung, Klang.
acepción f. Bedeutung; Ansehen.
acepillar v. hobeln; bürsten.
aceptación f. Annahme, Anerkennung.
aceptar v. annehmen.
acequia f. Wassergraben.
acera f. Geh-, Bürgersteig.
acerar v. stählen.
acerbo, a adj. herb; fig. hart.
acerca adv.: **— de** betreffs.
acercar v. nähern.
acero m. Stahl.

acertado, a adj. klug; geschickt.
acertar v. treffen; (er-)raten.
acertijo m. Rätsel.
acetato m. essigsaures Salz.
acético, a adj. essigsauer.
acetre m. Schöpfeimer.
aciago adj. unheilvoll.
acíbar m. Aloe; fig. Bitternis.
acicalar v. glätten; fig. schminken.
ácido adj. sauer; m. Säure.
acídulo, a adj. säuerlich.
acierto m. Treffen des Zieles; fig. Geschicklichkeit.
aclamación f. Beifall (-sruf).
aclamar v. jdm. zurufen.
aclarar v. (auf-, er-) klären.
aclimatar v. akklimatisieren.
aclimatarse v. sich eingewöhnen.
acobardar v. einschüchtern.
acodarse v. sich stützen.
acoger v. aufnehmen; fig. beschützen.
acogida f. Aufnahme, Empfang.
acogotar v. töten (Genickstoß).
acolchar v. steppen, wattieren.
acólito m. Chorknabe.
acometer v. angreifen; unternehmen; befallen (Schlaf, usw.).
acometida f. Angriff, Anfall.
acomodado, a adj. geeignet; mäßig; wohlhabend; bequem.
acomodador m. Logenschließer.
acomodar v. anpassen; unterbringen.
acomodaticio, a adj. nachgiebig.
acomodo m. Bequemlichkeit, Unterkunft. [Gefolge.
acompañamiento m. Begleitung.
acompañante m. Begleiter.
acompañar v. begleiten.
acompasado, a adj. regelmäßig; fig. wohlgeordnet.
acompasar v. abzirkeln.
acondicionar v. bilden, gestalten.
acongojar v. ängstigen.
acontecer v. sich ereignen, vorkommen.
acontecimiento m. Ereignis, Erlebnis.
acopiar v. (an-, auf-) häufen.
acopio m. Aufkauf; Anhäufung.
acoplamiento m. Kuppelung.
acoplar v. zusammenfügen; kuppeln.
acorazado m. Panzerkreuzer.
acorazar v. panzern.
acorcharse v. eintrocknen.
acordar v. einstimmig beschließen; gewähren; **— se de** sich erinnern an.
acorde adj. übereinstimmend m. Akkord.
acordeón m. Ziehharmonika.
acordonar v. (ein) schnüren.
acorralar v. einpferchen (Vieh).
acortar v. (ab-, ver) kürzen.
acosar v. verfolgen; fig. quälen.
acostar v. ins Bett legen.
acostarse v. zu Bett gehen; anlegen (Schiff).
acostumbrar v. gewöhnen; pflegen zu. [nen.
acostumbrarse v. sich gewöhnen.
acotar v. abgrenzen; mit Randbemerkungen versehen.
acre adj. scharf; fig. bitter.
acrecentar v. vermehren.
acreditar v. in Ansehen bringen; rechtfertigen; beglaubigen; **— se** sich bewähren.

acreedor m. Gläubiger; adj. würdig.
acribar v. sieben, sichten.
acribillar v. durchlöchern; fig. quälen.
acriminar v. beschuldigen.
acritud f. Schärfe, Säure.
acróbata m. Akrobat.
acrobático, a adj. akrobatisch.
acromático, a adj. achromatisch.
acta f. Urkunde; Protokoll.
actitud f. Stellung, Haltung; Benehmen.
activar v. fördern.
actividad f. Tätigkeit, Wirksamkeit.
activo, a adj. tätig, wirksam; m. Aktivvermögen.
acto m. Tat, Handlung, Akt; en el — sogleich.
actor m., actriz f. Schauspieler(in); Kläger(in).
actuación f. Betätigung, Amtsführung.
actual adj. wirklich; gegenwärtig.
actualidad f. Gegenwart.
actuar v. zustande bringen; betätigen.
actuario m. Aktuar.
acuarela f. Aquarell.
acuario m. Aquarium.
acuartelar v. kasernieren.
acuchillar v. er-, niederstechen.
acudir v. herbei-, zu Hilfe eilen.
acueducto m. Wasserleitung.
acuerdo m. Beschluß, Übereinstimmung; Einverständnis.
acumulación f. Anhäufung.
acumulador m. Akkumulator.
acumular v. anhäufen; vereinigen.
acuñar v. prägen (Münzen).
acuoso, a adj. wässerig.
acusación f. Anklage, Beschuldigung.
acusador m. Ankläger.
acusar v. anklagen, beschuldigen; bestätigen (Empfang).
acuse m. Ansagen; — de recibo Empfangsanzeige.
acústica f. Akustik.
acústico, a adj. akustisch.
achacar v. Schuld zuschreiben.
achaque m. Gebrechen, Anfall; Vorwand.
achatar v. plattdrücken.
achicar v. verkleinern; herabsetzen; fig. einschüchtern.
achicharrar v. sengen, einschmoren; fig. belästigen.
achisparse v. sich berauschen (fam.).
achuchar v. zerquetschen.
adagio m. Sprichwort; Adagio.
adalid m. Anführer; Chef.
adamascado, a adj. damastartig.
adán m. fig. fam. unsauberer oder energieloser Mensch.
adaptación f. Anpassung.
adaptar v. anpassen; bearbeiten.
adarve m. Mauergang.
adecuado, a adj. passend, angemessen; geeignet.
adefesio m. Schreckbild, Unsinn.
adelantado, a adj. fortgeschritten, vorgerückt; pagar (por) —, vorausbezahlen.
adelantar v. beschleunigen; verbessern; (Geld) vorschießen.
adelante adv. vorwärts; en —, weiterhin, hinfort: más —, weiter vorn, unten.

adelanto m. Fortschritt; Vorschuß.
adelgazar v. verdünnen; verfeinern; abmagern.
ademán m. Gebärde, Haltung.
ademanes pl. Manieren.
además adv. außerdem; prep. — de außer.
adentro adv. hinein, darin.
adepto m. Schüler.
aderezar v. zubereiten.
aderezo m. Zubereitung; Schmuck.
adeudar v. schulden; — se Schulden machen.
adeudo m. Zoll; Schuld.
adherencia f. Anhang.
adherir v. (an-)haften.
adhesión f. Anhaften; Zustimmung.
adhesivo, a adj. anhaftend, klebend.
adición f. Zusatz; Addieren.
adicional adj. zusätzlich.
adicionar v. addieren, hinzufügen.
adicto, a adj. ergeben, zugetan.
adiestrar v. abrichten; bilden.
adinerado, a adj. wohlhabend.
adiós m. Abschied(sgruß).
adiposo, a adj. fett(haltig).
adivinanza f. Rätsel.
adivinar v. wahrsagen; erraten.
adivino m. Wahrsager.
adjetivo m. Adjetiv.
adjudicar v. zuerkennen.
adjunto, a adj. an-, beigefügt.
administración f. Verwaltung.
administrador m. Verwalter.
administrar v. verwalten, handhaben.
administrativo, a adj. Verwaltungs...
admirable adj bewunderungswürdig.
admiración f. Bewunderung.
admirador m. Bewunderer.
admirar v. bewundern.
admirarse v. sich wundern.
admisible adj. zulässig.
admisión f. Zulassung; Annahme.
admitir v. zulassen, bewilligen.
adobar v. zubereiten; pökeln; gerben.
adobe m. Luftziegel.
adobo m. Salzlake, Zubereitung; Schminke.
adocenado, a adj. alltäglich.
adolecer v. leiden (an).
adolescencia f. Jugend.
adolescente m. Jüngling.
adonde adv. wohin.
adopción f. Adoption.
adoptar v. adoptieren.
adoptivo, a adj. Adoptiv...
adoquín m. Pflasterstein; fig. Dummkopf.
adoquinar v. pflastern.
adoración f. Anbetung.
adorar v. anbeten; vergöttern.
adormecer v. einschläfern.
adormecerse v. einschlafen.
adormidera f. Mohn.
adormilarse v. schlummern.
adornar v. schmücken.
adorno m. Schmuck, Zierde.
adquirir v. erwerben, gewinnen.
adquisición f. Erwerbung.
adrede adv. absichtlich.
aduana f. Zoll, Zollgebühr.
aduanero m. Zollbeamte(r).
aduar m. Zeltdorf.
aducir v. herbeibringen.
adueñarse v. sich bemächtigen.
adulación f. Schmeichelei.
adulador m. Schmeichler.
adular v. schmeicheln.
adulteración f. (Ver-) Fälschung.

adulterar v. (ver)fälschen; die Ehe brechen.
adulterio m. Ehebruch.
adulto, a adj. erwachsen.
adusto, a adj. mürrisch.
advenedizo m. Emporkömmling.
advenimiento m. Ankunft.
adverbio m. Adverb.
adversario m. Gegner.
adversidad f. Mißgeschick.
adverso, a adj. widrig.
advertencia f. Warnung. Bemerkung.
advertido, a adj. erfahren.
advertir adj. benachrichtigen; warnen.
adviento m. Advent.
aeración f. Lüftung.
aéreo, a adj. Luft...
aerobús m. Verkehrsflugzeug.
aerodinámico adj. stromlinienförmig.
aerolito m. Meteorstein.
aeronauta m. Luftschiffer.
aeronáutica f. Luftschiffahrt.
aeronave f. Luftschiff.
aeroplano m. Flugzeug.
aeropuerto m. Flughafen.
aerostática f. Aerostatik.
aerotécnica f. Flugtechnik.
afabilidad f. Freundlichkeit.
afable adj. freundlich, leutselig.
afamado, a adj. berühmt.
afán m. Eifer; Mühe, Arbeit.
afanoso, a adj. mühselig.
afear v. verunstalten.
afección f. Zuneigung; Krankheit.
afectación f. Ziererei.
afectado, a adj. gekünstelt.
afectar v. vorgeben; befallen.
afecto, a adj. geneigt; m. Zuneigung.
afectuoso, a adj. liebevoll.
afeitar v. rasieren; verschönern.
afeite m. Putz, Schminke.
afeminado, a adj. weibisch; fig. verweichlicht.
aferrar v. anpacken, festnehmen; aferrarse sich anklammern; — a bestehen auf.
afianzar v. bürgen; stützen; befestigen.
afición f. Zuneigung.
aficionado, a adj. zugetan; m. Amateur.
aficionarse v. sich verlieben, liebgewinnen.
afilador m. Schleifer.
afilar v. schärfen; schleifen; —se schmal werden.
afiliar v. in eine Gesellschaft aufnehmen.
afiliarse v. eintreten.
afín adj. verwandt, benachbart.
afinación f. Verfeinerung; Stimmen der Instrumente.
afinar v. verfeinern; schleifen; stimmen.
afinidad f. Verwandtschaft, Ähnlichkeit.
afirmación f. Bejahung.
afirmar v. befestigen; behaupten.
afirmativo, a adj. bejahend, bekräftigend.
aflicción f. Kummer, Leid.
afligir v. betrüben, peinigen.
aflojar v. erschlaffen; lockern.
afluencia f. Zusammenströmen.
afluente adj. einmündend; redselig; m. Nebenfluß.
afluir v. zuströmen; einmünden.
aflujo m. Andrang, Zufluß.
aforar v. eichen; zollamtlich untersuchen.
aforo m. Eichung.
afortunado, a adj. glücklich.
afrecho m. Kleie.
afrenta f. Beschimpfung.

afrentar v. beschimpfen, beleidigen.
afrontar v. gegenüberstellen.
afta f. Mundfäule.
afuera adv. außen; hinaus; de —, von auswärts.
afueras f. pl. Umgebung (Stadt).
agacharse v. sich ducken.
agalla f. Gallnuß.
agareno, a adj. maurisch, arabisch.
agarrada f. fam. Streit.
agarradero m. Griff, Henkel.
agarrado, a adj. fest anklebend
agarrar v. (er)greifen; —se sich anklammern.
agasajar v. freundlich empfangen.
ágata f. Achat.
agazaparse v. sich ducken.
agencia f. Agentur. Büro.
agenciar v. betreiben.
agenda f. Notizbuch.
agente m. Agent, Geschäftsführer, Vertreter; Polizist.
ágil adj. flink, geschäftig.
agilidad f. Behendigkeit.
agio m. Agio, Aufgeld.
agiotaje m. Agiospekulation.
agitación f. heftige Bewegung
agitador m. Hetzer.
agitar v. bewegen, auf-, erregen
aglomeración f. Anhäufung.
aglomerar v. anhäufen.
aglutinar v. zusammenkleben
agobiar v. beugen; fig. drücken
agolpar v. anhäufen; agolparse sich zusammenrotten, ansammeln.
agonía f. Todeskampf; fig. große Angst.
agonizar v. mit dem Tode ringen; fig. quälen.
agorar v. wahrsagen.
agorero m. Zeichendeuter.
agostar(se) v. austrocknen versengen.
agosto m. August; Ernte.
agotamiento m. Erschöpfung.
agotar v. ausschöpfen; fig. erschöpfen.
agraciado, a adj. anmutig.
agradable adj. angenehm.
agradar v. gefallen.
agradecer v. anerkennen; danken.
agradecido, a adj. dankbar; erkenntlich; fruchtbar.
agradecimiento m. Dank, Erkenntlichkeit.
agrado m. Anmut, Belieben.
agrandar v. vergrößern, erweitern.
agravación f. Erschwerung, Verschlimmerung; Verschärfung
agravar v. erschweren: — se sich verschlimmern.
agraviar v. beleidigen. [mer
agraviarse v. etwas übelnehme
agravio m. Beleidigung.
agregado, a adj. hinzugefügt
— diplomático Attaché.
agregar v. hinzufügen; agregarse sich anschließen.
agresión f. Angriff.
agresivo, a adj. herausfordernd
agresor m. Angreifer.
agriar v. säuern; agriarse sauer werden; fig. sich ärgern.
agrícola adj. landwirtschaftlich
agricultor m. Landwirt.
agricultura f. Ackerbau.
agrietarse v. Risse bekommen
agrimensor m. Feldmesser.
agrimensura f. Feldmessung.
agrio adj. sauer; fig. spröde.
agronomía f. Landwirtschaftskunde.
agrupar v. gruppieren.

agua f. Wasser; — **bendita** Weihwasser; — **fuerte** Scheidewasser; — **llovediza** Regenwasser; **hacer** —, Wasser ziehen; — **abajo** stromabwärts; — **arriba** stromaufwärts; pl. Wasser der Edelsteine. — **mayores** Stuhlgang — **menores** Urin. — **potable** Trinkwasser n.

aguacero m. Platzregen.

aguada f. Wasservorrat.

aguadero m. Tränke.

aguador m. Wasserträger.

aguafiestas m. fam. Spielverderber.

aguamanil m. Becken zum Händewaschen.

aguamanos m. Wasser zum Händewaschen.

aguamarina f. Aquamarin.

aguanosidad f. Wassersucht.

aguanoso, a adj. wässerig.

aguantar v. ertragen; erdulden.

aguante m. Beharrlichkeit, Geduld.

aguar v. wässern; fig. trüben.

aguardar v. ab-, erwarten.

aguardiente m. Branntwein.

aguarrás m. Terpentinöl.

agudeza f. Schärfe. fig. Scharfsinn, Witz.

agudo, a adj. spitzig; scharfsinnig.

agüero m. Vorbedeutung.

aguerrido a adj. kriegstüchtig.

aguijar v. stacheln; anspornen.

águila f. Adler; fig. Genie.

aguileño, a adj. Adler...

aguilucho m. junger Adler.

aguinaldo m. Geschenk.

agüista m. Badegast.

aguja f. Nadel; — **de marear** Seekompas; — **de hacer media** Stricknadel; **agujas** pl. Weiche; Seitenstechen, Reißen.

agujazo m. Nadelstich.

agujerear v. durchlöchern.

agujero m. Loch.

agujeta f. Senkel.

agusanarse v. wurmstichig werden.

aguzar v. schleifen, spitzen; fig. aufmuntern; — **las orejas** die Ohren spitzen; — **el ingenio** den Geist schärfen; fam. sich zusammennehmen.

¡ah! int. ach!. oh!, ah.

aherrojar v. fesseln; anketten.

ahí adv. da(hin), dort(hin); — **arriba** da hinauf.

ahijado, a, ahijada f. Patenkind, Pflegekind.

ahijar v. adoptieren.

ahinco m. Eifer.

ahitarse v. sich überessen.

ahito m. Magenüberladung.

ahogar v. ertränken; erdrosseln; —**se** ertrinken.

ahogo m. Ersticken, fig. Beängstigung.

ahondar v. aushöhlen; ergründen.

ahora adv. jetzt; gleich; — **mismo** sogleich; **desde** — von nun an.

ahorcado, a adj. gehenkt; m. Gehenkte(r).

ahorcar v. henken; **ahorcarse** sich erhängen.

ahorrador m. Sparer.

ahorrar v. (er)sparen.

ahorro m. Ersparnis.

ahorros; caja de — Sparkasse.

ahuecar v. aushöhlen.

ahumado, a adj. rauchig; geräuchert (Fleisch); **ahumar** v. (aus)räuchern.

ahuyentar v. verscheuchen.

airarse v. sich erzürnen.

aire m. Luft, Wind; Miene, Takt; **al** — **libre** in freier Luft.

airear v. lüften. —**se** sich erkälten.

airón m. Reiher.

airoso, a adj. luftig; fig. anmutig, stattlich.

aislador m. Isolator.

aislamiento m. Isolierung; fig. Absonderung.

aislar v. isolieren, absondern.

ajar v. betasten; zerknittern; fig. mißhandeln.

ajedrez m. Schachspiel.

ajenjo m. Wermut.

ajeno, a adj. fremd; fig. — **de,** entfernt von.

ajetrearse v. sich plagen.

ajetreo m. große Mühe.

ajiaceite m. Brühe aus Knoblauch und Öl.

ajo m. Knoblauch.

ajuar m. Hausrat, Aussteuer (der Braut).

ajustado, a adj. richtig; **ajustar** v. einrichten; anpassen; den Preis ausmachen.

ajuste m. Anpassen, Einstellung (Maschine).

ajusticiar v. hinrichten.

al =**a el** dem; den.

ala f. Flügel; Reihe; Hutkrempe; fig. dar **alas** aufmuntern.

alabancioso, a adj. prahlerisch.

alabanza f. Lob.

alabar v. loben, rühmen; **alabarse** de prahlen mit.

alabarda f. Hellebarde.

alabastro m. Alabaster.

alabearse v. sich werfen (Holz).

alacrán m. Skorpion.

alada f. Flügelschlag.

alado, a adj. beflügelt.

alambicado, a, adj. geziert; knapp bemessen.

alambique m. Retorte.

alambrado m. Drahtgeflecht, Stacheldraht.

alambrar v. mit Draht umflechten.

alambre m. Draht.

alambrera f. Drahtnetz.

alameda f. Pappelallee.

álamo m. Pappel.

alarde m. Prahlerei: **hacer** — de prahlen mit.

alardear v. prunken, prahlen.

alargar v. verlängern; erweitern; — **la mano** die Hand reichen; — **el paso** den Schritt beschleunigen.

alarido m. Geschrei.

alarma f. Alarm; **falsa** —, blinder Alarm.

alarmar v. alarmieren; **alarmarse** sich beunruhigen.

alazán m. Fuchs (Pferd).

alba f. Tagesanbruch.

albañal m. Abzugsgraben.

albañil m. Maurer.

albañilería f. Maurerhandwerk.

albarda f. Packsattel.

albardilla f. Mauerabdeckung; Schulsattel; Speckschnitte.

albaricoque m. Aprikose.

albaricoquero m. Aprikosenbaum.

albayalde m. Bleiweiß.

albedrío m. freier Wille; Laune.

albéitar m. Tierarzt.

albergar v. (be)herbergen.

albergue m. Herberge; — **de la juventud** Jugendherberge.

albino, a adj. weißlich; m. Albino.

albo, a adj. weiß.

albóndiga f. Fleischkloß.

albor m. blendende Weiße; Morgendämmerung.

albornoz m. Bademantel.

alborotador m. Aufwiegler, Ruhestörer.

alborotar v. beunruhigen; Lärm machen.

alboroto m. Lärm, Aufruhr.

alborozo m. große Freude.

albricias f. pl. Botenlohn; ¡—! gute Nachricht!

albufera f. Lagune.

album m. Album.

albúmina f. Eiweißstoff.

alcachofa f. Artischocke.

alcahuete m. Kuppler.

alcahuetar v. verkuppeln; Kuppelei treiben.

alcahuetería f. Kuppelei.

alcaide m. Burgvogt.

alcalde m. Bürgermeister.

alcaldía f. Amt, Büro eines Bürgermeisters.

álcali m. Alkali.

alcance m. Einholen; Bereich; Schußweite; **ir a los alcances** auf dem Fuße nachfolgen.

alcanfor m. Kampfer.

alcanforar v. kampfern.

alcantarilla f. Abzugsrinne.

alcantarillado m. überwölbte Wasserleitung.

alcantarillar v. kanalisieren.

alcanzar v. einholen, erreichen; ausreichen.

alcarraza f. Kühlgefäß.

alcartaz m. Papiertüte.

alcatifa f. feiner Tepich.

alcayata f. Wandhaken.

alcázar m. fürstliches Schloß, Achterkastell.

alce m. Elch; Abhub (Kartenspiel).

alción m. Eisvogel.

alcista m. Haussier (Börse).

alcoba f. Alkoven.

alcohol m. Alkohol.

alcohólico, a adj. alkoholisch.

alcoholizar v. in Alkohol verwandeln.

alcorán m. Koran.

alcornoque m. Korkbaum.

alcorza f. Zuckerteig.

alcurnia f. Abstammung.

alcuzcuz m. Kuskus.

aldaba f. Türklopfer.

aldea f. Dorf.

aldeano, a adj. ländlich; m. Bauer, Bäuerin.

alderredor adv. S. **alrededor.**

alear v. vermischen; legieren (Metal); die Flügel schwingen.

aleatorio, a adj. unsicher, zweifelhaft.

aleccionar v. (be)lehren.

alegar v. vor Gericht verteidigen; — **una excusa** sich entschuldigen.

alegato m. Verteidigungsschrift.

alegoría f. Allegorie.

alegrar v. erfreuen; —**se** sich freuen.

alegre adj. fröhlich, lustig; fam. angeheitert.

alegría f. Freude, Jubel; Vergnügen.

alejamiento m. Entfernung.

alejar v. entfernen, entfremden.

alelar v. verdummen.

aleluya f. Halleluja.

alemán, ana adj. deutsch; m. Deutsche(r).

Alemania f. Deutschland.

alentado, a adj. mutig, kratvoll.

alentar v. atmen; ermutigen; —**se** Mut fassen.

alero m. Vordach.

alerta adj. wachsam; vorsichtig; ¡—!, Achtung!

aleta f. kleiner Flügel; Flosse.

aletear v. flattern.

aleteo m. Flattern, fig. Herzklopfen.

aleve adj. treulos, verräterisch.

alevosía f. Treulosigkeit.

alfabético, a adj. alphabetisch.

alfabeto m. Alphabet, Abc.

alfalfa f. Luzerne.

alfaque m. Sandbank.

alfar m. Töpferwerkstatt.

alfarería f. Töpferware, -arbeit.

alfarero m. Töpfer.

alféizar m. Fensterlehne.

alférez m. Fähnrich, Unterleutnant.

alfil m. Läufer (Schach).

alfiler m. Stecknadel.

alfileres pl. Nadelgeld, Trinkgeld.

alfolí m. Kornspeicher.

alfombra f. Fußteppich.

alfombrar v. mit Teppichen belegen.

alfombrilla f. Bettvorleger.

alforja f. Reisesack.

alga f. Alge, Seegras.

algarabía f. arabische Sprache; fig. Kauderwelsch.

algarada f. Überfall.

algarroba f. Johannisbrot.

algazara f. Lärm, Radau.

álgebra f. Algebra.

álgido, a adj. eisig; **punto** — Gefrierpunkt.

algo pron. etwas.

algodón m. Baumwolle, Watte.

algodonar v. wattieren.

alguacil m. Gerichtsdiener; Hausspinne.

alguien pron. jemand.

alguno, a adj. jemand.

algún adj. (vor männl. Substant.) mancher; irgendeiner.

alguna vez bisweilen; — **día** eines Tages; — **tanto** einige Zeit.

alhaja f. Gerät; Schmuck.

alhajar v. schmücken; möblieren. [bündete(r).

aliado, a adj. verbündet, m. Verbündete(r).

alianza f. Bündnis, Verbindung, Ehering; — **ofensiva y defensiva** Schutzund Trutzbündnis.

aliarse v. sich verbünden.

alias adv. sonst auch.

alicaído, a adj. flügellahm; fig. schwach, mutlos.

alicates m. pl. Drahtzange.

aliciente m. Anlockung.

alienar v. veräußern.

alienista m. Irrenarzt.

aliento m. Atem, Hauch; fig. Mut, Kraft; **tomar** —, Atem schöpfen; **sin** —, atemlos.

aligerar v. erleichtern; — **el paso** den Schritt beschleunigen.

aligerarse de ropa v. sich leicht kleiden.

alimentación f. Ernährung.

alimentar v. ernähren, speisen; fig. fördern.

alimenticio, a adj. Nahrungs...

alimento m. Nahrung.

alimentos pl. Lebensunterhalt.

alinear v. abmessen, in gerader Linie aufstellen (Truppen).

aliñar v. schmücken; würzen, zubereiten (Speisen).

alisar v. glätten, polieren; glatt streichen (Haar); mangeln (Wäsche).

alistar v. einschreiben; anwerben (Soldaten).

alistarse v. Kriegsdienst nehmen.

aliviar v. erleichtern, lindern; beschleunigen (Schritt).

aliviarse v. sich erholen.

alivio m. Erleichterung, Erholung.

aljezar v. gipsen.

aljibe m. Zisterne.

alma f. Seele; Herz; Gemüt; Geist; Kern; Triebfeder.

almacén m. Vorratshaus; Niederlage.

almacenes pl. Warenhaus.

almacenaje m. Lagermiete; derechos de —, Lagergeld.

almacenar v. speichern.

almacenista m. Magazinverwalter.

almádena f. Steinhammer.

almadraba f. Thunfischfang.

almagre m. Ocker, Rötel.

almanaque m. Kalender.

almeja f. eßbare Miesmuschel.

almena f. Mauerzinne.

almendra f. Mandel; Kern (Obst); — de cacao Kakaobohne.

almendrada f. Mandelmilch mit Zucker.

almendro m. Mandelbaum.

almíbar m. Sirup.

almibarar v. überzuckern.

almidón m. Stärke.

almidonar v. stärken (Wäsche).

almilla f. Jäckchen.

alminar m. Minarett.

almirante m. Admiral.

almirez m. Metallmörser.

almohada f. Kissen, Polster; consultar con la —, et. beschlafen; — neumática Luftkissen.

almohadilla f. kleines Kissen; Nähkissen.

almohaza f. Striegel.

almohazar v. striegeln.

almoneda f. Versteigerung, Auktion.

almorranas f. pl. Hämorrhoiden.

almorzar v. frühstücken.

almuerzo m. (zweites) Frühstück.

alocado, a adj. töricht, toll.

alocución f. Ansprache.

aloja f. Met.

alojamiento m. Einquartierung; Wohnung.

alojar v. beherbergen.

alojarse v. sich einquartieren.

alondra f. Lerche.

alpaca f. Kamelziege; Alpakasilber.

alpargata f. Hanfschuh.

alpestre adj. Alpen...

alpinismo m. Bergsport.

alquiladizo, a adj. vermietbar.

alquilador m. Vermieter.

alquilar v. (ver)mieten.

alquiler m. Miete.

alquitrán m. Teer.

alquitranar v. teeren.

alrededor adv. ringsherum.

alrededores m. pl. Umgegend.

alta f. Entlassungsschein; dar de —, als geheilt entlassen.

altanero, a adj. stolz.

altar m. Altar; — mayor Hochaltar.

altavoz m. Lautsprecher.

alterabilidad f. Veränderlichkeit.

alteración f. Veränderung, Unruhe.

alterar v. verändern, verderben.

alterarse v. sich ärgern.

altercado m. Wortwechsel, Streit.

altercar v. streiten, zanken.

alternar v. (sich) abwechseln; mit jdm. verkehren.

alternativa f. Alternative, Doppelwahl.

alternativo adj. abwechselnd; cultivo — Wechselwirtschaft.

alterno, a adj. abwechselnd; corriente alterna Wechselstrom.

alteza f. Hoheit, Würde.

altísimo, a adj.: el Altísimo der Allerhöchste.

altivez f. Stolz, Hochmut.

altivo, a adj. stolz, hochmütig.

alto, a adj. hoch; groß; vorzüglich: de — abajo von oben herab; hacer —, Halt machen; pasar por —, übergehen; en voz —a mit lauter Stimme; ¡—!, halt!

altramuz m. Lupine.

altura f. Höhe; Gipfel; fig. Erhabenheit.

alubia f. Bohne.

alucinar v. (ver)blenden, täuschen.

alud m. Lawine.

aludir v. anspielen (auf).

alumbrado, a adj. erleuchtet; fig. angetrunken; m. Beleuchtung.

alumbrar v. erleuchten; fig. aufklären.

alumbre m. Alaun.

aluminio m. Aluminium.

alumno m. Schüler.

alusión f. Anspielung.

alusivo, a adj. anspielend.

aluvión m. Wasserflut; Überschwemmung.

álveo m. Flußbett.

alvéolo m. Zelle, Bienenzelle; Zahnhöhle.

alza f. Erhöhung des Preises; Visier; Einlage; especular sobre el —, auf Hausse spekulieren (Börse).

alzado, a adj. erhaben; m. Höhenaufriß.

alzamiento m. Erhebung, Aufstand.

alzar v. aufheben; Karten abheben; in die Höhe halten; ¡—!, auf!

alzarse v. sich erheben.

allá adv. dort, da, damals; — abajo dort unten; — arriba dort oben; por —, dorthin; más —, jenseits.

allanar v. ebnen; beschwichtigen; allanarse a sich unterwerfen.

allegado, a adj. nächstgelegen; m. Verwandte(r).

allende adv. jenseits.

allí adv. da, dort; desde —, von da; de —, daher; hasta —, bis dahin.

ama f. Herrin, Hausfrau; Amme; — de llaves Wirtschafterin.

amabilidad f. Liebenswürdigkeit.

amable adj. freundlich; gütig.

amaestrar v. unterweisen; abrichten.

amago m. drohende Gefahr; Vorbote einer Krankheit.

amainar v. nachlassen; fig. — la cólera, den Zorn beschwichtigen.

amalgama f. Amalgam; fig. Gemisch.

amamantar v. säugen.

amancebarse v. in wilder Ehe leben.

amancillar v. beflecken.

amanecer v. tagen; Tag werden; m. Tagesanbruch.

amanerado, a adj. gekünstelt.

amansar v. zähmen, bändigen; beschwichtigen.

amante adj. liebevoll; m. Liebhaber.

amanuense m. Schreiber.

amaño m. Schlauheit, Geschick.

amaños pl. Ränke.

amar v. lieben; hacerse —, sich beliebt machen.

amarar v. wassern (Flugzeug), landen.

amargar v. bitter sein, verbittern.

amargo, a adj. bitter; fig. schmerzlich; peinlich.

amargor m. Bitterkeit, Verdruß.

amarillento, a adj. gelblich.

amarillo, a adj. gelb.

amarra f. Ankertau; pl. fig. Protektion.

amarradero m. Anlegeplatz.

amarrar v. festbinden.

amartelar v. liebkosen.

amasadera f. Backtrog.

amasadura f. Kneten.

amasar v. backen; kneten.

amatista f. Amethyst.

amatorio, a adj. Liebes...

amazona f. Amazone, Reiterin; Reitkleid.

ámbar m. Bernstein.

ambición f. Ehrgeiz, Eifer.

ambicionar v. erstreben, beanspruchen.

ambicioso, a adj. ehrgeizig.

ambiente m. umgebende Luft; fig. Umgebung.

ambigüedad f. Zweideutigkeit.

ambiguo, a adj. zweideutig, doppelsinnig.

ámbito m. Umkreis.

ambos, a adj. beide.

ambulancia f. Krankenwagen.

ambulante adj. wandernd.

ambular v. umherziehen.

amedrentar v. einschüchtern.

amén m. Amen.

amenaza f. Drohung.

amenazar v. (be)drohen.

amenguar v. beeinträchtigen.

amenidad f. Anmut, Reiz.

ameno, a adj. anmutig.

americanismo m. amerikanischer Ausdruck.

ametralladora f. Maschinengewehr.

amianto m. Asbest.

amiga f. Freundin; Geliebte.

amigable adj. freund(schaft)lich.

amígdalas f. pl. Mandeln, Halsdrüsen.

amigo m. Freund; Liebhaber.

aminorar v. vermindern.

amistad f. Freundschaft.

amistar v. versöhnen; —se sich befreunden.

amistoso, a adj. freundschaftlich.

amnistía f. Amnestie.

amnistiar v. begnadigen.

amo m. Herr, Besitzer, Arbeitgeber.

amojonar v. vermarken.

amolador m. Schleifer.

amolar v. schleifen; fam. jdn. belästigen.

amoldar v. anpassen, abformen.

amonedar v. münzen.

amonestación f. Ermahnung, Heiratsaufgebot.

amonestar v. ermahnen, erinnern; aufbieten.

amoníaco m. Ammoniak.

amontonar v. anhäufen; amontonarse sich häufen; fam. sich ärgern.

amor m. Liebe... — propio Eigenliebe; por — de Dios um Gotteswillen.

amores pl. Liebschaft.

amoratado, a adj. schwarzblau.

amordazar v. knebeln.

amoroso, a adj. Liebes...; sanft, milde.

amortecerse v. ohnmächtig werden.

amortiguar v. mildern, abschwächen; amortiguarse erlöschen.

amortizable adj. tilgbar.

amortizar v. tilgen; ablösen.

amoscarse v. fam. böse werden.

amotinar v. aufwiegeln.

amparar v. (be)schützen; —se sich verteidigen.

amparo m. Schutz, Beistand.

amperio m. Ampere.

ampliar v. ausdehnen; vergrößern.

ampliación f. Erweiterung, fig. Übertreibung.

amplificador m. Verstärker (Radio).

amplio, a adj. ausgedehnt, weit.

amplitud f. Ausdehnung, Weite.

ampolla f. Phiole, Blase.

ampuloso, a adj. schwülstig (Stil).

amputación f. Abnehmen eines Gliedes.

amputar v. amputieren.

amueblar v. möblieren; ausstatten.

amuleto m. Amulett.

amurallar v. ummauern.

anacronismo m. Zeitrechnungsfehler.

ánade s. Ente(rich).

anal adj. After..., Steiß...

anales m. pl. Jahrbücher.

analfabeto m. Analphabet.

análisis f. Analyse.

analítico, a adj. analytisch.

analizar v. analysieren; zergliedern.

análogo, a adj. ähnlich.

ananá(s) f. Ananas.

anaquel m. Fach, Brett.

anaranjado, a adj. orange(nfarbig).

anarquía f. Anarchie.

anatema s. Bannfluch.

anatomía f. Anatomie.

anatómico, a adj. anatomisch.

anatomizar v. zergliedern.

anca f. Hinterbacken.

anciano, a adj. hochbetagt; m. u. f. Greis(in).

ancla f. Anker; echar —s, Anker werfen; levantar —s, Anker lichten.

ancladero m. Ankerplatz.

anclaje m. Ankern.

anclar v. ankern.

ancón m. kleine Bucht.

áncora f. Anker (Uhr).

ancho, a adj. breit, weit.

anchoa f. Anschovis.

anchura f. Weite.

andaluz, a adj. andalusisch.

andaluzada f. fam. Aufschneiderei.

andamio m. Baugerüst.

andana f. Reihe.

andante adj. gehend; caballero —, fahrender Ritter.

andar v. gehen, reiten; fahren; laufen (Maschine); — alegre froh sein; — con algo mit etwas hantieren; m. Gang (Pferd); Gehen (Maschine).

andarín m. Läufer.

andas f. pl. Sänfte.

andrajo m. Lumpen, Fetzen.

andrajoso, a adj. zerlumpt.

anea f. Rohrkolben.

anécdota f. Anekdote.

anegar v. (er)tränken.

anejo, a adj. s. anexo.

anemia f. Blutarmut.

anexar v. einverleiben.

anexión f. Einverleibung; Beifügung.

anexo, a adj. beiliegend; m. Anlage (Brief).

anfiteatro m. Amphitheater, Rang; — anatómico Seziersaal.

ángel m. Engel; — custodio Schutzengel.

angélico, a adj. engelhaft, himmlisch.

angina f. Halsentzündung, Angina.

anglicismo m. englische Spracheigentümlichkeit.

angloamericano, a adj. nordamerikanisch.

anglosajón, ona adj. angelsächsisch; m. Angelsachse.

angostar v. verengen.

angosto, a adj. schmal, knapp.

anguila f. Aal.

angular adj. eckig.

ángulo m. Winkel; Ecke.

anguloso, a adj. (viel-) winkelig.

angustia f. Angst; Qual.

angustiado, a adj. geängstigt; fig. geizig, engherzig.

anhelante adj. keuchend.

anhelar v. schwer atmen; ersehnen, begehren.

anhelo m. Wunsch, Begierde.

anidar v. nisten.

anilina f. Anilin.

anillo m. (Ketten-) Ring; — nupcial Trauring; — de sellar, Siegelring; como — al dedo wie angegossen.

ánima f. Seele (auch von Geschützen).

ánimas pl. Abendgeläute.

animación f. Beseelung, Belebung; fig. Feuer; starker Verkehr.

animador m. Conférencier.

animal adj. tierisch; reino —, Tierreich. m. Tier, fig. Tölpel.

animalada f. fam. roher Streich.

animalucho m. häßliches Tier.

animar v. beseelen, beleben.

animarse v. Mut fassen; sich ermutigen.

ánimo m. Seele, Gemüt; Wille; Mut, Kraft; estar en — de willens sein zu; ¡—!, auf!

animosidad f. Mut; Groll.

animoso, a adj. kühn.

aniñarse adj. sich kindisch betragen.

aniquilar v. zerstören.

anís m. Anis.

anisar v. mit Anis versetzen.

anisete m. Anislikör.

aniversario m. Jahrestag.

ano m. After.

anoche adv. gestern abend: antes de —, vorgestern abend.

anochecer v. Nacht werden; m. Abenddunkel; al —, gegen Abend.

ánodo m. Anode.

anomalía f. Regelwidrigkeit.

anómalo, a adj. regelwidrig, abnormal.

anonadar v. gänzlich vernichten; demütigen.

anónimo, a adj. anonym; sociedad anónima Aktiengesellschaft.

anotación f. Anmerkung, Notiz.

anotar v. anmerken.

ansia f. Angst; Begierde.

ansiar v. herbeisehnen, begehren.

ansiedad f. Angst, Beklemmung.

ansioso, a adj. ängstlich; begierig.

antaño m. voriges Jahr; adv. ehemals.

ante m. Elch; Wildleder.

ante prep. vor, eher als; im Beisein; — todo vor allem.

anteanoche adv. vorgestern abend.

anteayer adv. vorgestern.

antebrazo m. Vorderarm.

antecámara f. Vorzimmer.

antecedente adj. vorhergehend, früher; m. Präzedenzfall.

anteceder v. vorhergehen.

antecesor m. Vorgänger; —es pl. Vorfahren.

antedatar v. zurückdatieren.

antedicho, a adj. vorbenannt.

anteguerra f. Vorkriegszeit.

antejuicio m. Vorverhör.

antemano: de —, im voraus.

antena f. Antenne.

anteojo m. Augenglas; — de larga vista Fernglas; —s pl. Brille.

antepagar v. vorauszahlen.

antepasado, a adj. vorhergegangen; —s m. pl. Vorfahren.

antepecho m. Brüstung.

anteponer v. voranstellen; vorziehen.

antera f. Staubbeutel.

anterior adj. vorig, früher.

anterioridad f. Vorzug, Vorzeitigkeit.

antes prep. (— de) vor; ehe; — de ayer vorgestern; — de tiempo vor der Zeit; — de que bevor; — que llegue ehe er ankommt; adv. vorher, früher; — bien vielmehr; cuanto —, baldmöglichst; poco —, kurz vorher.

antesala f. Vorzimmer; hacer —, im Vorzimmer warten.

antibiótico, a adj. antibiotisch, keimtötend.

anticipación f. Vorausnahme; Vorschuß; con —, im voraus.

anticipar v. verfrühen; vorauszahlen, zuvorkommen.

anticipo m. Vorschuß.

anticongelante m. Frostschutzmittel.

anticuado, a adj. veraltet.

anticuario m. Altertumsforscher; Antiquitätenhändler.

antideslizante m. Gleitschutz.

antídoto m. Gegengift; fig. Gegenmittel.

antifaz m. Maske.

antigualla f. alter Kram.

antigüedad f. Altertum; —es pl. Antiquitäten.

antiguo, a adj. alt; antik.

antimonio m. Antimon.

antipapa m. Gegenpapst.

antipatía f. Abneigung.

antipático, a adj. abstoßend.

antípoda m. Gegenfüßler.

antisemita m. Judenfeind.

antiséptico, a adj. antiseptisch.

antisocial adj. unsozial.

antojarse v. gelüsten; se me antoja es gelüstet mich.

antojo m. Gelüst; Laune.

antología f. Gedichtsammlung.

antorcha f. Fackel.

antracita f. Anthrazit.

antropófago m. Menschenfresser.

antruejo m. Karneval.

anual adj. jährlich; Jahres...

anuario m. Jahrbruch, Kalender; Adreßbuch.

anublar v. bewölken.

anudar v. (an) knüpfen.

anular v. vernichten; adj. ringförmig; dedo —, Ringfinger.

anunciar v. anzeigen, bekanntmachen.   [ung.

anuncio m. Anzeige, Ankündig-

anuo, a adj. jährlich.

anverso m. Bildseite; (Münze).

anzuelo m. Angelhaken.

añadidura f. Zusatz, Zugabe.

añadir v. hinzufügen, ergänzen.

añejarse v. ablagern (Wein).

añejo, a adj. alt; überjährig (Wein).

añil m. Indigo.

año m. Jahr; — bisiesto, Schaltjahr; Rechnungsjahr.

años pl. Geburtstag.

añoranza f. Sehnsucht; Heimweh.

añorar v. sehnlichst verlangen.

añoso, a adj. bejahrt.

aojo m. böser Blick.

aovado, a adj. eiförmig, oval.

aovar v. Eier legen.

apacentar v. weiden (Vieh).

apacibilidad f. Leutseligkeit; Milde, Sanftmut.

apaciguar v. versöhnen.

apadrinar v. Pate, Zeuge sein bei; fig. begünstigen.

apagado, a adj. erloschen; mutlos; gedämpft (Töne).

apagar v. löschen; mildern; dämpfen; —se ausgehen (Licht).

apaleo m. Durchprügeln; Worfeln (Korn).

apañar v. fam. ergreifen, wegnehmen.

aparador m. Büffet.

aparato m. Apparat; fig. Pracht; — digestivo Verdauungsapparat; — televisor, Fernsehgerät.

aparatoso, a adj. prächtig.

aparear v. paaren.

aparecer v. erscheinen.

aparecido m. Gespenst.

aparejar v. zubereiten; auftakeln (Schiff).

aparejo m. Zubereitung; Segelwerk; Flaschenzug; —s pl. Geräte.

aparentar v. vorgeben.

aparente adj. scheinbar; muerte —, Scheintod.

aparición f. Erscheinung; Vision.

apariencia f. Schein; Wahrscheinlichkeit; —s pl. Bühnenausstattung.

apartadero m. Ausweichstelle; Weiche.

apartado, a adj. entfernt; m. Absatz (Buch); Postfach.

apartamiento m. Trennung; Zimmer.

apartar v. trennen, entfernen; — los ojos das Gesicht abwenden; —se Platz machen; abweichen von.

aparte adv. beiseite; — de eso außerdem; m. Absatz (Buch).

apasionado, a adj. leidenschaftlich; — por eingenommen für.

apasionar v. Liebe einflößen; —se sich erregen.

apatía f. Gleichgültigkeit.

apático adj. gleichgültig, teilnahmslos.

apeadero m. Absteigequartier; Haltestelle.

apear v. ab-, aussteigen.

apedrear v. steinigen.

apegarse v. fig. Zuneigung fassen.

apego m. Anhänglichkeit.

apelación f. Berufung.

apelante m. Berufungskläger.

apelar v. appellieren; Berufung einlegen.

apellidar v. (be) nennen.

apellido m. Zu-, Familienname.

apenar v. Kummer machen.

apenas adv. kaum; knapp.

apéndice m. Zugabe; Blinddarm.

apercibir v. vorbereiten; warnen; benachrichtigen.

apercibirse de v. sich versehen mit.

aperitivo adj. Appetit erregend; m. appetiterregendes Getränk.

apero m. Ackergerät.

apertura f. (Er-) Öffnung.

apesadumbrar v. betrüben.

apestar v. verpesten.

apetecer v. verlangen (nach).

apetencia f. Eßlust.

apetitivo, a adj. begehrend.

apiadar v. bemitleiden.

ápice m. Spitze.

apicultura f. Bienenzucht.

apilar v. (auf) schichten.

apio m. Sellerie.

apisonar v. feststampfen.

aplacar v. versöhnen, mildern.

aplanadera f. Handramme.

aplanar v. ebnen; fig. bestürzen.

aplastar v. niederdrücken.

aplaudir v. Beifall klatschen.

aplauso m. Beifall.

aplazar v. vertagen.

aplicación f. Anwendung; Fleiß.

aplicado, a adj. fleißig.

aplicar v. anwenden; —se sich widmen.

aplomar v. loten; —se einstürzen.

aplomo m. Nachdruck.

apocado, a adj. feige; verzagt.

apoderado m. Bevollmächtigte(r); Prokurist.

apoderar v. bevollmächtigen; —se de sich bemächtigen.

apodo m. Spitzname.

apolillar v. anfressen (Motten).

apólogo m. Lehrfabel.

apopejía v. Schlagfluß.

aporrearse v. sich prügeln.

aportar v. landen; (hin) zubringen; — capital Kapital beisteuern.

aposentar v. beherbergen; —se sich einquartieren.

aposento m. Zimmer; Herberge.

apósito m. Wundverband.

apostar v. wetten.

apóstata m. Abtrünnige(r).

apostema f. Abszeß.

apostillar v. erläutern.

apóstol m. Apostel.

apóstrofe m. Anrede; Verweis.

apóstrofo m. Apostroph.

apoyar v. (unter) stützen; —se sich anlehnen.

apoyo m. Stütze, fig. Hilfe.

apreciable adj. preiswürdig; fig. schätzenswert.

apreciador m. Taxator.

apreciar v. taxieren; schätzen; anerkennen.

aprecio m. (Wert-) Schätzung, Achtung.

aprehender adj. fassen, wahrnehmen.

apremiar v. zwingen; dringend sein.

apremio m. Zwang; Mahnung.

aprender v. (er) lernen.

aprendiz m. Lehrling.

aprendizaje m. Lehre, Lehrzeit.

aprensión f. Besorgnis.

apresar v. festnehmen.

aprestar v. zubereiten.

apresto m. Vorbereitung; Apretur.

apresurar v. beschleunigen.

apresurarse v. sich beeilen.

apretado, a adj. eng, knapp; fam. geizig; trance —, dringender Fall.

apretar v. drücken, pressen; (be) drängen.

apretón m. Druck; fig. Bedrängnis. — de mano Händedruck.

apretura f. Enge.

aprieto m. Bedrängnis.
aprisa adv. schnell.
aprisionar v. verhaften, gefangennehmen; fig. fesseln.
aprobación f. Gutheißen.
aprobar v. billigen; bestehen (Prüfung).
aprontar v. herbeischaffen; erlegen (Geld).
apropiado, a adj. geeignet, angemessen.
apropiar v. anpassen; —se sich aneignen.
aprovechamiento m. Be-, Ausnutzung; Vorteil.
aprovechar v. nutzen; gebrauchen; ¡que aproveche! wohl bekomm's!
aproximación f. Annäherung.
aproximadamente adv. etwa.
aproximar v. nähern; —se sich nähern.
aproximativo, a adj. annähernd.
aptitud f. Geschick, Fähigkeit.
apto adj. fähig, geschickt.
apuesta f. Wette.
apuntación f. Notierung.
apuntado, a adj. spitz.
apuntador m. Souffleur.
apuntar v. (an-)spitzen; andeuten; bemerken; soufflieren; anbrechen (Tag); aufbrechen (Knospen).
apunte m. Zielen; Anmerkung; Skizze; Stichwort.
apuñalar v. erdolchen.
apurar v. erschöpfen, ausleeren; fig. quälen.
apuro m. Kummer; Geldnot; Verlegenheit.
aquel, lla, llo adj. jener, jene, jenes; derjenige, diejenige, dasjenige; dortig.
aquí adv. hier(her); jetzt; de —, daher; ¡he —!, siehe da!
aquiescencia f. Zustimmung.
aquietar v. besänftigen.
aquilatar v. prüfen (Gold, etc.).
aquilón m. Nordwind.
ara f. Altar.
árabe adj. arabisch; m. Araber.
arado m. Pflug.
arador m. Pflüger.
arambel m. fam. Lumpen.
arancel m. (Zoll-)Tarif.
arancelario, a adj. tarifmäßig.
araña f. Spinne; Kronleuchter.
arañar v. kratzen.
arar v. umpflügen.
arbitraje m. Schiedsspruch.
arbitrar v. einen Schiedsspruch tun.
arbitrario, a adj. willkürlich.
arbitrio m. freier Wille; Steuer.
árbitro, a m. Schiedsrichter.
árbol m. Baum; Mast; — cigüeñal Kurbelwelle.
arbolar v. aufstecken; hissen (Fahne).
arbóreo, a adj. Baum..., arboricultor m. Baumgärtner.
arbusto m. Strauch; Staude.
arca f. Kasten; Geldschrank; — de agua Wasserbehälter.
arcabuz m. Muskete.
arcada f. Säulengang.
arcaduz m. Brunnenrohr.
arcaico, a adj. altertümlich.
arcángel m. Erzengel.
arcano adj. verborgen; m. Geheimmittel.
arce m. Ahorn.
arcilla f. Ton(erde).
arcipreste m. Erzpriester.
arco m. allgemein: Bogen.

archiducado m. Erzherzogtum.
archiduque m. Erzherzog.
archiduquesa f. Erzherzogin.
archipiélago m. Inselmeer.
archivador m. Briefordner.
archivar v. aufbewahren; einordnen.
archivo m. Archiv.
arder v. brennen (auch fig.).
ardid m. List; Kniff.
ardiente adj. brennend, feurig.
ardilla f. Eichhörnchen.
ardor m. Hitze; fig. Begierde; Mut, Eifer.
arduo, a adj. schwierig.
área f. Baufläche.
arena f. Sand; (Stierkampf-) Arena.
arenga f. Ansprache.
arenoso, a adj. sandig.
arenque m. Hering; — ahumado, Bückling.
arete m. Ohrring.
argentado, a adj. versilbert.
argentino, a adj. silberartig; argentinisch; m. Argentinier.
argolla f. (Angel-)Ring.
argucia f. Spitzfindigkeit.
argüir v. folgern; streiten.
argumentación f. Begründung.
argumentar v. beweisen, folgern.
argumento m. Beweisgrund; Opern-, Filmtext.
aria f. Arie, Lied.
aridez f. Dürre.
árido, a adj. dürr, trocken.
arisco, a adj. wild, unbändig.
aristocracia f. Aristokratie.
aristócrata m. Aristokrat.
arlequín m. Hanswurst.
arma f. Waffe; armas pl. Wappenschild; hacer armas kämpfen.
armada f. Kriegsflotte.
armador m. Reeder; Korsar.
armadura f. Waffenrüstung; Armatur; Beschlag.
armar v. bewaffnen; bauen, aufstellen (Maschine); ersinnen.
armario m. Schrank.
armazón m. Sparrenwerk.
armería f. Zeughaus, Waffengeschäft; Wappenkunde.
armiño m. Hermelin.
armisticio m. Waffenstillstand.
armonía f. Harmonie; fig. Eintracht.
armonio m. Harmonium.
armonioso, a adj. harmonisch.
arnés m. Harnisch.
aro m. Ring, Reif.
aroma f. Duft(stoff); aromático, a adj. wohlriechend.
aromatizar v. würzen.
arpa f. Harfe.
arpillera f. Sackleinen.
arpón m. Harpune.
arquear v. wölben, biegen.
arqueo m. Biegen; Eichen; Kassenabschluß.
arqueología f. Archäologie.
arquitecto m. Architekt.
arquitectónico, a adj. architektonisch.
arrabal m. Vorstadt.
arraigar v. wurzeln; arraigarse Wurzel schlagen; sich niederlassen.
arramblar v. versanden.
arrancadero m. Startplatz.
arrancador m. Starter, Anlasser.
arrancar v. ausreißen, entwurzeln; anlaufen (Maschine).
arranque m. Entwurzeln; Anfahren (Motor).
arrasar v. zerstören.
arrastrar v. schleifen, (fort-) schleppen.

arrastre m. Fortschleppen; Holzabfuhr.
arrayán m. Myrte.
¡arre! interj. hü!
arrebatado, a adj. übereilt, ungestüm.
arrebatador, a adj. hinreißend.
arrebatar v. entreißen; —se außer sich geraten.
arrebatiña f. Schlägerei.
arrebato m. Alarm; fig. Entzücken.
arrebol m. Morgenröte; rote Schminke.
arrecife m. Felsenklippe.
arredrar v. zurückstoßen; erschrecken; arredrarse verzagen.
arreglado, a adj. geregelt; ordentlich.
arreglar v. regeln, in Ordnung bringen.
arreglo m. Regel, Einrichtung; (An-)Ordnung.
arremangar v. aufstreifen (Ärmel).
arremeter v. angreifen, -fallen.
arrendamiento m. Verpachtung; tomar en —, pachten.
arrendar v. verpachten, vermieten.
arrendatario m. Pächter.
arreo m. Putz, Schmuck.
arrepentimiento m. Reue.
arrepentirse v. — de algo etwas bereuen.
arrestado, a adj. verhaftet; fam. dreist.
arrestar v. festnehmen.
arresto m. Verhaftung, Arrest; fam. Unerschrockenheit.
arriar v. streichen (Segel).
arriate m. Blumenbeet.
arriba adv. oben(an); de —, vom Himmel; agua —, stromaufwärts.
arribada f. Einlaufen (Schiff).
arribar v. ankommen, landen.
arribista m. Streber.
arribo m. Ankunft.
arriero m. Maultiertreiber.
arriesgar v. wagen.
arrimar v. nähern, anlehnen.
arrimo m. Annäherung, fig. Schutz.
arrobamiento m. Entzücken.
arrocero m. Reisbauer.
arrodillarse v. niederknien.
arrogancia f. Anmaßung; Dünkel.
arrogante adj. anmaßend; unerschrocken.
arrogar v. an Kindesstatt annehmen; —se sich anmaßen.
arrojado, a adj. unerschrocken.
arrojar v. werfen, schleudern.
arrojo m. Kühnheit.
arrollar v. rollen, fortwälzen.
arropar v. kleiden, bedecken.
arrope m. Mostsirup.
arropía f. Honigkuchen.
arrostrar v. jdm. trotzen.
arroyada f. Bachrinne.
arroyo m. Bach; Fahrdamm.
arroz m. Reis.
arrozal m. Reisfeld.
arruga f. Runzel, Falte.
arrugar v. runzeln, falten.
arruinar v. ruinieren.
arrullar v. einwiegen (Kind); girren (Taube).
arrumar v. stauen.
arrumbar v. aufräumen.
arsenal m. Schiffszeughaus.
arsénico m. Arsenik.
arte m. Kunst; List.
artefacto m. Kunsterzeugnis; Apparat.
arteria f. Schlagader.
artería f. Kunstgriff.
artero, a adj. schlau, gerieben.
artesa f. Backtrog.

artesano m. Handwerker.
ártico, a adj. arktisch; polo —, Nordpol.
articulación f. Gelenk; gegliederte Aussprache.
articular v. gliedern; deutlich aussprechen.
articulista m. Zeitungsschreiber.
artículo m. Gelenk; Glied; allgemein: Artikel.
artífice m. Künstler.
artificial adj. künstlich; fuegos —es m. pl. Feuerwerk.
artificio m. Kunstfertigkeit; fig. List.
artilugio m. Machwerk.
artillería f. Artillerie.
artillero m. Artillerist.
artista m. Künstler.
artístico, a adj. künstlerisch
artritis f. Gicht.
arvejo m. Platterbse.
arzobispo m. Erzbischof.
as m. As; fig. Kanone (Sport, Film, etc.).
asa f. Henkel, Griff.
asado m. Braten.
asador m. Bratspieß.
asalariar v. besolden.
asaltar v. angreifen; befallen.
asalto m. Angriff, Anfall.
asamblea f. Versammlung.
asar v. braten; rösten.
asbesto m. Asbest.
ascendencia f. Abstammung; Ahnen.
ascender v. befördern; aufsteigen; — a betragen (Summe).
ascendiente m. Einfluß.
ascensión f. Aufsteigen; Christi Himmelfahrt.
ascenso m. Beförderung.
ascensor m. Lift.
asceta m. Asket.
asco m. Ekel.
ascua f. Kohlenglut.
asearse v. sich putzen.
asediar v. belagern.
asedio m. Belagerung.
asegurador m. Versicherer.
asegurar v. versichern; behaupten.
asemejarse v. sich ähneln.
asenso m. Zustimmung.
asentador m. Steinsetzer.
asentar v. setzen; legen; buchen.
asentimiento m. Zustimmung.
asentir v. zustimmen.
aseo m. Körperpflege.
aséptico, a adj. keimfrei.
aserción f. Behauptung.
aserradero m. Sägewerk.
aserradura f. Sägen; —s pl. Sägespäne.
aserrar v. sägen.
aserrín m. Sägemehl.
aserto m. Behauptung.
asesinato m. Mord.
asesino m. Mörder.
asesor m. Gerichtsbeisitzer; Ratgeber.
asestar v. richten; zielen.
aseverar v. behaupten.
asfaltar v. asphaltieren.
asfalto m. Asphalt.
asfixiar v. ersticken.
así adv. so, ebenso; daher: — como ohnedies; — que sodaß.
asidero m. Henkel; Handhabe; Anlaß.
asiduo, a adj. emsig.
asiento m. Sitz, Stuhl, Platz; Lage; Buchung; Bodensatz.
asignación f. (Geld-)Anweisung.
asignatura f. (Lehr-)Fach.
asilo m. Zuflucht(sort).

asimilar v. angleichen: **asimilarse** verarbeiten (Nährstoffe).

asimismo adv. auch, ebenso.

asir v. ergreifen; fassen: **asirse de** sich anklammern an.

asistencia f. Beistand; Bedienung; Anwesende(n).

asistenta f. (Raum-)Pflegerin.

asistente m. Assistent; Krankenwärter; Hilfspriester.

asistir v. helfen; pflegen; bedienen; anwesend sein.

asma f. Asthma.

asno m. Esel.

asociación f. Verbindung.

asociado m. Teilhaber.

asociar v. zugesellen; fig. vereinigen.

asolar v. verwüsten.

asolearse v. sich sonnen.

asomar v. zeigen; hervorgukken; **asomarse** sich zeigen, hinauslehnen.

asombradizo, a adj. furchtsam.

asombrar v. bestürzen, erstaunen. [nen.

asombro m. Entsetzen; Erstaunen.

asombroso, a adj. erstaunlich.

asomo m. Anschein; **ni por —,** in keiner Weise.

asonada f. Menschenauflauf.

asonancia f. Ein-, Gleichklang.

asonar v. ähnlich auslauten.

asordar v. betäuben.

aspar v. (ab)haspeln.

aspecto m. Anblick, Aussehen; fig. Gesichtspunkt.

aspereza f. Rauheit; Strenge.

áspero, a adj. rauh; herbe.

asperón m. Schleifstein.

aspersión f. Besprengung.

áspid m. Natter.

aspillera f. Schießscharte.

aspiración f. Atemholen; Einsaugen; fig. Sehnen.

aspirante m. Bewerber.

aspirar v. einatmen; aufsaugen; **— a** ersehnen.

asquear v. anekeln.

asqueroso, a adj. ekelhaft.

asta f. Schaft; Horn des Stiers; Topp (Schiff).

astil m. Stiel (Axt etc.).

astilla f. Holzsplitter.

astillar v. zersplittern.

astillero m. Schiffswerft.

astral adj. Stern...

astro m. Gestirn.

astrología f. Astrologie.

astrólogo m. Astrolog.

astronomía f. Astronomie.

astrónomo m. Astronom.

astronauta m. Raumfahrer.

astronáutica f. Raumschiffahrt.

astucia f. Tücke, Arglist.

astuto, a adj. schlau, verschlagen.

asumir v. übernehmen.

asunto m. Angelegenheit, Sache, Gegenstand; Geschäft.

asustar v. erschrecken.

atacar v. anbinden; angreifen; befallen (Krankheit).

atado, a adj. fig. schüchtern, zaghaft; m. Bündel.

atadura f. Binden; fig. Zwang.

atajar v. jdm. den Weg abschneiden.

atajo m. Richtweg.

atalaya f. Wartturm.

atañer v. betreffen.

ataque m. Angriff; fig. Krankheitsanfall.

atar v. verbinden; fig. hemmen.

atardecer v. Nachmittag werden.

atarjea f. Abzugsrinne.

atascar v. ver-, zustopfen.

atasco m. Verstopfung; Hemmnis.

ataúd m. Sarg.

ataviar v. schmücken.

atelaje m. Gespann.

atemorizar v. erschrecken.

atemperar v. mäßigen; mildern.

atención f. Aufmerksamkeit; **en — a** mit Rücksicht auf; **¡—!,** Achtung!

atender v. beachten, berücksichtigen.

atentado m. Attentat.

atento, a adj. aufmerksam.

atenuación f. Verdünnung; Verminderung; Milderung (der Strafe).

atenuar v. verdünnen; vermindern.

aterrar v. erschrecken; zu Boden werfen; landen.

aterrizaje m. Landung (Flugzeug).

aterrizar v. landen.

aterrorizar v. erschrecken.

atesorar v. Schätze häufen.

atestación f. Zeugenaussage.

atestado, a adj. hartnäckig; m. Attest.

atestar v. überladen; (be)zeugen.

atestiguar v. bezeugen.

ático m. Dachgeschoß.

atildar v. putzen; tadeln.

atinar v. sicher treffen.

atisbar v. belauern.

atizar v. schüren.

atlas m. Atlas.

atleta m. Athlet.

atmósfera f. Atmosphäre.

atolondrado, a adj. unbesonnen.

atolladero m. Pfütze.

atómico adj. Atom...; **peso —** Atomgewicht.

atomismo m. Atomforschung.

átomo m. Atom.

atónito, a adj. erstaunt.

atonar v. verdutzen.

atormentar v. peinigen.

atornillar v. einschrauben.

atracadero m. Anlegeplatz.

atracar v. anlegen (Schiff).

atracción f. Anziehungskraft; fig. Reiz.

atractivo, a adj. anziehend.

atraer v. anziehen.

atrancar v. verriegeln.

atrapar v. fam. fangen.

atrás adv. hinten; **por —,** von hinten; **hacia —,** rückwärts; **años —,** vor Jahren.

atrasado, a adj. rückständig.

atrasar v. aufschieben; zurückstellen (Uhr): **—se** sich verspäten.

atraso m. Verspätung.

atravesado, a adj. fig. falsch.

atravesar v. durchqueren, durchfahren.

atreverse v. sich erdreisten.

atrevido, a adj. dreist.

atrevimiento m. Dreistigkeit.

atribución f. Beimessung; Befugnis.

atribuir v. zuschreiben; vergleichen.

atributo m. Attribut.

atril m. (Noten-)Pult.

atrio m. Vorhalle.

atrocidad f. Greuel.

atronar v. durch Lärm betäuben.

atropellar v. überfahren, umrennen; verletzen.

atropello m. Umrennen; Gewalttätigkeit.

atroz adj. scheußlich.

atún m. Thunfisch.

aturdir v. betäuben; verblüffen: **aturdirse** staunen.

audacia f. Kühnheit.

audaz adj. kühn, verwegen.

audición f. (Ab-)Hören.

audiencia f. Anhören, Audienz; Gerichtssaal.

auditivo, a adj. Gehör...

auditor m. Hörer; **— de guerra** Kriegsrichter.

auditorio m. Zuhörerschaft.

augurar v. wahrsagen.

augurio m. Wahsagerei; Vorzeichen.

aula f. Hörsaal.

aullar v. heulen, brüllen.

aumentar v. vermehren, vergrößern.

aumento m. Vermehrung.

aun, adv. **aún** noch (immer); auch; **— cuando** wenn auch; **—no** noch nicht; **ni —,** nicht einmal.

aunque conj. obgleich, wenn auch.

aura f. frische Luft.

áureo, a adj. golden.

aureola f. Heiligenschein.

auricular adj. Ohr..., m. Telefonhörer.

aurora f. Morgenröte.

ausencia f. Abwesenheit.

ausentarse v. sich entfernen.

ausente adj. abwesend.

auspicio m. Vorbedeutung.

austero, a adj. streng, ernst.

austral adj. südlich.

austriaco, a adj. österreichisch; m. Österreicher.

auténtico, a adj. glaubwürdig, echt, rechtsgültig.

auto m. Verordnung; fam. Auto; Prozeßakten.

autobús m., autocar m. Autobus.

autocopista m. Selbstkopiermaschine.

autocracia f. Selbstherrschaft.

autógrafo, a adj. eigenhändig geschrieben; m. Urschrift.

autómata m. Automat.

automático, a adj. automatisch.

automotor m. Triebwagen.

automóvil m. Auto(mobil).

autonomía f. Selbstregierung.

autopista f. Autobahn.

autor m. Verfasser; Schriftsteller; allgemein: Urheber.

autoridad f. Ansehen; Behörde.

autorización f. Bevollmächtigung.

autorizar v. bevollmächtigen.

autoservicio m. Selbstbedienung.

austostop m. Anhalter.

auxiliar adj. Hilfs..., v. helfen, beistehen.

auxilio m. Hilfe.

avalancha f. Lawine.

avalorar v. (ein)schätzen.

avance m. Vorrücken; Vorausbezahlung, Vorschuß.

avantrén m. Vorzug (Truppe).

avanzar v. vorrücken.

avaricia f. Geiz.

avaro, a adj. geizig; m. Geizhals.

ave f. Vogel; **— de paso** Zugvogel.

avecinarse v. sich nähern.

avecindar v. ansiedeln.

avejentarse v. vorzeitig altern.

avellana f. Haselnuß.

avellanador m. Zapfenbohrer.

avena f. Hafer.

avenencia f. Vertrag.

avenida f. Überschwemmung; Allee.

avenirse v. sich einigen; sich vertragen.

aventajar v. übertreffen.

aventar v. lüften.

aventura f. Abenteuer.

aventurar v. wagen.

aventurero, a adj. abenteuerlich; m. Abenteurer.

avergonzar v. beschämen; **avergonzarse** sich schämen.

avería f. Seeschaden.

averiarse v. verderben.

averiguar v. untersuchen.

aversión f. Widerwille.

avestruz m. Strauß (Vogel).

aviación f. Luftfahrt.

aviador m. Flieger.

avidez f. Gier; Sucht.

ávido, a adj. gierig.

avío m. Ausrüstung.

avión m. Dachschwalbe; Flugzeug; **— de reacción** Düsenjäger.

avisar v. melden; warnen.

aviso m. Benachrichtigung.

avispa f. Wespe.

avivar v. beleben.

axila f. Achselhöhle.

axioma m. Grundsatz.

¡ay! int. ach!, oh!

ayer adv. gestern; **ante —,** vorgestern; **de — a hoy** seit kurzem.

ayo m. Erzieher.

ayuda f. Hilfe.

ayudante m. Adjutant, Gehilfe.

ayudar v. helfen.

ayunar v. fasten.

ayuno, a adj. nüchtern.

ayuntamiento m. Gemeinderat; Rathaus.

azada f. Hacke.

azafata f. Stewardess.

azahar m. Orangenblüte.

azar m. Zufall.

azotar v. peitschen.

azote m. Peitsche.

azorar v. erschrecken.

ázoe m. Stickstoff.

azófar m. Messing.

azogue m. Quecksilber.

azúcar m. Zucker; **— en polvo** Puderzucker.

azucarar v. zuckern.

azucena f. weiße Lilie.

azud m. Flußwehr.

azufre m. Schwefel.

azul adj. blau.

azulado, a adj. bläulich.

azulejo m. Kachel.

azuzar v. hetzen.

baba f. Geifer.

babador m. Lätzchen.

babel f. Wirrwarr.

babor m. Backbord.

bacalao m. Stockfisch.

bacía f. Becken; Schale.

bacilo m. Bazillus.

bache m. Schlagloch (Weg).

bachillerato m. Abitur.

badajada f. Glockenschlag; fam. dummes Gerede.

badajo m. Glockenschwengel.

badil m. Feuerschaufel.

bagaje m. Gepäck, Lasttier.

bagatela f. Lappalie.

bahía f. Bai, Bucht.

bailable adj. tanzbar; m. Ballett(stück).

bailador m. Tänzer.

bailar v. tanzen.

bailarín m., bailarina f. (Ballett-)Tänzer(in).

baile m. Tanz; Ball; Tanzstück.
baja f. Fallen, Minderung; Verlust; Sinken (Preis); **dar de —**, entlassen; **jugar a la —**, auf Baisse spekulieren (Börse).
bajada f. Hinabsteigen; Abhang.
bajamar f. Niedrigwasser, Ebbe.
bajar v. herablassen, hinunterbringen; senken; herabsetzen (Preis); herabsteigen, aussteigen (Auto); abnehmen, sinken; im Preise fallen.
bajeza f. Niedertracht.
bajío m. Untiefe (Meer); Sandbank.
bajista m. Börse: Baissier.
bajo prep. unter; adj. niedrig, klein (von Gestalt); fig. gemein; leise (Stimme); m. Baß; Bassist; pl. weibliche Unterkleidung; adv. unten, darunter.
bala f. Kugel; Stoffballen.
balada f. Ballade.
balance m. Schwanken; (Handels-)Bilanz.
balancear v. abwägen; schwanken; schlingern (Schiff).
balanceo m. Schlingern.
balancín m. Schaukelstuhl, Seiltänzer; Balancierstange; Schwengel.
balandra f. Kutter.
balanza f. Waage; **— comercial** Handelsbilanz eines Landes.
balar v. blöken.
balasto m. Schotter, Kies.
balaustrada f. Balustrade.
balazo m. Kugelschuß; Schußwunde.
balbucear v. stammeln.
baldado, a adj. gliederlahm.
balde m. Brunneneimer; **de —**, umsonst; **en —**, vergeblich.
baldío adj. brach; fig. zwecklos. m. Landstreicher.
baldosa f. Fliese.
baliza f. Boje.
balneario m. Bad, Kurort.
balompié m. Fußball.
balón m. (Spiel-)Ball.
balsa f. Floß.
bálsamo m. Balsam.
baluarte m. Bollwerk.
ballena f. Wal (fisch).
ballesta f. Armbrust.
bambolear v. schwanken.
bambolearse v. sich schaukeln.
bambú m. Bambus (rohr).
banal adj. alltäglich.
banana f. Banane.
banasto m. Korb.
banca f. Bank.
bancal m. Gartenbeet.
bancario, a adj. Bank...
banco m. allgemein: Bank; Untiefe.
banda f. Schärpe; Seite (Schiff); Bande, Schar; Musikkapelle.
bandada f. Schwarm (Vögel).
bandeado adj. gestreift.
bandeja f. Tablett.
bandera f. Flagge.
bandería f. Partei.
banderilla f. Banderilla (Wurfpfeil beim Stierkampf); **poner — a uno,** fig. jdm. etwas Beleidendes sagen.
banderillero m. Banderillero (Stierkämpfer).
banderola f. Fähnchen.
bandido m. Bandit, Räuber.
bandola f. Mandoline.

banquero m. Bankier.
banqueta f. Bänkchen; Schemel (Piano).
banquete m. Bankett.
banquetear v. schlemmen.
banquillo m. Fußschemel; Anklagebank.
bañador m. Badeanzug, -hose.
bañar v. baden; bespülen.
bañera f. Badewanne; Badefrau.
bañista m. Kurgast.
baño m. Bad; Überzug (Zucker, etcétera).
baños pl. Heilquellen.
baqueta f. Peitsche; Rute.
baquetear v. fig. plagen.
baraja f. Spiel Karten.
barajar v. mischen (Karten und fig.).   [Billard.
baranda f. Geländer; Bande am
baratería f. Betrug.
baratija f. Kleinigkeit.
baratijas pl. Plunder.
baratillo m. Trödelladen.
barato, a adj. billig, wohlfeil; m. Ausverkauf.
baratura f. Billigkeit.
baraúnda f. Wirrwarr, Radau.
barba f. Kinn; Bart.
barbado, a adj. bärtig; m. Setzling.
barbaridad f. Grausamkeit; fig. Ungeheuerlichkeit.
barbarismo m. Sprachwidrigkeit.
bárbaro, a adj. grausam, roh, rücksichtslos; m. Barbar, Wilde (r).
barbería f. Barbierstube.
barbotar v. in den Bart murmeln.
barbudo, a adj. bärtig.
barbulla f. verwirrtes Gerede.
barca f. Fähre, Kahn.
barcaje m. Frachtgeld.
barcarola f. Gondellied.
barcaza f. Barkasse.
barco m. Boot, Schiff; **— de pesca** Fischerboot; **— de vela** Segelschiff.
bardar v. abdachen.
barítono m. Bariton.
barniz m. Firnis, Lack.
barnizar v. lackieren; glasieren.
barómetro m. Barometer.
barón m., **baronesa** f. Baron (in).
barquero m. Fährmann.
barquilla f. Logschiff.
barquillo m. Waffelart.
barra f. Stange, Barre (n).
barrabás m. Bösewicht.
barraca f. Baracke; Bauernhütte. Am. Lagerplatz.
barranco m. Schlucht; fig. Klemme.
barrear v. verrammeln.
barredera f. Straßenkehrmaschine.
barrena f. Bohrer.
barrenar v. bohren.
barreno m. Sprengbohrer; Bohrloch.
barrer v. kehren, fegen.
barrera f. Schranke (auch fig.); Tongrube.
barrero m. Töpfer.
barriada f. Stadtviertel.
barrica f. Tonne.
barricada f. Barrikade.
barrido m. Auskehren.
barriga f. Bauch, Leib.
barril m. (kleines) Faß.
barrilero m. Faßbinder, Böttcher.
barrilete m. Klammer.
barrio m. Stadtviertel.
barrita f.: **—de carmín, — para los labios** Lippenstift.
barro m. Kot; Töpferwaren.
barroso, a adj. schlammig.
barruntar v. ahnen, mutmaßen.
barrunto m. Vermutung.
bártulos m. pl. Sachen.

barullo m. Unordnung.
basa f. Säulenfuß, Sockel.
basalto m. Basalt.
basamento m. Grundlage.
basar v. gründen; stützen.
báscula f. Waage.
base f. Gund (lage); Stützpunkt; Lauge.
basta f. Heftnaht.
bastante adv. genug; ziemlich.
bastar v. genug sein; ¡**basta!**, genug!; abgemacht.
bastardo, a adj. unecht; m. Bastard.
bastidor m. Rahmen; pl. Kulissen.
bastilla f. (Kleider-)Saum.
basto, a adj. grob; m. Saumsattel.
bastón m. Stock, Stab.
basura f. Schmutz, Kehricht.
basurero m. Straßenfeger.
bata f. Hausrock.
batalla f. Schlacht, Gefecht.
batanear v. walken.
batel m. Kahn.
batería f. Batterie; **— de cocina** Küchengeschirr.
batida f. Hetzjagd; Razzia.
batidera f. Rührschaufel.
batido, a adj. gangbar.
batidor m. Kundschafter; (Schaum)Schläger.
batiente m. Flügel (Tür).
batir v. schlagen, klopfen; umrühren.
batista f. Batist.
batuta f. Taktstock.
baúl m. (großer) Koffer.
bautismo m. Taufe; **partida de —**, Taufschein.
bautizar v. taufen.
bautizo m. Taufe (Akt).
baya f. Beere.
bayo a adj. braun, falb.
bayoneta f. Bajonett.
baza f. Stich (Kartenspiel).
bazar m. Warenhaus.
bazo m. Milz.
bazucar v. rütteln.
beata f. Laien-, Betschwester.
beatificar v. seligsprechen.
beatísimo, a adj.: **Beatísimo Padre** Heilige (r) Vater.
beato, a adj. fromm; scheinheilig.
bebedero m. Tränke.
bebedizo, a adj. trinkbar; m. Zaubertrank.
bebedor m. Trinker.
beber v. trinken; einsaugen.
bebida f. Getränk.
beca f. Schärpe; Stipendium.
becerra f. Färse.
becerrada f. Stiergefecht mit Jungstieren.
becerro m. Kalb (sleder).
befa f. Hohn.
befar v. verspotten, verhöhnen.
beldad f. Schönheit.
belga adj. belgisch; m. Belgier.
Bélgica f. Belgien.
belicoso, a adj. kriegerisch, streitsüchtig.
beligerante adj. kriegführend.
belleza f. Schönheit.
bello, a adj. schön; **las bellas artes** die schönen Künste.
bellota f. Eichel.
bencina f. Benzin.
bendecir v. segnen; weihen.
bendición f. Segen.
beneficencia f. Wohltätigkeit.
beneficio m. Wohltat; Vorteil; Ertrag.
beneficioso, a adj. nützlich, einträglich.
benéfico, a adj. wohltätig.
benemérito, a adj. verdienstvoll.
benevolencia f. Wohlwollen.
benévolo, a adj. wohlwollend.
benignidad f. Güte, Milde.

benigno, a adj. gütig; gutartig (Krankheit).
benjamín m. Lieblingskind.
beodo, a adj. (be)trunken.
berbiquí m. Drehbohrer.
berenjena f. Eierpflanze.
bergante m. Schurke.
bermejo adj. rot (blond).
bermellón m. Zinnober.
berrear v. blöken.
berrendo adj. zweifarbig (Stier).
berrido m. Blöken.
berro m. Kresse.
berza f. Kohl.
besamanos m. Handkuß.
besar v. küssen.
beso m. Kuß.
bestia f. Tier, Vieh; fig. Dummkopf.
bestial adj. viehisch; dumm; fam. ungeheuer.
bestialidad f. Unvernunft.
betón m. Beton.
betún m. Erdpech; Schuhwichse.
biberón m. Saugflasche.
Biblia f. Bibel.
bíblico, a adj. biblisch.
bibliómano m. Büchernarr.
biblioteca f. Bücherei; **— circular** Leihbibliothek.
bíceps m. Bizeps.
bicicleta f. Fahrrad; **ir en —**, radeln.
biciclista m. Radfahrer.
bicho m. Getier; Stier; pl. Ungeziefer.
bidé m. Sitzbecken.
bidón m. Blechkanister.
biela f. Treibstange.
bieldo m. Heugabel.
bien m. Gut; Wohl; Vorteil; Habe.
bienes pl. Vermögen, Güter.
bienes raíces Liegenschaften.
bien adv. gut; wohl, etwa; gern, sehr; **si —**, obschon; **no —**, kaum; ¡**(está)** —! ja, gut, vortrefflich.
bienal adj. zweijährig.
bienandante adj. glücklich.
bienandanza f. Glück.
bienaventurado, a adj. glücklich; selig.
bienestar m. Wohlstand; Wohlbefinden.
bienhechor m. Wohltäter.
bienpareciente adj. schön aussehend.
bienquerencia f. Zuneigung.
bienquerer v. schätzen; geneigt sein.
bienquistarse v. sich beliebt machen.
bienquisto, a adj. beliebt.
bienvenida f. glückliche Ankunft.
bienvenido, a adj. willkommen.
bifurcación f. Gabelung, Abzweigstelle.
bifurcarse v. sich abzweigen (Bahnlinie).
bigamia f. Doppelehe, Bigamie.
bigardo, a adj. liederlich.
bigote m. Schnurrbart.
bilateral adj. zweiseitig.
bilingüe adj. zweisprachig.
bilioso, a adj. gallig.
bilis f. Galle; fig. Zorn.
billar m. Billardspiel.
billete m. Zettel; Eintrittskarte; Fahrschein; **— de andén** Bahnsteigkarte; **— de banco** Banknote; **— colectivo** Sammelkarte; **— de ida y vuelta** Hin- und Rückfahrkarte.
bimano, a adj. zweihändig.
bimestral adj. zweimonatlich.
bimotor adj. zweimotorig. m. zweimot. Flugzeug.

binóculo m. Fernrohr.
biografía f. Lebensbeschreibung.
biográfico, a adj. biographisch.
biología f. Biologie, Lebenslehre.
biológico adj. biologisch.
biólogo m. Biologe.
biombo m. Ofenschirm.
bioquímica f. Biochemie.
biplano m. Doppeldecker.
bis adv. noch einmal.
bisabuela f., bisabuelo m. Urgroßmutter, (-vater).
bisagra f. Türangel.
biselado, a adj. schrägkantig.
bisemanal adj. zweiwöchentlich.
bisiesto, a adj.: año —, Schaltjahr.
bisílabo, a adj. zweisilbig.
bismuto m. Wismut.
bisnieta f., bisnieto m. Groß-, Urenkel(in).
bisojo, a adj. s. bizco.
bisonte m. Auerochs.
bistec m. Beefsteak.
bisutería f. Schmuck(laden).
bizarría f. Mut.
bizarro, a adj. mutig; stattlich.
bizcar v. schielen.
bizco, a adj. schielend.
bizcocho m. Zwieback, Biskuit.
bizma f. stärkendes Pflaster.
blanco adj. weiß; blank; en —, in blanko; m. Weiße(r); leerer Raum; fig. Ziel, Endzweck; dar en el —, das Richtige treffen.
blancura f. Weiße.
blandear v. nachlassen.
blando, a adj. weich; sanft; kraftlos.
blandura f. Weichheit; Tauwetter; Schmeichelei.
blanquear v. bleichen; weißen (Wand).
blanquecer v. polieren.
blanquería f. Bleiche.
blanquete m. weiße Schminke.
blasfemar v. lästern.
blasfemia f. Gotteslästerung, Fluch.
blasón m. Wappen.
blenda f. Blende (Erz).
blindaje m. Blendung; Panzerung.
blindar v. panzern; rejilla blindada Abschirmungsgitter (Radio).
blocao m. Blockhaus.
blonda f. Blonde; Spitze.
blondo, a adj. blond; licht (Haar).
bloque m. Block. [ren.
bloquear v. blockieren, absperbloqueo m. Blockade.
blusa f. Bluse; Kittel.
boato m. Pracht; Prunk.
bobada f. Dummheit.
bobear v. sich albern benehmen.
bobina f. Spule, Spindel.
bobo, a adj. dumm, albern; m. Dummkopf, Narr.
boca f. Mund; Maul; Mündung, Öffnung; Einfahrt; — de fuego Feuergewehr; — de riego Wasserhahn; — arriba auf dem Rücken (liegend); a pedir de —, nach Herzenslust.
bocacalle f. Nebenstraße.
bocadillo m. Imbiß, Brötchen.
bocado m. Bissen.
bocallave f. Schlüsselloch.
bocanada f. Schluck; Zug (Zigarre).
boceto m. Skizze, Entwurf.
bocina f. Horn; Hupe.
bochorno m. Schwüle.
boda f. (pl.) Hochzeit.
bodega f. Weinlagerkeller; Schiffsraum.

bodegón m. Garküche.
bofetada f. Ohrfeige.
boga f. Rudern; fig. estar en —, in Mode sein.
bohemio, a adj. böhmisch; m. Böhme; fig. Zigeuner.
boicot m. Boykott.
boicotear v. boykottieren, aussperren.
boina f. Baskenmütze.
bola f. Kugel; fam. Lüge.
bolero m. Bolero (Tanz; Tänzer; Jacke); fam. Prahler.
boletín m. Blatt; — oficial Amtsblatt; — meteorológico Wetterbericht.
boleto m. Fahrkarte; Lottoschein.
bolígrafo m. Kugelschreiber.
bolina f. Senkblei.
bolo m. Kegel.
bolsa f. Beutel; Handelsbörse.
bolsillo m. (Rock-) Tasche.
bolsín m. Vorbörse.
bolso m. Beutel, Handtasche.
bollo m. süßes Brötchen.
bomba f. Pumpe; Feuerspritze; Bombe.
bombardear v. bombardieren.
bombardeo m. Bombardement.
bombero m. Feuerwehrmann; cuerpo de bomberos Feuerwehr.
bombilla f. elektrische Glühbirne.
bombo m. große Trommel; fig. Übertreibung.
bombón b. Bonbon.
bombona f. große Transportflasche.
bonazo adj. gutmütig.
bondad f. Güte.
bondadoso, a adj. gutherzig.
bonete m. Barett.
bonificación f. Vergütung.
bonificar v. vergüten; gutschreiben.
bonito, a adj. nett, hübsch.
bono m. Anweisung, Bon.
boquiabierto, a adj. das Maul aufsperrend; gaffend.
boquifresco, a adj. fig. dreist redend.
boquilla f. Mundstück; Zigarrenspitze.
borato m. borsaures Salz.
borbollar, borbotar v. sprudeln.
borbollón m. Sprudeln.
bordado m. Stickerei.
bordar v. sticken.
borde m. Rand, Saum.
bordo m. Bord; a —, an Bord.
boreal adj. nördlich, Nord...
borla f. Quaste, Troddel; tomar la —, promovieren.
borne m. Klemmschraube.
borrachera f. Rausch.
borracho adj. betrunken; m. Trunkenbold.
borrador m. Entwurf, Konzept.
borradura f. Ausstreichen.
borrar v. durchstreichen, tilgen.
borrasca f. Sturm (Meer).
borrego m. einjähriges Lamm.
borrón m. Tintenklecks.
borroso, a adj. trübe; unklar.
boscaje m. Gehölz.
bosque m. Wald, Busch.
bosquejar v. skizzieren; fig. entwerfen.
bosquejo m. Entwurf, Idee.
bostezar v. gähnen.
bostezo m. Gähnen.
bota f. (hoher) Stiefel; lederne Weinflasche.
botadura f. Stapellauf.
botafuego m. Unruhestifter.
botánica f. Botanik, Pflanzenkunde.
botar v. herausstoßen; flottmachen (ein Schiff).

bote m. Schlag, Abprall; Boot.
botella f. Flasche.
botellero m. Flaschenständer.
botica f. Apotheke; Arznei.
boticario m. Apotheker.
botijero m. Krugmacher.
botijo m. Wasserkrug mit Henkel und Tülle; tren —, Bummelzug.
botín m. Halbstiefel; Kriegsbeute.
botina f. feiner Damenstiefel.
botiquín m. Hausapotheke.
boto, a adj. stumpf(sinnig).
botón m. Knopf.
botones m. Laufbursche; Page.
bóveda f. Wölbung.
boxeador m. Boxer.
boxeo m. Boxsport, -kampf.
boya f. Boje.
boyero m. Ochsenhirt.
bozal m. Maulkorb; fig. Anfänger.
bracero m. Tagelöhner.
braga f.: bragas pl. Schlüpfer.
bragueta f. Hosenschlitz.
brama f. Brunft(zeit).
bramante m. Bindfaden.
bramar v. brüllen; tosen (Meer); heulen (Wind).
bramido m. Gebrüll; Heulen.
branquial adj. Kiemen...
brasa f. Kohlenglut.
brasero m. Kohlenbecken.
Brasil m. Brasilien.
brasileño, a adj. brasilianisch; m. Brasilianer(in).
bravata f. Großsprecherei.
bravear v. prahlen; trotzen.
braveza f. Wut; Mut.
bravío, a adj. wild (-wachsend).
bravo, a adj. mutig; wild (Tiere).
bravura f. Wildheit; Mut.
brazal m. Armbinde.
brazalete m. Armband.
brazo m. Arm (auch Meer); Vorderbein der Tiere; fig. Mut, Macht; a — partido aus Leibeskräften.
brea f. Teer.
brebaje m. Trank; Gesöff.
brecha f. Bresche.
brega f. Kampf; Streich.
Bretaña f.: Gran —, Großbritannien.
breve adj. kurz; en —, bald.
brevedad f. Kürze; a la mayor —, sobald als möglich.
briba f. Müßiggang.
bribón, ona adj. spitzbübisch; m. Gauner.
bribonear v. herumstrolchen.
bribonería f. Gaunerleben.
brida f. Zaum, Zügel.
brigada f. Abteilung.
brillante adj. glänzend; m. Brillant.
brillantez f. Glanz.
brillar v. glänzen (auch fig.).
brillo m. Glanz; fig. Pracht.
brincar v. springen, hüpfen.
brinco m. Sprung.
brindar v. anbieten; trinken auf.
brindis m. Toast; Weihspruch (beim Stierkampf).
brío m. Kraft, Stärke, Mut; fig. Feuer.
brioso, a adj. kraftvoll, feurig.
brisa f. Brise.
brocado m. Brokat.
brocha f. Malerbürste.
broche m. Spange, Brosche.
broma f. Scherz, Spaß.
bromear v. spaßen.
bromista m. Spaßmacher.
bromo m. Brom.
bronca f. Zänkerei; derber Spaß.
bronce m. Erz, Bronce.
broncear v. bronzieren.

bronco, a adj. unbearbeitet; rauh (Stimme); barsch (Wesen); brüchig (Metalle).
bronquial adj. bronchial.
bronquios m. pl. Bronchien.
bronquitis f. Bronchitis, Luftröhrenkatarrh.
broquel m. Schild, fig. Schutz.
brotar v. keimen; ausbrechen.
brote m. Knospe, Sproß.
broza f. Reisig; Abfall.
bruja f. Hexe, Zauberin.
brújula f. (See-)Kompaß.
bruma f. dichter Nebel.
bruno, a adj. dunkelbraun.
bruñir v. polieren.
brusco, a adj. jäh, rauh.
brutal adj. roh.
brutalidad f. Roheit, Wildheit.
bruto, a adj. viehisch; roh, unbearbeitet; en —, im rohen Zustand; Brutto..., Roh...
bruza f. Pferdebürste.
bubón m. Pestbeule.
bucal adj. Mund...
bucear v. (unter)tauchen.
bucle m. Haarlocke.
bucho m. Kropf (Vögel).
buenaventura f. Glück.
bueno, a adj. gut; tüchtig; schmackhaft; gesund; por las buenas im Guten: gern; buen día schöner Tag; ¡buenos días! guten Tag!
buey m. Ochse, Rind.
búfalo m. Büffel.
bufanda f. Schal, Halstuch.
bufar v. brausen.
bufete m. Kanzlei; Büro; Schreibtisch.
bufido m. Schnauben.
bufón, ona adj. närrisch, possierlich; m. Possenreißer, Narr.
bufonada f. Narrenposse.
búho m. Uhu.
buhonero m. Hausierer.
buitre m. Geier.
bujía f. Wachskerze; Zündkerze eines Motors.
bulbo m. Knolle, Zwiebel.
bulto m. Umfang, Bündel, Warenballen; a — im großen; bultos a la mano pl. Handgepäck.
bulla f. Lärm, Unruhe.
bullicio m. Getöse.
bullir v. sieden, kochen.
buñuelo m. Spritzkuchen.
buque m. Schiff; — de guerra Kriegsschiff; — de transporte Lastschiff; — de vela Segelschiff.
burbuja f. Wasserblase.
burdel m. Bordell.
burdo, a adj. grob, plump.
burgués m. Bürger.
burguesía f. Bürgerstand, -tum.
buril m. Radiernadel.
burla f. Spott, Hohn.
burlar v. verspotten; täuschen.
burlesco, a adj. scherzhaft.
burlón m. Spaßmacher.
burocracia f. Bürokratie.
burrero m. Eseltreiber.
burro m. Esel; Sägebock.
bursátil adj. Börsen...
busca f. Aufsuchen; en — de auf der Suche nach.
buscar v. (auf)suchen.
buscón m. listiger Dieb.
busto m. Brust(bild).
butaca f. Lehnsessel; Parkettplatz.

buzo m. Taucher.
buzón m. Briefkasten.

cabal adj. recht; völlig; richtig.
cábala f. Ränke.
cabalgada f. Reiterzug.
cabalgadura f. Reitpferd.
cabalgar v. reiten; decken.
cabalgata f. Kavalkade, Reiterzug.   [richtig; genau.
cabalmente adv. vollkommen;
caballar adj. Pferde...
caballeresco, a adj. ritterlich.
caballería f. Rittertum; Reiterei.
caballeriza f. Pferdestall.
caballerizo m. Stallmeister.
caballero m. Reiter; Ritter; — de industria Hochstapler; **caballeros!** meine Herren!
caballeroso, a adj. ritterlich; großmütig.   [first.
caballete m. Staffelei; Dach-
caballo m. Pferd; Springer (Schachspiel); — marino Walroß; — de vapor Pferdestärke (PS); a — zu Pferd.
caballerona f. Königin (Schachspiel).
cabaña f. Hütte; Herde.
cabecear v. den Kopf schütteln; nicken; Schiff: stampfen.
cabeceo m. Kopfschütteln.
cabecera f. Hauptteil; Ehrenplatz am Tische; Vignette; Kopfende (des Bettes).
cabecilla f. Rebellenführer.
cabellera f. Kometenschweif.
cabello m. Haar.
caber v. Raum haben; möglich, zulässig sein; — en suerte zuteil werden.
cabestrar v. anhalftern.
cabestro m. Halfter; Leitochse.
cabeza f. Kopf; (Ober-) Haupt (Familie etc.); fig. Verstand; Ursprung.
cabezo m. Hügel; Gipfel.
cabezudo, a adj. (auch fig.), dickköpfig.
cabida f. Raumgehalt.
cabildeo m. Intrige.
cabildo m. Domkapitel, Stadtrat.
cabillo m. Stiel.
cabina f. Kabine; — del piloto Führerraum.
cable m. Kabel, Ankertau.
cablegrafiar v. kabeln.
cablegrama m. Kabelbericht.
cabo m. Spitze; Ende; Kap; Tau, Seil; Anführer, Korporal; al —, zuletzt, am Ende; **al — de** nach.
cabotaje m. Küstenfahrt.
cabra f. Ziege (nieder).
cabriola f. Kapriole; Sprung.
cabriolé m. Kabriolett.
cabritilla f. Glacéleder.
cabrón m. Ziegenbock.
cacahuete m. Erdnuß.
cacao m. Kakao(baum).
cacarear v. gackern.
cacería f. Jagd(partie).
cacerola f. Kasserole.

cacique m. Kazike; fig. Parteigewaltige(r).
cacha f. Messerheft.
cachalote m. Pottwall.
cacharro m. Scherbe; Topf.
cachete m. Faustschlag; Dolchmesser.
cachiporra f. Knüttel.
cacho m. Scherbe; Stück.
cada adj. jeder, jede, jedes: — uno, — cual ein jeder; — vez más immer mehr.
cadáver m. Leichnam.
cadena f. Kette.
cadencia f. Takt, Tonfall.
cadera f. Hüfte.
cadete m. Kadett.
caducar v. verfallen, verjähren; hinfällig werden.
caducidad f. Hinfälligkeit.
caduco adj. baufällig, hinfällig.
caedizo adj. anfällig.
caer v. (um)fallen; — bien gut passen; ausfallen (Haar); — enfermo erkranken; no caigo ich verstehe nicht.
café m. Kaffee.
cafetera f. Kaffeekanne.
cafetería f. Café.
cafetero m. Kaffeebaum; Kaffeewirt.
cagalera f. fam. Durchfall.
caída f. Fall(en); Abfall; **a la — de la tarde** gegen Abend.
caído, a adj. herabhängend; fig. verzagt.
caídos m. pl. fällige Renten.
caja f. Kiste, Schachtel, Dose; Gehäuse; Kasse; — de ahorros Sparkasse; — de caudales Tresor; — de enchufe Steckdose; — de la escalera Treppenhaus.
cajero m. Kassierer.
cajetilla f. Päckchen Zigaretten.
cajista m. Setzer.
cajón m. Kasten; Schubfach.
cal f. Kalk.
cala f. kleine Bucht.
calabaza f. Kürbis; fig. Durchfallen bei einer Prüfung; **dar una** —, fig. einen Korb geben.
calabozo m. Verlies.
calado m. Tiefgang.
calafateo m. Kolfatern.
calamar m. Tintenfisch.
calambre m. Muskelkrampf.
calamidad f. Not; Unglück.
cálamo m. Schalmei.
calandria f. Wäschemangel.
calaña f. Muster; Art.
calar v. hineinstoßen; anschneiden; eindringen (Wasser); **calarse** durchnäßt werden.
calavera f. Totenschädel; fig. Hohlkopf.
calcañar m. Ferse.
calcar v. durchpausen.
calcáreo, a adj. kalk(haltig).
calceta f. Strumpf; hacer —, stricken.
calcetín m. Socke.
calcinar v. verkalken.
calcio m. Kalzium.
calco m. Pause.
calcógrafo m. Kupferstecher.
calculación f. Berechnung.
calculadora f. Rechenmaschine.
calcular v. aus-, berechnen.
cálculo m. Rechnen.
calda f. Erwärmen.
caldas pl. warme Heilbäder.
caldear v. erwärmen.
caldera f. Kessel; — de vapor Dampfkessel.
calderilla f. Kleingeld.
calderón m. großer Kessel; Fermate (Musik).
caldo m. Bouillon. Brühe.
calefacción f. Erwärmung; Heizung; — central Zentralheizung.

calendario m. Kalender.
calentador m. Wärmflasche; Wassererhitzer.
calentar v. wärmen, heizen.
calentarse fig. sich erhitzen.
calentura f. Fieber.
calera f. Kalkofen.
caletre m. fam. Mutterwitz.
calibre m. Kaliber; Art.
calidad f. Qualität; Eigenschaft, Rang.
cálido, a adj. warm, heiß.
calientapiés m. Fußwärmer.
caliente adj. heiß, warm; fig. feurig; **en** —, auf der Stelle.
calificación f. Benennung; Beiname.
calificar v. qualifizieren; benennen, bezeichnen; erproben.
calificativo, a adj. bezeichnend; m. Beiwort.
caligrafía f. Schönschrift.
cáliz m. (Blumen-)Kelch.
calma f. (Wind-)Stille; fig. Gemütsruhe.
calmante m. Beruhigungsmittel.
calmar v. beruhigen.
calmarse v. nachlassen (Wind).
calofríos m. pl. Fieberschauer.
calor m. Wärme, Hitze; fig. Feuer; **tengo** —, mir ist warm.
caloría f. Kalorie.
calorífico, a adj. erwärmend.
calumnia f. Verleumdung; üble Nachrede.
calumniar v. verleumden.
caluroso, a adj. heiß; fig. feurig.
calva f. Glatze; Waldlichtung.
calvicie f. Kahlheit.
calvo, a adj. kahl; m. Kahlkopf.
calza f. Strumpfhose.
calzada f. Chaussee.
calzado m. Schuhwerk.
calzador m. Schuhanzieher.
calzar v. beschuhen.
calzón m. Hose, **calzoncillos** m. pl. Unterhosen.
callado, a adj. schweigend; verschwiegen.   [gen.
callar v. schweigen, verschwei-
callarse v. stillschweigen.
calle f. Straße; **abrir** —, Platz machen.
calleja f. Gäßchen.
callejear v. herumbummeln.
callejero, a adj. Straßen...
callejuela f. enge Gasse.
callo m. Schwiele; **callos** pl. Kaldaunen.
cama f. Bett; Lager; — de tijera Feldbett; — turca Schlafcouch.
camada f. Wurf (Tiere).
cámara f. Kammer; Kamera; Schlauch; — de Diputados Abgeordnetenhaus.
cámaras pl. Ruhr.
camarada m. Kamerad.
camarera f. Kammerzofe; Zimmermädchen; Kellnerin.
camarón m. Krabbe.
camarote m. Schlafkoje, Kabine.
cambiar v. ver-, um-, austauschen; (sich) verändern; wechseln.
cambio m. (Aus-)tausch; Geldwechsel; Wechselgeld; Umzug.
cambista m. Wechsler.
camellero m. Kameltreiber.
camello m. Kamel.
camilla f. Krankenbahre.
caminante m. Wanderer.
caminar v. wandern, reisen.
camino m. Weg, Straße; Mittel; **abrirse** —, fig. sich Bahn brechen.
camión m. Lastwagen.
camisa f. (Ober-)Hemd, **camiseta** f. Unterhemd.

camisón m. Nachthemd; langes Hemd.
camomila f. Kamille.
camorra f. fam. Zank.
campamento m. Feldlager.
campana f. Glocke; — de chimenea Rauchfang; **toque de** —, Glockenschlag; — de buzo Taucherglocke.
campanario m. Glockenturm.
campaneo m. Geläute.
campanilla f. Glöckchen, Schelle.
campante adj. vortrefflich.
campaña f. Feld; Kampagne.
campar v. sich lagern.
campeador m. Kämpe.
campeón m. Kriegsheld; Meister, Champion.
campeonato m. Meisterschaft.
campesino, a adj. ländlich; m. Bauer, Landmann.
campestre adj. ländlich; wildwachsend.
camping m. Zelten, Camping.
campo m. (auch fig.) Feld; Land.
camposanto m. Friedhof.
cana f. weißes Haar.
canal m. Meerenge, Kanal.
canalización f. Kanalisierung.
canalón m. Dachtraufe.
canalla f. Pöbel; Schurke.
canana f. Patronengurt.
canario m. Kanarienvogel.
canasta f. Warenkorb.
canasto m. Korb.
cancel m. Vortür.
cancelar v. durchstreichen; tilgen.
cáncer m. Krebs.
canciller m. Kanzler.
canción f. Gesang, Lied.
cancionero m. Liederbuch.
candado m. Vorlegeschloß.
cande adj. azúcar —, Kandiszucker.
candela f. Kerze.
candelabro m. Armleuchter.
candente adj. weißglühend.
candidato m. Bewerber.
candidez f. Unschuld; Aufrichtigkeit; Einfalt.
candor m. Aufrichtigkeit, Unschuld.   [schuldig.
candoroso, a adj. treuherzig, un-
canela f. Zimt.
canelón m. Wasserspeier; Eiszapfen.
cangilón m. Schöpfeimer.
cangrejo m. Flußkrebs.
canijo, a adj. kränklich.
canilla f. Schienbein; Faßhahn; Spule.
canino, a adj. Hunde...
canjear v. auswechseln.
cano, a adj. grau, weiß.
canoa f. Kanu.
canódromo m. Hunderennbahn.
canónigo m. Domherr.
canonizar v. heiligsprechen.
cansado, a adj. matt; lästig, ermüdend; langweilig.
cansancio m. Müdigkeit; Ermüdung.
cansar v. ermüden; belästigen; **—se** müde werden
cantador m. Volkssänger.
cantante m. Sänger.
cantar v. singen; krähen (Hahn); m. Gesang, Lied.
cántaro m. Krug; **llover a cántaros** in Strömen regnen.
cantera f. Steinbruch.
cantero m. Steinhauer; Kanten (Brot).
cántico m. Lobgesang.
cantidad f. Summe; Menge.
cantimplora f. Heber; Feldflasche.
cantina f. Weinkeller; Kantine.
canto m. Gesang; Stein; Messerrücken; Kante.

cantor m. Kantor; Sänger.
canutillo m. Halm.
caña f. Binsenrohr; Angelstock; (Stiefel-)Schaft. — dulce, — de azúcar, cañamiel f. Zukkerrohr.
cáñamo m. Hanf.
cañaveral m. Röhricht.
cañería f. Rohrleitung.
caño m. Röhre; Abflußrohr.
cañón m. Kanone.
cañonazo m. Kanonenschuß.
cañonear v. mit Kanonen schießen.
caoba f. Mahagonibaum, Mahagoniholz.
caótico, a adj. chaotisch.
capa f. Mantel; Umhang; Schicht, Decke.
capacidad f. Fähigkeit; Fassungsvermögen.
capar v. verschneiden.
capataz m. Vorarbeiter.
capaz adj. fähig (zu).
capea f. Stiergefecht mit jungen Stieren.
capellán m. Kaplan.
capilar adj. haarförmig.
capilla f. Kapelle.
capitación f. Kopfsteuer.
capital adj. hauptsächlich; pena —, Todesstrafe; m. Kapital; f. Hauptstadt.
capitalista m. Kapitalist.
capitán m. Hauptmann, Kapitän; — de puerto Hafenmeister.
capitanear v. befehligen, anführen. [tulieren.
capitular adj. Ordens...; v. kapi-
capítulo m. Kapitel.
capón m. Kastrat; Kapaun.
caporal m. Anführer.
capota f. Wagenverdeck.
capote m. Mantel (Regen, Soldaten, Stierfechter).
capricho m. Laune, Eigensinn.
cápsula f. Kapsel; Samengehäuse; Zündhütchen.
captar v. erschleichen.
capturar v. verhaften, festnehmen.
capucha f. Kapuze.
cara f. Gesicht, Miene; Bild-, Vorderseite; — a — gegenüber.
carabina f. Büchse, Karabiner.
carabinero m. Zollwächter.
caracol m. Schnecke; escalera de — Wendeltreppe.
carácter m. Kennzeichen, Charakter; Energie.
caracteres pl. Lettern.
característico, a adj. charakteristisch; m. komischer Alter (Theater).
caracterizar v. charakterisieren; auszeichnen.
carado, a adj. mal —, häßlich von Gesicht.
¡caramba! interj. Donnerwetter!
caramelo m. Bonbon.
carátula f. Maske.
caravana f. Karawane.
carbón m. Kohle; — mineral Steinkohle; — vegetal Braunkohle.
carbonato m. kohlensaures Salz.
carboncillo m. Zeichenkohle.
carbonear v. Kohlen brennen.
carbonera f. Kohlenmeiler, Kohlengrube.
carbonería f. Kohlenhandlung.
carbonero m. Köhler.
carbonización f. Verkohlung.
carbono m. Kohlenstoff.
carbunc(l)o m. Karbunkel.
carburador m. Vergaser.
cárcel f. Kerker, Gefängnis.
carcelero m. Gefangenenwärter, Kerkermeister.
carda f. Karde, Wollkamm.
cardar v. kämmen (Wolle).

cardenal m. Kardinal; fig. Strieme, blauer Fleck.
cardiaco, ca adj. Herz...
cardinal adj. hauptsächlich, Haupt...; números cardinales Grundzahlen; los cuatro puntos cardinales die vier Haupthimmelsrichtungen.
cardo m. Distel.
carear v. gegenüberstellen.
carecer v. nicht haben, entbehren.
carencia f. Mangel, Entbehrung.
carestía f. Teuerung.
careta f. Maske, Larve.
carey m. Schildpatt.
carga f. Last (auch fig.); Fracht, Ladung; Fuhre; bestia de — Lasttier.
cargadero m. Ladeplatz.
cargador m. Befrachter.
cargamento m. Schiffsladung.
cargante adj. beschwerlich.
cargar v. laden; befrachten; beschuldigen; beschweren; betonen; — en cuenta zu Lasten schreiben.
cargazón f. Ladung.
cargo m. Last; Pflicht, Amt; Anklage; hacerse — de algo etwas übernehmen.
cariarse v. anfaulen.
caricatura f. Karikatur.
caricia f. Liebkosung.
caridad f. christliche Liebe.
cariño m. Liebe, Zuneigung.
cariñoso, a adj. liebevoll; zärtlich.
caritativo, a adj. mildtätig; mitleidig.
carlinga f. Führersitz (des Piloten).
carnal adj. fleischlich; sinnlich.
carnaval m. Karneval.
carné m. Ausweis; — de conducir Führerschein; — de identidad Personalausweis.
carne f. Fleisch; — de gallina fig. Gänsehaut.
carnero m. Hammel (fleisch).
carnicería f. Schlächterei.
carnicero m. Fleischer.
carnoso, a adj. fleischig.
caro, a adj. teuer (Preis); lieb, wert.
carpa f. Karpfen.
carpeta f. Tischdecke; Aktenmappe; Schreibunterlage.
carpintería f. Tischlerei.
carpintero m. Zimmermann.
carrera f. Lauf(bahn); Rennen; Fahrt; — de caballos Pferderennen.
carreta f. Karren.
carrete m. Spule.
carreteo m. Abkarren; pista de — Rollfeld.
carretera f. Landstraße.
carretero m. Wagenführer; fig. grober Kerl.
carretilla f. Handwagen.
carril m. Radspur; Geleise.
carro m. Wagen, Karre(n).
carrocería f. Karosserie.
carroña f. Aas.
carroza f. Karosse.
carruaje m. Fuhrwerk, Wagen.
carta f. Brief, Schreiben; See-, Spielkarte; — blanca Blankett; — certificada Einschreibebrief; — de crédito Akkreditiv; — de fletamento Frachtbrief; — pastoral Hirtenbrief.
cartapacio m. Schulmappe.
cartel m. Kartell; öffentlicher Anschlag, Plakat; — de teatro Theaterzettel.
cárter m. Motorgehäuse.
cartera f. Brieftasche; Mappe.
cartero m. Briefträger.
cartílago m. Knorpel.
cartilla f. ABC-Buch.

cartógrafo m. Kartenzeichner.
cartón m. Pappe; Karton; Musterzeichnung; — piedra Steinpappe.
cartuchera f. Patronentasche.
cartucho m. Patrone; Tüte.
casa f. Haus, Wohnung; Firma; — de cambio Wechselstube; — de empeños Pfandhaus; — de Moneda Münze; — Real Königspalast.
casadero, a adj. heiratsfähig.
casamentero m. Heiratsvermittler.
casamiento m. Heirat.
casar m. Gehöft.
casar v. (ver-)heiraten.
cascabel m. Schelle.
cascajo m. Kies, Steinschutt.
cascanueces m. Nußknacker.
cascar v. zerbrechen.
cáscara f. Schale, Hülse.
casco m. Schädel; Scherbe; Helm; Schiffsrumpf.
casero, a adj. häuslich.
caseta f. Häuschen; Badehütte.
casi adv. beinahe, fast.
casilla f. Hütte; Feld im Schachspiel; Fach.
caso m. Fall; Ereignis; Umstand; dado — que gesetzt den Fall, daß; hacer — de Rücksicht nehmen auf.
caspa f. Schuppen.
casquete m. Helm; Mütze.
castaña f. Kastanie.
castañeta f. Kastagnette.
castañear v. Kastagnetten spielen; mit den Zähnen klappern; — los dedos mit den Fingern schnalzen.
castaño, a adj. kastanienbraun; m. Kastanienbaum.
castellano, a adj. kastilisch; spanisch; m. Kastilier; Spanier; die spanische Sprache.
castidad f. Keuschheit.
castigar v. züchtigen.
castigo m. Züchtigung, Strafe.
castillo m. Schloß; Burg.
castizo, a adj. echt, rein.
casto, a adj. keusch.
castor m. Biber.
castrado m. Verschnittene(r).
castrense adj. Militär...
casual adj. zufällig.
casualidad f. Zufall.
casulla f. Meßgewand.
cata f. Versuchen; Weinprobe.
catafoto m. Katzenauge (Auto).
catador m. Weinprober.
catálogo m. Katalog, Verzeichnis.
Cataluña f. Katalonien.
cataplasma f. Breiumschlag.
catar v. kosten; zeideln.
catarata f. Wasserfall.
catarro m. Katarrh.
catastro m. Grundbuch.
catástrofe f. Katastrophe.
cátedra f. Lehrstuhl.
catedral f. Kathedrale, Dom.
catedrático m. Professor.
categoría f. Rang.
categórico, a adj. unbedingt.
catequista m. Katechet.
católico adj. katholisch; m. Katholik.
catorce adj. vierzehn.
catre m. Feldbett.
cauce m. Flußbett.
caución f. Kaution, Bürgschaft.
caudal m. Besitz, Kapital; Wassermenge.
caudillo m. Anführer.
causa f. Ursache, Sache; Prozeß; por — de wegen.
causal adj. ursächlich.
causar v. veranlassen.
cáustico m. Ätzmittel.
cautela f. Vorsicht.

cautelar v. vorbeugen.
cautelarse v. sich hüten.
cautivar v. (auch fig.) fesseln.
cauto, a adj. vorsichtig, behutsam; klug.
cavar v. (um)graben.
caverna f. Höhle.
cavial, caviar m. Kaviar.
cavidad f. Höhlung.
cavilar v. grübeln.
caza f. Jagd, Wild; Verfolgung.
cazador m. Jäger; Jagdflieger; — furtivo Wilddieb.
cazar v. jagen; fangen.
cazo m. Pfanne mit Stiel.
ceba f. Mast; Futter.
cebada f. Gerste.
cebadura f. Fütterung.
cebar v. mästen; fig. nähren.
cebo m. Futter; Köder.
cebolla f. Zwiebel.
cebón m. Masttier.
ceceo m. Lispeln.
cecina f. Rauchfleisch.
ceder v. abtreten; weichen; fig. nachlassen (Wind).
cedro m. Zeder.
cédula f. Zettel, Schein; — personal Kennkarte (Am.).
céfiro m. Zephyr.
cegar v. blenden; erblinden; fig. verblenden.
ceguedad f. Blindheit; Verblendung.
ceja f. Augenbraue.
cejar v. zurückweichen; fig. nachgeben.
celador m. Aufseher.
celar v. überwachen; sorgen; verbergen.
celda f. (Kloster-)Zelle.
celebración f. feierliche Begehung; Vollziehung.
celebrar v. feiern, loben; Messe lesen; lo celebro es freut mich.
célebre adj. berühmt.
celeridad f. Schnelligkeit.
celeste adj. himmlisch; himmelblau; wonnig.
celestial adj. himmlisch, vortrefflich.
célibe adj. Junggeselle.
celo m. Eifer; Sorgfalt; Brunst der Tiere.
celos pl. Eifersucht.
celosía f. Fensterjalousie.
celoso, a adj. eifersüchtig; sorgfältig; argwöhnisch.
célula f. Zelle (Gewebe).
celular adj. zellig; Zellen...
celulosa f. Zellulose, Zellstoff.
cementar v. zementieren.
cementerio m. Friedhof.
cemento m. Zement; — armado Eisenbeton.
cena f. Abendessen; Abendmahl Christi.
cenador m. Gartenlaube.
cenar v. zu Abend essen.
cencerro m. Viehschelle.
cenicero m. Aschengrube; Asch(bech)er.
ceniza f. Asche.
cenizas pl. Asche, sterbliche Hülle.
censo m. Volkszählung; Zins, Rente.
censor m. Kritiker.
censura f. Zensoramt; Zensur, Tadel.
censurar v. beurteilen; tadeln.
centavo m. Hundertstel.
centella f. Funke, Blitz.
centellear v. funkeln.

centena f. m. Hundert.
centenario, a adj. hundertjährig; m. Jahrhundert (-feier).
centeno m. Roggen.
centésimo m. Hundertste(r).
centigramo m. Zentigramm.
centímetro m. Zentimeter.
céntimo m. Münze (1/100 Peseta.)
centinela m. u. f. Schildwache.
central adj. zentral; Mittel... f. Zentrale.
céntrico, a v. zentrisch.
centrífugo, a adj. zentrifugal.
centro m. Mittelpunkt (auch fig.).
ceñidor m. Gürtel.
ceñir v. gürten.
ceñirse v. sich umgürten; fig. sich kurz fassen.
ceño m. Stirnrunzeln.
cepa f. Stamm (auch fig.); de pura —, rein.
cepillo m. Hobel; Bürste; — para los dientes Zahnbürste.
cepo m. Klotz.
cera f. Wachs.
cerámica f. Keramik.
cerca f. Umzäunung, Gehege; adv. nahe; bei; — de ungefähr; — de aquí hier in der Nähe; de — von nahem.
cercanía f. Nähe.
cercano, a adj. nah(e).
cercar v. umringen; belagern.
cerciorar v. vergewissern.
cerco m. Kreis; Reif(-en).
cerda f. Sau; Roßhaar, Borste.
cerdo m. Schwein.
cerdoso, a adj. borstig.
cereales m. pl. Getreide.
cerebelo m. Kleinhirn.
cerebral adj. Gehirn...
cerebro m. Gehirn, Hirn.
ceremonia f. Feierlichkeit; Förmlichkeit; sin —, ohne Umstände.
ceremonioso, a adj. förmlich.
cereza f. Kirsche.
cerezo m. Kirschbaum.
cerilla f. Wachsstock; Zündhölzchen; Ohrenschmalz.
cerner v. sieben.
cero m. Null (auch fig.).
cerquillo m. Tonsur.
cerrada adj.: barba — Vollbart.
cerradero, a adj. verschließbar.
cerrado, a adj. geschlossen; fig. verschlossen.
cerradura, cerraja f. Türschloß.
cerrajería f. Schlosserei.
cerrar v. schließen, sperren; einschließen, versiegeln; einbrechen (Nacht).

cerro m. Hügel; Genick der Tiere.
cerrojo m. Riegel.
certamen m. Wettbewerb.
certero, a adj. unfehlbar; treffend.
certeza, certidumbre f. Sicherheit.
certificado m. Zertifikat, Beglaubigung.
certificar v. versichern; beglaubigen; einschreiben (Briefe).
cerumen m. Ohrenschmalz.
cervecería f. Bierbrauerei, -kneipe, -halle.
cerveza f. Bier.
cerviz m. Genick, Nacken.
cesación f. Aufhören.
cesante m. stellenloser Beamte(r).
cesar v. (— de) aufhören; sin —, unaufhörlich.
cesión f. Abtretung (Recht etc.).
cesionario m. Übernehmer.
cesionista m. Überlasser.
césped m. Rasen.
cesta f. Korb.
cestero m. Korbmacher.
cesto m. großer Korb.
cetro m. Zepter.
chacal m. Schakal.
chacó m. Tschako.
chacolotear v. lose sein, schlottern.
chacota f. lärmende Freude.
chacotear v. schäkern.
chacotero, a adj. lustig; lärmend.
cháchara f. Geschwätz.
chacharero m. Schwätzer.
chafallón m. Pfuscher, Stümper.
chafar v. zerdrücken, zerknüllen; zerstören.
chaflán m. Schrägkante.
chaflanar v. abschrägen.
chal m. Tuch, Schal.
chalado, a adj. dumm.
chalán m. Pferdehändler.
chalanear v. schachern.
chalé m. Landhaus.
chaleco m. Weste.
chalupa f. Schaluppe.
chamarra f. Wollkittel.
chambelán m. Kammerherr.
chambón m. ungeschickter Spieler; Stümper.
chamiz m. Feuerbrand.
champaña f. Champagner.
chamuscar v. sengen; anbrennen; rösten.
chamusquina f. Verbranntes; fig. Balgerei.
chancear v. scherzen; spaßen.
chancero, a adj. spaßhaft; m. Spaßmacher.
chanciller m. s. canciller.
chancla f. alter Schuh; Pantoffel.
chanclo m. Holzschuh; Gummischuh.
chanchullo m. Schwindelei.
chanflón, ona adj. plump; grob.
chantaje m. Erpressung.
chantar v. fam. ins Gesicht sagen.
chantare m. Kantor.
chapa f. Platte, Scheibe; Blech.
chaparrada f. Regenguß.
chapatal m. Pfütze.
chapear v. plattieren.
chapitel m. Säulenknauf.
chapón m. Tintenklecks.
chapucear v. pfuschen.
chapucería f. Pfuscherei.
chapuz m. Pfuscharbeit.

chapuzar v. untertauchen.
chaqué m. Jackett (Cut).
chaqueta f. Jacke; Sakko.
charada f. Rätsel.
charco m. Pfütze.
charla f. fam. Geschwätz.
charlar v. fam. schwatzen, plaudern.
charlatán, ana adj. schwatzhaft; m. Schwätzer; Scharlatan.
charnela f. Türangel.
charol m. Lack; Lackleder.
charro, a adj. grob, bäurisch.
chasco m. (lustiger) Streich.
chasis m. Chassis (Auto).
chasquear v. jdn. anführen.
chato, a adj. stumpfnasig; platt.
chaveta f. Stift, Nagel.
chaza f. Chasse im Ballspiel.
chazar v. den Ball zurücktreiben.
cheque m. Scheck (Geld-) Anweisung.
chica f. Mädchen; Kleine.
chico, a adj. klein; m. Knabe; Weinmaß; un buen —, ein guter Kerl.
chicharrón f. Speckgriebe.
chichear v. pst! rufen.
chifla f. Pfeife.
chiflar v. pfeifen.
chiflarse v. fam. den Verstand verlieren.
chilla f. Lockpfeife.
chillido m. Schrei; Kreischen.
chillón adj. kreischend; grell (Farbe).
chimenea f. Kamin, Rauchfang.
chimpancé m. Schimpanse.
china f. Steinchen; Porzellan; Chinesin.
chinche f. Wanze; Reißnagel.
chinchoso, a adj. fam. zudringlich, lästig.
chinela f. Pantoffel.
chino, a adj. chinesisch; m. Chinese.
chiquillada f. Kinderstreich.
chiquillo m., chiquilla f. kleines Kind (Mädchen).
chiquito, a adj. sehr klein.
chirlar v. schreien.
chirle adj. fam. gehaltlos.
chirlo m. Hieb.
chisme m. Klatsch, Gerede.
chispa f. Funke; Splitter.
chispeante adj. funkensprühend witzig.
chispear v. funkeln.
chisporroteo m. Sprühen, Spritzen.
chisposo, a adj. funkensprühend, knisternd.
chiste m. Witz; Scherz.
chistoso, a adj. witzig; drollig.
chiva f. junge Ziege.
chocante adj. überraschend, schockierend.
chocar v. anstoßen; (Anstoß) erregen.
chocolate m. Schokolade.
chochear v. faseln; kindisch werden.
chófer m. Chauffeur.
choque m. Stoß; Anprall; Zusammenstoß; (Züge).
chorizo m. Wurst.
chorrear v. rinnen, träufeln.
chorrera f. Rinne.
chorro m. Wasserstrahl; a chorros in Strömen.
choza f. Hütte.
chubasco m. Platzregen.
chufa f. Erdmandel.
chula f. freches Mädchen.
chulada f. Unflätterei, derber Spaß.
chuleta f. Kotelett.

chulo adj. witzig, frech; m. Stierfechtergehilfe; fam. Gauner.
chupador m. Saugfläschchen; Babyschnuller.
chupar v. aussaugen; lutschen; fam. ausbeuten.
churro adj. grobwollig; m. Spritzkuchen.
chuzo m. Spieß; Stock.
cicatriz f. Narbe.
cicatrizarse v. vernarben.
ciclismo m. Radfahren.
ciclista m. u. f. Radfahrer(in).
ciclo m. Zyklus.
ciclópeo adj. zyklopisch; riesig.
ciego adj. blind; fig. verblendet; verstopft. a ciegas blindlings; m. Blinde(r).
cielo m. Himmel; — raso flache Zimmerdecke.
ciempiés m. Tausendfuß.
cien adj. (nicht alleinstehend) hundert.
ciénaga f. Pfütze, Lache.
ciencia f. Wissenschaft.
científico, a adj. wissenschaftlich.
ciento adj. hundert; por — Prozent.
cierre m. Schluß, Zumachen; Verschluß; — de cremallera Reißverschluß.
cierto, a adj. wahr; sicher; por —, gewiß.
ciervo m. Hirsch.
cifra f. Ziffer; Chiffre; Geheimschrift.
cifrar v. beziffern; chiffrieren.
cigarra f. Zikade.
cigarrera f. Zigarrenarbeiterin; Zigarrenkiste.
cigarrillo m. Zigarette.
cigarro m., (— puro) Zigarre.
cigüeña f. Storch; Kurbel.
cilindrar v. walzen.
cilíndrico, a adj. zylindrisch.
cilindro m. Zylinder; Walze.
cima f. Gipfel, Bergspitze; dar — fig. abschließen, beendigen.
cimbra f. Bogengerüst.
cimentar v. (be)gründen.
cimiento m. (auch fig.) Grund
cinabrio m. Zinnober.
cinc m. Zink.
cincel m. Meißel.
cincelar v. herausmeißeln, stechen.
cinco adj. fünf.
cincuenta adj. fünfzig.
cinchar v. gurten (Pferd); bereifen (Faß).
cine m. Kino; — mudo Stummfilm; — sonoro Tonfilm.
cínico, a adj. zynisch; m. Zyniker.
cinta f. Band; Streifen; — magnetofónica Tonband.
cinto m. Gürtel.
cintura f. Taille.
cinturón m. Gürtel.
ciprés m. Zypresse.
circo m. Zirkus.
circuir v. umkreisen.
circuito m. Umkreis; Stromkreis.
circulación f. Kreislauf, Umlauf Verkehr.
circular adj. kreisförmig; f. umlaufschreiben; v. umlaufen zirkulieren.
círculo m. Kreis (auch fig.).
circundar v. umgeben; einfassen.
circunferencia f. Umfang, Kreislinie.
circunnavegación f. Weltumsegelung.
circunscribir v. eingrenzen; umschreiben.
circunspección f. Umsicht Ernst.

circunstancia f. Umstand; Lage; Erfordernis.
circunstanciado, a adj. umständlich, ausführlich.
circunstante adj. umstehend; anwesend.
circunvalación f. Umringung; Ringbahnlinie.
circunvecino, a adj. benachbart; umliegend.
circunvolución f. Umdrehung.
ciruela f. Pflaume.
cirugía f. Chirurgie.
cirujano m. Chirurg, Wundarzt.
cisco m. Kohlenstaub.
cisne m. Schwan.
cisterna f. Zisterne.
cita f. Bestellung, Verabredung.
citación f. Vorladung; Zitat.
citar v. vorladen; anführen, zitieren.
cítrico, a adj.: ácido —, Zitronensäure.
ciudad f. Stadt.
ciudadanía f. Bürgerrecht; Staatsangehörigkeit.
ciudadano, a adj. städtisch; bürgerlich; m. Städter, Bürger.
ciudadela f. Zitadelle.
cívico, a adj. bürgerlich; Bürger...; einheimisch.
civil adj. bürgerlich; gesittet; zivil: guerra —, Bürgerkrieg.
civilidad f. Höflichkeit.
civilización f. Bildung, Gesittung, Kultur.
civilizar v. zivilisieren.
clamar v. rufen; flehen.
clamor m. Klage, Jammergeschrei.
clamoroso, a adj. jämmerlich.
clandestino, a adj. geheim.
clara f. Aufhellen des Himmels; Eiweiß.
claraboya f. Oberlicht.
clarear v. tagen; hell werden.
clarete m. Bleichert (Wein).
claridad f. Helle, Klarheit; Deutlichkeit.
clarificar v. läutern; erhellen, klären.
clarín m. Trompete.
clarinete m. Klarinette.
claro adj. hell, klar; rein; offenbar; deutlich.
claroscuro m. Helldunkel.
clase f. Art; Unterricht; Klasse.
clásico, a adj. klassisch.
clasificar v. einordnen.
claudicar v. fig. hinken.
claustro m. Kreuzgang.
clausura f. Beratungsschluß; Klausur.
clavado, a adj. fig. pünktlich; genau.
clavar v. nageln, fig. befestigen; — los ojos en fixieren.
clavarse v. eindringen; sich irren.
clavazón f. Beschlag (Tür etc.).
clave m. Schlüssel (nur fig. Musik, Chiffre etc.).
clavel m. Nelke.
clavícula f. Schlüsselbein.
clavija f. Stift, Bolzen; Wirbel (Geige); Stecker.
clavo m. Nagel; Migräne; Gewürznelke.
clemente adj. mild, gnädig.
clérigo m. Geistliche(r).
clero m. Geistlichkeit.
cliente m. Klient; Abnehmer, Kunde.
clientela f. Kundschaft.
clima m. Klima.
climatérico, a adj. bedenklich; edad —a Wechseljahre.
clínica f. Klinik.
clisé m. Stereotypplatte; Negativ (Foto); Klischee.

cloaca f. Kloake.
cloquear v. gackern.
clorhídrico, a adj.: ácido —, Salzsäure.
cloro m. Chlor.
cloroformizar v. chloroformieren.
clororis f. Bleichsucht.
clorótico, a adj. bleichsüchtig.
club m. Klub.
clueca f. Bruthenne.
coacción f. Zwang, Gewalt.
coacusado m. Mitangeklagte(r).
coagulación f. Gerinnung.
coagular v. gerinnen, käsen.
coágulo m. Gerinnsel.
coalición f. Bund, Bündnis.
coartar v. einschränken.
cobarde adj. feige; m. Feigling.
cobardía f. Feigheit, Schüchternheit.
cobertizo m. Schuppen; Hütte.
cobertor m. Bettdecke.
cobija f. Firstziegel.
cobijar v. zudecken.
cobrador m. Einnehmer, Kassierer; Schaffner (Bus).
cobranza f. Erhebung, Inkasso.
cobrar v. einkassieren; erlangen; ergreifen; — valor Mut fassen.
cobre m. Kupfer.
cobro m. s. **cobranza.**
cocción f. Kochen, Backen.
cocer v. kochen; backen.
cocido m. spanisches Eintopfgericht.
cocina f. Küche; — eléctrica elektrischer Kochherd.
cocinero m. Koch.
coco m. Kokosnuß.
cocodrilo m. Krokodil.
coche m. Kutsche; Auto; Wagen; — de alquiler Leihwagen; — cama Schlafwagen; — de carreras Rennwagen; — restaurante Speisewagen; — de punto Droschke; — salón Salonwagen.
cochero m. Kutscher.
cochina f. Sau.
cochinería f. Schweinerei.
cochino m. Schwein.
cochura f. Kochen; Backen.
codazo m. Rippenstoß.
codicia f. Habsucht; Begier(de).
codiciar v. wünschen; begehren.
codicioso, a adj. habsüchtig; lüstern.
codificar v. kodifizieren.
código m. Gesetzbuch, Kodex; — penal Strafgesetzbuch.
codo m. Ellbogen; Elle (Maß); Kniestück (Röhre).
codorniz f. Wachtel.
coeficiente m. Koeffizient; Aufschlag (Zoll etc.).
coetáneo, a adj. gleichaltrig, -zeitig; m. Zeitgenosse.
cofrade m. Laienbruder.
cofre m. Koffer, Truhe.
coger v. fassen; sammeln; einnehmen (Raum).
cogida f. Obsternte.
cogote m. Nacken.
coheredero m. Miterbe.
coherente adj. zusammenhängend.
cohesión f. Kohäsion.
cohete m. Rakete.
cohibir v. zügeln, hemmen.
coincidencia f. Gleichzeitigkeit; Zufall.
coincidir v. zusammentreffen; übereinstimmen.
coito m. Beischlaf.
cojear v. hinken.
cojín m. Kissen.
cojinete m. Zapfenlager; — de bolas Kugellager.
cojo adj. hinkend.

col f. Kohl.
cola f. Schwanz; Schleppe; Ende; Leim; hacer — Schlange stehen.
colaboración f. Mitarbeit.
colaborador m. Mitarbeiter.
colaborar v. mitwirken.
colación f. Gegeneinanderhalten, Besprechung; Imbiß.
colada f. Wäsche.
colador m. Durchschlag.
colar v. durchseihen; waschen.
colcha f. Bettdecke.
colchón m. Matratze.
colchoneta f. Polster.
colección f. Sammlung.
coleccionista m. Sammler.
colecta f. Kollekte.
colectivo, a adj. gesamt, Sammel...
colega m. Kollege.
colegiarse v. sich vereinigen.
colegio m. Stift; Kollegium; höhere Schule.
colérico, a adj. zornig.
coleta f. Schopf; (Stierkämpfer-)Zopf; fig. Nachwort.
colgadero m. Haken.
colgador m. Kleideraufhänger.
colgante adj. überhängend; puente —, Hängebrücke.
colgar v. hängen.
coliflor f. Blumenkohl.
colina f. Hügel.
colindar v. angrenzen.
colisión f. Zusammenstoß.
colmado m. Krämer-, Lebensmittelladen.
colmena f. Bienenkorb, -stock.
colmenero m. Bienenzüchter.
colmo m. Übermaß.
colocar v. stellen; fig. anstellen (Amt); anlegen (Geld).
colocarse v. eine Anstellung finden.
colonia f. Kolonie, Ansiedlung; Kölnisch Wasser.
colonización f. Ansiedlung.
colonizar v. ansiedeln, kolonisieren.
colono m. Ansiedler.
coloquio m. Unterredung.
color m. Farbe; Färbung; de —, farbig; sin —, abgeschmackt.
colorado, a adj. farbig; rot.
colorar v. färben.
colorido m. Bemalung; Kolorit.
colosal adj. riesig, kolossal.
columna f. Säule, Spalte (Buch); Kolonne; fig. Stütze.
columpiar v. schaukeln.
columpio m. Schaukel.
collar m. Halsband, Kette.
comadre f. Geburtshelferin; Nachbarin.
comadrear v. fam. klatschen.
comadrón m. Geburtshelfer.
comandante m. Kommandant.
comandita f.: sociedad en —, Kommanditgesellschaft.
comanditario m. stiller Gesellschafter.
comarca f. Gegend.
combate m. Kampf, Gefecht, Schlacht.
combatiente m. Krieger.
combatir v. (be-) kämpfen.
combinar v. verbinden, zusammenstellen; kombinieren.
combustibilidad f. Brennbarkeit.
combustible adj. brennbar; m. Brennstoff.
combustión f. Verbrennung.
comedia f. Lustspiel, Komödie.
comediante m. Schauspieler, Komödiant.
comedido, a adj. artig; vernünftig.
comedor m. Eßzimmer; Speisesaal.
comentar v. erklären, auslegen.

comentario m. Kommentar, Erklärung.   [nen.
comenzar v. anfangen, beginnen.
comer v. essen, speisen; fressen (Tier); fig. aufzehren.
comercial adj. kaufmännisch: casa —, Handelshaus; Firma.
comerciante m. Kaufmann.
comerciar v. handeln.
comercio m. Handel; Verkehr; Geschäft.
comestible adj. eßbar.
comestibles m. pl. Lebensmittel.
cometa m. Komet.
cometer v. tun, verüben.
cómico, a adj. komisch.
comida f. (Mittag-) Essen.
comienzo m. Anfang.
comillas f. pl. Anführungsstriche.
comino m. Kümmel.
comisaría f. Kommissariat.
comisario m. Kommissar.
comisión f. Auftrag; Kommission; Provision.
comisionar v. beauftragen.
comisionista m. Kommissionär.
comiso m. Beschlagnahme.
comité m. Ausschuß, Komitee.
comitiva f. Begleitung.
como adv. wie, sowie; als, ungefähr; da, weil; — si als ob; ¿cómo? wie?, was?
cómodo, a adj. bequem; leicht.
compadecer v. bedauern.
compadre m. Gevatter; Pate.
compañerismo m. Kameradschaft.
compañero m. Genosse; Kamerad; Gesellschafter.
compañía f. Gesellschaft (auch Handel).
comparable adj. vergleichbar.
comparación f. Vergleich (-ung).
comparar v. vergleichen.
comparativo, a adj. vergleichend.
comparecer v. vor Gericht erscheinen.
compartimiento m. Fach; Abteil.
compartir v. einteilen.
compás m. Zirkel; Takt.
compasión f. Mitleid.
compasivo, a adj. mitfühlend.
compatible adj. vereinbar; verträglich.
compatriota m. Landsmann.
compeler v. zwingen.
compendiar v. abkürzen; zusammenfassen.
compendio m. Auszug (Buch).
compenetrarse v. sich gegenseitig verstehen.
compensación f. Ersatz; Belohnung.   [setzen.
compensar v. ausgleichen, ersetzen.
competencia f. Wettstreit, Konkurrenz; Wettbewerb; Zuständigkeit.
competente adj. zuständig; fähig.
competidor m. Nebenbuhler; Konkurrent.
competir v. wetteifern; gleich sein.
compilar v. sammeln; zusammenstoppeln.
complacencia f. Wohlgefallen.
complacer(se) v. willfahren; gefällig sein; sich freuen.
complaciente adj. zuvorkommend.
complejo, a adj. zusammengesetzt; verwickelt; m. Gesamtheit; Komplex.
complementario, a adj. Ergänzungs...
complemento m. Vervollständigung.

completar v. ergänzen, vervollständigen.
completo, a adj. vollständig; vollbesetzt.
complicar v. komplizieren, verwickeln.
cómplice m. Mitschuldiger(r).
componente m. Bestandteil.
componer v. zusammensetzen, -stellen; anordnen; komponieren.
componerse v. sich putzen; — de bestehen aus.
comportable adj. erträglich.
comportamiento m. Betragen.
comportarse v. sich betragen.
composición f. Zusammenstellung, Anordnung; Komposition, Satz.
compositor m. Komponist.
compositura f. gesetztes Wesen; Reinlichkeit; Ausbesserung.
compota f. Kompott.
compra f. Kauf, gekaufte Ware; Einkauf.
comprador m. Käufer, Abnehmer.
comprar v. kaufen.
comprender v. unfassen; verstehen.
comprensible adj. begreiflich.
comprensión f. Verständnis.
compresa f. Kompresse.
compresión f. Zusammenpressung; Druck.
compresor m. Kompressor.
comprimir v. zusammendrükken, pressen; unterdrücken.
comprobación f. Beglaubigung, Beweis.
comprobar v. nachweisen; beglaubigen.
comprometer v. bloßstellen, kompromittieren.
comprometerse a v. sich verpflichten.
compromiso m. Kompromiß, Verpflichtung.
compuerta f. Schleusentor.
compulsar v. vergleichen.
computar v. (be)rechnen.
cómputo m. Berechnung.
comulgar v. jdm. das heilige Abendmahl reichen.
común adj. gemeinschaftlich; gewöhnlich, üblich; sentido —, gesunder Menschenverstand; por lo —, gewöhnlich.
comunicación f. Mitteilung; Verbindung; Umgang; — telefónica Telefongespräch.
comunicaciones pl. Verkehrswesen.
comunicar v. mitteilen; verbinden; verkehren.
comunidad f. Gemeinschaft.
comunión f. Teilnahme; heiliges Abendmahl.
comunismo m. Kommunismus.
comunista m. Kommunist.
con prep. mit; durch; bei; in; para —, gegen; — que damit; — todo trotzdem.
cóncavo, a adj. konkav.
concebible adj. faßbar, verständlich.
concebir v. empfangen (Frau); fassen; begreifen.
conceder v. gewähren, bewilligen, zugestehen.
concejo m. Stadtrat.
concentración f. Verstärkung; campo de —, Konzentrationslager.
concentrar v. konzentrieren; verdichten.
concepción f. Empfängnis; Fassungsvermögen; Idee.
concepto m. Begriff, Idee; Entwurf; formar —, beurteilen.

concerniente adj. bezüglich auf.
concernir v. betreffen, anbelangen.
concertar v. abmachen; übereinstimmen, einander entsprechen.
concertista m. Konzertspieler.
concesión f. Erlaubnis; Vergünstigung.
concesionario m. Patentinhaber; Unternehmer.
conciencia f. Gewissen; Bewußtsein; a —, gewissenhaft.
concierto m. Übereinstimmung; Konzert.
conciliación f. Versöhnung; gerichtlicher Ausgleich; Übereinstimmung.
conciliar v. vereinigen, versöhnen; gewinnen; — el sueño einschlafen.
conciliarse v. sich versöhnen.
concilio m. Konzil; — diocesano Synode.
conciso, a adj. gedrängt, bündig; kurz.
concitar v. aufwiegeln.
concluir v. vollenden; folgern; beschließen.
concluirse v. endigen.
conclusión f. Vollendung; Folgerung.
concluyente adj. überzeugend; bündig.
concordancia f. Entsprechung.
concordar v. verabreden; übereinstimmen.
concordato m. Konkordat.
concorde adj. einstimmig.
concordia f. Eintracht, Einklang.
concretar v. zusammensetzen; festsetzen.
concretarse a v. sich beschränken auf.
concreto adj. konkret; bestimmt.
concubinato m. wilde Ehe.
concúbito m. Beischlaf.
concupiscencia f. Lüsternheit.
concurrencia f. Versammlung; Zulauf; die Anwesenden.
concurrente m. Besucher.
concurrir v. zusammenkommen; mitwirken; zufließen, zuströmen (Besucher).
concursante m. Mitbewerber.
concursar v. Konkurs erklären.
concurso m. Zusammenlauf; Mitarbeit; Konkurs; — de acreedores Gläubigermasse.
concha f. Muschel; — del apuntador Souffleurkasten.
condado m. Grafschaft.
condal adj. gräflich.
conde m. Graf.
condecoración f. Auszeichnung, Orden.
condena f. Strafe; Verurteilung.
condenable adj. strafbar.
condenar v. verurteilen; verdammen.
condenatorio, a adj. verurteilend.
condensación f. Verdichtung.
condensador m. Verdichter; Radio: Kondensator.
condensar v. verdichten, verdicken; kondensieren.
condescender v. nachgeben, willfahren, sich herablassen.
condescendiente adj. nachgiebig, herablassend.
condición f. Bedingung; Zustand.
condicional adj. bedingend; zufällig.

condimento m. Gewürz.
condiscípulo m. Mitschüler.
condolencia f. Mitleid, Mitgefühl.
condolerse v. bemitleiden; beklagen.
condonar v. verzeihen; erlassen (Strafe).
conducción f. Fortschaffung; — de aguas Wasserleitung.
conducir v. führen, leiten.
conducirse v. sich betragen.
conducta f. Aufführung, Betragen.
conductibilidad f. Leitfähigkeit.
conducto m. Röhre, Wasserleitung; fig. Vermittlung.
conductor m. Führer; Straßenbahnschaffner; elektr. u. chem. Leiter.
conducho m. Mitbesitzer.
conectador m. (Licht-) Schalter.
conejo m. Kaninchen.
conexo, a adj. verbunden.
confabulación f. heimliche Unterredung; Verschwörung.
confección f. Herstellung; Konfektion.
confeccionar v. bereiten, verfertigen.
confederación f. Bündnis, Bund.
confederar v. verbünden.
conferencia f. Beratung, Konferenz; Vortrag; telephonisches Gespräch.
conferenciar v. sich unterreden.
conferir v. vergleichen; beraten; verleihen (Amt).
confesar v. bekennen; Beichte hören.
confesarse v. beichten.
confesión f. Beichte. Bekenntnis.
confesionario m. Beichtstuhl.
confeso adj. geständig.
confesor m. Beichtvater; Bekenner.
confianza f. Vertrauen; Zuversicht.
confiar v. (an-) vertrauen.
confidencia f. Vertrauen; Vertraulichkeit.
confidencial adj. vertraulich.
confidente m. Vertraute(r).
configuración f. Bildung. Gestaltung.
confinar v. verbannen; angrenzen.
confirmar v. bestätigen; einsegnen, konfirmieren.
confiscar v. gerichtlich einziehen, beschlagnahmen.
confitar v. überzuckern.
confite m. Zuckerwerk.
confitería f. Konditorei.
confitero m. Konditor.
confitura f. Eingemachtes.
conflicto m. Reibung; Konflikt, Schwierigkeit.
confluencia f. Zustrom.
confluir v. zusammenfließen; zuströmen (Volk).
conformación f. Bildung.
conformar v. bilden, in Übereinstimmung bringen.
conformarse con v. sich begnügen mit.
conforme adj. entsprechend, einverstanden.
conformidad f. Ähnlichkeit: Einwilligung.
confortable adj. bequem.

confortante m. Stärkungsmittel.
confortar v. stärken; trösten.
confrontar v. gegenüberstellen; vergleichen.
confundir v. verwechseln, verwirren; beschämen.
confundirse v. in Verwirrung geraten; schüchtern werden.
confusión f. Verwirrung; Bestürzung.
confuso, a adj. verwirrt.
confutación f. Widerlegung.
confutar v. widerlegen.
congelar(se) v. gefrieren; erstarren.
congeniar v. übereinstimmen (geistig).
congénito, a adj. angeboren.
congestión f. Andrang (Blut) Gedränge.
conglomerar v. aufhäufen.
conglutinar v. zusammenkleben.
congoja f. Beklemmung.
congraciar v. für sich gewinnen; jdm. schmeicheln.
congratulación f. Glückwunsch.
congratular v. beglückwünschen.
congregar v. versammeln, zusammenberufen.
congreso m. Kongreß, Abgeordnetenhaus.
congruencia f. Übereinstimmung.
congruente, a adj. angemessen, passend.
cónico, a adj. kegelförmig, konisch.
conjeturar v. vermuten, mutmaßen, folgern.
conjugación f. Konjugation; Abwandlung.
conjunción f. Bindewort.
conjunto adj. vereinigt; m. Sammlung.
conjuración f. Verschwörung.
conjurado m. Verchworener.
conjurar v. beschwören; bannen.
conjurarse v. sich verschwören.
conmemorar v. feierlich gedenken; erinnern.
conmemorativo, a adj. erinnernd; Gedenk...
conmigo pron. mit, bei mir.
conmoción f. Erschütterung; cerebral Gehirnerschütterung.
conmovedor, a adj. rührend, erschütternd.
conmover v. bewegen; erschüttern.
conmutación f. Tausch; Umkehrung; Umschaltung.
conmutador m. Umschalter (Strom).
conmutar v. tauschen; mildern. (Strafe); umschalten.
connaturalizarse v. sich eingewöhnen.
cono m. Kegel.
conocedor m. Kenner.
conocer v. kennen(lernen); verstehen.
conocido, a adj. bekannt; m. Bekannte(r).
conocimiento m. Kenntnis; Bekanntschaft; Konnossement.
conque conj. also, so, daher.
conquista f. Eroberung.
conquistador m. Eroberer.
conquistar v. erobern; für sich gewinnen.
consabido, a adj. vorbenannt.
consagración f. Weihe; Widmung.
consagrar v. (ein-) weihen.
consagrarse a v. sich widmen.
consanguíneo, a adj. blutsverwandt.

consciente adj. bewußt.

consecución f. Erlangung.

consecuencia f. Folge (-rung); por —, folglich.

consecuente adj. folgerichtig.

consecutivo, a adj. (aufeinander) folgend.

conseguir v. erreichen.

conseja f. Fabel.   [herr.

consejero m. Ratgeber, Rats-

consejo m. Ratschlag; Ratsversammlung. Gerichtshof.

consenso m. Einwilligung.

consentido, a adj. verwöhnt.

consentimiento m. Zustimmung.

consentir v. gestatten; zustimmen; verwöhnen (Kind).

conserje m. Türhüter, Portier.

conserjería f. Hausmeisterei.

conserva v. Konserve; eingemachte Früchte.

conservación f. Erhaltung, Aufbewahrung.

conservador adj. erhaltend; konservativ (politisch); m. Aufseher, Kustos.

conservadores pl. die Konservativen (Partei).

conservar v. erhalten; aufrechterhalten; einmachen (Früchte).

considerable adj. erheblich, beträchtlich.

consideración f. Erwägung; Rücksicht; en — a, in Anbetracht; tomar en —, in Betracht ziehen.

considerar v. erwägen; mit Achtung behandeln.

consigna f. Losung, Weisung.

consignación f. Anweisung (auch Gold); Kaution.

consignar v. anweisen; hinterlegen.

consignatario m. Verwahrer; Ladungsempfänger.

consigo pron. mit (bej) sich.

consiguiente adj. folgerichtig; entsprechend; por —, folglich.   [digkeit.

consistencia f. Dauer, Bestän-

consistente adj. fest, stark.

consistir v. bestehen; — en algo beruhen auf.

consolación f. Trost, Tröstung.

consolar v. trösten; ermutigen.

consolidar v. sichern; zusammenfügen.

consonancia f. Einklang; Gleichlaut.

consonante adj. übereinstimmend; reimend; m. Mitlaut; Reim.

consonar v. reimen; übereinstimmen.

consorcio m. Genossenschaft.

consorte m. Genosse; Ehegatte.

conspicuo, a adj. hochberühmt.

conspiración f. Verschwörung.

conspirador m. Verschworene(r).

conspirar v. sich verschwören: — a bezwecken.

constancia f. Standhaftigkeit; Ausdauer.

constante adj. beharrlich; beständig.

constar v. bekannt sein; — de bestehen aus; me consta ich weiß.

constelación f. Sternbild.

consternar v. bestürzen.

constipado m. Schnupfen, Erkältung.

constiparse v. sich erkälten.

constitución f. Anordnung; Leibesbeschaffenheit; Staatsverfassung.

constitucional adj. Verfassungs...

constituir v. gründen, bilden; ernennen, einsetzen.

---

constitutivo, a adj. wesentlich.

constituyente adj. stiftend; begründend.

constreñir v. zwingen.

constricción f. Nötigung, Zwang.

construcción f. Errichtung; Bau (auch Satz); Konstruktion.

constructor m. Erbauer.

construir v. erbauen, errichten.

consulado m. Konsulat.

consulta f. Befragung um Rat; Gutachten; Konsultation, Sprechstunde (Arzt).

consultar v. beratschlagen; zu Rate ziehen; begutachten.

consultor m. Berater, Ratgeber.

consumado, a adj. vollkommen; m. Kraftbrühe.

consumar v. volibringen.

consumido, a adj. abgehärmt.

consumidor m. Verbraucher, Abnehmer.   [chen.

consumir v. aufzehren, verbrau-

consumirse v. sich grämen, sich abhärmen.

consumo m. Verbrauch.

consunción f. Auszehrung.

contabilidad f. Buchführung, Rechnungswesen.

contable m. Buchhalter.

contacto m. Kontakt; Berührung; Umgang, Verkehr.

contado, a adj. selten; al —, bar (Geld).

contador m. Zahlmeister, Kassierer; Gasmesser, Wassermesser.

contaduría f. Rechnungsamt; Buchhaltung; Vorverkaufsstelle.

contagiar v. anstecken; fig. verderben.

contagio m. Ansteckung.

contagioso, a adj. ansteckend.

contaminar v. beflecken.

contante adj. bar (Geld).

contar v. (auf)zählen; erzählen; rechnen; — con auf jdn. zählen; — por halten für.

contemplar v. betrachten.

contemplativo, a adj. beschaulich, nachsinnend.

contemporáneo, a adj. gleichzeitig; zeitgenössisch; m. Zeitgenosse.

contención f. (Wort-) Streit.

contender v. streiten.

contener v. enthalten, in sich fassen.

contenerse v. sich beherrschen.

contenido m. Inhalt.

contentadizo, a adj. genügsam.

contentar v. befriedigen; indossieren (Wechsel).

contentarse con v. vorliebnehmen mit.

contento, a adj. zufrieden, erfreut; m. Vergnügen.

contestación f. Antwort.

contestar v. beantworten.

contigo pron. mit, bei dir.

contigüidad f. unmittelbare Nähe.

contiguo, a adj. anstoßend; danebenliegend.

continencia f. Enthaltsamkeit, Mäßigkeit.

continental adj. festländisch.

continente adj. enthaltsam; m. Festland, Kontinent.

contingente adj. zufällig; möglich; m. Anteil; Truppenbestand.

continuación f. Fortsetzung, Fortdauer; a —, nachher.

continuar v. fortfahren; fortdauern.

continuo, a adj. unablässig; stetig; de —, fortwährend.

contornear v. umkreisen, formen.

---

contorno m. Umgegend; Kontur; en —, ringsumher.

contorsión f. Verdrehung; Verzerrung, Krampf.

contra prep. gegen(über); en —, entgegen; wider; m. Gegenteil; Gegenspieler; el pro y el —, das Für und Wider.

contraalmirante m. Konteradmiral.

contrabajo m. Kontrabaß.

contrabandear v. schmuggeln.

contrabandista m. Schmuggler.

contrabando m. Schmuggel-(ware).

contracambio m. Rückwechsel.

contracción f. Verkürzung.

contráctil adj. zusammenziehbar.

contradecir v. widersprechen.

contradicción f. Unvereinbarkeit, Gegensatz.

contradictorio, a adj. widersprechend.

contraer v. zusammenziehen; verkürzen; — deudas Schulden machen; — matrimonio, sich verheiraten.

contrahecho, a adj. verwachsen, buckelig.

contralto m. Alt(stimme).

contraluz f. Gegenlicht.

contramaestre m. Werkführer; Hochbootsmann.

contramarca f. Probezeichen; Stempelgebühr.

contramarcha f. Gegenmarsch; Vorgelege (Maschinen).

contramarea f. Gegenflut.

contraminar v. gegenminieren; fig. vereiteln.

contraorden f. Gegenbefehl.

contrapeso m. Gegengewicht.

contraprueba f. Gegenprobe; zweiter Abzug.

contrariar v. widersprechen; widerstehen.

contrariedad f. Widerstand, Widerwärtigkeit.

contrario, a adj. entgegengesetzt; feindlich; al —, im Gegenteil: de lo —, im entgegengesetzten Fall; sonst; m. Gegner.

contrarrevolución f. Gegenrevolution.

contraseguro m. Rückversicherung.

contrasello m. Gegensiegel.

contraseña f. Losungswort; Gegenmarke.

contrastar v. widerstehen; in Widerspruch stehen; Münze untersuchen.

contraste m. Gegensatz, Kontrast; Eichamt; fiel —, Eichmeister.

contratante m. Vertragspartner.

contratar v. Vertrag schließen.

contratiempo m. Unglück.

contratista m. Lieferant, Unternehmer.

contrato m. Vertrag; — de retroventa Rückverkauf.

contratorpedero m. Minenzerstörer (Schiff).

contraveneno m. Gegengift, -mittel.

contravenir v. übertreten; zuwiderhandeln.

contraventana f. Fensterladen.

contravidriera f. Doppelfenster.

contribución f. Beitrag; Steuer.

contribuir v. beitragen, beisteuern.

contribuyente adj. steuerpflichtig; m. Steuerpflichtige(r).

contrincante m. Mitbewerber.

contrito, a adj. zerknirscht.

control m. Kontrolle.

controlar v. kontrollieren.

---

controvertir v. (be)streiten.

contumaz adj. hartnäckig; ausbleibend (vor Gericht).

conturbar v. beunruhigen; bestürzen.

contusión f. Quetschung.

contuso, a adj. gequetscht.

convalecer v. genesen.

convecino, a adj. benachbart; angrenzend; m. Nachbar.

convencer v. überzeugen; beweisen.

convencimiento m. Überzeugung.

convención f. Übereinkunft; Vertrag.

convencional adj. vertragsmäßig; gebräuchlich.

conveniencia f. Schicklichkeit; Zweckmäßigkeit; Nutzen; matrimonio de — Vernunftehe.

conveniente adj. schicklich; ratsam, nützlich.

convenio m. Übereinkunft; Vertrag.

convenir v. zuträglich sein; einwilligenII conviene man muß.

convento m. Kloster.

convergencia f. Konvergenz, Meinungseinigkeit.

conversación f. Gespräch, Unterredung.

conversar v. sich unterhalten; reden.

conversión f. Umdrehung; Bekehrung.

convertir v. verwandeln; bekehren; umsetzen.

convexo, a adj. gewölbt, konvex.

convicción f. s. convencimiento.

convicto, a adj. überführt.

convidada f. Einladung.

convidar v. einladen; anlocken.

convincente adj. überzeugend; triftig.   [Gelage.

convite m. Einladung; Gastmahl,

convocar v. zusammenberufen; einberufen.

convocatoria f. Einberufung.

convoy m. Geleit; Bedeckung; Eisenbahnzug; Gefolge.

convulsión f. Krampf.

convulsivo, a adj. zuckend, krampfartig.

convulso, a adj. verkrampft; erregt.

conyugal adj. ehelich; Ehe...

cónyuge m. n. f. Ehegatte, Ehegattin.

coñac m. Kognak.

cooperación f. Mitwirkung, Mitarbeit.

cooperar v. mitwirken.

cooperativo, a adj. mitarbeitend; sociedad cooperativa f. Genossenschaft.

coordenadas f. pl. Koordinaten.

coordinar v. beiordnen.

copa f. Becher, Trinkglas, Wipfel eines Baumes; pl. Herz (im Kartenspiel).

copete m. Flocke; Büschel; Stirnhaar; Oberblatt (Schuh).

copia f. Kopie; Nachahmung.

copiador m. Kopierbuch.

copiadora f. (prensa —) Abziehpresse.

copiar v. kopieren; nachahmen.

copioso, a adj. zahlreich.

copla f. Vers; Lied.

copo m. Flocke (Wolle).

copropietario m. Miteigentümer, Mitbesitzer.

copulativo, a adj. verbindend.

coque m. Koks.

coquetear v. kokettieren; liebäugeln.

coquetería f. Putzsucht, Koketterie.

coraje m. Mut, Ungestüm; Zorn, Wut.

corambre f. Tierfell; Leder.

coraza f. Panzer.
corazón m. Herz; fig. Inneres; Mut.
corazonada f. schneller Entschluß, Ahnung.
corbata f. Krawatte; Halsbinde; Tuch.
corbeta f. Korvette.
corcova f. Höcker.
corcovear v. bocken.
corcovo m. Bocksprung; fig. Krümmung.
corcha f. Korkrinde.
corcheta f. Öhr, Öse.
corchete m. Häkchen.
corcho m. Kork(en).
cordaje m. Takelwerk.
cordel m. Strick, Schnur.
cordelero m. Seiler.
cordero m. Lamm(fell).
cordial adj. herzstärkend; herzlich; m. herzstärkendes Getränk.
cordialidad f. Herzlichkeit.
cordillera f. Gebirgskette.
cordón m. Schnur.
cordoncillo m. Schnürchen, Tresse.
cordonero m. Seiler, Posamentier.
cordura f. Klugheit, Verstand.
coreografía f. Tanzkunst.
corista m. Chorsänger.
cornada f. Hörnerstoß.
cornalina f. Karneol.
cornamenta f. Gehörn.
cornamusa f. Waldhorn, Dudelsackpfeife.
córnea f. Hornhaut (Auge).
córneo, a adj. hornig.
corneta f. Horn; Trompete.
cornucopia f. Füllhorn.
cornudo, a adj. gehörnt.
coro m. Chor (auch Baukunst); Choral.
corolario m. Zusatz.
corona f. Krone (auch Zahn); Kranz; Tonsur; Hof (des Mondes); Königswürde.
coronar v. krönen; vollenden.
coronel m. Oberst.
corpiño m. Mieder.
corporación f. Körperschaft.
corporal adj., corpóreo, a adj. körperlich.
corpulento, a adj. beleibt.
corpus m. Fronleichnamsfest.
corpúsculo m. Körperchen, Atom.
corral m. Hühnerhof.
correa f. Riemen; fig. Dehnbarkeit; — sin fin Treibriemen.
corrección f. Verbesserung, Tadel; Korrektur; casa de — Zuchthaus.
correccional adj. verbessernd; m. Zuchthaus.
correcto, a adj. korrekt; fehlerfei. [rektor.
corrector m. Verbesserer; Korredera f. Rennbahn, Reitbahn; Logleine; Schieber; breite Straße.
corredor, a adj. viel laufend; m. Korridor, Gang; Makler.
correduría f. Maklergebühr.
corregible adj. besserungsfähig.
corregir v. (ver-) bessern; korrigieren.
correlación f. Wechselbeziehung.
correctivo, a adj. wechselseitig.
correo m. Eilbote; Post (-amt); a vuelta de —, postwendend; por — certificado eingeschrieben.
correoso, a adj. biegsam, dehnbar.
correr v. laufen; fließen; vergehen (Zeit); wehen (Wind); vorschieben (Riegel).

correría fig. Ausflug; Streifzug.
correspondencia f. Übereinstimmung; Briefwechsel; billete de — Umsteigefahrschein.
corresponder v. erwidern; vergelten.
corresponderse v. Briefe wechseln; Verkehr haben.
correspondiente adj. entsprechend, zugehörig, bezüglich.
corresponsal m. Korrespondent.
corretaje m. Maklergeschäft.
corretear v. herumbummeln.
corrida f. Lauf, Hetze; — de toros Stierkampf.
corrido, a adj. verschoben; fam. abgefeimt; beschämt.
corriente adj. laufend; geläufig; fließend; fig. üblich; f. Strom; Strömung; Lauf.
corro m. Kreis, Reigen.
corroboración f. Bekräftigung.
corroborar v. (be)kräftigen.
corroborativo, a adj. (be)kräftigend.
corroer v. zernagen; zerstören.
corromper v. verderben; verschlechtern; bestechen.
corromperse v. verfaulen.
corrosivo, a adj. ätzend, zerfressend; m. Ätzmittel.
corrupción f. Verschlechterung; Verderben; Verfälschung; Bestechung.
corruptibilidad f. Verweslichkeit; fig. Bestechlichkeit.
corruptivo, a adj. zerstörend.
corrupto, a adj. verdorben, verfälscht (Schriftstück).
corruptor, a adj. verwerflich; sittenwidrig; m. Verderber, Verführer.
corsario m. Seeräuber, Korsar.
corsé m. Korsett, Mieder.
corta f. Holzschlag.
cortacuito m. Stromsicherung.
cortado, a adj. passend; knapp; m. Michkaffee.
cortadura f. Schnitt.
cortafuego m. Brandmauer.
cortalápiz m. Bleistiftanspitzer.
cortaplumas m. Feder-, Taschenmesser.
cortar v. ab-, zu-, durch-, verschneiden.
cortarse v. sich verwunden.
cortauñas m. Nagelzange.
corte m. Schnitt; Schneide; Zuschnitt; f. Residenz; königlicher Hof.
cortedad f. Kürze; Beschränktheit.
cortejar v. schmeicheln; den Hof machen.
cortejo m. Gefolge.
cortés adj. höflich; gesittet.
cortesano, a adj. höfisch; m. Hofmann.
cortesía f. Höflichkeit.
corteza f. Rinde (der Bäume); Kruste; Schale.
cortijo m. Landgut.
cortina f. Vorhang, Gardine.
corto, a adj. kurz; gering, klein; — de alcances fig. beschränkt; cortocircuito Kurzschluß.
corva f. Kniekehle.
corvadura f. Krümmung; Bug.
corvejón m. Kniebeuge; Sprunggelenk (Pferd); Sporn (Vogel).
corveta f. Kurbette.
corvo adj. krumm gebogen.
corzo m. Reh(bock).

cosa f. Sache Ding; Umstand; pl. Geschäfte.
cosecha f. Ernte(zeit).
cosechar v. ernten.
cosechero m. Landwirt; Weinbauer.
coser v. nähen, zusammennähen; heften: máquina de —, Nähmaschine.
cosido m. Nähen.
cosmético m. Schönheitsmittel.
cósmico, a adj. kosmisch.
cosmología f. Lehre vom Weltall.
cosmonauta m. Weltraumfahrer.
cosmopolita m. Weltbürger.
cosquillas f. pl. Kitzeln; hacer —, kitzeln; tener —, kitzelig sein.
costa f. Küste; a — de auf Kosten von; pl. Gerichtskosten.
costado m. Seite (des Körpers).
costal m. Getreidesack.
costanero, a adj. Küsten...
costar v. kosten; schwerfallen; me cuesta, es fällt mir schwer.
coste m. Preis; precio de —, Selbstkostenpreis.
costilla f. Rippe.
costoso, a adj. kostspielig; mühsam.
costra f. Kruste; Rinde (Brot); Schorf.
costroso, a adj. krustig; schorfig.
costumbre f. Gewohnheit, Brauch, Sitte; de —, üblich.
costura f. Naht.
costurera f. Schneiderin, Näherin.
costero m. Nähtisch.
cotana f. Zapfenloch.
cotejar v. vergleichen.
cotidiano, a adj. täglich.
cotización f. Abschätzung, Notierung, Kurs (an der Börse).
cotizar v. abschätzen; notieren.
cotorra f. Elster.
coyuntura f. Gelenk; Konjunktur.
cráneo m. Schädel.
crasitud f. Fettleibigkeit.
craso adj. fett; grob; kraß (Irrtum).
cráter m. Krater.
creación f. Schöpfung; Weltall.
creador m. Schöpfer, Urheber.
crear v. erschaffen; gründen.
crecer v. wachsen, zunehmen; steigen (Wasser).
crecida f. Anschwellen; Hochwasser.
creciente f. Anschwellen der Gewässer; cuarto —, Halbmond.
crecimiento m. Wachstum, Zunahme.
crédito m. Kredit, Guthaben; Ansehen; dar —, glauben.
crédulo, a adj. leichtgläubig.
creencia f. Glaube.
creer v. glauben; halten für; vermuten.
creíble adj. glaublich.
crema f. Rahm, Sahne; fig. Blüte.
cremación f. Leichenverbrennung.
cremallera f. Zahnrad; cierre de — Reißverschluß.
crematorio m. Krematorium.
crepitar v. (p)rasseln.
crepúsculo m. Dämmerung.

cresa f. Made.
crespo, a adj. kraus; fig. zornig.
crespón m. Kreppflor.
cresta f. Kamm (Hahn; Berg).
cría f. Fortpflanzung; Wurf (Tiere); ama de —, Säugamme.
criada f. Magd, Dienstmädchen.
criadero, a adj. fruchtbar; m. Zuchtort; Pflanzschule; Erzader.
criado, a adj. bien —, wohlerzogen; mal —, ungezogen; m. Diener, Knecht.
criador, a adj. fruchtbar; m. Schöpfer; Züchter.
crianza f. Erziehung.
criar v. säugen; züchten; erziehen.
criatura f. Wesen; kleines Kind.
criba f. Sieb.
cribar v. sieben.
crimen m. Verbrechen.
criminal adj. verbrecherisch; Straf...; m. Verbrecher.
criminalidad f. Strafbarkeit.
criminalista m. Kriminalist.
crin f. Mähne; Roßhaar.
criollo adj. kreolisch; m. Kreole.
crisis f. Krisis.
crisol m. Schmelztiegel.
crispar v. verkrampfen.
cristal m. Kristall; Spiegelglas; Glasscheibe.
cristalización f. Kristallisierung.
cristiandad f. Christenheit.
cristianismo m. Christentum.
cristianizar v. christianisieren.
cristiano, a adj. christlich; m. Christ.
Cristo m. Christus; Kruzifix.
criterio m. Kriterium, Urteil; Einstellung.
crítica f. Kritik, Urteil.
criticar v. kritisieren.
crítico, a adj. kritisch; entscheidend, bedenklich; m. Kritiker; Tadler.
croar v. krächzen.
cromático, a adj. Farb(en)...
crónica f. Zeitgeschichte.
crónico, a adj. langwierig; chronisch (Krankheit).
cronista m. Chronist.
cronología f. Zeitkunde.
cronómetro m. Zeitmesser, Stoppuhr.
croquis m. Skizze, Entwurf.
crótalo m. Klapperschlange.
cruce m. Kreuzung.
crucero m. Kreuzer.
crucificar v. kreuzigen; fig. quälen.
crucifijo m. Kruzifix.
crucigrama m. Kreuzworträtsel.
crudeza f. Strenge, Härte; Grobheit.
crudo, a adj. roh, ungekocht; grob.
cruel adj. grausam; streng.
crueldad f. Grausamkeit; Härte.
crujido m. Krachen.
cruz f. Kreuz; Kruzifix; Rückgrat (Tiere); fig. Leid.
cruzada m. Kreuzzug.
cruzar v. (durch) kreuzen; durchstreichen.
cuaderno m. Aktenband; Heft; Lieferung; Logbuch.
cuadra f. Stall; Saal.
cuadrado, a adj. viereckig; m. Viereck.
cuadrangular adj. viereckig.
cuadrar v. viereckig machen; ins Quadrat erheben; fig. passen.
cuadratura f. Vierung.
cuadrilla f. Reihen; Räuberbande; Stierfechterquadrille.
cuadro m. Quadrat; Bild, Gemälde; Gartenbeet.
cuadrúpedo m. Vierfüßler.

cuádruple, o, a adj. vierfach; m. das Vierfache.

cuajar v. gerinnen machen; verdicken; fig. behagen.

cuajo m. Gerinnen; Lab.

cual pron. der, die das; welcher, welche, welches; ¿cuál? wer? welcher?; adv. wie, sowie.

cualidad f. (gute) Eigenschaft, Qualität.

cualquier pron. irgendein; jeder.

cualquiera pron. irgendeiner; jemand, jeder.

cuan adj. wie, wieviel.

cuando adv. wann; wenn, falls; als: de vez en — manchmal, von Zeit zu Zeit; — más, mucho höchstens; — menos wenigstens; — quiera jederzeit ¿cuándo? wann?

cuantía f. Menge; Bedeutung; Rang.

cuanto adj. wieviel; alles was: ¿a cuántos estamos? den wievielten haben wir?; en —, sobald; en — a hinsichtlich; —más que, um so mehr; — menos um so weniger; por — weswegen.

cuarenta adj. vierzig.

cuarentena f. Quarantäne.

cuaresma f. Fasten(zeit).

cuartear v. vierteilen; spalten; —se Risse bekommen.

cuartel m. Quartier, Kaserne; sin — erbarmungslos.

cuarteto m. Quartett.

cuarto, a adj. vierte(r); m. Viertel; Zimmer; — de hora Viertelstunde.

cuarzo m. Quarz.

cuatro adj. vier: más de —, viele Leute; — palabras ein paar Worte.

cuba f. Faß.

cubería f. Faßbinderei.

cubero m. Küfer, Faßbinder.

cubeta f. Fäßchen; Schale, Napf.

cúbico, a adj. kubisch, Kubik...

cuerta f. Decke; Überzug; Buchdeckel; (Schiffs-) Deck.

cubierta f. Decke; Überzug; Buchdeckel; (Schiffs-) Deck. Besteck, Gedeck.

cubil m. Lager (von Tieren).

cubilete m. Becher.

cubo m. Würfel; Eimer; Radnabe.

cubrir v. (be)decken; besprengen; schützen.

cubrirse v. den Hut aufsetzen.

cucaracha f. Schabe.

cuclillas f. pl. en —, niedergekauert.

cuclillo m. Kuckuck.

cuco m. Kuckuck; adj. schlau; niedlich.

cucurucho m. Papiertüte.

cuchara f. Löffel.

cucharada f. Löffelvoll.

cucharilla f. Tee-, Kaffeelöffel.

cucharón m. Schöpfkelle.

cuchicheo m. Geflüster.

cuchilla f. Klinge; Hackmesser.

cuchillero m. Messerschmied.

cuchillo m. Messer; pasar a —, umbringen.

cuello m. Hals; Kragen.

cuenca f. tiefes Tal; Flußbett; Niederung.

cuenta f. Rechnung; Rechenschaft; — corriente Kontokorrent; a — auf Abschlag; a la — wahrscheinlich; por — y riesgo für Rechnung und Gefahr; dar — Rechenschaft ablegen; echar la — überlegen; tener en — berücksichtigen; tomar por su —, auf sich nehmen.

cuentahilos m. Fadenzähler.

cuentista m. Klatscher; Erzähler.

cuento m. Erzählung, Märchen; Aufschneiderei; a —, passend, gelegen.

cuerda f. Strang, Seil; Saite, Bogensehne; Feder im Uhrwerk; la —, die Saiteninstrumente; dar — (al reloj) die Uhr aufziehen.

cuerdo, a adj. klug, vernünftig.

cuerna f. Hirschgeweih; Waldhorn.

cuerno m. Horn, Jagdhorn.

cuero m. Haut; Leder; en cueros nackt.

cuerpo m. Körper, Leib; Körperschaft; — de bomberos Feuerwehr; Korps.

cuervo m. Rabe.

cuesco m. Obstkern.

cuesta f. Bergabhang; Anhöhe; — arriba bergauf.

cuestión f. Frage; Problem.

cuestionar v. (be)streiten.

cuestionario m. Fragebogen.

cueva f. Höhle; Keller.

cuidado m. Sorge, Sorgfalt; Vorsicht; ¡—!, Achtung!; sin —, unbesorgt.

cuidadoso, a adj. sorgfältig; wachsam.

cuidar v. (be)sorgen.

cuidarse de v. sich in acht nehmen.

cuita f. Sorge; Leiden.

culata f. Kolben (des Gewehrs).

culebra f. Schlange.

culinario, a adj. kulinarisch; arte culinaria Kochkunst.

culminante adj. überragend; punto — Höhepunkt.

culo m. Hintere(r).

culpa f. Schuld; echar la — anschuldigen.

culpabilidad f. Strafbarkeit.

culpable adj. strafbar; schuldig.

culpar v. beschuldigen, anklagen.

cultivador m. Züchter.

cultivar v. bebauen; züchten; pflegen. [Kultur.

cultivo m. Bebauung, Zucht, culto adj. gebildet, höflich; m. Gottesdienst; Kult.

cumbre f. Gipfel.

cumpleaños m. Geburtstag.

cumplidero, a adj. zweckmäßig; nützlich.

cumplido, a adj. volkommen; höflich; reichlich; m. Höflichkeit; Glückwunsch; sin —, ohne Umstände.

cumplimentar v. ausführen; begrüßen.

cumplimiento m. Erfüllung, Kompliment.

cumplir v. erfüllen; beenden.

cumplirse v. in Erfüllung gehen.

cúmulo m. Menge; Überfluß; Gipfel; Wolkenanhäufung.

cuna f. Wiege.

cuneiforme adj. keilförmig; escritura —, Keilschrift.

cunero, a adj. ausgesetzt (Kind).

cuneta f. Abzugsgraben.

cuña f. Keil.

cuñada f. Schwägerin.

cuñado m. Schwager.

cuño m. Münzstempel, Prägung.

cuociente m. Quotient.

cuota f. Quote.

cupo m. Quote, Steueranteil.

cupón m. Zinsschein, Abschnitt.

cúprico, a adj. Kupfer...

cúpula f. Kuppel.

cura m. Pfarrer, Priester; f. Kur, Heilung.

curable adj. heilbar.

curación f. Heilung.

curriculum vitae m. Lebenslauf (bei Bewerbungen).

cursado, a adj. geübt, angewöhnt.

cursar v. studieren; Kursus durchmachen; in Gang bringen.

custodiar v. bewachen, beaufsichtigen.

custodio m. Wächter.

cutáneo, a adj. Haut...

cúter m. Kutter.

cutis m. Haut.

cuyo, a pron. dessen, deren; ¿cúyo? wessen?

dación f. Übergabe.

dactiloscopia f. Fingerabdruck.

dádiva f. Gabe, Geschenk.

dado m. Würfel.

dado que p. p. gesetzt daß.

dador m. Geber.

daga f. Dolch.

dallar v. mähen.

dalle m. Sense.

dama f. Dame, Frau; — joven erste Liebhaberin (Theater); juego de damas, m. Damespiel.

damajuana f. bauchige Flasche.

damasco m. Damast; Am. Aprikose.

damnificación f. Schädigung.

danés, a adj. dänisch; m. Däne.

danza f. Tanz; fig. Verwicklung.

danzante m. Tänzer.

danzar v. tanzen.

dañar v. schaden; schädigen; verderben.

daño m. Schaden, Nachteil; Verletzung.

dañoso, a adj. schädlich.

dar v. geben; schenken; liefern; — a luz in die Welt setzen (Kind); herausgeben (Buch); — a la calle nach der Straße gehen (Fenster); — con treffen; stoßen auf; — de baja krank schreiben.

darse v. sich ergeben; sich widmen; — maña sich Mühe geben; — prisa, eilen.

dársena f. Hafenbecken; Dock.

datar v. datieren.

dátil m. Dattel.

dato m. Beleg.

datos pl. Angaben.

de prep. von; bei; über; wegen; durch; in; als; an; auf; — veras wirklich; — niño als Kind; — día bei Tag; — verano im Sommer; un vaso — vino ein Glas Wein; — por sí für sich selbst; ¡pobre — mí! ich Armer!

debajo adv. unten, unterhalb; — de unter.

debate m. Streitigkeit; Debatte.

debatir v. besprechen; verhandeln.

debe m. Soll.

deber m. Pflicht; cumplir (con) su —, seine Pflicht erfüllen; v. schulden; verdanken; sollen: — de müssen.

debido adj. gebührend; gehörig. — a que infolge.

débil adj. schwach; verzagt.

debilidad f. Schwäche; Mutlosigkeit.

debilitar v. schwächen, entkräften.

debilitarse v. matt, mutlos werden.

débito m. Schuld; Pflicht.

deca... zehn...

decadencia f. Verfall, Verminderung; Dekadenz.

decadente adj. verfallend; dekadent (Kunst).

decaer v. verfallen; Abbruch leiden; abnehmen.

decaimiento m. Verfall; Mutlosigkeit.

decalvar v. kahl scheren.

decantar v. klären; rühmen.

decapitar v. enthaupten.

decenal adj. zehnjährig.

decencia f. Anstand.

decentar v. anschneiden, anbrechen.

decente adj. anständig, schicklich; ehrbar.

decepción f. Enttäuschung.

decidido, a adj. mutig, tatkräftig.

decidir v. entscheiden.

decidor adj. gesprächig, witzig.

décima f. Zehntel.

décimo, a adj. zehnt; m. Zehntel (Lotterielos).

decir v. sprechen, sagen; reden; es —, das heißt (d. h.); mejor dicho besser gesagt; m. Aussage; Gerede; es un —, es ist nicht ernst gemeint.

decisión f. Entscheidung; Beschluß; Urteil.

decisivo, a adj. entscheidend.

declamación f. Vortrag; Redekunst.

declamar v. vortragen.

declamatorio, a adj. rednerisch; hochtönend.

declaración f. Erklärung; Aussage; Angabe (Waren); — de guerra, Kriegserklärung.

declarante m. Aussagende(r).

declarar v. erklären, aussagen; angeben.

declarativo, a adj. erläuternd.

declinación f. Deklination, Beugung.

declinar v. beugen; ablehnen; abweichen (Gestirn); verfallen.

declinatorio, a adj. ablehnend.

declive m. Abhang; en —, abschüssig.

decocción f. Absud.

decolorar v. entfärben.

decomiso m. Beschlagnahme.

decoración f. Ausschmückung; Theaterdekoration.

decorar v. ausmalen; tapezieren.

decoro m. Sittsamkeit.

decoroso, a adj. anständig, ehrbar.

decrecer v. abnehmen; fallen.

decrecimiento m. Abnahme.

decrepitar v. knistern, prasseln.

decrépito, a adj. abgelebt, altersschwach.

decretal f. päpstliche Verfügung.

decretar v. verordnen; entscheiden.

decreto m. Verordnung; Befehl.

dechado m. Vorlage.
dedal m. Fingerhut.
dedicación f. Zueignung, Widmung.   [(Zeit).
dedicar v. widmen; anwenden
dedicatoria f. Zueignung.
dedo m. Finger; Zehe; — **anular** Ringfinger; — **del corazón**, — **mayor** Mittelfinger; — **índice** Zeigefinger; — **meñique** kleiner Finger; — **pulgar** Daumen.
deducción f. Ableitung, Folgerung; Abzug.
deducir v. ableiten; folgern; abrechnen.
deductivo, a adj. ableitend.
defección f. Abtrünnigkeit.
defectivo, a adj. mangelhaft.
defecto m. Fehler, Mangel.
defectuoso, a adj. fehlerhaft, mangelhaft.
defender v. verteidigen; untersagen.
defensa f. Verteidigung (auch Sport); Rechtsbeistand, Schutz.
defensiva f. Defensive.
defensivo, a adj. verteidigend; Schutz...
defensor m. Verteidiger, Rechtsbeistand.
deferente adj. nachgiebig.
deficiencia f. Mangel.
deficiente adj. mangelhaft, fehlerhaft.
déficit m. Fehlsumme, Unterbilanz, Defizit.
definición f. Erklärung, Begriffsbestimmung; Ausspruch.
definir v. bestimmen, entscheiden.
definitivo, a adj. entscheidend, abschließend; **en definitiva** endlich, endgültig.
deformación f. Entstellung, Verunstaltung.
deforme adj. ungestalt; häßlich.
defraudar v. veruntreuen; betrügen; entziehen.
defunción f. Tod; Verscheiden.
degeneración f. Entartung, Verfall.
deglutir v. schlucken.
degollar v. schlachten; ermorden.
degradante adj. erniedrigend, entwürdigend.
degradar v. erniedrigen, entwürdigen.
degüello m. Blutbad.
degustar v. kosten, probieren.
dehesa f. Viehweide.
deidad f. Gottheit.
dejadez f. Nachlässigkeit.
dejado, a adj. nachlässig; mutlos.
dejar v. lassen; los-, ver-, aus-, fort-, unter-, nach-, über-, zulassen; leihen, borgen; **no — de** nicht unterlassen zu.
dejarse de rodeos v. zur Sache kommen.
del = de el.
delantal m. Schürze.
delante adv. vorn, voran; ins Gesicht; **en** In Gegenwart von; **por —**, von vorn.
delantera f. Vorderteil; Vordersitz; **tomar la —**, einen Vorsprung gewinnen.
delantero adj. vorder; m. Sport: Stürmer.
delatar v. anklagen; verraten.
delectación f. Vergnügen.
delegación f. Abordnung; Auftrag.

delegado adj. abgeordnet; m. Abgeordneter.
delegar v. abordnen; bestellen; beauftragen.
deleitar v. ergötzen; erfreuen.
deleite m. Ergötzen.
deleitoso, a adj. lieblich, wonnig.
deletrear v. buchstabieren; fig. erraten, erforschen.
deleznable adj. zerbrechlich.
delfín m. Delphin.
delgadez f. Feinheit; Magerkeit.
delgado, a adj. dünn; schwach; fein.   [schließen.
deliberar v. beratschlagen; be-
deliberativo, a adj. überlegend, beratend.
delicadez f. Schwächlichkeit.
delicadeza f. Zartheit; Zartgefühl.
delicado, a adj. zart; fein; schwächlich; zartfühlend.
delicia f. Vergnügen; Lust; Wonne, Freude.
delincuente adj. verbrecherisch; m. Missetäter, Verbrecher.
delinear v. Umrisse zeichnen; aufreißen; fig. entwerfen.
delinquir v. sich vergehen.
delirante adj. wahnsinnig; rasend; irreredend.
delirar v. irre reden; phantasieren.
delirio m. Wahn(sinn).
delito m. Verbrechen; Schuld.
delusorio, a adj. trügerisch.
demacrarse v. abmagern.
demanda f. Anfrage; Nachfrage; Anspruch; Klage (Gericht).
demandado m. Beklagter.
demandador, -nte m. Kläger.
demandar v. ausfragen; vor Gericht fordern.
demarcar v. abstecken.
demás adj. übrig; **lo —**, das übrige; **los —**, die anderen; **por —**, umsonst; überflüssig; **por lo —**, übrigens; adv. überdies.
demasía f. Übermaß; **en —**, zu sehr.
demasiado, a adj. zu viel; übermäßig; adv. allzu, zu sehr.
demencia f. Wahnsinn, Irrsinn.
demente adj. irrsinnig; närrisch; m. Narr. Wahnsinnige(r).
democracia f. Demokratie.
demócrata adj. demokratisch; m. Demokrat.
demoledor adj. zerstörend, vernichtend; m. Zerstörer.
demoler v. zerstören; niederreißen.
demolición f. Zerstörung, Abbruch.
demonio m. Teufel, Dämon.
demora f. Verzögerung, Verzug.
demorar v. verzögern, aufhalten.
demostración f. Erklärung; Darstellung.
demostrar v. erklären; beweisen.
demostrativo, a adj. beweisend; demonstrativ; hinweisend.
demudar v. verändern; **demudarse** sich verfärben.
denegar v. verweigern; abschlagen.
dengue m. Z<ererei.
denigrar v. verleumden.
denominación f. Benennung.
denominador m. Nenner (Bruch).
denominar v. (be-)nennen.
denotar v. andeuten.
densidad f. Dichtigkeit.
densímetro m. Dichtigkeitsmesser.
denso, a adj. dicht; dick; fest.

dentado, a adj. gezahnt; zackig: **rueda dentada** Zahnrad.
dentadura f. Gebiß.
dental adj. Zahn...
dentar v. verzahnen; zahnen (Kinder).
dentífrico, a adj.: **pasta dentífrica** Zahnpaste.
dentista m. Zahnarzt.
dentro adv. innen; darin; **por —**, inwendig; — **de** in, innerhalb.
denudar v. bloßlegen.
denuedo m. Kühnheit.
denuesto m. Schimpf (-wort).
denuncia f. Anzeige, Angabe.
denunciante m. Angeber, Ankläger.
denunciar v. anzeigen; angeben; anklagen; kündigen.
deparar v. (dar)bieten.
departamento m. Abteilung; Departement; Wagenabteil.
depauperar v. arm machen; fig. entkräften, schwächen.
dependencia f. Abhängigkeit; **—s** pl. Zubehör.
depender v. abhängen, abhängig sein von.
dependiente m. Angestellte(r); Untergebene(r).
depilatorio m. Enthaarungsmittel.
deplorable adj. bedauernswert; kläglich.
deponer v. hin-, ablegen.
deportar v. verbannen, deportieren.
deporte m. Belustigung; Sport.
deportista m. Sportler.
deportivo, a adj. Sport...
depositar v. hinterlegen.
depositario m. Verwahrer.
depósito m. Hinterlegtes; Einlage; Tank; Vorrat, Boden-satz; Depo(si)t; — **de equipajes** Gepäckaufbewahrung.
depravar v. verderben, zerrütten.
deprecación f. inständige Bitte; Gebet.
deprecar v. inständig bitten.
depreciar v. entwerten.
depredar v. veruntreuen.
depresión f. Niederdrückung; Niedergeschlagenheit.
deprimir v. niederdrücken; demütigen.
depurar v. klarstellen; reinigen; läutern; erforschen.
derecha f. rechte Hand; **a la —**, rechter Hand, rechts.
derechamente adv. gerade; vorsichtig.
derechera f. gerader Weg.
derecho adj. gerade; (ge)recht; rechtschaffen; **a mano derecha** nach rechts; **a las derechas** redlich; m. Recht; Steuer; Gebühr; — **de entrada** Einfuhrzoll.
derivación f. Ableitung, Abstammung.
derivar v. ableiten; herrühren.
dermotólogo m. Hautarzt.
derramado, a adj. verschwenderisch.
derramar v. vergießen, verschütten.
derrame m. Auslaufen; Ergießung.
derredor m. Umkreis, **al —** ringsherum.
derretir v. schmelzen; verbrauchen.
derretirse v. fig. entbrennen.
derribar v. niederreißen (Gebäude); schlachten (Vieh); abwerfen (Pferde); entkräften (Krankheit).
derribo m. Abbruch.

derrocar v. herabstürzen.
derrochar v. verschwenden.
derroche m. Verschwendung; Überfluß.
derrota f. Niederlage.
derrotar v. schlagen, besiegen.
derrotero m. Schiffstagebuch; Fahrtrichtung.
derrumbadero m. Felsenkluft.
derrumbamiento m. Absturz.
derrumbar v. hinabstürzen.
desaborido, a adj. gehaltlos.
desabotonar v. aufknöpfen.
desabrido, a adj. unfreundlich.
desabrigar v. entblößen.
desabrochar v. aufhaken, aufknöpfen.
desacato m. Rücksichtslosigkeit; Beleidigung.
desacertado, a adj. ungeschickt.
desacertar v. verfehlen.
desacierto m. Irrtum, Fehlgriff.
desacomodado, a adj. unbequem; stellungslos; dürftig.
desacomodar v. aus dem Dienst entlassen.
desacomodo m. Stellungslosigkeit.
desacorde adj. uneinig.
desacostumbrar v. entwöhnen.
desacreditar v. in üblen Ruf bringen.
desacuerdo m. Meinungsverschiedenheit.
desafecto, a adj. abgeneigt; m. Abneigung.
desafiador m. Duellant.
desafiar v. herausfordern; trotzen.
desafición f. Abneigung.
desafinar v. verstimmen; unpassend sein.
desafío m. Herausforderung; Duell.
desaforado, a adj. frevelhaft, ungeheuer.
desafortunado, a adj. unglücklich.
desafuero m. Frevel.
desagraciar v. verunstalten.
desagradable adj. unangenehm; widrig.
desagradar v. mißfallen.
desagradecido, a adj. undankbar.
desagrado m. Mißfallen.
desagravio m. Genugtuung.
desaguadero m. Abzugskanal.
desaguar v. entwässern; sich (ins Meer) ergießen; fig. vergeuden.
desagüe m. Ausfluß; Mündung (ins Meer).
desaguisado m. Unrecht.
desahogado, a adj. bequem; formlos.
desahogar v. Linderung verschaffen.
desahogarse v. sich erleichtern.
desahogo m. Erleichterung, Erholung; Freiheit.
desahuciar v. aller Hoffnung berauben; ärztlich aufgeben; Pacht kündigen.
desairado, a adj. ungeschickt; zurückgewiesen.
desairar v. herabsetzen; geringschätzen.
desaire m. Zurücksetzung.
desalarse v. sehr eilen; sich sehnen.
desalentar v. entmutigen.
desaliento m. Mutlosigkeit.
desaliño m. Nachlässigkeit.
desalmado, a adj. gewissenlos; m. Bösewicht.
desalojamiento m. Vertreibung.
desalojar v. austreiben; aus einem Postem vertreiben.

desalquilar v. eine Mietwohnung aufgeben; desalquilarse leer stehen (Wohnung).
desalterar v. beruhigen.
desamar v. nicht lieben; hassen.
desamarar v. Flugzeug; abwassern.
desamarrar v. losbinden.
desamor m. Kaltsinn.
desamparar v. verlassen.
desamparo m. Schutzlosigkeit, Hilflosigkeit.
desandar v. umkehren.
desangramiento m. Blutverlust.
desangrar v. Blut abzapfen; entwässern. fig. ausplündern.
desangrarse v. verbluten.
desanidar v. aus dem Nest nehmen; das Nest verlassen; fig. vertreiben.
desanimar v. entmutigen; desanimarse, den Mut verlieren.
desánimo m. Mutlosigkeit.
desanudar v. Knoten aufknüpfen; fig. entwirren.
desaparecer v. verschwinden.
desaparejar v. absatteln.
desaparición f. Verschwinden.
desapasionar v. besänftigen.
desapego m. Abneigung.
desapercibido, a adj. unvorbereitet.
desaplicado, a adj. faul, träge.
desapoderado,a adj. ungestüm; übertrieben.
desapoderar v. entmächtigen; Vollmacht zurücknehmen.
desaposentar v. vertreiben.
desapreciar v. verachten.
desaprender v. verlernen.
desapretar v. lockern, loslassen.
desaprobar v. mißbilligen; tadeln.
desapropiar v. enteignen; desapropiarse sich entäußern.
desapropio f. Enteignung.
desaprovechado, a adj. unnütz; zurückgeblieben.
desaprovechamiento m. Zurückbleiben; Nachteil.
desaprovechar v. nicht benutzen; nicht weiterkommen.
desarenar v. entsanden.
desarmar v. entwaffnen; abrüsten; abtakeln; auseinandernehmen; fig. beruhigen.
desarme m. Entwaffnung; Abrüstung.
desarraigar v. entwurzeln; fig. vertilgen.
desarreglado adj. liederlich, unordentlich.
desarreglo m. Unordnung, Verwirrung.
desarrimar v. wegrücken.
desarrollar v. aufrollen; fig. entwickeln, ausarbeiten.
desarrollo m. Aufrollen; Entwicklung.
desarropar v. entkleiden.
desasear v. verunzieren.
desaseo m. Unreinlichkeit.
desasimiento m. Loslassen; fig. Lossagung.
desasosegar v. beunruhigen.
desasosiego m. Ängstigung.
desastrado, a adj. unglücklich.
desastre m. Unglück, Unheil.
desatado, a adj. losgelöst; ungebunden; fig. leicht; geläufig (Stil).
desatención f. Unaufmerksamkeit; Unhöflichkeit.
desatender v. außer Acht lassen; mißachten.
desatentado, a adj. unüberlegt.
desatentar v. bestürzen.
desatento, a adj. unaufmerksam.
desatiento m. Bestürzung.

desatinar v. bestürzen; dummes Zeug reden.
desatino m. Albernheit.
desatornillar v. aufschrauben.
desatrancar v. aufriegeln.
desavenencia f. Uneinigkeit, Zwist.
desavenido, a adj. entzweit.
desavenir v. entzweien, verfeinden.
desaviar v. irreführen.
desavío m. Verirren; Irreführen.
desayunarse v. frühstücken.
desayuno m. Frühstück.
desazón f. Geschmacklosigkeit; fig. Verdruß.
desazonar v. unschmackhaft machen; erbittern, verdrießen.
desbandada f. Fahnenflucht.
desbaratar v. zerstören.
desbarrar v. Unsinn reden.
desbarro m. Albernheit.
desbastar v. aus dem Groben arbeiten, abschleifen.
desbocado, a adj. fig. zügellos.
desbordar v. übertreten (Gewässer); überlaufen.
desbravar v. bändigen (Pferd).
descabalgar v. vom Pferde absteigen.
descabezar v. köpfen.
descaecer v. verfallen, herunterkommen, entkräften.
descalabro m. Unfall, Schaden; Widerwärtigkeit.
descalzador m. Stiefelknecht.
descalzar v. ausziehen (Schuhe, Strümpfe).
descalzo adj. barfuß.
descamino m. Irrweg.
descansadero m. Ruheplatz.
descansar v. ausruhen; (ruhig) schlafen; innehalten.
descansillo m. Treppenabsatz.
descanso m. Ruhe.
descarado, a adj. fig. frech.
descarga f. Abladen; Salve.
descargadero m. Löschplatz.
descargar v. abladen; Schuß abfeuern; entlasten (Gewissen); losbrechen (Sturm).
descargo m. Entledigung; Rechenschaft.
descargue m. Abladen, Löschen.
descariño m. Haß, Abneigung.
descaro m. Frechheit.
descarriar v. irreführen.
descarrilamiento m. Entgleisung.
descarrilar v. entgleisen (Zug).
descastar v. ausrotten.
descendencia f. Nachkommenschaft; Herkunft.
descendente adj. absteigend; fallend.
descender v. herabsteigen; abstammen, herrühren.
descendiente m. Nachkomme.
descenso m. Fall Sturz.
desceñir v. losgürten.
descerrajar v. aufriegeln.
descifrar v. entziffern; fig. enträtseln.   [chen.
desclavar v. losnageln; losmachen.
descoger v. aufwickeln.
descolgar v. (her)abnehmen.
descoloramiento m. Entfärbung, Blässe.
descolorar v. entfärben.
descolorido, a adj. farblos, blaß.
descomedido, a adj. unmäßig.
descompasarse v. das Maß überschreiten.
descomponer v. zerlegen; entzweien.
descomponerse v. verfaulen.
descomposición f. Zersetzung, Fäulnis.
descompostura f. Zerlegung; Liederlichkeit.

descompuesto, a adj. unordentlich; verfault; fig. außer Fassung; fam. kaputt.
desconcertar v. stören: entzweien; verrenken.
desconcierto m. Verwirrung, Unordnung; Haltlosigkeit.
desconectar v. ausschalten.
desconfiado, a adj. mißtrauisch.
desconfianza f. Mißtrauen, Argwohn.
desconfiar v. mißtrauen; argwöhnen.
desconforme adj. nicht übereinstimmend; verschieden.
desconformidad f. Meinungsverschiedenheit.
desconocer v. nicht kennen, nicht wissen; verkennen.
desconocido, a adj. unbekannt; undankbar; m. Unbekannter.
desconsentir v. nicht bewilligen.
desconsideración f. Rücksichtslosigkeit, Gedankenlosigkeit.
desconsolación f. Betrübnis.
desconsolador v. adj. trostlos.
desconsolar v. betrüben; entmutigen.
desconsuelo m. Trostlosigkeit, Verzweiflung.
descontar v. abziehen; diskontieren; herabsetzen.
descontentar v. mißbehagen, mißfallen.
descontento adj. unzufrieden; mißvergnügt, m. Unzufriedenheit.
descontinuar v. unterbrechen.
desconveniencia f. Ungemach, Unbequemlichkeit.
descorchador m. Korkenzieher.
descorchar v. entkorken (Flaschen); abschälen (Korkeichen).
descorrer v. aufziehen (Vorhang); zurückschieben.
descortés adj. unhöflich.
descortezar v. abschälen, entrinden.
descoser v. auftrennen (Naht).
descostrar v. abschuppen.
descrédito m. Mißkredit.
descreer v. nicht glauben.
descreído, a adj. ungläubig; mißtrauisch.
describir v. beschreiben, darstellen.
descripción f. Beschreibung; Umriß.
descuajar v. flüssigmachen (Geronnenes); ausreißen.
descubierta f. Auskundschaftung.
descubierto, a adj. umbedeckt; ungedeckt; offen: al —, im Freien, ohne Obdach; Rückstand.
descubridero m. Aussichtspunkt.
descubridor m. Entdecker.
descubrimiento m. Entdeckung.
descubrir v. aufdecken, entblößen; entdecken.
descuello m. Größe; Hochmut.
descuento m. Abzug, Diskont; Ermäßigung.
descuidado, a adj. liederlich; unvorsichtig.
descuidar v. vernachlässigen; unbesorgt sein.
descuidarse v. vergessen.
descuido m. Vernachlässigung; Versehen; por —, aus Unachtsamkeit.
desde prep. seit; — ahora von nun an; — que seitdem.
desdén m. Verachtung.
desdeñar v. verachten, geringschätzen.
desdeñoso, a adj. geringschätzig, verächtlich.

desdicha f. Unglück, Elend.
desdichado, a adj. unglücklich, elend.
desdoblar v. entfalten.
desdoro m. Schandfleck.
deseable adj. wünschenswert.
desear v. wünschen, verlangen, begehren.
desecar v. austrocknen; trockenlegen; dörren.
desechar v. wegwerfen; ausstoßen; entsagen.
desecho m. Ausschuß; Rest.
desembalaje m. Auspacken.
desembalar v. auspacken.
desembarazo m. Freiheit, Zwanglosigkeit.
desembarcadero m. Landungsplatz.
desembarcar v. ausladen (Waren); landen (Personen).
desembarco m. Landung.
desembargo m. Aufhebung der Beschlagnahme.
desembarque m. Landung; Löschen.
desembocadura f. Mündung.
desembocar v. sich ergießen; münden.
desembolsar v. auslegen, ausgeben (Geld).
desembolso m. Zahlung, Geldausgabe; Vorschuß.
desembozar v. entschleiern; fig. klarlegen, offenbaren.
desembragar v. auskuppeln.
desembrague m. Ausrücken, Ausschalten.
desembriagar v. ernüchtern.
desembridar v. abzäumen.
desembrollar v. entwirren.
desempacar v. auspacken.
desempacho m. Dreistigkeit.
desempeñar v. auslösen (Pfand); bekleiden (Amt); erfüllung (Pflicht); befreien.
desempeño m. Auslösen; Pflichterfüllung.
desempolvar v. abstäuben.
desencadenar v. entfesseln; desencadenarse wütend werden; wüten (Sturm).
desencallar v. flott machen (Schiff).   [täuschen.
desencantar v. entzaubern, enttäuschen; fig. enttäuschen.
desencarcelar v. aus dem Gefängnis entlassen.
desencerrar v. aufschließen.
desencoger v. entfalten.
desencono m. Beschwichtigung.
desencorvar v. gerade biegen.
desenfadado, a adj. ungezwungen; sorglos.
desenfadar v. aufheitern.
desenfado m. Heiterkeit; Unbefangenheit; Freimütigkeit.
desenfardar v. auspacken.
desenfrenar v. abzäumen.
desenfrenarse v. zügellos leben; ausbrechen, wüten (Sturm).
desenfreno m. Zügellosigkeit.
desenfundar v. aus dem Futteral nehmen.
desenganchar v. loshaken; ausspannen (Pferde).
desengañarse v. enttäuschen.
desengañarse v. seinen Irrtum einsehen; ¡desengáñese usted! sehen Sie die Wahrheit ein!
desengaño m. Enttäuschung.
desengarzar v. ausfädeln.
desengrasar v. entfetten.
desenjaezar v. abschirren.

desenlace m. Lösung Ausgang (Drama).
desenlazar v. losbinden; lösen.
desenmarañar v. aufklären; entwirren.
desenterrar v. ausgraben; fig. der Vergessenheit entreißen.
desentono m. Mißton.
desentronizar v. entthronen.
desenvoltura f. Zwanglosigkeit.
desenvolver v. aufwickeln.
desenvuelto adj. ungezwungen; dreist, frech.
deseo m. Wunsch, Verlangen; Begierde, Sehnsucht.
desequilibrar v. aus dem Gleichgewicht bringen.
desequilibrio m. gestörtes Gleichgewicht; Verwirrung.
deserción f. Abtrünnigkeit.
desertar v. abtrünnig werden.
desertor m. Fahnenflüchtige(r).
desesperación f. Verzweiflung, Trostlosigkeit.
desesperado, a adj. hoffnungslos; verzweifelt; trostlos.
desesperar v. zur Verzweiflung bringen; verzweifeln; **desesperarse** die Hoffnung aufgeben; die Geduld verlieren.
desestimación f. Verachtung; schlechter Ruf.
desestimar v. verachten; adweisen (Gesuch).
desfachatado, a adj. unverschämt; frech.
desfajar v. loswickeln, auswickeln.
desfalcar v. veruntreuen, unterschlagen.
desfalco m. Unterschlagung.
desfallecer v. in Ohnmacht fallen; fig. Mut verlieren.
desfallecimiento m. Ohnmacht, Schwäche; Mutlosigkeit.
desfavorable adj. ungünstig, nachteilig.
desfigurar v. entstellen.
desfiladero m. Hohlweg, Engpaß.   [gehen.
desfilar v. vorbeiziehen, vorbei-
desfile m. Vorbeimarsch, Zug.
desflorar v. berühren; fig. entjungfern, schänden.
desflorecer v. verblühen.
desfogar v. Luft machen; fig. mildern.   [schaft].
desfogue m. Austoben (Leiden-
desgajar v. losreißen.
desgana f. Appetitlosigkeit; Ekel.
desgarbado, a adj. unmanierlich; ungraziös.
desgarrado, a adj. weit geöffnet; fig. schamlos.
desgarrador, a adj. fig. herzbrechend.
desgarrar v. zerreißen, zerfetzen.
desgarro m. Bruch; fig. Frechheit.
desgarrón m. Riß.
desgastar v. abnutzen; verderben.
desgaste m. Abnutzung.
desgoznar v. aus den Angeln heben; **desgoznarse** in Unordnung geraten.
desgracia f. Ungnade; Mißgeschick; Unglück.
desgraciadamente adv. leider.
desgraciado, a adj. unglücklich.
desgraciar v. mißfallen, mißlingen.
desgranar v. auskörnen; abbeeren; umherstreuen.

desgrasar v. entfetten.
desgrase m. Entfetten.
desgreñar v. zerzausen.
desguazar v. behauen; verschrotten.
deshabitar v. verlassen, entvölkern.
deshabituar v. abgewöhnen.
deshacer v. zerstören; aufmachen; schmelzen, auflösen.
deshecha f. vorwand; Abweisung.
deshecho, a adj. vernichtet; wütend (Sturm).
deshelar v. auftauen.
desheredar v. enterben.
deshielo m. Tauwetter.
deshilar v. ausfasern.
deshojar v. abblättern; **deshojarse** die Blätter verlieren.
deshonesto, a adj. anstößig.
deshonorar v. entehren; schänden.   [dung.
deshonra f. Entehrung, Schän-
deshonroso, a adj. entehrend.
deshora f. a —, zur Unzeit.
deshuesar v. die Knochen, die Kerne entfernen; ausgräten.
desiderable adj. wünschenswert.
desidia f. Trägheit.
desierto, a adj. wüst; leer; m. Wüste, Einöde.
designación f. Bezeichnung.
designar v. bezeichnen; bestimmen; ernennen.
designio m. Absicht.
desigual adj. ungleich; verschieden; uneben; unbeständig.
desigualdad f. Ungleichheit.
desilusión f. Enttäuschung.
desinencia f. Wortendung.
desinfección f. Entkeimung, Desinfektion.
desinfectar v. entseuchen, desinfizieren.   [keit.
desinterés m. Uneigennützig-
desinteresado, a adj. uneigennützig, selbstlos.
desistir v. abstehen von, verzichten auf.
desjuntar v. trennen.
desleal adj. treulos, untreu; unredlich.
desleír v. schmelzen.
deslenguado, a adj. fig. frech.
desliar v. aufbinden.
desligar v. losmachen; fig. entwickeln; entbinden (einer Verpflichtung).
deslindar v. abstecken, vermarken.
deslinde m. Feldmessung.
desliz m. Ausgleiten, fig. Fehltritt, Fehler, Versehen.
deslizar v. ausgleiten.
deslizarse v. entschlüpfen, entfliehen; sich irren.
deslucido, a adj. glanzlos, unscheinbar; unansehnlich.
deslumbrador, a adj. blendend; glänzend.
deslumbrar v. (ver)blenden.
desmallar v. die Maschen auflösen.
desmán m. Rechtswidrigkeit, Gewaltstreich.
desmandar v. einen Befehl widerrufen; **—se** sich ungebührlich betragen.
desmanotado, a adj. linkisch; ungeschickt.
desmaña f. Ungeschick.
desmayar v. entkräften.
desmayarse v. ohnmächtig werden.
desmayo m. Ohnmacht, Kraftlosigkeit.
desmedirse v. das Maß überschreiten.
desmedro m. Abzehrung, Verfall.

desmejorar v. verschlechtern; verschlimmern.
desmelenar v. zerzausen.
desmembrar v. zerstückeln; (ab)trennen.
desmemoriado, a adj. vergeßlich.
desmenguar v. verringern.
desmentir v. Lügen strafen; dementieren; widersprechen.
desmenuzar v. zerkleinern.
desmerecer v. nicht verdienen; unwürdig sein.
desmesura f. Unmäßigkeit.
desmesurar v. in Unordnung bringen.
desmesurarse v. das Maß überschreiten.
desmigajar v. zerbröckeln.
desmochar v. stutzen.
desmontar v. absitzen (vom Pferd); abholzen (Waldung). abwerfen (Reiter); demontieren (Maschinen); abbrechen.
desmonte m. Ausroden, Abholzen; Durchstich.
desmoralizar v. demoralisieren, entsittlichen.
desmoronar v. niederreißen.
desmoronarse v. einstürzen.
desnatar v. abrahmen (Milch).
desnaturalización f. Verlust des Heimatrechts.
desnaturalizar v. entstellen; des Heimatrechtes berauben.
desnaturalizarse v. seinem Vaterland entsagen.
desnivel m. Abweichung. Unterschied (Höhe).
desnudar v. auskleiden, fig. entdecken.
desnudarse v. sich auskleiden.
desnudez f. Nacktheit, Blöße.
desnudo, a adj. nackt; schmucklos; m. Akt(bild).
desobedecer v. nicht gehorchen.
desobediente adj. ungehorsam.
desobstruir v. freimachen.
desocupación f. Muße.
desocupado adj. ohne Beschäftigung; m. Müßiggänger.
desocupar v. räumen, ausleeren.
desocuparse v. sich losmachen.
desodorante adj. desodorierend; m. Desodorierungsmittel.
desodorar v. desodorieren, Geruch tilgen.
desoír v. nicht anhören; unberücksichtigt lassen.
desolar v. verheeren, zerstören.
desolarse v. tief betrübt sein.
desolladero m. Schindanger.
desollado, a adj. unverschämt.
desollar v. abhäuten; fig. prellen; beschädigen.
desorden m. Unordnung, Verwirrung; Liederlichkeit.
desorganizar v. zerstören.
desorientación f. Verirrung.
desorientar v. irreführen, verwirren.
desorientarse v. die Richtung verlieren.
desovar v. laichen.
desove m. Laichen.
despabilar v. schneuzen (Kerze).
despabilarse v. munter werden.
despacio adv. langsam, gemach; sachte.
despachar v. abfertigen; absenden; verkaufen; bedienen (Kunden); amtieren.
despacho m. Abfertigung, Büro; Absatz (Waren); **— de aduana** Zollamt; **— de billetes** Billetschalter.

despampanar v. beschneiden (Weinstock).
desparramar v. zerstreuen; verschwenden.
despavorido, a adj. entsetzt.
despectivo, a adj. verächtlich.
despechar v. erbittern.
despedazar v. zerreißen.
despedazarse v. in Stücke gehen.
despedida f. Abschied.
despedir v. verabschieden; entlassen; beurlauben; abweisen.   [men.
despedirse v. Abschied neh-
despegado, a adj. fig. barsch.
despegar v. ablösen; Flugzeug: starten.
despego m. Abneigung.
despegue m. Start.
despeinar v. zerzausen.
despejar v. räumen (Platz).
despejarse v. sich aufheitern; nachlassen (Fieber).
despeluzante adj. haarsträuben.
despensa f. Speisekammer.
despeñadero m. jäher Abgrund.
despeñar v. herabstürzen.
desperdiciar v. verschwenden; versäumen (Gelegenheit).
desperdicio m. Ausschuß, Abfall.
desperdigar v. zerstreuen.
desperezarse v. sich recken.
desperfecto m. Beschädigung.
despertador m. Wecker.
despertar v. (er)wecken; aufmuntern; erregen.
despertarse v. aufwachen.
despierto, a adj. wach; munter; klug, aufgeweckt.
despilfarro m. Verschwendung.
despintar v. auslöschen.
despizcar v. zerstückeln.
desplacer v. mißfallen; m. Verdruß.
desplazar v. verdrängen; verschieben.
desplegar v. entfalten, ausbreiten; öffnen.
despliegue m. Entfaltung.
desplomo m. Abweichung von der Senkrechten.
desplumar v. rupfen (Geflügel); entfiedern; ausplündern.
despoblado m. Wüste, öder Ort.
despoblar v. entvölkern; veröden.
despojar v. berauben.
desposado, a adj. verlobt.
despreciable adj. verächtlich.
despreciar v. verachten, geringschätzen.
desprecio m. Verachtung, Verschmähung.
desprender v. lösen, trennen.
despreocupado, a adj. vorurteilsfrei; leichtsinnig.
desproporción f. Mißverhältnis.
despropósito m. Unsinn.
después adv. dann, nachher, später; **— de** prep. nach; **— que** nachdem.
despuntar v. (Spitze) abbrechen; aufbrechen (Knospen); erscheinen.
destacar v. detachieren; absondern.
destacarse v. sich abheben, hervortreten.
destajar v. (Bedingungen) verabreden, abmachen.
destajo m. Akkordarbeit.
destapar v. aufheben aufdecken, entkorken.
destaponar v. entkorken.
destellar v. strahlen.
destemplar v. stören; verstimmen.
desterrar v. verbannen.

destierro m. Verbannung.
destilador m. Destillierkolben.
destilar v. destillieren.
destinación f. Bestimmung.
destinar v. bestimmen; zuweisen.
destinatario m. Adressat.
destino m. Schicksal; Bestimmungsort; Anstellung.
destituir v. (des Amtes) entsetzen; berauben.
destornillador m. Schraubenschlüssel, Schraubenzieher.
destornillar v. aufschrauben.
destrabar v. lösen.
destreza f. Fertigkeit, Gewandtheit.
destripar v. ausweiden.
destrozar v. zerstören; zerreißen; zerkleinern.
destrucción f. Zerstörung, Verderben.
destructivo, a, destructorio, a adj. zerstörend.
destruir v. zerstören; vernichten; vereiteln.
desunir v. trennen.
desuso m. Nichtgebrauch; caer en — außer Gebrauch kommen.
desvainar v. aushülsen.
desvalido, a adj. hilflos, schutzlos.
desván m. Dachboden.
desvanecer v. verscheuchen.
desvanecerse v. verdunsten, ohnmächtig (eitel) werden.
desvarío m. Wahnsinn.
desvelado, a adj. munter; wach(sam).
desvelar v. wach erhalten; fig. quälen (Sorgen): —se wach sein; fig. wachsam, sorgfältig sein.
desvelo m. Schlaflosigkeit.
desventaja f. Nachteil.
desventajoso, a adj. nachteilig, schädlich.
desventura f. Unglück, Mißgeschick.
desvergonzarse v. sich erfrechen.
desvergüenza f. Schamlosigkeit, Frechheit.
desviar v. ablenken.
detallado, a adj. einzeln, ausführlich.
detallar v. ausführlich beschreiben.
detalle m. Detail, Einzelheit.
detallista m. Klein-, Einzelhändler.
detector m. Detektor.
detención f. Verhaftung.
detener v. verhaften; hemmen.
detenerse v. stehenbleiben; anhalten.
detenido, a adj. langsam, bedächtig.
detergente adj. reinigend.
deteriorar v. verschlimmern; beschädigen.
determinación f. Bestimmung, Entschluß.
determinado, a adj. bestimmt, entschlossen.
determinar v. bestimmen; beschließen.
detestable adj. abscheulich, gräßlich.
detestar v. verabscheuen.
detonar v. knallen.
detrás adv. hinten; nachher; — de prep. hinter; por — rückwärts.   [ße.
detrimento m. Schaden, Einbu-
deuda f. Schuld; — exterior Auslandsschuld; — pública, Staatsschuld.
deudo m. Verwandte(r).
deudor m. Schuldner.
devanar v. abhaspeln.

devastar v. verwüsten.
devengar v. entrichten; erwerben; einbringen.
devoción f. Andacht; Ergebenheit.
devocionario m. Gebetbuch.
devolución f. Rückgabe, Zurückerstattung.
devolver v. zurückgeben.
devorar v. verschlingen.
devoto, a adj. andächtig, ergeben.
día m. Tag, Geburtstag; — del Santo Namenstag; — festivo Festtag; algún —, einst; de —, bei Tage; el otro —, neulich; hasta otro —, auf Wiedersehen!; a ocho días vista auf acht Tage Sicht.
diabetes f. Zuckerkrankheit.
diablo m. Teufel; fam. Teufelskerl; darse al —, sich erzürnen.
diabólico, a adj. teuflisch.
diáfano, a adj. durchsichtig, klar.
diafragma m. Zwerchfell; dünne Scheidewand; Blende (Kamera).
diagnóstico m. Diagnose.
dialecto m. Mundart.
diálogo m. Zwiegespräch.
diamante m. Diamant.
diámetro m. Durchmesser.
diapasón m. Stimmgabel.
diario, a adj. täglich; m. Tagebuch; Tageblatt, Zeitung.
diarrea f. Durchfall.
dibujante m. Zeichner.
dibujar v. zeichnen; malen.
dibujarse v. sichtbar werden.
dibujo m. Zeichenkunst; Stoffmuster; Zeichnung.
diccionario m. Wörterbuch; Lexikon.
diciembre m. Dezember.
dictado m. Titel, Beiname; Diktat.
dictadura f. Diktatur.
dictamen m. Gutachten; Vorschrift.
dictar v. diktieren; befehlen; raten.
dicha f. Glück; por —, zufälligerweise; etwa.
dicho m. Ausspruch; Redensart; Witz.
dichoso, a adj. glücklich; ¡dichosa silla! verflixter Sessel!
diente m. Zahn; Zacke(n).
diestro adj. recht; geschickt; m. (erster) Stierfechter; Halfter.
diez adj. zehn.
difamación f. Verleumdung, Lästerung.
difamar v. verleumden.
difamatorio, a adj. verleumderisch, schmähend.
diferencia f. Unterschied; Ungleichheit; Zwistigkeit.
diferencial cálculo —, Differentialrechnung.
diferenciar v. unterscheiden.
diferente adj. verschieden; abweichend.
diferir v. aufschieben, verzögern; abweichen.
difícil adj. schwer; schwierig.
dificultad f. Schwierigkeit, Hindernis; Bedenklichkeit.
dificultar v. erschweren.
dificultoso, a adj. schwierig; fam. sonderbar.
difundir v. ausgießen; ausbreiten; bekanntmachen.
difunto, a adj. tot, verstorben.
digerir v. verdauen; fig. durchdenken; no poder — fam. nicht leiden mögen.

digestible adj. (leicht) verdaulich.
digestión f. Verdauung.
digital f. Finger...
dignarse v. geruhen; sich herablassen.
dignidad f. Würde.
digno, a adj. würdig, wert; passend, angemessen.
dilación f. Verzögerung; Aufschub.
dilapidar v. verschwenden, vergeuden.
dilatable adj. dehnbar.
dilatación f. Dehnung; Verzögerung.
dilatar v. dehnen; aufschieben, verzögern; vergrößern; ausweiten.
dilección f. Liebe, Anhänglichkeit.
diligencia f. Eifer; Schnelligkeit; Eilwagen; Geschäft.
diligenciar v. erledigen (Geschäft).
diligente adj. sorgfältig, flink.
diluir v. auflösen.
diluvio m. Sintflut, Platzregen; fig. Flut.
dimensión f. Ausmaß, Maß.
diminución f. Verminderung.
diminutivo, a adj. vermindern.
diminuto adj. winzig.
dimisión f. Abdankung, Entlassung.
dimitir v. aufgeben; niederlegen (Amt).
Dinamarca f. Dänemark.
dinamarqués, a adj. dänisch; m. Däne.
dinamita f. Dynamit.
dínamo f. Dynamo(maschine).
dinastía f. Dynastie.
dinero m. Geld; — contante bares Geld; — suelto Kleingeld.
diócesis f. Diözese.
Dios m. Gott; — mediante mit Gottes Hilfe; ¡no quiera —!, Gott behüte!; ¡a —!, lebe wohl!; ¡por —!, bei Gott!; ¡válgame —! Gott stehe mir bei!
diosa f. Göttin.
diplomacia f. Diplomatie.
diputación f. Abordnung; — provincial Landesausschuß.
diputado m. Abgeordneter(r).
diputar v. abordnen; ernennen.
dique m. Damm, Deich.
dirección f. Leitung; Verwaltungsbüro; Richtung; Adresse.
directivo, a adj. leitend.
directo, a adj. gerade, direkt.
director m. Leiter, Direktor.
directorio m. Leitung.
directriz f. Richtschnur; Direktrice.
dirigible adj. lenkbar.
dirigir v. richten; leiten; adressieren (Brief); zueignen.
discernir v. (ab)sondern.
discípulo m. Schüler.
disco m. Scheibe; Diskus; Schallplatte.
discordancia f. Zwietracht; Mißklang.
discordante adj. abweichend; störend.
discordar v. nicht übereinstimmen.   [nend.
discorde adj. uneinig; mißtö-
discoteca f. Diskothek; Schallplattensammlung.
discreción f. Klugheit, Verschwiegenheit.
discrecional adj. beliebig.
discrepar v. abweichen.
discreto adj. klug; zurückhaltend; witzig.

disculpar v. entschuldigen, verzeihen; rechtfertigen.
discurso m. Rede.
discusión f. Unterredung, Erörterung.
discutir v. besprechen; bestreiten; prüfen.
disecar v. zerschneiden.
diseñar v. zeichnen.
disertar v. erörtern.
disfraz m. Verkleidung, Maske; fig. Tarnung.
disfrazar v. verkleiden, maskieren; verhüllen.
disfrutar v. genießen.
disfrute m. Genuß, Besitz.
disgustar v. verleiden, verdrießen.
disgusto m. Ekel; Verdruß.
disidencia f. Abfall, Zwist.
disimular v. verbergen; beschönigen; sich verstellen.
disimulo m. Verstellung, Falschheit; Nachsicht.
disipar v. zerstreuen; verschwenden.
dislocar v. verrenken.
disminuir v. vermindern, verkleinern; abnehmen.
disociar v. trennen; auflösen.
disolución f. Auflösung; Lösung.
disolver v. auflösen, versetzen.
disonancia f. Mißklang.
disparador m. Drücker (am Gewehr); Auslöser.   [ern.
disparar v. abschießen, abfeu-
disparate m. Dummheit, Torheit.
disparo m. Schuß.
dispensa f. Erlaß.
dispensable adj. verzeihlich.
dispensar v. befreien; verzeihen, erlassen.
dispersión f. Zerstreuung.
displicente adj. verdrießlich.
disponer v. ordnen; beschließen; verfügen (— de über).
disponible adj. verfügbar.
disposición f. Anordnung, Verfügung; Anlage; Befinden.
dispuesto, a adj. geneigt; fertig; bien —, gut gestimmt.
disputa f. Zank, Streit(frage).
disputar v. bestreiten.
distancia f. Entfernung, Abstand.
distante adj. entfernt; fig. verschieden
distender v. (st)recken.
distinción f. Unterscheidung; Auszeichnung; Rang.
distinguido, a adj. ansehnlich; vornehm.
distinguir v. unterscheiden.
distinguirse v. sich auszeichnen.
distintivo, a m. Kennzeichen.
distinto adj. verschieden; klar.
distraer v. ablenken; trennen.
distraerse v. sich zerstreuen.
distraído, a adj. zerstreut.
distribuir v. (ein)teilen, verteilen, ausgeben, austeilen (Briefe).
distrito m. Bezirk: juzgado del — Kreisgericht.
disturbar v. stören.
disuadir v. abraten.
disyunción f. Trennung.
disyuntivo, a adj. trennend.
diurno, a adj. täglich.
divagar v. abschweifen; faseln.
diván m. Sofa.
divergir v. abweichen.   [gen.
diversión f. Erholung, Vergnü-

diverso, a adj. verschiedenartig.
diversos m. mehrere.
divertimiento m. Belustigung.
divertir v. zerstreuen; aufhalten.
divertirse v. sich unterhalten.
dividir v. abteilen.
divino, a adj. göttlich; glänzend.
divisa f. Sinnbild; Abzeichen; Devise.
división f. Teilung; Abteilung.
divisor m. Teiler.
divisorio, a adj. teilend.
divorciar v. die Ehe scheiden.
divorcio m. Ehescheidung.
divulgación f. Bekanntmachung.
divulgar v. verbreiten, aussprengen.
dobladillo m. Kleidersaum.
dobladura f. Falte.
doblar v. verdoppeln; falten; läuten (Totenglocken).
doble adj. doppelt; stämmig; falsch, m. das Doppelte.
doblegar v. biegen; beugen.
doblez m. Falte; f. fig. Falschheit.
doce adj. zwölf.
docena f. Dutzend.
dócil adj. gelehrig; fügsam.
docto, a adj. gelehrt.
doctor m. Doktor; Arzt.
doctorado m. Doktortitel.
doctrina f. Lehre.
documentación f. Beurkundung; Ausweispapiere.
documental m. Lehrfilm; adj. urkundlich.
documentar v. beurkunden.
documento m. Aktenstück, Urkunde; Beweis.
dogal m. Strick.
dogma m. Dogma, Lehrsatz.
dogmático, a adj. dogmatisch.
dogo m. Dogge.
dolar v. abhobeln.
dólar m. Dollar.
dolencia f. Krankheit, Leiden.
doler v. schmerzen, wehe tun.
dolerse v. (he)reuen; bedauern.
dolor m. Schmerz, Pein, Betrübnis.
doloroso, a adj. schmerzlich, peinlich; beklagenswert.
doloso, a adj. arglistig.
domador m. Tierbändiger.
domar v. zähmen; abrichten.
domesticar v. zähmen.
doméstica f. Dienstmagd.
doméstico, a adj. häuslich, Haus...; zahm; m. Hausdiener.
domiciliar v. ansiedeln; domizilieren (Wechsel).
domicilio m. Wohnort, Wohnung.
dominación f. Herrschaft, Beherrschung.
dominante adj. (vor)herrschend.
dominar v. (be)herrschen; bändigen.
domingo m. Sonntag.
dominical adj. sonntäglich.
dominio m. Herrschaft; Eigentum; Gebiet; Beherrschung (einer Sprache).
don m. Gabe, Anlage.
don m. Don (Titel, nur vor männlichen Taufnamen); Herr.
donaire m. Anmut, Grazie.
donar v. schenken.
doncella f. Jungfrau; Kammerfrau.

donde adv. wo; a —, wohin; de —, woher; en — wo; hacia —, wohin; por —, woher; — quiera wo auch immer; ¿dónde? wo?
donoso, a adj. anmutig.
doña f. Frau (Titel, nur vor weiblichen Taufnamen).
dorado m. Vergoldung.
dorar v. vergolden.
dormilón m. Langschläfer.
dormir v. einschläfern, schlafen.
dormirse v. einschlafen.
dormitar v. schlummern.
dormitorio m. Schlafzimmer.
dorsal adj. Rücken...
dorso m. Rücken; Rückseite.
dos adj. zwei; de — en —, zwei zugleich; los —, beide.
dotación f. Ausstattung; Mannschaft.
dotar v. ausstatten; ausrüsten.
dote m. y f. Mitgift, Aussteuer.
draga f. Baggermaschine.
dragar v. baggern.
drama m. Schauspiel, Drama.
dramático, a adj. dramatisch; m. Dramatiker.
dramaturgo m. Schauspieldichter.
droga f. Droge.
drogar v. betäuben; durch Drogen stärken; —se (oft) Drogen einnehmen.
droguería f. Drogerie.
ducado m. Herzogtum.
dúctil adj. dehnbar; fig. nachgiebig.
ducha f. Dusche.
ducharse v. sich duschen.
ducho, a adj. bewandert, geübt.
duda f. Zweifel; sin —, zweifellos, sicher.
dudar v. zweifeln; unschlüssig sein; mißtrauen.
dudoso, a adj. unsicher.
duelo m. Schmerz; Duell.
duende m. Poltergeist.
dueño m. Eigentümer, Hausherr, Gebieter.
dulce adj. süß; sanft; m. Süßigkeit, Zuckerwerk.
dulcera f. Kompottschüssel.
dulcificar v. versüßen.
dulzura f. Süße; Anmut.
duna f. Düne.
duplicado m. Duplikat; Kopie.
duplicar v. verdoppeln.
duplicidad f. Falschheit.
duplo, a adj. doppelt.
duque m. Herzog.
duración f. Dauer.
duradero, a adj. dauernd; dauerhaft.
durante adv. während.
durar v. dauern, währen.
durazno m. Herzpfirsich.
dureza f. Härte (auch fig.).
durmiente adv. schlafend; m. Schlafende(r), Grundschwelle (Bahnschienen).
duro, a adj. hart, zäh; schwer.

e conj. und (vor i und hi).
ebanista m. Kunst-, Möbeltischler.
ébano m. Ebenholz (-baum).
ebrio, a adj. berauscht.
ebullición f. Sieden.
eclipsar v. verfinstern.

eclipse m. Verfinsterung; — solar Sonnenfinsternis.
economía f. Wirtschaft; Sparsamkeit; Ersparnis; — política Volkswirtschaft.
económico, a adj. haushälterisch; billig.
economista m. Ökonom, Volkswirt.
economizar v. gut wirtschaften; (er)sparen.
ecuación f. Gleichung.
ecuador m. Äquator.
eczema f. Ekzem, Flechte.
echada f. Wurf, Werfen.
echado, a adj. liegend.
echadura f. Brutzeit.
echar v. werfen; wegwerfen; wegschicken (Bedienten); stecken; treiben (Blüten); — cartas Karten auslegen; — la cara vorwerfen; — a correr anfangen zu laufen; — a perder verderben; — de menos vermissen; — de ver bemerken; — la culpa beschuldigen; echarse sich niederlegen; sich legen (Wind).
edad f. Alter; Zeitalter; Edad Media Mittelalter; mayor de —, großjährig; menor de —, minderjährig.
edición f. Ausgabe, Auflage.
edicto m. Edikt, Verordnung.
edificar v. (er)bauen.
edificio m. Bau(werk).
editar v. herausgeben.
editor m. Herausgeber, Verleger.
editorial adj. Verlags...; (casa —) f. Verlagshaus, Verlag.
edredón m. Eiderdaune.
educación f. Erziehung.
educar v. erziehen.
educativo, a adj. Erziehungs...
efectividad f. Wirklichkeit.
efectivo, a adj. tatsächlich; en —, in bar (Geld).
efecto m. Wirkung; Handelsartikel; en —, in der Tat; efectos Sachen, Wertpapiere; — públicos Staatspapiere.
efectuar v. ausführen, vollführen.
efervescente adj. aufbrausend.
eficaz adj. wirksam; nachdrücklich.
eficiencia f. Wirkamkeit; Leistung.
eficiente adj. wirkend.
eflorescencia f. Verflüchtigung; Abblühen.
eflorescente adj. verflüchtigend.
efugio m. Ausflucht.
efundir v. ausgießen; ausschütten (auch fig.).
egipcio, a adj. ägyptisch.
egocéntrico, a adj. ichbezogen, egozentrisch.
egoísta adj. selbstsüchtig; m. Egoist.
egregio, a adj. vortrefflich, erlaucht.
eje m. Achse; Welle.
ejecución f. Ausführung; Hinrichtung; Pfändung.
ejecutar v. vollführen; hinrichten.
ejecutivo, a adj. ausübend, vollziehend.
ejecutorio, a adj. Vollstreckungs...
ejemplar adj. musterhaft; Beispiel...; m. Exemplar.
ejemplo m. Beispiel, Vorbild, Muster; por — zum Beispiel.
ejercer v. ausüben; verwalten; wirken.
ejercicio m. Übung; Amtsjahr; Gewerbe; Bewegung.
ejercitar v. ausüben.

ejército m. Heer, Armee.
el art. der.
él pron. er.
elaboración f. Ausarbeitung.
elaborar v. ausarbeiten; verarbeiten.
elástico, a adj. elastisch; m. Gummizug, -band.
elección f. Wahl, Erwählung.
elector m. Wähler.
electoral adj.: derecho —, Wahlrecht.
electricidad f. Elektrizität.
electricista m. Elektriker, Monteur.
eléctrico, a adj. elektrisch.
electrizar v. elektrisieren; (auch fig.).
electroimán m. Elektromagnet.
electrólisis f. Elektrolyse.
electrónica f. Elektronenlehre.
electrotecnia f. Elektrotechnik.
elefante m. Elefant.
elegante adj. zierlich; geschmackvoll; elegant.
elegible adj. wählbar.
elegir v. (aus)wählen.
elemental adj. Grund...
elemento m. Element; Grundlage.
elenco m. Verzeichnis.
elevación f. Erhebung; Hochmut. [ben.
elevado, a adj. hoch; fig. erhaben.
elevar v. erheben; befördern.
elevarse v. fig. sich belaufen (Summe).
emancipar v. mündig ausscheiden; ausstoßen.
elocuencia f. Beredsamkeit.
elocuente adj. beredt.
elogiar v. loben, rühmen.
eludir v. geschickt umgehen.
ella f. sie (pl. ellas).
ello pron. es, das; ellos pl. sie.
emanar v. ausströmen; entspringen.
emancipar v. mündig sprechen; befreien, gleichstellen.
embaidor m. Betrüger.
embajada f. Botschaft.
embajador m. Botschafter.
embalador m. Packer.
embalaje m. Verpackung.
embalar v. verpacken.
embaldosar v. mit Fliesen belegen.
embalsamar v. einbalsamieren.
embalsar v. einweichen.
embarazada adj. schwanger.
embarazar v. hindern, hemmen; schwängern.
embarazo m. Hindernis; Schwangerschaft.
embarazoso adj. hinderlich.
embarcadero m. Landungsplatz.
embarcar v. einschiffen; fig. verwickeln.
embargar v. in Beschlag nehmen; hindern.
embargo m. Beschlagnahme; sin —, jedoch.
embarque m. Einschiffung.
embastar v. heften.
embastar v. heften.
embate m. Brandung.
embaucar v. betrügen.
embeber v. einsaugen.
embeberse v. begeistern.
embeleco m. Schwindel, Betrug.
embellecer v. verschönern.
embestida f. (heftiger) Angriff.
embestir v. angreifen.
embetunar v. teeren; Schuhe; wichsen.
emblanquecer v. weißen.
emblema m. Sinnbild, Kennzeichen.
embocadero m. Öffnung.
embocadura f. Mündung; Mundstück.

embodegar v. einkellern.

émbolo m. Kolben, Stempel.

embolsar v. zurückzahlen.

emboquillar v. mit Mundstück versehen.

emboscada f. Hinterhalt, Versteck.

emboscar v. in den Hinterhalt legen.

embosquecer v. bewalden.

embotar v. abstumpfen.

embotellar v. auf Flaschen abfüllen.

embozado, a adj. verhüllt; fig. dunkel.

embragar v. kuppeln.

embrague m. Kuppelung, Schaltung.

embravecer v. in Wut bringen; reizen.

embrear v. teeren.

embriagar v. berauschen; fig. entzücken; embriagarse sich betrinken.

embridar v. zäumen.

embrión m. Embryo.

embrollar v. verwirren, verwickeln.

embrollo m. Verwirrung, Betrügerei.

embrujar v. behexen.

embrutecer v. verdummen; verrohen. [sen.

embuchar v. stopfen; fam. essembudar v. eintrichtern.

embudo m. Trichter; fam. Betrügerei.

embuste m. Lüge, Betrug.

embustero m. Lügner.

embutido m. Wurst.

embutir v. einlegen; hineinpressen; Wurst füllen.

emergente adj. Not...; vorkommend.

emigrante m. Emigrant, Auswanderer.

emigrar v. auswandern.

eminente adj. vortrefflich.

emisión f. Auslassen; Radio: Senden; Ausgabe von Staatspapieren.

emisor m. Sendestation (Radio und Fernsehen).

emitir v. ausgeben; ausströmen; senden.

emocionar v. rühren, bewegen.

empacar v. verpacken.

empachar v. überladen.

empacho m. verdorbener Magen; fig. Verlegenheit.

empalagoso, a adj. ekelhaft; lästig; zu süß.

empalar v. (auf)spießen.

empalmar v. anschließen; Enden zusammenfügen.

empalme m. Zusammenfügung; Knotenpunkt (Bahnlinien).

empanada f. Fleischpastete.

empanar v. panieren.

empapar v. eintauchen.

empapelar v. tapezieren.

empaquetar v. verpacken.

emparedar v. einmauern.

emparejar v. paaren; angleichen.

emparentar v. sich verschwägern.

emparrado m. Weinlaube.

emparrillar v. auf dem Rost braten.

empastar v. kartonieren (Bücher); plombieren (Zahn).

empaste m. Zahnplombe.

empatado a adj. unentschieden (Wahl, Spiel).

empatronar v. eichen.

empedernir v. verhärten.

empedrado m. Pflaster.

empedrador m. Steinsetzer.

empedrar v. pflastern.

empeine m. Fußspann; Hautflechte.

empellón m. heftiger Stoß.

empeñar v. verpfänden; empeñarse Schulden machen.

empeño m. Verpfändung; fig. Nachdruck; Beschützer.

empeorar v. verschlimmern; schlimmer werden (Krankheit).

emperador m. Kaiser.

emperatriz f. Kaiserin.

emperezarse v. faul, träge werden.

empezar v. beginnen.

empinar v. emporheben: — el codo fig. fam. viel trinken; empinarse sich in die Höhe richten; sich bäumen (Pferd).

empizarrado m. Schieferdach.

emplastar v. bepflastern.

emplazar v. (hinbe)stellen; Gericht: vorladen.

empleado m. Beamte(r).

emplear v. gebrauchen; anlegen (Geld); beschäftigen.

empleo m. Anwendung; Verwendung; Stelle, Amt.

emplomar v. plombieren.

empobrecer v. verarmen.

empolvar v. bestäuben; pudern.

empolladura f. Brüten.

empollar v. (aus)brüten.

emponzoñar v. vergiften; fig. verderben.

emporio m. Weltmarkt; Stapelplatz.

empotrar v. einmauern.

emprendedor, a adj. unternehmend; m. Unternehmer.

emprender v. unternehmen; sich etwas vornehmen.

empreñar v. schwängern.

empresa f. Unternehmen, Firma; Vorhaben; Theaterdirektion.

empresario m. (Theater-)Unternehmer.

empréstito m. Darlehen; — de guerra Kriegsanleihe.

empujar v. stoßen, antreiben.

empuje m. Stoß, Druck.

empujón m. heftiger Stoß.

emular v. nacheifern.

en prep. in; an; auf; zu.

enaceitar v. einölen.

enaguas f. pl. Frauenunterrock.

enajenado, a adj. hingerissen, entzückt; wahnsinnig.

enajenar v. entfremden; veräußern; der Sinne berauben.

enalbardar v. satteln.

enaltecer v. loben.

enamorar v. verliebt machen; liebkosen; enamorarse sich verlieben.

enano adj. zwerghaft; winzig; m. Zwerg.

enardecer v. entzünden; fig. erregen.

enastar v. anschäften.

encabezamiento m. Steuerquote; Anfangszeile.

encabezar v. zur Steuer veranlagen; verschneiden (Wein).

encabritarse v. sich bäumen (Pferd).

encadenar v. anketten.

encajar v. einfügen; einpassen.

encaje m. Einfügen; Einfassung; Spitze (Stoff).

encajonar v. in Kisten verpacken.

encalar v. weißen; kalken.

encalladero m. Sandbank.

encallar v. stranden.

encallecido, a adj. schwielig.

encaminar v. jdm. den Weg legen; einleiten, in Gang bringen; encaminarse sich aufmachen.

encandecer v. weißglühend machen.

encanecer v. ergrauen.

encanillar v. abspulen.

encantador adj. entzückend, reizend; m. Zauberer.

encantamiento m. Bezauberung.

encantar v. bezaubern.

encanto m. Zauber, Verzückung.

encañado m. Röhrenleitung.

encapotarse v. sich bedecken (Himmel).

encarado, a adj.: bien —, hübsch; mal —, häßlich.

encarcelar v. einkerkern.

encarecer v. verteuern; übertreiben.

encarecimiento m. Preiserhöhung; Lob.

encargado m. Geschäftsträger, Verwalter.

encargar v. beauftragen; bestellen (Ware).

encargo m. Auftrag, Bestellung; Amt.

encarnación f. Fleischwerdung.

encarnado, a adj. hochrot.

encarnar v. Fleisch werden; verkörpern.

encartar v. verbannen.

encartonar v. kartonieren.

encasar v. einrenken.

encausar v. verklagen.

encéfalo m. Gehirn.

encendedor m. Feuerzeug.

encender v. anzünden, heizen; entflammen; anfeuern.

encendimiento m. Entzündung; Erhitzung.

encerado m. Wachstuch.

encerrar v. einschließen.

encía f. Zahnfleisch.

enciclopedia f. Lexikon, Enzyklopädie.

encierro m. Einsperren; Kerker; Versteck.

encima adv. oben; darauf; außerdem: por — von oben; oberflächlich; — de auf, über (dies).

encina f. Steineiche.

encinta adj. schwanger.

enclavar v. annageln.

enclavijar v. zusammenklammern.

enclenque adj. kränklich.

encofrar v. ausschachten.

encoger v. einziehn; einlaufen; encogerse de hombros die Achseln zucken.

encogido, a adj. fig. verzagt, kleinmütig.

encoladura f. Leimen.

encomendar v. beauftragen, empfehlen.

encomienda f. Auftrag; Empfehlung; Lob.

encomio m. Lob.

encono m. Groll, Zorn.

encontrar v. finden; begegnen; encontrarse sich befinden.

encorazar v. panzern.

encordar v. besaiten; mit Stricken festbinden.

encorralar v. einpferchen.

encorvadura f. Krümmung.

encorvar v. krümmen, biegen; encorvarse sich bücken.

encrespar v. kräuseln.

encuadernación f. Buchbinderei; Einband.

encuadernador m. Buchbinder.

encuadernar v. binden (Bücher).

encuadrar v. einrahmen.

encubierto adj. tückisch.

encubridor m. Hehler.

encubrimiento m. Verhehlen.

encubrir v. verbergen; verhehlen.

encuentro m. Treffen.

encumbrar v. erhöhen.

encurtir v. einmachen.

enchufar v. ineinanderstecken; anschließen (Verbindungsmuffe).

enchufe m. Röhrenlegung, Verbindungsmuffe, Steckdose; fig. (gute) Beziehung.

ende adv. por —, daher.

endeble adj. kränklich.

endemoniado, a adj. besessen.

endentar v. verzahnen.

enderezar v. gerademachen; berichtigen; —se sich aufrichten. [raten.

endeudarse v. in Schulden geendiosar v. vergöttern.

endosar v. indossieren.

endoso m. Indossierung.

endrina f. Schlehe.

endulzar v. versüßen.

endurecer v. verhärten; fig. kräftigen; erbittern.

enebro m. Wachholder.

enemiga f. Feindin; Feindschaft.

enemigo adj. feindlich; m. Feind.

enemistad f. Feindschaft; Verfeindung.

enemistar v. verfeinden.

energía f. Tatkraft, Energie.

enérgico adj. tatkräftig, energisch; mit Nachdruck.

enero m. Januar.

enervar v. entnerven.

enfadar v. ärgern; enfadarse böse werden.

enfado m. Ärger; Ekel.

énfasis f. Nachdruck.

enfermar v. erkranken.

enfermedad f. Krankheit.

enfermería f. Krankenzimmer.

enfermero m. Krankenwärter.

enfermizo, a adj. kränklich.

enfermo, a adj. krank; m. Kranke(r).

enfilar v. an-, einreihen.

enflaquecer v. schwächen; schlapp, mager werden.

enfocar v. einstellen, visieren (Kamera).

enfrascar v. in Flaschen füllen.

enfrenar v. zügeln.

enfrente adv. gegenüber.

enfriadera f. Kühlgefäß.

enfriar v. kühlen; mäßigen.

enfriarse v. fig. sich abkühlen.

enfurecer v. erzürnen.

engalanar v. schmücken.

enganchar v. auf-, anhängen; anspannen (Pferde); fig. bereden; anwerben.

enganche m. Ankoppeln; Werbegeld.

engañador adj. betrügerisch.

engañar v. betrügen, hintergehen; täuschen.

engaño m. Betrug.

engarzar v. einfädeln.

engastar v. Steine einfassen.

engaste m. Fassung.

engendrar v. (er)zeugen.

englobar v. umfassen.

engomado m. Gummierung.

engomar v. gummieren.

engordar v. mästen; dick werden.

engorro m. Hindernis.

engranaje m. Verzahnung; Zahnrad.

engranar v. eingreifen (Zahnräder).

engrasar v. einfetten; schmieren (Maschinen).

engrase m. Schmierung.

engrifar v. kräuseln.

engrosar v. vermehren; zunehmen.
engrudar v. (ver)kleistern.
engullir v. verschlingen.
enhebrar v. einfädeln.
enhilar v. einfädeln (auch fig.); ordnen.
enhorabuena f. Glückwunsch; ¡—!, ich gratuliere!
enigma m. Rätsel.
enjabonar v. einseifen.
enjaezar v. anschirren.
enjalbegar v. weißen; tünchen.
enjambre m. Bienenschwarm; fig. Menge.
enjaular v. einsperren (in den Käfig).
enjuagar v. ab-, ausspülen.
enjugar v. trocknen; abwischen.
enjuto, a adj. trocken; mager.
enlace m. Verbindung; Heirat; Anschluß.
enlazar v. verflechten; verbinden; anschließen.
enlodar v. beschmutzen.
enlosado m. Fliesenbelag.
enlucir v. weißen; (ver-)putzen.
enmaderar v. täfeln.
enmarañar v. verwirren.
enmascarar v. maskieren; fig. beschönigen.
enmendar v. berichtigen; entschädigen; enmendarse sich bessern.
enmohecerse v. (ver)rosten; (ver)schimmeln.
enmudecer v. verstummen.
enmurar v. ummauern.
ennegrecer v. schwärzen.
ennoblecer v. adeln; veredeln.
enojadizo, a adj. reizbar.
enojar v. erzürnen, ärgern.
enojo m. Zorn, Ärger.
enojoso, a adj. verdrießlich.
enrabiarse v. wütend werden.
enrarecer v. verdünnen.
enredadera f. Schlingpflanze.
enredar v. verwirren; entzweien.
enredo m. Verwirrung; Liebeshandel; Intrige.
enredoso, a adj. heikel.
enrejado m. Gitterwerk; Fenstergitter.
enriquecer v. bereichern.
enriscado, a adj. felsig; steil.
enrojecer v. röten.
enrojecerse v. erröten.
enrojecimiento m. Schamröte.
enrollar v. einrollen.
enronquecimiento m. Heiserkeit.
enroscar v. einschrauben.
ensacar v. einsacken.
ensalada f. Salat.
ensalzar v. loben.
ensamblar v. verbinden.
ensanchamiento m. Ausdehnung; Erweiterung.
ensanchar v. erweitern, ausdehnen.
ensanche m. Erweiterung; neues Stadtviertel.
ensañar v. erbittern.
ensayar v. versuchen; proben (Gold); üben.
ensayo m. Versuch; Essay; general Generalprobe.
ensebar v. eintalgen.
ensenada f. Bucht.
enseñanza f. Lehre, Unterricht.
enseñar v. unterweisen; zeigen.
enseres m. pl. Geräte.
ensillar v. satteln.

ensimismarse v. in Gedanken versunken sein.
ensordecer v. betäuben; taub werden.
ensuciar v. verunreinigen.
ensueño m. Traum.
entablado m. Getäfel.
entablar v. täfeln; fig. anfangen, einleiten; — un pleito einen Prozeß führen.
entablillar v. schienen.
entalladura v. Einschnitt.
entallar v. schnitzen; in Stein hauen.
entallecer v. keimen.
entapizar v. tapezieren.
entarimado m. Tafelwerk; Podium.
entarimar v. täfeln; dielen.
ente m. Wesen, Sein.
enteco, a adj. kränklich.
entender v. verstehen; hören; meinen; können.
entendido, a adj. (sach)verständig; m. Kenner, Fachmann.
entendimiento m. Verstand; Einsicht.
enterar v. unterrichten.
enterarse de v. erfahren, in Erfährung bringen.
entereza f. Vollständigkeit; Energie.
enternecimiento m. Rührung.
entero, a adj. ganz; kräftig; redlich; por —, gänzlich; m. ganze Zahl.
enterrador m. Totengräber.
enterrar v. begraben.
entibar v. abstützen.
entibiar v. abkühlen.
entidad f. Wichtigkeit; Vereinigung.   [chenzug.
entierro m. Beerdigung; Leientoldar v. mit Sonnendach versehen; entoldarse sich umwölken (Himmel).
entonar v. stimmen; anstimmen, singen.
entonces adv. damals; dann; in dem Fall; de —, damalig; desde —, seitdem.
entorpecer v. lähmen; verzögern; fig. abstumpfen.
entrada f. Eingang; Eintritt(skarte); Geldeinnahme; Vorspeise; Anzahlung.
entramado m. Fachwerk.
entrambos, as pron. pl. (alle) beide.
estampar v. fig. überlisten.
estamparse v. sich in Schulden stürzen.
entraña f. Eingeweide; fig. Innere(s); mala —, Gefühllosigkeit.
entrañable adj. innig (Liebe).
entrar v. eintreten; eindringen; passen; fig. anfangen; — en cólera in Zorn geraten.
entre prep. zwischen, unter.
entreabrir v. halb öffnen.
entreacto m. Zwischenakt.
entrecano, a adj. graumeliert.
entrecoger v. auflesen; ergreifen, packen.
entrecortar v. einschneiden; fig. unterbrechen.
entredicho m. Verbannung.
entrega f. Übergabe, Ablieferung; hacer —, abliefern.
entregar v. abliefern; übergeben.
entregarse v. sich hingeben; kapitulieren.
entrelazar v. verflechten.
entrelucir v. durchscheinen.
entremés m. Zwischengericht; Zwischenspiel.
entremeter v. hineinstecken.
entremeterse v. sich unberufen einmischen.
entremetido, a adj. zudringlich.

entremezclar v. untermischen.
entrenador m. Trainer.
entrenar v. trainieren, üben.
entreoír v. undeutlich hören.
entrepuente m. Zwischendeck.
entresacar v. heraussuchen; lichten (Wald).
entresuelo m. Hochparterre.
entretanto adv. unterdessen.
entretejer v. einweben; fig. einflechten, einschalten.
entretener v. aufhalten; unterhalten.
entretenerse v. sich unterhalten, amüsieren.
entretenido adj. unterhaltsam.
entretenimiento m. Vergnügen; Zeitvertreib.
entretiempo m. Zwischensaison; Übergangszeit.
entrever v. erblicken; fig. ahnen.
entrevista f. Zusammenkunft, Besprechung.
entrevistarse v. zusammenkommen, sich unterreden.
entristecer v. betrüben.
entronizar v. auf den Thron erheben; fig. befördern; entronizarse fig. sich erheben.
entronque m. Abstammung.
entruchar v. fam. beschwindeln.
entuerto m. Unrecht.
entumecer v. anschwellen.
entumecerse v. einschlafen (Glied).
entupir v. verstopfen (Rohr).
enturbiar v. trüben.
entusiasmo m. Begeisterung.
enumerar v. aufzählen.
enunciar v. kurz äußern.
envainar v. (Degen) einstecken.
envanecer v. stolz, eitel machen.
envarar v. steif machen.
envasar v. einfüllen (Wein).
envejecer(se) v. alt werden, veralten.
envenenar v. vergiften.
enverdecer v. grünen.
envés m. Rückseite.
enviado m. Gesandte(r), Bote.
enviar v. ab-, aussenden.
enviciar v. verderben.
envidia f. Neid.
envidiable adj. beneidenswert.
envidiar v. beneiden.
envidioso, a adj. neidisch.
envilecer v. herabwürdigen.
envío m. Versand; Sendung.
envite m. Bieten im Spiel; Angebot.
enviudar v. verwitwen.
envoltorio m. Bündel; Hülle.
envolver v. einhüllen, verwirren.
enyesar v. gipsen.
enyugar v. anjochen.
épico, a adj. episch.
epígrafe m. Überschrift.
epilepsia f. Fallsucht.
epílogo m. Nachwort.
episcopal adj. bischöflich.
epístola f. Epistel.
epistolar adj. brieflich; estilo —, Briefstil.
epitafio m. Grabschrift.
época f. Epoche, Zeitraum; Zeit.
epopeya f. Heldengedicht.
equilibrar v. ins Gleichgewicht bringen.
equilibrio m. Gleichgewicht.
equinoccio m. Tag- und Nachtgleiche.
equipaje m. Reisegepäck.
equipar v. ausrüsten, versehen mit.
equipo m. Ausrüstung; Besatzung; — de novia Brautausstattung, Aussteuer.
equitación f. Reitsport.
equivalencia f. Gleichwertigkeit.
equivalente adj. gleichwertig.

equivaler v. gleichwertig sein.
equivocar v. verwechseln; equivocarse sich irren.
equívoco, a adj. doppelsinnig; irrig; m. Doppelsinn; Wortspiel.
era f. Zeitalter, Zeitraum; Gartenbeet.
erección f. Erhebung; Steifheit.
ergotista m. Rechthaber.
erguir v. aufrichten.
erial m. Ödland, Wüste.
erigir v. errichten; stiften.
erizarse v. sich sträuben.
erizo m. Igel.
ermita f. Einsiedelei.
ermitaño m. Einsiedler.
erogar v. austeilen.
erosión f. Zersetzung.
erótico, a adj. Liebes...
errabundo, a adj. umherirrend.
errado, a adj. irrig.
errante adj. herumirrend.
errar v. verfehlen; irren.
errata f. Druckfehler.
erróneo, a adj. irrig; falsch.
error m. Irrtum; Fehler.
eructar v. aufstoßen.
erudito, a adj. gelehrt.
erupción f. Vulkanausbruch; (Haut-)Ausschlag.
esbeltez f. Schlankheit.
esbelto, a adj. schlank.
esbozo m. Skizze; Entwurf.
escabeche m. Salzlake.
escabroso, a adj. uneben; fig. schlüpfrig.
escabullirse v. entweichen.
escala f. Treppe; Leiter; Skala (auch Töne); Maßstab; Zwischenlandung; en gran —, in großem Umfang; hacer —, Hafen anlaufen.
escalar v. ersteigen.
escalera f. Treppe; — de caracol Wendeltreppe; — de tijera Stehleiter.
escalfar v. abbrühen.
escalofrío m. Fieberschauer.
escalón m. Stufe, Sprosse; fig. Dienstgrad.
escalonar v. staffeln.
escalpelo m. Skalpell.
escama f. Schuppe; fig. Argwohn.   [sche).
escamar v. abschuppen (Fiescamondar v. beschneiden (Bäume); fig. läutern.
escamoteador m. Taschenspieler.
escamotear v. wegstibitzen.
escampar v. räumen.
escandalizar v. ärgern; Anstoß erregen.
escandalizarse v. Anstoß nehmen.   [anstößig.
escandaloso, a adj. lärmend; escaño m. Sitzbank.
escaparse v. heimlich entwischen; entschlüpfen.
escaparate m. Glasschrank; Schaufenster.
escape m. Flucht; Gasentweichung; Auspuff; a —, eilig.
escaque m. Feld (im Schach).
escara f. Schorf.
escarabajo m. Käfer.
escaramuza f. Scharmützel, Streit.
escarbar v. kratzen; scharren.
escarcha f. Reif.
escarchar v. reifen; süßen, kandieren.
escarda f. Distelhacke.
escardar v. jäten.
escarificar v. schröpfen.
escarlata f. Scharlach.
escarlatina f. Scharlachfieber.
escarnecer v. verspotten.

escarnio m. Spott, Hohn.
escarpa f. steiler Abhang, Böschung.
escarpar v. abraspeln.
escarpín m. leichter Schuh.
escasez f. Mangel, Kargheit.
escaso, a adj. knapp; karg.
escayola f. Gips, Stuck.
escena f. Szene; Bühne; Auftritt; poner en —, in Szene setzen, inszenieren.
escenario m. Bühne (nraum).
escenógrafo m. Theatermaler.
escéptico, a adj. skeptisch; miβtrauisch.
escindir v. spalten.
escisión f. Spaltung, Bruch; — atómica (o nuclear) Atomkernspaltung.
esclarecer v. erleuchten, erhellen; Tag werden.
esclarecimiento m. Klarheit; fig. Ruhm.
esclavitud f. Sklaverei.
esclavizar v. unterjochen.
esclavo m. Sklave.
esclusa f. Schleuse; Wehr.
escoba f. Besen.
escobar v. kehren, fegen.
escocer v. brennen, stechen.
escocés, a adj. schottisch; m. Schotte.
Escocia f. Schottland.
escofinar v. raspeln.
escoger v. aussuchen.
escogido, a adj. vorzüglich.
escolta f. Eskorte, Begleitung.
escollo m. Klippe; Gefahr.
escombrar v. ausräumen; reinigen.
escombro m. Bauschutt.
esconder v. verstecken; verschweigen.
escondite m. Versteck(spiel).
escondrijo m. Versteckwinkel.
escopeta f. Jagdgewehr.
escoplear v. meißeln.
escoplo m. Meißel.
escoria f. Schlacke; Abfall.
escorpión m. Skorpion.
escote m. Dekolleté, Ausschnitt (am Kleid); Zeche.
escotilla f. Schiffsluke.
escotillón m. Falltür; Versenkung.
escriba m. Schriftgelehrte (r).
escribanía f. Schreibstube; Registratur.
escribano m. Gerichtsschreiber.
escribir v. schreiben, aufsetzen.
escrito m. Schrift, Schreiben; Werk; por —, schriftlich.
escritor m. Schriftsteller, Verfasser.
escritorio m. Schreibtisch; Geschäftszimmer, Büro.
escritura f. Schreiben, Urkunde; Schrift; la Sagrada Escritura die Bibel.
escrófula f. Skrofel.
escrupulizar v. Skrupel, Bedenken haben.
escrúpulo m. Skrupel, Gewissensbiβ, Bedenken.
escrupuloso, a adj. gewissenhaft; empfindlich; fig. peinlich genau.
escrutador m. Stimmensammler.
escrutar v. Stimmen zählen; forschen.
escrutinio m. Wahlprüfung.
escuadra f. Winkelmaß; Geschwader, Flotte.
escuadrar v. rechtwinklig zuschneiden.
escuadrón m. Schwadron.
escualidez f. Schmutzigkeit; Schmutz; Abmagerung.
escuálido, a adj. abgemagert.
escuchar v. horchen, an-, zuhören; aufmerken.

escudar v. beschützen.
escudilla f. Suppenschüssel.
escudo m. Schild, Wappen.
escudriñar v. nachspüren.
escuela f. Schule (Unterricht und Gebäude); Lehre.
escuerzo m. Kröte.
escueto, a adj. kurz, knapp.
esculpir v. schnitzen (Holz); meißeln (Stein); gravieren.
escultor m. Bildhauer.
escupidera f. Spucknapf.
escupir v. ausspucken.
escurridizo, a adj. schlüpfrig, glatt.   [fen.
escurrir v. austropfen, ablaufen.
escurrirse v. entwischen.
ese, esa, eso, esos, esas pron. (ése, usw.), dieser, diese, dieses; jener, jene, jenes; der, die, das; eso mismo eben; gerade so; por eso, deswegen.   [Treibstoff.
esencia f. Wesen, Sein; Essenz.
esfera f. Sphäre; Kugel; Zifferblatt; Stand; Wirkungskreis.
esférico, a adj. rund.
esforzado, a adj. tapfer, stark.
esforzar v. kräftigen; ermutigen; bemühen.
esfuerzo m. Mühe; Kraft.
esgrima f. Fechtkunst.
esgrimir v. fechten.
esguazar v. durchwaten.
eslabón m. Kettenglied.
esmaltar v. emaillieren.
esmalte m. Schmelz, Email; Glasur.
esmeralda f. Smaragd.
esmerar v. glätten.
esmerarse v. sich auszeichnen; sich anstrengen.
esmeril m. Schmirgel.
esmero m. Sorgfalt.
espaciar v. ausdehnen.
espacio m. Raum; — de tiempo Zeitraum.
espada f. Degen; m. erster Stierfechter; espadas pl. Pik (im Kartenspiel).
espalda f. Rücken; Schulter; a —, hinter dem Rücken.
espantadizo, a adj. schreckhaft.
espantajo m. Vogelscheuche.
espantar v. (er-)schrecken.
espantarse v. staunen.
espanto m. Schrecken.
espantoso, a adj. greulich; fig. erstaunlich.
España f. Spanien.
español, a adj. spanisch; m. Spanier.
esparaván m. Sperber.
esparcir v. verstreuen; verbreiten; (esparcirse) el ánimo sich ergötzen.
espárrago m. Spargel.
espasmo m. Krampf.
espátula f. Spatel.
espavorido, a adj. Siehe despavorido.
especial adj. Sonder...; besonders; en —, insbesondere.
especialidad f. Besonderheit, Spezialität.
especialista m. Spezialist, Fachmann; médico —, Spezialarzt, Facharzt.   [Sorte.
especie f. Geschlecht; Art.
especiero m. Gewürzkrämer.
especificar v. einzeln aufzählen.
específico, a adj. spezifisch; peso —, spezifisches Gewicht.
espectáculo m. Schauspiel.
espectador m. Zuschauer.
espectro m. Gespenst.
especulador m. Spekulant (an der Börse).
especular v. spekulieren; nachdenken.
espejismo m. Luftspiegelung.

espejo m. Spiegel; fig. Vorbild.
espera f. Warten, Erwartung; sala de —, Wartesaal.
esperanza f. Hoffnung.
esperar v. (er)warten; abwarten; hoffen.
esperma f. Samen.
espesar v. verdicken.
espeso, a adj. dick; gedrängt.
espía m. Spion.
espiar v. ausspähen; spionieren.
espiga f. Ähre; Pflock, Stift; Bolzen.
espín m.: puerco —, Stachelschwein.
espina f. Dorn, Stachel; Fischgräte; fig. Verdacht; — dorsal Rückgrat.
espinaca f. Spinat.
espinilla f. Schienbein.
espinoso, a adj. dornig, stachelig.
espiral adj. schneckenförmig; f. Spirale.
espirar v. ausatmen.
espíritu m. Geist; Kraft; Spiritus; el Espíritu Santo der Heilige Geist.
espiritual adj. geistig.
espiritualista m. Spiritualist.
espiritualizar v. vergeistigen.
espléndido, a adj. prächtig; freigebig.
esplendor m. Glanz; Pracht.
espliego m. Lavendel.
espolear v. (an)spornen.
esponja f. Schwamm.
esponjarse v. sich aufblähen; fig. sich kräftigen.
esponjoso, a adj. schwammig.
esponsales m. pl. Verlobung.
esportillo m. Marktkorb.
esposa f. Gemahlin, Gattin.
esposas pl. Handschellen.
esposo m. Gemahl, Gatte.
espuela f. Sporn.
espuerta f. Kiepe.
espuma f. Schaum.
espumar v. schäumen.
espumoso, a adj. schaumig: vino —, Schaumwein, Sekt.
esputo m. Speichel.
esquela f. Zettel; — fúnebre Todesanzeige.
esquemático, a adj. schematisch.
esquí m. Schi, Ski.
esquiador m. Schiläufer.
esquiar v. Schi laufen.
esquilar v. scheren (Schafe).
esquilmo m. Ertrag, Ernte.
esquimal m. Eskimo.
esquina f. Ecke.
esquirol m. Eichhörnchen; fam. Streikbrecher.
esquivo, a adj. ungesellig.
estabilizar v. stabilisieren, fest begründen.
estable adj. fest, stabil.
establecer v. errichten, festsetzen.
establecerse v. sich niederlassen.
establecimiento m. Gründung; Geschäft; Einrichtung.
establo m. Stall.
estaca f. Pfahl.
estación f. Saison; Lage; Zustand; Aufenthaltsort; Bahnhof; jefe de —, Bahnhofsvorsteher.   [maß.
estacional adj. (jahres)zeitgemäß.
estacionar v. verweilen.
estacionarse v. stehen bleiben; parken (Autos).
estadista m. Staatsmann.
estadística f. Statistik.
estado m. Stand; Lage.
Estado m. Staat; — mayor Generalstab.

estafa f. Betrügerei.
estafador m. Betrüger.
estafar v. prellen, betrügen.
estafeta f. Postamt.
estallar v. knallen; explodieren; ausbrechen (Krieg).
estampa f. Bild; Farbendruck; Kupferstich.
estampar v. drucken; prägen.
estampido m. Knall.
estampilla f. Stempel.
estampillar v. siegeln, stempeln.
estancar v. hemmen; stauen; monopolisieren.
estancia f. Wohnung; Meierhof, Grundbesitz (amer.)
estanco m. Tabaksladen; Monopol.
estanque m. Teich, Weiher.
estante adj. fest; m. Regal, Fach.
estantería f. Bücherbrett.
estaño m. Zinn.
estar v. sein; sich befinden, aufhalten: — hablando reden; — bueno sich wohl befinden; — a punto im Begriff sein; — para marchar reisefertig sein; — por beabsichtigen; ¿como está usted?, wie geht es Ihnen?
estática f. Statik.
estatua f. Standbild.
estatuir v. festsetzen.
estatura f. Körperbau, Wuchs.
este m. Osten; Ostwind.
este, esta, esto, estos, estas pron. dieser, diese, dieses.
estepa f. Steppe.
estera f. Matte.
estercolar v. düngen.
estereofónico, a adj. stereophon.
estereoscopio m. Stereoskop.
estéril adj. unfruchtbar; keimfrei; fig. nutzlos.
esterlina f. Pfund Sterling.
esternón m. Brustbein.
estertor m. Röcheln.
estética f. Ästhetik.
estiaje m. niedrigster Wasserstand.
estiba f. Lastenstauung.
estibar v. traven; stauen (Schiffsladung).
estiércol m. Dünger.
estigma m. Brandmal.
estilar v. gebrauchen; gewohnt sein.
estilo m. Stil. Grabstichel; (pluma) estilográfica f. Füllfeder.
estima (ción) f. Schätzung, Achtung.
estimar v. schätzen; taxieren; dafürhalten.
estimulación f. Anregung.
estimulante m. Reizmittel.
estimular v. (an)reizen, anregen.
estímulo m. Ansporn.
estío m. Sommer.
estipulación f. Vertrag, Abkommen.
estipular v. verabreden; ausbedingen.
estirar v. ziehen; erweitern; ausdehnen.
estirón m. Ruck.
estirpe f. Stamm, Geschlecht.
estival adj. sommerlich.
estofado m. Schmorbraten.
estofar v. schmoren.
estomacal adj. magenstärkend; licor —, Magenlikör.

estómago m. Magen.
estopa f. Werg.
estoque m. Stoßdegen.
estorbar v. stören; hindern, aufhalten.
estornudar v. niesen.
estornudo m. Niesen.
estrado m. Estrade.
estrados pl. Gerichtssaal.
estragar v. zerstören; verwüsten; zerrütten.
estramonio m. Stechapfel.
estrangulación f. Erdrosselung.
estrangular v. erdrosseln; einklemmen (einen Bruch).
estraperlo m. fam. schwarzer Markt.
estrategia f. Kriegskunst.
estrato m. Schicht, Lage.
estrechar v. enger machen; drängen; — en brazos umarmen.
estrechez f. Enge.
estrecho, a adj. eng, schmal; innig; m. Engpaß, Meerenge.
estregar v. (ab)reiben.
estrella f. Stern; fig. Filmstar.
estrellado, a adj. gestirnt; huevos —s m. pl. Setzeier.
estrellamar f. Seestern.
estrellar v. zerschlagen.
estrellarse v. zerschellen.
estremecer v. erschüttern; erschrecken.
estremecerse v. erzittern.
estrenar v. einweihen; zum ersten Mal aufführen.
estreno m. Einweihung; Premiere.
estreñir v. verstopfen.
estrépito m. Krach, Lärmen.
estriar v. riefeln.
estribar v. stützen; — en sich gründen, beruhen auf.
estribillo m. Kehrreim.
estribo m. Steigbügel; Stütze.
estribor m. Steuerbord.
estridente adj. schrill.
estrofa f. Strophe.
estropajo m. Scheuerlappen.
estropear v. lähmen; verderben; zerstören.
estructura f. Bau, Aufbau.
estruendo m. Lärm.
estrujar v. zerknittern; ausdrücken (Saft); fig. drängen.
estucador m. Stuckarbeiter.
estuco m. Stuck.
estuche m. Futteral, Etui, Necessaire, Reißzeug; fam. brauchbarer Mensch.
estudiante m. Student; Schüler.
estudiantil adj. Studenten-.
estudiar v. studieren; einüben.
estudio m. Studieren; Studio, Atelier; estudios pl. Kenntnisse; estudios cinematográficos Filmstudios.
estufa f. Ofen; Fußwärmer; Gewächshaus.
estupefacción f. Betäubung; Erstaunen.
estupefacto, a adj. bestürzt.
estupendo, a adj. erstaunlich; wunderbar.
estupidez f. Dummheit.
estúpido adj. dumm.
estupor m. Entsetzen.
estupro m. Schändung, Notzucht.
etapa f. Rast, Etappe.
etéreo, a adj. ätherisch.
eternidad f. Ewigkeit.
eternizar v. verewigen.
eterno, a adj. ewig.

etiqueta f. Etikett(e).
etnología f. Völkerlehre.
eucarístico, a adj. Abendmahls...
eufonía f. Wohlklang.
europeo, a adj. europäisch; m. Europäer.
evacuación f. Ausleerung, Räumung.   [men.
evacuar v. (aus)leeren; räumen; entrinnen.
evadir v. vermeiden; ausweichen; entrinnen.
evaluación f. Schätzung.
evaluar v. ab-, einschätzen.
evangelista m. Evangelist.
evaporar v. verdunsten; verdampfen, verfliegen.
evasión f. Entweichung; Flucht.
evasivo, a adj. ausweichen (Antwort).
evento m. Ereignis.
eventual adj. möglich, eventuell.
eversión f. Zerstörung.
evidencia f. Offenkundigkeit.
evidente adj. augenscheinlich; handgreiflich, klar.
evitar v. (ver)meiden.
evocación f. Anrufen; Beschwörung.
evocar v. anrufen; erinnern.
evolucionar v. schwenken; sich entwickeln.
evolutivo, a adj.: grado —, Entwicklungsgrad.
exacción f. Einforderung.
exacerbar v. erbittern; verschlimmern.
exacto, a adj. genau.
exageración f. Übertreibung.
exagerar v. übertreiben; überschätzen.
exaltar v. erheben; erhöhen; begeistern.
examen m. Prüfung, Untersuchung.
examinando m. Prüfling.
examinar v. untersuchen; prüfen; verhören.
exangüe adj. blutlos.
exasperar v. erbittern.
excavación f. Ausgrabung.
excavar v. ausgraben, aushöhlen.
excedente adj. überzählig.
exceder v. übersteigen, überschreiten.
excelencia f. Auszeichnung; Exzellenz.
excelente adj. vorzüglich.
excelso, a adj. erhaben.
excepción f. Ausnahme.
excepto adv. ausgenommen, außer.
exceptuar v. ausnehmen, ausschließen.
excesivo, a adj. übertrieben.
exceso m. Übermaß; Frevel; — de peso Übergewicht; con — überschwenglich.
excipiente m. Bindemittel.
excitante m. Reizmittel; adj. anregend.
excitar v. anregen; reizen; aufmuntern.
excitativo, a adj. auf-, anregend.
exclamación f. Ausruf.
exclamar v. ausrufen.
excluir v. ausschließen.
exclusión f. Ausschluß; con — de, mit Ausnahme von.
exclusiva f. Vorzugsrecht, Alleinvertretung.
exclusive adj. ausgeschlossen.
exclusivo, a adj. ausschließlich; agente —, Alleinvertreter.
excoriar v. abschürfen.
excremento m. Auswurf, Kot.
excursión f. Streitzug, Ausflug.
excursionista m. Ausflügler.
excusado, a adj. geheim (Tür); m. Abtritt, Klosett.

excusar v. entschuldigen; verweigern.
execrar v. verwünschen.
exento, a adj. frei, befreit.
exhalar v. ausdünsten.
exhausto, a adj. kraftlos.
exhibir v. ausstellen.
exhortar v. ermahnen.
exigencia f. Forderung, Anspruch.
exigir v. fordern, beanspruchen.
exiguo adj. winzig; geringfügig.
exiliado, a adj. im Exil lebend, des Landes verwiesen.
existencia f. Dasein; en —, vorrätig; —s pl. Bestände.
existencialista m. Existenzialist.
existir v. leben; bestehen.
éxito m. Erfolg; Ausgang, Ende.
exorbitante adj. übermäßig; übertrieben.
exorcista m. Geisterbanner.
expansión f. Ausdehnung; fig. Mitteilungsgabe, Offenherzigkeit.   [offenherzig.
expansivo, a adj. ausdehnend;
expatriación f. Landesverweisung.
expatriarse v. auswandern.
expectativa f. Erwartung; Anwartschaft.
expectorar v. ausspucken.
expedición f. Geschäftigkeit; Abfertigung; Expedition.
expediente m. Rechtssache; Gesuch; Schriftstück.
expedir v. absenden; abfertigen.
expedito, a adj. flink; frei.
expeler v. austreiben.
expender v. ausgeben.
experiencia f. Erfahrung.
experimentar v. erproben; erfahren.
experimento m. Versuch, Probe.
experto, a adj. erfahren, sachverständig; m. Sachverständiger, Experte.
expiar v. sühnen; abbüßen.
expiatorio, a adj. aussöhnend, Sühne...
expirar v. sterben; enden; ablaufen (Frist).
explanada f. Böschung.
explanar v. nivellieren; erklären.
explicación f. Erklärung.
explicativo, a adj. erläuternd.
explícito, a adj. bestimmt; klar.
exploración f. Forschung.
explorar v. erforschen untersuchen.
exploratorio, a adj. Forschungs...
explosión f. Explosion, Knall.
explosivo, a adj. explosiv; m. Sprengstoff.
explotador m. Ausbeuter.
explotar v. ausnutzen; betreiben (Geschäft).
exponente m. Bittsteller.
exponer v. erklären; aussetzen (einer Gefahr); belichten (Film).
exponerse v. sich aussetzen.
exportación f. Ausfuhr, Export.
exportador m. Exporteur.
exportar v. ausführen.
exposición f. Ausstellung; Erklärung; Belichtung (Film).
expósito m. Findelkind.
expresar v. ausdrücken, äußern.
expresión f. Ausdruck.
expresivo, a adj. ausdrucksvoll.
expreso, a adj. deutlich, ausdrücklich: tren — Schnellzug; m. Eilbote.
exprimir v. ausdrücken, auspressen.
expropiación f. Enteignung.
expugnar v. erstürmen.

expulsar v. verstoßen.
expurgar v. reinigen, ausmerzen.
exquisito, a adj. ausgezeichnet.
extasiarse v. in Verzückung geraten.
éxtasis m. Verzückung, Extase.
extender v. ausbreiten, ausdehnen; erweitern; aufsetzen (Schriftstück).
extenderse v. sich erstrecken; sich ausdehnen.
extensión f. Ausdehnung, Größe; Umfang.
extenso, a adj. weit.
extensor m. Streckmuskel.
extenuar v. entkräften.
exterior adj. äußerlich, Außen-, Auslands... m. Aussehen.
exterioridad f. Außenseite; fig. Äußerlichkeit, Prahlerei.
exterminar v. vertilgen.
extinción f. Tilgung; Ausrottung.
extinguir v. auslöschen; tilgen (Schuld); extinguirse aussterben.
extintor m. Feuerlöschapparat.
extirpar v. ausrotten.
extra prep. außer; m. (Film-) Komparse.
extracción f. Ausziehen; Förderung (Mine).
extracto m. Auszug, Extrakt.
extraer v. ausziehen; fördern.
extranjero, a adj. fremd; ausländisch; m. Fremde(r); Ausland.
extrañamiento m. Verwunderung, Staunen.
extrañar v. verbannen; ungewohnt finden; me extraña es wundert mich; extrañarse erstaunen.
extraño, a adj. fremd; ungewöhnlich.
extraordinario adj. außergewöhnlich.
extravagante adj. überspannt, ausschweifend.
extraviar v. irreführen.
extraviarse v. sich verirren; verlorengehen.
extremar v. aufs äußerste treiben.
extremaunción f. letzte Ölung.
extremidad f. Ende, Spitze; —es pl. Gliedmaßen.
extremo, a adj. letzt; übermäßig; m. Ende.
eyacular v. ausspritzen.

F f

fábrica f. Fabrik; Mauerwerk; de —, gemauert; marca de —, Fabrikmarke.
fabricación f. Fabrikation, Herstellung.
fabricar v. herstellen; verfertigen; bauen.
fabril adj. Fabrik...
fábula f. Fabel.
facción f. Gesichtszug.
fácil adj. leicht, mühelos.
facilidad f. Leichtigkeit.
facilitar v. erleichtern; verschaffen.
factor m. Geschäftsführer; Umstand, Faktor.
factura f. Warenrechnung.
facturar v. aufgeben (Koffer) berechnen.

facultad f. Fähigkeit; Befugnis; Fakultät einer Universität.
facundo, a adj. beredt.
fachada f. Fassade.
faena f. körperliche Arbeit.
faja f. Leibbinde; Schärpe; Streifen, Band.
fajo m. Bündel.
falange f. Fingerglied; fig. Volksschar, -front.
falaz adj. trügerisch.
falda f. Frauenrock; Bergabhang.
falible adj. unzuverlässig.
falsario m. Fälscher.
falsear v. (ver) fälschen.
falsedad f. Falschheit.
falsete f. Falsett.
falsificar v. fälschen.
falsilla f. Linienblatt.
falso, a adj. falsch, unecht.
falta f. Fehler; Mangel; Vergehen; **a — de** in Ermangelung von; **sin —**, sicherlich; **hacer —**, nötig sein.
faltar v. fehlen; **— su palabra** sein Wort nicht halten.
fallar v. entscheiden; ein Urteil fällen.
fallecer v. sterben.
fallecimiento m. Tod.
fallo m. Richterspruch, Urteil.
fama f. Ruf; Gerücht; **de —**, berühmt, bedeutend.
familia f. Familie; Abstammung.
familiar adj. vertraulich; m. Familienglied; Vertraute(r).
familiaridad f. Vertraulichkeit.
familiarizarse v. vertraut werden; sich angewöhnen.
fanático, a adj. fanatisch.
fanfarrón m. Aufschneider, Prahler.
fanfarronada f. Aufschneiderei.
fango m. Morast.
fantasear v. phantasieren.
fantasía f. Phantasie; Laune; Mode.
fantasma f. Gespenst.
fantoche m. Hampelmann.
fardo m. Ballen, Bündel.
faringe f. Schlund.
faringitis f. Rachenkatarrh.
farmacéutico m. Apotheker.
farmacia f. Apotheke.
faro m. Leuchtturm; Scheinwerfer (Auto); fig. Leuchte.
farol m. (Straßen) laterne.
farolero m. Laternenanzünder.
farolillo f. Lampion.
farsa f. Posse, Komödie.
fascículo m. Heft.
fascinar v. bezaubern.
fascista m. Faschist.
fase f. Phase, Stadium.
fastidiar v. anekeln; belästigen.
fastidio m. Ekel; Unannehmlichkeit.
fastidioso, a adj. ekelhaft; langweilig; beschwerlich.
fastuoso, a adj. eitel.
fatal adj. fatal, unselig.
fatigar v. ermüden.
fatuo, a adj. einfältig.
fausto, a adj. glücklich.
favor m. Gunst; **a — de** vermöge, mittels; **por —**, bitte!; gefälligst; **hacer el — de** die Güte haben zu.
favorable adj. günstig; vorteilhaft.
favorecer v. begünstigen.
favorito, a adj. begünstigt; **ocupación —a** Lieblingsbeschäftigung; m. Günstling.
faz f. Antlitz; Äußeres; Bildseite.
fe f. Glaube, Treue; **en — de** laut; **dar —**, beglaubigen; **buena —**, Redlichkeit.
fealdad f. Häßlichkeit.

febrero m. Februar.
febril adj. fiebernd; heftig.
fécula f. Stärkemehl.
fecundar v. befruchten.
fecundo, a adj. fruchtbar; reich.
fecha f. Datum; Termin.
fechar v. datieren.
federación f. Bündnis, Bund.
federal adj. föderativ; **estado —**, Bundesstaat.
federativo, a adj. Bundes...
felicidad f. Glückseligkeit; **—es** Glücksgüter; **¡ (muchas) — es!** gratuliere!
felicitación f. Glückwunsch.
felicitar v. beglückwünschen.
felino, a adj. Katzen...
feliz adj. glücklich; froh; selig.
felpa f. Plüsch.
femenino, a adj. weiblich; m. Femininum, weibliche Form.
fementido, a adj. treulos.
fenómeno m. Naturerscheinung; fig. Wunderkind.
feo, a adj. häßlich.
feraz f. fruchtbar, ergiebig.
féretro m. Sarg.
feria f. Jahrmarkt; **— de muestras** Mustermesse.
feriar v. ausruhen, nicht arbeiten.
fermentar v. zur Gärung bringen, gären; aufgehen (Teig); fig. unruhig werden.
ferocidad f. Wildheit, Grausamkeit.
feroz adj. wild, grausam.
férreo, a adj. eisern; hart.
ferretería f. Eisenwarengeschäft.
ferrocarril m. Eisenbahn.
ferroviario adj. Eisenbahn...; m. Eisenbahner.
fértil adj. fruchtbar.
fertilidad f. Fruchtbarkeit.
fertilizar v. fruchtbar machen.
fervor m. Inbrunst. Eifer.
festejar v. feiern.
festín m. Gastmahl.
festival m. Festspiel, Film-, Theater-, Musikfest.
festivo, a adj. festlich; lustig; scherzhaft.
fetidez f. Gestank.
fétido, a adj. stinkend.
feto m. Leibesfrucht.
fiado, a adj.: **al —**, auf Borg.
fiador m. Bürge.
fiambre m. kalte Speise.
fianza f. Bürgschaft.
fiar v. verbürgen; vertrauen; **fiarse de** sich jdm. anvertrauen, auf jdn. bauen.
fibra f. Faser; fig. Kraft.
fibroso, a adj. faserig.
ficticio, a adj. erdichtet, Schein...
ficha f. Telefon-, Spielmarke; Karteikarte.
fichero f. Registratur, Kartei.
fidedigno, a adj. glaubwürdig.
fidelidad f. Treue.
fideos m. pl. dünne Nudeln.
fiebre f. Fieber; **— intermitente** Wechselfieber.
fiel adj. (ge) treu; m. Züngelin an der Waage.
fieltro m. Filz.
fiera f. Raubtier.
fiesta f. Fest; Festtag.
figura f. Figur, Gestalt; Gesicht; Bild.
figurante m. Statist.
figurar v. darstellen; abbilden; vorkommen.
figurarse v. sich denken, einbilden.
figurativo, a adj. bildlich.
figurín m. Modebild.
fijador m. Fixiermittel; **baño —** Fixierbad.

fijar v. (be) festigen; festsetzen; fixieren (Fotos); **— carteles** Zettel ankleben.
fijarse v. achtgeben, aufpassen.
fijo, a adj. fest; sicher; bestimmt.
fila f. Reihe.
filamento m. Faser (ung).
filete m. Leiste.
filibustero m. Freibeuter.
Filipinas f. pl. Philippinen.
film, filme m. Film.
filmar v. (ver) filmen.
filón m. Erzader.
filósofo m. Philosoph.
filtrar v. seihen; filtrieren; **—se** durchsickern.
filtro m. Seihtuch, Filter; Liebestrank.
fin m. Ende, Ziel; Ausgang; **dar — a** vollenden; **al —, por —**, schließlich; **con el — de** damit.
final adj. schließlich; Schluß...; m. Ende; Schlußrunde.
finalidad f. Zweck.
finalizar v. beendigen.
finalmente adv. endlich.
financiar v. finanzieren.
financiero, a adj. Finanz...; Geld..., m. Finanzmann.
finar v. sterben.
finca f. Grundbesitz.
fineza f. Feinheit; Gefälligkeit.
fingido, a adj. verstellt, falsch.
fingir v. vorgeben; erdichten.
fingirse v. sich verstellen.
fino, a adj. fein; zart, dünn; höflich; schlau.
firma f. Unterschrift; Handelsfirma; **— en blanco** Blankounterschrift.
firmamento m. Himmelsgewölbe.
firmante m. Unterzeichner.
firmar v. unterzeichnen, unterschreiben.
firme adj. stark, sicher; beständig; fest.
fiscal m. Staatsanwalt.
fisgar v. spähen; verulken.
física f. Physik.
físico, a adj. physikalisch; m. Physiker.
fisión f.: **— nuclear** Kernspaltung.
fisura f. Spalt, Sprung Riß.
flaco, a adj. schlaff; mager.
flagelar v. geißeln.
flamear v. flammen.
flamenco, a adj. flämisch; zigeunerisch; m. Flame; Zigeuner; Flamingo (Vogel).
flaquear v. wanken.
flaqueza f. Schwäche; fig. Mutlosigkeit.
flato m. Blähung.
flauta f. Flöte.
flecha f. Pfeil; Zeiger.
fleje m. Faßreif.
fletamento m. Befrachtung.
fletar v. befrachten.
flete m. Fracht (geld).
flexible adj. biegsam; nachgiebig; m. elektrische Leitung.
flexión f. Biegung, Beugung.
flojo, a adj. schlaff, locker.
flor f. Blume, Blüte (zeit); fig. das Feinste; Rahm.
florecer v. blühen (auch fig.).
florero m. Blumenvase.
floricultor m. Blumenzüchter.
florista f. Blumenverkäuferin.
floristería f. Blumengeschäft.
flota f. Flotte.
flotable adj. schwimmend.
flotador m. Korkschwimmer.
flotar v. schwimmen; (in der Luft) schweben; flattern.
fluctuación f. Schwankung; Unentschlossenheit.

fluctuar v. schwanken, fig. unschlüssig sein.
fluctuoso, a adj. wogend.
fluido, a adj. flüssig; fließend (Stil); m. Fluidum.
fluir v. (ver) fließen.
flujo m. Flut; **— de sangre** Blutfluß.
fluvial adj. Fluß...; **pez —**, Süßwasserfisch.
foca f. Seehund, Robbe.
foco m. Brennpunkt.
fogón m. Küchenherd: **— de gas** Gaskocher.
fogonero m. Heizer.
fogoso, a adj. heftig. feurig.
follaje m. Laub (werk).
folletín m. Feuilleton.
folleto m. Broschüre.
follón m. adj. träge.
fomento m. Förderung, Schutz; Pflege.
fonda f. Wirtshaus.
fondear v. loten; ankern.
fondista m. Gastwirt.
fondo m. Grund; Hintergrund; Boden; Tiefe; **a —**, gründlich; **de bajo —**, seicht (Fluß).
fondos pl. Kapital. **— públicos** Staatspapiere.
fontanero m. Rohrleger.
forastero, a adj. fremd; m. Fremde(r), Zugereister(r).
fórceps m. Geburtszange.
forense adj. Gerichts...
forestal adj. Forst...
forja f. Schmiede.
forma f. Form, Gestalt; Patrone; **de — que so daß.
formación f. Aufstellung.
formal adj. förmlich; ernstlich; redlich.
formalizar v. ausfertigen.
formar v. bilden, formen.
formidable adj. furchtbar; fam. riesig.
formón m. Stemmeisen.
fórmula f. Formel.
formular v. formulieren; erheben (Einspruch).
formulario n. Formular.
fornido adj. stämmig.
foro m. Gerichtshof; Hintergrund (Bühne).
forraje m. Viehfutter.
forrar v. füttern.
forro m. Futter; Buchumschlag.
fortalecer v. befestigen; ermutigen.
fortaleza f. Kraft; Festung.
fortificar v. stärken, (be) festigen.
fortuito, a adj. zufällig.
fortuna f. Zufall, Schicksal; Glück; Vermögen.
forzamiento m. Gewalttätigkeit.
forzar v. zwingen; sprengen.
forzoso, a adj. notwendig, Zwangs...
fosa f. Grab.
fósforo m. Phosphor; Zündholz.
foso m. Grube; Versenkung; Festungsgraben.
foto f. fam. Photographie.
fotocopia f. Photokopie.
fotografía f. Photographie.
fotografiar v. photographieren.
fotográfico, a adj. photographisch.
fotógrafo m. Photograph.
fotómetro m. Lichtmesser.
fracasar v. zerbrechen; mißlingen, scheitern.
fracaso m. Unfall; Mißerfolg.

fracción f. Brechen, Bruch; Partei.
fraccionar v. zerteilen.
fractura f. Bruchstelle; Knochenbruch.
fragante adj. wohlriechend.
frágil adj. zerbrechlich; fig. gebrechlich; vergänglich.
fragmento m. Bruchstück.
fragua f. Schmiede.
fraguar v. schmieden; fig. ersinnen.
fraile m. Mönch.
frambuesa f. Himbeere.
francés adj. französisch; m. Franzose.
Francia f. Frankreich.
francmasón m. Freimaurer.
franco, a adj. frei; offen; — **de porte** portofrei; m. Frank(en) (Münze).
franela f. Flanell.
franja f. Franse.
franquear v. freimachen; frankieren (Briefe).
franqueza f. Offenherzigkeit.
franquicia f. Zollfreiheit.
frasco m. Flasche.
frase f. Phrase; Satz.
fraternidad f. Brüderlichkeit.
fraternizar v. sich verbrüdern.
fraterno, a adj. brüderlich.
fraude m. Betrug, Unterschleif.
fraudulento, a adj. betrügerisch.
fray m. Bruder (Mönchstitel).
frecuencia f. Häufigkeit; Wiederholung; Frequenz; **con —,** öfters.
frecuentar v. oft besuchen.
frecuente adj. häufig, oftmalig.
fregar v. wischen, scheuern.
fregona f. Scheuerfrau.
freír v. backen, braten.
frenar v. bremsen.
frenesí m. Wahnsinn.
freno m. Gebiß, Mundstück; Bremse (auch fig.); — **de pedal** Fußbremse; — **de aire comprimido** Druckluftbremse.
frente f. Stirn, m. Vorderseite; Front; **de —,** von vorn; **en —,** gegenüber.
fresa f. Erdbeere.
fresco, a adj. frisch; kühl; neu; lebhaft; fig. dreist; **pintura al —,** Freskomalerei.
frescor m. Kühle; fig. Frechheit.
fresquera f. Fliegenschrank.
frialdad f. Kälte (besonders Gefühls-).
fricción f. Abreibung.
frigorífico, a adj. Kühl...
frío, a adj. kalt; frostig; **sangre fría** Kaltblütigkeit; m. Kälte, Frost; **coger —,** sich erkälten; **tengo —,** mich friert.
frisar v. kratzen (Tuch).
frito, a adj. gebacken, gebraten; fig. fam. überdrüssig.
frívolo, a adj. leichtsinnig.
frontal adj. Vorder...
frontera f. Grenze.
fronterizo, a adj. angrenzend, Grenz...
frotación f. Reiben.
frotar v. (ab)reiben.
fructuoso, a adj. nützlich, einträglich.
frugal adj. einfach.
fruncir v. runzeln (die Stirn); falten.
fruslería f. Lappalie.
frustrar v. täuschen; Hoffnung; vereiteln; **—se** mißlingen, scheitern.

fruta f. Obst; Frucht.
frutal adj. Früchte tragend; **árbol —,** Obstbaum.
frutería f. Obsthandel.
frutero m. Obsthändler.
fruto m. Frucht, fig. Nutzen; Ertrag.
fuego m. Feuer; Herd; fig. Hitze. **fuegos artificiales** pl. Feuerwerk.
fuelle m. Blasebalg.
fuente f. Quelle; fig. Ursprung; Schüssel.
fuera adv. außen; heraus; **a —,** hinaus; **por —,** von außen; **¡— !,** hinaus!; — **de** außer; — **de eso,** außerdem.
fuero m. Vorrecht; fig. Stolz.
fuerte adj. stark; kräftig; laut; **precio —,** Ladenpreis; m. Fort, Festung.
fuerza f. Kraft, Gewalt; **a viva —,** aus Kräften; — **mayor** höhere Gewalt.
fuga f. Flucht.
fugarse v. (ent)fliehen.
fugaz adj. flüchtig.
fugitivo, a adj. fliehend; m. Flüchtling.
fulano, a adj. ein gewisser.
fulgente adj. glänzend.
fulminante adj. sehr heftig; plötzlich; Spreng...; m. Zündhütchen.
fulminar v. schleudern; sofort töten; bestrafen.
fumadero m. Rauchzimmer.
fumador m. Raucher.
fumar v. rauchen.
fumista m. Ofensetzer.
función f. Verrichtung; Funktion; Betrieb, Tätigkeit; Gang; Theatervorstellung.
funcionamiento m. Gang, Funktionieren.
funcionar v. funktionieren, gehen.
funcionario m. Staatsbeamte(r).
funda f. Überzug, Futteral.
fundación f. Gründung.
fundador m. Gründer, Stifter.
fundamental adj. hauptsächlich, Grund...
fundamentar v. gründen; sicherstellen.
fundamento m. Grund, Basis.
fundar v. (be)gründen.
fundente m. Schmelzmittel.
fundible adj. schmelzbar.
fundición f. Gießen; Gießerei.
fundir v. einschmelzen; gießen.
fúnebre adj. Leichen...; düster; **marcha —,** Trauermarsch.
funeral m. Leichenbegängnis.
fungoso, a adj. schwammig.
funicular adj.: **ferrocarril —,** Drahtseilbahn.
furgón m. Gepäckwagen.
furgoneta f. Gepäck-, Laderaum (im Auto).
furia f. Raserei; Tollwut.
furibundo, a adj. wütend, rasend.
furioso, a adj. wütend; heftig.
furor m. Wut; Zorn.
furtivo, a adj. verstohlen.
fusible adj. schmelzbar; **elektrische Sicherung.**
fusil m. Flinte, Gewehr.
fusilamiento m. Erschießen.
fusilar v. (kriegsrechtlich) erschießen.
fusilazo m. Gewehrschuß.
fusión f. Schmelzen.
fustigar v. peitschen.
fútbol m. Fußball.
futbolista m. Fußballspieler.
fútil adj. unwichtig.
futuro, a adj. (zu)künftig; m. Bräutigam; Futur(um).

gabán m. Mantel.
gabardina f. Jacke; Gabardine (Stoff).
gabinete m. Kabinett.
gacela f. Gazelle.
gaceta f. (Staats-) Zeitung.
gacho, a adj. gebeugt.
gafas f. pl. Brille (ngestell); — **de sol** Sonnenbrille.
gaita f. Dudelsack.
gaje m. Lohn, Gehalt; Gage.
gajo m. Büschel; Zweig.
gala f. Festkleid, Ausschmückung; **de —,** festlich gekleidet; **in Gala.**
galafate m. Gauner.
galán m. Liebhaber.
galano, a adj. prächtig; nett.
galante adj. fein, höflich.
galantear v. den Hof machen.
galantería f. Höflichkeit.
galanura f. Schmuck.
galápago m. Schildkröte.
galardón m. Lohn.
galena f. Bleiglanz.
galera f. Galeere.
galería f. Gang; Galerie; Stollen.
galga f. Radbremse.
galgo m. Windhund.
galicoso, a adj. venerisch.
galocha f. Überschuh.
galón m. Litze, Borte.
galopante adj. galoppierend.
galopar v. galoppieren.
galope m. Galopp.
galopo m. Schurke.
galvánico, a adj. galvanisch.
galvanizar v. galvanisieren.
gallardo, a adj. stattlich.
gallego, a adj. galizisch.
galleta f. Zwieback, Keks.
gallina f. Henne; fam. Feigling; — **ciega** Blindekuhspiel.
gallinero m. Hühnerhändler; Hühnerstall.
gallo m. Hahn; fig. falscher Ton.
gama f. Damtier; Tonleiter; Farbenskala.
gamberro m. Flegel, Raufbold.
gamuza f. Gemse; Sämischleder.
gana f. Verlangen, Lust; Eßlust; **de buena —,** gern.
ganadería f. Viehzucht; Stierzüchterei.
ganadero m. Viehzüchter.
ganado m. Vieh; — **vacuno** Rindvieh.
ganador m. Gewinner, Sieger.
ganancia f. Gewinn, Erwerb.
ganar v. gewinnen; erlangen; verdienen; — **la meta** das Ziel erreichen.
gancho m. Haken; Häkelnadel.
ganga f. taubes Gestein; fig. Glück; Gelegenheitskauf.
ganoso, a adj. begierig.
ganso m. Gans.
ganzúa f. Dietrich.
gañir v. heulen (Hund).
garaje m. Garage.
garante m. Bürge.
garantía f. Bürgschaft, Sicherheit.
garantizar v. gewährleisten.
garapiñar v. glasieren.
garbanzo m. Kichererbse.
garbo m. Anmut; Tapferkeit.

garboso, a adj. anmutig, stattlich.
garfa f. Kralle, Klaue.
gargajo m. Schleim, Auswurf.
garganta f. Kehle, Hals, Engpaß.
gárgara f.: **hacer gárgaras** gurgeln.
garita f. Schilderhaus.
garra f. Klaue, Kralle.
garrafa f. Karaffe.
garrocha f. Wurfspieß, Pike.
garrote m. Knüttel; Würgschraube; **dar —,** erwürgen.
garza f. Elster; — **real** Reiher.
gas m. Gas, Leuchtgas; — **pobre** Wassergas.
gasa f. Gaze.
gaseiforme adj. gasförmig.
gaseoducto m. Gasleitung.
gaseosa f. Sodawasser.
gasolina f. Benzin, Treibstoff.
gasómetro m. Gasmesser.
gastar v. ausgeben; auslegen (Geld); aufwenden; abnutzen; verzehren; tragen; — **bromas** Spaß treiben.
gasto m. Ausgabe; Kosten; Verbrauch; Unkosten.
gástrico, a adj. Magen...
gata f. Katze; **a —s** auf allen vieren.
gatear v. klettern; zerkratzen.
gatillo m. Gewehrhahn.
gato m. Katze; Kater; Hebewinde. [Gaucho (Hirt)
gaucho m. südamerikanischer
gavia f. Mastkorb.
gaviota f. Möwe.
gazapo m. Kaninchen.
gema f. Knospe; Gemme; **sal —** Steinsalz.
gemelo, a adj.: **hermano —,** Zwillingsbruder; Manschettenknopf; **gemelos** pl. Opernglas.
gemido m. Jammern, Wimmern.
gemidor v. wimmern, stöhnen.
generador m. Stromerzeuger, Generator.
general adj. allgemein; **en —,** **por lo —,** im allgemeinen; überhaupt; m. General, Feldherr.
generalidad f. Allgemeinheit; **—es** pl. allgemeine Redensarten.
generalizar v. verallgemeinern.
generalizarse v. allgemein werden. [bringen
generar v. (er)zeugen; hervor-
género m. Geschlecht, Art und Weise; Stoff, Ware; Handelsartikel.
generosidad f. Seelengröße; Freigebigkeit.
generoso, a adj. edelmütig; freigebig.
genial adj. angeboren; eigentümlich.
genio m. natürliche Anlage; Charakter; Genie.
genital adj. Zeugungs...; **—es** m. pl. Geschlechtsteile.
genitivo, a adj. zeugungsfähig; m. Genitiv.
gente f. Volk, Leute; — **del hampa** Lumpengesindel.
gentil adj. niedlich; artig; heidnisch.
gentileza f. Anmut.
gentilhombre m. Edelmann.
gentío m. Menschenmenge, Volksgedränge.
genuino, a adj. unverfälscht.
geólogo m. Geolog(e).
gerencia f. Geschäftsleitung.
gerente m. Geschäftsführer, Leiter.
germanófilo, a adj. deutschfreundlich.
germen m. Keim (auch fig.).

germinar v. keimen; sich entwickeln.
gestear v. gestikulieren.
gesticulación f. Gebärdenspiel.
gestión f. Betreibung, Handhabung; hacer gesticulaciones Schritte unternehmen.
gestionar v. betreiben; unterhandeln.
gesto m. Geste, Miene, Gebärde.
giba f. Höcker, Buckel.
gigante m. Riese.
gigantesco, a adj. riesenhaft.
gimnasia f. Turnkunst, Gymnastik.
gimnasio m. Turnhalle.
gimotear v. winseln.
ginebra f. Wachholderbranntwein.
ginecólogo m. Frauenarzt, Gynäkologe.
giraldilla f. Wetterfahne.
girar v. sich drehen; umlaufen; in Umlauf bringen; girieren; ausstellen (Wechsel): — contra ziehen auf (Wechsel).
girasol m. Sonnenblume.
giratorio, a adj. drehend, Dreh...
giro m. Drehung; Kreislauf; Wechsel; — postal, Postscheck.
gitanesco, a adj. zigeunerhaft; schlau.
gitano, a adj. zigeunerhaft; m. Zigeuner.
glacial adj. eiskalt; gefroren: Océano —, Eismeer.
glaciar m. Gletscher.
glándula f. Drüse.
globo m. Kugel; Erdball; — aerostático Luftballon; en —, im ganzen, pauschal.
glóbulo m. Kügelchen; Blutkörperchen.
gloria f. Himmelreich; Ruhm; Herrlichkeit.
glorificarse v. sich rühmen.
glorificar v. verherrlichen; rühmen.
glorioso, a adj. glorreich; selig.
glosa f. Auslegung; Glosse.
glosar v. auslegen; erläutern.
glosario m. Glossar.
glotón m. Fresser, Vielfraß.
glucosa f. Traubenzucker.
gluten m. Klebstoff.
glutinoso, a adj. klebrig.
gobernación f. Regierung; Ministerio de la Gobernación Ministerium des Innern.
gobernador m. Statthalter, Gouverneur.
gobernar v. regieren; steuern; (be-)herrschen.
gobierno m. Regierung.
goce m. Genuß.
gola f. Kehle.
golfo m. Meerbusen; Golfspiel; fam. Straßenjunge.
golondrina f. Schwalbe.
golosear v. naschen.
goloso, a adj. naschhaft.
golpe m. Schlag, Stoß; fig. Schicksalsschlag; Einfall; — de Estado Staatsstreich; a golpes, stoßweise; de—, plötzlich.
golpear v. schlagen, stoßen.
goma f. Gummi, Radiergummi; fam. Stutzerei.
gomoso, a adj. gummiartig; m. Geck.
góndola f. Gondel.
goniómetro m. Winkelmesser.
gordo, a adj. dick; grob (Fehler); premio —, Haupttreffer.
gordura f. Fett(leibigkeit).
gorjear v. trillern.
gorra f. Mütze, Kappe.
gorrino m. Spanferkel.

gorrión m. Spatz, Sperling.
gota f. Tropfen; Gicht; a gotas, — a — tropfenweise.
goteado, a adj. getüpfelt.
gotear v. tröpfeln.
gotera f. Dachtraufe.
gozar v. genießen.
gozne m. Scharnier.
gozo m. Freude, Genuß.
gozoso, a adj. fröhlich; esperar —, sich freuen auf.
grabado m. Kupferstich; Abbildung; Bild; — en madera Holzschnitt; — al agua fuerte Radierung.
grabador m. Graveur, Kupferstecher.
grabación f. Gravierung; Schallplatten- od. Bandaufnahme.
grabar v. gravieren; aufnehmen (auf Band oder Schallplatten).
gracia f. Gnade; Anmut; Grazie; caer en —, gefallen; ¡gracias! danke!
gracioso, a adj. graziös; anmutig; witzig; m. Spaßmacher.
grada f. (Treppen-)Stufe, Egge.
gradar v. eggen.
grado m. Stufe, Grad; Rang; de buen —, gutwillig.
graduación f. Gradeinteilung; Abstufung.
graduador m. Gradmesser.
gradual adj. abgestuft.
graduar v. abstufen; nach Graden abmessen; akademische Würde verleihen.
grafarreportaje, grafarreporte m. Bildbericht, -reportage.
gráfica f. Schema, graphische Darstellung.
gráfico, a adj. graphisch; anschaulich.
grajea f. Dragée.
gramática f. Grammatik, Sprachlehre.
gramo m. Gramm.
gramófono m. Grammophon.
gran adj. s. grande; Gran Bretaña f. Großbritannien.
granada f. Granatapfel; Granate; — de mano Handgranate.
grande adj. groß(artig); hoch; erwachsen; bedeutend; en —, im großen; — de España m. spanischer Grande.
grandemente adv. sehr; ungeheuer.
grandeza f. Größe, Pracht; Wichtigkeit.
grandilocuencia f. hochtrabende Redeweise.
grandiosidad f. Großartigkeit, Pracht.
grandioso, a adj. grandios, großartig.
granear v. körnen; säen.
granel m.: a —, Ware: lose.
granizada f. Hagelschauer; fig. Menge.
granizar v. hageln.
granizo m. Hagel (-schauer).
granja f. Meierei; Milchladen; Erfrischungshalle.
grano m. Korn; Kern; Kaffeebohne; granos pl. Getreide.
granuja m. fam. Schuft.
granular adj. körnig; v. körnen, granulieren.
grapa f. Krampe.
grasa f. Fett.
grasiento, a adj. fettig; schmierig.
graso, a adj. fettig; schmierig.
gratificar v. belohnen, vergüten.
gratis adv. unentgeltlich.
gratitud f. Dankbarkeit.
grato, a adj. dankbar; angenehm. [gratis.
gratuito, a adj. unentgeltlich,

gratulación f. Glückwunsch, Gratulation.
gratular v. gratulieren.
grava m. Schottersand, Kies.
gravar v. belasten; lasten auf.
grave adj. schwer; ernst; wichtig; gefährlich.
gravedad f. Ernst; Gefährlichkeit.
gravitación f. Schwerkraft.
gravitar v. belasten.
Grecia f. Griechenland.
greda f. Kreide, Ton.
gremial adj. genossenschaftlich.
gremio m. Zunft, Genossenschaft, Verein.
gresca f. Lärm, Streit.
griego, a adj. griechisch; m. Grieche.
grieta f. Spalte; Riß.
grifo m. Hahn (Wasser).
grillo m. Grille.
gripe f. Grippe.
gris adj. grau.
gritar v. schreien; rufen.
grito m. Schrei; dar gritos schreien.
grosella f. Johannisbeere.
grosería f. Grobheit.
grosero, a adj. grob; ungebildet.
grosor m. Dicke.
grúa f. Kran.
gruesa f. Gros.
grueso, a adj. dick; groß; mar gruesa aufgeregtes Meer; m. Dicke; Hauptteil.
gruñido m. Grunzen, Knurren.
gruñir v. grunzen (Schwein); brummen (Bär); knurren (Hund); fig. murren.
grupo m. Gruppe, Menge.
gruta f. Grotte.
guadaña f. Sense.
guadañar v. mähen.
gualdo, a adj. goldgelb.
guante m. Handschuh.
guapo, a adj. hübsch; nett.
guarda m. Wächter, Wache; Hüter; Wache; fig. Schutz.
guardaagujas m. Weichensteller.
guardabarrera m. Bahnwärter.
guardabosque m. Förster.
guardabrisa f. Schutzglas (Auto).
guardacostas m. Küstenwachtschiff.
guardafrenos m. Bremser.
guardameta m. Torwart.
guardapolvo m. Schirmdach; Staubmantel.
guardar v. verwahren; behalten; beschützen; — dinero Geld sparen; — silencio schweigen; — cama das Bett hüten; guardarse sich hüten.
guardarropa m. Kleiderkammer; Garderobe; Kleiderablage.
guardasol m. Sonnenschirm.
guardavía m. Bahnwärter.
guardia f. Wache; — civil Gendarm; — municipal Schutzmann; estar de —, Wache stehen.
guardián m. Hüter.
guardilla f. Dachstube.
guarecer v. verwahren, aufheben; Obdach gewähren.
guarnecer v. ausrüsten; einfassen; ausstaffieren; übertünchen.
guarnición f. Garnierung; Garnison; Garnitur.
guasa f. Spaß, Witz.
guata f. Watte (zum Abfüttern).
gubernamental adj. Regierungs...
guerra f. Krieg; declarar la —, den Krieg erklären.
guerrear v. Krieg führen; kämpfen.

guerrero, a adj. kriegerisch; m. Krieger.
guerrilla f. Kleinkrieg.
guerrillero m. Freischärler.
guía m. f. Führer, Wegweiser; Fremdenführer; Reisehandbuch; — telefónica Telefonbuch.
guiar v. führen; den Weg weisen; lenken (Wagen); guiarse por sich richten nach.
guijarro m. Kiesel.
guinda f. Sauerkirsche.
guiño m. Augenwink.
guión m. Bindestrich.
guirnalda f. Girlande.
guisante m. Erbse.
guisar v. kochen; zurechtmachen.
guitarra f. Gitarre.
guitarrista m. Gitarrenspieler.
gula f. Gefräßigkeit.
gusano m. Wurm; — de seda Seidenraupe; — de luz Leuchtkäfer.
gustar v. kosten, schmecken, gefallen, belieben; — de beber gern trinken.
gusto m. Geschmack; Vergnügen; Laune; a — nach Belieben; con mucho —, sehr gern.
gustoso, a adj. vergnügt; bereitwillig.
gutural adj. Kehl...

haba f. Schweinebohne.
haber v. haben; (da)sein (Hilfszeitwort); bekommen; — de sollen; müssen; hay es gibt; no hay de qué keine Ursache; bitte! (als Antwort); no hay tal es ist nicht wahr; m. Habe(n); Guthaben; haberse pl. Güter.
hábil adj. geschickt, fähig.
habilidad f. Fähigkeit, Geschicklichkeit.
habilitado m. Bevollmächtigte(r).
habilitar v. befähigen.
habitación f. Wohnung; Zimmer, Stube.
habitante m. Bewohner, Einwohner (einer Stadt od. eines Landes).
habitar v. (be)wohnen.
habitual adj. gewöhnlich, geläufig.
habituar v. (an)gewöhnen.
habitud f. Verhältnis; Gewohnheit.
habla f. Sprache; Rede (-weise).
hablador, a adj. geschwätzig.
hablar v. sprechen, sagen, reden.
hacedor m. Schöpfer (Gott.).
hacendista m. Finanzmann.
hacendoso, a adj. arbeitsam; haushälterisch.

hacer v. machen, tun; ausführen; **hace 3 días** vor 3 Tagen; **— reír** zum Lachen reizen; **— calor** warm sein; **hacerse a sich gewöhnen an; hacerse de noche** Nacht werden; **hacerse a la mar** in See stechen; **hacerse atrás** zurücktreten; **hacerse viejo** alt werden.

hacia prep. gegen; auf... zu; **— atrás** rückwärts! **— aquí** herzu, hierher; **— fuera** nach außen; **— las tres** ungefähr um 3 Uhr.

hacienda f. Landgut; Finanzwesen; **Ministerio de Hacienda** Finanzministerium.

hacha f. Fackel; Beil, Axt.

hada f. Fee, Zauberin.

halagar v. schmeicheln; gefallen.

halago m. Schmeichelei.

halagüeño, a adj. schmeichelnd, lockend.

halcón m. Falke.

hallar v. finden.

hallarse v. sich befinden.

hallazgo m. Entdeckung, Fund.

hamaca f. Hängematte.

hambre f. Hunger; fig. Verlangen.   [begierig.

hambriento, a adj. hungrig; fig.

hangar m. Hangar, Flugzeugschuppen.

haraganear v. faulenzen.

harapo m. Fetzen.

harina f. Mehl.

harpillera f. Sackleinen.

hartar v. sättigen; befriedigen.

harto, a adj. satt; fig. überdrüssig.

hasta prep. bis; sogar; **¡— la vista!**, auf Wiedersehen!; **— que** bis daß.

hastiar v. anekeln.

hastío m. Ekel.

hato m. Bündel; Herde.

haya f. Buche.

haz m. Garbe; Bündel; Vorderseite, rechte Seite; **a dos haces** fam. zweideutig.

hazaña f. Heldentat.

hebilla f. Schnalle.

hebra f. Faden.

hebraico, a adj. hebräisch.

hectárea f. Hektar.

hechicero, a adj. bezaubernd; m. Zauberer, Hexer.

hechizar v. ver-, bezaubern.

hechizo m. Zauberei.

hecho, a adj. gemacht; **ropa hecha** Fertigkleidung; m. Tat; **al —**, zur Sache; **de —**, tatsächlich.

hechura f. Form; Machart; Ausführung.

heder v. stinken.

hedor m. Gestank.

helado, a adj. gefroren; kalt; fig. starr; m. Gefrorenes, Eis.

heladora f. Kühlschrank, Eismaschine.

helar v. gefrieren machen; fig. erschrecken.

helarse v. gefrieren; erfrieren.

hélice f. Schiffsschraube; Propeller.

hembra f. Weibchen; Frau; Öhr, Öse; Matrize.

hembrilla f. Schlinge; Schraubenmutter.

hemiciclo m. Halbkreis.

hemisferio m. Halbkugel.

hemorragia f. Blutsturz.

henchir v. (an)füllen.

hender v. spalten, reißen.

heno m. Heu.

heraldo m. Herold.

herbaje m. Weide, Grasfutter.

herboso, a adj. grasig.

heredad f. Erbgut.

heredar v. (be)erben, vererben.

heredero, a adj. erblich. Erb..., m. Erbe.

hereditario, a adj. erblich.

hereje m. Ketzer.

herencia f. Erbschaft.

herético, a adj. ketzerisch.

herida f. Wunde; Verwundung (auch fig.).

herir v. verwunden; fig. kränken.

hermana m. Schwester.

hermanarse v. sich verbrüdern, sich vereinigen.

hermanastra f. Stiefschwester.

hermanastro m. Stiefbruder.

hermandad f. Bruderschaft, Verbrüderung.

hermano, a adj. gleich (artig); m. Bruder.

hermético, a adj. hermetisch.

hermoso, a adj. schön.

hermosura f. Schönheit.

hernia f. Bruch.

héroe m. Held.

heroico, a adj. heldenhaft.

herpe f. (Haut-) Flechte.

herradura f. Hufeisen.

herraje m. Eisenbeschlag.

herramienta f. Werkzeug.

herrar v. mit Eisen beschlagen.

herrería f. Schmiede.

herrero m. Schmied.

herrete m. Schnürsenkel.

herrín m., **herrumbre** f. Eisenrost.

hervir v. kochen, sieden; brausen.

hervor m. Sieden; fig. Hitze.

hesitar v. zögern.

hez f. Hefe; Abschaum.

hidalgo m. Ritter.

hidráulico, a adj. hydraulisch; **rueda hidráulica** Wasserrad.

hidroavión m. Wasserflugzeug.

hidrofobia f. Wasserscheu; Tollwut.

hidrógeno m. Wasserstoff.

hidrómetro m. Regenmesser.

hiedra f. Efeu.

hiel f. Galle; fig. Groll.

hielo m. Eis; Frost.

hierba f. Gras; **mala —**, Unkraut; **hierbas** pl. Heilkräuter.

hierbabuena f. Minze.

hierro m. Eisen; **— en bruto** Roheisen; **— fundido** Gußeisen.

hígado m. Leber.

higiene f. Gesundheitslehre.

higo m. Feige.

hija f. Tochter.

hijastra f. Stieftochter.

hijastro m. Stiefsohn.

hijo m. Sohn.

hijuela f. Erbschaftsverzeichnis; Pflichtteil.

hilada f. Reihe; Lage, Schicht.

hilado m. Gespinst.

hilar v. spinnen; fig. einfädeln.

hilera f. Reihe.

hilo m. Faden, Garn; **— metálico** Draht.

hilvanar v. heften.

himno m. Hymne.

hincar v. einschlagen.

hinchado, a adj. geschwollen; fig. aufgeblasen; schwülstig (Stil). (an)schwellen; sich blähen.

hinchazón f. Geschwulst.

hipnosis f. Hypnose.

hipo m. Schluckauf.

hipocresía f. Heuchelei.

hipócrita adj. heuchlerisch; m. Heuchler.

hipódromo m. (Pferde-) Rennbahn.

hipopótamo m. Nilpferd.

hipoteca f. Hypothek, Pfandverschreibung.

hipotecario, a adj. pfandrechtlich, Hypotheken...

hirsuto, a adj. struppig.

hispano, a adj. spanisch...

histerismo m. Hysterie.

historia f. Geschichte.

historiador m. Geschichtsschreiber.

histórico, a adj. geschichtlich; fig. sicher.

hito m. Grenzstein, Ziel.

hocico m. Rüssel; Schnauze **estar de —,** schmollen.

hogar v. Herd; fig. Heim.

hoguera f. Scheiterhaufen.

hoja f. Blatt; Klinge; Flügel (einer Tür); **— de lata** Blech.

hojalata f. Blech.

hojalatero m. Klempner.

hojaldrar v. blättern (Teig).

hojaldre m. Blätterteig.

hojear v. blättern! durchblättern.

¡hola! interj. he! hallo!

Holanda f. Holland.

holandés, a adj. holländisch.

holgado, a adj. weit; bequem.

holganza f. Müßiggang.

holgar v. müßig sein; ausruhen.

holgazanear v. faulenzen.

hollar v. betreten.

hombre m. Mensch; Mann.

hombrera f. Achselklappe.

hombro m. Schulter.

homenaje m. Ehrerbietung.

homicida adj. mörderisch; m. Mörder.

homicidio m. Mord.

honda f. Schleuder.

hondear v. loten.

hondo, a adj. tief; m. Tiefe.

hondura f. Tiefe (auch fig.).

honestidad f. Ehrbarkeit.

honesto, a adj. ehrbar, sittsam.

hongo m. Schwamm; Pilz; **sombrero —,** steifer Hut.

honor m. Ehre; **tengo el —,** ich beehre mich.

honorable adj. ehrenwert; ansehnlich.

honorario, a adj. ehrenvoll; **honorarios** m. pl. Honorar.

honorífico, a adj.: **cargo —,** Ehrenamt.

honra f. Ehre; Gunst; **honras** pl. Letzte Ehre.

honradez f. Ehrlichkeit, Rechtschaffenheit.

honrado, a adj. ehrlich; rechtschaffen.

honrar v. (ver)ehren; beehren; Geld: einlösen.

honroso, a adj. achtbar.

hora f. Stunde; Uhr; Zeitpunkt; **dar la —,** schlagen (Uhr); **¿qué — es?,** wie spät ist es?; **por horas** stundenweise.

horario m. Stundenzeiger; Stundenplan.

horca f. Galgen; Forke.

horchata f. Mandelmilch; Limonade; **de chufa** Erdmandelmilch.

horizonte m. Horizont; fig. Gesichtskreis.

hormiga f. Ameise.

hormigón m. Mörtel, Beton; **— armado** Eisenbeton.

hormiguear v. jucken; wimmeln.

hormiguero m. Ameisenhaufen; Menschengewühl.

hornero m. Bäcker.

hornillo m. kleiner Backofen; **de gas** Gaskocher.

horno m. Backofen; Bäckerei; **alto —,** Hochofen; **— de fusión** Schmelzofen.

horquilla f. Heugabel; Haarnadel.

horrendo, a adj. greulich.

horrible adj. schrecklich, grauenvoll.

horripilante adj. schauderhaft; haarsträubend.

horror m. Schrecken; Abscheu, Greuel(tat).

horroroso, a adj. entsetzlich; abstoßend.

hortaliza f. Gemüsepflanzen.

horticultor m. Gärtner.

hospedaje m. Beherbergung; Kostgeld.

hospedar v. beherbergen.

hospedero m. Wirt.

hospicio m. Armenhaus.

hospital m. Krankenhaus.

hospitalario, a adj. gastlich; Spital...

hospitalidad f. Gastfreundschaft.

hostia f. Hostie.

hostil adj. feindlich.

hotel m. Hotel, Gasthof; Privathaus.

hotelero m. Hotelier.

hoy adv. heute; jetzt; **— (en) día** heutzutage; **de — en adelante,** von heute an; **de — en ocho días** heute über acht Tage.

hoyo m. Grube; Grab.

hoz f. Sichel.

hucha f. Sparbüchse.

hueco, a adj. hohl; locker; eingebildet; m. Zwischenraum.

huelga f. Streik; **declararse en —,** streiken.

huelguista m. Streiker.

huella f. Spur; Fährte.

huérfano, a adj. verwaist, m. Waise.

huero, a adj. unbefruchtet fig. leer, gehaltlos.

huerta f. Fruchtgarden; Bewässerungsgebiet.

huerto m. Obst-, Gemüsegarten.

hueso m. Knochen; Kern (Obst); fig. Schwierigkeit.

huésped m. Mieter; Gast; **casa de huéspedes** Pension.

hueva f. Fischlaich.

huevera f. Eierbecher.

huevero m. Eierhändler.

huevo m. Ei; **huevos estrellados** Setzeier; **huevos revueltos** Rühreier.

huida f. Flucht.

huir v. fliehen; fortlaufen; vermeiden.

hule m. Wachstuch.

hulla f. Steinkohle.

humanidad f. Menschheit; Menschlichkeit, Mitgefühl.

humanista m. Humanist.

humano, a adj. menschlich; mitleidig.

humear v. rauchen; dampfen.

humedad f. Feuchtigkeit.

humedecer v. anfeuchten.

húmedo, a adj. feucht.

humildad f. Demut.

humilde adj. demütig; bescheiden.

humillar v. demütigen.

humo m. Rauch.

humor m. Laune; Humor; **de mal —,** schlecht gelaunt.

humorismo m. humoristischer Stil, Humor.

humorista m. Humorist.

hundido, a adj. eingefallen.

hundir v. versenken; eindrücken.

hundirse v. versinken.

húngaro, a adj. ungarisch; m. Ungar.
Hungría f. Ungarn.
huracán m. Orkan.
huraño, a adj. mürrisch.
hurgar v. umrühren.
hurtar v. stehlen; rauben.
hurto m. Diebstahl; gestohlenes Gut; **a —,** heimlich.
husmear v. beschnüffeln; wittern; nachspüren.
huso m. Spindel.

ibérico, a, ibero, a adj. iberisch; m. Iberer, Spanier.
Iberoamérica f. Südamerika.
Ictiología f. Fischkunde.
ida f. Gehen; Weg; **idas y venidas** Hin- und Herlaufen; **— y vuelta** Hinund Rückfahrt.
idea f. Idee, Vorstellung; Absicht; Begriff.
ideal adj. idealistisch; m. Ideal.
idealista adj. idealistisch; m. Idealist.
idealizar v. idealisieren.
idear v. ausdenken.
idéntico, a adj. identisch.
identidad f. Identität; **carnet de —,** Kennkarte.
identificar v. identifizieren.
idílico, a adj. idyllisch; gemütlich.
idioma m. Sprache.
idiota adj. blöd; m. Blödsinniger(r), Idiot.
idolatrar v. vergöttern.
idóneo, a adj. tauglich.
iglesia f. Kirche.
ignición f. Zündung.
ignominia f. Schmach.
ignorancia f. Unwissenheit.
ignorar v. nicht wissen, nicht kennen.
ignoto, a adj. unbekannt.
igual adj. gleich(mäßig); eben.
igualar v. (an)geichen.
igualdad f. Gleichheit.
ilativo, a adj. folgernd.
ilegal adj. gesetzwidrig.
ilegible adj. unleserlich.
ilegítimo adj. unerlaubt; ungesetzlich; unehelich.
ilícito, a adj. unerlaubt.
ilimitado, a adj. unbegrenzt.
iluminación f. Illumination; Beleuchtung; Ausmalung.
iluminado, a adj. erhellt; fig. aufgeklärt.
iluminar v. beleuchten; belehren; kolorieren.
ilusión f. Illusion, Täuschung; **hacer —,** Spaß machen.
ilusionar v. täuschen.
iluso, a adj. betrogen.
ilusorio, a adj. betrügerisch.
ilustración f. Erklärung; Abbildung.
ilustrado, a adj. illustriert; fig. gebildet.
ilustrar v. ilustrieren; bilden.
ilustre adj. berühmt; erlaucht (Titel).
imagen f. Bild(nis).
imaginación f. Einbildungskraft; Phantasie.
imaginar v. ersinnen; vorstellen.
imaginario, a adj. eingebildet; imaginär.
imaginativa f. Einbildungskraft.

imán m. Magnet.
imbécil adj. blöd; dumm.
imborrable adj. unauslöschlich.
imitación f. Nachahmung.
imitar v. nachahmen, nachmachen.
imitativo, a adj. nachahmend.
impaciencia f. Ungeduld.
impacientarse v. die Geduld verlieren.
impaciente adj. ungeduldig.
impar v. ungleich; ungerade (Zahl).
imparcial adj. unparteiisch.
impasible adj. gefühllos.
impavidez f. Unerschrockenheit.
impávido, a adj. unerschrocken, tapfer.
impecable adj. tadellos.
impedimento m. Hindernis.
impedir v. aufhalten, hindern.
impeler v. stoßen; treiben; anspornen; bewegen.
impenetrable adj. undurchdringlich.
impensado, a adj. unerwartet.
imperar v. herrschen; regieren.
imperativo, a adj. gebieterisch; m. Imperativ.
imperceptible adj. unmerklich.
imperdible adj. unverlierbar; m. Sicherhetsnadel.
imperfecto, a adj. unvollkommen; m. Imperfekt.
imperial adj. Kaiserlich; f. Verdecksitz.
imperio m. Kaisertum, -reich; Herrschaft; Empire.
impermeable adj. undurchdringlich; dicht; m. Regenmantel.
impertinencia f. Unverschämtheit. [dreist.]
impertinente adj. ungehörig;
imperturbable adj. unerschütterlich.
impetu m. Ungestüm.
impetuoso, a adj. heftig; ungestüm.
impío, a adj. gottlos.
implantar v. einpflanzen; fig. festsetzen; einführen.
implicar v. verflechten; einbegreifen; enthalten.
implícito, a adj. einbegriffen.
implorar v. anrufen; inständig bitten.
imponente adj. gewaltig, imposant; m. Einleger (Bank).
imponer v. auferlegen (Steuern); einflößen (Furcht); einlegen (Geld).
importación f. Einfuhr, Import.
importador m. Importhändler.
importancia f. Wichtigkeit; Bedeutung; Ansehen.
importante adj. wichtig; wesentlich.
importar v. wichtig sein; betragen; einführen, importieren.
importe m. Betrag, Summe.
importunar v. belästigen.
imposibilidad f. Unmöglichkeit.
imposible adj. unmöglich.
imposición f. Steuerauflage; Geldeinlage.
impotente adj. unvermögend; (zeugungs)unfähig.
imprecar v. verwünschen.
impregnar v. (durch)tränken; imprägnieren (Stoff).
imprenta f. Druck; Buchdruckerei.
imprescindible adj. unumgänglich, unerläßlich.
impresión f. Druck; Abdruck (Siegel); fig. Wirkung, Eindruck.
impresionar v. Eindruck machen, einwirken; belichten (Film).
impreso, a adj. gedruckt; m. Drucksache.

imprevisto, a adj. unvorhergesehen.
imprimir v. drucken; fig. einprägen.
improbable adj. unwahrscheinlich.
ímprobo, a adj. unredlich; mühsam.
impropio, a adj. unschicklich, unpassend.
improvisar v. improvisieren.
improviso, a adj. unvorhergesehen: **de —,** unvermutet.
imprudente adj. unklug.
impudente adj. schamlos.
impuesto m. Abgabe; Gebühr; Steuer.
impugnar v. bestreiten.
impulsar v. antreiben; bewegen.
impulsivo, a adj. (an)treibend; fig. heftig.
impulso m. Stoß, Antrieb, Anstoß, Anregung.
impune adj. straflos.
impuro, a adj. unrein.
imputar v. anschuldigen.
inaccesible adj. unzugänglich.
inactivo, a adj. untätig.
inadmisible adj. unzulässig.
inadvertencia f. Unaufmerksamkeit.
inaguantable adj. unerträglich.
inalterable adj. unveränderlich.
inanimado, a adj. leblos.
inarrugable adj. knitterfrei.
inasequible adj. unerreichbar.
inaudito, a adj. unerhört.
inauguración f. Eniweihung.
inaugurar v. einweihen; eröffnen.
incandescente adj. weißglühend; **luz —,** Glühlicht.
incapacidad f. Untauglichkeit.
incapaz adj. unfähig.
incauto, a adj. unvorsichtig.
incendiar v. anzünden; in Brand stecken.
incendio m. Feuersbrunst, Brand; fig. Glut.
incertidumbre f. Ungewißheit, Zweifel.
incesto m. Blutschande.
incidente m. Vor-, Zwischenfall; **por —,** beiläufig.
incienso m. Weihrauch; fig. Schmeichelei.
incierto, a adj. unsicher.
incineración f. einäschern.
incisión f. Einschnitt.
incitar v. (an)reizen.
inclinación f. Neigung; Verneigung; fig. Hang.
inclinar v. neigen; senken.
ínclito, a adj. berühmt.
incluir v. einschließen (fig.).
inclusión f. Einschluß; **con —, inclusive** adv. einschließlich.
incluso, a adj. beiliegend.
incoar v. beginnen.
incógnito, a adj. unbekannt; **de —,** inkognito, unerkannt.
incoherente adj. unzusammenhängend.
incoloro, a adj. farblos.
incomodar v. belästigen.
incomodarse v. sich ärgern.
incomodidad f. Unbequemlichkeit; Verdruß.
incómodo, a adj. unbequem.
incomparable adj. unvergleichlich.
incompetente adj. unzuständig.
incompleto, a adj. unvollständig.
incomunicar v. abschließen; isolieren.
inconcebible adj. unbegreiflich.
inconciliable adj. unverträglich.
inconmensurable adj. unermeßlich.
inconmutable adj. unveränderlich.

inconsciente adj. unbewußt; unwillkürlich.
inconsecuencia f. Widerspruch.
inconsecuente adj. folgewidrig.
inconsistente adj. unbeständig; haltlos.
inconstante adj. unbeständig; wankelmütig.
incontinente adj. unenthaltsam.
inconveniente adj. unschicklich; unzweckmäßig; m. Hindernis, Übelstand.
inconvertible adj. unverkehrbar, unveränderlich.
incorporación f. Einverleibung.
incorporar v. einverleiben; aufnehmen (in eine Gesellschaft).
incorpóreo, a adj. unkörperlich.
incorrecto, a adj. unrichtig; taktlos.
incorregible adj. unverbesserlich.
incorruptible adj. unverweslich; fig. unbestechlich.
incrédulo, a adj. ungläubig.
increíble adj. unglaublich.
incremento m. Zuwachs.
increpar v. schelten; tadeln.
incriminar v. beschuldigen.
incubación f. Brut(zeit).
incubadora f. Brutofen.
incubar v. ausbrüten.
inculcar v. einschärfen, beibringen.
inculpabilidad f. Schuldlosigkeit.
inculpable adj. schuldlos.
inculpar v. anschuldigen.
inculto, a adj. unkultiviert; öde; ungebildet.
incurable adj. unheilbar.
incursión f. feindlicher Einfall; Streifzug.
indagar v. erforschen.
indecencia f. Unanständigkeit.
indeciso, a adj. unentschlossen, unentschieden.
indefenso, a adj. wehrlos, schuztlos.
indefinible adj. unbestimmbar.
indefinido, a adj. unbestimmt; unbegrenzt.
indemne adj. unbeschädigt.
indemnizar v. entschädigen; erstatten.
independencia f. Unabhängigkeit.
independiente adj. frei, unabhängig; selbständig.
indeterminado, a adj. unbestimmt.
indicación f. Andeutung; Zeichen; Hinweis.
indicar v. angeben.
indicativo, a m. Indikativ.
índice m. Index, Verzeichnis; Zeigefinger; Uhrzeiger.
indicio m. Merkmal.
indiferente adj. gleichgültig; teilnahmslos.
indígena m. Eingeborene(r).
indigente adj. dürftig.
indigestión f. schlechte Verdauung; verdorbener Magen.
indignar v. erzürnen.
indignarse v. sich entrüsten.
indigno, a adj. unwürdig.
indio, a adj. indianisch; m. Indianer.
indirecta f. Wink.
indirectas pl. Anspielungen.
indirecto, a adj. indirekt.
indisciplina f. Zuchtlosigkeit.
indiscreción f. Unbescheidenheit; Vertrauensbruch.

indiscreto, a adj. unklug; indiskret, taktlos.
indiscutible adj. unbestritten, zweifellos.
indisoluble adj. unlöslich.
indispensable adj. unentbehrlich.
indisposición f. Unwohlsein.
indispuesto, a adj. unwohl; unpäßlich.
indistinto, a adj. undeutlich.
individual adj. individuell, persönlich; Einzel...
individuo m. Individuum, Einzelwesen.
indivisible adj. unteilbar.
indócil adj. ungelehrig.
índole f. Naturanlage, Charakter; Art.
indolente adj. lässig, nachlässig.
indoloro, a adj. schmerzlos.
indomable adj. unbändig.
inducción f. Folgerung, Veranlassung; Induktion.
inducir v. verleiten; induzieren (Strom); folgern.
indudable adj. zweifellos.
indulgente adj. nachsichtig; milde.
industria f. Industrie; Gewerbe; Fleiß; **caballero de —**, Hochstapler.
industrial adj. industriell; Gewerbe; m. Industrielle(r).
industrioso, a adj. betriebsam.
ineficaz adj. unwirksam.
inepto, a adj. unfähig, ungeschickt.
inerte adj. schlaff; träge.
inesperado, a adj. unerwartet; unverhofft.
inestimable adj. unschätzbar.
inevitable adj. unvermeidlich.
inexacto, a adj. ungenau.
inexperiencia f. Unerfahrenheit.
inexperto, a adj. unerfahren.
inexplicable adj. unerklärlich.
inextinguible adj. unauslöschlich; untilgbar.
infalible adj. unfehlbar.
infamación f. Verleumdung.
infamar v. schänden; verleumdem.
infame adj. niederträchtig, gemein.
infamia f. Schändlichkeit.
infancia f. Kindesalter, Kindheit.
infantil adj. kindlich, Kinder...
infatigable adj. unermüdlich.
infatuar v. betören.
infección f. Ansteckung.
infecundo, a adj. unfruchtbar.
infeliz f. unglücklich.
inferior adj. unter; niedriger; minderwertig.
infernal adj. höllisch.
infiel adj. untreu.
infierno m. Hölle.
infiltrar v. einsickern.
ínfimo, a adj. niedrigst; unterst.
infinidad f. Unendlichkeit.
infinitivo m. Infinitiv.
infinito, a adj. grenzenlos; unendlich.
inflación f. Aublähung; fig. Geldinflation; Hochmut.
inflamación f. Entzündung; fig. Erhitzung.
inflamar v. entzünden; fig. entflammen.
inflar v. aufblasen.
inflexible adj. unbiegsam; fig. unbeugsam.

influencia f. Einfluß; Macht.
influir v. beeinflussen.
influyente adj. einflußreich.
información f. Auskunft; Benachrichtigung; Nachricht.
informar v. unterrichten, benachrichtigen; Bericht erstatten.
informativo, a adj. unterrichtend.
informe m. Bericht, Auskunft; Gericht: Plädoyer.
infracción f. Verletzung, Übertretung.
infrarrojo adj. infrarot.
infringir v. verletzen, brechen (Gesetz, Kontrakt).
infundir v. einflößen.
infusión f. Aufguß.
ingeniar v. ersinnen.
ingeniero m. Ingenieur.
ingenio m. Geist.
ingenioso, a adj. sinnreich, geistreich.
ingenuo, a adj. naiv.
Inglaterra f. England.
inglés, esa adj. englisch; m. Engländer.
ingratitud f. Undankbarkeit.
ingrato, a adj. unerkenntlich; unangenehm.
ingrediente m. Zutat.
ingresar v. eintreten; eingehen (Geld).
ingreso m. Eintritt; Einschreibegebühr.
inhábil adj. unfähig.
inhabitado, a adj. unbewohnt.
inhalar v. einatmen.
inhibición f. Verbot.
inhibir v. verbieten.
inhumación f. Beerdigung.
inhumano, a adj. unmenschlich; gefühllos.
inicial adj. anfänglich; f. Anfangsbuchstabe.
iniciar v. beginnen, vertraut machen.
iniciativa f. Initiative, Anregung.
injertar v. pfropfen.
injuria f. Beleidigung; Schmähung.
injuriar v. beleidigen, schmähen.
injusto, a adj. ungerecht.
inmaculado, a adj. unbefleckt, makellos; rein.
inmediación f. Nähe.
inmediaciones pl. Umgegend.
inmediatamente adv. gleich.
inmediato, a adj. unmittelbar; nahe, angrenzend.
inmejorable adj. unverbesserlich; vortrefflich.
inmenso, a adj. unermeßlich.
inmigración f. Einwanderung.
inmigrante m. Einwanderer.
inmigrar v. einwandern.
inminente adj. bevorstehend; drohend (Gefahr).
inmoral adj. unsittlich.
inmortal adj. unsterblich.
inmóvil adj. unbeweglich.
inmuebles m. pl. Liegenschaften; Grundstücke.
inmune adj. frei; immun.
innato, a adj. angeboren.
innecesario, a adj. unnötig.
innovar v. (er)neuern.
inobediente adj. ungehorsam.
inocencia f. Unschuld; Einfalt.
inocente adj. unschuldig.
inocular v. (ein)impfen.
inodoro, a adj. geruchlos.
inofensivo, a adj. unschädlich; harmlos.
inordenado, a adj. ungeordnet.
inquietar v. beunruhigen; bekümmern.
inquietud f. Unruhe, Besorgnis.
inquilino m. Mieter.
inquirir v. untersuchen; nachfragen.

inquisición f. Nachforschung; Inquisition.
inquisidor m. Inquisitor. Glaubensrichter.
insalubre adj. ungesund.
inscribir v. einschreiben; eintragen.
inscripción f. Eintragung; Inschrift.
inscrito, a adj. eingetragen.
insecticida m. insektentötendes Mittel.
insecto m. Insekt.
inseguridad f. Unsicherheit.
inseparable adj. untrennbar.
insertar v. einschalten; inserieren, einrücken (Anzeige).
insidiar v. jdm. nachstellen.
insigne adj. ausgezeichnet, berühmt.
insignia f. Abzeichen.
insignificante adj. unbedeutend.
insinuar v. andeuten; **insinuarse** sich in jds. Gunst einschleichen.
insipidez f. Geschmacklosigkeit.
insípido, a adj. geschmacklos; schal, fade.
insistente adj. beharrlich.
insistir v. bestehen, beharren auf.
insociable adj. ungesellig.
insolación f. Sonnenstich.
insolente adj. dreist, frech
insólito, a adj. ungewöhnlich.
insoluble adj. unlöslich.
insolvencia f. Zahlungsunfähigkeit.
insomne adj. schlaflos.
insoportable adj. unerträglich.
insostenible adj. unhaltbar.
inspección f. Besichtigung; Aufsicht.
inspeccionar v. beaufsichtigen.
inspector m. Aufseher.
inspiración f. Einatmung; Inspiration.
inspirar v. einatmen; fig. eingeben; entflammen.
instable adj. unbeständig, unsicher.
instalador m. Installateur.
instalar v. einrichten; installieren; einführen; **instalarse** sich niederlassen.
instancia f. Inständigkeit; Instanz; Gesuch.
instantánea f. Momentaufnahme.
instante m. Augenblick; **al —** sofort, gleich.
instar v. bitten; drängen; bevorstehen (Gefahr).
instigar v. aufhetzen.
instinto m. Trieb, Instinkt.
institución f. Einrichtung; Anstalt.
instituir v. einrichten; errichten, einsetzen.
instituto m. Institut. Anstalt.
institutriz f. Erzieherin.
instrucción f. Unterweisung; Unterricht; Bildung; gerichtliche Untersuchung.
instructivo, a adj. lehrreich.
instructor adj. unterweisend; **juez —**, Untersuchungsrichter.
instruir v. unterrichten, bilden; Prozeß: einleiten.
instrumentar v. instrumentieren.
instrumento m. Instrument, Werkzeug.
insubordinar v. aufwiegeln, den Gehorsam verweigern.
insubsistente adj. unbeständig.
insuficiente adj. unzulänglich, ungenügend.
insufrible adj. unerträglich.
insulso adj. geschmacklos.

insultar v. beschimpfen.
insuperable adj. unüberwindlich; unübertrefflich.
insurrección f. Aufstand.
intacto, a adj. unversehrt.
integrante adj. ergänzend.
integrar v. vervollständigen; bilden.
integridad f. Vollständigkeit, Redlichkeit.
íntegro, a adj. vollständig; ehrlich.
intelectual adj. geistig; Verstandes...; m. gebildeter Mensch.
inteligencia f. Verstand; Einsicht; Verständnis.
inteligente adj. verständig, klug.
intemperante adj. unmäßig.
intemperie f. Unwetter.
intención f. Absicht, Vorsatz.
intencionado, a adj. **mal —**, schlecht gesinnt.
intencional adj. absichtlich.
intensidad f. Kraft, Nachdruck; Intensität.
intensivo, a; intenso, a adj. intensiv; heftig, kräftig.
intentar v. versuchen; beabsichtigen; vorhaben.
intercalar v. einschalten, einrücken.
interceder v.: **— por alguien** sich für jdn. verwenden.
interceptar v. unterbrechen; auffangen (Briefe).
intercesor m. Fürsprecher.
interdicción f. Untersagung.
interés m. Nutzen; Zins; Neigung; Interesse.
interesado, a adj. beteiligt; gewinnsüchtig; m. Teilhaber; Bewerber.
interesante adj. anziehend; interessant.
interesar v. interessieren; Anteil haben; **interesarse por uno** sich verwenden für.
interín m. Zwischenzeit.
interino, a adj. zeitweilig; stellvertretend.
interior adj. inner; m. Innere(s); Inland.
interlocución f. Unterredung.
interlocutor m. Gesprächspartner.
intermediar v. dazwischenliegen; fig. vermitteln.
intermedio, a adj. dazwischenliegend; m. Zwischenzeit; Zwischenakt.
interminable adj. endlos.
intermisión f. Unterbrechung.
intermitente adj. zeitweilig aufhörend: **fiebre —**, Wechselfieber; m. Blinker.
intermitir v. unterbrechen, aussetzen.
internacional adj. international; völkerrechtlich.
internado m. Internat.
interno, a adj. inner.
interpelar v. auffordern; befragen.
interpolar v. einschalten.
interponer v. einschieben.
interpretación f. Auslegung, Deutung.
interpretar v. deuten; übersetzen; auslegen.
intérprete m. Dolmetscher; Interpret.
interrogación f. Frage (-zeichen).
interrogante adj. fragend; m. Fragezeichen.
interrogar v. be-, ausfragen.
interrogatorio m. Verhör.
interrumpir v. unterbrechen.
interrupción f. Unterbrechung.
interruptor m. Stromschalter.
intersticio m. Zwischenraum.

intervalo m. Zwischenzeit; Intervall.

intervención f. Dazwischenkunft; Eingriff; Vermittlung.

intervenir v. einschreiten; vermitteln.

interventor m. Kontrolleur.

interviú m. Befragung, Interview.

interyacente adj. dazwischenliegend.

intestinal adj. Eingeweide..., Darm...

intestino, a adj. innerlich; m. Darm; intestinos pl. Eingeweide.

intimidad f. Vertraulichkeit; Innigkeit.

intimidar v. einschüchtern.

íntimo, a adj. innerst; intim, vertraut.

intolerable adj. unerträglich.

intolerancia f. Unduldsamkeit.

intolerante adj. unduldsam.

intoxicación f. Vergiftung.

intoxicar v. vergiften.

intranquilo, a adj. unruhig; verängstigt.

intransferible adj. unübertragbar.

intransigente adj. unduldsam.

intransitable adj. unwegsam.

intransmutable adj. unveränderlich.

intrascendente adj. bedeutungslos, unwichtig.

intrépido, a adj. kühn.

intriga f. Kabale, Ränke.

intrigante m. Ränkeschmied.

intrincado, a adj. verworren.

introducción f. Einführung; Einleitung.

introducir v. einführen; hineinstecken.

intuición f. Eingebung, Erkenntnis.

inundación f. Überschwemmung; fig. Unmenge.

inundar v. überschwemmen (auch fig.).

inusitado, a adj. ungebräuchlich, ungewöhnlich.

inútil adj. unnütz, zwecklos.

invadir v. einfallen (in ein Land).

inválido, a adj. dienstuntauglich; m. Invalide.

invariable adj. unveränderlich.

invasión f. Eintreten (Krankheit); Einbruch (Feind).

invencible adj. unbesiegbar.

invención f. Erfindung; Fund.

invendible adj. unverkäuflich.

inventar v. erfinden; erdichten.

inventario m. Inventar; Bestand (Waren).

invento m. Erfindung.

inventor m. Erfinder.

invernáculo, invernadero m. Treibhaus.

invernal adj. winterlich, Winter...

invernar v. überwintern.

inversión f. Umkehrung, Umstellung; Geldanlage.

inverso, a adj. umgekehrt.

invertir v. umkehren; verstellen; anlegen (Geld).

investigador m. Forscher.

investigar v. (er)forschen.

invicto adj. unbesiegt.

invierno m. Winter.

invisible adj. unsichtbar.

invitación f. Einladung.

invitar v. einladen; auffordern.

invocar v. anrufen; anflehen.

involuntario, a adj. unfreiwillig.

inyección f. Einspritzung.

inyectar v. einspritzen.

---

ir v. gehen; reiten; fahren; kommen; führen (Weg); — en tren mit dem Zug fahren, reisen; — a pie zu Fuß gehen; — por suchen, holen; a eso voy darum handelt es sich; ¡vaya! wohlan! ¿cómo le va?, wie geht es ihnen?, ¡vamos!, also; nur mutig; irse sterben; — a pique Schiff: untergehen.

ira f. Zorn, Unwille.

iracundia f. Jähzorn.

iris m. Iris, Regenbogenhaut (des Auges): arco —, Regenbogen.

Irlanda f. Irland.

ironía f. Ironie, Spott.

irónico, a adj. ironisch.

irradiar v. ausstrahlen; bestrahlen.

irrealizable adj. unausführbar.

irreflexivo, a adj. unüberlegt.

irregular v. unregelmäßig.

irreparable adj. unersetzlich.

irresistible adj. unwiderstehlich.

irresoluto, a adj. unschlüssig.

irrevocable adj. unwiderruflich.

irrigar v. bewässern.

irrisorio, a adj. lächerlich; precios irrisorios Spottpreise.

irritable adj. reizbar.

irritación f. Reizung, Erregung.

irritar v. aufreizen; aufregen.

irritarse v. böse werden.

irrupción f. Einbruch.

Isabel f. Elisabeth.

isla f. Insel.

Islandia f. Island.

isleño m. Insulaner, Inselbewohner.

istmo m. Landenge.

italiano, a adj. italienisch; m. Italiener.

itinerario m. Marschroute, Reiseplan.

izar v. hissen.

izquierda f. linke Hand; Linke (politische Partei): a la —, por la —, links.

izquierdo, a adj. linke(r, -s).

jabalí m. Eber.

jabalina f. wilde Sau; Jagdspieß.

jabón m. Seife.

jabonar v. einseifen.

jabonera f. Seifenschachtel.

jabonería f. Seifensiederei.

jaca f. Pony.

jácara f. Romanze.

jacinto m. Hyazinthe.

jactancia f. Prahlerei.

jactarse v. prahlen, großsprechen.

jadear v. keuchen.

jadeo m. Röcheln, Keuchen.

jaez m. Pferdegeschirr; fig. Eigenart.

jalbegar v. tünchen; weißen.

jalbegue m. Kalktünche; weiße Schminke.

jalea f. Obstgelee.

jalear v. aufhetzen.

jaleo m. Tanzfest; Lärm.

jalonar v. Land abmarken.

jamás adv. niemals.

jamón m. Schinken.

Japón m. Japan.

japonés, esa adj. japanisch; m. Japaner.

---

jaque m. Schach; dar —, Schach bieten.

jaquear v. jdm. Schach bieten; fig. beunruhigen.

jaqueca f. Migräne; fig. Plage.

jarabe m. Sirup, Saft.

jarana f. Fröhlichkeit; Zank.

jarcia f. Takelwerk.

jardín m. Garten.

jardinera f. Gärtnerin; Blumenkasten; Straßenbahnwagen (unbedacht).

jardinería f. Gartenbaukunst.

jardinero m. Gärtner.

jareta f. Saum, Einschlag.

jarra f. Wasserkrug.

jarrete m. Kniekehle.

jarretera f. Strumpfband.

jarro m. Krug, Vase.

jauja f. Schlaraffenland, Eldorado.

jaula f. Käfig; Vogelbauer; Zelle (für Rasende); Viehwagen.

jauría f. Meute.

jefatura f. Vorsteheramt, Vorstand.

jefe m. Vorsteher, Chef; — de estación Stationsvorstand.

jerarquía f. Hierarchie, Rangordnung.

jeringa f. (Klistier-)Spritze.

jersey m. Pullover.

jícara f. Schokoladenschale, Tasse.

jilguero m. Stieglitz.

jinete m. Reiter.

jirafa f. Giraffe.

jocoserio, a adj. halb scherzhaft.

jocosidad f. Spaß, Heiterkeit.

jocoso, a adj. lustig.

jofaina f. Waschbecken.

jornada f. Tagereise; Tagewerk.

jornal m. Tagelohn.

jornalero m. Tagelöhner.

joroba f. Buckel, Höcker.

jorobar v. fam. belästigen.

jorro m. Schleppnetz.

joven adj. jung; m. junger Mann; f. junges Mädchen.

jovial adj. froh, lustig.

joya f. Juwel, Schmucksache.

joyería f. Juwelierladen.

joyero m. Juwelier.

Juan m. Johann; — Lanas, fam. Tropf.

jubilación f. Ruhestand.

jubilar v. in den Ruhestand versetzen; fam. als unbrauchbar wegleugnen; jubilarse sich zur Ruhe setzen.

jubileo m. Jubel(fest); Jubiläum.

júbilo m. Jubel.

judaico, a adj. jüdisch.

judía f. Jüdin; Schnittbohne.

judicial adj. richterlich, Gerichts...

judío, a adj. jüdisch; m. Jude, fig. Wucherer.

juego m. Spiel; Sortiment; Garnitur; Gegenstück; — de mesa Tischgeschirr; hacer —, passen zu.

jueves m. Donnerstag: — Santo Gründonnerstag.

juez m. Richter.

jugada f. Ausspielen (Kartenspiel); Zug (im Schachspiel).

jugador m. Spieler.

jugar v. spielen; scherzen; an der Börse spekulieren; — a la baja auf Baisse spekulieren.

juglar m. Gaukler.

jugo m. Saft.

jugoso, a adj. saftig.

juguete m. Spielzeug.

juguetear v. schäkern.

juguetería f. Spielzeugladen.

---

juicio m. Urteilskraft; Urteil; Verstand; Prozeß.

juicioso, a adj. besonnen, klug.

julio m. Juli.

juncal m. Binsengebüsch.

junco m. Binse; Dschunke.

jungla f. Dschungel, Sumpf.

junio m. Juni.

junquillo m. Spanischrohr; Stäbchen.

junta f. Sitzung; Verbindung, Fuge.

juntar v. verbinden; anlehnen (Tür).

junto, a adj. nahe; verbunden; — a él neben ihm.

juntura f. Gelenk; Fuge.

jura f.: — de la bandera Fahneneid.

jurado m. Geschworenengericht, Jury; Geschworene(r).

juramentar v. vereidigen.

juramento m. Schwur; Fluch.

jurar v. schwören; fluchen; — en falso falsch schwören.

jurídico, a adj. rechtlich; juristisch.

jurisconsulto m. Rechtsgelehrte(r).

jurisdicción f. Gerichtsbarkeit.

jurisprudencia f. Rechtswissenschaft.

jurista m. Jurist.

juro m. erbliches Eigentumsrecht.

justa f. Turnier.

justicia f. Gerechtigkeit; Gerichtshof; Recht, Billigkeit.

justificar v. rechtfertigen; beweisen. [gend.

justificativo, a adj. rechtfertigustillo m. Korsett.

justipreciar v. abschätzen.

justo, a adj. (ge)recht; richtig; genau; eng; knapp.

juvenil adj. jugendlich.

juventud f. Jugend(zeit).

juzgado m. Gerichtshof, Richteramt; — del distrito Kreisgericht.

juzgar v. richten; (be)urteilen.

kilo(gramo) m. Kilo(-gramm).

kilómetro m. Kilometer.

la f. die; sie; ihr; m. A (a) (Musiknote).

laberinto m. Labyrinth.

labio m. Lippe.

labor f. Arbeit; Handarbeit.

laborable adj.: día —, Arbeitstag.

laborar v. (be-)arbeiten.
laboratorio m. Laboratorium.
laboreo m. Mine; Abbau.
laborioso m. arbeitsam; mühsam.
labrador m. Landarbeiter; Bauer.
labranza f. Feldarbeit.
labrar v. bearbeiten, bebauen.
laca f. Lack.
lacero m. Lassowerfer.
lacrar v. versiegeln.
lacre m. Siegellack.
lactar v. stillen; säugen.
lácteo, a adj. milchig; vía láctea Milchstraße.
lado m. Seite; Gegend; Tuchseite; al —, nebenan.
ladrar v. bellen.
ladrido m. Gebell.
ladrón m. Dieb, Räuber.
lagar m. Kelter; Ölpresse.
lagarto m. Eidechse.
lago m. See.
lágrima f. Träne.
lagrimeo m. Tränen des Auges.
laguna f. Lagune.
laicalizar v. verweltlichen.
laicato m. geistliche Güter.
laico m. Laie.
lambrija f. Regenwurm.
lamentable adj. kläglich; bedauernswert.
lamentar v. bedauern; wehklagen.
lamento m. Klage.
lamer v. (be)lecken.
lámina f. Metallplatte; Kupferstich, Abbildung.
laminador m. Walzwerk.
laminar v. Metall walzen.
lámpara f. Lampe; Leuchte; Licht.
lamparilla f. Nachtlampe.
lampista m. Lampenhändler; fam. Installateur.
lampistería f. Lampenladen; Installationsgeschäft.
lana f. Wolle; — colchonera Stopfwolle.
lanar adj.: ganado —, Wollvieh.
lance m. Werfen; Vorfall; — de honor Ehrensache; de —, aus zweiter Hand; librería de —, Antiquariat.
lancero m. Lanzenreiter.
lanceta f. Lanzette.
lancha f. Steinplatte; Boot.
lanero, a adj.: industria lanera Wollindustrie.
langosta f. Heuschrecke; Hummer.
lánguido, a adj. schwach; schmachtend; fig. mutlos.
lanoso, a adj. wollig.
lanza f. Lanze.
lanzar v. werfen.
lanzarse v. sich stürzen.
lanzatorpedos m. Torpedoboot.
lapicero m. Bleistifthalter.
lápida f. Steintafel.
lapidar v. steinigen.
lápiz m. Bleistift.
lardo m. Speck, Fett.
largar v. losmachen.
largarse v. fam. durchgehen, entwischen.
largo, a adj. lang, groß; freigebig; a lo largo der Länge nach, längs; m. Länge.
laringe f. Kehlkopf.
laringitis f. Kehlkopfentzündung.
lascivia f. Unzüchtigkeit.
laso, a adj. matt, müde; schlaff.

lástima f. Mitleid; dar —, Mitleid erregen; leid tun; ¡qué —!, wie schade!
lastimar v. verwunden, schaden.
lastimarse v. sich verwunden; Mitleid haben.
lastimoso, a adj. bedauernswert.
lastre m. Ballast.
lata f. Latte; Blechdose; fam. langweilige Rede; hoja de —, Blech.
latente adj. geheim.
lateral adj. seitlich; Seiten...
latido m. Klopfen (Herz).
látigo m. Peitsche.
latín m. Latein.
latir v. klopfen; pulsieren; bellen.
latitud f. Breite (ngrad).
lato, a adj. weit (läufig); breit.
latón m. Messing.
latrocinio m. Raub.
laudable adj. lobenswert.
laurel m. Lorbeer.
lavabo m. Waschtisch; Toilette.
lavadero m. Waschplatz, Waschküche.
lavado m. Waschen; — en seco Reinigung (chemisch).
lavadora f. Waschmaschine.
lavamanos m. Waschbecken.
lavandera f. Wäscherin, Waschfrau.
lavar v. waschen; abspülen.
laxante m. Abführmittel.
laxar v. lockern; abführen.
laxativo, a adj. abführend.
laxo, a adj. schlaff; gelockert.
lazada f. Schleife; Schlinge, Lassowurf.
lazareto m. Lazarett.
lazo m. Schleife; Lasso; fig. Band.
le pron. ihm; ihr; ihnen; ihn, es, Sie.
leal adj. treu, ergeben.
lealtad f. Treue; Ehrlichkeit.
lección f. Lesen; Unterricht; Lektion; fig. Verweis.
lector m. Leser.
lectorado m. Lektoramt.
lectura f. Lesen; sala de —, Lesesaal.
leche f. Milch; — condensada Kondensmilch.
lechera f. Milchfrau; Milchkanne.
lechería f. Milchladen.
lecho m. Bett, Lager; fig. Flußbett.
lechuga f. Lattich, Salat.
leer v. vorlesen; (ab)lesen.
legación f. Botschaft; Gesandtschaft (sgebäude).
legado m. Legat; Gesandte (r).
legal adj. gesetzmäßig; treu, ehrlich; [bigung.
legalización f. amtliche Beglaulegalizar v. beglaubigen.
legible adj. leserlich.
legionario m. Legionär.
legislación f. Gesetzgebung.
legislar v. Gesetze geben.
legislativo, a adj. gesetzgebend.
legítima f. Pflichtteil.
legitimación f. Ausweis (Dokument); Legitimation.
legitimar v. für rechtmäßig erklären.
legítimo, a adj. rechtmäßig, ehelich (Kind); echt.
legua f. Meile.
legumbre f. Hülsenfrüchte; Gemüse.
lejanía f. Entfernung, Ferne.
lejano adj. entfernt, fern.
lejía f. Lauge.
lejos adv. fern; weit weg; a lo —, in der Ferne; desde —, von fern.

lelo, a adj. albern.
lema m. Motto.
lencería f. Wäschegeschäft.
lengua f. Zunge (auch Land); Sprache.
lenguado f. Seezunge.
lenguaje m. (Umgangs-)Sprache; Ausdrucksweise.
lenificar v. lindern, mildern.
lenitivo, a adj. schmerzstillend.
lente m. Glaslinse; Augenglas.
lentes pl. Kneifer.
lenteja f. Linse.
lenticular adj. linsenförmig.
lentitud f. Langsamkeit.
lento, a adj. langsam; schwerfällig.
leña f. Brennholz.
leñador m. Holzhauer.
leño m. Holzscheit.
león m. Löwe; — marino Seelöwe.
leona f. Löwin.
lepra m. Aussatz.
les pron. ihnen; sie.
lesión f. Wunde; fig. Nachteil.
lesionar v. verwunden.
lesivo, a adj. schädlich.
letargo m. Stumpfsinn.
letra f. Buchstabe; Schrift; Wechsel; Operntext; — a la vista Sichtwechsel; — abierta Kreditbrief.
letrado, a adj. gelehrt; m. Gelehrte (r); Rechtsanwalt.
letrero m. Schild, Aufschrift.
levadizo, a adj.: puente —, Zugbrücke.
levadura f. Sauerteig, Hefe.
levantamiento m. Erhebung; Meuterei.
levantar v. (auf-, er)heben; aufrichten; bauen; levantarse aufstehen.
levante m. Osten, Sonnenaufgang.
leve adj. leicht; gering.
léxico m. Wörterbuch; fig. Wortschatz.
ley f. Gesetz; Feingehalt (Münze).
leyenda f. Umschrift (Münze); Legende; Märchen.
lezna f. Ahle.
liar f. festbinden; herumwickeln; liarse sich verbünden.
libar v. einsaugen.
libelo m. Schmähschrift.
liberación f. Befreiung.
liberal adj. freigebig; freisinnig.
libertad f. Freiheit, Unabhängigkeit; Befreiung.
libertar v. befreien; bewahren.
libertino, a adj. liederlich; zügellos; m. Wüstling.
libra f. Pfund; — esterlina Pfund Sterling.
libranza f. Geldanweisung.
librar v. befreien; ausstellen; ziehen (Wechsel); anweisen (Geld).
libre adj. frei.
librería f. Buchhandlung, Bibliothek.
librero m. Buchhändler.
libreta f. Notizbuch; Talonbuch; — de ahorros Spar(kassen)-buch.
libreto m. Textbuch.
libro m. Buch; — mayor Hauptbuch.
licencia f. Erlaubnis; Urlaub.
licenciar v. erlauben; entlassen (Soldaten).
licenciarse v. Staatsexamen machen.
licitar v. versteigern; (über-)bieten.
licor m. Likör.

lelo licuar v. schmelzen, verflüssigen.
licuefacción f. Verflüssigung.
lidia f. (Stier-)kampf.
liebre f. Hase.
lienzo m. Leinwand.
liga f. Bund; Strumpfband.
ligadura f. Verbinden.
ligar v. verbinden; legieren (Metalle).
ligarse v. sich verbünden.
ligero, a adj. leicht; schnell; leichtsinnig.
lignito m. Braunkohle.
lila adj. lila (farben); f. Flieder.
lima f. Feile; Ausfeilen.
limadura f. pl. Feilspäne.
limar v. feilen.
limitado, a adj. knapp; (geistig) beschränkt.
limitar v. begrenzen; beschränken.
límite m. Grenze (auch fig.).
limón m. Zitrone.
limonada f. Limonade.
limonero m. Zitronenverkäufer; Zitronenbaum.
limosna f. Almosen.
limpiabotas m. Schuhputzer.
limpiachimeneas m. Schornsteinfeger.
limpiaparabrisas m. Scheibenwischer (Auto).
limpiaplumas m. Federwischer.
limpiar v. reinigen, putzen.
limpieza f. Reinheit; hacer la —, aufräumen.
limpio, a adj. rein; rechtlich; poner en —, ins Reine schreiben.
linaje m. Geschlecht; Stamm.
lince m. Luchs.
lindar v. angrenzen.
linde f. Grenze.
lindero, a m. Grenzweg.
lindo, a adj. hübsch; niedlich.
línea f. Linie (auch Verkehr); Reihe.
lineal adj. geradlinig.
linear v. liniieren; entwerfen.
lingote m. Barren (Gold, Metall).
lingüista m. Sprachforscher.
lino m. Flachs, Leinwand.
linterna f. Laterne.
lío m. Bündel; Verwirrung.
liquidación f. Abrechnung; Liquidation, Ausverkauf.
liquidar v. Geld flüssig machen; abrechnen; ausverkaufen.
líquido, a adj. flüssig, rein; producto —, Reinertrag; m. Flüssigkeit.
lira f. Leier; Lira.
lírico, a adj. lyrisch.
lirio m. Lilie; — del valle Maiglöckchen.
lisiar v. verletzen.
liso, a adj. glatt, eben.
lisonja f. Schmeichelei.
lisonjear v. schmeicheln.
lisonjero, a adj. schmeichelhaft; gefällig.

lista f. Streifen; Verzeichnis, Liste; — de correos postlagernd (Briefe).
listo, a adj. klug; fertig, bereit.
listón m. (Zier-)Leiste.
litera f. Sänfte.
literal adj. wörtlich.
literario, a adj. literarisch.
literato m. Schriftsteller.
litigio m. Rechtsstreit.
litoral adj. Küsten...
litro m. Liter.
liviano, a adj. leicht; geringfügig; unzüchtig.
lívido, a adj. totenbleich.

llaga f. Wunde; Schmerz.
llama f. Flamme; Lama.
llamada f. Zuruf, Anruf (auch Telephon); Appell.
llamador m. Türklopfer.
llamar v. anrufen; vorladen; klingeln.
llamarse v. heißen.
llamativo, a adj. auffallend (Farben).
llamear v. flammen.
llano, a adj. eben; aufrichtig; einfach; deutlich; m. Ebene.
llanto m. Weinen.
llanura f. Ebene.
llave f. Schlüssel; Hahn (Gewehr, Wasser); fig. Lösung; — **inglesa** Schraubenschlüssel.
llavero m. Schlüsselring.
llegada f. Ankunft.
llegar v. ankommen; — **a ser** werden; — **a saber** in Erfahrung bringen; **llegarse** sich begeben.
llena f. Anschwellen.
llenar v. füllen, vollstopfen; erfüllen (Pflicht).
lleno, a adj. voll.
llevar v. tragen; leiten; hervorbringen (Früchte); — **a efecto** zur Ausführung bringen.
llevarse v. sich vertragen.
llorar v. (be)weinen.
llovedizo, a adj.; **agua — a** Regenwasser.
llover v. regnen.
lloviznar v. nieseln.
lluvia f. Regen; fig. Menge.
lluvioso, a adj. regnerisch.

lo art. das; pron. es.
lobo m. Wolf.
lóbrego, a adj. düster.
lóbulo m. Lappen.
local adj. örtlich; m. Lokal.
localidad f. Örtlichkeit; Ort; Theaterplatz.
loción f. Haarwasser.
loco, a adj. närrisch; verrückt; m. Narr, Irrsinnige(r).
locomoción f. Ortsveränderung; Fortbewegung.
locomotora f. Lokomotive.
locuaz f. Geschwätzig.
locución f. Redeweise.
locura f. Torheit; Wahnsinn.
locutor m. (Rundfunk-)Sprecher.
locutorio m. Sprechzimmer.
lodo m. Kot, Schlamm.
lógico, a adj. logisch.
lograr v. erreichen; erlangen.
logro m. Gewinn; Nutzen.
lombriz f. (Regen-)Wurm.
lomo m. Lende; Rücken (eines Buches).
lona f. Segeltuch.
Londres m. London.
longitud f. Länge (ngrad).
longitudinal adj. Längen...
lonja f. Schnitte, Streifen; Warenbörse.

lontananza f. Ferne.
loro m. Papagei.
los art. die; pron. sie.
losa f. Fliese.
lote m. Anteil; Warenpartie.
loza f. Steingut.
lozano, a adj. üppig.
lúbrico, a adj. unzüchtig.
lubrificante adj. Schmier...; m. Schmieröl.
lubrificar v. fetten, ölen.
lucero m. (großer) Stern.
lucidez f. Klarheit, Glanz.
lúcido, a adj. licht; deutlich.

lucido, a adj. prächtig.
luciérnaga f. Leuchtkäfer.
lucir v. leuchten (lassen).
lucirse v. sich hervortun, prahlen mit.
lucrarse v. Nutzen ziehen.
lucrativo, a adj. nutzbringend.
lucro m. Gewinn, Nutzen.
lucha f. Kampf, Streit.
luchar v. ringen, streiten.
luego adv. sogleich, dann; **hasta —**, bis nachher!; **desde —**, gleich jetzt; selbstverständlich.
lugar m. Ort(schaft); Stelle; **en — de** statt; **en primer —**, erstens; **dar —**, Anlaß geben; **tener —**, stattfinden.
lugareño m. Dorfbewohner.
lúgubre adj. Trauer...; traurig.
lujo m. Luxus, Prachtliebe.
lujoso, a adj. luxuriös.
lujuria f. Wollust.
lumbago m. Hexenschuß.
lumbre f. Kohlenglut.
luminoso, a adj. Leucht...; glänzend, leuchtend.
luna f. Mond; Spiegelglas; — **de miel** Flitterwochen.
lunar adj. Mond...; m. Muttermal.
lunático, a adj. launisch.
lunes m. Montag.
lustrar v. polieren.
lustre m. Glanz; fig. Ansehen.
lustroso, a adj. glänzend.
luto m. Trauer; **llevar —**, Trauer tragen.
luz f. Licht; fig. Aufklärung; — **relámpago** Blitzlicht; — **de parada** Stopplicht; **dar a —**, (Kind) gebären; herausgeben (Buch); **luces** pl. fig. Kenntnisse.

maca f. Stoßstelle (am Obst); fig. Fleck; Arglist.
macarrones m. pl. Makkaroni (nudeln).
macerar v. erweichen.
maceta f. Blumentopf.
macizar v. ausfüllen; ausstopfen.
macizo, a adj. massiv; gewichtig; m. Massiv; Mauerwerk.
mácula f. Makel, Fleck.
machacar v. zerdrücken; zerstoßen; hämmern.
machacón, a adj. lästig.
machete m. kurzer Säbel; Hackmesser.
macho m. Männchen, männliches Tier; Schraube; Schmiedehammer.
machucar v. zerstampfen.
machucho, a adj. bejahrt, gesetzt; verständig.
madeja f. Strähne.
madera f. Holz.
maderamen m. Holzgerüst.
maderería f. Holzlager.
madero m. Balken.

madrastra f. Stiefmutter.
madre f. Mutter; Klosterfrau; Flußbett.
madreperla f. Perlmutter.
madreselva f. Geißblatt.
madriguera f. Lager (der Tiere).
madrina f. Patin, Taufzeugin; Beschützerin.
madroño m. Erdbeerbaum.
madrugada f. Tagesanbruch; **esta —**, heute früh.
madrugar v. früh aufstehen.
madurar v. zeitigen; reifen (auch fig.).
madurez f. Reife.
maduro, a adj. reif.
maestra f. Lehrerin; Meisterin.
maestral adj. meisterlich, Meister...
maestría f. Gewandtheit.
maestro, a adj. meisterhaft; Haupt...; m. Meister; Dirigent.
magia f. Zauberei.
mágico, a adj. magisch; bezaubernd; m. Zauberer.
magistrado m. Rat am Berufungshofe.
magistral adj. meisterhaft.
magistratura f. obrigkeitliche Würde.
magnánimo, a adj. großmütig.
magnético, a adj. magnetisch.
magnetizar v. magnetisieren.
magnetofón m. Tonband(gerät).
magnífico, a adj. prächtig; freigebig.
magnitud f. Großherzigkeit.
mago m. Zauberer.
magro, a adj. mager.
magullar v. quetschen.
Mahoma m. Mohammed.
maitines m. pl. Frühmette.
maíz m. Mais.
maja f. hübsches Mädchen.
majada f. Schafhürde.
majadero, a adj. albern; dumm.
majar v. zerstoßen; hämmern.
majestad f. Majestät.
majestuoso, a adj. majestätisch.
majo, a adj. geputzt; hübsch; m. hübscher Bursche.
mal adj. schlecht, böse; m. Übel; Schaden; Böse; Krankheit; adv. übel; schlecht; **tomar a —**, übelnehmen.
malacostumbrado, a adj. verwöhnt.
malandanza f. Unglück.
malavenido, a adj. unverträglich.
malaventurado, a adj. unglücklich.
malbaratar v. verschleudern.
malcasado, a adj. unverträglich (Ehe).
malcaso m. Missetat.
malcomido, a adj. dürftig ernährt. [nügt.
malcontento, a adj. mißvergnügt.
malcriado, a adj. unartig.
maldad f. Schlechtigkeit, Bosheit.
maldecir v. verfluchen; lästern.
maldición f. Fluch; ¡—!, verflucht!
maldispuesto, a adj. schlecht gelaunt.
maldito, a adj. verflucht; verdammt.
maleable adj. streckbar.
malear v. verderben.
maleficencia f. boshafte Gesinnung.
maleficio m. Hexerei; Schaden.
maléfico, a adj. schädlich.
malestar m. Übelkeit.
maleta f. Handkoffer; fam. Pfuscher.
maletín m. Köfferchen, Reisetasche.

malevolencia f. Böswilligkeit.
malévolo, a adj. böswillig.
maleza f. Gesträuch; Unkraut.
malgastar v. verschwenden.
malhablado, a adj. frech.
malhecho, a adj. ungestalt; häßlich; m. Übeltat.
malhechor m. Bösewicht.
malhumorado, a adj. schlecht gelaunt.
malicia f. Bosheit; Arglist.
maliciar v. argwöhnen.
malicioso, a adj. boshaft; schadenfroh.
maligno, a adj. bösartig.
malintencionado, a adj. böse gesinnt.
malmandado, a adj. ungehorsam.
malmeter v. vergeuden.
malmirado, a adj. unbeliebt.
malo, a adj. schlecht; schlimm; böse; krank.
malograr v. versäumen (Zeit).
malograrse v. mißlingen.
malogro m. Mißerfolg.
malparado, a adj. beschädigt; übel zugerichtet.
malparir v. früh niederkommen.
malparto m. Frühgeburt.
malquerer v. hassen.
malquistar v. verfeinden.
malrotar v. verschwenden.
malsano, a adj. ungesund.
malsonante adj. anstößig.
malsufrido, a adj. unverträglich.
malta f. Malz.
maltrato m. Mißhandlung.
maltrecho, a adj. beschädigt; übel zugerichtet.
malucho, a adj. fam. kränklich, unwohl.
malvado, a adj. ruchlos.
malvender v. verschleudern.
malversación f. Veruntreuung.
malversar v. veruntreuen.
malla f. Masche; Trikot.
mamá f. Mama, Mutter.
mama f. Brust; Euter.
mamadera f. Saugfläschchen.
mamantón, a adj. saugend (Tier).
mamar v. saugen; **dar de —**, säugen.
mamarracho m. fam. ungestalter Knirps; Kleckserei.
mamíferos m. pl. Säugetiere.
mamila f. weibliche Brust.
mampara f. Wandschirm.
mampostería f. Bruchsteinmauerwerk.
manada f. Herde Vieh.
manantial m. Quelle.
manar v. (hervor)quellen; fig. herkommen, stammen aus.
mancar v. verstümmeln.
mancebía f. Jugendzeit; Bordell.
mancebo m. Jüngling; Ladendiener.
mancilla f. Fleck.
manco, a adj. einarmig; einhändig; fig. unvollständig.
mancomún m. **de —**, gemeinschaftlich.
mancha f. Fleck (auch fig.).
manchar v. beflecken, fig. verunnehren.
manda f. Schenkung.
mandado m. Auftrag, Befehl.
mandamiento m. Gebot (Gottes).
mandar v. befehlen; verordnen; schenken; senden.
mandatario m. Bevollmächtigte(r).

mandato m. Befehl.
mandíbula f. Kinnlade, Kiefer.
mandil m. Schürze.
mando m. Befehl, Herrschaft; Macht; Steuerung (Schiff); Schaltung; **cuadro de —**, Armaturenbrett (Auto).
mandón, a adj. befehlshaberisch.
mandria m. Feigling.
manecilla f. Uhrzeiger.
manejar v. handhaben; verwalten, leiten.
manejo m. Handhabung, Behandlung; Leitung; **manejos** pl. Ränke.
manera f. Art, Weise; **maneras** pl. Manieren; **de tal —**, derartig; **de — que** so daß; **en gran —**, sehr.
manga f. Ärmel; Filtrierbeutel; Schlauch.
mango m. Stiel, Griff.
manguero m. Spritzenmeister.
manguitero m. Pelzwarenhändler.
manguito m. Muff; Schutzärmel; Muffe.
manía f. Manie; Sucht.
maníaco, ca adj. wahnsinnig.
maniatar v. jdm. die Hände binden.
manicomio m. Irrenhaus.
manicura f. Handpflege.
manifestación f. Offenbarung, Kundgebung.
manifestar v. bekunden, zeigen; offenbaren.
manifiesto, a adj. offenbar; öffentlich; m. Manifest.
manija f. Handhabe.
manilla f. Armband.
maniobra f. Handhabe; Kunstgriff; Heeresübung; **maniobras** pl. Ränke.
maniobrar v. Kriegsübungen machen; handhaben.
maniota f. Fessel.
manipulación f. Behandlung, Verfahren.
manipular v. handhaben, behandeln.   [nequin.
maniquí m. Modellpuppe, Man-
manivela f. Handkurbel.
manjar m. Essen.
mano f. Hand; Vorderfuß (Tiere); Uhrzeiger; Stich (Kartenspiel); Lage, Schicht; **dar de —**, etwas aufgeben; **a —**, mit der Hand; **a la —**, handgreiflich.
manojo m. Handvoll; Bündel, Strauß.
manosear v. betasten.
mansión f. Aufenthalt; Wohnung.
manso, a adj. sanft; zahm (Tiere); mild.
manta f. Pferdedecke; Reisedecke; **a —**, im Überfluß.
manteca f. Fett; Schmalz; Butter.
mantecado m. Butterkuchen; Eiscreme.
mantel m. Tischtuch.
mantener v. er-, aus-, unter-, behalten.
mantenerse v. sich nähren mit.
mantenimiento m. Unterhalt; Aufrechterhaltung.
mantequera f. Butterdose.
mantequilla f. Butter.
manto m. (langer) Mantel.
mantón m. Schleier, Umschlagetuch.

manual adj. Hand...; handlich; m. Handbuch.
manubrio m. Handgriff.
manufactura f. Verfertigung.
manuscrito adj. handschriftlich; m. Handschrift.
manutención f. Unterhalt.
manzana f. Apfel; Häuserviereck.
manzanilla f. Kamille.
manzano m. Apfelbaum.
maña f. Geschick, List.
mañana f. Morgen; **de — morgens; muy de —**, sehr früh; **pasado —**, übermorgen; adv. morgen.
mapa m. Landkarte.
mapamundi m. Weltkarte.
maque m. Lack.
maquillaje f. Schminke, Make-up.
máquina f. Maschine, Getriebe; Apparat; Lokomotive.
maquinar v. ersinnen.
maquinaria f. Maschinenbaukunst; Maschinerie.
maquinista m. Maschinenführer; Lokomotivführer.
mar m. u. f. Meer, See; **— adentro**, seewärts; **alta —**, hohe See; **hacerse a la —**, in See gehen.
maraña f. dichtes Gestrüpp, Dickicht; Verwirrung.
marasmo m. Abzehrung.
maravilla f. Wunder, Verwunderung.
maravillar v. Staunen erregen.
maravillarse v. staunen.
maravilloso, a adj. wunderbar.
marca f. Zeichen, Merkmal; **— de fábrica** Fabrikmarke.
marcar v. (be-)zeichnen, andeuten; eichen; markieren; wählen (Tel.-Nr.); legen (Haare).
marco m. Rahmen, Einfassung; Mark (Münze).
marcha f. Marsch, Verlauf, Gang; **a marchas forzadas** in Eilmärschen.
marchamar v. Zollsiegel anlegen.
marchamo m. Zollsiegel.
marchar v. marschieren; fortschreiten.
marcharse v. abreisen.
marchitarse v. verwelken.
marchito, a adj. welk; schlaff.
marea f. Ebbe und Flut; Brise.
marear v. führen (Schiff); fig. belästigen.
marearse v. seekrank werden.
marejada f. hoher Segang.
mareo m. Seekrankheit, Schwindei.
marfil m. Elfenbein.
marga f. Mergel.   [Perle.
margarita f. Gänseblümchen;
margen m. u. f. Rand; Steg.
marginal adj. Rand...
marginar v. mit Randbemerkungen versehen.
marica f. Elster.
marido m. Ehemann, Gatte.
marina f. Marine, Flotte; Seestück.
marinar v. einsalzen.
marinero m. Seemann, Matrose.
marino, a adj. See...; m. Matrose.
mariposa f. Schmetterling.
mariquita f. Marienkäfer; fam. weibischer Mann.
mariscal m. Marschall.
marisco m. Seemuschel.
marítimo, a adj. See...
marjal m. Moor.
marmita f. Kochtopf.
mármol m. Marmor.
marmota f. Murmeltier.

maroma f. Hanfstrick.
marqués m. Marquis.
marquesina f. Zeltdach, Markise.
marrano m. Schwein (fam.: auch fig.).
marrón m. Wurfstein; Kastanie; **de color —**, kastanienbraun.
Marruecos m. pl. Marokko.
marta f. Marder.
Marte m. Mars.
martes m. Dienstag.
martillar v. hämmern.
martillo m. Hammer; fig. Auktionshaus.
martinete m. Dampf-, Maschinenhammer.
mártir m. Märtyrer.
martirizar v. martern.
marzo m. März.
más adv. mehr; ferner; überdies; noch; plus; **— tiempo** längere Zeit; **— allá** jenseits; **a lo —**, höchstens; **a — tardar** spätestens; **a cual —** um die Wette; **de —**, zu viel; überflüssig.
mas conj. aber, jedoch.
masa f. Masse; Telg.
masaje m. Massage.
masajista m. Masseur.
mascar v. kauen.
máscara f. Maske, Larve; Vermummung.   [maske.
mascarilla f. Halbmaske; Toten-
masculino, a adj. männlich.
masera f. Backtrog.
masilla f. Glaserkitt.
masón m. Freimaurer.
masticar v. kauen.
mástil m. Mast (Schiff); Stiel; Hals (Geige).
mata f. Strauch, Busch.
matadero m. Schlachthaus.
matador m. Mörder; Matador (im Stierkampf).
matafuego m. Feuerlöscher.
matanza f. Töten; Gemetzel.
matapolvo m. Sprühregen.
matar v. töten; auslöschen; stillen (Durst) vertreiben (Zeit).
matarse v. sich töten; fig. sich abmühen.
matarife m. Schlächter.
matasellos m. Stempel (auf Marken).
mate adj. matt, glanzlos; m. Schach, Matt; Mate (-tee).
matemáticas f. pl. Mathematik.
materia f. Materie; Angelegenheit; Stoff; **— prima** Rohstoff.
material adj. stofflich; materiell; sachlich; m. Stoff, Material.
materialista m. Materialist.
maternidad f. Mutterschaft; **casa de —**, Entbindungsanstalt.
materno, a adj. mütterlich; **lengua materna** Muttersprache.
matinal adj. morgendlich.
matiz m. Färbung; Farbstufung, Nuance.
matizar v. schattieren; abstufen (Farben).
matón m. Raufbold.
matorral m. Gebüsch.
matraca f. Knarre.
matrícula f. Nummer (Auto etc.); Register; Einschreibegebühr; Seerolle.
matricular v. immatrikulieren; einschreiben, registrieren.
matrimonio m. Heirat, Ehe; Ehepaar.
matriz f. Gebärmutter; Matrize.
matrona f. Matrone; Geburtshelferin.
matute m. Schmuggel.
matutino, a adj. Morgen...
maullar v. miauen.
máxima f. Maxime, Grundsatz.

máxime adv. besonders, hauptsächlich.
máximo, a adj. sehr groß; größt; m. das Äußerste, Maximum.
mayo m. Mai.
mayonesa f. Majonnaise.
mayor adj. comp. größer; älter; **— de edad** majorenn, volljährig. **Estado —**, Generalstab; **por —**, im großen, en gros; **mayores** m. pl. Voreltern.
mayorazgo m. Majorat.
mayordomo m. Haushofmeister, Syndikus, Verwalter.
mayoría f. Mehrheit, Überlegenheit.
mayoridad f. Volljährigkeit.
mayorista m. Großhändler.
mayúscula f. großer Buchstabe.
maza f. Keule, Klotz.
mazada f. Keulenhieb.
mazapán m. Marzipan.
mazo m. Rammblock.
me pron. mir; mich.
mecánica f. Mechanik.
mecánico, a adj. mechanisch; m. Mechaniker; Monteur.
mecanismo m. Mechanismus, Technik.
mecanografía f. Maschinenschreiben.
mecanógrafo m. Maschinenschreiber.
mecedora f. Schaukelstuhl.
mecer v. wiegen; schaukeln.
mecha f. Docht.
mechero m. Feuerzeug; Lampentülle; **— de gas** Gasbrenner.
mechón m. Büschel (Haare).
medalla f. Denkmünze.
media f. Strumpf.
mediación f. Vermittlung.
mediado, a adj. halb; **a —s de abril** Mitte April.
mediador m. Vermittler.
medianero, a adj. dazwischenliegend; m. Vermittler.
medianía f. Mittelmäßigkeit.
medianoche f. Mitternacht.
mediante prep. mittels.
mediar v. vermitteln.
mediato, a adj. mittelbar.
medicamento m. Arznei, Heilmittel.
medicina f. Medizin.
medicinal adj. medizinisch.
medición f. Vermessung.
médico, a adj. ärztlich; m. Arzt.
medida f. Maß; **a — que** je nachdem; während.
medidas pl. Vorkehrungen, Maßnahmen.
medieval adj. mittelalterlich.
medio, a adj. halb; Mittel...; **a medias** halbwegs; **edad media** Mittelalter; m. Mitte, Hilfsmittel; adv. halb; **a — cocer** halbgar.
mediocre adj. mittelmäßig.
mediodía m. Mittag; Süden.
medir v. (ver)messen.
meditabundo, a adj. nachdenklich.
meditar v. nachdenken.
Mediterráneo m. Mittelmeer.
medros m. pl. Gedeihen.
medroso, a adj. furchtsam; fürchterlich.
medula f. Knochenmark.
megatón m., **megatonelada** f. Megatonne.
mejicano, a adj. mexikanisch; m. Mexikaner.
Méjico m. Mexiko.
mejilla f. Wange.
mejillón m. Miesmuschel.
mejor adj. besser; lo —, Beste: **a cual —**, um die Wette; adv. besser; **tanto —**, umso besser.

mejora f. Besserung; Zuwachs.
mejoramiento m. Verbesserung.
mejorana f. Majoran.
mejorar v. (sich) bessern.
melancólico, a adj. trübsinnig.
melena f. Mähne.
melindre m. Honigkuchen; fig. Ziererei.
melocotón m. Pfirsich.
melón m. Melone.
meloso, a adj. honigsüß; süßlich; fam. schmalzig.
mella f. Zahnlücke; Scharte (am Messer).
mellado, a adj. zahnlückig; schartig.
mellizo m. Zwilling.
membrana f. Häutchen, Membran.
membrete m. Briefkopf.
membrillo m. Quitte(nbaum).
membrudo, a adj. stämmig.
memorable adj. denkwürdig.
memorar v. erinnern.
memoria f. Gedächtnis; Andenken; Denkschrift; de —, auswendig.
memorial m. Aktenauszug; Bittschrift.
menaje m. Hausrat.
mención f. Erwähnung; hacer —, mencionar v. erwähnen.
mendaz adj. lügenhaft.
mendicante adj. bettelnd; m. Bettelmönch.
mendigar p. betteln.
mendigo m. Bettler.
menear v. bewegen; rühren; wedeln.
menester m. Bedürfnis, Not; ser —, nötig sein.
menesteres pl. Angelegenheiten.
menesteroso, a adj. notleidend.
mengua f. Ermangelung, Schaden.
menguado, a adj. feig; karg.
menguante m. Ebbe; cuarto —, Mondviertel.
menguar v. sich vermindern.
meningitis f. Hirnhautentzündung.
menor adj. kleiner; minder; jünger; — de edad minderjährig; por —, im kleinen; m. Minderjährige(r).
menoría f. Minderheit; Minderwertigkeit.
menos adv. weniger; minder; por lo —, al —, wenigstens; poco más o —, ungefähr.
menoscabo m. Verminderung; Beeinträchtigung.
menospreciar v. geringschätzen, verachten.
menosprecio m. Verachtung.
mensaje m. Botschaft.
mensajero m. Bote, Gesandte(r).
menstruo m. Monatsregel (der Frau).
mensual adj. monatlich.
mensualidad f. Monatsgeld, -lohn.
mensurar v. messen.
menta f. Pfefferminze.
mental adj. geistig.
mentalidad f. Denkart.
mente f. Sinn, Verstand; Geist.
mentecato a adj. töricht; wahnsinnig.
mentir v. lügen; trügen.
mentira f. Lüge, Trug.
mentiroso, a adj. verlogen; trüglich.
mentón m. Kinn.
menudear v. oft wiederholen.
menudencia f. Kleinigkeit.
menudillos m. pl. Geflügelklein.

menudo, a adj. klein; fein; gering(fügig); a —, oft.
meñique m. kleiner Finger.
meollo m. Mark, Gehirn; fig. Kern.
meramente adj. bloß; nur.
mercadear v. handeln.
mercadería f. Ware; Handel.
mercado m. Markt(platz).
mercancía f. Ware.
mercante, mercantil adj. kaufmännisch; Handels...; academia —, Handelsschule.
merced f. Lohn; Gnade.
mercenario m. Lohnarbeiter.
mercería f. Kurzwaren; Kramladen.
mercurio m. Quecksilber.
merecer v. verdienen; erwerben, sich lohnen; ¡no las merece!, keine Ursache!
merendar v. vespern.
merengue m. Art Baiser.
meridiano, a adj. meridian.
merienda f. Vesperbrot.
mérito m. Verdienst.
meritorio, a adj. verdienstvoll; m. unbesoldeter Beamter, Volontär.
merluza f. Kabeljau.
merma f. Verlust, Fehlbetrag.
mermar v. abnehmen; verkleinern.
mermelada f. Marmelade.
mero, a adj. rein; bloß; m. Scholle (Fisch).
merodear v. plündern.
mes m. Monat.
mesa f. Tisch, Tafel.
meseta f. Treppenabsatz; Hochebene.
mesón m. Wirtshaus.
mesura f. Maß, Mäßigung; Ernst.
mesurar v. mäßigen.
meta f. Ziel; Zweck; Tor (Ballspiel).
metafísico,a adj. metaphysisch.
metal m. Metall, Erz; — pesado (ligero) Schwer-(Leicht-)Metall.
metálico, a adj. metallisch; m. Metallgeld.
metalífero, a adj. erzhaltig.
metalurgia f. Hüttenkunde.
metamorfosis f. Umwandlung.
meteorología f. Wetterkunde.
meteorológico, a adj.: boletín —, Wetterbericht.
meter v. hineinlegen, einführen; — miedo Furcht einjagen. meterse in sich einmischen; meterse con in Streit geraten.
meticuloso, a adj. zaghaft; peinlich, genau.
metido, a adj. gedrängt; — en carnes beleibt; — en sí in sich gekehrt; muy — en sehr vertraut mit.
método m. Methode.
metralla f. Schrotladung.
métrico, a adj. metrisch.
metro m. Meter; Versmaß; fam. U-Bahn.
metrópoli f. Weltstadt.
metropolitano, a adj. hauptstädtisch; erzbischöflich; ferrocarril —, Stadtbahn; m. Erzbischof.
mezcla f. Mischung; Mörtel.
mezclar v. mischen; ein-, unter-, vermischen.
mezcolanza f. fam. Mischmasch.
mezquindad f. Dürftigkeit; Knauserei.
mezquino, a adj. arm, elend; geizig.
mezquita f. Moschee.
mi m. E (Note).

mi pron. mein(e).
mí pron. mir; mich.
miaja f. Krümel.
mica f. Glimmer.
microbio m. Mikrobe.
microscopio m. Mikroskop.
microsurco m. Langspielplatte.
miedo m. Angst.
miel f. Honig.
miembro m. Glied; Mitglied.
mientras adv. während; — tanto unterdessen,währenddessen.
miércoles m. Mittwoch.
mies f. Korn; Saat.
miga f. Brotkrume; fig. de poca —, unbedeutend.
migar v. zerbröckeln.
migratorio, a adj. wandernd; ave migratoria Zugvogel.
mil adj. tausend.
milagro m. Wunder (werk).
milagroso, a adj. wunderbar.
milenario, a adj. tausendjährig.
milésimo, a adj. tausendster.
milicia f. Miliz.
milímetro m. Millimeter.
militar adj. militärisch; m. Soldat.
milla f. Meile (Seemeile).
millar m. Tausend.
millón m. Million.
millonario m. Millionär.
mimar v. verwöhnen.
mimbre m. Weide(nrute).
mímica f. Mimik.
mimo m. Mimiker; Liebkosung.
mimoso, a adj. zärtlich.
mina f. Bergwerk, Mine; fig. Goldgrube.
minar v. unterminieren.
mineral adj. Gesteins...; m. Gestein, Erz.
minería f. Bergbau; Knappschaft.
minero, a adj. bergmännisch; m. Bergmann.
mínimo, a adj. kleinste(r), wenigste(r).
mínimum m. Minimum.
minio m. Mennige.
ministerial adj. ministeriell.
ministerio m. Amt; Ministerium; — de Hacienda Finanzministerium.
ministro m. Minister.
minoración f. Verminderung.
minorar v. vermindern.
minoría f. Minderheit.
minoridad f. Minderjährigkeit.
minucia f. Kleinigkeit.
minucioso, a adj. kleinlich; umständlich.
minúscula f. kleiner Buchstabe.
minuta f. Konzept; Entwurf; Menü; Verzeichnis.
minutar v. ein Konzept machen.
minutero m. Minutenzeiger.
minuto m. Minute.
mío, mía pron. mein(e).
miope adj. kurzsichtig.
mira f. Visier, Korn.
mirada f. Blick.
mirado, a adj. vorsichtig, überlegt.
mirador m. Fenstererker, Galerie.
mirar v. anblicken; zusehen; (be)achten; sorgen.
mirlo m. Amsel.
mirón m. adj. neugierig; m. Gaffer.
misa f. Messe, Mette.
misal m. Meßbuch.
misceláneo, a adj. vermischt.
miserable adj. elend; geizig.
miseria f. Not, Elend.
misericordia f. Barmherzigkeit, Mitleid.
mísero adj. armselig.
misión f. Mission, Auftrag.
misionero, onario m. Missionar.
misiva f. Sendschreiben.

mismo, misma adj. selbst; derselbe; ahora —, sogleich; lo — da es ist einerlei.
misterio m. Geheimnis; Mysterium.
misterioso, a adj. geheimnisvoll; unbegreiflich.
místico, a adj. mystisch; m. Mystiker.
mistral m. Nordwestwind.
mitad f. Hälfte, Mitte.
mitigar v. lindern.
mito m. Mythus, Sage.
mitológico, a adj. mythologisch.
mixtión f. Mischung.
mixto, a adj. gemischt.
mixtura f. Mischung.
mobiliario m. Hausgerät.
mocear v. den Jüngling spielen.
mocedad f. Jugend (-zeit).
mocetón m. junger, kräftiger Bursche.
moción f. Bewegung; Antragstellung.
mocito adj. sehr jung.
moco m. Nasenschleim.
mocheta f. Säulenknauf; Messerrücken.
mochila f. Rucksack.
mochuelo m. Baumeule.
moda f. Mode.
modal adj. bedingt.
modales m. pl. Manieren.
modelo m. Muster, Modell; Vorbild.
moderación f. Mäßigung.
moderado, a adj. gemäßigt; ruhig.
moderar v. mäßigen, mildern.
moderativo, a adj. mäßigend.
moderno, a adj. neuzeitlich; neu; modern.
modestia f. Bescheidenheit.
modesto, a adj. bescheiden; sittsam, ehrbar.
módico, a adj. mäßig.
modificar v. abändern; umformen.
modismo m. Redewendung.
modista f. Modistin, Schneiderin.
modisto m. Damenschneider.
modo m. Art, Form; Tonart; de — que so daß; de ningún —, durchaus nicht; en cierto —, gewissermaßen.
modos pl. Manieren; de todos —, unter allen Umständen.
modoso, a adj. gesittet.
modular v. modulieren.
mofa f. Spott, Hohn.
mofar v. verspotten.
mofarse (de) v. spotten, höhnen.
mofeta f. Grubengas; Stinktier.
mofletes m. pl. Pausbacken.
mohín m. Mischung.
moho m. Belag; Moos; Schimmel; Rost.   [m(e)lig.
mohoso, a adj. rostig, schimmelig.
mojar v. (be)netzen; anfeuchten; eintauchen.
moje m. Brühe.
mojiganga f. Maskerade.
mojigato, a adj. scheinheilig.
mojón m. Grenzstein; Wegweiser.   [Backenzahn.
molar adj. Mühl...; diente —,
molde m. Gießform, Modell.
moldear v. formen; abgießen.
molécula f. Molekül.
moler v. mahlen; zerreiben; fig. belästigen.
molestar v. lästig fallen.
molestia f. Belästigung.

molesto, a adj. verdrießlich; unbequem; peinlich.
molicie f. Weichheit.
molienda f. Mahlen.
molificar v. erweichen; lindern, mildern.
molinero m. Müller.
molinete m. Luftfang; Windmühle.
molinillo m. Kaffemühle; Quirl.
molino m. Mühle.
molusco m. Weichtier.
mollar adj. weich; mager; fig. einträglich.
mollete m. Weißbrot.
momentáneo, a adj. augenblicklich.
momento m. Augenblick, Moment.
momia f. Mumie.
momio, a adj. mager.
mona f. Äffin; fig. Rausch.
monacal adj. Mönchs...
monacillo m. Chorknabe.
monarca m. Monarch.
monárquico, a adj. monarchisch.
monasterio m. Kloster.
mondadientes m. Zahnstocher.
mondadura f. Säubern.
mondar v. schälen; reinigen.
mondo, a adj. sauber; geschält.
mondongo m. Kaldaunen.
moneda f. Münze; Währung; Münzstätte.
monedero m. Geldtasche.
monetario, a adj. Geld... sistema —, Münzsystem.
monita f. List.
monitor m. Mahner; Monitor (Schiff).
monitorio m. Mahnbrief.
monja f. Nonne.
monje m. Mönch.
mono m. Affe; Operationskittel; adj. fam. nett, hübsch, zierlich.
monograma f. Monogramm.
monopatín m. Roller (für Kinder).
monoplano m. Eindecker (Flugzeug).
monopolio m. Monopol.
monotonía f. Eintönigkeit.
monótono, a adj. eintönig.
monstruo m. Ungeheuer, Mißgeburt, Scheusal.
monstruoso, a adj. ungeheuer; scheußlich.
monta f. Preis; Wichtigkeit.
montacargas m. Hebezeug.
montador m. Monteur.
montaje m. Zusammensetzung, Montage; Aufstellung.
montante m. Schlachtschwert; Betrag.
montaña f. Gebirge, Berg; — rusa Rutschbahn.
montañés m. Bergbewohner.
montañoso, a adj. bergig; gebirgig.
montar v. steigen; besteigen (Pferd); zusammensetzen, montieren; einfassen (Steine); betragen (Preis): — a caballo reiten; — en bicicleta radeln.
monte m. Berg; Wald, Forst; — de piedad Leihhaus; —pío Witwenkasse, Pfandhaus.
montea f. Hetzjagd.
montera f. Mütze der Stierkämpfer.
montería f. Jagdwesen.
montero m. Jäger.

montón m. Haufen, große Menge.
montura f. Reitzeug; Montur; Brillengestell.
monumental adj. ungeheuer, riesenhaft.
monumento m. Denkmal, Grabmal.
moño m. Haarknoten, -zopf.
mora f. Maulbeere; Verzug.
morada f. Wohnsitz.
morado, a adj. maulbeerfarben.
moral adj. moralisch; f. Sittenlehre, Moral; m. Maulbeerbaum.
moraleja f. Moral (einer Erzählung).
moralidad f. Sittlichkeit.
moralista m. Sittenlehrer.
moratoria f. Frist; Verzug.
morboso, a adj. krank.
morcilla f. Blutwurst.
mordaz adj. beißend; bissig.
mordedura f. Biß (-wunde).
morder v. beißen, brennen; fig. lästern.
mordiente m. Ätzmittel.
mordisco m. Biß; Bissen.
moreno, a adj. dunkelbraun; brünett.
morera f. Maulbeerbaum.
morfina f. Morphium.
moribundo, a adj. sterbend; m. Sterbende(r).
morir(se) v. sterben; verlöschen; ausgehen.
moro, a adj. maurich; m. Maure.
moroso, a adj. saumselig; langsam.
morra f. Schädel.
morral m. Futterbeutel; Jagdtasche; fam. Lümmel.
mortal adj. sterblich; tödlich; m. Sterbliche(r).
mortalidad f. Sterblichkeit.
mortero m. Mörser; Mörtel.
mortuorio, a adj. Sterbe...
moruno, a adj. maurisch.
mosaico m. Mosaik.
mosca f. Fliege; fam. Geld; — muerta fam. Schlaumeier.
moscarda f. Schmeißfliege.
mosquero m. Fliegenfalle.
mosquitero m. Moskitonetz.
mosquito m. (Stech-) Mücke.
mostaza f. Senf.
mostear v. mosten.
mosto m. Weinmost.
mostrador m. Ladentisch; Theke, Ausschank.
mostrar v. zeigen.
mote m. Bei-, Spitzname.
motín m. Aufstand, Meuterei.
motivar v. verursachen, veranlassen.
motivo m. Ursache, Motiv; con — de anläßlich, wegen.
motocicleta f. Motorrad.
motolancha f. Motorboot.
motonave f. Motorschiff.
motor m. Motor.
motriz adj. Bewegungs...; fuerza —, Triebkraft.
movedizo, a adj. beweglich; fig. wankelmütig.
mover v. bewegen; antreiben, reizen; veranlassen.
móvil adj. beweglich; m. fig. Triebfeder.
movilidad f. Beweglichkeit; Veränderlichkeit.
movilización f. Mobilmachung.
movimiento m. Bewegung, Antrieb.
moza f. Mädchen; Dienstmädchen.
mozo, a adj. jung; m. junger Mensch; Junggeselle; Kellner; Diener; — de cuadra Stallknecht; — de cuerda Gepäckträger.
mucosidad f. Schleim (-igkeit).

mucoso, a adj. schleimig.
muchacha f. Mädchen.
muchachería f. Kinderei.
muchacho m. Knabe, Bursche.
muchedumbre f. Menge (Menschen).
mucho, a adj. viel; adv. sehr, viel; lange: ni con —, bei weitem nicht; tener en —, hochschätzen.
muda f. Veränderung; Mausern (Vögel); Wäsche (zum Wechseln); Stimmwechsel.
mudanza f. Wohnungsveränderung.
mudar v. ändern; mausern (Vögel).
mudarse v. um-, ausziehen.
mudez f. Stummheit.
mudo, a adj. stumm.
mueble adj. beweglich (Güter); m. Hausrat; Möbel (stück).
mueca f. Grimasse.
muela f. Backenzahn, Mühlstein.
muellaje m. Hafengeld.
muelle adj. weich; m. Sprungfeder; Mole.
muérdago m. Mistel.
muerte f. Tod; dar —, töten.
muerto, a adj. tot; gestorben; m. Tote(r).
muestra f. Warenprobe, Muster; Aushängeschild.
muestrario m. Musterbuch, -kollektion.
mugir v. brüllen.
mugriento, a adj. schmierig.
muguete m. Maiglöckchen.
mujer f. (Ehe-) Frau; Weib.
mula f. Mauleselin.
mulatero m. Maultiertreiber.
mulato, a adj. dunkelbraun; m. Mulatte.
muleta f. Krücke; Stab mit Scharlachtuch (der Stierkämpfer).
mulo m. Maulesel.
multa f. Geldstrafe.
multar v. mit Geldstrafe belegen.
multicolor adj. vielfarbig, bunt.
múltiple adj. vielfach.
multiplicación f. Vervielfältigung, Multiplikation.
multiplicar v. vervielfältigen; multiplizieren, vermehren.
multitud f. (Volks-) Menge.
mullir v. auflockern.
mundial adj. Welt...; fama —, Weltruf.
mundo m. Welt; Erde; Menschheit; el otro —, das Jenseits; todo el —, jedermann.
munición f. (Waffen-)Ausrüstung, -Vorrat.
municionar v. verproviantieren; mit Munition versehen.
municipal adj. städtisch; guardia —, Schutzmann.
municipio m. Gemeinde; Stadtrat.
muñeca f. Handgelenk; Kinder-, Modellpuppe.
muñón m. Stumpf.
mural adj. Mauer...
muralla f. (Festungs-)Mauer.
murar v. ummauern.
murciélago m. Fledermaus.
murmullo m. Gemurmel.
murmurar v. murmeln; rauschen; verlästern.
muro m. Mauer, Wand.
murta f. Myrte.
muscular adj. Muskel...; fuerza —, Muskelkraft.
músculo m. Muskel.
musculoso, a adj. muskulös; kräftig.
museo m. Museum.
musgo m. Moos.
música f. Musik; Noten.

musical adj. musikalisch, Musik...
músico, a adj. musikalisch; m. Musiker.
muslo m. Oberschenkel.
mustio, a adj. welk; fig. niedergeschlagen.
mutación f. Veränderung. Szenenwechsel.
mutilación f. Verstümmelung.
mutilar v. verstümmeln; fig. vermindern.
mutismo m. Stummheit, Schweigen.
mutualidad f. Gegenseitigkeit.
muy adv. sehr; zuviel: — señor mío sehr geehrter Herr (Brief).

nabo m. Rübe.
nácar m. Perlmutter.
nacer v. geboren werden; hervorkommen; entspringen (Fluß); entstehen.
nacido, a adj. angeboren; gebürtig; geschaffen.
naciente adj. entstehend; anbrechend (Tag).
nacimiento m. Geburt; Entstehung; (Weihnachts-) Krippe.
nación f. Nation, Volk.
nacional adj. National...; Landes...
nacionalidad f. Nationalität.
nada f. Nichtigkeit; adv. nichts; ¡de —!, bitte! keine Ursache!; — de eso keineswegs; — más weiter nichts; — absolutamente gar nichts.
nadador m. Schwimmer.
nadar v. schwimmen.
nadie pron. niemand.
nado m.; pasar a —, durchschwimmen.
naipe m. Spielkarte.
nalga f. Hinterbacke.
naranja f. Apfelsine, Orange; media —, fam. Ehehälfte.
naranjada f. Orangenlimonade.
naranjo m. Orangenbaum.
narciso m. Narzisse.
narcótico m. Betäubungsmittel.
narcotizar v. betäuben, narkotisieren.
nariz f. Nase.
narrar v. erzählen.
narrativo, a adj. erzählend.
nasal adj. Nasen...; nasal.
nata f. Rahm, Sahne.
natación f. Schwimmen.
natal adj. heimatlich; Geburts...
natalicio m. Geburtstag.
nativo, a adj. an-, eingeboren; Geburts...; gediegen (Gold).
natural adj. natürlich; m. Naturell, Gemütsart; Naturtrieb.
naturaleza f. Natur; Art, Weise.
naturalidad f. Natürlichkeit.
naturalizar v. einbürgern.
naufragar v. stranden; fig. scheitern.
naufragio m. Schiffbruch; fig. Mißerfolg.
náufrago, a m. Schiffbrüchige(r).
náusea f. Übelkeit, Ekel.
náutico, a adj. nautisch; Schwimm...; Wassersport...; Schiffahrts...
navaja f. Taschenmesser.

naval adj. See...; Schiff...

nave f. Schiff (auch Gebäude); Werkhalle.

navegable adj. schiffbar.

navegación f. Seereise; Schiffahrt(skunde).

naveta f. Räucherfaß.

Navidad f. Weihnachten.

naviero m. Reeder.

navío m. großes Schiff.

neblina f. dichter Nebel.

nebuloso, a adj. bewölkt; fig. schwer verständlich.

necedad f. Torheit.

necesario, a adj. notwendig, nötig.

neceser m. Necessaire.

necesidad f. Notwendigkeit; Not; Bedarf.

necesitado, a adj. (be-)dürftig.

necesitar v. bedürfen; nötig haben.

necio, a adj. dumm.

nefario, a adj. ruchlos.

nefasto, a adj. unheilvoll.

negación f. Verneinung.

negar v. verneinen; leugnen; abschlagen.

negarse v. sich weigern.

negativa f. Verneinung, Verweigerung.

negativo, a adj. verneinend, negativ; m. Negativ.

negligente adj. nachlässig, fahrlässig.

negociación f. Verhandlung.

negociado m. Amtsstube.

negociante m. Geschäftsmann.

negociar v. (ver)handeln; begeben (Wechsel).

negocio m. Geschäft.

negra f. Negerin.

negrero m. Sklavenhändler.

negro, a adj. schwarz; fig. düster; m. Neger.

nema f. Briefsiegel.

nene m. kleines Kind.

nepotismo m. Vetternwirtschaft.

nervino, a adj. nervenstärkend.

nervio m. Nerv; Rippe (Bauwerk, Schiff); fig. Kraft.

nervioso, a adj. nervig; nervös; **sistema** —, Nervensystem.

nerviosismo m. Nervosität.

nervudo, a adj. starknervig.

neto, a adj. sauber, rein; **peso** —, Nettogewicht.

neumático, a adj. pneumatisch; m. Mantel, Autoreifen.

neurosis f. Nervenkrankheit.

neutral adj. neutral; unparteiisch.

neutralismo m. (poli+ische) Neutralität.

neutralizar v. neutralisieren; fig. unwirksam machen.

neutro, a adj. neutral; sächlich; m. Neutrum.

nevada f. Schneefall.

nevar v. schneien.

nevera f. Eiskeller, Eisschrank.

nexo m. Verknüpfung.

ni koj.: — **eso** auch das nicht; — **siquiera** nicht einmal; **ni...**; **ni** werder... noch.

nicotina f. Nikotin.

nicho m. Nische.

nido m. Nest.

niebla f. Nebel.

nieta f. Enkelin.

nieto m. Enkel.

nieve f. Schnee.

nilón m. Nylon.

ninfa f. Nymphe.

ningún, ninguno pron. kein(er); niemand: **de ninguna manera** keineswegs.

niña f. Mädchen, Kind; Pupille.

niñada f. Kinderei.

niñera f. Kindermädchen.

niñez f. Kindheit.

niño, a adj. kindlich; m. Kind; Junge.

níquel m. Nickel.

níspero m. Mispel (baum).

nítido, a adj. scharf (Bild, Foto); rein; glänzend.

nítrico, a adj. Salpeter...; **ácido** —, Salpetersäure.

nitro m. Salpeter.

nitrógeno m. Stickstoff.

nivel m. Wasserwaage; Niveau; — **de mar** Meeresspiegel; **a** —, waagerecht.

nivelación f. Nivellierung.

no adv. nicht; nein; — **bien** kaum: — **por cierto** gewiß nicht; **un** — **sé qué** ein gewisses Etwas.

nobiliario, a adj. adelig, Adels...

noble adj. adelig; edel (mütig).

nobleza f. Adel.

noción f. Begriff; Kenntnis.

nocivo, a adj. schädlich.

noctámbulo, a adj. nachtwandlerisch.

nocturno, a adj. nächtlich.

noche f. Nacht; Abend; Finsternis; — **buena** Christnacht; **de** —, bei Nacht; **¡buenas noches!** gute Nacht!

nodriza f. Amme.

nódulo m. Knötchen.

nogal m. Nußbaum.

nombrado, a adj. berühmt.

nombrar v. (be)nennen; ernennen.

nombre m. Name, Titel; Ruf.

nómina f. Namensliste.

nominal adj. Namens..., namentlich: **valor** —, Nennwert.

nono, a adj. neunte(r).

nordeste m. Nordost.

noria f. Ziehbrunnen.

norma f. Norma, Regel.

normal adj. regelrecht.

normalidad f. Regelmäßigkeit.

noroeste m. Nordwest.

norte m. Nord(en).

Noruega f. Norwegen.

nos pron. uns.

nosotros, as pron. wir; uns.

nostalgia f. Heimweh.

nota f. Anmerkung; Rechnung; — **de pedido** Bestellschein.

notabilidad f. Ansehen; angesehene Persönlichkeit.

notable adj. angesehen; bemerkenswert.

notar v. bezeichnen; tadeln.

notariado m. Notariat.

notario m. Notar.

noticia f. Nachricht, Notiz; Kenntnis.

noticiar v. benachrichtigen.

noticiario m. Wochenschau.

noticiero m. Berichterstatter.

notificar v. anzeigen.

notorio, a adj. allgemein bekannt.

novedad f. Neuheit; Neuigkeit.

novela f. Novelle; Roman.

novelista m. Romanschreiber.

noveno, a adj. neunte(r).

noventa f. neunzig.

novia f. Braut, Verlobte.

novicio, a adj. Novize; Neuling.

noviembre m. November.

novilla f. Färse.

novillada f. Hetze junger Stiere.

novillo m. junger Stier.

novio m. Bräutigam.

nubada f. Platzregen.

nube f. Wolke.

nublarse v. sich bewölken.

nuca f. Nacken.

nuclear adj. Kern...; **(es)cisión** —, Atomkernspaltung; **reactor** —, Atomreaktor.

núcleo m. Kern (auch fig.).

nudo m. Knoten; Aststelle; fig. dramatische Verwick(e)lung.

nuera f. Schwiegertochter.

nuestro, a adj. u pron. unser(e), unsrig.

Nueva York f. New York.

nueve adj. neun.

nuevo, a adj. neu; modern; unerfahren: **de** —, nochmals.

nuez f. Walnuß.

nulo, a adj. ungültig; un fähig.

numerable adj. zählbar.

numeración f. Bezifferung.

numeral adj. Zahl...

numerar v. (auf-) zählen; numerieren.

número m. Zahl, Ziffer.

numeroso, a adj. zahlreich.

nunca adj. nie(mals); — **jamás** nimmer.

nuncio m. Nuntius; fig. Anzeichen.

nupcias f. pl. Hochzeit.

nutria f. Fischotter.

nutrimento m. Nahrung.

nutrir v. nähren (auch fig.).

nutritivo adj. nahrhaft.

ñaque m. Gerümpel.

ñoñería f. Faseln; Altersduselei.

ñoñeo adj. kleinmütig; greisenhaft.

¡o! interj. oh!; ah!; ach!

o conj. oder; — ... —, entweder... oder.

oasis m. Oase.

obcecar v. (ver)blenden.

obedecer v. gehorchen; nachgeben.

obediente adj. gehorsam.

obertura f. Ouvertüre.

obeso, a adj. fettleibig.

obispado m. Bistum.

obispal adj. bischöflich.

obispo m. Bischof.

objeción f. Einwand.

objetar v. einwenden.

objetivo, a adj. gegenständlich; m. Objektivglas.

objetivo m. Objekt; Zweck, Absicht.

oblación f. Opferung.

oblada f. Opfer (für Verstorbene).

oblata f. Meßopfer.

oblea f. Oblate, Waffel.

oblicuidad f. Schrägheit.

oblicuo, a adj. schräg; quer.

obligación f. Pflicht; Schuldverschreibung.

obligado, a adj. (zu Dank) verpflichtet.

obligar v. verpflichten.

obligatorio, a adj. verbindlich; Zwangs...

obliterar v. verstopfen.

oblongo, a adj. länglich.

obra f. Werk; Arbeit; Bau-(werk); — **pía** fromme Stiftung.

obras f. pl. Bauarbeiten.

obraje m. Verarbeitung.

obrar v. arbeiten; bauen; wirken; handeln.

obrero m. Arbeiter.

obsceno, a adj. unzüchtig.

obscurecer v. verdunkeln; dunkel werden.

obscuridad f. Dunkelheit.

obscuro, a adj. dunkel; fig. verwirrt.

obsequiar v. beschenken; bewirten.

obsequio m. Gefälligkeit; Geschenk; **en** — **de** zu Ehren.

observación f. Beobachtung; Bemerkung.

observancia f. Befolgung.

observar v. be(ob)achten; bemerken.

observatorio m. Observatorium, Sternwarte.

obsesión f. Besessenheit.

obstáculo m. Hindernis.

obtante: no —, trotzdem.

obstar v. (be)hindern.

obstinado, a adj. hartnäckig; eigensinnig.

obstinarse v. eigensinnig beharren auf.

obstrucción f. Verstopfung.

obstruir v. verstopfen; versperren.

obtención f. Erlangung.

obtener v. erlangen; erzielen.

obturador m. Verschluß; Blende (Kamera).

obturar v. verschließen; abblenden.

obtuso, a adj. stumpf, fig. blödsinnig.

obviar v. abwenden; vorbeugen.

obvio, a adj. einleuchtend; handgreiflich.

oca f. Gans.

ocasión f. Gelegenheit; Anlaß.

ocasional adj. gelegentlich.

ocasionar v. veranlassen; gefährden.

ocaso m. Untergang (der Sonne); fig. Verfall.

occidental adj. abendländisch; westlich.

occidente m. Abendland.

océano m. Ozean.

ocio m. Müßiggang.

oclusión f. Verstopfung.

ocre m. Ocker.

octava f. Oktave.

octavín m. Pikkoloflöte.

octavo, a adj. achte(r); m. Achtel

octubre m. Oktober.

ocular adj. Augen...; **testigo** —, Augenzeuge; m. Augenglas.

oculista m. Augenarzt.

ocultar v. verbergen; verheimlichen.

oculto, a adj. geheim; **en** —, heimlich.

ocupar v. beschäftigen; einnehmen; besetzen; bewohnen (Haus).

ocurrencia f. Vorfall; Einfall.

ocurrir v. sich ereignen; einfallen; in den Sinn kommen.

ochavado, a adj. achteckig.

ochenta adj. achtzig.

ocho adj. acht.

odiar v. hassen.

odio m. Haß.

odioso, a adj. gehässig.
odontólogo m. Zahnarzt.
odorífero, a adj. wohlriechend.
oeste m. Westen.
ofender v. kränken, beleidigen; mißhandeln.
ofensa f. Beleidigung.
ofensiva f. Offensive. Angriff.
ofensivo, a adj. angreifend; beleidigend.
oferta f. Angebot.
oficial adj. offiziell, amtlich; m. Offizier; Handwerker; Gehilfe.
oficiar v. Gottesdienst halten; amtlich mitteilen.
oficina f. Büro; Werkstatt.
oficinista m. Bürobeamte(r).
oficio m. Beschäftigung; Handwerk; Geschäft; Amt; (Gottes-)Dienst.
oficioso, a adj. dienstfertig; fleißig.
ofrecer v. anbieten.
ofrecimiento m. Anerbieten, Versprechen.
ofrenda f. Opfer; Gabe.
oftalmia f. Augenentzündung.
ofuscar v. verdunkeln.
ogro m. Scheusal .
oíble adj. hörbar.
oído m. Gehör, Ohr; **de —,** nach dem Gehör.
oír v. (zu)hören; verhören.
ojal m. Knopfloch.
¡ojalá! v. wollte Gott!
ojeada f. Seitenblick.
ojeador m. Treiber (Jagd).
ojear v. treiben.
ojeo m. Treibjagd.
ojeras f. pl. blaue Ringe (um die Augen).
ojeriza f. Groll.
ojete m. Schnürloch.
ojiva f. Spitzbogen.
ojival adj. spitzbogig; gotisch.
ojo m. Auge; Nadelöhr; Loch im Käse; **— de gato** Rücklicht; **¡—!, Achtung!**
ola f. Woge, Welle.
¡olé! interj. bravo!
oleada f. Sturzsee; fig. Menge.
oleaginoso, a adj. ölig.
oleaje m. Brandung.
olear v. die letzte Ölung geben.
óleo m. Öl; letzte Ölung; **pintado al —,** in Öl gemalt.
oleoducto m. Ölleitung.
oler v. riechen; wittern.
olfatear v. beriechen; umherschnüffeln.
olfato m. Geruchssinn.
olimpíada f. Olympiade.
olímpico, a adj. olympisch.
oliva f. Ölbaum; Olive.
olivar m. Ölbaumpflanzung.
olivo m. Ölbaum.
olmo m. Ulme.
olor m. Geruch; fig. Ruf.
oloroso, a adj. wohlriechend.
olvidar v. vergessen.
olvido m. Vergessenheit; Vergeßlichkeit.
olla f. Kochtopf; Eintopf; **— a presión** Drucktopf.
ollero m. Töpfer.
ombligo m. Nabel.
ombliguero m. Nabelbinde.
ominar v. vorhersagen.
omisión f. Unterlassung; Nachlässigkeit.
omitir v. aus-, unterlassen; vergessen.
ómnibus m. Omnibus.

omnipotente adj. allmächtig.
omnipresencia f. Allgegenwart.
once adj. elf.
onda f. Woge, Welle; **— corta** Kurzwelle; **— media** Mittelwelle; **— ultracorta** Ultrakurzwelle.
ondear v. wogen; Falten werfen; flattern.
ondulación f. Wellenbewegung; Ondulieren (Haar).
ondular v. wellen, ondulieren (Haar).
oneroso, a adj. beschwerlich.
opacidad f. Undurchsichtigkeit.
opaco, a adj. undurchsichtig; fig. finster.
ópalo m. Opal.
opción f. Wahl; Anspruch.
ópera f. Oper; Opernhaus.
operación f. Ausführung; Unternehmung, Geschäft Operation; **— cesárea** Kaiserschnitt.
operador m. Operateur; Mechaniker; Bordfunker.
operar v. (be)wirken; operieren.
operatorio, a adj. Operations...
operoso, a adj. mühsam.
opimo, a adj. fruchtbar.
opinar v. meinen, urteilen.
opinión f. Meinung, Ansicht.
oponer v. entgegensetzen; einwenden; **oponerse** sich widersetzen.
oportunidad f. (passende) Gelegenheit.
oportuno, a adj. passend; günstig; schicklich.
oposición f. Gegensatz; Mitbewerbung; Gegenpartei.
opositor m. Gegner; Mitbewerber.
opresión f. Bedrückung; Angst, Beklemmung.
oprobio m. Schande.
optar v. wählen.
óptica f. Optik.
óptico, a adj. optisch; m. Optiker.
óptimo, a adj. vorzüglich.
opuesto, a adj. entgegengesetzt; feindlich.
opugnar v. bekämpfen.
opulencia f. Reichtum, Überfluß.
opulento, a adj. sehr reich; üppig.
opúsculo m. Broschüre.
oración f. Gebet; Rede.
orador m. Redner, Sprecher.
oral adj. mündlich.
orangután m. Orang-Utan.
oratoria f. Beredsamkeit.
oratorio, a adj. rednerisch; m. Bethaus; Oratorium.
orbe m. Zirkel; Welt.
órbita f. Planetenbahn.
orden f. Ordnung; Regel; f. Auftrag, Befehl; Priesterweihe; Orden; **a la —,** an die Order (Wechsel).
ordenanza f. Anordnung, Satzung; Bote.
ordenar v. (an)ordnen; verordnen.
ordeñar v. melken.
ordinal adj. Ordnungs...
ordinario, a adj. gewöhnlich; gemein.
orear v. (aus)lüften.
oreja f. Ohr; Schuhlasche.
orfanato m. Waisenhaus.
orfebre m. Goldschmied.
orfeón m. Gesangverein.
orgánico, a adj. organisch.
organillo m. Drehorgel.
organismo m. Organismus.
organista m. Orgelspieler, Organist.
organización f. Anordnung; **organizar** v. anordnen, gliedern.

órgano m. Orgel; Organ.
orgía f. Gelage.
orgullo m. Stolz, Hochmut.
orgulloso, a adj. stolz.
orientación f. Orientierung, Zurechtflunden.
oriental adj. orientalisch; östlich.
orientar v. orientieren; zurechtweisen.
orientarse v. sich zurechtfinden.
oriente m. Osten; Morgen.
orificio m. Loch.
origen m. Ursprung; Herkunft; Ursache.
original adj. ursprünglich; echt; originell; m. Urtext; fig. sonderbarer Mensch.
originalidad f. Ursprünglichkeit, Urwüchsigkeit.
originar v. verusachen.
originarse v. entspringen.
originario, a adj. ursprünglich; gebürtig.
orilla f. Rand; Ufer.
orillar v. säumen.
orillo m. Tuchkante.
orina f. Harn, Urin.
orinal m. Nachttopf.
orinar v. Urin lassen, harnen.
oriundo, a adj. gebürtig.
orla f. Saum, Rand.
orlar v. einfassen; säumen.
ornamento m. Verzierung, Zierde (auch fig.).
ornamentos pl. Priestergewänder.
ornar v. zieren; schmücken.
oro m. Gold.
oropel m. Flittergold.
orquesta f. Orchester.
ortodoxia f. Rechtgläubigkeit.
ortografía f. Rechtschreibung.
ortopedia f. Orthopädie.
ortopédico, a adj. orthopädisch; m. Orthopäde.
oruga f. Raupe; **cadena de —,** Raupenkette.
orujo m. Weintrester.
orzuelo m. Gerstenkorn.
os pron. euch.
osadía f. Kühnheit.
osado, a adj. kühn, dreist.
osar v. wagen.
oscilación f. Schwingung.
óseo, a adj. knöchern.
oso m. Bär.
ostensible adj. offenbar, sichtbar.
ostensión f. Vorzeigung.
ostentación f. Schaustellung; Prahlerei.
ostentar v. zur Schau stellen; prahlen.
ostentoso, a adj. prunkhaft.
ostra f. Auster.
otero m. Anhöhe.
otitis f. Ohrenentzündung.
otoño m. Herbst.
otorgamiento m. Ausfertigung (Schriftstück); Bewilligung.
otorgar v. bewilligen; einräumen.
otro, a adj. ander; noch ein; **el — día** unlängst, neulich; **— tanto** ebenso(viel); **otra vez** noch einmal.
ovación f. Beifall, Ovation.
oval adj. oval, eiförmig.
ovario m. Eierstock.
oveja f. Schaf.
ovillar v. abhaspeln.
ovillo m. Knäuel; fig. Haufen.
oxidación f. Verrosten.
oxidar v. oxydieren; verrosten.
óxido m. Oxyd.
oyente m. Hörer.
ozono m. Ozon.

pabellón m. Zelt; Betthimmel; Flagge; Laube, Pavillon; Ohrmuschel.
pacer v. grasen; abfressen.
paciencia f. Geduld.
paciente adj. geduldig; leidend, m. Kranke(r).
pacificar v. Frieden stiften; besänftigen.
pacífico, a adj. friedlich, ruhig; (Océano) **Pacífico,** Stiller Ozean.
pacotilla f. Beilast (Schiff); fig. Kram, Schund.
pacto m. Pakt, Vertrag.
padecer v. (er)leiden.
padecimiento m. Leiden.
padrastro m. Stiefvater.
padre m. Vater; Pater, **— nuestro** Vaterunser; **los —s,** pl. die Eltern.
padrino m. Taufpate; Brautführer; Sekundant (Duell); Gönner, Beschützer.
padrón m. Einwohnerverzeichnis; Formular.
paella f. Reisgericht.
paga f. Zahlung; Lohn, Sold.
pagadero, a adj. zahlbar.
pagador m. Zahler.
pagaduría f. Zahlamt.
pagano, a adj. heidnisch; m. Heide; Steuerzahler.
pagar v. (be)zahlen; büßen.
pagaré m. Schuldschein.
página f. (Buch-)Seite.
paginación f. Seitenbezeichnung, Seitenzahl.
pago m. Zahlung; Lohn; **suspensión de pagos,** Zahlungseinstellung; **— a plazos** Teilzahlung; **de —,** zollpflichtig.
país m. Land.
Países Bajos m. pl. Niederlande.
paisaje m. Landschaft, Gelände.
paisano m. Bauer; Landmann; Zivilist.
paja f. Stroh.
pajar m. Strohschober.
pajarero m. Vogelfänger.
pájaro m. Vogel.
paje m. Edelknabe, Page.
pajizo, a adj. strohfarben.
pala f. Schaufel; Ruder; Vorderblatt (am Schuh); Ballschläger.
palabra f. Wort, Ausdruck; fig. Zusage; **— de honor** Ehrenwort, **de —,** mündlich.
palacio m. Palast, Schloß.
paladar m. Gaumen.
palanca f. Hebel.
palangana f. Waschschüssel.
palatino, a adj. Palast...
palco m. Theaterloge.
palenque m. Einzäunung.
paleta f. Palette, Farbenbrett; Feuerschaufel.
paletilla f. Schulterblatt.
paliar v. bemänteln; lindern.
palidecer v. erbleichen; blaß werden.
palidez f. Blässe.
pálido adj. bleich; farblos.
palillo m. Zahnstocher.
palique m. Geschwätz.
paliza f. Tracht Prügel.
palizada f. Pfahlwerk.

palma f. Palme; Handfläche; **palmas** pl. Beifall.
palmadas f. pl. Händeklatschen.
palmar m. Palmenwald.
palmario, a adj. offenkundig.
palmear v. Beifall klatschen.
palmera f. Palmbaum.
palmilla f. Schuhsohle.
palmo m. Spanne, Handbreite.
palo m. Stock(schlag); Schiffsmast; Farbe (Kartenspiel): — **de rosa** Rosenholz.
paloma f. Taube.
palomar m. Taubenschlag.
palomo m. Täuberich.
palotear v. verprügeln.
palpable adj. fühlbar; fig. handgreiflich.
palpar v. betasten; fühlen; herumtappen.
palpitante adj. fig. aktuell (Frage).
palpitar v. klopfen (Herz).
palpo m. Fühler (Insekten).
paludismo m. Malaria.
pampa f. Grasebene.
pámpano m. Weinranke.
pan m. Brot.
pana f. Plüsch.
panadería f. Bäckerei.
panadero m. Bäcker; Brotverkäufer.
panal m. Honigwabe.
pandear v. sich biegen.
pandereta f. Tamburin.
panecillo m. Brötchen.
panfleto m. Schmähschrift.
pánico, a adj. panisch; m. Panik.
pantalones m. pl. Hosen.
pantalla f. Licht-, Kaminschirm; Filmleinwand; — **pequeña** (fig. u. fam.) Bildschirm; Fernsehgerät.
pantano m. Sumpf, Morast; Stausee.
pantera f. Panther.
pantorrilla f. Wade.
panza f. Bauch, Leib .
pañal m. Windel.
paño m. Tuch; — **(higiénico)** Damenbinde.
pañuelo m. Kopf-, Hals-, Taschentuch.
papa m. Papst.
papá m. Papa, Vater.
papada f. Doppelkinn.
papagayo m. Papagei.
paparrucha f. fam. falsche Nachricht, Ente.
papel m. Papier; Aktenstück; Rolle (Theater und fig.); — **del Estado** Staatsschuldschein; — **higiénico** Toilettenpapier; — **de música** Notenpapier; — **secante** Löschpapier; — **pintado** Tapete.
papelera f. Papierkorb.
papelería f. Schreibwarenhandlung.
papeleta f. Zettel.
papelista m. Tapezierer.
papelote m. Papierwisch.
papilla f. Milchbrei.
papo m. Kropf.
paquebote m. Paketboot.
paquete m. Bündel; Paket.
par adj. gleich; gerade (Zahl): **a la** —, zugleich; al pari; **abierto de — en —,** sperrweit offen; **sin —,** unvergleichlich; m. Paar; Pari; Pair.
para prep. für; um; zu; um zu (Zweck); nach (Ort); wegen; — **con** gegen; — **que** damit; **¿— qué?,** wozu?
parabién m. Glückwunsch.
parabólico, a adj. parabolisch.
parabrisas m. Auto: Windschutzscheibe.
paracaídas m. Fallschirm.

paracaidista m. Fallschirmspringer.
parada f. Aufenthalt; Wachparade; Haltestelle; — **de coches** Droschkenhalteplatz.
paradero m. Aufenthaltsort; fig. Ende.
parado, a adj. stillstehend; untätig: **mal** —, übel zugerichtet.
paradójico, a adj. widersinnig.
parador m. Wirtshaus.
parafango m. Schutzblech.
parafina f. Paraffin.
parafrasear v. umschreiben; erläutern.
paraguas m. Regenschirm.
paraíso m. Paradies; fam. Galerie (im Theater).
paraje m. Ort; Gegend.
paralela f. Parallele.
paralelas pl. Turnbarren.
paralelo, a adj. parallel, gleichlaufend; m. Vergleich.
parálisis f. Lähmung.
paralítico, a adj. gelähmt.
paralizar v. lähmen; fig. hemmen.
paramentar v. zieren.
páramo m. Ödland.
parapetarse v. sich verschanzen; sich schützen.
parapeto m. Brüstung.
parar v. (an)halten, richten (Aufmerksamkeit); bereiten; wohnen; **ir a — a** auf etwas abzielen; enden; **sin —,** ununterbrochen.
pararse v. stehenbleiben; fig. zögern.
pararrayo m. Blitzableiter.
parásito, a adj. schmarotzerisch; m. Schmarotzer.
parásitos m. pl. Störgeräusche (Radio).
parasol m. Sonnenschirm.
parcelar v. parzellieren, vermessen.
parcial adj. teilweise; parteiisch.
parcialidad f. Parteilichkeit.
parco, a adj. sparsam.
parche m. Pflaster.
pardal m. Leopard.
pardo, a adj. graubraun; trübe.
parear v. paaren.
parecer m. Meinung; **al** —, anscheinend; v. scheinen; dünken.
parecerse v. sich ähneln.
parecido, a adj. ähnlich: **bien** —, schön; m. Ähnlichkeit.
pared f. Wand; Mauer.
pareja f. Paar.
parejo, a adj. gleich; ähnlich.
parentela f. Verwandte(n).
parentesco m. Verwandtschaft, fig. Zusammenhang.
paréntesis m. Klammern; **entre** —, fig. beiläufig bemerkt.
parida f. Wöchnerin.
paridad f. Gleichheit.
parienta f. Verwandte.
pariente adj. verwandt; m. Verwandte(r).
parihuela f. Tragbahre.
parir v. gebären; werfen (Tiere); fig. hervorbringen.
parlamentar v. unterhandeln; parlamentieren.
parlamentario, a adj. Parlaments...
parlamento m. Parlament(-sgebäude).
parlanchín, ina adj. geschwätzig; m. Schwätzer.
parlar v. plaudern.
parlatorio m. Sprechzimmer.
paro m. Arbeitseinstellung; Meise (Vogel).
parodiar v. parodieren.

parola f. Redeschwulst.
paroxismo m. (Fieber-) Hitze.
parpadear v. blinzeln.
párpado m. Augenlid.
parque m. Park, Garten.
parquedad f. Zurückhaltung.
párrafo m. Paragraph.
parral m. Weinlaube.
parrilla f. Grill, Bratrost.
párroco m. Pfarrer.
parroquia f. Pfarre; Gemeinde; Kundschaft.
parroquial adj. Pfar...
parroquiano m. Pfarrkind; Stammkunde.
parsimonia f. Sparsamkeit Knauserei.
parte f. Teil, Anteil; Seite; Stelle; Partei; Rolle, Stimme (Oper); Teilnehmer; m. Meldung; adv. **en** —, teils; **por — de** seitens.
partear v. entbinden.
partera f. Geburtshelferin, Hebamme.
partición f. Teilung.
participación f. Teilnahme; Mitteilung.
participar adj. teilhaben; mitteilen.
partícipe adj. teilhaftig.
participio m. Mittelwort.
particular adj. besonders; seltsam; Privat...; **en** —, im besonderen; m. Privatperson; Einzelheit.
particularidad f. Besonderheit.
particularizar v. umständlich erzählen.
partida f. Abreise; Partie (Spiel, Waren, Heirat etc.); Rechnungsposten; — **de casamiento** Trauschein; — **doble** doppelte Buchführung.
partidario, a adj. parteiisch; m. Parteigänger.
partido m. Partei; Fußballspiel; Amtsbezirk; **cabeza de —** Bezirksstadt.
partir v. teilen; fortgehen; **a — de hoy** von heute an.
partitura f. Partitur, Klavierauszug.
parto m. Geburt, Entbindung.
párvulo m. kleines Kind.
pasa f. Rosine.
pasable adj. leidlich; erträglich.
pasada f. Durchgang, Überfahrt; **mala** —, böser Streich.
pasadero, a adj. erträglich; mittelmäßig.
pasadillo m. zweiseitige Stikkerei.
pasadizo m. enger Gang; fig. Mittel.
pasado, a adj. vergangen; vorig; m.Vergangenheit.
pasador m. Riegel; Spange.
pasaje m. Durchgang, -fahrt; Passage; Schiffskarte; Stelle (Buch).
pasajero, a adj. vorübergehend; vergänglich; m. Passagier.
pasamanería f. Posamentierarbeit, -laden.
pasamanero m. Borte; Geländer.
pasante m. Gehilfe; Repetitor.
pasantía f. Probezeit.
pasaporte m. Reisepaß.
pasar v. befördern; übergeben; durchschreiten; (vorüber)gehen; vorkommen; zubringen; verschlucken; passen(Spiel); — **por las armas** erschießen; — **por tonto** für dumm gelten; **ir pasando** das Leben fristen; **¡pase!** nun gut!; **pasarse** verderben (Obst); überlaufen.
pasarela f. Landungs-, Laufsteg.
pasatiempo m. Zeitvertreib.

Pascua f. Ostern; — **de Pentecostés** Pfingsten.
pascual adj. österlich.
pase m. Erlaubnisschein; Freikarte; Durchgang (Stier); Finte (Fechten).
pasear v. spazieren führen.
pasearse v. spazierengehen.
paseo m. Spaziergang; **mandar a** —, fam. abweisen.
pasera f. Obstdarre.
pasibilidad f. Empfindungsvermögen.
pasillo m. schmaler Gang, Korridor; kurze Posse.
pasión f. Leiden; Leidenschaft; **La Pasión** f. Passion Christi.
pasividad f. Untätigkeit.
pasivo, a adj. untätig; leidend; m. Leideform; Passiva, Schulden.
pasmar v. bestürzen.
pasmo m. Schnupfen; Krampf; Erstaunen.
pasmoso, a adj. erstaunlich.
paso, a adj. gedörrt (Früchte); m. Schritt, Tritt; Gang; Durchgang, Zugang; Stelle (Buch); Meerenge; **a —, langsam; a cada —,** fortwährend; **de —** im Vorübergehen.
pasta f. Teig, Paste; Pappe; Einband; fam. Geld.
pastar v. weiden; grasen.
pastel m. Kuchen, Torte; Pastete; Pastellmalerei.
pastelería f. Zuckerbäckerei; Konditorei.
paste(u)rizar v. pasteurisieren keimfrei machen.
pastilla f. Pastille; — **de jabón** Stück Seife.
pasto m. Weide(n); Nahrung.
pastor m. Hirt; fig. Seelsorger.
pastorear v. auf die Weide führen; weiden.
pastorela f. Hirtenlied.
pastoril adj. Hirten...
pastura f. Fütterung.
pata f. Pfote, Tatze; **patas de gallo** Krähenfüße (am Augenwinkel).
patada f. Fußstapfe; Fußtritt.
patalear v. trampeln.
patarata f. Albernheit.
patata f. Kartoffel.
patear v. treten; trampeln; auspfeifen (Theaterstück).
patentar v. patentieren.
patente adj. offen; klar; f. Diplom; Patent.
paternal adj. väterlich: **casa —,** Vaterhaus.
paternidad f. Vaterschaft.
paterno, a adj. väterlich.
patético, a adj. pathetisch.
patíbulo m. Galgen, Schafott.
patín m. Schlittschuh.
patinador m. Schlittschuhläufer.
patinar v. Schlittschuh laufen; Auto: schleudern.
patio m. Hof, Hofraum; Parterre (im Theater).
patituerto, a adj. krummbeinig
pato m. Ente.
patología f. Krankheitslehre.
patria f. Vaterland, Heimat.
patriarca m. Patriarch, Erzvater.
patrimonio m. väterliliches Erbe, Vermögen.
patrio, a adj. vaterländisch.
patriota m. Patriot.
patriótico, a adj. patriotisch; vaterlandsliebend.

patriotismo m. Patriotismus, Vaterlandsliebe.
patrocinar v. schützen; begünstigen.
patrón m. Beschützer; Schutzheiliger; Hauswirt; Schnittmuster; Währung.
patrona f. Patronin; Beschützerin; Hauswirtin.
patronato m. Patronat.
patrulla f. Patrouille, Streifwache; Runde.
paulatino, a adj. gemächlich.
pauperismo m. Verarmung.
paupérrimo, a adj. äußerst arm.
pausa f. Pause; Stillstand.
pausado, a adj. ruhig, bedächtig.
pava f. Truthenne; fig. Backfisch; **pelar la —, fam.** fensterln.
pavesca f. Fünkchen.
pavimento m. Fußboden; Pflaster.
pavo m. Puter; **— real** Pfau.
pavonar v. Metall anstreichen.
pavonearse v. einherstolzieren.
pavor m. Schrecken.
payaso m. Clown.
payo, a adj. bäurisch.
paz f. Friede, Ruhe; **quedar en —,** quitt bleiben, gleichstehen (Spiel).
peana f. Fußgestell.
peatón m. Fußgänger; Landbriefträger.
pebete m. Räucherkerze.
peca f. Sommersprosse.
pecado m. Sünde.
pecador m. Sünder.
pecar v. sündigen; **— por exceso** zu weit gehen.
pecera f. Goldfischglas.
pecoso, a adj. sommersprossig.
pectoral adj. Brust...
peculiar adj. eigen(artig).
pecuniario, a adj. Geld...
pechera f. Vorhemd.
pecho m. Brust; fig. **tomar a —,** zu Herzen nehmen.
pechuga f. Geflügelbrust.
pedagogo m. Erzieher.
pedal m. Pedal, Fußhebel; Auto: Starter.
pedante adj. pedantisch; m. Pedant, Schulfuchs.
pedantesco, a adj. pedantisch.
pedazo m. Stück.
pedernal m. Feuerstein.
pedestal m. Fußgestell.
pedestre adj. zu Fuß gehend, Fuß...
pedicuro m. Fußpfleger.
pedido m. Auftrag, Warenbestellung.
pediluvio m. Fußbad.
pedir v. bitten; fordern; **— en justicia** verklagen.
pedrada f. Steinwurf.
pedrea f. Steinregen; Hagel.
pedregoso, a adj. steinig.
pedrera f. Steinbruch.
pedrero m. Steinhauer.
pega f. Ankleben; Pechüberzug; fam. Possen.
pegajoso, á adj. klebrig; ansteckend; fig. einträglich (Amt); zudringlich.
pegar v. ankleben; heften; anhängen; prügeln; anstecken (Krankheit); **— fuego** in Brand setzen.
peguero m. Pechsieder.
peinado m. Kopfputz; Frisur.
peinador m. Frisiermantel.
peinar v. kämmen.

peine m. Kamm; Wollkarde; Kardätsche.
peinero m. Kammacher.
peineta f. Schmuckkamm.
peladilla f. Zuckermandel; Kiesel.
peladura f. Schälen; Enthaaren.
pelagatos m. armer Teufel.
pelambre m. Behaarung.
pelar v. enthaaren; rupfen.
peldaño m. Treppenstufe.
pelea f. Balgerei, Zank.
pelear v. kämpfen; streiten.
pelearse v. sich herumprügeln.
pelele m. Strohpuppe; Geck.
pelerina f. Pelerine.
pelete m. fig. armer Teufel; **en —,** splitternackt.
peletería f. Pelzladen.
peletero m. Kürschner.
pelicano, a adj. grauhaarig.
pelícano m. Pelikan.
película f. Häutchen; Film (-streifen); **— de propaganda** Reklamefilm; **— estrecha** Schmalfilm; **— de corto metraje** Kurzfilm; **— sonora** Tonfilm; **— didáctica** Lehrfilm.
peligro m. Gefahr; **correr —,** Gefahr laufen.
peligroso, a adj. gefährlich.
pelilargo, a adj. langhaarig.
pelo m. Haar; Haupthaar; Flaumfedern; fig. Kleinigkeit; **al —,** genau, recht; **a contra —,** gegen den Strich; fig. zur Unzeit; **en —,** entblößt.
peloso, a adj. haarig.
pelota f. Ball; **— de viento,** Ballon.
pelotero m. Balljunge.
peluca f. Perücke.
peludo, a adj. stark behaart.
peluquería f. Frisiersalon.
peluquero m. Friseur; Barbier.
pelusa f. Flaum, Fasern.
pella f. Klumpen.
pelleja f. abgezogene Tierhaut.
pellejero m. Kürschner.
pellejo m. Fell, Haut; **salvar el —,** fam. entkommen.
pellica f. feine Pelzdecke.
pellico m. Schafpelz.
pelliza f. Pelzmantel.
pellizcar v. kneifen.
pellizco m.: **dar un —,** kneifen.
pena f. Strafe; Leid, Schmerz; **— capital** Todesstrafe; **valer la —,** der Mühe lohnen.
penacho m. Federbusch.
penado m. Sträfling.
penal adj. Straf...; **código —,** Strafgesetzbuch; m. Gefängnis.
penar v. sich grämen.
pendencia f. Streitigkeit.
pender v. hängen, schweben (auch fig.).
pendiente adj. schwebend, hängend; f. Abhang; m. Ohrring.
pendón m. Reiterfahne.
péndulo m. Pendel.
penetrable adj. durchdringlich.
penetración f. fig. Scharfblick.
penetrar v. hineintreiben; durchdringen; begreifen.
península f. Halbinsel.
peninsular adj. Halbinsel...
penitencia f. Buße; Reue.
penitencial adj. Buß...;
penitenciaría f. Zuchthaus.
penitenciario, a adj. Straf...; m. Strafanstalt; Beichtvater.
penitente adj. reuig; m. Büßer.
pensador m. Denker.
pensamiento m. Denken; Gedanke.
pensar v. denken; nachdenken, ersinnen; glauben.
pensativo, a adj. nachdenklich.
pensión f. Jahrgeld; Pension, Rente; Kosthaus.

pentagrama f. Notenlinien.
Pentecostés m. Pfingsten.
penúltimo, a adj. vorletzt.
penumbra f. Halbschatten.
penuria f. Mangel, Not.
peña f. Fels, Klippe.
peñasco m. Felsblock.
peñascoso, a adj. felsig.
peñón m. Felsberg.
peón m. Tagelöhner; Handlanger; Bauer (Schach).
peor adj. schlechter: **tanto —,** umso schlimmer; **de mal en peor,** immer schlimmer.
pepinillo m. Essiggurke.
pepino m. Gurke.
pepita f. Obstkern.
pequeñez f. Kleinheit; Kleinigkeit.
pequeño, a adj. klein; winzig; **en —,** im kleinen.
pera f. Birne; fig. Spitzbart.
peral m. Birnbaum.
percatar v. (be)denken.
percepción f. Geldeinnahme; Wahrnehmung.
perceptible adj. wahrnehmbar; bemerkbar.
percibir v. einnehmen; bemerken; fassen; erheben (Steuer).
percibo m. Einnahme.
percudir v. abnutzen.
percusión f. Schlag; **instrumento de —,** Schlaginstrument.
percusor m. Schlagbolzen.
percutir v. schlagen, stoßen.
percha f. Stange; Kleiderbügel.
perder v. verlieren; vergeuden; **echar a —,** verderben.
perderse v. verlorengehen; sich verirren.
pérdida f. Verlust, Schaden.
perdido, a adj. liederlich; ausschweifend; **por alguien in** jdn. sterblich verliebt.
perdigar v. schmoren.
perdiguero m. Hühnerhund.
perdiz f. Rebhuhn.
perdón m. Begnadigung; Gnade; Verzeihung.
perdonar v. verzeihen; begnadigen; verschonen.
perdurable adj. fortdauernd.
perecedero, a adj. vergänglich.
perecer v. vergehen; sterben; umkommen.
perecimiento m. Untergang.
peregrinación f. Pilgerfahrt.
peregrinar v. pilgern.
peregrino, a adj. fremd; m. Pilger.
perejil m. Petersilie.
perenne adj. fortdauernd.
perentorio, a adj. dringlich; entscheidend.
pereza f. Faulheit.
perezoso, a adj. faul; träge; schlaff.
perfección f. Vollendung; **a la —,** vollkommen.
perfeccionamiento m. Vervollkommnung.
perfeccionar v. vervollkommnen.
perfectamente adv. ausgezeichnet: ¡—!; recht so!
perfecto, a adj. vollkommen; m Perfekt.
perfidia f. Treubruch.
pérfido, a adj. treulos.
perfil m. Profil; fig. Umriß.
perfilado, a adj. fein (Gesichtszüge).
perfilar v. skizzieren.
perforar v. durchlöchern; durchbohren.
perfumar v. parfümieren.
perfume m. Parfüm, Duft.
perfumería f. Parfümladen.
pergamino m. Pergament.

pericia f. Erfahrenheit; Fach-, Sachkenntnis.
pericón m. großer Fächer.
periferia f. Peripherie, Umkreis.
perilla f. Spitzbart; **de —,** fam. gelegen.
perímetro m. Umfang.
periclico, a adj. berühmt.
periódico, a adj. periodisch; m. Zeitung.
periodismo m. Zeitungswesen, Tagespresse.
periodista m. Zeitungsschreiber, Journalist.
período m. Periode (auch der Frau); Zeitabschnitt.
peripuesto, a adj. geputzt.
peristilo m. Säulengang.
perito, a adj. erfahren; m. Sachkundige(r), Experte.
perjudicar v. schädigen, beeinträchtigen.
perjudicial adj. nachteilig.
perjuicio m. Schaden; Beeinträchtigung.
perjurio m. Meineid.
perjuro, ra adj. meineidig.
perla f. Perle; **de perlas** vortrefflich.
permanecer v. bleiben; fortdauern.
permanencia f. Fortdauer; Verweilen.
permanente adj. bleibend; unveränderlich (Farbe); f. Dauerwelle.
permeable adj. durchlässig.
permisible adj. zulässig; statthaft.
permiso m. Erlaubnis, Genehmigung; Urlaub; **estar con —,** auf Urlaub sein; Führerschein.
permitir v. erlauben.
permuta f. Tausch, Umtausch.
permutar v. um-, vertauschen; umsetzen.
pernicioso, a adj. verderblich; nachteilig; bösartig (Fieber).
pernil m. Schinken.
perno m. Türangel.
perno m. Bolzen.
pernoctar v. übernachten.
pero conj. aber; jedoch.
perorar v. anflehen.
perpendicular adj. senkrecht.
perpetrar v. verüben.
perpetuar v. verewigen; fortpflanzen. [lich.
perpetuo, a adj. ewig; unaufhör-
perplejo, a adj. verlegen, bestürzt; schwankend.
perquirir v. nachforschen.
perra f. Hündin; fam. Rausch.
perro m. Hund; fig. gemeiner Kerl.
persa adj. persisch; m. Perser.
persecución f. Verfolgung.
perseguidor m. Verfolger.
perseguir v. verfolgen; fig. drängen.
perseverancia f. Beharrlichkeit, Ausdauer.
perseverar v. beharren.
Persia f. Persien.
persiana f. Rolladen.
persignarse v. sich bekreuzigen.
persistencia f. Beständigkeit.
persistente adj. ausdauernd.
persistir v. fortdauern; bestehen auf.
persona f. Person; **en —,** persönlich.
personaje m. Persönlichkeit; Rolle (Theater).
personal adj. persönlich; m. Personal.
personalidad f. Persönlichkeit.
personalizar v. parteiisch, persönlich werden.
personarse v. persönlich erscheinen.

personificar v. personifizieren, verkörpern.
perspectiva f. Perspektive; Aussicht (auch fig.).
perspicacia f. Scharfsinn.
perspicaz adj. scharfsichtig; scharfsinnig.
perspicuo, a adj. klar, deutlich.
persuadir v. überzeugen.
persuasión f. Überredung.
persuasiva f. Überredungsgabe.
persuasivo, a adj. überredend.
pertenecer v. angehören; zustehen.
perteneciente adj. zugehörig.
pertenencia f. Eigentum.
pértiga f. lange Stange.
pertinaz adj. halsstarrig.
pertinente adj. zutreffend; sachgemäß, angehörig.
pertrechar v. versehen mit.
pertrechos m. pl. Kriegsbedarf; Gerät.
perturbar v. stören; verwirren; beunruhigen.
perversidad f. Verderbtheit.
perversión f. Lasterhaftigkeit.
perverso, a adj. verderbt; pervers.
pervertir v. verderben; verdrehen; verführen.
pesacartas m. Briefwaage.
pesadez f. Schwere.
pesadilla f. Alpdrücken, -traum.
pesado, a adj. schwer; aufdringlich; langweilig.
pesadumbre f. Schwerfälligkeit; fig. Verdruß, Gram.
pésame m. Beileid(scherei-ben); dar el —, sein Beileid bezeugen.
pesar v. (er)wägen; wiegen; leid sein; reuen; m. Kummer; a — de trotz (-dem).
pesaroso, a adj. reuig; traurig.
pesca f. Fischfang.
pescadería f. Fischgeschäft.
pescadilla f. Weißling.
pescado m. Fisch(gericht).
pescador m. Fischer.
pescar v. fischen.
pescuezo m. Genick, Nacken.
pesebre m. Krippe.
pésimo, a adj. sehr schlecht (übel, schlimm).
peso m. Gewicht; Waage; Am. Peso; fig. Wichtigkeit; al —, nach Gewicht; de —, fig. (ge-)wichtig.
pespuntar v. steppen.
pesquera f. Fischerei.
pesquisa f. Nachforschung.
pesquisar v. nachforschen; untersuchen.
pestaña f. Augenwimper; Kleidersaum; Falk.
pestañear v. blinzeln.
peste f. Pest; fig. Gestank.
pestífero, a adj. verpestend; stinkend.
pestilencia f. Pestilenz.
pestillo m. Riegel.
petaca f. Zigarrentasche.
pétalo m. Blütenblatt.
petardo m. Knallkörper.
petición f. Bitte; Ansuchen.
peticionario m. Bittsteller.
petirrojo m. Rotkehlchen.
petrificar v. versteinern.
petróleo m. Erdöl.
petrolero m. Mordbrenner; Tenkschiff.
petulante adj. unverschämt; anmaßend; eitel.
pez m. Fisch; f. Pech.
pezón m. Brustwarze.
piadoso, a adj. fromm.
pianista m. Pianist, Klavierspieler.   [Flügel.
piano m. Klavier; — de cola

pianola f. elektrisches Klavier.
piar v. piepen.
pica f. Pike; Lanze.
picada f. Stich.
picadero m. Reitschule.
picado, a adj.: carne picada Hackfleisch.   [ter.
picador m. berittener Stierfech-
picadura f. Insektenstich; kleingeschnittener Tabak.
picante adj. scharf; prickelnd; pikant.
picaporte m. Türklinke, Drücker.
picar v. stechen; picken; bakken (Fleisch); spornen (Pferd); brennen (Sonne); prickeln, brennen; jucken.
picardía f. Schurkenstreich.
picaresco, a adj. spaßhaft; novela —a Schelmenroman.
pícaro, a adj. schurkisch; spaßhaft; spitzbübisch; m. Gauner; Spitzbube.
pico m. Schnabel; Spitze; Specht; 60 pesetas y —, etwas über 60 Pesetas.
picor m. Jucken.
picoso, a adj. pockennarbig.
picotear v. picken; fig. plaudern.
pichel m. Henkelkrug.
pichón m. junge Taube.
pie m. Fuß; Versfuß; Grundfarbe; Untergestell; a —, zu Fuß; al —, unten; al — de la letra buchstäblich; en —, stehend.
piedad f. Frömmigkeit; Mitleid; monte de —, Leihhaus.
piedra f. Stein; — preciosa Edelstein; — pómez Bimsstein.
piel f. Haut; Leder, Fell; Pelz; Schale (Obst); — de Suecia Wildleder.
pienso m. Viehfutter.
pierna f. Bein; Schenkel.
pieza f. Teil, Stück; Münze; Zimmer; Schachfigur; Geschütz.
pignorar v. verpfänden.
pigre adj. faul; lässig.
pijama m. Schlafanzug.
pila f. Trog; Taufbecken; elektr. Batterie; nombre de —, Taufname.
pilar m. Pfeiler.
píldora f. Pille; dorar la —, fig. versüßen.
pilón m. Brunnenbecken; Zukkerhut; Laufgewicht.
pilotaje m. Steuermannskunst.
pilote m. Rammpfahl.
piloto m. Steuermann; Flugzeugführer; Lotse; Schlußlicht; — automático Selbststeuerung (in Flugzeugen).
pillaje m. Kriegsbeute.
pillar v. plündern; ergreifen; fam. erwischen.
pillo, a adj. listig; m. Gauner.
pilluelo m. Straßenjunge.
pimentero m. Pfefferstrauch.
pimienta f. Pfeffer.
pimiento m. Pfefferstrauch; spanischer Pfeffer.
pimpollo m. Schößling, Knospe.
pinar m. Fichtenwald.
pincel m. Pinsel.
pincelada f. Pinselstrich.
pincelar v. (an-)pinseln, malen.
pinchar v. stechen.
pinchazo m. Stichwunde.
pinche m. Küchenjunge.
pincho m. Stachel.
pingo m. Fetzen.
pingüe adj. fett; feist.
pino m. Fichte; Pinie.
pintado, a adj. vielfarbig; fam. sehr gelegen.
pintar v. (an)malen; beschreiben.
pintarse v. sich schminken.
pintor m. Maler; Anstreicher.

pintoresco, a adj. malerisch.
pintura f. Malerei; Gemälde.
pinzas f. pl. Pinzette.
piña f. Ananas.
piñón m. Pinienkern; kleines Zahnrad.
pío, a adj. fromm; mitleidig.
piojo m. Laus.
piojoso, a adj. lausig; fig. knikkerig.
pipa f. Tabakspfeife.
pipote m. Fäßchen.
pique m. Groll; a —, steil, senkrecht; irse a — untergehen.
piqueta f. Spitzhaue.
pirata m. Seeräuber.
piratería f. Seeräuberei; Piratenwesen.
pirenaico, a adj. Pyrenäen.
pirita f. Schwefelkies.
piropo m. Schmeichelei.
pirosis f. Sodbrennen.
pirotecnia f. Feuerwerkerei.
pisa f. Treten, Tritt.
pisada f. Fußstapfe.
pisar v. (fest)treten; drücken.
pisaverde m. fam. Geck.
piscicultura f. Fischzucht.
piscina f. Schwimmbassin.
piso m. Grundfläche; Stockwerk, Etagenwohnung.
pisotear v. niedertreten.
pista f. Spur; Rennbahn; Tanzfläche; Rollfeld; Kegelbahn.
pistero m. Schnabeltasse.
pistola f. Pistole.
pistolera f. Pistolentasche.
pistón m. Kolben.
pitada f. Pfiff.
pitar v. pfeifen.
pitillera f. Zigarettentasche.
pitillo m. Zigarette.
pito m. Pfeife, Flöte.
pizarra f. Schiefer(tafel).
pizcar v. fam. kneifen.
placa f. Metallplatte.
pláceme m. Glückwunsch.
placer v. gefallen, behagen; m. Vergnügen; Lust, Gefälligkeit.
plaga f. Landplage.
plagio m. Plagiat.
plan m. Plan; Entwurf; Zweck, Vorhaben.
plana f. Blattseite.
plancha f. Metallplatte; Blech; Bügeleisen.
planchadora f. Plätterin.
planchar v. bügeln.
planeo m. Gleitflug.
planeta m. Planet.
planicie f. Ebene.
planimetría f. Flächenmessung.
plano, a adj. eben; platt; offenherzig; m. Fläche; Plan, Grundriß.
planta f. Pflanze; Grundriß Fußsohle; — baja Erdgeschoß.
plantación f. Pflanzung.
plantar v. pflanzen; aufstellen.
plantarse v. sich widersetzen.
plantear v. entwerfen.
plantilla f. Brandsohle.
plantío m. Pflanzung.
plañir v. wehklagen.
plástica f. Plastik.
plástico, a adj. plastisch; m. Plastik, Kunststoff.
plata f. Silber; fam. Geld.
plataforma f. Plattform.
plátano m. Platane; Banane.
platea f. Theater: Parterre.
platear v. versilbern.
platero m. Juwelier.
platillo m. Untertasse.
plato m. Teller; Schüssel; Gericht.
platudo adj.: reich (an Silber).
playa f. Strand, Küste.
plaza f. (Markt-)Platz; — de toros Stierkampfarena.

plazo m. Frist, Zeitraum.
plebe f. gemeines Volk.
plegable adj. biegsam; zusammenlegbar (Bett).   [keln.
plegar v. falten; fassen; aufwik-
pleitear v. prozessieren.
pleito m. Prozeß.
plenario, a adj. vollständig.
plenipotencia f. Vollmacht.
plenitud f. Fülle.
pleno, a adj. voll.
pleura f. Brustfell.
pliego m. Bogen (Papier).
pliegue m. Falte.
plomada f. Senkblei, Lot.
plomizo, a adj. bleifarbig.
plomo, a m. Blei.   [Füllfeder.
pluma f. Feder; — estilográfica
plumaje m. Gefieder.
plumero m. Federbusch.
plumón m. Federbett.
plural m. Mehrzahl.
pluvial adj. Regen...
población f. Bevölkerung, Einwohnerschaft; Ort.
poblar v. bevölkern; bewalden; ansiedeln.
pobre adj. arm; armselig; gering; ¡— de mí!, wehe mir!
pobreza f. Armut, Not.
poción f. Arzneitrank.
poco, a adj. wenig; gering, klein; — después kurz darauf; — más o menos ungefähr; a —, nach und nach; por—, es fehlte wenig; fast.
podagra f. Gicht.
poder v. Macht, Gewalt.
poderes pl. Vollmacht; v. können; dürfen; a más no —, mit äußerster Kraft; puede que sí, puede ser vielleicht.
poderío m. Macht, Reichtum.
poderoso, a adj. mächtig.
podre f. Fäulnis; Eiter.
poema m. Dichtung.
poesía f. Gedicht; Dichtkunst.
poeta m. Dichter.
poetisa f. Dichterin.
polarizar v. polarisieren.
polea f. Blockrolle.
polen m. Blütenstaub.   [mann.
policía f. Polizei; m. Schutz-
policiaco, a adj. Polizei...; película —a Kriminalfilm.
polilla f. Motte.
político, a adj. politisch; hijo —, Schwiegersohn; m. Politiker.
póliza f. Police.
polizonte m. Spitzel.
polo m. Pol; Polospiel.
Polonia f. Polen.
polvareda f. Staubwolke.
polvera f. Puderdose.
polvo m. Staub; Pulver; Puder.
pólvora f. Schießpulver.
polvorear v. bepudern; bestäuben.
polvoriento, a adj. staubig.
polla f. junge Henne.
pollería f. Geflügelladen.
pollo m. junges Huhn.
pómez (o piedra—) f. Bimsstein.
pompa f. Prunk.
ponche m. Punsch.
ponderación f. Erwägung.
ponderar v. erwägen; übertreiben; loben.
ponente m. Berichterstatter.
poner v. stellen; legen; setzen; — en duda bezweifeln.

ponerse v. untergehen (Gestirn); sich auschicken.
pontífice m.: Sumo —, Papst.
popa f. Heck, Hinterschiff.
popar v. liebkosen.
populacho m. Pöbel.
popular v. volkstümlich, populär.
popularidad f. Volkstümlichkeit.
poquito adv. sehr wenig.
por prep. durch; von; für; wegen; zu; über; um: — cierto gewiß; — consiguiente folglich; — fin endlich; — más que so sehr auch; — poco fast; ¿— qué? warum?
porcelana f. Porzellan.
porción f. Teil, Anteil.
porfía f. Hartnäckigkeit.
pormenor m. Einzelheit.
poro m. Pore.
porque conj. weil; damit.
porquería f. Schweinerei.
porra f. Keule.
porro, a adj. fam. blödsinnig.
portada f. Fassade; Titelblatt.
portadocumentos m. Briefmappe; Aktentasche.
portador m. Träger, Überbringer; Inhaber (Wertpapier).
portal m. Portal; Vorhalle; Tor.
portalápiz m. Bleistifthalter.
portamonedas m. Portemonnaie.
portaplumas m. Federhalter.
portar v. tragen.
portarse v. sich betragen.
portátil adj. tragbar.
portavoz m. Sprachrohr.
porte m. Porto.
portento m. Wunder.
portera f. Pförtnerin.
portería f. Portierloge, Pförtneramt.   [totür.
portezuela f. Wagenschlag, Auportugués, a adj. portugiesisch; m. Portugiese.
porvenir m. Zukunft.
posada f. Wirtshaus.
posar v. einkehren.
posarse v. sich setzen (Flüssigkeit).
poseer v. besitzen.
poseerse v. sich beherrschen.
poseído, a adj. besessen (fig.).
posesión f. Besitz; Gut; tomar —, Besitz ergreifen.
posesivo m. besitzanzeigendes Fürwort.
posesorio, a adj. Besitz...
posibilidad f. Möglichkeit.
posibilitar v. ermöglichen.
posible adj. möglich.
posición f. Stellung.
posponer v. nachstellen.
postal adj. Post...; tarjeta —, Postkarte.
poste m. Pfosten.
postergar v. übergehen.
posteridad f. Nachwelt.
posterior adj. (nach)folgend; später.
posterioridad f. Spätersein.
postigo m. Hintertür.
postilla f. Wundschorf.
postizo, a adj. falsch; nachgemacht; m. künstliches Haar.
postrar v. demütigen.
postre m. Nachtisch.
postulado m. Forderung.
póstumo, a adj. nachgelassen (Werk).
postura f. Stellung; Einsatz (Spiel); Gebot (Versteigerung).

potable adj. trinkbar.
pote m. irdener Topf.
potencia f. Macht; Zeugungsvermögen; Potenz.
potente adj. mächtig.
potra f. Stutenfüllen.
potro m. Fohlen; Turnbock.
pozo m. Brunnen; Bohrloch; — de luz Lichtschacht.
práctica f. Übung; Praxis.
practicante m. Praktikant, Unterarzt.
practicar v. ausüben; betreiben.
práctico, a adj. praktisch; m. Küstenlotse.
prado m. Wiese, Aue.
preámbulo m. Vorrede.
precario, a adj. ungewiß.
precaución f. Vorsicht.
precaver v. verhüten; vorbeugen.
precedente m. Präzedenzfall.
preceder v. vorhergehen; fig. Vorrang haben.
precepto m. Vorschrift.
preciar v. schätzen.
precinto m. Zollverschluß.
precio m. Preis.
preciosidad f. Kostbarkeit.
precioso, a adj. wertvoll; kostbar.
precipicio m. Abgrund.
precipitar v. überstürzen; hinabstürzen.
precipitarse v. sich stürzen.
precisar v. genau angeben; nötigen.
precisión f. Zwang; Genauigkeit.
preciso, a adj. nötig, genau, klar.
precoz adj. frühreif; vorzeitig.
precursor m. Vorläufer.
predecir v. vorhersagen.
predestinar v. vorherbestimmen.
predicar v. predigen.
predicho, a adj. vorbenannt.
predilecto, a adj. Vorzugs..., Lieblings...
predominio m. Übermacht; Oberherrschaft.
preeminente adj. hervorragend; vorzüglich.
prefacio m. Vorwort.
preferencia f. Vorzug, Vorliebe.
preferible adj. vorzuziehen(d).
preferir v. vorziehen.
pregón m. öffentlicher Ausruf.
pregunta f. Frage.
preguntar v. fragen.
prehistoria f. Vorgeschichte.
prejuicio m. Vorurteil.
preliminar adj. vorläufig; einleitend.
preludio m. Vorspiel; fig. Einleitung.
prematuro, a adj. frühreif; vorzeitig.
premiar v. belohnen.
premio m. Preis; Belohnung; — gordo das große Los.
premura f. Bedrängnis, Eile.
prenda f. Pfand; Kleidungsstück; fig. Schatz.
prendar v. pfänden; fig. einnehmen.
prendarse v. sich verlieben.
prender v. festnehmen; Feuer fangen; Wurzel fassen.
prendero m. Trödler.
prendimiento m. Verhaftung.
prensa f. Presse (auch für Buchdruck); Zeitungswesen.
prensar v. pressen; drücken.
preñado, a adj. schwanger; fig. geschwängert.
preñez f. Schwangerschaft.
preocupación f. Befangenheit; Besorgnis.
preocupar v. bekümmern.
preocuparse v. besorgt sein.

preparación f. Vorbereitung.
preparado m. Präparat.
preparar v. vorbereiten; präparieren.
preparativo m. Vorbereitung.
preponderancia f. Übergewicht.
preponderar v. überwiegen.
prerrogativa f. Vorrecht.
presa f. Prise; Beute; Wehr; Schleuse.
presagiar v. vorhersagen.
presagio m. Weissagung; Vorbedeutung.
prescindir v. absehen von.
prescribir v. vorschreiben.
prescripción f. Vorschrift.
presencia f. Gegenwart; Äußere(s).
presenciar v. gegenwärtig sein.
presentar v. vorstellen; vorzeigen.
presente adj. gegenwärtig, jetzig; anwesend; m. Gegenwart.
presentimiento m. Vorgefühl.
presentir v. ahnen.
preservar v. bewahren, beschützen.
presidencia f. Vorsitz.
presidente m. Vorsitzende(r), Präsident.
presidiario m. Sträfling.
presidio m. Zuchthaus.
presidir v. präsidieren; vorstehen.
presión f. Druck.
preso m. Gefangene(r).
prestamista m. Geldverleiher.
préstamo m. Darlehen.
prestar v. leihen; leisten (Dienst); — atención Aufmerksamkeit schenken.
preste m. Priester.
prestigio m. Ruf; Einfluß.
presto, a adj. schnell; bereit.
presumido, a adj. eitel; eingebildet, anmaßend.
presupuesto m. Vermutung; Kostenanschlag.
presuroso, a adj. hastig.
pretender v. beanspruchen; werben um.
pretendiente m. Bewerber.
pretensión f. Anspruch, Forderung.
pretextar v. vorgeben.
prevalecer v. überwiegen.
prevalerse v. sich bedienen.
prevención f. Verhütung; Polizeiwache.
prevenir v. benachrichtigen; warnen; vorbereiten; vorbeugen.
preventivo, a adj. vorbeugend.
prever v. vorhersehen.
previo, a adj. vorläufig.
previsor adj. vorsichtig.
prima f. Cousine; Prämie.
primacía f. Vorrang.
primario, a adj. Erst...
primavera f. Frühling; Primel.
primero, a adj. erster; adv. zuerst; a primeros de abril Anfang April.
primitivo, a adj. primitiv; ursprünglich.
primo, a adj. erster; m. Vetter.
primogénito, a adj. erstgeboren.
primordial adj. Grund...
primoroso, a adj. köstlich.
princesa f. Prinzessin; Fürstin.
principado m. Fürstentum.
principal adj. Haupt..., wesentlich; m. Chef; Hauptstock.
príncipe m. Fürst; — heredero Kronprinz.
principiante m. Anfänger.
principiar v. anfangen, beginnen.
principio m. Anfang, Beginn; Grund(satz).

pringoso, a adj. fettig.
pringue m. Fett; Schmutz.
prisa f. Eile; correr —, dringend sein; de —, eilig.
prisión f. Verhaftung; Gefängnis.
prisionero m. Gefangene(r).
privación f. Beraubung; Entbehrung.
privado, a adj. privat; persönlich; m. Vertraute(r).
privar v. berauben.
privarse de v. sich enthalten.
privilegio m. Vorrecht.
pro m. en —, zum Nutzen; hombre de —, rechtschaffener Mann.
proa f. Vorderteil, Bug.
probabilidad f. Wahrscheinlichkeit.
probable adj. wahrscheinlich.
probar v. prüfen; versuchen, kosten; — bien gut bekommen.
problema m. Problem; Rechenaufgabe; Frage.
probo, a adj. ehrlich, redlich.
procedente adj. herstammend.
proceder v. herkommen; sich benehmen; verfahren (gegen).
procedimiento m. Verfahren, Methode; Rechtsgang.
procesar v. gerichtlich verfahren.
procesión f. Prozession, Aufzug.
proceso m. Prozeß, Rechtsverfahren.
proclamación f. Ausrufung, Verkündigung.
proclamar v. ausrufen; verkündigen.
procrear v. erzeugen.
procura f. Vollmacht.
procurador m. Rechtsanwalt, Bevollmächtigte(r).
procurar v. besorgen; sich um etwas bemühen.
prodigar v. verschwenden.
prodigio m. Wunder.
producción f. Erzeugung, Leistung.   [gen.
producir v. erzeugen; einbringroducirse v. eintreten.
productivo, a adj. einträglich.
producto m. Erzeugnis; Ertrag.
productor m. Erzeuger.
profano, a adj. profan; weltlich; laienhaft; m. Laie.
profecía f. Prophezeiung.
profesar v. ausüben; bekennen.
profesión f. Beruf, Gewerbe; Glaubensbekenntnis.
profesional adj. Berufs...
profesor m. Lehrer.
profeta m. Prophet.
profundizar v. vertiefen; fig. ergründen.
profundo, a adj. tief; gründlich.
progenitor m. Vorfahr.
programa m. Programm.
progresar v. Fortschritte machen.
progresión f. Fortschreiten.
progresivo, a adj. fortschreitend.
progreso m. Fortschritt.
prohibir v. verbieten, untersagen.
prohibitivo, a adj. verbietend.
prójimo m. Nächste(r).
proletario, a adj. proletarisch; m. Proletarier.
prolijo, a adj. umständlich.
prólogo m. Vorrede.
prolongar v. verlängern.
promedio m. Durchschnitt.
promesa f. Versprechen; Zusage; Gelübde.
prometer v. versprechen, zusagen; geloben.
prometida f. Braut, Verlobte.

prominente adj. berühmt; hervorragend.
promoción f. Beförderung.
promontorio m. Vorgebirge.
promover v. (be)fördern.
promulgar v. verkündigen, bekannt machen.
pronombre m. Fürwort.
prontitud f. Schnelligkeit.
pronto adj. bereit, fertig; adv. bald; **prontuario** m. Handbuch.
pronunciación f. Aussprache.
pronunciamiento m. Aufstand; Putsch.
pronunciar v. aussprechen.
propaganda f. Werbung, Reklame; Verbreitung.
propagar v. fortpflanzen; verbreiten.
propenso, a adj. zugetan.
propicio, a adj. gnädig; geneigt; günstig. [heit.
propiedad f. Eigentum; Eigen-
propietario m. Eigentümer; Grundbesitzer.
propina f. Trinkgeld.
propio, a adj. eigen; eigentlich; passend.
proponer v. vorschlagen.
proporción f. Verhältnis; fam. Partie.
proporcional adj. angemessen.
proporcionar v. anpassen; verschaffen.
proposición f. Vorschlag, Antrag; Satz.
propósito m. Absicht; Zweck; **a —**, gelegen; vorsätzlich; **fuera de —**, zur Unzeit.
propuesta f. Vorschlag.
propulsor m. Propeller.
prorrogar v. verlängern; aufschieben; vertagen.
proscribir v. verbannen, ächten.
proscripción f. Verbannung.
proseguir v. (ver)folgen.
prosélito m. Bekehrte(r).
prosperar v. fördern; gedeihen.
prosperidad f. Gedeihen; Glück; Wohlstand.
prostitución f. Schändung.
prostituir v. schänden.
prostituirse v. sich der Unzucht ergeben.
prostituta f. Straßendirne.
protagonista m. Held, Hauptdarsteller.
protección f. Schutz; Begünstigung.
protector, a adj. schützend; m. Beschützer.
proteger v. beschützen; begünstigen.
protesta f. Protest; Zusicherung.
protestante m. Protestant.
protestar v. sich verwahren; **anfechten**; protestieren (Wechsel).
protesto m. Wechselprotest.
protocolo m. Protokoll.
provecho m. Vorteil, Gewinn, Profit; **¡buen —!**, guten Appetit!
provechoso, a adj. nützlich.
proveedor m. Lieferant.
proveer v. liefern; versehen mit.
provenir v. stammen.
proverbio m. Sprichwort.
providencia f. (göttliche) Vorsehung.
provincia f. Provinz.
provisión f. Vorrat; Verfügung.
provisional adj. einstweilig.
provisto, a adj. versehen.
provocar v. herausfordern; (an)reizen.
proximidad f. Nähe.
próximo, a adj. nahe; verwandt; nächst(er).

proyectar v. entwerfen; Film zeigen; schleudern.
proyectil m. Geschoß.
proyecto m. Projekt, Plan.
prudencia f. Klugheit, Einsicht.
prudente adj. klug, verständig.
prueba f. Versuch; Beweis; Korrekturbogen; **dar — de** etwas beweisen.
prurito m. Hautjucken, fig. Begierde.
psicología f. Psychologie.
psicológico, a adj. psychologisch.
psicólogo m. Psychologe.
psicosis f. Psychose.
psicoterapia f. Psychotherapie.
psiquiatría f. Psychiatrie.
púa f. Stachel; Zinke.
pubertad f. Mannbarkeit.
publicación f. Herausgabe, Veröffentlichung.
publicar v. veröffentlichen, herausgeben.
publicidad f. Öffentlichkeit; Werbung.
público, a adj. öffentlich. m. Publikum.
puchero m. Kochtopf, Alltagskost, Eintopf.
puches m. pl. Brei.
pudendo adj. schamerregend.
pudicicia f. Schamhaftigkeit.
pudor m. Scham.
pudrirse v. faulen; fig. sich grämen.
pueblo m. Volk; Ortschaft, Dorf.
puente f. Brücke; Deck (Schiff); **levadizo** Zugbrücke.
puerco m. Schwein.
puercoespín m. Stachelschwein.
pueril adj. knabenhaft; kindisch.
puerperio m. Wochenbett.
puerta f. Tür, Pforte, Tor; **cochera** Torweg.
puerto m. Hafen; Engpaß; **franco** Freihafen.
pues conj. weil; da; denn; also; nun; **¡— bien!** nun also!; wohlan!
puesta f. Einsatz (Spiel); **del sol** Sonnenuntergang.
puesto m. Platz; Amt, Posten.
púgil m. Ringer.
pugilato m. Boxkampf.
pujar v. überbieten.
pujo m. Stuhlzwang.
pulcro, a adj. nett; sauber.
pulga f. Floh.
pulgada f. Zoll.
pulgar m. Daumen.
pulidez f. Zierlichkeit.
pulido, a adj. glatt; fig. nett, hübsch.
pulimentar v. polieren.
pulir v. glätten; schleifen; reinigen.
pulmón m. Lunge.
pulmonía f. Lungenentzündung.
pulpa f. Fruchtfleisch.
púlpito m. Kanzel.
pulpo m. Polyp.
pulposo, a adj. fleischig.
pulsación f. Pulsschlag; Fingersatz (im Notentext).
pulsar v. pulsieren.
pulsera f. Armband; **reloj de —**, Armbanduhr.
pulso m. Pulsschlag.
pupular v. wimmeln.
pulverizador m. Zerstäuber.
pulverizar v. verpulvern; zerstäuben (Flüssigkeit).
pungir v. stechen; fig. anreizen.
punible adj. strafbar.
punición f. Strafe.
punta f. Spitze, Ecke; Landzunge.
puntada f. Nadelstich.

puntapié m. Fußtritt.
puntería f. Richten, Zielen.
puntilla f. Spitzenkante; Genickstoß (Stierkampf); **de —s** auf Zehenspitzen.
punto m. Punkt; Zeitpunkt; Ort; Stich; Angelegenheit; **— y coma** Semikolon; **a —**, bereit; **hacer —**, stricken; **al —**, sogleich; **géneros de —**, Wirkwaren.
puntual adj. pünktlich; genau.
puntura f. Stich.
punzar v. stechen.
punzón m. Pfriem, Grabstichel.
puñal m. Dolch.
puñetazo m. Faustschlag.
puño m. Faust; Griff; Stockknopf; Manschette.
pupila f. Pupille; Mündel.
pupilo m. Mündel; Kostgänger.
pupitre m. Schreibpult.
puramente adv. lediglich.
pureza f. Reinheit.
purgante m. Abführmittel.
purgar v. abführen; reinigen.
purgativo, a adj. abführend.
purgatorio m. Fegefeuer.
purificar v. reinigen, läutern.
puro, a adj. rein; klar; **cigarro —**, oder **—**, m. Zigarre.
púrpura f. Purpur.
pus m. Eiter.
puta f. vulg. Hure.
putativo, a adj. vermeintlich.
putrefacción f. Verwesung.
putrefacto, a adj. verwest.
pútrido, a adj. verfault.
puya f. Lanzenspitze.

quicio m. Tür-, Fensterangel.
quiebra f. Bank(e)rott.
quien, quienes pron. wer; welcher; der; **¿quién?**, wer?
quienquiera pron. irgendwer, wer immer.
quieto, a adj. ruhig, still.
quijotería f. Phantasterei.
quilate m. Karat.
quilla f. Kiel.
química f. Chemie.
químico, a adj. chemisch; m. Chemiker.
quincalla f. Blechwaren.
quince adj. fünfzehn; **— días 14** Tage.
quinientos, as adj. fünfhundert.
quinina f. Chinin.
quinola f. Querstrich.
quinta f. Landhaus.
quintal m. Zentner.
quintero m. Gutsbesitzer.
quinteto m. Quintett.
quiosco m. Kiosk.
quirúrgico, a adj. chirurgisch.
quisto, a: mal — adj. unbeliebt.
quitaguas m. Siehe **paraguas**.
quitaipón m. Kopfzierat der Maultiere.
quitamanchas m. Fleckenreiniger.
quitar v. wegnehmen; rauben; ablegen.
quitasol m. Sonnenschirm.

que pron. rel. welcher, -e, -es; der, die, das: **el —**, derjenige welcher, wer; conj. daß; weil; zu; **más grande —**, größer als.
¿qué? pron. inter. welcher, welche, welches?; was?; **¡—!** welch!, was für ein!
quebrada f. Bergschlucht.
quebradizo, a adj. zerbrechlich; gebrechlich.
quebrado, a adj. zerbrochen, holperig; bankrott; m. Zahlenbruch.
quebradura f. Spalt; Bruch.
quebrantar v. zerbrechen; verletzen (Gesetz).
quebrar v. brechen; Bankerott machen.
quedar v. bleiben; verweilen; übrig bleiben; **— por hacer** noch zu tun sein; **— bien** gut fahren (bei einem Geschäft).
quedo, a adj. ruhig; leise.
quehacer m. Geschäft, Beschäftigung; Arbeit.
queja f. Klage.
quejarse v. jammern, (sich be)klagen.
quejido m. Wehklagen.
quema f. Verbrennung; Brand.
quemadura f. Brandwunde, -mal.
quemar v. (ver-)brennen.
querella f. (Straf-)Klage.
querer v. wollen; wünschen; lieben; **cuando quiera zu jeder Zeit**; **hacerse —**, **Liebe einflößen**; **quiere decir** das heißt; m. Liebe; Wille.
querido adj. geliebt; m. Liebhaber.
queso m. Käse.

rabanillo m. Radieschen.
rábano m. Rettich.
rabia f. Tollwut; fig. Wut, Zorn.
rabiar v. wüten, toben; fig. begehren.
rabo m. Schwanz.
racimo m. Traube.
raciocinio m. Vernunftschluß; Urteil.
ración f. Zuteilung.
racional adj. vernunftgemäß, rational.
racionalismo m. Vernunftglaube.
racionar v. rationieren, austeilen.
rada f. Reede.
radiación f. Ausstrahlung.
radiactivo, a adj. radioaktiv.
radiador m. Autokühler; Heizkörper.
radial adj. strahlenförmig.
radiar v. (aus)strahlen; senden, funken.
radical adj. Wurzel...; gründlich; radikal.
radicar v. wurzeln; sich gründen.
radio m. Radius; Radium; **— de acción** Wirkungskreis; f. Radio.
radiocomunicación f. Funkverbindung; Nachrichtenübermittlung.
radioescucha m. u. f. Radiohörer(in).
radiografía f. Röntgenbild.
radiograma m. Radiogramm, Funkspruch.

radiorreceptor m. Rundfunkempfänger.
radioscopia f. Durchleuchtung, Röntgenuntersuchung.
radioterapia f. Röntgentherapie.
raer v. schaben; kratzen.
raído, a adj. abgeschabt.
raigón m. Zahnwurzel.
raíl m. Eisenbahnschiene.
raíz f. Wurzel; fig. Ursprung; — **cúbica** Kubikwurzel; **a — de** auf Grund; **de —**, von Grund aus; **bienes raíces** pl. Liegenschaften.
raja f. Spalt; Holzsplitter; Schnitte.
rajar v. spalten; zerlegen.
rallador m. Reibeisen, Raspel.
rallar v. raspeln.
rama f. Zweig; Fach; **en —**, roh.
ramaje m. Gezweig.
ramal m. Abzweigung; Teil; Zweigbahn.
ramera f. Hure.
ramificarse v. sich verzweigen.
ramillete m. Blumenstrauß.
ramo m. Zweig; Strauß; Fach, Branche.
rampa f. Rampe, Auffahrt; **— de cohetes**, **— de lanzamiento** Abschußrampe (für Raketen).
rana f. Frosch.
rancio, a adj. ranzig, alt.
rancho m. (Soldaten-)Essen; Ranch, Farm.
rango m. Rang.
ranura f. Falz, Fuge.
rapar v. rasieren.
rapaz adj. raubgierig, Raub...; m. Knabe.
rapé m. Schnupftabak.
rapidez f. Schnelligkeit, Geschwindigkeit.
rápido, a adj. geschwind; reißend; schnell; m. Schnellzug.
rapiña f. Raub; **ave de —**, Raubvogel.
raposo m. Fuchs.
rapto m. Entführung.
rarefacción f. Verdünnung.
rarefacer v. verdünnen.
rareza f. Seltsamkeit; Seltenheit.
raro, a adj. seltsam; selten; merkwürdig.
rasar v. (ab)streichen.
rascacielos m. Wolkenkratzer.
rascar v. kratzen, schaben.
rasgar v. auf-, zerreißen.
rasgo m. Zug (auch fig.); Federzug; Einfall.
rasgón m. Riß.
rasguear v. einen Federzug machen; in die Saiten greifen (Gitarre).
rasguñar v. kratzen; ritzen; skizzieren.
raso, a adj. flach; schlicht; wolkenlos.
raspar v. radieren; abkratzen; abraspeln.
rastra f. Hechel, Egge.
rastrear v. nachforschen.
rastrillar v. eggen; harken.
rastrillo m. Rechen, Harke.
rastro m. Harke; Spur.
rasurador m. Rasierapparat.
rasurar v. rasieren.
rata f. Ratte; Dieb.
ratear v. mausen, stibitzen.
ratero, a adj. niederträchtig; m. Taschendieb.
ratificar v. bestätigen.

rato m. Weile; **buen —**, Kurzweil; **mal —**, Verdruß; **a ratos** dann und wann.
ratonera f. Mausefalle; Mauseloch.
ratón m. Maus.
raudal m. Gießbach.
raya f. Strich, Linie; Scheitel (Haar).
rayado, a adj. gestreift; liniiert (Papier).
rayano, a adj. angrenzend.
rayar v. linilieren; unterstreichen.
rayo m. Strahl; Blitz; Radspeiche.
rayos X m. pl. X-Strahlen, Röntgenstrahlen.
raza f. Rasse; Art.
razón f. Vernunft; Grund; **— social**, Handelsfirma; **tener —**, Recht haben.
razonable adj. vernünftig.
razonar v. urteilen; begründen.
reacción f. Rückwirkung.
reacio, a adj. starrsinnig.
reactivo m. Reagens.
reactor m. Reaktor; **— atómico** Atommeiler.
real adj. tatsächlich; königlich.
realeza f. königliche Würde.
realidad f. Wirklichkeit, Tatsache.
realismo m. Realismus.
realización f. Verwirklichung; Ausverkauf.
realizar v. verwirklichen; in Geld umsetzen.
realzar v. erhöhen.
reanimar v. wiederbeleben.
reaparecer v. wieder erscheinen.
reasumir v. (Amt) wieder übernehmen.
rebaja f. Rabatt, Abzug.
rebajar v. vermindern; herabsetzen.
rebajo m. Falz, Einschnitt.
rebalsa f. Stauwasser.
rebanada f. Scheibe Brot.
rebaño m. Herde.
rebatir v. widersprechen; abweisen.
rebelarse v. sich auflehnen.
rebelde adj. aufrührerisch; m. Rebell.
rebeldía f. Widerspenstigkeit.
rebelión f. Aufstand.
reblandecer v. er-, auf-, einweichen.
reborde m. Randverzierung.
rebosar v. überlaufen; fig. strotzen.
rebotar v. zurückprallen.
rebozar v. das Gesicht verhüllen; panieren.
rebozo m. Verhüllung; fig. Vorwand.
rebusca f. Nachlese.
rebuscar v. Nachlese halten; nachforschen.
recabar v. erreichen.
recado m. Auftrag, Bestellung; Botengang.
recaer v. zurückfallen; rückfällig werden.
recaída f. Rückfall.
recalar v. durchsickern.
recalentar v. überhitzen.
recalzar v. häufeln.
recambiar v. ersetzen; umtauschen.
recambio m. Umtausch, Auswechseln.
recapitular v. wiederholen.
recargar v. überladen.
recargo m. Belastung; Aufschlag.
recatar v. verheimlichen.
recatarse v. sich hüten.
recato m. Vorsicht.

recaudador m. Steuereinnehmer. [ben.
recaudar v. (Steuern) eintreiben.
recaudo m. Sicherheit, Bürgschaft.
recelar v. argwöhnen; eifern.
recelo m. Argwohn.
receloso, a adj. argwöhnisch, mißtrauisch.
recentura f. Sauerteig.
recepción f. Empfang.
receptor m. Empfangsapparat; Telephonhörer.
receta f. Rezept; fig. Vorschrift.
recetar v. Rezepte verschreiben.
recibí m. Quittung.
recibir v. empfangen; erhalten.
recibo m. Empfang (-schein); **sala de —**, Empfangszimmer.
recién adv. (so)eben; neu; **— nacido** neugeboren; **— pintado** frisch gestrichen.
reciente adj. jüngst; frisch.
recinto m. Umkreis.
recio, a adj. stark; hart.
recipiente m. Behälter.
recitar v. rezitieren.
reclamación f. Einspruch, Zurückforderung.
reclamar v. reklamieren, zurückfordern.
reclamo m. Lockvogel.
recluir v. einschließen, einsperren.
recluta f. Aushebung; m. Rekrut.
recobrar v. wiedererlangen; einlösen.
recocer v. verkochen.
recodo m. Kurve; Bucht.
recoger v. sammeln; aufheben; aufnehmen.
recogerse v. sich zur Ruhe begeben.
recogida f. Sammeln.
recogido, a adj. zurückgezogen.
recolección f. Ernte.
recolectar v. ernten.
recomendable adj. empfehlenswert.
recomendación f. Empfehlung.
recomendar v. empfehlen; loben.
recompensa f. Ersatz; Entschädigung.
recompensar v. belohnen; ersetzen.
recomponer v. wiederherstellen.
reconciliar v. versöhnen.
recóndito, a adj. geheim.
reconocer v. (wieder)erkennen; untersuchen; anerkennen; auskundschaften.
reconocido, a adj. erkenntlich.
reconocimiento m. Untersuchung; Dankbarkeit.
reconquistar v. wiedererobern.
reconstituir v. wiederherstellen.
reconstituyente m. Kräftigungsmittel.
reconvenir v. rügen.
recopilar v. zusammenstellen.
recordar v. erinnern.
recorrer v. durchlaufen, durchreisen; zurücklegen.
recorrido, a adj. zurückgelegt (Strecke); m. fam. Verweis.
recortar v. be-, ab-, ausschneiden.
recorte m. Abschnitt; Zeitungsausschnitt; Stoffrest.
recostar v. anlehnen.
recrear v. ergötzen; belustigen.
recreo m. Erholung; Pause.
recriminar v. beschuldigen.
rectángulo m. Rechteck.
rectificar v. berichtigen; verbessern; gleichrichten.
rectilíneo, a adj. geradlinig.
recto, a adj. gerade; gerecht.

recuento m. Nachzählung.
recuerdo m. Erinnerung; Andenken.
recuesto m. Abhang.
recular v. zurückweichen.
recuperar v. wiedererlangen.
recurrir v. sich wenden an.
recurso m. Berufung; Mittel; Zuflucht.
recusar v. abschlagen.
rechazar v. zurückweisen; zurückstoßen.
rechinar v. knarren, knistern, knirschen.
red f. Netz; Garn; fig. Falle; **— eléctrica** Stromnetz.
redacción f. Abfassung; Redaktion.
redactar v. abfassen.
redactor m. Redakteur.
redaño m. Bauchfell.
redecilla f. Haarnetz.
rededor m. Umkreis; **al —, en —**, ringsherum.
redención f. Erlösung.
redentor m. Erlöser.
redil m. Hürde, Pferch.
redimir v. loskaufen; ab-, erlösen.
rédito m. Einkommen, Ertrag; Zins.
redoblado, a adj. verdoppelt; **paso —**, Geschwindschritt.
redoblante m. Trommel; Trommler.
redoblar v. verdoppeln; umbiegen; wiederholen.
redoble m. Verdoppelung; Trommelwirbel.
redonda f. Runde, Umkreis; **a la —**, rund herum.
redondear v. (ab)runden.
redondo, a adj. rund; fig. vollkommen, glatt.
reducción f. Zurückführung; Verminderung.
reducir v. zurückführen; vermindern; einschränken; reduzieren.
redundante adj. weitschweifig; überflüssig.
redundar v. überlaufen.
reedificar v. wieder aufbauen.
reelección f. Wiederwahl.
reexportar v. wiederausführen.
refacción f. Imbiß.
referencia f. Bezug(nahme); Auskunft, Referenz.
referente adj. bezüglich.
referir v. erzählen.
referirse v. sich beziehen.
refinado, a adj. verfeinert; raffiniert (Zucker).
refinamiento m. Verfeinerung.
refinar v. verfeinern; läutern, raffinieren.
refinería f. Raffinerie.
refino, a adj. hochfein; m. Läuterung.
reflector m. Scheinwerfer.
reflejar v. zurückstrahlen; überlegen.
reflejarse v. sich abspiegeln.
reflejo m. Widerschein, Abglanz.
reflexión f. Zurückstrahlung; Überlegung.
reflexionar v. überlegen.
reflexivo, a adj. nachdenklich; reflexiv.
refluir v. zurückfließen.
reflujo m. Ebbe.
reforma f. Reform.
reforma f. Reformation.
reformación f. Umgestaltung, Verbesserung.
reformar v. umgestalten; umbauen; umändern.
reforzar v. (ver)stärken.
refracción f. Strahlenbrechung.
refractar v. brechen (Lichtstrahl).

refrán m. Sprichwort.

refregar v. reiben; fam. vorwerfen.

refrenar v. zügeln; zähmen.

refrendar v. gegenzeichnen.

refrescar v. erfrischen; abkühlen; auffrischen.

refresco m. Erfrischung; Stärkung. Imbiß.

refrigeración f. (Ab-) Kühlung.

refrigerador m. Kühlschrank.

refrigerante adj. kühlend; m. kühlendes Arzneimittel.

refrigerar v. abkühlen.

refuerzo m. Verstärkung.

refugiarse v. sich flüchten, fliehen.

refugio m. Unterkunft; Zufluchtsort.

refulgente adj. strahlend.

refundir v. umschmelzen; einmünzen; umändern.

refutar v. widerlegen.

regadera f. Gießkanne.

regadío m.: campo de —, Rieselfeld.

regadura f. Begießen.

regajo m. Pfütze, Lache.

regalar v. (be)schenken; bewirten; ergötzen.

regalarse v. sich gütlich tun.

regalo m. Geschenk; Wohlstand.

regañar v. knurren (Hund); zanken.

regar v. begießen; berieseln.

regata f. Regatta.

regatear v. feilschen; ausweichen.

regateo m. Feilschen.

regencia f. Regentschaft.

regenerar v. wiedererzeugen.

regidor m. Stadtrat.

régimen m. Regime, Regierungsweise; Diät.

regimiento m. Regiment.

regio adj. königlich; fig. prächtig.

región f. Gegend; Landschaft, Gebiet.

regional adj. Provinz...

regir v. regieren; leiten; gültig sein.

registrar v. registrieren; besichtigen; durchsuchen; marca registrada Schutzmarke.

registro m. Register, Grundbuch; Durchsuchung; Orgelregister.

regla f. Regel; Lineal; Ordnung; Monatsregel (der Frau); reglamentar v. regeln; bestimmen.

reglamento m. gesetzliche Vorschrift, Statut; — del tráfico Verkehrsordnung.

reglar v. regeln; liniieren.

regocijo m. Freude, Jubel; Lustbarkeit.

regoldar v. rülpsen.

regresar v. zurückkehren.

regresión f. Rückgang.

regreso m. Rückkehr.

regulación f. Regulierung.

regular adj. regelmäßig; mittelmäßig; v. regulieren; berechnen.

regularidad f. Regelmäßigkeit.

rehabilitar v. wiedereinsetzen.

rehacer v. von neuem tun; fig. wiederherstellen.

rehogar v. (ein)dämpfen.

rehuir v. zurückweichen; vermeiden; verschmähen.

rehusar v. abschlagen; verweigern.

reimpresión f. Neudruck.

reimprimir v. neu drucken.

reina f. Königin.

reinado m. Regierung; Regierungszeit.

reinar v. regieren; herrschen.

reincidente adj. rückfällig.

reincidir v. zurückfallen; einen Rückfall haben.

reino m. Königreich; Reich.

reintegrar v. wiedereinsetzen; ersetzen; entschädigen.

reír v. lachen; spotten: reírse de alguien sich über jdn. lustig machen.

reiterar v. erneuern.

reja f. Pflugschar; (Fenster-)-Gitter.

rejilla f. Rohrgeflecht; Gepäcknetz.

rejo m. Stachel.

rejón m. Wurfspieß.

rejoneador m. Stierfechter mit Wurfspieß.

rejuvenecer v. verjüngen.

relación f. Beziehung; Bericht.

relacionar v. Bericht erstatten, erwähnen; Verhältnis aufstellen.

relajar v. erschlaffen.

relámpago m. Blitz.

relampaguear v. blitzen.

relanzar v. zurücktreiben.

relatar v. erzählen; berichten.

relativo, a adj. bezüglich.

relato m. Erzählung, Bericht.

relator m. Referent; Berichterstatter.

releer v. wiederlesen.

relegar v. verbannen.

relevación f. Erlassung.

relevar v. erlassen; entledigen; ablösen.

relevo m. Ablösung.

relicario m. Reliquienschrein.

relieve m. Relief.

religión f. Religion.

religiosidad f. Frömmigkeit.

religioso, a adj. kirchlich; fromm; gewissenhaft; m. Mönch.

relinchar v. wiehern.

relincho m. Wiehern.

reloj m. Uhr; — de bolsillo Taschenuhr; — de péndola Pendeluhr; — de sol Sonnenuhr.

relojera f. Uhrgehäuse.

relojería f. Uhrengeschäft.

relojero m. Uhrmacher.

reluciente adj. leuchtend.

relumbrar v. schimmern.

rellanar v. ebnen.

rellenar v. füllen, vollstopfen; polstern.

relleno adj. voll; m. Ausfüllung, Füllsel.

remachar v. (ver)nieten.

remanente m. Rest.

remanso m. Stauung.

remar v. rudern.

rematar v. beendigen; versteigern; sterben.

remate m. Zuschlag; Auktion; de —, unheilbar.

rembolsar v. einlösen; zurückzahlen.

rembolso m. Rückzahlung; Dekkung. contra —, gegen Nachnahme.

remedar v. nachäffen.

remediar v. abhelfen, ausbessern.

remedio m. Abhilfe; Hilfsmittel; Arznei; — casero Hausmittel.

remedo m. Nachahmung.

remendar v. flicken, ausbessern.

remero m. Ruderer.

remesa f. Sendung, Geldsendung; Wagenremise.

remiendo m. Flicken.

remilgado a, adj. geziert.

reminiscencia f. Anklang.

remisión f. Verzeihung; Überweisung.

remiso, a adj. nachlässig.

remitente m. Absender.

remitir v. übersenden; begnadigen; nachlassen.

remo m. Ruder.

remojar v. anfeuchten; einweichen, wässern.

remolacha f. Zuckerrübe.

remolcador m. Schlepper, Schleppschiff.

remolcar v. (ab)schleppen.

remolino m. Wirbel (-wind); Strudel; Haarwirbel.

remolque m. Schleppen; Anhängewagen; a —, fig. unfreiwillig.

remontar v. verscheuchen (Wild); emporschwingen; vorschuhen (Stiefel).

remordimientos m. pl. Gewissensbisse.

remoto, a adj. entfernt.

remover v. wegräumen; umrühren.

remplazar v. ersetzen.

remplazo m. Ersatz.

remunerar v. belohnen; vergelten; vergüten.

renacer v. wiedergeboren werden; wieder entstehen.

renacimiento m. Wiedergeburt; Renaissance.

renal adj. Nieren...

rencor m. Zwist, Groll.

rendición f. Übergabe; Ertrag.

rendido, a adj. matt; ergeben.

rendimiento m. Ertrag; Ergebung.

rendir v. unterwerfen; ermatten; übergeben; einbringen; rendirse sich ergeben, nachgeben.

renegado, a adj. abtrünnig; m. Abtrünnige(r).

renegar v. abtrünnig werden; verabscheuen; fluchen.

renglón m. Zeile, Reihe.

reniego m. Fluch.

renitente adj. widersetzlich.

reno m. Renntier.

renombre m. Berühmtheit; Ruhm, Ruf.

renovar v. erneuern; wiederanknüpfen.

renta f. Rente; Ertrag; Mietzins; — vitalicia Leibrente.

rentar v. eintragen.

rentero m. Pächter.

rentista m. Rentner.

rentoso, a adj. einträglich.

renuncia f. Verzicht, Entsagung.

renunciar v. verzichten, entsagen.

reñir v. zanken, streiten.

reo m. Angeklagte(r).

reojo m.: mirar de —, verstohlen ansehen.

reorganizar v. neugestalten.

reparación f. Ausbesserung, Reparatur; Genugtuung.

reparar v. ausbessern; abhelfen; wiedergutmachen.

repararse v. sich mäßigen.

reparo m. Ausbesserung; Abhilfe; Bemerkung; Einwendung.

repartición f. Austeilung.

repartir v. verteilen; zuteilen.

reparto m. Verteilung.

repasar v. nochmals durchsehen, durchlesen; überhören (Lektion); aufbügeln; flicken.

repatriación f. Zurückkehren ins Vaterland.

repatriar v. ins Vaterland zurückschicken.

repecho m. steiler Abhang.

repeler v. zurückweisen.

repellar v. tünchen.

repensar v. überdenken.

repente m. plötzliche Aufwallung; de —, plötzlich.

repentino, a adj. plötzlich, unvermutet.

repentista m. Improvisator.

repercutir v. zurückprallen; fig. Nachklang haben.

repertorio m. Sachregister; (Theater-) Repertoire.

repesar v. nachwiegen.

repetición f. Wiederholung.

repetir v. wiederholen; aufstoßen.

repicar v. kleinhacken; (Glocken) läuten.

repintar v. übermalen.

repique m. Glockenläuten.

repiquetear v. läuten, bimmeln.

repiquetearse v. fam. sich zanken.

replegar v. nochmals zusammenlegen.

repleto adj. überladen.

réplica f. Einwendung.

replicar v. widersprechen.

repliegue m. Doppelfalte.

repoblar v. aufforsten; wiederbevölkern; neu bepflanzen.

repollo m. Kohl(kopf).

reponer v. ersetzen; erwidern; neu aufführen.

reportación f. Mäßigung.

reportaje m. Reportage, Bericht.

reportar v. zurückhalten; einbringen.

reportarse v. sich mäßigen.

reportero m. Berichterstatter, Reporter.

reposar v. ruhen; im Grabe liegen; ablagern (Wein).

reposarse v. sich setzen (Flüssigkeiten).

reposición f. Wiedereinsetzung; Wiederaufführung.

reposo m. Ruhe; Erholung; Gelassenheit.

repostería f. Konditorei.

reprender v. tadeln.

reprensible adj. tadelnswert.

reprensión f. Tadel, Verweis.

represa f. Stauung.

represalia f. Gegenmaßregel.

representación f. Vorstellung (auch Theater); Stellvertretung.

representante m. Vertreter.

representar v. vorstellen; vertreten; darstellen.

representativo, a adj. vertretend; kennzeichnend.

represión f. Unterdrückung, Abwehr.

reprimenda f. scharfer Verweis.

reprimir v. zurückhalten.

reprobación f. Mißbilligung; Verdammnis.

reprobado, a adj. tadelnswert; durchgefallen (beim Examen).

reprobar v. tadeln; mißbilligen.

réprobo adj. verworfen; m. Verworfene(r), Verdammte(r).

reprochable adj. tadelnswert.

reprochar v. vorwerfen.

reproche m. Vorwurf; Verweis.

reproducir v. wiedererzeugen; nachbilden.

reprueba f. neuer Beweis.

república f. Republik.

republicano, a adj. republikanisch; m. Republikaner.

repúblico m. Staatsmann.

repudiar v. verstoßen (Ehefrau); verschmähen.

repudrirse v. sich härmen.

repuesto a adj. wiedereingesetzt; m. Vorrat; de —, Reserve...

repugnante adj. abstoßend; widerlich.

repugnar v. widersprechen; abstoßen; zuwider sein.
repujado m. getriebene Arbeit.
repulgar v. (Kleid) säumen.
repulido, a adj. fam. geleckt.
repulsa f. Weigerung, abschlägige Antwort.
repulsar v. verweigern.
repulsión f. Zurückstoßung; Ekel.
repulsivo, a adj. zurück-, abstoßend.
reputación f. Ruf; Ruhm.
reputar v. (hoch)achten; halten für.
requemar v. ausbraten; anbrennen.
requemarse v. verdorren; fig. sich grämen.
requerir v. erfordern; kundtun; verleiten.
requesón m. Quark.
requiebro m. Liebeswort.
requisa f. tägliche Runde, Inspektion.
requisición f. Gesuch, Requisition.
requisito m. Erfordernis.
res f. Stück Vieh.
resaca f. Brandung.
resaltar v. zurückspringen; fig. sich abheben.
resbaladizo, a adj. schlüpfrig.
resbalar v. ausgleiten; fig. sich vergeben.
resbalón m. Ausgleiten; fig. Fehltritt.
rescatar v. loskaufen.
rescindir v. kündigen.
rescontrar v. aufrechnen, stornieren (Buchhaltung).
resecar v. austrocknen.
resellar v. nachprägen.
resentimiento m. Groll, Erbitterung.
resentirse v. Risse bekommen; — de sich beleidigt fühlen.
reseña f. Musterung; Bericht, Buchbesprechung.
reserva f. Zurückhaltung; Vorbehalt; Reserve; Ersatztruppe.
reservado, a adj. verschlossen; m. Schonung.
reservar v. aufheben; zurückhalten; verheimlichen.
reservarse v. sich hüten.
resfriado m. Schnupfen.
resfriar v. abkühlen.
resfriarse v. Schnupfen bekommen, sich erkälten.
resguardar v. bewahren, schützen.
resguardarse v. sich hüten.
resguardo m. Schutz; Empfangsschein.   [denz.
residencia f. Wohnsitz, Residente adj. wohnhaft.
residir v. wohnen; residieren.
residuo m. Rest, Bodensatz.
resignar v. abtreten; verzichten, Amt niederlegen.
resignarse v. sich ergeben.
resina f. Harz.
resistencia f. Widerstand (-sfähigkeit); Dauerhaftigkeit.
resistente adj. dauerhaft; widerstandsfähig.
resistir v. widerstehen; widerstreben; ertragen.
resma f. Ries.
resolución f. Entschluß; Entschlossenheit; Lösung; Entscheidung.
resoluto, a adj. entschlossen.

resolver v. entscheiden; beschließen; (auf)lösen.
resonancia f. Nachklang.
resonar v. widerhallen.
resorte m. Sprungfeder.
respaldo m. Rücklehne.
respectivamente adv. beziehungsweise.
respectivo, a adj. betreffend.
respecto m. Beziehung; con — a eso was das anbetrifft.
respetabilidad f. Achtbarkeit.
respetable adj. achtbar; ansehnlich.
respetar v. ehren; achten.
respeto m. Achtung; Ansehen.
respetuoso, a adj. ehrfurchtsvoll; ehrwürdig.
respigón m. Neidnagel.
respiración f. Atmung.
respirar v. (ein)atmen; fig. sich erholen.
respiratorio, a adj. Atmungs..., Luft...
respiro m. Atmen; fig. Ruhepause; Zahlungsfrist.
resplandecer v. (er)glänzen; strahlen.
resplandor m. Glanz, Schimmer; fig. Ruhm.
responder v. antworten; erwidern; entsprechen; gutstehen für.
respondón m. Rechthaber.
responsabilidad f. Verantwortlichkeit.
responsable adj. verantwortlich.
respuesta f. Antwort; Beantwortung.
resquemar v. prickeln.
resquicio m. Spalt(e).
restablecer v. wiederherstellen.
restablecerse v. sich erholen.
restablecimiento m. Wiederherstellung; Erholung.
restallar v. knallen.
restañar v. verzinnen.
restar v. abziehen; vermindern; übrig bleiben.
restauración f. Wiederherstellung.
restaurar v. wiederherstellen, restaurieren (Gemälde); kräftigen.
restituir v. zurückgeben.
resto m. Rest, Überrest.
restregar v. stark reiben.
restricción f. Einschränkung.
restrictivo, a adj. einschränkend.
restringir v. ein-, beschränken.
resucitar v. auferstehen.
resuelto, a adj. entschlossen.
resultado m. Resultat; Erfolg.
resultar v. sich ergeben; Erfolg, Wirkung haben.
resumen m. Zusammenfassung, Übersicht.
resumir v. zusammenfassen.
resurrección f. Auferstehung.
resurtir v. zurückprallen.
retaguardia f. Nachhut.
retal m. Stoffrest.
retar v. (heraus)fordern.
retardador m. Zeitlupe.
retardar v. verzögern; aufhalten.
retardo m. Aufschub, Verspätung.
retazar v. zerstückeln.
retemblar v. erbeben.
retención f. Zurückbehaltung; Haft.
retener v. zurückbehalten; verhaften.
retentiva f. Gedächtnis.
reteñir v. auffärben.
reticular v. netzartig.
retina f. Netzhaut (des Auges).
retirada f. Zurückziehung; Rückzug.
retirado, a adj. zurückgezogen; abgelegen.

retirar v. zurückziehen; widerrufen; entfernen.
retirarse v. sich wegbegeben; seinen Abschied nehmen.
retiro m. Zurückgezogenheit; Abschied, Abdankung.
reto m. Herausforderung.
retocar v. nachbessern; retuschieren; überarbeiten.
retoño m. Schößling.
retoque m. Ausbesserung; Retusche.
retorcer v. (ver)drehen; krümmen.
retórica f. Redekunst.
retorno m. Rückkehr.
retorsión f. Krümmung.
retracción f. Zurückziehen; Widerruf.
retractar v. widerrufen.
retraído, a adj. einsam.
retrasar v. verzögern; zurückbleiben.
retrasarse v. sich verspäten (Zug).
retraso m. Verzögerung; Verspätung (Zug).
retratar v. abbilden, porträtieren.
retratista m. Porträtmaler; Photograph.
retrato m. Porträt, Bild; Schilderung.
retrete m. Abort.
retribuir v. belohnen; vergüten.
retroactivo, a adj. rückwirkend.
retroceder v. zurücktreten.
retroceso m. Rücktritt, Rückgang.
retrospectivo, a adj. rückblickend.
retroventa f. Rückkauf.
retruécano m. Wortspiel.
retumbo m. Widerhall; Dröhnen.
reuma m., reumatismo Rheuma(tismus).
reumático, a adj. rheumatisch; m. Rheumatiker.
reunión f. Vereinigung, Versammlung; Abendgesellschaft.
reunir v. wiedervereinigen; versammeln.
revalida f. Zulassung.
revelación f. Offenbarung; Enthüllung.
revelador m. Entwickler.
revelar v. offenbaren; endecken; Film: entwickeln.
revender v. wiederverkaufen.
revenirse v. verkümmern.
reventa f. Wiederverkauf.
reventar v. platzen, bersten.
rever v. wiedersehen.
reverberar v. zurückstrahlen.
reverencia f. Ehrerbietung; Verbeugung.
reverso m. Rückseite.
revés m. Rückseite; fig. Unfall, Widerwärtigkeit; al —, umgekehrt.
revestir v. ankleiden; verputzen, bekleiden (Wand); revestirse fig. sich aufblasen.
revisar v. nachsehen, prüfen, revidieren.
revisión f. Durchsicht.
revisor m. Kontrolleur; Prüfer.
revista f. Truppenbesichtigung, Musterung; Zeitschrift; Revue; pasar —, mustern.
revistar v. mustern.
revocar v. widerrufen; aufheben; tünchen, weißen.
revolcar v. herumwälzen.
revoltoso, a adj. aufrührerisch.
revolución f. Umgestaltung, Revolution; Umdrehung; número de revoluciones Tourenzahl (eines Motors).
revolucionar v. zur Empörung bringen; umwälzen.

revolucionario, a adj. aufrührerisch; m. Aufrührer.
revólver m. Revolver.
revolver v. umdrehen; aufrühren.
revolverse v. sich empören.
revoque m. Verputz(en).
revuelta f. Aufstand.
rey m. König.
reyerta f. Streit, Zank.
reyezuelo m. Zaunkönig.
rezar v. beten; hersagen.
rezo m. Beten, Gebet.
ría f. Flußmündung.
ribera f. Ufer, Strand.
ribereño, a adj. Ufer...; Strand...; m. Uferbewohner.
ribete m. Saum, Besatz.
ricino m. Rizinus.
rico, a adj. reich; prächtig; fam. wohlschmeckend.
ridiculez f. Lächerlichkeit.
ridículo, a adj. lächerlich.
riego m. Bewässerung.
riel m. Bahnschiene.
rienda f. Zügel; a — suelta fig. zügellos.
riesgo m. Risiko; Wagnis; correr —, Gefahr laufen; a todo —, aufs Geratewohl.
rifa f. Verlosung; Streit.
rifle m. Gewehr.
rigidez f. Straffheit; Strenge.
rígido, a adj. straff; streng.
rigor m. Strenge; Heftigkeit.
rigurosidad f. Strenge, Härte.
riguroso, a adj. rauh; streng; reif (Trauer).
rima f. Reim; Gedicht.
rimar v. reimen.
rincón m. Winkel, Ecke.
rinconada f. (Straßen-) Winkel.
rinconera f. Ecktisch, -schrank.
rinoceronte m. Nashorn.
riña f. Zank, Streit.
riñón m. Niere; fig. Herz.
río m. Fluß, Strom.
ripio m. Bauschutt; Rest.
riqueza f. Reichtum; Fülle.
risa f. Gelächter.
risco m. schroffer Fels.
ritmo m. Rhythmus.
rival m. Nebenbuhler.
rivalizar v. wetteifern.
rizar v. kräuseln.
rizo m. Haarlocke.
robar v. rauben; stehlen; plündern.
roblar v. (ver)nieten.
roble m. Eiche.
robo m. Raub; Diebstahl; gestohlenes Gut.
roborar v. stärken.
robot m. Roboter.
robustez f. Kraft, Rüstigkeit.
robusto, a adj. stark; kräftig.
roca f. Fels, Klippe.
roce m. Reibung, fig. Verkehr, Umgang.
rociar v. benetzen; rieseln.
rocío m. Tau.
rodaja f. Rädchen; Rolle; Schnitte, Scheibe.
rodaje m. Räderwerk; Filmaufnahme.
rodar v. rollen; Film drehen.
rodear v. umhergehen; Umwege machen; umringen.
rodeo m. Umweg.
rodilla f. Knie.
rodillo m. Walze, Rolle.
roedor m. Nagetier.
roer v. nagen; fig. grämen.
rogar v. bitten, flehen.
rojizo, a adj. rot.
rollo m. Rolle, Walze.
romana f. Schnellwaage.
romance m. Romanze, Gedicht.
romano, a adj. römisch.
romanticismo m. Romantik.
romería f. Wallfahrt.
romero m. Rosmarin; Pilger.

rompedizo, a adj. zerbrechlich.
rompehielos m. Eisbrecher.
rompeolas m. Wellenbrecher; Mole.   [durchbrechen.
romper v. brechen; zerreißen;
ron m. Rum.
roncar v. schnarchen.
ronco, a adj. heiser, rauh; dumpf.
ronda f. Runde, nächtliche Streife; Rundgang.
rondar v. die Runde machen; umkreisen.
ronquear v. heiser sein.
roñoso, a adj. räudig; fig. knauserig.
ropa f. Kleidung(sstück); — blanca Weißwäsche; — de cama Bettzeug.
ropavejero m. Trödler.
ropero m. Kleiderschrank.
roque m. Turm (im Schachspiel).
roqueño, a adj. felsig; hart.
rosa f. Rose; Rosette; — náutica Windrose.
rosada f. Rauhreif.
rosado, a adj. rosenrot.
rosal m. Rosenstrauch.
rosario m. Rosenkranz.
rosca f. Schraube; Gewinde; Kranzkuchen; Brezel.
roséola f. Masern.
rostro m. Schnabel; Gesicht, Antlitz.
rotación f. Drehung.
rotar v. sich drehen, rotieren.
rotativa f. Zeitungs-, Druckpresse.
rotatorio, a adj. drehen, Drech...
roto adj. entzwei.
rótulo m. Aufschrift; Titel; Plakat.
rotura f. Brechen, Bruch.
roturar v. umbrechen (Land).
rozamiento m. Reibung.
rozar v. reiben; roden; fig. Umgang haben, verkehren mit.
rubí m. Rubin.
rubio, a adj. blond; goldgelb.
rubor m. Hochrot; Schamröte.
ruboroso, a adj. schamrot.
rudeza f. Roheit, Grobheit.
rudo, a adj. roh, rauh; fig. grob.
rueda f. Rad; Runde.
ruedo m. runder Platz; Stierkampfarena.
ruego m. Bitte, Gesuch.
rufián m. Kuppler.
rugir v. brüllen.
ruido m. Lärm, Getöse; Geräusch; Streit.   [schvoll.
ruidoso, a adj. lärmend; geräuin adj. schlecht; knauserig; unbedeutend.
ruiseñor m. Nachtigall.
rumbo m. Richtung; Weg; Kurs (Schiff).
rumiante m. Wiederkäuer.
rumor m. Gerücht.
ruptura f. fig. Bruch.
rural adj. ländlich.
Rusia f. Rußland.
ruso, a adj. russisch; m. Russe.
rústico, a adj. ländlich; bäurisch; grob; en rústica broschiert (Buch).
ruta f. Reiseroute.
rutina f. Geübtheit.

sábado m. Sonnabend, Samstag; Sabbat.

sábana f. Bettuch, Laken.
sabana f. Savanne.
sabedor adj. unterrichtet.
saber m. Wissen, Kenntnis. v. wissen; kennen; verstehen; können; — a schmecken nach: a —, nämlich.
sabido, a adj. bekannt; gelehrt.
sabiduría f. Wissen; Weisheit.
sabido, a adj. weise; klug; m. Weise(r), Gelehrte(r).
sable m. Säbel.
sabor m. Geschmack.
saborear v. schmecken, kosten: fig. genießen.
sabotaje m. Sabotage.
sabroso, a adj. schmackhaft.
sacabotas m. Stiefelknecht.
sacacorchos m. Korkenzieher.
sacamanchas m. Fleckenreiniger.
sacar v. herausnehmen; ausreißen (Zahn); heraushelfen; ausführen (Waren); gewinnen.
sacarina f. Süßstoff.
sacerdote m. Priester.
saciar v. sättigen.
saco m. Sack; Sakko, Überrock; Plünderung.
sacrificar v. opfern; fig. aufopfern.
sacrificio m. Opfer(ung); fig. Aufopferung.
sacrilegio m. Gotteslästerung.
sacristán m. Kirchendiener.
sacudidor m. Klopfer.
sacudir v. aus-, abschütteln; ausklopfen.
saeta f. Pfeil; Uhrzeiger.
sagaz adj. scharfsinnig.
sagrado, a adj. heilig.
sainete m. Schwank.
sajón, ona adj. sächsisch; m. Sachse.
sal f. Salz; fig. Witz.
sala f. Saal, Salon; — de estar Wohnzimmer; — de espera Wartesaal.
salado, a adj. salzig; fig. witzig.
salamandra f. Salamander.
salar v. salzen; pökeln.
salario m. Lohn, Gehalt.
salaz adj. geil.
salchicha f. Würstchen.
salchichería f. Wurstladen.
salchichón m. Schlackwurst.
saldar v. saldieren.
saldo m. Rechnungsüberschuß.
salero m. Salzfaß; fam. Witz, Anmut.
saleroso, a adj. fam. witzig; anmutig.
salida f. Abfahrt; Ausgang; Vorsprung; Absatz (Waren); Ausflucht; Aufgang (Gestirn).
salido, a adj. läufig (Tier).
saliente adj. vorstehend; m. Vorsprung (z. B. Mauer).
salina f. Salzwerk.
salir v. ausgehen; abreisen; losgehen (Schuß); aufgehen (Sonne); hervorragen; Absatz finden (Waren); erscheinen (Zeitung); gelingen; herauskommen (Los).
salitre m. Salpeter.
saliva f. Speichel.
salmo m. Psalm.
salmón m. Lachs.
salmuera f. Salzlake.
salón m. Salon; Saal.
salpicar v. bespritzen.
salpresar v. einsalzen.
salsa f. Soße, Brühe.
saltamontes m. Heuschrecke.
saltar v. (auf-, abhoch)springen; bersten; fig. auffallen.
salteador m. Straßenräuber.
saltear v. überfallen.

salto m. Sprung. Satz; — de agua Wasserfall.
salubre adj. heilbringend.
salud f. Gesundheit; ¡—!, prosit!   [lich.
saludable adj. heilsam; fig. nützsaludar v. (be)grüßen.
saludo m. Gruß.
salutación f. Begrüßung.
salvación f. Erlösung; Seelenheil.
salvador m. Erlöser, Heiland.
salvaguardia f. Schutzwache, Geleit.
salvaje adj. wild; m. Wilde(r); fig. roher Mensch.
salvamento m. Rettung.
salvar v. retten; erlösen; vermeiden.
salvarse v. selig werden.
salvavidas m. Rettungsring.
salvedad f. Vorbehalt.
salvo adj. unversehrt; sicher; adv. außer.   [Anton.
san adj. heilig: San Antonio St.
sanar v. heilen; genesen.
sanatorio m. Heilanstalt.
sanción f. Bestätigung.
sancionar v. gutheißen; bestätigen.
sandalia f. Sandale.
sandía f. Wassermelone.
sandio, a adj. einfältig.
sanear v. schadlos halten; sanieren.
sangrar v. bluten; zur Ader lassen; ablassen.
sangre f. Blut; Geschlecht; — fría Kaltblütigkeit.
sangría f. Aderlaß; Abstich; Weinlimonade.
sangriento, a adj. blutig; grausam.
sanidad f. Gesundheit; cuerpo de —, Sanitätskorps.
sano, a adj. gesund; heil.
santificar v. heiligen.
santiguar v. bekreuzigen, segnen.
santo, a adj. heilig; m. Heilige(r); Namenstag.
santuario m. Heiligtum.
santurrón m. Frömmler.
sápido, a adj. würzig, schmackhaft.
sapiencia f. Weisheit.
sapo m. Kröte.
saquear v. plündern; rauben.
sarampión m. Masern.
sardina f. Sardine.
sargento m. Unteroffizier.
sarmiento m. Ranke.
sarna f. Krätze.
sartén f. Bratpfanne.
sastre m. Schneider.
sastrería f. Schneiderei; Schneiderhandwerk.
satán, satanás m. Satan.
satánico, a adj. teuflisch.
satélite m. Satellit.
satén m. Satin (Stoff).
sátira f. Satire.
satisfacción f. Befriedigung; Abfindung; Zufriedenheit.
satisfacer v. befriedigen; sättigen; entsprechen.
satisfactorio, a adj. befriedigend.
satisfecho, a adj. befriedigt, zufrieden; satt.
saturar v. sättigen.
sauce m. Weide.
saxófon m. Saxophon.
sazonar v. zurichten (Speise); reifen.
se pron. sich; dícese man sagt.
sebo m. Talg; Fett.
seca f. Dürre.
secador m. (Haar-)Trockner.
secano m. Geestland.
secante adj.: papel —, Löschpapier.

secarse v. austrocknen; abmagern.
sección f. Abschnitt; jefe de —, Abteilungsleiter.
seco, a adj. trocken; herb (Wein); abgemagert; fig. unfreundlich.
secreción f. Absonderung.
secretaría f. Sekretariat.
secretario m. Sekretär.
secretear v. fam. tuscheln.
secreto, a adj. geheim; m. Geheimnis; de —, heimlich.
secta f. Sekte.
secuaz m. Anhänger, Parteigänger.
secuestro m. Beschlagnahme; Entführung.
secular adj. hundertjährig; steinalt; weltlich.
secundar v. beistehen, helfen.
secundario, a adj. nebensächlich; untergeordnet.
sed f. Durst; fig. Sucht.
seda f. Seide(nstoff).
sede f. (Bischofs-)Sitz.
sedería f. Seidenwaren.
sediento, a adj. durstig.
seducción f. Verführung.
seducir v. verführen; bezaubern.
seductivo, a adj. verführerisch.
segadera f. Sichel.
segadora f. Mähmaschine.
segar v. mähen.
seguida f. Folge; en —, sofort.
seguido, a adj. ununterbrochen.
seguir v. folgen; fortsetzen.
según prep. nach; gemäß; je nachdem; — aviso laut Bericht; — eso demnach.
segundo, a adj. zweite(r); m. Sekunde.
seguridad f. Sicherheit, Bestimmtheit; Überzeugung.
seguro, a adj. sicher; gewiß; fest; m. Sicherheit; Versicherung.
seis adj. sechs.
selección f. Auswahl.
selecto, a adj. auserlesen.
selva f. Urwald; Forst; — virgen Urwald.
sellar v. (ver)siegeln; stempeln.
sello m. Stempel; Briefmarke; Siegel.
semáforo m. Verkehrsampel.
semana f. Woche.
semanal adj. Wochen... wöchentlich.
semanario m. Wochenschrift.
semblante m. Miene.
sembradera f. Sämaschine.
sembrador m. Sämann.
sembrar v. säen.
semejanza f. Ähnlichkeit.
semen m. tierischer Samen.
semestral adj. halbjährlich.
semicírculo m. Halbkreis.
semilla f. Same(nkorn).
seminario m. Seminar.
sémola f. Grütze, Grieß.
senado m. Senat.
sencillez f. Einfachheit.
sencillo, a adj. einfach; schlicht.
senda f. Pfad, Fußweg.
senectud f. Greisenalter.
senil adj. greisenhaft; Alters...
seno m. Brust; Schoß.
sensación f. Empfindung; Sensation, Aufsehen.
sensatez f. Besonnenheit.
sensato, a adj. vernünftig, besonnen.

sensibilidad f. Empfindsamkeit.
sensible adj. empfindlich; fühlbar.
sensitivo, a adj. Sinnes...
sensual adj. sinnlich; wollüstig.
sensualidad f. Sinnlichkeit.
sentado, a adj. sitzend; fig. gesetzt; estar —, sitzen.
sentar v. setzen; buchen; gut kleiden; passen.
sentarse v. sich setzen.
sentencia f. Denkspruch; Urteil.
sentencioso, a adj. pedantisch.
sentido, a adj. empfindlich; schmerzhaft; traurig; m. Sinn; Bedeutung; Richtung; — común gesunder Menschenverstand.
sentimental adj. gefühlvoll.
sentimiento m. Gefühl; Gesinnung; Bedauern.
sentir v. fühlen, merken; bedauern; meinen; lo siento es tut mir leid.
seña f. Zeichen; Wink.
señas pl. Adresse.
señal f. Erkennungszeichen, Merkmal; Signal.
señalado, a adj. außerordentlich.
señalar v. (be)zeichnen; anberaumen; hinweisen auf.
señalarse v. sich auszeichnen.
señor m. Herr, Besitzer.
señora f. Frau, Dame; Herrin.
señorial adj. herrschaftlich.
señorita f. Fräulein.
señorito m. junger Herr.
separación f. Trennung, Scheidung.
separar v. trennen; entsetzen (Amt); scheiden; entfernen.
sepelio m. Begräbnis.
septentrional adj. nördlich.
se(p)tiembre m. September.
sepulcral adj. Grabes...
sepulcro m. Grab.
sepultura f. Beerdigung; Grab.
sequía f. Dürre.
séquito m. Gefolge.
ser m. Wesen; Dasein; v. sein, bestehen; werden; a no — que wofern nicht; eso es námlich.
serenar v. aufheitern.
serenata f. Abendmusik, Serenade.
serenidad f. Gemütsruhe.
sereno, a adj. klar; ruhig; m. Abendtau; Nachtwächter.
serie f. Serie; Reihe.
seriedad f. Ernst.
serio, a adj. ernst; aufrichtig; en —, ernsthaft.
sermón m. Predigt.
serpentina f. Papierschlange.
serpiente f. Schlange.
serraduras f. pl. Sägespäne.
serrano m. Gebirgsbewohner.
serrar v. sägen.
serrín m. Sägemehl.
servible adj. brauchbar.
servicial adj. dienstfertig.
servicio m. Dienst; Tischgedeck, Service.
servidor m. Diener.
servidumbre f. Dienerschaft.
servil adj. unterwürfig.
servilleta f. Serviette.
servilletero m. Serviettenring.
servir v. (be)dienen; dienen zu; helfen; aufwarten.
servirse v. geruhen.
sesear v. lispeln.
sesenta adj. sechzig.

sesgo, a adj. schräg.
sesión f. Sitzung; Filmvorstellung; Beratung.
seso m. Hirn; fig. Verstand.
seta f. eßbarer Pilz.
setecientos adj. siebenhundert.
setenta adj. siebzig.
seto m. Zaun; — vivo Hecke.
seudónimo m. Pseudonym.
severo, a adj. streng; ernst.
sexo m. Geschlecht.
sexual adj. geschlechtlich.
sí pron.: de —, von selbst; de por —, allein.
sí adv. ja; jawohl; por — o por no jedenfalls; pues —, jawohl! m. Ja(-wort).
si konj. wenn; ob (por) — acaso falls etwa.
sidecar m. Beiwagen.
siderurgia f. Eisenhüttenkunde.
sidra f. Apfelwein.
siega f. Ernte(zeit).
siembra f. Säen.
siempre adv. immer, stets; para —, auf immer; por —, ewig; — que wenn nur.
sien f. Schläfe.
sierpe f. Schlange (auch fig.).
sierra f. Säge(werk); Bergkette.
siesta f. Mittagsschlaf.
siete adj. sieben.
sifón m. Saugheber; agua de —, Sodawasser.
sigilo m. Siegel.
siglo m. Jahrhundert; Zeitalter.
signar v. (unter)zeichnen.
significar v. bezeichnen; bedeuten.
significativo, a adj. bezeichnend.
signo m. Zeichen, Merkmal.
siguiente adj. (nach)folgend.
sílaba f. Silbe.
silbar v. pfeifen; auszischen.
silbato m. Pfeife.
silbido m. Pfeifen, Pfiff, Zischen.
silencio m. Stillschweigen; Ruhe; Pause.
silencioso, a adj. schweigsam; geräuschlos; m. Schalldämpfer.
silueta f. Silhouette.
silvestre adj. wild; Wald...
silla f. Stuhl, Sitz, Sattel; — de manos Sänfte; — de tijera Klappstuhl.
sillín m. Fahrradsattel.
sillón m. Lehnstuhl, Sessel.
simbólico, a adj. sinnbildlich.
símbolo m. Sinnbild, Symbol.
simetría f. Ebenmaß.
símil adj. ähnlich.
similar v. gleichartig.
simpatía f. Sympathie, Freundschaft.
simpático, a adj. sympathisch; mitfühlend; nett.
simple adj. einfach; dumm.
simplicidad f. Einfachheit.
simplificar v. vereinfachen.
simular v. vorgeben; heucheln.
simultaneidad f. Gleichzeitigkeit.
simultáneo, a adj. gleichzeitig.
sin prep. ohne; — embargo trotzdem; jedoch; — que ohne daß.
sinceridad f. Aufrichtigkeit.
sincero, a adj. aufrichtig, offen.
sincronizar v. synchronisieren.
sindicar v. anklagen; Gewerkschaften bilden.
sindicato m. Syndikat; Gewerkschaft.
síndico m. Verwalter.
singular v. einzeln; einzig; m. Einzahl.
singularidad f. Eigenart.
singularizar v. auszeichnen.

siniestra f. die linke Hand.
siniestro, a adj. links; unglücklich; m. Unfall.
sinnúmero m. Unzahl.
sino konj. sondern; sonst.
sinsabor m. fig. Ärger.
sintético, a adj. Kunst..., künstlich (hergestellt); synthetisch.
sintonizar v. feinstimmen.
sinuoso, a adj. krumm.
sinvergüenza m. unverschämter Mensch.
siquiera conj. wenigstens; ni —, nicht einmal.
sirte f. Sandbucht.
sirvienta f. Dienstmädchen, Magd.
sisear v. (aus)zischen.
sísmico, a adj. Erdbeben...
sistema m. System.
sistematizar v. systematisch ordnen.
sitiar v. belagern.
sitio m. Lage; Ort, Stelle; Platz; Belagerung.
situación f. Lage; Zustand, Befinden.
so präp. unter.
sobar v. (durch)kneten.
soberano, a adj. erhaben; allerhöchst.
soberbia f. Stolz; Jähzorn.
soberbio, a adj. stolz; herrlich; jähzornig.
soborno m. Bestechung.
sobra f. Übermaß; Überrest; de —, übermäßig.
sobrado, a adj. übermäßig; reich; m. Dachboden.
sobrar v. übrig sein; unnötig sein.
sobre m. Briefumschlag; präp. auf; über; an; außer; gegen (Zeit); — todo hauptsächlich.
sobreático m. Dachwohnung; Bodenkammer.
sobrecama f. Bettdecke.
sobrecarga f. Überladung.
sobrecargar v. überladen; aufschlagen (Preis).
sobrecoger v. überraschen.
sobrehumano, a adj. übermenschlich.
sobremanera adv. übermäßig.
sobremesa f. Nachtisch; de —, nach Tisch.
sobrenatural adj. übernatürlich.
sobrepaga f. (Gehalts-)Zulage.
sobreparto m. Wochenbett.
sobreprecio m. Preisaufschlag.
sobresaliente adj. vorzüglich.
sobresalto m. Bestürzung.
sobresueldo m. Gehaltszulage.
sobrevenir v. unvermutet vorkommen; überfallen.
sobrevivir v. überleben.
sobrina f. Nichte.
sobrino m. Neffe.
sobrio, a adj. mäßg; nüchtern.
socapa f. Vorwand.
socavar v. unterhöhlen.
sociable adj. gesellig.
social adj. gesellschaftlich; sozial; razón —, Handelsfirma.
socialista m. Sozialist.
sociedad f. Gesellschaft; Vereinigung; — anónima Aktiengesellschaft; — en comandita Kommanditgesellschaft; — limitada Gesellschaft mit beschränkter Haftung.
socio m. Teilnehmer; Gesellschafter; Mitglied; — comanditario Kommandität, stiller Teilhaber.
socorrer v. helfen, beistehen.
socorro m. Hilfe, Unterstützung.
soez adj. gemein.

sofá m. Sofa.
soflama f. schwache Flamme; Schamröte.
sofocar v. ersticken.
sofreír v. leicht rösten.
soga f. Seil.
sol m. Sonne.
solapa f. Revers.
solar adj. Sonnen...; m. Baustelle; Grundstück.
soldado m. Soldat.
soldador m. Lötkolben.
soldadura f. Löten; — autógena autogene Schweißung.
soldar v. löten; schweißen.
soledad f. Einsamkeit.
solemne adj. feierlich; erhaben; pomphaft.
soler v. pflegen (zu).
solfa f. Tonleiter; fam. Tracht Prügel.
solfeo m. Musiktheorie.
solicitante m. Bewerber.
solicitar v. werben um; erbitten; sich bewerben.
solícito, a adj. beflissen.
solicitud f. Sorgfalt; Gesuch.
solidez f. Haltbarkeit.
sólido, a adj. fest; haltbar, gediegen; gründlich; m. fester Körper.
solista m. Solist.
solitaria f. Bandwurm.
solitario, a adj. einsam; m. Einsiedler.
sólito, a adj. gewöhnt.
solo, a adj. allein; bloß; einzig; verlassen; m. Solo.
sólo, solamente adv. nur.
solomillo m. Kalbslende.
soltar v. losbinden; loslassen; ausstoßen (Flüche).
soltero, a adj. unverheiratet, ledig; m. Junggeselle.
solterón m. alter Junggeselle.
solterona f. alte Jungfer.
soltura f. Behendigkeit.
solubilidad f. Löslichkeit.
soluble adj. löslich.
solución f. Lösung (auch fig.).
solvente adj. zahlungsfähig.
sollamar v. ansengen.
sollozar v. schluchzen.
sollozo m. Schluchzen.
sombra f. Schatten, Gespenst; Schein; buena —, fam. Glück.
sombrear v. schattieren.
sombrerería f. Hutgeschäft.
sombrerero m. Hutmacher, Huthändler.
sombrero m. Hut; — de copa Zylinderhut.
sombría f. schattiger Platz.
sombrilla f. Sonnenschirm.
sombrío, a adj. schattig; fig. düster.
someter v. unterwerfen; anheimstellen.
somnámbulo m. Nachtwandler.
somnífero, a adj. schlafbringend.
son m. Ton, Klang, Laut.
sonajero m. Kinderklapper.
sonar v. tönen, klingen.
sonarse v. sich schneuzen.
sonda f. Sonde.
sondear v. sondieren; loten; fam. auf den Zahn fühlen.
sondeo m. Loten.
sonido m. Ton; Klang.
sonoro, a adj. (wohl)klingend.
sonreír v. lächeln.
sonrisa f. Lächeln.
sonsaca f. Ausfragen.
soñar v. träumen.
sopa f. Suppe.
sopera f. Suppenschüssel.
sopero, a adj.: plato —, Suppenteller.
soplado, a adj. aufgeblasen.

soplar v. (aus-, ein-) blasen; fig. angeben; wehen (Wind).
soplete m. Lötrohr.
soplo m. Blasen; Hauch.
soplón m. Angeber.
sopor m. Schlafsucht.
soportable adj. erträglich.
soportar v. ertragen, aushalten.
soporte m. Stütze, Gestell.
sorber v. schlürfen.
sorbetera f. Eismaschine.
sorbo m. Schlürfen; Schluck.
sórdido, a adj. schmutzig.
sordo, a adj. taub; dumpf (Geräusch.); m. Taube(r).
sordomudo, a m. Taubstumme(r).
sorprender v. überfallen; überraschen.
sorpresa f. Überraschung.
sorteo m. Verlosung.
sortija f. Ring; Locke.
sosegar v. beruhigen.
sosiego m. (innere) Ruhe, Gelassenheit.
soso, a adj. fade (auch fig.).
sospecha f. Verdacht.
sospechar v. verdächtigen; mißtrauen; vermuten.
sostén m. Stütze; fig. Schutz; Büstenhalter.
sostener v. (unter)halten; (unter)stützen.
sota f. Bube (Kartenspiel).
sotana f. Priesterrock.
sótano m. Keller.
su, sus pron. sein(e); ihr(e).
suave adj. sanft; mild.
suavizar v. mildern.
subalterno, a adj. untergeordnet; m. Untertan.
subasta f. Versteigerung.
subastar v. versteigern.
súbdito, a adj. unterwürfig, untergeben; m. Untergebene(r).
subida f. Aufstieg, Auffahrt, Abhang; Anwachsen; Preissteigerung.
subir v. (hinauf)steigen; aufheben; hinauftragen.
súbito, a adj. plötzlich, unvermutet; adv. plötzlich.
subjuntivo m. Konjunktiv.
sublevar v. aufwiegeln.
sublime adj. erhaben.
submarino, a adj. unterseeisch; m. Unterseeboot.
subordinar v. unterordnen.
subrayar v. unterstreichen; fig. betonen.
subscribir v. unterschreiben; abonnieren; subscribirse sich einschreiben (für).
subsidiario, a adj. Hilfs...
subsidio m. Beihilfe.
subsistencia f. Bestand.
subsistencias pl Lebensunterhalt.
subsistir v. bestehen; leben.
substancia f. Stoff; Wesen.
substituir v. ersetzen.
substituto m. Stellvertreter.
substracción f. Entziehung, Abziehen.
substraer v. entziehen; unterschlagen (Geld).
subsuelo m. Untergrund.
subterráneo, a adj. unterirdisch.
suburbano, a adj. vorstädtisch; m. Vorstädter.
suburbio m. Vorstadt.
subvención f. Beistand; Geldunterstützung.
subyugar v. unterjochen.
suceder v. (er)folgen; beerben; vorkommen.
sucesión f. Folge; Erbfolge; Nachlaß.
sucesivo, a adj. folgend; allmählich.
suceso m. Ereignis; Erfolg.
sucesor m. Nachfolger.
sucio, a adj. schmutzig.

suculento, a adj. saftig.
sucumbir v. erliegen.
sucursal f. Filiale.
sudar v. schwitzen.
sudeste m. Südosten.
sudoeste m. Südwesten.
sudor m. Schweiß, Schwitzen; fig. Mühe.
Suecia f. Schweden.
sueco m. Schwede.
suegra f. Schwiegermutter.
suegro m. Schwiegervater.
suela f. (Schuh-)Sohle.
sueldo m. Gehalt; Lohn.
suelo m. (Fuß-, Erd-) Boden.
suelto, a adj. losgelöst; Ware; lose; fließend (Stil); einzeln: dinero —, Kleingeld.
sueño m. Schlaf; Traum; tener —, müde sein.
suero m. Serum.
suerte f. Schicksal; Glück.
suficiente adj. genügend.
sufragar v. beistehen.
sufrido, a adj. geduldig; ergeben.
sufrimiento m. Leiden; Geduld.
sufrir v. leiden; ertragen; zulassen.
sugerir v. einflößen.
suicida m. Selbstmörder.
suicidarse v. Selbstmord begehen.
suicidio m. Selbstmord.
Suiza f. Schweiz.
suizo, a adj. schweizerisch; m. Schweizer. [Zwang.]
sujeción f. Unterwerfung;
sujetar v. unterwerfen; bändigen; festhalten.
sujeto, a adj. unterworfen; m. Gegenstand; Individuum; Subjekt.
sulfúrico, a adj. ácido —, Schwefelsäure.
suma f. Summe; Geldbetrag; Addition; en —, kurz, mit einem Wort.
sumar v. zusammenzählen.
sumario, a adj. kurzgefaßt; m. Abriß.
sumergir v. untertauchen.
sumersión f. Untertauchen.
suministrar v. liefern.
suministro m. Lieferung; Proviant.
sumir v. versenken.
sumisión f. Unterwerfung; Gehorsam.
sumo, a adj. höchst.
suntuosidad f. Pracht (-liebe); Prunk.
superabundante adj. überreichlich. [den.]
superar v. übertreffen; überwin-
superávit m. Überschuß.
superficial adj. oberflächlich (auch fig.).
superficie f. Oberfläche; Fläche.
superfluo, a adj. überflüssig, unnötig; unnütz.
superintendente m. Oberaufseher.
superior, a adj. überlegen; m. Vorgesetzte(r); Superior (eines Klosters).
superioridad f. Überlegenheit; Vorrang.
supermercado m. Selbstbedienungsladen.
supersónico, a adj. Überschall...
superstición f. Aberglaube.
suplantar v. verdrängen.
suplementario, a adj. Ergänzungs...
suplemento m. Nachtrag; Zeitungsbeilage.
suplente m. Stellvertreter.
súplica f. Bittschrift.
suplicar v. bitten; flehen.
suplicio m. Todesstrafe.
suponer v. voraussetzen.

suposición f. Voraussetzung; Unterschiebung; Vermutung.
supositorio m. Stuhlzäpfchen.
supremacía f. Überlegenheit; Obergewalt.
supremo, a adj. oberst; letzt; m. oberstes Gericht.
supresión f. Unterdrückung.
suprimir v. unterdrücken.
supuesto m. Voraussetzung; por —, zweifellos; selbstverständlich.
supurar v. eitern.
sur m. Süd(en), Südwind.
surcar v. furchen; durchschiffen.
surco m. Furche, Strieme, Rille.
surgir v. hervorquellen.
surtido, a adj. in reicher Auswahl; m. Sortiment.
surtidor m. Wasserstrahl; Springbrunnen.
surtir v. hervorsprudeln; liefern.
susceptible adj. empfänglich.
suscitar v. aufreizen.
susodicho, a adj. obgenannte(r).
suspender v. aufhängen; (Zahlungen) zurückweisen.
suspensión f. Aufhängen; Unterbrechung; — de pagos Zahlungseinstellung.
suspenso, a adj. erstaunt; zurückgewiesen; durchgefallen (Kandidat); en —, in Ungewißheit.
suspicacia f. Argwohn; Verdacht.
suspicaz adj. argwöhnisch.
suspirar v. seufzen; fig. ersehnen.
suspiro m. Seufzer; Atempause.
sustentar v. stützen; erhalten; ernähren.
susto m. Schrecken.
susurrar v. murmeln; munkeln; säuseln.
sutil adj. fein, dünn; fig. scharfsinnig; spitzfindig.
sutura f. Naht.
suyo, a pron. sein; ihr; Ihr.

T t

tabacal m. Tabakpflanzung.
tabacalero m. Tabakzüchter.
tabaco m. Tabak; Zigarre; — picado geschnittener Tabak; — de mascar Kautabak.
tabaquera f. Tabaksdose.
tabaquería f. Tabakladen.
tabaquero m. Tabakhändler.
taberna f. Schenke, Kneipe.
tabernero, a m. Schenkwirt.
tabique m. dünne Wand.
tabla f. Tafel; Brett; Tabelle.
tablado m. Gerüst; Schafott; Bühne.
tablero m. Tafel; Tischplatte; Schachbrett.
tableta f. Täfelchen, Tablette; Pastille.
tablón m. Bohle.
taburete m. Hocker.
tacada f. Stoß (Billard).
tacaño, a adj. knauserig.
tácito, a adj. schweigend.
taciturno, a adj. schweigsam; traurig.
taco m. Pflock; Pfropf; Ladestock; Queue (Billard).
tacón m. Absatz (Schuh).

táctica f. Taktik.
táctico, a adj. taktisch.
tacto m. (Takt-)Gefühl.
tacha f. Fehler, Makel; Tadel.
tachar v. ausstreichen; tadeln.
tachón m. Federstrich; Tapeziernagel.
tachuela f. kleiner Nagel.
tafetán m. Taft.
tahonero m. Bäcker.
taimado, a adj. schlau.
tajada f. Schnitte.
tajadera f. Hackmesser.
tajadero, a m. Fleischklotz.
tajado, a adj. steil, schroff.
tajar v. durchschneiden.
tajo m. Schnitt.
tal pron. solcher; — cual so wie; un —, ein gewisser; no hay — dem ist nicht so; con — que wenn nur; vorausgesetz, daß.
talabartero m. Sattler.
taladrar v. durchbohren; löchern.
taladro m. Bohrer.
talar v. abästen, fällen (Bäume); vernichten.
talco m. Talk.
talego m. Sack; fig., fam. Geld.
talento m. Begabung.
talón m. Ferse; Talon, Scheck; Abschnitt.
talonario m. Kuponheft.
talud m. Böschung.
talla f. Steinschnitt; Einsatz (Spiel); Figur, Statur.
tallar v. Holzschlag; v. Holz schnitzen; in Kupfer stechen; in Stein hauen; Bank halten (Spiel).
tallarines m. pl. Nudeln.
talle m. Figur, Gestalt; Schnitt (Kleid); Taille; Äußere(s).
taller m. Werkstatt, Atelier.
tallista m. Bildschnitzer; Kupferstecher; Steinmetz.
tallo m. Stengel.
tamaño adj. so groß, klein; m. Größe, Format.
también adv. auch.
tambor m. Trommel; Trommler.
tamboril m. Tamburin.
tamiz m. Haarsieb.
tampoco adv. auch nicht.
tampón m. Stempelkissen.
tan adv. so (sehr).
tanda f. Reihe; Trupp.
tangente f. Tangente.
tangible adj. fühlbar.
tanino m. Gerbsäure.
tanque m. Behälter; (Reserve-) Tank; Panzer.
tantear v. prüfen; berechnen; (ab)schätzen.
tanto adj. so groß; so sehr; so viel.
tantos pl. einige; a tantos de julio den soundsovielten Juli; adv. so; ebensoviel; en —, entre —, unterdessen; otro —, nochmal soviel; dasselbe; por lo —, folglich, daher; — mejor desto besser; m. Punkt (Spiel).
tañer v. spielen, zupfen (Saiteninstrument).
tapa f. Deckel; Buchdeckel; fig. Imbiß.
tapadero m. Stöpsel.
tapar v. (zu-, be)decken; verhüllen stopfen; verbergen.
tapia f. Lehmwand.
tapiar v. zumauern.

tapicería f. Tapeziergeschäft; Polsterwerkstatt.
tapiz m. Wandteppich.
tapizar v. tapezieren; mit Teppichen behängen.
tapón m. Kork, Stöpsel.
taponar v. verkorken.
taquigrafía f. Stenographie.
taquígrafo m. Stenograph.
taquilla f. Aktenschrank; Billetschalter; Theaterkasse.
taquimecanógrafa f. Stenotypistin.
tara f. Verpackungsgewicht.
tarabilla f. Fensterwirbel.
taracea v. Einlegearbeit.
tarántula f. Tarantel.
tarascar v. beißen.
tarazón m. Schnitte, Scheibe (Fleisch).
tardanza f. Zögerung; Verzug.
tardar v. zögern; dauern; **a más —**, spätestens.
tarde f. Nachmittag, Abend; adv. spät.
tardecer v. Nachmittag werden.
tardío, a adj. spät reifend, zögernd, langsam.
tardón m. fam. schwerfälliger Mensch.
tarea f. Arbeit; Werk.
tarifa f. Tarif.
tarima f. Podium.
tarjeta f. (Visiten-)Karte; **— postal** Postkarte.
tarso m. Fußwurzel.
tarta f. Torte.
tartajear v. stammeln.
tartalear v. wackeln; schwanken.
tartamudear v. stottern.
tartamudo m. Stotterer.
tártaro m. Tartar; Weinstein.
tarugo m. (Holz-)Pflock.
tasa f. Taxe; Schätzung.
tasación f. Schätzung.
tasador m. Abschätzer.
tasar v. schätzen, festsetzen; taxieren.
tasca f. pop. Kneipe, Schenke.
tatarabuelo m. Ururgroßvater.
tatuaje f. Tätowierung.
tatuar v. tätowieren.
taurino, a adj. Stier...
tauromaquia f. Stierfechterkunst.
taxímetro m. Fahrpreisanzeiger; fam. Taxi.
taza f. Tasse, Schale.
te pron. dir, dich.
té m. Tee.
tea f. Kienfackel.
teatral adj. theatralisch.
teatro m. Theater; Schauspielhaus.
tecla f. Taste, Klappe.
teclado m. Tastatur; Klaviatur.
teclear v. anschlagen; klimpern.
técnica f. Technik.
técnico, a adj. technisch; m. Techniker.
techado m. Dach.
techador m. Dachdecker.
techar v. bedachen.
techo m. Zimmerdecke; fig. Dach.
tedio m. Überdruß.
teja f. Dachziegel.
tejado m. Dach, Ziegeldach.
tejar mit Ziegeln decken; m. Ziegelei.
tejedor m. Weber.
tejer v. weben, wirken.
tejero m. Ziegelbrenner.
tejido m. Gewebe.

tela f. Gewebe; Leinwand; Stoff.
telar m. Webstuhl.
telaraña f. Spinngewebe.
tele f. (fam.) Fernsehen.
telefon(e)ar v. telephonieren.
telefonema m. Telephonnachricht, Ferngespräch.
telefonía f. Telephonie, Fernsprechwesen.
telefónico, a adj. telephonisch; **conferencia telefónica** Telephongespräch.
telefonista f. Telephonistin.
teléfono m. Fernsprecher.
telegrafía f. Telegraphie; **— sin hilos** drahtlose Telegraphhie.
telegrafiar v. telegraphieren.
telegráfico, a adj. telegraphisch.
telegrafista f. Telegraphistin.
telégrafo m. Telegraph.
telegrama m. Telegramm.
telescopio m. Teleskop.
telesilla f. **telesquí** m. Schilift.
teletipo m. Fernschreiber.
televidente m. Fernsehteilnehmer.
televisar v. aufnehmen od. senden (Fernsehen).
televisión f. Fernsehen.
televisor, a adj. Fernseh...; m. Fernsehapparat.
telón m. (Theater-)Vorhang **Telón de Acero** (fig.) Eiserne(r) Vorhang.
tema m. Thema; Stoff.
temblar v. (er)zittern.
temblón, ona adj. zitternd; **álamo —**, Espe.
temblón m. fam. Angeber.
temblor m. Zittern; **— de tierra** Erdbeben.
tembloroso, a adj. bange; schüchtern.
tembloroso, a adj. zitternd.
temer v. (be)fürchten.
temerario, a adj. tollkühn.
temeridad f. Verwegenheit.
temible adj. furchtbar.
temor m. Furcht, Besorgnis.
temoso, a adj. starrsinnig.
témpano m. Pauke.
temperamento m. Gemüt (-sart), Temperament.
temperatura f. Temperatur, Wärmegrad.
tempestad f. (See-)Sturm, Unwetter.
tempestuoso, a adj. stürmisch.
templado, a adj. enthaltsam; lauwarm; **clima —**, gemäßigtes Klima.
templanza f. Mäßigung, Mäßigkeit.
templar v. mäßigen, mildern; abkühlen; stimmen (Instrument); stählen (Metalle).
temple m. Beschaffenheit der Luft, Klima; Härtung (Stahl); Gemütsart; Tempera (Malerei).
templo m. Tempel.
temporada f. Zeitraum; Saison.
temporal adj. zeitlich; weltlich; m. Gewitter.
temporario, a adj. zeitweilig.
temprano, a adj. frühzeitig; frühreif; adv. früh.
tenacidad f. Hartnäckigkeit.
tenacillas f. pl. Lichtschere; Zuckerzange; Haarzange.
tenaz adj. zähe; fig. starrköpfig.
tenazas f. pl. Zange.
tendal m. Schirmdach.
tendencia f. Neigung, Hang.
tendencioso, a adj. tendenziös.
ténder m. Tender.
tender v. ausbreiten, ausstrecken; ausspannen; aufhängen (Wäsche): **— a** fig. neigen zu.
tenderse v. sich ausstrecken.

tendero m. Krämer.
tendido m. Sperrsitz (in der Arena).
tendón m. Sehne.
tenebroso, a adj. finster; dunkel; verworren.
tenedor m. Gabel; Besitzer; **— de libros** Buchhalter.
teneduría f. Buchhaltung; **— por partida doble** doppelte Buchführung.
tener v. haben; (be)halten; **— a bien** belieben; **— a mal** verübeln; **— a menos** verschmähen; **— en mucho** hochschätzen; **— que** müssen, sollen; **— por** halten für.
tenerse v. innehalten.
teniente adj. fam. schwerhörig; m. Leutnant.
tenor m. Tenor; Inhalt; **a — de**. laut.
tensión f. Spannung.
tenso a adj. gespannt.
tentación f. Versuchung.
tentador m. Versucher.
tentar v. befühlen; versuchen; untersuchen.
tentativa f. Versuch, Probe.
tenue adj. schwach; fein.
teñir v. färben.
teología f. Theologie.
teológico, a adj. theologisch.
teorema m. Lehrsatz.
teórico, a adj. theoretisch.
terapéutica f. Heilkunst.
tercera f. Terz.
tercero adj. dritter; m. Dritte(r); Vermittler.
terceto m. Terzett.
terciar v. dreiteilen; fig. vermitteln.
tercio m. Drittel; spanische Fremdenlegion.
terciopelo m. Samt.
terco, a adj. spröde.
tergiversar v. verdrehen, verkehren (Worte).
terliz m. Drillich.
termas f. pl. Warmbäder.
térmico, a adj. Wärme...
terminación f. Beendigung; Wortendung.
terminante adj. entscheidend.
terminar v. (be)enden.
término m. Schluß; Ausdruck; Termin, Zahlungsfrist; **por — medio** durchschnittlich.
termómetro m. Thermometer.
ternera f. junge Kuh, Kalb; Kalbfleisch.
ternura f. Zartheit.
ternuras pl. Zärtlichkeiten; Liebesworte.
ternilla f. Knorpel.
terno m. Dreizahl.
ternura f. Zartgefühl.
terquedad f. Eigensinn.
terrado m. Dachterrasse.
terraja f. Schneideisen.
terraplén m. Damm.
terraplenar v. mit Erde ausfüllen.
terrateniente m. Landbesitzer.
terraza f. Terrasse; Plattform.
terremoto m. Erdbeben.
terreno m. weltlich, irdisch; m. Gelände; Boden, Grund; fig. Wirkungskreis.
térreo, a adj. erdig.
terrestre adj. irdisch.
terrible adj. furchtbar.
territorial adj. Boden..., Landes..., Berzirks.
territorio m. Berzirk.
terrón m. Erdscholle; Klumpen; Stück (Zucker).
terror m. Schrecken; Entsetzen.
terrorífico, a adj. Schrecken erregend.
terroso, a adj. erdig, erdartig.
terruño m. Erdreich.

terso, a adj. glatt, rein; zierlich; elegant (Stil).
tertulia f. Abendgesellschaft; Kränzchen.
tesis f. These.
tesorería f. Schatzamt, Schatzkammer.
tesorero m. Schatzmeister.
tesoro m. Schatz, Staatsschatz.
testa f. Fopf, Haupt.
testador m. Erblasser.
testaferro m. Namensleiher; fam. Strohmann.
testamentario, a adj. letzwillig; m. Testamentsvollstrecker.
testamento m. Testament, letzter Wille.
testar v. durchstreichen.
testarudo, a adj. starrköpfig.
testera f. Vorderseite; Kopfende.
testículo m. Hode.
testificar v. bezeugen.
testigo m. u. f. Zeuge, Zeugin.
testimoniar v. bezeugen; beweisen; beglaubigen.
testimonio m. Zeugnis, Beleg.
testuz m. Genick (Tier).
teta f. Zitze, Euter.
tétanos m. Wundstarrkrampf.
tetar v. stillen, säugen.
tetera f. Teekanne.
tetilla f. Brustwarze.
textil adj. spinnbar, Web..., Textil...; **industria —**, Textilindustrie.
texto m. Text; **libro de —**, Lehrbuch.
textual adj. wörtlich.
textura f. Gewebe; fig. Gefüge.
tez f. Hautfarbe, Teint.
ti pron. dir, dich.
tía f. Tante.
tibia f. Schienbein.
tibio, a adj. lauwarm; fig. lässig.
tiburón m. Hai(fisch).
tiempo m. Zeit; Jahreszeit; Wetter; Takt; Tempo; Zeitalter; **a —**, rechtzeitig; **matar el —**, die Zeit totschlagen; **hace —**, vor langer Zeit; **en otros tiempos** einst.
tienda f. Zelt; Laden.
tiento m. Rücksicht.
tierno adj. zart; lieblich.
tierra f. Erde, (Vater-) Land; Boden...
tieso, a adj. steif, starr; spröde.
tiesto m. Scherbe; Blumentopf.
tifo m. Typhus.
tigre m. Tiger.
tijera f. Schere; **silla de —**, Klappstuhl.
tila f. Lindenblüte (ntee).
tildar v. streichen; fig. tadeln.
tilde f. Tilde (des span. ñ); fig. Tadel.
tilo m. Linde.
tillar v. Dielen legen.
timar v. prellen; stehlen; betrügen.
timbal m. Kesselpauke.
timbre m. Stempel; Schelle.
timidez f. Schüchternheit.
tímido, a adj. furchtsam.
timo m. Betrug, Schwindel.
timón m. Steuerrad.
timonear v. steuern.
timonel m. Steuermann.
tímpano m. Pauke; Trommelfell (im Ohr).
tina f. Bütte.
tinaja f. großer Krug.
tiniebla f. Finsternis.
tino m. Feingefühl, Takt; **sacar de —**, aus der Fassung bringen; **sin —**, ohne Maß und Ziel.
tinta f. Farbe, Schreibtinte.
tintar v. färben.

tinte m. Färben; Farbe.
tintero m. Tintenfaß.
tinto, a adj. gefärbt; **vino —**, Rotwein.
tintorería f. Färberei; Reinigung.
tintorero m. Färber.
tintura f. Tinktur.
tiña f. Grind; fig. Geiz.
tío m. Onkel; fam. Type, Kerl.
tiovivo f. Karussell.
tiple f. Sopranistin.
típico, a adj. typisch.
tipo m. Typ(us); Muster; fam. Sonderling.
tipografía f. Buchdruckerkunst.
tipográfico, a adj. typographisch.
tira f. (langer) Streifen.
tirabotas m. Stiefelknecht.
tirabuzón m. Korkzieher; Ringellocke.
tirada f. Werfen; Strecke; Abzug; (Buch-) Auflage.
tirado, a adj. lang; fam. wohlfeil.
tirador m. Schütze; Türknopf.
tiralíneas m. Reißfeder.
tiranía f. Tyrannei.
tiránico, a adj. tyrannisch.
tirano m. Tyrann.
tirante adj. gespannt; m. Zugriemen; Bindebalken.
tirantes pl. Hosenträger.
tirantez f. Spannung; Gespanntheit.
tirar v. werfen; ziehen; schießen; abdrucken; wegwerfen; fig. hinzielen.
tiritar v. frösteln, (vor Frost) zittern.
tiro m. Wurf; Schuß; Schießen; Gespann; Länge (Stoff); **ni a tiros** fam. um keinen Preis.
tirón m. Zug, Zerren.
tiroteo m. Geplänkel; fam. Schießerei.
tisana f. Gesundheitstee.
tísico, a adj. schwindsüchtig.
tisis f. Schwindsucht.
títere m. Gliederpuppe.
titilar v. leicht zittern.
titubear v. schwanken.
titular v. betitelt; **letra —**, Titelbuchstabe; v. betiteln; benennen.
título m. Titel, Aufschrift; Wertpapier; Diplom.
tiza f. Kreide.
tizne m. Ruß.
toalla f. Handtuch.
toba f. Zahnstein.
tobera f. Düse.
tobillo m. Fußknöchel.
toca f. Haube.
tocadiscos m. Plattenspieler.
tocado m. Kopfputz.
tocador m. Putztisch; Ankleidezimmer.
tocante adj.: **— a** hinsichtlich, betreffend.
tocar v. berühren; anfühlen; betreffen; läuten (Glocken); spielen (Instrument); anlaufen (Schiff); gehören; treffen (Los); zufallen.
tocayo m. Namensbruder.
tocino m. Speck.
todavía adj. (immer) noch.
todo, a adj. jeder; alles; **— el mundo** jedermann; **todos los meses** monatlich; **— cuanto** alles was; adv. ganz; **ante —**, vor allem; **con —**, trotzdem; **del —**, vollständig; **sobre —**, besonders.
Todopoderoso m. Allmächtige(r), Gott.
toldillo m. Sonnendach.
toldo m. Zeltdach.
tolerancia f. Duldsamkeit.
tolerante adj. duldsam, nachsichtig.

tolerar v. dulden; ausstehen.
tolondro m. Beule.
toma f. Nehmen; Eroberung; Dosis; **— de posesión** Besitznahmen; **— de corriente** Steckdose.
tomar v. (ein)nehmen, fassen; zu sich nehmen; essen, trinken; **— por** halten für; **— a mal** übelnehmen.
tomarse v. rostig werden.
tomate m. Tomate.
tomo m. Band; Buch.
tonada f. Lied.
tonadilla f. Volkslied.
tonalidad f. Tonart.
tonel m. Faß, Tonne.
tonelada f. Tonne (Gewicht).
tonelaje m. Tonnengehalt.
tonelería f. Böttcherei.
tonelero m. Böttcher.
tónico, a adj. kräftigend.
tono m. Ton(art); Redeweise; **darse —**, fam. wichtig tun.
tonsura f. Tonsur.
tonsurado m. (katholischer) Geistlicher.
tonsurar v. die Tonsur scheren.
tontaina f. fam. dumme Person.
tontería f. Dummheit, Albernheit.
tontillo m. Reifrock.
tonto, a adj. dumm; m. Dummkopf.
topacio m. Topas.
topar v. (an)stoßen.
tope m. Spitze; Puffer; Topp; Stoß.
topera f. Maulwurfsloch.
topetar v. stoßen.
topetón m. Zusammenstoß.
tópico, a adj. örtlich; m. äußerliches Heilmittel.
tópicos pl. Gemeinplätze.
topo m. Maulwurf.
topografía f. Ortsbeschreibung.
toque m. Berührung; Läuten; Trommelschlag; Pinselstrich.
torácico, a adj. **caja torácica** Brustkorb.
torada f. Stierherde.
torbellino m. Wirbelwind; Strudel; Andrang.
torcedura f. Drehung, Krümmung.
torcer v. drehen, winden; krümmen; fig. verdrehen.
torcerse v. sich verrenken.
torear v. mit Stieren kämpfen.
toreo m. Stierkampf.
torero m. Stierfechter.
toril m. Stall (für Kampfstiere).
tormenta f. Seesturm, Unwetter; fig. Lärm.
tormento m. Folter; fig. Pein, Qual.
tornada f. Rückkehr.
tornar v. zurückgeben; wiederholen; zurückkehren.
tornasol m. Sonnenblume; **papel —**, Lackmuspapier.
tornasolar v. schillern.
tornear v. drechseln.
torneo m. Turnier.
tornero m. Drechsler.
tornillo m. Schraube.
torno m. Drehbank; Spinnrad; Tretrad; Drehfenster; **en —**, ringsherum.
toro m. Stier, Bulle; **corrida de toros** pl. Stierkampf.
toronja f. Pampelmuse.
torpe adj. plump; schwerfällig; stumpfsinnig; unzüchtig.
torpedear v. torpedieren.
torpedero m. Torpedoschiff.
torpedo m. Zitterrochen; Torpedo.
torpeza f. Plumpheit; Unzüchtigkeit; Stumpfsinn.
torre f. Turm; Villa, Landhaus.
torrecilla f. Türmchen.

torrencial adj. stromartig; **lluvia —**, Gußregen.
torrente m. Sturzbach; fig. Flut.
torrentera f. Regenbach.
torreón m. Festungsturm.
torrero m. Turmwächter.
tórrido, a adj.: **zona tórrida** heiße Zone.
torsión f. (Ver-)Drehung.
torso m. Torso.
torta f. Topfkuchen.
tortera f. Tortenform.
tortilla f. Eierkuchen.
tórtola f. Turteltaube.
tortuga f. Schildkröte.
tortuoso, a adj. gewunden, krumm.
tortura f. Folter; fig. Qual.
torturar v. foltern; fig. plagen.
torvo, a adj. wild, grausam.
tos f. Husten.
tosco, a adj. roh; grob.
toser v. husten.
tosquedad f. Roheit.
tostada f. geröstete Brotschnitte.
tostar v. rösten; fig. bräunen.
total adj. ganz, völlig; adv. schließlich; m. Summe.
totalidad f. Ganze(s).
totalizar v. zusammenzählen.
tóxico, a adj. giftig; m. Gift.
tozar v. stoßen (Böcke).
traba f. Band; fig. Fessel.
trabajador, ora adj. arbeitsam; m. Arbeiter.
trabajar v. (be)arbeiten; sich abmühen.
trabajo m. Arbeit; Werk; Mühe, Schwierigkeit.
trabajos pl. Elend.
trabajoso, a adj. mühsam; fehlerhaft.
trabar v. verbinden; (auch fig.) fesseln; fig. belästigen.
trabazón f. Verkettung; Bindeglied.
trabucar v. verwirren.
tracción f. Ziehen; **fuerza de —**, Zugkraft.
tractor m. Trecker.
tradición f. Überlieferung; Auslieferung.
tradicional adj. herkömmlich.
t r a d u c c i ó n f. Übersetzung, Übertragung.
traducir v. übersetzen.
traductor m. Übersetzer.
traer v. bringen; herbringen; veranlassen; tragen.
traficar v. handeln (mit).
tráfico m. Handel; Straßenverkehr; Schacher.
tragadero m. Schlund.
tragaluz m. Dachluke; Oberlicht.
tragantón m. Fresser.
tragar v. verschlucken; verschlingen; fig. fam. ausstehen, leiden.
tragedia f. Trauerspiel.
trágico, a adj. tragisch; traurig; m. Tragödiendichter -spieler.
trago m. Schluck; **a tragos** schluckweise; fig. langsam.
traición f. Verrat; **alta —**, Hochverrat.
traicionar v. verraten.
traída f. Überbringung.
traído, a adj. abgetragen (Kleid).
traidor, ora adj. verräterisch; m. Verräter.
traje m. Tracht; Anzug; Kleid.
trajín m. Geschäftigkeit.
trajinante m. Fuhrmann.
trajinar v. fortschaffen; handeln.
trajinero m. Frachtfuhrmann.
tramar v. einschlagen; fig. anzetteln.
tramitación f. Instanzengang; Verhandlung.
tramitar v. verhandeln (amtlich).

trámite m. Instanz; Verhandlung.
tramo m. Treppenabsatz.
tramontana f. Nordwind; fig. Dünkel.
tramontano, a adj. jenseits der Berge befindlich.
tramontar v. das Gebirge überschreiten.
tramoya f. Bühnenmaschinerie; fig. hinterlistiger Anschlag.
trampa f. Falle; Versenkung; fig. Hinterlist.
trampear v. überlisten; mogeln (Spiel).
trampolín m. Sprungbrett.
tramposo, a adj. betrügerisch; m. Betrüger; Mogler (im Spiel).
trance m. entscheidender Augenblick.
tranquilidad f. Ruhe; Gelassenheit.
tranquilizar v. beruhigen, besänftigen.
tranquilo, a adj. ruhig, still, gelassen.
transacción f. Übereinkunft; Geschäft.
transatlántico, a adj. überseeisch, m. Überseeschiff.
transbordar v. umladen; umsteigen (Bahn).
transcribir v. abschreiben; umsetzen; übertragen.
transcripción f. Abschreiben; Bearbeitung.
transcurrir v. vergehen (Zeit).
transcurso m. Verlauf (Zeit).
transeúnte m. Durchreisende(r); Vorübergehende(r); Fußgänger.
transferencia f. Übertragung, Abtretung.
transferir v. übertragen; übereignen.
transfigurarse v. sich verwandeln.
transformar v. umwandeln.
tránsfuga m. Überläufer.
transfusión f. Umgießung; **— de sangre** Blutübertragung.
transgredir v. übertreten (Gebot).
transición f. Übergang.
transigencia f. Nachgiebigkeit, Entgegenkommen.
transigir v. nachgeben.
transistor m. Verstärker.
transitar v. durchgehen, passieren; verkehren.
tránsito m. Übergang; Warendurchgang, Transit.
transitorio, a adj. vorübergehend; vergänglich.
translúcido, a adj. durchscheinend, fig. vergänglich.
transmisión f. Übertragung; Sendung.
transmitir v. übertragen; abtreten; überliefern; senden (Radio).
transmutar v. umformen.
transparente adj. durchsichtig.
transpiración f. Ausdünstung; Schwitzen, Schweiß.
transpirar v. ausdünsten, (aus)schwitzen.
transponer v. versetzen.
transportar v. fortschaffen; transportieren; transponieren (Noten).
transporte m. Fortschaffung; Transport; fig. Verzückung.
tranversal adj. quer; seitlich.
transverso, a adj. schräg, schief.

tranvía f. Straßenbahn.
trapacear v. betrügen.
trapecio m. Trapez.
trapero m. Lumpensammler, -händler.
trapillo m.: de —, im Hauskleid.
trapisonda f. fam. Krakeel; Streit; Wirrwarr.
trapo m. Lumpen; Stierfechtermantel; rotes Tuch.
traque m. Knall.
tráquea f. Luftröhre.
tras präp. nach; hinter; konj. — de außer daß.
trascendencia f. Übersinnlichkeit; fig. Wichtigkeit.
trascender v. übergehen; bekannt werden.
trascolar v. durchseihen.
trasegar v. umstellen, umkehren; abfüllen (Wein).
trasera f. Rückseite.
trasero, a adj. hinten; m. Hintere(r).
trasgo m. Kobold.
trasiego m. Versetzung; Umfüllen (Wein).
trasladar v. übersetzen; verlegen.
trasladarse v. umziehen.
traslado m. Übersetzung; Umzug.
traslumbrar v. blenden.
trasmano m. Hinterhand (Spiel); a —, entlegen.
trasnochada f. Nachtwache.
trasnochador m. Nachtschwärmer, Bummler.
trasnochar v. übernächtigen.
trasoír v. falsch hören.
traspasar v. überschreiten; überlassen; übertreten (Gebot).   [sitz].
traspaso m. Übertragung (Betrasplantar v. verpflanzen.
trasplantarse v. fig. umsiedeln.
traspuesta f. Fortschaffung.
traspuntín m. Obermatratze.
trasquilar v. scheren (Schafe).
traste m. Griff (Gitarre).
trasto m. Hausgerät.
trastos pl. Handwerkszeug, Gerät; Gerümpel.
trastornar v. verwirren; umstürzen.
trastornarse v. betäubt werden.
trastorno m. Umkehrung; Wirrwarr.
trasudor m. Angstschweiß.
trasuntar v. abschreiben.
trasunto m. Vorbild.
trasverter v. überlaufen.
trata f. Sklavenhandel; — de blancas Mädchenhandel.
tratable adj. verträglich.
tratado m. Abhandlung; Abkommen.
tratamiento m. Behandlung.
tratante m. Kaufmann.
tratar v. behandeln; verhandeln; verkehren; betiteln; pflegen; — de suchen zu; — de tú duzen.
tratarse de v. sich handeln um.
trato m. Behandlung; Umgang; Verkehr; Handel.
través m. Quere; a —, al —, (hin) durch.
travesaño m. Querbalken.
travesear v. unartig sein (Kind).
travesero, a adj. Quer...
travesía f. Querstraße, Nebenweg; Überfahrt.
travesura f. Mutwille, Schelmenstreich.

traviesa f. Bahnschwelle.
travieso, a adj. schalkhaft; mutwillig, unartig.
trayecto m. (Weg-) Strecke.
trayectoria f. Geschoß-, Flugbahn.
traza f. Plan; fig. Mittel.
trazado, a adj.: bien —, wohlgestaltet.
trazar v. entwerfen; abstecken.
trazo m. Strich, Umriß.
trébol m. Klee.
trece adj. dreizehn.
treho m. Raum, Strecke.
tregua f. Waffenstillstand; fig. Rast.
treinta adj. dreißig.
tremendo, a adj. schrecklich.
trementina f. Terpentin.
trémulo, a adj. zitternd.
tren m. Gerät; Eisenbahnzug; Gefolge; — de aterrizaje Landungssteg (Flugzeug); — rápido Schnellzug.
trenza f. Flechte; Tresse.
trenzado m. Zopf.
trenzar v. flechten (Zöpfe).
trepar v. erklettern; durchbohren.
trepidar v. zittern.
tres adj. drei.
treta f. Finte; List.
triangular v. dreieckig.
triángulo m. Dreieck.
tribu f. Volksstamm.
tribuna f. Rednerbühne.
tribunal m. Gerichtshof; — de cuentas Rechnungshof.
tributar v. (Steuer) zahlen; fig. zollen.
tributario m. Steuerpflichtige(r).
tributo m. Steuer, Zoll; fig. Schuld(igkeit).
triciclo m. Dreirad.
tricolor adj. dreifarbig.
trienal adj. dreijährig.
trigal m. Weizenfeld.
trigo m. Weizen; Korn.
trilla f. Dreschen.
trilladora f. Dreschmaschine.
trillar v. dreschen; fig. mißhandeln.
trimestre m. Vierteljahr, Quartal.
trincar v. trinken.
trincha f. Hosenbund.
trinchante m. Tranchiermesser.
trinchar v. tranchieren, vorschneiden.
trinchera f. Laufgraben.
trinchero, a adj. plato —, Vorlegeteller.
trineo m. Schlitten.
trinidad f. Dreieinigkeit.
trino, a adj. dreifach; m. Triller.
trinquete m. Fockmast.
tripa f. Darm.
tripas pl. Eingeweide; fig. Innere(s).
triple adj. dreifach.
tripulación f. Schiffsmannschaft.
tripular v. bemannen.
triscar v. trappeln.
triste adj. traurig; finster; kläglich.
tristeza f. Traurigkeit, Trübsinn.
triturar v. zerreiben; kleinhacken, zerstoßen.
triunfar v. triumphieren; Trumpf ausspielen (Kartenspiel).
triunfo m. Triumph; Sieg; Trumpf (Kartenspiel).
trivial adj. platt; alltäglich.
trocar v. (um) tauschen.
trocha f. Pfad.
trofeo m. Trophäe.
trolebús m. Obus.
trombón m. Posaune.
trompa f. Waldhorn; Rüssel; m. Hornist.

trompeta f. Trompete; m. Trompeter.
trompo m. Brummkreisel.
tronado, a adj. fam. ruiniert.
tronar v. donnern; krachen.
tronco m. Baumstamm; Rumpf; fig. Klotz.
troncho m. Strunk, Stiel.
trono m. Thron.
tronzar v. zerstückeln.
tropa f. Trupp.
tropas pl. Truppen.
tropel m. Getrappel, Hast.
tropezar v. stolpern, straucheln; (an) stoßen.
tropical adj. tropisch.
trópico m. Wendekreis.
trópicos pl. Tropen.
tropiezo m. Anstoß.
trotar v. traben.
trote m. Trab; al —, fig. hastig.
trozar v. zerstückeln.
trozo m. Bruchstück.
truco m. Trick.
trucha f. Forelle.
trueco, trueque m. (Um-) Tausch.
trueno m. Donner; Knall.
trufa f. Trüffel (Pilz).
truhán m. Spitzbube.
tú pron. du; hablar, tratar de —, duzen.
tu, tus pron. dein(e).
tubérculo m. Knötchen; Tuberkel.
tuberculosis f. Tuberkulose.
tubería f. Röhrenleitung.
tubo m. Röhre, Rohr; Tube.
tubular adj. röhrenförmig.
tuerca f. Schraubenmutter.
tuerto, a adj. krumm; einäugig.
tul m. Tüll.
tulipán m. Tulpe.
tumba f. Grab (gewölbe).
tumbar v. niederwerfen.
tumor m. Geschwulst.
tumulto m. Aufruhr, Lärm.
tumultuoso, a adj. aufrührerisch; lärmend.
tuna f. Faulenzerleben.
tunante adj. spitzbübisch; m. Gauner.
túnel m. Tunnel.
tupir v. pressen, stopfen.
turba f. Torf; (wirre) Menschenmenge.
turbar v. stören (Ruhe).
turbina f. Turbine.
turbio, a adj. trübe; dunkel.
turbulento, a adj. trübe; fig. ungestüm.
turco, a adj. türkisch; m. Türke.
turismo m. Touristik, Fremdenverkehr.
turista m. Tourist.
turnar v. abwechseln.
turno m. Reihe; por —, der Reihe nach.
turón m. Iltis.
turquesa f. Türkis.
turquí adj. türkisblau.
Turquía f. Türkei.
turrón m. Mandelkuchen.
tutear v. duzen.
tutela f. Vormundschaft; fig. Beistand.
tutelar adj.: ángel —, Schutzengel.
tutor m. Vormund.
tuyo, a pron. dein, deine.

u konj. oder (=ó).
ubre f. Euter.
Ud. pron. Siehe usted.
ufanía f. Aufgeblasenheit; Dünkel.
úlcera f. Geschwür.
ulcerar v. schwären (Wunde).
ultimar v. vollenden.
último, a adj. letzter; äußerster: por —, zuletzt; endlich.
ultrajar v. beschimpfen, schmähen.
ultraje m. Beleidigung, Schmach.
ultramar m. Übersee.
ultramarino, a adj. überseeisch.
ultramarinos m. pl. Kolonialwaren.
ultrasonido m. Ultra-, Überschall.
ulular v. heulen.
umbral m. Türschwelle.
un, una pron. ein, eine; einer.
unánime adj. einstimmig.
unción f. Salbung.
ungir v. salben.
ungüento m. Salbe.
ungular adj. Fingernagel...
único, a adj. einzig, Allein...
unicolor adj. einfarbig.
unidad f. Einheit.
unificar v. verein (heitlich) en.
uniformar v. gleichförmig machen; uniformieren.
uniforme adj. ein-, gleichförmig; m. Uniform.
uniformidad f. Gleichförmigkeit.
unión f. Verbindung, Einigkeit; Bündnis.
unir v. zusammenfügen.
unirse v. sich verbünden.
unísono, a adj. einstimmig; gleichtönend.
universal adj. allgemein.
Universidad f. Universität.
universitario, a adj. Universitäts...
universo m. Weltall.
uno, una pron. ein, eine; einzig; jemand; man; cada —, jedermann; de una vez auf einmal; gleich; — a —, eines nach dem andern; — por —, einzeln; — y otro beide; unos pl. etliche.
untar v. salben; schmieren.
unto m. Schmiere.
uña f. (Finger-) Nagel; Huft; Kralle.
urbanidad f. Höflichkeit.
urbanizar v. bebauen.
urbano, a adj. städtisch; höflich; m. Schutzmann.
urea f. Harnstoff.
urgencia f. Drang; Notwendigkeit.
urgir v. dringend sein, drängen.
urna f. Urne.
uro m. Auerochs(e).
urogallo m. Auerhahn.
usado, a adj. abgenutzt, gebraucht.
usanza f. Gebrauch.
usar v. gebrauchen; abnützen; pflegen.
uso m. Gebrauch, Gewohnheit; Nutzung.
usted pron. Sie.
usual adj. gebräuchlich; üblich.
usufructo m. Nutznießung.
usura f. Wucher.
usurero m. Wucherer.
usurpador m. widerrechtlicher Besitznehmer; Thronräuber.
usurpar v. sich widerrechtlich aneignen.
utensilio m. Gerät, Werkzeug.
útero m. Gebärmutter.
útil adj. nützlich; dienlich.
utilidad f. Dienlichkeit, Vorteil.

U u

utilizar v. benützen.
utopía f. Utopie.
uva f. (Wein-)Traube.

V. pron. Siehe usted.
vaca f. Kuh; Rind.
vacación f. Ruhezeit.
vacaciones pl. Schulferien, Urlaub.
vacante adj. erledigt; unbesetzt (Amt); f. freie Stelle, Vakanz.
vaciar v. (aus)leeren, ausgießen; schleifen.
vacilación f. Schwanken; Wankelmut.
vacilar v. schwanken; unschlüssig sein.
vacío, a adj. leer, hohl; unbesetzt; unbewohnt; m. Leere, Vakuum.
vacuna f. Impfstoff.
vacunación f. Impfung.
vacunar v. impfen.
vacuno, a adj.: ganado —, Rindvieh.
vadear v. durchwaten.
vado m. Furt; fig. Ausweg.
vagabundo m. Landstreicher, Strolch.
vagar v. umherstreichen.
vago, a adj. umherschweifend; undeutlich; m. Siehe vagabundo.
vagón m. Eisenbahnwagen, Waggon.
vagoneta f. Kipplore.
vahído m. Schwindel.
vaho m. Dampf, Ausdünstung.
vaina f. Scheide; Futteral; Hülse.
vainilla f. Vanille.
vaivén m. Schwankung; lebhafte Bewegung.
vajilla f. Geschirr.
vale m. Gutschein, Bon.
valedero, a adj. gültig.
valencia f. (chemische) Wertigkeit.
valentón m. Prahlhans.
valer v. beschützen; geben; gelten; wert sein; bedeuten; más vale es ist besser.
valeroso, a adj. tapfer; kostbar.
validez f. Gültigkeit.
válido, a adj. rechtskräftig; rüstig.
valiente adj. tapfer.
valioso, a adj. wertvoll; wohlhabend.
valor m. Wert; Tapferkeit; Bedeutung.
valores pl. Wertpapiere.
valoración f. Wertbestimmung.
valorar v. (ab)schätzen.
vals m. Walzer.
valuar v. Siehe valorar.
válvula f. Klappe; Radioröhre; — de seguridad Sicherheitsventil.
valla f. Wall.
vallado m. Zaun.
valle m. Tal.
vanagloriarse v. prahlen, sich rühmen.
vanear v. faseln.
vanguardia f. Vorhut.
vanidad f. Eitelkeit.
vanidoso, a adj. eitel.

vano, a adj. nichtig, eitel: en —, adv. vergebens.
vapor m. Dampf; Dampfer.
vaporizar v. verdampfen, verdunsten.
vaporoso, a adj. dampfend.
vaquería f. Kuhstall; Milchladen.
vaquero, a m. u. f. Rinderhirt (in).
vara f. Stab, Stange; Elle (Maß); Pike (Stierfechter).
varar v. stranden.
varga f. steile Küste.
variable adj. veränderlich; wankelmütig.
variación f. Veränderung, Wechsel.
variante f. abweichende Lesart.
variar v. verändern; abweichen.
várice f. Krampfader.
variedad f. Verschiedenheit; Auswahl.
vario, a adj. verschieden; abwechselnd.
varios, as pl. einige; mehrere.
varón m. männliches Wesen.
varonil adj. männlich; fig. tapfer.
vasar m. Küchenregal.
vasco, a adj. baskisch.
vasera f. Glaskiste.
vasija f. Gefäß.
vaso m. Trinkglas; Blutgefäß.
vástago m. Schößling.
vasto, a adj. weit, ausgedehnt.
Vd. pron. Siehe usted.
Vds. pron. Siehe ustedes.
vecindad f. Nachbarschaft; Nähe; Bürgerrecht.
vecindario m. Einwohnerschaft.
vecino, a adj. benachbart; m. Nachbar; Hausbewohner.
vedado m. Gehege.
vega f. Aue, Flur.
vegetación f. Pflanzenwuchs.
vegetariano m. Vegetarier.
vehemente adj. heftig.
vehículo m. Fahrzeug.
veinte adj. zwanzig.
vejar v. belästigen.
vejez f. Greisenalter.
vejiga f. Harnblase.
vela f. Wachen; Kerze; Segel.
velada f. Abendfest.
velar v. wachen; verschleiern.
velero m. Segelschiff.
veleta f. Wetterfahne.
velo m. Schleier.
velocidad f. Geschwindigkeit; — supersónica Überschallgeschwindigkeit; por gran (pequeña) —, als Eil-, Frachtgut.
veloz adj. geschwind(e).
vello m. Flaum(haar).
vena f. Ader (auch fig.).
venado m. Rotwild.
vencedor m. Sieger.
vencer v. (be)siegen; ablaufen (Frist); verfallen.
vencible adj. besiegbar.
vencimiento m. Besiegung; Verfall(s)zeit (Wechsel).
venda f. Binde.
vendaje m. Verband.
vendar v. verbinden.
vendedor m. Verkäufer.
vender v. verkaufen.
vendible adj. verkäuflich.
vendimia f. Weinlese.
veneno m. Gift; fig. Bosheit.
venenoso, a adj. giftig.
veneración f. Verehrung, Ehrerbietung.
venganza f. Rache.
vengar v. rächen.
venida f. Ankunft.
venir v. (an)kommen; folgen; stehen (Kleid).
venta f. Verkauf.
ventaja f. Vorteil, Vorzug.
ventajoso, a adj. vorteilhaft.

ventana f. Fenster.
ventanilla f. Abteilfenster; Nasenloch; Schalter.
ventear v. wehen; lüften; fig. wittern.
ventilación f. Lüftung.
ventilador m. Ventilator.
ventilar v. (durch)lüften; fig. diskutieren.
ventisca f. Schneesturm.
ventisquero m. Schneehalde; Gletscher.
ventoso, a adj. windig; blähend.
ventura f. Glück; Zufall.
venturoso, a adj. glücklich.
ver v. (an)sehen; ¡a —!, wir wollen sehen!
veracidad f. Wahrhaftigkeit.
veraneante m. Sommerfrischler.
veranear v. den Sommer zubringen.
veraneo m. Sommerfrische.
veraniego, a adj. sommerlich.
veranillo m. Nachsommer.
verano m. Sommer.
veraz adj. wahrhaft.
verbal adj. mündlich.
verbigracia (v. g.) adv. zum Beispiel (z. B.).
verbo m. Zeitwort.
verboso, a adj. wortreich; gesprächig.
verdad f. Wahrheit; a la —, in der Tat; de —, im Ernst.
verdadero, a adj. wahr; echt.
verde adj. grün; saftig; jung; fam. schlüpfrig; geil.
verdecer v. grün werden.
verdín m. Grünspan.
verdugo m. Rute, Gerte; Henker.
verdura f. Grün; Gemüse.
vereda f. Pfad.
vergonzoso, a adj. schamhaft; schüchtern.
vergüenza f. Scham; Schande; Ehrgefühl; vergüenzas pl. Schamteile.
verídico, a adj. wahr.
verificar v. bewahrheiten; nachweisen; ausführen.
verificarse v. stattfinden.
verja f. Gitter.
verosímil adj. wahrscheinlich.
verruga f. Warze.
versado, a adj. geübt.
versátil adj. fig. wetterwendisch.
versión f. Übersetzung, Darstellungsweise.
verso m. Vers.
vértebra f. Wirbel.
verter v. (aus)gießen.
vertical adj. senkrecht.
vertiente m. u. f. Abfall; Abhang.
vértigo m. Schwindel, Taumel.
vestíbulo m. Vorhalle.
vestido m. Kleid.
vestigio m. Spur, Fährte.
vestir v. (be)kleiden; verkleiden.
vestuario m. Garderobe; Ankleidezimmer.
veta f. Maserung (Holz); Erzader.
vetar v. Veto einlegen.
vez f. Mal; a la —, gleichzeitig; alguna —, zuweilen; de una —, auf einmal; de — en cuando ab und zu; en — de anstatt; otra —, nochmals; rara —, selten; tal —, vielleicht; una —, einst; pl. a veces zuweilen; muchas veces oft; las más veces meist; hacer las veces vertreten.

vía f. Weg; Bahn; Geleise; — férrea Eisenbahn; — láctea Milchstraße, por — de ensayo probeweise.
viaducto m. Viadukt.
viajante m. Handlungsreisende(r).
viajar v. reisen.
viaje m. Reise; Weg; — de ida y vuelta Hinund Rückreise.
viajero, a m. Reisende(r).
vianda f. Speise.
víbora f. Viper.
vibración f. Schwingung.
vibrar v. schwingen.
vibratorio, a adj. schwingend.
vicario m. Pfarrvikar.
vicealmirante m. etc. Vizeadmiral u. s. w.
viceversa adv. umgekehrt.
viciar v. verderben; entstellen.
vicio m. Laster, Fehler, Unart.
víctima f. Opfer.
victoria f. Sieg.
vid f. Weinrebe.
vida f. Leben, Lebenszeit, Lebenslauf.
vidriar v. verglasen.
vidriera f. Glasfenster, Glastür.
vidriería f. Glaserei.
vidrio m. Glas(scheibe).
viejo, a adj. alt; m. Alte(r), Greis. [terung.]
viento m. Wind, Luft; Tier; Witvientre m. Bauch, Leib.
viernes m. Freitag; Viernes Santo Karfreitag.
viga f. Balken.
vigente adj. (rechts)gültig.
vigilancia f. Wachsamkeit; Wachdienst.
vigilante adj. wachsam; m. Nachtwächter.
vigilar v. (be)wachen; achtgeben.
vigor m. Kraft; Lebhaftigkeit; Gültigkeit.
vigoroso, a adj. stark, rüstig.
vil adj. niedrig; gemein.
villa f. Städtchen; Villa.
villancico m. Weihnachtslied.
vinagre m. Essig.
vinagrera f. Essigflasche; vinagreras pl. Essig- und Ölständer.
vinagreta f. Essigbrühe.
vinatero m. Weinhändler.
vindicar v. rächen.
vinícola adj. Weinbau...
vino m. Wein; — blanco Weißwein; — clarete Schiller; — tinto Rotwein.
viña f. Weinberg.
viñeta f. Vignette.
viola f. Bratsche; Veilchen.
violación f. Verletzung; Schändung.
violar v. verletzen; übertreten; vergewaltigen; entehren.
violencia f. Heftigkeit; Vergewaltigung.
violentar v. notzüchtigen.
violento, a adj. heftig; ungestüm.
violeta f. Veilchen.
violín m. Violine, Geige; Geiger.
violón m. Baßgeige.
violoncelo m. Violoncello.
viraje m. Biegung, Kurve.
virar v. drehen; wenden.
virgen adj. jungfräulich; rein; selva —, Urwald; f. Jungfrau.
viril adj. männlich; mannhaft; mannbar.

virolento, a adj. pockennarbig.
virreina f. Vizekönigin.
virrey m. Vizekönig.
virtud f. Heilkraft; Tugend; en — de kraft.
virtuoso, a adj. tugendhaft; m. Virtuose.
viruela f. Pocken.
virulento, a adj. bösartig; fig. giftig.
virutas f. pl. Hobelspäne.
visado m. Visum.
viscoso, a adj. klebrig.
visera f. Visier; Mützenschirm.
visible adj. sichtbar.
visión f. Sehen; Traumbild.
visita f. Besuch; Besucher; Besichtigung.
visitador m. Untersuchungsbeamte(r).
visitar v. besuchen; besichtigen, untersuchen.
vislumbre f. Schimmer.
víspera f. Vorabend.
vista f. Sehen; Blick, Anblick; Auge; Aussicht; Erscheinung; Sicht (Wechsel); (erstes) Verhör; en — de hinsichtlich; hasta la —, auf Wiedersehen; m. Zollbeamte(r).
vistazo m. flüchtiger Blick.
visto, a adj. gesehen: — bueno Visum.
vistoso, a adj. auffällig.
visual adj. Gesichts...
visualizar v. sichtbar machen.
vitalicio, a adj. lebenslänglich.
vitalidad f. Lebensfähigkeit, -kraft.
vitamina f. Vitamin, Wirkstoff.
viticultor m. Weinbauer.
vítreo, a adj. gläsern.
vitrina f. Glasschrank.
vituperar v. tadeln.
viuda f. Witwe.
viudez f. Witwenstand.
viudo, a adj. verwitwet; m. Witwer.
viva m. Vivat; ¡—!, bravo, hurra!
vivaz adj. lebhaft.
víveres m. pl. Lebensmittel.
vivero m. Baumschule; Fischweiher.
vivienda f. Wohnung.
viviente adj. lebend(ig).
vivir v. (ver)leben; wohnen; sich erhalten, währen; ¿quién vive? wer da?
vivo, a adj. lebend; munter; frisch (Farbe); fig. schlau.

vocablo m. Wort.
vocación f. Berufung.
vocal adj. mündlich; f. Vokal.
vocear v. ausrufen.
voceo m. Geschrei.
volandero, a adj. flatternd.
volante adj. fliegend; unstet; hoja —, Flugblatt; m. Besatz (Kleid); Steuerrad; Zettel.
volar v. fliegen; fig. ellen.
volatería f. Geflügel.
volátil adj. fliegend; flüchtig (Gas).
volcán m. Vulkan.
volcánico, a adj. vulkanisch.
volcar v. umstürzen.
voltaje m. Spannung.
voltio m. Volt.
volumen m. Umfang; Inhalt; Band (Buch).
voluntad f. Wille; Willkür; a —, que —, nach Belieben; mala —, Böswilligkeit.
voluntario, a adj. freiwillig; m. Freiwillige(r).
voluptuoso, a adj. wollüstig; geil.
volver v. (um) drehen; wiedergeben; verwandeln; zurückkehren; — en sí sich erholen; — a trabajar wieder arbeiten.
volverse v. zurückkehren; volverse loco verrückt werden.
vomitar v. (sich er) brechen; fig. ausspeien.
vomitivo m. Brechmittel.
voraz adj. gefräßig.
vos pron. Ihr (Anrede); Am. du.
vosotros, as pron. ihr.
votar v. abstimmen.
voto m. Gelübde; Wahlstimme.
voz f. Stimme; Laut; Wort, Ausdruck; en — baja leise; voces pl. Geschrei.
vuelo m. Flug; Weite (Keid); Vorsprung (Mauer); fig. Schwung; al —, schnell.
vuelta f. Umdrehung; Rückkehr, Rückreise, Krümmung; Ausflug; herausgegebenes Geld; Aufschlag (Kleid); a la —, umstehend; a — de correo postwendend; dar una —, spazierengehen.
vuestro, a pron. euer.
vulgar adj. gemein; niedrig.
vulgarizar v. verbreiten.
vulgo m. Pöbel, gemeines Volk.
vulnerar v. verwunden.

X: rayos X m. pl Röntgenstrahlen.
xilófono m. Xylophon.
xilografía f. Holzschneidekunst.

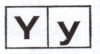

y konj. und.
ya adv. schon; nun; jetzt: — que da; wofern; si —, wenn nur.
yacer v. liegen; begraben sein; fig. ruhen.
yacimiento m. Lagerstätte; Erzvorkommen.
yanqui m. Nordamerikaner.
yate m. Jacht.
yegua f. Stute.
yelmo m. Helm.
yema f. Knospe; Eidotter; — del dedo Fingerkuppe.
yerba f. Siehe hierba.
yermo, a adj. unbewohnt; öde; m. Einöde.
yerno m. Schwiegersohn.
yerro m. Irrtum.
yerto, a adj. starr.
yesca f. Zunder.
yeso m. Gips (abguß).
yo pron. ich.
yodo m. Jod.
yugada f. Joch; Ochsengespann.
yugo m. Joch (auch fig.).
yugular adj. Hals...
yunque m. Amboß.
yunta f. Gespann (Ochsen).
yute m. Jute (geflecht).
yuxtaponer v. nebeneinander stellen.

zabordar v. stranden.
zafio, a adj. grob, roh.

zafiro m. Saphir.
zaguán m. Portal, Flur.
zaguero, a adj. hinterhergehend; m. Nachzügler.
zaherir v. vorwerfen.
zaino, a adj. treulos.
zalamero, a adj. schmeichelnd, kriechend.
zambo, a adj. krummbeinig; m. Mischlig von Neger und Indianerin.
zambullir v. eintauchen, untertauchen.
zampar v. fressen.
zanahoria f. Mohrrübe.
zanca f. langes Bein.
zanco m. Stelze.
zanja f. Graben.
zapar v. (unter) graben.
zapatear v. trampeln.
zapatería f. Schuhmacherei, Schuhgeschäft.
zapatero m. Schuster.
zapatilla f. Pantofel.
zapato m. Schuh.
zaranda f. Sieb.
zarcillo m. Ohrring; Jäthacke.
zarpa f. Tatze, Klaue.
zarpar v. Anker lichten.
zarpazo m. Tatzenhieb.
zarza f. Brombeerstrauch.
zarzal m. Dorngebüsch.
zarzamora f. Brombeere.
zarzuela f. spanische Operette.
zinc m. Siehe cinc.
zócalo m. Sockel; Unterbau; Säulenfuß.
zodíaco m. Tierkreis.
zona f. Zone; Erdstrich; — tropical Tropen.
zonzo adj. fad (e).
zoología f. Zoologie.
zoológico, a adj. zoologisch.
zoólogo m. Zoologe.
zopenco m. Tölpel.
zorra f. Füchsin; listige Person; fig. Straßendirne.
zorrera f. Fuchsbau.
zorrero, a adj. arglistig.
zorro m. Fuchs.
zorzal m. Drossel.
zozobra f. Schiffbruch.
zueco m. Holzschuh.
zumbar v. summen; brummen; schwirren.
zumbido m. Summen; Ohrensausen.
zumo m. Saft.
zurcido m. Flicken.
zurcir v. flicken, stopfen.
zurdo, a adj. linkshändig; links.
zurrar v. gerben; prügeln.
zurri(a)r v. summen.
zurrido m. Summen.
zutano, a adj. ein Gewisser.

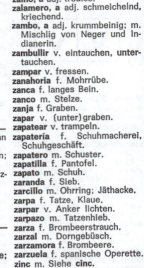

italiano-español

A a

abada (*abáda*) f. abada, rinoceronte.

abadessa (*abadéssa*) f. abadesa.

abadia (*abadía*) abadía.

abate (*abáte*) m. abad.

abazia (*abadsía*) f. abadía.

abbacinamento (*abbachinaménto*) m. deslumbramiento.

abbacinare (*abbachináre*) tr. deslumbrar, obcecar.

abbagliamento (*abballiaménto*) m. deslumbramiento; equivocación, error.

abbagliare (*abballiáre*) tr. deslumbrar.

abbaglianza (*abballiándsa*) f. ilusión.

abbaiamento (*abbaiaménto*) m. ladrido.

abbaiare (*abbaiáre*) itr. ladrar; importunar.

abballare (*abbal-láre*) tr. empaquetar.

abballinare (*abbal-lináre*) tr. arrollar.

abballottare (*abbal-lottáre*) tr. manosear; sacudir.

abbalordire (*abbalordíre*) tr. aturdir.

abbandonare (*abbandonáre*) tr. abandonar, renunciar.

abbandono (*abbandóno*) abandono, desamparo.

abbarbicare (*abbarbicáre*) itr. arraigar.

abbarcare (*abbarcáre*) tr. hacinar, amontonar.

abbaruffamento (*abbaruffaménto*) m. riña; desorden, confusión.

abbaruffare (*abbaruffáre*) tr. enredar, desordenar.

abbaruffio (*abbaruffío*) m. tumulto, confusión.

abbassamento (*abbassaménto*) m. disminución; humillación.

abbassare (*abbassáre*) tr. bajar; humillar.

abbasso (*abbásso*) avv. abajo; debajo.

abbastanza (*abbastándsa*) avv. bastante, suficiente.

abbattere (*abbáttere*) tr. abatir, derribar.

abbattimento (*abbattiménto*) m. derribo, decaimiento.

abbattuta (*abbattúta*) f. derribo, ruina; decaimiento.

abbecedario (*abbechedário*) m. abecedario.

abbellimento (*abbel-liménto*) m. embellecimiento; adorno.

abbellire (*abbel-líre*) tr. embellecer.

abbeverare (*abbeveráre*) tr. abrevar.

abbeveratoio (*abbeveratóio*) m. abrevadero.

abbiatico (*abbiático*) m. nieto.

abbici (*abbichí*) m. alfabeto.

abbiente (*abbiénte*) adj. acaudalado, pudiente.

abbiettare (*abbiettáre*) tr. envilecer, humillar.

abbiettezza (*abbiettétsa*) f. abyección.

abbietto (*abbiétto*) adj. vil.

abbigliamento (*abbilliaménto*) m. vestido, traje; tocado.

abbigliare (*abbilliáre*) tr. vestir; adornar (personas).

abbigliatoio (*abbilliatóio*) m. tocador.

abbindolamento (*abbindolaménto*) m. engaño; chasco.

abbindolare (*abbindaláre*) itr. engañar.

abbiosciarsi (*abbiosiársi*) rfl. desanimarse, abatirse.

abboccamento (*abbokkaménto*) m. entrevista, conversación.

abboccare (*abbokkáre*) tr. morder el anzuelo; itr. encajar.

abboccarsi (*abbokkársi*) rfl. abocarse; entrevistarse, conversar.

abboccatura (*abbokkatúra*) f. embocadura.

abbominabile (*abbomínábile*) adj. abominable.

abbominare (*abbomináre*) tr. abominar, detestar.

abbonacciamento (*abbonachaménto*) m. mejora del tiempo.

abbonamento (*abbonaménto*) m. abono; bonificación.

abbonare (*abbonáre*) tr. abonar; perdonar; suscribir.

abbondante (*abbondánte*) adj. abundante.

abbondanza (*abbondándsa*) f. abundancia.

abbondare (*abbondáre*) itr. abundar.

abbonire (*abbonire*) tr. calmar, aplacar.

abbono (*abbóno*) m. abono, descuento.

abborrevole (*abborrévole*) adj. aborrecible.

abborrimento (*abborriménto*) m. aborrecimiento.

abborrire (*abborríre*) tr. aborrecer. [charse.

abbottarsi (*abbotársi*) rfl. hincharse.

abbottinare (*abbottináre*) tr. pillar, saquear.

abbottonare (*abbottonáre*) tr. abotonar, abrochar.

abbottonatura (*abbottonatúra*) f. botonadura.

abbozzamento (*abbotsaménto*) m. bosquejo.

abbozzare (*abbotsáre*) tr. bosquejar.

abbozzata (*abbotsáta*) f. bosquejo.

abbozzaticcio (*abbodsatíchio*) m. trabajo mal hecho.

abbozzo (*abbótso*) m. bosquejo.

abbracciare (*abbratchiáre*) tr. abrazar.

abbraccio (*abbrátchio*) m. abrazo.

abbreviamento (*abbreviaménto*) m. abreviación.

abbreviare (*abbreviáre*) tr. abreviar.

abbreviatura (*abbreviatúra*) f. abreviación.

abbeviazione (*abbreviadsione*) f. abreviación.

abbriccare (*abbrikkáre*) tr. golpear, pegar.

abbrividire (*abbrividíre*) itr. estremecerse.

abbronzare (*abbrondsáre*) tr. broncear.

abbruciacchiare (*abbruchiakkiare*) tr. chamuscar.

abbruciamento (*abbruchiaménto*) m. quema, quemadura.

abbruciare (*abbruchiáre*) itr. quemar, abrasar.

abbruciato (*abbruchiáto*) adj. quemado, abrasado.

abbrunamento (*abbrunaménto*) m. bronceado; oscurecimiento.

abbrunare (*abbrunáre*) tr. oscurecer; enlutar.

abbrustiare (*abbrustiáre*) tr. chamuscar.

abbrustolire (*abbrustolíre*) tr. tostar.

abbrutimento (*abbrutiménto*) m. embrutecimiento.

abbrutire (*abbrutíre*) tr. embrutecer.

abbruttire (*abbruttíre*) tr. e itr. afear.

abbuiare (*abbuiáre*) tr. oscurecer. itr. oscurecer, anochecer.

abbuono (*abbuóno*) m. abono, mejora.

abdicare (*abdicáre*) tr. abdicar.

abdicazione (*abdicadsióne*) f. abdicación.

abduzione (*abdudsióne*) f. abducción.

aberrare (*aberráre*) itr. equivocarse.

aberrazione (*aberradsióne*) f. aberración.

abete (*abéte*) m. (bot.) abeto.

abiatico (*abiático*) m. nieto.

abiettezza (*abiettétsa*) f. abyección.

abietto (*abiétto*) adj. abyecto.

abile (*ábile*) adj. hábil, idóneo.

abilità (*abilitá*) f. habilidad.

abilitare (*abilitáre*) tr. habilitar.

abisso (*abísso*) m. abismo, sima.

abitante (*abitánte*) m. habitante. [tar.

abitare (*abitáre*) tr. e itr. habitar.

abitato (*abitáto*) m. poblado.

abitazione (*abitadsióne*) f. habitación; domicilio, morada.

abito (*ábito*) m. hábito.

abituare (*abituáre*) tr. acostumbrar.

abituarsi (*abituársi*) rfl. habituarse.

abitudinario (*abitudinário*) adj. habitual.

abitudine (*abitúdine*) f. hábito.

abnegare (*abnegáre*) tr. abnegar, renunciar.

abolire (*abolíre*) tr. abolir.

abolizione (*abolidsióne*) f. abolición.

abominazione (*abominadsióne*) f. abominación.

abominevole (*abominévole*) abominable.

aborrevole (*aborrévole*) adj. aborrecible.

aborrimento (*aborriménto*) m. aborrecimiento.

aborrire (*aborríre*) tr. aborrecer.

abortire (*abortíre*) itr. abortar.

aborto (*abórto*) m. aborto.

abrogare (*abrogáre*) tr. abrogar, abolir.

abrogazione (*abrogadsióne*) f. abrogación, abolición.

abulia (*abulía*) f. abulia.

abusare (*abusáre*) itr. abusar.

abuso (*abúso*) m. abuso.

accadere (*akkadére*) itr. acaecer, suceder.

accagionare (*akkadyionáre*) tr. imputar.

accagliare (*akkalliare*) tr. e itr. cuajar.

accalcare (*akkalcáre*) tr. apilar, amontonar.

accaldare (*akkaldáre*) tr. acalorar, calentar.

accaldato (*akkaldáto*) adj. acalorado, entusiasmado.

accalorare (*akkaloráre*) tr. acalorar.

accampamento (*akkampaménto*) m. campamento.

accampare (*akkampáre*) itr. acampar. [acampar.

accamparsi (*akkampársi*) rfl. acampar.

accanare (*akkanáre*) tr. azuzar.

accanimento (*akkaniménto*) m. encarnizamiento.

accanirsi (*akkanírsi*) rfl. encarnizarse.

accanito (*akkaníto*) adj. encarnizado; enfurecido.

accanto (*akkanto*) prep. cerca de, junto a.

accaparrare (*akkaparráre*) tr. acaparar, acopiar.

accapigliamento (*akkapilliaménto*) m. riña.

accappatoio (*akkappatoio*) m. albornoz de baño, peinador.

accapricciare (*akkapritchiáre*) itr. estremecerse, horrorizarse.

accarezzamento (*akkaretsaménto*) m. caricia.

accarezzare (*akkaretsáre*) tr. acariciar, mimar.

accasamento (*akkasaménto*) m. casamiento.

accasarsi (*akkasarsi*) rfl. poner casa, casarse.

accasciamento (*akkasiaménto*) m. decaimiento, desánimo.

accasciare (*akkasiáre*) tr. abatir, desanimar.

accatastamento (*akkatastaménto*) m. amontonamiento.

accatastare (*akkatastáre*) tr. apilar, amontonar.

accattamento (*akkattaménto*) m. mendicidad.

accattare (*akkattáre*) tr. mendigar.

accattone (*akkattóne*) m. mendigo.

accavallare (*akkaval-láre*) tr. sobreponer, amontonar; sobrecargar.

accecamento (*atchecaménto*) m. obcecación.

accecare (*atchecáre*) tr. cegar; obcecar.

accedere (*atchédere*) itr. consentir; acercarse.

acceleramento (*atcheleraménto*) m. aceleración.

accelerare (*atcheleráre*) tr. acelerar.

acceleratore (*atcheleratóre*) adj. y m. acelerador.

accendere (*atchéndere*) tr. encender.

accendimento (*atchendiménto*) m. encendido.

accennamento (*atchennaménto*) m. seña, indicación.

accennare (*atchennáre*) itr. y tr. hacer señas; indicar.

accensibile (*atchensíbile*) adj. inflamable.

accensione (*atchensióne*) f. abrasamiento; encendido.

accentare (*atchentáre*) tr. acentuar.

accentatura (*atchentatúra*) f. acentuación.

accento (*atchénto*) m. acento.

accentramento (*atchentraménto*) m. concentración.

accentrare (*atchentráre*) tr. concentrar.

accentuare (*atchentuáre*) tr. acentuar.

accertamento (*atchertaménto*) m. afirmación, verificación; indagación.

accertare (*atchertáre*) tr. afirmar, asegurar; verificar.

accertarsi (*atchertarsi*) rfl. asegurarse, cerciorarse.

452

accessibile *(atchessíbile)* adj. accesible, abordable.

accesso *(atchésso)* m. acceso, paso.

accettabile *(atchettábile)* adj. aceptable.

accettare *(atchettáre)* tr. aceptar.

accetto *(atchétto)* adj. agradable, querido.

accezione *(atchedsióne)* f. acepción, significado.

acchetare *(akketáre)* tr. calmar.

acchetarsi *(akketársi)* rfl. calmarse.

acchiappare *(akkiappare)* tr. atrapar, coger.

acchiudere *(akkiúdere)* tr. incluir, poner adjunto.

acchiuso *(akkiúso)* adj. adjunto (a), incluso (en).

acciaccamento *(atchiakkaménto)* m. aplastamiento.

acciaccare *(atchiakkáre)* tr. aplastar.

acciacco *(atchiákko)* m. achaque, enfermedad.

acciaccoso *(atchiakkóso)* adj. achacoso.

acciaieria *(atchiaiería)* f. fragua.

acciaio *(atchiáio)* m. acero.

acciarino *(atchiaríno)* m. eslabón.

acciaro *(atchiáro)* m. acero; espada, puñal.

accidente *(atchidénte)* m. accidente, suceso.

accidia *(atchídia)* f. pereza, acidia.

acciecare *(atchiecáre)* tr. cegar.

accigliarsi *(atchilliársi)* rfl. fruncir las cejas.

accingersi *(achíntyersi)* rfl. prepararse, disponerse a.

accio *(atchió)* conj. a fin de que, para que.

acciocchire *(atchiokkíre)* tr. adormecer. itr. dormir como un tronco.

accivettato *(atchivettáto)* adj. despierto, astuto.

acclamare *(akklamáre)* tr. aclamar, aplaudir.

acclamazione *(akklamadsióne)* f. aclamación, aplauso.

accludere *(akklúdere)* tr. incluir, encerrar, insertar.

accoglienza *(akkolliéndsa)* f. acogida.

accogliere *(akkolliére)* tr. acoger.

accollare *(akkol-láre)* tr. cargar al hombro; (fig.) endosar.

accollarsi *(akkol-lársi)* rfl. tomar a su cargo; encargarse de un asunto por adjudicación o concurso.

accollo *(akkól-lo)* m. adjudicación.

accolta. *(akkólta)* f. asamblea, junta.

accoltellare *(akkoltel-láre)* tr. acuchillar.

accomiatare *(akkomiatáre)* tr. despedir; licenciar.

accomiatarsi *(akkomiatársi)* rfl. despedirse; separarse.

accomodamento *(akkomodaménto)* m. arreglo; acuerdo.

accomodare *(akkomodáre)* tr. arreglar.

accompagnare *(akkompañáre)* tr. acompañar.

accompagnarsi *(akkompañársi)* rfl. acompañarse, acoplarse.

accomunamento *(akkomunaménto)* m. mancomunidad.

accomunare *(akkomunáre)* tr. compartir; contener; unir.

acconciamento *(akkonchiaménto)* m. arreglo, atavío.

acconciare *(akkonchiáre)* tr. componer, ataviar.

acconciarsi *(akkonchiársi)* rfl. acomodarse; ataviarse.

acconciatura *(akkonchiatúra)* f. peinado, arreglo.

acconcin *(akkónchin)* loc. en conserva.

acconcio *(akkónchio)* adj. conveniente, apto.

accondiscendere *(akkondischéndere)* itr. consentir, condescender.

acconsentimento *(akkonsentiménto)* m. consentimiento.

acconsentire *(akkonsentire)* tr. consentir.

accontentare *(akkontentáre)* tr. contentar.

acconto *(akkónto)* m. pago a cuenta, anticipo.

accoppiamento *(akkoppiaménto)* m. acoplamiento; apareamiento.

accoppiare *(akkoppiáre)* tr. aparear.

accoramento *(akkoraménto)* m. aflicción, disgusto.

accorare *(akkoráre)* tr. afligir.

accorarsi *(akkorársi)* rfl. afligirse.

accorciamento *(akkorchiaménto)* m. acortamiento.

accorciare *(akkorchiáre)* tr. acortar.

accorciatura *(akkorchiatúra)* f. abreviatura.

accordamento *(akkordaménto)* m. acuerdo.

accordare *(akkordáre)* tr. acordar, reconciliar; templar (instrumentos).

accordo *(akkordo)* m. acuerdo, ajuste.

accorgersi *(akkordyérsi)* rfl. advertir, darse cuenta.

accorgimento *(akkordyiménto)* m. sagacidad.

accorrere *(akkórrere)* itr. socorrer, ayudar; correr hacia.

accortezza *(akkortétsa)* f. agudeza, astucia.

accorto *(akkorto)* adj. agudo, astuto.

accosciarsi *(akkosiarsi)* rfl. acurrucarse.

accostamento *(akkostaménto)* m. acercamiento.

accostare *(akkostáre)* tr. acercar.

accosto *(akkósto)* adv. cerca.

accostumare *(akkostumáre)* tr. acostumbrar, habituar.

accostumarsi *(akkostumársi)* rfl. acostumbrarse.

accozzare *(akkotsáre)* tr. recoger; amontonar.

accreditare *(akkreditáre)* tr. acreditar.

accrescere *(akkréschere)* tr. aumentar, acrecentar.

accrespare *(akkrespáre)* tr. encrespar, rizar.

accudire *(akkudíre)* itr. acudir, atender, cuidar.

accumulare *(akkumuláre)* tr. acumular, juntar.

accuratezza *(akkuratétsa)* f. cuidado.

accurato *(akkuráto)* adj. cuidadoso; cuidado.

accusa *(akkúsa)* f. acusación.

accusare *(akkusáre)* tr. acusar, denunciar.

accusatore *(akkusatóre)* m. acusador; denunciante.

accusazione *(akkusadsióne)* f. acusación.

acerbare *(acherbáre)* tr. irritar.

acerbità *(acherbitá)* f. aspereza.

acerbo *(achérbo)* adj. áspero.

acerrimo *(achérrimo)* adj. acérrimo.

acidità *(achiditá)* f. acidez.

acqua *(ákkua)* f. agua.

acquacedrata *(akkuachedráta)* f. limonada.

acquaforte *(akkuafórte)* f. aguafuerte.

acquaio *(akkuáio)* m. pila, fregadero.

acquare *(akkuáre)* tr. regar.

acquartieramento *(akkuartieraménto)* m. acuartelamiento.

acquartierare *(akkuartieráre)* tr. acuartelar.

acquavite *(akkuavíte)* f. aguardiente.

acquazzone *(akkuatsóne)* m. aguacero. [acueducto.

acquedotto *(akkuedotto)* m. acquerella *(akkuerél-la)* f. llovizna.

acquerello *(akkuerél-lo)* m. acuarela.

acquiescenza *(akkuieschndsa)* f. aquiescencia.

acquietare *(akkuietáre)* tr. apaciguar, tranquilizar.

acquisizione *(akkuisidsióne)* f. adquisición.

acquistare *(akkuistáre)* tr. adquirir.

acquisto *(akkuísto)* m. compra, adquisición.

acquosità *(akkuositá)* f. acuosidad, humedad.

acrobata *(acróbata)* m. f. acróbata.

acume *(acúme)* punta; agudeza.

acuminare *(acumináre)* tr. aguzar; afilar.

acutezza *(acutétsa)* f. agudeza.

acuto *(acúto)* adj. agudo.

adacquamento *(adakkuaménto)* m. regadío.

adacquare *(adackkuáre)* tr. regar.

adagio *(adádyio)* m. adagio, adv. despacio.

adattamento *(adattaménto)* m. adaptación.

adattare *(adattáre)* tr. adaptar.

adatto *(adátto)* adj. apropiado.

addarsi *(addársi)* rfl. dedicarse; advertir.

addebitare *(addebitáre)* tr. adeudar.

addentare *(addentáre)* tr. morder.

addentatura *(addentatúra)* f. mordisco.

addentrare *(addentráre)* tr. hundir, penetrar.

addentrarsi *(addentrársi)* rfl. hundirse, penetrar.

addentro *(addéntro)* adv. adentro.

addestrare *(addestráre)* tr. adiestrar, ejercitar.

addestramento *(addestraménto)* m. adiestramiento.

addiacente *(addiachénte)* adj. adyacente.

addietro *(addiétro)* adv. detrás.

addiettivo *(addiettívo)* (gram.) adjetivo.

addio *(addío)* itj. adiós.

addiritura *(addiritúra)* adv. directamente; sin duda; además.

addirizzare *(addiritsáre)* tr. enderezar.

addirsi *(addírsi)* rfl. agradar; convenir.

addivenire *(addivenire)* itr. llegar.

addizionale *(additsionále)* adj. adicional, accesorio.

addizionare *(additsionáre)* tr. sumar, añadir.

addizione *(addidsióne)* f. adición, suma.

addobbamento *(addobbaménto)* m. decoración.

addobbare *(addobbáre)* tr. adornar.

addolcire *(addolchíre)* tr. endulzar; calmar.

addolorare *(addoloráre)* tr. afligir, apenar.

addomesticare *(addomesticare)* tr. domesticar, domar.

addomesticarsi *(addomesticársi)* rfl. amansarse.

addoppiare *(addoppiáre)* tr. doblar; duplicar.

addoppiatura *(addoppiatura)* f. duplicación.

addormentare *(addormentáre)* tr. adormecer.

addormire *(addormíre)* tr. adormecer.

addossare *(addossáre)* tr. cargar; adosar.

addossarsi *(addossársi)* rfl. apoyarse.

addottrinare *(addottrináre)* tr. instruir.

addottrinato *(addottrináto)* adj. docto; instruido.

addurre *(addúrre)* tr. aducir; traer.

adeguare *(adeguáre)* tr. adecuar.

adeguato *(adeguáto)* adj. adecuado.

adempiere *(adémpiere)* tr. cumplir.

aderimento *(aderiménto)* m. adherencia, apego; adhesión.

aderire *(aderíre)* itr. adherirse.

adesione *(adesióne)* f. adhesión.

adesso *(adésso)* adv. ahora, actualmente.

adiramento *(adiraménto)* m. arrebato, cólera.

adirarsi *(adirársi)* rfl. enojarse.

adocchiamento *(adokkiaménto)* m. ojeada.

adocchiare *(adokkiáre)* tr. ojear.

adolescente *(adoleschénte)* m. adolescente.

adolescenza *(adoleschéndsa)* f. adolescencia.

adombramento *(adombraménto)* m. oscurecimiento, sombra.

adombrare *(adombráre)* tr. sombrear; oscurecer.

adontarsi *(adontársi)* rfl. enfadarse, enojarse.

adoperare *(adoperáre)* tr. emplear.

adoperarsi *(adoperársi)* rfl. aplicarse, dedicarse a.

adorabile *(adorábile)* adj. adorable.

adorare *(adoráre)* tr. adorar, reverenciar.

adorazione *(adoratsióne)* f. adoración.

adornare *(adornáre)* tr. adornar.

adorno *(adórno)* m. adorno.

adottare *(adottáre)* tr. adoptar.

adozione *(adotsióne)* f. adopción.

adulare *(aduláre)* tr. adular.

adulazione *(aduladsióne)* f. adulación.

adulterare *(adulteráre)* tr. adulterar.

adulterazione *(adulteradsióne)* f. adulteración.

adulterio *(adultério)* m. adulterio.

adultero. *(adúltero)* adj. y m. adúltero.

adulto *(adúlto)* adj. y m. adulto.

adunamento *(adunaménto)* m. reunión, junta.

adunanza *(adunándsa)* f. reunión.

adunare *(adunáre)* tr. reunir, juntar.

adunata *(adunáta)* f. reunión.

adunghiare *(adunguiáre)* tr. apresar.

adunque *(adúnkue)* conj. pues, luego.

adusto *(adústo)* adj. adusto; delgado.

aere *(áere)* m. aire.

aereamento *(aereaménto)* m. ventilación.

aereo *(aéreo)* adj. aéreo.

affabile *(affábile)* adj. afable, cortés.

affabilità *(affabilitá)* f. afabilidad.

affacciare *(affatchiáre)* tr. asomar; exponer.

affacchinarsi *(affakkinársi)* rfl. trabajar con exceso.

affamato *(affamáto)* adj. hambriento.

affannamento *(affannaménto)* m. afán.

affannare *(affannáre)* tr. inquietar.

affannarsi *(affannársi)* rfl. inquietarse, afanarse.

affanno *(affánno)* m. afán, anhelo, ansiedad.

affare *(affáre)* m. asunto.

affascinante *(affaschinánte)* adj. fascinante.

affascinare *(affaschináre)* tr. fascinar.

affaticamento *(affaticaménto)* m. cansancio.

affaticare *(affaticáre)* tr. fatigar.

affaticarsi *(affaticársi)* rfl. fatigarse.

affatto *(affátto)* adv. del todo, enteramente.

affatturamento *(affatturaménto)* m. hechicería.

affatturare *(affatturáre)* tr. embrujar; falsificar.

affazzonare *(affatsonáre)* tr. adornar.

affè *(affé)* itj. a fe, en verdad.

affermare *(affermáre)* tr. afirmar.

affermativo *(affermatívo)* adj. afirmativo.

affermazione *(affermadsione)* f. afirmación.

afferrare *(afferráre)* tr. aferrar, asir fuertemente.

affettare *(affettáre)* tr. hacer tajadas; aparentar, afectar.

affettato *(affettáto)* m. embutido.

affettazione *(affettadsióne)* f. afectación.

affetto *(affétto)* m. afecto.

affezionamento *(affedsionaménto)* m. afección, amor.

affezionare *(affedsionáre)* tr. aficionar.

affezionarsi *(affedsionársi)* rfl. aficionarse, apasionarse.

affezione *(affedsione)* f. amor; afición.

affidare *(affidáre)* tr. confiar.

affidarsi *(affidársi)* rfl. fiarse, confiarse.

affievolimento *(affievoliménto)* m. debilitación, aflojamiento. [bilitar.

affievolire *(affievolíre)* tr. debilitar.

affiggere *(affíyere)* tr. fijar o colgar (carteles); mirar fijamente.

affilare *(affiláre)* tr. afilar.

affilarsi *(affilársi)* rfl. adelgazarse.

affilatura *(affilatúra)* f. filo.

affiliare *(affiliáre)* tr. afiliar.

affiliazione *(affiliadsióne)* f. afiliación.

affinare *(affináre)* tr. afinar.

affinché *(affinqué)* conj. para que, a fin de que.

affine *(affíne)* adj. afín; m. pariente.

affinità *(affinitá)* f. afinidad; semejanza.

affiochimento *(affioquiménto)* m. ronquera.

affiochire *(affioquíre)* tr. e itr. enronquecer.

affiorare *(affioráre)* itr. aflorar.

affissare *(affissáre)* tr. fijar (carteles); mirar fijamente.

affisso *(affísso)* m. cartel, anuncio.

affittanza *(affittándsa)* f. arrendamiento.

affittare *(affittáre)* tr. arrendar.

affitto *(affítto)* m. alquiler.

affliggere *(afflíyere)* tr. afligir.

afflizione *(afflidsióne)* f. aflicción.

affluenza *(affluéndsa)* f. afluencia, abundancia; concurrencia.

affluire *(affluíre)* itr. afluir.

affogamento *(affogaménto)* m. ahogo.

affogare *(affogáre)* tr. ahogar.

affollamento *(affol-laménto)* m. agolpamiento.

affollare *(affol-láre)* tr. agolpar, juntar.

affondamento *(affondaménto)* m. sumersión, hundimiento.

affondare *(affondáre)* tr. sumergir, hundir; echar a pique.

affondo *(affóndo)* adv. al fondo.

affossare *(affossáre)* tr. cavar, excavar.

affossatura *(affossatúra)* f. excavación.

affrancare *(affrancáre)* tr. franquear, liberar.

affrancatura *(affrancatúra)* f. franqueo (postal).

affrangere *(affrándyere)* tr. cansar, abatir.

affranto *(affránto)* adj. abatido, cansado.

affratellarsi *(affratel-lársi)* rfl. fraternizar.

affreddare *(affreddáre)* tr. enfriar.

affrescare *(affrescáre)* tr. pintar al fresco.

affresco *(affresco)* m. pintura al fresco.

affrettare *(affrettáre)* tr. apresurar.

affrettatamente *(affrettataménte)* adv. con prisa.

affrontamento *(affrontamento)* m. agresión; afrontamiento.

affrontare *(affrontáre)* tr. atacar; afrontar.

affronto *(affrónto)* m. afrenta, ofensa.

affumare *(affumáre)* tr. ahumar. [ahumar.

affumicare *(affumicáre)* tr.

afoso *(afóso)* adj. sofocante, oprimente.

afro adj. agrio.

agape *(ágape)* f. ágape.

agenda *(adyénda)* f. agenda.

agente *(adyénte)* m. agente — **di cambio** agente de cambios.

agenzia *(adyendsía)* f. agencia.

agevolamento *(adyevolaménto)* m. facilitación.

agevolare *(adyevoláre)* tr. facilitar.

agevole *(adyévole)* adj. fácil, ágil, hábil.

agganciare *(agganchiáre)* tr. enganchar; agarrar.

aggettivare *(atyettiváre)* tr. adjetivar.

aggettivo *(atyettívo)* m. adjetivo.

agghiacciamento *(agguiatchiaménto)* m. congelación.

agghiacciare *(agguiatchiáre)* tr. congelar, helar; (fig.) horrorizar.

aggiogamento *(atyiogaménto)* m. uñidura.

aggiogare *(atyiogáre)* tr. uncir, uñir.

aggiornamento *(atyiornaménto)* m. aplazamiento; modernización.

aggiornare *(atyiornáre)* tr. aplazar; poner al corriente, actualizar. itr. hacerse de día.

aggiudicazione *(atyiudicadsióne)* f. adjudicación.

aggiudicare *(atyiudicáre)* tr. adjudicar.

aggiungere *(atyiúndyere)* tr. añadir.

aggiungimento *(atyiundyiménto)* m. adición, añadidura.

aggiuntare *(atyiuntáre)* tr. añadir, adjuntar.

aggiunto *(atyiúnto)* adj. añadido, adjunto.

aggiustamento *(atyiustaménto)* m. arreglo, ajuste.

aggiustare *(atyiustáre)* tr. ajustar.

aggiustarsi *(atyustársi)* rfl. arreglarse; llegar a un acuerdo.

agglomerare *(agglomeráre)* tr. aglomerar.

agglomerazione *(agglomeradsióne)* f. aglomeración.

aggottare *(aggottáre)* tr. achicar.

aggradare *(aggradáre)* itr. agradar, satisfacer.

aggradévole *(aggradévole)* adj. agradable.

aggradimento *(aggradiménto)* m. agrado.

aggrandimento *(aggrandiménto)* m. engrandecimiento.

aggrandire *(aggrandíre)* tr. engrandecer.

aggrappare *(aggrappáre)* tr. enganchar, agarrar.

aggraticciarsi *(aggratichiársi)* rfl. enroscarse.

aggravante *(aggravante)* adj. agravante.

aggravare *(aggraváre)* tr. agravar.

aggravio *(aggrávio)* m. agravio.

aggraziare *(aggradsiáre)* tr. agraciar.

aggredire *(aggredíre)* tr. agredir.

aggregare *(aggregáre)* tr. agregar.

aggregazione *(aggregadsióne)* f. agregación.

aggressione *(aggressióne)* f. agresión.

aggressore *(aggressóre)* m. agresor.

aggressivo *(aggresívo)* adj. agresivo.

aggrovigliamento *(aggrovigliaménto)* m. embrollo, enredo.

aggruppare *(aggruppáre)* tr. agrupar.

aggruzzolare *(aggrutsoláre)* tr. reunir.

agguagliamento *(aggualliaménto)* m. igualación.

agguagliare *(aggualliáre)* tr. igualar; cotejar.

agguantare *(agguantáre)* tr. coger; golpear.

agguato *(agguáto)* m. emboscada.

agiatezza *(adyiatétsa)* f. comodidad; riqueza.

agiato *(adyiáto)* adj. rico.

agile *(ádyile)* adj. ágil, diestro, hábil.

agilità *(adyilitá)* f. agilidad.

agio *(ádyio)* m. comodidad. **stare a suo** — estar a sus anchas.

agire *(adyíre)* itr. proceder, actuar.

agitare *(adyitáre)* tr. agitar.

agitarsi *(adyitársi)* rfl. agitarse, excitarse.

agitatore *(adyitatóre)* m. agitador.

agitazione *(adyitadsióne)* f. agitación.

aglio *(állio)* m. (bot.) ajo.

agnello *(añél-lo)* m. cordero.

ago *(ágo)* aguja; aguijón; fiel (de balanza).

agognare *(agoñáre)* tr. codiciar, anhelar.

agonia *(agonía)* f. agonía.

agonizzare *(agonitsáre)* itr. agonizar.

agosto *(agósto)* m. agosto.

agrario *(agrário)* adj. agrario.

agricola *(agrícola)* m. agricultor.

agricolo *(agrícolo)* adj. agrícola.

agricoltore *(agricoltóre)* m. agricultor.

agricoltura *(agricoltúra)* f. agricultura.

agronomo *(agrónomo)* m. agrónomo.

aguglia *(agúllia)* f. aguja; obelisco.

agugliata *(agulliáta)* f. hebra.

aguzzare *(agutsáre)* tr. aguzar, afilar.

aguzzatore *(agutsatóre)* m. afilador.

aguzzo *(agútso)* adj. agudo.

aia *(áia)* f. era.

aiutante *(aiutánte)* m. ayudante.

aiutare *(aiutáre)* tr. ayudar, auxiliar, socorrer, asistir.

aiutarsi *(aiutársi)* rfl. ayudarse.

aiutatore *(aiutatóre)* adj. y m. ayudante, auxiliador.

aiuto *(aiúto)* m. ayuda, socorro.

aizzamento *(aitsaménto)* m. incitación.

aizzare *(aitsáre)* tr. incitar.

aizzatore *(aitsatóre)* adj. y m. instigador, provocador.

ala *(ála)* f. ala. **far** — hacer calle.

alacre *(alácre)* adj. diligente, eficaz, listo, solícito.

alacrità *(alacritá)* f. diligencia.

alba *(álba)* f. alba.

albeggiare *(albetyiáre)* itr. amanecer, alborear.

alberare *(alberáre)* tr. plantar árboles.

albereto *(alberéto)* m. arboleda.

albergare *(albergáre)* tr. albergar.

albergatore *(albergatóre)* m. posadero.

albergo *(albérgo)* m. posada; hotel.

albero *(álbero)* m. árbol; (náut.) mástil.

albo *(álbo)* adj. blanco.

albume *(albúme)* m. clara de huevo.

alchimia *(alkímia)* f. alquimia.

alchimista *(alkimísta)* m. alquimista.

alcool *(álcool)* m. alcohol.

alcuno *(alcuno)* adj. alguno. pron. alguien. **non vedo —** no veo a nadie.

aleggiare *(aletyiáre)* itr. alear, aletear.

alfabetico *(alfabético)* adj. alfabético.

alfabeto *(alfabéto)* m. alfabeto.

alfiere *(alfiére)* m. (mil.) alférez; abanderado.

alfine *(alfíne)* adv. por último.

algido *(áldyido)* adj. álgido.

alias *(álias)* m. alias.

alibi *(álibi)* m. coartada.

alienare *(aliénare)* tr. enajenar; alienar.

alienato *(alienáto)* adj. loco.

alienazione *(alienadsióne)* f. locura.

alieno *(aliéno)* adj. ajeno.

alimentare *(alimentáre)* tr. alimentar. adj. alimentario.

alimentazione *(alimentadsióne)* f. alimentación.

alimento *(aliménto)* m. alimento.

alitare *(alitáre)* itr. respirar, jadear.

alito *(álito)* m. hálito, aliento.

allacciare *(allatchiáre)* tr. enlazar, atar, unir; abotonar.

allagamento *(al-lagaménto)* m. inundación.

allagare *(al-lagáre)* tr. inundar.

allargamento *(al-largaménto)* m. agrandamiento, ensanchamiento.

allargare *(al-largáre)* tr. agrandar, ampliar, ensanchar.

allargata *(al-lárgáta)* f. ensanche.

allarmare *(al-larmáre)* tr. alarmar.

allarme *(al-lárme)* m. alarma.

allato *(al-láto)* prep. al lado de, junto a.

allattamento *(al-lattaménto)* m. lactancia.

allattare *(al-lattáre)* tr. amamantar; criar.

alleanza *(al-leándsa)* f. alianza.

allearsi *(al-leársi)* rfl. aliarse.

alleato *(al-leáto)* m. aliado.

allegare *(al-legáre)* tr. alegar, citar.

allegato *(al-legáto)* m. alegato.

allegazione *(al-legadsióne)* f. alegación.

alleggerimento *(al-letyeriménto)* m. aligeramiento; alivio.

alleggerire *(al-letyeríre)* tr. aligerar; aliviar.

allegoria *(al-legoría)* f. alegoría.

allegrare *(al-legráre)* tr. alegrar.

allegrarsi *(al-legrársi)* rfl. alegrarse.

allegria *(al-legría)* f. alegría.

allegro *(al-légro)* adj. alegre.

allenamento *(al-lenaménto)* m. entrenamiento.

allenare *(al-lenáre)* tr. entrenar.

allenatore *(al-lenatóre)* m. entrenador.

allenire *(al-leníre)* tr. aliviar, calmar.

allentare *(al-lentáre)* tr. aflojar.

allentatura *(al-lentatúra)* f. (med.) hernia.

allestimento *(al-lestiménto)* m. preparativo.

allestire *(al-lestíre)* tr. preparar.

allettamento *(al-lettaménto)* m. atractivo, aliciente.

allettante *(al-lettánte)* adj. seductor.

allettare *(al-lettáre)* tr. seducir, atraer.

allevamento *(al-levaménto)* m. educación; cría; ganado.

allevare *(al-leváre)* tr. educar; criar.

alleviare *(al-leviáre)* tr. aliviar, aligerar.

allibire *(al-libíre)* itr. palidecer.

allibramento *(al-libraménto)* m. asiento.

allibrare *(al-libráre)* tr. registrar.

allibratore *(al-libratóre)* m. corredor de apuestas.

allietare *(al-lietáre)* tr. alegrar.

allievo *(al-liévo)* m. alumno.

allineamento *(al-lineaménto)* m. alineación.

allineare *(al-lineáre)* tr. alinear.

allividimento *(al-lividiménto)* m. palidez.

allividire *(al-lividíre)* itr. palidecer.

allocco *(al-lócco)* m. búho.

allocuzione *(al-locudsióne)* f. alocución.

allodola *(al-lódola)* f. alondra.

allogamento *(al-logaménto)* m. colocación.

allogare *(al-logáre)* tr. colocar.

alloggiamento *(al-lotyiaménto)* m. alojamiento.

alloggiare *(al-lotyáre)* tr. e itr. alojar, alojarse.

allontanamento *(al-lontanaménto)* m. alejamiento.

allontanare *(al-lontanáre)* tr. alejar, apartar.

allora *(al-lóra)* adv. entonces. **d' — in poi** desde entonces.

allucinare *(al-luchináre)* tr. alucinar.

allucinazione *(al-luchinadsióne)* f. alucinación.

alludere *(al-lúdere)* tr. aludir.

allume *(al-lúme)* m. alumbre.

alluminio *(al-lumínio)* m. aluminio.

allungamento *(al-lungaménto)* m. alargamiento.

allungare *(al-lungáre)* tr. alargar.

allusione *(al-lusióne)* f. alusión.

allusivo *(al-lusívo)* adj. alusivo. [vión.

alluvione *(al-luvióne)* m. aluvión.

alma *(álma)* f. alma.

almanacco *(almanácco)* m. almanaque.

almanco *(almánco)* adv. al menos, por lo menos.

alpe *(álpe)* f. montaña.

Alpi *(álpi)* m. pl. los Alpes.

alquanto *(alkuánto)* adj., pron. y adv. algo, un poco.

altalena *(altaléna)* f. columpio.

altalenare *(altalenáre)* itr. columpiarse.

altana *(altána)* f. azotea.

altare *(altáre)* m. altar.

alterare *(alteráre)* tr. alterar.

alterazione *(alteradsióne)* f. alteración, irritación.

altercare *(altercáre)* tr. altercar.

alterco *(altérco)* m. altercado, disputa.

alterezza *(alterétsa)* f. altivez.

alternare *(alternáre)* tr. alternar.

alterno *(altérno)* adj. alterno.

altero *(altéro)* adj. altivo.

altezza *(altétsa)* f. altitud, altura; alteza.

altitudine *(altitúdine)* f. altitud.

alto *(álto)* adj. y m. alto.

altolocato *(altolocáto)* adj. de posición elevada.

altoparlante *(altoparlánte)* m. altavoz.

altrettanto *(altrettánto)* adj., pron. y adv. otro tanto.

altrieri *(altriéri)* adv. anteayer. [otro modo.

altrimenti *(altriménti)* adv. de

altro *(áltro)* adj. y pron. otro, distinto.

altronde *(altrónde)* adv. de otro lugar. **D'** — por otra parte. [parte.

altrove *(altróve)* adv. en otra

altrui *(altrúi)* adj. y pron. ajeno, de otro, de otros.

altruismo *(altruísmo)* m. altruismo. [truista.

altruista *(altruísta)* m. f. al-

altura *(altúra)* f. altura.

alunno *(alúnno)* m. alumno, discípulo.

alveare *(alveáre)* f. colmena.

alzare *(aldsáre)* tr. alzar, levantar.

alzarsi *(aldsársi)* rfl. alzarse.

amabile *(amábile)* adj. amable.

amabilità *(amabilitá)* f. amabilidad, afabilidad.

amante *(amánte)* adj. m. y f. amante, cariñoso.

amaramente *(amaraménte)* adv. amargamente.

amare *(amáre)* tr. amar, querer (a uno); apreciar.

amareggiare *(amaretyiáre)* tr. amargar.

amareno *(amaréno)* m. (bot.) guindo.

amarezza *(amarétsa)* f. amargura.

amaro *(amáro)* adj. amargo.

amarume *(amarúme)* m. amargura.

ambasciata *(ambaschiáta)* f. embajada.

ambasciatore *(ambaschiatóre)* m. embajador.

ambiente *(ambiénte)* m. ambiente.

ambiguità *(ambigüitá)* f. ambigüedad.

ambiguo *(ambígüo)* adj. ambiguo.

ambire *(ambíre)* tr. ambicionar.

ambizione *(ambidsióne)* f. ambición.

ambizionare *(ambidsionáre)* tr. codiciar.

ambizioso *(ambidsioso)* adj. ambicioso.

ambra *(ámbra)* f. ámbar.

ambulante *(ambulánte)* adj. ambulante.

ambulanza *(ambulándsa)* f. ambulancia.

ambulare *(ambuláre)* itr. andar.

ambulatorio *(ambulatório)* agg. ambulatorio. m. consultorio.

amenità *(amenitá)* f. amenidad.

ameno *(améno)* adj. ameno.

ametista *(ametísta)* f. amatista.

amicare *(amicáre)* tr. reconciliar.

amichevole *(amikévole)* adj. amigable.

amicizia *(amichídsia)* f. amistad.

amico *(amíco)* m. amigo.

amido *(ámido)* m. almidón.

amigdale *(amígdale)* f. pl. amígdalas.

amistà *(amistá)* f. amistad.

ammaccamento *(ammaccaménto)* m. magullamiento, cardenal.

ammaccare *(ammaccáre)* tr. magullar.

ammaccatura *(ammaccatúra)* f. magulladura.

ammaestrare *(ammaestráre)* tr. amaestrar.

ammalare *(ammaláre)* itr. enfermar.

ammalato adj. enfermo.

ammaliare *(ammaliáre)* tr. hechizar.

ammaliatura *(ammaliatúra)* f. hechizo.

ammansare *(ammansáre)* tr. amansar, domesticar.

ammassare *(ammassáre)* tr. acumular.

ammasso *(ammásso)* m. montón.

ammattire *(ammattíre)* itr. enloquecer.

ammazzamento *(ammatsaménto)* m. matanza.

ammazzare *(ammatsáre)* tr. matar.

ammazzatoio *(ammatsatóio)* m. matadero.

ammencire *(ammenchíre)* tr. aflojar.

ammenda *(amménda)* f. multa; enmienda.

ammendare *(ammendáre)* tr. enmendar.

ammettere *(amméttere)* tr. admitir, aceptar.

amministrare *(amministráre)* tr. administrar, regir.

amministratore *(amministratóre)* m. administrador.

amministrazione *(amministradsióne)* f. administración.

ammirabile *(ammirábile)* adj. admirable. [rar.

ammirare *(ammiráre)* tr. admirar.

ammiratore *(ammiratóre)* m. admirador.

ammirazione *(ammiradsióne)* f. admiración.

ammissibile *(ammissíbile)* adj. admisible.

ammissione *(ammissióne)* f. admisión.

ammobiliare *(ammobiliáre)* tr. amueblar.

ammodo *(ammódo)* adv. bien, debidamente.

ammogliare *(ammolliáre)* tr. casar.

ammogliarsi *(ammolliársi)* rfl. casarse.

ammollare *(ammol-láre)* tr. ablandar; remojar; aflojar; propinar.

ammollarsi *(ammol-lársi)* rfl. ablandarse; mojarse.

ammonimento *(ammoniménto)* m. admonición, amonestación.

ammonire *(ammonire)* tr. amonestar.

ammortare *(ammortáre)* tr. amortizar; amortiguar.

ammortizzare *(ammortitsáre)* tr. amortizar.

ammortizzatore *(ammortitsatóre)* m. (mec.) amortiguador.

ammusire *(ammusíre)* itr. enfadarse.

ammutinamento *(ammutinaménto)* m. amotinamiento, tumulto.

amnistia *(amnistía)* f. amnistía.

amore *(amóre)* m. amor.

amoretto *(amorétto)* m. amor pasajero.

amorevole *(amorévole)* adj. amoroso.

amorevolezza *(amorevolétsa)* f. cariño.   [tud.

ampiezza *(ampiétsa)* f. amplitud.

ampio *(ámpio)* adj. amplio.

ampolla *(ampol-la)* f. ampolla; vinajera.

ampolliera *(ampol-liéra)* f. vinajeras.

amputare *(amputáre)* tr. amputar.

anacronismo *(anacronismo)* m. anacronismo.

analisi *(análisi)* f. análisis.

analizzare *(analitsáre)* tr. analizar.

anarchia *(anarkía)* f. anarquía.

anatomia *(anatomía)* f. anatomía.

anatra *(ánatra)* f. ánade.

anca *(ánca)* f. anca.

anche *(ánke)* adv. y conj. también, además; aún.

ancora *(ancóra)* adv. todavía, aún.

ancora *(áncora)* f. ancla.

ancoraché *(ancoraké)* conj. aunque, si bien.

ancoraggio *(ancorátyio)* m. anclaje.

ancorare *(ancoráre)* tr. anclar, fondear.

andante *(andánte)* adj. (mús) andante.

andare *(andáre)* itr. ir, caminar. — **adagio** ir despacio. — **a finire** ir a parar.

andata *(andáta)* f. paso; ida. — **e ritorno** ida y vuelta.

andito *(ándito)* m. corredor, pasillo; vestíbulo.

aneddoto *(anéddoto)* m. anécdota.

anelare *(aneláre)* tr. anhelar.

anelito *(anélito)* m. anhelo.

anello *(anél-lo)* m. anillo.

angelo *(ándyelo)* m. ángel.

angina *(andyína)* f. (med.) angina.

angolare *(angoláre)* adj. angular.

angolo *(ángolo)* m. ángulo.

angoloso *(angolóso)* adj. anguloso; arisco.

angoscia *(angósia)* f. angustia.

angosciare *(angoschiáre)* tr. angustiar.

angoscioso *(angoscioso)* adj. angustiado, angustioso.

angustia *(angústia)* f. angustia, pena.

angustiare *(angustiáre)* tr. angustiar.

angusto *(angústo)* adj. angosto, estrecho.

anima *(ánima)* f. alma, espíritu.

animale *(animále)* m. animal.

animare *(animáre)* tr. animar.

animato *(animáto)* adj. animado.

animo *(ánimo)* m. ánimo; intención.

animosità *(animositá)* f. animosidad, odio.

animoso *(animóso)* adj. animoso.

annacquafeste *(annakkuaféste)* m. aguafiestas.

annacquare *(annakkuáre)* tr. aguar, regar.

anaffiare *(annaffiáre)* tr. regar.

anaffiatoio *(annaffiatóio)* m. regadera.

annali *(annáli)* m. pl. anales.

annata *(annáta)* f. año.

annegare *(annegáre)* tr. anegar, ahogar.

annegazione *(annegadsióne)* f. abnegación.

annerire *(annerire)* tr. ennegrecer, oscurecer.

annessione *(annessióne)* f. anexión.

annesso *(annesso)* adj. anejo, adjunto.

annettere *(annéttere)* tr. anexar, agregar.

annichilare *(annikiláre)* tr. aniquilar.

annidare *(annidáre)* itr. anidar.

annientare *(annientáre)* tr. anonadar; exterminar.

anniversario *(anniversário)* m. aniversario.

anno *(ánno)* m. año. **L'—scorso** el año pasado. — **bisestile** año bisiesto.

annobilire *(annobilire)* tr. ennoblecer.

annodare *(annodáre)* tr. anudar.

annoiare *(annoiáre)* tr. aburrir.

annotare *(annotáre)* tr. anotar.

annotazione *(annotadsióne)* f. anotación.   [checar.

annottare *(annottáre)* tr. anochecer.

annuale *(annuále)* adj. anual.

annualità *(annualitá)* f. anualidad.

annuario *(annuário)* m. anuario.

annullamento *(annul-laménto)* m. anulación.

annullare *(annul-láre)* tr. anular.

annunciare *(annunchiáre)* tr. anunciar.

annunzio *(annúndsio)* m. anuncio.

annusare *(annusáre)* tr. husmear, oler.

anodo *(ánodo)* m. ánodo.

anomalia *(anomalía)* f. anomalía.

anomalo *(anómalo)* adj. anómalo.

anonimo *(anónimo)* m. anónimo.

anormale *(anormále)* adj. anormal.

ansa *(ánsa)* f. asa.

ansamento *(ansaménto)* m. jadeo.

ansare *(ansáre)* itr. jadear.

ansietà *(ansietá)* f. ansiedad.

antagonismo *(antagonismo)* m. antagonismo.

antagonista *(antagonísta)* m. f. antagonista.

antecedente *(antechedénte)* adj. y m. antecedente.

antecedenza *(antechedénsa)* f. antecedencia.

antecedere *(antechédere)* itr. y tr. anteceder.

antecessore *(antechessóre)* m. antecesor.

antenna *(anténna)* f. antena.

anteporre *(antepórre)* tr. anteponer; preferir.

anteriore *(anterióre)* adj. anterior.

anticipare *(antichipáre)* tr. anticipar, adelantar.

anticipo *(antíchipo)* m. anticipo.

antico *(antíco)* adj. antiguo.

antidoto *(antídoto)* m. antídoto.

antipasto *(antipásto)* m. entrada, entremés.

antisettico *(antiséttico)* adj. antiséptico.

antitesi *(antítesi)* f. antítesis.

antracite *(antrachíte)* f. antracita.

anulare *(anúlare)* adj. anular.

anzi *(andsi)* antes; más bien; al contrario.

anzianità *(andsianitá)* f. ancianidad.

anziano *(andsiáno)* adj. y m. anciano.

anzidetto *(andsidétto)* adj. antedicho.

apatia *(apatía)* f. apatía.

apatico *(apático)* adj. apático, indiferente.

ape *(ápe)* f. (zool.) abeja.

aperto *(apérto)* adj. abierto.

apertura *(apertúra)* f. abertura; agujero; principio; inauguración.

apice *(ápiche)* m. ápice.

apicultore *(apicultóre)* m. apicultor.

apocalisse *(apocalísse)* m. apocalipsis.

apogeo *(apodyéo)* m. apogeo.

apostatare *(apostatáre)* itr. apostatar.

apostolico *(apostólico)* adj. apostólico.

apostolo *(apóstolo)* m. apóstol.

apostrofo *(apóstrofo)* m. apóstrofo.   [sis.

apoteosi *(apoteósi)* f. apoteosis.

appaccare *(appaccáre)* tr. empaquetar.

appaciare *(appachiáre)* tr. apaciguar, sosegar.

appacificare *(appachificáre)* tr. apaciguar, reconciliar.

appaltare *(appaltáre)* tr. arrendar.

appalto *(appalto)* m. arriendo.

appannare *(appannáre)* tr. empañar.

appannarsi *(appannarsi)* rfl. empañarse.

apparato *(appaáto)* m. aparato; preparación.

apparecchiamento *(apparekkiaménto)* m. preparativo.

apparecchiare *(apparekkiáre)* tr. aparejar, preparar.

apparecchio *(apparékkio)* m. aparejo; aparato, mecanismo; aeroplano.

apparente *(apparénte)* adj. aparente.

apparenza *(apparéndsa)* f. apariencia.

apparimento *(appariménto)* m. aparición.

apparire *(apparíre)* itr. aparecer.

appartamento *(appartaménto)* m. apartamento, vivienda.

appartare *(appartáre)* tr. apartar, separar.   [tarse.

appartarsi *(appartársi)* rfl. apartarse.

appartato *(appartáto)* adj. apartado, lejano.

appartenente *(appartenénte)* adj. perteneciente.

appartenenza *(appartenéndsa)* f. pertenencia.

appartenere *(appartenére)* itr. pertenecer (a); depender (de).

appassionamento *(appassionaménto)* m. pasión, apasionamiento.

appassionare *(appassionáre)* tr. apasionar.

appassionarsi *(appassionarsi)* rfl. apasionarse.

appassire *(appassíre)* itr. marchitarse, ajarse.

appellare *(appel-láre)* tr. llamar; apelar; apellidar.

appellativo *(appel-latívo)* adj. apelativo.

appello *(appél-lo)* m. llamada; apelación.

appena *(appéna)* adv. y conj. apenas. **appena che** tan pronto como.

appendere *(appéndere)* tr. colgar; suspender; ahorcar.

appendice *(appendíche)* m. apéndice.

appendicite *(appendichíte)* f. (med.) apendicitis.

appetito *(appetíto)* m. apetito.

appetitoso *(appetitóso)* adj. apetitoso, sabroso.

appianare *(appianáre)* tr. allanar, nivelar.

appiattamento *(appiattaménto)* m. ocultación, escondimiento.   [tar.

appiattare *(appiattáre)* tr. ocultar.

appiccare *(appiccáre)* tr. colgar; unir, pegar; ahorcar.

appiccarsi *(appiccársi)* rfl. colgarse, ahorcarse.

appiccicare *(appitchicáre)* tr. pegar. itr. hacerse pegajoso o pertinaz.

appicco *(appícco)* m. pretexto, excusa.

appie *(appié)* prep. al pie; a pie (caminar).

appiedare *(appiedáre)* tr. apear, desmontar.

appieno *(appiéno)* adv. del todo, plenamente.

appigionamento *(appidyionaménto)* m. arriendo, alquiler.

appigionare *(appidyionáre)* tr. arrendar.

appigliarsi *(appilliársi)* rfl. agarrarse; afiliarse; (bot.) arraigar (plantas).

appiglio *(appíllio)* m. pretexto, excusa.

appisolarsi *(appisolársi)* rfl. adormecerse.

applaudimento *(applaudiménto)* m. aplauso, ovación.

applaudire *(applaudíre)* tr. aplaudir.

applauso *(applaúso)* m. aplauso.

applicabile *(applicábile)* adj. aplicable.

applicare *(applicáre)* tr. aplicar.

applicarsi *(applicársi)* rfl. aplicarse.

applicazione *(applicadsióne)* f. aplicación.

appoggiare *(appotyiáre)* tr. apoyar, ayudar.

appoggiarsi *(appotyársi)* rfl. apoyarse.

appoggiatoio *(appotyiatóio)* m. apoyo, respaldo; pasamano.

appoggio *(appótyio)* m. apoyo; (fig.) protección.

apporre *(appórre)* tr. poner; imputar, atribuir.

456

apporsi *(appórsi)* rfl. adivinar.

apportare *(apportáre)* tr. aportar, traer.

apporto *(appórto)* m. aportación.

apposito *(appósito)* adj. conveniente, apropiado.

apposizione *(apposidsióne)* f. aposición.

apposta *(appósta)* adv. a propósito, adrede.

appostamento *(appostaménto)* m. acecho, emboscada; trampa.

appostare *(appostáre)* tr. apostar.

apprendere *(appréndere)* tr. aprender; enterarse de.

apprendista *(apprendísta)* m. aprendiz.

apprensione *(apprensióne)* f. aprensión.

apprensivo *(apprensívo)* adj. aprensivo.

appresso *(appresso)* adv. cerca, al lado; detrás; después. poco — a poco rato, poco después.

apprezzamento *(appretsaménto)* m. apreciación.

apprezzare *(appretsáre)* tr. apreciar, valorar.

approdare *(approdáre)* itr. arribar; conseguir.

approdo *(appródo)* m. llegada; (fig.) meta.

approfittare *(approfittáre)* tr. aprovechar, utilizar.

approfondire *(approfondíre)* tr. profundizar.

approntare *(approntáre)* tr. preparar, aparejar.

appropriare *(appropriáre)* tr. apropiar. [idóneo.

appropriato *(appropriato)* adj. appropriazione *(appropriadsióne)* f. apropiación.

approssimare *(approssimáre)* tr. aproximar, acercar.

approssimazione *(approssimadsióne)* f. aproximación.

approvare *(approváre)* tr. aprobar.

approvazione *(approvadsióne)* f. aprovación.

approvvigionamento *(approvvidyionaménto)* m. abastecimiento.

approvvigionare *(approvvidyionáre)* tr. proveer.

approvvigionarsi *(approvvidyionarsi)* rfl. abastecerse.

appuntamento *(appuntaménto)* m. cita.

appuntare *(appuntáre)* tr. apuntar, coser con unas cuantas puntadas; dirigir el tiro; afilar.

appuntato *(appuntáto)* adj. puntiagudo.

appunto *(appunto)* m. apunte, nota; pagaré. adv. exactamente; ahora mismo.

appurare *(appuráre)* tr. apurar, investigar.

aprile *(apríle)* m. abril.

aprire *(apríre)* tr. abrir; inaugurar.

apritura *(apritúra)* f. abertura.

apriscatole *(apriscátole)* m. abrelatas.

ara *(ára)* f. altar, ara.

aranceto *(aranchéto)* m. naranjal.

arancia *(aránchia)* f. (bot.) naranja.

aranciata *(aranchiáta)* f. naranjada.

arancio *(aránchio)* m. (bot.) naranjo.

arare *(aráre)* tr. arar; surcar.

aratro *(arátro)* m. arado.

arazzo *(arátso)* m. tapiz.

arbitraggio *(arbitrátyio)* m. arbitra e.

arbitrare *(arbitráre)* tr. arbitrar.

arbitro *(árbitro)* m. árbitro.

arborato *(arborato)* adj. arbolado.

arbore *(árbore)* m. árbol.

arboreto *(arboréto)* m. arboleda.

arbusto *(arbústo)* m. arbusto.

arca *(árca)* f. arca; caja.

arcata *(arcáta)* f. arcada; arco.

archeggiare *(arketyiáre)* tr. arquear, encorvar.

archeologia *(arkeolodyía)* f. arqueología.

architetto *(arkitétto)* m. arquitecto.

architettura *(arkitettúra)* f. arquitectura.

architrave *(arkitráve)* m. arquitrabe.

archiviare *(arkiviáre)* tr. archivar.

archivio *(arkívio)* m. archivo.

arcidiocesi *(archidióchesi)* f. archidiócesis.

arcipelago *(archipélago)* m. archipiélago.

arcivescovato *(archivescováto)* m. arzobispado.

arco *(árco)* m. arco, arcada.

arcobaleno *(arcobaléno)* m. arco iris.

arcuare *(arcuáre)* tr. arquear.

ardente *(ardénte)* adj. ardiente.

ardenza *(ardéndsa)* f. ardor.

ardere *(árdere)* itr. arder; brillar. tr. quemar.

ardesia *(ardésia)* f. pizarra.

ardimento *(ardiménto)* m. valor, desfachatez.

ardire *(ardíre)* itr. atreverse. m. atrevimiento, audacia.

ardito *(ardíto)* adj. atrevido, valiente; descarado.

ardore *(ardóre)* m. ardor, fervor.

arduità *(arduitá)* f. dificultad grande.

arduo *(árduo)* adj. arduo, difícil.

area *(área)* f. área.

arena *(aréna)* f. arena; anfiteatro.

arenare *(arenáre)* itr. encallar, enca larse.

argentaio *(ardyentáio)* m. platero.

argentare *(ardyentáre)* tr. platear.

argenteria *(ardyentería)* f. platería.

argentato *(ardyentáto)* adj. plateado.

argento *(ardyénto)* m. plata. — vivo mercurio.

argilla *(ardyíl-la)* f. arcilla.

arginare *(ardyináre)* tr. construir diques.

argine *(ardyine)* m. dique; barrera; terraplén.

argomentare *(argomentáre)* tr. argumentar, argüir.

argomentazione *(argomentadsióne)* f. argumentación.

argomento *(argoménto)* m. argumento.

argutezza *(argutétsa)* f. sutileza.

arguto *(argúto)* adj. sutil, ingenioso; astuto.

aria *(ária)* f. aire; viento; apariencia, semblante. all — aperta al aire libre.

aridezza *(aridétsa)* f. aridez.

aridità *(ariditá)* f. aridez.

arido *(árido)* adj. árido.

arieggiare *(arietyiáre)* tr. parecer; ventilar. itr. parecerse.

aringa *(arínga)* f. (ict.) arenque.

arioso *(arióso)* adj. airoso.

arista *(arísta)* f. arista.

aristocratico *(aristocrático)* adj. aristocrático. m. aristócrata.

aristocrazia *(aristocradsía)* f. aristocracia.

arma *(árma)* f. arma.

armadio *(armádio)* m. armario.

armamento *(armaménto)* m. armamento.

armare *(armáre)* tr. armar.

armata *(armáta)* f. armada.

armatore *(armatóre)* m. armador.

armatura *(armatúra)* f. armadura.

arme *(árme)* f. pl. armas.

armonia *(armonía)* f. armonía.

armonico *(armónico)* adj. armonioso.

arnese *(arnése)* m. utensilio.

aroma *(aróma)* m. aroma.

aromatizzare *(aromatitsáre)* tr. aromatizar, perfumar.

arpa *(árpa)* f. arpa.

arrabattarsi *(arrabattársi)* rfl. esforzarse.

arrabbiare *(arrabbiáre)* itr. rabiar.

arrabbiarsi *(arrabbiársi)* rfl. enfurecerse.

arrabbiato *(arrabbiáto)* adj. rabioso (perro); enojado.

arraffare *(arraffáre)* tr. arrancar; arrebatar.

arrancare *(arrancáre)* itr. apresurarse, ir corriendo; renquear.

arrangiarsi *(arrandyársi)* rfl. arreglárselas, apañarse.

arredare *(arredáre)* tr. amueblar.

arredi *(arrédi)* m. pl. mobiliario. — sacri ornamentos sagrados.

arrembaggio *(arrembátyio)* m. (náut.) abordaje.

arrembare *(arrembáre)* tr. (náut.) abordar.

arrendevole *(arrendévole)* adj. flexible.

arrendevolezza *(arrendevolétsa)* f. flexibilidad.

arrestare *(arrestáre)* tr. detener.

arresto *(arrésto)* m. detención, arresto.

arretrare *(arretráre)* tr. e itr. hacer retroceder, arredrar, atrasar.

arretrato *(arretráto)* adj. atrasado; (com.) pendiente de pago.

arretrati *(arretráti)* m. pl. (com.) atrasos.

arricchimento *(arrikkiménto)* m. enriquecimiento.

arricchire *(arrikkíre)* tr. e itr. enriquecer.

arricchirsi *(arrikkírsi)* rfl. enriquecerse.

arricciare *(arritchiáre)* tr. rizar; revocar.

arricciatura *(arritchiatúra)* f. rizado; revoque.

arridere *(arrídere)* itr. sonreír. tr. favorecer.

arrischiamento *(arriskiaménto)* m. riesgo.

arrischiare *(arriskiáre)* tr. arriesgar.

arrischiarsi *(arriskiársi)* rfl. arriesgarse.

arrischiato *(arriskiáto)* adj. arriesgado.

arrivare *(arriváre)* itr. llegar, arribar.

arrivo *(arrívo)* m. llegada.

arrivederci *(arrivedérchi)* itj. ¡adiós! [gancia.

arroganza *(arrogándsa)* f. arrogarsi *(arrogársi)* rfl. arrogarse.

arrossare *(arrossáre)* tr. ruborizar. itr. ruborizarse.

arrossimento *(arrossiménto)* m. enrojecimiento; rubor.

arrossire *(arrosíre)* itr. ruborizarse, avergonzarse.

arrostire *(arrostíre)* tr. asar; tostar.

arrostito *(arrostíto)* adj. asado.

arrosto *(arrósto)* m. asado.

arrotare *(arrotáre)* tr. afilar.

arrotolare *(arrotoláre)* tr. arrollar.

arrotondare *(arrotondáre)* tr. redondear.

arrovellarsi *(arrovel-lársi)* rfl. irritarse; afanarse.

arroventare *(arroventáre)* tr. poner al rojo vivo.

arrovesciare *(arroveschiáre)* tr. volcar, derribar.

arrovesciatura *(arroveschiatúra)* f. vuelco.

arruffamento *(arruffaménto)* m. enredo.

arruffare *(arruffáre)* tr. enredar, embrollar.

arrugginire *(arrudyiníre)* tr. aherrumbrase. [lar.

arruolare *(arruoláre)* tr. enro arruvidimento *(arruvidiménto)* m. endurecimiento.

arruvidire *(arruvidíre)* tr. endurecer; poner áspero.

arsenale *(arsenále)* m. arsenal.

arsura *(arsúra)* f. ardor; bochorno, sequedad.

arte *(árte)* f. arte; maña; oficio.

artefatto *(artefátto)* adj. artificial, adulterado.

artefice *(artéfiche)* m. artífice.

arteria *(artéria)* f. arteria.

articolare *(articoláre)* adj. ticular. tr. articular.

articolato *(articoláto)* adj. articulado.

articolazione *(articoladsióne)* f. articulación.

articolo *(artícolo)* m. artículo. — di fondo editorial.

artificiale *(artifichiále)* adj. artificial.

artificio *(artifíchio)* m. artificio; estratagema.

artificioso *(artifichióso)* adj. artificioso.

artigianato *(artidyanáto)* m. artesanía.

artigiano *(artidyáno)* m. artesano.

artigliere *(artilliére)* m. artillero. [llería.

artiglieria *(artillieía)* f. artiglio *(artíllio)* m. garra.

artista *(artísta)* m. f. artista.

artrite *(artríte)* f. (med.) artritis.

arzillo *(ardsíl-lo)* adj. vivo, vivaz, avispado.

ascella *(aschél-la)* f. sobaco, axila.

ascendente *(aschendénte)* adj. y m. ascendiente.

ascendenza *(aschendéndsa)* f. ascendencia.

ascendere *(aschéndere)* tr. e itr. ascender; importar una cuenta.

ascensione *(aschensióne)* f. ascensión, subida.

ascensore *(aschensóre)* m. ascensor.

ascia *(áschia)* f. hacha.

asciugamano *(aschiugamáno)* m. toalla.

asciugare *(aschiugáre)* tr. secar; enjugar.

asciuttezza *(aschiuttétsa)* f. sequedad.

asciutto *(aschiútto)* adj. seco; árido.

ascoltare *(ascoltáre)* tr. escuchar; (med.) auscultar.

ascolto *(ascólto)* m. escucha.

ascondere *(ascóndere)* tr. esconder, ocultar.

ascritto *(ascrítto)* adj. inscrito.

ascrivere *(ascrívere)* tr. inscribir.

asfalto *(asfálto)* m. asfalto.

asfissia *(asfissía)* f. asfixia.

asilo *(asílo)* m. asilo.

asino *(ásino)* m. (zool.) asno, burro; (fig.) tonto.

aspergere *(aspérdyere)* tr. asperjar.

asperges *(aspérdyes)* m. aspersorio, aspersión.

asperità *(asperitá)* f. aspereza.

aspirare *(aspiráre)* tr. aspirar.

aspirazione *(aspiradsióne)* f. aspiración.

aspirina *(aspirína)* f. (med.) aspirina.

asprezza *(asprétsa)* f. aspereza.

aspro *(áspro)* adj. áspero.

assaggiare *(assatyiáre)* tr. probar.

assai *(assái)* adv. bastante, muy, mucho.

assalire *(assalíre)* tr. asaltar, atacar.

assalto *(assálto)* m. asalto, ataque.

assassinare *(assassináre)* tr. asesinar.

assassinio *(assassínio)* m. asesinato. [sino.

assassino *(assassíno)* m. asesse *(ásse)* m. eje; tablero. — patrimoniale patrimonio.

assecondare *(assecondáre)* tr. secundar; satisfacer.

assediare *(assediáre)* tr. ase diar, importunar.

assedio *(assédio)* m. asedio.

assegnare *(asseñáre)* tr. asignar.

assegnazione *(asseñadsióne)* f. asignación.

assegno *(asséño)* m. giro. contro — contra reembolso.

assemblea *(assembléa)* f. asamblea.

assente *(assénte)* adj. y m. ausente.

assentire *(assentíre)* tr. asentir, consentir.

assenza *(asséndsa)* f. ausencia.

asserire *(asseríre)* tr. asegurar, afirmar, aseverar.

assessore *(assessóre)* m. asesor.

assicurare *(assicuráre)* tr. asegurar; tranquilizar, animar.

assicurazione *(assicuradsióne)* f. seguridad; seguro.

assiderarsi *(assiderársi)* rfl. aterirse.

assidersi *(assídersi)* rfl. sentarse.

assiduità *(assiduitá)* f. asiduidad.

assiduo *(assíduo)* adj. asiduo, constante.

assieme *(assiéme)* adv. juntamente, a la vez. m. conjunto, grupo.

assiepamento *(assiepaménto)* m. hacinamiento.

assiepare *(assiepáre)* tr. rodear.

assieparsi *(assiepársi)* rfl. amontonarse.

assimilare *(assimiláre)* tr. asimilar.

assimilazione *(assimiladsióne)* f. asimilación.

assioma *(assióma)* m. axioma.

assistente *(assisténte)* adj. y m. asistente.

assistenza *(assisténdsa)* f. asistencia.

assistere *(assístere)* tr. asistir.

associare *(associáre)* tr. asociar.

associazione *(associadsióne)* f. asociación.

assoggettare *(assotyettáre)* tr. sujetar, someter; obligar; contener, reprimir.

assolare *(assoláre)* tr. solear.

assoldare *(assoldáre)* tr. emplear, ajustar (obreros); reclutar. [luto.

assoluto *(assolúto)* adj. absoassoluzione *(assoludsióne)* f. absolución.

assolvere *(assólvere)* tr. absolver, perdonar.

assomiglianza *(assomilliándsa)* f. semejanza.

assomigliare *(assomilliáre)* itr. parecerse.

assorbire *(assorbíre)* tr. absorber.

assordamento *(assordaménto)* m. ensordecimiento.

assordare *(assordáre)* tr. ensordecer.

assortimento *(assortiménto)* m. surtido.

assortire *(assortíre)* tr. surtir.

assottigliamento *(assottigliaménto)* m. disminución.

assottigliare *(assottilliáre)* tr. reducir; adelgazar; afilar; agudizar.

assuefare *(assuefáre)* tr. acostumbrar.

assuefazione *(assuefadsióne)* f. costumbre.

assumere *(assúmere)* tr. asumir, encargarse de.

assunta *(assúnta)* f. Asunción de la Santísima Virgen.

assunto *(assúnto)* m. asunto; tarea, negocio, cargo.

assurdità *(assurditá)* f. absurdo, absurdidad.

assurdo *(assúrdo)* adj. y m. absurdo.

astenersi *(astenérsi)* rfl. abstenerse, contenerse.

astenimento *(asteniménto)* m. abstención, abstinencia.

astinenza *(astinéndsa)* f. abstinencia.

astio *(ástio)* m. rencor.

astrarre *(astrárre)* tr. separar, abstraer. itr. prescindir.

astratto *(astrátto)* adj. abstracto; distraído.

astringere *(astríndyere)* tr. obligar; astringir.

astro *(ástro)* m. astro.

astrologia *(astrolodyía)* f. astrología.

astronave *(astronáve)* f. astronave.

astronomo *(astrónomo)* m. astrónomo.

astuto *(astúto)* adj. astuto.

astuzia *(astúdsia)* f. astucia.

atleta *(atléta)* m. atleta.

atletica *(atlética)* f. atletismo.

atomo *(átomo)* m. átomo.

atroce *(atróche)* adj. atroz.

atrocità *(atrochitá)* f. atrocidad, crueldad.

attaccamento *(attaccaménto)* m. adhesión, apego.

attaccapanni *(attaccapánni)* m. percha.

attaccare *(attaccáre)* atacar; juntar; colgar; iniciar. itr. adherir. [garse.

attaccarsi *(attaccársi)* rfl. peattacco *(attácco)* m. ataque, (electr.) enchufe.

atteggiamento *(attetyiaménto)* m. actitud; aspecto.

atteggiarsi *(attetyiársi)* rfl. hacer de.

attendere *(attèndere)* tr. esperar. itr. atender; estar ocupado en, dedicarse a.

attenere *(attenére)* itr. concernir.

attenersi *(attenérsi)* rfl. atenerse a.

attentare *(attentáre)* tr. atentar.

attentarsi *(attentársi)* rfl. atreverse.

attentato *(attentáto)* m. atentado.

attento *(atténto)* adj. atento.

attenuare *(attenuáre)* tr. atenuar, aminorar.

attenzione *(attendsióne)* f. atención; obsequio; consideración. —! ¡atención!, ¡cuidado!

atterraggio *(atterrátyio)* m. aterrizaje.

atterrare *(atterráre)* tr. echar por el suelo. itr. aterrizar.

attesa *(attésa)* f. espera.

attestare *(attestáre)* tr. atestar, declarar.

attestato *(attestáto)* m. atestación, testimonio; certificado. — di nascita partida de nacimiento.

attiguità *(attiguitá)* f. contigüidad.

attiguo *(attíguo)* adj. contiguo.

attillare *(attil-láre)* tr. vestir con elegancia.

attillarsi *(attil-lársi)* rfl. atildarse.

attillato *(atil-láto)* adj. atildado.

attimo *(áttimo)* m. instante.

attinente *(attinénte)* adj. perteneciente.

attinenza *(attinéndsa)* f. pertenencia.

attingere *(attíndyere)* tr. sacar agua; tomar, extraer; alcanzar.

attirare *(attiráre)* tr. atraer.

attirarsi *(attirarsi)* rfl. atraerse.

attitudine *(attitúdine)* f. actitud; aptitud.

attività *(attivitá)* f. actividad.

attivo *(attívo)* adj. activo, m. (com.) haber.

attizzare *(attitsáre)* tr. atizar.

atto *(átto)* m. acto; gesto. adj. apto.

atti *(átti)* m. pl. autos (jur.)

attonito *(attónito)* adj. atónito, aturdido.

attorcere *(attórchere)* tr. torcer, retorcer, enroscar.

attorcigliamento *(attorchilliaménto)* m. retorcimiento.

attorcigliare *(attorchilliáre)* tr. torcer; enroscar.

attore *(attóre)* m. actor, (jur.) demandante.

attorniare *(attorniáre)* tr. rodear.

attorno *(attórno)* adv. y prep. en torno.

attortigliare *(attortilliáre)* tr. torcer, retorcer.

attrarre *(attrárre)* tr. atraer; seducir.

attrattiva *(attrattíva)* f. atractivo; atracción.

attrattivo *(attrattívo)* adj. atractivo.

attraversare *(attraversáre)* tr. atravesar (de lado a lado).

attraverso *(attravérso)* adv. a través de.

attrazione *(attradsióne)* f. atracción.

attrezzare *(attretsáre)* tr. aprestar, proveer; (náut.) aparejar.

attrezzo *(attrétso)* m. instrumento.

attrezzi *(attrétsi)* m. pl. instrumentos, aparejos.

attribuire *(attribuíre)* tr. atribuir.

attribuirsi *(attribuírsi)* rfl. atribuirse.

attribuzione *(attribudsióne)* f. atribución; jurisdicción.

attrice *(attríche)* f. actriz.

attruppamento *(attruppaménto)* m. agolpamiento.

attrupparsi *(attruppársi)* rfl. agolparse.

attuale *(attuále)* adj. actual.

attualità *(attualitá)* f. actualidad.

attuare *(attuáre)* tr. actuar; realizar.

audace *(audáche)* adj. audaz.

audacia *(audáchia)* f. audacia.

augurare *(auguráre)* tr. augurar.

augurio *(augúrio)* m. augurio; presagio.

aumentare *(aumentáre)* tr. e itr. aumentar, subir (el precio).

aumento *(auménto)* m. aumento; subida (de precios).

aureola *(auréola)* f. aureola.

ausiliare *(ausiliáre)* tr. auxiliar, socorrer. adj. auxiliar.

ausilio *(ausílio)* m. auxilio, socorro, ayuda.

austerità *(austeritá)* f. austeridad.

autenticare *(autenticáre)* tr. autentizar o legalizar (documentos).

autenticazione *(autenticadsióne)* f. legalización.

autentico *(auténtico)* adj. auténtico.

autenticità *(autentichitá)* f. autenticidad.

autista *(autista)* m. chófer.

auto *(áuto)* f. auto.

autocarro *(autocárro)* m. autocamión. [ro.

autogiro *(autodyíro)* m. autogiautoma *(autóma)* m. autómata.

automobile *(automóbile)* m. automóvil.

autopsia *(autopsía)* f. autopsia.

autore *(autóre)* m. autor.

autorevole *(autorévole)* adj. autorizado, competente.

autorevolezza *(autorevolétsa)* f. autoridad, competencia.

autorità *(autoritá)* f. autoridad; prestigio.

autorizzare *(autoritsáre)* tr. autorizar.

autoscafo *(autoscáfo)* m. canoa automóvil.

autostrada *(autostráda)* f. autopista.

autunnale *(autunnále)* adj. otoñal.

autunno *(autúnno)* m. otoño.

ava *(áva)* f. abuela.

avallare *(aval-láre)* tr. avalar.

avallo *(avál-lo)* m. aval.

avambraccio *(avambrátchio)* m. (anat.) antebrazo.

avanguardia *(avanguárdia)* f. vanguardia.

avanti *(avánti)* adv. delante, antes. adj. anterior. prep. delante de, ante. **da qui —** de ahora en adelante. **farsi —** adelantarse. **Il giorno —** la víspera. **—! ¡adelante!, ¡pase usted!**

avantieri *(avantiéri)* adv. anteayer.

avanzamento *(avandsaménto)* m. adelantamiento, progreso.

avanzare *(avandsáre)* tr. avanzar, adelantar. itr. avanzar; presentar; sobrar.

avanzarsi *(avandsársi)* rfl. adelantarse.

avaria *(avaría)* f. avería.

avariato *(avariáto)* adj. averiado.

avarizia *(avarídsia)* f. avaricia.

avaro *(aváro)* adj. y m. avaro.

avere *(avére)* tr. haber, tener, m. haber, activo.

aviatore *(aviatóre)* m. aviador.

aviazione *(aviadsióne)* f. aviación.

avidità *(aviditá)* f. avidez, codicia.

avido *(ávido)* adj. ávido.

avo *(ávo)* m. abuelo; antepasado.

avoltoio *(avoltóio)* m. (orn.) buitre.

avorio *(avório)* m. marfil.

avvalorare *(avvaloráre)* tr. valorar; comprobar; dar ánimos, infundir valor.

avvallamento *(avval-laménto)* m. hundimiento.

avvallare *(avval-láre)* itr. hundirse, tr. humillar.

avvallarsi *(avval-lársi)* rfl. doblegarse; hundirse.

avvampamento *(avvampaménto)* m. llamarada.

avvampare *(avvampáre)* tr. inflamar, encender. itr. arder, llamear.

avvantaggiare *(avvantatyiáre)* tr. aventajar.

avvantaggio *(avvantátyio)* m. ventaja.   [cuenta.

avvedersi *(avvedérsi)* rfl. darse

avvedimento *(avvediménto)* m. advertencia.

avveduto *(avvedúto)* adj. advertido; prudente; sagaz.

avvelenamento *(avvelenaménto)* m. envenenamiento.

avvelenare *(avvelenáre)* tr. envenenar.

avvelenarsi *(avvelenársi)* rfl. envenenarse.

avvenente *(avvenénte)* adj. agradable; gracioso.

avvenenza *(avvenéndsa)* f. agrado; gracia.

avvenimento *(avveniménto)* m. suceso, advenimiento.

avvenire *(avveníre)* itr. suceder, advenir. m. futuro, porvenir.

avvenirsi *(avvenírsi)* rfl. avenirse.

avventare *(avventáre)* tr. arrojar, lanzar; arriesgar.

avventarsi *(avventársi)* rfl. abalanzarse sobre.

avventura *(avventúra)* f. aventura.

avventurare *(avventuráre)* tr. aventurar.

avventuriere *(avventuriére)* m. aventurero.

avveramento *(avveraménto)* m. realización.

avverare *(avveráre)* tr. certificar, aseverar; realizar.

avverarsi *(avverársi)* rfl. realizarse.

avverbio *(avvérbio)* m. (gram.) adverbio.

avversario *(avversário)* adj. y m. adversario.

avversità *(avversitá)* f. adversidad.

avvertenza *(avverténdsa)* f. advertencia.

avvertire *(avvertíre)* tr. advertir, prevenir; darse cuenta.

avvezzamento *(avvetsaménto)* m. costumbre.

avvezzare *(avvetsáre)* tr. acostumbrar, habituar.

avvezzarsi *(avvetsársi)* rfl. acostumbrarse.

avviare *(avviáre)* tr. encaminar; empezar.

avviarsi *(avviársi)* rfl. encaminarse.

avvicinare *(avvichináre)* tr. acercar, aproximar.

avvilimento *(avviliménto)* m. envilecimiento.

avvilire *(avvilíre)* tr. envilecer, despreciar.

avvilirsi *(avvilírsi)* rfl. envilecerse, degradarse; humillarse.

avviluppamento *(avviluppaménto)* m. confusión.

avviluppare *(avvilupáre)* tr. confundir, enredar; envolver.

avvincere *(avvínchere)* tr. ceñir, estrechar, apretar; atar; liar.

avvisare *(avvisáre)* tr. avisar; creer, juzgar.

avviso *(avvíso)* m. aviso, advertencia, opinión.

avvivare *(avviváre)* tr. avivar.

avvocato *(avvocáto)* m. abogado, defensor.

avvocatura *(avvocatúra)* f. abogacía.

avvolgere *(avvoldyére)* tr. envolver; (técn.) bobinar.

avvoltoio *(avvoltóio)* m. (orn.) buitre.

azienda *(adsiénda)* f. hacienda, bienes.

azione *(adsióne)* f. acción, acto; (jur.) demanda; (mil.) combate.

azionista *(adsionísta)* m. accionista.

azzardo *(atsárdo)* m. azar, riesgo, suerte.

azzardoso *(atsardóso)* adj. arriesgado.

azzuffamento *(atsuffaménto)* m. pelea, riña.

azzuffare *(atsuffáre)* itr. pelear, azzuffarsi.

azzurro *(atsúrro)* adj. y m. azul.

babaiola *(babaióla)* f. babero.

babbo *(bábbo)* f. papá, padre.

babele *(babéle)* f. confusión.

babordo *(babórdo)* m. (náut.) babor.

bacarsi *(bacársi)* rfl. agusanarse, apolillarse.

bacato *(bacáto)* adj. carcomido, apolillado.

bacca *(bácca)* f. baya.

baccalà *(baccalá)* m. bacalao.

baccanale *(baccanále)* m. bacanal.

baccano *(baccáno)* m. algazara.

bacchetta *(bakkétta)* f. varita, batuta.

bacchettare *(bakkettáre)* tr. varear.

bachicoltura *(bakicoltúra)* f. cría del gusano de seda.

baciamano *(bachiamáno)* m. besamanos.

baciare *(bachiáre)* tr. besar.

bacillo *(bachíl-lo)* m. bacilo.

bacino *(bachíno)* m. bacía; cuenca.

bacio *(báchio)* m. beso.

baco *(báco)* m. gusano. **— da seta** gusano de seda.

badare *(badáre)* tr. e itr. tener cuidado, vigilar.

badarsi *(badársi)* rfl. precaverse.

badessa *(badésa)* f. abadesa.

badia *(badía)* f. abadía.

badile *(badíle)* m. azada.

baffo *(báffo)* m. bigote.

bagaglio *(bagállio)* m. equipaje.

bagliore *(balliòre)* m. resplandor.

bagnante *(bañánte)* m. bañista.

bagnare *(bañáre)* tr. bañar; mojar.

bagno *(baño)* m. baño. **— penale** galeras. **bagni termali** caldas.

baia *(baía)* f. bahía.

balbettare *(balbettáre)* itr. balbucir, tartamudear.

balbo *(bálbo)* adj. tartamudo.

balbutire *(balbutíre)* itr. tartamudear.

balcone *(balcóne)* m. balcón.

baldanza *(baldándsa)* f. atrevimiento, osadía.

baldo *(báldo)* adj. atrevido.

baldoria *(baldória)* f. alegría, jolgorio.

balena *(baléna)* f. (zool.) ballena.

balenare *(balenáre)* itr. relampaguear.

balenio *(balenío)* m. relampagueo.

baleno *(baléno)* m. relámpago.

balestra *(baléstra)* f. ballesta.

balestruccio *(balestrútchio)* m. (orn.) vencejo.

balia *(bália)* f. ama de cría, nodriza.

balìa *(balía)* f. poder.

balla *(bál-la)* f. bala, fardo; bola, mentira.

ballare *(bal-láre)* itr. bailar.

ballata *(bal-láta)* f. balada; baile.

ballerina *(bal-lerína)* f. bailarina.

ballerino *(bal-leríno)* m. bailarín.

ballo *(bál-lo)* m. baile.

balneario *(balneário)* adj. y m. balneario.

balocco *(balócco)* m. juguete; pasatiempo.

balordaggine *(balordátyine)* f. estupidez.

balordo *(balórdo)* adj. estúpido.   [te.

baluardo *(baluárdo)* m. baluarte.

balzare *(baltsáre)* itr. saltar.

balzo *(báldso)* m. salto; peñasco.

bambina *(bambína)* f. niña; muchachita.

bambinaia *(bambináia)* f. niñera.

bambino *(bambíno)* m. niño.

bambola *(bámbola)* f. muñeca.

banana *(banána)* f. (bot.) plátano.

banano *(banáno)* m. (bot.) platanero.

banca *(bánca)* f. banca, banco.

bancarotta *(bancarótta)* f. bancarrota.

banchetta *(bankétta)* f. banqueta.

banchetto *(bankétto)* m. banquete.

banchina *(bankína)* f. (náut.) muelle, malecón.

banco *(bánco)* m. banco; mostrador. **— del lotto** administración de lotería.

banconota *(banconóta)* f. billete de banco.

banda *(bánda)* f. banda; lado; pandilla; faja.

bandiera *(bandiéra)* f. bandera.

bandire *(bandíre)* tr. publicar, pregonar; desterrar.

banditismo *(banditísmo)* m. bandidismo.

bandito *(bandíto)* m. bandido, salteador, bandolero; desterrado. adj. desterrado; anunciado.

bando *(bándo)* m. bando; destierro.

bar *(bar)* m. bar.

bara *(bára)* f. féretro.

baracca *(barácca)* f. barraca.

barba *(bárba)* f. barba. **fare la — afeitar.**

barbabietola *(barbabiétola)* f. (bot.) remolacha.

barbiere *(barbiére)* m. barbero.

barca *(bárca)* f. barca.

barcaiolo *(barcaiólo)* m. barquero.

barcarola *(barcaróla)* f. barcarola.

barcollare *(barcol-láre)* itr. balancear, bambolear, columpiar; vacilar.

bardamento *(bardaménto)* m. arreos, jaeces.

barella *(barél-la)* f. camilla; litera.

barile *(baríle)* m. barril, tonel, cuba.

barilaio *(baríláio)* m. tonelero.

barocciaio *(barotchiáio)* m. arriero.

barocciata *(barotchiáta)* f. carretada.

barocco *(barócco)* adj. barroco.

baronaggio *(baronátyio)* m. baronía.

barone *(baróne)* m. barón; bribón.

baroneria *(baronería)* f. bribonería.

barra *(bárra)* f. barra.

barricata *(barricata)* f. barricada.

barriera *(barriéra)* f. barrera.

bassezza *(bassétsa)* f. bajeza.

basso *(básso)* adj. bajo; humilde; vil.

bassopiano *(bassopiáno)* m. llanura.

bassorilievo *(bassoriliévo)* m. bajorrelieve.

bastare *(bastáre)* itr. bastar, ser bastante.

bastimento *(bastiménto)* m. buque, barco, navío.

bastione *(bastióne)* m. bastión, baluarte.

bastonare *(bastonáre)* tr. apalear.
bastone *(bastóne)* m. bastón.
batista *(batísta)* f. batista.
battaglia *(battállia)* f. batalla, combate.
battagliare *(battalliáre)* itr. pelear.
battaglione *(battallióne)* m. (mil.) batallón.
battelliere *(battel-liére)* m. batelero.
battello *(battéllo)* m. bote, barca.
battente *(batténte)* m. batiente (de puertas y ventanas); aldaba.
battere *(báttere)* tr. golpear, chocar; latir; llamar a la puerta; batir, vencer (al enemigo). — **le mani** aplaudir. **battersela** poner pies en polvorosa.
batteria *(batteria)* f. batería.
batterio *(battério)* m. bacteria, microbio.
battesimale *(battesimále)* adj. bautismal.
battesimo *(battésimo)* m. bautismo.
battezzare *(battetsáre)* tr. bautizar.
batticuore *(batticuóre)* m. palpitación; angustia.
battimano *(battimáno)* m. aplauso.
battimento *(battiménto)* m. percusión; pulsación.
battitoio *(battitóio)* m. badajo.
battuta *(battuta)* f. golpe, choque; batida; (mus.) compás.
baule *(baúle)* m. baúl.
bava *(báva)* f. baba.
bazzoffia *(batsóffia)* f. bazofia; cosa despreciable.
beata *(beáta)* f. beata.
beatificare *(beatificáre)* tr. beatificar.
beatitudine *(beatitúdine)* f. beatitud; felicidad.
beato *(beáto)* adj. y m. beato; feliz.
beccaccia *(beccátchia)* f. becada, becaza.
beccaio *(beccáio)* m. carnicero.
beccare *(beccáre)* tr. picotear.
becchime *(bekkíme)* m. cebo.
becco *(bécco)* m. pico (de pájaros); (fig.) boca; chivo; marido engañado.
beffa *(béffa)* f. befa, burla. **farsi beffe** burlarse de.
beffardo *(beffardo)* adj. y m. burlón.
belare *(beláre)* itr. balar;
belato *(beláto)* m. balido.
belfiore *(belfióre)* m. (bot.) crisantemo.
bella *(bél-la)* adj. bella, hermosa.
bellezza *(bel-létsa)* f. belleza, hermosura.
bellicoso *(bel-licóso)* adj. belicoso; guerrero.
bellino *(bel-líno)* adj. bonito.
bello *(bél-lo)* adj. hermoso; lindo; guapo; despejado, claro, sereno (tiempo).
beltà *(beltá)* f. beldad.
belva *(bélva)* f. fiera.
belvedere *(belvedére)* m. mirador.
benché *(benké)* conj. aunque.
benda *(bénda)* f. venda.
bendare *(bendáre)* tr. vendar.
bene *(béne)* adv. bien; bueno. m. bien; utilidad, beneficio.
benedetto *(benedétto)* adj. bendito.

benedire *(benedíre)* tr. bendecir.
benedizione *(benedidsióne)* f. bendición.
benefattore *(benefattóre)* m. bienhechor.
beneficenza *(benefichéndsa)* f. beneficencia.
beneficio *(benefíchio)* m. beneficio.   [fico.
benefico *(benéfico)* adj. benéfizio *(benefídsio)* m. beneficio.
benessere *(benéssere)* m. bienestar, prosperidad.
benestante *(benestánte)* adj. de buena salud; acomodado, de buena posición.
benevolenza *(benevoléndsa)* f. benevolencia.
benevole *(benévole)* adj. benévolo.
benigno *(beniño)* adj. benigno.
benissimo *(beníssimo)* adv. muy bien.
benportante *(benportánte)* adj. en buena salud, bien conservado.
bensì *(bensí)* conj. pero, mas, sin embargo.
benvenuto *(benvenúto)* adj. bienvenido.
benzina *(bendsína)* f. bencina.
bere *(bére)* tr. beber.
bersagliare *(bersalliáre)* tr. disparar; perseguir.
bersagliere *(bersalliére)* m. cazador (soldado).
bersaglio *(bersállio)* m. blanco (de tiro).
bestemmia *(bestémmia)* f. blasfemia.
bestemmiare *(bestemmiáre)* itr. blasfemar.
bestemmiatore *(bestemmiatóre)* adj. y m. blasfemo.
bestia *(béstia)* f. bestia.
bestiame *(bestiame)* m. ganado; ganadería.
bettola *(béttola)* f. taberna, bodegón.
bettoliere *(bettoliére)* m. tabernero.
betulla *(betúl-la)* f. (bot.) abedul.
bevanda *(bevánda)* f. bebida.
beveraggio *(beverátyio)* m. brevaje.
beverone *(beveróne)* m. pócima.
bevitore *(bevitóre)* m. bebedor.
bevuta *(bevúta)* f. bebida.
bezzicare *(betsicáre)* tr. picotear; (fig.) molestar.
bezzicatura *(betsicatúra)* f. picotazo.
biacca *(biakka)* f. albayalde.
biada *(biáda)* f. pienso.
biancheria *(biankería)* f. ropa blanca. — **da dosso** ropa interior.
bianchire *(biankíre)* tr. blanquear; enjalbegar. itr. emblanquecer(se).
bianco *(biánco)* adj. blanco.
biancore *(biancoré)* m. blancor, blancura; luz blanca.
biasimabile *(biasimábile)* adj. criticable.
biasimare *(biasimáre)* tr. reprender, criticar.
biasimo *(biásimo)* m. reproche.
bibbia *(bíbbia)* f. biblia.
bibita *(bíbita)* f. bebida.
biblico *(bíblico)* adj. bíblico.
biblioteca *(bibliotéca)* f. biblioteca.
bibliotecario *(bibliotecário)* m. bibliotecario.
bicchiere *(bikkiére)* m. vaso.

bicicletta *(bichiclétta)* f. bicicleta.
bidello *(bidél-lo)* m. bedel.
biforcare *(biforcare)* tr. bifurcar.
biforcarsi *(biforcársi)* rfl. bifurcarse.
biforcazione *(biforcadsióne)* f. bifurcación.
bigio *(bídyio)* adj. gris, pardo.
biglietto *(billiettáio)* m. billetero, cobrador (de tranvía).
biglietto *(billiétto)* m. billete; entrada; pasaje; esquela; tarjeta.
bilancia *(bilanchia)* f. balanza.
bilanciare *(bilanchiáre)* tr. pesar; sopesar; equilibrar.
bilancio *(bilánchio)* balance.
bile *(bíle)* f. bilis.
bilicare *(bilicáre)* tr. equilibrar.
bilicarsi *(bilicársi)* rfl. mantenerse en equilibrio.
bilico *(bílico)* m. equilibrio.
bimba *(bímba)* f. niña.
bimbo *(bímbo)* m. niño.
bimotore *(bimotóre)* adj. bimotor.
binario *(bínário)* m. vía férrea.
binocolo *(binócolo)* m. anteojos, gemelos.
biografia *(biografía)* f. biografía.
biondo *(bióndo)* adj. rubio.
birbone *(birbóne)* m. bribón.
birra *(bírra)* f. cerveza.
birreria *(birrería)* f. cervecería.
bisbetico *(bisbético)* adj. caprichoso, antojadizo.
bisbigliare *(bisbilliáre)* tr. e itr. cuchichear, susurrar.
bisbiglio *(bisbíllio)* m. cuchicheo, susurro.
bisca *(bísca)* f. garito.
biscaiuolo *(biscaiuólo)* m. tahúr.
biscia *(bíscha)* f. culebra.
biscotteria *(biscottería)* f. confitería.
biscotto *(biscótto)* m. bizcocho, galleta.
bisestile *(bisestíle)* adj. bisiesto.
bisognare *(bisoñáre)* tr. necesitar.
bisogno *(bisóño)* m. necesidad. **a un —** en caso de necesidad.
bistecca *(bistécca)* f. biftec.
bizzarro *(bitsárro)* adj. estrambótico; bizarro.
blandimento *(blandiménto)* m. caricia.
blandire *(blandíre)* tr. acariciar; halagar; mitigar.
blasfemare *(blasfemáre)* itr. blasfemar.
blasone *(blasóne)* m. blasón, escudo.
blaterare *(blateráre)* itr. charlar.
blatta *(blátta)* f. cucaracha.
blindare *(blindáre)* tr. blindar.
bloccare *(bloccáre)* tr. bloquear.
bloccatura *(bloccatúra)* f. bloqueo.
blocco *(blócco)* m. bloqueo; bloc; bloque; alianza, coalición.
blu *(blu)* adj. y m. azul.
blusa *(blúsa)* f. blusa.
bobina *(bobína)* f. carrete, bobina.
bocca *(bócca)* f. boca; abertura, agujero.
bocchino *(bokkíno)* m. boquilla.
boccia *(bótchia)* f. garrafa; capullo (de flor); bocha.
bocciare *(botchiáre)* tr. rechazar; reprobar en exámenes.

bocconcino *(bocconchíno)* m. bocadillo, bocado.
boccone *(boccóne)* m. bocado.
bocconi *(boccóni)* adv. de bruces.
boia *(bóia)* m. verdugo.
boicottaggio *(boicottátyio)* m. boicot.
boicottare *(boicottáre)* tr. boicotear.
bolla *(ból-la)* f. burbuja; bula (papal).
bollare *(bol-láre)* tr. timbrar, sellar.
bollettino *(bol-letíno)* m. boletín.
bollire *(bol-líre)* tr. e itr. hervir; (fig.) calentarse.
bollo *(ból-lo)* m. sello.
bollore *(bol-lóre)* m. ebullición, hervor; (fig.) ímpetu.
bomba *(bómba)* f. bomba. — **atomica** bomba atómica. — **all'idrogeno** bomba de hidrógeno.
bombardamento *(bombardaménto)* m. bombardeo.
bombardare *(bombardáre)* tr. bombardear.
bonarietà *(bonarietá)* f. bondad, sencillez.
bonario *(bonário)* adj. bondadoso, ingenuo.
bonificamento *(bonificaménto)* m. saneamiento. (com.) bonificación.
bonificare *(bonificáre)* tr. bonificar.
bonificazione *(bonificadsióne)* f. bonificación.
bonomia *(bonomía)* f. afabilidad, amabilidad.
bontà *(bontá)* f. bondad.
borbogliamento *(borbolliaménto)* m. burbujeo, murmullo.
borbogliare *(borbolliáre)* itr. burbujear, murmurar.
borbottare *(borbottáre)* itr. barbotar.
bordo *(bórdo)* m. borde; (náut.) bordo.
borghese *(borguése)* adj. burgués; ciudadano.
borghesia *(borguesía)* f. burguesía.
borgo *(bórgo)* m. pueblo.
borgomastro *(borgomástro)* m. burgomaestre.
borraccia *(borrátchia)* f. cantimplora.
borsa *(bórsa)* f. bolsa; cartera.
borsaiuolo *(borsaiuólo)* m. ratero.
boscaiuolo *(boscaiuólo)* m. leñador.
bosco *(bósco)* m. bosque.
bossolo *(bóssolo)* m. cubilete; cartucho, cápsula.
botanica *(botánica)* f. botánica.
botanico *(botánico)* adj. botánico.
botta *(bótta)* f. disparo, descarga; choque; estruendo.
bottaio *(bottáio)* m. tonelero.
botte *(bótte)* f. tonel, barril.
bottega *(bottéga)* f. tienda, almacén.
bottiglia *(bottíllia)* f. botella.
bottone *(bottóne)* m. botón.
bozza *(bótsa)* f. protuberancia; bosquejo; galerada; (mar.) boza.
bozzetto *(botsétto)* m. boceto; bosquejo.   [lío.
bozzima *(bótsima)* f. engrudo;
bozzimare *(botsimáre)* tr. engrudar.

braccialetto *(bratchialétto)* m. brazalete.

braccio *(brátchio)* m. brazo; braza (medida).

braciere *(brachiére)* m. brasero.

brama *(bráma)* f. ansia.

bramare *(bramáre)* tr. anhelar, ansiar.

bramoso *(bramóso)* adj. ansioso.

branco *(bránco)* m. manada, rebaño.

branda *(bránda)* f. hamaca.

brando *(brándo)* m. sable.

brasare *(brasáre)* tr. soldar metales; asar.

brasatore *(brasatóre)* m. soldador.

bravacciata *(bravatchiáta)* f. baladronada, fanfarronada.

bravaccio *(bravátchio)* m. fanfarrón.

bravare *(braváre)* tr. desafiar.

bravazzare *(bravatsáre)* itr. fanfarronear.

breccia *(brétchia)* f. brecha; guijo.

brenna *(brénna)* f. rocín.

bretelle *(bretél-le)* f. pl. tirantes.

breve *(bréve)* adj. breve, corto, conciso. **fra** — dentro de poco, en breve.

brevità *(brevitá)* f. brevedad.

brevetto *(brevétto)* m. patente; diploma.

brezza *(brétsa)* f. brisa.

briaca *(briáca)* f. borrachera.

briachezza *(briakétsa)* f. embriaguez.

briaco *(briáco)* adj. y m. borracho.

bricco *(brícco)* m. cafetera.

briciola *(bríchiola)* f. migaja.

brigadiere *(brigadiére)* m. brigadier.

brigantaggio *(brigantátyio)* m. bandolerismo; latrocinio; pillaje.

brigante *(brigánte)* m. bandolero.

briglia *(brillia)* f. brida; freno.

brillante *(bril-lánte)* adj. brillante. *n.* brillante, diamante.

brillare *(bril-láre)* itr. brillar. tr. mondar.

brina *(brína)* f. escarcha.

brindare *(brindáre)* itr. brindar.

brindisi *(bríndisi)* m. brindis.

brivido *(brívido)* m. calofrío, escalofrío.

brocca *(brócca)* f. jarro, cubo.

broccato *(broccáto)* m. brocado.

brodo *(bródo)* m. caldo.

bronchi *(brónki)* m. pl. bronquios.

bronchite *(bronkíte)* f. (med.) bronquitis.

broncio *(brónchio)* m. ceño; hocico. **avere il** — estar de morro.

brontolare *(brontoláre)* itr. refunfuñar, gruñir.

brontolone *(brontolóne)* adj. y m. gruñón.

bronzare *(brondsáre)* tr. broncear.

bronzo *(brondso)* m. bronce.

brucare *(brucáre)* tr. deshojar; pacer.

bruciacchiare *(bruchiackiáre)* tr. socarrar, chamuscar.

bruciamento *(bruchiaménto)* m. incendio; quemadura.

bruciante *(bruchiánte)* adj. ardiente.

bruciapelo *(bruchiapélo);* **a** — a quema ropa.

bruciare *(bruchiáre)* tr. quemar. itr. arder.

bruciatore *(bruchatóre)* m. quemador.

bruciore *(bruchióre)* m. ardor, escozor.

bruco *(brúco)* m. gusano.

brulicare *(brulicáre)* itr. hormiguear.

brunimento *(bruniménto)* m. bruñimiento.

brunire *(bruníre)* tr. bruñir.

bruno *(brúno)* adj. moreno, bruno; oscuro. **vestito a** — vestido de luto.

brusco *(brúsco)* adj. brusco; áspero, rígido.

brusio *(brusío)* m. rumor.

brutalità *(brutalitá)* f. brutalidad.

brutalizzare *(brutalitsáre)* tr. atormentar; tratar mal.

bruto *(brúto)* adj. bruto. m. bruto, animal irracional.

bruttezza *(bruttétsa)* f. fealdad.

brutto *(brútto)* adj. feo; sucio; obsceno.

bruttura *(bruttúra)* f. fealdad; suciedad; deshonestidad.

buca *(búca)* f. abertura, agujero; fosa, sepulcro. — **delle lettere** buzón.

bucaniere *(bucaniére)* m. bucanero.

bucare *(bucáre)* tr. agujerear, taladrar; picar.

bucarsi *(bucársi)* rfl. agujerearse.

bucato *(bucáto)* m. colada.

buccia *(bútchia)* f. cáscara, pellejo, piel.

bucherellare *(bukerel-láre)* tr. agujerear, taladrar.

bucinare *(buchináre)* tr. murmurar, correr la voz.

buco *(búco)* m. agujero.

budello *(budél-lo)* m. tripa.

budino *(budíno)* m. budín.

bue *(búe)* m. buey.

bufera *(buféra)* f. ventisca, tormenta, tempestad.

buffa *(búffa)* f. ráfaga de viento; capirote.

buffare *(buffáre)* itr. soplar el viento con fuerza.

buffo *(búffo)* adj. y m. cómico; ráfaga (de viento).

buffone *(buffóne)* m. bufón.

bugia *(budyía)* f. mentira.

bugiardo *(budyiárdo)* m. embustero, mentiroso.

bugno *(búño)* m. colmena.

buio *(búio)* adj. oscuro. m. oscuridad.

bulletta *(bul-létta)* f. cédula, recibo; billete.

bullettino *(bul-lettíno)* m. boletín.

buono *(buóno)* adj. bueno. m. bono, cheque.

burattino *(burattíno)* m. títere; marioneta.

burla *(búrla)* f. burla, broma.

burlare *(burláre)* tr. burlar, embaucar. itr. bromear.

burlarsi *(burlársi)* rfl. reírse.

burlesco *(burlésco)* adj. burlesco.

burlone *(burlóne)* m. burlón, bromista.

burocrazia *(burocradsía)* f. burocracia.

burraia *(burráia)* f. mantequería.

burrasca *(burrásca)* f. borrasca, tempestad.

burro *(búrro)* m. mantequilla.

busca *(búsca)* f. busca.

buscare *(buscáre)* tr. buscar.

buscarsi *(buscársi)* rfl. ganar.

buscherare *(buskeráre)* tr. embrollar; disipar.

buscherata *(buskeráta)* f. tontería; bagatela, nonada.

bussare *(bussáre)* tr. pegar; llamar a la puerta.

bussata *(bussáta)* f. golpe; llamada (a la puerta).

bussola *(bússola)* f. brújula; biombo.

bussolotto *(bussolótto)* m. cubilete.

busta *(bústa)* f. sobre (de cartas); estuche.

bustarella *(bustarél-la)* f. soborno.

busto *(bústo)* m. corsé, corpiño, justillo; busto.

buttare *(buttáre)* tr. arrojar. — **vía** despilfarrar.

buttarsi *(buttársi)* rfl. tirarse, arrojarse.

buzzo *(bútso)* m. vientre.

cabina *(cabína)* f. camarote; cabina; caseta.

cacao *(cacáo)* m. cacao.

cacasenno *(cacasénno)* m. sabihondo.

caccia *(cátchia)* f. caza.

cacciamosche *(catchiamóske)* m. cazamoscas, papamoscas.

cacciagione *(catchiatyióne)* f. caza (animales de).

cacciare *(catchiáre)* tr. cazar; perseguir; despedir; sacar.

cacciarsi *(catchiársi)* rfl. meterse, entrometerse.

cacciatore *(catchiatóre)* m. cazador.

cacciavite *(catchiavíte)* m. destornillador.

cacio *(cáchio)* m. queso.

cadavere *(cadávere)* m. cadáver.

cadenza *(cadéndsa)* f. cadencia, ritmo.

cadere *(cadére)* itr. caer; morir; incurrir en error.

cadetto *(cadétto)* m. cadete; segundón.

caducità *(caduchitá)* f. caducidad.

caduta *(caduta)* f. caída; ruina.

caffè *(caffé)* m. café; cafeto.

caffettiera *(caffettiéra)* f. cafetera.

caffo *(cáffo)* m. número impar.

cagionare *(cadyionáre)* tr. ocasionar.

cagione *(cadyióne)* f. causa, razón.

caglio *(cállio)* m. cuajo.

cagna *(cáña)* f. perra; ramera.

cagnara *(cañára)* f. gritería.

cagnesco *(cañésco)* adj. perruno.

calamaio *(calamáio)* m. tintero.

calamaro *(calamáro)* m. calamar.

calamità *(calamitá)* f. calamidad.

calamita *(calamíta)* f. imán.

calappio *(caláppio)* m. lazo; trampa; asechanza.

calare *(caláre)* tr. bajar, rebajar (precios); amainar; arriar (velas). itr. bajar, descender. **al** — **del sole** al ponerse el sol.

calata *(caláta)* f. bajada, pendiente; (náut.) muelle.

calcafogli *(calcafólli)* m. pisapapeles.

calcagno *(calcáño)* m. talón.

calcamento *(calcaménto)* m. pisada; compresión.

calcare *(calcáre)* tr. calcar; comprimir; oprimir.

calce *(cálche)* f. cal; pie (de página).

calcestruzzo *(calchestrútso)* m. hormigón.

calcetto *(calchétto)* m. escarpín.

calciare *(calchiáre)* itr. cocear, tr. chutar.

calciatore *(calchiatóre)* m. futbolista.

calcina *(calchína)* f. mortero, argamasa.

calcinaccio *(calchinátchio)* m. escombro.

calcinaio *(calchináio)* m. albañil.

calcinare *(calchináre)* tr. calcinar; enjalbegar.

calcinatura *(calchinatúra)* f. calcinación.

calcio *(cálchio)* m. patada; coz (de cuadrúpedo); fútbol; (quím.) calcio.

calcitrante *(calchitránte)* adj. rebelde.

calcitrare *(calchitráre)* itr. mostrarse recalcitrante.

calcolare *(calcoláre)* tr. e itr. calcular; evaluar; apreciar; suponer.

calcolo *(cálcolo)* m. cálculo, conjetura; (med.) cálculo, piedra.

caldaia *(caldáia)* f. caldera.

caldaio *(caldáio)* m. caldero.

caldana *(caldána)* f. bochorno.

caldeggiare *(caldetyiáre)* tr. impulsar, ayudar, proteger.

calderotto *(calderótto)* m. caldero.

caldo *(cáldo)* m. calor, clima cálido. adj. caliente; apasionado.

calefazione *(calefadsióne)* f. calefacción.

calice *(cáliche)* m. cáliz.

calido *(cálido)* adj. cálido.

calligrafia *(cal-ligrafía)* f. caligrafía.

calma *(cálma)* f calma.

calmare *(calmáre)* tr. calmar, sosegar.

calmo *(cálmo)* adj. quieto, tranquilo.

calore *(calóre)* m. calor; ardor; vehemencia.

caloria *(caloría)* f. caloría.

calorifero *(caloríféro)* m. calentador; calorífero.

caloroso *(caloróso)* adj. caluroso.

caloscia *(calóschia)* f. chanclo.

calpestamento *(calpestaménto)* m. pisada.

calpestare *(calpestáre)* tr. pisotear; menospreciar.

calugine *(calúdyine)* f. pelusa; vello, bozo.

calunnia *(calúnnia)* f. calumnia.

calunniare *(calunniáre)* tr. calumniar.

calza *(cáldsa)* f. media.

calzare *(caldsáre)* tr. calzar; itr. ajustar; convenir. m. calzado, zapato.

calzatoia *(caldsatóia)* f. calce, falca.

calzatoio *(caldsatóio)* m. calzador.

calzatura *(caltzatúra)* f. calzado.

calzerotto *(caldserótto)* m. calcetín.

calzetta *(caldsétta)* f. calceta; calcetín.

calzolaio *(caldsoláio)* m. zapatero.

calzoleria *(caldsolería)* f. zapatería.

calzoncini *(caldsonchíni)* m. pl. calzoncillos.

calzoni *(caldsóni)* m. pl. pantalones.

cambiale *(cambiále)* f. (com.) letra de cambio.

cambiamento *(cambiamento)* m. mutación, cambio.

cambiare *(cambiáre)* tr. cambiar, variar; sustituir; modificar.

cambiavalute *(cambiavalúte)* m. cambista.

cambio *(cámbio)* m. cambio, canje; cotización.

camera *(cámera)* f. habitación; cámara.

camerata *(cameráta)* m. camarada.

cameriera *(cameriéra)* f. camarera.

cameriero *(cameriéro)* m. camarero.

camerino *(camerino)* m. camarín, (naút.) camarote; excusado.

camiceria *(camichería)* f. camisería.

camicia *(camichia)* f. camisa.

camiciola *(camichiola)* f. camiseta.

camino *(camíno)* m. chimenea.

camione *(camióne)* m. camión.

camminante *(camminánte)* m. caminante.

camminare *(camminóre)* itr. caminar; ir.

camminatura *(camminátura)* f. marcha.

cammino *(cammíno)* m. camino; viaje.

camomilla *(camomil-la)* f. (bot.) manzanilla.

camoscio *(camósio)* m. (zool.) gamuza.

campagna *(campáña)* f. campo; (mil.) campaña.

campana *(campána)* f. campana.

campanello *(campanél-lo)* m. campanilla; timbre.

campanile *(campaníle)* m. campanario.

campano *(campáno)* m. cencerro.

campare *(campáre)* itr. vivir, mantenerse.

campeggiare *(campetyiáre)* itr. campear; acampar; destacar.

campeggio *(campétyio)* m. campamento, camping.

campionario *(campionário)* m. muestrario.

campionato *(campionáto)* m. campeonato.

campione *(campióne)* m. campeón.

campo *(cámpo)* m. campo; campamento; pista.

camposanto *(camposánto)* m. cementerio, camposanto.

camuffare *(camuffáre)* tr. enmascarar, camuflar.

camuffazione *(camufadsióne)* f. disfraz, máscara.

canaglia *(canállia)* f. canalla.

canagliata *(canalliáta)* f. canallada.

canale *(canále)* m. canal.

canalizzazione *(canalitsadsióne)* f. canalización.

canapa *(cánapa)* f. cáñamo.

canarino *(canaríno)* m. (orn.) canario.

cancellare *(canchel-láre)* tr. borrar, tachar; anular.

cancelleria *(canchel-lería)* f. cancillería.

cancelliere *(canchel-liére)* m. canciller.

cancello *(canchél-lo)* m. verja.

cancrena *(cancréna)* f. (med.) gangrena.

cancrenarsi *(cancrenársi)* rfl. gangrenarse.

cancro *(cáncro)* m. (med.) cáncer.

candela *(candéla)* f. vela, bujía.

candelabro *(candelábro)* m. candelabro.

candidezza *(candidétsa)* f. candor; sinceridad.

candido *(cándido)* adj. cándido.

cane *(cáne)* m. can, perro.

canea *(canéa)* f. jauría.

canestra *(canéstra)* f. canasta.

canfora *(cánfora)* f. alcanfor.

cangiamento *(candyiaménto)* m. cambio.

cangiante *(candyiánte)* adj. cambiante; tornasolado.

cangiare *(candyiáre)* tr. cambiar; variar.

canile *(caníle)* m. perrera.

canino *(caníno)* adj. canino. **tosse canina** tos ferina.

canna *(cánna)* f. caña; bastón.

cannello *(cannél-lo)* m. caño.

cannibale *(canníbale)* adj. y m. caníbal.

cannocchiale *(cannokkiále)* m. anteojo.

cannone *(cannóne)* m. cañón; tubo.

canone *(cánone)* m. canon.

canottiere *(canottiére)* m. remero.

canotto *(canótto)* m. bote, chalupa, canoa.

cantante *(cantánte)* m. y f. cantante.

cantare *(cantáre)* tr. cantar. m. canto, cantar.

canterellare *(canterel-láre)* tr. canturrear.

cantiere *(cantiére)* m. astillero.

cantina *(cantína)* f. cantina, bodega.

cantiniere *(cantiniére)* m. cantinero, bodeguero.

canto *(cánto)* m. canto, cantar, canción; esquina, canto. **dal — mio** por mi parte.

cantoniere *(cantoniére)* m. peón caminero.

cantore *(cantóre)* m. cantante, cantor.   [cie.

canutezza *(canutétsa)* f. canicie.

canuto *(canúto)* adj. canoso, cano; anciano.

canzonare *(candsonáre)* tr. poner en ridículo, tomar el pelo. itr. bromear, burlarse.

canzone *(candsóne)* f. canción.

canzoniere *(candsoniére)* m. cancionero.

capace *(capáche)* adj. capaz.

capacità *(capachitá)* f. capacidad.

capanna *(capánna)* f. cabaña.

capello *(capél-lo)* m. cabello.

capelluto *(capel-lúto)* adj. peludo.

capezzale *(capetsále)* m. almohada.

capigliatura *(capilliatúra)* f. cabellera.

capire *(capíre)* tr. comprender, entender; contener. itr. caber.

capitale *(capitále)* adj. capital, principal. f. capital (de nación, provincia, etc.); letra mayúscula. m. capital, caudal.

capitano *(capitáno)* m. (mil.) capitán.

capitare *(capitáre)* itr. suceder; llegar.

capitolo *(capítolo)* m. capítulo; (rel.) cabildo.

capo *(cápo)* m. cabeza; jefe, caudillo; cabo. **—d'anno** (día de) Año Nuevo. **da —** desde el principio.

capobanda *(capobánda)* m. cabecilla; (mus.) maestro de banda; jefe de cuadrilla.

capocchia *(capókkia)* f. cabeza (de alfiler, cerilla, etc.)

capofitto *(capofítto)* adv. de cabeza.   [do.

capogiro *(capodyíro)* m. vahído.

capolavoro *(capolavóro)* m. obra maestra.

capolinea *(capolínea)* f. estación terminal.

capomastro *(capomástro)* m. maestro de obras.

caporale *(caporále)* m. (mil.) cabo.

capotreno *(capotréno)* m. jefe de tren.

capovolgere *(capovóldyere)* tr. volcar; transformar.

cappa *(cáppa)* f. capa; manto; campana de chimenea.

cappella *(cappél-la)* f. capilla.

cappellano *(cappel-lano)* m. capellán.

cappelleria *(cappel-lería)* f. sombrerería.

cappello *(cappél-lo)* m. sombrero.

cappone *(cappóne)* m. capón.

cappotta *(cappótta)* f. capa; capota.

cappotto *(cappótto)* m. capa; capote; abrigo. **—d'acqua** impermeable.

cappuccino *(capputchíno)* m. capuchino; café cortado.

cappuccio *(cappútchio)* m. capucha.

capra *(cápra)* f. (zool.) cabra.

capretto *(caprétto)* m. cabrito.

capriccio *(caprítchio)* m. capricho.

capriccioso *(capritchióso)* adj. caprichoso.

capriola *(caprióla)* f. cabriola.

capriolo *(capriólo)* m. macho cabrío.

captare *(captáre)* tr. captar.

captivo *(captívo)* adj. cautivo, esclavo.

carabattole *(carabáttole)* m. pl. bagatelas.

caraffa *(caráffa)* f. garrafa.

carambola *(carámbola)* f. carambola.

carambolare *(carambuláre)* itr. hacer carambola.

caramella *(caramél-la)* f. caramelo.

caramello *(caramél-lo)* m. caramelo.

carattere *(caráttere)* m. carácter; letra.

carbonaia *(carbonáia)* f. carbonera; carbonería.

carbone *(carbóne)* m. carbón.

carburante *(carburánte)* m. carburante.

carburatore *(carburatóre)* m. carburador.

carburo *(carbúro)* m. carburo.

carcerare *(carcheráre)* tr. encarcelar.

carcerato *(carcheráto)* adj. preso. m. preso, recluso.

carcerazione *(carcheradsióne)* f. encarcelamiento.

carcere *(cárchere)* m. cárcel.

carceriere *(carcheriére)* m. carcelero.

carciofo *(carchiófo)* m. (bot.) alcachofa.

cardare *(cardáre)* tr. cardar.

cardatore *(cardatóre)* m. cardador.

cardellino *(cardel-líno)* m. (orn.) jilguero.

cardenia *(cardénia)* f. (bot.) gardenia.

cardinalato *(cardinaláto)* m. cardenalato.

cardinale *(cardinále)* m. cardenal.

carena *(caréna)* f. (naút.) carena, obra viva (de un buque).

carestia *(carestía)* f. carestía.

carezza *(carétsa)* f. caricia.

carezzare *(caretsáre)* tr. acariciar.

cariare *(cariáre)* tr. carcomer, cariar.

cariato *(cariáto)* adj. cariado (diente).

carica *(cárica)* f. carga; cargo, empleo.

caricare *(caricáre)* tr. cargar.

caricatura *(caricatúra)* f. caricatura; carga.

carico *(cárico)* m. cargamento; encargo, comisión; (jur.) imputación, acusación; agravio.

carie *(cárie)* f. caries.

cariglione *(carillióne)* m. carillón.

carino *(caríno)* adj. lindo.

carità *(caritá)* f. caridad.

caritatevole *(caritatévole)* adj. caritativo.

carminio *(carmínio)* m. carmín.

carnale *(carnále)* adj. carnal; lascivo; consanguíneo.

carne *(carne)* f. carne.

carnefice *(carnéfiche)* m. verdugo.

carneficina *(carnefichína)* f. carnicería, matanza.

carnevale *(carnevále)* m. carnaval.

caro *(cáro)* adj. querido.

carogna *(caróña)* f. carroña.

carota *(caróta)* f. (bot.) zanahoria.

carovanna *(carovánna)* f. caravana.

carpentiere *(carpentiére)* m. carpintero.

carpone *(carpóne)* adv. a gatas.

carraia *(carráia)* f. carrera, camino carretero.

carrata *(carráta)* f. carretada.

carreggiata *(carretyiáta)* f. carril; rodada; camino, senda.

carreggio *(carrétyio)* m. acarreo.

carretta *(carrétta)* f. carreta.

carriera *(carriéra)* f. carrera.

carriola *(carrióla)* f. carretilla.

carro *(carro)* m. carro; vagón. **— armato** tanque.

carrozza *(carrótsa)* f. coche; vagón. **— letto** coche cama.

carrozzella *(carrotsél-la)* f. cochecito de niño.

carrozzeria *(carrotsería)* f. carrocería.

carruba *(carrúba)* f. (bot.) algarroba.

carrucola *(carrúcola)* f. aparejo; polea; (fig.) mujer de vida alegre.

carta *(cárta)* f. papel. — asciugante papel secante; naipe; lista de comidas; carta, contrato. carta bollata papel timbrado. carta da visita tarjeta de visita. carta smeriglia papel esmeril.

cartata *(cartáta)* f. paquete, cucurucho.

carteggio *(cartétyio)* m. carteo, correspondencia.

cartella *(cartél-la)* f. carpeta; cartera.

cartello *(cartél-lo)* m. cartel.

cartilagine *(cartiládyine)* f. cartílago.

cartina *(cartína)* f. (med.) sello.

cartoccio *(cartótchio)* m. cartucho.

cartoleria *(cartolería)* f. papelería.

cartolina *(cartolína)* f. tarjeta postal.

cartone *(cartóne)* m. cartón. cartoni animati dibujos animados.

cartuccia *(cartúchia)* m. (mil.) cartucho.

casa *(cása)* f. casa; linaje. — di cura sanatorio.

casale *(casále)* m. caserío.

casalingo *(casalíngo)* adj. casero.

casamento *(casaménto)* m. casa de vecindad; inquilinato.

casato *(casáto)* m. estirpe, linaje.

cascare *(cascáre)* itr. caer.

cascata *(cascáta)* f. cascada.

caschetto *(caskétto)* m. casquete.

cascina *(caschína)* f. granja.

cascinaio *(caschináio)* m. granjero.

casco *(cásco)* m. casco, yelmo; cabellera.

casella *(casél-la)* f. casilla. — postale apartado de correos.

casellario *(casel-lário)* m. registro, fichero.

caserma *(casérma)* f. cuartel.

casermare *(caserrmáre)* tr. acuartelar.

casotto *(casótto)* m. caseta, quiosco.

cassa *(cássa)* f. caja, cajón. — forte caja fuerte, caja de caudales.

cassamento *(cassaménto)* m. cancelación.

cassare *(cassáre)* tr. borrar, tachar; cancelar, anular.

cassatura *(cassatura)* f. tachadura, borradura.

cassazione *(cassadsióne)* f. casación; cancelación, anulación.

casserola *(casseróla)* f. cacerola, cazuela.

cassetta *(cassétta)* f. cajita; cajón.

cassetto *(cassétto)* m. cajón.

cassettone *(cassettóne)* m. cómoda.

cassiere *(cassiére)* m. cajero.

castagna *(castáña)* f. (bot.) castaña.

castello *(castél-lo)* m. castillo; torre; andamio.

castigare *(castigáre)* tr. castigar; reprender.

castigo *(castígo)* m. castigo.

castità *(castitá)* f. castidad.

casto *(cásto)* adj. casto.

castoro *(castóro)* m. (zool.) castor.

castrare *(castráre)* tr. castrar.

casuale *(casuále)* adj. casual.

casualità *(casualitá)* f. casualidad.

casuccia *(casútchia)* f. casucha.

casupola *(casúpola)* f. choza.

catafalco *(catafálco)* m. catafalco.

cataletto *(catalétto)* m. ataúd, féretro.

catechismo *(catekísmo)* m. catecismo.

catarro *(catárro)* m. (med.) catarro.

categoria *(categoría)* f. categoría.

catena *(caténa)* f. cadena.

catenaccio *(caténátchio)* m. pasador, pestillo.

catenare *(catenáre)* tr. encadenar.

cateratta *(caterátta)* f. catarata.

catinella *(catinél-la)* f. jofaina, palangana. piove a cantinelle llueve a cántaros.

catino *(catíno)* m barreño; palangana.

catramare *(catramáre)* tr. alquitranar, asfaltar.

catrame *(catráme)* m. alquitrán.

cattedra *(cáttedra)* f. cátedra.

cattedrale *(cattedrále)* f. catedral.

cattedratico *(cattedrático)* m. catedrático.

cattivo *(cattívo)* adj. malo; travieso.

cattolicismo *(cattolichísmo)* m. catolicismo.

cattolicità *(cattolichitá)* f. catolicidad.

cattolico *(cattólico)* adj. y m. católico.

cattura *(cattúra)* f. captura.

catturare *(catturáre)* tr. capturar, prender.

caucciù *(cautchiú)* m. caucho.

causa *(cáusa)* f. causa; pleito.

causale *(causále)* adj. causal.

causare *(causáre)* tr. causar.

cautela *(cautéla)* f. cautela.

cauterizzare *(cauteritsáre)* tr. cauterizar.

cauto *(cáuto)* adj. cauto, prudente.

cauzione *(caudsióne)* f. garantía; caución.

cava *(cáva)* f. mina, gruta.

cavagno *(caváño)* m. cesta.

cavaiolo *(cavaiólo)* m. minero.

cavalcare *(cavalcáre)* tr. e itr. cabalgar; pasar por encima.

cavalcata *(cavalcáta)* f. cabalgata.

cavalcioni *(cavalchióni)* adv.: a — a horcajadas.

cavaliere *(cavaliére)* m. caballero.

cavalla *(cavál-la)* f. yegua.

cavalleggiero *(caval-ledyéro)* m. soldado de caballería.

cavalletta *(caval-létta)* f. saltamontes.

cavalletto *(caval-létto)* m. caballete.

cavallo *(cavál-lo)* m. caballo.

cavare *(caváre)* tr. excavar; extraer, sacar; conseguir.

cavatappi *(cavatáppi)* m. sacacorchos.

caviale *(caviále)* m. caviar.

cavicchia *(cavíkkia)* f. clavija.

cavità *(cavitá)* f. cavidad.

cavo *(cávo)* adj. cóncavo, vacío. m. hueco; cable, maroma.

cavolfiore *(cavolfióre)* m. (bot.) coliflor.

cavolo *(cávolo)* m. col, berza. — cappuccio repollo.

cece *(chéche)* m. (bot.) garbanzo.

cecità *(chechitá)* f. ceguera.

ceco *(chéco)* adj. ciego.

cedere *(chédere)* tr. ceder. itr. someterse.

cedevole *(chedévole)* adj. flexible.

cedevolezza *(chedevolétsa)* f. flexibilidad.

cedola *(chédola)* f. cédula.

cedro *(chédro)* m. (bot.) cedro; cidro.

ceffata *(cheffáta)* f. bofetada.

ceffo *(chéffo)* m. rostro; (animales) hocico.

celamento *(chelaménto)* m. encubrimiento.

celare *(cheláre)* tr. encubrir; esconder.

celebrare *(chelebráre)* tr. celebrar.

celebrazione *(chelebradsióne)* f. celebración.

celebre *(chélebre)* adj. célebre.

celebrità *(chelebritá)* f. celebridad.

celere *(chélere)* adj. rápido.

celerità *(chelecelitá)* f. rapidez, celeridad.

celia *(chélia)* f. broma.

celiare *(cheliáre)* tr. bromear, burlarse.

celiatore *(cheliatóre)* m. bromista.

celibe *(chélibe)* adj. soltero, célibe.

cella *(chél-la)* f. celdilla (de panal); celda.

cellula *(chél-lula)* f. célula; celda, celdilla.

celluloide *(chel-lulóide)* f. celuloide.

cellulosa *(cel-lulósa)* f. celulosa.

cementare *(chementáre)* tr. cementar.

cemento *(cheménto)* m. cemento.

cena *(chéna)* f. cena.

cenare *(chenáre)* tr. cenar.

cencio *(chénchio)* m. trapo, andrajo.

cencioso *(chenchióso)* adj. andrajoso.

cenere *(chénere)* f. ceniza. le ceneri Miércoles de Ceniza.

cenno *(chénno)* m. señal.

censo *(chénso)* m. renta.

censura *(chensúra)* f. censura.

censurare *(chensuráre)* tr. censurar.

centenário *(chentenário)* adj. y m. centenario.

centesimo *(chentésimo)* adj. centésimo. m. céntimo.

centinaio *(chentináio)* m. centenar.

cento *(chénto)* adj. y m. cien.

centrale *(chentrále)* adj. y f. central.

centralino *(chentralino)* m. centralilla.

centro *(chéntro)* m. centro.

ceppo *(chéppo)* m. cepa; cepo.

cera *(chéra)* f. cera; aspecto. — lacca lacre.

ceramica *(cherámica)* f. cerámica.

cerchia *(chérkia)* f. cerca; (fig.) círculo.

cerchiare *(cherkiáre)* tr. cercar, rodear.

cerchio *(chérkio)* m. aro, llanta; círculo.

cerchione *(cherkióne)* llanta.

cereali *(chereáli)* m. pl. cereales.

ceretta *(cherétta)* f. betún.

cerimonia *(cherimónia)* f. ceremonia.

cerino *(cheríno)* m. cerilla.

cero *(chéro)* m. cirio.

cerotto *(cherótto)* m. esparadrapo.

certamente *(chertaménte)* adv. ciertamente.

certezza *(chertétsa)* f. certeza.

certificare *(chertificáre)* tr. certificar.

certificato *(chertificáto)* m. certificado.

certo *(chérto)* adj. cierto.

cervello *(chervél-lo)* m. cerebro, seso.

cervo *(chérvo)* m (zool.) ciervo.

cesellare *(chesel-láre)* tr. cincelar.

cesello *(chesél-lo)* m. cincel.

cesoie *(chesóie)* f. pl. tijeras.

cespuglio *(chespúllio)* m. mata.

cessante *(chessánte)* adj. cesante.

cessare *(chessáre)* tr. e itr. cesar, desistir.

cessione *(chessióne)* f. cesión, transferencia.

cesta *(chésta)* f. cesta.

cesto *(chésto)* m. cesto; mata.

ceto *(chéto)* m. clase social.

cetra *(chétra)* f. cítara.

cetriolo *(chetriólo)* m. (bot.) pepino.

che *(ke)* conj. que. pron. que, quien.

chè *(ke)* conj. para qué, por qué.

checché *(kekké)* pron. cualquier cosa.

checchessia *(kekkessía)* adv. cualquier cosa.

chetare *(ketáre)* tr. apaciguar.

cheto *(kéto)* adj. quieto.

chi *(ki)* pron. quien, quienes.

chiacchiera *(kiákkiera)* f. charla.

chiamare *(kiamáre)* tr. llamar.

chiamata *(kiamáta)* f. llamada.

chiappa *(kiáppa)* f. presa, captura; lucro.

chiappamosche *(kiappamoske)* m. papamoscas.

chiappare *(kiappáre)* tr. agarrar.

chiapparello *(kiapparél-lo)* m. trampa, lazo.

chiara *(kiára)* f. clara.

chiarezza *(kiarétsa)* f. claridad.

chiarificare *(kiarificáre)* tr. clarificar, iluminar.

chiarimento *(kiariménto)* m. clarificación; aclaración.

chiarire *(kiaríre)* tr. aclarar.

chiarità *(kiaritá)* f. claridad.

chiaro *(kiáro)* adj. claro; transparente; despejado (tiempo); célebre; m. claridad. adv. claro.

chiarore *(kiaróre)* m. resplandor.

chiaroscuro *(kiaroscúro)* m. claroscuro.

chiaroveggenza *(kiarovetyéntsa)* f. clarividencia.

chiasso *(kiásso)* m. ruido, bulla, alboroto.

chiassoso *(kiassóso)* adj. ruidoso; alborotador.

chiave *(kiáve)* f. llave; (mús.) clave.

chiavare *(kiaváre)* tr. cerrar con llave; clavar; fijar.

chiavetta *(kiavétta)* f. llavecilla; conmutador; espita.

chiavistello *(kiavistél-lo)* m. cerrojo, pestillo, pasador.

chiazza *(kiátsa)* f. mancha.

chiazzare *(kiatsáre)* tr. manchar.

chicchera *(kíkkera)* f. jícara.

chicchessia *(kikkessía)* pron. cualquiera.

chicco *(kíkko)* m. grano (de uva, café, etc.).

chiedere *(kiédere)* tr. preguntar; pedir.

chierica *(kiérica)* f. tonsura; clérigo.

chierico *(kiérico)* m. clérigo.

chiesa *(kiésa)* f. iglesia.

chiesta *(kiésta)* f. petición.

chilo *(kílo)* m. kilo, kilogramo. fare il — echar la siesta.

chilometro *(kilómetro)* m. quilómetro, kilómetro.

chimera *(kiméra)* f. quimera.

chimica *(kímica)* f. química.

chimico *(kímico)* adj. químico.

china *(kína)* f. declive, caída; bajada. [bajar.

chinare *(kináre)* tr. inclinar.

chinata *(kináta)* f. bajada; declive.

chincaglieria *(kincallieria)* f. quincalleria.

chinese *(kinése)* adj. y m. chino.

chino *(kíno)* adj. inclinado.

chioccia *(kiótchia)* f. clueca.

chiocciare *(kiotchiáre)* itr. cloquear.

chiocciola *(kiótchiola)* f. caracol. scala a— escalera de caracol.

chiodetto *(kiodétto)* m. tachuela.

chiodo *(kiódo)* m. clavo.

chiodone *(kiodóne)* m. chaveta.

chioma *(kióma)* f. cabellera, crines.

chiomato *(kiomáto)* adj. melenudo.

chiosco *(kiósco)* m. quiosco.

chiostro *(kióstro)* m. claustro, monasterio.

chirurgia *(kirurdyía)* f. cirugía.

chirurgo *(kirúrgo)* m. cirujano.

chisciottesco *(kischiottésco)* adj. quijotesco.

chissà *(kissá)* adv. quién sabe, tal vez, quizá.

chitarra *(kitárra)* f. guitarra.

chitarrista *(kitarrísta)* m. f. guitarrista.

chiudere *(kiúdere)* tr. cerrar.

chiunque *(kiúnkue)* pron. cualquiera, quienquiera.

chiusa *(kiúsa)* f. cercado.

chiuso *(kiúso)* adj. cerrado.

chiusura *(kiusúra)* f. clausura.

ci *(chi)* adv. ahí, allí, aquí. pron. nos, a nosotros; en esto, en eso, en ello.

ciabatta *(chiabátta)* f. zapatilla, babucha.

ciabattino *(chiabattíno)* m. zapatero remendón.

ciambella *(chiambél-la)* f. rosquilla, bollo.

ciambellano *(chiambel-láno)* m. chambelán.

ciampicare *(chiampicáre)* itr. tropezar.

ciampicone *(chiampicóne)* m. tropezón.

ciancia *(chiánchia)* f. chisme; bagatela; frivolidad.

ciangottare *(chiangottáre)* itr. balbucear.

ciao *(chiáo)* itj. ¡hola! ¡adiós!

ciarla *(chiárla)* f. charla.

ciarlare *(chiarláre)* itr. charlar.

ciarlataneria *(chiarlataneria)* f. charlatanería.

ciarlatáno *(chiarlatáno)* m. charlatán.

ciarpa *(chiárpa)* f. banda, faja; chal; bufanda.

ciascuno *(chiascúno)* pron. cada uno, cada cual. adj. cada.

cibare *(chibáre)* tr. cebar; alimentar, nutrir.

cibaria *(chibária)* f. comida, vitualla. cibarie pl. víveres.

cibo *(chíbo)* m. comida; cebo.

ciborio *(chibório)* m. copón; custodia.

cicala *(chicála)* f. cigarra.

cicatrice *(chicatríche)* f. cicatriz.

cicatrizzare *(chicatritsáre)* itr. cicatrizar.

cicca *(chícca)* f. colilla.

cicisbea *(chichisbéa)* f. coqueta; querida.

cicisbeare *(chichisbeáre)* itr. cortejar.

cicisbeo *(chichisbéo)* m. amante.

ciclismo *(chiclísmo)* m. ciclismo.

ciclista *(chiclísta)* m. f. ciclista.

cicogna *(chicóña)* f. (orn.) cigüeña.

cicoria *(chicória)* f. (bot.) achicoria.

cieco *(chiéco)* adj. y m. ciego.

cielo *(chiélo)* m. cielo.

cifra *(chífra)* f. cifra; número; suma, importe.

ciglia *(chíllia)* f. pl. pestañas.

ciglio *(chíllio)* m. ceja; pestaña.

cigno *(chíño)* m. (orn.) cisne.

cigolamento *(chigolaménto)* m. rechinamiento; crujido.

cigolare *(chigoláre)* itr. rechinar, crujir.

ciliegia *(chiliédyia)* f. (bot.) cereza.

cilindro *(chilíndro)* m. cilindro; (mec.) tambor; sombrero de copa.

cima *(chíma)* f. cima, vértice, cumbre. in — encima.

cimentare *(chimentáre)* tr. arriesgar, ensayar.

cimentarsi *(chimentársi)* rfl. aventurarse.

cimento *(chiménto)* m. riesgo, prueba.

cimentoso *(chimentóso)* adj. arriesgado.

cimice *(chímice)* m. chinche.

ciminiera *(chiminiéra)* f. chimenea.

cimitero *(chimitéro)* m. cementerio.

cinegiornale *(chinedyiornále)* m. documental.

cinema *(chinéma)* m. cine.

cinematografo *(chinematógrafo)* m. cinematógrafo.

cinese *(chinese)* adj. y m. chino.

cingere *(chíndyere)* tr. ceñir; cercar.

cinghia *(chínguia)* f. correa; cincha.

cinghiale *(chinguiále)* m. (zool.) jabalí.

cinghiare *(chinguiáre)* tr. cinchar; ceñir.

cingolo *(chíngolo)* m. cinturón.

cinguettare *(chingüettáre)* itr. piar; balbucear.

cinto *(chínto)* m. cinto.

cintura *(chintúra)* f. cintura; cinturón; faja.

ciò *(chió)* pron. esto, eso. — chè lo que. per — por eso.

cioccolata *(chiokkoláta)* f. chocolate.

cioè *(chioé)* adv. es decir, esto es, o sea.

ciottolo *(chióttolo)* m. guijarro.

cipolla *(chipól-la)* f. (bot.) cebolla; bulbo.

cippo *(chíppo)* m. cipo; hito, mojón. [ciprés.

cipresso *(chiprésso)* m. (bot.)

circa *(chírca)* prep. en cuanto a, respecto de. adv. alrededor de, poco más o menos, cerca.

circo *(chírco)* m. circo, arena.

circolare *(chircoláre)* itr. circular; girar. adj. circular.

circolazione *(chircoladsióne)* f. circulación.

circolo *(chírcolo)* m. círculo.

circondamento *(chircondaménto)* m. rodeo.

circondare *(chircondáre)* tr. cercar; rodear, circundar.

circondario *(chircondário)* m. distrito, jurisdicción.

circonferenza *(chirconferénsa)* f. circunferencia.

circoscrivere *(chircoscrívere)* tr. circunscribir.

circospezione *(chircospedsióne)* f. circunspección.

circostanza *(chircostándsa)* f. circunstancia.

circuire *(chircuíre)* tr. rodear.

circuito *(chircúito)* m. circuito.

citare *(chitáre)* tr. citar. (jur.) hacer comparecer ante un tribunal.

citazione *(chitadsióne)* f. citación.

città *(chittá)* f. ciudad.

cittadella *(chitadél-la)* f. ciudadela.

cittadino *(chittadíno)* m. ciudadano. [moño.

ciuffo *(chiúffo)* m. mechón;

ciurma *(chiúrma)* f. chusma.

ciurmare *(chiurmáre)* tr. engañar.

ciurmatore *(chiurmatóre)* m. charlatán, embrollón.

civetta *(chivétta)* f. (orn.) lechuza; (fig.) coqueta.

civettare *(chivettáre)* itr. coquetear; ir de caza de pájaros (con mochuelo).

civetteria *(chivettería)* f. coquetería.

civico *(chívico)* adj. cívico.

civile *(chivíle)* adj. civil; civilizado.

civiltà *(chiviltá)* f. civilización.

clamore *(clamóre)* m. clamor.

classe *(clásse)* f. clase.

classico *(clássico)* adj. clásico.

classificare *(classificáre)* tr. clasificar.

classificazione *(classificadsióne)* f. clasificación.

clavicola *(clavícola)* f. (anat.) clavícula.

clemente *(cleménte)* adj. clemente.

clemenza *(cleméndsa)* f. clemencia.

clero *(clero)* m. clero.

cliente *(cliénte)* m. cliente.

clientela *(clientéla)* f. clientela.

clima *(clíma)* m. clima.

clinica *(clínica)* f. clínica.

cloaca *(cloáca)* f. cloaca.

cloro *(clóro)* m. cloro.

clorofila *(clorofíla)* f. clorofila.

coadiuvare *(coadiuváre)* tr. coadyuvar, asistir, secundar, cooperar.

coagulare *(coaguláre)* tr. e itr. coagular, coagularse.

coalizione *(coalidsióne)* f. coalición.

cocchiere *(cokkiére)* m. cochero.

cocco *(cócco)* m. coco.

coccodrillo *(coccodríl-lo)* m. (zool.) cocodrilo.

cocente *(cochénte)* adj. ardiente; agudo, violento.

cocere *(cochére)* tr. cocer, hervir.

cocimento *(cochiménto)* m. cocción.

cocomero *(cocómero)* m. (bot.) sandía.

coda *(códa)* f. cola.

codardo *(codárdo)* adj. cobarde.

codesto *(codésto)* adj. y pron. ese.

codice *(códiche)* m. código.

codicillo *(codichíl-lo)* m. codicilo.

codificare *(codificáre)* tr. codificar.

codino *(codíno)* adj. y m. retrógrado, reaccionario.

coerenza *(coeréndsa)* f. coherencia.

coesistere *(coesístere)* itr. coexistir.

cofano *(cófano)* m. baúl.

cogliere *(cólliere)* tr. coger, recoger.

cognato *(coñáto)* m. cuñado.

cognazione *(coñadsióne)* f. afinidad.

cognito *(cónito)* adj. conocido.

cognizione *(coñidsióne)* f. conocimiento.

cognome *(coñóme)* m. apellido; apodo.

coincidere *(coinchídere)* itr. coincidir; corresponder.

coincidenza *(coinchidéndsa)* f. coincidencia.

colà *(colá)* adv. ahí, allá.

colare *(coláre)* tr. colar.

colata *(coláta)* f. colada.

colazione *(coladsióne)* f. colación, desayuno. far — desayunar.

colei *(coléi)* pron. esa, aquella.

colera *(coléra)* m. (med.) cólera.

colerico *(colérico)* adj. y m. colérico, enfermo de cólera.

colica *(cólica)* f. (med.) cólico. [con la.

colla *(cól-la)* f. cola. prep. art.

collaborare *(col-laboráre)* tr. colaborar.

collaborazione *(col-laboradsióne)* f. colaboración.

collana *(col-lána)* f. collar; serie, colección.

collare *(col-láre)* m. collar.

colle *(cól-le)* m. cerro. prep. art. con las.

collega *(col-léga)* m. f. colega.

collegare *(col-legáre)* tr. unir, ligar.

collegiale *(col-ledyiále)* adj. y m. colegial.

collegio *(col-lédyio)* m. colegio; internado.

collera *(cól-lera)* f. cólera.

collerico *(col-lérico)* adj. colérico.

colletta *(col-létta)* f. colecta.

collettivismo *(col-lettivísmo)* m. colectivismo.

collettivo *(col-lettívo)* adj. colectivo.

colletto *(col-létto)* m. cuello.

collettore *(col-lettóre)* m. colector.

collezione *(col-ledsióne)* f. colección.

collezionista *(col-ledsionista)* m. f. coleccionista.

464

collina *(col-lína)* f. colina, cerro, collado.

collisione *(col-lisióne)* f. colisión, choque.

collo *(cól-lo)* m. cuello; (animales) pescuezo; bulto, fardo. prep. art. con el.

collocamento *(col-locaménto)* m. colocación; casamiento.

collocare *(col-locáre)* tr. colocar, instalar; casar.

collocatore *(col-locatóre)* m. agente de colocaciones; corredor de mercancías.

collocazione *(col-locadsióne)* f. colocación.

colloquio *(col-lócuio)* m. coloquio, entrevista.

colmare *(colmáre)* tr. colmar.

colomba *(colómba)* f. (orn.) paloma.

colonia *(colónia)* f. colonia.

colonna *(colónna)* f. columna.

colonnello *(colonnéllo)* m. (mil.) coronel.

colore *(colóre)* m. color.

colorire *(coloríre)* tr. teñir; pintar; colorear.

colorito *(coloríto)* adj. pintado. m. colorido.

colpa *(cólpa)* f. culpa.

colpevole *(colpévole)* adj. y m. culpable.

colpevolezza *(colpevolétsa)* f. culpabilidad.

colpire *(colpíre)* tr. golpear, impresionar; lograr.

colpo *(cólpo)* m. golpe, choque. **— di palla** balazo. **sul —** de golpe.

colta *(cólta)* f. recolección, cosecha.

coltellata *(coltel-láta)* f. cuchillada, navajazo.

coltello *(coltél-lo)* m. cuchillo, navaja.

coltivare *(coltiváre)* tr. cultivar; (fig.) dedicarse a.

coltivazione *(coltivadsióne)* f. (agr.) cultivo.

colto *(cólto)* adj. culto, docto; recolectado. m. campo, terreno cultivado.

coltre *(cóltre)* f. cobertor.

coltrice *(cóltriche)* f. colchón.

coltrone *(coltróne)* m. colcha.

coltura *(coltúra)* f. cultura; (agr.) cultivo; cría.

colui *(colúi)* pron. ése, aquél.

comandamento *(comandaménto)* m. mandato; (rel.) mandamiento.

comandante *(comandánte)* (mil.) m. comandante.

comandare *(comandáre)* tr. mandar.

comando *(comándo)* m. orden; mando, comando.

combattente *(combatténte)* adj. y m. combatiente, soldado.

combattere *(combáttere)* tr. e itr. combatir, luchar.

combattimento *(combattiménto)* m. combate, batalla.

combinare *(combináre)* tr. combinar.

combinazione *(combinadsióne)* f. combinación.

combustibile *(combustíbile)* adj. y m. combustible.

combustione *(combustióne)* f. combustión.

come *(cóme)* adv. como, de modo; así como. **—?** ¿cómo?, ¿de qué manera? conj. pues, porque.

comecché *(comekké)* conj. aunque; de cualquier modo; en cualquier parte.

comecchessia *(comekkessía)* adv. de cualquier modo.

comentare *(comentáre)* tr. comentar.

comentario *(comentário)* m. comentario.

comento *(coménto)* m. comentario.

comico *(cómico)* adj. y m. cómico.

cominciamento *(cominchiaménto)* m. comienzo.

cominciare *(cominchiáre)* tr. comenzar. [té; junta.

comitato *(comitáto)* m. comité.

comitiva *(comitíva)* f. comitiva.

comiziale *(comidsiále)* adj. comicial.

comizio *(comidsio)* m. comicio.

commedia *(commédia)* f. comedia.

commediante *(commediánte)* m. cómico, actor; comediante.

commemorare *(commemoráre)* tr. conmemorar.

commensale *(commensále)* m. comensal.

commentare *(commentáre)* tr. comentar.

commerciale *(commerchiále)* adj. comercial.

commerciante *(commerchiánte)* m. comerciante.

commerciare *(commerchiáre)* itr. comerciar; tratar.

commercio *(commérchio)* m. comercio.

commesso *(comméso)* m. empleado; dependiente. **— viaggiatore** viajante.

commessura *(commessura)* f. comisura, juntura.

commestibile *(commestíbile)* adj. comestible.

commestibili *(commestíbili)* m. pl. comestibles, víveres.

commettere *(comméttere)* tr. cometer; juntar; ordenar. itr. encajar.

commissario *(commissário)* m. comisario.

commissione *(commissióne)* f. comisión; representación; encargo.

commovere *(commóvere)* tr. conmover.

commovente *(commovénte)* adj. conmovedor.

commozione *(commodsióne)* f. conmoción; emoción.

commuovere *(commuóvere)* tr. conmover. [conmutar.

commutare *(commutáre)* tr.

commutatore *(commutatóre)* m. conmutador.

commutazione *(commutadsione)* f. conmutación.

comò *(comó)* m. cómoda.

comodare *(comodáre)* itr. convenir.

comodino *(comodíno)* m. mesita de noche.

comodità *(comoditá)* f. comodidad. [do.

comodo *(cómodo)* adj. cómodo.

compagna *(compáña)* f. compañera. [pañía.

compagnia *(compañía)* f. compañía.

compagno *(compáño)* m. compañero. (com.) socio.

comparabile *(comparábile)* adj. comparable.

comparare *(comparáre)* tr. comparar.

comparazione *(comparadsione)* f. comparación.

comparire *(comparíre)* itr. comparecer.

comparsa *(compársa)* f. aparición; (teat.) comparsa.

compartecipare *(compartechipáre)* itr. coparticipar.

compartecipazione *(compartechipadsióne)* f. coparticipación.

compartimento *(compartiménto)* m. compartimiento.

compartire *(compartíre)* tr. compartir; distribuir.

compassione *(compassióne)* f. compasión. [pás.

compasso *(compásso)* m. compás.

compatibile *(compatíbile)* adj. compatible.

compatibilità *(compatibilitá)* f. compatibilidad.

compatire *(compatíre)* itr. compadecer; ser indulgente.

compatriotta *(compatriótta)* m. compatriota.

compendiare *(compendiáre)* tr. compendiar.

compendio *(compéndio)* m. compendio.

compensare *(compensáre)* tr. compensar, indemnizar.

compera *(cómpera)* f. compra.

comperare *(comperáre)* tr. comprar. [comprador.

comperatore *(comperatóre)* m.

competente *(competénte)* adj. competente.

competenza *(competéndsa)* f. competencia.

competere *(compétere)* itr. competir, rivalizar; corresponder.

compiacente *(compiachente)* adj. complaciente, servicial.

compiacere *(compiachére)* tr. complacer. itr. ser complaciente.

compiacersi *(compiachérsi)* rfl. complacerse.

compiangere *(compiándyere)* tr. compadecer.

compianto *(compiánto)* m. lamentación, llanto.

compiere *(cómpiere)* tr. completar; concluir.

compilare *(compiláre)* tr. recopilar; compilar.

compilazione *(compiladsióne)* f. recopilación; compilación.

compimento *(compiménto)* m. cumplimiento.

compire *(compíre)* tr. cumplir; llenar; concluir.

compitare *(compitáre)* tr. deletrear.

compitezza *(compitétsa)* f. cortesía.

compito *(compíto)* adj. cortés.

compito *(cómpito)* m. tarea; encargo; deberes.

complementare *(complementáre)* adj. complementario.

complemento *(compleménto)* m. complemento.

completare *(completáre)* tr. completar.

completo *(compléto)* adj. completo, pleto.

complicare *(complicáre)* tr. complicar.

complicazione *(complicadsióne)* f. complicación.

complice *(cómpliche)* m. cómplice.

complimentare *(complimentáre)* tr. cumplimentar.

complimenti *(compliménti)* m. pl. cumplidos.

complottare *(complottáre)* itr. conspirar, tramar.

complotto *(complótto)* m. complot, conjura.

componimento *(componiménto)* m. composición.

comporre *(compórre)* tr. (mús.) componer; redactar; (mec.) montar.

compositore *(compositóre)* m. compositor.

composizione *(composidsióne)* f. composición.

composta *(compósta)* f. compota.

compostezza *(compostétsa)* f. compostura.

compra *(cómpra)* f. compra.

comprare *(compráre)* tr. comprar.

compratore *(compratóre)* m. comprador.

compravendita *(compravéndita)* f. compraventa.

comprendere *(compréndere)* tr. comprender; contener; invadir.

comprensione *(comprensióne)* f. comprensión.

comprensiva *(comprensíva)* f. comprensividad, comprensibilidad.

compressa *(compréssa)* f. (med.) venda, apósito, compresa.

compressibile *(compressíbile)* adj. comprimible.

compresso *(comprésso)* adj. comprimido; reprimido.

comprimere *(comprímere)* tr. comprimir; reprimir.

compromesso *(compromésso)* adj. comprometido. m. compromiso.

compromettente *(comprometténte)* adj. comprometedor.

compromettere *(compromettere)* tr. comprometer.

comprovare *(comprováre)* tr. comprobar; justificar; atestiguar.

comprovazione *(comprovadsióne)* f. comprobación.

compungere *(compúndyere)* tr. compungir.

compungersi *(compundyérsi)* rfl. compungirse.

computare *(computáre)* tr. calcular, computar.

computisteria *(computistería)* f. contabilidad.

computo *(cómputo)* m. cómputo, cálculo.

comunale *(comunále)* adj. comunal.

comune *(comúne)* adj. común; ordinario. m. municipio, ayuntamiento. **luogo —** excusado.

comunemente *(comuneménte)* adj. comúnmente.

comunicare *(comunicáre)* tr. comunicar; transmitir una enfermedad; administrar la Eucaristía. itr. estar en comunicación.

comunicativo *(comunicativo)* adj. comunicativo.

comunicato *(comunicáto)* adj. comunicado. m. aviso; parte, comunicado.

comunicazione *(comunicadsióne)* f. comunicación; participación; oficio.

comunione *(comunióne)* f. comunión.

comunità *(comunitá)* f. comunidad.

comunque *(comúnkue)* adv. y conj. de cualquier modo, como quiera que.

con *(con)* prep. con; por medio de.

conca *(cónca)* f. artesa; tinaja; concavidad; esclusa.

concavo *(cóncavo)* adj. cóncavo. m. concavidad.

concedere *(conchédere)* tr. conceder, ceder; consentir.

concentramento *(conchentraménto)* m. concentración.

concentrare *(conchentráre)* tr. concentrar.

concentrico *(conchéntrico)* adj. concéntrico.

concepimento *(conchepiménto)* m. concepción.

concepire *(conchepíre)* tr. concebir; crear, inventar.

concernente *(conchernénte)* adj. concerniente.

concernere *(conchérnere)* tr. concernir.

concertare *(conchertáre)* tr. concertar.

concerto *(conchérto)* m. (mús.) concierto; acuerdo.

concessione *(conchessióne)* f. concesión.

concettismo *(conchettísmo)* m. conceptismo.

concetto *(conchétto)* m. concepto; idea; opinión.

concezione *(conchedsióne)* f. concepción; concepto.

conchiglia *(conkíllia)* f. concha.

conchiudere *(conkiúdere)* tr. concluir; establecer; resolver. itr. concluir; resumir; deducir.

conciapelli *(conchiapél-li)* m. curtidor.

conciare *(conchiáre)* tr. curtir.

conciarsi *(conchiársi)* rfl. ensuciarse; vestir mal.

conciliare *(conchiliáre)* adj. conciliar. tr. conciliar.

conciliazione *(conchiliadsióne)* f. conciliación. [lio.

concilio *(conchílio)* m. conci-

concimaia *(conchimáia)* f. estercolero.

concimare *(conchimáre)* tr. abonar.

concimatura *(conchimatúra)* f. abono, abonamiento.

concisione *(conchisióne)* f. concisión. [so.

conciso *(conchíso)* adj. conci-

concitamento *(conchitamento)* m. concitación, agitación.

concitare *(conchitáre)* tr. concitar.

concludere *(conclúdere)* tr. concluir, terminar. itr. deducir, concluir.

conclusione *(conclusióne)* f. conclusión; resolución; deducción.

conclusivo *(conclusívo)* adj. concluyente.

concordanza *(concordándsa)* f. concordancia.

concordare *(concordáre)* tr. concordar.

concordato *(concordáto)* m. concordato.

concordia *(concórdia)* f. concordia.

concorrente *(concorrénte)*. adj. y m. concurrente, competidor; rival.

concorrenza *(concorréndsa)* f. concurrencia, competencia.

concorrere *(concórrere)* intr. concurrir; afluir, confluir; cooperar.

concorso *(concórso)* m. concurso, concurrencia; asistencia; oposición.

concubina *(concubína)* f. concubina.

concubinato *(concubináto)* m. concubinato.

condanna *(condánna)* f. condena.

condannare *(condannáre)* tr. condenar.

condensare *(condensáre)* tr. condensar.

condensatore *(condensatóre)* m. condensador.

condensazione *(condensadsióne)* f. condensación.

condimento *(condiménto)* m. condimento. [tar.

condire *(condíre)* tr. condimen-

condiscendente *(condischendénte)* adj. condescendiente.

condiscendere *(condischéndere)* itr. condescender.

condiscepolo *(condischépolo)* m. condiscípulo.

condizionale *(condidsionále)* adj. condicional.

condizionare *(condidsionáre)* tr. condicionar, acondicionar.

condizione *(condidsióne)* f. condición; estado.

condoglianza *(codolliándsa)* f. condolencia.

condolersi *(condolérsi)* rfl. condolerse; dar el pésame.

condotta *(condótta)* f. conducta, proceder; conducto, cañería.

condottiere *(condottiére)* m. jefe, guía.

condurre *(condúrre)* tr. conducir; llevar, transportar.

condursi *(condúrsi)* rfl. conducirse, comportarse.

conduttore *(conduttóre)* m. conductor; guía.

confederale *(confederále)* adj. federal.

confederare *(confederáre)* tr. confederar.

confederarsi *(confederársi)* rfl. confederarse.

confederazione *(confederadsióne)* f. confederación, alianza.

conferenza *(conferéndsa)* f. conferencia; entrevista.

conferenziere *(conferendsiére)* m. conferenciante.

conferma *(conférma)* f. confirmación, ratificación.

confermare *(confermáre)* tr. confirmar, ratificar; (rel.) confirmar; aprobar.

confermazione *(confermadsióne)* f. confirmación; comprobación.

confessare *(confessáre)* tr. confesar (oír la confesión y hacerla); declarar.

confessarsi *(confessársi)* rfl. confesarse; declararse autor.

confessione *(confessióne)* f. confesión; declaración.

confessore *(confessóre)* m. confesor. [fitar.

confettare *(confettáre)* tr. con-

confetteria *(confettería)* f. confitería (tienda y géneros).

confezionare *(confedsionáre)* tr. confeccionar; fabricar, preparar.

confezione *(confedsióne)* f. confección; elaboración.

confidare *(confidáre)* tr. confiar. itr. confiar, fiarse.

confidenza *(confidéndsa)* f. confianza; secreto.

confidenziale *(confidendsiále)* adj. confidencial.

configurare *(configuráre)* tr. configurar.

configurazione *(configuradsióne)* f. configuración.

confinamento *(confinamento)* m. confinamiento.

confinare *(confináre)* tr. confinar. itr. confinar, lindar.

confinarsi *(confinársi)* rfl. confinarse, aislarse.

confine *(confíne)* m. confín, frontera.

confino *(confíno)* m. confinamiento.

confisca *(confísca)* f. confiscación.

confiscare *(confiscáre)* tr. confiscar, secuestrar.

confiscazione *(confiscadsióne)* f. confiscación.

conflitto *(conflítto)* m. conflicto, lucha.

confluenza *(confluéndsa)* f. confluencia.

confluire *(confluíre)* itr. confluir.

confondere *(confóndere)* tr. confundir; humillar; desconcertar.

confondersi *(confondérsi)* rfl. confundirse; equivocarse.

conformare *(conformáre)* tr. conformar.

conforme *(confórme)* adj. conforme; parecido.

conformità *(conformitá)* f. conformidad.

confortabile *(confortábile)* adj. confortable.

confortante *(confortánte)* adj. confortante.

confortare *(confortáre)* tr. confortar; corroborar.

confortazione *(confortadsióne)* f. confortación; consuelo; alivio.

conforto *(confórto)* m. confortación; consuelo; confort.

confrontare *(confrontáre)* tr. confrontar, carear.

confrontazione *(confrontadsione)* f. confrontación.

confusione *(confusióne)* f. confusión.

confuso *(confúso)* adj. confuso, revuelto.

congedare *(congedáre)* tr. licenciar; despedir.

congedo *(condyédo)* m. despido (de empleo); licencia; (mil.) licenciamiento.

congelamento *(condyelaménto)* m. congelamiento.

congelare *(condyeláre)* tr. congelar.

congestionare *(condyestionáre)* tr. congestionar.

congestione *(condyestióne)* f. congestión. — cerebrale apoplejía. [conjetura.

congettura *(condyettúra)* f.

congetturare *(condyetturáre)* tr. conjeturar.

congiungere *(condyiúndyere)* tr. juntar; añadir; empalmar.

congiuntivite *(condyiuntivíte)* f. (med.) conjuntivitis.

congiuntivo *(condyiuntívo)* adj. conjuntivo; subjuntivo.

congiunto *(condyiunto)* adj. unido. m. pariente.

congiuntura *(condyiuntúra)* f. coyuntura; coyunta, oportunidad.

congiunzione *(condyundsióne)* f. conjunción; unión.

congiura *(condyiúra)* f. conjuración, conspiración.

congiurare *(condyiuráre)* itr. conjurar, conspirar.

congiurato *(condyiuráto)* adj. y m. conspirador.

congratularsi *(congratulársi)* rfl. congratularse.

congratulazione *(congratuladsióne)* f. congratulación.

congrega *(congréga)* f. congregación, reunión.

congregare *(congregáre)* tr. congregar.

congregazione *(congregadsióne)* f. congregación.

congresso *(congrésso)* m. congreso; conferencia.

coniare *(coniáre)* tr. acuñar.

coniatura *(coniatúra)* f. acuñación.

conigliera *(conilliéra)* f. conejera.

coniglio *(conílio)* m. (zool.) conejo.

coniugale *(coniugále)* adj. conyugal.

coniugare *(coniugáre)* tr. conjugar; casar.

coniugarsi *(coniugársi)* rfl. casarse.

coniugato *(coniugáto)* adj. conjugado; casado.

coniugazione *(coniugadsióne)* f. conjugación.

connessione *(connessióne)* f. conexión, enlace.

connesso *(connésso)* adj. conexo, m. conexo.

connettere *(connéttere)* tr. conexionar, juntar, enlazar, trabar; relacionar, ligar.

cono *(cóno)* m. cono.

conocchia *(conókkia)* f. rueca.

conoscente *(conosente)* adj. agradecido, reconocido. m. conocido, amigo.

conoscenza *(conoschéndsa)* f. conocimiento; amigo.

conoscere *(conóschere)* tr. conocer; saber; distinguir.

conoscimento *(conoschimento)* m. conocimiento; juicio; experiencia.

conoscitore *(conoschitóre)* m. conocedor, experto, perito.

conquista *(concuísta)* f. conquista. [conquistar.

conquistare *(concuistáre)* tr.

conquistatore *(concuistatóre)* m. conquistador.

consacrare *(consacráre)* tr. consagrar.

consacrarsi *(consacrársi)* rfl. consagrarse.

consacrazione *(consacradsióne)* f. consagración.

consapevole *(consapévole)* adj. conocedor, sabedor.

consapevolezza *(consapevolétsa)* f. conocimiento, conciencia.

consecutivo *(consecutívo)* adj. consecutivo.

consegna *(conséña)* f. entrega; depósito, consigna.

consegnare *(conseñáre)* tr. consignar; remitir.

consegnatario *(conseñatário)* m. consignatario.

conseguente *(consegüénte)* adj. siguiente; consiguiente.

conseguenza *(consegüéndsa)* f. consecuencia.

conseguire *(consegüíre)* tr. conseguir, obtener. itr. originarse.

conseguitare *(consegüitáre)* itr. seguirse, suceder.

consenso *(consénso)* m. consentimiento, aprobación.

consentire *(consentíre)* tr. consentir, permitir. itr. condescender, consentir; reconocer, admitir.

conserva *(consérva)* f. conserva. [servar.

conservare *(conserváre)* tr. con-

considerabile *(considerábile)* adj. considerable

466

considerare (*consideráre*) tr. considerar, examinar, estimar.

considerazione (*consideradsióne*) f. consideración; prudencia.

considerevole (*considerévole*) adj. considerable.

consigliare (*consilliáre*) tr. aconsejar.

consigliarsi (*consilliársi*) rfl. consultar.

consigliere (*consilliére*) m. consejero.

consiglio (*consíllio*) m. consejo; parecer.

consistente (*consisténte*) adj. consistente.

consistenza (*consisténdsa*) f. consistencia.

consistere (*consístere*) itr. consistir.

consolare (*consoláre*) tr. consolar. adj. consular.

consolato (*consoláto*) m. consulado.

consolazione (*consoladsióne*) f. consolación.

console (*cónsole*) m. cónsul.

consolidamento (*consolidaménto*) m. consolidación.

consolidare (*consolidáre*) tr. consolidar.

constare (*constáre*) itr. constar.

constatare (*constatáre*) tr. constatar.

consueto (*consuéto*) adj. acostumbrado.

consuetudinario (*consuetudinário*) adj. acostumbrado, consuetudinario.

consuetudine (*consuetúdine*) f. costumbre.

consulta (*consúlta*) f. consulta; consejo.

consultare (*consultáre*) tr. consultar.

consultazione (*consultadsióne*) f. consulta de médico.

consumare (*consumáre*) tr. consumar; consumir.

consumarsi (*consumársi*) rfl. extinguirse.

consumazione (*consumadsióne*) f. consumación; consumición.

contabile (*contábile*) adj. y m. contador, contable.

contabilità (*contabilitá*) f. contabilidad.

contadino (*contadíno*) m. campesino, labrador.   [ca.

contado (*contádo*) m. comarca

contagiare (*contadyiáre*) tr. contagiar.

contagio (*contádyio*) m. contagio.

contante (*contánte*) adj. y m. contante. **pagare a contanti** pagar al contado.

contare (*contáre*) tr. contar; calcular; narrar. itr. contar, valer; confiar.   [to.

contatto (*contátto*) m. contacto

conte (*cónte*) m. conde.

contea (*contéa*) f. condado.

contemplare (*contempláre*) tr. contemplar.

contemplazione (*contempladsióne*) f. contemplación.

contendere (*conténdere*) itr. contender, oponerse. tr. disputar.   [tener.

contenere (*contenére*) tr. con-

contenersi (*contenérsi*) rfl. contenerse.

contentamento (*contentaménto*) m. satisfacción.

contentare (*contentáre*) tr. contentar.

contento (*conténto*) adj y m. contento.

contenuto (*contenúto*) adj. contenido. m. contenido.

contesa (*contésa*) f. contienda.

contessa (*contéssa*) f. condesa.

contestabile (*contestábile*) m. condestable. adj. discutible.

contestare (*contestáre*) tr. contestar; oponerse; negar; disputar; (jur.) notificar.

contestazione (*contestadsióne*) f. contestación, disputa; impugnación.

continente (*continénte*) adj. continente, parco. m. continente.

continenza (*continéndsa*) f. continencia, sobriedad.

continuare (*continuáre*) tr. continuar, seguir. itr. durar.

continuazione (*continuadsióne*) f. continuación.

continuità (*continuitá*) f. continuidad.

continuo (*continuo*) adj. continuo. **di —** de continuo.

conto (*cónto*) m. cuenta; consideración; cargo. **a buon —** de todas formas.

contorcere (*contórchere*) tr. retorcer, torcer.

contorcersi (*contórchersi*) rfl. retorcerse.

contorcimento (*contorchiménto*) m. retorcimiento, contorsión.   [contornear.

contornare (*contornáre*) tr.

contorno (*contórno*) m. contorno; borde.

contorsione (*contorsióne*) f. contorsión.

contrabbasso (*contrabbásso*) m. contrabajo.

contraddire (*contraddíre*) tr. contradecir.

contraddizione (*contraddidsióne*) f. contradicción.

contraffare (*contraffáre*) tr. contrahacer; desfigurar.

contraffarsi (*contraffársi*) rfl. camuflarse; transformarse.

contrappeso (*contrappéso*) m. contrapeso.

contrapporre (*contrappórre*) tr. oponer, contraponer; comparar.

contrapposizione (*contrapposidsióne*) f. contraposición.

contrariare (*contrariáre*) tr. contrariar.   [trariedad.

contrarietà (*contrarietá*) f. con-

contrario (*contrário*) adj. contrario, antagónico. m. contrario, rival.

contrarre (*contrárre*) tr. contraer; estrechar.

contrarsi (*contrársi*) rfl. contraerse.

contrastare (*contrastáre*) tr. contrastar. tr. impedir.

contrasto (*contrásto*) m. contraste; oposición; debate; contienda.

contrattare (*contrattáre*) tr. contratar.

contrattazione (*contrattadsióne*) f. contratación; contrato.   [to.

contratto (*contrátto*) m. contra-

contravveleno (*contravveléno*) m. contraveneno.

contravvenire (*contravvenire*) tr. contravenir.

contravvenzione (*contravvendsióne*) f. contravención; multa.   [contribuir.

contribuire (*contribuíre*) itr.

contributo (*contribúto*) m. contribución.

contribuzione (*contribudsióne*) f. contribución; impuesto.

contristamento (*contristaménto*) m. pesadumbre, aflicción.

contristare (*contristare*) tr. contristar.

contro (*cóntro*) prep. contra; enfrente.

controattacco (*controattácco*) m. contraataque.

controbiglietto (*controbilliétto*) m. contraseña.

controfinestra (*controfinéstra*) f. contraventana.

controllare (*control-láre*) tr. controlar, vigilar.

controllo (*contról-lo*) m. control, inspección.

controllore (*contról-lóre*) m. inspector; (ferr.) revisor.

controluce (*controlúche*) m. contraluz.

contropartita (*contropartíta*) f. contrapartida.

controporta (*contropórta*) f. contrapuerta.

controsenso (*controsénso*) m. contrasentido.

controvento (*controvénto*) adv. contra viento.

contumace (*contumáche*) adj. rebelde, contumaz.

contumacia (*contumáchia*) f. rebeldía, contumacia; (med.) cuarentena.

contundere (*contúndere*) tr. magullar.

convalescente (*convaléschente*) adj. y m. f. convaleciente.

convalescenza (*convaléschéndsa*) f. convalecencia.

convalidamento (*convalidaménto*) m. convalidación.

convalidare (*convalidáre*) tr. convalidar.

convegno (*convéño*) m. convenio, cita.

convenevole (*convenévole*) adj. conveniente.

convenevolezza (*convenevolétsa*) f. conveniencia.

conveniente (*conveniénte*) adj. conveniente.

convenienza (*conveniéndsa*) f. conveniencia.

convenire (*convenire*) tr. convenir, acordar. itr. convenir.

convento (*convénto*) m. convento.

convenzionale (*convendsionále*) adj. convencional.

convenzione (*convendsióne*) f. convención.

conversare (*conversáre*) itr. conversar, hablar.

conversazione (*conversadsióne*) f. conversación.

conversione (*conversióne*) f. conversión.

convertire (*convertíre*) tr. convertir.

convertito (*convertíto*) adj. y m. convertido.

convessità (*convessitá*) f. convexidad.

convesso (*convésso*) adj. convexo.

convincente (*convinchénte*) adj convincente.

convincere (*convínchere*) tr. convencer.

convincersi (*convínchersi*) rfl. convencerse.

convitare (*convitáre*) tr. convidar.

convito (*convíto*) m. convite.

convitto (*convítto*) m. internado.

convivenza (*convivéndsa*) f. convivencia.

convivere (*convívere*) itr. convivir.

convocamento (*convocaménto*) m. convocación.

convocare (*convocáre*) tr. convocar.

convocazione (*convocadsióne*) f. convocación.

convogliare (*convolliáre*) tr. escoltar.

convoglio (*convóllio*) m. convoy; tren; escolta.

convulsione (*convulsióne*) f. convulsión.

cooperare (*cooperáre*) itr. cooperar.

cooperativa (*cooperatíva*) f. sociedad cooperativa.

cooperazione (*cooperadsióne*) f. cooperación.

coordinamento (*coordinaménto*) m. coordinación.

coordinare (*coordináre*) tr. coordinar.

coordinazione (*coordinadsióne*) f. coordinación.

coperchio (*copérkio*) m. cobertura; tapadera.

coperta (*copérta*) f. cubierta; cobertor; sobre (de cartas).

copertina (*copertína*) f. cubierta; colcha.

coperto (*copérto*) m. cubierto.

copertone (*copertóne*) m. toldo (de carros, camiones, etc.); cubierta (neumáticos).

copia (*cópia*) f. copia (reproducción fiel); ejemplar (de un libro); cantidad.

copiare (*copiáre*) tr. copiar; transcribir.

coppa (*cóppa*) f. copa, vaso; platillo de balanza; especie de embutido.

coppia (*cóppia*) f. pareja.

coprire (*copríre*) tr. cubrir, proteger; vestir.

coprirsi (*coprírsi*) rfl. taparse; abrigarse; ocultarse.

copritura (*copritura*) f. cobertura.

copula (*cópula*) f. cópula; coito; unión.

copulare (*copuláre*) tr. copular, unir.

copularsi (*copulársi*) rfl. unirse carnalmente.

copulativo (*copulatívo*) adj. copulativo.

copulazione (*copuladsióne*) f. cópula.

coraggio (*corátyio*) m. coraje, resolución.

coraggioso (*coratyióso*) adj. intrépido.

corale (*corále*) adj. y f. (mús.) coral.

corallo (*corál-lo*) m. coral.

corazza (*corátsa*) f. coraza; concha de tortuga.

corazzare (*coratsáre*) tr. acorazar.

corbellare (*corbel-láre*) tr. burlar, engañar.

corbellatura (*corbel-latúra*) f. burla; engaño.

corbello (*corbél-lo*) m. cesto, cesta, canasto; (fig.) tonto, bobo.

corda (*córda*) f. cuerda.

cordame (*cordáme*) m. cordaje.

cordella (*cordél-la*) f. cuerdecilla, cordón.

cordiale (*cordiále*) adj. cordial.

cordialità (*cordialitá*) f. cordialidad.

coricare (*coricáre*) tr. acostar.

coricarsi *(coricársi)* rfl. acostarse; ponerse (el sol).

corista. *(corísta)* m. f. corista; diapasón.

cornamusa *(cornamúsa)* f. gaita.

cornare *(cornáre)* itr. pegar cornadas.

cornea *(córnea)* f. (anat.) córnea.

corneo *(córneo)* adj. córneo.

cornetta *(cornétta)* f. corneta.

cornettino *(cornettíno)* m. cornetín.

cornetto *(cornétto)* m. cuerno; trompetilla (de sordo).

cornice *(corníche)* f. cornisa.

corno *(córno)* m. cuerno, asta; extremidad; brazo (de río). — da scarpe calzador.

coro *(córo)* m. coro.

corografia *(corografía)* f. corografía.

coroide *(coróide)* f. (anat.) coroides.

corolla *(coról-la)* f. (bot.) corola.

corona *(coróna)* f. corona.

coronamento *(coronaménto)* m. coronación.

coronare *(coronáre)* tr. coronar.

coronazione *(coronadsióne)* f. coronación.

corpacciuto *(corpachiúto)* adj. grueso, corpulento.

corpino *(corpíno)* m. corpiño.

corpo *(córpo)* m. cuerpo; comunidad.

corporale *(corporále)* adj. corporal.

corporatura *(corporatúra)* f. corpulencia.

corporazione *(corporadsióne)* f. corporación, entidad.

corporeo *(corpóreo)* adj. corpóreo, corporal.

corpulenza *(corpuléndsa)* f. corpulencia.

corredare *(corredáre)* tr. adornar; equipar.

corredo *(corrédo)* m. ajuar, equipo; canastilla; material escolar; equipo militar o marinero.

correggere *(corrétyere)* tr. corregir; castigar; moderar.

corregimento *(corretyiménto)* m. corrección.

corregitore *(corretyitóre)* m. corrector.

corrente *(corrénte)* adj. corriente, común. f. corriente.

correre *(córrere)* tr. e itr. correr; fluir; transcurrir (el tiempo); viajar.

correttezza *(correttétsa)* f. corrección.

correttivo *(correttívo)* adj. y m. correctivo.

corretto *(corrétto)* adj. correcto; corregido. caffé — carajillo.

correttore *(correttóre)* m. corrector.

correzione *(corredsióne)* f. corrección.

corridoio *(corridóio)* m. corredor, galería, pasillo.

corridore *(corridóre)* adj. y m. corredor.

corriera *(corriéra)* f. diligencia, coche correo.

corriere *(corriére)* m. correo.

corrispondente *(corrispondénte)* m. corresponsal. adj. correspondiente.

corrispondenza *(corrispondéndsa)* f. correspondencia.

corrispondere *(corrispóndere)* itr. corresponder; equivaler. tr. retribuir.

corrisposta *(corrispósta)* f. correspondencia; retribución.

corroboramento *(corroboraménto)* m. corroboración.

corroborare *(corroboráre)* tr. corroborar.

corrodere *(corródere)* tr. corroer.

corrompere *(corrómpere)* tr. corromper.

corrosione *(corrosióne)* f. corrosión.

corrosivo *(corrosívo)* adj. y m. corrosivo.

corrotto *(corrótto)* adj. corrompido, depravado; podrido.

corrucciare *(corrutchiáre)* tr. enfadar.

corrucciarsi *(corrutchiársi)* rfl. enfadarse.

corruccio *(corrútchio)* m. enfado.

corrugare *(corrugáre)* tr. fruncir, arrugar.

corruttore *(corruttóre)* adj. y m. corruptor.

corruzione *(corrudsióne)* f. corrupción.

corsa *(córsa)* f. carrera; corrida (de toros).

corsaro *(corsáro)* m. corsario.

corsia *(corsía)* f. pasillo; sala de hospital.

corso *(córso)* m. curso (de aguas, tiempo, estudio); decurso, (del tiempo); calle.

corsoio *(corsóio)* adj. corredizo (nudo).

corte *(córte)* f. corte; patio; consejo (en España). — marziale consejo de guerra.

corteccia *(cortétchia)* f. corteza, cáscara.

corteggiamento *(cortetyiaménto)* m. cortejo.

corteggiare *(cortetyiáre)* tr. cortejar.

corteggio *(cortétyio)* m. cortejo, séquito.

cortese *(cortése)* adj. cortés.

cortesia *(cortesía)* f. cortesía. per — por favor.

cortezza *(cortétsa)* f. cortedad.

cortigiano *(cortidyiáno)* adj. cortesano (de corte); cortés. m. cortesano.

cortile *(cortíle)* m. corral; patio.

cortina *(cortína)* f. cortina.

cortinaggio *(cortinádyio)* m. cortinaje. —di ferro telón de acero.

corto *(córto)* adj. corto.

cortometraggio *(cortometrádyio)* m. cortometraje.

corvetta *(corvétta)* f. (náut.) corbeta; corveta. [vo.

corvo *(córvo)* m. (orn.) cuercosa *(cósa)* f. cosa, objeto; asunto. (che)—? ¿qué?; qualche — algo; tante belle cose muchos recuerdos.

coscia *(cóschia)* f. muslo; pierna, pernil.

cosciente *(coschiénte)* adj. consciente.

coscienza *(coschiéndsa)* f. consciencia, conciencia.

coscritto *(coscrítto)* m. conscripto, recluta.

coscrizione *(coscridsióne)* f. (mil.) alistamiento, quinta.

così *(cosí)* adv. así. e — via etcétera.

cosicché *(cosikké)* conj. de suerte que, de modo.

cosidetto *(cosidétto)* adj. llamado, así llamado.

cosifatto *(cosifátto)* adj. tal, parecido.

cosmografia *(cosmografía)* f. cosmografía.

cosmologia *(cosmolodyía)* f. cosmología.

cosmopolita *(cosmopolíta)* adj. y m. f. cosmopolita.

cospetto *(cospetto)* m. presencia; pensamiento. —! ¡caramba!

cospicuità *(cospicuitá)* f. notabilidad.

cospicuo *(cospícuo)* adj. conspicuo, notable.

cospirare *(cospiráre)* itr. conspirar.

cospirazione *(cospiradsióne)* f. conspiración.

costa *(cósta)* f. costa, playa, orilla; pendiente; lado; (anat.) costilla.

costà *(costá)* adv. allí, allá.

costante *(costánte)* adj. constante. [tancia.

costanza *(costándsa)* f. constare *(costáre)* itr. costar.

costatare *(costatáre)* tr. comprobar, averiguar, constatar.

costato *(costáto)* m. costado, flanco.

costeggiare *(costetyiáre)* itr. costear.

costei *(costéi)* pron. ésta.

costellazione *(costel-ladsióne)* f. constelación.

costernare *(costernáre)* tr. consternar.

costernazione *(costernadsióne)* f. consternación.

costì *(costí)* adv. allí, allá.

costiera *(costiéra)* f. orilla, costa; litoral; pendiente.

costipamento *(costipaménto)* m. constipación; constipado, resfriado.

costipato *(costipáto)* m. constipado, resfriado.

costituire *(costituíre)* tr. constituir.

costituirsi *(costituírsi)* rfl. constituirse.

costituzione *(costitudsióne)* f. constitución; (anat.) complexión; estatuto.

costola *(cóstola)* f. (anat.) costilla; (náut.) cuaderna.

costoro *(costóro)* pron. éstos, éstas, (hombres, mujeres).

costringere *(costríndyere)* tr. obligar; comprimir, apretar.

costruire *(costruíre)* tr. construir, edificar.

costruzione *(costrudsióne)* f. construcción, edificio.

costui *(costúi)* pron. éste.

costumanza *(costumándsa)* f. costumbre.

costumato *(costumáto)* adj. acostumbrado; bien educado.

costume *(costúme)* m. costumbre, uso; traje, vestido.

cotesto *(cotésto)* adj. y pron. ese, esa, eso.

cotogna *(cotóña)* f. (bot.) membrillo.

cotoletta *(cotolétta)* f. chuleta.

cotone *(cotóne)* m. algodón.

cotta *(cótta)* f. cocción, cocedura; túnica; sobretúnica.

cottimo *(cóttimo)* m. destajo.

cova *(cóva)* f. incubación; cubil.

covare *(cováre)* tr. incubar.

covata *(cováta)* f. pollada.

covatura *(covatúra)* f. incubación.

covile *(covíle)* m cubil, madriguera.

covo *(cóvo)* m. cueva.

covone *(covóne)* m. gavilla.

cozza *(cótsa)* f. mejillón.

cozzare *(cotsáre)* itr. acornear. tr. e itr. chocar.

crampo *(crámpo)* m. calambre.

cranio *(cránio)* m. cráneo.

crapula *(crápula)* f. crápula; disolución.

cratere *(crátere)* m. cráter.

cravatta *(cravátta)* f. corbata.

creanza *(creándsa)* f. educación.

creare *(creáre)* tr. crear.

creato *(creáto)* adj. creado. m. la Creación, el Universo; criado.

creatore *(creatóre)* m. creador; el Creador.

creatura *(creatúra)* f. criatura.

creazione *(creadsióne)* f. creación.

credenza *(credéndsa)* f. creencia; (com.) crédito; despensa; fe; parecer.

credenziale *(credendsiále)* adj. credencial.

credenziali *(credendsiáli)* f. pl. cartas credenciales.

credenziere *(credendsiére)* m. mayordomo.

credere *(crédere)* tr. e itr. creer; opinar, juzgar.

crédito *(crédito)* m. crédito; consideración.

creditore *(creditóre)* m. acreedor.

credo *(crédo)* m. credo, religión; el Credo.

credulo *(crédulo)* adj. crédulo.

credulone *(credulóne)* adj. y m. crédulo.

crema *(créma)* f. nata, crema; (fig.) flor y nata.

cremare *(cremáre)* tr. quemar, incinerar los cadáveres humanos.

cremazione *(cremadsióne)* f. cremación.

cremisi *(crémisi)* m. carmesí.

cremisino *(cremisíno)* adj. carmesí.

creolo *(créolo)* m. criollo.

crepa *(crépa)* f. grieta, raja.

crepacuore *(crepacuóre)* m. pena.

crepapelle *(crepapél-le)* a — a más no poder.

crepare *(crepáre)* itr. reventar; henderse.

crepatura *(crepatúra)* f. hendidura; raja.

crepitare *(crepitáre)* itr. crepitar.

crepitio *(crepitío)* m. crepitación, chisporroteo.

crepuscolo *(crepúscolo)* m. crepúsculo.

crescente *(creschénte)* adj. creciente.

crescenza *(creschéndsa)* f. crecimiento.

crescere *(créschere)* itr. crecer; aumentar. tr. aumentar; criar.

crescita *(créschita)* f. crecimiento; aumento.

cresima *(crésima)* f. (rel.) confirmación.

cresimare *(cresimáre)* tr. (rel.) confirmar.

crespa *(créspa)* f arruga, pliegue.

crespare *(crespáre)* tr. arrugar, plegar; encrespar, rizar.

crespo *(créspo)* adj. crespo.

cresta *(crésta)* f. cresta.

cretino *(cretíno)* adj. y m. cretino.

cricchiare *(crikkiáre)* itr. crujir.

468

criminale (criminále) adj. y m. criminal.
crimine (crímine) m. crimen.
crinale (crinále) m. cresta (de una montaña).
crine (críne) m. crin.
criniera (criniéra) f. crines.
crino (críno) m. crin.
cripta (crípta) f. cripta.
crisi (crísi) f. crisis.
cristallame (cristal-láme) m. cristalería.
cristalliera (cristal-liéra) f. aparador.
cristallino (cristal-líno) adj. cristalino.
cristallizzare (cristal-litsáre) tr. cristalizar.
cristallizzazione (cristal-litsadsióne) f. cristalización.
cristallo (cristál-lo) m. cristal.
cristianesimo (cristianésimo) m. cristianismo.
cristianità (cristianitá) f. cristiandad.
cristianizzare (cristianitsáre) tr. cristianizar.
cristiano (cristiáno) adj. y m. cristiano.
criterio (critério) m. criterio.
critica (crítica) f. crítica.
criticare (criticáre) tr. criticar; censurar.
critico (crítico) m. crítico. adj. difícil, crítico, peligroso.
crivellare (crivel-láre) tr. cribar; acribillar; (fig.) criticar.
crivello (crivél-lo) m. criba, cribo. [queta.
crocchetta (crokkétta) f. croce **croce** (cróche) f. cruz.
crocevia (crochevía) f. encrucijada.
crociata (crochiáta) f. cruzada.
crocicchio (crochíkkio) m. cruce (de calles).
crociera (crochiéra) f. (náut.) crucero; (arq.) crucero.
crocifiggere (crochifítyere) tr. crucificar.
crocifissione (crochifissióne) f. crucifixión.
crocifisso (chochifísso) m. crucifijo.
crollare (crol-láre) tr. sacudir, agitar. itr. derrumbarse.
crollo (cról-lo) m. sacudida; hundimiento.
cronaca (crónaca) f. crónica.
cronico (crónico) adj. crónico. adj. y m. enfermo.
crosta (crósta) f. costra; (med.) postilla.
crostino (crostíno) m. tostada.
crucciare (crutchiáre) tr. atormentar; afligir.
cruccio (crútchio) m. dolor; tormento; irritación.
cruccioso (crutchióso) adj. enfadado.
crudele (crudéle) adj. cruel.
crudeltà (crudeltá) f. crueldad, inhumanidad.
crudezza (crudétsa) f. crudeza; aspereza.
crudo (crúdo) adj. crudo; duro, cruel; áspero, inclemente.
crusca (crúsca) f. salvado.
cubico (cúbico) adj. cúbico.
cubo (cúbo) m. cubo.
cuccagna (cukkáña) f. fortuna; felicidad. **paese della** — jauja.
cucchiaino (cukkiaíno) m. cucharilla.
cucchiaio (cukkiáio) m. cuchara.
cucchiaione (cukkiaióne) m. cucharón.

cucco (cúkko) m. cuco; (hijo) predilecto.
cuccù (cukkú) m. cuco.
cucina (cuchína) f. cocina.
cucinare (cuchináre) tr. cocinar, guisar.
cucire (cuchíre) tr. coser; componer. — **libri** encuadernar.
cucitrice (cuchitríche) f. costurera.
cucitura (cuchitúra) f. costura; sutura.
cucurbita (cucúrbita) f. (bot.) calabaza.
cuffia (cúffia) f. cofia; (teat.) concha del apuntador.
cugina (cudyína) f. prima.
cugino (cudyíno) m. primo.
cui (cúi) pron. que; el o la cual; los o las cuales; cuyo, cuya.
culla (cúl-la) f. cuna.
cullare (cul-láre) tr. mecer, acunar.
culminare (culmináre) itr. culminar.
culmine (cúlmine) m. cumbre, cúspide; colmo.
culto (cúlto) m. culto; religión.
cultura (cultúra) f. cultivo; cultura.
culturale (culturále) adj. cultural.
cumulare (cumuláre) tr. acumular, amontonar.
cumulazione (cumuladsióne) f. acumulación.
cumulo (cúmulo) m. montón; cúmulo.
cuna (cúna) f. cuna.
cunetta (cunetta) f. cuneta.
cuoca (cuóca) f. cocinera.
cuocere (cuóchere) tr. cocer; cocinar.
cuoio (cuóio) m. cuero, piel, pellejo curtido.
cuore (cuóre) m. corazón; ánimo, valor. **star a** — importar mucho.
cupidigia (cupidídya) f. avidez, ansia, codicia.
cupo (cúpo) adj. profundo; oscuro; bajo; taciturno.
cupola (cúpola) f. cúpula.
cupone (cupóne) m. cupón (de renta).
cura (cúra) f. cuidado; vigilancia; curación; gestión. **a** — **di** a cargo de; publicado por.
curabile (curábile) adj. curable.
curare (curáre) tr. curar; atender; vigilar; cuidar.
curarsi (curarsi) rfl. cuidarse; curarse; interesarse.
curato (curáto) m. (cura) párroco; feligresía.
curia (cúria) f. curia.
curiosità (curiositá) f. curiosidad. [raro.
curioso (curióso) adj. curioso;
curva (cúrva) f. curva.
curvare (curváre) tr. curvar, arquear.
curvo (cúrvo) adj. curvo.
cuscinetto (cuschinétto) m. cojinete; almohadilla.
cuscino (cuschíno) m. cojín.
custode (custóde) m. guardián, vigilante.
custodia (custódia) f. guarda, custodia.
custodire (custodíre) tr. guardar, custodiar.
cutaneo (cutáneo) adj. cutáneo.
cute (cúte) m. cutis.

D d

da (da) prep. de, por; en, a; desde; con. **aver** — **fare** tener que hacer.
dabbenaggine (dabbenátyine) f. ingenuidad, sencillez.
dabbene (dabbéne) adj. bueno, probo. **uomo** — hombre de bien.
daccapo (daccápo) adv. otra vez, de nuevo.
dacchè (dakké) conj. desde que, después que.
daga (dága) f. daga.
dagli (dálli) contr. de los.
dama (dáma) f. dama.
dannare (dannáre) tr. condenar.
dannazione (dannadsióne) f. condenación.
danneggiare (danetyiáre) tr. dañar, perjudicar.
danno (dánno) m. daño.
danza (dándsa) f. danza, baile.
danzare (dandsáre) tr. e itr. bailar.
danzatore (dandsatóre) m. bailarín.
dappertutto (dappertútto) adv. por todas partes.
dappocaggine (dappocátyine) f. flojedad; ineptitud.
dappoco (dappóco) adj. incapaz.
dappresso (dapprésso) adv. cerca, de cerca.
dapprima (dappríma) adv. primeramente, ante todo; al principio.
dare (dáre) tr. dar. — **del tu** tutear. — **nel segno** acertar. **darsela a gambe** escapar.
data (dáta) f. fecha.
datare (datáre) tr. fechar. itr. datar.
dato (dáto) m. dato, detalle; noticia; documento. adj. dado. — **che** dado que, supuesto que.
dattero (dáttero) m. (bot.) dátil.
dattilografare (dattilografáre) tr. mecanografiar.
dattilografia (dattilografía) f. mecanografía.
dattorno (dattórno) adv. alrededor, en torno, cerca de.
davanti (davánti) adv. antes; delante; enfrente. prep anterior. de. m. delante.
davanzale (davandsále) m. alféizar.
davvero (davvéro) adv. verdaderamente, de veras, en verdad.
daziare (dadsiáre) tr. (com.) gravar, tasar.
dazio (dádsio) m. impuesto.
dea (déa) f. diosa.
debile (débile) adj. débil.
debilitare (debilitáre) tr. debilitar.
debilitazione (debilitadsióne) f. debilitación.
debito (débito) m. deuda; adj. debido; oportuno.
debitore (debitóre) m. deudor.
debole (débole) adj. débil.
debolezza (debolétsa) f. debilidad.
deboscia (debóschia) f. orgía; libertinaje.
debosciato (debosciáto) adj. y m. libertino.

debuttare (debuttáre) itr. debutar.
debutto (debútto) m. debut.
decadenza (decadénsa) f. decadencia.
decadere (decadére) itr. decaer.
decano (decáno) m. decano; deán.
decapitare (decapitáre) tr. decapitar.
decedere (dechédere) itr. morir, fallecer.
deceduto (dechedúto) m. muerto.
decembre (dechémbre) m. diciembre.
decente (dechénte) adj. decente. [cia.
decenza (dechénsa) f. decen-
decesso (dechésso) m. defunción, fallecimiento.
decidere (dechídere) tr. decidir.
decidersi (dechídersi) rfl. decidirse.
decifrare (dechifráre) tr. descifrar.
decimale (dechimále) adj. decimal.
decimare (dechimáre) tr. diezmar; imponer diezmos.
decina (dechína) f. decena.
decisione (dechisióne) f. decisión. [sivo.
decisivo (dechisívo) adj. deci-
declamare (declamáre) tr. declamar.
declamazione (declamadsióne) f. declamación.
declinare (declináre) tr. declinar; renunciar. itr. declinar, descender.
declinazione (declinadsione) f. declinación; decaimiento.
declive (declíve) m. declive.
decomporre (decompórre) tr. descomponer; desordenar.
decomporsi (decompórsi) rfl. descomponerse, pudrirse.
decomposizione (decomposidsióne) f. descomposición.
decollare (decol-láre) tr. degollar. itr. despegar.
decorare (decoráre) tr. decorar; condecorar.
decoratore (decoratóre) m. decorador; tramoyista.
decorazione (decoradsióne) f. decoración; condecoración.
decrescere (decrésere) itr. disminuir, decrecer.
decretare (decretáre) tr. decretar, ordenar.
decreto (decréto) m. decreto.
dedica (dédica) f. dedicación.
dedicare (dedicáre) tr. dedicar.
dedicatoria (dedicatória) f. dedicatoria.
dedicazione (dedicadsióne) f. dedicación.
dedurre (dedúrre) tr. deducir.
deduzione (dedudsione) f. deducción; resta.
defalcare (defalcáre) tr. rebajar, desfalcar.
defalcazione (defalcadsióne) f. rebaja; desfalco.
defecare (defecáre) tr. defecar.
deferente (deferénte) adj. deferente.
deferenza (deferéndsa) f. deferencia.
deficiente (defichiénte) adj. deficiente.
deficienza (defichiéndsa) f. deficiencia.
definire (definíre) tr. definir.

definitivo *(definitívo)* adj. definitivo.

definizione *(definidsióne)* f. definición.

deformare *(deformáre)* tr. deformar.

deformazione *(deformadsióne)* f. deformación.

deforme *(defórme)* adj. deforme. [midad.

deformità *(deformitá)* f. deformidad.

defraudare *(defraudáre)* tr. defraudar.

defraudazione *(defraudadsióne)* f. defraudación.

defunto *(defúnto)* adj. y m. difunto.

degenerare *(dedyeneráre)* itr. degenerar.

degenerazione *(dedyeneradsióne)* f. degeneración.

degenere *(dedyénere)* adj. degenerado.

degli *(délli)* contr. de los.

degnarsi *(deñársi)* rfl. dignarse.

degnazione *(deñádsióne)* f. condescendencia.

degno *(déño)* adj. digno.

degradare *(degradáre)* tr. degradar.

degradazione *(degradadsióne)* f. degradación.

degustare *(degustáre)* tr. probar, catar.

degustazione *(degustadsióne)* f. degustación.

deificare *(deificáre)* tr. deificar.

deificazione *(deificadsióne)* f. deificación.

deità *(deitá)* f. deidad.

delatore *(delatóre)* adj. y m. delator.

delega *(délega)* f. delegación.

delegare *(delegáre)* tr. delegar.

delegato *(delegáto)* m. delegado.

delegazione *(delegadsióne)* f. delegación.

deliberare *(deliberáre)* tr. deliberar.

deliberazione *(deliberadsióne)* f. deliberación.

delicatezza *(delicatétsa)* f. delicadeza.

delicato *(delicáto)* adj. delicado.

delineamento *(delineaménto)* m. delineamiento.

delineare *(delineáre)* tr. delinear.

delineatore *(delineatóre)* m. delineante, dibujante.

delineazione *(delineadsióne)* f. delineación.

delinquente *(delinkuénte)* adj. y m. f. delincuente.

delinquenza *(delinkuéndsa)* f. delincuencia.

delinquere *(delínkuere)* itr. delinquir.

delirare *(deliráre)* itr. delirar.

delirio *(delírio)* m. delirio.

delitto *(delítto)* m. delito.

delta *(délta)* f. delta; (geog.) delta.

deludere *(delúdere)* tr. defraudar.

delusione *(delusióne)* f. desilusión, desengaño.

deluso *(delúso)* adj. defraudado.

demarcare *(demarcáre)* tr. demarcar.

demarcazione *(demarcadsióne)* f. demarcación.

demente *(deménte)* adj. y m. demente, loco.

demenza *(deméndsa)* f. demencia, locura.

democratico *(democrático)* adj. democrático.

democrazia *(democradsía)* f. democracia.

demone *(démone)* m. demonio.

demonio *(demónio)* m. demonio.

demoralizzare *(demoralitsáre)* tr. desmoralizar.

demoralizzazione *(demoralitsadsióne)* f. desmoralización.

denaro *(denáro)* m. dinero; capital.

denigrare *(denigrare)* tr. denigrar, difamar.

denigrazione *(denigradsióne)* f. denigración, difamación.

denominare *(denomináre)* tr. denominar.

denominazione *(denominadsióne)* f. denominación.

denotare *(denotáre)* tr. denotar.

denotazione *(denotadsióne)* f. denotación.

densità *(densitá)* f. densidad.

denso *(dénso)* adj. denso.

dente *(dénte)* m. diente; (mec.) púa.

dentiera *(dentiéra)* f. dentadura postiza.

dentifricio *(dentifríchio)* adj. y m. dentífrico.

dentista *(dentísta)* m. f. dentista.

dentro *(déntro)* adv. y prep. dentro; adentro; dentro de.

denudamento *(denudaménto)* m. despojamiento, expoliación.

denudare *(denudáre)* tr. desnudar; despojar.

denunciare *(denunchiáre)* tr. denunciar; delatar; declarar.

denunzia *(denúndsia)* f. denuncia; acusación; delación.

depauperare *(depauperáre)* tr. depauperar.

deperimento *(deperiménto)* m. deterioro, daño.

deperire *(deperíre)* itr. deteriorarse.

depilare *(depiláre)* tr. depilar.

depilatorio *(depilatório)* adj. y m. depilatorio.

depilazione *(depiladsióne)* f. depilación.

deplorare *(deploráre)* itr. deplorar, llorar.

deporre *(depórre)* tr. deponer; depositar; destituir.

deportare *(deportáre)* tr. deportar, desterrar.

deportazione *(deportadsióne)* f. deportación.

depositare *(depositáre)* tr. depositar.

deposito *(depósito)* m. depósito; almacén.

deposizione *(deposidsióne)* f. deposición; (jur.) declaración (en juicio).

depravare *(depraváre)* tr. depravar.

depravazione *(depravadsióne)* f. depravación.

depredare *(depredáre)* tr. despojar, expoliar; saquear.

depressione *(depressióne)* f. depresión. [mido.

depresso *(deprésso)* adj. deprimido.

deprezzamento *(depretsaménto)* m. depreciación; menosprecio; descrédito.

deprezzare *(depretsáre)* tr. depreciar; menospreciar.

depurare *(depuráre)* tr. depurar.

depurazione *(depuradsióne)* f. depuración.

deputare *(deputáre)* tr. diputar, elegir.

deputato *(deputáto)* adj. y m. diputado; delegado.

deputazione *(deputadsióne)* f. diputación, delegación.

deragliamento *(deralliaménto)* m. descarrilamiento.

deragliare *(deralliáre)* itr. descarrilar.

derivare *(deriváre)* itr. derivar.

derivazione *(derivadsióne)* f. derivación.

deroga *(déroga)* f. derogación.

derogare *(derogáre)* tr. derogar.

derubamento *(derubaménto)* m. robo, hurto.

derubare *(derubáre)* tr. robar.

descrittibile *(descrittíbile)* adj. descriptible.

descrivere *(descrívere)* tr. describir; trazar.

descrizione *(descridsióne)* f. descripción; trazamiento.

deserto *(desérto)* adj. y m. desierto, despoblado.

desiderabile *(desiderábile)* adj. deseable.

desiderare *(desideráre)* tr. desear, querer.

desiderio *(desidério)* m. deseo; anhelo.

desideroso *(desideróso)* adj. deseoso.

designare *(desiñáre)* tr. designar.

designazione *(desiñadsióne)* f. designación.

desinare *(desináre)* tr. almorzar, comer (al mediodía).

desolare *(desoláre)* tr. desolar; asolar.

desolazione *(desoladsióne)* f. desolación.

despota *(déspota)* m. déspota, tirano.

despotismo *(despotísmo)* m. despotismo.

destare *(destáre)* tr. despertar; excitar.

destinare *(destináre)* tr. destinar.

destinatario *(destinatário)* m. destinatario.

destinazione *(destinadsióne)* f. destino.

destino *(destíno)* m. destino; suerte.

destituire *(destituíre)* tr. destituir.

destituzione *(destitudsióne)* f. destitución.

destra *(déstra)* f. diestra, derecha. [za.

destrezza *(destrétsa)* f. destreza.

destro *(déstro)* adj. derecho (lado, mano, costado, etc.); diestro, hábil. m. ocasión.

determinare *(determináre)* tr. determinar.

determinazione *(determinadsióne)* f. determinación.

detestare *(detestáre)* tr. detestar, odiar.

detonare *(detonáre)* itr. detonar, explotar.

detonatore *(detonatóre)* m. detonador.

detrattore *(detrattóre)* m. detractor.

detrazione *(detradsióne)* f. detracción.

detronizzare *(detronitsáre)* tr. destronar.

detronizzazione *(detronitsadsióne)* f. destronamiento.

dettagliante *(dettalliánte)* m. detallista, vendedor al por menor.

dettagliato *(dettalliáto)* adj. detallado.

dettaglio *(dettállio)* m. detalle, pormenor. **al —** al por menor.

dettame *(dettáme)* m. dictamen.

dettare *(dettáre)* tr. dictar.

dettato *(dettáto)* adj. y m. dictado.

detto *(détto)* adj. dicho, mencionado. m. dicho, palabra.

deturpare *(deturpáre)* tr. estropear, desfigurar.

devalutazione *(devalutadsióne)* f. devaluación.

devastamento *(devastaménto)* m. devastación.

devastare *(devastáre)* tr. devastar.

devastazione *(devastadsióne)* f. devastación.

deviamento *(deviaménto)* m. desviación, desvío; (ferr.) descarrilamiento.

deviare *(deviáre)* tr. desviar, apartar del camino; extraviar. itr. descarrilar; extraviarse.

deviazione *(deviadsióne)* f. desviación, desvío; descarrilamiento.

devoluzione *(devoludsióne)* f. devolución.

devolvere *(devólvere)* tr. devolver, restituir.

devoto *(devóto)* adj. devoto.

devozione *(devodsióne)* f. devoción; rezo.

di *(di)* prep. de, por, que, con. **— mattina** por la mañana. **più ricco — me** más rico que yo.

di *(di)* m. día. **al — d'oggi** hoy día.

diabete *(diabete)* f. (med.) diabetes.

diacciare *(diatchiáre)* tr. e itr. helar.

diacciarsi *(diatchiársi)* rfl. helarse, congelarse.

diacciata *(diatchiáta)* f. helada.

diaccio *(diátchio)* m. hielo.

diaconato *(diaconáto)* m. diaconato, diaconado.

diacono *(diácono)* m. diácono.

diaframma *(diaframma)* m. diafragma.

diagnosi *(diañósi)* f. diagnosis.

diagnosticare *(diañósticare)* tr. diagnosticar.

dialetto *(dialétto)* m. dialecto.

dialogare *(dialogáre)* itr. dialogar.

dialogo *(diálogo)* m. diálogo.

diamante *(diamánte)* m. diamante. [tro.

diametro *(diámetro)* m. diámetro.

dianzi *(diándsi)* adv. hace poco, poco ha.

diapositiva *(diapositíva)* f. diapositiva.

diaria *(diária)* f. dieta (honorario).

diario *(diário)* m. diario.

diarrea *(diarréa)* f. (med.) diarrea.

diavolo *(diávolo)* m. diablo.

dibattere *(dibáttere)* tr. batir; debatir, discutir.

dibattersi *(dibáttersi)* rfl. agitarse, debatirse.

dibattimento *(dibattiménto)* m. debate, discusión.

dibattito *(dibáttito)* m. debate, discusión.

diboscamento *(diboscaménto)* m. desmonte, tala de bosque.

diboscare *(diboscáre)* tr. desmontar, talar el bosque.

dicembre *(dichémbre)* m. diciembre.

470

dichiarare *(dikiaráre)* tr. declarar, testificar.

dichiarazione *(dikiaradsióne)* f. declaración, deposición. — **doganale** declaración de aduana.

diciottenne *(dichiotténne)* adj. y m. f. que tiene dieciocho años.

dieta *(diéta)* f. (med.) dieta, régimen; asamblea.

dietro *(diétro)* prep. detrás; atrás; según. adv. detrás, después, m. lo de atrás, el reverso.

difendere *(diféndere)* tr. defender; prohibir.

difendersi *(diféndersi)* rfl. defenderse, protegerse.

difensiva *(difensíva)* f. defensiva. **sulla —** a la defensiva.

difensore *(difensóre)* adj. y m. defensor.

difesa *(difésa)* f. defensa.

difetto *(difétto)* m. defecto.

difettoso *(difettóso)* adj. defectuoso.

difettuosità *(difettuositá)* f. defectuosidad.

diffamare *(diffamáre)* tr. difamar.

diffamazione *(diffamadsióne)* f. difamación.

differente *(differénte)* adj. distinto.

differenza *(differéndsa)* f. diferencia; desigualdad.

differenziare *(differendsiáre)* tr. diferenciar.

differimento *(differiménto)* m. dilación.

differire *(differíre)* tr. diferir, aplazar; retrasar. itr. diferir, ser diferente.

difficile *(diffíchile)* adj. difícil.

difficoltà *(difficoltá)* f. dificultad.

difficoltare *(difficoltáre)* tr. dificultar.

diffida *(diffída)* f. intimación.

diffidare *(diffidáre)* itr. desconfiar. tr. intimar, requerir.

diffidente *(diffidénte)* adj. desconfiado.

diffidenza *(diffidéndsa)* f. desconfianza.

difformare *(difformáre)* tr. deformar.

difforme *(diffórme)* adj. deforme.

difformità *(difformitá)* f. deformidad.

diffusione *(diffusióne)* f. difusión.

diffuso *(diffúso)* adj. difuso; divulgado.

diffusore *(diffusóre)* m. difusor; altavoz.

difterite *(difterite)* f. (med.) difteria.

digerire *(didyerire)* tr. digerir.

digestione *(didyestióne)* f. digestión.

digiunare *(didyiunáre)* itr. ayunar.

digiuno *(didyiúno)* m. ayuno.

dignità *(diñitá)* f. dignidad.

digradamento *(digradaménto)* m. degradación.

digradare *(digradáre)* tr. degradar.

digradazione *(digradadsióne)* f. degradación.

dilagare *(dilagáre)* itr. inundar; extenderse.

dilapidare *(dilapidáre)* tr. dilapidar, disipar.

dilatare *(dilatáre)* tr. dilatar, agrandar.

dilatazione *(dilatadsióne)* f. dilatación.

dilatorio *(dilatório)* adj. dilatorio.

dilazionare *(diladsionáre)* tr. diferir, retardar.

dilazione *(diladsióne)* f. dilación.

dilemma *(dilémma)* m. dilema.

dilettante *(dilettánte)* m. aficionado.

dilettare *(dilettáre)* tr. deleitar. itr. agradar.

dilettazione *(dilettadsióne)* f. deleite.

diletto *(diletto)* adj. dilecto. m. deleite; persona amada.

dilezione *(diledsióne)* f. dilección.

diligente *(dilidyénte)* adj. diligente.

diligenza *(dilidyéndsa)* f. diligencia.

diluviare *(diluviáre)* itr. diluviar.

diluvio *(dilúvio)* m. diluvio.

dimagrare, ire *(dimagráre, dimagrire)* tr. e itr. adelgazar.

dimanda *(dimánda)* f. demanda; pregunta.

dimandare *(dimandáre)* tr. demandar; preguntar; reclamar; pedir en matrimonio.

dimensione *(dimensióne)* f. dimensión.

dimenticaggine *(dimenticátyine)* f. olvido.

dimenticanza *(dimenticándsa)* f. olvido, omisión.

dimenticare *(dimenticáre)* tr. olvidar.

dimenticarsi *(dimenticársi)* rfl. olvidarse.

dimentico *(diméntico)* adj. olvidadizo.

dimettere *(diméttere)* tr. destituir.

diminuire *(diminuíre)* tr. disminuir, reducir. itr. menguar.

diminuzione *(diminudsióne)* f. disminución.

dimissione *(dimissióne)* f. dimisión.

dimora *(dimóra)* f. demora; vivienda; permanencia.

dimorare *(dimoráre)* itr. habitar, vivir; permanecer; demorarse.

dimostrare *(dimostráre)* tr. mostrar, probar. itr. aparentar.

dimostrarsi *(dimostrársi)* rfl. manifestarse.

dimostrazione *(dimostradsióne)* f. demostración.

dinamica *(dinámica)* f. dinámica.

dinamitare *(dinamitáre)* tr. dinamitar.

dinamite *(dinamíte)* f. dinamita.

dinamo *(dínamo)* f. dinamo.

dinanzi *(dinándsi)* prep. delante de, ante. adv. antes, delante.

dinastia *(dinastía)* f. dinastía.

dinegare *(dinegáre)* tr. denegar.

diniego *(diniégo)* m. denegación.

dintorno *(dintórno)* adv. alrededor.

dintorni *(dintórni)* m. pl. alrededores.

dio *(dío)* m. Dios.

diocesano *(diochesáno)* adj. y m. diocesano.

diocesi *(dióchesi)* f. diócesis.

dipartimento *(dipartiménto)* m. departamento; distrito.

dipartire *(dipartíre)* tr. partir; separar. itr. marchar, partir.

dipartirsi *(dipartírsi)* rfl. marchar, partir.

dipartita *(dipartíta)* f. partida.

dipendente *(dipendénte)* adj. y m. dependiente.

dipendenza *(dipendéndsa)* f. dependencia.

dipendere *(dipéndere)* itr. depender.

dipingere *(dipíndyere)* tr. pintar; (fig.) describir.

diploma *(diplóma)* m. diploma.

diplomatico *(diplomático)* m. diplomático.

dire *(díre)* tr. decir, hablar; relatar; manifestar. m. dicho, decir.

direttissimo *(direttíssimo)* m. tren expreso.

diretto *(diretto)* adj. y m. directo.

direttrice *(direttríche)* adj. y f. directriz, directiva.

direzione *(diredsióne)* f. dirección, curso; (náut.) rumbo; dirección, junta directiva; gerencia.

dirigere *(dirídyere)* tr. dirigir, encaminar; gobernar.

dirimpetto *(dirimpétto)* adv. y prep. en frente, frente a, por frente.

diritto *(diritto)* adj. recto, derecho. m. derecho.

diroccamento *(diroccaménto)* m. derrocamiento; derribo.

diroccare *(diroccáre)* tr. derrocar, derribar. itr. despeñarse.

dirupato *(dirupáto)* adj. abrupto.

dirupo *(dirúpo)* m. precipicio, despeñadero.

disabitare *(disabitáre)* tr. deshabitar.

disabitato *(disabitáto)* adj. deshabitado.

disaccordo *(disaccórdo)* m. desacuerdo.

disadatto *(disadátto)* adj. inepto, inadecuado.

disaffezione *(disaffedsióne)* f. desafecto, desamor; indiferencia.

disagevole *(disadyévole)* adj. difícil; incómodo.

disagevolezza *(disadyevolétsa)* f. dificultad; incomodidad.

disagiato *(disadyiáto)* adj. incómodo; menesteroso.

disagio *(disádyio)* m. incomodidad; penuria.

disamina *(disámina)* f. examen.

disaminare *(disamináre)* tr. examinar.

disappetenza *(disappeténdsa)* f. inapetencia.

disapprovare *(disapprováre)* tr. desaprobar; censurar; reprobar.

disapprovazione *(disapprovadsióne)* f. desaprobación; censura.

disarmare *(disarmáre)* tr. desarmar.

disarmo *(disármo)* m. desarme.

disarmonia *(disarmonía)* f. discordancia.

disarmonico *(disarmónico)* adj. disonante, desafinado.

disarticolare *(disarticoláre)* tr. desarticular.

disarticolazione *(disarticoladsióne)* f. desarticulación.

disastrare *(disastráre)* tr. perjudicar; arruinar.

disastro *(disástro)* m. desastre.

disattento *(disatténto)* adj. desatento.

disattenzione *(disattendsióne)* f. desatención.

disavanzo *(disavánso)* m. déficit, pérdida.

disavvantaggiarsi *(disavvantatyiársi)* rfl. hallarse en desventaja; perder ventaja.

disavvantaggio *(disavvantatyio)* m. desventaja.

disavventura *(disavventúra)* f. desventura, percance.

disavventurato *(disavventuráto)* adj. desventurado.

disbrigare *(disbrigáre)* tr. desembarazar.

disbrigo *(disbrígo)* m. despacho.

discarica *(discárica)* f. descarga.

discaricare *(discaricáre)* tr. descargar.

discarico *(discárico)* m. descargo.

discendente *(dischendénte)* adj. y m. f. descendiente.

discendenza *(dischendéndsa)* f. descendencia.

discendere *(dischéndere)* itr. descender; descender (por el origen o la raza).

discepolo *(dischépolo)* m. discípulo, alumno.

discesa *(dischésa)* f. bajada.

dischiudere *(diskiúdere)* tr. abrir, destapar.

dischiuso *(diskiúso)* adj. abierto.

disciogliere *(dischiólliere)* tr. disolver; soltar.

discioglimento *(dischiolliménto)* m. disolución, desleimiento; desenlace.

disciplina *(dischiplína)* f. disciplina.

disciplinare *(dischiplináre)* tr. disciplinar.

disco *(dísco)* m. disco.

discobolo *(discóbolo)* m. discóbolo.

discolorare *(discoloráre)* tr. desteñir.

discolorarsi *(discolorársi)* rfl. palidecer.

discolpa *(discólpa)* f. disculpa.

discolpare *(discolpáre)* tr. disculpar.

disconoscente *(disconoschénte)* adj. ingrato.

disconoscenza *(disconoschéndsa)* f. ingratitud.

disconoscere *(disconóschere)* tr. ignorar.

disconoscimento *(disconoschimento)* m. ignorancia.

discordanza *(discordándsa)* f. discordancia.

discordare *(discordáre)* itr. disentir; desafinar.

discorde *(discorde)* adj. discorde; discordante.

discordia *(discórdia)* f. discordia.

discorrere *(discórrere)* itr. discurrir; conversar.

discorso *(discórso)* m. discurso; conversación.

discostare *(discostáre)* tr. alejar.

discosto *(discosto)* adj. distante, lejano.

discreditare *(discreditáre)* tr. desacreditar.

discredito *(discrédito)* m. descrédito.

discreto *(discréto)* adj. discreto.

discrezione *(discredsióne)* f. discreción.

discussione *(discussióne)* f. discusión.

discutere *(discútere)* tr. e itr. discutir.

disdegnare *(disdeñáre)* tr. desdeñar.

disdegno *(disdéño)* m. desdén.

disdegnoso *(disdeñóso)* adj. desdeñoso.

disdetta *(disdétta)* f. desgracia, desdicha.

disdetto *(disdétto)* adj. desdicho.

disdire *(disdíre)* tr. desdecir, retractar.

disdirsi *(disdírsi)* rfl. retractarse.

diseccare *(diseccáre)* tr. desecar, secar.

diseccazione *(diseccadsióne)* f. desecación.

disegnare *(diseñáre)* tr. diseñar, dibujar.

disegno *(diseño)* m. diseño, dibujo.

diseguale *(diseguále)* adj. desigual.

disertamento *(disertaménto)* m. deserción; devastación.

disertare *(disertáre)* itr. desertar. tr. devastar; abandonar.

disfare *(disfáre)* tr. deshacer; destruir.

disfatta *(disfátta)* f. derrota.

disgrazia *(disgrádsia)* f. desgracia, desdicha.

disgregare *(disgregáre)* tr. disgregar.

disgregazione *(disgregadsióne)* f. disgregación.

disgustare *(disgustáre)* tr. disgustar.

disgustevole *(disgustévole)* adj. desagradable.

disgusto *(disgústo)* m. disgusto.

disilludere *(disil-lúdere)* tr. desilusionar, desengañar.

disillusione *(disil-lusióne)* f. desilusión.

disimpegnare *(disimpeñáre)* tr. desempeñar; desembarazar; librar, exonerar.

disinfettare *(disinfettáre)* tr. desinfectar.

disinfezione *(disinfedsióne)* f. desinfección.

disingannare *(disingannáre)* tr. desengañar.

disinganno *(disingánno)* m. desengaño. [infiel.

disleale *(disleále)* adj. desleal,

dislocare *(dislocáre)* tr. trasladar; desplazar.

dislogazione *(dislogadsióne)* f. dislocación.

dismisura *(dismisúra)* f. desmesura.

dismisurato *(dismisuráto)* adj. desmesurado.

disoccupare *(disoccupáre)* tr. desocupar.

disoccupato *(disoccupáto)* adj. desocupado, ocioso.

disoccupazione *(disoccupadsióne)* f. ociosidad; desempleo.

disonestà *(disonestá)* f. deshonestidad, obscenidad.

disonesto *(disonésto)* adj. deshonesto, obsceno.

disonorare *(disonoráre)* tr. deshonrar. [nor.

disonore *(disonóre)* m. desho-

disopra *(disópra)* adv. sobre, arriba, encima. adj. superior. m. la parte superior.

disordinare *(disordináre)* tr. desordenar.

disordine *(disórdine)* m. desorden.

disotto *(disótto)* adv. abajo, debajo. adj. inferior. m. la parte inferior. **al — di** menos que.

dispaccio *(dispátchio)* m. despacho.

disparere *(disparére)* m. discrepancia.

dispari *(díspari)* adj. dispar, desigual.

disparire *(disparíre)* itr. desaparecer.

disparità *(disparitá)* f. disparidad.

disparizione *(disparidsióne)* f. desaparición.

disparte *(dispárte)* adv. a parte, a un lado. **in —** aparte, separadamente.

dispartire *(dispartíre)* tr. separar; dividir.

dispendio *(dispéndio)* m. dispendio.

dispensa *(dispénsa)* f. despensa; dispensa; distribución.

dispensare *(dispensáre)* tr. dispensar; distribuir.

dispensazione *(dispensadsióne)* f. distribución; dispensa, absolución.

disperare *(disperáre)* itr. desesperar, impacientarse.

disperato *(disperáto)* adj. desesperado; (med.) desahuciado.

disperazione *(disperadsióne)* f. desesperación.

disperdere *(dispérdere)* dispersar; disipar; destruir.

disperdersi *(dispérdersi)* rfl. dispersarse.

dispersione *(dispersióne)* f. dispersión; (técn.) difusión.

dispetto *(dispétto)* m. despecho; menosprecio.

dispiacente *(dispiachénte)* adj. displicente. **sono —** siento.

dispiacere *(dispiachére)* itr. desagradar. m. disgusto, desagrado.

dispiacevole *(dispiachévole)* adj. displicente; desagradable. [disponible.

disponibile *(disponíbile)* adj.

disporre *(dispórre)* tr. disponer; preparar, prescribir.

disposizione *(disposidsióne)* f. disposición; mandato; colocación, distribución.

disposto *(dispósto)* adj. dispuesto, preparado.

dispotico *(dispótico)* adj. despótico.

disprezzare *(dispretsáre)* tr. despreciar.

disprezzo *(disprétso)* m. desprecio.

disputa *(dispúta)* f. disputa; discusión.

disputare *(disputáre)* tr. disputar.

dissenteria *(dissentería)* f. (med.) disentería.

dissertare *(dissertáre)* itr. disertar.

dissertazione *(dissertadsióne)* f. disertación.

dissetare *(dissetáre)* tr. apagar la sed, refrigerar.

dissidente *(dissidénte)* adj. disidente.

dissidenza *(dissidéndsa)* f. disidencia.

dissimile *(dissímile)* adj. diferente, disímil.

dissimulare *(dissimuláre)* tr. disimular; ocultar.

dissimulazione *(dissimuladsióne)* f. disimulación, disimulo.

dissipare *(dissipáre)* tr. disipar, derrochar.

dissipazione *(dissipadsióne)* f. disipación.

dissolubile *(dissolúbile)* adj. disoluble.

dissoluzione *(dissoludsióne)* f. disolución.

dissolvente *(dissolvénte)* adj. y m. disolvente.

dissolvere *(dissólvere)* tr. disolver, dispersar (reunión, manifestación, etc.).

dissolversi *(dissólversi)* rfl. disolverse, desleírse.

dissomigliante *(dissomilliánte)* adj. disímil.

dissonante *(dissonánte)* adj. disonante, discordante.

dissonanza *(dissonándsa)* f. disonancia.

dissonare *(dissonáre)* tr. disonar.

dissuadere *(dissuadére)* tr. disuadir.

dissuasione *(dissuasióne)* f. disuasión.

distaccamento *(distaccaménto)* m. (mil.) destacamento; desapego.

distaccare *(distaccáre)* tr. desprender; (mil.) destacar soldados; separar.

distaccarsi *(distaccársi)* rfl. despegarse; destacarse.

distacco *(distácco)* m. desapego.

distante *(distánte)* adj. distante.

distanza *(distándsa)* f. distancia, lejanía.

distare *(distáre)* itr. distar.

distendere *(disténdere)* tr. extender.

distendersi *(disténdersi)* rfl. extenderse.

distensione *(distensióne)* f. extensión.

distesa *(distésa)* f. extensión; hilera.

distinguere *(distíngüere)* tr. distinguir.

distinguersi *(distíngüersi)* rfl. distinguirse.

distinta *(distínta)* f. lista, nota, minuta.

distintivo *(distintívo)* adj. distintivo, característico. m. distintivo; condecoración.

distinto *(distínto)* adj. distinto; distinguido.

distinzione *(distindsióne)* f. distinción.

distrarre *(distrárre)* tr. distraer; divertir.

distratto *(distrátto)* adj. distraido; absorto.

distrazione *(distradsióne)* f. distracción; diversión.

distretto *(distrétto)* m. distrito; (mil.) región.

distribuire *(distribuíre)* tr. distribuir.

distribuzione *(distribudsióne)* f. distribución.

distruggere *(distrútyere)* tr. destruir, disipar.

distruggitore *(distrutyitóre)* adj. y m. destructor.

distruttore *(distruttóre)* adj. y m. destructor.

distruzione *(distrudsióne)* f. destrucción.

disturbare *(disturbáre)* tr. perturbar, disturbar; distraer, interrumpir.

disturbo *(distúrbo)* m. disturbio; estorbo, molestia. **— di salute** indisposición, enfermedad leve. **grave —** enfermedad grave.

disubbidiente *(disubbidiénte)* adj. desobediente.

disubbidienza *(disubbidiéndsa)* f. desobediencia.

disubbidire *(disubbidíre)* tr. desobedecer.

disuguaglianza *(disugualliándsa)* f. desigualdad, diferencia.

disuguale *(disuguále)* adj. desigual.

disugualità *(disugualitá)* f. desigualdad.

disunione *(disunióne)* f. desunión. [separar.

disunire *(disuníre)* tr. desunir,

disusato *(disusáto)* adj. inusitado, desacostumbrado.

disutile *(disútile)* adj. inútil.

ditale *(ditále)* m. dedal.

dito *(díto)* m. dedo.

ditta *(dítta)* f. (com.) casa, empresa, firma.

divagamento *(divagaménto)* m. divagación.

divagare *(divagáre)* itr. divagar.

divenire, tare *(diveníre, diventáre)* itr. hacerse, convertirse en.

divergenza *(diverdyéndsa)* f. divergencia.

divergere *(divérdyere)* itr. divergir.

diversione *(diversióne)* f. (mil.) diversión; desviación.

diverso *(divérso)* adj. diverso.

divertimento *(divertiménto)* m. diversión.

divertirsi *(divertírsi)* rfl. divertirse.

dividere *(divídere)* tr. dividir, partir; repartir.

divieto *(diviéto)* m. prohibición.

divinare *(divináre)* tr. adivinar.

divinatore *(divinatóre)* m. adivino.

divinazione *(divinadsione)* f. adivinación.

divinità *(divinitá)* f. divinidad.

divinizzare *(divinitsáre)* tr. divinizar.

divino *(divíno)* adj. divino.

divisa *(divísa)* f. divisa, lema; uniforme. [sible.

divisibile *(divisíbile)* adj. divi-

divisione *(divisióne)* f. división.

divorare *(divoráre)* tr. devorar.

divorziarsi *(divordsiársi)* rfl. divorciarse.

divorzio *(divórdsio)* m. divorcio.

divoto *(divóto)* adj. devoto.

divozione *(divodsióne)* f. devoción.

divulgamento *(divulgamento)* m. divulgación, difusión.

divulgare *(divulgáre)* tr. divulgar, difundir.

dizionario *(didsionário)* m. diccionario.

doccia *(dótchia)* f. ducha; canalón.

docciare *(dotchiáre)* tr. duchar.

docciarsi *(dotchiársi)* rfl. tomar una ducha.

docciatura *(dotchiatúra)* f. ducha.

docente *(dochénte)* adj. docente. m. profesor, maestro.

docile *(dóchile)* adj. dócil.

documentare *(documentáre)* tr. documentar.

documento *(documénto)* m. documento.

dogana *(dogána)* f. aduana.

doganale *(doganále)* adj. aduanero.

doganiere *(doganiére)* m. aduanero.

doglia *(dóllia)* f. dolor; pena, aflicción.

doglianza *(dolliándsa)* f. dolencia; lamento.

dolce *(dólche)* adj. dulce; (fig.) suave. m. dulce.

dolci *(dólchi)* m. pl. dulces.

dolcezza *(dolchétsa)* f. dulzura; (fig.) suavidad.

dolcificare *(dolchificáre)* tr. dulcificar.

dolciumi *(dolchiúmi)* m. pl. dulces.

dolente *(dolente)* adj. doliente, triste.

dolere *(dolére)* itr. doler.

dolersi *(dolérsi)* rfl. dolerse. (fig.) arrepentirse.

dolore *(dolóre)* m. dolor.

doloroso *(doloróso)* adj. doloroso.   [da; pregunta.

domanda *(dománda)* f. demanda

domandare *(domandáre)* tr. preguntar, pedir.

domani *(dománi)* adv. mañana. — **l'altro** pasado mañana. — **a otto** de mañana en ocho (días). — **sera** mañana por la tarde (o por la noche). **a** — hasta mañana.

domare *(domáre)* tr. domar, domesticar.

domatore *(domatóre)* m. domador.

domattina *(domattína)* adv. mañana por la mañana.

domenica *(doménica)* f. domingo.

domestica *(doméstica)* f. criada, muchacha (de servicio).

domesticare *(domesticáre)* tr. domesticar.

domestico *(doméstico)* adj. doméstico. m. criado.

dominare *(domináre)* tr. dominar.

dominio *(domínio)* m. dominio.

donare *(donáre)* tr. dar, donar.

donazione *(donadsióne)* f. donación.

donde *(dónde)* adv. donde; adonde, de donde.

dondola *(dóndola)* f. mecedora.

dondolamento *(dondolaménto)* m. bamboleo.

dondolare *(dondoláre)* tr. balancear los brazos, la cabeza, el cuerpo; columpiar, mecer. itr. oscilar.

donna *(dónna)* f. mujer; señora; esposa.

donnaiolo *(donnaiólo)* m. mujeriego.

dono *(dóno)* m. regalo.

donzella *(dondsél-la)* f. doncella, señorita; camarera.

donzello *(dondsél-lo)* m. doncel.

dopo *(dópo)* adv. después, luego. — **che** después que.

dopodomani *(dopodománi)* adv. pasado mañana.

dopoguerra *(dopoguérra)* f. postguerra.

doppiare *(doppiare)* tr. doblar.

doppio *(dóppio)* m. doble.

dormicchiare *(dormikkiáre)* itr. dormitar.

dormire *(dormíre)* itr. dormir.

dormitorio *(dormitório)* m. dormitorio.

dormiveglia *(dormivéllia)* f. duermevela.

dorsale *(dorsále)* adj. dorsal.

dorso *(dórso)* m. dorso.

dose *(dóse)* f. dosis.

dosso *(dósso)* m. dorso.

dotare *(dotáre)* tr. dotar.

dotazione *(dotadsióne)* f. dotación.

dote *(dóte)* f. dote; regalo.

dotto *(dótto)* adj. docto, sabio.

dottore *(dottóre)* m. doctor; médico.

dottoressa *(dottoréssa)* f. doctora.

dottrina *(dottrína)* f. doctrina; catecismo.

dove *(dóve)* adv. donde; a donde, de donde, en donde.

dovere *(dovére)* m. deber. tr. deber, adeudar. itr. deber, tener que (hacer algo).

dovizia *(dovídsia)* f. abundancia, riqueza.

dovunque *(dovúncue)* adj. donde quiera.

dozzina *(dotsína)* f. docena.

dragare *(dragáre)* tr. dragar.

dramma *(drámma)* m. drama.

drammatico *(drammático)* adj. dramático.

drammaturgo *(drammatúrgo)* m. dramaturgo.

droga *(dróga)* f. droga.

drogare *(drogáre)* tr. aderezar con especias; drogar.

drogheria *(drogueria)* f. droguería.   [guero.

droghiere *(droguiére)* m. dro-

dubbio *(dúbbio)* m. duda, sospecha, temor. adj. incierto.

dubbioso *(dubbióso)* adj. dudoso, incierto.

dubitante *(dubitánte)* adj. dudoso.

dubitare *(dubitáre)* itr. dudar; recelar.

dubitazione *(dubitadsióne)* f. irresolución, duda.

duca *(dúca)* m. duque.

ducato *(ducáto)* m. ducado.

duchessa *(dukéssa)* f. duquesa.

duce *(dúche)* m. caudillo.

due *(dúe)* adj. y m. dos. **a** — **a** — de dos en dos.

duellare *(duel-láre)* itr. batirse en duelo.

duellatore *(duel-latóre)* m. duelista; espadachín.

duello *(duél-lo)* m. duelo.

duetto *(duétto)* m. (mús.) dúo.

dunque *(dúnkue)* conj. conque, pues, por consiguiente.

duomo *(duómo)* m. catedral.

duplicare *(duplicáre)* tr. duplicar.

duplicato *(duplicáto)* adj. duplicado.

duplice *(dúpliche)* adj. doble.

duplicità *(duplichitá)* f. duplicidad.

durabile *(durábile)* adj. duradero.

durante *(duránte)* prep. durante, mientras.

durare *(duráre)* itr. durar, continuar. tr. soportar.

durata *(duráta)* f. duración.

durezza *(durétsa)* f. dureza, aspereza.

duro *(dúro)* adj. duro, sólido; arduo, severo.

duttile *(dúttile)* adj. ductil.

ebanista *(ebanísta)* m. ebanista.

ebano *(ébano)* m. ébano.

ebbene *(ebbéne)* conj. y bien, pues bien.

ebbrezza *(ebbrétsa)* f. embriaguez.

ebbrietà *(ebbrietá)* f. embriaguez.

ebbro *(ébbro)* adj. ebrio, borracho.

ebollizione *(ebol-lidsione)* f. ebullición.

ebraico *(ebráico)* adj. y m. hebreo.

eccedenza *(etchedéndsa)* f. exceso, excedencia.

eccedente *(etchedénte)* adj. y m. excedente.

eccedere *(etchédere)* tr. e itr. exceder; (fig.) extralimitarse.

eccellente *(etchel-lénte)* adj. excelente.

eccellenza *(etchel-léndsa)* f. excelencia. **sua** — su excelencia. **vostra** — vuecencia.

eccellere *(etchél-lere)* intr. sobresalir, superar.

eccessivo *(etchessívo)* adj. excesivo.

eccesso *(etchésso)* m. exceso.

eccetto *(etchétto)* prep. excepto, salvo.

eccettuare *(etchettuáre)* tr. exceptuar.

eccezionale *(etchedsionále)* adj. excepcional.

eccezione *(etchedsióne)* f. excepción.

eccitante *(etchitante)* adj. excitante.

eccitare *(etchitáre)* tr. excitar.

eccitazione *(etchitadsióne)* f. excitación.

ecclesiastico *(ekklesiástico)* adj. y m. eclesiástico.

ecco *(ékko)* adv. aquí, he allí. —**mi** aquí estoy. — **lo** aquí está.

eclissare *(eclissáre)* tr. eclipsar.

eclisse *(eclísse)* m. eclipse.

eco *(éco)* m. eco.

economia *(economía)* f. economía.

economico *(económico)* adj. económico.

economizzare *(economitsáre)* tr. economizar.

ed *(ed)* conj. y, e.

edicola *(edícola)* f. quiosco; nicho.

edificare *(edificáre)* tr. edificar. construir.

edificio *(edifíchio)* m. edificio.

editore *(editóre)* m. editor.

editoriale *(editoriále)* adj. y m. editorial.

editto *(edítto)* m. edicto.

edizione *(edidsióne)* f. edición.

educare *(educáre)* tr. educar.

educazione *(educadsióne)* f. educación.

effeminare *(effemináre)* tr. afeminar.

effeminato *(effemináto)* adj. afeminado.

effervescente *(efferveschénte)* adj. efervescente.

effervescenza *(efferveschéndsa)* f. efervescencia.

effettività *(effettivitá)* f. efectividad.   [tivo.

effettivo *(effettívo)* adj. efec-

effetto *(effétto)* m. efecto; sensación; título (de la Deuda Pública). — **cambiario** letra de cambio.

effetti *(effétti)* m. pl. efectos, prendas. — **pubblici** valores públicos.

effettuale *(effettuále)* adj. efectivo.

effettuare *(effettuáre)* tr. efectuar, ejecutar.

efficace *(efficáche)* adj. eficaz.

efficacia *(efficáchia)* f. eficacia.

egli *(élli)* pron. él.

eglino *(éllino)* pron. ellos.

egoismo *(egoísmo)* m. egoísmo.

egoista *(egoísta)* adj. y m. f. egoísta.

eguaglianza *(egüalliándsa)* f. igualdad.

eguagliare *(egüalliáre)* tr. igualar.

eguale *(egüále)* adj. igual.

egualità *(egüalitá)* f. igualdad.

ei *(éi)* pron. él.

elaborare *(elaboráre)* tr. elaborar.

elaborazione *(elaboradsióne)* f. elaboración.

elasticità *(elastichitá)* f. elasticidad.

elastico *(elástico)* adj. elástico. m. liga.

elegante *(elegánte)* adj. elegante.

eleganza *(elegándsa)* f. elegancia.

eleggere *(elétyere)* tr. elegir.

elementare *(elementáre)* adj. elemental; fundamental.

elemento *(eleménto)* m. elemento.   [mosna.

elemosina *(elemósina)* f. li-

elemosinare *(elemosináre)* tr. e itr. mendigar.

eletta *(elétta)* f. selección.

eletto *(elétto)* adj. elegido.

elettorale *(elettorále)* adj. electoral.

elettricista *(elettrichísta)* m. electricista.

elettricità *(elettrichitá)* f. electricidad.

elettrificare *(elettrificáre)* tr. electrificar.

elettrico *(eléttrico)* adj. eléctrico.

elettrificazione *(elettrificadsióne)* f. electrificación.

elettrizzare *(elettritsáre)* tr. electrizar.

elettro *(eléttro)* m. electro.

elettrotecnica *(elettrotécnica)* f. electrotécnia.

elevare *(elevare)* tr. elevar.

elevarsi *(elevársi)* rfl. elevarse, sobresalir.

elevatore *(elevatóre)* adj. elevador. m. ascensor.

elevazione *(elevadsióne)* f. elevación.

elezione *(eledsióne)* f. elección.

elica *(élica)* f. hélice; espiral.

elicottero *(elicóttero)* m. helicóptero.

eliminare *(elimináre)* tr. eliminar.

eliminazione *(eliminadsióne)* f. eliminación.

elisione *(elidsióne)* f. elisión.

ella *(él-la)* pron. ella; usted.

elmo *(élmo)* m. yelmo.

elogiare *(elotyiáre)* tr. elogiar.

elogio *(elótyio)* m. elogio.

eloquenza *(elokuéndsa)* f. elocuencia.

eloquio *(elókuio)* m. discurso.

eludere *(elúdere)* tr. eludir, evitar.

emanare *(emanáre)* itr. y tr. emanar.

emancipare *(emanchipáre)* tr. emancipar.

emanciparsi *(emanchipársi)* rfl. emanciparse.

emancipazione *(emanchipadsióne)* f. emancipación.

embargo *(embárgo)* m. embargo. [ma.

emblema *(embléma)* m. emble-

emenda *(eménda)* f. enmienda.

emendamento *(emendaménto)* m. ver **emenda**.

emendare *(emendáre)* tr. enmendar.

emergenza *(emerdyéndsa)* f. emergencia.

emergere *(eméryere)* intr. emerger, brotar, surgir; flotar.

emettere *(eméttere)* tr. emitir.

emicrania *(emicránia)* f. (med.) jaqueca.

emigrante *(emigránte)* adj. y m. f. emigrante.

emigrare *(emigráre)* itr. emigrar.

emigrazione *(emigradsióne)* f. emigración.

eminente *(eminénte)* adj. eminente. [nencia.

eminenza *(eminéndsa)* f. emi-

emisfero *(emisféro)* m. hemisferio. [sario.

emissario *(emissário)* m. emi-

emissione *(emissióne)* f. emisión.

emozionare *(emodsionáre)* tr. emocionar. [ción.

emozione *(emodsióne)* f. emo-

empietà *(empietá)* f. impiedad; crueldad.

empio *(émpio)* adj. impío; cruel; lleno.

empire *(empíre)* tr. llenar.

emulare *(emuláre)* tr. emular.

emulazione *(emuladsióne)* f. emulación.

enciclopedia *(enchiclopedía)* f. enciclopedia.

encomiare *(encomiáre)* tr. encomiar, alabar.

encomio *(encómio)* m. encomio, elogio.

energia *(enerdyía)* f. energía.

energico *(enérdyico)* adj. enérgico.

enervare *(enerváre)* tr. enervar.

enervazione *(enervadsióne)* f. enervación.

enfasi *(énfasi)* m. énfasis.

enfatico *(enfático)* adj. enfático.

enigma *(eníqma)* m. enigma.

enigmatico *(eniqmático)* adj. enigmático.

enorme *(enórme)* adj. enorme.

enormità *(enormitá)* f. enormidad.

ente *(énte)* m. ente.

entità *(entitá)* f. entidad.

entrare *(entráre)* tr. penetrar. itr. entrar, introducirse.

entrata *(entráta)* f. entrada; introducción.

entro *(éntro)* adv. adentro, prep. en, dentro de.

entusiasmare *(entusiasmáre)* tr. entusiasmar.

entusiasmo *(entusiásmo)* m. entusiasmo.

enumerare *(enumeráre)* tr. enumerar, contar.

enumerazione *(enumeradsióne)* f. enumeración.

epica *(épica)* f. épica.

epico *(épico)* adj. épico.

epidemia *(epidemía)* f. (med.) epidemia.

epifania *(epifanía)* f. epifanía.

epigrafe *(epígrafe)* m. epígrafe.

episcopato *(episcopáto)* m. episcopado.

epoca *(época)* f. época.

epopea *(epopéa)* f. epopeya.

eppure *(eppúre)* conj. sin embargo, no obstante.

equazione *(ekuadsióne)* f. (mat.) ecuación.

equilibrio *(ekuilíbrio)* m. equilibrio.

equipaggiamento *(ekuipatyiaménto)* m. equipo.

equipaggiare *(ekuipatyiáre)* tr. equipar.

equipaggio *(ekuipátyio)* m. equipo; equipaje (efectos de viaje); (náut.) tripulación.

equità *(ekuitá)* f. equidad.

equitazione *(ekuitadsióne)* f. equitación. [equivalente.

equivalente *(ekuivalénte)* adj.

equivalenza *(ekuivaléndsa)* f. equivalencia.

equivalere *(ekuivalere)* intr. equivaler.

equivocare *(ekuivocáre)* tr. equivocar.

equivoco *(ekuívoco)* adj. equívoco. m. equívoco, equivocación.

era *(éra)* f. era.

erba *(érba)* f. (bot.) hierba.

erbaggi *(erbátyi)* m. pl. hortalizas.

erbivoro *(erbívoro)* adj. y m. herbívoro.

erede *(eréde)* m. y f. heredero.

eredità *(ereditá)* f. herencia.

ereditare *(ereditáre)* tr. heredar.

eremita *(eremíta)* m. ermitaño.

eresia *(eresía)* f. herejía.

eretico *(erético)* adj. herético. m. hereje.

ergere *(éryere)* tr. erguir, levantar, alzar.

erigere *(erídyere)* tr. erigir, levantar, fundar.

ermellino *(ermel-líno)* m. (zool.) armiño.

ernia *(érnia)* f. (med.) hernia.

eroe *(eróe)* m. héroe.

eroico *(eróico)* adj. heróico.

eroismo *(eroísmo)* m. heroísmo.

errabondo *(errabóndo)* adj. errabundo, errante; vagabundo.

errare *(erráre)* itr. errar; andar vagando.

errata *(erráta)* f. errata.

erratico *(errático)* adj. errante, vagante, vago.

erroneo *(erróneo)* adj. erróneo.

errore *(erróre)* m. error, equivocación.

erta *(érta)* f. cuesta.

erto *(érto)* adj. empinado; áspero.

erudire *(erudíre)* tr. instruir.

erudito *(erudíto)* adj. y m. erudito.

erudizione *(erudidsióne)* f. erudición.

eruttare *(eruttáre)* itr. eructar.

eruttazione *(eruttadsióne)* f. eructo.

eruzione *(erudsióne)* f. erupción.

esagerare *(esadyeráre)* tr. exagerar.

esagerazione *(esadyeradsióne)* f. exageración.

esaltare *(esaltáre)* tr. exaltar.

esaltazione *(esaltadsióne)* f. exaltación.

esame *(esáme)* m. examen.

esaminare *(esamináre)* tr. examinar.

esattezza *(esattétsa)* f. exactitud, puntualidad.

esatto *(esátto)* adj. exacto.

esaurire *(esaurire)* tr. agotar, apurar.

esaurito *(esaurito)* adj. agotado; consumido.

esca *(ésca)* f. cebo; yesca.

esclamare *(esclamáre)* itr. exclamar.

esclamazione *(esclamadsióne)* f. exclamación.

escludere *(esclúdere)* tr. excluir.

esclusione *(esclusióne)* f. exclusión. [clusivo.

esclusivo *(esclusívo)* adj. ex-

esecrabile *(esecrábile)* adj. execrable.

esecrare *(esecráre)* tr. execrar.

esecrazione *(esecradsióne)* f. execración.

esecutore *(esecutóre)* m. ejecutor. — **testamentario** albacea.

esecuzione *(esecudsióne)* f. ejecución.

eseguire *(eseqüire)* tr. ejecutar. [plo.

esempio *(esempio)* m. ejem-

esequie *(esékuie)* f. pl. exequias.

esercire *(eserchíre)* tr. ejercer.

esercitare *(eserchitáre)* tr. ejercitar.

esercitazione *(eserchitadsióne)* f. ejercitación, ejercicio.

esercito *(esérchito)* m. ejército. [cicio.

esercizio *(eserchídsio)* m. ejer-

esibire *(esibíre)* tr. exhibir.

esibizione *(esibidsióne)* f. exhibición.

esigente *(esidyénte)* adj. exigente.

esigenza *(esidyéndsa)* f. exigencia.

esigere *(esídyere)* tr. exigir.

esiliare *(esiliáre)* tr. exiliar.

esilio *(esílio)* m. exilio.

esistenza *(esisténdsa)* f. existencia, vida.

esistere *(esístere)* itr. existir.

esitare *(esitáre)* itr. dudar, vacilar.

esitazione *(esitadsióne)* f. indecisión.

esito *(ésito)* m. éxito; resultado; salida.

esodo *(ésodo)* m. éxodo.

esofago *(esófago)* m. (anat.) esófago.

esorbitante *(esorbitánte)* adj. exorbitante.

esortare *(esortáre)* tr. exhortar.

esortazione *(esortadsione)* f. exhortación.

esotico *(esótico)* adj. exótico, extranjero.

espandere *(espándere)* tr. extender, ensanchar, difundir, esparcir.

espandersi *(espándersi)* rfl. extenderse, esparcirse.

espansione *(espansióne)* f. expansión.

espatriare *(espatriáre)* itr. expatriarse.

espediente *(espediénte)* m. expediente.

espedire *(espedíre)* tr. expedir, despachar.

espellere *(espél-lere)* tr. expeler, expulsar; arrojar, echar, despedir.

esperienza *(esperiéndsa)* f. experiencia.

esperimentare *(esperimentáre)* tr. experimentar.

esperimento *(esperiménto)* m. experimento.

espiare *(espiáre)* tr. expiar.

espiazione *(espiadsióne)* f. expiación.

espilare *(espiláre)* tr. hurtar.

espirare *(espiráre)* tr. espirar.

espirazione *(espiradsióne)* f. espiración.

espletáre *(espletáre)* tr. cumplir, realizar.

esplodere *(esplódere)* itr. estallar, hacer explosión.

esplorare *(esploráre)* tr. explorar; indagar.

esplorazione *(esploradsióne)* f. exploración.

esplosione *(esplosióne)* f. explosión.

esplotare *(esplotáre)* tr. explotar.

esplotazione *(esplotadsióne)* f. explotación.

esporre *(espórre)* tr. exponer, explicar.

esporsi *(esporsi)* rfl. exponerse.

esportare *(esportáre)* tr. exportar.

esportazione *(esportadsióne)* f. exportación.

esposizione *(esposidsióne)* f. exposición.

espressione *(espressióne)* f. expresión.

espresso *(esprésso)* adj. expreso.

esprimere *(esprímere)* tr. exprimir; expresar.

espropriare *(espropriáre)* tr. expropiar.

espropriazione *(espropriadsióne)* f. expropiación.

espugnabile *(espudyábile)* adj. expugnable.

espugnare *(espudyáre)* tr. expugnar, tomar por asalto. fig. vencer una resistencia.

espulsione *(espulsióne)* f. expulsión.

essa *(éssa)* pron. ella.

essenza *(esséndsa)* f. esencia.

essenziale *(essendsiále)* adj. esencial.

essere *(éssere)* itr. ser, estar. m. ser, ente.

esso *(ésso)* pron. él.

est *(est)* m. este.

estasi *(éstasi)* m. éxtasis.

estasiarsi *(estasiársi)* rfl. extasiarse.

estate *(estáte)* m. verano.

estendere *(esténdere)* tr. extender. [tensión.

estensione *(estensióne)* f. ex-

estenuare *(estenuáre)* tr. extenuar.

estenuazione *(estenuadsióne)* f. extenuación. [rior.

esteriore *(esterióre)* adj. exte-

esteriorità *(esterioritá)* f. exterioridad.

esterminare *(estermináre)* tr. exterminar.

esterminazione *(esterminadsióne)* f. exterminio.

esterminio *(estermínio)* m. exterminio.

esterno *(estérno)* adj. externo.

474

estero *(éstero)* adj. y m. extranjero, exterior.

estetica *(estética)* f. estética.

estinguere *(estíngüere)* tr. extinguir, apagar.

estintore *(estintóre)* m. extintor.   [tinción.

estinzione *(estindsióne)* f. extivo *(estívo)* adj. veraniego, estival.

estraneo *(estráneo)* adj. y m. extraño, extranjero.

estrarre *(estrárre)* tr. extraer.

estratto *(estrátto)* m. extracto.

estremità *(estremitá)* f. extremidad.

estremo *(estrémo)* adj. y m. extremo. **essere agli estremi** estar en la agonía.

esuberanza *(esuberándsa)* f. exuberancia.

esultare *(esultáre)* tr. exultar.

esultazione *(esultadsióne)* f. exultación.

età *(etá)* f. edad; tiempo.

etere *(étere)* m. eter.

eternità *(eternitá)* f. eternidad.

eterno *(etérno)* adj. eterno.

etica *(ética)* f. ética.

etichetta *(etikétta)* f. etiqueta; rótulo.

ettaro *(éttaro)* m. hectárea.

eucaristia *(eucaristía)* f. Eucaristía.

evacuamento *(evacuaménto)* m. evacuación.

evacuare *(evacuáre)* tr. evacuar.

evacuazione *(evacuadsióne)* f. evacuación.

evadere *(evádere)* itr. evadirse, escaparse. tr. evadir; despachar.

evangelista *(evandyelista)* m. evangelista.

evangelizzare *(evandyelitsáre)* tr. evangelizar.

evangelo *(evandyélo)* m. Evangelio.

evaporamento *(evaporaménto)* m. evaporación.

evaporare *(evaporare)* tr. e itr. evaporar, evaporarse.

evaporadsione *(evaporadsióne)* f. evaporación.

evasione *(evasióne)* f. evasión.

evento *(evénto)* m. suceso. **in ogni** — en todo caso.

eventualità *(eventualitá)* f. eventualidad.

evidente *(evidente)* adj. evidente.

evidenza *(evidéndsa)* f. evidencia.

evitare *(evitáre)* tr. evitar.

evocare *(evocáre)* tr. evocar.

evocazione *(evocadsióne)* f. evocación.

evoluzione *(evoludsióne)* f. evolución.

eziologia *(edsiología)* f. etiología.

fabbrica *(fábbrica)* f. fábrica.

fabbricazione *(fabbricadsióne)* f. fabricación.

fabbro *(fábbro)* m. herrero; artesano, artífice.

fabuloso *(fabulóso)* adj. fabuloso, exagerado.

faccenda *(fatchénda)* f. tarea, faena, trabajo, labor; negocio, asunto.

facchino *(fakkíno)* m. mozo (de estación).

faccia *(fátchia)* f. rostro, cara.

facciata *(fatchiáta)* f. fachada.

facezia *(fachédsia)* f. gracia, chiste; broma.

facile *(fáchile)* adj. fácil.

facilità *(fachilitá)* f. facilidad.

facilitare *(fachilitáre)* tr. facilitar.

facilitazione *(fachilitadsióne)* f. facilitación.

facoltà *(facoltá)* f. facultad, autorización; facultad (en universidades).

faggio *(fátyio)* m. (bot.) haya.

fagiano *(fadyiáno)* m. (orn.) faisán.

fagiolino *(fadyolíno)* m. (bot.) judía verde.

fagiolo *(fadyólo)* m. judía.

fagotto *(fagótto)* m. paquete; (mús.) fagot.

falce *(fálche)* f. hoz.

falciare *(falchiáre)* tr. segar.

falciatura *(falchiatúra)* f. siega.

falco *(fálco)* m. (orn.) halcón.

falda *(fálda)* f. falda; lámina, hoja; ala de sombrero. **— di neve** copo de nieve.

falegname *(faleñáme)* m. carpintero.

falegnameria *(faleñamería)* f. carpintería.

fallimento *(fal-liménto)* m. fracaso; quiebra; error.

fallire *(fal-líre)* itr. fracasar; faltar; errar; quebrar.

fallo *(fál-lo)* m. falta; error; defecto; fallo. **senza** — de seguro.

falò *(faló)* m. hoguera.

falsaporta *(falsapórta)* f. puerta falsa.

falsare *(falsáre)* tr. falsear.

falsariga *(falsaríga)* f. pauta.

falsatore *(falsatóre)* m. falsificador.

falsificamento *(falsificamento)* m. falsificación.

falsificare *(falsificáre)* tr. falsificar.

falsità *(falsitá)* f. falsedad, hipocresía.

falso *(fálso)* adj. falso, hipócrita; infiel, traidor. m. falsedad.

fama *(fáma)* f. fama, celebridad; reputación. **è** — se dice.

fame *(fáme)* f. hambre.

famelico *(famélico)* adj. famélico, hambriento.

famiglia *(famíllia)* f. familia.

fami(g)liare *(famil(l)iáre)* adj. y m. familiar.

fami(g)liarità *(famil(l)iaritá)* f. familiaridad.

famoso *(famóso)* adj. famoso, afamado.

fanatico *(fanático)* adj. fanático.

fanatismo *(fanatísmo)* m. fanatismo.

fanciulla *(fanchiúl-la)* f. muchachita, niña.

fanciullezza *(fanchiul-létsa)* f. niñez.

fanciullo *(fanchiúl-lo)* m. muchachito, chico, niño.

fango *(fángo)* m. fango, cieno, lodo, barro.

fangoso *(fangóso)* adj. fangoso.

fantasia *(fantasía)* f. fantasía.

fantasma *(fantásma)* f. fantasma.

fantasticare *(fantasticáre)* itr. fantasear.

fantastico *(fantástico)* adj. fantástico.

fante *(fánte)* m. (mil.) infante.

fanteria *(fantería)* f. (mil.) infantería.

fardello *(fardél-lo)* m. fardo.

fare *(fáre)* tr. hacer, construir, fabricar. m. ademán, hábito.

faretra *(farétra)* m. carcaj.

farfalla *(farfál-la)* f. mariposa.

farina *(farína)* f. harina.

faringite *(farindyíte)* f. (med.) faringitis.

farmacia *(farmachía)* f. farmacia.

farmacista *(farmachísta)* m. farmacéutico.

farmacologia *(farmacolodyía)* f. farmacología.

faro *(fáro)* m. faro.

farsa *(fársa)* f. farsa.

fascia *(fáscha)* f. faja.

fasciare *(faschíáre)* tr. fajar, envolver.

fasciatura *(faschatura)* f. envoltura; (med.) vendaje.

fascicolo *(faschícolo)* m. fascículo.

fascio *(fáschio)* m. manojo, haz; brazado, haz de hierba; legajo.

fastidio *(fastídio)* m. fastidio.

fastidioso *(fastidióso)* adj. fastidioso.

fata *(fáta)* f. hada.

fatale *(fatále)* adj. fatal.

fatalità *(fatalitá)* f. fatalidad.

fatato *(fatáto)* adj. encantado; predestinado.

fatica *(fatíca)* f. fatiga, pena; cansancio.

faticoso *(faticoso)* adj. fatigoso.

fato *(fáto)* m. hado, destino, sino.

fatto *(fátto)* m. hecho, suceso. adj. hecho; acostumbrado.

fattore *(fattóre)* m. administrador; creador; colono; factor. **— supremo** el Hacedor o Creador Supremo, Dios.

fattoria *(fattoría)* f. hacienda, alquería.

fattorino *(fattoríno)* m. mozo, dependiente. **— postale** cartero. **— del tram** cobrador. **—del telegrafo** repartidor de telegramas. **— di piazza** mozo recadero.

fattucchiera *(fattukkiéra)* f. hechicera.

fattucchiere *(fattukkiére)* m. hechicero.

fattucchieria *(fattukkieria)* f. hechicería, brujería.

fattura *(fattúra)* f. factura (cuenta); trabajo; mano de obra (su coste); maleficio. **vendere a** — vender al contado.

fatturare *(fatturáre)* tr. facturar; manipular, adulterar.

fatuo *(fátuo)* adj. fatuo.

favola *(fávola)* f. fábula.

favore *(favóre)* m. favor; ayuda; estimación. **lettere di** — cartas de recomendación.

favoreggiare *(favoretyiáre)* tr. favorecer.

favorevole *(favorévole)* adj. favorable.

favorire *(favoríre)* tr. e itr. favorecer, hacer un favor.

favorito *(favoríto)* adj. favorito. m. favorito (del rey); (corresp.) **la sua** — su grata carta.

fazzoletto *(fatsolétto)* m. pañuelo.

febbraio *(febbráio)* m. febrero.

febbre *(fébbre)* f. fiebre.

fecola *(fécola)* f. fécula.

fecondare *(fecondáre)* tr. fecundar.

fecondità *(feconditá)* f. fecundidad.

fecondo *(fecóndo)* adj. fecundo.

fede *(féde)* f. fe; lealtad.

fedele *(fedéle)* adj. fiel, leal.

fedeltà *(fedeltá)* f. fidelidad, lealtad.

federarsi *(federársi)* rfl. federarse.

federazione *(federadsióne)* f. federación.

fegato *(fégato)* m. (anat.) hígado; (fig.) valor.

felice *(felíche)* adj. feliz, dichoso.

felicità *(felichitá)* f. felicidad.

felicitare *(felichitáre)* tr. felicitar.

felicitazione *(felichitadsióne)* f. felicitación.

feltro *(féltro)* m. fieltro.

femmina *(fémmina)* f. mujer; hembra.

femmineo *(femmíneo)* adj. femenino; (hombre) afeminado.

femore *(fémore)* m. (anat.) fémur.

fendere *(féndere)* tr. hendir; surcar (el campo).

fendersi *(fendérsi)* rfl. henderse.   [dura.

fenditura *(fenditúra)* f. hendidura.

feria *(féria)* f. fiesta, vacación; día laborable.

feriale *(feriále)* adj. ferial. **giorno** — día laborable.

ferire *(feríre)* tr. herir.

ferita *(feríta)* f. herida.

ferito *(feríto)* adj. y m. herido.

fermare *(fermáre)* tr. parar; afirmar.

fermarsi *(fermársi)* rfl. pararse; establecerse.

fermata *(fermata)* f. parada.

fermentare *(fermentáre)* tr. fermentar.

fermentazione *(fermentadsióne)* f. fermentación.

fermento *(ferménto)* m. fermento; fermentación.

fermezza *(fermétsa)* f. firmeza.

fermo *(férmo)* adj. firme; parado. **lettere ferme in posta** cartas en lista de correos. **punto** — punto final. m. detención; dispositivo de parada.

feroce *(feróche)* adj. feroz.

ferocità *(ferochitá)* f. ferocidad.

ferraio *(ferráio)* adj. y m. herrero.

ferrame *(ferráme)* m. herraje.

ferramenta *(ferraménta)* f. pl. herramientas.

ferrare *(ferráre)* tr. herrar.

ferrata *(ferráta)* f. reja, enrejado; planchado. **strada** — vía férrea, ferrocarril.

ferratura *(ferratúra)* f. herradura.

ferreo *(férreo)* adj. férreo.

ferriera *(ferriéra)* f. herrería, forja.

ferro *(férro)* m. hierro; espada, acero. **— da stirare** plancha (para la ropa). **— da calza** aguja.

ferri *(ferri)* m. pl. esposas, grillos.

ferrovia *(ferrovia)* f. ferrocarril.

ferroviario *(ferroviário)* adj. ferroviario.

fertile *(fértile)* adj. fértil.

fertilità *(fertilitá)* f. fertilidad.

fertilizzare *(fertilitsáre)* tr. fertilizar.

fervere *(férvere)* itr. hervir.

fervore *(fervóre)* m. fervor.

fervoroso *(fervoróso)* adj. fervoroso.

fessura *(fessúra)* f. fisura.

festa *(fésta)* f. fiesta. — civile fiesta nacional.

festeggiamento *(festetyiaménto)* m. festejo, fiesta.

festeggiare *(festetyiáre)* tr. festejar. [jo.

festeggio *(festétyio)* m. festejo.

festivale *(festivále)* m. festival.

festivo *(festívo)* adj. festivo.

fetta *(fétta)* f. tira, faja; loncha, tajada, rebanada.

feudale *(feudále)* adj. feudal.

fiaba *(fiába)* f. fábula.

fiacca *(fiacca)* f. flema; cansancio; ruido.

fiaccare *(fiaccáre)* tr. romper, quebrantar; cansar.

fiaccarsi *(fiaccársi)* rfl. debilitarse; quebrarse.

fiacchezza *(fiakkétsa)* f. flojedad.

fiaccola *(fiáccola)* f. hacha, tea.

fiala *(fiála)* f. ampolla; redoma; frasco.

fiamma *(fiámma)* f. llama; mechero de gas; gallardete.

fiammante *(fiammánte)* adj. flamante.

fiammare *(fiammáre)* itr. llamear.

fiammata *(fiammáta)* f. llamarada; fogata.

fiammeggiare *(fiammetyiáre)* itr. flamear, resplandecer.

fiammifero *(fiammífero)* m. fósforo, cerilla.

fiancare *(fiancáre)* tr. flanquear.

fianco *(fiánco)* m. flanco, lado.

fiaschetteria *(fiaskettería)* f. taberna, bodega.

fiaschetto *(fiaskétto)* m. frasco, botella; fiasco, fracaso.

fiatamento *(fiataménto)* m. respiración, aliento.

fiatare *(fiatáre)* itr. respirar; hablar.

fiato *(fiáto)* m. respiración. bere d'un — beber de un trago. in un — en un instante.

fibbia *(fíbbia)* f. hebilla.

fibra *(fíbra)* f. fibra; filamento; vigor.

fibroso *(fibróso)* adj. fibroso.

fico *(fíco)* m. (bot.) higo; higuera.

ficosecco *(ficosécco)* m. higo seco.

fidanzamento *(fidandsaménto)* m. promesa (de matrimonio).

fidanzare *(fidandsáre)* tr. unir por promesa de matrimonio.

fidanzarsi *(fidandsársi)* rfl. prometerse.

fidanzata *(fidandsáta)* f. prometida, novia.

fidanzato m. prometido, novio.

fidare *(fidáre)* tr. confiar. itr. fiarse, confiar.

fidatezza *(fidatétsa)* f. fidelidad.

fidato *(fidáto)* adj. fiel, leal.

fido *(fído)* adj. leal. m. crédito.

fiducia *(fidúchia)* f. confianza.

fieno *(fiéno)* m. (bot.) heno.

fiera *(fiéra)* f. feria, mercado; fiera. —campionaria feria de muestras.

fierezza *(fierétsa)* f. fiereza.

fiero *(fiéro)* adj. fiero, feroz; orgulloso.

figgere *(fítyere)* tr. fijar.

figlia *(fíllia)* f. hija; niña; muchacha.

figliare *(filliáre)* tr. e itr. parir, procrear.

figliastro *(filliástro)* m. hijastro. [cría.

figliata *(filliáta)* f. camada, cría.

figliatura *(filliatúra)* f. parto, alumbramiento.

figlio *(fíllio)* m. hijo; niño.

figlioccio *(filliótchio)* m. ahijado.

figliuola *(filliuóla)* f. hija.

figliuolo *(filliuólo)* m. hijo.

figura *(figúra)* f. figura; apariencia; símbolo.

figurare *(figuráre)* tr. e itr. figurar, parecer.

figurarsi *(figurársi)* rfl. figurarse, imaginarse.

filantropia *(filantropía)* f. filantropía.

filantropo *(filántropo)* m. filántropo.

filare *(filáre)* tr. hilar; filar. itr. correr velozmente. m. ringlera, hilera.

filatelica *(filatélica)* f. filatelia.

filiale *(filiále)* adj. y f. filial.

filiazione *(filiadsióne)* f. filiación. [cable.

filo *(fílo)* m. filo, corte; hilo; cable.

filobus *(fílobus)* m. trolebús.

filologia *(filolodyía)* f. filología.

filologo *(filólogo)* m. filólogo.

filosofia *(filosofía)* f. filosofía.

filosofo *(filósofo)* m. filósofo.

filtrare *(filtráre)* tr. filtrar.

filtro *(fíltro)* m. filtro.

filza *(fíldsa)* f. sarta.

finale *(finále)* adj. m. f. final.

finalità *(finalitá)* f. finalidad.

finanche *(finánke)* adv. hasta.

finanza *(finándsa)* f. hacienda pública; tesoro público.

finanze *(finándse)* f. pl. fondos, caudales públicos; finanzas; recursos.

finanziere *(finandsiére)* m. financiero.

finché *(finké)* adv. hasta que.

fine *(fíne)* adj. fino; sutil; delgado. m. fin.

finestra *(finéstra)* f. ventana. — di sole claro entre nubes.

finestrino *(finestríno)* m. ventanilla, taquilla.

finestrone *(finestróne)* m. ventana grande.

finezza *(finétsa)* f. fineza; sutileza.

fingere *(fíndyere)* tr. e itr. fingir, disimular.

fingersi *(findyérsi)* rfl. fingirse.

finimento *(finiménto)* m. fin, conclusión.

finire *(finíre)* tr acabar, concluir; perfeccionar; matar. itr. finar, morir.

finitezza *(finitétsa)* f. perfección; imitación.

fino *(fíno)* adj. fino; refinado, sagaz. prep. hasta. — a hasta. — da desde.

finocchio *(finókkio)* m. (bot.) hinojo.

finora *(finóra)* adv. hasta ahora.

fioccare *(fiokkáre)* itr. nevar.

fiocco *(fiókko)* m. copo; fleco; (mar.) foque.

fioco *(fióco)* adj. débil.

fioraia *(fioráia)* f. florista.

fiore *(fióre)* m. flor.

fioretto *(fiorétto)* m. florete.

fiorire *(fioríre)* itr. florecer.

firma *(fírma)* f. firma.

firmamento *(firmaménto)* m. firmamento.

firmare *(firmáre)* tr. firmar.

fisarmonica *(fisarmónica)* f. acordeón.

fischiare *(fiskiáre)* itr. silbar. tr. silbar (una comedia, un discurso, etc.).

fischiata *(fiskiáta)* f. silba, pita.

fischietto *(fiskiétto)* silbato, pito.

fischio *(fískio)* m. silbato, pito; silbido.

fisica *(física)* f. física.

fisico *(físico)* adj y m. físico.

fissare *(fissáre)* tr. fijar.

fissatore *(fissatóre)* m. fijador.

fisso *(físso)* adj. fijo, estable, prefijado; tenaz. adv. fijamente. fissi! (mil.) ¡firmes!

fitta *(fitta)* f. punzada, dolor agudo; multitud.

fitto *(fítto)* adj. fijo, clavado; denso. adv. en gran abundancia. m. alquiler.

fiume *(fiúme)* m. río; (fig.) abundancia.

fiutare *(fiutáre)* tr. oler, ventear (los perros); sospechar.

fiutata *(fiutáta)* f. husmeo; venteamiento.

fiuto *(fiúto)* m. olfato.

flagellare *(fladyel-láre)* tr. azotar, flagelar.

flagellazione *(fladyel-ladsióne)* f. flagelación.

flagello *(fladyél-lo)* m. flagelo, plaga.

flanella *(flanél-la)* f. franela.

flautista *(flautísta)* m. flautista.

flauto *(fláuto)* m. flauta.

flemma *(flémma)* f. flema.

flemmatico *(flemmático)* adj. flemático, calmoso.

flessibile *(flessíbile)* adj. flexible.

flessione *(flessióne)* f. flexión.

flora *(flóra)* f. flora.

floricultore *(floricultóre)* m. floricultor.

floricultura *(floricultúra)* f. floricultura.

florido *(flórido)* adj. florido.

floscio *(flóschio)* adj. flojo.

flotta *(flótta)* f. flota.

flottante *(flottánte)* adj. flotante.

flottare *(flottáre)* tr. flotar (el corcho).

flottazione *(flottadsióne)* f. flotación.

fluido *(flúido)* adj. fluido; fácil. m. fluido.

fluire *(fluíre)* itr. fluir.

flusso *(flússo)* m. flujo.

flutto *(flútto)* m. ola, oleaje.

fluttuare *(fluttuáre)* itr. fluctuar, flotar, nadar.

fluttuazione *(fluttuadsióne)* f. fluctuación.

foca *(fóca)* f. (zool.) foca.

foce *(fóche)* f. desembocadura.

focolaio *(focoláio)* m. (med.) foco.

focolare *(focoláre)* m. hogar.

focoso *(focóso)* adj. fogoso, ardiente.

fodera *(fódera)* f. forro.

foderare *(foderáre)* tr. forrar.

foglia *(fóllia)* f. hoja.

fogliame *(folliáme)* m. follaje.

foglio *(fóllio)* m. folio; hoja; lámina.

folgorante *(folgoránte)* adj. fulgurante.

folgorare *(folgoráre)* itr. fulgurar.

folgore *(fólgore)* m. fulgor; rayo.

folla *(fól-la)* f. muchedumbre, gentío.

folle *(fól-le)* adj. loco.

follia *(fol-lía)* f. locura.

fomentare *(fomentáre)* tr. fomentar.

fomentazione *(fomentadsióne)* f. fomento.

fomento *(foménto)* m. estímulo, fomento.

fondamentale *(fondamentále)* adj. fundamental.

fondamento *(fondaménto)* m. fundamento.

fondare *(fondáre)* tr. fundar; establecer.

fondarsi *(fondársi)* rfl. fundarse.

fondatore *(fondatóre)* m. fundador.

fondazione *(fondadsióne)* f. fundación; base; cimiento.

fondere *(fóndere)* tr. fundir.

fonderia *(fondería)* f. fundición.

fondo *(fóndo)* adj. hondo. piatto — plato sopero. m. fondo (en todas sus acepciones); terreno.

fontana *(fontána)* f. fuente.

fontaniere *(fontaniére)* m. fontanero.

fonte *(fónte)* f. fuente, manantial; principio, origen. — battesimale pila del bautismo.

foraggio *(forátyio)* m. forraje.

forare *(foráre)* tr. horadar, barrenar.

forbici *(fórbichi)* f. pl. tijeras.

forbire *(forbíre)* tr. limpiar.

forbitezza *(forbitétsa)* f. limpieza.

forca *(fórca)* f. horca.

forchella *(forchél-la)* f. horquilla.

forchetta *(forkétta)* f. tenedor.

forchettone *(forkettóne)* m. trinchante.

foresta *(forésta)* f. floresta.

forestale *(forestále)* adj. forestal.

forestiero *(forestiéro)* m. forastero, extranjero.

forfora *(fórfora)* f. caspa.

forma *(fórma)* f. forma, horma; modo.

formaggino *(formatyíno)* m. queso (en porciones).

formaggio *(formátyio)* m. queso.

formale *(formále)* adj. formal.

formalità *(formalitá)* f. formalidad.

formare *(formáre)* tr. formar.

formato *(formáto)* m. formato.

formazione *(formadsióne)* f. formación.

formella *(formél-la)* f. baldosa.

formica *(formíca)* f. hormiga.

formicaio *(formicáio)* m. hormiguero.

formula *(fórmula)* f. fórmula.

formulare *(formuláre)* tr. formular.

formulario *(formulário)* m. formulario.

fornace *(fornáche)* f. (alto) horno.

fornaio *(fornáio)* m. panadero.

fornello *(fornél-lo)* m. hornillo.

fornire *(forníre)* tr. proveer.

fornitore *(fornitóre)* m. proveedor. [sión.

fornitura *(fornitúra)* f. provi-

476

forno *(fórno)* m. horno.

foro *(fóro)* m. foro; tribunal; agujero. — della chiave ojo de la cerradura.

forse *(fórse)* adv. quizás.

forte *(fórte)* adj. fuerte, firme.

fortezza *(fortétsa)* f. fortaleza.

fortificare *(fortificáre)* tr. fortificar.

fortificazione *(fortificadsióne)* f. fortificación.

fortuito *(fortúito)* adj. fortuito.

fortuna *(fortúna)* f. destino, azar; riqueza, fortuna.

fortunato *(fortunáto)* adj. afortunado.

forza *(fórdsa)* f. fuerza, poder, ímpetu.

forzare *(fordsáre)* tr. forzar.

fosforo *(fósforo)* m. fósforo.

fossa *(fóssa)* f. foso, zanja; fosa.

fossare *(fossáre)* tr. hacer hoyos o zanjas.

fossato *(fossáto)* m. acequia.

fotografare *(fotografáre)* tr. fotografiar.

fotografia *(fotografía)* f. fotografía.

fotografo *(fotógrafo)* m. fotógrafo.

fra *(fra)* prep. en, en medio de, dentro de.

fracasso *(fracásso)* m. alboroto; (fig.) muchedumbre, multitud.

fradicio *(fradíchio)* adj. mojado; podrido, estropeado; ubriaco — borracho como una cuba.

fragile *(frádyile)* adj. frágil.

fragilità *(fradyilitá)* f. fragilidad.   [sa.

fragola *(frágola)* f. (bot.) fresa.

fragore *(fragóre)* m. fragor.

fragoroso *(fragoróso)* adj. fragoroso.

fragrante *(fragránte)* adj. fragante.   [gancia.

fragranza *(fragrándsa)* f. fragancia.

frammento *(framménto)* m. fragmento.

frana *(frána)* f. desprendimiento; precipicio.

franare *(franáre)* itr. derrumbarse.

francare *(francáre)* tr. franquear.

francatura *(francatúra)* f. franqueo.

francese *(franchése)* adj. y m. francés.

franchezza *(frankétsa)* f. franqueza.   [quicia.

franchigia *(frankídyia)* f. franco *(fránco)* adj. franco, libre. adj. y m. francés. m. franco (moneda).

francobollo *(francobóllo)* m. sello de correos.

frangere *(frándyere)* tr. romper.

frase *(fráse)* f. frase.

frastornare *(frastornáre)* tr. trastornar.

frastorno *(frastórno)* m. trastorno.

frastuono *(frastuóno)* m. griterío, alboroto.

frate *(fráte)* m. (rel.) fraile, fray.

fratellanza *(fratel-lándsa)* f. hermandad; fraternidad.

fratello *(fratél-lo)* m. hermano.

fraterno *(fratérno)* adj. fraterno.

frattanto *(frattánto)* adv. entretanto.

---

frattempo *(frattémpo)* m. intervalo.

frattura *(frattúra)* f. fractura.

fratturare *(fratturáre)* tr. fracturar.

fraude *(fráude)* m. fraude.

fraudolento *(fraudolénto)* adj. fraudulento.

frazionare *(fradsionáre)* tr. fraccionar.

frazione *(fradsióne)* f. fracción.

freccia *(frétchia)* f. flecha.

frecciare *(fretchiáre)* tr. flechar.

freddare *(freddáre)* tr. enfriar; matar.   [friarse.

freddarsi *(freddársi)* rfl. enfreddo *(fréddo)* adj. y m. frío.

fregagione *(fregadyióne)* f. fricción.

fregare *(fregáre)* tr. fregar; restregar; frotar; engañar.

fremere *(frémere)* itr. estremecerse, temblar.

fremito *(frémito)* m. estremecimiento; rumor.

frenare *(frenáre)* tr. frenar; refrenar, reprimir.

frenarsi *(frenársi)* rfl. contenerse.

freno *(fréno)* m. freno.

frequentare *(frekuentáre)* itr. frecuentar.

frequente *(frekuénte)* adj. frecuente.

frequenza *(frekuéndsa)* f. frecuencia.

freschezza *(freskétsa)* f. frescura.

fresco *(frésco)* adj. y m. fresco.

fretta *(frétta)* f. prisa.

friggere *(fríjyere)* tr. freír. itr. chirriar; roerse, consumirse.

frigorifero *(frigorífero)* m. nevera, frigorífico.

frittata *(frittáta)* f. tortilla.

frittella *(frittél-la)* f. buñuelo.

fritto *(frítto)* adj. y m. frito.

frittura *(frittúra)* f. fritada.

frivolezza *(frivolétsa)* f. frivolidad.

frivolo *(frívolo)* adj. frívolo, trivial.

frizione *(fridsióne)* f. fricción; (mec.) rozamiento; (técn.) embrague.

frodare *(frodáre)* tr. defraudar.

frode *(fróde)* m. engaño, fraude.

frodo *(fródo)* m. contrabando. cacciatore di — cazador furtivo.

fronte *(frónte)* f. frente; frontis; (mil.) frente.

frontiera *(frontiéra)* f. frontera.

frontone *(frontóne)* m. frontón.

frumento *(fruménto)* m. (bot.) trigo.

frumentone *(frumentóne)* m. (bot.) maíz.

frusta *(frústa)* f. látigo, fusta.

frustare *(frustáre)* tr. azotar.

frustata *(frustáta)* f. latigazo.

frutta *(frútta)* f. fruta.

fruttare *(fruttáre)* tr. e itr. fructificar.

frutteto *(fruttéto)* m. huerto (frutal).

fruttifero *(fruttífero)* adj. fructífero.

frutto *(frútto)* m. fruto.

fucilare *(fuchiláre)* tr. fusilar.

fucilazione *(fuchiladsióne)* f. fusilamiento.

fucile *(fuchíle)* m. fusil.

fucina *(fuchína)* f. fragua.

fucinare *(fuchináre)* tr. forjar.

fuga *(fúga)* f. fuga.

fugace *(fugáche)* adj. fugaz.

---

fugacità *(fugachitá)* f. fugacidad.

fugare *(fugáre)* tr. ahuyentar.

fuggevole *(futyévole)* adj. fugaz.

fuggire *(futyíre)* itr. huir. tr. evitar.

fulgore *(fulgóre)* m. fulgor.

fuliggine *(fulítyne)* f. hollín.

fulminante *(fulminánte)* adj. y m. fulminante. m. fósforo.

fulminare *(fulmináre)* tr. fulminar.

fulminazione *(fulminadsióne)* f. fulminación.

fulmine *(fúlmine)* m. rayo.

fumaiuolo *(fumaiuólo)* m. humero.

fumare *(fumáre)* itr. exhalar vapores. tr. fumar.

fumatore *(fumatóre)* m. fumador.

fumo *(fúmo)* m. humo.

fune *(fúne)* m. soga, maroma, cuerda.

funebre *(fúnebre)* adj. fúnebre.

funerale *(funerále)* m. funeral.

funesto *(funésto)* adj. funesto.

fungo *(fúngo)* m. (bot.) hongo, seta.   nicular.

funicolare *(funicoláre)* m. funivia *(funivía)* m. teleférico.

funzionare *(fundsionáre)* itr. funcionar.

funzionario *(fundsionário)* m. funcionario.

funzione *(fundsióne)* f. función; cargo; (rel.) acto.

fuoco *(fúoco)* m. fuego.

fuori *(fúori)* adv. y prep. fuera, afuera; excepto.

fuoriuscito *(fuoriuschíto)* adj. y m. exiliado.

furberia *(furbería)* f. astucia; trampa.

furbo *(fúrbo)* adj. astuto. m. pícaro.

furgoncino *(furgonchíno)* m. furgoneta.

furgone *(furgóne)* m. furgón; camión.

furia *(fúria)* f. furia, furor.

furibondo *(furibóndo)* adj. furibundo.

furioso *(furióso)* adj. furioso.

furto *(fúrto)* m. hurto.

fusione *(fusióne)* f. fusión.

fuso *(fúso)* m. huso. adj. fundido.

fusto *(fústo)* m. tallo; fuste (de columna); armadura; tronco (de la persona).

futile *(fútile)* adj. fútil, frívolo.

futilità *(futilitá)* f. futilidad.

futuro *(futúro)* adj. futuro.

gabbia *(gábbia)* f. jaula; (náut.) gavia; caja.

gabbiano *(gabbiáno)* m. (orn.) gaviota.

gabella *(gábel-la)* f. impuesto.

gabellare *(gabel-láre)* tr. gravar.

gabellotto *(gabel-lóto)* m. aduanero.

gabinetto *(gabinétto)* m. gabinete; retrete.

gagliardezza *(galliardétsa)* f. gallardía; vigor.

---

gagliardo *(galliárdo)* adj. gallardo.

gaio *(gáio)* adj. alegre.

galante *(galánte)* adj. galante.

galanteggiare *(galantetyiáre)* itr. cortejar.

galanteria *(galantería)* f. galantería.

galera *(galéra)* f. (náut.) galera; prisión.

galla *(gál-la)* f. ampolla; tumor; agalla. a — a flote. stare a — quedar a flote.

gallare *(gal-láre)* itr. quedar a flote; alegrarse.

galleggiante *(gal-letyiánte)* adj. flotante. m. barco.

galleggiare *(gal-letyiáre)* itr. flotar.

galleria *(gal-lería)* f. galería, túnel; socavón; museo (de pintura).

gallina *(gal-lína)* f. (orn.) gallina.

gallinaccio *(gal-linátchio)* m. (orn.) pavo común.

gallinaio *(gal-linâio)* m. gallinero.

gallo *(gál-lo)* m. (orn.) gallo.

gallone *(gal-lóne)* m. galón.

galoppare *(galoppáre)* itr. galopar.

gamba *(gamba)* f. (anat.) pierna; pata (de mesa, de animal). uomo in — persona fuerte.

gambero *(gámbero)* m. cangrejo; disparate.

gancio *(gánchio)* m. gancho, garfio; presilla.

gara *(gára)* f. concurso; carrera.

garante *(garánte)* adj. y m. garante, fiador.   [tía.

garanzia *(garandsía)* f. garantía.

gareggiare *(garetyiáre)* itr. competir, rivalizar.

garitta *(garítta)* f. garita.

gargarizzare *(gargaritsáre)* itr. gargarizar.

garofano *(garófano)* m. (bot.) clavel; clavo (especia).

garzone *(gardsóne)* m. mozo; aprendiz.

gas *(gas)* m. gas.

gasosa *(gasósa)* f. gaseosa.

gatta *(gátta)* f. gata.

gatto *(gátto)* m. (zool.) gato.

gattoni *(gattóni)* adv. a gatas.

gazza *(gátsa)* f. (orn.) garza.

gazzetta *(gatsétta)* f. gaceta.

gelare *(dyeláre)* tr. helar. tr. helarse, helar.

gelata *(dyeláta)* f. helada.

gelateria *(dyelatería)* f. fábrica de helados.

gelato *(dyeláto)* adj. helado. m. helado, sorbete.

gelone *(dyelóne)* m. sabañón.

gelosia *(dyelosía)* f. celos; celosía, persiana.

geloso *(dyelóso)* adj. celoso.

gelso *(dyélso)* m. (bot.) morera.

gelsomino *(dyelsomíno)* m. (bot.) jazmín.

gemello *(dyemél-lo)* adj. gemelo, mellizo.

gemere *(dyémere)* itr. gemir, llorar; arrullar (las palomas o las tórtolas).

gemito *(dyémito)* m. gemido.

gemma *(dyémma)* f. piedra preciosa gema, yema.

generale *(dyenerále)* adj. general, universal. m. (mil.) general.

generalizzare *(dyeneralitsáre)* tr. e itr. generalizar.

generare *(dyeneráre)* tr. engendrar, producir.

generatore *(dyeneratóre)* adj. m. generador.

generazione *(dyeneradsióne)* f. generación.

genere *(dyénere)* m. género; clase.

generi *(dyéneri)* m. pl. géneros.

generico *(dyenérico)* adj. genérico.

genero *(dyénero)* m. yerno.

generosita *(dyenerositá)* f. generosidad.

generoso *(dyeneróso)* adj. generoso.

gengiva *(dyendyíva)* f. (anat.) encía.

geniale *(dyeniále)* adj. genial.

geniere *(dyeniére)* m. (mil.) ingeniero.

genio *(dyénio)* m. genio; (mil.) cuerpo de ingenieros.

genitivo *(dyenitívo)* adj. genitivo.

genitori *(dyenitóri)* m. pl. padres.

gennaio *(dyennáio)* m. enero.

gente *(dyénte)* f. gente.

gentile *(dyentíle)* adj. gentil.

gentilezza *(dyentilétsa)* f. gentileza.

gentiluomo *(dyentiluómo)* m. gentilhombre.

genuinità *(dyenuinitá)* f. pureza.

genuino *(dyenuíno)* adj. genuino, natural.

geografia *(dyeografía)* f. geografía.

geologia *(dyeolodyía)* f. geología.

geometria *(dyeometría)* f. geometría.

gerente *(dyerénte)* m. gerente.

gerenza *(dyeréndsa)* f. gerencia, dirección.

gergo *(dyérgo)* m. jerga.

germe *(dyérme)* m. germen.

germinare *(dyerminóre)* itr. germinar.

germinazione *(dyerminadsióne)* f. germinación.

germine *(dyérmine)* f. germen.

germogliare *(dyermolliáre)* itr. germinar.

germoglio *(dyermóllio)* m. brote, yema.

gessare *(dyessáre)* tr. enyesar.

gesso *(dyésso)* m. yeso.

gestione *(dyestióne)* f. gestión.

gestire *(dyestíre)* itr. gesticular; gestionar, administrar.

gesto *(dyesto)* m. gesto.

gettare *(dyettáre)* tr. echar. itr. brotar (las plantas).

getto *(dyétto)* m. lanzamiento, tiro; fundición; chorro; brote (de plantas).

gettone *(dyettóne)* m. ficha (de teléfono, etc.).

ghiacciaia *(guiatchiáia)* f. nevera.

ghiacciaio *(guiatchiáio)* m. glaciar.

ghiacciare *(guiatchiáre)* tr. e itr. congelar, helar.

ghiaccio *(guiátchio)* m. hielo.

ghiacciolo *(guiatchiólo)* m. témpano; polo (helado).

ghiaia *(guiáia)* f. grava, cascajo.

ghianda *(guiánda)* f. (bot.) bellota.

ghiotto *(guiótto)* adj. glotón; (fig.) ávido. m. tragón.

ghiottoneria *(guiottonería)* f. glotonería.

ghirlanda *(guirlánda)* f. guirnalda.

ghisa *(guísa)* f. fundición.

già *(dyiá)* adv. ya; en otro tiempo.

giacca *(dyácca)* f. chaqueta, americana.

giacché *(dyiakké)* conj. ya que, pues que.

giacere *(dyiachére)* itr. yacer.

giallastro *(dyial-lástro)* adj. amarillento.

giallo *(dyiál-lo)* adj. amarillo.

giammai *(dyiámmai)* adv. jamás, nunca.

giardinaggio *(dyiardinátyio)* m. jardinería.

giardino *(dyiardíno)* m. jardín.

giarrettiera *(dyarrettiéra)* f. liga (para medias).

gigante *(dyigánte)* adj. y m. gigante.

giglio *(dyíllio)* m. (bot.) lirio, azucena.

ginepraio *(dyinepráio)* m. (bot.) enebral; embrollo.

ginepro *(dyinépro)* m. (bot.) enebro.

ginnasio *(dyinnásio)* m. gimnasio.

ginnastica *(dyinnástica)* f. gimnasia.

ginocchio *(dyinókkio)* m. (anat.) rodilla. in — de rodillas.

ginocchioni *(dyinokkióni)* adv. de rodillas.

giocare *(dyiocáre)* itr. jugar.

giocata *(dyiocáta)* f. jugada.

giocatore *(dyiocatóre)* m. jugador. [guete.

giocattolo *(dyiocáttolo)* m. juguete.

giocondità *(dyiocondità)* f. alegría.

giocondo *(dyiocóndo)* adj. alegre.

giogo *(dyiógo)* m. yugo.

gioia *(dyióia)* f. alegría; joya.

gioielleria *(dyioiel-lería)* f. joyería.

gioielliere *(dyioiel-liére)* m. joyero.

gioiello *(dyioiél-lo)* m. joya.

gioioso *(dyioióso)* adj. alegre.

gioire *(dyioíre)* itr. alegrarse.

giornalaio *(dyiornaláio)* m. vendedor de periódicos.

giornale *(dyiornále)* m. periódico, diario.

giornaliero *(dyiornaliéro)* m. jornalero.

giornalista *(dyiornalista)* m. periodista.

giornata *(dyiornáta)* f. jornada; jornal; día.

giorno *(dyiórno)* m. día buon —! ¡buenos días!

giostra *(dyióstra)* f. torneo, justa.

giovane *(dyióvane)* adj. y m. f. joven.

giovanezza *(dyiovanétsa)* f. juventud.

giovanile *(dyiovaníle)* adj. juvenil.

giovare *(dyiováre)* itr. ayudar; ser útil. tr. ayudar; ser oportuno.

giovarsi *(dyiovársi)* rfl. servirse, valerse.

giovedì *(dyiovedí)* m. jueves.

giovenca *(dyiovénca)* m. ternera.

giovenco *(dyiovénco)* m. ternero.

gioventù *(dyioventú)* f. juventud.

giovevole *(dyiovévole)* adj. útil.

gioviale *(dyioviále)* adj. jovial.

giovialità *(dyiovialità)* f. jovialidad.

giovine *(dyióvine)* adj. y m. joven.

giovinezza *(dyiovinétsa)* f. juventud.

giradischi *(dyiradiski)* m. tocadiscos.

girare *(dyiráre)* tr. hacer girar (una rueda); rodear. itr. girar (en torno), dar vueltas; circular; (com.) librar letras de cambio; enviar un giro.

girata *(dyiráta)* f. giro, vuelta; paseo.   [torio.

giratorio *(dyiratório)* adj. giratorio; giro, vuelta.

giravolta *(dyiravólta)* f. pirueta; giro, vuelta.

giro *(dyíro)* m. jira, paseo; giro; vuelta.

gironzolare *(dyironzsoláre)* itr. vagar.

girovago *(dyiróvago)* adj. y m. vagabundo.

gita *(dyíta)* f. jira, excursión.

giù *(dyiú)* adv. bajo, abajo, debajo. porre — deponer. su per — poco más o menos.

giubba *(dyiúbba)* f. casaca, chaqueta; crines (caballo); melena (león).

giubbilare *(dyiubbiláre)* itr. alegrarse. tr. jubilar.

giubbilazione *(dyiubbiladsióne)* f. jubilación, pensión.

giubbilo *(dyiúbbilo)* m. júbilo.

giudicare *(dyiudicáre)* tr. juzgar; creer, pensar.

giudicato *(dyiudicáto)* m. sentencia.

giudice *(dyiúdiche)* m. juez; árbitro. — conciliatore juez de paz.

giudizio *(dyiudídsio)* m. juicio, sentencia, fallo.

giudizioso *(dyiudidsióso)* adj. juicioso.

giugno *(dyiuño)* m. junio.

giullare *(dyul-láre)* m. juglar.

giunco *(dyiúnco)* m. junco.

giungere *(dyiúndyere)* tr. unir. itr. llegar.

giunta *(dyiúnta)* f. suplemento; añadidura; junta.

giuntare *(dyiuntáre)* tr. juntar.

giunto *(dyiúnto)* m. empalme, juntura.

giuoco *(dyiuóco)* m. juego.

giuramento *(dyiuraménto)* m. juramento; promesa.

giurare *(dyiuráre)* tr. e itr. jurar; prometer.

giureconsulto *(dyiureconsúlto)* m. jurisconsulto.

giuria *(dyiuría)* f. jurado.

giuridico *(dyiurídico)* adj. jurídico.

giuridizione *(dyiurididsióne)* f. jurisdicción.

giurista *(dyiurísta)* m. jurista.

giuro *(diúro)* m. juramento.

giusta *(dyiústa)* prep. según, conforme a, de conformidad con.

giustapporre *(dyiutappórre)* tr. yuxtaponer.

giustezza *(dyiustétsa)* f. exactitud.

giustificare *(dyiustificáre)* tr. justificar.

giustificazione *(dyiustificadsióne)* f. justificación.

giustizia *(dyiustídsia)* f. justicia, derecho.

giustiziare *(dyiustídsiare)* tr. ajusticiar.

giustiziere *(dyiustidsiére)* m. verdugo; vengador; juez.

giusto *(dyiústo)* adj. justo, lícito. adv. exactamente. a- desso ahora mismo.

glaciale *(glachiále)* adj. glacial.

gladiatore *(gladiatóre)* m. gladiador.

glandula *(glándula)* f. glándula.

gli *(lli)* art. los.

glicerina *(llicherína)* f. glicerina.

globale *(globále)* adj. global.

globo *(glóbo)* m. globo.

gloria *(glória)* f. gloria.

gloriarsi *(gloriársi)* rfl. gloriarse.

glorificare *(glorificáre)* tr. glorificar.

glorioso *(glorióso)* adj. glorioso.

glosa *(glósa)* f. glosa.

glosare *(glosáre)* tr. glosar.

glutine *(glútine)* f. gluten.

gobba *(góbba)* f. jiba, joroba.

gobbo *(góbbo)* adj. jiboso, jorobado.

goccia *(gótchia)* f. gota. a — a — poco a poco.

goccear *(gotchiáre)* itr. gotear. tr. verter gota a gota.

gocciola *(gótchiola)* f. gota.

gocciolare *(gotchiolóre)* itr. gotear. tr. verter gota a gota.

gocciolatoio *(gotchiolatóio)* m. gotera; cuentagotas.

godere *(godére)* itr. gozar; tener.

godimento *(godiménto)* m. placer; goce, disfrute.

goffaggine *(goffátyine)* f. grosería.   [ro.

goffo *(góffo)* adj. y m. grosero.

gola *(góla)* f. garganta; cañón.

golfo *(gólfo)* m. golfo.

golosità *(golositá)* f. golosina; gula.

goloso *(golóso)* adj. goloso.

gomitata *(gomitáta)* f. codazo.

gomito *(gómito)* m. (anat.) codo.

gomma *(gómma)* f. goma; neumático.

gondola *(góndola)* f. góndola.

gondoliere *(gondoliére)* m. gondolero.

gonfalone *(gonfalóne)* m. estandarte, bandera.

gonfiare *(gonfiáre)* tr. inflar, hinchar.

gonfiatura *(gonfiatúra)* f. hinchazón.

gonna *(gónna)* f. falda.

gorgheggiare *(gorguetyiare)* itr. gorjear.

gorgheggio *(gorguétyio)* m. gorjeo.

gorgia *(górdyia)* f. garganta.

gorgiera *(gordyiéra)* f. gorguera, gola; garganta.

gorgo *(górgo)* m. remolino.

gorgogliare *(gorgolliáre)* itr. borbollar (el agua).

gorilla *(goríl-la)* m. gorila.

gotico *(gótico)* adj. y m. gótico.

gotta *(gótta)* f. (med.) gota.

governante *(governánte)* adj. gobernante. f. aya, institutriz.

governare *(governáre)* tr. e itr. gobernar.

governatore *(governatóre)* m. gobernador.

governo *(govérno)* m. gobierno; dirección.

gozzo *(gótso)* m. bocio; buche.

gracchia *(grákkia)* f. (zool.) corneja.

gracchiare *(grakkiáre)* itr. graznar.

gracile *(gráchile)* adj. grácil.

gracilità *(grachilitá)* f. gracilidad, delicadeza.

gradare *(gradáre)* tr. graduar.
gradazione *(gradadsióne)* f. graduación.
gradimento *(gradiménto)* m. agrado.
gradino *(gradíno)* m. peldaño, escalón.
gradire *(gradíre)* tr. agradecer, aceptar.
gradito *(gradíto)* adj. grato.
grado *(grádo)* m. grado; peldaño; categoría. **di buon** — de buena gana. **esser in** — ser capaz.
graduale *(graduále)* adj. gradual.
graduare *(graduáre)* tr. graduar.
graduazione *(graduadsióne)* f. graduación.
graffiare *(graffiáre)* tr. arañar.
graffio *(gráffio)* m. arañazo.
grafite *(grafíte)* f. grafito.
grammatica *(grammática)* f. gramática.
grammatico *(grammático)* m. gramático.
grammo *(grámmo)* m. gramo.
grammofono *(grammófono)* m. gramófono.
grana *(grána)* f. grana, grano; fastidio, inconveniente; dinero. m. queso de Parma.
granaio *(granáio)* m. granero.
granata *(granáta)* f. granada; bomba; escoba; granate.
granato *(granáto)* m. granate.
granchio *(gránkio)* m. cangrejo; langosta; calambre; (fig.) equivocación.
grande *(gránde)* adj. grande.
grandezza *(grandétsa)* f. grandeza; magnitud.
grandinare *(grandináre)* itr. granizar.
grandinata *(grandináta)* f. granizada.
grandine *(grándine)* m. granizo.
grandiosità *(grandiositá)* f. grandiosidad.
granello *(granél-lo)* m. gránulo.
grano *(gráno)* m. grano; trigo.
granone *(granóne)* m. (bot.) maíz.   [maíz.
granturco *(grantúrco)* m. (bot.)
grappa *(gráppa)* f. grapa; aguardiente.
grappolo *(gráppolo)* m. racimo (de uva).
grassello *(grassél-lo)* m. pedazo de grasa.
grasso *(grasso)* adj. gordo, grasiento. m. grasa, manteca.
grata *(gráta)* f. reja, rejilla.
gratella *(gratél-la)* f. parrilla.
graticcio *(grtítchio)* m. enrejado.
graticola *(graticola)* f. rejilla; parrilla.
graticolare *(graticoláre)* tr. enrejar; asar.
gratificare *(gratificáre)* tr. gratificar.
gratificazione *(gratificadsióne)* f. gratificación.
gratis *(grátis)* adv. gratis.
gratitudine *(gratitúdine)* f. gratitud.
grato *(gráto)* adj. agradecido; agradable.
grattacapo *(grattacápo)* m. preocupación.
grattacielo *(grattachiélo)* m. rascacielos.
grattare *(grattáre)* tr. rascar, rasguñar.   [to.
gratuito *(gratúito)* adj. gratui-

gravare *(graváre)* tr. gravar; embargar. itr. gravitar, pesar.
grave *(gráve)* adj. grave, serio.
gravezza *(gravetsa)* f. peso; gravedad.
gravità *(gravitá)* f. gravedad; seriedad.
gravitare *(gravitáre)* itr. gravitar, pesar.
gravitazione *(gravitadsióne)* f. gravitación.
grazia *(grádsia)* f. gracia; garbo; favor. **grazie!** ¡gracias! **grazie tante** muchas gracias.
graziare *(gradsiáre)* tr. indultar.
grazioso *(gradsióso)* adj. gracioso.
gregge *(grétye)* m. grey.
greggio *(grétyio)* adj. crudo; bruto (materiales).
grembiale *(grembiále)* m. delantal, mandil.
grembo *(grémbo)* m. regazo.
gremire *(gremíre)* tr. llenar.
greppia *(gréppia)* f. pesebre.
gridare *(gridáre)* itr. gritar. tr. reprender, regañar; divulgar.
gridio *(gridío)* m. gritería.
grido *(grído)* m. grito.
grifone *(grifóne)* m. (Zool.) buitre.
grigio *(grídyo)* adj. gris, pardo.
griglia *(gríllia)* f reja.
grillare *(gril-láre)* tr. chirriar.
grillo *(gríl-lo)* m. grillo (insecto); capricho.
grinfia *(grínfia)* f. garra.
grinza *(gríndsa)* f. arruga, pliegue.
grinzoso *(grindsóso)* adj. arrugado.
gronda *(grónda)* f. gotera; canalón; gárgola.
grondaia *(grondáia)* f. gotera, canalera.
grondare *(grondáre)* itr. gotear; manar.
grossa *(gróssa)* f. gruesa (doce docenas).
grossezza *(grossétsa)* f. grosor, tamaño; grosería.
grossiere *(grossiére)* adj. grosero. m. mercader al por mayor.
grosso *(grosso)* adj. grueso, gordo.
grossolano *(grossoláno)* adj. grosero.
grotta *(grótta)* f. gruta, cueva.
gru *(gru)* f. (orn.) grulla; grúa.
grugnire *(grugníre)* itr. gruñir.
grugnito *(grugníto)* m. gruñido.
grugno *(gruño)* m. hocico.
gruppo *(gruppo)* m. grupo.
guadagnare *(guadañáre)* tr. ganar; obtener.
guadagno *(guadáño)* m. ganancia.
guadare *(guadáre)* tr. vadear.
guado *(guádo)* m. vado.
guai *(güái)* itj. ¡ay!; ¡cuidado!
guaio *(guáio)* m. desgracia.
guancia *(guánchia)* f. mejilla.
guanciale *(guanchiále)* m. almohada.
guanto *(guánto)* m. guante.
guardabarriere *(guardabarriére)* m. guardabarreras.
guardaboschi *(guardabóski)* m. guardabosques.
guardare *(guardáre)* tr. mirar, examinar.
guardarsi *(guardársi)* rfl. mirarse; cuidarse; estar en guardia.
guardaroba *(guardaróba)* m. guardarropa.

guardia *(guárdia)* f. guardia; centinela; guarda. **—del fuoco** parque de bomberos. **—medica** puesto sanitario. **—notturna** sereno.
guaribile *(guaríbile)* adj. curable.   [ración.
guarigione *(guaridyióne)* f. curación.
guarire *(guaríre)* tr. curar, sanar. itr. curar(se).
guarnigione *(guarnidyióne)* f. (mil.) guarnición.
guarnire *(guarníre)* tr. guarnecer, guarnir; adornar; equipar.
guarnizione *(guarnidsióne)* f. guarnición, adorno; junta.
guastamento *(guastaménto)* m. estrago, daño.
guastare *(guastáre)* tr. dañar, estropear; depravar; ensuciar.
guastarsi *(guastársi)* rfl. estropearse; empeorar.
guasto *(guásto)* m. estrago, daño. adj. dañado, estropeado.
guercio *(guérchio)* adj. y m. bizco.
guerra *(güerra)* f. guerra.
guerreggiare *(güerretyiáre)* itr. combatir, guerrear.
guerriero *(güerriéro)* adj. guerrero. m. guerrero.
gufo *(gúfo)* m. (orn.) búho.
guida *(güída)* f. guía.
guidare *(güidáre)* tr. guiar, dirigir; (náut.) gobernar.
guisa *(güísa)* f. modo.
guscio *(gúschio)* m. cáscara; concha (de moluscos).
gustare *(gustáre)* tr. catar. itr. gustar.
gustatore *(gustatóre)* m. catador; catavinos.
gusto *(gústo)* m. gusto, sabor; agrado.
guttaperca *(guttapérca)* f. gutapercha.

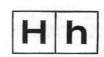

hangar *(ángar)* m. hangar.
harmonium *(armónium)* m. armonio.
hotel *(otél)* m. hotel.
hostess *(óstess)* f. azafata.

i *(i)* art. los.
iarda *(iárda)* f. yarda.
iattanza *(iattándsa)* f. jactancia.
ibrido *(íbrido)* adj. y m. híbrido.
iddio *(iddío)* m. Dios.
idea *(idéa)* f. idea, plan.
ideale *(ideále)* adj. y m. ideal.
idealizzare *(idealitsáre)* tr. idealizar.   [ginar.
ideare *(ideáre)* tr. idear, imaidentificare **identificare** *(identificáre)* tr. identificar.

identità *(identitá)* f. identidad.
ideologia *(ideolodyía)* f. ideología.
idillico *(idíl-lico)* adj. idílico.
idillio *(idíl-lio)* m. idilio.
idioma *(idióma)* m. idioma.
idolatrare *(idolatráre)* tr. idolatrar.
idolo *(ídolo)* m. ídolo.
idoneità *(idoneitá)* f. idoneidad.
idrogeno *(idródyeno)* m. hidrógeno.
iena *(iéna)* f. (zool.) hiena.
ieri *(iéri)* adv. ayer. **— l'altro** anteayer. **— mattina** ayer por la mañana. **— sera** ayer por la tarde. **— notte** ayer noche.
igiene *(idyiéne)* f. higiene.
igienico *(idyiénico)* adj. higiénico.
ignaro *(iñáro)* adj. ignorante.
ignavia *(iñávia)* f. indolencia.
ignorante *(iñoránte)* adj. y m. ignorante.
ignoranza *(iñorándsa)* f. ignorancia.
ignorare *(iñoráre)* tr. ignorar.
il *(il)* art. el.
ilare *(ílare)* adj. alegre.
ilarità *(ilaritá)* f. alegría.
illanguidimento *(il-langüidiménto)* m. languidez.
illanguidire *(il-langüidíre)* itr. languidecer. tr. debilitar.
illecito *(il-léchito)* adj. ilícito.
illegale *(il-legále)* adj. ilegal.
illeggibile *(il-letyíbile)* adj. ilegible.
illegittimo *(il-ledyíttimo)* adj. ilegítimo.
illudere *(il-lúdere)* tr. ilusionar; burlar, engañar.
illuminante *(il-luminánte)* adj. luminoso.
illuminare *(il-lumináre)* tr. iluminar; (fig.) instruir.
illuminazione *(il-luminadsióne)* f. iluminación. **— stradale** alumbrado público.
illusione *(il-lusióne)* f. ilusión; espejismo.
illustrazione *(il-lustradsióne)* f. ilustración.
illustrare *(il-lustráre)* tr. ilustrar.
illustre *(il-lústre)* adj. ilustre.
imballaggio *(imbal-látyio)* m. embalaje.
imballare *(imbal-láre)* tr. embalar.
imbalsamare *(imbalsamáre)* tr. embalsamar.
imbarazzare *(imbaratsáre)* tr. embarazar.
imbarazzo *(imbarátso)* m. embarazo, impedimento.
imbarcadero *(imbarcadéro)* m. embarcadero.
imbarcare *(imbarcáre)* tr. embarcar; cargar.
imbarcarsi *(imbarcársi)* rfl. embarcarse.
imbarcazione *(imbarcadsióne)* f. embarcación, barco.
imbarco *(imbárco)* m. embarco, embarque; embarcadero.
imbasciata *(imbaschiáta)* f. embajada.
imbasciatore *(imbaschiatóre)* m embajador.
imbastire *(imbastíre)* tr. embastar, hilvanar.
imbastitura *(imbastitúra)* f. basta, hilván.
imbecille *(imbechíl-le)* adj. y m. imbécil, tonto.
imbecillità *(imbechil-litá)* f. imbecilidad, necedad.
imbellettamento *(imbel-lettaménto)* m. acicalamiento.

imbellettare *(imbel-lettáre)* tr. acicalar.

imbiancamento *(imbiancaménto)* m. blanqueo.

imbiancare *(imbiancáre)* tr. blanquear, enjalbegar; lavar la ropa.

imbizzarrire *(imbitsarríre)* itr. irritarse.

imbizzire *(imbitsíre)* itr. encolerizarse.

imboccamento *(imboccaménto)* m. embocadura.

imboccare *(imboccáre)* tr. embocar, meterse; enchufar. itr. empalmar.

imboccatura *(imboccatúra)* f. embocadura, boca.

imboscamento *(imboscaménto)* m. emboscada.

imboscare *(imboscáre)* tr. emboscar, ocultar.

imboscata *(imboscáta)* f. emboscada.

imbottigliare *(imbottilliáre)* tr. embotellar.

imbottire *(imbottíre)* tr. embutir; enguatar.

imbottitura *(imbottitúra)* f. acolchado.

imbrogliare *(imbrolliáre)* tr. embrollar, enredar, confundir.

imbroglio *(imbróllio)* m. embrollo.

imbronciare *(imbronchiáre)* itr. enfadarse, incomodarse.

imbrunire *(imbruníre)* itr. oscurecerse.

imbucare *(imbucáre)* tr. echar (cartas al buzón); esconder.

imbuto *(imbúto)* m. embudo.

imitare *(imitáre)* tr. imitar; copiar.

imitazione *(imitadsióne)* f. imitación.

immacolata *(immacoláta)* f. la Inmaculada Concepción.

immacolato *(immacoláto)* adj. inmaculado, puro.

immaginare *(immadyináre)* tr. e itr. imaginar.

immaginario *(immadyinário)* adj. imaginario.

immaginazione *(immadyinadsióne)* f. imaginación.

immagine *(immádyine)* f. imagen.

immancabile *(immancábile)* adj. infalible, seguro.

immane *(immáne)* adj. horrible, espantoso; enorme.

immatricolare *(immatricoláre)* tr. matricular.

immatricolazione *(immatricoladsióne)* f. matriculación.

immaturo *(immatúro)* adj. inmaturo; prematuro (parto); verde.

immensità *(immensitá)* f. inmensidad.

immenso *(imménso)* adj. inmenso.

immediato *(immediáto)* adj. inmediato.

immergere *(immérdyere)* tr. sumergir, inmergir.

immersione *(immersióne)* f. inmersión.

immigrante *(immigránte)* m. inmigrante.

immigrare *(immigráre)* itr. inmigrar.

immigrazione *(immigradsióne)* f. inmigración.

immischiarsi *(immiskiársi)* rfl. inmiscuirse.

immissione *(immissióne)* f. entrada; introducción. — **d'acque** desagüe.

immobile *(immóbile)* adj. inmóvil.

immolare *(immoláre)* tr. inmolar.

immolazione *(immoladsióne)* f. inmolación.

immondizia *(immondídsia)* f. inmundicia.

immorale *(immorále)* adj. inmoral.

immoralità *(immoralitá)* f. inmoralidad.

immortale *(immortále)* adj. inmortal.

immortalità *(immortalitá)* f. inmortalidad.

immune *(immúne)* adj. inmune.

immunità *(immunitá)* f. inmunidad.

impaccare *(impaccáre)* tr. empaquetar.

impacciare *(impatchiáre)* tr. estorbar, molestar.

impacciarsi *(impatchiársi)* rfl. entremeterse.

impaccio *(impátchio)* m. estorbo.

impadronirsi *(impadronírsi)* rfl. apoderarse.

impalcatura *(impalcatúra)* f. andamiaje, tablado.

impallidire *(impal-lidíre)* itr. palidecer.

imparare *(imparáre)* tr. aprender; instruirse.

impari *(impari)* adj. impar, dispar.

imparità *(imparitá)* f. disparidad.

imparziale *(impardsiále)* adj. imparcial, justo.

impassibile *(impassíbile)* adj. impasible.

impastare *(impastáre)* tr. empastar; encolar.

impazientirsi *(impadsientírsi)* rfl. impacientarse.

impazienza *(impadsiéndsa)* f. impaciencia.

impazzire *(impatsíre)* itr. enloquecer.

impeccabile *(impeccábile)* adj. impecable.

impedimento *(impediménto)* m. impedimento.

impedire *(impedíre)* tr. impedir, cerrar (el paso).

impegnare *(impeñáre)* tr. empeñar; apalabrar.

impegnarsi *(impeñársi)* rfl. empeñarse.

impegno *(impéño)* m. obligación. **affare d'—** asunto serio.

impenetrabile *(impenetrábile)* adj. impenetrable.

impennare *(impennáre)* tr. emplumar.

impennarsi *(impennársi)* rfl. encabritarse.

impensata *(impensáta)* adv; **all'—** de repente, de improviso.

impensato *(impensáto)* adj. impensado, imprevisto.

impensierire *(impensieríre)* tr. preocupar.

imperatore *(imperatóre)* m. emperador.

imperdonabile *(imperdonábile)* adj. imperdonable.

imperfetto *(imperfétto)* adj. imperfecto.

imperfezione *(imperfedsióne)* f. imperfección.

imperiale *(imperiále)* adj. imperial.

impero *(império)* m. imperio.

impermeabile *(impermeábile)* adj. y m. impermeable.

impero *(impéro)* m. imperio.

impersonale *(impersonále)* adj. impersonal.

impersonarsi *(impersonársi)* rfl. personificarse.

impertinenza *(impertinéndsa)* f. impertinencia.

imperturbabile *(imperturbábile)* adj. imperturbable.

imperversare *(imperversáre)* itr. arreciar; encarnizarse.

impestare *(impestáre)* tr. apestar; contagiar un mal venéreo.

impeto *(ímpeto)* m. ímpetu, violencia.

impetuoso *(impetuóso)* adj. impetuoso.

impiantare *(impiantáre)* tr. instalar; fundar.

impiantire *(impiantíre)* tr. entablar.

impiantito *(impiantíto)* m. pavimento, piso.

impianto *(impiánto)* m. instalación; fundación.

impiastrare *(impiastráre)* tr. emplastar; ensuciar.

impiastro *(impiástro)* m. emplasto.

impiccare *(impiccáre)* tr. ahorcar.

impiccarsi *(impiccársi)* rfl. ahorcarse.

impicciare *(impitchiáre)* tr. estorbar, embarazar.

impicciarsi *(impítchiársi)* rfl. meterse, entremeterse en algo.

impiccio *(impítchio)* m. embarazo, estorbo.

impiegare *(impiegáre)* tr. emplear, colocar.

impiegato *(impiegáto)* adj. y m. empleado.

impiego *(impiégo)* m. empleo, colocación.

impietrimento *(impietriménto)* m. petrificación.

impietrire *(impietríre)* tr. petrificar; endurecer. itr. petrificarse.

impiombare *(impiombáre)* tr. emplomar; precintar.

implacabile *(implacábile)* adj. implacable.

implicare *(implicáre)* tr. implicar; significar.

implicito *(implíchito)* adj. implícito. [plorar.

implorare *(imploráre)* tr. implorazione** *(imploradsióne)* f. imploración.

imporre *(impórre)* tr. imponer; obligar.

importante *(importánte)* adj. importante.

importanza *(importándsa)* f. importancia.

importare *(importáre)* tr. importar; comportar. itr. importar, tener importancia.

importazione *(importadsióne)* f. importación.

importo *(impórto)* m. importe; costo.

impossibile *(impossíbile)* adj. imposible.

impossibilità *(impossibilitá)* f. imposibilidad.

imposta *(impósta)* f. impuesto; hoja (de puerta o ventana); (arq.) imposta.

impostare *(impostáre)* tr. colocar; abonar en cuenta corriente; echar una carta al correo.

impostarsi *(impostársi)* rfl. apostarse.

impotente *(impoténte)* adj. impotente; débil.

impotenza *(impoténdsa)* f. impotencia.

impoverire *(impoveríre)* tr. e itr. empobrecer, arruinarse.

imprecare *(imprecáre)* itr. imprecar.

imprecazione *(imprecadsióne)* f. imprecación, maldición.

impresa *(imprésa)* f. empresa; trabajo. [presario.

impresario *(impresário)* m. empresario.

impressionabile *(impressionábile)* adj. impresionable.

impressionare *(impressionáre)* tr. impresionar.

impressione *(impressióne)* f. impresión.

imprestito *(impréstito)* m. empréstito, préstamo.

imprigionare *(impridyionáre)* tr. encarcelar.

imprimere *(imprímere)* tr. imprimir, estampar; grabar (en la memoria); imprimir (movimiento).

imprimitura *(imprimitúra)* f. imprimación.

impronta *(imprónta)* f. huella.

improntare *(improntáre)* tr. imprimir, estampar.

impronto *(imprónto)* adj. y m. indiscreto.

improperio *(impropério)* m. improperio, injuria.

improprio *(impróprio)* adj. impropio.

improvvisare *(improvvisáre)* tr. improvisar.

improvviso *(improvvíso)* adj. imprevisto, inesperado. **all'—** de repente, de improvisto.

imprudente *(imprudénte)* adj. imprudente.

imprudenza *(imprudéndsa)* f. imprudencia.

impugnare *(impuñáre)* tr. impugnar.

impulso *(impúlso)* m. impulso.

impune *(impúne)* adj. impune.

impunità *(impunitá)* f. impunidad.

impuntare *(impuntáre)* itr. tropezar; balbucir.

impuntire *(impuntíre)* tr. coser a pespunte.

impuntitura *(impuntitúra)* f. pespunteado.

impuntura *(impuntúra)* f. pespunte.

in *(in)* prep. en, a, con, por, contra, dentro de.

inabile *(inábile)* adj. incapaz, inhábil, inútil.

inaccettabile *(inatchettábile)* adj. inaceptable.

inadattabile *(inadattábile)* adj. inadaptable.

inadempibile *(inadempíbile)* adj. inejecutable.

inadempimento *(inadempiménto)* m. inobservancia, incumplimiento. [pirar.

inalare *(inaláre)* tr. inhalar, as-

inalazione *(inaladsióne)* f. inhalación, aspiración.

inalberare *(inalberáre)* tr. enarbolar; (náut.) arbolar un buque.

inalberarsi *(inalberársi)* rfl. encabritarse.

inammissibile *(inammissíbile)* adj. inadmisible.

inappetenza *(inappeténdsa)* f. inapetencia.

inapprezzabile *(inappretsábile)* adj. inapreciable.

inarcare *(inarcáre)* tr. arquear, enarcar.

480

inarcarsi *(inarcársi)* rfl. encorvarse, arquearse.

inaspettato *(inaspettáto)* adj. inesperado.

inasprimento *(inaspriménto)* m. exasperación, exacerbación.

inasprire *(inaspríre)* tr. exasperar, exacerbar.

inattenzione *(inattenzióne)* f. desatención.

inatteso *(inattéso)* adj. inesperado.

inattività *(inattivitá)* f. inactividad.

inattivo *(inattívo)* adj. inactivo.

inattuabile *(inattuábile)* adj. irrealizable.

inaugurare *(inauguráre)* tr. inaugurar, comenzar.

inaugurazione *(inauguradsióne)* f. inauguración.

inavvertenza *(inavverténdsa)* f. inadvertencia.

incalorire *(incaloríre)* tr. calentar; acalorar.

incalorirsi *(incalorírsi)* rfl. acalorarse.

incantare *(incantáre)* tr. encantar.

incantatore *(incantatóre)* adj. encantador, hechicero.

incantevole *(incantévole)* adj. encantador.

incanto *(incánto)* m. encanto. **all'**— en pública subasta.

incapace *(incapáche)* adj. incapaz.

incapacità *(incapachitá)* f. incapacidad.

incarcerare *(incarcheráre)* tr. encarcelar.

incarcerazione *(incarcheradsióne)* f. encarcelamiento.

incaricare *(incaricáre)* tr. encargar, encomendar.

incarico *(incárico)* m. encargo.

incarnare *(incarnáre)* itr. encarnar.

incarnazione *(incarnadsióne)* f. encarnación.

incartare *(incartáre)* tr. envolver (en papel).

incarto *(incárto)* m. legajo; papel de envolver.

incartonare *(incartonáre)* tr. encartonar.

incasellare *(incasel-láre)* tr. encasillar.

incassare *(incassáre)* tr. encajonar; engastar; canalizar (un río); cobrar; encajar.

incassatura *(incassatúra)* encajadura; encaje; engaste.

incasso *(incásso)* m. cobro.

incatenare *(incatenáre)* tr. encadenar.

incendiare *(inchendiáre)* tr. incendiar.   [dio.

incendio *(inchéndio)* m. incen-

incenerimento *(incheneriménto)* m. incineración.

incenerire *(incheneríre)* tr. incinerar.   [censar.

incensare *(inchensáre)* tr. in-

incensiere *(inchensiére)* m. incensario.   [so.

incenso *(inchénso)* m. incien-

incerato *(incheráto)* m. hule.

incertezza *(inchertétsa)* f. incertidumbre, duda.

incerto *(inchérto)* adj. incierto.

incetta *(inchétta)* f. acaparamiento.

incettare *(inchettáre)* tr. acaparar.

inchinare *(inkináre)* tr. inclinar.

inchinarsi *(inkinársi)* rfl. inclinarse; ceder.

inchino *(inkíno)* m. inclinación; reverencia.

inchiostro *(inkióstro)* m. tinta.

incidentale *(inchidentále)* adj. incidental.

incidente *(inchidénte)* m. incidente; accidente. — **stradale** accidente de circulación o de tráfico.

incidere *(inchídere)* tr. Hacer una incisión o corte; grabar.

incirca *(inchírca)* prep. cerca de. **all'**— poco más o menos.

incisione *(inchisióne)* f. incisión; grabado.

incisivo *(inchisívo)* adj. incisivo. m. diente incisivo.

incisore *(inchisóre)* m. grabador.

incivile *(inchivíle)* adj. incivil, grosero.

incivilire *(inchivilíre)* tr. civilizar.

inclinare *(inclinare)* tr. inclinar.

inclinazione *(inclinadsióne)* f. inclinación.

includere *(inclúdere)* tr. incluir.

incollare *(incol-láre)* tr. pegar, encolar.

incollerire *(incol-leríre)* tr. encolerizar, irritar.

incolpare *(incolpáre)* tr. inculpar, acusar.

incolpazione *(incolpadsione)* f. acusación.

incolpevole *(incolpévole)* adj. inocente.

incolto *(incólto)* adj. inculto.

incombere *(incómbere)* itr. incumbir.

incominciamento *(incominchiaménto)* m. principio, comienzo.

incominciare *(incominchiáre)* tr. e itr. empezar, comenzar.

incomodare *(incomodáre)* tr. incomodar.

incomodarsi *(incomodársi)* rfl. incomodarse.

incomodità *(incomoditá)* f. incomodidad.

incomodo *(incómodo)* adj. incómodo. m. incomodidad, fastidio. **pigliarsi l'**— molestarse por algo.

incomparabile *(incomparábile)* adj. incomparable.

incompatibile *(incompatíbile)* adj. incompatible.

incompatibilità *(incompatibilitá)* f. incompatibilidad.

incompetente *(incompeténte)* adj. incompetente.

incompiuto *(incompiúto)* adj. incompleto.

inconseguenza *(inconsegüéndsa)* f. inconsecuencia.

inconveniente *(inconveniénte)* adj. y m. inconveniente.

inconvenienza *(inconveniéndsa)* f. inconveniencia.

incoraggiamento *(incoratyiaménto)* m. incentivo.

incoraggiare *(incoratyiáre)* tr. animar.

incorporare *(incorporáre)* tr. incorporar.

incorrezione *(incorredsióne)* f. incorrección.

incorretto *(incorrétto)* adj. incorrecto.

incosciente *(incoschiénte)* adj. inconsciente.

incostante *(incostánte)* adj. inconstante.

incostanza *(incostándsa)* f. inconstancia.

incredibile *(incredíbile)* adj. increíble.

incredulo *(incrédulo)* adj. incrédulo.

increspare *(increspáre)* tr. encrespar, ensortijar.

incrociare *(incrochiáre)* tr. cruzar, atravesar.

incrociatore *(incrochiatóre)* m. (náut.) crucero.

incrocio *(incróchio)* m. cruce; encrucijada.

incubatrice *(incubatríche)* f. (tecn.) incubadora.

incubazione *(incubadsióne)* f. incubación.

incudine *(incúdine)* f. yunque.

incurvare *(incurváre)* tr. encorvar.

incutere *(incútere)* tr. Inspirar, imponer, infundir.

indagare *(indagáre)* tr. indagar, averiguar.

indagine *(indádyine)* f. indagación, investigación.

indebitarsi *(indebitársi)* rfl. contraer deudas, endeudarse.

indebolire *(indebolíre)* tr. debilitar.

indecente *(indechénte)* adj. indecente, obsceno.

indecenza *(indechéndsa)* f. indecencia.

indecisione *(indechisióne)* f. indecisión.

indeciso *(indechíso)* adj. indeciso.

indefinito *(indefiníto)* adj. indefinido, ilimitado, indeterminado; (gram.) indefinido.

indegnità *(indeñitá)* f. indignidad.

indegno *(indéño)* adj. indigno.

indenne *(indénne)* adj. indemne.

indennità *(indennitá)* f. indemnización; compensación; indemnidad.

indennizzare *(indennitsáre)* tr. indemnizar.

indennizzo *(indennítso)* m. indemnización.

indeterminazione *(indeterminadsióne)* f. indeterminación.

indi *(índi)* adv. enseguida, después; de allí.

indicare *(indicáre)* tr. indicar; mostrar.

indicazione *(indicadsióne)* f. indicación.

indice *(índiche)* m. índice; (técn.) aguja.

indietreggiare *(indietretyiáre)* itr. retroceder.

indietro *(indiétro)* adv. atrás.

indifferente *(indifferénte)* adj. indiferente.

indifferenza *(indifferéndsa)* f. indiferencia.

indigeno *(indídyeno)* adj. y m. indígena.

indigente *(indidyénte)* adj. indigente.

indigenza *(indidyéndsa)* f. indigencia.

indigestione *(indidyestióne)* f. indigestión.

indignare *(indiñáre)* tr. indignar.

indignarsi *(indiñársi)* rfl. indignarse.

indignazione *(indiñadsióne)* f. indignación, ira.

indipendente *(indipendénte)* adj. independiente.

indipendenza *(indipendéndsa)* f. independencia.

indiretto *(indirétto)* adj. indirecto.

indirizzare *(indiritsáre)* tr. enderezar; enviar; dirigir.

indirizzarsi *(indiritsársi)* rfl. dirigirse a o hacia.

indirizzo *(indirítso)* m. señas, dirección; curso; mensaje.

indiscrezione *(indiscredsióne)* f. indiscreción.

indisposizione *(indisposidsióne)* f. indisposición.

indistinto *(indistínto)* adj. indistinto; confuso.

indivia *(indívia)* f. (bot.) escarola.

individuale *(individuále)* adj. individual.

individualità *(individualitá)* f. individualidad.

individuo *(indivíduo)* m. individuo.

indizio *(indídsio)* m. indicio.

indocile *(indóchile)* adj. indócil.

indolcire *(indolchíre)* tr. endulzar. itr. endulzarse.

indole *(índole)* f. índole.

indolente *(indolénte)* adj. indolente.

indolenza *(indoléndsa)* f. indolencia.

indolenzire *(indolendsíre)* tr. entorpecer, entumecer.

indomani *(indománi)* m. mañana, el día siguiente.

indossare *(indossáre)* tr. vestir, poner o llevar encima.

indossatrice *(indossatríche)* f. modelo, maniquí.

indosso *(indósso)* adv. encima, sobre sí.

indotto *(indótto)* adj. ignorante; inducido.

indovinare *(indovináre)* tr. adivinar, pronosticar.

indovinello *(indovinél-lo)* m. acertijo, enigma, adivinanza.

indovino *(indovíno)* m. adivino.

indubbio *(indúbbio)* adj. indudable.

indubitabile *(indubitábile)* adj. indudable.

indugiare *(indudyiáre)* tr. retardar. itr. titubear.

indugiarsi *(indudyiársi)* rfl. retardarse.

indugio *(indúdyio)* m. demora, indecisión.

indulgente *(induldyénte)* adj. indulgente.

indulgenza *(indulyéndsa)* f. indulgencia.

indulgere *(indúlyere)* intr. perdonar, tener indulgencia, tolerancia, benevolencia.

indurire *(induríre)* tr. endurecer.

indurimento *(induriménto)* m. endurecimiento.

indurre *(indúrre)* tr. inducir.

industria *(indústria)* f. industria.

industriale *(industriále)* adj. y m. industrial.

inebriarsi *(inebriársi)* rfl. emborracharse.

inefficace *(inefficáche)* adj. ineficaz.

inefficacia *(inefficáchia)* f. ineficacia.

ineguale *(ineguále)* adj. desigual.

inegualità *(inegualitá)* f. desigualdad.

inerte *(inérte)* adj. inerte.

inesattezza *(inesattétsa)* f. inexactitud.

inesatto *(inesátto)* adj. inexacto, falso.

inesperienza *(inesperiéndsa)* f. inexperiencia.

inetto *(inetto)* adj. inepto.

inevitabile *(inevitábile)* adj. inevitable.

infallibile *(infal-líbile)* adj. infalible.

infamare *(infamáre)* tr. difamar.

infamia *(infámia)* f. infamia.

infantile *(infantíle)* adj. infantil.

infanzia *(infándsia)* f. infancia.

infastidire *(infastidíre)* tr. fastidiar, enojar.

infatti *(infátti)* adv. en efecto.

infecondità *(infeconditá)* f. esterilidad, infecundidad.

infecondo *(infecóndo)* adj. estéril, infecundo.

infedele *(infedéle)* adj. infiel. m. infiel. [dad.

infedeltà *(infedeltá)* f. infidelidad, desgracia. [rior.

infelice *(infelíce)* adj. y m. infeliz.

infelicità *(infelichitá)* f. infelicidad, desgracia. [rior.

inferiore *(inferióre)* adj. inferior.

inferiorità *(inferioritá)* f. inferioridad.

infermeria *(infermería)* f. enfermería.

infermiere *(infermiére)* m. enfermero.

infermità *(infermitá)* f. enfermedad.

infermo *(inférmo)* adj. y m. enfermo. [nal.

infernale *(infernále)* adj. infernal.

inferno *(inférno)* m. infierno.

infestare *(infestáre)* tr. infestar.

infestazione *(infestádsióne)* f. infestación. [tar.

infettare *(infettáre)* tr. infectar.

infetto *(infetto)* adj. infecto.

infezione *(infedsióne)* f. infección.

infiammabile *(infiammábile)* adj. inflamable.

infiammare *(infiammáre)* tr. inflamar; excitar.

infiammazione *(infiamadsióne)* f. inflamación.

infilare *(infiláre)* tr. enhilar, enhebrar; poner(se); ensartar.

infilarsi *(infilársi)* rfl. ponerse (vestidos); meterse.

infimo *(infimo)* adj. ínfimo.

infine *(infíne)* adv. al fin.

infinità *(infinitá)* f. infinidad.

infinito *(infiníto)* adj. y m. infinito. m. infinitivo.

inflessibile *(inflessíbile)* adj. inflexible.

infliggere *(inflítyere)* tr. aplicar, imponer, dar, infligir.

influenza *(influéndsa)* f. influencia; (med.) gripe.

influire *(influíre)* itr. influir.

influsso *(inflússo)* m. influjo.

infondere *(infóndere)* tr. infundir.

informare *(informáre)* tr. informar; conformar.

informarsi *(informársi)* rfl. informarse; conformarse.

informazione *(informadsióne)* f. información; noticia.

informe *(infórme)* adj. informe.

infortunio *(infortúnio)* m. infortunio, desgracia.

infrangere *(infrándyere)* tr. quebrar.

infrazione *(infradsióne)* f. violación, infracción.

infreddare *(infreddáre)* tr. enfriar, resfriar.

infreddatura *(infreddatúra)* f. resfriado.

infruttuoso *(infruttuóso)* adj. infructuoso.

infuori *(infuóri)* adv. fuera. **all' — di** fuera de.

infuriarsi *(infuriársi)* rfl. enfurecerse.

infusione *(infusióne)* f. infusión.

ingannare *(ingannáre)* tr. engañar, defraudar.

inganno *(ingánno)* m. engaño.

ingegnarsi *(indyeñársi)* rfl. ingeniarse.

ingegnere *(indyeñére)* m. ingeniero.

ingegno *(indyéño)* m. ingenio.

ingegnuità *(indyenuitá)* f. ingenuidad.

ingenuo *(indyénuo)* adj. ingenuo.

ingerire *(indyeríre)* tr. ingerir.

ingerenza *(indyeréndsa)* f. ingerencia, intervención.

ingerirsi *(indyerírsi)* rfl. ingerirse, entremeterse.

ingessare *(indyessáre)* tr. enyesar.

inghiottire *(inguiottíre)* tr. engullir, tragar; ingerir.

inginocchiarsi *(indyinokkiarsi)* rfl. arrodillarse.

inginocchiatoio *(indyinokkiatóio)* m. reclinatorio.

ingiù *(indyiú)* adv. abajo.

ingiuria *(indyiúria)* f. injuria, ultraje.

ingiuriare *(indyiuriáre)* tr. injuriar.

ingiustizia *(indyiustídsia)* f. injusticia. [to.

ingiusto *(indyiústo)* adj. injusto.

inglese *(inglése)* adj. y m. inglés.

ingombrare *(ingombráre)* tr. embarazar, estorbar.

ingombro *(ingómbro)* m. embarazo, estorbo.

ingranaggio *(ingranátyio)* m. (mec.) engranaje.

ingrandimento *(ingrandiménto)* m. engrandecimiento. — **fotografico** ampliación fotográfica.

ingrandire *(ingrandíre)* tr. ampliar; exagerar; (fot.) ampliar.

ingrassaggio *(ingrassátyio)* m. (mec.) engrase.

ingrassare *(ingrassáre)* tr. engrasar; engordar. itr. engordar; enriquecer(se).

ingrassarsi *(ingrassársi)* rfl. engordarse; enriquecerse.

ingrasso *(ingrásso)* m. engorde; abono.

ingratitudine *(ingratitúdine)* f. ingratitud.

ingrato *(ingráto)* adj. y m. ingrato.

ingresso *(ingrésso)* m. ingreso, acceso, entrada; admisión.

ingrossare *(ingrossáre)* tr. engrosar; engordar; aumentar. itr. quedar embarazada.

ingrosso *(ingrosso)* **all'** — adv. (com.) al por mayor.

inguaribile *(inguaríbile)* adj. incurable.

inguine *(ingúine)* f. (anat.) ingle.

iniettare *(iniettáre)* tr. inyectar. [ción.

iniezione *(iniedsióne)* f. inyección.

inimicare *(inimicáre)* tr. enemistar.

inimicizia *(inimichídsia)* f. enemistad.

iniquità *(inikuitá)* f. iniquidad.

iniziale *(inidsiále)* adj. y f. inicial.

iniziare *(inidsiáre)* tr. iniciar.

iniziativa *(inidsiativa)* f. iniciativa.

iniziazione *(inidsiadsióne)* f. iniciación.

innalzare *(innaldsáre)* tr. alzar; izar; elevar; ensalzar.

innalzarsi *(innaldsársi)* rfl. elevarse.

innamoracchiarsi *(innamorkkiársi)* rfl. enamoriscarse.

innamoramento *(innamoraménto)* m. enamoramiento, amorío.

innamorare *(innamoráre)* tr. enamorar.

innamorarsi *(innamorársi)* rfl. enamorarse.

innamorata *(innamoráta)* adj. y f. enamorada.

innamorato *(innamoráto)* adj. y m. enamorado, amante.

innanzi *(innándsi)* prep. ante (alguien), delante de. adv. adelante; antes. **andare —** adelantar. **d'ora —** de ahora en adelante.

innegabile *(innegábile)* adj. innegable.

inno *(ínno)* m. himno.

innocente *(innochénte)* adj. inocente.

innocenza *(innochéndsa)* f. inocencia.

innovare *(innováre)* tr. innovar.

innovazione *(innovadsióne)* f. innovación.

innumerevole *(innumerévole)* adj. innumerable.

inoccupato *(inoccupáto)* adj. desocupado.

inoculare *(inoculáre)* tr. inocular. — **il vaccino** vacunar.

inoculazione *(inoculadsióne)* f. inoculación.

inoffensivo *(inoffensívo)* adj. inofensivo.

inoltrare *(inoltráre)* tr. transmitir; enviar.

inoltrarsi *(inoltrársi)* rfl. avanzar, dentrarse; adelantarse.

inoltre *(inóltre)* adv. además.

inondare *(inondáre)* tr. inundar.

inondazione *(inondadsióne)* f. inundación.

inopportunità *(inopportunitá)* f. inoportunidad.

inopportuno *(inopportúno)* adj. inoportuno.

inorridire *(inorridíre)* tr. horrorizar, espantar. itr. horrorizarse.

inossidabile *(inossidábile)* adj. inoxidable.

inquieto *(inkuiéto)* adj. inquieto.

inquietudine *(inkuietúdine)* f. inquietud.

inquilinato *(inkuilináto)* m. inquilinato.

inquilino *(inkuilíno)* m. inquilino.

inquisire *(inkuísire)* tr. inquirir, averiguar.

inquisizione *(inkuisidsióne)* f. investigación; inquisición.

insalare *(insaláre)* tr. salar.

insalata *(insaláta)* f. ensalada.

insaziabile *(insadsiábile)* adj. insaciable.

inscrivere *(inscrívere)* tr. inscribir.

inscrizione *(inscridsióne)* f. inscripción.

insecchire *(insekkíre)* tr. secar. itr. secarse; adelgazar.

insediamento *(insediaménto)* m. instalación.

insediare *(insediáre)* tr. instalar.

insediarsi *(insediársi)* rfl. tomar posesión; instalarse.

insegna *(inséña)* f. insignia; bandera; rótulo (de tienda).

insegnamento *(inseñaménto)* m. enseñanza.

insegnante *(inseñánte)* m. maestro.

insegnare *(inseñáre)* tr. enseñar.

inseguimento *(insegüiménto)* m. persecución.

inseguire *(insegüíre)* tr. perseguir.

insensatezza *(insensattétsa)* f. insensatez.

insensibile *(insensíbile)* adj. insensible.

insensibilità *(insensibilitá)* f. insensibilidad.

inseparabile *(inseparábile)* adj. inseparable.

inserire *(inseríre)* tr. insertar; incluir.

inserzione *(inserdsióne)* f. inserción; anuncio.

insetticida *(insettichída)* adj. y m. insecticida.

insetto *(insétto)* m. insecto.

insidia *(insídia)* f. insidia.

insidiare *(insidiáre)* tr. insidiar, acechar.

insidioso *(insidióso)* adj. insidioso.

insieme *(insiéme)* adv. junto con, en compañía de. m. conjunto, total.

insignificanza *(insiñificándsa)* f. insignificancia.

insinuazione *(insinuadsióne)* f. insinuación.

insistente *(insisténte)* adj. insistente.

insistere *(insístere)* itr. insistir, persistir.

insod(d)isfatto *(insod(d)isfátto)* adj. insatisfecho, descontento.

insolazione *(insoladsióne)* f. insolación.

insolente *(insolénte)* adj. insolente.

insolentire *(insolentíre)* itr. insolentarse.

insolenza *(insoléndsa)* f. insolencia.

insolito *(insólito)* adj. insólito, raro.

insomma *(insómma)* adv. en suma, en conclusión.

insonne *(insónne)* adj. insomne.

insonnia *(insónnia)* f. insomnio, desvelo.

insorgere *(insórdyere)* itr. sublevarse; surgir.

installare *(instal-láre)* tr. instalar.

installarsi *(instal-lársi)* rfl. instalarse.

installazione *(instal-ladsióne)* f. instalación.

instancabile *(instancábile)* adj. incansable.

insù *(insú)* adv. arriba.

insuccesso *(insuchésso)* m. fracaso.

insufficienza *(insuffichiéndsa)* f. insuficiencia.

insulare *(insuláre)* adj. insular, isleño.

insultare *(insultáre)* tr. insultar.

insulto *(insúlto)* m. insulto.

insuperabile *(insuperábile)* adj. insuperable.

insurrezione *(insurredsióne)* f. insurrección.

intanto *(intánto)* adv. entretanto, mientras tanto.

intatto *(intátto)* adj. intacto.

482

intavolare *(intavoláre)* tr. entablar.

intavolato *(intavoláto)* m. entarimado.   [grar.

integrare *(integráre)* tr. integrare

integrazione *(integradsióne)* f. integración.

integrità *(integritá)* f. integridad.

integro *(íntegro)* adj. íntegro.

intelletto *(intel-létto)* m. intelecto, entendimiento, inteligencia.

intellettuale *(intel-lettuále)* adj. m. y f. intelectual.

intelligente *(intel-lidyénte)* adj. inteligente.

intelligenza *(intel-lidyendsa)* f. inteligencia; entendimiento.

intendere *(inténdere)* tr. entender, comprender; interpretar; pretender; oír. itr. querer.

intendimento *(intendiménto)* m. entendimiento; intención. **coll'— di** con la intención de. **con — adrede.**

intensità *(intensitá)* f. intensidad.

intenso *(inténso)* adj. intenso.

intentare *(intentáre)* tr. intentar.

intento *(inténto)* m. intento, intención.

intenzione *(intendsióne)* f. intención.

intercessione *(interchessióne)* f. intercesión.

intercessore *(interchessóre)* m. intercesor.

intercettare *(interchettáre)* tr. interceptar.

interdetto *(interdétto)* adj. prohibido.

interdire *(interdíre)* tr. prohibir.

interdizione *(interdidsióne)* f. interdicción, prohibición.

interessamento *(interessaménto)* m. interés.

interessare *(interessáre)* tr. interesar. itr. importar, interesar.

interessarsi *(interessársi)* rfl. interesarse.

interessato *(interessáto)* adj. y m. interesado.

interesse *(interésse)* m. interés.

interiezione *(interiedsióne)* f. interjección.

interiore *(interiore)* adj. y m. interior.

interiorità *(interioritá)* f. interioridad.

interlocutore *(interlocutóre)* m. interlocutor.

intermediario *(intermediário)* m. intermediario, mediador.

intermedio *(intermédio)* adj. intermedio. m. entreacto.

internare *(internáre)* tr. internar.

internazionale *(internadsionále)* adj. internacional.

interno *(intérno)* adj. interno. m. interior.

intero *(intéro)* adj. y m. entero.

interpretare *(intepretáre)* tr. interpretar.

interprete *(intérprete)* m. intérprete.

interrogare *(interrogáre)* tr. interrogar.

interrogativo *(interrogatívo)* adj. interrogativo. adj. y m. interrogante.

interrogatorio *(interrogatório)* m. interrogatorio.

interrogazione *(interrogadsióne)* f. interrogación.

interrompere *(interrómpere)* tr. interrumpir.

interruttore *(interruttóre)* m. interruptor.

interruzione *(interrudsióne)* f. interrupción.

intersezione *(intersedsióne)* f. intersección.

intervallo *(intervál-lo)* m. intervalo, espacio. **ad intervalli** a ratos.   [tervenir.

intervenire *(interveníre)* itr. intervento *(intervénto)* m. intervención. (med.) operación.   [vista.

intervista *(intervísta)* f. entrevista.

intervistare *(intervistáre)* tr. entrevistar.

intesa *(intésa)* f. acuerdo, inteligencia; convenio, pacto.

intestare *(intestáre)* tr. inscribir; encabezar; intitular.

intestarsi *(intestársi)* rfl. obstinarse.

intestato *(intestáto)* adj. sin testamento. **ab — ab** intestato.

intestatura *(intestatúra)* f. encabezamiento.

intestazione *(intestadsióne)* f. membrete; inscripción.

intimare *(intimáre)* tr. intimar; (jur.) demandar ante los tribunales.

intimazione *(intimadsióne)* f. intimación.

intimidire *(intimidíre)* tr. intimidar.

intimità *(intimitá)* f. intimidad.

intimo *(íntimo)* adj. íntimo.

intitolare *(intitoláre)* tr. intitular; rotular.

intollerabile *(intol-lerábile)* adj. intolerable.

intollerante *(intol-leránte)* adj. intolerante.

intolleranza *(intol-lerándsa)* f. intolerancia.

intonaco *(intónaco)* m. revoque, enlucido.   [afinar.

intonare *(intonáre)* tr. entonar;

intonatura *(intonatúra)* f. entonación; afinación.

intonazione *(intonadsióne)* f. tono, entonación.

intormentire *(intormentíre)* tr. entumecer.

intorniare *(intorniáre)* tr. circundar, rodear.

intorno *(intórno)* prep. y adv. alrededor; acerca de, con respecto a.

intraprendere *(intraprándere)* tr. emprender.

intrapresa *(intraprésa)* f. empresa.

intrattabile *(intrattábile)* adj. intratable.

intrattenere *(intrattenére)* tr. entretener.

intrattenersi *(intrattenérsi)* rfl. entretenerse.

intrecciare *(intretchiáre)* tr. entretejer, entrelazar.

intrecciatura *(intretchiatúra)* f. trenzado.

intreccio *(intrétchio)* m. intriga; embrollo; trenzado.

intridere *(intrídere)* tr. empapar, mojar, desleír; bañar.

intrigante *(intrigánte)* adj. intrigante.

intrigare *(intrigáre)* tr. intrigar.

intrigo *(intrígo)* m. intriga.

introdurre *(introdúrre)* tr. introducir, meter; establecer.

introduzione *(introdudsióne)* f. introducción; (mús.) obertura.

intromettersi *(introméttersi)* rfl. entrometerse.

intrugliare *(intrulliáre)* tr. mezclar; enredar.

intruglio *(intrúllio)* m. mezcla; embrollo.

intrusione *(intrusióne)* f. intrusión.

intruso *(intrúso)* adj. y m. intruso.   [mano.

inumano *(inumáno)* adj. inhumano.

inumidire *(inumidíre)* tr. humedecer, mojar.

inutile *(inútile)* adj. inútil.

invadere *(inváde re)* tr. invadir.

invalidare *(invalidáre)* tr. invalidar, anular.

invalidazione *(invalidadsióne)* f. invalidación.

invalidità *(invaliditá)* f. invalidez.

invalido *(inválido)* adj. y m. inválido.

invano *(inváno)* adv. en vano, en balde.

invariabile *(invariábile)* adj. invariable.

invasione *(invasióne)* f. invasión.

invasore *(invasóre)* m. invasor.

invecchiare *(invekkiáre)* tr. e itr. envejecer.

invece *(invéche)* adv. en vez de, en lugar de.

inventare *(inventáre)* tr. inventar.

inventario *(inventário)* m. inventario.

inventiva *(inventíva)* f. inventiva.

invenzione *(invendsióne)* f. invención.

invernale *(invernále)* adj. invernal.

inverno *(invérno)* m. invierno.

invero *(invéro)* adv. en verdad, de veras.

inverosimile *(inverosímile)* adj. inverosímil.

inversione *(inversióne)* f. inversión.   [hacia.

inverso *(invérso)* adv. y prep.

investigare *(investigáre)* tr. investigar.

investigazione *(investigadsióne)* f. investigación.

investimento *(investiménto)* m. inversión; choque.

investire *(investíre)* tr. investir; invertir; chocar con, embestir.

invetriata *(invetriáta)* f. vidriera.

inviare *(inviáre)* tr. enviar.

inviato *(inviáto)* m. enviado.

invidia *(invídia)* f. envidia.

invidiare *(invidiáre)* tr. envidiar.

invidioso *(invidióso)* adj. envidioso.

invigorire *(invigoríre)* tr. e itr. reanimar; reanimarse; dar o adquirir vigor.

inviluppare *(inviluppare)* tr. envolver; enredar.

inviluppo *(invilúppo)* m. envoltorio, paquete; intriga.

invio *(invío)* m. envío.

invincibile *(invinchíbile)* adj. invencible.

inviolabile *(inviolábile)* adj. inviolable.

inviolabilità *(inviolabilitá)* f. inviolabilidad.

invitare *(invitáre)* tr. invitar.

invitato *(invitáto)* adj. invitado.

invitazione *(invitadsióne)* f. invitación.

invocare *(invocáre)* tr. invocar.

invocazione *(invocadsióne)* f. invocación.

involamento *(involaménto)* m. robo.

involare *(involáre)* tr. robar.

involgere *(inváldyere)* tr. envolver.

involontario *(involontário)* adj. involuntario.

involtare *(involtáre)* tr. envolver.

involto *(invólto)* m. paquete, lío.

invulnerabile *(invulnerábile)* adj. invulnerable.

invulnerabilità *(invulnerabilitá)* f. invulnerabilidad.

inzuccherare *(indsukkeráre)* tr. azucarar.

inzuppare *(indsuppáre)* tr. empapar.

io *(ío)* pron. yo.

iodio *(iódio)* m. yodo.

ipnosi *(ipnósi)* f. hipnosis.

ipnotizzare *(ipnotitsáre)* tr. hipnotizar.

ipocondria *(ipocondría)* f. (med.) hipocondría.

ipocrisia *(ipocrisía)* f. hipocresía.

ipoteca *(ipotéca)* f. hipoteca.

ipotecare *(ipotecáre)* tr. hipotecar.

ipotesi *(ipótesi)* f. hipótesis.

ippico *(íppico)* adj. hípico.

ippodromo *(ippódromo)* m. hipódromo.

ira *(íra)* f. ira, cólera.

iracondo *(iracóndo)* adj. iracundo.

irascibile *(iraschíbile)* adj. irascible.

iride *(íride)* iris; arco iris.

ironia *(ironía)* f. ironía.

ironico *(irónico)* adj. irónico.

irradiare *(irradiáre)* tr. irradiar.

irradiazione *(irradiadsióne)* f. irradiación.

irragionevole *(irradyionévole)* adj. irrazonable.

irreale *(irreále)* adj. irreal.

irregolare *(irregoláre)* adj. irregular.

irregolarità *(irregolaritá)* f. irregularidad.

irrimediabile *(irremediábile)* adj. irremediable.

irremissibile *(irremissíbile)* adj. irremisible.

irreparabile *(irreparábile)* adj. irreparable.

irresistibile *(irresistíbile)* adj. irresistible.

irresoluto *(irresolúto)* adj. irresoluto.

irresponsabile *(irresponsábile)* adj. irresponsable.

irresponsabilità *(irresponsabilitá)* f. irresponsabilidad.

irrevocabile *(irrevocábile)* adj. irrevocable.

irrigare *(irrigáre)* tr. irrigar, regar.

irrigazione *(irrigadsióne)* f. irrigación.

irritare *(irritáre)* tr. irritar.

irritazione *(irritadsióne)* f. irritación; (med.) inflamación.

irruzione *(irrudsióne)* f. irrupción.

irsuto *(irsúto)* adj. hirsuto.

iscrivere *(iscrívere)* tr. inscribir.

iscrizione *(iscridsióne)* f. inscripción.

isola *(ísola)* f. isla.

isolamento *(isolaménto)* m. aislamiento.

isolano *(isoláno)* adj. y m. isleño.

isolare *(isoláre)* tr. aislar.

isolato *(isoláto)* adj. aislado. m. manzana (de casas).

ispettore *(ispettóre)* m. inspector.

ispezionare *(ispedsionáre)* tr. inspeccionar.

ispezione *(ispedsióne)* f. inspección.

ispirare *(ispiráre)* tr. inspirar.

inspirazione *(ispiradsióne)* f. inspiración.

issare *(issáre)* tr. izar.

istantanea *(istantánea)* f. (fot.) instantánea.

istantaneo *(istantáneo)* adj. instantáneo.

istante *(istante)* m. instante.

istanza *(istándsa)* f. instancia.

isterico *(istérico)* adj. histérico.

istintivo *(istintívo)* adj. instintivo.

istinto *(istínto)* m. instinto.

istituire *(istituíre)* tr. instituir, fundar.

istituto *(istitúto)* m. instituto.

istituzione *(istitudsióne)* f. institución.

istmo *(ístmo)* m. istmo.

istruire *(istruíre)* tr. instruir; aconsejar; (jur.) formalizar un proceso.

istruirsi *(istruírsi)* rfl. instruirse; informarse.

istruttore *(istruttóre)* m. instructor.

istruzione *(istrudsióne)* f. instrucción.

italiano *(italiáno)* adj. y m. italiano.

itinerario *(itinerário)* m. itinerario.

ivi *(ívi)* adv. allí, allá.

kepi *(képi)* m. kepis.

kermesse *(kermésse)* f. kermesse.

kilo *(kílo)* m. kilo, kilogramo.

kilogrammo *(kilográmmo)* m. kilogramo.

kilometro *(kilómetro)* m. kilómetro.

la *(la)* art. la.

là *(lá)* adv. allí, allá, **al di —** al otro lado. pron. la.

labbro *(lábbro)* m. labio; (fig.) borde.

laboratorio *(laboratório)* m. laboratorio.

lacca *(lácca)* f. laca.

laccio *(látchio)* m. lazo; red; insidia.

lacciolo *(latchiólo)* m. trampa, red.

lacerare *(lacheráre)* tr. lacerar, desgarrar.

lacerarsi *(lacherársi)* rfl. lacerarse, desgarrarse.

lacrima *(lácrima)* f. lágrima.

lacrimare *(lacrimáre)* itr. llorar.

lacuna *(lacúna)* f. laguna.

laddove *(laddóve)* conj. con tal que. adv. allí donde, el lugar en donde.

ladro *(ladro)* adj. y m. ladrón.

ladrone *(ladróne)* m. salteador, ladrón.

laggiù *(latyiú)* adv. allí (allá) abajo.

lagnanza *(lañándsa)* f. queja.

lagnarsi *(lañársi)* rfl. quejarse.

lagno *(laño)* m. queja.

lago *(lágo)* m. lago.

laguna *(lagúna)* f. laguna.

laico *(láico)* adj. y m. laico, seglar.

laidezza *(laidétsa)* f. suciedad; obscenidad.

laido *(láido)* adj. sucio; obsceno.

lamentare *(lamentáre)* tr. lamentar.

lamentarsi *(lamentársi)* rfl. lamentarse.

lamentazione *(lamentadsióne)* f. lamentación.

lamiera *(lamiéra)* f. chapa; (técn.) plancha.

lamina *(lámina)* f. hoja; plancha, lámina.

laminare *(lamináre)* tr. laminar.   [luz.

lampada *(lámpada)* f. lámpara.

lampadario *(lampadário)* m. araña (de luz).

lampadina *(lampadína)* f. bombilla.

lampeggiare *(lampetyiáre)* itr. relampaguear; relucir.

lampo *(lámpo)* m. relámpago. **treno —** tren exprés. **in un —** en un abrir y cerrar de ojos.

lana *(lána)* f. lana. **— filata** estambre.

lancetta *(lanchetta)* f. (med.) lanceta; manecilla del reloj.

lancia *(lánchia)* f. lanza.

lanciare *(lanchiáre)* tr. lanzar.

lanciarsi *(lanchiársi)* rfl. lanzarse.

lancio *(lánchio)* m. lanzamiento. **di —** de un golpe.

languidezza *(langüidetsa)* f. languidez.

languido *(lángüido)* adj. lánguido, desfallecido.

languire *(langüíre)* itr. languidecer.

lanterna *(lantérna)* f. linterna; fanal, farol.

lapida *(lápida)* f. lápida.

lapidare *(lapidáre)* tr. lapidar.

lapis *(lápis)* m. lápiz. **porta —** lapicero.

lardo *(lárdo)* m. tocino.

larghezza *(larguétsa)* f. anchura; amplitud; (fig.) larqueza.

largire *(lardyíre)* tr. dar con generosidad.

largitore *(lardyitóre)* m. liberal.

largo *(lárgo)* adj. y m. ancho; generoso. itj. ¡largo! **prendere il —** huir.

laringe *(laríndye)* f. (anat.) laringe.

laringite *(larindyíte)* f. (med.) laringitis.

larva *(lárva)* f. larva; fantasma.

larvare *(larváre)* tr. enmascarar.

lasciare *(laschiáre)* tr. dejar; permitir; ceder.

lasciatura *(laschiatúra)* f. olvido.

lascito *(láschito)* m. legado.

lassù *(lassú)* adv. allá arriba.

lastra *(lástra)* f. losa; placa.

lastricare *(lastricáre)* tr. empedrar, adoquinar.

lastricato *(lastricáto)* m. empedrado, adoquinado.

latifondo *(latifóndo)* m. latifundio.

latinizzare *(latinitsáre)* tr. latinizar.

latino *(latíno)* adj. y m. latino. m. latín.

latitudine *(latitúdine)* f. latitud; amplitud.

lato *(lato)* adj. dilatado; ancho. m. lado, cara. **senso —** sentido amplio.

latrare *(latráre)* itr. ladrar.

latrato *(latráto)* m. ladrido.

latrina *(latrína)* f. letrina.

latta *(látta)* f. hojalata; lata.

lattaio *(lattáio)* f. lechero.

lattante *(lattánte)* m. niño de pecho.

latte *(látte)* f. leche.

lattuga *(lattúga)* f. (bot.) lechuga.

laudare *(laudáre)* tr. alabar, elogiar.

laude *(láude)* m. alabanza.

laurea *(láurea)* f. láurea, grado de doctor, doctorado.

laureare *(laureáre)* tr. laurear; graduar.

laurearsi *(laureársi)* rfl. graduarse en una universidad.

lauro *(láuro)* m. (bot.) laurel.

lavabo *(lavábo)* m. lavabo; lavatorio.

lavandaia *(lavandáia)* f. lavandera.

lavandino *(lavandíno)* m. lavadero.

lavare *(laváre)* tr. lavar; limpiar.

lavarsi *(lavársi)* rfl. lavarse.

lavatoio *(lavatóio)* m. lavadero.

lavorante *(lavoránte)* m. trabajador, obrero, artesano.

lavorare *(lavoráre)* tr. e itr. trabajar; labrar.

lavoratore *(lavoratóre)* m .trabajador, obrero.

lavoro *(lavóro)* m. trabajo.

le *(le)* art. y pron. las; le.

leale *(leále)* adj. leal.

lealtà *(lealtá)* f. lealtad.

lebbra *(lébbra)* f. (med.) lepra.

lebbroso *(lebbróso)* adj. leproso.

lecito *(léchito)* adj. lícito.

ledere *(lédere)* tr. agraviar, ofender, dañar.

lega *(léga)* f. liga, alianza; (técn.) aleación; ley (de la moneda).

legale *(legále)* adj. legal. m. abogado, jurista.

legalità *(legalitá)* f. legalidad.

legalizzare *(legalitsáre)* tr. legalizar.

legare *(legáre)* tr. ligar; legar (en testamento); engastar; encuadernar.

legato *(legáto)* m. legado, embajador.

legazione *(legadsióne)* f. legación.

legge *(létye)* f. ley; regla.

leggenda *(letyénda)* f. leyenda; cuento.

leggendario *(letyendário)* adj. legendario.

leggere *(létyere)* tr. leer.

leggerezza *(letyerétsa)* f. ligereza; agilidad; frivolidad.

leggero *(letyéro)* adj. ligero.

leggiadria *(letyiadría)* f. encanto, belleza.

leggibile *(letyíbile)* adj. legible.

leggiero *(letyiéro)* adj. ligero; leve; voluble.

leggio *(letyío)* m. atril.

legislatore *(ledyislatóre)* m. legislador.

legislazione *(ledyisladsióne)* f. legislación.

legittimare *(ledyittimáre)* tr. legitimar.

legittimo *(ledyíttimo)* adj. legítimo.

legna *(léña)* f. leña.

legnaiolo *(leñaiólo)* m. leñador.

legname *(leñáme)* m. madera.

legno *(léño)* m. madera; leño.

legume *(legúme)* m. legumbre.

lei *(léi)* pron. ella; usted. **dare del —** tratar de usted.

lenimento *(leniménto)* m. lenitivo.

lenire *(leníre)* tr. mitigar, suavizar.

lente *(lénte)* f. (bot.) lenteja; (opt.) lente.

lenti *(lénti)* f. pl. lentes.

lentezza *(lentétsa)* f. lentitud.

lenticchia *(lentíkkia)* f. (bot.) lenteja.

lentiggine *(lentítyine)* f. lunar (en la piel).

lento *(lénto)* adj. lento.

lenza *(léndsa)* f. sedal.

lenzuolo *(lendsuólo)* m. sábana.

leone *(leóne)* m. (zool.) león.

lepre *(lépre)* f. (zool.) liebre.

lestezza *(lestétsa)* f. presteza; agilidad.

lesto *(lésto)* adj. rápido, ágil.

letizia *(letídsia)* f. alegría, regocijo.

letiziare *(letidsiáre)* tr. alegrar. itr. alegrarse.

lettera *(léttera)* f. carta; letra.

letterale *(letterále)* adj. literal.   [rario.

letterario *(letterário)* adj. literario.

letterato *(letteráto)* m. literato.

letteratura *(letteratúra)* f. literatura.

lettiera *(lettiéra)* f. somier; cama (para animales).

lettiga *(lettíga)* f. litera, camilla.

letto *(letto)* m. cama, lecho. **andare a —** acostarse; **alzar dal —** levantarse de la cama.

lettore *(lettóre)* m. lector.

lettura *(lettúra)* f. lectura.

leva *(léva)* f. (mec.) palanca; (mil.) leva.

levare *(leváre)* tr. levantar, elevar; sacar, quitar.

levarsi *(levársi)* rfl. levantarse, elevarse; alejarse; salir (el sol).

levata *(leváta)* f. levantamiento; recogida (del correo).

levatrice *(levatríche)* f. comadrona.

lezione *(ledsióne)* f. lección; enseñanza.

li *(li)* art. y pron. los.

lì *(lì)* adv. allí, allá.

libbra *(líbbra)* f. libra.

liberale *(liberále)* adj. liberal.

liberalità *(liberalitá)* f. liberalidad.

484

liberare *(liberáre)* tr. libertar; librar; adjudicar (en subasta).

liberarsi *(liberársi)* rfl. librarse.

liberazione *(liberadsióne)* f. liberación.

libero *(líbero)* adj. libre.

libertà *(libertá)* f. libertad.

libertinaggio *(libertináţyio)* m. libertinaje.   [tino.

libertino *(libertíno)* adj. liber-

libraio *(libráio)* m. librero.

libreria *(librería)* f. librería; biblioteca.

libretto *(librétto)* m. librito; libreto (de ópera); libro de cuentas. — di mandati talonario de cheques.

libro *(líbro)* m. libro.

licenza *(lichéndsa)* f. licencia.

licenziare *(lichendsiáre)* tr. licenciar; despedir.

liceo *(lichéo)* m. liceo; enseñanza media; (mús.) conservatorio.

lido *(lído)* m. playa.

lieto *(liéto)* adj. contento.

lieve *(liéve)* adj. leve.

lievezza *(lievétsa)* f. ligereza.

lievitare *(lievitáre)* tr. fermentar.

lievitazione *(lievitadsióne)* f. fermentación.

lievito *(liévito)* m. fermento, levadura.

lignite *(liñíte)* f. lignito.

lima *(líma)* f. lima.

limare *(limáre)* tr. limar.

limitare *(limitáre)* tr. limitar.

limitarsi *(limitársi)* rfl. limitarse.

limitazione *(limitadsióne)* f. limitación.

limite *(límite)* m. límite.

limonata *(limonáta)* f. limonada.

limone *(limóne)* m. (bot.) limón.

limosina *(limósina)* f. limosna.

limosinare *(limosináre)* tr. e itr. mendigar.

limpidezza *(limpidétsa)* f. limpidez, claridad.

limpido *(límpido)* adj. límpido.

linea *(línea)* f. línea; raya.

lineamenti *(lineaménti)* m. pl. rasgos (del rostro).

lineare *(lineáre)* tr. alinear; linear, rayar. adj. lineal.

linfa *(linfa)* f. (anat.) linfa.

linfatico *(linfático)* adj. linfático.

lingua *(língua)* f. (anat.) lengua; idioma, lengua.

linguaggio *(linguáţyio)* m. lenguaje.

linguista *(lingüísta)* m. lingüista.

linguistica *(lingüística)* f. lingüística.

lino *(líno)* m. (bot.) lino; lienzo (tela). seme di — linaza.

liquidare *(likuidáre)* tr. liquidar.

liquidazione *(likuidadsióne)* f. liquidación.

liquido *(líkuido)* adj. y m. líquido.

liquore *(likuóre)* m. licor.

lira *(líra)* f. lira (moneda); lira (instrumento).

lirica *(lírica)* f. lírica.

lirico *(lírico)* adj. lírico.

lisciare *(lischiáre)* tr. alisar; pulir; peinar (el cabello); afeitar.

liscio *(líschio)* adj. liso, terso (sin vello). m. afeite.

lisciva *(lischíva)* f. lejía.

lite *(líte)* f. litigio; lid; disputa.

litigare *(litigáre)* itr. litigar, pleitear.

litigio *(litíţyio)* m. litigio, pleito.

litografia *(litografía)* f. litografía.

litografo *(litógrafo)* m. litógrafo.

litorale *(litorále)* adj. y m. litoral.

litro *(lítro)* m. litro.

liuto *(liúto)* m. laúd.

livellare *(livel-láre)* tr. nivelar.

livello *(livél-lo)* m. nivel.

lo *(lo)* art. el, lo. pron. lo, le.

lobo *(lóbo)* m. (anat.) lóbulo.

locale *(locále)* adj. y m. local.

località *(localitá)* f. localidad.

localizzare *(localitsáre)* tr. localizar.

locanda *(locánda)* f. posada, albergue.

locandiere *(locandiére)* m. posadero, mesonero.

locare *(locáre)* tr. alquilar.

locatario *(locatário)* m. inquilino.

locazione *(locadsióne)* f. locación, arrendamiento; situación.

locomotiva *(locomotíva)* f. locomotora. adj. locomotriz.

locomozione *(locomodsióne)* f. locomoción.

locusta *(locústa)* f. langosta.

lodare *(lodáre)* tr. alabar.

lode *(lóde)* f. alabanza.

lodola *(lódola)* f. (orn.) alondra.

loggia *(lóţyia)* f. logia, balcón; palco de teatro.

loggiato *(loţyiáto)* m. galería; pórtico.

loggione *(loţyióne)* m. (teat.) paraíso; (fam.) gallinero.

logica *(lóţyica)* f. lógica.

logico *(lóţyico)* adj. lógico.

logorare *(logoráre)* tr. usar, gastar, ajar.

logorarsi *(logorársi)* rfl. consumirse, ajarse, gastarse.

lombrico *(lombríco)* m. lombriz.

lontananza *(lontanándsa)* f. lejanía. in— a lo lejos.

lontanare *(lontanáre)* tr. alejar.

lontano *(lontáno)* adj. y adv. lejos, lejano. di — de lejos.

loquace *(lokuáche)* adj. locuaz.

loquacità *(lokuachitá)* f. locuacidad.

lordare *(lordáre)* tr. ensuciar.

lordo *(lórdo)* adj. sucio. peso — peso bruto.

lordume *(lordúme)* m. basura.

lordura *(lordúra)* f. suciedad, basura.

loro *(lóro)* pron. ellos, ellas. adj. su, sus. pron. suyos, suyas.

lotta *(lótta)* f. lucha.

lottare *(lottáre)* itr. luchar.

lotteria *(lottería)* f. lotería.

lozione *(lodsióne)* f. loción.

lubrificante *(lubrificánte)* adj. y m. lubricante, lubrificante.

lubrificare *(lubrificáre)* tr. lubricar, lubrificar.

luccicamento *(lutchicaménto)* m. brillo.   llar.

luccicare *(lutchicáre)* itr. bri-

lucciola *(lutchióla)* f. luciérnaga.

luce *(lúche)* f. luz.

lucere *(lúchere)* itr. lucir, brillar.

lucerna *(lucherna)* f. candil, linterna.

lucertola *(luchértola)* f. (zool.) lagarto; lagartija.

lucidare *(luchidáre)* tr. pulimentar, lustrar, bruñir; calcar.

lucidezza *(luchidétsa)* f. brillo; lucidez, claridad.

lucido *(lúchido)* adj. lúcido; lustroso, brillante. m. brillo.

lucrare *(lucráre)* tr. ganar, sacar provecho.

lucrativo *(lucratívo)* adj. lucrativo.

lucro *(lúcro)* m. lucro.

luglio *(lúllio)* m. julio.

lui *(lui)* pron. él, le, su.

lumaca *(lumáca)* f. caracol; babosa.

lume *(lúme)* m. luz; lámpara; (fig.) vista.

lumiera *(lumiéra)* f. araña (de luz).

luna *(lúna)* f. luna.

lunare *(lunáre)* adj. lunar.

lunedì *(lunedí)* m. lunes.

lunghezza *(lunguétsa)* f. largura, longitud.

lungo *(lúngo)* adj. largo.

luogo *(luógo)* m. lugar, sitio; ocasión. — comodo excusado, retrete. far — hacer sitio, apartarse.

luogotenente *(luogotenénte)* m. lugarteniente.

lupo *(lúpo)* m. (zool.) lobo.

lusinga *(lusínga)* f. halago, mimo.

lusingare *(lusingáre)* tr. halagar.

lusingarsi *(lusingársi)* rfl. ilusionarse; esperar.

lusinghevole *(lusinguévole)* adj. lisonjero.

lussare *(lussáre)* tr. luxar.

lussazione *(lussadsióne)* f. luxación, dislocación.

lusso *(lússo)* m. lujo.

lussuria *(lussúria)* f. lujuria.

lustrare *(lustráre)* tr. lustrar, abrillantar, dar cera o betún al calzado. itr. relucir.

lustrascarpe *(lustrascarpe)* m. limpiabotas.

lustro *(lústro)* m. brillo; gloria, lustre; lustro.

luto *(lúto)* m. lodo, barro.

lutto *(lútto)* m. luto.

macellazione *(machel-ladsióne)* f. matanza.

macello *(machél-lo)* m. matadero; matanza (de hombres).

macerare *(macheráre)* tr. macerar; mortificar.

macerie *(macherie)* f. pl. escombros.

macina *(máchina)* f. muela.

macinare *(machináre)* tr. moler.

macinino *(machiníno)* m. molinillo (de café, etc.).

madonna *(madónna)* f. (Santísima) Virgen.

madre *(mádre)* f. madre.

madrigale *(madrigále)* m. madrigal.

madrigna *(madríña)* f. madrastra.

madrina *(madrína)* f. madrina.

maestà *(maestá)* f. majestad.

maestro *(maéstro)* adj. y m. maestro.

magari *(magári)* itj. ¡ojalá!.

magazzino *(magatsíno)* m. almacén, depósito. grande — almacenes, bazar.

maggio *(mátyio)* m. mayo.

maggiolata *(matyioláta)* f. canción (fiesta) de mayo.

maggiolino *(matyiolíno)* m. abejorro.

maggioranza *(matyiorándsa)* f. mayoría.

maggiore *(matyióre)* adj. y m. (mil.) mayor.

maggiorenne *(matyiorénne)* adj. mayor de edad.

maggioritario *(matyoritario)* adj. mayoritario.

magia *(madyía)* f. magia.

magico *(mádyico)* adj. mágico.

magisterio *(madyistério)* m. magisterio; maestría.

magistrato *(madyistráto)* m. magistrado.

maglia *(mállia)* f. malla; punto; jersey.

maglieria *(mallieria)* f. géneros de punto; fábrica o tienda de géneros de punto.

magnete *(mañéte)* m. imán.

magnetico *(mañético)* adj. magnético.

magnificenza *(mañifichéndsa)* f. magnificencia, esplendor.

magnifico *(mañífico)* adj. magnífico.

mago *(mágo)* m. hechicero, mago. i tre re magi los tres Reyes Magos.   [dez.

magrezza *(magrétsa)* f. delga-

magro *(mágro)* adj. delgado. giorno di — día de abstinencia.

mai *(mái)* adv. nunca, jamás. — più nunca más. se — todo caso.

maiale *(maiále)* m. (zool.) cerdo, cochino.

maiuscola *(maiúscola)* f. mayúscula.

malafede *(malaféde)* f. mala intención, mala fe.

malagevole *(maladyévole)* adj. difícil.

malagevolezza *(maladyevolétsa)* f. dificultad.

malanno *(malánno)* m. desgracia; enfermedad.

malapena *(malapéna)* a — adv. a duras penas.

malaticcio *(malatíchio)* adj. enfermizo, achacoso.

malato *(maláto)* adj. y m. enfermo.

malattia *(malattía)* f. enfermedad.

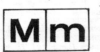

Mm

ma *(ma)* conj. pero, mas.

maccheroni *(makkeróni)* m. pl. macarrones.

macchia *(mákkia)* f. mancha; culpa; matorral. alla — a escondidas.

macchiare *(makkiáre)* tr. manchar.

macchina *(mákkina)* f. máquina.

macchinare *(makkináre)* tr. maquinar, tramar.

macchinista *(makkinísta)* m. maquinista, mecánico.

macellaio *(machel-láio)* m. matarife, carnicero.

macellare *(machel-láre)* tr. matar; descuartizar reses.

macellaro *(machel-láro)* m. carnicero.

malaugurio (*malaugúrio*) m. mal agüero.

malavoglia (*malavóllia*) f. mala gana, mala voluntad.

malcontento (*malconténto*) adj. insatisfecho. m. descontento, disgusto.

malcostumato (*malcostumáto*) adj. malacostumbrado.

malcreato (*malcreáto*) adj. malcriado, mal educado.

maldestro (*maldéstro*) adj. inexperto; desmañado.

maldicente (*maldichénte*) adj. y m. f. maldiciente.

male (*mále*) adv. mal. m. mal; enfermedad. — **di mare** mareo.

maledetto (*maledétto*) adj. maldito.

maledire (*maledíre*) tr. maldecir.

malefizio (*malefídsio*) m. maleficio.

malescio (*maléschio*) adj. enfermizo.

malessere (*maléssere*) m. malestar.

malevolo (*malévolo*) adj. malévolo.

malfare (*malfáre*) itr. obrar mal.

malfattore (*malfattóre*) m. malhechor.

malfermo (*malférmo*) adj. débil, flojo.

malfido (*malfido*) adj. desleal.

malgrado (*malgrádo*) adv. y conj. a pesar de, pese a.

maligno (*malíño*) adj. maligno.

malinconia (*malinconía*) f. melancolía.

malinconico (*malincónico*) adj. melancólico.

malinteso (*malintéso*) adj. mal entendido, equivocado. m. malentendido, equivocación.

malizia (*malídsia*) f. malicia.

malizioso (*malidsióso*) adj. malicioso.

malleolo (*mal-léolo*) m. (anat.) tobillo, maléolo.

malo (*málo*) adj. malo.

malocchio (*malókkio*) m. mal de ojo.

malore (*malóre*) m. dolencia.

malto (*málto*) m. malta.

maltrattare (*maltrattáre*) tr. maltratar.

malumore (*malumóre*) m. malhumor.

malva (*málva*) f. (bot.) malva. — **selvatica** malvavisco.

malversare (*malversáre*) tr. malversar.

malversazione (*malversadsióne*) f. malversación.

malvolentieri (*malvolentiéri*) adv. de mala gana.

malvolere (*malvolére*) tr. aborrecer, detestar. m. odio.

mamma (*mámma*) f. madre; mama, teta.

mammamia (*mammamía*) m. ingénuo, tímido. itj. ¡madre mía!

mammella (*mammél-la*) f. mama, teta; mamila.

mammolo (*mámmolo*) m. nene, criatura.

manata (*manáta*) f. manada, manojo; manotazo.

manca (*mánca*) f. mano izquierda. [rencia.

mancanza (*mancandsa*) f. carencia.

mancare (*mancáre*) itr. faltar; carecer; fallecer.

manchevole (*mankévole*) adj. defectuoso.

manchevolezza (*mankevolétsa*) f. privación; imperfección.

mancia (*mánchia*) f. propina.

manciata (*manchiáta*) f. manada, puñado.

mancina (*manchína*) f. grúa; mano izquierda. **a** — **a la** izquierda.

mancino (*manchíno*) adj. y m. zurdo; siniestro.

manco (*mánco*) adj. izquierdo, adv. menos; ni siquiera.

mandamento (*mandaménto*) m. mandamiento, orden; distrito.

mandare (*mandáre*) tr. mandar; emitir; expedir. — **via** echar a la calle. — **in pezzi** hacer pedazos.

mandarino (*mandaríno*) m. mandarín; mandarina.

mandato (*mandáto*) m. mandato, comisión; orden.

mandolino (*mandolíno*) m. mandolina, bandolín.

mandorla (*mandórla*) f. (bot.) almendra.

maneggevole (*manetyévole*) adj. manejable.

maneggiamento (*manetyiaménto*) m. manejo.

maneggiare (*manetyiáre*) tr. manejar; gobernar; manipular.

maneggio (*manétyio*) m. manejo; administración; maniobra.

manesco (*manésco*) adj. manual. [sas.

manette (*manétte*) f. pl. esposa.

manganare (*manganáre*) tr. calandrar, satinar.

mangano (*mángano*) m. calandria; ballesta.

mangereccio (*mandyerétchio*) adj. comestible.

mangiabile (*mandyiábile*) adj. comestible.

mangiare (*mandyiáre*) tr. comer.

mangiatoia (*mandyiatóia*) f. pesebre.

mangime (*mandyíme*) m. comida, pienso (de los animales domésticos).

manica (*mánica*) f. manga.

manico (*mánico*) m. mango, empuñadura.

manicomio (*manicómio*) m. manicomio.

manicotto (*manicótto*) m. manguito.

maniera (*maniéra*) f. manera.

manierare (*manieráre*) tr. amanerar.

manieroso (*manieróso*) adj. cortés.

manifattura (*manifattúra*) f. manufactura, fabricación.

manifatture (*manifattúre*) f. pl. productos manufacturados.

manifestante (*manifestánte*) m. y f. manifestante.

manifestare (*manifestáre*) tr. manifestar.

manifestarsi (*manifestarsi*) rfl. manifestarse; declararse (una epidemia, un incendio).

manifestazione (*manifestadsióne*) f. manifestación.

manifesto (*manifésto*) adj. evidente. m. manifiesto.

maniglia (*maníllia*) f. manilla, manija; tirador (de muebles).

manipolare (*manipoláre*) tr. manipular.

manipolazione (*manipoladsióne*) f. manipulación.

manipolo (*manípolo*) m. manípulo; haz de espigas.

mano (*máno*) f. mano; costado; mano (de pintura); ayuda.

manodopera (*manodópera*) f. mano de obra.

manopola (*manópola*) f. manopla.

manoscritto (*manoscrítto*) adj. y m. manuscrito.

manovella (*manovél-la*) f. manivela.

manovra (*manóvra*) f. maniobra; (naut.) jarcia.

manovrare (*manovráre*) tr. maniobrar.

manritta (*manrítta*) f. mano derecha.

manritto (*manrítto*) adj. y m. derecho; diestro.

mansuefare (*mansuefáre*) tr. amansar, apaciguar.

mansueto (*mansuéto*) adj. manso.

mansuetudine (*mansuetúdine*) f. mansedumbre.

mantellina (*mantel-lína*) f. manteleta; capa corta.

mantello (*mantel-lo*) m. capa, manto; abrigo; piel (de los animales).

mantenere (*mantenére*) tr. mantener.

mantenimento (*mantenimánto*) m. mantenimiento; manutención, sustento.

mantenuta (*mantenúta*) f. concubina.

mantice (*mántiche*) m. fuelle.

mantiglia (*mantíllia*) f. mantilla; manteleta.

mantile (*mantíle*) m. servilleta; mantel.

manto (*mánto*) m. manto; pretexto.

manuale (*manuále*) adj. manual.

manubrio (*manúbrio*) m. manubrio.

manzo (*mándso*) m. (zool.) novillo, becerro.

mappa (*máppa*) f. mapa.

maraviglia (*maravíllia*) f. maravilla.

maravigliare (*maravilliáre*) tr. maravillar.

maraviglioso (*maravillióso*) adj. maravilloso.

marca (*márca*) f. marca, señal; marchamo; comarca.

marcare (*marcáre*) tr. marcar; marchamar.

marcatore (*marcatóre*) m. marcador.

marchesa (*markésa*) f. marquesa.

marchese (*markése*) m. marqués. [car.

marchiare (*markiáre*) tr. marchar.

marchio (*márkio*) m. marca.

marcia (*márchia*) f. marcha; (med.) pus.

marciapiede (*marchiapiéde*) m. acera; andén.

marciare (*marchiáre*) itr. marchar, andar, irse.

marcio (*márchio*) adj. podrido, pasado (fruta); (med.) purulento. m. podredumbre, corrupción.

mare (*máre*) m. mar.

marea (*maréa*) f. marea.

mareggiare (*maretyiáre*) itr. navegar; haber marejada.

mareggiata (*maretyiáta*) f. marejada.

mareggio (*marétyio*) m. mar agitado.

maremma (*marémma*) f. marisma; pantano.

maremmano (*maremmáno*) adj. de la marisma.

maremoto (*maremóto*) m. maremoto.

maresciallo (*mareschiál-lo*) m. mariscal.

margine (*márdyine*) m. margen; orilla.

marina (*marína*) f. mar; marina.

marinaio (*marináio*) m. marinero, marino.

marinaro (*marínáro*) adj. y m. marinero.

marino (*maríno*) adj. marino.

marioleria (*mariolería*) f. pillería, trampa.

mariolo (*mariólo*) m. bribón, pillo.

marionetta (*marionétta*) f. muñeco, títere, marioneta.

maritaggio (*maritátyio*) m. casamiento, matrimonio.

maritale (*maritále*) adj. marital; conyugal.

maritare (*maritáre*) tr. e itr. casar, casarse; unir.

marito (*maríto*) m. marido, esposo. **andare a** — maridarse (una mujer).

marittimo (*maríttimo*) adj. marítimo.

marmaglia (*marmállia*) f. gentuza, canalla.

marmellata (*marmel-láta*) f. mermelada.

marmista (*marmísta*) m. marmolista.

marmitta (*marmítta*) f. marmita; olla.

marmo (*mármo*) m. mármol; lápida.

marmocchio (*marmókkio*) m. niño.

marmorizzare (*marmoritsáre*) tr. jaspear.

marrone (*marróne*) adj. marrón. m. castaña; (fig.) coladura, equivocación.

martedí (*martedí*) m. martes.

martellare (*martel-láre*) tr. martillar; atormentar. itr. palpitar.

martellata (*martel-láta*) f. martillazo.

martellatura (*martel-latúra*) f. martilleo.

martello (*martél-lo*) m. martillo. **suonare a** — tocar a rebato.

martire (*mártire*) adj. y m. mártir.

martirio (*martírio*) m. martirio, tormento.

martirizzare (*martiritsáre*) tr. martirizar.

martirologio (*martirolódyio*) m. martirologio.

martora (*mártora*) f. (zool.) marta (animal y piel).

marzapane (*mardsapáne*) m. mazapán.

marziale (*mardsiále*) adj. marcial.

marzo (*márdso*) m. marzo.

mascalzone (*mascaldsóne*) adj. bellaco.

mascella (*maschél-la*) f. (anat.) mandíbula.

mascellare (*maschel-láre*) adj. y m. maxilar.

maschera (*máskera*) f. máscara; careta, antifaz.

mascheramento (*maskeraménto*) m. enmascaramiento.

mascherare (*maskeráre*) tr. enmascarar, ocultar.

maschile (*maskíle*) adj. masculino. [macho.

maschio (*máskio*) m. varón.

massa (*mássa*) f. masa; montón; conjunto, **far** — acumular.

massacrare *(massacráre)* tr. asesinar.

massacro *(massácro)* m. matanza, carnicería.

massaggio *(massátyio)* m. masaje.

massaia *(massáia)* f. casera, ama de llaves.

massaio *(massáio)* m. mayordomo; guardián.

massima *(mássima)* f. máxima. in — en general.

massimo *(mássimo)* adj. máximo, sumo. m. el máximo. al — todo lo más

masso *(másso)* m. peñasco; bloque.

masticare *(masticáre)* tr. masticar, mascar.

matematica *(matemática)* f. matemáticas.

materasso *(materásso)* m. colchón.

materia *(matéria)* f. materia; argumento, tema.

materializzare *(materialitsáre)* tr. materializar.

maternale *(maternále)* adj. maternal.

maternità *(maternitá)* f. maternidad; clínica de maternidad.

materno *(matérno)* adj. materno.

matita *(matíta)* f. lápiz.

matitatoio *(matitatóio)* m. lapicero.

matrice *(matríce)* f. matriz; molde. libro a — libro talonario.

matricola *(matrícola)* f. matrícula.

matricolare *(matricoláre)* tr. matricular.

matrigna *(matríña)* f. madrastra.

matrimonio *(matrimónio)* m. matrimonio.

matrona *(matróna)* f. matrona.

mattatoio *(mattatóio)* m. matadero.

mattina *(mattína)* f. mañana (la).

mattinata *(mattináta)* f. mañana; alborada; función diurna.

mattino *(mattíno)* m. la mañana.

matto *(mátto)* adj. y m. loco; mate (en el ajedrez).

mattone *(mattóne)* m. ladrillo.

maturare *(maturáre)* tr. madurar, reflexionar; itr. madurar.

maturazione *(maturadsióne)* f. maduración, madurez.

maturità *(maturitá)* f. madurez; edad del juicio.

maturo *(matúro)* adj. maduro.

mazza *(mátsa)* f. maza, mazo, clava; bastón.

mazzo *(mátso)* m. manojo; baraja.

mazzolino *(matsolíno)* m. ramillete.

me *(me)* pron. me, mi.

meccanica *(meccánica)* f. mecánica.

meccanico *(meccánico)* adj. y m. mecánico.

meco *(méco)* pron. conmigo.

medaglia *(medállia)* f. medalla.

medesimo *(medésimo)* adj. mismo, igual. pron. el mismo, m. lo mismo.

media *(média)* f. mediana, mitad; término medio.

mediano *(mediáno)* adj. mediano.

mediante *(mediánte)* prep. mediante.

mediatore *(mediatóre)* m. mediador.

mediazione *(mediadsióne)* f. mediación; (com.) corretaje.

medicamento *(medicaménto)* m. medicamento.

medicare *(medicáre)* tr. medicar, remediar.

medicastro *(medicástro)* m. medicastro.

medicazione *(nedicadsióne)* f. medicación.

medichessa *(medikéssa)* f. doctora.

medicina *(medichína)* f. medicina.

medicinale *(medichinále)* adj. medicinal.

medico *(médico)* m. médico, facultativo, doctor. — curante médico de cabecera.

medietà *(medietá)* f. medianía.

medio *(médio)* adj. medio.

mediocrità *(mediocritá)* f. mediocridad.

medioevale *(medioevále)* adj. medioeval.

medioevo *(medioévo)* m. medioevo.

meditare *(meditáre)* tr. meditar.

meditazione *(meditadsióne)* f. meditación.

mediterraneo *(mediterráneo)* adj. mediterráneo. m. el Mediterráneo.

meglio *(méllio)* adv. y adj. mejor. m. lo mejor.

mela *(méla)* f. (bot.) manzana. — cotogna (bot.) membrillo.

melagrana *(melagrána)* f. (bot.) granada.

melanconia *(melanconía)* f. melancolía.

melanconico *(melancónico)* adj. melancólico.

melanzana *(melandsána)* f. (bot.) berenjena.

melarancia *(melaránchia)* f. (bot.) naranja.

melario *(melário)* m. colmena.

mele *(méle)* m. miel.

melenso *(melénso)* adj. desabrido.

mellone *(mel·lóne)* m. (bot.) melón.

melma *(mélma)* f. barro, légamo.

melo *(mélo)* m. (bot.) manzano.

melodia *(melodía)* f. melodía.

melodico *(melódico)* adj. melódico.

melodramma *(melodrámma)* m. melodrama.

membro *(mémbro)* m. miembro.

memorabile *(memorábile)* adj. memorable.

memoria *(memória)* f. memoria.

menda *(ménda)* f. defecto, mancha.

mendace *(mendáche)* adj. mentiroso. [tira.

mendacio *(mendáchio)* m. mendare *(mendáre)* tr. enmendar, subsanar.

mendicante *(mendicánte)* adj. y m. mendicante. m. mendigo.

mendicare *(mendicáre)* tr. mendigar.

mendico *(mendíco)* adj. y m. mendigo.

meningite *(menindyíte)* f. (med.) meningitis.

meno *(méno)* adv. menos. adj. y m. menos, menor.

menomare *(menomáre)* tr. disminuir. itr. menguar.

menomazione *(menomadsióne)* f. mengua, disminución.

mensile *(mensíle)* adj. mensual. m. y f. sueldo.

menstruazione *(menstruadsióne)* f. menstruación.

menstruo *(ménstruo)* m. menstruo.

mensuale *(mensuále)* adj. mensual.

mentale *(mentále)* adj. mental.

mentalmente *(mentalménte)* adv. mentalmente.

mente *(ménte)* f. mente. avere in — tener intención.

mentire *(mentíre)* itr. mentir.

mentito *(mentíto)* adj. mentiroso, falso.

mento *(ménto)* m. barbilla, mentón.

mentre *(méntre)* adv. mientras. in quel — entretanto.

menzionare *(mendsionáre)* tr. mencionar.

menzione *(mendsióne)* f. mención. [tira.

menzogna *(mendsóña)* f. menzognero *(mendsoñéro)* m. mentiroso.

meraviglia *(meravíllia)* f. maravilla.

meravigliare *(meravilliáre)* tr. maravillar.

meraviglioso *(meravillióso)* adj. maravilloso.

mercante *(mercánte)* m. mercader, comerciante. marina — marina mercante.

mercanzia *(mercandsía)* f. mercancía.

mercatale *(mercatále)* adj. de mercado.

mercato *(mercáto)* m. mercado; tráfico. a buon — barato.

mercatura *(mercatúra)* f. tráfico, comercio.

merce *(mérche)* f. mercancía, género.

mercé *(merché)* f. merced, gracia; premio. la dio — gracias a Dios. chiedere — pedir gracia.

mercede *(merchéde)* f. salario.

merceria *(merchería)* f. mercería.

mercoledì *(mercoledí)* m. miércoles.

mercurio *(mercúrio)* m. mercurio, azogue; Mercurio (dios y planeta).

merda *(mérda)* f. mierda, excremento.

merdaio *(merdáio)* m. estercolero.

merenda *(merénda)* f. merienda.

merendare *(merendáre)* itr. merendar.

meridiana *(meridiána)* f. reloj de sol.

meridiano *(meridiáno)* adj. del mediodía. m. meridiano.

meriggiare *(merityiáre)* itr. sestear.

meriggio *(merítyio)* m. mediodía. [cer.

meritare *(meritáre)* tr. meremeritevole *(meritévole)* adj. merecedor.

merito *(mérito)* m. mérito; valor (de cosas o acciones). parlare in — hablar a sabiendas.

merlettare *(merlettáre)* tr. adornar con encajes.

merletto *(merlétto)* m. encaje.

merlo *(mérlo)* m. (orn.) mirlo; almena; bobo.

merluzzo *(merlútso)* m. (ict.) bacalao, abadejo; merluza.

mero *(méro)* adj. mero, puro.

mescere *(méscere)* tr. mezclar; verter.

meschinità *(meskinitá)* f. mezquindad.

meschino *(meskíno)* adj. mezquino.

meschita *(meskíta)* f. mezquita.

mescolanza *(mescolándsa)* f. mezcla.

mescolare *(mescoláre)* tr. mezclar.

mescolarsi *(mescolársi)* rfl. mezclarse en; fundirse.

mescolatura *(mescolatúra)* f. mezcla.

mese *(mése)* m. mes.

messa *(méssa)* f. (rel.) misa; puesta. — bassa misa rezada. — cantata misa mayor. servire — ayudar a misa. — in scena escenificación. — in moto puesta en marcha (motor).

messaggero *(messatyéro)* m. mensajero.

messaggio *(messátyio)* m. mensaje.

messale *(messále)* m. misal.

messe *(mésse)* f. mies.

mestiere *(mestiére)* m. oficio, profesión. [za.

mestizia *(mestídsia)* f. tristemesto *(mésto)* adj. triste.

mestola *(méstola)* f. cazo, cucharón.

meta *(méta)* f. meta.

metà *(metá)* f. mitad.

metallico *(metál·lico)* adj. metálico.

metallo *(metál·lo)* m. metal.

meteorologico *(meteorolódyico)* adj. meteorológico.

meteorologo *(meteorólogo)* m. meteorólogo.

meticolosità *(meticolositá)* f. meticulosidad.

meticoloso *(meticolóso)* adj. meticuloso. [tódico.

metodico *(metódico)* adj. metodismo *(metodísmo)* m. metodismo.

metodo *(método)* m. método.

metrica *(métrica)* f. metrica.

metrico *(métrico)* adj. métrico.

metro *(métro)* m. metro.

metropoli *(metrópoli)* f. metrópoli.

metropolitana *(metropolitána)* f. ferrocarril urbano o metropolitano.

metropolitano *(metropolitáno)* adj. y m. metropolitano.

mettere *(méttere)* tr. poner, incluir.

mezzaluna *(metsalúna)* f. media luna.

mezzanino *(metsaníno)* m. entresuelo.

mezzanotte *(metsanótte)* f. media noche.

mezzo *(métso)* adj. medio; semi. m. mitad, centro; recurso, medio.

mezzobusto *(metsobústo)* m. busto. [día.

mezzodì *(metsodí)* m. mediomi *(mi)* pron. me, a mí.

mia *(mía)* adj. mi. pron. mía, la mía.

mica *(míca)* adv. no, nada, de ningún modo. f. miaja, migaja; mica. non ne ho — no tengo ni pizca.

miccia *(mítchia)* f. mecha.

microbo *(microbo)* m. microbio.

microfono *(micrófono)* m. micrófono.

microscopio *(microscópio)* m. microscopio.

midolla *(midól-la)* f. miga.

midollare *(midol-láre)* adj. medular.

midollo *(midól-lo)* m. médula; meollo.

miei *(miéi)* adj. mis. pron. míos, los míos.

miele *(miéle)* m. miel.

mietere *(miétere)* tr. segar.

mietitore *(mietitóre)* m. segador.

mietitura *(mietitúra)* f. siega.

migliaio *(milliáio)* m. millar; milla (medida).

migliare *(milliáre)* adj. miliar.

miglio *(míllio)* m. milla; (bot.) mijo.

migliorare *(millioráre)* tr. mejorar. itr. restablecerse.

migliore *(millióre)* adj. y m. mejor.

mignolo *(míñolo)* m. dedo meñique.

milionario *(milionário)* adj. millonario.

milione *(milióne)* m. millón.

militare *(militáre)* itr. militar, luchar. adj. militar. m. militar (soldado).

milite *(mílite)* m. soldado, militar.

milizia *(milídsia)* f. milicia, ejército.

mille *(míl-le)* adj. y m. mil.

millimetro *(mil-límetro)* m. milímetro.

milza *(míldsa)* f. (anat.) bazo.

minaccia *(minátchia)* f. amenaza.

minacciare *(minatchiáre)* tr. amenazar.

minare *(mináre)* tr. minar.

minatore *(minatóre)* m. minero.

minchionare *(minkionáre)* tr. burlarse, tomar el pelo.

minchione *(minkióne)* m. tonto.

minerale *(minerále)* adj. y m. mineral.

minestra *(minéstra)* f. sopa, menestra.

minestrone *(minestróne)* m. potaje.

miniatura *(miniatúra)* f. miniatura.

miniera *(miniéra)* f. mina.

ministero *(ministéro)* m. ministerio.   [tro.

ministro *(minístro)* m. minis-

minoranza *(minorándsa)* f. minoría.

minore *(minóre)* adj. y m. menor.

minorenne *(minorénne)* adj. m. y f. menor de edad.

minuscolo *(minúscolo)* adj. minúsculo.

minuto *(minúto)* adj. menudo; preciso. m. minuto; minucia. **al — al** por menor.

minuzia *(minúdsia)* f. minucia.

minuzie *(minúdsie)* f. pl. baratijas.

minuzioso *(minudsióso)* adj. minucioso.

mio *(mío)* adj. mi, pron. mío, el mío.

miope *(míope)* adj. y m. miope, corto de vista.

miopia *(miopía)* f. miopía.

mira *(míra)* f. mira, punto de vista; intención, objeto. **prendere la — apuntar.**

miracolo *(mirácolo)* m. milagro.

miraggio *(mirátyio)* m. espejismo.

mirallegro *(miral-légro)* m. felicitación.

mirare *(miráre)* tr. mirar, considerar.

mirino *(miríno)* m. enfocador.

misantropia *(misantropía)* f. misantropía.

misantropo *(misántropo)* m. misántropo.

miscela *(mischéla)* f. mezcla.

mischia *(mískia)* f. confusión; pelea.

mischiare *(miskiáre)* tr. mezclar.

mischiarsi *(miskiársi)* rfl. mezclarse.

mischio *(mískio)* adj. mezclado. m. mezcla; confusión.

miscredente *(miscredénte)* adj. m. y f. incrédulo; infiel.

miscredenza *(miscredéndsa)* f. incredulidad.

miserabile *(miserábile)* adj. miserable.

miserevole *(miserévole)* adj. miserable, triste.

miseria *(miséria)* f. miseria, mezquindad.

misericordia *(misericórdia)* f. misericordia.

misericordioso *(misericordióso)* adj. misericordioso.

misero *(mísero)* adj. mísero, miserable.

missile *(missíle)* m. proyectil.

missione *(missióne)* f. misión.

missiva *(missíva)* f. misiva.

misterioso *(misterióso)* adj. misterioso.

mistero *(mistéro)* m. misterio.

misticità *(mistichitá)* f. misticismo.   [tico.

mistico *(místico)* adj. y m. mís-

mistificare *(mistificáre)* tr. burlar, enredar.

mistificazione *(mistificadsióne)* f. burla, embrollo.

misto *(místo)* adj. mixto, mezclado. m. mezcla.

mistura *(mistúra)* f. mezcla, mixtura.

misura *(misúra)* f. medida; tino.

misurare *(misuráre)* tr. medir.

misurarsi *(misurársi)* rfl. medirse, compararse.

misuratezza *(misuratétsa)* f. mesura.

misurato *(misuráto)* adj. comedido.

mite *(míte)* adj. bondadoso; agradable (clima); moderado (precio).

mitezza *(mitétsa)* f. dulzura.

mitigare *(mitigáre)* tr. mitigar.

mitigazione *(mitigadsione)* f. mitigación.

mito *(míto)* m. mito; fábula.

mitologia *(mitolodyía)* f. mitología.   [lla.

mitraglia *(mitrállia)* f. metra-

mitragliare *(mitralliáre)* tr. ametrallar.

mitragliatrice *(mitralliatríche)* f. ametralladora.

mittente *(mitténte)* m. remitente, expedidor.

mobile *(móbile)* adj. y m. móvil. m. mueble.

mobilia *(mobília)* f. mobiliario, muebles.

mobiliare *(mobiliáre)* adj. mobiliario. tr. amueblar.

mobilizzare *(mobilitsáre)* tr. movilizar.

mobilizzazione *(mobilitsadsióne)* f. movilización.

moda *(móda)* f. moda.

modella *(modél-la)* m. modelo.

modellare *(model-láre)* tr. modelar; moldear.

modello *(modél-lo)* m. modelo.

moderare *(moderáre)* tr. moderar.

moderarsi *(moderársi)* rfl. moderarse.

moderatezza *(moderatétsa)* f. moderación.

moderazione *(moderadsióne)* f. moderación.

modernità *(modernitá)* f. modernidad, modernismo.

moderno *(modérno)* adj. moderno.

modestia *(modéstia)* f. modestia.

modesto *(modésto)* adj. modesto.

modifica *(modífica)* f. modificación.

modificare *(modificáre)* tr. modificar.

modificarsi *(modificársi)* rfl. modificarse.

modificazione *(modificadsióne)* f. modificación.

modista *(modísta)* f. sombrerera.

modo *(módo)* m. modo, manera; recurso, medio; (gram.) modo.

modulare *(moduláre)* tr. modular. adj. por elementos.

modulazione *(moduladsióne)* f. modulación.

mogano *(mógano)* m. (bot.) caoba, caobo.

moglie *(móllie)* f. mujer, esposa.

mola *(móla)* f. muela.

molare *(moláre)* tr. afilar. m. molar, muela.

molestare *(molestáre)* tr. molestar.

molestia *(moléstia)* f. molestia.

molesto *(molésto)* adj. molesto.

molla *(mól-la)* f. muelle.

molle *(mól-le)* f. pl. tenazas. adj. blando.

molleggiare *(mol-letyiáre)* itr. (mec.) ser elástico.

molleggio *(mol-létyio)* m. elasticidad.

mollificare *(mol-lificáre)* tr. ablandar.

molo *(mólo)* m. mole, dique, malecón.

molteplicare *(molteplicáre)* tr. multiplicar.

molteplice *(moltépliche)* adj. múltiple.

moltitudine *(moltitúdine)* f. multitud. **— di gente** muchedumbre.

molto *(molto)* adj. adv. mucho; abundante.

momentaneo *(momentáneo)* adj. momentáneo.

momento *(moménto)* m. momento.

monaca *(mónaca)* f. monja.

monaco *(mónaco)* m. monje.

monarca *(monárca)* m. monarca.

monarchia *(monarkía)* f. monarquía.

monastero *(monastéro)* m. monasterio.

monco *(mónco)* adj. m. manco.   [ñón.

moncone *(moncóne)* m. mu-

mondano *(mondáno)* adj. mundano.

mondare *(mondáre)* tr. mondar.

mondo *(móndo)* m. mundo, tierra. **mettere al — parir, dar a luz. donna di — prostituta, ramera.**

monelleria *(monel-lería)* f. travesura.

monello *(monél-lo)* m. pilluelo, ratero.

moneta *(monéta)* f. moneda. **carta — papel moneda. — spicciola** calderilla.

monetario *(monetário)* adj. monetario. m. monedero (falso).

monile *(monile)* m. collar.

monoculo *(monócolo)* m. monóculo.

monoplano *(monopláno)* m. monoplano.

monosillabo *(monosíl-labo)* adj. monosílabo.

monotonia *(monotonía)* f. monotonía.

montagna *(montáña)* f. montaña, monte.

montagnoso *(montañóso)* adj. montañoso.

montare *(montáre)* tr. e itr. ascender, montar; importar (una cuenta o suma). **— un orologio** dar cuerda a un reloj. **— in superbia** ensoberbecerse.

montata *(montáta)* f. subida.

montatura *(montatúra)* f. engarce de joyas; montura, montaje; exageración.

monte *(mónte)* m. monte; montón. **— di pietà** monte de piedad. **polizza del —** papeleta de empeño. **a monti** a montones.

monumento *(monuménto)* m. monumento.

mora *(móra)* f. (bot.) mora; mora, demora. **— di rovo** (bot.) zarzamora.

morale *(morale)* adj. y f. moral.   [dad.

moralità *(moralitá)* f. morali-

morbidezza *(morbidétsa)* f. morbidez.

morbillo *(morbíl-lo)* m. (med.) sarampión.

mordace *(mordáche)* adj. mordaz.

mordacità *(mordachitá)* f. mordacidad.

mordere *(mórdere)* tr. morder; picar.

morditura *(morditúra)* f. mordedura.

morfina *(morfína)* f. morfina.

morfinomania *(morfinomanía)* f. morfinomanía.

moribondo *(moribóndo)* adj. y m. moribundo.

morire *(moríre)* itr. morir.

mormorare *(mormoráre)* tr. e itr. murmurar.

mormorazione *(mormoradsióne)* f. murmuración.

mormorio *(mormorío)* m. murmullo.

moro *(móro)* adj. y m. moreno, moro. m. (bot.) morera, moral.

morsa *(mórsa)* f. (mec.) torno.

morsicare *(morsicáre)* tr. morder.

morsicatura *(morsicatúra)* f. mordedura.

morso *(mórso)* m. mordisco; bocado; freno, brida.

mortaio *(mortáio)* m. mortero.

mortale *(mortále)* adj. mortal.

mortalità *(mortalitá)* f. mortalidad.

morte *(mórte)* f. muerte, defunción.

mortificare *(mortificáre)* tr. mortificar.

488

morto (*mórto*) adj. y m. muerto, cadáver.

mortorio (*mortório*) m. funeral.

mortuario (*mortuário*) adj. mortuorio. **fede mortuaria** certificado de defunción.

mosaico (*mosáico*) adj. y m. mosaico.

moscatello (*moscatél-lo*) m. moscatel.

moscato (*moscáto*) m. (vino) moscatel. **noce moscata** (bot.) nuez moscada.

moschea (*moskéa*) f. mezquita.

moschetto (*moskétto*) m. mosquete.

moschettone (*moskettóne*) m. mosquetón.

mossa (*móssa*) f. movimiento. **dare le mosse** dar la señal de partida.

mostarda (*mostárda*) f. (bot.) mostaza.

mostra (*móstra*) f. feria, exposición; escaparate; muestra.

mostrare (*mostráre*) tr. mostrar; demostrar; explicar. — **a dito** señalar con el dedo.

mostro (*móstro*) m. monstruo.

mostroso (*mostróso*) adj. monstruoso.

motivare (*motiváre*) tr. motivar.

motivazione (*motivadsióne*) f. motivación.

motivo (*motívo*) m. motivo.

moto (*mòto*) m. movimiento.

motocicletta (*motochiclétta*) f. motocicleta.

motociclista (*motochiclísta*) m. motociclista, motorista.

motonave (*motonáve*) f. motonave.

motore (*motóre*) m. motor.

motoscafo (*motoscáfo*) m. lancha motora.

motrice (*motríche*) f. motor, máquina.

motto (*mótto*) m. mote; chiste; máxima; palabra. **non far** — no despegar los labios.

movente (*movénte*) m. causa, móvil.

movimento (*moviménto*) m. movimiento; motín.

mozzare (*motsáre*) tr. tronchar; cortar; abreviar; desmochar.

mozzatura (*motsatúra*) f. tronchamiento; desmoche.

mozzo (*mótso*) m. mozo, criado. — **di bordo** grumete.

mozzorecchi (*motsorékki*) m. bribón, tunante.

mucca (*múcca*) f. vaca lechera.

mucchio (*múkkio*) m. montón, pila.

mucco (*múcco*) m. moco.

muccosa (*muccósa*) f. mucosa.

muccosità (*muccosità*) f. mucosidad.

muffa (*múffa*) f. moho.

muffire (*muffíre*) tr. enmohecerse.

muffosità (*muffosità*) f. moho.

mugghiare (*mugguiáre*) itr. mugir. [do.

mugghio (*múgguio*) m. mugimulinello (*mulinél-lo*) m. molinete; remolino.

mulino (*mulíno*) m. molino.

multa (*múlta*) f. multa.

multare (*multáre*) tr. multar.

mummia (*múmmia*) f. momia.

mummificare (*mummificáre*) tr. momificar. [ñar.

mungere (*múndʒere*) tr. orde-

municipale (*munichipále*) adj. municipal.

municipio (*munichípio*) m. municipio.

munire (*muníre*) tr. proveer.

munirsi (*munírsi*) rfl. proveerse.

munizione (*munidsióne*) f. munición; pertrechos.

muovere (*muóvere*) tr. mover; persuadir.

muraglia (*murállia*) f. muralla.

murario (*murário*) adj. mural, de albañilería. **cinta muraria** murallas.

muratura (*muratúra*) f. albañilería.

muro (*múro*) m. muro, pared.

muschio (*múskio*) m. almizcle.

musco (*músco*) m. (bot.) musgo.

muscolatura (*muscolatúra*) f. musculatura.

muscolo (*múscolo*) m. músculo.

museo (*muséo*) m. museo.

museruola (*museruóla*) f. bozal.

musica (*música*) f. música.

musicale (*musicále*) adj. musical.

musicante (*musicánte*) m. músico.

musicare (*musicáre*) tr. poner en música; componer música.

musico (*músico*) m. músico.

muso (*múso*) m. hocico, morro; (fig.) cara.

mustacchi (*mustákki*) m. pl. mostachos, bigotes.

muta (*múta*) f. muda, cambio; relevo (de guardia). — **di cavalli** tronco de caballos.

mutabile (*mutábile*) adj. mudable, variable.

mutamento (*mutaménto*) m. mutación.

mutande (*mutánde*) f. pl. calzoncillos.

mutandine (*mutandíne*) f. pl. bragas; calzones de baño.

mutare (*mutáre*) tr. e itr. cambiar, mudar.

mutarsi (*mutársi*) rfl. mudarse (de ropa); transformarse.

mutazione (*mutadsióne*) f. mutación; cambio.

mutilare (*mutiláre*) tr. mutilar.

mutilazione (*mutiladsióne*) f. mutilación.

mutismo (*mutísmo*) m. mutismo, mudez.

muto (*múto*) adj. mudo, silencioso. m. mudo.

mutuare (*mutuáre*) tr. tomar en préstamo; imitar.

mutuazione (*mutuadsióne*) f. mutualidad.

mutuo (*mútuo*) adj. mútuo, recíproco. m. préstamo.

N n

nacchere (*nákkere*) f. pl. castañuelas.

nafta (*náfta*) f. nafta, petróleo crudo.

nano (*náno*) adj. y m. enano.

narcotico (*narcótico*) adj. y m. narcótico.

narcotizzare (*narcotitsáre*) tr. narcotizar.

narrare (*narráre*) tr. narrar.

narrazione (*narradsióne*) f. narración, relato.

nasare (*nasáre*) tr. olfatear.

nascere (*náschere*) itr. nacer.

nascimento (*naschiménto*) m. nacimiento.

nascondere (*nascóndere*) tr. esconder.

nascondiglio (*nascondíllio*) m. escondite.

naso (*náso*) m. nariz.

nastro (*nástro*) m. cinta.

natale (*natále*) m. Navidad. adj. natal, natalicio. **feste di** — vacaciones de Navidad.

natalizio (*natalídsio*) adj. navideño; natalicio. m. cumpleaños.

natante (*natánte*) adj. y m. flotador, natátil.

natività (*natività*) f. natividad.

nativo (*natívo*) adj. y m. nativo, natural.

nato (*náto*) adj. nato, nacido. **cieco** — ciego de nacimiento.

natura (*natúra*) f. naturaleza; complexión.

naturale (*naturále*) adj. natural; ilegítimo (hijo). m. natural.

naturaleza (*naturalédsa*) f. naturaleza.

naturalista (*naturalísta*) m. f. naturalista.

naturalità (*naturalità*) f. naturalidad.

naturalizzare (*naturalitsáre*) tr. naturalizar.

naufragare (*naufragáre*) itr. naufragar; fracasar.

naufragio (*naufrádjo*) m. naufragio.

naufrago (*náufrago*) adj. y m. náufrago.

nausea (*náusea*) f. nausea.

nauta (*náuta*) m. marinero.

nautica (*náutica*) f. náutica.

navale (*navále*) adj. naval. **cantiere** — astillero.

navalestro (*navaléstro*) m. barquero.

nave (*náve*) f. nave, navío, buque.

navigare (*navigáre*) itr. navegar.

navigatore (*navigatóre*) m. navegante.

navigazione (*navigadsióne*) f. navegación.

naviglio (*navíllio*) m. flota, armada, escuadra; navío, buque.

nazionale (*nadsionále*) adj. nacional.

nazionalizzare (*nadsionalitsáre*) tr. nacionalizar.

nazione (*nadsióne*) f. nación, país, estado.

ne (*ne*) pron. nos, a nosotros; de esto. adv. de aquí, de allí, de allá.

né (*né*) conj. ni.

neanche (*neánke*) conj. ni siquiera, ni aún

nebbia (*nébbia*) f. niebla.

necessario (*nechessário*) adj. y m. necesario.

necessità (*nechessità*) f. necesidad; falta; miseria.

necessitare (*nechessitáre*) tr. e itr. necesitar.

nefrite (*nefríte*) f. (med.) nefritis.

negare (*negáre*) tr. negar; rehusar.

negativa (*negatíva*) f. negativa; (fot.) negativo.

negativo (*negativo*) adj. negativo.

negazione (*negadsióne*) f. negación.

negletto (*neglétto*) adj. descuidado, negligente.

negli (*nélli*) contr. en los.

negligente (*neglidyénte*) adj. negligente.

negligenza (*neglidyéndsa*) f. negligencia.

negoziare (*negodsiáre*) tr. e itr. negociar.

negozio (*negódsio*) m. negocio, despacho.

negoziazione (*negodsiadsióne*) f. negociación.

nel, nello (*nel, nél-lo*) contr. en el.

nella (*nél-la*) contr. f. en la.

nemico (*nemíco*) adj. y m. enemigo.

nemmeno (*nemméno*) adv. y conj. ni siquiera, ni tampoco.

neo (*néo*) m. lunar, peca.

neonato (*neonáto*) m. recién nacido.

neppure (*neppúre*) adv. y conj. ni tampoco, ni siquiera.

nero (*néro*) adj. y m. negro.

nervatura (*nervatúra*) f. sistema nervioso; nervadura.

nervo (*nérvo*) m. nervio.

nervosità (*nervosità*) f. nerviosidad, nerviosismo.

nervoso (*nervóso*) adj. nervioso.

nessuno (*nessúno*) pron. y adj. ninguno, nadie. **nessuna cosa** nada.

nettare (*nettáre*) tr. limpiar.

nettezza (*nettétsa*) f. limpieza.

netto (*nétto*) adj. limpio, neto.

neutrale (*neutrále*) adj. neutral.

neutralità (*neutralità*) f. neutralidad.

neutro (*néutro*) adj. neutral; neutro.

neve (*néve*) f. nieve.

nevicare (*nevicáre*) itr. nevar.

nevicata (*nevicáta*) f. nevada.

nevischio (*neviskio*) m. nevisca, nevasca.

nevralgia (*nevraldyía*) f. (med.) neuralgia.

nevralgico (*nevráldyico*) adj. neurálgico.

nevrosi (*nevrósi*) f. (med.) neurosis.

nevrotico (*nevrótico*) adj. neurótico.

nicchia (*níkkia*) f. nicho.

nichel (*níkel*) m. níquel.

nichelare (*nikeláre*) tr. niquelar.

nido (*nído*) m. nido; (fig.) hogar, morada.

niente (*niénte*) adv. nada. — **altro** nada más. **non fa** — no importa. — **dimeno** nada menos.

ninna, nanna (*nínna, nánna*) f. canción de cuna.

ninnare (*ninnáre*) tr. mecer.

nipote (*nipóte*) m. sobrino; nieto; f. sobrina; nieta.

nipoti (*nipóti*) m. pl. descendientes.

nitidezza (*nitidétsa*) f. nitidez, claridad.

nitido (*nítido*) adj. nítido, claro.

nitrire (*nitríre*) itr. relinchar.

nitrito (*nitríto*) m. relincho.

no (*no*) adv. no. **ti dico di no** te digo que no.

nobile (*nóbile*) adj. y m. noble.

nobilitare (*nobilitáre*) tr. ennoblecer.

nobiltà (*nobiltà*) f. nobleza.

nocca (nócca) f. nudillo.
nocciola (notchióla) f. (bot.) avellana.
nocciolo (nótchiolo) m. hueso (de la fruta). [no.
nocciolo (notchiólo) m. avellanoce (nóche) m. (bot.) nogal. f. nuez. — del piede tobillo.
nocella (nochél-la) f. (anat.) muñeca.
nodo (nódo) m. nudo.
nodoso (nodóso) adj. nudoso.
noi (nói) pron. nosotros, nosotras. [tidio.
noia (nóia) f. aburrimiento, fastidio.
noioso (noióso) adj. aburrido.
noleggiare (noletyiáre) tr. alquilar; (náut.) fletar.
noleggio (nolétyio) m. alquiler; (náut.) flete.
nolo (nólo) m. alquiler; (náut.) flete.
nome (nóme) m. nombre; fama.
nomea (noméa) f. fama.
nomina (nómina) f. nombramiento.
nominare (nomináre) tr. nombrar; llamar, denominar.
non (non) adv. no. — che así como. — dimeno sin embargo. ciò — a pesar de (ello).
noncurante (noncuránte) adj. descuidado.
noncuranza (noncurándsa) f. descuido.
nondimeno (nondiméno) conj. no obstante, sin embargo, a pesar de.
nonna (nónna) f. abuela.
nonno (nónno) m. abuelo.
nonni (nónni) m. pl. abuelos.
nonostante (nonostánte) prep. y conj. a pesar de, no obstante, sin embargo. ciò — a pesar de (ello).
nord (nord) m. norte.
nordest (nordést) m. nordeste.
nordovest (nordovést) m. noroeste.
nordico (nórdico) adj. nórdico.
norma (nórma) f. norma, regla.
normale (normále) adj. normal, regular.
nostrano (nostráno) adj. del país.
nostro (nóstro) adj. nuestro. i nostri los nuestros, nuestros parientes.
nostromo (nostrómo) m. (náut.) contramaestre.
nota (nóta) f. nota, apunte; cuenta.
notabilità (notabilitá) f. notabilidad.
notaio (notáio) m. notario.
notare (notáre) tr. notar, advertir; anotar.
notaria (notaría) f. notaría.
notazione (notadsióne) f. anotación, nota.
notevole (notévole) adj. notable.
notificare (notificáre) tr. notificar.
notizia (notídsia) f. noticia.
noto (nóto) adj. conocido.
notte (nótte) f. noche. buona —! ¡buenas noches!
nottolino (nottolíno) m. cerrojo, pestillo.
notturno (nottúrno) adj. nocturno. m. (mús.) nocturno.
novanta (novánta) adj. noventa.
novazione (novadsióne) f. innovación.
novella (novél-la) f. noticia; cuento, relato.
novelliere (novel-liére) m. cuentista, escritor de cuentos.

novello (novél-lo) adj. nuevo.
novembre (novémbre) m. noviembre.
novità (novitá) f. novedad; innovación; noticia.
noviziato (novidsiáto) m. noviciado.
novizio (novídsio) adj. novicio. m. (rel.) novicio; (fam.) novato.
nozione (nodsióne) f. noción.
nozze (nótse) f. pl. boda, nupcias, casamiento.
nube (núbe) f. nube.
nubifragio (nubifrádyio) m. chaparrón, aguacero.
nubile (núbile) adj. nubil.
nuca (núca) f. (anat.) nuca; (animales) pescuezo.
nucleare (nucleáre) adj. nuclear.
nucleo (núcleo) m. núcleo.
nudezza (nudétsa) f. desnudez.
nudo (núdo) adj. y m. desnudo.
nulla (núl-la) adv. y pron. nada. m. nada, la nada.
nulladimeno (nul-ladiméno) adv. nada menos.
nullità (nul-litá) f. nulidad.
nullo (núl-lo) adj. nulo, sin valor.
numerale (numerále) adj. y s. numeral.
numerare (numeráre) tr. numerar.
numerario (numerário) adj. numerario.
numeratore (numeratóre) m. numerador.
numerazione (numeradsióne) f. numeración.
numero (número) m. número; cifra, guarismo; ejemplar de periódico (o revista).
numeroso (numeróso) adj. numeroso.
numismatica (numismática) f. numismática.
nunziatura (nundsiatúra) f. nunciatura.
nunzio (núndsio) m. nuncio.
nuocere (nuóchere) tr. perjudicar.
nuora (nuóra) f. nuera.
nuotare (nuotáre) itr. nadar.
nuoto (nuóto) m. natación. a — a nado.
nuova (nuóva) f. noticia.
nuovo (nuóvo) adj. nuevo; novel, novato. m. novedad.
nutrice (nutríche) f. nodriza.
nutrimento (nutriménto) m. nutrición.
nutrire (nutríre) tr. nutrir, alimentar.
nutritivo (nutritívo) adj. nutritivo.
nutrizione (nutridsióne) f. nutrición.
nuvola (núvola) f. nube.
nuziale (nudsiále) adj. nupcial.

oasi (óasi) f. oasis.
obbediente (obbediénte) adj. obediente.
obbedienza (obbediéndsa) f. obediencia.

obbiettamento (obbiettaménto) m. objeción.
obbiettare (obbiettáre) itr. objetar.
obbietto (obbiétto) m. objeto.
obbligare (obbligáre) tr. obligar. [garse.
obbligarsi (obbligársi) rfl. obligobbligatorio (obbligatório) adj. obligatorio.
obbligazione (obbligadsióne) f. obligación; agradecimiento.
obbligo (óbbligo) m. obligación, deber.
obelisco (obelisco) m. obelisco.
obesità (obesitá) f. obesidad.
obeso (obéso) adj. obeso.
obiettare (obiettáre) tr. objetar.
obiettività (obiettivitá) f. objetividad.
obiettivo (obiettívo) adj. y m. objetivo.
obietto (obiétto) m. objeto.
obiezione (obiedsióne) f. objeción.
oblazione (obladsióne) f. oblación, ofrenda, óbolo.
obliare (obliáre) tr. olvidar.
oblio (oblio) m. olvido.
obliquo (oblícuo) adj. oblicuo.
occasionale (occasionále) adj. ocasional.
occasionare (occasionáre) tr. ocasionar.
occasione (occasióne) f. ocasión; motivo.
occorrente (occorrénte) adj. y m. necesario.
occorrenza (occorréndsa) f. necesidad; ocasión. all' — en caso de necesidad. in quella — en aquella ocasión.
occorrere (occórrere) itr. acaecer, ocurrir; ser necesario.
occultamento (occultaménto) m. ocultación.
occultare (occultáre) tr. ocultar.
occultarsi (occultársi) rfl. ocultarse, esconderse.
occultatore (occultatóre) adj. y s. ocultador, encubridor.
occultazione (occultadsióne) f. ocultación.
occupare (occupáre) tr. ocupar.
occuparsi (occupársi) rfl. ocuparse (en algo).
occupazione (occupadsióne) f. ocupación.
oculista (oculísta) m. y f. oculista.
odiare (odiáre) tr. odiar.
odio (ódio) m. odio.
odioso (odióso) adj. odioso.
odorare (odoráre) tr. oler, olfatear. itr. oler.
odorato (odoráto) m. olfato.
odore (odóre) m. olor; aroma; señal.
offendere (offéndere) tr. ofender.
offensiva (offensíva) f. ofensiva.
offensivo (offensívo) adj. ofensivo.

obbiettamento (obbiettaménto) m. objeción.
offerente (offerénte) m. y f. oferente; postor.
offerta (offérta) f. oferta.
offesa (offésa) f ofensa, injuria.
offeso (offéso) adj. ofendido.
officiale (offichiále) adj. y m. oficial.
officiare (offichiáre) tr. e itr. oficiar.
officina (offichína) f. taller; laboratorio.
officio (offíchio) m. oficio, mediación.
officioso (offichióso) adj. cortés, servicial, solícito.
offrire (offríre) tr. ofrecer.
offuscare (offuscáre) tr. ofuscar.
offuscarsi (offuscársi) rfl. ofuscarse; encapotarse (el cielo).
offuscazione (offuscadsióne) f. ofuscación.
oggettivo (otyettivo) adj. y m. objetivo.
oggetto (otyétto) m. objeto; cosa; fin; materia, argumento.
oggi (ótyi) adv. hoy.
oggidì (otyidí) adv. hoy día.
oggigiorno (otyidyiórno) adv. hoy día.
oggimai (otyimái) adv. hoy día, ahora.
ogni (óñi) adj. cada, todo. — giorno cada día, todos los días.
ognissanti (oñissánti) m. Todos los Santos.
ognuno (oñúno) pron. cada uno.
oleodotto (oleodótto) m. oleoducto.
oleoso (oleóso) adj. oleoso, aceitoso.
oliera (oliéra) f. aceitera.
oligarchia (oligarkía) f. oligarquía.
olimpiade (olimpíade) f. olimpiada.
olio (ólio) m. aceite, óleo. — di sasso petróleo. pittura a — pintura al óleo. dare l'— santo administrar la extremaunción.
oliva (olíva) f. (bot.) oliva, aceituna.
olivo (olívo) m. (bot.) olivo, aceituno. domenica degli olivi domingo de ramos.
olocausto (olocáusto) m. holocausto.
oltracciò (oltratchió) adv. además.
oltraggiare (oltratyiáre) tr. ultrajar. [je.
oltraggio (oltrátyio) m. ultraoltre (óltre) prep. además de, fuera de. adv. ultra, más allá.
oltreché (oltreké) conj. además que.
oltremare (oltremáre) adv. adj. y m. ultramar.
oltrepassare (oltrepassáre) tr. traspasar; sobrepasar.
oltretomba (oltretómba) m. ultratumba.
omaggio (omátyio) m. homenaje; respeto.
ombra (ómbra) f. sombra.
ombrare (ombráre) tr. sombrear, asombrar.
ombrarsi (ombrársi) rfl. oscurecerse.
ombrellino (ombrellíno) m. sombrilla.
ombrello (ombrél-lo) m. paraguas.

490

ombrellone (*ombrel-lóne*) m. parasol.

omero (*ómero*) m. (anat.) húmero.

omettere (*ométtere*) tr. omitir, pasar por alto.

omicida (*omichída*) adj. y m. f. homicida.

omicidio (*omichídio*) m. homicidio.

omissione (*omissióne*) f. omisión.   [bus.

omnibus (*ómnibus*) m. ómnibus.

onda (*ónda*) f. ola, onda.

onde (*ónde*) adv. donde, en donde, de donde. conj. por esto, por eso.

ondeggiamento (*ondetyiaménto*) m. ondulación; oleaje; indecisión.

ondeggiare (*ondetyiáre*) itr. ondear; ondular; titubear.

ondulare (*onduláre*) tr. e itr. ondular.

ondulazione (*onduladsióne*) f. ondulación.

onere (*ónere*) m. peso, carga, gravamen.

oneroso (*oneróso*) adj. oneroso.

onestà (*onestá*) f. honestidad.

onesto (*onésto*) adj. honesto, casto; justo.

onnipotente (*onnipoténte*) adj. omnipotente. l'— el Todopoderoso.

onnipotenza (*onnipoténdsa*) f. omnipotencia.

onorabile (*onorábile*) adj. honorable.

onorabilità (*onorabilitá*) f. honorabilidad, honra.

onoranza (*onorándsa*) f. honra, honor.

onoranze (*onorándse*) f. pl. honras fúnebres.

onorare (*onoráre*) tr. honrar.

onorario (*onorário*) adj. honorario. m. honorario, sueldo.

onore (*onóre*) m. honor.

onorevole (*onorévole*) adj. honorable.

onorificenza (*onorifichéndsa*) f. condecoración.

onorifico (*onorífico*) adj. honorífico.

onta (*ónta*) f. injuria, afrenta; vengüenza.

ontoso (*ontóso*) adj. vergonzoso.

opera (*ópera*) f. obra, trabajo, labor; (mús.) ópera.

operaio (*operáio*) m. obrero, trabajador, operario.

operare (*operáre*) tr. trabajar, obrar; operar.

operatore (*operatóre*) m. operador; cirujano.

operazione (*operadsióne*) f. operación; acción.

operetta (*operetta*) f. opereta, zarzuela.

opinare (*opináre*) tr. opinar, juzgar.

opinione (*opinióne*) f. opinión.

opporre (*oppórre*) tr. oponer.

opporsi (*oppórsi*) rfl. oponerse.

opportunità (*opportunitá*) f. oportunidad.

opportuno (*opportúno*) adj. oportuno.

opposizione (*opposidsióne*) f. oposición.

opposto (*oppósto*) adj. opuesto. all'— al contrario.

oppressore (*oppressáre*) tr. oprimir.

oppressione (*oppressióne*) f. opresión.

oppressore (*oppressóre*) m. opresor.

opprimere (*opprímere*) tr. oprimir; vejar; tiranizar.

oppure (*oppúre*) conj. o sea, o, o bien.

opulento (*opulénto*) adj. opulento, rico.

opulenza (*opuléndsa*) f. opulencia, riqueza.

ora (*óra*) f. hora. conj. o, ora; pero, mas; así pues; adv. ahora. or — ahora mismo. prima d'— antes de ahora. d'— in poi de ahora en adelante.

orafo (*órafo*) f. orfebre.

orale (*orále*) adj. oral.

oramai (*oramái*) adv. de ahora en adelante; ahora.

orare (*oráre*) tr. orar, rezar.

orazione (*oradsióne*) f. oración.

orario (*orário*) adj. m. horario. arrivare in — llegar a punto.

orbe (*órbe*) m. orbe.

orbita (*órbita*) f. órbita; (anat.) cuenca del ojo.

orchestra (*orkéstra*) f. orquesta.   [nal.

ordinale (*ordinále*) adj. ordinal.

ordinamento (*ordinaménto*) m. ordenamiento, ordenación.

ordinanza (*ordinándsa*) f. ordenanza.

ordinare (*ordináre*) tr. ordenar, mandar; decretar; poner en orden, ordenar.

ordinario (*ordinário*) adj. ordinario.

ordinazione (*ordinadsióne*) f. ordenación; orden; encargo.

ordine (*órdine*) m. orden, mandato; (rel.) orden; (com.) pedido.

ordire (*ordíre*) tr. urdir.

orecchino (*orekkíno*) m. pendiente.

orecchio (*orékkio*) m. (anat.) oreja, oído.

orefice (*oréfiche*) m. joyero.

oreficeria (*oreficheria*) f. joyería; orfebrería.

orfano (*órfano*) adj. y m. huérfano.

orfanotrofio (*orfanotrófio*) m. asilo de huérfanos, orfanato.

organino (*organíno*) m. organillo.

organista (*organísta*) m. f. organista.

organizzare (*organitsáre*) tr. organizar.

organizzazione (*organitsadsióne*) f. organización.

orgoglio (*orgóllio*) m. orgullo.

orgoglioso (*orgollióso*) adj. orgulloso.

orientale (*orientále*) adj. oriental.   [tar.

orientare (*orientáre*) tr. orientar.

orientazione (*orientadsióne*) f. orientación.

oriente (*oriénte*) m. oriente, levante, este.

originale (*oridyinále*) adj. y m. original.

originalità (*oridyinalitá*) f. originalidad.

originare (*oridyináre*) tr. originar.

origine (*orídyine*) m. origen.

origliare (*orilliáre*) tr. escuchar.

origliere (*orilliére*) m. almohada.

orina (*orína*) f. orina.

orinale (*orinále*) m. orinal.

orinare (*orináre*) itr. orinar.

orinario (*orinário*) adj. urinario.

orinatoio (*orinatóio*) m. urinario.

orizzontale (*oritsontále*) adj. horizontal.

orizzontarsi (*oritsontársi*) rfl. orientarse.

orizzonte (*oritsónte*) m. horizonte.

orlare (*orláre*) tr. orlar.

orlo (*órlo*) m. orla.

orma (*órma*) f. huella.

ormai (*ormái*) adv. ahora; de aquí en adelante.

ormeggiare (*ormetyiáre*) tr. amarrar; anclar, fondear.

ormeggio (*ormétyio*) m. amarra, cable; ancla; fondeo.

ormone (*ormóne*) m. hormona.

ornamento (*ornaménto*) m. adorno, ornamento.

ornare (*ornáre*) tr. adornar.

oro (*óro*) m. oro.

orologeria (*orolodyería*) f. relojería.

orologio (*orolódyio*) m. reloj.

orpellare (*orpel-láre*) tr. guarnecer; enmascarar.

orpello (*orpél-lo*) m. oropel.

orrendo (*orréndo*) adj. horrendo.

orribile (*orríbile*) adj. horrible.

orrore (*orróre*) m. horror.

orso (*órso*) m. (zool.) oso.

ortica (*ortíca*) f. (bot.) ortiga.

orticultura (*orticultúra*) f. horticultura.

orto (*órto*) m. huerto.

ortodossia (*ortodossía*) f. ortodoxia.

ortodosso (*ortodósso*) adj. y m. ortodoxo.

ortolano (*ortoláno*) m. hortelano, horticultor.

orzaiuolo (*ordsaiuólo*) m. (med.) orzuelo.

orzata (*ordsáta*) f. horchata.

orzo (*órdso*) m. (bot.) cebada.

osare (*osáre*) itr. osar, atreverse.

oscenità (*oschenitá*) f. obscenidad.

oscurare (*oscuráre*) tr. oscurecer.

oscurarsi (*oscurársi*) rfl. oscurecerse.

oscurità (*oscuritá*) f. oscuridad.

oscuro (*oscúro*) adj. oscuro. all'— a oscuras.

ospedale (*ospedále*) m. hospital. — da campo hospital de sangre.

ospitale (*ospitále*) adj. hospitalario.

ospitalità (*ospitalitá*) f. hospitalidad.

ospitare (*ospitáre*) tr. hospedar.

ospite (*óspite*) m. huésped; anfitrión.

ospizio (*ospídsio*) m. hospicio.

ossario (*ossário*) m. osario.

ossatura (*ossatúra*) f. osamenta; esqueleto.

ossequiare (*ossekuiáre*) tr. obsequiar.

ossequio (*ossékuio*) m. obsequio.

osservanza (*osservándsa*) f. observancia.

osservare (*osserváre*) tr. observar; obedecer.

osservatorio (*osservatório*) m. observatorio.

osservazione (*osservadsióne*) f. observación.

ossessione (*ossessióne*) f. obsesión.

ossesso (*ossésso*) adj. y m. obseso.

ossia (*ossía*) conj. o sea.

ossidare (*ossidáre*) tr. oxidar.

ossidarsi (*ossidársi*) rfl. oxidarse.

ossido (*óssido*) m. óxido.

ossigenare (*ossidyenáre*) tr. oxigenar.   [no.

ossigeno (*ossídyeno*) m. oxígeno.

osso (*ósso*) m. hueso.

ostacolare (*ostacoláre*) tr. obstaculizar, impedir, dificultar.

ostacolo (*ostácolo*) m. obstáculo.

ostare (*ostáre*) itr. obstar. non ostante no obstante.

oste (*óste*) m. huésped; mesonero. f. hueste. — nemica el enemigo.

osteggiare (*ostetyiáre*) tr. hostilizar.

ostellaggio (*ostellátyio*) m. posada.   [dero.

ostelliere (*ostel-liére*) m. posadero.

osteria (*osteria*) f. hostería.

ostia (*óstia*) f. Hostia (sagrada); oblea.

ostile (*ostíle*) adj. hostil.

ostilità (*ostilitá*) f. hostilidad.

ostinazione (*ostinadsióne*) f. obstinación.

ostrica (*óstrica*) f. ostra.

ostruire (*ostruíre*) tr. obstruir.

ostruzione (*ostrudsióne*) f. obstrucción.

otite (*otíte*) f. (med.) otitis.

ottanta (*ottánta*) adj. y m. ochenta.

ottava (*ottáva*) f. octava.

ottavo (*ottávo*) adj. octavo.

ottenere (*otteníre*) tr. obtener.

ottenimento (*otteniménto*) m. logro.

ottica (*óttica*) f. óptica.

ottico (*óttico*) adj. y m. óptico.

ottimo (*óttimo*) adj. óptimo.

otto (*ótto*) adj. y m. ocho. oggi a — de hoy en ocho.

ottobre (*ottóbre*) m. octubre.

ottone (*ottóne*) m. latón.

otturare (*otturáre*) tr. obturar.

otturatore (*otturatóre*) m. obturador.

ottuso (*ottúso*) adj. obtuso.

ovaio (*ováio*) m. huevero; ovario.

ovale (*ovále*) adj. oval.

ovario (*ovário*) m. ovario.

ove (*óve*) adv. donde, adonde, en donde. conj. siempre que, mientras.

ovest (*óvest*) m. oeste.

ovile (*ovíle*) adj. aprisco.

ovunque (*ovúnkue*) adv. por todas partes.

ovvio (*óvvio*) adj. obvio.

oziare (*odsiáre*) tr. ociar, holgazanear.

ozio (*ódsio*) m. ocio.

oziosità (*odsiosità*) f. ociosidad.

ozioso (*odsióso*) adj. ocioso, perezoso.

pacato (*pacáto*) adj. calmo, sereno.

pacchetto (*pakkétto*) m. paquete, cajetilla (de cigarrillos).

pacco *(pácco)* m. paquete. — postale paquete o encomienda postal.
pace *(páche)* f. paz.
pacificare *(pachificáre)* tr. pacificar.
pacificazione *(pachificadsióne)* f. pacificación.
pacifico *(pachífico)* adj. pacífico.
padella *(padél-la)* f. sartén.
padiglione *(padillióne)* m. pabellón; entoldado.
padre *(pádre)* m. padre.
padrino *(padríno)* m. padrino.
padronanza *(padronándsa)* f. autoridad; control; dominio.
padronato *(padronáto)* m. patronato.
padrone *(padróne)* m. patrón, dueño, amo.
paesaggio *(paesátyio)* m. paisaje.
paesano *(paesáno)* adj. y m. paisano.
paese *(paése)* m. país; pueblo.
paesista *(paesísta)* m. paisajista (pintor).
paga *(pága)* f. paga, salario, sueldo.
pagamento *(pagaménto)* m. pago.
paganesimo *(paganésimo)* m. paganismo.
pagano *(pagáno)* adj. y m. pagano.
pagare *(pagáre)* tr. pagar, abonar.
paggio *(pátyio)* m. page.
pagina *(pádyina)* f. página.
paglia *(pállia)* f. paja.
pagliaccio *(palliátchio)* m. payaso, bufón.
pagliericcio *(pallierítchio)* m. jergón.
paio *(páio)* m. par.
pala *(pála)* f. pala. — da fuoco badila.
palanca *(palánca)* f. tablón.
palanchino *(palankíno)* m. palanquín.
palato *(paláto)* m. (anat.) paladar.
palazzina *(palatsína)* f. quinta, palacete.
palazzo *(palátso)* m. palacio; hotel. — comunale casa consistorial.
palchetto *(palkétto)* m. estante; (teat.) palco.
palco *(pálco)* m. palco; tablado; andamiaje. — scenico escenario.
palesamento *(palesamento)* m. revelación.
palesare *(palesáre)* tr. descubrir, revelar.
palesarsi *(palesársi)* rfl. descubrirse, revelarse.
palese *(palése)* adj. evidente.
paletta *(palétta)* f. paleta; badil.
paletto *(palétto)* m. pestillo; palito.
palla *(pál-la)* f. pelota, bala.
pallacanestro *(pal-lacanéstro)* m. baloncesto.
pallacorda *(pal-lacórda)* f. tenis.
pallamaglio *(pal-lamállio)* m. criquet.
pallata *(pal-láta)* f. pelotazo.
palliare *(pal-liáre)* tr. paliar; disimular.
palliativo *(pal-liatívo)* adj. y m. paliativo.
pallidezza *(pal-lidétsa)* f. palidez.
pallidità *(pal-liditá)* f. palidez.
pallido *(pál-lido)* adj. pálido, descolorido.

pallina *(pal-lína)* f. pelotita, bolita, bala, cuenta.
pallino *(pal-líno)* m. balín; perdigón; topo.
pallio *(pál-lio)* m. palio.
pallone *(pal-lóne)* m. balón; globo.
pallore *(pal-lóre)* m. palidez.
pallottola *(pal-lóttola)* f. bala.
pallottoliere *(pal-lottoliére)* m. ábaco.
palma *(pálma)* f. (bot.) palma, palmera.
palmizio *(palmídsio)* m. palmera.
palmo *(pálmo)* m. palmo; palma de la mano.
palombaro *(palombáro)* m. buzo.
palpare *(palpáre)* tr. palpar.
palpebra *(pálpebra)* f. párpado.
palpitare *(palpitáre)* itr. palpitar.
palpitazione *(palpitadsióne)* f. palpitación.
palpito *(pálpito)* m. palpitación.
palude *(palúde)* f. pantano.
palustre *(palústre)* adj. palustre.
panca *(pánca)* f. banco, escaño.
panchetto *(pankétto)* m. banquillo, taburete.
pancia *(pánchia)* f. barriga, vientre.
panciotto *(panchiótto)* m. chaleco.
pane *(páne)* m. pan.
panetteria *(panettería)* f. panadería.
panettone *(panettóne)* m. mazapán (de Milán).
panico *(pánico)* m. pánico.
paniera *(paniéra)* f. canasta.
paniere *(paniére)* m. cesto, cesta.
panificare *(panificáre)* tr. panificar.
panino *(paníno)* m. panecillo.
panna *(pánna)* f. nata, crema; (mec.) avería.
pannello *(pannél-lo)* m. entrepaño; tablier; panel.
panno *(pánno)* m. paño.
pannolino *(pannolíno)* m. lienzo; pañal.
pannocchia *(pannókkia)* f. panocha, panoja.
panorama *(panoráma)* f. panorama.
pantaloni *(pantalóni)* m. pl. pantalones.
pantofola *(pantófola)* f. zapatilla, chinela.
papa *(pápa)* m. el Papa.
papato *(papáto)* m. papado.
papà *(papá)* m. papá, padre.
papavero *(papávero)* m. (bot.) amapola.
pappa *(páppa)* f. papilla.
pappagallo *pappagál-lo)* m. (orn.) papagayo, loro.
paprica *(páprica)* f. (bot.) pimentón.
parabrezza *(parabrétsa)* f. parabrisas.
paracadute *(paracadúte)* m. paracaídas.
paracadutista *(paracadutísta)* m. paracaidista.
paradisiaco *(paradisíaco)* adj. paradisíaco.
paradiso *(paradíso)* m. paraíso.
parafango *(parafángo)* m. guardabarros.
parafulmine *(parafúlmine)* m. pararrayos.
paragonabile *(paragonábile)* adj. comparable.
paragonare *(paragonáre)* tr. comparar.

paragone *(paragóne)* m. parangón, comparación.
paralisi *(parálisi)* f. (med.) parálisis.
paralitico *(paralítico)* adj. y m. paralítico.
paralizzare *(paralitsáre)* tr. paralizar.
parallela *(paral-léla)* f. paralela.
parallelo *(paral-lélo)* adj. y m. paralelo.
paralume *(paralúme)* m. pantalla (de la luz).
parapetto *(parapétto)* m. parapeto.
parare *(paráre)* tr. detener; ataviar; preparar.
pararsi *(parársi)* rfl. repararse, cubrirse.
parasole *(parasóle)* m. parasol, quitasol.
parassita *(parassíta)* adj. y m. parásito; (fig.) chupón.
parata *(paráta)* f. parada; (mil.) desfile; muestra.
paraurti *(paraúrti)* m. parachoques.
parcare *(parcáre)* tr. e itr. aparcar. [la.
parcella *(parchél-la)* f. parcela.
parcheggiare *(parketyiáre)* tr. aparcar.
parco *(párco)* adj. parco. m. parque.
parecchi *(parékki)* adj. y pron. muchos, varios, algunos, unos.
parecchio *(parékkio)* adj. y adv. mucho, bastante.
pareggiare *(paretyiáre)* tr. igualar; saldar; comparar; hacer balance (de cuentas).
pareggio *(parétyio)* m. saldo, liquidación (de cuentas); balance.
parente *(parénte)* adj. y m. pariente.
parentela *(parentéla)* f. parentela.
parere *(paráre)* m. parecer. itr. parecer, aparecer; comparecer.
parete *(paréte)* f. pared, tabique.
pari *(pári)* adj. par (número); parecido, semejante. — ad altri como otros. del — igualmente.
parlamentare *(parlamentáre)* itr. parlamentar. adj. parlamentario.
parlamento *(parlaménto)* m. parlamento; congreso.
parlare *(parláre)* itr. hablar.
parlata *(parláta)* f. discurso, arenga; lenguaje.
parlatore *(parlatóre)* m. hablador, orador.
parlatorio *(parlatório)* m. locutorio.
parola *(paróla)* f. palabra.
parolaccia *(parolátchia)* f. palabrota. [quia.
parrocchia *(parrókkia)* f. parroquia.
parrocchiano *(parrokkiáno)* m. parroquiano, feligrés.
parroco *(párroco)* m. párroco.
parrucca *(parrúkka)* f. peluca.
parrucchiera *(parrukkiéra)* f. peluquera.
parrucchiere *(parrukkiére)* m. peluquero.
parte *(párte)* f. (teat.) papel; parte, porción; lugar, sitio; (pol.) partido.
partecipante *(partechipánte)* m. participante.
partecipare *(partechipáre)* tr. participar, tomar parte.

partecipazione *(partechipadsióne)* f. participación.
parteggiare *(partetyiáre)* itr. ser partidario.
partenza *(parténdsa)* f. partida, marcha, salida.
particella *(partichél-la)* f. partícula; parcela.
particolare *(particoláre)* adj. y m. particular.
particolareggiare *(particolaretyiáre)* tr. particularizar.
particolarità *(particolaritá)* f. particularidad.
partigiano *(partidyáno)* adj. y m. partidario, parcial; partisano, guerrillero.
partire *(partíre)* itr. partir, salir. tr. partir.
partita *(partíta)* f. partida; (com.) lote.
partito *(partíto)* m. partido; provecho; (pol.) partido.
partitura *(partitúra)* f. (mús.) partitura.
parto *(párto)* m. parto, alumbramiento.
partoriente *(partoriénte)* adj. y f. parturienta.
partorire *(partoríre)* tr. e itr. parir, dar a luz.
parziale *(pardsiále)* adj. parcial. [cialidad.
parzialità *(pardsialitá)* f. parcialidad.
pascere *(páschere)* itr. pacer. tr. apacentar, alimentar.
pascolare *(pascoláre)* itr. pastar. tr. apacentar.
pascolo *(páscolo)* m. pasto.
pasqua *(páskua)* f. pascua. — rosata o fiorita pascua florida. — dei morti día de difuntos.
passaggio *(passátyio)* m. pasaje; paso. passaggio a livello paso a nivel.
passante *(passánte)* adj. y m. pasante, transeúnte.
passaporto *(passapórto)* m. pasaporte.
passare *(passáre)* itr. pasar. tr. pasar, atravesar.
passata *(passáta)* f. pasada; (orn.) paso (de las aves).
passatempo *(passatémpo)* m. pasatiempo.
passato *(passáto)* adj. pasado. m. el pasado.
passatoio *(passatóio)* m. pasadera.
passeggiare *(passetyiáre)* itr. pasear, pasearse.
passeggiata *(passetyiáta)* f. paseo.
passeggiero *(passetyiéro)* adj. y m. pasajero.
passeggio *(passétyio)* m. paseo.
passerella *(passerél-la)* f. pasarela.
passero *(pássero)* m. gorrión.
passione *(passióne)* f. pasión; amor; dolor.
passività *(passivitá)* f. pasividad.
passivo *(passívo)* adj. y m. pasivo; déficit.
passo *(pásso)* m. paso; adj. pasado.
pasta *(pásta)* f. pasta, masa. — asciutta aderezo de fideos. — dolce pastel, bollo.
pastaio *(pastáio)* m. fabricante o vendedor de pasta alimenticia.
pastellista *(pastel-lísta)* m. pastelista (pintor).
pastello *(pastél-lo)* m. pastel (lápiz).

pasticca *(pasticca)* f. pastilla.

pasticceria *(pastitchería)* f. pastelería.

pasticcio *(pastítchio)* m. pastel, embrollo.

pastificio *(pastifíchio)* m. fábrica de pastas.

pastiglia *(pastíllia)* f. pastilla.

pastina *(pastína)* f. fideos finos.

pasto *(pásto)* m. comida, cena; pasto; alimento. **a tutto —** continuamente. **vino da —** vino de mesa.

pastore *(pastóre)* m. pastor; cura protestante.

pastura *(pastúra)* f. apacentamiento.

pasturare *(pasturáre)* tr. apacentar.

patente *(paténte)* f. patente; carnet (de conductor).

paternale *(paternále)* adj. paternal.

paternità *(paternitá)* f. paternidad.

paterno *(patérno)* adj. paterno.

patimento *(patiménto)* m. sufrimiento, dolor.

patire *(patíre)* itr. padecer, sufrir. tr. tolerar.

patria *(pátria)* f. patria.

patriarca *(patriárca)* m. patriarca.

patrigno *(patríño)* m. padrastro.

patrimonio *(património)* m. patrimonio.

patrino *(patríno)* m. padrino.

patrio *(pátrio)* adj. patrio.

patriota *(patrióta)* adj. y m. f. patriota.

patriottico *(patrióttico)* adj. patriótico.

patrizio *(patrídsio)* adj. y m. patricio.

patronato *(patronáto)* m. patronato.

patrono *(patróno)* m. patrono, patrón.

patta *(pátta)* f. empate (en el juego).

patteggiamento *(pattetyiaménto)* m. pacto.

pattegiare *(pattetyiáre)* tr. e itr. pactar, convenir.

pattinare *(pattináre)* tr. patinar.

pattino *(páttino)* m. patín.

patto *(pátto)* m. pacto, convenio. **con — che** a condición de que. **a nessun —** de ningún modo.

pattuglia *(pattúllia)* f. patrulla.

pattugliare *(pattulliáre)* itr. patrullar.

pattuire *(pattuíre)* tr. pactar, convenir.

pattume *(pattúme)* m. basura.

pattumiera *(pattumiéra)* f. cubo de la basura.

paura *(páura)* f. miedo, temor.

pauroso *(pauróso)* adj. temeroso, miedoso.

pausa *(páusa)* f. pausa.

pausare *(pausáre)* itr. pausar.

paventare *(paventáre)* itr. temer, asustarse, amedrentarse. tr. asustar.

pavimentare *(pavimentáre)* tr. pavimentar.

pavimento *(paviménto)* m. pavimento, suelo.

pavone *(pavóne)* m. (orn.) pavo real.

pazientare *(padsientáre)* itr. tener paciencia; soportar.

paziente *(padsiénte)* adj. paciente. m. paciente, enfermo.

pazienza *(padsiéndsa)* f. paciencia.

pazzesco *(patsésco)* adj. de locos; insensato.

pazzia *(patsía)* f. locura.

pazzo *(pátso)* adj. y m. loco, demente.

peccare *(peccáre)* itr. pecar; equivocarse.

peccato *(peccáto)* m. pecado. **peccato che** lástima que.

peccatore *(peccatóre)* m. pecador.

pecchia *(pékkia)* f. abeja (obrera).

pecchione *(pekkióne)* m. zángano.

pece *(péche)* f. pez, brea.

pecetta *(pechétta)* f. emplasto.

pecora *(pécora)* f. (zool.) oveja.

pecoraio *(pecoráio)* m. pastor.

pecorile *(pecoríle)* m. redil, aprisco.

peculiare *(peculiáre)* adj. peculiar.

peculiarità *(peculiaritá)* f. peculiaridad.

pecunia *(pecúnia)* f. dinero; pecunia.

pecuniario *(pecuniário)* adj. pecuniario.

pedagogia *(pedagodyía)* f. pedagogía.

pedagogico *(pedagódyico)* adj. pedagógico.

pedagogo *(pedagógo)* m. pedagogo. [lear.

pedalare *(pedaláre)* itr. pedalear.

pedale *(pedále)* m. pedal.

pedano *(pedáno)* m. gubia.

pedante *(pedánte)* adj. y m. f. pedante.

pedanteria *(pedantería)* f. pedantería.

pedata *(pedáta)* f. puntapié; (cuadrúpedos) coz.

pediatria *(pediatría)* f. pediatría.

pedicure *(pedicúre)* m. y f. pedicuro, callista.

pedina *(pedína)* f. peón; ficha.

pedone *(pedóne)* m. peatón.

peggio *(pétyio)* adj. y adv. peor.

peggioramento *(petyioraménto)* m. empeoramiento.

peggiorare *(petyioráre)* tr. e intr. empeorar.

peggiore *(petyióre)* adj. peor.

pegno *(péño)* m. empeño; garantía.

pegnorare *(peñoráre)* tr. embargar.

pelame *(peláme)* m. pelaje.

pelamento *(pelaménto)* m. peladura; desplume.

pelare *(peláre)* tr. pelar; desplumar; estafar.

pellaio *(pel-láio)* m. peletero; curtidor.

pellame *(pel-láme)* m. pieles.

pelle *(pél-le)* f. piel; cuero.

pellegrina *(pel-legrína)* f. esclavina; peregrina.

pellegrinaggio *(pel-legrinátyio)* m. peregrinación, romería.

pellegrinare *(pel-legrináre)* itr. peregrinar.

pellegrinazione *(pel-legrinadsióne)* f. peregrinación.

pellegrino *(pel-legríno)* m. peregrino; romero. adj. peregrino, extraño.

pelletteria *(pel-lettería)* f. peletería. [letero.

pellettiere *(pel-lettiére)* m. peletero.

pellicola *(pel-lícola)* f. película; filme.

pelo *(pélo)* m. pelo, cabello.

pelvi *(pélvi)* f. (anat.) pelvis.

pena *(péna)* f. pena, pesar; trabajo. [lista.

penalista *(penalista)* m. penalista.

penalità *(penalitá)* f. penalidad.

penare *(penáre)* itr. fatigarse; penar, sufrir.

pendente *(pendénte)* adj. pendiente; dudoso.

pendenza *(pendéndsa)* f. asunto o pleito pendiente, pendencia; cuesta, declive.

pendere *(péndere)* itr. pender, colgar, inclinarse.

pendio *(pendío)* m. declive.

pendola *(péndola)* f. reloj (de péndola).

pendolo *(péndolo)* m. péndulo.

pene *(péne)* m. (anat.) pene.

penetrare *(penetráre)* itr. penetrar. tr. comprender; entrar, atravesar.

penetrazione *(penetradsióne)* f. penetración; perspicacia.

penisola *(penísola)* f. península.

penitente *(peniténte)* adj. y m. penitente.

penitenza *(peniténdsa)* f. penitencia.

penitenziario *(penitendsiário)* adj. y m. penitenciario.

penitenziere *(penitendsiére)* m. (rel.) penitenciario.

penna *(pénna)* f. pluma. **— stilografica** pluma estilográfica. **— a sfera** bolígrafo.

pennacchio *(pennákkio)* m. penacho; plumaje.

pennello *(pennéllo)* m. pincel; brocha.

pennone *(pennóne)* m. pendón; asta; (náut.) verga.

penombra *(penómbra)* f. penumbra.

penoso *(penóso)* adj. penoso.

pensamento *(pensaménto)* m. pensamiento.

pensare *(pensáre)* tr. e itr. pensar, opinar.

pensata *(pensáta)* f. pensamiento. [miento.

pensiero *(pensiéro)* m. pensamiento.

pensieroso *(pensieróso)* adj. pensativo.

pensionare *(pensionáre)* tr. pensionar; jubilar.

pensionario *(pensionário)* adj. y m. pensionista.

pensionato *(pensionáto)* adj. y m. jubilado; pensionado.

pensione *(pensióne)* f. pensión, jubilación; pensión, casa de huéspedes.

penso *(pénso)* m. tarea.

pensoso *(pensóso)* adj. preocupado, pensativo.

pentagono *(pentágono)* m. (geom.) pentágono.

pentecoste *(pentecóste)* f. Pentecostés.

pentimento *(pentiménto)* m. arrepentimiento.

pentirsi *(pentírsi)* rfl. arrepentirse.

pentola *(péntola)* f. olla.

penultimo *(penúltimo)* adj. y m. penúltimo.

penuria *(penúria)* f. penuria.

penzolare *(pendsoláre)* itr. pender.

penzolo *(péndsolo)* m. colgajo.

penzoloni *(pendsolóni)* adv. que está colgando.

pepaiola *(pepaióla)* f. pimentero (recipiente).

pepato *(pepáto)* adj. picante; condimentado con pimienta.

pepe *(pépe)* m. (bot.) pimienta. [pimiento.

peperone *(peperóne)* m. (bot.)

per *(per)* prep. por, para, a fin de. **— me** en cuanto a mí.

percento *(perchénto)* m. porcentaje.

percentuale *(perchentuále)* adj. del tanto por ciento. m. porcentaje.

percepire *(perchepíre)* tr. percibir; cobrar.

percezione *(perchedsióne)* f. percepción.

perché *(perké)* conj. porque, para qué, a fin de que. intr. ¿por qué? m. el porqué. pron. por el cual, por lo cual, por la cual.

perciò *(perchió)* conj. por esto, por esta razón.

percorrere *(percórrere)* tr. recorrer; hojear (un libro).

percorso *(percórso)* m. recorrido.

percossa *(percóssa)* f. percusión, golpe.

percotimento *(percotiménto)* m. percusión, golpe.

percuotere *(percuótere)* tr. percutir, golpear.

percussione *(percussióne)* f. percusión, golpe.

percussore *(percussóre)* m. percusor.

perdere *(pérdere)* itr. perder. tr. perder, extraviar.

perdigiorno *(perdidyiórno)* m. y f. gandul.

perdimento *(perdiménto)* m. pérdida.

perdinci *(perdínchi)* itj. ¡caramba!

perdita *(pérdita)* f. pérdida; perdición, ruina; extravío; escape. [dición.

perdizione *(perdidsióne)* f. perdición.

perdonare *(perdonáre)* tr. perdonar, indultar.

perdono *(perdóno)* m. perdón; indulgencia.

perdurare *(perduráre)* itr. perdurar.

peregrinare *(peregrináre)* itr. peregrinar.

peregrinazione *(peregrinadsióne)* f. peregrinación.

peregrino *(peregríno)* adj. y m. peregrino. adj. raro.

perento *(perénto)* adj. extinto.

perentorio *(perentório)* adj. perentorio, urgente.

perfetto *(perfétto)* adj. perfecto. m. (gram.) perfecto.

perfezionamento *(perfedsionaménto)* m. perfeccionamiento.

perfezionare *(perfedsionáre)* tr. perfeccionar.

perfezione *(perfedsióne)* f. perfección.

perfidia *(perfídia)* f. perfidia.

perfido *(pérfido)* adj. pérfido.

perfino *(perfíno)* adv. hasta; asimismo, además.

perforare *(perforáre)* tr. perforar.

perforatrice *(perforatríche)* f. máquina perforadora.

perforazione *(perforadsióne)* f. perforación.

pergamena *(pergaména)* f. pergamino.

pergola *(pérgola)* f. pérgola.

pergolato *(pergoláto)* m. parral, emparrado.

pericolo *(perícolo)* m. peligro.

pericolante *(pericolánte)* adj. que está en peligro; ruinoso.

pericoloso *(pericolóso)* adj. peligroso.

periferia *(periferia)* f. periferia. [sis.

perifrasi *(perífrasi)* f. perífrasis.

periodico *(periódico)* adj. periódico. m. periódico, diario.

periodo *(período)* m. periodo.
perire *(períre)* itr. perecer.
periscopio *(periscópio)* m. periscopio.
peritale *(peritále)* adj. pericial.
peritarsi *(peritársi)* rfl. titubear.
perito *(períto)* adj. y m. perito.
peritoníte *(peritoníte)* f. (med.) peritonitis.
peritoso *(peritóso)* adj. tímido.
perizia *(perídsia)* f. pericia.
perla *(pérla)* f. perla.
permanente *(permanénte)* adj. permanente.
permanenza *(permanéndsa)* f. permanencia; estancia.
permeabile *(permeábile)* adj. permeable.
permeare *(permeáre)* tr. impregnar.
permesso *(permésso)* m. permiso.
permettere *(perméttere)* tr. permitir, autorizar.
permissione *(permissióne)* f. permiso, autorización.
permutare *(permutáre)* tr. permutar.
permutazione *(permutadsióne)* f. permutación, permuta.
pernice *(perníche)* f. (orn.) perdiz.
pernicioso *(pernichióso)* adj. pernicioso, dañoso.
perno *(pérno)* m. (técn.) perno, vástago.
pernottare *(pernottáre)* itr. pernoctar.
pero *(péro)* m. (bot.) peral.
però *(peró)* conj. pero, sin embargo.
perocché *(perokké)* conj. ya que.
perpendicolare *(perpendicoláre)* adj. y f. perpendicular.
perpetuità *(perpetuitá)* f. perpetuidad.
perpetuo *(perpétuo)* adj. perpetuo, eterno. **in —** a perpetuidad.
perplessità *(perplessitá)* f. perplejidad.
perplesso *(perplésso)* adj. perplejo.
perquisizione *(perkuisidsióne)* f. pesquisa.
persecutore *(persecutóre)* m. perseguidor.
persecuzione *(persecudsióne)* f. persecución.
perseguire *(persegüíre)* tr. perseguir.
perseguitare *(persegüitáre)* tr. perseguir; continuar.
perseverante *(perseveránte)* adj. perseverante.
perseveranza *(perseverándsa)* f. perseverancia.
perseverare *(perseveráre)* itr. perseverar.
persiana *(persiána)* f. persiana, celosía.
persiano *(persiáno)* adj. y m. persa.
persino *(persíno)* adv. hasta, también, aún.
persistenza *(persisténdsa)* f. persistencia.
persistere *(persístere)* itr. persistir.
persona *(persóna)* f. persona.
personaggio *(personátyio)* m. personaje.
personale *(personále)* adj. personal. m. el personal (de una casa, oficina, etc.).
personalità *(personalitá)* f. personalidad.
personificare *(personificáre)* tr. personificar.

perspicace *(perspicáche)* adj. perspicaz.
perspicacia *(perspicáchia)* f. perspicacia.
persuadere *(persuadére)* tr. persuadir.
persuasione *(persuasióne)* f. persuasión.
persuasivo *(persuasívo)* **adj.** persuasivo.
pertanto *(pertánto)* conj. sin embargo, no obstante. **non — sin** embargo.
pertica *(pértica)* f. vara; pértiga. [tinaz.
pertinace *(pertináche)* adj. pertinaz.
pertinacia *(pertináchia)* f. pertinacia; persistencia.
pertinente *(pertinénte)* adj. pertinente.
pertinenza *(pertinéndsa)* f. pertinencia.
perturbare *(perturbáre)* tr. perturbar, turbar.
perturbarsi *(perturbársi)* rfl. turbarse.
perturbazione *(perturbadsióne)* f. perturbación.
pervenire *(perveníre)* itr. llegar; conseguir; ocurrir.
perversione *(perversióne)* f. perversión.
perversità *(perversitá)* f. perversidad.
perverso *(pervérso)* adj. perverso.
pervertire *(pervertíre)* tr. pervertir.
pesa *(pésa)* f. pesa; peso.
pesamento *(pesaménto)* m. peso (acción de pesar).
pesante *(pesánte)* adj. pesado.
pesantezza *(pesantétsa)* f. pesadez.
pesare *(pesáre)* tr. pesar; valorar. itr. pesar; apoyarse, gravitar.
pesata *(pesáta)* f. pesada.
pesca *(pésca)* f. pesca (acto de pescar); (bot.) melocotón.
pescare *(pescáre)* tr. pescar. itr. sumergirse.
pescatore *(pescatóre)* m. pescador.
pesce *(pésche)* m. pez, pescado.
pescecane *(peschecáne)* m. (ict.) tiburón; (fig.) nuevo rico.
pescheria *(peskería)* f. pescadería.
pesco *(pésco)* m. (bot.) melocotonero.
peso *(péso)* m. peso, pesantez; carga; gravedad.
pessimismo *(pessimísmo)* m. pesimismo.
pesta *(pésta)* f. huella, vestigio.
pestare *(pestáre)* tr. machacar.
pestata *(pestáta)* f. majadura; golpe.
peste *(péste)* f. peste.
pestilente *(pestilénte)* adj. pestilente.
pestilenza *(pestiléndsa)* f. pestilencia.
petizione *(petidsióne)* f. petición; súplica.
petraia *(petráia)* f. cantera.
petrificare *(petrificáre)* tr. petrificar.
petrigno *(petríño)* adj. pétreo.
petroliera *(petroliéra)* f. (buque) petrolero.
petrolio *(petrólio)* m. petróleo.
pettegola *(pettégola)* f. cotorra.

pettegolare *(pettegoláre)* itr. chismear.
pettegolo *(pettégolo)* adj. y m. chismoso, charlatán.
pettinare *(pettináre)* tr. peinar.
pettinatura *(pettinatúra)* f. peinado.
pettine *(péttine)* m. peine; rastrillo.
pettino *(pettíno)* f. pechera.
petto *(pétto)* m. (anat.) pecho; mama.
petulante *(petulánte)* adj. petulante.
petulanza *(petulándsa)* f. petulancia.
pezza *(pétsa)* f. pieza (de tela); trozo; pañal.
pezzente *(petsénte)* m. mendigo, miserable.
pezzo *(pétso)* m. pedazo, trozo; pieza (de artillería), cañón; pieza (musical); rato (espacio de tiempo). **essere d'un —** ser de una pieza.
pezzuola *(petsuóla)* f. pañuelo.
piacente *(piachénte)* adj. agradable.
piacere *(piachére)* m. placer. itr. agradar.
piacevole *(piachévole)* adj. agradable.
piacevolezza *(piachevolétsa)* f. afabilidad.
piaga *(piága)* f. llaga; plaga, calamidad.
piagare *(piagáre)* tr. llagar, herir. [ta.
piaggia *(piátyia)* f. playa, costa.
piaggiare *(piatyiáre)* itr. costear; (fig.) adular.
piaggiamento *(piatyiaménto)* m. adulación, lisonja.
pialla *(piál-la)* f. cepillo (de carpintero), garlopa.
piallare *(pial-láre)* tr. acepillar (madera). [losa; plana.
piana *(piána)* f. llano, llanura.
pianare *(pianáre)* tr. aplanar.
pianerottolo *(pianeróttolo)* m. descanso (en la escalera), rellano.
pianeta *(pianéta)* m. planeta.
piangere *(piándyere)* itr. llorar.
pianificare *(pianificáre)* tr. planear, planificar. [ta.
pianista *(pianísta)* m. f. pianista.
piano *(piáno)* m. piano; plano, piso; adj. plano.
pianoforte *(pianofórte)* m. piano. **— a coda** piano de cola.
pianola *(pianóla)* f. pianola.
pianta *(piánta)* f. planta.
piantagione *(piantadyióne)* f. plantación.
piantare *(piantáre)* tr. plantar.
pianterreno *(pianterréno)* m. planta baja.
pianto *(piánto)* m. llanto.
piantone *(piantóne)* m. plantón.
pianura *(pianúra)* f. llanura.
piattaforma *(piattafórma)* f. plataforma; (mec.) plato.
piattino *(piattíno)* m. platillo.
piatto *(piatto)* adj. liso m. plato.
piazza *(piátsa)* f. plaza (pública); sitio; cargo.
piazzare *(piatsáre)* tr. emplazar.
piccante *(piccánte)* adj. picante; mordaz.
piccare *(piccáre)* tr. picar, pinchar. itr. picar (lo picante).
piccarsi *(piccársi)* rfl. picarse, ofenderse.
picchiare *(pikkiáre)* tr. golpear; llamar a la puerta. itr. chocar, topar.

picchiata *(pikkiáta)* f. apaleamiento; (avia.) picado.
piccineria *(pitchinería)* f. mezquindad.
piccino *(pitchíno)* adj. pequeño. m. niño.
piccionaia *(pitchionáia)* f. palomar; bandada de palomas; (teat.) gallinero.
piccione *(pitchióne)* m. palomino, pichón.
picco *(pícco)* m. pico. **andare a — ir(se)** a pique.
piccolezza *(piccolétsa)* f. pequeñez; nadería, mezquindad.
piccolo *(píccolo)* adj. pequeño, chico; bajo de estatura. m. niños; cría.
piede *(piéde)* m. pie; pata; pie (medida); base.
piedistallo *(piedistál-lo)* m. pedestal.
piega *(piéga)* f. pliegue; arruga.
piegamento *(piegaménto)* m. plegadura, pliegue.
piegare *(piegáre)* tr. plegar, doblar.
piegarsi *(piegársi)* rfl. doblarse, inclinarse.
piena *(piéna)* f. llena; ímpetu; gentío.
pienezza *(pienétsa)* f. plenitud.
pieno *(piéno)* adj. lleno. m. plenitud.
pietà *(pietá)* f. piedad.
pietoso *(pietóso)* adj. piadoso.
pietra *(piétra)* f. piedra.
pietraia *(pietráia)* f. cantera.
pietrata *(pietráta)* f. pedrada.
pietrificare *(pietrificáre)* tr. petrificar. [grava.
pietrisco *(pietrísco)* m. guijo, grava.
pigiama *(pidyiáma)* m. pijama.
pigiare *(pidyiáre)* tr. apretar; pisar.
pigione *(pidyióne)* f. alquiler, arrendamiento.
pigliamento *(pilliaménto)* m. toma; presa.
pigliare *(pilliáre)* tr. tomar, asir; coger, adquirir. **— congedo** despedirse.
pigna *(píña)* f. (bot.) piña.
pignone *(piñóne)* m. (mec.) piñón; malecón.
pignorare *(piñoráre)* tr. embargar.
pigrizia *(pigrídsia)* f. pereza.
pigro *(pígro)* adj. perezoso.
pilastro *(pilástro)* m. pilar, pilastra.
pillola *(píl-lola)* f. píldora.
pilota *(pilóta)* m. piloto; práctico.
pilotare *(pilotáre)* tr. pilotar.
pinacoteca *(pinacotéca)* f. pinacoteca.
pineta *(pinéta)* f. pinar.
pinnacolo *(pinnácolo)* m. pináculo.
pino *(píno)* m. (bot.) pino.
pinocchio *(pinókkio)* m. piñón.
pinza *(píndsa)* f. pinza.
pinzare *(pindsáre)* tr. picar, punzar. [dura.
pinzatura *(pindsatúra)* f. picadura.
pinze *(píndse)* m. pl. alicates, tenacillas.
pinzette *(pindsétte)* f. pl. alicates.
pio *(pío)* adj. piadoso.
pioggerella *(piotyerél-la)* f. llovizna.
pioggia *(piótyia)* f. lluvia.
piombare *(piombáre)* tr. emplomar; (odont.) empastar (dientes). itr. caer.

piombatura *(piombatúra)* f. emplomado; (odont.) empaste (de dientes).

piombo *(piómbo)* m. plomo.

pioppo *(pióppo)* m. (bot.) chopo, álamo.

piova *(pióva)* f. lluvia.

piovere *(pióvere)* itr. llover.

piovigginare *(piovityináre)* itr. lloviznar.

pipa *(pípa)* f. pipa, cachimba.

pipare *(pipáre)* itr. fumar en pipa.

pipistrello *(pipistrél-lo)* m. (zool.) murciélago.

piramide *(pirámide)* f. pirámide.

pirata *(piráta)* m. pirata, corsario.

pirateria *(piratería)* f. piratería.

piroga *(piróga)* f. piragua.

piroscafo *(piróscafo)* m. vapor, buque, barco.

piscina *(pischína)* f. piscina.

pisello *(pisél-lo)* m. (bot.) guisante.

pispigliare *(pispilliáre)* tr. murmurar.

pispiglio *(pispíllio)* m. murmuración; murmullo.

pisside *(pisside)* m. (rel.) copón, píxide.

pista *(písta)* f. pista.

pistola *(pistóla)* f. pistola.

pistone *(pistóne)* m. pistón, émbolo; cápsula.

pitale *(pitále)* m. orinal.

pittore *(pittóre)* m. pintor.

pittoresco *(pittorésco)* adj. pintoresco.

pittorico *(pittórico)* adj. pictórico.

pittura *(pittúra)* f. pintura; cuadro.

pitturare *(pitturáre)* tr. pintar.

più *(piú)* adv. y adj. más, mayor. — giorni muchos días. i — la mayoría, los más, la mayor parte. — ricco di me más rico que yo.

piuma *(piúma)* f. pluma; plumaje.

piumaggio *(piumátyio)* m. plumaje.

piumino *(piumíno)* m. edredón.

piuttosto *(piuttósto)* adv. antes, más bien, antes bien.

pizza *(pítsa)* f. especie de empanada.

pizzeria *(pitsería)* f. tienda de pizzas.

pizzicagnolo *(pitsicáñolo)* m. salchichero, tocinero.

pizzicare *(pitsicáre)* tr. pellizcar; picar. itr. picar.

pizzicato *(pitsicáto)* m. (mús.) punteado.

pizzico *(pítsico)* m. pellizco; picazón, comezón.

pizzicore *(pitsicóre)* m. picazón; apetito; capricho.

placare *(placáre)* tr. aplacar.

placarsi *(placársi)* rfl. aplacarse, calmarse.

placca *(plácca)* f. placa; chapa.

placidezza *(plachidétsa)* f. placidez.

placido *(pláchido)* adj. plácido, apacible.   [ticidad.

plasticità *(plastichitá)* f. plasticidad.

plastico *(plástico)* adj. plástico.

platea *(platéa)* f. (teat.) platea.

platino *(plátino)* m. platino.

plausibile *(plausíbile)* adj. plausible.

plauso *(pláuso)* m. aplauso.

plebaglia *(plebállia)* f. chusma.

plebe *(plébe)* f. plebe.

plebeo *(plebéo)* adj. y m. plebeyo, vulgar.

plebiscito *(plebischíto)* m. plebiscito.

plenipotenza *(plenipoténdsa)* f. plenipotencia.

plenipontenziario *(plenipotendsiário)* adj. y m. plenipotenciario.

pletorico *(pletórico)* adj. pletórico.

pleura *(pléura)* f. (anat.) pleura.

plurale *(plurále)* adj. plural.

pluralità *(pluralitá)* f. pluralidad.

pluralizzare *(pluralitsáre)* tr. pluralizar.

pneumatico *(pneumático)* adj. y m. neumático.

po' *(po)* adj. y adv. poco. un — ' di un poco de.

podere *(podére)* m. finca.

poderoso *(poderóso)* adj. poderoso.

podio *(pódio)* m. podio, pedestal.

poema *(poéma)* m. poema.

poesia *(poesía)* f. poesía.

poeta *(poéta)* m. poeta.

poetare *(poetáre)* itr. poetizar.

poetico *(poético)* adj. poético.

poggiare *(potyiáre)* itr. apoyarse; encumbrarse; (mar.) arribar. tr. apoyar.

poggio *(pótyio)* m. colina.

poi *(pói)* adv. después; en fin. da ora in — de ahora en adelante.

poiché *(poiké)* conj. puesto que, ya que; porque; después que.

polacca *(polácca)* f. (mus.) polonesa.

polacco *(polácco)* adj. y m. polaco.

polca *(pólca)* f. polca.

polemica *(polémica)* f. polémica.

polemizzare *(polemitsáre)* itr. polemizar.

polenta *(polénta)* f. polenta.

poligamia *(poligamía)* f. poligamia.

poliglotto *(poliglótto)* adj. y m. poligloto, políglota.

poligono *(polígono)* m. polígono.

politica *(política)* f. política.

politico *(político)* adj. y m. político.

polizia *(polidsía)* f. policía.

poliziotto *(polidsiótto)* m. agente de policía.

polizza *(pólitsa)* f. póliza.

pollice *(pól-liche)* m. (anat.) dedo pulgar.

pollicoltura *(pol-licoltúra)* f. avicultura.

polmone *(polmóne)* m. (anat.) pulmón.

polmonite *(polmoníte)* f. (med.) pulmonía.

polpa *(pólpa)* f. pulpa; (fig.) carne.

polpaccio *(polpátchio)* m. pantorrilla.

polpetta *(polpétta)* f. albóndiga.

polpo *(pólpo)* m. pulpo.

polposo *(polpóso)* adj. pulposo, carnoso.

polsino *(polsíno)* m. puño (de camisa).

polso *(pólso)* m. pulso.

poltrire *(poltríre)* itr. poltronear.

poltrona *(poltróna)* f. sillón, butaca; (teat.) sillón (de platea).

poltrone *(poltróne)* m. perezoso, gandul.

poltroneria *(poltronería)* f. pereza.   [vora.

polvere *(pólvere)* f. polvo; pólvora.

polverina *(polverína)* f. (med.) polvos.   [reda.

polverio *(polverío)* m. polvareda.

polverizzare *(polveritsáre)* tr. pulverizar.

polverizzazione *(polveritsadsióne)* f. pulverización.

pomata *(pomáta)* f. pomada.

pomeriggio *(pomerítyio)* m. tarde.   [pómez.

pomice *(pómiche)* f. (piedra) pómez.

pomo *(pómo)* m. (bot.) manzano; manzana, poma; perilla, bola.

pomodoro *(pomodóro)* m. (bot.) tomate; tomatera.

pomogranato *(pomogranáto)* m. (bot.) granado; granada.

pompa *(pómpa)* f. pompa.

pompare *(pompáre)* tr. hacer funcionar la bomba, sacar agua.   [bero.

pompiere *(pompiére)* m. bombero.

pomposità *(pompositá)* f. pomposidad, pompa.

ponce *(pónche)* m. ponche.

ponderare *(ponderáre)* tr. ponderar; examinar, considerar.

ponderazione *(ponderadsióne)* f. ponderación.

ponente *(ponénte)* m. poniente, occidente, oeste.

ponte *(pónte)* m. puente. — sospeso puente colgante.

pontefice *(pontéfiche)* m. pontífice, papa.

popolare *(popoláre)* adj. popular. tr. poblar.

popolarsi *(popolársi)* rfl. poblarse.

popolarità *(popolaritá)* f. popularidad.

popolazione *(popoladsióne)* f. población.

popolo *(pópolo)* m. pueblo; país, nación, el pueblo.

popoloso *(popolóso)* adj. populoso.   [lón.

popone *(popóne)* m. (bot.) melón.

poppa *(póppa)* f. (náut.) popa; pecho (de mujer), teta.

poppante *(poppánte)* m. niño de pecho.

poppare *(poppáre)* tr. mamar.

poppatoio *(poppatóio)* m. biberón.

porca *(pórca)* f (zool.) cerda; mujer sucia.

porcile *(porchíle)* m. pocilga.

porcellana *(porchel-lána)* f. porcelana, loza.

porcellino *(porchel-líno)* m. lechón.

porco *(pórco)* adj. cerdo. adj. y m. (hombre) sucio.

porgere *(pórdyere)* tr. presentar, ofrecer. itr. arengar.

porgersi *(pordyérsi)* rfl. presentarse, mostrarse.

porgimento *(pordyiménto)* m. presentación; ofrenda.

porpora *(pórpora)* f. púrpura.

porporato *(porporáto)* adj. purpurado. m. purpurado, cardenal.

porre *(pórre)* tr. poner, colocar; dirigir.

porsi *(pórsi)* rfl. ponerse, colocarse.

porro *(pórro)* m. (bot.) puerro; verruga.

porta *(pórta)* f. puerta; entrada.

portabile *(portábile)* adj. portátil.

portacappello *(portacappél-lo)* m. sombrerera.

portacenere *(portachénere)* m. cenicero.

portafoglio *(portafóllio)* m. cartera, billetero.

portale *(portále)* m. portal.

portalettere *(portaléttere)* m. cartero.

portamonete *(portamonéte)* m. portamonedas.

portapenne *(portapénne)* m. portaplumas, mango; plumier, plumero.

portare *(portáre)* tr. llevar; conducir. — seco llevar(se) consigo. — via llevarse.

portarsi *(portársi)* rfl. comportarse; trasladarse.

portata *(portáta)* f. alcance, tiro; importancia; plato; porte, cabida.

portatura *(portatúra)* f. porte, acarreo.

portiera *(portiéra)* f. portier, cortina; puerta del automóvil.

portiere *(portiére)* m. conserje; ujier.

portinaio *(portináio)* m. portero.   [ría.

portineria *(portinería)* f. portería.

porto *(pórto)* m. puerto; porte; transporte. — assegnato a reembolso.

portone *(portóne)* m. portón.

porzione *(pordsióne)* f. porción, parte.

posa *(pósa)* f. puesta; pose; (fot.) exposición; poso; pausa.

posamento *(posaménto)* m. pausa.

posare *(posáre)* tr. poner, apoyar. itr. descansar; posarse; apoyarse; comportarse.

posata *(posáta)* f. reposo, pausa; poso (en los líquidos); cubierto (utensilios de mesa).

poscritto *(poscrítto)* m. posdata.

posdomani *(posdománi)* adv. pasado mañana.

positivo *(positívo)* adj. positivo, cierto.

posizione *(posidsióne)* f. posición; situación; postura.

posporre *(pospórre)* tr. posponer; diferir.

possedere *(possedére)* tr. e itr. poseer.

possente *(possénte)* adj. poderoso.

possessivo *(possessívo)* adj. posesivo.

possesso *(possésso)* m. posesión. avere il — poseer.

possessore *(possessóre)* m. poseedor, posesor.

possibilità *(possibilitá)* f. posibilidad.

possidente *(possidénte)* f. propietario.

possidenza *(possidéndsa)* f. posesión.

posta *(pósta)* f. correo, correos; puesto, cita; partida; posta; apuesta. fermo in — en lista de correos. a giro di — a vuelta de correo. a bella — adrede.

postale *(postále)* adj. postal, de correos. cartolina — tarjeta postal. vaglia — giro postal.

postare *(postáre)* tr. apostar.

postarsi *(postársi)* rfl. apostarse.

postema *(postéma)* f. postema, absceso.

posteri *(pósteri)* m. pl. descendientes, la posteridad.

posteriore *(posterióre)* adj. posterior.

posterità *(posteritá)* f. posteridad. [ayer.

postieri *(postiéri)* adv. ante-

posticcio *(postítchio)* adj. postizo. m. plantel.

postiglione *(postillióne)* m. postillón.

posto *(pósto)* m. puesto; empleo.

postulare *(postuláre)* tr. postular, solicitar.

postulazione *(postuladsióne)* f. postulación, petición.

postumo *(póstumo)* adj. póstumo. [ble.

potabile *(potábile)* adj. pota-

potabilità *(potabilitá)* f. potabilidad.

potente *(poténte)* adj. potente.

potenza *(poténdsa)* f. potencia; nación.

potenziale *(potendsiále)* adj. y m. potencial.

potere *(potére)* tr. e itr. poder. m. autoridad; facultad.

potestà *(potestá)* f. potestad, poder.

poverello *(poverél-lo)* adj. y m. pobrecillo.

poveretto *(poverétto)* adj. y m. pobrecillo.

povero *(póvero)* adj. y m. pobre; (fig.) desgraciado.

povertà *(povertá)* f. pobreza.

pozzo *(pótso)* m. pozo.

pranzare *(prandsáre)* itr. comer (la comida principal).

pranzo *(prándso)* m. comida principal. **sala da —** comedor.

pratica *(prática)* f. practica, rutina. **far —** dar pasos, hacer diligencias.

praticaccia *(praticátchia)* f. rutina.

praticante *(praticánte)* adj. m. y f. practicante.

praticare *(praticáre)* tr. practicar. itr. frecuentar.

pratico *(prático)* adj. práctico, diestro.

prato *(práto)* m. prado.

precauzione *(precaudsióne)* f. precaución.

prece *(préche)* f. oración.

precedente *(prechedénte)* adj. y m. precedente.

precedenza *(prechedéndsa)* f. precedencia.

precedere *(prechédere)* tr. e itr. preceder.

precessore *(prechessóre)* m. predecesor, precursor.

precettare *(prechettáre)* tr. notificar judicialmente; citar, llamar a las armas.

precetto *(prechétto)* m. precepto; citación.

precipitare *(prechipitáre)* tr. precipitar; acelerar. itr. arruinarse; caer, precipitarse; (quím.) precipitar.

precipitazione *(prechipitadsióne)* f. precipitación.

precipizio *(prechipídsio)* m. precipicio. [cisión.

precisione *(prechisióne)* f. pre-

preciso *(prechíso)* adj. preciso.

precoce *(precóche)* adj. precoz.

precocità *(precochitá)* f. precocidad.

precursore *(precursóre)* m. precursor.

preda *(préda)* f. presa, botín de guerra.

predare *(predáre)* tr. depredar, saquear.

predestinare *(predestináre)* tr. predestinar.

predestinazione *(predestinadsióne)* f. predestinación.

predica *(prédica)* f. sermón.

predicare *(predicáre)* tr. e itr. predicar.

predicazione *(predicadsióne)* f. predicación.

prediletto *(predilétto)* adj. predilecto.

predilezione *(prediledsióne)* f. predilección.

prediligere *(predilídyere)* tr. preferir.

predire *(predíre)* tr. predecir, presagiar, adivinar.

predominare *(predomináre)* tr. predominar.

predominio *(predomínio)* m. predominio.

prefazione *(prefadsióne)* f. prólogo, prefacio.

preferenza *(preferéndsa)* f. preferencia.

preferire *(preferíre)* tr. preferir.

prefetto *(prefétto)* m. prefecto, gobernador civil.

prefettura *(prefettúra)* f. prefectura, gobierno civil.

prefisso *(prefísso)* adj. prefijado. m. (gram.) prefijo.

pregare *(pregáre)* tr. rogar. tr. e itr. orar, rezar.

prehiera *(preguiéra)* f. plegaria, oración.

pregiare *(predyiáre)* tr. apreciar; alabar.

pregiarsi *(predyiársi)* rfl. preciarse.

pregio *(prédyio)* m. aprecio; valor.

pregiudicare *(predyiudicáre)* tr. prejuzgar.

pregiudizio *(predyiudídsio)* m. perjuicio, daño; prejuicio.

preistoria *(preistória)* f. prehistoria.

preludere *(prelúdere)* intr. anunciar, presagiar, pronosticar; preparar, preludiar.

preludio *(prelúdio)* m. introducción; (mús.) preludio.

premere *(prémere)* tr. comprimir, apretar. itr. urgir; gravar. [miar.

premiare *(premiáre)* tr. pre-

premiazione *(premiadsióne)* f. reparto de premios.

premio *(prémio)* m. premio; prima.

prendere *(préndere)* tr. coger; robar. itr. prender, arraigar.

prenomato *(prenomáto)* adj. mencionado.

prenome *(prenóme)* m. nombre de pila.

prenotare *(prenotáre)* tr. prenotar.

preoccupare *(preoccupáre)* tr. preocupar.

preoccuparsi *(preoccupársi)* rfl. preocuparse.

preoccupazione *(preoccupadsióne)* f. preocupación.

preparare *(preparáre)* tr. preparar.

preparativo *(preparatívo)* adj. y m. preparativo.

preparazione *(preparadsióne)* f. preparación.

preporre *(prepórre)* tr. anteponer.

preposizione *(preposidsióne)* f. (gram.) preposición.

presa *(présa)* f. presa; toma.

presagio *(presádyio)* m. presagio.

presagire *(presadyíre)* tr. presagiar.

prescritto *(prescrítto)* adj. prescrito; obligatorio.

prescrivere *(prescrívere)* tr. e itr. prescribir.

prescrizione *(prescridsióne)* f. prescripción; (med.) receta.

presedere *(presedére)* tr. presidir.

presentare *(presentáre)* tr. presentar.

presentazione *(presentadsióne)* f. presentación.

presente *(presénte)* adj. presente. m. don.

presentimento *(presentiménto)* m. presentimiento.

presentire *(presentíre)* tr. presentir. [sencia.

presenza *(presendsa)* f. pre-

presenziare *(presendsiáre)* tr. e itr. presenciar, estar presente.

presepio *(presépio)* m. pesebre; belén.

preservare *(preserváre)* tr. preservar.

preservativo *(preservatívo)* adj. y m. preservativo.

preservazione *(preservadsióne)* f. preservación.

presidente *(presidénte)* m. presidente.

presidenza *(presidéndsa)* f. presidencia.

presidio *(presídio)* m. presidio.

preso *(préso)* adj. y m. preso.

pressa *(préssa)* f. prensa; presión; multitud.

pressare *(pressáre)* tr. prensar.

pressione *(pressióne)* f. presión.

presso *(présso)* adj. próximo. prep. en la casa de, en la oficina de; cerca de. adv. casi, cerca. **— a poco** poco más o menos..

prestabilire *(prestabilíre)* tr. prefijar, preestablecer.

prestare *(prestáre)* tr. prestar. **— fede** creer.

prestazione *(prestadsióne)* f. prestación.

prestezza *(prestétsa)* f. presteza, rapidez.

prestito *(préstito)* m. préstamo, empréstito.

presto *(présto)* adj. presto, pronto; veloz. adv. de prisa, a prisa; pronto; temprano.

presumere *(presúmere)* itr. presumir; creer, imaginarse.

presuntuoso *(presuntuóso)* adj. presuntuoso.

presunzione *(presundsióne)* f. presunción.

prete *(préte)* m. sacerdote.

pretendente *(pretendénte)* adj. y m. pretendiente.

pretendere *(preténdere)* tr. pretender; afirmar, sostener.

pretensione *(pretensióne)* f. pretensión.

pretensioso *(pretensióso)* adj. exigente; pretencloso.

preterito *(pretérito)* adj. y m. pretérito, pasado. m. (gram.) pretérito.

pretesa *(pretésa)* f. pretensión.

pretestare *(pretestáre)* tr. pretextar.

pretesto *(pretésto)* m. pretexto.

pretore *(pretóre)* m. juez de paz, pretor.

pretura *(pretúra)* f. pretura, juzgado de paz.

prevalente *(prevalénte)* adj. preponderante, prevaleciente.

prevalenza *(prevaléndsa)* f. preponderancia.

prevalere *(prevalére)* itr. prevalecer.

prevalersi *(prevalérsi)* rfl. valerse.

prevenire *(preveníre)* tr. prevenir.

preventivo *(preventívo)* adj. preventivo. **bilancio —** presupuesto.

prevenzione *(prevendsióne)* f. prevención.

previdente *(previdénte)* adj. previsor.

previdenza *(previdéndsa)* f. previsión.

preziosità *(predsiositá)* f. preciosidad.

prezioso *(predsióso)* adj. precioso.

prezzemolo *(pretsémolo)* m. (bot.) perejil.

prezzo *(prétso)* m. precio, valor.

prigione *(pridyióne)* f. prisión, cárcel.

prigioniero *(pridyioniéro)* m. prisionero, preso.

prima *(príma)* adv. primero, antes. prep. antes.

primario *(primário)* adj. primario.

primavera *(primavéra)* f. primavera.

primaverile *(primaveríle)* adj. primaveral.

primo *(prímo)* adj. primero, primo. m. el primero. **di — giorno** al amanecer.

primogenito *(primodyénito)* adj. y m. primogénito.

principale *(princhipále)* adj. principal.

principato *(princhipáto)* m. principado. [pe.

principe *(prínchipe)* m. princi-

principessa *(princhipéssa)* f. princesa.

principiante *(princhipiánte)* m. principiante.

principiare *(princhipiáre)* tr. principiar.

principio *(princhípio)* m. principio.

privare *(priváre)* tr. privar.

privativa *(privatíva)* f. monopolio.

privato *(priváto)* adj. privado. m. un particular.

privazione *(privadsióne)* f. privación.

privilegiare *(priviledyiáre)* tr. privilegiar.

privilegio *(privilédyio)* m. privilegio.

privo *(prívo)* adj. privado de, falto de, exento de.

prò *(pro)* m. provecho, utilidad. **buon —!** ¡buen provecho!.

pro *(pro)* prep. pro, en pro, en favor de.

probabile *(probábile)* adj. probable.

probabilità *(probabilitá)* f. probabilidad.

problema *(probléma)* m. problema.

procedere *(prochédere)* itr. proceder; caminar; obrar.

processione *(prochessióne)* f. procesión.

processo *(prochésso)* m. proceso; causa, pleito. **— verbale** acta.

proclama (*proclóma*) f. proclama (ción), bando.

proclamare (*proclamáre*) tr. proclamar.

procurare (*procuráre*) tr. procurar.

procuratore (*procuratóre*) m. (jur.) procurador.

procurazione (*procuradsióne*) f. procuración.

proda (*próda*) f proa; ribera, orilla.

prode (*próde*) adj. valiente.

prodezza (*prodétsa*) f. proeza, valentía.

prodigalità (*prodigalitá*) f. prodigalidad.

prodigalizzare (*prodigalidsare*) tr. e itr. prodigar, derrochar.

prodigare (*prodigáre*) tr. prodigar.

prodigio (*prodídyio*) m. prodigio.

prodigo (*pródigo*) adj. y m. pródigo.

prodotto (*prodótto*) m. producto.

produrre (*prodúrre*) tr. producir; causar.

prodursi (*prodúrsi*) rfl. exhibirse.

produttore (*produttóre*) m. productor.

produzione (*produdsióne*) f. producción.

profanare (*profanáre*) tr. profanar.

profanazione (*profanadsióne*) f. profanación.

profano (*profáno*) adj. y m. profano.

professare (*professáre*) tr. profesar; creer.

professione (*professióne*) f. profesión, oficio empleo.

professionista (*professionísta*) m. y f. profesional.

professo (*profésso*) adj. y m. profeso (religioso). **ex** — ex profeso, con intención.

professore (*professóre*) m. profesor, catedrático.

professoressa (*professoréssa*) f. profesora.

profeta (*proféta*) m. profeta.

profetessa (*profetéssa*) f. profetisa.

profetizzare (*profetitsáre*) tr. profetizar.

profezia (*profedsía*) f. profecía.

profferimento (*profferiménto*) m. pronunciación.

profferire (*profferíre*) tr. pronunciar, proferir.

profilassi (*profilássi*) f. (med.) profilaxis.

profilo (*profílo*) m. perfil.

profittabile (*profittábile*) adj. provechoso.

profittare (*profittáre*) tr. aprovechar.

profittevole (*profittévole*) adj. útil, provechoso.

profitto (*profítto*) m. provecho.

profondare (*profondáre*) tr. profundizar, hundir. itr. hundirse.

profondarsi (*profondársi*) rfl. hundirse.

profondità (*profonditá*) f. profundidad.

profondo (*profóndo*) adj. profundo.

profumare (*profumáre*) tr. perfumar.

profumeria (*profumería*) f. perfumería.

profumo (*profúmo*) m. perfume, fragancia.

progettare (*prodyettáre*) tr. proyectar, idear.

progetto (*prodyétto*) m. proyecto.

programma (*prográmma*) m. programa.

progredire (*progredíre*) itr. progresar, adelantar.

progresso (*progrésso*) m. progreso.

proibire (*proibíre*) tr. prohibir.

proibizione (*proibidsióne*) f. prohibición.

proiettare (*proiettáre*) tr. proyectar.   [yectil.

proiettile (*proiettíle*) m. proyector.

proiettore (*proiettóre*) m. proyector.

proiezione (*proiedsióne*) f. proyección.

prole (*próle*) f. prole.

proletariato (*proletariáto*) m. proletariado.

proletario (*proletário*) adj. y m. proletario.

prolisso (*prolísso*) adj. prolijo.

prolungamento (*prolungaménto*) m. prolongamiento, prolongación.

prolungare (*prolungáre*) tr. prolongar.

prolungarsi (*prolungársi*) rfl. extenderse, prolongarse.

prolungazione (*prolungadsióne*) f. prolongación.

promessa (*proméssa*) f. promesa.

promesso (*promésso*) adj. prometido. **promessi sposi** novios.

promettere (*prométtere*) tr. prometer.

prominenza (*prominéndsa*) f. prominencia.

promontorio (*promontório*) m. promontorio.

promotore (*promotóre*) m. promotor.

promovere (*promóvere*) tr. promover.

promovimento (*promoviménto*) m. promoción.

promozione (*promodsióne*) f. promoción; ascenso.

pronome (*pronóme*) m. (gram.) pronombre.

prontezza (*prontétsa*) f. prontitud, celeridad.

pronto (*prónto*) adj. pronto, rápido.

pronunzia (*pronúndsia*) f. pronunciación.

pronunziamento (*pronundsiaménto*) m. pronunciamiento, rebelión.

pronunziare (*pronundsiáre*) tr. pronunciar.

pronunziarsi (*pronundsiársi*) rfl. pronunciarse.

propaganda (*propagánda*) f. propaganda.

propagare (*propagáre*) tr. propagar, difundir.

propagazione (*propagadsióne*) f. propagación.

propendere (*propéndere*) itr. propender, inclinar(se).

propensione (*propensióne*) f. propensión.

propiziare (*propidsiáre*) tr. propiciar.

propizio (*propídsio*) adj. propicio.   [ner.

proporre (*propórre*) tr. proponer.

proporzionare (*propordsionáre*) tr. proporcionar.

proporzione (*propordsióne*) f. proporción.

proposito (*propósito*) m. propósito.

proposizione (*proposidsióne*) f. proposición, propuesta.

proposta (*propósta*) f. propuesta.

proposto (*propósto*) m. propuesta; propósito; prepósito; preboste.

proprietà (*proprietá*) f. propiedad; hacienda.

proprietario (*proprietário*) m. propietario, dueño.

proprio (*próprio*) adj. propio; natural. m. propio.

propulsione (*propulsióne*) f. propulsión.

propulsore (*propulsóre*) m. propulsor.

prora (*próra*) f. proa.

proroga (*próroga*) f. prórroga.

prorogare (*prorogáre*) tr. prorrogar.

prosa (*prósa*) f. prosa.

prosaico (*prosáico*) adj. prosaico.

prosare (*prosáre*) itr. escribir en prosa.   [món.

prosciutto (*proschiútto*) m. jamón.

proscrivere (*proscrívere*) tr. proscribir.

proscrizione (*proscridsióne*) f. proscripción, destierro.

proseguire (*prosegüíre*) tr. e itr. proseguir.

prosperare (*prosperáre*) itr. prosperar.

prosperità (*prosperitá*) f. prosperidad.   [pero.

prospero (*próspero*) adj. próspero.

prosperoso (*prosperóso*) adj. próspero, feliz.

prospettiva (*prospettíva*) f. perspectiva.

prospetto (*prospétto*) m. aspecto; programa; fachada.

prossimità (*prossimitá*) f. proximidad.

prossimo (*próssimo*) adj. próximo cercano. m. prójimo.

proteggere (*protétyere*) tr. proteger.

protendere (*proténdere*) tr. tender; avanzar.

protesi (*prótesi*) f. prótesis.

protestante (*protestánte*) adj. y m. protestante.

protestantesimo (*protestantésimo*) m. protestantismo.

protestare (*protestáre*) tr. e itr. protestar.

protezione (*protedsióne*) f. protección.

protocollo (*protocól-lo*) m. protocolo.

protone (*protóne*) m. protón.

prova (*próva*) f. prueba, ensayo.   [ensayar.

provare (*prováre*) tr. probar.

provato (*prováto*) adj. probado.

provenienza (*proveniéndsa*) f. procedencia.

provenire (*proveníre*) itr. proceder, provenir.

provincia (*provínchia*) f. provincia.

provinciale (*provinchiále*) adj. y m. provinciano, provincial.

provocare (*provocáre*) tr. provocar, incitar.

provocatore (*provocatóre*) adj. y m. provocador.

provocazione (*provocadsióne*) f. provocación.

provvedere (*provvedére*) tr. e itr. proveer.

provvedimento (*provvediménto*) m. abastecimiento; precaución.

provveditore (*provveditóre*) m. proveedor.

provvidente (*provvidénte*) adj. providente; cauto.

provvidenza (*provvidéndsa*) f. providencia; disposición.

provvisione (*provvisióne*) f. provisión, disposición.

provvisorio (*provvisório*) adj. provisional.

provvisto (*provvísto*) adj. provisto.

prudente (*prudénte*) adj. prudente.

prudenza (*prudéndsa*) f. prudencia.

prugna (*prúña*) f. (bot.) ciruela.

prugno (*prúño*) m. ciruelo.

psicologia (*psicolodyía*) f. psicología.

psicologico (*psicolódyico*) adj. psicológico.

pubblicare (*pubblicáre*) tr. publicar.

pubblicazione (*pubblicadsióne*) f. publicación.

pubblicità (*pubblichitá*) f. publicidad; (com.) anuncio.

pubblico (*púbblico*) adj. y m. público.

pudore (*pudóre*) m. pudor.

puerile (*pueríle*) adj. pueril.

puerizia (*puerídsia*) f. infancia, puericia.

pugilato (*pudyiláto*) m. boxeo, pugilato.

pugilatore (*pudyilatóre*) m. boxeador, púgil.

pugna (*púña*) f. pugna, lucha.   [pero.

pugnale (*puñále*) m. puñal.

pugnare (*puñáre*) tr. e itr. combatir.

pugno (*púño*) m. puño; puñado; puñetazo.

pulce (*púlche*) f. pulga.

pulcinella (*pulchinél-la*) m. polichinela.

pulcino (*pulchíno*) m. polluelo.

pulimento (*puliménto*) m. pulimento.

pulire (*pulíre*) tr. pulir; limpiar.

pulitura (*pulitúra*) f. limpieza; pulimento; toque, retoque.

pulizia (*pulidsía*) f. aseo, limpieza.

pulsare (*pulsáre*) tr. pulsar.

pulsazione (*pulsadsióne*) f. pulsación, latido.

pungere (*púndyere*) tr. e itr. punzar, picar.

pungitura (*pundyitúra*) f. picadura, punzada.

punire (*puníre*) tr. castigar.

punizione (*punidsióne*) f. castigo.

punta (*púnta*) f. punta.

puntare (*puntáre*) tr. apuntar (arma); apostar (en los juegos de envite); estimular; empujar, apretar; puntuar; hincar. itr. contar con; dirigirse.

puntina (*puntína*) f. alfiler; chincheta; (técn.) aguja.

punto (*púnto*) m. punto; lugar; puntada.

puntuale (*puntuále*) adj. puntual.

puntualità (*puntualitá*) f. puntualidad.

pupilla (*pupíl-la*) f. pupila.

pupillo (*pupíl-lo*) m. pupilo.

pure (*púre*) adv. y conj. también, asímismo; sin embargo.

purè (*puré*) m. puré.

purezza (*purétsa*) f. pureza.

purga (*púrga*) f. (med.) purga, purgante.

purgare (*purgáre*) tr. purgar.

purgatorio (*purgatório*) m. (rel.) purgatorio.

purificare *(purificáre)* tr. purificar.

purificazione *(purificadsióne)* f. purificación.

purità *(puritá)* f. puridad, pureza.

puro *(púro)* puro; limpio.

purtroppo *(purtróppo)* adv. a pesar mío, por desgracia.

purulenza *(puruléndsa)* f. purulencia.

pus *(pus)* m. (med.) pus, materia.

putridità *(putriditá)* f. putridez, putrefacción.

putrire *(putríre)* itr. pudrirse.

putto *(pútto)* m. niño pequeño (esculpido o pintado).

puzzare *(putsáre)* itr. heder.

puzzo *(pútso)* m. hedor.

puzzolente *(putsolénte)* adj. fétido.

Q q

qua *(kuá)* adv. aquí, acá. **di —** por aquí.

quaderno *(kuadérno)* m. cuaderno.

quadrante *(kuadránte)* m. cuadrante.

quadrare *(kuadráre)* tr. cuadrar. itr. convenir, agradar.

quadrato *(kuadráto)* adj. cuadrado; fornido, recio.

quadriennio *(kuadriénnio)* m. cuatrienio.

quadrilatero *(kuadrilátero)* m. (geom.) cuadrilátero.

quadro *(kuádro)* adj. cuadro, cuadrado. m. cuadro, pintura.

quadrupede *(kuadrúpede)* adj. y m. cuadrúpedo.

quaggiù *(kuatyiú)* adv. aquí abajo.

quaglia *(kuállia)* f. (orn.) codorniz.

quagliare *(kualliáre)* itr. cuajarse, coagularse.

qualche *(kuálke)* adj. y pron. algún, alguno, alguien; cualquier, cualquiera; unos, algunos.

qualcheduno *(kualkedúno)* pron. alguno.

qualcosa *(kualcósa)* pron. alguna cosa, algo.

qualcuno *(kualcúno)* pron. alguno, alguien.

quale *(kuále)* adj. y pron. que cual; cualquier. adv. como, en cualidad de.

qualificare *(kualificáre)* tr. calificar.

qualificazione *(kualificadsióne)* f. calificación.

qualità *(kualitá)* f. cualidad; calidad.

qualora *(kualóra)* conj. en caso de que, si acaso.

qualsiasi *(kualsíasi)* adj. cualquier, cualquiera.

qualsivoglia *(kualsivóllia)* adj. cualquier, cualquiera.

qualunque *(kualúnkue)* adj. y pron. cualquier, quienquiera.

quando *(kuándo)* adv. y conj. cuando, ya que, mientras.

---

quantità *(kuantitá)* f. cantidad.

quanto *(kuánto)* adj. pron. y adv. cuanto; cuan, cuán.

quanti *(kuánti)* adj. y pron. pl. cuantos. **— ne abbiamo oggi? ¿a cuántos estamos hoy?**

quaranta *(kuaránta)* adj. cuarenta.

quarantena *(kuaranténa)* f. cuarentena. [resma.

quaresima *(kuarésima)* f. cuaresma. [resma.

quartabuono *(kuartabuóno)* m. cartabón.

quartetto *(kuartétto)* m. (mús.) cuarteto.

quartiere *(kuartiére)* m. barrio; aposento; (mil.) cuartel.

quarto *(kuárto)* adj. cuarto. m. cuarta parte.

quarzo *(kuárdso)* m. cuarzo.

quasi *(kuási)* adv. casi, cerca de.

quassù *(kuassú)* adv. aquí arriba.

quattro *(kuáttro)* adj. y m. cuatro.

quattrocento *(kuattrochénto)* adj. y m. cuatrocientos. m. siglo quince.

quegli *(kuélli)* pron. s. aquél, el que.

quei *(kuéi)* pron. los, aquellos, esos.

quello *(kuél-lo)* adj. y pron. aquél, ese; aquello, eso. **— che** el que.

quercia *(kuérchia)* f. encina.

querela *(kuéréla)* f. querella.

querelante *(kuereláte)* adj. y m. querellante.

querelare *(kuereláre)* tr. querellarse, demandar.

querelarsi *(kuerelársi)* rfl. querellarse; lamentarse.

questa *(kuésta)* adj. y pron. esta.

queste *(kuéste)* adj. y pron. estas.

questi *(kuésti)* adj. y pron., estos; pron. éste.

questionario *(kuestionário)* m. cuestionario.

questione *(kuestióne)* f. pregunta; cuestión, problema, pelea.

questo *(kuésto)* adj. y pron. este; esto, eso. **quest'oggi** hoy.

questore *(kuestóre)* m. jefe de policía.

questura *(kuestúra)* f. jefatura de policía.

questurino *(kuesturíno)* m. agente de policía.

qui *(kuí)* adv. aquí, acá. **di — innanzi** de ahora en adelante.

quietanza *(kuietándsa)* f. recibo.

quietanzare *(kuietandsáre)* tr. saldar.

quietare *(kuietáre)* tr. aquietar.

quiete *(kuiéte)* f. quietud.

quieto *(kuiéto)* adj. quieto.

quinci *(kuínchi)* adv. de aquí; después; por esta razón. **— e quindi** por aquí y por allá.

quindi *(kuíndi)* adv. de allí, de allá; después. conj. por eso, por esta razón. **da — innanzi** de aquí en adelante.

quinta *(kuínta)* f. (mús.) quinta; (teat.) bastidor.

quintale *(kuintále)* m. quintal.

quinto *(kuínto)* adj. m. quinto.

quota *(kuóta)* f. cuota.

quotare *(kuotáre)* tr. cotizar.

quotazione *(kuotadsióne)* f. cotización (de valores).

quotidiano *(kuotidiáno)* adj. cotidiano, diario.

---

quotizzare *(kuotitsáre)* tr. cotizar.

quotizzazione *(kuotitsadsióne)* f. cotización.

quoziente *(kuodsiénte)* m. cociente.

rabbia *(rábbia)* f. rabia.

rabbino *(rabbíno)* m. rabino.

rabbioso *(rabbióso)* adj. rabioso, furioso.

rabbonire *(rabboníre)* tr. calmar, reconciliar.

rabbonirsi *(rabbonírsi)* rfl. calmarse, reconciliarse.

rabbrividire *(rabbrividíre)* itr. estremecerse, tiritar.

rabbuiarsi *(rabbuiársi)* rfl. oscurecer(se); encapotarse (el cielo).

raccapezzare *(raccapetsáre)* tr. entender; reunir; averiguar (tras gran esfuerzo).

raccapricciare *(raccapritchiáre)* itr. estremecerse, horrorizarse. [ta.

racchetta *(rakkétta)* f. raqueta.

raccogliere *(raccólliere)* tr. recoger, coger, cosechar, acoger; reunir.

raccoglimento *(raccolliménto)* m. recogida.

raccolta *(raccólta)* f. colección, recolección; reunión.

raccolto *(raccólto)* m. cosecha.

raccomandare *(raccomandáre)* tr. recomendar. **— una lettera** certificar una carta.

raccomandata *(raccomandáta)* f. carta certificada.

raccomandato *(raccomandáto)* adj. recomendado.

raccomandazione *(raccomandadsióne)* f. recomendación.

raccomodare *(raccomodáre)* tr. reparar, reconciliar.

raccomodatura *(raccomodatúra)* f. reparación.

raccontare *(raccontáre)* tr. contar, relatar.

racconto *(raccónto)* m. cuento, relato.

raccordare *(raccordáre)* tr. empalmar; reconciliar.

raccordarsi *(raccordársi)* rfl. reconciliarse.

raccordo *(raccórdo)* m. empalme.

raccostare *(raccostáre)* tr. aproximar, acercar más.

rada *(ráda)* f. rada, bahía.

radar *(rádar)* m. radar.

raddolcimento *(raddolchiménto)* m. mitigación; endulzamiento.

raddolcire *(raddolchíre)* tr. endulzar; mitigar.

raddoppiare *(raddoppiáre)* tr. redoblar; reiterar.

radere *(rádere)* tr. afeitar, rasurar.

radersi *(rádersi)* rfl. afeitarse.

radiale *(radiále)* adj. radial.

radiare *(radiáre)* tr. tachar, borrar. itr. radiar, resplandecer.

radiatore *(radiatóre)* m. radiador.

radiazione *(radiadsióne)* f. radiación.

---

radica *(rádica)* f. raíz.

radicale *(radicále)* adj. y m. radical.

radicare *(radicáre)* itr. arraigar. [garse.

radicarsi *(radicársi)* rfl. arraigarse.

radio *(rádio)* m. radio; rayo.

radioattività *(radioattivitá)* f. radiactividad.

radioattivo *(radioattívo)* adj. radiactivo.

radiodiffusione *(radiodiffusióne)* f. radiodifusión.

radiografia *(radiografía)* f. radiografía.

radioscopia *(radioscopía)* f. radioscopia.

radiotelegrafia *(radiotelegrafía)* f. radiotelegrafía.

radioterapia *(radioterapía)* f. radioterapia.

rado *(rádo)* adj. raro, poco común.

radunamento *(radunaménto)* m. reunión.

radunanza *(radunándsa)* f. reunión; montón.

radunare *(radunáre)* tr. reunir; amontonar.

radunata *(radunáta)* f. reunión.

rafano *(ráfano)* m. (bot.) rábano.

raffazzonare *(raffatsonáre)* tr. componer, arreglar.

rafferma *(rafférma)* f. confirmación; (mil.) reenganche.

raffermare *(raffermáre)* tr. ratificar; (mil.) reenganchar.

raffermarsi *(raffermársi)* rfl. consolidarse.

raffica *(ráffica)* f. ráfaga.

raffigurare *(raffiguráre)* tr. reconocer; simbolizar; representar.

raffinamento *(raffinaménto)* m. refinamiento.

raffinare *(raffináre)* tr. refinar.

raffineria *(raffinería)* f. refinería.

rafforzare *(raffordsáre)* tr. reforzar; fortificar.

raffreddamento *(raffreddaménto)* m. enfriamiento; (técn.) refrigeración.

raffreddare *(raffreddáre)* tr. enfriar.

raffreddarsi *(raffreddársi)* rfl. resfriarse, enfriarse.

raffreddore *(raffreddóre)* m. resfriado.

raffrenare *(raffrenáre)* tr. refrenar.

raffrescare *(raffrescáre)* itr. refrescar.

ragazza *(ragátsa)* f. muchacha.

ragazzo *(ragátso)* m. muchacho.

raggiante *(ratyiánte)* adj. radiante.

raggiare *(ratyiáre)* tr. e itr. radiar, irradiar.

raggio *(rátyio)* m. rayo.

raggirare *(ratyiráre)* tr. engañar.

raggiungere *(ratyiúndyere)* tr. alcanzar; lograr, conseguir; unir.

raggiustare *(ratyustáre)* tr. componer, arreglar; acomodar.

ragguagliare *(raggualliáre)* tr. igualar; cotejar; informar.

ragguaglio *(raggúallio)* m. igualación; comparación; informe.

ragionamento *(radyionaménto)* m. razonamiento.

ragionare *(radyionáre)* itr. razonar; conversar; discutir.

498

ragione *(radyióne)* f. razón; juicio, argumento.

ragioneria *(radyionería)* f. contabilidad, teneduría de libros.

ragionevole *(radyionévole)* adj. razonable.

ragioniere *(radyioniére)* contable. [ña.

ragnatelo *(rañatélo)* m. telaraña.

ragno *(raño)* m. araña.

rallegramento *(ral-legraménto)* m. regocijo, alegría.

rallegrare *(ral-legráre)* tr. alegrar.

rallegrarsi *(ral-legrársi)* rfl. alegrarse.

rallentamento *(ral-lentaménto)* m. reducción de la marcha; moderación.

rallentare *(ral-lentáre)* tr. aflojar, relajar; moderar; disminuir la velocidad.

rama *(ráma)* f. rama.

rame *(ráme)* m. cobre.

ramificare *(ramificáre)* tr. ramificar.

ramificazione *(ramificadsióne)* f. ramificación.

rammaricarsi *(rammaricársi)* rfl. lamentarse.

rammarico *(rammárico)* m. lamentación.

rammendare *(rammendáre)* tr. remendar, componer; zurcir.

rammendatura *(rammendatúra)* f. remiendo; zurcido.

rammendo *(ramméndo)* m. remiendo.

rammentare *(rammentáre)* tr. recordar, mencionar.

rammentarsi *(rammentársi)* rfl. acordarse.

rammollire *(rammol-líre)* tr. ablandar.

ramo *(rámo)* m. ramo, rama; brazo (de río); sección, división; ramal (de un camino).

rampicare *(rampicáre)* itr. trepar.

rampino *(rampíno)* m. garfio, gancho, garabato.

rampollo *(rampól-lo)* m. manantial; retoño.

rampone *(rampóne)* m. arpón.

rana *(rána)* f. rana.

rancio *(ránchio)* m. (mil.) ración, rancho.

rancore *(rancóre)* m. rencor.

rango *(rángo)* m rango, clase; fila, línea.

rannicchiare *(rannikkiáre)* tr. enroscar, encoger.

rannicchiarsi *(rannikkiársi)* rfl. enroscarse, encogerse.

rannuvolarsi *(rannuvolársi)* rfl. nublarse.

rantolare *(rantoláre)* itr. agonizar.

rantolo *(rántolo)* m. estertor.

rapa *(rápa)* f. nabo; (fig.) necio, tonto.

rapace *(rapáche)* adj. rapaz.

rapacità *(rapachitá)* f. rapacidad.

rapidità *(rapiditá)* f. rapidez; velocidad.

rapido *(rápido)* adj. rápido, veloz.

rapina *(rapína)* f. rapiña, pillaje.

rapire *(rapíre)* tr. rapiñar; robar, raptar.

rappaciare *(rappachiáre)* tr. reconciliar.

rappezzare *(rappetsáre)* tr. remendar, zurcir.

rappezzo *(rappétso)* m. remiendo.

rapportarsi *(rapportársi)* rfl. referirse a.

rapporto *(rappórto)* m. informe; relación.

rappresaglia *(rappresállia)* f. represalia.

rappresentante *(rappresentánte)* adj. y m. representante; agente.

rappresentanza *(rappresentánsa)* f. representación.

rappresentare *(rappresentáre)* tr. representar (actuar en el teatro); representar (a alguien).

rappresentazione *(rappresentadsióne)* f. representación.

rarità *(raritá)* f. rareza.

raro *(ráro)* adj. raro, curioso. **di** — raramente.

rasare *(rasáre)* tr. rasurar, afeitar.

raschiare *(raskiáre)* raspar, rascar. itr. carraspear.

raschio *(ráskio)* m. carraspeo.

raso *(ráso)* adj. raso, liso. m. raso.

rasoio *(rasóio)* m. navaja de afeitar. **— di sicurezza** maquinilla de afeitar. **— elettrico** máquina eléctrica.

rassegna *(rasséña)* f. reseña; (mil.) revista.

rassegnarsi *(rasseñársi)* rfl. resignarse.

rassegnazione *(rasseñadsione)* f. resignación.

rasserenare *(rasserenáre)* tr. tranquilizar.

rasserenarsi *(rasserenársi)* rfl. serenarse, despejarse (el cielo).

rassicurare *(rassicuráre)* tr. asegurar, animar.

rassomiglianza *(rassomilliándsa)* f. semejanza.

rassomigliare *(rassomilliáre)* itr. semejar.

rastrellare *(rastrel-láre)* tr. rastrillar; rastrear.

rata *(ráta)* f. plazo, vencimiento; cuota, porción. **a rate** a plazos.

rattenere *(rattenére)* tr. detener, retener.

rattenersi *(rattenérsi)* rfl. detenerse, retenerse.

ratto *(rátto)* m. rapto; (zool.) rata, ratón.

rattrappito *(rattrappíto)* adj. encogido, baldado.

rattristare *(rattristáre)* tr. entristecer.

rattristarsi *(rattristársi)* rfl. entristecerse.

raucedine *(rauchédine)* f. (med.) ronquera.

ravvedersi *(ravvedérsi)* rfl. arrepentirse, enmendarse.

ravvedimento *(ravvediménto)* m. arrepentimiento.

ravviamento *(ravviaménto)* m. enderezamiento, enmienda.

ravviare *(ravviáre)* tr. enderezar, ordenar.

ravviarsi *(ravviársi)* rfl. asearse; peinarse; corregirse.

ravvisare *(ravvisáre)* tr. reconocer, distinguir.

ravvivare *(ravviváre)* tr. avivar, reanimar.

ravvolgere *(ravvóldyere)* tr. envolver.

razionale *(radsionále)* adj. racional.

razionare *(radsionáre)* tr. racionar.

razione *(radsióne)* f. ración.

razza *(rátsa)* f. raza; (fig.) ralea; calidad, especie.

razzia *(ratsía)* f. razzia, correría. **far** — robar.

razzo *(rátso)* m. cohete.

re *(re)* m. rey, soberano.

reagire *(readyíre)* itr. reaccionar.

reale *(reále)* adj. real; verídico.

realismo *(realísmo)* m. realismo.

realità *(realitá)* f. realidad; realeza.

realizzare *(realitsáre)* tr. realizar.

realizzazione *(realitsadsióne)* f. realización.

realtà *(realtá)* f. realidad.

reame *(reáme)* m. reino.

reattivo *(reattívo)* adj. y m. reactivo.

reazione *(readsióne)* f. reacción.

recare *(recáre)* tr. llevar; causar.

recarsi *(recársi)* rfl. trasladarse.

recensione *(rechensióne)* f. crítica.

recensore *(rechensóre)* m. crítico.

recente *(rechénte)* adj. reciente.

recesso *(rechésso)* m. retiro, receso, desvío.

recezione *(rechedsióne)* f. recepción; acogida.

recidere *(rechídere)* tr. cortar; amputar.

recidiva *(rechidíva)* f. reincidencia; recaída, recidiva.

recidivo *(rechidívo)* adj. y m. reincidente.

recingere *(rechíndyere)* tr. ceñir.

recinto *(rechínto)* m. recinto.

recipiente *(rechipiénte)* m. recipiente.

reciprocità *(rechiprochitá)* f. reciprocidad

reciproco *(rechíproco)* adj. recíproco.

recita *(réchita)* f. recitación; representación.

recitare *(rechitáre)* tr. recitar; representar (en el teatro).

recitazione *(rechitadsióne)* f. recitación.

reclamare *(reclamáre)* tr. reclamar.

reclamazione *(reclamadsióne)* f. reclamación.

reclamo *(reclámo)* m. reclamación.

recluta *(récluta)* f. recluta.

recondito *(recóndito)* adj. recóndito, escondido.

redattore *(redattóre)* m. redactor.

redazione *(redadsióne)* f. redacción.

reddito *(réddito)* m. rédito, renta.

redigere *(redídyere)* tr. redactar, escribir actas, artículos, libros, etc.

redimere *(redímere)* tr. redimir.

reduce *(réduche)* adj. y m. repatriado.

refe *(réfe)* m. hilo de coser.

referenza *(referéndsa)* f. referencia. [torio.

refettorio *(refettório)* m. refectorio.

refrigerare *(refridyeráre)* tr. refrigerar.

refrigerio *(refridyério)* m. refrigerio.

regalare *(regaláre)* tr. regalar.

regalo *(regálo)* m. regalo, don, presente.

regata *(regáta)* f. regata.

reggente *(retyénte)* adj. y m. regente. [cia.

reggenza *(retyéndsa)* f. regencia.

reggere *(rétyere)* tr. sostener.

reggimento *(retyiménto)* m. (mil.) regimiento.

reggipetto *(retyipétto)* m. sostén.

regia *(retyía)* f. dirección (de escena cinematográfica).

regime *(rédyime)* m. régimen.

regina *(redyína)* f. reina.

regio *(rédyio)* adj. regio.

registrare *(redyistráre)* tr. registrar.

registratore *(redyistratóre)* m. registrador.

registrazione *(redyistradsióne)* f. registro.

registro *(redyístro)* m. registro. [te.

regnante *(reñánte)* adj. reinante.

regnare *(reñáre)* itr. reinar.

regno *(réño)* m. reino.

regola *(régola)* f. regla; ley.

regolamento *(regolaménto)* m. reglamento.

regolare *(regoláre)* adj. regular. tr. regular.

regolarità *(regolaritá)* f. regularidad.

regressivo *(regressívo)* adj. regresivo.

regresso *(regrésso)* m. regresión.

relativo *(relatívo)* adj. relativo.

relazione *(reladsióne)* f. relación; trato, amistad.

religione *(relidyióne)* f. religión.

religiosità *(relidyiositá)* f. religiosidad.

religioso *(relidyióso)* adj. religioso, devoto. m. religioso.

remare *(remáre)* itr. remar, bogar.

rematore *(rematóre)* m. remero.

reminiscenza *(reminischéndsa)* f. reminiscencia.

remissione *(remissióne)* f. remisión, perdón.

remo *(rémo)* m. remo.

remoto *(remóto)* adj. remoto, distante, alejado.

remunerare *(remuneráre)* tr. remunerar.

rendere *(réndere)* tr. rendir; devolver, expresar; hacer.

rendersi *(rendérsi)* rfl. rendirse, trasladarse.

rendimento *(rendiménto)* m. rendimiento; restitución.

rendita *(réndita)* f. renta; rédito.

rene *(réne)* m. (anat.) riñón.

renitente *(reniténte)* adj. reacio, renitente.

renitenza *(reniténdsa)* f. renitencia.

reo *(réo)* m. reo.

repente *(repénte)* adj. repentino. **di** — de repente.

repentino *(repentíno)* adj. repentino.

repertorio *(repertório)* m. repertorio.

replica *(réplica)* f. réplica, respuesta; repetición.

replicare *(replicáre)* tr. replicar, responder; repetir.

repressione *(repressióne)* f. represión.

reprimere *(reprímere)* tr. reprimir.

repubblica *(repúbblica)* f. república.

repubblicano *(repubblicáno)* adj. y m. republicano.

reputare *(reputáre)* tr. reputar, considerar.

reputazione *(reputadsióne)* f. reputación.

requisire *(rekuisíre)* tr. requisar.

requisito *(rekuisíto)* m. requisito.

requisizione *(rekuisidsióne)* f. requisición.

resa *(résa)* f. (mil.) rendición, entrega.

rescindere *(reschíndere)* tr. rescindir.

residente *(residénte)* adj. residente.

residenza *(residéndsa)* f. residencia.

residuo *(residuo)* m. residuo, resto.

resina *(résina)* f. resina.

resistente *(resisténte)* adj. resistente.

resistenza *(resisténdsa)* f. resistencia.

resistere *(resístere)* itr. resistir, resistirse.

resoconto *(resocónto)* m. relación, informe; rendición de cuentas.

respingere *(respíndyere)* tr. repeler, rechazar.

respirare *(respiráre)* tr. e itr. respirar.

respirazione *(respiradsióne)* f. respiración.

respiro *(respíro)* m. respiro; suspiro; respiración.

responsabile *(responsábile)* adj. responsable.

responsabilità *(responsabilitá)* f. responsabilidad.

responso *(respónso)* m. respuesta; (med.) dictamen.

restante *(restánte)* adj. restante.

restare *(restáre)* itr. restar, sobrar; quedar.

restaurare *(restauráre)* tr. restaurar, restablecer.

restaurazione *(restauradsióne)* f. restauración.

resti *(résti)* m. pl. restos; ruinas; sobras.

restituire *(restituíre)* tr. restituir.

restituzione *(restitudsióne)* f. restitución.

resto *(résto)* m. resto. **del —** por lo demás.

restringere *(restríndyere)* tr. restringir.

restrizione *(restridsióne)* f. restricción.

retaggio *(retátyio)* m. herencia; patrimonio.

rete *(réte)* f. red; gol (en fútbol).

retina *(rétina)* f. (anat.) retina.

retroattivo *(retroattívo)* adj. retroactivo.

retrobottega *(retrobottéga)* f. trastienda.

retrocamera *(retrocámera)* f. recámara.

retrocedere *(retrochédere)* itr. retroceder; (mil.) replegar. tr. (mil.) degradar; hacer retroceder; restituir; abonar.

retrocessione *(retrochessióne)* f. retrocesión; retroceso.

retrogrado *(retrógrado)* adj. retrógrado.

retta *(rétta)* f. atención; pensión, pupilaje; línea recta. **dare —** prestar atención. **mezza —** media pensión.

rettamente *(rettaménte)* adv. rectamente.

rettangolo *(rettángolo)* m. rectángulo.

rettifica *(rettífica)* f. rectificación.

rettificare *(rettificáre)* tr. rectificar.

rettificazione *(rettificadsióne)* f. rectificación.

rettile *(réttile)* adj. y m. reptil. [titud.

rettitudine *(rettitúdine)* f. rectitud.

retto *(rétto)* adj. recto. m. (anat.) intestino recto.

rettore *(rettóre)* adj. y m. rector.

reuma *(réuma)* m. reuma, reumatismo.

reumatico *(reumático)* adj. reumático.

reumatismo *(reumatísmo)* m. reumatismo, reuma.

reverendo *(reveréndo)* adj. y m. reverendo.

revisione *(revisióne)* f. revisión.

revisore *(revisore)* m. revisor; inspector. [car.

revocare *(revocáre)* tr. revocar.

revocazione *(revocadsióne)* f. revocación.

rialzare *(rialdsáre)* tr. realzar; reedificar.

riapertura *(riapertúra)* f. reapertura.

riassumere *(riassúmere)* tr. reasumir; recapitular

riavere *(riavére)* tr. recuperar.

riaversi *(riavérsi)* itr. reanimarse; recuperarse.

ribassare *(ribassáre)* tr. rebajar; bajar. itr. bajar, disminuir.

ribasso *(ribasso)* m. baja de valores; (com.) descuento, rebaja.

ribellare *(ribel-láre)* tr. rebelar, sublevar.

ribelle *(ribél-le)* adj. y m. rebelde. [lión.

ribellione *(ribellióne)* f. rebelión.

ribrezzo *(ribrétso)* m. repugnancia; susto. **far — repugnar.

ricadere *(ricadére)* itr. recaer; reincidir.

ricaduta *(ricadúta)* f. recaída.

ricamare *(ricamáre)* tr. recamar, bordar.

ricambiare *(ricambiáre)* tr. recambiar; devolver.

ricambio *(ricámbio)* m. recambio.

ricamo *(ricámo)* m. bordado.

ricapitolare *(ricapitoláre)* itr. recapitular.

ricapitolazione *(ricapitoladsióne)* f. recapitulación.

ricavare *(ricaváre)* tr. sacar provecho; recabar; obtener, extraer.

ricavo *(ricávo)* m. producto, ganancia, importe; extracción.

ricchezza *(rikkétsa)* f. riqueza.

riccio *(rítchio)* m. rizo; (zool.) erizo.

ricco *(rícco)* adj. rico.

riccone *(riccóne)* m. ricachón.

ricerca *(richérca)* f. búsqueda; investigación.

ricercare *(richercáre)* tr. buscar, indagar; investigar.

ricetta *(richétta)* f. receta.

ricevere *(richévere)* tr. recibir.

ricevimento *(richeviménto)* m. recibimiento; recepción (en todas sus acepciones).

ricevuta *(richevúta)* f. recibo.

ricezione *(richedsióne)* f. recepción.

richiamare *(rikiamáre)* tr. llamar (de nuevo); (mil.) llamar a filas (a la reserva).

richiamo *(rikiámo)* m. llamada; reclamo.

richiedere *(rikiédere)* tr. requerir, preguntar. itr. ser menester, necesitarse.

richiesta *(rikiésta)* f. petición, pregunta; encargo; citación.

ricognizione *(riconídsióne)* f. reconocimiento.

ricompensa *(ricompénsa)* f. recompensa, remuneración.

ricompensare *(ricompensáre)* tr. recompensar.

riconcentrare *(riconchentráre)* tr. reconcentrar.

riconciliare *(riconchiliáre)* tr. reconciliar.

riconciliazione *(riconchiliadsióne)* f. reconciliación.

riconoscente *(riconoschénte)* adj. agradecido.

riconoscenza *(riconoschéndsa)* f. agradecimiento.

riconoscere *(riconóschere)* tr. reconocer; confesar.

ricordare *(ricordáre)* tr. recordar.

ricordarsi *(ricordársi)* rfl. acordarse.

ricordo *(ricórdo)* m. recuerdo.

ricorrere *(ricórrere)* itr. recurrir; acudir a.

ricorso *(ricórso)* m. recurso.

ricostruire *(ricostruíre)* tr. reconstruir, reedificar.

ricostruzione *(ricostrudsióne)* f. reconstrucción.

ricoverare *(ricoveráre)* tr. refugiar; albergar; ingresar.

ricoverarsi *(ricoverarsi)* rfl. refugiarse; albergarse.

ricovero *(ricóvero)* m. refugio, asilo; abrigo.

ricreare *(ricreáre)* tr. recrear divertir; crear de nuevo.

ricrearsi *(ricreársi)* rfl. divertirse.

ricreazione *(ricreadsióne)* f. diversión, recreo, recreación; nueva creación.

ricuperare *(ricuperáre)* tr. recuperar.

ricupero *(ricúpero)* m. recuperación, rescate.

ricurvo *(ricúrvo)* adj. encorvado, curvado.

ricusarsi *(ricusáre)* tr. recusar, rehusar.

ridere *(rídere)* itr. reír(se).

ridicolo *(ridícolo)* adj. y m. ridículo.

ridurre *(ridúrre)* tr. reducir, disminuir.

riduzione *(ridudsióne)* f. reducción; baja (de precios).

riempimento *(riempiménto)* m. relleno; plenitud.

riempire *(riempíre)* tr. llenar, colmar.

rifacimento *(rifachiménto)* m. resarcimiento; restauración.

rifare *(rifáre)* tr. rehacer; resarcir; reedificar.

rifarsi *(rifarsi)* rfl. recobrarse; resarcirse; volver a; remontarse.

riferimento *(riferiménto)* m. referencia; relato.

riferire *(riferíre)* tr. referir; relacionar. itr. informar.

riferirsi *(riferírsi)* rfl. referirse.

rifermare *(rifermáre)* tr. confirmar.

rifiatare *(rifiatáre)* itr. alentar, respirar; decir una palabra.

rifinire *(rifiníre)* tr. acabar, extenuar; perfeccionar.

rifiorimento *(rifioriménto)* m. (re)florecimiento.

rifiorire *(rifioríre)* itr. rejuvenecerse; reflorecer.

rifiutare *(rifiutáre)* tr. rehusar, desechar; renunciar.

rifiuto *(rifiúto)* m. negativa; (fig.) desecho.

riflessione *(riflessióne)* f. reflexión.

riflessivo *(riflessívo)* adj. reflexivo. [flejo.

riflesso *(riflésso)* adj. y m. reflejo.

riflettere *(rifléttere)* tr. reflejar, reflactar. itr. reflexionar.

riflusso *(riflússo)* m. reflujo.

riforma *(rifórma)* f. reforma.

riformare *(riformáre)* tr. reformar.

riformazione *(riformadsióne)* f. reformación, reforma.

rifugiarsi *(rifudyiársi)* rfl. refugiarse, asilarse.

rifugiato *(rifudyiáto)* adj. y m. refugiado.

rifugio *(rifúdyio)* m. refugio. asilo; (fig.) protección.

rifúlgere *(rifúldyere)* itr. refulgir, brillar.

riga *(ríga)* f. raya; regla; línea; hilera; lista (en los tejidos).

rigare *(rigare)* tr. rayar, pautar.

rigettare *(ridyettáre)* tr. rechazar, desechar; devolver.

rigetto *(ridyétto)* m. rechazo; desecho. [dez.

rigidezza *(ridyidétsa)* f. rigidez.

rigido *(rídyido)* adj. rígido.

rigirare *(ridyiráre)* tr. cercar, rodear; dar vueltas. itr. dar vueltas; pasear.

rigiro *(ridyíro)* m. rodeo, vueltas; vaivén; enredo.

rigoglio *(rigóllio)* m. exuberancia.

rigoglioso *(rigollióso)* adj. exuberante. [ridad.

rigore *(rigóre)* m. rigor, severo.

rigoroso *(rigoróso)* adj. riguroso, severo.

riguardare *(riguardáre)* tr. considerar; vigilar.

riguardarsi *(riguardársi)* rfl. guardarse de.

riguardevole *(riguardévole)* adj. notable, importante.

riguardo *(riguardo)* m. atención, deferencia.

rilasciare *(rilaschiáre)* tr. soltar; consignar; relajar; condonar, remitir.

rilassamento *(rilassaménto)* m. relajación, relajamiento.

rilassare *(rilassáre)* tr. relajar.

rilassarsi *(rilassarsi)* rfl. relajarse.

rilassatezza *(rilassatétsa)* f. relajación (de costumbres).

rilegare *(rilegáre)* tr. religar; encuadernar; relegar; desterrar.

rilegatura *(rilegatúra)* f. encuadernación.

rilevare *(rilevare)* tr. realzar; poner en evidencia; inferir; relevar; advertir. itr. sobresalir; tener importancia.

rilievo *(riliévo)* m. relieve; observación. **cosa di poco —** cosa de poca importancia.

rilucente *(riluchénte)* adj. reluciente.

rilucere *(rilúchere)* itr. relucir, resplandecer.

rima *(ríma)* f. rima.

rimanente *(rimanénte)* adj. y m. remanente, resto.

500

rimanenza *(rimanéndsa)* f. resto, remanencia.

rimanere *(rimanére)* itr. quedar; sobrar; quedarse, permanecer.

rimarcare *(rimarcáre)* tr. notar, advertir.

rimarco *(rimárco)* m. reparo, advertencia.

rimborsare *(rimborsáre)* tr. reembolsar, reintegrar.

rimborso *(rimbórso)* m. reembolso.

rimediare *(rimediáre)* tr. remediar.

rimedio *(rimédio)* m. remedio.

rimembranza *(rimembrándsa)* f. reminiscencia, recuerdo.

rimembrare *(rimembráre)* tr. recordar.

rimescolamento *(rimescolaménto)* m. mezcla; alteración.

rimescolare *(rimescoláre)* tr. mezclar de nuevo; revolver.

rimescolarsi *(rimescolársi)* rfl. mezclarse de nuevo; turbarse.

rimessa *(riméssa)* f. envío, remesa; (bot.) retoño; cobertizo; cochera; (com.) pérdida.

rimettere *(riméttere)* tr. remitir; perdonar; reponer.

rimetterci *(rimétterchi)* itr. perder.

rimettersi *(riméttersi)* rfl. remitirse; volver a, reemprender; recobrar la salud.

rimorchiare *(rimorkiáre)* tr. remolcar.

rimorchio *(rimórkio)* m. remolque.

rimordere *(rimórdere)* tr. remorder.

rimordimento *(rimordiménto)* m. remordimiento, arrepentimiento.

rimorso *(rimórso)* m. remordimiento.

rimpatriare *(rimpatriáre)* tr. repatriar. itr. repatriarse.

rimpatrio *(rimpátrio)* m. repatriación.

rimpiangere *(rimpiándyere)* itr. deplorar, compadecerse.

rimpianto *(rimpiánto)* m. sentimiento.

rimpiattare *(rimpiattáre)* tr. esconder.

rimpiattarsi *(rimpiattársi)* rfl. esconderse.

rimpiattino *(rimpiattíno)* m. escondite (juego de niños).

rimpiazzare *(rimpiatsáre)* tr. reemplazar.

rimproverare *(rimproveráre)* tr. reprender, reprochar.

rimprovero *(rimpróvero)* m. reproche, reprimenda.

rimunerare *(rimuneráre)* tr. recompensar.

rimunerazione *(rimuneradsióne)* f. remuneración, recompensa. itr. rendir, dar provecho.

rinascere *(rináschere)* itr. renacer; renovarse.

rinascenza *(rinaschéndsa)* f. renacimiento.

rinascimento *(rinaschiménto)* m. renacimiento.

rincarare *(rincaráre)* tr. e itr. encarecer, encarecerse.

rincarnarsi *(rincarnársi)* rfl. engordar.

rincaro *(rincáro)* m. encarecimiento.

rinchiudere *(rinkiúdere)* tr. encerrar, recluir.

rincontrare *(rincontráre)* tr. encontrar o hallar de nuevo; encontrarse.

rincontro *(rincóntro)* m. encuentro; confrontación; choque. **di** — enfrente.

rincoramento *(rincoraménto)* m. alentamiento.

rincorare *(rincoráre)* tr. alentar, animar.

rincorarsi *(rincorársi)* rfl. reanimarse.

rincorrere *(rincórrere)* tr. perseguir.

rincrescere *(rincréschere)* itr. sentir. **mi rincresce che** siento mucho que.

rincrescimento *(rincresciménto)* m. sentimiento.

rinculare *(rinculáre)* itr. recular; (mil.) replegarse.

rinculata *(rinculáta)* f. reculada.

rinforzamento *(rinfordsaménto)* m. refuerzo.

rinforzare *(rinfordsáre)* tr. reforzar.

rinforzarsi *(rinfordsársi)* rfl. recobrar fuerzas.

rinforzo *(rinfórdso)* m. refuerzo.

rinfrescamento *(rinfrescaménto)* m. refrescamiento.

rinfrescante *(rinfrescánte)* adj. refrescante.

rinfrescare *(rinfrescáre)* tr. e itr. refrescar.

rinfrescata *(rinfrescáta)* f. refrescamiento; frescor, fresco.

rinfresco *(rinfrésco)* m. refresco.

ringhiera *(ringuiéra)* f. barandilla, baranda.

ringiovanire *(rindyiovaníre)* tr. e itr. rejuvenecer, rejuvenecerse.

ringraziamento *(ringradsiaménto)* m. agradecimiento.

ringraziare *(ringradsiáre)* tr. agradecer.

rinnegare *(rinnegáre)* tr. renegar.

rinnegato *(rinnegáto)* adj. y m. renegado.

rinnovamento *(rinnovaménto)* m. renovación.

rinnovare *(rinnováre)* tr. renovar.

rinnovazione *(rinnovadsióne)* f. renovación; cambio, trueque.

rinomato *(rinomáto)* adj. famoso, célebre.

rinserrare *(rinserráre)* tr. encerrar; cerrar de nuevo.

rintoccare *(rintoccáre)* tr. repicar las campanas.

rintocco *(rintócco)* m. repique de campanas.

rinunzia *(rinúndsia)* f. renuncia.

rinunziare *(rinundsiáre)* tr. renunciar; desistir.

rinvenire *(rinveníre)* itr. reanimarse, volver en sí.

rinviare *(rinviáre)* tr. volver o enviar; diferir.

rinvigorire *(rinvigoríre)* tr. vigorizar, fortalecer. itr. reponerse.

rinvigorirsi *(rinvigorírsi)* rfl. fortalecerse.

rinvio *(rinvío)* m. aplazamiento; devolución.

riordinare *(riordináre)* tr. reorganizar.

riorganizzare *(riorganitsáre)* tr. reorganizar.

riorganizzazione *(riorganitsadsióne)* f. reorganización.

riparare *(ripuráre)* tr. reparar; proteger; resarcir.

ripararsi *(riparársi)* rfl. resguardarse.

riparazione *(riparadsióne)* f. reparación; indemnización.

riparo *(ripáro)* m. reparación; reparo; abrigo; amparo.

ripartimento *(ripartiménto)* m. reparto, distribución.

ripartire *(ripartíre)* tr. repartir, distribuir. itr. volver a marcharse.

ripartizione *(ripartidsióne)* f. repartición, distribución.

riparto *(ripárto)* m. reparto.

ripassare *(ripassáre)* tr. repasar, perfeccionar. tr. e itr. pasar de nuevo.

ripassata *(ripassáta)* f. repaso; ojeada; reprimenda.

ripetere *(ripétere)* tr. repetir; reclamar.

ripetizione *(ripetidsióne)* f. repetición; reclamación.

ripianare *(ripianáre)* tr. allanar.

ripiano *(ripiáno)* m. rellano.

ripiegare *(ripiegáre)* tr. replegar.

ripiegarsi *(ripiegársi)* rfl. (mil.) replegarse.

ripiego *(ripiégo)* m. recurso.

ripieno *(ripiéno)* adj. relleno. m. relleno, picadillo.

riportare *(riportáre)* tr. reportar; narrar; causar.

riportarsi *(riportársi)* rfl. remitirse, referirse. **somma a** — suma y sigue.

riporto *(ripórto)* m. doble; (com.) suma anterior; adorno.

riposare *(riposáre)* tr. posar, apoyar de nuevo; descansar. itr. reposar, yacer; apoyarse.

riposo *(ripóso)* m. reposo.

ripresa *(riprésa)* f. toma. (med.) convalecencia; repetición, reiteración. **— dei prezzi** subida de los precios.

riproduzione *(riprodudsióne)* f. reproducción.

riprova *(ripróva)* f. confirmación.

riprovare *(riprováre)* tr. reprobar; suspender (en examen).

ripudiare *(ripudiáre)* tr. repudiar.

ripudio *(ripúdio)* m. repudio.

ripugnante *(ripuñánte)* adj. repugnante.

ripugnanza *(ripuñándsa)* f. repugnancia.

ripugnare *(ripuñáre)* itr. repugnar.

ripulsione *(ripulsióne)* f. repulsión.

riputazione *(riputadsióne)* f. reputación, fama.

riquadrare *(rikuadráre)* tr. cuadrar. itr. medir superficies; cuadrar, satisfacer.

riquadro *(rikuádro)* m. recuadro.

risaia *(risáia)* f. arrozal.

risaltare *(risaltáre)* tr. e itr. saltar de nuevo. itr. resaltar.

risalto *(risálto)* m. resalto, resalte; relieve; esplendor. **di** — de rebote.

risanare *(risanáre)* tr. sanar. itr. sanar, curar.

risarcire *(risarchíre)* tr. resarcir.

riscaldamento *(riscaldaménto)* m. calefacción; enardecimiento.

riscaldare *(riscaldáre)* tr. recalentar; acalorar; calentar.

riscaldarsi *(riscaldársi)* rfl. calentarse (con fuego); irritarse; excitarse.

rischiaramento *(riskiaraménto)* m. esclarecimiento.

rischiarare *(riskiaráre)* tr. esclarecer.

rischiararsi *(riskiarársi)* rfl. aclararse, despejarse.

rischiare *(riskiáre)* tr. arriesgar.   [go

rischio *(riskio)* m. peligro, ries

riscontrare *(riscontráre)* tr confrontar; comprobar; en contrar. itr. corresponder.

riscontro *(riscóntro)* m. en cuentro; comparación.

risentimento *(risentimento)* m resentimiento.

risentire *(risentíre)* tr. volver a oír, a sentir.

risentirsi *(risentírsi)* rfl. resen tirse.

riserbare *(riserbáre)* tr. reser var; resguardar.

riserva *(risérva)* f. reserva.

riservare *(riserváre)* tr. reser var.

riservatezza *(riservatétsa)* f reserva, discreción.

riso *(ríso)* m. arroz; risa.

risolino *(risolíno)* m. risita sonrisa.

risolutezza *(risolutétsa)* f. re solución.

risoluto *(risolúto)* adj. resuel to.

risoluzione *(risoludsióne)* f. re solución.

risolvere *(risólvere)* tr. resol ver; decidir; rescindir, anu lar (un contrato).

risonanza *(risonándsa)* f. reso nancia, eco.

risonare *(risonáre)* tr. volver a tocar. itr. resonar.

risorgere *(risórdyere)* itr. re surgir, resucitar, renacer.

risorgimento *(risordyiménto)* m. resurgimiento; resurrec ción; renovación.

risorsa *(risórsa)* f. recurso.

risotto *(risótto)* m. plato de arroz.

risparmiare *(risparmiáre)* tr ahorrar.   [rro.

risparmio *(rispármio)* m. aho

rispecchiare *(rispekkiáre)* tr. reflejar.

rispettare *(rispettáre)* tr. respetar.

rispettivo *(rispettívo)* adj. respectivo.

rispetto *(rispétto)* m. respeto; respecto.

rispettoso *(rispettóso)* adj. respetuoso.

risplendere *(rispléndere)* tr. resplandecer, relucir.

rispondere *(rispóndere)* tr. responder, contestar. itr. replicar; responder; garantizar; corresponder.

risposta *(rispósta)* f. respuesta.

ristabilimento *(ristabiliménto)* m. restablecimiento.

ristabilire *(ristabilíre)* tr. restablecer; reponer.

ristorante *(ristoránte)* m. restaurante.

ristorare *(ristoráre)* tr. restaurar, renovar.

ristoro *(ristóro)* m. consuelo (espiritual).

ristrettezza *(ristrettétsa)* f. restricción.

risultare *(risultáre)* itr. resultar. [tado.

risultato *(risultáto)* m. resultado.

risuscitamento *(risuschitaménto)* m. resurrección.

risuscitare *(risuschitáre)* tr. e itr. resucitar.

risvegliare *(risvelliáre)* tr. despertar, avivar.

ritaglio *(ritállio)* m. retal.

ritardare *(ritardáre)* tr. retardar, atrasar.

ritardo *(ritárdo)* m. atraso, retraso.

ritegno *(ritéño)* m. retención; discreción; apoyo. senza — sin medida, sin freno.

ritenere *(riteníre)* tr. retener; controlar; considerar; detener.

ritirare *(ritiráre)* tr. retirar, recoger.

ritirata *(ritiráta)* f. retirada; retrete.

ritirato *(ritiráto)* adj. retirado.

ritiro *(ritíro)* m. retiro; asilo.

rito *(ríto)* m. rito; costumbre, uso.

ritoccare *(ritoccáre)* tr. retocar; corregir.

ritornare *(ritornáre)* tr. devolver. itr. regresar, volver; repetirse.

ritorno *(ritórno)* m. retorno, regreso. [sión.

ritorsione *(ritorsióne)* f. retor-

ritrarre *(ritrárre)* tr. sacar; extraer; reproducir. itr. parecerse.

ritrattare *(ritrattáre)* tr. retratar; retractar.

ritrattarsi *(ritrattársi)* rfl. retractarse.

ritrattazione *(ritrattadsióne)* f. retractación.

ritratto *(ritrátto)* m. retrato.

ritrovare *(ritrováre)* tr. encontrar; inventar.

ritrovarsi *(ritrovársi)* rfl. encontrarse de nuevo; encontrarse; adaptarse.

ritrovo *(ritróvo)* m. reunión.

ritto *(rítto)* adj. derecho.

riunione *(riunióne)* f. reunión, junta. [tar.

riunire *(riuníre)* tr. reunir, jun-

riunirsi *(riunírsi)* rfl. reunirse.

riuscire *(riuschíre)* itr. tener buen éxito, resultar; conseguir.

riuscita *(riuschíta)* f. acierto; resultado.

riva *(ríva)* f. orilla, playa.

rivale *(rivále)* adj. y m. rival, competidor.

rivedere *(rivedére)* tr. rever, volver a ver; revisar; comprobar (cuentas). a rivederci! ¡hasta la vista!

rivelare *(riveláre)* tr. revelar, descubrir.

rivelazione *(riveladsióne)* f. revelación.

rivendere *(rivéndere)* tr. revender.

rivendita *(rivéndita)* f. reventa. [rente.

riverente *(riverénte)* adj. reve-

riverenza *(riveréndsa)* f. reverencia.

riverire *(riveríre)* tr. reverenciar. la riverisco distintamente saludo a usted atentamente (en correspondencia).

rivestimento *(rivestiménto)* m. revestimiento.

rivestire *(rivestíre)* tr. revestir; vestir; ponerse; investir (de un cargo).

riviera *(riviéra)* f. ribera.

rivista *(rivísta)* f. (mil.) revista, parada; revista.

rivivere *(rivívere)* itr. revivir, renacer.

rivolgere *(rivóldyere)* tr. dirigir; resolver; alejar.

rivolgersi *(rivóldyersi)* rfl. dirigirse.

rivolgimento *(rivoldyiménto)* m. trastorno; (med.) alteración.

rivolta *(rivólta)* f. revuelta, rebelión.

rivoltare *(rivoltáre)* tr. volver; sublevar.

rivoltarsi *(rivoltársi)* rfl. volverse; sublevarse.

rivoluzionario *(rivoludsionário)* adj. y m. revolucionario.

rivoluzione *(rivoludsióne)* f. revolución; (mec.) revolución.

rizzare *(ritsáre)* tr. erigir; izar; construir.

rizzarsi *(ritsársi)* rfl. enderezarse; erizarse (los cabellos).

roba *(róba)* f. cosas, víveres, vestidos, ropa.

robustezza *(robustétsa)* f. robustez, fortaleza.

robusto *(robústo)* adj. robusto.

rocca *(rócca)* f. rueca; roca; fortaleza.

roccia *(rótchia)* f. roca.

rodaggio *(rodátyio)* m. (técn.) rodaje.

rodere *(ródere)* tr. roer.

rodersi *(ródersi)* rfl. roerse, consumirse.

rogna *(róña)* f. (med.) roña, sarna.

rognone *(roñóne)* m. riñón (de animales).

romanico *(románico)* adj. y m. románico.

romano *(románo)* adj. y m. romano.

romanticismo *(romantichísmo)* m. romanticismo.

romantico *(romántico)* adj. y m. romántico.

romanziere *(romandsiére)* m. novelista.

romanzo *(romándso)* m. novela. adj. romance. lingue romanze lenguas romances.

romito *(romíto)* adj. y m. eremita, solitario.

rompere *(rómpere)* tr. romper. itr. romperse; prorrumpir.

roncare *(roncáre)* tr. rozar; podar.

rondine *(róndine)* f. (orn.) golondrina.

rondone *(rondóne)* m. (orn.) vencejo.

rosa *(rósa)* f. (bot.) rosa.

rosaio *(rosáio)* m. rosal.

rosario *(rosário)* m. rosario.

roseto *(roséto)* m. rosaleda.

rosetta *(rosétta)* f. roseta.

rosolia *(rosolía)* f. (med.) sarampión.

rossastro *(rossástro)* adj. rojizo.

rossetto *(rossétto)* m. carmín (para labios).

rosso *(rósso)* adj. y m. rojo; (fig.) comunista.

rossore *(rossóre)* m. rubor.

rosticceria *(rostitchería)* f. puesto o tienda de asados.

rosticciere *(rostitchiére)* m. propietario o empleado de una tienda de asados.

rostro *(róstro)* m. pico de las aves; (náut.) espolón.

rotaia *(rotáia)* f. raíl, carril.

rotare *(rotáre)* tr. e itr. rodar, girar.

rotativo *(rotatívo)* adj. rotativo. [ción.

rotazione *(rotadsióne)* f. rota-

rotella *(rotélla)* f. rodete; rueda pequeña; tuerca.

rotolo *(rótolo)* m. rollo (de papel o tejido).

rotondare *(rotondáre)* tr. redondear.

rotondo *(rotóndo)* adj. redondo.

rotta *(rótta)* f. desbordamiento; (náut.) derrota. a — di collo precipitadamente.

rottame *(rottáme)* m. escombros; chatarra.

rotto *(rótto)* adj. roto.

rottura *(rottúra)* f. rotura, fractura; desavenencia.

roventare *(roventáre)* tr. abrasar, enrojecer.

rovente *(rovénte)* adj. ardiente; al rojo vivo.

rovere *(róvere)* m. (bot.) roble.

rovescia *(rovéschia)* f. bocamanga. alla — al revés, al contrario.

rovesciare *(roveschiáre)* tr. derramar; trastornar; derribar; volver del revés.

rovesciarsi *(roveschiarsi)* rfl. tumbarse, derramarse; caer.

rovescio *(rovéschio)* m. reverso; revés; chaparrón. adj. del revés.

rovescione *(roveschióne)* m. revés (golpe).

rovina *(rovína)* f. ruina.

rovinare *(rovináre)* tr. arruinar, derribar. itr. caer.

rubare *(rubáre)* tr. robar.

rubinetto *(rubinétto)* m. (técn.) llave, canilla, grifo.

rubino *(rubíno)* m. rubí.

rubrica *(rúbrica)* f. rúbrica; cuaderno (de direcciones).

ruga *(rúga)* f. arruga (de la piel).

ruggine *(rútyine)* f. herrumbre. [darse.

rugginire *(rutyiníre)* itr. oxi-

rugire *(rudyíre)* itr. rugir.

rugito *(rudyíto)* m. rugido.

rugiada *(rudyiáda)* f. rocío.

rugoso *(rugóso)* adj. arrugado.

rullare *(rul-láre)* tr. allanar el terreno. itr. rodar; redoblar (el tambor).

rullo *(rúl-lo)* m. rodillo; cilindro; tambor; bolo; redoble.

rum *(rum)* m. ron.

ruminante *(ruminánte)* adj. y m. rumiante.

ruminare *(rumináre)* tr. rumiar.

rumore *(rumóre)* m. rumor; ruido.

rumoreggiare *(rumoretyiáre)* tr. hacer ruido, alborotar.

rumoroso *(rumoróso)* adj. ruidoso; rumoroso.

ruolo *(ruólo)* m. registro; rol; papel, parte.

ruota *(ruóta)* f. rueda.

rupe *(rúpe)* f. peñasco.

ruscello *(ruschél-lo)* m. arroyo.

russare *(russáre)* itr. roncar.

russo *(rússo)* adj. y m. ruso.

rustico *(rústico)* adj. y m. rústico; (fig.) grosero.

ruttare *(ruttáre)* itr. eructar.

rutto *(rútto)* m. eructo.

ruvidezza *(ruvidétsa)* f. rudeza; aspereza.

ruvidità *(ruviditá)* f. rudeza, aspereza.

ruvido *(rúvido)* adj. rudo; áspero.

ruzzare *(rutsáre)* itr. retozar.

ruzzo *(rútso)* m. retozo. (fig.) capricho.

ruzzolare *(rutsoláre)* tr. hacer rodar; hacer bailar el peón. itr. rodar, dar vueltas.

ruzzolone *(rutsolóne)* m. vuelco, caída.

sabato *(sábato)* m. sábado.

sabbia *(sábbia)* f. arena.

sabotaggio *(sabotátyio)* m. sabotaje.

saccente *(satchénte)* adj. sabi(h)ondo.

saccheggiare *(sakketyiáre)* tr. saquear.

saccheggio *(sakkétyio)* m. saqueo.

sacco *(sácco)* m. saco; costal; saqueo; (fig.) cantidad.

saccone *(saccóne)* m. jergón.

sacerdotale *(sacherdotále)* adj. sacerdotal.

sacerdote *(sacherdóte)* m. sacerdote.

sacramentare *(sacramentáre)* tr. jurar; blasfemar.

sacramento *(sacraménto)* m. sacramento; juramento solemne.

sacrare *(sacráre)* tr. consagrar. itr. blasfemar.

sacrario *(sacrário)* m. sagrario.

sacrestano *(sacrestáno)* m. sacristán. [tía.

sacrestia *(sacrestía)* f. sacris-

sacrificare *(sacrificáre)* tr. sacrificar. itr. celebrar misa.

sacrificio *(sacrifíchio)* m. sacrificio.

sacrilegio *(sacrilédyio)* m. sacrilegio.

sacro *(sácro)* adj. sacro, sagrado.

saetta *(saétta)* f. saeta; manecilla; rayo.

saettare *(saettáre)* tr. asaetear.

sagace *(sagáche)* adj. sagaz, astuto.

sagacità *(sagachitá)* f. sagacidad.

saggezza *(satyétsa)* f. sabiduría; juicio, cordura.

saggiare *(satyiáre)* tr. ensayar; probar.

saggio *(sátyio)* adj. sabio. m. sabio; ensayo. — d'interesse m. tipo de interés.

sagra *(ságra)* f. verbena.

sagrare *(sagráre)* tr. consagrar. itr. blasfemar.

sagrato *(sagráto)* m. blasfemia; recinto sagrado.

sagrestano *(sagrestáno)* m. sacristán. [tía.

sagrestia *(sagrestía)* f. sacris-

sala *(sála)* f. sala, salón; eje. — da pranzo comedor.

salame *(saláme)* m. salchichón.

salare *(saláre)* tr. salar. — la scuola faltar a la escuela (los chicos).

salario *(salário)* m. salario, sueldo, paga.

salassare *(salassáre)* tr. sangrar; derrochar.

salasso *(salásso)* m. sangría; derroche.

502

salato *(saláto)* adj. salado, chistoso; caro. m. embutido (de cerdo).

salatura *(salatúra)* f. salazón.

saldare *(saldáre)* tr. soldar; saldar; cicatrizarse (una herida). [dor.

saldatoio *(saldatóio)* m. soldador.

saldo *(sáldo)* m. (com.) saldo. adj. firme.

sale *(sále)* f. sal; sal, agudeza, chiste. **dolce di —** insípido; tonto.

salice *(sáliche)* m. (bot.) sauce. **— piangente** sauce llorón.

saliera *(saliéra)* f. salero.

salina *(salína)* f. salina.

salino *(salíno)* adj. salino.

salire *(salíre)* itr. subir, elevarse; aumentar.

saliscendi *(salischéndi)* m. picaporte; altibajo.

salita *(salíta)* f. subida.

saliva *(salíva)* f. saliva.

salma *(sálma)* m. cadáver, restos (mortales).

salmo *(sálmo)* m. salmo.

salmodia *(salmodía)* f. salmodia.

salmone *(salmóne)* m. (ict.) salmón.

salnitro *(salnítro)* m. salitre.

salone *(salóne)* m. salón.

salotto *(salótto)* m. salita.

salpare *(salpáre)* tr. e itr. (náut.) zarpar.

salsa *(sálsa)* f. salsa.

salsiccia *(salsítchia)* f. salchicha.

salsicciotto *(salsitchiótto)* m. salchichón.

saltare *(saltáre)* tr. e itr. saltar. [car.

saltellare *(saltel-láre)* itr. brin-

saltimbanco *(saltimbánco)* m. saltabancos, saltimbanqui.

salto *(sálto)* m. salto.

salubre *(salúbre)* adj. salubre.

salubrità *(salubritá)* f. salubridad.

salumeria *(salumería)* f. salchichería, tienda de embutidos.

salumi *(salúmi)* m. pl. carnes saladas, embutidos.

salutare *(salutáre)* tr. saludar. adj. saludable.

salute *(salúte)* f. salud.

saluto *(salúto)* m. saludo.

salvadanaio *(salvadanáio)* m. hucha.

salvagente *(salvadyénte)* m. salvavidas.

salvamento *(salvaménto)* m. salvamento.

salvare *(salváre)* tr. salvar.

salvatore *(salvatóre)* m. salvador.

salvazione *(salvadsióne)* f. salvación. [ta.

salvietta *(salviétta)* f. servilleta

salvo *(sálvo)* adj. salvo. **in salvo** a salvo. prep. salvo, excepto.

sanare *(sanáre)* tr. sanar, curar; sanear.

sanculotto *(sanculótto)* m. descamisado; (fig.) revolucionario.

sandalo *(sándalo)* m. sandalia.

sangue *(sangüe)* m. sangre; raza, casta.

sanguinare *(sangüináre)* itr. sangrar.

sanguinario *(sangüinário)* adj. sanguinario.

sanitario *(sanitário)* adj. sanitario. m. médico, facultativo, doctor.

sano *(sáno)* adj. sano; saludable.

santificare *(santificáre)* tr. santificar.

santissimo *(santíssimo)* adj. santísimo.

santità *(santitá)* f. santidad.

santo *(sánto)* adj. y m. santo.

santuario *(santuário)* m. santuario.

sapere *(sapére)* tr. saber. itr. tener sabor o gusto; oler a. m. sabiduría, ciencia.

sapiente *(sapiénte)* adj. sabio, docto.

sapienza *(sapiéndsa)* f. sabiduría.

sapone *(sapóne)* m. jabón.

saponeria *(saponería)* f. jabonería.

saponetta *(saponétta)* f. pastilla de jabón.

sapore *(sapóre)* m. sabor.

sardella, ina *(sardél-la, sardína)* f. sardina.

sarta *(sárta)* f. sastra, costurera.

sarto *(sárto)* m. sastre.

sartoria *(sartoría)* f. sastrería.

sasso *(sásso)* m. piedra, roca.

satira *(sátira)* f. sátira.

satireggiare *(satiretyiáre)* tr. e itr. satirizar.

satiro *(sátiro)* m. satírico; sátiro.

savio *(sávio)* adj. y m. cuerdo, juicioso.

saziare *(sadsiáre)* tr. saciar.

sazio *(sádsio)* adj. harto, satisfecho; cansado.

sbaciucchiare *(sbachiukkiáre)* tr. besuquear.

sbaciucchio *(sbachiukkío)* m. besuqueo.

sbadataggine *(sbadatátyine)* f. distracción.

sbadato *(sbadáto)* adj. distraído.

sbadigliare *(sbadilliáre)* itr. bostezar. [zo.

sbadiglio *(sbadíllio)* m. bostezo.

sbagliare *(sballiáre)* tr. e itr. errar, equivocarse.

sbaglio *(sbállio)* m. error.

sballare *(sbal-láre)* tr. desembalar; (fig.) exagerar, fanfarronear.

sbalordimento *(sbalordiménto)* m. aturdimiento; asombro.

sbalordire *(sbalordíre)* tr. aturdir, pasmar. itr. aturdirse, pasmarse.

sbalzare *(sbaldsáre)* tr. lanzar; derribar; repujar. itr. botar. **— dal letto** saltar de la cama.

sbalzo *(sbáldso)* m. salto, brinco; repujado.

sbandimento *(sbandiménto)* m. expulsión, destierro.

sbandire *(sbandíre)* tr. expulsar, desterrar.

sbarazzare *(sbaratsáre)* tr. desembarazar.

sbarazzarsi *(sbaratsársi)* rfl. desembarazarse.

sbarcare *(sbarcáre)* tr. desembarcar.

sbarco *(sbárco)* m. desembarco, desembarque.

sbarra *(sbárra)* f. barrote, barra.

sbarramento *(sbarraménto)* m. obstáculo.

sbarrare *(sbarráre)* tr. atajar, obstruir.

sbattere *(sbáttere)* tr. batir; sacudir; lanzar. itr. batir; chocar.

sbiadire *(sbiadíre)* tr. descolorar, desteñir. itr. descolorarse, desteñirse.

sbiancare *(sbiancáre)* tr. blanquear. itr. palidecer.

sbiecare *(sbiecáre)* tr. sesgar. itr. torcerse.

sbigottimento *(sbigottiménto)* m. turbación, desconcierto.

sbigottire *(sbigottíre)* tr. turbar, desconcertar.

sbilanciare *(sbilanchiáre)* tr. desequilibrar. itr. estar desequilibrado; perder el equilibrio.

sbilanciarsi *(sbilanchiársi)* rfl. salirse de los límites.

sbilancio *(sbilánchio)* m. desequilibrio; (com.) déficit.

sbirro *(sbírro)* m. esbirro.

sboccare *(sboccáre)* tr. verter; desembocar.

sboccatura *(sboccatúra)* f. desembocadura.

sbocco *(sbócco)* m. desembocadura (de un río); (med.) vómito (de sangre); (com.) salida.

sbornia *(sbórnia)* f. borrachera.

sborniare *(sborniáre)* itr. emborrachar.

sborsare *(sborsáre)* tr. desembolsar.

sborso *(sbórso)* m. desembolso; gasto.

sboscare *(sboscáre)* tr. talar (bosques).

sbottonare *(sbottonáre)* tr. desabotonar.

sbozzare *(sbotsáre)* tr. bosquejar, esbozar.

sbozzatura *(sbotsatúra)* f. bosquejo, esbozo.

sbozzo *(sbótso)* m. esbozo.

sbranare *(sbranáre)* tr. despedazar.

sbriciolare *(sbrichioláre)* tr. desmigajar.

sbrigamento *(sbrigaménto)* m. despacho. [char.

sbrigare *(sbrigáre)* tr. despa-

sbrigarsi *(sbrigársi)* rfl. apresurarse.

sbrogliare *(sbrolliáre)* tr. desembrollar.

sbuffare *(sbuffáre)* itr. bufar, resoplar.

sbuffata *(sbuffáta)* f. bufido.

sbugiardare *(sbudyiardáre)* tr. desmentir.

scabrosità *(scabrosità)* f. escabrosidad; dificultad.

scacchiera *(scakkiéra)* f. tablero (de ajedrez).

scacciamosche *(scatchiamóske)* m. espantamoscas.

scacciare *(scatchiáre)* tr. ahuyentar; expulsar.

scacchi *(scákki)* m. pl. juego de ajedrez.

scadente *(scadénte)* adj. ordinario; insuficiente.

scadenza *(scadéndsa)* f. vencimiento; plazo.

scadere *(scadére)* itr. declinar; deteriorarse; vencer un término.

scaffale *(scaffále)* m. anaquel, estantería.

scafo *(scáfo)* m. (náut.) casco.

scaglia *(scállia)* f. escama; brizna.

scagliare *(scalliáre)* tr. lanzar; escamar.

scagliarsi *(scalliársi)* rfl. arrojarse; hacerse añicos.

scagliola *(scalliòla)* f. escayola.

scala *(scála)* f. escala; escala (de mano, de cuerdas, etc.).

scalare *(scaláre)* tr. escalar; rebajar.

scalata *(scaláta)* f. escalada.

scaldamento *(scaldaménto)* m. calentamiento.

scaldapiatti *(scaldapiátti)* m. calientaplatos.

scaldapiedi *(scaldapiédi)* m. calientapiés.

scaldare *(scaldáre)* tr. calentar; animar, enardecer.

scalea *(scaléa)* f. escalinata, escalera.

scaleo *(scaléo)* m. gradilla, escalerilla portátil.

scalinata *(scalináta)* f. escalinata. [peldaño.

scalino *(scalíno)* m. escalón,

scalo *(scálo)* m. embarcadero, muelle; (náut.) grada. **— di costruzione** astillero.

scaloppa *(scalóppa)* f. chuleta de ternera.

scalpellare *(scalpel-láre)* tr. cincelar.

scalpello *(scalpéllo)* m. (med.) escalpelo; cincel.

scaltro *(scáltro)* adj. astuto, sagaz, pícaro.

scalzare *(scaldsáre)* tr. descalzar; socavar.

scalzo *(scáldso)* adj. descalzo.

scambiare *(scambiáre)* tr. cambiar, trocar.

scambio *(scámbio)* m. cambio, canje.

scampagnare *(scampañáre)* itr. ir de campo.

scampagnata *(scampañáta)* f. excursión, jira campestre.

scampanata *(scampanáta)* f. campaneo.

scampanellare *(scampanel-láre)* itr. campanillear.

scampanellio *(scampanel-lío)* m. campanilleo.

scampare *(scampáre)* tr. salvar. itr. escapar, salvarse.

scamparsi *(scampársi)* rfl. ponerse a salvo.

scampo *(scámpo)* m. salvamento, salvación; (zool.) cigala.

scancellare *(scanchel-láre)* tr. tachar, borrar.

scandaglio *(scandállio)* m. sonda; sondeo.

scandalitsare *(scandalitsáre)* tr. escandalizar.

scandalo *(scándalo)* m. escándalo.

scantonare *(scantonáre)* tr. descantillar. itr. doblar la esquina (de la calle).

scapezzare *(scapetsáre)* tr. descabezar; desmochar (árboles).

scapola *(scápola)* f. (anat.) omoplato.

scapolare *(scapoláre)* tr. e itr. esquivar, evitar; escaparse, evadirse. itr. (náut.) escapular. m. escapulario.

scapolo *(scápolo)* adj. y m. célibe, soltero. **vecchio —** soltarón.

scappare *(scappáre)* itr. escapar; evadirse.

scappata *(scappáta)* f. huida, escapada; salida; error.

scappellarsi *(scappel-lársi)* rfl. descubrirse.

scarabocchiare *(scarabokkiáre)* tr. garabatear; emborronar.

scarceramento *(scarceraménto)* m. excarcelación.

scarcerare *(scarceráre)* tr. excarcelar.

scarica *(scárica)* f. descarga.

scaricamento *(scaricaménto)* m. descarga.

scaricare *(scaricáre)* tr. descargar; disparar.

scaricatoio *(scaricatóio)* m. descargadero.

scaricatore *(scaricatóre)* m. descargador. [carga.

scaricatura *(scaricatúra)* f. descarga.

scarico *(scárico)* m. descarga, descargo; desecho; justificación.

scarlattina *(scarlattína)* f. (med.) escarlatina.

scarno *(scárno)* adj. descarnado, flaco, enjuto.

scarpa *(scárpa)* f. zapato; chanclo.

scarpino *(scarpíno)* m. escarpín.

scarsità *(scarsitá)* f. escasez; miseria, pobreza.

scarso *(scárso)* adj. escaso; falto, ralo; tacaño.

scartafaccio *(scartafátchio)* m. cartapacio.

scartare *(scartáre)* tr. descartar; desenvolver.

scassare *(scassáre)* tr. desembalar, descerrajar, forzar; (agr.) roturar.

scasso *(scásso)* m. fractura, descerrajadura; (agr.) roturación.

scatenamento *(scatenaménto)* m. desencadenamiento.

scatenare *(scatenáre)* tr. desencadenar.

scatola *(scátola)* f. caja, estuche.

scatto *(scátto)* m. disparo; salto; (fig.) ímpetu. **di scatto** de pronto.

scaturire *(scaturíre)* itr. surtir, brotar, manar, surgir.

scavalcare *(scavalcáre)* tr. apear del caballo; superar. itr. desmontarse, apearse, descabalgar.

scavamento *(scavaménto)* m. excavación, cavadura.

scavare *(scaváre)* tr. excavar, desenterrar.

scegliere *(schelliére)* tr. escoger, elegir; preferir.

scellino *(schel-líno)* m. chelín.

scelta *(schélta)* f. elección.

scemare *(schemáre)* tr. e itr. disminuir, bajar.

scena *(schéna)* f. escena.

scendere *(schéndere)* tr. e itr. descender, bajar; disminuir (los precios).

sceneggiare *(schenetyiáre)* tr. escenificar.

sceneggiatura *(schenetyiatúra)* f. escenificación; guión.

scesa *(schésa)* f. bajada, pendiente. [tico.

scettico *(schéttico)* adj. excéptico.

scettro *(schéttro)* m. cetro.

scheda *(skéda)* f. cédula; papeleta de elecciones.

scheggia *(skétyia)* f. astilla.

scheggiare *(sketyiáre)* tr. astillar, resquebrajar. [leto.

scheletro *(skéletro)* m. esqueleto.

schema *(skéma)* m. esquema; plan, proyecto.

scherma *(skérma)* f. esgrima.

schermire *(skermíre)* itr. esgrimir.

schermo *(skérmo)* m. defensa; pantalla (de cine); (fot.) filtro.

schernire *(skerníre)* tr. escarnecer; menospreciar.

scherno *(skérno)* m. escarnio; desprecio; burla.

scherzare *(skerdsáre)* itr. bromear.

scherzo *(skérdso)* m. broma.

scherzoso *(skerdsóso)* adj. chistoso.

schiacciamento *(skiatchiaménto)* m. aplastamiento.

schiaccianoci *(skiatchianóchi)* m. cascanueces.

schiacciare *(skiatchiáre)* tr. cascar; aplastar.

schiaffare *(skiaffáre)* tr. arrojar; meter.

schiaffeggiare *(skiaffetyiáre)* tr. abofetear.

schiaffo *(skiáffo)* m. bofetón, bofetada.

schiamazzare *(skiamatsáre)* itr. chillar, gritar, alborotar.

schiamazzio *(skiamatsío)* m. griterío, alboroto.

schiantare *(skiantáre)* tr. quebrar, arrancar. itr. estallar.

schianto *(skiánto)* m. rotura; estallido.

schiarimento *(skiariménto)* m. aclaración, esclarecimiento.

schiarire *(skiaríre)* tr. e itr. aclarar, aclararse.

schiavitù *(skiavitú)* f. esclavitud.

schiavo *(skiávo)* m. esclavo.

schiena *(skiéna)* f. dorso, espalda.

schiera *(skiéra)* f. línea, fila; (mil.) batallón; (fig.) multitud.

schierare *(skieráre)* tr. (mil.) disponer las tropas en orden de batalla.

schietto *(skiétto)* adj. sencillo; franco, sincero; puro.

schifare *(skifáre)* tr. desdeñar; evitar; repugnar.

schifezza *(skifétsa)* f. porquería; asco, repugnancia.

schifo *(skífo)* adj. asqueroso. m. asco.

schifoso *(skifóso)* adj. asqueroso.

schioccare *(skioccáre)* tr. chasquear (el látigo); restallar.

schiocco *(skiócco)* m. chasquido. [clavar.

schiodare *(skiodáre)* tr. desclavar.

schioppettata *(skioppettáta)* f. escopetazo.

schioppo *(skióppo)* m. escopeta, rifle, fusil.

schiuma *(skiúma)* f. espuma.

schiumarola *(skiumaróla)* f. espumadera.

schiumare *(skiumáre)* tr. espumar.

schiumoso *(skiumóso)* adj. espumoso.

schivare *(skiváre)* tr. esquivar; evitar; desdeñar.

schivo *(skívo)* adj. esquivo.

schizzare *(skitsáre)* tr. salpicar; esbozar, bosquejar; brotar, manar. itr. saltar; salir con fuerza.

sci *(schi)* m. esquí.

scia *(schía)* f. estela.

sciabola *(schiábola)* f. sable.

sciacquare *(siakkuáre)* tr. enjuagar.

sciagura *(schiagúra)* f. desgracia, desventura.

scialacquare *(schialakkuáre)* tr. derrochar, despilfarrar.

scialacquo *(schialákkuo)* m. despilfarro.

scialare *(schialáre)* tr. despilfarrar. [tón.

scialle *(schiál-le)* m. chal, mantón.

scialuppa *(schialúppa)* f. chalupa.

sciamare *(schiamáre)* itr. enjambrarse.

sciame *(schiáme)* m. enjambre.

sciampagna *(schiampáña)* f. champaña.

sciare *(schiáre)* itr. esquiar.

scientifico *(schientífico)* adj. científico.

scienza *(schiéndsa)* f. ciencia, sabiduría.

scienziato *(schiendsiáto)* adj. y m. docto, sabio; científico.

scilinguare *(schilinguáre)* itr. balbucear, tartamudear.

scilinguato *(schilinguáto)* adj. y m. tartamudo.

scimmia *(schímmia)* f. mono, mona.

scindere *(schíndere)* tr. dividir, separar, escindir.

scintilla *(schintíl-la)* f. centella; chispa.

scintillare *(schintil-láre)* itr. centellear; chispear.

sciocchezza *(schiokkétsa)* f. tontería.

sciocco *(schiókko)* adj. y m. tonto, bobo.

sciogliere *(schiólliere)* tr. soltar; anular; disolver; derretir.

sciogliersi *(schiolliérsi)* rfl. soltarse, desatarse; derretirse (la nieve).

scioglilingua *(schiollilíngua)* m. trabalenguas.

scioglimento *(schiolliménto)* m. soltura; disolución; levantamiento (de sesión).

scioltezza *(schioltétsa)* f. soltura; agilidad.

sciolto *(schiólto)* adj. disuelto; libre, suelto.

scioperante *(schioperánte)* m. huelguista.

scioperare *(schioperáre)* itr. holgar; hacer huelga.

scioperatezza *(schioperatétsa)* f. ociosidad; disipación.

scioperato *(schioperáto)* adj. y m. holgazán; desocupado; disoluto.

sciopero *(schiópero)* m. huelga.

sciroppo *(schiróppo)* m. almíbar (med.) jarabe.

sciupare *(schiupáre)* tr. deteriorar; malgastar.

scivolare *(schivoláre)* itr. resbalar, deslizar(se).

scivolata *(schivoláta)* f. resbalón.

scodella *(scodél-la)* f. escudilla, plato sopero.

scogliera *(scolliéra)* f. escollera, arrecife.

scoglio *(scóllio)* m. escollo.

scoiattolo *(scoiáttolo)* m. (zool.) ardilla.

scolare *(scoláre)* tr. escurrir. itr. gotear, escurrirse, derramarse. m. escolar, estudiante.

scolaro *(scoláro)* m. escolar, alumno, estudiante.

scolastico *(scolástico)* adj. y m. escolar, escolástico.

scollare *(scol-láre)* tr. escotar (un vestido); desencolar.

scollo *(scól-lo)* m. escote (en vestido).

scolorare, scolorire *(scoloráre, scoloríre)* tr. descolorar, desteñir.

scolorarsi *(scolorársi)* rfl. descolorirse.

scolpa *(scólpa)* f. disculpa.

scolpare *(scolpáre)* tr. disculpar, justificar.

scolpimento *(scolpiménto)* m. escultura.

scolpire *(scolpíre)* tr. esculpir; grabar.

scommessa *(scomméssa)* f. apuesta. **fare una —** apostar.

scommettere *(scomméttere)* tr. apostar.

scomodare *(scomodáre)* tr. incomodar. [modo.

scomodo *(scómodo)* adj. incómodo.

scomparire *(scomparíre)* itr. desaparecer; hacer mal papel.

scompartimento *(scompartiménto)* m. compartimento; estante; casilla.

scompartire *(scompartíre)* tr. partir; separar; distribuir.

scompiacente *(scompiachénte)* adj. y m. desatento.

scompiacere *(scompiachére)* tr. disgustar (por desatención).

scompiacenza *(scompiachéndsa)* f. descortesía.

scompigliare *(scompilliáre)* tr. trastornar.

scompiglio *(scompíllio)* m. trastorno, confusión.

scomporre *(scompórre)* tr. descomponer.

scomunica *(scomúnica)* f. excomunión.

scomunicare *(scomunicáre)* tr. excomulgar.

scomunicazione *(scomunicadsióne)* f. excomunión.

sconcertare *(sconchertáre)* tr. desconcertar.

sconcerto *(sconchérto)* m. desconcierto.

sconcezza *(sconchétsa)* f. suciedad, fealdad; obscenidad.

sconciare *(sconchiáre)* tr. desarreglar, estropear.

sconcio *(scónchio)* adj. sucio; feo; obsceno.

sconcordia *(sconcórdia)* f. discordia, desunión.

sconfitta *(sconfítta)* f. derrota.

sconfortare *(sconfortáre)* tr. desanimar; disuadir.

sconfortarsi *(sconfortársi)* rfl. abatirse, desanimarse.

scongiurare *(scondyiuráre)* tr. conjurar, rogar.

scongiuro *(scondyiúro)* m. conjuro, exorcismo; súplica.

sconnessione *(sconnessióne)* f. inconexión.

sconnettere *(sconnéttere)* tr. desconectar; desatar, desunir. itr. disparatar.

sconoscente *(sconoschénte)* adj. desconocido; ingrato.

sconoscenza *(sconoschéndsa)* f. desconocimiento; ingratitud.

sconoscere *(sconóschere)* tr. e itr. desconocer, ignorar; desagradecer.

sconosciuto *(sconoschiúto)* adj. y m. desconocido.

sconquassare *(sconcuassáre)* tr. destrozar, desvencijar; sacudir.

sconsideratezza *(sconsideratétsa)* f. irreflexión, desconsideración.

sconsiderato *(sconsideráto)* adj. y m. desconsiderado.

sconsigliare *(sconsilliáre)* tr. desaconsejar.

sconsolato *(sconsoláto)* adj. desconsolado, afligido.

sconsolazione *(sconsoladsióne)* f. desconsuelo.

scontare *(scontáre)* tr. descontar; purgar (una pena).

scontentare *(scontentáre)* tr. disgustar.

scontentezza *(scontentétsa)* f. descontento.

504

scontento (*sconténto*) adj. descontento, disgustado. m. disgusto.

sconto (*scónto*) m. descuento, rebaja.

scontorcere (*scontórchere*) tr. torcer, retorcer.

scontorcimento (*scontorchiménto*) m. contorsión; retorcimiento.

scontrare (*scontráre*) tr. encontrar.

scontro (*scóntro*) m. encuentro; colisión; discusión, pelea.

sconveniente (*sconveniénte*) adj. inconveniente.

sconvolgimento (*sconvoldyiménto*) m. alteración; turbación.

scopa (*scópa*) f. escoba.

scopare (*scopáre*) tr. barrer, escobar.

scoperta (*scopérta*) f. descubrimiento.

scoperto (*scopérto*) adj. descubierto.

scopo (*scópo*) m. fin, objeto; intención, intento. **raggiungere lo —** alcanzar el fin perseguido.

scoppiare (*scoppiáre*) tr. separar; desaparejar. itr. reventar, estallar.

scoppiatura (*scoppiatúra*) f. estallido, reventón.

scoprire (*scopríre*) tr. descubrir; manifestar.

scoraggiare (*scoratyiáre*) tr. desalentar, desanimar.

scoraggiato (*scoratyiáto*) adj. desanimado.

scorciare (*scorchiáre*) tr. acortar; escorzar.

scorciatoia (*scorchiatóia*) f. atajo.

scordare (*scordáre*) tr. olvidar; desafinar.

scordarsi (*scordársi*) rfl. olvidarse; (mús.) desafinarse, destemplarse.

scorgere (*scórdyere*) tr. percibir, notar.

scoria (*scória*) f. escoria.

scoriazione (*scoriadsióne*) f. escoriación.

scorrere (*scórrere*) tr. saquear; recorrer; echar una ojeada o vistazo. itr. deslizarse, fluir, resbalar; correr.

scorretto (*scorrétto*) adj. incorrecto; descortés.

scorso (*scórso*) adj. pasado, transcurrido. m. falta.

scorta (*scórta*) f. escolta.

scortese (*scortése*) adj. descortés.   [tesía.

scortesia (*scortesía*) f. descortesía.

scorticare (*scorticáre*) tr. desollar, despellejar.

scorza (*scórdsa*) f. corteza, cáscara.

scorzare (*scordsáre*) tr. descortezar, pelar.

scossa (*scóssa*) f. sacudida; traqueteo; choque; chaparrón, chubasco.

scostare (*scostáre*) tr. apartar, separar.   [ta.

scotta (*scótta*) f, (náut.) escota.

scottare (*scottáre*) tr. e itr. quemar.

scottatura (*scottatúra*) f. quemadura.   [clo].

scotto (*scótto*) m. escote (precreditare (*screditáre*) tr. desacreditar.

screditare (*screditáre*) tr. desacreditar.

scredito (*scrédito*) m. descrédito.

screpolare (*screpoláre*) tr. resquebrajar, agrietar.

screpolatura (*screpolatúra*) f. grieta, hendidura.

scrigno (*scríño*) m. cofre, joyero.

scritta (*scrítta*) f. escritura; inscripción.

scritto (*scrítto*) adj. escrito. m. escrito.

scrittoio (*scrittóio*) m. escritorio.   [tor.

scrittore (*scrittóre*) m. escritura; contrato.

scrittura (*scritúra*) f. escritura; contrato.

scrivania (*scrivanía*) f. escritorio, escribanía, despacho y mesa de escribir.

scrivano (*scriváno*) m. escribano; escribiente, amanuense.

scrivere (*scrívere*) tr. escribir; registrar; atribuir.

scroccare (*scroccáre*) tr. arrancar, conseguir; estafar. itr. saltar.

scrocco (*scrócco*) m. estafa; gorra.

scroccone (*scroccóne*) m. estafador, gorrón, gorrero, gorrista.

scrofa (*scrófa*) f. (zool.) puerca, cerda.

scrollare (*scrol-láre*) tr. sacudir, agitar.

scrollo (*scról-lo*) m. sacudida.

scrosciare (*scroschiáre*) itr. chaparrear, llover a cántaros.

scroscio (*scróschio*) m. chaparrón.

scrupolo (*scrúpolo*) m. escrúpulo.

scrupolosità (*scrupolositá*) f. escrupulosidad.

scrupoloso (*scrupolóso*) adj. escrupuloso.

scrutatore (*scrutatóre*) m. escudriñador.

scrutare (*scrutáre*) tr. escudriñar; escrutar.

scrutinio (*scrutinio*) m. escrutinio; examen.

scucire (*scuchíre*) tr. descoser.

scudo (*scúdo*) m. escudo.

scultore (*scultóre*) m. escultor.   [ra.

scultura (*scultúra*) f. escultura.

scuola (*scuóla*) f. escuela.

scuotere (*scuótere*) tr. sacudir, agitar; remover.

scure (*scúre*) f. hacha.

scuretto (*scuretto*) m. postigo.

scusa (*scúsa*) f. excusa, pretexto.

scusare (*scusáre*) tr. excusar.

sdebitarsi (*sdebitársi*) rfl. pagar las deudas.

sdegnare (*sdeñáre*) tr. desdeñar.

sdegno (*sdéño*) m. desdén.

sdegnosità (*sdeñositá*) f. desdén.   [ñoso.

sdegnoso (*sdeñóso*) adj. desdeñoso.

sdentato (*sdentáto*) adj. y m. desdentado.

sdrucciolare (*sdrutchioláre*) itr. deslizarse, resbalar.

sdrucciolo (*sdrútchiolo*) adj. esdrújulo. m. resbalón; pendiente; verso esdrújulo.

se (*se*) conj. si, en caso de que. **— no** si no, de lo contrario. **— non** excepto, fuera de. **anche —** aún cuando.

sé (*se*) pron. sí, se. **di —** su. **da —** por sí, per **— por o** para sí.

sebbene (*sebbéne*) conj. bien que, aunque.

secante (*secánte*) f. (geom.) secante.

secca (*sécca*) f. sequía; (náut.) banco de arena.

seccare (*seccáre*) tr. secar, (fig.) molestar.

seccarsi (*seccársi*) rfl. secarse; fastidiarse.

seccatura (*seccatúra*) f. fastidio, molestia.

secco (*sécco*) adj. seco.

secessione (*sechessióne*) f. secesión.

seco (*séco*) pron. consigo.

secolare (*secoláre*) adj. secular, seglar; mundano.

secolo (*sécolo*) m. siglo; estado seglar.

seconda (*secónda*) f. segunda. **a — di** conforme a, a medida de.

secondare (*secondáre*) tr. secundar, ayudar.

secondario (*secondário*) adj. secundario.

secondo (*secóndo*) m. segundo (de tiempo); (náut.) primer oficial de un buque. adj. segundo. prep. según, conforme a.

sedano (*sédano*) m. (bot.) apio.

sedare (*sedáre*) tr. calmar, sosegar.

sedativo (*sedatívo*) adj. y m. sedante, calmante.

sede (*séde*) f. sede; silla, asiento; domicilio.

sedere (*sedére*) itr. sentarse; residir; asentarse. m. trasero, culo.

sedersi (*sedérsi*) rfl. sentarse.

sedia (*sédia*) f. silla.

sedile (*sedíle*) m. asiento.

sedurre (*sedúrre*) tr. seducir; encantar.

seduta (*sedúta*) f. sesión; sentada.

seduzione (*sedudsióne*) f. seducción.

sega (*séga*) f. sierra.

segala (*ségala*) f. (bot.) centeno.

segare (*segáre*) tr. segar.

seggio (*sétyio*) m. sillón.

seggiola (*setyióla*) f. silla.

seggiolone (*setyiolóne*) m. sillón.

segheria (*seguería*) f. aserradero, serrería.

segnalare (*señaláre*) tr. señalar; (fig.) distinguir.

segnale (*señále*) f. señal.

segnalibro (*señalíbro*) m. registro.

segnare (*señáre*) tr. señalar, marcar.

segno (*séño*) m. signo, marca.

sego (*ségo*) m. sebo.

segregare (*segregáre*) tr. segregar.

segregazione (*segregadsióne*) f. segregación.

segreta (*segréta*) f. (rel.) secreta.

segretario (*segretário*) m. secretario.

segreto (*segréto*) adj. y m. secreto.

seguire (*seguíre*) tr. e itr. seguir; perseguir, acosar; suceder.

seguitare (*seguitáre*) tr. seguir. itr. continuar.

seguito (*séguito*) m. séquito; continuación. **in — a** en virtud de.

selezionare (*seledsionáre*) tr. seleccionar.

selezione (*seledsióne*) f. selección.

sella (*sél-la*) f. silla (de montar); sillín.

selva (*sélva*) f. selva.

selvaggina (*selvatyína*) f. caza.

selvaggio (*selvátyio*) adj. salvaje, bravío.

selvatico (*selvático*) adj. selvático, silvestre.

sembrare (*sembráre*) itr. parecer, parecerse.

seme (*séme*) m. semilla; semen; causa.

sementare (*sementáre*) tr. sembrar.

semente (*seménte*) f. simiente, semilla.

semestrale (*semestrále*) adj. semestral.

semestre (*seméstre*) m. semestre.

semi (*sémi*) adj. semi, medio.

seminare (*semináre*) tr. sembrar; esparcir.

seminario (*seminário*) m. seminario.

seminatore (*seminatóre*) m. sembrador.

semolino (*semolíno*) m. semola.

semovente (*semovénte*) adj. semoviente, automático.

semplice (*sémpliche*) adj. simple, sencillo. m. simple.

semplicità (*semplichitá*) f. simplicidad; sencillez.

semplificare (*semplificáre*) tr. simplificar.

semplificazione (*semplificadsióne*) f. simplificación.

sempre (*sémpre*) adv. siempre.   [taza.

senapa (*sénapa*) f. (bot.) mostaza.

senato (*senáto*) m. senado.

senile (*seníle*) adj. senil.

seniore (*senióre*) adj. senior; decano.

senno (*sénno*) m. juicio, prudencia. **da —** de veras, formalmente.   [vientre.

seno (*séno*) m. seno; pecho;

sensale (*sensále*) m. (com.) corredor.   [to.

sensato (*sensáto*) adj. sensata.

sensazione (*sensadsióne*) f. sensación.

sensibilità (*sensibilitá*) f. sensibilidad.

senso (*sénso*) m. sentido.

sensualità (*sensualitá*) f. sensualidad.

sentenza (*senténdsa*) f. sentencia, fallo; condena; dictamen; sentencia.

sentenziare (*sentendsiáre*) tr. e itr. sentenciar.

sentiero (*sentiéro*) m. sendero, senda.

sentimentale (*sentimentále*) adj. sentimental.

sentimentalità (*sentimentalitá*) f. sentimentalismo.

sentimento (*sentiménto*) m. sentimiento.

sentire (*sentíre*) tr. sentir; oir, escuchar. itr. oler; saber. m. sentir, sentimiento.

senza (*séndsa*) prep. sin. **senz'altro** sin más, inmediatamente.

senzatetto (*sendsatétto*) m. sin casa, desamparado.

separare (*separáre*) tr. separar.

separazione (*separadsióne*) f. separación.

sepolcro (*sepólcro*) m. sepulcro.

seppellimento (*seppel-liménto*) m. entierro, sepultura.

seppellire (*sepel-líre*) tr. enterrar, sepultar; ocultar; dar.

seppellirsi *(seppel-lírsi)* rfl. encerrarse.

sequestrare *(sekuestráre)* tr. secuestrar, embargar.

sequestro *(sekuéstro)* m. secuestro, embargo.

sera *(séra)* f. tarde, noche.

serale *(seróle)* adj. de noche.

serata *(seráta)* f. velada. **— di gala,** función de gala.

serbare *(serbáre)* tr. conservar.

serenare *(serenáre)* itr. (mil.) acampar al raso.

serenata *(serenáta)* f. serenata.

serenità *(serenitá)* f. serenidad.

sereno *(seréno)* adj. sereno, tranquilo.

sergento *(serdyénto)* m. (mil.) sargento.

serie *(série)* f. serie.

serietà *(serietá)* f. seriedad.

serio *(sério)* adj. serio. **sul —** en serio.

sermone *(sermóne)* m. sermón.

serpente *(serpénte)* m. (zool.) serpiente.

serrare *(serráre)* tr. cerrar; estrechar; apretar. itr. encajar.

serratura *(serratúra)* f. cerradura.

servile *(servíle)* adj. servil.

servire *(servíre)* tr. servir a. itr. servir.

servirsi *(servírsi)* rfl. servirse.

servitore *(servitóre)* m. criado.

servitù *(servitú)* f. servidumbre.

servizio *(servídsio)* m. servicio.

servo *(sérvo)* m. sirviente, siervo.

sesso *(sésso)* m. sexo.

sessuale *(sessuále)* adj. sexual.

seta *(séta)* f. seda.

setaiolo *(setaiólo)* m. fabricante o negociante de sedas.

sete *(séte)* f. sed.

seteria *(setería)* f. sedería.

setola *(sétola)* f. cerda, pelo (de animales).

setolino *(setolíno)* m. cepillo.

settembre *(settémbre)* m. setiembre.

settentrionale *(settentrionále)* adj. septentrional.

settentrione *(settentrióne)* m. septentrión.

settimana *(settimána)* f. semana.

settimanale *(settimanále)* adj. semanal.

settore *(settóre)* m. sector.

severità *(severitá)* f. severidad.

severo *(sevéro)* adj. severo.

sezione *(sedsióne)* f. sección.

sfaccendare *(sfatchendáre)* itr. trabajar mucho.

sfaccendato *(sfatchendáto)* adj. y m. desocupado.

sfacciataggine *(sfatchiatátyine)* f. descaro.

sfacciato *(sfatchiáto)* adj. y m. descarado, sinvergüenza.

sfare *(sfáre)* tr. deshacer.

sfarsi *(sfársi)* rfl. deshacerse, descomponerse.

sfarzo *(sfárdso)* m. pompa.

sfavore *(sfavóre)* m. desfavor.

sfavorevole *(sfavorévole)* adj. desfavorable.

sfera *(sféra)* f. esfera.

sferico *(sférico)* adj. esférico.

sfiatare *(sfiatáre)* itr. respirar, alentar.

sfiatarsi *(sfiatársi)* rfl. desgañitarse.

sfiatato *(sfiatáto)* adj. sin aliento.

sfiatatura *(sfiatatúra)* f. respiración; respiradero.

sfida *(sfída)* f. desafío, reto.

sfidare *(sfidáre)* tr. desafiar, retar.

sfiducia *(sfidúchia)* f. desconfianza.

sfigurare *(sfiguráre)* tr. desfigurar. itr. deslucirse, hacer mal papel.

sfilacciare *(sfilatchiáre)* tr. deshilachar, deshilar.

sfilacciatura *(sfilatchiatúra)* f. deshilado, deshiladura.

sfinimento *(sfiniménto)* m. extenuación; desmayo.

sfinire *(sfiníre)* tr. extenuar, debilitar.

sfoderare *(sfoderáre)* tr. desenvainar; ostentar.

sfogare *(sfogáre)* tr. desahogar. itr. salir; prorrumpir.

sfogarsi *(sfogársi)* rfl. desahogarse.

sfoglia *(sfóllia)* f. lámina, hoja. **pasta —** hojaldre.

sfogliare *(sfolliáre)* tr. hojear (un libro); deshojar.

sfondato *(sfondáto)* adj. excesivo; roto.

sfondo *(sfóndo)* m. fondo (en paisaje).

sformare *(sformáre)* tr. deformar, desfigurar.

sfortuna *(sfortúna)* f. desgracia, infortunio.

sfortunato *(sfortunáto)* adj. y m. desafortunado.

sforzare *(sfordsáre)* tr. forzar, obligar; esforzar.

sforzo *(sfórdso)* m. esfuerzo.

sfrattare *(sfrattáre)* tr. desahuciar, desalojar.

sfratto *(sfrátto)* m. desalojo, desahucio.

sfregare *(sfregáre)* tr. fregar, estregar, frotar.

sfrenatezza *(sfrenatétsa)* f. desenfreno.

sfrenato *(sfrenáto)* adj. desenfrenado.

sfruttare *(sfruttáre)* tr. e itr. agotar; disfrutar; explotar.

sfuggevole *(sfutyévole)* adj. fugaz.

sfuggevolezza *(sfutyevolétsa)* f. fugacidad.

sfuggire *(sfutyíre)* tr. evitar. itr. escapar, escaparse.

sfumare *(sfumáre)* tr. esfumar. itr. evaporarse.

sfumatura *(sfumatúra)* f. matiz.

sfuriata *(sfuriáta)* f. arrebato (de cólera).

sgabello *(sgabél-lo)* m. escabel, taburete.

sgambare *(sgambáre)* itr. caminar de prisa.   [piés.

sgambetto *(sgambetto)* m. traspiés.

sganciare *(sganchiáre)* tr. desenganchar; descolgar.

sgarbatezza *(sgarbatétsa)* f. grosería.

sgarbato *(sgarbáto)* adj. y m. grosero; desgarbado.

sgelare *(sdyeláre)* tr. deshelar.

sgelo *(sdyélo)* m. deshielo.

sgolarsi *(sgolársi)* rfl. desgañitarse.

sgomentare *(sgomentáre)* tr. amilanar, asustar.

sgommare *(sgommáre)* tr. engomar.

sgorgare *(sgorgáre)* itr. brotar; desbordar.

sgoverno *(sgovérno)* m. mal gobierno, corrupción.

sgradevole *(sgradévole)* adj. desagradable.

sgradire *(sgradíre)* tr. e itr. agradar; disgustar.

sgraffiare *(sgraffiáre)* tr. arañar.

sgranare *(sgranáre)* tr. desgranar.

sgravare *(sgraváre)* tr. desgravar (impuestos); aligerar, aliviar; parir.

sgraziato *(sgradsiáto)* adj. desgraciado, desdichado.

sgridare *(sgridáre)* tr. regañar, reñir.

sgridata *(sgridáta)* f. reprimenda.

sguardo *(sguárdo)* m. mirada.

sgusciare *(sguschiáre)* tr. descascarar, descortezar. itr. (fig.) escurrirse.

sì *(sí)* adv. sí; así, así como.

si *(sí)* pron. se; sí mismo. m. el sí.

sia *(sía)* conj. o, ya, sea.

sibilare *(sibiláre)* itr. silbar (el viento).

sibilo *(síbilo)* m. silbido; silbo.

sicché *(sikké)* conj. así que, de manera que.

siccità *(sitchitá)* f. sequedad, sequía.

siccome *(siccóme)* adv. como, así como, conj. ya que.

sicurezza *(sicurétsa)* f. seguridad; confianza.

sicuro *(sicúro)* adj. cierto, seguro. adv. con certeza.

sidro *(sídro)* m. sidra.

siepe *(siépe)* m. seto.

siesta *(siésta)* f. siesta.

siffatto *(siffátto)* adj. tal.

sifone *(sifóne)* m. sifón.

sigaretta *(sigarétta)* f. cigarrillo.

sigaro *(sígaro)* m. cigarro, puro.

sigillare *(sidyil-láre)* tr. sellar; cerrar bien.

sigillo *(sidyil-lo)* m. sello.

significare *(siñificáre)* tr. significar.

significato *(siñificáto)* m. significado.

signora *(siñóra)* f. señora.

signore *(siñóre)* m. señor.

signoria *(siñoría)* f. señoría.

signorina *(siñorína)* f. señorita.

silenziatore *(silendsiatóre)* m. silenciador.

silenzio *(siléndsio)* m. silencio.

silenzioso *(silendsióso)* adj. silencioso.

sillaba *(síl-laba)* f. sílaba.

sillabare *(sil-labáre)* tr. silabear.

sillabario *(sil-labário)* m. silabario; abecedario.

siluramento *(siluraménto)* m. torpedeo.

silurare *(siluráre)* tr. torpedear.

siluro *(silúro)* m. torpedo.

simboleggiare *(simboletyiáre)* tr. simbolizar.

simbolo *(símbolo)* m. símbolo.

similare *(similáre)* adj. similar.

simile *(símile)* adj. símil, semejante. m. semejante.

simmetria *(simmetría)* f. simetría.

simpatia *(simpatía)* f. simpatía.

simpatico *(simpático)* adj. simpático.

simpatizzare *(simpatitsáre)* itr. simpatizar, tener simpatía por alguien.

simulare *(simuláre)* tr. simular, fingir.

sinagoga *(sinagóga)* f. sinagoga.

sincerarsi *(sincherársi)* rfl. cerciorarse.

sincerità *(sincheritá)* f. sinceridad.

sincero *(sinchéro)* adj. sincero.

sincope *(síncope)* f. síncope.

sincronizzare *(sincronitsáre)* tr. sincronizar.

sindacalista *(sindacalísta)* adj. y m. f. sindicalista.

sindacato *(sindacáto)* m. sindicato.

sindaco *(síndaco)* m. alcalde.

sinfonia *(sinfonía)* f. sinfonía.

singolare *(singoláre)* adj. singular; raro.

singolarizzare *(singolaritsáre)* tr. singularizar.

singolarità *(singolaritá)* f. singularidad.

sinistra *(sinístra)* adj. y f. izquierda.

sinistro *(sinístro)* adj. izquierdo; aciago. m. desgracia.

sino *(síno)* prep. hasta. **— a che** hasta que.

sinodo *(sínodo)* m. sínodo.

sinonimo *(sinónimo)* m. sinónimo.

sintassi *(sintássi)* f. (gram.) sintaxis.

sintomo *(síntomo)* m. síntoma.

sipario *(sipário)* m. (teat.) telón.

siroppo *(siróppo)* m. almíbar; (med.) jarabe.

sistema *(sistéma)* m. sistema.

sistemare *(sistemáre)* tr. sistematizar.

sito *(síto)* adj. situado, sito. m. lugar, sitio.

situare *(situáre)* tr. situar.

situazione *(situadsióne)* f. situación.

slanciare *(slanchiáre)* tr. lanzar.

slanciarsi *(slanchiársi)* rfl. lanzarse; levantarse.

slancio *(slanchio)* m. salto, brinco; impulso.

slargare *(slargáre)* tr. ensanchar, alargar.

slegare *(slegáre)* tr. desatar.

slitta *(slítta)* f. trineo.

slittare *(slittáre)* itr. deslizarse (en trineo); resbalar.

slogamento *(slogaménto)* m. dislocación.

slogare *(slogáre)* tr. dislocar, luxar.

slogatura *(slogatúra)* f. dislocación, luxación.

sloggiare *(slotyiáre)* tr. e itr. desalojar.

smaltare *(smaltáre)* tr. esmaltar.

smalto *(smálto)* m. esmalte.

smania *(smánia)* f. inquietud, desazón; ansia.

smaniare *(smaniáre)* itr. desvariar; inquietarse, agitarse; ansiar.

smarrire *(smarríre)* tr. extraviar, equivocar.

smarrirsi *(smarrírsi)* rfl. extraviarse.

smentire *(smentíre)* tr. desmentir.

smeraldo *(smeráldo)* m. esmeralda.

smeriglio *(smeríllio)* m. esmeril.

smerlo *(smérlo)* m. puntilla, encaje.

smettere *(sméttere)* tr. e itr. cesar, interrumpir.

smisurato *(smisurato)* adj. desmesurado.

smobilitazione *(smobilitadsióne)* f. (mil.) desmovilización, licenciamiento.

smontare *(smontáre)* tr. desmontar, desarmar (una máquina). itr. desmontar, apearse, descender.

smorfia *(smórfia)* f. melindre.

smorto *(smórto)* adj. pálido.

smottamento *(smottaménto)* m. derrumbe.

smottare *(smottáre)* itr. derrumbarse.

smuovere *(smuóvere)* tr. remover. [to.

snello *(snél-lo)* adj. ágil; esbel-

snodare *(snodáre)* tr. desanudar, desatar.

soave *(soáve)* adj. suave, delicado.

soavità *(soavitá)* f. suavidad.

soavizzare *(soavitsáre)* tr. suavizar.

sobborgo *(sobbórgo)* m. arrabal, suburbio.

sobrietà *(sobrietá)* f. sobriedad.

sobrio *(sóbrio)* adj. sobrio.

socchiudere *(sokkiúdere)* tr. entornar; entreabrir.

soccombere *(soccómbere)* itr. sucumbir, morir.

soccorrere *(soccórrere)* tr. socorrer, asistir, ayudar, auxiliar.

soccorso *(soccórso)* m. socorro. **al —!** itj. ¡socorro!

sociale *(sochiále)* adj. social.

socialismo *(sochialísmo)* m. socialismo.

socialista *(sochialísta)* m. f. socialista.

società *(sochietá)* f. sociedad.

socievole *(sochiévole)* adj. sociable.

socio *(sóchio)* m. socio.

soda *(sóda)* f. soda; sosa.

soddisfare *(soddisfáre)* tr. satisfacer.

soddisfazione *(soddisfadsióne)* f. satisfacción.

sodezza *(sodétsa)* f. solidez; dureza.

sodo *(sódo)* adj. sólido, firme; compacto, duro. adv. con fuerza. m. solidez, seguridad. **parlare sul —** hablar en serio. **porre in —** poner en claro.

sofà *(sofá)* m. sofá.

sofferente *(sofferénte)* adj. paciente; enfermo.

sofferenza *(sofferéndsa)* f. sufrimiento.

soffiare *(soffiáre)* tr. soplar; jadear. **— il naso** sonarse las narices.

soffietto *(soffiétto)* m. fuelle.

soffio *(sóffio)* m. soplo.

soffitta *(soffítta)* f. buhardilla, desván.

soffitto *(soffíto)* m. techo; cielo (habitación).

soffocamento *(soffocaménto)* m. sofocamiento, sofocación.

soffocare *(soffocáre)* tr. sofocar.

soffocazione *(soffocadsióne)* f. sofocación.

soffrire *(soffríre)* itr. sufrir; soportar; consentir. itr. sufrir, padecer.

soggettivo *(sotyettívo)* adj. subjetivo.

soggetto *(sotyétto)* adj. sujeto. m. sujeto; tipo; argumento, tema.   [jeción.

soggezione *(sotyedsióne)* f. su-

soggiogare *(sotyiogáre)* tr. subyugar, sojuzgar.

soggiornare *(sotyiornáre)* residir; vivir.

soggiorno *(sotyiórno)* m. residencia; estancia.

soggiungere *(sotyiúndyere)* tr. añadir.

soggiuntivo *(sotyiuntívo)* adj. (gram.) subjuntivo.

soglia *(sóllia)* f. umbral.

soglio *(sóllio)* m. solio, trono.

sogliola *(sólliola)* f. (ict.) lenguado.   [ñar.

sognare *(soñáre)* tr. e itr. so-

sogno *(sóño)* m. sueño.

solaio *(soláio)* m. piso; granero; techo.

solatio *(solátio)* adj. soleado. m. solana.

solcare *(solcáre)* tr. surcar.

solco *(sólco)* m. surco.

soldato *(soldáto)* m. soldado.

soldo *(sóldo)* m. centavo; sueldo; (mil.) soldada.

soldi *(sóldi)* m. pl. dinero.

sole *(sóle)* m. sol.

soleggiare *(soletyiáre)* tr. solear.   [ne.

solenne *(solénne)* adj. solem-

solennità *(solennitá)* f. solemnidad.

solere *(solére)* itr. soler.

soletta *(solétta)* f. plantilla (para el calzado).

solfa *(sólfa)* f. solfeo, solfa.

solfare *(solfáre)* tr. azufrar.

solfato *(solfáto)* m. sulfato.

solfo *(sólfo)* m. azufre.

solidale *(solidále)* adj. solidario.

solidarietà *(solidarietá)* f. solidaridad.

solidità *(soliditá)* f. solidez.

solido *(sólido)* adj. sólido.

solista *(solísta)* m. f. solista.

solitario *(solitário)* adj. y m. solitario.

solito *(sólito)* adj. habitual.

solitudine *(solitúdine)* f. soledad.

sollazzare *(sol-latsáre)* tr. solazar, entretener.

sollecitare *(sol-lechitáre)* tr. solicitar; apremiar; someter a un esfuerzo. itr. apresurarse.

sollecito *(sol-léchito)* adj. solícito, diligente.

solleticamento *(sol-leticaménto)* m. cosquilleo, hormigueo; cosquillas.

solleticare *(sol-leticáre)* tr. hacer cosquillas; estimular, excitar.

solletico *(sol-lético)* m. cosquilleo.

sollevamento *(sol-levaménto)* m. sublevación.

sollevare *(sol-leváre)* tr. sublevar.

sollievo *(sol-liévo)* m. descanso; alivio, consuelo.

solo *(sólo)* adj. solo.

soltanto *(soltánto)* adv. solamente.

solubile *(solúbile)* adj. soluble.

soluzione *(soludsióne)* f. solución.

solvente *(solvénte)* adj. (com.) solvente; disolvente.

solvenza *(solvéndsa)* f. solvencia.

somigliante *(somilliánte)* adj. semejante.

somiglianza *(somilliándsa)* f. semejanza.

somigliare *(somilliáre)* tr. semejar; cotejar. itr. parecerse.

somigliarsi *(somilliársi)* rfl. parecerse.

somma *(sómma)* f. suma, adición; total; cantidad (de dinero). **in —** en resumidas cuentas.

sommare *(sommáre)* tr. sumar. itr. importar.

sommario *(sommário)* m. sumario.

sommergere *(sommérdyere)* tr. sumergir, hundir.

sommergibile *(sommerdyíbile)* adj. sumergible. m. submarino.

sommissione *(sommissióne)* f. sumisión.

sonare *(sonáre)* tr. (mus.) tocar, sonar. itr. sonar, resonar. **— a martello** tocar a rebato.

sonda *(sónda)* f. sonda.

sondaggio *(sondátyio)* m. sondeo.   [sondar.

sondare *(sondáre)* tr. sondear,

sonetto *(sonétto)* m. soneto.

sonnambulo *(sonnámbulo)* adj. y m. sonámbulo.

sonnecchiare *(sonnekkiáre)* itr. dormitar.

sonnifero *(sonnífero)* adj. y m. somnífero.

sonno *(sónno)* m. sueño.

sonnolento *(sonnolénto)* adj. soñoliento.

sonnolenza *(sonnoléndsa)* f. somnolencia.

sonorità *(sonoritá)* f. sonoridad.

sonoro *(sonóro)* adj. sonoro.

sontuosità *(sontuositá)* f. suntuosidad.

sontuoso *(sontuóso)* adj. suntuoso.

sopire *(sopíre)* tr. adormecer, calmar.

sopore *(sopóre)* m. sopor.

sopportare *(sopportáre)* tr. soportar.

sopporto *(soppórto)* m. soporte, sostén, apoyo.

sopprimere *(sopprímere)* tr. anular; suprimir.

sopra *(sópra)* prep. sobre, encima de. adv. sobre, encima.

soprabito *(soprábito)* m. abrigo, sobretodo.

sopracciglio *(sopratchíllio)* m. ceja.

sopraccoperta *(sopraccopérta)* f. (náut.) sobrecubierta.

sopraffare *(sopraffáre)* tr. oprimir; superar. itr. sobrar.

sopraggiungere *(sopratyiúndyere)* tr. añadir; coger por sorpresa. itr. suceder; añadirse.

soprannaturale *(soprannaturále)* adj. sobrenatural.

soprannome *(soprannóme)* m. sobrenombre, apodo.

soprappeso *(soprappéso)* m. sobrecarga.

soprascarpa *(soprascárpa)* f. chanclo.

soprattutto *(soprattútto)* adv. sobre todo.

sopravvivere *(sopravvívere)* itr. sobrevivir.

soprintendente *(soprintendénte)* m. superintendente.

sorbire *(sorbíre)* tr. sorber.

sordità *(sorditá)* f. sordera.

sordo *(sórdo)* adj. y m. sordo.

sorella *(sorél-la)* f. hermana.

sorellastra *(sorel-lástra)* f. hermanastra.   [tial.

sorgente *(sordyénte)* f. manan-

sorgere *(sórdyere)* itr. nacer; manar; surgir; elevarse; salir (el sol).

sorprendere *(sorpréndere)* tr. sorprender.

sorprendersi *(sorprendérsi)* rfl. sorprenderse.

sorpresa *(sorprésa)* f. sorpresa.

sorridere *(sorrídere)* itr. sonreír(se).

sorriso *(sorríso)* m. sonrisa.

sorso *(sórso)* m. sorbo.

sorta *(sórta)* f. suerte, clase.

sorte *(sórte)* f. suerte.

sorteggio *(sortétyio)* m. sorteo.

sortire *(sortíre)* itr. salir; (mil.) hacer una salida (las tropas).

sortita *(sortíta)* f. salida; (mil.) incursión.

sorvegliare *(sorvelliáre)* tr. vigilar; hacer guardia.

sospendere *(sospéndere)* tr. colgar; suspender.

sospensione *(sospensióne)* f. suspensión.

sospettare *(sospettáre)* tr. e itr. sospechar.

sospetto *(sospétto)* adj. sospechoso. m. sospecha.

sospirare *(sospiráre)* tr. e itr. suspirar.

sospiro *(sospíro)* m. suspiro.

sosta *(sósta)* f. alto, parada; tregua; pausa.

sostantivo *(sostantívo)* adj. y m. sustantivo.

sostanza *(sostándsa)* f. sustancia.

sostare *(sostáre)* itr. pararse, detenerse; descansar.

sostegno *(sostéño)* m. sostén.

sostenere *(sostenére)* tr. sostener.

sostenersi *(sostenérsi)* rfl. sostenerse.

sostentare *(sostentáre)* tr. sustentar, nutrir; sostener.

sostituire *(sostituíre)* tr. sustituir, reemplazar.

sostituto *(sostitúto)* m. sustituto.

sostituzione *(sostitudsióne)* f. sustitución.

sottacqua *(sottákkua)* adv. en el fondo, debajo del agua.

sottana *(sottána)* f. falda; sotana.

sotterra *(sottérra)* adv. bajo tierra.

sotterraneo *(sotterráneo)* adj. subterráneo. m. sótano.

sotterrare *(sotterráre)* tr. soterrar.

sottile *(sottíle)* adj. sutil, delicado, fino; delgado.

sottilità *(sottilitá)* f. agudeza, sutilidad.

sotto *(sótto)* adv. abajo, bajo, debajo. prep. debajo de, bajo. **al di —** debajo. **il di —** la parte inferior de algo.

sottolineare *(sottolineáre)* tr. subrayar.

sottomarino *(sottomaríno)* adj. y m. submarino.

sottomettere *(sottométtere)* tr. someter.

sottoporre *(sottopórre)* tr. someter.

sottoscritto *(sottoscrítto)* adj. y m. infrascrito.

sottoscrivere *(sottoscrívere)* tr. subscribir.

sottosopra *(sottosópra)* adv. al revés; en desorden; en agitación. m. desórden.

sottoveste *(sottovéste)* f. chaleco.   [voz baja.

sottovoce *(sottovóche)* adv. en

sottrarre *(sottrárre)* tr. sustraer, restar.

sottrazione *(sottradsióne)* f. sustracción.

sottufficiale *(sottuffichiále)* m. (mil.) suboficial.

sovente *(sovénte)* adv. a menudo, frecuentemente.

soverchiare *(soverkiáre)* tr. vencer, oprimir; superar, exceder. itr. sobresalir; abundar.

soverchio *(sovérkio)* adj. excesivo, superabundante.

sovrano *(sovráno)* adj. y m. soberano. [recargo.

sovrimposta *(sovrimpósta)* f.

sovvenire *(sovveníre)* tr. subvenir, ayudar. itr. recordar; venir en ayuda.

sovvenirsi *(sovvenírsi)* rfl. acordarse.

sovvenzione *(sovvendsióne)* f. subvención.

spaccapietre *(spaccapiétre)* m. picapedrero.

spaccare *(spaccáre)* tr. rajar, destrozar, romper.

spaccatura *(spaccatúra)* f. raja, grieta.

spacciare *(spatchiáre)* tr. despachar (mercancías); vender.

spaccio *(spátchio)* m. despacho, venta.

spacco *(spácco)* m. ranura; desgarrón; abertura.

spada *(spáda)* f. espada.

spaghetti *(spaguétti)* m. pl. especie de fideos.

spalancare *(spalancáre)* tr. abrir de par en par.

spalla *(spál-la)* f. espalda; hombros. **stringersi nelle spalle** encogerse de hombros.

spalliera *(spal-liéra)* f. respaldo (de silla).

spandere *(spándere)* tr. esparcir, desparramar.

sparare *(sparáre)* tr. disparar, tirar (con arma de fuego).

sparata *(saparáta)* f. disparo.

spargere *(spárdyere)* tr. esparcir; divulgar.

sparire *(saparíre)* itr. desaparecer.

sparizione *(sparidsióne)* f. desaparición.

sparo *(spáro)* m. disparo, descarga (de arma de fuego).

spartiacque *(spartiákkue)* m. vertiente.

spartire *(spartíre)* tr. dividir.

spartizione *(spartidsióne)* f. partición, división.

sparto *(spárto)* m. esparto.

spasimo *(spásimo)* m. espasmo, congoja.

spassare *(spassáre)* tr. distraer, divertir.

spasso *(spásso)* m. distracción. **essere a—** estar sin trabajo.

spauracchio *(spaurákkio)* m. espantapájaros, espantajo.

spaurire *(spaurýre)* tr. espantar.

spaventarsi *(spaventársi)* rfl. asustarse.

spavento *(spavénto)* m. espanto.

spaventoso *(spaventóso)* adj. espantoso.

spaziare *(spadsiáre)* tr. espaciar (palabras o letras). itr. esparcirse; moverse.

spazio *(spádsio)* m. espacio.

spaziosità *(spadsiositá)* f. espaciosidad.

spazioso *(spadsióso)* adj. espacioso.

spazzacamino *(spatsacamíno)* m. deshollinador.

spazzaneve *(spatsanéve)* m. máquina quitanieves.

spazzare *(spatsáre)* tr. barrer, limpiar.

spazzatura *(spatsatúra)* f. basura; barrido; limpieza.

spazzaturaio *(spatsaturáio)* m. basurero.

spazzino *(spatsíno)* m. barrendero; basurero.

spazzola *(spátsola)* f. cepillo, escobilla.

spazzolare *(spatsoláre)* tr. cepillar; limpiar.

spazzolino *(spatsolíno)* m. cepillo (de dientes).

specchiarsi *(spekkiársi)* rfl. mirarse al espejo.

specchiera *(spekkiéra)* f. tocador.

specchietto *(spekkiétto)* m. espejo (de bolsillo).

specchio *(spékkio)* m. espejo.

speciale *(spechiále)* adj. especial, particular.

specialista *(spechialista)* m. especialista.

specialità *(spechialitá)* f. especialidad.

specializzare *(spechialitsáre)* tr. especializar.

specie *(spéchie)* f. especie.

specifico *(spechífico)* adj. específico.

speculare *(speculáre)* tr. e itr. especular, considerar.

speculazione *(speculadsióne)* f. especulación.

spedire *(spedíre)* tr. expedir.

speditore *(speditóre)* m. remitente.

spedizione *(spedidsióne)* f. expedición.

spegnere *(spéñere)* tr. apagar.

spendere *(spéndere)* tr. gastar; consumir.

spensierato *(spensieráto)* adj. despreocupado.

speranza *(speránsa)* f. esperanza.

sperare *(speráre)* tr. e itr. esperar.

spesa *(spésa)* f. gasto; coste.

spesare *(spesáre)* tr. mantener.

spese *(spése)* f. pl. gastos.

spesso *(spésso)* adj. espeso; frecuente. adv. a menudo.

spettacolo *(spettácolo)* m. espectáculo.

spettare *(spettáre)* itr. competer, concernir, atañer.

spettatore *(spettatóre)* m. espectador.

spettro *(spéttro)* m. espectro.

spezie *(spédsie)* f. pl. especias.

spezzare *(spetsáre)* tr. quebrar, romper; dividir, interrumpir.

spia *(spía)* f. espía.

spiacente *(spiachénte)* adj. desagradable.

spiacere *(spiachére)* itr. desagradar, disgustar.

spiacevole *(spiachévole)* adj. desagradable.

spiaggia *(spiátyia)* f. playa.

spianare *(spianáre)* tr. explanar, nivelar; explicar; derribar. [da.

spianata *(spianáta)* f. explana-

spiantare *(spiantáre)* tr. arrancar, destruir.

spiantarsi *(spiantarsi)* rfl. arruinarse.

spiare *(spiáre)* tr. espiar.

spicciolo *(spítchiolo)* adj. y m. suelto (dinero).

spiedo *(spiédo)* m. venablo, espiche; asador.

spiegare *(spiegáre)* tr. desplegar; explicar.

spiegazione *(spiegadsióne)* f. explicación, aclaración.

spiga *(spíga)* f. espiga.

spigare *(spigáre)* itr. espigar.

spigo *(spígo)* m. (bot.) espliego.

spigolare *(spigoláre)* tr. espigar; rebuscar.

spigolatura *(spigolatúra)* f. espigueo.

spigolo *(spígolo)* m. canto; arista; aspereza.

spilla *(spíl-la)* f. alfiler.

spillo *(spíl-lo)* m. alfiler, aguja; espita, canilla.

spillone *(spil-lóne)* m. broche.

spina *(spína)* f. espina; enchufe; (mec.) canilla.

spinacio *(spináchio)* m. (bot.) espinaca.

spingere *(spíndyere)* tr. empujar; incitar.

spingersi *(spindyérsi)* rfl. avanzar.

spino *(spíno)* m. espino.

spionaggio *(spionátyio)* m. espionaje.

spione *(spióne)* m. espía.

spira *(spíra)* f. espira.

spirito *(spírito)* m. espíritu; (fig.) humor.

spiritoso *(spiritóso)* adj. espirituoso; chistoso.

spirituale *(spirituále)* adj. espiritual.

splendere *(spléndere)* itr. resplandecer.

splendido *(spléndido)* adj. espléndido.

splendore *(splendóre)* m. esplendor, resplandor.

spoglia *(spóllia)* f. despojo; cadáver; botín.

spogliare *(spolliáre)* tr. despojar; desnudar.

spogliarsi *(spolliársi)* rfl. despojarse; desnudarse.

spoglio *(spóllio)* m. revisión; escrutinio (de votos); ropa (vestidos). adj. desnudo; libre.

sponda *(spónda)* f. orilla.

spontaneo *(spontáneo)* adj. espontáneo.

sporcare *(sporcáre)* tr. ensuciar. [marse.

sporgersi *(spordyérsi)* rfl. aso-

sport *(sport)* m. deporte.

sportivo *(sportívo)* adj. deportivo.

sposa *(spósa)* f. esposa, mujer, señora; novia, recién casada.

sposalizio *(sposalídsio)* m. casamiento, esponsales, enlace, boda.

sposare *(sposáre)* tr. casar, desposar. itr. casar(se).

sposarsi *(sposársi)* rfl. casarse, desposarse.

sposo *(spóso)* m. esposo, marido; novio, recién casado.

spossare *(spossáre)* tr. extenuar.

spossatezza *(spossatétsa)* f. extenuación.

spostare *(spostáre)* tr. apartar, desviar.

spostarsi *(spostársi)* rfl. abandonar su puesto; apartarse.

spregevole *(spredyévole)* adj. despreciable.

spregiare *(spredyiáre)* tr. despreciar, menospreciar.

spremere *(sprémere)* tr. exprimir.

sprezzare *(spretsáre)* tr. despreciar, desdeñar.

sprezzo *(sprétso)* m. desprecio, desdén.

sprizzare *(spritsáre)* tr. salpicar, rociar. [lear.

spronare *(spronáre)* tr. espo-

sprone *(spróne)* m. espuela; espolón.

sproposito *(spropósito)* m. despropósito; falta, error.

spruzzaglia *(sprutsállia)* f. llovizna.

spruzzare *(sprutsáre)* tr. rociar, salpicar. itr. lloviznar.

spruzzatore *(sprutsatóre)* m. pulverizador (de líquidos).

spugna *(spúña)* f. esponja.

spuma *(spúma)* f. espuma.

spumante *(spumánte)* adj. espumoso. m. vino achampañado. [mar.

spumare *(spumáre)* itr. espu-

spuntare *(spuntáre)* tr. despuntar; superar; itr. despuntar; aparecer.

spuntellare *(spuntel-láre)* tr. desapuntalar.

spuntino *(spuntíno)* m. bocadillo.

sputacchiera *(sputakkiéra)* f. escupidera.

sputare *(sputáre)* tr. e itr. escupir, esputar.

sputo *(spúto)* m. esputo.

squadra *(skuádra)* f. escuadra; (náut. mil.) armada; brigada (de obreros).

squagliare *(skualliáre)* tr. licuar.

squagliarsi *(skualliársi)* rfl. derretirse.

squama *(skuáma)* f. escama; caspa (del pelo).

squartare *(skuartáre)* tr. descuartizar.

squartatura *(skuartatúra)* f. descuartizamiento.

squisito *(skuisíto)* adj. exquisito.

stabile *(stábile)* adj. estable. m. finca, casa.

stabilimento *(stabiliménto)* m. establecimiento; fábrica, taller.

stabilire *(stabilíre)* tr. establecer; decretar.

stabilità *(stabilitá)* f. estabilidad.

staccare *(staccáre)* tr. desatar, desprender, soltar; arrancar; separar. itr. destacarse, resaltar.

stacciare *(statchiáre)* tr. tamizar; cerner.

staccio *(státchio)* m. cedazo.

stadio *(stádio)* m. estadio.

staffa *(stáffa)* f. estribo.

stagione *(stadyióne)* f. estación; (teat.) temporada; sazón, madurez, punto.

stagnare *(stañáre)* tr. estañar; estancarse. itr. restañar (herida).

stagno *(stáño)* m. estaño.

stalla *(stál-la)* f. establo.

stallo *(stál-lo)* m. asiento, silla, escaño.

stamane, stamattina *(stamáne, stamattína)* adv. esta mañana.

stampa *(stámpa)* f. prensa, imprenta; periodismo; tirada; estampa, grabado.

stampare *(stampáre)* tr. imprimir; (fig.) fijar; publicar; grabar.

stampati *(stampáti)* m. pl. impresos.

stampatore *(stampatóre)* m. impresor.

stamperia *(stampería)* f. imprenta.

stampigliare *(stampilliáre)* tr. estampillar.

stampo *(stámpo)* m. molde; troquel.

stancare *(stancáre)* tr. cansar.

stanchezza *(stankétsa)* f. cansancio.

stanco *(stánco)* adj. cansado.

stanga *(stánga)* f. barra, barrote, tranca; percha; palanca.

stangare *(stangáre)* tr. atrancar; apalear.

stanotte *(stanótte)* adv. esta noche.

stantuffo *(stantúffo)* m. (mec.) pistón, émbolo.

stanza *(stándsa)* f. habitación; residencia; estancia.

stare *(stáre)* itr. estar; residir, vivir. — al fresco estar en chirona.

starnutare *(starnutáre)* itr. estornudar.

starnuto *(starnúto)* m. estornudo.

stasera *(staséra)* adv. esta tarde, esta noche.

statale *(statále)* adj. estatal.

statista *(statísta)* m. estadista.

stato *(státo)* m. estado.

statua *(státua)* f. estatua.

statura *(statúra)* f. estatura.

statuto *(statúto)* m. estatuto.

stazionare *(stadsionáre)* tr. estacionar.

stazione *(stadsióne)* f. estación.

stazza *(státsa)* f. (náut.) arqueo, tonelaje.

stecca *(stécca)* f. varilla; taco (de billar).

steccare *(steccáre)* tr. estacar; entablillar.

stecchino *(stekkíno)* m. palillo de dientes.

stella *(stél-la)* f. estrella. — cadente estrella fugaz.

stemma *(stémma)* f. escudo de armas.

stendardo *(stendárdo)* m. estandarte.

stendere *(sténdere)* tr. extender; tender.

stenografare *(stenografáre)* tr. estenografiar.

stenografia *(stenografía)* f. estenografía.

sterco *(stérco)* m. estiércol.

sterile *(stérile)* adj. estéril.

sterilire *(sterilíre)* tr. esterilizar.

esterilità *(esterilitá)* f. esterilidad.

sterminare *(stermináre)* tr. exterminar.

sterminio *(stermínio)* m. exterminio.

sterzare *(sterdsáre)* tr. desviar; virar; terciar.

sterzo *(stérdso)* m. volante (de un automóvil).

stesso *(stésso)* adj. mismo, igual. lo — lo mismo.

stile *(stíle)* m. puñal, estilete; estilo (literario).

stilettare *(stilettáre)* tr. apuñalar.

stilettata *(stilettáta)* f. puñalada.

stilla *(stíl-la)* f. gotita.

stillare *(stil-láre)* tr. destilar.

stilografica *(stilográfica)* f. estilográfica.

stima *(stíma)* f. estima, cálculo.

stimare *(stimáre)* tr. estimar (en todas sus acepciones); apreciar.

stimolare *(stimoláre)* tr. estimular.

stimolo *(stímolo)* m. estímulo.

stinco *(stínco)* m. (anat.) tibia; espinilla.

stipendiare *(stipendiáre)* tr. asalariar.

stipendio *(stipéndio)* m. estipendio.

stipulare *(stipuláre)* tr. estipular, contratar.

stipulazione *(stipuladsióne)* f. estipulación.

stirare *(stiráre)* tr. estirar; planchar. ferro da — plancha.

stirarsi *(stirársi)* rfl. desperezarse.

stirpe *(stírpe)* f. estirpe.

stiva *(stíva)* f. bodega (de barco).

stivale *(stiuále)* m. bota, botín.

stizza *(stítsa)* f. cólera.

stizzire *(stitsíre)* tr. enfadar. itr. enfadarse.

stoffa *(stóffa)* f. tejido, tela.

stoia *(stóia)* f. estera.

stoltezza *(stoltétsa)* f. insensatez, estupidez.

stolto *(stólto)* adj. y m. insensato, estúpido.

stomaco *(stómaco)* m. (anat.) estómago.

stoppa *(stóppa)* f. estopa.

stordimento *(stordiménto)* m. aturdimiento.

stordire *(stordíre)* tr. aturdir, sorprender.

storia *(stória)* f. historia; cuento, leyenda.

storico *(stórico)* adj. histórico. m. historiador.

storiella *(storiél-la)* f. historieta.

storione *(storióne)* m. (ict.) esturión.

stormire *(stormíre)* itr. susurrar.

stormo *(stórmo)* m. bandada de pájaros; multitud.

storta *(stórta)* f. torsión; distorsión; (tecn.) retorta.

stoviglie *(stovíllie)* f. pl. vajilla; cacharros.

stracciare *(stratchiáre)* tr. rasgar, despedazar.

straccio *(strátchio)* m. trapo, jirón; trozo, retal.

strada *(stráda)* f. carretera, camino. — ferrata vía férrea. — maestra calzada.

stradare *(stradáre)* tr. encaminar.

strage *(strádge)* f. estrago.

stralciare *(stralchiáre)* tr. podar; liquidar.

stralcio *(strálchio)* m. poda; elección.

stramazzare *(stramatsáre)* tr. abatir, derribar. itr. caerse redondo.

stramazzo *(stramátso)* m. caída.

stramazzone *(stramatsóne)* m. resbalón, tropezón.

strangolare *(strangoláre)* tr. estrangular.

strangolazione *(strangoladsióne)* f. estrangulación.

straniero *(straniéro)* adj. y m. extranjero.

strano *(stráno)* adj. extraño, extranjero.

straordinario *(straordinário)* adj. extraordinario.

strapazzare *(strapatsáre)* tr. maltratar, injuriar; cansar; reprender; estropear.

strapazzo *(strapátso)* m. estropeo; cansancio; injuria.

strappare *(strappáre)* tr. romper. [rrón.

strappo *(stráppo)* m. desgarrar.

strascicare *(straschicáre)* tr. arrastrar. itr. arrastrarse.

strategia *(stratedyía)* f. estrategia.

strato *(stráto)* m. estrato, capa; tapiz.

stravagante *(stravagánte)* adj. y m. extravagante.

stravaganza *(stravagándsa)* f. extravagancia.

stravestire *(stravestíre)* tr. disfrazar.

stravolgere *(stravóldyere)* tr. desordenar; torcer; turbar; tergiversar.

stravolgimento *(stravoldyiménto)* m. torcimiento; tergiversación; trastorno.

straziare *(stradsiáre)* tr. atormentar, despedazar (el alma, el corazón).

strazio *(strádsio)* m. desgarro; tormento.

strega *(stréga)* f. bruja, hechicera. [zar.

stregare *(stregáre)* tr. hechinuado.

stremato *(streмáto)* adj. extenuado.

strenna *(strénna)* f. aguinaldo.

strenuo *(strénuo)* adj. valiente, esforzado.

strepitare *(strepitáre)* itr. hacer estrépito.

strepito *(strépito)* m. estrépito.

stretta *(strétta)* f. aprieto; apretón; límite, extremo.

strettezza *(strettétsa)* f. estrechez; (fig.) miseria.

stretto *(strétto)* adj. y m. estrecho; apretado.

stridere *(strídere)* itr. chirriar; gritar (con estridor).

strillare *(stril-láre)* itr. chillar.

strillo *(stríl-lo)* m. chillido, grito, chirrido.

strillone *(stril-lóne)* m. vendedor de periódicos.

stringere *(stríndyere)* tr. estrechar, apretar, apremiar; estipular, concluir.

striscia *(stríschia)* f. tira, faja.

strisciare *(strischiáre)* tr. frotar; arrastrar. itr. arrastrar los pies.

striscio *(stríschio)* m. arrastramiento; roce.

stritolare *(stritoláre)* tr. triturar.

stritolatura *(stritolatúra)* f. trituración.

strofa, strofe *(strófa, strófe)* f. estrofa.

strofinaccio *(strofinátchio)* m. estropajo. [tar.

strofinare *(strofináre)* tr. frotar, estregar. — i piedi arrastrar los pies.

stropicciare *(stropitchiáre)* tr. frotar, estregar. — i piedi arrastrar los pies.

stropicciata *(stropitchiáta)* f. frotamiento, frotación.

strozza *(strótsa)* f. garganta.

strozzare *(strotsáre)* tr. estrangular.

struggere *(strútyere)* tr. derretir, licuar, fundir.

strumentale *(strumentále)* adj. instrumental.

strumentare *(strumentáre)* tr. instrumentar.

strumento *(struménto)* m. instrumento.

strutto *(strútto)* m. manteca.

struzzo *(strútso)* m. (orn.) avestruz.

stuccare *(stuccáre)* tr. estucar; (fig.) fastidiar.

stufa *(stúfa)* f. estufa; hornillo; invernadero; invernáculo.

stufare *(stufáre)* tr. estofar; secar en la estufa; (fig.) fastidiar, aburrir.

stufarsi *(stufársi)* rfl. fastidiarse, aburrirse.

stuoia *(stuóia)* f. estera.

stupendo *(stupéndo)* adj. estupendo.

stupidezza *(stupidétsa)* f. estupidez.

stupidire *(stupidíre)* itr. entontecerse. tr. entontecer (a uno).

stupidità *(stupiditá)* f. estupidez.

stupido *(stúpido)* adj. y m. estúpido.

stupirsi *(stupírsi)* rfl. sorprenderse.

stupore *(stupóre)* m. estupor, pasmo.

stupro *(stúpro)* m. estupro.

sturare *(sturáre)* tr. destapar (botellas); desobstruir.

stuzzicadenti *(stutsicadénti)* m. palillo.

stuzzicare *(stutsicáre)* tr. escarbar, hurgar; excitar.

su *(su)* adv. sobre, encima. prep. sobre, cerca de. itj. ¡ánimo!, ¡adelante! venir — crecer. — e giù de un lado para el otro. — per giù aproximadamente.

subaffitare *(subaffitáre)* tr. subarrendar.

subalterno *(subaltérno)* m. subalterno.

subbia *(súbbia)* f. cincel (de escultor).

subbiare *(subbiáre)* tr. cincelar.

subire *(subíre)* tr. sufrir; soportar.

subito *(súbito)* adj. súbito, rápido, adv. en seguida, acto seguido.

sublimare *(sublimáre)* tr. ensalzar; sublimar.

sublime *(sublíme)* adj. sublime. m. sublimidad.

subordinare *(subordináre)* tr. subordinar.

subordinazione *(subordinadsióne)* f. subordinación.

subornare *(subornáre)* tr. sobornar.

subornazione *(subornadsióne)* f. soborno.

succedere *(sutchédere)* itr. suceder; heredar; acaecer.

successivo *(sutchessívo)* adj. sucesivo.

successo *(sutchésso)* m. suceso.

successore *(sutchessóre)* m. sucesor.

succhiare *(sukkiáre)* tr. sorber, chupar.

succo *(súcco)* m. jugo, zumo; savia.

succursale *(succursále)* adj. y f. sucursal.

sucido *(súchido)* adj. sucio.

sucidume *(suchidúme)* m. suciedad.

sud *(sud)* m. sur.

sudare *(sudáre)* itr. sudar, transpirar.

sudario *(sudário)* m. sudario.

suddetto *(suddétto)* adj. susodicho, sobredicho.

suddiacono *(suddiácono)* m. subdiácono.

uddito *(súddito)* m. súbdito.

udicio *(sudíchio)* adj. sucio.

udicione *(sudichióne)* m. sucio.

udiciume *(sudichiúme)* f. suciedad.

udore *(sudóre)* m. sudor.

udorifico *(sudorífico)* adj. sudorífico.

ufficiente *(suffichiénte)* adj. suficiente.

ufficienza *(suffichiéndsa)* f. suficiencia.

uffragare *(suffragáre)* tr. sufragar. [fragio.

uffragio *(suffrádyio)* m. sugante *(sugánte)* adj. secante; **carta** — papel secante.

ugare *(sugáre)* tr. secar; chupar, abonar.

uggerire *(sutyeríre)* tr. sugerir, aconsejar; (teat.) apuntar.

uggeritore *(sutyeritóre)* m. (teat.) apuntador.

ughero *(súguero)* m. corcho; (bot.) alcornoque.

ugna *(súña)* f. manteca (de cerdo).

ugo *(súgo)* m. jugo, zumo.

uicidarsi *(suichidársi)* rfl. suicidarse.

uicidio *(suichídio)* m. suicidio.

uino *(suíno)* adj. y m. cerdo.

ultano *(sultáno)* m. sultán.

uo *(súo)* adj. y pron. su, suyo, de él, de ella, de usted. **il** — pron. el suyo.

uocera *(suóchera)* f. suegra.

uoceri *(suócheri)* m. pl. suegros.

uocero *(suóchero)* m. suegro.

uola *(suóla)* f. suela.

uolo *(suólo)* m. suelo.

uonare *(suonáre)* tr. e itr. sonar, tocar.

uono *(suóno)* m. sonido, toque.

uora *(suóra)* f. (rel.) sor, hermana.

uperare *(superáre)* tr. superar.

uperbia *(supérbia)* f. soberbia, orgullo.

uperbo *(supérbo)* adj. y m. soberbio.

uperficiale *(superfichiále)* adj. superficial.

uperficie *(superfíchie)* f. superficie.

uperfluo *(supérfluo)* adj. superfluo.

uperiora *(superióra)* f. superiora (monja).

uperiore *(superióre)* adj. y m. superior.

uperiorità *(superioritá)* f. superioridad.

upersonico *(supersónico)* adj. supersónico.

uperstite *(supérstite)* adj. y m. f. superviviente.

uperstizione *(superstidsióne)* f. superstición.

uperstizioso *(superstidsióso)* adj. y m. supersticioso.

uperuomo *(superuómo)* m. superhombre.

uppellettile *(suppel-léttile)* f. muebles, enseres.

uppergiù *(supperdyiú)* adv. poco más o menos.

upplemento *(suppleménto)* m. suplemento.

upplente *(supplénte)* adj. y m. suplente.

upplenza *(suppléndsa)* f. suplencia.

upplica *(súpplica)* f. súplica.

supplicare *(supplicáre)* tr. suplicar.

supplicazione *(supplicadsióne)* f. suplicación.

supplire *(supplíre)* itr. suplir. tr. substituir.

supporre *(suppórre)* tr. suponer.

supposizione *(supposidsióne)* f. suposición.

supposta *(suppósta)* f. (med.) supositorio.

supposto *(suppósto)* adj. y m. supuesto.

suppurare *(suppuráre)* itr. supurar.

suppurazione *(suppuradsióne)* f. supuración.

surrealismo *(surrealísmo)* m. surrealismo.

surrogare *(surrogáre)* reemplazar, sustituir; subrogar.

surrogazione *(surrogadsióne)* f. subrogación, sustitución.

suscettibile *(suschettíbile)* adj. susceptible.

suscettibilita *(suschettibilitá)* f. susceptibilidad.

suscitare *(suschitáre)* tr. suscitar.

suscitazione *(suschitadsióne)* f. suscitación.

suspicace *(suspicáche)* adj. suspicaz. [pechar.

suspicare *(suspicáre)* tr. sospechar.

suspizione *(suspidsióne)* f. sospecha.

sussidiare *(sussidiáre)* tr. auxiliar; subvencionar.

sussidio *(sussídio)* m. subsidio.

sussistenza *(sussisténdsa)* f. subsistencia.

sussistire *(sussistíre)* itr. subsistir. [salto.

sussulto *(sussúlto)* m.

sussurrare *(sussurráre)* itr. susurrar, cuchichear.

sussurro *(sussúrro)* m. susurro.

svagare *(svagáre)* tr. recrear, distraer. [valijar.

svaligiare *(svalidyiáre)* tr. desvalutare *(svalutáre)* tr. desvalorizar.

svalutazione *(svalutadsióne)* f. desvalorización.

svanire *(svaníre)* itr. desvanecerse; desaparecer.

svaporare *(svaporáre)* itr. evaporarse; desvanecerse.

svaporazione *(svaporadsióne)* f. evaporación; desvanecimiento.

svantaggio *(svantátyio)* m. desventaja. [sueco.

svedese *(svedése)* adj. y m. **sveglia** *(svéllia)* f. despertador (reloj); (mil.) diana; desvelo, despertamiento.

svegliare *(svelliáre)* tr. despertar; animar.

svegliarino *(svelliaríno)* m. reproche.

sveglio *(svéllio)* adj. despierto; despejado.

svelare *(sveláre)* tr. revelar.

svelarsi *(svelársi)* rfl. descubrirse.

svellere *(svél-lere)* tr. arrancar, desarraigar, extirpar.

svelto *(svélto)* adj. esbelto; ágil, desenvuelto.

svenimento *(sveniménto)* m. desvanecimiento, desmayo.

svenire *(sveníre)* itr. desmayarse.

sventolare *(sventoláre)* tr. aventar, airear. itr. ondear.

sventura *(sventúra)* f. desventura, desgracia.

sventurato *(sventuráto)* adj. y m. desventurado.

svergogna *(svergóña)* f. desvergüenza.

svergognare *(svergoñáre)* tr. avergonzar.

svergognato *(svergoñáto)* adj. desvergonzado. m. sinvergüenza.

svestire *(svestíre)* tr. desnudar, desarropar.

sviamento *(sviaménto)* m. desviación; descarrilamiento.

sviare *(sviáre)* tr. desviar, descarrilar; apartar.

sviarsi *(sviársi)* rfl. descarrilar.

svignarsela *(sviñársela)* rfl. darse a la fuga.

sviluppare *(sviluppáre)* tr. desarrollar; (fot.) revelar.

sviluppo *(svilúppo)* m. desarrollo, desenvolvimiento; desarrollo; (fot.) revelado.

svitare *(svitáre)* tr. destornillar, sacar un tornillo.

svizzero *(svítsero)* adj. y m. suizo.

svolgere *(svóldyere)* tr. desenvolver; desenrollar; desarrollar.

svolta *(svólta)* f. vuelta; recodo. [do.

svoltare *(svoltáre)* itr. curvar, volver, girar. tr. desenrollar.

svotare *(svotáre)* tr. vaciar.

tabaccaio *(tabaccáio)* m. estanquero.

tabaccheria *(tabakkería)* f. tabaquería, estanco.

tabacco *(tabácco)* m. tabaco.

tabella *(tabél-la)* f. tabla; cuadro; prospecto.

tabernacolo *(tabernácolo)* m. tabernáculo.

taccagneria *(taccañería)* f. tacañería. [avaro.

taccagno *(taccáño)* adj. tacaño.

taccia *(tátchia)* f. tacha, mancha. [acusar.

tacciare *(tatchiáre)* tr. tachar.

tacco *(tácco)* m. tacón.

taccuino *(taccuíno)* m. agenda; cuaderno de apuntes.

tacere *(táchere)* tr. callar, ocultar. itr. callarse. m. silencio.

tachigrafia *(takigrafía)* f. taquigrafía.

tacito *(táchito)* adj. silencioso, callado; tácito.

taciturno *(tachitúrno)* adj. taciturno.

taglia *(tállia)* f. recompensa; rescate; (fig.) estatura.

tagliaboschi *(talliabóski)* m. leñador.

tagliacarte *(talliacárte)* m. cortapapeles.

tagliare *(talliáre)* tr. cortar.

tagliatelle *(talliatélle)* f. pl. fideos.

taglio *(tállio)* m. corte, herida; corte (de vestido o traje).

tale *(tále)* adj. y pron. tal.

talento *(talénto)* m. talento.

tallone *(tal-lóne)* m. talón.

talora *(talóra)* adv. a veces.

talpa *(tálpa)* f. (zool.) topo.

talvolta *(talvólta)* adv. a veces.

tamburare *(tamburáre)* itr. tocar el tambor; (fig.) golpear.

tamburo *(tambúro)* m. tambor.

tampone *(tampóne)* m. (med.) tapón (en heridas); tampón.

tana *(tána)* f. guarida.

tanaglia *(tanállia)* f. tenazas.

tanti *(tánti)* pron. muchos.

tanto *(tánto)* adj. tanto, mucho; pron. tanto. adv. tanto, de tal manera, hasta tal punto. m. tanto. **non per** — sin embargo. **tante grazie** muchas gracias. **ogni** — de vez en cuando.

tappare *(tappáre)* tr. tapar; cerrar.

tapparsi *(tappársi)* rfl. taparse, abrigarse.

tappeto *(tappéto)* m. alfombra; tapete; tapiz.

tappezzare *(tappetsáre)* tr. tapizar.

tappezzeria *(tappetsería)* f. tapicería.

tappo *(táppo)* m. tapón.

tara *(tára)* f. tara.

tardanza *(tardándsa)* f. tardanza.

tardare *(tardáre)* tr. retardar. itr. tardar, retrasarse.

tardi *(tárdi)* adv. tarde. **al più** — a más tardar. **tosto o** — tarde o temprano.

tardivo *(tardívo)* adj. tardío.

tariffa *(taríffa)* f. tarifa.

tarlo *(tárlo)* m. carcoma.

tarma *(tárma)* f. polilla.

tarmare *(tarmáre)* itr. apolillarse.

tartagliare *(tartalliáre)* itr. tartamudear.

tartaglione *(tartallióne)* m. tartamudo.

tartaruga *(tartarúga)* f. (zool.) tortuga.

tartufo *(tartúfo)* m. (bot.) trufa; (fig.) hipócrita.

tasca *(tásca)* f. bolsillo (de traje).

tascapane *(tascapáne)* m. morral.

tassa *(tássa)* f. tasa, impuesto.

tassare *(tassáre)* tr. tasar.

tassì, taxi *(tassí, táxi)* m. taxi.

tasso *(tásso)* m. (com.) tipo de interés; (zool.) tejón.

tastare *(tastáre)* tr. tantear, tentar, palpar.

tasteggiare *(tastetyiáre)* tr. teclear.

tasto *(tásto)* m. tecla.

tastoni *(tastóni)* adv. a tientas.

tatta *(táttica)* f. táctica.

tatto *(tátto)* m. tacto.

tatuaggio *(tatuátyio)* m. tatuaje.

tatuare *(tatuáre)* tr. tatuar.

taverna *(tavérna)* f. taberna.

tavola *(távola)* f. mesa.

tavolino *(tavolíno)* m. mesita, mesilla.

tavolozza *(tavolótsa)* f. paleta (de pintor).

tazza *(tátsa)* f. taza, copa.

te *(te)* pron. te, ti, a ti.

tè *(te)* m. (bot.) té.

teatrale *(teatrále)* adj. teatral.

teatro *(teátro)* m. teatro. — **dei burattini** teatro de guiñol.

tecnica *(técnica)* f. técnica.

tecnico *(técnico)* adj. y m. técnico.

tedesco *(tedésco)* adj. y m. alemán.

tegola *(tégola)* f. teja.

teiera *(teiéra)* f. tetera.

tela *(téla)* f. tela; lienzo, cuadro (pintura). — **di ragno** telaraña. — **incerata** hule.

telaio *(teláio)* m. telar; bastidor; marco.

telefonare *(telefonáre)* tr. telefon(e)ar.

telefonico *(telefónico)* adj. telefónico.

telefonista *(telefonísta)* m. f. telefonista.

telefono *(teléfono)* m. teléfono.

telegrafare *(telegrafáre)* tr. telegrafiar.

telegrafia *(telegrafía)* f. telegrafía.

telegrafo *(telégrafo)* m. telégrafo.

telegramma *(telegrámma)* m. telegrama.

teleobiettivo *(teleobiettívo)* m. teleobjetivo.

telescopio *(telescópio)* m. telescopio.

televisione *(televisióne)* f. televisión.

televisore *(televisóre)* m. televisor (aparato).

tellina *(tel-lína)* f. almeja, tellina.

telone *(telóne)* m. telón; pedazo grande de tela.

tema *(téma)* f. temor, miedo. m. tema.

temerario *(temerário)* adj. temerario.

temere *(temére)* tr. e itr. temer.

temerità *(temeritá)* f. temeridad.

tempera *(témpera)* f. temple.

temperamento *(temperaménto)* m. temperamento.

temperare *(temperáre)* tr. templar, mitigar; (técn.) templar (metales); (mús.) templar (instrumentos); sacar punta (al lápiz).

temperatura *(temperatúra)* f. temperatura.

temperino *(temperíno)* m. cortaplumas.   [pestad.

tempestà *(tempestá)* f. tempestare *(tempestáre)* tr. acribillar; itr. descargar la tormenta, arreciar.

tempestoso *(tempestóso)* adj. tempestuoso.

tempia *(témpia)* f. (anat.) sien.

tempio *(tempio)* m. templo.

templare *(templáre)* adj. y m. templario.

tempo *(témpo)* m. tiempo; época; plazo. **per** — de madrugada. **darsi buon** — divertirse.

temporale *(temporále)* adj. y m. temporal.

temporaneo *(temporáneo)* adj. temporáneo.

tenace *(tenáche)* adj. tenaz; firme.

tenacità *(tenachitá)* f. tenacidad.

tenda *(ténda)* f. toldo; tienda.

tendenza *(tendéndsa)* f. tendencia, propensión.

tendere *(téndere)* tr. extender, tender. itr. tender.

tendina *(tendína)* f. cortina.

tendine *(téndine)* m. (anat.) tendón.

tenebre *(ténebre)* f. pl. tinieblas.   [niente.

tenente *(tenénte)* m. (mil.) te-

tenere *(tenére)* tr. tener; guardar; llevar (contabilidad).

tenersi *(tenérsi)* rfl. contenerse.

tenerezza *(tenerétsa)* f. ternura; amor.

tenero *(ténero)* adj. tierno, cariñoso.

tennis *(ténnis)* m. tenis.

tennista *(tennísta)* m. f. tenista, jugador de tenis.

tenore *(tenóre)* m. tenor.

tensione *(tensióne)* f. tensión.

tentare *(tentáre)* tr. tentar; tocar; intentar; seducir.

tentativo *(tentatívo)* m. tentativa; prueba.

tentazione *(tentadsióne)* f. tentación.

tentone, tentoni *(tentóne, tentóni)* adv. a tientas.

tenue *(ténue)* adj. tenue.

tenuta *(tenúta)* f. contenido; (agr.) hacienda, finca; (com.) teneduría (de libros); (mil.) uniforme.

teologia *(teolodyía)* f. teología.

teologo *(teólogo)* m. teólogo.

teoretico *(teorético)* adj. teorético.

teoria *(teoría)* f. teoría.

tepidezza *(tepidétsa)* f. tibieza.

tepido *(tépido)* adj. tibio.

teppa *(teppa)* f. cuadrilla de malhechores.

teppista *(teppísta)* m. malhechor.

tergere *(térdyere)* tr. limpiar; enjugar.

tergicristallo *(terdyicristál-lo)* m. limpiaparabrisas.

tergo *(térgo)* m. dorso; revés. **a** — a la vuelta, al dorso.

termale *(termále)* adj. termal.

terme *(térme)* f. pl. termas.

terminale *(terminále)* adj. terminal; final.

terminare *(termináre)* tr. terminar; delimitar, itr. terminar.

terminazione *(terminadsióne)* f. terminación; límite.

termine *(término)* m. término; (com.) plazo, término.

termometro *(termómetro)* m. termómetro.

termos *(térmos)* m. termo.

terra *(térra)* f. tierra; terreno.

terracotta *(terracótta)* f. terracota, barro cocido.

terraglia *(terrállia)* f. loza (de barro).

terrapieno *(terrapiéno)* m. terraplén.

terrazza *(terrátsa)* f. terraza, azotea.

terrazzino *(terratsíno)* m. balcón.

terremoto *(terremóto)* m. terremoto.

terreno *(terréno)* adj. terreno. m. terreno; tierra; territorio.

terrestre *(terréstre)* adj. terrestre.

terribile *(terríbile)* adj. terrible.

territorio *(território)* m. territorio.

terrore *(terróre)* m. terror.

terzo *(térdso)* adj. y m. tercero. m. tercio.

tesa *(tésa)* f. tensión; colocación de redes para pescar; ala (del sombrero).

teschio *(téskio)* m. cráneo.

tesi *(tési)* f. tesis.

tesoreggiare *(tesoretyiáre)* tr. atesorar.

tesoreria *(tesorería)* f. tesorería (oficial).

tesoro *(tesóro)* m. tesoro.

tessera *(téssera)* f. tarjeta de identidad; carné.

tessere *(téssere)* tr. tejer; componer, urdir.

tessile *(téssile)* adj. textil.

tessuto *(tessúto)* m. tejido; trama.

testa *(tésta)* f. (anat.) cabeza.

testamentario *(testamentário)* adj. testamentario.

testamento *(testaménto)* m. testamento.

testare *(testáre)* tr. testar.

testicolo *(testícolo)* m. (anat.) testículo.

testificazione *(testificadsióne)* f. testificación.

testimone *(testimóne)* m. testigo.

testimonianza *(testimoniándsa)* f. testimonio.

testimoniare *(testimoniáre)* tr. testimoniar, atestiguar.

testimonio *(testimónio)* m. testimonio; prueba.

testo *(tésto)* m. texto, libro de texto; tiesto; tortera.

testuale *(testuále)* adj. textual.

testuggine *(testútyine)* f. (zool.) tortuga.

tetano *(tétano)* m. (med.) tétano.

tetro *(tétro)* adj. tétrico.

tetto *(tétto)* m. tejado, techo.

tettoia *(tettóia)* cobertizo; marquesina.

ti *(ti)* pron. te, a ti.

tibia *(tíbia)* f. (anat.) tibia, canilla; (mús.) tibia, flauta.

tifo *(tífo)* m. (med.) tifus.

tifoidea *(tifoidéa)* f. fiebre tifoidea.

tiglio *(tíllio)* m. (bot.) tilo; fibra.

timbrare *(timbráre)* tr. timbrar.

timbro *(tímbro)* m. timbre.

timidezza, timidità *(timidétsa, timiditá)* f. timidez.

timido *(tímido)* adj. tímido.

timone *(timóne)* m. (náut.) timón.

timoniere *(timoniére)* m. timonel.

timorato *(timoráto)* adj. timorato.   [do.

timore *(timóre)* m. temor, mie-

timpano *(tímpano)* m. tímpano; (mús.) timbal.

tinca *(tínca)* f. (ict.) tenca.

tingere *(tíndyere)* tr. teñir.

tino *(tíno)* m. lagar; cuba, tonel, barril.

tinozza *(tinótsa)* f. tina, tinaja.

tinta *(tínta)* f. color, coloración.

tinteggiare *(tintetyiáre)* tr. colorear.

tintinnare *(tintinnáre)* itr. tintinear.

tintoria *(tintoría)* f. tintorería.

tintura *(tintúra)* f. tintura, tinte.

tipico *(típico)* adj. típico.

tipografia *(tipografía)* f. tipografía.

tipografo *(tipógrafo)* m. tipógrafo.

tiralinee *(tiralínee)* m. tiralíneas.

tiranneggiare *(tirannetyiáre)* tr. tiranizar.

tirannesco *(tirannésco)* adj. tiránico.

tirannia *(tirannía)* f. tiranía.

tiranno *(tiránno)* adj. y m. tirano.

tirare *(tiráre)* tr. tirar; tender; imprimir; obtener. itr. tirar, encaminarse (hacia algún sitio); tirar, disparar (armas de fuego); propender.

tirata *(tiráta)* f. tirada.

tiratore *(tiratóre)* m. tirador.

tiro *(tíro)* m. tiro, disparo. — **a segno** tiro al blanco.

tirocinio *(tirochínio)* m. aprendizaje, noviciado.

tisi *(tísi)* f. tisis.

tisichezza *(tisikétsa)* f. tisis; depauperación.

tisico *(tísico)* adj. y m. tísico.

titolare *(titoláre)* adj. y m. titular. tr. titular.

titolo *(título)* m. título.

titubare *(titubáre)* itr. titubear, vacilar, dudar.

toccare *(toccáre)* tr. tocar; conmover. itr. pertenecer. — **denari** cobrar una cantidad.

tocco *(tócco)* m. toque; birrete, gorro; toca; pedazo, trozo. **il** — la una (de la noche o del día).

toeletta *(toelétta)* f. aseo.

togliere *(tólliere)* tr. quitar; sacar; tomar; impedir. — **a fare** emprender. **togla dio** Dios no lo quiera.

togliersi *(tólliersi)* rfl. irse.

tolda *(tólda)* f. (náut.) cubierta.

toletta *(tolétta)* f. tocador (mueble), aseo; tocado.

tollerante *(tol-leránte)* adj. tolerante.

tolleranza *(tol-lerándsa)* f. tolerancia.

tollerare *(tol-leráre)* tr. tolerar.

tomba *(tómba)* f. tumba.

tombola *(tómbola)* f. tómbola.

tomo *(tómo)* m. tomo.

tonare *(tonáre)* itr. tronar.

tondere *(tóndere)* tr. esquilar; podar.

tondo *(tóndo)* adj. redondo, circular; tonto, bobo. m. plato, bandeja; objeto de forma redonda.

tonnellaggio *(tonnel-látyio)* m. tonelaje; arqueo.

tonnellata *(tonnel-láta)* f. tonelada.

tonno *(tónno)* m. (ict.) atún, bonito.

tono *(tóno)* m. tono.

tonsilla *(tonsíl-la)* f. (anat.) amígdala.

tonsura *(tonsúra)* f. tonsura.

tonsurare *(tonsuráre)* tr. tonsurar.

topaia *(topáia)* f. ratonera.

topo *(tópo)* m. ratón.

torbido *(tórbido)* adj. tubio. m. tumuto; cosa turbia.

torcere *(tórchere)* tr. torcer; curvar, doblar.

torcia *(tórchia)* f. hacha, tea, antorcha.

torma *(tórma)* f. muchedumbre, turba.

tormentare *(tormentáre)* tr. atormentar.

tormento *(torménto)* m. tormento.

tornaconto *(tornacónto)* m. provecho, utilidad.

tornagusto *(tornagústo)* m. aperitivo.

tornare *(tornáre)* itr. tornar, regresar, volver; cuadrar.

tornasole *(tornasóle)* m. tornasol.

tornio *(tórnio)* m. torno.

tornire *(torníre)* tr. tornear.

toro *(tóro)* m. (zool.) toro.

torpedine *(torpédine)* f. torpedo.

torpediniera *(torpediniéra)* f. (náut. mil.) torpedero, lancha torpedera.

torpedo *(torpédo)* m. coche de carreras.

torpedone *(torpedóne)* m. autobús.

torpidezza *(torpidétsa)* f. torpeza.

torpido *(tórpido)* adj. torpe, lento.

torre *(tórre)* f. torre.

torrefare *(torrefáre)* tr. tostar.

torrefazione *(torrefadsióne)* f. tostadura.

torrente *(torrénte)* m. torrente.

torrone *(torróne)* m. turrón.

torsione *(torsióne)* f. torsión, torcimiento.

torso *(tórso)* m. (anat.) torso; tronco; troncho.

torsolo *(tórsolo)* m. troncho.

torta *(tórta)* f. torta, tarta; torcedura.

torto *(tórto)* adj. torcido. m. culpa. **a —** sin razón. **aver —** tener la culpa.

tortora *(tórtora)* f. (orn.) tórtola.

tortura. *(tortúra)* f. tortura.

torturare *(torturáre)* tr. torturar, atormentar.

tosare *(tosáre)* tr. esquilar.

tosatura *(tosatúra)* f. esquileo.

tosse *(tósse)* f. tos.

tossire *(tossíre)* itr. toser.

tostare *(tostáre)* tr. tostar.

tostatura *(tostatúra)* f. tostatura, torrefacción.

tosto *(tósto)* adv. pronto, **piú — más** bien. adj. duro; impertinente.

totale *(totále)* adj. total, entero. m. suma.

totalità *(totalitá)* f. totalidad.

tovaglia *(továllia)* f. mantel.

tovagliuolo *(tovalliuólo)* m. servilleta.

tozzo *(tótso)* adj. burdo; macizo. m. mendrugo.

tra *(tra)* prep. en, con, entre, dentro de.

traccia *(trátcha)* f. huella, señal. **andare in —** ir en busca.

tracciare *(tratchiáre)* tr. trazar, esbozar.

trachea *(trákea)* f. (anat.) tráquea.

tradimento *(tradiménto)* m. traición.

tradire *(tradíre)* tr. traicionar.

traditore *(traditóre)* adj. y m. traidor.

tradizione *(tradidsióne)* f. tradición.

tradurre *(tradúrre)* tr. traducir.

traduttore *(traduttóre)* m. traductor.

traduzione *(tradudsióne)* f. traducción.

trafficare *(trafficáre)* tr. traficar, comerciar.

traffico *(tráffico)* m. tráfico.

traforare *(traforáre)* tr. perforar, taladrar.

traforo *(trafóro)* m. perforación; calado.

trafugamento *(trafugaménto)* m. sustracción.

trafugare *(trafugáre)* tr. sustraer. [dia.

tragedia *(tradyédia)* f. trage-

traghettare *(traguettáre)* tr. pasar de un lado al otro (un río, lago, etc.), atravesar en barca.

traghetto *(traguétto)* m. transbordador; travesía.

tragico *(trádyico)* adj. trágico.

tragitto *(tradyítto)* m. trayecto; (náut.) travesía.

trainare *(traináre)* tr. arrastrar, remolcar. [ción.

traino *(tráino)* m. trineo; trac-

tralasciamento *(tralaschiaménto)* m. omisión.

tralasciare *(tralaschiáre)* tr. omitir.

tralcio *(trálchio)* m. sarmiento; esqueje.

tralucere *(tralúchere)* itr. traslucirse.

tram *(tram)* m. tranvía.

tramandare *(tramandáre)* tr. transmitir.

tramare *(tramáre)* tr. tramar; maquinar.

tramenare *(tramenáre)* tr. remover.

tramenio *(tramenío)* m. trastorno, revuelo.

tramezza *(trametsa)* f. tabique.

tramezzare *(trametsáre)* tr. interponer; separar. itr. interponerse; terciar.

tramezzo *(tramétso)* m. tabique; entremés.

tramite *(trámite)* m. trámite, paso; medio.

tramontana *(tramontána)* f. tramontana.

tramontano *(tramontáno)* adj. tramontano; septentrional. m. tramontana.

tramontare *(tramontáre)* itr. ponerse el sol.

tramonto *(tramónto)* m. ocaso.

tramortimento *(tramortiménto)* m. desmayo.

tramortire *(tramortíre)* itr. desmayarse.

trampolino *(trampolíno)* m. trampolín.

tramutare *(tramutáre)* tr. trasmutar; cambiar.

tranello *(tranél-lo)* m. trampa; engaño.

tranne *(tránne)* prep. salvo, fuera de, excepto.

tranquillare *(trankuil-láre)* tr. tranquilizar.

tranquillità *(trankuil-litá)* f. tranquilidad.

tranquillo *(trankuíl-lo)* adj. tranquilo.

transigere *(transídyere)* tr. transigir.

transire *(transíre)* itr. pasar, atravesar; morir.

transitare *(transitáre)* itr. transitar.

transito *(tránsito)* m. tránsito.

transizione *(transidsióne)* f. transición.

trapanare *(trapanáre)* tr. barrenar, taladrar. trepanar.

trapano *(trápano)* m. (mec.) barrena, taladro.

trapassare *(trapassáre)* tr. traspasar. itr. pasar; morir.

trapasso *(trapásso)* m. traspaso; paso; muerte.

trapelare *(trapeláre)* tr. conjeturar. itr. traslucirse; pasar, traspasar.

trapiantare *(trapiantáre)* tr. trasplantar.

trappola *(tráppola)* f. trampa, lazo; engaño; ratonera.

trappolare *(trappoláre)* tr. trampear, engañar.

trapuntare *(trapuntáre)* tr. pespuntear.

trapunto *(trapúnto)* m. pespunte.

trarre *(trárre)* tr. traer; sacar; tirar. **— profito** sacar provecho.

trasbordare *(trasbordáre)* tr. e itr. tra(n)sbordar.

trasbordo *(trasbórdo)* m. tra(n)sbordo.

trascendere *(traschéndere)* tr. e itr. trascender.

trascinare *(traschináre)* tr. arrastrar.

trascorrere *(trascórrere)* tr. transcurrir, hojear (un libro). itr. pasar (el tiempo); pasarse, excederse; transcurrir.

trascrivere *(trascrívere)* tr. transcribir.

trascrizione *(trascridsióne)* f. transcripción.

trascurare *(trascuráre)* tr. descuidar; olvidar.

trascuratezza *(trascuratétsa)* f. descuido.

trasferimento *(trasferiménto)* m. transferencia, traslado, traspaso.

trasferire *(trasferíre)* tr. transferir, trasladar.

trasferirsi *(trasferírsi)* rfl. cambiar de domicilio, trasladarse.

trasfigurazione *(trasfiguradsióne)* f. transfiguración.

trasformare *(trasformáre)* tr. transformar.

trasformazione *(trasformadsióne)* f. transformación.

trasfusione *(trasfusióne)* f. transfusión.

trasgredire *(trasgredíre)* tr. transgredir, infringir.

trasgressione *(trasgressióne)* f. transgresión, infracción.

traslocare *(traslocáre)* tr. trasladar, transferir. itr. mudar de casa.

traslocarsi *(traslocársi)* rfl. trasladarse.

trasloco *(traslóco)* m. cambio; traslación, traslado; mudanza (de local).

trasmettere *(trasméttere)* tr. transmitir, transferir.

trasmissione *(trasmissióne)* f. transmisión, traspaso.

trasparente *(trasparénte)* adj. transparente.

trasparenza *(trasparéndsa)* f. transparencia.

trasparire *(trasparíre)* itr. transparentarse, vislumbrarse.

trasportare *(trasportáre)* tr. transportar.

trasporto *(traspórto)* m. transporte; (fig.) arrebato (de ánimo).

trastullare *(trastul-láre)* tr. recrear.

trastullo *(trastúl-lo)* m. recreo, pasatiempo.

trasversale *(trasversále)* adj. transversal.

tratta *(trátta)* f. trayecto; trata; tirón; (com.) giro.

trattamento *(trattaménto)* m. tratamiento.

trattare *(trattáre)* tr. tratar; manejar (un negocio); conversar.

trattato *(trattáto)* m. tratado, pacto.

trattenere *(trattenére)* tr. entretener; detener; retener; divertir.

trattenimento *(trattenimento)* m. diversión; entretenimiento.

tratto *(trátto)* m. trato; trecho; tiro. **ad ogni —** a menudo. **ad un —** de repente. **di — in —** de cuando en cuando.

trattore *(trattóre)* m. (agr.) tractor.

trattoria *(trattoría)* f. fonda, restaurante.

travagliare *(travalliáre)* tr. afligir. itr. estar afligido.

travagliarsi *(travalliársi)* rfl. afligirse.

travaglio *(travállio)* m. sufrimiento; fatiga. **— di stomaco** bascas.

travasare *(travasáre)* tr. trasegar, transvasar.

travaso *(traváso)* m. trasiego, transvasación.

trave *(tráve)* f. viga.

travedere *(travedére)* itr. ver mal; equivocarse.

travedimento *(travedimento)* m. equivocación, error.

traversa *(travérsa)* f. travesaño; travesía; atajo.

traversare *(traversáre)* tr. atravesar.

traversata *(traversáta)* f. travesía; desgracia, contratiempo.

traverso *(travérso)* adj. travieso; travesero, oblicuo.

travestimento *(travestiménto)* m. disfraz.

travestire *(travestíre)* tr. disfrazar.

traviare *(traviáre)* tr. extraviar, desviar.

traviamento *(traviaménto)* m. extravío.

tre *(tre)* adj. y m. tres.

trebbia *(trébbia)* f. trilla; trilladora.

trebbiare *(trebbiáre)* tr. trillar.

treccia *(trétchia)* f. trenza; trenzado.

trecciare *(tretchiáre)* tr. trenzar, entretejer.

tregua *(trégua)* f. tregua.

tremare *(tremáre)* itr. temblar, vacilar. [do.

tremarella *(tremarél-la)* f. miedo.

tremebondo *(tremebóndo)* adj. tremebundo.

tremendo *(treméndo)* adj. tremendo, terrible.

tremolare *(tremoláre)* itr. tremolar.

tremolio *(tremolío)* m. temblor.

tremolo *(trémolo)* adj. trémulo. m. (mús.) trémolo.

treno *(tréno)* m. tren. **— diretto** tren rápido. **— merci** tren de mercancías.

trepidante *(trepidánte)* adj. trepidante, temeroso.

trepidare *(trepidáre)* itr. trepidar, temblar; tener miedo.

trepidazione *(trepidadsióne)* f. trepidación, miedo, susto.

treppiede *(treppiéde)* m. trípode.

triangolare *(triangoláre)* adj. triangular.

triangolo *(triángolo)* m. triángulo.

tribolare *(triboláre)* tr. atribular. itr. sufrir, estar atribulado.

tribolazione *(triboladsióne)* f. tribulación.

tribordo *(tribórdo)* m. (náut.) estribor.

tribù *(tribú)* f. tribu.

tribuna *(tribúna)* f. tribuna.

tribunale *(tribunále)* m. tribunal.

tributario *(tributário)* adj. tributario.

tributo *(tribúto)* m. tributo.

tricolore *(tricolóre)* adj. tricolor.

tridente *(tridénte)* m. tridente.

trifoglio *(trifóllio)* m. (bot.) trébol.

trillare *(tril-láre)* itr. trinar.

trillo *(tríl-lo)* m. trino.

trimestrale *(trimestrále)* adj. trimestral.

trimestre *(triméstre)* m. trimestre.

trina *(trína)* f. encaje.

trincea *(trinchéa)* f. trinchera.

512

trinciare *(trinchiáre)* tr. trinchar.

trionfare *(trionfáre)* itr. triunfar; vencer.

trionfo *(triónfo)* m. triunfo.

triplicare *(triplicáre)* tr. triplicar.

triplice *(trípliche)* adj. triple.

triste *(tríste)* adj. triste.

tristezza *(tristétsa)* f. tristeza.

tristizia *(tristídsia)* f. malicia; tristeza.

tritare *(tritáre)* tr. triturar.

trittico *(tríttico)* m. tríptico.

trivellare *(trivel-láre)* tr. barrenar, taladrar.

trivello *(trivél-lo)* m. barreno.

triviale *(triviále)* adj. trivial, vulgar.   [dad.

trivialità *(trivialitá)* f. trivialitroncamento *(troncaménto)* m. trucamiento. **— di parole** apócope.

troncare *(troncáre)* tr. truncar.

tronco *(trónco)* m. tronco; trozo (de vía).

tronfio *(trónfio)* adj. hinchado, engreído.

trono *(tróno)* m. trono.

tropicale *(tropicále)* adj. tropical.

tropico *(trópico)* m. trópico.

troppo *(tróppo)* adj. m. y adv. demasiado.

trota *(tróta)* f. (ict.) trucha.

trottare *(trottáre)* itr. trotar.

trottata *(trottáta)* f. carrera al trote; andar apresurado.

trotto *(trótto)* m. trote.

trovare *(trováre)* tr. encontrar; descubrir.

trovarsi *(trovársi)* rfl. encontrarse.

trovatello *(trovatél-lo)* m. expósito.

trovatore *(trovatóre)* m. trovador.

trucco *(trúcco)* m. truco.

truffa *(trúffa)* f. estafa.

truffare *(truffáre)* tr. estafar.

truffatore *(truffatóre)* m. estafador.

truppa *(trúppa)* f. tropa.

tu *(tu)* pron. tú. **dare del —** tutear. **a — per —** cara a cara.

tuba *(túba)* f. (mús.) trompa, trompeta; tuba. ca⸳⸳ello ⸳ **— sombrero de c⸳pa**, chistera.

tubare *(tubáre)* itr. arrullar, arrullarse.

tubatura *(tubatúra)* f. tubería.

tubercolosi *(tubercolósi)* f. (med.) tuberculosis.

tubero *(túbero)* m. tubérculo.

tuffare *(tuffáre)* tr. zambullir.

tuffarsi *(tuffársi)* rfl. zambullirse.   [dor.

tuffatore *(tuffatóre)* m. buceatulipano *(tulipáno)* m. (bot.) tulipán.

tulle *(túl-le)* m. tul.

tumefazione *(tumefadsióne)* f. tumefacción.

tumidezza *(tumidétsa)* f. hinchazón.

tumore *(tumóre)* m. (med.) tumor.

tumulare *(tumuláre)* tr. sepultar.

tumulo *(túmulo)* m. sepulcro, túmulo.

tumulto *(tumúlto)* m. tumulto.

tumultuare *(tumultuáre)* itr. alborotar.

tunica *(túnica)* f. túnica.

tuo *(túo)* adj. tu, tuyo. **i tuoi,** tus parientes, los tuyos.

tuonare *(tuonáre)* itr. tronar.

tuono *(tuóno)* m. trueno.

tuorlo *(tuórlo)* m. yema (de huevo).

turacciolo *(turátchiolo)* tapón; corcho.

turare *(turáre)* tr. tapar, taponar.

turba *(túrba)* f. turba.

turbamento *(turbaménto)* m. turbación, turbamiento.

turbare *(turbáre)* tr. turbar, alterar.

turbazione *(turbadsióne)* f. turbación.

turbinare *(turbináre)* tr. remolinear.

turbine *(túrbine)* m. remolino, torbellino.

turbo *(túrbo)* adj. turbio. m. torbellino.

turbolenza *(turboléndsa)* f. turbulencia.

turco *(túrco)* adj. y m. turco.

turchina *(turkína)* f. turquesa.

turismo *(turismo)* m. turismo.

turista *(turísta)* m. f. turista.

turno *(túrno)* m. turno.

turpe *(túrpe)* adj. torpe.

turpezza *(turpétsa)* f. torpeza.

tutela *(tutéla)* f. tutela.

tutore *(tutóre)* m. tutor.

tutoria *(tutoría)* f. tutela.

tuttavia *(tuttavía)* conj. sin embargo, no obstante.

tutti *(tútti)* pron. pl. todos.

tutto *(tutto)* adj. todo, entero. m. el todo. **da per —** por todas partes.

tuttoché *(tuttoké)* conj. si bien, aunque; casi.

tuttodì *(tuttodí)* adv. siempre.

tuttora *(tuttóra)* adv. todavía; siempre.

ubbidiente *(ubbidiénte)* adj. obediente.

ubbidienza *(ubbidiéndsa)* f. obediencia.

ubbidire *(ubbidíre)* tr. obedecer.

ubriacarsi *(ubriacársi)* rfl. emborracharse.

ubriachezza *(ubriakétsa)* f. embriaguez.

ubriaco *(ubriáco)* adj. y m. embriagado, borracho.

uccello *(utchél-lo)* m. pájaro, ave.

uccidere *(utchídere)* tr. matar.

udibile *(udibile)* adj. oíble, audible.   [cia.

udienza *(udiéndsa)* f. audien-

udire *(udíre)* tr. e itr. oír.

udita *(udíta)* f. oída. **per —** de oídas.

udito *(udíto)* m. oído, audición.

uditorio *(uditório)* m. auditorio.

ufficiale *(uffichiále)* adj. y m. oficial.

ufficio *(uffíchio)* m. oficina, despacho. **— postale** correos (oficina).

ufo *(úfo)*; **a —** adv. de gorra.

uguaglianza *(ugualliándsa)* f. igualdad.

uguagliare *(ugualliáre)* tr. igualar.

uguale *(uguále)* adj. igual.

ulcera *(úlchera)* f. (med.) úlcera.   [rar.

ulcerare *(ulcheráre)* tr. ulcerarsi *(ulcherársi)* rfl. ulcerarse.

ulcerazione *(ulcheradsióne)* f. ulceración.

uliva *(ulíva)* f. (bot.) oliva, aceituna.

ulivo *(ulívo)* m. olivo. **domenica dell'—** domingo de ramos.

ultimare *(ultimáre)* tr. ultimar.

ultimazione *(ultimadsióne)* f. acabamiento; ultimación.

ultimo *(último)* adj. y m. último.

ululare *(ululáre)* itr. dar alaridos; aullar.

umanità *(umanitá)* f. humanidad.

umano *(umáno)* adj. humano.

umidità *(umiditá)* f. humedad.

umido *(úmido)* adj. húmedo. m. humedad.

umile *(úmile)* adj. humilde.

umiltà *(umiltá)* f. humildad.

umiliare *(umiliáre)* tr. humillar.

umore *(umóre)* m. humor.

umorismo *(umorísmo)* m. humorismo.

umoristico *(umorístico)* adj. humorístico.

un *(un)* art. un. **— altro** otro.

unanime *(unánime)* adj. unánime.

unanimità *(unanimitá)* f. unanimidad.

uncinare *(unchináre)* tr. garfear, enganchar.

uncino *(unchíno)* m. ganchillo, garfio.

ungere *(úndyere)* tr. ungir; untar, engrasar.

unghia *(únguia)* f. uña; (animales) garra; (caballos) casco.

unguento *(ungüénto)* m. ungüento.

unico *(único)* adj. único.

unificare *(unificáre)* tr. unificar.

unificazione *(unificadsióne)* f. unificación.

uniformare *(uniformáre)* tr. uniformar.

uniforme *(unifórme)* adj. uniforme. m. uniforme (traje).

uniformità *(uniformitá)* f. uniformidad.

unione *(unióne)* f. unión.

unire *(uníre)* tr. unir.

unirsi *(unírsi)* rfl. unirse.

unità *(unitá)* f. unidad.

unito *(uníto)* adj. unido.

universale *(universále)* adj. universal.

università *(universitá)* f. universidad.

universo *(univérso)* m. universo. adj. universal.

uno *(úno)* adj. uno, un. art. un. m. uno, un. pron. uno, alguien.

untare *(untáre)* tr. untar, engrasar.

untata *(untáta)* f. untura, untamiento.

untuosità *(untuositá)* f. untuosidad.

uomo *(uómo)* m. hombre.

uovo *(uóvo)* m. huevo. **— sodo** huevo duro. **— al guscio** huevo pasado por agua.

uragano *(uragáno)* m. huracán.

urbanità *(urbanitá)* f. urbanidad.

urbano *(urbáno)* adj. urbano, cortés. **vigile —** guardia urbano.

urgente *(urdyénte)* adj. urgente, apremiente.

urgenza *(urdyéndsa)* f. urgencia.

urgere *(úrdyere)* tr. apremiar, impeler, apresurar, estimular, dar prisa.

urlare *(urláre)* itr. aullar; gritar.

urlo *(úrlo)* m. alarido; aullido.

urna *(úrna)* f. urna.

urtare *(urtáre)* tr. chocar.

urtata *(urtáta)* f. choque.

urto *(úrto)* m. choque; empuje, empujón.

usanza *(usándsa)* f. usanza, uso.

usare *(usáre)* itr. usar.

usato *(usáto)* adj. usado; deteriorado.

usciere *(uschiére)* m. ujier; alguacil.

uscio *(úschio)* m. puerta, entrada.

uscire *(uschíre)* itr. salir.

uscita *(uschíta)* f. salida.

usignolo *(usiñólo)* m. (orn.) ruiseñor.

uso *(úso)* m. uso, costumbre, práctica.

usuale *(usuále)* adj. usual.

usufrutto *(usufrútto)* m. usufructo.

usura *(usúra)* f. usura.

usuraio *(usuráio)* m. usurero.

usurpare *(usurpáre)* tr. usurpar.

usurpazione *(usurpadsióne)* f. usurpación.

utensile *(uténsile)* m. utensilio. **macchina —** máquina herramienta.

utile *(útile)* adj. útil.

utilità *(utilitá)* f. utilidad.

utilizzare *(utilitsáre)* tr. utilizar.

utopia *(utopía)* f. utopía.

uva *(úva)* f. uva. **— passa** uva pasa. **— dei frati** grosella.

vacante *(vacánte)* adj. vacante.

vacanza *(vacándsa)* f. vacación; vacancia.

vacanze *(vacándse)* f. pl. vacaciones.

vacca *(vácca)* f. (zool.) vaca.

vaccheria *(vakkería)* f. vaquería; lechería.

vaccinare *(vatchináre)* tr. vacunar.

vaccinazione *(vatchinadsióne)* f. vacunación.

vacillamento *(vachil-laménto)* m. vacilación.

vacillare *(vachil-láre)* itr. vacilar; tambalear, tambalearse.

vacuità *(vacuitá)* f. vacuidad.

vacuo *(vácuo)* adj. y m. vacío.

vagabondare *(vagabondáre)* itr. vagabundear, holgazanear.

vagabondo *(vagabóndo)* adj. y m. vagabundo, holgazán.

vagare *(vagáre)* itr. vagar; (fig.) divagar.

vagheggiamento *(vaguetyiaménto)* m. galanteo; admiración; anhelo.

vagheggiare *(vaguetyiáre)* tr. admirar; anhelar.

vagire *(vadyíre)* itr. gemir, llorar (los niños).

vagito *(vadyíto)* m. vagido.

vaglia *(vállia)* f. valor (postal).

vagliare *(valliáre)* tr. cribar; aechar, garbillar.

vagliatura *(valliatúra)* f. cribadura; ahecho.

vago *(vágo)* adj. vago.

vagolare *(vagoláre)* itr. vagar.

vagone *(vagóne)* m. vagón.

vainiglia *(vainíllia)* f. vainilla.

vaiuolo *(vaiuólo)* m. (med.) viruelas.

valanga *(valánga)* f. alud.

valente *(valénte)* adj. valiente, hábil.

valentia *(valentía)* f. valor; intrepidez.

valere *(valére)* itr. valer, costar; servir. **farsi —** hacerse respetar.

valersi *(valérsi)* rfl. servirse, valerse.

valevole *(valévole)* adj. válido.

valicare *(valicáre)* tr. traspasar, atravesar.

valico *(válico)* m. paso, pasaje; puerto (de montaña).

validità *(validitá)* f. validez.

valido *(válido)* adj. válido; idóneo, apto; legítimo.

valigia *(valídyia)* f. maleta.

vallata *(val-láta)* f. valle.

valle *(vál-le)* f. valle.

vallo *(vál-lo)* m. valla.

valore *(valóre)* m. valor; precio.

valoroso *(valoróso)* adj. valeroso, valiente.

valuta *(valúta)* f. moneda; divisa.   [evaluar.

valutare *(valutáre)* tr. valorar,

valutazione *(valutadsióne)* f. evaluación, valoración.

valvola *(válvola)* f. válvula.

valzer *(válser)* m. vals.

vampa *(vámpa)* f. llama.

vampata *(vampáta)* f. llamarada.

vanagloria *(vanaglória)* f. vanagloria, jactancia.

vaneggiamento *(vanetyiaménto)* m. desatino.

vaneggiare *(vanetyiáre)* itr. desatinar.

vanga *(vánga)* f. azada.

vangare *(vangáre)* tr. cavar.

vangelo *(vandyélo)* m. evangelio.

vaniglia *(vaníllia)* m. vainilla.

vano *(váno)* adj. vano; inútil.

vantaggiare *(vantatyiáre)* tr. aventajar.

vantaggiarsi *(vantatyiársi)* rfl. sacar partido, aprovecharse.

vantaggio *(vantátyio)* m. ventaja; utilidad.

vantaggioso *(vantatyióso)* adj. ventajoso.

vantamento *(vantaménto)* m. jactancia.

vantare *(vantáre)* tr. alabar, ensalzar; ostentar.

vantarsi *(vantársi)* rfl. jactarse.

vanto *(vánto)* m. orgullo; jactancia. **menar — gloriarse.**

vapore *(vapóre)* m. vapor.

vaporetto *(vaporétto)* m. vaporcito.

vaporoso *(vaporóso)* adj. vaporoso.

varcare *(varcáre)* tr. pasar, atravesar.

varco *(várco)* m. paso, pasaje.

variabile *(variábile)* adj. variable.

variare *(variáre)* tr. e itr. variar.

variazione *(variadsióne)* f. variación, mudanza.

varice *(varíche)* f. (med.) varice, variz.

variegato *(variegáto)* adj. abigarrado.

varietà *(varietá)* f. variedad.

vario *(vário)* adj. vario.

vasca *(vásca)* f. artesa, tina; depósito (de agua); bañera.

vascello *(vaschél-lo)* m. buque.

vaselina *(vaselína)* f. vaselina.

vasellame *(vasel-láme)* m. vajilla.

vaso *(váso)* m. vasija, vaso, jarrón. **— da notte** orinal.

vassoio *(vassóio)* m. bandeja.

vastezza *(vastétsa)* f. vastedad, extensión.

vasto *(vasto)* adj. vasto.

vaticinare *(vatichináre)* tr. vaticinar, profetizar.

vaticinio *(vatichínio)* m. vaticinio.

vecchiaia *(vekkiáia)* f. vejez.

vecchiezza *(vekkiétsa)* f. vejez; antigüedad.

vecchio *(vékkio)* adj. y m. viejo, antiguo.

vecchiume *(vekkiúme)* m. trastos viejos.

vece *(véche)* f. vez, lugar.

vedere *(vedére)* tr. ver; observar.

vedersi *(vedérsi)* rfl. verse.

vedetta *(vedétta)* f. atalaya, vigía; (teat.) actriz, estrella; (mil.) centinela.

vedova *(védova)* f. viuda.

vedovo *(védovo)* m. viudo.

veduta *(vedúta)* f. vista.

veemente *(veeménte)* adj. vehemente.

veemenza *(veeméndsa)* f. vehemencia.

vegetale *(vedyetále)* adj. y m. vegetal.   [tar.

vegetare *(vedyetáre)* itr. vege-

vegetazione *(vedyetadsióne)* f. vegetación.

veglia *(véllia)* f. vegilia; velada; centinela.

vegliare *(velliáre)* tr. e itr. vigilar; velar.

veicolo *(veícolo)* m. vehículo.

vela *(véla)* f. (náut.) vela. **a gonfie vele** viento en popa.

velame *(veláme)* m. velamen.

velare *(velare)* tr. velar, cubrir.

velatura *(velatúra)* f. (náut.) velamen.

veleggiare *(veletyiáre)* itr. navegar a vela.

veleggiatore *(veletyiatóre)* m. planeador; embarcación de vela.

veleno *(veléno)* m. veneno.

velenoso *(velenóso)* adj. venenoso.

veliere *(veliére)* m. velero.

vellicare *(vel-licáre)* tr. cosquillear; excitar, estimular.

vellicazione *(vel-licadsióne)* f. picazón.

vello *(vél-lo)* m. vello, pelo; vellón.

velloso *(vel-lóso)* adj. velloso, velludo.

vellutare *(vel-lutáre)* tr. aterciopelar.

velluto *(vel-lúto)* m. terciopelo.

velo *(vélo)* m. velo; toca.

veloce *(velóche)* adj. veloz, rápido.

velocità *(velochitá)* f. velocidad.

vena *(véna)* f. vena.

venale *(venále)* adj. venal, mercenario; comercial.

venalità *(venalitá)* f. venalidad.

venato *(venáto)* adj. veteado (mármol, madera, etc.).

venatura *(venatúra)* f. veta.

vendemmia *(vendémmia)* f. vendimia.

vendemmiatore *(vendemmiatóre)* m. vendimiador.

vendere *(véndere)* tr. vender.

vendetta *(vendétta)* f. venganza.

vendicare *(vendicáre)* tr. vengar.

vendicativo *(vendicatívo)* adj. vengativo, vindicativo.

vendicatore *(vendicatóre)* m. vengador.

vendita *(véndita)* f. venta. **all'ingrosso** venta al por mayor. **— al minuto** venta al por menor. **— pubblica** subasta pública.

venditore *(venditóre)* m. vendedor.

venditrice *(venditríche)* f. vendedora.

venerare *(veneráre)* tr. venerar.

venerazione *(veneradsióne)* f. veneración.

venerdì *(venerdí)* m. viernes.

venere *(vénere)* f. venus.

venire *(veníre)* itr. venir, llegar; acontecer.

ventaglio *(ventállio)* m. abanico.   [soplar.

ventare *(ventáre)* itr. ventear;

ventarola *(ventaróla)* f. veleta.

ventata *(ventáta)* f. ventolera.

ventilare *(ventiláre)* tr. ventilar.

ventilatore *(ventilatóre)* m. ventilador.

vento *(vénto)* m. viento, aire.

ventosità *(ventositá)* f. ventosidad.

ventre *(véntre)* m. vientre.

ventura *(ventúra)* f. ventura, fortuna.   [ro.

venturo *(ventúro)* adj. venide-

venuta *(venúta)* f. llegada.

verace *(veráche)* adj. veraz.

veracità *(verachitá)* f. veracidad.

verbale *(verbále)* adj. verbal.

verbo *(vérbo)* m. (gram.) verbo; palabra, voz.

verbosità *(verbositá)* f. verbosidad.

verde *(vérde)* adj. y m. verde.

verdeggiare *(verdetyiáre)* itr. verdecer, reverdecer; verdear.

verecondia *(verecóndia)* f. pudor, honestidad.

verga *(vérga)* f. verga; bastón; rama; lingote.

vergare *(vergáre)* tr. rayar; azotar.

vergata *(vergáta)* f. latigazo.

vergine *(vérdyine)* adj. y f. virgen.

verginità *(verdyinitá)* f. virginidad.

vergogna *(vergóña)* f. vergüenza.

vergognarsi *(vergoñársi)* rfl. avergonzarse.

vergognoso *(vergoñóso)* adj. vergonzoso.

veridico *(verídico)* adj. verídico.

verifica *(verífica)* f. verificación.

verificare *(verificáre)* tr. verificar, revisar, controlar.

verità *(veritá)* f. verdad.

verme *(vérme)* m. gusano; lombriz (intestinal). **— solitario** solitaria, tenia.

vermicelli *(vermichél-li)* m. pl. fideos.

vernice *(verníche)* f. barniz.

verniciare *(vernichiáre)* tr. barnizar.

vero *(véro)* adj. verdadero. m. lo verdadero; la verdad.

verruca *(verrúca)* f. verruga.

versamento *(versaménto)* m. derrame; pago parcial.

versare *(versáre)* tr. verter, derramar; desembocar; cambiar. itr. tratarse de, versar sobre.

versatile *(versátile)* adj. versátil.

versato *(versáto)* adj. versado.

verseggiare *(versetyiáre)* tr. e itr. versificar.

versetto *(versétto)* m. versículo.

versificare *(versificáre)* tr. e itr. versificar.

versione *(versióne)* f. versión.

verso *(vérso)* m. verso; voz, sonido; actitud; sentido, dirección; cruz (de una moneda); envés, dorso. prep. hacia, contra; sobre, acerca de, para con.

vertebra *(vértebra)* f. (anat.) vértebra.

vertebrale *(vertebrále)* adj. vertebral.

vertebrato *(vertebráto)* adj. y m. vertebrado.

verticale *(verticále)* adj. vertical.

vertice *(vértiche)* m. vértice; cumbre, cima.

vertigine *(vertídyine)* f. vértigo.

vertiginoso *(vertidyinóso)* adj. vertiginoso.

verza *(vérdsa)* f. (bot.) berza.

vescica *(veschíca)* f. vejiga; ampolla; burbuja.

vescovile *(vescovíle)* adj. episcopal.

vescovo *(véscovo)* m. obispo.

vespa *(véspa)* f. avispa.

vespertino *(vespertíno)* adj. vespertino.

vespro *(véspro)* m. tarde, crepúsculo.

vessare *(vessáre)* tr. vejar, hostigar.

vessazione *(vessadsióne)* f. vejación.

vesta *(vésta)* f. ropa, vestido.

vestaglia *(vestállia)* f. bata.

veste *(véste)* f. ropa, traje.

vestiario *(vestiário)* m. vestuario.   [bulo.

vestibolo *(vestíbolo)* m. vestí-

vestire *(vestíre)* tr. vestir (a uno). itr. vestir.

vestirsi *(vestírsi)* rfl. vestirse.

vestito *(vestíto)* m. vestido; traje.

veterinaria *(veterinária)* f. veterinaria.

veterinario *(veterinário)* adj. y m. veterinario.

vetraio *(vetráio)* m. vidriero.

vetrata *(vetráta)* f. vidriera.

vetriera *(vetriéra)* f. vidriera.

vetrina *(vetrína)* f. escaparate; vitrina.

vetro *(vétro)* m. vidrio.

vetta *(vétta)* f. cima.

vettovaglia *(vettovállia)* f. vitualla.

514

vettovagliamento *(vettovagliaménto)* m. suministro, abastecimiento.

vettura *(vettúra)* f. coche.

vetturino *(vetturíno)* m. cochero.

vezzeggiare *(vetsetyiáre)* tr. mimar. itr. hacer arrumacos.

vezzo *(vétso)* m. mimo, caricia.

vezzoso *(vetsóso)* adj. gracioso, cariñoso.

vi *(vi)* pron. os. adv. allí, allá.

via *(vía)* f. calle, camino; (mec.) paso; (med.) canal. **dare il** — iniciar, comenzar. (deporte). adv. fuera, lejos. **e così** — y así sucesivamente. **mandar** — echar, arrojar.

viadotto *(viadótto)* m. viaducto. [jante.

viaggiante *(viatyiánte)* adj. viajante.

viaggiare *(viatyiáre)* itr. viajar.

viaggiatore *(viatyiatóre)* m. viajero; (com.) viajante.

viaggio *(viátyio)* m. viaje. — **d'affari** viaje de negocios.

viale *(viále)* m. paseo. — **di pioppi** alameda.

vibrare *(vibráre)* tr. agitar; lanzar. itr. vibrar.

vibrazione *(vibradsióne)* f. vibración; oscilación.

vicariato *(vicariáto)* m. vicariato.

vicario *(vicário)* m. vicario.

vicenda *(vichénda)* f. vicisitud; serie, sucesión; casualidad.

vicendevole *(vichendévole)* adj. recíproco.

vicendevolezza *(vichendevolétsa)* f. reciprocidad.

vicinanza *(vichinándsa)* f. vecindad; cercanía.

vicino *(vichíno)* adj. cercano, próximo. m. vecino.

vicissitudine *(vichissitúdine)* f. vicisitud.

vicolo *(vícolo)* m. callejón. — **cieco** callejón sin salida.

vidimare *(vidimáre)* tr. legalizar, visar, autenticar.

vidimazione *(vidimadsióne)* f. legitimación, visado, autenticación.

vietare *(vietáre)* tr. vedar; prohibir.

vigilante *(vidyilánte)* adj. y m. vigilante. [lancia.

vigilanza *(vidyilándsa)* f. vigilancia; velar.

vigilare *(vidyiláre)* tr. vigilar. itr. velar.

vigile *(vídyile)* adj. y m. vigilante. [la.

vigilia *(vidyília)* m. vigilia, vigna *(viña)* f. viña.

vigneto *(vinéto)* m. viñedo.

vigore *(vigóre)* m. vigor, fuerza.

vigoreggiare *(vigoretyiáre)* tr. vigorizar.

vigoroso *(vigoróso)* adj. vigoroso. [to.

vile *(víle)* adj. vil, bajo, abyecto.

vilificare *(vilificáre)* tr. envilecer.

villa *(víl-la)* f. quinta, chalet, torre; pueblo.

villaggio *(vil-látyio)* m. aldea.

villano *(vil-láno)* adj. y m. villano; campesino.

villeggiare *(vil-letyiáre)* tr. veranear. [rre.

villino *(vil-líno)* m. chalet, torre.

viltà *(viltá)* f. vileza.

vinaccia *(vinátchia)* f. orujo; vinaza.

vincere *(vínchere)* tr. vencer, ganar. — **denari** ganar dinero en el juego.

vincita *(vínchita)* f. victoria; ganancia; premio de lotería.

vincitore *(vinchitóre)* m. vencedor, ganador.

vincolare *(vincoláre)* tr. vincular; comprometer.

vincolo *(víncolo)* m. vínculo.

vino *(víno)* m. vino. — **nostrano** vino del país. — **da pasto** vino de mesa o común.

viola *(vióla)* f. (bot.) violeta; (mús.) viola.

violare *(violáre)* tr. violar; infringir (una ley).

violentare *(violentáre)* tr. violentar; violar.

violenza *(violéndsa)* f. violencia.

violinista *(violinísta)* m. f. violinista.

violino *(violíno)* m. violín.

viottola *(vióttola)* f. sendero, senda; callejuela.

vipera *(vípera)* f. (zool.) víbora.

virgola *(vírgola)* f. coma.

virile *(viríle)* adj. viril, varonil.

virtù *(virtú)* f. virtud.

virtuoso *(virtuóso)* adj. virtuoso.

viscere *(víschere)* f. pl. entrañas, vísceras.

vischioso *(viskióso)* adj. viscoso.

visibilità *(visibilitá)* f. visibilidad.

visiera *(visiéra)* f. visera.

visione *(visióne)* f. visión.

visita *(vísita)* f. visita.

visitatore *(visitatóre)* m. visitante.

viso *(víso)* m. rostro, cara.

vista *(vísta)* f. vista.

vistare *(vistáre)* tr. visar.

vita *(víta)* f. vida.

vitale *(vitále)* adj. vital.

vitamina *(vitamína)* f. vitamina.

vite *(víte)* m. vid. (mec.) tornillo.

vitello *(vitél-lo)* m. ternero.

vittima *(víttima)* f. víctima.

vittoria *(vittória)* f. victoria.

vittorioso *(vittorióso)* adj. victorioso.

vivace *(viváche)* adj. vivaz; vivo.

vivacità *(vivachitá)* f. vivacidad.

vivaio *(vatáio)* m. vivero.

vivere *(vívere)* itr. vivir; ser, existir.

viveri *(víveri)* m. pl. víveres, provisiones.

vivezza *(vivétsa)* f. viveza; vivacidad.

vivo *(vívo)* adj. vivo, viviente.

viziare *(vidsiáre)* tr. viciar, corromper.

vizio *(vídsio)* m. vicio.

vizioso *(vidsióso)* adj. vicioso.

vocabolario *(vocabolário)* m. vocabulario.

vocabolo *(vocábolo)* m. vocablo, palabra.

vocale *(vocále)* adj. y f. vocal.

vocalizzare *(vocalitsáre)* tr. vocalizar. [clón.

vocazione *(vocadsióne)* f. vocación.

voce *(vóche)* f. voz; vocablo, término.

vociare *(vochiáre)* itr. vocear, gritar. [mar.

vogare *(vogáre)* itr. bogar, remar.

vogatore *(vogatóre)* m. remero.

voglia *(vóllia)* f. gana, deseo; voluntad. **di buona** — de buena gana.

voi *(vói)* pron. vosotros; usted, ustedes.

volante *(volánte)* adj. volante, volador. m. volante.

volare *(voláre)* itr. volar; (fig.) marchar velozmente.

volata *(voláta)* f. vuelo.

volatile *(volátile)* adj. volátil, volante. m. volátil, ave.

volentieri *(volentiéri)* adv. de buena gana.

volere *(volére)* tr. querer, desear. m. voluntad.

volgare *(volgáre)* adj. vulgar. m. idioma vulgar.

volgarizzare *(volgaritsáre)* tr. vulgarizar.

volgere *(vóldyere)* tr. volver; dirigir; convertir. itr. dirigirse; aproximarse; transformarse; transcurrir.

volgersi *(voldyérsi)* rfl. volverse.

volgo *(vólgo)* m. vulgo.

volizione *(volidsióne)* f. volición.

volo *(vólo)* m. vuelo; carrera, curso rápido. **a** — **d'uccello** a vista de pájaro.

volontà *(volontá)* f. voluntad.

volontario *(volontário)* adj. y m. voluntario.

volonteroso *(volonteróso)* adj. voluntarioso.

volontieri *(volantiéri)* adv. de buena gana.

volpe *(vólpe)* m. (zool.) zorro.

volt *(volt)* m. voltio.

volta *(vólta)* f. vez; vuelta; bóveda.

voltaggio *(voltátyio)* m. voltaje.

voltare *(voltáre)* tr. volver; cambiar; girar. itr. girar.

voltarsi *(voltársi)* rfl. girar, dirigirse; cambiar.

voltata *(voltáta)* f. vuelta.

volto *(vólto)* m. cara.

volume *(volúme)* m. volumen.

voluminoso *(voluminóso)* adj. voluminoso.

voluttà *(voluttá)* f. voluptuosidad.

vomitare *(vomitáre)* tr. vomitar; arrojar.

vomito *(vómito)* m. vómito.

vorace *(voráche)* adj. voraz.

voracità *(vorachitá)* f. voracidad.

vostro *(vóstro)* adj. vuestro, su, de usted. pron. el vuestro, el de usted. el suyo.

votare *(votáre)* tr. votar; (rel.) consagrar, dedicar.

votazione *(votadsióne)* f. votación.

voto *(vóto)* m. voto.

vulcanico *(vulcánico)* adj. volcánico.

vulcano *(vulcáno)* m. volcán.

vulnerare *(vulneráre)* tr. vulnerar, herir, dañar.

vuotare *(vuotáre)* tr. vaciar; evacuar.

vuoto *(vuóto)* adj. y m. vacío.

zafferano *(dsafferáno)* m. (bot.) azafrán.

zaffiro *(dsaffíro)* m. zafiro.

zaino *(dsáino)* m. zurrón.

zampa *(dsámpa)* f. pata, zanca.

zampare *(dsampáre)* tr. patear.

zampillare *(dsampil-láre)* tr. surtir, brotar.

zampogna *(dsampóña)* f. zampoña.

zampone *(dsampóne)* m. salchichón.

zanzara *(dsandsára)* f. mosquito.

zanzariera *(dsandsariéra)* f. mosquitero.

zappa *(dsáppa)* f. azadón, zapa.

zappare *(dsappáre)* tr. azadonar, zapar.

zappatura *(dsappatúra)* f. zapa.

zavorra *(dsavórra)* f. lastre.

zavorrare *(dsavorráre)* tr. (náut.) lastrar.

zecca *(dsécca)* f. ceca, casa de la moneda.

zeffiro *(dséffiro)* m. céfiro.

zelo *(dsélo)* m. celo.

zeppa *(dséppa)* f. cuña.

zeppare *(dseppáre)* tr. llenar; poner cuñas.

zero *(dséro)* m. cero.

zia *(dsía)* f. tía.

zimbello *(dsimbél-lo)* m. reclamo.

zinco *(dsínco)* m. zinc.

zingaro *(dsíngaro)* m. gitano.

zio *(dsío)* m. tío.

zitella *(dsitél-la)* f. solterona.

zittire *(dsittíre)* tr. hacer callar. itr. silbar; callar.

zitto *(dsítto)* adj. callado. itj. ¡chitón!, ¡silencio!

zizzania *(dsitsánia)* f. zizaña.

zoccolo *(dsóccolo)* m. zócalo; pezuña; zueco.

zolfanello *(dsolfanél-lo)* m. fósforo, cerilla.

zolfo *(dsólfo)* m. azufre.

zona *(dsóna)* f. zona.

zonzo *(dsóndso)* m. **andare a** — vagabundear, vagar.

zoologia *(dsoolódyía)* f. zoología.

zoologico *(dsoolódyico)* adj. zoológico.

zoppicare *(dsoppicáre)* itr. cojear.

zucca *(dsúcca)* f. (bot.) calabaza; (fig.) cabezota.

zuccherare *(dsukkeráre)* tr. azucarar.

zuccheriera *(dsukkeriéra)* f. azucarera.

zuccherino *(dsukkeríno)* m. azucarillo.

zucchero *(dsúkkero)* m. azúcar.

zufolamento *(dsufolaménto)* m. silbido.

zufolare *(dsufoláre)* itr. silbar; zumbar.

zufolo *(dsúfolo)* silbido; pito, silbato.

zuppa *(dsúppa)* f. sopa (de pan).

zuppiera *(dsuppiéra)* f. sopera.

zuppo *(dsúppo)* adj. empapado.

spagnolo-italiano

A a

a prep. a, con, dopo, in. da. **oler a rosas** sapere di rose. **dirigirse — Roma** recarsi a Roma. **— pie** a piè. **¿ — cuántos estamos?** quanti ne abiamo? **trabajo — mano** lavoro a mano. **— 2 de enero** il due gennaio. **— menudo** sovente.
abad m. abate.
abadesa f. abadessa, abbadessa, badessa.   [dia.
abadía f. abadia, abbadia, babajo avv. abbasso, in basso, sotto. **de arriba — insù** e ingiù. **hacia — a valle.**
abalanzar tr. bilanciare, equilibrare; slanciare.
abalanzarse rfl. slanciarsi, scagliarsi.
abanderado m. portabandiera, alfiere, banderaio.
abanderar tr. matricolare una nave.
abandonado agg. abbandonato.
abandonar tr. abbandonare, lasciare.
abandono m. abbandono.
abanicar tr. sventagliare.
abanico m. ventaglio.
abaratamiento m. calata di prezzi, ribasso.
abaratar tr. calare, ribassare il prezzo.
abarcar tr. abbracciare, includere. **quien mucho abarca poco aprieta** chi troppo abbraccia, nulla stringe.
abarrotar tr. inzeppare, caricare completamente.
abastecedor agg. e m. provveditore, fornitore.
abastecer tr. fornire, assortire, munire, provvedere.
abastecimiento m. provvedimento, approvvigionamento.
abatido agg. abbattuto, costernato; demolito.
abatimiento m. abbattimento; costernazione.
abatir tr. abbattere; demolire; prostrare.
abatirse rfl. avvilirsi, umiliarsi.
abdicación f. abdicazione; rinunzia.
abdicar tr. abdicare.
abdomen m. addome.
abdominal agg. addominale.
abecé m. abbicì, alfabeto.
abecedario m. abbecedario, sillabario.
abedul m. (bot.) betulla.
abeja f. ape, pecchia.
aberración f. aberrazione.
abertura f. apertura, apritura; foro; spaccatura; (fig.) lealtà, franchezza.
abeto m. (bot.) abete.
abierto agg. aperto; disserrato; spazioso; scoperto; franco, leale, sincero.
abigarrado agg. screziato, variegato.
abigarrar tr. screziare, rendere variegato.
abismal agg. abissale, profondissimo.
abismar tr. inabissare; sommergere; confóndere, umiliare.
abismo m. abisso; inferno; caos.
abjuración f. abiurazione; ritrattazione.

abjurar tr. abiurare; rinunciare.
ablandar tr. mollificare, (r)ammollire; addolcire, blandire.
abnegado agg. abnegato.
abnegación f. abnegazione.
abnegar tr. abnegare.
abofetear tr. schiaffare, ceffonare.
abogacía f. avvocatura.
abogado m. avvocato; defensore; intercessore. **— defensor** avvocato patrocinante.
abolengo m. linaggio.
abolición f. abolizione.
abolir tr. abolire.
abominable agg. abominevole, esecrabile, detestabile.
abominación f. abbominazione, esecrazione.
abonado agg. e m. abbonato.
abonar tr. abbonare; concimare; accreditare; garantire.
abono m. abbuono; concimazione.
abordable agg. abbordabile.
abordaje m. (mar.) abbordaggio, abbordo. **¡al —!** (mar.) all'abbordaggio.
abordar tr. e itr. abbordare; accostare.
abordo m. abbordo.
aborígenes m. pl. aborigeni.
aborrecer tr. abborrire, detestare.
aborrecible agg. abborrevole, detestabile, odioso.
aborrecimiento m. abborrimento, avversione, odio.
abortar itr. abortire.
abortivo agg. e m. abortivo.
aborto m. aborto.
abrasar tr. (ab)bruciare, infiammare; incendiare.
abrasarse rfl. ardere.
abrazar tr. abbracciare. **— una religión** divenir seguace di una religione.
abrazo m. abbraccio.
abreviación f. abbreviazione, abbreviatura.
abreviar tr. abbreviare.
abreviatura f. abbreviatura, abbreviazione.
abrigar tr. riparare, coprire; (fig.) covare, nutrire; proteggere. **— esperanzas** avere speranza.
abrigarse rfl. coprirsi bene; rifugiarsi.
abrigo m. riparo, ricovero; asilo; capoto, mantello. **ponerse al —** ricoverarsi.
abril m. aprile.   [me].
abrillantar tr. sfaccettare (gemme).
abrir tr. aprire, (di)schiudere; tagliare. **— camino** far strada. **— de par en par** spalancare. **— la sesión** aprire la seduta. **en un — y cerrar de ojos** in un battere d'occhio.
abrirse rfl. aprirsi, schiudersi.
abrochar tr. abbottonare.
abrumador agg. opprimente.
abrumar tr. abbattere; opprimere. **— a preguntas** affollare di domande.
abrumarse rfl. annebbiarsi, offuscarsi.
abrupto agg. dirupato.
ábside m. (arch.) abside.
absolución f. assoluzione, remissione dei peccati, perdono.
absolutismo m. assolutismo.
absolutista agg. e s. assolutista.
absoluto agg. assoluto, categorico. **en — recisamente.**
absolver tr. assolvere; liberare; riméttere (i peccati); prosciogliere (un accusato).

absorber tr. assorbire.
absorción f. assorbimento.
absorto agg. assorto.
abstemio agg. astemio.
abstención f. astensione, astenimento.
abstenerse rfl. astenersi da, privarsi di, rinunciare a qualcosa.
abstinencia f. astinenza.
abstracción f. astrazione.
abstracto agg. astratto.
abstraer tr. astrarre.
abstraerse rfl. distrarsi, astrarre.
absuelto agg. assolto, prosciolto.
absurdo agg. assurdo. m. assurdo, assudità.
abuela f. nonna.
abuelo m. nonno.
abultado agg. grosso, voluminoso.
abultar tr. ingrossare; esagerare. itr. essere rilevante.
abundancia f. abbondanza.
abundante agg. abbondante, copioso.
abundantemente avv. abbondantemente.
abundar itr. abbondare.
aburrido agg. annoiato; noioso, tedioso.
aburrimiento m. noia, tedio, fastidio.
aburrir tr. (an)noiare, fastidiare, seccare.
aburrirse rfl. (an)noiarsi, seccarsi.
abusar itr. abusare.
abusivo agg. abusivo.
abuso m. abuso. **— de confianza** abuso di fiducia.
abyecto agg. ab(b)ietto, vile.
acá avv. qui, qua. **— y allá** qua e là. **por — di qua.**
acabado agg. perfetto, ultimato; terminato, concluso, finito.
acabamiento m. termine, fine.
acabar tr. terminare, finire, ultimare. itr. finire, espirare. **— con algo** distruggere qualcosa. **— de llegar** giungere proprio allora.
academia f. accademia.
académico agg. e m. accademico.
acaecer itr. accadere, succedere, occorrere.
acaloramiento m. accaloramento.
acalorar tr. accalorare.
acalorarse rfl. accalorarsi; infiammarsi; irritarsi.
acampar tr. accampare.
acanalado agg. incanalato; scanalato.
acanaladura f. incanalatura; scanalatura.
acanalar tr. accanalare; incanalare; scanalare.
acantilado agg. dirupato, scosceso. m. dirupo, scogliera.
acaparador agg. e m. accaparratore, incettatore.
acaparamiento m. accaparramento, incetta.
acaparar tr. accaparrare, incettare.
acariciar tr. (ac)carezzare.
acarrear tr. carreggiare; portare.
acarreo m. carreggio; trasporto.
acaso m. caso, avvenimento imprevisto. avv. per caso, casualmente, probabilmente, forse. **si — in caso che. por si — caso mai.**

acatamiento m. venerazione, rispetto, ubbidienza.
acatar tr. rispettare, venerare; obbedire, sottometersi.
acatarrarse rfl. raffreddarsi.
acaudalado agg. ricco, opulento.
acaudillar tr. comandare (truppe), capitanare.
acceder itr. accedere, consentire; condiscendere.
accesible agg. accessibile.
acceso m. accesso.
accesorio agg. accessorio. m. accessorio.
accidentado agg. accidentato; (terreno) disuguale.
accidental agg. accidentale, fortuito, casuale.
accidentar tr. produrre un accidente. rfl. cadere in síncope, in deliquio, svenire.
accidente m. accidente; caso, evento; infortunio; svenimento.
acción f. azione; fatto. **— de gracias** testimonianza di riconoscenza.
accionamiento m. azionamento, comando.
accionar tr. azionare; gesticolare.
accionista m. e f. azionista.
acechar tr. appostarsi; spiare.
acecho m. agguato; spiamento; imboscata. **estar al —** stare in agguato.
acéfalo agg. acefalo.
aceitar tr. ungere con olio; (macchina) oliare.
aceite m. olio. **— de oliva** olio d'olivo. **— de ricino** olio di ricino. **— de hígado de bacalao** olio di fegato di merluzzo. **— de linaza** olio di lino.
aceitera f. oliera.
aceitoso agg. oleoso, untuoso.
aceituna f. oliva.
aceleración f. accelerazione.
acelerador m. acceleratore.
acelerar tr. e itr. accelerare. **— el paso** affrettare il passo.
acelerarse rfl. affrettarsi.
acento m. accento; tono.
acentuación f. accentuazione.
acentuar tr. accentare, segnare con l'accento.
acepción f. accezione, significato (d'una parola).
aceptable agg. accettabile.
aceptación f. accettazione, consenso.   [tere.
aceptar tr. accettare, ammettere.
acequia f. acquidoccio, canale d'irrigazione.
acera f. marciapiede.
acerca avv. **—de** intorno (a), rispetto.
acercar tr. avvicinare, approssimare.
acercarse rfl. avvicinarsi, approssimarsi.
acero m. acciaio; arma bianca, acciaro. **— fundido** acciaio fuso.
acertado agg. riuscito, indovinato.
acertar tr. indovinare; trovare; colpire nel segno; riuscire.
acertijo m. enimma o enigma, indovinello.
acicaladura f. acconciamento, imbellettatura.
acicalar tr. brunire, pulire, acconciare.
acicalarse rfl. abbellirsi; attillarsi, acconciarsi.
acidez f. acidezza, acidità.

518

acidificar tr. acidificare.
ácido agg. acido. m. acido.
acierto m. successo; saggezza.
aclamación f. acclamazione, applauso.
aclamar tr. acclamare, applaudire.
aclaración f. spiegazione, chiarimento.
aclarar tr. spiegare, chiarire, (ri)schiarire, dilucidare. — una duda dissipare un dubbio. — la ropa risciacquare la biancheria.
aclararse rfl. rischiararsi, (s)-chiarirsi (il cielo).
aclimatación f. adattamento, acclimatazione.
aclimatar tr. acclimatare, abituare.
aclimatarse rfl. acclimatarsi.
acobardamiento m. scoraggiamento.
acobardar tr. scoraggiare, intimidare.
acobardarse rfl. scoraggiarsi, abbattersi.
acogedor agg. accogliente.
acoger tr. (r)accogliere, ospitare, dar asilo; proteggere.
acogerse rfl. rifugiarsi.
acogida f. accoglienza, accoglimento.
acometer tr. assalire, aggredire; affrontare; incominciare.
acometida f. assalto, aggressione; (mec.) raccordo.
acomodación f. accomodamento, accomodatura, accomodazione.   [to.
acomodado agg. (ac)comodacomodador m. accomodatore, fattorino del teatro.
acomodadora f. maschera del teatro.
acomodar tr. accomodare.
acomodarse rfl. accomodarsi. — a las circunstancias adattarsi alle circostanze.
acomodaticio agg. compiacente.
acompañamiento m. accompagnamento; comitiva, seguito. con — de violín accompagnato col violino.
acompañar tr. accompagnare; scortare, seguire; (mus.) accompagnare.
acondicionado agg. condizionato.
acondicionamiento m. condizionatura, condizionamento.
acondicionar tr. condizionare.
acongojar tr. opprimere, angosciare, affliggere.
acongojarse rfl. angosciarsi, affliggersi.
aconsejable agg. consigliabile.
aconsejar tr. consigliare, dar consiglio.
aconsejarse rfl. consigliarsi.
acontecer itr. accadere, occorrere, avvenire.
acontecimiento m. evento, avvenimento, caso, successo.
acoplado agg. accoppiato; collegato; innestato.
acoplamiento m. accoppiamento; innesto; collegamento.
acoplar tr. accoppiare; collegare; innestare.
acoquinado agg. scoraggiato, intimidito.
acoquinamiento m. scoraggiamento.
acoquinar tr. scoraggiare, intimidire, avvilire.
acoquinarse rfl. intimidirsi.

acorazado agg. corazzato, blindato. m. corazzata.
acorazar tr. corazzare, blindare.
acordar tr. convenire, stabilire, decretare, decidere.
acordarse rfl. accordarsi; ricordare, ricordarsi.
acorde agg. concorde, conforme. m. (mús.) accordo.
acordeón m. fisarmonica.
acortamiento m. (r)accorciamento, scortamento.
acortar tr. (r)accorciare, (r)accortare.
acosamiento m. inseguimento, persecuzione.
acosar tr. perseguitare, inseguire, incalzare.
acostado agg. adagiato, coricato.
acostar tr. adagiare, coricare; accostare.
acostarse rfl. accostarsi; coricarsi, mettersi a letto.
acostumbrar tr. abituare, avvezzare. itr. avere per abitudine.
acostumbrarse rfl. abituarsi, avvezzarsi.
acotar tr. limitare, segnare il confine; annotare.
acre agg. aspro, agro. olor — fortore.
acrecentamiento m. accrescimento, incremento.
acrecentar tr. (ac)crescere, aumentare, ingrandire, allargare.
acrecentarse rfl. crescere, ingrossarsi.
acreditado agg. accreditato, reputato.
acreditar tr. accreditare.
acreedor m. e agg. creditore.
acribillar tr. crivellare, foracchiare. — a balazos crivellare di palle.
acritud f. acredine, acrità, acrimonia.   [bulo.
acróbata m. f. acrobata, funamacrobacia f. acrobazia.
acrobático agg. acrobatico.
acta f. atto, documento, certificato legale. — notarial atto notarile. leer el — dar lettura del proceso verbale. libro de —s livro del verbale.
actitud f. attitudine, posa.
activar tr. attivare; affrettare.
actividad f. attività, operosità.
activo agg. attivo, diligente; efficace.
acto m. atto, azione; (teat.) atto. — seguido immediatamente dopo. en el — nell'atto, sull'atto.
actor m. attore, artista di teatro, commediante.
actriz f. attrice, artista di teatro. primera — prima donna.
actuación. f. attuazione; procedura.
actual agg. attuale, odierno.
actualidad f. attualità.
actuar itr. attuare; esercitare, istruire un processo.
acuarela f. acquarello. pintar a la — acquarellare.
acuario m. acquario, vivaio; (astr.) acquario.
acuático agg. acquatico.
acudir tr. accorrere.
acueducto m. acquedotto.
acuerdo m. accordo, concordanza, concordia; decisione. estar de — accordare, rimanere intesi. ponerse de — mettersi d'accordo. no estar de — discordare.
acullá avv. là.

acumulación f. (ac)cumulazione. — de intereses accumulazione d'interessi.
acumulador m. (ac)cumulatore (anche elettrico).
acumular tr. (ac)cumulare; agglomerare.
acuñación f. coniazione.
acuñar tr. coniare. — moneda monetare.
acuoso agg. acquoso.
acusación f. accusa, accusazione, incolpazione.
acusado agg. e m. accusato, imputato.   [patore.
acusador m. accusatore, incolacusar tr. accusare, incolpare, imputare; denunziare; accusare, manifestare.
acústica f. acustica.
acústico agg. acustico.
achacar tr. incolpare, imputare; attribuire.
achacoso agg. acciaccoso.
achaque m. acciacco, infermità.
adaptación f. adattamento.
adaptar tr. adattare.
adaptarse rfl. adattarsi.
adecuación f. adecuazione.
adecuadamente avv. adeguatamente.
adecuado agg. adeguato, conveniente, appropriato.
adecuar tr. adeguare, aggiustare.
adefesio m. stravaganza (nei vestiti, ecc.); strafalcione.
adelantado agg. anticipato, prevenuto.
adelantamiento m. avanzamento, anticipazione; progresso.
adelantar tr. anticipare, precedere, avanzare. — la salida affrettare la partenza. — dinero anticipare danaro. itr. andare avanti, avanzare.
adelantarse rfl. avvantaggiarsi, spingersi, avanzare. — a otro sorpassare qualcuno.
adelante avv. avanti. en — di qui innanzi, d'ora innanzi. más — più avanti, più innanzi. pasar — passar oltre. ¡—! avanti, entri!.
adelanto m. anticipo, acconto.
adelgazamiento m. (as)sottigliamento, dimagrimento.
adelgazar tr. e itr. (as)sottigliare, dimagrare, dimagrire, sveltire.
ademán m. gesto, cenno. en — de in attitudine di. hacer — de far sembiante di. hacer ademanes gestire.
además avv. oltre, inoltre, di più. — de que oltreché.
adentro avv. dentro, indentro, addentro. mar — in alto mare. tierra — entro terra. ¡—! dentro!, su!, avanti!
aderezar tr. ornare, adornare; condire; preparare. — la ensalada condire l'insalata.
aderezo m. ornamento.
adherencia f. aderenza, aderimento.
adherente agg. aderente, adesivo.
adherir itr. aderire.
adherirse rfl. aderire, attaccarsi.
adhesión f. adesione.
adicto agg. e m. dedito, addetto.
adiestrador m. istruttore, addestratore, ammaestratore.
adiestramiento m. addestramento.
adiestrar tr. addestrare, istruire.

adiestrarse rfl. addestrarsi, esercitarsi, praticarsi.
adiós itj. addio. m. commiato, saluto. decir — prendere commiato, accomiatarsi.
adiposidad f. adiposità.
adiposo agg. adiposo.
adivinación f. divinazione, predizione, indovinamento.
adivinable agg. indovinabile.
adivinador m. indovino, indovinatore.
adivinadora f. indovina, pitonessa.
adivinanza f. indovinello.
adivinar tr. indovinare, divinare, predire.
adivino m. indovino, divinatore.
adjetivo m. (gram.) aggettivo, addiettivo.
adjudicación f. aggiudicazione.
adjudicar tr. aggiudicare.
adjudicarse rfl. appropriarsi.
adjunto agg. aggiunto, annesso.
administración f. amministrazione, governo, direzione, gerenza. consejo de — consiglio d'amministrazione. — de rentas intendenza di finanza.
administrador m. amministratore, gerente.
administrar tr. amministrare, governare.
administrativo agg. amministrativo.
admirable agg. ammirabile, ammirevole.
admirablemente avv. ammirevolmente, ammirabilmente.
admiración f. ammirazione.
admirador m. ammiratore, entusiasta.
admirar tr. ammirare.
admirarse rfl. maravigliarsi.
admisible agg. ammissíbile, accettabile.
admisión f. ammissione.
admitir tr. amméttere, accogliere; soffrire, tollerare.
adobado agg. addobbato; condito.
adobar tr. addobbare; condire.
adobo m. addobbamento; condimento.
adoctrinar tr. addottrinare.
adolecer itr. soffrire. — de una enfermedad esser soggetto ad una malattia.
adolescencia f. adolescenza.
adolescente agg. e s. adolescente.   [parte.
adonde avv. dove, ove, in qual
adondequiera avv. in qualunque luogo.   [mento.
adopción f. adozione, adottaadoptar tr. adottare. — medidas prendere provvedimenti. — por hijo adottare per figlio.
adoptivo agg. adottivo. padres —s genitori adottivi.
adoquín m. selce.
adoquinado m. selciato.
adoquinar tr. selciare.
adorable agg. adorabile.
adoración f. adorazione.
adorador m. adoratore.
adorar tr. adorare; amare svisceratamente.
adormecer tr. addormentare addormire.
adormecerse rfl. addormentarsi.
adornar tr. adornare, ornare.
adornarse rfl. ornarsi, adornarsi.
adorno m. adorno, ornamento guarnizione.

adquirir tr. acquistare, ottenere, acquisire. **— reputación** acquistare fama, rendersi famoso.

adquisición f. acquisizione.

adquisitivo agg. acquisitivo.

adrede avv. scientemente, a (bella) posta, deliberatamente.

aduana f. dogana. **derechos de — diritti di dogana. declaración de —** dichiarazione doganale. **despacho de —** spedizione doganale. **vista de —** ufficiale di dogana.

aduanero agg. doganale. **arancel —** tariffa doganale. **revisión aduanera** vísita doganale. m. doganiere.

aducir tr. addurre. **— pruebas** addurre delle prove.

adulación f. adulazione.

adular tr. adulare, lusingare.

adulatorio agg. adulatorio.

adúltera f. adúltera.

adulteración f. adulterazione, corruzione; falsificazione.

adulterador m. adulteratore, falsificatore.

adulterar tr. adulterare, falsificare, alterare. itr. comméttere adulterio.

adulterio m. adulterio.

adúltero m. adultero.

adulto agg. e m. adulto.

adusto agg. austero, rigido.

advenedizo agg. avventizio. m. parvenu.   [avvento.

advenimiento m. avvenimento.

adverbio m. (gram.) avverbio.

adversario agg. e m. avversario, contrario, antagonista.

adversidad f. avversità, contrarietà; infortunio.

adverso agg. avverso.

advertencia f. avvertenza.

advertir tr. avvertire, avvisare; notare, rimarcare; prevenire. **— un error** rilevare un errore.

adviento m. avvento.

advocación f. invocazione.

adyacente agg. adiacente, contiguo.

aéreo agg. aereo. **correo —** aeroposta.

aerodinámica f. aerodinamica.

aerodinámico agg. aerodinamico.

aeródromo m. aerodromo.

aerolito m. aerolito.

aeronauta m. f. aeronauta.

aeronáutica f. aeronautica.

aeronáutico agg. aeronautico.

aeronave f. aeronave.

aeroplano m. aeroplano.

aeropuerto m. aeroporto.

afabilidad f. affabilità, amabilità, gentilezza.

afable agg. affabile, cortese.

afablemente avv. affabilmente.

afán m. ansietà, affanno. **trabajar con —** ammazzarsi dal lavoro.

afanar itr. affaccendarsi.

afanarse rfl. arrabattarsi.

afanoso agg. affannoso, laborioso.

afeamiento m. imbruttimento.

afear tr. imbruttire, abbruttire; denigrare, vituperare.

afearse rfl. imbruttire.

afección f. affezione, affetto, simpatía.

afectable agg. suscettibile, impressionabile.

afectación f. affettazione, ammanieramento.

afectado agg. affettato, artificioso; (med.) afflitto.

---

afectar tr. affettare; fingere, simulare; afflìggere.

afectivo agg. affettivo, sensitivo.

afecto agg. affezionato (a qualcuno). m. affetto, affezione. **tener — a uno** essere caldo per uno. **granjearse el —** acquistare l'affetto.

afectuosamente avv. affettuosamente.

afectuosidad f. affettuosità.

afectuoso agg. affettuoso.

afeitar tr. abbellire, lisciare; imbellettare, sbarbare, radere.

afeitarse rfl. radersi; lisciarsi, imbellettarsi.

afeite m. ornamento; belletto.

afeminado agg. effeminato.

afeminar tr. effeminare.

afeminarse rfl. effemminarsi.

aferrar tr. afferrare, prendere o tenere con forza, aggrappare.

aferrarse rfl. aggrapparsi, afferrarsi. **— en sostener** ostinarsi a sostenere.

afianzamiento m. raffermamento, sicurezza, consolidamento.

afianzar tr. mallevare, garantire; consolidare, raffermare.

afición f. affezione, affetto, simpatía. **perder la —** disaffezionarsi.

aficionado agg. e m. affezionato, appassionato. **ser — a essere amico di. — a la pintura** amante dei quadri.

aficionarse rfl. affezionarsi. **— a algo** prendere affezione a qualcosa.

afilador m. affilatore, aguzzatore.

afilamiento m. affilamento.

afilar tr. (r)affilare, aguzzare. **máquina de —** affilatrice. **piedra de —** affilatoio.

afilarse rfl. affilarsi.

afiliación f. affiliazione.

afiliar tr. affiliare.

afiliarse rfl. affiliarsi; iscriversi.

afín agg. vicino; affine, congenere. m. affine.

afinación f. affinamento; (mús.) raccordatura.

afinador m. (r)affinatore. (mús.) accordatore.

afinar tr. (r)affinare. **— instrumentos** accordare, intonare.

afirmación f. affermazione, asseveranza, asserzione.

afirmar tr. affermare, assicurare.

afirmarse rfl. affermarsi.

afirmativamente avv. affermativamente.

afirmativo agg. affermativo, asseverativo.

aflicción f. afflizione, contristamento; tristezza.

aflictivo agg. afflittivo, doloroso.

afligir tr. affliggere.

afligirse rfl. affliggersi.

aflojamiento m. rilassamento.

aflojar tr. rilassare, (r)allentare. itr. scemare, indebolire. **— un tornillo** svitare.

aflojarse rfl. (r)allentarsi.

afluencia f. affluenza; verbosità.

afluente agg. affluente; copioso, abbondante. m. affluente (fiume). **— de un lago** immissario.

afluir itr. affluire, venire in quantità.

aflujo m. (med.) afflusso.

---

afonía f. afonia.

afortunadamente avv. fortunatamente.

afortunado agg. (af)fortunato, felice, avventurato.

afortunar tr. rendere felice.

afrancesado agg. infrancesato.

afrancesar tr. infrancesare.

afrancesarse rfl. infrancesarsi.

afrenta f. affronto, ingiuria, offesa.   [riare.

afrentar tr. oltraggiare, ingluriare.

afrontar tr. raffrontare (testimoni); far fronte; affrontare (il nemico).

afuera avv. fuori; all'aria aperta. **¡—! largo!, fuori!**

afueras f. pl. dintorni, vicinanze, contorni (d'una città).

agachar tr. curvare; abbassare la testa.

agacharse rfl. curvarsi.

agalla f. galla.

agallas f. pl. (zool.) branquie dei pesci. **tener —** avere coraggio.

agarradero m. afferratoio, impugnatura; (fig.) appoggio.

agarrado agg. afferrato, abbrancato.

agarrar tr. afferrare, aggaffare; impugnare.

agarrarse rfl. aggrapparsi, afferrarsi, abbrancarsi, attricarsi, avorticchiarsi.

agasajador agg. accogliente, gentile.

agasajar tr. accogliere cortesemente, corteggiare, festeggiare.

agasajo m. ricevimento cortese, accoglienza affettuosa.

ágata f. (min.) agata.

agencia f. agenzia, rappresentanza. **— de informes** ufficio d'informazioni.

agenciar tr. procurare, sollecitare.

agenda f. agenda, taccuino.

agente m. agente, rappresentante. **— comisionista** agente comissionaro.

ágil agg. agile, leggero.

agilidad f. agilità.

agitación f. agitazione, inquietudine.

agitador agg. e m. agitatore.

agitar tr. agitare, turbare. **— los ánimos** concitare. **— los brazos** sbracciare, dimenare le braccia.

agitarse rfl. agitarsi, turbarsi. **mar agitada** mare grosso.

aglomeración f. agglomerazione, accumulazione.

aglomerado agg. accumulato, agglomerato.

aglomerar tr. agglomerare, accumulare.

aglomerarse rfl. agglomerarsi.

aglutinación f. agglutinazione.

aglutinante agg. agglutinante.

aglutinar tr. agglutinare.

aglutinarse rfl. agglutinarsi.

agnosticismo m. agnosticismo.

agnóstico agg. e m. agnostico.

agobiar tr. inclinare, incurvare; (fig.) pesare, opprimere; stancare.

agobiarse rfl. incurvarsi; stancarsi.

agobio m. incurvatura; (fig.) oppressione.

agonía f. agonia. **estar en la —** essere più di là che di qua.

agonizante agg. agonizzante, moribondo.

agonizar itr. agonizzare. **estar agonizando** essere agli estremi.

---

agorar tr. predire, profetizzare, presagiare.

agorero agg. divinatore. m. indovino, augure.

agostamiento m. dissecccamento.

agostar tr. seccare, disseccare.

agosto m. agosto. **hacer su —** far il suo affare.

agotable agg. esauribile.

agotamiento m. esaurimento.

agotar tr. esaurire. **— los víveres** esaurire i viveri. **— la paciencia** perdere la pazienza.

agradable agg. grato, gradevole, aggradevole. **— al paladar** grato al palato.

agradar tr. contentare, compiacere. itr. piacere.

agradecer tr. gradire a qualcuno; essere obbligato o grato a qualcuno.

agradecido agg. gradito; grato. **quedar — a alguien por algo** essere obbligato a uno per qualcosa.

agradecimiento m. gradimento, gratitudine, riconoscenza.

agrado m. affabilità, gusto, piacere. **esto no es de mi —** ciò non mi piace.

agrandamiento m. ingrandimento.   [gare.

agrandar tr. ingrandire, allargare.

agrandarse rfl. ingrandirsi, allargarsi.

agrario agg. agrario.

agravación f. aggravazione.

agravado agg. aggravato.

agravamiento m. aggravamento.

agravante agg. aggravante.

agravar tr. aggravare.

agravarse rfl. aggravarsi, peggiorare.

agravatorio agg. aggravante.

agraviar tr. offendere, oltraggiare.

agraviarse rfl. offendersi.

agravio m. offesa, affronto, oltraggio; danno, aggravio.

agredir tr. aggredire, assalire.

agregación f. aggregazione.

agregado agg. aggregato. m. aggregato.

agregar tr. aggregare, unire.

agregarse rfl. aggregarsi.

agresión f. aggressione.

agresivo agg. aggressivo.

agresor agg. e m. aggressore.

agreste agg. agreste, selvatico.

agriado agg. agro, aspro.

agriar tr. far inagrire, irritare, esacerbare.

agriarse rfl. esacerbarsi.

agrícola agg. agricolo.

agricultor m. agricoltore.

agricultura f. agricoltura.

agridulce agg. agrodolce.

agrietado agg. spaccato.

agrietar tr. screpolare.

agrietarse rfl. screpolarsi, spaccarsi.

agrimensor m. agrimensore.

agrimensura f. agrimensura.

agrio agg. agro, aspro. m. agro.

agrios m. pl. agrumi.

agronomía f. agronomia.

agrupación f. raggruppamento.

agrupar tr. raggruppare.

agua f. acqua; orina. **— potable** acqua potabile. **— de lluvia** acqua piovana. **— salada** acqua salsa. **botar un buque al —** varare una nave. **¡hombre al —!** un huomo in mare!

aguacero m. acquazzone.

aguador m. acquaiolo.

aguantar tr. sopportare, reggere.

aguantarse rfl. contenersi.

aguante m. vigore, forza; fermezza, coraggio; pazienza.

aguardar tr. aspettare, attendere.

aguardiente m. acquavite.

aguarrás m. acqua ragia, spirito di trementina.

agudeza f. acutezza, acume; perspicacia, prontezza d'ingegno.

agudo agg. acuto, tagliente; perspicace; mordente. **acento** — accento acuto. **enfermedad aguda** malattia acuta. — **de ingenio** acuto di mente.

agüero m. presagio, pronostico. **pájaro de mal** — uccello di cattivo augurio.

aguerrido agg. aguerrito.

aguerrir tr. aguerrire.

aguerrirse rfl. aguerrirsi.

aguijadura f. puntura.

aguijar tr. pungere; stimolare.

aguijarse rfl. affrenttarsi.

aguijón m. pungiglione; pungolo, sperone.

aguijonear tr. pungere; stimolare.

águila f. aquila. **ser un** — essere un genio.

aguileño agg. aquilino. **nariz aguileña** naso aquilino.

aguilucho m. aquilotto.

aguja f. ago; guglia, punta.

agujerear tr. forare, bucare.

agujerearse rfl. forarsi, bucarsi.

agujero m. foro, buco.

agujeta f. aghetto; stringa.

agujetas f. pl. rattrappimento dei membra per soverchia fatica.

agusanamiento m. bacatura.

agusanarse rfl. bacarsi.

aguzado agg. affilato, aguzzato.

aguzamiento m. aguzzamento.

aguzar tr. aguzzare, stimolare. — **el ingenio** acuire l'ingegno.

ahí avv. là, colà. **por** — all'incirca, su per giù.

ahijada f. figlioccia; figlia adottiva.

ahijado m. figlioccio; figlio adottivo.

ahijar tr. adottare, prendere per figlio.

ahínco m. accanimento, ardore, vigore.

ahíto agg. stufo, sazio.

ahogado agg. affogato, annegato. **verse** — aver un mondo di guai.

ahogador agg. soffocante.

ahogamiento m. affogamento.

ahogar tr. affogare, annegare; opprimere.

ahogarse rfl. affogarsi, soffocarsi.   [ne.

ahogo m. angoscia, oppressio-

ahondar tr. affondare, scavare in basso. itr. investigare, penetrare.

ahora avv. ora, adesso, al presente; in breve, fra poco. — **bien** orbene, adunque. — **mismo** or ora.

ahorrar tr. risparmiare, economizzare; evitare.

ahorrarse rfl. affrancarsi.

ahorro m. risparmio, economia. **caja de** —**s** cassa di risparmio.

ahuecamiento m. scavatura.

ahuecar tr. scavare; smuovere.

ahuecarse rfl. gonfiarsi.

ahumado agg. affumicato.

ahumar tr. affumicare. itr. fumare.

ahuyentar tr. scacciare, mettere in fuga; (fig.) bandire (pensieri).

airado agg. irritato, furioso.

airamiento m. irritazione, ira.

airar tr. irritare.

airarse rfl. adirarsi.

aire m. aria; vento; aria (mus.); sembiante, aspetto; presunzione. **al** — **libre** all'aria aperta.

aireación f. ventilazione.

aireado agg. aereato, ventilato.

airear tr. aereare, ventilare.

airoso agg. arioso, elegante.

aislado agg. isolato, separato; solo.   [lante.

aislador m. isolatore. agg. iso-

aislamiento m. isolamento.

aislar tr. isolare.

ajar tr. guastare, maltrattare.

ajedrecista m. f. giocatore di scacchi.

ajedrez m. scacchi.

ajeno agg. altrui, d'altri; contrario a, alieno da. **lo** — **il** bene, l'avere altrui.

ajiaceite m. agliata, salsa con aglio e olio.

ajo m. aglio; spicchio d'aglio. **cabeza de** —**s** testa d'aglio.

ajuar m. mobilia o masserizie di una casa. — **de novia** corredo di sposa.

ajustado agg. aggiustato.

ajustador m. impaginatore; aggiustatore.

ajustar tr. aggiustare; convenire (il prezzo).

ajustarse rfl. accomodarsi, conformarsi. — **a jornal** impiegarsi alla giornata.

ajuste m. aggiustamento, accordo, contratto.

ajusticiado agg. giustiziato.

ajusticiar tr. giustiziare.

al art. al, allo, alla.

ala f. ala; fila, lato, fianco.

alabanza f. lode, elogio, encomio.

alabar tr. lodare, elogiare, encomiare.

alabarse rfl. lodarsi.

alabarda f. alabarda.

alabardero m. alabardiere.

alabastro m. alabastro.

alacrán m. scorpione.

alambicado agg. lambiccato, distillato; pedante.

alambicar tr. lambiccare.

alambique m. lambicco.

alambre m. filo metallico.

alameda f. pioppeto; passeggio pubblico.

álamo m. (bot.) pioppo.

alarde m. ostentazione. **hacer** — far pompa, ostentare coraggio.

alargamiento m. allungamento; proroga.

alargar tr. allungare, prolungare. — **el paso** accelerare il passo.

alargarse rfl. allungarsi, prolungarsi.

alarido m. urlo, grido di dolore.

alarma f. allarme; spavento, apprensione. **falsa** — falso allarme.

alarmante agg. allarmante.

alarmar tr. allarmare, inquietare.

alarmarse rfl. allarmarsi, inquietarsi.

alba m. alba. **al rayar el** — allo spuntar del giorno.

albacea m. esecutore testamentario.

albañal m. chiavica, cloaca.

albañil m. muratore.

albañilería f. lavoro o arte del muratore.

albaricoque m. albicocca.

albaricoquero m. albicocco.

albedrío m. arbitrio, volontà; fantasia, capriccio.

albergar tr. albergare, alloggiare.

albergarse rfl. alloggiarsi.

albergue m. albergo, alloggio.

albino agg. e m. albino.

albis; quedarse en — rimanere in asso, restar deluso.

albo agg. albo, bianco.

albóndiga f. polpetta.

albor m. albore; alba, aurora.

alborada f. alba, aurora; mattinata; diana.

alborear itr. albeggiare, spuntare il giorno.

alborotar tr. disturbare, sollevare, eccitare. — **el gallinero** schiamazzare.

alboroto m. tumulto, confusione.

alborozador agg. allegro, gioviale, di buon umore.

alborozar tr. rallegrare, dilettare.

alborozarse rfl. rallegrarsi, gioire.

alborozo m. giubilo, allegria.

álbum m. album.

albúmina f. albumina.

alcachofa f. carciofo.

alcahuete m. lenone.

alcahuetería f. lenocinio; intrigo.

alcalde m. sindaco.

alcaldesa f. moglie del sindaco.

alcaldía municipio, casa comunale.

alcance m. conseguimento, raggiungimento di qc.; portata di un'arma da fuoco. **al** — **de la mano** a portata di mano.

alcanfor m. canfora.

alcanforado agg. canforato.

alcanforar tr. canforare.

alcantarilla f. fogna, chiarica.

alcantarillado m. fognatura.

alcantarillar tr. costruire fogne.

alcanzar tr. arrivare a toccare qc.; raggiungere, conseguire, ottenere. itr. essere sufficiente.

alcázar m. fortezza, castello fortificato.

alcoba f. alcova; stanza da letto.

alcohol m. alcool (spirito di vino).

alcohólico agg. alcoolico.

alcoholismo m. alcoolismo.

alcornoque m. (bot.) sughero; persona ignorante.

alcurnia f. prosapia, lignaggio.

alcuza f. boccetta per l'olio, piccola oliera.

aldaba f. battente, picchiotto. **tener buenas** —**s** avere alte protezioni.

aldea f. borgo, villaggio.

aldeana m. contadina, campagnuola.

aldeano m. contadino, campagnuolo. agg. villano, rozzo.

aleccionar tr. insegnare, istruire.

alegación f. allegazione; allegato.

alegar tr. allegare. — **en defensa** produrre in difesa. — **pretextos** adurre scuse.

alegato m. allegato.

alegoría f. allegoria.

alegórico agg. allegorico.

alegrar tr. rallegrare.

alegrarse rfl. rallegrarsi, divertirsi.

alegre agg. allegro, contento, gaio.

alegremente avv. allegremente.

alegría f. allegria, gioia.

alegro m. allegro (mús.).

alejamiento m. allontanamento.

alejar tr. allontanare.

alejarse rfl. allontanarsi.

aleluya f. alleluia.

alemán agg. e m. tedesco. m. lingua tedesca.

alemana f. tedesca.

alentar itr. fiatare, respirare. tr. incoraggiare.

alero m. gronda.

alerta f. allerta, all'erta. **estar** — stare in guardia.

alertar tr. mettere uno in guardia.

aleta f. aletta, piccola ala; pinna dei pesci.

aletargado agg. assopito.

aletargar tr. cagionare letargo, assopire.

aletargarse rfl. assopirsi.

aletear itr. aleggiare, battere le ali.

aleteo m. battimento, movimiento.

alevosía f. slealtà, perfidia. **con** — a tradimento.

alevoso agg. perfido.

alfabeto m. alfabeto.

alfarería f. arte dello stovigliaio; fabbrica di stoviglie, stoviglieria.

alfarero m. stovigliaio.

alférez m. alfiere, portabandiera.

alfil m. alfiere (scacchi).

alfiler m. spillo.

alfilerazo m. colpo o puntura di spillo.

alfombra f. tappeto (da pavimento).

alfombrar tr. tappetare, coprire con tappeti.   [viaggio.

alforja f. bisaccia, sacco da

alga f. alga.

algarroba f. (bot.) carruba.

algarrobal m. carrubeto.

algarrobero m. carrubo.

álgebra f. algebra.

algo pron. alcunché, qualche cosa. avv. un poco, alquanto.

algodón m. cotone. — **en rama** cotone naturale. — **hidrófilo** cotone idrofilo.

alguacil m. poliziotto, questurino.

alguien pron. qualche persona, qualcuno.

algún agg. alcun, alcuno, qualche. — **día** un giorno o l'altro.

alguna agg. e pron. alcuna, qualche.

alguno pron. qualcuno, qualcheduno.

alhaja f. gemma, gioiello.

aliado agg. e m. alleato, confederato.

alianza f. alleanza, confederazione.

aliarse rfl. allearsi, unirsi, confederarsi.   [alias.

alias avv. altrimenti detto,

alicates m. pl. pinzette.

aliciente m. allettamento.

alienación f. alienazione. — **mental** alienazione mentale.

alienado agg. e m. alienato, pazzo.

alienar tr. alienare.

alienarse rfl. impazzire; alienarsi.

aliento m. alito, respiro; coraggio, vigore. **cobrar** — riprendere fiato.

aligerar tr. alleggerire; moderare, temperare, mitigare.

aligerarse rfl. alleggerirsi; accellerare. — **de ropa** alleggerirsi di vestimenta.

alijar tr. allibare.

alijo m. allibo.

alimentación f. alimentazione, nutrizione.

alimentar tr. alimentare, nutrire; fomentare.

alimentarse rfl. alimentarsi, nutrirsi.

alimenticio agg. nutritivo, sostanzioso.

alimento m. alimento.

alineación f. allineamento, schieramento.

alinear tr. allineare, schierare.

alinearse rfl. allinearsi, schierarsi.

aliñar tr. abbellire; ammannire; condire.

aliño m. abbellimento, ornamento; condimento.

alisadura f. lisciatura, pulitura.

alisar tr. lisciare, pulire.

alistamiento m. arruolamento, reclutamento.

alistar tr. reclutare, arruolare.

alistarse rfl. arruolarsi.

aliviar tr. alleggerire, alleviare; mitigare, calmare.

aliviarse rfl. alleviarsi.

alivio m. alleggerimento; conforto —**de luto** mezzo lutto.

alma f. anima; persona, individuo; vivacità, spirito. — **de cántaro** imbecille; **entregar su** — **a Dios** rendere l'anima a Dio. **como** — **que lleva el diablo** correre come il vento. **tocar en el** — pungere sul vivo.

almacén m. magazzino; fondaco; arsenale marittimo.

almacenar tr. immagazzinare.

almacenista m. padrone o proprietario di magazzino.

almanaque m. almanacco, calendario.

almeja f. arsella, tellina.

almendra f. mandorla. —**s garrapiñadas** mandorle tostate ed inzuccherate.

almendro m. mandorlo (albero).

almíbar m. sciroppo.

almidón m. amido.

almidonado agg. inamidato.

almidonar tr. inamidare.

almirantazgo m. ammiragliato.

almirante m. ammiraglio.

almizclar tr. profumare con muschio.

almizcle m. muschio.

almizcleño agg. muschiato.

almohada f. cuscino, capezzale. **consultar con la** — dormirci sopra.

almohadilla f. cuscinetto.

almorranas f. pl. (med.) emorroidi.

almorzar tr. far colazione.

almuerzo m. colazione.

alocución f. allocuzione.

alojamiento m. alloggiamento, alloggio.

alojar tr. alloggiare, dare alloggio, albergare.

alondra f. (orn.) allodola.

alpargata f. sandalo, scarpa di corda di canapa.

alpinismo m. alpinismo.

alpinista m. f. alpinista.

alpiste m. (bot.) scagliola.

alquilar tr. affittare, locare.

alquiler m. affitto, locazione.

alquitrán m. catrame.

alquitranar tr. incatramare.

alrededor avv. all'intorno, d'intorno.

alrededores m. pl. dintorni.

altanería f. altura; alterigia, superbia, orgoglio.

altanero agg. altezzoso, superbo.

alta f. ordine di lasciar l'ospedale; inscrizione a ruolo d'una recluta. **dar de** — inscrivere una recluta a ruolo; congedare un malato guarito.

altar m. altare. — **mayor** altare maggiore.

alterabilidad f. alterabilità.

alterable agg. alterabile.

alteración f. alterazione.

alterar tr. alterare; trasformare; turbare.

alterarse rfl. alterarsi, contrariarsi. **no** — **por nada** non commuoversi di nulla.

altercado m. alterco, litigio.

altercar itr. altercare, disputare.

alternar tr. alternare. itr. alternarsi; bazzicare, frequentare. — **en el servicio** darsi il cambio. — **con los sabios** bazzicare coi dotti.

alternativa f. alternativa; opzione.

alternativamente avv. alternativamente.

alterno agg. alterno.

alteza f. altezza.

altísimo agg. altissimo. m. Dio.

altivez f. alterigia, arroganza.

alto agg. alto, elevato. **hablar** — parlare ad alta voce. **pasar por** — passar sotto silenzio. **hacer** — fermarsi, far alt.

altura f. altezza; altitudine; altura.

alubia f. fagiuolo.

alucinación f. allucinazione.

alucinar tr. allucinare, abbagliare.

alucinarse rfl. ingannarsi.

alud m. valanga.

aludir itr. alludere, fare allusione.

alumbrado agg. illuminato. m. illuminazione. — **a gas** illuminazione a gas.

alumbrar tr. illuminare. itr. partorire.

alumna f. alunna, allieva.

alumno m. alunno, allievo.

alusión f. allusione; cenno.

alusivo agg. allusivo.

aluvión m. alluvione.

alza f. rialzo, aumento.

alzada f. statura del cavallo.

alzamiento m. alzamento, rialzo; ribellione.

alzar tr. alzare, erigere, costrurre; portar via, rapire; eccitare alla ribellione; alzare le carte. — **cabeza** rimettersi.

alzarse rfl. alzarsi; ribellarsi.

allá avv. là, ivi, colà. — **arriba** lassù. — **abajo** laggiù. **más** — più oltre.

allanamiento m. appianamento; pacificazione. — **de morada** violazione di domicilio.

allí avv. lì, là, ivi. **de** — **da** quel luogo.

ama f. padrona; proprietaria; donna di casa. — **de cría** balia, nutrice.

amabilidad f. amabilità, gentilezza, cortesia.

amable agg. amabile.

amablemente avv. amabilmente, affabilmente.

amaestramiento m. ammaestramento.

amaestrar tr. ammaestrare.

amagar tr. fingere; minacciare.

amago m. minaccia, sintoma, minaccia d'una malattia.

amainar tr. ammainare le vele. itr. cedere, desistere; placarsi il vento.

amalgama f. amalgama.

amalgamación f. amalgamazione.

amalgamar tr. amalgamare.

amamantamiento m. allattamento.

amamantar tr. allattare.

amanecer itr. albeggiare, spuntar l'alba.

amanerado agg. manierato.

amanerarse rfl. divenire amanierato.

amante agg. amante, che ama. m. f. amante, innamorato.

amanuense m. amanuense.

amar tr. amare, volere bene. — **con locura** amare alla follia. **hacerse** — farsi amare.

amarse rfl. amarsi, volersi bene.

amargado agg. amareggiato.

amargamente avv. amaramente.

amargar tr. amareggiare. itr. esse amaro.

amargo agg. amaro, aspro.

amargura f. amarezza.

amarillear itr. tirare al giallo, ingiallire.

amarillento agg. giallognolo.

amarillo agg. giallo.

amarra f. caro d'ormeggio. —**s** ormeggi.

amarrar tr. legare; dar volta, ormeggiare.

amarrarse rfl. ormeggiarsi.

amasar tr. impastare; amalgamare.

amasijo m. pastone; ammasso.

ambages m. pl. ambagi **sin** — chiaramente.

ámbar m. ambra.

ambición f. ambizione.

ambicionar tr. ambire.

ambicioso agg. ambizioso.

ambiente m. ambiente.

ambiguo agg. ambiguo.

ámbito m. ambito.

ambos agg. ambidue. — **a dos** entrambi.

ambulancia f. ambulanza.

ambulante agg. ambulante.

amén m. amen, così sia. — **de** oltre a, inoltre.

amenaza f. minaccia.

amenazador agg. minacciatore.

amenidad f. amenità.

amenizar tr. rendere ameno.

ameno agg. ameno.

americana f. giacca.

americanizar tr. americanizzare. [no.

americano agg. e m. americametralladora** f. mitragliatrice.

ametrallar tr. mitragliare.

amianto m. (min.) amianto.

amiga f. amica.

amigable agg. amichevole.

amigablemente avv. amichevolmente.

amigo m. amico. **tener cara de pocos** —**s** aver una faccia poco rassicurante. **un** — **mío** un mio amico.

amigote m. amicone.

amilanamiento m. stordimento.

amilanar tr. stordire, scoraggiare.

amilanarse rfl. abbattersi, scoraggiarsi.

aminorar tr. diminuire.

amistad f. amicizia.

amistoso agg. amichevole.

amnistía f. amnistía.

amnistiar tr. amnistiare.

amo m. padrone, capo di casa; proprietario.

amodorrarse rfl. assopirsi.

amoldarse rfl. conformarsi.

amonestación f. ammonizione, avvertimento; pubblicazione di matrimonio.

amonestado agg. ammonito.

amonestar tr. ammonire, far le pubblicazioni o denunzie del matrimonio (in chiesa).

amoniaco m. ammoniaco.

amontonamiento m. accumulazione.

amontonar tr. ammucchiare, accumulare.

amontonarse rfl. ammucchiarsi; convivere con una dona; montare in collera.

amor m. amore; persona o cosa amata. **con mil** —**es** di tutto cuore.

amordazar tr. imbavagliare; (fig.) mettere il bavaglio.

amorfo agg. amorfo.

amorío m. innamoramento.

amoroso agg. amoroso.

amortiguar tr. ammortire; mitigare.

amortización f. ammortizzazione.

amortizar tr. ammortizzare.

amotinamiento m. ammutinamento.

amotinar tr. ammutinare.

amotinarse rfl. ammutinarsi.

amparar tr. proteggere, difendere.

ampararse rfl. porsi sotto la protezione di qc.

amparo m. protezione, asilo.

ampliación f. ampliazione, ingrandimento.

ampliador m. ingranditore.

ampliar tr. ampliare, ingrandire.

amplificar tr. amplificare.

amplio agg. ampio, spazioso.

amplitud f. ampitudine.

ampolla f. ampolla; vescica.

amputación f. amputazione.

amputar tr. amputare.

amueblar tr. arredare, ammobiliare, fornire di mobilia.

amuleto m. amuleto.

amunicionamiento m. approvigionamento.

amunicionar tr. approvigionare.

amurallado agg. circondato di mura.

amurallar tr. circondare di mura.

anacoreta m. anacoreta.

anacrónico agg. anacronico.

anacronismo m. anacronismo.

anagrama f. anagrama.

anales m. pl. annali.

analfabeto m. analfabeta.

análisis m. analisi.

analista m. f. analista.

analítico agg. analitico.

analizar tr. analizzare.

analogía f. analogia.

análogo agg. analogo.

anaquel m. palchetto.

anarquía f. anarchia.

anárquico agg. anarchico.

anarquismo m. anarchismo.

anarquista m. f. anarchista.

anatema m. anatema; maledizione.   [re.
anatematizar tr. anatematizza-
anatomía f. anatomia.
anatómico agg. anatomico.
anca f. anca.
ancianidad f. anzianità.
anciano agg. anziano, antico.
ancla f. ancora.
anclaje m. ancoraggio.
ancho agg. largo, ampio, spazioso. a sus anchas con tutto il suo comodo.
anchoa f. acciuga.
anchura f. larghezza.
andamio m. palco.
andante agg. andante, errante; (mús.) andante.
andanza f. avvenimento, successo.
andar itr. andare, camminare. — a gatas andare carpone. — por las ramas prendere le cose alla leggiera.
andén m. marciapiede.
andrajo m. straccio.
andrajoso agg. stracciato.
anécdota f. aneddoto.
anejo agg. annesso, unito. m. annesso.
anexión f. annessione.
anexo agg. annesso.
anfibio agg. anfibio.
anfiteatro m. anfiteatro.
ángel m. angelo; protettore.
angelical agg. angelico.
angina f. angina. — de pecho angina pettorale.
anglicano agg. anglicano.
anglófilo agg. anglofilo.
anglófobo agg. anglofobo.
angosto agg. stretto.
angostura f. strettezza.
anguila f. anguilla.
angular agg. angolare. piedra — pietra fondamentale.
ángulo m. angolo. — agudo angolo acuto. — recto angolo retto. — obtuso angolo ottuso.
angustia f. angustia, afflizione.
angustiado agg. angustiato, afflitto.
angustiar tr. angustiare, affliggere.
anhelar itr. e tr. anelare.
anhelo m. brama, ansia.
anheloso agg. ansioso.
anilla f. anello, cerchietto.
anillo m. anello; cerchio. — de matrimonio anello nuziale. venir como — al dedo venire a proposito.
ánima f. anima.
animación f. animazione; vivacità.
animado agg. animato.
animadversión f. animavversione.
animal agg. animale. m. animale, bestia; bestione, stupido.
animalada f. animaleria.
animar tr. animare; incoraggiare.
animarse rfl. animarsi.
ánimo m. animo; coraggio; intenzione. cobrar — incoraggiarsi. tener — aver intenzione.   [nimo.
animosidad f. animosità, malaanimoso agg. animoso.
aniquilación f. annichilazione.
aniquilar tr. annichilare.
anís m. (bot.) anice.
aniversario m. anniversario.
ano m. ano.
anoche avv. ierisera, la notte scorsa.

anochecer itr. annottare, farsi notte. al — sul far della notte.
anodino agg. anodino.
anomalía f. anomalia.
anómalo agg. anomalo.
anónimo agg. e m. anonimo.
anotación f. annotazione; nota, appunto.
anotar tr. annotare; commentare.
ansia f. ansia, ansietà; avidità.
ansiar tr. ansiare; bramare.
ansiedad f. ansietà.
ansiosamente avv. ansiosamente.
ansioso agg. ansioso; ávido.
antagónico agg. antagonistico.
antagonismo m. antagonismo, rivalità.
antagonista m. f. antagonista, rivale.
antaño avv. l'anno scorso; tempo fa.   [le.
antártico agg. antartico, austraante prep. innanzi a, davanti a. — todo anzitutto.
anteanoche avv. ier l'altro sera.
anteayer avv. avantieri, ieri l'altro, l'altro ieri.
antebrazo m. avambraccio.
antecedente agg. antecedente. m. antecedente.
anteceder tr. precedere, antecedere.
antecesor m. antecessore.
antelación f. anteriorità.
antemano avv.; de — anticipatamente.
antena f. antenna.
anteojo m. occhiale, lente.
antepasados m. pl. antenati, antecessori.   rire.
anteponer tr. anteporre, preteanterior agg. anteriore.
anterioridad f. anteriorità
anticipación f. anticipazione.
anticipar tr. anticipare.
anticipo m. anticipazione.
anticuado agg. antiquato.
anticuario m. antiquario.
antídoto m. antidoto.
antigualla f. anticaglia.
antiguamente avv. anticamente.
antigüedad f. antichità.
antiguo agg. antico. m. veterano. de — ab antico.
antipatía f. antipatia, avversione.
antipático agg. antipatico.
antípodas m. pl. antipodi.
antítesis f. antitesi.
antitético agg. antitetico.
antojadizo agg. capriccioso.
antojarse rfl. bramare. —le a uno venire il ticchio.
antojo m. capriccio, voglia.
antología f. antologia.
antológico agg. antologico.
antorcha f. torcia.
antro m. antro, caverna.
antropófago agg. antropofago.
antropología f. antropologia.
antropólogo m. antropologo.
anual agg. annuale, annuo.
anualidad f. annualità.
anualmente avv. annualmente, ogni anno.
anuario m. annuario.
anudar tr. annodare.
anulación f. annullazione, cassazione.
anular tr. annullare. m. (dito) anulare.
anunciación f. annunciazione.
anunciar tr. annunciare, dar notizia.
anunciarse rfl. annunciarsi.

anuncio m. annunzio; bando, avviso. insertar un — en un periódico inserire un avviso in un giornale.
anzuelo m. amo. morder el — abboccare all'amo.
añadidura f. giunta, addizione.
añadir tr. aggiungere.
añejo agg. vecchio, antico; annoso.
añicos m. pl. briciole. hacerse — farsi in quatro.
año m. anno, annata. — bisiesto anno bisestile. — santo anno giubilare. tener —s essere di età avanzata.
añoranza f. nostalgia.
aovar tr. deporre le uova.
apacentamiento m. pastura.
apacentar tr. pascolare, pasturare.
apacible agg. placido, affabile.
apaciguar tr. pacificare, rappaciare.
apaciguarse rfl. pacificarsi, rappaciarsi.
apagado agg. spento, estinto; smorto; tranquillo; lángido.
apagar tr. spegnere.
apagarse rfl. spegnersi, estinguersi.
apaleamiento m. bastonatura.
apalear tr. bastonare.
aparador m. credenza.
aparato m. apparato, apparecchio; congegno; apparato, pompa.
aparatoso agg. molto appariscente.
aparecer itr. apparire.
aparecerse rfl. comparire d'improvviso.
aparecido agg. comparso. m. spettro, fantasma.
aparejador m. apparecchiatore.
aparejamiento m. apparecchiamento.
aparejar tr. apparecchiare.
aparejarse rfl. prepararsi, tenersi pronto.
aparejo m. apparecchio, disposizione.
aparejos m. pl. utensili, attrezzi.
aparentar tr. simulare, fingere.
aparente agg. apparente; evidente, manifesto.
aparentemente avv. apparentemente, in apparenza.
aparición f. apparizione; visione.
apariencia f. apparenza.
apartado agg. appartato, separato. — de correos casella postale.
apartamiento m. separazione; appartamento.
apartar tr. appartare, separare.
apartarse rfl. allontanarsi; separarsi.
aparte avv. separatamente, a parte. m. spazio.
apasionar tr. appassionare, suscitare una passione.
apasionarse rfl. appassionarsi.
apatía f. apatia, indolenza.
apático agg. apatico, indifferente.
apeadero m. smontatoio; piccola stazione.
apear tr. far scendere da cavallo.
apearse rfl. smontare.
apedrear tr. lapidare.
apegarse rfl. attaccarsi, affezionarsi.
apego m. affezione, affetto.
apelación f. appello. no haber — non esserci più rimedio.
apelar tr. e itr. appellare, ricorrere in appello.

apelativo agg. appellativo.
apellidado agg. chiamato.
apellidar chiamare (per nome e cognome); soprannominare.
apellido m. cognome.
apellidarse rfl. chiamarsi.
apenar tr. causare pena, affliggere.
apenas avv. appena.
apéndice m. appendice.
apendicitis f. appendicite.
apercibimiento m. preparazione.
apercibir tr. preparare, disporre; osservare, avvertire.
apercibirse rfl. prepararsi.
aperitivo agg. e m. aperitivo.
apestar tr. appestare.
apestarse rfl. attaccarsi la peste.
apetecer tr. desiderare.
apetecible agg. appetibile.
apetencia f. appetenza, appetito.
apiadarse rfl. impietosirsi.
ápice m. apice, cima.
apicultura f. apicoltura.
apiñar tr. stipare.
apiñarse stiparsi, aggrupparsi.
apio m. (bot.) appio, sedano.
apisonamiento m. spianamento.
apisonar tr. spianare.
aplacamiento m. placamento.
aplacar tr. placare, acquietare.
aplacarse rfl. placarsi.
aplanamiento m. appianamento.
aplanar tr. appianare.
aplastado agg. schiacciato; confuso.
aplastamiento m. schiacciamento.   [nare.
aplastar tr. schiacciare, appiaaplaudir tr. applaudire.
aplauso m. applauso, acclamazione; elogio, lode.
aplazamiento m. differimento, proroga.
aplazar tr. differire, prorogare. — para mañana rimandare al domani.
aplazarse rfl. differirsi.
aplicación f. applicazione; attenzione, cura.
aplicar tr. applicare; destinare.
aplicarse rfl. applicarsi, dedicarsi.
aplomado agg. plumbeo; sereno; messo a piombo.
aplomo m. prudenza, serenità.
apocado agg. timido, vergognoso; misero, vile.
apocopar tr. apocopare.
apócrifo agg. apocrifo.
apodar tr. motteggiare.
apoderado m. mandatario.
apoderar tr. munire di mandato.
apoderarse rfl. impossessarsi.
apodo m. soprannome.
apogeo m. apogeo; colmo.
apolillado agg. tarlato, tarmato.
apolillarse rfl. tarlarsi, tarmarsi.
apologético agg. apologetico.
apología f. apologia.
apoplejía f. apoplessia.
aporreamiento m. bastonatura.
aporrear tr. bastonare.
aportar tr. addurre (prove); apportare (capitali).
aposentar tr. alloggiare, albergare.
aposentarse rfl. prendere alloggio, alloggiarsi.
aposento m. appartamento, alloggio.
apósito m. benda, fasciatura.
aposta avv. apposta, a bello studio.   [mettere.
apostar tr. appostare; scom-

apostarse rfl. appostarsi.
apostasía f. apostasia.
apóstata m. f. apostata.
apostatar itr. apostatare.
apostilla f. postilla, nota.
apostillar tr. postillare.
apostol m. apostolo.
apostolado m. apostolato.
apostólico agg. apostolico.
apoteosis f. apoteosi.
apoyar tr. appoggiare.
apoyarse rfl. appoggiarsi, sostenersi.
apoyo m. appoggio, sostegno.
apreciable agg. apprezzabile.
apreciación f. stima, apprezzamento. [zato.
apreciado agg. stimato, apprezapreciar tr. stimare, valutare, apprezzare.
aprecio m. stima; valutazione.
aprehender tr. apprendere; afferrare.
aprehensión f. apprensione, apprendimento; timore; secuestro.
apremiar tr. premere, costringere, forzare.
apremio m. costringimento, premura.
aprender tr. apprendere, imparare.
aprendiz m. apprendista, novizio.
aprendizaje m. apprendistato, tirocinio, noviziato.
aprensión f. apprensione.
aprensivo agg. apprensivo.
apresar tr. prendere; imprigionare.
aprestar tr. apprestare, preparare; apprettare.
aprestarse rfl. tenersi pronto, prepararsi.
apresto m. preparazione, apprestamento; appretto.
apresuramiento m. affrettamento.
apresurar tr. affrettare.
apresurarse rfl. affrettarsi.
apretar tr. stringere, comprimere. — el paso accelerare il passo. quien mucho abarca poco aprieta chi troppo vuole nulla stringe.
apretón m. stringimento. — de manos stretta di mano.
apretura f. oppressione; stretta.
aprieto m. oppressione; pericolo; penuria.
aprisa avv. in fretta.
aprisionar tr. imprigionare, incarcerare.
aprobación f. approvazione, assenso.
aprobar tr. approvare, assentire.
apropiación f. appropriazione; assimilazione.
apropiado agg. appropriato.
apropiarse rfl. appropriarsi.
aprovechable agg. utile, profittevole.
aprovechado agg. approfittato.
aprovechamiento m. profitto; sfruttamento.
aprovechar tr. sfruttare, itr. approfittare, profittare. — la oportunidad profittare dell'occasione.
aprovecharse rfl. approfittarsi.
aproximación f. approssimazione.
aproximadamente avv. all'incirca, su per giù, approssimativamente.
aproximado agg. approssimato, approssimativo.
aproximar tr. approssimare.
aproximarse rfl. approssimarsi, avvicinarsi.

aptitud f. attitudine, disposizione naturale.
apto agg. atto, abile, idoneo.
apuesta f. posta; scommessa.
apuesto agg. ornato; gagliardo, gentile.
apuntación f. annotazione; nota.
apuntador m. suggeritore.
apuntalar tr. puntellare.
apuntar tr. puntare; notare. itr. spuntare; suggerire.
apunte m. appunto, nota.
apuñalar tr. pugnalare.
apurado agg. povero; difficile, pericoloso. estar — essere alle strette.
apurar tr. appurare; esaurire; premere.
apurarse rfl. affliggersi.
apuro m. ristrettezza di mezzi, neccessità; impaccio. estar en —s essere molto imbarazzato. sacar de —s togliere uno d'impaccio.
aquejar tr. affliggere.
aquel agg. e pron. quel, quello, quegli, colui.
aquella pron. e agg. quella, colei.
aquello pron. quello, ciò.
aquí avv. qui. — estoy eccomi.
aquietar tr. acquietare, calmare; pacificare, chetare.
aquietarse rfl. acquietarsi, chetarsi.
ara f. ara, altare.
árabe agg. e m. arabo. m. lingua araba.
arabesco m. arabesco.
arado m. aratro.
arancel m. tariffa doganale.
arancelario agg. relativo a tariffa doganale.
araña f. ragno. ser una — essere operosissimo.
arañar tr. graffiare.
arañarse rfl. prodursi graffiature.
arañazo m. graffiatura.
arar tr. arare.
arbitraje m. arbitraggio; arbitrato.
arbitral agg. arbitrale.
arbitrar tr. arbitrare.
arbitrariamente avv. arbitrariamente.
arbitrariedad f. arbitrio.
arbitrario agg. arbitrario.
árbitro m. arbitro.
árbol m. albero.
arbusto m. arbusto.
arca f. arca; cassa.
arcaico agg. arcaico, antiquato.
arcángel m. arcangelo.
arcediano m. arcidiacono.
arcilla f. argilla, creta.
arcilloso agg. argilloso.
arcipreste m. arciprete.
arco m. arco; cerchio; archetto di violino. — de triunfo arco di trionfo.
archipiélago m. arcipelago.
archivar tr. archiviare.
archivero m. archivista.
archivo m. archivio.
arder itr. ardere.
ardid m. artificio, stratagemma.
ardiente agg. ardente; fervido.
ardientemente avv. ardentemente.
ardilla f. scoiattolo.
ardor m. ardore; fervore; impetuosità.
ardoroso agg. ardente.
área f. area, superficie.
arena f. arena, anfiteatro; sabbia, arena. sembrar en — seminare al vento.
arenal m. renaio.

arenar tr. insabbiare.
arenga f. arringa, discorso.
arengador m. arringatore, oratore.
arengar tr. arringare.
arenisco agg. arenario.
arenoso agg. sabbioso, arenoso.
arenque m. aringa. — ahumado aringa affumicata.
argamasa f. calcina da murare.
argamasar tr. preparare la calcina. [genteo.
argentado agg. argentato, argentino agg. e m. argentino.
argucia f. arguzia.
argüir itr. arguire, inferire.
argumentación f. argomentazione.
argumentar itr. argomentare.
argumento m. argomento.
aridez f. aridezza, aridità.
árido agg. arido, sterile.
arisco agg. selvaggio; intrattabile.
arista f. arista, resta.
aristocracia f. aristocrazia.
aristócrata m. f. aristocratico.
aristocrático agg. aristocratico.
aritmética f. aritmetica.
arma f. arma. ¡a las —s! all'armi!. — blanca arma bianca. — de fuego arma da fuoco. pasar por las —s fucilare.
armada f. armata, squadra, flotta.
armado agg. armato.
armador m. armatore.
armamento m. armamento.
armar tr. armare.
armarse rfl. armarsi.
armario m. armadio. — de luna armadio a specchio.
armería f. armeria; arsenale.
armero m. armaiolo.
armiño m. ermellino.
armisticio m. armistizio, tregua.
armonía f. armonia, melodia; armonia.
armónico agg. armonico.
armonizar tr. itr. armonizzare.
arnés m. arnese.
aro m. cerchio.
aroma m. aroma, odore.
aromático agg. aromatico.
aromatizar tr. aromatizzare.
arpa f. arpa.
arpillera f. invoglia.
arpón m. rampone, fiocina.
arponar tr. ramponare, colpire col rampone, fiocinare.
arponero m. ramponiere, fiocinatore.
arqueología f. archeologia.
arqueológico agg. archeologico.
arqueólogo m. archeologo.
arquero m. arciere.
arquitecto m. architetto.
arquitectónico agg. architettonico.
arquitectura f. architettura.
arrabal m. sobborgo.
arraigar itr. radicare.
arraigarse rfl. radicarsi; stabilirsi.
arraigo m. stabilità. fianza de — ipoteca su beni stabili.
arrancar tr. strappare. itr. partire.
arrancarse rfl. sradicarsi.
arranque m. strappo; energia, impeto; slancio.
arrasado agg. spianato, abbattuto.
arrasar tr. spianare, abbattere; demolire.
arrastrar tr. trascinare. itr. strisciare.

arrastrarse rfl. trascinarsi; strisciare; umiliarsi, avvilirsi.
arrastre m. trascinamento.
arrebatar tr. strappare, portare via.
arrebatarse rfl. esaltarsi.
arrebato furore, trasporto di collera.
arrecife m. scogliera.
arreglado agg. regolato; convenuto.
arreglar tr. regolare; porre in ordine; convenire.
arreglarse rfl. conformarsi; convenire.
arreglo m. assetto. con — a in conformità di.
arremangar tr. rimboccare le maniche.
arremangarse rfl. rimboccarsi le maniche.
arremeter tr. aggredire, assalire. itr. far cattiva impressione.
arremetida f. assalto, attacco.
arrendador m. arfittatore, locatore.
arrendamiento m. appigionamento, affitto, locazione.
arrendar tr. affittare, locare, appigionare.
arrendatario m. affittuario, locatario, inquilino.
arrepentido agg. pentito.
arrepentimiento m. pentimento.
arrepentirse rfl. pentirsi.
arrestar tr. arrestare.
arrestarse rfl. arrischiarsi, osare.
arresto m. arresto; temerità, audacia.
arriar tr. ammainare, abbassare.
arriba avv. sopra, di sopra, lassù, in alto. de — abajo dall'alto in basso.
arribar itr. arrivare, giungere; toccare la meta.
arribo m. arrivo.
arriendo m. affitto, locazione.
arriesgado agg. arrischiato, avventurato; temerario, audace.
arriesgar tr. arrischiare, avventurare.
arriesgarse rfl. arrischiarsi.
arrimar tr. accostare, avvicinare, approssimare; appoggiare.
arrimarse rfl. avvicinarsi.
arrinconamiento m. rincantucciamento.
arrinconar tr. rincantucciare.
arrodillarse rfl. inginocchiarsi.
arrogancia f. arroganza.
arrogante agg. arrogante.
arrojadizo agg. lanciabile.
arrojado agg. audace, intrepido.
arrojar tr. gettare, lanciare.
arrojarse rfl. gettarsi.
arropamiento m. indossamento di vesti. [ttare.
arropar tr. imbaccuccare, infagoarroparse rfl. coprirsi bene.
arrostrar tr. affrontare. itr. propendere.
arrostrarse rfl. affrontare.
arroyo m. ruscello.
arroz m. (bot.) riso.
arrozal f. risaia.
arruga f. ruga.
arrugar tr. corrugare, raggrinzare.
arrugarse rfl. corrugarsi.
arruinar tr. rovinare; demolire.
arruinarse rfl. rovinarsi.
arrullar tr. cantare la ninna nanna; accarezzare. itr. tubare. (i colombi).

arrullo m. ninna nanna.
arsenal m. arsenale.
arte f. arte; destrezza; artificio.
artefacto m. artefatto.
arteria f. arteria.
artesano m. artigiano, artefice.
ártico agg. artico.
articulación f. articolazione.
articular tr. articolare.
artículo m. articolo (gram.); articolo (di giornale); articolo, genere.
artífice m. artefice, artista.
artificial agg. artificiale.
artificio m. artificio, stratagemma; astuzia.
artificioso agg. artificioso.
artillería f. artiglieria. — pesada artiglieria pesante o d'assedio. — ligera artiglieria leggiera.
artillero m. artigliere.
artimaña f. insidia.
artista m. f. artista.
arzobispado m. arcivescovato.
arzobispo m. arcivescovo.
as m. asso.
asa f. manico.
asado m. arrosto.
asador m. spiedo.
asaltador m. assalitore; aggressore.
asaltar tr. assalire, assaltare.
asalto m. assalto.
asamblea f. assemblea. celebrar una — tenere una riunione.
asar tr. arrostire.
asarse rfl. abbruciarsi.
ascendencia f. ascendenza.
ascendente agg. ascendente.
ascender itr. ascendere.
ascendiente m. autorità, ascendente; ascendente, antennato.
ascensión f. ascensione, salita.
ascenso m. promozione.
ascensor m. ascensore.
asceta m. asceta.
ascético agg. ascetico.
ascetismo m. ascetismo.
asco m. schifo, nausea. dar —s fare schifo.
asear tr. assettare, pulire; adornare.
asearse rfl. attillarsi.
asediar tr. assediare.
asedio m. assedio.
asegurador m. assicuratore.
asegurar tr. assicurare pagamento di qc.; assicurare.
asegurarse rfl. assicurarsi; assicurarsi (contro un danno).
asemejarse rfl. rassomigliarsi.
asenso m. assenso, assentimento.
asentamiento m. il sedersi; lo stabilirsi in un luogo.
asentar tr. porre a sedere; collocare; impiegare; (com.) registrare.
asentarse rfl. sedersi.
asentir itr. assentire, consentire.
aseo m. assetto, nettezza.
aséptico agg. asettico.
asequible agg. conseguibile, ottenibile.
aserción f. asserzione, asseverazione.
aserradero m. segheria.
aserrador m. segatore.
aserrar tr. segare.
asesinar tr. assassinare.
asesinato m. assassinio.
asesino m. assassino.
asesor m. assessore.

asesorado m. assessorato.
asesorar tr. consigliare.
aseveración f. asseverazione.
aseverar tr. asseverare.
asfalto m. asfalto.
asfixia f. asfissia.
asfixiante agg. asfissiante.
asfixiar tr. asfissiare; soffocare.
asfixiarse rfl. sfissiare.
así avv. così, in questo modo. — como cosí come.
asiático agg. e m. asiatico.
asiduamente avv. assiduamente.
asiduidad f. assiduità.
asiduo agg. assiduo.
asiento m. sedile, sedia; posto; base; (com.) registrazione; annotazione. tomar — sedersi.
asignación f. assegnazione.
asignar tr. assegnare; attribuire.
asignatura f. materia d'insegnamento.
asilar tr. dare asilo.
asilo m. asilo; protezione. — de huérfanos orfanotrofio. — de niños expósitos brefotrofio.
asimilación f. assimilazione.
asimilar tr. assimilare.
asimilarse rfl. assimilarsi.
asimismo avv. anche; nello stesso modo, cosí.
asir tr. afferrare, prendere.
asistencia f. assistenza; soccorso, aiuto.
asistente m. y f. assistente; (mil.) attendente.
asistir tr. assistere, soccorrere. itr. assistere. — a la misa udire messa.
asma f. asma.
asmático agg. asmatico.
asno m. asino, ciuco; (fig.) ignorantone.
asociación f. associazione.
asociado agg. m. y f. associato.
asociar tr. associare.
asociarse rfl. associarsi.
asomar tr. sporgere la testa o il busto. itr. spuntare.
asomarse rfl. affacciarsi (alla finestra).
asombrar tr. ombrare, oscurare; spaventare; meravigliare, stordire.
asombrarse rfl. spaventarsi; meravigliarsi, stordirsi.
asombro m. spavento; stupore, sorpresa, stordimento.
asombroso agg. stupendo, sorprendente.
asomo m. indizio, congettura. ni por — in nessun modo.
aspa f. aspo, naspo; ala (di mulino a vento).
aspecto m. aspetto, sembiante.
aspereza f. asprezza; severità; ruvidezza.
áspero agg. aspro, acerbo; scabroso; austero; ruvido.
aspiración f. aspirazione.
aspirar tr. aspirare.
aspirina f. aspirina.
asquear tr. nauseare; sdegnare. itr. avere schifo.
asquerosidad f. schifezza; nausea.
asqueroso agg. schifoso, nauseante.
asta f. asta (della bandiera); corno.
asterisco m. asterisco.
astilla f. scheggia.
astillar tr. scheggiare.
astillero m. cantiere navale.
astringente agg. astringente.
astro m. astro.
astrología f. astrologia.

astrológico agg. astrologico.
astrólogo m. astrologo.
astronomía f. astronomia.
astronómico agg. astronomico.
astrónomo m. astronomo.
astucia f. astuzia, sagacità.
astuto agg. astuto.
asumir tr. assumere.
asunción f. assunzione.
asunto m. assunto; soggetto.
asustadizo agg. pauroso; timido.
asustado agg. spaventato.
asustar tr. spaventare.
asustarse rfl. spaventarsi.
atacar tr. attaccare.
atacarse rfl. attaccarsi.
ataguía f. vedetta.
atañer itr. concernere.
ataque m. attacco, assalto; (med.) attacco.
atar tr. legare, attaccare.
atarse rfl. attaccarsi.
atascar tr. stoppare, ostruire.
atascarse rfl. impelagarsi; ostruirsi.
ataúd m. feretro, bara.
ataviado agg. abbellito, ornato.
ataviar tr. ornare.
ataviarse rfl. abbellirsi.
atavío m. ornamento.
ateísmo m. ateismo.
ateísta m. ateo, atea.
atemorización f. intimorimento, intimidazione.
atemorizado agg. intimorito.
atemorizar tr. intimorire.
atemorizarse rfl. intimorirsi.
atemperación f. temperanza.
atemperar tr. temperare; calmare.
atemperarse rfl. calmarsi.
atención f. attenzione, riguardo, cura; applicazione. en — a atteso che.
atender tr. curare, tener conto; stare attento; considerare.
ateneo m. ateneo.
atenerse rfl. attenersi.
atentado m. attentato.
atento agg. attento; cortese, gentile.
atenuante agg. attenuante.
atenuar tr. attenuare.
ateo agg. e m. ateo.
aterrador agg. terrorizzante.
aterrar tr. atterrire; atterrare.
aterrarse rfl. atterrisi.
aterrorizar tr. terrorizzare, atterrire.
aterrorizarse rfl. atterrirsi.
atesorar tr. accumulare tesori, tesaurizzare.
atestación f. attestazione.
atestado agg. colmato; attestato, testificato. m. attestato, certificato.
atestar tr. attestare; colmare.
atestiguar tr. attestare, testificare.
ático agg. attico m. attico.
atinar itr. imbroccare, colpire nel segno.
atizar tr. attizzare; incitare.
atlántico agg. atlantico.
atlas m. atlante geografico.
atleta m. f. atleta.
atletismo m. atletismo.
atmósfera f. atmosfera.
atmosférico agg. atmosferico.
atolladero m. fangaia; impedimento.
atollar itr. infangarsi.
atollarse rfl. infangarsi; imbrogliarsi.
atolondrado agg. sbalordito, stordito, stupido.
atolondramiento m. stordimento.
atolondrar tr. stordiro.

atolondrarse rfl. stordirsi.
atómico agg. atomico.
átomo m. atomo.
atontado agg. sbalordito.
atontar tr. sbalordire.
atontarse rfl. sbalordirsi.
atormentar tr. tormentare; torturare; affliggere.
atormentarse rfl. affliggersi.
atornillar tr. avvitare.
atracar tr. assalire; saziare. itr. attraccare.
atracarse rfl. saziarsi.
atraco m. assalto.
atracción f. attrazione.
atractivo agg. attrattivo. m. attrattiva.
atraer tr. attrarre.
atrapar tr. acchiappare.
atrás avv. dietro, indietro. hacerse — indietreggiare. volverse — voltarsi; (fig.) disdirsi.
atrasado agg. ritardato; arretrato, ignorante.
atrasar tr. ritardare. — el reloj ritardare l'orologio.
atrasarse rfl. ritardarsi.
atraso m. ritardo; mora.
atrasos m. pl. arretrati.
atravesar tr. attraversare; perforare.
atravesarse rfl. attraversarsi.
atrayente agg. attraente, allettante.
atreverse rfl. ardire, osare.
atrevido agg. audace, ardito, coraggioso; impertinente.
atrevimiento m. audacia, ardimento.
atribución f. attribuzione; facoltà.
atribuir tr. attribuire.
atribuirse rfl. attribuirsi.
atribulación f. tribolazione, afflizione.
atribulado agg. tribolato, afflitto.
atribular tr. tribolare.
atribularse rfl. affliggersi, tribolare.
atrincheramiento m. trinceramento.
atrincherar tr. trincerare.
atrincherarse rfl. trincerarsi.
atrio m. atrio, vestibolo, portico.
atrocidad f. atrocità, crudeltà.
atrofia f. atrofia.
atrofiado agg. atrofico.
atrofiarse rfl. atrofizzarsi.
atropelladamente avv. in fretta.
atropellar tr. investire; assalire; urtare; calpestare; oltreggiare.
atropellarse rfl. precipitarsi.
atropello investimento; sopruso; oltraggio, offesa.
atroz agg. atroce, crudele.
atún m. tonno.
aturdido agg. sbalordito, stupefatto.
aturdir tr. sbalordire, sorprendere.
aturdirse rfl. sbalordirsi.
audacia f. audacia, ardimento.
audaz agg. audace, ardito.
audiencia f. udienza; tribunale.
auditor m. auditore.
auditorio m. auditorio, uditorio; sala d'udienza.
augurar tr. augurare, predire.
augurio m. augurio, presagio.
aullar itr. urlare.
aullido m. urlo.
aumentar tr. aumentare, accrescere.
aumentarse rfl. aumentarsi.
aumento m. aumento; rincaro (del prezzo).

aun avv. pure, tuttavia, ancora.
— **cuando** ancorchè.
aunque avv. sebbene, benchè, quantunque; non ostante, malgrado che.
aureo agg. aureo, d'oro.
aureola f. aureola.
auricular m. auricolare.
aurora f. aurora, alba. **romper la** — spuntare l'alba.
auscultación f. ascoltazione (medica).
auscultar tr. ascoltare (un malato).
ausencia f. assenza.
ausentarse rfl. assentarsi.
ausente agg. assente.
austeridad f. austerità.
austero agg. austero.
autenticación f. autenticazione.
auténtico agg. autentico.
auto m. decreto, sentenza giuridica; automobile.
autobús m. bus, autobus.
automático agg. automatico.
automóvil m. automobile, vettura, macchina.
automovilismo m. automobilismo. [lista.
automovilista m. f. automobi-
autonomía f. autonomia, indipendenza.
autopsia f. autopsia.
autor m. autore; attore (giur.).
autoridad f. autorità, potere.
autoritariamente avv. autoritariamente.
autoritario agg. autoritario.
autoritarismo m. autoritarismo.
autorización f. autorizzazione.
autorizado agg. autorizzato.
autorizar tr. autorizzare, permettere.
autos m. pl. atti.
auxiliar tr. aiutare, assistere. agg. ausiliare.
auxiliarse rfl. aiutarsi.
auxilio m. ausilio, aiuto, soccorso. **prestar** — dare aiuto.
aval m. avallo.
avalancha f. valanga.
avalanzarse rfl. gettarsi.
avance m. avanzamento.
avanzada f. avanzata.
avanzar itr. avanzare; anticipare.
avaricia f. avarizia.
avaricioso agg. avaro, spilorcio.
avariento agg. avaro.
avasallamiento m. soggiogamento.
avasallar tr. soggiogare.
ave f. uccello. — **de paso** uccello di passaggio. — **de rapiña** uccello di rapina.
avecinarse rfl. avvicinarsi.
avellana f. nocciola, avellana.
avellanal m. avellaneto.
avellano m. nocciolo, avellano.
avena f. avena.
avenida f. avenue; viale alberato; piena, fiumana.
aventajado agg. avvantaggiato.
aventajar tr. avvantaggiare; avanzare.
aventura f. avventura; rischio, pericolo; evento, caso.
aventurar tr. avventurare.
aventurarse rfl. avventurarsi.
aventurero m. avventuriero.
avergonzar tr. vergognare.
avergonzarse rfl. vergognarsi.
avería f. avaria; danno.
averiarse rfl. soffrire avaria; deteriorarsi.
averiguación f. investigazione, ricerca.
averiguar tr. indagare.
aversión f. avversione, ripugnanza.

aviación f. aviazione.
aviador m. aviatore.
avicultor m. avicoltore.
avicultura f. avicoltura.
avidez f. avidità.
ávido agg. avido.
avieso agg. storto, cattivo.
avinagrado agg. inacetito; aspro.
avinagrar tr. inacetire.
avinagrarse rfl. inacetire.
avión m. aeroplano, velivolo.
avisado agg. avvisato; consigliato; sagace, astuto; prudente.
avisar tr. avvisare.
aviso m. avviso; consiglio. **estar sobre** — stare sull'avviso.
avispa f. vespa.
avispar tr. eccitare.
avisparse rfl. scaltrirsi.
avistar tr. avvistare.
avistarse rfl. abboccarsi.
avituallamiento m. vettovagliamento.
avituallar tr. vettovagliare.
avituallarse rfl. vettovagliarsi.
avivamiento m. avvivamento.
avivar tr. avvivare.
avivarse rfl. ravvivarsi; eccitarsi.
axila f. ascella.
axioma m. assioma.
aya f. aia, governante.
ayer avv. ieri. — **por la tarde** ieri pomeriggio.
ayo m. tutore, aio.
ayuda f. aiuto, soccorso.
ayudador m. aiutatore.
ayudante m. f. aiutante.
ayudar tr. aiutare. — **a misa** servire la messa.
ayudarse rfl. aiutarsi.
ayunar itr. digiunare.
ayunas; en — a digiuno.
ayuno m. digiuno.
ayuntamiento m. municipio.
azada f. zappa.
azadón m. zappone.
azafata f. cameriera di corte; assistente di volo, hostess.
azafrán m. (bot.) zafferano.
azar m. azzardo; infortunio.
azoramiento m. turbazione, sussulto; irritazione.
azorar tr. turbare; irritare.
azorarse rfl. turbarsi; irritarsi.
azotaina f. staffilata.
azotar tr. staffilare.
azote m. staffile.
azotea f. terrazzo.
azúcar m. zucchero.
azucarado agg. inzuccherato.
azucarar tr. inzuccherare.
azucarero m. zuccheriera.
azucarillo m. zuccherino.
azucena f. (bot.) giglio.
azufre m. solfo, zolfo.
azul agg. azzurro.
azulado agg. azzurrognolo.
azulejo m. quadrello.

B b

baba f. bava, saliva.
babear itr. sbavare.
babero m. bavaglino.
babia; estar en — aver la mente altrove.
babor m. (naut.) sinistra, babordo.

bacalao m. baccalà, merluzzo.
bacanal f. baccanale, orgia.
bacilo m. bacillo.
bacteria f. batterio, bacterio.
báculo m. bacolo. — **pastoral** pastorale.
bachiller m. baccelliere.
bachillerar tr. conferire il grado di baccelliere.
bachillerarse rfl. ottenere il grado di baccelliere.
bachillerato m. baccellierato.
bagaje m. bagaglio.
bagatela f. bagatella.
bahía f. baia, golfo.
bailable agg. e m. ballabile.
baile m. ballo, danza.
baja f. ribasso.
bajada f. scesa.
bajar tr. abbassare. itr. scendere, discendere. **no — de** non essere inferiore di.
bajarse rfl. abbassarsi.
bajeza f. bassezza; viltà.
bajo agg. basso; vile, abietto. **en voz baja** a bassa voce. m. basso; (mús.) basso. prep. sotto. avv. sotto. **por lo** — di nascosto.
bala f. palla; balla.
balada f. ballata.
baladí agg. frivolo, futile.
balance m. bilancio; barcollio.
balancear tr. bilanciare; tenere in equilibrio. itr. dondolare, barcollare; (naut.) rollare.
balanceo m. barcollio; (naut.) rollio.
balancín m. bilancina; bilanciere.
balanza f. bilancia.
balazo m. colpo di palla.
balbucear itr. balbettare, balbuzzire.
balbuceo m. balbettamento.
balbuciente agg. balbuziente.
balbucir tr. balbettare.
balcón m. balcone.
balde; de — gratis, gratuito. **en** — invano.
baldosa f. piastrella, quadrello.
balneario agg. balneario. m. stabilimento balneario.
balón m. pallone.
balsa f. zattera.
bálsamo m. balsamo.
baluarte m. baluardo, bastione; protezione.
ballena f. balena.
ballenero agg. baleniero.
ballenero m. baleniere.
ballesta f. balestra; balista.
ballestazo m. balestrata.
ballestero m. balestriere.
banca f. banca, banco.
bancarrota f. bancarotta.
banco m. banca, banco; banco (di arena).
banda f. truppa, banda; (mus.) banda.
bandeja f. vassoio.
bandera f. bandiera. **arriar** — ammainare la bandiera.
banderilla f. freccia con nastri (taur.).
banderillear tr. (taur.) lanciare frecce al toro.
banderillero m. (taur.) lanciatore di frecce.
bandido m. bandito.
bando m. bando, editto. **echar un** — pubblicare un bando.
bandolero m. brigante, bandido.
banquero m. banchiere.
banquete m. panchetto.
banquillo m. panchetto.
bañador m. vasca, vaschetta; tenuta da bagno.
bañar tr. bagnare; adacquare.
bañarse rfl. bagnarsi.

bañera f. bagnina; vasca da bagno.
bañero m. bagnino.
bañista m. f. bagnante.
baño m. bagno; bagno (stabilimento). — **de pies** pediluvio.
baptisterio m. battistero.
bar m. bar.
baraja f. mazzo di carte (da gioco).
barajar tr. mescolare (le carte).
barajarse rfl. mescolarsi; imbrogliarsi.
baranda f. ringhiera.
barandilla m. ringhiera.
baratija f. bagattella.
baratillo m. chincaglieria da poco prezzo.
barato agg. a buon mercato, non caro.
baratura f. prezzo basso.
barba f. barba; mento. **cerrado de** — barbuto. **en las —s de** uno sulla faccia di uno.
barbaridad f. barbarità; crudeltà, ferocia.
barbarie f. barbarie.
barbarismo m. barbarismo.
bárbaro agg. barbaro; crudele, feroce.
barbería f. barbieria.
barbero m. barbiere.
barbudo agg. barbuto.
barca f. barca.
barcaza f. barcaccia.
barco m. barco, bastimento. — **de vela** barco a vela. — **de vapor** barco a vapore. — **de recreo** barco di diporto.
barítono m. baritono.
barlovento m. sopravvento.
barniz m. vernice.
barnizar tr. verniciare.
barómetro m. barometro.
barón m. barone.
baronesa f. baronessa.
baronía f. baronia.
barquero m. barcaiolo.
barquillo m. barchetto, barchino; cialda, cialdino.
barra f. barra, sbarra; verga (di metallo); leva.
barraca f. baracca.
barranco m. scoscendimento.
barredura f. scopatura.
barrena f. trivello; succhiello.
barrenar tr. trivellare, perforare; succhiellare.
barrendero m. spazzaturaio; spazzino.
barrenero m. trivellatore.
barreno m. mina; foro, perforazione.
barrer tr. spazzare.
barrera f. barriera; ostacolo.
barriada f. sobborgo.
barricada f. barricata.
barriga f. pancia, ventre.
barril m. barile.
barrio m. quartiere. **irse al otro** — andare all'altro mondo.
barrizal m. fangaia.
barro m. fango, melma.
barrote m. sbarra.
barruntamiento m. congettura.
barruntar tr. congetturare, presentire.
barrunto m. congettura, indizio.
bártulos m. pl. masserizie; arnesi; suppellettili. **liar los** — preparare i bauli.
basa f. base, appoggio; fondamento.
basamento m. basamento.
basar tr. basare, itr. appoggiare.

526

basarse rfl. basarsi.
báscula f. bascula.
base f. base; origine.
basílica f. basilica.
basta itj. abbastanza!; f. basta, imbastitura.
bastante avv. abbastanza, a sufficienza; sufficiente.
bastar itr. bastare.
bastardilla f. carattere bastardo, corsivo.
bastardo agg. bastardo. m. bastardo.
bastidor m. telaio; scenario.
basto agg. rozzo, rustico. m. basto.
bastón m. bastone.
bastonazo m. bastonata.
basura f. spazzatura, immondizia.
basurero m. pattumiera; spazzino.
bata f. veste da camera.
batalla f. battaglia.
batallar itr. battagliare, combattere.
batallón m. battaglione.
batería f. batteria. — de cocina utensili di cucina.
batida f. battuta (caccia).
batido agg. battuto.
batidor m. battitore; esploratore.
batir tr. battere; abbattere.
batirse rfl. battersi, combattere.
batuta f. bacchetta di direttore (d'orchestra). llevar la — comandare.
baúl m. baule.
bautismo m. battesimo.
bautista agg. battezzatore.
bautizar tr. battezzare. — el vino annacquare il vino.
bautizo m. battesimo, battezzamento.
bayeta f. stoffa rada di lana.
bayo agg. baio. m. cavallo baio.
bayoneta f. baionetta.
bayonetazo m. baionettata.
bazar m. bazar.
bazo m. milza.
bazofia f. bazzoffia.
beata f. beata; bacchettona, bigotta.
beatería f. bacchettoneria.
beatificar tr. beatificare.
beatitud f. beatitudine.
beato agg. beato. m. beato; bacchettone, bigotto.
bebedor m. bevitore.
beber tr. bere.
bebida f. bevanda.
bebido agg. bevuto, ubriaco.
beca f. borsa di studio.
becerro m. vitello.
bedel m. bidello.
beldad f. bellezza, beltà.
belga agg. e m. belga.
bélico agg. bellico.
belicoso agg. bellicoso.
beligerante agg. e m. belligerante.
belleza f. belleza.
bello agg. bello.
bellota f. (bot.) ghianda.
bendecir tr. benedire.
bendición f. benedizione.
bendito agg. benedetto. ser un — essere un minchione.
benedictino agg. e m. benedettino (frate).
beneficencia f. beneficenza, carità.
beneficiar tr. beneficare.
beneficio m. benefizio; favore.
beneficioso agg. benefico, vantaggioso.

benéfico agg. benefico.
benemérito agg. benemerito.
beneplácito m. beneplacito.
benevolencia f. benevolenza.
benévolo agg. benevolo.
benignidad f. benignità.
benigno agg. benigno.
bermejo agg. vermiglio.
berrear itr. mugghiare, muggire.
berrido m. grugnito, muggito.
berrinche m. stizza fanciullesca.
berza f. cavolo.
besar tr. baciare.
besarse rfl. baciarsi.
beso m. bacio.
bestia f. bestia, animale. — de carga bestia da soma; (fig.) stupido, bestia.
bestial agg. bestiale.
bestialidad f. bestialità.
besuquear tr. s. baciucchiare.
besuqueo m. sbaciucchiamento.
betún m. bitume, asfalto.
biberón m. poppatoio.
biblia f. Bibbia.
bíblico agg. biblico.
bibliófilo agg. bibliòfilo.
bibliógrafo m. bibliografo.
biblioteca f. biblioteca.
bibliotecario m. bibliotecario.
bicarbonato m. (chim.) bicarbonato.
bicicleta f. bicicletta. montar en — andare in bicicletta.
bidón m. latta (recipiente), bidone.
biela f. biella.
bien m. bene; utilità; fortuna. avv. bene. ahora — or dunque. más — piuttosto. si — sebbene.
bienal agg. biennale, di due anni.
bienandanza f. buona ventura, prosperità.
bienaventurado agg. fortunato; beato.
bienaventuranza f. felicità, beatitudine; fortuna.
bienestar m. benessere; benestare.
bienhechor m. benefattore.
bienio m. biennio.
bienvenida f. benvenuto.
biftec m. bistecca.
bifurcación f. biforcazione.
bifurcarse rfl. biforcarsi.
bigamia f. bigamia.
bígamo agg. m. bigamo.
bigote m. basetta, baffo. tener — s aver coraggio.
bilingüe agg. bilingue.
bilioso agg. bilioso.
bilis f. (anat.) bile.
billar m. biliardo.
billete m. biglietto.
billetera f. portafoglio.
biografía f. biografia.
biógrafo m. biografo.
biombo m. paravento.
bioquímica f. biochimica.
bisabuela f. bisavola, bisnonna.
bisabuelo m. bisavolo, bisnonno.
bisagra f. cerniera.
bisiesto agg. bisestile.
bisonte m. bisonte.
bisturí m. bisturi.
bizco agg. guercio, bircio.
bizcocho m. biscotto.
biznieta f. pronipote.
biznieto m. pronipote.
blanco agg. bianco. ropa blanca biancheria. m. colore bianco; punto di mira, segno, bersaglio. — de huevo chiara di uovo. dar en el — colpire nel segno.
blancura f. bianchezza.

blandir tr. brandire.
blando agg. blando, molle, morbido.
blandura f. morbidezza, mollezza; soavità, dolcezza.
blanquear tr. imbiancare. itr. incanutire.
blanqueo m. imbiancamento.
blasfemar itr. bestemmiare, maledire.
blasfemia f. bestemmia, imprecazione.
blasfemo m. bestemmiatore.
blindaje m. blindaggio.
blindar tr. blindare.
bloquear tr. bloccare.
bloqueo m. blocco.
blusa f. blusa, camiciotto.
blusón m. camiciotto.
bobada f. sciocchezza.
bobalicón m. scioccone.
bobear tr. dire o fare sciocchezze.
bobina f. rocchetto.
bobo agg. e m. stupido. pájaro — pinguino.
boca f. bocca; apertura, buco. a — de jarro a bruciapelo. a pedir de — proprio come uno desidera. hacer — intonare lo stomaco. hacerse la — agua venire l'acquolina in bocca. no decir esta — mía non dire motto.
bocacalle f. imboccatura (d'una strada).
bocadillo m. bocconcino; panino imbottito, tramezzino.
bocado m. boccone, morso.
bocanada f. sorso; buffo.
boceto m. bozzetto, abbozzo, schizzo.
bocina f. buccina.
bocinar itr. sonare la buccina.
boda f. nozze, sponsali.
bodega f. cantina; osteria; (naut.) stiva.
bodegón m. taverna; quadro che rappresenta cose mangerecce.
bofetada f. schiaffo, guanciata.
bofetón m. schiaffo, ceffone.
boina f. berretto.
bola f. palla, sfera; palla (da gioco).
boletín m. bollettino.
boleto m. biglietto.
bolo m. birillo; rullo.
bolsa f. borsa, tasca, sacco; borsa (di commercio).
bolsillo m. borsetta, tasca. de — tascabile.
bolsista m. borsista, agente di cambio.
bolso m. sacchetto; borsetta.
bomba f. pompa; bomba, granata.
bombardear tr. bombardare.
bombardeo m. bombardamento.
bombardero m. bombardiere.
bombero m. pompiere.
bombilla f. lampadina elettrica.
bombo m. grancassa.
bombón m. confetto, zuccherino. — de chocolate cioccolatino.
bonanza f. bonaccia.
bondad f. bontà, dolcezza.
bondadoso agg. buono.
bonete m. berretto.
bonito agg. bello, bellino. m. tonno.
bono m. buono (del tesoro).
boqueada f. boccheggiamento.
boquear itr. boccheggiare. tr. proferire parole.   [tura.
boquete m. breccia; imboccaboquilla f. bocchetta; bocchino.
borda f. (naut.) bordo.

bordado m. ricamo.
bordar tr. ricamare; adornare.
borde m. bordo, margine; fianco.
bordear tr. bordeggiare.
bordo m. (naut.) bordo; bordata; fianco di nave. a — a bordo. trasladarse a — recarsi a bordo. de a — di bordo.
borla f. fiocco, berretto dottorale. tomar la — addottorarsi.
borra f. borra di lana.
borrachera f. sbornia, ebbrezza.
borrachín m. ubriacone.
borracho m. ubriaco.
borrador m. scartafaccio; minuta, brutta copia.
borrar tr. cancellare; radiare.
borrarse rfl. cancellarsi.
borrasca f. burrasca, tempesta; calamità.
borrascoso agg. burrascoso, tempestoso.
borrica f. asinella.
borrico m. somaro; ignorante.
borrón m. scaraboccio; macchia d'inchiostro.
borroso agg. scarabocchiato; feccioso.
bosque m. bosco.
bosquejar tr. abbozzare.
bosquejo m. bozzetto.
bostezar itr. sbadigliare.
bostezo m. sbadiglio.
bota f. stival; otre da vino.
botadura f. varo.
botánica f. botanica.
botánico agg. e m. botanico.
botar tr. buttare; (naut.) varare.
bote m. battello, canotto. — salvavidas battello di salvamento.
bote m. barattolo, vaso.
bote m. salto; botta.
botella f. bottiglia.
botellazo m. colpo di bottiglia.
botica f. farmacia.
boticario m. farmacista.
botija f. giara.
botijero m. fabbricante o venditore di giare.
botijo m. brocca.
botín m. preda, bottino; stivaletto.
botiquín m. armadietto farmaceutico; cassetta dei medicinali.
botón m. bottone.
botonadura f. bottonatura.
bóveda f. arcata, volta.
boxeador m. pugile.
boxear itr. battersia pugni.
boxeo pugilato.
boya f. boa, gavitello.
bracear itr. (naut.) bracciare; nuotare a bracciate; muovere le braccia.
braceo m. bracciata.
bracero m. bracciere.
braga f. braca; pannolini dei bimbi. — s mutandine.
braguero m. brachiere, cinto erniario.
bramar itr. bramire; muggire, ruggire.
bramido m. bramito; muggito, sibilio (del vento).
brasa f. bragia, brace.
brasero m. braciere.
bravata f. bravata, provocazione.
bravío agg. indomito.
bravo agg. bravo, animoso, intrepido.
bravura f. bravura, coraggio.
braza f. braccio.
brazada f. bracciata.
brazal m. bracciale (armatura del braccio).

brazalete m. braccialetto.
brazo m. braccio. **a — partido senz'armi. con los —s abiertos** a braccia aperte. **ir del — andare** a braccetto.
brea f. catrame, pece.
brebaje m. bevanda; pozione; beveraggio.
brecha f. breccia; buco.
brega f. rissa, litigo.
bregar itr. litigare, altercare.
breve agg. breve, corto; laconico. **en —** fra poco.
brevedad f. brevità.
breviario m. breviario.
bribón agg. e m. bribone.
bribonada f. birbonata.
bribonear itr. birboneggiare.
bribonzuelo m. birboncello.
brida f. briglia.
brigada f. brigata.
brigadier m. brigadiere.
brillante agg. brillante. m. brillante.
brillantemente avv. in modo splendido.
brillantez f. splendore.
brillantina f. brillantina.
brillar itr. brillare, splendere; distinguersi.
brillo m. brillo, splendore.
brincar itr. saltare, saltellare.
brinco m. salto.
brindar itr. brindare. **— por la salud de uno** bere alla salute di qu. **— por la paz** fare un brindisi per la pace. tr. offrire.
brindarse rfl. offrirsi di fare qc.
brindis m. brindisi.
brío m. brio.
brioso agg. brioso.
brisa f. brezza; venticello.
británico agg. britannico.
brizna f. briciolo, fuscello, filo d'erba.
broma f. burla, scherzo; chiasso. **estar de —** essere in vena di scherzare.
bromear itr. scherzare, burlare.
bromista m. f. burlone.
bronce m. bronzo.
bronceado agg. abbronzito.
bronquitis f. (med.) bronchite.
brotar itr. germinare, spuntare; scaturire, zampillare.
brote m. germoglio, rampollo; germe.
bruja f. strega.
brujear itr. stregare, fare stregonerie o sortilegi.
brujería f. stregoneria.
brújula f. (naut.) bussola.
bruma f. bruma.
brumoso agg. nebbioso, nuvoloso. [tura.
bruñido agg. brunito. m. brunitura.
bruñir tr. brunire.
bruscamente avv. bruscamente.
brusco agg. brusco.
brutal agg. brutale, feroce.
brutalidad f. brutalità.
bruto agg. bruto, rozzo. **en —** non lavorato. m. bruto, bestia.
bucear itr. nuotare sott'acqua; investigare.
buceo m. immersione.
bucle m. riccio (di capelli).
bucólico agg. bucolico.
buche m. gozzo (degli uccelli); stomaco (dei quadrupedi). **llenar el —** rimpinzarsi.
buen agg. buon, buono.
buenamente avv. a bell'agio.
buenaventura f. buona sorte; presagio.

bueno agg. buono; sano, forte; atto, proprio. **dar por —** ammettere. avv. bene.
buey m. bove, bue.
bufanda f. ciarpa, cravattone.
bufete m. scrittoio; studio (di professionista).
bufo agg. buffo, comico. m. buffo.
bufón m. buffone.
bufonada f. buffonata.
buhardilla f. soffitta.
búho m. gufo.
buhonería f. chincaglieria.
buhonero m. chincagliere ambulante.
buitre m. avvoltoio.
bujía f. bugia, candeliere a mano; candela di cera.
bulbo m. bulbo.
bulto m. mole, fardello, fagotto. **escurrir el —** sottrarsi dall'impegno.
bulla f. mormorio, vocio, chiasso. **meter —** far del chiasso.
bullanguero agg. chiassoso.
bullicio m. chiasso; sedizione, tumulto.
bullicioso agg. chiassoso; sedizioso.
bullir itr. bollire; muoversi, agitarsi.
buñuelo m. frittella.
buque m. nave, bastimento. **— de vapor** nave a vapore. **— de vela** nave a vela.
burbuja f. bolla.
burbujear itr. gorgogliare.
burdel m. bordello.
burla f. burla, beffa.
burlador m. burlatore, beffatore.
burlar tr. burlare, beffare.
burlarse rfl. burlarsi, beffarsi.
burlesco agg. burlesco.
burlón agg. e m. burlone.
burocracia f. burocrazia.
burócrata m. burocrate.
burra f. asina.
burrada f. branco d'asini; scioccchezza.
burro m. asino; (fig.) ignorante. [ne.
busca f. ricerca; investigazione.
buscar tr. cercare; investigare, indagare. **— tres pies al gato** cercare brighe.
búsqueda f. ricerca.
busto m. (anat.) busto; (scult.) busto.
butaca f. poltrona.
butifarra f. salsiccia catalana.
buzo m. palombaro.
buzón m. cassetta delle lettere.

cabalgada f. cavalcata.
cabalgadura f. cavalcatura.
cabalgar itr. cavalcare. tr. montare (il cavallo).
cabalgata f. cavalcata.
caballeresco agg. cavalleresco.
caballería f. cavalleria.
caballeriza f. cavallerizza.
caballero m. cavaliere; signore.
caballerosidad f. nobiltà, cavalleria.
caballeroso agg. cavalleresco.
caballete m. cavallino; cavalletto.
caballo m. cavallo.

cabaña f. capanna.
cabecear itr. crollare la testa; tracollare; (naut.) becchegiare.
cabeceo m. scotimento di testa; (naut.) beccheggio.
cabecera f. testata; capezzale; capoluogo. **médico de —** medico curante.
cabecilla f. capoccia.
cabellera f. capigliatura.
cabello m. capello.
cabelludo agg. capelluto.
caber itr. capire, contenere. **no cabe duda** non c'è dubbio.
cabeza f. testa, capo; capocchia; principio; testata (d'un libro). **— de partido** capoluogo. **escarmentar en —** ajena imparare sui mali altrui.
cabezada f. testata. **darse de —s** scalmanarsi in vano.
cabezal m. capezzale.
cabezazo m. colpo di testa.
cabida f. capacità.
cabizbajo agg. malinconico, pensieroso.
cable m. cavo; telegramma.
cablegrafiar tr. telegrafare.
cabo m. capo, estremità, punta; condottiero; promontorio. **al fin y al —** in fin dei conti. **— de cabo a rabo** dal principio alla fine. **llevar a —** portare a compimento.
cabotaje m. cabotaggio.
cabra f. capra.
cabrío agg. caprino.
cabrito m. capretto.
cabrón m. caprone.
caca f. cacca.
cacahuete m. arachide.
cacao m. cacao.
cacarear itr. chiocciare; strombazzare.
cacareo m. coccodè; strombazzatura.
cacería f. partita di caccia.
cacerola f. casserola.
cacique m. cacicco, capo d'indigeni.
cacto m. cactus.
cachalote m. capidoglio.
cacharrería f. fabbrica o bottega da stoviglie.
cacharrero m. stovigliaio.
cacharro m. vaso, recipiente.
cachear tr. perquisire.
cacheo m. perquisizione.
cachorro m. cucciolo.
cadalso m. patibolo.
cadáver m. cadavere.
cadavérico agg. cadaverico; macilento.
cadena f. catena; vincolo.
cadencia f. cadenza.
cadera f. (anat.) fianco, anca.
cadete m. cadetto.
caducar itr. deperire, scadere, prescrivere.
caducidad f. caducità.
caduco agg. caduco. **mal —** epilessia.
caer itr. cadere, cascare. **— en la cuenta** rendersi conto. **— enfermo** ammalarsi, cader malato.
caerse rfl. cadere. **— de sueño** non poter più dal sonno.
café m. (bot.) caffè; caffè (botteghino).
cafetera f. caffettiera.
cafre agg. e m. cafro.
cagar itr. defecare.
caída f. caduta, cascata. **a la —** **del sol** al tramonto.
caído agg. caduto.
caimán m. caimano.

caja f. cassa, astuccio. **— de caudales** cassaforte. **— de música** cassetta armonica. **— de ahorros** cassa di risparmio.
cajera f. cassiera.
cajero m. cassiere.
cajetilla f. pacchetto (di sigarette).
cajista m. compositore tipografo.
cajón m. cassetto; cassone. **ser de —** essere cosa naturale.
cal f. calce, calcina. **— muerta** calce spenta.
cala f. cala, seno di mare.
calabozo m. prigione sotterranea.
calado m. traforo; ricamo a traforo; (naut.) pescaggio.
calamar m. calamaio.
calambre m. crampo.
calamidad f. calamità.
calamitoso agg. calamitoso.
calar tr. penetrare, perforare, traforare; inzuppare; ricamare a traforo. **— la bayoneta** inastare la baionetta. **— el sombrero** calcare il cappello in capo.
calarse introdursi; indossare; bagnarsi. **— hasta los huesos** bagnarsi sino alla midolla.
calavera f. teschio. m. scapestrato.
calaverada f. scapestraggine.
calcar tr. ricalcare; calcare.
calcáreo agg. calcareo.
calceta f. calza (alta).
calcinación f. calcinazione.
calcinar tr. calcinare.
calcio m. calcio.
calco m. calco.
calcografía f. calcografia.
calculador agg. e m. calcolatore.
calcular tr. calcolare.
cálculo m. calcolo, computo; (med.) calcolo.
caldear tr. riscaldare.
caldearse rfl. riscaldarsi.
caldeo m. riscaldamento.
caldera f. caldaia, caldaio.
caldero m. calderaio.
calderilla f. moneta spicciola, spiccioli.
caldero m. calderotto, caldaio.
caldo m. brodo.
caldoso agg. brodoso.
calefacción f. riscaldamento.
calendario m. calendario.
calentador m. riscaldatore.
calentar tr. riscaldare, scaldare.
calentarse rfl. riscaldarsi, scaldarsi; adirarsi.
calentura f. febbre.
calenturiento agg. febbricitante.
calibrar tr. calibrare.
calibre m. calibro.
calidad f. qualità.
cálido agg. ardente, caldo.
caliente agg. caldo. **en —** a tambura battente.
calificación f. qualificazione.
calificado agg. qualificato; importante.
calificar tr. qualificare.
calificarse rfl. qualificarsi.
calificativo agg. qualificativo.
caligrafía f. calligrafia.
cáliz m. calice, coppa; (bot.) calice.
caliza f. pietra calcare.
calma f. calma; tranquillità, flemma.

calmante agg. e m. calmante.
calmar tr. calmare. itr. essere in calma.
calmarse rfl. calmarsi.
calor m. calore; ardore; fervore. asarse de — morire dal caldo.
caloría f. caloria.
calorífero m. calorifero.
calumnia f. calunnia.
calumniar tr. calunniare.
calurosamente avv. calorosamente.
caluroso agg. caloroso.
calva f. calvizie.
calvario m. calvario.
calvicie f. calvizie.
calvo agg. calvo.
calza f. braca.
calzada f. strada maestra.
calzado m. calzatura.
calzador m. calzatoio.
calzar tr. calzare (scarpe ecc.); inzeppare, mettere una zeppa.
calzarse rfl. calzarsi.
calzoncillos m. pl. mutande.
callado agg. zitto, silenzioso, taciturno.
callar itr. tacere; omettere. quien calla otorga chi tace acconsente.
callarse rfl. tacere.
calle f. via, strada. echar a la — mettere alla porta.
calleja f. stradicciola.
callejear itr. girovagare.
callejero m. girandolone.
callejón m. viottolo.
callejuela f. viuzza.
callista m. callista.
callo m. callo.
callosidad f. callosità.
cama f. letto. guardar — essere costretto a letto.
camada f. nidiata.
camaleón m. camaleonte.
cámara f. camera; salone; cabina.   [pagno.
camarada m. f. camerata, compañero.
camarera f. cameriera.
camarero m. cameriere.
camarilla f. camarilla.
camarín m. camerino.
camarote m. cabina.
camastro m. lettaccio.
cambiar tr. cambiare; barattare; variare; scambiare.
cambiarse rfl. cambiarsi, tramutarsi.
cambio m. cambio, baratto; scambio.
cambista m. cambiavalute.
camello m. camello.
camilla f. lettiga.
caminante m. viandante.
caminar itr. camminare.
caminata f. camminata.
camino m. cammino; strada. — de Santiago Vía Lattea. ponerse en — mettersi in viaggio.
camión m. camion, autocarro.
camisa f. camicia.
camiseta f. camicetta.
camisón m. camicione; camicia da notte.
camomila f. (bot.) camomilla.
campamento m. accampamento.
campana f. campana. oír —s y no saber dónde avere una idea vaga.
campanada f. colpo di campana.
campanario m. campanile.
campanero m. campanaio, campanaro.

campanilla f. campanella, campanello.
campaña f. campagna.
campechano agg. gioviale.
campeón m. campione.
campeonato m. campionato.
campesino agg. e m. campagnolo.
campestre agg. campestre, rurale.
campiña f. estensione di terra coltivabile, campagna.
campo m. campo; campagna. — santo cimitero.
can m. cane.
cana f. capello bianco. echar una — al aire divertirsi.
canas f. pl. canizie. peinar — essere vecchio.
canal m. canale.
canalizar tr. canalizzare.
canalla f. canaglia.
canallada f. canagliata.
canapé m. canapè.
canario m. (orn.) canarino.
canasta f. canestra.
canastilla f. canestrina; corredino (di un neonato).
cancelación f. cancellazione.
cancelar tr. cancellare.
cáncer m. (med.) cancro, canchero.
canciller m. cancelliere.
cancillería f. cancelleria.
canción f. canzone.
cancionero m. canzoniere.
cancionista m. canzonettista.
candado m. lucchetto.
candela f. candela.
candelabro m. candelabro.
candelaria f. candelora.
candelero m. candeliere.
candente agg. incandescente, candente.
candidato m. candidato.
candidatura f. candidatura.
candidez f. candidezza, candore; semplicità.
cándido agg. ingenuo; sciocco; candido.   [no.
candil m. lucerna, lume a macandor m. candore.
candoroso agg. innocente.
canela f. (bot.) cannella.
cangrejo m. gambero.
canguro m. canguro.
caníbal agg. e m. cannibale.
canícula f. canicola.
canino agg. canino. m. canino (dente).
canje m. scambio, permuta.
canjeable agg. cambiabile.
canjear tr. cambiare, cangiare.
canoa f. canoa.
canon m. canone.
canónico agg. canonico.
canónigo m. canonico.
canonización f. canonizzazione.
canonizar tr. canonizzare.
canoso agg. canuto.
cansado agg. stanco.
cansancio m. stanchezza.
cansar tr. stancare, affaticare.
cantador m. cantatore.
cantante m. f. cantante.
cantar tr. itr. cantare. — de plano confessare tutto. m. canzone, ballata. ese es otro — questo è un altro paio di maniche.
cántaro m. brocca. alma de — stupido. llover a —s piovere a dirotto.
cantera f. cava di pietre.
cántico m. cantico.
cantidad f. quantità.
cantimplora f. cantimplora.
cantina f. cantina, taverna.
canto m. canto, canzone; pietra; canto, angolo.
cantor m. cantore.

caña f. canna.
cañada f. sentiero.
cañaveral m. canneto.
cañería f. tubatura.
caño m. tubo, condotto.
cañón m. cannone; tubo; cana (d'arma da fuoco).
cañonazo m. cannonata.
cañonear tr. cannoneggiare.
cañoneo m. cannoneggiamento.
caoba f. (bot.) mogano.
caos m. caos.
caótico agg. caotico.
capa f. cappa, mantello. andar de — caída essere caduto in bassa fortuna. el que tiene — escapa col denaro si ottiene tutto. ponerse a la — mettersi alla cappa.
capacidad f. capacità.
capar tr. castrare.
capataz m. capomastro, caposquadra.   [vasto.
capaz agg. capace; sufficiente,
capciosidad f. capziosità.
capcioso agg. capzioso.
capear tr. aizzare il toro colla cappa; mettersi alla cappa.
capellán m. cappellano.
caperuza f. cappuccio.
capilar agg. capillare.
capilaridad f. capillarità.
capilla f. cappella. — ardiente cappella ardente.
capital agg. principale. m. capitale. f. capitale.
capitalismo m. capitalismo.
capitalista m. f. capitalista.
capitalizar tr. capitalizzare.
capitán m. capitano.
capitanear tr. capitanare.
capitanía f. capitanato.
capitel m. capitello.
capitulación f. capitolazione.
capitular itr. capitolare. agg. capitolare.
capítulo m. capitolo.
capón m. cappone.
capota f. cappotta.
capote m. cappotto.
capricho m. capriccio.
caprichoso agg. capriccioso.
cápsula f. capsula.
captar tr. captare.
captarse rfl. cattivarsi (l'amicizia, la stima).
captura f. cattura.
capturar tr. catturare.
capucha f. cappuccio.
capuchino agg. e m. cappuccino.
capuchón m. cappuccione.
capullo m. bozzolo (del baco); boccio.
cara f. faccia, viso, volto; facciata, sembiante; diritto. — de pocos amigos faccia poco rassicurante. cruzar la — a uno schiaffeggiare. jugar a — o cruz giocare a testa o croce.
carabela f. caravella.
carabina f. carabina.
carabinero m. carabiniere.
caracol m. chiocciola, lumaca. escalera de — scala a chiocciola.
caracola f. conchiglia.
carácter m. carattere, natura; (stamp.) carattere, tipo.
característico agg. caratteristico.
caracterizar tr. caratterizzare.
caramba itj. capperi!, per bacco!
caramelo m. caramella.
caravana f. carovana.
carbón m. carbone.
carbonato m. (chim.) carbonato.
carboncillo m. carboncino.

carbonería f. bottega di carbonaio.
carbonero agg. carboniero. m. carbonaio.
carbonizar tr. carbonizzare.
carbono m. (chim.) carbonio.
carburador m. carburatore.
carcajada f. risata.
cárcel f. carcere.
carcelero m. carceriere.
carcoma f. tarlo.
carcomer tr. tarlare; rodere, consumare.
carcomerse rfl. tarlarsi.
carda f. cardatura.
cardar tr. cardare.
cardenal m. cardinale (prelato); lividura.
cardiaco agg. cardiaco.
cardinal agg. cardinale.
carear tr. confrontare.
carearse rfl. abboccarsi.
carecer itr. mancare, scarseggiare.
carencia f. mancanza.
careo m. confronto.
carestía f. carestia.
careta f. maschera.
carga f. carico, carica; peso; (mil.) carica (a la baionetta, ecc.); tributo.
cargado agg. caricato.
cargador m. caricatore.
cargamento m. carico.
cargar tr. caricare; addebitare; imbarcare.
cargo m. carico, peso; carica, impiego; accusa.
cariar tr. cariare.
cariarse rfl. cariarsi.
caricatura f. caricatura.
caricaturizar tr. mettere in caricatura.
caricia f. carezza.
caridad f. carità.
caries f. carie.
cariño m. affetto, amore.
cariñoso agg. affettuoso, amoroso.
caritativo agg. caritatevole.
cariz m. aspetto.
carmelita agg. e m. f. carmelitano.   [rosso.
carmesí agg. e m. chermisi,
carmín m. carminio.
carnal agg. carnale. primo — cugino carnale.
carnaval m. carnevale.
carne f. carne; polpa delle frutta. criar —s ingrassare.
carnicería f. macelleria; carneficina.
carnero m. montone.
carnestolendas f. pl. carnevale.
carnicero m. macellaio.
carnívoro agg. carnivoro.
carnoso agg. carnoso.
caro agg. caro, di gran prezzo; caro.
carpa f. (itt.) carpione.
carpeta f. sottomano; tappeto; copertina; carpetta; cartella.
carpintería f. falegnameria, bottega da falegname.
carpintero m. falegname, carpentiere.
carrera f. carriera; corsa. — de caballos corsa di cavalli.
carreta f. carretta.
carretada f. carrettata.
carretaje m. carreggio.
carrete m. rocchetto.
carretera f. strada.
carretero m. carrettiere.
carretilla f. carretta a mano.
carretón m. carrettone.
carril m. rotaia; guida. ferrovia.
carro m. carro.
carrocería f. carrozzeria.

carromato m. carro.

carroña f. carogna.

carroza f. carrozza.

carruaje m. carrozza, vettura.

carta f. lettera; carta (da gioco). **echar las —s** predire l'avvenire colle carte. **— certicada** lettera raccomandata.

cartearse rfl. scriversi abitualmente, carteggiare.

cartel m. cartello, affisso.

cartera f. portafoglio, cartella.

cartero m. postino, portalettere.

cartílago m. cartilagine.

cartón m. cartone.

cartonaje m. cartonaggio; articoli di cartone.

cartuchera f. cartucciera.

cartucho m. cartuccia.

cartuja f. certosa.

cartujo agg. e m. certosino.

cartulina f. cartoncino.

casa f. casa. **— consistorial** palazzo municipale. **— de huéspedes** casa d'alloggio, pensione. **— de campo** casetta di campagna. **— de empeños** ufficio di pegni. **— de maternidad** f. istituto di maternità.

casamentero agg. mediatore di matrimoni.

casamiento m. matrimonio.

casar tr. sposare. itr. sposarsi.

casarse rfl. sposarsi. **— por la iglesia** sposarsi in chiesa.

cascabel m. sonaglio. **serpiente de —** serpente a sonaglio.

cascada f. cascata.

cascanueces m. schiaccianoci.

cascar tr. schiacciare.

cascarse rfl. frantumarsi.

cáscara f. scorza, buccia.

casco m. elmetto; scafo di nave; unghia di cavallo. **ligero de —s** di cervello leggero. **romperse los —s por algo** scalmanarsi.

cascote m. rottame.

casera f. governante.

caserío m. casale.

casero m. padrone di casa.

casi avv. quasi, circa.

casilla f. casella; casetta; casello. **sacar a uno de sus —s** far perdere la pazienza. **salirse de sus —s** andare in furia.

casino m. casino.

caso m. caso; congiuntura; fato.

casorio m. matrimonio fatto in fretta e senza riflessione.

caspa f. forfora.

casta f. casta, stirpe, razza.

castaña f. castagna.

castañar m. castagneto.

castaño m. (bot.) castagno. agg. color castagno. **pasar de — obscuro** essere cosa grave.

castañuelas f. pl. nacchere.

castellano agg. e m. castigliano. m. castellano.

castigador agg. e m. castigatore, punitore.

castigar tr. castigare, punire.

castigo m. castigo, punzione.

castillo m. castello. **hacer —s en el aire** far castelli in aria.

castizo agg. di razza pura.

casto agg. casto, pudico.

castor m. castoro.

castración f. castratura, castrazione.

castrar tr. castrare.

castrense agg. castrense.

casual agg. causale, fortuito.

casualidad f. casualità.

casualmente avv. casualmente, per caso.

cata f. assaggio.

cataclismo m. cataclisma.

catador m. assaggiatore.

catadura f. assaggiatura; semblante, ciera.

catafalco m. catafalco.

catalán agg. e m. catalano. m. catalano (idioma).

catalejo m. cannocchiale.

cataplasma f. cataplasma.

catapulta f. catapulta.

catar tr. assaggiare.

catarata f. cateratta.

catarro m. catarro.

catarroso agg. catarroso.

catastro m. catasto.

catástrofe f. catastrofe.

catecismo m. catechismo.

cátedra f. cattedra.

catedral f. cattedrale.

catedrático m. cattedratico; professore.

categoría f. categoria.

categórico agg. categorico.

cateto m. cateto; (fam.) rozzo, ignorante.

catolicismo m. cattolicismo.

católico agg. e m. cattolico.

catorce agg. quattordici.

caución f. precauzione; cauzione.

caudal m. portata (d'acqua); capitale, beni; agg. caudale.

caudaloso agg. abbondante, copioso.

caudillo m. capo, capoccia.

causa f. causa, motivo.

causal agg. causale.

causante agg. e m. causante.

causar tr. causare.

cautela f. cautela, prudenza.

cautivar tr. far prigioniero; cattivare, sedurre.

cautiverio m. cattività, schiavitù.

cautivo agg. e m. prigioniero, schiavo.

cauto agg. cauto, prudente.

cava f. scavatura; cava.

cavar tr. scavare, cavare.

caverna f. caverna.

cavidad f. cavità.

cavilación f. cavillazione.

cavilar itr. cavillare.

caza f. caccia.

cazador m. cacciatore.

cazar tr. cacciare.

cazo m. ramaiolo.

cazuela f. cazzeruola, casseruola.

ceba f. alimento dato ai vaccini per ingrassarli.

cebada f. orzo.

cebar tr. ingrassare gli animali.

cebo m. esca (per pescare); pasto degli animali.

cebolla f. cipolla.

cebolleta f. cipolletta.

cebra f. zebra.

cedazo m. staccio, setaccio.

ceder tr. cedere.

cédula f. cedula, biglietto.

cegar accecare. itr. diventar cieco.

cegato m. miope.

ceguera f. cecità.

ceja f. sopracciglio.

celada f. celata; imboscata, insidia.

celador m. guardiano, custode.

celar tr. vigilare.

celda f. cella.

celebración f. celebrazione.

celebrar tr. celebrare.

célebre agg. celebre, famoso.

celebridad f. celebrità, fama.

celeridad f. celerità, rapidità.

celeste agg. celeste.

celestial agg. celestiale.

celibato m. celibato.

célibe agg. e m. f. celibe.

celo m. zelo, fervore.

celos m. pl. gelosia.

celoso agg. geloso; zelante.

celta agg. celtico. m. celta.

céltico agg. celtico.

célula f. cellula.

celuloide m. celluloide.

celulosa f. cellulosa.

cementerio m. cimitero, camposanto.

cemento m. cemento.

cena f. cena.

cenar tr. cenare.

cencerrada f. scampanata.

cencerro m. sonaglio.

cenefa f. frangia; orlo.

cenicero m. portacenere; ceneraio.

ceniciento agg. cenerognolo.

ceniza f. cenere.

censo m. censo.

censor m. censore.

censura f. censura; critica.

censurable agg. censurabile.

censurar tr. censurare.

centella f. fulmine; scintilla.

centelleante agg. scintillante.

centellear itr. scintillare.

centelleo m. scintillio.

centena f. centinaio.

centenar m. centinaio.

centenario agg. e m. centenario.

centeno m. (bot.) segale.

centésimo agg. e m. centesimo.

centígrado agg. centigrado.

centímetro m. centimetro.

céntimo m. centesimo.

centinela m. f. sentinella.

central agg. e f. centrale.

centralización f. accentramento; centralizzazione.

centralizar tr. accentrare, centralizzare.

céntrico agg. centrale, centrico.

centro m. centro.

ceñidor m. cintura.

ceñir tr. cingere.

ceñirse rfl. limitarsi.

ceño m. cipiglio.

ceñudo agg. cipiglioso.

cepillar tr. spazzolare.

cepillo m. spazzola. **— de dientes** spazzolino da denti.

cepo m. ceppo.

cera f. cera. **— de los oídos** cerume.

cerámica f. ceramica.

cerámico agg. ceramico.

cerca f. muro di cinta, steccato. avv. circa, all'incirca. **— de** presso a poco.

cercado m. steccato.

cercanía f. vicinanza.

cercanías f. pl. dintorni.

cercano agg. vicino.

cercar tr. circondare.

cercenadura f. spuntatura.

cercenar tr. ritagliare, spuntare.

cerciorar tr. accertare.

cerciorarse rfl. accertarsi.

cerco m. cerchio. (mil.) assedio. **poner —** assediare.

cerda f. crine; setola.

cerdo m. maiale, porco.

cereal agg. cereale.

cereales m. pl. cereali.

cerebral agg. cerebrale.

cerebro m. cervello.

ceremonia f. cerimonia.

ceremonioso agg. cerimonioso.

cereza f. ciliegia.

cerezo m. (bot.) ciliegio.

cerilla f. cerino, fiammifero; candeletta.

cero m. zero. **ser un — a la izquierda** non valere uno zero. [ra.

cerrado agg. chiuso; fosco, cupo; tardo.

cerradura f. serratura, chiusu-

cerrajería f. mestiere e bottega di magnano.

cerrajero m. magnano chiavaio.

cerrar tr. serrare, chiudere; liquidare (un conto).

cerrojo m. chiavistello.

certamen m. certame, pugna.

certero agg. destro, abile.

certeza f. certezza.

certificado agg. certificato. m. certificato.

certificar tr. certificare.

cervecería f. birreria.

cerveza f. birra.

cesación f. cessazione.

cesante agg. cessante; disoccupato.

cesar itr. cessare. **sin —** continuamente.

cese m. cessazione.

cesión f. cessione.

césped m. tappeto erboso.

cesta f. cesta.

cestería f. cesteria.

cetáceo m. cetaceo.

cetro m. scettro.

chabacanada f. volgarità.

chabacano agg. volgare.

chacal m. sciacallo.

chaflán m. sbieco, sguancio.

chal m. scialle.

chaleco m. panciotto.

chalet m. villetta, chalet.

chalupa f. scialuppa.

chamuscado agg. bruciacchiato.

chamuscar tr. bruciacchiare.

chancear itr. scherzare.

chanclo m. zoccolo.

chantage m. ricatto.

chanza f. scherzo, burla.

chapa f. lastra, lamiera.

chapar tr. rivestire di lamiera.

chapucería f. acciarpatura.

chapucero m. acciarpatore.

chaqueta f. giacca.

charco m. pozzanghera, guazzo.

charla f. ciarla.

charlar itr. ciarlare.

charlatán agg. ciarliero. m. ciarlatano.

charlatanería f. ciarlataneria.

charol m. cuoio verniciato.

chasco m. burla; disinganno. **llevarse un —** restare deluso.

chasis m. telaio.

chasquear tr. burlare; deludere; schioccare.

chasquearse rfl. restare deluso.

chato agg. chiatto, schiacciato.

chelín m. scellino.

cheque m. assegno.

chico agg. piccolo; giovane. m. ragazzo.

chichón m. bernoccolo; enfiagione.

chifladura f. fischiata; pazzia.

chillar itr. stridere; sgridare.

chillido m. strido, strillo.

chimenea f. ciminiera, fumaiolo; camino, caminetto.

chinche f. cimice; (fig.) persona noiosa.

chino agg. e m. cinese.

chiquillada f. bambinata.

chiquillo agg. piccolino. m. bambino, fanciullino.

chirriar itr. stridere; stonare cantando.

chirrido m. stridio, cigolio.

chisme m. oggetto di poco conto; ciancia, pettegolezzo.
chispa f. scintilla; (fig.) sbornia.
chispazo m. scintilla.
chispear itr. scintillare.
chistar itr. parlare.
chiste m. facezia, barzelletta.
chistera f. cesta; tuba, cappello a cilindro.
chistoso agg. faceto.
chivo m. capro.
chocante agg. urtante.
chocar itr. urtare; disgustare.
chocolate m. cioccolata, cioccolato.
chocolatera f. cioccolatiera.
chochear itr. rimbambinire.
chófer m. conduttore, autista.
chopo m. (bot.) pioppo.
choque m. scontro, urto.
chorizo m. salsicciotto.
chorrear itr. colare.
chorreo m. colatura.
choza f. capanna.
chubasco m. acquazzone.
chuchería f. ninnolo.
chufa f. babbagigi.
chulería f. facezia, arguzia.
chulo agg. grazioso, faceto.
chupado agg. secco, smunto.
chupar tr. succhiare.
churro m. frittella.
chusma f. ciurma.
cicatriz f. cicatrice.
cicatrizante agg. cicatrizzante.
cicatrizar tr. cicatrizzare.
ciclismo m. ciclismo.
ciclista m. f. ciclista.
ciclo m. ciclo.
ciego agg. cieco; (anat.) intestino cieco.
cielo m. cielo. — **de la boca** palato.
cien agg. cento.
ciénaga f. pantano.
ciencia f. scienza.
cieno m. melma.
cierto agg. certo, sicuro.
cierva f. cerva.
ciervo m. cervo.
cifra f. cifra, numero.
cigarra f. cicala.
cigarrillo m. sigaretta.
cigarro m. sigaro.
cigüeña f. (orn.) cicogna.
cilíndrico agg. cilindrico.
cilindro m. cilindro.
cima f. cima.
cimentar tr. fondare, erigere.
cimiento m. base.
cinc m. zinco.
cincel m. scalpello.
cincelar tr. scalpellare; cesellare.
cinco agg. cinque.
cine m. cine, cinematografo.
cinematógrafo m. cinematografo.
cínico agg. cinico. m. cinico.
cinismo m. cinismo.
cinta f. nastro; orlo.
cintura f. cintura; vita; cintola. **meter en** — sottomettere uno.
cinturón m. cintura; cinturone.
ciprés m. (bot.) cipresso.
circo m. circo.
circuito m. circuito.
circulación f. circolazione.
circular agg. circolare. tr. circolare.
círculo m. circolo.
circuncidar tr. circoncidere.
circuncisión f. circoncisione.
circundar tr. circondare.
circunferencia f. circonferenza.

circunspección f. circospezione.
circunspecto agg. circospetto.
circunstancia f. circostanza.
cirio m. cero.
ciruela f. prugna.
ciruelo m. (bot.) prugno.
cirugía f. chirurgia.
cirujano m. chirurgo.
cisma m. scisma; discordia.
cismático agg. scismatico.
cisne m. cigno.
cisterciense agg. cistercense.
cisterna f. cisterna.
cita f. citazione.
citación f. citazione.
citar tr. citare, dare l'appuntamento; (taur.) incitare il toro ad assaltare.
citarse rfl. darsi convegno.
ciudad f. città.
ciudadano m. cittadino.
ciudadela f. cittadella.
cívico agg. civico.
civil agg. civile; cortese.
civilización f. civilizzazione, civiltà.
civilizar tr. civilizzare.
civismo f. civismo.
cizaña f. zizzania.
clamar tr. invocare.
clamor m. clamore.
clandestinidad f. clandestinità.
clandestino agg. clandestino.
clara f. chiara, bianco dell'uovo.
claraboya f. lucernario.
clarear itr. farsi giorno.
clarete agg. e m. chiaretto (vino).
claridad f. chiarezza.
clarín m. (mus.) cornetta.
clarinete m. (mus.) clarinetto.
claro agg. chiaro, evidente; intelligibile. m. apertura.
claroscuro m. chiaroscuro.
clase f. sorta, categoria; classe, aula.
clásico agg. classico.
clasificación f. classificazione; classifica.
clasificador m. classificatore.
clasificar tr. classificare.
claustral agg. claustrale.
claustro m. chiostro, claustro.
cláusula f. clausola.
clausura f. clausura.
clausurar tr. chiudere.
clavar tr. inchiodare.
clave f. chiave (spiegazione); (mus.) chiave.
clavel m. (bot.) garofano.
clavícula f. (anat.) clavicola.
clavija f. caviglia cavicchio; (mús.) bischero.
clavo m. chiodo; callo; chiodo di garofano. **agarrarse a un** — **ardiendo** attaccarsi al rasoi. **dar en el** — dar nel segno.
clemencia f. clemenza.
clemente agg. clemente.
clerecía f. clero, chiericato.
clerical agg. clericale.
clérigo m. chierico.
clero m. clero.
cliente m. cliente.
clientela f. clientela.
clima m. clima.
climatológico agg. climatologico.
clínica f. clinica.
clínico agg. e m. clinico.
cloaca f. cloaca.
cloro m. (chim.) cloro.
clorofila f. clorofila.
cloroformo m. cloroformio.
club m. club, circolo.
coacción f. coazione.

coadyuvante agg. coadiuvante.
coadyuvar tr. coadiuvare.
coagulación f. coagulazione.
coagular tr. coagulare.
coagularse rfl. coagularsi.
coágulo m. coagulo.
coalición f. coalizione.
coartada f. alibi.
coartar tr. restringere; coartare.
cobalto m. (chim.) cobalto.
cobarde agg. e m. f. codardo.
cobardía f. cobardia.
cobertizo m. capannone, tettoia.
cobertura f. copertura.
cobijar tr. dar asilo; coprire.
cobijarse rfl. ricoverarsi.
cobijo m. copritura, copertura.
cobrador m. esattore.
cobranza f. esazione.
cobrar tr. riscuotere, incassare.
cobre m. rame.
cocaína f. cocaina.
cocción f. cottura.
cocear itr. tirar calci; ricalcitrare.
cocer tr. cuocere.
cocido m. bollito, lesso.
cocina f. cucina.
cocinar tr. cucinare.
cocinera f. cuciniera.
cocodrilo m. coccodrillo.
cocotero m. cocco.
coche m. vettura, carrozza. — **cama** vagone letto.
cochera f. rimessa.
cochero m. cocchiere.
cochina f. scrofa.
cochinada f. porcheria.
cochino agg. sporco. m. porco.
codazo m. gomitata.
codear itr. dar gomitate.
codearse rfl. trattarsi da pari.
codicia f. cupidigia, avidità.
codicioso agg. cupido, avido.
codo m. gomito.
codorniz f. (orn.) quaglia.
coeficiente m. coefficiente.
coexistencia f. coesistenza.
coexistente agg. coesistente.
coexistir itr. coesistere.
cofia f. cuffia.
cofrade m. confratello.
cofradía f. confraternità.
cofre m. cofano, baule.
coger tr. pigliare.
cogida f. raccolta (delle frutta); (taur.) cornata.
cohabitación f. coabitazione.
cohabitar itr. coabitare, convivere.
coherente agg. coerente.
cohesión f. coesione.
cohesivo agg. coesivo.
cohete m. razzo.
cohetero m. fabbricante di razzi.
cohibición f. costrizione, repressione.   [re.
cohibir tr. costringere, reprime-
coincidencia f. coincidenza.
coincidir itr. coincidere.
coito m. coito.
cojear itr. zoppicare.
cojín m. cuscino.
cojinete m. cuscinetto.
cojo agg. e m. zoppo.
col f. cavolo.
cola f. coda; strascico.
colaborador m. collaboratore.
colaborar itr. collaborare.
colada f. colata; liscivia; bucato.
coladera f. colabrodo, colatoio.
colador m. colatoio.
coladura f. colatura.
colar tr. colare.
colarse rfl. introdursi di soppiatto.

colcha f. coltrone.
colchón m. materasso. — **de muelles** pagliericcio elastico.
colección f. collezione.
coleccionar tr. collezionare.
colega m. f. collega.
colegial agg. collegiale. m. collegiale.
colegio m. collegio; associazione di medici, notari, ecc.
cólera f. collera, ira; (med.) colera (morbo asiatico).
colérico agg. collerico; relativo al colera.
coleta f. treccia, coda di capelli. **cortarse la** — (taur.) abbandonare il torero la sua professione.
coletazo m. colpo di coda.
colgadero m. gancio.
colgadura f. paramento, parato.
colgajo m. cencio o drappo che pende.
colgante agg. m. adorno penzolante.
colgar tr. appendere.
cólico m. colica.
coliflor f. cavolfiore.
colilla f. cicca.
colina f. collina.
colindante agg. confinante.
colindar itr. confinare.
coliseo m. colosseo.
colisión f. collisione.
colmado m. taverna; bottega.
colmar tr. colmare.
colmena f. alveare, arnia.
colmenar m. arniaio.
colmillo m. dente canino.
colmo m. colmo, culmine.
colocación f. collocazione.
colocar tr. collocare.
colocarse rfl. collocarsi.
colonia f. colonia.
colonial agg. coloniale.
colonización f. colonizzazione.
colonizar tr. colonizzare.
colono m. colono.
coloquio m. colloquio.
color m. colore.
colorado agg. rosso; colorato.
colorido m. colorito.
colorir tr. colorire.
coloso m. colosso.
columna f. colonna.
columnata f. colonnata.
columpiar tr. dondolare.
columpiarse rfl. dondolarsi.
columpio m. altalena.
collado m. colle.
collar m. collare, collana.
coma m. (med.) coma; virgola.
comadre f. levatrice.
comadreja f. (zool.) donnola.
comandancia f. ufficio del comandante.
comandante m. comandante.
comandar tr. comandare.
comandita f. (comm.) accomandita.
comando m. (mil.) comando.
comarca f. regione.
combate m. combattimento.
combatiente m. combattente.
combatir tr. e itr. combattere.
combatividad f. combattività.
combinación f. combinazione.
combinar tr. combinare.
combustible agg. e m. combustibile.
combustión f. combustione.
comedia f. commedia.
comedor agg. mangione. m. sala da pranzo.
comensal m. commensale.
comentador m. commentatore.
comentar tr. commentare.
comenzar tr. incominciare, principiare.

comer tr. mangiare. itr. alimentarsi. m. il mangiare, il vitto.
comercial agg. commerciale.
comerciante m. commerciante.
comerciar itr. commerciare.
comercio m. commercio.
comestible agg. e m. commestibile.
cometa m. (astr.) cometa.
cometer tr. commettere, fare (un errore).
cometido m. incarico.
cómico agg. comico.
comida f. alimento, cibo; pranzo.
comienzo m. principio.
comisaría f. commissariato.
comisario m. commissario.
comisión f. commissione; commissione, delegazione; prorrigione; (giur.) esecuzione (d'un delitto).
comitiva f. comitiva.
como avv. come.
cómo avv. int. in che modo; perchè. ¡— no! certamente.
cómoda f. cassettone, comò.
comodidad f. comodità.
compacto agg. compatto.
compadecer tr. compatire, avere compassione.
compadecerse rfl. compatire.
compadre m. compare.
compaginar tr. compaginare, riunire.
compañerismo m. cameratismo.
compañero m. compagno; collega.
compañía f. compagnia; società; (mil.) compagnia.
comparación f. comparazione.
comparar tr. comparare, confrontare.
comparecer itr. comparire.
comparsa f. accompagnamento; (teat.) comparsa.
compartimiento m. ripartimento; compartimento.
compartir itr. compartire, condividere.
compás m. compasso; (mus.) misura di tempo.
compasión f. compassione.
compatibilidad f. compatibilità.
compatriota m. f. compatriota.
compendiar tr. compendiare.
compendio m. compendio.
compensación f. compensazione.
compensar tr. compensare.
competencia f. competenza; rivalità.
competente agg. competente, conveniente.
competidor m. competitore.
competir itr. competere.
compilación f. compilazione.
compilar tr. compilare.
complacencia f. compiacenza.
complacer tr. compiacere.
complacerse rfl. compiacersi.
complaciente agg. compiacente.
complejo agg. e m. complesso.
complementar tr. complementare.
complemento m. complemento.
completamente avv. completamente, compitutamente.
completar tr. completare.
completo agg. completo.
complicación f. complicazione.
complicado agg. complicato.
complicar tr. complicare.
cómplice m. complice.
complicidad f. complicità.
complot m. complotto, trama.
componente agg. e m. componente.

componer tr. comporre.
componerse rfl. adornarsi.
comportamiento m. comportamento.
comportarse rfl. comportarsi.
composición f. composizione.
compositor m. compositore.
compra f. compra, acquisto. hacer la — far la spesa giornaliera.
comprador m. compratore.
comprar tr. comprare.
compraventa f. compravendita.
comprender tr. comprendere; capire, intendere.
comprensión f. comprensione.
comprensivo agg. comprensivo.
compresa f. compressa.
compresión f. compressione.
comprimir tr. comprimere.
comprobación f. comprovazione.
comprobante agg. comprovante.
comprobar tr. comprovare.
comprometer tr. compromettere.
comprometerse rfl. obbligarsi.
compromiso m. compromesso.
compuerta f. cateratta; portello; sportello.
compuesto agg. e m. composto.
compunción f. compunzione.
compungirse rfl. pentirsi; affligersi.
computar tr. computare.
cómputo m. computo.
comulgar tr. comunicare. itr. comunicarsi.
común agg. comune.
comunal agg. comunale.
comunicación f. comunicazione.
comunicado m. comunicato.
comunicante agg. comunicante.
comunicar tr. comunicare.
comunidad f. comunità.
comunión f. comunione.
comunismo m. comunismo.
comunista m. f. comunista.
con prep. con.
cóncavo agg. concavo.
concebible agg. concepibile.
concebir tr. concepire.
conceder tr. concedere.
concejal m. consigliere comunale.
concentración f. concentrazione.
concentrar tr. concentrare.
concepción f. concezione.
concepto m. concetto, idea.
concernir itr. concernere.
concertante agg. concertante.
concertar tr. concertare.
concertarse rfl. accordarsi.
concesión f. concessione.
concesionario m. concessionario.
conciencia f. coscienza.
concienzudo agg. coscienzioso.
concierto m. concerto.
conciliar tr. conciliare.
concilio m. concilio.
concisión f. concisione.
conciso agg. conciso, breve.
concluir tr. concludere.
conclusión f. conclusione.
concordancia f. concordanza.
concordar tr. concordare.
concordato m. concordato.
concordia f. concordia.
concretar tr. concretare.
concreto agg. concreto.
concubina f. concubina.
concubinato m. concubinato.
concupiscencia f. concupiscenza.
concurrencia f. concorrenza.

concurrir itr. concorrere; intervenire.
concurso m. concorso; affluenza (di gente).
concha f. conchiglia.
condado m. contea.
conde m. conte.
condecoración f. decorazione.
condecorado agg. e m. decorato.
condecorar tr. decorare.
condena f. condanna.
condenación f. condanna.
condenado agg. e m. condannato.
condenar tr. condannare.
condensación f. condensazione.
condensador agg. e m. condensatore.
condensar tr. condensare.
condescender itr. condiscendere.
condescendiente agg. condiscendente.
condición f. condizione.
condicional agg. condizionale.
condicionar tr. condizionare.
condimentar tr. condire.
condimento m. condimento.
condiscípulo m. condiscepolo.
conducir tr. condurre, guidare.
conducirse rfl. condursi, comportarsi.
conducta f. condotta.
conducto m. condotto.
conductor agg. e m. conduttore.
conectar tr. connettere.
conejera f. tana di conigli; conigliera.
conejo m. coniglio.
conexión f. connessione.
conexionar tr. connettere.
conexo agg. connesso, unito.
confabulación f. confabulazione.
confabularse rfl. confabulare, tramare.
confección f. confezione.
confeccionar tr. confezionare.
confederación f. confederazione.
confederado agg. e m. confederato.
confederar tr. confederare.
conferencia f. conferenza.
conferenciar itr. discutere, trattare.
conferir tr. conferire; trattare un affare.
confesar tr. confessare.
confesarse rfl. confessarsi.
confesión f. confessione.
confesionario m. confessionario.
confeso agg. confesso. m. professo.
confesor m. confessore.
confiado agg. credulo, confidente.
confianza f. fiducia.
confiar tr. e itr. confidare.
confidencia f. confidenza.
configuración f. configurazione.
configurar tr. configurare.
confín m. confine.
confinar tr. e itr. confinare.
confirmación f. confermazione.
confirmar tr. confermare.
confiscar tr. confiscare, sequestrare.
confite m. confetto.
confitería f. confetteria.
confitura f. marmellata.
conflicto m. conflitto.
confluencia f. confluenza.
confluente agg. e m. confluente.
confluir itr. confluire.
conformar tr. conformare.

conformarse rfl. conformarsi.
conforme agg. conforme.
conformidad f. conformità. de — conformemente.
confort m. conforto.
confortar tr. confortare.
confraternidad f. confraternità.
confrontación f. confrontazione.
confrontar tr. confrontare.
confundir tr. confondere.
confundirse rfl. confondersi.
confusión f. confusione.
confuso agg. confuso.
congelamiento m. congelamento.
congelar tr. congelare.
congelarse rfl. congelarsi.
congeniar itr. andar d'accordo per il carattere.
congestión f. congestione.
congestionar tr. congestionare.
congoja f. angoscia.
congraciarse rfl. ingraziar, cattivarse la benevolenza.
congratulación f. congratulazione.
congratular tr. felicitare.
congratularse rfl. congratularsi.
congregación f. congregazione.
congregar tr. congregare.
congregarse rfl. congregarsi.
congreso m. congresso.
congruencia f. congruenza.
congruente agg. congruente.
conjetura f. congettura.
conjeturar tr. congetturare.
conjugación f. coniugazione.
conjugar tr. coniugare.
conjunción f. congiunzione.
conjunto m. insieme. agg. congiunto.
conjura f. congiura.
conjuración f. congiura.
conjurar tr. scongiurare. itr. congiurare.
conjuro m. scongiuro.
conmemoración f. commemorazione.   [rativo.
conmemorativo agg. commemorar tr. commemorare.
conmigo pron. con me, meco.
conmiseración f. commiserazione.
conmoción f. commozione.
conmovedor agg. commovente.
conmover tr. commuovere.
conmoverse rfl. commuoversi.
conmutación f. commutazione.
conmutar tr. commutare.
cono m. cono.
conocedor agg. e m. conoscitore.
conocer tr. conoscere.
conocerse rfl. conoscersi.
conocido agg. e m. conosciuto.
conocimiento m. conoscimento. poner en — informare.
conquista f. conquista.
conquistador agg. e m. conquistatore.
conquistar tr. conquistare.
consabido agg. noto, risaputo.
consagración f. consacrazione.
consagrar tr. consacrare.
consagrarse rfl. consacrarsi.
consanguíneo agg. consanguineo.
consanguinidad f. consanguineità.
consciente agg. cosciente, consapevole.
consecución f. conseguimento, consecuzione.
consecutivo agg. consecutivo.
consecuencia f. conseguenza.
conseguir tr. conseguire, ottenere.
consejero m. consigliere.
consejo m. consiglio; consiglio, adunanza.

consentimiento m. consentimento, consenso.
consentir tr. e itr. consentire, acconsentire.
conserje m. portiere.
conserjería f. portineria.
conserva f. conserva (di cibi).
conservación f. conservazione.
conservar tr. conservare.
conservarse rfl. conservarsi.
conservatorio m. (mus.) conservatorio.
considerable agg. considerevole.
consideración f. considerazione.
considerar tr. considerare.
consigna f. (mil.) consegna.
consignación f. consegna (di merci).
consignar tr. consegnare.
consigo pron. con sè, seco.
consiguiente agg. conseguente.
consistencia f. consistenza.
consistir itr. consistere.
consistorial agg. concistoriale.
consolación f. consolazione.
consolar tr. consolare.
consolidación f. consolidazione.
consolidar tr. consolidare.
consonancia f. consonanza.
consonante agg. consonante.
consorcio m. consorzio.
consorte m. e f. consorte.
conspiración f. cospirazione.
conspirador agg. e m. cospiratore.
conspirar itr. cospirare.
constancia f. costanza, perseveranza; prova.
constante agg. costante.
constantemente avv. costantemente.
constar itr. constare.
consternación f. costernazione.
consternar tr. costernare.
constipación f. raffreddore.
constipado m. raffreddore.
constipar tr. costipare.
constiparse rfl. prendere un raffreddore, costiparsi.
constitución f. costituzione.
constituir tr. costituire.
construcción f. costruzione.
constructor agg. e m. costruttore.
construir tr. costrurre, fabbricare.
consuelo m. consolazione.
cónsul m. console.
consulado m. consolato.
consulta f. consulta; consulto.
consultar tr. consultare. — con la almohada dormirci sopra.
consultor agg. e m. consultore.
consultorio m. consultorio. — médico gabinetto medico.
consumido agg. consumato.
consumidor agg. e m. consumatore.
consumir tr. consumare.
consumirse rfl. consumarsi.
consumo m. consumo.
contabilidad f. contabilità.
contable agg. contabile.
contacto m. contatto.
contado agg. contato. al — in contanti.
contador agg. e m. contatore.
contaduría f. tenuta dei libri, contabilità.
contagiar tr. contagiare.
contagio m. contagio.
contagioso agg. contagioso.
contaminado agg. contaminato.
contaminar tr. contaminare.
contante agg. contante.
contar tr. contare, computare.

contemplación f. contemplazione.
contemplar tr. contemplare.
contemporáneo agg. e m. contemporaneo.
contemporizar itr. condiscendere.
contención f. raffrenamento trattenimento; contesa.
contender itr. contendere.
contendiente m. contendente.
contener tr. contenere.
contenerse rfl. contenersi.
contenido m. contenuto.
contentar tr. contentare.
contentarse rfl. contentarsi.
contento agg. contento.
contestable agg. contestabile.
contestación f. contestazione; risposta.
contestar tr. contestare; rispondere.
contexto m. contesto.
contextura f. contesto.
contienda f. contesa.
contigo pron. con te, teco.
contiguo agg. contiguo.
continencia f. continenza.
continental agg. continentale.
continente m. continente.
contingencia f. contingenza.
contingente agg. contingente. m. quota.
continuación f. continuazione.
continuamente avv. continuamente, senza interruzione.
continuar tr. continuare.
continuidad f. continuità.
continuo agg. continuo.
contornear tr. contornare.
contorno m. contorno.
contorsión f. contorsione.
contra prep. contro.
contrabandista m. contrabbandiere.
contrabando m. contrabbando.
contracción f. contrazione.
contradecir tr. contradire.
contradicción f. contradizione.
contradictorio agg. contradittorio.
contraer tr. contrarre.
contrafuerte rfl. contrarsi.
contrafuerte m. contrafforte.
contrahacer tr. contraffare.
contrahecho agg. contrafatto, deforme.
contramaestre m. capo operaio; (naut.) nostromo.
contraorden f. contrordine.
contraponer tr. contrapporre.
contraposición f. contrapposizione.
contrariar tr. contrariare.
contrariedad f. contrarietà.
contrario agg. contrario.
contrarrestar tr. contrastare.
contrasentido m. controsenso.
contraseña f. (mil.) contrassegno.   [glare.
contrastar tr. contrastare; sagcontraste m. contrasto; saggio.
contrata f. contratto, convenzione.
contratación f. contrattazione.
contratar tr. contrattare, negoziare.
contratista m. appaltatore; impresario.
contrato m. contratto.
contratiempo m. contrattempo, ostácolo.
contribución f. contribuzione.
contribuir tr. contribuire.
contrición f. contrizione.
contrincante m. contendente; competitore.
control m. controllo.
controlar tr. controllare.

controversia f. controversia.
controvertir itr. controvertere. discutere ampiamente.
contundente agg. contundente.
contusión f. contusione.
convalecencia f. convalescenza.
convalecer itr. risanare, ricuperare la salute.
convencer tr. convincere.
convencerse rfl. convincersi.
convencimiento m. convincimento.
convención f. convenzione.
conveniencia f. convenienza.
conveniente agg. conveniente.
convenio m. patto, convenzione.
convenir itr. convenire; ammettere.
convento m. convento.
convergencia f. convergenza.
converger itr. convergere.
conversación f. conversazione.
conversar itr. conversare.
conversión f. conversione.
converso agg. converso.
convertir tr. convertire.
convertirse rfl. convertirsi.
convexidad f. convessità.
convexo agg. convesso.
convición f. convinzione.
convicto agg. convinto.
convidado agg. invitato.
convidar tr. invitare.
convite m. invito.
convocación f. convocazione.
convocar tr. convocare.
convocatoria f. avviso di convocazione.
convoy m. scorta, convoglio.
convulsión f. convulsione.
cónyuge m. coniuge.
coñac m. cognac.
cooperación f. cooperazione.
cooperar itr. cooperare.
coordinación f. coordinazione.
coordinar tr. coordinare.
copa f. coppa. — de árbol cima d'albero.
copar tr. (mil.) tagliare la ritirata.
copia f. copia.
copiar tr. copiare.
copiosamente avv. copiosamente.
copista m. copista.
copla f. canzone.
coplas f. pl. versi.
copo m. fiocco di neve.
cópula f. accoppiamento; (gram.) copula.
coque m. coke, cocche (carbone).
coqueta agg. civettuola.
coquetear itr. civettare.
coquetería f. civetteria.
coraje m. coraggio; ira.
coral agg. corale. m. corallo.
coraza f. corazza.
corazón m. cuore; coraggio. con el — en la mano con tutta franchezza.
corazonada f. presentimento.
corbata f. cravatta.
corchete m. ganghero.
corcho m. sughero; turacciolo.
cordel m. cordicella, fune.
cordero m. agnello.
cordial agg. cordiale, affettuoso.
cordialidad f. cordialità.
cordillera f. cordigliera.
cordón m. cordone; cordiglio.
cordura f. senno, saggezza.
coreografía f. coreografia.
corista m. f. corista.
cornada f. cornata.
cornamenta f. corna.
corneja f. (zool.) cornacchia.

córneo agg. corneo.
cornisa f. cornice.
cornucopia f. cornucopia.
cornudo agg. cornuto.
coro m. (mus.) coro.
corona f. corona; corona (moneta).
coronación f. incoronazione.
coronar tr. incoronare.
coronel m. (mil.) colonnello.
corpachón m. corpaccione.
corpiño m. corpino, corpetto.
corporación f. corporazione.
corporal agg. corporale.
corporalidad f. corporalità.
corporativo agg. corporativo.
corpóreo agg. corporeo.
corpulencia f. corpulenza.
corpulento agg. corpulento.
corpus m. Corpus Domini.
corpúsculo m. corpuscolo.
corral m. corte, cortile.
correa f. correggia, cinghia.
correaje m. cinghie.
corrección f. correzione.
correccional agg. e m. correzionale.
correctamente avv. correttamente.
correcto agg. corretto.
corrector m. correttore.
corredizo agg. scorrevole.
corredor m. corridoio; galleria. agg. e m. corridore.
corregible agg. correggibile.
corregir tr. correggere.
corregirse rfl. correggersi.
correo m. posta; corriere; ufficio postale.
correr itr. correre; scorrere; trascorrere.
correría f. scorreria, incursione.
correspondencia f. corrispondenza.
corresponder itr. corrispondere.
corresponsal m. corrispondente.
corretear itr. girandolare.
corrida f. corsa; (taur.) corrida. de — celeremente.
corriente agg. corrente. avv. d'accordo. m. y f. corrente.
corroboración f. corroborazione.
corroborar tr. corroborare.
corroer tr. corrodere.
corromper tr. corrompere.
corromperse rfl. corrompersi.
corrosión f. corrosione.
corrosivo agg. corrosivo.
corrupción f. corruzione.
corruptibilidad f. corruttibilità.
corruptor agg. e m. corruttore.
corsario m. corsaro, pirata.
corsé m. busto.
cortapisa f. restrizione.
cortaplumas m. temperino.
cortar tr. tagliare.
cortarse rfl. tagliarsi, ferirsi.
corte m. taglio. f. corte.
cortejar tr. corteggiare.
cortejo m. corteggiamento; corteggio.
cortés agg. cortese.
cortesana f. cortigiana.
cortesano m. cortigiano.
cortesía f. cortesia.
corteza f. corteccia, scorza.
cortina f. cortina, tenda.
cortinaje m. cortinaggio, tende.
corto agg. corto, breve. — de vista miope.
cosa f. cosa. — de ver cosa degna d'essere veduta.
cosecha f. raccolta. de su — di sua invenzione.
cosechar tr. raccogliere.
coser tr. cucire.

cosmético m. cosmetico.
cosmopolita m. f. e agg. cosmopolita.
cosquillas f. pl. solletico.
cosquillear tr. fare il solletico.
costa f. costa (del mare); costo.
costado m. lato, fianco.
costar itr. costare.
costas f. pl. spese giudiziarie.
coste m. costo.
costear tr. spesare; costeggiare.
costilla f. costola; (fam.) moglie.
costo m. costo.
costra f. crosta, corteccia.
costumbre f. costume.
costura f. costura, cucitura.
costurero m. cofanetto degli arnesi da cucire.
cotidiano agg. quotidiano.
cotiledón m. (bot.) cotiledone.
cotización f. quotazione.
cotizar tr. quotare.
coto m. pietra di confine; limite, termine. poner — far cessare.
coyuntura f. congiuntura; articolazione.
coz f. calcio, pedata.
cráneo m. cranio.
crápula f. crapula.
cráter m. cratere.
creación f. creazione.
creador m. creatore.
crear tr. creare; stabilire.
crecer itr. crescere; aumentare.
crecida f. piena (d'un fiume).
creciente agg. crescente.
crecimiento m. crescimento, aumento.
credencial f. credenziale (d'un ministro).
crédito m. credito.
credo m. credo.
credulidad f. credulità.
crédulo agg. credulo.
creencia f. credenza.
creer tr. credere.
creíble agg. credibile.
crema f. crema; panna.
crematorio agg. e m. crematorio.
cremallera f. cremagliera.
crepuscular agg. crepuscolare.
crepúsculo m. crepuscolo.
crespo agg. crespo.
crespón m. crespo.
cresta f. cresta (dei volatili); cresta (di monte).
cretino agg. cretino.
creyente m. f. credente.
cría f. allevamento (di animali); persona o animale lattante.
criada f. serva, domestica.
criadero m. vivaio.
criado m. servo, domestico.
crianza f. allevamento.
criar tr. allevare.
criatura f. creatura.
criba f. crivello, vaglio.
cribar tr. vagliare.
crimen m. crimine, delitto.
criminal agg. criminale.
criminalidad f. criminalità
crin f. crine.
criollo agg. e m. creolo.
cripta f. cripta.
crisis f. crisi.
crisol m. crogiolo.
cristal m. cristallo.
cristalería f. cristalleria; fabbrica o negozio di cristallerie.
cristalino agg. cristallino. m. (anat.) cristallino.
cristalización f. cristallizzazione.

cristalizar tr. cristallizzare.
cristianar tr. battezzare.
cristiandad f. cristianità.
cristianismo m. cristianismo.
cristianizar tr. cristianizzare.
cristiano agg. e m. cristiano.
Cristo m. Cristo.
criterio m. criterio, norma; giudizio.
crítica f. critica.
crítico agg. e m. critico.
criticable agg. criticabile.
criticar tr. criticare.
cromo m. cromo; cromolitografia.
crónica f. cronaca.
crónico agg. e m. cronico.
cronicón m. breve narrazione storica.
cronista m. cronista.
cronología f. cronologia.
cronómetro m. cronometro.
croqueta f. crocchetta.
cruce m. incrociamento.
crucero m. (naut.) incrociatore (nave); crociera.
crucificar tr. crocifiggere.
crucifijo m. crocifisso.
crucifixión f. crocifissione.
crudeza f. crudezza.
crudo agg. crudo.
cruel agg. crudele.
crueldad f. crudeltà.
cruento agg. cruento.
crujido m. stridore, scricchiolio, fruscio.
crujir itr. stridere, scricchiolare, frusciare.
crustáceos m. pl. crostacei.
cruz f. croce. cara o — testa o croce.
cruzada f. crociata.
cruzar tr. incrociare.
cuaderno m. quaderno.
cuadra f. stalla; salone, sala.
cuadrado agg. e m. quadrato.
cuadrante m. quadrante.
cuadrar tr. e itr. quadrare.
cuadrarse rfl. fermarsi.
cuadricular tr. quadrettare.
cuadrilátero m. quadrilatero.
cuadrilla f. squadra, drappello; quadriglia.   [drato.
cuadro m. quadro; pittura; quajar tr. coagulare. itr. riuscire.   [re.
cuajarse rfl. coagularsi, cagliare.
cuajo m. caglio.
cuál pron. quale. adv. come.
cualidad f. qualità.
cualquiera agg. e pron. qualunque, chiunque.
cuan avv. quanto.
cuando avv. quando.
cuantía f. quantità.
cuarenta agg. e m. quaranta.
cuarentena f. quarantena.
cuaresma f. quaresima.
cuartel m. quartiere, rione; quartiere, caserma.
cuartilla f. quartina.
cuartillo m. quarta parte di una azumbre (mezzo litro).
cuarto agg. e m. quarto. m. stanza. — de dormir camera da letto.
cuarzo m. quarzo.
cuatro agg. quattro.
cuba f. botte.
cúbico agg. cubico.
cubierta f. coperchio; coperta; (naut.) coperta, ponte.
cubierto m. posata.
cubo m. cubo; tinozza.
cubrir tr. coprire.
cubrirse rfl. coprirsi.
cucaña f. cuccagna.
cucaracha f. blatta.
cuclillas; en — a coccoloni.
cuchara f. cucchiaio.
cucharada. f. cucchiaiata.

cucharilla f. cucchiarino.
cucharón m. cucchiarone.
cuchichear itr. bisbigliare.
cuchicheo m. bisbiglio.
cuchilla f. coltella.
cuchillada f. coltellata.
cuchillo m. coltello.
cuello m. (anat.) collo; collo, colletto (di vestito).
cuenca f. scodella; conca, bacino; (anat.) occhiaia, orbita.
cuenco m. conca.
cuenta f. conto.
cuentagotas m. contagocce.
cuentahilos m. contafili.
cuentista m. pettegolo.
cuento m. racconto.
cuerda f. corda.
cuerdo agg. giudizioso, saggio.
cuerno m. corno.
cuero m. cuoio. en —s ignudo.
cuerpo m. corpo.
cuervo m. corvo.
cuesta f. costa, pendio.
cuestión f. questione.
cueva f. spelonca; covo.
cuidado m. cura, diligenza. estar de — essere gravemente malato.   [gente.
cuidadoso agg. accurato, diligente.
cuidar tr. curare, avere cura.
cuidarse rfl. curarsi.
culata f. culatta.
culebra f. colubro, serpente.
culminación f. culminazione.
culminar itr. culminare.
culo m. culo, sedere; fondo.
culpa f. colpa.
culpabilidad f. colpabilità.
culpar tr. incolpare.
cultivador m. coltivatore.
cultivar tr. coltivare.
cultivo m. coltivazione.
culto agg. culto.
cultura f. cultura.
cumbre f. cima, culmine.
cumpleaños m. compleanno.
cumplimentar tr. complimentare.
cumplir tr. compiere.
cúmulo m. cumulo.
cuna f. cuna, culla.
cundir itr. spargersi, propagarsi.
cuneta f. cunetta.
cuña f. cuneo, zeppa.
cuñada f. cognata.
cuñado m. cognato.
cuño m. conio.
cuota f. quota, rata.
cupo m. quota di contribuzione.
cupón m. tagliando, cedola.
cúpula f. cupola.
cura m. sacerdote; parroco; cura (d'una malattia).
curación f. guarigione; cura.
curado agg. curato; essicato, conciato.
curandero m. empírico.
curar tr. curare. itr. guarire.
curia f. curia.
curiosidad f. curiosità.
curioso agg. curioso; elegante.
cursar tr. frequentare un corso di studi.
cursivo agg. e m. corsivo.
curso m. corso.
curtido agg. conciato.
curtidor m. conciatore.
curtir tr. conciare (pelli); includere, abbronzare.
curva f. curva.
curvatura f. curvatura.
curvo agg. curvo.
cúspide f. cuspide.
custodia f. custodia; ciborio.
custodiar tr. custodire.
cutáneo agg. cutaneo.
cutis m. cute.
cuyo pron. cui, il di cui.

dactilografía f. dattilografia.
dádiva f. regalo, dono.
dadivoso agg. generoso.
dado m. dado. — que purchè.
dador m. donatore.
daga f. daga.
dama f. dama, signora.
damisela f. damigella.
damnificar tr. danneggiare.
danés agg. e m. danese.
danza f. danza, ballo.
danzante m. e f. ballerino, danzatore.
danzar itr. danzare.
danzarín m. ballerino.
danzarina f. ballerina.
dañar tr. danneggiare.
dañarse rfl. farsi male.
dañino agg. dannoso, pernicioso.
daño m. danno.
dar tr. dare. — con uno incontrare.
darse rfl. darsi; accadere.
dardo m. dardo.
dársena f. darsena.
data f. data; orificio.
datar tr. e itr. datare.
dátil m. dattero.
dato m. dato; documento.
de prep. di, da, per — pie in piedi. — repente ad un tratto. — una vez in una volta. — balde gratis.
deán m. decano.
debajo avv. a basso. — de sotto.
debate m. dibattito.
debatir tr. dibattere.
deber m. dovere, obbligo; compito. tr. dovere.
debilidad f. debilità.
debilitación f. debilitazione.
debilitar tr. debilitare.
debilitarse rfl. debilitarsi.
débito m. debito.
debut m. esordio, debutto.
debutante agg. e m. f. debuttante.
debutar itr. debuttare.
década f. decade.
decadencia f. decadenza.
decadente agg. decadente.
decaer itr. decadere.
decaimiento m. decadimento.
decálogo m. decalogo.
decanato m. decanato.
decano m. decano.
decapitar tr. decapitare.
decena f. decina.
decencia f. decenza.
decepción f. delusione.
decepcionar tr. deludere.
decidido agg. deciso, risoluto.
decidir tr. decidere.
decidirse rfl. decidersi.

534

décima f. decima.
decimal agg. decimale.
décimo m. decimo. — de lotería decimo d'un biglietto di lotteria.
decir tr. dire.
decisión f. decisione.
declamación f. declamazione.
declamar tr. declamare.
declaración f. dichiarazione.
declarar tr. dichiarare.
declinación f. declinazione.
declinar tr. declinare.
declive m. declivio.
decoración f. decorazione.
decorador m. decoratore.
decorar tr. decorare.
decoro m. decoro.
decrecer itr. decrescere.
decrépito agg. decrepito.
decrepitud f. decrepitezza.
decretar tr. decretare.
decreto m. decreto.
dedal m. ditale.
dedicación f. dedica, dedicazione.
dedicar tr. dedicare.
dedicatoria f. dedicatoria.
dedo m. dito.
deducción f. deduzione.
deducir tr. dedurre.
defección f. defezione.
defecto m. difetto.
defectuoso agg. difettoso.
defender tr. difendere.
defensa f. difesa.
defensiva f. difensiva.
defensivo agg. difensivo.
defensor m. difensore.
deferencia f. deferenza.
deferir tr. e itr. deferire.
deficiencia f. deficienza.
deficiente agg. deficiente.
déficit m. (comm.) deficit.
definición f. definizione.
definir tr. definire.
deformación f. deformazione.
deformar tr. deformare.
deforme agg. deforme.
defraudación f. defraudamento, defraudazione; frode.
defraudar tr. defraudare.
defunción f. decesso.
degeneración f. degenerazione.
degenerar itr. degenerare.
deglución f. deglutizione.
deglutir tr. deglutire.
degollación f. decollazione, decollo.
degollar tr. decollare, scannare.
degradación f. degradazione.
degradar tr. degradare.
degüello m. decollo, decollazione; scannatura.
degustación f. degustazione.
degustar tr. degustare.
dehesa f. pascolo, prateria.
deidad f. deità, divinità.
deificación f. deificazione.
deificar tr. deificare.
deísmo m. deismo.
deísta m. f. deista.
dejación f. rinunzia; abbandono.   [za.
dejadez f. pigrizia, trascuratezdejado agg. pigro, trascurato.
dejar tr. lasciare.
dejarse rfl. avvilirsi.
delación f. delazione.
delantal m. grembiule.
delante avv. davanti.
delantera f. il davanti; facciata, parte anteriore. tomar la — sorpassare uno.
delantero agg. primo, anteriore.
delatar tr. denunziare.
delator agg. e m. delatore.
delegación f. delegazione, delega.

delegado agg. e m. delegato.
delegar tr. delegare.
deleitación f. dilettazione.
deleitar tr. dilettare.
deleite m. diletto.
deleitoso agg. dilettevole.
deletrear itr. compitare.
deletreo m. compitazione.
delfín m. (itt.) delfino.
delgadez f. magrezza.
delgado agg. magro, sottile.
deliberación f. deliberazione.
deliberar tr. deliberare, decidere. itr. deliberare.
delicadeza f. delicatezza.
delicado agg. delicato.
delicia f. delizia.
delicioso agg. delizioso.
delincuencia f. delinquenza.
delincuente m. delinquente.
delineación f. delineazione.
delineante m. disegnatore.
delinear tr. delineare.
delinquir itr. delinquere.
delirar itr. delirare.
delirio m. delirio.
delirium tremens m. delirium tremens.
delito m. delitto.
demagogia f. demagogia.
demagogo m. demagogo.
demanda f. domanda; ricerca.
demandar tr. domandare. itr. (giur.) domandare.
demarcación f. demarcazione.
demarcar tr. demarcare.
demás agg. altri, altre. avv. oltre. por — di soprappiù por lo — in cuanto al resto.
demasía f. eccesso. en — eccessivamente.
demasiado agg. e avv. troppo.
demencia f. demenza, follia.
demente agg. e m. f. demente.
democracia f. democrazia.
demócrata agg. e m. f. democratico.
democrático agg. democratico.
demoler tr. demolire.
demolición f. demolizione.
demonio m. demonio.
demora f. dilazione, ritardo.
demorar tr. ritardare. itr. trattenersi.
demostración f. dimostrazione.
demostrar tr. dimostrare.
demostrativo agg. dimostrativo.
denegación f. diniego, denegazione.
denegar tr. denegare.
denigración f. denigrazione.
denigrar tr. denigrare.
denominación f. denominazione.
denominar tr. denominare.
denominativo agg. denominativo.
denotar tr. denotare, indicare.
densidad f. densità.
denso agg. denso.
dentado agg. dentato.
dentadura f. dentatura.
dental agg. dentale.
dentar tr. e itr. dentare.
dentición f. dentizione.
dentista m. f. dentista.
dentífrico agg. dentifricio.
dentro avv. dentro.
denuncia f. denunzia.
denunciar tr. denunziare.
departamento m. dipartimento, reparto.
depauperar tr. impoverire.
dependencia f. dipendenza.
depender itr. dipendere.
dependiente agg. dipendente. m. dipendente, impiegato; commesso.
depilación f. depilazione.
depilar tr. depilare.
depilatorio agg. depilatorio.

deplorable agg. deplorabile.
deplorar tr. deplorare.
deponer tr. deporre.
deportar tr. deportare.
deporte m. sport.
deportivo agg. sportivo.
deposición f. deposizione.
depositar tr. depositare.
depositario m. depositario.
depósito m. deposito; vasca.
depravación f. depravazione.
depravado agg. depravato.
depravar tr. depravare.
depredar tr. depredare.
depresión f. depressione.
depresivo agg. depressivo.
deprimente agg. deprimente.
deprimido agg. depresso.
deprimir tr. deprimere.
depuración f. depurazione.
depurar tr. depurare.
depurativo agg. depurativo.
derecho agg. diritto, dritto, ritto; destro. m. diritto; giurisprudenza.
derechos m. pl. diritti, tasse.
deriva f. deriva.
derivar itr. derivare.
derogación f. deroga, derogazione.
derogar tr. derogare.
derramamiento m. spargimento.
derramar tr. spargere.
derramarse rfl. spargersi.
derredor m. contorno. en — all'intorno.
derretir tr. sciogliere.
derribar tr. abbattere, demolire; rovesciare.
derribarse rfl. gettarsi a terra.
derrochador agg. e m. scialacquatore.
derrochar tr. scialacquare.
derroche m. scialacquio.
derrota f. rotta; sconfitta.
derrotar tr. sconfiggere.
derruir tr. distruggere, abbattere.
derrumbamiento m. dirupamento.
derrumbar tr. dirupare.
desabrido agg. scipito.
desabrigar tr. spogliare; privare del riparo.
desabrigarse rfl. togliersi il mantello.
desabrochar tr. sbottonare.
desabrocharse rfl. confidarsi; sbottonarsi.
desacatar tr. mancar di rispetto; disobbedire.
desacato m. mancanza di rispetto; insulto; insubordinazione.
desacertado agg. stordito; errato.   [re.
desacertar itr. sbagliare, errades acierto m. sbaglio.
desacostumbrado agg. insolito, disusato.
desacostumbrar tr. disabituare.
desacreditar tr. screditare.
desacuerdo m. disaccordo.
desafiar tr. sfidare.
desafinar tr. e itr. stonare.
desafío m. sfida; provocazione.
desafortunado agg. sfortunato.
desagradable agg. sgradevole, spiacevole.
desagradar tr. sgradire; spiacere.
desagradecido agg. e m. ingrato, sconoscente.
desagradecimiento m. ingratitudine, sconoscenza.
desagrado m. dispiacere.
desagraviar tr. risarcire; riparare il torto.

desagravio m. risarcimento; riparazione dell'offesa.
desaguar itr. sboccare (un fiume). tr. prosciugare.
desagüe m. prosciugamento; sbocco.
desahogado agg. libero, aperto; agiato.
desahogar tr. alleviare; sfogare.
desahogarse rfl. rianimarsi, rimettersi; sfogarsi.
desahogo m. sfogo, espansione; libertà.
desahuciar tr. dare la disdetta; spedire un malato.
desahucio m. disdetta.
desairado agg. disprezzato.
desairar tr. disprezzare.
desajustar tr. disunire, scomporre.
desajuste m. disunione, scomponimento.
desalentar tr. scoraggiare.
desalentarse rfl. scoraggiarsi.
desaliento m. scoraggiamento, avvilimento.
desaliñar tr. disordinare, scomporre, sgualcire.
desaliño m. disordine, scompostezza.
desalmado agg. empio, inumano.
desalojamiento m. sloggiamento.
desalojar tr. e itr. sloggiare.
desamortización f. liberazione dei beni ammortizzati.
desamortizar tr. liberare ibeni ammortizzati.
desamparo m. abbandono.
desanimar tr. scoraggiare.
desanimarse rfl. scoraggiarsi.
desánimo m. scoraggiamento.
desapacible agg. spiacevole.
desaparecer itr. sparire, scomparire.
desaparición f. sparizione, scomparsa.
desapasionado agg. spassionato, imparziale.
desapego m. disaffezione.
desapercibido agg. impreparato, sprovveduto.
desaprobación f. disapprovazione.
desaprobar tr. disapprovare.
desaprovechado agg. pigro, negligente.
desaprovechamiento m. mancanza di profitto; trasuratezza.
desaprovechar tr. non profittare di qc.; trascurare.
desarmado agg. disarmato.
desarmar tr. disarmare.
desarme m. disarmo.
desarraigar tr. sradicare.
desarraigo m. sradicamento.
desarrapado agg. e m. pezzente.
desarreglado agg. sregolato, disordinato.
desarreglo m. sregolatezza, disordine.
desarrollar tr. svolgere, sviluppare.
desarrollo m. sviluppo, svolgimento.
desarrugar tr. spianare.
desaseado agg. disordinato; sozzo.
desasear tr. disordinare; insudiciare.
desaseo m. sporcizia, sudiciume; disordine.
desasosiego m. inquietudine, irrequietezza.
desastrado agg. sciatto; infausto.
desastre m. disastro.

desastroso agg. disastroso.
desatar tr. slegare, sciogliere.
desatención f. disattenzione.
desatender tr. trascurare.
desatento agg. disattento.
desatinado agg. sventato.
desatinar tr. turbare. itr. perdere il senno.
desatino m. sproposito, sventatezza.
desavenencia f. discordia; contrarietà.
desayunar itr. far colazione.
desayunarse rfl. far colazione.
desayuno m. colazione.
desazón f. scipitezza, insipidezza; disgusto.
desazonar tr. rendere scipito; disgustare.
desbandada f. sbandamento.
desbandarse rfl. sbandarsi.
desbarajuste m. disordine, scompiglio.
desbaratador agg. scialacquatore.
desbaratar tr. scialacquare, disperdere; scompillare.
desbastar tr. sgrossare.
desbordamiento m. trabocco; straripamento.
desbordar tr. traboccare; straripare.
descabalgar itr. smontare.
descabellado agg. (fig.) strampalato.
descabellar tr. spettinare; (taur.) uccidere il toro con una stoccata nella nuca.
descalabrar tr. ferire la testa; conciare per le feste.
descalabro m. contrattempo.
descalzar tr. scalzare.
descalzarse rfl. scalzarsi.
descamisado agg. scamiciato.
descampado agg. scoperto, senza intoppi.
descansado agg. riposato.
descansar itr. riposare; dormire.
descanso m. riposo.
descarado agg. spudorato, sfacciato.
descarga f. scaricazione, scarico; scarica.
descargar tr. scaricare.
descargue m. scaricamento.
descarnado agg. scarnato.
descarnar tr. scarnare.
descaro m. impudenza, sfacciataggine.
descarriar tr. sviare.
descarriarse rfl. smarrirsi; traviare.
descarrío m. sviamento; traviamento.
descartar tr. scartare.
descendencia f. discendenza.
descendente agg. discendente.
descender itr. discendere.
descendiente agg. e m. discendente.
descendimiento m. discesa.
descenso m. discesa.
descifrar tr. decifrare.
desclavar tr. schiodare, svitare.
descocado agg. sfacciato.
descoco m. impudenza.
descolgar tr. staccare, calare.
descolgarse rfl. calare, discendere.
descollar itr. segnalarsi; sovrastare.
descolorar tr. scolorire.
descolorido agg. scolorito.
descolorir tr. scolorare, scolorire.
descomponer tr. scomporre.
descomponerse rfl. scomporsi.
descomposición f. scomposizione.
descomunal agg. straordinario.

desconcertado agg. sconcertato; turbato.
desconcertar tr. sconcertare; turbare.
desconcierto m. sconcerto.
desconectar tr. sconnettere.
desconfiado agg. diffidente.
desconfianza f. diffidenza.
desconfiar itr. diffidare.
desconformar itr. discordare.
desconforme agg. discordante.
desconformidad f. discordanza.
desconocer tr. disconoscere, sconoscere.
desconocido agg. sconoscente. agg. e m. sconosciuto, ignoto.
desconocimiento m. sconoscimento.
desconsolado agg. sconsolato.
desconsolar tr. sconsolare.
desconsuelo m. sconsolazione.
descontar tr. scontare.
descontentar tr. scontentare.
descontento agg. e m. scontento.
descorchar tr. scortecciare; stappare una bottiglia.
descortés agg. scortese.
descortesía f. scortesia.
descoser tr. scucire.
descosido agg. scucito. m. scucitura.
descrédito m. discredito.
describir tr. descrivere.
descripción f. descrizione.
descriptivo agg. descrittivo.
descuartizar tr. squartare.
descubierto agg. scoperto.
descubrimiento m. scoprimento; scoperta.
descubrir tr. scoprire.
descuento m. sconto.
descuidado agg. trascurato. coger — sorprendere.
descuidar tr. e itr. trascurare.
descuido m. trascuratezza; negligenza.
desde prep. da. fino da. — ahora fin d'ora, d'ora innanzi. — entonces fin d'allora.
desdecir itr. non adattarsi; disdire.
desdecirse rfl. disdirsi.
desdén m. sdegno.
desdeñar tr. sdegnare, disdegnare, disprezzare.
desdeñoso agg. sdegnoso.
desdicha f. disdetta, disgrazia.
desdichado agg. y m. sfortunato.
desdoblar tr. sdoppiare.
desear tr. desiderare.
desecación f. disseccazione, essicazione.
desecamiento m. disseccazione, essicazione.
desecar tr. disseccare, essicare.
desechar tr. sprezzare, sdegnare; rifiutare; scartare.
desecho m. scarto, rifiuto.
desembarazar tr. sbarazzare.
desembarazo m. disinvoltura.
desembarcadero m. sbarcatoio.
desembarcar tr. e itr. sbarcare.
desembarque m. sbarco, scarica di merci.
desembocadura f. sbocco, foce.
desembocar itr. sboccare, sfociare.
desembolsar tr. sborsare.
desembolso m. sborso.
desembragar tr. disinnestare.
desempaquetar tr. spacchettare.
desempeñar tr. disimpegnare.
desempeño m. disimpegno.
desencadenar tr. scatenare.
desencadenarse rfl. scatenarsi.
desencajar tr. scassinare, scassinare, scardinare. [Ilidire.
desencajarse rfl. mutarsi, impa-

desencallar tr. disincagliare.
desencaminar tr. sviare.
desencantar tr. disincantare, disilludere.
desencanto m. disillusione.
desenfadado agg. disinvolto.
desenfadar tr. rabbonire.
desenfado m. disinvoltura; sollievo.
desenfrenado agg. sfrenato.
desenfrenar tr. sfrenare.
desenfreno m. sfrenatezza.
desenfundar tr. sfoderare.
desenganchar tr. sganciare.
desengañar tr. disingannare.
desengaño m. disinganno.
desengrasar tr. sgrassare. itr. infiacchire.
desenlace m. esito.
desenredar tr. districare.
desenredo m. districamento.
desenrollar tr. sviluppare, svolgere.
desenroscar tr. svitare.
desentenderse rfl. far l'indiano.
desenterrar tr. dissotterrare, scavare.
desentonar itr. stonare.
desenvoltura f. disinvoltura.
desenvolver tr. svolgere.
desenvuelto agg. disinvolto.
deseo m. desiderio.
deseoso agg. disideroso.
deserción f. diserzione.
desertar itr. disertare.
desertor m. disertore.
desesperación f. disperazione.
desesperado agg. disperato.
desesperar itr. disperare.
desesperarse rfl. disperarsi.
desestima f. disistima.
desestimar tr. disistimare.
desfalcar tr. defalcare, detrarre.
desfalco m. defalco, difalco; detrazione.
desfallecer tr. causare svenimento. itr. svenire.
desfallecido agg. svenuto.
desfallecimiento m. svenimento.
desfavorable agg. sfavorevole.
desfavorecer tr. sfavorire; contrariare.
desfiguración f. sfigurazione.
desfigurar tr. sfigurare.
desfiladero m. stretta, gola.
desfilar itr. sfilare.
desfile m. (mil.) sfilata.
desgana f. disappetenza; disgusto.
desgarrar tr. lacerare, stracciare.
desgarrarse rfl. appartarsi.
desgarro m. squarcio; lacerazione.
desgarrón m. strappo.
desgastar tr. logorare, sciupare.
desgastarse rfl. debilitarsi.
desgaste m. logoramento, consumo.
desgracia f. disgrazia.
desgraciado agg. e m. disgraziato.
desgraciar tr. disgustare; guastare, rovinare.
deshabitado agg. disabitato, spopolato.
deshabitar tr. sloggiare; spopolare.
deshacer tr. disfare; distruggere.
deshacerse rfl. disfarsi.
desharrapado agg. pezzente, straccioso.
deshecho agg. disfatto.
deshelar tr. sgelare, disgelare.
deshelarse rfl. liquefarsi, sgelare, disgelare.
desheredar tr. diseredare.

deshielo m. disgelo, sgelo.
deshinchar tr. sgonfiare.
deshollinador m. spazzacamini.
deshollinar tr. spazzar camini.
deshonestidad f. disonestà.
deshonesto agg. disonesto.
deshonor m. disonore.
deshonra f. disonore.
deshonrar tr. disonorare.
desidia f. accidia.
designación f. designazione.
designar tr. designare.
designio m. disegno.
desierto m. e agg. deserto.
desigual agg. disuguale.
desigualdad f. disuguaglianza.
desinterés m. disinteresse.
desinteresado agg. disinteressato.
desistir tr. desistere.
desleal agg. sleale.
deslealtad f. slealtà.
desleír tr. stemperare, diluire.
desleírse rfl. sciogliersi.
deslenguado agg. sboccato.
desliz m. sdrucciolo; scivolata.
deslizar tr. sdrucciolare; scivolare.
deslizarse rfl. sdrucciolare.
deslucido agg. sbiadito.
deslucir tr. sbiadire.
deslucirse rfl. screditarsi, perdere il credito.
deslumbrar tr. abbagliare.
deslustrar tr. togliere il lustro.
deslustre m. mancanza di lustro.
desmán m. eccesso, abuso.
desmandarse rfl. comportarsi male, uscire dai gangheri.
desmantelar tr. smantellare.
desmayado agg. svenuto.
desmayar tr. causare svenimento.
desmayarse rfl. svenire.
desmayo m. svenimento.
desmedido agg. smisurato.
desmejorar tr. deteriorare; peggiorare.
desmemoriado agg. smemorato.
desmentir tr. smentire.
desmenuzar tr. sminuzzare.
desmerecer tr. e itr. demeritare.
desmesurado agg. smisurato.
desmontar tr. diboscare; spianare. itr. smontare dal cavallo. [zazione.
desmoralización f. demoralizdesmoralizar tr. demoralizzare.
desmoronar tr. rovinare lentamente, sgretolare.
desmoronarse rfl. franare, sgretolarsi.
desnivel m. dislivello.
desnivelación f. perdita del livello.
desnivelar tr. togliere il livello.
desnudar tr. spogliare, denudare.
desnudez f. nudità.
desnudo agg. nudo, ignudo, spoglio.
desobedecer tr. disubbidire.
desobediencia f. disubbidienza.
desocupado agg. disoccupato.
desocupar tr. disoccupare.
desolación f. desolazione.
desolar tr. desolare.
desolarse rfl. affliggersi.
desollar tr. scuoiare, scorticare.
desorden m. disordine.
desordenar tr. disordinare.
desorganización f. disorganizzazione.
desorganizar tr. disorganizzare.
desorientado agg. disorientato.

desorientar tr. disorientare.
desovar tr. deporre le uova.
despachar tr. sbrigare, spacciare; smerciare, vendere.
despacho m. disbrigo; dispaccio; scrittoio; vendita.
despacio avv. adagio; pian, piano.
desparpajo m. spigliatezza.
desparramado agg. spaziato; sparso, sparpagliato.
desparramar tr. spargere, sparpagliare.
despectivo agg. disprezzativo, dispettoso.
despechar tr. indispettire.
despecho m. dispetto.
despedazar tr. spezzare.
despedida f. congedo, commiato.
despedir tr. congedare, accomiatare; licenziare.
despedirse rfl. congedarsi.
despegado agg. staccato.
despegar tr. staccare.
despego m. disamorevolezza.
despeinar tr. spettinare.
despejado agg. sveglio; disinvolto; aperto, sbarazzato.
despejar tr. sbarazzare.
despejarse rfl. rasserenarsi (il tempo).
despejo m. sbarazzamento; disinvoltura.
despensa f. dispensa.
despeñadero m. precipizio.
despeñar tr. precipitare.
despeñarse rfl. precipitarsi.
desperdiciar tr. sprecare, sciupare.
desperdicio m. spreco; avanzo.
desperdigar tr. disperdere, spargere.
desperezarse rfl. stirarsi, stiracchiarsi.
desperezo m. stiramento delle membra.
desperfecto m. guasto; imperfezione; danno.
despertador agg. svegliatore. m. sveglia.
despertar tr. svegliare.
despertarse rfl. svegliarsi.
despiadado agg. spietato.
despido m. congedo, commiato.
despilfarrador agg. e m. scialacquatore.
despilfarrar tr. sciupare, scialacquare.
despilfarro m. scialacquamento, scialacquo.
desplante m. posizione irregolare; sfacciataggine.
desplazamiento m. spostamento; (naut.) dislocamento.
desplazar tr. spostare; (naut.) dislocare.
desplegar tr. spiegare, distendere.
despliegue m. spiegamento.
desplomar tr. strapiombare.
desplomarse rfl. crollare.
desplome m. crollo.
despoblado agg. spopolato.
despoblamiento m. spopolamento.
despoblar tr. spopolare.
despojar tr. spogliare; spropriare.
despojarse rfl. spogliarsi.
despojo m. spogliamento, spoliazione; spoglio.
despojos m. pl. spoglie; rigaglie.
déspota m. despota.
despótico agg. despotico.
despotismo m. despotismo.

despreciable agg. spregevole, disprezzabile.
despreciar tr. disprezzare, spregiare.
despreciativo agg. dispregiativo, spregiativo.
desprecio m. spregio, disprezzo.
desprender tr. staccare.
desprendido agg. staccato; generoso.
desprendimiento m. distacco, generosità.
despreocupado agg. spregiudicato.
despreocuparse rfl. spregiudicarsi.
desprestigiar tr. levare il prestigio, screditare.
desprestigio m. perdita del prestigio, scredito.
desprevenido agg. improvidente; sprovveduto.
desproporción f. sproporzione.
desprovisto agg. sprovvisto.
después avv. dopo, poi.
despuntar itr. spuntare.
desquiciamiento m. scardinamento.
desquiciar tr. scardinare.
desquitarse rfl. rifarsi; rivendicarsi.
desquite m. rivincita.
destacamento m. distaccamento.
destacar tr. distaccare.
destacarse rfl. distaccarsi, eccellere, emergere.
destajo m. cottimo. **a — a** cottimo.
destapar tr. stappare, sturare; scoprire.
destartalado agg. disordinato, scomposto.
destello m. sprazzo, fulgore.
destemplado agg. intemperante.
destemplar tr. scompigliare; (mús.) scordare.
destemplarse rfl. stemperarsi.
desteñir tr. stingere.
desterrado agg. esiliato, bandito.
desterrar tr. esiliare, bandire.
destetar tr. spoppare.
destetarse rfl. divezzarsi.
destete m. slattamento.
destierro m. bando, esilio.
destilación f. distillazione.
destilar tr. distillare.
destinación f. destinazione.
destinar tr. destinare; assegnare.
destinatario m. destinatario.
destino m. destino, destinazione.
destitución f. destituzione.
destituir tr. destituire.
destornillador m. cacciavite.
destornillar tr. svitare.
destreza f. destrezza.
destronamiento m. detronizzazione, deposizione.
destronar tr. detronizzare, deporre.
destrozar tr. spezzare, distruggere.
destrozo m. spezzamento; distruzione.
destrucción f. distruzione.
destructivo agg. distruttivo.
destructor agg. e m. distruttore.
destruir tr. distruggere.
desunión f. disunione.
desunir tr. disunire.
desvalido agg. e m. derelitto.
desvalijamiento m. svaligiamento.
desvalijar tr. svaligiare.
desván m. soffitta.

desvanecer tr. far svanire.
desvanecerse rfl. svenire, perdere i sensi; svanire, evaporarsi, dissiparsi.
desvariar itr. vaneggiare, farneticare.
desvarío m. farnetico, delirio.
desvelar tr. svegliare, destare.
desvelo m. veglia; attenzione, cura.
desventaja f. svantaggio.
desventura f. sventura.
desventurado agg. sventurato.
desvergonzado agg. svergognato, scostumato.
desvergonzarse rfl. parlare o agire scostumatamente.
desvergüenza f. svergognatezza.
desviación f. deviazione, sviamento, svio.
desviar tr. sviare, deviare.
desvivirse rfl. agognare; struggersi.
detallar tr. ragguagliare, dettagliare.
detalle m. ragguaglio, dettaglio.
detallista m. venditore al minuto.
detective m. agente segreto di polizia.
detener tr. detenere; arrestare; trattenere.
detenerse rfl. trattenersi.
detergente agg. e m. detergente.
deteriorar tr. deteriorare.
deterioro m. deterioramento.
determinación f. determinazione.
determinado agg. determinato.
determinante agg. determinante.
determinar tr. determinare.
detestable agg. detestabile.
detestar tr. detestare.
detonación f. detonazione.
detonar itr. esplodere, detonare.
detrás avv. dietro, di dietro.
deuda f. debito.
deudo m. parente.
deudor m. debitore.
devanar tr. annaspare.
devanear itr. vaneggiare, delirare.
devaneo m. vaneggiamento; distrazione, diversione colpevole.
devastación f. devastazione.
devastar tr. devastare.
devoción f. divozione.
devocionario m. libro di preghiere.
devolución f. restituzione; devoluzione.
devolver tr. rendere, restituire.
devorar tr. divorare.
devoto agg. divoto, pio.
día m. giorno. **— de asueto** giorno di vacanza. **— festivo** giorno festivo. **— laborable** giorno lavorativo.
diabetes f. (med.) diabete.
diabético agg. diabetico.
diablo m. diavolo, demonio.
diablura f. cattiveria, diavoleria
diabólico agg. diabolico.
diácono m. diacono.
diáfano agg. diafano.
diafragma m. diaframma.
diagnosticar tr. diagnosticare.
diagnóstico m. diagnostico.
diagonal agg. e f. diagonale.
dialéctica f. dialettica.
dialecto m. dialetto.
diálogo m. dialogo.
diamante m. diamante.
diámetro m. diametro.

diario agg. giornaliero. m. giornale; diario.
diarrea f. (med.) diarrea.
dibujante m. f. disegnatore.
dibujar tr. disegnare.
dibujo m. disegno.
dicción f. dizione.
diccionario m. dizionario.
diciembre m. dicembre.
dictador m. dittatore.
dictadura f. dittatura.
dictamen m. opinione, giudizio.
dictaminar tr. dar parere, giudizio, consigli.
dictar tr. dettare.
dicha f. felicità, ventura.
dicho m. detto, sentenza.
dichoso agg. felice, venturoso.
didáctica f. didattica.
didáctico agg. didattico.
diente m. dente. **— de ajo** spicchio d'aglio.
diestra f. destra (mano).
diestro agg. destro.
dieta f. dieta.
dietética f. dietetica.
diez agg. dieci.
diezmar tr. decimare.
diezmo m. decima.
difamación f. diffamazione.
difamador m. diffamatore.
difamar tr. diffamare.
difamatorio agg. diffamatorio.
diferencia f. differenza.
diferenciar tr. differenziare.
diferente agg. differente.
diferir tr. differire, prorogare. itr. differire.
difícil agg. difficile.
dificultad f. difficoltà.
dificultar tr. difficoltare.
dificultoso agg. difficoltoso.
difundir tr. diffondere; divulgare.
difunto agg. e m. defunto, morto.
difusión f. diffusione.
digerible agg. digeribile.
digerir tr. digerire.
digestión f. digestione.
digestivo agg. digestivo.
dignarse rfl. degnarsi.
dignidad f. dignità.
dignificar tr. rendere degno.
digno agg. degno, meritevole.
dilatar tr. dilatare.
dilatarse rfl. dilungarsi.
dilema m. dilemma.
diligencia f. diligenza.
diligente agg. diligente.
diluir tr. diluire.
diluvio m. diluvio, nubifragio.
dimensión f. dimensione.
diminuto agg. minuto, piccolissimo.
dimisión f. dimissione.
dimitir tr. dimettersi, dare le dimissioni.
dinámica f. dinamica.
dinámico agg. dinamico.
dinamita f. dinamite.
dinamitero m. dinamitardo.
dinamo m. dinamo.
dinastía f. dinastia.
dineral m. grande quantità di denaro.
dinero m. denaro, moneta.
diócesis f. diocesi.
dioptría f. diottria.
Dios m. Dio.
diosa f. dea.
diploma m. diploma.
diplomacia f. diplomazia.
diplomático agg. e m. diplomatico.
diptongo m. dittongo.
diputación f. deputazione.
diputado m. deputato.
dique m. diga, argine.
dirección f. direzione.
directivo agg. direttivo.

directo agg. diritto, diretto.
director agg. direttivo. m. direttore.
directora f. direttrice.
dirigir tr. dirigere.
discernimiento m. discernimento.
discernir tr. discernere; distinguere.
disciplina f. disciplina.
disciplinado agg. disciplinato.
disciplinar tr. disciplinare.
discípulo m. discepolo, allievo.
disco m. disco.
díscolo agg. discolo.
disconforme agg. discordante.
disconformidad f. discordanza, differenza; disaccordo.
discordancia f. discordanza.
discordante agg. discordante.
discordar itr. discordare.
discorde agg. discorde.
discordia f. discordia.
discreción f. discrezione.
discrepancia f. discrepanza.
discrepante agg. discrepante.
discrepar itr. discrepare.
discreto agg. discreto.
disculpa f. discolpa.
disculpar tr. discolpare.
discurrir itr. scorrere; discorrere; trascorrere.
discurso m. discorso.
discusión f. discussione.
discutir tr. discutere.
disentir itr. dissentire.
diseñar tr. disegnare.
diseño m. disegno.
disertar itr. dissertare.
disforme agg. difforme; deforme.
disfraz m. travestimento; maschera.
disfrazar tr. travestire; mascherare.
disfrazarse rfl. travestirsi; mascherarsi.
disfrutar tr. godere, fruire.
disfrute m. godimento.
disgregación f. disgregazione.
disgregar tr. disgregare.
disgustado agg. disgustato.
disgustar tr. disgustare.
disgusto m. disgusto.
disidencia f. dissidenza.
disidente agg. dissidente.
disimulación f. dissimulazione.
disimular tr. dissimulare.
disimulo m. dissimulazione.
disipación f. dissipazione.
disipar tr. dissipare.
dislocar tr. slogare.
disminución f. diminuzione.
disminuir tr. diminuire.
disolución f. dissoluzione.
disoluto agg. dissoluto.
disolvente agg. e m. solvente.
disolver tr. sciogliere.
disonancia f. dissonanza.
disonante agg. dissonante.
dispar agg. dispari.
disparador m. sparatore; grilletto del fucile.
disparar tr. sparare.
dispararse rfl. partire con grande velocità.
disparatado agg. spropositato; smisurato.
disparatar tr. spropositare.
disparate m. sproposito.
disparo m. sparo, colpo d'arma da fuoco.
dispendio m. dispendio.
dispensa f. dispensa.
dispensar tr. dispensare.
dispersar tr. disperdere.
dispersión f. dispersione.
disperso agg. disperso.
disponer tr. disporre; preparare.
disponible agg. disponibile.

disposición f. disposizione.
disputa f. disputa.
disputar tr. disputare.
distancia f. distanza.
distante agg. distante.
distinción f. distinzione.
dintinguido agg. distinto.
distinguir tr. distinguere.
distinguirse rfl. distinguersi.
distintivo agg. e m. distintivo.
distinto agg. distinto.
distracción f. distrazione.
distraer tr. distrarre.
distraido agg. distratto.
distribución f. distribuzione.
distribuidor m. distributore.
distrito m. distretto.
disturbio m. disturbo.
disuadir tr. dissuadere.
disuasión f. dissuasione.
diurno agg. e m. diurno.
divagación f. divagazione.
divagar itr. divagare.
diván m. divano, sofà.
divergencia f. divergenza.
divergente agg. divergente.
divergir itr. divergere.
diversidad f. diversità.
diversificar tr. diversificare.
diversión f. divertimento.
divertir tr. divertire.
divertirse rfl. divertirsi.
dividendo m. dividendo.
dividir tr. dividere, separare.
divinizar tr. divinizzare.
divino agg. divino.
divisa f. divisa.
divisar tr. scorgere.
división f. divisione.
divorciar tr. divorziare.
divorcio m. divorzio.
divulgación f. divulgazione.
divulgar tr. divulgare.
doblar tr. doppiare; piegare. itr. sonare a morto.
doblarse rfl. cedere.
doble agg. e m. doppio.
doblez m. piega, piegatura; doppiezza.
doce agg. dodici.
docena f. dozzina.
dócil agg. docile.
docto agg. dotto.
doctor m. dottore.
doctora f. dottoressa.
doctorado m. dottorato.
doctorar tr. dottorare.
doctrina f. dottrina.
documento m. documento.
dogma m. dogma, domma.
dogmatizar tr. dogmatizzare, dommatizzare.
dolencia f. malattia, sofferenza.
doler itr. dolere.
doliente agg. dolente.
dolor m. dolore.
doloroso agg. doloroso.
domador m. domatore.
domar tr. domare.
domesticación f. addomesticamento.
domar tr. addomesticare.
doméstico agg. domestico. m. domestico, servitore.
domicilio m. domicilio.
dominación f. dominazione.
dominar tr. dominare.
domingo m. domenica.
dominio m. dominio.
don m. dono; don.
donación f. donazione.
donaire m. gentilezza, leggiadria.
donante agg. donatore.
donar tr. donare.
donativo m. donativo.
doncel m. donzello.
doncella f. donzella.
doncellez f. verginità.
donde avv. ove, dove. avv. int. ove?, dove?

dondequiera avv. ovecchessia.
doña f. donna.
dorado agg. dorato.
dorar tr. dorate, indorare.
dormilón m. dormiglione.
dormilona f. sofà, divano letto.
dormir itr. dormire.
dormirse rfl. addormentarsi.
dormitar itr. dormicchiare, sonnecchiare.
dormitorio m. camera da letto; dormitorio.
dorsal agg. dorsale.
dorso m. dorso.
dos agg. due. en un — por tres in quattro e quattr'otto.
dosificar tr. dosificare.
dosis f. dose.
dotación f. dotazione.
dotar tr. dotare.
dote f. dote.
draga f. draga.
dragar tr. dragare.
dragón m. dragone; (mil.) dragone.
drama m. dramma.
dramático agg. drammatico.
dramatizar tr. drammatizzare.
dramaturgia f. drammaturgia.
droga f. droga.
drogar tr. drogare.
droguería f. drogheria.
droguero m. droghiere.
dúctil agg. duttile.
ductilidad f. duttilità.
ducha f. doccia.
duchar tr. docciare.
ducho agg. destro, abile.
duda f. dubbio.
dudar tr. e itr. dubitare.
dudoso agg. dubbioso.
duelo m. duello; duolo; lutto.
duende m. fantasma, folletto.
dueña f. dama, signora; padrona.
dueño m. padrone.
dulce agg. dolce. m. dolce, confetto.
dulcificar tr. dolcificare.
dulzura f. dolcezza.
dúo m. (mus.) duetto.
duplicar tr. duplicare; raddoppiare.
duplo m. doppio, duplo.
duque m. duca.
duquesa f. duchessa.
duración f. durata.
duradero agg. duraturo.
durante prep. durante.
durar itr. durare.
dureza f. durezza.
durmiente m. e f. dormiente.
duro agg. duro.

e cong. y, e.
ebanista m. ebanista.
ebanistería f. ebanisteria.
ébano m. (bot.) ebano.
ebrio agg. ebbro, ubriaco.
ebullición f. ebollizione.
ecléctico agg. eclettico.
eclesiástico agg. e m. ecclesiastico.
eclipsar tr. (astr.) eclissare.
eclipse m. eclisse.
economato m. economato.
economía f. economia.
económico agg. economico.
economista m. e f. economista.

economizar tr. economizzare.
ecuación f. equazione.
ecuador m. equatore.
ecuanimidad f. equanimità.
ecuestre agg. equestre.
ecuménico agg. ecumenico.
echada f. gettito, gettata.
echar tr. gettare. — a correr mettersi a correre. — a perder mandare in aria (un affare). — carnes ingrassare. — de menos far a meno.
echarse rfl. gettarsi.
edad f. età. — media medioevo. mayor de — maggiorenne. menor de — minorenne.
edición f. edizione.
edificación f. edificazione.
edificante agg. edificante.
edificar tr. edificare; costrurre.
edificio m. edificio.
editar tr. pubblicare.
editor m. editore.
editorial agg. editoriale. m. editoriale. f. casa editrice.
educación f. educazione.
educar tr. educare.
educativo agg. educativo.
efectivamente avv. effettivamente.
efectivo agg. effettivo.
efecto m. effetto.
efectuar tr. effettuare.
efervescencia f. effervescenza.
efervescente agg. effervescente.
eficacia f. efficacia.
eficaz agg. efficace.
eficiencia f. efficienza.
eficiente agg. efficiente.
egoísmo m. egoismo.
egoísta agg. e m. f. egoista.
eje m. asse.
ejecución f. esecuzione.
ejecutar tr. eseguire.
ejecutivo agg. esecutivo.
ejecutor m. esecutore.
ejemplar agg. e m. esemplare.
ejemplaridad f. esemplarità.
ejemplo m. esempio.
ejercer tr. esercitare.
ejercicio m. esercizio.
ejercitar tr. esercitare.
ejército m. esercito.
el art. il, lo, l'.
él pron. egli, colui.
elaboración f. elaborazione.
elaborar tr. elaborare.
elasticidad f. elasticità.
elección f. elezione.
electo agg. eletto.
elector m. elettore.
electricidad f. elettricità.
electricista m. elettricista.
eléctrico agg. elettrico.
electrificar tr. elettrificare.
electrizar tr. elettrizzare.
electrocutar tr. giustiziare mediante la sedia elettrica.
electrón m. elettrone.
elefante m. elefante.
elegancia f. eleganza.
elegante agg. elegante.
elegible agg. eleggibile.
elegir tr. eleggere.
elemental agg. elementale.
elemento m. elemento.
elevación f. elevazione.
elevado agg. elevato.
elevador m. elevatore.
elevar tr. elevare; alzare.
eliminar tr. eliminare.
elocuencia f. eloquenza.
elocuente agg. eloquente.
elogiar tr. elogiare.
elogio m. elogio.
eludir tr. eludere.
emanación f. emanazione.

emanar tr. emanare.   [ne-
emancipación f. emancipazio-
emancipar tr. emancipare.
embajada f. ambasciata.
embajador m. ambasciatore.
embajadora f. ambasciatrice.
embalaje m. inballaggio.
embalar tr. imballare.
embalsamar tr. imbalsamare.
embarazada agg. incinta.
embarcación f. imbarcazione.
embarcadero m. imbarcatoio,
imbarcadero.
embarcar tr. imbarcare.
embarcarse rfl. imbarcarsi.
embargar tr. imbarazzare; sequestrare.
embargo m. sequestro.
embarque m. imbarco (di merci).
embaucador agg. e m. abbindo-
latore, raggiratore.
embaucamiento m. abbindolamento, raggiro.
embaucar tr. abbindolare, raggirare.
embelesar tr. estasiare, incantare, rapire.
embeleso m. estasi, rapimento.
embellecer tr. abbellire.
embellecimiento m. abbellimento.
embestida f. assalto; urto, investimento.
embestir tr. assaltare, assalire;
urtare, investire.
emblema m. emblema.
embolia f. (med.) embolia.
émbolo m. stantuffo.
emborrachar tr. ubriacare.
emborracharse rfl. ubriacarse.
emboscada f. (mil.) imboscata.
emboscar tr. imboscare.
embotar tr. spuntare, smussa-
re; attutire.
embotarse rfl. spuntarsi.
embozado agg. imbacuccato;
mascherato.
embozar tr. coprire la faccia;
occultare; mascherare; ostruire.
embozarse rfl. coprirsi il viso.
embozo m. bavero; rimboccatu-
ra del lenzuolo.
embragar tr. imbracare; (mec.)
innestare.
embrague m. imbracatura;
(mec.) innesto.
embriagador agg. inebriante.
embriagar tr. inebbriare.
embriaguez f. ubriachezza.
embrión m. embrione.
embrionario agg. embrionario.
embrollar tr. imbrogliare.
embrollo m. imbroglio.
embrujar tr. stregare.
embrutecer tr. abbrutire.
embrutecimiento m. abbrutimento.
embudo m. imbuto.
embuste m. menzogna, frotto-
la.
embustero m. bugiardo.
embutido m. intarsio; insacca-
to.
embutir tr. intarsiare; imbottire; insaccare.
emergencia f. emergenza.
emergente agg. emergente.
emerger itr. emergere.
emigración f. emigrazione.
emigrante agg. e m. emigrante.
emigrar itr. emigrare.
eminencia f. eminenza.
eminente agg. eminente.
emisario m. emissario.
emisión f. emissione.

emitir tr. emettere.
emoción f. emozione.
emocionar tr. emozionare.
emotivo agg. emotivo.
empachado agg. maldestro.
empachar tr. impacciare; causare indigestione.
empacho m. impaccio; indigestione.
empalagamiento m. nausea.
empalagar tr. stomacare, nauseare.
empalago m. nausea.
empalizada f. palizzata.
empalmadura f. incastratura,
collegamento.
empalmar tr. incastrare, innestare, collegare. itr. fare coincidenza (due treni ecc.).
empalme m. incastro, innesto,
collegamento; coincidenza di
treni.
empanada f. pasticcino ripieno.
empanadilla f. pasticcino.
empapar tr. inzuppare.
empaparse rfl. inzupparsi.
empapelador m. tappezziere (di
carta da parati).
empapelar tr. incartare; tappezzare (con carta da parati).
empaque m. impaccatura; aspetto, figura.
empaquetador m. impaccatore.
empaquetar tr. impaccare, im-
pacchetare.
emparedado m. panino imbottito, tramezzino.
emparejar tr. appaiare, accoppiare; pareggiare.
emparentar itr. imparentare.
empastar tr. impastare.
empaste m. impasto.
empatar tr. pareggiare; impat-
tare.
empate m. pareggio.
empedernido agg. accanito.
empedernir tr. indurire.
empedernirse rfl. accanirsi; diventare insensibile.
empedrado m. selciato, lastricato, pavimento di pietra.
empedrar tr. lastricare, selciare.
empeñar tr. impegnare.
empeñarse rfl. impegnarsi; insistere.
empeño m. impegno; pegno;
cura, diligenza.
empeoramiento m. peggioramento.
empeorar tr. e itr. peggiorare.
emperador m. imperatore.
emperatriz f. imperatrice.
empero cong. però, ma.
empezar tr. principiare, incominciare.
empinado agg. elevato.
empinar tr. alzare.
empinarse rfl. alzarsi.
empírico agg. e m. empirico.
empirismo m. empirismo.
emplastar tr. applicare impias-
tri, impiastrare.
emplasto m. impiastro.
emplazamiento m. (giur.) citazione; situazione, ubicazione.
emplazar tr. (giur.) citare; collocare.
empleado agg. e m. impiegato.
emplear tr. impiegare.
empleo m. impiego.
empobrecer tr. e itr. impoverire.
empobrecimiento m. impoveri-
mento.
emporio m. emporio.
empotrar tr. incastrare.
emprendedor agg. intrapren-
dente.

emprender tr. intraprendere.
empresa f. impresa.
empresario m. impresario; im-
preditore.
empréstito m. imprestito, prestito.
empujar tr. spingere.
empuje m. spinta; slancio.
empujón m. spintone.
empuñadura f. impugnatura.
empuñar tr. impugnare.
emulación f. emulazione.
emular tr. emulare.
en prep. in; sopra. — broma
per scherzo.
enaguas f. pl. sottane.
enajenación f. alienazione, trasferimento; rapimento.
enajenar tr. alienare; trasferire; rapire.
enamoradizo agg. facile a innamorarsi.
enamorado agg. innamorato.
enamoramiento m. innamoramento.
enamorar tr. innamorare.
enamorarse rfl. innamorarsi.
enano agg. e m. nano.
enardecer tr. infervorare, eccitare, inasprire.
enardecerse rfl. inasprirsi.
encabezamiento m. registrazione, iscrizione; intestatura,
intestazione; testata.
encabezar tr. intestare; registrare, iscrivere.
encabritarse rfl. impennarsi (il
cavallo).
encadenar tr. incatenare.
encajar tr. incassare.
encaje m. incassatura; merletto.   [calce].
encalar tr. imbiancare (con la
encallar itr. (naut.) incagliare,
arenare.
encaminar tr. incamminare, dirigere, avviare.
encandilar tr. abbagliare.
encandilarse rfl. accendersi.
encanecer itr. incanutire.
encanijamiento m. affievolimento, debolezza.
encanijarse rfl. affievolirsi.
encantación f. incanto.
encantado agg. incantato.
encantamiento m. incanto.
encantar tr. incantare.
encanto m. incanto, maraviglia.
encañonar tr. incannellere; in-
cannare; puntare.
encapotar tr. incappottare.
encapotarse rfl. coprirsi (il cielo).
encapricharse rfl. incapricciar-
si; ostinarsi.
encaramarse rfl. inerpicarsi.
encaramiento m. confronto.
encarar tr. porsi faccia a faccia; puntare un'arma; affrontare, confrontare.
encarcelamiento m. incarcera-
mento.
encarcelar tr. incarcerare.
encarecer tr. e itr. rincarare;
lodare; raccomandare.
encarecimiento m. rincaro; interesse.
encargado agg. e m. incaricato.
encargar tr. incaricare.
encargarse rfl. incaricarsi.
encargo m. incarico.
encariñarse rfl. affezionarsi.
encarnación f. incarnazione.
encarnado agg. incarnato (rosso).
encarnizado agg. sanguinoso;
cruento.
encarnizar tr. incrudelire.
encarnizarse rfl. accanirsi.
encastillado agg. borioso.

encastillar tr. fortificare con
castelli.
encastillarse rfl. ostinarsi.
encenagado agg. infangato.
encenagarse rfl. infangarsi.
encendedor m. accenditore.
encender tr. accendere.
encenderse rfl. accendersi.
encendido agg. acceso, infiam-
mato.   [rata.
encerado m. inceratura; ince-
encerar tr. incerare.
encerrar tr. rinserrare, rinchiudere.
encerrarse rfl. rinchiudersi; ritirarsi in un convento.
encía f. (anat.) gengiva.
encíclica f. (rel.) enciclica.
enciclopedia f. enciclopedia.
enciclopédico agg. enciclope-
dico.
encierro m. chiusura; rinchiu-
so; prigione.
encima avv. su, sopra, in cima.
encina f. (bot.) quercia.
encinta agg. incinta.
enclavar tr. inchiodare.
enclenque agg. malaticcio.
encoger tr. scorciare, restringere. itr. restringersi (la tela); contrarsi.
encolar tr. incollare.
encolerizar tr. far incollerire.
encolerizarse rfl. incollerire, incollerirsi.
encomendar tr. raccomandare.
encomendarse rfl. raccomandarsi.
encomiasta m. panegirista.
encomiar tr. encomiare.
encomiástico agg. encomiasti-
co.
encomienda f. incarico; com-
menda; raccomandazione.
encomio m. encomio.
enconamiento m. inasprimento (d'una piaga).
enconar tr. inasprire (una piaga); irritare.
encono m. rancore, odio.
encontrar tr. incontrare; trovare.
encontrarse rfl. incontrarsi;
trovarsi. — bien, mal de salud stare bene, male.
encontronazo m. spintone, urto.
encorvadura f. incurvatura.
encorvar tr. incurvare.
encrespadura f. arricciatura.
encrespamiento m. arricciamento.
encrespar tr. arricciare.
encrucijada f. crocicchio.
encuadernación f. legatura (di
libri).
encuadernador m. legatore (di
libri).
encuadernar tr. legare (libri).
encubierta f. inganno; frode.
encubierto agg. coperto; occul-
tato.
encubridor m. manutengolo; ri-
cettatore.
encubrimiento m. occultamento; ricettazione.
encubrir tr. coprire; occultare;
tenere mano; ricettare.
encuentro m. incontro.
encuesta f. inchiesta.
encumbramiento m. elevazione, innalzamento.
encumbrar tr. elevare, innalzare.
encumbrarse rfl. innalzarsi.
encharcado f. palude.
encharcar tr. riempire di pozze,
allagare.
enchufar tr. innestare; collegare.

enchufe m. innesto.
endeble agg. debole.
endeblez f. debolezza.
endémico agg. endemico.
endemoniado agg. e m. indemoniato, posseduto.
enderezar tr. raddrizzare; indiriazzare.
endeudarse rfl. indebitarsi.
endiablado agg. indiavolato.
endiosamiento m. deificazione.
endiosar tr. deificare.
endosar tr. (comm.) girare una cambiale.
endulzar tr. addolcire.
endurecer tr. indurire.
endurecerse rfl. indurire, indurirsi.
endurecimiento m. indurimento.
enemiga f. inimicizia, odio.
enemigo agg. e m. nemico.
enemistad f. inimicizia.
enemistar tr. inimicare.
energía f. energia.
enero m. gennaio.
enervar tr. snervare.
enfadar tr. infastidire, sdegnare, disgustare.
enfadarse rfl. adirarsi, sdegnarsi.
enfado m. sdegno, adiramento, disgusto.
enfangar tr. infangare.
enfangarse rfl. abbrutirsi, infangarsi.
énfasis f. enfasi.
enfático agg. enfatico.
enfermar tr. cagionare malattia. itr. ammalare.
enfermedad f. infermità, malattia.
enfermería f. infermeria.
enfermero f. infermiere.
enfermizo agg. malatticcio.
enfermo agg. e m. infermo, malato.
enfervorizar tr. infervorare.
enflaquecer tr. infiacchire. itr. dimagrare.
enflaquecimiento m. indebolimento; dimagramento.
enfrascar tr. infrascare.
enfrentar tr. affrontare, raffrontare.
enfrente avv. di fronte.
enfriamiento m. raffreddamento.
enfriar tr. raffreddare.
enfriarse rfl. raffreddarsi.
enfundar tr. rinfoderare.
enfurecer tr. rendere furioso.
enfurecerse rfl. infuriare, adirarsi.
enfurruñarse rfl. stizzirsi.
engalanar tr. abbellire, ornare.
engalanarse rfl. adornarsi, abbellirsi.
enganchamiento m. agganciamento.
enganchar tr. agganciare.
enganche m. agganciamento.
engañar tr. ingannare.
engañarse rfl. sbagliarsi.
engaño m. inganno.
engañoso agg. ingannevole.
engarce m. castone; incastonatura.   [nare.
engarzar tr. infilzare; incasto-
engastar tr. incastonare (p. preziosa).
engaste m. incastonatura; castone (di pietra preziosa).
engatar tr. lusingare.
engatusar tr. lusingare.
engendramiento m. generamento.
engendrar tr. generare, procreare.
engendro m. embrione; aborto di natura.

engomar tr. ingommare.
engordar tr. ingrassare.
engordarse rfl. diventar grasso.
engorro m. imbarazzo.
engorroso agg. imbarazzante.
engrandecer tr. ingrandire; esagerare.
engrandecimiento m. ingrandimento.
engranaje m. ingranaggio.
engrasar tr. ingrassare.
engreído agg. vanitoso.
engreimiento m. vanità, orgoglio.
engreír tr. inorgoglire.
engreírse rfl. insuperbirsi.
engrosar tr. ingrossare.
enguantar tr. inguantare.
engullir tr. inghiottire.
enhebrar tr. infilare.
enhorabuena f. rallegramenti. dar la — congratularsi. avv. felicemente.
enigma f. enimma.
enigmático agg. enimmatico.
enjabonadura f. insaponatura.
enjabonamiento m. insaponamento.
enjabonar tr. insaponare.
enjalbegadura f. imbiancatura.
enjalbegar tr. imbiancare (muri).
enjambre m. sciame.
enjaular tr. ingabbiare.
enjoyar tr. ingioiellare.
enjuagar tr. sciacquare, risciacquare.
enjuagarse rfl. sciacquarsi (la bocca).
enjuague m. risciacquamento.
enjugar tr. asciugare.
enjuiciamiento m. (giur.) istruzione di un processo.
enjuiciar tr. istruire un processo.
enjundia f. energia, vigore; grasso, sugna.
enjutez f. secchezza, siccità.
enjuto agg. asciutto.
enlace m. allacciamento; matrimonio; unione.
enladrillado m. ammattonato.
enladrillar tr. ammattonare.
enlazamiento m. allacciamento.
enlazar tr. allacciare.
enlodar tr. infangare.
enloquecer tr. far impazzire. itr. impazzire.
enloquecimiento m. impazzimento; follia.
enlosado m. lastricato.
enlosar tr. lastricare.
enlucido agg. imbiancato. m. intonaco.
enlucir tr. brunire, pulire; ingessare, intonacare.
enlutar tr. coprire di gramaglie; rattristire; osurare.
enmarañar tr. arruffare.
enmascarar tr. mascherare.
enmendar tr. emendare, ammendare, correggere; riformare (una sentenza).
enmienda f. amendamento, ammenda.
enmohecerse rfl. ammuffire.
enmohecimiento m. ammuffimento.
enmudecer tr. rendere muto. itr. ammutolire.
ennegrecer tr. annerire. itr. divenire nero.
ennoblecer tr. nobilitare.
ennoblecimiento m. nobilitamento.
enojadizo agg. irascibile.
enojar tr. far incollerire.
enojarse rfl. incollerire, incollerirsi.
enojo m. furore; noia.

enorgullecer tr. e itr. inorgoglire.
enorgullecerse rfl. inorgoglire, inorgoglirsi.
enorme agg. enorme.
enormidad f. enormità.
enrarecer tr. diradare; rarefare.
enrarecimiento m. diradamento; rarefazione.
enredadera f. convolvolo; pranta rampicante.
enredar tr. prendere colla rete; imbrogliare.
enredarse rfl. impigliarsi.
enredo m. intreccio; imbroglio; complicazione.
enrejado m. graticolato, inferriata.
enrejar tr. graticolare.
enrevesado agg. indocile; difficile.
enriquecer tr. arricchire. itr. arricchire.
enriquecerse rfl. arricchire, diventare ricco.
enrojecer tr. far diventar rosso. itr. arrossire.
enrojecerse rfl. arrossire.
enrollar tr. arrotolare.
enrollarse rfl. accartocciarsi.
enroscar tr. attorcigliare.
ensalada f. insalata.
ensaladera f. insalatiera.
ensalzar tr. esaltare, lodare.
ensambladura f. incastratura, calettatura.
ensamblar tr. incastrare, calettare.
ensanchamiento m. allargamento.   [re.
ensanchar tr. allargare, amplia-
ensanche m. ampliamento, allargamento.
ensangrentar tr. insanguinare.
ensañarse rfl. inferocire (contro qu.).
ensartar tr. infilare; infilzare.
ensayar tr. assaggiare, provare. itr. esercitarsi.
ensayo m. saggio, prova.
ensenada f. baia.
enseña f. insegna.
enseñanza f. insegnamento.
enseñar tr. insegnare.
enseres m. pl. masserizie, mobili; istrumenti.
ensoberbecer tr. insuperbire.
ensoberbecerse rfl. insuperbire.
ensordecer tr. assordare.
ensordecimiento m. assordamento, assordimento.
ensortijamiento m. arricciamento.
ensortijar tr. inanellare, arricciare.
ensuciar tr. insudiciare, sporcare.
ensuciarse rfl. farsela addosso.
ensueño m. sogno; illusione.
entablado m. tavolato.
entablar tr. intavolare; tavolare.
entablillar tr. steccare.
entarimado m. tavolato.
entarimar tr. tavolare, rivestire di tavole.
ente m. ente.
entendederas f. pl. intendimento.
entender tr. intendere, capire.
entenderse rfl. intendersi, capirsi.
entendido agg. dotto, sapiente.
entendimiento m. intendimento.
entenebrecer tr. ottenebrare.
entenebrecerse rfl. ottenebrarsi.
enterar tr. informare.

enterarse rfl. informarsi; prender notizia; venire a sapere.
entereza f. interezza, integrità; fermezza.
enternecer tr. intenerire.
enternecimiento m. intenerimento.
entero agg. intero; integro. m. numero intero.
enterrador m. seppellitore.
enterramiento m. seppellimento.
enterrar tr. seppellire.
entibiar tr. intiepidire.
entibiarse rfl. intepidirsi.
entidad f. entità.
entierro m. seppellimento.
entoldado agg. tappezzato, coperto di tende. m. tendaggio, tendame.
entoldar tr. tappezzare, coprire di tende.
entonación f. intonazione.
entonar tr. intonare.
entonarse rfl. darsi aria, inorgoglire.
entonces avv. allora. **por aquel** — in quel mentre.
entornar tr. socchiudere.
entorpecer tr. intorpidire.
entorpecimiento m. intorpidimento.
entrada f. entrata; ingresso.
entrante agg. e m. entrante.
entrañable agg. intimo.
entrañar tr. contenere qc.
entrañas f. pl. viscere.
entrar itr. entrare, ingressare; penetrare.
entre prep. fra, tra.
entreabrir tr. socchiudere.
entrecejo m. intracciglio.
entredicho agg. interdetto. m. proibizione; interdetto.
entrega f. consegna.
entregar tr. consegnare; dare.
entregarse rfl. (mil.) rendersi.
entrelazar tr. intrecciare.
entremés m. intermezzo; antipasto.
entremeter tr. frammettere.
entremeterse rfl. intromettersi.
entremetido agg. e m. intruso.
entrenador m. allenatore.
entrenamiento m. allenamento.
entrenar tr. allenare.
entreoír tr. udire di sfuggita; fraintendere.
entresuelo m. ammezzato, mezzanino.
entretener tr. trattenere, intrattenere, divertire.
entretenerse rfl. intrattenersi.
entretenido agg. allegro, ameno.
entretenimiento m. trattenimento.
entretiempo m. mezza stagione. **traje de** — vestito di mezza stagione.
entrever tr. intravedere.
entrevista f. intervista.
entrevistar tr. intervistare.
entristecer tr. rattristare. itr. rattristire.
entristecimiento m. tristezza.
entuerto m. torto, aggravio.
entumecer tr. intormentire, intorpidire.
entumecimiento m. intorpidimento.
enturbiar tr. intorbidare.
entusiasmar tr. entusiasmare.
entusiasmo m. entusiasmo.
enumeración f. enumerazione.
enumerar tr. enumerare.
enunciación f. enunciazione.
enunciar tr. enunciare.

540

envainar tr. inguainare.
envalentonar tr. incoraggiare.
envalentonarse rfl. incoraggiarsi.
envanecerse rfl. insuperbire.
envaramiento m. intirizzimento.
envararse rfl. intirizzirsi.
envasador m. imbottatore.
envasar tr. imbottare; infiascare; invasare.
envase m. botte, fiasco, recipiente, scatola.
envejecer itr. e tr. invecchiare.　　　　　　[mento.
envenenamiento m. avvelena-
envenenar tr. avvelenare.
enviado m. inviato.
enviar tr. inviare, mandare.
envidia f. invidia.
envidiable agg. invidiabile.
envidiar tr. invidiare.
envidioso agg. invidioso.
envilecer tr. invilire, avvilire.
envilecerse rfl. avvilirsi, invilirsi.
envío m. invio; rimessa.
envoltorio m. involto.
envolver tr. involgere.
enyesar tr. ingessare.
enzarzar tr. coprire di rovi.
enzarzarse rfl. impigliarsi.
épica f. epica.
épico agg. epico.
epicúreo agg. e m. epicureo.
epidemia f. epidemia.
epidémico agg. epidemico.
epidermis f. epidermide.
epifanía f. epifania.
epígrafe m. epigrafe.
epigrama m. epigramma.
epilepsia f. epilessia.
epiléptico agg. epilettico.
epílogo m. epilogo.
episcopado m. episcopato.
episcopal agg. episcopale.
episodio m. episodio.
epístola f. epistola.
epistolar agg. epistolare.
epitafio m. epitafio.
epíteto m. epiteto.
época f. epoca.
epopeya f. epopea.
equidad f. equità.
equidistancia f. equidistanza.
equidistante agg. equidistante.
equidistar itr. essere equidistante.
equilibrar tr. equilibrare.
equilibrio m. equilibrio.
equinoccio m. equinozio.
equipaje m. bagaglio.
equiparar tr. equiparare.
equitación f. equitazione.
equitativo agg. equo, giusto.
equivalencia f. equivalenza.
equivalente agg. equivalente.
equivaler itr. equivalere.
equivocación f. sbaglio.
equivocar tr. e itr. equivocare, sbagliare.
equivocarse rfl. sbagliare.
equívoco agg. e m. equivoco.
era f. era, periodo; aia; aiola.
erario m. erario.
erección f. erezione.
eremita m. eremita.
erigir tr. erigere, istituire.
erisipela f. (med.) erisipela.
erizar tr. rizzare (i capelli).
erizo m. riccio, porco spino.
ermita f. eremo, romitorio.
erosión f. erosione.
erótico agg. erotico.
erotismo m. erotismo.
errabundo agg. errabondo.
errante agg. errante.
errar tr. errare.
errata f. errore di stampa.
erróneo agg. erroneo.

error m. errore, sbaglio.
eructación f. eruttazione.
eructar itr. eruttare.
eructo m. rutto.
erudición f. erudizione.
erudito agg. e m. erudito.
erupción f. eruzione.
esa agg. cotesta.
ésa pron. cotesta.
esbeltez f. sveltezza, snellezza.
esbelto agg. svelto, snello.
esbirro m. sbirro.
esbozo m. abbozzo.
escabechar tr. marinare (pesci).
escabeche m. marinata.
escabrosidad f. scabrosità.
escabroso agg. scabroso.
escala f. scala; scalo.
escalada f. scalata.
escalar tr. scalare. itr. far scalo.
escaldado agg. scottato.
escaldar tr. scottare.
escalera f. scala. — de caracol scala a chiocciola. — de mano scala a pioli.
escalofrío m. brivido.
escalón m. gradino; scaglione.
escalonar tr. scaglionare.
escama f. squama.
escamar tr. squamare.
escamarse rfl. temere.
escampado agg. sgombro.
escampar tr. sgombrare.
escandalizar tr. scandalizzare.
escándalo m. scandalo.
escandaloso agg. scandaloso.
escapada f. scappata.
escapar itr. scappare, fuggire.
escaparse rfl. fuggire, scappare.　　　　　　　　[zio.
escaparate m. vetrina di nego-
escapatoria f. scappatoia, scappavia.
escape m. scappata, scappamento; fuga.
escarabajo m. scarafaggio.
escaramuza f. scaramuccia.
escarapela f. coccarda.
escarbar tr. frugare.
escarcha f. brina.
escarchar itr. brinare, cadere la brina.
escarlata f. scarlatto.
escarlatina f. scarlattina.
escarmentar tr. rinsavire.
escarmiento m. rinsavimento.
escarnecer tr. schernire.
escarnio m. scherno.
escarola f. (bot.) scarola.
escarpa f. scarpata.
escarpadura f. declivio.
escasear itr. scarseggiare.
escasez f. scarsezza.
escatimar tr. stiracchiare.
escayola f. scagliola.
escena f. scena.
escenario m. scenario.
escepticismo m. scetticismo.
escéptico agg. e m. scettico.
escindir tr. scindere.
escisión f. scissione.
esclarecer tr. rischiarare; schiarire. itr. far giorno.
esclavitud f. schiavitù.
esclavizar tr. ridurre a schiavitù.
esclavo agg. e m. schiavo.
esclerosis f. (med.) sclerosi.
esclusa f. chiusa, cateratta.
escoba f. scopa.
escobar tr. scopare.
escocer itr. frizzare.
escoger tr. scegliere.
escogido agg. scelto.
escolar agg. scolastico. m. scolaro.

escolástico agg. e m. scolastico.
escollera f. (naut.) scogliera.
escollo m. (naut.) scoglio.
escolta f. scorta.
escoltar tr. scortare.
escombros m. rottami, resti.
esconder tr. nascondere, occultare.
esconderse rfl. nascondersi.
escondite m. nascondiglio.
escondrijo m. nascondiglio.
escopeta f. schioppo, fucile. — de aire comprimido fucile ad aria compressa.
escorbuto m. (med.) scorbuto.
escoria f. scoria.
escorpión m. scorpione.
escotadura f. scollatura.
escotar tr. scollare.
escote m. scollatura, scollo.
escotilla f. (naut.) boccaporto.
escozor m. bruciore.
escriba m. scriba.
escribanía f. scrivania; notariato.
escribano m. notaio.
escribiente m. scrivano.
escribir tr. scrivere, comporre.
escrito m. scritto, scrittura.
escritor m. scrittore.
escritorio m. scrittoio.
escritura f. scrittura.
escrúpulo m. scrupolo.
escrupuloso agg. scrupoloso.
escrutador m. scrutatore.
escrutar tr. scrutare; scrutinare.
escrutinio m. scrutinio.
escuadra f. squadra.
escuadrón m. (mil.) squadrone.
escucha f. sentinella, scolta; ascolto, ascoltazione.
escuchar tr. ascoltare.
escudar tr. proteggere collo scudo.
escudero m. scudiero.
escudo m. scudo.
escudriñar tr. scrutinare.
escuela f. scuola.
esculpir tr. scolpire.
escultor m. scultore.
escultura f. scultura.
escupidera f. sputacchiera.
escupir tr. sputare.
escupitajo m. sputacchio.
escurreplatos m. sgocciolatoio.
escurridizo agg. sdrucciolevole.
escurrir tr. e itr. sgocciolare.
escurrirse rfl. scivolare.
ese agg. cotesto.
ése pron. cotesto.
esencia f. essenza.
esencial agg. essenziale.
esfera f. sfera.
esforzado agg. sforzato; coraggioso.
esforzar tr. sforzare.
esforzarse rfl. sforzarsi.
esfuerzo m. sforzo.
esfumar tr. sfumare.
esfumarse rfl. sfumarsi.
esgrima f. scherma.
esgrimir itr. tirare di scherma.
esguince m. (med.) distorsione.　　　　　　　[acclarino.
eslabón m. anello di catena;
eslavo agg. e m. slavo.
esmaltar tr. smaltare.
esmalte m. smalto.
esmerado agg. accurato.
esmeralda f. smeraldo.
esmerar tr. lucidare, pulire.
esmerarse rfl. sforzarsi (per far bene).
esmero m. accuratezza.
esófago m. esofago.
espaciar tr. lasciar spazio.
espacio m. spazio.

espada f. spada.
espalda f. schiena, spalla.
espaldas f. pl. dorso.
espaldar m. spalliera.
espaldarazo m. piattonata.
espaldilla f. omoplata.
espantadizo agg. facile a spaventarsi.
espantajo m. spauracchio.
espantar tr. spaventare.
espanto m. spavento, terrore.
espantoso agg. spaventoso, spaventevole.
español agg. e m. spagnuolo. m. lingua spagnuola.
españolizar tr. spagnolizzare.
esparadrapo m. cerotto adesivo.
esparcimiento m. spargimento; svago.
esparcir tr. spargere.
esparcirse rfl. spargersi; svagarsi.
espárrago m. sparago.
esparto m. sparto.
espasmo m. spasimo.
especial agg. speciale.
especialidad f. specialità.
especialista m. specialista.
especias f. pl. spezie.
especie f. specie, sorta.
especiería f. spezieria.
especificar tr. specificare.
específico agg. e. m. specifico.
espectáculo m. spettacolo.
espectador m. spettatore.
espectro m. spettro, fantasma.
especulación f. speculazione.
especular tr. e itr. speculare.
espejismo m. miraggio.
espejo m. specchio.
espeluznante agg. raccapricciante.
espeluznar tr. raccapricciare.
espera f. attesa.
esperantista m. f. esperantista.
esperanto m. esperanto.
esperanza f. speranza.
esperar tr. sperare; attendere.
esperma f. sperma.
esperpento m. mostriciattolo.
espesar tr. ispessire, condensare.
espesarse rfl. ispessirsi, condensarsi.
espeso agg. spesso, denso.
espesor m. spessore.
espesura f. spessezza.
espía m. f. spia.
espiar tr. spiare.
espiga f. spiga.
espigado agg. spigato.
espigar tr. spigolare. itr. spigare.
espigón m. punta; diga, muraglione.
espín m. porcospino.
espina f. spina; lisca di pesce; pruno.
espinaca f. spinace.
espinal agg. spinale.
espinazo m. spina dorsale.
espinilla f. parte anteriore della canna dello stinco.
espionaje m. spionaggio.
espira f. spira; spirale.
espiral f. spirale.
espirar tr. spirare, esalare.
espiritismo m. spiritismo.
espiritista agg. spiritistico. m. f. spiritista.
espíritu m. spirito; energia. — Santo Spirito Santo.
espiritual agg. spirituale.
espiritualidad f. spiritualità.
espiritualizar tr. spiritualizzare.
espita f. cannella.
esplendidez f. splendidezza.
espléndido agg. splendido.
esplendor m. splendore.

espliego m. (bot.) spigo, lavanda.
espoleadura f. spronatura.
espolear tr. spronare.
espoleta f. spoletta.
esponja f. spugna.
esponjar tr. rendere spugnoso.
esponjoso agg. spugnoso.
esponsales m. pl. sponsali.
espontaneidad f. spontaneità.
espontáneo agg. spontaneo.
esposa f. sposa, moglie.
esposas f. pl. manette.
esposo m. sposo.
espuela f. sprone, sperone.
espuma f. spuma, schiuma.
espumadera f. schiumaiola.
espumar tr. schiumare. itr. spumare, schiumare.
espumarajo m. bava, schiuma.
espumoso agg. schiumoso, spumoso.
espurio m. spurio.
esputo m. sputo.
esquela f. scheda.
esqueleto m. scheletro.
esquema m. schema.
esquemático agg schematico.
esquife m. schifo.
esquila f. squilla, campanella.
esquilar tr. tosare.
esquilmar tr. raccogliere (il frutto); sfruttare.
esquina f. cantonata, canto, angolo.
esquivar tr. schivare, sfuggire.
esquivez f. ritrosia.
esquivo agg. ritroso, schivo.
estabilidad f. stabilità.
estabilizar tr. stabilizzare.
estable agg. stabile.
establecer tr. stabilire, fondare, creare.
establecimiento m. stabilimento.
establo m. stalla.
estaca f. piolo; staggio; palo; steccone.
estacada f. palizzata; steccaia; steccato.
estacazo m. bacchiata, steccata.
estación f. stagione; stazione.
estacionamiento m. stazionamento.
estacionario agg. stazionario.
estacionarse rfl. rimanere stazionario; stazionare.
estadio m. stadio.
estadística f. statistica.
estado m. stato, nazione; condizione.
estafa f. truffa.
estafador m. truffatore.
estafar tr. truffare.
estafeta f. staffetta.
estallar itr. scoppiare, schiattare.
estallido m. scoppio.
estambre m. stame; (bot.) stame.
estampa f. stampa; aspetto.
estampado m. stampato.
estampar tr. stampare.
estampida f. scoppio.
estampido m. scoppio.
estampilla f. stampino.
estancar tr. stancare, arrestare il corso.
estancarse rfl. stagnare, ristagnare.
estancia f. stanza; abitazione; permanenza; soggiorno.
estanco m. regia dei tabacchi.
estandarte m. stendardo.
estanque m. stagno.
estante m. scaffale.
estantería f. scaffale.
estañar tr. stagnare.
estaño m. stagno.

estar itr. stare; essere. — en que essere d'opinione. — por las nubes costare moltissimo. — por essere in procinto.
estática f. statica.
estático agg. statico.
estatua f. statua.
estatuir tr. statuire.
estatura f. statura.
estatuto m. statuto.
este agg. questo. m. est, oriente.
éste pron. questo.
estepa f. (bot.) cisto; steppa.
estera f. stuoia.
estereofónico agg. stereofonico.
estereotipar tr. stereotipare.
estereotipia f. stereotipia.
estéril agg. sterile.
esterilidad f. sterilità.
esterilizar tr. sterilizzare.
esterlina f. sterlina (moneta).
esternón m. (anat.) sterno.
estertor m. stertore.
estiércol m. sterco; letame.
estilar tr. stilare. itr. usare.
estilo m. stile, carattere.
estima f. stima, considerazione.
estimación f. stima.
estimar tr. stimare, apprezzare; giudicare.
estimular tr. stimolare; eccitare, incitare.
estímulo m. stimolo.
estipendio m. stipendio.
estipulación f. stipulazione.
estipular tr. stipulare.
estirado agg. attillato; borioso.
estirar tr. stirare; allungare.
estirón m. strappo.
estirpe f. stirpe, razza.
estival agg. estivo.
esto pron. questo, ciò.
estocada f. stoccata, botta.
estoicismo m. stoicismo.
estoico agg. e m. stoico.
estola f. stola.
estolidez f. stolidezza.
estólido agg. stolido.
estomacal agg. stomacale.
estómago m. stomaco.
estoque m. stocco, gladio.
estorbar tr. disturbare, imbarazzare, ingombrare.
estorbo m. disturbo, ingombro.
estornudar itr. starnutare.
estornudo m. starnuto.
estrabismo m. (med.) strabismo.
estrado m. palco; predella; sala di ricevimento.
estrados m. pl. sale dai tribunali.
estrafalario agg. stravagante, eccentrico.
estragar tr. viziare; fare strage.
estrago m. strage, danno.
estrangulación f. strangolamento.
estrangular tr. strangolare.
estratagema f. stratagemma.
estrategia f. strategia.
estratégico agg. strategico.
estratificar tr. stratificare.
estrato m. strato.
estrechamiento m. stringimento; stretta; restringimento.
estrechar tr. stringere, restringere.
estrecharse rfl. contrarsi, stringersi.
estrechez f. strettezza.
estrecho agg. e m. stretto.
estrella f. stella.
estrellado agg. stellato.
estrellar agg. stellare. tr. fracassare, infrangere, scagliare.

estrellarse rfl. infrangersi, fracassarsi, scagliarsi; coprirsi di stelle.
estremecer tr. commuovere, stremire.
estremecerse rfl. fremere, stremirsi, rabbrividire.
estrenar tr. inaugurare; (teat.) fare la prima, rappresentare per la prima volta.
estrenarse rfl. debuttare.
estreno m. prima; esordio.
estreñimiento m. stitichezza.
estreñirse rfl. patire stitichezza.
estrépito m. strepito, fracasso.
estrepitoso agg. strepitoso.
estribación f. diramazione, propaggine.
estribar tr. appoggiarsi, basarsi.
estribillo m. (mus.) ritornello.
estribo m. staffa; montatoio di una vettura; propaggine.
estribor m. (naut.) dritta.
estridencia f. stridenza.
estridente agg. stridente.
estrofa f. strofa.
estropajo m. strofinaccio.
estropajoso agg. sudicio.
estropear tr. storpiare; guastare.
estropicio m. fracasso, baccano, guasto.
estructura f. struttura.
estruendo m. fragore, fracasso, strepito; chiasso.
estruendoso agg. fragoroso.
estuario m. estuario.
estuche m. astuccio.
estudiante m. studente.
estudiantil agg. studentesco.
estudiantina f. studiantina.
estudiar tr. studiare.
estudio m. studio, applicazione; studio.
estudioso agg. e m. studioso.
estufa f. stufa.
estulticia f. stoltezza.
estupefacción f. stupefazione, stupore.
estupefacto agg. stupefatto.
estupendo agg. stupendo.
estupidez f. stupidezza.
estúpido agg. e m. stupido.
estupor m. stupore.
estuprar tr. stuprare.
estupro m. stupro.
esturión m. storione.
etapa f. tappa.
etcétera m. eccetera.
eternal agg. eternale.
eternidad f. eternità.
eternizar tr. eternare.
eterno agg. eterno.
ética f. etica.
ético agg. etico.
etimología f. etimologia.
etiqueta f. etichetta.
étnico agg. etnico.
eucaristía f. eucaristia.
eufemismo m. eufemismo.
euforia f. euforia.
europeo agg. e m. europeo.
evacuación f. evacuazione.
evacuar tr. evacuare.
evadir tr. evitare, eludere; evadere.
evadirse rfl. evadere.
evangélico agg. evangelico.
evangelio m. vangelo.
evangelista m. f. evangelista.
evangelizar tr. evangelizzare.
evaporación f. evaporazione.
evaporar tr. evaporare.
evaporarse rfl. evaporare.
evasión f. evasione; fuga.
evasivo agg. evasivo.
evento m. evento.
eventualidad f. eventualità.
evidencia f. evidenza.
evidente agg. evidente.

evitar tr. evitare.
evocar tr. evocare.
evolución f. evoluzione.
evolucionar itr. far evoluzioni; svilupparsi, svolgersi.
exactitud f. esattezza.
exacto agg. esatto.
exageración f. esagerazione.
exagerar tr. esagerare.
exaltar tr. esaltare.
examen m. esame.
examinar tr. esaminare.
exánime agg. esanime.
exasperación f. esasperazione.
exasperar tr. esasperare.
excavación f. escavazione.
excavar tr. scavare.
exceder tr. eccedere.
excelencia f. eccellenza.
excelente agg. eccellente.
excelso agg. eccelso.
excentricidad f. eccentricità.
excéntrico agg. e m. eccentrico.
excepción f. eccezione.
excepto avv. eccetto.
exceptuar tr. eccettuare.
excesivo agg. eccessivo.
exceso m. eccesso.
excitable agg. eccitabile.
excitación f. eccitazione.
excitar tr. eccitare.
exclamación f. esclamazione.
exclamar itr. esclamare.
excluir tr. escludere.
exclusión f. esclusione.
exclusiva f. esclusiva.
excomulgar tr. scomunicare.
excomunión f. scomunica.
excremento m. escremento.
excursión f. escursione, gita.
excursionista m. f. escursionista.
excusa f. scusa.
excusado agg. scusato; esente di tributi. m. cesso.
excusar tr. scusare; esentare dai tributi.
exención f. esenzione.
exento agg. esente.
exequias f. pl. esequie.
exhalación f. esalazione.
exhalar tr. esalare.
exhausto agg. esausto.
exhibición f. esibizione.
exhibir tr. esibire.
exhortación f. esortazione.
exhortar tr. esortare.
exhumación f. esumazione.
exhumar tr. esumare.
exigencia f. esigenza.
exigente agg. esigente.
exigir tr. esigere.
eximir tr. esimere.
existencia f. esistenza.
existir itr. esistere, essere.
éxito m. esito; successo.
éxodo m. esodo.
exorbitante agg. esorbitante.
exorcismo m. esorcismo.
exorcizar tr. esorcizzare.
exótico agg. esotico.
expansión f. espansione.
expatriación f. espatriazione.
expatriarse rfl. espatriare.
expectación f. aspettazione.
expectativa f. aspettativa.
expedición f. speditezza; spedizione.
expediente m. espediente.
expedir tr. spedire, inviare.
expeditivo agg. speditivo, sbrigativo.
expedito agg. spedito.
expeler tr. espellere.
expendedor m. spenditore.
expender tr. spendere.
expensas f. pl. spese.
experiencia f. esperienza.

experimentación f. esperimento.
experimentar tr. sperimentare, provare.
experimento m. esperimento.
experto agg. esperto.
expiación f. espiazione.
expiar tr. espiare.
explicación f. spiegazione, esplicazione.
explicar tr. spiegare, esplicare.
explícito agg. esplicito.
exploración f. esplorazione.
explorador m. esploratore.
explorar tr. esplorare.
explosión f. esplosione.
explosivo agg. esplosivo.
explotación f. sfruttamento; impianto.
explotar tr. sfruttare.
expoliación f. spoliazione.
expoliar tr. spogliare.
exponer tr. esporre.
exponerse rfl. sporsi.
exportación f. esportazione.
exportar tr. esportare.
exposición f. esposizione.
expositivo agg. espositivo.
expósito agg. e m. esposto, trovatello.
expresar tr. esprimere.
expresión f. espressione.
expreso agg. e m. espresso.
exprimir tr. spremere.
expulsar tr. espellere.
expulsión f. espulsione.
exquisito agg. squisito.
éxtasis m. estasi.
extender tr. estendere; diffondere.
extensión f. estensione.
extenso agg. esteso.
exterior agg. e m. esteriore.
exteriorizar tr. esteriorizzare.
exterminación f. sterminio.
exterminar tr. sterminare.
exterminio m. sterminio.
externo agg. esterno. m. alunno esterno.
extinción f. estinzione.
extinguir tr. estinguere.
extinto agg. e m. estinto.
extintor m. estintore.
extirpación f. estirpazione.
extirpar tr. estirpare.
extorsión f. estorsione.
extracción f. estrazione.
extractar tr. estrarre.
extracto m. estratto.
extractor m. estrattore.
extraer tr. estrarre.
extranjero agg. e m. straniero, forastiero.
extrañar tr. vedere o sentire qc. con stupore; stranlare, bandire.
extrañarse rfl. maravigliarsi; straniarsi.
extrañeza f. stranezza.
extraño agg. strano.
extraordinario agg. straordinario.
extravagancia f. stravaganza.
extravagante agg. stravagante.
extraviar tr. deviare; smarrire; traviare.
extraviarse rfl. deviarsi; smarrirsi; traviarsi.
extravío m. traviamento; smarrimento.
extremado agg. esagerato, estremo.
extremar tr. portare agli estremi.
extremaunción f. estrema unzione.
extremidad f. estremità.
extremo agg. e m. estremo.

exuberancia f. esuberanza.
exuberante agg. esuberante.

fábrica f. fabbrica; edificio.
fabricación f. fabbricazione.
fabricante m. fabbricante.
fabricar tr. fabbricare; edificare.
fábula f. favola.
fabulista m. favolista.
facción f. fazione.
facciones f. pl. fattezze.
faceta f. faccetta; aspetto.
fácil agg. facile.
facilidad f. facilità.
facilitar tr. facilitare.
factible agg. fattibile.
factor m. fattore. — de equipajes bagagliere.
factoría f. fattoria.
factura f. fattura.
facturar tr. fatturare.
facultad f. facoltà.
facultar tr. dare facoltà.
facultativo agg. facoltativo. m. dottore, medico.
fachada f. facciata.
faisán m. fagiano.
faja f. fascia, striscia, benda.
fajo m. fascio.
falacia f. fallacia.
falda f. falda; sottana.
faldero agg. e m. donnaiolo.
falibilidad f. fallibilità.
falsario agg. e m. falsario.
falsear tr. falsare.
falsedad f. falsità.
falsificación f. falsificazione.
falsificador m. falsificatore.
falsificar tr. falsificare.
falso agg. falso.
falta f. difetto; mancanza; colpa; errore.
faltar itr. mancare.
falto agg. difettoso; mancante.
falla f. difetto; falla. —s valencianas baldoria.
fallar tr. e itr. fallire; fallare; decidere.
fallecer itr. morire.
fallecimiento m. decesso, morte.
fallido agg. fallito.
fallo m. (giur.) sentenza; fallimento.
fama f. fama, celebrità.
familia f. famiglia.
familiar agg. familiare.
familiaridad f. familiarità.
familiarizar tr. familiarizzare.
famoso agg. famoso, rinomato.
fanal m. fanale.
fanático agg. fanatico.
fanatismo m. fanatismo.
fanfarrón m. fanfarone.
fanfarronear itr. millantarsi.
fangal m. fangaia.
fango m. fango.
fangoso agg. fangoso.
fantasear itr. fantasticare.
fantasía f. fantasia.
fantasioso agg. fantasioso.
fantasma m. fantasma.
fantástico agg. fantastico.
farándula f. compagnia comica ambulante.
faringe f. faringe.
faringitis f. faringite.

farisaico agg. farisaico.
fariseísmo m. fariseismo.
fariseo agg. fariseo.
farmacéutico agg. farmaceutico. m. farmacista, speziale.
farmacia f. farmacia.
faro m. faro, lanterna.
farol m. lampione.
farola f. fanale.
farsa f. farsa.
farsante m. commediante; simulatore.
fascículo m. fascicolo.
fascinación f. fascino.
fascinar tr. affascinare.
fascismo m. fascismo.
fascista m. f. fascista.
fase f. fase.
fastidiar tr. infastidire.
fastidiarse rfl. infastidirsi.
fastidio m. fastidio.
fastidioso agg. fastidioso.
fastuoso agg. fastoso.
fatal agg. fatale.
fatalidad f. fatalità.
fatídico agg. fatidico.
fatiga f. fatica.
fatigar tr. affaticare.
fatuo agg. fatuo.
favor m. favore.
favorable agg. favorevole.
favorecedor agg. favolevole.
favorecer tr. favorire.
favorito agg. e m. favorito.
faz f. faccia, sembiante.
fe f. fede, dar — certificare.
fealdad f. bruttezza.
febrero m. febbraio.
febril agg. febbrile.
fécula f. fecola.
fecundación f. fecondazione.
fecundador agg. fecondatore.
fecundar tr. fecondare.
fecundidad f. fecondità.
fecundizar tr. fecondare.
fecundo agg. fecondo.
fecha f. data.
fechar tr. datare.
fechoría f. misfatto.
federación f. federazione.
federal agg. federale.
felicidad f. felicità.
felicitación f. felicitazione, congratulazione.
felicitar tr. felicitare, congratulare.
feligrés m. parrocchiano.
feligresía f. parrocchia.
feliz agg. felice.
femenino agg. femminile.
femineidad f. femminilità.
fenómeno m. fenomeno.
feo agg. brutto.
feracidad f. feracità, fertilità.
feraz agg. ferace.
féretro m. feretro, bara.
feria f. fiera.
ferial agg. feriale. m. mercato, fiera.
fermentación f. fermentazione.
fermentar itr. fermentare.
fermento m. fermento.
ferocidad f. ferocia.
feroz agg. feroce.
ferretería f. ferramenta, ferrareccia; negozio di ferramenta.
ferrocarril m. ferrovia.
ferroviario agg. ferroviario.
fértil agg. fertilo.
fertilidad f. fertilità.
fertilización f. fertilizzazione.
fertilizar tr. fertilizzare.
ferviente agg. fervente.
fervor m. fervore.
festejar tr. festeggiare.
festejo m. festeggio.
festín m. festino.
festividad f. festività.
festivo agg. festivo.
fetiche m. feticcio.

fétido agg. fetido.
feto m. feto.
feudal agg. feudale.
feudo m. feudo.
fiado agg. affidato. comprar al — comprare a credito.
fiador m. garante.
fiambre m. vivanda fredda.
fiambrera f. cesta per le vivande fredde.
fianza f. malleveria, garanzia, fidanza.
fiar tr. garantire; vendere a credito.
fiarse rfl. fidarsi.
fibra f. fibra.
fibroso agg. fibroso.
ficción f. finzione.
ficha f. gettone; tessera; scheda.
fichero m. schedario.
ficticio agg. fittizio.
fidedigno agg. fidedegno.
fideicomiso m. fidecommesso.
fidelidad f. fedeltà.
fideos m. pl. vermicelli, spaghetti. — finos bruci.
fiebre f. febbre. — palustre malaria.
fiel agg. fedele, leale. m. ispetore dei pesi e misure; indice; fedele.
fieltro m. feltro.
fiera f. bestia feroce, fiera, belva.
fiereza f. fierezza.
fiero agg. fiero, spietato.
fiesta f. festa, feria.
figura f. figura.
figurar tr. e itr. figurare.
figurarse rfl. figurarsi, immaginarsi.
figurativo agg. figurativo.
figurín m. figurino di mode.
fijador agg. e m. fissatore.
fijar tr. fissare.
fijarse rfl. fissarsi.
fijeza f. fermezza, fissità.
fijo agg. fermo, fisso. de — sicuramente.
fila f. fila, filza.
filamento m. filamento.
filantropía f. filantropia.
filantrópico agg. filantropico.
filarmónico agg. e m. filarmónico.
filatelia f. filatelia.
filete m. filetto (di carne).
filiación f. filiazione; matricola.
filial agg. filiale.
filiar tr. prendere i connotati.
filo m. filo.
filología f. filologia.
filológico agg. filologico.
filólogo m. filologo.
filón m. filone.
filosofar itr. filosofare.
filosofía f. filosofia.
filosófico agg. filosofico.
filósofo m. filosofo.
filtrar tr. filtrare.
filtro m. filtro.
fin m. fine. al — y al cabo in último. al — alla fine. a — de per. por — infine, alla fine.
finado m. morto, defunto.
final agg. finale, último. m. fine, finale, conclusione.
finalizar tr. terminare, finire.
finalmente avv. finalmente, infine.
financiero agg. finanziario. m. finanziere.
fineza f. finezza.
fingido agg. finto.
fingir tr. fingere.
fino agg. fino, fine.
finlandés agg. e m. finlandese. m. lingua finlandese.
finura f. finezza, squisitezza.

firma f. firma; sottoscrizione; ditta.
firmamento m. firmamento.
firmante m. firmatario.
firmar tr. firmare; sottoscrivere.
firme agg. fermo. avv. fermamente.
firmeza f. fermezza.
fiscal agg. fiscale. m. procuratore, pubblico ministerio. — de hacienda intendente di finanza.
fiscalía f. procura, procuratia.
fiscalizar tr. controllare.
fisco m. fisco.
física f. fisica.
físico agg. fisico. m. fisico.
fisiología f. fisiologia.
fisioterapia f. fisioterapia.
flaco agg. fiacco, magro.
flama f. fiamma.
flamante agg. fiammante, splendente.
flamear itr. fiammeggiare.
flamenco agg. fiammingo; zingaresco. m. (orn.) fenicottero; fiammingo (idioma).
flan m. creme caramelle, dolce di crema.
flanco m. fianco.
flanquear tr. fiancheggiare.
flaquear itr. infiacchire.
flaqueza f. fiacchezza, indebolimento.
flauta f. flauto.
flautista m. flautista.
flecha f. freccia.
flechar tr. colpire con freccia, frecciare.
flechazo m. colpo di freccia, frecciata.
flema f. flemma.
flemático agg. flemmatico.
flemón m. flemmone.
fletar tr. (naut.) noleggiare.
flete m. (naut.) noleggio.
flexibilidad f. flessibilità.
flexible agg. flessibile.
flexión f. flessione.
flojear itr. infiacchire.
flojo agg. fiacchezza.
flor f. fiore.
flora f. flora.
floración f. fioritura, fiorita.
florecer itr. fiorire; prosperare.
floreciente agg. fiorente.
florero m. fioraio; vaso da fiori.
florido agg. fiorito.
florista m. fioraio f. fioraia.
flota f. flotta, marina.
flotante agg. galleggiante.
flotar itr. galleggiare.
flote m. galleggiamento. poner a — rimettere a galla (una nave).
flotilla f. flottiglia.
fluctuar itr. fluttuare.
fluidez f. fluidezza.
fluido agg. e m. fluido.
fluir itr. fluire, scorrere.
flujo m. afflusso, flusso.
fluvial agg. fluviale.
foca f. (zool.) foca.
foco m. fuoco; focolaio; luce.
fogata f. falò.
fogón m. focolare.
fogosidad f. focosità, ardore.
folklore m. folklore.
folklórico agg. folklorico.
folletín m. appendice; romanzo d'appendice.
folleto m. opuscolo.
fomentar tr. fomentare, promuovere.
fomento m. fomento.
fondeadero m. (naut.) ancoraggio.

fondear itr. (naut.) ancorarsi. tr. scandagliare, ancorare.
fondo m. fondo.
fondos m. pl. fondi, capitali.
fonética f. fonetica.
fonógrafo m. fonografo.
fontanería f. mestiere del fontaniere.
fontanero m. fontaniere.
forajido agg. e m. evaso; fuorilegge.
forastero m. forastiero.
forense agg. forense.
forja f. fucina, forgia.
forjar tr. fucinare; creare.
forma f. forma.
formación f. formazione.
formalidad f. formalità.
formalizar tr. formalizzare.
formar tr. formare.
formato m. formato.
formidable agg. formidabile.
fórmula f. formula.
formular tr. formulare.
formulario m. formulario.
formulismo m. formulismo.
fornicación f. fornicazione.
fornicar itr. fornicare.
forrar tr. foderare.
forro m. fodera.
fortalecer tr. fortificare, rafforzare.
fortaleza f. fortezza.
fortificación f. fortificazione.
fortificar tr. fortificare.
fortuito agg. casuale, fortuito.
fortuna f. fortuna.
forzar tr. forzare.
forzoso agg. forzoso.
forzudo agg. forzuto.
fosa f. fossa.
fosar tr. fare un fosso.
foso m. fosso.
fotograbado m. fotoincisione.
fotografía f. fotografia.
fotógrafo m. fotografo.
frac m. frac, abito a coda.
fracasar itr. non riuscire, fallire, far fiasco.
fracaso m. insuccesso, fiasco, fallimento.
fracción f. frazione.
fractura f. frattura.
fracturar tr. fratturare.
fragancia f. fraganza.
fragante agg. fragrante.
fragata f. fregata.
frágil agg. fragile.
fragilidad f. fragilità.
fragmentario agg. frammentario.
fragmento m. frammento.
fraile m. frate, monaco.
frambuesa f. (bot.) lampone.
francés agg. o m. francese. m. lingua francese. despedirse a la francesa andarsene senza salutare.
francmasón agg. frammassone.
franco agg. franco; leale. m. franco (moneta).
franela f. flanella.
franja f. frangia.
franquear tr. affrancare; attraversare.
franqueo m. affrancatura.
franqueza f. franchezza, sincerità.
frasco m. fiasco; ampolletta, bottiglietta.
frase f. frase.
fraternal agg. fraterno.
fraternidad f. fraternità.
fraterno agg. fraterno.
fratricida agg. e m. fratricida.
fratricidio m. fratricidio.
fraude m. frode, inganno.
fraudulencia f. fraudolenza.
fray m. fra, frate.
frecuencia f. frequenza.
frecuente agg. frequente.

fregadero m. lavatoio.
fregar tr. fregare; lavare; strofinare.
fregona f. sguattera.
freír tr. friggere.
frenar tr. frenare.
frenesí m. frenesia.
frenético agg. frenetico.
freno m. freno.
frente f. fronte; facciata. — por — addirimpetto.
fresa f. (bot.) fragola.
frescachón agg. robusto e sano.
fresco agg. fresco. m. fresco.
frescor m. freschezza, frescura.
frescura f. frescura.
fresno m. (bot.) frassino.
frialdad f. freddezza.
fricción f. frizione.
friccionar tr. frizionare, fregare.
frigorífico agg. e m. frigorifero.
frío agg. freddo, frigido. m. freddo.
fritada f. frittata; frittura.
frito agg. fritto. — variado fritto misto.
fritura f. frittura.
frivolidad f. frivolità.
frívolo agg. frivolo.
frondosidad f. frondosità.
frontal agg. frontale.
frontera f. frontiera.
fronterizo agg. di frontiera; limitrofo.
frontón m. frontone.
frotación f. fregagione, frizione.
frotar tr. fregare, strofinare.
fructífero agg. fruttifero.
fructificar itr. fruttificare, fruttare.
frugal agg. frugale.
frugalidad f. frugalità.
frustrar tr. frustrare.
frustrarse rfl. non riuscire.
fruta f. frutta.
frutal agg. fruttifero. m. albero fruttifero.
frutería f. negozio del fruttivendolo.
frutero agg. frutticolo. m. fruttivendolo.
fruto m. frutto.
fuego m. fuoco; incendio. pegar — dar fuoco.
fuente f. fonte; fontanella; sorgente.
fuera avv. fuori, fuora. — de eccetto.
fuero m. legge e giurisdizione locale, foro.
fuerte agg. forte. m. forte, fortezza.
fuertemente avv. fortemente.
fuerza f. forza.
fuga f. fuga; fuggita, evasione.
fugacidad f. fugacità.
fugarse rfl. evadere, fuggire.
fugitivo agg. fuggitivo.
fulgor m. fulgore.
fulminante agg. fulminante.
fulminar tr. fulminare.
fumador m. fumatore.
fumar tr. e itr. fumare.
fumador m. fumatore.
función f. funzione.
funcionar itr. funzionare.
funcionario m. funzionario.
funda f. fodera; fascia; fodero.
fundación f. fondazione.
fundador m. fondatore.
fundamental agg. fondamentale.
fundamentar tr. fondamentare.
fundamento m. fondamento.
fundar tr. fondare.
fundición f. fusione; forderia; ghisa.

fundir tr. fondere.
fundirse rfl. fondersi.
fúnebre agg. funebre.
funeral m. funerale.
funeraria f. agenzia di trasporti funebri.
funerario agg. funerario.
funicular agg. funicolare. ferrocarril — funicolare.
furia f. furia.
furibundo agg. furibondo.
furor m. furore, collera.
furtivo agg. furtivo.
furúnculo m. (med.) foruncolo.
fusible agg. e m. fusibile.
fusil m. fucile.
fusilamiento m. fucilazione.
fusilar tr. fucilare.
fusión f. fusione.
fútil agg. futile.
futuro agg. futuro. m. tempo futuro; futuro (sposo).

gabán m. gabbano, soprabito, paletò.
gabardina f. gabardine.
gabinete m. gabinetto; camerino.
gaceta f. gazzetta, giornale.
gacetilla f. cronaca di giornale.
gafas f. pl. occhiali.
gaita f. cornamusa, piva.
gaitero m. suonatore di piva o cornamusa.
gaje m. stipendio, salario. —s del oficio noie del mestiere.
gala f. gala.
galán agg. galante. m. amoroso.
galante agg. galante.
galantear tr. corteggiare.
galanteo m. corteggiamento.
galantería f. galanteria.
galardón m. guiderdone, ricompensa.
galardonar tr. ricompensare, guiderdonare.
galeón m. (naut.) galeone.
galera f. (naut.) galera.
galería f. galleria, loggia.
galerna f. maestrale.
galés agg. e m. gallese. m. lingua gallese.
galgo m. levriero, veltro.
galicismo m. gallicismo.
galimatías m. linguaggio confuso, garbuglio.
galón m. gallone.
galopada f. galoppata.
galopar itr. galoppare.
galope m. galoppo.
gallardear itr. bravare, braveggiare.
gallardete m. gagliardetto.
gallardía f. arditezza; gagliardia.
gallardo agg. gagliardo.
galleta f. galletta, biscotto.
gallina f. gallina.
gallo m. gallo.
gamo m. daino, capriolo.
gamuza f. camoscia.
gana f. voglia. de buena — volontieri. de mala — a malavoglia.
ganadería f. gregge; bestiame.
ganadero m. proprietario o allevatore di bestiame.

ganado m. bestiame; mandria.
ganador agg. e m. vincitore.
ganancia f. guadagno, profitto, lucro.   [vincere.
ganar tr. guadagnare, lucrare;
gancho m. gancio; uncino.
gandul agg. vagabondo; pigro. m. scioperato.
ganga f. ganga; starna; bazza.
gangrena f. cancrena.
gangrenarse rfl. incancrenire.
gansada f. stupidità.
ganso m. oca; maleducato.
ganzúa f. grimaldello.
garaje m. garage.
garantía f. garanzia.   [dere.
garantizar tr. garantire, rispon-
garbanzo m. cece.
garbo m. garbo.
garboso agg. garbato.
garfio m. graffio.
garganta f. gola, collo.
gargantilla f. collana, monile.
gárgara f. gargarismo.
garita f. casotto, garitta.
garito m. bisca.
garra f. artiglio.
garrafa f. caraffa.
garrapata f. zecca.
garrapatear itr. scarabocchiare.
garrotazo m. bastonata, randel-lata.
garrote m. bastone, randello.
garza f. (orn.) airone, garza.
gas m. gas.
gasa f. garza.
gaseosa f. gassosa (bibita).
gaseoso agg. gassoso.
gasolina f. gasolina.
gastado agg. logoro, sciupato; speso; consumato; usato.
gastar tr. logorare, consumare, sciupare; spendere; usare.
gasto consumazione, consumo; spesa; uso.
gástrico agg. gastrico.
gastronomía f. gastronomia.
gata f. gatta. **a —s** carponi.
gatillo m. gattino; cane (di fucile).
gato m. gatto; gruzzolo; martinetto, cricco.
gatuno agg. gattesco, felino.
gavilán m. sparviere.
gavilla f. bica; covone.
gaviota f. gabbiano.
gazapo m. coniglietto.
gazmoño m. bacchettone.
gaznate m. gola, strozza.
gazpacho m. panzanella.
gemelo agg. e m. gemello.
gemelos m. pl. bottoni gemelli; binoccolo.
gemido m. gemito.
gemir itr. gemere.
gendarme m. gendarme.
gendarmería f. gendarmeria.
genealogía f. genealogia.
generación f. generazione.
general agg. e m. generale.
generala f. (mil.) generale, adunata.
generalidad f. generalità.
generalizar tr. generalizzare.
generar tr. generare.
genérico agg. generico.
género m. genere; classe.
géneros m. pl. mercanzia, generi.
generosidad f. generosità.
generoso agg. generoso.
genial agg. geniale.
genialidad f. genialità.
genio m. carattere, indole; genio, talento.
genital agg. genitale.
genitales m. pl. genitali.
gente f. gente, persone.

gentil agg. gentile, grazioso. m. gentile.
gentileza f. gentilezza.
gentilhombre m. gentiluomo.
gentío m. ressa, folla.
genuino agg. genuino.
geografía f. geografia.
geográfico agg. geografico.
geógrafo m. geografo.
geología f. geologia.
geometría f. geometria.
geranio m. (bot.) geranio.
gerencia f. gerenza, gestione.
gerente m. gerente.
germanismo m. germanismo.
germanizar tr. germanizzare.
germano agg. germano, germanico. m. germano.
germen m. germe, embrione.
germinar itr. germinare.
gesticular itr. gesticolare.
gestión f. gestione.
gesto m. gesto.
gestor m. gerente, direttore di una impresa o società, gestore.   [gante.
gigante agg. gigantesco. m. gigante.
gigantesco agg. gigantesco, colossale.
gimnasia f. ginnastica.
gimnasio m. ginnasio; palestra.
gimnasta m. f. ginnasta.
gimotear itr. piagnucolare.
gimoteo m. piagnucolio.
ginebra f. gin.
ginecología f. ginecologia.
girar tr. e itr. girare, volgere.
girasol m. girasole.
giratorio agg. girevole.
giro m. giro.
gitanada f. azione da zingaro.
gitanería f. lusinga; gruppo di zingari.
gitano m. zingaro.
glacial agg. glaciale.
glándula f. ghiandola, glandula.
globo m. globo, orbe. **— dirigible** dirigibile. **— cautivo** pallone frenato.
gloria f. gloria, fama.
glorificar tr. glorificare.
glorioso agg. glorioso.
glosa f. glossa.
glosar tr. glossare.
glosario m. glossario.
glotón agg. ghiottone.
glotonería f. ghiottoneria.
gobernación f. governo. **ministerio de la —** ministero degli interni.
gobernador m. governatore.
gobernar tr. governare.
gobierno m. governo.
goce m. piacere, gusto; godimento.
golfo m. golfo; vagabondo, monello, birbante.
golondrina f. rondine.
golosina f. goloseria.
golosinas f. pl. dolciume.
goloso agg. e m. goloso.
golpe m. colpo, percossa. **de — y porrazo** all'improvviso.
golpear tr. colpire, dar colpi.
golpeo m. battitura.   [ta.
golpeteo m. battitura continua-
goma f. gomma.
góndola f. gondola.
gondolero m. gondoliere.
gordiflón agg. paffuto; obeso.
gordo agg. grasso.
gorjear itr. gorgheggiare.
gorjeo m. gorgheggio.
gorra f. berretta, berretto. **comer de —** mangiare alle spalle altrui.
gorrión m. (orn.) passero.
gorro m. berretto.

gota f. goccia; gotta. **— a — la mar se apoca** a forza di togliere il sacco si vuota. **su-dar la — gorda** far ogni sforzo per riuscire.
gotear itr. gocciolare.
gotera f. gocciolatura.
gozar tr. godere, fruire.
gozarse rfl. compiacersi.
gozne m. cardine.
gozo m. godimento; allegria.
gozoso agg. allegro, contento.
grabado m. incisione.
grabador m. incisore.
grabar tr. incidere; imprimere (nella) memoria.
gracejo m. garbo, grazia.
gracia f. grazia.
gracioso agg. grazioso; comico, buffo.
grada f. gradino; (naut.) scalo.
gradación f. gradazione.
gradar tr. erpicare o spianare il terreno.
gradería f. gradinata.
grado m. grado.
graduación f. graduazione.
graduado agg. graduato.
gradual agg. graduale.
graduar tr. graduare.
graduarse rfl. addottorarsi.
gráfico agg. grafico.
gramática f. grammatica.
gramático m. grammatico.
gramo m. grammo.
gramófono m. grammofono.
gran agg. grande.
granada f. (bot.) granata, melagrana; (mil.) granata.
granadero m. (mil.) granatiere.
granar itr. granire.
granate m. (min.) granata.
grande agg. grande; grosso.
grandeza f. grandezza.
grandilocuencia f. grandiloquenza.   [quente.
grandilocuente agg. grandilo-
grandioso agg. grandioso.
granear tr. granire.
granero m. granaio.
graniloso agg. granelloso.
granito m. granito.
granizada f. grandinata.
granizar itr. grandinare.
granizo m. grandine.
granja f. masseria.
granjero m. massaio, massaro.
granjear itr. guadagnare, sfruttare.
granjearse rfl. cattivarsi la stima, eccetera.   [al fatto.
grano m. grano. **ir al —** venire
granuja f. uva sgranata; granello. m. monello, birbante, briccone.
grasa f. sugna; grasso.
grasiento agg. lardoso, untuoso.
gratificación f. gratificazione.
gratificar tr. gratificare, ricompensare.
gratis avv. gratis.
gratitud f. gratitudine, riconoscenza.
grato agg. grato.
gratuito agg. gratuito.
gratulación f. congratulazione.
gratular tr. congratulare, felicitare.
gratularse rfl. congratularsi.
grava f. ghiaia.
gravamen m. gravame, onere.
gravar tr. gravare.
grave agg. grave, serio.
gravedad f. gravità.
gravitación f. gravitazione.
gravitar itr. gravitare.
gravoso agg. gravoso.
gremial agg. collegiale, corporativo. m. membro d'una corporazione.

gremio m. arte, corporazione.
grieta f. spaccatura, crepaccio; fessura.
grifo m. chiavetta; grifo; cannella. (stamp.) bastardo, corsivo.
grillo m. grillo; tallo.
grillos m. pl. ceppi.
gripe f. influenza.
gris agg. grigio. m. vento freddo.
grisáceo agg. grigiastro.
grisú m. grisù.
gritar itr. gridare, vociare.
gritería f. gridio, gridata.
griterío m. gridio, vocio.
grito m. grido **a — pelado** a squarciagola. **poner el — en el cielo** lamentarsi ad alta voce.   [nità.
grosería f. scortesia; grossola-
grosero agg. e m. scortese, grossolano.
grosor m. spessore.
grotesco agg. grottesco.
grúa f. gru, grue.   [so.
grueso agg. grosso, volumino-
gruñido m. grugnito.
gruñir itr. grugnire.
grupo m. gruppo.
gruta f. grotta, cava.
guadaña f. falce.
guante m. guanto.
guapo agg. bello, grazioso.
guarda m. guardia, guardiano. f. guardia, vigilanza.
guardabosque m. forestaro.
guardacostas m. guardacoste.
guardapolvo m. spolverino.
guardar tr. guardare, custodire; osservare (la legge); conservare; serbare.
guardarse rfl. ripararsi, guardarsi. **— de hacer** guardarsi dal fare, evitare di fare.
guardarropa m. guardaroba.
guardia f. guardia, difesa. m. guardia, milite.
guardián m. guardiano.
guarecer tr. accogliere; guarire.
guarecerse rfl. rifugiarsi.
guarida f. tana, covo.   [re.
guarnecer tr. guarnire, adorna-
guarnición f. guarnizione, fregio, adorno; guarnigione.
guasa f. rozzezza; burla.
guasón agg. e m. burlone.
gubernativo agg. governativo.
guerra f. guerra.
guerrear itr. guerreggiare.
guerrero agg. e m. guerriero.
guerrilla f. guerriglia.
guerrillero m. guerrigliero.
guía m. f. guida (chi accompagna altrui). f. guida, norma; manuale.
guiar tr. guidare, dirigere.
guijarro m. ciottolo.
guillotina f. ghigliottina.
guillotinar tr. ghigliottinare.
guinda f. (bot.) ciliegia.
guindilla f. amarasca dell'India.
guiñapo m. cencio.
guiñar tr. ammicare.
guion m. guidone; lineetta.
guirnalda f. ghirlanda.
guisado m. intingolo.
guisante m. (bot.) pisello.
guisar tr. cucinare.
guiso m. intingolo.
guitarra f. chitarra.
guitarrista m. e f. chitarrista.
gula f. gola, golosità.
gusano m. verme, baco. **— de seda** baco da seta.
gustar tr. gustare, assaporare; assaggiare. itr. piacere.
gustación f. degustazione.
gusto m. gusto; sapore; piacere.
gustoso agg. gustoso.

H h

haba f. fava.
habano agg. d'Avana. **cigarro —** sigaro d'Avana.
haber m. avere, patrimonio, beni; (comm.) avere. tr. avere, possedere. **— de** dovere. **— que** bisognare, essere necessario.
habichuela f. (bot.) fagiuolo.
hábil agg. abile, capace.
habilidad f. abilità.
habilidoso agg. abile.
habilitación f. abilitazione.
habilitar tr. abilitare.
habitable agg. abitabile.
habitación f. abitazione; appartamento; stanza.
habitante m. abitante.
habitar tr. e itr. abitare.
hábito m. abitudine; abito.
habitual agg. abituale.
habituar tr. abituare, avvezzare.
habituarse rfl. abituarsi, avvezzarsi.
habitud f. relazione.
habla f. idioma, linguaggio; parlata.
hablador agg. e m. chiachierone; parlatore.
hacendado agg. possidente. m. proprietario di latifondi.
hacendoso agg. attivo.
hacer tr. fare, fabbricare. **— calor** essere o fare caldo. **— frío** essere o fare freddo. **— del cuerpo** andare di corpo. **— frente** far fronte.
hacerse rfl. farsi. **— con algo** appropriarsi.
hacia prep. verso.
hacienda f. tenuta, proprietà, patrimonio.
hacinamiento m. affastellamento, ammucchiamento.
hacinar tr. affastellare, ammucchiare.
hacha f. ascia; torcia.
hachazo m. asciata.
hada f. fata.
hado m. fato, sorte, destino.
halagar tr. lusingare; accarezzare.
halago carezza; lusinga, allettamento.
halagüeño agg. lusinghevole.
halcón m. (orn.) falco, falcone.
hálito m. alito, respiro.
hallado agg. trovato; scoperto.
hallar tr. trovare, incontrare.
hallarse rfl. trovarsi, essere, stare. [ta.
hallazgo m. trovamento; trova-
hamaca f. amaca.
hambre f. fame.
hambriento agg. affamato.
hampa f. malavita.
haragán agg. e m. ozioso, vagabondo. [dare.
haraganear itr. oziare, vagabon-
haraganería f. ozio, poltroneria.
harapiento agg. cencioso.
harapo m. cencio.
harem m. arem, serraglio.
harina f. farina; polverina. **ser — de otro costal** essere cosa ben diversa.
harinoso agg. farinoso.
hartar tr. saziare, satollare; infastidire, annoiare.
hartarse rfl. saziarsi, satollarsi; infastidirsi.

hartazgo m. scorpacciata. **darse un —** mangiare a crepapelle.
harto agg. sazio, satollo. avv. abbastanza.
hartura f. sazietà, satollamento.
hasta prep. fino, sino. **— luego** arrivederci. **— ahora** finora, infino ad ora. **— aquí** insinquà. **— la fecha** finora. **— que** finchè, finattanto che.
hastiar tr. annoiare, stuccare; saziare.
hastío m. avversione, nausea; disgusto; fastidio.
hatillo m. fagottino. **tomar el —** far fagotto, andarsene.
hato m. fagotto di indumenti; branco, mandra. **liar el —** prepararsi per partire.
haya f. (bot.) faggio.
haz m. fascina, fascio. **— de hierba** fascio. **— de leña** fascina.
hazaña f. prodezza, gesta.
he itj. eh!, ehi!. avv. ecco. **— aquí** ecco qui. **— allí** ecco là. **— me** eccomi. **— te** eccoti.
hebilla f. fermaglio; fibbia.
hebraico agg. e m. ebraico.
hebreo agg. e m. ebreo, ebraico. m. lingua ebraica.
hectárea f. ettaro.
hectolitro m. ettolitro.
hectogramo m. ettogrammo.
hectómetro m. ettometro.
hechicera f. maga, strega.
hechicero m. fattuchiero, ammaliatore; mago.
hechizar tr. affascinare, ammaliare; fattucchiare, incantare.
hechizo m. fattucchieria, incantamento, magia, maleficio.
hecho m. fatto, azione. **de —** infatti.
hechura f. fattura, confezione.
heder itr. ppuzzare, fettere.
hediondez f. fetidezza, fetore, puzzo.
hediondo agg. fetido, puzzoso, putido.
hedor m. fetore.
helada f. gelata.
helado agg. gelido; diacciato, ghiacchiato. m. gelato.
helar tr. gelare, ghiacciare.
helarse rfl. ghiacciare, gelarsi.
hélice f. elica.
helicóptero m. elicottero.
hematoma m. ematoma.
hembra f. femmina.
hemorragia f. emorragia.
hemorrágico agg. emorragico.
hemorroide m. emorroide.
hender tr. fendere, spaccare.
hendidura f. fenditura, fessura.
heno m. (bot.) fieno. **fiebre del —** catarro pratile.
hepático agg. epatico.
heráldica f. araldica.
heráldico agg. araldico.
heraldo m. araldo.
herbáceo agg. erbaceo.
herbaje m. foraggio; erbatico.
herbívoro agg. e m. erbivoro.
herbolario agg. e m. erborista; erboristeria.
heredad f. terreni, beni.
heredar tr. ereditare.
heredera f. erede, ereditiera.
heredero agg. ereditario. m. erede.
hereditario agg. ereditario.
herejía f. eresia.
herencia f. eredità; successione.
herético agg. eretico.

herida f. ferita.
herido agg. e m. ferito.
herir tr. ferire; colpire; offendere.
hermana f. sorella. **— política** cognata.
hermanastra f. sorellastra.
hemanastro m. fratellastro.
hermandad f. fratellanza; vincolo tra fratelli; confraternità.
hermano m. fratello; frate.
hermosear tr. abbellire.
hermoso agg. bello, formoso.
hermosura f. bellezza, formosità.
hernia f. (med.) ernia.
héroe m. eroe.
heroico agg. eroico.
heroína f. eroina.
heroísmo m. eroismo.
herramienta f. istrumento.
herramientas f. pl. ferramenta; ferri, istrumenti, attrezzi di un mestiere.
herrar tr. ferrare (gli equini).
herrería f. mascalcia (arte); ferriera.
herrero m. fabbro ferraio.
herrumbre f. ruggine (del ferro).
hervidero m. bulicame; brulichio.
hervir tr. bollire, fervere.
hervor m. bollimento, bollore.
heterodoxia f. eterodossia.
heterodoxo agg. e m. eterodosso.
hez f. feccia; posatura.
hidalgo agg. nobile. m. gentiluomo, idalgo.
hidalguía f. nobiltà.
hidratación f. idratazione.
hidratar tr. idratare.
hidráulica f. idraulica.
hidráulico agg. idraulico.
hidroavión m. idrovolante.
hidrofobia f. idrofobia.
hidrógeno m. idrogeno.
hiedra f. edera.
hiel f. fiele. **echar la —** ammazzarsi dal lavoro.
hielo m. gelo; ghiaccio.
hiena f. (zool.) iena.
hierba f. erba. **— buena** menta.
hierro m. ferro. **— colado** ghisa, ferraccio.
hígado m. fegato.
higiene f. igiene.
higiénico agg. igienico.
higo m. (bot.) fico. **— chumbo** fico d'India.
higuera f. (bot.) fico (albero).
hija f. figlia, figliola. **— adoptiva** figlia adottiva. **— política** nuora.
hijastra f. figliastra.
hijastro m. figliastro.
hijo m. figlio, figliolo. **— adoptivo** figlio adottivo. **— político** genero.
hila f. fila; filatura; filaccia.
hilandería f. filanda; filatura.
hilar tr. filare. **—fino** procedere con molta cura.
hilera f. fila.
hilo m. filo di tessuto; refe (da cucire).
himno m. inno.
hincha f. odio, rancore; (fam.) tifoso.
hinchado agg. gonfiato, gonfio.
hinchar tr. gonfiare.
hincharse rfl. gonfiarsi.
hinchazón f. gonfiezza; gonfiore; gonfiaggine.
hipar itr. singhiozzare, singultire.
hípico agg. ippico.
hipnosis f. ipnosi.

hipnótico agg. ipnotico.
hipnotismo m. ipnotismo.
hipnotizar tr. ipnotizzare.
hipo m. singulto, singhiozzo; ansia.
hipocondría f. ipocondria.
hipocondríaco agg. e m. ipocondriaco.
hipocresía f. ipocresia.
hipócrita agg. e m. f. ipocrita.
hipódromo m. ippodromo.
hipopótamo m. ippopotamo.
hipoteca f. ipoteca.
hipotecable agg. ipotecabile.
hipotecar tr. ipotecare.
hipotecario agg. ipotecario.
hipótesis f. ipotesi.
hipotético agg. ipotetico.
hispánico agg. ispano, ispanico, spagnuolo.
hispanismo m. ispanismo, spagnolismo.
hispanizar tr. spagnolizzare.
hispano agg. e m. ispano, ispanico.
hispanoamericano agg. e m. ispano-americano.
histérico agg. e m. isterico.
histerismo m. isterismo.
historia f. storia.
historias f. pl. storie, fiabe.
historiador m. storico.
histórico agg. storico.
historieta f. storietta.
hita f. chiodo senza testa, punta.
hito m. pietra di confine; bersaglio. **mirar de — en —** guardare fissamente.
hocico m. muso, nifo.
hogar m. focolare.
hoguera f. falò, pira.
hoja f. foglia; foglio.
hojalata f. latta.
hojaldre m. pasta frolla.
hojarasca f. fogliame; (fig.) parole inutile.
hojear tr. sfogliazzare.
hola itj. olà!, ehi!
holandés agg. e m. olandese. m. lingua olandese.
holgado agg. ampio, comodo; agiato.
holganza f. riposo; comodità; divertimento.
holgazán agg. e m. fannullone, vagabondo.
holgazanear itr. girandolare, vagabondare.
holgazanería f. vagabondaggio, oziosità.
holgura f. ampiezza; divertimento.
holocausto m. olocausto.
hollín m. fuliggine.
hombrada f. azione eroica.
hombre m. uomo.
hombrera f. spallina; spallaccio.
hombría f. virilità.
hombro m. spalla.
hombruno agg. virile.
homenaje m. omaggio.
homicida m. omicida.
homicidio m. omicidio.
homogeneidad f. omogeneità.
homogéneo agg. omogeneo.
homosexual agg. omosessuale.
homosexualidad f. omosessualità.
honda f. fionda, frombola.
hondo agg. basso, fondo, profondo.
hondonada f. avvallamento.
hondura f. profondità.
honestidad f. onestà.
honesto agg. onesto.
hongo m. fungo.
honor m. onore.

honorable agg. onorevole, onorabile.
honorario agg. e m. onorario.
honorífico agg. onorifico.
honra f. onore, probità.
honradez f. onoratezza.
honrado agg. onorato, probo.
honrar tr. onorare.
honrilla f. puntiglio.
hora f. ora.
horario agg. orario. m. orario.
horca f. forca.
horchata f. orzata.
horizontal agg. orizzontale. f. linea orizzontale.
horizonte m. orizzonte.
horma f. forma; gambale.
hormiga f. formica.
hormigón m. calcestruzzo. — armado cemento armato.
hormiguear itr. formicolare.
hormigueo m. formicolio.
hormiguero m. formicaio; (orn.) torcicollo.
hornacina f. nicchia.
hornillo m. fornello.
horno m. forno.
horóscopo m. oroscopo.
horquilla f. forcone; forcella, forcina.
horrendo agg. orrendo, orribile, spaventevole, spaventoso.
horrible agg. orribile, spaventevole.
horripilante agg. spaventoso, spaventevole.
horror m. orrore.
horrorizar tr. causar orrore.
horrorizarse rfl. spaventarsi.
horroroso agg. orrendo, orribile.
hortaliza f. ortaggio.
hortelano m. ortolano; (orn.) ortolano. agg. ortolano.
horticultura f. orticoltura.
hospedage m. ospitalità; alloggio.
hospedar tr. ospitare, albergare.
hospedería f. locanda; alloggio.
hospedero m. locandiere, albergatore; pensionante.
hospiciano m. ricoverato (in un ospizio).
hospicio m. ospizio, ricovero.
hospital m. ospedale.
hospitalario agg. ospedaliero.
hospitalidad f. ospitalità.
hospitalizar tr. ospedalizzare.
hostelero m. oste, albergatore, locandiere.
hostería f. osteria, albergo.
hostia f. ostia.
hostigamiento m. fustigazione.
hostigar tr. molestare, perseguitare.
hostil agg. ostile.
hostilidad f. ostilità.
hoy avv. oggi; oggidì. de — en adelante d'oggi innanzi. — por — attualmente.
hoya f. fossa, sepoltura.
hoyo m. fosso, fossa.
hoz f. falce, falcione.
hucha f. salvadanaio; cassa-panca.
hueco agg. vuoto; concavo. m. cavità, buco.
huelga f. svago; sciopero.
huelguista m. f. scioperante.
huella f. impronta, impressione, orma.
huérfano agg. e m. orfano.
huerta f. orto; terreno di irrigazione.
huerto m. orto.
hueso m. osso. — de frutos nocciolo.

huésped m. ospite; oste, albergatore.
hueste f. oste, esercito, truppa.
huesudo agg. ossuto.
hueva f. uovo di pesce.
huevera f. venditrice d'uova portauovo.
huevo m. uovo. — pasado por agua uovo al latte. — revuelto uovo sbattuto e fritto — duro uovo sodo.
huida f. fuga.
huidizo agg. fuggitivo; fuggevole.
huir itr. fuggire.
hulla f. carbone fossile.
humanidad f. umanità.
humanismo m. umanesimo.
humanista m. umanista.
humanitario agg. umanitario.
humano agg. umano.
humareda f. fumata.
humear itr. fumare.
humedad f. umidità.
humedecer tr. inumidire.
húmedo agg. umido.
humildad f. umiltà.
humilde agg. umile.
humillación f. umiliazione.
humillar tr. umiliare.
humillarse rfl. avvilirsi, umiliarsi.
humo m. fumo.
humos m. pl. focolari; boria.
humor m. umore.
humorada f. facezia.
humorismo m. umorismo.
humorista m. e f. umorista.
humorístico agg. umoristico.
hundimiento m. sprofondamento; immersione; affondamento; crollo.
hundir tr. affondare, immergere.
hundirse rfl. ficcarsi, immergersi; crollare; affondare.
húngaro agg. e m. ungherese. m. lingua ungherese.
huracán m. uragano.
hurgar tr. frugare; agitare; rimuovere.
hurón m. furetto; frugacchione.
huronear itr. frugare, frugacchiare.
hurtar tr. rubare, pigliare, involare.
hurto m. furto, involamento.
husmear tr. annusare, fiutare.
huso m. fuso.

I i

icticia f. (med.) itterizia.
ida f. andata.
idea f. idea.
ideal agg. e m. ideale.
idealidad f. idealità.
idealismo m. idealismo.
idealizar tr. idealizzare.
idear tr. ideare.
idéntico agg. identico.
identidad f. identità.
identificar tr. identificare.
idilio m. idillio.
idioma m. idioma, lingua.
idiosincrasia f. idiosincrasia.
idiota agg. e m. f. idiota.
idiotez f. idiozia.
idólatra agg. e m. f. idolatra.
idolatrar tr. idolatrare.

idolatría f. idolatria.
ídolo m. idolo.
idóneo agg. idoneo.
iglesia f. chiesa.
ignominia f. ignominia.
ignominioso agg. ignominioso.
ignorancia f. ignoranza.
ignorante agg. e m. f. ignorante.
ignorar tr. ignorare.
igual agg. uguale.
igualar tr. eguagliare.
igualdad f. eguaglianza; uguaglianza; egualità.
ilación f. illazione.
ilegal agg. illegale.
ilegalidad f. illegalità.
ilegitimidad f. illegittimità.
ilegítimo agg. illegittimo.
ileso agg. illeso.
ilícito agg. illecito.
ilimitado agg. illimitato.
ilógico agg. illogico.
iluminación f. illuminazione.
iluminar tr. illuminare.
ilusión f. illusione.
ilusionarse rfl. illudersi.
ilusionista m. illusionista.
iluso agg. e m. illuso.
ilustración f. illustrazione.
ilustrado agg. illustrato.
ilustrar tr. illustrare.
ilustre agg. illustre.
imagen f. immagine.
imaginación f. immaginazione.
imaginar tr. immaginare.
imaginarse rfl. immaginarsi, figurarsi. [gnete.
imán m. calamita, imano, magnete.
imantar tr. calamitare.
imbécil agg. e m. imbecille.
imbecilidad f. imbecillità.
imberbe agg. imberbe.
imbuir tr. infondere.
imitación f. imitazione.
imitar tr. imitare.
impaciencia f. impazienza.
impacientar tr. far perdere la pazienza.
impacientarse rfl. impazientirsi.
impaciente agg. impaziente.
impar agg. impari.
imparcial agg. imparziale.
imparcialidad f. imparzialità.
impartir tr. impartire.
impasibilidad f. impassibilità.
impasible agg. impassibile.
impecable agg. impeccabile.
impedido agg. impedito.
impedimento m. impedimento, ostacolo.
impedir tr. impedire.
impeler tr. impellere.
impenetrable agg. impenetrabile.
impensado agg. impensato, impreveduto.
imperar itr. imperare; comandare.
imperativo agg. e m. imperativo.
imperceptible agg. impercettibile.
imperdible m. spillo di sicurezza.
imperdonable agg. imperdonabile.
imperfección f. imperfezione.
imperfecto agg. imperfetto.
imperial agg. imperiale.
imperio m. impero.
impermeabilizar tr. impermeabilizzare.
impermeable agg. e m. impermeabile.
impersonal agg. impersonale.
impertinencia f. impertinenza.
impertinente agg. impertinente.
impertinentes m. pl. occhialino, occhialetto.

imperturbable agg. imperturbabile.
impetrar tr. impetrare.
ímpetu m. impeto.
impetuosidad f. impetuosità.
impetuoso agg. impetuoso.
impiedad f. empietà.
impío agg. e m. empio.
implacable agg. implacabile.
implicar tr. implicare.
implícito agg. implicito.
implorar tr. implorare.
imponer tr. imporre.
impopular agg. impopolare.
importación f. importazione.
importador m. importatore.
importancia f. importanza.
importante agg. importante.
importar tr. importare.
importe m. importo.
importunar tr. importunare.
importuno agg. e m. importuno.
imposibilidad f. impossibilità.
imposibilitado agg. impossibilitato. m. invalido.
imposibilitar tr. impossibilitare.
imposible agg. impossibile.
imposición f. imposizione.
impostor m. impostore.
impotencia f. impotenza.
impotente agg. impotente.
impracticable agg. impraticabile.
imprecación f. imprecazione.
imprecar tr. imprecare.
impregnar tr. impregnare.
imprenta f. stampa; tipografia.
imprescindible agg. imprescindibile.
impresión f. impressione.
impresionar tr. impressionare.
impreso agg. impresso, stampato. m. stampato, modulo.
impresor m. impressore.
imprevisto agg. e m. imprevisto.
imprimir tr. imprimere; stampare.
improbable agg. improbabile.
ímprobo agg. improbo.
improductivo agg. improduttivo.
improperio m. improperio.
impropio agg. improprio.
improvisación f. improvvisazione.
improvisar tr. improvvisare.
improviso agg. improvviso.
imprudencia f. imprudenza.
imprudente agg. imprudente.
impudicia f. impudicizia.
impuesto m. imposta, tassa, diritto, gravame.
impugnar tr. impugnare.
impulsar tr. impulsare, spingere.
impulso m. impulso, spinta.
impune agg. impune, impunito.
impunidad f. impunità.
impureza f. impurità.
impuro agg. impuro; immorale.
imputable agg. imputabile.
imputación f. imputazione.
imputar tr. imputare, attribuire.
inacabable agg. inesauribile, interminabile.
inacabado agg. incompiuto.
inaccesible agg. inaccessibile.
inaceptable agg. inaccettabile.
inactividad f. inattività.
inactivo agg. inattivo, inoperoso.
inadecuado agg. inadeguato.
inadmisible agg. inammissibile.
inadvertencia f. inavvertenza.
inadvertido agg. inavvertito.
inaguantable agg. insopportabile.

inalienable agg. inalienabile.
inalterable agg. inalterabile.
inanición f. inanizione.
inapetencia f. inappetenza.
inapetente agg. inappetente.
inaplicable agg. inapplicabile.
inapreciable agg. inapprezzabile.
inasequible agg. inaccessibile.
inaudito agg. inaudito.
inauguración f. inaugurazione.
inaugurar tr. inaugurare.
incalculable agg. incalcolabile.
incansable agg. instancabile.
incapacidad f. incapacità.
incapaz agg. incapace, inetto.
incautación f. confiscazione, sequestro.
incautarse rfl. sequestrare.
incauto agg. incauto.
incendiar tr. incendiare.
incendiario agg. e m. incendiario.
incendio m. incendio.
incensar tr. incensare.
incentivo m. incentivo.
incertidumbre f. incertezza.
incesto m. incesto.
incidencia f. incidenza.
incidente m. incidente.
incidir itr. cadere (in errore, difetto, ecc.); incidere.
incienso m. incenso.
incierto agg. incerto.
incineración f. incinerazione.
incinerar tr. incinerare.
incisión f. incisione.
incisivo agg. incisivo.
inciso m. inciso; virgola.
incitación f. incitazione.
incitar tr. incitare.
inclemencia f. inclemenza.
inclemente agg. inclemente.
inclinación f. inclinazione.
inclinar tr. inclinare, chinare, inchinare.
inclinarse rfl. chinarsi, inchinarsi; inclinarsi.
incluir tr. includere.
inclusión f. inclusione.
inclusive avv. inclusivamente.
incluso agg. incluso.
incógnito agg. incognito.
incoherente agg. incoerente.
incoloro agg. incolore.
incombustible agg. incombustibile.
incomodar tr. incomodare.
incomodidad f. incomodità.
incómodo agg. scomodo, incomodo.
incomparable agg. incomparabile.
incompatible agg. incompatibile.
incompetencia f. incompetenza.
incompetente agg. incompetente.
incompleto agg. incompleto, incompiuto.
incomprensible agg. incomprensibile.
incondicional agg. incondizionale.
incongruencia f. incongruenza.
incongruente agg. incongruente.
inconsciente agg. e m. f. incosciente.
inconsecuente agg. inconseguente.
inconsistente agg. inconsistente.   [le.
inconsolable agg. inconsolabile.
inconstante agg. incostante.
incontinencia f. incontinenza.
incontinente agg. incontinente.
inconveniencia f. inconvenienza.

inconveniente agg. e m. inconveniente.
incorporación f. incorporazione.
incorporar tr. incorporare.
incorrección f. scorrettezza.
incorrecto agg. scorretto.
incorregible agg. incorreggibile.
incredulidad f. incredulità.
incrédulo agg. e m. incredulo.
increíble agg. incredibile.
incrementar tr. accrescere, incrementare.
incremento m. incremento.
incruento agg. incruento.
incrustación f. incrostazione.
incrustar tr. incrostare.
incubación f. incubazione.
incubar tr. incubare.
inculcar tr. inculcare.
inculto agg. incolto.
incultura f. incoltura.
incumbencia f. spettanza.
incumbir itr. incombere, spettare.
incurable agg. incurabile.
incurrir itr. incorrere.
incursión f. incursione.
indagación f. indagazione.
indagar tr. indagare.
indebido agg. indebito.
indecencia f. indecenza.
indecente agg. indecente.
indecisión f. indecisione.
indeciso agg. indeciso.
indecoroso agg. indecoroso.
indefendible agg. indifendibile.
indefenso agg. indifeso.
indefinido agg. indefinito.
indemne agg. indenne.
indemnización f. indennità, indennizzo.
indemnizar tr. indennizzare.
independencia f. indipendenza.
independiente agg. indipendente.
indescifrable agg. indecifrabile.
indestructible agg. indistruttibile.   [nato.
indeterminado agg. indeterminación f. indicazione.
indicar tr. indicare.
indicativo agg. e m. indicativo.
índice m. indice.
indicio m. indizio.
indiferencia f. indifferenza.
indiferente agg. indifferente.
indígena agg. e m. indigeno.
indigencia f. indigenza.
indigente agg. indigente.
indigestión f. indigestione.
indigesto agg. indigesto.
indignación f. indignazione.
indignar tr. indignare.
indignarse rfl. indignarsi.
indignidad f. indegnità.
indigno agg. indegno.
indirecta f. allusione.
indirecto agg. indiretto.
indisciplina f. indisciplina.
indisciplinarse rfl. rendersi indisciplinato.
indiscreción f. indiscrezione.
indiscreto agg. indiscreto.
indispensable agg. indispensabile.
indisponer tr. indisporre.
indisposición f. indisposizione.
individual agg. individuale.
individualizar tr. individuare.
individuo m. individuo.
indivisible agg. indivisibile.
indiviso agg. indiviso.
indocumentado agg. indocumentato.
índole f. indole.
indolencia f. indolenza.
indolente agg. indolente.
indomable agg. indomabile.
indomado agg. indomito.
indómito agg. indomito.

inducir tr. indurre.
inductor agg. e m. induttore.
indulgencia f. indulgenza.
indulgente agg. indulgente.
indultar tr. indulgere, perdonare, concedere l'indulto.
indulto m. indulto.
industria f. industria.
industrial agg. e m. industriale.
inédito agg. inedito.
ineficacia f. inefficacia.
ineficaz agg. inefficace.
ineludible agg. ineludibile.
ineptitud f. inettitudine.
inepto agg. inetto.
inercia f. inerzia.
inerte agg. inerte.
inesperado agg. inaspettato.
inestimable agg. inestimabile.
inestimado agg. non stimato; non valutato.
inevitable agg. inevitabile.
inexacto agg. inesatto.
inexistente agg. inesistente.
inexperiencia f. inesperienza.
inexperto agg. inesperto.
inexplicable agg. inesplicabile.
inextinguible agg. inestinguibile, inesauribile.
infalibilidad f. infallibilità.
infalible agg. infallibile.
infamar tr. infamare, diffamare.
infame agg. e m. f. infame.
infamia f. infamia.
infancia f. infanzia.
infante m. infante; principe; fante.
infantería f. (mil.) fanteria.
infanticida m. f. infanticida.
infanticidio m. infanticidio.
infantil agg. infantile.
infatigable agg. infaticabile.
infección f. (med.) infezione.
infeccioso agg. infettivo.
infectar tr. infettare.
infectarse rfl. infettarsi.
infecto agg. infetto.
infecundidad f. infecondità.
infecundo agg. infecondo.
infelicidad f. infelicità.
infeliz agg. e m. f. infelice.
inferior agg. inferiore.
inferioridad f. inferiorità.
inferir tr. inferire.
infernal agg. infernale.
infestar tr. infestare.
infidelidad f. infedeltà.
infiel agg. e m. f. infedele.
infiernillo m. fornello.
infierno m. inferno.
infiltración f. infiltrazione.
infiltrarse rfl. infiltrarsi.
ínfimo agg. infimo.
infinidad f. infinità.
infinito agg. e m. infinito.
inflación f. inflazione.
inflamable agg. infiammabile.
inflamación f. infiammazione.
inflamar tr. infiammare.
inflexible agg. inflessibile.
influencia f. influenza.
influente agg. influente.
influir itr. influire.
influjo m. influsso.
influyente agg. influente.
información f. informazione, notizia, rapporto.
informador m. informatore.
informal agg. leggiero, non serio; informale.
informalidad f. leggerezza, mancanza di serietà.
informar tr. informare; rapportare; avvisare.
informarse rfl. informarsi.
informe agg. informe. m. relazione, rapporto.
infortunio m. infortunio.
infracción f. infrazione.
infractor m. trasgressore, contrarrentore.

infrascri(p)to agg. infrascritto.
infringir tr. infrangere.
infructuoso agg. infruttuoso.
ínfulas f. pl. vanità.
infundado agg. infondato.
infundir tr. infondere.
infusión f. infusione.
ingeniar tr. immaginare, inventare.
ingeniarse rfl. industriarsi.
ingeniería f. ingegneria; (mil.) genio.
ingeniero m. ingegnere.
ingenio m. ingegno, genio, talento.
ingeniosidad f. ingegnosità.
ingenioso agg. ingegnoso.
ingenuidad f. ingenuità.
ingenuo agg. e m. ingenuo.
ingle f. (anat.) inguine.
inglés agg. e m. inglese. m. lingua inglese.
ingratitud f. ingratitudine.
ingrato agg. e m. ingrato.
ingrediente m. ingrediente.
ingresar tr. incassare; itr. entrare.
ingreso m. ingresso; entrata; incassamento.
inhábil agg. inabile.
inhabilidad f. inabilità, disabilità.
inhabilitar tr. inabilitare.
inhalar tr. inalare.
inhabitable agg. inabitabile.
inhabitado agg. inabitato.
inherente agg. inerente.
inhibición f. inibizione.
inhibir tr. inibire.
inhumanidad f. inumanità.
inhumano agg. inumano.
iniciación f. iniziazione.
inicial agg. iniziale.
iniciales f. pl. cifra.
iniciar tr. iniziare.
iniciarse rfl. iniziarsi.
inimaginable agg. inimmaginabile.
inimitable agg. inimitabile.
ininteligible agg. inintelligibile.
iniquidad f. iniquità.
injertar tr. innestare.
injerto m. innesto.
injuria f. ingiuria.
injuriar tr. ingiuriare.
injusticia f. ingiustizia.
injusto agg. ingiusto.
inmaculado agg. immacolato.
inmediación f. contiguità.
inmediaciones f. pl. dintorni.
inmediato agg. immediato.
inmejorable agg. immigliorabile.
inmemorial agg. immemorabile.
inmensidad f. immensità.
inmenso agg. immenso.
inmerecido agg. immeritato.
inmersión f. immersione.
inmigración f. immigrazione.
inmigrante m. immigrante.
inmigrar itr. immigrare.
inminente agg. imminente.
inmodestia f. immodestia.
inmodesto agg. immodesto.
inmolar tr. immolare.
inmoral agg. immorale.
inmortal agg. immortale.
inmortalidad f. immortalità.
inmortalizar tr. immortalizzare.
inmóvil agg. immobile.
inmueble m. immobile.
inmundicia f. immondizia.
inmundo agg. immondo.
inmune agg. immune.
inmunidad f. immunità.
inmunizar tr. immunizzare.
inmutable agg. immutabile.
inmutarse rfl. trasmutarsi, manifestare commozione interna.

innecesario agg. non necessario.

innegable agg. innegabile.

innocuo agg. innocuo.

innovación f. innovazione.

innovar tr. innovare.

innumerable agg. innumerevole.

inocencia f. innocenza.

inocente agg. innocente.

inofensivo agg. inoffensivo.

inolvidable agg. indimenticabile.

inoportuno agg. inopportuno.

inorgánico agg. inorganico.

inquietante agg. inquietante.

inquietar tr. inquietare.

inquieto agg. inquieto.

inquietud f. inquietudine.

inquilinato m. affitto.

inquilino m. inquilino.

inquirir tr. inquisire.

inquisición f. inquisizione.

insaciable agg. insaziabile.

insalubre agg. insalubre.

insalubridad f. insalubrità.

insano agg. insano.

inscribir tr. iscrivere; inscrivere.

inscripción f. iscrizione; inscrizione.

insecto m. insetto.

inseguridad f. incertezza; mancanza di securità.

inseguro agg. incerto; non sicuro.

insensatez f. insensatezza.

insensato agg. e m. insensato.

insensibilidad f. insensibilità.

inseparable agg. inseparabile.

inserción f. inserzione, inserimento.

insertar tr. inserire.

inserto agg. inserto.

inservible agg. inservibile.

insigne agg. insigne.

insignia f. insegna.

insignificancia f. insignificanza.

insignificante agg. insignificante.

insinuación f. insinuazione.

insinuar tr. insinuare.

insípido agg. insipido, scipito.

insistir itr. insistere.

insociable agg. insociabile, insocevole.

insolación f. insolazione.

insolencia f. insolenza.

insolente agg. insolente.

insólito agg. insolito.

insoluble agg. irresolubile; insolubile.

insolvencia f. insolvenza.

insomnio m. insonnia.

insoportable agg. insopportabile.

insostenible agg. insostenibile.

inspección f. ispezione.

inspeccionar tr. ispezionare.

inspector m. ispettore.

inspiración f. ispirazione; inspirazione.

inspirar tr. ispirare; inspirare.

instalación f. installazione; impianto.

instalar tr. installare; impiantare.

instancia f. istanza.

instantánea f. istantanea.

instantáneo agg. istantaneo.

instante m. istante.

instar tr. instare, insistere.

instigar tr. istigare.

instinto m. istinto.

institución f. istituzione.

instituir tr. istituire, fondare.

instituto m. istituto.

instrucción f. istruzione.

instructivo agg. istruttivo.

instruir tr. istruire.

instrumental agg. strumentale. m. strumentario.

instrumento m. strumento.

insubordinación f. insubordinazione.

insubordinar tr. rendere insubordinato, sollevare.

insubordinarse rfl. sollevarsi.

insuficiente agg insufficiente.

insular agg. e m. f. insulare.

insulsez f. insulsaggine.

insulso agg. insulso.

insultar tr. insultare.

insulto m. insulto.

insuperable agg. insuperabile.

insurgente agg. e m. insorto, rivoltoso.

insurrección f. insurrezione.

intacto agg. intatto.

integral agg. integrale.

integridad f. integrità.

íntegro agg. integro.

intelecto m. intelletto.

intelectual agg. intellettuale.

inteligencia f. intelligenza.

inteligente agg. intelligente.

inteligible agg. intelligibile.

intemperie f. intemperie.

intempestivo agg. intempestivo.

intención f. intenzione.

intendencia f. intendenza.

intendente m. intendente.

intensidad f. intensità.

intenso agg. intenso.

intentar tr. intentare.

intento m. intento, fine.

intentona f. atto temerario.

intercalar tr. intercalare, frapporre.

intercambio m. scambio.

interceder itr. intercedere.

interceptar tr. intercettare.

intercesión f. intercessione.

intercontinental agg. intercontinentale.

interés m. interesse.

interesado agg. e m. interessato.

interesante agg. interessante.

interesar tr. interessare.

interesarse rfl. interessarsi.

ínterin avv. frattanto. m. interim.

interinidad f. interinato.

interino agg. interino.

interior agg. interiore. m. interno.

interjección f. interiezione.

interlocución f. interlocuzione.

interlocutor m. interlocutore.

intermedio agg. intermedio. m. intermezzo.

interminable agg. interminabile.

intermitente agg. intermittente.

internacional agg. internazionale.

internacionalizar tr. internazionalizzare.

internado agg. internato. m. internato, convitto.

internar tr. internare.

internarse rfl. internarsi; indentrarsi.

interno agg. interno, interiore. m. interno (alunno).

interponer tr. interporre.

interponerse rfl interporsi.

interposición f. interposizione.

interpretación f. interpretazione.

interpretar tr. intrepretare.

intérprete m. e f. interprete.

interrogación f. interrogazione.

interrogatorio m. interrogatorio.

interrogar tr. interrogare.

interrumpir tr. interrompere.

interrupción f. interruzione.

interruptor agg. e m. interruttore.

intervalo m. intervallo.

intervención f. intervento.

intervenir itr. intervenire. tr. controllare.

interventor m. interventore.

intervíu f. intervista, abboccamento. **solicitar una —** chiedere un colloquio.

intestino m. (anat.) intestino. agg. intestino.

intimar tr. intimare.

intimidación f. intimidazione.

intimidad f. intimità.

intimidar tr. intimidare.

íntimo agg. e m. intimo.

intolerable agg. intollerabile.

intolerancia f. intolleranza.

intransferible agg. intrasferibile.

intransigente agg. intransigente.

intransitable agg. intransitabile.

intratable agg. intrattabile.

intrepidez f. intrepidezza.

intrépido agg. intrepido.

intriga f. intrigo, complotto.

intrigar itr. intrigare. tr. inquietare.

intrincado agg. intricato, imbrogliato.

introducción f. introduzione.

introducir tr. introdurre, inserire.

introducirse rfl. introdursi, inserirsi, mescersi.

introductor m. introduttore.

intruso agg. e m. intruso.

intuición f. intuizione.

inundación f. inondazione.

inundar tr. inondare.

inusitado agg. inusitato.

inútil agg. inutile.

inutilidad f. inutilità.

inutilizar tr. inutilizzare.

invalidar tr. invalidare.

invalidez f. invalidità; nullità.

inválido agg. non valido, invalido. m. invalido.

invariable agg. invariabile.

invasión f. invasione.

invasor m. invasore.

invencible agg. invincibile.

invención f. invenzione.

inventar tr. inventare.

inventariar tr. inventariare.

inventario m. inventario.

inventiva f. inventiva.

invento m. invenzione.

inventor m. inventore.

invernadero m. serra (da piante).

invernar itr. svernare.

inversión f. inversione.

invertir tr. invertire; investire.

investidura f. investitura.

investir tr. investire.

investigación f. investigazione.

investigar tr. investigare.

invierno m. inverno.

inviolable agg. inviolabile.

inviolado agg. inviolato.

invisibilidad f. invisibilità.

invisible agg. invisibile.

invitación f. invito.

invitar tr. invitare.

invocación f. invocazione.

invocar tr. invocare.

involuntario agg. involontario.

inyección f. iniezione.

inyectar tr. inlettare.

ir itr. andare, ire. **— a essere** in procinto, stare per. **— al grano** venire al fatto. **— por** andare a prendere.

irse rfl. marciare, andarsene.

ira f. ira, rabbia; collera.

iracundo agg. iracondo.

iris m. iride. **arco —** arcobaleno.

irisar tr. iridare.

ironía f. ironia.

irracional agg. irrazionale.

irradiación f. irradiazione.

irradiar tr. irradiare.

irreflexión f. irriflessione.

irreflexivo agg. irriflessivo.

irregular agg. irregolare.

irregularidad f. irregolarità.

irreligión f. irreligione.

irremediable agg. irrimediabile.

irreparable agg. irreparabile.

irreprochable agg. irreprensibile.

irresistible agg. irresistibile.

irreverencia f. irriverenza.

irreverente agg. irriverente.

irrevocable agg. irrevocabile.

irrigación f. irrigazione.

irrigar tr. irrigare.

irrisión f. irrisione.

irritable agg. irritabile.

irritación f. irritazione.

irritar tr. irritare, incollerire.

irrupción f. irruzione.

isla f. isola.

isleño agg. e m. isolano.

islote m. isolotto.

israelita agg. e m. israelita.

istmo m. istmo.

itinerario m. itinerario.

izquierda f. sinistra; mano sinistra.

izquierdo agg. sinistro.

jabalí m. (zoo.) cinghiale, cignale.

jabalina f. (zool.) cinghiala; giavelotto.

jabón m. sapone.

jaca f. cavallino, cavallina.

jacinto m. (bot.) giacinto.

jactancia f. iattanza, millanteria.

jactancioso agg. vanaglorioso.

jactarse rfl. millantarsi.

jadear itr. ansare.

jadeo m. ansamento.

jalear tr. aizzare i cani; incitare con voci od applausi.

jaleo m. aizzamento; baldoria, chiasso.

jamás avv. giammai.

jamón m. prosciutto. **— dulce** prosciutto cotto.

japonés agg. e m. giapponese. m. lingua giapponese.

jaque m. scacco; gradasso. **— mate** scaccomatto.

jaqueca f. (med.) emicrania, dolor di capo.

jarabe m. sciroppo.

jardín m. giardino.

jardinería f. giardinaggio.

jardinero m. giardiniere.

jarra f. giara.

jarretera f. giarrettiera.

jarro m. boccale, brocca.

jarrón m. vaso.

jaula f. gabbia; ascensore di miniera.

jazmín m. (bot.) gelsomino.

jefatura f. direzione; comando. **— de policía** questura.

jefe m. capo, superiore; (mil.) comandante; duce. — **de tren** capoconvoglio. — **de taller** capofficina. — **de partido** capoparte. — **de guardia** caposto. — **de policía** questore.
jerarquía f. gerarchia.
jerga f. gergo.
jergón m. saccone di paglia, pagliericcio.
jeringa f. siringa.
jeroglífico m. geroglifico.
jesuita m. gesuita.
jinete m. cavaliere.
jira f. striscia di tela; gita, escursione. — **campestre** scampagnata.
jirafa f. (zool.) giraffa.
jirón m. strappo, brandello.
jocosidad f. giocosità.
jocoso agg. giocoso.
jofaina f. catino, catinella.
jornada f. giornata (di viaggio, lavoro, paga).
jornal m. salario, paga giornaliera.
jornalero m. giornaliere.
joroba f. gobba.
jorobado agg. gobbo.
joven agg. e m. giovane.
jovial agg. gioviale.
jovialidad f. giovialità.
joya f. gioiello, gioia.
joyas f. pl. gioielli.
joyería f. gioielleria.
joyero m. gioielliere.
jubilación f. giubilazione.
jubilar tr. giubilare.
jubilarse rfl. ottenere la giubilazione.
jubileo m. giubileo.
júbilo m. giubilo.
judaico agg. giudaico.
judía agg. e f. ebrea; fagiolo.
judicial agg. giudiziale.
judío agg. e m. ebreo, giudeo.
juego m. gioco. — **de dormitorio** mobilio completo da camera da letto.
jueves m. giovedì.
juez m. giudice. — **de paz** giudice di pace, conciliatore.
jugada f. giocata.
jugador m. giocatore.
jugar tr. e itr. giocare.
jugarreta f. giocataccia; viltà.
jugo m. succo, sugo.
jugosidad f. succosità, sugosità.
jugoso agg. succoso, sugoso.
juguete m. balocco, giocattolo. — **cómico** farsa.
juguetear itr. giocherellare.
juguetón m. baloccone.
juicio m. giudizio.
juicioso agg. giudizioso.
julio m. luglio.
junco m. (bot.) giunco.
junio m. giugno.
junta f. giunta, riunione.
juntar tr. congiungere, giuntare, unire.
juntarse rfl. congiungersi; copularsi (carnalmente); raccogliersi.
junto agg. congiunto, unito; vicino. avv. accanto.
juntos m. pl. entrambi.
jura f. giuramento. — **de bandera** giuramento delle reclute.
jurado m. giurato.
juramentar tr. far prestare giuramento.
juramentarse rfl. prendere o prestare giuramento.
juramento m. giuramento, giuro.
jurar tr. giurare.
jurídico agg. giuridico.

jurisconsulto m. giureconsulto.
jurisdicción f. giurisdizione.
jurista m. giurista.
justicia f. giustizia.
justiciero m. giustiziere.
justificación f. giustificazione.
justificado agg. giustificato.
justificar tr. giustificare.
justo agg. giusto; esatto. avv. esattamente.
juvenil agg. giovanile.
juventud f. gioventù, giovanezza, giovinezza.
juzgado m. tribunale; giudicatura. — **de paz** pretura.
juzgar tr. giudicare; sentenziare; credere.

kepis m. kepi.
kilogramo m. chilogrammo.
kilométrico agg. chilometrico.
kilómetro m. chilometro.
kilovatio m. chilowat.
kiosco m. chiosco.

la art. la. m. (mús.) la. pron. la.
las art. pl. le; pron. gli, le.
labia f. facilità nel parlare.
labial agg. labiale.
labio m. labbro.
labor f. lavoro; adorno.
laborable agg. lavorabile.
laboratorio m. laboratorio.
laboriosidad f. laboriosità.
labrador m. contadino, lavoratore.
labrantío agg. lavorativo.
labranza f. aratura.
labrar tr. lavorare; coltivare.
lacayo m. lacchè.
lacio agg. marcio; lasso.
lacónico agg. laconico.
lacra f. stimma; difetto.
lacrar tr. inceralaccare.
lacre m. ceralacca.
lacrimoso agg. lacrimoso.
lactancia f. allattamento.
lácteo agg. latteo.
ladear tr. inclinare.
ladearse rfl. propendere.
ladera f. declivio, pendio.
lado m. lato, canto.
ladrar itr. latrare.
ladrido m. latrato.
ladrillo m. mattone, piastrella, quadruccio.
ladrón m. ladro.
lagartija f. lucertola, lucertolina.
lagarto m. lucertola.
lago m. lago.
lágrima f. lacrima, lagrima. — **viva** a calde lagrime.
laguna f. laguna; lacuna.

laicismo m. laicismo.
laico agg. laico.
lamentable agg. lamentevole.
lamentación f. lamentazione.
lamentar tr. lamentare.
lamentarse rfl. lamentarsi.
lamento m. lamento.
lamer tr. leccare; lambire.
lámina f. lamina, piastra; incisione; placca.
laminado agg. e m. laminato.
laminar tr. laminare.
lámpara f. lampada, lume.
lamparilla f. lampadina. — **de noche** lumino da notte.
lana f. lana.
lanar agg. lanuto.
lance m. lanciamento; avvenimento. **de** — d'occasione.
lancear tr. colpire colla lancia.
lancero m. lanciere.
lancha f. (naut.) lancia.
lanero agg. laniero.
langosta f. cavalletta, locusta; aragosta.
langostín m. gamberetto.
languidecer itr. illanguidire, languire.
languidez f. languidezza, languore.
lánguido agg. languido.
lanudo agg. lanuto, lanoso.
lanza f. lancia; timone di carrozza.
lanzada f. lanciata.
lanzadera f. spola.
lanzamiento m. lancio; sfratto.
lanzar tr. lanciare; varare; sfrattare.
lanzarse rfl. lanciarsi.
lapa f. patella.
lápida f. lapide.
lápiz m. matita, lapis.
lapso m. lasso (di tempo).
largar tr. largare; mollare.
largarse rfl. andarsene.
largo agg. lungo. **a la larga** coll'andar del tempo.
larguero m. longherina, longherone; capezzale.
largueza f. larghezza; lunghezza.
largura f. lunghezza.
laringe f. (anat.) laringe.
laringitis f. (med.) laringite.
larva f. larva.
lascivia f. lascivia.
lascivo agg. lascivo.
lasitud f. lassezza, lassitudine.
lástima f. compassione.
lastimar tr. ferire; danneggiare.
lastimarse rfl. ferirsi; dolersi.
lastrar tr. (naut.) zavorrare.
lastre m. (naut.) zavorra.
lata f. latta (lamiera); latta (recipiente). **dar la** — fastidiare.
latente agg. latente, occulto.
lateral agg. laterale.
latido m. battito; palpitazione.
latifundio m. latifondo.
latigazo m. frustata.
látigo m. frusta, frustino.
latín m. latino.
latinajo m. latinaccio.
latinizar tr. latinizzare.
latino agg. e m. latino.
latir itr. battere, pulsare.
latitud f. latitudine.
latón m. ottone, oricalco.
laudable agg. lodevole.
laudar tr. laudare, lodare.
laureado agg. laureato.
laurear tr. laureare.
laurel m. (bot.) lauro.
lava f. lava.
lavabo m. lavabo; gabinetto.
lavadero m. lavatoio.
lavado m. lavatura, lavaggio.
lavandera f. lavandaia.
lavandería f. lavanderia.

lavaplatos m. lavapiatti, lavastoviglie, sguattero.
lavar tr. lavare.
lavarse rfl. lavarsi.
lavativa f. lavativo, clistere.
laxante agg. e m. lassativo.
laxar tr. mollificare.
laxitud f. lassitudine, lassezza.
lazareto m. lazzaretto.
lazarillo m. ragazzo che guida un cieco.
lazo m. laccio, cappio; vincolo.
le pron. le, lo, lui, gli.
leal agg. leale.
lealtad f. lealtà.
lebrel m. levriere.
lección f. lezione.
lector m. lettore.
lectura f. lettura.
lechada f. bianco da pareti.
lechal agg. poppante. m. lattonzolo; latte di certi frutti.
leche f. latte.
lechera f. lattivendola, lattaia; lattiera.
lechería f. latteria.
lecho m. letto; letto (di fiume); strato.
lechón m. porcellino.
lechoso agg. lattiginoso.
lechuga f. lattuga.
lechuguino m. vagheggino.
lechuza f. (zool.) civetta.
leer tr. leggere.
legación f. legazione.
legado m. legato.
legal agg. legale.
legalidad f. legalità.
legalizar tr. legalizzare.
legar tr. legare.
legendario agg. leggendario.
legible agg. leggibile.
legión f. legione.
legionario m. legionario.
legislación f. legislazione.
legislador m. legislatore.
legislar tr. legiferare.
legitimar tr. legittimare.
legítimo agg. legittimo.
lego agg. e m. laico; converso, frate laico; ignorante.
legumbre f. legume.
leguminoso agg. leguminoso.
lejanía f. lontananza.
lejano agg. lontano.
lejía f. lisciva; ranno.
lejos avv. distante, lontano.
lema m. lemma, motto.
lencería f. biancheria, lingeria.
lengua f. (anat.) lingua; idioma, lingua.
lenguado m. (itt.) sogliola.
lenguaje m. linguaggio, favella.
lengüeta f. linguetta.
lente f. lente.
lentes f. pl. occhiali.
lenteja f. lenticchia.
lentejuela f. lustrino.
lentitud f. lentezza.
lento agg. lento, tardo.
leña f. legna; legname.
leñador m. legnaiolo, taglialegna; mercante di legna.
leño m. legno.
león m. (zool.) leone.
leona f. leonessa.
leonado agg. lionato.
leonera f. covo di leoni; ripostiglio; bisca.
leopardo m. (zool.) leopardo.
lepra f. (med.) lebbra.
leproso agg. e m. lebbroso.
lesión f. lesione.
letal agg. letale.
letanía f. litania.
letárgico agg. letargico.
letargo m. letargo.
letra f. lettera, carattere. — **de cambio** cambiale.

letrero m. cartello; insegna.
letrina f. latrina.
levadizo agg. levatoio. **puente — ponte** levatoio.
levadura f. lievito.
levantamiento m. innalzamento, sollevamento; sollevazione.
levantar tr. sollevare, alzare, ergere; elevare.
levantarse rfl. levarsi, elevarsi. **— de la cama** balzar dal letto.
levante m. levante.
leve agg. leggero, lieve.
léxico m. lessico.
ley f. legge; norma, regola. **— de la moneda** lega. **oro de —** oro al titolo.
leyenda f. leggenda.
libelista m. libellista.
libelo m. libello.
libélula f. (zool.) libellula.
liberación f. liberazione.
liberador agg. liberatore.
liberal agg. liberale.
liberalidad f. liberalità.
liberar tr. liberare.
libertad f. libertà.
libertador agg. liberatore.
libertar tr. liberare.
libertinaje m. libertinaggio, dissoluzione.   [luto.
libertino agg. libertino, disso-
libidinoso agg. libidinoso.
libra f. libbra; lira. **— esterlina** lira sterlina.
librador m. (com.) traente.
libramiento m. liberazione; (com.) tratta.
libranza f. cambiale. **— postal** vaglia.
librar tr. liberare; (com.) trarre, spiccare.
librarse rfl. liberarsi, redimersi.
libre agg. libero; esente.
librería f. libreria. **— de viejo** libreria antiquaria.
librero m. libraio.
libreta f. libretto, quaderno.
libreto m. libretto.
libro m. libro.
librote m. librone.
licencia f. licenza.
licenciado agg. e m. licenziato.
licenciar tr. licenziare. (mil.) dare il congedo.
licenciarse rfl. laurearsi, licenziarsi.
licenciatura f. licenza; laurea.
licencioso agg. licenzioso.
lícito agg. lecito.
licor m. liquore.
licorera f. porta liquori.
lid f. lite, litigio, disputa.
lidia f. combattimento; corsa di tori.
lidiador m. combattente; torero.
lidiar tr. combattere.
liebre f. (zool.) lepre.
liga f. lega; confederazione.
ligadura f. legatura.
ligamento m. legamento.
ligar tr. legare; allacciare.
ligarse rfl. legarsi, allegarsi; confederarsi.
ligazón f. legatura.
ligereza f. rapidità; leggerezza.
ligero agg. leggero, svelto.
lija f. (itt.) squalo, smeriglio; carta smeriglio.
lijar tr. smerigliare.
lila f. (bot.) lilla; scioccone.
lima f. (bot.) limone dolce; lima.
limadura f. limatura.
limalla f. limatura.

limar tr. limare.
limitación f. limitazione.
limitar tr. limitare.
límite m. limite.
limítrofe agg. limitrofo.
limo m. limo, fango.
limón m. (bot.) limone.
limonada f. limonata.
limonar m. agrumeto.
limonero m. (bot.) limone (pianta).
limosna f. elemosina.
limpiabarros m. zerbino, nettapiedi.
limpiabotas m. lustrascarpe.
limpiar tr. pulire; lavare, nettare.
limpieza f. pulizia, nettezza.
limpio agg. pulito. **poner en —** mettere in pulito.
linaje m. lignaggio.
linchamiento m. linciaggio.
linchar tr. linciare.
lindar itr. confinare.
linde m. limite, confine.
lindero m. confine.
lindeza f. bellezza, lindezza.
lindo agg. bello, grazioso, bellino, lindo.
línea f. linea, fila; rango. **— ferrea** ferrovia.
lineal agg. lineale.
linear tr. lineare, delineare.
lingote m. lingotto.
lingüista m. f. linguista.
lingüística f. linguistica.
lino m. (bot.) lino.
linóleo m. linoleo.
linotipia f. linotipia.
linterna f. lanterna; faro.
lío m. involto, fagotto, fardello, pacco; imbroglio, garbuglio.
liquidación f. liquidazione; liquefazione.
liquidar tr. liquidare; liquefare.
líquido agg. e m. liquido.
lira f. lira.
lírica f. lirica.
lírico agg. lirico.
lis f. giglio. **flor de —** fiordaliso.
lisiado agg. storpio.
lisiar tr. storpiare; ferire.
liso agg. liscio; piano.
lisonja f. lusinga.
lisonjear tr. lusingare.
lisonjero agg. lusinghiero.
lista f. lista; catalogo; nota. **en — de correos** ferma in posta. **pasar —** fare l'appello.
listado agg. listato, rigato.
listo agg. pronto; lesto; sagace.
listón m. listone.
litera f. cuccetta.
literal agg. letterale.
literario agg. letterario.
literato m. letterato.
literatura f. letteratura.
litigante m. litigante.
litigar itr. litigare.
litigio m. litigio.
litografía f. litografia.
litoral agg. e m. litorale.
litro m. litro.
liturgia f. liturgia.
litúrgico agg. liturgico.
liviandad f. leggerezza.
liviano agg. leggero, lieve; lascivo.
lividez f. lividezza.
lívido agg. livido.
llaga f. piaga.
llagar tr. piagare, impiagare.
llagarse rfl. impiagarsi.
llama f. fiamma. m. (zool.) lama.
llamada f. chiamata, appello.
llamamiento m. chiamata, appello.

llamar tr. chiamare; denominare; convocare.
llamarse rfl. chiamarsi, denominarsi.
llamarada f. fiammata.
llamativo agg. vistoso.
llameante agg. fiammeggiante.
llamear itr. fiammeggiare.
llaneza f. semplicità; modestia.
llano agg. piano. m. piana, piano.
llanto m. pianto, piangimento.
llanura f. pianura, piana.
llave f. chiave; interruttore; chiavetta.
llavero m. chiavaio; portachiavi.
llegada f. arrivo, arrivata.
llegar itr. arrivare; giungere, venire, addivenire; raggiungere. **—a ser** diventare.
llenar tr. riempire, colmare.
lleno agg. pieno; colmo.
llevadero agg. sopportabile.
llevar tr. portare; condurre. **— consigo** portare seco.
llevarse rfl. portare via.
llorar itr. piangere, piagnere, gemere.
lloriquear itr. piagnucolare.
lloriqueo m. piagnucolio.
lloro m. pianto.
llorón m. piagnone.
llover itr. piovere. **— a cántaros** piovere a catinelle.
llovizna f. pioggerella.
lloviznar itr. piovigginare, spruzzolare.
lluvia f. pioggia, piova.
lluvioso agg. piovigginoso, piovoso.
lo pron. e art. neutr. lo.
loa f. lode, elogio.
loar tr. lodare.
loba f. (zool.) lupa.
lobato m. lupatto.
lobezno m. lupicino.
lobo m. lupo.
lóbrego agg. buio.
lóbulo m. (anat.) lobo, lobulo.
local agg. e m. locale.
localidad f. località.
localizar tr. localizzare.
loción f. lozione.
loco agg. e m. pazzo, matto; alienato, demente.
locomoción f. locomozione.
locomotor agg. e m. locomotore.
locomotora f. locomotrice.
locuaz agg. loquace.
locución f. locuzione.
locura f. mattezza, pazzia, follia; alienazione.
locutorio m. parlatorio.
lodazal m. fangaia.
lodo m. loto, fango.
logia f. loggia.
lógica f. logica.
lógico agg. logico.
lograr tr. ottenere, conseguire, raggiungere.
logro m. ottenimento, conseguimento, raggiungimento; usura.   [verme.
lombriz f. (zool.) lombrico;
lomo m. lombo; dorso; costola, costolato.
lona f. olona, tela da vele.
longaniza f. salsiccia.
longevidad f. longevità.
longevo agg. longevo.
longitud f. longitudine.
lonja f. borsa di commercio; fetta; atrio, loggiato.
lontananza f. lontananza.
loro m. (orn.) pappagallo.
losa f. lastra.
lote m. lotto; porzione.

lotería f. lotto; lotteria.
loto m. (bot.) loto.
loza f. maiolica; porcellana; terraglia.
lozanía f. rigoglio, vigore; orgoglio.
lozano agg. rigoglioso, vigoroso; orgoglioso.
lubricante agg. lubrificante.
lubricar tr. lubrificare.
lúcido agg. lucido.
luciérnaga f. (zool.) lucciola.
lucifer m. lucifero.
lucimiento m. pregio; splendore.
lucir itr. splendere, distinguersi, spiccare. tr. intonacare.
lucirse rfl. distinguersi, spiccare.
lucrativo agg. lucrativo.
lucro m. lucro, guadagno.
luctuoso agg. luttuoso.
lucha f. lotta, conflitto.
luchador m. lottatore, combattente.
luchar itr. lottare, combattere.
luego avv. dopo; dipoi. cong. adunque. **— que** comunque, qualora.
lugar m. luogo; villaggio; parte.
lugareño agg. borghigiano.
lugarteniente m. luogotenente.
lúgubre agg. lugubre.
lujo m. lusso, fasto.
lujoso agg. lussuoso.
lujuria f. lussuria.
lumbago m. (med.) lombaggine.
lumbre f. fiamma; fuoco.
lumbrera f. corpo luminoso; luminare; lucernario; feritoia.
luna f. luna; lastra di vetrina; specchio.
lunar agg. lunare. m. lentiggine.
lupanar m. bordello.
lúpulo m. (bot.) luppolo.
lustrar tr. lustrare, pulire.
lustre m. lustro.
lustro m. lustro (cinque anni); lampada.
lustroso agg. brillante.
luteranismo m. luteranesimo.
luterano agg. e m. luterano.
luto m. lutto, gramaglia.
luz f. luce; lampada; fanale. **dar a —** partorire.

macabro agg. macabro.
macarrones m. pl. maccheroni.
maceracón f. macerazione.
macerar tr. macerare.
maceta f. mazzetta; vaso da fiori.
macilento m. macilento.
macizo agg. e m. massiccio.
machacar tr. pestare; ammaccare.

machacón agg. molesto.
machetazo m. colpo di daga.
machete m. coltellaccio, daga a un solo taglio.
macho m. maschio; mulo. — cabrío capriolo.
madeja f. matassa.
madera f. legno; legname; madera (vino).
maderaje m. legname.
madero m. trave.
madrastra f. matrigna.
madraza f. madre condiscendente.
madre f. madre, mamma.
madreselva f. (bot.) madreselva.
madrigal m. madrigale.
madriguera f. covo, tana.
madrina f. madrina. — de boda pronuba.
madroño m. (bot.) corbezzolo.
madrugada f. alba. a la — di buon mattino.
madrugador agg. mattiniero.
madrugar itr. alzarsi di buon mattino.
maduración f. maturazione.
madurar itr. maturare.
madurez f. maturità.
maduro agg. maturo.
maestra f. maestra.
maestranza f. maestranza.
maestría f. maestria.
maestro m. maestro.
magia f. magia.
mágico agg. magico; maraviglioso. m. mago.
magisterio m. magistero.
magistrado m. magistrato.
magistral agg. magistrale.
magistratura f. magistratura.
magnánimo agg. magnanimo.
magnate m. magnate.
magnesia f. magnesia.
magnético agg. magnetico.
magnetización f. magnetizzazione.
magnetizar tr. magnetizzare.
magnificencia f. magnificenza.
magnífico agg. magnifico.
magnitud f. grandezza; magnitudine.
magno agg. magno.
mago m. mago.
magro agg. e m. magro.
magullamiento m. ammaccamento.
magullar tr. ammaccare.
mahometano agg. e m. maomettano.   [mais.
maíz m. (bot.) granturco,
majadería f. sciocchezza, stupidaggine.
majadero agg. e m. sciocco, stupido.
majestad f. maestà.
majestuosidad f. maestosità.
majestuoso agg. maestoso.
majo agg. spavaldo; bello.
mal avv. male. agg. male. m. male; malattia; danno.
malaria f. (med.) malaria.
malaventura f. disgrazia.
malaventurado agg. disgraziato, malavventurato.
malcriado agg. maleducato, malcostumato.
maldad f. malvagità, cattiveria.
maldecir tr. maledire.
maldición f. maledizione.
maldito agg. maledetto.
maleable agg. malleabile.
malear tr. malmenare; guastare; pervertire.
malearse rfl. rincattivire; corrompersi.
malecón m. molo, argine.
maledicencia f. maldicenza.
maleficio m. maleficio.

maléfico agg. malefico.
malestar m. malessere.
maleta f. valigia; persona inetta o spregevole.
maletín m. valigetta.
malevolencia f. malevolenza.
malévolo agg. malevolo.
maleza f. malerba; macchia.
malgastar tr. dissipare, sprecare.
malhablado agg. sboccato, licenzioso nel parlare.
malhechor m. malfattore.
malherir tr. ferire gravemente; malmenare.
malicia f. malizia; furberia.
malicioso agg. malizioso.
malignidad f. malignità.
maligno agg. maligno.
malo agg. cattivo, perverso.
malograr tr. frustrare.
malograrse rfl. fallire, non riuscire.
malogro m. insuccesso.
maloliente agg. graveolente; puzzolente.
malparado agg. malmenato, malconcio.
malsano agg. malsano.
malta f. malto.
maltratar tr. maltrattare, malmenare.
maltrato m. maltrattamento.
maltrecho agg. bistrattato; malconcio, malmenato.
malvado agg. malvagio.
malversación f. malversazione.
malversador m. malversatore.
malversar tr. malversare.
malla f. maglia.
mallo m. maglio.
mama f. (anat.) mammella.
mamá f. mamma.
mamar tr. poppare.
mamífero agg. e m. mammifero.
mamón m. succhione.
mampara f. paravento.
mampostería f. arte muraria; muratura.
maná m. manna.
manada f. branco.
manantial m. sorgente; origine.
manar itr. scaturire, sgorgare.
manceba f. giovanotta; concubina.   [ne.
mancebo m. giovanotto; garzone.
mancilla f. macchia, macula.
mancillar tr. macchiare, macolare, contaminare.
mancillarse rfl. contaminarsi.
manco agg. monco.
mancomunar tr. accomunare.
mancomunarse rfl. mettersi d'accordo; associarsi.
mancomunidad f. accomunamento; unione, associazione.
mancha f. macchia, macula.
manchar tr. macchiare.
mandadero m. fattorino, messo.
mandado m. mandato; incarico.
mandamiento m. comando, ordine, comandamento.
mandar tr. comandare, ordinare.
mandatario m. mandatario, incaricato.
mandato m. mandato.
mandíbula f. mandibola.
mando m. comando.
manecilla f. lancetta; manina.
manejable agg. maneggiabile.
manejar tr. maneggiare.
manejarse rfl. destreggiarsi.
manejo m. maneggio.
manera f. maniera, modo, forma, guisa.

manga f. manica; manichetta; (naut.) larghezza della nave.
mango m. manico.
manguera f. manichetta.
manguito m. manicotto.
manía f. mania.
maniatar tr. legar le mani.
maniático agg. maniaco.
manicomio m. manicomio.
manicura f. manicure.
manicuro m. manicure.
manifestación f. manifestazione.
manifestante agg. e m. f. manifestante.
manifestar tr. manifestare.
manifiesto agg. manifesto, evidente. m. manifesto.
maniobra f. manovra.
manipular tr. manipolare.
maniquí m. manichino.
manirroto agg. e m. sprecone, prodigo.
manivela f. manovella.
manjar m. mangiare, cibo, vivanda.
mano f. mano. — derecha diritta, manritta. — izquierda manca, sinistra. — de obra manodopera.
manojo m. mannella, mannello.
manopla f. manopola.
manosear tr. palpeggiare.
manoseo m. palpeggiamento.
manotada f. manata.
manotear tr. picchiare colle mani; gesticolare.
manoteo m. il picchiare colle mani; gesticolazione.
mansedumbre f. mansuetudine.
mansión f. dimora, mansione.
manso agg. mansueto.
manta f. coperta.
manteca f. grasso; burro. — de cerdo strutto.
mantecado m. mantecato (gelato).
mantel m. tovaglia.
mantelería f. biancheria da tavola.
mantenedor m. mantenitore.
mantener tr. mantenere.
mantenerse rfl. mantenersi.
mantenimiento m. mantenimento.
mantequera f. burraia; piatto da burro.
mantequilla f. burro.
mantilla f. mantiglia; gualdrappa.
manto m. manto; mantello.
mantón m. mantello.
manual agg. e m. manuale.
manufactura f. manifattura; manufatto.
manufacturar tr. fabbricare.
manuscrito agg. e m. manoscritto.
manutención f. manutenzione, mantenimento.
manzana f. (bot.) mela. — de casas quadra, caseggiato.
manzanilla f. (bot.) camomilla; vino bianco.
manzano m. melo.
maña f. destrezza, abilità.
mañana f. mattino. avv. domani. de — di buon'ora. pasado — posdomani, dopodomani. por la — nella mattinata. por la — domattina.
mañoso agg. ingegnoso, abile.
mapa m. mappa, carta geografica.
mapamundi m. mappamondo.
maquiavélico agg. machiavelico.
máquina f. macchina.
maquinación f. macchinazione.
maquinaria f. macchinario.
maquinista m. macchinista.

mar m. mare. — picada maretta.
maravilla f. maraviglia, meraviglia.
maravillar tr. maravigliare, meravigliare.
maravilloso agg. maraviglioso, meraviglioso.
marca f. marca; marchio.
marcador m. agg. e m. marcatore.
marcar tr. marcare, marchiare.
marcial agg. marziale.
marcialidad f. marzialità.
marco m. cornice; marco (moneta).
marcha f. marcia; partenza.
marchante m. mercante.
marchar itr. marciare, andare.
marcharse rfl. andarsene.
marchitar tr. sciupare.
marchitarse rfl. appassire, marcire.
marchito agg. appassito, marcio.
marea f. marea.
marear tr. (naut.) governare la nave.
marearse rfl. avere il mal di mare.
marejada f. mareggiata.
mareo m. mal di mare.
marfil m. avorio.
margarina f. margarina.
margarita f. (bot.) margherita.
margen m. margine.
marginal agg. marginale.
maridar tr. maritare.
marido m. marito.
marina f. marina.
marinero m. marinaio.
marino agg. marinaio, navigante. agg. marino.
marioneta f. marionetta.
mariposa f. farfalla.
mariquita f. coccinella.
marisco m. frutto di mare.
marisma f. maremma.
marital agg. maritale.
marítimo agg. marittimo.
marmita f. marmitta.
mármol m. marmo. — veteado marmo mischio.
marqués m. marchese.
marquesa f. marchesa.
marquesina f. pensilina; pachglione.
marquetería f. ebanisteria; intarsio.
marrana f. scrofa.
marrano m. maiale; marrano.
marroquí agg. e m. marrocchino.
martes m. martedì.
martillar tr. martellare.
martillazo m. martellata.
martillo m. martello. — pilón maglio. — de herrero mazzuolo.
mártir m. martire.
martirio m. martirio.
martirizar tr. martirizzare.
marxismo m. marxsismo.
marxista agg. e m. f. maxista, marxiano.
marzo m. marzo.
mas cong. ma, però.
más avv. più. — bien piuttosto. — de sopra. por — que per quanto. sin — ni — senz'altro.
masa f. massa, pasta.
masaje m. massaggio.
masajista m. f. massagista.
máscara f. maschera.
mascarada f. mascherata.
mascarilla f. mezza maschera; maschera.
masculino agg. mascolino.

masón m. massone, frammassone.
masonería f. massoneria.
masticar tr. masticare.
mástil m. (naut.) albero (di nave); asta.
mastín m. mastino.
mata f. cespuglio.
matadero m. macello, ammazzatoio.
matador m. ammazzatore; uccisore; torero.
matanza f. macello; uccisione.
matar tr. ammazzare, uccidere; macellare. — **el hambre** sfamarsi. [zarsi.
matarse rfl. uccidersi, ammazzarsi.
matarife m. beccaio, macellaio.
matasanos m. medicastro, medico ignorante.
mate m. (bot.) mate. agg. opaco, sbiadito, smorzato.
matemática(s) f. matematica.
matemático agg. e m. matematico.
materia f. materia; (med.) pus.
materialismo m. materialismo.
materialista agg. e m. f. materialista.
maternal agg. maternale.
materno agg. materno.
matón m. spaccamonti.
matorral m. sterpeto, sterpaia.
matrícula f. matricola.
matricular tr. iscrivere, matricolare.
matricularse rfl. matricolarsi.
matrimonial agg. matrimoniale.
matrimonio m. matrimonio, maritaggio.
matriz f. matrice.
matrona f. matrona.
matutino agg. mattutino.
maullar itr. miagolare.
maullido m. miagolio.
mausoleo m. mausoleo.
maxilar agg. e m. (anat.) mascellare.
máxima f. massima, sentenza.
máximo agg. massimo.
mayo m. maggio.
mayor agg. e m. maggiore.
mayores m. pl. maggiori, parenti.
mayoral m. vetturino; capo dei pastori; caposquadra.
mayordomo m. maggiordomo.
mayoría f. maggioranza.
mayorista m. grossista.
mayúscula f. maiuscola.
maza f. mazza; maglio.
mazo m. mazza.
me pron. me, mi.
meandro m. meandro.
mear itr. orinare.
mecánica f. meccanica.
mecánico agg. e m. meccanico.
mecanismo m. meccanismo.
mecanografía f. dattilografia.
mecanografiar tr. dattilografare.
mecanógrafo m. dattilografo.
mecedora f. seggiolone a dondolo.
mecenas m. mecenate.
mecer tr. dondolare, cullare.
mecha f. miccia; esca; filaccia. — **de lámpara** calza.
mechar tr. allardare, lardellare.
mechero m. luminello; accenditore.
mechón m. grosso lucignolo; batuffolo; ciocco; ciuffo.
medalla f. medaglia.
medallón m. medaglione.
media f. calza. — **corta** mezza calza. agg. mezza. **a —s** metà per ciascuno.

mediación f. mediazione.
medianía f. mediocrità.
mediano agg. medio, mezzano; mediocre.
mediante avv. mediante. prep. per mezzo.
mediar tr. mediare.
medicamento m. medicamento.
medicina f. medicina.
medicinal agg. medicinale.
medicinar tr. medicare.
médico agg. medico. m. medico, dottore. — **de cabecera** medico curante.
medida f. misura; dimensione. **tomar —s** prendere provvedimenti.
medio agg. mezzo; medio. avv. mezzo. **a medias** a metà. **de por —** frammezzo. m. mezzo.
medios m. pl. mezzi (di fortuna).
mediocre agg. mediocre.
mediocridad f. mediocrità.
mediodía m. mezzogiorno.
medir tr. misurare.
meditación f. meditazione.
meditar itr. e tr. meditare.
médula f. midollo, midolla.
mejilla f. (anat.) guancia.
mejor agg. migliore. avv. meglio.
mejora f. miglioramento.
mejorar tr. migliorare. itr. ristabilirsi.
mejoría f. migliorìa.
melancolía f. malinconia.
melancólico agg. malinconico.
melena f. criniera; chioma.
melocotón m. (bot.) pesco, persico.
melodía f. melodia.
melodioso agg. melodioso.
melodrama f. melodramma.
melón m. (bot.) mellone.
melosidad f. dolcezza.
meloso agg. melioso.
mella f. breccia; tacca.
mellar tr. intaccare.
mellizo agg. e m. gemello.
membrana f. membrana.
membrete m. intestazione.
membrillo m. (bot.) cotogna; cotogno.
memo agg. sciocco.
memorable agg. memorabile.
memoria f. memoria.
memorias f. pl. memorie.
memorial m. memoriale.
menaje m. corredo, fornitura, arredamento.
mención f. menzione.
mencionar tr. menzionare.
mendicante agg. e m. mendicante.
mendicidad f. mendicità.
mendigar itr. mendicare, elemosinare.
mendigo m. mendicante, mendico, accattone.
menear tr. menare, dimenare, muovere. [narsi.
menearse rfl. muoversi, dimenarsi.
meneo m. dimenìo.
menester m. bisogno; occupazione, affare. **ser —** bisognare.
menesteroso agg. bisognoso, indigente.
menestra f. pietanza di carne e verdura, minestra.
menestral agg. artigiano.
mengano m. tizio.
mengua f. mancanza, penuria.
menguado agg. diminuito.
menguante agg. decrescente.
menguar itr. diminuire.
menisco m. menisco.

menor agg. minore. — **de edad** minorenne. **al por —** al minuto.
menoría f. minorità.
menos avv. meno. **echar de —** trovare mancante. — **mal** manco male.
menoscabo m. pregiudizio, danno. [glo.
menosprecio m. sprezzo, spregio.
mensaje m. messaggio; comunicazione.
mensajero m. messaggiere, messaggero.
menstruación f. mestruazione.
menstruo m. mestruo.
mensual agg. mensile.
menta f. (bot.) menta.
mental agg. mentale.
mentalidad f. mentalità.
mentar tr. menzionare.
mente f. mente.
mentecato agg. e m. mentecatto.
mentir itr. mentire.
mentira f. menzogna.
mentiroso agg. menzognero.
menudear itr. eseguire sovente; spesseggiare.
menudencia f. minuzia.
menudillos m. pl. frattaglie.
menudo agg. minuto. **a —** sovente, spesso.
meollo m. midollo.
mercadear itr. mercanteggiare.
mercader m. mercante.
mercado m. mercato.
mercancía f. mercanzia.
mercante agg. e m. mercante.
mercantil agg. mercantile.
mercar tr. commerciare.
merced f. mercede, mercè.
mercenario agg. e m. mercenario.
mercería f. merceria.
mercurio m. mercurio.
merecer tr. meritare.
merecido m. castigo o premio meritato.
merecimiento m. merito; il meritare.
merendar itr. merendare.
meridiano agg. e m. meridiano.
meridional agg. meridionale.
merienda f. merenda.
mérito m. merito.
meritorio agg. meritorio. m. volontario (impiegato senza stipendio). [luzzo.
merluza f. (itt.) nasello, merma f. calo, diminuzione; consumo.
mermar itr. calare, diminuire.
mermelada f. marmellata.
mero agg. mero, puro.
merodear itr. foraggiare; predare.
mes m. mese.
mesa f. mensa; tavola. — **de noche** comodino.
meseta f. altipiano.
mesías m. Messia.
mesón m. osteria.
mesonero m. locandiere.
mestizo agg. e m. meticcio.
mesura f. garbatezza; urbanità; misura.
mesurado agg. ciscospetto, prudente, misurato.
meta f. meta.
metafísica f. metafisica.
metafísico agg. metafisico.
metáfora f. metafora.
metal m. metallo.
metálico agg. metallico. m. danaro monetato.
metalurgia f. metallurgia.
metalúrgico agg. metallurgico.
metamorfosis f. metamorfosi.
meteórico agg. meteorico.
meteoro m. meteora.

meter tr. mettere, porre.
meterse rfl. inmischiarsi.
metódico agg. metodico.
método m. metodo.
metralla f. mitraglia.
métrico agg. metrico.
metro m. metro.
mezcla f. miscuglio, mescolanza; miscela.
mezclar tr. mescolare, mischiare.
mezclarse rfl. mischiarsi.
mezquindad f. meschinità, miseria.
mezquino agg. meschino, miserabile.
mezquita f. moschea.
mí pron. me, mi.
mi agg. mio, mia.
mico m. (zool.) micco.
microbio m. microbio, microbo.
micrófono m. microfono.
microscopio m. microscopio.
miedo m. paura, timore.
miedoso agg. pauroso.
miel f. miele.
miembro m. membro.
mientras avv. mentre. — **tanto** frattanto.
miércoles m. mercoledì.
mierda f. merda.
miga f. midollo, mollica.
migaja f. briciola.
migración f. migrazione.
mil agg. mille.
milagro m. miracolo.
milicia f. milizia.
miliciano m. soldato, milite; miliziano.
militante agg. militante.
militar agg. militare. itr. militare.
milla f. miglio.
millar m. migliaio.
millón m. milione.
millonario agg. e m. milionario.
mimbre m. vinco, vimine.
mímica f. mimica.
mímico agg. mimico.
mimo m. mimo.
mimos m. pl. moine.
mina f. miniera; mina.
minar tr. minare.
mineral agg. e m. minerale.
minero m. minatore. agg. minerario.
miniatura f. miniatura.
mínimo agg. e m. minimo.
ministerio m. ministero.
ministro m. ministro.
minorar tr. minorare.
minoría f. minoranza.
minoridad f. minorità.
minucia f. minuzia.
minucioso agg. minuzioso.
minúscula f. minuscola.
minuta f. minuta.
minuto m. minuto, minuto primo. agg. minuto.
mío agg. e pron. mio.
miope agg. e m. miope.
miopía f. miopia.
mira f. mira; scopo; traguardo.
mirada f. occhiata, sguardo.
mirador m. belvedere.
miramiento m. mira; riguardo.
mirar tr. mirare, guardare.
mirlo m. (orn.) merlo.
misa f. messa. — **mayor** messa cantata. — **rezada** messa bassa. — **del gallo** messa di mezzanotte (a Natale). **ayudar a —** servire messa.
misal m. messale.
misantropía f. misantropia.
misántropo m. misantropo.
miscelánea f. miscellanea.
miserable agg. miserabile.

miseria f. miseria.
misericordia f. misericordia.
misericordioso agg. misericordioso.
mísero agg. misero.
misión f. missione.
misionero m. missionario.
mismo agg. medesimo, stesso. **lo — lo** stesso.
misterio m. mistero.
misterioso agg. misterioso.
mística f. mistica.
místico agg. e m. mistico.
mitad f. metà; mezzo.
mitigar tr. mitigare.
mito m. mito.
mitología f. mitologia.
mixto agg. misto.
mixturar tr. mescolare.
mobiliario m. mobili, mobilia.
mocedad f. giovinezza.
moción f. mozione.
moco m. moccio, muco.
mocoso agg. moccioso; muccoso.
mochila f. zaino.
moda f. moda. **estar de —** essere in voga.
modas f. pl. mode.
modelar tr. modellare.
modelo m. modello; modella.
moderación f. moderazione.
moderar tr. moderare.
modernismo m. modernismo.
modernizar tr. modernizzare.
moderno agg. moderno.
modestia f. modestia.
modesto agg. modesto.
módico agg. modico.
modificación f. modificazione.
modificar tr. modificare.
modismo m. idiotismo.
modista f. modista.
modo m. modo.
modorra f. sopore, sonnolenza.
modulación f. modulazione.
modular tr. modulare.
mofa f. beffa, burla.
mofar tr. beffare.
mofarse rfl. beffarsi, burlarsi.
mohín m. smorfia.
mohíno agg. mogio; triste.
moho m. muffa; verderame.
mohoso agg. arrugginito, muffo, ammuffito.
mojadura f. bagnatura, bagnamento.
mojar tr. bagnare.
mojarse rfl. bagnarsi.
mojigatería f. ipocrisia, bacchettoneria.
mojigato agg. e m. ipocrita, bacchettone.
mojón m. pietra limitare; pietra miliare.
molar agg. e m. molare.
molde m. forma, stampo.
moldear tr. formare, stampare.
mole agg. molle, soffice. f. mole.
molécula f. molecola.
moler tr. macinare. **— a palos** dar un fracco di legnate.
molestar tr. molestare, scomodare.
molestia f. molestia.
molesto agg. molesto.
molicie f. mollezza.
molienda f. macinatura, macinata; fastidio.
molinillo m. macinino.
molino m. molino, mulino. **— de viento** girone di vento. **— de aceite** macinatoio, frantoio.
molusco m. (itt.) mollusco.
molleja f. ventriglio.
momentáneo agg. momentaneo.
momento m. momento.

momia f. mummia.
momificar tr. mummificare.
mona f. (zool.) scimmia.
monacal agg. monacale.
monarca m. monarca.
monarquía f. monarchia.
monasterio m. monastero.
mondadientes m. stuzzicadenti.
mondadura f. mondatura.
mondar tr. mondare.
moneda f. moneta.
monedero m. monetiere.
monetario agg. monetario.
monigote m. frate laico; fantoccio; ignorante, rozzo.
monitor m. ammonitore; monitore.
monja f. monaca, religiosa; sorella.
monje m. monaco. **— franciscano** cordigliero.
mono m. (zool.) scimmia; scimmiotto. agg. gentile, bello.
monólogo m. soliloquio, monologo.
monopolio m. monopolio.
monopolizar tr. monopolizzare.
monotonía f. monotonia.
monótono agg. monotono.
monstruo m. mostro.
monstruosidad f. mostruosità.
monstruoso agg. mostruoso.
monta f. l'ammontare, somma totale; monta.
montacargas m. montacarichi.
montaje m. montaggio.
montaña f. montagna.
montañoso agg. montagnoso.
montar tr. e itr. montare.
monte m. monte; bosco. **— de piedad** monte di pietà.
montería f. arte della caccia.
montero m. cacciatore di montagna. **— mayor** capocaccia.
montón m. mucchio. **del —** senza alcun merito.
montura f. cavalcatura; finimenti.
monumento m. monumento.
moño m. crocchia (di capelli); nodo; ciuffo.
mora f. (bot.) mora.
morada f. abitazione; mansione, soggiorno.
morado agg. morato.
moral agg. e f. morale.
moraleja f. morale d'una favola.
moralidad f. moralità.
mórbido agg. morbido; morboso.
morbo m. morbo.
mordacidad f. mordacità.
mordaz agg. mordace, satirico.
mordaza f. museruola.
mordedura f. morso.
morder tr. mordere.
mordiscar tr. morsicchiare.
mordisco m. morso.
moreno agg. bruno.
morera f. (bot.) gelso.
morfina f. morfina.
morfinómano agg. e m. morfinomane.
moribundo agg. e m. moribondo.
morir itr. morire.
morirse rfl. morire.
moro agg. e m. moro.
morosidad f. morosità.
moroso agg. moroso.
morriña f. malinconia.
morro m. broncio, muso.
mortaja f. lenzuolo mortuario.
mortal agg. e m. mortale.
mortalidad f. mortalità.
mortandad f. moria.
mortero m. (mil.) mortaio (da bombe); mortaio (da pestare); malta.
mortífero agg. mortifero.
mortuorio agg. mortuorio.

mosaico agg. mosaico. m. mosaico.
mosca f. mosca.
moscardón m. grosso tafano; moscone.
moscatel m. moscatello.
mosquetón m. moschetto; moschettone.
mosquitero m. zanzariera.
mosquito m. zanzara, moscerino.
mostacho m. mustacchio.
mostaza f. (bot.) mostarda, senapa, senape.
mostrador m. mostratore; vetrina o banco di bottega.
mostrar tr. mostrare, far vedere.
mostrarse rfl. mostrarsi, dimostrarsi.
mota f. bioccoletto; neo.
mote m. motto, detto sentenzioso; nomigndo.
motejar tr. motteggiare.
motín m. ammutinamento, rivolta.
motivar tr. motivare.
motivo m. motivo; tema.
moto f. motocicletta.
motocicleta f. motocicletta.
motor agg. e m. motore.
motorista m. motorista.
movedizo agg. movibile.
mover tr. muovere.
moverse rfl. muoversi.
móvil agg. mobile.
movilidad f. mobilità.
movilización f. mobilizzazione.
movilizar tr. mobilitare.
movimiento m. movimento.
moza f. fanciulla, ragazza; serva.
mozo m. fanciullo, ragazzo; servo, domestico. **— de cuerda** facchino. **— de cuadra** staliere.
muchacha f. ragazza; fanciulla, fanciulla.
muchacho m. ragazzo, fanciullo. [folla, ressa.
muchedumbre f. moltitudine,
mucho agg. e avv. molto.
muda f. muta; cambio.
mudar tr. mutare, cambiare.
mudarse rfl. cambiar casa; cambiare, cambiarsi.
mudez f. mutezza; mutismo.
mudo agg. e m. muto.
mueble agg. mobile. m. mobile.
mueca f. smorfia.
muecas f. pl. moine.
muela f. mola; molare.
muelle m. banchina, molo; molla. agg. molle.
muerte f. morte. [funto.
muerto agg. e m. morto, defunto.
muestra f. insegna di negozio; modello; mostra; campione.
muestrario m. campionario.
mugre m. grassume.
mugriento agg. grassoso.
mujer f. donna; moglie. **— perdida** prostituta. [nesco.
mujeriego agg. e m. donnaiolo, donnesco.
mujeril agg. donnesco.
mujerona f. donnona.
mula f. mula.
mular agg. mulesco.
mulato agg. e m. mulatto.
muleta f. gruccia; drappo rosso per burlare il toro.
mulo m. mulo.
multa f. multa.
multar tr. multare.
múltiple agg. multiplo.
multiplicación f. moltiplicazione.
multiplicar tr. moltiplicare.
multitud f. moltitudine.
mundano agg. mondano.
mundial agg. mondiale.
mundo m. mondo.
munición f. munizione.

municipal agg. municipale.
municipio m. municipio.
muñeca f. bambola; polso.
muñeco m. fantoccio, pupazzo, bamboccio.
mural agg. murale.
murar tr. murare.
murciélago m. (zool.) pipistrello. [glio.
murmullo m. mormorio; bisbi-
murmuración f. mormorazione.
murmurar itr. mormorare, bisbigliare.
muro m. muro, parete.
muscular agg. muscolare.
musculatura f. muscolatura.
músculo m. muscolo.
musculoso agg. muscoloso.
museo m. museo.
musgo m. muschio.
música f. musica.
musical agg. musicale.
músico agg. musicale, musico. m. musicista, musicante.
muslo m. coscia.
mutabilidad f. mutabilità.
mutable agg. mutabile.
mutación f. mutazione.
mutilación f. mutilazione.
mutilar tr. mutilare.
mutualidad f. mutualità.
mutuo agg. mutuo.
muy avv. molto, assai; gran.

nabo m. (bot.) navone, ravizzone.
nacer itr. nascere.
naciente agg. nascente.
nacimiento m. nascita; origine.
nación f. nazione, paese.
nacional agg. nazionale.
nacionalidad f. nazionalità.
nacionalismo m. nazionalismo.
nada avv. niente. pron. y f. nulla, niente.
nadador m. nuotatore.
nadar itr. nuotare.
nadie pron. o m. nessuno.
naipe m. carta (da gioco).
nalga f. natica.
naranja f. (bot.) arancia.
naranjada f. aranciata.
naranjo m. (bot.) arancio.
narcótico agg. narcotico.
narcotizar tr. narcotizzare.
narigudo agg. nasuto.
nariz f. naso; narice.
narración f. narrazione.
narrador m. narratore.
narrar tr. narrare.
nata f. panna; crema.
natal agg. natale.
natalicio agg. e m. natalizio.
natalidad f. natalità.
natividad f. nativ19; Natale.
nativo agg. nativo.
natura f. natura; sorte.
natural agg. naturale. m. indole.
naturaleza f. natura; naturalezza.
naturalidad f. naturalezza.
naturalismo m. naturalismo.
naturalista m. f. naturalista.
naturalización f. naturalizzazione.

naturalizar tr. naturalizzare.
naufragar itr. naufragare.
naufragio m. naufragio.
náufrago m. naufrago.
náusea f. nausea.
nauseabundo agg. nauseabon-
do.
náutica f. nautica.
náutico agg. nautico.
navaja f. coltello a serramani-
co; rasoio.
naval agg. navale.
nave f. nave; navata.
navegable agg. navigabile.
navegación f. navigazione.
navegar itr. navigare.
navidad f. Natale.
navideño agg. natalizio.
naviero agg. armatore; della
navigazione, navigatorio.
navío m. nave, bastimento.
necedad f. stupidità.
necesario agg. necessario.
necesidad f. necessità, bisogno.
necesitado agg. povero.
necesitar itr. e tr. necessitare,
avere bisogno, bisognare.
necio agg. sciocco.
necrología f. necrologia.
necrópolis f. necropoli.
néctar m. nettare.
negación f. negazione.
negar tr. negare; dinegare.
negarse rfl. rifiutare
negativa f. negativa.
negativo agg. negativo; (fot.)
negativa.
negligencia f. negligenza.
negligente agg. negligente.
negociación f. negoziazione.
negociante m. negoziante.
negociar itr. negoziare.
negocio m. negozio, affare.
negro agg. e m. nero; nigro.
negrura f. nerezza.
nepotismo m. nepotismo.
nervio m. nervo.
nervioso agg. nervoso.
nerviosismo m. nervosismo.
neto agg. netto; puro.
neumático agg. pneumatico.
neumonía f. (med.) polmonite,
pneumonite.
neuralgia f. (med.) neuralgia,
nevralgia.
neurastenia f. (med.) nevras-
tenia, neurastenia.
neurasténico agg. nevrastenico.
neurótico agg. (med.) neuro-
tico, nevrotico.
neutral agg. neutrale.
neutralidad f. neutralità.
neutralización f. neutralizzazio-
ne.
neutralizar tr. neutralizzare.
neutro agg. neutro.
nevada f. nevicata.
nevar itr. nevicare.
ni cong. ne; neanche, neppure.
nicotina f. nicotina.
nicho m. nicchia.
nido m. nido; covacciolo.
niebla f. nebbia.
nieto f. nipote, abbiatico.
nieve f. neve.
ningún agg. nessun, nessuno.
ninguno agg. e pron. nessuno.
niña f. bambina, fanciulla, rag-
gazza, bimba.
niñera f. bambinaia.
niñería f. bambinata, bambinag-
gine.
niñez f. fanciullezza, infanzia.
niño m. bimbo, bambino, fanciullo, ragazzo.
níquel m. nichel, nichelio.
nivel m. livello.
nivelar tr. livellare.

nivelarse rfl. livellarsi.
no avv. no.
nobiliario agg. nobiliare.
noble agg. nobile; illustre.
nobleza f. nobiltà.
noción f. nozione.
nocivo agg. nocivo.
noctámbulo agg. e m. nottambulo.
nocturno agg. e m. notturno.
noche f. notte, sera.
nochebuena f. notte di Natale.
nodriza f. nutrice, balia.
nómada agg. e m. nomade.
nombradía f. rinomanza, fama.
nombramiento m. nomina.
nombrar tr. nominare.
nombre m. nome. — de pila
nome di battesimo.
nominal agg. nominale.
non m. dispari.
noria f. bindolo, noria.
norma f. norma, regola.
normal agg. normale.
normalizar tr. normalizzare.
norte m. nord.
norteamericano agg. e m. nor-
damericano.
noruego agg. e m. norvegese.
m. lingua norvegese.
nos pron. noi, ci.
nostalgia f. nostalgia.
nota f. nota, annotazione;
voto; fama. (mús.) nota.
notable agg. notabile.
notar tr. notare; marcare.
notario m. notaio, notaro.
noticia f. notizia.
noticiero m. cronista di giornale.
notificación f. notificazione.
notificar tr. notificare.
notoriedad f. notorietà.
notorio agg. notorio.
novato agg. e m. novizio, principiante.
novedad f. novità.
novel agg. novello.
novela f. romanzo.
novelesco agg. romanzesco.
novelista m. f. romanziere.
novia f. fidanzata.
noviazgo m. fidanzamento.
noviciado m. noviziato.
novicio m. novizio.
noviembre m. novembre.
novillada f. corsa di giovani
tori.
novillero m. combattitore nella
corsa di torelli.
novillo m. vitello; torello. hacer —s marinarsi la scuola.
novio m. fidanzato.
nublado agg. nuvoloso, annuvo-
lato.
nublar tr. rannuvolare, annuvo-
lare.
nublarse rfl. annuvolarsi.
nuca f. nuca; cervice.
núcleo m. nocciolo; nucleo.
nudillo m. nodello.
nudo m. nodo; laccio.
nuera f. nuora.
nuestro agg. e pron. nostro.
nueva f. nuova, notizia.
nuevo agg. nuovo.
nuez f. noce. — moscada noce
moscata.
nulidad f. nulità.
nulo agg. nullo, senza effetto.
numeración f. numerazione.
numeral agg. e m. numerale.
numerar tr. numerare.
numerario agg. e m. numerario.
numérico agg. numerico.
número m. numero.
numeroso agg. numeroso.
nunca avv. mai, giammai.
nunciatura f. nunziatura.
nuncio m. nunzio.

nupcial agg. nuziale.
nupcias f. pl. nozze, matrimonio.
nutrición f. nutrizione.
nutrir tr. nutrire, alimentare.
nutritivo agg. nutritivo.

ñandú m. nandù.
ñoñería f. balordaggine.
ñoño agg. balordo.

oasis m. oasi.
obcecación f. accecamento.
obcecar tr. accecare.
obedecer tr. ubbidire, obbedire.
obediencia f. ubbidienza, obbedienza.
obediente agg. ubbidiente, obbediente.
obelisco m. obelisco.
obesidad f. obesità.
obeso agg. obeso.
obispado m. vescovado, vesco-
vato.
obispo m. vescovo.
objeción f. obiezione.
objetar tr. obiettare.
objetivo m. obiettivo.
objeto m. oggetto.
oblicuidad f. obliquità.
oblicuo agg. obliquo.
obligación f. obbligazione, obbligo.
obligar tr. obbligare.
obligarse rfl. obbligarsi.
obligatorio agg. obbligatorio.
obra f. opera; lavoro. — maestra capolavoro.
obrar tr. operare, lavorare, agire.
obrero agg. e m. operaio.
obscenidad f. oscenità.
obsceno agg. osceno.
obscurecer tr. oscurare.
obscurecerse rfl. oscurarsi.
obscuridad f. oscurità.
obscuro agg. oscuro.
obsequiar tr. ossequiare.
obsequio m. ossequio, regalo.
observación f. osservazione.
observador m. osservatore.
observar tr. osservare.
observatorio m. osservatorio.
obsesión f. ossessione.
obsesionar tr. ossessionare.
obstáculo m. ostacolo.
obstar imp. ostare. itr. ostacolare.
obstinación f. ostinazione.
obstinado agg. ostinato.
obstinarse rfl. ostinarsi.
obstrucción f. ostruzione.
obstruir tr. ostruire.
obtención f. ottenimento.
obtener tr. ottenere.

obtuso agg. ottuso.
obús m. obice.
obviar tr. e itr. ovviare.
obvio agg. ovvio.
oca f. (zool.) oca.
ocasión f. occasione.
ocasionar tr. occasionare.
ocaso m. occaso.
occidental agg. occidentale.
occidente m. occidente.
occipital agg. occipitale.
occipucio m. occipite.
océano m. oceano.
ocio m. ozio.
ociosidad f. oziosità; disoccupazione.   [to.
ocioso agg. ozioso, sfaccenda-
octubre m. ottobre.
ocultar tr. occultare.
oculto agg. occulto, coperto.
ocupación f. occupazione.
ocupante agg. e m. occupante.
ocupar tr. occupare.
ocuparse rfl. occuparsi.
ocurrencia f. caso, occasione;
arguzia.
ocurrente agg. arguto.
ocurrir itr. accadere, occorrere;
venire in mente.
oda f. ode.
odiar tr. odiare, aborrire, detestare.
odio m. odio.
odioso agg. odioso.
odontólogo m. odontologo.
oeste m. ovest, occidente.
ofender tr. offendere.
ofensa f. offesa.
ofensiva f. offensiva.
ofensivo agg. offensivo.
oferta f. offerta.
oficial agg. e m. ufficiale.
oficiar itr. ufficiare.
oficina f. officina; ufficio.
oficinista m. f. impiegato di un
ufficio od officina.
oficio m. ufficio, professione.
ofrecer tr. offrire.
ofrecerse rfl. offrirsi.
ofrecimiento m. offerta.
ofuscación f. offuscamento.
ofuscar tr. offuscare; abbagliare.
ofuscarse rfl. offuscarsi.
ogro m. orco.
oído m. udito; (anat.) orecchio.
oídos m. pl. orecchi, orecchie.
oír tr. udire, sentire; ascoltare.
ojal m. occhiello.
ojalá itj. Dio voglia!, fosse vero!
ojeada f. sguardo, occhiata.
ojear tr. occhiare; scrutare.
ojera f. occhiaia.
ojeriza f. astio, rancore.
ojo m. (anat.) occhio; cruna;
buco; foro.
ola f. onda, flutto.
oleada f. ondata, flutto.
oler tr. odorare.
olfatear tr. fiutare, odorare, nasare.
olfato m. olfatto.
olimpiada f. olimpiade.
olímpico agg. olimpico.
oliva f. oliva, uliva.
olivar m. oliveto.
olivo m. olivo, ulivo.
olor m. odore, fragranza; fiuto.
oloroso agg. odoroso.
olvidadizo agg. oblioso, dimentico.
olvidar tr. dimenticare, obliare.
olvidarse rfl. dimenticarsi.
olvido m. dimenticanza, oblio.
olla f. pentola, marmitta. — de
cobre calderotto.
ombligo m. ombelico.
omisión f. omissione.

omiso agg. tralasciato, omesso.
omitir tr. omettere, tralasciare.
omnipotencia f. onnipotenza.
omnipotente agg. onnipotente.
onda f. onda; ondulazione.
ondear itr. ondeggiare.
ondulación f. ondulazione.
ondular tr. ondulare.
onza f. oncia.
opaco agg. opaco.
opción f. opzione.
ópera f. opera.
operación f. operazione.
operar tr. operare.
operario m. operaio.
opinar itr. opinare.
opinión f. opinione.
opio m. oppio.
oponer tr. opporre, contraporre.
oponerse rfl. contraporsi, opporsi, resistere.
oportunidad f. opportunità.
oportunismo m. opportunismo.
oportuno agg. opportuno.
oposición f. opposizione; concorso.
opositor m. oppositore; concorrente.
opresión f. oppressione.
opresivo agg. oppressivo.
oprimir tr. opprimere.
oprobio m. obbrobrio.
optar tr. optare.
óptica f. ottica.
óptico agg. e m. ottico.
optimismo m. ottimismo.
optimista agg. e m. f. ottimista.
óptimo agg. ottimo.
opulencia f. opulenza.
opulento agg. opulento, ricco.
oración f. orazione; preghiera; proposizione.
orador m. oratore.
oral agg. orale.
orar itr. orare; pregare.
oratoria f. oratoria.
oratorio agg. oratorio. m. oratorio.
órbita f. orbita.
orden m. ordine; disposizione; bando.
ordenación f. ordinamento; ordinazione.
ordenanza f. ordinanza; ordinamento.
ordenar tr. ordinare; decretare.
ordeñar tr. mungere.
ordinal agg. ordinale.
ordinario agg. ordinario. m. ordinario.
oreja f. orecchio.
orfebre m. orefice.
orfelinato m. orfanotrofio.
orfeón m. società corale.
orgánico agg. organico.
organillo m. organino, organetto.
organización f. organizzazione.
organizar tr. organizzare.
órgano m. organo.
orgía f. orgia.
orgullo m. orgoglio.
orgulloso agg. orgoglioso.
oriental agg. orientale.
orientar tr. orientare.
orientarse rfl. orientarsi.
oriente m. oriente, est, levante.
orificio m. orifizio.
origen m. origine, provenienza. **dar** — originare.
original agg. originale. m. originale.
originalidad f. originalità.
originar tr. originare.
originarse rfl. originarsi.
originario agg. originario.
orilla f. orlo; sponda.
orín m. ruggine.
orina f. orina.

orinal m. orinale.
orinar itr. orinare.
ornamentar tr. ornamentare, ornare, adornare.
ornamento m. ornamento.
oro m. oro.
oropel m. orpello.
orquesta f. orchestra.
ortiga f. (bot.) ortica.
ortodoxia f. ortodossia.
ortodoxo agg. ortodosso.
ortografía f. ortografia.
ortopedia f. ortopedia.
os pron. vi, a voi.
osadía f. arditezza, coraggio.
osado agg. ardito.
osamenta f. ossatura, ossame.
osar itr. osare, ardire.
oscilación f. oscillazione.
oscilar itr. oscillare.
oscurecer tr. oscurare. itr. oscurarsi, annottare.
oscurecerse rfl. oscurarsi.
oscuridad f. oscurità.
oscuro agg. oscuro.
óseo agg. osseo.
oso m. (zool.) orso.
ostentación f. ostentazione.
ostentar tr. ostentare.
ostra f. ostrica.
otoñal agg. autunnale.
otoño m. autunno.
otorgamiento m. concessione.
otorgar tr. concedere; accordare; stipulare.
otro agg. e m. altro.
ovación f. ovazione.
ovacionar tr. acclamare.
óvalo m. ovale.
ovario m. ovario; ovaia.
oveja f. pecora.
ovejero m. pecoraio. **perro** — cane da pastore.
óvulo m. ovulo.
oxidación f. ossidazione.
oxidar tr. ossidare.
óxido m. ossido.
oxigenar tr. ossigenare.
oxígeno m. ossigeno.
oyente agg. e m. uditore.

pabellón m. padiglione.
pacer itr. pascere, pascolare.
paciencia f. pazienza.
paciente agg. paziente. m. paziente.
pacificar tr. pacificare.
pacífico agg. pacifico.
pacifismo m. pacifismo.
pactar tr. patteggiare, pattuire, stipulare.
pacto m. patto.
padecer itr. patire; penare; soffrire.
padecimiento m. patimento; danno; sofferenza.
padrastro m. patrigno.
padrazo m. padre troppo indulgente.
padre m. padre. **—nuestro** Paternostro.
padrinazgo m. patrocinio, protezione; comparatico.
padrino m. padrino, compare.
padrón m. modello; registro.
paga f. paga.
pagable agg. pagabile.
pagano agg. e m. pagano.
pagar tr. pagare.

página f. pagina.
pago m. pagamento.
país m. paese, nazione.
paisaje m. paesaggio.
paisano m. compaesano, paesano.
paja f. paglia.
pajar m. pagliaio.
pájaro m. uccello.
pajarraco m. uccellaccio.
paje m. paggio, doncello.
pala f. pala; racchetta. ,
palabra f. parola. **de** — verbalmente.
palabrería f. chiacchierio.
palaciego agg. palatino.
palacio m. palazzo.
paladar m. (anat.) palato.
paladear tr. assaggiare, assaporare.
palanca f. leva.
palangana f. catinella.
palco m. palco.
palestra f. palestra.
paleta f. paletta; tavolozza; cazzuola.
paletada palettata.
paleto m. zotico, uomo rustico.
palidecer itr. impallidire.
palidez f. pallidezza.
pálido agg. pallido.
palillero m. portastecchini.
palillo m. stuzzicadenti, stecchino.
paliza f. bastonatura.
palma f. (bot.) palma; palmo, palma (della mano).
palmada f. palmata.
palmera f. (bot.) palma.
palmo m. palmo (misura).
palmotear itr. applaudire.
palmoteo m. applauso.
palo m. palo; (naut.) albero di nave; bastone.
paloma f. (orn.) colomba. **— mensajera** colombo viaggiatore.
palomar m. colombaia, piccionaia.
palomino m. piccioncino.
palomo m. colombo, piccione.
palpable agg. palpabile.
palpar tr. palpare.
palpitación f. palpitazione.
palpitar itr. palpitare.
palurdo m. rustico, rozzo, zotico.
pan m. pane. **— rallado** pangrattato.
panacea f. panacea.
panadería f. panetteria.
panadero m. panettiere.
panal m. favo.
páncreas m. (anat.) pancreas.
pandero m. tamburello.
pandilla f. combriccola; banda, branco.
panecillo m. panino.
pánico m. panico.
panorama m. panorama.
pantalón m. pantaloni.
pantalones m. pl. pantaloni.
pantalla f. paralume.
pantano m. pantano.
pantanoso agg. pantanoso. ,
panteísmo m. panteismo.
panteón m. panteon.
pantera f. (zool.) pantera.
pantomima f. pantomima.
pantorrilla f. polpaccio.
panza f. pancia, ventre.
pañal m. pannicello; fascia da bimbo.
paño m. panno, tela. **—s higiénicos** tele del mestruo.
pañuelo m. fazzoletto.
papa m. patata; Papa, Pontefice.
papá m. babbo.
papado m. papato.
papagayo m. (orn.) pappagallo.
papal agg. papale.

papanatas m. babbione, babbeo.
paparrucha f. fanfaluca.
papel m. carta; ruolo, parte.
papeleo m. lo smuovere di carte.
papelera f. cartelliera; cestino.
papelería f. cartoleria.
papeleta f. bolletta; cartina. ,
paperas f. pl. (med.) parotite, orecchioni.
papilla f. pappa.
paquebote m. (naut.) battello mercantile e postale.
paquete m. pacco, involto, pacchetto. **— postal** pacco postale.
par agg. pari. m. paio; pari (titolo).
para prep. per; da. **— con** verso. **— que** perchè.
parábola f. parabola.
paracaídas m. paracadute.
parada f. fermata; parata; arresto.
paradero m. recapito.
parado agg. fermo; impacciato; zitto; disoccupato.
paradoja f. paradosso.
parador m. osteria, locanda.
parafina f. paraffina.
paraguas m. ombrello, paracqua.
paraíso m. paradiso.
paraje m. paraggio, luogo.
paralelo agg. e m. parallelo.
parálisis f. (med.) paralisi.
paralítico agg. e m. paralitico.
paralizar tr. paralizzare.
parangón m. paragone.
parangonar tr. paragonare.
paraninfo m. paraninfo; aula magna, sala per le adunanze dell'università.
parapetarse rfl. difendersi con parapetti.
parapeto m. parapetto.
parar itr. fermarsi, arrestarsi. tr. fermare, arrestare; parare. **ir a —** andare a finire.
pararse rfl. fermarsi, arrestarsi.
pararrayos m. parafulmine.
parásito m. parassita.
parasol m. parasole.
parcial agg. parziale.
parcialidad f. parzialità.
parco agg. parco, sobrio.
parecer m. parere, opinione. itr. parere; apparire.
parecerse rfl. somigliare.
parecido agg. somigliante. m. somiglianza; aspetto.
pared f. parete, muro.
paredón m. grande parete.
pareja f. paio, coppia.
parejo agg. uguale, pari.
parentela f. parentela, parentado, parentato.
parentesco m. parentela, parentado, parentato.
paréntesis f. parentesi.
pariente m. parente.
parihuelas f. pl. barella.
parir tr. e itr. partorire.
parlamentar tr. parlamentare.
parlamentario agg. parlamentario.
parlamento m. parlamento.
parlanchín agg. e m. chiacchierone.
parodia f. parodia.
párpado m. palpebra.
parque m. parco.
parquedad f. parchezza.
párrafo m. paragrafo.
parricida m. f. parricida.
parrilla f. graticola.
párroco m. parroco, curato.
parroquia f. parrocchia.

parroquiano m. parrocchiano; cliente.
parsimonia f. parsimonia.
parte f. parte.
partición f. partizione.
participación f. partecipazione.
participante agg. e m. partecipante.
participar tr. e itr. partecipare.
partícipe agg. partecipe.
partícula f. particella.
particular agg. e m. particolare.
particularidad f. particolarità.
particularizar tr. particolareggiare.
partida f. partenza; partita atto, fede, certificato; gruppo di gente armata.
partidario agg. partigiano.
partido m. partito; distretto; profitto; partita.
partir tr. partire; dividere. — en dos bipartire.
partirse rfl. partirsi; dividersi.
parto m. parto.
parturienta f. partoriente.
párvulo m. parvolo, pargolo.
pasada f. passaggio; passata.
pasadizo m. passaggio, stretto; andito; vicolo.
pasado m. il passato. agg. passato; marcio (frutto).
pasador m. chiavistello; spillone.
pasaje m. passaggio.
pasajero agg. e m. passeggero.
pasante m. assistente di un professore.
pasaporte m. passaporto.
pasar tr. e itr. passare. — por alto omettere.
pasatiempo m. passatempo.
pascua f. pasqua.
pascual agg. pasquale.
pase m. lascia passare; tessera.
pasear itr. e tr. passeggiare.
paseo m. passeggio.
pasillo m. corridoio, galleria; piccolo passaggio.
pasión f. passione.
pasional agg. passionale.
pasivo agg. passivo.
pasmar tr. sbalordire.
pasmarse rfl. stordirsi.
pasmo m. spasimo, sbalordimento.
paso m. andata, andatura; passaggio; passo (di cavallo).
pasta f. pasta. — alimenticia pasta alimentare.
pastar tr. pasturare. itr. pascolare.
pastel m. pastello; (fig.) imbroglio, pasta, pasticcino.
pastelería f. pasticceria.
pastilla f. pastiglia, pasticca. — de jabón saponetta.
pasto m. pascolo, pasto.
pastor m. pastore. — de ganado mayor armentiere. — de cabras guardacapre.
pastoral agg. pastorale. f. pastorale.   [rale.
pastoril agg. pastorizio, pastopata f. zampa.
patada f. pedata.
patalear itr. sgambettare; battere i piedi.
pataleo m. sgambettio.
patata f. (bot.) patata.
patatal m. campo di patate.
patente f. patente. agg. patente, chiaro, evidente.
patentizar tr. rendere evidente.
paternal agg. paterno.
paternidad f. paternità.
paterno agg. paterno.
patético agg. patetico.

patíbulo m. patibolo.
patilla f. basetta.
patín m. pattino.
patinar itr. pattinare.
patio m. cortile.
patizambo agg. strambo.
pato m. (orn.) anitra.
patología f. patologia.
patria f. patria.
patriarca m. patriarca.
patricio agg. e m. patrizio.
patrimonial agg. patrimoniale.
patrimonio m. patrimonio.
patrio agg. patrio.
patriota m. patriotta.
patriótico agg. patriottico.
patriotismo m. patriottismo.
patrocinar tr. patrocinare.
patrocinio m. patrocinio.
patrón m. padrone; modello.
patronato m. patronato.
patrono m. patrono.
patrulla f. pattuglia.
patrullar itr. pattugliare.
pausa f. pausa.
pausado agg. lento.
pauta f. falsariga; righello; norma, modello.
pavimentar tr. pavimentare.
pavimento m. pavimento.
pavo m. (orn.) tacchino, dindo. — real pavone.
pavonear itr. pavoneggiarsi.
pavor m. paura, spavento.
payaso m. pagliaccio.
paz f. pace. hacer las paces rappacificarsi.
peaje m. pedaggio.
peatón m. pedone.
peca f. lentiggine.
pecado m. peccato; colpa.
pecador m. peccatore.
pecar itr. peccare.
pecoso agg. lentigginoso.
peculiar agg. peculiare.
peculiaridad f. peculiarità.
pecunia f. pecunia.
pecuniario agg. pecuniario.
pecho m. petto; poppa, seno.
pechuga f. petto di pollo ecc.
pedagogía f. pedagogia.
pedagogo m. pedagogo.
pedal m. pedale.
pedalear itr. pedalare.
pedaleo m. pedalata.
pedante agg. e m. pedante.
pedantería f. pedanteria.
pedazo m. pezzo, pezza; morsello.
pedestal m. piedestallo.
pedestre agg. pedestre.
pedicuro m. pedicure.
pedido m. domanda, richiesta, ordine.
pedigüeño agg. e m. qui domanda fino a seccare.
pedir tr. chiedere, domandare. — limosna elemosinare.
pedo m. scoreggia, peto.
pedrada f. pietrata.
pedregal m. terreno cassoso, ghiareto, pietraia.
pedregoso agg. pietroso.
pedrería f. pietre preziose.
pedrisco m. grandine; pietraia, pietrame.
pega f. incollatura; impeciatura. de — falso, finto.
pegadizo agg. appiccicaticcio.
pegajoso agg. appiccicoso.
pegar tr. appiccicare, incollare.
pegarse rfl. appiccicarsi, attaccarsi.
peinado m. pettinatura.
peinador m. pettinatore; accappatoio.
peinar tr. pettinare, rarriare i capelli.
peinarse rfl. rarriarsi i capelli.
peine m. pettine.
peineta f. pettine d'adorno.

pelado agg. pelato; pitocco.
peladura f. mondatura o sbucciatura.
pelagatos m. pelagatti.
pelaje m. pelame.
pelar tr. pelare, mondare.
peldaño m. scalino, gradino.
pelea f. pugna, battaglia; lotta.
pelear itr. battagliare, combattere, lottare.
pelearse rfl. picchiarsi.
peletería f. pellicceria.
peletero m. pellicciaio.
pelícano m. (orn.) pellicano.
película f. pellicola.
peligrar itr. pericolare.
peligro m. pericolo, rischio.
peligroso agg. pericoloso, rischioso, periglioso.
pelo m. pelo; pellame.
pelota f. palla; pillotta.
pelotazo m. colpo di palla, pallata.
pelotón m. plotone.
peluca f. parrucca.
peludo agg. peloso.
peluquería f. barbieria, mestiere e negozio del parrucchiere.   [biere.
peluquero m. parrucchiere; barpellejo m. pelle; buccia. — de vino otre.
pellizcar tr. pizzicare.
pellizco m. pizzicotto.
pena f. pena, rammarico; dolore.
penal agg. penale.
penalidad f. penalità.
penar itr. patire, penare. tr. castigare.
pendencia f. pendenza.
pender itr. pendere; dipendere.
pendiente agg. pendente. m. orecchino. f. declivio.
penetración f. penetrazione.
penetrante agg. penetrante.
penetrar tr. e itr. penetrare.
península f. penisola.
penitencia f. penitenza.
penitente agg. e m. penitente.
penoso agg. penoso.
pensado agg. pensato.
pensador m. pensatore.
pensamiento m. pensiero.
pensar itr. pensare.
pensativo agg. pensativo.
pensión f. pensione.
pensionado agg. e m. pensionato. m. pensionato.
pensionar tr. pensionare.
pensionista m. f. pensionato.
pentecostés m. Pentecoste.
penúltimo agg. penultimo.
penumbra f. penombra.
penuria f. penuria.
peña f. balza, macigno; roccia; circolo, cenacolo.
peñasco m. rupe, dirupo; roccia.
peñón m. montagna dirupata.
peón m. pedone; pedina; braciante. — caminero cantoniere. — de albañil manovale.
peonza f. trottola.
peor agg. peggiore.
pepino m. (bot.) cetriolo.
pequeñez f. piccolezza.
pequeño agg. piccolo, piccino.
pera f. (bot.) pera.
peral m. (bot.) pero.
percance m. contrattempo, incidente.
percatarse rfl. rendersi conto.
perceptible agg. percettibile.
percibir tr. percepire.
percusión f. percussione.
percutir tr. percuotere.
percha f. attaccapanni; asta.

perder tr. perdere, smarrire.
perderse rfl. perdersi, smarrirsi.
perdición f. perdita; perdizione.
pérdida f. perdita.
perdigón m. perniciotto; pallino.
perdiz f. (orn.) pernice.
perdón m. perdono.
perdonar tr. perdonare.
perdonavidas m. spaccamonti.
perdurable agg. perdurabile.
perdurar itr. perdurare.
perecer itr. perire.
peregrinación f. peregrinazione.
peregrinar itr. peregrinare.
peregrino m. pellegrino. agg. strano, raro.
perejil m. (bot.) prezzemolo.
perenne agg. perenne.
perentoriedad f. perentorietà.
perentorio agg. perentorio.
pereza f. pigrizia; ignavia.
perezoso agg. pigro.
perfección f. perfezione.
perfeccionamiento m. perfezionamento.
perfeccionar tr. perfezionare.
perfecto agg. perfetto.
perfidia f. perfidia.
pérfido agg. perfido.
perfil m. profilo.
perfilado agg. profilato.
perfilar tr. profilare.
perforación f. perforazione.
perforar tr. perforare.
perfumar tr. profumare.
perfume m. profumo.
perfumería f. profumeria.
pergamino m. pergamena, cartapecora.
pericia f. perizia, abilità.
perífrasis f. perifrasi.
perilla f. pomo; barbetta; pizzo. de — a proposito.
perímetro m. perimetro.
periódico agg. periodico. m. giornale.
periodismo m. giornalismo.
periodista m. f. giornalista.
periodo m. periodo.
periscopio m. periscopio.
perito agg. e m. perito.
perjudicar tr. danneggiare, pregiudicare.
perjudicial agg. dannoso, pregiudizievole.
perjuicio m. pregiudizio, danno.
perjurar itr. pergiurare, spergiurare.
perjurio m. spergiuro, pergiuro.
perjuro agg. e m. spergiuro.
perla f. perla.
permanecer itr. rimanere; permanere, perdurare.
permanencia f. permanenza.
permanente agg. permanente.
permisible agg. permissibile.
permiso m. permesso.
permitir tr. permettere.
permuta f. permuta.
pernicioso agg. pernicioso.
perno m. perno. — de rosca perno a dado.
pernoctar itr. pernottare.
pero cong. però, ma.
perpendicular agg. e f. perpendicolare.
perpetuar tr. perpetuare.
perpetuidad f. perpetuità.
perpetuo agg. perpetuo.
perplejidad f. perplessità.
perplejo agg. perplesso.
perra f. cagna. — gorda 10 centesimi. — chica 5 centesimi.
perrera f. canile.
perrería f. moltitudine di cani; cattiva azione.
perro m. cane. — de caza bracco. — de presa dogo.

perruno agg. canino.
persecución f. persecuzione.
perseguir tr. inseguire, perseguitare, perseguire.
perseverancia f. perseveranza.
perseverante agg. perseverante.
perseverar itr. perseverare.
persiana f. persiana.
persistencia f. persistenza.
persistente agg. persistente.
persistir itr. persistere.
persona f. persona.
personaje m. personaggio.
personal agg. personale.
personalidad f. personalità.
personarse rfl. abboccarsi con uno; presentarsi.
personificar tr. personificare.
perspectiva f. prospettiva.
perspicacia f. perspicacia.
perspicaz agg. perspicace.
persuadir tr. persuadere.
persuasión f. persuasione.
persuasivo agg. persuasivo.
pertenecer itr. appartenere.
pertenencia f. appartenenza.
pértiga f. pertica.
pertinacia f. pertinacia.
pertinente agg. pertinente.
pertrechar tr. attrezzare, vettovagliare.
pertrechos m. pl. attrezzi, munizioni ed armi.
perturbación f. perturbazione.
perturbar tr. perturbare.
perversidad f. perversità.
perversión f. perversione.
perverso agg. perverso.
pervertir tr. pervertire.
pervertirse rfl. pervertirsi.
pesadez f. pesantezza.
pesadilla f. incubo.
pesado agg. pesante.
pesadumbre f. pesantezza; afflizione.
pésame m. condoglianza. **dar el —** far le condoglianze.
pesar m. dolore, pena. tr. pesare. itr. gravare. **a — de que** contuttociò, contuttoquesto, pertanto. **con — a** malincuore.
pesca f. pesca.
pescadería f. pescheria.
pescadilla f. piccolo merluzzo.
pescado m. pesce.
pescador m. pescatore.
pescar tr. pescare. **— con anzuelo** pescare all'amo.
pescuezo m. nuca, collottola; collo.
pesebre m. greppia, mangiatoia.
pesimismo m. pessimismo.
pesimista agg. e m. f. pessimista.
pésimo agg. pessimo.
peso m. peso; carico. **— bruto** peso lordo.
pesquería f. pescaia; pescheria.
pesquisa f. ricerca, indagazione.
pestaña f. ciglio.
pestañear itr. battere le ciglia.
pestañeo m. battimento di ciglia.
peste f. (med.) peste.
pestilencia f. pestilenza.
pestilente agg. pestilente.
pestillo m. stanghetta; chiavistello.
petaca f. borsa da tabacco; porta sigari.
pétalo m. (bot.) petalo.
petardo m. petardo.
petición f. petizione.
petimetre m. bellimbusto.
pétreo agg. pietroso.
petrificación f. pietrificazione.

petrificar tr. pietrificare.
petróleo m. petrolio.
petrolero agg. m. petroliere.
petrolífero agg. petrolifero.
petulancia f. petulanza.
petulante agg. petulante.
pez m. pesce; pece.
pezón m. (anat.) capezzolo (della mammella).
piadoso agg. pietoso.
piano m. piano, pianoforte.
pica f. picca.
picacho m. punta aguzza; picco, sommità acuta di monti.
picadero m. maneggio (da cavalli), cavallerizza.
picadillo m. (cuc.) ammorsellato.
picado agg. forato; pizzicato.
picador m. torero a cavallo.
picadura f. pungitura, puntura; beccata.
picante agg. e m. piccante.
picapedrero m. scalpellino.
picaporte m. saliscendi.
picar tr. pungere; morsicare, mordere; beccare; pizzicare.
picarse rfl. tarlarsi; offendersi. [astuzia.
picardía f. cattività; furberia,
picaresco agg. canagliesco; birbantesco.
pícaro m. briccone, birbante.
pico m. becco; punta.
picota f. berlina, gogna.
picotazo m. beccata.
picotear tr. beccare, bezzicare.
pictórico agg. pittorico.
pichón m. (orn.) piccione.
pie m. piede; sostegno; piede (misura). **al — de la letra** esattamente. **no dar — con bola** non azzecarne una.
piedad f. pietà.
piedra f. pietra; (med.) calcolo; grandine. **— pómez** pomice.
piel f. pelle; cuoio.
pienso m. biada, foraggio.
pierna f. gamba; cianca; coscia (di animale).
pieza f. pezzo; stanza, camera; pezza.
pigmeo agg. e m. pigmeo.
pijama m. pigiama.
pila f. pila; gruzzolo. **— eléctrica** pila elettrica. **— bautismal** fonte battesimale. **nombre de —** nome di battesimo.
pilar m. pilastro; pilone.
pilastra f. pilastro.
píldora f. pillola.
pilotaje m. pilotaggio.
piloto m. pilota, piloto.
pillaje m. rapina; saccheggio.
pillar tr. saccheggiare, depredare; rapinare.
pillo agg. briccone. [ka.
pimentón m. peperone; papri-
pimienta f. (bot.) pepe.
pimiento m. (bot.) peperone.
pimpollo m. (bot.) germoglio.
pinar m. pineta.
pincel m. pennello.
pincelada f. pennellata.
pincelar tr. e itr. pennellare.
pinchar tr. pungere.
pinchazo m. puntura.
pinche m. sguattero.
pincho m. punteruolo, punta.
pino m. (bot.) pino. **— silvestre** pinastro.
pinta f. pinta (misura); macchia; marchio; apparenza.
pintado agg. dipinto.
pintar tr. dipingere.
pintarse rfl. dipingersi. **— la cara** imbellettarsi.
pintor m. pittore.
pintoresco agg. pittoresco.

pintura f. pittura. **— a la acuarela** pittura all'acquarello. **— al óleo** pittura a olio. **— al pastel** pastello.
pinza f. pinza.
pinzas f. pl. pinzette.
piña f. ananas; pigna, pina.
piñón m. pignone; pinolo, pignolo.
pío agg. pietoso, pio.
piojo m. pidocchio.
pipa f. pipa; seme di fruta.
piqueta f. piccone, piccozza.
pira f. pira; rogo.
piragua f. piroga.
pirámide f. piramide.
pirata m. pirata.
piratear itr. pirateggiare.
piratería f. pirateria.
piropear tr. galanteggiare.
piropo m. piropo; galanteria.
pirotecnia f. pirotecnica.
pirueta f. piroletta, piroetta.
pisada f. pigiata, pedata, pestata.
pisar tr. pestare.
piscina f. piscina.
piso m. pavimento; piano.
pisotear tr. calpestare.
pisoteo m. calpestio.
pista f. pista, campo, arena; pista, orma.
pistola f. pistola.
pistón m. pistone; stantuffo di pompa; capsula.
pitar itr. fischiare.
pitillera f. sigaraia; portasigarette.
pitillo m. sigaretta.
pito m. fischietto.
pitonisa f. pitonessa, maga.
pizarra f. lavagna, ardesia.
placa f. placca; piastra; lastra.
placentero agg. gradevole.
placer itr. placere. m. placere, diletto.
placidez f. placidità, placidezza.
plácido agg. placido.
plaga f. piaga; epidemia.
plagar tr. infestare.
plagiar tr. plagiare.
plagio m. plagio.
plan m. piano.
plana f. facciata, pagina; piana.
plancha f. lastra o lamina di metallo; plancia; ferro da stiro.
planchar tr. stirare.
planeta m. pianeta.
planetario agg. planetario.
planicie f. pianura.
plano agg. piano, piatto; liscio. m. piano.
planta f. pianta.
plantación f. piantagione.
plantar tr. piantare.
plantarse rfl. fermarsi.
planteamiento m. impostazione.
plantear tr. impostare, stabilire.
plantel m. vivaio.
plantilla f. soletta; sagoma.
plasmar tr. plasmare.
plata f. argento; denaro. **— de ley** argento al titolo.
plataforma f. piattaforma.
plátano m. (bot.) platano; banano; banana.
platea f. (teat.) platea.
plateado agg. argentato. m. argentatura.
platear tr. argentare, inargentare.
platero m. argentaio, argentiere.
platicar itr. conversare.
platillo m. piattello, piattino; stufatino; piatto (della bilancia).
plato m. piatto. **— hondo** fondina. **— grande** piattone.

playa f. spiaggia, lido.
plaza f. piazza. **— fuerte** fortezza.
plazo m. mora, dilazione al pagamento; scadenza; rata.
plebe f. plebe.
plebeyo agg. e m. plebeo.
plegable agg. piegabile, pieghevole.
plegar tr. piegare.
plegarse rfl. piegarsi.
plegaria f. preghiera; supplica.
pleitear itr. litigare.
pleito m. lite, processo.
plenario agg. plenario.
plenilunio m. plenilunio.
plenipotenciario agg. e m. plenipotenziario.
plenitud f. pienezza; totalità.
pleno agg. pieno.
pliego m. foglio; plico.
pliegue m. piega.
pluma f. piuma; penna, portapenna.
plumaje m. piumaggio.
plumón m. piumino; materasso di piume.
plural agg. e m. plurale.
pluralidad f. pluralità.
población f. popolazione.
poblado agg. popolato. m. borgata, luogo popolato.
poblar tr. popolare.
pobre agg. e m. povero, mendico.
pobreza f. povertà.
pocilga f. porcile.
poco agg. poco, scarso. avv. poco. **— más o menos** all'incirca.
poda f. potatura.
podadera f. potatoio.
podadura f. potatura.
podar tr. potare.
poder tr. potere. m. potere.
poderío m. potere.
poderoso agg. poderoso, potente.
podredumbre f. putridume, putredine.
poema m. poema.
poesía f. poesia.
poeta m. poeta.
poética f. poetica.
poético agg. poetico.
poetisa f. poetessa.
poetizar tr. poetare; poeticizzare.
polaco agg. e m. polacco. m. lingua polonesa.
polar agg. polare.
polea f. carrucola; (naut.) bozzello.
polémica f. polemica.
polémico agg. polemico.
polen m. (bot.) polline.
policía f. polizia. m. poliziotto.
policíaco agg. poliziesco.
policlínica f. poliambulanza, policlinico.
policromo agg. policromo.
poliedro m. poliedro.
poligamia f. poligamia.
polígamo m. poligamo.
polígloto m. poliglotto.
polilla f. tarma, tignola.
politeísmo m. politeismo.
politeísta m. f. politeista. agg. politeista, politeistico.
política f. politica.
político agg. e m. politico. **hermano —** cognato. **hermana política** cognata. **padre —** suocero. **madre política** suocera.
póliza f. polizza.
polo m. polo.
polvareda f. polverio.
polvo m. polvere.

polvoriento agg. polveroso.
polvorín m. polverina; polveriera.
polla f. pollastra, gallina.
pollería f. polleria.
pollino m. asinello; (fig.) ignorante.
pollo m. pollo.
pomada f. pomata.
pompa f. pompa, fasto.
pomposo agg. pomposo.
ponche m. ponce, punch.
ponchera f. tazzone per il ponce.
ponderación f. ponderazione.
ponderar tr. ponderare.
ponedero m. nido, covo.
poner tr. porre, mettere.
ponerse rfl. porsi.
poniente m. ponente.
pontificado m. pontificato.
pontífice m. pontefice.
ponzoña f. veleno.
ponzoñoso agg. velenoso.
popa f. (naut.) poppa.
populacho m. plebaglia.
popular agg. popolare.
popularidad f. popolarità.
popularizar tr. popolarizzare.
poquito m. pocchino, micca.
por prep. per, da; con, mediante. **— otra parte** daltronde. **— cierto** davvero. **— tanto** dunque. **— esto** perciò. **— fin** perfine.
porcelana f. porcellana.
porcentaje m. percentuale.
porción f. porzione.
porche m. porticato, atrio.
pordiosero m. mendicante, accattone.
porfía f. pertinacia.
porfiado agg. pertinace.
porfiar itr. ostinarsi.
pormenor m. dettaglio.
pornografía f. pornografia.
poro m. poro.
porosidad f. porosità.
porque cong. perchè.
porquería f. porcheria.
porra f. clava, mazza.
porrazo m. mazzata.
portada f. frontespizio, frontispizio.
portador m. portatore.
portal m. portico; portale; andito.   [te.
portamonedas m. portamone-
portar tr. portare.
portarse rfl. portarsi.
portátil agg. portatile.
portavoz m. portavoce.
porte m. porto; trasporto; contegno. **en — debido** in porto assegnato. **en — pagado** in porto affrancato.
porteador m. portatore, facchino.
portear tr. trasportare; sbatacchiare.
portento m. portento.
portería f. porteria; portineria.
portero m. portiere.
portezuela f. porticina.
pórtico m. portico.
porvenir m. avvenire.
**pos; en — ** avv. dietro.
posada f. albergo, locanda.
posar itr. riposare; posare.
posarse rfl. posarsi.
posdata f. poscritto.
poseedor m. possessore.
poseer tr. possedere.
poseído agg. posseduto. m. possesso.
posesión f. possesso.
posesivo agg. possessivo.
posibilidad f. possibilità.
posibilitar tr. facilitare qc.

posición f. posizione; postura.
posponer tr. posporre.
postal agg. postale. **tarjeta —** cartolina postale.
poste m. palo; pilastro.
postergar tr. postergare.
posteridad f. posterità.
posterior agg. posteriore.
posterioridad f. posteriorità.
postigo m. sportello; battente.
postín m. presunzione.
postizo agg. e m. posticcio.
postración f. postrazione.
postrar tr. postrare.
postre m. pospasto; ultima portata del pranzo.   [mo.
postrero agg. ultimo, postre-
postulación f. postulazione.
postulado m. postulato.
postular tr. postulare.
póstumo agg. postumo.
postura f. postura; posizione.
potable agg. potabile.
potencia f. potenza.
potente agg. potente.
potestad f. potestà.
potestativo agg. potestativo.
potranca f. puledra; cavallina.
potro m. puledro.
pozo m. pozzo.
práctica f. pratica.
practicante agg. praticante. m. assitente (di medico o chirurgo).
practicar tr. praticare.
práctico agg. pratico. m. (naut.) pilota.
pradera f. prateria.
prado m. prato.
preámbulo m. preambolo.
precario agg. precario.
precaución f. precauzione.
precaver tr. prevenire un rischio.
precaverse rfl. cautelarsi.
precedencia f. precedenza.
precedente agg. e m. precedente.
preceptivo agg. precettivo.
precepto m. precetto.
preceptor m. precettore.
preces f. pl. preci.
preciado agg. pregiato.
preciar tr. aprezzare, pregiare.
preciarse rfl. vantarsi, pregiarsi.
precintar tr. fasciare, precingere.
precio m. prezzo.
preciosidad f. preziosità.
precioso agg. prezioso.
precipicio m. precipizio.
precipitación f. precipitazione.
precipitar tr. precipitare.
precipitarse rfl. precipitarsi, precipitare.
precisar tr. precisare; obbligare.
precisión f. precisione.
preciso agg. preciso.
precocidad f. precocità.
preconizar tr. preconizzare.
precoz agg. precoce.
precursor m. precursore.
predecesor m. predecessore.
predecir tr. predire, presagire, profetare.
predestinación f. predestinazione.
predestinar tr. predestinare.
predicación f. predicazione.
predicar tr. e itr. predicare.
predicción f. predizione.
predilección f. predilezione.
predisponer tr. predisporre.
predisposición f. predisposizione.
predominar tr. predominare.
predominio m. predominio.
prefacio m. prefazione.
prefecto m. prefetto.

preferencia f. preferenza.
preferir tr. preferire.
prefijo m. prefisso.
pregón m. bando; grida.
pregonar tr. bandire.
pregunta f. domanda; quesito, questione.
preguntar tr. domandare.
prejuicio m. pregiudizio.
prejuzgar tr. pregiudicare.
prelado m. prelato.
preliminar agg. e m. preliminare.
preludio m. preludio.
prematuro agg. prematuro.
premeditación f. premeditazione.
premeditar tr. premeditare.
premiar tr. premiare.
premio m. premio; frutto.
premioso agg. pressante, urgente.
premisa f. premessa.
premura f. premura.
prenda f. pegno; dote morale. **— de vestir** capo di vestiario.
prendar tr. prendere o dare in pegno.
prendarse rfl. invaghirsi.
prender tr. prendere, arrestare (un ladro). itr. attechire; prendere (il fuoco).
prensa f. pressa; stampa.
prensar tr. pressare, premere.
preocupación f. preoccupazione.
preocupar tr. preoccupare.
preparación f. preparazione.
preparar tr. preparare.
prepararse rfl. prepararsi.
preparativo m. preparativo.
preponderancia f. preponderanza.
preponderar itr. preponderare.
preposición f. (gram.) preposizione.
prerrogativa f. prerogativa.
presa f. presa; cattura; preda; diga.
presagiar tr. presagire.
presagio m. presagio, augurio.
presbiteriano agg. e m. presbiteriano.
presbítero m. sacerdote.
prescindir tr. prescindere.
prescribir tr. prescrivere.
prescripción f. prescrizione.
presencia f. presenza.
presenciar tr. presenziare, assistere.
presentar tr. presentare.
presente agg. e m. f. presente.
presentimiento m. presentimento.
presentir tr. presentire.
preservación f. preservazione.
preservar tr. preservare.
preservativo agg. e m. preservativo.
presidencia f. presidenza.
presidente m. presidente.
presidiario forzato, ergastolano.
presidio m. presidio.
presidir tr. e itr. presiedere.
presión f. pressione.
preso agg. e m. carcerato.
prestación f. prestazione.
prestamista m. prestatore.
préstamo m. prestito.
prestar tr. prestare. **— dinero** mutuare.
presteza f. prestezza, celerità.
prestidigitación f. prestidigitazione.
prestidigitador m. prestigiatore, prestidigitatore.
prestigio m. prestigio.
presto agg. presto, pronto. avv. subito, prontamente.

presumido agg. e m. presuntuoso.
presumir tr. presumere. itr. presumere, vantarsi.
presunción f. presunzione.
presunto agg. presunto.
presuponer tr. presupporre.
presupuesto m. preventivo, spesa presuntiva; presupposto.
presuroso agg. frettoloso.
pretender tr. pretendere.
pretendiente m. pretendente.
pretensión f. pretensione.
pretexto m. pretesto.
prevalecer itr. prevalere.
prevención f. prevenzione.
prevenir tr. prevenire, evitare.
preventivo agg. preventivo.
prever tr. prevedere.
previo agg. previo.
previsión f. previsione.
previsor agg. e m. previdente.
previsto agg. previsto.
prima f. premio; cugina; recargo (cappa); prima.
primacía f. primazia.
primario agg. primario.
primavera f. primavera.
primaveral agg. primaverile.
primer agg. primo, primiero.
primero agg. primo. avv. prima.
primitivo agg. primitivo.
primo agg. primo; ingenuo. m. cugino. **— hermano** cugino carnale. **— segundo** cugino in secondo grado. **hacer el —** far lo gnorri.
princesa f. principessa.
principado m. principato.
principal agg. principale. m. ammezzato.
príncipe m. principe.
principiante agg. e m. principiante.
principiar tr. principiare.
principio m. principio; preludio.
prior m. priore.
priora f. priora.
prioridad f. priorità.
prisa f. premura, fretta.
prisión f. prigione.
prisionero m. prigionero.
privación f. privazione.
privado agg. privato.
privar tr. privare.
privilegiar tr. privilegiare.
privilegio m. privilegio.
**pro; en — ** avv. in pro, in favore.
proa f. (naut.) prora, prua.
probabilidad f. probabilità.
probable agg. probabile.
probadura f. prova, assaggio.
probar tr. provare, assaggiare; degustare.
problema m. problema.
problemático agg. problematico.
procacidad f. procacità.
procaz agg. procace.
procedencia f. procedenza.
procedente agg. procedente, proveniente.
proceder m. condotta. itr. procedere.
procedimiento m. procedimento.
procesado agg. processato. m. imputato.
procesar tr. processare.
procesión f. processione.
proceso m. processo.
proclama f. proclama.
proclamación f. proclamazione.
proclamar tr. proclamare.
procreación f. procreazione.
procrear tr. procreare.
procura f. procura.
procurador m. procuratore.

procurar tr. procurare.
prodigalidad f. prodigalità.
prodigar tr. prodigare.
prodigio m. prodigio.
pródigo agg. e m. prodigo.
producción f. produzione.
producir tr. produrre; causare; apportare.
producirse rfl. prodursi.
productivo agg. produttivo.
producto m. prodotto.
proeza f. prodezza.
profanación f. profanazione.
profanar tr. profanare.
profano agg. e m. profano.
profecía f. profezia.
proferir tr. proferire.
profesar tr. professare.
profesión f. professione.
profeso agg. e m. professo.
profesor m. professore.
profeta m. profeta.
profético agg. profetico.
profetizar tr. profetizzare, predire, vaticinare.
profiláctica f. profilassi.
profiláctico agg. profilattico.
profilaxis f. profilassi.
prófugo agg. e m. profugo.
profundidad f. profondità.
profundizar tr. approfondire, profondare.
profundo agg. profondo.
profusión f. profusione.
profuso agg. profuso.
progenie f. progenie.
progenitor m. progenitore.
programa m. programma.
programar tr. programmare.
progresar itr. progredire.
progreso m. progresso.
prohibición f. proibizione.
prohibir tr. proibire. [re.
prohijar tr. adottare; patrocina-
prohombre m. antico proboviro, maggiorente.
prójimo m. prossimo.
prole f. prole.
proletario agg. e m. proletario.
prolífico agg. prolifico.
prólogo m. prologo, introduzione.
prolongación f. prolungazione.
prolongar tr. prolungare, dilungare.
promedio m. media, termine medio.
promesa f. promessa.
prometer tr. promettere.
prometerse rfl. promettersi.
prometido m. fidanzato, futuro sposo.
promiscuo agg. promiscuo.
promoción f. promozione.
promontorio m. promontorio.
promotor agg. e m. promotore.
promover tr. promuovere.
promulgación f. promulgazione.
promulgar tr. prcmulgare.
pronombre m. (gram.) pronome.
pronosticar tr. pronosticare.
pronóstico m. pronostico.
prontitud f. prontitudine, prontezza.
pronto agg. pronto, veloce. avv. prontamente, subito, presto.
pronunciación f. pronuncia, pronunzia.
pronunciar tr. pronunziare, pronunciare, proferire.
pronunciarse rfl. pronunziarsi.
propagación f. propagazione.
propaganda f. propaganda.
propagar tr. propagare. [re.
propalar tr. propalare, divulga-
propensión f. propensione.
propenso agg. propenso.
propiedad f. proprietà. [tario.
propietario agg. e m. proprie-

propina f. propina, mancia.
propio agg. proprio.
proponer tr. proporre; disegnare.
proporción f. proporzione.
proporcionar tr. proporzionare.
proposición f. proposizione.
propósito m. proposito.
propuesta f. proposta.
prórroga f. proroga.
prorrogar tr. prorogare.
prorrumpir itr. prorompere.
prosa f. prosa.
prosaico agg. prosaico.
proscribir tr. proscrivere.
prosélito m. proselito.
prosista m. prosatore.
prospecto m. prospetto.
prosperar itr. prosperare.
prosperidad f. prosperità.
próspero agg. prospero.
prostitución f. prostituzione.
prostituir tr. prostituire.
prostituta f. prostituta.
protección f. protezione.
protector agg. e m. protettore.
protectorado m. protettorato.
proteger tr. proteggere.
proteína f. proteina.
protesta f. protesta.
protestante agg. e m. prote- [simo.
stante.
protestantismo m. protestante-
protestar tr. protestare.
protocolo m. protocollo.
prototipo m. prototipo.
protuberancia f. protuberanza.
provecho m. profitto; lucro.
provechoso agg. profittevole.
proveedor m. provveditore.
proveeduría f. provveditoria.
proveer tr. provvedere.
provenir itr. provenire.
proverbio m. proverbio.
providencia f. provvidenza.
providencial agg. provvidenziale.
provincia f. provincia.
provinciano agg. e m. provinciale.
provisión f. provvisione.
provisional agg. provvisorio.
provocación f. provocazione.
provocar tr. provocare.
provocativo agg. provocativo.
proximidad f. prossimità.
próximo agg. prossimo.
proyección f. proiezione.
proyectar tr. proiettare.
proyectil m. proiettile.
proyectista m. progettista.
proyecto m. progetto; disegno; schema.
proyector m. proiettore.
prudencia f. prudenza.
prudente agg. prudente.
prueba f. prova; assaggio.
psicología f. psicologia.
psíquico agg. psichico.
púa f. punta acuta; dente di pettine; spina.
pubertad f. pubertà.
publicación f. pubblicazione.
publicar tr. pubblicare.
publicidad f. pubblicità.
público agg. e m. pubblico.
púdico agg. pudico.
pudiente agg. e m. f. potente; ricco, agiato.
pudor m. pudore.
pudrir tr. imputridire.
pudrirse rfl. putrire, putrefare, putrefarsi.
pueblo m. villaggio, borgo, borgata; popolo.
puente m. ponte.
puerco m. (zool.) maiale, porco. agg. sporco.
puericultura f. puericoltura.
pueril agg. puerile.
puerilidad f. puerilità.
puerro m. (bot.) porro.

puerta f. porta. — **cochera** portone. — **falsa** falsaporta.
pues cong. dunque, ebbene.
puesta f. posta (al gioco); tramonto.
puesto m. posto, luogo; impiego. p. p. messo, posto.
púgil m. pugile, pugilatore.
pugilato m. pugilato.
pugna f. pugna.
pugnar itr. pugnare, combattere.
puja f. aumento all'asta.
pujanza f. forza, vigore.
pujar tr. aumentare all'asta.
pulcritud f. cura; nettezza.
pulcro agg. pulcro.
pulga f. pulce.
pulgada f. pollice (misura).
pulgar m. pollice (dito).
pulido agg. brunito, liscio; pulito. [strare.
pulimentar tr. pulimentare; lu-
pulir tr. pulire; lustrare.
pulmón m. (anat.) polmone.
pulmonía f. (med.) polmonite.
púlpito m. pulpito.
pulpo m. (itt.) polpo.
pulsación f. pulsazione.
pulsar tr. pulsare, battere.
pulsera f. braccialetto.
pulso m. polso; pulsazione. **tomar el —** tastare il polso.
pulverizar tr. polverizzare; spruzzare.
punta f. punta.
puntal m. puntello.
puntapié m. calcio, pedata.
puntear tr. punteggiare.
puntería f. punteria.
puntilla f. puntina; merletto, trina, pizzo.
punto m. punto.
puntuación f. punteggiamento, punteggiatura; punteggio.
puntual agg. puntuale.
puntualidad f. puntualità, esattezza.
puntuar tr. punteggiare.
punzada f. puntura.
punzar tr. pungere.
punzón m. punteruolo, punzone.
puñado m. pugno.
puñal m. pugnale, stilo.
puñalada f. pugnalata.
puñetazo m. pugno.
puño m. pugno.
pupila f. (oft.) pupilla.
pupilaje m. condizione di pupillo; retta di pupillo; convitto.
pupilo m. pupillo; convittore.
pureza f. purezza, purità.
purga f. purga.
purgante agg. e m. purgante.
purgar tr. purgare.
purificar tr. purificare, depurare.
puritanismo m. puritanesimo.
puro agg. puro. m. sigaro.
púrpura f. porpora.
pusilánime agg. pusillanime.
pústula f. pustola.
puta f. prostituta, puttana.
putrefacción f. putrefazione.
putrefacto agg. putrefatto.

quebrada f. spaccatura.
quebradero m. rompitore. — **de cabeza** rompicapo.
quebradizo agg. fragile; delicato.
quebrado agg. rotto; fallito; indebolito. m. frazione.
quebrantar tr. rompere; violare.
quebrar tr. rompere; frangere. itr. fallire.
quebrarse rfl. infrangersi.
queda f. coprifuoco.
quedar itr. rimanere. — **en** accordarsi.
quedarse rfl. rimanere.
quedo agg. cheto, quieto. avv. chetamente, sotto voce.
quehacer m. faccenda.
queja f. lamento, lagnanza.
quejarse rfl. lagnarsi, lamentarsi. [dio.
quema f. bruciamento, incen-
quemadura f. bruciatura.
quemar tr. bruciare; incendiare.
quemarse rfl. bruciarsi.
quemazón f. abbruciamento.
querella f. querela.
querellante agg. e m. querelante.
querellarse rfl. querelarsi.
querencia f. affetto al luogo natio; affetto.
querer tr. volere, amare.
querida f. innamorata; amante.
querido agg. caro, diletto.
queso m. formaggio, cacio.
quiebra f. fallimento, bancarotta; rottura; danno, perdita.
quien pron. chi, che; quale, cui.
quienquiera pron. chiunque, chicchessia.
quieto agg. quieto, tranquillo, calmo. [tà.
quietud f. quietezza, tranquilli-
quijada f. mascella.
quijotada f. azione strana e ridicola.
quijote m. idealista.
quilate m. carato.
quilla f. (naut.) chiglia, carena.
quimera f. chimera.
quimérico agg. chimerico.
química f. chimica.
químico agg. e m. chimico.
quina f. china; cinquina.
quincalla f. chincaglie.
quincallería f. chincaglieria.
quincena f. quindicina.
quincenal agg. quindicinale.
quinina f. chinina.
quinquenal agg. quinquennale.
quinquenio m. quinquennio.
quinta f. leva militare; masseria. [recluta.
quinto agg. quinto. m. quinto.
quiosco m. chiosco, edicola.
quirúrgico agg. chirurgico.
quisquilla f. quisquilia; gambero.
quisquilloso agg. puntiglioso, meticoloso.
quitamanchas m. smacchiatore.
quitanieves agg. **máquina —** spartineve.
quitar tr. togliere, levare.
quitasol m. parasole.
quite m. toglimento.
quizá(s) avv. chissà, forse.

Qq

que pron. che; cui; quale. cong. ché, quale. **no hay de —** prego, si figuri.

R r

rábano m. (bot.) ravanello, rafanello.
rabí m. rabbi, rabbino.
rabia f. rabbia.
rabiar itr. arrabbiare; incollerirsi, arrabbiarsi.
rabieta f. rabbietta.
rabino m. rabbino.
rabioso agg. rabbioso.
rabo m. coda; picciolo.
raciocinio m. raziocinio.
ración f. razione.
racional agg. razionale.
racionalismo m. razionalismo.
racionalista agg. razionalistico, razionalista. m. f. razionalista.
racionamiento m. razionamento.
racionar tr. razionare.
radiación f. radiazione.
radiador m. radiatore.
radial agg. radiale.
radiante agg. raggiante, radiante.
radiar itr. raggiare.
radicación f. radicamento; radicazione.
radical agg. radicale.
radicar itr. radicare.
radio m. radio; raggio.
radiodifusión f. radiodiffusione.
radiografía f. radiografia.
radiotelegrafía f. radiotelegrafia.
radioyente m. radioascoltatore.
ráfaga f. raffica.
raído agg. logoro; sfacciato.
raíz f. radice.
raja f. fessura.
rajar tr. spaccare, scheggiare.
rajarse rfl. mangiarsi la parola.
ralladura f. grattatura; cosa grattugiata.
rallar tr. grattugiare.
rallo m. grattugia.
rama f. ramo, rama. **en —** greggio.
ramaje m. frascame, frasche, ramaglia.
ramera f. meretrice, puttana, putta.
ramificación f. ramificazione.
ramificarse rfl. ramificarsi.
ramillete m. mazzo.
ramo m. ramo, frasca, rama.
rampa f. rampa; crampo; piano inclinato.
rana f. rana, ranocchio.
rancio agg. rancido.
rango m. rango, grado.
ranura f. scanalatura.
rapacidad f. rapacità.
rapar tr. rapare; sbarbare.
rapé m. rapé, tabacco da fiuto.
rapidez f. rapidità.
rapiña f. rapina.
raposa f. (zool.) volpe.
rapsodia f. rapsodia.
rapto m. rapimento, ratto.
raqueta f. racchetta.
raquítico agg. rachitico.
raquitis f. rachitide.
raquitismo m. rachitismo.
rareza f. rarità, rarezza.
raro agg. raro.
ras m. livello; superficie liscia.
rasar tr. rasare; rasentare.
rascar tr. grattare, graffiare.

rasgar tr. lacerare, strappare, stracciare.
rasgo m. tratto, lineamento. — **heroico** azione eroica.
rasguño m. graffiatura.
raso agg. spianato, raso. **soldado —** soldato semplice. m. raso. [cado lisca.
raspa f. lolla, pula. — **de pescado —**
raspar tr. raschiare, raspare.
rastra f. traino.
rastrear tr. rastrellare. itr. volare rasente.
rastrero agg. strisciante; basso, spregevole.
rastrillo m. rastrello.
rastro m. rastrello, rastro; traccia.
rasurar tr. radere, tosare.
rata f. (zool.) topo, ratto. m. ladro.
ratear itr. ripartire a prorata.
ratería f. bassezza; borseggio.
ratero m. borsaiuolo.
ratificación f. ratificazione.
ratificar tr. ratificare.
ratón m. (zool.) sorcio, topo.
ratonera f. trappola da topi; topaia.
raudal m. fiumana, torrente.
raya f. (itt.) razza; riga, linea. — **del peinado** scriminatura.
rayado agg. rigato.
rayar tr. rigare, listare.
rayo m. raggio; fulmine. —**s X** raggi X.
raza f. razza, casta.
razón f. ragione; motivo. — **social** ditta.
razonable agg. ragionevole.
razonamiento m. ragionamento.
razonar itr. ragionare.
reacción f. reazione.
reaccionar itr. reagire.
reacio agg. renitente, restio.
reactivo agg. e m. reattivo.
real agg. reale. m. reale (moneta).
realeza f. regalità.
realidad f. realtà.
realismo m. realismo.
realista agg. realistico, realista. m. f. realista.
realizar tr. realizzare.
realizarse rfl. avverarsi, realizzarsi.
realzar tr. rialzare; rilevare.
reanimar tr. rianimare.
reanudar tr. riprendere, riannodare.
reaparecer itr. riapparire.
reaparición f. riapparizione.
rebaja f. ribasso, deduzione.
rebajar tr. ribassare, dedurre; avvilire; smorzare.
rebajarse rfl. avvilirsi.
rebanada f. fetta.
rebanar tr. affettare.
rebaño m. gregge.
rebatir tr. ribattere.
rebato m. allarme. **tocar a —** sonare a stormo.
rebelarse rfl. rivoltarsi, ribellarsi, insorgere.
rebelde m. ribelle.
rebeldía f. ribellione; resistenza; contumacia.
rebelión m. ribellione.
rebosar itr. traboccare.
rebotar tr. rimbalzare. tr. ribadire.
rebote m. rimbalzo; ribadimento.
rebozar tr. panare, infarinare, intridere; imbaccucare.
rebozarse rfl. imbaccucarsi, coprirsi la faccia col mantello.
rebozo m. occultamento della faccia; simulazione.
rebusca f. ricerca; spigolatura, racimolatura.

rebuscamiento m. ricerca.
rebuscar tr. spigolare, racimolare; ricercare.
rebuznar itr. ragliare.
rebuzno m. raglio.
recadero m. messo, fattorino.
recado m. messaggio (di parola); servizio.
recaer itr. ricadere; riammalarsi.
recaída f. ricaduta.
recalcar tr. pigiare; ricalcare, scandire.
recámara f. retrocamera.
recambio m. ricambio.
recapacitar tr. rammentare.
recapitular tr. ricapitolare, riepilogare.
recargar tr. ricaricare; sovraccaricare.
recargo m. sovraccarico.
recatado agg. prudente, cauto.
recato m. cautela.
recaudación f. riscossione, esazione.
recaudador m. riscotitore, esattore.
recaudar tr. riscuotere.
recelar tr. temere; sospettare; diffidare.
recelo m. timore; sospetto.
recepción f. ricevimento, ricezione.
receptáculo m. ricettacolo.
receptor m. recettore, ricettore; ricevitore; destinatario.
receta f. ricetta.
recibimiento m. ricevimento, ricezione.
recibir tr. ricevere; percepire; accogliere (visite).
recibo m. ricevuta; quietanza.
reciente agg. recente.
recinto m. recinto.
recio agg. forte, robusto; duro, aspro.
recipiente m. recipiente.
recíproco agg. reciproco.
recitación f. recitazione.
recitar tr. recitare.
reclamación f. reclamo.
reclamar tr. reclamare.
reclamo m. richiamo.
reclinar tr. reclinare, chinare.
reclinatorio m. inginocchiatolo.
recluir tr. rinchiudere.
reclusión f. reclusione.
recluso agg. e m. recluso.
recluta f. (mil.) reclutamento. m. recluta.
reclutamiento m. (mil.) reclutamento.
reclutar tr. (mil.) reclutare.
recobrar tr. ricuperare, riacquistare.
recobrarse rfl. rinvenire.
recobro m. ricupero; rinvenimento.
recodo m. svolta, gomito.
recoger tr. raccogliere.
recogerse rfl. ritirarsi, raccogliersi.
recogida f. raccolta.
recolección f. raccolta.
recomendable agg. raccomandabile.
recomendación f. raccomandazione.
recomendar tr. raccomandare.
recomendarse rfl. raccomandarsi.
recompensa f. ricompensa.
recompensar tr. ricompensare.
reconciliación f. riconciliazione.
reconciliar tr. riconciliare.
reconciliarse rfl. riconciliarsi, amicarsi.
reconocer tr. riconoscere; esaminare.

reconocimiento m. riconoscimento; riconoscenza, gratitudine.
reconquista f. riconquista.
reconquistar tr. riconquistare.
reconstrucción f. ricostruzione.
reconstruir tr. ricostruire.
recopilación f. collezione; raccolta; ricapitolazione.
recopilar tr. compilare; ricapitolare.
recordar tr. ricordare, rammemorare.
recorrer tr. percorrere; scorrere; raccomodare.
recorrido m. percorso.
recortar tr. raccorciare; ritagliare. [mento.
recorte m. ritaglio; raccorciamento.
recostar tr. appoggiare, reclinare.
recostarse rfl. coricarsi.
recreación f. ricreazione.
recrear tr. ricreare.
recrearse rfl. ricrearsi.
recreo m. ricreazione.
recriminar tr. recriminare.
rectángulo agg. e m. rettangolo.
rectificación f. rettifica, rettificazione; correzione.
rectificar tr. rettificare.
rectilíneo agg. rettilineo.
rectitud f. rettitudine.
recto agg. retto, diritto; giusto.
rector agg. e m. rettore.
rectorado m. rettorato; rettoria.
rectoría f. rettoria, rettorato.
recuento m. riscontro; conto di verifica; inventario.
recuerdo m. ricordo; memoria.
recuerdos m. pl. saluti.
recusar tr. ricusare.
recuperación f. ricupero, ricuperazione, riacquisto.
recuperar tr. ricuperare, riacquistare.
recurrir itr. ricorrere.
recurso m. ricorso, rimedio.
recursos m. pl. fondi, mezzi.
recusar tr. ricusare.
rechazar tr. rifiutare, rigettare.
rechazo m. rigetto; ripulsa.
rechinar tr. scricchiolare, digrugginare, cigolare. — **los dientes** digrignare.
red f. rete; ragna.
redacción f. redazione.
redactar tr. redigere.
redada f. retata; razzia.
rededor m. contorno. **al —** intorno.
redención f. redenzione.
redentor m. redentore.
rédito m. reddito, rendita.
redonda f. circondario; regione; (mus.) semibreve. **a la —** intorno.
redondear tr. arrotondare.
redondel m. circolo; (taur.) arena.
redondez f. rotondità.
redondo agg. rotondo.
reducción f. riduzione, deduzione.
reducir tr. ridurre, diminuire.
reducirse rfl. ridursi.
reducto m. (mil.) ridotta.
redundancia f. ridondanza.
redundar itr. ridondare.
reelección f. rielezione.
reelegir tr. rieleggere.
reembolsar tr. rimborsare.
reembolso m. rimborso.
reenganchar tr. (mil.) arruolare di nuovo.
reengancharse rfl. (mil.) arruolarsi di nuovo.
reenganche m. (mil.) l'arruolarsi una seconda volta.

referencia f. riferimento; referenza.
referéndum m. referendum.
referente agg. referente, relativo.
referir tr. riferire.
referirse rfl. riferirsi.
refinado agg. raffinato.
refinamiento m. raffinamento; raffinazione.
refinar tr. raffinare.
refinería f. raffineria.
reflector m. riflettore.
reflejar tr. riflettere.
reflejarse rfl. riflettersi.
reflejo m. riflesso.
reflexión f. riflessione.
reflexionar tr. riflettere.
reflexivo agg. riflessivo.
reflujo m. riflusso.
reforma f. riforma.
reformar tr. riformare.
reformatorio m. riformatorio.
reforzar tr. rinforzare.
refrán m. proverbio.
refrenar tr. raffrenare.
refrescar tr. rinfrescare.
refesco m. rinfresco.
refrigeración f. refrigerio; refrigerazione.
refrigerar tr. refrigerare.
refrigerio m. refrigerio.
refuerzo m. rinforzo.
refugiado agg. e m. rifugiato.
refugiar tr. accogliere, dar rifugio.
refugiarse rfl. raccogliersi, rifugiarsi.
refugio m. rifugio.
refundir tr. rifondere.
refunfuñar tr. borbottare.
refutación f. confutazione, refutazione.
refutar tr. confutare.
regadera f. inaffiatoio.
regadío agg. irriguo, irrigabile. m. irrigamento, irrigazione.
regalado agg. delicato; dilettevole.
regalar tr. regalare, donare.
regalarse rfl. dilettarsi.
regaliz m. (bot.) liquirizia, regolizia.
regalo m. regalo.
regañar itr. ringhiare; spaccarsi. tr. rimproverare.
regaño m. rimprovero.
regañón agg. e m. brontolone.
regar tr. irrigare.
regata f. regata; canaletto.
regatear tr. stiracchiare (il prezzo).
regateo m. stiracchiamento.
regazo m. grembio.
regencia f. reggenza.
regeneración f. rigenerazione.
regenerador m. rigeneratore.
regenerar tr. rigenerare.
regentar tr. reggere, governare da reggente.
regente m. f. reggente.
régimen m. regime; (med.) dieta.
regimiento m. (mil.) reggimento.
regio agg. regio, reale.
región f. regione, contrada, paese.
regional agg. regionale, distrettuale.
regir tr. reggere, governare; regnare.
registrador agg. e m. registratore.
registrar tr. registrare, notare.
registro m. registro (libro e ufficio); inscrizione; segnalibro.
regla f. regola; precetto; mestruazione; norma.
reglamentar tr. regolamentare.

reglamento m. regolamento.
regocijar tr. rallegrare.
regocijarse rfl. godersi, gioire.
regocijo m. allegria, gioia.
regresar itr. ritornare, tornare.
regresión f. regressione, regresso.
regreso m. ritorno.
regulación f. regolamento, regolazione.
regulador m. regolatore.
regular agg. e tr. regolare.
rehabilitación f. riabilitazione.
rehabilitar tr. riabilitare.
rehacer tr. rifare; rimaneggiare.
rehacerse rfl. rifarsi.
rehén m. ostaggio.
rehuir tr. itr. sfuggire, rifuggire.
rehusar tr. rifiutare, ricusare; negare.
reina f. regina.
reinado m. regno.
reinante agg. regnante.
reinar itr. regnare.
reincidencia f. recidiva.
reincidente agg. e m. recidivo.
reincidir itr. recidivare.
reincorporar tr. rincorporare.
reino m. regno.
reintegrar tr. reintegrare.
reintegro m. reintegrazione.
reír itr. ridere.
reírse rfl. ridere; burlarsi.
reiterar tr. reiterare, ripetere.
reiterarse rfl. ripetersi.
reivindicación f. rivendicazione.
reivindicar tr. rivendicare.
reja f. vomero; inferriata.
rejuvenecer tr. e itr. ringiovanire; rinverdire.
rejuvenecerse rfl. ringiovanirsi.
relación f. relazione, connessione, contatto.
relacionar tr. riferire.
relacionarse rfl. corrispondersi.
relajación f. rilassatezza.
relajamiento m. rilassamento.
relajar tr. rilassare; rallentare.
relajarse rfl. rilassarsi.
relámpago m. lampo.
relampaguear itr. lampeggiare.
relatar tr. riferire, narrare.
relatividad f. relatività.
relativo agg. relativo.
relato m. rapporto, racconto.
relegar tr. relegare.
relevante agg. rilevante, eminente.
relevar tr. rilevare; esonerare (da un obbligo).
relevo m. (mil.) cambio della guardia; soldato o corpo che rileva.
relicario m. reliquiario.
relieve m. rilievo; risalto.
religión f. religione.
religiosidad f. religiosità.
religioso agg. religioso.
relinchar itr. nitrire.
relincho m. nitrito.
reliquia f. reliquia.
reloj m. orologio. **— de sol** meridiana. **— de pared** pendola. **— de bolsillo** orologio da tasca. **— de pulsera** orologio da tasca.
relojería f. orologeria.
relojero m. orologiaio.
reluciente agg. rilucente.
relucir itr. rilucere.
rellenar tr. riempire; farcire.
rellenarse rfl. riempirsi.
relleno agg. e m. ripieno.
remanente m. rimanente.
remar tr. remare, vogare.
rematado agg. inguaribile; finito.
rematar tr. finire; dare il colpo di grazia.

remate m. fine, estremità; asta pubblica.
remediar tr. rimediare, reparare.
remedio m. rimedio, medicamento.
remedo m. imitazione; rassomiglianza.
rememorar tr. rammemorare, ricordare.
remendar tr. rammendare, rimendare.
remendón m. rammendatore; ciabattino.
remero m. vogatore, rematore.
remesa f. rimessa; invio.
remiendo m. rammendo.
remilgado agg. affettato.
remilgo m. affettazione.
reminiscencia f. reminiscenza, rimembranza.
remisión f. remissione.
remiso agg. remissivo.
remitir tr. rimettere; consegnare; ritornare.
remitirse rfl. riportarsi, rimettersi.
remo m. remo.
remojar tr. ammollare, ammollire; inzuppare.
remojo m. inzuppamento; ammollimento.
remolacha f. (bot.) barbabietola.
remolcar tr. rimorchiare.
remolino m. remolino; mulinello, vortice.
remolque m. rimorchio.
remonta f. rimonta.
remontar tr. rimontare.
remontarse rfl. elevarsi, innalzarsi; rimontare, risalire.
rémora f. remora.
remorder tr. rimordere.
remordimiento m. rimorso.
remoto agg. remoto.
remover tr. rimuovere; togliere.
remuneración f. rimunerazione.
remunerar tr. rimunerare.
renacer itr. rinascere; risorgere.
renacimiento m. rinascimento, rinascenza.
renacuajo m. girino.
rencilla f. contesa.
rencor m. rancore, astio.
rencoroso agg. astioso.
rendición f. rendizione, caduta. **— de cuentas** rendiconto. resoconto.
rendija f. fessura.
rendimiento m. rendita; rendimento.
rendir tr. rendere.
rendirse rfl. arrendersi; capitolare, rendersi.
renegado agg. e m. rinnegato.
renegar tr. rinnegare.
renombrado agg. rinomato, celebre.
renombre m. rinomanza; fama, celebrità.
renovación f. rinnovazione.
renovador agg. e m. rinnovatore.
renovar tr. rinnovare.
renta f. rendita, reddito, frutto.
rentar tr. rendere, fruttare.
rentista m. chi vive di rendita.
renuncia f. rinunzia.
renunciar tr. rinunziare.
reñido agg. inimicato.
reñir itr. altercare, contendere; inimicarsi, tr. sgridare.
reo m. reo; colpevole.
reojo; mirar de — guardare con la coda dell'occhio.
reorganización f. riorganizzazione.
reorganizar tr. riorganizzare.

reparación f. riparazione.
reparar tr. riparare; considerare. itr. badare; avvertire.
repartición f. ripartizione, distribuzione.
repartir tr. ripartire, distribuire.
repasar tr. ripassare; rivedere.
repaso m. ripassata, ripasso.
repeler tr. repellere.
repelente agg. repellente.
repente m. moto improvviso. **de —** di repente; all'impensata, all'improvviso.
repentino agg. repentino.
repercusión f. ripercussione.
repercutir itr. ripercuotere.
repertorio m. repertorio.
repetición f. ripetizione.
repetir tr. ripetere; ridire.
repique m. rintocco.
repiquetear tr. scampanare, rintoccare.
repisa f. mensola.
replegar tr. ripiegare.
replegarse rfl. ripiegare, ripiegarsi.
réplica f. replica; risposta.
repleto agg. ripieno.
replicar tr. e itr. replicare; rispondere.
repoblación f. ripopolamento.
repoblar tr. ripopolare.
repoblarse rfl. ripopolarsi.
reponer tr. riporre, ristabilire; rimettere.
reportaje m. rapporto, riferimento di notizie ai giornali.
reportar tr. riportare; moderare, reprimere.
reportero m. reporter, giornalista.   [sato.
reposado agg. tranquillo, riposeposar** tr. riposare.
reposarse rfl. riposarsi.
reposición f. riposizione.
repostería f. pasticceria, ripostiglio; credenza.
repostero m. pasticciere.
reprender tr. riprendere; rimproverare; correggere.
reprensión f. rimprovero, riprensione.
represalia f. rappresaglia.
representación f. rappresentazione.
representante m. rappresentante.
representar tr. rappresentare.
representativo agg. rappresentativo.
reprimenda f. riprensione, reprimanda.
reprimir tr. reprimere, contenere, raffrenare.
reprimirse rfl. raffrenarsi.
reprobar tr. riprovare.
réprobo agg. reprobo.
reprochar tr. rimproverare.
reproche m. rimprovero.
reproducción f. riproduzione.
reproducir tr. riprodurre.
reproducirse rfl. riprodursi.
reptil m. rettile.
república f. repubblica.
republicanismo m. repubblicanesimo.
republicano agg. e m. repubblicano.
repudiación f. ripudio.
repudiar tr. ripudiare, repudiare.
repudio m. ripudio.
repuesto agg. e m. riposto. **de — di ricambio**.
repugnancia f. ripugnanza.
repugnante agg. ripugnante.
repugnar itr. ripugnare.
repujar tr. sbalzare.

repulsa f. ripulsa, repulsa, ri-getto.
repulsar tr. rifiutare.
repulsión f. ripulsione.
repulsivo agg. repulsivo, ripul-sivo.
reputación f. reputazione, ripu-tazione.
reputar tr. reputare, riputare.
requemado agg. abbruciacchia-to.
requemar tr. ribruciare; abbru-ciacchiare.
requerimiento m. intimazione, richiesta.
requerir tr. intimare, richiede-re.
requesón m. ricotta.
requisa f. requisizione; perqui-sizione.
requisar tr. requisire.
requisito m. requisito.
res f. capo di bestiame.
resaca f. risacca; rivalsa; ma-lessere dopo la ubbriachez-za.   [tare.
resaltar itr. rimbalzare; risal-
resalte m. risalto; rimbalzo.
resarcir tr. risarcire.
resbaladizo agg. sdrucciolevo-le.
resbalar itr. sdrucciolare, sci-volare.
resbalón m. sdrucciolone, sci-volone.
rescatar tr. riscattare, liberare.
rescate m. riscatto.
rescindir tr. rescindere.
rescisión f. rescissione.
rescoldo m. cinigia.
resentimiento m. risentimento.
resentirse rfl. risentirsi.
reseña f. rassegna.
reseñar tr. fare una rassegna.
reserva f. riserva; riservatezza; riserbo.
reservado agg. riservato; priva-to, confidenziale.
reservar tr. reservare, riserva-re.
resfriado m. raffreddore, costi-pamento.
resfriarse rfl. raffreddarsi.
resguardar tr. riparare, preser-vare.
resguardarse rfl. ripararsi.
resguardo m. riparo.
residencia f. residenza, domi-cilio, dimora.
residencial agg. residenziale.
residente agg. residente.
residir itr. risiedere, dimorare.
residuo m. residuo.
resignación f. rassegnazione.
resignarse rfl. rassegnarsi, in-chinarsi.
resina f. resina.
resistencia f. resistenza, op-posizione.
resistente agg. resistente.
resistir itr. resistere.
resistirse rfl. resistere.
resolución f. risoluzione, deci-sione.
resolver tr. risolvere, conchiu-dere.
resolverse rfl. decidersi.
resonancia f. risonanza.
resonante agg. risonante.
resonar itr. risonare.
resorte m. molla; mezzo.
respaldar tr. spalleggiare; at-tergare. m. spalliera.
respaldo m. rovescio, tergo; spalliera, schienale.
respectivo agg. rispettivo.
respecto m. rapporto, rispetto.
respetable agg. rispettabile.
respetar tr. rispettare.

respeto m. rispetto.
respetuoso agg. rispettoso.
respiración f. respirazione, res-piro.
respiradero m. spiraglio, sfia-tatoio, feritoia.
respirar itr. respirare.
respiro m. respiro.
resplandecer itr. risplendere.
resplandeciente agg. risplen-dente.
resplandor m. splendore.
responder tr. e itr. rispondere; replicare.
responsabilidad f. responsabi-lità.
responsable agg. responsabile.
responso m. responso.
respuesta f. risposta.
resquebrajar tr. fendere.
resquebrajarse rfl. fendersi.
resquemo(r) m. bruciore.
resta. f. sottrazione; resto.
restablecer tr. ristabilire, risto-rare.
restablecerse rfl. migliorarsi, ristabilirsi.
restablecimiento m. ristabili-mento.
restante agg. restante. m. ri-manente, restante.
restar tr. sottrarre; restare.
restauración f. restaurazione.
restaurante m. ristorante.
restaurar tr. restaurare.
restitución f. restituzione.
restituir tr. restituire.
resto m. resto, residuo.
restricción f. restrizione.
restrictivo agg. restrittivo.
restriñimineto m. restringimen-to.
resucitar tr. e itr. risuscitare.
resuelto agg. risoluto.
resulta f. risultato; effetto.
resultado m. risultato, effetto.
resultar itr. risultare.
resumen m. compendio, rias-sunto.
resumir tr. riassumere.
resurrección f. risurrezione.
retaguardia f. retroguardia.
retal m. ritaglio. — de cuero limbello.
retar tr. sfidare a duello; pro-vocare; rimprovare.
retardar tr. ritardare; rimanda-re, dimorare.
retardo m. ritardo.
retén m. provvisione; truppa di riserva.
retención f. ritenzione, tratte-nimento.
retener tr. ritenere, trattenere.
retentiva f. ritentiva, retentiva.
reticencia f. reticenza.
reticente agg. reticente.
retina f. (anat.) retina.
retirada f. ritirata.
retirado agg. ritirato.
retirar tr. ritirare.
retiro m. ritiro.
reto m. sfida; provocazione.
retocar tr. ritoccare.
retoño m. germoglio.
retoque m. ritocco, ritoccata.
retorcer tr. ritorcere; attorci-gliare, contorcere.
retorcimiento m. ritorsione; at-torcigliamento.
retórica f. rettorica.
retórico agg. e m rettorico.
retornar tr. e itr. ritornare.
retorno m. ritorno.
retractación f. ritrattazione.
retractar tr. ritrattare.
retractarse rfl. disdirsi, ritrat-tarsi.
retraer tr. ritrarre.
retraerse rfl. ritrarsi.
retraído agg. ritratto, tímido; ritirato.

retraimiento m. ritiratezza; ri-trazione; timidezza.
retrasar tr. ritardare. itr. arre-trarsi, regredire.
retrasarse rfl. ritardare.
retraso m. ritardo.
retratar tr. ritrattare; fotogra-fare.
retratista m. f. ritrattista.
retrato m. ritratto.
retreta f. (mil.) ritirata.
retrete m. gabinetto; cesso; la-trina.
retribución f. retribuzione.
retribuir tr. retribuire.
retroceder itr. indietreggiare, retrocedere.
retroceso m. retrocessione; re-gressione.
retrógrado agg. retrogrado.
reuma m. (med.) reuma.
reumático agg. (med.) reumá-tico.   [tismo.
reumatismo m. (med.) reuma-
reunión f. riunione; assamblea.
reunir tr. riunire, congregare; concentrare.
reunirse rfl. riunirsi, concen-trarsi.
reválida f. addottoramento.
revalidar tr. ratificare, convali-dare.
revancha f. rivincita.
revelación f. rivelazione, pale-samento.
revelado m. (fot.) sviluppamen-to.
revelador m. rivelatore; svilup-patore.
revelar tr. rivelare; sviluppare.
revelarse rfl. rivelarsi, palesar-si.
revendedor m. rivenditore.
revender tr. rivendere.
reventa f. rivendita.
reventar itr. crepare; affatica-re; stancarsi; scoppiare.
reventón m. scoppio.
reverencia f. riverenza.
reverendo agg. e m. reverendo.
reverente agg. riverente.
reversión f. reversione, river-sione.
reverso m. dietro; rovescio; tergo.
revés m. rovescio, riverso.
revisar tr. rivedere, esamina-re.
revisión f. revisione, riveduta.
revisor m. revisore.
revista f. rivista, riveduta.
revistar tr. rivedere; (mil.) passare la rivista.
revivificar tr. rivivificare.
revivir itr. rivivere.
revocación f. revocazione.
revocar tr. revocare.
revolotear itr. svolazzare.
revoloteo m. svolazzo, svolaz-zamento, svolazzio.
revoltillo m. miscuglio; garbu-glio.
revoltoso agg. e m. rivoltoso.
revolución f. rivoluzione.
revolucionar tr. rivoluzionare.
revolucionario agg. e m. rivolu-zionario.
revólver m. rivoltella.
revolver tr. sconvolgere; rivol-gere; rivoltare.
revoque m. intonaco.
revuelo m. svolazzo; subbuglio.
revuelto agg. rivolto.
revulsión f. revulsione.
rey m. re, rege.
reyezuelo m. reuccio; scriccio-lo.
rezagar tr. ritardare, trattene-re; lasciare indietro.
rezar tr. pregare, orare.
rezo m. preghiera, prece.

riada f. piena di fiume, flumana.
ribera f. riviera, riva.
ribereño agg. rivierasco.
ribete m. orlo, filetto; indizio, traccia.
ribetear tr. orlare, filettare.
rico agg. ricco; gustoso, sapo-rito; fertile.
ridiculez f. ridicolezza.
ridiculizar tr. mettere in ridi-colo, ridicolizzare.
ridículo agg. ridicolo.
riego m. irrigazione, inaffia-mento.
riel m. rotaia, guida; binario.
rienda f. redine, briglia.
riesgo m. rischio, pericolo.
rifa f. lotteria, riffa, lotto; ris-sa.
rifar tr. sorteggiare, allottare.
rifle m. fucile, carabina.
rigidez f. rigidezza.
rígido agg. rigido; severo.
rigor m. rigore; severità; rigi-dezza. de rigor indispensabi-le.
rigorismo m. rigorismo.
rigorista m. f. rigorista.
riguroso agg. rigoroso.
rima f. rima.
rimar itr. rimare.
rincón m. angolo, canto.
rinoceronte m. (zool.) rinoce-ronte.
riña f. rissa, contesa.
riñón m. (anat.) rognone.
río m. fiume.
riqueza f. ricchezza.
risa f. riso. pl. risa. morirse de — sbellicarsi dalle risa.
risible agg. risibile, ridicolo.
risotada f. risata.
risueño agg. sorridente.
rítmico agg. ritmico.
ritmo m. ritmo, cadenza.
rito m. rito, cerimonia.
ritual agg. e m. rituale.
rival agg. e m. rivale; compe-titore, emolo.
rivalidad f. rivalità.
rivalizar itr. rivaleggiare, com-petere.
rizado m. arricciatura.
rizar tr. arricciare.
rizo m. riccio, ricciolo.
robar tr. rubare, involare.
roble m. (bot.) rovere.
robo m. furto, derubamento.
robustecer tr. irrobustire, for-tificare.
robustecerse fl. diventare ro-busto.
robustez f. robustezza.
robusto agg. robusto, forte.
roca f. rocca, roccia.
roce m. attrito, sfregamento; relazione, tratto familiare.
rociada f. spruzzo; rugiada.
rociar tr. spruzzare. itr. cadere la rugiada.
rocín m. ronzino.
rocío m. rugiada.
rodada f. rotaia, solco.
rodaje m. rotismo, complesso di ruote; rodaggio; ripresa, girare di un film.
rodar itr. rotolare; rotare; gi-rare.
rodear itr. girare intorno; ri-girare. tr. cingere, avvolgere, rigirare.
rodeo m. rigiro; circuito; cir-condamento; preambolo.
rodeos m. pl. raggiri; andiri-vieni.
rodilla f. ginocchio.
rodillera f. ginocchiera.
rodillo m. rullo.
roedor agg. e m. roditore.
roedura f. roditura.
roer tr. rodere.

rogar tr. pregare, supplicare.
rogativa f. rogazione.
rojez f. rossezza, rossore.
rojizo agg. rossigno, rossiccio.
rojo agg. rosso.
rollo m. rotolo; rullo.
romance agg. romanzo, neolatino. m. idioma spagnuolo; romanzo, novella cavalleresca.
romancero m. romanzero, raccolta di romanze.
romanizar tr. romanizzare.
romano agg. e m. romano.
rombo m. rombo.
romboide m. romboide.
romería f. pellegrinaggio; sagra.
romero m. pellegrino, romeo; (bot.) rosmarino.
rompecabezas m. fionda; rompicapo.
rompehielos m. rompighiaccio.
rompeolas m. paraonde.
romper tr. rompere, fracassare, spezzare; spuntare. itr. rompere; frangersi.
ron m. rum.
roncar itr. russare.
ronco agg. rauco, roco.
ronda f. ronda.
rondalla f. serenata.
rondar itr. rondare.
ronquear itr. avere la raucedine, essere rauco.
ronquera f. raucedine.
ronquido m. russo; suono rauco.
roña f. rogna.
roñería f. avarizia, spilorceria.
roñoso agg. rognoso; sporco; miserabile.
ropa f. tela o panno; roba, capi di vestiario. — **blanca** biancheria. **a quema** — a bruciapelo.
ropas f. pl. indumenti. — **hecha a medida** abiti fatti su misura.
ropaje m. vestiario.
ropero m. guardaroba.
rosa f. (bot.) rosa.
rosado agg. rosato, rosaceo.
rosal m. rosaio.
rosaleda f. roseto.
rosario m. rosario. **rezar el** — dire il rosario.
rosca f. vite; spira; verme, filetto; ciambella.
rostro m. rostro, becco; faccia, viso; punta.
rotación f. rotazione.
rotar itr. rotare.
roto agg. rotto, spezzato.
rótula f. (anat.) rotella, rotula.
rotular tr. intitolare; mettere un'insegna.
rótulo m. insegna; titolo.
rotundo agg. rotondo.
rotura f. rottura, frattura.
rozadura f. sfregatura, attrito, sfregamento.
rozamiento m. sfregamento, attrito.
rozar tr. sarchiare, rodere. itr. strisciare.
rozarse rfl. frequentarsi.
rubí m. rubino.
rubio agg. biondo, flavo.
rubor m. rossore; vergogna.
ruborizarse rfl. vergognarsi; arrossire.
rúbrica f. rubrica.
rubricar tr. rubricare.
ruda f. (bot.) ruta.
rudeza f. rozzezza; rudezza.
rudimento m. rudimento.
rudo agg. rude.
rueda f. rota, ruota.
ruedo m. giro; cerchio; contorno; (taur.) arena.

ruego m. supplica.
rufián m. ruffiano.
rugido m. ruggito, fremito.
rugir itr. ruggire.
rugosidad f. rugosità.
rugoso agg. rugoso, grinzoso.
ruido m. rumore, fragore, fracasso; strepito.
ruidoso agg. rumoroso, fragoroso.
ruin agg. spregevole, vile; malvaggio; avaro.
ruina f. rovina, ruina; crollo.
ruinas f. pl. rovine, ruderi.
ruindad f. bassezza.
ruinoso agg. rovinoso.
ruiseñor m. (orn.) rosignolo.
rumano agg. e m. rumeno. m. lingua rumena.
rumbo m. (naut.) rotta; pompa, sfarzo; direzione.
rumboso agg. splendido, sfarzoso.
rumiante agg. e m. ruminante.
rumiar itr. ruminare.
rumor m. brusio, rumore.
ruptura f. rottura.
rural agg. rurale, rusticale, rusticano.
ruso agg. e m. russo. m. lingua russa.
rusticidad f. rusticità.
rústico agg. rustico, rurale. m. contadino.
ruta f. rotta, via; itinerario; strada.
rutina f. abitudine, uso, pratica.
rutinario agg. abituale. m. praticone.

sábado m. sabato.
sábana f. lenzuolo; tovaglia d'altare.
sabana f. savana.
sabañón m. gelone.
sabedor agg. e m. conoscitore.
saber m. sapere, erudizione. tr. sapere, conoscere; itr. sapere, avere sapore.
sabiendas; a — a bella posta.
sabio agg. e m. sapiente; saggio.
sablazo m. sciabolata.
sable m. sciabola.
sabor m. sapore.
saborear tr. assaporare.
sabotaje m. sabotaggio.
sabroso agg. saporito, saporoso.
saca f. sacco (grande); sacca; estrazione; esportazione.
sacacorchos m. cavaturaccioli.
sacar tr. cavare, trarre, togliere.
sacarina m. (med.) saccarina.
sacerdocio m. sacerdozio.
sacerdote m. sacerdote, prete.
sacerdotisa f. sacerdotessa.
saciable agg. saziabile.
saciar tr. saziare, sbramare, satollare.
saciedad f. sazietà.
saco m. sacco.
sacramento m. sacramento.
sacrificar tr. sacrificare.
sacrificio m. sacrificio.

sacrilegio m. sacrilegio.
sacrílego agg. sacrilego.
sacristía f. sacristia, sacrestia o sagrestia.
sacro agg. sacro.
sacudida f. scossa; scrollata.
sacudir tr. scuotere; sbattere; scrollare.
sacudirse rfl. scuotersi.
saeta f. saetta.
sagacidad f. sagacità; astuzia.
sagaz agg. sagace.
sagrado agg. sacro, sacrato.
sagrario m. sacrario.
sainete m. (teat.) farsa.
sal f. sale.
sala f. sala, salotto.
salado agg. salato.
salamandra f. salamandra.
salar tr. salare.
salario m. salario, paga.
salaz agg. salace.
salazón f. salatura.
salchicha f. salsiccia.
salchichón m. salame.
saldar tr. saldare, liquidare.
saldo m. saldo.
salero m. saliera.
saleroso agg. grazioso.
salida f. uscita; fuoruscita; sortita; partenza. — **del sol** levata del sole.
saliente agg. pronunziato; uscente, sporgente.
salina f. salina.
salino agg. salino.
salir itr. uscire, sortire; partire; levarsi (il sole ecc.).
salirse rfl. traboccare, fuoruscire.
saliva f. saliva.
salmear itr. salmeggiare.
salmista m. salmista.
salmo m. salmo.
salmón m. (itt.) salmone.
salmonete m. (itt.) triglia.
salmuera f. salamoia.
salobre agg. salmastro.
salón m. salone, salotto.
salpicadura f. schizzo, pillacchera.
salpicar tr. schizzare.
salsa f. salsa.
saltamontes m. cavalletta.
saltar tr. e itr. saltare; balzare. — **de la cama** balzare dal letto.
salteador m. grassatore, bandito.
saltear tr. assaltare; soffriggere.
salto m. salto, balzo. — **de agua** cascata.
salubre agg. salubre.
salubridad f. salubrità.
salud f. salute.
saludable agg. salutare.
saludar tr. salutare.
saludo m. saluto.
salva f. salva. — **de aplausos** scoppio di applausi.
salvación f. salvamento, salvazione.
salvajada f. atto da selvaggio; barbarie.
salvaje agg. selvaggio.
salvamento m. salvamento.
salvar tr. salvare.
salvarse rfl. salvarsi.
salvavidas m. salvagente. **chaleco** — cintura di salvamento.
salve f. salve.
salvedad f. scusa; avvertenza.
salvo agg. salvo, salvato. avv. eccetto, fuorchè.
salvoconducto m. salvacondotto.
san agg. san, santo.
sanar tr. e itr. guarire.
sanatorio m. sanatorio.

sanción f. sanzione.
sancionar tr. sanzionare.
sandalia f. sandalo.
sandez f. balordaggine.
saneamiento m. bonifica, bonificazione (di terre).
sanear tr. bonificare, sanare; liberare da gravami.
sangradura f. salasso; scolo di acque.
sangrar tr. salassare. itr. sanguinare.
sangrarse rfl. farsi salassare.
sangre f. sangue.
sangría f. salasso.
sanguijuela f. (zool.) sanguisuga.
sanguinario agg. sanguinario.
sanidad f. sanità.
sanitario agg. sanitario. m. sanitario.
sano agg. sano. — **y salvo** incolume.
santiamén m. attimo.
santidad f. santità.
santificación f. santificazione.
santificar tr. santificare.
santiguar tr. fare il segno della Croce, segnarsi.
santísimo agg. e m. santissimo.
santo agg. e m. san, santo.
santuario m. santuario.
saña f. rabbia, collera.
sapo m. (zool.) rospo.
saquear tr. saccheggiare.
saqueo m. saccheggio, sacco.
sarampión m. (med.) morbillo.
sarcasmo m. sarcasmo.
sardina f. (itt.) sarda, sardina, sardella.
sargento m. (mil.) sergente.
sarna f. (med.) scabbia.
sarraceno agg. e m. saraceno.
sarro m. sedimento; tartaro.
sarta f. serie; filza.
sartén f. padella.
sastre m. sarto, sartore.
Satán m. Satana.
satelite m. satellite.
satinar tr. satinare.
sátira f. satira.
satírico agg. satirico.
satirizar tr. satireggiare.
sátiro m. satiro.
satisfacción f. soddisfazione, satisfazione.
satisfacer tr. sodisfare, satisfare.
satisfactorio agg. soddisfacente.
satisfecho agg. soddisfatto, contento.
saturar tr. saturare.
saturarse rfl. saturarsi, saziarsi.
sauce m. (bot.) salice.
saxofón m. sassofono.
sazón f. maturità. **a la** — allora, in quell'epoca.
sazonar tr. condire; stagionare.
se pron. se, si.
sebo m. sego; grasso.
secadero m. asciugatoio, essicatoio; seccatoio.
secano m. terreno seccagno; secca, seccagna.
secante agg. seccante, essicante; asciugante. **papel** — carta asciugante. agg. e f. secante.
secar tr. seccare, essicare, asciugare.
secarse rfl. seccarsi, asciugarsi.
sección f. sezione; compartimento.
secesión f. secessione.
seco agg. secco, asciutto; arido.

564

secreción f. secrezione.
secretaría f. segretaria.
secretario m. segretario.
secreto agg. e m. segreto.
secta f. setta.
sectario agg. e m. settario.
sector m. settore.
secuaz m. seguace.
secuela f. sequela.
secuestrar tr. sequestrare.
secuestro m. sequestro.
secular agg. secolare.
secularizar tr. secolarizzare.
secundar tr. assecondare.
sed f. sete.
seda f. seta.
sedal m. lenza, setale.
sede f. sedia, sede, seggio.
sedentario agg. sedentario.
sedición f. sedizione.
sediento agg. assetato.
seducción f. seduzione.
seducir tr. sedurre.
seductor m. seduttore.
segador m. falciatore.
segar tr. mietere, falciare.
seglar agg. secolare.
segmento m. segmento.
segregación f. segregazione.
segregar tr. segregare; secernere.
seguida f. seguito; continuazione; serie. **de —** di seguito. **en —** subito; di subito; dopo, indi.
seguido agg. seguito; continuo; diritto.
seguir tr. seguire, seguitare.
según prep. secondo.
segundo agg. secondo. m. secondo.
seguridad f. sicurezza.
seguro agg. sicuro. m. assicurazione, sicurtà; sicura; sicuro.
seis agg. e m. sei. **— mil** seimila.
selección f. selezione.
seleccionar tr. selezionare.
selecto agg. scelto.
selva f. selva.
selvático agg. selvatico.
sellar tr. sigillare, suggellare, bollare.
sello m. sigillo, suggello, bollo; (med.) cartina. **— de correos** francobollo.
semáforo m. semaforo.
semana f. settimana.
semanal agg. settimanale.
semanario agg. settimanale. m. settimanale.
semblante m. sembiante.
sembrado m. seminato.
sembrar tr. seminare.
semejante agg. simile, somigliante.
semejanza f. rassomiglianza, similitudine.
semejar itr. rassomigliare, somigliare.
semejarse rfl. assomigliarsi, sembrare.
semen m. seme.
semental agg. seminale. m. stallone (cavallo).
semestre m. semestre.
semilla f. semenza, semente, seme; grano.
seminario m. seminario.
seminarista m. seminarista.
sémola f. semola; semolino.
senado m. senato.
senador m. senatore.
sencillez f. semplicità.
sencillo agg. semplice.
senda f. sentiero.
sendero m. sentiero.
senil agg. senile.

seno m. seno.
sensación f. sensazione.
sensatez f. senno, assennatezza.
sensato agg. sensato, assennato.
sensibilidad f. sensibilità.
sensible agg. sensibile.
sensual agg. sensuale.
sensualidad f. sensualità.
sentado agg. seduto.
sentar tr. mettere a sedere; stabilire; adattarsi.
sentarse rfl. sedere, sedersi.
sentencia f. sentenza.
sentenciar tr. sentenziare.
sentido m. senso; significato.
sentimental agg. sentimentale.
sentimiento m. sentimento.
sentir tr. sentire; ascoltare; soffrire; dolersi, far dispiacere.
sentirse rfl. sentirsi.
seña f. cenno; accennamento.
señas f. pl. indirizzo. **— personales** connotati.
señal f. segno, segnale; marca.
señalado agg. segnalato.
señalar tr. segnalare; contrassegnare.
señalarse rfl. segnalarsi.
señor m. signore; padrone; Dio.
señora f. signora; dama; madonna; sposa.
señorear itr. signoreggiare.
señorearse rfl. impadronirsi; comportarsi da signore.
señoría f. signoria.
señorial agg. signorile.
señorita f. signorina; damina.
separación f. separazione.
separar tr. separare; dividere.
separarse rfl. separarsi.
separatismo m. separatismo.
septentrión m. settentrione.
septentrional agg. settentrionale.
septiembre m. settembre.
sepulcral agg. sepolcrale.
sepulcro m. sepolcro.
sepultar tr. seppellire.
sepultura f. sepoltura; seppellimento; fossa.
sepulturero m. seppellitore.
sequedad f. siccità, aridità.
sequía f. siccità.
séquito m. seguito.
ser itr. essere, esistere. m. essere.
serenar tr. rasserenare.
serenarse rfl. rasserenarsi, serenarsi (il cielo, il tempo).
serenata f. serenata.
serenidad f. serenità.
sereno agg. sereno, calmo. m. guardiano notturno; sereno.
serie f. serie.
seriedad f. serietà.
serio agg. serio.
sermón m. sermone.
sermonear tr. sermoneggiare.
serpentear itr. serpeggiare.
serpiente f. (zool.) serpente.
serrador m. segatore.
serranía f. paese montagnoso.
serrar tr. segare.
serrín m. segatura.
servicial agg. servizievole.
servicio m. servizio, servigio.
servidor m. servitore, domestico.
servidumbre f. servitù.
servil agg. servile.
servilleta f. salvietta, tovagliolo.
servir tr. e itr. servire.
servirse rfl. degnarsi; servirsi.
sesión f. sessione, seduta.
seso m. cervello, cervella. **devanarse los —s** lambiccarsi il cervello.

seta f. (bot.) fungo; setola.
seto m. chiusa, siepe.
seudónimo m. pseudonimo.
severidad f. severità.
severo agg. severo.
sexo m. sesso.
sextante m. sestante.
sexual agg. sessuale.
sexualidad f. sessualità.
si cong. se, se mai.
sí pron. sè, si. avv. si, già. **por —** per sè.
sicología f. psicologia.
sidra f. sidro.
siega f. mietitura.
siembra f. semina.
siempre avv. sempre; ognora. **— que** ognora chè.
sien f. (anat.) tempia.
sierra f. sega; catena di montagne.
siervo m. servo.
siesta f. siesta, meriggio.
siete agg. e m. sette. [no.
sietemesino agg. e m. settimi-
sífilis f. sifilide.
sifilítico agg. e m. sifilitico.
sifón m. sifone.
sigilo m. sigillo; segreto.
sigilosamente avv. segretamente.
sigiloso agg. segreto.
siglo m. secolo.
significación f. significazione.
significado m. significato.
significar tr. significare.
significativo agg. significativo.
signo m. segno, indizio.
siguiente agg. seguente.
sílaba f. sillaba.
silbar itr. fischiare.
silbato m. fischio.
silbido m. fischio, sibilo.
silenciar tr. passar sotto silenzio, silenziare.
silencio m. silenzio.
silogismo m. sillogismo.
silueta f. siluetta, figurina.
silvestre agg. silvestre.
silla f. sedia, seggiola.
sillar m. dorso (dei quadrupedi); pietra da costruzione.
sillín m. sellino.
sillón m. poltrona.
simbólico agg. simbolico.
simbolismo m. simbolismo.
simbolizar tr. simboleggiare.
símbolo m. simbolo.
simetría f. simmetria.
simétrico agg. simmetrico.
simiente f. semenza.
simil agg. e m. simile.
similar agg. similare.
similitud f. similitudine.
simio m. scimmia.
simpatía f. simpatia.
simpático agg. simpatico.
simpatizar itr. simpatizzare.
simple agg. semplice.
simplicidad f. semplicità.
simplificar tr. semplificare.
simulación f. simulazione.
simulacro m. simulacro.
simular tr. simulare.
simultáneo agg. simultaneo.
sin prep. senza; salvo.
sinagoga f. sinagoga.
sincerar tr. sincerare.
sincerarse rfl. sincerarsi.
sinceridad f. sincerità.
sincero agg. sincero.
sindicalismo m. sindacalismo.
sindicar tr. sindacare.
sindicato m. sindacato.
sinfonía f. sinfonia.
sinfónico agg. sinfonico.
singular agg. e m. singolare.
singularidad f. singolarità.
singularizar tr. singolarizzare.
siniestra f. sinistra.

siniestro agg. sinistro; infausto, funesto. m. sinistro.
sino cong. ma, bensì.
sinónimo m. sinonimo.
sinopsis f. sinossi.
sintaxis f. sintassi.
síntesis f. sintesi.
sintético agg. sintetico.
sintetizar tr. sintetizzare.
síntoma m. sintomo.
sintomático agg. sintomatico.
sionismo m. sionismo.
sionista m. f. sionista.
siquiera avv. almeno; nemmeno. conj. ancorché.
sirena f. sirena.
sirvienta f. serva, domestica.
sirviente m. servo.
sísmico agg. sismico.
sistema m. sistema.
sistemático agg. sistematico.
sitiar tr. assediare.
sitio m. assedio; luogo, sito.
sito agg. situato, sito.
situación f. situazione.
situar tr. situare.
sobaco m. (anat.) ascella.
sobar tr. palpeggiare; brancicare, mantrugiare.
soberanía f. sovranità.
soberano agg. e m. sovrano.
sobornar tr. subornare.
soborno m. subornazione.
sobra f. eccesso.
sobrante agg. soverchio, sovrabbondante. m. avanzo; soverchio.
sobrar itr. eccedere, restare, soverchiare. [ti.
sobras f. pl. resti, rifiuti, scar-
sobre prep. sopra, di sopra, insù. m. busta. [danza.
sobreabundancia f. sovrabbon-
sobrecarga f. sopraccarico, sovraccarico.
sobrecoger tr. sorprendere.
sobrecogerse (de miedo) rfl. sussultare, spaventarsi.
sobreentender tr. sottintendere.
sobrehumano agg. sovrumano.
sobrellevar tr. sopportare.
sobrenatural agg. soprannaturale.
sobreponer tr. sovrapporre.
sobreprecio m. soprapprezzo.
sobresaliente agg. eminente. m. ottimo.
sobresalir itr. eccellere.
sobresaltar tr. spaventare.
sobresaltarse rfl. sussultare, trasalire. [sulto.
sobresalto m. soprassalto, sus-
sobrestante m. soprastante.
sobresueldo m. soprassoldo.
sobrevenir itr. sopravvenire.
sobrevivir itr. sopravvivere.
sobriedad f. sobrietà.
sobrino m. nepote, nipote. **— segundo** pronipote.
sobrio agg. sobrio, parco.
socavar tr. scavare; scalzare.
socavón m. spelonca; sprofondamento.
sociabilidad f. sociabilità.
sociable agg. sociabile.
social agg. sociale.
socialismo m. socialismo.
socialista agg. e m. f. socialista, agg. socialistico.
socialización f. socializzazione.
socializar tr. socializzare.
sociedad f. società.
socio m. socio, compagno.
sociología f. sociologia.
socorrer tr. soccorrere.
socorrerse rfl. prestarsi reciproco soccorso.
socorro m. soccorso.
soda f. soda.
sodomía f. sodomia.

sodomita agg. e m. sodomita.
soez agg. sudicio.
sofá m. sofà.
sofisma m. sofisma.
sofista m. f. sofista.
sofisticar tr. sofisticare.
sofocar tr. soffocare. [re.
sofocón m. disgusto, dispiace-
sofreír tr. soffriggere.
sojuzgar tr. soggiogare.
sol m. sole.
solar agg. solare. m. suolo, terreno. tr. selciare, lastricare.
solariego agg. nobile.
solaz agg. sollazzo.
solazar tr. sollazzare.
solazarse rfl. sollazzarsi.
soldadesca f. soldatesca.
soldado m. soldato.
soldadura f. saldatura.
soldar tr. saldare.
soledad f. solitudine.
solemne agg. solenne.
solemnidad f. solennità.
solemnizar itr. solennizzare.
soler itr. solere.
solera f. feccia, fondata; trave
maestra.
solfa f. solfa.
solfear tr. solfeggiare.
solfeo m. solfeggio.
solicitar tr. sollecitare.
solicitud f. sollecitudine; solle-
citazione; richiesta.
solidaridad f. solidarità.
solidario agg. solidario.
solidez f. solidità, durezza.
solidificar tr. solidificare.
solidificarse rfl. solidificarsi.
sólido agg. e m. solido.
solitaria f. (med.) tenia.
solitario agg. solitario.
soliviantar tr. eccitare, sollevare.
solo agg. solo, unico.
sólo avv. solo, soltanto, solamente.
solomillo m. filetto.
solsticio m. solstizio.
soltar tr. sciogliere, lasciare.
soltarse rfl. slacciarsi.
soltería f. celibato.
soltero agg. e m. celibatario,
celibe, scapolo.
solterón m. scapolone.
solterona f. zitella, zitellona.
soluble agg. solubile.
solución f. soluzione.
solvencia f. solvenza.
solvente agg. solvente.
sollozar itr. singhiozzare.
sollozo m. singhiozzo.
sombra f. ombra; spettro.
sombrear tr. ombreggiare.
sombrero m. cappello. — de
copa cilindro.
sombrilla f. ombrellino.
sombrío agg. oscuro, fosco,
cupo.
someter tr. assoggettare, sottomettere.
someterse rfl. sottomettersi.
somnífero agg. e m. sonnifero.
somnolencia f. sonnolenza.
son m. suono.
sonado agg. celebre, famoso.
sonajero m. sonaglino.
sonar tr. suonare, sonare.
sonarse rfl. soffiarsi il naso.
sonata f. sonata.
sonambulismo m. sonnambu-
lismo. [bulo.
sonámbulo agg. e m. sonnam-
sonda f. sonda; (naut.) scandaglio.
sondear tr. sondare; scandagliare.
sondeo m. sondaggio; scanda-
gho.
soneto m. sonetto.
sonido m. suono; timbro.

sonoridad f. sonorità.
sonoro agg. sonoro.
sonreír itr. sorridere.
sonreírse rfl. sorridere.
sonrisa f. sorriso, risolino.
sonrojar tr. far arrossire.
sonrojarse rfl. arrossire.
soñar itr. e tr. sognare.
soñolencia f. sonnolenza.
soñoliento agg. sonnolento.
sopa f. zuppa; minestra. — de
caldo minestra al brodo. —
de fideos minestrino. — de
pan panata. — juliana minestra verde.
sopera f. zuppiera.
soplar tr. soffiare.
soplo m. soffio.
soplón m. delatore.
sopor m. sopore.
soporífero agg. soporifero.
soportal m. portico.
soportar tr. sopportare.
soporte m. appoggio, supporto.
sor f. suora, monaca.
sorber tr. succhiare, sorbire,
sorseggiare.
sorbete m. sorbetto.
sorbo m. sorso, sorsata.
sordera f. sordità.
sordidez f. sordidezza.
sórdido agg. sordido.
sordo agg. sordo.
sordomudo agg. e m. sordomu-
to.
sorprendente agg. sorprendente.
sorprender tr. sorprendere,
stordire.
sorprenderse rfl. sorprendersi.
sortear tr. e itr. sorteggiare;
sfuggire.
sorteo m. sorteggio.
sortija f. anello. — de pedida
anello di fidanzata.
sosegado agg. calmo, cheto.
sosegar tr. calmare, chetare.
sosegarse rfl. calmarsi, tran-
quillizzarsi.
sosiego m. calma, riposo.
soso agg. scipito.
sospecha f. sospetto.
sospechar tr. sospettare.
sospechoso agg. sospettoso.
sostén m. sostegno; reggipetto.
sostener tr. sostenere, sostentare.
sostenerse rfl. appoggiarsi,
sostenersi.
sotana f. sottana.
sótano m. sotterraneo.
sotavento m. (naut.) sottoven-
to.
su agg. suo, sua; di lei, di lui,
di loro.
suave agg. soave.
suavidad f. soavità.
suavizar tr. rendere soave, am-
morbidire; mitigare.
subalterno agg. e m. subalterno.
subarrendar tr. subaffittare.
subarrendatario m. subaffitta-
nario.
subarriendo m. subaffitto.
subasta f. asta; licitazione.
subastar tr. subastare, vendere all'asta; licitare.
súbdito m. suddito.
subdividir tr. suddividire.
subdivisión f. suddivisione.
subida f. salita; ascensione;
aumento.
subir tr. alzare. itr. ascendere,
salire.
sublevación f. sollevazione.
sublevar tr. sollevare.
sublevarse rfl. sollevarsi.
sublimar tr. sublimare.
sublime agg. sublime.

submarino agg. sottomarino.
m. sommergibile, sottomarino.
subordinado agg. e m. subordi-
nato, subalterno.
subordinar tr. subordinare.
subrayar tr. sottolineare.
subsanar tr. mendare, emendare; riparcire.
subscribir tr. sottoscrivere.
subscribirse rfl. inscriversi.
subcriptor m. sottoscrittore.
subsecretario m. sottosegreta-
rio.
subsidio m. sussidio.
subsistencia f. sussistenza.
subsistir itr. sussistere.
substitución f. sostituzione.
substituir tr. sostituire.
substituto m. sostituto.
substracción f. sottrazione.
substraer tr. sottrarre.
substraerse rfl. sottrarsi.
subsuelo m. sottosuolo.
subterfugio m. sotterfugio.
subterráneo agg. sotterraneo.
suburbano agg. suburbano.
suburbio m. sobborgo.
subvención f. sovvenzione.
subvencionar tr. sovvenziona-
re.
subversión f. sovversione.
subversivo agg. sovversivo.
subvertir tr. sovvertire.
subyugar tr. soggiogare.
suceder itr. succedere.
sucedido m. successo.
sucesión f. successione.
sucesivo agg. successivo.
suceso m. successo.
suciedad f. sporcizia, sozzura.
sucio agg. sudicio, sporco; lordo; brodoloso.
suculento agg. succulento.
sucumbir itr. soccombere.
sud m. sud.
sudamericano agg. e m. sudamericano.
sudar itr. sudare.
sudeste m. sud-est.
sudor m. sudore.
sudorífero agg. sudorifero.
sudoroso agg. sudato.
sudoeste m. sud-ovest.
sueco agg. e m. svedese. m.
lingua svedese.
suegra f. suocera.
suegro m. suocero.
suela f. suola; cuoio.
sueldo m. soldo; paga.
suelo m. suolo; pavimento.
suelta f. scioglimento.
suelto agg. sciolto. m. trafilet-
to; spiccioli.
sueño m. sonno; sogno.
suero m. siero.
suerte f. sorte, fortuna. de —
que cosicchè.
suficiencia f. sufficienza.
suficiente agg. sufficiente.
sufragar tr. suffragare.
sufragio m. suffragio.
sufrimiento m. sofferenza, dolore.
sufrir itr. soffrire, patire.
sugerir tr. suggerire.
sugestión f. suggestione.
suicida agg. e m. f. suicida.
suicidarse rfl. suicidarsi.
suicidio m. suicidio.
suizo agg. e m. svizzero.
sujeción f. soggezione, assog-
gettamento.
sujetar tr. soggettare, assoggettare.
sujetarse rfl. assoggettarsi.
sujeto agg. soggetto. m. soggetto; individuo.
suma f. somma; addizione. —
anterior somma retro.

sumar tr. sommare, addizionare, ammontare.
sumario agg. sommario. m.
(jur.) inchiesta.
sumergible agg. sommergibile.
sumergir tr. sommergere, immergere.
sumergirse rfl. immergersi.
suministrar tr. somministrare.
suministro m. somministrazio-
ne.
sumir tr. nascondere (sottoter-
ra); sommergere.
sumirse rfl. affondarsi.
sumisión f. sommessione.
sumiso agg. sommesso.
sumo agg. sommo.
suntuoso agg. sontuoso.
superable agg. superabile.
superar tr. superare, oltrepassare.
superávit m. eccedenza, attiva,
sopreccedenza.
superchería f. soverchería.
superficial agg. superficiale.
superficialidad f. superficialità.
superficie f. superficie.
superfluo agg. superfluo.
superior agg. e m. superiore.
superioridad f. superiorità.
superstición f. superstizione.
supersticioso agg. superstizio-
so.
supervivencia f. sopravvivenza.
superviviente agg. e m. soprav-
visuto, superstite.
suplantación f. soppiantamen-
to.
suplantar tr. soppiantare.
suplemento m. supplemento.
suplente agg. e m. f. supplente.
supletorio agg. suppletorio.
súplica f. supplica.
suplicar tr. supplicare.
suplicio m. supplizio.
suplir tr. supplire.
suponer tr. supporre; congetturare.
suposición f. supposizione.
supositorio m. (med.) supposta.
supremacía f. supremazia.
supremo agg. supremo.
supresión f. soppressione.
suprimir tr. sopprimere.
supurar itr. suppurare.
sur m. sud, mezzogiorno.
surcar tr. solcare, insolcare;
fendere.
surco m. solco, solcatura.
surgir itr. sorgere, insorgere;
scaturire; nascere.
surtido m. assortimento.
surtidor m. provveditore, zam-
pillo; posto di rifornimento.
surtir tr. assortire. itr. zampillare.
surtirse rfl. provvedersi.
susceptiblidad f. suscettibilità.
susceptible agg. suscettibile.
suscitar tr. suscitare.
suscribir tr. sottoscrivere, sos-
crivere; firmare.
suscribirse rfl. abbonarsi.
suspender tr. sospendere.
suspensión f. sospensione.
suspensivo agg. sospensivo.
suspenso agg. sospeso. — en
exámenes bocciato.
suspicacia f. diffidenza, suspizione.
suspicaz agg. diffidente.
suspirar itr. sospirare.
suspiro m. sospiro.
sustancia f. sostanza.
sustancial agg. sostanziale.
sustentar tr. sostenare; alimentare.

sustentarse rfl. sostentarsi, sostenersi; cibarsi.
sustento m. sostegno, sostentamento; alimento.
susto m. spavento, paura.
susurrar tr. sussurrare.
susurro m. sussurro.
sutil agg. sottile.
sutileza f. sottigliezza.
suyo agg. suo, sua, loro. **lo —** il suo. **el —** il suo.
suyos pl. loro. **los —s** i suoi (parenti).

T t

tabaco m. tabacco. **— en polvo** rapè.
taberna f. bottega, taverna.
tabernero m. bottegaio, tavernaio, taverniere.
tabicar tr. chiudere con tramezzo, tramezzare, murare.
tabique m. tramezzo.
tabla f. tavola, asse.
tablado m. tavolato.
tablero m. scacchiere; tavoliere; bisca.
tableta f. tavoletta; pastiglia.
tablón m. tavolone, pancone.
taburete m. sgabello.
tacañería f. taccagneria.
tacaño agg. e m. taccagno.
tácito agg. tacito.
taciturno agg. taciturno.
tacón m. tacco di scarpa.
táctica f. tattica.
táctico agg. tattico.
tacto m. tatto.
tacha f. macchia; difetto; taccia; bullettone.
tacar tr. macchiare.
tachuela f. bulletta.
tahúr m. biscaiolo.
tajada f. fetta.
tajar tr. tagliare a fette, affettare.
tajo m. taglio; pietra d'affilare.
tal agg. tale. **— vez** forse.
taladrar tr. succhiellare, traforare, trapanare, trivellare.
taladro m. trapano, trivello; succhiello, verrina.
talante m. voglia, inclinazione; modo di fare. **buen, mal —** buon, cattivo umore.
talar tr. diboscare; distruggere.
talco m. talco.
talento m. talento, ingegno.
talismán m. talismano.
talón m. calcagno; tagliando, cedola, tallone. **— resguardo** bulletta.
talonario m. bollettario.
talla f. taglia; intaglio.
talle m. cintura; statura; taglio.
taller m. officina.
tallo m. stelo, fusto.
tamaño m. cotanto, si grande. m. volume, formato; grossezza.
tambalear itr. traballare, barcollare, tentennare.
tambalearse rfl. barcollare, tentennare.
tambaleo m. traballio, barcollio, tentennamento.
también avv. pure, anche.

tambor m. tamburo; tamburino. **— mayor** capotamburo.
tamiz m. staccio, setaccio.
tamizar tr. stacciare.
tampoco avv. neppure, nemmeno.
tan avv. tanto, cosí.
tantear tr. esaminare; ponderare; calcolare; marcare (al gioco).
tanteo m. numero di punti (al gioco); calcolo; esame.
tanto agg. pron. e avv. tanto, cosí, cotanto. **— por ciento** percentuale.
tapa f. coperchio; copertina.
tapadera f. coperchio.
taparrabo m. perizoma.
tapete m. tappeto.
tapia f. muro di argilla; muro di cinta.
tapiar tr. murare.
tapicería f. tappezzeria.
tapicero m. tappezziere.
tapioca f. tapioca.
tapiz m. arazzo.
tapizar tr. tappezzare.
tapón m. tappo, zaffo, turacciolo; tampone.
taquigrafía f. tachigrafia, stenografia.
taquígrafo m. tachigrafo, stenografo.
taquilla f. casellario; sportello.
taquillero m. sportellista, bigliettaio.
tara f. tara.
tararear itr. e tr. canterellare.
tardanza f. ritardo, dimora.
tardar itr. tardare; indugiare. **a más —** al più tardi.
tarde f. pomeriggio; sera. avv. temporale.
tardi. **— o temprano** tosto o tardi.
tardío agg. tardivo.
tarea f. compito.
tarifa f. tariffa.
tarima f. predella.
tarjeta f. cartolina; biglietto (di visita); targhetta; tessera. **— postal** cartolina postale.
tarta f. torta.
tartamudear itr. balbettare, tartagliare.
tartamudeo m. balbettamento.
tartamudo agg. balbuziente, tartaglione.
tasa f. tassa; tassazione; moderazione, freno.
tasación f. tassazione.
tasador m. tassatore, perito stimatore.
tasar tr. tassare.
tatarabuela f. trisavola, terzavola.
tatarabuelo m. trisavolo, terzavolo.
tataranieto m. pronipote in quarto grado.
tatuaje m. tatuaggio.
tatuar tr. tatuare.
taurino agg. taurino.
tauromaquia f. tauromachia.
taza f. tazza.
tazón m. tazzone, scodella.
té m. (bot.) tè.
te pron. te, ti.
tea f. torcia, fiaccola.
teatral agg. teatrale.
teatro m. teatro.
tecla f. tasto.
teclado m. tastiera.
técnico agg. e m. tecnico.
tecnología f. tecnologia.
techado m. tettoia.
techar tr. coprire con tetto.
techo m. tetto; soffitto.
tedio m. tedio.
teja f. tegola.
tejado m. tetto.

tejedor m. tessitore.
tejer tr. tessere.
tejido m. tessuto.
tela f. stoffa, tela.
telar m. telaio.
telaraña f. ragnatela.
telefonear tr. telefonare.
teléfono m. telefono.
telegrafía f. telegrafia.
telegrafiar tr. telegrafare.
telégrafo m. telegrafo.
telegrama m. telegramma.
telescopio m. telescopio.
telón m. telone, sipario.
tema m. tema, soggetto.
temblar itr. tremare, fremere.
temblor m. tremore, tremito, fremito.
tembloroso agg. tremante, tremolante.
temer tr. temere; dubitare.
temerario agg. temerario.
temeridad f. temerità.
temible agg. temibile.
temor m. timore.
témpano m. timpano.
temperamento m. temperamento.
temperatura f. temperatura.
tempestad f. tempesta.
tempestuoso agg. tempestoso.
templado agg. temperato, tiepido, mite.
templar tr. temperare, intiepidire.
templarse rfl. moderarsi.
temple m. temperamento; temperatura; tempra; tempera.
templo m. tempio.
temporada f. stagione (dei bagni, ecc.), epoca.
temporal agg. temporale. m. temporale.
temporalidad f. temporalità.
temprano avv. presto, di buon'ora. agg. precoce; primaticcio.
tenacidad f. tenacità.
tenacillas f. pl. pinze, mollette.
tenaz agg. consistente; tenace.
tenaza f. tanaglia.
tendedero m. stenditoio.
tendencia f. tendenza.
tender tr. e itr. tendere.
tenderse rfl. stendersi.
tenderete m. negozio all'aria aperta.
tendón m. (anat.) tendine.
tenebrosidad f. tenebrosità.
tenebroso agg. tenebroso.
tenedor m. detentore, possessore; forchetta. **— de libros** contabile.
teneduría f. azione ed effetto di tenere. **— de libros** computisteria, contabilità.
tener tr. tenere, avere, possedere.
tenerse rfl. tenersi.
teniente m. (mil.) tenente.
tenis m. tennis.
tenor m. tenore, contenuto; tenore (cantante).
tensión f. tensione.
tenso agg. teso.
tentación f. tentazione.
tentar tr. tentare.
tentativa f. tentativo.
teñir tr. tingere, colorire.
teñirse rfl. tingersi.
teocracia f. teocrazia.
teología f. teologia.
teólogo m. teologo.
teorema m. teorema.
teoría f. teoria.
teórico agg. e m. teorico.
terapéutica f. terapeutica, terapia.
terapéutico agg. terapeutico.
tercería f. mediazione.

tercero m. terzo; mediatore; terza persona. agg. terzo.
tercio m. terzo; reggimento.
terciopelo m. velluto.
terco agg. ostinato, caparbio.
tergiversación f. tergiversazione.
tergiversar tr. tergiversare.
termal agg. termale.
termas f. pl. terme.
térmico agg. termico.
terminación f. terminazione.
terminar tr. terminare, finire.
término m. termine, meta.
termodinámica f. termodinamica.
termómetro m. termometro.
ternera f. vitella.
ternura f. tenerezza.
terquedad f. ostinazione, caparbietà, cocciutaggine.
terrado m. terrazza.
terraplén m. terrapieno.
terraplenar tr. terrapienare.
terraza f. orcio, brocca; terrazza, terrazzo.
terremoto m. terremoto, sismo.
terrenal agg. terrestre.
terreno agg. terreno. m. terreno.
terrestre agg. terrestre; terreno.
terrible agg. terribile.
territorial agg. territoriale.
territorio m. territorio.
terror m. terrore.
terrorífico agg. terrifico.
terrorismo m. terrorismo.
terrorista m. terrorista.
terso agg. terso, limpido.
tersura f. tersezza.
tertulia f. riunione, cenacolo.
tesis f. tesi.
tesón m. impegno, tenacia.
tesorería f. tesoreria.
tesorero m. tesoriere.
tesoro m. tesoro.
testa f. testa; facciata.
testador m. testatore.
testamentario agg. testamentario.
testamento m. testamento.
testar tr. cancellare; itr. testare, far testamento.
testarudo agg. ostinato, caparbio.
testículo m. (anat.) testicolo.
testificación f. testificazione, testimonianza.
testificar tr. testificare, attestare.
testigo m. teste, testimonio.
testimoniar tr. testimoniare, testificare, attestare.
testimonio m. testimonio; attestato; testificazione, testimonianza.
teta f. poppa, mammella.
tetánico agg. tetanico.
texto m. testo.
textual agg. testuale, letterale.
ti pron. te.
tía f. zia.
tiara f. tiara.
tibieza f. tiepidezza, tiepidità.
tibio agg. tiepido.
tiburón m. (itt.) pescecane.
tiempo m. tempo; stagione; età.
tienda f. tenda; bottega, negozio.
tienta f. saggio dei giovani tori; sagacità; specillo. **andar a —s** andare a tastoni.
tierno agg. tenero.
tierra f. terra; territorio.
tieso agg. solido, robusto; gido, teso.
tiesto m. coccio; vaso, testo.
tifus m. (med.) tifo.
tifón m. tifone.

tigre m. (zool.) tigre.
tijera(s) f. (pl.) forbici, cesoie, cisoie.
tila f. (bot.) tiglio.
timbrar tr. timbrare, bollare.
timbre m. timbro; campanello.
timidez f. timidezza.
tímido agg. timido.
timo m. frode; burla; (anat.) timo. **dar un —** gabbare o burlare qu.
timón m. (naut.) timone.
timonel m. timoniere.
tímpano m. (anat.) timpano.
tina f. tino, tinazza.
tinaja f. bigoncia, tinozza, tina.
tinieblas f. pl. tenebre.
tino m. senno; abilità.
tinta f. inchiostro.
tintar tr. tingere.
tinte m. tinta, tintura.
tintero m. calamaio.
tinto agg. tinto. **vino —** vino rosso.
tiña f. (med.) tigna.
tío m. zio; uomo noioso.
tiovivo m. giostra, carosello meccanico.
típico agg. tipico.
tiple m. soprano.
tipo m. tipo; matrice.
tipografía f. tipografia.
tipógrafo m. tipografo.
tira f. striscia.
tirabuzón m. cavatappi; ricciolo.   [za.
tirada f. tirata; tiratura, distan-
tirador m. tiratore; specie di fionda; maniglia.
tiranía f. tirannia.
tiranizar tr. tiranneggiare.
tirano agg. e m. tiranno.
tirante agg. teso. m. tirante; tirella.
tirantes m. pl. bretelle.
tirantez f. tensione.
tirar tr. tirare; trafilare; gettare, buttare; dissipare.
tirarse rfl. buttarsi.
tiro m. tiro; sparo; tirata.
tisana f. tisana.
tísico agg. e m. tisico.
tisis f. (med.) tisi.
titán m. titano, gigante.
títere m. burattino, fantoccio, marionetta.
titubear itr. titubare; barcollare, ciampicare.
titubeo m. titubanza.
titulado agg. titolato; intitolato.
titular agg. e m. f. titolare.
título m. titolo.
tiza f. gessetto.
tiznar tr. annerire.
tizón m. tizzo, tizzone; carbone (del grano).
toalla f. tovagliolo, asciugamano, asciugatoio.
tobillo m. caviglia.
toca f. cuffia; manto; tela da cuffie.
tocado m. pettinatura.
tocador m. sonatore; toletta.
tocar tr. toccare; suonare.
tocarse rfl. acconciarsi; coprirsi il capo.
tocayo agg. e m. omonimo.
tocino m. pancetta.
todavía avv. tuttavia; ancora.
todo agg. avv. e m. tutto, intero. **con todo eso** contuttociò.
todos agg. e m. pl. tutti. **— los días** ogni giorno. **— los santos** ognissanti.
todopoderoso agg. e m. onnipotente.
toga f. toga; magistratura.
toldo m. tendale, tenda, tendone. **— de carro** copertone.
tolerable agg. tollerabile.
tolerancia f. tolleranza.

tolerante agg. tollerante.
tolerar tr. tollerare.
toma f. presa; conquista.
tomar tr. prendere, pigliare.
tomate m. (bot.) pomodoro, pomidoro.
tómbola f. riffa.
tomo m. tomo, volume.
ton m. tono. **sin — ni son** senza motivo.
tonada f. canzone.
tonadilla f. canzonetta.
tonel m. botte.
tonelada f. tonnellata.
tonelaje m. tonnellaggio; portata (di una nave).
tónico agg. e m. tonico.
tono m. tono, intonazione.
tontada f. sciocchezza.
tontear itr. dire o fare sciocchezze.
tontería f. sciocchezza.
tonto agg. e m. sciocco.
topar tr. urtare, cozzare.
tope m. cima; paraurti; urto.
tópico agg. e m. topico.
topo m. (zool.) talpa.
topografía f. topografia.
topógrafo m. topografo.
toque m. tocco, toccata; tatto. **piedra de —** pietra di paragone.
torbellino m. turbine, turbinio.
torcedura f. torcimento, storcimento; distorsione.
torcer tr. torcere, storcere, distorcere, contorcere.
torcerse rfl. storcersi, contorcersi, torcersi.
toreador m. toreador.
torear itr. toreare, combattere contro i tori.
toreo m. corsa di tori.
torero m. torero.   [ta.
tormenta f. tormenta; tempes-
tormento m. tormento, tortura.
torna f. ritorno; restituzione.
tornar tr. tornare, restituire. itr. ritornare.
tornasol m. (bot.) girasole; tornasole.
torneador m. tornitore.
tornear tr. tornire.
torneo m. torneo.
tornero m. tornitore.
tornillo m. vite, chiodo a vite, bullone.
torno m. tornio, torno; morsa.
toro m. toro.   [turpe.
torpe agg. torpido; maldestro;
torpedear tr. silurare.
torpedero m. torpediniera.
torpedo m. torpedine.
torpeza f. torpidezza, torpidità; goffaggine; turpitudine.
torre f. torre; campanile.
torrefacción f. torrefazione.
torrencial agg. torrenziale; torrentizio.
torrente m. torrente.
torreón m. torrione.
torta f. torta.
tortilla f. frittata.
tórtola f. (orn.) tortora.
tórtolo m. tortora maschio.
tortuga f. (zool.) tartaruga.
tortuoso agg. tortuoso.
tortura f. tortura.
torturar tr. torturare.
tos f. tosse.
tosferina f. tosse asinina, pertosse.
tosco agg. rozzo.
toser itr. tossire.
tostada f. crostino.
tostador m. apparecchio per tostare; tostapane, tostacaffè, tostino.
tostar tr. tostare.
tostarse rfl. arrostirsi.
tostón m. cece tostato.

total agg. e m. totale.
totalidad f. totalità.
tóxico agg. e m. tossico.
traba f. legame; capestro; impedimento, ostacolo.
trabado agg. unito, legato.
trabajador agg. lavoratore, lavorante. m. giornaliere, operaio.
trabajar itr. e tr. lavorare.
trabajo lavoro, faccenda.
trabajoso agg. penoso.
trabar tr. legare, unire; ostacolare, impedire; congiungere. **— combate** ingaggiare.
trabazón m. collegamento, legame.
tracción f. trazione.
tractor m. trattore.
tradición f. tradizione.
tradicional agg. tradizionale.
traducción f. traduzione.
traducir tr. tradurre.
traductor m. traduttore.
traer tr. trarre, portare.
traficante agg. e m. trafficante.
traficar itr. trafficare.
tráfico m. traffico.
tragaluz m. abbaino.
tragar tr. ingoiare.
tragedia f. tragedia.
trágico agg. e m. tragico.
tragicomedia f. tragicommedia.
trago m. sorso, sorsata; infortunio.
traición f. tradimento.
traicionar tr. tradire.
traicionero agg. traditore.
traidor agg. e m. traditore.
traje m. costume, abito, vestito.
trajín m. carreggio, traffico; andirivieni.
trajinar tr. trafficare.
trama f. trama.
tramar tr. tramare.
tramite m. tramite.
trámites m. pl. formalità.
tramoya f. macchina teatrale.
tramoyista m. macchinista teatrale.
trampa f. trappola.
trampear tr. trappolare. itr. trascinarsi alla meglio.
tramposo agg. e m. ingannatore, trappolone.
trance m. pericolo; occasione pericolosa. **a todo —** forzatamente.
tranquilidad f. tranquillità, pace, riposo.
tranquilizar tr. tranquillizzare, calmare.
tranquilizarse rfl. traquillizzarsi, acquietarsi.
tranquilo agg. tranquillo.
transacción f. transazione.
transatlántico agg. e m. transatlantico.
transbordar tr. trasbordare.
transbordo m. trasbordo.
transcribir tr. trascrivere.
transcripción f. trascrizione.
transcurrir tr. e itr. trascorrere.
transcurso m. trascorso.
transeúnte agg. e m. passante, transeunte.
transferir tr. trasferire.
transfiguración f. trasfigurazione.
transfigurar tr. trasfigurare.
transfigurarse rfl. trasfigurarsi.
transformación f trasformazione.
transformador agg. e m. trasformatore; trasformativo.
transformar tr. trasformare.
transfusión f. trasfusione.
transgredir itr. trasgredire, contravvenire.

transición f. transizione.
transigir tr. transigere.
transitar itr. transitare.
tránsito m. transito.
transmisión f. trasmissione.
transmitir tr. trasmettere.
transparencia f. trasparenza.
transparente agg. trasparente, traslucido.
transpiración f. traspirazione.
transpirar itr. traspirare.
transportar tr. trasportare.
transporte m. trasporto.
transversal agg. trasversale.
tranvía m. tram, tramvai.
trapecio m. trapezio.
trapería f. negozio di rigattiere.
trapero m. rigattiere, cienciao.
trapo m. cencio, straccio.
tráquea f. (anat.) trachea.
tras avv. dietro. prep. dopo.
trascendencia f. trascendenza.
trascendental agg. trascendentale.
trascender itr. divulgarsi, trascendere.
trasero agg. posteriore. m. deretano, sedere.
trashumancia f. transumanza.
trashumante agg. transumante.
trashumar itr. transumare.
trasiego m. travaso.
trasladar tr. traslocare, trasferire.   [carsi.
trasladarse rfl. recarsi, traslo-
traslado m. trasloco, trasferimento.
traslucirse rfl. traslucere.
trasluz m. luce che traspare, controluce.
trasnochador m. nottambulo.
trasnochar itr. vegliare.
traspasar tr. trapassare; trafiggere.
traspaso m. trapasso.
traspié m. sgambetto, inciampo; scivdone.
trasplantar tr. trapiantare.
trasplante m. trapianto.
trastienda f. retrobottega.
trasto m. vecchio mobile; ciarpa.
trastos m. pl. arnesi, utensili.
trastornar tr. scompigliare, travolgere.
trastorno m. scompiglio, travolgimento.
trata f. tratta (dei negri o di bianche).
tratable agg. trattabile.
tratado m. trattato.
tratamiento m. trattamento.
tratante m. negoziante.
tratar tr. trattare; commerciare, negoziare.
tratarse rfl. trattarsi.
trato m. tratto.
trauma m. (med.) trauma.
través m. traversa; traverso; traversia.
travesía f. traversata.
travesura f. diavoleria, monelleria.
travieso agg. birichino; traverso.
traza f. traccia.
trazado m. tracciato.
trazar tr. tracciare.
trazo m. disegno, progetto; tratto.
trébol m. (bot.) trifoglio.
tregua f. tregua.
tremebundo agg. tremebondo.
tremendo agg. tremendo.
trementina f. trementina.
trémulo agg. tremulo.
tren m. treno; convoglio. **— expreso** espresso.
trenza f. treccia.

trenzar tr. intrecciare.
trepanación f. (med.) trapanazione.
trepanar tr. trapanare.
trepar itr. arrampicarsi.
tres agg. e m. tre.
tresillo m. terziglio (gioco); due segioloni ed un sofà; (mus.) terzina.
treta f. statagemma.
triángulo m. triangolo.
tribu f. tribù.
tribulación f. tribolazione.
tribuna f. tribuna.
tribunal m. tribunale; curia, foro. — de lo criminal assise. — de honor giurì d'onore.
tributar tr. tributare.
tributo m. tributo.
triciclo m. triciclo.
tricolor agg. tricolore.
tricornio m. tricorno.
trienal agg. triennale.
trienio m. triennio.
trigal m. campo di frumento.
trigo m. frumento, grano.
trigueño agg. di color frumento.
trilla f. trebbia; trebbiatura.
trillar tr. trebbiare.
trimestral agg. trimestrale.
trimestre m. trimestre.
trinca f. terna; trinca.
trinchante m. trinciante.
trinchar tr. trinciare.
trinchera f. (mil.) trincea, trinciera.
trineo m. slitta, treggia.
trinidad f. trinità.   [ggio.
trino agg. trino. m. gorghe-
trío m. trio, terzetto.
tripa f. (anat.) trippa, ventre. hacer de —s corazón far di necessità virtù.
triple agg. triplo, triplice. m. triplo.
triplicar tr. triplicare.
trípode m. tripode.
tríptico m. trittico.
tripulación f. equipaggio, ciurma.
tripulante m. marinaio.
tripular tr. equipaggiare.
triscar tr. trescare, salterellare.
triste agg. triste.
tristeza f. tristezza.
trituración f. triturazione.
triturar tr. triturare.
triunfal agg. trionfale.
triunfar itr. trionfare.
triunfo m. trionfo.
trivial agg. triviale.
trivialidad f. trivialità.
trofeo m. trofeo.
trole m. trolley.
tromba f. tromba.
trompa f. tromba; proboscide; trottola.
trompada f. colpo violento.
trompeta f. trombetta.
trompicón m. urto.
tronada f. tempesta di tuoni.
tronar itr. tuonare.
tronco m. tronco; ceppo, fusto; torso. — de caballos muta di cavalli.
tronchar tr. tagliare; troncare.
troncho m. torso, torsolo.
tropa f. (mil.) truppa; orda, turba.
tropel m. affollamento, mucchio.
tropelía f. vessazione; videnza.
tropezar itr. inciampare.
tropezón m. intoppo, inciampo.
trópico m. tropico.
tropiezo m. inciampo.
troquel m. conio.
trotar itr. trottare.

trote m. trotto.
trovador m. trovatore.
trovar itr. poetare.
trozo m. pezzo, troncone.
truco m. trucco.
truculento agg. trucolento, crudele, sanguinario.
trucha f. (itt.) trota.
trueno m. tuono.
trueque m. baratto; permuta, ricambio.
trufa f. (bot.) tartufo.
truhán agg. e m. sfacciato, truffatore.
trucar tr. truccare.
tuberculosis f. (med.) tubercolosi.
tuberculoso agg. e m. tubercoloso.
tubería f. tubatura.
tubo m. tubo.
tubular agg. tubolare.
tuerca f. (mec.) dado, chiocciola, vite femmina.
tuerto agg. guercio. m. torto.
tuétano m. midollo.
tufo m. tanfo, puzzo.
tugurio m. tugurio; canile.
tul m. tulle.
tulipán m. (bot.) tulipano.
tullir tr. malmenare.
tullirse rfl. rattrapirsi.
tumba f. tomba.
tumbar tr. abbattere, rovesciare.
tumbarse rfl. adagiarsi.
tumefacción f. tumefazione.
tumor m. (med.) tumore.
túmulo m. tumulo.
tumulto m. tumulto, turbolenza.
tuna f. scapigliatura, vita vagabonda.
tunante agg. e m. scapigliato.
túnel m. tunnel, galleria.
tuno m. furfante.
tupé m. ciuffetto.
turba f. turba; torba.
turbación f. turbazione.
turbar tr. turbare.
turbina f. turbina.
turbio agg. torbido.
turbulencia f. turbolenza.
turbulento agg. turbolento.
turismo m. turismo.
turista m. f. turista.
turnar itr. alternare; far turno.
turno m. turno.
turrón m. torrone.
tutela f. tutela.
tutelar tr. e agg. tutelare.
tutor m. tutore.
tutoría f. tutela.
tuyo agg. y pron. tuo. los —s i tuoi.

ubicación f. ubicazione.
ubre f. poppa, mammella.
ufanarse rfl. gloriarsi.
ufano agg. arrogante, borioso.
ujier m. usciere. — mayor capostanza.
úlcera f. (med.) ulcera.
ulcerar tr. ulcerare, impiagare.
ulcerarse rfl. ulcerarsi.
ulterior agg. ulteriore.

ultimar tr. ultimare.
ultimátum m. ultimatum.
último agg. e m. ultimo.
ultrajar tr. oltraggiare, ingiuriare.   [insulto.
ultraje m. oltraggio, ingiuria,
ultramar m. oltremare.
ultramarino agg. oltremarino.
ultramarinos m. pl. coloniali.
ultratumba f. ultretomba.
umbral m. soglia.
umbría f. luogo ombroso.
umbrío agg. ombroso.
unánime agg. unanime.
unanimidad f. unanimità.
unción f. unzione.
uncir tr. aggiogare.
ungir tr. ungere.
ungüento m. unguento.
único agg. unico.
unidad f. unità.
unificar tr. unificare.
uniformar tr. uniformare.
uniforme m. uniforme, tenuta, montura. agg. uniforme.
uniformidad f. uniformità.
unión f. unione; collegamento, copula.   [lare.
unir tr. unire; collegare; copu-
unirse rfl. unirsi.
universal agg. universale.
universalidad f. universalità.
universidad f. università.
universo m. universo.
uno agg. e pron. uno.
untar tr. ungere, untare.
unto m. unto.
uña f. unghia, ugna.
uranio m. uranio.
urbanidad f. urbanità.
urbanización f. urbanizzazione.
urbanizar tr. urbanizzare.
urbano agg. urbano. m. guardia municipale.
urdimbre f. ordito.
urdir tr. ordire.
urgencia f. urgenza; bisogno, necessità.   [rio.
urgente agg. urgente; perento-
urgir itr. urgere.
urinario agg. urinario. m. orinatoio.
urna f. urna.
usado agg. usato; logoro.
usar tr. e itr. usare.
usía m. vostra signoria.
uso m. uso, usanza.
usted pron. Lei, Ella.
usual agg. usuale.
usuario m. usuario.
usufructo m. usufrutto.
usufructuar tr. usufruttare.
usura f. usura.
usurero m. usuraio.
usurpación f. usurpazione.
usurpador m. usurpatore.
usurpar tr. usurpare.
utensilio m. utensile, arnese.
utensilios m. pl. masserizie, utensili, attrezzi.
útil agg. utile, atto.
útiles m. pl. arnesi, utensili.
utilidad f. utilità.
utilitario agg. utilitario.
utilizar tr. utilizzare.
utopía f. utopia.
utópico agg. utopico.
uva f. (bot.) uva. — pasa uva secca.

vaca f. (zool.) vacca.
vacación f. vacanza.
vacaciones f. pl. vacanze.
vacante agg. vacante. f. posto vacante.
vaciar tr. scavare; vuotare.
vaciedad f. vacuità.
vacilación f. vacillazione.
vacilar itr. vacillare.
vacío agg. vacuo, vuoto.
vacuidad f. vacuità.
vacuna f. vaccino.
vacunación f. vaccinazione.
vacunar tr. vaccinare.
vacuno agg. vaccino.
vadeable agg. guadabile.
vadear tr. guadare.
vado m. guado; rimedio.
vagabundo agg. e m. vagabondo.
vagancia f. vagabondaggine.
vagar itr. vagare.
vagido m. vagito.
vago agg. vagante; vagabondo, ozioso; vago. m. vago.
vagón m. vagone.
vagoneta f. vagoncino.
vaguear itr. vagare.
vaguedad f. vaghezza.
vahído m. vertigine; svenimento.
vaho m. vapore.
vaina f. guaina. — de cuchillo coltelliera.
vainilla f. (bot.) vainiglia.
vaivén m. viavai.
vajilla f. vasellame. — de oro doreria. — de plata argenteria. — de cristal cristalleria.
vale m. vaglia; buono.
valedero agg. valevole.
valentía f. valentia.
valer itr. valere.
valerse rfl. servirsi.
valeroso agg. valoroso.
valía f. valore.
validez f. validità.
válido agg. valido.
valiente agg. valente, valoroso, intrepido, bravo.
valioso agg. caro, di valore.
valor m. valore; coraggio.
valoración f. valutazione.
valorar tr. avvalorare.
vals m. (mus.) valzer.
valuación f. valutazione.
valuar tr. prezzare, valutare.
válvula f. valvola.
valla f. palizzata, vallo.
vallar tr. assiepare, vallare.
valle m. valle, vallata.
vampiro m. vampiro.
vanagloria f. vanagloria.
vanagloriarse rfl. vanagloriarsi.
vanguardia f. avanguardia, vanguardia.
vanidad f. vanità, presuntuosità, presunzione; boria.
vanidoso agg. vanitoso.
vano agg. vano; frivolo.
vapor m. vapore.
vaporizar tr. vaporizzare, vaporare.
vaporoso agg. vaporoso.
vapular tr. sferzare, frustare.
vapuleo m. frustata.
vaquería f. vacheria.
vaqueriza f. bovile.
vaquero m. vaccaio.
vara f. verga, bacchetta.
varadero m. (naut.) scalo d'alaggio.

varar itr. (naut.) incagliare; varare.

varear tr. picchiare, battere.

variable agg. variabile.

variación f. variazione.

variado agg. vario, variato.

variar tr. variare, cambiare, modificare.

varice f. (med.) varice.

varicela f. (med.) varicella.

variedad f. varietà.

vario agg. vario; diverso.

varón m. maschio.

varonil agg. virile.

vasallaje m. vassallaggio.

vasallo m. vassallo.

vasija f. vaso, recipiente.

vaso m. vaso, bicchiere.

vástago m. germoglio.

vasto agg. vasto, disteso.

vate m. poeta, vate.

vaticinar tr. vaticinare.

vaticinio m. vaticinio.

vecinal agg. vicinale.

vecindad f. vicinanza; vicinato.

vecindario m. vicinato.

vecino agg. vicino, prossimo. m. abitante, vicino, concittadino.

veda f. divieto; proibizione.

vedar tr. proibire, vietare.

vegetación f. vegetazione.

vegetal agg. e m. vegetale.

vegetariano agg. e m. vegetariano.

vehemencia f. veemenza.

vehemente agg. veemente.

vehículo m. veicolo.

veinte agg. venti.

vejación f. vessazione.

vejamen m. vessazione.

vejar tr. vessare.

vejestorio m. vecchione, vegliardo ridicolo.

vejez f. vecchiezza.

vejiga f. (anat.) vescica.

vela f. veglia; candela; vela.

velada f. veglia; circolo.

velador m. sorvegliante; tavolino rotondo.

velamen m. (naut.) velatura.

velar tr. velare. itr. vegliare.

veleidad f. velleità, incostanza.

veleidoso agg. velleitario, incostante.

velero m. (naut.) veliero.

veleta f. banderuola; girandola, girella.

velo m. velo.

velocidad f. velocità.

velódromo m. velodromo.

veloz agg. veloce, rapido.

vello m. pelo, vello; lanuggine.

vellosidad f. villosità.

velloso agg. villoso, velloso.

vena f. (anat.) vena.

venal agg. venale.

venalidad f. venalità.

vencedor agg. e m. vincitore.

vencer tr. vincere. itr. scadere (un termine).

vencible agg. vincibile.

vencido agg. battuto, vinto; scaduto.

vencimiento m. vittoria, trionfo; vincita; scadenza.

venda f. benda, fascia.

vendaje m. fasciatura, bendatura.

vendar tr. bendare, fasciare.

vendedor m. venditore.

vender tr. vendere.

vendible agg. vendibile.

vendido agg. venduto.

vendimia f. vendemmia.

vendimiador m. vendemmiatore.

veneno m. veleno.

venenoso agg. velenoso.

venerable agg. venerabile.

veneración f. venerazione.

venerar tr. venerare.

venéreo agg. venereo.

vengador m. vendicatore.

venganza f. vendetta.

vengar tr. vendicare.

vengarse rfl. vendicarsi.

vengativo agg. vendicativo.

venial agg. veniale.

venialidad f. venialità.

venida f. venuta, ritorno.

venidero agg. venturo.

venir itr. venire, giungere.

venta f. vendita, esito.

ventaja f. vantaggio; benefizio; convenienza.

ventajoso agg. vantaggioso.

ventana f. finestra.

ventilación f. ventilazione.

ventilador m. ventilatore.

ventilar tr. ventilare.

ventisca f. burrasca.

ventolera f. ventata, folata.

ventosa f. ventosa.

ventosear itr. spetezzare.

ventosidad f. ventosità.

ventrílocuo m. ventriloquo.

ventura f. ventura.

venturoso agg. fortunato.

ver tr. vedere; avvistare.

verse rfl. vedersi.

veracidad f. veracità.

veranear itr. villeggiare.

veraneo m. villeggiatura.

veraniego agg. estivo.

verano m. estate.

veras; de — avv. in verita, invero.

verbal agg. verbale, orale.

verbena f. (bot.) verbena; sagra.

verbo m. verbo; parola, termine.

verbosidad f. verbosita; facondia.

verdad f. verità; vero.

verdadero agg. vero, verace.

verde agg. verde; crudo, immaturo.

verdear itr. verdeggiare.

verdor m. verdezza, verdore.

verdoso agg. verdognolo.

verdugo m. boia, carnefine; pollone; frusta; lividura.

verdulero m. erbivendolo.

verdura f. verdura, ortaggio.

verduras f. pl. ortaggi.

vereda f. sentiero.

vergonzante agg. vergognoso.

vergonzoso agg. vergognoso; timido.

vergüenza f. vergogna.

verídico agg. veridico.

verificación f. verifica, verificazione.

verificar tr. verificare.

verja f. inferriata, griglia, graticolata, cancello.

vermut m. vermut.

vernáculo agg. vernacolo.

verosímil agg. verosimile.

verosimilitud f. verosimilitudine.

verruga f. verruca.

versado agg. versato.

versar itr. versare, vertere.

versátil agg. versatile.

versatilidad f. versatilità.

versificación f. versificazione.

versión f. versione.

verso m. verso.

vértebra f. (anat.) vertebra.

vertebrado agg. e m. vertebrato.

vertedero m. letamaio.

verter tr. versare.

vertical agg. verticale.

vértice m. vertice.

vertiente m. versante.

vertiginoso agg. vertiginoso.

vértigo m. vertigine.

vespertino agg. vespertino.

vestíbulo m. vestibolo, atrio, andito.

vestido m. vestito.

vestidos m. pl. arredi, indumenti.

vestigio m. vestigio, traccia.

vestimenta f. vestimento, vestiario.

vestir tr. vestire.

vestirse rfl. vestirsi.

vestuario m. vestiario.

veterano m. veterano.

veterinaria f. veterinaria.

veterinario m. veterinario.

veto m. veto.

vetusto agg. vetusto.

vez f. vece; volta. **tal —** forse. **en —** in vece.

vía f. via; cammino; (ferr.) binario. **— férrea** ferrovia.

viaducto m. viadotto.

viajante m. viaggiatore.

viajar itr. viaggiare.

viaje m. viaggio. **— de recreo** viaggio di piacere.

viajero m. viaggiatore.

vianda f. vivanda.

viático m. viatico.

víbora f. (zool.) vipera.

vibración f. vibrazione.

vibrar tr. e itr. vibrare.

vicaría f. vicaria.

vicario m. vicario

vicealmirante m. viceammiraglio.

vicecónsul m. viceconsole.

viceconsulado m. viceconsolato.

vicepresidente m. vicepresidente.

viciar tr. viziare.

viciarse rfl. viziarsi, depravarsi.

vicio m. vizio.

vicioso agg. vizioso.

vicisitud f. vicissitudine.

víctima f. vittima.

victoria f. vittoria, vincita.

vid f. (bot.) vite.

vida f. vita.

vidriado agg. retroso; invetriato. m. terracotta invetriata.

vidriar tr. invetriare.

vidriera f. invetriata, vetrata.

vidrio m. vetro.

viejo agg. e m. vecchio. **— decrépito** coccio.

viento m. vento.

vientre m. (anat.) ventre, pancia.

viernes m. venerdì.

viga f. trave.

vigente agg. vigente.

vigía m. vedetta.

vigilancia f. vigilanza.

vigilante agg. e m. vigilante.

vigilar tr. e itr. vigilare.

vigilia f. veglia; vigilia.

vigor m. vigore, energia.

vigoroso agg. vigoroso.

vil agg. vile, basso.

vileza f. viltà.

vilipendiar tr. vilipendere.

vilipendio m. vilipendio.

villa f. villa; borgo.

villancico m. villanella; pastorella di Natale.

villano agg. e m. villano.

villorrio m. borgata, villaggio.

vinagre m. aceto.

vinagrera f. ampolla per l'aceto.

vinajera f. ampolliera.

vinatero m. vinaio.

vincular tr. vincolare.

vínculo m. vincolo.

vindicación f. vendicazione.

vindicar tr. vendicare.

vino m. vino. **— de mesa** vino da pasto. **— tinto** vino rosso. **— blanco** vino bianco. **— del país** vino nostrano.

viña f. vigna, vigneto.

viñedo m. vigneto.

viñeta f. vignetta.

violación f. violazione.

violador m. violatore.

violar tr. violare.

violencia f. violenza; forza.

violentar tr. violentare.

violento agg. violento.

violeta f. (bot.) violetta.

violín m. violino.

violinista m. f. violinista.

violón m. contrabbasso.

virar tr. e itr. virare.

virgen agg. e f. vergine.

virginal agg. verginale.

virginidad f. verginità.

virgo m. verginità.

viril agg. virile.

virilidad f. virilità.

virreina f. viceregina.

virrey m. vicerè.

virtual agg. virtuale.

virtualidad f. virtualità.

virtud f. virtù; facoltà.

virtuoso agg. virtuoso.

viruela f. (med.) vaiuolo.

virulencia f. virulenza.

virus m. virus.

viruta f. truciolo.

visado m. visto.

visaje m. smorfia.

visar tr. apporre il visto, vistare.

víscera f. viscere.

viscosidad f. viscosità.

viscoso agg. viscoso.

visera f. visiera; celata.

visible agg. visibile.

visión f. visione.

visionario agg. e m. visionario.

visita f. visita.

visitar tr. visitare.

vislumbrar tr. intravvedere, scorgere.

víspera f. vigilia.

vista f. vista; occhiata; aspetto. **— de aduana** doganiere.

vistazo m. occhiata, occhiatina.

vistoso agg. vistoso; bello.

visual agg. e f. visuale.

vital agg. vitale.

vitalicio agg. vitalizio.

vitalidad f. vitalità.

vitorear tr. applaudire.

vitrina f. vetrina.

vitualla f. vettovaglia.

vituperable agg. vituperabile.

vituperar tr. vituperare.

vituperio m. vituperio.

viuda f. vedova.

viudedad f. vedovanza.

viudez f. vedovanza.

viudo m. vedovo.

viva itj. viva.

vivac m. posto di guardia; bivacco.

vivacidad f. vivacità.

vivaque m. bivacco; posto di guardia.

vivaracho agg. vivace.

vivaz agg. vivace.

víveres m. pl. viveri.

vivero m. vivaio.

viveza f. vivezza.

vividor m. vitaiolo. agg. laborioso.

vivienda f. abitazione.

viviente agg. e m. vivente, vivo.

vivificar tr. vivificare.

vivo agg. vivo, vivente; furbo, scaltro. [rola.

vocablo m. vocabolo, voce, pa-

vocabulario m. vocabolario.

vocación f. vocazione.

vocalizar itr. vocalizzare.

570

vocear tr. e itr. vociare, urlare, dar voci.
vocería f. schiamazzo, gridio.
vociferar tr. vociferare.
voladizo agg. sporgente. m. sporgenza.
volador agg. volatore, volante.
voladura f. volata; volo; scoppio.
volante agg. volante. m. volante.
volar itr. volare. tr. far volare, far esplodere.
volatería f. uccellame.
volátil agg. volatile.
volcán m. vulcano.
volcánico agg. vulcanico.
volcar tr. rovesciare, capovolgere. tr. e itr. ribaltare.
volición f. volizione.
volitivo agg. volitivo.
volquete m. ribaltabile.
voltaje m. voltaggio.
voltear tr. rovesciare, ribaltare; voltare, volteggiare.
volteo m. volteggiamento.
voltereta f. giravolta; capriola.
volubilidad f. volubilità.
volumen m. volume.
voluminoso agg. voluminoso.
voluntad f. volontà.
voluntariedad f. volontarietà.
voluntario agg. volontario.
voluntarioso agg. bizzoso, bisbetico; volonteroso.
voluptuosidad f. voluttuosità.
voluptuoso agg. voluttuoso.
volver tr. volgere; restituire. itr. rientrare; tornare. ritornare.
volverse rfl. volgersi verso.
vomitar itr. vomitare.
vomitivo agg. e m. vomitivo.
vómito m. vomito.
voracidad f. voracità.
voraz agg. vorace.
vos pron voi.
vosotros pron. voi, voialtri.
votación f. votazione.
votar tr. offrire in voto. itr votare, dar il voto.
votivo agg. votivo.
voto m. voto.
voz f. voce; suono.
vuelco m. rovesciamento; ribaltamento; balzo; capitombolo.

vuelo m. volo, volata.
vuelta f. volta; giro; circuito; ritorno; rovescio.
vuestro pron. e agg. vostro.
vulcanizar tr. vulcanizzare.
vulgar agg. volgare.
vulgaridad f. volgarità.
vulgarizar tr. volgarizzare.
vulgo m. volgo, vulgo.
vulnerable agg. vulnerabile.
vulneración f. vulnerazione.
vulnerar tr. vulnerare.

xenofobia f. xenofobia.
xilografía f. silografia.
xilógrafo m. silografo.

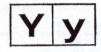

ya avv. già; ora; poi. — que giacché; poichè.
yacente agg. giacente.
yacer itr. giacere.
yacimiento m. giacimento.
yarda f. iarda.
yate m. (naut.) panfilo, yacht.
yegua f. (zool.) cavalla, giumenta.
yema f. gemma; tuorlo d'uovo. —del dedo polpastrello.
yermo agg. deserto, ermo.

yerno m. genero.
yerro m. sbaglio, errore.
yerto agg. rigido; morto.
yeso m. gesso.
yo pron. io.
yodo m. iodio.
yugo m. giogo.
yugular f. (anat.) iugulare, giugulare.
yunque m. incudine.
yuxtaponer tr. sovrapporre.
yuxtaposición f. sovrapposizione.

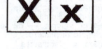

zafarse rfl. sfuggire; disimpacciarsi.
zafarrancho m. azione di preparare una nave da guerra per combattere subito; rissa, baruffa.
zafiro m. zaffiro.
zagal m. pastore.
zaguán m. cortile.
zaherir tr. punzecchiare.
zahorí m. indovino.
zalamería f. adulazione.
zalamero agg. e m. adulatore.
zambo agg. strambo.
zambullida f. tuffata.
zambullir tr. tuffare.
zambullirse rfl. tuffarsi.
zampar tr. ingoiare, divorare.
zanahoria f. (bot.) carota.
zanca f. zampa; cianca.
zancada f. salto.
zancadilla f. sgambetto.
zanco m. asta.
zancos m. pl. trampoli.
zancudo agg. perticone, di gambe lunghe.
zángano m. fannullone; fuco, pecchione.
zanja f. fosso.
zanjar tr. scavare.
zapa f. zappa.

zapador m. (mil.) zappatore.
zapapico m. zappa, piccone.
zapar itr. zappare.
zapatear itr. battere con scarpe; strapazzare.
zapatería f. calzoleria.
zapatero m. calzolaio. — remendón ciabattino.
zapatilla f. scarpino.
zapato m. scarpa.
zar m. czar.
zarandear tr. agitare, dimenare; vagliare.
zarandeo m. vagliamento; scotimento; agitazione.
zarina f. czarina.
zarpa f. granfia, granchio.
zarpar tr. salpare.
zarpazo m. brancata; tonfo.
zarza f. rovo; fratta.
zarzal m. prunaio, roveto.
zarzamora f. (bot.) mora del rovo.
zarzaparrilla f. (bot.) salsapariglia.
zarzuela f. (teat.) operetta, zarzuela.
zigzag m. zigzag.
zócalo m. zoccolo, balza.
zodiaco m. zodiaco.
zona f. zona.
zoología f. zoologia.
zoológico agg. zoologico.
zopenco agg. balordo.
zoquete m. pezzo di legno o di pane.
zorrería f. astuzia volpina.
zorro m. (zool.) volpe.
zozobra f. vento contrario; batticuore.
zozobrar itr. (naut.) naufragare; capovolgersi.
zueco m. zoccolo.
zumba f. campanaccio.
zumbar itr. ronzare.
zumbido m. ronzio d'orecchi.
zumbón agg. faceto.
zumo m. sugo, premitura.
zumoso agg. sugoso.
zurcido m. rammendo.
zurcir tr. rammendare.
zurdo agg. e m. mancino.
zurra f. conciatura, concia.
zurrar tr. conciare. — de lo lindo bastonare di santa regione.
zurrón m. sacco di cuoio.
zutano m. tizio, un tale.

Portugués - Español

A a

a art. f. la. pl. **as**, las: *a feira*, la feria; *as feiras*, las ferias, prep. a. **à** contr. de la prep. *a* y del art. *la;* a, a la, al.
aba f. orilla, orla; extremidad.
abacalhoar tr. llenar de bacalao.
abaçana/do adj. moreno, amulatado. **/r** tr. oscurecer.
abacaxi m. *Bot.* ananás brasileño.
ábaco m. *Arq.* ábaco.
abad/ar tr. proveer de abad. **/e** m. abad. **/ia** f. abadía, monasterio.
abafa/ção f. sofocación. **/do** adj. sofocado; escondido. **/r** tr. sofocar; arropar; apagar; fig. ocultar.
abaionetar tr. herir con la bayoneta; armar de bayoneta.
abairra/mento m. división por barrios. **/r** tr. dividir en barrios.
abaix/ado adj. humillado; oprimido. **/ar** tr. abajar; reducir; reprimir. **/o** adv. abajo, bajo, debajo de.
abal/ada f. partida; carrera; rumbo. **/ançar** tr. abalanzar, arrojar. **/ar** tr. acudir; alterar; intr. oscilar.
abalaustrar tr. colocar balaustres.
abaliza/do adj. abalizado, limitado; célebre. **/r** tr. abalizar; señalar.
abalo m. conmoción; terremoto; susto.
abalroa/ção f. *Mar.* abordaje. **/r** tr. abordar; embestir.
abaluartar tr. fortificar, abastionar.
abanação f. agitación; vacilación.
abana/dor m. abanico; ventilador. **/r** tr. abanicar, ventilar; agitar; enflaquecer.
abandalhar tr. avillanar.
abandeirar tr. abanderar; empavesar.
abandona/do adj. abandonado; desierto. **/r** tr. abandonar; ceder.
aban/icar tr. abanicar. **/ico** m. abanico. **/o** m. abanico, ventilador.
abaratar tr. abaratar.
abarbarizar tr. barbarizar.
abarca/dor adj. y m. abarcador, monopolizador. **/r** tr. abarcar; monopolizar.
abarraca/do adj. abarracamiento; campamento. **/r** tr. abarracar; acuartelar.
abarrancar tr. e intr. abarrancar; encallar, varar.
abarrega/do adj. amancebado. **/r-se** r. amancebarse.
abarreirar tr. atrincherar, fortificar.
abarrotar tr. abarrotar.
abasbacar-se r. pasmarse.
abast/ado adj. abastado, rico. **/ança** f. abastanza, riqueza. **/ar tr. abastar,** proveer. **/ar-se** r. suministrarse.
abastardar tr. e intr. bastardear; falsificar.
abastec/er tr. abastecer. **/imento** m. abastecimiento.
abat/er tr. abatir; descontar; debilitar; caer. **/imento** m. abatimiento; decadencia.
abc m. abecé; alfabeto.
abcesso m. absceso, tumor.
abcisão f. cisión, cisura.
abdica/ção f. abdicación. **/r** tr. e intr. abdicar, ceder.
abdómen m. *Anat.* abdomen, vientre.
abecedário m. abecedario, alfabeto.
abeirar tr. aproximar. **/-se** r. acercarse.
abelha f. *Zool.* abeja. **/ruco** m. avispero; abejero.
abemolar tr. abemolar; suavizar.
abençoa/do adj. bendito; feliz. **/r** tr. bendecir; proteger.
abert/a f. abertura; inauguración; intervalo. **/o** adj. abierto; fig. sincero; libre; vasto; **risco —,** peligro seguro.
abeto m. *Bot.* abeto.
abetuma/do adj. engrudado; aburrido. **/r** tr. embetumar; disfrazar.
abexim adj. y m. abisinio, etíope.
abezerrado adj. parecido al becerro; fig. testarudo.
abicha/do adj. reservado, introverso. **/r** tr. e intr. abestiarse; agusanarse; lograr, atrapar.
abiqueirado adj. puntiagudo.
abiscoita/do adj. abizcochado. **/r** tr. abizcochar.
abism/ado adj. abismado; maravillado. **/ar tr. abismar; arruinar; asombrar.** /o m. abismo; fig. infierno.
abjudica/ção f. adjudicación. **/r** tr. adjudicar.
abjura/ção f. abjuración. **/r** tr. e intr. abjurar, renegar.
ablativo adj. y m. *Gram.* ablativo.
ablega/ção f. ablegación, destierro. **/r** tr. desterrar, exilar.
ablu/ção f. ablución. **/ir** tr. lavar, purificar.
abnega/ção. f. abnegación. **/r** tr. abnegar; reprobar.
abóbada f. *Arq.* bóveda, cimborrio.
aboba/dar tr. abovedar.
aboba/do adj. abobado, atontado.
abóbora f. *Bot.* calabaza; fig. indolente.
aboca/nhar tr. abocadear, masticar; fig. censurar.
abochorna/do adj. bochornoso, caliente. **/r** tr. e intr. abochornar; avergonzarse.
aboleta/mento m. *Mil.* alojamiento. **/r** tr. alojar, acuartelar.
aboli/ção f. abolición, anulación. **/r** tr. abolir, anular.
abolorecer intr. enmohecer; pudrir.
abomina/ção f. abominación, aversión. **/r** tr. abominar, odiar.
abona/ção f. abono, afianzamiento. **/do** adj. abonado, acreditado; rico.
abon/ar tr. abonar, afianzar. **— de rico,** jactarse de ser rico. **/o** m. abono, crédito.
abord/agem f. *Mar.* abordaje; desembarco. **/ar** tr. abordar; intr. atracar.
abordoar tr. abordonar; rodrigar; apoyar.
aborígenes m. pl. aborígenes; nativos.
aborrascar-se intr. y **r.** aborrascarse, nublarse.
aborre/cer tr. aborrecer, aburrir. **/cido** adj. aborrecido.
abo(ô)rto m. aborto; fig. frustración; monstruo.
abotoação f. *Bot.* brotadura, floración.
abotoa/dor s. botonero; abrochador. **/r** tr. abotonar.
abraç/ar tr. abrazar; circundar; aceptar. **/o** m. abrazo.
abranda/mento m. ablandamiento. **/r tr.** ablandar, suavizar; **intr.** abatir.
abranger tr. abarcar, comprender.
abrasileira/do adj. abrasileñado. **/r tr.** abrasileñar, abrasilar.
abre-latas m. abrelatas.
abren/unciação f. abrenunciación, abdicación. **/unciar** tr. abrenunciar, renunciar. **/úncio!** interj. abrenuncio; ¡Dios me libre!
abrevar tr. abrevar.
abrevia/ção f. abreviación, resumen. **/r** tr. abreviar. **/tura** f. abreviatura; resumen.
abrig/ada f. abrigo; *Mar.* ensenada. **/ar** tr. abrigar, proteger. **/o** m. abrigo; *Mar.* ensenada.
abril m. Abril; fig. primavera; juventud.
abrilhantar tr. abrillantar, bruñir.
abrir tr. e intr. abrir; rajar; iniciar; aclarar.
ab-roga/ção f. abrogación, abolición. **/r** tr. abrogar, abolir.
abrunh/eiro m. *Bot.* ciruelo. **/o** m. ciruela.
abrup/ção f. *Cir.* abrupción. **/to** adj. abrupto; áspero.
abruta/do adj. abrutado, rudo. **/lhar tr.** y r. embrutecer.
abscesso m. absceso, tumor.
absíntio m. *Bot.* absinto, ajenjo.
absol/to adj. absuelto. **/ução** f. absolución, perdón.
absolut/ismo m. absolutismo. **/o** adj. absoluto; despótico.
absolv/er tr. absolver, perdonar. **/ição** f. absolución, indulto.
absor/ção f. absorción; fig. contemplación. **/to** adj. absorto, pensativo.
absorve/dor adj. absorbedor. **/r** tr. absorber; aspirar.
abste/nção f. abstención, renuncia. **/r** tr. detener, impedir.
abstinência f. abstinencia; ayuno.
abstrair tr. e intr. abstraer. **/-se** r. abstenerse.
absurdo adj. absurdo.
abund/ância f. abundancia. **/ar** intr. abundar; bastar.
aburguesa/do adj. aburguesado. **/r-se** r. aburguesarse.
abus/ar intr. abusar, violar. **/o** m. abuso.
abutre m. *Zool.* buitre.
abuzinar intr. bocinar; tr. aturdir.
acaba/do adj. acabado; envejecido. **/r tr.** acabar, terminar; destruir; intr. morir.
acabrunha/do adj. agobiado, triste. **/r** tr. agobiar, afligir.
acácia f. *Bot.* acacia.
acad/emia f. academia. **/é(ê)mico** adj. y m. académico.
açafata f. azafata.
açafr/ão m. *Bot.* azafrán. **/oar** tr. azafranar.
açaim/ar tr. abozalar, amordazar. **/e m. /o m.** bozal, mordaza.
acalca/nhar tr. destalonar, pisar; oprimir. **/r** tr. calcar.
acalm/ação f. quietud, calma. **/ar** tr. calmar, sosegar; intr. humillar.
acalorar tr. acalorar, avivar.
acamaradar intr. vivir en camaradería.
açambarca/dor s. acaparador. **/r** tr. acaparar, monopolizar.
acampainhado adj. acampanado.
acampa/mento m. *Mil.* acampamiento. **/r** tr. e intr. acampar, estacionar.
acanala/do adj. acanalado, estriado. **/r** tr. acanalar; estriar.
acanalhar tr. encanallar; envilecer.
acanha/do adj. encogido; tímido. **/r** tr. apretar, estrechar; despreciar.
acantona/mento m. acantonamiento; acuartelamiento. **/r** tr. acantonar; acuartelar.
ação (Bras.) f. acción.
acarea/ção f. acareamiento. **/r** tr. acarear.
acaricia/dor adj. acariciador. **/r** tr. acariciar.
acarre/ar tr. **/jar tr. /tar** tr. acarrear, transportar en carros. **/to** m. acarreo.
acasala/ção f. apareación. **/r** tr. aparear, emparejar.
acaso m. acaso, casualidad.
acastela/do adj. acastillado. **/r** tr. acastillar, fortificar.
acata/do adj. acatado, obediente. **/r** tr. acatar, respetar; vigilar.
acatarrado adj. acatarrado, constipado.
acatável adj. acatable, respetable.
acatólico adj. acatólico.
acaud/elar, /ilhar tr. acaudillar, conducir.
acautela/do adj. cautelado, prudente. **/r** tr. cautelar, prevenir.
a(c)ção f. acción; movimiento; batalla; pleito; actividad, energía; **pôr em —,** llevar a cabo.
a(c)ciona/dor m. gesticulador; impulsor. **/r** tr. accionar; gesticular.
a(c)cionista s. *Com.* accionista.
aceder intr. acceder; conceder; sobrevenir.
aceit/ação f. aceptación; aprobación. **/ar** tr. aceptar; acoger; aprobar; **— una letra,** aceptar una letra. **/e** m. *Com.* aceptación.
acelera/ção f. aceleración. **/r** tr. acelerar; adelantar; avivar. **/r-se** r. precipitarse; fig. irritarse.
acend/edor m. encendedor; farolero; fig. provocador. **/er** tr. encender, incendiar; estimular.
acent/o m. acento. **/uação** f. acentuación. **/uar** tr. acentuar; marcar.
acepipe m. bocado exquisito, gollería.
acéquia f. acequia, zanja.
acerb/idade f. acerbidad; rigor. **/o** adj. acerbo; cruel.
ace(ê)rca adv. y prep. acerca de; en relación con; sobre.
acercar tr. acercar, aproximar. **/-se** r. acercarse.
acertar tr. acertar, adivinar; igualar.
aceso adj. ardiente; vehemente; exaltado.
acess/ão f. accesión; adhesión; acceso. **/ível** adj accesible; abierto. **/o** m. acceso; ataque. **/ório** adj. y m. accesorio, adicional.
acetato m. *Quím.* acetato.
acetina/do adj. satinado. **/r** tr. satinar; suavizar.
achac/ado adj. enfermo. **/ar** tr. achacar; maltratar; r. enfermar. **/oso** adj. achacoso, enfermizo.
achaque m. achaque, enfermedad; vicio.
achar tr. hallar, encontrar; inventar; verificar. **/-se** r. encontrarse; sentirse.
acharolar tr. acharolar, barnizar.
achata/do adj. achatado, plano; humillado. **/r tr.** achatar, aplanar; fig. humillar.
achega f. adición; ayuda, protección. **/r** tr. allegar, acercar.
achincalhar tr. ridiculizar, criticar.
acident/al adj. accidental, casual. **/ar** tr. accidentar, alterar. **/e m.** accidente, eventualidad; desastre.
acidez f. acidez.
ácido m. *Quím.* ácido.
acigana/do adj. agitanado; bellaco. **/r** tr. e intr. agitanar.
acima adv. encima, sobre, arriba.
acinz/ar tr. acenizar. **/entado** adj. ceniciento, intransigente.
aclama/ção f. aclamación. **/r** tr. aclamar; aplaudir.
aclara/ção f. aclaración; explicación. **/r** tr. aclarar; explicar.
aclima/r tr. aclimatar; acostumbrar. **/tação** f. aclimatación. **/tar** tr. aclimatar; acostumbrar.
aço m. acero; fig. fuerza; coraje; **— de espelho,** alinde del espejo.
acoalhar tr. e intr. cuajar.
acobardar tr. acobardar, intimidar.
acobertar tr. cubrir, tapar; disimular; defender.
acocorar tr. poner en cuclillas; esconder.
acoitar tr. acoger, dar asilo. **/-se** r. refugiarse.
açoit/ar tr. azotar, fustigar. **/e** m. azote; látigo; castigo.
acolá adv. allá, allí, acullá.
acolchoar tr. acolchar, acolchonar.
acolhe/dor adj. y s. acogedor; protector. **/r** tr. acoger, hospedar; admitir.
ac/olitar tr. acolitar; ayudar. **/ólito** m. acólito; monaguillo.

acomet/er tr. acometer, embestir; provocar. **/imento** m. acometimiento, ataque.
acomoda/ção f. acomodación; conciliación. **/r** tr. acomodar; adaptar; hospedar; ajustar.
acompadrar tr. hacer compadre; familiarizar.
acompanha/mento m. acompañamiento, comitiva. **/r** tr. acompañar; seguir.
aconcheg/ar tr. aproximar, unir; amparar. **/o** m. aproximación; agasajo.
acondiciona/ção f. acondicionamiento. **/r** tr. acondicionar; embalar.
aconselha/dor adj. y s. aconsejador. **/r** tr. aconsejar.
acontec/er intr. acontecer, ocurrir. **/imento** m. acontecimiento, suceso.
acoplamento m. conexión, empalme.
açor m. *Zool.* azor.
acórdão f. *For.* sentencia, resolución.
acordar tr. acordar, conciliar, armonizar; determinar; intr. despertar. **/-se** r. avenirse; despertarse.
acordeão m. *Mús.* acordeón.
aco(ô)rdo m. acuerdo, resolución; arreglo; armonía.
acorrentar tr. encadenar; fig. esclavizar.
acossa/dor adj. y s. acosador; provocador. **/r** tr. acosar; atormentar.
acosta/gem f. *Mar.* acostamiento. **/r** tr. acostar, atracar; juntar.
acostumar tr. e intr. acostumbrar; habituar.
açote(é)ia f. azotea, terraza.
acotovelar tr. codear; empujar.
açougue m. carnicería, matadero. **/iro** m. carnicero.
acovardar tr. acobardar.
acreditar tr. acreditar; autorizar; abonar.
acredor adj. y s. acreedor.
acresce/ntar tr. acrecentar, aumentar. **/r** tr. e intr. acrecer.
acriançado adj. infantil, aniñado.
acrisola/do adj. acrisolado, puro. **/r** tr. acrisolar, depurar.
acroba/cia f. acrobacia. **/ta** m. acróbata, volatinero. m. acrobatismo.
acrópole f. acrópolis.
a(c)tiv/a f. activa. **/ação** f. activación. **/ar** tr. activar, estimular. **/idade** f. actividad. **/o** adj. activo; diligente.
a(c)to m. acto, acción, hecho.
a(c)t/or m. actor, comediante. **/riz** f. actriz.
a(c)tu/ação f. actuación. **/al** adj. actual, presente. **/alidade** f. actualidad. **/alização** f. actualización. **/alizar** tr. actualizar, modernizar.
açucarar tr. azucarar, endulzar.
açúcar m. azúcar.
açucena f. *Bot.* azucena.
açude m. azud, presa, dique.
acudir intr. acudir; socorrer; impedir.
açula/dor adj. y s. azuzador, instigador. **/r** tr. azuzar; excitar.
acumula/ção f. acumulación. **/dor** adj. y m. acumulador. **/r** tr. acumular.
acunhar tr. acuñar; fabricar monedas.
acurralar tr. acorralar.
acusa/ção f. acusación, delación. **/r** tr. acusar, imputar.
acústica f. *Fís.* acústica.
acutila/dor m. acuchillador; pendenciero. **/r** tr. acuchillar.
adaga f. daga, puñal. **/da** f. dagazo.
ad/agial tr. proverbial. **/agiar** tr. proverbial. **/ágio** m. adagio, proverbio.
adama/do adj. adamado; afeminado; m. petimetre. **/r-se** r. adamarse, afeminarse.
adapta/ção f. adaptación. **/r** tr. adaptar, acomodar.
adarve m. adarve; muralla.
adega f. bodega, cava. **/r** tr. guardar en la bodega; intr. beber.
adel/a f. ropavejera; fig. alcahueta. **/eiro** m. trapero.
adelgaçar tr. adelgazar, enflaquecer; purificar; atenuar.
ademais adv. además.
adenda f. apéndice, epílogo.
adensar tr. adensar; condensar.
adentr/ar intr. entrar, penetrar. **/o** adv. adentro; interiormente.
adepto adj. adepto, partidario.
adequar tr. adecuar, adaptar; proporcionar.
adereç/ar tr. aderezar; adornar; dirigir. **/o** m. aderezo, adorno; **— de navio,** aparejo de navío.
ader/ência f. adherencia, adhesión; fig. protección. **/ir** tr. adherir.
ades/ão f. adhesión, aprobación. **/ivo** adj. adhesivo; m. pegamento; emplasto.
adestra/do adj. adestrado, enseñado. **/dor** adj. y m. adiestrador, entrenador. **/r** tr. adiestrar, enseñar.
adeus interj. ¡adiós!; m. adiós, despedida.
adiado adj. aplazado, retrasado.
adiant/ado adj. adelantado; anticipado; atrevido. **/amento** m. adelantamiento. **/ar** tr. adelantar; aventajar. **/e** adv. adelante.
adiar tr. aplazar; diferir.
adi/ção f. adición; suma. **/cional** adj. adicional. **/cionar** tr. adicionar; agregar.
adi/cto adj. adicto, adherido; leal. **/do** m. adido; agregado.
adinâmico adj. adinámico.
adinheirado adj. adinerado.
adita/mento m. aditamento; añadidura. **/r** tr. añadir, aumentar.
adivinh/a f. adivinadora; adivinación. **/ação** f. adivinación; enigma. **/ar** tr. adivinar, acertar. **/o** m. adivino.
adjacência f. adyacencia, vecindad; próximo.
adjudica/ção f. adjudicación. **/r** tr. adjudicar, atribuir.
adjunto adj. adjunto, agregado.
adjuração f. adjuración, conjura.
administra/ção f. administración. **/dor** adj. y s. administrador, gerente. **/r** tr. administrar.
admira/ção f. admiración, pasmo. **/r** tr. admirar, asombrar.
admi/ssão f. admisión. **/tir** tr. admitir; reconocer.
admoesta/ção rf. amonestación; censura. **/r** tr. amonestar; avisar.
adoçar tr. adulzar, azucarar; mitigar.
adoe/cer intr. enfermar. **/ntar** intr. enfermar.
adolescência f. adolescencia.
ado(p)ção tr. adopción, afiliación. **/tação** f. adopción. **/tar** tr. adoptar, afiliar.
adora/ção f. adoración; culto. **/r** tr. adorar.
adorme/cer tr. y intr. adormecer, entorpecer; calmar. **/cimiento** m. adormecimiento.
adorn/amento m. adornamiento. **/ar** tr. adornar, engalanar; fig. disfrazar.
ado(ô)rno m. adorno, ornato.
adqui/rição f. adquisición. **/rir** tr. adquirir, obtener.
ad-roga/ção f. *For.* adrogación. **/r** tr. adrogar, adoptar.
adstring/ência f. astringencia. **/ir** tr. astringir, apretar.
adstrito adj. unido, apretado.
adub/ação f. adobamiento, abono. **/ar** tr. adobar, preparar. **/o** m. abono, adobo; salsa.
adula/ção f. adulación, halago. **/r** tr. adular.
adúltera f. adúltera; corrompida.
adultera/ção f. adulteración. **/r** tr. adulterar, falsificar.
adulto m. adulto; crecido.
aduzir tr. aducir; traer; manifestar.
advent/ício adj. y m. adventicio; forastero. **/tista** adj. y s. adventista. **/o** m. adviento, venida.
adv/erbial adj. *Gram.* adverbial. **/érbio** m. adverbio.
advers/ão f. adversión, advertencia. **/ário** m. adversario. **/o** adj. adverso.
advert/ência f. advertencia; aviso. **/ir** tr. advertir.
advo/cacia f. abogacía. **/gado** m. abogado; protector.
aéreo adj. aéreo; fig. vano, imaginario.
aerifica/ção f. *Fís.* aerificación. **/r** tr. aerificar, gasificar.
aerodinâmica f. aerodinámica.
aeródromo m. aeródromo, aeropuerto
aerografia f. *Fís.* aerografía.
aerólito m. aerolito, meteorito.
aeromotor m. aeromotor.
aero/nauta m. aeronauta aviador. **/náutica** f. aeronáutica. **/nave** f. aeronave, avión. **/plano** m. aeroplano, avión; **— a jacto,** aeroplano a chorro. **/porto** m. aeropuerto.
aerostática f. *Fís.* aerostática.
aerovia f. vía aérea.
afã m. afán; ansia.
afabilidade f. afabilidad, cortesía.
afadig/ar tr. fatigar; molestar; perseguir. **/oso** adj. fatigoso.
afadista/do adj. achulado, con modos de fadista. **/r-se** r. achularse.
afag/ar tr. acariciar, mimar; **— esperanças,** esperanzar. **/o** m. caricia.
afama/do adj. afamado, célebre. **/r** tr. afamar, renombrar.
afasta! interj. ¡fuera!, ¡atrás!, ¡vete!
afastar tr. alejar; desviar; desterrar. **/-se** r. ausentarse.
afável adj. afable, delicado.
afazer tr. acostumbrar; instruir. **/es** m. pl. quehaceres, trabajos.
afear tr. afear, desfigurar; fig. denigrar.
afe(c)t/ação f. afectación; vanidad. **/ar** tr. afectar; presumir; intr. disimular. **/o** m. afecto, amistad.
afeição f. afecto, amor. **/oar** tr. aficionar; enamorar.
afemina/ção f. afeminamiento. **/r** tr. afeminar; suavizar.
aferi/ção f. aferición; confrontación. **/dor** adj. y m. aferidor, marcador, inspector.
aferrar tr. e intr. aferrar, agarrar; anclar.
aferrolha/dor m. carcelero. **/r** tr. acerrojar; encadenar.
aferventar tr. hervir, cocer.
afervorar tr. enfervorizar; estimular.
afetação f. afectación.
afia/ção f. afiladura. **/dor** m. afilador, aguzador.
afiança/do adj. afianzado. **/r** tr. afianzar; asegurar.
afiar tr. afilar; fig. atacar; disponer.
afidalga/do adj. ahidalgado; fam. holgazán. **/r** tr. ennoblecer.
afigura/ção f. figuración, imaginación. **/r** tr. figurar; imaginar.
afilha/da f. ahijada. **/do** m. ahijado; protegido. **/r** intr. ahijar; germinar, brotar.
afilia/ção f. afiliación; partidario. **/r** tr. afiliar; asociar.
afim adj. y s. afín, próximo.
afina/ção f. afinación; purificación. **/r** tr. afinar; acrisolar; purificar; fig. irritar.
afinc/ar tr. ahincar. **/ar-se** r. obstinarse. **/o** m. ahínco, pertinacia.
afirma/ção f. afirmación. **/r** tr. afirmar; consolidar.
afivelar tr. cerrar, sujetar con hebilla.
afix/ação f. fijación. **/ar** tr. fijar; patentizar.
aflauta/do adj. aflautado; atiplado. **/r** tr. atiplar; adelgazar.
afli/ção f. aflicción; dolor. **/gir** tr. afligir; desolar. **/to** adj. aflicto.
aflora/mento m. afloración. **/r** tr. aflorar; nivelar.
aflu/ência f. afluencia; multitud. **/ente** adj. afluente; rico; m. afluente (río). **/ir** intr. afluir. **/xo** m. aflujo; afluencia.
afog/ado adj. ahogado; oprimido. **/ar** tr. ahogar, asfixiar.
afoguear tr. abrasar, quemar.
afoit/ar tr. animar, estimular. **/ar-se** r. atreverse. **/o** adj. atrevido.
afonia f. *Med.* afonía.
afora/ção f. aforación. **/r** tr. *For.* aforar; autorizar.
aformosear tr. hermosear.
afo(ô)rro m. ahorro, economía.
afortalezar tr. fortificar; fig. ratificar.
afreguesa/do adj. aparroquiado; frecuentado. **/r** tr. aparroquiar.
afrentar tr. enfrentar; limitar.
africanismo m. africanismo.
afroditas f. *Bot.* afrodita.
afroixa/mento m. aflojamiento. **/r** tr. aflojar.
afronta f. afrenta; ultraje; violencia. **/r** tr. afrentar; vejar; cansar. **/r-se** r. encolerizarse.
afrouxar tr. aflojar; enflaquecer; ablandar.
afta f. *Pat.* afta.
afugentar tr. ahuyentar; expulsar.
afumar tr. e intr. ahumar; fumigar; oscurecer.
afund/amento m. ahondamiento; sumersión. **/ar** tr. ahondar; afondar; sumergir. **/ar-se** r. hundirse.
afusão f. afusión; aspersión, ducha.
agachar tr. agachar, bajar; esconder.
agaiatar-se r. aniñarse; volverse travieso.
agâmico adj. agámico, asexual.
ágape m. ágape; banquete, festín.
agarota/do adj. travieso, abribonado. **/r-se** r. volverse travieso.
agarra/do adj. agarrado, preso, testarudo; avaro. **/r** tr. agarrar; alcanzar.
agasalh/ador adj. y s. abrigador, hospitalario. **/ar** tr. abrigar; hospedar. **/o** m. abrigo; hospedaje.
ageitar tr. amoldar, ajustar. **/-se** r. adaptarse.
ag/ência f. agencia; gestoría; actividad. **/enciador** s. agenciador; negociador. **/encioso** adj. agencioso; diligente.
agenda f. agenda; memorándum.
agente adj. y s. agente; activo; apoderado.
agigantar tr. agigantar; exagerar. **/-se** r. engrandecerse.
ágil adj. ágil, ligero.
agilidade f. agilidad; actividad.
agiota m. agiotista; prestamista. **/r** tr. agiotar, especular.
agi/r intr. obrar, proceder. **/tação** f. agitación; conmoción. **/tar** tr. agitar; sublevar.
aglomera/ção f. aglomeración. **/r** tr. aglomerar, reunir.
aglutina/ção f. aglutinación. **/r** tr. aglutinar.
agma f. fractura, rotura.
agnação f. agnación.
agoir/al adj. augural. **/ar** tr. e intr. augurar, vaticinar. **/o** m. agüero, presagio.
agolpear tr. golpear.
agoni/a f. agonía; trance. **/ar** tr. agonizar; amargar. **/zar** tr. agonizar.
agora adv. y conj. ahora; en este momento; **até —,** hasta ahora.

ago(ô)sto m. agosto, octavo mes del año.
agour/al adj. augural. /ar tr. agorar, profetizar. /o m. agüero.
agracia/do adj. agraciado; gentil. /r tr. agraciar; favorecer.
agradar tr. agradar. /-se r. enamorarse.
agrad/ecer tr. e intr. agradecer. /ecimiento m. agradecimiento; gratificación. /o m. agrado; aprobación; atractivo.
agrav/ação f. agravación. /iar tr. agraviar; importunar. /o m. agravio.
agredir tr. agredir; herir.
agrega/ção f. agregación; adición. /do adj. y m. agregado. /r tr. agregar; añadir.
agremia/ção f. agremiación; asociación. /r tr. agremiar.
agress/ão f. agresión; ataque. /or adj. y m. agresor, invasor.
agreste adj. agreste; salvaje; cruel.
agr/ícola adj. agrícola; m. agricultor. /icultor m. agricultor, labrador. /icultura f. agricultura.
agrimens/ar tr. medir tierras. /ura f. agrimensura.
agro m. agro, campo; adj. agrio; desabrido. /-doce adj. agridulce. /nomia f. agronomía. /-pecuária f. agropecuario.
agrupa/mento m. agrupamiento; reunión. /r tr. agrupar.
agrura f. agrura; aspereza.
água f. agua. /-ardente f. aguardiente.
agua/ceiro m. aguacero, chaparrón. /do adj. aguado; fig. imperfecto.
água/-furtada f. buhardilla. /-marinha f. agua-marina.
agu/çar tr. aguzar; adelgazar. /deza f. agudeza; astucia; gravedad. /do adj. agudo; picante.
aguentar tr. e intr. aguantar; tolerar.
aguerr/ear tr. aguerrir; combatir. /ido adj. aguerrido; disciplinar.
águia f. Zool. águila.
aguilh/ão m. aguijón; estímulo. /oada f. aguijonazo; punzada.
agulh/a f. aguja. /ão m. aguijón; Mar. pequeña brújula. /eiro m. alfiletero; agujetero.
aí adv. ahí.
aia f. aya; doncella; nodriza.
aicebergue m. iceberg.
ainda adv. aún, todavía; también; — agora, en este momento.
airos/idade f. airosidad, elegancia. /o adj. airoso; digno.
ajardinar tr. ajardinar, transformar en jardín.
ajeitar tr. acomodar, arreglar.
ajoelhar tr. e intr. arrodillar. /-se r. fig. humillarse.
ajuda f. ayuda, asistencia. /nte s. ayudante. /r tr. ayudar; favorecer.
ajunta/mento m. juntamiento; ayuntamiento; adición. /r tr. ayuntar; juntar; copular.
ajuramenta/ção f. juramentar.
ajust/ador m. ajustador. /ar tr. ajustar; adaptar; reconciliar. /e m. ajuste; convenio; reconciliación.

ajustiçar tr. ajusticiar.
ala f. ala; hilera.
alabard/ar tr. armar con alabarda. /eiro m. alabardero, arquero.
alabastr/ino adj. alabastrino. /o m. alabastro; fig. blancura.
alacridade f. alacridad, alegría; vigor.
alado adj. alado; aéreo.
alaga/diço adj. alagadizo, pantanoso. /r tr. alagar; sumergir; gastar.
alambi/car tr. alambicar, destilar. /que m. alambique.
alameda f. alameda. /r tr. adornar con árboles.
álamo m. Bot. álamo.
alapa/do adj. escondido; agachado. /-se r. esconderse.
alar adj. alar, relativo a ala; tr. Mar. halar, izar.
alaranjado adj. anaranjado.
alarde m. alarde; ostentación. /ador adj. y m. ostentador. /ar tr. alardear.
alarga/do adj. dilatado; extendido. /r tr. largar; ensanchar.
alarido m. alarido, algazara.
alarmar tr. alarmar; asustar. /e m. alarma; rebato.
alatinar tr. latinizar.
alaúde m. Mús. laúd.
alavanca f. palanca, alzaprima.
alazão adj. y s. alazán (caballo).
albacora f. Zool. albacora.
albatroz m. Zool. albatros, alcatraz.
alberca f. alberca, tanque para agua.
alberg/ador adj. y s. albergador, hospedero. /ar tr. albergar, hospedar. /ue m. albergue; asilo.
albirrostro adj. albogue, gaita pastoril.
albor m. albor; blancura; infancia.
albornoz m. albornoz.
albricoque m. Bot. albaricoque. /iro m. albaricoquero.
albufeira f. albufera, laguna.
álbum m. álbum.
albumina f. albúmina.
alça f. alza; tirantes; presilla.
alcáçar m. alcázar, fortaleza.
alcachofra f. Bot. alcachofa.
alcáçova f. alcazaba, fortaleza.
alçada f. alzada; jurisdicción; fig. tribunal.
alçado m. Arq. alzado; trazado. /r adj. y s. alzador.
alcagoita f. Bot. cacahuete.
alcaide m. alcaide.
alcaliza/ção f. alcalización. /r tr. Quím. alcalizar.
alcalóide m. Quím. alcaloide; estupefaciente.
alçamento m. alzamiento.
alcanç/a/diço adj. alcanzadizo; fig. estúpido. /ar tr. alcanzar; lograr; entender. /e m. alcance; obtención; talento.
alcantil m. despeñadero, barranco. /ado adj. acantilado, escarpado.
alçapão m. trampa, puerta en el suelo.
alcaparra f. Bot. alcaparra. /r tr. sazonar con alcaparras; estimular.
alcapé m. alzapié, lazo para cazar; engaño.

alçaprema f. alzaprima; palanca; alicates.
alçar tr. alzar, levantar; promover.
alcateia f. manada de lobos; fig. grupo, facción.
alcatifa f. alcatifa, alfombra. /r tr. alcatifar.
alcatrão m. alquitrán.
alcatruz m. cangilón, arcaduz de noria. /ar tr. poner cangilones; fig. curvar.
alce m. Zool. alce, ante.
alção m. Zool. alción.
alcofa f. alcofa, cesta de esparto.
alcoice m. burdel, lupanar.
álcool m. alcohol.
alco/ólico adj. alcohólico. /olificar tr. Quím. alcoholificar. /olismo m. alcoholismo.
alcorão m. Alcorán; mahometismo.
alcouce m. lupanar.
alcova f. alcoba, dormitorio.
alcovit/ar tr. alcahuetear; intrigar. /eiro m. alcahuete, celestino; mediador.
alcunha f. apodo, epíteto. /r tr. apodar, alcuniar.
alde/ã adj. y f. aldeana, campesina. /amento m. aldeanismo. /ão adj. aldeano; rústico. /ia f. aldea.
aldrab/ão m. aldabón; embustero, trapacero. /r tr. aldabear.
álea f. avenida; hilera de árboles.
alecrim m. Bot. romero.
aleg/ação f. alegación. /ar tr. alegar; probar; exponer.
alegor/ia f. alegoría. /izar tr. alegorizar.
alegr/ador adj. y s. alegrador, animador. /ar tr. alegrar; m. y adj. alegre; jovial. /ia f. alegría.
aleij/ado adj. y m. contusionado, estropeado, defectuoso. /ar tr. estropear; herir.
aleit/ação f. lactancia, amamantamiento. /ar tr. amamantar; clarear.
aleiv/e m. alevosía, calumnia. /osia f. alevosía; traición.
aleluia f. aleluya; alegría.
além adv. allá, más allá; allende; además; — mundo, eternidad.
alemão adj. y s. alemán (de Alemania).
alent/ado adj. alentado, valiente. /ar tr. alentar; fomentar; intr. respirar. /o m. aliento, respiración; vigor.
alergia f. Med. alergia. /érgico adj. alérgico.
alerta adv. alerta; vigilancia, atención; interj. !alerta! tr. alertar; fig. excitar, alborotar.
aletria f. aletría, fideos.
aleucemia f. Med. leucemia.
alevanta/diço adj. tumultuoso, belicoso. /r tr. levantar; sublevar; edificar.
alfabet/ação f. alfabetización. /ar tr. alfabetizar. /izar tr. alfabetizar. /o m. alfabeto, abecedario.
alface f. Bot. lechuga.
alfaia f. ajuar, aderezo de casa; adorno; herramienta. /r tr. amueblar; ornamentar.
alfaiat/e m. costurera, modista. /aria f. sastrería. /e m. sastre.
alf/ândega f. aduana. /andegar tr. aduanar.

alfanje m. alfanje, cimitarra.
alfarr/ábio m. libro viejo, cartapacio. /abista m. vendedor de libros viejos.
alfarrob/a f. Bot. algarroba. /eira f. algarrobo.
alfavaca f. Bot. albahaca.
alfazema f. Bot. alhucema.
alfen/ado adj. afeminado. /ar tr. afeminar; adornar. /im m. alfeñique.
alferes m. alférez, subteniente.
alfim adv. al fin; finalmente.
alfine/tada f. alfilerazo, pinchazo. /tar tr. pinchar con alfiler; fig. criticar. /(ê)te m. alfiler; — -de-ama, imperdible.
alfombra f. alfombra. /r tr. alfombrar.
alforreca f. Zool. acalefo.
alforri/a f. aforra; ahorramiento; emancipación. /r tr. aforrar; libertar.
alga f. Bot. alga.
alg/ália f. algalia; Cir. algalia, sonda. /aliar tr. algaliar, sondar.
algar/avia f. algarabía. /vio adj. natural de Algarve; fig. hablador.
algarismo m. guarismo, número.
algazarra f. algazara, gritería.
álgebra f. álgebra.
algema f. esposas; grillete. /r tr. esposar, maniatar.
algibe m. aljibe, cisterna.
algibeira f. faltriquera, bolsillo.
algidez f. Pat. algidez; frialdad.
álgido adj. álgido, helado.
algo pron. indef. algo; m. bienes, riqueza.
algod/ão m. algodón. /oal m. algodonal. /oeiro m. Bot. algodonero, algodón.
algoritm/ia f. Mat. algoritmia. /o m. algoritmo.
algoz m. verdugo; cruel. /ar tr. martirizar.
alguazil m. alguacil.
alguém pron. ind. alguien.
alguidar m. barreño, cuenco.
algum pron. ind. algún, alguno.
algures adv. en alguna parte.
alhe/ação f. enajenación; alienación; olvido. /ar tr. enajenar; separar. /io adj. ajeno, extraño; lejano.
alho m. Bot. ajo.
alí adv. allí.
alia/do adj. y s. aliado; partidario. /dófilo adj. y s. aliadófilo. /r tr. aliar; unir.
aliás adv. alias, de otro modo; además.
alicate m. alicates, tenacillas.
alicer/çar tr. cimentar; sostener. /ce m. cimiento; base, fundamento.
alici/ação f. soborno; seducción. /ador adj. y s. seductor, sobornador. /r tr. sobornar, seducir.
aliena/ção f. alienación; desvío. /r tr. alienar, enajenar; desviar.
alifafe m. Vet. alifafe, tumor; fig. colcha.
aligeirar tr. aligerar, aliviar; reducir.
alij/amento m. alijo; descarga. /ar tr. Mar. alijar; descargar. /o m. alijo; descarga.
aliment/ação f. alimentación; abastecimiento. /o

m. alimento; incremento.
alindar tr. alindar, hermosear.
alínea f. párrafo.
alinha/do adj. alineado; fig. correcto. /r tr. alinear.
alinha/vado adj. hilvanado; fig. hilván. /var tr. hilvanar; fig. proyectar. /vo m. hilván.
alinho m. aliño; alineación; aseo.
alisa/do adj. alisado, pulido. /r tr. alisar, bruñir.
alista/mento m. alistamiento; reclutamiento. /r tr. alistar, reclutar.
aliveloz adj. que vuela rápido.
alivi/ação f. alivio. /r tr. consolar; atenuar.
alivio m. alivio; descarga; facilidad.
alizar tr. alisar, pulir.
aljava f. aljaba.
alma f. alma; fig. espíritu; ida; aliento; dia das —s, Día de Todos los Santos.
almaço adj. papel de barba.
almanaque m. almanaque.
almargem m. prado, pastizal.
almej/ante ad. anelante. /ar tr. anhela.; ansiar; intr. agonizar.
almirant/a f. Mar. almiranta, nave que conduce al almirante. /ado m. almirantazgo. /e m. almirante.
almíscar f. almizcle.
almoç/ar tr. almorzar, comer. /o m. almuerzo.
almocreve m. almocrebe, arriero; transportista.
almoeda f. almoneda, subasta. /r tr. almonedar.
almofad/a f. almohada. /ar tr. almohadillar, acolchonar.
almofariz m. almirez, mortero.
almôndega f. albóndiga, croqueta.
almorreimas f. pl. Pat. hemorroides, almorranas.
almotolia f. aceitera, alcuza.
almoxarife m. almojarife.
almude m. almud, antigua medida de capacidad.
alocução f. alocución.
aloendro m. Bot. adelfa, baladre.
aloé m. Bot. áloe.
aloja/mento m. alojamiento. /r tr. alojar, recoger; residir.
alomba/mento m. derrengadura, curvatura. /r tr. derrengar, arquear.
alonga/mento m. alongamiento; retraso. /r tr. alongar, alargar.
alopatia f. alopatía.
alopecia f. Pat. alopecia; calvicie.
aloquete m. candado, cerrojo.
alorpado adj. atontado, necio.
alouca/do adj. alocado, aturdido. /-se r. enloquecerse.
alourar tr. teñir de rubio.
alpaca f. Zool. alpaca; tejido de alpaca.
alpargat/a f. alpargata, sandalia. /aria f. alpargatería.
alpendr/ada f. porche, corbetizo. /e m. porche; cobertizo.

alp/estre adj. alpestre, alpino; silvestre. **/inismo** m. alpinismo.
alpista f. *Bot.* alpiste.
alquebra/do adj. cansado, exhausto. **/r tr.** quebrar; debilitar; quebrantar.
alqueire m. medida antigua de capacidad.
alquil/ador m. alquilador (de caballerías). **/ar tr.** alquilar. **/er** m. alquiler.
alquimia f. *Quím.* alquimia.
alquitara f. alquitara, alambique.
alta f. alta; alza. **/baixo** m. altibajo.
altan/ado adj. altanero; orgulloso; inquieto. **/eiro** adj. altanero.
altar m. altar; fig. religión.
altea/ção f. elevación. **/r** tr. levantar.
alteia f. *Bot.* altea.
altera/ção f. alteración; corrupción; motín. **/r** tr. alterar, cambiar; corromper.
alterca/ção f. altercación. **/r** intr. altercar; luchar.
alterna adj. *Elec.* alterna.
altern/ação f. alternación. **/ar** tr. alternar; variar.
alterno adj. alterno; sucesivo.
alte/roso adj. alteroso; elevado; soberbio. **/za** f. alteza; nobleza.
altifalante adj. que habla alto; m. altavoz.
altiloquência f. altilocuencia.
altimetria f. *Geom.* altimetría.
altíssimo adj. altísimo; el Ser Supremo.
altisson/ância f. altisonancia. **/ante** adj. altisonante; sublime.
altitude f. altitud, altura.
alt/ivez f. altivez; orgullo. **/ivo** adj. altivo; valiente. **/o** adj. alto, elevado; profundo; noble; — mar, alta mar. **/o-falante** m. altavoz. **/ura** f. altura, elevación; superioridad.
alua/do adj. alunado, lunático; alocado. **/r** tr. alunar.
alucina/ção f. alucinación; ilusión. **/r** tr. alucinar; turbar.
alude m. alud.
aludir tr. e intr. aludir, mencionar.
alug/ar tr. alquilar, arrendar. **/uer** m. alquiler; renta.
alúmen m. *Quím.* alumbre.
alumia/ção f. iluminación. **/do** adj. alumbrado; fig. inteligente. **/r** tr. alumbrar; instruir; explicar.
alumínio m. *Quím.* aluminio.
aluna/gem f. alunizaje. **/r** tr. alunizar, descender en la luna.
aluno m. alumno; educando; aprendiz.
alusão f. alusión; referencia.
alva f. alba, aurora; alborada. **/cento** adj. albarizo.
alvaneira f. canalón, caño.
alvar adj. albar, blanco; estúpido, tonto.
alvará m. albará; edicto; patente.

alveário m. alvéolo; colmena. *Anat.* alveario.
alveitar m. albéitar, veterinario; curandero.
alvejar tr. albear, blanquear; apuntar, dar en el blanco.
alvéloa f. *Zool.* aguzanieves.
alvenaria f. albañilería.
alvéolo m. alvéolo; cavidad.
alverca f. alberca; tanque; pantanal.
alvescer intr. blanquear.
alvião f. *Agr.* picachón.
alvino adj. *Anat.* alvino, intestinal.
alv/issarar tr. albriciar. **/issaras** f. pl. albricias.
alvitr/ar tr. aconsejar, sugerir. **/e** m. sugestión, propuesta.
alvo adj. albo, blanco, cristalino; m. señal, punto de mira.
alvor m. albor, albura; alborada. **/ada** f. alborada, alba; **tocar a** —, tocar diana. **/ecer** intr. alborear; comenzar; tr. blanquear.
alvor/iço m. alboroto; agitación. **/oçador** m. alborotador. **/oçar** tr. alborozar; amotinar. **/o(ô)ço** m. alborozo; inquietud. **/otar** tr. alborotar.
alvura f. albura; pureza.
ama f. ama; nodriza; dueña.
amabilidade f. amabilidad.
amachucar tr. aplastar; arrugar.
amaciar tr. ablandar, suavizar.
amad/a f. querida, novia; amiga **/o** adj. amado; querido; m. amante.
amadrinhar tr. amadrinar.
amadur/ar tr. e intr. madurar; sazonar. **/ecer** tr. e intr. madurar.
âmago m. medula; centro; esencia de algo.
amalandrar-se r. picardearse, hacerse malandrín.
amaldiçoa/do adj. maldecido, maldito. **/r** tr. maldecir; abominar; condenar.
am/álgama f. *Quím.* amalgama; mezcla. **/algamar** tr. amalgamar; combinar.
amaluca/do adj. alocado; maníaco. **/r** tr. e intr. enloquecer.
amamentar tr. amamantar; lactar.
amanceba/do adj. amancebado; amigado. **/r-se** r. amancebarse.
amanhã adv. mañana; m. día siguiente; futuro.
amanhecer intr. amanecer; alborear.
amansa/dor adj. y s. amansador; domador. **/r** tr. amansar; domesticar; suavizar.
amanteigado adj. mantecoso; fig. flojo.
amantizar-se r. amancebarse.
amanuense m. amanuense; escribiente.
amar tr. amar, adorar; querer.
amara/gem m. amaraje (el hidroavión). **/r** tr. *Mar.* amarrar; enmarar.
amarel/ado adj. amarillento. **/ar** tr. amarillear. **/o** adj. y m. amarillo; pálido.
amarfanhar tr. arrugar; maltratar.
amarg/ado adj. amargado; /triste. **/ar** tr. amargar; entristecer. **/o** adj. amargo; acre; doloroso, tris-

te; m. amargura. **/or** m. amargor.
amaricar-se r. afeminarse.
amaridar tr. e intr. maridar, casar; unir.
amarinhar tr. *Mar.* marinar; equipar maniobrar.
amarra f. *Mar.* amarra, cable. **/ção** f. amarre; amarradero. **/r** tr. amarrar, atar.
amarrota/mento m. arrugamiento. **/r** tr. arrugar; vencer.
amásia f. amasia, amante.
amassa/deira f. amasadora; /r tr. amasar; machacar; preparar.
amativ/idade f. amatividad. **/o** adj. amativo, que ama; amante.
amável adj. amable.
amaz/ona f. amazona; fig. mujer bélica; jinete. **/ó-(ô)nico** adj. amazónico (del Amazonas).
âmbar m. ámbar.
ambi/ção f. ambición; apetito; vehemencia. **/cionar** tr. ambicionar; anhelar. **/cioso** adj. ambicioso.
ambiente adj. ambiente.
ambisséxuo adj. hermafrodita.
âmbito m. ámbito, contorno; recinto.
ambl/ose m. aborto. **/ótico** adj. abortivo.
ambos adj. pl. ambos, uno y otro.
ambulância f. ambulancia; hospital de campaña
ambula/nte adj. ambulante; movible. **/tório** adj. ambulatorio.
ambulatriz f. prostituta, meretriz.
ameaç/a f. amenaza. **/ar** tr. e intr. amenazar; anunciar.
amealha/dor adj. y m. ahorrador; tacaño. **/r** tr. economizar, ahorrar.
amedronta/mento m. amedrentamiento. **/r** tr. amedrentar, atemorizar.
ameia f. almena; tronera. **/r** tr. almenar; fortificar.
amêijoa f. *Zool.* almeja.
ameix/a f. *Bot.* ciruela. **/ieira** f. ciruelo.
amém interj. amén; m. afirmación, acuerdo.
am/êndoa f. *Bot.* almendra. **/endoeira** f. almendro.
amendoim m. *Bot.* cacahuet, mandobí.
amenidade f. amenidad; suavidad.
amenina/do adj. aniñado; frágil. **/r-se** r. aniñarse; remozarse.
amen/izar tr. amenizar; suavizar. **/o** adj. ameno; agradable.
amenorreia f. *Pat.* amenorrea.
americani/ce f. excentricidad. **/zar** tr. americanizar.
ameríndio m. amerindio.
amesquinha/do adj. mezquino; miserable. **/r** tr. despreciar; oprimir.
amestra/dor m. adiestrador; maestro. **/r** tr. amaestrar.
amezinha/dor m. curandero. **/r** tr. medicar con remedios caseros.
amianto m. *Min.* amianto.
amido m. almidón. **/ar** tr. almidonar.
amiga f. amiga; concubina. **/lhaço** s. amigazo. **/r** tr. amigar.
amígdala f. *Anat.* amígdala.
amigo m. amigo; amancebado; partidario; — **da onça**, amigo falso.

amima/dor adj. y s. acariciador, cariñoso. **/r** tr. mimar.
amimia f. *Pat.* amimia.
amisera/ção f. compasión, piedad. **/r** tr. apiadar, compadecer.
ami/udado adj. menudeado, frecuente. **/udar** tr. reiterar, menudear.
amixia f. *Zool.* amixia, reproducción imposible.
amizade f. amistad; dedicación.
amnésia f. *Pat.* amnesia.
amnistia f. amnistía; perdón. **/r** tr. amnistiar.
amo m. amo; dueño.
amobilidade f. amovilidad.
amoeda/ção f. amonedación. **/r** tr. amonedar, acuñar.
amofina/ção f. mohína, aburrimiento. **/r** tr. amohinar; molestar.
amola/ção f. amoladura; fastidio. **/r** tr. amolar, afilar; (fig.) fastidiar.
amolecer tr. ablandar; fig. conmover.
amolgar tr. abollar.
amoníaco m. *Quím.* amoníaco.
amontoa/ção f. amontonamiento; montón; confusión. **/r** tr. amontonar; acumular.
amor m. amor; — **-perfeito** *Bot.* pensamiento. **/a** f. *Bot.* mora.
amordaçar tr. amordazar.
amoreira f. *Bot.* moral, morera.
amortalhar tr. amortajar.
amortecer tr. amortecer, amortiguar; calmar; debilitar.
amortizar tr. amortizar; liquidar.
amostra f. muestra. **/r** tr. mostrar.
amotina/ção f. amotinamiento; motín. **/dor** adj. y m. amotinador. **/r** tr. amotinar.
ampar/ar tr. amparar. **/o** m. amparo.
amplia/ção f. ampliación. **/dor** adj. y s. ampliador. **/r** tr. ampliar; prorrogar.
ampli/dão f. amplitud. **/ficação** f. amplificación. **/ficador** m. amplificador. **/ficar** tr. amplificar.
amplo adj. amplio.
amputa/ção f. amputación. **/r** tr. amputar; mutilar.
amu/ado adj. enfadado, enfurruñado. **/ar** tr. enfadar. **/o** m. enojo; mohina.
amuralhar tr. amurallar.
aná f. enana.
anais m. pl. anales.
analfabeto adj. y m. analfabeto.
analis/ar tr. analizar. **/ta** adj. y s. analista.
análise f. análisis.
análogo adj. análogo.
ananás m. *Bot.* ananás.
anão m. enano.
anarqui/a f. anarquía. **/sta** s. anarquista.
anatomia f. anatomía.
anca f. anca.
anch/o adj. ancho; amplio. **/ova** f. *Zool.* anchoa.
âncora f. áncora, ancla.
andaime o **andaimo** m. andamio.
anda/mento m. andadura. **/r** intr. andar; m. piso; pavimento. **/rilho** m. andarín.
andas f. pl. andas; zancos; parihuelas.
andorinha f. *Zool.* golondrina.

andrajo m. andrajo. **/so** adj. andrajoso.
anedota f. anécdota; chiste.
anel m. anillo; argolla. **/ar** tr. anillar; rizar; anhelar.
anemia f. *Med.* anemia.
anestesia f. *Med.* anestesia.
anex/ação f. anexión. **/ar** tr. anexar; agregar. **/o** adj. y m. anexo; agregado.
anfíbio adj. y s. anfibio.
anfiteatro m. anfiteatro.
anfitrião m. anfitrión.
ânfora f. ánfora.
angariar tr. atraer; reclutar; adquirir; seducir.
angelical adj. angelical.
angina f. *Med.* angina.
anglo-saxão m. anglosajón.
ângulo m. *Geom.* ángulo, esquina.
angústia f. angustia.
angust/iar tr. angustiar. **/o** adj. angosto; reducido.
anidrido m. *Quím.* anhídrido.
anilh/a f. anilla. **/o** m. anillo; argolla.
anilina f. *Quím.* anilina.
anima/ção f. animación. **/l** adj. y m. animal. **/r** tr. animar.
ânimo m. ánimo. **/so** adj. animoso.
aninhar tr. anidar; cobijar, agasajar.
aniquilar tr. aniquilar.
anis m. *Bot.* anís.
aniversário adj. y m. aniversario.
anj/inho m. angelito. **/o** m. ángel.
ano m. año.
anoitecer intr. anochecer.
anomalia f. anomalía.
anó(ô)malo adj. anómalo.
anó(ô)nimo adj. y m. anónimo.
anormal adj. anormal.
anota/ção f. anotación; apunte. **/r** tr. anotar.
anoutecer intr. anochecer.
ânsia f. ansia.
antagoni/smo m. antagonismo. **/sta** adj. y s. antagonista.
antanho adv. antaño.
antecâmara f. antecámara.
anteced/ência f. antecedencia. **/er** tr. e intr. anteceder; preceder.
antecipar tr. anticipar.
antedizer tr. antedecir, predecir.
antemão (de) adv. de antemano.
antena f. antena.
anteontem adv. anteayer.
antepar f. antipara. **/r** tr. resguardar; defender; obstaculizar. **/o** m. resguardo; tabique; precaución; biombo.
antepassado adj. y m. antepasado.
antepor tr. anteponer.
anteproje(c)to m. anteproyecto.
anterior adj. anterior.
antes adv. antes.
antibiótico m. antibiótico.
antig/alha f. antigualla. **/o** adj. antiguo, viejo. **/uidade** f. antigüedad.
antílope m. *Zool.* antílope.
antip/atia f. antipatía. **/ático** adj. antipático.
antítese f. antítesis.
antologia f. antología.
antro m. antro.
anu/al adj. anual. **/ário** m. anuario. **/idade** f. anualidad.
anuir intr. anuir, consentir.

anula/ção f. anulación. /r tr. y adj. anular.

anuncia/ção f. anunciación. /dor adj. y s. anunciador, anunciante.

anúncio m. anuncio.

ânus m. *Anat.* ano.

anverso m. anverso.

anzol m. anzuelo; fig. ardid.

ao contr. de la prep. a y el art. o pron. o; al.

aonde adv. adonde; a que parte.

aorta f. *Anat.* aorta.

apadrinhar tr. apadrinar; patrocinar.

apaga/do adj. apagado; cancelado; sumido; indolente. /r tr. apagar; amortiguar; abatir.

apaiolar tr. almacenar en el pañol.

apaisanar tr. adoptar maneras de campesino.

apaisar tr. pintar paisajes.

apaixona/do adj. apasionado; exaltado. /r tr. apasionar; excitar.

apalaça/do adj. palaciego. /r tr. dar forma de palacio.

apaladar tr. condimentar, paladear.

apalavrar tr. apalabrar; combinar.

apalerma/do adj. entontecido, estúpido. /r-se r. atontarse.

apalhaçado adj. apayasado.

apalpa/ção f. palpamiento, palpación. /deira f. matrona (en aduanas). /dor m. manoseador, vista (aduana). /r tr. apalpar; palpar; escudriñar.

apanha f. *Agr.* apaño, cosecha. /r tr. apañar, coger; sorprender.

a par loc. adv. a la par; paralelamente.

apara f. viruta, limadura.

aparador m. aparador, armario de comedor.

aparafusar tr. atornillar.

apara-lápiz m. afilalápices, sacapuntas.

aparar tr. aparar; cortar, aguzar; adular.

aparat/ar tr. ornamentar. /o m. aparato, esplendor; adorno.

aparcela/do adj. dividido en parcelas; *Mar.* lleno de escollos. /r tr. parcelar, dividir.

aparec/er intr. aparecer. /imento m. aparecimiento.

aparelh/ado adj. aparejado; aleazado. /ador m. aparejador. /ar tr. aparejar. /o m. aparejo, aparato.

apar/ência f. apariencia, aspecto. /entar tr. aparentar; ostentar.

aparição f. aparición; fantasma.

aparo m. plumín, pluma para escribir.

aparta f. apartación, separación; elección. /do adj. apartado; retirado; m. apartado de correos. /mento m. apartamiento; habitación; soledad. /r tr. apartar, separar; escoger.

á parte adv. y prep aparte, separadamente.

aparv/alhado adj. atontado; estúpido. /alhar tr. aturdir, atolondrar.

apascenta/ção f. apacentamiento. /r tr. apacentar; fomentar; instruir.

apatia f. apatía; indolencia.

apátrida s. apátrida.

apavora/nte adj. amedrentador, pavoroso. /r tr. amedrentar.

apazigua/dor adj. y m. apaciguador. /r tr. apaciguar, calmar.

apeadeiro m. apeadero.

apeçonha/do adj. emponzoñado. /r tr. empozoñar, envenenar; afligir.

apedoirar tr. ahorrar.

apedr/ar tr. apedrear; engastar piedras preciosas. /ejar tr. apedrear; insultar.

apeg/ação f. apego. /do adj. contagioso; pegajoso. /ar tr. apegar; contagiar; agarrar.

apel/ação f. *For.* apelación, recurso. /ar tr. apelar, recurrir.

apelid/ar tr. apellidar; nombrar. /o m. apellido.

ape(ê)lo m. apelación; llamamiento.

apenar tr. apenar; castigar.

apenas adv. apenas, casi no, solamente; luego que.

ap/êndice m. apéndice. / endicite f. *Med.* apendicitis.

apens/ar tr. unir, adjuntar; anexar. /o adj. y m. anexo, adjunto; inclinado.

apenumbrar tr. sombrear.

apepsia f. *Med.* apepsia.

apequenar tr. empequeñecer; apocar.

aperalta/do adj. presumido /r tr. presumir, tornar elegante.

aperceber tr. apercibir; comprender; avistar.

apercep/ção f. apercepción; intuición. /tível adj. perceptible.

aperfeiçoa/do adj. perfeccionado. /r tr. perfeccionar, refinar.

aperfilhar tr. prohijar.

apergaminha/do adj. apergaminado. /r tr. apergaminar.

aperolar tr. dar la forma o el color de las perlas.

aperta/do adj. apretado, estrecho; necesitado. /r tr. apretar; afligir; afrontar; resumir.

ape(ê)rto m. apretón; opresión; necesidad.

apesar de loc. prep no obstante, a pesar de.

apestar tr. apestar; contaminar.

apet/ecer tr. apetecer. / ência f. apetencia. /ite m. apetito; ambición.

apetrech/ar tr. pertrechar. /o m. pertrecho.

apiedar tr. apiadar.

apio m. *Bot.* apio.

apito m. pito; silbato.

aplainar tr. acepillar; aplanar.

aplana/dor adj. aplanador. /r tr. aplanar; allanar; facilitar.

aplau/dir tr. aplaudir. /so m. aplauso.

aplica/ção f. aplicación. /r tr. aplicar.

apocalipse f. apocalipsis.

apodrecer tr. pudrir.

apogeu m. apogeo.

apoi/ar tr. apoyar. /o m. apoyo.

apólice f. póliza.

aponta/do adj. apuntado; señalado. /mento m. apunte, anotación. /r tr. apuntar; anotar.

apoplexia f. apoplejía.

apoquenta/ção f. aflicción; importunación. /r tr. afligir; molestar.

apor tr. yustaponer; uncir; poner junto a.

aporrinhar tr. consumir; importunar; afligir.

após prep y adv. después; atrás.

aposent/ação f. aposentamiento; jubilación; hospedaje. /ado m. jubilado. /ar tr. aposentar; hospedar; jubilar. /o m. aposento; cuarto.

aposição f. aposición; agregación.

aposta f. apuesta. /r tr. apostar; resolver.

apostila f. apostilla, aditamento. /r tr. apostillar.

apo(ô)sto adj. acrecentado, añadido, anexo; apuesto.

apóstolo m. apóstol.

apóstrof/e f. *Ret.* apóstrofe. /o m. *Gram.* apóstrofo.

apostura f. apostura; garbo.

apoteose f. apoteosis.

apouca/do adj. apocado; apocamiento. /r tr. apocar.

apraza/do adj. designado, fijado, convenido; aplazado. /r tr. aplazar; citar; fijar.

apraz/er intr. aplacer; agradar. /imento m. aplacimiento; beneplácito.

apreça/dor m. apreciador; tasador. /r tr. apreciar, tasar; estimar.

aprecia/ção f. apreciación. /r tr. apreciar; valuar.

apre(ê)ço m. aprecio.

apreen/der tr. aprehender; temer. /são f. aprehensión; preocupación. /r tr. apregoar/dor adj. y s. pregonador. /r tr. pregonar; divulgar.

aprender tr. aprender.

aprendiz m. aprendiz.

apresar tr. apresar.

apresenta/ção f. presentación; aspecto. /dor adj. y s. presentador. /r tr. presentar; ofrecer; exhibir.

apressa/do adj. apresurado. /r tr. apresurar; estimular.

aprimorar tr. primorear; perfeccionar.

aprisionar tr. aprisionar.

aproar tr. e intr. aproar; arribar.

aprobatório adj. aprobatorio.

aprontar tr. aprontar.

aprova/ção f. aprobación. /r tr. aprobar; autorizar.

aproveita/ção f. aprovechamiento. /r tr. aprovechar.

aprovisionar tr. aprovisionar.

aproxima/ção f. aproximación. /r tr. aproximar.

aprum/ado adj. aplomado; arrogante. /ar tr. aplomar. /o m. aplomo; corrección.

apside f. ápside.

apt/idão f. aptitud. /itude f. aptitud. /o adj. apto.

aquário m. acuario.

aquático adj. acuático.

aquec/edor adj. y m. calentador; brasero. /er tr. calentar; entusiasmar.

aqueduto m. acueducto.

aqu(ê)le adj. y pron. aquel, aquél, aquello.

aqui adv. aquí.

aquieta/ção f. aquietación, tranquilidad. /r tr. aquietar, tranquilizar.

aquilo pron. dem. aquello.

aquisição f. adquisición.

aquoso adj. acuoso.

ar m. tire; apariencia.

ara f. ara.

arado adj. y m. arado.

aragem f. brisa.

arar tr. arar; fig. navegar.

arbitra/gem m. arbitraje. /r tr. arbitrar.

árbitro m. árbitro.

arbor/escência f. *Bot.* arborescencia. /icultura f. arboricultura. /izar tr. arborizar.

arbusto m. *Bot.* arbusto.

arca f. arca; cofre; baúl.

arcabuz m. arcabuz. /ar tr. arcabucear, fusilar.

arca/ico adj. arcaico, antiguo. /ismo m. arcaísmo.

arcar tr. arquear, curvar; ceñir. /ia f. *Arq.* arquería.

arcebisp/ado m. arzobispado. /o m. arzobispo.

archeiro m. archero; arquero.

archote m. antorcha; hacha.

arco m. arco; arb; — iris, arco iris.

ár(c)tico adj. *Geog.* ártico, boreal.

arcuar tr. arcuar, arquear.

arde/nte adj. ardiente; picante. /r intr. arder.

ardil m. ardid.

ardor m. ardor.

árduo adj. arduo.

área f. *Geom.* área.

arej/ar tr. airear, ventilar. /o m. aireamiento; ventilación.

aren/a f. arena. /ga f. arenga; disputa. /oso adj. arenoso.

arenque m. *Zool.* arenque.

aresta f. arista.

argila f. arcilla.

argola f. argolla, anilla.

argúcia f. argucia.

arguir tr. e intr. argüir; censurar.

argument/ador adj. y s. argumentador. /ar tr. e intr. argumentar. /o m. argumento.

arguto adj. agudo, sutil.

ária f. *Mús.* aria.

aridez f. aridez.

aristocra/cia f. aristocracia. /ta s. aristócrata.

aritmética f. *Mat.* aritmética.

arlequim m. arlequín.

arma f. arma. /ção f. armazón; aparatos náuticos. /da f. armada. /dor m. armador. /dura f. armadura. /mento m. armamento. /r tr. armar.

armário m. armario.

armaz/ém m. almacén. /enar tr. almacenar. /enista s. almacenista.

armeiro m. armero.

arminho m. *Zool.* armiño.

armistício m. armisticio.

aro m. aro. /ma f. aroma. /matizar tr. aromatizar.

arp/ão m. arpón. /ejo m. *Mús.* arpegio. /oar tr. arponear.

arqu/e/ação f. arqueo. /ar tr. e intr. arquear; curvar. /o m. jadeo. /ologia f. arqueología.

arquiduque m. archiduque.

arquipélago m. archipiélago.

arquite(c)t/ar tr. edificar, construir; imaginar. /o m. arquitecto. /ura f. arquitectura.

arquiv/ar tr. archivar. /ista s. archivero, archivista. /o m. archivo.

arrabalde m. arrabal, suburbio.

arraia f. *Zool.* raya; frontera, raya; plebe, populacho. /l m. acampamento de tropas; feria; verbena; romería.

arrais m. *Mar.* arráez.

arranca/da f. arrancada; embestida. /r tr. arrancar; forzar; desembarazar.

arranha-céu m. rascacielos.

arranh/ação f. arañadura. /adela f. arañazo. /ar tr. arañar.

arranj/adeiro adj. diligente, ordenado. /ar tr. arreglar; conciliar; obtener; adornar. /o m. arreglo; orden; contrato.

arrasa/mento m. arrasamiento. /r tr. arrasar; allanar.

arrast/ado adj. arrastrado; miserable. *Mar.* barco de arrastre. /ar tr. arrastrar; oprimir; humillar; prolongar. /o m. arrastre; pobreza.

arrátel m. arratel, antigua unidad de peso.

arrea/ção f. arreo; ajuar. /r tr. arrear; enjaezar; amueblar. /ta f. reata, cabestro.

arrebanhar tr. arrebañar, reunir.

arrebat/ado adj. arrebatado; violento; rápido. /ador adj. y s. arrebatar; raptar; encantar. /o m. arrebato; ímpetu.

arrebent/ação f. *Mar.* reventazón, embate de olas. /ar tr. reventar; supurar; brotar. /o m. retoño (de una planta).

arrebol m. arrebol (cosmético). /ar tr. arrebolar; redondear.

arreca/ção f. recaudación; depósito. /dor adj. y s. recaudador. /r tr. recaudar, cobrar; ahorrar.

arrecuar tr. e intr. recular.

arreda! interj. ¡fuera!, ¡para atrás!

arreda/mento m. arredramiento; separación. /r tr. arredrar; desviar.

arredondar tr. redondear; completar; armonizar.

arredores m. pl. alrededores, suburbios.

arreeiro m. arriero; fig. grosero.

arrefecer tr. e intr. enfriar.

arregimenta/do adj. incorporado (al regimiento); asociado. /r tr. regimentar; juntar.

arregoar tr. e intr. surcar; hendirse.

arregueirar tr. *Agr.* abrir regueros.

arreiga/do adj. arraigado. /r tr. arraigar.

arreio m. arreo, jaez.

arreita/do adj. garrido; elegante; lascivo. /r tr. excitar la sensualidad.

arreli/a f. mal agüero; disgusto. /ador adj. y s. molestador. /ar tr. enfadar.

arrelvar tr. encesperar.

arremang/ar tr. arremangar, arregazar.

arremat/ação f. remate; subasta. /ador adj. y s. rematador. /ar tr. rematar; subasta.

arreme/dar tr. remedar, imitar. /(ê)do m. reme-

do, imitación.
arremessa/dor adj. y s. arrojador; insolente. **/r** tr. arrojar; amenazar.
arremet/er tr. arremeter; embestir. **/imento** m. arremetimiento.
arrenda/ção f. arrendamiento. **/r** tr. arrendar; adornar.
arrene/gação f. renegación; irritación. **/gar** tr. e intr. renegar; aborrecer; blasfemar. **/(ê)go** m. reniego; imprecación.
arrepanhar tr. atrapar; arrugar; robar.
arrepel/ão m. descabello; tirón; reprimenda. **/ar** tr. descabellar; desesperarse.
arrepend/er-se r. arrepentirse; retractarse. **/ido** adj. arrepentido.
arrepi/ado adj. erizado; asustado; tembloroso. **/ar** tr. horripilar; erizar; asustar; r. sentir escalofríos. **/o** m. escalofrío.
arresta/do adj. arrestado; embargo. **/r** tr. embargar; confiscar; arrestar.
arresves/ado adj. enrevesado; intrincado. **/ar** tr. poner del revés; complicar. **/so** m. dificultad.
arriar tr. *Mar.* arriar; inutilizar; rendirse, ceder.
arriba adv. arriba; f. peñasco. **/ção** f. arribo, llegada; **ave de —,** ave de paso. **/r** intr. arribar; fig. convalecer. **/s** f. pl. márgenes, orillas de un río.
arrie/iro m. arriso. **/l** m. alzaprima; barra de oro; argolla.
arrim/ado adj. arrimado. **/ar** tr. arrimar; apoyarse. **/o** m. arrimo; apoyo; protección.
arriscar tr. arriscar, arriesgar.
arroch/ar tr. agarrotar; apretar con exceso. **/o** m. garrote; fig. rigor.
arrog/ância f. arrogancia. **/ar** tr. arrogar, prohijar. **/o** m. arrogancia.
arroio m. arroyo.
arroj/adiço adj. arrojadizo; intrépido. **/ador** s. arrojador. **/ar** tr. arrojar; arrastrar. **/o** m. arrojo; osadía.
arrola/mento m. alistamiento; inventario. **/r** tr. alistar; inscribir; enrollar; arrullar.
arromba/mento m. rompimiento; fractura. **/r** tr. romper; derrumbar; destrozar; humillar.
arroupar tr. arropar.
arroz m. *Bot.* arroz. **/al** m. arrozal. **/eiro** adj. y s. arrocero.
arrua/aça f. motín; alboroto popular. **/ceiro** adj. y m. camorrista; amotinador. **/r** tr. dividir en calles; intr. callejear; mugir.
arrugar tr. arrugar; encrespar.
arruina/do adj. arruinado; destruido. **/r** tr. arruinar; destrozar; perderse.
arrum/ação f. orden; aseo; buena disposicin. **/ador** m. ordenador; acomodador. **/ar** tr. arreglar. **/o** m. orden; arreglo; fig. ocupación; empleo.
arsenal m. arsenal.
arsé(ê)nico adj. y m. arsénico.
arte f. arte.
artéria f. arteria.
artesa f. artesa.
articula/ção f. articulación. **/r** tr. articular.
art/iculista s. articulista. **/ículo** m. artículo.
art/ífice m. artífice. **/ifício** m. artificio.
artigo m. artículo.
artista adj. y s. artista; artífice; fig. ingenioso.
árvore f. *Bot.* árbol.
arvore/cer intr. arborecer. **/do** m. arboledo.
as art. f. pl. las.
às contr. de la prep. *a* con el artículo *as* a las
ás m. as.
asa f. ala; asa, mango.
às avessas loc. adv. al contrario; al revés.
ascen/dência f. ascendencia. **/der** intr. ascender.
áscua f. ascua, brasa.
asfalto m. asfalto.
asfixia f. asfixia. **/r** tr. asfixiar.
asil/ado adj. y s. asilado. **/ar** tr. y r. asilar. **/o** m. asilo; fig. amparo.
asma f. *Med.* asma.
asn/aria f. asnería. **/o** m. *Zool.* asno; fig. ignorante.
aspa f. aspa; pl. comillas. **/r** tr. aspar; fig. mortificar; borrar, tachar; entrecomar.
aspe(c)to m. aspecto.
aspereza f. aspereza; fig. mortificación.
asperidade f. aspereza.
áspero adj. áspero.
aspers/ão f. aspersión. **/ar** tr. aspejar; rociar; hisopear.
aspira/ção f. aspiración. **/dor** adj. aspirante; m. aspirador. **/r** tr. aspirar.
assad/eiro adj. asadero; m. asador. **/o** adj. y m. asado; quemado. **/or** m. asador.
assalaria/do adj. y s. asalariado. **/r** tr. asalariar.
assalt/ador adj. y m. asaltador. **/ar** tr. asaltar.
assanh/ado adj. irritado. **/ar** tr. ensañar, irritar. **/o** m. saña; rabia.
assar tr. asar; quemar.
assassin/ador m. asesino. **/ar** tr. asesinar. **/o** adj. y s. asesino.
assea/do adj. aseado; lindo. **/r** tr. asear, limpiar; adornar.
assedentado adj. sediento.
ass/ediador adj. asediador. **/édio** m. asedio, bloqueo.
assegura/ção f. aseguración. **/dor** m. asegurador; fiador. **/r** tr. asegurar; afianzar.
asseio m. aseo.
asselvaja/do adj. salvaje; brutal. **/r** tr. hacer salvaje.
assemble(é)ia f. asamblea; corporación.
assemelha/ção f. semejanza. **/r** tr. semejar.
assenta/do adj. asentado; ajustado; resuelto. **/mento** m. asentamiento; acuerdo, convenio; alistamiento. **/r** tr. asentar; presuponer; arreglar; reprender.
assent/e adj. asentado; combinado. **/imento** m. asentimiento; permiso. **/o** m. asiento; residencia; anotación; resolución.
asserção f. aserción, afirmación.
asserenar tr. serenar calmar.
asser/ir tr. afirmar, asentir. **/to** m. aserto.
assess/or m. asesor; adjunto. **/oria** f. asesoría.
assestar tr. asestar, apuntar; disparar.
assevera/ção f. aseveración. **/r** tr. aseverar, afirmar; asegurar.
assexua/do adj. asexuado, asexual. **/l** adj. asexual; ambiguo. **/lidade** f. asexualidad.
assibilar tr. *Gram.* asibilar.
ass/iduidade f. asiduidad; puntualidad. **/íduo** adj. asíduo; aplicado.
assim adv. así, de esta forma; también; **— mesmo,** así mismo; **é —?,** ¿es verdad?
assimila/bilidade f. asimilabilidad. **/dor** adj. asimilador. **/r** tr. asimilar.
assina/ção f. acción de asinar; notificación. **/do** m. firmado; solicitud.
assinala/do adj. señalado; ilustre. **/r** tr. señalar; marcar.
assin/ante s. firmante; subscritor. **/ar** tr. e intr. firmar; designar. **/ar-se** r. subscribirse. **/atura** f. firma; subscripción; abono.
assingelar tr. simplificar.
assisa/deira f. mujer murmuradora. **/r** tr. e intr. poner atención; reflexionar.
assist/ência f. asistencia; ayuda; compañía. **/ente** adj. asistente; ayudante. **/ir** intr. asistir, ayudar; presenciar; auxiliar.
assoalha/do adj. solado; asoleado; fig. divulgado; m. suelo. **/r** tr. solar; solear; divulgar.
assoar tr. sonar, limpiar la nariz.
assobi/ada f. silbido; asonada; ruido. **/adela** f. silbido; señal. **/ar** tr. e intr. silbar; patear. **/o** m. m. silbo, silbido.
associa/ção f. asociación; comunidad. **/do** adj. y m. asociado. **/r** tr. asociar; juntar.
assola/ção f. asolación, devastación. **/dor** adj. y s. asolador.
assolapar tr. solapar, ocultar.
assoma/da f. asomada; aparición; altura. **/r** tr. asomar; llegar; irritar; despuntar.
assombr/adiço adj. asombradizo; timorato. **/ado** adj. asombrado; sombreado; atónito. **/ar** tr. asombrar; sombrear; asustar; damnificar. **/o** m. asombro, pasmo.
asson/ância f. asonancia. **/ar** intr. asonar.
asso/pradela f. soplo. **/(ô)pro** m. soplo.
assoss/egador adj. sosegador. **/egar** tr. sosegar.
assov/elar tr. agujerear; alesnar; fig. incitar. **/inar** tr. agujerear; fig. estimular.
assumir tr. asumir.
assunção f. asunción.
assunto m. asunto.
assusta/diço adj. asustadizo. **/r** tr. asustar.
astro m. astro.
astr/ologia f. astrología. **/ólogo** m. astrólogo.
ast/úcia f. astucia. **/uciar** tr. e intr. inventar, urdir. **/uto** adj. astuto.
atabafa/do adj. cubierto, tapado; fig. encubierto; parado (negocio o proceso). **/r** tr. tapar bien para conservar el calor; encubrir; no dejar seguir un proceso.
ataca/do adj. atacado; atado; lleno; **comércio de —,** comercio al por mayor. **/nte** adj. atacante. **/r** tr. atacar; atar.
atado m. atado; tímido.
atalaia f. atalaya. **/r** tr. atalayar.
atapetar tr. alfombrar.
ataque m. ataque.
atar tr. atar; impedir.
atarantar tr. atarantar, aturdir.
atardar tr. atrasar, retrasar.
atarefa/do adj. atareado. **/r** tr. atarear.
atarraca/do adj. achaparrado. **/r** tr. apretar; atarragar; embarazar; achaparrar.
atarraxa/dor m. destornillador; terraja. **/r** tr. destornillar; atornillar; aterrajar; apretar mucho.
atascar tr. atascar.
atassalha/dor m. el que atasaja; fig. difamador. **/r** tr. atasajar; fig. difamar.
ataúde m. ataúd.
atavi/ar tr. ataviar. **/o** m. atavío.
até prep. hasta; adv. también; aún.
atear tr. encender; inflamar; abrasar.
ateísmo m. ateísmo.
atemoriza/dor adj. y s. atemorizador. **/r** tr. atemorizar.
atenazar tr. atenazar; mortificar.
atenção f. atención.
atencioso adj. atento.
atender tr. e intr. atender.
ateneu m. ateneo.
atent/ado m. atentado; adj. prudente. **/ar** tr. atentar; atender.
atenuação f. atenuación. **/r** tr. atenuar.
ate/rrador adj. y s. aterrador. **/rragem** m. aterrizaje. **/rraplanar** tr. aplanar. **/rrar** tr. aterrizar; aterrar; terraplenar. **/(ê)rro** m. aterramiento, nivelación de un terreno.
aterrorizar tr. aterrorizar.
atesta/ção f. atestado. **/r** tr. atestar, testificar; certificar; atiborrar.
ateu m. ateo.
atiça/dor adj. y s. atizador; instigador. **/r** tr. atizar; estimular.
ático adj. ático.
atilho m. atadura; bramante.
atinar tr. e intr. atinar; recordar.
atingir tr. alcanzar; corresponder.
atino m. atino; tino.
atira/diço adj. atrevido, osado. **/do** adj. tirado; osado.
atira/dor adj. y s. tirador. **/r** tr. tirar.
atitude f. actitud.
atlântico adj. atlántico.
atlas m. atlas.
atleta s. atleta. **/etismo** m. atletismo.
atmosf/era f. atmósfera. **/érico** adj. atmosférico.
ato (Bras.) V. **acto.**
atoarda f. noticia, rumor.
atocaiar tr. acechar; asaltar de sorpresa.
atol m. atolón. **/adeiro** m. lodazal. **/ar** tr. atollar; atontar.
atoleima/do adj. atontado, imbécil. **/r-se** r. embrutecerse.
atoleiro m. atolladero; abarrancadero.
ató(ô)mico adj. atómico.
atomi/smo m. atomismo. **/zar** tr. atomizar.
átomo m. *Fís.* y *Quím.* átomo.
at/onia f. *Pat.* atonia; inercia. **/ó(ô)mico** adj. atónico; átomo;
ató(ô)nito adj. atónito; estupefacto.
átono adj. *Gram.* átono.
atonta/diço adj. atolondrado; asustadizo. **/r** tr. atontar.
atorácico adj. *Zool.* atorácico.
atordoa/do adj. aturdido, atontado. **/r** tr. atolondrar, aturdir.
atormenta/ção f. atormentación. **/dor** adj. y s. atormentador, mortificador. **/r** tr. atormentar, afligir.
atorrear tr. torrear.
atoxicar tr. e intr. intoxicar, envenenar.
atraca/ção f. *Mar.* atracada. **/r** tr. atracar, abordar; amarrar.
atra/(c)ção f. atracción; simpatía. **/(c)tivo** adj. atractivo.
atraiçoa/dor adj. y s. traicionador, traidor. **/r** tr. traicionar.
atrair tr. atraer; persuadir.
atrapalha/ção f. confusión. **/r** tr. embarazar, confundir.
atrás adv. atrás, detrás.
atras/ado adj. atrasado; negligente. **/ar** tr. atrasar; obstruir. **/o** m. atraso; decadencia.
através adv. a través; transversalmente.
atravessa/do adj. atravesado, cruzado; fig. falso. **/r** tr. atravesar, cruzar.
atreito adj. propenso; acostumbrado.
atrela/do adj. atraillado; remolcado. **/r** tr. atraillar; prender; fig. seducir.
atrev/er-se r. atreverse; insolentarse. **/ido** adj. atrevido.
atribu/ição f. atribución; pl. poderes. **/ir** tr. atribuir.
atribula/ção f. tribulación. **/r** tr. atribular.
atribut/ar tr. atributar. **/o** m. atributo.
atrição f. atrición; arrepentimiento; desgaste.
atrincheirar tr. atrincherar.
átrio m. atrio.
atrito m. fricción; pl. dificultades.
atroa/da f. alboroto, ruido. **/dor** adj. y s. atronador; fig. perturbador. **/r** tr. atronar; aturdir.
atrocidade f. atrocidad.
atrofia f. atrofia; decadencia.
atrope/lação f. atropello, atropellamiento. **/lar** tr. atropellar; fig. menospreciar.
atroz adj. atroz.
atulh/ar tr. colmar; amontonar. **/o** m. amontonamiento; abarrotamiento.
atum m. *Zool.* atún.
atumultuar tr. amotinar; tumultuar.
atundir tr. contundir.
atupir tr. entupir; colmar.
atur/ado adj. asiduo; sufrido. **/ar** tr. soportar; sufrir; continuar.
aturdi/mento m. aturdimiento. **/r** tr. aturdir.
aud/ácia f. audacia. **/az** adj. audaz.
audição f. audición.
audi/ência f. audiencia. **/tor** m. auditor. **/tório** m. auditorio.
auge m. auge, apogeo.
aug/ural adj. augural;

misterioso. /**urar** tr. augurar, presagiar.
aula f. aula; lección.
aument/ação f. aumento; aumentación. /**ar** tr. e intr. aumentar.
áureo adj. áureo.
auréola f. aureola.
auricular adj. y m. auricular.
auriflama f. oriflama.
aurora f. aurora.
ausculta/ção f. auscultación. /**r** rt. auscultar.
aus/ência f. ausencia. /**ente** adj. ausente.
auspício m. auspicio, presagio; apoyo, favor.
auster/idade f. austeridad. /**o** adj. austero.
austral adj. austral.
aut/êntica f. auténtica. /**enticar** tr. autenticar, legalizar. /**êntico** adj. auténtico.
auto m. auto. /**carro** m. autobús.
autodinâmico adj. autodinámico.
autom/obilismo m. automovilismo. /**obilista** s. automovilista. /**otora** f. automotora, automotriz. /**óvel** adj. y m. automóvil.
autó(ô)nomo adj. autónomo.
autópsia f. autopsia.
autor m. autor. /**ia** f. condición de autor; facultad.
autori/dade f. autoridad. /**zação** f. autorización. /**zar** tr. autorizar, legalizar.
aux/iliador adj. y s. auxiliador. /**ílio** m. auxilio.
avalancha f. avalancha, alud.
avalia/ção f. valuación; apreciación. /**r** tr. valuar, tasar; apreciar.
avanç/ada f. avanzada; embestida. /**ado** adj. avanzado; progresista. /**ar** tr. e intr. avanzar; progresar.
avare/nto adj. avariento. /**za** f. avaricia.
avaria f. avería; daño. /**r** tr. averiar.
avaro adj. y s. avaro.
avassala/dor adj. y s. avasallador. /**r** tr. avasallar.
aveia f. *Bot.* avena.
ave f. *Zool.* ave.
avel/ã f. avellana. /**eira** f. *Bot.* avellana.
avelórios m. abelorios; fig. bagatelas.
aveludar tr. aterciopelar.
avenca f. *Bot.* culantrillo.
avença f. pacto, acuerdo; abono; ajuste; conciliación. /**r** intr. convenir, contratar.
avenida f. f. avenida.
avental m. adelantal.
aventur/a f. aventura. /**ar** tr. aventurar. /**eiro** adj. y s. aventurero.
averba/mento m. nota en ciertos documentos. /**r** tr. anotar;ʾ escribir al margen de; apodar.
averigua/ção f. averiguación. /**r** rt. averiguar.
avermelha/do adj. bermejizo, rojizo. /**r** tr. bermejear, rojear; enrojecer.
aversão f. aversión.
ave/ssado adj. reverso; que está al revés; enrevesado; contrario. /**ssar** tr. hacer al revés. /**(ê)sso** adj. y m. avieso; revés; contrario.
avi/ação f. aviación. /**ador** adj. y m. aviador. /**ão** m. avión.
avi/ário m. avería. /**cultura** f. avicultura.
avidez f. avidez.
avil/anar-se r. avillanar-

se. /**tar** tr. envilecer; despreciar.
avi/ndo adj. avenido; concorde. /**ndor** adj. y s. mediador; apaciguador. /**r** tr. avenir; ajustar; apaciguar.
avis/ador adj. y s. avisador. /**ar** tr. avisar. /**o** m. aviso; noticia.
avistar tr. avistar.
avitualhar tr. avituallar, abastecer.
avivar tr. avivar.
avizinhar tr. avecinar; aproximarse.
av/ô m. abuelo. /**ó** f. abuela.
avozear tr. vocear.
avulso adj. arrancado; suelto; a granel; fig. no auténtico.
avulta/do adj. abultado. /**r** tr. abultar.
axila f. axila, sobaco.
axioma m. axioma; proverbio.
azado adj. propicio; favorable.
az/áfama f. prisa. /**afamado** adj. afanoso; rápido. /**afamar** tr. afanar; atarear.
azar m. azar; tr. ocasionar.
aze/damente adv. agriamente. /**dar** tr. acedar; fig. irritar. /**(ê)do** adj. ácido; fig. áspero; irritado.
azeit/e m. aceite; fig. pl. mal humor. /**ona** f. *Bot.* aceituna.
azenh/a f. aceña, molino. /**eiro** m. aceñero.
azeviche m. azabache.
aziago adj. aciago.
ázimo adj. ázimo.
azinhaga f. sendero, vereda.
azo m. oportunidad; origen.
azoa/da f. asonada; gritería. /**r** tr. aturdir; importunar.
azote m. *Quím.* nitrógeno.
azoug/ado adj. azogado; fig. inquieto; bullicioso. /**ar** tr. azogar; desasosegar, estar inquieto. /**ue** m. azogue.
azul adj. y m. azul. /**ar** tr. azular.
azulejo m. azulejo, ladrillo.
azumbra/do adj. corcovado. /**r** tr. corcovar, curvar.
azurado m. *Imp.* azurado.
azurzir tr. zurrar; golpear.

bab/a f. baba, saliva. /**ado** adj. babado; enamorado. /**ar** tr. babear.
bacalh/au m. *Zool.* bacalao. /**oada** f. cantidad de bacalao; plato de bacalao; latigazo. /**oeiro** m. barco bacaladero; vendedor o aficionado al bacalao.
bacanal f. bacanal, orgía.
bacará m. bacará (juego de naipes).
bacharel m. bachiller; fig. hablador. /**ar** tr. e intr. bachillerear.
bacia f. bacía, palangana; cuenca; ensenada; *Anat.* pelvis.
bacio m. bacín, orinal.

baço m. *Anat.* bazo; adj. morenuzco; descolorido.
bact/éria f. bacteria, microbio. /**ericida** adj. bactericida.
báculo m. báculo, bastón; amparo.
badal/ada f. badajada; fig. tontería. /**ar** intr. badajear. /**o** m. badajo.
badanal m. confusión, bullicio.
badanar intr. temblar.
baeta f. bayeta (tejido).
bafa/gem f. brisa, bufada; inspiración; hálito. /**r** intr. respirar.
bafej/ar e intr. soplar suavemente; proteger; inspirar; murmurar. /**o** m. vaharada, soplo; fig. ayuda.
bafio m. moho.
bafo m. vaho, hálito; brisa; protección; — **ruim**, olor malo. /**rar** intr. vahear; jactarse.
baga f. *Bot.* baya; fig. gota. /**ceira** f. bagacera; adj. aguardiente de uva. /**ço** m. bagazo; aguardiente; fig. riqueza.
bagatela f. bagatela; insignificancia.
bago /o m. grano; baya. / **ulho** m. pepita, simiente; fig. dinero.
baía f. *Geog.* bahía, ensenada.
bai/ar intr. bailar. /**lar** intr. bailar. /**larino** m. bailarín; /**le** m. baile, danza.
bainha f. vaina; estuche.
baioneta f. bayoneta; **calar a —**, calar la bayoneta.
bairr/o m. amor por su barrio o tierra. /**o** m. barrio, barriada; arrabal.
baixa f. baja, disminución. /**-mar** f. bajamar. /**r** tr. bajar; disminuir; rebajar. /**r-se** r. humillarse, abatirse.
baixela f. vajilla.
baix/eza f. bajeza, vileza; hondonada; humildad. /**io** m. bajío; obstáculo. /**o** adj. bajo; hondo.
baj/oujar tr. acariciar, lisonjear. /**oujo** adj. baboso, bragazas; enamorado. /**ular** tr. adular.
bala f. bala, proyectil; fardo. /**ço** m. balazo.
balada f. balada.
balan/ça f. balanza; fig. equilibrio. /**çar** tr. balancear; oscilar. /**cear** tr. balancear. /**cete** m. *Com.* balance parcial; cálculo. /**ço** m. balanceo; columpio.
balandra f. *Mar.* balandra.
balão m. globo; fig. rumor.
balar intr. balar, dar balidos.
balastr/agem f. balastaje. /**o** m. balaste, grava.
bala/ustrada f. balaustrada. /**ústre** m. balaustre.
balbucia/ção f. balbuceo /**r** tr. e intr. balbucear.
balb/úrdia f. barullo, confusión. /**urdiar** tr. barbullar, alborotar.
balcão m. balcón; mostrador.
balde m. balde, cubo. /**ação** f. baldeo; transbordo. /**ar** tr. baldear; transbordar.
baldio adj. baldío; inculto.
bale/eira f. *Mar.* ballenera. /**eiro** adj. y m. ballenero; /**ia** f. *Zool.* ballena.
baleote m. *Zool.* ballenato, cachalote.
balhar tr. e intr. bailar, danzar.

bali/do m. balido. /**r** intr. balar.
balística f. balística.
baliza f. *Mar.* baliza; boya. /**gem** f. balizamiento. /**r** tr. balizar; limitar.
balne/ação f. acción de bañarse. /**ário** m. balneario.
balofo adj. fofo, blando; vacío.
baloiç/ador adj. balanceador. /**ar** tr. balancear, columpiar. /**o** m. columpio; balanceo.
balsa f. balsa; lagar.
bals/amar tr. balsamar, perfumar; aliviar. /**âmico** adj. balsámico; aromático. /**amizar** tr. balsamizar; aromatizar; aliviar.
bálsamo m. bálsamo; fig. consuelo.
baluarte m. *Mil.* baluarte, bastión; apoyo.
bambinela f. cortina.
bambu m. *Bot.* bambú.
bambúrrio m. bambarria; buena suerte.
banal adj. banal.
banana f. *Bot.* banano, banana, plátano.
banc/a f. banca; mesa; pupitre; bufete. /**arrota** f. bancarrota. /**o** m. banco.
banda f. banda.
bandarilh/a f. banderilla. /**eiro** m. banderillero.
bandeira f. bandera.
bandeja f. bandeja; cepillo.
bandido m. bandido.
bando m. bando.
bandoleiro m. bandolero.
bandolim m. *Mús.* bandolín.
banha f. unto, manteca de cerdo.
banh/ar tr. bañar. /**eira** f. bañera. /**o** m. baño.
banjo m. *Mús.* banjo.
banqueiro m. banquero.
banquete m. banquete. / ar tr. banquetear.
ba(p)ti/smo m. bautismo. /**stério** m. bautisterio. / **zado** adj. bautizado; m. bautizo. /**zar** tr. bautizar. /**zo** m. bautizo.
baque m. baque; palpitación fuerte. /**ar** intr. caer; arruinarse; convencer.
bar m. bar.
baraço m. cuerda; lazo; soga para ahorcar.
barafu/nda f. barahúnda, algazara. /**star** intr. debatirse; decir improperios.
baralh/a f. baraja; fig. desorden; pl. enredos. / **ar** tr. barajar; enredar; amotinarse. /**o** m. baraja.
barão m. barón.
barata f. *Zool.* cucaracha.
barat/ear tr. baratear. / **eio** m. baratura. /**o** adj. barato.
barba f. barba.
barbari/dade f. barbaridad. /**zar** tr. barbarizar.
bárbaro adj. y m. bárbaro.
barbatana f. aleta del pez.
barbe/ar tr. y r. afeitar. /**aria** f. barbería. -**iro** m. barbero.
barbicha f. barba corta y rala.
barbo m. *Zool.* barbo.
barbudo adj. barbudo.
barca f. barca. /**ça** f. barcaza.
barcarola f. *Mús.* barcarola.
barco m. barco.
bargante m. bargante, pícaro.
barítono m. *Mús.* barítono.

barlavento m. *Mar.* barlovento.
baró(ô)metro m. barómetro.
barque/iro m. barquero. /**jar** intr. barquear.
barra f. barra; borde, orilla de un vestido; banda, ribete; lecho; friso.
barrac/a f. barraca. /**ão** m. barracón.
barragem f. embalse, represa; cortina de granadas de artillería.
barranco m. barranco; precipicio; fig. dificultad. /**so** adj. barrancoso.
barraqu/eiro m. barraquero. /**im** m. barraquita.
barreg/ã adj. y f. barragana, concubina. /**ueiro** m. gritería; adj. amancebado.
barreira f. barrera; parapeto; fig. obstáculo.
barrento adj. barroso, arcilloso.
barrete m. bonete, birrete.
barrica f. barrica. /**da** f. barricada.
barriga f. barriga.
barril m. barril.
barro m. barro. /**so** adj. barroso.
barulh/ada f. confusión. /**o** m. barullo, ruido.
basalto m. *Min.* basalto.
base f. base. /**ar** tr. basar.
básico adj. básico.
basílica f. basílica.
basquetebol m. baloncesto.
bastão m. bastón, bordón, báculo.
bastar intr. bastar.
bastard/ear tr. bastardear /**ia** f. bastardía. /**o** m. bastardo.
bastião m. bastión, baluarte.
bastidor m. bastidor.
bata f. bata.
batalh/a f. batalla. /**ão** m. batallón. /**r** tr. e intr. batallar.
batata f. *Bot.* patata.
batedeira f. batidera, batidora.
bátega f. jofaina; chaparrón.
batel m. batel. /**ão** m. barcaza, gabarra.
batente adj. y m. batiente; aldaba.
bater tr. batir; acuñar moneda; agitar las alas.
bateria f. batería.
batina f. sotana; levita (que usan los estudiantes).
bat/íscafo m. batiscafo. /**isfera** f. batisfero.
batot/a f. trapeza en el juego; fam. engaño. /**ar** intr. trapacear. /**eiro** m. fullero; trapaceador.
batráquio m. *Zool.* batracio.
batuque m. cierta danza y tambor de los negros, batuque; ruido de golpes repetidos.
batuta f. *Mús.* batuta.
baú m. baúl.
bazar m. bazar.
baz/ófia f. bazofia; fig. jactancia. /**ofiar** intr. jactarse.
bebé m. bebé.
bebed/eira f. borrachera. /**ige** f. embriaguez; fig. **bêbedo** o. m. borracho.
beb/er tr. beber. /**errão** m. borrachín. /**erricar** tr. e intr. beborrotear. /**ida** f. bebida.

begó(ò)nia f. Bot. begonia.
beiço m. bezo, labio grueso; borde saliente.
beij/adela f. beso. /a-mão m. besamanos. /ar tr. besar. /o m. beso. /oca f. fam. beso sonoro. /ocar tr. besuquear.
beira f. borde; orilla; margen; proximidad. /-mar f. litoral; orilla del mar.
beleza f. belleza; excelencia.
beliche m. camarote, litera.
bélico adj. bélico.
beligero adj. beligero, belicoso.
belisc/adura f. pellizco. /ão m. pellizco grande. /ar tr. pellizcar.
bel/o adj. y m. bello. /-prazer m. propia voluntad; albedrío.
bem m. bien; pl. bienes. /-criado adj. bien educado. /-estar m. bienestar. /-fadado adj. afortunado. /-fazer intr. beneficiar; m. beneficio. /-mequer m. Bot. margarita.
bemol m. Mús. bemol.
bênção f. bendición.
bendi/to adj. y m. bendito. /zer tr. bendecir.
ben/eficência f. beneficencia. /eficiar tr. beneficiar. /efício m. beneficio; ganancia. /emérito adj. benemérito.
beneplácito m. beneplácito.
ben/évolo adj. benévolo. /fazejo adj. bienhechor.
bengal/a f. bastón; bengala. /eiro m. bastonero.
benigno adj. benigno.
benzina f. Quím. bencina.
benzol m. Quím. benzol.
berbigão m. Zool. berberecho.
berço m. cuna.
bergantim m. Mar. bergantín.
beringela f. Bot. berenjena.
berr/a f. berrido; celo. /ar intr. berrear, chillar; fig. saltar a la vista un color. /eiro m. berrinche; gritos. /o m. berrido; grito.
besoiro m. Zool. abejorro.
be/(ê)sta f. bestia; ballesta. /stial adj. bestial. /stializar tr. bestializar.
besugo m. Zool. besugo.
besuntar tr. untar; ensuciar.
beterraba f. Bot. remolacha, betarraga.
betesga f. callejón; taberna.
betume m. betún.
bexig/a f. vejiga; ampolla; fam. burla; pl. viruelas. /oso adj. vejigoso.
bezerr/a f. Zool. becerra. /o m. Zool. becerro.
bibe m. delantal para niño.
biberão m. biberón.
bíbli/a f. Biblia. /co adj. bíblico.
biblio/grafia f. bibliografía. /teca f. biblioteca.
bicarbonata m. Quím. bicarbonato.
bich/a f. Zool. sanguijuela; lombriz; culebra; hilera, (de personas); persona irritada; divisa. /aroco m. bicharraco. /o m. bicho; fiera; persona intratable. /o-da-se(ê)

da m. gusano de seda.
bicicl/eta f. bicleta. /ista s. biciclista.
bic/o m. pico; punta. /udo adj. picudo, puntiagudo; fig. difícil.
bidão m. bidón.
bidé m. bidé.
biela f. biela.
bienal adj. bienal.
bife m. bistec. /steque m. bistec poco asado.
bifurca/ção f. bifurcación. /r tr. bifurcar.
bigamia f. bigamia.
bígamo adj. y s. bígamo.
bigode m. bigote.
bijutaria f. bisutería, quincallería.
bilhar m. billar.
bilhete m. billete. /ira f. billetero; taquilla.
bilingue adj. bilingüe.
bílis f. bilis.
biltre adj. y m. bellaco.
bime/nsal adj. bimensual, quincenal. /stral adj. bimestral.
bimotor adj. y m. bimotor.
bina/ção f. binación. /r tr. curvar, arquear.
binário adj. y m. binario.
binóculo m. binóculo.
biografia f. biografía.
biologia f. biología.
biombo m. biombo.
bioquímica f. bioquímica.
biqueirão m. Zool. boquerón, anchoa.
bisagra f. bisagra.
bisão m. Zool. bisonte.
bisar tr. bisar.
bisav/ô m. bisabuelo. /ó f. bisabuela.
bisbilhot/ar intr. intrigar, chismear. /eiro m. chismoso, intrigante.
biscainho o biscaio m. vizcaíno, vasco.
biscoit/eira f. bizcochera. /o m. bizcocho.
bisel m. bisel. /ar tr. biselar.
bismuto m. Quím. bismuto.
bisnaga f. tubo.
bisnieto m. biznieto.
bisonh/aria f. bisoñez; ignorancia; novatada. /o adj. y s. bisoño; novato; recluta.
bisp/ado m. obispado. /ar tr. ver de lejos; sorprender; intr. obtener un obispado. /o m. obispo.
bitola f. modelo, patrón; fig. inteligencia; capacidad.
bivacar intr. vivaquear.
bland/ícia f. caricia; adulación; blandura. /iciar tr. acariciar; mimar.
blasf/emação f. blasfemia. /emar intr. blasfemar. /é(ê)mia f. blasfemia.
blasonar intr. blasonar; jactarse.
blinda/gem f. blindaje. /r tr. blindar.
bloco m. bloque; coligación de partidos políticos.
bloque/ar tr. bloquear. /io m. bloqueo.
blus/a f. blusa. /ão m. blusón.
boa f. Zool. boa; adj. buena.
boat/ar intr. rumorear; divulgar. /o m. rumor.
bob/agem f. bobería. /ice f. bobería.
bobina f. bobina; carrete. /dor m. bobinador. /r tr. bobinar.
bo(ô)bo adj. y m. bobo; bobalicón.
bo(ô)ca f. boca.
boca/dinho m. pedacito, bocadito; instante. /do m. bocado; pedazo; instante, espacio de tiempo.

bocal m. bocal; embocadura; brocal; bozal; bocado; adj. bucal.
bocej/ar intr. bostezar; fig. aburrirse. /o m. bostezo.
bócio m. Med. bocio.
boda f. boda, casamiento.
bode m. Zool. bode.
bodeg/a f. bodega, taberna; inmundicia. /ada f. chapucería; porquería.
bodo m. festín; regalo.
boé(ê)mio adj. y m. bohemio; nómada.
bof/ar tr. e intr. exhalar del bofe; eructar; jactarse. /e m. Anat. bofe, pulmón; fig. carácter.
bofet/ada f. bofetada; injuria. /ear tr. abofetear.
boga f. Zool. boga.
boi m. Zool. buey.
bóia f. boya; baliza.
boicot/agem f. boicoteo. /ar tr. boicotear.
boina f. boina.
boj/ador adj. saliente. /ar tr. curvar, arquear. /o m. barriga; capacidad.
bola f. bola; pelota.
bolacha f. galleta; fam. bofetada.
bolbo m. Bot. bulbo.
bolchevi/que adj. y s. bolchevique. /ismo m. bolchevismo.
boldrié m. tahalí; cinturón.
boletím m. boletín.
bol/e(ê)to m. boleto; boleta.
bo(ô)lha f. ampolla; burbuja; fig. manía.
bolh/ão m. borbotón; gran burbuja. /ar tr. e intr. burbujear; borbotonear.
bólide o bólido m. bólido.
bo(ô)lo m. pastel; prestación anual. /-rei m. roscón de Reyes.
bolor m. moho; fig. vejez. /ecer intr. enmohecer; fig. envejecer.
bolota f. Bot. bellota.
bo(ô)lso m. bolso.
bom adj. bueno.
bomb/a f. bomba. /rdear tr. bombardear. /rdeio m. bombardeo.
bombeiro m. bombero.
bombazina f. pana (tejido).
bombo m. bombo.
bombom m. bombón.
bombordo m. Mar. babor.
bonança f. bonanza.
bondade f. bondad.
boné m. gorra con visera.
bonec/o m. muñeca. /o m. muñeco; fig. mequetrefe.
bonificar tr. bonificar; beneficiar.
bonit/eza f. belleza. /o adj. bonito; Zool. bonito, atún.
bó(ô)nus m. descuento; bonificación; premio.
boquilha f. boquilla.
borbolet/a f. Zool. mariposa. /ear intr. mariposear; devanear.
borbulh/a f. Bot. yema; fig. mácula. /ar intr. burbujear; llenarse de brotes una planta.
borda f. borde; margen; orilla.
bordado adj. y m. bordado.
bordar tr. bordar.
borde/ar intr. bordear. /jar intr. bordear.
bordel m. burdel.
boreal adj. boreal.
borguista s. juerguista; fiestero.
borla f. borla; birrete.
borlista s. gorrón; el que asiste a un espécaculo

sin pagar.
bornal m. mochila; macuto.
bo(ô)rra f. borra; heces; bagatela.
borracha f. goma.
borrad/ela f. borrón de tintá; mancha. /or adj. papel secante; m. borrador; fam. pintamonas.
borr/ão m. borrón; borrador. /ar tr. borrar; ensuciar; defecar.
borrasca f. borrasca.
borre(ê)go m. borrego.
borrif/adela f. rociadura, salpicadura. /ar tr. rociar, asperger; intr. lloviznar. /o m. rociadura, salpicadura; llovizna.
bosque m. bosque.
bota f. bota; fig. dificultad.
botânica f. botánica.
botão m. botón; yema de las plantas.
botar tr. arrojar; verter.
bote m. Mar. bote; cuchillada.
botic/a f. botica. /ário m. boticario.
botija f. botija.
bouça f. terreno inculto; matorral. /r tr. quemar los rastrojos de los terrenos incultos.
bovino adj. bovino.
boxe m. boxeo.
braça f. braza (medida).
braçadeira f. abrazadera; argolla.
bra/cejar intr. bracear; fig. luchar. /celete m. brazalete. /ço m. brazo.
bragas f. pl. bragas, calzones.
brâmane m. brahmán.
bram/ar intr. bramar; vociferar; rugir. /ir intr. bramar; gritar; retumbar.
branc/acento adj. blancuzco. /o adj. blanco, albo; puro. /ura f. blancura.
brandir tr. blandir; intr. vibrar, oscilar.
brand/o adj. blando; lento; bondadoso. /ura f. blandura; afabilidad.
branque/ação f. blanqueación. /ar tr. e intr. blanquear; fig. encanecer. /jar intr. blanquear.
brânquia f. Zool. branquia.
branqui/dão f. blancura, albura. /r tr. blanquear.
braquigrafia f. braquigrafía.
braquiotomia f. Cir. braquiotomía.
brasa f. brasa; fig. ardor.
brasão m. blasón; escudo; honor.
braseir/a f. brasero. /o m. brasero; hoguera.
brasil m. Bot. brasil, palo brasil. /eirada f. conjunto de brasileños. /eirismo m. brasileñismo. /eiro adj. y s. brasileño, natural del Brasil.
bravat/a f. bravata, jactancia. /ão m. valentón, bravucón.
brav/ejar intr. bravear. /eza f. braveza; cólera; amenaza. /io adj. bravío, salvaje. /o adj. bravo; silvestre.
brecha f. brecha; raja; daño.
brejeir/ada f. bribonada. /o adj. y m. tunante; vagabundo.
breque m. breque (carruaje).
breu m. brea, pez.
breve adj. m. breve; ligero; nota musical.
brevetar tr. conceder car-

né de aviador.
brevi/ário m. breviario. /dade f. brevedad; rapidez.
brid/a f. brida. /ar tr. poner brida; reprimir, refrenar.
briga f. disputa, riña, lucha.
brigad/a f. Mil. brigada; cuadrilla de obreros. /eiro m. general de brigada.
brig/ador adj. y m. peleador, provocador. /ão m. peleador. /ar intr. bregar, disputar.
brigue m. Mar. bergantín.
brilh/ador m. brillador. /ante adj. brillante; célebre; m. brillante (diamante). /ar intr. brillar; lucir. /o m. brillo; suntuosidad.
brim m. brin (tela).
brinc/adeira f. entretenimiento, juego; broma. /alhão adj. y s. bromista. /ar intr. jugar, divertirse; bromear; saltar.
brind/ar tr. brindar, obsequiar; intr. brindar, beber a la salud. /e m. brindis; regalo.
brinqu/edo m. juguete. /ilharia f. juguetería.
brio m. brío; pundonor; bravura. /so adj. brioso; valiente.
brisa f. brisa (viento).
brita f. cascajo, balasto. /deira f. trituradora de piedras. /r tr. quebrar, fragmentar; invalidar.
broca f. broca, barrena. /r tr. taladrar.
brocha/do adj. encuadernado en rústica. /dor m. y m. encuadernador. /r tr. encuadernar; clavar con clavos de zapatero.
brônqui/os m. pl. bronquios. /te f. Med. bronquitis.
bronze m. bronce. /ador m. bronceador. /ar tr. broncear.
broquear tr. perforar, taladrar.
brotar intr. brotar; manar.
broxa f. brocha. /r tr. pintar con brocha.
bruços (de) loc. adv. de bruces, boca abajo.
bruni/dor m. bruñidor. /r tr. bruñir; almidonar, planchar; pulir; alisar.
bruno adj. bruno, moreno; fig. sombrío, triste.
brus/co adj. brusco. /quidão f. brusquedad.
brut/a (à) loc. adv. a lo bruto. /alidade f. brutalidad. /o adj. bruto.
brux/a f. bruja; pabilo de lamparilla de luz ténue; brujería. /o m. brujo; f. brujería. /aria curandero.
buc/ólico adj. bucólico, campestre; inocente. /olismo m. bucolismo; inocencia.
budis/mo m. budismo. /ta s. com. budista.
búfalo m. Zool. búfalo.
bufão m. bufón.
bufar intr. bufar; soplar; jactarse.
bufete m. bufete (aparador de comedor); cantina (en las estaciones); mostrador o mueble de bebidas en teatros, fiestas, etc.
bufo adj. y m. bufo; soplo fuerte y rápido; avaro; policía secreto.
bugiganga f. quincallería, bagatela.
bugre m. árbol leguminoso del Brasil; tribu de indios brasileños.
bula f. bula, decreto pon-

tificio; sello.
bulastenia f. debilitación de la voluntad.
bulb/iforme adj. *Bot.* bulbiforme. /o m. bulbo.
bule m. tetera.
bulh/a f. bulla, ruido; confusión. /ar intr. alborotar; disputar.
bul/ício m. bullicio, agitación. /içoso adj. bullicioso.
bumb/o m. bombo. /um m. estruendo; zumbido.
burac/ão m. agujero grande. /o m. agujero, orificio.
burel m. burel, hábito de fraile; buriel; saval; luto.
burg/o m. burgo; arrabal; villa; pazo. /uês adj. y m. burgués; ordinario. /uesía f. burguesía.
buril m. buril, cincel.
burl/a f. burla; engaño. /ador adj. burlador; estafador. /ão m. estafador. /ar tr. burlar; engañar, defraudar. /esco adj. burlesco, ridículo.
burocra/cia f. burocracia. /cismo m. burocratismo.
burr/a f. *Zool.* burra; caja de caudales. /ada f. burrada; disparate. /ice f. burrada, necedad. /o m. burro; estúpido.
busca f. busca; investigación. /r tr. buscar; investigar.
bússola f. brújula; guía.
busto m. busto.
butano m. *Quím.* butano.
butiró(ô)metro m. *Quím.* butirómetro.
butomáceas f. pl. *Bot.* butomáceas.
buzarate adj. fanfarrón; badulaque.
buzilhão m. alcancía; ropa sucia; persona deseada.
buzina f. bocina; fig. pregonero. /r intr. bocinar; — aos ouvidos, importunar.
búzio m. *Zool.* caurí; trompeta; adj. deslucido; obscuro.

cá adv. acá, aquí; **cá nesta terra**, en nuestro país.
cã f. cana, cabello blanco.
caba/ça f. *Bot.* calabaza; calabacera; pendiente. /ceira f. calabacera. /ço m. calabacín; regadera.
cabal/a f. cábala; intriga. /ar intr. intrigar, maquinar.
cabana f. cabaña; tugurio.
caba/nilho m. cesto para frutas. /z m. cabás, canasto.
cabe/ça f. cabeza; jefe. /çada f. cabezada; fig. disparate. /çalho m. encabezamiento; lanza de coche; armazón de madera de una campana. /ção m. cabezón; serreta. /cear intr. cabecear; inclinarse.
cabedal m. caudal, bienes; cuero.
cabel/eira f. cabellera; crin. /eireiro m. peluque-

ro. /o m. cabello. /udo adj. cabelludo; peludo.
cab/er intr. caber. /ida f. cabida; aceptación.
cabide m. percha.
cabisbaixo adj. cabizbajo; abatido; avergonzado.
cabo m. *Geog.* y *Mil.* cabo; extremidad; mango; cuerda gruesa; jefe.
cabota/gem f. cabotaje. /r intr. hacer cabotaje.
cabouc/ar tr. excavar; abrir zanjas. /o m. excavación; foso; zanja.
cabr/a f. *Zool.* cabra. /ão m. *Zool.* cabrón. /eiro m. cabrero.
cabrestante m. cabrestante.
cabular intr. trapacear; holgazanear.
caca f. caca, porquería, excremento.
caça f. caza; animales que se cazan; persecución; avión de caza. /deira f. fusil de caza; cazadora. /dor s. cazador. /-minas m. *Mar.* cazaminas.
cação m. *Zool.* cazón (pez); mujer desnuda.
cacau m. *Bot.* cacao.
cachaça f. aguardiente de melaza.
cacha/ceiro adj. cachazudo; borrachón. /ço m. cerviguillo, cogote; arrogancia.
cachalote m. *Zool.* cachalote.
cachecol m. bufanda.
cacheiro adj. que se esconde; ouriço- —, puerco espín; fig. astuto.
cachete m. cachete.
cachimb/ar intr. fumar en pipa. /o m. pipa.
cachinar intr. reir a carcajadas.
cacho m. racimo.
cachola f. *Pop.* cabeza; juicio; molleja de aves.
cachop/a f. muchacha, moza. /ada f. reunión de muchachas y muchachos.
cachorro m. cachorro.
cacifo m. cofre; arquilla; caja; cesto usado por los cazadores; cubículo.
cacimba f. rocío; relente.
cacique m. cacique.
caco m. pedazo de loza; trasto viejo; moco seco; fig. persona vieja y enferma.
caço m. cazo; sartén de barro.
caçoa/da f. broma, mofa. /r tr. e intr. mofar, burlar.
cacoso adj. sucio.
cacto m. *Bot.* cacto.
cada adj. y pron. cada.
cadafalso m. cadalso; estrado.
cadastro m. catastro.
cad/áver m. codáver. /avérico** adj. cadavérico.
cadeado m. candado.
cadeia f. cadena; cárcel; serie; ponto de —, punto de cadeneta.
cadeir/a f. silla; cátedra; pl. caderas. /ão m. sillón, silla grande.
cadel/a f. *Zool.* perra; fig. mujer disoluta. /ona f. ramera.
cad/ência f. cadencia; vocación. /enciar tr. dar cadencia; acompasar.
cadern/o m. cuadernillo; cartilla militar; libro de notas; folleto por entregas; libreta de cantidades depositadas y levantadas. /o m. cuaderno.
cadete m. cadete.
cadinho m. crisol.
cadu/car intr. caducar. /co adj. caduco; decrépito.

caf/é m. *Bot.* café; cafeto; (bebida, establecimiento). /eteira f. cafetera. /ezal m. cafetal.
cafr/e f. cafre; fig. bárbaro. /ice f. salvapería.
cafua f. caverna; escondrijo; prisión.
cafurna f. caverna; escondrijo.
cágado m. *Zool.* tortuga.
cag/anifância f. insignificancia. /anita f. cagarruta. /ão adj. y s. cagón; cobarde.
caia/ção f. blanqueamiento. /r tr. blanquear; disfrazar.
cãibra f. *Pat.* calambre.
ca/ideiro adj. caduco; débil. /ído adj. caído, abatido; triste.
caimão m. *Zool.* caimán.
cair intr. caer.
cais m. muelle; andén.
caix/a f. caja. /ão m. cajón; ataúd. /eiro m. cajero; dependiente de casa comercial. /ilho m. marco de puerta o ventana; moldura.
caju m. *Bot.* acajú.
cal m. cal.
calabouço, calabouço m. calabozo.
calabre m. *Mar.* calabrote; amarra.
calado adj. callado; m. *Mar.* calado.
calaf/ate m. calafate. /etar tr. calafatear.
calafrio m. escalofrío, calofrío.
calamar m. *Zool.* calamar.
calamidade f. calamidad.
calão m. jerga, germanía, caló.
calar tr. callar; calar, penetrar.
calça f. cinta o anillo que se pone a ciertos animales para distinguirlos de otros; pantalón.
calçada f. calzada.
calçad/eira f. calzador. /o adj. y m. calzado; empedrado.
calcanhar m. calcañar; talón.
calcar tr. calcar; hollar; comprimir; pisar.
calçar tr. calzar; empedrar; ponerse los guantes.
calcário adj. y m. calcáreo.
calce(ê)ta f. calceta, grillete.
calcet/ar tr. empedrar. /eiro m. empedrador.
calci/ficar tr. calcificar. /nar tr. calcinar; abrasar.
calcinhas f. pl. bragas (de mujer).
cálcio m. *Quím.* calcio.
calcorrea/da f. caminata a pie; fatiga. /r intr. al correar.
calcul/ador adj. y s. calculador. /ar tr. e intr. calcular.
cálculo m. cálculo.
calda f. almíbar, jarabe; pl. termas.
caldear tr. caldear; mezclar.
caldeir/a f. caldera. /ada f. caldeirada; pescado guisado a la marinera. /ão m. calderón.
caldo m. caldo.
caleira f. canalón; alero; calera.
calendário m. calendario.
calha f. reguera, canal; carril del tren.
calhamaço m. librote, libro grande y sin valor.
calhambeque m. embarcación de cabotaje; coche viejo; trasto.

calhandra f. *Zool.* alondra.
calhar intr. ser oportuno; coincidir; caber justamente.
calhau m. guijarro; fragmento de roca dura.
calibr/ador m. calibrador. /ar tr. calibrar.
caliça f. caliza, yeso.
cálice m. cáliz; copita.
caligrafia f. caligrafía.
calista s. callista.
calm/a f. calma. /ante adj. y m. calmante. /ar tr. calmar.
calo m. callo; fig. insensibilidad.
caloir/ice f. novatada; simpleza. /o m. novato.
calor m. calor; ardor; fig. entusiasmo. /ia f. caloría. /oso adj. caluroso; fig. vehemente.
calote m. *Pop.* deuda; estafa; engaño. /iro m. estafador.
caluda! interj. ¡silencio! ¡a callar!.
cal/única f. calumnia. /uniar tr. e intr. calumniar.
calva f. calva.
calvário m. calvario.
cama f. cama.
camada f. capa; baño; capa mojada; clase, categoría.
câmara f. cámara, aposento; asamblea; **Câmara Municipal**, Ayuntamiento.
camarada s. camarada, colega. /gem f. camaradería.
camarão m. *Zool.* camarón.
camarata f. dormitorio de cuartel, colegio, etc.
camar/eira f. camarera. /eiro m. camarero, criado noble de la corte.
camarim m. camarín; camarote.
camarinheira f. *Bot.* cambronera.
camarista m. camarista del rey; concejal.
camarote m. palco de teatro; camarote de barco.
camartelo m. martillo de pedrero, pico; escola.
cambale/ante adj. vacilante, inseguro. /ar intr. cambalear, tambalear.
camba/lhota f. voltereta, tumbo; revirávuelta. /lhotar intr. voltear.
cambetear intr. bambolear; vacilar.
cambia/da f. cambiante; mudanza de color. /r tr. e intr. cambiar, trocar.
câmbio m. cambio; permuta.
cambista s. cambista; banquero.
cambota f. curva, arco; cimbra; cigüeñal.
cambraia f. cambray (tejido).
cambrar tr. *Arq.* abovedar.
cambudo adj. combado, curvo.
cameleiro m. camellero.
camélia f. *Bot.* camelia (flor).
camel/ice f. sandez, estupidez. /o m. camello; fig. estúpido, grosero.
camerleng/ado m. camarlengado. /o m. camarlengo.
camião m. camión.
camilha f. camilla, cama pequeña.
caminh/a f. caminata, jornada. /dor adj. y m. caminante.
caminhão m. camión.
caminh/ar intr. caminar; pasear. /o m. camino, recorrido; distancia.

camion/agem f. camionaje. /eta f. camioneta.
camis/a f. camisa; envoltorio. /ão m. camisón. /aria f. camisería. /eta f. camiseta. /ola f. camisola; blusa.
camomila f. *Bot.* camomila, manzanilla.
camoniano adj. y m. relativo a Camões.
campa f. túmulo, losa sepulcral.
campainha f. campanilla.
campal adj. campal; **missa —**, misa de campaña.
campan/a f. campana. /ado adj. acampanado. /ário m. campanario; fig. aldea.
campanha f. campaña; *Mil.* guerra, lucha.
campaniforo adj. *Bot.* campaniforo.
campe/ador adj. y m. campeador, luchador. /ão m. campeón.
campeonato m. campeonato.
camp/esinho o **campesino** adj. y s. campesino; rústico. /estre adj. campestre. /ina f. campiña, llanura. /ino adj. campesino; m. pastor; boyero. /ismo m. camping, campamento. /o m. m. campo; — -santo, cementerio. /onês m. campesino; adj. rústico.
camptologia f. *Gram.* morfología.
camufl/agem f. camuflaje. /r tr. camuflar, disfrazar.
camurça f. *Zool.* gamuza; piel fina de este animal.
cana f. *Bot.* caña; — **do leme**, caña del timón; — **da-índia**, bambú.
canal m. canal.
canalh/a f. canalla, gente vil; niños. /ada f. canallada, ruindad.
canali/zação f. canalización. /zar tr. canalizar.
canário m. *Zool.* canario; fig. persona que canta bien.
canasta f. canasta, juego de naipes.
canastr/a f. canasta, cesto. /o m. canasto; fig. el cuerpo humano.
canavial m. canaveral, cañizal.
cancã m. cancán (baile).
canção f. canción.
cancela f. cancela; verja. /r tr. cancelar, anular.
câncer m. *Med.* cáncer, úlcera; cáncer (constelación).
cancer/aço f. canceración; ulceración. /ar tr. e intr. cancerar; consumir.
can/cioneiro m. cancionero. /çoneta f. cancioneta.
cancro m. *Pat.* cancro, cáncer.
cande/eiro m. lámpara; candil; velón. /ia f. candela, lamparilla. /la f. candela, luto. /labro m. candelabro.
cand/ência f. candencia. /ente adj. candente; brillante.
cândi adj. cande (azúcar).
candial adj. candeal; blanco.
candida/to m. candidato, pretendiente. /tura f. candidatura.

cândido adj. cándido, blanco; inocente; sencillo.
candong/a f. contrabando, mercado negro; candonga. /**ar** intr. contrabandear; adular.
cand/or m. pureza, albura. /**ura** f. candor, albura.
caneca f. colodra pequeña; vaso con asa; jarro.
caneiro m. canal pequeño; pozo.
canela/dura f. acanaladura, estría. /**r** tr. e intr. acanalar; estriar.
caneta f. portaplumas. /**tinteiro** f. estilográfica.
cânfora f. alcanfor.
cangaceiro m. Bras. salteador; contrabandista.
canguru m. Zool. canguro.
cânhamo m. Bot. cáñamo.
canh/ão m. cañón. /**onaço** m. cañonazo. /**oneira** f. cañonero; tronera.
canibal m. caníbal. /**ismo** m. canibalismo.
cani/l m. perrera. /**no** adj. canino; m. diente canino; fig. maligno.
canivete m. cortaplumas, navaja pequeña.
canja f. caldo de gallina con arroz.
cano m. caño, tubo; canalón; cano, blanco.
canoa f. Mar. canoa.
cânon m. canon; regla; catálogo; tarifa.
canoni/cato m. canonicato. /**zação** f. canonización. /**zar** tr. canonizar; fig. alabar.
cans/aço f. cansancio. /**ar** tr. cansar. /**eira** f. cansera, cansancio; preocupación.
cantábrico adj. y s. cantábrico.
canta/deira adj. y f. cantadera, cantadora. /**dor** adj. y s. cantador, cantor.
cantão m. cantón.
cantar tr. cantar.
cântaro m. cántaro.
canta/rola f. tarareo; canto destemplado. /**rolar** intr. canturrear; desafinar.
canteir/a f. cantera. /**o** m. cantero; bancal, macizo de flores en jardín.
cântico m. cántico; himno.
canti/ga f. cantiga, canción popular; pl. mentiras. /**lena** f. cantinela.
cantin/a f. cantina. /**eiro** m. cantinero.
canto m. canto; cantón, rincón, esquina; comisura de los labios; trozo de piedra.
cantoneiro m. peón caminero.
cantor m. cantor. /**a** f. cantante.
cão m. Zool. can, perro; gatillo.
caos m. caos.
capa f. capa; fig. pretexto; casco.
capacete m. capacete, casco.
capacho m. estera, felpudo; fig. hombre servil.
capaci/dade f. capacidad. /**tar** tr. capacitar.
cap/ão m. capón. /**ar** tr. capar; deschuponar.
capar/ão m. caperuza. /**azão** m. caparazón.
capataz m. capataz.
capear tr. capear; revestir ocultar con la capa.

capela f. capilla.
capelão m. capellán.
capelo m. capuchón, caperuza.
capilar adj. capilar.
capilé m. almíbar de culantrillo.
capim m. Bot. capín.
capital adj. m. y f. capital. /**ismo** m. capitalismo. /**ista** adj. y s. capitalista.
capit/anear tr. capitanear. /**ania** f. capitanía. /**ânia** f. Mar. capitana. /**ão** capitán.
capitel m. capitel.
capitólio m. capitolio.
cap/itulação f. capitulación. /**itular** adj. y tr. capitular; ceder. /**ítulo** m. capítulo.
capoeir/a f. gallinero. /**o** m. ladrón de gallinas.
capot/a f. capota. /**e** m. capote; fig. disfraz.
caprich/ar tr. e intr. encapricharse; esmerarse. /**o** m. capricho; anhelo.
caprino adj. caprino.
capta/dor adj. y s. captador. /**r** tr. captar; fig. granjear.
capt/or m. captor. /**ura** f. captura. /**urar** tr. capturar.
capuch/a f. capucha. /**ar** tr. poner capucha; fig. disimular.
capuz m. capuz, capucha.
cara f. cara.
carab/ina f. carabina. /**eiro** m. carabinero.
caracol m. Zool. caracol. /**ar** intr. caracolear.
car/á(c)ter m. carácter. /**a(c)terística** f. característica.
caramanchão m. pabellón; pérgola, emparrado en los jardines.
carambol/a f. carambola; fig. enredo. /**ar** intr. carambolear; fig. engañar.
caramel/izar tr. caramelizar. /**o** m. caramelo; carámbano.
caramulo m. eminencia; montón.
caramunha f. lloriqueo de niños.
caranguejar intr. andar como el cangrejo; retroceder; vagar.
caranguejo m. Zool. cangrejo.
carapau m. Zool. jurel.
carapinha f. pelo crespo y lanudo de un negro.
carapinhada f. limonada o naranjada helada.
carapuça f. caperuza, capuz; fig. sátira; censura.
carapuço m. colador para el café.
caravana f. caravana.
caravela f. carabela.
carbonato m. Quím. carbonato.
carbonizar tr. carbonizar.
carbura/dor m. carburador. /**nte** m. Quím. carburante. /**r** tr. carburar.
carcaça f. caparazón; armazón; esqueleto.
cárcere m. cárcel.
carcom/a f. Zool. carcoma; podredumbre. /**er** tr. carcomer; fig. destruir.
cardar tr. cardar.
cardeal adj. cardenal. Zool. cardario; adj. cardinal.
cardíaco adj. y m. cardíaco.
cardiograma m. cardiograma.
cardiologi/a f. cardiología. /**sta** s. cardiologista, cardiólogo.
cardo m. Bot. cardo.
cardume m. cardumen;

montón; muchedumbre.
carea/ção f. caricia; adulación; careo. /**r** tr. acariciar; gránjear; carear.
careca f. calva.
carena f. Mar. carena, quilla; **dar —**, destruir, destrozar.
carência f. carencia.
carestia f. carestía; carencia.
caret/a f. careta; mueca. /**ear** intr. visajear; hacer muecas.
carga f. carga.
cargo m. cargo; gasto; responsabilidad.
cariar intr. cariarse.
caricat/o adj. ridículo, caricato. /**ura** f. caricatura. /**urista** s. caricaturista.
car/ícia f. caricia. /**iciar** tr. acariciar.
caridade f. caridad.
cárie f. caries.
carimb/ar tr. sellar. /**o** m. matasellos; sello.
carinho m. cariño.
carlinga f. carlinga.
carmelita adj. y s. carmelita. /**no** adj. carmelitano.
carm/esim adj. y s. carmesí. /**im** adj. y m. carmín.
carna/ça f. carnaza. /**l** adj. y m. carnal.
carnaval m. carnaval.
carne f. carne.
carneiro m. Zool. carnero.
carni/ça f. carniza; mortandad. /**ceiro** adj. y m. carnicero. /**ficina** f. carnificina.
caroch/a f. Zool. escarabajo; mariquita; mentira; bruja; capirote de papel. /**inha** f. dim. de **carocha; contos da —**, cuentos para niños; patrañas.
carol/a adj. y m. fanático; apasionado; santurrón. /**ice** f. beatería; tonsura.
carótida f. Anat. carótida.
carpa f. Zool. carpa.
carpear tr. rastrillar la lana.
carpi/deira f. plañidera. /**dura** f. llanto; lamentación.
carpint/aria f. carpintería. /**eiro** m. carpintero.
carpir tr. carpir; mondar; arañar; lloriquear.
carpo m. Anat. carpo, pulso.
carraça f. Zool. garrapata.
carranc/a f. semblante enfurruñado; cara fea; ceño; careta; mascarón. /**udo** adj. enfurruñado; sombrío.
carrapito m. moñito; cuerno.
carrasco m. Bot. carrasca; verdugo.
carreg/ador m. cargador; mozo de cuerda; fletador. /**amento** m. cargamento, peso. /**ar** tr. cargar.
carreira f. carrera.
carril m. carril.
carrilhão m. carrillón.
carro m. carro; coche; carruaje. /**a** f. carro, carreta; carroza; fig. persona lenta. /**çaria** f. carrocería.
carrocel m. tiovivo.
carruagem f. carruaje.
carta f. carta.
cartão m. cartón; tarjeta.
cartaz m. cartel; letrero; **ter —**, tener fama.
carteira f. cartera; pupitre.

carteiro m. cartero.
cartilha f. cartilla; catecismo.
carto/lina f. cartulina. /**nar** tr. encuadernar con cartón.
cartório m. notaría; archivo de documentos públicos.
cartuch/eira f. cartuchera. /**o** m. cartucho; curucho.
carunch/ar intr. carcomerse; podrirse; fig. envejecer. /**o** m. Zool. carcoma; podredumbre; vejez.
carvalho m. Bot. roble.
carv/ão m. carbón. /**oaria** f. carbonería.
casa f. casa; ojal.
casac/a f. frac; **cortar na —**, murmurar. /**ão** m. abrigo, gabán, sobretodo; chaquetón. /**o** m. chaqueta.
casal m. marido y mujer; pareja; alquería; caserío.
casament/eiro adj. casamentero. /**o** m. casamiento.
casar tr. e intr. casar; adaptarse.
casarão m. caserón.
casca f. casca; cáscara. /**bulho** m. cascabillo; corteza; fig. experiencia, cantidad de cáscaras o cortezas.
cascalh/eira f. ruido del cascajo; cascajar; jadeo. /**o** m. cascajo; escoria de hierro; escombro.
cascata f. cascada.
cascável m. cascabel.
casco m. casco.
casebre m. tugurio, casa miserable.
caseiro adj. y m. casero; inquilino.
caserna f. Mil. caserna.
casino m. casino.
caso m. caso.
caspa f. caspa.
casquilha f. cascarilla.
casquinha f. cáscara fina; plaqué.
cassa f. muselina.
casta f. casta.
cassear intr. Mar. cambiar de rumbo.
castanh/a f. Bot. castaña. /**eiro** m. Bot. castaño.
castanholas f. pl. castañuelas.
castelão m. castellano.
castelhano adj. y s. castellano.
castelo m. castillo.
castiçal m. candelabro.
castiço adj. y m. castizo; legítimo; vernáculo.
casti/dade f. castidad; pureza. /**ficar** tr. castificar.
castig/ador adj. y s. castigador. /**ar** tr. castigar. /**o** m. castigo.
casto adj. casto.
castor m. Zool. castor.
castrar tr. castrar.
casual adj. casual. /**idade** f. casualidades.
casulo m. capullo (del gusano de seda); Bot. cápsula.
cataclismo m. cataclismo.
catacumbas f. pl. catacumbas.
catafalco m. catafalco.
cat/alogação f. catalogación. /**álogo** m. catálogo.
catamento m. catamiento; pesquisa.
cataplasma f. cataplasma.
catar tr. catar, buscar; espulgar; examinar.
catarata f. catarata.
catarro m. catarro.
catástrofe f. catástrofe.
catatua f. Zool. cacatúa.

cata-vento m. cataviento; fig. persona veleta.
catecismo m. catecismo.
cátedra f. cátedra.
catedral adj. catedral.
catedrático m. catedrático.
categori/a f. categoría. /**zar** tr. categorizar.
catita adj. y s. elegante; acicalado.
cativ/ante adj. cautivante. /**ar** tr. cautivar; atraer. /**o** adj. cautivo.
cat/olicismo m. catolicismo. /**ólico** adj. y s. católico. /**olizar** tr. catolizar.
catre m. catre; cama de viaje.
caturr/a m. persona apegada a lo antiguo; pertinaz. /**ar** intr. porfiar; Mar. balancear.
cauç/ão f. caución; fianza. /**auchu, cauchu** m. Bot. cauchera; caucho.
cauda f. cola; rabo.
caudatário m. caudatario; fig. persona servil.
caudal adj. y s. caudal.
caudilh/ar tr. acaudillar. /**o** m. caudillo.
caule m. Bot. tallo.
causa f. causa. /**dor** adj. y s. causador. /**r** tr. causar.
causticar tr. causticar; fig. molestar.
cautel/a f. cautela, prevención; título indicador de una participación de lotería; **— de casa de penhores**, papeleta de empeño. /**eiro** m. lotero, vendedor ambulante de billetes de lotería.
caut/ério m. cauterio; fig. castigo fuerte. /**erizar** tr. cauterizar; reprender.
cava f. cava; bodega; sisa; sótano.
cavador m. cavador; azadonero.
cavalа f. Zool. caballa.
caval/ar adj. caballar. /**aria** f. caballería. /**ariça** f. caballeriza, cuadra. /**eiro** m. caballero.
cavalete m. caballete.
cavalga/dura f. cabalgadura; fig. persona mal educada. /**r** intr. cabalgar.
cavalheir/ismo m. caballerosidad. /**o** m. caballero.
cavalidade f. brutalidad; estupidez.
cavalo m. Zool. caballo; **— marinho** m. caballo marino, hipopótamo.
cavaquea/dor adj. y s. hablador, charlatán. /**r** intr. charlar.
cavar tr. cavar.
cave f. bodega; subterráneo; sótano.
caveira f. calavera; fig. cara muy delgada.
caverna f. caverna. /**l** adj. cavernoso.
caviar m. caviar.
cavidade f. cavidad; cueva.
cavila/ção f. cavilación; astucia. /**r** intr. hacer uso de sofismas y sutilezas; cavilar; escarnecer.
cavilha f. clavija; perno.
cea/r tr. e intr. cenar. /**ta** f. cena opípara.
cebola f. Bot. cebolla; bulbo. /**da** f. cebollada.
cece/ar intr. cecear. /**io** m. ceceo.
ced/ência f. cesión. /**er** tr. ceder.
cedilha f. zedilla.
ced/inho adv. muy temprano. /**o** adv. temprano; de prisa.
cedro m. Bot. cedro.
cédula f. cédula; docu-

mento escrito; apunte; póliza; billete.

ceg/ar tr. e intr. cegar; ofuscar. /o adj. y s. ciego.

cegonha f. *Zool.* cigüeña; cigueñal.

ceia f. cena, última comida por la noche.

ceif/a f. siega. /ar tr. segar.

cela f. celda; aposento; celdilla.

celebra/ção f. celebración. /r tr. celebrar.

célebre adj. célebre.

celeiro m. granero.

celeridade f. celeridad.

celest/e adj. celeste. /ial f. celestial.

celibat/ário adj. y m. célibe. /o celibato.

célula f. célula; celda.

celular adj. celular.

celulóide f. celulóide.

celulose f. *Quím.* celulosa.

cem núm. cien, ciento.

cemitério m. cementerio.

cena f. escena; escenario.

cenário m. escenario, decoración.

cenho m. ceño.

cenoura f. *Bot.* zanahoria.

censor m. censor.

censura f. censura. /dor adj. y s. censurador; crítico. /r tr. censurar.

centauro m. centauro.

centavo m. centavo.

centeio m. *Bot.* centeno.

centenário adj. y m. centenario.

centímetro m. centímetro.

cêntimo m. céntimo.

cento m. ciento.

centopeia f. *Zool.* ciempiés.

centra/l adj. central. /r tr. centrar.

centro m. centro.

cent/úria f. centuria. / urião m. centurión.

cepilh/ar tr. cepillar, acepillar. /o m. cepillo (de carpintero).

cepo m. cepo.

cer/âmica f. cerámica. / amista s. ceramista.

ce(ê)rca f. y adv. cerca; vallado; casi. /do adj. y m. cercado; rodeado.

cercal m. robledal.

cerc/anías f. pl. cercanías. /o adj. cercano. /ar tr. e intr. cercar; aproximarse.

ce(ê)rco m. cerco.

cerdo m. *Zool.* cerdo.

cereal m. cereal.

cerebr/al adj. cerebral. / ino adj. cerebral; fig. imaginativo.

cérebro m cerebro.

cerej/a f. *Bot.* cereza. / eira f. cerezo.

cerim/ó(ô)nia f. ceremonia; cortesía; etiqueta; sem —, sin cumplidos. /onial adj. y m. ceremonial.

ceroulas f. pl. calzoncillos.

cerra/ção f. cerrazón; oscuridad; fig. ronquera. /r tr. e intr. cerrar; juntar; obstruir.

cerro m. cerro.

certame o **certámen** m. certamen.

certe/iro adj. certero; diestro. /za f. certeza.

certi/dão f. certificado. / ficação f. certificación. /ficado m. certificado. / ficar tr. y r. certificar.

certo adj. cierto.

cervej/a f. cerveza. /aria f. cervecería.

cervi/cal adj. cervical. /z f. cerviz.

cervo m. *Zool.* ciervo.

cerzi/deira f. zurcidora. /r tr. zurcir; intercalar.

cesariano adj. cesariano; **operação cesariana**, operación cesaria.

cessa/ção f. cesación. /r intr. y tr. cesar.

ce(ê)sto m. cesto.

cetáceo adj. y m. *Zool.* cetáceo.

cetim m. satén.

cetraria f. *Bot.* cetrería.

céu m. cielo.

cevada f. *Bot.* cebada.

ceva/do adj. y m. cebado; harto. /dura f. cebadura; cebo; mortandad. /r tr. cebar.

chá m. *Bot.* té; fig. reprensión; **não tomar — em pequeno**, ser mal educado.

chã f. llanura; carne del muslo.

chacal m. *Zool.* chacal.

chácara f. *Bras.* chacra, granja.

chacin/a f. chacina; cecina. /ar tr. acecinar; fig. asesinar, matar.

chafariz m. fuente pública.

chafurd/a f. pocilga; lodazal. /ar intr. revolcarse en el fango o inmundicia; fig. libertinaje.

chag/a f. llaga. /uento adj. llagado; ulcerado.

chala/ça f. broma, burla. /cear intr. chancearse. /ceiro adj. y s. chancero.

chalé m. chalet.

chaleira f. tetera.

chalupa f. *Mar.* chalupa.

chama f. llama; reclamo; luz; fig. ardor. /dor m. llamador. /r tr. e intr. llamar; invocar; nombrar; apellidar. /riz m. reclamo.

chamejar intr. llamear; fig. encolerizarse.

chaminé f. chimenea.

champanha o **chapanhe** m. champaña.

champu m. champú.

chamusc/adela f. chamusquina, quemadera. /ar tr. chamuscar.

chanca f. chanca, chancla; calzado ordinario; pie grande y mal hecho.

chancela f. sello; rúbrica.

chancel/aria f. cancillería. /er m. canciller.

chanta/gem f. chantaje. /jar intr. chantajear.

chão m. suelo; adj. llano, liso; sencillo.

chapa f. chapa; insignia honorífica; negativo (en fotografía); **de —**, de frente.

chapada f. llanura; claro (en un bosque); bofetada; *Pop.* remiendo de color diferente.

chapar tr. chapear; estampar; r. estrellarse.

chap/elada f. sombrerazo. /elaria f. sombrerería. /éu m. sombrero.

chapinh/ar tr. e intr. chapotear; salpicar. /eiro m. charco.

charada f. charada.

charamela f. charamella, flauta rústica; charanga.

charanga f. charanga.

charão m. barniz de laca de China.

charla f. charla. /dor m. charlador. /r intr. charlar. /tão m. charlatán.

charneca f. erial; terreno inculto donde crece solamente vegetación rastrera.

charneira f. charnela; bisagra; *Zool.* charnela.

charoar tr. lacar, barnizar.

charrua f. arado; fig. agri-

cultura; buque roncero. /r tr. arar.

charut/eira f. cigarrera. /o m. cigarro puro.

chas/co m. chasco. /quear tr. e intr. chasquear.

chat/ear intr. *Pop.* importunar. /ice f. *Pop.* cosa despreciable; impertinencia.

chato adj. chato, plano. *Pop.* inoportuno, chinchoso.

chave f. llave. /iro m. llavero.

chave/lha f. clavija. /lhão m. clavija del arado.

chávena f. taza.

chave(ê)ta f. clavija.

chef/atura f. jefatura. /e s. jefe.

chega/da f. llegada; venida. /r tr. e intr. llegar; aproximar; pegar; bastar; tocar.

chei/a f. llena, inundación; fig. invasión. /o adj. lleno; ocupado; harto.

cheir/ar tr. oler; indagar. /o m. olor; fragancia.

cheque m. cheque; jaque; fig. peligro; desaire.

chi m. *Pop.* abrazo.

chia/da f. gritería, algarabía. /deira f. chillido; gritería. /r intr. chillar; fig. lastimarse.

chiba f. *Zool.* chiva, cabrita; borrachera.

chibata f. vara, látigo. /r tr. castigar, azotar.

chib/ato m. *Zool.* chivato. /o m. chivo, cabrito.

chicharro m. *Zool.* chicharro, jurel.

chichi m. fam. orina, pipí.

chi-coração m. fam. abrazo muy cariñoso.

chicot/ada f. latigazo. /ar tr. chicotear, latiguear. /e m. chicote, látigo. /ear tr. chicotear.

chifr/e/m m. cuerno. /udo adj. cornudo.

chilique m. pop. desmayo.

chilr/ada f. chillido, chirrido. /ar intr. chirriar; gorjear. /o m. chirrido; gorjeo; adj. insípido.

chimpanzé m. *Zool.* chimpancé.

china f. china; *Bras.* mestiza; soltera; piedrecita.

chinchilla f. *Zool.* chinchilla.

chinel/a f. chinela. /o m. chinela; chancla.

chinês adj. y m. chino.

chique adj. elegante, hermoso.

chiqueiro m. chiquero, pocilga; lugar inmundo.

chisc/a f. pedacito. /o m. pedacito, pizca de algo.

chisme m. chisme; *Zool.* chinche.

chispa f. chispa, centella; fig. inteligencia. /r intr. chispear; fig. irritarse.

chist/e m. chiste. /oso adj. chistoso.

chita f. tejido ordinario de algodón estampado.

choça f. choza.

chocadeira f. incubadora.

chocalh/ada f. sacudimiento; cencerrada. /ar tr. e intr. agitar; hacer bascular; fig. divulgar; cencerrear; reír a carcajadas. /o m. cencerro; fig. chismoso.

chocar tr. e intr. encobar; fermentar; podrirse; incular; fig. empollar; ofender; disgustarse.

cho(ô)cho adj. seco, vacío (algunos frutos); huero; insípido; insignificado.

cho(ô)co adj. y m. clueco; huero; podrido; fermentado; seco; incubación.

chocolate m. chocolate. /ira f. chocolatera.

choldra f. pop. bagatela; mezcolanza.

chor/a f. lloro; m. individuo que siempre se lamenta. /ão adj. y s. llorón; *Bot.* sauce llorón. /r tr. e intr. llorar.

choru/do adj. pop. gordo; ventajoso; importante. / me m. grasa; jugo; fig. substancia; opulencia.

choupana f. *Bot.* choza.

choupo m. *Bot.* chopo.

chouri/ceiro m. choricero. /ço m. chorizo; rollo; burlete (para la ventana).

chover intr. llover.

chucha f. mama; chupeta. /deira f. chupada; fig. negocio de provecho; pop. burla.

chuchado adj. chupado, seco; pop. avaro.

chuch/ar tr. chupar; mamar; pop. burlar. /urrear tr. beborrotear; chupar.

chuf/a f. chufla, escarnio; *Bot.* chufa. /ar tr. e intr. chufar; mofar.

chulé m. pop. mal olor, hedor.

chulipa f. traviesa; puntapié.

chulo adj. y m. grosero; chulo; fadista.

chumaceira f. chumacera.

chumaço m. guata, almohadilla; plumón; compresa; hombrera; volumen.

chupeta f. chupete.

churrasco m. *Bras.* churrasco.

chusma f. chusma; multitud; tripulación.

chut/ar tr. e intr. chutar (fútbol). /o m. chut, puntapié.

chuv/a f. lluvia; abundancia. /ada f. chaparrón, aguacero. /inha f. llovizna.

cianato m. *Quím.* cianato.

cianídrico adj. *Quím.* cianhídrico.

cianureto m. *Quím.* cianuro.

ciar intr. *Mar.* ciar, remar hacia atrás.

ciática f. *Med* ciática.

cicatriz f. cicatriz. /ação f. cicatrización. /ar tr. e intr. cicatrizar.

cicerone m. cicerone, guía.

cici/amento m. ceceamiento, ceceo. /ar intr. cecear; secretear. /o m. ceceo, rumor.

ciclis/mo m. ciclismo. / ta m. ciclista.

ciclo m. ciclo.

cicl/oidal adj. cicloidal. /óide f. *Geom.* cicloide.

cicl/one m. ciclón, huracán. /ó(ô)nico adj. ciclónico.

ciclotrão m. *Fís.* ciclotrón.

cicut/a f. *Bot.* cicuta; fig. veneno. /ina f. *Quím.* cicutina.

cid m. cid; jefe.

cidad/ania f. ciudadanía. /ão m. ciudadano. /e f. ciudad. /ela f. ciudadela.

cidr/a f. *Bot.* cidra. /al m. cidral.

cieiro m. grieta, hendidura en el cutis.

ciência f. ciencia.

cient/e adj. ciente, docto. ma; número. /ão m. cifra o señal ($) que en el sistema monetario portugués representa los Es-

cudos. /ar tr. cifrar; resumir.

cigan/a f. gitana; fig. mujer seductora o falsa. / gem f. gitanería; mentira. /o adj. y m. gitano; embustero.

cigarr/eira f. cigarrera; petaca. /o m. cigarrillo.

cilada f. celada, emboscada.

cilha f. cincha (de caballerías) /r tr. cinchar; apretar.

cilindr/ada f. *Mec.* cilindrada. /o m. cilindro; rollo.

cílio m. *Anat.* cilio, pestaña; *Bot.* cilio, filamento.

cima f. cima; altura; fin; **para —**, hacia arriba. /a lha f. cimacio, cornisa.

címbalo m. *Mús.* címbalo.

ciment/ação f. cimentación; fig. fundación. /o m. cimento; base.

cimitarra f. cimitarra, alfanje.

cimo m. cima, cumbre.

cimógrafo m. *Med.* cimógrafo.

cinco-réis m. antigua moneda portuguesa; fig. bagatela.

cindir tr. cortar, dividir.

cine m. cine, cinema. /asta s. cineasta.

cinegética f. cinegética. /o adj. cinegético.

cinema m. cinema, cine. /scópio m. cinemascopio /tografia f. cinematografía.

ciner/ação f. cineración, cremación. /ar tr. incinerar.

cingi/doiro m. ceñidor, faja. /r tr. cingir, apretar.

cínico adj. cínico; impúdico.

cinismo m. cinismo; descaro.

cino/céfalo m. *Zool.* cinocéfalo. /fagia f. cinofagia.

cintila f. centella. /r tr. centellear, resplandecer.

cint/o m. cinturón; zona. /ura f. cintura, talle; zona.

cinz/a f. ceniza; fig. dolor; luto. /eiro m. cenicero.

cinzel m. cincel. /ar tr. cincelar; fig. esmerar.

cinzento adj. ceniciento; gris.

cio m. celo.

cioso adj. celoso.

cipreste m. *Bot.* ciprés; fig. muerte; luto.

circ/ense adj. circense. /o m. circo.

circui/ção f. circuición; giro. /to m. circuito.

circula/ção f. circulación; tránsito. /r tr. y adj. circular.

círculo m. círculo; gremio.

circunci/dar tr. circuncidar. /são f. circuncisión.

circund/ar tr. circundar.

circunferência f. circunferencia.

circunf/lexão f. circunflexión. /lexo adj. circunflejo; curvo.

circunlóquio m. circunloquio.

circunscrever tr. circunscribir; limitar.

circunscri/ção f. circunscripción; distrito. /to adj. circunscripto; localizado.

circunspe/(c)ção f. circunspección; cordura. /(c)cionar tr. mirar al rededor; ponderar.
circunst/ância f. circunstancia; motivo. /ante adj. circunstante.
circunva/gar tr. e intr. andar alrededor; vagar. / lação f. circunvalación.
círio m. cirio, vela.
cir/urgia f. cirugía. /urgião m. cirujano. /úrgico adj. quirúrgico.
cism/a/m m. cisma; devaneo; prevención. /ar tr. meditar; proyectar.
cisne m. Zool. cisne.
cisterna f. cisterna, pozo.
cita f. cita; citación. /ção f. citación; referencia.
citadino adj. y s. ciudadano.
cita/dor adj. y s. citador. /r tr. citar; avisar.
cítara f. Mús. cítara; inspiración.
citéreo adj. Poét. citereo, referente al amor.
citraria f. cetrería.
citrato m. Quím. citrato.
ci/umar intr. tener celos. /úme m. celos; envidia.
cív/el adj. For. civil. /ico adj. cívico; patriótico.
civil adj. civil; delicado. /ização f. civilización. /izado adj. civilizado; culto. /izar tr. civilizar; educar.
cizânia f. cizaña; discordia.
clã f. clán; grey; partido.
clama/ção f. clamación. /r tr. e intr. clamar.
clâmide m. clámide.
clamor m. clamor.
clandestino adj. clandestino.
clarabóla f. claraboya.
clar/ão m. claridad; indicio; destello. /ear tr. e intr. clarear. /idade f. claridad.
clarifica/ção f. clarificación. /r tr. clarificar; blanquear.
clarim m. Mús. clarín.
clarinete m. Mús. clarinete.
clarivid/ência f. clarividencia. /ente adj. clarividente.
claro adj. adv. y m. claro.
clase f. clase; categoría; aula.
clássico adj. y s. clásico.
classifica/ção f. clasificación. /dor adj. y s. clasificador. /r tr. clasificar; calificar.
claudica/ção f. claudicación. /r intr. claudicar; cojear; dudar.
claustro m. claustro.
clave f. clave.
clavícula f. clavícula.
cláxon m. claxon, bocina.
clem/ência f. clemencia. /ente adj. clemente.
clespsidra f. clepsidra.
clerica/l adj. clerical. /lismo m. clericalismo.
clero m. clero.
cliché(ê) m. clisé; cliché; matriz.
cliente s. cliente. /la s. clientela.
clima m. clima. /tologia f. climatología.
clínic/a f. clínica. /o adj. y m. clínico.
clister m. clister, lavativa.
cloro m. Quím. cloro. /fila f. Quím. y Bot. clorofila. /fórmio m. Quím. cloroformo.

clube m. club.
coabitar intr. cohabitar.
coadju/tor adj. y m. coadjuntor, coadyutor. /var tr. coadyuvar.
coagir tr. coaccionar.
co/agulação f. coagulación. /agular tr. e intr. coagular; fig. obstruir. /águlo m. coágulo.
coar tr. colar, filtrar; fig. introducirse.
co-arrendar tr. coarrendar.
co-autor s. coautor.
cobaia f. cobaya.
cobalto m. Min. cobalto.
cobard/e adj. y s. cobarde. /ia f. cobardía.
cobert/a f. cubierta; fig. protección. /o adj. cubierto; protegido; m. cobertizo. /or m. cobertor, colcha.
cobi/ça f. codicia. /ar tr. codiciar.
cobra f. Zool. culebra.
cobra/dor s. cobrador. /nça f. cobranza. /r tr. cobrar.
cobre m. Min. cobre.
coça f. paliza.
coçado adj. gastado, muy usado; castigado.
coca/ína f. Quím. cocaína. /inizar tr. cocainizar.
cocar tr. acechar; m. penacho; distintivo.
coçar tr. rascar; sobar.
cocção m. cocción.
cócegas f. pl. cosquillas.
co/o(ô)che m. coche, carruaje antiguo y suntuoso.
cochina/da f. piara de cerdos; suciedad. /r intr. gruñir.
cochinilha f. Zool. cochinilla.
cochino m. cochino; fig. hombre sucio.
co(ô)co m. Bot. coco; pop. ogro.
cocto adj. cocido.
cocuruto m. coronilla; fig. cumbre.
côdea f. corteza; cáscara; uma — de pão, mendrugo.
co-delinqu/ente s. codelincuente. /ir intr. codelinquir.
co-devedor m. codeudor.
códex m. códice.
códice m. códice.
codificar tr. codificar.
código m. código.
codorniz f. Zool. codorniz.
coeducar tr. coeducar.
coeficiente m. coeficiente.
coelh/eira f. conejera; colllera del caballo. /o m. Zool. conejo.
coentro m. Bot. cilantro.
coe/rência f. coherencia; nexo. /rente adj. coherente; conforme. /são f. cohesión; fig. armonía.
coexist/ência f. coexistencia. /ir intr. coexistir.
cofre m. cofre; tesoro.
cogita/bundo adj. cogitabundo, cabizbajo. /r intr. y tr. cogitar; reflexionar.
cognom/e m. sobrenombre, apellido, cognombre; epíteto. /inar tr. cognominar; apodar.
cogul/ar tr. colmar. /o m. colmo.
cogumelo m. Bot. hongo.
coibi/ção f. cohibición. /r tr. cohibir.
coice m. coz. /ar intr. cocear.
coifa f. redecilla; cofia.
coincid/ência f. coincidencia. /ir intr. coincidir.
cóio m. guarida.

coiraça f. coraza. /r tr. acorazar; fig. hacer insensible.
coirão f. mujer fea; ramera.
coiro m. cuero.
coisa f. cosa. /r intr. hacer alguna cosa. -/ruim f. hechicería; el diablo.
coit/ar tr. vedar, prohibir. /o m. coto, vedado; asilo, refugio; coito.
cola f. cola.
colabora/ção f. colaboración. /dor adj. y m. colaborador. /r intr. colaborar.
colação f. colación; comparación, cotejo.
colacia f. relación entre hermanos de leche; fig. intimidad.
colada f. valle, garganta.
colapso m. colapso.
colar tr. e intr. pegar; colar; juntar; m. collar.
colarinho m. cuello (de camisa).
colateral adj. colateral.
colcha f. colcha; colgadura.
colchão m. colchón.
colcheia f. Mús. corchea.
colche(ê)te m. corchete.
colcho/ar tr. acolchonar. /aria f. colchonería.
colea/do adj. sinuoso; ondulado. /r intr. mover el cuello; serpentear; introducirse subrepticiamente.
cole(c)/ção f. colección. / cionador m. coleccionador. /cionar tr. coleccionar.
cole(c)/ta f. colecta. /tâneo adj. recopilado de varios autores.
cole(c)tiv/idade f. colectividad. /ismo m. colectivismo. /o adj. y m. colectivo.
colector adj. y m. colector.
col/ega s. colega. /égio m. colegio.
coleira f. carlanca, collar de animal.
coleóptero adj. y s. Zool. coleóptero.
cólera f. cólera.
cole(ê)te m. chaleco.
colheit/a f. cosecha. /eiro m. cosechero.
colhe(ê)r tr. e intr. coger; cosechar; penetrar; sorprender; probar.
colher f. cuchara; cucharada. /ada f. cucharada. /ão m. cucharón.
colherim m. espátula de pintor o de albañil.
colhida f. cogida.
colibri m. Zool. colibrí.
cólica f. Pat. cólico; pl. fig. recelo, miedo.
colidir tr. colidir.
coliga/ção f. coligación. /r tr. coligar; confederar.
coligir tr. colegir, deducir; juntar.
colina f. colina.
colírio m. colirio.
colisão f. colisión.
coliseu m. coliseo.
colite f. Pat. colitis.
coliti/ga/nte adj. colitigante. /r tr. e intr. colitigar.
colmatar tr. colmatar; tapar, cubrir.
colmeia f. colmena.
colmilho m. colmillo.
colo(ô)mo m. rastrojo.
colo m. cuello.
coloca/ção f. colocación. /r tr. colocar.
cólon m. Anat. colon.
col/ó(ô)nia f. colonia. /onial adj. y m. colonial. /onizador adj. y s. colonizador. /onizar tr. colonizar. /ono m. colono; labrador.

colóquio m. coloquio.
color s. color. /ação f. coloración. /ante adj. colorante. /ar tr. colorar.
colorau s. pimentón, pimiento molido.
color/ear tr. colorar. /ido adj. y m. colorido. /ir tr. colorir; fig. disimular.
coloss/al adj. colosal. /o m. coloso.
colubrejar intr. culebrear.
columb/ário m. palomar; Arq. columbario. /ófilo m. colombófilo.
coluna f. Arq. columna; apoyo. /ata f. columnata.
com prep. con.
coma f. cabellera; crines; penacho; m. Med. coma.
comadr/e f. comadre; comadrona. /io m. comadrazgo; parentesco.
comanda/nte m. Mil. comandante. /r tr. comandar; dominar.
comandita f. Com. comandita.
comando m. comando; poder.
comarc/a f. comarca; región. /ar tr. intr. comarcar; colindar.
comari f. pimienta del Brasil.
comatoso adj. Pat. comatoso.
combali/do adj. enfermizo, enflaquecido; deteriorado. /r tr. abatir; conmover.
combat/e m. combate. /ente adj. y s. combatiente. /er tr. e intr. combatir.
combina/ção f. combinación; pacto. /r tr. combinar; concordar; unir; armonizar.
combo adj. curvo, encorvado.
comboi/ar tr. convoyar, acompañar. /o m. convoy; tren.
comborça f. concubina, barragana.
combu/rente adj. comburente. /stão f. combustión; fig. conflagración. /stível adj. y m. combustible.
começar tr. e intr. comenzar, iniciar.
com/édia f. comedia; farsa. /ediante s. comediante.
comedi/do adj. comedido, sobrio. /r tr. comedir, moderar.
comedo/iro adj. m. comedero; comestible. /r m. comedor; adj. comilón.
comemora/ção f. conmemoración. /r tr. conmemorar. /tivo adj. conmemorativo.
comenda f. encomienda. /dor m. comendador.
comensa/l s. comensal. /lidade f. comensalidad.
coment/ação f. comentario. /ar tr. comentar; analizar. /ário m. comentario.
comer tr. e intr. comer; consumir, gastar.
com/ercial adj. comercial. /erciante adj. y s. comerciante. /erciar tr. comerciar, negociar. / ércio m. comercio, negocio; convivencia; -amoroso, comercio carnal.
comet/edor adj. y s. cometedor; autor. /er tr. cometer; emprender.
comich/ão f. comezón, picazón; tentación. /oso adj. propenso a come-

zón; impaciente.
comício m. comicio, reunión.
có(ô)mico adj. y m. cómico; ridículo; actor.
comida f. comida, alimento.
comigo prep com y pron. pers. migo; conmigo.
comilã/o m. y s. comilón, glotón.
comirar tr. mirar, examinar.
comiscar intr. comiscar, comisquear.
comisera/ção f. conmiseración, piedad. /r tr. conmiserar, compadecer.
comiss/ão f. comisión; encargo; gratificación. / ariado m. comisariado. /ário m. comisario.
comit/ativo adj. comitativo, que acompaña. /iva f. comitiva, séquito.
como conj. como; cuando; pues que; adv. de que manera.
como/ção f. conmoción; desorden. /cionar tr. conmover, emocionar.
có(ô)moda f. cómoda (mueble).
comodi/dade f. comodidad; facilidad. /smo m. sistema de comodista.
cómodo adj. cómodo; fácil; m. comodidad.
comodoro m. Mar. comodoro.
comov/edor adj. conmovedor. /er tr. conmover.
compac/to adj. compacto; comprimido. /uar tr. pactar con otro.
compadec/edor adj. y m. compadeciente. /er tr. compadecer; conmover.
compagina/ção f. compaginación; conexión. /r tr. compaginar, unir.
compaixão f. compasión.
companh/a f. tripulación de barco; compañía. / eiro m. y m. compañero; esposo. /ia f. compañía; asociación, sociedad.
compara/ção f. comparación. /r tr. comparar.
compar/ecente adj. y s. compareciente; presente. /ecer intr. comparecer.
comparoquiano m. comparroquiano.
comparsa s. comparsa, figurante.
compart/e s. comparte; cómplice. /ição f. repartición, compartimiento. /icipar tr. compartir. /imento m. compartimiento; habitación. /ir tr. compartir, dividir.
compass/ado adj. compasado; lento. /ar tr. compasar. /o m. compás; movimiento regulado; regla.
compatr/ício m. compatricio, compatriota. /iota adj. y s. compatriota.
compelir tr. compelir; forzar.
comp/endiador adj. y s. compendiador. /endiar tr. compendiar, resumir. /êndio m. compendio.
compenetra/ção f. compenetración. /r tr. compenetrar; convencer.
compensa/ção f. compensación; indemnización. /r tr. compensar; equilibrar.
compet/ência f. competencia; rivalidad. /ição f. competición; lucha. /ir intr. competir.
compla/cência f. complacencia; indulgencia. / cente adj. complaciente, indulgente.

complana/ção f. nivelación. **/r** tr. nivelar, igualar.
complemen/tar adj. complementario. **/to** m. complemento; conclusión.
complet/ar tr. completar, concluir. **/o** adj. completo; lleno.
complex/ão f. complejo; unión. **/o** adj. complejo.
complica/ção f. complicación. **/r** tr. complicar, embarazar.
compor tr. componer; inventar; arreglar; adornar.
comporta f. compuerta (de presa), esclusa.
comport/amento m. comportamiento, conducta. **/ar** tr. comportar; sufrir; soportar.
composi/ção f. composición; acuerdo; combinación. **/tor** m. compositor; cajista.
compost/o adj. y m. compuesto; arreglado; total. **/ura** f. compostura, aliño; regularidad; actitud.
compra f. compra; fig. soborno. **/dor** adj. y m. comprador. **/r** tr. comprar; sobornar; **— fiado**, comprar a crédito.
compraz/er intr. complacer; transigir. **/imento** m. complacencia.
compreen/dedor adj. y m. comprendedor. **/der** tr. comprender; abrazar. **/são** f. compresión.
compress/a f. *Cir.* compresa. **/ivo** adj. compresivo. **/or** m. compresor.
compri/do adj. largo, extenso. **/mento** m. largura, extensión; distancia.
comprimi/do adj. comprimido, apretado. **/r** tr. comprimir, apretar; afligir.
compromet/edor adj. comprometedor. **/er** tr. comprometer; arriesgar.
compromiss/ário adj. y m. compromisario; juez. **/o** m. compromiso; obligación.
comprova/ção f. comprobante. **/r** tr. comprobación; prueba.
compulsação f. compulsación.
compuls/ão f. *For.* compulsión. **/ar** tr. compulsar; examinar.
compungi/mento m. compungimiento. **/r** tr. compungir; afligir; punzar.
cômputo m. cómputo, cálculo.
comum adj. común, vulgar, corriente.
comuna f. comuna, ayuntamiento; población.
comun/gar tr. comulgar. **/hão** f. comunión; comunidad de bienes; acuerdo.
comunica/ção f. comunicación. **/r** tr. comunicar.
comunidade f. comunidad.
comunis/mo m. comunismo. **/ta** adj. y s. comunista.
comuta/ção f. conmutación. **/r** conmutar.
concavidade f. concavidad; caverna.
côncavo adj. cóncavo; excavado.
conceb/er tr. concebir. **/ível** adj. concebible; imaginable.
conceder tr. conceder.
conceição f. concepción.
concelho m. concejo, municipio.
concentra/ção f. concentración. **/r** tr. concentrar.
concerta/do adj. concertado. **/r** tr. concertar; arreglar; pactar.
concertina f. *Mús.* concertina.
concertista s. concertista.
conce(ê)rto m. concierto; arreglo; trato.
concess/ão f. concesión; privilegio. **/ionário** adj. y s. concesionario.
concha f. concha; plato de balanza; cucharón.
concidad/ania f. conciudadanía. **/ão** m. conciudadano.
concili/ábulo m. conciliábulo. **/ação** f. conciliación. **/ar** tr. conciliar; reconciliar; conseguir.
concílio m. concilio.
concis/ão f. concisión. **/o** adj. conciso.
conclav/e m. conclave. **/ista** m. conclavista.
conclu/dente adj. concluyente. **/ir** tr. concluir. **/são** f. conclusión.
concord/ância f. concordancia. **/ar** tr. e intr. concordar.
concorr/ência f. concurrencia. **/ente** adj. y s. concurrente. **/er** intr. concurrir.
concret/izar tr. concretar. **/o** adj. concreto.
concubina f. concubina.
concúbito m. concúbito.
concurso m. concurso; concurrencia.
conda/do m. condado. **/l** adj. condal.
conde m. conde.
condecora/ção f. condecoración. **/r** tr. condecorar.
conden/ação f. condenación. **/ar** tr. condenar; reprobar.
condensa/dor adj. y m. condensador. **/r** tr. condensar; fig. resumir.
condescend/ência f. condescendencia. **/er** intr. condescender.
conde(ê)ssa f. condesa.
condi/ção f. condición. **/cional** adj. y m. condicional. **/cionar** tr. condicionar.
condiment/ar tr. condimentar. **/o** m. condimento.
condiscípulo m. condiscípulo.
condize/nte adj. condicente; que condice; ajustado; conveniente. **/r** intr. condecir; convenir.
condo/er tr. compadecer. **/lência** f. condolencia; pésame.
condor m. *Zool.* cóndor.
condu/ção f. conducción; transporte. **/ta** f. conducta; procedimiento. **/tor** adj. y m. conductor. **/zir** tr. conducir; transportar; comportarse.
cone m. cono.
cô(ô)nego m. canónigo.
conex/ão f. conexión; enlace. **/o** adj. conexo.
confabula/ção f. confabulación. **/r** tr. e intr. confabular.
confec/ção f. confección. **/cionar** tr. confeccionar.
confedera/ção f. confederación. **/r** tr. y r. confederar.
confeiç/ão f. confección. **/oar** tr. confeccionar.
confeit/ada f. regalo, obsequio de almendras. **/ar** tr. confitar; fig. suavizar. **/aria** f. confitería.
confer/ência f. conferencia; comparación. **/enciar** intr. conferenciar. **/encista** s. conferenciante.
conferir tr. e intr. conferir, verificar; otorgar; discutir.
confess/ar tr. confesar, declarar. **/ionário** m. confesionario. **/o** adj. *For.* confeso; convertido. **/or** m. confesor.
confi/ado adj. confiado; atrevido. **/ança** f. confianza, esperanza. **/ar** tr. e intr. confiar; revelar. **/dência** f. confidencia; revelación. **/dencial** adj. y s. confidencial, secreto.
configura/ção f. configuración. **/r** tr. configurar.
confirma/ção f. confirmación; ratificación. **/r** tr. confirmar; revalidar.
confisc/ação f. confiscación; aprehensión. **/ar** tr. confiscar.
confissão f. *For.* confesión.
confl/agração f. conflagración; guerra. **/ito** m. conflicto, lucha.
conflu/ência f. confluencia. **/ente** adj. y m. confluente; afluente (río). **/ir** intr. confluir, convergir.
conform/ação f. conformación. **/ar** tr. e intr. conformar; concordar.
confo/rtador adj. confortador. **/rtar** tr. confortar; animar. **/(ô)rto** m. conforte, confortación; bienestar.
confraria f. cofradía.
confrater/nal adj. confraternal. **/nidade** f. confraternidad. **/nizar** intr. confraternizar.
confront/ação f. confrontación; cotejo. **/ar** tr. confrontar. **/o** m. confrontación.
confu/ndido adj. confundido; asustado. **/ndir** tr. confundir, mezclar; amedrentar **/são** f. confusión, desorden.
congela/ção f. congelación; bloqueo. **/dor** adj. y m. congelador; frigorífico. **/r** tr. e intr. congelar, helar; embargar.
congest/ão f. congestión. **/ionar** tr. congestionar; acumular.
conglomera/ção f. conglomeración. **/r** intr. conglomerar; juntarse.
congosta f. camino estrecho y largo.
congratula/ção f. congratulación. **/r** tr. y r. congratular.
congre/gação f. congregación. **/gar** tr. y r. congregar. **/ssista** s. congresista. **/sso** m. congreso.
congro m. *Zool.* congrio.
congru/ência f. congruencia. **/ente** adj. congruente.
conhaque m. coñac.
conhec/edor adj. y s. conocedor. **/er** tr. conocer; apreciar.
có(ô)nico adj. cónico.
conjuga/ção f. conjugación. **/r** tr. conjugar.
cônjuge s. cónyuge.
conjun/ção f. conjunción. **/tar** tr. conjuntar.
conjuntivite f. *Pat.* conjuntivitis.
conjuntivo adj. y m. conjuntivo.
conjunto adj. y m. conjunto.
conjur/a f. conjura. **/ação** f. conjuración. **/ador** m. conjurador. **/ar** tr. conjurar. **/o** m. conjuro.
con(n)osco loc. pron. en nuestra compañía, con nosotros.
conquista f. conquista; adquisición. **/dor** adj. y s. conquistador. **/r** tr. conquistar; conseguir; dominar.
consagra/ção f. consagración; confirmación. **/r** tr. consagrar; sacrificar.
consangu/íneo adj. y m. consanguíneo. **/inidade** f. consanguinidad.
consci/ência f. conciencia; honradez. **/ente** adj. consciente.
consegui/dor m. conseguidor. **/r** tr. conseguir, obtener.
conselh/eiro adj. y m. consejero; aconsejador. **/o** m. consejo.
consequ/ência f. consecuencia; . importancia **/ente** adj. y m. consecuente; coherente.
conse/rtado adj. concertado; arreglado. **/rtar** tr. concertar. **/(ê)rto** m. concierto; arreglado.
conserva f. conserva. **/ção** f. conservación. **/r** tr. conservar; preservar. **/tório** adj. conservatorio, que conserva; m. escuela de Bellas Artes.
considera/ção f. consideración; estimación. **/r** tr. e intr. considerar; respetar; meditar.
consigna/ção. f. consignación. **/r** tr. consignar; anotar. **/tario** m. consignatario; depositario.
consigo pron. consigo, en su compañía.
consílio m. concilio, reunión.
consist/ência f. consistencia; solidez; espesura. **/ir** intr. consistir; constar.
consoa/da f. colación ligera; aguinaldo; cena de Nochebuena. **/r** intr. consonar, rimar; tomar la colación.
consola/ção f. consolación; lenitivo. **/r** tr. consolar, confortar.
consolida/ção f. consolidación. **/r** tr. consolidar; fortalecer.
conso(ô)lo m. consuelo; placer.
conson/ância f. consonancia; rima. **/antizar** tr. consonar, consonantizar. **/ar** intr. consonar.
cons/orciar tr. asociar, unir. **/orcio** m. consorcio; casamiento; compañía.
consp/icuidade f. calidad de conspicuo; distinción. **/ícuo** adj. conspicuo; sobresaliente; grave, serio.
conspira/ção f. conspiración. **/dor** adj. y s. conspirador. **/r** intr. conspirar; combinar.
const/ância f. constancia; insistencia. **/ar** intr. constar. **/atar** tr. constatar; reconocer.
constela/ção f. constelación. **/r** tr. constelar; adornar.
constipa/ção f. constipación. **/r** tr. constipar.
constitucional adj. constitucional. **/ismo** m. constitucionalismo.
constitui/ção f. constitución. **/r** tr. y r. constituir.
constrang/er tr. constreñir; apretar. **/ido** adj. constringido.
constru/ção f. construcción. **/ir** tr. construir.
cônsul m. cónsul.
consula/do m. consulado. **/r** adj. consular.
consult/a f. consulta. **/ar** tr. e intr. consultar. **/ório** m. consultorio.
consuma/ção f. consumación. **/r** tr. consumar; terminar.
consum/ição f. consumición; mortificación. **/ir** tr. consumir; absorber; afligir. **/o** m. consumo; venta; extravío.
conta f. cuenta; responsabilidad.
contabili/dade f. contabilidad. **/sta** s. contable.
conta(c)t/ar tr. y r. contactar, poner en contacto; fig. entenderse directamente. **/o** m. contacto.
contado adj. contado; atribuido. **/r** adj. y m. contador.
cont/agiar tr. contagiar. **/ágio** m. contagio.
contamina/ção f. contaminación. **/r** tr. y r. contaminar.
contar tr. y r. contar; relatar; esperar.
contável adj. contable.
contempla/ção f. contemplación. **/r** tr. e intr. contemplar.
contempor/âneo adj. y m. contemporáneo. **/izar** intr. contemporizar; condescender.
conten/cioso adj. contencioso. **/da** f. contienda.
content/adiço adj. contentadizo. **/ar** tr. y r. contentar. **/e** adj. contento.
conterrâneo adj. y s. conterráneo.
contesta/ção f. contestación; polémica; negación. **/r** tr. e intr. contestar; negar; discutir; oponerse.
conteúdo adj. y m. contenido; asunto.
context/o m. contexto; argumento; composición; contextura. **/uar** tr. contextuar.
contigo pron. contigo.
cont/iguar tr. aproximar, hacer contiguo. **/íguo** adj. contiguo; vecino.
continência f. continencia, moderación; ademán; *Mil.* saludo.
continent/al adj. continental. **/e** adj. y m. continente; moderado.
contingente adj. y m. contingente; cuota.
cont/inuação f. continuación. **/inuar** tr. e intr. continuar.
conto/rnar tr. contornear; redondear; contornar; fig. penetrar las intenciones de alguien. **/(ô)rno** m. contorno; perímetro; fig. elegancia de la frase.
contra prep. y m. contra.
contra-almirante. m. *Mar.* contraalmirante.
contrabaixo m. *Mús.* contrabajo.
contraband/ear intr. contrabandear. **/o** m. contrabando.
contra(c)to adj. contracto, contraído.
contradança f. contradanza; vaivén.
contradição f. contradicción; oposición.
contradizer tr. y r. contra-

decir.
contraforte m. contrafuerte.
contra-harmó(ô)nico adj. contraarmónico.
contra-indica/çâo f. contraindicación. /r tr. contraindicar.
contrair tr. y r. contraer; adquirir.
contramaré f. contramarea.
contraminar tr. *Mil.* contraminar; frustrar.
contra-ofensiva f. *Mil.* contraofensiva.
contrape(ê)so m. contrapeso; equilibrio.
contraplacado m. contraplacado, contrachapado.
contrapo/r tr. contraponer; confrontar. /siçâo f. contraposición; resistencia.
contraproposta f. contrapropuesta.
contra-revoluçâo f. contrarrevolución.
contr/ariar tr. contrariar; oponer. /ário adj. contrario; nocivo; m. enemigo.
contrast/açâo f. contraste. /ar tr. contrastar; valorar.
contrata f. contrata; contrato. /r tr. contratar.
contratempo m. contratiempo.
contrat/ista s. contratista. /o m. contrato.
contratorpedeiro m. contratorpedero.
contravençâo f. contravención; infracción.
contraveneno m. contraveneno.
contribui/çâo f. contribución. /dor adj. y s. contribuidor. /r intr. contribuir.
contr/olar tr. controlar. /ôle m. *Bras.* /olo m. control.
contudo conj. con todo.
contund/ente adj. contundente. /ir tr. contundir.
conturba/dor adj. conturbador. /r tr. conturbar.
contusâo f. contusión.
convalesce/nça f. convalecencia. /nte adj. y s. convaleciente. /r intr. convalecer.
convençâo f. convención.
convencer tr. convencer.
convenciona/l adj. convencional. /lismo m. convencionalismo.
conveni/ência f. conveniencia. /ente adj. conveniente.
convé(ê)nio m. convenio; acuerdo.
convent/icular adj. secreto; clandestino. /o m. convento, monasterio; reclusión.
converg/ência f. convergencia. /ir intr. convergir.
conversa f. conversa; charla. /r intr. conversar.
conver/sâo f. conversión; transformación. /sível adj. convertible. /so m. converso; convertido. /ter tr. convertir, cambiar.
convés m. *Mar.* combnés.
convexo adj. convexo; saliente.
convicçâo f. convicción.
convi/te m. convite, invitación; festín. /va s. convidado, invitado; comensal.

conv/invência f. convivencia; intimidad. /iver intr. convivir.
convoca/çâo f. convocación, convite. /r tr. convocar; avisar.
convosco loc. pron. con vosotros, en vuestra compañía.
convuls/âo f. convulsión; fig. agitación; cataclismo. /ionar tr. convulsionar; agitar. /o adj. convulso; trémulo.
coopera/çâo f. cooperación; solidaridad. /r intr. cooperar, colaborar. /tiva f. cooperativa.
coordena/çâo f. coordinación; aregio. /r tr. coordinar; organizar.
copa f. copa, cima (del árbol); cuba; despensa; aparador. /do adj. acopado; frondoso; convexo.
copar tr. dar forma de copa; redondear (los árboles).
co-participa/çâo f. coparticipación. /r tr. compartir, participar con otros.
copej/ador m. arponero. /ar tr. arponar, pescar con arpón.
copela f. copela, crisol. /r tr. copelar.
cópia f. copia; abundancia; multitud; imitación; reproducción.
copi/ador m. copiador; copista. /ar tr. copiar, imitar. /ografar tr. multicopiar, reproducir.
copios/idade f. copiosidad; abundancia. /o adj. copioso, numeroso.
copl/a f. copla, estrofa. /ista s. coplista.
copo m. vaso (para beber); copo (de lino, cáñamo, etc.); — de água, colación, agasajo, refacción de dulces y licores.
copra f. *Bot.* copra.
co-propriedade f. copropiedad.
copular tr. copular.
coqueir/al m. cocotal. /o m. *Bot.* cocotero.
coqueluche f. *Med.* coqueluche.
coquetaria f. coquetería.
co(ô)r f. color.
coraçâo m. corazón.
corado adj. colorado; fig. avergonzado.
cora/gem f. coraje; fig. perseverancia. /joso adj. corajoso.
coral m. coral. /ífero adj. coralífero.
corâo m. corán.
corar tr. colorar; blanquear al sol; ruborizar.
corbelha f. canastillo, cesta.
corça f. *Zool.* corza.
corcel m. corcel, caballo ligero.
corchete m. corchete.
corço m. *Zool.* corzo, ciervo.
corcov/a f. corcova, giba; camino tortuoso. /ado adj. y s. corcovado; curvo.
corcunda adj. y f. corcova, jorobado.
cord/a f. cuerda; fig. serie. /âo m. cordón.
cordeiro m. *Zool.* cordero.
cordel m. cordel, bramante.
cordial adj. y m. cordial; afectuoso; sincero; bebida confortante. /idade f. cordialidad.
cordiforme adj. cordiforme, en forma de corazón.
cordilheira f. cordillera.
cordite f. *Pat.* corditis.
cordura f. cordura, sensa-

tez.
co-reg/ência f. corregencia. /ente s. corregente.
coreografia f. coreografía.
coreto m. coro pequeño; tablado para banda de música.
cório m. *Anat.* corión.
corista s. corista.
corja f. canalla, pandilla.
corna f. corneta de pastor; cuerna; especie de bastión. /da f. cornada. /r tr. cornear.
córnea f. *Anat.* córnea.
cornet/a f. corneta. /im m. cornetín.
cornicho m. cuernecillo; antena de los insectos.
cornija f. cornisa.
cornípeto adj. y s. cornúpeto.
co(ô)rno m. cuerno.
co(ô)ro m. coro.
coroa f. corona. /çâo f. coronación. /r tr. coronar; premiar.
corografia f. corografía.
corol/a f. *Bot.* corola. /iforme** adj. coroliforme.
coron/ado adj. coronado. /al adj. y m. coronal; frontal.
coronel m. *Mil.* coronel.
coronha f. cureña.
corpa/ço m. corpazo. /nzil m. corpachón.
corp/ete m. justillo, corpiño. /inho m. corpiño. /o m. cuerpo; materia; corporación; densidad; — de guarda, cuerpo de guardia.
corporati/ismo m. corporativismo. /o adj. corporativo.
corpul/ência f. corpulencia, grandeza. /ento adj. corpulento, voluminoso.
corpúsculo m. corpúsculo; partícula.
correa/da f. correazo. /gem f. correaje. /r tr. prender con correa; ceñir.
corre(c)çâo f. corrección; rectificación; represión. /cional adj. y m. correccional. /to adj. correcto; perfecto.
corred/iço adj. corredizo. /or adj. corredor; m. pasillo, camino cubierto.
correeiro m. correero.
corregedor m. corregidor. /ia f. corregiduría.
correia f. correa; soga.
correio m. correo; correspondencia; cartero.
correla/çâo f. correlación; igualdad. /tivo adj. y s. correlativo.
correligionário adj. y s. correligionario.
corrent/e adj. corriente; habitual; fácil; actual. /eza f. corriente (de agua); fila, hilera; fig. desembarazo; continuación.
correr intr. y tr. correr; perseguir; expulsar; deslizar.
correspond/ência f. correspondencia; comunicación. /ente adj. y m. correspondiente; conveniente; corresponsal. /er intr. corresponder; pertenecer; equivaler.
corri/ar intr. andar con ligereza. /da f. corrida, carrera.
corridinho m. música y baile del Algarve.
corrig/enda f. erratas; amonestación. /ir tr. corregir; mejorar; castigar.
corrimâo m. pasamano (de escalera).
corriqueir/ice f. vulgaridad; trivialidad. /o adj. ordinario; vulgar.
corrobora/çâo f. corroboración; ratificación. /r tr. corroborar; comprobar.

corroer tr. corroer, consumir.
corros/âo f. corrosión. /ibilidade** f. corrosividad. /ivo adj. y m. corrosivo; viciado.
cors/ário adj. y m. corsario; pirata. /o m. corso; piratería; desfile de carruajes.
corta-/arame m. alicate corta alambres. /charutos m. cortacigarros, cortapuros.
cortad/a f. atajo; cortada. /ela f. cortadura, golpe, tajo. /or adj. y m. cortador.
cort/ar tr. cortar; atravesar; atajar. /e m. corte, cortadura; corte de traje; establo.
co(ô)rte f. corte, residencia real; séquito real; galanteo.
cortej/ador adj. y s. cortejador. /ar tr. cortejar, adular.
cort/ês adj. cortés. /esania f. cortesanía. /esâo m. cortesano; delicado. /esia f. cortesía; homenaje.
córtex m. *Anat.* y *Bot.* subcórtex; corteza.
corti/ça f. corcho, corteza. /ço m. colmena de corcho.
cortina f. cortina. /do m. cortinado, cortinaje.
coruj/a f. *Zool.* coruja, curuja. /ar intr. graznar como el búho.
corusca/çâo f. coruscación; fulgor. /r intr. coruscar, fulgurar.
corveta f. *Mar.* corbeta.
corvina f. *Zool.* corvina (pez).
corvo m. *Zool.* cuervo. /-marinho** m. cuervo marino.
cós m. pretina, cintura de los calzones; lucha.
coscuvilh/ar intr. intrigar, alcahuetear. /eiro adj. y m. alcahuete, intrigante.
cose/dor m. cosedor, que cose. /r tr. coser; cribar.
co-signatário m. cosignatario.
cosmético adj. y s. cosmético.
cósmico adj. cósmico.
cosmol/ábio m. *Astr.* cosmolabio, astrolabio. /ogia f. cosmología.
cosmopoli/ta adj. y s. cosmopolita. /tismo m. cosmopolitismo.
cosmo/rama m. cosmorama. /s m. cosmos, universo.
costa f. costa, orilla del mar; cuesta; pl. espalda; *Mar.* dar à —, varar. /do m. costado, flanco; espalda. /l adj. y m. costal; dorsal.
costea/gem f. costeo, cabotaje. /r tr. costear; rodear.
costel/a f. *Anat.* costilla. /eta f. costilla, chuleta.
costum/ado adj. acostumbrado, habitual. /ar tr. acostumbrar. /e m. costumbre.
costur/a f. costura; fig. cicatriz; dobladillo. /ar tr. coser, costurear. /eiro m. costurero, modisto.
cota f. cuota; cota; anotación; armadura antigua. /çâo f. cotización; importancia, aprecio.
cotej/ar tr. cotejar. /o m. cotejo.
cotim m. cotí.
cotiza/çâo f. cotización. /r tr. cotizar.
cotov/elada f. codazo. /e-

(ê)lo m. codo.
cotovia f. *Zool.* cogujada.
couce m. coz.
couraça f. coraza; blindaje. /do adj. y m. acorazado; fig. insensible. /r tr. y r acorazar
couro o **coiro** m. cuero; ramera despreciable.
cousa o **coisa** f. cosa.
cout/ada f. coto. /ar tr. acotar; vedar. /o m. coto; fig. refugio.
couve f. *Bot.* col.
couve-flor f. *Bot.* coliflor.
cov/a f. cueva; sepultura. /eiro m. sepulturero.
covil m. cubil.
cox/a f. muslo. /âo m. muslo grande y gordo.
coxea/dura f. cojera. /r nitr. cojear.
coxim m. cojín; sofá sin respaldo.
coxo adj. y s. cojo; fig. incompleto.
coz/er tr. cocer; digerir. /imento m. cocimiento; infusión.
cozinh/a f cocina. /ar tr. e intr. cocinar; manipular. /eiro m. cocinero.
crânio m. *Zool.* cráneo.
crápula f. crápula.
cratera f. cráter; fig. calamidad.
crava/çâo f. engaste; relieve; clavazón. /r tr. clavar; engastar; clavetear.
craveiro m. *Bot.* clavel.
craveja/dor m. engastador; herrero. /r tr. clavar; engastar; clavetear.
cravelha f. clavija de un instrumento.
cravo m. clavo; *Bot.* clavel.
creche f. guardería infantil.
cred/ência f. credencia. /encial adj. y f. credencial.
creditar tr. acreditar, abonar.
crédito m. crédito.
credor m. acreedor.
crédulo adj. y m. crédulo.
cremaçâo f. cremación.
cremalheira f. cremallera.
crema/r tr. incinerar. /tório adj. y m. crematorio.
creme m. crema; nata de la leche; licor espeso; natilla.
crença f. creencia; confianza.
cren/deiro adj. y s. simple, bobalicón. /te adj. y s. creyente.
crepe m. crespón; gasa negra; fig. luto.
crépido adj. rizado, encrespado.
crepita/çâo f. crepitación. /r intr. crepitar.
crep/uscular adj. crepuscular. /úsculo m. crepúsculo.
crer tr. creer.
cresc/ença f. crecimiento. /er intr. crecer; hinchar.
cre(ê)spo adj. crespo; rizado; retorcido; escabroso; obscuro; irritado; pl. arrugas, fruncidos.
cresta f. castrazón; quemazón; rapiña; desfalco; paliza. /r tr. chamuscar; castrar; saquear.
cretin/ismo m. cretinismo, estupidez. /o adj. y m. cretino, estúpido.
cretone m. cretona.
cria f. cría. /çâo f. creación; principio; invento; crianza.
criad/a f. criada, sirviente. /eira adj. y f. criandera; nodriza; incubadora.
crian/ça f. niño o niña. /çada f. muchachada.
cria/r tr. e intr. criar; lac-

tar; fundar; educar. /tu-
ra f. criatura.
crim/e m. crimen. /inal
adj. y m. criminal. /i-
noso adj. y m. criminoso.
crioilo o crioulo m. criollo; adj. aborigen.
cripta f. cripta; catacum-
ba.
cripto/brânquio adj. Zool.
criptobranquio. /gâmi-
cas f. pl. Bot. criptóga-
mas. /grama m. cripto-
grama.
crisântemo m. Bot. crisantemo.
crise f. crisis; falta.
crisma f. crisma, óleo
santo; cambio de nom-
bre. /r tr. crismar; apo-
dar.
criso/carpo adj. Bot. cri-
socarpo. /filia f. amor
al oro. /fobia f. horror
al oro.
crisol m. crisol; fig. prueba.
crispa/ção f. crispación.
/r tr. crispar, contraer.
crista f. cresta (del ga-
llo); penacho; cima.
cristal m. cristal; transparencia. /eria f. cristalería. /izar tr. e intr. cristalizar; fig. estacionar.
crist/andade f. cristian-
dad. /ão adj. y m. cris-
tiano; — novo, judío
converso. /ianismo m.
cristianismo. /o m. Cris-
to.
critério m. criterio; opinión.
cr/ítica f. crítica; censura. /iticar tr. criticar;
censurar.
criv/a f. criba. /ar tr.
cribar; agujerear; criti-
car. /o m. criba, cedazo
croché m. crochet; gan-
chillo.
crocodilo m. Zool. croco-
dilo, cocodrilo; fig. traidor.
croma/do adj. cromado.
/r tr. cromar, revestir de
cromo.
cromo m. cromo, graba-
do, colorido.
cró(ô)nica f. crónica.
crono m. crono. /logía f.
cronología. /metrar tr.
cronometrar.
cronó(ô)/metro m. cronó-
metro. /nimo m. calen-
dario.
croque m. Mar. cloque,
bichero.
croquete m. croqueta; al-
bóndiga.
crosta f. costra; corteza;
postilla.
cru adj. crudo; fig. cruel;
duro.
cruci/ação f. cruciación,
crucificación. /al adj.
crucial. /ar tr. cruciar,
torturar. /ficação f. crucifixión. /ficar tr. crucificar; torturar. /fixo m.
crucifijo.
crue/l adj. cruel; san-
griento. /ldade f. cruel-
dad.
crustáceo adj. y m. Zool.
crustáceo; cubierto de
costra.
cruz f. cruz; crucero. /
ada f. cruzada; fig. cam-
paña. /ador adj. que
cruza; m. Mar. crucero.
/eiro m. y m. crucero;
moneda brasileña.
cu m. ano, culo; asiento.
cuba f. cuba, tonel; m.
cacique, hombre pode-
roso. /gem f. cubica-
ción; cubaje.
cubata f. choza, cabaña.
cubicar tr. cubicar.
cúbico adj. cúbico.
cubículo m. cubículo,
cuarto pequeño.
cub/ismo m. Pint. cubis-

mo. /o m. Geom. cubo.
cuco m. Zool. cuclillo,
cuco.
cuecas f. pl. calzoncillos.
cueiro m. culero, pañal
(de niños).
cuíca f. Bras. instrumento
musical; rata anfibia del
Brasil.
cuida/do adj. y m. cui-
dado; tratado; cautela;
interj. ¡atención! /r tr.
e intr. cuidar, vigilar;
meditar.
cujo pron. rel. del cual;
de la cual; de quien;
cuyo.
culatra f. culata; pop.
nalgas.
culinária f. culinaria.
culmin/ação f. culmina-
ción. /ar intr. culminar.
culpa f. culpa. /r tr. culpar.
culteranismo m. cultera-
nismo.
cultiv/ação f. cultivación.
/ar tr. cultivar. /o m.
cultivo.
cult/o adj. y m. culto. /
ura f. cultura.
cume m. cumbre; fig. au-
ge.
cúmplice adj. y s. cóm-
plice.
cumplici/ar tr. hacer
cómplice. /dade f. com-
plicidad.
cumpridor adj. y s. cum-
plidor; ejecutor.
cumpriment/ador adj.
cumplimentador. /ar tr.
cumplimentar; saludar.
cumprir tr. cumplir.
cumula/ção f. acumula-
ción; abundancia. /r tr.
acumular.
cúmulo m. cúmulo; amon-
tonamiento.
cunha/dor adj. y m. acu-
ñador. /r tr. acuñar; fig.
hacer notable.
cunho m. cuño, troquel;
sello; fig. marca.
cupão m. cupón.
cupé m. cupé, berlina.
cupidez f. avidez, codi-
cia.
cúpula f. cúpula.
cupulíferas f. pl. Bot. cupulíferas.
cura m. y f. cura. /r tr.
e intr. curar.
cúria f. curia.
curiosidade f. curiosidad.
curral m. corral.
cursar tr. cursar.
curs/ista s. cursante; estudiante. /o m. curso.
cursor m. cursor; adj. corredizo.
curti/do adj. curtido. /
r tr. curtir; endurecer.
curto adj. corto.
curtume m. curtimiento.
curv/a f. curva. /ar tr.
curvar; doblar; humi-
llar. /o adj. curvo; do-
blado.
cusp/ideira f. escupidera.
/ir tr. e intr. escupir;
lanzar; ultrajar. /o m.
escupitajo, saliva.
cust/a f. costa, coste; esfuerzo; à — a la costa
de. /ar tr. costar, im-
portar. /o m. coste; es-
fuerzo.
cust/ódia f. custodia,
guardia; tabernáculo. /
odiar tr. custodiar, guardar.
cutâneo adj. cutáneo.
cutel/a f. machete, cu-
cuchillo grande. /o m.
cuchillo; machete; fig.
violencia.
cúter m. Mar. cuter.
cutilada f. cuchillada.
cútis f. cutis.
cutite f. Pat. cutitis, der-
matitis.
czar m. zar. /da f. czar-
da, baile húngaro.

da contrac. de la prep. de
y a; de la.
dação f. For. donación,
dación.
da(c)ti/lado adj. dactila-
do. /lografar tr. dactilografiar, mecanografiar. /
lografia f. dactilografía.
dadaísmo m. dadaísmo.
dádiva f. dádiva, dona-
tivo.
dador adj. y m. dador;
torgante.
daí contr. de la prep. de
y adv. aí; de ahí.
dalém contr. de la prep.
de y adv. além: de allá.
dalguém contr. de la prep.
de con el pron. alguém:
de alguien.
dalgum contr. de la prep.
de con el pron. algúm:
de alguno.
dali contr. de la prep. de
con el adv. ali: de allí.
dália f. Bot. dalia.
dama f. dama, señora.
dana/ção f. damnación,
rabia; condenación. /dor
adj. y m. dañador. /r tr.
dañar, perjudicar.
dança f. danza, baile. /r
intr. danzar; oscilar. /
rino m. danzarín, baila-
rín.
dândi m. dandi, petime-
tre.
danifica/ção f. damnificación, daño. /r tr. dam-
nificar.
dan/inho adj. dañino, no-
civo. /o m. daño, pérdi-
da.
daquele contr. de la prep.
de con el pron. aquele:
de aquél.
daquém contr. de la prep.
de con el adv. aquém: de
acá.
daquilo contr. de la prep.
de y pron. aquilo: de
aquello.
dar tr. e intr. dar; ceder;
regalar; atender; facili-
tar.
data f. data; fecha; fig.
cantidad; tunda, paliza.
/r tr. datar, fechar.
dátil m. Bot. dátil, fruto
de la datilera.
datilograf/ar tr. Bras.
dactilografiar. /ia f. dactilografía.
dati/smo m. Ret. datismo.
/vo adj. y m. dativo.
dealba/ção f. dealbación,
blanqueamiento. /r tr.
blanquear; fig. purificar.
deambul/ação f. deambu-
lación; paseo. /ar intr.
deambular, pasear.
deão m. deán.
debaixo adv. debajo; in-
feriormente.
debanda/da f. desbanda-
da; dispersión. /r tr. e
intr. desbandar.
debat/e m. debate, alter-
cación; pelea. /er tr. debatir, discutir.
debela/ção f. debelación;
represión. /r tr. debelar;
conquistar.
débil adj. débil, flaco.
debitar tr. adeudar.
débito m. débito, deuda.
debru/ado adj. orlado,
galoneado. /r tr. orlar,
galonear.
debrum m. orladura; do-
bladillo.
debulha f. Agr. desgrana-

miento. /r tr. desgranar,
descascarar.
debut/ar intr. debutar,
estrenar. /e m. debut.
debux/ador adj. y s. di-
bujante. /ar tr. dibujar,
esbozar. /o m. dibujo;
plano.
década f. década, decena.
decad/ência f. decaden-
cia; ruina. /ente adj. decadente.
dec/agonal adj. Geom.
decagonal. /ágono m.
decágono.
decair intr. decaer; de-
clinar; empobrecer.
decalc/ar tr. calcar un
dibujo; plagiar. /o m.
decalco, copia.
decanado m. decanato,
deanato.
decanta/ção f. decanta-
ción. /r tr. decantar,
transvasar.
decapita/ção f. decapita-
ción. /r tr. decapitar,
degollar.
dec/ência f. decencia;
dignidad; aseo. /ente
adj. decente, honesto.
decentraliza/ção f. des-
centralización. /r tr.
descentralizar.
decepa/dor adj. y m. des-
cepador. /r tr. descepar;
amputar; desunir.
decep/ção f. decepción.
/cionar tr. decepcionar.
decidi/do adj. decidido.
/r tr. e intr. decidir; sentenciar.
decifra/ção f. descifra-
ción; aclaración. /r tr.
e intr. descifrar, inter-
pretar.
dec/ígrado m. decígrado.
/ilitro m. decilitro. /i-
mal adj. decimal. /íme-
tro m. decímetro.
declama/ção f. declama-
ción. /r tr. e intr. de-
clamar.
declara/ção f. declara-
ción. /r tr. declarar; confesar.
decl/inação f. declina-
ción. /inar intr. decli-
nar; tr. recusar; desviar.
/ínio m. declinación, de-
cadencia.
declive m. declive, pen-
diente.
decoc/ção f. decocción,
cocedura. /to adj. y m.
decocto.
decompo/nente adj. y s.
descomponente. /r tr.
descomponer. /sição f.
descomposición; disolu-
ción.
de cor loc. adv. de me-
moria.
decora/ção f. decoración.
/dor m. decorador. /r tr.
decorar; embellecer.
decot/ado adj. escotado;
podado. /ar tr. escotar;
podar; limpiar. /e m.
escote; poda.
decr/epidez f. decrepitud;
caducidad. /epitar intr.
decrepitar; decaer.
decret/ar tr. decretar; ordenar. /o m. decreto;
orden.
decurso adj. y m. decur-
so; duración; pasado.
dedal m. dedal; fig. tra-
go; pizca.
dédalo adj. y m. dédalo,
laberinto.
dedica/ção f. dedicación.
/r tr. dedicar, ofrecer. /
tória f. dedicatoria.
ded/ilhação f. movimien-
to de los dedos. /ilhar
tr. Mús. puntear. /o m.
Ant. dedo; fig. habili-
dad.
dedu/ção f. deducción;
conclusión. /zir tr. de-
ducir; rebajar; interpre-
tar.

depuração. /r intr. de-
fecar, evacuar.
defec/ção f. defección,
deserción, rebelión. /ti-
vo adj. defectivo; defec-
tuoso.
defeit/o m. defecto. /uo-
so adj. defectuoso.
defen/der tr. defender;
conservar. /sor adj. y m.
defensor; abogado.
defer/ência f. deferencia;
amabilidad. /ente adj.
deferente.
deferir tr. e intr. deferir;
ceder; consentir.
defes/a f. defensa; pro-
tección; abrigo. /o adj.
y m. defeso, prohibido;
veda.
défice m. deficit, saldo negativo.
deficiente adj. deficiente.
definha/do adj. debilita-
do, flaco. /r tr. e intr.
debilitar; arruinar; mar-
chitarse.
defini/ção f. definición,
significación. /r tr. definir, determinar.
deflagra/ção f. deflagra-
ción. /r intr. deflagrar.
deflexão f. deflexión.
deflora/ção f. desflora-
ción. /r tr. desflorar;
deshonrar.
defluir intr. manar; fluir.
defluxão f. Med. fluxión.
/o m. fluxión; flujo na-
sal.
deform/ação f. deforma-
ción. /ar tr. deformar,
desfigurar. /ável adj. de-
formable.
defrauda/ção f. defrauda-
ción; expoliación. /r. tr.
defraudar.
defront/ação f. confron-
tación, posición enfrente
de. /ar tr. e intr. con-
frontar, encarar.
defuma/ção f. ahuma-
ción; fumigación. /r tr.
ahumar; perfumar.
defun/ção f. defunción,
muerte. /to adj. difunto,
fallecido; m. cadáver.
degastar tr. disipar; desperdiciar.
dege/lador adj. y m. des-
helante, lo que deshiela.
/lar tr. e intr. deshelar;
liquidar; reanimar. /(ê)-
lo m. deshielo, fusión.
degener/ação f. degenera-
ción; corrupción. /ar tr.
e intr. degenerar; adulte-
rarse.
degola/ção f. degolla-
ción. /r tr. degollar, decapitar.
degrada/ção f. degrada-
ción. /r tr. degradar;
exonerar; humillar.
degrau m. peldaño, esca-
lón.
degusta/ção f. degusta-
ción. /r tr. degustar,
probar.
deidade f. deidad, ser divino; fig. beldad.
deifica/ção f. deificación.
/r tr. deificar, divinizar;
alabar.
deitar tr. echar; acostar;
derramar; exhalar.
deixa f. legado, herencia;
dejación; descuido; re-
nuncia. /r tr. dejar,
abandonar; legar.
dejeju/adoiro m. desayu-
no. /ar intr. desayunar.
dela contr. de la prep. de
con el pron. ela: de ella.
delapida/ção f. dilapida-
ción. /r tr. dilapidar,
arruinar.
delat/ar tr. delatar, de-

nunciar. /or adj. y m. delator, acusador.

dele contr. de la prep. **de** con el pron. **ele**: de él.

delega/ção f. delegación; representación; cedencia. /r tr. delegar; investir.

deleit/ação f. deleitación; placer. /ar tr. deleitar.

delgad/eza f. delgadez; fineza. /o adj. y m. delgado; delicado; suave.

deliba/ção f. degustación. /r tr. degustar, probar.

delibera/ção f. deliberación; decisión. /r tr. deliberar.

delicad/eza f. delicadeza, /o adj. delicado, **cortés**; blando; difícil.

del/ícia f. delicia, placer. /iciar tr. deleitar.

delimita/ção f. delimitación, demarcación. /r tr. delimitar.

delinea/ção f. delineación; esbozo. /r tr. delinear; trazar un plano.

delinqu(ü)ência f. dilincuencia. /ir intr. delinquir; transgredir.

del/irante adj. delirante; extraordinario. /irar intr. delirar.

delito m. delito, crimen; falta.

delivra/ção f. parto, alumbramiento. /r-se r. alumbrar; dar a luz.

demagog/ia f. demagogía. /o m. demagogo.

demais adv. además; adj. y pron. ind. restante.

demarca/ção f. demarcación; delimitación. /r tr. demarcar; limitar.

demasía f. demasía, exceso; insolencia; temeridade. /r-se r. demasiarse, excederse.

dem/encia f. demencia. / ente adj. y s. demente.

demi/ssão f. dimisión; exoneración. /tir. tr. dimitir.

demo m. demonio, diablo.

democr/acia f. democracia. /ático adj. democrático; popular.

demografia f. demografía.

demoli/cao f. demolicion /r tr. demoler, aniquilar, destruir.

dem/ó(ô)nio m. demonio, diablo.

demonstra/ção f. demostración; prueba; señal. /r tr. demostrar; mostrar.

demora f. demora, tardanza. /r tr. e intr. demorar, retardar.

demover tr. mover; disuadir; desviar.

denega/ção f. denegación, r tr. denegar, recusar; desmentir.

denigr/ação f. denigración. /ir tr. denegrecer.

deno/dado adj. denodado; atrevido. /dar tr. desanudar; desembarazar.

denomina/ção f. denominación. /r tr. denominar; nombrar.

denotar tr. denotar; anunciar.

dens/ar tr. hacer denso; coagular. /idade f. densidad. /o adj. denso; apretado; oscuro.

dent/ada f. dentellada. / adura f. dentadura; cremallera. /ar tr. e intr. dentar; morder. /e m. Anat. diente. /ição f. dentición. /ista s. dentista; fig. impostor.

dentro adv. dentro, aden-

tro

denudar tr. denudar, desnudar.

den/úncia f. denuncia; declaración. **/unciar** tr. denunciar; revelar. /unciar-se r. traicionarse.

departamento m. departamento.

departir tr. departir. repartir.

depaupera/ção f. depauperación. /r tr. depauperar; extenuar.

depend/ência f. dependencia; sujeción; colonia. /er intr. depender; resultar.

dependurar tr. colgar, suspender.

depila/ção f. depilación. /r tr. depilar, rapar.

depois adv. después.

depolariza/ção f. despolarización. /r tr. despolarizar; devastar.

depor tr. deponer; dejar; destituir; declarar.

deporta/ção f. deportación, exilio. /r tr. deportar; apartar.

dep/osição f. deposición; resignación. /ósito m. depósito; almacén.

deprava/ção f. depravación. /r tr. depravar; alterar.

deprecia/ção f. depreciación; rebajamiento. /r tr. depreciar.

depreen/der tr. deprehender; deducir. /são f. aprehensión.

depressa adv. aprisa, rápidamente.

depr/essão f. depresión; debilitamiento. /imência f. depresión.

depura/ção f. depuración. /r tr. depurar, purificar.

deputa/ção f. diputación. /do m. diputado. /r tr. diputar; incumbir.

deriva/ção f. derivación; desviación. /r-se r. derivar; correr.

derradeiro adj. último; postrero.

derrama f. derrama. /r tr. derramar; esparcir; desramar.

derrapar intr. resbalar, patinar, deslizar (la rueda de un vehículo).

derrea/do adj. derrengado. /r tr. derrengar; extenuar; desacreditar.

derredor adv. derredor, contorno.

derrenga/do adj. derrengado, extenuado. /r tr. y r. derrengar, deslomar

derreter tr. derretir; liquidar; fig. enternecer; enamorarse.

derriba f. derribamiento. /r tr. derribar; arruinar; humillar; subyugar.

derroca/da f. desmoronamiento. /r tr. derrocar; destruir; fig. humillar.

derroga/ção /r tr. derogar; modificar.

derrota f. derrota; camino; fracaso; viaje. /r tr. derrotar, abatir árboles.

derruba/dor adj. y s. derrumbador, destructor. /r tr. derrumbar; derribar; extenuar.

derruir tr. derruir; desmoronarse.

desaba/mento m. abatimiento; desmoronamiento. /r tr. e intr. abatir, caer; desmoronarse.

desabilitar tr. deshabilitar, inhabilitar.

desabita/do adj. deshabitado; desierto. /r tr. deshabitar; abandonar.

desabituar tr. deshabituar.

desabotoar tr. desabotonar; abrir.

desabrido adj. desabrido;

desagradable; tempestuoso.

desabrigar tr. desabrigar; desamparar.

desabri/mento m. desabrimiento; rudeza. /r tr. desabrir; abandonar.

desacasalar tr. separar animales emparejados.

desacat/ar tr. desacatar; indisciplinar. /o m. desacato; profanación.

desaco(ô)rdo m. desacuerdo.

desadora/ção f. desadoración; aversión. /r tr. desadorar; repugnar.

desafe(c)t/ação f. naturalidad; ingenuidad. /o adj. y s. desafecto; hostil.

desafeiç/ão f. desafección; animosidad. /oar tr. desaficionar; alterar.

desafiar tr. desafiar; provocar; rivalizar; desafilar.

desafina/ção f. desafinación; disonancia. /r tr. e intr. Mús. desafinar.

desafio m. desafío; provocación, lucha.

desafivelar tr. deshebillar, desabrochar.

desafligir tr. sosegar; reconfortar.

desafo/gado adj. desahogado; desembarazado. /gar tr. e intr. desahogar; expandir.

desafoguear tr. refrescar; suavizar.

desafreguesar tr. desaparroquiar, quitar los clientes.

desafronta f. desagravio.

desagasalh/ar tr. dispensar mala acogida; desabrigar. /o m. mal acogimiento; desabrigo.

desagrad/ar intr. desagradar. /ável adj. desagradable.

desagrad/ecer tr. desagradecer. /o m. desagrado.

desagrega/ção f. desagregación. /r tr. y r. desagregar; separarse.

desagua/dor adj. desaguador. /r tr. desaguar.

desaguisa/do m. desaguisado, discordia. /r tr. desaguisar; desconcertar.

desajeita/do adj. desastrado, torpe. /r tr. desarreglar; deformar.

desajuiza/do adj. desjuiciado; insensato. /r tr. hacer perder el juicio; entontecer.

desalent/ado adj. desalentado. /o m. desaliento.

desalinh/ado adj. desaliñado; negligente. /ar tr. desaliñar.

desaloj/amento m. desalojamiento. /ar tr. desalojar.

desamarrar tr. desamarrar; zarpar.

desamarrotar tr. alisar, desarrugar; enderezar.

desampar/ar tr. desamparar. /o m. desamparo.

desanda f. pop. reprimenda; paliza.

desanex/ação f. desunión. /ar tr. separar, apartar.

des/animado adj. desanimado; cobarde. /animar tr. desanimar; acobardar.

desanuvia/do adj. desanublado; límpido; sereno. /r tr. desanublar; serenar.

desapaixona/do adj. desapasionado. /r. tr. desapasionar; distraer.

desaparafusar tr. destornillar.

desaparec/er intr. desaparecer; fallecer. /ido adj. desaparecido; muerto; fugitivo.

desaparelhar tr. desaparejar; desguarnecer.

desaparição f. desaparición.

desape/gar tr. despegar, desprender. /(ê)go m. desapego; desinterés.

desapieda/do adj. despiadado; cruel. /r tr. desapiadar.

desaponta/do adj. sorprendido; decepcionado. /r tr. desilusionar; despuntar.

desapoquentar tr. sosegar, tranquilizar.

desaportuguesar tr. quitar la característica portuguesa.

desapossar tr. desposeer, despojar.

desaprender tr. desaprender.

desapropria/ção f. desapropiación; desapego. /r tr. desapropiar; expropiar.

desaprova/ção f. desaprobación. /r tr. desaprobar.

desarborizar tr. talar (los árboles).

desarma/mento m. desarmamiento. /r tr. e intr. desarmar; desmantelar.

desarm/onia f. desarmonía. /onizar tr. desarmonizar; malquistar.

desarraigar tr. desarraigar; destruir.

desarranj/ado adj. desarreglado; negligente. /ar tr. desarreglar; trastornar.

desarreigar tr. desarraigar.

desarrugar tr. desarrugar, alisar.

desarruma/ção m. desarreglo; confusión /r tr. desarreglar.

desarticula/ção f. desarticulación. /r tr. desarticular, descoyuntar.

desartilha/do adj. Mil. desartillado. /r tr. desartillar.

desarvora/do adj. Mar. desarbolado. /r tr. desarbolar; huir.

desassombr/ado adj. sin sombra, sombrío; osado, audaz. /ar tr. iluminar, desanublar; alegrar.

desastr/ado adj. desastrado; infeliz. /e m. desastre, accidente; calamidad.

desatapetar tr. desalfombrar.

desatar tr. desatar, desprender; anular; decidir.

desatarraxar tr. destornillar.

desatin/ação f. desatino; confusión. /ar tr. e intr. desatinar; perturbar.

desatolar tr. desatascar.

desatraca/ção f. Mar. desatraque. /r tr. e intr. desatracar.

desautor/ação f. desautorización; destitución. /ar tr. desautorizar.

desavença f. desavenencia; hostilidad.

desavergonha/do adj. desvergonzado. /r tr. hacer perder la vergüenza.

desavi/ar tr. desaviar; impedir. /r tr. desavenir; discordar.

desbancar tr. desbancar; aventajar, vencer.

desba(p)tizar tr. desbautizar; excomulgar.

desbarata/dor adj. y s. desbaratador, gastador. /r tr. desbaratar; malgastar.

desbocar tr. desbocar; desgolletar.

desbloque/ar tr. desblo-

quear. /io m. desbloqueo.

desboca/do adj. desbocado; desenfrenado; atrevido. /r tr. desbocar; vaciar.

desbordar intr. desbordar; derramar.

desbota/do adj. descolorido; marchito; pálido. /r tr. descolorar; deslustrar.

desbraga/do adj. desbragado; fig. disoluto. /r tr. desvergonzar.

desbrasileirar tr. hacer perder los modos brasileños.

desbrava/do adj. roturado (terreno); civilizado. /r tr. desbravar; limpiar.

descabela/do adj. descabellado; fig. violento. /r tr. descabellar.

descabido adj. descabido; inoportuno.

descala/bro m. descalabro; ruina. /vrado adj. descalabrado.

descalça/deira f. calzador. /dela f. represión; insulto. /r tr. descalzar; fig. desamparar.

descalcifica/ção f. descalcificación. /r tr. descalcificar.

descalço adj. descalzo; fig. desprovisto; não estar—, estar prevenido.

descamisa/do adj. descamisado; pobre. /r tr. descamisar.

descampado m. descampado; llanura.

descans/ado adj. descansado; tranquilo. /ar tr. descansar; aliviar. /o m. descanso, reposo; pausa; apoyo.

descapotável adj. descapotable (vehículo).

descara(c)terizar tr. descaracterizar; disfrazar.

descara/do adj. descarado; insolente. /mento m. descaramiento.

descarg/a f. descarga; disparo. /o m. descargo; satisfacción; disculpa.

descarna/do adj. descarnado; delgado, flaco. /r tr. descarnar; adelgazar.

descaroço/ador m. desgranador; deshuesadora. /r tr. desgranar, deshuesar; fig. explicar.

descarrega/dor adj. y m. descargador. /r tr. descargar; aliviar; vaciar; abonar; confesar.

descarte m. descarte (en juego); fig. excusa.

descasa/mento m. descasamiento; divorcio. /r tr. descasar; desemparejar.

descascar tr. descascar; limpiar.

descatoliza/ção f. descatolización. /r tr. descatolizar.

descend/ência f. descendencia; linaje; genealogía. /er intr. descender; provenir.

descentraliza/ção f. descentralización. /r tr. descentralizar.

descer tr. e intr. descender; bajar.

descerebra/do adj. falto de juicio; ignorante. /r tr. descerebrar.

descerrar tr. descerrar; abrir; manitestar.

descida f. descenso, bajada; declive.

descimbrar tr. Arq. descimbrar.

desclassifica/do adj. y s. desclasificado; excluido. /r tr. desclasificar; exonerar.

desclipsar tr. descubrir, averiguar.

descob/erta f. descubrimiento; invención. **/ridor** adj. y s. descubridor; explorador. **/rir** tr. descubrir; inventar; denunciar.

descodear tr. descortezar.

descola/gem f. levantar vuelo (avión); desencoladura. **/r** tr. descolar, despegar; despegar, levantar vuelo.

descolora/ção f. decoloración. **/r** tr. descolorar; desteñir.

descomodidade f. descomodidad; molestia.

descompaginar tr. descompaginar; desunir.

descompaixão f. falta de compasión.

descompo/r tr. descomponer; alterar; insultar. **/sto** adj. descompuesto; descortés.

descompr/essão f. descompresión. **/imir** tr. descomprimir.

descomun/gar tr. levantar la excomunión. **/hão** f. acto de levantar la excomunión.

desconcentrar tr. desconcentrar.

desconce/rtar tr. desconcertar; desordenar. **/(ê)rto** m. desconcierto; discordia.

desconfia/nça f. desconfianza. **/r** tr. e intr. desconfiar

desconform/e adj. disconforme; grandioso. **/idade** f. desconformidad.

desconfo/rtar tr. desconsolar; desalentar, **/(ô)rto** m. incomodidad; desaliento.

descongela/ção f. descongelación. **/dor** adj. y s. descongelador. **/r** tr. descongelar; fundir.

descongestionar tr. descongestionar, desembarazar.

desconhec/edor adj. y s. desconocedor ignorante. **/er** tr. desconocer; negar; ignorar.

desconju/gar tr. separar; descasar. **/ntar** tr. descoyuntar, separar.

desconse(ê)rto m. desconcierto; desarreglo

desconsidera/ção f. desconsideración. **/r** tr. desconsiderar; despreciar.

desconso/lação f. desconsolación, tristeza. **/(ô)lo** m. desconsuelo.

descont/ar t. descontar, deducir. **/ável** adj. descontable.

desconto m. descuento, rebaja.

descontrair tr. descontraer.

descontrolar tr. descontrolar, dejar de comprobar.

desconveni/ência f. desconveniencia. **/ente** adj. desconveniente; desventajoso.

desconversar tr. e intr. desconversar.

descor f. decoloración. **/ar** tr. descolorar; olvidar; intr. palidecer.

descortês adj. descortés, grosero.

descortinar tr. descortinar, divisar.

descos/er tr. descoser; desunir; fig. divulgar. **/ido** adj. descosido.

descrav/ar tr. desclavar; desengastar. **/ejar** tr. desclavar; desengastar.

descravizar tr. libertar; desoprimir.

descrédito m. descrédito, deshonra.

descre/nça f. descreencia; irreligiosidad. **/nte** adj. y s. descreído, ateo.

descr/ever tr. describir, narrar; trazar. **/ição** f. descripción; narración.

descuid/ado adj. descuidado; negligente. **/ar** tr. descuidar.

desculpa f. disculpa, perdón. **/r** tr. disculpar.

desde prep. desde, después de, a partir de.

desd/ém m. desdén, desprecio; orgullo. **/enhar** tr. e intr. desdeñar; motejar.

desdenta/do adj. y m. desdentado. **/r** tr. desdentar.

desdita f. desdicha, desgracia.

desdizer tr. desdecir, negar.

desdobrar tr. desdoblar, extender; fraccionar.

deseca/ção f. desecación. **/r** tr. desecar.

desej/ado adj. deseado, esperado; soñado. **/ar** tr. e intr. desear, anhelar; querer. **/o** m. deseo; apetito.

deselegância f. inelegancia, incorrección.

desembaciar tr. desempañar.

desembainhar tr. desenvainar; desprender.

desembandeirar tr. quitar la bandera.

desembara/çado adj. desembarazado, desenvuelto; libre. **/çar** tr. desembarazar; evacuar.

desembaralhar tr. desenmarañar, desembrollar.

desembarca/doiro m. desembarcadero. **/r** tr. e intr. desembarcar.

desembocar tr. desembocar; desaguar.

desembolado adj. desembolado.

desembo/lsar tr. desembolsar; gastar. **/(ô)lso** m. desembolso; préstamo.

desemboscar tr. desemboscar.

desembraia/gem m. *Mec.* desembrague; desconexión. **/r** tr. desembragar, desconectar.

desembrulh/ar tr. desempaquetar; desdoblar; fig. desenredar. **/o** m. desembrollo, despliegue.

desembrutecer tr. desembrutecer; civilizar.

desembruxar tr. deshechizar; desembrujar.

desempacotar tr. desempaquetar.

desempalmar tr. desempalmar; desligar.

desemparceirar tr. desemparejar; descasar.

desempat/ar tr. desempatar; decidir; **— um negócio**, resolver un negocio. **/e** m. desempate; resolución.

desempena/do adj. derecho; desembarazado; escuadrado, nivelado. **/r** tr. enderezar; escuadrar.

desempestar tr. desinfectar.

desempo/ar tr. desempolvar; sacudir. **/eirado** adj. desempolvado; modesto.

desempre/gado adj. y s. desempleado. **/(ê)go** m. desempleo; paro.

desemprenhar tr. desembarazar; abortar; fig. desembuchar.

desencabresta/do adj. sin cabestro; desenfrenado. **/r** tr. tr. desencabestrar.

desencadernar tr. y r. desencuadernar; desalinarse.

desencaix/ar tr. y r. desencajar; desempaquetar. **/e** m. desencaje.

desencaixotar tr. desencajonar.

desencalhar tr. e intr. desencallar.

desencaminha/do adj. desencaminado. **/r** tr. desencaminar; fig. pervertir.

desencapotar tr. desencapotar; fig. descubrir.

desencarcerar tr. y r. desencarcelar; libertar.

desencardir tr. limpiar; blanquear.

desencharcar tr. desencharcar; secar.

desencher tr. vaciar.

desencobrir tr. descubrir.

desencolerizar tr. desencolerizar.

desencontr/ado adj. opuesto; disconforme. **/o** m. oposición; divergencia; dirección opuesta.

desencorajar tr. desanimar.

desencorpora/ção f. desincorporación. **/r** tr. y r. desincorporar; separarse.

desencravar tr. desclavar; fig. sacar de apuros.

desencrespar tr. y r. desencrespar; alisar.

desendividar tr. pagar la deuda de; exonerar; desobligar.

desenevoar tr. desnublar; fig. alegrar; aclarar.

desenfarruscar tr. deshollinar; limpiar.

desenfeitar tr. y r. desadornar, desguarnecer.

desenfeitiçar tr. deshechizar; desembrujar.

desenferrujar tr. desenmohecer; fig. desentorpecer; instruir.

desenfrea/do adj. desenfrenado; libertino. **/r** tr. desenfrenar.

desenfurecer tr. desenfurecer; serenar.

desenganchar tr. desenganchar.

desengano m. desengaño; desilución.

desengarrafar tr. desembotellar.

desengatar tr. desengastar; desenganchar; soltar.

desenglobar tr. desenglobar.

desengomar tr. desalmidonar, desengomar.

desengonça/do adj. desengoznado; descoyuntado. **/r** tr. desgonzar; desarticular.

desengord/ar tr. desengrasar; enflaquecer. **/urar** tr. desengrasar.

desenguiçar tr. desenhechizar; desenredar.

desenh/ador adj. y m. diseñador, dibujante. **/ar** tr. dibujar. **/o** m. dibujo; plano; fig. intento.

desenjoar tr. quitar las náuseas; desempalagar; desenfadar.

desenla/çar tr. desenlazar; separar; aclarar. **/ce** m. desenlace; fig. solución.

desenovelar tr. desovillar, desenredar.

desenquadrar tr. desenmarcar, quitar del marco.

desenraizar tr. desarraigar.

desenrasca/do adj. expedito, desembarazado. **/r** tr. desembarazar.

desenre/dar tr. desenredar; resolver. **/(ê)do** m. desenredo; solución.

desenrijar tr. ablandar.

desenrolar tr. desenrollar; desarrollar; destorcer.

desenroscar tr. desenroscar; desatornillar.

desenroupar tr. desarropar; desnudar.

desenrugar tr. desarrugar, alisar.

desentarraxar tr. desatornillar; desapretar.

desentender tr. e intr. desentender. **/-se** r. enemistarse.

desenterra/do adj. desenterrado; pálido. **/r** tr. desenterrar, exhumar; escudriñar.

desentoa/ção f. *Mús.* desentonación; desafinación. **/r** tr. desentonar.

desentolher tr. desentumecer.

desentorpecer tr. desentorpecer; reanimar.

desentoxica/ção f. desintoxicación. **/r** tr. desintoxicar.

desentristecer tr. e intr. desentristecer, alegrar.

desentronizar tr. destronar, desentronizar.

desentulhar tr. desaterrar; desobstruir.

desentupir tr. destapar; desobstruir.

desenvolto adj. desenvuelto; desarrollado; ágil; travieso.

desenvolv/er tr. desenvolver; desarrollar; desempachar. **/imento** m. desenvolvimiento; progreso.

desenxofrar tr. *Quím.* dezufrar; fig. desenfadar.

desenxovalha/do adj. limpio; sin calumnia; bien arreglado. **/r** tr. limpiar; rehabilitar.

deserção f. deserción; abandono.

deserda/ção f. desheredación. **/r** tr. desheredar; desamparar.

desertar tr. desertar; abandonar, huir.

des/értico adj. desértico; despoblado. **/erto** m. desierto; adj. abandonado.

desertor adj. y m. desertor, tránsfuga.

desespera/do adj. y m. desesperado; colérico; obstinado; alocado. **/r** tr. desesperar; irritar.

desestima f. desestima; desprecio. **/r** tr. desestimar, desechar.

desfadiga f. alivio, descanso. **/r** tr. aliviar, reposar.

desfalca/do adj. desfalcado; disminuido; perjudicado. **/r** tr. desfalcar; defraudar.

desfalec/er tr. desfallecer; desalentar; intr. desmayar, decaer. **/imento** m. desfallecimiento; desmayo.

desfalque m. desfalco; desvío (dinero).

desfanatizar tr. desfanatizar.

desfavor m. desfavor; hostilidad; desgracia. **/ecer** tr. desfavorecer; desestimar.

desfazer tr. deshacer; aniquilar; desterrar; desvanecer.

desfertilizar tr. desfertilizar.

desfia/do adj. deshilado. **/r** tr. deshilar; deshilachar; intr. desmenuzar.

desfibrar tr. desfibrar; desmenuzar.

desfigura/ção f. desfigurado, alterado. **/r** tr. desfigurar; afear; disimular.

desfiladeiro m. desfiladero.

desfil/ar intr. *Mil.* desfilar, marchar. **/e** m. desfile.

desfilhar tr. desfollonar, podar; deshijar.

desflora/ção f. desfloración. **/r** tr. desflorar; fig. deshonrar, desvirgar.

desfocar tr. desenfocar.

desfolha f. deshoje, deshojamiento. **/da** f. deshojada; descamisada. **/r** tr. deshojar, despampanar; fig. extinguir.

desforra f. desquite; venganza; reparación, desagravio.

desfort/alecer tr. desfortalecer. **/ificar** tr. desfortificar.

desfortuna f. desventura, infelicidad.

desfranzir tr. desarrugar, alisar; desfruncir.

desgalante adj. descortés.

desgalgar tr. desgalgar; despeñar.

desgalvaniza/ção f. desgalvanización. **/r** tr. desgalvanizar.

desgarrada f. danza y canto improvisado; **à —**, a desafío.

desgarra/do adj. desgarrado; descaminado; suelto; libertino. **/r** tr. extraviar; pervertir; *Mar.* garrar, levar anclas.

desgast/ado adj. desgastado; arruinado. **/ar** tr. desgastar; consumir.

desgelar tr. deshelar.

desgovern/ação f. desgobierno; desorden. **/ar** tr. desgobernar; desperdiciar.

desgra/ça f. desgracia; calamidad. **/çar** tr. desgraciar; perjudicar.

desgravida/ção f. desembarazo, parto. **/r** tr. desembarazar; alumbrar; desocupar.

desgrenhar tr. desgreñar, despeinar.

desgrudar tr. desengrudar; despegar.

desguarnec/er tr. desguarnecer; desardornar. **/ido** adj. desguarnecido.

desídia f. desidia; pereza; negligencia.

desidrata/ção f. deshidratación. **/r** tr. deshidratar.

designa/ção f. designación; denominación. **/r** tr. designar; mostrar; escoger.

desigual adj. desigual; irregular. **/ar** tr. desigualar; diferenciar.

desiludi/do adj. desilusionado. **/r** tr. desilucionar; desengañar.

desilusão f. desilución; desengaño.

desimpedir tr. desembarazar; facilitar.

desimpressionar tr. desimpresionar; desengañar.

desincorpora/ção f. desincorporación; separación. **/r** tr. desincorporar; licenciar tropas; apartar.

desinência f. desinencia; extremidad; término.

desinfamar tr. rehabilitar, deshumillar.

desinfe(c)/ção f. desinfección. **/tar** tr. desinfectar.

desinflama/ção f. desinflamación. **/r** tr. desinflamar.

desinquieta/ção f. desinquietud. **/r** tr. desinquietar, incomodar.

desintegra/ção f. desintegración. **/r** tr. desintegrar.

desinteligência f. desinteligencia.

desintere/ssado adj. desinteresado; imparcial. **/ssar** tr. desinteresar; compensar.

desintoxica/ção f. desintoxicación. **/r** tr. desin-

toxicar.
desirm/anar tr. deshermanar, desemparejar. /**a-nar-se** f. desavenirse.
desist/ência f. desistencia; abandono. /**ir** intr. desistir, renunciar.
desjeju/ar intr. desayunar. /**m** m. desayuno.
desjuizar tr. enloquecer; embrutecer.
desjuntar tr. desunir, dividir.
desladrilhar tr. desenladrillar; desempedrar.
deslajear tr. desenlosar; desempedrar.
deslastrar tr. Mar. deslastrar.
desleal adj. desleal; traidor; falso. /**dade** f. deslealtad.
desleix/ar tr. descuidar; olvidar. /**o** m. descuido; indolencia.
deslembra/nça f. olvido, descuido. /**r** tr. olvidar, descuidar.
desli/ar tr. desligar. /**gar** tr. desligar, desatar.
gar-se r. desobligarse.
deslindar tr. deslindar; demarcar; desenredar.
desliz/adeiro m. deslizadero. /**ar** intr. deslizar, resbalar; evadirse.
desloca/ção f. dislocación; luxación. /**r** tr. dislocar; separar; desarticular.
deslumbra/do adj. deslumbrado; fascinado. /**r** tr. deslumbrar; fascinar.
deslustr/ar tr. deslustrar, deslucir; manchar, desacreditar. /**e** m. deslustre; descrédito.
desluzi/do adj. deslucido; desacreditado. /**r** tr. deslucir; depreciar.
desmagnetiza/ção f. desmagnetización. /**r** tr. desmagnetizar.
desmai/ado adj. desmayado; débil; descolorido. /**ar** tr. desmayar. /**o** m. desmayo; desfallecimiento.
desmanar tr. desmanar, apartar.
desmanch/adão m. desordenado; negligente. /**ar** tr. deshacer; desarreglar; anular; provocar aborto. /**o** m. desarreglo; aborto.
desmando m. desmando; desorden; abuso.
desmantela/do adj. desmantelado; arruinado. /**r** tr. desmantelar, demoler; desarmar.
desmaranh/ar tr. enmarañar, desenredar. /**o** m. desenredo; desorden.
desmarca/do adj. desmesurado; excesivo. /**r** tr. desmarcar.
desmascarar tr. desenmascarar; aclarar; descubrir.
desmastr/ar tr. Mar. desarbolar; desaparejar un navío. /**ear** tr. desarbolar.
desmelindrar tr. desagraviar.
desmembra/ção f. desmembración; división. /**r** tr. desmembrar; desunir.
desmenti/do m. desmentido; perjuro. /**r** tr. desmentir, contradecir.
desmérito m. demérito.
desmilitariza/ção f. desmilitarización. /**r** tr. desmilitarizar.
desmobila/do adj. desamueblado; vacío. /**r** tr. desamueblar.

desmobiliza/ção f. desmovilización. /**r** tr. desmovilizar.
desmontar tr. desmontar, apear; abatir.
desmoraliza/ção f. desmoralización. /**r** tr. desmoralizar; viciar; acobardar.
desmorona/mento m. desmoronamiento; destrucción. /**r** tr. desmoronar, arrasar.
desmudar tr. e intr. demudar, cambiar.
desnacional adj. desnacional, antipatriótico.
desnasalação f. transformación de un sonido nasal en oral.
desnata/ção f. desnatación. /**r** tr. desnatar.
desnatural adj. desnatural; excéntrico. /**ização** f. desnaturalización. /**izar** tr. desnaturalizar; expatriar; desfigurar.
desnavegável adj. inavegable.
desnecessário adj. innecesario, desnecesario.
desn/ível m. desnivel. /**ivelar** tr. desnivelar.
desnortea/do adj. desorientado; extraviado. /**r** tr. desorientar; confundir.
desnud/ação f. desnudamiento. /**ar** tr. desnudar; despojar. /**o** adj. desnudo.
desnutri/ção f. desnutrición, depauperación. /**r** tr. desnutrir; enflaquecer
desobed/ecer intr. desobedecer; violar /**iência** f. desobediencia.
desobstruir tr. desobstruir, desocupar; limpiar.
desola/ção f. desolación, devastación; ruina; tristeza. /**r** tr. desolar; arruinar; afligir.
desonest/ar tr. deshonestar; deshonrar. /**o** adj. deshonesto; indigno.
desonr/a f. deshonra; infamia; violación. /**ar** tr. deshonrar; violar.
desorbitar tr. desorbitar; exorbitar.
desorde/iro adj. y s. perturbador, pendenciero. /**m** m. desorden, confusión; tumulto.
desorienta/ção f. desorientación; desatino. /**r** tr. desorientar.
desornar tr. desadornar; desaliñar.
desoxida/ção f. desoxidación. /**r** tr. desoxidar.
despach/ado adj. despachado, diligente; resuelto; muerto. /**ante** m. despachante, agente de aduana. /**ar** tr. despachar; enviar; vender. /**o** m. despacho; resolución; comunicación; desembarazo.
desparafusar tr. destornillar; desapretar.
desparamentar tr. quitar los paramentos; desnudar.
despartir tr. despartir, separar; pacificar.
despedaça/dor adj. despedazador. /**r** tr. despedazar, descuartizar.
despedi/da f. despedida; separación; terminación. /**r** tr. despedir; licenciar, esparcir; remitir.
despe/gar tr. despegar; desunir; abandonar. /**(ê)go** m. despego; aspereza.
despej/ado adj. despejado; libre; atrevido; vacío. /**ar** tr. despejar; desembarazar; aclarar.
despenar tr. despenar, consolar; desplumar.

dependurar tr. descolgar.
despenh/adeiro m. despeñadero, precipicio; peligro. /**ar** tr. despeñar, precipitar; desgraciar.
despentear tr. despeinar.
desperceber tr. desapercibir.
despert/ador m. despertador (reloj); estimulante. /**ar** tr. despertar.
despesa f. gasto; consumo.
despied/ade f. inhumanidad. /**ar-se** r. desapiadarse.
despir tr. desnudar; despojar.
despistar tr. despistar.
desplant/ar tr. desplantar. /**e** m. desplante; osadía.
desplumar tr. desplumar.
despoetizar tr. despoetizar.
desp/ojador adj. y s. despojador. /**ojar** tr. despojar; desnudar. /**o(ô)jo** m. despojo; pl. restos.
desponsório m. esponsales.
desponta/dor adj. y m. despuntador. /**r** tr. despuntar; embotar; surgir.
desport/e m. deporte; divertimiento. /**ismo** m. deportismo. /**o** m. deporte.
despos/ar tr. desposar. /**ório** m. desposorio
déspota s. déspota.
despovoa/ção f. despoblación. /**r** tr. despoblar.
despraz/er intr. e m. desplacer; desagradar. /**ível** adj. desapacible.
desprega/dura f. desplegadura. /**r** tr. desplegar; desclavar; soltar.
desprend/er tr. desprender; soltar. /**imento** m. desprendimiento.
despreocupa/ção f. despreocupación. /**r** tr. y r. despreocuparse.
desprest/igiar tr. desprestigiar. /**ígio** m. desprestigio.
despreven/ção f. desprevención. /**ir** tr. desprevenir.
despre/zador adj. y s. despreciador. /**zar** tr. despreciar. /**(ê)zo** m. desprecio.
despropor/ção f. desproporción. /**cionar** tr. desproporcionar.
desprote/(c)ção f. desamparo. /**ger** desamparar; abandonar; descubrirse.
desqualifica/ção f. descalificación. /**r** tr. descalificar.
desquit/ação f. desquite; separación judicial. /**e** m. desquite; divorcio; separación.
desraizar tr. desenraizar, desarraigar.
desramar tr. desramar.
desratiza/ção f. desratización. /**r** tr. desratizar.
desrespeit/ador adj. y s. irrespetuoso. /**ar** tr. irrespetar.
desrugar tr. desarrugar.
dessabor m. desabor; insipidez.
dessal/ar tr. desalar. /**gar** tr. desalar.
dessangrar tr. desangrar; arruinar.
de(e)sse contrac. de la prep. de con el pron. o adj. esse, de ese.
dessocorrer tr. abandonar.
dessoldar tr. desoldar.
dessubstanciar tr. desubstanciar; exprimir.
dessulfura/ção f. Quím. desulfuración. /**r** tr. desulfurar.
destac/ado adj. destacado; saliente. /**ar** tr. des-

tacar; resaltar; enviar. /**ável** adj. destacable; separable.
destapa/mento m. destapadura. /**r** tr. destapar; descubrir.
destaque m. evidencia; saliente; golpe de florete.
de(ê)ste contr. de la prep. de con pron. o adj. este: de éste; a mi lado.
destem/idez f. intrepidez; coraje. /**ido** adj. intrépido, valiente.
destempe/rar tr. destemplar; desorganizar; desafinar. /**(ê)ro** m. destemple; desarreglo; tontería.
deste/rrar tr. desterrar, deportar; oscilar. /**(ê)rro** m. destierro, exilio; fig. lugar yermo.
destila/ção f. destilación. /**r** tr. destilar; insinuar. /**ria** f. destilería.
destino m. destino; dirección; fatalidad; suerte.
destitui/ção f. destitución; privación. /**r** tr. destituir, exonerar.
destorcer tr. destorcer; disimular.
destramente adv. diestramente.
destrava/do adj. desenfrenado; fig. insolente. /**r** tr. desfrenar; desvariar.
destreza f. destreza; aptitud.
destripar tr. destripar.
destro adj. diestro; hábil; lado derecho.
destrocar tr. destrocar, deshacer el trueque o cambio.
destro/çar tr. destrozar; dispersar; aniquilar. /**(ô)ço** m. destrozo; ruina.
destron/ar tr. destronar; humillar. /**izar** tr. destronar.
destrui/ção f. destrucción. /**r** tr. destruir.
desuman/ar tr. deshumanar. /**idade** f. deshumanidad; crueldad. /**o** adj. deshumano, feroz.
desuni/ão f. desunión; división. /**r** tr. desunir; desarmonizar.
desvair/ado adj. desvariado; loco. /**ar** tr. desvariar, delirar.
desvalido adj. y m. desvalido; miserable.
desvaloriza/ção f. desvalorización. /**r** tr. desvalorizar.
desvanecer tr. e intr. desvanecer; esfumar; desmayar; olvidar.
desvantagem f. desventaja; inferioridad.
desvão m. desván; rincón.
desvari/ar tr. e intr. desvariar; delirar. /**o** m. desvarío; disparate.
desvendar tr. desvendar.
desventra/ção f. destripamiento. /**r** tr. destripar.
desventur/a f. desventura; infelicidad. /**ar** tr. desgraciar.
desvergonhar tr. desvergonzar.
desvia/do adj. desviado; alejado. /**r** tr. desviar; sustraer; divergir.
desvirga/mento m. desvirgación; estupro. /**r** tr. desvirgar, desflorar.
desviriliar tr. desvirilizar; castrar.
desvirtu/ar tr. desvirtuar, desprestigiar. /**de** f. pecado; defecto.

tr. detener; suspender; aprehender.
determina/ção f. determinación; resolución; coraje. /**r** tr. determinar; ordenar.
detersão f. Med. detersión.
detestar tr. detestar; odiar; condenar.
detido adj. detenido, preso; parado.
detona/ção f. detonación; estampido. /**dor** m. detonador. /**r** intr. detonar; explotar.
detrás adv. detrás; después.
deturpar tr. deturpar; estropear; infamar.
Deus m. Dios, el Creador; **graças a ―**, gracias a Dios. /**a** f. diosa; mujer hermosa.
devagar adv. despacio; lentamente.
devass/idão f. depravación; corrupción. /**o** adj. y s. disóluto; libertino.
devasta/ção f. devastación, aniquilación. /**r** tr. devastar.
deve m. Com. debe. /**dor** adj. y s. debedor; deudor. /**r** tr. deber; m. obligación.
deveras adv. de veras; realmente.
devoção f. devoción; abnegación.
devolução f. devolución; restitución.
devolver tr. devolver; reenviar; transferir.
devora/ção f. consumición; destrucción. /**r** tr. devorar; tragar; destruir.
dez num. card. y m. diez. /**asseis** num. card. y m. dieciséis.
dezembro m. diciembre.
dezena f. Mat. decena.
dia m. día; fig. vida, existencia; claridad solar; época; **bons dias**, buenos días.
diab/etes f. pl. Med. diabetes. /**ético** adj. y m. diabético.
diadema m. diadema; corona.
diáfano adj. diáfano; translúcido.
diáfise f. Anat. diáfesis.
diafragma m. diafragma.
diagn/ose f. diagnosis. /**óstico** m. diagnóstico.
diagonal f. Geom. diagonal; oblicuo.
diagrama m. diagrama; delineación.
dial/e(c)tal adj. dialectal. /**é(c)tica** f. dialéctica; lógica. /**e(c)to** m. dialecto.
diálise f. Quím. diálisis.
di/alogar tr. e intr. dialogar, conversar. /**álogo** m. diálogo.
diamant/e m. Min. diamante. /**ino** adj. diamantino; puro; duro.
diâmetro m. Geom. diámetro.
diante adv. delante; enfrente. /**iro** adj. y m. delantero.
diapositivo m. Fot. diapositiva.
diário adj. diario, cotidiano; m. periódico libro comercial.
diarre(é)ia f. Med. diarrea.
diartrose f. Anat. diartrosis.
diató(ô)mico adj. Quím. diatómico; bivalente.
diató(ô)nico adj. Mús. diatónico.
diatribe f. diatriba; invectiva; crítica severa; sátira.
di(c)ção f. dicción; expresión; sonido.
dicéfalo adj. dicéfalo, bi-

céfalo.
dicion/ário m. diccionario, léxico. **/arista** s. diccionarista, lexicógrafo.
didá/(c)tica f. didáctica. **/(c)tología** f. didactología.
diedro adj. y s. *Geom.* diedro.
dielé(c)trico m. dieléctrico.
dieta f. dieta.
difama/ção f. difamación. **/r** tr. difamar, calumniar.
difásico adj. difásico.
diferen/ça f. diferencia; alteración. **/çar** tr. diferenciar; distinguir. **/ciar** tr. diferenciar.
dif/ícil adj. difícil; costoso. **/iculdade** f. dificultad. **/icultar** tr. dificultar; complicar.
difonia f. *Mús.* difonía, armonía.
difu/ndir tr. difundir; dilatar. **/são** f. difusión; propagación. **/so** adj. difuso; dilatado; derramado.
dige/rir tr. digerir; sufrir. **/stão** f. digestión. **/stivo** adj. y m. digestivo.
digit/ação f. digitación. **/al** adj. y f. digital.
digladia/ção f. digladiación; combate. **/r** intr. digladiar, batallar.
dign/idade f. dignidad; honor. **/ificar** tr. dignificar; honrar. **/o** adj. digno; decoroso; proporcionado.
digress/ão f. digresión. **/ivo** adj. digresivo, divergente.
dilação f. dilación; demora.
dilacera/ção f. dilaceración. **/r** tr. dilacerar; atormentar.
dilata/ção f. dilatación; ampliación. **/r** tr. dilatar, ampliar; retardar; divulgar.
dilig/ência f. diligencia; actividad; celeridad; investigación oficial; antiguo carruaje. **/enciar** tr. diligenciar; procurar.
dil/uvião f. terreno diluvial. **/úvio** m. diluvio.
dimana/ção f. dimanación; derivación. **/r** intr. dimanar, fluir.
dimens/ão f. dimensión; tamaño; superficie. **/ionar** tr. medir.
diminu/ição f. diminución. **/ir** tr. disminuir, reducir; debilitar. **/to** adj. diminuto; deficiente; pequeño.
dinâmic/a f. *Fís.* dinámica. **/o** adj. dinámico; activo.
dinamit/ar tr. dinamitar. **/e** f. dinamita.
dínamo m. *Fís.* dinamo.
dinastia f. dinastía.
dinheir/al m. dineral. **/o** m. dinero; cantidad; riqueza.
dinossauro m. dinosaurio.
diocese f. diócesis.
dioptria f. *Fís.* dioptría.
diplom/a m. diploma; título; dignidad. **/acia** f. diplomacia, carrera diplomática; circunspección; astucia; cortesía. **/ado** adj. y s. diplomado. **/ata** m. diplomático; astuto.
dique m. dique; presa; obstáculo.
dire(c)ção f. dirección; administración; rumbo; señas. **/to** adj. directo; inmediato; formal. **/tor** m. director.
direito adj. y m. derecho; recto; íntegro; legal; ju-

risprudencia; tributos.
dirig/ente adj. y s. dirigente; director. **/ir** tr. dirigir; guiar enviar.
dirimir tr. dirimir; anular; desunir.
discern/ente adj. discerniente. **/ir** tr. discernir; apreciar; diferenciar; decidir.
disciplina f. disciplina; ciencia; enseñanza; asignatura; autoridad, respeto. **/r** tr. disciplinar; corregir; castigar.
discípulo m. discípulo; sectario.
disc/o m. disco. **/óbolo** m. discóbolo (atleta).
díscolo adj. y s. díscolo; perturbador.
disc/ordância f. discordancia; divergencia. **/ordar** intr discordar; desafinar.
discorrer intr. discurrir, caminar; meditar.
discoteca f. discoteca.
disco-voador m. platillo volante.
discrep/ância f. discrepancia. **/ar** intr. discrepar, discordar.
discr/etamente adv. discretamente. **/eto** adj. y m. discreto; reservado; prudente. **/ição** f. discreción; reserva.
discrimina/ção f. discriminación; separación. **/r** tr. discriminar, separar.
discurs/ador adj. y m. discursante. **/ar** tr. e intr. discursar. **/o** m. discurso; oración, conferencia.
discu/ssão f. discusión; controversia; disputa. **/tir** tr. e intr. discutir; investigar.
disfar/çado adj. disfrazado; falso. **/çar** tr. e intr. disfrazar, disimular.
disjun/ção f. disyunción. **/gir** tr. disyuncir; desunir.
díspar adj. dispar, desigual, distinto.
dispar/ar tr. e intr. disparar; arrojar; redundar. **/atado** adj. disparatado; absurdo.
disparo m. disparo; estampido.
disp/êndio m. dispendio; consumo; perjuicio. **/endioso** adj. dispendioso.
dispensa f. dispensa; licencia. **/r** tr. dispensar; eximir; ceder.
dispensário m. dispensario.
dispers/ão f. dispersión; diseminación. **/ar** tr. dispersar. **/o** adj. disperso; desordenado; dividido.
dispo/nente adj. y s. disponente. **/r** tr. disponer; ordenar; inducir. **/sição** f. disposición; tendencia; testamento.
disputa f. disputa, contienda.
dissabor m. desabor; insipidez; pesar.
disseca/ção f. disecación; análisis. **/r** tr. disecar; analizar.
dissépalo m. *Bot.* disépalo.
disserta/ção f. disertación. **/r** intr. disertar discursar.
dissid/ência f. desidencia. **/iar** tr. disidir; desunir.
dissílabo adj. gram. disílabo.
dissimul/ação f. disimulación. **/ar** tr. e intr. disimular.
disso contr. de la prep. *de* con el pron. *isso,* de

eso.
dissocia/ção f. disociación. **/r** tr. y r. disociar; desagregarse.
dissol/ução f. disolución; libertinaje. **/uto** adj. disoluto; lascivo. **/úvel** adj. disoluble
dissolve/nte adj. y m. disolvente; fig. desorganizador. **/r** tr. y r. disolver; desagregar.
disson/ância f. disonancia; discordancia. **/ar** intr. disonar; discrepar.
dissua/dido adj. disuadido. **/dir** tr. y r. disuadir.
dist/ância f. distancia. **/ar** intr. distar; fig. discrepar.
dístico m. dístico; letrero; título.
distin/ção f. distinción. **/guir** tr. distinguir; notar.
distintivo adj. distintivo; m. emblema; insignia.
disto contr. de la prep. *de* con el pron. *isto,* de esto.
distor/ção f. distorsión. **/cer** tr. destorcer.
distra/ção f. distracción. **/ir** tr. y r. distraer; descuidar.
distribui/ção f. distribución. **/r** tr. distribuir.
distrito m. distrito.
dist/urbar tr. disturbar. **/úrbio** m. disturbio.
dita f. dicha.
ditado m. dictado; proverbio; refrán.
ditad/or m. dictador. **/ura** f. dictadura.
ditame m. dictamen; inspiración.
ditar tr. dictar; fig. inspirar.
dito m. dicho; intriga; refrán; máxima; adj. citado, mencionado.
ditongo m. *Gram.* diptongo.
dítono m. *Mús.* dítono.
ditoso adj. dichoso.
diurético adj. y m. diurético.
diurno adj. y m. diurno.
divã m. diván.
divaga/ção f. divagación. **/r** intr. divagar.
diverg/ência f. divergencia. **/ente** adj. divergente; discordante. **/ir** intr. divergir.
divers/ão f. desvío; diversión. **/ificar** tr. diversificar. **/o** adj. diverso; discorde; pl. varios; muchos; algunos.
diverti/do adj. divertido. **/r** tr. y r. divertir.
dívida f. deuda; fig. pecado.
divid/endo adj. y m. dividendo. **/ir** tr. dividir.
divin/dade f. divinidad. **/ização** f. divinización. **/izar** tr. divinizar; exaltar. **/o** adj. divino; fig. sublime.
divisa f. divisa; emblema; demarcación.
divisão f. *Mat.* y *Mil.* división; discordia; compartimiento; límite.
divisar tr. divisar; vislumbrar.
divis/ível adj. divisible. **/or** adj. y m. divisor. **/ório** adj. divisorio, separador.
div/orciado adj. y s. divorciado; apartado. **/orciar** tr. y r. divorciar; alejar.
divulga/ção f. divulgación. **/r** tr. y r. divulgar; pregonar.
dizer tr. intr. y r. decir; llamarse; m. lo que se dice; impuesto.
dizima/dor adj. y s. diezmador. **/r** tr. diezmar.

asolar.
do contr. de la prep. *de* con el art. o pron. *o;* del.
dó m. dolor, luto; compasión; *Mús.* do.
doa/ção f. donación. **/dor** adj. y m. donador. **/r** tr. donar.
doble adj. y m. doble; duplicado; fig. hipócrita.
dobra f. pliegue; arruga.
dobrada f. callos; vísceras; ondulación de un terreno.
dobradiç/a f. bisagra, gozne. **/o** adj. plegable; flexible.
dobra/gem f. dosificación. **/r** tr. dosificar. **/e** f. dosis.
do/brar tr. doblar. **/brável** adj. plegable; doblegadizo. **/bre** m. doble; fingido. **/(ô)bro** m. duplo.
doca f. muelle, dársena.
do/çar tr. adulzar. **/çaria** f. dulcería, confitería. **/ce** adj. y m. dulce; apacible.
docente adj. docente.
dócil adj. dócil.
document/ação f. documentación. **/ar** tr. documentar. **/ário** adj. documentario, documental. **/o** m. documento.
doçura f. dulzura.
doe/nça f. dolencia, enfermedad. **/nte** adj. y s. enfermo. **/ntio** adj. enfermizo; insalubre. **/r** intr. y r. doler; apenar.
dogma m. dogma. **/tismo** m. dogmatismo.
dói m. herida.
doid/a f. loca; à — alocadamente. **/ice** f. locura; disparate. **/o** adj. y s. loco; extravagante.
doirado adj. y m. dorado. **/r** intr. y m. dorado. **/o** adj. y m. dorar; fig. disfrazar.
dois adj. y num. card. dos; segundo.
dólar m. dólar.
dólmen m. dolmen.
dolor/ido adj. dolorido. **/oso** adj. doloroso.
dom m. don.
doma/ção f. doma. **/dor** adj. y s. domador. **/r** tr. domar.
doméstica f. mujer que se emplea en trabajos caseros.
domestica/ção f. domesticación. **/r** tr. y r. domesticar; domar; amansarse. **/do** adj. y m. domesticado.
domicili/ar tr. y r. domiciliar. **/lio** m. domicilio.
domina/ção f. dominación. **/r** tr. e intr. dominar.
doming/al adj. dominguero; dominical. **/o** m. Domingo.
dominica/l adj. dominical; Oração Dominical, el Padrenuestro. **/no** adj. y s. dominicano, dominico.
domínio m. dominio; poder; mando.
dominó m. dominó (traje carnavalesco y juego).
domo m. *Arq.* domo, cúpula.
dom-quixote m. Don Quijote; fanfarrón; visionario; aventurero.
dona f. doña, señora.
donzel adj. y m. doncel; paje real; puro. **/a** adj. y f. doncella; virgen.
dor f. dolor, sufrimiento; martirio.
doravante adv. de ahora en adelante.

dórico adj. y m. *Arq.* dórico.
dorm/ência f. somnolencia. **/ente** adj. y m. durmiente, adormecido; parado. **/ir** intr. dormir. **/itório** m. dormitorio.
dors/al adj. *Anat.* dorsal. **/o** m. dorso; lomo.
dos/agem f. dosificación. **/ar** tr. dosificar. **/e** f. dosis.
dot/ação f. dotación; dote. **/ar** tr. dotar; beneficiar. **/e** m. dote o dotal natural.
doura/da f. *Zool.* dorada (pez). **/do** adj. y m. dorado (color del oro). **/r** tr. dorar; encubrir.
douto adj. docto; sabio. **/r** m. doctor; licenciado. **/rado** adj. y m. doctorado. **/ramento** m. doctoramiento. **/rar** tr. doctorar.
doutrina f. doctrina; norma; asignatura. **/ção** f. doctrinamiento. **/r** tr. doctrinar; catequizar.
doutro contr. de la prep. *de* con adj. o pron. **outro:** de otro.
draga f. *Mar.* draga.
dragão m. dragón; monstruo.
dragar tr. dragar.
dram/a m. drama; tragedia. **/ático** adj. dramático. **/atizar** tr. dramatizar.
drástico adj. drástico; poderoso.
droga f. droga. **/ria** f. droguería.
dromedário m. *Zool.* dromedario.
dual/idade f. dualidad. **/smo** m. dualismo. **/zar** tr. dualizar.
dúbio adj. dudoso, indeciso; vago.
ducado m. ducado, dignidad de duque.
duch/ar tr. duchar. **/e** m. ducha, acto de duchar.
dúctil adj. dúctil; flexible; dócil.
duelo m. duelo, desafío.
dueto m. *Mús.* dueto, dúo.
dul/cidão f. dulzura. **/cificar** tr. dulcificar; suavizar. **/çura** f. dulzura.
dum contr. de la prep. *de* y el art. **um:** de un.
duma contr. de la prep. *de* y el art. **uma:** de una.
duna f. duna (montículo de arena).
duod/ecimal adj. duodecimal. **/écimo** num. ord. y adj. duodécimo, décimo segundo.
duodeno m. *Anat.* duodeno.
dupl/amente adv. duplamente. **/icação** f. duplicación. **/icado** adj. y m. duplicado; copia. **/o** adj. y m. duplo.
duração f. duración.
durar intr. durar; persistir; continuar.
durez/a(f. dureza; consistencia; vigor.
duro adj. y m. duro; sólido; áspero; severo; — **de roer,** difícil de soportar.
dúvida f. duda, incertidumbre; sospecha; dificultad.
duvid/ar tr. e intr. dudar, recelar, vacilar.

duzentos num. card. y adj. doscientos.
dúzia f. docena **às —s,** por docenas.

ebanista m. ebanista; entallador.
ébano m. *Bot.* ébano; fig. negro.
ébrio adj. ebrio, embriagado; exaltado.
ebuli/ção f. ebullición. **/ente** adj. hirviente.
ebúrneo adj. ebúrneo.
eclesiástico adj. y m. eclesiástico, sacerdote.
eclips/ado adj. eclipsado; apagado. **/ar** eclipsar; ofuscar. **/e** m. eclipse.
eclodir intr. surgir; aparecer.
eclusa f. esclusa; dique, compuerta.
eco m. eco; rumor. **/ar** intr. hacer eco; retumbar.
economia f. economía. **/ó-(ô)mico** adj. económico. **/omizar** tr. e intr. economizar.
ecumé(ê)nico adj. ecuménico.
eczema m. *Med.* eczema.
eda/ce adj. voraz. **/cidade** f. edacidad, voracidad.
edição f. edición.
edi(c)t/al adj. edictal. **/o** m. edicto; decreto.
edif/icação f. edificación. **/icar** tr. e intr. edificar; instruir. **/ício** m. edificio.
edil m. edil.
edital m. edicto.
editar tr. editar; fig. ostentar.
editor m. editor. **/ial** adj. y f. editorial.
edredão m. edredón.
educa/ção f. educación. **/dor** m. educador. **/r** tr. y r. educar.
eduzir tr. educir; inferir; extraer.
efebo m. efebo; adolescente.
efe(c)ti/vação f. efectuación. **/var** tr. efectuar; realizar.
efe(c)tua/ção f. efectuación, realización. **/r** tr. efectuar; realizar; verificar.
efeito m. efecto; resultado; realización; título comercial.
efeméride f. efeméride.
efemina/ção f. efeminación. **/r** tr. e intr. afeminar, adamarse.
efervesc/ência f. efervescencia; excitación. **/er** intr. hervir; agitarse.
efic/ácia f. eficacia; virtud. **/az** adj. eficaz; útil.
efígie f. efigie; retrato.
efloresc/ência f. eflorescencia; aparecimiento. **/er** intr. eflorescer; brotar.
efl/uência f. efluencia; irradiación. **/uir** intr. efluir; irradiar.
efluxão f. *Med.* efluxión.

efundir tr. efundir; verter, derramar.
efus/ão f. efusión; fervor. **/ivo** adj. efusivo; cariñoso; jovial.
egoísmo m. egoísmo.
egrégio adj. egregio; insigne.
égua f. *Zool.* yegua.
eira f. era. **/do** m. terrado, azotea.
eiró f. *Zool.* especie de anguila.
eis adv. aquí está; he aquí.
eixo m. eje; sustentáculo.
ejacula/ção f. eyaculación; evacuación; fig. verborrea. **/r** tr. eyacular.
eje(c)ção f. eyección; vómito; defecación. **'/tar** tr. eyectar; expulsar.
elabora/ção f. elaboración. **/r** tr. elaborar, trabajar.
el/asticidade f. elasticidad. **/ástico** adj. y m. elástico; flexible.
e(ê)le pron. pers. él.
ele(c)tri/cidad f. *Fís.* electricidad. **/ficação** f. electrificación.
ele(c)tro/cardiografia f. electrocardiografía. **/cução** f. electrocución. **/cutar** tr. electrocutar.
ele(c)trodi/apasão m. *Fís.* electrodiapasón. **/nâmica** f. electrodinámica.
ele(c)trónico f. *Fís.* electrónico.
ele(c)tro/stática f. electrostática. **/técnico** adj. y s. electrotécnico.
elefante m. *Zool.* elefante.
eleg/ância f. elegancia; finura; hermosura. **/ante** adj. elegante; esbelto.
eleger tr. elegir; escoger.
elei/ção f. elección; preferenciai. **/tor** m. elector. **/toral** adj. electoral.
elementar adj. elemental.
elenco m. elenco; lista.
eleva/ção f. elevación; altura. **/r** tr. elevar; levantar.
elimina/ção f. eliminación; omisión. **/r** tr. eliminar, suprimir.
elisão f. *Gram.* elisión.
elite f. elite, lo selecto.
elixir m. elixir; remedio.
elmo m. elmo, yelmo.
elo m. aro, eslabón.
elocução f. elocución; estilo.
elogi/ar tr. elogiar; alabar. **/o** m. elogio.
eloqu(ü)ência f. elocuencia.
elucida/ção f. elucidación; explicación. **/r** tr. elucidar.
emaciar tr. e intr. enmagrecer, enflaquecer.
emagrecer tr. e intr. enmagrecer; enflaquecer.
emalhar tr. e intr. enmallar; enredarse.
emana/ção f. emanación. **/r** intr. emanar; brotar.
emancipa/ção f. emancipación. **/r.** tr. emancipar, libertar.
emaranhar tr. enmarañar; enredar.
emba/çar tr. e intr. embazar; oscurecer; marchitar; deslucir. **/ciar** tr. e intr. embazar, deslustrar; avergonzar.
embaixad/a f. embajada. **/or** m. embajador; emisario.
embala/gem f. embalaje; enfardamiento. **/r** tr. mecer la cuna; enfardar.
embalsama/ção f. embalsamamiento. **/r** tr. embalsamar; aromatizar.
embandeirar tr. embande-

rar; empavesar.
embaraç/ado adj. y s. embarazado; confuso. **/ar** tr. embarazar; complicar; encintar. **/o** m. embarazo; preñez.
embaralhar tr. barajar.
embarca/ção f. embarcación, barco. **/doiro** m. embarcadero; muelle. **/r** tr. e intr. embarcar.
embarga/do adj. *For.* embargado. **/r** tr. embargar; reprimir.
embarrancar tr. e intr. embarrancar; varar.
embasbacado adj. aturdido, embobado.
embate m. embate; choque. **/r** tr. e intr. chocar; embatir.
embatocar tr. taponar.
embebedar tr. embriagar; atontar.
embeber tr. embeber; empapar; infiltrar.
embelezar tr. embellecer.
embevec/er tr. extasiar; cautivar; embebecer. **/ido** adj. embebecido.
embezerrar intr. pop. enfurruñar; obstinarse.
embigo m. pop. ombligo.
embilhar tr. e intr. embotijar, meter en un cántaro; vacilar; dudar; luchar.
embirra f. obstinación; ojeriza. **/r** tr. obstinar; antipatizar; provocar.
embobina/dor adj. y s. embobinador. **/r** tr. embobinar.
embocar tr. revocar. **/o-(ô)ço** m. revoque.
embófia f. soberbia, vanidad; patraña.
embolia f. *Med.* embolia.
êmbolo m. émbolo.
embo/lsar tr. y r. embolsar; recibir; pagar a. **/(ô)lso** m. embolso; pago.
embonecar tr. y r. acicalar; adornarse.
embosca/da f. emboscada; ardid. **/r** tr. y r. emboscar; esconder.
embotar tr. y r. embotar.
embraia/gem f. embrague. **/r** tr. embragar.
embranquecer tr. y r. emblanquecer; blanquear.
embravecer tr. e intr. embravecer; irritar.
embrenhar tr. y r. embreñar.
embriag/ado adj. embriagado. **/ar** tr. y r. embriagar; fig. entusiasmar.
embrião m. embrión.
embricar tr. adornar; acicalar.
embroma/ção f. embromación; patraña. **/r** tr. *Bras.* embromar.
embrulh/ada f. embrollo. **/ar** tr. embrollar; empaquetar; envolver; complicar; empeorar (el tiempo); causar náuseas. **/o** m. paquete; lío; embrollo; desorden.
embrutecer tr. embrutecer.
embruxa/do adj. embrujado. **/r** tr. embrujar.
embuçar tr. y r. embozar; disimular; encubrir.
embur/ar/tr. embrutecer; lograr; quedar parado. **/icar** tr. hechizar; engañar.
embuti/do adj. y s. embutido. **/r** tr. embutir, incrustar.
emenda f. enmienda; castigo **/r** tr. enmendar.
ement/a f. apunte; resumen; menú; lista. **/ar** tr. apuntar; recordar; rezar por los muertos.
emerg/ência f. emergencia; nacimiento; fig. su-

ceso inesperado. **/ir** intr. emerger; elevarse; acontecer.
emérito adj. emérito; jubilado; distinguido; notable.
emersão f. emersión.
emigra/ção f. emigración. **/nte** adj. y s. emigrante. **/r** intr. emigrar.
emin/ência f. eminencia. **/ente** adj. eminente; excelente.
emi/ssão f. emisión. **/ssário** adj. y m. emisario. **/ssor** adj. y s. emisor. **/tir** tr. emitir.
emo/ção f. emoción. **/cionar** tr. emocionar.
emoldurar tr. encuadrar; encajar.
emolumento m. emolumento; gratificación; retribución; ganancia.
empacota/dor adj. y s. empaquetador. **/r** tr. empaquetar; embalar.
empalha/do adj. empajado. **/r** tr. empajar.
empalidecer intr. empalidecer.
empanad/a f. empanada. **/ilha** f. empanadilla.
empantufar tr. y r. calzar pantuflas; fig. ensoberbecerse.
empanturra/do adj. hartado; orgulloso. **/r** tr. e r. hartar; enorgullecerse.
empapelar tr. empapelar.
emparceirar tr. emparejar.
emparcelar tr. parcelar; fraccionar.
emparelhar tr. e intr. emparejar.
emparr/ar tr. y r. emparrar. **/eirar** tr. y r. emparrar.
empata/dor adj. y s. empatador. **/r** tr. empatar.
empeça/do adj. enredado. **/r** tr. y r. enredar; tropezar; enmarañarse.
empecilh/ar tr. estorbar. **/o** m. obstáculo.
empeçonhar tr. emponzoñar, envenenar.
empedern/ecer intr. empedernecer. **/ir** tr. e intr. empedernir.
empedra/mento m. empedramiento. **/r** tr. e intr. empedrar; pavimentar.
empenh/ar tr. empeñar; comprometer. **/o** m. empeño; préstamo; deuda; recomendación.
empeno m. alabeo, torcedura; obstáculo; error.
emperra/mento m. emperramiento, dificultad. **/r** tr. quedarse sin movimiento.
empertiga/do adj. aplomado; altivo. **/r** tr. atiesar; infatuar.
empesta/dor adj. empestador, pestilento. **/r** tr. empestar; contaminar.
empilha/mento m. empilamiento. **/r** tr. empilar, amontonar.
empinar tr. empinar, levantar.
empiorar tr. e intr. empeorar.
emplastar tr. emplastar.
emplastr/ação f. emplastación, emplastadura. **/o** m. emplastro; remiendo.
empoa/do adj. empolvado. **/r** tr. empolvar; ensuciar de polvo.
empobrecer tr. e intr. empobrecer.
empoeira/do adj. empolvado; fig. vanidoso. **/r** tr. empolvar.
empo/(ô)la f. ampolla. **/lar** tr. intr. y r. ampollar; ensoberbecerse.
empoleira/do adj. que está en el aseladero; fig.

elevado. **/r** tr. y r. poner en el aseladero; encumbrarse.
emporcalhar tr. emporcar, ensuciar.
empório m. emporio.
emposs/ar tr. posesionar. **/e** m. posesión.
empreende/dor adj. y s. emprendedor. **/r** tr. emprender.
empr/egado adj. y m. aplicado; ocupado; empleado. **/egar** tr. y r. emplear. **/e(ê)go** m. empleo.
empreit/ada f. destajo. **/eiro** m. contratista; destajero.
emprenhar tr. empreñar.
empre(ê)sa f. empresa.
empresário m. empresario.
empr/estador adj. y s. emprestador, prestador. **/estar** tr. prestar. **/éstimo** m. empréstito, préstamo.
empulha/ção f. engaño; trampa. **/r** tr. burlar; engañar.
empunha/dura f. empuñadura, puño. **/r** tr. empuñar.
empurr/ação f. empuje. **/ão** m. empujón. **/ar** tr. empujar.
empuxar tr. empujar; impeler.
em redor loc. adv. alrededor de.
emudecer tr. e intr. enmudecer; callar.
emula/ção f. emulación. **/r** intr. emular.
é(ê)mulo adj. y s. émulo; envidioso.
emuls/ão f. emulsión. **/ionar** tr. emulsionar.
enaltece/dor adj. y s. enaltecedor. **/r** tr. enaltecer.
enamora/do adj. y s. enamorado. **/r** tr. y r. enamorar.
encabeça/mento m. encabezamiento; comienzo. **/r** tr. encabezar; registrar; persuadir.
encabrita/do adj. encabritado; enfurecido. **/r-se** r. encabritarse; empinarse.
encadea/ção f. encadenación; sucesión. **/r** tr. encadenar, cautivar, esclavizar; coordinar.
encaderna/ção f. encuadernación; vestido. **/r** tr. encuadernar.
encaix/ado adj. encajado. **/ar** tr. encajar; introducir; ensamblar.
encaixilhar tr. encuadrar.
encaixota/mento m. encajonamiento; embalaje. **/r** tr. encajonar.
encalço m. persecución; pista.
encalh/ar tr. *Mar.* encallar, varar. **/e** m. encallamiento.
encaminha/dor adj. y s. encaminador, guía. **/r** tr. encaminar; aconsejar.
encana/ção f. canalización. **/r** tr. encañar, canalizar; enyesar.
encande/ar tr. encandilar; deslumbrar. **/scer** tr. encandecer.
encangar tr. uncir, enyuntar; encorvar.
encant/ado adj. encantado; deslumbrado. **/ar** tr. encantar. **/o** m. encanto; fascinación.
encandurar tr. encanurdar; abarquillar; rizar.
encapela/do adj. agitado, encrespado; alterado. **/r** tr. encrespar, agitar; doctorar.
encapotar tr. e intr. en-

capotar; disfrazar.

encapu/char tr. encapuchar. **/zar** tr. encaperuzar.

encaracolar tr. encaracolar.

encarapinhar tr. e intr. rizar, caracolear; congelar.

encarar tr. encarar; arrostrar; analizar.

encarcera/ção f. encarcelación; reclusión. **/r** tr. encarcelar; prender.

encardir tr. ensuciar, enmugrecer.

encargo m. encargo; empleo; obligación.

encarna/ção f. encarnación; cicatrización. **/do** adj. y m. encarnado; colorado, color rojo.

encarniça/do adj. encarnizado; feroz. **/r** tr. encarnizar; excitar.

encarquilhar tr. e intr. arrugar.

encarrega/do adj. y m. encargado. **/r** tr. encargar.

encarr/eirar tr. e intr. encarrilar, dirigir. **/ilar** tr. e intr. encarrilar; acertar.

encartar tr. registrar; encartar; desterrar.

encasaca/do adj. vestido de casaca; bien vestido. **/r** tr. y r. vestirse de ceremonia.

encastela/do adj. encastillado; sobrepuesto; amontonado. **/r** tr. encastillar; fortificar; amontonar.

encastoar tr. engastar, incrustar.

encavacar intr. enfurruñarse; turbarse.

encaval/ar tr. encaballar; sobreponer. **/gar** tr. cabalgar.

encavar tr. encajar; excavar; ajustar.

encavernar tr. meter en una caverna.

encéfalo m. *Anat.* encéfalo.

encefal/ografia f. encefalografía. **/ologia** f. encefalología.

enceleirar tr. engranerar; amontonar.

encena/ção f. escenificación. **/r** tr. escenificar; poner en escena; representar.

encender tr. encender; entusiasmar.

encerebra/ção f. desarrollo intelectual; raciocinio. **/r** tr. decorar, aprender de memoria.

encerra/mento m. encerramiento; conclusión. **/r** tr. encerrar; limitar; ocultar.

encharcar tr. encharcar; inundar.

enche/deira f. embudo para chorizos; choricera. **/r** tr. llenar; ocupar.

enchova f. anchoa.

encíclica f. encíclica, carta papal.

enciclopédia f. enciclopedia.

encilha/mento m. ensillamiento. **/r** tr. ensillar; aparejar.

encimar tr. encimar, rematar.

encinho m. rastrillo.

enclaus/trar tr. enclaustrar. **/ura** f. clausura. **/urar** tr. enclaustrar; prender.

encoberta f. encubierta, escondrijo; ardid. **/r** tr. encubertar.

encobri/deira f. encubridora; alcahuete. **/r** tr. encubrir; disimular.

encolerizar tr. encolerizar,

enfadar.

encolher tr. e intr. encoger; decrecer; refrenar.

encomenda f. encomienda, encargo; incumbencia. **/r** tr. encomendar, encargar; recomendar; confiar.

encontr/ão m. encontrón; choque. **/ar** tr. encontrar; descubrir. **/o** m. encuentro, choque, disputa.

encorajar tr. encorajar; alentar.

encorpa/do adj. consistente; fuerte. **/r** tr. engruesar; aumentar.

encosta f. cuesta, vertiente, declive.

enco(ô)sto m. apoyo; respaldo; amparo.

encov/ado adj. encorvado; hundido. **/ar** tr. encovar, enterrar; esconder.

encravar tr. enclavar; fijar; fig. engañar; intr. entupir.

encrenca f. dificultad; intriga; desorden.

encrespa/do adj. encrespado; rizado. **/r** tr. e intr. encrespar, rizar; arrugar.

encrua/do adj. encrudecido; endurecido. **/r** tr. e intr. encrudecer; irritar.

encruz/ar tr. encruzar; atravesar. **/ilhar** tr. cruzar.

encuba/ção f. encubación. **/r** tr. encubar; envasar.

encurta/mento m. encortamiento. **/r** tr. encortar; abreviar.

encurvar tr. encorvar; humillar.

end/emia f. *Med.* endemia. **/é(ê)mico** adj. endémico.

endere/çar tr. enderezar, dirigir; remitir. **/(ê)ço** m. enderezo, dirección.

eudeusa/do adj. endiosado; soberbio. **/r** tr. endiosar.

endiabra/do adj. endiablado; travieso. **/r** tr. endiablar.

endireitar tr. enderezar; corregir.

endoid/ar tr. e intr. enloquecer. **/ecer** tr. enloquecer fig. desorientar.

endossa/do adj. y m. endosado. **/dor** adj. y s. endosador. **/r** tr. endosar.

endurecer tr. endurecer; robustecer.

enegrec/er tr. e intr. ennegrecer, ennegruscar; desacreditar. **/imento** m. ennegrecimiento.

energ/ético adj. *Fís.* energético. **/ia** f. energía; actividad; vigor.

energúmeno m. energúmeno; exaltado.

enerva/ção f. *Med.* enervación; extenuación. **/r** tr. enervar; debilitar.

enevoa/do adj. nublado; obscuro. **/r** tr. anublar; obscurecer.

enfaixar tr. envolver en pañales y fajas.

enfarda/dor adj. y s. enfardador. **/mento** m. enfardar.

enfarpelar tr. y r. vestirse; endomingarse.

enfarruscar tr. ennegrecer.

enfart/amento m. infarto; hartura; obstrucción. **/e** m. infarto; hartazgo.

ênfase f. énfasis.

enfatisa/dico adj. fastidioso, importuno. **/r** tr. fastidiar, aburrir.

enfeit/amento m. ornamento. **/ar** tr. embellecer, adornar.

enfe/rmar intr. enfermar. **/rmaria** f. enfermería. **/(ê)rmo** adj. y s. enfermo; anormal.

enferrujar tr. e intr. oxidar, herrumbrar.

enfeza/do adj. raquítico; avergonzado. **/r** tr. impedir el desarrollo; dañar; fastidiar.

enfia/da f. hilera, fila; serie. **/r** tr. e intr. enfilar; palidecer.

enfileira/mento m. enfilamiento. **/r** tr. e intr. alinear.

enfim adj. en fin; en conclusión.

enflor/ar tr. e intr. enflorar, florear. **/escer** intr. florecer.

enforca/do adj. y m. ahorcado. **/r** tr. enhorcar; estrangular.

enfornar tr. enhornar.

enforquilhar tr. ahorquillar; bifurcar.

enfraquecer tr. enflaquecer, debilitar.

enfrascar tr. enfrascar; embotellar; enredar.

enfrea/mento m. enfrenamiento; represión. **/r** tr. refrenar; domar; contener.

enfrenesiar tr. impacientar.

enfriar tr. enfriar.

enfronhar tr. enfundar; disfrazar; instruir.

enfrouxecer tr. aflojar; debilitar.

enfumaçar tr. ahumar.

enfurecer tr. enfurecer; negrecer.

enfuscar tr. enfoscar; ennegrecer.

engaiola/do adj. enjaulado; preso. **/r** tr. enjaular; encarcelar.

engaja/do adj. enganchado, contratado. **/dor** m. contratado; enganchador. **/r** tr. enganchar; alistar.

engalanar tr. engalanar; ataviar.

engana/ção f. mentira, engaño; falsedad. **/r** tr. engañar, seducir.

enganchar tr. enganchar; prender.

engano m. engaño; timo.

engarrafa/do adj. embotellado. **/r** tr. embotellar; bloquear.

engasg/ar tr. atragantar; ahogar. **/ue** m. atragantamiento; obstáculo.

engastar tr. engastar, embutir.

engatar tr. engatillar; enganchar.

engavetar tr. encajonar; encarcelar.

engelha f. pliegue, arruga. **/r** tr. e intr. arrugar; marchitar.

engenh/aria f. ingeniería. **/eiro** m. ingeniero. **/o** m. ingenio; habilidoso.

engessa/dor adj. y s. enyesador. **/r** tr. enyesar.

englobar tr. englobar; reunir.

engo/dador m. engatusador, zalamero. **/(ô)do** m. cebo para pescar o cazar; adulación; engaño.

engoli/dor adj. y s. engullidor; devorador. **/r** tr. engullir.

engoma/deira f. planchadora. **/r** tr. planchar (la ropa).

engord/ar tr. e intr. engordar, cebar. **/urar** tr.

cia; realzar; intr. simpatizar.

engrad/ado m. enrejado; embalaje. **/ar** tr. enrejar.

engrandec/er tr. engrandecer, aumentar. **/imiento** m. engrandecimiento.

engraxa m. limpiabotas; fig. adulador. **/dor** m. limpiabotas; zalamero. **/r** tr. engrasar, limpiar el calzado; lisonjear.

engrena/gem f. engranaje. **/r** tr. e intr. engranar, endentar.

engrossar tr. engrosar; enriquecer; engordar.

enguia f. *Zool.* anguila.

enguiç/ado adj. desafortunado, azaroso; raquítico. **/r** tr. azarar; debilitar; desgraciar.

enigm/a m. enigma. **/ático** adj. enigmático.

enjaular tr. enjaular.

enjeitar tr. abandonar; recusar; repudiar.

enjo/ar tr. e intr. marearse; nausearse; fig. enfadarse. **/(ô)o** m. náusea; mareo; tedio; repugnancia.

enla/çar tr. enlazar. **/ce** m. enlace; fig. perplejidad; vacilación.

enlatar tr. enlatar; emparrar.

enle/ado adj. entrelazado; atado; fig. perplejo. **/ar** tr. ligar; enlazar; embrollar; cautivar.

enl/evação f. embelesamiento. **/e(ê)vo** m. arrobo; maravilla.

enloda/ção f. enlodazamiento. **/r** tr. enlodar.

enlou/car tr. e intr. enloquecer. **/quecer** tr. e intr. enloquecer.

enluvar tr. y r. enguantar.

enobrece/dor adj. y s. ennoblecedor. **/r** tr. ennoblecer.

anoit/ar tr. obscurecer; anochecer. **/ecer** tr. y intr. anochecer.

enorm/e adj. enorme. **/idade** f. enormidad.

enovelar tr. y. ovillar; devanar; enmarañar.

enquadrar tr. encuadrar; enmarcar; fig. meter en grupo.

enquanto conj. mientras que; durante el tiempo en que.

enraivecer tr. e intr. enrabiar; encolerizar.

enraizar intr. y. arraigar; enraizar.

enrama/da f. enramada. **/r** tr. y. enramar.

enrarecer tr. e intr. enrarecer.

enrasca/da f. dificultad. **/r** tr. y. dificultar; engañar; enredar.

enre/dador adj. y s. enredador. **/dar** tr. enredar; intriga. **/(ê)do** m. enredo; chisme.

enregelar tr. e intr. aterir; resfriar.

enrevesar tr. poner del revés; confundir.

enrija/mento m. endurecimiento. **/r** tr. e intr. endurecer; robustecer; sanar.

enriquecer tr. enriquecer; engrandecer.

enroc/ado adj. rocoso, peñascoso. **/ar** tr. enrocar; plegar.

enrodilha/dor adj. y s. enredador. **/r** tr. enrollar; torcer; enroscar; fig. confundir.

enrola/mento m. enrollamiento. **/r** tr. enrollar; enroscar; empaquetar;

fig. ocultar.

enroscar tr. enroscar; enrollar.

enroupar tr. arropar; abrigar.

enrouquecer tr. enronquecer.

ensai/ar tr. ensayar. **/o** m. ensayo.

ensalm/ador adj. y m. ensalmador. **/o** m. ensalmo.

ensambla/dor adj. y s. ensamblador. **/r** tr. ensamblar.

ensanguentar tr. y r. ensangrentar.

ensarilhar tr. devanar; enmarañar, embrollar.

enseada f. ensenada.

ensebar tr. ensebar; manchar.

ensej/ar tr. esperar la oportunidad; proporcionar. **/o** m. oportunidad, ocasión.

ensin/ação f. enseñamiento. **/ador** adj. y m. enseñante, profesor. **/ar** tr. enseñar; castigar. **/o** m. enseñanza; fig. castigo.

ensombr/ar tr. asombrar; entristecer. **/o** m. toldo; abrigo.

ensonado adj. somnoliento.

ensopa/do adj. y m. ensopado, encharcado; guiso de sopas. **/r** tr. ensopar; embeber; guizar.

ensosso adj. soso, insulso, sin sal.

ensurdece/dor adj. ensordecedor; estrepitoso. **/r** tr. e intr. ensordecer, asordar; callarse.

entabu/lar tr. entablar; endurecer. **/lar** tr. entablar; comenzar; ordenar.

entaipa/do adj. entapiado, emparedado. **/r** tr. entapiar; encerrar.

entalar tr. entablar; apretar; comprometer.

entalh/ador m. entallador, grabador; escultor. **/ar** tr. e intr. entallar, esculpir. **/e** m. entalle, escultura, grabado.

então adv. entonces; en aquel tiempo.

entap/etar tr. tapizar, alfombrar. **/izar** tr. tapizar; adornar.

entardecer intr. atardecer.

ente m. ente; cosa; persona; substancia. **/ado** m. entenado, hijastro.

entelhar tr. entejar, tejar.

entend/edor adj. y s. entendedor; hábil. **/er** tr. entender; interpretar.

entenebrecer tr. e intr. entenebrecer; obscurecer.

ente/rração f. enterramiento. **/rrado** adj. enterrado; oculto. **/rrar** tr. enterrar, sepultar. **/(ê)rro** m. entierro.

entesar tr. entesar; enderezar, endurecer.

entibiar tr. entibiar; suavizar.

entidade f. entidad; individualidad.

enton/ação f. entonación. **/ar** tr. y r. entonar.

entorna/dura f. entornadura, derrame. **/r** tr. intr. y r. entornar; verter.

entorpecer tr. entorpecer; retardar; deslustrar.

entor/se f. torcedura, esguince. **/tar** tr. entortar; curvar.

entrada f. entrada; principio; puerta; billete de

ingreso.

entrança/dor adj. y m. entrenzador. **/r** tr. entrenzar.

entranha f. entraña; víscera; fig. íntimo, sentimiento.

entrapa/do adj. andrajoso; arropado. **/r** tr. cubrir con trapos; emplastar.

entrar tr. e intr. entrar, penetrar; ingresar; empezar; contribuir.

entrav/ar tr. dificultar; obstruir. **/e** m. traba, obstáculo.

entre prep. entre; **— nós,** entre nosotros.

entreaberto adj. entreabierto.

entrea(c)to m. entreacto, intermedio.

entrecena f. entreacto, intermedio.

entreforro m. entreforro, almilla, entretela.

entrega f. entrega; rendición. **/r** tr. entregar; dar; traicionar.

entrelaça/do adj. y m. entrelazado; enredado. **/r** tr. entrelazar; mezclar.

entrelinha f. entrelínea.

entreluzir tr. entrelucir; visiumbrar.

entremanhã f. amanecer, crepúsculo matutino.

entreme/ado adj. entremediado; mezclado. **/ar** tr. e intr. entremediar. **/io** m. intermedio; intervalo.

entreouvir tr. entreoir.

entrepor tr. entreponer; intervenir.

entresseio m. cavidad, sinuosidad.

entressonhar tr. e intr. soñar vagamente; fantasear; imaginar.

entretela f. entretela; contrafuerte.

entret/er tr. entretener; retardar; distraer. **/imento** m. entretenimiento; pasatiempo.

entreva/do adj. y s. entenebrado; tullido. **/r** tr. e intr. entenebrecer; tullir; paralizar.

entrever tr. entrever; divisar; presentir.

entrevista f. entrevista; cita. **/r** tr. entrevistar.

entristecer tr. e intr. entristecer; afligir.

entronca/mento m. entroncamiento; articulación. **/r** tr. entroncar; engrosar.

entronizar tr. entronizar; exaltar.

entrud/ada f. carnavalada, divertimiento. **/o** m. carnaval, antruejo.

entulh/ar tr. llenar de escombros; amontonar. **/o** m. escombro.

entupi/do adj. entupido, obstruido. **/r** tr. entupir, obstruir.

entur/bar tr. e intr. enturbiar; perturbar. **/var** tr. enturbiar; obscurecer.

entusias/mar tr. entusiasmar. **/mo** m. entusiasmo; vigor.

enumera/ção f. enumeración. **/r** tr. enumerar; especificar.

enuncia/ção f. enunciación. **/r** tr. enunciar; exponer.

envaginar tr. invaginar.

envaidecer tr. envanecer.

envas/ar tr. envasar, embotellar. **/ilhar** tr. envasijar, embotellar.

envelhecer tr. e intr. envejecer.

envelope m. sobre, sobrecarta.

envenena/dor adj. y m. envenenador. **/r** tr. envenenar.

enverdecer tr. e intr. enverdecer; rejuvenecer.

envergonhar tr. avergonzar; humillar.

envermelhecer tr. e intr. ruborizar; enrojecerse.

enverniza/dor adj. y m. barnizador. **/r** tr. barnizar; lustrar.

enverrugar tr. e intr. arrugar, criar verrugas.

envés m. revés; reverso.

envia/do m. enviado, remitido; mensajero; embajador. **/r** tr. enviar; dirigir; lanzar.

envidraçar tr. envidrar.

enviesar tr. sesgar, torcer.

envio m. envío.

enviuvar intr. enviudar.

enxabido adj. insípido.

enxad/a f. azada. **/ão** m. azadón.

enxaguar tr. enjuagar, aclarar.

enxame m. enjambre; fig. multitud.

enxaqueca f. *Pat.* jaqueca.

enxaropar tr. y r. jarabear.

enxe(ê)rg/a f. jergón; catre. **/ão** m. jergón.

enxergar tr. divisar, vislumbrar.

enxe/rtador adj. y s. injertador. **/(ê)rto** m. injerto.

enxó f. azuela.

enxo/frar tr. y r. azufrar; irritar. **/(ô)fre** m. *Quím.* azufre.

enxota/dor adj. y m. ahuyentador. **/r** tr. ahuyentar; expulsar.

enxoval m. ajuar.

enxovalh/ar tr. y r. manchar, ensuciar; arrugar; injuriar; desacreditarse. **/o** m. suciedad; deshonor; humillación.

enxovia f. cárcel o calabozo subterráneoa.

enxuga/dor adj. y s. secador. **/r** tr. y r. secar, enjuagar.

enxurr/ada f. venida de aguas de lluvia; corriente de aguas sucias; fig. gran cantidad. **/ar** tr. e intr. inundar; desbandar; fig. abundar.

enxuto adj. seco; fig. lágrimas; vacío.

enzinha o **enzinheira** f. *Bot.* encina.

epicentro m. *Geol.* epicentro.

épico adj. y m. **épico.**

epid/emia f. epidemia. **/é(ê)mico** adj. epidémico.

epiderme f. epidermis.

epifania f. epifanía.

epiglote f. *Anat.* epiglotis.

ep/igrafar tr. titular; inscribir. **/ígrafe** m. epígrafe; inscripción; título.

epigrama m. epigrama.

epilepsia f. *Pat.* epilepsia.

ep/ilogar tr. epilogar. **/ílogo** m. epílogo.

episcopa/do m. episcopado. **/l** adj. episcopal.

epis/odiar tr. episodiar. **/ódio** m. episodio.

ep/ístola f. epístola. **/istolar** adj. y tr. epistolar.

epitáfio m. epitafio.

época f. época.

epopeia f. epopeya.

épsilon m. épsilon.

equação f. ecuación.

Equador m. Ecuador.

equ/ânime adj. ecuánime. **/animidade** f. ecuanimidad.

equável adj. equitativo; igual.

equ(ü)estre adj. ecuestre.

equil/ibrado adj. equilibrado. **/ibrar.** tr. y r. equilibrar. **/íbrio** m. equilibrio.

equipa f. equipo. **/gem** m. equipaje; tripulación. **/r** tr. equipar; tripular.

equipar/ação f. equiparación. **/ar** tr. y r. equiparar; igualar.

equita/ção f. equitación. **/dor** m. buen jinete.

equival/ência f. equivalencia. **/ente** adj. y m. equivalente.

equ/ivocação f. equivocación. **/ivocar** tr. y r. equivocar.

era f. era, época; tiempo.

erário m. erario.

ere(c)ção f. erección; fundación; edificación. **/to** adj. erecto; erguido.

eremita s. eremita; asceta.

erguer tr. erguir, levantar; fundar.

eriçar tr. erizar, levantar.

erigir tr. erigir; edificar; fundar.

ermi/da f. ermita. **/ta** s. eremita, ermitaño. **/tão** m. eremita.

ermo adj. ermo, yermo; despoblado.

erosão f. erosión, corrosión.

er/ótico adj. erótico; sexual. **/otismo** m. erotismo, sexualidad.

erra/bundo adj. errabundo, vagabundo. **/r** tr. e intr. errar; engañar; vaguear.

errata f. errata; enmienda.

e(ê)rro m. erro; error.

erudi/ção f. erudición; saber. **/to** adj. y m. erudito, culto.

erupção f. erupción.

erva f. *Bot.* hierba. **/nário** m. herbolario.

esbaforido adj. cansado, anhelante.

esbandalha/do adj. harapiento; desarreglado. **/r** tr. desbaratar; destrozar; dividir.

esbanja/dor adj. y s. disipador; pródigo. **/r** tr. malgastar.

esbarrar tr. e intr. tropezar, chocar.

esbarrigar tr. e intr. desbarrigar; destripar.

esbelt/ez f. esbeltez, elegancia. **/o** adj. esbelto; gentil.

esbo/çado adj. esbozado. **/çar** tr. esbozar, trazar. **/(ô)ço** m. esbozo, croquis; resumen.

esbofetea/dor m. abofeteador. **/r** tr. abofetear.

esborrachar tr. aplastar; pisar.

esbracejar intr. bracear.

esbranquiça/do adj. blanquecino; descolorido. **/r** tr. blanquear.

esbrasear tr. ruborizar; calentar.

esbulh/ar tr. despojar; robar. **/o** m. robo; pillaje; espolio.

esburacar tr. agujerear.

escabeçar tr. descabezar.

escabeche m. escabeche; fig. ardid, trampa; gritería.

escabros/idade f. escabrosidad; dificultad. **/o** adj. escabroso; pedregoso; indecente.

escad/a f. escalera. **/aria** f. escalinata. **/ote** f. escalera pequeña portátil.

escafandro m. escafandro (de buzo).

escaiola f. escayola; estuco.

escala f. escala.

escalad/a f. escalada. **/or** adj. y m. escalador.

escalafrio m. escalofrío; enfriamiento.

escalar tr. escalar, trepar; asaltar; alcanzar.

escalda/dela f. escaldadura; castigo. **/r** tr. escaldar; fig. escarmentar.

escaler m. *Mar.* bote, lancha.

escalfar tr. escalfar, calentar.

escalona/do adj. escalonado. **/r** tr. escalonar.

escama f. escama.

escamondar tr. escamondar, podar.

escamot/ar tr. escamotear; hurtar. **/eação** f. escamoteo.

escancarar tr. abrir completamente.

esc/andalizador adj. y m. escandalizador. **/ândalo** m. escándalo.

escandec/ência f. escandecencia; irritación; entusiasmo. **/er** intr. escandecer; quemar; irritar.

escangalhar tr. desconyuntar, quebrar.

escanhoa/dor m. barbero. **/r** tr. afeitar.

escantilhão m. escantillón.

escapa/da f. escapada, fuga; culpa. **/r** intr. escapar, evadirse.

escápula f. escarpia (clavo). *Anat.* escápula.

escapulário m. escapulario.

escaramuça f. escaramuza; disputa.

escaravelho m. *Zool.* escarabajo.

escarcha f. escarcha; copos de nieve; helada.

escarea/dor m. escariador. **/r** tr. escariar.

escarlate m. encarnado, color rojo; escarlatina.

escarolar tr. desgranar, limpiar.

escarpa f. escarpa, declive. **/r** tr. escarpar.

escarr/adeira f. escupidera. **/ar** tr. e intr. escupir. **/o** m. esputo; insulto.

escarvar tr. escarbar.

escarvoar tr. dibujar a carbón.

escass/ear intr. escasear. **/o** adj. escaso.

escavação f. excavación.

escava/dor adj. y m. excavador. **/r** tr. excavar, cavar alrededor; fig. investigar.

esclarec/er tr. e intr. esclarecer; elucidar; amanecer; informarse. **/ido** adj. esclarecido; explicado.

esclerose m. *Med.* esclerosis.

esclusa f. esclusa.

escoa/dor adj. y m. colador; sumidero. **/r** tr. escurrir; deslizar; huir.

escol m. lo más escogido o selecto.

escola f. escuela. **/r** adj. y s. escolar.

escolh/a f. escogimeinto; opción. **/er** tr. e intr. escoger; optar.

escolho m. escollo; fig. obstáculo.

escolta f. escolta. **/r** tr. escoltar.

escombros m. pl. escombros; ruinas.

escond/edor m. escondedor; receptador. **/er** tr. esconder. **/erijo** m. escondrijo.

escopet/a f. escopeta. **/ear** tr. escopetear.

escora f. escora; fig. amparo. **/r** tr. escorar, apuntalar; apoyarse.

escorbuto m. *Pat.* escorbuto.

escórdio m. *Bot.* escordio.

escorn/ar tr. cornear; fig. maltratar. **/ear** tr. cornear.

escorraça/do adj. desconfiado; ahuyentado; arisco. **/r** tr. ahuyentar; expulsar.

escorreg/adela f. resbalón. **/ar** intr. resbalar.

escorrer tr. e intr. escurrir; resbalar; secar; gotear.

escote m. escote.

escoteiro adj. y m. escotero; leve; veloz.

escotilh/a f. *Mar.* escotilla. **/ão** m. escotillón.

escotismo m. escotismo.

esco/(ô)va f. cepillo. **/var** tr. cepillar; reprender.

escrav/atura f. esclavitud. **/idão** f. esclavitud. **/izar** tr. esclavizar. **/o** adj. y s. esclavo.

escrev/aninha f. escritorio; escribanía. **/ente** adj. y s. escribiente; amanuense. **/er** tr. e intr. escribir.

escriba m. escriba; escribano.

escri/ta f. escritura; caligafía; contabilidad comercial. **/tor** m. escritor. **/tório** m. despacho; escritorio. **/turação** f. contabilidad. **/turário** m. escriturario, escribiente. **/vão** m. escribano; pop. notario; escribiente.

escr/ófula f. *Pat.* escrófula. **/ofulismo** m. escrofulismo.

escroque m. estafador, timador.

escr/úpulo m. escrúpulo; repugnancia; recelo. **/upuloso** adj. escrupuloso, minucioso.

escrut/ar tr. escrutar; examinar. **/ínio** m. escrutinio.

escud/ar tr. escudar; proteger. **/eiro** m. escudero. **/o** m. escudo; amparo; moneda portuguesa.

escul/pidor m. esculpidor; grabador. **/pir** tr. esculpir. **/tor** m. escultor.

escur/as f. pl. **às —,** a obscuras. **/ecer** tr. e intr. obscurecer; fig. eclipsar. **/o** adj. obscuro; m. obscuridad.

escuta f. escucha; centinela. **/r** tr. e intr. escuchar; auscultar.

escuteiro m. explorador.

esdrúxulo adj. y m. esdrújulo; extravagante.

esface/lar tr. despedazar; deshacer; estropear. **/(ê)lo** m. destrucción; destrozo.

esfaima/do adj. hambriento. **/r** tr. y r. hambrear.

esfar/par tr. deshilachar; despedazar. **/rapar** tr. desgarrar; dilacerar.

esf/era f. esfera; fig. autoridad; zona. **/érula** f. esférula; gota.

esfinge f. esfinge.

esfola/dela f. desolladura; fig. engaño. **/r** tr. desollar; arañar; excoriar; fig. vender muy caro.

esfolhar tr. deshojar.

esfolia/ção f. exfoliación. **/r** tr. y r. exfoliar.

esfomea/do adj. hambriento. **/r** tr. hambrear.

esfo/rçado adj. esforzado. **/(ô)rço** m. esfuerzo.

esfreg/a f. fregado; fig. reprensión. **/ador** adj. y s. fregador; rodilla para fregar. **/alho** m. estropajo; fregador. **/ar** tr.

tregar; friccionar; pop. golpear.
esfriar tr. e intr. enfriar; fig. desanimar.
esfuma/ção f. esfumación. **/çar** tr. defumar. **/r** tr. esfumar; ennegrecer.
esfuminh/ar tr. esfuminar. **/o** m. esfumino.
esgalh/ar tr. y r. desgajar. **/o** m. vástago; asta; ramificación.
esgana/ção f. estrangulación; fig. avidez. **/r** tr. y r. estrangular.
esgar m. gesto, mueca.
esgaratujar tr. e intr. garrapatear.
esgaravata/dor adj. y s. escarbador; mondadientes. **/r** tr. escarbar; fig. investigar.
esgarrar tr. e intr. descaminar; extraviar.
esgatanhar tr. arañar.
esgazea/do adj. desmayado; muy abierto. **/r** tr. desorbitar (los ojos); desvanecer.
esgo/tador adj. y m. agotador; achicador. **/tar** tr. y r. achicar; agotar; apurar. **/(ô)to** m. albañal, sumidero.
esgrim/a f. esgrima. **/ir** tr. e intr. esgrimir. **/ista** adj. y s. esgrimista.
esguedelha/do adj. desgreñado. **/r** tr. y r. desgreñar; despeinarse.
esgueirar tr. y r. desviar; hurtar; huir.
esguio adj. delgado y alto; sin vuelo (falda); sin caderas.
esmaecer intr. palidecer; enflaquecer; desmayo.
esmaga/dor adj. y s. aplastador. **/r** tr. aplastar; triturar; fig. oprimir.
esmalt/ador adj. y s. esmaltador. **/ar** tr. esmaltar. **/e** m. esmalte.
esmeralda f. esmeralda.
esmerar tr. esmerar.
esmeril m. esmeril. **/ar** tr. esmerilar; fig. perfeccionar; pesquisar.
esmero m. esmero.
esmigalha/mento m. aplastamiento. **/r** tr. desmigajar; aplastar.
esmiolar tr. desmigajar.
esmiuçar tr. desmenuzar.
esmoe/dor adj. y m. moledor, triturador. **/r** tr. moler, triturar; digerir.
esmol/a f. limosna; beneficio. **/ar** tr. e intr. mendigar.
esmord/açar tr. remorder, mordisquear. **/icar** tr. mordiscar.
esmorec/er tr. e intr. esmorecer, desanimar. **/imento** m. desaliento.
esmurra/çar tr. apuñear; despuntar. **/r** tr. apuñear.
és-nordeste m. esnordeste.
esófago m. *Anat.* esófago.
espaç/ado adj. espaciado, separado; lento. **/ar** tr. espaciar; dilatar; divulgar. **/o** m. espacio; área; lentitud.
espad/a f. espada (arma); m. matador de toros; *Zool.* pez espada. **/ada** f. espadazo. **/ão** m. espadón.
espádua f. espalda, omoplato.
espalma/do adj. achatado. **/r** tr. aplanar; alisar.
espanca/dor adj. y m. apaleador; pendenciero. **/r** tr. apalear, pegar.
espanhol adj. y m. español, castellano, relativo a España. **/ada** f. españolada; fanfarronada. **/ar** tr. españolar. **/ismo** m. españolismo.
espanta/diço adj. espantadizo; asustadizo. **/lho** m. espantajo; espantapájaros. **/r** tr. espantar, atemorizar.
espargi/mento m. esparcimiento; difusión. **/r** tr. esparcir; aspergear; divulgar.
espargo m. *Bot.* espárrago.
espartilh/ar tr. encorsetar, apretar con corsé. **/o** m. corsé.
esparto m. *Bot.* esparto.
esparzir tr. esparcir.
espasm/o m. *Pat.* espasmo; fig. éxtasis. **/ódico** adj. espasmódico.
espatifar tr. despedazar; dividir; gastar.
espátula f. espátula.
espavent/ar tr. espantar, asombrar, asustar. **/o** m. aspaviento, asombro; horror; ostentación.
espavorir tr. y r. asustar; despavorirse.
especial adj. especial. **/ista** adj. y s. especialista.
esp/eciaria f. especiería. **/écie** f. especie; apariencia. **/ecificar** tr. especificar.
espe(c)t/acular adj. espectacular. **/áculo** m. espectáculo. **/ador** adj. y m. espectador.
especula/dor adj. y s. especulador. **/r** tr. e intr. especular.
espelh/ar tr. e intr. poner claro o limpio como un espejo; reflejarse. **/o** m. espejo.
esperança f. esperanza. **/r** tr. y r. esperanzar.
esperanto m. esperanto.
esperar tr. esperar.
esperma m. esperma. **/tologia** f. espermatología. **/tozóide** m. espermatozoide.
espert/alhaco o **/alhão** hombre muy astuto. **/ar** tr. e intr. avivar; excitar; perder el sueño. **/eza** f. vivacidad; destreza. **/o** adj. despierto; astuto.
espe/ssar tr. e intr. espesar. **/(ê)sso** adj. espeso.
espe/tar tr. espetar; atravesar; fig. torturar; perjudicar. **/(ê)to** m. espetón, asador; fig. persona alta y delgada.
espevita/deira f. despabiladeras. **/r** tr. y r. despabilar; estimular; enojarse.
espi/a s. espía. **/ão** m. espión, espía. **/ar** tr. e intr. espiar.
espig/a f. *Bot.* espiga; fig. contratiempo. **/ar** intr. criar espigas; medrar.
espinha f. espina; fig. dificultad.
espiona/gem f. espionaje. **/r** tr. espiar.
esp/írito m. espíritu. **/iritual** adj. espiritual. **/iritualismo** m. espiritualismo.
espirr/ar intr. y tr. estornudar; ofenderse; expeler. **/o** m. estornudo.
esplanada f. explanada; planicie.
espl/endidez f. esplendidez. **/êndido** adj. espléndido.
espolia/ção f. expoliación. **/r** tr. expoliar.
espólio m. expolio; botín; restos; expoliación.
esponj/a f. *Zool.* esponja. **/ar** tr. borrar con esponja; fig. hurtar.
esponsais m. pl. esponsales.
espont/âneo adj. espontáneo. **/ar** tr. despuntar.
espora f. espuela; fig. estímulo.
esporádico adj. esporádico; fig. casual.
esporte m. deporte.
espo/sar tr. desposar. **/(ô)so** m. esposo. **/sório** m. desposorio; esponsales.
espraiar tr. y r. explayar; ensanchar.
espreguiçar tr. desperezar; extender.
espreme/dor adj. y m. exprimidor. **/r** tr. exprimir; forzar.
espum/a f. espuma; baba. **/ar** tr. e intr. espumar. **/oso** adj. y m. espumoso; vino espumoso.
esput/ação f. esputación. **/ar** intr. esputar, expectorar.
esquadr/a f. *Mil.* y *Mar.* escuadra; puesto policial. **/ão** m. *Mil.* escuadrón. **/ar** tr. escuadrar. **/ia** f. escuadría; escuadra; simetría. **/ilha** f. escuadrilla, flotilla de barcos.
esquadrinha/dor adj. y m. escudriñador, investigador. **/r** tr. escudriñar.
esqualo m. *Zool.* escualo.
esquarte/jamento m. descuartizamiento. **/jar** tr. descuartizar.
esquec/ediço adj. olvidadizo. **/er** tr. e intr. olvidar.
esquel/ético adj. esquelético. **/eto** m. esqueleto.
esquema m. esquema; resumen.
esquenta/ção f. calentamiento; inflamación; blenorragia. **/dor** m. calentador. **/r** tr. calentar.
esquerd/a f. izquierda. **/ista** adj. y s. izquierdista. **/o** adj. izquierdo, zurdo; torcido.
esqui m. esquí. **/ador** m. esquiador. **/ar** tr. esquiar.
esquife m. *Mar.* esquife; féretro; ataúd.
esquilo m. *Zool.* esquilo, ardilla.
esquimó s. esquimal.
esquina f. esquina; ángulo. **/r** tr. esquinar.
esquisit/ice f. extravagancia; originalidad. **/o** adj. excéntrico; impertinente.
esquiv/ança f. desprecio, esquivez. **/ar** tr. e intr. esquivar, rehusar; huir.
essa f. catafalco.
e(ê)sse pron. y adj. ese; ése.
ess/ência f. esencia; substancia, existencia. **/encial** adj. esencial; necesario; importante.
és-sueste m. estesudeste.
estabelec/er tr. establecer; fijar; ordenar. **/imento** m. establecimiento; casa comercial.
estabili/dade f. estabilidad; duración. **/zar** tr. e intr. estabilizar; permanecer.
estábulo m. establo.
estação f. estación.
estacar tr. estacar. **/ia** f. estacada; empalizada.
estacion/ar intr. estacionar. **/ário** adj. estacionario.
estádio m. estadio.
estad/ista s. estadista. **/ística** f. estadística.
estado m. estado.
estafa o **estafadela** f. cansancio. **/r** tr. y r. fatigar; romper; estafar.
estafermo m. estafermo.
est/agiar intr. practicar, adiestrarse. **/agiário** adj. y s. practicante de cualquier profesión. **/ágio** m. aprendizaje.
estagna/ção f. estancación; inercia. **/r** tr. estancar, represar.
estalage/iro m. hostelero. **/m** f. posada, albergue.
estalagmite f. estalagmita.
estalar tr. e intr. estallar, reventar; romper.
estaleiro m. *Mar.* astillero.
estampa f. estampa, imagen. **/gem** f. estampación. **/r** tr. estampar; imprimir.
estanca/ção f. estancación; detención. **/r** tr. estancar; vedar.
est/ância f. estancia. **/anciar** intr. habitar, morar; descansar.
estandardizar tr. uniformar.
estandarte m. estandarte, bandera; partido.
estanque adj. y m. estancado, obstruido; estancación; monopolio.
estante f. estante, armario para libros; pupitre.
estar intr. estar, existir; hallarse; residir.
estarola s. persona ligera y liviana.
estase f. estasis.
estatal adj. estatal.
estático adj. estático.
estatística f. estadística.
est/átua f. estatua. **/atuário** adj. y m. estatuario.
estatura f. estatura.
estatuto m. estatuto; decreto.
estável adj. estable; durable.
este m. *Geog.* Este, punto cardinal.
e(ê)ste adj. y pron. dem. este, esto.
estearina f. *Quím.* estearina.
esteio m. puntal para asegurar; apoyo.
esteira f. estera; surco; rastro. **/r** tr. esterar.
estend/al m. tendal; tendedero. **/er** tr. extender; desarrollar; disponer.
esten/ografar tr. estenografiar. **/ografia** f. estenografía, taquigrafía.
estepe f. estepa.
este/rcar tr. estercolar; abonar. **/(ê)rco** m. estiércol; basura.
estere m. estéreo (medida).
estereofó(ô)nico adj. estereofónico.
est/éril adj. estéril; árido. **/erilidade** f. esterilidad. **/erilizar** tr. esterilizar; castrar.
esterno m. *Anat.* esternón.
esternutação f. estornudo.
esterqueiro m. estercolero; porquería.
estertor m. *Med.* estertor. **/ar** intr. agonizar.
estética f. estética.
estia/gem f. estiaje. **/r** intr. dejar de llover; bajar el nivel del agua.
estibordo m. *Mar.* estribor.
estigma m. estigma; marca; cicatriz; ofensa. **/tismo** m. estigmatismo.
estilete m. estilete.
estilha f. astilla; fragmento. **/ço** m. astillazo, fragmento. **/r** tr. astillar.
estil/ismo m. estilismo. **/ização** f. estilización. **/izar** tr. estilizar. **/o** m. estilo; modo; costumbre.
estilografia f. estilografía.
estima f. estima; aprecio. **/ção** f. estimación; cálculo. **/r** tr. e intr. r. apreciarse.
est/imulação f. estimulación. **/imulante** adj. estimulante. **/imular.** tr. estimular; activar.
estio m. estío; fig. calor.
estip/endiar tr. estipendiar, asalariar. **/êndio** m. estipendio, salario.
estipula/ção f. estipulación; contrato. **/r** tr. estipular, acordar.
estira/çar tr. estirazar, extender. **/r** tr. estirar; alargar.
estirpe f. estirpe; raíz; linaje.
estiva f. *Mar.* estiba. **/dor** adj. y m. estibador. **/r** tr. estibar, cargar (barco); despachar (aduana).
estocada f. estocada; bellaquería; astucia.
estof/ador m. estofador. **/ar** tr. estofar, acolchonar.
estoir/ar tr. e intr. reventar, estallar. **/o** m. estampido; fragor; desorden.
esto(ô)jo m. estuche.
est/omacal adj. estomacal; digestivo. **/ômago** m. *Anat.* estómago.
esto/(ô)pa f. estopa (tejido). **/par** tr. estopear; calafatear; aburrir, importunar.
estoque m. estoque.
estorce/gar tr. pellizcar; dislocar. **/r** tr. e intr. torcer; contorsionar; desorientarse.
estore m. estor, cortina.
esto/rva f. estorbo; dificultad. **/rvar** tr. estorbar, embarazar. **/(ô)rvo** m. estorbo, obstáculo.
estoutro contr. del adj. o pron. dem. **este** con el adj. o pron. ind. **outro:** este otro.
estouvado adj. alocado; imbécil; holgazán.
estr/ábico adj. estrábico; bizco. **/abismo** m. *Med.* estrabismo.
estrada f. carretera, camino.
estrado m. estrado, escabel.
estrafalário adj. estrafalario; desaliñado.
estraga/ção f. estrago; destrucción. **/r** tr. estragar, dañar.
estrambó/lico adj. estrambólico; extravagante. **/tico** adj. estrambótico.
estrangeir/ada f. grupo de extranjeros. **/ismo** m. extranjerismo; barbarismo. **/o** adj. y m. extranjero.
estrangula/ção f. estrangulación. **/r** tr. estrangular; matar.
estranh/ar tr. extrañar; admirar; censurar. **/o** adj. y s. extraño; raro; extranjero.
estrat/agema m. estratagema, ardid. **/égia** f. estrategia.
estratosfera f. estratosfera.
estrea/nte adj. y s. debutante. **/r** tr. estrenar, debutar.
estrebaria f. caballeriza, cuadra.
estreia f. estreno; comienzo.
estreit/ar tr. estrechar, apretar. **/o** adj. y m. estrecho, apretado.

estre(ê)la f. *Astr.* estrella; cometa; signo. /la-polar f. Estrella polar.

estreme/ção m. estremecimiento. /cer tr. e intr. estremecer, temblar; atemorizar, asustar.

estrénuo adj. estrenuo, valeroso.

estr/epitar intr. estrepitar. /épito m. estrépito, estruendo; ostentación.

estreptomicina f. estreptomicina.

estria f. estría; surco.

estrib/ar tr. estribar; apoyar. /o m. estribo; apoyo.

estrinçar tr. mordiscar, dentellear; despedazar.

estripa/ção f. destripamiento. /r tr. estripar, destripar.

estr/ofe f. *Ret.* estrofa. /ófico adj. estrófico.

estroin/a adj. y s. juerguista; malgastador. /ar intr. derrochar; fastuar.

estrond/ear intr. hacer estruendo; alborotar. /o m. estruendo, ruido; ostentación.

estropalho m. estropajo.

estrugi/dor adj. estrepitoso, ruidoso. /r tr. e intr. atronar; alborotar.

estrum/ar tr. abonar; estercolar. /e m. abono, estiércol.

estrutura f. estructura. /r estructurar.

est/udar tr. estudiar; analizar. /údio m. estudio.

estufa f. estufa; invernadero. /r tr. estufar.

estupef/a(c)ção f. estupefacción. /aciente adj. y s. estupefaciente. /icar tr. asombrar; entorpecer.

estupendo adj. estupendo; asombroso.

est/upidez f. estupidez. /úpido m. y m. estúpido; bruto.

estupr/ar tr. estuprar, violar. /o m. estupro, violación.

estuque m. estuque.

esva/ecer tr. e intr. desvanecer; desmayar. /ir tr. desvanecer; evaporar; desmayar.

esvaziar tr. vaciar.

esventrar tr. destripar, estripar.

esverd/eado adj. verdoso. /ear tr. e intr. verdear.

esvoaçar intr. revolotear; aletear.

etapa f. etapa; ración; periodo; progreso.

éter m. *Quím.* éter.

etern/ar tr. eternizar. /idade f. eternidad. /o adj. eterno; inmortal.

ética f. *Filos.* ética.

etil/izado adj. etilizado; embriagado. /izar tr. etilizar.

etiqueta f. etiqueta; cumplimiento. /r tr. rotular.

étnico adj. étnico; gentilicio.

eu pron pers. Yo; m. yo, la conciencia.

eucaína f. *Quím.* eucaína.

eucrasia f. eucrasia, temperamento.

euf/emismo m. eufemismo. /ónico adj. eufónico; suave.

euforia f. euforia; entusiasmo.

eunuco m. eunuco; estéril.

eupatia f. eupatía; resig-

nación.

europe/ísmo m. europeísmo. /u adj. y m. europeo; relativo a Europa.

euscaro m. éuscaro, vascongado.

eussemia f. *Pat.* eusemia

eutanásia f. eutanasia; muerte sin dolor.

eutrofia f. eutrofia; robustez.

evacua/ção f. evacuación. /r tr. e intr. evacuar; defecar.

evadir tr. evadir; huir; engañar.

evangel/ho m. Evangelio. /ismo m. evangelismo. /ização f. evangelización. /izar tr. evangelizar; enseñar.

evapor/ação f. evaporación. /ar tr. evaporar; disipar.

evasão f. evasión, fuga.

event/o m. evento; contingencia. /ual adj. eventual; casual.

ever/são f. eversión, desolación. /ter tr. subvertir; destruir.

evid/ência f. evidencia. /enciar tr. evidenciar; comprobar.

evitar tr. evitar; impedir; eludir.

evo m. evo; eternidad.

evoca/ção f. evocación. /r tr. evocar, invocar.

evolar-se r. evaporarse; desaparecer.

evol/ução f. evolución. /ucionar intr. evolucionar; alterar.

evoluta f. *Geom.* evoluta.

exabundar intr. superabundar.

exacerba/ção f. exacerbación. /r tr. y r. exacerbar; agravarse.

exa(c)t/idão f. exactitud. /o adj. exacto.

exage/ração f. exageración. /rar tr. exagerar. /(ê)ro m. exageración.

exala/ção f. exhalación. /r tr. y r. exhalar.

exalta/ção f. exaltación. /r tr. y r. exaltar.

exam/e m. examen. /inador adj. y s. examinador. /inar tr. y r. examinar.

exangue adj. exangüe.

ex/animação f. exanimación; desmayo. /ânime adj. exánime.

exarar tr. grabar; registrar; inscribir.

exaspe/ração f. exasperación. /rar tr. exasperar.

exaurir tr. agotar; depauperar.

exaust/ar tr. agotar. /o adj. exhausto.

exautorar tr. desautorizar.

excava/ção f. excavación. /r tr. excavar.

excede/nte adj. y m. excedente; sobrante.

excel/ência f. excelencia. /situde f. excelsitud. /so adj. excelso.

exc/entricidade f. excentricidad.

exce(p)ção f. excepción. /o m. exceso.

excess/ivo adj. excesivo. /o m. exceso.

excita/ção f. excitación. /r tr. y r. excitar.

exclama/ção f. exclamación. /r intr. y tr. exclamar.

exclu/ir tr. y r. excluir. /são f. exclusión. m. exclusivismo. /sivo adj. y m. exclusivo; monopolio.

excomun/gado adj. y m. excomulgado. /gar tr. excomulgar.

excre/ção f. excreción. /mento m. excremento.

excurs/ão f. excursión;

fig. divagación. /ionar intr. hacer excursiones. /ionista s. excursionista.

execra/dor adj. y m. execrador. /r tr. execrar.

execu/ção f. ejecución. /tar tr. ejecutar.

exempl/ar m. ejemplar. /ificar tr. ejemplificar. /o m. ejemplo.

exequatur m. exequatur.

exéquias f. pl. exequias.

exercer tr. ejercer; desempeñar.

exercício m. ejercicio.

exercita/dor adj. y m. ejercitador. /r tr. y r. ejercitar.

exército m. ejército.

exibi/ção f. exhibición. /r tr. y r. exhibir.

exig/ência f. exigencia. /ir tr. exigir.

ex/iguidade f. exigüidad. /íguo adj. exiguo.

exila/do/ do adj. y r. exilado. /r tr. y r. exilar.

exílio m. exilio; fig. soledad.

ex/imição f. eximición. /ímio adj. eximio; superior.

exist/ência f. existencia. /ir tr. existir.

êxito m. éxito.

êxodo m. exodo.

exonera/ção f. exoneración. /r tr. y r. exonerar.

exorbit/ância f. exorbitancia. /ar intr. exorbitar.

exorta/ção f. exhortación; amonestación. /r tr. exhortar; convencer.

exótico adj. exótico; extranjero; raro.

expan/dir tr. expandir; difundir; dilatar. /são f. expansión; alegría. /sivo adj. expansivo; franco.

expatria/ção f. expatriación. /r tr. y r. expatriar; exiliar.

expe(c)ta/dor m. espectador. /tiva f. expectativa.

expe(c)tora/ção f. expectoración. /r tr. y r. expectorar.

expedi/ção f. expedición. /cionário m. expedicionario. /r tr. expedir; enviar. /to adj. expedito; activo.

expelir tr. expeler; expulsar.

exper/iência f. experiencia; ensayo. /imental adj. experimental. /imentar tr. experimentar; ensayar; examinar. /to adj. y s. experto; sabedor.

expira/ção f. expiración. /r tr. e intr. espirar, exhalar; expirar, morir.

explica/ção f. explicación. /r tr. explicar; interpretar.

explodir intr. explotar, estallar.

explora/ção f. exploración; investigación. /r tr. explorar; pesquisar.

explos/ão f. explosión. /ivo adj. y m. explosivo.

expoente adj. y m. exponente.

expor tr. exponer; declarar.

exporta/ção f. exportación. /dor adj. y m. exportador. /r. tr. exportar.

expos/ição f. exposición; declaración. /to adj. y m. expuesto; expósito; evidente.

express/ão f. expresión; frase. /ar tr. expresar; claro; evidente; tren rápido.

exprobrar tr. exprobar, censurar.

expropria/ção f. expropiación. /r tr. expropiar.

expugnar tr. expugnar; conquistar.

expuls/ão f. expulsión. /ar tr. expulsar; expatriar. /o adj. expulso; desterrado.

expurg/ação f. expurgación; evacuación. /ar tr. expurgar; purgar; purificar.

êxtase m. éxtasis.

extens/ão f. extensión; dimensión. /o adj. extenso; amplio; duradero.

extenua/ção f. extenuación; debilidad. /r tr. extenuar; consumir.

exterior adj. y m. exterior; apariencia; el extranjero.

exterm/inação f. exterminación. /inar tr. exterminar; aniquilar.

extern/ato m. externado. /o adj. y m. externo; exterior.

extin/ção f. extinción; destrucción; abolición. /guir tr. extinguir; anular.

extirpa/ção f. extirpación. /r tr. extirpar, extraer.

extorsão f. extorsión; usurpación.

extra(c)t/ar tr. extractar, resumir. /o m. extracto; resumen.

extradi/ção f. *For.* extradicción. /tar tr. aplicar la extradición.

extrair tr. extraer; arrancar.

extra-oficial adj. extraoficial, particular.

extraordinário adj. y m. extraordinario; anormal; maravilloso.

extraterritorialidade f. extraterritorialidad.

extravag/ância f. extravagancia; capricho. /ante adj. y m. extravagante; raro; malgastador.

extravi/ar tr. extraviar, perder, descaminar. /o m. extravío.

extremar tr. extremar; exaltar.

extrema-unção f. extremaunción.

extrem/idade f. extremidad; límite. /o adj. y m. extremo; último; distante.

exuber/ância f. exuberancia; abundancia. /ar tr. e intr. exuberar, superabundar.

exuma/ção f. exhumación. /r tr. exhumar, desenterrar; extraer.

exunda/ção f. inundación. /r intr. inundar; derramarse.

ex-voto m. exvoto.

F f

fábrica f. fábrica; fig. origen.

fabri/cação f. fabricación. /car tr. fabricar.

fábula f. fábula.

faca f. cuchillo. /da f. cuchillada; fig. sablazo; sorpresa dolorosa.

façanha f. hazaña. /eiro adj. y s. hazañoso.

fa(c)/ção f. facción. /cioso adj. y s. faccioso.

face f. faz, cara.

face/(ê)ta f. faceta; fig. aspecto. /tar tr. lapidar.

facial adj. facial.

f/ácil adj. fácil. /acilitar tr. y r. facilitar.

facínora adj. y m. facineroso.

fac-símile m. facsímil.

fa(c)to m. hecho; suceso; caso; circunstancia.

fa(c)tura f. factura. /r tr. facturar.

facul/dade f. facultad. /tar tr. facultar.

fac/úndia f. facundia. /undidade f. facundidad.

fad/a f. hada. /ário m. hado; fig. fatiga.

fadiga f. fatiga, cansera.

fad/ista s. fadista, persona que toca o canta el fado; rufián; prostituta. /o m. fado, canción popular portuguesa; vida de burdel; fatalidad.

faiança f. mayólica, loza fina.

faina f. faena; trabajo.

faisão m. *Zool.* faisán.

fa/ísca f. chispa, centella. /iscar intr. chispear; brillar.

faix/a f. faja, cinta; friso. /ar tr. fajar.

fala f. habla; idioma; palabra. /dor adj. y s. hablador.

falang/e f. falange; legión; partido. /eta f. *Anat.* falangeta. /ista m. falangista.

fala/r tr. hablar; declarar, narrar; combinar; — a verdade, decir la verdad. /rio m. murmullo; algazara. /z adj. falaz; hipócrita; falso.

falcão m. *Zool.* halcón.

fal/ecer intr. fallecer, morir. /ecimento m. fallecimiento, muerte; carencia. /ência f. quiebra; falta.

falésia f. acantilado.

falh/a f. falla, quiebra; falta. /ar tr. e intr. rajar; faltar; frustrarse. /o adj. fallo; rajado; falto.

fali/do adj. y s. fallido; insolvente. /r intr. quebrar; faltar.

fals/ar tr. e intr. falsear; engañar; romper. /ário m. falsario, falsificador. /idade f. falsedad; fraude. /ificação f. falsificación. /o adj. y m. falso; mentiroso.

falta f. falta; defecto. /r intr. faltar.

falua f. *Mar.* falúa.

fama f. fama; reputación.

famélico adj. famélico; desnutrido.

fam/ília f. familia; linaje. /iliar adj. familiar.

faminto adj. hambriento; ansioso.

famoso adj. famoso; excelente.

fan/ático adj. y s. fanático.

fandango m. *Mús.* fandango; bulla, jaleo.

fanfarra f. charanga, banda de música.

fanfarr/ão adj. y s. fanfarrón, impostor. /ear intr. fanfarronear.

fanqueiro m. lencero, comerciante de tejidos.

fantasi/a f. fantasía; ficción. /ar tr. e intr. fantasear, idear.

fantasma m. fantasma; quimera.

fantoch/ada f. fantochada, payasada. /e m. fantoche.

faqueiro m. estuche de

cubiertos; cuchillero, fabricante de cuchillos.
faquir m. faquir, santón mahometano.
faraó m. faraón.
faraute m. faraute, mensajero; intérprete; guía.
farda f. uniforme (vestidura); vida militar; librea. /r tr. uniformar, proveer de uniforme.
fardo m. fardo; paquete; peso.
farej/ar tr. e intr. olfatear, oler; fig. descubrir. /o m. olfateo.
faring/e f. Anat. faringe. /ite f. Pat. faringitis.
farinha f. harina.
farm/acêutico adj. y s. farmacéutico. /ácia f. farmacia.
farnel m. fardel; merienda que se lleva en viaje.
faro m. olfato; fig. perspicacia.
farol m. faro. /eiro m. farolero.
farp/a f. farpa; desgarrón. /ar tr. poner farpa en; desgarrar.
farpela f. vestuario; gancho.
farra f. Bras. lupanar.
farrusco adj. tiznado.
fars/a f. farsa. /ista s. farsante.
fart/adela f. hartazgo. /ar tr. y r. hartar; cansar. /o adj. harto; lleno; cansado.
fartum m. hedor.
fascículo m. fascículo.
fascina/ção f. fascinación. /r tr. fascinar.
facis/mo m. fascismo. /ta adj. y s. fascista.
fase f. fase.
fastio m. hastio; fastidio; fig. enfado.
fast/o adj. y m. fausto; feliz. /oso o /uoso adj. fastuoso.
fatal adj. fatal. /idade f. fatalidad.
fateixa f. arpeo; arpón.
fatia f. rebanada; tajada.
fatiga/dor adj. y s. fatigador. /r tr. fatigar.
fato m. traje; vestuario; manada.
fauna f. fauna.
fauno m. fauno.
fausto adj. y m. fausto.
fava f. Bot. haba.
favo m. panal de miel; celdilla.
favor m. favor. /ecer tr. y r. favorecer.
fazend/a f. hacienda; estancia; bienes; tela; tejido de lana; Hacienda. /ário adj. financiero.
fazer tr. hacer.
fé f. fe.
fealdade f. fealdad.
febra f. carne sin hueso; fibra.
febr/e f. Med. fiebre. /il adj. febril.
fech/ado adj. cerrado; reservado. /adura f. cerradura. /ar tr. cerrar; acabar. /o m. cerrojo, pestillo; remate; fin.
fécula f. fécula.
fecund/ação f. fecundación. /ar tr. e intr. fecundar; procrear. /o adj. fecundo; criador.
fedelho m. chico, novato, mozalbete.
federa/ção f. federación; asociación. /l adj. federal. /lismo m. federalismo. /r tr. confederar, unir.
fe/eria f. maravilla; esplendor. /érico adj. maravilloso; mágico.
feição f. facción; fisionomía.
feij/ão m. Bot. judía. /oa-

da f. plato de judías.
feio adj. feo; deforme; repulsivo; indecente.
feira f. feria, mercado. /nte s. feriante.
feiti/çaria f. hechicería; seducción. /ceiro m. hechicero, brujo; hermoso. /ço m. hechizo; amuleto.
feitor adj. y m. administrador; gerente. /ia f. factoría.
feixe m. haz, manojo; porción.
fel m. hiel, bilis; mal humor; tormento.
feldspato m. Min. feldespato.
felici/dade f. felicidad. /tação f. felicitación, congratulación.
felino adj. felino (gato); fig. falso; fingido.
feliz adj. y m. feliz; próspero.
feltr/ar tr. e intr. fieltrar; tapizar. /o m. fieltro.
fêmea f. hembra; mujer.
femini/dade f. femineidad. /no adj. y m. femenino; mujeril.
fêmur m. Anat. fémur.
fend/a f. fenda; grieta; raja. /er tr. hender; separar.
fenix f. fénix, ave fabulosa.
feno m. Bot. heno.
fenol m. Quím. fenol, fénico.
fera f. fiera; fig. cruel.
féretro m. féretro, tumba.
fereza f. fiereza, crueldad.
féria f. día de semana; salario; pl. vacaciones; descanso.
feria/do adj. y m. día de fiesta. /r tr. e intr. descansar, holgar.
feri/da f. herida; llaga; dolor. /r tr. herir; ofender.
ferment/ação f. fermentación. /ar tr. fermentar; agitar. /o m. fermento; levadura; origen.
fero adj. feroz, fiero. /z adj. feroz; cruel.
ferra/gem f. herraje. /menta f. herramienta.
ferro m. hierro; áncora; pl. esposas, grilletes; — em folha, hierro laminado. /ar tr. aguijonear, picar. /cró(ô)mio m. aleación de hierro y cromo.
ferro-velho m. chatarrero, ropavejero.
ferrovi/a f. ferrocarril. /ário adj. y m. ferroviario.
ferrug/em f. herrumbre; fig. vejez. /ento adj. herrumbroso; antiguo.
fértil adj. fértil; abundante.
ferv/edoiro m. hervidero; efervescencia. hirviente; ardiente. /er tr. hervir; fermentar; intr. agitarse. /ura f. hervor, ebullición.
fest/a f. fiesta; diversión; caricia. /ejar tr. festejar; agasajar; celebrar. /ival adj. y m. festival; espectáculo.
feta/ção f. gestación. /l adj. fetal, relativo al feto; m. Bot. helechal.
fétido adj. y m. fétido, pestífero; hedor.
feto m. Biol. feto; Bot. helecho.
feud/al adj. feudal, medieval. /alismo m. feudalismo. /o m. feudo; vasallaje.
fevereiro m. Febrero.
fezes f. pl. heces, excrementos.
fia/ção f. hilado; hilandería. /da f. hilada. /dor

m. fiador.
fiambre m. fiambre, jamón dulce.
fiança f. fianza, caución; seguridad.
fia/ndeira f. hilandera. /r tr. e intr. hilar; urdir; afianzar; fiar, confiar.
fibr/a f. fibra; nervio; vigor. /ocartilagem f. Anat. fibrocelular. /oma m. Med. fibroma. /omuscular adj. fibromuscular. /oso adj. fibroso.
ficção f. ficción; simulación; invención; fantasía.
fich/a f. ficha; cédula. /eiro m. fichero.
fidalg/o m. hidalgo; noble. /uia f. hidalguía; distinción.
fidedigno adj. fidedigno.
fidel/idade f. fidelidad; veracidad. /íssimo adj. fidelísimo.
fieira f. hilera.
fiel adj. y m. fiel; leal; seguro.
fígado m. Anat. hígado; fig. índole; valentía.
fig/o m. Bot. higo. /ueira f. higuera.
figur/a f. figura; aspecto. /ação f. figuración. /ar tr. figurar; delinear; imaginar. /ino m. figurín; modelo.
fila f. fila, ringlera.
filantr/opia f. filantropía. /ópico adj. filantrópico.
filão m. Min. filón, manantial.
filarmó(ô)ni/ca f. filarmónica. /co adj. y m. filarmónico.
filat/elia f. filatelia. /élico adj. filatélico.
fileira f. hilera, ringlera.
filh/a f. hija. /ar tr. prohijar; retoñar. /o m. hijo; vástago.
filhó f. filloa, buyuelo.
fili/ação f. filiación; origen. /l adj. y f. filial; sucursal. /r tr. prohijar; afiliar.
filigrana f. filigrana. /r tr. e intr. filigranar.
film/agem f. filmación. /ar tr. filmar. /e m. película, film.
filo/logia f. filología. /matia f. filomatía.
filtr/ação f. filtración. /ar tr. filtrar; fig. insinuar. /o m. filtro.
fim m. fin.
fina f. finura; precaución; astucia.
finado adj. y s. finado.
final adj. y m. final. /izar tr. e intr. finalizar.
finan/ça f. finanza; pl. hacienda pública. /ceiro adj. y s. financiero. /ciar tr. financiar.
finar intr. y r. finar; acabar; morir.
fineza f. fineza; fig. amabilidad; obsequio.
fingi/do adj. y m. fingido; aparente. /r tr. fingir.
fin/o adj. fino; delgado; excelente; astuto. /ura f. finura; delicadeza; astucia.
fio m. hilo; filo.
fiorde m. fiordo.
firm/a f. firma, rúbrica; razón social. /ação f. afirmación. /amento m. firmamento; fundamento. /ar tr. afirmar; confirmar, pactar. /e adj. y m. firme; fuerte; sereno. /eza f. firmeza, seguridad; constancia.
fiscal adj. y m. fiscal, inspector; crítico. /ização f.

fiscalización. /izar tr. e intr. fiscalizar.
fisco m. fisco; foraje.
físic/a f. física. /o adj. y m. físico; material; médico.
fissura f. Cir. fisura, fractura.
fístula f. Pat. fístula.
fita f. cinta; faja; película cinematográfica.
fitar tr. fijar la vista; mirar.
fível/a f. hebilla. /ão m. hebillón.
fix/ação f. fijación. /ador m. fijador. /ar tr. fijar; clavar; limitar. /o adj. fijo; firme; invariable.
flácido adj. fláccido; lánguido.
flagel/ação f. flagelación; tormento. /ar tr. flagelar; azotar; martirizar.
flagra/nte adj. flagrante; evidente. /r intr. flagrar; inflamarse.
flam/a f. flama, llama; pasión. /ejante adj. flameante.
flamengo adj. y m. flamenco.
flâmula f. Mar. flámula, bandera.
flanela f. franela (tejido).
flanquear tr. Mil. flanquear; acompañar.
flaut/a f. Mús. flauta, pífano. /ear intr. tocar la flauta; vagabundear; tr. engañar. /im m. flautín.
flébil adj. flébil; triste.
flecha f. flecha; saeta, dardo.
fle(c)tir tr. flexionar; doblar.
fleum/a f. Med. flema, pituita; lentitud; indiferencia. /ático adj. flemático; calmoso.
flex/ão f. flexión. /ionar tr. e intr. flexionar; curvar.
flibusteiro m. filibustero.
floco m. copo, vedija de nieve.
flor f. Bot. flor; juventud. /a f. flora, vegetación. /ação f. Bot. floración. /ar intr. florar; florecer. /escer tr. florecer; brotar. /esta f. floresta; confusión. /icultor m. floricultor. /icultura f. floricultura. /ir intr. florecer. /ista s. florista.
flotilha f. Mar. flotilla, escuadrilla.
flu/ência f. fluencia; abundancia. /idez f. fluidez. /ido adj. y m. fluido; blando; fluir. /ir intr. fluir, brotar.
flutua/bilidade f. fluctuabilidad. /ção f. fluctuación; vacilación. /r intr. flotar; oscilar.
fluvi/al adj. fluvial. /o(ô) metro m. Fís. fluviómetro.
foca f. Zool. foca.
foca/gem f. enfocamiento, focalización. /r tr. enfocar.
focinh/eira f. jeta, hocico; muserola; bozal; fig. enfurruñado. /o m. hocico.
foco m. foco.
fog/ão m. fogón. /areiro m. hornillo para cocinar con carbón.
fog/o m. fuego; incendio; entusiasmo; errar fogo, errar el blanco. /ueira f. hoguera.
foguet/ão m. foguetón. /e m. cohete.
foice f. hoz, guadaña.
foito adj. atrevido.
folar m. bollo de Pascua.
folclore m. folklore.
fole m. fuelle.

fôlego m. aliento, respiración fuerte.
folg/a f. holganza, descanso. /ar tr. holgar; intr. divertirse. /uedo m. holgorio; diversión.
fo(ô)lha f. Bot. hoja; hoja; hoja de papel, de espada, etc.; — corrida, certificado de penales.
folh/agem f. follaje, ramaje. /etim m. folletín. /eto m. folleto.
folia f. folía, juerga.
foli/ão adj. y m. fiestero; farsante. /ar intr. foliar; jugar; adj. relativo a hojas.
fólio m. folio; libro comercial.
fome f. hambre; fig. miseria.
foment/ação f. fomentación. /ar tr. fomentar; excitar. /o m. fomento; apoyo; progreso.
fon/ema m. Gram. fonema. /ética f. fonética.
fonofilme m. película sonora.
font/ainha f. fuentecilla. /anário adj. fontanal. /e f. fuente (de agua); origen.
fora adj. fuera, exteriormente; excepto; **deitar** —, abandonar.
foragido adj. forajido, fugitivo.
foral m. foral.
fo(ô)rca f. horca; patíbulo.
fo(ô)rça f. fuerza; valentía.
forcado m. Agr. horquilla; **moço de** —, mozo que conduce los toros.
força/do adj. y m. forzado obligatorio; condenado a trabajos forzados.
forense adj. forense, judicial.
forja f. forja, fragua. /dor adj. y s. forjador; inventor. /r tr. forjar; fabricar; idear.
fo(ô)rma f. forma, hechura exterior; figura; método; horma, molde.
forma/ção f. formación. /l adj. y m. formal; positivo. /r tr. e intr. formar; armar; imaginar; descubrir. /tura f. licenciatura (universitaria); Mil. alineación.
formic/ação f. hormigueo, prurito. /ida adj. y m. formicida.
formidável adj. formidable.
formig/a f. Zool. hormiga. /ueiro m. hormiguero; multitud; picazón.
formol m. Quím. formol.
formoso adj. hermoso; perpecto.
f/órmula f. fórmula; costumbre. /ormular tr. e intr. formular; recetar.
fornecer tr. proveer, abastecer.
fornica/ção f. fornicación, coito. /r tr. fornicar; copular; fig. importunar.
forno m. horno.
fo(ô)ro m. For. foro, abogacía; privilegio; jurisdicción.
forr/ar tr. forrar, entretelar; economizar. /o m. forro; entretela; ahorrado.
fort/alecer tr. fortalecer. /aleza f. fortaleza; fortificación; vigor, fuerza.

fuerte; valiente; fortaleza. **/ificação** f. fortificación. **/ificar** tr. fortificar.
fortuito adj. fortuito.
fortuna f. fortuna; riqueza; suerte; ventura.
fósforo m. *Quím.* fósforo; cerilla; pop. inteligencia.
fóssil m. fósil.
fossiliza/ção f. fosilización, petrificación. **/r** tr. e intr. fosilizar, petrificar.
fo(ô)sso m. foso, zanja.
foto f. foto, fotografía. **/ cópia** f. fotocopia. **/elé(c)trico** adj. fotoeléctrico. **/grafia** f. fotografía. **/gravura** f. fotograbado. **/metria** f. fotometría. **/ química** adj. fotoquímica. **/therapia** f. fototerapia. **/tipografia,** fototipografía. **/zincografia** f. fotocincografía.
foz f. embocadura; desembocadura. (del río).
fracasso m. fracaso; desgracia.
fra(c)/ção f. *Arit.* fracción; segmento. **/cionar** tr. fraccionar.
fraco adj. y m. flaco, débil; delgado.
fra(c)tura f. fractura; quiebra.
frade m. fraile.
fraga f. peñasco; breña. **/l** adj. y m. peñascoso; áspero.
fragat/a f. *Mar.* fragata. **/eiro** m. barquero de fragata del Tajo.
frágil adj. frágil, débil.
fragment/ação f. fragmentación. **/ar** tr. fragmentar. **/o** m. fragmento, fracción.
fragância f. fragancia; aroma.
frágua f. fragua, forja; disgusto.
framboes/a f. *Bot.* frambuesa. **/eira** f. frambueso.
franco adj. y m. franco; liberal; sincero.
franco-atirador m. francotirador, guerrillero.
franco-maç/ão f. francmasón. **/onaria** f. francmasonería.
frangalhote m. pollo crecido; gastador; bohemio.
franqu/ear tr. franquear; exentar. **/ia** f. franquía; exención. **/iar** tr. franquear, sellar.
franzi/do m. fruncido, pliegue. **/r** tr. fruncir, arrugar.
fraque m. frac.
fraque/jar intr. flaquear; desanimar. **/za** f. flaqueza; cobardía; debilidad.
frasco m. frasco.
frase f. frase.
frasqueira f. frasquera.
frat/erna f. y adj. fraterna. **/ernidade** f. fraternidad. **/erno** adj. fraterno.
fraud/ação f. defraudación. **/ar** tr. defraudar, engañar. **/e** f. fraude.
fregu/ês m. feligrés; cliente. **/esia** f. feligrasía, parroquia.
frei m. fray.
freio m. freno.
freir/a f. religiosa, monja. **/aria** f. frailería.
frem/ência f. temblor. **/ir** intr. temblar; bramar, rugir; agitar.
fré(ê)mito m. frémito; rugido; ruido.
frenesi m. frenesí.
frente f. frente; vanguardia.
frequ(ü)/ência f. frecuencia. **/entar** tr. frecuentar.
fresc/a f. fresca, frescor. **/o** adj. fresco. **/or** m. frescor.
fressura f. asadura.
fresta f. lumbrera; grieta.
fria/gem f. frialdad. **/ldade** f. frialdad.
fricassé m. fricasé.
fric/ção f. fricción. **/cionar** tr. friccionar.
frieira f. sabañón.
frieza f. frialdad.
frigideira f. sartén.
frigor/ífero adj. y m. frigorífero. **/ificar** tr. frigorizar.
frio adj. frío.
frisa f. frisa.
frisa/do adj. encrespado, rizado. **/r** tr. frisar; rizar; acentuar; encresparse.
friso m. friso; filete.
frita/da f. fritada. **/r** tr. freír.
fr/ivolidade f. frivolidad. **/ívolo** adj. frívolo.
froix/eza f. flojedad; languidez; irresolución. **/o** adj. flojo; lánguido; blando; indolente.
fronha f. funda de almohada.
front/al adj. y m. frontal; dintel. **/aria** f. fachada; fig. apariencia; exterior. **/e** f. fachada; frontispicio; frente; rostro; delantera.
fronteira f. frontera.
frontispício m. frontispicio.
frota f. flota.
froux/eza o **froux/idão** f. flojedad. **/o** adj. flojo; blando.
frugal adj. frugal.
frustra/ção f. frustración. **/r** tr. frustrar.
frut/a f. fruta. **/ear** intr. frutear; fructificar. **/icultor** m. fruticultor. **/icultura** f. fruticultura. **/ificar** intr. fructificar. **/o** m. fruto; provecho.
fug/a f. fuga; huida. **/az** adj. fugaz. **/ir** intr. huir.
fulcro m. fulcro; apoyo.
fulg/ência f. fulgencia. **/ir** intr. y tr. fulgir. **/ urar** intr. fulgurar; resplandecer.
fulig/em f. hollín. **/inoso** adj. fuliginoso.
fulmina/ção f. fulminación. **/r** tr. fulminar; detonar.
fulo adj. furioso; violento.
fum/aça f. fumarada; altivez. **/ador** adj. y s. fumador. **/ar** tr. e intr. fumar; ahumar. **/igação** f. fumigación. **/igar** tr. fumigar; desinfectar. **/o** m. humo; tabaco; fig. vanidad.
função f. función; acto; práctica; solemnidad.
funcion/al adj. funcional. **/amento** m. funcionamiento; actividad. **/ar** intr. funcionar. **/ário** m. funcionario; empleado.
funda/ção f. fundación; origen. **/dor** adj. y s. fundador. **/mentar** tr. fundamentar; documentar. **/r** tr. fundar; erigir.
fundear intr. *Mar.* fondear, anclar.
fund/ente adj. fundente. **/ição** f. fundición. **/ir** tr. fundir, derretir; unir; gastar.
fundo adj. y m. hondo; fondo; arraigado; denso; esencia.
fúnebre adj. fúnebre; triste.
fune/ral adj. y m. funeral; entierro. **/sto** adj. funesto.
funil m. embudo.
furacão m. huracán; tifón.
fur/ar tr. perforar, agujerear; frustar. **/ável** adj. perforable.
furg/ão m. furgón. **/oneta** f. furgoneta.
fúria f. furia; ímpetu.
furna f. furnia; subterráneo.
furo m. agujero; abertura.
furor m. furor; fuerza; entusiasmo.
furriel m. *Mil.* furriel.
furt/adela f. hurto, robo; esquivez. **/ar** tr. hurtar, robar; esquivar; desviar. **/o** m. hurto; sustracción.
fusão f. fusión; unión.
fusco adj. fosco, obscuro.
fuselagem f. fuselaje, chasis del avión.
fusível adj. fusible; fúsil.
fuso m. huso.
fustiga/ção f. fustigación; estímulo. **/r** tr. fustigar; maltratar.
futebol m. fútbol (juego).
fútil adj. fútil; insignificante.
futur/ação f. pronóstico, suposición. **/ar** tr. pronosticar, suponer, predecir. **/ismo** m. futurismo. **/o** adj. y m. futuro; venidero; novio.
fuzil m. fusil, escopeta; relámpago. **/ar** tr. e intr. fusilar; relampaguear, chispear. **/aria** f. fusilería. **/eiro** m. fusilero.

G g

gaba/ção f. alabanza; elogio. **/r** tr. alabar, elogiar.
gabardina f. gabardina.
gabarola adj. y s. fanfarrón; jactancioso.
gabinete m. gabinete; despacho.
gabiru adj. y m. bellaco; astuto.
gadelh/a f. cabello desgreñado, greña. **/udo** adj. greñudo, cabelludo.
gado m. ganado; casta.
gaf/ar tr. e intr. contagiar lepra o sarna. **/aria** f. leprosería. **/o** adj. gafo, leproso; corrupto.
gag/o adj. y s. gago, tartamudo. **/uejar** intr. gaguear.
gaifona f. tontería, idiotez.
gaiola f. jaula; prisión.
gait/a f. *Mús.* gaita; fig. reprobación; pene, miembro viril; **gaita de foles,** sampoña. **/ar** tr. e intr. suspender, catear en los estudios. **/eiro** adj. y m. gaitero; garrido; elegante.
gaj/ada f. *germ.* multitud de **gajos. /ão** m. pícaro, mañoso, astuto.
gajeiro m. *Mar.* gaviero; adj. trepador.
gal/a f. gala; pompa; ostentación; **Dia de —,** día de fiesta. **/ã** m. galán, actor.
galactit/a o **/e** f. *Miner.* galactita.
galaico-português adj. galaicoportugués, relativo a Galicia y Portugal.
galamatias m. galimatías, confusión.
galant/aria f. falantería; gentileza. **/e** adj. y s. galante. **/eio** m. galanteo.
galão m. galón; trencilla; medida de líquidos.
galar tr. gallar.
galard/ão m. galardón, premio; gloria. **/oar** tr. galardonar.
galdéri/a f. prostituta, ramera. **/o** adj. y m. disipador, vago.
galé f. *Mar.* galera; m. condenado a galeras.
galeão m. *Mar.* galeón.
galego adj. y m. gallego, de Galicia.
gale/ota f. *Mar.* galeota. **/ra** f. galera; carroza.
galeria f. galería.
galerno adj. y m. blando; viento del Noroeste.
galgar tr. e intr. alinear; enrasar, igualar; trepar, subir.
galgo m. *Zool.* galgo.
galhardete m. gallardete, banderola.
galhard/ia f. gallardía; elegancia. **/o** adj. gallardo; valiente.
galheteiro m. vinagreras.
galicar tr. contagiar la sífilis.
galicismo m. galicismo.
galimatias m. galimatías; asunto embrollado.
galin/áceas f. pl. *Zool.* gallináceas. **/ha** f. gallina; persona enferma; **andar com —,** tener mala suerte. **/heiro** gallinero.
galo m. *Zool.* gallo.
galucho m. soldado bisoño, recluta.
galvan/ismo m. *Fís.* galvanismo. **/ização** f. galvanización. **/izar** tr. galvanizar; entusiasmar
gamela f. gamella, hortera.
gamo m. *Zool.* gamo.
gana f. gana; hambre, deseo.
ganad/aria f. ganadería. **/eiro** m. ganadero, vaquero.
ganância f. ganancia; ambición.
gancho m. gancho; horquilla.
gandul/ar intr. gandulear, bribonear. **/o** m. gandul, vagabundo.
gânglio m. *Anat.* ganglio.
gangren/a f. *Pat.* gangrena. **/ar** tr. e intr. gangrenar; viciar; destruir.
ganha/dor adj. y m. ganador; jornalero. **/r** tr. ganar; conquistar; recibir.
ganso m. *Zool.* ganso.
garafunhos m. pl. muecas, gestos ridículos.
garagem f. garaje.
garanhão m. garañón, semental.
garanti/a f. garantía, fianza; seguridad. **/r** tr. garantir, afianzar.
garatusa f. garatusa; embuste.
garbo m. garbo, brío; valor. **/so** adj. garboso.
garça f. *Zool.* garza.
gare f. andén; estación.
garf/ar tr. garfear. **/o** m. tenedor; horquilla.
gargalha/da f. carcajada. **/r** intr. carcajear, reír a carcajadas.
gargalo m. cuello de una vasija; pop. pescuezo.
gargant/a f. *Anat.* garganta; fig. desfiladero. **/ ear** tr. e intr. gargantear; trinar; gorjear.
gargarejar intr. gargarizar.
garimp/ar intr. *Bras.* buscar piedras preciosas. **/ eiro** m. buscador de metales o diamantes. **/o** m. mina de diamantes; contrabando de minerales.
garlopa f. garlopa, cepillo.
garo/tada f. bribonada, travesura. **/(ô)to** m. niño; muchacho holgazán, disoluto.
garra f. garra; pl. manos, uñas (de animales).
garraf/a f. botella. **/ão** m. garrafa, garrafón. **/ eira** f. frasquera; bodega, despensa para guardar vinos en botellas.
garrai/ada f. novillada, corrida de becerros. **/o** m. novillo.
garrano m. potro, caballo pequeño.
garrar tr. e intr. garrar, garrear.
garrid/ice f. elegancia; galantería. **/o** adj. garrido; bizarro; pisaverde.
garrotilho m. *Med.* garrotillo, difteria.
garupa f. grupa, anca del caballo.
gás m. gas; petróleo; calor; ventosidad.
gas/ear tr. gasear. **/ificar** tr. *Quím.* gasificar.
gasolina f. gasolina.
gasó(ô)metro m. gasómetro; depósito de gas.
gasos/a f. gaseosa; pop. rapidez. **/o** adj. gaseoso; aeriforme.
gaspacho m. gazpacho, sopa fría.
gasta/dor adj. y s. gastador. **/r** tr. gastar; consumir; debilitar.
gastro/logia f. gastrología. **/mania** f. gastromanía, glotonería.
gatilho m. gatillo; disparador.
gat/inhar intr. gatear. **/o** m. *Zool.* gato; grapa; **— bravo,** gato montés.
gatun/ar intr. robar, hurtar. **/o** m. ladrón; estafador; ratero.
gaúcho m. gaucho.
gavet/a f. gaveta, cajón. **/o** m. gavetón, cajón grande.
gavião m. *Zool.* gavilán.
gazela f. *Zool.* gacela.
gazet/a f. gaceta; **faltar** a la escuela, novillos. **/ ilha** f. gacetilla.
gazua f. ganzúa.
gea/da f. helada. **/r** intr. e tr. helar; congelar.
gebar tr. abollar.
gela/deira f. heladera; nevera; fresquera. **/do** adj. y m. helado. **/r** tr. e intr. helar.
gelatina f. gelatina.
geleia f. jalea.
ge/leira f. nevera; montón de hielo /**(ê)lo** m. hielo.
gema f. yema; gema.
gé(ê)meo adj. y s. gemelo.
gem/er intr. gemir. **/ido** m. gemido.
genebra f. ginebra.
general adj. y m. general.
generalizar tr. generalizar.
genérico adj. genérico; vago.
gé(ê)nero m. género.
generoso adj. generoso.
genial adj. genial.
gengiva f. encía.
gé(ê)nio m. genio.
genit/al adj. genital. **/or** m. genitor.
genro m. yerno.
gente f. gente; familia; **pl.** naciones.
gentil adj. gentil; elegante; amable. **/eza** f. gentileza.
genufle/(c)tir intr. arrodi-

llarse. **/xão** f. genuflexión.

genuíno adj. genuino.

geofísica f. geofísica.

ge/ografia f. geografía. **/ógrafo** m. geógrafo.

geol/ogia f. geología. **/ógico** adj. geológico.

geom/etria f. geometría. **/étrico** adj. geométrico.

gera/ção f. generación; procreación. **/dor** adj. y m. generador.

geral adj. y m. general.

gerânio m. *Bot.* geranio.

gerar tr. y r. engendrar; crear.

ger/ência f. gerencia. **/ente** adj. y s. gerente.

gerir tr. administrar; regentar; dirigir; gobernar.

germanar tr. hermanar; reunir.

germ/ânico adj. y s. germánico. **/anizar** tr. germanizar.

germe o **gérmen** m. germen.

germina/ção. f. germinación. **/r** intr. y tr. germinar.

gerúndio m. *Gram.* gerundio.

ge(ê)sso m. yeso.

gesta f. gesta, hazaña.

gestação f. gestación.

gesticula/ção f. gesticulación. **/r** intr. y tr. gesticular.

gesto m. gesto.

gestor m. gestor, administrador.

gibão m. jubón.

giesta f. *Bot.* retama.

giga f. canasta.

gigante adj. y m. gigante.

gin/ásio m. gimnasio. **/ástica** f. gimnasia.

gincana f. gincana, fiesta deportiva.

ginete m. jinete, caballero que monta; caballo de buena raza.

ginga f. *Mar.* remo en la popa. **/r** tr. e intr. balancear; junglar.

gira f. gira; ronda; paseo.

gira-discos m. tocadiscos.

girafa f. *Zool.* jirafa.

girar intr. girar; lidiar; correr; tr. circundar.

girassol m. *Bot.* girasol.

gíria f. germanía, caló; astucia.

giro m. giro; rotación; paseo; negocio.

giz m. tiza, arcilla blanca.

glacé m. glasé (seda).

glacia/l adj. glacial; reservado. **/r** m. glaciar; tr. helar.

gladia/dor m. gladiador. **/r** intr. luchar; esgrimir.

gladíolo m. *Bot.* gladíolo.

glândula f. *Anat.* glándula.

glicerina f. *Quím.* glicerina.

glicínia f. *Bot.* glicina.

glob/al adj. global. **/o** m. globo; esfera terrestre.

glóbulo m. *Fisiol.* glóbulo.

glória f. gloria; fama; alegría; cielo.

glori/ficação f. glorificación; ascensión. **/ficar** tr. glorificar; honrar.

glosa f. glosa. **/r** tr. glosar; explicar; criticar.

glossário m. glosario (vocabulario).

glossologia f. *Filol.* glosología; lingüística.

glot/e f. *Anat.* glotis. **/ite** f. *Pat.* glotitis.

glutão adj. y s. glotón, comilón.

glúten m. gluten.

go(ô)do adj. godo, gótico.

goela f. garganta.

goiva f. gubia (formón). **/r** tr. cortar con gubia.

goivo m. *Bot.* alhelí.

gola f. cuello, parte del traje; moldura; gorga, remolino.

gole m. trago, bocanada. **/jar** intr. beber a tragos.

goleta f. *Mar.* goleta; canal estrecho.

golfa/da f. vómito; chorro. **/r** tr. e intr. chorrear; vomitar; borbotar.

golfe m. golf (juego).

golfinho m. *Zool.* golfín, delfín.

golfo m. *Geog.* golfo.

golpe m. golpe; contusión; rasgo; desgracia. **/ar** tr. golpear, maltratar, apalear.

goma f. goma; pegamento; tumor sifilítico. **/-arábica** f. goma arábiga.

gomo. m. *Bot.* yema, botón de planta.

gôndola f. góndola.

gongo m. gongo, tantán.

goni/ógrafo m. *Top.* goniógrafo. **/ometria** f. goniometría.

gonzo m. gozne; bisagra.

gorar tr. e intr. malograr, frustrar; abortar.

gord/o adj. y m. gordo, graso. **/ura** f. gordura, sebo; obesidad.

gorila m. *Zool.* gorila.

gorja f. gorja, nuca.

gorjea/do adj. y m. gorjeado, trinado; trino. **/r** intr. gorjear; trinar.

gorjeta f. propina, gratificación.

gorrião m. *Zool.* gorrión.

gorro m. gorro, caperuza, barrete.

go/star tr. e intr. gustar; saborear; agradar. **/(ô)sto** m. gusto; sabor; complacencia.

go/(ô)ta f. gota. **/tejar** intr. gotear.

gótico adj. gótico.

govern/ação f. gobernación. **/ador** adj. y m. gobernador. **/ar** tr. e intr. gobernar; administrar. **/o** m. gobierno; dirección; mando; **— geral,** gobierno general.

go/zar tr. e intr. gozar; disfrutar. **/(ô)zo** m. gozo; placer.

grã f. apócope de grande, gran.

gra/ça f. gracia; favor; agrado, elegancia; perdón. **/cejar** tr. e intr. gracejar.

grada/ção f. gradación. **/r** tr. *Agr.* gradar.

grade f. grada; reja.

grad/o adj. granado; ilustre, notable; crecido, maduro; m. galardón; gusto; grado. **/uação** f. graduación; categoría. **/uar** tr. graduar; clasificar.

gr/afia f. grafía; ortografía. **/áfico** adj. y m. gráfico; trazado, diagrama.

grafologia f. grafología.

grafonola f. gramófono.

grainha f. pepita, semilla de frutos.

gral m. mortero, almofariz.

gralha f. grajo (pájaro); mujer habladora; errata tipográfica. **/r** intr. graznar, grajear; charlar.

grama f. *Bot.* grama, planta medicinal; m. gramo, unidad de peso.

gram/ática f. gramática. **/ático** adj. y m. gramático. **/atiquice** f. gramatiquería.

graminho m. gramil.

gramofone m. gramófono.

gramp/a f. *Mar.* grampa, grapa. **/ar** tr. prender con grapas. **/o** m. grapa; alfiler.

granad/a f. granada. **/eiro** m. granadero.

grande adj. y m. grande.

granel m. granero; **a —,** en montón; mezclado.

granito m. granito.

graniz/ada f. granizada. **/ar** intr. granizar.

granja f. granja.

granjear tr. granjear, obtener.

granula/ção f. granulación. **/r** tr. granular.

grão m. y adv. grano; gran; garbanzo.

grasn/ada f. graznido. **/ar** intr. graznar.

grassar intr. propagarse.

gratidão f. gratitud.

gratifica/ção f. gratificación. **/r** tr. gratificar.

grátis adv. gratis.

grato adj. grato.

gratuito adj. gratuito.

gratula/ção f. gratulación; felicitación. **/r** tr. gratular.

grau m. grado.

graúdo adj. grande; importante; **pl. personas importantes.**

grava/ção f. grabado; agravio. **/dor** adj. y m. grabador.

gravame m. gravamen; vejación.

gravar tr. grabar; señalar; molestar.

gravata f. corbata.

grave adj. grave.

gravidade f. gravedad.

gravid/ar tr. e intr. empreñar. **/ez** f. gravidez, embarazo.

gravura f. grabado; estampa.

graxa f. betún; pop. adulación.

grego adj. y s. griego.

grei f. grey.

grelar intr. brotar; espigar; germinar.

grelha f. parrillas; rejilla. **/r** tr. asar o tostar en la parrilla.

gre(ê)lo m. grelo, nabizas; brote, pimpollo.

gré(ê)mio m. gremio.

gre/(ê)ta f. grieta. **/tar** tr. intr. y r. agrietar.

grev/e f. huelga. **/ista** s. huelguista.

grilo m. *Zool.* grillo.

grinalda f. guirnalda.

gripe f. *Med.* gripe.

gris adj. gris. **/alho** adj. grisáceo; entrecano.

grisu m. grisú.

grit/a f. gritería. **/o** m. grito.

grosseir/ão adj. y m. ordinario. **/o** adj. grosero; ordinario.

grosso adj. y m. grueso; espeso; pop. embriagado.

grou m. *Zool.* grulla.

grua f. grúa; *Zool.* grulla.

grud/ador adj. y s. engrudador; pegador. **/ar** tr. e intr. engrudar; pegar; unirse.

grumete m. *Mar.* grumete.

grunhi/do m. gruñido. **/r** intr. gruñir.

grup/ar tr. agrupar. **/o** m. grupo.

gruta f. gruta.

guarani m. guaraní.

guarda f. guarda; guardia. **/-chuva** m. paraguas. **/-costas** m. guardacostas. **/-fatos** m. ropero. **/-fiscal** f. cuerpo militar portugués de aduanas y fronteras. **/-jóias** m. joyero. **/-lama** m. guardabarros. **/-livros** m. tenedor de libros, contable. **/-marinha** m. guardiamarina.

guardanapo m. servilleta.

guarda/-no(c)turno m. guardia nocturno, sereno. **/-pó** m. guardapolvo. **/r** tr. guardar. **/-re(ê)des** m. guardameta, portero. **/-republicana** f. cuerpo encargado de la defensa del orden público. **/-sol** m. guardasol; sombrilla.

guardião m. guardián.

guarita f. garita.

guarnecer tr. guarnecer; estucar paredes.

guarni/ção f. guarnición. **/cioneiro** m. guarnicionero.

guerr/a f. guerra. **/ear** tr. guerrear. **/eiro** m. guerrero. **/ilha** f. guerrilla.

gui/a adj., f. y m. guía. **/ar** tr. intr. y r. guiar.

guilhotina f. guillotina. **/r** tr. guillotinar.

guinar intr. y tr. guiñar desviar; volver rápidamente.

guinch/ada f. gritería. **/o** m. grito agudo; aullido.

guinda/leta f. *Mar.* guindaleta. **/r** tr. y r. guindar. **/ste** m. guindaste, grua.

guisa/do m. guisado. **/r** tr. guisar.

guita f. guita.

guitarr/a f. *Mús.* instrumento de cuerda, típico portugués, de forma semejante a la mandolina. **/ista** s. guitarrista.

gul/a f. gula. **/oseima** f. golosina; gula. **/o(ô)so** adj. y s. goloso.

gume m. filo, corte; fig. penetración.

guri m. *Bras.* niño.

gutural adj. gutural.

H h

hábil adj. hábil.

habilitação f. habilitación; pl. estudios; conocimientos adquiridos.

habita/ção f. habitación; morada. **/r** tr. e intr. habitar.

hábito m. hábito; rutina.

habitua/ção f. habituación, hábito. **/r** tr. habituar.

hálito m. hálito.

hangar m. hangar.

harém m. harén.

harmonia f. armonía.

harmó(ô)ni/ca f. *Mús.* armónica; armonio. **/o** m. armonio.

harmoniza/ção f. armonización. **/r** tr. y r. armonizar.

harpa f. *Mús.* arpa.

hasta f. lanza; subasta; asta.

haste f. asta; pedúnculo; cuerno.

haver tr. haber.

hebr/aico m. hebraico. **/eu** m. hebreo.

hecatomba o **hecatombe** f. hecatombe.

hect/are m. hectárea. **/olitro** m. hectolitro.

helcose f. *Pat.* helcosis.

hélice s. hélice

helicóptero m. helicóptero.

helvético adj. helvético, suizo.

hemato/logía f. *Med.* hematología. **/ma** m. hematoma.

hemisfério m. hemisferio.

hemorr/agia f. *Med.* hemorragia. **/óidas** o **/óides** f. pl. hemorroides, almorranas.

hep/ático adj. y m. hepático. **/atologia** f. *Med.* hepatología.

hera f. *Bot.* yedra.

heráldic/a f. heráldica. **/o** adj. y s. heráldico.

herança f. herencia.

herb/áceo adj. herbáceo. **/orizar** tr. herborizar.

hércules m. hércules.

herd/ade f. heredad. **/ar** tr. heredar.

here/ge adj. y s. hereje. **/sia** f. herejía.

herm/ético adj. hermético. **/etismo** m. hermetismo.

hérnia f. *Med.* hernia.

her/ói m. héroe. **/oísmo** m. heroísmo.

hesita/ção f. hesitación. **/r** intr. hesitar, dudar.

hex/agonal adj. *Geom.* hexagonal. **/ágono** m. hexágono.

hiberna/l adj. hibernal. **/r** intr. invernar; estar en hibernación.

híbrido adj. híbrido.

hidrat/ar tr. y r. hidratar. **/o** m. *Quím.* hidrato.

hidráulico adj. hidráulico.

hidroavião m. hidroavión.

hidrófilo adj. hidrófilo.

hidrofobia f. hidrofobia.

hidrogé(ê)nio m. *Quím.* hidrógeno.

hidrografia f. hidrografía.

hidromotor m. hidromotor.

hiena f. *Zool.* hiena.

hierarquia f. hierarquía, jerarquía.

hieroglífico adj. y m. hieroglífico, jeroglífico.

hífen m. *Gram.* hifén, trazo de unión.

higien/e f. higiene; limpieza. **/izar tr.** higienizar; sanear.

hidr/ofobia f. hidrofobia, rabia. **/ófobo** adj. hidrófobo, rabioso.

hilar/e adj. alegre; optimista. **/idade** f. hilaridad; alegría.

hímen m. *Anat.* hímen.

hino m. himno; cántico.

hipérbole f. *Ret.* hipérbole; *Geom.* hipérbola.

hiper/físico dj. hiperfísico; sobrenatural. **/-humano** adj. sobrehumano.

hipertonia f. *Pat.* hipertonía, hipertensión.

hipno/se f. hipnosis. **/tismo** m. hipnotismo. **/tizar** tr. hipnotizar.

hip/ocrisia f. hipocresía, fingimiento. **/ócrita** adj. y s. hipócrita, fingido.

hipod/erme f. *Anat.* hipodermis. **/érmico** adj. hipodérmico.

hipó/dromo m. hipódromo. **/fago** adj. y s. hipófago.

hipopótamo m. *Zool.* hipopótamo.

hipossulf/ato m. *Quím.* hiposulfato. **/ito** m. hiposulfito.

hipoteca f. hipoteca.

hipotensão f. *Pat.* hipotensión.

hipotenusa f. *Geom.* hipotenusa.

hipótese f. hipótesis, suposición, posibilidad; teoría.

hir/suto adj. hirsuto, erizado (el pelo). **/to** adj.

yerto, tieso; inmóvil.
hisp/ânico adj. hispánico, español. **/ano-luso** adj. hispanoluso.
hist/eria f. *Med.* histeria. **/erismo** m. histerismo.
hist/ória f. historia; narración; cuento. **/oriador** m. historiador. **/órico** adj. histórico.
hitleris/mo m. hitlerismo. **/ta** adj. y s. hitlerista.
hoje adv. hoy.
holocausto m. holocausto.
holofote m. foco eléctrico; proyector.
homem m. hombre.
homenage/ado adj. y s. homenajeado. **/ar** tr. homenajear. **/m** f. homenaje.
homic/ida adj. y s. homicida. **/ídio** m. homicidio.
homogé(ê)neo adj. homonéneo.
homologar tr. homologar.
homó(ô)nimo adj. y s. homónimo.
homossexual adj. y s. homosexual.
honest/ar tr. honestar; honrar. **/idade** f. honestidad. **/o** adj. y m. honesto.
honor m. honor. **/ário** adj. m. honorario; honorífico; pl. estipendios, honorarios.
honr/a f. honra; gracia; virginidad. **/ar** tr. honrar; glorificar. **/aria** f. honores; título honorífico.
hor/a f. hora. **/ário** adj. y m. horario.
horda f. horda.
horizont/al adj. y f. horizontal. **/e** m. horizonte.
hormona f. hormona.
horoscópio o **horóscopo** m. horóscopo.
horr/endo adj. horrendo. **/ífero** adj. horrífico. **/pilar** tr. y r. horripilar. **/or** m. horror.
horta f. huerta. **/liça** f. ortaliza.
hortelão m. hortelano.
horticult/or m. horticultor. **/ura** f. horticultura.
hospeda/dor adj. y s. hospedador. **/r** tr. hospedar.
hóspede s. huésped; adj. extraño.
hospital m. hospital. **/idade** f. hospitalidad.
hoste f. hoste; ejército; multitud.
hóstia f. hostia.
hostil adj. hostil; enemigo; nocivo. **/izar** tr. hostilizar.
hotel m. hotel.
hulh/a f. hulla. **/eira** adj. hullera, mina de hulla.
human/ar tr. humanar, humanizar. **/idade** f. humanidad; afabilidad. **/ização** f. humanización. **/izar** tr. humanizar. **/o** adj. y m. humano; filantrópico.
h/umidade f. humedad. **/úmido** adj. húmedo; mojado.
humild/ação f. humillación. **/ar** tr. humillar. **/e** adj. y s. humilde; sencillo.
humilha/ção f. humillación; sumisión. **/r** tr. humillar, postrar, ofender.
humor m. humor; humedad; carácter; jovialidad; purulencia; **está de —**, tener humor para algo. **/ado** adj. humorado. **/ista** adj. y s. humorista; cómico.
hurra! interj. ¡Hurra!, grito de entusiasmo.

iaca f. *Bras.* hedor, fetidez.
iaiá f. *Bras* niña; doncella.
iate m *Mar.* yate.
ibéri/a f. *Geog.* Iberia. **/co** adj. y s. ibérico.
ibero-americano adj. y s. iberoamericano.
icebergue m. iceberg.
ida f. ida; partida.
idade f. edad; tiempo; vejez; **a flor da —**, la flor de la edad.
ide/ação f. ideación. **/al** adj. y m. edeal; fantástico; aspiración; perfección. **/alizar** tr. e intr. idealizar; imaginar. **/ar** tr. idear; delinear. **/(ê)ia** f. idea; opinión; proyecto.
idem adv. lat. ídem, lo mismo
id/êntico adj. idéntico, igual. **/entidade** f. identidad; **bilhete de —**, carné de identidad. **/entificação** f. identificación.
ideologia f. *Filos.* ideología.
idílio m. idilio; amor puro; sueño.
idolatria f. idolatría, egolatría.
idioma m. idioma; lengua; dialecto.
idiot/a adj. y s. idiota; bobo, tonto. **/ice** f. idiotez; tontería.
idolatr/ar tr. idolatrar; amar. **/ia** f. idolatría.
ídolo m. ídolo.
idó(ô)neo adj. idóneo; apto.
idoso adj. edoso, viejo.
ign/escência f. ignescencia. **/ição** f. ignición; inflamación
ign/óbil adj. ignóbil; vil. **/omínia** f. ignominia; afrenta; bajeza.
igno/rância f. ignorancia; impericia. **/rante** adj. y m. ignorante; analfabeto. **/rar** tr. ignorar, desconocer.
igreja f. iglesia; templo.
igual adj. y m. igual; uniforme; idéntico. **/ar** tr. e intr. igualar; aplanar. **/dade** f. igualdad.
ilegal adj. ilegal. **/idade** f. ilegalidad.
ilegítimo adj. ilegítimo; ilegal; falso.
ilegível adj. ilegible.
ileso adj. ileso; salvo.
iletrado adj. iletrado; analfabeto.
ilha f. isla; grupo de casas pobres.
ilharga f. lado, ijar, ijada.
ilh/éu adj. y m. isleño. **/ota** o **/ote** m. islote.
ilíaco adj. *Anat.* ilíaco.
iliba/ção f. rehabilitación; pureza. **/r** tr. purificar; rehabilitar.
ilí/cito adj. ilícito, ilegal. **/dimo** adj. ilegítimo.

iliterato adj. y s. iliterato, analfabeto.
iludir tr. iludir; engañar.
ilumin/ação f. iluminación; alumbrado; inspiración. **/ar** tr. iluminar; adornar.
ilusão f. ilusión; engaño.
ilustr/ação f. ilustración; dibujo; cultura. **/ado** adj. ilustrado; instruido; **/ar** tr. ilustrar; instruir. **/e** adj. ilustre; noble.
imaculado adj. inmaculado, puro.
imag/em f. imagen; retrato; copia; divinidad. **/inar** tr. imaginar; pensar.
ímán m. *Fís.* imán.
imaterial adj. inmaterial; sobrenatural.
imbecil adj. y s. imbécil, idiota.
imedia/ção f. inmediación; pl. alrededores; proximidades. **/to** adj. inmediato; instantáneo.
imens/idade f. inmensidad. **/o** adj. inmenso.
imer/gir tr. e intr. inmergir, sumergir. **/so** adj. inmergido; zambullido.
imigra/ção f. inmigración. **/nte** adj. y s. inmigrante. **/r** intr. inmigrar.
iminente adj. inminente.
imiscui/ção f. intromisión. **/r-se** r. inmiscuirse; mezclarse.
imita/ção f. imitación. **/r** tr. imitar.
imitir tr. investir de un cargo; nombrar.
im/óbil adj. inmóvil. **/biliário** adj. inmobiliario.
imobiliza/ção f. inmovilización. **/r** tr. y r. inmovilizar.
imola/ção f. inmolación; holocausto. **/r** tr. inmolar, sacrificar.
imoral adj. inmoral
imorta/l adj. y s. inmortal; glorioso. **/lizar** tr. inmortalizar.
im/oto adj. inmoto; fijo. **/óvel** adj. y m. inmoble, inmóvil.
impaci/ência f. impaciencia. **/entar** tr. impacientar; importunar.
imparcial adj. imparcial; justo, recto; neutral.
imp/avidez f. impavidez; audacia. **/ávido** adj. impávido, arrojado.
impecável adj. impecable.
impedi/ção f. impedimento; obstáculo. **/r** tr. impedir; obstruir.
impelir tr. impeler; incitar.
impera/dor m. emperador, soberano. **/r** tr. imperar; gobernar. **/triz** adj. y f. emperatriz.
imperceptível adj. imperceptible; sutil.
imperdoável adj. imperdonable.
imperfei/ção f. imperfección; defecto. **/to** adj. y m. imperfecto.
imperial adj. y f. imperial; arrogante. **/ismo** m. imperialismo.
império m. imperio; poder; arrogancia.
imperme/abilizar tr. impermeabilizar. **/ável** adj. y m. impermeable.
impermutável adj. impermutable.
impessoal adj. impersonal.
ímpeto m. ímpetu; furor.
impetuos/idade f. impetuosidad; violento. **/o** adj. impetuoso, arrebatado.
impiedade f. impiedad.
impingir tr. engañar; coaccionar.
ímpio adj. y s. impío; ateo; cruel.

implacável adj. implacable.
implanta/ção f. implantación; inauguración. **/r** tr. implantar; inaugurar.
implica/ção f. implicación; enredo. **/r** tr. e intr. implicar; importunar.
implora/ção f. imploración; súplica. **/r** tr. implorar; rogar.
implume adj. *Zool.* implume, que no tiene plumas.
impon/ência f. imponencia; grandeza. **/ente** adj. imponente; majestuoso.
impopular adj. impopular.
impor tr. e intr. imponer; despedir.
importa/ção f. importación. **/dor** adj. y s. importador.
importância f. importancia; gran valor; autoridad.
importe m. importe, costo, precio.
imposição f. imposición; impuesto.
imposs/ibilidade f. imposibilidad. **/ível** adj. y m. imposible.
impo(ô)sto m. impuesto; contribución.
impost/or adj. impostor; embustero. **/urar** tr. e intr. engañar; alardear.
impotente adj. y m. impotente; flaco.
impraticável adj. impracticable.
imprensa f. imprenta; prensa. **/r** tr. imprimir; prensar.
impress/ão f. impresión; efecto; edición. **/o** m. impreso; folleto.
imprevid/ência f. imprevisión; descuido. **/ente** adj. imprevisor; negligente.
imprimi/dor m. imprimidor, impresor. **/r** tr. imprimir, grabar.
improdu/ção f. falta de producción; infecundidad. **/tivo** adj. improductivo; estéril.
impróprio adj. impropio; inconveniente.
improrrogável adj. improrrogable.
improvis/ar tr. improvisar; inventar. **/o** adj. y m. improviso, súbito; discurso sin preparación.
imprud/ência f. imprudencia; descuido. **/ente** adj. y s. imprudente.
imp/uberdade f. impuberdad. **/údência** f. impudencia; descaro. **/udor** m. impudor, descaro.
impuls/ão f. impulsión, impulso. **/ar** tr. impulsar. **/ionar** tr. impulsar; activar. **/o** m. impulso; estímulo.
impun/e adj. impune. **/idade** f. impunidad.
impur/eza f. impureza; mácula. **/o** adj. impuro; inmundo.
imputar tr. imputar; acusar, reprochar.
imundo adj. inmundo, sucio.
imun/e adj. inmune, exento. **/idade** f. inmunidad; exención.
inabitar tr. inhabitar; despoblar.
ina(c)ção f. inacción; inercia.
inactiv/idade f. inactividad; ociosidad. **/o** adj. inactivo; ocioso.
inadaptação f. inadaptación.
inala/ção f. inhalación. **/r** tr. inhalar; absorber.
inaltera/bilidade f. inalterabilidad; constancia. /

do adj. inalterado.
in/ane adj. inane; vacío; inútil. **/anição** f. *Pat.* inanición.
inapt/idão f. inaptitud; inhabilidad. **/o** adj. inapto; incapaz.
inarmonia f. desarmonía, disonancia.
inatacável adj. inatacable.
inato adj. innato; connatural; congénito.
inaugura/ção f. inauguración; fundación. **/r** tr. inaugurar; empezar.
incandesc/ência f. incandescencia; ímpetu. **/er** tr. e intr. encandecer; exaltar.
incansável adj. incansable; activo.
incapa/citar tr. incapacitar; inhabilitar. **/z** adj. incapaz; inepto; ignorante.
inc/endiar tr. incendiar; quemar; entusiasmar. **/endiário** adj. y s. incendiario; revolucionario. **/êndio** m. incendio; fuego.
incert/eza f. incertidumbre; indecisión. **/o** adj. incierto; variable.
incha/ção f. hinchazón, tumor; arrogancia. **/r** tr. e intr. hinchar.
incid/ência f. incidencia. **/ir** intr. incidir; sobrevenir.
incinera/ção f. incineración; cremación. **/r** tr. incinerar.
incipiente adj. incipiente.
incis/ão f. incisión; cesura. **/ar** tr. cortar, dividir.
incita/ção f. incitación; excitación. **/r** tr. incitar; atizar; provocar.
incivi/l adj. incivil; descortés. **/lizado** adj. incivilizado; salvaje. **/smo** m. incivismo; antipatriotismo.
inclina/ção f. inclinación; vocación. **/r** tr. e intr. inclinar; curvar; impulsar.
incluir tr. incluir; insertar.
incoerente adj. incoherente; discrepante.
incógnito adj. y m. incógnito; anónimo; misterioso.
incólume adj. incólume; ileso.
incomod/ar tr. incomodar; molestar. **/idade** f. incomodidad; disgusto.
incompat/ibilidade f. incompatibilidad. **/ível** adj. incompatible; inconciliable.
incompetente adj. incompetente; inapto.
incompreensão f. incomprensión.
incomunic/ação f. incomunicación. **/ar** tr. incomunicar.
incondicional adj. incondicional; absoluto.
inconf/esso adj. incofeso. **/idência** f. inconfidencia; deslealtad.
inconfundível adj. inconfundible; único.
inconjugável adj. inconjugable.
inconquistável adj. inconquistable, invencible.
inconstitucional adj. inconstitucional.
incontin/ência f. incontinencia; lujuria. **/ente** adj. y s. incontinente, lascivo.
inconversável adj. inconversable; insociable.
incorpora/ção f. incorporación; agregación. /

tr. e intr. incorporar.
incorre(c)ção f. incorrección.
incorrigível adj. incorregible.
incorru(p)ção f. incorrupción; pureza. /to adj. incorrupto; inalterable.
incrementar tr. incrementar; fomentar.
increpa/ção f. increpación; censura. /r tr. increpar.
incrimina/ção f. incriminación; acusación. /r tr. incriminar; culpar.
incrusta/ção f. incrustación. /r tr. incrustar.
incuba/ção f. incubación. /r tr. e intr. incubar; premeditar.
inculp/ação f. inculpación. /ar tr. inculpar.
incumb/ência f. incumbencia. /ir r. incumbir.
incurável adj. incurable.
incursão f. incursión.
incutir tr. infundir; sugerir.
indaga/ção f. indagación. /r tr. indagar.
indec/ência f. indecencia. /ente adj. indecente.
indecifrável adj. indescifrable.
indecis/ão f. indecisión. /o adj. indeciso.
indeferi/do adj. denegado. /r tr. denegar.
indelével adj. indeleble.
indelicad/eza f. indelicadeza; descortesía. /o adj. indelicado; inconveniente.
inde(m)niza/ção f. indemnización. /r tr. indemnizar.
independ/ência f. independencia. /ente adj. independiente.
indesejável adj. y s. indeseable.
indetermina/ção f. indeterminación. /do adj. y m. indeterminado.
índex m. índice.
indiano adj. y m. indiano.
indica/ção f. indicación. /r tr. indicar. /tivo adj. y m. indicativo.
índice m. índice.
indiferen/ça f. indiferencia. /tismo m. indiferentismo.
indígena adj. y s. indígena.
indig/ência f. indigencia. /ente adj. y s. indigente.
indige/rível adj. indigestible. /stão f. indigestión.
indign/ação f. indignación. /ar tr. y r. indignar. /o adj. indigno.
indilig/ência f. indiligencia; pereza. /ente adj. indiligente.
índio adj. y s. indio.
indire(c)to adj. indirecto.
indisciplina f. indisciplina.
indiscr/eto adj. y m. indiscreto. /ição f. indiscreción.
indispo/r tr. y r. indisponer. /sto adj. indispuesto.
indiv/idual adj. individual. /idualismo m. individuo.
indochinês adj. y m. indochino.
indócil adj. indócil.
índole f. índole.
indol/ência f. indolencia. /ente adj. indolente; insensible al dolor.
ind/omável adj. indomable. /o(ô)mito adj. indómito.
indostão m. Indostán.
indul/gência f. indulgencia; clemencia. /tar tr. indultar; perdonar. /to m. indulto, perdón.
ind/ústria f. industria; profesión; sagacidad. /ustrial adj. y s. industrial. /ustrializar tr. industrializar.
indu/tor adj. y m. inductor. /zir tr. inducir, instigar.
inédito adj. y m. inédito; original.
inefic/az adj. ineficaz; inútil. /iente adj. ineficiente.
inegável adj. innegable; verdadero.
inept/idão f. ineptitud; incapacidad. /o adj. inepto; absurdo.
inerte adj. inerte; estéril, inútil.
inervar tr. inervar; activar.
inesgotável adj. inagotable.
inesperado adj. inesperado; imprevisto.
inesquecível adj. inolvidable.
inestético adj. antiestético.
inexistência f. inexistencia.
inexper/iência f. inexperiencia. /to adj. inexperto.
inexplicável adj. inexplicable.
inexplorado adj. inexplorado. /ável adj. inexplorable.
inexpress/ão f. inexpreción. /ivo adj. inexpresivo.
inexpugnável adj. inexpugnable.
infalível adj. infalible.
inf/amação f. infamación. /amar tr. infamar. /âmia f. infamia.
infância f. infancia.
infantaria f. Mil. infantería.
infante m. infante.
infantil adj. infantil.
infantigável adj. infantigable.
infausto adj. infausto.
infe(c)/ção f. infección. /cionar tr. infeccionar. /tar tr. e intr. infectar.
infeli/cidade f. infelicidad. /z adj. y s. infeliz.
inferior adj. y s. inferior.
infern/al adj. infernal. /o m. infierno.
infértil adj. estéril.
infest/ação f. infestación. /ar tr. infestar.
infi/delidade f. infidelidad. /el adj. infiel.
infiltra/ção f. infiltración. /r tr. e intr. infiltrar.
infini/dade f. infinidad. /to adj. y m. infinitivo.
inflama/ção f. inflamación. /r tr. y r. inflamar; excitar.
inflexão f. inflexión.
influ/ência f. influencia. /enciar tr. influenciar. /ir tr. e intr. influir.
informa/ção f. información. /r tr. y r. informar. /e adj. informe.
infortuna/do adj. infortunado. /a f. infortuna.
infra(c)ção f. infracción.
infu/ndado adj. infundado. /ndir tr. infundir; macerar; inspirar.
ing/enuidade f. ingenuidad. /é(ê)nuo adj. ingenuo; franco.
inger/ência f. ingerencia; interferencia. /ir tr. ingerir; insertar.
ingrat/idão f. ingratitud. /o adj. ingrato; difícil; desleal.
ingrediente m. ingrediente.
íngreme adj. empinado; escarpado; difícil.
ingress/ão f. ingresión; admisión. /ar intr. ingresar. /o m. ingreso; admisión comienzo.
inibi/ção f. inhibición; prohibición. /r tr. inhibir.
inicia/ção f. iniciación. /l adj. y f. inicial. /r tr. iniciar, comenzar.
inimi/go adj. y m. enemigo. /zade f. enemistad; hostilidad.
ininteligível adj. ininteligible.
inje(c)/ção f. inyección; molestia. /tar tr. inyectar; introducir.
inj/úria f. injuria, ofensa. /uriar tr. injuriar, ofender.
injust/iça f. injusticia. /o adj. y m. injusto; inexacto.
inoc/ência f. inocencia; virginidad. /ente adj. y s. inocente.
inocula/ção f. inoculación; transmisión. /r tr. inocular; vacunar; propagar.
inofensivo adj. inofensivo.
inolvidável adj. inolvidable.
inosculação f. Anat. inosculación
inova/ção f. innovación; alteración. /r tr. innovar; modificar.
inoxidável adj. inoxidable.
inquérito m. indagación; inquisición.
inquieta/ção f. inquietación. /r tr. inquietar; excitar.
inquilin/ato m. inquilinato. /o m. inquilino.
inquiri/ção f. inquisición, indagación. /r tr. inquirir, averiguar.
inquisição f. inquisición.
insaciável adj. insaciable; ávido.
insatisfação f. insatisfacción.
inscr/ever tr. inscribir; esculpir. /ição f. inscripción; letero.
inse(c)t/icida adj. y m. insecticida. /o m. Zool. insecto.
insensat/ez f. insensatez. /o adj. insensato.
insens/ibilidade f. insensibilidad. /ibilizar tr. insensibilizar.
insepulto adj. insepulto.
insígnia f. insignia.
insignificante adj. y s. insignificante.
insinua/ção f. insinuación. /r tr. y r. insinuar.
insist/ência f. insistencia. /ir intr. insistir.
insocial adj. insocial.
insola/ção f. insolación /r tr. insolar.
insólito adj. insólito.
insolúvel adj. insoluble.
insondável adj. insondable.
insó(ô)nia f. insomnio.
inso(ô)sso adj. insulso, soso.
inspe(c)ção f. inspección. /cionar tr. inspeccionar. /tor adj. y m. inspector.
inspira/ção f. inspiración. /r tr. inspirar.
instala/ção f. instalación. /r tr. instalar.
instância f. instancia; solicitud.
insta/ntâneo adj. y m. instantáneo. /r tr. e intr. instar.
instaura/ção f. instauración. /dor adj. y s. instaurador. /r tr. instaurar.
instiga/ção f. instigación. /r tr. instigar.
instin/tivo adj. instintivo. /to m. instituto; inspiración.
instintor m. instintor.
institu/cional adj. institución. /ir tr. instituir.
instituto m. instituto.
instru/ção f. instrucción. /ir tr. instruir; documentar.
instrument/ação f. instrumentación. /ar tr. instrumentar. /o m. instrumento.
instrutor m. instructor.
insubordina/ção f. insubordinación. /r tr. insubordinar.
insuficiente adj. insuficiente; fig. incompetente.
ínsula f. ínsula.
insult/ador adj. y s. insultador. /ar tr. insultar. /o m. insulto.
insuperável adj. insuperable.
insuportável adj. insoportable.
insuspeito adj. fidedigno; no sospechoso.
integr/ação f. integración. /ar tr. integrar. /idade f. integridad.
intelectual adj. y s. intelectual. /ismo m. intelectualismo.
intelig/ência f. inteligencia. /ente adj. inteligente.
intenção f. intención.
intend/ência f. intendencia. /ente m. intendente.
intens/ão f. intención. /o adj. intenso.
intent/ar tr. intentar. /o m. intento.
intercala/ção f. intercalación. /r adj. y tr. intercalar.
intercâmbio m. intercambio.
intercomunicação f. intercomunicación.
intercontinental adj. intercontinental.
interdi/to adj. y m. interdicto; prohibido. /zer tr. interdecir, prohibir.
inter/essado adj. y s. interesado. /essar tr. y r. interesar. /e(ê)sse m. interés.
interfer/ência f. interferencia. /ir tr. interferir; intervenir.
ínterim m. ínterin.
interior adj. y m. interior.
interjeição f. Gram. interjección.
interlocutor m. interlocutor.
internacional adj. y m. internacional. /ismo m. internacionalismo.
intern/ado adj. y m. internado. /ar tr. y r. internar. /o adj. y m. interno; interior.
internúncio m. internuncio; mensajero.
interpela/dor adj. y s. interpelador. /r tr. interpelar.
interplanetário adj. interplanetario.
interpreta/ção f. interpretación. /r tr. interpretar.
intérprete s. intérprete.
interroga/ção f. interrogación. /dor adj. y s. interrogador. /r tr. interrogar.
interromper tr. y r. interrumpir.
interurbano adj. interurbano.
intervalo m. intervalo.
interv/enção f. intervención. /ir intr. intervenir; interceder.
intestino adj. y m. intestino.
intima/ção f. intimación. /r tr. intimar.
íntimo adj. y m. íntimo.
intoxica/ção f. intoxicación. r/ tr. intoxicar.
intraduzível adj. intraducible.
intramuscular adj. intramuscular.
intratável adj. intratable.
intravenoso adj. intravenoso.
intrépido adj. intrépido.
intrig/a f. intriga. /ar tr. e intr. intrigar.
introdu/ção f. introducción. /zir tr. y r. introducir.
introm/eter tr. y r. entrometer. /issão f. intromisión.
intruj/ão adj. y s. embustero. /ar tr. engañar.
inuma/ção f. inhumación; enterramiento. /r tr. inhumar; sepultar.
inumerável adj. innumerable.
inunda/ção f. inundación. /r tr. inundar, alagar.
inútil adj. inútil.
invadir tr. invadir; conquistar.
invaginação f. Pat. invaginación.
inv/alidar tr. invalidar. /álido adj. y m. inválido; incapaz.
invas/ão f. invasión. /or adj. y m. invasor.
invej/a f. envidia /ar tr. envidiar, codiciar.
invencível adj. invencible; insuperable.
invento m. invento. /r adj. y m. inventor; autor.
invern/al adj. invernal.
inver/são f. inversión. /sor adj. y m. inversor; conmutador.
invertebrado adj. y s. Zool. invertebrado.
inverter tr. invertir.
invés m. envés, revés.
investiga/ção f. investigación. /dor adj. y s. investigador. /r tr. investigar; inquirir.
investir tr. e intr. investir; asaltar; censurar.
inviolável adj. inviolable.
invoca/ção f. invocación; llamamiento; alegación. /r tr. invocar; suplicar.
invólucro m. involucro; envoltura.
involuntário adj. involuntario; inconsciente.
invulgar adj. invulgar; desusado.
invulnerável adj. invulnerable.
iod/ar tr. yodar. /ato m. yodato. /o m. yodo.
íon m. Fís. ión.
ir intr. ir; marchar, andar; dirigirse; suceder; propasar.
ira f. ira, cólera; venganza.
irm/ã f. hermana. /anar tr. hermanar; emparejar; unir. /ão m. hermano; adj. semejante, igual.
ir/onia f. ironía. /ónico adj. irónico, sarcástico. /onizar tr. e intr. ironizar
irra! interj. ¡caramba!
irradia/ção f. irradiación; difusión. /r tr. e intr. irradiar; expandir.
irreal adj. irreal; ilusorio.
irreflex/ão f. irreflexión;

imprudencia. /o adj. irrellejo.
irrefreável adj. irrefrenable; irreprimible.
irregular adj. irregular.
irremediável adj. irremediable.
irreparável adj. irreparable.
irreprimível adj. irreprimible.
irrequieto adj. inquieto; turbulento.
irresistível adj. irresistible.
irresponsável adj. irresponsable.
irrever/ência f. irreverencia. /enciar tr. irreverenciar.
irriga/ção f. irrigación. /r tr. irrigar.
irrita/ção f. irritación. /r tr. irritar.
irromper intr. humedecer; rociar.
irrupção f. irrupción.
isca f. cebo; pedazo de bacalao o hígado frito; pequeña porción; fig. anzuelo.
isen/ção f. exención. /tar tr. exentar.
isola/ção f. aislamiento. /r tr. aislar.
isqueiro m. mechero, encendedor.
israelita s. israelita.
istmo m. istmo.
isto pron. esto.
itinerário adj. y m. itinerario.

já adv. ya.
jacaré m. Zool. caimán.
jacente adj. y m. yacente.
jacinto m. Bot. jacinto.
ja(c)t/ância f. jactancia. /ar-se r. jactarse.
jáculo m. jáculo; tiro.
jaez m. jaez; fig. calidad.
jamais adv. jamás.
janeiro m. enero.
janela f. ventana.
jangada f. Mar. jangada.
janota adj. y s. elegante.
jantar m. cena. /ada f. comilona, gran cena.
japonês adj. y s. japonés.
jaquet/a f. chaqueta. /ão m. chaquetón.
jardi/m m. jardín. /nagem f. jardinería.
jarr/a f. jarra. /ão m. jarrón; fig. carabina.
jarreteira j. jarretera.
jarro m. jarro; Bot. lirio de agua.
jasmim m. Bot. jazmín.
jaula f. jaula.
java/li m. Zool. jabalí. /rdo m. jabalí; fig. grosero; sucio.
jazer intr. yacer; estar sepultado; permanecer.
jazi/da f. yacija; sepultura; yacimiento; serenidad. /go m. yacija, sepultura; yacimiento; cueva.
jeju/ador adj. y s. ayunador. /m m. ayuno; abstención.
jerar/ca m. jerarca. /quia

f. jerarquía; orden, clase.
jeric/ada f. burrada; paseo en burro; disparate. /o m. borrico, asno.
jesuíta m. jesuita.
Jesús m. Jesús. /-Cristo m. Jesucristo.
joalh/aria f. joyería. /eiro adj. y m. joyero; lapidario.
jocos/idade f. jocosidad; alegría /o adj. jocoso; gracioso.
joeira f. criba, cedazo; selección, acción de cribar. /r tr. cribar, acechar; investigar.
jog/ada f. jugada. /ador adj. y m. jugador. /ar tr. e intr. jugar; ejecutar; oscilar. /o m. juego, diversión; astucia.
jóia f. joya; premio.
jó(ô)nico adj. jónico.
jóquei m. joquey (caballero).
jorna/da f. jornada; expedición. /l m. jornal, salario; periódico diario. /lismo m. periodismo. /lista s. periodista.
jov/em adj. y s. joven, adolescente. /ial adj. jovial; alegre.
juba f. juba, crim del león.
jubil/ação f. jubilación; jocosidad. /ar tr. e intr. jubilar; alegrar.
jud/aico adj. judaico, hebraico. /aísmo m. judaísmo. /eu adj. y m. judío, hebreo; fig. usurero. /iaria f. judería; judiada.
judici/al adj. judicial. /ar intr. juzgar.
judio adj. y m. judío, israelita.
judo m. judo, jiu-jitsu.
jugula/ção f. yugulación. /r adj. y s. yugular; tr. sofocar, dominar.
juiz m. juez; árbitro.
juízo m. juicio; opinión; cordura; dictamen.
julga/do adj. y m. juzgado; sentenciado. /mento m. juzgamiento. /r tr. e intr. juzgar, sentenciar; creer, imaginar.
julho m. julio, séptimo mes.
jument/ada f. borricada; sandez. /o m. Zool. jumento, burro.
junção f. junción, juntura; reunión.
junc/ar tr. cubrir de juncos; espaciar, extender. /o m. Bot. junco.
jungir tr. uncir, atar al yugo; ligar; someter.
junho m. junio, sexto mes.
júnior adj. y m. junior; más joven; practicante.
junt/ar tr. juntar; acumular. /o adj. junto; unido; próximo.
Júpiter m. Astr. Júpiter.
jura/do adj. y m. jurado. /mento m. juramento; blasfemia. /r tr. e intr. jurar.
júri m. jurado.
jurídico adj. jurídico.
juris/consulto m. jurisconsulto. /dição f. jurisdicción.
juro m. beneficio, interés; fig. recompensa.
justiça f. justicia.
justific/ação f. justificación. /ar tr. y r. justificar.
juta f. Bot. yute.
juven/il adj. juvenil. /tude f. juventud.

kermesse f. kermese.
kilowatt m. kilovatio.

lá adv. Gram. allá; m. Mús. la.
lã f. lana.
labareda f. llama; fig. ardor.
lábio m. labio.
labirinto m. laberinto.
labita f. levita.
labor m. labor; trabajo. /ação f. labor; trabajo; ejercicio. /ar intr. laborar; trabajar; maniobrar.
laboratório m. laboratorio.
labuta f. trabajo; profesión. /r intr. trabajar; lidiar.
lacaio m. lacayo, criado; esclavo.
laçar tr. lazar; apresar; atar.
lacera/ção f. laceración, dilaceración. /r tr. lacerar; magullar.
laço m. lazo, nudo corredizo; trampa, traición.
lac/(ô)nico adj. lacónico, sobrio; sumario. /onizar tr. e intr. sintetizar; resumir.
lacra/dor m. y s. lacrador. /r tr. lacrar, sellar.
lacre m. lacre.
lacrim/ação f. lacrimación, llanto. /al adj. y m. lacrimal.
lact/ante adj. lactante. /ar tr. e intr. lactar, amamantar.
lácteo adj. lácteo; lechoso.
lacustr/al adj. lagunar, lacustre. /e adj. lacustre.
ladeira f. ladera, declive.
lado m. lado; flanco; lugar; dirección.
ladrão adj. y m. ladrón, hurtador; bellaco, truhán.
ladrar intr. ladrar; parlotear.
ladrill/ador adj. y m. enladrillador. /o m. ladrillo.
laganha f. legaña.
lagar m. lagar; trujal.
lagart/a f. Zool. oruga. /ixa f. Zool. lagartija. /o m. Zool. lagarto.
lago m. lago. /a f. laguna, lago pequeño.
lagost/a f. Zool. langosta. /im m. langostín.
lágrim/a f. lágrima; fig. gota, pequeña cantidad. /oso adj. lagrimoso.
laguna f. laguna.
laic/ismo m. laicismo /o adj. laico; lego.
laja o laj/e f. laja, lancha; losa. /eado adj. enlosado. /ear tr. enlosar, losar. /em f. laja; losa.
lama f. lama, lodo, barro; fig. mácula; insulto; m.

Zool. llama. /çal m. lodazal; paúl.
lamb/er tr. lamer; lambucear. /isqueiro adj. y s. comilón; entrometido.
lambril m. Arq. friso, zócalo.
lameir/a f. lamedal, pantano. /al m. lamedal, lodazal. /o m. lamedal; paúl.
lament/ação f. lamentación; plañido. /ar tr. lamentar; plañir. /o m. lamento; quejido.
lâmina f. lámina.
lamina/ção f. laminación. /gem f. laminación, laminado.
lamiré m. diapasón.
lâmpada f. lámpara; candil; bombilla.
lampad/ário m. lampadario, candelabro. /ejar intr. centellear; oscilar.
lamparina f. lamparilla; linterna.
lamp/ejante adj. centelleante. /ejar intr. relampaguear. /ião m. lampión; farol.
lam/úria f. lamentación; queja. /uriar intr. quejarse; lamentarse.
lanar adj. lanar, lanígero.
lança f. lanza. /-bombas m. lanzabombas. /-chamas m. lanzallamas. /-granadas m. lanzagranadas. /r tr. lanzar; arrojar; producir; Mar. —ferro, fondear, anclar. /-torpedos m. lanzatorpedos.
lance m. lance; impulso; ocurrencia; incidente. /(ê)ta f. Cir. lanceta; bisturí. /tar tr. cortar con lanceta.
lanch/a f. Mar. lancha. /ão m. lanchón.
lanch/ar tr. e intr. merendar. /e m. merienda. /eira f. fiambrera.
lanço m. lance; puja en almoneda; extensión.
langu/ento adj. lánguido; enfermizo. /idez f. languidez; postración.
lânguido adj. lánguido, flaco.
lan/ífero adj. lanífero. /ifício m. lanificio.
lantejo/ila o /ula f. lentejuela.
lantern/a f. linterna. /im m. linterna pequeña; tragaluz, portillo.
lanzudo adj. lanudo; fig. grosero; tosco.
lapa f. gruta, caverna; Zool. lapa (molusco).
lapela f. solapa.
lápid/a o /e f. lápide.
lapid/ação f. lapidación. /ar tr. lapidar; pulir; educar.
l/ápis m. lápiz. /apiseira f. lapicero.
lapso m. lapso; error; falta.
lar m. hogar; lar; familia.
laracha f. broma, chanza; m. gracioso, bromista.
laranj/a f. Bot. naranja. /ada f. naranjada. /al m. naranjal.
lar/apiar tr. robar; rapiñar. /ápio m. ladrón.
lareira f. lar, hogar; piedra del lar.
larg/ada f. largada; salida. /ar tr. e intr. largar; soltar; abandonar. /o adj. y m. ancho; espacioso: importante; mar —, alta mar. /ura f. anchura.
laring/e f. Anat. laringe. /ite f. Pat. laringitis.
larv/a f. Zool. larva; oruga. /ado adj. larvado;

disfrazado.
lasc/ívia f. lascivia, lujuria. /ivo adj. y s. lascivo.
lass/ar tr. lasar; aflojar; desfallecer. /o adj. laso; flojo; libertino.
l/ástima f. lástima; compasión. /astimar tr. lastimar; desplorar.
lata f. lata, hojalata.
latão m. Quím. latón.
látego m. látigo, vergajo; castigo.
late/jante adj. palpitante. /jar intr. palpitar, pulsar. /r intr. latir, palpitar.
lateral adj. lateral.
látex m. Bot. látex.
latifúndio m. latifundio.
lati/m m. latín /nizar tr. latinizar. /no adj. y m. latino.
latir intr. latir.
lat/itude f. latitud. /o adj. lato; dilatado.
latrina f. letrina.
latroc/inar tr. latrocinar, hurtar. /ínio m. latrocinio.
laudável adj. laudable.
laur/eado adj. laureado; galardonado. /ear tr. e intr. laurear; premiar; festejar.
lava f. lava.
lava/bo m. lavabo. /ção f. lavación. /deira f. lavandera; lavadora. /ndeira f. lavandera. /r tr. y r. lavar. /tório m. lavabo.
lavor m. labor.
lav/oura f. labranza; agricultura. /ra f. labranza; arada. /rador adj. y m. labrador. /rar tr. arar; labrar; redactar actas o sentencias.
laxa/ção f. laxación. /r tr. laxar; fig. atenuar; aflojar.
lázaro m. lázaro, leproso.
lázudo adj. lanudo; pop. grosero.
leal adj. leal. /dade f. lealtad.
lebr/ão m. Zool. lebrón. /e f. Zool. liebre.
le(c)ciona/dor adj. y m. profesor; explicador. /r tr. e intr. aleccionar; enseñar; explicar.
lega/ção f. legación. /do m. legado.
legal adj. legal. /idade f. legalidad. /izção f. legalización. /izar tr. legalizar; legitimar.
lega/r tr. legar. /tário m. legatario.
legend/a f. leyenda; letrero. /ário adj. y m. legendario.
legi/ão f. legión. /onário adj. y m. legionario.
legisla/ção f. legislación. /dor adj. y m. legislador. /r tr. e intr. legislar.
legítima f. legítima.
leg/itimação f. legitimación. /itimar tr. legitimar; legalizar.
legível adj. legible.
légua f. legua.
legume m. legumbre, hortaliza.
lei f. ley.
leigo adj. y m. lego; ignorante.
leil/ão m. subasta. /oar tr. subastar; pujar.
leitão m. lechón.
leit/aria f. lechería. /e m. leche. /eiro adj. y m. lechero.
leito m. lecho.
leit/or adj. y s. lector. /orado m. lectorado. /ura f. lectura.
lembra/dor adj. y s. recordador. /nça f. recuerdo; memoria; regalo; m.

recuerdos; saludos. /r tr. y r. recordar; celebrar; amonestar.

leme m. timón.

lenç/aria f. pañolería; lencería. /o m. pañuelo; lienzo. /ol m. sábana; aljibe.

lend/a f. leyenda; cuento; fantasía. /ário adj. legendario, leyendario.

lêndea f. liendre.

lenh/a f. leña. /ador m. leñador.

lente adj. y m. lector; catedrático; f. lente, cristal óptico.

lentejo/ila o /ula f. lentejuela.

lentilha f. Bot. lenteja.

lento adj. lento; perezoso; viscoso.

leo/a f. Zool. leona. /neira f. leonera. adj. leonino; pérfido; malo.

leopardo m. Zool. leopardo.

lepr/a f. Pat. lepra. /osaria f. prosería; lazareto. /oso adj. y m. leproso; lázaro; corrupto.

leque m. abanico; Zool. venera (molusco).

ler tr. leer.

lerd/a/ço adj. y s. estúpido. /o adj. lerdo; lento.

les/ão f. lesión. /ar tr. lesionar; perjudicar; molestar.

lesto adj. ligero; rápido.

letra f. letra. /do adj. y s. letrado; jurisconsulto.

leucemia f. Med. leucemia.

levanta/dor adj. y s. levantador; amotinador; elevador. /r tr. levantar; sublevar; exaltar.

levante m. levante.

levar tr. llevar; retirar; guiar.

leve adj. leve.

lev/eza f. ligereza; liviandad. /iandade f. liviandad; imprudencia.

léxico m. léxico.

lexiologia f. lexicología.

lezíria f. tierras inundadas en las márgenes de un río; marisma.

lhan/eza f. llaneza; modestia. /o adj. llano; afable.

lia/me m. unión; conexión, prisión. /r tr. liar, atar.

libelo m. libelo.

libélula f. Zool. libélula.

liberal adj. y s. liberal. /ismo m. liberalismo. / izar tr. liberalizar.

liber/ar tr. liberar; eximir. /dade f. libertad. /tação f. libertación. / tar tr. libertar.

libra f. libra.

libré f. librea.

liça f. liza; lid.

lição f. lección.

licença f. permiso; consentimiento; autorización; licencia; vida disoluta.

licencia/do adj. y s. licenciado. /r tr. licenciar.

licencioso adj. licencioso; libertino.

liceu m. instituto; liceo.

lícito adj. lícito.

licor m. licor. /eira o /eiro m. licorera.

lid/a f. lidia; trabajo; fatiga. /ar tr. e intr. lidiar; trabajar; combatir. /e f. lidia; trabajo; lucha; toreo.

lídimo adj. legítimo; fidedigno.

liga f. liga; ligación; alianza; mezcla. /ção f. ligación; unión. /dura f. ligadura; vendaje. /r tr. e intr. ligar; unir; atar.

ligeiro adj. ligero.

lima f. lima.

limão m. Bot. limón.

limar tr. limar.

limit/ação f. limitación. /ar tr. y r. limitar; fijar. /e m. límite; meta.

limítrofe adj. limítrofe.

limp/a f. limpia; erial. /a-botas m. limpiabotas. /ador adj. y s. limpiador. /ar tr. limpiar. /eza f. limpieza.

lince m. Zool. lince.

linchar tr. linchar.

lindo adj. lindo.

linear adj. lineal.

linga f. eslinga, correa de cuerdas. /r tr. eslingar, apretar, levantar con linga.

lingote m. lingote.

língua f. Anat. lengua; idioma.

linguado m. Zool. lenguado; lámina larga.

lingua/gem f. lenguaje, lengua; idioma; estilo. / reiro adj. y m. lenguaraz; charlatán.

linguiça f. longaniza, chorizo; s. persona alta.

linha f. Geom. línea; renglón, raya; hilera; hilo.

linhaça f. linaza.

linhagem f. linaje, genealogía; raza, casta; tejido de lino grosero.

linho m. Bot. lino.

lin/otipia f. linotipia. /ótipo m. linotipia (máquina tipográfica).

lio m. lío; fardo; haz; embrollo.

liqu/ação f. Fís. liquefacción, licuación. /efazer tr. derretir; licuar.

liquen m. Bot. liquen.

liquid/ação f. liquidación. /ar tr. e intr. liquidar; pagar; acabar.

líquido adj. líquido.

lírico adj. lírico; sentimental.

lírio m. Bot. lirio, azucena.

lis s. Bot. lis, lirio.

lisbo/eta o /nense adj. y s. lisbonense, relativo o natural de Lisboa.

liso adj. liso.

lisonj/a f. lisonja. /ear tr. y r. lisonjear.

list/a f. lista; tira. /ão m. listón.

listra f. lista. /r tr. rayar; listar.

litania f. letanía.

liteira f. litera.

literal adj. literal.

liter/ário adj. literario. /atura f. literatura.

lit/igação f. litigio. /igar tr. e intr. litigar. /ígio m. litigio.

litografia f. litografía.

litoral adj. y m. litoral.

litro m. litro.

liturgia f. liturgia.

lívido adj. lívido.

livra/ção f. liberación; libramiento; absolución. /r tr. y r. librar; libertar; defenderse.

livraria f. librería.

livre adj. libre.

livro m. libro.

lixa f. Zool. lija; papel de lija. /r tr. lijar; pop. perjudicar; molestar.

lixívia f. lejía.

lixo m. basura.

loa f. loa, elogio; pop. mentira.

lo(ô)bo m. Zool. lobo.

lôbrego adj. lóbrego.

lobrigar tr. entrever; percibir.

loca/ção f. locación, arrendamiento. /dor m. locador, arrendador.

local adj. y m. local. / ização f. localización. /izar tr. y r. localizar.

loca/r tr. alquilar. /tário m. locatario, inquilino.

locomo/ção f. locomoción. /tiva f. locomotora.

locução f. locución; expresión.

locut/or adj. y m. locutor. /ório m. locutorio.

lo/daçal m. lodazal; fig. vida disoluta. /(ô)do m. lodo, barro; degradación.

logaritmo m. Bat. logaritmo.

lógic/a f. lógica. /o adj. y m. lógico.

logo adj. luego; sin tardanza.

logração f. engaño, ardid.

logr/ador adj. y s. engañador, mentiroso. /ar tr. e intr. lograr; engañar; estafar; gozar.

lo(ô)gro m. logro; engaño; ardid.

lo/iça o uça f. loza.

loir/ecer o **lour/ecer** tr. e intr. amarillecer. /ejar intr. amarillear. /o adj. rubio; m. Bot. laurel; fig. triunfo.

loj/a f. tienda; logia. /ista s. tendero, comerciante.

lomba f. loma, cumbre; declive. /r adj. lumbar.

lombarda f. Bot. lombarda (col).

lombo m. lomo, dorso.

lombri/cal adj. lumbrical. /ga f. lombriz intestinal.

longânimo adj. longánimo; magnánimo.

longe adv. lejos; adj. lejano, distante. /vidade f. longevidad.

longínquo adj. longincuo; distante.

longitude f. Geom. longitud.

longo adj. largo; dilatado; dilatado; extenso; luengo.

longueirão m. Zool. navaja (molusco).

loqua/cidade f. locuacidad, verbosidad. /z adj. locuaz.

lorp/a adj. y s. necio, bobo; grosero. /ice f. imbecilidad.

lota f. lonja. /ção f. capacidad de un barco; cálculo; valoración. /r tr. lotear; calcular, sortear. / ria f. lotería; sorteo.

lote m. lote; grupo; calidad.

louça f. loza; vajilla.

louc/o adj. y m. loco demente; imprudente. /ura f. locura.

lour/a f. mujer rubia. / ecer tr. e intr. amarillear.

loureiro m. Bot. laurel.

lour/ejante adj. dorado; tostado. /o adj. rubio, dorado; m. Bot. laurel, papagayo; pl. laureles, triunfo; premio.

lous/a f. losa, piedra; sepultura; lápida. /eira f. pizarrería (cantera).

louv/ação f. elogio, alabanza; valoración; arbitramento; sentencia. /ar tr. alabar; aprobar. /ável adj. laudable. /or m. alabar, elogiar; honra.

lua f. Astr. luna. /r m. claridad de la luna.

lúbrico adj. lúbrico; sensual.

lubrifica/ção f. lubrificación. /r tr. lubrificar, untar.

lucr/ar tr. e intr. lucrar, ganar. /o m. lucro; ganancia; ventaja.

lucubra/ção f. lucubración; meditación; vigi-

lia. /r intr. lucubrar.

ludo m. ludo, torneo; lucha de atletas.

lufa f. vendaval, huracán; prisa. /da f. ráfaga de viento; apresuramiento.

lugar m. lugar; sitio; orden; cargo; ocasión. / ejo m. lugarejo; aldehuela.

lugre m. Mar. lugre, velero.

lúgubre adj. lúgubre; funesto; obscuro.

luir tr. luir, purificar; pagar.

lume m. lumbre; clarón; fuego; brillo.

lun/ação f. lunación. /ático adj. y m. lunático; fig. maniático.

luneta f. luneta, impertinente; tragaluz.

lupanar m. lupanar; burdel.

lus/íada s. lusiada, portugués. /ificar tr. aportuguesar. /itanismo m. lusitanismo. /itano adj. y m. lusitano, portugués. /o adj. y m. luso, lusitano. /o-brasileiro adj. lusobrasileño. /o-castelhano adj. lusocastellano.

lustra/ção f. lustración; purificación. /r tr. e intr. lustrar; pulir; iluminar.

lustro m. lustro; lustre, brillo.

luta f. lucha; pelea. /r intr. luchar; combatir.

lut/o m. luto; tristeza. / uoso adj. luctuoso; triste.

luva f. guante; pl. gratificación.

luxa/ção f. Med. luxación. /r tr. e intr. descoyuntar, dislocar (huesos).

lux/o m. lujo; ornamento; vicio. /uoso adj. lujoso; magnífico.

lux/úria f. lujuria; sensualidad. /uriante adj. lujuriante.

luz f. luz; brillo; verdad. /idio adj. brillante, lúcido.

luzi/mento m. lucimiento; fausto. /r intr. lucir; brillar; sobresalir.

má adj. mala; Vet. tumor.

maça f. maza, clava, porra; pisón.

maçã f. manzana, fruto del manzano; — -de-Adão, nuez de Adán.

macabro adj. macabro, fúnebre.

macac/ada f. cantidad de macacos; ademanes grotescos. /o m. macaco, mono; crío, gato para levantar pesos; adj. astuto; traicionero; mono (traje).

macadam/e m. macadam (pavimento). /izar tr. macadamizar, pavimentar.

maçane(ê)ta f. manzanilla; baqueta del tambor.

maçanilha f. manzanilla.

maçapão m. mazapán.

macaqu/ear tr. imitar grotescamente. /ice f. monerías; carantoñas; adulación.

maçar tr. macear, machacar; importunar, aburrir.

maçazeira f. manzano (árbol).

macera/ção f. maceración; mortificación de la carne. /r tr. macerar, ablandar.

machete m. machete.

machuca/dor adj. y s. machucador. /r tr. machucar; golpear; machacar; fig. maltratar.

maciar tr. suavizar, ablandar.

maciço adj. y m. macizo; compacto; sólido.

macieira f. Bot. manzano.

maci/ez o /eza f. blandura; suavidad. /o adj. suave; blando.

maço m. mazo.

maçonaria f. masonería.

maculador adj. y s. maculador. /r tr. macular; desacreditar.

madeir/a f. madera. /amento m. maderamen.

madeixa f. madeja; mechón.

madra/çaria f. ociosidad. /cear intr. haraganear. /ço adj. y s. holgazán.

madrasta f. madrastra.

madre f. madre.

madrinha f. madrina.

madruga/da f. madrugada. /r intr. madrugar.

madur/ação f. maduración. /ar tr. e intr. madurar. /o adj. maduro.

mãe f. madre.

maestr/ia f. maestría. /o m. maestro.

magazi/m o /ne m. magazine, revista; figurín.

magia f. magia.

magistério m. magisterio.

magistra/do m. magistrado; juez. /tura f. magistratura.

magnânimo adj. magnánimo.

magn/ético adj. magnético. /etismo m. magnetismo.

magn/ificação f. magnificación. /ificar tr. magnificar.

magn/itude f. magnitud. /o adj. magno.

mago m. mago.

magoar tr. contundir; ofender; afligir; disgustar.

magr/eza f. magreza, delgadez. /iço m. fig. paladín de señoras; defensor ridículo. /izela s. flacucho. /o adj. magro, flaco; fig. escaso.

maio m. mayo.

maiólica f. mayólica.

maionese f. mahonesa.

maior adj. mayor. /idade f. mayoría; mayoridad.

maiorquino adj. y m. mallorquín.

mais adv. más; adj. mayor.

maiúscula f. mayúscula.

majest/ade s. majestad. /oso adj. majestuoso.

major m. y adj. comandante; mayor.

mal s. mal.

mala f. maleta; baúl.

malabaris/mo m. malabarismo. /ta s. malabarista.

malandr/agem f. conjunto de bellacos. /ice f. holgazanería; granujería; bellaco. /o adj. y m. malandrín; bellaco; haragán.

mala-posta f. malaposta.

malária f. Pat. malaria.

malcheiroso adj. maloliente.

malcriado adj. malcriado; sin educación.

maldade f. maldad.

maldiç/ão f. maldición. /**oar** tr. maldecir.

mal-educado adj. malcriado, mal educado.

maleta f. maleta.

mal/evolência f. malevolencia. /**évolo** adj. malévolo.

maleza f. maleza.

malfada/do adj. malhadado, desafortunado. /**r** tr. desgraciar, vaticinar mala suerte.

malfalante adj. y s. maldiciente; mal educado.

malfaze/jo adj. maligno, nocivo. /**r** intr. perjudicar, hacer daño.

malfeito adj. malhecho, deforme; mal ejecutado; fig. injusto.

malha f. malla; punto (tejido); mancha; armadilla.

mal/ícia f. malicia. /**icioso** adj. malicioso, mordaz.

malign/ar tr. e intr. malignar; viciar. /**o** adj. maligno.

má-língua adj. y s. mala lengua, maldiciente.

malmequer m. *Bot.* margarita.

malo/grar tr. malograr, frustrar. /**(ó)gro** m. malogro, fracaso.

malta f. bando, pandilla, canalla.

malte m. malta (cebada).

maltratar tr. maltratar; insultar; golpear.

malu/car intr. loquear. /**co** adj. y m. loco, maníaco.

mama f. mama, glándula mamaria.

mamã f. mamá, madre.

mamadeira f. mamadera, pezonera; biberón.

mamífero adj. y m. *Zool.* mamífero.

mamilo m. mamelón, pezón.

mana f. hermana.

maná m. maná, alimento.

manada f. manada, hato de ganado.

manancial m. manantial; origen.

manar tr. e intr. verter; producir; manar, brotar.

manceb/a f. manceba, concubina. /**o** m. mancebo; soltero.

mancha f. mancha; mácula, tacha; defecto. /**r** tr. manchar; ensuciar; deshonrar.

mancipa/ção f. emancipación. /**r** tr. emancipar.

mand/adeiro adj. y s. mandadero; recadero. /**ar** tr. mandar.

mandarim m. mandarín.

mandat/ário m. mandatario. /**o** m. mandato.

mandíbula f. mandíbula.

mando m. mando; orden.

mandr/anice f. holgazanería. /**ião** adj. y s. perezoso. /**iar** intr. holgazanear.

manducar tr. e intr. pop. manducar, comer.

maneira f. manera; pl. actitudes; gestos.

manej/ar tr. e intr. manejar. /**ável** adj. manejable.

manequim m. maniquí.

maneta adj. y s. manco.

manga f. manga.

mangané(ê)s m. *Quím.* manganeso.

mangueira f. manguera; *Bot.* mango.

manguito m. manguito; mitón; pop. gesto obsceno.

manha f. maña.

manhã f. mañana.

manhoso adj. mañoso; ingenioso.

man/ia f. manía; terquedad. /**íaco** adj. y s. maníaco.

maniatar tr. maniatar.

manicómio m. manicomio.

manietar tr. maniatar.

manifest/ação f. manifestación. /**ar** tr. manifestar; declarar. /**o** adj. y m. manifiesto; notorio; declaración.

manilha f. manilla; caño de barro; aro.

manipula/ção f. manipulación. /**r** tr. manipular.

manivela f. *Mec.* manivela.

manj/ar m. manjar; golleria; tr. e intr. comer. /**edoira** f. pesebre.

mano m. fam. hermano; cuñado.

manobr/a f. maniobra; fig. ardid. /**ar** tr. e intr. maniobrar; funcionar.

mans/ão f. mansión, hogar; dormitorio. /**arda** f. buhardilla.

mans/idade f. mansedumbre, suavidad. /**o** adj. manso, suave.

mant/a f. manta, cobertor. /**ear** tr. e intr. mantear; importunar.

manteiga/ f. manteca; fig. adulación. /**aria** f. mantequería.

mantel m. mantel.

mante/nça f. manutención; alimento; defensa. /**r** tr. mantener; alimentar; conservar.

mantilha f. mantilla.

mantimento m. mantenimiento; víveres.

manto m. manto.

manual adj. y m. manual; portátil; sumario.

manufa(c)t/or m. manufacturero. /**ura** f. manufactura; trabajo manual. /**urar** tr. manufacturar; fabricar.

manutenção f. manutención; conservación.

mão f. *Anat.* mano; flanco; autoridad.

maometan/ismo m. mahometanismo. /**o** adj. y m. mahometano.

mapa m. mapa; relación.

maqueta f. maqueta, modelo.

maquiavélico adj. maquiavélico; pérfido; traidor.

maquilhar tr. maquillar; caracterizar.

máquina f. máquina; locomotora.

maquin/ação f. maquinación; fig. intriga. /**ar** tr. maquinar; intrigar. /**aria** f. maquinaria.

mar m. mar.

marafon/a f. prostituta; muñeca de trapo; mujer desaliñada. /**ear** intr. putear.

marasmo m. marasmo; indolencia.

marau adj. pillo, tunante.

maravalhas f. pl. virutas; fig. fruslerías.

maravilh/a f. y *Bot.* maravilla. /**ar** tr. y r. maravillar.

marca f. marca. /**dor** adj. y s. marcador.

marçano m. aprendiz, dependiente.

marcar tr. marcar.

marcen/aria f. ebaniste-

ría, carpintería. /**eiro** m. ebanista, carpintero.

marcha f. marcha; jornada; cortejo. /**r** intr. marchar, andar.

marcial adj. marcial; belicoso.

marco m. marco; linde; moneda alemana; — **postal,** buzón de correo.

março m. marzo, tercer mes del año.

mar/é f. marea (del mar); oportunidad. /**ear** tr. e intr. marear; deslustrar.

marechal m. *Mil.* mariscal.

marfim m. marfil.

margarida f. *Bot.* margarita.

margarina f. *Quím.* margarina.

marg/ear tr. marginar. /**em** f. margen, orilla; fig. facilidad. /**inar** tr. marginar; apostillar.

maria-da-fonte f. tumulto, contienda; *Mús.* himno portugués.

maricas m. maricón, invertido.

marid/ança f. maridaje. /**ar** tr. e intr. maridar, casar; enlazar. /**o** m. marido.

marinh/a f. marina, marinería; salina. /**aria** o /**eiraria** f. marinería. /**eiro** adj. y m. marinero. /**o** adj. y m. marino; marítimo.

mario/la m. granuja, sinvergüenza. /**lão** adj. y s. granuja, pillastrón.

marioneta f. marioneta; títere.

maris/co m. *Zool.* marisco. /**queiro** adj. y m. marisquero.

marítimo adj. marítimo; marinero.

marmel/ada f. mermelada de membrillo; embrollo. /**o** m. membrillo.

marmita f. marmita, fiambrera.

mármore m. mármol.

marquês m. marqués.

marquise f. marquesina, cobertizo.

marrano m. marrano, sucio; excomulgado.

marrar intr. topetar; chocar; dar una cabezada; desatinar.

mars/upial adj. y m. marsupial; pl. *Zool.* marsupiales. /**úpio** m. bolsa ventral.

martel/ada f. martillazo. /**o** m. martillo.

martinete m. martinete.

m/ártir s. mártir. /**artirizar** tr. martirizar.

maruj/a f. tripulación de un navío. /**ada** f. marinaje, marinería. /**o** m. marinero.

marxis/mo m. marxismo. /**ta** adj. y s. marxista.

mas conj. pero, todavía; m. obstáculo.

m/áscara f. máscara; careta; disfraz. /**ascarar** tr. enmascarar; disimular.

mascarra f. tizne, mascarra; tiznar, manchar.

mascote f. mascota; talismán.

masculin/izar tr. masculinizar. /**o** adj. masculino; varonil.

masmorra f. mazmorra; prisión.

massa f. masa; pasta alimenticia; totalidad; dinero.

massacr/ar intr. masacrar; m. masacre.

massag/em f. masaje. /**ista** s. masajista.

mastiga/ção f. masticación. /**r** tr. masticar;

mascar.

mastodonte m. mastodonte. mamífero fósil.

mastr/eação f. *Mar.* arboladura. /**o** m. mástil, palo.

mata f. mata, bosque. /**-bicho** m. pop. trago de bebida en ayunas. /**-borrão** m. papel secante.

matado/r adj. y m. matador; asesino. /**uro** m. matadero.

matagal m. matorral.

mata/nça f. matanza; mortandad. /**r** tr. matar; apagar.

matemática f. matemática.

mat/éria f. materia; fig. causa. /**erial** adj. material. /**erializar** tr. materializar; embrutecer. /**éria-prima** f. primera materia.

matern/al adj. maternal; cariñoso. /**idade** f. maternidad. /**o** adj. materno.

matilha f. jauría; caterva.

matiza/ção f. matización. /**r** tr. matizar; graduar.

mato m. mato, bosque.

matr/ícula f. matrícula. /**icular** tr. matricular.

matrim/onial adj. matrimonial. /**ó(ô)nio** m. matrimonio; nupcias.

matriz f. matriz, útero; molde.

matul/a f. caterva; bando; vagabundos. /**ão** m. corpulento y grosero; tunante.

matur/ação f. maduración. /**ar** tr. e intr. madurar. /**o** adj. maduro; perfecto.

matutino adj. matutino; madrugador.

mau adj. malo; imperfecto; nocivo.

mausoléu m. mausoleo.

mavioso adj. armonioso; agradable; dulce.

maxil/a f. *Anat.* maxila. /**ar** adj. y m. maxilar.

máxim/a f. máxima, sentencia; principio. /**o** adj. y m. máximo; sumo; superior.

maxixe m. música y danza originaria del Brasil; *Bot.* fruto del **maxixeiro.**

mazel/a f. llaga, herida; defecto. /**ar** tr. llagar; infamar.

mazurca f. *Mús.* mazurca.

me pron. pers. me, a mí, para mí.

meã adj mediana; mediocre.

meação f. mediación; mitad.

mealh/a f. meaja, migaja. /**eiro** adj. y m. hucha; alcancía.

me/ão adj. y m. mediano; mediocre. /**ar** tr. e intr. mediar.

mec/ânica f. mecánica. /**ânico** adj. y m. mecánico; automático. /**anismo** m. mecanismo.

meças f. pl. comparación; medición.

medalh/a f. medalla; condecoración. /**ão** m. medallón. /**ar** tr. condecorar, honrar con una medalla.

média f. *Mat.* media, promedio.

media/ção f. mediación. /**dor** adj. y m. medianero. /**no** adj. mediano; regular. /**r** tr. e intr. mediar; separar, dividir.

medic/ação f. medicación. /**amento** m. medicamento; remedio.

medição f. medición; valuación.

medic/ar tr. medicar, medicinar. /**ina** f. medicina; remedio.

médico adj. y m. médico; medicinal.

medida f. medida; orden.

mediev/al adj. medieval. /**o** adj. medieval.

médio adj. medio; medium; moderado.

mediócre adj. y m. mediocre; insignificante.

medir tr. e intr. medir; calcular; considerar; rivalizar.

mediterrâneo adj. y m. Mediterráneo (mar); interior.

me(ê)do m. miedo, pavor; susto.

medra f. medra, medro; desarrollo, progreso. /**r** tr. e intr. medrar, aumentar; mejorar.

medula f. *Anat.* medula, tuétano.

medusa f. *Zool.* medusa.

meeiro adj. y m. mediero.

megafone m. *Fís.* megáfono; altavoz; bocina.

megâmetro m. *Mar.* y *Astr.* megámetro.

megera f. megera, malvada.

meia f. media; calcetín. /**-esquadria** f. bisectriz. /**-lua** f. media luna; semicírculo. /**-noite** f. medianoche.

meig/o adj. cariñoso; suave. /**uice** f. ternura, cariño.

meio m. medio; centro; vía, camino, ardid. /**-dia** m. mediodía; el Sur. /**-tom** m. medio tono.

meirinho m. merino, alguacil.

mel m. miel; fig. suavidad; **lua-de —,** luna de miel. /**aço** m. melaza; jarabe.

melancia f. *Bot.* sandía.

melanc/olia f. melancolía; disgusto. /**ólico** adj. melancólico.

melão m. *Bot.* melón.

melena f. melena.

melhor adj. y m. mejor; superior. /**ar** tr. e intr. mejorar; perfeccionar.

meliante m. maleante; vagabundo.

melindr/ar tr. ofender; molestar. /**e** m. melindre, afectación; pudor.

meloal m. melonar.

mel/odia f. *Mús.* melodia. /**ódico** adj. melódico, armonioso.

melodram/a m. melodrama; ópera. /**ático** adj. melodramático.

meloso adj. meloso; dulce; suave.

membrado adj. membrudo.

membran/a f. membrana; piel. /**áceo** adj. membranáceo.

membr/o m. miembro. /**udo** adj. membrudo; robusto.

mem/oração f. conmemoración. /**orável** adj. memorable; célebre. /**ória** f. memoria. /**orial** adj. y m. memorial; apuntamiento.

menagem f. homenaje; prisión; **torre de —,** torre del homenaje.

men/ção f. mención, registro. /**cionar** tr. mencionar; referir.

mendi/cância f. mendicación. /**gar** tr. e intr. mendigar; rogar. /**go** m. mendigo, indigente.

menestrel m. trovador, juglar.

menina f. niña; doncella;

señorita; — **de olho,** pupila, niña del ojo.

mening/e f. *Anat.* meninges. **/ite** f. *Pat.* meningitis.

menin/ice f. niñez, infancia. **/o** m. niño; adj. joven experto.

menopausa f. menopausia.

menor adj. y m. menor, inferior.

menorr/agia f. *Med.* menorragia. **/e(è)ia** f. menorrea; catamenia.

menos adv. menos; la menor cosa.

menos/cabar tr. menoscabar; despreciar; disminuir. **/prezar** tr. menospreciar. **/prezível** adj. menospreciable.

mensage/iro adj. y m. mensajero, portador. **/m** f. mensaje.

mensal adj. mensual. **/idade** f. mensualidad.

menstruação f. menstruación, menstruo.

mensura f. mensura, medida. **/r** tr. mensurar, medir.

ment/al adj. mental; intelectual. **/alidade** f. mentalidad. **/e** f. mente, inteligencia; pensamiento. **/ecapto** m. mentecato; alienado.

mentir intr. mentir; disfrazar. **/a** f. mentira, embuste. **/oso** adj. y s. mentiroso; falso.

mento m. *Anat.* mentón, barbilla.

mentol m. *Quím.* mentol.

merca/dejar intr. marcadear, negociar. **/do** m. mercado; feria. **/dor** m. mercadero, comerciante. **/doria** f. mercancía. **/r** tr. mercar, negociar.

mercê f. merced, favor, perdón; galardón.

merce/aria f. tienda de ultramarinos. **/eiro** m. tendero.

mercenário adj. y m. mercenario; jornalero.

merc/úrio m. *Quím.* mercurio. **/urocromo** (antiséptico).

merend/a f. merienda. **/ar** tr. e intr. merendar.

mergulh/ador adj. y s. buceador, zambullidor. **/ar** tr. e intr. bucear, zambullir; desaparecer.

meridi/ano m. *Astr.* meridiano. **/onal** adj. y m. meridional; austral.

mérito m. mérito; aptitud.

merlo m. *Zool.* milro.

mês m. mes; mensualidad.

mesa f. mesa (mueble); tribunal de examen.

mescla f. mezcla, mixtura. **/r** tr. mezclar, mixturar, unir.

meseta f. meseta.

mesm/a f. misma. **/o** adj. y pron. mismo; adv. igualmente; semejante.

mesquinh/ar tr. tacañear, regatear. **/o** adj. mezquino, avaro; pobre.

mesquita f. mezquita.

mestic/agem f. mestizaje. **/ar** tr. mestizar. **/o** adj. y m. mestizo; mulato.

mestr/a f. maestra; profesora. **/e** m. maestro; profesor; maese. **/ia** f. maestría.

meta f. meta, fin.

metade f. mitad, medio; centro.

metafísica f. metafísica; abstracción.

met/afonia f. *Gram.* metafonía. **/áfora** f. metáfora.

metal m. metal; tono de voz; dinero.

metaformose f. metamorfosis; modificación.

metano m. *Quím.* metano (gas).

metaplasmo m. *Gram.* metaplasmo.

mete/órico adj. meteórico; fig. fugaz. **/orologia** f. meteorología.

meter tr. e intr. meter; insinuar; mover; emplear; entrar.

meticuloso adj. meticuloso; timorato.

metileno m. *Quím.* metileno.

m/etódico adj. metódico; ponderado. **/étodo** m. método, orden.

metragem f. metraje.

metralha f. metralla; fig. enjambre. **/dora** f. ametralladora. **/r** tr. ametrallar; disparar.

m/étrico adj. métrico. **/etro** m. metro; ritmo; metropolitano.

metrópole f. metrópoli; capital.

metropolitano adj. y m. metropolitano; metro, ferrocarril subterráneo.

meu adj. y pron. mío, el mío.

miasmas m. pl. miasmas.

mica f. *Miner.* mica; pedacito, migaja.

micção f. micción, acto de orinar.

micra f. micra; migaja; insignificancia.

micr/obiano adj. microbiano. **/óbio** m. microbio.

microcéfalo adj. microcéfalo; idiota.

microfilme m. microfilme.

microfon/e m. micrófono. **/ógrafo** m. microfonógrafo.

microfotografia f. microfotografía.

microgravar tr. grabar discos microsurcos.

microsc/opia f. microscopia. **/ópio** m. microscopio.

microzoário m. microzoario; protozoario.

mictório adj. y m. mictorio, urinario.

miga f. miga, migaja; migas, sopas de pan. **/lha** f. migaja, resto.

migra/ção f. migración, emigración. **/r** intr. emigrar.

mij/adeiro m. meadero, urinario. **/ar** tr. e intr. mear, orinar. **/o** m. orina.

milagr/e m. milagro. **/oso** adj. milagroso; maravilloso.

milenário adj. y m. milenario; milenio.

milha f. milla.

milh/ão m. y num. millón. **/ar** m. y num. millar.

milho m. *Bot.* maíz, mijo.

miliar adj. miliar.

mil/ícia f. milicia; ejército. **/iciano** adj. y m. miliciano.

mili/grama m. miligramo. **/litro** m. mililitro.

milion/ário adj. y s. millonario; ricachón. **/ésima** f. millonésima.

milita/nça f. milicia; los militares. **/r** adj. y s. militar.

mim pron. pers. mí.

m/ímica f. mímica; gesticulación. **/imo** m. mimo; cariño; regalo.

mimosa f. *Bot.* mimosa.

mimos/ear tr. mimosear, agasajar. **/o** adj. y m. mimoso; delicado.

mina f. mina; fuente. **/r** tr. e intr. minar; exca-

var; atormentar.

minarete m. *Arq.* minarete, alminar.

min/eiro adj. y m. minero. **/eral** adj. y m. mineral. **/ério** m. mineral.

ming/ar intr. menguar. **/uar** intr. menguar, disminuir.

minha adj. y pron. pos. mía.

miniatura f. *Pint.* miniatura.

mínim/a f. *Mús.* mínima. **/o** adj. y m. mínimo; dedo meñique.

mínio m. *Quím.* minio, óxido de plomo.

minist/erial adj. ministerial. **/ério** m. ministerio. **/ro** m. ministro.

minor/ar tr. minorar; aliviar. **/ia** f. minoría.

min/úcia f. minucia; particularidad. **/udenciar** tr. detallar.

minuto m. minuto; instante.

miocárdio m. *Anat.* miocardio.

miolo m. *Anat.* seso, cerebro; miga del pan; medula.

m/íope adj. y s. miope, corto de vista. **/iopia** f. miopía.

mira f. *Mil.* mira; puntería; fig. atención.

mira/da f. mirada; ojeada. **/gem** f. miraje; ilusión. **/r** tr. mirar.

mirra f. *Bot.* mirra; desmirriada, persona delgada; avaro. **/r** tr. enflaquecer; desecar.

mirtáceas f. pl. *Bot.* mirtáceas.

misantr/opia f. misantropía; melancolía. **/opo** adj. y m. misántropo.

miscelânea f. miscelánea; mezcla; confusión.

mis/eração f. miseración, compasión. **/erar** tr. e intr. miserear, regatear. **/erável** adj. y s. miserable; avariento; infeliz. **/éria** f. miseria; pobreza; ridiculez. **/ericórdia** f. misericordia; piedad, caridad.

missa f. *Rel.* misa; oficio divino. **/l** m. misal.

missanga f. abalorios, mostacilla; bagatela.

missão f. misión, comisión.

míssil adj. y m. misil (proyectil o cohete); arrojadizo.

mission/ar tr. e intr. misionar; evangelizar. **/ário** m. misionero.

missiva f. misiva; nota.

mist/ério m. misterio, enigma. **/erioso** adj. misterioso; obscuro.

místico adj. y m. místico; espiritual; mezclado.

mistilingue adj. relativo a varias lenguas; poliglota.

misto adj. y m. mixto, mezclado; conjunto.

mistur/a f. mixtura, mezcla. **/ar** tr. mixturar, mezclar.

mitiga/ção f. mitigación; alivio. **/r** tr. mitigar; acalmar.

mito m. mito; fábula, leyenda; símbolo.

mi/udagem f. menuderías; insignificancias; ralea. **/údo** adj. y m. menudo, muy pequeño; niño; pl. despojos; calderilla.

mó f. muela, piedra de molino; piedra para filar; muchedumbre.

moage/iro m. molinero. **/m** f. molienda.

móbil adj. y m. móvil.

mob/ilador adj. y m. amueblador. **/ilar** tr. amueblar. **/ília** f. mobiliario.

mobilidade f. movilidad.

mobiliza/ção f. mil. movilización. **/r** tr. movilizar.

moca f. cachiporra, porra; *Bras* mentira; chanza.

mo(ô)ça f. moza.

mocambo m. *Bras.* choza; abrigo para el ganado.

moção f. moción; conmoción.

mochila f. mochila.

mo(ô)cho m. *Zool.* buho; adj. desmochado; mutilado.

mo/cidade f. mocedad, juventud. **/(ô)ço** adj. mozo; fig. inexperto; m. criado. **/çoila** f. mozuela.

moda f. moda. **/lidade** f. modalidad.

mode/lação f. modelación. **/lar** tr. y r. modelar. **/(è)lo** m. modelo.

modera/ção f. moderación. **/r** tr. y r. moderar.

modern/ice f. modernismo. **/ismo** m. modernismo. **/izar** tr. modernizar. **/o** adj. moderno.

mod/estamente adv. modestamente. **/esto** adj. modesto.

módico adj. módico.

modifica/ção f. modificación. **/r** tr. y r. modificar.

modismo m. modismo.

modist/a f. modista. **/o** m. modisto.

modo m. modo.

modula/ção f. modulación. **/r** tr. modular.

módulo m. módulo.

moeda f. moneda.

mofa f. mofa. **/r** tr. e intr. mofar.

mo(ô)fo m. moho; verdete, orín.

mogno m. caoba (árbol y madera).

moina f. pequeña suscripción; vida airada; m. gandul, vago; holgazanear. **/r** intr. holgazanear, gandulear.

moinho m. molino, aceña.

moir/a f. mora, musulmana; salmuera. **/ejar** tr. trabajar mucho; sudar. **/o** adj. y m. moro, morisco; infiel.

moita f. matorral espeso.

mola f. muelle, ballesta; inteligencia.

mold/ador adj. y m. moldeador; amoldador. **/ar** tr. moldear; adaptar. **/e** m. molde. **/ura** f. moldura; marco de cuadro.

mole f. mole, volumen grande; adj. muelle, blando; multitud.

molécula f. *Quím.* molécula.

moleiro m. molinero.

molha/dela f. mojadura, remojón. **/r** tr. mojar; humedecer.

molhe m. *Mar.* muelle, malecón.

mo(ô)lho m. salsa, mojo.

moluscos m. pl. *Zool.* moluscos.

moment/âneo adj. momentáneo. **/o** m. momento; instante.

mona f. *Zool.* mona, hembra del mono; fig. muñeca de trapo; borrachera.

monar/ca m. monarca, soberano. **/quia** f. monarquía.

mon/astical adj. monacal. **/ástico** adj. monástico.

monção f. monzón (viento); oportunidad.

monda f. *Agr.* monda;

móbil adj. y m. móvil.

desmochadura. /r tr. e intr. mondar; escamondar.

monetário adj. y m. monetario, relativo a la moneda.

monit/or m. monitor; avisador, amonestador; navío blindado de guerra; prefecto. **/ória** f. monitorio; consejo; reprensión.

mono m. *Zool.* mono, mico; adj. necio, estúpido; triste; feo.

monoató(ô)mico adj. *Quím.* monoatómico.

monóculo m. monóculo.

monólito m. monolito.

mon/ologar intr. monologar. **/ólogo** m. monólogo.

monó(ô)metro m. monómetro.

monop/ólio m. monopolio. **/olização** f. monopolización. **/olizar** tr. monopolizar.

monossílabo m. monosílabo.

mon/otonia f. monotonía. **/ótono** adj. monótono.

monsenhor m. monseñor.

monstr/o m. monstruo. **/uosidade** f. monstruosidad.

monta f. monta, importe; precio.

montagem f. montaje.

montanh/a f. montaña; gran volumen. **/eira** f. montañera. **/oso** adj. montañoso; accidentado.

montar tr. montar; cabalgar.

monte m. monte; acerbo; propiedad rústica isolada. **/iro** adj. y m. montero; montés; guardabosques.

montepio adj. montepío, sociedad de socorros mutuos.

montra f. escaparate, vitrina.

monument/al adj. monumental; grandioso; magnífico. **/o** m. monumento.

morad/a f. morada, domicilio. **/or** adj. y s. morador, habitante.

moral f. moral. **/idade** f. moralidad.

morang/al m. fresal. **/o** m. fresa (fruto). **/ueiro** m. fresa (planta).

morar intr. morar, habitar.

m/órbido adj. mórbido, lánguido, enfermo; suave. **/orboso** adj. morboso, enfermo.

morcela f. morcilla.

mord/ça f. mordaza. **/z** adj. mordaz; satírico.

mord/edela f. mordedura. **/er** tr. e intr. morder, mordisquear; murmurar. **/iscar** tr. mordiscar.

moreno adj. y m. moreno, trigueño, oscuro.

morfe(ê)ia f. *Pat.* morfea, lepra.

morfina f. *Quím.* morfina.

morfologia f. morfología.

morgue f. necroterio, morgue.

moribundo adj. y s. moribundo; exhausto.

mormente adv. mayormente, principalmente.

mo(ô)rno adj. templado, tibio; mohíno, triste; débil.

moros/idade f. morosidad, lentitud. /o adj. moroso.

morrão m. mecha para pegar fuego; pabilo.

morrer intr. morir; expirar; olvidar.

morrinhar intr. lloviznar.

morro m. morro, monte pequeño.

morsa f. Zool. morsa.

morseg/ão m. dentada, mordisco. /ar tr. mordisquear; pellizcar.

mort/al adj. y m. mortal. /alidade f. mortalidad. /e f. muerte; término.

morteiro m. Mil. mortero; almirez.

mort/icínio m. mortandad. /ificação f. mortificación; molestia; tormento. /ificar tr. mortificar, torturar. /o adj. y m. muerto, cadáver; paralizado.

mosaico m. mosaico; miscelánea.

mosca f. Zool. mosca. / rdo m. moscardón.

moscatel adj. y m. moscatel (vino y uva).

mosquet/aço m. mosquetazo. /e m. mosquete. /eiro m. mosquetero.

mosquit/eiro m. mosquitero. /o m. Zool. mosquito.

mossa f. muesca; mella que deja un golpe. /r tr. machucar, abollar.

mosseg/ão m. pellizco; bocado; dentellada. /ar tr. mordisquear; pellizcar.

mosteiro m. monasterio.

mosto m. mosto.

mostruário m. muestrario.

mote m. mote; epígrafe.

motej/ador adj. y s. motejador. /ar tr. e intr. motejar.

motete m. Mús. motete; apode; vaya.

moti/m m. motín. /nar tr. amotinar.

motiv/ador adj. y s. motivador. /o adj. y m. motivo.

moto m. moto; movimiento. /cicleta f. motocicleta.

motor adj. y m. motor. /izar tr. motorizar.

motriz adj. y s. motriz.

mour/a f. mora; salmuera; chorizo. /raria f. morería. /o adj. y s. moro.

moved/iço adj. movedizo. /or y s. movedor.

móvel adj. y s. móvil; mueble; fig. voluble.

mov/er tr. y r. mover. /imentar tr. y r. movimentar.

muda f. muda. /r tr. e intr. mudar; sustituir.

mud/ez f. mudez. /o adj. y m. mundo.

mufla f. mufla.

mugi/do m. mugido. /r intr. mugir.

mugre m. herrumbre, suciedad.

mui adv. muy. /to adj. pron. y adv. mucho; muy.

mulato adj. y s. mulato.

mulet/a f. muleta. /eiro m. muletero; arriero.

mulher f. mujer; esposa. /il adj. mujeril.

mulo m. mulo.

multa f. multa. /r tr. multar.

multidão f. multitud.

multiplica/ção multiplicación. /r tr. multiplicar.

m/úmia f. momia. /umificar tr. momificar.

mundan/alidade f. mundanalidad. /o adj. mundano.

mundial adj. mundial.

mungir tr. ordeñar (leche); exprimir.

muni/ção f. munición; proyectiles. /ciar tr. municiar.

munic/ipal adj. y m. municipal. /ipalidade f. municipalidad; ayuntamiento.

munir tr. munir; proveer; defender.

mura/l adj. mural; parietal. /lha f. muralla. /r tr. e intr. murar, amurallar.

murça f. muceta.

murch/ar tr. e intr. marchitar; entristecer. /ecer tr. e intr. marchitar. /o adj. marchito; abatido.

mur/mulhar intr. murmullar; murmurar. /ulho m. murmullo; murmurio. /urar tr. e intr. murmurar; censurar.

muro m. muro, tapia; muralla.

musa f. Mit. musa.

m/uscular adj. muscular. /úsculo m. Anat. músculo; fig. fuerza.

muse/ografia f. museografía. /u m. museo.

musgo m. Bot. musgo.

m/úsica f. música; armonía; orquesta. /usical adj. musical, armonioso.

muta/bilidade f. mutabilidad; volubilidad. /ção f. mutación; mudanza.

mutila/ção f. mutilación, amputación. /do adj. y m. mutilado. /r tr. mutilar, cortar; desfigurar.

mutismo m. mutismo; silencio.

mutua/ção f. mutualidad; reciprocidad. /l adj. mutual. /lidade f. mutualidad. /r tr. permutar; prestar.

mútuo adj. y m. mutuo, mutual; recíproco; préstamo.

muxo/xar tr. Bras. besar; acariciar. /(ô)xo m. beso.

nab/ada f. guisado con nabos; nabería. /iça f. Bot. nabiza. /o m. nabo.

nação f. nación; patria; pueblo; territorio.

n/ácar m. nácar. /acarar tr. nacarar.

nacional adj. y m. nacional. /idade f. nacionalidad. /ismo m. nacionalismo. /izar tr. nacionalizar; aclimatar.

naco m. pedazo, tajada.

nada m. nada; inutilidad; fruslería.

nada/dor adj. y m. nadador. /r intr. nadar; bogar; insigne.

nádega f. nalga; posaderas.

nalgum contr. de la prep. em con el adj. o pron. algum; en alguno.

namora/ção f. enamoramiento. /do adj. y s.

enamorado; apasionado. /r tr. enamorar; galantear.

não adv. no, negativa; m. excusa.

naqu/ele contr. de la prep. em y el adj. o pron. aquele; en aquél. /ilo contr. de la prep. em y el pron. aquilo; en aquello.

narco/se f. narcosis; anestesia; somnolencia. /ti zação f. narcotización; anestesia. /tizar tr. narcotizar; anestesiar.

nari/gão m. narigón, narigudo. /z m. nariz; hocico; sagacidad.

narra/ção f. narración; historia. /r tr. narrar; describir.

nasal adj. y m. nasal; vocal nasal. /ação f. nasalización. /ar tr. nasalizar.

nasc/ença f. nacencia; origen. /er intr. nacer; nacimiento; origen.

natação f. natación.

Natal m. Natividad, Navidad. /ício adj. y s. natalicio.

Natividade f. Natividad.

nat/ivo adj. y m. nativo; vernáculo; indígena. /o adj. nato, natural.

natur/a f. natura, nacimiento. /al adj. y m. natural; propio; originario; nativo. /alização f. naturalización. /alizar tr. naturalizar; aclimatar. / eza f. naturaleza; temperamento.

nau f. Mar. nao, nave.

naufr/agar intr. naufragar; perderse. /ágio m. naufragio; ruina.

nause/abundo adj. nauseabundo; repugnante. /ar tr. e intr. nausear; marearse.

n/auta m. nauta, navegante. /áutica f. náutica.

navalh/a f. navaja, cuchillo. /ada f. navajada.

nav/e f. Mar. nave, nao; Arq. nave. /egação f. navegación. /egar tr. e intr. navegar. /egabilidade f. navegabilidad. /io m. navío, nave.

nazareno adj. y m. nazareno; fig. cristiano.

neb/lina f. neblina; obscuridad. /ulosidade f. nebulosidad; niebla; sombra.

necess/ário adj. necesario; inevitable. /idade f. necesidad; pobreza; defecar.

necr/obiose f. Patol. necrobiosis; necrosis. /ología f. necrología. /omancia f. necromancia /. /ópole f. necrópolis. /otério m. morgue.

n/éctar m. néctar; bebida excelente. /ectariar tr. endulzar.

nefa/ndo adj. nefando; abominable. /sto adj. nefasto, funesto.

nega f. negación; fallo. /r tr. e intr. negar, recusar. /tivo adj. negativo; nulo.

neglig/ência f. negligencia; desatención. /enciar tr. omitir, descuidar.

neg/ociação f. negociación /ociar tr. e intr. negociar; ajustar. /ócio m. negocio.

ne(e)le contrac. en él.

nem conj. ni; tampoco; adv. no.

nené(ê) m. fam. niño recién nacido.

nenhum adj. y pron. ningún.

neoclassicismo m. neoclasicismo.

nervo m. nervio; energía.

néscio adj. y s. necio.

nêspera f. Bot. níspola.

neto m. nieto.

neur/algia f. Pat. neuralgia. /ólogo m. neurólogo.

neutr/al adj. neutral. /alizar. /o adj. neutro.

nev/ar tr. nevar. /e f. nieve. /eira f. nevera.

névoa f. niebla.

nexo m. nexo.

nicho m. nicho; fig. casa pequeña.

nímio adj. nimio.

ninar tr. e intr. arrullar.

ninfa f. Mit. y Zool. ninfa.

ninguém pron. indef. nadie.

ninho m. nido.

n/íquel m. Quím. níquel. /iquelar tr. niquelar.

nisto contrac. en esto.

nítido adj. nítido; claro.

nitr/ato m. Quím. nitrato. /ificar tr. nitrificar.

n/ível m. nivel. /ivelar tr. nivelar.

níveo adj. níveo.

nó m. nudo.

nob/iliário adj. y s. nobiliario. /re adj. y s. noble; célebre. /reza f. nobleza.

noção f. noción.

nocivo adj. nocivo.

noc(t)/ambular intr. noctambular. /ívago adj. nocturno.

n/ódoa f. mancha; equimosis; deshonra. /odoar tr. manchar.

noit/ada f. espacio de una noche; vigilia; insomnio. /e f. noche.

noiv/ar intr. cortejar, enamorar; casa. /o m. novio.

noj/eira f. asco; suciedad. /o m. repugnancia; asco; pesar; tristeza.

nome m. nombre; fama. /ação f. nombramiento. /ar tr. y r. nombrar.

nó(ô)mina f. nómina.

nomina/ção f. nombramiento. /l adj. nominal.

nora f. noria; nuera.

n/ordeste m. nordeste. /órdico adj. y m. nórdico.

norma f. norma. /l adj. normal. /lização f. normalización. /lizar tr. normalizar.

nor/oeste m. Geog. noroeste. /tada f. nortada. /te adj. y m. norte; norteño; destino. /te-americano adj. y m. norteamericano. /tear tr. nortear; orientar.

nos pron. pers. y contr. de em y os; en los.

nós pron. pers. nosotros.

nosso adj. y pron. pos. nuestro; pl. los parientes, los partidarios.

nostalgia f. nostalgia; añoranza.

nota f. nota; marca; voz; apuntamiento; billete de banco; observación.

nota/bilidade f. notabilidad. /bilizar tr. notabilizar.

nota/ção f. notación, anotación. /r tr. notar, anotar; acusar; advertir.

not/ariado m. notariado. /ário m. notario, escribano.

notável adj. y m. notable; insigne.

not/ícia f. noticia; novedad; anuncio. /iciário m. noticiario. /ificação f. notificación, citación. /ificar tr. notificar; anunciar. /iciário m. notificiario.

not/oriedade f. notoriedad; nombradía. /ório adj. notorio; manifiesto.

nout/ada f. vigilia, velada durante la noche. / f. noche; fig. tristeza; ignorancia.

noutro contr. de la prep. em y pron. o adj. outro; en otro.

nove m. y num. nueve. / centos num. novecientos.

novel/a f. novela; enredo, ficción. /ista s. novelista; enredador.

nove(ê)lo m. ovillo; fig. embrollo, enredo.

novembro m. noviembre.

novi/ça f. novicia. /ciar intr. practicar el noviciado; iniciarse.

novi/dade f. novedad. / lheiro m. novillero (torero de novillos). /lho m. novillo, becerro.

no(ô)vo adj. y m. nuevo; joven.

noz f. Bot. nuez, fruto del nogal.

nu adj. desnudo, nudo; desabrigado; mal vestido; evidente; sencillo; estilo nu, estilo seco, desnudo.

n/úbil adj. núbil. /ubilidade f. nubilidad; pubertad.

nuca f. Anat. nuca.

nuclear adj. nuclear; nucleado; energia —, energía nuclear.

núcleo m. núcleo; centro; esencia.

nudis/mo m. nudismo. /ta s. nudista.

nul/idade f. nulidad; ineptitud; incapacidad. /o adj. nulo; incapaz; inútil.

num contr. de la prep. em e el art. um; en un.

numera/ção f. numeración. /dor adj. y m. numerador. /r tr. numerar; incluir.

número m. número; unidad; porción.

num/ismal adj. numismal. /ismática f. numismática.

nunca adv. nunca, jamás.

n/unciatura f. nunciatura. /úncio m. nuncio, embajador papal; mensajero; precursor.

nunes adj. nones, impar.

n/upcial adj. nupcial. /úpcias f. pl. nupcias, casamiento.

nutr/ição f. nutrición; alimentación. /ice f. nutriz, nodriza.

nutri/do adj. nutrido; gordo; abundante. /ficar tr. nutrir; alimentar; cargar. /r tr. nutrir; alimentar; engordar; favorecer. /tivo adj. nutritivo.

nuvem f. nube; fig. obscuridad; tristeza; multitud entre nuvens, muy alto.

nylon Quím. nylón (tejido sintético).

ó! interj. ¡oh, ah!

oásis m. oasis; reposo; tregua.

obceca/ção f. obcecación; tozudez. /r tr. obcecar; ofuscar.

obducto adj. oculto; tapad·

ol 'ecer intr. obedecer
inu, obedecer, cumplir.
/iência f. obediencia; vasallaje.
ooes/idade f. obesidad;
gordura. /o adj. obeso;
gordo; panzudo.
óbice m. óbice, impedimento.
óbito m. óbito, defunción.
obje(c)ção f. objeción;
contestación; dificultad.
/tar tr. objetar; refutar.
/tiva f. Fís. objectivo,
lente fotográfica. /tivo
adj. y m. objetivo; blanco; propósito. /to m.
objeto; asunto; propósito.
objurga/ção f. reprimenda; censura; castigo. /r
tr. reprender; censurar.
obla/ção f. oblación. /ta
f. oblata.
óbolo m. óbolo.
obra f. obra.
obra/dor adj. y s. obrador; obrero. /-prima f.
obra prima. /r tr. e intr.
obrar; poner; defecar.
obriga/ção f. obligación;
título; favor. /do adj. y
s. obligado; agradecido;
forzado; sujeto a deuda;
interj. gracias. /r tr. y
r. obligar.
ob-rogar tr. y intr. derogar, abolir.
obscur/ecer tr. y r. obscurecer. /o adj. obscuro.
obs/equiador adj. y s. obsequiador. /equiar tr.
obsequiar. /équio s. obsequio.
observa/ção f. observación. /dor adj. y s. observador. /r tr. y r. observar.
obst/áculo m. obstáculo.
/ar intr. obstar, impedir.
obstina/ção f. obstinación. /r tr. y r. obstinar.
obstru/ção f. obstrucción.
/ir tr. y r. obstruir.
obte/nção f. obtención. /r
tr. obtener.
obtura/ção f. obturación.
/dor adj. y m. obturador.
óbvio adj. obvio.
oca f. Zool. oca.
ocas/ião f. ocasión. /ionar tr. ocasionar.
ocaso m. ocaso.
oceano m. océano. /grafia
f. oceanografía.
ocident/al adj. y s. occidental. /e m. occidente.
ócio m. ocio.
oclus/ão f. oclusión. /o
adj. ocluso.
o(ô)co adj. y m. hueco.
ocorr/ência f. ocurrencia.
/er intr. ocurrir.
ocre m. ocre.
octogenário adj. y s. octogenario.
ocul/ar adj. y s. ocular.
/ista s. oculista.
óculo m. anteojo; pl. lentes, gafas.
ocult/ação f. ocultación.
/ar tr. y r. ocultar. /o
adj. oculto.
ocupa/ção f. ocupación.
/dor adj. y s. ocupador.
/r tr. ocupar.
odiar tr. odiar.
odisseia f. odisea.
odont/algia f. odontalgia.
/ologia f. odontología.
oeste m. oeste.
ofe/gante adj. jadeante;
ansioso. /gar intr. jadear.
ofen/der tr. y r. ofender.
/sa f. ofensa. /sor adj.
ofer/ecer tr. y r. ofrecer.
/ecimento f. ofrenda. /ta f.
oferta; regalo.
oficial adj. y s. oficial. /idade f. Mil. oficialidad.
oficia/nte adj. y s. ofician-

te. /r intr. oficiar. /ício m.
oficio.
of/icina f. taller. /ício m.
oficio.
ofídio m. Zool. ofidio.
oftalmol/ogia f. Anat. oftalmología. /ogista s. oftalmologista.
ofusca/ção f. ofuscación.
ogiva f. ojiva.
oiro m. oro.
oit/avo num. octavo. /o
num. ocho.
olá! interj. ¡hola!.
óleo m. óleo, aceite.
olfa(c)to m. olfato.
olh/adela f. ojeada. /ar
tr. mirar; ojear; examinar. /eiras f. pl. ojeras.
o(ô)lho m. ojo.
ol/impíada f. olimpiada.
/ímpico adj. olímpico.
oliv/a f. Bot. aceituna.
/eira f. olivera. /icultura f. oleicultura, olivicultura.
olor m. olor.
ombr/eira f. hombrera;
umbral; dintel. /o m.
hombro.
omeleta f. tortilla.
omi/ssão f. omisión. /tir
tr. omitir.
o(m)nipotente adj. y m.
omnipotente.
omoplata m. Anat. omoplata.
onça f. Zool. onza.
onda f. onda, ola.
onde adv. donde; adonde.
onde/ar tr. e intr. ondear.
/jar tr. e intr. ondear.
ondula/ção f. ondulación.
/r tr. e intr. ondular.
oner/ar tr. onerar; oprimir. /oso adj. oneroso;
vejatorio.
ó(ô)nibus m. ómnibus.
onomástica f. onomástica.
ontem adv. ayer.
ó(ô)nus m. peso, carga;
gravamen; impuesto.
opac/idade f. opacidad;
obscuridad. /o adj. opaco; obscuro.
opal/a f. Min. ópalo. /escer tr. opalizar.
opção f. opción; preferencia.
ópera f. ópera.
opera/ção f. operación.
/r tr. e intr. operar; realizar.
operário m. obrero, operario.
opila/ção f. opilación;
obstrucción. /r tr. e intr.
opilar, obstruir.
opin/ar tr. e intr. opinar;
juzgar. /ião f. opinión,
parecer.
ópio m. opio.
opor tr. oponer; enfrentar;
contradecir.
oportun/idade f. oportunidad. /o adj. oportuno;
conveniente.
opos/ição f. oposición;
desacuerdo; partido contra el Gobierno. /itor m.
opositor. /to adj. opuesto, adversario.
opr/essão f. opresión; tiranía. /essor adj. y m.
opresor; tirano. /imir tr.
oprimir.
óptic/a f. óptica; perspectiva. /o adj. y s. óptico.
ó(p)timo adj. y m. óptimo; excelente.
opugna/ção f. opugnación; antagonismo. /r tr.
opugnar; contradecir; rechazar.
opul/ência f. opulencia;
lujo; abundancia. /ento
adj. opulento; abundante.
opúsculo m. opúsculo, folleto.
ora conj. ora, ahora; según esto; por —, por
ahora.
oração f. oración; plegaria; súplica; discurso.

alocución.
or/acular adj. oracular.
/áculo m. oráculo; profecía.
ora/r intr. orar, rezar. /
tória f. oratoria.
orb/e m. orbe; Mundo.
/ícola adj. y m. orbícola; cosmopolita.
órbita f. Astr. órbita;
área.
orça/mental adj. presupuestario. /mento m.
presupuesto. /r tr. e intr.
presupuestar; calcular;
Mar. orzar.
orchata f. horchata (refresco).
orde/iro adj. ordenado;
pacífico. /m f. orden;
método; comunidad;
mandato. /nação f. ordenación. /nar tr. e intr.
ordenar; mandar.
ordenhar tr. ordeñar.
ordinal adj. ordinal.
ordinário adj. y m. ordinario.
orégão m. Bot. orégano.
orelh/a f. Anat. oreja. /
udo adj. orejudo; fig. cabezón.
órfão adj. y m. huérfano.
orfeão m. Mús. orfeón.
organdi m. organdí.
org/ânico adj. orgánico.
/anismo m. organismo.
organiza/ção f. organización. /r tr. organizar.
órgão m. órgano.
orgia f. orgía.
orgulh/ar tr. y r. ufanar;
ensoberbecer. /o m. orgullo.
orienta/ção f. orientación.
/dor adj. y s. orientador.
orient/al adj. oriental. /alismo m. orientalismo.
/ar tr. y r. orientar;
guiar. /e m. oriente; fig.
principio.
orifício m. orificio.
orig/em f. origen; pretexto. /inal adj. y m. original. /inário adj. originario.
oriundo adj. oriundo.
orla f. orla; margen. /r
tr. orlar; orladar.
orna/dor adj. y s. adornador. /mento m. ornamento, adorno. /r tr.
ornar, adornar. /to m.
ornato.
orquestra f. orquesta. /r
tr. orquestar.
ortodox/ia f. ortodoxia. /o
adj. y s. ortodoxo.
ortografia f. ortografía.
orvalh/ar tr. e intr. rociar, lloviznar. /o m. rocío; escarcha; orvallo.
oscila/ção f. oscilación. /r
intr. oscilar.
oss/ificação f. osificación.
/ificar tr. y r. osificar.
/udo adj. huesudo.
osten/são f. ostentación.
/tação f. ostentación;
lujo. /tar tr. ostentar.
ostra f. Zool. ostra.
ourela f. orilla; orla; borde.
our/ives m. platero, orfefebre. /ivesaria f. platería, joyería. /o m. Min.
oro; fig. riqueza.
ousa/dia f. osadía. /r intr.
osar; emprender.
outeiro m. otero; colina.
outon/ada f. otoñada. /o
m. otoño; decadencia.
outorga f. otorgamiento;
concesión. /r tr. otorgar;
donar; aprobar.
outr/em pron. indef. otro,
otra persona; otros. /o
adj. y pron. otro; diverso, distinto; semejante.
/ora adv. otrora, en otro
tiempo.
outubro m. octubre.

ouvi/do m. oído; oreja.
/nte s. oyente. /r tr.
oír; escuchar.
ova f. hueva, ovario. /ção
f. hueva, ovario de lo
peces; ovación, aplauso.
/cionar tr. ovacionar;
aclamar. /r intr. huevar,
aovar.
ovário m. Anat. ovario.
ouvelh/a f. Zool. oveja.
/um adj. ovejuno.
oxalá interj. ¡ojalá!
oxida/ção f. Quím. oxidación. /r tr. oxidar.
óxido m. Quím. óxido.
oxig/enação f. oxigenación. /énio m. oxígeno.
ozon/e m. Quím. ozono,
ozona. /ização f. ozonización.

pá f. pala; Mar. achicador; pala de remo.
paci/ência f. paciencia.
/ente adj. y s. paciente;
enfermo.
pac/ificação f. pacificación. /ificar tr. pacificar.
/ífico adj. pacífico.
paço m. pazo.
pacote m. paquete, lío,
fardo.
pact/ar tr. intr. pactar. /o
m. pacto. /uar tr. e intr.
pactar.
padaria f. panadería.
padecer tr. e intr. padecer.
padeiro m. panadero.
padrão m. patrón; modelo; título auténtico.
padr/asto m. padrasto. /e
m. padre, sacerdote. /inho m. padrino. /oeiro
adj. y s. patrón; protector.
palizada.
pálido adj. pálido.
pálio m. palio.
palit/ar tr. e intr. mondar los dientes; burlarse.
/eiro m. palillero. o/
m. palillo, mondadientes.
palm/a f. palma. /ar m.
palmar; tr. empalmar,
hurtar.
palmatória f. palmeta;
palmatoria.
palmeira f. Bot. palmera.
palmo m. palmo.
palpa/ção f. palpación.
/r tr. palpar.
pálpebra f. Anat. pálpebra.
palpit/ação f. palpitación.
/ar intr. palpitar.
palr/a f. pop. charla.
/ador adj. y s. charlatán.
/ar intr. charlar; divulgar.
paludismo m. Med. paludismo.
panasca m. sodomita, invertido.
pança f. panza, bandullo;
pancada f. pancada, golpe, colisión; garrotazo;
palpitación; presentimiento.
pâncreas m. Anat. páncreas.
pancromático adj. Fot.
pancromático.
pândega f. juerga, parranda.
pandeir/eta f. Mús. pandereta. /o m. pandero.
panejar tr. e intr. Mar.
agitarse las velas, flamear; pintar el vestuario
de una figura.
panel/a f. olla, puchero,
cazuela. /inha f. pucherito, olla pequeña; pandilla; intriga.
panflet/ário m. panfletero, libelista. /o m. panfleto, libelo.
pânico adj. y m. pánico,
terror.
panifica/ção f. panificación. /r tr. panificar, panadear.
panóplia f. panoplia;
trofeo.
panor/ama m. panorama,
paisaje. /âmico adj. panorámico.
pantalha f. pantalla.
pântano m. pantano, lodazal; dificultad.
panteão m. panteón, tumba.
pantera f. Zool. pantera.
pantomi/ma f. pantomima; engaño; timo. /nar
intr. engañar.
pão m. pan; alimento.
papá m. papá, padre.
papag/aio m. Zool. papagayo, loro; cometa, pandero. /uear tr. e intr.
charlar, parlotear.
papai m. Bras. papá.
papalv/ice f. tontería, bobada. /o m. papanata;
simplón; gato montés.
pap/ança f. comilona,
banquetazo. /ar tr. e
intr. papar, comer; recorrer; vencer.
papel m. papel; títulos;
— moeda, papel monelón. /aria f. papelería.
papiro m. Bot. papiro.
papo m. papo de las aves;
fig. estómago; papera.
papo/ila o /ula f. Bot.
amapola.
paque/bote m. Mar. paquebot. /(ê)te m. paque-

bot, paquete; botones, recadero.

par adj. y m. par, semejante, igual; conjunto de dos cosas iguales; título de alta dignidad.

para prep. para; a fin de; hacia; disposición; aptitud.

parabéns m. pl. parabién, felicitación, enhorabuena.

parábola f. parábola.

pára/-brisas m. parabrisas (de vehículo). **/-choques** m. pl. parachoques. **/-chuva** m. paraguas.

parafin/a f. Quím. parafina. **/izar** tr. parafinar.

parafus/ador adj. y m. atornillador. **/ar** tr. e intr. atornillar. **/o** m. tornillo.

paragem f. parada; paraje; pausa.

paraíso m. paraíso; edén; sitio delicioso.

paralel/a f. Geom. paralela. **/ismo** m. paralelismo.

par/alisação f. paralización; interrupción. **/alisar** tr. e intr. paralizar; neutralizar. **/alítico** adj. y s. paralítico.

paraninf/a f. madrina; protectora. **/o** m. paraninfo, padrino.

parapeito m. parapeto, antepecho.

paraple/gia f. Med. paraplejía. **/xia** f. paraplexia, parálisis.

pára-qued/as m. paracaídas. **/ismo** m. paracaidismo.

parar tr. e intr. parar; descansar.

pára-raios m. pararrayos.

parasit/a s. parásito. **/ar** intr. llevar vida de parásito.

pára-sol m. parasol.

parcela f. parcela; fragmento. **/r** tr. parcelar, dividir.

parceria f. parcería; sociedad.

parcial adj. y s. parcial.

parda/cento adj. parduzco. **/l** m. Zool. gorrión, pardal; astuto.

pared/ão m. paredón. **/e** f. pared; barrera.

parente adj. y m. parente, pariente; parecido.

parêntese m. Gram. paréntesis.

paridade f. paridad, igualdad.

parietal m. Anat. parietal.

parir tr. parir; producir.

parissílabo adj. Gram. parisílabo.

parla/mentação f. parlamentación. **/mento** m. parlamento.

pároco m. Rel. párroco, sacerdote.

par/ódia f. parodia; imitación; juerga. **/odiar** tr. parodiar.

parolo adj. y m. palurdo; grosero.

par/óquia f. parroquia; feligresía. **/oquial** adj. parroquial.

parque m. parque.

parqu/é o **/ete** m. parqué, suelo de madera.

parreira f. parral, parra.

parric/ida s. For. parricida. **/ídio** m. parricidio.

parte f. parte, fracción;

lugar; **tomar** —, participar.

parte/ira f. partera, comadrona. **/jar** tr. partear; brotar.

parti/ção f. partición, repartición. **/cipar** tr. e intr. participar; anunciar.

partícula f. partícula, parte pequeña.

partid/a f. partida; salida; broma; **/ário** adj. y m. partidario; adepto. **/o** adj. y m. partido; amparo; ventaja; grupo.

parti/lha f. For. partija; dote. **/r** tr. e intr. partir; separar; dividir; comenzar. **/tura** f. Mús. partitura.

part/o m. parto. **/urição** f. parturición.

parv/alhão m. muy estúpido. **/alhice** f. necesidad, imbecilidad. **/o** adj. y m. parvo, idiota.

pascal adj. pascual, relativo a Pascua.

p/áscoa f. Pascua, pascual; — **de Natividade**, Navidad. **/ascoal** adj. pascual. **/ascoela** f. Pascuilla.

pasm/acear intr. pasmarse; holgazanear. **/ado** adj y s. pasmado, espantado. **/ar** tr. e intr. pasmar; asombrar; desmayar.

passa f. pasa, uva seca.

passad/eira f. pasadera; abrazadera. **/o** adj. y m. pasado; seco; admirado. **/or** adj. y m. pasador; colador.

passage/iro adj. y s. pasajero, viajante. **/m** f. pasaje; pasada; tránsito.

passajar tr. remendar, zurcir ropa.

passamento m. pasamento, fallecimiento; agonía.

passaporte m. pasaporte; salvoconducto.

passar tr. e intr. pasar, atravesar; conducir; transmitir; correr; colocer; — **a ferro**, planchar (ropa).

p/assarada f. pajarería. **/ássaro** m. pájaro.

passatempo m. pasatiempo, distracción.

passe m. pase, licencia, pasaporte.

passe/ar tr. e intr. pasear, recorrer; divagar. **/io** m. paseo; acera.

passional adj. y m. pasional.

passiv/a f. Gram. pasiva. **/o** adj. y m. pasivo; indiferente.

paso m. paso; gestión; acto.

pasta f. pasta, masa; cartera para documentos.

pasta/gem f. pasto, pacedero. **/r** tr. e intr. pastar, apacentar.

pastel m. pastel, dulce; persona indolente. **/ão** m. pastelón. **/aria** f. pastelería.

pasteuriza/ção f. pasteurización. **/r** tr. pausterizar, pasterizar.

pastilha f. pastilla.

past/io m. pasto, pastizal. **/o** m. pasto; **casa de** —, restaurante. **/or** m. pastor.

pata f. pata, pie de una cosa; hembra del pato.

pataco m. pataco, antigua moneda de Portugal.

patea/da f. pateadura. **/r** tr. e intr. patear; desaprobar; morir.

pateg/o adj. y s. labriego; rústico. **/uice** f. rusti quez; grosería.

patente adj. y f. patente, abierto; visible; diploma.

patern/al adj. paternal; afectuoso. **/o** adj. paterno.

pat/íbular adj. patibulario, lúgubre. **/íbulo** m. patíbulo.

patim m. patín; descansillo de escalera; calzado con ruedas para patinar.

pátio m. patio; atrio.

patologia f. Med. patología.

patrão m. patrón; dueño. **Pátria** f. Patria.

patriarca m. patriarca.

patr/ício adj. y m. patricio; aristocrático; compatriota. **/iota** s. patriota. **/iotismo** m. patriotismo.

patrulha f. Mil. patrulla. **/r** tr. e intr. patrullar.

patus/cada f. comilona, francachela; juerga. **/car** intr. ir de comilona; divertirse.

pau m. palo; bastón.

paul m. paúl, lodazal.

paulada f. golpe con palo; paliza.

paulatino adj. paulatino, lento.

pausar tr. pausar, descansar.

pauta f. pauta; modelo; relación. **/r** tr. pautar; registrar; regular.

pávido adj. pávido, tímido.

pavilhão m. pabellón.

paviment/ação f. pavimentación. **/ar** tr. pavimentar. **/o** m. pavimento, piso.

pavio m. pabilo; torcida.

pavo/a f. Zool. pava. **/near** tr. pavonear, ostentar.

pavor m. pavor.

paz f. paz; concordia.

pé m. Anat. pie; base; medida.

peanha f. peana, pedestal; apoyo.

peão m. peón, peatón; infante (soldado de infantería).

peça f. pieza; obra teatral; cañón.

peca/bilidade f. pecabilidad. **/do** m. pecado. **/r** intr. pecar.

peçonh/a f. ponzoña (veneno); maldad. **/entar** tr. envenenar.

pecuária f. pecuaria.

pedaço m. pedazo; fragmento.

pedag/ogia f. pedagogía. **/ógico** adj. pedagógico.

pedal m. pedal. **/ar** intr. pedalear.

pedant/eria f. pedantería. **/e** adj. y s. pedante, presumido.

pederastia f. pederastia, sodomía.

pedestr/e adj. pedestre. **/ianismo** m. pedestrismo.

pedido m. pedido; súplica.

pedi/nchão adj. y m. pedigón. **/nchar** tr. e intr. pedigüeñar, pedir mucho. **/nte** adj. y s. pidiente, mendigante. **/r** tr. pedir; requerir; rogar.

pedr/a f. piedra. **/ada** f. pedrada. **/a-pomes** f. piedra pómez. **/egal** m. pedregal. **/eiro** m. pedrero; albañil.

pegada f. pisada, huella del pie.

peguilho m. obstáculo; pretexto.

peit/ilho m. peto, pechera. **/o** m. pecho. **/oral** adj. y m. pectoral.

peixe m. Zool. pez.

pej/ado adj. repleto; avergonzado. **f.** preñada.

/ar tr. llenar; estorbar; concebir; avergonzarse. **/o** m. vergüenza, pudor.

péla f. pelota.

pelado adj. y s. pelado; calvo.

pel/ame m. pelambre; curtiduría. **/ar** tr. pelar. **/e** f. piel.

peleja f. pelea. **/r** pelear.

peliça f. pelliza.

pelicano m. Zool. pelícano.

película f. película.

pelintr/a adj. y s. pelado; mezquino; andrajoso. **/ice** f. mezquindad.

pêlo m. pelo.

pelve f. Anat. pelvis.

pena f. pena; pluma; correctivo. **/cho** m. penacho; ostentación. **/l** adj. penal.

penca f. penca.

pendão m. pendón.

pend/ência f. pendencia. **/ente** adj. y s. pendiente. **/er** intr. y tr. pender; colgar.

pêndul/a f. péndula; reloj. **/o** adj. y m. péndulo.

pendurar tr. y r. colgar, suspender; fijar.

pened/ia f. peñascal; roca. **/o** m. peñasco.

penetra/ção f. penetración. **/r** tr. y r. penetrar; comprender.

penha f. peña. **/sco** m. peñasco.

penhor m. prenda. **/ar** tr. y r. empeñar.

penicilina f. penicilina.

pen/ínsula f. península. **/insular** adj. y s. peninsular.

penit/ência f. penitencia. **/enciar** tr. y r. penitenciar. **/enciária** f. penitenciaria. **/ente** adj y s. penitente.

penol m. Mar. penol.

pensa/dor adj. y s. pensador. **/mento** m. pensamiento.

pensão f. pensión.

pensar tr. e intr. pensar.

pênsil adj. pensil.

pension/ar tr. pensionar. **/ato** m. pensionado. **/ista** adj. y s. pensionista.

pentágono m. Geom. pentágono.

pente m. peine. **/ado** m. peinado. **/ar** tr. peinar.

pentecostes m. Rel. Pentecostés.

penugem f. plumón; pelusa; vello.

penúltimo adj. penúltimo.

penumbra f. penumbra.

penúria f. penuria.

pepita f. pepita.

peque/na f. muchacha; niña; novia. **/nez** f. pequeñez.

perante prep. delante de; en presencia de.

perce/(è)be m. Zool. percebe (marisco).

perceber tr. e intr. percibir; comprender; recibir.

percentagem f. porcentaje.

percha f. pértiga.

percorrer tr. recorrer; examinar.

percu/ssão f. percusión. **/tir** tr. percutir.

perd/er tr. y r. perder. **/ição** f. perdición.

perdi/gão m. Zool. perdigón. **/gueiro** adj. y s. perdiguero. **/z** f. perdiz.

perdoar tr. e intr. perdonar.

perdura/ção f. perduración. **/r** intr. perdurar.

perece/dor adj. perecedor. **/r** intr. perecer.

peregrin/ação f. peregrinación. **/ar** tr. e intr. pe

regrinar; recorrer. **/o** adj. y s. peregrino; extraño.

pereira f. Bot. peral.

perfazer tr. completar; cumplir.

perfei/ção f. perfección; hermosura. **/to** adj. perfecto.

pérfido adj. y s. pérfido, infiel.

perfil m. perfil; carácter.

perfilha/ção f. prohijamiento. **/r** tr. prohijar, adoptar.

perfloração f. Bot. florescencia.

perfum/ado adj. perfumado. **/ar** tr. perfumar, aromatizar. **/e** m. perfume; dulzura.

perfura/ção f. perforación; abertura. **/r** tr. perforar; abrir.

pérgula f. pérgola, galería, balcón.

pergunta f. pregunta; interrogación. **/r** tr. e intr. preguntar; investigar.

perícia f. pericia, experiencia.

per/iferia f. periferia, contorno. **/ífrase** f. Gram. perífrasi, circunloquio, rodeo gramatical.

perig/ar intr. peligrar. **/o** m. peligro; aborto.

per/imetria f. perimetria. **/ímetro** m. perímetro; ámbito.

perimir tr. For. extinguir, anular; prescribir.

per/iódico adj. y m. periódico. **/iodismo** m. periodista; compositor. **/íodo** m. período.

peripécia f. peripecia; suceso, episodio.

périplo m. periplo, circunnavegación.

periscópio m. Fís. periscopio.

perito adj. y m. perito, práctico.

periton/eu m. Anat. peritoneo. **/ite** f. peritonitis.

perj/urar tr. e intr. perjurar; apostatar. **/úrio** m. perjuicio.

perla f. perla.

perman/ecer intr. permanecer; perseverar. **/ente** adj. y f. permanente.

permiss/ão f. permisión; licencia. **/ível** adj. permisible.

permitir tr. e intr. permitir, autorizar.

permuta f. permuta, cambio. **/r** tr. permutar, cambiar; comunicar.

pern/a f. Anat. pierna. **/altas** f. pl. Zool. zancudas. **/ão** adj. y m. pernil; pernaza.

pern/ície f. devastación; perjuicio. **/iciosa** f. Pat. perniciosa, malaria (fiebre).

perno/itar o **/utar** intr. pernoctar.

pero m. Bot. pero.

p/érola f. perla. **/erolar** tr. perlificar; rociar.

peró(ô)nio adj. y m. Anat. peroné.

perpend/icular adj. y f. Geom. perpendicular. **/ículo** m. perpendículo, plomada.

perpetrar tr. perpetrar; realizar.

perp/etuação f. perpetuación. **/etuar** tr. perpetuar, inmortalizar.

perquir/ição f. perquisición; investigación. **/ir** tr. perquirir.

perscruta/ção f. indagación. **/r** tr. investigar,

escudriñar.

perse/cução f. pesecución. **/guir** tr. perseguir; importunar.

persevera/nça f. perseverancia; firmeza. **/r** intr. perseverar; persistir.

persiana f. persiana, celosía.

persigna/ção f. acción de persignarse. **/r-se** r. persignarse.

persist/ência f. persistencia; firmeza. **/ir** intr. persistir.

person/agem f. personaje. **/alidade** f. personalidad. **/alizar** tr. e intr. personalizar, individualizar.

perspe(c)tiva f. perspectiva; probabilidad.

perspicácia f. perspicacia, sagacidad.

perten/ça f. pertenencia. **/cer** intr. pertenecer.

pértiga f. pértiga.

perto adv. cerca.

perturba/ção f. perturbación. **/r** tr. perturbar.

perver/são f. perversión. **/ter** tr. y r. pervertir.

pesadelo m. pesadilla.

pêsame m. pésame.

pesa/-papéis m. pisapapeles. **/r** tr. y m. pesar.

pesca f. pesca; fig. investigación. **/da** f. *Zool.* merluza. **/dor** m. pescador. **/r** tr. pescar.

pescoço m. pescuezo; cuello.

pesebre m. pesebre.

peseta f. peseta.

pe(ê)so m. peso.

pesqueiro adj. y s. pesquero.

pesquisa f. pesquisa.

p/êssego m. *Bot.* pérsico; melocotón. **/essegueiro** m. *Bot.* pérsico; melocotonero.

pessimis/mo m. pesimismo. **/ta** adj. y s. pesimista.

péssimo adj. pésimo.

pessoa f. persona.

pestan/a f. pestaña. **/ejar** intr. pestañear.

pest/e f. peste. **/ilência** f. pestilencia.

pestilo m. pestillo.

pe(ê)ta f. mentira; patraña.

pétala f. *Bot.* pétalo.

peti/ção f. petición. **/cionar** intr. pedir, solicitar.

petis/car tr. comer poco; probar, saborear. **/co** m. golosina; manjar delicioso.

petiz adj. y s. niño, chiquillo.

petrech/ar tr. pertrechar. **/os** m. pertrechos.

petrifica/ção f. petrificación. **/r** tr. e intr. petrificar.

petr/oleiro m. petrolero. **/óleo** m. petróleo.

petu/lância f. petulancia. **/lante** adj. petulante.

peúga f. calcetín.

peugada f. huella.

pevide f. pepita.

pez m. pez.

pia f. pila, artesa de piedra.

piad/a f. chiste; alusión maliciosa; piada. **/inha** f. indirecta; chiste.

pian/ista s. pianista. **/o** adv. y m. piano.

pião m. peón.

piar intr. piar; hablar.

pica/deiro m. picadero. **/dela** f. picadura; pinchazo. **/-flor** m. *Zool.* colibrí, picaflor. **/-pau** m. *Zool.* picamaderos. **/-peixe** m. martinete. **/r** tr. picar; pinchar; estimular.

picardia f. picardía.

picareta f. pico.

pícaro adj. pícaro.

piçarra f. pizarra.

pico m. pico; cumbre; cúspide; acidez; malicia. **/tar** tr. picar, horadar.

piedade f. piedad; misericordia.

pifar tr. robar; rapiñar.

pífaro m. *Mús.* pífaro.

pigment/ação f. pigmentación. **/ar** tr. pigmentar.

pijama m. pijama.

pil/ador adj. y m. pelador; machacador. **/ar** tr. pisar, machacar; m. *Arq* pilar, columna.

pilé adj. dícese del azúcar en terrón.

pilha f. pila; rima, montón; m. ratero, ladrón. **/gem** f. pillaje, saqueo. **/r** tr. pillar, robar.

pilo/tagem f. *Mar.* pilotaje. **/tar** tr. pilotar. **/(ô)to** m. piloto; guía.

pílula f. píldora.

piment/a f. *Bot.* pimienta; pimentero. **/ão** m. pimentón.

pináculo m. pináculo, cúpula; cumbre.

pinça f. pinza, tenazuelas.

píncaro m. pináculo.

pincel m. pincel; brocha; fig. pintor.

ping/a f. gota, trago; m. mequetrefe; **gostar da —,** gustar del vino. **/ado** adj. goteado, salpicado; borracho. **/ar** tr. e intr. gotear; lloviznar. **/o** m. gota; mancha.

pingue-pongue m. ping pong, juego de tenis de mesa.

pingu(ü)im m. *Zool.* pingüino.

pinh/a f. *Bot.* piña; conglomerado. **/al** m. pinar. **/ão** m. piñón; golpe. **/eiro** m. pino. **/o** m. pino, madera del pino.

pinote m. coz; salto, respingo. **/ar** intr. cocear; respingar.

pinta f. pinta; salpicón; gallina joven.

pinta/lgar tr. pintorrear; mezclar. **/r** tr. e intr. pintar; describir; engañar.

pinto m. pollo, pollito.

pint/or m. pintor; mentiroso. **/ura** f. pintura; cuadro.

piolh/ada f. piojería; miseria. **/eira** f. miseria; porquería; pocilga. **/o** m. *Zool.* piojo (insecto parásito).

pioneiro m. pionero; precursor.

pior adj. y m. peor. **/ar** tr. e intr. empeorar; agraagravarse.

piorre(é)ia f. *Pat.* piorrea.

pipa f. pipa, tonel.

pir/amidal adj. piramidal; grandioso. **/âmide** pirámide.

pirat/a m. pirata; corsario. **/ear** tr. e intr. piratear, robar.

piren/aico adj. *Geog.* pirenaico, relativo a los Pirineos. **/éu** adj. pirenaico.

pires m. platillo; adj. ordinario, vil, grosero.

pírex m. pirex, vidrio refractario.

pirita f. *Min.* pirita.

piroga f. piragua.

pirot/ecnia f. pirotecnia. **/écnico** adj. y m. pirotécnico.

pirra/ça f. jugarreta, broma; desilusión. **/çar** tr. e intr. contrariar.

pirueta f. pirueta, cabriola.

pírula f. píldora; fig. pesadumbre.

pisa f. pisa; paliza. **/dela** f. pisada. **/r** tr. e intr. pisar, calcar; magullar; subyugar; humillar.

pisca/dela f. guiñada, pestañeo. **/r** tr. guiñar (el ojo).

pisc/atório adj. piscatorio. **/ícola** adj. piscícola. **/icultura** f. piscicultura.

piscina f. piscina, estanque.

piso m. piso; pavimento.

pista f. pista; huella; **pista de juegos;** búsqueda.

pistão m. pistón, émbolo de bomba.

pistilo m. *Bot.* pistilo.

pistol/a f. pistola. **/eiro** m. armero.

pitéu m. golosina, golleria.

pitoresco adj. y m. pintoresco; pictórico; vistoso.

pl/ácito m. beneplácito; aprobación; pacto. **/acitude** f. sosiego; tranquilidad.

pl/agiador m. plagiario; imitador. **/agiar** tr. e intr. plagiar, imitar.

plaina f. cepillo (para alisar madera).

planalto m. planalto; meseta.

planar intr. planear.

plâncton m. plancton.

plane/ar tr. planear. **/jar** tr. planear.

plane(ê)ta m. planeta.

plan/ície f. planicie. **/ificar** tr. planear. **/o** adj. y m. plano.

plant/a f. planta. **/ação** f. plantación. **/ar** tr. plantar.

plasma m. plasma.

plasmar tr. plasmar, crear, modelar.

pl/asticizar tr. modelar; tornar plástico. **/ástico** adj. y m. plástico.

plataforma f. plataforma.

plateia f. platea.

platina f. platina.

plebe f. plebe. **/u** adj. y s. plebeyo.

plebiscito m. plebiscito.

pleit/eador adj. y m. pleiteador. **/o** m. pleito.

plenário adj. y m. plenario; completo.

plenipot/ência f. plenipotencia. **/enciário** adj. y s. plenipotenciario.

plen/itude f. plenitud; grandeza. **/o** adj. pleno, lleno; perfecto.

pleu/ra f. *Anat.* pleura. **/risia** f. pleuresía.

plissa/do adj. y s. plisado. **/r** tr. plisar, plegar.

pluma f. pluma; penacho. **/gem** f. plumaje.

plumbagina f. *Min.* plumbagina, grafito.

plural adj. y m. *Gram.* plural. **/idade** f. pluralidad; multitud.

pluriforme adj. multiforme; polifacético.

plurilíngue adj. plurilingüe, políglota.

pluvi/al adj. y m. pluvial. **/ó(ô)metro** m. *Fís.* pluviómetro.

pneumátic/a f. *Fís.* neumática. **/o** adj. neumático; cubierta (de rueda).

pó m. polvo, polvillo; cosa sin valor.

pobre adj. y s. pobre, indigente; estéril. **/za** f. pobreza; miseria.

pocilga f. pocilga; casa inmunda.

poço m. pozo; abismo; hoyo.

podar tr. podar, cortar.

poder tr. e intr. poder; m. energía, capacidad; dominio. **/io** m. poderío, autoridad.

podr/e adj. y m. podre, putrefacto; pl. vicios. **/idão** f. podredumbre; depravación.

poeir/a f. polvo; fig. vanidad; barullo. **/ento** adj. polvoriento.

poema m. poema.

poente adj. y m. poniente, occidente.

po/esia f. poesía; inspiración. **/eta** adj. y m. poeta; soñador. **/ético** adj. poético.

poial m. poyo; montadero; poíno.

pois conj. pues; por consiguiente, así; por tanto.

poisa/da f. posada. **/r** tr. posar.

polaina f. polaina.

polar adj. polar. **/izar** tr. polarizar.

polca f. polca.

polegar m. pulgar.

pol/émica f. polémica. **/emizar** intr. polemizar.

pólen m. polen.

polichinelo m. polichinela.

polícia f. policía.

policlínica f. policlínica.

policromia f. policromía.

polid/ez f. delicadeza. **/o** adj. cortés; pulido; delicado.

polígamo adj. y s. polígamo.

poliglota adj. y m. poliglota.

polígono m. *Geom.* polígono.

poliomielite f. *Pat.* poliomielitis.

polir tr. y r. pulir; bruñir.

politécnica f. politecnia.

pol/ítica f. política; fig. astucia. **/ítico** adj. y m. político; fig. delicado.

pólo m. polo; guía.

poltrão adj. y s. poltrón.

poltron/a f. butacón. **/ear** intr. y r. poltronear; recostarse.

polu/ir tr. y tr. profanar; deshonrarse. **/to** adj. poluto; manchado; profanado.

polvo m. *Zool.* pulpo.

p/ólvora f. pólvora. **/olvorim** m. polvorín.

pomada f. pomada.

pomar m. pomar; frutería.

pomb/a f. *Zool.* paloma. **/al** m. palomar. **/o** m. palomo.

pomes m. piedra pómez.

pom/icultura f. pomicultura, fruticultura. **/o** m. pomo, fruto carnoso; seno de mujer. **/ologia** f. pomología.

pomp/a f. pompa; ostentación. **/oso** adj. pomposo.

pó(ô)mulo m. *Ant.* pómulo.

ponder/ação f. ponderación, sensatez. **/ar** tr. e intr. ponderar; reflexionar.

ponente adj. poniente, occidente.

pont/al adj. y m. puntual. **/ão** m. pontón; escora, apoyo; puente pequeño.

pontapé m. puntapié; ofensa.

pont/ar tr. e intr. apuntar (en el teatro); construir puentes. **/aria** f. puntería. **/e** f. puente; *Mar.* cubierta.

pont/eiro m. puntero; aguja de reloj. **/iagudo** adj. puntiagudo.

pont/ificado m. Pontificado. **/ífice** m. Pontífice, Papa.

pontilha/do m. punteado. **/r** tr. puntear.

pontilho m. puntilla.

ponto m. punto.

pontual adj. puntual.

po(ô)pa f. *Mar.* popa.

popelina f. popelina.

popu/laça f. populacho. **/lação** f. población. **/lar** adj. y m. popular.

por prep. por.

pôr tr. poner.

porão m. *Mar.* bodega de un buque.

porca f. puerca; tuerca. **/lhão** adj. y m. sucio, cochino.

porção f. porción.

porcaria f. porquería.

porcelana f. porcelana.

porc/ino adj. porcino. **/o** adj. y s. *Zool.* puerco; sucio. **/o-espinho** m. puerco espín.

porém conj. no obstante; pero; por eso.

porfia f. porfía. **/r** intr. porfiar.

pormenor m. pormenor.

porn/ografia f. pornografía. **/ógrafo** m. pornógrafo.

poro m. poro.

porqu/e conj. y adv. porqué; para qué. **/ê** m. y adv. porqué; causa, motivo.

porra f. porra.

porta f. puerta; abertura.

porta-/aviões m. portaaviones. **/bandeira** m. *Mil.* abanderado.

portada f. portada.

porta-jóias m. joyero.

porta-/moedas m. portamonedas. **/novas** m. chismoso.

portanto conj. por tanto; por consiguiente.

portátil adj. y s. portátil.

porte m. porte; franqueo. **/ar** tr. franquear.

porteiro m. portero; subastador.

po(ô)rto m. puerto; fig. asilo.

portugu/ês adj. y s. portugués. **/esismo** m. portuguesismo.

posar intr. posar.

poscé(ê)nio m. proscenio.

pós-data f. postdata.

pose f. pose.

posição f. posición.

positiv/ar tr. positivar. **/ismo** m. positivismo. **/o** adj. y m. positivo.

possan/ça f. valentía; poder. **/te** adj. poderoso; fuerte.

posse f. posesión; pl. medios. **/ssão** f. posesión. **/ssivo** adj. posesivo.

possibili/dade f. posibilidad. **/tar** tr. posibilitar.

possui/dor adj. y s. poseedor. **/r** tr. poseer.

posta f. tajada; posta.

postal adj. y s. postal.

poste m. poste.

posterga/ção f. postergación. **/r** tr. postergar.

posteridade f. posteridad.

postiço adj. y m. postizo.

postigo m. postigo.

po(ô)sto adj. y m. puesto; empleo; dignidad; graduación; parage; tenderete.

postre m. postre, postres.

póstumo adj. póstumo.

postura f. postura; actitud.

pot/assa f. *Quím.* potasa. **/ássio** m. potasio.

pot/ência f. potencia; vigor; dominación. **/enciação** f. *Mat.* potenciación. **/entado** m. potentado;

opulento. /ente adj. potente.

pouco adj. y pron. ind. poco, escaso; limitado; reducido; adv. insuficiente.

poupa/dor adj. y m. ahorrador. /r tr. e intr. ahorrar.

pous/ada f. posada, hospedaje. /ar tr. e intr. posar, colocar; fijar; pernoctar.

povo m. pueblo, población; nación; raza; plebe. /ação f. población, lugar habitado. /ar tr. poblar.

pra/ça f. plaza; mercado; baluarte; subasta. /cear tr. subastar.

prad/aria f. pradería, prado. /o m. prado.

praga f. plaga; calamidad; peste; blasfemia.

pragueja/dor adj. y s. imprecador; jurador. /r tr. e intr. jurar; maldecir.

praia f. playa; litoral. /-mar f. plena mar, mar llena.

pranch/a f. plancha; hoja de metal. /eta f. plancheta, tablero para dibujo.

prat/a f. Min. plata; vajilla de plata. /ear tr. platear.

pr/ática f. práctica; costumbre. /aticar tr. e intr. practicar; realizar. /ático adj. y m. práctico; diestro.

prato adj. y m. plato, platillo.

praxe f. práctica, costumbre; etiqueta.

praze/nte adj. placentero, agradable. /nteiro adj. placentero, apacible; alegre. /r intr. placer, agradar; m. distracción, alegría.

prazo m. plazo; aplazamiento.

pré m. Mil. prest., pre, soldado.

preanunciar tr. anunciar anticipadamente.

prec/ário adj. precario, inseguro; frágil. /atar tr. precaver, prevenir. /aução f. precaución, cautela. /aver tr. y r. precaver, prevenir.

prece f. oración, pedido a Dios; pl. preces.

preced/ência f. precedencia, prioridad. /er tr. e intr. preceder.

precint/a f. precinta. /ar tr. precintar.

precios/idade f. preciosidad. /o adj. precioso, excelente.

precip/ício m. precipicio; abismo; peligro. /itação f. precipitación. /itar tr. e intr. precipitar; despeñar; acelerar.

precis/ão f. precisión; puntualidad. /ar tr. e intr. precisar.

preço m. precio; estimación; importancia.

precoc/e adj. precoz; prematuro. /idade f. precocidad.

preconceber tr. preconcebir.

preconiza/ção f. preconización. /r tr. preconizar; elogiar.

precursor adj. y m. precursor.

predial adj. predial.

predi/cado m. cualidad; talento; Gram. predicado. /cador adj. y m. predicador. /cável adj. predicable.

predispo/r tr. predisponer. /sição f. predisposición; aptitud.

predizer tr. predecir, vaticinar.

predomina/ção f. predominación; influencia. /r intr. predominar; sobresalir.

preencher tr. rellenar; satisfacer; cumplir.

pref/ação f. prefacio, prólogo. /ácio m. prefacio.

prefeit/o m. prefecto. /ura f. prefectura.

prefer/ência f. preferencia. /ir tr. preferir.

prefix/ar tr. prefijar. /o adj. y s. prefijo.

prega f. pliegue; arruga.

prega/ção f. predicación. sermón; clavamiento. /dor adj. y m. predicador; clavador; broche. /r tr. predicar; preconizar; clavar; fruncir; intr. evangelizar.

prego m. clavo, brocha; mentira; pôr no —, empeñar.

prego/ar tr. pregonar, revelar. /eiro m. pregonero; subastador.

pregui/ça f. pereza, indolencia. /çoso adj. perezoso; ocioso.

pré-história f. prehistoria.

preia-mar f. pleamar.

preit/ear tr. pleitear; homenajear. /o m. convenio; homenaje; vasallaje.

preju/dicar tr. perjudicar; inutilizar. /ízo m. perjuicio; daño.

prelação f. For. prelación.

preliminar adj. y m. preliminar; introducción, prólogo.

prélio m. pelea; discusión.

preluzir intr. prelucir.

prematuro adj. prematuro, anticipado.

premedita/ção f. premeditación. /r tr. premeditar.

pr/emiar tr. premiar; remunerar. /é(ê)mio m. premio; lucro.

pré-natal adj. prenatal.

prenda f. prenda, regalo; pop. persona ruin. /r tr. premiar.

prender tr. prender, agarrar; cautivar; ligar.

prenhe adj. preñada; repleto. /z f. preñez.

prenom/e m. prenombre, nombre de pila. /inar tr. prenombrar, nombrar.

prensa f. prensa. /r tr. prensar; apretar.

preocupa/ção f. preocupación. /r tr. preocupar.

prepar/ação f. preparación. /ar tr. preparar, aprestar.

prepo/r tr. preponer; preferir. /sição f. preposición.

prepotência f. prepotencia.

prerrogativa f. prerrogativa.

pre/(ê)sa f. presa. /sar tr. apresar.

presb/itério m. presbiterio. /ítero m. presbítero.

prescindir intr. prescindir.

prescr/ever tr. e intr. prescribir. /ição f. prescripción.

presen/ça f. presencia. /ciar tr. presenciar.

presenta/ção f. presentación. /r tr. presentar.

presente adj. y m. presente; regalo. /ar tr. regalar.

presepe o presépio m. presepio; belén.

preserva/ção f. preservación. /r tr. preservar.

presid/ência f. presidencia. /ente adj. y s. presidente.

pres/idiário adj. y s. presidiario. /ídio m. presidio.

presidir tr. e intr. presidir.

pre(ê)so adj. y s. preso.

pressa f. prisa.

press/agiar tr. presagiar. /ágio m. presagio.

pressão f. presión.

presta/ção f. prestación. /mista s. prestamista. /r tr. e intr. prestar; ofrecerse; servir; aprovechar; condescender.

prest/idigitação f. prestidigitación. /igiador m. prestigiador.

préstito m. acompañamiento; procesión.

presunto m. jamón, pernil.

preten/dente adj. y s. tendiente; candidato. /der tr. pretender.

pret/erir tr. preterir; ultrapasar; omitir. /érito adj. y m. pretérito.

pret/idão f. negrura. /o adj. y s. negro; oscuro.

preval/ecer tr. prevalecer, predominar. /ência f. preponderancia.

preve/nção f. prevención; precaución. /nir tr. prevenir, preparar; avisar.

previdência f. previsión; cautela.

pr/évio adj. previo; anticipado. /evisão f. previsión.

preza/do adj. apreciado, querido. /r tr. preciar, estimar.

prima f. Mús. prima (cuerda); hija de tío carnal. /cial adj. primacial; superior. /do m. primado; supremacía.

primaver/a f. primavera; juventud; principio. /al adj. primaveral.

primeiro adj. primero; principal. /-ministro m. primer ministro.

prim/ícias f. pl. primicias; comienzos de algo. /igé(ê)nio adj. primigenio, originario.

primo adj. y m. primo, hijo de tío; fig. fundamento; — irmão, primo hermano. /genitor m. primogenitor; pl. antepasados.

primor m. primor, belleza. /oso adj. primoroso, esmerado.

principado m. principado, principazgo.

principal adj. y m. principal; fundamental.

pr/íncipe m. príncipe. /incipesco adj. principesco; suntuoso.

princ/ipiante adj. y s. intr. principiar. /ipiar tr. e intr. principio; origen; educación.

prior m. Rel. prior. /ado m. priorato.

pris/ão f. prisión, captura. /ioneiro adj. y m. prisionero, cautivo.

prism/a m. Geom. prisma. /ático adj. prismático.

priva/ção f. privación.

/r tr. e intr. privar, destituir.

pró m. y adv. pro; ventajas; en favor de.

proa f. Mar. proa; frente; vanidad.

probabili/dade f. probabilidad. /zar tr. hacer probable.

problema m. problema; misterio.

proced/ência f. procedencia, principio. /er tr. e intr. proceder; conducirse.

process/ar tr. For. procesar; verificar. /o m. For. proceso; demanda; norma; método; sistema; procedimiento.

procissão f. procesión.

proclama m. proclama. /r tr. y r. proclamar.

procria/ção f. procreación. /r tr. e intr. procrear.

procura f. búsqueda; investigación; aceptación. /r tr. e intr. procurar; indagar; diligenciar; ejercer el cargo de procurador.

prodigali/dade f. prodigalidad. /zar tr. prodigalizar.

prodígio m. prodigio.

pródigo adj. pródigo.

produ/ção f. producción; producto. /to m. producto; provecho. /zir tr. producir.

proeza f. proeza.

profan/ação f. profanación. /ar tr. profanar. /o adj. y s. profano.

profecia f. profecía.

profess/ar tr. e intr. profesar. /o adj. y s. profeso.

profess/or m. profesor. /orado m. profesorado.

profet/a m. profeta. /izar tr. profetizar.

profilaxia f. Med. profilaxia.

profiss/ão profesión. /ional adj. y m. profesional.

prófugo adj. y s. prófugo.

profund/ador adj. y s. profundizador. /ar tr. e intr. profundizar; penetrar.

profus/ão f. profusión. /o adj. profuso.

progn/ose f. Med. prognosis. /osticar tr. e intr. prognosticar.

programa m. programa.

progre/dir intr. progresar; adelantarse. /sso m. progreso.

proibi/ção f. prohibición. /r tr. prohibir.

proje(c)/ção f. proyección. /tar tr. y r. proyectar. /til adj. y s. proyectil. /to m. proyecto. /tor m. proyector.

prole f. prole.

proletário m. proletario.

prol/iferar intr. proliferar. /ífero adj. prolífero.

prólogo m. prólogo.

prolonga/ção f. prolongación. /r tr. prolongar.

prome/ssa f. promesa. /ter tr. e intr. prometer.

promiscui/dade f. promiscuidad. /r-se o m. promiscuarse.

promoção f. promoción.

promontório m. promontorio.

promotor adj. y s. promotor.

promover tr. promover.

promulga/ção f. promulgación. /r tr. promulgar.

pronome m. Gram. pronombre.

pront/idão f. prontitud. /ificar tr. y r. ofrecer; disponerse.

prontuário m. prontuario.

pron/úncia f. pronunciación. /unciação f. pronunciación. /unciar tr. pronunciar; revolver.

propag/ação f. propagación; dilatación. /anda f. propaganda. /ar tr. e intr. propagar; vulgarizar; enseñar.

propalar tr. propalar; publicar.

propano m. Quím. propano.

propina f. cuota de entra-

da; matrícula de colegio; aguinaldo; regalo.

propo/nente adj. y s. proponente. /r tr. proponer; promover, procurar.

propor/ção f. proporción; armonía; tamaño. /cionar tr. proporcionar; simetrizar.

prop/osição f. proposición. /osta f. propuesta; ofrecimiento.

proprie/dade f. propiedad; patrimonio. /tário adj. y s. propietario.

próprio adj. propio, característico; exclusivo; m. portador.

propuls/ão f. propulsión; impulso. /ar tr. propulsar, impeler. /or m. propulsor.

prorrog/ação f. prorrogación; dilación. /ar tr. prorrogar, aplazar.

prosa f. prosa; soberbia. /dor m. prosador, prosista. /r intr. prosaizar.

proscr/ever tr. proscribir; extinguir; expulsar. /ição f. proscripción; abolición.

prosódia f. Gram. prosodia.

prosónimo m. apellido; prospec/ção f. prospección; alcuña.

prospe(c)to m. prospecto; anuncio; plano.

pr/osperar tr. e intr. prosperar; mejorar. /osperidade f. prosperidad; éxito; fortuna; auge.

prossegui/ção f. prosecución. /r tr. e intr. proseguir; continuar.

próstata f. Anat. próstata.

prosterna/ção f. prosternación. /r intr. prosternarse; humillar.

próstese f. prótesis.

prost/ibular adj prostibulario. /ituição f. prostitución. /ituta f. prostituta.

protagonista s. protagonista.

prote/(c)ção f. protección; amparo; socorro. /ger tr. proteger; auxiliar.

proteínas f. pl. proteínas.

protest/ação f. protestación. /ante adj. y s. protestante. /ar tr. e intr. protestar. /o m. protesto.

protocol/ar adj. protocolario. /o m. protocolo.

protoplasma m. protoplasma.

protótipo m. prototipo; modelo.

protozoário m. Zool. protozoario.

protuberância f. protuberancia.

prova f. prueba; /ção f. prueba; desdicha. /r tr. probar; ensayar.

provedor m. proveedor. /ia f. provedoría.

proveito m. provecho; utilidad.

proveni/ência f. proveniencia, origen. /ente adj. proviniente.

prover tr. e intr. preveer, prevenir; conferir.

prov/erbial adj. proverbial; sentencioso. /érbio m. proverbio, adagio.

proveta f. Quím. probeta.

provid/ência f. providencia; Dios. /enciar intr. providenciar; ordenar.

provimento m. provimiento; provisión.

prov/íncia f. provincia. /incial adj. y m. provincial.

provir intr. provenir, derivar.

provis/ão f. provisión, suministro. /ionar tr.

aprovisionar; suminis-trar. /**ório** adj. provisional.
provoca/ção f. provocación. /**r** tr. provocar, incitar.
pr/oximidade f. proximidad. /**óximo** adj. próximo, cercano.
prud/ência f. prudencia. /**ente** adj. prudente.
prum/ada o /**agem** f. plomada. /**ar** intr. aplomar. /**o** m. plomada; fig. prudencia.
pruri/do m. prurito. /**r** tr. causar prurito; fig. estimular.
pseudó(ô)nimo m. pseudónimo.
psic/análise f. psicanálisis. /**ologia** f. psicología. /**ose** f. psicosis.
psiquiatr/a s. psiquiatra. /**ia** f. psiquiatría.
púbis f. *Anat.* pubis.
public/ação f. publicación. /**ar** tr. publicar. / **idade** f. publicidad.
público adj. y s. público.
púcaro m. vasija de barro con asa.
pudor m. pudor, honestidad.
puer/ícia f. puericia. /**icultura** f. puericultura. /**il** adj. pueril; ingenuo.
pugil/ar intr. apuñetear, pelear. /**ismo** m. pugilismo, boxeo.
puja/nça f. pujanza; abundancia. /**r** tr. e intr. pujar; aventajar.
pulcr/itude f. pulcritud; perfección. /**o** adj. pulcro, bello; perfecto.
pulm/ão m. *Anat.* pulmón. /**onar** adj. pulmonar. /**onia** f. pulmonía.
pulo m. salto; agitación; brinco.
púlpito m. púlpito.
puls/ação f. pulsación; palpitación. /**ar** tr. e intr. pulsar; ansiar.
puls/ear intr. pulsear. /**eira** f. pulsera. /**o** m. pulso; fig. fuerza.
pun/ção s. punción (operación); punzón; estilete. /**çar** tr. punchar.
pung/ente adj. pungente; agudo; conmoviente. /**ir** tr. e intr. pungir; herir; torturar.
punh/ada f. puñada, puñetazo. /**al** m. puñal. /**o** m. puño.
pureza f. pureza, limpidez, inocencia.
purga f. purga, purgante. /**ção** f. purgación; gonorrea. /**nte** adj. y m. purgante. /**r** tr. e intr. purgar, purificar, limpiar.
puni/ção f. punición. /**r** tr. e intr. punir, castigar.
pupil/a f. *Anat.* pupila, niña del ojo; educanda. /**agem** f. pupilaje.
puri/dade f. puridad; secreto. /**ficar** tr. purificar; santificar.
pur/ismo m. purismo. /**itano** adj. y m. puritano; austero. /**o** adj. puro; claro; casto; correcto.
pu/rulência f. *Med.* purulencia /**s** m. pus, materia.
putre/fa(c)ção f. putrefacción; corrupción. /**fa(c)to** adj. putrefacto, podrido. /**fazer** tr. descomponer, podrir.
puxa/dor m. tirador, /**nte** tirante, empujante; estimulante. /**r** tr. e intr. tirar; empujar; provocar.

quadra f. cuarteto, cuatro versos; cuatro, naipe; fig. época; tiempo; trozo de muralla. /**do** m. cuadrado. /**nte** m. *Mar.* cuadrante. /**r** tr. e intr. cuadrar; cuadricular.
quadricular tr. cuadricular.
quadriga f. cuadriga.
quadril m. cuadril, cadera.
quadrilh/a f. cuadrilla; jauría; chusma. /**eiro** m. cuadrillero; salteador.
quadrímano adj. *Zool.* cuadrúmano.
quadrimestral adj. cuadrimestral.
quadrimotor m. cuadrimotor, tetramotor (avión).
quadro m. cuadro.
quadrúpede adj. y s. *Zool.* cuadrúpedo.
quadruplicar tr. y r. cuadruplicar.
qual adj. pron. y conj. cual; como.
qualidade f. cualidad; calidad.
qualifica/ção f. calificación. /**r** tr. y r. calificar.
qualquer pron. y adj. indef. cualquier.
quando adv. y conj. cuando.
quanti/a f. cantidad. /**dade** f. cantidad; multitud.
qu/anto pron. adj. y adv. cuanto. /**ão** adv. cuanto.
quaresma f. cuaresma.
quarta-feira f. miércoles.
quarteirão m. cuarterón; cuarta parte de un ciento; manzana de casas.
quartel m. cuartel.
quarteto m. cuarteto.
quarto num. y s. cuarto.
quase adv. cuasi; casi; aproximadamente.
quatro adj. y num. y s. cuatro. /**centos** num. cuatrocientos.
que/u adj. y pron. rel. que. /**ê** m. alguna cosa; complicación; pron. interr. qué?
quej/aria f. quesería. /**o** m. queso.
queima f. quema; incendio. /**do** adj. quemado; tostado. /**r** tr. quemar.
queixo m. mentón; quijada.
queix/oso adj. y s. quejoso. /**ume** m. quejumbre; quejido.
quem pron. quien.
quente adj. y s. caliente.
quer/er tr. querer. /**ido** adj. y s. querido.
quest/ão f. cuestión. /**ionário** m. cuestionario.
quiet/ação f. quietación; tranquilidad. /**ar** tr. aquietar; sosegar. /**o** adj. quieto.
quilha f. quilla.
quilograma m. kilogramo.
quiló(ô)metro m. kilómetro.
químic/a f. química. /**o** adj. y s. químico.
quimono m. quimono.
quina f. quina.
quinhentos num. quinientos.
quinina f. *Quím.* quinina.
quinquenal adj. quinquenal.

quinta f. quinta; hacienda. /**-feira** f. jueves. /**l** m. quinta pequeña; quintal; huerto o jardín de una casa.
quinze adj. y num. quince. /**na** f. quincena.
quiosque m. quiosco.
quisto m. *Pat.* quiste.
quixotismo m. quijotismo.
quota f. cuota.
quotizar tr. cotizar.

rã f. *Zool.* rana.
rábano m. *Bot.* rábano.
rabec/a f. *Mús.* rabel; pop. jergón. /**ão** m. contrabajo.
r/ábia f. rabia. /**abiar** intr. rabiar.
rabin/ismo m. rabinismo. /**o** adj. y s. rabino; travieso.
rabiosque m. pop. nalgas.
rabisc/a f. garabatos. /**ar** intr. garrapatear.
rabo m. rabo; cola; pop. nalgas; mango.
rabu/ge f. sarna; fig. impertinencia. /**gento** adj. sarnoso; fig. regañón; impertinente. /**jar** intr. irritarse; estar de mal humor; lloriquear.
raça f. raza.
ração f. ración.
racha f. grieta. /**r** tr. rajar, agrietar.
racial adj. racial.
racioc/inador adj. y s. raciocinador. /**inar** intr. raciocinar.
racional adj. y m. racional. /**ismo** m. racionalismo.
raciona/mento m. racionamiento. /**r** tr. racionar.
racis/mo m. racismo. /**ta** s. racista.
radar m. radar.
radia/ção f. radiación. / **(c)tividade** f. radiactividad. /**nte** adj. radiante; resplandeciente. /**r** intr. y tr. radiar.
radica/ção f. radicación. /**l** adj. y s. radical.
rádio m. radio.
radio/difusão f. radiodifusión. /**emissor** m. radioemisor.
radiograf/ar tr. radiografiar. /**ia** f. radiografía.
radiotécnica f. radiotécnica.
radiotelegrafi/a f. radiotelegrafía. /**sta** s. radiotelegrafista.
radiotelevis/ão f. radiotelevisión. /**or** m. **televisor**.
radioterapia f. *Med.* radioterapia.
radiouvinte s. radioyente.
raia f. raya.
rainha f. reina.
raio m. rayo; radio.
raiva f. rabia.
raiz f. raíz; origen.
rajá m. rajá.
rala/ção f. disgusto. /**r** tr. rallar; molestar; afligir.
ralh/ação f. regaño. /**ar** intr. reñir, regañar; gritar. /**o** m. riña, regaño.
rama f. rama. /**gem** f. ramaje.
rameira f. ramera.

ramifica/ção f. ramificación. /**r** tr. y r. ramificar.
ramo m. *Bot.* ramo; ramillete; rama.
rampa f. rampa.
ranço m. rancio.
rancor m. rencor.
rang/er intr. y tr. rechinar, crujir. /**ido** m. crujido, rechino.
ranho m. moco.
ranhura f. ranura, muesca.
rapac/e adj. y f. rapaz. /**idade** f. rapacidad.
rapar tr. raspar; desgastar; robar; afeitarse.
rapa/riga f. muchacha; niña; moza. /**z** m. rapaz, muchacho. /**ziada** f. muchachada.
rapé m. rapé.
r/apidez f. rapidez. /**ápido** adj. y s. rápido.
rapina f. rapiña. /**r** tr. e intr. rapiñar, hurtar.
rapo(ô)sa f. *Zool.* raposa, zorra.
raps/ódia f. *Mús.* rapsodia. /**odista** s. rapsodista.
rapt/ar tr. raptar. /**o** m. rapto.
raqueta f. raqueta.
raquitismo m. *Med.* raquitismo.
rar/ear tr. enrarecer. /**o** adj. raro; ralo.
rasa/nte adj. rasante. /**r** tr. rasar.
rascunh/ar tr. rasguñar; esbozar; hacer un borrador. /**o** m. borrador; rasguño; esbozo; minuta.
rasga/do adj. rasgado. /**r** tr. rasgar.
raso adj. raso; rapado; plano.
raspa/deira f. raspadera. /**dor** adj. y s. raspador. /**nça** f. raspadura; regaño. **r** tr. y r. raspar; arañar; rozar.
rastear tr. e intr. rastrear.
rastej/ador adj. y s. rastreador. /**ar** tr. e intr. rastrear; humillarse.
rast/o m. rastro. /**reio** m. rastreo.
raticida adj. y s. raticida.
ratifica/ção f. ratificación. /**r** tr. y r. ratificar.
razão f. razón.
razia f. razzia.
razo/ador m. razonador. /**ar** intr. razonar.
reabilita/ção r. rehabilitación. /**r** tr. y r. rehabilitar.
reabrir tr. e intr. reabrir.
rea(c)/ção f. reacción. / **cionário** adj. y m. reaccionario. /**tor** adj. y m. reactor.
reajustar tr. reajustar.
real adj. real.
real/çar tr. y r. realzar. /**ce** o /**ço** m. realce.
realeza f. realeza.
reali/dade f. realidad. /**smo** m. realismo.
realiza/ção f. realización. /**r** tr. y r. realizar.
reanima/ção f. reanimación. /**r** tr. y r. reanimar.
reapar/ecer intr. reaparecer. /**ição** f. reaparición.
reaver tr. recuperar; recobrar.
rebaix/a f. rebaja. /**ar** tr. rebajar; humillar.
rebanho m. rebaño.
rebarba f. reborde.
rebate m. rebate; señal de alarma; descuento; amenaza. /**r** tr. rebatir; rechazar; descontar.
rebel/ar tr. rebelar; sublevar. /**de** adj. y s. rebelde; indomable. /**dia** f. rebeldía.
rebent/ão m. *Bot.* reven-

tón; renuevo. /**ar** intr. y tr. reventar; brotar. /**o** m. yema, botón; hijo.
reboca/dor adj. y s. revocador; *Mar.* remolcador. /**r** tr. revocar; arrastrar; remolcar.
rebord/ar tr. bordear, rebordear. /**o** m. reborde.
rebuscar tr. rebuscar.
recad/eiro m. recadero. /**o** m. recado; aviso; censura.
recanto m. rincón retirado; escondrijo.
recapitula/ção f. recapitulación; sumario. /**r** tr. recapitular.
recarg/ar tr. recargar.
recear tr. e intr. recelar; desconfiar.
recebe/dor m. recibidor; cobrador. /**r** tr. recibir; obtener; cobrar; agasajar.
receit/a f. receta; ingreso; consejo. /**ar** tr. e intr. recetar; aconsejar.
recém/-casado adj. y m. recién casado. /**nascido** adj. y s. recién nacido.
recense/ado adj. y m. empadronado, inscrito. /**ar** tr. empadronar; enumerar.
recente adj. reciente.
recep/ção f. recepción. / **táculo** m. receptáculo; recipiente.
rechaçar tr. rechazar; repeler.
reche/ado adj. y m. relleno, repleto. /**ar** tr. rellenar.
recibo m. recibo, declaración de pago; recepción.
recife m. arrecife; escollo; obstáculo.
recipiente adj. y m. recipiente, receptáculo.
rec/iprocar tr. y r. reciprocar; retornar. /**iprocidade** f. reciprocidad.
recita/ção f. recitación. /**r** tr. e intr. recitar; declamar.
reclam/ação f. reclamación, protesto. /**ar** tr. e intr. reclamar, protestar.
reclina/ção f. reclinación. /**r** tr. reclinar, doblegar.
reclus/ão f. reclusión, prisión. /**o** adj. y m. recluso; encarcelado.
recobrir tr. recubrir.
recolh/eita f. recolección; cosecha. /**er** tr. recoger, recolectar; guardar.
recomeçar tr. recomenzar.
recomend/ação f. recomendación; consejo. /**ar** tr. recomendar, rogar; confiar.
recompens/a f. recompensa; premio. /**ar** tr. recompensar; indemnizar.
recompor tr. recomponer; reconstruir.
recôncavo m. concavidad, cueva.
reconcilia/ção f. reconciliación. /**r** tr. reconciliar; absolver.
recôndito adj. y m. recóndito; escondido.
recondu/ção f. reconducción. /**zir** tr. reconducir; reelegir; volver.
reconfo/rtante adj. y m. reconfortante; tónico. /**rtar** tr. reconfortar; reanimar.
reconhecer tr. reconocer; recompensar; observar.
reconstitu/ção f. reconstitución. /**ir** tr. reconstituir; restaurar.
reconstru/ção f. recons-

trucción. **/ir** tr. reconstruir.

recopila/ção f. recopilación; resumen. **/r** tr. recopilar; resumir; reunir.

recorda/ção f. recuerdo; regalo. **/r** tr. recordar; evocar.

recorde m. record; marca deportiva.

recort/ado adj. y m. recortado; sinuoso. **/ar** tr. recortar; intercalar.

recoser tr. recoser.

recozer r. recocer.

recrea/ção f. recleación; pasatiempo. **/ar** tr. recrear; alegrar.

recrimina/ção f. recriminación; reproche. **/r** tr. recriminar.

recrudesc/ência f. recrudescencia. **/er** intr. recrudecer.

recruta m. *Mil.* recluta. **/mento** m. reclutamiento. **/r** tr. reclutar, alistar.

re(c)t/a f. *Geom.* recta. **/ângulo** adj. y s. rectángulo.

re(c)ctifica/ção f. rectificación. **/r** tr. rectificar, corregir.

récua f. recua; caterva.

recuar tr. e intr. recular, retroceder.

recuper/ação f. recuperación. **/ar** tr. recuperar.

recurso m. recurso; refugio; cura.

recusa f. recusación, negativa. **/r** tr. recusar, rehusar.

reda(c)/ção f. redacción. **/tor** m. redactor.

re(ê)de f. red, tejido de mallas; engaño, ardid.

rédea f. rienda.

reden/ção f. redención; salvación. **/tor** adj. y m. redentor; Jesucristo.

redigir tr. redactar.

redil m. redil; aprisco.

redimir tr. redimir; perdonar.

rédito m. rédito; ganancia; rendimiento.

redoma fig. redoma; fanal.

redond/ear tr. redondear. **/el** m. redondel, la arena; círculo. **/o** adj. redondo, cilíndrico.

redopiar intr. remolinear.

redor m. rededor, alrededor.

redução f. reducción; cambio.

redund/ância f. redundancia; prolijidad. **/ar** intr. redundar.

reduto m. reducto, baluarte.

redu/tor adj. y s. reductor. **/zir** tr. reducir; minorar.

reedição f. reedición, nueva edición.

reencarna/ção f. reencarnación. **/r** intr. reencarnar.

reentrância f. concavidad.

reenviar tr. reenviar; devolver.

refei/ção f. refección. **/tório** m. refectorio.

refém s. rehén.

refer/ência f. referencia; alusión. **/endar** tr. refrendar. **/ir** tr. e intr. referir; citar; imputar.

refil/ão adj. y s. contestón, atrevido. **/ar** intr. recalcitrar; resistir.

refina/ção f. refinación; delicadeza. **/r** tr. e intr. refinar; purificar. **/ria** f. refinería.

refirmar tr. refirmar; asegurar.

refle(c)t/ir tr. e intr. reflejar; reproducir; ponderar; meditar. **/or** m. reflector.

reflex/ão f. reflexión; ponderación; comentario. **/o** adj. y m. reflejo; resplandor.

refluxo m. reflujo descenso de la marea.

reforça/do adj. reforzado; robusto; aumentado. **/r** tr. reforzar, fortalecer.

reform/a m. reforma; restauración; jubilación. **/ado** adj. y m. reformado; jubilado. **/ar** tr. reformar; reparar; jubilar.

refra(c)/ção f. *Fís.* refracción. **/tar** tr. refractar. **/tário** adj. y m. refractario; rebelde; obstinado; prófugo.

refrão m. refrán; proverbio; adagio.

refrear tr. refrenar, reprimir.

refrega f. refriega, combate.

refresc/ante adj. refrescante. **/ar** tr. e intr. refrescar, enfriar; moderar; reanimar. **/o** m. refresco; auxilio.

refrig/eração f. refrigeración. **/erador** m. refrigerador, refrigerante. **/erar** tr. refrigerar, enfriar; suavizar.

ref/ugiado adj. y m. refugiado. **/ugiar-se** r. refugiarse; abrigarse. **/úgio** m. refugio; asilo.

refugo m. desperdicio; ralea.

refulg/ência f. refulgencia, resplandor. **/ir** intr. refulgir, brillar.

refundi/ção f. refundición. **/r** tr. e intr. refundir; transformar; derretirse.

refut/ação f. refutación; contestación. **/ar** tr. refutar; desaprobar.

rega f. riego; mojadura.

regaç/ar tr. regazar, arremangar. **/o** m. regazo; interior.

regad/io adj. y m. regadío; riego. **/or** adj. y m. regador; regadera.

regalia f. regalía; inmunidad.

regalo m. regalo, placer; bienestar; manguito (de señora).

regar tr. regar, humedecer.

regata f. *Mar.* regata.

regat/ear tr. e intr. regatear; disminuir; despreciar; discutir. **/eio** m. regateo.

rege/lado adj. congelado, gélido. **/lar** tr. e intr. congelar; helarse.

regência f. regencia.

regenera/ção f. regeneración; renovación. **/r** tr. regenerar.

rege/nte adj. y s. regente. **/r** tr. regir, gobernar.

região f. región; espacio; punto.

reg/ime o **/ímen** m. régimen; disciplina; estatutos. **/imento** m. regimiento; cuerpo de tropas; régimen; estatuto; muchedumbre.

régio adj. regio, real; suntuoso.

regional adj. regional, local. **/ismo** m. regionalismo.

regist/ação f. registro. **/ar** tr. registrar; anotar. **/o** m. registro; certificado. **/rar** tr. registrar, anotar; certificar. **/ro** m. registro.

regozij/ar tr. regocijar; alegrar. **/o** m. regocijo, júbilo.

regra f. regla; precepto; estatuto; pauta; menstruación. **/r** tr. reglar; ajustar.

regress/ão f. regresión, vuelta. **/ar** intr. regresar, retroceder. **/o** m. regreso, vuelta.

r/égua f. regla, listón para rayar. **/aguada** f. reglazo.

regueir/a f. reguera, arroyuelo. **/ão** f. reguera grande.

regula/ção f. regulación; norma. **/dor** adj. y m. regulador. **/mentação** f. reglamentación. **/mentar** tr. reglamentar; regular. **/mento** m. reglamento; regulación. **/r** tr. e intr. regular, ajustar; adj. normal; uniforme.

rei m. rey, soberano.

reimpr/essão f. reimpresión. **/imir** tr. reimprimir.

reincid/ência f. reincidencia; pertinacia. **/ir** intr. reincidir.

reincorpora/ção f. reincorporación. **/r** tr. reincorporar.

reino m. reino.

reintegrar tr. reintegrar; reconstruir.

reitor m. rector; párroco. **/ia** f. rectoría.

reivindica/ção f. reivindicación. **/r** tr. reivindicar.

rejei/ção f. recusación. **/tar** tr. desechar, recusar.

rej/ubilar tr. e intr. rejubilar, alegrar. **/úbilo** m. júbilo, gran placer.

rela/ção f. relación; vínculo; correspondencia; relato. **/cionar** tr. y r. relacionar; referir.

rel/âmpado o **/âmpago** m. relámpago; transitoriedad. **/ampaguear** intr. relampaguear, centellear.

relat/ar tr. relatar, narrar; menionar. **/o** m. relato; narración. **/ório** m. relación, descripción.

relax/ação f. relajación, laxitud; dejadez. **/ar** tr. e intr. relajar; laxar; ablandar. **/e** m. relajación.

relé f. ralea; casta, raza.

reler tr. releer.

reles adj. grosero, despreciable.

rele/vação f. relevación; exoneración. **/vância** f. relevancia; ventaja. **/var** tr. e intr. relevar; absolver; excusar; sobresalir. **/(ê)vo** m. relieve, brillo; relevo.

relicário m. relicario.

reli/gião f. religión; doctrina. **/gioso** adj. y m. religioso; devoto; fraile; escrupuloso.

relincho m. relincho.

relíquia f. reliquia.

rel/ógio m. reloj. **/ojoaria** f. relojería.

relut/ação f. reluctancia, oposición. **/ância** f. reluctancia.

reluz/ente adj. reluciente. **/ir** intr. relucir, centellear.

relv/a f. *Bot.* césped. **/ado** m. encespedado. **/ar** tr. e intr. encespedar.

remar intr. *Mar.* remar.

remarcar tr. remarcar; contrastar.

remat/ação f. rematamiento. **/ar** tr. e intr. rematar; finalizar.

rem/ediar tr. remediar, subsanar; corregir; abastecer. **/édio** m. remedio; recurso; auxilio.

rememora/ção f. rememoración. **/r** tr. rememorar, recordar.

remend/ado adj. remendado. **/ar** tr. e intr. remendar. **/o** m. remiendo; enmienda.

remesa f. remesa, envío.

remete/nte adj. y s. remitente. **/r** tr. y r. remitir; aplazar.

remex/er tr. e intr. remecer; agitar; revolver. **/ido** adj. inquieto; bullicioso.

remi/ssão f. remisión; perdón. **/ssível** adj. remisible; disculpable. **/tir** tr. e intr. remitir; restituir.

remo m. remo.

remodela/ção f. reorganización; transformación. **/r** tr. reorganizar; modificar.

remoinho m. remolino; confusión.

remorder tr. remorder; inquietar.

remorso m. remordimiento.

remoto adj. remoto, lejano; olvidado.

remuner/ação f. remuneración; paga. **/ar** tr. remunerar; premiar.

rena f. *Zool.* reno.

renasc/ença f. renacimiento. **/entismo** m. renacentismo; época del Renacimiento. **/er** intr. renacer; recurgir. **/imento** m. renacentismo, renacimiento.

rend/a f. encaje, randa. **/eiro** m. encajero; rentista.

rend/er tr. e intr. rendir; entregar; rentar. **/ição** f. rendición; capitulación.

rend/imento m. rendimiento, renta. **/osso** adj. rentoso, lucrativo.

renegar tr. e intr. renegar, abominar; traicionar; olvidar.

renhi/do adj. reñido, disputado. **/r** tr. e intr. reñir, pelear.

renome m. renombre.

reno/vação f. renovación; regeneración. **/var** tr. e intr. renovar.

ren/úncia f. renuncia. **/unciar** tr. e intr. renunciar, desistir.

reorganiza/ção f. reorganización. **/r** tr. reorganizar.

repara/ção f. reparación; indemnización. **/r** tr. e intr. reparar, restaurar; advertir.

reparti/ção f. repartición; división. **/r** tr. repartir; dividir.

repassar tr. e intr. repasar.

repatria/ção f. repatriación. **/r** tr. repatriar.

repelir tr. repeler; expulsar.

repercu/ssão f. repercusión. **/tir** tr. e intr. repercutir.

repertório m. repertorio; colección.

repet/ente adj. y s. repetidor. **/ir** tr. repetir; reflejar.

repicar tr. repicar; trasplantar.

replanta/ção f. replantación. **/r** tr. replantar.

repleto adj. repleto; abarrotado.

r/éplica f. réplica.**/eplicar** tr. e intr. replicar, contestar.

repor tr. reponer, suplir.

reporta/ção f. reportación; moderación. **/gem** f. reportaje; noticiario. **/r** tr. reportar, reprimir; lograr.

repórter m. repórter, periodista.

reposi/ção f. reposición; restitución. **/tório** adj. repositorio; m. compilación; depósito.

reposteiro m. repostero, cortinaje.

repousar tr. e intr. reposar; yacer.

repovoa/ção f. o **/mento** m. repoblación. **/r** tr. repoblar.

repreen/der tr. reprehender; censurar. **/são** f. reprensión.

represent/ação f. representación; exhibición. **/ar** tr. e intr. representar; simbolizar.

repressão f. represión, cohibición.

reprodu/ção f. reproducción. **/zir** tr. y r. reproducir.

reprov/ação f. reprobación; fig. censura. **/ar** tr. reprobar. **/ável** adj. reprobable.

réptil adj. y s. reptil.

repto m. reto.

rep/ública f. república. **/ublicanizar** tr. republicanizar. **/ublicano** adj. y s. republicano.

rep/udiação f. repudiación. **/udiar** tr. repudiar.

repugn/ância f. repugnancia. **/ar** tr. repugnar.

repuls/ão f. repulsión. **/ar** tr. repulsar; empujar; repeler.

reputa/ção f. reputación. **/r** tr. reputar.

reque/brador adj. y s. requebrador. **/(ê)bro** m. requiebro.

requeijão m. requesón.

requentar tr. recalentar.

requer/edor adj. y s. requeridor. **/er** tr. requerir; solicitar. **/imento** m. requerimiento; solicitud.

requint/ado adj. primoroso; refinado. **/ar** tr. e intr. requintar; excederse.

requisi/ção f. requisición. **/tar** tr. requisar; requerir; solicitar.

rês f. res.

rés adj. y adv. raso.

rescald/ar tr. rescaldar, escaldar. **/o** m. rescaldo.

resci/ndir tr. rescindir; anular; cancelar. **/são** f. rescisión.

rés-do-chão m. bajo, piso de una casa al nivel de la calle.

reserv/a f. reserva. **/ar** tr. reservar; defender. **/atório** m. reservatorio; recipiente. **/ista** m. reservista.

resf/olegar tr. e intr. respirar; resollar; tomar aliento. **/ôlego** m. resuello. **/o(ô)lgo** m. resuello; descanso.

resfria/do adj. y s. resfriado. **/r** tr. resfriar.

resguard/ar tr. y r. resguardar. **/o** m. resguardo.

resid/ência f. residencia, morada. **/ente** adj. y m. residente. **/ir** intr. residir.

resíduo adj. y m. residuo; sedimentos.

resigna/ção f. resignación; conformidad. **/r** tr. resignar.

resin/a f. resina. **/ar** tr. resinar.

resist/ência f. resistencia; obstinación. **/ente** adj. resistente; duradero. **/ir** intr. resistir.

resma f. resma, quinientas hojas de papel.

resol/ução f. resolución; deliberación. **/ver** tr. re-

solver; determinar; trasformar.
respe(c)tivo adj. respectivo; propio; recíproco.
respeit/abilidade f. respetar, acatar; soportar. **/ável** adj. respetable; formidable. **/o** m. respeto, sumisión.
respir/ação f. respiración. **/ar** intr. respirar; manifestar. **/o** m. respiro; respiradero; alivio.
respl/andecência f. resplandecencia. **/andecer** intr. resplandecer; florecer. **/ender** intr. resplandecer.
responder. tr. e intr. responder; replicar.
responsabili/dade f. responsabilidad. **/zar** tr. responsabilizar.
resposta f. respuesta, réplica; solución.
ressalt/ar tr. e intr resaltar, realzar; respingar. **/o** m. resalto; saliencia.
ressenti/mento m. resentimiento. **/r** tr. volver a sentir. **/r-se** r. resentirse.
ressurg/ência f. resurgimiento. **/ir** intr. resurgir, reaparecer.
ressu/rreição f. resurrección. **/scitação** f. resurrección; renovación.
restabelecer tr restablecer; renovar.
resta/nte adj. y m. restante. **/r** tr. e intr. restar, sobrar; sobrevivir.
restaur/ação f. restauración. **/ante** adj. y m. restaurante, que restaura; casa de comidas. **/ar** tr. restaurar, arreglar.
restitui/ção f. restitución. **/r** tr. restituir; restablecer.
resto m. resto; resíduo; pl. ruinas; **—s mortais**, restos mortales.
restri/ção f. restricción; limitación. **/ngência** f. calidad de restringente. **/ngir** tr. restringir, reducir.
resulta/do m. resultado; fin; lucro. **/r** intr. resultar.
resum/ido adj. resumido. **/ir** tr. e intr. resumir; abreviar. **/o** m. resumen; sumario.
resval/adiço adj. y m. resbaladizo; peligroso. **/ar** intr. resbalar.
retaguarda f. retaguardia.
retalh/ador adj. y s. retajador. **/ar** tr. retajar; herir; vender al por menor; dividir. **/o** m. pedazo; fracción; trozo; **/a —**, al por menor.
rete/nção f. retención; reserva. **/r** tr. retener, asegurar; refrenar.
retic/ência f. reticencia; pl. *Gram.* puntos suspensivos. **/enciar** tr. usar de reticencias.
retido adj. retenido, preso.
retina f. *Anat.* retina.
retir/ada f. retirada. **/ar** tr. retirar; desviar. **/o** m. retiro; refugio.
retoque m. retoque.
retor/ção f. retorcedura; objeción. **/cer** tr. retorcer.
retorquir tr. redargüir; objectar.
retor/são f. retorsión. **/ta** f. retorta.
retraçar tr. retazar; volver a trazar.
retra(c)t/ação f. retractación. **/ar** tr. retractar.
retransmi/ssão f. retransmisión. **/tir** tr. retransmitir.
retrat/ar tr. retratar, fotografiar; copiar. **/o** m. retrato; imagen.
retrete f. retrete, sentina.
retribui/ção f. retribución; gratificación. **/r** tr. retribuir.
retroversão f. retroversión.
retrucar tr. retrucar, contestar, replicar.
retumb/ância f. resonancia; atronamiento; alarde; fama. **/ar** tr. e intr. retumbar, atronar.
réu adj. y m. reo, culpable; criminal.
reum/a f. *Pat.* reuma. **/ático** m. reumático. **/atismo** m. reumatismo.
reuni/ão f. reunión. **/r** tr. e intr. reunir; amontonar.
revacina/ção f. revacunación. **/r** tr. revacunar.
revalorização f. revalorización.
revela/ção f. revelación. **/dor** adj. revelador; m. *Fot.* revelador. **/r** tr. revelar; descubrir.
revelia f. *For.* rebeldía, incomparecencia en juicio.
revend/a f. reventa. **/er** tr. revender.
rever tr. e intr. rever; corregir; sospechar; rezumar.
reverde/cer tr. e intr. rejuvenecer; renacer. **/jante** adj. reverdeciente.
rever/ência f. reverencia; mesura. **/enciar** tr. reverenciar. **/endo** adj. y m. reverendo; respetable.
reverso adj. reverso; m. revés.
reverter intr. revertir; devolver; retornar.
revés. m. revés, reverso.
revesti/mento m. revestimiento. **/r** tr. revestir, envolver; adornar.
revezar tr. e intr. revezar, sustituir.
revigorar tr. revigorizar, fortalecer.
revindica/ção f. reivindicación. **/r** tr. reivindicar, reclamar; rehabilitar.
revir/amento m. cambio de opinión; transformación. **/ar** tr. e intr. revirar, cambiar; regresar.
revis/ão f. revisión. **/ar** tr. revisar, corregir. **/or** adj. y m. revisor; corrector. **/ta** f. revista; obra teatral. **/tar** tr. revistar, registrar.
reviv/er intr. revivir, renacer. **/ificar** tr. revivificar, reanimar.
revol/ta f. revuelta, sublevación. **/tar** tr. e intr. revolucionar, sublevar; indignar. **/ução** f. revolución.
revólver m. revólver.
reza f. rezo, oración. **/r** tr. e intr. rezar; orar; refunfuñar.
ria f. ría; ensenada. **/cho** m. riachuelo, río pequeño.
riba f. riba; despeñadero.
ribanceira f. ribazo; despeñadero.
ribeir/a f. ribera; riachuelo. **/inho** adj. y m. ribereño, marginal. **/o** m. riachuelo.
rico adj. y m. rico, adinerado; abundante; magnífico; feliz.
ricoche(ê)te m. rebote, rechazo; vuelta.
rifa f. rifa, sorteo.
rifão m. refrán, sentencia, adagio.
rifar tr. rifar, sortear.
rifle m. rifle (fusil).
r/ígido adj. rígido, duro; austero. **/igor** m. rigor, severidad. **/ijo** adj. rígido; fuerte.
rim m. *Anat.* riñón.
rima f. rima; montón, pila; grieta, abertura. **/r** tr. e intr. rimar, versificar; corresponder, armonizar.
rinha f. riña, lucha. **/r** intr. luchar (los gallos).
rinoceronte m. *Zool.* rinoceronte.
rio m. río; fig. abundancia.
ripostar intr. replicar; responder.
riqueza f. riqueza; opulencia; lujo.
ri/r intr. reír; chancear; m. risa. **/sada** f. risada, carcajada.
risc/a f. trazo; surco; línea. **/ar** tr. e intr. rayar; inutilizar; prohibir. **/o** m. raya, línea; plano, planta; peligro.
ris/o m. risa; mofa, vejación; alegría. **/onho** adj. risueño; alegre.
ríspido adj. ríspido, severo.
ritmo m. ritmo; cadencia.
rit/o m. rito; ceremonial; secta. **/ual** adj. y m. ritual; ceremonial.
rival adj. y s. rival; adversario. **/izar** intr. rivalizar.
rixa f. riña, contienda. / **roble** m. Bot. roble.
robor/ação f. roboración; confirmación. **/ar** tr. roborar; fortificar; ratificar.
robust/ecer tr. e intr. robustecer; corroborar. **/o** adj. robusto; valiente.
roca f. rueca para hilar; roca, peñasco.
rocambolesco adj. rocambolesco; aventurero.
roça/mento m. rozamiento, roce. **/r** tr. e intr. rozar; desgastar; fregar.
rocega f. *Mar.* rastreo. **/r** tr. rastrear.
roch/a f. roca; peñasco; dureza. **/edo** m. roquedo, peñasco.
rocio m. rocío; orvallo.
rod/a f. rueda; círculo. **/agem** f. rodaje. **/apé** m. rodapié; friso. **/ar** tr. rodar, rodear. **/ear** tr. e intr. rodear; circundar. **/eio** m. rodeo; vuelta; subterfugios. **/ilha** f. rodilla; aljofifa.
redopi/ar intr. remolinear. **/o** m. remolino; vértigo.
rodovia f. carretera; camino.
roe/dor adj. roedor; m. pl. *Zool.* roedores. **/r** tr. roer; consumir.
roga/ção f. rogación, súplica. **/r** tr. e intr. rogar, suplicar.
rol m. rol, relación, lista.
ro(ô)la f. *Zool.* tórtola.
roldana f. roldana; polea.
ro(ô)lha f. tapón; fig. tunante. **/r** tr. entaponar, encorchar (botellas).
ro(ô)lo m. rollo, cilindro; mechón de pelo; desorden, motín.
romagem f. peregrinación, romería.
romanc/e m. adj. y m. romance; novela; fantasía. **/ear** tr. e intr. romancear; novelar. **/eiro** m. romancero. **/ismo** m. romanticismo.
rom/ânico adj. románico; neolatino. **/anizar** tr. e intr. romanizar. **/ano** adj. y s. romano.
rom/anticismo m. romanticismo. **/ântico** adj. y m. romántico; sentimental; novelesco.
romaria f. romería; multitud.
romãzeira f. *Bot.* granado.
ronca f. ronquido; bravata; criticar. **/r** intr. roncar; resollar.
ronco m. ronco, ronquido; gruñido.
rond/a f. ronda; patrulla. **/ar** tr. rondar; vigilar.
ros/a f. *Bot.* rosa; **— -dos-ventos**, rosa de los vientos. **/áceas** f. pl. *Bot.* rosáceas. **/al** m. rosaleda.
rosário m. rosario.
rosbife m. rosbif.
roscar; atornillar.
rose/ira f. *Bot.* rosal. **/iral** m. rosaleda.
rosn/ado m. rezongo. **/ar** tr. e intr. roznar, rezongar; gruñir; criticar.
rossio m. plaza pública espaciosa.
rost/o m. rostro, cara; frente; **— a —**, cara a cara. **/ro** m. rostro, pico del ave; hocico.
rota f. ruta, dirección; pelea.
rota/ção f. rotación; ciclo. **/r** intr. rodar, girar. **/tiva** adj. y f. rotativa (máquina de imprimir).
rotin/a f. rutina. **/eiro** adj. y m. rutinero, rutinario.
ro(ô)to adj. y m. roto; rasgado; andrajoso.
r/ótula f. *Anat.* rótula.
r/otulagem f. rotulación. **/ótulo** m. rótulo, letrero.
rotunda f. rotonda.
roub/ar tr. robar; plagiar. **/o** m. robo.
roup/a f. ropa, vestuario. **/ão** m. ropón. **/eiro** m. ropero.
rouqu/eira f. ronquera. / **ejar** intr. ronquear; rugir.
rouxinol m. *Zool.* ruiseñor.
rox/ear tr. purpurear, amoratar. **/o** adj. y s. violado, amoratado.
rua f. calle; fig. plebe.
rubi m. *Min.* rubí.
rub/ificar tr. rubificar. / **im** m. rubí, piedra preciosa. **/or** m. rubor; timidez. **/orizar** tr. ruborizar.
rubrica f. rúbrica; título.
rubricar tr. rubricar; firmar.
rubro adj. rubro, rojo.
ruç/ar tr. hacer parduzco; envejecer. **/o** adj. y m. pardusco; descolorido.
rud/e adj. rudo; grosero; violento. **/eza** f. rudeza, grosería.
rufi/a m. rufián; perverso. **/ão** m. rufián; chulo, fadista. **/ar** intr. rufianear.
ruga f. arruga, pliegue. **/r** tr. rugar, arrugar.
rugi/do m. rugido. **/r** tr. e intr. rugir (el león); resonar.
rugos/idade f. rugosidad. **/o** adj. rugoso.
ruim adj. ruin; vil; malo.
ru/ína f. ruina; destrucción. **/inoso** adj. ruinoso. **/ir** intr. caer, despeñarse; arruinarse.
ruiv/a f. *Bot.* rubia; mujer rubia. **/o** adj. y m. rubio, rubicán; pelirrojo.
rum m. ron (bebida).
rumi/ar tr. e intr. rumiar. **/nação** f. rumiadura; masticación. **/nar** tr. e intr. rumiar; fig. reflexionar; planear.
rumo m. *Mar.* rumbo; dirección.
rumor m. rumor; murmullo.
rural adj. rural, campestre.
rusga f. redada (de la policía); desorden.
r/usticar intr. rusticar. / **ústico** adj. y m. rústico; grosero; campesino.
r/utilação f. rutilación, brillo. **/utilar** tr. e intr. rutilar, brillar.
rutina f. *Quím.* rutina.

S s

sã adj. sana, saludable; sincero; entero.
sábado m. sábado, séptimo día de la semana; fig. orgía; confusión.
sabão m. jabón; reprensión.
sabati/na f. sebatina, oficio divino; sabatina, lección; riña. **/no** adj. sabatino.
sabe/dor adj. y m. sabedor. **/r** tr. e intr. saber; entender; conocer.
sábio adj. y m. sabio, perito.
sabo/aria f. jabonería. / **nete** m. jabonete, jabón de tocador; reprimenda.
sabor m. sabor, paladar; índole. **/ear** tr. saborear.
sabota/gem f. sabotaje. **/r** tr. sabotear.
sabre m. sable (arma blanca). **/-baioneta** m. sable bayoneta.
sacan/a m. pillo, granuja; canalla. **/ice** f. bellaquería; truhanería.
sacar tr. e intr. extraer; librar.
sacar/ímetro m. *Quím.* sacarímetro. **/ina** f. sacarina.
saca-rolhas m. sacacorchos; tirabuzón.
sacerd/ócio m. sacerdocio. **/otal** adj. sacerdotal; sagrado. **/ote** m. sacerdote.
sach/a f. *Agr.* sacho; escarda. **/ador** adj. y m. sachador; escardador. / **ar** tr. sachar. **/o** m. sacho, picaza.
saciar tr. saciar; hartar.
saco m. saco; bolsa; macuto; hábito.
sacr/amentado adj. sacramentado. **/amental** adj. sacramental; obligatorio.
sacri/ficado adj. sacrificado; resignado. **/ficar** tr. e intr. sacrificar, inmolar; renunciar. **/fício** m. sacrificio; inmolación. **/légio** m. sacrilegio.
sacr/ista m. sacrista. **/istão** m. sacristán. **/istia** f. sacristía. **/o** adj. sacro, sagrado; respetable.
sacudi/dela f. sacudida. **/r** tr. sacudir; menear; expulsar.
sádico adj. y m. sádico.
sadio adj. sano; saludable.
sadismo m. sadismo; crueldad.
safa/não m. sacudidón; bofetón. **/r** tr. extraer; borrar; desembarazar.
safio m. *Zool.* zafio, especie de congrio.
safira f. *Min.* zafir, zafiro.

saga/cidade f. sagacidad; astucia. /z adj. sagaz, astuto.

sagital adj. *Bot.* sagital, sagitado.

sagra/ção f. consagración. /do adj. y m. sagrado; inviolable. /r tr. consagrar; santificar; bendecir.

saguão m. zaguán, patio que sirve de vestíbulo.

saia f. saya, falda.

saíd/a f. salida; exportación; ocurrencia. /o adj. salido; ausente; experto.

sair tr. e intr. salir; ausentarse; separarse.

sal m. *Quím.* sal; fig. chiste; malicia.

sala f. sala, salón.

salad/a f. ensalada; confusión. /eira f. ensaladera.

salão m. salón, sala grande.

sal/ariado m. salariado. /ário m. salario, jornal.

salchicha f. salchicha.

sald/ar tr. saldar. /o m. saldo, diferencia; ajuste de cuentas.

saleiro m. salero.

salga/ção f. salazón, saladura. /deira f. saladero; *Bot.* saladilla. /do adj. y m. salado; chistoso. /r tr. e intr. salar.

sali/ência f. saliencia; protuberancia. /entar tr. destacar; sobresalir.

sali/ficação f. salificación. /na f. salina, mina de sal. /neiro adj. y m. salinero.

salitre m. *Quím.* salitre.

saliva f. saliva; baba. /ção f. salivación.

salmão m. *Zool.* salmón.

salmoira f. salmuera.

salobr/e o /o adj. salobre, salino.

saloi/ada f. grupo de aldeanos; grosería. /o adj. y m. aldeano, campesino; rústico.

salpic/ado adj. salpicado, matizado. /ar tr. salpicar; manchar.

salsa f. *Bot.* perejil.

salsaparrilha f. *Bot.* zarzaparrilla.

salsich/a f. salchicha, chorizo. /ão m. salchichón.

salt/ada f. salto; embestida. /ar tr. e intr. saltar; omitir; brotar. /eador adj. y m. salteador, ladrón.

saltimbanco m. saltimbanco; truhán.

salt/itar intr. salticar. /o m. salto; tacón del calzado; cascada.

salubr/e adj. salubre. /idade f. salubridad.

salutar adj. saludable, salubre, beneficioso.

salva/ção f. salvación; salutación. /dor adj. y m. salvador. /guardar tr. salvaguardar; patrocinar. /mento m. salvamento; buen éxito. /r tr. salvar; saludar.

salva-vidas m. *Mar.* salvavidas.

samarra f. zamarra, prenda de vestir de piel.

samba m. *Mús.* samba, baile popular brasileño. /r intr. bailar la samba.

sana/ção f. cura; término. /r tr. sanar; curar; remediar. /tório m. sanatorio.

san/ção f. sanción; con-

firmación. /cionar tr. sancionar; aprobar.

sandália f. sandalia; abarca.

sanduíche f. bocadillo.

sanea/dor adj. y s. saneador. /mento m. saneamiento; reparación. /r tr. sanear; reparar; — um erro, reparar un error.

sang/rar tr. e intr. sangrar; atormentar; matar; extraer. /ria f. sangría. /ue m. *Anat.* sangre; menstruación; jugo.

sanguessuga f. *Zool.* sanguijuela.

sangu/inário adj. sanguinario; cruel. /íneo adj. y m. sanguíneo.

sanidade f. sanidad.

sant/a adj. y f. santa; hosantón. /arrão m. santurrón. /idade f. santidad. /ificar tr. santificar; canonizar. /o adj. y s. santo, sagrado; puro.

santola f. *Zool.* centolla.

sant/oral m. santoral; recto. /uário m. santuario.

são adj. y s. sano; recto, justo; santo.

sapa f. zapa. /dor m. *Mil.* zapador. /r intr. zapar.

sapat/aria f. zapatería. /eiro m. zapatero. /o m. zapato.

sapi/ência f. sapiencia. /ente adj. sapiente.

sapo m. *Zool.* sapo.

saponária f. *Bot.* saponaria.

saque s. saque; saqueo; letra de cambio girada. /ador adj. y s. saqueador. /ar tr. saquear. /io m. saqueo.

saraiva f. pedrisco; granizo. /r tr. granizar.

sarampo m. *Med.* sarampión.

sarapinta/do adj. pintado o mezclado con varios colores; moteado. /r tr. salpicar de pintas o motas.

sarar tr. sanar; corregir.

sarau m. sarao.

sargasmo m. sarcasmo.

sarcófago m. sarcófago.

sarcoma m. *Pat.* sarcoma.

sarda f. peca; *Zool.* sarda.

sardão m. *Zool.* lagarto.

sardento adj. pecoso.

sardinh/a f. *Zool.* sardina. /eira f. sardinera; *Bot.* geranio.

sargento m. *Mil.* sargento.

sarjeta f. cuneta de la calle; arroyo; albañal, reguera.

sarment/áceo adj. *Bot.* sarmentáceo; sarmentoso. /o m. sarmiento.

sarna f. *Med.* sarna.

sarro m. sarro; sedimento.

sartã f. sartén.

Sat/ã m. Satán, Satanás. /anás m. Satanás. /ânico adj. satánico, infernal, diabólico.

satélite m. *Astr.* satélite.

s/átira f. *Ret.* sátira; ironía. /atírico adj. y s. satírico. /átiro m. sátiro.

satisfa/ção f. satisfacción; alegría; expiación. /zer tr. satisfacer; liquidar; solucionar.

satura/ção f. saturación. /r tr. saturar; saciar.

sauda/ção f. salutación; cumplimientos. /de f. nostalgia, añoranza. /r tr. saludar; aclamar; m. saludo.

sa/udável adj. saludable; beneficioso. /úde f. sa-

lud; robustez; casa de —, clínica, hospital.

saxão adj. y s. sajón.

saz/ão f. sazón; madurez; oportunidad. /onar tr. sazonar.

se pron. si, a sí.

sé f. sede catedral, iglesia episcopal.

seara f. campo sembrado de cereales.

sebe f. sebe, seto.

sebenta f. apuntes.

seb/ento adj. sebáceo, sucio. /o m. sebo; grasa.

se/(ê)ca f. seca; sequía; fig. importunación. /cadoiro m. secadero. /car tr. e intr. secar; marchitar; molestar; adelgazar.

secreção f. secreción.

secret/aria f. secretaría. /ário m. secretario.

secreto adj. secreto.

secta f. secta. /rismo m. secretarismo.

se(c)tor m. sector.

secular adj. y m. secular.

século m. siglo; vida secular.

secund/ar tr. secundar; repetir. /ário adj secundario.

se(ê)da f. seda.

se(ê)de f. sed; avidez; pequeña porción; centro; sede; sequedad; asiento; silla; poyo.

sedi/ção f. sedición. /cioso adj. y s. sedicioso, insubordinado.

sediment/ação f. sedimentación. /ar intr. sedimentar; adj. sedimentario.

sedu/ção f. seducción. /zir tr. seducir.

se/(ê)ga f. siega; reja del arado. /gar tr. segar.

segment/ação f. segmentación. /o m. segmento.

segre/dar tr. e intr. secretear. /(ê)do m. secreto.

segrega/ção f. segregación, apartamiento. /r tr. segregar; desligar.

segui/mento m. seguimiento. /nte adj. y s. siguiente. /r tr. e intr.

seguir, acompañar; observar.

segunda-feira f. lunes.

segur/ação f. seguridad. /ar tr. asegurar, afirmar. /idade f. seguridad. /o adj. y m. seguro; prudente; protección.

seio m. seno; fig. corazón; profundidad.

seira f. sera.

seita f. secta; partido.

seiva f. *Bot.* savia; fuerza; sangre.

sela f. silla de montar.

sela/dor adj. y m. sellador. /r tr. sellar; ensillar.

sele(c)/ção f. selección. /cionador adj. y m. seleccionador. /cionar tr. seleccionar; /to adj. selecto; escogido; extra.

selim m. sillín, silla de montar.

se/(ê)lo m. sello; estampilla; señal, marca.

selva f. selva, bosque. /gem adj. y s. salvaje; bravío; inculto.

sem prep. sin; — mais, sin más.

semáforo m. semáforo; poste de señales.

seman/a f. semana. /al adj. semanal, /ário adj. y m. semanario.

semântica f. semántica.

semea/ção f. sembradura. /dor adj. y m. sembra-

dor; propagandista. /r tr. sembrar; propagar.

semelha/nça f. semejanza; analogía. /r intr. semejar comparar.

s/émen m. semen, esperma; semilla. /emente f. semilla; germen. /ementeira f. sementera; vivero; origen.

semestre m. semestre; adj. semestral.

semicírculo m. *Geom.* semicírculo.

semin/ário m. seminario. /arista m. seminarista.

semioficial adj. casi oficial.

semi-re(c)ta f. *Geom.* semirrecta.

semita s. semita, judío.

sempre adv. siempre, eternamente; realmente.

senado m. senado.

senão conj. sino, cuando no, pero; m. defecto, falta; pl. inconvenientes.

sendeiro adj. burro o caballo viejo; m. sendero; fig. despreciable.

senha f. seña; contraseña.

senhor m. señor. /a f. señora. /io m. señorío. /ita f. señorita.

senil adj. senil.

seno m. seno.

sensabor adj. y s. sinsabor; insípido.

sensa/ção f. sensación. /cional adj. sensacional.

sensibili/dade f. sensibilidad. /zar tr. sensibilizar.

sensual adj. sensual. /idade f. sensualidad.

sentar tr. y r. sentar; sentarse; fijarse.

senten/ça f. sentencia. /ciar tr. sentenciar.

sentiment/al adj. sentimental. /alismo m. sentimentalismo. /o s. sentimiento.

sentina f. sentina.

sentinela f. centinela.

sentir tr. sentir m. sentimiento.

senzala f. aldea o cabaña de negros; fig. algazara.

separ/ação f. separación. /ar tr. y r. separar; divorciarse. /atismo m. separatismo.

sepul/cral adj. sepulcral. /cro m. sepulcro. /tar tr. sepultar. /tura f. sepultura.

sequ(ü)ência f. seguimiento; persecución; continuación; escala.

sequer adv. siquier, siquiera.

sequ(ü)estr/ação f. secuestración. /ar tr. secuestrar; aislar; raptar. /o m. secuestro, rapto; clausura.

séquito m. séquito, cortejo.

ser intr. ser; existir, vivir; acontecer.

serão m. velada, tertulia.

serapilheira f. arpillera (tejido).

sereia f. *Mit.* sirena.

serenar tr. e intr. serenar; acalmar.

serenata f. *Mús.* serenata.

sereno adj. y m. sereno; claro; tranquilo; relente, humedad de la noche; vigilante.

série f. serie; sucesión.

seriedade f. seriedad.

sering/a f. jeringa. /ar tr. jeringar; inyectar.

sério adj. y m. serio; sensato; majestuoso.

sermão m. sermón; reprensión.

serpentária f. *Bot.* serpen-

taria.

serpente f. *Zool.* serpiente. /ar intr. serpentear.

serpentina f. serpentina.

serra f. sierra. /dor adj. y s. serrador, aserrador.

serr/ania f. serranía. /ano adj. y s. serrano.

serrar tr. e intr. serrar; aserrar. /ia f. aserradero.

sertã f. sartén.

sert/anejo adj. y s. habitante de una región interior y salvaje; rudo; habitante del sertão. /ão s. lugar muy apartado de la costa y salvaje; floresta.

serv/a f. sierva; criada. /içal adj. y s. servicial; criado. /iço m. servicio; servidumbre; vajilla. /idão f. servidumbre; esclavitud. /il adj. servil; aduladar. /ir tr. servir; convenir. /o m siervo; criado.

sessão f. sesión.

sessenta num. sesenta.

seta f. saeta; flecha; seta.

seteir/a f. saetera. /o adj. y s. saetero.

setembro s. septiembre.

setentrional adj. septentrional.

seu pron. o adj. poses. su; suyo; de él, de ella, de ellos; vuestro, vuestra.

sever/idade f. severidad. /o adj. severo.

sexagésimo adj. y s. sexagésimo.

sexo m. sexo.

sexta f. sexta. /-feira f. viernes.

sexual adj. sexual. /ismo s. sexualismo.

si pron. pers. sí; s. *Mús.* si.

siá f. *Bras.* señora, ama.

siamês adj. y s. siamés.

sibil/ação s. sibilación. /ar intr. silbar.

sid/eração f. *Astr.* sideración. /eral adj. sideral. /erar tr. fulminar; dictar sentencias.

sidra f. sidra (vino).

sifão m. *Fís.* sifón.

sífilis f. *Med.* sífilis.

sigil/ação f. sigilación. /o m. sigilo; silencio; secreto.

signa f. marca; bandera; insignia.

sign/ificação f. significación, sentido. /ificar tr. significar; manifestar. /o m. *Astr.* signo; horóscopo.

s/ílaba f. *Gram.* sílaba. /ilabação f. silabeo. /ilábico adj. silábico.

sil/enciar tr. e intr. silenciar. /êncio m. silencio; secreto.

silhueta f. silueta.

silv/estre adj. silvestre, selvático. /icultor m. silvicultor. /icultura f. silvicultura.

silvo m. silbido, silbo.

sim adv. sí; anuencia.

s/imbólico adj. simbólico; alegórico. /imbolizar tr. e intr. simbolizar. /ímbolo m. símbolo; emblema; divisa.

simetri/a f. simetría, armonía. /zar tr. e intr. disponer o tener simetría.

s/ímil adj. y s. símil, semejante. /imilar adj. y m. similar.

simp/lezó(ô)metro m. *Fís.* simplezómetro. /licidade f. simplicidad; franqueza. /lificar tr. simplificar. /lório adj. y s. simplón, papanatas.

simula/ção f. simulación. /r tr. simular; disfrazar.

simultâneo adj. simultáneo.

sina f. sino, destino, suerte.

sinagoga f. sinagoga.

sinal m. señal; cicatriz; marca; — -da-cruz, señal de la cruz. /eiro m. el que hace señales; guardia de tráfico. /izar tr. e intr. señalar.

sinapismo m. Med. sinapismo, cataplasma.

sincer/idade f. sinceridad; franqueza. /o adj. sincero; leal.

sincip/ital adj. Anat. sincipital. /úcio m. sincipucio.

síncope f. Pat. síncope.

sincr/ó(ô)nico adj. sincrónico. /onismo m. sincronismo; simultaneidad. /onizar tr. sincronizar.

sindica/ção f. inquérito, investigación; sindicación. /do adj. y m. inquirido, procesado; funciones de síndico. /l adj. sindical. /lismo m. sindicalismo. /r tr. e intr. sindicar; averiguar; procesar. /to m. sindicato.

síndroma f. Méd. síndrome.

sinf/onia f. sinfonía; armonía. /ó(ô)nico adj. sinfónico.

singel/ez f. sencillez, simplicidad; inocencia. /o adj. sencillo; sincero; natural.

singrar intr. singlar, navegar a vela; proseguir.

singular adj. singular; único, solo; extraño; notable.

sinh/á f. Bras. señora; ama. /azinha f. señorita. /ô m. señor; amo.

sinistra f. siniestra, izquierda.

sinistr/ado adj. y m. siniestrado; averiado. /ar intr. sufrir un siniestro; perderse. /o adj. y m. siniestro, izquierdo; desastre; naufragio.

sino m. campana.

sínodo m. sínodo, concilio de eclesiásticos.

sinó(ô)nimo adj. y m. sinónimo; equivalente.

sin/opse f. sinopsis; sumario; síntesis. /óptico adj. sinóptico; resumido.

sintaxe f. Gram. sintaxis.

s/íntese f. síntesis; unión; reunión. /intetizar tr. sintetizar; condensar.

sintoniza/ção f. sintonización. /r tr. sintonizar.

sinuos/idade f. sinuosidad; curva; evasiva. /o adj. sinuoso.

sinusite f. Pat. sinusitis.

sisa f. sisa (impuesto).

sisal m. Bot. sisal, fibra de la pita.

sism/o m. seismo, temblor de tierra. /ografia f. sismografía. /ógrafo m. sismógrafo. /ó(ô)metro m. sismómetro, sismógrafo.

sistema m. sistema; método. /tizar tr. sistematizar; ordenar; resumir.

sitia/ção f. sitio y s. sitiado, cercado. /r tr. sitiar, asediar.

sítio m. sitio, lugar; cerco.

situa/ção f. situación. /r tr. situar, colocar.

só adj. y adv. solo; sólo.

soalh/ar tr. solear; solar; divulgar. /eira f. solana; calor; ardor del sol.

soalho m. entarimado, pavimento de madera, suelo.

soar intr. sonar; divulgarse.

sob prep. bajo, debajo.

sobej/ar tr. sobrar. /o adj.

sobrado; m. pl. restos.

soberan/ia s. soberanía. /o adj. y m. soberano; poderoso.

soberb/a f. soberbia; arrogancia. /ia f. soberbia.

sobra f. sobra, demasía; hartura; pl. restos.

sobrado adj. y m. sobrado; demasiado; piso, suelo.

sobrar intr. sobrar, superabundar.

so(ô)bre prep. sobre, encima de; además; a cargo de.

sobreapelido m. segundo apellido.

sobrecâmara f. sobrecámara; sótano; buhardilla.

sobrecarregar tr. sobrecargar; humillar.

sobrecasaca f. levita.

sobredito adj. sobredicho, arriba dicho.

sobreguear tr. sobrealzar.

sobreloja f. Arq. entresuelo.

sobremesa f. sobremesa; postre.

sobrenatural adj. y m. sobrenatural; milagroso.

sobrenome m. sobrenombre, apellido.

sobrepor intr. sobreponer; añadir.

sobrescr/ever tr. sobrescribir. /ito m. sobrescrito, sobre; dirección.

sobressalt/ar tr. sobresaltar, acometer; sorprender. /o m. sobresalto; temor; agitación.

sobretaxa f. sobretasa, tasa adicional.

sobretudo m. sobretodo, abrigo, gabán; adv. sobre todo, especialmente.

sobrevive/nte adj. y m. sobreviviente. /r intr. sobrevivir.

sobrev/oar tr. sobrevolar. /o(ô)o m. sobrevuelo.

sobridade f. sobriedad; moderación; reserva.

sobrinho m. sobrino.

sóbrio adj. sobrio.

sobrolho m. ceja.

soci/al adj. social. /alismo m. socialismo. /alista adj. y s. socialista. /edade f. sociedad.

sócio m. socio.

sociologia f. sociología.

socorr/edor adj. y s. socorredor. /er tr. y r. socorrer. /o s. socorro.

soda f. soda.

soez adj. soez.

sofá m. sofá.

sofisma m. sofisma.

sofr/er tr. sufrir. /ível adj. sufrible.

sogro m. suegro.

soja f. Bot. soja.

sol m. sol.

sola f. suela.

solar adj. y s. solar.

soldado adj. y s. soldado.

solda/dor adj. y s. soldador. /gem s. soldadura. /r tr. soldar.

so(ô)ldo m. sueldo.

solen/e adj. solemne. /i-zar tr. solemnizar.

solf/a f. solfa. /ejar tr. e intr. solfear. /ejo m. solfeo.

sol/icitação f. solicitación. /icitar intr. solicitar. /icitude f. solicitud.

solidão f. soledad.

solidari/edade f. solidaridad. /zar tr. solidarizar.

solid/ez f. solidez. /ificar tr. y r. solidificar.

sólido adj. sólido.

solitária f. solitaria, tenia.

solitário adj. y s. solitario.

solo m. suelo; solo; terreno arable.

soltar tr. y r. soltar.

solteir/ão adj. y s. solterón. /o adj. y s. soltero.

solução f. solución; desenlace.

soluço m. sollozo; gemido.

solv/ência f. solvencia. / er tr.. solver; solventar; disolver; saldar.

som m. son, sonido.

soma f. suma; cantidad. /r tr. e intr. sumar; reunir.

sombr/a f. sombra; oscuridad; silueta; mancha. /ejar tr. e intr. sombrear. /inha f. sombrilla. /io adj. y m. sombrío; oscuro; triste; severidad.

sòmente adv. solamente.

son/ambulismo m. somnambulismo. /âmbulo adj. y s. somnámbulo.

sonância f. sonancia; armonía.

sonda f. sonda. /r tr. sondar; investigar.

sonega/ção f. ocultación. /r tr. ocultar; encubrir.

sonh/ar tr. e intr. soñar; pensar. /o m. sueño.

son/ífero adj. y m. somnífero. /o m. sueño; indolencia. /olência f. somnolencia; letargo.

sono/metria f. Fís. sonometría. /rizar tr. sonorizar. /ro adj. sonoro, vibrante; melodioso.

sons/ice f. fingimiento; picardía, astucia. /o adj. disimulado, cazurro.

sopa f. sopa; pop. criada.

sopé m. base de un monte, falda.

sopeira f. sopera (vasija); sirvienta.

sopor m. Pat. sopor; somnolencia. /ífero adj. soporífero.

soprano m. Mús. soprano, tiple. /r tr. e intr. soplar; insinuar.

so(ô)pro m. soplo; aliento; insinuación.

sor m. sor, síncopa de señor; hermana religiosa.

sorn/a f. sorna, indolencia. /ar tr. e intr. sornar; dormir.

sorri/dente adj. sonriente; alegre. /r intr. sonreir; prometer. /so m. sonrisa.

sorte f. suerte; fortuna. /io m. sorteo, rifa.

sortido adj. y m. surtido, variado; suministrado.

sortilégio m. sortilegio; hechicería.

sorve/doiro o /douro m. sumidero; abismo; remolino. /r tr. sorber; chupar; absorber; sumergir.

sorvete m. sorbete, helado. /ira m. sorbetera.

sostenido adj. Mús. sostenido.

sotaina f. sotana; traje talar; m. sacerdote.

sótão m. buhardilla, sotabanco; prov. sótano, habitación subterránea.

soterr/âneo adj. y m. subterráneo sótano. /ar tr. soterrar.

souto m. soto; mata, bosque; castañal.

sova f. soba, tunda, paliza.

sovaco m. Anat. sobaco, axila.

sover/são o /são m. subversión, revuelta, destrucción. / ter tr. subvertir; desordenar.

sovela f. subilla, lezna (de zapatero). /r tr. agujerear con lezna.

sovietismo m. sovietismo, bolchevismo.

sua adj. y pron. pos. suya, su.

sua/do adj. sudado. /r tr. e intr. sudar; gotear; destilar.

suav/e adj. suave; apacible; dulce. /idade f. suavidad.

subaltern/ar tr. e intr. subalternar. /o adj. y m. subalterno.

subaquático adj. subacuático.

subaxilar adj. Anat. subaxilar.

subchefe m. subjefe.

subcomiss/ão f. subcomisión. /ário m. subcomisario.

subcutâneo adj. y m. subcutáneo.

subdire(c)/ção f. subdirección. /tor m. subdirector.

súbdito adj. y s. súbdito; vasallo.

subdivi/dir tr. subdividir. /são f. subdivisión.

subir tr. e intr. subir; crecer.

subjacente adj. subyacente.

subjuntivo adj. Gram. subjuntivo.

subleva/ção f. sublevación, rebelión. /r tr. sublevar; amotinar.

sublima/ção f. sublimación; volatilización. /r tr. sublimar; purificar.

sublinhar tr. subrayar.

subm/arino adj. y m. Mar. submarino. /ergir tr. sumergir; inundar. /erso adj. submerso; inundado; oculto.

submeter tr. someter; subyugar.

subministra/ção f. suministración. /r tr. suministrar.

submissão f. sumisión; obediencia.

subordina/ção f. subordinación. /r tr. subordinar; sujetar.

suborn/ação f. sobornación. /ar tr. sobornar.

sub-raça f. subraza.

sub-roga/ção f. subrogación. /r tr. subrogar; transferir.

subscr/ever tr. e intr. suscribir, firmar; acceder. /ição f. subscripción; abono. /itor m. subscritor; accionista.

subsist/ência f. subsistencia. /ir intr. subsistir; persistir.

subsolo m. subsuelo.

subst/ância f. substancia; naturaleza; concepto. / ancial adj. y m. substancial, esencial. /anciar tr. sustanciar; extractar; formular.

substantivo adj. y m. Gram. substantivo.

substitu/ição f. substitución. /ir tr. substituir. /to adj. y s. substituto; suplente.

subterfúgio m. subterfugio; evasiva.

subterr/âneo adj. y m. subterráneo sótano. /ar tr. soterrar.

subtil adj. subtil, sutil, delicado; hábil. /eza f. sutileza; astucia.

subtítulo m. subtítulo.

subtra/(c)ção f. substracción; disminución; privación. /ir tr. substraer, sacar, disminuir; robar.

suce/der intr. suceder; ocurrir, acontecer. /ssão f. sucesión, continuación; herencia; generación.

sucesso m. suceso; caso; parto. /r adj. y m. sucesor; heredero.

suco m. suco, zumo, jugo.

sucul/ência f. suculencia. /ento adj. suculento; substancial.

sucumbir intr. sucumbir, desfallecer; entregarse.

sucursal ad. sucursal, filial.

sud/ação f. Med. sudación; sudadero. /ário m. sudario; mortaja.

sud/este m. Sudeste, Sueste. /oeste m. Sudoeste.

suest/ada f. viento del Sudeste. /e adj. m. Sueste, Sudeste.

sufic/iência f. suficiencia; aptitud. /ente adj. y m. suficiente; apto.

sufixo m. Gram. sufijo.

sufoca/ção f. sufocación, asfixia. /r tr. e intr. sufocar, ahogar; oprimir.

sufr/agar tr. sufragar; proteger. /ágio m. sufragio; ayuda; adhesión.

suga/ção f. succión. /r tr. chupar; absorber.

suge/rir tr. sugerir; aconsejar; inspirar. /stão f. sugestión; inspiración. /stionar tr. sugestionar; inspirar.

suíças f. pl. patillas.

suic/ida adj. y s. suicida. /ídio m. suicidio.

sujar tr. e intr. ensuciar; manchar.

sujei/ção f. sujeción; vasallaje. /tar tr. sujetar; subyugar; fijar.

suj/idade f. suciedad, porquería; basura. /o adj. sucio; deshonesto.

Sul m. Sur, Sud, mediodía. /-africano adj. y m. sudafricano. /-americano adj. y m. sudamericano.

sulca/dor adj. y m. surcador. /r tr. surcar; labrar.

sulfat/ar tr. sulfatar. /o m. Quím. sulfato.

sult/ana m. sultana. /anato m. sultanado, sultanía. /ão m. sultán.

sum/ariar tr. sumariar; resumir. /ário adj. y m. sumario, resumen.

sumo adj. sumo, altísimo; máximo; jugo, zumo; m. el ápice de algo; — Pontífice, Sumo Pontífice, el Papa.

sumpt/o m. gasto, desembolso; total de gastos. /uário adj. suntuario. /uoso adj. suntuoso, pomposo.

suor m. sudor.

superar tr. superar; exceder; subyugar.

superf/icial adj. superficial; aparente. /ície f. superficie.

supérfluo adj. superfluo; inútil.

super-homem m. superhombre.

superlativ/ar tr. Gram. superlativar. /o adj. y m. superlativo.

superprodução f. superproducción.

superstição f. superstición; fanatismo.

supervisor m. consejero (artístico); inspector.

supervivente adj. y s. su-

perviviente.
suplemento m. suplemento.
suple/nte adj. y s. suplente. **/tório** adj. supletorio.
s/úplica f. súplica. **/uplicar** tr. suplicar.
supl/iciador adj. y s. supliciador. **/ício** m. suplicio.
suport/ação f. soportación. **/ar** tr. soportar.
suposição f. suposición.
supositório m. supositorio.
suposto adj. y s. supuesto.
suprem/acia f. supremacía. **/o** adj. y s. supremo.
supressão f. supresión.
suprimir tr. suprimir.
supura/ção f. supuración. **/r** tr. e intr. supurar.
surdez f. sordez.
surdo adj. y s. sordo. **/-mudo** adj. y s. sordomudo.
surgir intr. surgir.
surpre/ender tr. sorprender. **/(ê)sa** f. sorpresa.
surrealis/mo m. surrealismo. **/ta** adj. y s. surrealista.
surripiar tr. pop. hurtar.
suscita/ção f. suscitación. **/r** tr. suscitar.
suspei/ção f. suspección. **/ta** f. sospecha. **/tar** tr. sospechar.
suspen/der tr. suspender. **/são** f. suspensión. **/so** adj. suspenso.
suspir/ar tr. e intr. suspirar. **/o** m. suspiro.
sussurr/ar intr. susurrar. **/o** m. susurro.
suste/nido m. *Mús.* sostenido. **/ntar** tr. sustentar; mantener; amparar. **/nto** m. sustento; mantenimiento; apoyo. **/r** tr. sostener; alimentar; soportar.
susto m. susto.
suxar tr. aflojar; moderar.

T t

taba/caria f. tabaquería. **/co** m. *Bot.* tabaco. **/ queira** f. tabaquera. /
tabardo m. tabardo.
tabela f. lista; tarifa; horario; catálogo; índice.
tabeli/ado m. notariado. **/ão** m. notario público; escribano.
taberna f. taberna.
t/ábua f. tabla; lista; índice; cuadro de cálculo; tablero; mesa de juego. **/abulado** m. enrejado de tablas; tablado.
tabuleta f. escaparate; letrero; tablilla; indicaciones; señal; pop. rostro.
taça f. copa.
tacanh/ear intr. tacañear. **/o** adj. tacaño.
tacão m. tacón.
tacho m. cazuela, vasija para guisar; pop. alimentación.
t/ácito adj. tácito, callado; sobreentendido. **/aciturno** adj. taciturno.
t/a(c)tear tr. palpar; indagar. **/á(c)tica** f. táctica. **/a(c)to** m. tacto.
tafetá m. tafetán.
taip/a f. tapia, tabique. / **/ar** tr. tapiar.
tal adj., adv. y pron. tal, igual; este, ese aquél, aquello; alguno.
talão m. talón.
talco m. talco.
talhe m. talle.
talher m. cubierto.
talho m. tajo; carnicería.
talismã m. talismán.
talo m. *Bot.* tallo.
talude m. talud; declive.
talvez adv. tal vez.
tamanco m. zueco.
tamanho adj. y s. tamaño.
também adv. y conj. también, igualmente; además; otrosí.
tambor m. *Mús.* tambor; el que toca el tambor.
tambori/l m. tamboril, tambor pequeño; *Zool.* rape, perjesapo (pez). / **lar** intr. tamborilar, tocar el tamboril. **/leiro** adj. y s. tamborilero. **/m** m. tamborín, tamboril.
tamp/a f. tapadera, tapa. **/ão** m. tapón, tapa.
tampouco adv. tampoco.
tandem m. tándem (bicicleta).
tanga f. taparrabo.
tange/dor adj. y s. tañedor. **/r** tr. e intr. tañer, tocar; sonar; m. sonido, tañido.
tangerin/a f. *Bot.* mandarina. **/eira** f. mandarino.
tangível adj. tangible.
tang/o m. tango. **/uista** s. tanguista.
tano/aria f. tonelería. **/eiro** m. tonelero.
tanque m. tanque; estanque; depósito.
tanso adj. pop. estúpido.
tântalo m. *Quím.* tántalo.
tanto adj. s. y adv. tanto; cantidad; de tal modo.
tão adv. tan; tanto.
tapa f. tapa. **/da** f. parque cercado. **/r** tr. tapar.
tape/çar tr. tapizar. **/çaria** f. tapicería; tapiz. **/te** m. alfombra, tapete.
tapioca f. tapioca.
tapume m. cerca, vallado.
taqu/igrafia f. taquigrafía. **/ígrafo** m. taquígrafo.
tara f. tara.
tard/ança f. tardanza; lentitud. **/e** adv. y f. tarde; **boas tardes,** buenas tardes. **/ívago** adj. lento; noctámbulo.
tareco adj. y m. escandaloso, ruidoso; pl. trastos, tarecos, muebles viejos.
tarefa f. tarea, trabajo.
tareia f. paliza, tunda.
tarifa f. tarifa; arancel.
tarrax/a f. tornillo; orgullo **/ar** tr. atornillar; fig. solicitar.
tarro m. tarro (vasija).
tartaruga f. *Zool.* tortuga.
tas/ca f. tasca. **/queiro** m. tabernero. **/quinhar** tr. e intr. tascar; pop. comer poco.
tataravô m. tatarabuelo.
tatu m. *Zool.* tatú.
tatua/gem f. tatuaje. **/r** tr. tatuar.
taumaturg/ia f. taumaturgia. **/o** adj. y s. taumaturgo.
taurino adj. taurino.
taxa f. tasa. **/r** tr. tasar.
t/áxi m. taxi. **/axímetro** m. taxímetro.
teaça f. tela de araña.
tea/gem f. tela. **/r** m. telar.
teatr/al adj. teatral. **/o** m. teatro.
teca f. *Bot.* teca.
tec/edeira f. tejedora. **/elagem** f. tejedura. **/elão** m. tejedor; **/er** tr. tejer. **/ido** m. tejido.
tecla f. tecla.
t/écnica f. técnica. **/écnico** adj. y s. técnico.
te(c)to m. techo.
tédio m. tedio.
teia f. tela; intriga.
teim/a f. terquedad. **/ar** tr. e intr. obstinarse. **/oso** adj. y s. obstinado, tozudo.
tejadilho m. tejadillo.
tela f. tela.
telefon/ar tr. telefonear. **/e** m. teléfono. **/ista** s. telefonista.
tel/egrafar tr. e intr. telegrafiar. **/egrafia** f. telegrafía. **/égrafo** m. telégrafo. **/egrama** m. telegrama.
telé(ê)metro m. telémetro.
teleobje(c)tiva f. teleobjetivo.
televis/ão f. televisión. **/or** adj. y s. televisor.
telh/a f. teja; fig. manía. **/ado** m. tejado.
tema m. tema.
temerário adj. y s. temerario.
temo/eiro m. timón; timonel. **/nar** tr. timonear.
temor m. temor.
t/êmpera f. templadura, temple; estilo; gusto; carácter; índole. **/emperar** tr. temperar; condimentar; templar; moderar.
temperatura f. temperatura.
tempest/ade f. tempestad. adj. tempestuoso.
templo m. templo.
tempo m. tiempo. **/rada** f. temporada. **/rão** adj. tempranal, prematuro.
tenaz adj. tenaz.
tenda f. tienda.
tendão m. *Anat.* tendón.
tend/ência f. tendencia. **/er** tr. e intr. tender; inclinarse.
tenebroso adj. tenebroso.
té(ê)nia f. *Zool.* tenia.
t/é(ê)nis m. tenis. **/enista** s. tenista.
tenor m. tenor.
tenr/eiro adj. tierno; m. ternero. **/o** adj. tierno.
tens/ão f. tensión. **/o** adj. tenso. **/or** adj. tensor.
tentáculo m. *Zool.* tentáculo.
tenta/dor adj. y s. tentador. **/r** tr. tentar.
tento m. tiento, tino.
te/ologismo m. teologismo. **/ólogo** m. teólogo.
teor m. tenor, contenido literal de un escrito; norma.
te/oria f. teoría. **/órico** adj. teórico.
tépido adj. templado, tibio.
ter tr. tener; poseer; contener.
terapêutica f. terapéutica.
te/(ê)rça adj. y f. tercera. **/-feira** f. martes. **/rceiro** num. tercero.
te(ê)rço m. tercio.
terçol m. orzuelo.
tergal adj. tergal.
tergiversa/ção f. tergiversación. **/r** intr. tergiversar.
termas f. pl. termas.
t/erminação f. terminación. **/erminal** adj. y s. terminal. **/erminar** tr. e intr. terminar.
te(ê)rmo m. termo; término; límite; mojón; fin; vocablo; pl. trámites maneras.
termologia f. *Fís.* termología.
termó(ô)metro m. termómetro.
termóstato m. *Fís.* termostato.
terra f. tierra.
terraço m. terraza; azotea.
terramicina f. terramicina.
terramoto m. terremoto.
terraplenar tr. terraplenar.
terráqueo adj. terráqueo.
terre/nal adj. terrenal. **/no** adj. y s. terreno. **/stre** adj. terrestre.
terrina f. sopera.
territ/orial adj. territorial. **/ório** m. territorio.
terr/ível adj. terrible. **/or** m. terror. **/orismo** m. terrorismo.
tesão f. tesón.
tese f. tesis; tema.
teso adj. y s. tieso; terco; germ. sin dinero.
tesoura f. tijera.
tesour/aria f. tesonería. **/eiro** m. tesorero. **/o** m. tesoro.
testa f. testa, frente; cabeza; vanguardia. **/çudo** adj. cabezudo.
testa/dor adj. y s. testador. **/mento** m. testamento.
teste f. testigo; m. examen, prueba.
testemunh/a f. testigo. **/ar** tr. testimoniar.
testículo m. *Anat.* testículo.
testifica/ção f. testificación. **/r** tr. testificar.
te(ê)ta f. *Anat.* teta.
tétano m. tétano.
teu adj. y pron. tuyo.
têxtil adj. textil.
text/o m. texto. **/ual** adj. textual.
tíbia f. *Anat.* tibia.
tijolo m. ladrillo.
til m. tilde.
t/ília f. *Bot.* tila, tilo. **/iliáceas** f. pl. tiliáceas.
timbr/ador adj. y s. timbrador. **/ar** tr. timbrar. **/e** m.timbre; sello.
t/imidez f. timidez. **/ímido** adj. y s. tímido.
tímpano m. *Anat.* tímpano.
tingir tr. teñir.
tinha f. *Pat.* tiña.
tint/a f. tinte. **/eiro** m. tintero.
tint/o adj. tinto; manchado. **/ura** f. tintura. **/uraria** f. tintorería.
tio m. tío.
tipa f. pop. fulana, pájara.
típico adj. típico.
tip/o m. tipo. **/ografia** f. tipografía. **/ógrafo** m. tipógrafo.
tira f. tira.
gem f. tirada.
tirani/a f. tiranía. **/o** m. tirano.
tira-nódoas m. quitamanchas.
tira/nte adj. y s. tirante. **/r** tr. e intr. tirar; quitar; arrojar; exceptuar; exceptuar; disminuir.
tiritar intr. tiritar.
tiro m. tiro.
tirocínio m. tirocinio, aprendizaje.
tirolês adj. y s. tirolés.
tísico adj. y s. tísico.
tisn/ar tr. tiznar. **/e** m. tizne.
tit/ã f. titán. **/ânico** adj. titánico.
titube/ação f. titubeación. **/ar** intr. titubear.
t/itular adj. y s. titular; honorario; tr. intitular; registrar. **/ítulo** m. título.
toada f. entonación; canto; rumor; estilo.
toalh/a f. toalla; mantel. **/eiro** m. toallero.
toca f. escondrijo, cubil, madriguera.
tocar tr. e intr. tocar; tañer.
toch/a f. blandón; cirio; antorcha. **/eira** f. candelabro.
to(ô)co m. cepa, tocón; muñón.
todavia adv. y conj. todavía, aún; sin embargo.
todo adj. y pron. todo. **/-poderoso** m. Todopoderoso.
toga f. toga.
toir/ear intr. torear. **/o** m. toro.
toler/ância f. tolerancia. **/ar** tr. tolerar.
tol/ice f. tontería. **/o** adj. y s. vanidoso; aturdido.
tom m. tono; sonido.
toma/da f. tomada, toma; enchufe. **/r** tr. e intr. tomar.
tomate m. *Bot.* tomate. **/ira** m. tomatera.
tomb/ar tr. tumbar. **/o** m. caída; archivo; inventario.
tômbola f. tómbola.
tomo m. tomo.
tonel m. tonel. **/ada** f. tonelada. **/agem** f. tonelaje.
tó(ô)nico adj. y s. tónico; reconstituyente.
tonifica/ção f. tonificación. **/r** tr. tonificar.
tono m. tono; aria.
tont/aria f. tontería. **/o** adj. y s. tonto.
topázio m. topacio.
tópico adj. y m. tópico.
top/ografia f. topografía. **/ógrafo** m. topógrafo.
tórax m. tórax.
torcer tr. torcer.
tordo m. *Zool.* tordo.
torment/a f. tormenta, tempestad. **/oso** adj. tormentoso; trabajoso; difícil.
torna f. torna, vuelta; compensación. **/r** tr. e intr. tornar, volver; convertir. **/ssol** tornasol. *Bot.* girasol.
torn/ear tr. e intr. tornear; arredondear. **/eio** m. torneo; combate; polémica; certamen.
torneira f. grifo.
torn/ilho m. tornillo, torno pequeño; antiguo castigo militar; aprieto, situación difícil; *Zool.* estornino. **/o** m. torno (máquina).
toro m. rollizo, tronco de árbol.
torp/eza f. torpeza; deshonestidad. **/or** m. torpor, entorpecimiento; indiferencia.
torquês f. turquesa; tenaza, alicates.
torra/ção f. torrefacción. **/da** f. tostada de pan. **/deira** f. tostadera. **/r** tr. torrar, tostar.
to(ô)rre f. torre; castillo.
torrefa/(c)ção f. torrefacción, tostadura. **/(c)to** adj. torrefacto, torrado.
torren/cial adj. torrencial. **/te** f. torrente, corriente de agua; arroyo.
tórrido adj. tórrido; abrasador.
torso m. torso, busto de persona; adj. tuerto, torcido.
tort/o adj. tuerto, torcido, bizco. **/uosidade** f. tortuosidad; injusticia.
tortura f. tortura; suplicio. **/r** tr. torturar.
torva/ção f. turbación; conturbación; intranquilidad. **/r** tr. torvar, ensombrecer; turbar, perturbar.
torvelinho m. torbellino, remolino.
to(ô)sco adj. tosco; grosero.
toss/e f. tos. **/ir** tr. e intr.

toser.
tostão m. m. tostón, antigua moneda portuguesa.
tostar tr. tostar, chamuscar.
total adj. y m. total; todo. **/idade** f. totalidad. **/itário** adj. totalitario.
toucinh/eiro m. tocinero, salchichero. **/o** m. tocino.
toupeira f. *Zool.* topo.
tour/ada f. torada; corrida de toros; burla. **/ear** tr. e intr. torear; desafiar. **/eio** m. toreo, lidia. **/eiro** m. torero. **/o** m. *Zool.* toro, buey bravo.
tóxico adj. y s. tóxico, venenoso.
trabalh/adeira adj. y f. trabajadora. **/ador** adj. y m. trabajador. **/ar** tr. trabajar; manipular. **/o** m. trabajo.
tra/ça f. *Zool.* polilla (insecto); dibujo; ardid; traza. **/çar** tr. e intr. trazar; delinear; cortar. **/cejar** intr. trazar; delinear. **/ ço** m. trazo; vestigio.
tracoma m. *Pat.* tracoma.
tra(c)tor m. tractor.
trade/ar tr. taladrar, barrenar. **/la** f. taladro.
tradi/ção f. tradición. **/ cional** adj. tradicional.
trado m. taladro, agujero.
tradu/ção f. traducción; reflejo. **/tor** adj. y s. traductor. **/zir** tr. traducir; interpretar.
tr/áfega f. trajín, tráfago. **/afegar** intr. trafagar; trajinar. **/aficante** adj. y s. traficante. **/aficar** tr. e intr. traficar, negociar. **/áfico** m. tráfico, negocio.
tr/agédia f. tragedia. **/ágico** adj. trágico.
trago m. trago.
trai/ção f. traición. **/dor** adj. y s. traidor.
traineira f. trainera.
trair tr. traicionar.
traj/ar tr. vestir, trajear. **/e** m. traje.
traje(c)t/o m. trayecto. **/ória** f. trayectoria.
trajo m. traje.
trama f. trama. **/dor** adj. y s. tramador; urdidor. **/r** tr. tramar.
trâmite m. trámite.
tramo m. tramo.
tramóia f. tramoya; intriga.
trampa f. excremento; bagatela.
trampolim m. trampolín.
tranca f. tranca.
trança f. trenza.
tranqu(ü)ili/dade f. tranquilidad. **/zador** adj. tranquilizador. **/zar** tr. tranquilizar.
transa(c)/ção f. transacción. **/cionar** tr. e intr. negociar, vender; contratar.
transatlântico adj. y s. transatlántico.
transbo/rdador m. guindaste; transbordador. **/rdar** intr. transbordar.
transcend/ência f. transcendencia. **/er** tr. e intr. transcender.
transcontinental adj. transcontinental.
transcr/ever tr. transcribir, copiar. **/ição** f. transcripción.
transe m. trance; momento; crisis; peligro.
transeunte adj. y m. transeunte, caminante.
transf/erência f. transferencia; mudanza. **/erir** tr. transferir, mudar.
transfigu/ração f. transfiguración. **/rar** tr. transfigurar; alterar.
transform/ação f. transformación; alteración. **/ar** tr. transformar; disfrazar.
tr/ânsfuga s. tránsfuga, desertor. **/ansfugir** intr. tránfuga, desertor.
transfusão f. transfusión.
transgre/dir tr. transgredir; violar. **/ssão** f. transgresión.
transição f. transición.
transig/ência f. transigencia, tolerancia. **/ir** tr. e intr. transigir; ceder.
tr/ansitar intr. transitar, andar. **/ansitável** adj. transitable. **/ânsito** m. tránsito; concurrencia, circulación; muerte.
transla/ção f. traslación, translación. **/dação** f. trasladación; transferencia. **/dar** tr. trasladar, transferir.
transluzir r. e intr. traslucirse; revelarse.
transmigra/ção f. transmigración o transmigración. o transmigración. **/r** tr. e intr. transmigrar.
transmi/são f. transmisión. **/ssor** adj. y m. transmisor. **/tir** tr. transmitir; expedir.
transmu/dar tr. transmudar; alterar. **/tar** tr. transmutar.
transoceânico adj. transoceánico, ultramarino.
transpar/ecer intr. transparentarse; traslucir; revelarse. **/ência** f. transparencia. **/ente** adj. y m. transparente, claro; evidente.
transpir/ação f. transpiración. **/ar** tr. e intr. transpirar, sudar; constar.
transp/lantação f. trasplantación; traducción. **/ lantar** tr. trasplantar; traspasar; traducir. **/or** tr. transponer, trasplantar; cambiar.
transport/ação f. transportación; fig. arrebato, éxtasis. **/ar** tr. transportar; traducir; extasiar. **/e** m. transporte.
transto/rnação f. trastorno. **/rnar** tr. trastornar; desfigurar; desorganizar. **/(ô)rno** m. trastorno; contrariedad.
transvasar tr. transvasar, trasegar.
transvers/al adj. y m. transversal. **/o** adj. y m. transverso.
tranvia f. tranvía, ferrocarril.
trap/alhada f. trapería; enredo; confusión. **/alhona** adj. y f. embustera, mentirosa. **/aria** f. trapería. **/eiro** m. trapero.
trapézio m. trapecio.
trapo m. trapo.
traqueia f. *Anat.* tráquea.
traquin/a o **/as** adj. y s. travieso; inquieto. **/ada** f. travesura; embrollo. **/ar** intr. travesear; revolucionar. **/ice** f. diablura.
trás prep. detrás; después; interj. golpe ruidoso, ¡pum!, ¡zas!.
trasbo/rdante adj. trasbordante. **/rdar** tr. e intr. trasbordar, derramar.
traseiro adj. e m. trasero; las nalgas.
trasla/ção f. traslación. **/ dação** f. trasladación. **/ dar** tr. trasladar, transferir; traducir.
trastornar tr. trastornar, perturbar; retroceder.
tratad/ista s. tratadista. **/o** adj. y m. tratado, contrato; examinado, discutido.
trat/amento m. tratamiento; trato; modos. **/ar** tr. e intr. tratar; discutir; curar; discurrir. **/o** m. trato; ajuste; contrato.
traum/a m. trauma, contusión. **/ático** adj. *Cir.* traumático. **/atismo** m. traumatismo.
trautear tr. e intr. tatarear; burlar.
trav/ação f. trabamiento; conexión. **/agem** f. trabamiento. **/ão** m. freno, traba. **/ar** tr. trabar, frenar; estorbar.
trave f. trabe, viga.
trav/és m. través; oblicuidad. **/essa** f. traviesa, viga; travesía (calle); travesaño. **/essar** tr. atravesar. **/esseiro** m. travesero; funda de almohada. **/essia** f. travesía.
trazer tr. traer; usar; conducir; sentir; **— entre mãos**, traer entre manos.
trecho m. trecho; extracto; espacio.
tredo adj. falso, traidor.
trégua f. tregua.
trein/ador adj. y s. entrenador. **/ar** tr. entrenar. **/o** m. entrenamiento.
trela f. traílla; fig. charla.
trem m. tren; muebles; comitiva; carruaje.
treme/dor adj. y s. temblador. **/lejar** intr. oscilar; vacilar.
trem/er tr. e intr. temblar; tremer. **/ido** adj. y s. trémulo; peligroso; temblor; vacilante.
tremo(ô)ço m. *Bot.* altramuz.
tr/emor m. tremor; temor. **/emular** tr. e intr. tremolar, enarbolar; intr. centellear.
trenó m. trineo.
trepad/eira adj. y s. trepadora. **/or** adj. y s. trepador.
tr/epanar tr. *Cir.* trepanar. **/épano** m. trépano.
trepar tr. trepar.
tr/epidação f. trepidación, **/épido** adj. trépido; asustar.
três num. tres.
treslouca/do adj. y s. loco. **/r** tr. enloquecer.
tresnoitar tr. e intr. trasnochar.
trespass/ar tr. traspasar. **/e** m. traspaso; transferencia; fig. muerte.
treta f. treta; engaño, ardid.
treva f. tiniebla; noche.
trevo m. *Bot.* trébol.
tríad/a o **/e** f. tríada; trinidad.
tri/angulação f. *Geom.* triangulación. **/angular** adj. y tr. triangular.
triató(ô)mico adj. *Quím.* triatómico.
tribo f. tribu; familia.
tribula/ção f. tribulación; angustia. **/r** tr. atribular, amargar.
tribun/a f. tribuna; oratoria. **/al** m. tribunal. **/o** m. tribuno; orador.
tribut/ação f. tributación. **/ar** tr. tributar; contribuir. **/o** m. tributo; impuesto; obligación.
triciclo m. triciclo.
triclínio m. triclinio.
tricolor adj. tricolor.
tridente adj. y m. tridente.
tri/enal adj. trienal. **/é(ê)nio** m. trienio.
trifásico adj. *Fís.* trifásico.
trifurca/ção f. trifurcación. **/r** tr. trifurcar, tripartir.
trigar tr. acelerar, apresurar.
triglota adj. triglota, trilingüe.
trigo m. *Bot.* trigo.
trigonometria f. *Mat.* trigonometría.
trilh/a o **/ada** f. trilla; vestigio, huella; vereda, camino. **/ar** tr. trillar; pisar; surcar. **/o** m. trillo; camino, vereda; norma.
trilião m. *Arit.* un millón de billones.
trilinear adj. trilineal.
trilingue adj. trilingüe.
trime/nsal adj. trimensual. **/stre** m. trimestre.
trimotor adj. y m. trimotor (avión).
trincad/ela f. dentellada, mordedura. **/o** adj. trincado, mordido; sagaz.
trincheira f. *Mil.* trinchera. **/r** tr. atrincherar.
trinco m. pestillo, picaporte; estallido.
trindade f. *Rel.* Trinidad.
trinta núm. card. treinta. ría.
trio m. *Mús.* trío, terceto.
tripa f. tripa, intestino.
triparti/ção f. tripartición. **/r** tr. tripartir.
tripé m. trípode.
tripétalo adj. *Bot.* tripétalo.
triplano m. triplano.
tripl/e adj. triple, tríplice. **/icar** tr. triplicar. **/o** adj. y m. triple.
tríptico m. tríptico.
tripula/ção f. tripulación. **/nte** adj. y s. tripulante. **/r** tr. tripular.
trist/e adj. triste. **/eza** f. tristeza.
tritão m. tritón.
tritongo m. *Gram.* triptongo.
tritura/ção f. trituración. **/r** tr. triturar.
triunf/ador adj. y s. triunfador. **/ar** intr. triunfar. **/o** m. triunfo.
trivial adj. y s. trivial.
troa/da f. tronada; estruendo; tiroteo. **/r** intr. tronar.
trocar tr. y r. trocar. cambiar; equivocar.
troçar tr. burlar, escarnecer.
tro(ô)co m. cambio, troca; réplica.
trólei m. trole de los tranvías eléctricos. **/bus** m. trolebús.
tromb/a f. tromba; hocico. **/ejar** intr. trompear.
trombet/a f. *Mús.* trompeta; clarín; pop. nariz grande. **/ada** f. trompetada. **/eiro** m. trompetero.
trom/bone m. *Mús.* trombón. **/pa** f. trompa. **/peta** f. trompeta.
tronar intr. tronar.
troneira f. tronera.
trono m. trono.
tropa f. tropa.
trope/ção m. tropezón. **/ çar** intr. tropezar.
trôpego adj. torpe.
tropical adj. tropical.
tropo m. *Ret.* tropo. **/logia** f. tropología.
troquel m. troquel, cuño.
trot/ador adj. y s. trotador. **/ar** intr. trotar (del caballo). **/e** m. trote.
trova f. trova, verso; cantar. **/dor** m. trovador.
trov/ão m. trueno. **/ejar** tr. e intr. tronar.
trucida/ção f. trituración, mutilación. **/r** tr. trucidar, mutilar.
trucul/ência f. truculencia, ferocidad. **/ento** adj. truculento.
tu pron. pers. tú; m. tuteo, el tratamiento de tú.
/a adj. tuya, fem. de **teu.**
tubagem f. tubería.
tubarão m. *Zool.* tiburón.
tub/erculinizar tr. inyectar tuberculina. **/érculo** m. tubérculo. **/erculose** f. tuberculosis.
tub/iforme adj. tubiforme. **/o** m. tubo; caño, canal. **/ular** adj. tubular.
tudo pron. indef. todo; la totalidad; **em — e por —**, en todo y por todo.
tuf/ão m. tifón. **/ar** tr. e intr. hinchar; entumecer.
tufo m. montón; porción de plantas; volante o bollo de un vestido.
tugúrio m. tugurio, habitación pobre; refugio.
tule m. tul (tejido).
tulipa o **túlipa** f. *Bot.* tulipán.
tumba f. tumba, sepulcro.
tume/fa(c)ção f. tumefacción. **/fa(c)to** adj. tumefacto, hinchado. **/fazer** tr. tumefacer. **/nte** adj. hinchado.
tumor m. *Pat.* tumor.
t/umular adj. sepulcral; tumulario; tr. sepultar. **/úmulo** m. túmulo; mausoleo.
tumult/o m. tumulto; sedición. **/uario** adj. tumultuario; confuso.
tunda f. tunda, paliza.
túnel m. túnel.
tungsté(ê)nio m. *Quím.* tungsteno, volframio.
túnica f. túnica, manto.
turba f. turba, multitud. **/ção** f. turbación; confusión. **/multa** f. turbamulta.
turbante m. turbante.
turbar tr. turbar; inquietar; obscurecer.
turbilhão m. torbellino; turbamulta.
turb/ina f. *Mec.* turbina. **/o-rea(c)tor** m. turborreactor.
turbul/ência f. turbulencia, alboroto. **/ento** adj. y m. turbulento.
turg/ência f. turgencia; tumefacción. **/escer** tr. e intr. entumecer, hinchar.
turis/mo m. turismo. **/ta** s. turista.
tur/ma f. turma; grupo, bando; *Mil.* esquadrón; multitud. **/no** m. turno; grupo; orden.
turqu/esa f. *Min.* turquesa, piedra preciosa. **/i** adj. turquí, azul fuerte.
turv/ação f. turbación; confusión. **/ar** tr. e intr. turbar, enturbiar; oscurecer; embriagar. **/o** adj. y m. turbio; oscuro.
tutano m. tuétano, medula.
tutela f. tutela; amparo. **/r** adj. tutelar, protector; tr. proteger; resguardar.
tut/or m. tutor; protector; consejero. **/oria** f. tutoría; protección. **/riz** f. tutriz, tutora.

U u

uber/ar tr. e intr. fecundar; producir. **/dade** f. fertilidad, riqueza.
ufan/ar tr. ufanar. **/o** adj. ufano; vanidoso; alegre.
ui! interj. ¡Huy!, ¡ay!.
uiv/ador adj. y s. aullador. **/ar** tr. e intr. aullar; gritar.
úlcera f. *Med.* úlcera, llaga; fig. vicio.
ulterior adj. ulterior; futuro; posterior.
ultima/ção f. ultimación; conclusión. **/r tr.** ultimar. **/to** m. ultimato, ultimátum.
último adj. y s. último.
ultraj/ador adj. y s. ultrajador. **/ar** ultrajar.
ultramar m. ultramar. **/ino** adj. ultramarino; colonial.
ultravioleta adj. *Fís.* ultravioleta.
ulula/ção f. ululación. **/r** m. y intr. ulular; ululación, alarido.
ulva f. *Bot.* ulva.
um num. pron. y art. uno; un.
umbi/go m. *Anat.* ombligo. **/lical** adj. umbilical.
umbral m. umbral.
unânime adj. unánime.
unção f. unción.
ungu(ü)ento m. ungüento.
unha f. uña. **/r** tr. arañar; amugronar; *Bras.* robar.
união f. unión.
único adj. único.
uni/dade f. unidad. **/ficação** f. unificación; federación. **/ficar** tr. unificar.
uniform/e adj. y s. uniforme. **/idade** f. uniformidad. **/izar** tr. uniformar.
unilateral adj. unilateral.
unir tr. unir; casa.
uníssono adj. unísono.
universal adj. y s. universal. **/izar** tr. universalizar.
universi/dade f. universidad. **/tário** adj. y s. universitario.
universo m. universo.
uno adj. uno.
unt/ador adj. y s. untador. **/ar** tr. untar. **/o** m. unto.
urânio m. *Quím.* uranio.
urban/idade f. urbanidad. **/ismo** m. urbanismo. **/ização** f. urbanización. **/o** adj. urbano.
uretr/a f. *Anat.* uretra. **algia** f. uretralgia.
urg/ência f. urgencia; prisa. **/ente** adj. urgente.
úrico adj. *Quím.* úrico.
urin/a f. orina. **/ar** tr. e intr. orinar. **/ol** m. urinario, bacín; meadero.
urna f. urna, ataúd.
urr/ar intr. bramar; rugir; gritar. **/o** m. rugido.
urs/ino adj. ursino. **/o** m. *Zool.* oso.
urti/cação f. *Pat.* urticación. **/cária** f. *Med.* urticaria. **/ga** f. *Bot.* ortiga.
usar tr. e intr. usar; practicar; acostumbrar.
ust/ório adj. ustorio, abrasador. **/ular** tr. quemar levemente.
usu/al adj. usual, frecuente. **/ário** adj. y m. usuario.
usufru/ir tr. usufructuar; poseer. **/to** m. usufructo.
usur/a f. usura; avaricia. **/ar** intr. usurar.
usurpa/ção f. usurpación. **/r** tr. usurpar; despojar.
uten/sílio m. utensilio. **/te** adj. utente, usuario.
útero m. *Anat.* útero.
útil adj. y m. útil; ventajoso; productivo.
utili/dade f. utilidad; beneficio; conveniencia. **/zar** tr. e intr. utilizar.
utopia f. utopía, fantasía.
uva f. *Bot.* uva.
úvula f. *Anat.* úvula, epiglotis.

V v

vá! interj. designa cautela, precaución.
vã adj. vana; frívola; falsa; irreal.
vaca f. *Zool.* vaca; carne de vaca. **/da** f. vacada.
vac/ância f. vacancia; lugar vacante. **/ante** adj. vacante.
vacaria f. vaquería; manada de vacas; lechería.
vacila/ção f. vacilación. **/r** tr. e intr. vacilar; dudar, titubear; oscilar.
vacin/a f. vacuna; vacunación. **/ar** tr. vacunar.
vacum adj. y m. vacuno; ganado bovino.
vadea/ção f. vadeamiento, vadeo. **/r** tr. vadear; pasar.
vadi/agem f. vagancia, holgazanería. **/ar** intr. vaguear, gandulear. **/o** adj. y s. vago; vagabundo.
vaga f. ola, onda; fig. muchedumbre.
vagabund/ear intr. vagabundear. **/o** adj. y m. vagabundo, holgazán; nómada.
vag/ância f. vagancia. **/ante** adj. vagante; vacante.
vagão m. vagón.
vagem f. vaina.
vagido m. vagido.
vagina f. *Anat.* vagina.
vago adj. y m. vago; vacante; vaguedad.
vagoneta f. vagoneta.
vaguea/ção f. vagueación. **/r** intr. vaguear.
vaia f. vaya, burla. **/r** tr. e intr. burlarse.
vaid/ade f. vanidad. **/oso** adj. y s. vanidoso.
vaivém m. vaivén.
vala f. zanja, foso.
vale m. vale; valle.
valent/e adj. y s. valiente. **/ia** f. valentía.
valer tr. e intr. valer; socorrer.
valeta f. cuneta; reguero.
válido adj. válido.
valor m. valor. **/ização** f. valorización. **/izar** tr. valorizar.
valsa f. vals.
válvula f. válvula.
vampir/esa f. vampiresa. **/o** m. vampiro.
v/andalismo m. vandalismo. **/ândalo** m. vándalo.
vangl/ória f. vanagloria. **/oriar** tr. y r. vanagloriar
vanguarda f. vanguardia.
vapor m. vapor. **/ar** intr. y r. vaporar, evaporar. **/ização** f. vaporización. **/izar** tr. vaporizar.
vaqueiro m. vaquero.
varadouro m. varadero.
varanda f. balcón; terraza.
varandim m. barandilla.
varão m. varón.
varar tr. e intr. varar encallar un buque.
varg/a f. vega, planície alagadiza; variedad de red de pescar. **/em** f. campiña, planície cultivada.
varia/bilidade f. variabilidad. **/ção** f. variación. **/do** adj. variado, diferente; liviano. **/r** tr. e intr. variar, cambiar; desvariar.
varie/dade f. variedad; diferencia. **/gar** tr. variar.
var/íola f. *Med.* viruela. **/iolado** adj. *Pat.* variolado, virolento.
variz f. *Pat.* variz, varice.
varo/a adj. varona, mujer fuerte; heroína. **/nil** adj. varonil; viril; enérgico.
varre/dela f. barredura, barrida, escobada. **/dor** adj. y m. barredor. **/r** tr. e intr. barrer, limpiar; borrar; dispersar.
várzea f. vega; planicie; campiña.
vascular adj. vascular. **/ização** f. vascularización.
vasculh/ador adj. y m. barredor, barrendero. **/ar** tr. barrer, limpiar; investigar; escudriñar.
vas/ilha f. vasija; pipa. **/ilhame** m. vasilla, conjunto de vasijas. **/o** m. vaso; jarrón; tazón; embarcación; orinal.
vassal/agem f. vasallaje; obediencia. **/o** adj. y m. vasallo; súbdito.
vasso/ira o **/ura** f. escoba para barrer. **/irar** tr. e intr. escobar, barrer.
vast/idão f. vastedad; anchura; grandeza. **/o** adj. vasto; grande.
vate m. vate; profeta; poeta.
vatic/inação f. vaticinación; profecía. **/inar** tr. vaticinar, adivinar.
vátio m. *Elec.* vatio.
vau m. vado; bajío; deseo.
vaz/ador adj. y m. vaciador, flujo; desagüe; solución; venta. **/ar** tr. e intr. vaciar; derramar. **/io** adj. y m. vacío; vacante.
veda/ção f. vedamiento, veda; vallado. **/r** tr. e intr. vedar; estancar; prohibir; tapar.
veem/ência f. vehemencia; impetuosidad; interés. **/ente** adj. vehemente; caluroso.
vegeta/bilidade f. vegetabilidad. **/ção** f. vegetación. **/l** adj. y m. vegetal. **/r** tr. vegetar; pulular. **/riano** adj. y s. vegetariano.
veia f. *Anat.* vena; vocación.
veículo m. vehículo, medio de transporte.
vela f. vela (de barco); vigilia; centinela nocturna; bujía; cirio. **/do** adj. velado, oculto; debilitado. **/me** o **velâmen** m. velamen, velaje. **/r** tr. e intr. velar; ocultar, tapar; vigilar; estar sin dormir.
velha f. vieja.
velh/aria f. vejestorio; antigualla. **/o** adj. y m. viejo; anticuado.
veloc/e adj. veloz. **/idade** f. velocidad.
veloz adj. veloz.
veludo adj. y s. velludo, terciopelo.
venc/edor adj. y s. vencedor. **/er** tr. vencer. **/imento** m. vencimiento; sueldo, salario.
venda f. venta; taberna; venda. **/r** tr. vendar.
vendaval m. vendaval.
vend/ável adj. vendible. **/er** tr. vender.
venera/ção f. veneración. **/dor** adj. y s. venerador. **/r** tr. venerar.
venéreo adj. y s. venéreo.
venial adj. venial.
venoso adj. venoso.
ventila/ção f. ventilación, oreamiento. **/dor** adj. y s. ventilador. **/r** tr. ventilar; refrescar; fig. discutir.
vento m. viento. **/inha** f. ventilador; molinete; veleta.
ventre m. vientre.
ventur/a f. ventura; riesgo; felicidad. **/eiro** adj. arriesgado; aventurero.
vé(ê)nus f. Venus.
ver tr. ver.
veracidade f. veracidad.
ver/aneante adj. y s. veraneante. **/anear** intr. veranear. **/ão** m. verano.
verbal adj. verbal.
verbena f. verbena; *Bot.* verbena.
verbera/ção f. verberación. **/r** tr. verberar; reprender; censurar.
verbo m. verbo.
verdade f. verdad.
verde adj. verde. **/jar** intr. verdear.
verdura f. verdura; verdor; hortaliza; mocedad.
verea/ção f. concejalía, edilidad; ayuntamiento. **/dor** m. concejal. **/r** tr. e intr. administrar como concejal.
vereda f. vereda, senda.
veredicto m. *For.* veredicto.
vergadura f. encorvadura.
vergonh/a f. vergüenza; deshonra. **/oso** adj. vergonzoso; obsceno.
ver/icidade f. veracidad. **/ídico** adj. verídico, verdadero.
verifica/ção f. verificación. **/r** tr. verificar; controlar.
verme m. *Zool.* verme, gusano.
vermelh/ão m. bermellón; bermejo; carmín. **/ar** tr. e intr. bermejear, rojear. **/o** adj. y m. bermejo, bermellón; colorado.
vern/aculidade f. calidad de vernáculo; pureza. **/áculo** adj. vernáculo; nativo, nacional; correcto.
verniz m. barniz; pulimento; charol; elegancia.
verruma f. barrena, taladro. **/r** tr. taladrar, perforar; torturar.
vers/ado adj. versado, instruido. **/ão** f. versión; interpretación; traducción. **/ar** tr. e intr. versar; practicar; ponderar; versificar. **/ejar** tr. e intr. versificar. **/ificar** tr. e intr. versificar; metrificar. **/o** m. verso; reverso.
v/értebra f. *Anat.* vértebra. **/ertebrado** adj. y m. *Zool.* vertebrado.
verte/dor adj. y m. vertedor; traductor. **/nte** adj. y f. vertiente; pendiente. **/r** tr. e intr. verter; difundir.
vértice m. vértice.
vertig/em f. vértigo; vahído. **/inoso** adj. vertiginoso; impetuoso.
vesgo adj. y s. bizco, estrábico.
vesp/a f. *Zool.* vespa, avispa. **/ão** m. vispón.
véspera f. víspera, día anterior.
vest/e f. veste, traje. **/iário** m. vestuario; ropero.
vestid/o m. vestido, traje. **/ura** f. vestidura, vestido.
vestígio m. vestigio; rastro; restos.
vest/imenta f. vestimenta; hábitos. **/ir** tr. vestir; adornar; resguardar. **/uário** m. vestuario.
vetar tr. vetar; impedir; obstaculizar.
veterano adj. y m. veterano.
veterinária f. veterinaria, albeitería.
veto m. veto, prohibición.
vetusto adj. vetusto.
véu m. velo (tejido); fig. oscuridad; apariencia.
vexa/ção f. vejación; operación. **/me** m. vejamen; ignominia. **/r** tr. vejar, molestar; humillar.
vez f. vez, ocasión; tiempo; época; orden; alteración; **em — de,** en lugar de.
via f. vía, camino; dirección; intermedio **— sacra,** vía crucis. **/bilidade** f. viabilidad. **/ção** f. conducción; vías de comunicación; impuesto. **/duto** m. viaducto. **/geiro** adj. y m. viajero. **/gem** f. viaje. **/jante** adj. y s. viajante. **/jar** tr. e intr. viajar.
viatura f. vehículo, coche.
viável adj. viable; realizable.
víbora f. *Zool.* víbora.
vibr/ação f. vibración, temblor. **/ador** adj. vibrador. **/ar** tr. e intr. vibrar; agitar; temblar.
vic/arial adj. vicarial. **/ário** adj. vicario; substituto.
vicej/ar tr. e intr. lozanear; ostentar; lucirse. **/o** m. lozanía, verdor; vigor.
vice-versa loc. adv. viceversa, por el contrario.
vicia/ção f. viciamiento. **/r** tr. viciar; falsificar.
vício m. vicio; costumbre.
vicissitude f. vicisitud; revés.
viço m. lozanía; vigor; ardor. **/so** adj. lozano, vicioso; mimoso.
vida f. vida.
vide f. *Bot.* vid. **/ira** f. vid.
vid/ência f. videncia. **/ente** adj. y s. vidente; profeta.
vidr/aria f. vidriería. **/eiro** m. vidriero. **/o** m. vidrio.
viela f. callejuela.
viés m. bies, sesgo, oblicuidad.
viga f. viga, madero. **/mento** m. viguería, conjunto de vigas.
vig/ência f. vigencia. /en**te** adj. vigente.
vigésimo adj. y m. vigésimo; veinteavo.
vigi/a f. vigía; centinela; torre. **/ar** tr. vigilar. **/lância** f. vigilancia.
vigor m. vigor, energía; ordenar. **/ar tr.** e intr. vigorar; fortalecer.
vil adj. y s. vil; despreciable; mísero.

vil/ania f. villanía; bajeza. /ão adj. y m. villano;
despreciable; i n f a m e ,
ruin; avariento.

vilegiatura f. veraneo; excursión.

vim/a o /e f. *Bot.* vim-
bre, mimbre.

vinagre m. vinagre. /ira
f. vinagrera.

vinc/ada f. arruga, marca.
/ar tr. doblar; plisar;
arrugar; grabar. /o m.
pliegue; raya; verdugón;
surco.

v/inculado adj. vinculado.
/incular tr. vincular.

vinda f. venida, llegada.

vindica/dor adj. y s. vin-
dicador. /r tr. vindicar;
reivindicar.

vindima f. vendimia. /dor
adj. y s. vendimiador. /r
tr. e intr. vendimiar.

vinga/dor adj. y s. vengador. /nça f. venganza.
/r tr. vengar.

vinh/a f. viña. /arrão m.
vino de gran calidad. /a-
teiro adj. y s. viñador;
vinicultor; vinatero. /e-
do m. viñedo, parral. /ei-
ro m. viñadero, viñador.

vinheta f. *Impr.* viñeta.

vin/ho m. vino. /icultor
m. vinicultor. /icultura f.
vinicultura.

violação f. violación; estupro.

viol/ar tr. violar; transgredir. /ência f. violen-
cia; tiranía. /entar tr.
violentar; desflorar.

vir intr. venir; regresar;
— ao Mundo, nacer.

vira f. vira, música y baile popular portugués.

viragem f. viraje, cambio
de rumbo; baño en fo-
tografía.

vira/r tr. e intr. virar,
volver; invertir. /volta f.
voltereta, vuelta entera;
contratiempo.

virga f. violencia; opre-
sión.

virg/em adj. y s. virgen,
doncella; inocente, cas-
to. /inal adj. virginal;
puro. /o m. *Astr.* virgo;
virginidad.

vírgula f. *Gram.* coma.

viril adj. y m. viril, varonil; robusto.

virilha f. *Anat.* ingle.

viri/lidade f. virilidad;
energía. /lismo m. viri-
lismo.

---

virtu/al adj. virtual; posible. /de f. virtud; castidad. /osidade f. virtuo-
sidad; virtuosismo.

v/irulência f. virulencia.
/írus m. *Pat.* virus.

vis/agem f. visaje, gesto;
visión; fantasma. /ão f.
visión; sueño.

víscera f. *Anat.* víscera.

viscos/idade f. viscosidad.
/o adj. viscoso, pegajoso.

viseira f. visera; aspecto.

visibilidade f. visibilidad.

visita f. visita. /r tr. e
intr. visitar; inspeccio-
nar; viajar.

vis/ível adj. visible; evidente. /ivo adj. visivo,
visual.

visor m. *Fot.* visor.

vis/ta f. vista; panorama;
fin; à —, a la vista. /to
adj. y m. visto.

visual adj. visual.

vital adj. vital; fundamental. /ício adj. vitalicio.
/izar tr. vitalizar.

vitamina f. vitamina.

vitela f. vitela; ternera.

v/íctima f. víctima. /iti-
mar tr. victimar; sacri-
ficar.

vit/ória f. victoria. /oriar
tr. victorear.

v/itral m. vitral. /ítro adj.
vítreo; transparente.
/itrificação f. vitrifica-
ción. /itrina f. vitrina.

vitup/eração f. vitupera-
ción. /erador adj. y s.
vituperador. /erar tr. vituperar.

vi/uvar intr. enviudar.
/úvo m. viudo.

viv/eza f. viveza. /ificar
tr. vivificar.

vivo, adj. y s. vivo.

vizinh/ança f. vecindad.
/ar intr. y r. ser vecino
de; aproximarse. /o adj.
y s. vecino.

voa/dor adj. y s. volador.
/r intr. volar.

voc/abulário m. vocabu-
lario. /ábulo m. vocablo;
voz.

vocação f. vocación.

vocal adj. vocal. /ista s.
vocalista. /ização f. vo-
calización. /izar tr. vo-
calizar.

você pron. usted.

vocifera/ção f. vocifera-
ción. /dor adj. y s. vociferador. /r tr. vociferar.

voga f. boga; moda.

vogal adj. y s. f. *Gram.*
vocal; com. vocal.

---

vol/ataria f. volatería.
/átil adj. volátil.

volt/a f. vuelta; circuito.
/agem f. voltaje.

voltar intr. volver; girar.

voluntário adj. y s. voluntario.

volúvel adj. voluble.

v/omição f. vómito. /omi-
tar tr. vomitar. /ó(ô)mi-
to m. vómito.

vontade f. voluntad.

vo(ô)o m. vuelo.

vora/cidade f. voracidad.
/gem f. vorágine; torbe-
llino. /z adj. voraz; destructor.

vos pron. pers. vos, forma
de complemento de la 2ª
persona del plural.

vós pron. pers. vos, vosotros, forma del sujeto de
la 2ª persona del plural.

vosso adj. y pron. pos.
vuestro.

vot/ação f. votación. /ar
tr. votar. /o m. voto.

voz f. voz. /ear intr.
vocear. /eria f. vocerío.

vulcaniza/ção f. vulcani-
zación. /r tr. vulcanizar.

vulcão m. volcán.

vulgar adj. y s. vulgar.
/idade f. vulgaridad. /i-
zar tr. y r. vulgarizar.

vulgo m. vulgo.

vulnera/ção f. vulnera--
ción. /r tr. vulnerar.

vult/o m. rostro, semblante; bulto; grandeza; ima-
gen; notabilidad. /uoso
adj. vultuoso; congestio-
nado.

vurm/ar tr. criar pus.
/o m. pus de las llagas.

---

xabouqueiro adj. y s. chapucero, grosero.

xácara f. jácara, composición poética.

xadrez m. ajedrez (juego);
pop. prisión.

xaguão m. zaguán, patio
interior.

---

xaile m. chal.

xaque m. jeque.

xarcp/ar tr. jaropar, jarabear; molestar. /e adj. y
m. jarope, jarabe; impor-
tuno.

xarém m. harina o papas
de maíz; baile popular.

xenofobia f. xenofobia.

xeque m. jaque; fig. pe-
ligro.

xerga f. jerga.

xícara f. jícara.

xilindró m. (*Bras.*) cárcel.

xilografia f. xilografía.

xis m. equis.

xisto m. xisto; pizarra.

xixica f. *Bras.* propina.

xurreira f. cloaca; arro-
yada.

---

zabumbar tr e intr. atur-
dir; pegar.

zagaia f. zagaya.

zagalote m. perdigón.

zambro adj. zambo.

zanaga adj. y s. bizco.

zanga f. enfado; aversión.
/r tr. enfadar; molestar.

zangalhão m. hombre mal
proporcionado.

zang/ão adj. y s. irasci-
ble; susceptible. /ar tr.
enfadar, importunar.

zângão m. zángano; im-
portuno; parásito.

zaragat/a f. zaragata, alboroto. /eiro adj. y s.
zaragatero, alborotador.

zaranza adj. y s. atolon-
drado; borracho.

zarolho adj. y s. bizco;
tuerto.

zarpar tr. e intr. zarpar.

zê m. zeta.

ze(ê)bra f. *Zool.* cebra.

zebu m. *Zool.* cebú.

zéfiro m. céfiro; brisa.

ze/lação f. celo. /lador
adj. y s. celador; fiscal.
/lar tr. celar; sentir celos.

---

zé-ninguém m. hombre
insignificante.

zé(ê)nite m. cenit; fig.
auge.

zepelim m. zepelín.

zero m. cero; nada.

zimbório m. cimborio.

zimbr/eiro m. *Bot.* mim-
brera, mimbre. /o
mimbrera; sabina; ro-
cío.

zinc/ar tr. revestir de
zinc. /o m. zinc.

zíngaro m. cíngaro.

zizânia f. *Bot.* cizaña; fig.
discordia.

zoa/da f. zumbido; soni-
do fuerte. /r intr. zum-
bar; sonar.

zodíaco m. *Astr.* zodíaco.

zomb/ador adj. y s. zum-
bón. /ar tr. e intr.
zumbar; mofarse. /aria
f. zumba, chanza, bro-
ma; escarnio.

zona f. zona; lista; banda.

zool/ogia f. zoología.
/ógico adj. zoológico.

zorra f. zorra, carro bajo
y fuerte; red de pescar
cangrejos; *Zool.* zorra;
persona astuta; meretriz.

zorrão m. holgazán, indo-
lente; hombre astuto.

zorro m. *Zool.* zorro, raposo; adj. mañoso; as-
tuto.

zui/doiro m. zumbido
continuo. /r tr. zumbar.

zular tr. zumbar, apalear.

zumbaia f. adulación; cortesía profunda.

zumbar intr. zumbar, pe-
gar.

zumb/ido m. zumbido,
ruido continuado. /ir
intr. zumbar; susurrar.

zun/ido m. zumbido, sil-
bido. /ir intr. silbar;
/zum m. runrún, zumbi-
do; intriga.

zurca f. borrachera.

zurr/ador adj. y m. re-
buznador. /ar tr. e intr.
rebuznar, roznar; decir
memeces. /o m. rebuz-
no, roznido del burro.

zurz/ida f. zurra, paliza.
/ir tr. zurrar, apalear;
censurar; criticar.

Español - Portugués

A a

a f. a, primeira letra e primeira vogal do alfabeto; prep. a, até, com, de, por, so(ô)bre.
abad m. abade. /**esa** f. abade(é)ssa. /**ía** f. abadia.
abajo adv. abaixo, em baixo, inferiormente; interj. abaixo!, morra!, fora!
abalanzar tr. balancear; arrojar. /**se** r. abalançar-se, arrojar-se.
abaliza/miento m. abalizamento. /**r** tr. abalizar, balizar; aboiar.
abandon/ado adj. abandonado; deserto, inculto. /**ar** tr. abandonar. /**o** m. abandono, abandonamento.
abanic/ar tr. abanicar; abanar. /**o** m. leque.
abarcar tr. abarcar; abranger; compreender.
abarro/tar tr. barrar; abarrotar, entulhar. /**tero** m. merceeiro, tendeiro.
abastec/edor m. abastecedor. /**er** tr. abastecer. /**imiento** m. abastecimento.
abasto m. abasto, provisão.
abdica/ción f. abdicação. /**r** tr. abdicar; desistir.
abdomen m. abdó(ô)men.
abec/é m. abac, alfabeto. /**edario** m. abecedário, alfabeto.
abeja f. *Zool.* abelha.
aberración f. aberração.
abertura f. abertura.
abeto m. *Bot.* abeto.
abierto adj. aberto; amplo.
abism/al adj. abismal. /**ar** vt. abismar; humilhar. /**o** m. abismo.
abjura/ción f. abjuração. /**r** tr. abjurar, renunciar.
ablandar tr. abrandar, atenuar.
abnega/ción f. abnegação. /**r** tr. abnegar, renunciar.
abofetear tr. esbofetear; insultar.
aboga/cía f. advocacia. /**do** m. advogado; medianeiro. /**r** tr. advogar; defender.
aboli/ción f. abolição; derrogação. /**r** tr. abolir, derrogar; destruir.
abolla/do adj. amolgado; aborrecido. /**dura** f. amolgadura. /**r** tr. amolgar; aborrecer.
abomina/ble adj. abominável. /**ción** s. abominação; ódio. /**r** tr. abominar, imprecar.
abon/ado adj. e s. abonado, assinante; afiançado. /**ar** tr. abonar; pagar; adubar. /**o** m. abono; garantia; adubo.
aborigen adj. aborígene, nativo.
aborrec/er tr. aborrecer. /**ible** adj. aborrecível.
abort/ar intr. abortar; frustrar. /**ivo** adj. abortivo. /**o** m. abo(ô)rto; frustração.
abrasar tr. abrasar, incendiar; dissipar.
abraz/ar tr. abraçar; alcançar. /**o** m. abraço.
abrevia/ción f. abrevia-

ção; resumo. /**r** tr. abreviar; despachar. /**tura** f. abreviatura.
abrig/ar tr. abrigar; defender. /**o** m. abrigo; refúgio.
abril m. Abril.
abrillantar tr. abrilhantar; ornamentar.
abrir tr. abrir; começar.
abrochar tr. abrochar; apertar.
ábside m. f. ábside.
absol/ución f. absolução, perdão. /**utismo** m. absolutismo. /**uto** adj. absoluto. /**ver** tr. absolver; exonerar.
absor/ber tr. absorver, aspirar; enlevar. /**ción** f. absorção. /**to** adj. absorto, pensativo.
abst/emio. absté(é)mio. /**ención** f. abstenção. /**enerse** r. abster-se, reprimir-se. /**inencia** f. abstinência.
abstra/cción f. abstra(c)ção. /**cto** adj. abstra(c)to. /**er** tr. abstrair.
absuelto adj. absolto, indultado.
absurdo adj. absurdo; falso; m. contrasenso; asneira.
abuel/a f. avó. /**o** m. avô; pl. antepassados.
abund/ancia f. abundância. /**ante** adj. abundante, cheio. /**ar** intr. abundar.
aburri/do adj. aborrido, aborrecido. /**miento** m. aborrecimento. /**r** tr. aborrecer; incomodar.
abus/ar tr. abusar; enganar. /**ivo** adj. abusivo. /**o** m. abuso.
acá adv. cá, aqui, aquém.
acaba/do adj. acabado; perfeito. /**miento** m. acabamento; morte. /**r** tr. acabar; morrer.
acad/emia f. academia; escola. /**émico** adj. académico; m. academista.
acaecer intr. acontecer.
acanala/do adj. acanalado; estriado. /**r** tr. acanalar.
acantilado adj. alcantilado, escarpado. m. costa escarpada.
acapara/dor adj. e s. açambarcador, monopolizador. /**miento** m. açambarcamento. /**r** tr. açambarcar.
acaso m. acaso; sorte, destino. adv. por acaso; quiçá.
acatar tr. acatar, cumprir.
acaudala/do adj. opulento. /**r** tr. ganhar; capitalizar.
acaudillar tr. comandar, acaudilhar.
acceder intr. aceder; aderir.
acces/ible adj. acessível. /**o** m. acesso; ataque. /**orio** adj. acessório.
accident/ado adj. acidentado. /**al** adj. acidental. /**e** m. acidente.
acción f. a(a)ção, a(c)to; pleito; luta.
acechar tr. espreitar; indagar. /**o** m. espreitadela.
aceit/ar tr. azeitar. /**e** m. azeite; óleo. /**una** f. azeitona.
acelera/ción f. aceleração. /**dor** m. acelerador. /**r** tr. acelerar.
acento m. acento; inflexão da voz. /**uación** f. acentuação. /**uar** tr. acentuar; marcar.
acepción f. acepção.
acepta/ble adj. aceitável.

/**ción** f. aceitação. /**dor** m. aceitador. /**r** tr. aceitar.
acequia f. acéquia; aqueduto.
acera f. passeio da rua; casas em fila.
acerca adv. ace(ê)rca; perto. /**r** tr. aproximar, acercar. /**rse** r. acercar-se.
acero m. aço. fig. vigor; — de fundición, aço fundido.
acerta/do adj. acertado; atingido. /**r** tr. acertar; descobrir.
aciago adj. aziago.
acid/ez f. acidez. /**o** adj. ácido, aze(ê)do.
acierto m. ace(ê)rto; prudência.
aclama/ción f. aclamação. /**r** tr. aclamar.
aclara/ción f. aclaração; explicação. /**r** tr. aclarar, explicar; purificar.
acog/edor adj. acolhedor. /**er** tr. acolher, proteger, socorrer. /**erse** r. acolher-se. /**ida** f. acolhida, recepção.
acometer tr. acometer, atacar.
acomod/ación f. acomodação. /**ado** adj. acomodado; rico. /**ador** m. acomodador. /**ar** tr. acomodar, ajustar. /**arse** r. acomodar-se. /**atício** adj. transigente.
acompaña/miento m. acompanhamento, comitiva. /**r** tr. acompanhar.
acondiciona/do adj. acondicionado. /**r** tr. acondicionar; embalar.
aconseja/ble adj. aconselhável. /**r** tr. aionselhar; alvitrar. /**rse** r. aconselhar-se.
acontec/er intr. acontecer, suceder. /**imiento** m. acontecimento.
acorazado adj. couraçado, blindado. m. barco couraçado.
acord/ar tr. acordar, resolver. /**arse** r. lembrar, recordar-se. /**e** adj. acorde, concorde. m. *Mús.* acorde. /**eón** m. acordeão, sanfona.
acordonar tr. cercar, acordoar.
acortar tr. encurtar.
acosa/miento m. acossamento. /**r** tr. acossar; apertar.
acosta/da f. dormida, deitada. /**r** tr. deitar na cama; atracar. /**rse** r. deitar-se.
acostumbrar tr. acostumar; aclimatar. /**se** r. acostumar-se.
acrecentar tr. acrescentar, juntar.
acredita/do adj. acreditado. /**r** tr. acreditar, afiançar.
acreedor adj. e s. credor, acredor; merecedor.
acribillar tr. furar, crivar; importunar.
acróbata s. acróbata.
acta f. a(c)ta; relação.
actitud f. atitude.
activ/ar tr. a(c)tivar. /**idad** f. a(c)tividade; iniciativa. /**o** adj. a(c)tivo.
acto m. a(c)to; cerimó(ô)nia. /**r** m. a(c)tor, comediante.
actriz f. a(c)triz.
actua/ción f. a(c)tuação. /**l** adj. a(c)tual, presente. /**lidad** f. a(c)tualidade. /**r** tr. a(c)tuar.
acuarela f. aguarela, aquarela.
acuario m. aquário.

acuático adj. aquático.
acudir tr. acudir; chegar; concorrer.
acueducto m. aqueduto.
acuerdo m. aco(ô)rdo, convenção.
acullá adv. acolá, além.
acumula/ción f. acumulação. /**dor** m. acumulador. /**r** tr. acumular.
acuñar tr. cunhar; amoedar.
acuoso adj. aquoso.
acusa/ción f. acusação; crítica. /**dor** m. acusador; impostor. /**r** tr. acusar, culpar.
acústic/a f. acústica. /**o** adj. acústico.
acha/car tr. achacar, imputar. /**coso** adj. achacoso, adoentado. /**que** m. achaque.
adagio m. adágio; provérbio. *Mús.* adágio.
adapta/ción f. adaptação. /**r** tr. adaptar.
adelant/ado adj. adiantado, avançado. /**amiento** m. adiantamento. /**ar** tr. adiantar. /**arse** r. adiantar-se. /**e** adv. adiante, para diante. m. avanço; progresso.
adelgazar tr. adelgaçar; emagrecer.
además adv. ademais, além de; por cima de.
adepto adj. e s. adepto.
adestrar tr. adestrar, instruir.
adeudar tr. endividar, dever.
adhe/rencia f. aderência. /**rir** intr. aderir. /**rirse** r. aderir-se. /**sión** f. adesão; aprovação.
adición f. adição.
adicto adj. adicto, afeiçoado; adjunto.
adiestra/dor s. adestrador. /**miento** m. adestramento, treino. /**r** tr. adestrar, ensinar.
adiós interj. adeus! despedir-se.
adivin/a f. adivinha. /**ación** f. adivinhação; presságio. /**anza** f. adivinhação, enigma. /**ar** tr. adivinhar. /**o** m. adivinho, profeta.
adjetivo m. *Gram.* adje(c)tivo.
adjunt/ar tr. ajuntar. /**o** m. e adj. adjunto, anexo.
administra/ción f. administração. /**dor** m. administrador, gerente. /**r** tr. administrar, governar. /**tivo** adj. administrativo.
admira/ble adj. admirável. /**ción** f. admiração. /**r** tr. admirar. /**rse** r. admirar-se.
admi/sible adj. admissível. /**sión** f. admissão. /**tir** tr. admitir, aceitar.
adolecer intr. adoecer.
adolescen/cia f. adolescência; mocidade. /**te** adj. e s. adolescente.
adonde adv. adonde, aonde.
adop/ción f. adopção. /**tar** tr. ado(p)tar. /**tivo** adj. ado(p)tivo.
adora/ble adj. adorável. /**ción** f. adoração. /**dor** m. adorador, apaixonado. /**r** tr. adorar, amar.
adorm/ecer tr. adormecer; acalmar. /**ecerse** r. adormecer-se.
adorn/ar tr. adornar. /**o** m. ado(ô)rno.
adqui/rir tr. adquirir, obter; ganhar. /**sición** f. a(d)quisição.
aduan/a f. alfândega. /**ero** adj. e s. aduaneiro; alfandegário.
aducir tr. aduzir.

adula/ción f. adulação, lisonja. /**r** tr. adular.
ad/última s. adúltera. /**ulteración** f. adulteração. /**ulterar** tr. adulterar. /**ulterio** m. adultério. /**últero** adj. e s. adúltero.
adulto adj. e s. adulto; crescido.
adverbio m. *Gram.* advérbio.
adver/sario adj. e s. adversário. /**sidad** f. adversidade. /**so** adj. adverso. /**tencia** f. advertência; aviso. /**tir** tr. advertir, avisar; corrigir.
adviento m. advento.
adyacente adj. adjacente.
aéreo adj. aéreo; **correo —,** aeroposta, correio aéreo.
aer/odinámico adj. aerodinâmico. /**ódromo** m. aeródromo, aeroporto. /**onáutico** adj. aeronáutico. /**onave** f. aeronave. /**oplano** m. aeroplano, avião.
afab/ilidad f. afabilidade. /**le** adj. afável.
af/án m. afã; ambição. /**anar** tr. afanar, afadigar. /**anarse** r. afadigar-se. /**anoso** adj. afanoso, penoso.
afec/ción f. afe(c)ção, afeição. /**tación** f. afe(c)tação. /**tado** adj. afe(c)tado; fingido. /**tar** tr. afe(c)tar; simular. /**tivo** adj. afe(c)tivo. /**to** m. afe(c)to, dedicado, amor. /**tuoso** ad. afe(c)tuoso; fraterno.
afeit/ar tr. barbear; tosquiar; enfeitar. /**arse** r. barbear-se. /**e** m. enfeite; cosmético.
afianzar tr. afiançar.
afici/ón f. afeição, dedicação; afã. /**onado** m. afeiçoado, enamorado. /**onarse** r. afeiçoar-se; apegar-se.
afila/r tr. afiar; afiado; agudo. /**r** tr. afiar, açucar.
afín adj. afim, semelhante. s. parente.
afinar tr. afinar; aperfeiçoar; polir. /**se** r. refinar-se.
afirma/ción f. afirmação. /**r** tr. afirmar. /**tivo** adj. afirmativo.
afli/cción f. aflição; agonia. /**gir** tr. afligir; suplicar.
aflojar tr. afrouxar; diminuir.
aflu/encia f. afluência, abundância. /**ente** adj. afluente; facundo. m. afluente dum rio. /**ir** tr. afluir; abundar.
afonía f. *Med.* afonia.
afrent/a f. afronta, ultraje. /**ar** tr. afrontar, ofender.
afrontar tr. afrontar, enfrentar; injuriar.
afuera adv. fora, por fora. interj. arreda! afasta! /s f. arredores; exterior.
agachar tr. agachar; ocultar. /**se** r. agachar-se, abaixar-se.
agarra/dero m. pegadeira, asa ou cabo. /**do** adj. agarrado; avaro. /**r** tr. agarrar.
agarrotar tr. garrotar.
agasaj/ar tr. agasalhar; hospedar. /**o** s. agasalho; acolhimento.

agen/cia f. agência. **/ciar** tr. agenciar. **/da** f. agenda; ementário. **/te** m. agente.
ágil adj. ágil, ligeiro.
agita/ción f. agitação; motim. **/dor** m. agitador, amotinador. **/r** tr. agitar; sublevar; alterar.
aglomerar tr. aglomerar, ajuntar.
agobi/ar tr. dobrar, curvar. **/o** m. curvatura; opressão.
agolparse r. agrupar-se.
agon/ía f. agonia; estertor. **/izante** adj. e m. agonizante. **/izar** intr. agonizar, estertorar.
agost/ar tr. abrasar; murchar. **/o** m. Agosto.
agota/do adj. esgotado; estéril. **/miento** m. esgotamento. **/r** tr. esgotar; extenuar.
agrada/ble adj. agradável. **/r** tr. agradar; gostar.
agradec/er tr. agradecer. **/ido** adj. agradecido; grato. **/imiento** m. agradecimento; gratificação.
agrandar tr. engrandecer.
agrario adj. agrário; rural.
agravar tr. agravar; avivar.
agravi/ar tr. agravar. **/o** m. agravo; apelação.
agredir tr. agredir.
agrega/do adj. agregado, adido. m. agregado; reunião. **/r** tr. agregar, juntar.
agresi/ón f. agressão. **/vidad** f. agressividade.
agriar tr. azedar; exasperar.
agrícola adj. agrícola.
agricult/or m. agricultor, lavrador. **/ura** f. agricultura, lavoura.
agrio adj. agro, aze(ê)do; áspero.
agronomía f. agronomia.
agrupa/ción f. agrupamento; reunião. **/r** tr. agrupar, reunir.
agua s. água. **— potable**, água potável. **/cero** m. aguaceiro, chuvaceiro. **/dor** m. aguadeiro.
aguant/ar tr. aguentar, sustentar. **/arse** r. aguentar-se. **/e** m. constância; resignação.
aguardar tr. aguardar; prorrogar.
agud/eza f. agudeza. **/o** adj. agudo; sagaz; tenso.
agüero m. agouro; vaticínio.
águila f. *Zool.* águia.
aguinaldo m. consoada, presente feito pelo Natal.
aguj/a f. agulha; bússola; ponteiro de relógio. **/erear** tr. esburacar. **/ero** m. buraco; entrada. **/eta** f. agulheta (Bras.) agulhêta.
aguzar vt. aguçar.
¡ah! interj. ah!
ahí adv. aí, nesse lugar.
ahija/da f. afilhada. **/do** m. afilhado; protegido. **/r** tr. afilhar; ado(p)tar.
ahínco m. afinco; pertinácia.
ahog/ado adj. afogado; comprometido. **/ar** tr. afogar; impedir. **/arse** r. afogar-se. **/o** m. afo(ô)fio; indigência.
ahondar tr. afundar; aprofundar.
ahora adv. agora, a(c)tualmente.
ahorr/ar tr. poupar, economizar. **/o** m. afo(ô)rro; economia.
ahumar tr. afumar; fumigar.
ahuyentar tr. afugentar, repelir.
air/e m. ar; vento; fig. aparência; garbo. **/oso** adj. airoso; engraçado.
aisla/do adj. isolado. **/r** tr. isolar; insular.
ajeno adj. alheio; contrário; distante; isento.
ajuar m. enxoval; alfaia.
ajust/ado adj. justo; exa(c)to. **/ador** m. ajustador, montador. **/ar** tr. ajustar; assentar. **/e** m. ajuste; pacto. **/iciar** tr. justiciar, castigar.
al art. ao.
ala f. asa; fileira; flanco; aba.
alaba/nza f. louvor; abonação. **/r** tr. louvar.
alabastro m. alabastro.
alambi/cado adj. alambicado; sútil. **/car** tr. alambicar, destilar. **/que** m. alambique, destilador.
alambre m. arame.
alameda f. alameda; avenida com ároores.
alarde m. alarde, ostentação. **/ar** intr. alardear.
alargar tr. alongar; dilatar.
alarido m. alarido, gritaria.
alarma f. alarma, rebate. **/r** tr. alarmar; atemorizar.
alba f. alva; madrugada.
albedrío m. alvedrio; arbitragem.
alberg/ar tr. abergar. **/ue** m. albergue; abrigo; asilo.
alb/ino adj. e m. albino. **/o** adj. alvo, branco.
albóndiga f. almôndega
albor m. albor, alvor; maldrugada. **/ada** f. alvorada; amanhecer.
albornoz m. albornoz.
alborot/ar tr. alvorotar; sublevar. **/arse** r. alvorotar-se. **/o** m. motim.
alboroz/ar tr. alvoroçar; amotinar. **/arse** r. alvoroçar-se; alegrar-se. **/o** alvoro(ô)ço.
albricias f. pl. alvíssaras; interj. alvíssaras.
álbum m. álbum.
albúmina f. *Quím.* albumina.
alcaide m. alcaide.
alcald/e m. presidente da Câmara Municipal; alcaide. **/esa** f. alcaidessa. **/ía** f. alcaidia; alcaidaria.
alcantarilla f. cloaca; sumidouro; esgo(ô)to.
alcanzar vt. alcançar; tocar; obter.
alcoba f. alcova; quarto de dormir.
alcoh/ol m. álcool. **/ólico** adj. alcoólico.
aldea f. aldeia. **/na** f. aldeã. **/no** m. aldeão; grosseiro.
alega/ción f. alegação. **/r** tr. alegar, citar. **/to** m. alegação por escrito.
aleg/oría f. alegoria. **/órico** adj. alegórico.
alegr/ar tr. alegrar; avivar o lume ou luz; aformosear. **/arse** embriagar-se; alegrar-se. **/e** adj. alegre; ligeiramente embriagado. **/ía** f. alegria.
aleja/miento m. afastamento. **/r** tr. afastar. **/rse** r. afastar-se, alongar-se.
alem/án adj. e m. alemão. **/ana** adj. e f. alemã.
alentar tr. alentar, animar, animar; intr. respirar.
alerta f. alerta, alarme.
aleta f. barbatana de peixe; aleta.
aletarga/do adj. aletargado. **/r** tr. cair em letargo. **/rse** r. aletargar-se.
alfabeto m. alfabeto.
alfalfa f. *Bot.* alfalfa.
alfarer/ía f. olaria; loja de louça de barro. **/o** m. oleiro.
alférez m. alferes; porta-bandeira.
alfil m. alfil, bispo, no j(ô)go do xadrez.
alfiler m. alfine(ê)te. **/azo** m. alfinietada.
alfombra f. alfombra; alcatifa; tape(ê)te.
alforja f. alforge.
alga f. *Bot.* alga, sargaço.
algazara f. algazarra.
álgebra f. álgebra.
algo pron. algo; alguma coisa; adv. um tanto.
algodón m. algodão; *Bot.* algoeiro.
alguacil m. aguazil.
alguien pron. alguén; (fig.) pessoa importante.
algún, alguno adj. algum.
alhaja f. jóia; ado(ô)rno.
alia/do adj. e s. aliado. **/nza** aliança. **/r** tr. aliar.
alias adv. aliás.
alicates m. pl. alicate.
aliciente m. aliciente; sedução, atra(c)tivo.
aliena/ción f. alienação. **/r** tr. alienar.
aliento m. alento; respiração; coragem.
aligerar tr. aligeirar; atenuar; abreviar.
aliment/ación f. alimentação. **/ar** alimentar. **/icio** adj. alimentício. **/o** m. alimento, nutrição.
alinear tr. alinhar; enfileirar.
alisar tr. alisar.
alista/miento m. alistamento, recrutamento. **/r** tr. alistar; prevenir. **/rse** r. alistar-se.
alivi/ar tr. aliviar; atenuar. **/o** m. alívio.
aljibe m. algibe.
alma f. alma.
almac/én m. armazén. **/enar** tr. armazenar. **/enista** m. armazenista.
almanaque m. almanaque, calendário.
almeja f. *Zool.* amêijoa.
almendr/a f. *Bot.* amêndoa. **/o** m. amendoeira.
almirant/azgo m. almirantado. **/e** almirante.
almirez m. almofariz.
almohad/a f. almofada; travesseiro. **/illa** almofadinha.
alm/orzar tr. almoçar. **/uerzo** m. almo(ô)ço.
alocado adj. aloucado.
alocución f. alocução.
aloja/miento m. alojamento. **/r** tr. alojar.
alpargata f. alparcata, sandália.
alpinis/mo m. alpinismo. **/ta** m. e f. alpinista.
alpiste m. *Bot.* alpista.
alquil/ar tr. alugar; arrendar. **/er** m. aluguer.
alrededor adv. ao redor, ao derredor. **/es** m. pl. arredores.
alta f. alta; licença para sair do hospital; **dar de —**, dar alta.
altaner/ía f. altanaria, orgulho. **/o** adj. altaneiro.
altavoz m. altofalante.
altera/ción f. alteração. **/r** tr. aliterar; agitar.
alterca/do m. altercação, rixa. **/r** tr. altercar; contender.
altern/ar tr. alternar; conviver. **/ativa** f. alternativa; opção; entrega pelo matador da muleta ao novilheiro. **/o** adj. alterno.
alt/eza f. alteza; altura. **/ísimo** adj. altíssimo; m. Altíssimo, Deus. **/ivez** adj. altixez, orgulho. **/o** adj. alto. **/ura** f. altura.
alubia f. *Bot.* feijão.
alucina/ción f. alucinação. **/do** adj. alucinado. **/r** tr. alucinar.
alud m. alude, avalancha.
aludir intr. aludir, mencionar.
alumbra/do m. alumiado; m. iluminação. **/miento** m. iluminação; parto; delivramento. **/r** tr. alumiar; parir; ilustrar; acender; alegrar; aluminar.
alumn/a f. aluna. **/o** m. aluno, estudante.
aluniza/je m. alunagem. **/r** tr. alunar.
alza f. alça; alta súbita de preços. **/da** f. apelação; altura. **/miento** m. alçamento; revolta; quebra fraudulenta. **/r** tr. alçar; apelar; altear. **/rse** r. alçar-se.
allá adv. lá; além. **el más —**, o outro mundo.
allana/miento m. aplanamento; conformação com uma demanda ou decisão; afabilidade. **/r** tr. alhanar; entrar à fo(ô)rça em casa alheia.
allí adv. ali.
ama f. ama; criada grave.
amab/ilidad f. amabilidade. **/le** adj. amável.
amador adj. amador.
amaestrar tr. amestrar, ensinar.
amainar tr. amainar; abrandar.
amamantar tr. amamentar; alimentar.
amanecer intr. amanhecer.
amante m. amante.
amapola f. *Bot.* papoula.
amar tr. amar.
amarg/ado adj. amargado. **/ar** tr. amargar. **/o** adj. amargo; acre. **/ura** f. amargura.
amarill/ear intr. amarelecer. **/ento** adj. amarelento. **/o** adj. amarelo.
amarra f. calabre; pl. prote(c)ção. **/r** tr. amarrar.
amas/ar tr. amassar. **/ijo** f. amassilho.
ámbar m. âmbar.
ambici/ón f. ambição. **/onar** tr. ambicionar. **/oso** m. ambicioso.
ambiente adj. ambiente; m. ambiente, o ar; meio.
ambos adj. ambos.
ambulan/cia f. ambulância. **/te** adj. ambulante.
amén m. amém ou ámen.
amenazar f. ameaça. **/r** tr. ameaçar.
amen/idad f. amenidade. **/izar** tr. amenizar. **/o** adj. ameno.
american/a f. casaco; adj. americana. **/izar** tr. americanizar. **/o** adj. americano.
ametralla/dora f. metralhadora. **/r** tr. metralhar.
amianto m. *Min.* amianto.
amig/a f. amiga. **/able** adj. amigável. **/o** amigo.
amistad f. amizade.
amnistía f. a(m)nistia.
amo m. amo; proprietário.
amoldar tr. amoldar. **/se** r. almoldar-se.
amonesta/ción f. admoestação; publicação de banhos; aviso. **/r** tr. admoestar.
amor m. amor.
amoratado adj. violáceo; lívido.
amoroso adj. amoroso.
amortajar tr. amortalhar.
amortiguar tr. amortecer; acalmar.
amortiza/ción f. amortização. **/r** tr. amortizar.
amotinar tr. amotinar; perturbar. **/se** r. amotinar-se.
ampar/ar tr. amparar. **/o** m. amparo, prote(c)ção.
ampli/ación f. ampliação. **/ar** tr. ampliar. **/ficar** tr. amplificar. **/o** adj. amplo, vasto. **/tud** f. amplitude.
amputa/ción f. amputação. **/r** intr. amputar.
amueblar tr. mobilar.
amuleto m. amuleto.
amuralla/do adj. amuralhado. **/r** tr. amuralhar.
anacoreta m. anacoreta.
anacronismo m. anacronismo.
analfabet/ismo m. analfabetismo. **/o** m. analfabeto.
an/álisis m. e f. análise. **/alítico** adj. analítico. **/alizar** tr. analisar.
an/alogía f. analogia. **/álogo** adj. análogo.
an/arquía f. anarquia. **/árquico** adj. anárquico.
anatema m. e f. anátema. **/tizar** tr. anatematizar.
anat/omía f. anatomia. **/ómico** adj. anató(ô)mico.
anca f. anca; garupa.
ancian/idad f. ancianidade. **/o** adj. ancião; antiguo.
ancla f. âncora.
ancho adj. largo, ancho, amplo.
anchoa f. anchova.
anchura f. anchura, largura; desafo(ô)go.
andamio m. andaimo.
anda/nte adj. andante. **/nza** f. andança; acontecimento; pl. aventuras. **/r** intr. andar.
andén m. cais de estação de caminho de ferro; ândito; prateleira.
anécdota f. anedota.
ane/jo adj. anexo. **/xión** f. anexação. **/xo** adj. e m. anexo.
anfibio adj. anfíbio.
anfiteatro m. anfiteatro.
ángel m. anjo.
angelical adj. angelical.
angina f. *Med.* angina.
anguila f. *Zool.* enguia.
ángulo m. ângulo, esquina.
angustia f. angústia. **/r** tr. angustiar.
anill/a f. anilha. **/o** m. anel.
ánima f. alma.
anima/ción f. animação. **/l** animal. **/r** tr. animar. **/rse** r. animar-se.
ánimo m. ânimo; coragem.
aniquila/ción f. aniquilação. **/r** tr. aniquilar.
anís m. *Bot.* anis.
aniversario m. aniversário.
ano m. *Anat.* ânus.
anoche adv. na noite passada. **/cer** intr. anoitecer; m. anoitecer.
an/omalía f. anomalia. **/omalo** adj. anó(ô)malo.
anónimo adj. anó(ô)nimo.
anota/ción f. anotação. **/r** tr. anotar.
ansi/a f. ânsia. **/ar** tr. ansiar. **/edad** f. ansiedade. **/oso** adj. ansioso.
antag/ónico adj. antagó(ô)nico. **/onista** m. e f. antagonista.

antaño adv. antanho.
antártico adj. antár(c)tico.
ante prep. ante, diante de.
ante/anoche adv. anteontem à noite. **/ayer** adv. anteontem. **/brazo** m. antebraço. **/cedente** m. antecedente. **/ceder** tr. anteceder. **/lación** f. antelação. **/mano** adv. de antemão.
antena f. antena.
ante/ojo m. óculo de grande alcançe; luneta; pl. binóculos. **/pasados** m. pl. antepassados. **/poner** tr. antepor. **/rior** adj. anterior. **/rioridad** f. anterioridade.
anticipa/ción f. antecipação. **/r** tr. **antecipar.**
anticua/do adj. antiquado. **/rio** m. antiquário.
antídoto m. antídoto.
anti/natural adj. antinatural. **/patía** f. antipatia. **/pático** adj. antipático.
ant/ítesis f. antítese. **/itético** adj. antitético.
antol/ogía f. antologia. **/ógico** adj. antológico.
antro m. antro.
antrop/ófago adj. e s. antropófago. **/ología** f. antropologia.
anual adj. anual. **/idad** f. anualidade.
anula/ción f. anulação. **/r** tr. anular.
anunci/ación f. anunciação. **/ar** tr. **anunciar.** **/o** m. anúncio.
anverso m. anverso.
anzuelo m. anzol.
añadi/dura f. aumento, acréscimo. **/r** tr. acrescentar.
añejo adj. antigo, velho.
año m. ano; — **bisiesto,** ano bissexto.
añoranza f. saudade.
apaciguar tr. apaziguar, pacificar.
apadrinar tr. apadrinhar; (fig.) proteger.
apalear tr. apalear.
apara/dor m. aparador, guarda-loiça. **/to** m. aparato; aparelho. **/toso** adj. aparatoso.
aparec/er tr. aparecer. **/ido** m. fantasma.
aparej/ador m. aparelhador; agente técnico de construção. **/ar** tr. aparelhar. **/o** m. aparelho; preparo.
aparent/ar tr. aparentar. **/e** adj. aparente.
apari/ción f. aparição. **/encia** f. aparência.
apart/ado adj. apartado. **/amento** m. apartamento. **/amiento** m. apartamento. **/ar** tr. apartar. **/arse** r. apartar-se. **/e** adv. à parte; separadamente.
apasionar tr. apaixonar. **/se** r. apaixonar-se.
ap/atía f. apatia. **/ático** adj. apático.
apea/dero m. apeadeiro. **/r** tr. apear. **/arse** r. apear-se.
apela/ción f. apelação. **/r** intr. apelar.
apellid/ado adj. chamado. **/ar** tr. apelidar. **/o** m. apelido.
apenas adv. apenas; ùnicamente; quase não.
apéndice m. apêndice.
apendicitis f. *Med.* apendicite.
aperitivo adj. aperitivo.
apertura f. abertura.
apete/cer tr. apetecer. **/cible** adj. apetecível. **/ncia** f. apetência.
apetito m. apetite; estímulo. **/so** adj. apetitoso.
apiadar tr. apiedar. **/se** r. apiedar-se.
ápice m. ápice.
apicultura f. apicultura.
apiñar tr. apinhar.
aplanar tr. aplanar.
aplastar tr. esmagar; achatar; oprimir.
aplau/dir tr. aplaudir. **/so** m. aplauso.
aplaza/miento m. aprazamento. **/r** tr. aprazar.
aplica/ción f. aplicação. **/do** adj. aplicado. **/r** tr. aplicar; adjudicar. **/rse** tr. aplicar-se.
apodar tr. apodar.
apodera/do adj. e s. apoderado, procurador. **/rse** apoderar-se.
apodo m. apo(ô)do.
apogeo. m. apogeu.
apolilla/do adj. traçado; carunchoso. **/r** tr. traçar. **/rse** r. traçar-se.
aportar tr. ocasionar; contribuir; intr. aportar.
aposent/ar tr. aposentar. **/o** m. aposento.
apósito m. *Med.* apósito.
apostar tr. apostar; competir.
ap/ostasía f. apostasia. **/óstata** m. e f. apóstata. **/ostatar** intr. apostatar.
ap/óstol m. apóstolo. **/ostolado** m. apostolado. **/ostólico** adj. apostólico.
apoteosis f. apoteose.
apoy/ar tr. apoiar; amparar. **/arse** r. apoiar-se. **/o** m. apoio; prote(c)ção.
apreci/able adj. apreciável; respeitável. **/ación** f. apreciação. **/ar** tr. apreciar. **/o** m. apre(ê)ço.
apremi/ar tr. apressurar. **/o** m. mandado compulsório; constrangimento; sobrecarga.
aprend/er tr. aprender. **/iz** m. aprendiz. **/izaje** m. aprendizagem.
aprensi/ón f. apreensão. **/vo** adj. apreensivo.
apresar tr. apresar.
apresura/miento m. apressuramento. **/r** tr. apressurar. **/rse** r. apressurar-se.
apret/ar tr. apertar. **/ón** m. apertão.
aprieto m. ape(ê)rto.
aprisa adv. à pressa.
aprisionar tr. aprisionar.
aproba/ción f. aprovação. **/do** m. aprovado; nota de habilitação em exames. **/r** tr. aprovar.
apropia/ción f. apropriação. **/do** adj. apropriado. **/rse** r. apropriar-se.
aprovecha/ble adj. aproveitável. **/do** adj. aproveitado. **/miento** m. aproveitamento. **/r** tr. aproveitar. **/rse** r. aproveitar-se.
aproxima/ción f. aproximação. **/r** tr. aproximar.
apt/itud f. aptidão. **/o** adj. apto.
apuesta f. aposta.
apunt/ación f. anotação, nota. **/ador** m. apontador; *Teatr.* ponto. **/alar** tr. escorar; assegurar. **/ar** tr. apontar. **/e** m. apontamento.
apuñalar tr. apunhalar.
apur/ado adj. apurado; pobre. **/ar** tr. apurar; esgotar. **/arse** r. afligir-se; esmerar-se. **/o** m. apuro.
aqu/el pron. aque(ê)le. **/ella** pron. aquela.
aquí adv. aqui.
ara f. ara, altar.
arabesco m. arabe(ê)sco.
arado m. arado.
arancel m. tarifa; pauta.
araña f. *Zool.* aranha; lustre. **/r** tr. arranhar. **/zo** m. arranhão.
arar tr. arar.
arbitr/aje m. arbitragem. **/ar** tr. arbitrar. **/ariedad** f. arbitrariedade. **/ario** adj. arbitrário. **/io** m. arbítrio.
árbitro m. árbitro.
árbol m. árvore.
arbusto m. arbusto.
arca f. arca.
arcaico adj. arcaico.
arcángel m. arcanjo.
arcill/a f. argila. **/oso** adj. argiloso.
arcipreste m. arcipreste.
arco m. arco.
archipiélago m. arquipélago.
archiv/ar tr. arquivar. **/ero** m. arquivista. **/o** m. arquivo.
arder intr. arder.
ardid m. ardil, manha.
ardilla f. *Zool.* esquilo.
ardor m. ardor; afã.
arduo adj. árduo.
área f. área.
arena f. areia. **/l** m. areal.
argamasa f. argamassa.
argent/ado adj. argentado, prateado. **/ino** adj. argentino; argênteo.
argolla f. argola, aro grosso.
argot m. gíria, calão.
arg/ucia f. argúcia. **/üir** intr. arguir. **/umentación** f. argumentação. **/umentar** intr. argumentar. **/umento** m. argumento.
árido adj. árido.
arisco adj. arisco.
arista f. arista, aresta.
arist/ocracia f. aristocracia. **/ócrata** m. e f. aristocrata. **/ocrático** adj. aristocrático.
aritmética f. aritmética.
arma f. arma. **/da** f. armada. **/do** adj. armado; aparelhado. **/mento** m. armamento. **/r** tr. armar; equipar.
armario m. armário.
armazón m. armação.
armer/ía f. armaria. **/o** m. armeiro.
armiño m. *Zool.* arminho.
armisticio m. armistício.
arm/onía f. harmonia. **/ónico** adj. harmó(ô)nico. **/onizar** tr. harmonizar.
aro m. aro, argola.
arom/a f. aroma, cheiro. **/ático** adj. aromático. **/atizar** tr. aromatizar.
arpillera f. serapilheira.
arp/ón m. arpão. **/on(e)ar** tr. arpoar.
arque/ología f. arqueologia. **/ólogo** m. arqueólogo.
arquitect/o m. arquite(c)to. **/ónico** adj. arquitetó(ô)nico. **/ura** f. arquite(c)tura.
arrabal m. arrabalde, subúrbios.
arran/car tr. arrancar; intr. sair de repente. **/que** m. arrancadura; ímpeto.
arrasar tr. arrasar, nivelar; derribar.
arrastr/ar tr. arrastar; atrair. **/arse** r. humilhar-se vilmente.
arrecife m. calçada; recife, baixio.
arregl/ado adj. regulado, regrado; acomodado. **/ar** tr. regular; arranjar; assentar. **/arse** r. acomodar-se. **/o** m. regra, ordem; arranjo; conse(ê)rto.
arrenda/dor m. arrendatário; alugador. **/miento** m. arrendamento; contrato de renda. **/tario** m. arrendatário, alugador.
arrepenti/do adj. arrependido, contrito. **/miento.** m. arrependimento. **/rse** r. arrpender-se.
arrest/ar tr. prender; arrestar. **/o** m. detenção; audácia.
arriba adv. arriba, acima, em lugar alto.
arriesga/do adj. arriscado. **/r** tr. arriscar; aventurar. **/rse** r. arriscar-se.
arrimar tr. arrimar, encostar.
arrinconar tr. arrincoar; retirar a confiança.
arrodillarse r. ajoelhar-se.
arrogan/cia f. arrogância. **/te** adj. arrogante.
arroja/dizo adj. arrojadiço; audacioso. **/do** adj. arrojado. **/r** tr. arrojar; arremessar; vomitar.
arrollar tr. enrolar; rolar.
arroz m. arroz. **/al** m. arrozal.
arruga f. ruga; prega. **/r** tr. arrugar.
arruinar tr. arruinar; destruir. **/se** r. arruinar-se.
arrull/ar tr. arrulhar. **/o** m. arrulho.
arsenal m. arsenal.
arte m. arte; manha; **bellas —,** belas artes.
artefacto m. artefa(c)to.
arteria f. *Anat.* artéria.
artesano m. artesão, artífice.
ártico adj. ar(c)tico.
articula/ción f. articulação. **/r** tr. articular.
artículo m. artigo.
art/ífice m., e f. artífice. **/ificial** adj. artificial. **/ificio** m. artifício; astúcia.
artiller/ía f. artilharia. **/o** m. artilheiro.
artista s. artista.
arzobisp/ado m. arcebispado. **/o** m. arcebispo.
as m. ás.
asa f. asa; ocasião, pretexto.
asad/o adj. assado; m. carne assada. **/or** assador, espe(ê)to.
asalt/ador adj. assaltador, assaltante. **/ar** tr. assaltar. **/o** m. assalto.
asamblea f. assemble(é)ia; convocação; congresso.
asar tr. assar.
ascende/ncia f. ascendência. **/nte** adj. ascendente.
ascens/ión f. ascenção. **/o** m. ascensão.
asco m. asco, nojo; aversão.
asear tr. assear.
asedi/ar tr. assediar; importunar. **/o** m. assédio, ce(ê)rco; (Bras.) insistência.
asegura/dor m. segurador; afirmador. **/r** tr. assegurar; segurar; afirmar. **/rse** r. assegurar-se; verificar.
asemejar tr. assemelhar. **/se** r. assimilar-se; parecer-se.
asenta/do adj. assentado; sereno, sossegado. **/r** tr. assentar.
asentir intr. assentir.
aseo m. asstio.
aséptico adj. assé(p)tico.
asequible adj. exequível.
aserra/do adj. serrado; dentado. **/r** tr. serrar.
asesin/ar tr. assassinar, matar. **/ato** m. assassinato. **/o** m. assassino, matador.
asesor adj. e s. assessor; conselheiro. **/ar** tr. assessorar, aconselhar. **/arse** r. tomar conselho. **/ía** f. assessoria.
asevera/ción f. asseveração. **/r** tr. asseverar, afirmar.
asfalto m. asfalto.
asfixia f. asfixia. **/r** tr. asfixiar.
así adv. assim.
asiático adj. e s. asiático.
asidu/idad f. assiduidade. **/o** adj. assíduo.
asiento m. assento.
asigna/ción f. vencimento; consignação; pensão. **/r** tr. destinar; fixar, assinalar; designar. **/tura** f. cadeira, disciplina.
asilo m. asilo.
asimilación f. assimilação; semelhança.
asimismo adv. também, assim mesmo.
asist/encia f. assistência; ajuda. **/ente** adj. assistente; impedido dum oficial. **/ir** intr. assistir; tratar de um doente.
asm/a f. *Med.* asma. **/ático** adj. asmático.
asno m. *Zool.* asno.
asocia/ción f. asociação. **/do** adj. asociado, sócio. **/r** tr. asociar.
asomar intr. assomar. **/se** r. mostrar-se, aparecer.
asombr/ar tr. assombrar. **/arse** r. assombrar-se. **/o** m. assombro. **/oso** adj. assombroso.
aspa f. aspa.
aspecto m. aspe(c)to, aparência.
aspereza f. aspereza.
áspero adj. áspero; desejo.
asque/ar tr. asquear; ter nojo. **/rosidad** f. asquerosidade. **/roso** adj. asqueroso.
asta f. hasta, lança; chifre, haste; mastro.
asterisco m. asterisco.
astill/a f. astilha. **/ar** tr. estilhaçar. **/ero** m. estaleiro.
astr/o m. astro. **/ología** f. astrologia. **/ológico** adj. astrológico. **/ólogo** m. astrólogo. **/onomía** m. astronomía. **/onómico** adj. astronó(ô)mico. **/ónomo** m. astró(ô)nomo.
astu/cia f. astúcia. **/to** adj. astuto, manhoso.
asueto m. sueto.
asu/mir tr. assumir. **/nción** f. assunçao. **/nto** m. assunto.
asusta/dizo adj. assustadiço. **/r** tr. assustar. **/rse** r. assustar-se.
atacar tr. atacar.
atadura f. atadura.
atalaya f. atalaia; m. sentinela.
ataque m. ataque.
atar tr. atar; unir.
ataúd m. ataúde.
atav/iado adj. ataviado, adornado. **/iar** tr. ataviar. **/ío** m. atavio, ado(ô)rno; asseio.
ateísmo m. ateísmo.
atemorizar tr. atemorizar.
aten/ción f. atenção. **/der** intr. atender.
ateneo m. ateneu.
atenerse r. ater-se, aderir-se.
atentado m. atentado.
atento adj. atento; cortês.
atenua/nte adj. atenuante. **/r** tr. atenuar.
ateo m. ateu.
aterriza/je m. aterragem. **/r** intr. aterrar.
aterrorizar tr. aterrorizar.
atesta/ción f. atestação, testemunho. **/do** adj. atestado; m. atestação, declaração escrita e assinada de um fa(c)to. **/r** tr. abarrotar, encher; atestar, testemunhar.
ático m. ático.
atinar intr. atinar.
atizar tr. atiçar, atear. (o fogo); incitar.
atl/ántico adj. atlântico.

/as m. atlas. /eta m. atleta. /ético adj. atlético. /etismo m. atletismo.
atm/ósfera f. atmosfera. /osférico adj. atmosférico.
atolondra/do adj. aturdido. /miento m. estouvamento; aturdimento. /r tr. aturdir; apatetar.
atómico adj. ató(ô)mico.
átomo m. átomo.
atonta/do adj. apatetado; aturdido. /r tr. atontar, aturdir.
atormentar tr. atormentar.
atornillar tr. atarraxar, aparafusar.
atrac/ador m. salteador, ladrão. /ar tr. *Mar.* atracar; encher, fartar; assaltar. /arse r. fartar-se. /o m. assalto.
atra/cción f. atra(c)ção. /ctivo adj. atra(c)tivo; m. graça, atractivo. /er tr. atrair.
atr/ás adv. atrás, detrás. /asado adj. atrasado. / asar tr. atrasar; demorar. /aso m. atraso; pl. rendas vencidas e ainda não recebidas.
atravesar tr. atravessar; trespassar. /se r. intrometer-se.
atrayente adj. atraente.
atrev/erse r. atrever-se, ousar. /ido adj. atrevido. /imiento m. atrevimento.
atribu/ción f. atribuição. /ir tr. atribuir. /irse r. atribuir-se.
atributo m. atributo.
atrio m. átrio.
atrocidad f. atrocidade.
atrofia f. atrofia. /rse r. atrofiar-se.
atropell/adamente adv. atropeladamente. /ar tr. atropelar; maltratar. / arse r. atropelar-se. /o m. atrope(ê)lo.
atroz adj. atroz.
atún m. *Zool.* atum.
aturdi/do adj. aturdido. /r tr. aturdir. /rse r. aturdir-se.
auda/cia f. audácia. /z adj. audaz; atiradiço.
audi/encia f. audiência; sessão de um tribunal judicial. /tor m. auditor. /torio adj. auditório; audiência.
augurar tr. augurar, agourar.
aula f. aula.
aull/ar intr. uivar. /ido m. uivo.
aument/ar tr. aumentar. /o m. aumento.
aún adv. ainda, todavia, também.
aunque adv. se bem que; ainda que; mesmo que.
áureo adj. áureo. /la f. auréola.
auscultar tr. auscultar.
ausen/cia f. ausência. / tar tr. afastar. /tarse r. ausentar-se. /te adj. ausente.
auste/ridad f. austeridade. /ro adj. austero.
aut/enticar tr. autenticar. /éntico adj. autêntico; legalizado.
auto m. (fam.) automóvel, carro.
aut/obús m. autobus, autocarro (Bras.) autoônibus. /ocar m. autocarro. /ógrafo m. autógrafo. /omático adj. automático. /omóvil m. automóvel. /omovilismo m. automobilismo. / omovilista m. e f. automobilista. /onomía f. autonomia. /opsia f. autópsia.
autor m. autor. /a f. autora.
autori/dad f. autoridade. /zado adj. autorizado. /zar tr. autorizar.
auxili/ar tr. auxiliar; adj. auxiliar; ajudante. /o m. auxílio.
aval m. aval, garantia firmada.
avan/ce m. avance, avanço; adiantamento. /zada f. avançada. /zar intr. avançar.
avar/icia f. avareza. / icioso adj. avarento. / iento adj. avarento. /o adj. avaro; mesquinho.
avasallar tr. avassalar.
ave f. *Zool.* ave, pássaro.
avecinar tr. avizinhar.
avenida f. enchente fluvial; avenida.
aventaja/do adj. aventajado; proveitoso. /r tr. avantajar.
aventur/a f. aventura. / ado adj. aventurado. /ero m. aventurero.
avergonzar tr. envergonhar. /se r. envergonhar-se.
averigua/ción f. averiguação. /r tr. averiguar.
aversión f. aversão.
avia/ción f. aviação. /dor adj. e s. aviador.
avidez f. avidez.
ávido adj. ávido.
avieso adj. ave(ê)sso.
avión m. avião, aeroplano.
avis/ado adj. avisado. /ar tr. avisar. /o m. aviso.
avisp/a f. *Zool.* vespa. /ado adj. esperto.
avistar tr. avistar.
avivar tr. avivar.
axila f. axila.
axioma m. axioma.
¡ay! interj. ai!
aya f. aia.
ayer adv. ontem.
ayo m. aio; preceptor.
ayuda f. ajuda; auxílio. /nte adj. e m. oficial subalterno; ajudante. /r tr. ajudar; auxiliar.
ayun/ar intr. jejuar. /o adj. em jejum; m. jejum; abstinência.
Ayuntamiento m. ajuntamento; Câmara Municipal.
azafata f. açafata hospedeira de bordo (Bras.) aeromoça.
azora/miento m. sobressalto; irritação; atordoamento. /r tr. conturbar, sobressaltar.
azotea m. açote(é)ia, sote(é)ia.
az/úcar m. açúcar. /ucarar tr. açucarar; dulcificar. /ucarera f. açucareiro.
azucena f. *Bot.* açucena.
azufre m. enxo(ô)fre.
azul adj. azul. /ado adj. azulado. /ar tr. azular. /ejo m. azulejo.

B b

bab/a f. baba, saliva. / ear intr. babar; galantear. /ero m. babeiro.
babor m. *Mar.* bombordo.
bacalao m. bacalhau.
bacanal f. bacanal.
bacilo m. bacilo.
bacteria f. bactéria.
bache m. cova, desigualdade nos caminhos ou ruas.
bachiller m. bacharel; fam. tagarela. /ato m. bacharelato.
badén m. sulco ou re(ê)go; valeta.
bahía f. baia.
bail/ador m. bailador. / ar tr. bailar, dançar; oscilar. /e m. baile.
baja f. baixa, diminuição de preço; perda; cessação definitiva; decrescimento. /da f. baixada, descida. /r intr. baixar, descer; diminuir; apear.
bala f. bala; fardo apertado; atado de dez resmas de papel.
balanc/e m. balanço. / ear tr. balancear. /earse r. jogar o navio; estar irresoluto. /eo m. balanço. /ín m. balancim.
balanza f. balança.
balbuc/ear intr. balbuciar. /iente adj. balbuciente, gago. /ir intr. balbuciar.
balcón m. balcão, varanda.
balde m. *Mar.* balde; **de —**, de graça; **en —** em vão, inùtilmente.
baldío adj. baldio; inútil; vadio.
baldosa f. ladrilho, tijolo.
balneario m. balneário.
balón m. bola para jogar; balão; fardo grande.
balsa f. balsa, pântano; dorna; jangada, balsa.
balsámico adj. balsâmico.
baluarte m. baluarte.
ballen/a f. *Zool.* baleia. /ero m. pescador de baleias.
ballest/a f. balestra; mola. /ear tr. balestrear. /ero m. besteiro.
ban/ca f. banco, cadeira sem costas; comércio bancário. /carrota f. bancarrota. /co m. banco.
banda f. banda; bando; partido; lado.
bandeja f. bandeja, salva.
bandera f. bandeira.
banderill/a f. bandarilha, farpa. /ear tr. bandarilhar, farpear. /ero m. bandarilheiro.
bandido adj. e s. bandido.
bando m. bando; proclamação; partido, fa(c)ção.
bandolero m. bandoleiro.
banque/ro m. banqueiro. /te m. banquete.
bañ/ador m. trajo de banho; banheiro. /ar tr. banhar; inundar. /era f. banheira. /o m. banho.
baptisterio m. ba(p)tistério.
bar m. bar, botequim.
barand/a f. corrimão, grande, varanda. /illa f. corrimão; parapeito da balaustrada.
barat/ija f. bagatela, coisa miúda e de pouco valor; pl. insignificâncias. /illo m. coisas de pouco preço postas à venda; lugar onde se faz esta venda; adelo. /o adj. barato. /ura f. barateza.
barba f. barba; **por —**, por pessoa.
bárbaro adj. e s. bárbaro.
barber/ía f. barbearia. /o m. barbeiro.
barbudo adj. barbudo.
barc/a f. barca. /aza f. barcaça, gabarra. /o m. barco; embarcação.
barítono m. barítono.
barniz m. verniz. /ar tr. envernizar; charoar.
barómetro m. baró(ô)metro.
bar/ón m. barão. /onesa f. baronesa.
barra f. barra; alavanca; listra.
barraca f. barraca.
barrena f. verruma; broca. /r tr. verrumar; brocar.
barrendero m. varredor.
barren/ero m. verrumeiro. /o m. verrumão; buraco.
barreño m. alguidar.
barrer tr. varrer; levar, arrastar.
barrera f. barreira; parapeito.
barriada f. bairro ou parte dele; arrabalde.
barricada f. barricada.
barrig/a f. barriga; bo(ô)jo, parte saliente. /udo adj. barrigudo.
barril m. barril.
barrio m. bairro; arrabalde; **el otro —**, o outro mundo.
barr/izal m. lamaçal. /o m. lama, lo(ô)do; barro; coisa desprezível; espinhas do rosto.
barullo m. barulho, confusão.
basa f. base; pedestal.
basca f. vasca, náusea.
báscula f. báscula.
base f. base, fundamento; alicerce.
basílica f. basílica.
bastardo adj. e s. bastardo; degenerado.
bastidor m. bastidor.
basto adj. grosseiro, to(ô)sco; m. basto, às de paus.
bast/ón m. bastão, bengala. /onazo m. bengalada, paulada.
basur/a f. lixo, imundícia, varredura. /ero m. varredor, lixeiro.
bata f. bata, roupão.
batall/a f. batalha. /ar intr. batalhar; porfiar; brigar. /ón m. batalhão.
batería f. bateria; **— de cocina**, bateria de cozinha.
batir tr. bater; derrotar; derrubar; agitar.
batuta f. batuta; (fig.) domínio.
baúl m. baú, arca.
bauti/smo ba(p)tismo. / zar tr. ba(p)tizar; (fam.) adulterar o vinho, misturando-o com água. /zo m. ba(p)tismo.
bazar m. bazar.
bazo adj. baço.
beat/a f. beata. /ería f. beatice. /ificar tr. beatificar. /itud f. beatitude.
beb/edor adj. e s. bebedor. /er tr. beber. /ida f. bebida. /ido adj. bebido.
beca f. bo(ô)lsa de estudo.
becerro m. *Zool.* bezerro.
bedel m. bedel.
befa f. burla. /ar tr. burlar; mover os beiços.
beldad f. beldade.
belga adj. e s. belga.
beli/coso adj. belicoso; agressivo. /gerante adj. beligerante.
bell/eza f. beleza. /o adj. belo.
bend/ecir tr. abençoar. /ición f. bênção. /ito adj. bendito; abençoado.
benef/icencia f. beneficência. /iciar tr. beneficiar; melhorar; consertar. /icio m. benefício, proveito. /icioso adj. beneficioso.
ben/emérito adj. benemérito; merecedor. /eplácito m. beneplácito; consentimento. /evolencia f. benevolência. /évolo adj. benévolo. /ignidad f. benignidade. /igno adj. benigno; suave.
benzol m. benzol.
bes/ar tr. beijar; tocar-se. /o m. beijo; encontro.
bestia f. be(ê)sta; fig. pessoa rude. /l adj. bestial, brutal. /lidad f. bestialidade.
besuque/ar tr. beijocar. /o m. beijos muito frequentes.
betún m. betume; graxa para o calçado.
biberón m. biberão, mamadeira
Biblia f. Bíblia.
bibli/ófilo m. bibliófilo. /ográfico adj. bibliográfico. /ógrafo m. bibliógrafo. /ómano m. bibliómano. /oteca f. biblioteca. /otecario m. bibliotecário.
bicarbonato m. bicarbonato.
bicicleta f. bicicleta.
bicho m. bicho; fig. pessoa intratável.
bidón m. vasilha, caixa de fo(ô)lha.
biela f. biela.
bien m. bem; benefício; pl. bens; adv. bem; muito; assim; ainda.
bienal adj. bienal.
bienio m. bié(ê)nio.
bienvenida f. boas-vindas.
biftec m. bife.
bifurca/ción f. bifurcação. /r tr. bifurcar. / rse r. bifurcar-se.
bigamía f. bigamia.
bigote m. bigode.
bilingüe adj bili(i)ngu(ü)e.
bili/oso adj. bilioso. /s f. bílis; fig. irascibilidade.
billar m. bilhar.
billete m. bilhete; senha; nota.
bi/ografía f. biografia. / ográfico adj. biográfico. /ógrafo m. biógrafo.
biombo m. biombo.
bis adv. bis.
bisabuel/a f. bisavó. /o m. bisavô.
bisagra f. bisagra, dobradiça.
bis/emanal adj. bissemanal. /iesto adj. bissexto.
bisonte m. *Zool.* bisonte.
bisturí m. bisturi.
bizco adj. estrábico.
blanc/o adj. branco; alvo. /ura f. brancura.
blandir tr. brandir.
bland/o adj. brando; macio. /ura f. brandura; doçura.
blanque/ar tr. branquear; caiar. /o m. branqueamento.
blasfem/ar intr. blasfemar. /ia f. blasfé(ê)mia.
blinda/do adj. blindado. /je m. blindagem. /r tr. blindar, couraçar, proteger.
bloque/ar tr. bloquear. / o m. bloqueio.
blusa f. blusa.
boato m. pompa, ostentação.
bobina f. bobina.
bobo adj. e s. bo(ô)bo, estúpido.
boca f. bo(ô)ca; entrada, saída; abertura. /calle f. embocadura, entrada de rua. /dillo m. sanduiche, merenda, refeição ligeira. /do m. bocado; dentada. /nada f. bochechada; gole.
bocina f. buzina; claxon; trombeta
bochorno m. bochorno; erubescência. /so adj. bochornoso; fig. vergonhoso.

boda f. boda.

bodeg/a f. adega; armazém; despensa dos comestíveis; porão do navio; bodega. /ón m. taberna, bodega; quadro representando comestíveis.

bofet/ada f. bofetada; fig. insulto. /ón m. bofetão.

bohemio m. boé(ê)mio.

boicot m. boicotagem, ear tr. boicotar.

boletín m. boletim.

bolo m. fito; bola; almofadinha para fazer bordados.

bols/a f. bo(ô)lsa; ruga. /illo m. algibeira; bolsa. /ista m. bolsista. /o m. bo(ô)lso, bolsa.

bomba f. bomba. /rdear tr. bombardear. /rdeo m. bombardeamento.

bombero m. bombeiro.

bombilla f. lâmpada elé(c)trica.

bombón m. bombom.

bombona f. vasilha de vidro, de bo(ô)ca estreira e de muita capacidade.

bonanza f. bonança; fig. prosperidade.

bondad f. bondade. /oso adj. bondoso.

bonito adj. bonito; m. Zool. bonito, atum.

bono m. título de crédito, vale.

borda f. Mar. borda.

borda/do adj. e s. bordado. /dora f. bordadora. /r tr. bordar.

borde m. borda, margem, orla.

bordo m. Mar. bordo; a —, a bordo, dentro do navio.

borla f. borla; barrete de doutor.

borra f. borre(ê)ga; fezes; cotão, fe(ê)lpa.

borrach/era f. borracheira; fig. extravagância. /o adj. e s. borracho, bêbedo.

borra/dor m. minuta, borrão; livro de apontamentos. /r tr. borrar, apagar.

borrasc/a f. borrasca. / oso adj. borrascoso.

borrón m. borrão, nódoa de tinta; rascunho.

borroso adj. confuso, impreciso.

bosque m. bosque; mata.

bosquej/ar tr. bosquejar. /o m. bosquejo, esbo-(ô)ço.

bota f. bota.

botadura f. Mar. botafora, lançamento de um navio à água.

botánic/a f. botânica. /o adj. e s. botânico.

botar tr. botar, atirar; lançar um navio à água; governar a embarcação com o leme.

bote m. bote, cutilada; salto, pulo; boião; estar de — en —, estar completamente cheio.

botella f. garrafa, frasco.

botica f. botica, farmácia. /rio m. boticário, farmacêutico.

botín m. pre(ê)sa de guerra.

botiquín m. botica portátil, caixa de medicamentos.

bot/ón m. botão. /ones m. paquete, rapaz, moço (Bras.) moço de recados.

bóveda f. abóbada.

boxe/ador m. boxador. / ar tr. jogar boxe. /o m. boxe.

boya f. bóia; baliza.

brace/ar intr. bracear; forcejar. /ro m. trabalhador, jornaleiro.

brag/a f. bragas, calças. /uero m. bragueiro.

bram/ar intr. bramar;

gritar. /ido m. bramido, berro.

bras/a f. brasa; ardor. / ero m. braseira.

brav/ata f. bravata. /ío adj. bravio; inculto; rústico. /o adj. bravo; áspero; interj. muito bem! /ura f. bravura.

braz/a f. braça. /ada f. braçada. /al m. braçal; re(ê)go. /alete m. bracelete, pulseira. /o m. braço.

brev/e adj. breve; curto; conciso. /edad f. brevidade. /iario m. breviário.

brib/ón adj. e s. velhaco; preguiçoso. /onada f. velhacaria. /onear intr. vadiar; fazer picardias.

brida f. brida.

brigada f. brigada.

brill/ante adj. brilhante, fulgurante; m. brilhante, diamante. /antina f. brilhantina. /ar intr. brilhar. /o m. brilho.

brinc/ar intr. brincar, saltar; dissimular. /o m. brinco, salto.

brind/ar intr. brindar; oferecer. /is m. brinde, saudação; oferta.

br/ío m. brio. /ioso adj. brioso.

brisa f. brisa.

británico adj. britânico.

broca f. broca; prego de sapateiro.

brocha f. broxa, pincel.

broche m. broche, colche-(ê)te.

brom/a f. broma, verrumão; bulha; chalaça. / ear intr. gracejar. /ista m. brincalhão, trocista.

bronce m. bronze. /ado m. bronzagem; adj. bronzeado. /ar tr. bronzear.

bronquitis f. bronquite.

brot/ar intr. brotar; manar. /e m. gomo, pimpo(ô)lho.

bruj/a f. bruxa. /ería f. bruxaria, malefício. /o m. bruxo.

brújula f. Mar. bússola.

bruma f. bruma, nevoeiro.

brusc/amente adv. bruscamente. /o adj. brusco; inesperado.

brut/al adj. brutal. /alidad f. brutalidade. /o adj. e s. bruto.

bucólico adj. bucólico.

buen adj. bom. /amente adv. boamente. /aventura f. boa ventura. /o adj. bom; são; divertido.

buey m. Zool. boi.

bufanda f. cachecol.

bufete m. bufete; banca e clientela de advogado.

buf/o adj. bufo, bufão. /ón m. bufão. /onada f. chalaça; bufonária, das, trapeira; desvão.

buitre m. Zool. abutre.

bujía f. bugia, vela.

bulbo m. Bot. bolbo.

bulto m. vulto; fardo; pacote; tamanho.

bull/a f. bulha, confusão. /anguero adj. e s. alvoroçador. /icio m. bulício, adj. bulíçoso, inquieto. /ir intr. ferver; agitar-se, bulir.

buñuelo m. filhó; fig. coisa ou mal feita.

buque m. buco, espaço; barco.

burbuj/a f. borbulha; bo-(ô)lha. /ear intr. bolhar.

burdel m. bordel.

burl/a f. burla. /ador adj. e s. burlador; libertino. /ar tr. burlar; seduzir. /arse f. burlar-se. /esco adj. burlesco. /ón adj. e s. burlão.

burocracia f. burocracia.

burr/a f. Zool. burra. /da

f. burricada; fig. asneira. /o m. burro: fig. ignorante.

busca f. busca, procura. /r tr. buscar.

busto m. busto.

butaca f. poltrona; assento de teatro.

butano f. butano.

buzo m. mergulhador, búzio.

buzón m. caixa de correiro; tampão, tampa; conducto por onde desaguam os tanques.

cabal adj. cabal; justo.

cabalga/da f. cavalgada. /dura f. cavalgadura, be-(ê)sta. /r intr. cavalgar. /ta f. cavalgata, cavalgada.

caball/eresco adj. cavalheiroso. /erete m. cavaleiro jovem, presumido no traje e nas a(c)ções. /ería f. cavalgadura; cavalaria; fig. delicadeza. /ero adj. cavalgador; m. cavaleiro; fidalgo. /erosidad f. cavalheirismo; distinção. /eroso adj. cavalheiroso; delicado; afidalgado. /ete m. cavalete de pintor; cavalete, cumeeira; potro de madeira. /o m. Zool, cavalo.

cabaña f. choupana.

cabec/ear intr. cabecear; Mar. arfar. /eo m. cabeceio. /era f. cabeceira. /illa m. cabecilha, caudilho.

cabell/era f. cabeleira. /o m. cabelo. /udo adj. cabeludo.

caber intr. caber; ser possível.

cabez/a f. cabeça; parte superior. /ada f. cabeçada. /al m. cabeçal, travesseiro. /udo adj. cabeçudo; fig. teimoso.

cabina f. cabine.

cable m. cabo, corda grossa. /grafiar intr. transmitir um cabograma. /grama m. cabograma.

cabo m. cabo; extremidade; pacote; caudilho; chefe; parte, sítio; fim; ponta; mil. cabo; pl. peças usadas nos vestidos. /taje m. cabotagem.

caca f. fam. caca, excremento.

caca/huete m. amendoim. /o m. cacaueiro; cacau.

cacería f. caçada.

cacerola f. caçarola.

cacique m. cacique.

caco m. fig. ladrão.

cacto m. Bot. ca(c)to.

cachalote m. Zool. cachalote.

cachaza f. fleuma, lentidão.

cachear tr. revistar, passar revista a gente suspeitosa.

cachete m. bofetada; murro, so(ô)co; bochecha.

cachiporra f. cachamorra.

cacho m. pedaço de alguma coisa, fra(c)ção; cacho de bananas.

cachorro m. cachorro.

cadalso m. cadafalso, patíbulo; estrado.

cad/áver m. cadáver. /a-vérico adj. cadavérico.

cadena f. cadeia; cordilheira.

cadencia f. cadência.

cadera f. cadeiras, quadris.

cadete m. cadete.

caduc/ar intr. caducar. /i-dad f. caducidade. /o adj. caduco.

caer intr. cair.

caf/é m. café. /etera f. cafeteira.

cafre adj. e s. cafre; fig. cruel.

caga/do adj. cagado; fig. poltrão. /r tr. defecar, (vulg.) cagar.

caimán m. Zool. caimão.

caj/a f. caixa; cofre; vão de escada; — de ahorros, caixa (econó(ô)mica). /era f. caixa; tesoureira. /ero m. caixa; caixeiro. /ista m. caixista. /ón m. caixão; gaveta.

cal f. cal.

cala f. cala.

calabozo m. calaboiço.

calambre m. cãibra.

calami/dad f. calamidade. /toso adj. calamitoso.

calar tr. calar, penetrar; entalhar; fazer crivo.

calavera f. caveira; calaveira. /da f. calaveirada.

calcar tr. calcar.

calcáreo adj. calcário.

calcul/ador m. calculador. /ar tr. calcular.

calder/a f. caldeira. /illa f. miúdos. /o m. caldeiro.

caldo m. caldo.

calefacción f. calefa(c)ção.

calendario m. calendário.

calent/ador m. aquecedor. /ar tr. aquecer. /ura f. calentura. /uriento adj. febricitante.

calidad f. qualidade.

caliente adj. quente; ardente.

califica/ción f. qualifica-ção. /do adj. qualificado; considerado. /r tr. qualificar; aprovar; classificar.

cáliz m. cálice; Bot. cálice.

caliza f. calcário.

calm/a f. calma. /ante adj. calmante; m. sedante. /ar tr. acalmar. /oso adj. calmoso; preguiçoso.

calor m. calor. /ía f. caloria.

calumnia f. calúnia. /r tr. caluniar.

calv/a f. calva. /ario m. calvário. /icie f. calvície. /o adj. calvo.

calz/a f. calça. /ada f. calçada. /ado adj. e m. calçado. /ador m. calçadeira. /ar tr. calçar; pôr um calço. /oncillos m. pl. cuecas.

calla/do adj. calado. /r intr. calar.

calle f. rua. /ja f. ruazinha. /jear intr. vaguear. /jero adj. m. que gosta andar na rua; roteiro. /jón m. beco; — sin salida, beco sem saída. /juela f. rua estreita, be(ê)ça.

call/icida m. calicida. /ista m. e f. calista. /o m. calo; dobrada.

cama f. cama; leito; guardar —, estar doente. /da f. ninhada; camada.

cámara f. câmara.

camarada m. camarada.

camar/era f. camareira. /o m. camareiro, criado.

camarilla f. camarilha.

camarín m. camarim.

camilla f. camilha; maca; braseira.

camin/ante m. caminhante. /ar intr. caminhar,

andar. /ata f. caminhada. /o m. caminho.

camis/a f. camisa; invólucro. /ería f. camisaria. /eta f. camisola. /ón m. camisa de dormir.

campamento m. acampamento.

campan/a f. sino. /ada f. badalada; fig. escândalo ou novidade ruidosa. /ario m. campanário. /ero m. sineiro. /illa f. campainha; sine(ê)ta; Bot. campainha. /illazo m. campainhada.

campaña f. campanha.

campe/ón m. campeão. /onato m. campeonato.

campesino adj. e s. camponês.

campiña f. campina.

campo m. campo; — santo, cemitério.

can m. Zool. cão.

canal m. canal; re(ê)go. /izar tr. canalizar.

canast/a f. canastra. /ero m. canastreiro. /illa f. enxoval. /os! interj. significando surpre(ê)sa.

cancela f. gradil de porta; portão de ferro. /ción f. cancelação. /r tr. cancelar.

cáncer m. cancro.

canciller m. chanceler.

canci/ón f. canção. /onero m. cancioneiro.

candado m. cadeado.

candela f. candeia.

candel/abro m. candelabro. /aria f. Candelária; Bot. verbasco. /ero m. castiçal.

candente adj. candente.

candidat/o m. candidato. /ura f. candidatura.

candil m. candil. /eja f. pl. gambiarras nos palcos dos teatros.

caníbal adj. e s. canibal.

canícula f. canícula.

canino adj. canino.

canje m. troca. /ar tr. trocar, permutar.

cano adj. cano.

canoa f. canoa.

can/on m. cânon. /ónico adj. canó(ô)nico. /ónigo m. có(ô)nego. /onización f. canonização. /onizar tr. canonizar. /onjía adj. canonicato.

cansa/do adj. e s. cansado. /ncio m. cansaço, fadiga. /r tr. cansar; importunar.

canta/dor m. cantador. /nte adj. e s. cantante. /r tr. cantar; m. cantar, canção.

cántaro m. cântaro, bilha; llover a —, chover a cântaros.

canter/a f. canteira. /o m. canteiro.

cántico m. cântico, canção.

cantidad f. quantidade; abundância.

cantimplora f. cantimplora; sifão; cantil.

cantina f. cantina; adega.

canto m. canto / m. cantor. /ra f. cantora.

caña f. Bot. cana; copo cilíndrico. /da f. canhada. /veral m. canavial, caniçal.

cañ/ería f. tubagem, encanamento; desaguadeiro. /o m. tubo; bica. /ón m. tubo; cano; canhão. /onazo m. canhonaço. /onear tr. canhonear.

caoba f. Bot. acaju.

caos m. caos, confusão.
capa f. capa; revestimento; fig. pretexto.
capacidad f. capacidade; aptidão.
capar tr. capar; castrar.
capataz m. capataz.
capaz adj. capaz.
capellán m. capelão.
capilar adj. capilar.
capilla f. capela, capuz.
capital adj. capital; principal; m. capital; dinheiro. **/ismo** m. capitalismo. **/ista** adj. e s. capitalista. **/izar** tr. capitalizar.
capit/án m. capitão; fig. caudilho. **/anear** tr. capitanear.
capitel m. capitel.
capitula/ción f. capitulação. **/r** adj. e intr. capitular.
capítulo m. capítulo.
capricho m. capricho. **/so** adj. caprichoso.
cápsula f. cápsula.
capt/ar tr. captar. **/urar** f. capturar.
capuch/a f. capucha. **/ino** m. capuchinho.
capullo m. capulho; casulo; botão da flor.
caqui m. caqui.
cara f. cara; aparência; frente; fig. atrevimento.
carabela f. caravela.
caracol m. *Zool.* caracol; anel de cabelo.
carácter m. cará(c)ter.
caracter/ístico adj. cara(c)terístico. **/izar** tr. cara(c)terizar.
¡caramba! interj. caramba!
caramelo m. caramelo.
caravana f. caravana.
carbón m. carvão. **/ato** m. carbonato. **/cillo** m. carvão para desenho. **/ería** f. carvoaria. **/izar** tr. carbonizar. **/o** m. carbono.
carburador m. carburador.
carcajada f. gargalhada.
cárcel f. cárcere, prisão.
cardenal m. cardeal; equimose. **/ato** m. cardinalato. **/icio** adj. cardinalício.
cardíaco adj. e s. cardíaco.
carear tr. carear; confrontar.
care/cer intr. carecer. **/ncía** f. carência.
careo m. careio; confrontação.
carestía f. carestia.
careta f. careta, máscara.
carga f. carga; fardo. **/do** adj. carregado. **/dor** m. carregador; mo(ô)ço de fretes. **/mento** m. carregamento. **/r** tr. carregar; fig. aumentar; incomodar.
cariar tr. cariar.
caricatur/a f. caricatura. **/izar** tr. caricaturar.
caricia f. carícia.
caridad f. caridade; esmola.
cariño m. carinho; carícia. **/so** adj. carinhoso.
caritativo adj. caritativo.
cariz m. cariz; aspe(c)to.
carm/esí adj. carmesim. **/ím** m. carmim.
carnal adj. carnal; lascivo.
carnaval m. carnaval.
carne f. carne. **/cería** f. ver **carnicería**. **/ro** m. *Zool.* carneiro. **/stolendas** f. pl. carnaval.
carn/icería f. carniçaria. talho; fig. carnificina. **/icero** adj. e s. carniceiro. **/ívoro** adj. e s. carnívoro. **/oso** adj. carnoso; cheio.
caro adj. caro; querido.
carpa f. *Zool.* carpa.
carpeta f. pasta; capa; cobertura.
carpinter/ía f. carpintaria. **/o** m. carpinteiro.
carrera f. carreira; corrida.
carret/a f. carre(ê)ta. **/ada** f. carrada; fig. grande quantidade. **/era** f. estrada. **/ero** m. carroceiro. **/illa** f. carretilha. / **/ón** m. carreta; carrinho de crianças.
carril m. sulco; trilho; carrril: vereda.
carro m. carro, carruagem, carroça.
carro/cería f. carroçaria. **/mato** m. carromato.
carr/oza f. carroça. **/uaje** m. carruagem.
carta f. carta; mapa; — **certificada**, carta registada.
cartel m. cartaz; cartel.
cartera f. carteira.
cartero m. carteiro.
cartílago m. cartilagem.
cartilla f. cartilha; qualquer tratado breve e elementar.
cartón m. cartão, papelão; — **piedra**, cartão-pedra.
cartuch/era f. cartucheira. **/o** m. cartucho.
cartulina f. cartolina.
casa f. casa; — **de empeños**, casa de penho(ô)res; **poner —**, alugar e mobilar uma casa; — *de citas*, alcoice.
casa/mentero adj. e s. casamenteiro. **/miento** m. casamento. **/r** tr. casar; harmonizar-se.
casca/bel m. cascavel, guizo. **/da** f. cascata. / **dura** f. quebradura. / **nueces** m. quebra-nozes. **/r** tr. quebrar, fender; fam. bater.
cáscara f. casca.
caser/a f. caseira. **/ío** m. casaria. **/o** adj. caseiro; simples; m. caseiro; senhorio.
caseta f. casa rústica; casinha para trocar de roupa na praia.
casi adv. quase; aproximadamente.
casilla f. casinha; bilheteira; divisão.
casino m. casino.
caso m. caso.
caspa f. caspa.
castañ/a f. castanha. **/ero** m. castanheiro. **/o** adj. castanho; m. *Bot.* castanheiro. **/uela** f. castanhola.
castellano adj. e s. castelhano.
castig/ador adj. e s. castigador. **/ar** tr. castigar. **/o** m. castigo.
castillo m. castelo.
castizo adj. castiço; puro.
casto adj. casto; puro.
castor m. *Zool.* castor.
castra/ción f. castração. **/dor** m. castrador. **/r** tr. castrar.
casual adj. casual. **/idad** f. casualidade.
cataclismo m. cataclismo.
catad/or m. provador. **/ura** f. prova; aspe(c)to.
catalán adj. e m. catalão.
catalejo m. binóculo.
catar tr. catar, provar.
catarata f. catarata.
catarro m. catarro.
catástrofe f. catástrofe.
catecismo m. catecismo.
cátedra f. cátedra; classe.
catedral f. catedral.
catedrático m. catedrático.
categ/oría f. categoria. **/órico** adj. categórico.
caterva f. caterva.
cat/olicismo m. catolicismo. **/ólico** adj. e s. católico.
catorce adj. catorze.
catre m. catre.
cauce m. leito dos rios; regueiro.
caución f. caução; fiança.
caudal m. caudal. **/oso** adj. caudaloso; lucrativo.
caudillo m. caudilho.
causa f. causa. **/nte** adj. e m. causante. **/r** tr. causar; demandar.
cáustico adj. cáustico.
cautel/a f. cautela. **/oso** adj. cauteloso.
cautiv/ar tr. cativar; prender. **/erio** m. cativeiro. **/o** adj. e s. cativo.
cava f. cava; adega. **/dor** m. cavador. **/dura** f. cavadela. **/r** tr. cavar.
cavern/a f. caverna; cavidade. **/oso** adj. cavernoso.
cavidad f. cavidade.
caza f. caça; perseguição; — **mayor**, caça grossa. **/dor** m. caçador. **/dora** f. casaco. **/r** tr. caçar; apanhar.
caz/o m. caço; concha. **/oleta** f. caçoleta. **/uela** f. caçarola.
cebo m. ce(ê)vo; isca.
cebolla f. *Bot.* cebola.
cedazo m. peneira, crivo.
ceder tr. ceder; tranferir.
cedro m. *Bot.* cedro.
cédula f. cédula; documento oficial.
ceg/ar tr. cegar. **/ato** adj. fam. curto de vista. **/uera** f. cegueira.
ceja f. sobrancelha.
celador adj. e s. zelador.
celar intr. zelar.
celda f. cela.
celebra/ción f. celebração. **/r** tr. celebrar, festejar; dizer missa; encomiar.
célebre adj. célebre, famoso; fam. excêntrico.
celeridad f. celeridade.
celest/e adj. celeste; da co(ô)r do céu. **/ial** adj. celestial.
celibato m. celibato.
celo m. ze(ê)lo; esme(ê)ro; pl. ciúme. **/so** adj. zeloso; ciumento.
célula f. célula.
cementerio m. cemitério.
celular adj. celular.
cemento m. cemento; cimento.
cena f. ceia, jantar. **/r** tr. cear, jantar.
cenicero m. cinzeiro.
ceniza f. cinza.
censo m. censo.
cens/or m. censor. **/ura** f. censura. **/urable** adj. censurável. **/urar** tr. censurar.
centell/a f. centelha; brilho momentâneo. **/ear** tr. cintilar, faiscar.
centena m. centena. **/r** m. centena. **/rio** adj. centenário; m. século.
centeno m. *Bot.* centeio.
centésimo adj. centésimo.
centígrado adj. centígrado.
céntimo m. cêntimo.
centinela f. sentinela.
central adj. central. **/ismo** m. centralismo. **/ista** adj. e s. centralista.
céntrico adj. central.
centro m. centro.
ceñi/do adj. poupado, econó(ô)mico. **/r** tr. cingir; reduzir.
ceñ/o m. cenho. **/udo** adj. carrancudo, cenhoso.
cepill/ar tr. acepilhar, aplainar; escovar. **/o** m. caixa de esmolas; cepilho; esco(ô)va.
cera f. ce(ê)ra.
cerámic/a f. cerâmica. **/o** adj. cerâmico.
cerca f. ce(ê)rca, sebe; adv. cerca; quase; deredor. **/nía** f. cercania. / **no** adj. cercano. **/r** tr. cercar.
cerco m. ce(ê)rco; aro; assédio.
cerd/a f. cerda. **/o** m. *Zool.* cerdo, porco.
cereal m. *Bot.* cereal.
cerebr/al adj. cerebral. **/o** m. cérebro; fig. juízo.
ceremoni/a f. cerimó(ô)nia. **/al** m. cerimonial **/oso** adj. cerimonioso.
cerilla f. fósforo.
cero m. zero; nada.
cerrad/o adj. fechado; taciturno; denso. **/ura** f. fechadura.
cerrajer/ía f. serralharia. **/o** m. serralheiro.
cerrar tr. fechar; apertar; saldar.
cerrojo m. ferro(ô)lho.
certamen m. certame literário.
cert/ero adj. certeiro. **/eza** f. certeza; evidência. **/ificado** m. certificado; adj. registado. **/ificar** tr. certificar; registar.
cerve/cería f. cervejaria. **/za** f. cerveja.
ces/ación f. cessação; interrupção. **/ante** adj. cessante; em disponibilidade. **/ar** intr. cessar. **/e** m. suspensão; demissão. **/ión** f. cessão; tranferência.
césped m. relva; córtex.
cest/a f. cesta; alco(ô)fa. **/ería** f. cestaria. **/o** m. ce(ê)sto.
cetro m. ce(p)tro.
chabacan/ada f. **/ería** f. grosseria, indecência. **/o** adj. grosseiro, to(ô)sco.
chacal m. *Zool.* chacal.
chafar tr. esmagar.
chaflán m. chanfro, bisel.
chal m. xaile.
chaleco m. cole(ê)te.
chalet m. chalé, casa campestre.
chalupa f. *Mar.* chalupa.
chamus/cado adj. chamuscado. **/car** tr. chamuscar. **/quina** f. chamusco.
chantaj/e m. chantagem. **/ista** s. chantagista.
chanza f. troça; dito burlesco.
chapa f. chapa; roseta avermelhada. **/r** tr. chapar.
chaparrón m. pancada de água, aguaceiro forte.
chapuce/ría f. imperfeição; mentira. **/ro** m. incompetente, rústico.
chapurr/ado m. algaravia. **/ear** tr. algaraviar.
chaqueta f. jaqueta, casaco curto.
charco m. charco.
charla f. charla. **/duría** f. tagarelice. **/r** intr. charlar. **/tán** adj. e s. charlatão.
charol m. charão, verniz.
chasco m. chasco, engano; decepção.
chasis m. chassis; caixilho; bastidor.
chato adj. chato, listo; diz-se do nariz achatado.
chaval adj. e s. rapaz. **/a** adj. e s. rapariga.
cheque m. cheque.
chico adj. e s. pequeno; menino; rapaz.
chifladura f. silvo; desatino.
chill/ar intr. chiar; guinchar. **/ido** m. chio, guincho. **/ón** adj. e s. chiador.
chimenea f. chaminé.
chino adj. e s. chinês.
chiquero m. chiqueiro.
chiquill/ada f. criancice. **/o** m. criança, menino.
chirri/ar intr. chiar; guinchar. **/do** m. chio; guincho.
chism/e m. intriga, boato. **/oso** adj. intrigante.
chisp/a f. chispa; migalha. **/ear** intr. chispar; reluzir.
chistoso adj. chistoso; engraçado.
¡chitón! interj. chitão! caluda!
chivo m. *Zool.* chibo.
choca/nte adj. chocante. **/r** intr. chocar; bater.
chocolate m. chocolate. **/ra** f. chocolateira.
chófer m. motorista, condutor.
chopo m. *Bot.* choupo.
choque m. choque.
chorr/ear intr. gotejar, pingar. **/o** m. cho(ô)rro.
choza f. choça, choupana.
chubasco m. aguaceiro, chuvada.
chul/ería f. chularia. **/o** m. chulo.
chup/ado adj. chupadela. **/ar** tr. chupar. **/ete** m. chupador; chupeta. **/ón** m. *Bot.* rebento; adj. chupista.
churr/ería f. lugar onde se vendem **churros**. **/o** m. massa frita semelhante às farturas.
chusma f. chusma, plebe.
cicatriz f. cicatriz; ressentimento. **/ar** tr. cicatrizar.
ciclis/mo m. ciclismo. **/ta** s. ciclista.
ciclo m. ciclo.
cidra f. *Bot.* cidra.
ciego adj. cego.
cielo m. céu.
cien adj. cem.
ciencia f. ciência.
científico adj. científico.
ciento adj. cento.
ciert/amente adv. certamente. **/o** adj. certo.
cierv/a f. *Zool.* cerva. **/o** m. cervo, veado.
cifra f. cifra, número.
cigarra f. *Zool.* cigarra.
cigarr/illo m. cigarro. **/o** m. charuto.
cigüeña f. *Zool.* cegonha. **/l** m. *Mec.* árvore da manivela.
cilindro m. cilindro.
cima f. cima; to(ô)po.
cilíndrico adj. cilíndrico.
cimentar tr. cimentar.
cimiento m. alicerce; cimento; fig. fundamento.
cinc m. cinco.
cincel m. cinzel. **/ar** tr. cincelar, gravar.
cinco m. cinco.
cine m. fam. cinema. **matógrafo** m. cinematógrafo.
cínico adj. cínico.
cint/a f. cinta, fita, faixa; cinto; — **magnetofónica**, fita magnetofo(ô)nica. **/ura** f. cintura. **/urón** m. cintuarão.
cipres m. *Bot.* cipreste.
circ/o m. circo; anfiteatro. **/uito** m. circuito. / **ulación** f. circulação. **/ulante** adj. circulante. **/ular** adj. circular; intr. circular; ir e vir.
círculo m. círculo; jurisdição; associção.
circun/cidar tr. circuncidar. **/cisión** f. circuncisão. **/dar** tr. circundar. **/ferencia** f. circunferência. **/spección** f. circunspe(c)ção. **/specto** adj. circunspe(c)to. **/stancia** f. circunstância.
cirio m. círio.
ciru/gía f. cirurgia. **/jano** m. cirurgião.
cism/a f. cisma; discór-

dia. /**ático** adj. cismático.
cisne m. *Zool.* cisne.
cisterna f. cisterna.
cita f. encontro combinado; cita, citação; apontamento. /**r** tr. citar; convocar.
ciudad f. cidade. /**anía.** f. cidadania. /**ano** m. cidadão.
cívico adj. cívico.
civil adj. civil; delicado. /**ización** f. civilização. /**izar** tr. civilizar.
civismo m. civismo.
clam/ar tr. clamar; protestar; lamentar. /**or** m. clamor; protesto.
clandestino adj. clandestino, secreto.
claque f. claque.
clar/a f. clara; clareira. /**aboya** f. clarabóia, fresta. /**ear** tr. clarear, alumiar. /**eza** f. clareza. / **idad** f. claridade; alvura. /**ín** m. clarim. /**inete** m. clarinete; clarinetista. /**o** adj. claro; iluminado; puro; ilustre. m. clareira; vácuo. adv. claramente; fàcilmente; **poner en —,** pôr em claro. /**oscuro** m. claro-escuro.
clase f. classe; ordem, divisão; aula.
clásico adj. clássico.
clasifica/ción f. classificação. /**r** tr. classificar.
claustr/al adj. claustral. /**o** m. claustro.
clausura f. clausura; prisão. /**r** tr. clausurar, fechar.
clav/ar tr. cravar; fincar; enganar. /**arse** r. encravar-se.
clave m. chave; nota. *Mús.* clave.
clavo m. cravo, prego; mágoa.
clemen/cia f. clemência; bondade. /**te** adj. clemente.
cliente s. cliente, freguês. /**la** f. clientela, freguesia; prote(c)ção.
clima f. clima; temperatura.
clínic/a f. clínica; hospital privado; aula de clínica. /**o** adj. clínico, médico.
clisé m. clichê(); matriz.
cloaca f. cloaca, esgo(ô)to; sentina.
cloro m. *Quím.* cloro. / **fila** f. clorofila. /**formo** m. clorofórmio.
club m. clube; associação.
coac/ción f. coa(c)ção. / **tivo** adj. coa(c)tivo.
coadyuv/ante adj. coadjuvante. /**ar** tr. coadjuvar; auxiliar.
coagul/ación f. coagulação. /**ar** tr. coagular. / **arse** r. coalhar-se. /**o** m. coágulo.
coalición f. coalizão, união.
cobalto m. cobalto.
cobard/e adj. e s. cobarde. /**ía** f. cobardia.
cobert/izo m. alpendre. / **or** m. cobertor; colcha. /**ura** f. cobertura.
cobra/dor m. cobrador; arrecadador. /**nza** f. cobrança; arrecadação. /**r** tr. cobrar; apanhar a caça.
cobre m. cobre.
cocaína f. cocaina
cocción f. cocção.
cocear tr. escoicear.
cocin/a cozinha. /**ar** tr. tr. cozinhar /**era** f. cozinheira. /**ero** m. cozinheiro.
coche m. co(ô)che, carro, carruagem. /**ra** f. cocheira. /**ro** m. cocheiro.
cod/azo m. cotovelada. / **ear** tr. conseguir dinheiro; intr. acotovelar; equiparar-se.
códice m. códice.
codici/a f. cobiça. /**oso** adj. cobiçoso.
código m. código.
codo m. cotove(ê)io.
coeficiente adj. coeficiente.
coexist/encia f. coexistência. /**ir** intr. coexistir.
cofrad/e m. confrade. /**ía** f. confraria.
cofre m. cofre.
cog/er tr. pegar; colhe(ê)r. /**ida** f. colheita; colhida.
cohabitar intr. coabitar; amaridar.
coherente adj. coerente, lógico.
cohesión f. coesão.
cohete m. foguete.
cohibir tr. coibir, impedir.
coinci/dencia f. coincidência. /**dir** intr. coincidir.
coito m. coito.
cojín m. coxim.
cojinete m. coxim pequeno. *Mec.* chumaceira.
cojo adj. e s. coxo.
cola f. cauda, rabo; cola, grude.
colabora/dor m. colaborador. /**r** tr. colaborar.
cola/da f. colagem; coladа. /**dera** f. coadeira. / **dor** m. coador. /**dura** f. coadura; engano. /**r** tr. colar; coar, depurar. / **rse** r. coar-se.
colch/a f. colcha, cobertor. /**ón** m. colchão.
colec/ción f. cole(c)ção. /**cionar** tr. cole(c)cionar. /**tivo** adj. cole(c)tivo.
colega f. colega.
colegi/al adj. e m. colegial; aluno de colégio; novato. /**ala** f. colegial, aluna. /**o** m. colégio, escola.
cólera f. cólera; irritação, enfado.
colga/dero adj. próprio para ser pendurado. m. escápula. /**dura** f. colgadura; tapeçaria. /**nte** adj. suspenso. /**r** tr. colgar, pendurar.
cólico adj. adj. e m. cólico, cólica.
coliflor f. couve-flor.
colilla f. ponta de cigarro, beata.
colina f. colina.
coliseo m. coliseu, circo.
colisión f. colisão, choque.
colma/do adj. colmado, abundante. m. restaurante; mercearia. /**r** tr. colmar; saturar.
colmena f. colmeia.
colmillo m. colmilho, dente.
colmo m. cúmulo; limite.
coloca/ción f. colocação; cargo. /**r** tr. colocar; acomodar.
colon/ia f. coló(ô)nia; **agua de —,** água de Colónia. /**ial** adj. colonial. /**ización** f. colonização. /**izar** tr. colonizar. /**o** m. colono, povoador.
coloquio m. colóquio.
color m. co(ô)r. /**ado** adj. colorado, rosado. /**ete** m. vermelhão.
columna f. coluna. /**ta** f. colunata.
columpi/ar tr. balançar. /**o** m. baloiço.
collar m. colar.
coma f. vírgula. *Med.* coma.
comadr/e f. comadre. / **eja** f. *Zool.* doninha.
comanda/ncia f. comando; quartel do comandante. /**nte** m. comandante.
comandita f. *Com.* comandita.
comando m. *Mil.* comando, mando.
comarca f. comarca, região.
combat/e m. combate. / **iente** adj. e s. combatente. /**ir** tr. e intr. combater; acometer.
combina/ción f. combinação. /**do** adj. combinado. /**r** tr. combinar.
combusti/ble adj. e m. combustível. /**ón** f. combustão.
comedia f. comédia. /**nte** s. comediante; farsante.
comedor m. sala de jantar.
comensal m. e f. comensal.
comenta/dor m. e f. comentador. /**r** tr. comentar. /**rio** m. comentário.
comenzar tr. começar, principiar.
comer tr. e m. comer.
comerci/al adj. comercial. /**ante** adj. e s. comerciante. /**ar** tr. comerciar. /**o** m. comércio.
comestible adj. comestível; m. pl. víveres, mantimento.
cometa f. *Astr.* cometa; f. papagaio.
comet/er tr. cometer. /**ido** m. cometido.
cómico adj. e s. có(ô)mico; actor (Bras.) ator.
comida f. comida, refeição.
comienzo m. come(ê)ço.
comilón m. comilão.
comisar/ía f. comissaria, comissariado. /**io** m. comissário.
comisión f. comissão.
comitiva f. comitiva, cortejo.
como adv. como, assim.
comodidad f. comodidade.
compadre m. compadre; fam. amigo íntimo.
compañ/erismo m. companheirismo, camaradagem. /**ero** s. companheiro. /**ía** f. companhia.
compara/ción f. comparação. /**r** tr. comparar.
comparecer intr. comparecer.
comparti/miento m. compartição; quarto. /**r** intr. compartir.
compás m. compasso; ritmo.
compasi/ón f. compaixão. /**vo** adj. compassivo.
compatib/ilidad f. compatibilidade. /**le** adj. compatível.
compatriota m. compatriota.
compendi/ar tr. compendiar. /**o** m. compêndio; sumário.
compensa/ción f. compensação. /**r** tr. e intr. compensar.
compet/encia f. competência. /**ente** adj. competente. /**idor** m. competidor. /**idora** f. competidora. /**ir** intr. competir.
complac/encia f. complacência. /**er** tr. comprazer; agradar. /**iente** adj. complacente, condescendente.
complejo adj. e m. complexo.
complet/ar tr. completar. /**o** adj. completo.
complica/ción f. complicação. /**do** adj. complicado. /**r** tr. complicar.
cómplice m. cúmplice.
complot m. intriga, conspiração, conjuração.
compone/nte adj. e s. componente. /**r** tr. compor; enfeitar.
composi/ción f. composição. /**tor** adj. e s. compositor.
compra f. compra. /**dor** adj. e s. comprador. /**r** tr. comprar.
compren/der tr. compreender; abranger; entender. /**sión** f. compreensão. /**sivo** adj. compreensivo.
compres/a f. compressa; almofadinha. /**ión** f. compressão. /**or** m. compressor.
comprimir tr. comprimir; fig. afligir.
comproba/ción f. comprovação, prova. /**ar** tr. comprovar, verificar.
comprom/eter tr. comprometer. /**iso** m. compromisso; promessa. /**eterse** r. comprometer-se; **— a,** encarregar-se de.
computar tr. computar.
cómputo m. cômputo.
comulgar tr. comungar.
común adj. comum.
comunal adj. comunal.
comunica/ción f. comunicação. /**do** m. comunicado. /**r** tr. comunicar, informar.
comunidad f. comunidade.
comunión f. comunhão.
comunis/mo m. comunismo. /**ta** adj. e s. comunista.
con prep. com.
cóncavo adj. côncavo.
concebir tr. e intr. conceber; imaginar.
conceder tr. conceder.
concej/al m. conselheiro, membro dum conselho. /**o** m. concelho, vereação.
concentra/ción f. concentração. /**r** tr. concentrar.
concep/ción f. conceição; concepção. /**to** m. conceito.
concesión f. concessão.
concien/cia f. consciência. /**zudo** adj. consciencioso; minucioso.
concierto m. conce(ê)rto; compostura.
concili/ar tr. e adj. conciliar. /**o** m. concílio.
conclu/ir tr. concluir. / **sión** f. conclusão.
concordia f. concórdia.
concret/ar tr. concretizar. /**o** adj. concreto.
concupiscencia f. concupiscência.
concurr/encia f. concorrência. /**ido** adj. frecuentado. /**ir** intr. concorrer; coincidir.
concurso m. concurso.
concha f. concha.
cond/ado m. condado. /**e** m. conde.
condecora/ción f. condecoração. /**r** tr. condecorar.
condena f. sentença condenatória. /**ble** adj. condenável. /**ción** f. condenação. /**do** adj. condenado. /**r** tr. condenar.
condensa/ción f. condensação. /**do** adj. condensado; concentrado. /**dor** m. condensador. /**r** tr. condensar.
condici/ón f. condição. / **onal** adj. condicional. /**onar** tr. condicionar.
condiment/ar tr. condimentar. /**o** m. condimento.
condiscípulo m. condiscípulo.
condolerse r. condoer-se.
conduc/ir tr. conduzir; dirigir; governar. /**irse** r. conduzir-se. /**ta** f. conduta; comportamento. / **to** m. conducto; intermediário. /**tor** adj. conductor.
conejo m. *Zool.* coelho.
conex/ión f. conexão. /**o** adj. conexo, unido.
confabula/ción f. confabulação. /**rse** r. confabular-se; conluiar.
confección f. confecção, acabamento; medicamento.
confedera/ción f. confederação. /**do** adj. confederado, aliado. /**r** tr. confederar.
conferencia f. conferência; entrevista. /**r** tr. conferenciar; discutir.
conferir tr. conferir; comparar.
confes/ar tr. confessar. / **ión** f. confissão. /**ionario** m. confessionário. /**or** m. confessor.
confia/do adj. confiado. / **nza** f. confiança; esperança; ousadia. /**r** intr. confiar; contar.
confidencia f. confidência. /**l** adj. confidencial.
configura/ción f. configuração. /**r** tr. configurar.
confín adj. e m. confim; confins; limite.
confinar tr. e intr. confinar, limitar.
confirma/ción f. confirmação; revalidação. /**r** tr. confirmar, aprovar.
confisca/ción f. confiscação. /**dor** adj. e s. confiscador. /**r** tr. confiscar.
conflicto m. conflito.
conflu/encia f. confluência. /**ir** intr. confluir, convergir.
conform/ar tr. conformar. /**arse** r. resignar-se. /**e** adj. conforme; idêntico; resignado. /**idad** f. conformidade.
conforta/ble adj. confortável. /**r** tr. confortar; alentar.
confraternidad f. confraternidade.
confronta/ción f. confrontação. /**r** tr. confrontar.
confu/ndir tr. confundir; misturar. /**ndirse** r. confundir-se; enganar-se. / **sión** f. confusão. /**so** adj. confuso; envergonhado.
congelar tr. congelar; bloquear. /**se** r. gelar-se.
congénito adj. congé(ê)nito.
congraciarse r. congraçar-se; harmonizar-se.
congratulación f. congratulação.
congre/gación f. congregação, confraria. /**garse** r. congregar-se. /**so** m. congresso, reunião.
congruente adj. congruente; oportuno.
cónico adj. *Geom.* có(ô)nico.
conjetura f. conje(c)tura. /**r** tr. conje(c)turar.
conjuga/ción f. conjugação. /**r** tr. conjugar.
conjun/ción f. conjunção. /**to** adj. e m. conjunto; próximo; cole(c)ção; turma, equipa.
conmemora/ción f. comemoração. /**r** tr. comemorar.

conmigo pron. comigo.
conmiseración f. comiseração; piedade.
conmo/ción f. comoção; tumulto. /vedor adj. comovedor. /ver tr. comover; perturbar; apaixonar.
cono m. cone.
conoc/edor adj. e s. conhecedor; perito. /er tr. conhecer; saber. /ido adj. conhecido; ilustre. /imiento m. conhecimento; fig. educação.
conquista f. conquista; ganho. /dor adj. e s. conquistador. /r tr. conquistar; alcançar.
consabido adj. consabido. /r adj. e s. consabedor.
consagra/ción f. consagração. /do adj. consagrado. /r tr. consagrar; dedicar.
consanguíneo adj. e s. consanguíneo.
consciente adj. consciente.
consecu/ción f. consecução. /encia f. consequência. /ente adj. e m. consequente. /tivo adj. consecutivo.
conseguir tr. conseguir; alcançar; conquistar.
consej/ero s. conselheiro; assessor. /o m. conselho; assemble(é)ia; parecer.
consenti/do adj. consentido; tolerado. /miento m. consentimento. /r tr. consentir; aprovar.
conserje m. encarregado de chaves e conservação dum edifício; porteiro. /ría f. profissão e cargo de conserje; habitação que este ocupa.
conserva f. conserva. /r tr. conservar. /toria m. conservatório.
considera/ble adj. considerável. /ción f. consideração. /do adj. considerado. /r tr. considerar.
consigna f. Mil. ordem. /ción f. consignação. /tario m. consignatário.
consisten/cia f. consistência. /te adj. consistente.
consistir intr. consistir.
consistor/ial adj. consistorial. /io m. consistório.
consola/ción f. consolação; confo(ô)rto. /dor adj. e s. consolador. /r tr. consolar.
consor/cio m. consórcio. /te m. e f. consorte.
conspira/ción f. conspiração. /dor m. e f. conspirador. /r intr. conspirar.
consta/ncia f. constância. /nte adj. e s. constante; persistente. /r intr. constar; ser notório.
consterna/ción f. consternação. /r tr. consternar.
constipa/ción f. constipação. /do m. constipado. /r tr. constipar. /rse r. constipar-se.
constitu/ción f. constituição. /cional adj. constitucional. /ir tr. constituir. /tivo adj. constitutivo.
constru/cción f. construção. /ctor adj. e s. construtor. /ir tr. construir.
consuelo m. conso(ô)lo.
cónsul m. cônsul.
consulado m. consulado.
consult/a f. consulta. /ar tr. consultar. /ivo adj. consultivo.
consultorio m. consultório.
consum/ido adj. consumido; abatido. /idor m. consumidor; gastador. /ir tr. consumir. /o m. consumo.
contab/ilidad f. contabilidade. /le m. contabilista.
contacto m. conta(c)to.
contag/iar tr. contagiar. /io m. contágio. /ioso adj. contagioso.
contar tr. contar.
contempla/ción f. contemplação. /r tr. contemplar; comprazer.
conten/ción f. contenção. /der intr. contender. /diente adj. contendente.
content/ar tr. contentar. /arse r. contentar-se; aprazar-se. /o adj. contente.
contesta/ble adj. contestável. /ción f. contestação. /r tr. contestar.
context/o m. contexto. /ura f. contextura.
contienda f. contenda.
contigo pron. contigo, em tua companhia.
contiguo adj. contíguo.
continencia f. continência.
continent/al adj. continental. /e adj. e m. continente.
cotingen/cia f. contingência. /te adj. contingente.
continu/ación f. continuação. /ar tr. continuar. /idad f. continuidade. /o adj. contínuo.
contorno m. conto(ô)rno.
contorsión f. contorsão.
contra prep. contra; em troca de. /bandista adj. e s. contrabandista. /bando m. contrabando.
contracción f. contra(c)ção.
contrad/ecir tr. contradizer; desmentir. /icción f. contradição. /ictorio adj. contraditório.
contraer tr. e intr. contrair. /se r. contrair-se; limitar-se.
contrari/ar tr. contrariar. /edad f. contrariedade. /o adj. e m. contrário; desfavorável; rival; antagonista.
contrarrestar tr. contrarrestar.
contrast/ar tr. contrastar. /e m. contraste.
contrat/a f. contrata, contrato. /acción f. contratação; comércio. /ante adj. contratante. /ar tr. contratar. /ista m. e f. contratista, empreiteiro. /o m. contrato, ajuste.
contratiempo m. contratempo.
contribu/ción f. contribuição; impo(ô)sto. /ir tr. contribuir.
contricción f. contrição.
contrincante m. contendor; rival; inimigo.
control m. controlo (Bras.) contrôle. /ar tr. controlar.
controver/sia f. controvérsia; contestação. /tir tr. contraverter; discutir.
contundente adj. contundente.
contu/sión f. contusão. /o adj. contuso.
convalece/ncia f. convalescença. /r tr. convalescer.
convenc/er tr. convencer; revalidar. /erse r. convencer-se, persuadir-se. /imiento m. convencimento.
convenci/ón f. convenção. /onal adj. convencional.

convenien/cia f. conveniência. /te adj. conveniente.
conveni/o m. convé(ê)nio; pacto. /r intr. convir; contratar.
convent/o m. convento. /ual adj. conventual.
convergencia f. convergência.
conversa/ción f. conversação; familiaridade. /r intr. conversar.
conver/sión f. conversão. /so m. converso. /tible adj. convertível. /tir tr. converter. /tirse r. converter-se.
convic/ción f. convicção. /to adj. convicto.
convida/do adj. e s. convidado. /r tr. convidar.
convite m. convite; banquete.
convulsión f. convulsão.
conyugal adj. conjugal.
cónyuge m. e f. cônjuge, consorte.
coñac m. conhaque.
coopera/ción f. cooperação. /dor adj. e s. cooperador. /r tr. cooperar.
coordina/ción f. coordenação. /r tr. coordenar; organizar.
copa f. copa; taça; cálice. /do adj. copado. /s f. (mil.) cortar a retirada.
copi/a f. cópia. /ar tr. copiar. /oso adj. copioso, abundante. /sta s. copista.
copla f. copla; par.
copo m. copo; estriga; floco.
coque m. coque.
coquet/a f. coqueta. /ear tr. procurar agradar aos homens. /ería f. coquetismo.
coraje m. coragem.
coral m. coral.
coraz/ón f. couraça. /ón m. coração; centro. /onada f. pressentimento.
corbata f. gravata.
corbeta f. Mar. corveta.
corchete m. colche(ê)te.
corcho m. corcho, cortiça; ro(ô)lha.
cordel m. cordel.
cordero m. cordeiro.
cordial adj. cordial. /idad f. cordialidade.
cordillera f. cordilheira.
cordón m. cordão.
cordura f. cordura.
core/ografía f. coreografia. /ógrafo m. coreógrafo.
corista m. e f. corista.
córneo adj. e s. córneo.
corneta f. corneta.
cornisa f. cornija.
cornudo adj. e m. cornudo.
coro m. co(ô)ro.
coron/a f. coroa; auréola. /ación f. coroação. /ar tr. coroar. /el m. coronel.
corp/achón m. corpanzil. /iño m. corpinho. /oración f. corporação. /oral adj. corporal. /óreo adj. corpóreo. /ulencia f. corpulência. /ulento adj. corpulento.
corral m. curral.
correa f. correia. /je m. correagem.
correc/ción f. corre(c)ção. /cional adj. corre(c)cional. /tivo adj. e m. corre(c)tivo. /to adj. corre(c)to. /tor m. corre(c)tor; revisor de provas.
corregi/ble adj. corrigível. /dor m. corre(c)tor; corregedor. /r tr. corrigir.
correlación f. correlação.
correo m. correio; carteiro; buzón de —, marco ou caixa do correio.
correr tr. e intr. correr.

/ía f. correria, incursão.
correspon/dencia f. correspondência. /der tr. corresponder. /diente adj. e m. correspondente. /sal s. corresponsal.
corretaje m. corretagem.
corrid/a f. corrida; — de toros, tourada. /o adj. corrido.
corriente adj. corrente; vulgar; m. curso; correnteza.
corro m. corro, círculo.
corromp/er tr. corromper. /erse r. corromper-se. /ido adj. corrompido.
corrup/ción f. corrupção. /tela f. corru(p)tela, abuso. /tor m. corru(p)tor.
cort/ado adj. cortado; interrompido. /apisa f. quartepisa; condição. /aplumas m. canivete de aparar penas. /ar tr. cortar. /e m. corte; gume; f. co(ô)rte; galanteio; pl. parlamento.
cortej/ar tr. cortejar. /o m. cortejo; galanteio.
cortés adj. cortês.
cortina f. cortina. /je m. cortinado.
corto adj. curto; tímido.
cosa f. coisa, cousa.
cosech/a f. colheita; abundância. /ar tr. colhe(ê)r, fazer a colheita. /ero m. colheiteiro.
coser tr. coser.
coso m. circo, arena.
cosquill/as f. pl. cócegas; hacer —, cocegar.
cost/a f. custo; despesa; costa; brunidor. /ado m. custo; despesa; costa; brunidor. /ado m. intr. custar; causar. /e costado; Mil. flanco. /ar m. custo, preço. /ear tr. custear; Mar. costear. /illa f. costela; fig. espo(ô)sa. /o m. custo. /oso adj. custoso.
costumbre f. costume.
costur/a f. costura; cicatriz. /era f. costureira.
cotidiano adj. quotidiano.
cotización f. cotização.
coto m. couto; baliza.
coyuntura f. junta; fig. jonjuntura.
coz f. coice.
cráneo m. crânio.
cráter m. cratera.
crea/ción f. criação. /dor m. criador. /r tr. criar.
crec/er intr. crescer. /ida f. crescida; /iente f. crescente; cheia. /imiento m. crescimento.
credencial adj. e f. credencial.
crédito m. crédito.
credo m. credo.
credulidad f. credulidade.
crema f. creme; trema. /llera f. cremalheira; fecho de correr. /torio m. crematório.
crep/uscular adj. crepuscular. /úsculo m. crepúsculo; fig. decadência.
crespo adj. cre(ê)spo.
cresta f. crista.
cría f. criação, cria; menino de peito.
cria/da f. criada. /dero m. criadoiro. /do adj. educado; m. criado. /dor adj. e s. criador. /nza f. criança. /r tr. criar. /tura f. criatura.
criba f. crivo, joeira. /r tr. crivar, joeirar.
crim/en m. crime. /inal adj. criminal.
crío m. criança de peito.
crisis f. crise.
crisol m. crisol.
cristal m. cristal, vidro. /ino adj. cristalino; límpido. /izar tr. cristalizar.

cristian/ar tr. ba(p)tizar. /dad f. cristandade. /ismo m. cristianismo. /izar tr. cristianizar. /o adj. e s. cristão.
Cristo m. Cristo.
criterio m. critério.
criticar tr. criticar.
cromo m. cromo.
crónic/a f. cró(ô)nica. /o adj. cró(ô)nico.
croni/cón m. cronicão. /sta s. cronista.
cronómetro m. cronó(ô)metro.
cruc/e m. cruzamento. /ificar tr. crucificar. /ifijo m. crucifixo. /ifixión f. crucifixão.
crud/eza f. crueza; fig. crueldade. /o adj. cru; cruel.
cruel adj. cruel. /dad f. crueldade.
cruz f. cruz. /ada f. cruzada. /ar tr. cruzar.
cuaderno m. caderno.
cuadra f. quadra; cavalariça. /do adj. quadrado. /nte m. quadrante. /r tr. quadrar.
cuadr/icular adj. e tr. quadricular. /ilátero adj. e m. quadrilátero. /illa f. quadrilha. /o m. quadro.
cual pron. qual, que, o qual; quem.
cualidad f. qualidade.
cualquiera pron. qualquer.
cuant/ía f. quantia, quantidade. /ioso adj. quantioso, numeroso.
cuanto adj. quanto.
cuarent/a adj. e s. quarenta. /ena f. quarentena.
cuaresma f. quaresma.
cuarta f. quarta.
cuarto m. quarto; alojamento.
cuarzo m. Min. quartzo.
cuatro adj. quatro.
cuba f. cuba, tonel.
cúbico adj. cúbico.
cubiert/a f. cobertura; tampa. /o adj. coberto; m. talher.
cubrir tr. cobrir; fecundar. /se r. cobrir-se; acautelar-se.
cuchar/a f. colher. /ada f. colherada. /illa f. colherzinha. /ón m. conjcha; colherão.
cuchill/a f. cutela, machadinha. /ada f. facada, cutilada. /o m. faca.
cuello m. pescoço; gola; colarinho.
cuent/a f. conta. /agotas m. conta-go(ô)tas. /ista adj. e s. bisbilhoteiro. /o m. conto.
cuerda f. corda.
cuerno m. co(ô)rno.
cuero m. couro, coiro.
cuerpo m. corpo; volume.
cuesta f. costa, ladeira; cole(c)ta.
cuesti/ón f. questão; pergunta. /onable adj. questionável. /onario m. questionário.
cueva f. cova; madrigueira.
cuida/do m. cuidado; solicitude. /doso adj. cuidadoso. /r tr. cuidar.
culebra f. Zool. cobra.
culmina/ción f. culminação. /r intr. culminar.
culo m. cu; fundo.
culp/a f. culpa; pecado. /abilidad f. culpabilidade. /ble adj. culpável. /r tr. culpar.
cultiv/ador adj. e s. cultivador. /ar tr. cultivar. /o m. cultivo.
cult/o adj. cultivado; culto; civilizado; m. culto,

adoração. /ura f. cultura.
cumbre f. cume; altura.
cumpl/eaños m. dia de anos. /ido adj. abundante; m. amabilidade. / imentar tr. cumprimentar. /ir intr cumplir. / irse r. cumplir-se, realizar-se.
cuna f. berço; fig. origem.
cuneta f. valeta.
cuña f. cunha. /da f. cunhada. /do m. cunhado.
cuño m. troquel.
cuota f. quota, cota.
cupl/é m. quadra, canção, copla. /etista f. cançonetista.
cupón m. cupão.
cúpula f. cúpula.
cura m. cura, pároco; f. cura. /ble adj. curável. /ción f. cura. /do adj. curado; curtido. /ndero m. e f. curandeiro; medicastro. /r tr. curar; curtir.
curios/idad f. curiosidade. /o adj. e s. curioso.
curso m. curso; tratado; circulação.
curv/a f. curva. /atura f. curvatura./o adj. curvo.
cúspide f. cúspide.
custod/ia f. custódia. /iar tr. custodiar.
cut/áneo adj. cutâneo. / is m. cútis.
cuyo pron. cujo.

D d

dable adj. possível.
dactilógrafo m. e f. da(c)tilógrafo.
dádiva f. dádiva.
dadivoso adj. dadivoso.
dado m. dado. /r adj. e s. dador.
dam/a f. dama; pl. jo(ô)go das damas. /isela f. rapariga alegre e bonita, com ares de senhora; cortesã.
damnificar tr. danificar.
danza f. dança. /nte adj. e s. dançante. /r tr. e intr. dançar; bambolear-se. /rina f. dançarina.
dañ/ar tr. danificar, danar. /ino adj. daninho, nocivo. /o m. dano; destruição. /oso adj. danoso.
dar tr. dar; confiar.
dársena f. bacia; dique.
data f. data; quantidade. /r tr. datar; assentar.
dato m. dato; indicação.
de prep. de.
deán m. deão.
debajo adv. debaixo, sob.
debat/e m. debate; altercação. /ir tr. debater.
deber m. dever, obrigação; tr. dever, cumplir.
débil adj. débil; fraco.
débito m. débito; deve.
deca/dencia f. decadência. /er intr. decair. / imiento m. decaimiento.
decálogo m. decálogo.
decan/ato m. decanato. /o m. decano.
decapitar tr. decapitar.
decena f. dezena.
decen/cia f. decência. /te adj. decente.
decepci/ón f. decepção. /onar tr. desapontar, desiludir.
decimal adj. decimal.
décimo adj. décimo.
decir tr. dizer; nomear.
decisi/ón f. decisão. /vo adj. decisivo.
declama/ción f. declamação. /r intr. declamar.
declara/ción f. declaração. /r tr. declarar; contestar.
declive m. declive.
decora/ción f. decoração. /dor m. decorador. /r tr. decorar.
decret/ar tr. decretar. /o m. decreto.
dedal m. dedal.
dedica/ción f. dedicação; dedicatoria. /r tr. dedicar; destinar. /toria f. dedicatória.
dedo m. dedo.
deduc/ción f. dedução. / ir tr. deduzir.
defect/o m. defeito; vício. /uoso adj. defeituoso.
defen/der tr. defender, proteger. /sa f. defensa. /siva f. defensiva. /sor adj. e s. defensor.
defer/encia f. deferência. /ente adj. deferente; respeitoso. /ir intr. deferir.
deficien/cia f. deficiência. /te adj. deficiente; débil.
deform/ación f. deformação. /ar tr. deformar. /e adj. deforme, disforme. /idad f. deformidade; e(ê)rro.
defraudar tr. defraudar; furtar.
defunción f. defunção, morte.
degolla/ción f. degolação. /r tr. degolar; destruir.
degrada/ción f. degradação. /r tr. degradar, aviltar.
degustación f. degustação, delibação.
dei/dad f. deidade. /ficación f. deificação. /ficar tr. deificar. /smo m. deísmo. /sta s. deísta.
delación f. delação, acusação.
delantal m. avental.
delante adv. diante, adiante. /ra f. dianteira; fachada. /ro adj. dianteiro. m. postilhão.
delat/ar tr. delatar, denunciar. /or adj. e m. delator.
delega/ción f. delegação. /do adj. e s. delegado; deputado. /r tr. delegar.
deleit/ación f. deleitação. /ar tr. deleitar. /e m. deleite. /oso adj. deleitoso.
deletre/ar intr. soletrar. /o m. soletração.
delfín m. delfim.
delgad/ez f. delgadeza; finura. /o adj. delgado, magro; fino.
delibera/ción f. deliberação. /r intr. deliberar; decretar.
delicad/eza f. delicadeza; ternura. /o adj. delicado; meigo; enfermiço.
delici/a f. delícia; deleite, prazer. /oso adj. delicioso, excelente.
delincuen/cia f. deliquência. /te adj. e s. delinqu(ü)ente.
delinea/ción f. delineação. /nte adj. e m. delineador, desenhador. /r tr. delinear; delimitar.
delir/ar intr. delirar, desvariar. /io m. delírio; disparate.
delito. m. delito; crime.
demanda f. demanda, petição. /r tr. demandar, pedir.
demarca/ción f. demarcação. /r tr. demarcar.
demás adj. demais, restante. adv. de mais, além disso.
demen/cia f. demência, loucura. /te adj. e s. demente, imbecil.
dem/ocracia f. democracia. /ócrata s. demócrata. /ocrático adj. democrático.
demol/er tr. demolir. / ición f. demolição.
demonio m. demó(ô)nio, diabo.
demostra/ción f. demonstração. /r tr. demonstrar.
denega/ción f. denegação, recusa. /r tr. denegar, recusar.
denomina/ción f. denominação. /r tr. denominar; nomear; assinalar.
denotar tr. denotar; designar.
dens/idad f. densidade. / o adj. denso, espe(ê)sso; confuso.
dent/ado adj. dentado. /adura f. dentadura. /al m. alveca. adj. dental. /ar tr. dentar, dentear. /ición f. dentição. /ífrico adj. e m. dentífrico. /ista adj. e s. dentista.
dentro adv. dentro, no interior.
denuncia f. denúncia, acusação. /r tr. denunciar.
deparar tr. deparar.
departamento m. departamento.
depend/encia f. dependência. /er intr. depender. /iente adj. e s. dependente; inferior.
deplor/able adj. deplorável. /ar tr. deplorar.
deponer tr. depor; destituir; expulsar.
deporta/ción f. deportação, exílio. /r tr. deportar.
deport/e m. desporte. / ista s. desportista. /ivo adj. desportivo.
deposi/ción f. deposição; exoneração. /tar tr. depositar. /tario m. depositário.
depósito m. depósito.
deprava/ción f. depravação. /do adj. depravado, corrompido. /r tr. depravar, adulterar.
depr/esión f. depressão. /imir tr. deprimir.
depura/ción f. depuração. /do adj. depurado. /r tr. depurar, purificar.
derech/a f. direita, lado direito. /o adj. direito; justo; íntegro. m. autoridade, justiça, direito.
deriva f. deriva, desvio. /ción f. derivação. /r intr. derivar; evoluir. / rse r. desviar do rumo.
derog/ación f. derrogação. /ado adj. derrogado, abolido. /ar tr. derrogar.
derram/amiento m. derramação. /ar tr. derramar; deitar. /arse r. derramar-se. /e m. derrame.
derredor m. derredor, en —, em derredor.
derretir tr. derreter.
derrib/ar tr. derribar, demolir. /o m. derribo.
derrocar tr. derrocar.
derroch/ador adj. e s. dissipador, gastador. /ar tr. dissipar. /e m. dissipação.
derrot/a f. derrota; rumo dos navios. /ar tr. derrotar; arruinar; destroçar.
derru/ir tr. derruir, demolir. /mbamiento m. derrubamento. /mbar tr. derrumbar. /umbarse r. derrumbar-se.
desabriga/do adj. desabrigado; abandonado. /r tr. desabrigar, desproteger.
desacat/ar tr. desacatar, desobedecer. /o m. desacato; profanação.
desacreditar tr. desacreditar; infamar.
desacuerdo m. desaco(ô)rdo; desmaio.
desafiar tr. desafiar; rivalizar; convidar.
desafinar intr. desafinar, destoar.
desafío m. desafio; duelo.
desafortunado adj. desafortunado, infeliz.
desagrada/ble adj. desagradável; ingrato. /r intr. desagradar.
desagravi/ar tr. desagravar, vingar. /o m. desagravo.
desahog/ado adj. desafogado; petulante. /ar tr. desafogar, aliviar. /arse r. desafogar-se. /o m. desafo(ô)go; expansão.
desahuci/ado adj. desenganado, desesperado. / ar tr. desesperar; desalojar. /o m. despejo.
desajust/ar tr. desajustar, desnivelar. /e m. desajuste.
desalentar tr. desalentar. /se r. desalentar-se.
desalfombrar tr. desatapetar.
desaliento m. desalento; desmaio.
desaliñ/ar tr. desalinhar, desordenar. /o s. desalinho, desordem.
desaloja/miento m. desalojamento; expulsão. /r tr. desalojar; expulsar.
desamortiza/ción f. desamortização. /r tr. desamortizar; desvincular bens.
desampar/ar tr. desamparar, abandonar. /o m. desamparo, abandono.
desanim/ación f. desanimação. /ar tr. desanimar. /arse r. desanimar-se. /o m. desânimo.
desapacible adj. desaprazível; ingrato.
desapar/ecer tr. desaparecer, ocultar. /ición f. desaparição.
desapasiona/do adj. desapaixonado; indiferente. /r tr. desapaixonar.
desapego m. desape(ê)go, indiferença.
desaprobar tr. desaprovar, reprovar.
desaprovecha/do adj. desaproveitado. /r tr. desaproveitar, desperdiçar.
desarm/ado adj. desarmado. /ar tr. desarmar; desmantelar. /e m. desarmação.
desarregl/ado adj. desarrumado, desregrado. / ar tr. desregrar, desordenar. /o m. desregramento, desordem.
desarrollar tr. desenrolar; desenvolver.
desarticula/ción f. desarticulação. /r tr. desarticular.
desasosiego m. desassosse(ê)go; agitação.
desastr/ado adj. desastrado. /e m. desastre; sinistro. /oso adj. desastroso.
desatar tr. desatar.
desaten/ción f. desatenção; descortesia. /der tr. desatender. /to adj. desatento; incivil.
desatin/ado adj. desatinado. /ar tr. desatinar. intr. despropositar; desaforar-se. /o m. desatino; despropósito.
desautori/dad f. desautoridade. /zar tr. desautorizar; exautorar.
desayun/ar intr. desjejuar. /arse r. comer o pequeno almo(ô)ço. /o m. desjejum, pequeno almo(ô)ço.
desbanda/da f. desbandada; destroçar. /rse r. desbandar-se.
desbarajuste m. desordem.
desbastar tr. desbastar, acepilhar; gastar.
desboca/do adj. desbocado; destrabado. /r tr. desbocar.
desborda/miento m. desbordamento. /r intr. desbordar. /rse r. desbordar-se.
descabella/do adj. descabelado; absurdo. /r tr. descabelar.
descalabr/ar tr. descalavrar; danificar. /o m. descalavro; dano.
descalificar tr. desqualificar.
descalz/ar tr. descalçar. /o adj. descalço. fig. falto de recursos.
descamisado adj. descamisado; pobre.
descans/ado adj. descansado. /ar tr. e intr. descansar; apoiar. /o m. descanso; apoio; alívio.
descara/do adj. descarado. /rse r. descarar-se.
descarg/a f. descarga. /ar tr. descarregar. /o m. descargo. /ue m. descarga, descarre(ê)go.
descarna/dor m. descarnador. /ar tr. descarnar; desmoronar.
descarr/iar tr. descarreirar, descarrilar; desencaminhar. /iarse r. separar-se, afastar-se. /ío m. desencaminhamento; desatino.
descartar tr. descartar; excluir.
descend/encia f. descendência; estirpe. /er intr. descender; descer. /iente adj. e s. descendente. / imiento m. descendimento.
descenso m. descensão, descenso.
descolgar tr. despendurar, descolgar. /se r. despenhar-se; aparecer inesperadamente.
descolor/ar tr. desbotar, descolorar. /ido adj. descolorido, desbotado. /ir tr. descolorar, descorar.
descompo/ner tr. descompor. /nerse r. descompor-se, apodrecer; faltar a decência. /sición f. descomposição. /stura f. descompostura, desarranjo; descaramento.
descomunal adj. descomunal.
desconc/ertado adj. desconcertado; desarranjado. /ertar tr. desconcertar; transtornar. /ierto m. desconcer(ê)rto; transto(ô)rno; confusão.
desconectar tr. desligar.
desconfia/do adj. desconfiado. /nza f. desconfiança. /r intr. desconfiar.
desconoc/er tr. desconhecer, ignorar. /ido adj. desconhecido; estranho.
descons/olado adj. desconsolado; desolado. /o-

lar tr. desconsolar. /uelo m. desconso(ô)lo, aflição.
descontar tr. descontar.
descontent/ar tr. descontentar. /o adj. e m. descontentamento, desagrado.
descort/és adj. descortês, malcriado. /esía f. descortesia; incivilidade.
descos/er tr. descoser, desmanchar. /ido adj. e m. descosido; fig. indiscreto; falador.
descrédito m. descrédito.
descri/bir tr. descrever. /pción f. descrição. /ptivo adj. descritivo.
descub/ierto adj. descoberto; desnudo. /rimiento m. descobrimento. /rir tr. descobrir.
descuento m. desconto, diminuição.
descui/dado adj. descuidado, negligente. /dar tr. e intr. descuidar; esquecer. /darse r. descuidar-se /do m. descuido. omissão; e(ê)rro.
desde prep. desde, depois, de.
desd/én m. desdém, despre(ê)zo. /eñar tr. desdenhar. /eñoso adj. desdenhoso.
desdicha f. desdita; infortúnio. /do adj. desditado, infeliz.
dedoblar tr. desdobrar.
desear tr. desejar, cobiçar; amar.
desecar tr. dessecar.
desech/ar tr. desprezar, excluir. /o m. refugo, resto.
desembaraz/ar tr. desembaraçar; desligar. /o m. desembaraço. agilidade.
desembar/cadero m. desembarcadouro, cais. /car tr. desembarcar. /co m. desembarque. /que m. desembarque.
desemboca/dura f. desembocadura; foz (de rio). /r intr. desembocar; desaguar.
desembragar tr. desembraiar.
desempaquetar tr. desempacotar, desembrulhar.
desempeñ/ar tr. desempenhar, resgatar. /o m. desempenho; resgate; função.
desempotrar tr. desencaixar, desencravar.
desencajar tr. desencaixar; desmanchar. /se r. descompor-se.
desencaminar tr. desencaminhar.
desencant/ar tr. desencantar; desanimar. /o m. desencanto.
desenfad/ado adj. desenfadado. /ar tr. desenfadar. /o m. desenfado; desembaraço.
desenfren/ado adj. desenfreado. /ar tr. desenfrear. /o m. desenfreio, desenfreamento.
desengañ/ar tr. desenganar. /o m. desengano.
desengrasar tr. desengordurar; fig. emagrecer.
desenlace m. desenlace.
desenrollar tr. desenrolar; despregar.
desenterrar tr. desenterrar.
desentonar tr. desentonar; intr. desentoar.
desentrañar tr. desentranhar; averiguar.
desenv/oltura f. desenvoltura; desvergonha. /ol-

ver tr. desenvolver. /uelto adj. desenvolvido, crescido; desenvolto, desembaraçado.
deseo m. desejo. /so adj. desejoso.
deser/ción f. deserção. /tar tr. desertar. /tor m. desertor.
desespera/ción f. desesperação. /do adj. desesperado; desanimado. /r intr. desesperar. /rse r. desesperar-se.
desestimar tr. desestimar; desconsiderar.
desfalc/ar tr. desfalcar; reduzir. /o m. desfalque.
desfallec/er tr. desfalecer. /imiento m. desfalecimento.
desfavorable adj. desfavorável.
desfigurar tr. desfigurar.
desfila/dero m. desfiladeiro. /r intr. desfilar.
desflorar tr. desflorar.
desgarr/ar tr. rasgar, esfarrapar. /o m. rompimento, dilaceração; fanfarronice.
desgast/ar tr. desgastar, consumir. /arse r. enfraquecer. /e m. desgaste, corrosão.
desgracia f. desgraça. /do adj. desgraçado, desditoso. /r tr. desagradar; desgraçar.
desguarnecer tr. desguarnecer; desarmar.
deshabita/do adj. desabitado; fig. agreste. /r tr. desabitar, despovoar.
deshacer tr. desfazer. /se r. desbaratar-se; enfraquecerse.
desharrapado adj. e s. esfarrapado, ro(ô)to.
deshecho adj. desfeito; destroçado.
deshelar tr. degelar.
desheredar tr. deserdar.
deshielo m. desge(ê)lo.
deshonest/idad f. desonestidade. /o adj. desonesto.
deshon/or m. desonra. /ra f. desonra. /rar tr. desonrar. /roso adj. desonroso.
deshora f. desoras; a —, inoportunamente.
design/ación f. designação. /ar tr. designar. /io m. desígnio.
desigual adj. desigual; variável. /dad f. desigualdade; irregularidade.
desinter/és m. desinteresse. /esado, /esado adj. desinteressado; desapegado.
desistir intr. desistir; deixar.
desleal adj. e s. desleal. /tad f. deslealdade.
desleír tr. dissolver, diluir.
desliz m. deslize; falta; descuido. /ar intr. deslizar; fig. evadir-se.
deslumbrar tr. deslumbrar.
deslustr/ar tr. deslustrar. /e m. deslustre; embaciamento.
desmantelar tr. desmantelar; fig. desemparar.
desmay/ado adj. desmaiado; desbotado. /ar tr. desmaiar; desbotar. /o m. desmaio.
desmedido adj. desmedido, excessivo.
desmemoriado adj. desmemoriado.
desmentir tr. desmentir.
desmenuzar tr. esmiuçar, esmigalhar; fig. analisar pormenorizadamente.
desmerec/er tr. desmerecer; intr. desacreditar-se. /imiento m. desmerecimento.

desmesurado adj. desmesurado, excessivo.
desmontar tr. desmontar; desmanchar; desarmar; intr. apear-se.
desmoralizar tr. desmoralizar.
desnivel m. desnível. /ar intr. desnivelar.
desnud/ar tr. desnudar, despir. /arse r. despojar-se. despir-se. /ez f. nudez. /o adj. nu, despido; fig. pobre; m. nu (obra artística).
desobed/ecer tr. desobedecer. /iencia f. desobediência.
desocupa/do adj. e s. desocupado; desabitado. /r tr. desocupar; esvaziar.
desola/ción f. desolação. /do adj. desolado; inconfortável.
desorden m. desordem, confusão. /ado adj. desordenado; desalinhado.
desorganiza/ción f. desorganização. /r tr. desorganizar.
desorienta/do adj. desorientado. /r tr. desorientar; despistar.
despabila/do adj. espevitado. /r tr. espevitar; despachar; excitar. /rse r. espevitar-se.
despach/ar tr. despachar; expedir. /o m. despacho; escritório; expedição.
despacio adv. devagar, lentamente.
desparrama/do adj. esparramado, espalhado; largo; aberto. /r tr. esparramar, espargir. /rse r. malgastar.
despavorido adj. espavorido; arrepiado.
despectivo adj. desprezativo.
despedi/da f. despedida; destituição. /r tr. despedir; expulsar; despachar. /rse r. despedir-se.
despeinar tr. despentear.
despej/ado adj. desembaraçado; espaçoso. /ar tr. despejar; desembaraçar; desanuviar. /o m. despejo; desembaraço; inteligência.
despensa f. despensa.
despeña/dero m. despenhadeiro; precipício. /r tr. despenhar, precipitar. /r-se r. entregar-se aos vícios.
desperdici/ar tr. desperdiçar. /o m. desperdício.
desperdiga/do adj. separado. /r tr. separar, dispersar; desbaratar.
desperfecto m. pequeno defeito; dano.
desperta/dor m. despertador, /r tr. despertar; relembrar.
despiadado adj. desapiedado.
despido m. despedimento.
despistar tr. despistar.
desplante m. desplante; descaro.
desplaza/miento m. Mar. deslocação. /r tr. Mar. deslocar.
despoj/ar tr. despojar, espoliar. /arse r. despir-se; tirar os bens; fraudar. /o m. despo(ô)jo; miúdos; pl. cadáver.
déspota m. déspota.
despotismo m. despotismo.
despreci/able adj. desprezível. /ar tr. desprezar. /o m. despre(ê)zo.
desprend/er tr. desprender. /erse r. despregar-se; abandonar. /imiento m.

desprendimento.
desprecupa/ción f. despreocupação. /ado adj. despreocupado. /rse r. despreocupar-se.
desprestigi/ar tr. desprestigiar; desacreditar. /o m. desprestígio.
desprevenido adj. desprevenido, desacautelado.
desproporción f. desproporção.
después adv. depois; posteriormente; — de, prep. desde, depois de.
despuntar tr. despontar.
desquitar tr. desquitar, desforrar. /se r. desquitar-se; vingar-se.
desta/ca/mento m. Mil. destacamento. /r tr. Mil. destacar; fazer ressaltar. /rse r. sobressair.
destajo m. empreitada; tarefa, obra.
destapar tr. destapar; fig. descobrir.
destempla/do adj. destemperado. /nza f. destemperança. /r tr. destemperar; diluir; desafinar. /rse r. alterar-se o pulso.
desteñir tr. destingir.
desterra/do adj. e s. desterrado. /r tr. desterrar.
destiempo (a) adv. inoportunamente, fora de tempo.
destierro m. deste(ê)rro.
destin/ar tr. destinar. /atario m. destinatário. /o m. destino; sina.
destitu/ción f. destituição. /ir tr. destituir.
destornilla/dor m. desandador; chave de parafusos. /r tr. desaparafusar; desatarraxar.
destreza f. destreza, habilidade.
destronar tr. destronar.
destroz/ar tr. destroçar. /o m. destro(ô)ço.
destru/cción f. destruição. /ctor adj. e s. destruidor; exterminador. /ir tr. destruir.
desvalija/miento m. devalijamento. /r tr. desvalijar.
desván m. desvão.
desvanecer tr. desvanecer; desmaiar. /se r. desprender-se; desvair-se.
desvar/iar intr. desvairar. /ío m. desvario; despropósito; capricho.
desverg/onzado adj. e s. desavergonhado. /onzarse r. desavergonhar-se. /üenza f. desvergonha.
desv/iación f. desvio; afastamento. /iar tr. desviar. /io m. desvio; despe(ê)go.
detall/ar tr. pormenorizar. /e m. pormenor, relação, detalhe. /ista m. e f. retalhista; pessoa que exagera os detalhes.
detect/ive m. dete(c)tive. /or m. dete(c)tor.
detener tr. deter; reter. /se r. encalhar; demorar-se.
detergente adj. e s. detergente.
deteriror/ar tr. deteriorar. /o m. deterioração; estragamento.
determina/ción f. determinação; decisão. /r tr. determinar. /rse r. decidir-se.
detesta/ble adj. detestável. /r tr. detestar.
detonar tr. detonar; explodir.
detrás adv. detrás.
detrimento m. detrimento.
deud/a f. dívida. /o m. parente.
devoci/ón f. devoção. /onario m. devocinário.

devolución f. devolução. /ver tr. devolver; vomitar.
devorar tr. devorar; destruir.
devoto adj. e s. devoto.
día m. dia; — festivo, dia santo, dia feriado; — laborable, dia de trabalho.
diabetes f. Med. diabete.
diab/lo m. diabo. /lura f. diabrura. /ólico adj. diabólico.
diácono m. diácono.
diáfano adj. diáfano.
diafragma m. diafragma.
diagn/osticar tr. Méd. diagnosticar. /óstico adj. e m. diagnóstico.
diagonal adj. e s. diagonal.
dial/éctica f. dialé(c)tica. /ecto m. diale(c)to.
diálogo m. diálogo.
diamante m. diamante.
diámetro m. Geom. diâmetro.
diana f. Mil. alvorada.
diario adj. diário, quotidiano; m. jornal, periódico.
diarrea f. diarre(é)ia.
dibuj/ante adj. e s. desenhador. /ar tr. desenhar; debuxar. /o m. desenho.
dicción f. di(c)ção.
diccionario m. dicionário; léxico.
diciembre m. Dezembro.
dicta/dor m. dictador. / dura f. ditadura. /men m. ditame. /r tr. ditar.
dich/a f. dita. /arachero adj. chalaceiro. /o adj. e m. dito. /oso adj. ditoso; fig. molesto.
diente m. dente.
diéresis f. diérese.
diestr/a f. direita, dextra. /o adj. e m. destro.
dieta f. dieta; pl. honorários; gratificação.
diez adj. e m. dez. /mar tr. decimar; dizimar. / mo m. décimo.
diferen/cia f. diferença. /ciar tr. diferenciar. /ciarse r. distinguir-se. /te adj. diferente.
diferir tr. diferir, retardar.
difícil adj. difícil.
dificult/ad f. dificuldade. /ar tr. dificultar. /oso adj. dificultoso.
difundir tr. difundir.
difunto adj. e s. defunto.
difusión f. difusão.
digeri/ble adj. digerível; fig. suportável. /r tr. digerir.
digesti/ón f. digestão. /vo adj. digestivo.
dign/arse r. dignar-se. /atario m. dignitário. /idad f. dignidade. /ificar tr. dignificar. /o adj. digno.
dilema m. dilema.
diligen/cia f. diligência; agilidade; experiência; corruagem. /te adj. diligente.
diluvio m. dilúvio; fig. abundância.
dimensión f. dimensão; magnitude.
diminuto adj. diminuto, deficiente.
dimi/sión f. demissão; exoneração; renúncia. /tir tr. demitir; largar.
dinámic/a f. dinámica. /o adj. dinâmico.
dinam/ita f. dinamite. /itero adj. e s. dinamiteiro; dinamitista.
dínamo f. dínamo, ele(c)trogerador.
dinastía f. dinastia.
diner/al m. dinheiral. dinheirão. /o m. dinheiro; fortuna.
diócesis f. diocese.
dioptría f. dioptria.
dios m. Deus. /a f. deusa.

diplom/a m. diploma. **/acia** f. diplomacia. **/ático** adj. e s. diplomático. fig. discreto.
diptongo m. ditongo.
diputa/ción f. diputação. **/do** m. deputado; enviado.
dique m. dique, doca, eclusa.
direc/ción f. direc(c)ção; rumo; administração. **/tivo** adj. dire(c)tivo. **/to** adj. dire(c)to, direito. **/tor** adj. e s. dire(c)tor; *Mús.* maestro.
dirigir tr. dirigir; conduzir. **/se** r. dirigir-se; endereçar-se.
disciplina f. disciplina; autoridade. **/r** tr. disciplinar.
discípulo m. discípulo, aluno.
disco m. disco.
díscolo adj. díscolo, insociável.
discord/ancia f. discordância; desafinação. **/ar** intr. discordar. **/ia** f. discórdia.
discreci/ón f. discrição. **/onal** adj. discricionário.
discrepa/ncia f. discrepância. **/r** intr. discrepar.
discreto adj. discreto.
disculpa f. desculpa; evasiva. **/r** tr. desculpar. **/rse** r. desculpar-se.
discu/rrir intr. discorrer; imaginar. tr. inventar. **/rso** m. discurso; fala. **/sión** f. discussão. **/tir** tr. discutir.
disertar intr. dissertar.
disforme adj. disforme.
disfraz m. disfarce; simulação. **/ar** tr. disfarçar.
disfrut/ar tr. desfrutar. **/e** m. desfrute.
disgust/ar tr. desgostar; magoar. **/arse** r. desgostar-se. **/o** m. desgo(ô)sto.
disidente adj. e s. dissidente.
disimul/ación f. dissimulação. **/ar** tr. dissimular; ocultar. **/o** s. dissimulação.
disminuir tr. diminuir.
disol/ución f. dissolução; decomposição. **/uto** adj. dissoluto; libertino. **/vente** adj. e m. dissolvente. **/ver** tr. dissolver; anular.
disonancia f. dissonância.
dispar adj. díspar, diferente.
dispar/ador m. disparador, atirador. **/ar** tr. disparar; arrojar. **/atado** adj. disparatado; absurdo. **/atar** intr. disparatar. **/ate** m. disparate. **/o** m. disparo.
dispendio m. dispêndio.
dispensa f. dispensa. **/r** tr. dispensar.
dispensario m. dispensário; consultório médico.
dispers/ar tr. dispersar. **/ión** f. dispersão.
dispo/ner tr. e intr. dispor; preparar. **/nible** adj. disponível. **/sición** f. disposição.
dispuesto adj. disposto; hábil.
disputa f. disputa. **/r** tr. disputar; lutar.
dista/ncia f. distância. **/nciar** tr. distanciar, afastar. **/nte** adj. distante, longe.
distin/ción f. distinção. **/guido** adj. distinguido. **/guir** tr. distinguir. **/guirse** r. desigualar-se. **/tivo** adj. distintivo. m. marca, insígnia.
distra/cción f. distra(c)ção. **/er** tr. distrair. **/ído** adj. distraído; descurioso.
distribuir tr. distribuir; dividir.
distrito m. distrito.
disturbio m. distúrbio.
diurno adj. diurno.
diván m. divã.
diver/gencia f. divergência. **/gir** intr. divergir. **/sidad** f. diversidade. **/sificar** tr. diversificar. **/sión** f. diversão, recreio. **/so** adj. diverso. **/tido** adj. divertido. **/timiento** m. divertimento. **/tir** tr. divertir, alegrar. **/tirse** r. entreter-se; desenfadar-se.
divid/endo m. dividendo. **/ir** tr. dividir.
divisa f. divisa; distintivo; marca. **/r** tr. divisar.
división f. divisão.
divorci/ar tr. divorciar. **/arse** r. desquitar-se; apartar-se. **/o** m. divórcio.
divulgar tr. divulgar; descobrir.
doce adj. doze. **/na** f. dúzia.
dócil adj. dócil.
docilidad f. docilidade.
doct/o adj. douto. **/or** m. doutor. **/ora** f. douto(ô)ra. **/orado** m. doutorado. **/orar** tr. doutorar. **/rina** f. doutrina.
documento m. documento.
dogma m. dogma. **/tizar** tr. dogmatizar.
dol/encia f. doença; padecimento. **/er** intr. doer; padecer; condoer-se. **/iente** adj. e s. doente; aflito. **/or** m. dor; desgo(ô)sto; padecimento. **/orido** adj. dorido; magoado. **/oroso** adj. doloroso.
doma/ble adj. domável. **/dor** m. domador. **/r** tr. domar; dominar.
doméstico adj. e s. doméstico; criado.
domicili/ar tr. domiciliar. **/o** m. domicílio, morada.
domina/ción f. dominação.. **/dor** adj. e s. dominador. **/r** tr. dominar; reprimir.
domingo m. domingo.
dominio m. domínio.
dominó m. dominó.
don m. dom; dádiva, mercê; vocação. **/ación** f. doação. **/aire** m. donaire; elegância; gentileza. **ante** adj. e s. doador. **/ar** tr. doar; presentear. **/ativo** m. donativo; esmola.
donce/l m. donzel. **/lla** f. donzela. **/llez** m. donzelice.
dónde adv. onde.
doña f. dona.
dormi/lón adj. e s. dorminhoco. **/r** intr. dormir; fig. descuidar-se. **/rse** r. sossegar-se. **/tar** intr. dormitar, descansar. **/torio** m. dormitório.
dors/al adj. dorsal. **/o** m. dorso; lombo, revés.
dos adj. e m. dois; segundo.
dosi/ficar tr. dosar, dosificar. **/s** f. dose.
dot/ar tr. dotar. **/e** f. dote; talento; qualidades estimáveis.
draga f. draga.
dram/a m. drama; desgraça. **/ático** adj. dramático. **/aturgo** m. dramaturgo. **/ón** m. fam. dramalhão.
drog/a f. droga; fig. mentira. **/uería** f. drogaria.
dúctil adj. dúctil; dócil.
ducha f. ducha, chuveiro.
dud/a f. dúvida. **/ar** tr. e intr. duvidar. **/oso** adj. duvidoso.
duela f. aduela.
duelo m. dó; nojo, luto; séquito de um ente(ê)rro; fadiga; duelo; peleja.
duende m. duende.
dueñ/a f. dona, proprietária. **/o** m. dono, proprietário, amo.
dueto m. *Mús.* dueto.
dulc/e adj. e m. doce; agradável; suave. **/ificación** f. dulcificação; abrandamento. **/ificar** tr. dulcificar, adoçar; suavizar.
dulzón adj. melaço.
dulzura f. doçura; suavidade; bondade.
duna f. duna.
dúo m. *Mús.* duo.
dupl/icar tr. duplicar; fig. tornar maior. **/o** adj. e m. duplo.
duque m. duque. **/sa** f. duquesa.
dura/ble adj. durável. **/ción** f. duração. **/dero** adj. duradouro. **/nte** prep. durante. **/r** intr. durar; prolongar-se.
dureza f. durez ou dureza; solidez.
durmiente adj. dormente.
duro adj. duro; rijo; forte; teimoso.

E e

e conj. e (usa-se em lugar de **y** antes das palavras que comecem por **i** ou **hi**).
ebanist/a m. ebanista, marceneiro. **/ería** f. marcenaria.
ébano m. *Bot.* ébano.
ebrio adj. e s. ébrio.
ebullición f. ebulição.
eclesiástico adj. e m. eclesiástico.
eclips/ar tr. eclipsar; ofuscar. **/e** m. eclipse; desaparecimento.
econ/omato m. economato. **/omía** f. economia. **/ómico** adj. econó(ô)mico. **/omista** m. economista. **/omizar** tr. economizar; poupar.
ecuación f. equação.
ecua/dor m. Equador. **/torial** adj. e m. equatorial.
ecuestre adj. equ(ü)estre.
ecuménico adj. ecumé(ê)nico.
echa/do adj. e m. deitado; despedido. **/r** tr. deitar, atirar; despedir; brotar; **— a perder,** malograr-se; **— de menos,** notar a faltar.
edad f. idade.
edición f. edição.
edific/ación f. edificação. **/ar** tr. edificar. **/io** m. edifício.
edit/ar tr. editar, publicar. **/orial** f. editorial. **/or** m. editor.
educa/ción f. educação. **/dor** m. educador. **/r** tr. educar; adestrar; aperfeiçoar.
efica/cia f. eficácia. **/z** adj. eficaz.
eficien/cia f. eficiência. **/te** adj. eficiente.
efusión f. efusão.
egoís/mo m. egoísmo. **/ta** adj. e s. egoísta.
eje m. eixo; áxis; fig. ide(é)ia.
ejecu/ción f. execução; aplicação. **/tar** tr. executar. **/tivo** adj. executivo. **/tor** m. executor.
ejempl/ar adj. e m. exemplar; mode(ê)lo. **/o** m. exemplo.
ejerc/er tr. exercer. **/icio** m. exercício.
ejército m. exército.
el art. o; **él** pron. e(ê)le.
elasticidad f. elasticidade.
elec/ción f. eleição; preferencia. **/tivo** adj. ele(c)tivo. **/to** adj. e m. eleito. **/tor** adj. e s. eleitor. **/toral** adj.
el/ectricidad f. ele(c)tricidade. **/éctrico** adj. ele(c)trico.
electr/ificar tr. ele(c)trificar. **/izar** tr. ele(c)trizar. **/ocutar** tr. ele(c)trocutar. **/ón** m. elé(c)tron, ele(c)trão. **/otécnica** f. ele(c)trotecnia.
elegan/cia f. elegância. **/te** adj. e s. elegante; escolhido.
element/al adj. elemental. **/o** m. elemento; base; informação.
eleva/ción f. elevação. **/r** tr. elevar. **/rse** r. extasiar-se; engrandecer-se.
eliminar tr. eliminar.
elocuen/cia f. eloqu(ü)ência. **/te** adj. eloqu(ü)ente.
elogi/ar tr. elogiar; adular. **/o** m. elogio. **/oso** adj. elogioso.
emancipa/ción f. emancipação. **/r** tr. emancipar.
embajad/a f. embaixada. **/or** m. embaixador. **/ora** embaixatriz.
embala/r tr. empacotar, encaixotar, enfardar. **/je** m. embalagem.
embalsamar tr. embalsamar.
embaraz/ada adj. e f. embaraçada. **/ado** adj. estorvado; enredado; difícil. **/ar** tr. embaraçar, impedir; gravidar. **/o** m. embaraço, esto(ô)rvo; gravidez. **/oso** adj. embaraçoso, dificultoso.
embarc/ación f. embarcação. **/adero** m. cais. **/ar** tr. embarcar. **/o** m. embarque.
embarg/ar tr. embargar. **/o** m. embargo; indigestão. **sin —,** não obstante.
embarnizar tr. envernizar.
embarque m. embarque.
embesti/da f. investida, assalto; ataque. **/r** tr. investir; fig. pedinchar.
emblema m. emblema.
emborrachar tr. emborrachar. **/se** r. embriagar-se.
embosca/da f. emboscada; traição. **/r** tr. emboscar, esconder.
embotellar tr. embotelhar, engarrafar.
embrag/ar tr. embraiar. **/ue** m. embraiagem.
embriag/ado adj. embriagado; fig. extasiado. **/ar** tr. embriagar; entusiasmar. **/uez** f. embriaguez; fig. enle(ê)vo.
embri/ón m. embrião. **/onario** adj. embrionário.
embroll/ar tr. embrulhar, enredar. **/o** m. embrulhada; mentira.
embrujar tr. embruxar.
embrutecer tr. embrutecer. **/se** r. atontar-se.
embudo m. funil.
embuti/do m. incrustação; embutido, tauxia; chouriço, enchido. **/r** tr. embutir, tauxiar; introduzir; fig. comer muito.
emerge/ncia f. emergência. **/r** tr. emergir.
emigra/ción f. emigração. **/do** adj. e s. emigrado. **/r** intr. emigrar.
eminen/cia f. eminência; saliência. **/te** adj. eminente; excelso.
emisario m. emissário, mensageiro.
emi/sión m. emissão. **/sor** adj. emissor. **/sora** f. emissora. **/tir** tr. emitir.
emotivo adj. emotivo.
empalag/amiento m. fastio; fartura. **/ar** tr. enfastiar; cansar. **/o** m. fastio. **/oso** adj. enjotivo; maçador.
empalizada f. paliçada.
empalm/adura f. entroncamento. **/ar** tr. juntar, ligar, enlaçar. **/e** m. junção, entroncamento.
empapar tr. empapar. **/se** r. fartar-se; apanhar chuva.
empapela/dor m. forrador. **/r** tr. empapelar; forrar.
empaque m. embalagem; catadura. **/tador** m. empacotador. **/tar** tr. empacotar, enfardar.
emparejar tr. e intr. emparelhar; acompanhar.
emparenta/do adj. aparentado. **/r** intr. aparentar.
empast/ar tr. empastar. **/e** m. empaste.
empat/ar tr. empatar; igualar. **/e** m. empate.
empeora/miento m. piora. **/r** intr. piorar.
empera/dor m. imperador. **/triz** f. imperatriz.
empero conj. mas, porém.
empezar tr. começar.
empina/do adj. empinado. **/r** tr. erguer; beber muito; empinar-se.
emp/írico adj. empírico. **/irismo** m. empirismo; experiência.
emplast/ar tr. emplastrar; enfeitar. **/o** m. emplastro; remendo.
emplaza/miento m. emprazamento. **/r** tr. emprazar.
emple/ado adj. e m. empregado. **/ar** tr. empregado. **/ar** tr. empregar. **/o** m. empre(ê)go; destino.
emprende/dor adj. e s. emprendedor. **/r** tr. empreender.
empresa f. empre(ê)sa. **/rio** m. empresário.
empréstito m. empréstimo.
empuj/ar tr. empurrar. **/e** m. empurrão. **/ón** m. empurrão.
empuña/dura f. empunhadura. **/r** tr. empunhar.
en prep. em.
enaguas f. pl. anáguas.
enajena/ción f. alienação. **/r** tr. alienar.
enamora/dizo adj. namoradiço. **/do** adj. e s. enamorado; apaixonado. **/miento** m. enamoramento. **/r** tr. enamorar, namorar. **/rse** r. apaixonar-se; afeiçoar-se.
enano adj. e s. enão.
enardecer tr. excitar. **/rse** r. inflamar-se.
encabeza/miento m. encabeçamento. **/r** tr. encabeçar.
encadenar tr. encadear.

encaj/ar tr. encaixar; juntar; impingir. /e m. encaixe; juntura; renda.
encajonar tr. encaixotar.
encaminar tr. encaminhar; dirigir.
encanecer intr. encanecer.
encant/ación f. encantamento. /ado adj. encantado; fig. distraído. /ador adj. e s. encantador. /adora f. encantadora. /ar tr. encantar; atrair. /o m. encanto.
encañona/do adj. encanado. /r tr. encanar; empenar.
encapotar tr. encapotar; ocultar. /se r. toldar-se; encobrir-se.
encarado adj. encarado.
encara/miento m. encaramento, defrontação. /r tr. encarar; afrontar; apontar.
encarcela/do adj. e s. encarcerado. /r tr. encarcerar.
encarec/er tr. encarecer; louvar. /imiento m. encarecimento; recomendação.
encarg/ado adj. e s. encarregado. /ar tr. encomendar; aconselhar. /o m. encargo; obrigação.
encariñar tr. afeiçoar. /se r. enamorar-se.
encarna/ción f. incarnação. /do adj. e m. encarnado. /r intr. incarnar; encarnar. /rse r. encarniçar-se; unirse.
encarniza/do adj. encarniçado, ensangü(ü)entado. /miento m. encarniçamento; crueldade. /r tr. encarniçar; enfurecer.
encarrilar tr. encarrilhar, encaminhar; carrilar.
encelar tr. enciumar.
encend/edor m. acendedor. /er tr. acender; estimular. /rse r. ruborizar-se. /ido adj. acendido; ruborizado.
encera/do adj. e m. encerado; oleado. /r tr. encerar.
encestar tr. encanastrar.
encía f. gengiva.
encíclico adj. encíclico.
enciclop/edia f. enciclopédia. /édico adj. enciclopédico.
encierro m. encerramento, ence(ê)rro.
encima adv. em cima, so(ô)bre.
encina f. *Bot.* azinheira.
encinta adj. grávida.
enclaustrar tr. enclaustrar.
enclavar tr. cravar, pregar.
encog/er tr. encolher. / erse r. contrair-se; acanhar-se. /ido adj. e s. encolhido; tímido.
encolerizar tr. encolerizar. /se r. irritar-se.
encomendar tr. encomendar, encarregar. /se r. confiar-se.
encomi/asta adj. encomiasta. /ástico adj. encomiástico. /enda f. encomenda. /o m. encó(ô)mio.
encon/amiento m. inflamação; rancor. /ar tr. inflamar; irritar. /o m. animosidade; inflamação.
encontr/ado adj. encontrado; oposto. /ar tr. encontrar; tropeçar. /ón m. encontrão. /onazo m. encontrão, choque.
encord/ar tr. encordoar.

encortinar tr. encortinar.
encorva/dura f. encurvadura. /r tr. encurvar; abaular. /rse r. arcar-se.
encrespa/dura f. encrespadura. /miento m. encrespamento. /r tr. encrespar, riçar. /rse r. levantar-se o mar; irritar-se.
encrucijada f. encruzilhada; entroncamento.
encuaderna/ción f. encadernação; capa. /dor m. encadernador. /r tr. encadernar.
encub/ierta f. encoberta; fraude. /ierto adj. encoberto. /ridor adj. e s. encobridor. /rimiento m. encobrimento. /rir tr. encobrir.
encuentro m. encontro; choque.
encuesta f. indagação.
encharca/da f. charco. /r tr. encharcar, alagar. / rse r. enlamear-se.
enchuf/ar tr. ligar, pôr na tomada. /e m. tomada elé(c)trica; ligação; bo(ô)ca (de cano ou tubo); fig. sinecura.
endémico adj. endé(ê)mico.
enderezar tr. endireitar; endereçar. /se r. encaminhar-se.
endeudarse r. endividar-se.
endiablado adj. endiabrado.
endiosa/miento m. endeusamento. /r tr. endeusar; ensoberbecer-se.
endos/ar tr. endossar. /o m. endo(ô)sso.
endulzar tr. adoçar.
endurec/er tr. endurecer; fig. robustecer; empedernir-se. /imiento m. endurecimento, dureza.
enemi/ga f. inimizade; ódio. /go adj. contrádio; m. e f. inimigo. /stad f. inimizade. /star tr. inimizar. /starse r. desavir-se.
energía f. energia.
enero adj. Janeiro.
enervar tr. enervar.
enfad/ar tr. enfadar. /arse r. arrufar-se; indignar-se. /o m. enfado. /oso adj. incó(ô)modo.
énfasis m. ênfase.
enfático adj. enfático.
enferm/ar tr. causar doença; intr. enfermar, adoecer. /edad f. doença. /ería f. enfermaria. /era f. enfermeira. /ero m. enfermeiro. /izo adj. enfermiço. /o m. enfe(ê)rmo, doente.
enflaquec/er tr. enfraquecer. /erse r. adelgaçar. /imiento m. emagrecimento.
enfocar tr. enfocar.
enfrent/ar tr. enfrentar; afrontar. /e adv. em frente; adiante.
enfria/miento m. esfriamento. /r tr. esfriar. /rse r. arrefecer.
enfundar tr. embrulhar; enfronhar; encher.
engalanar tr. embelezar.
enganch/amiento m. enganchamento, engatamento. /ar tr. enganchar; alistar; recrutar.
engañ/ar tr. enganar. /arse r. equivocar-se. /ifa f. engano. /o m. engano. /oso adj. enganoso, mentiroso.
engast/ar tr. engastar, marchetar. /e m. engaste.
engendr/amiento m. engendração. /ar tr. e r. engendrar. /o m. feto; fig. bo(ô)rto.

engomar tr. engomar.
engor/dar tr. engordar. /e m. engorda.
engorro m. embaraço, impedimento. /so adj. embaraçoso.
engrandec/er tr. engrandecer. /imiento m. engrandecimento.
engranaje m. engranagem.
engrasar tr. engordurar; lubrificar; besuntar.
engrosar tr. engrossar; fig. tornar mais numeroso.
enguantar tr. enluvar.
engullir tr. engolir; devorar.
enh/estar tr. erigir, levantar. /iesto adj. erguido, levantado.
enhorabuena f. felicitação, parabém; adv. felizmente.
enigm/a m. enigma; mistério. /ático adj. enigmático.
enjabonar tr. ensaboar.
enjambr/ar tr. enxamear. /e m. enxame; fig. multidão.
enjaular tr. enjaular, engaiolar; fig. encarcerar.
enjerto m. enxe(ê)rto.
enjoyar tr. enjoiar; enfeitar.
enju/agar tr. bochechar; enxaguar. /ague m. enxaguadura; líquido para lavar a bo(ô)ca. /gar tr. enxugar; tirar a humidade; emagrecer.
enjuiciar tr. ajuizar; processar.
enjundia f. enxúndia.
enjut/ez f. secura, sequidão. /o adj. enxuto; magro.
enlace m. enlace; conexão; entroncamento; fig. parentesco; casamento.
enlaza/miento m. enlaçamento, enlace. /r tr. enlaçar; casar.
enloque/cer tr. enlouquecer.
enlutar tr. enlutar; entristecer.
enmendar tr. emendar. / se r. corrigir-se.
enmienda f. emenda.
enmudecer tr. emudecer.
ennegrecer tr. enegrecer; escurecer; anuviar-se.
enoj/adizo adj. enojadiço. /ado adj. enojado, aborrecido. /ar tr. enojar. /o m. eno(ô)jo; aborrecimento. /oso adj. aborrecido, enfadonho.
enorgullecer tr. orgulhar, ensoberbecer.
enorm/e adj. enorme. /idad f. enormidade.
enrarecer tr. enrarecer, rarear; dilatar.
enred/adera f. *Bot.* trepadeira. /ado adj. enredado, emaranhado. /ador adj. e s. enredador; mentiroso. /ar tr. enredar; enlaçar; emaranhar; intrigar. /arse r. emaranhar-se. /o m. enre(ê)do; engano.
enrevesado adj. arrevesado.
enriquecer tr. enriquecer. /se r. lucrar-se.
enrojecer tr. encandecer, envermelhar. /se r. envergonhar.
ensalad/a f. salada; mixórdia. /era f. saladeira.
ensalm/ar tr. ensalmar; exconjurar. /o m. ensalmo; bruxaria.
ensambla/dura f. ensambladura; encaixe. /r tr. ensamblar.
ensanch/amiento m. alargamento. /ar tr. alargar. /arse r. inchar-se. /e m. ensancha; alargamento; dilação.

ensangrentar tr. ensangü(ü)entar; macular.
ensañarse r. assanhar-se; ser cruel.
ensay/ar tr. ensaiar; instruir; examinar /o m. ensaio, exame; amostra.
enseña f. insígnia; bandeira.
enseña/nza f. ensino, instrução. /r tr. ensinar; educar; castigar.
enseres m. pl. móveis; utensílios, alfaias.
ensimismarse r. ensimesmar-se; extasiar-se.
ensoberbecer tr. ensoberbecer; engrandecer. /se r. ensoberbecer-se; altivar-se.
ensordec/er tr. ensurdecer. /imiento m. ensurdecimento.
ensuciar tr. sujar, manchar. /se r. sujar-se; enxovalhar-se.
ensueño m. sonho; ilusão.
entabl/ado adj. e m. entabuado, tabuado; soalho. /ar tr. entabuar; assoalhar. /illar tr. *Cir.* encanar.
entarima/do m. soalho, tabuado; adj. soalhado. /r tr. sobradar, entabuar; assoalhar.
ente m. ente m. fig. sujeito ridículo.
entend/ederas f. pl. fam. entendimento. /er tr. e intr. entender. /erse r. conhecer-se. **ido** adj. entendido. /imiento m. entendimento.
enterar tr. inteirar, informar.
entereza f. inteireza; constância.
enternec/er tr. enternecer; amolecer. /imiento m. enternecimento; compaixão.
entero adj. inteiro.
enterra/dor m. enterrador, coveiro. /miento m. ente(ê)rro. /r tr. enterrar.
entidad f. entidade.
entierro m. ente(ê)rro.
enton/ación f. entonação, tom; fig. arrogância. /r tr. entoar; fortalecer; celebrar; r. ensoberbecer-se.
entonces adv. então.
entornar tr. meio fechado (diz-se da porta, dos o-lhos, etc.).
entorpec/er tr. entorpecer; fig. perturbar. /imiento m. entorpecimento.
entrada f. entrada; início; arbítrio.
entraña f. entranha. /ble adj. entranhável; bemamado. /r tr. entranhar; penetrar.
entrar tr. e intr. entrar.
entre prep. entre; dentro de.
entreabrir tr. entreabrir; desabrochar.
entrecejo m. espaço entre as sobrancelhas; fig. cenho.
entredicho m. proibição; censura eclesiástica.
entrega f. entrega. /r tr. tr. entregar. /rse r. render-se; abandonar-se; desvelar-se.
entrem/és m. entremez; pl. acepipes. /eter tr. intrometer; mediar. /eterse r. meter-se onde não é chamado. /etido adj. e s. intrometido, metediço.
entremezclar tr. misturar.
entrena/dor m. preparador, treinador. /miento m. treino, adestramento. /r tr. treinar, adestrar.

entreoír tr. entreouvir.
entrepiernas f. pl. entrepernas; fundilhos.
entresuelo m. sobreloja.
entreten/er tr. entreter; demorar; distrair-se. /ida f. mulher amancebada. /ido adj. divertido; aprazível. /imiento m. entretenimento; manutenção.
entretiempo m. a Primavera e Outono.
entrever tr. entrever; adivinhar.
entrevista f. entrevista; conferência.
entristec/er tr. entristecer. /erse r. afligir-se. /imiento m. entristecimento.
entumec/er tr. entumecer; impedir. /imiento m. entumecimento.
enturbiar tr. enturvar; foscar.
entusiasm/ado adj. entusiasmado; empolgado. /ar tr. entusiasmar. /arse r. animar-se, entusiasmo.
enumera/ción f. enumeração. /r tr. enumerar.
enuncia/ción f. enunciação. /r tr. enunciar.
envainar tr. embainhar.
envanec/er tr. envaidecer. /erse r. desvanecer-se; enufar-se. /imiento m. desvanecimento.
envas/ador adj. e m. envasilhador; funil. /ar tr. envasar; ensacar. /e m. envasilhamento; vasilha.
envejecer tr. envelhecer; avelhentar. intr. encanecer; durar.
envenena/miento m. envenenamento. /r tr. envenenar.
envés m. invés, ave(ê)sso, revés; fam. costas.
envia/do adj. e m. enviado; mensageiro. /r. tr. enviar.
envidi/a f. inveja. /able adj. invejável. /ar tr. invejar. /oso adj. e s. invejoso.
envío m. envio; remessa; despacho.
envite m. invite; oferta; convite.
enviudar intr. enviuvar.
envol/torio m. envoltório, embrulho. /ver tr. envolver; embrulhar; circundar; fig. encravar.
envuelto adj. envolvido; coberto.
enyesar tr. engessar.
épic/a f. poesia épica. /o adj. épico.
epid/emia f. epidemia. /émico adj. epidé(ê)mico.
epidermis f. epiderme.
epígrafe m. epígrafe.
epigram/a m. epigrama. /ático adj. epigramático.
epil/epsia f. epilepsia. /éptico** adj. epilé(p)tico.
epílogo m. epílogo.
episcopa/do m. episcopado, bispado. /l adj. episcopal.
episodio m. episódio.
epístola f. epístola.
epitafio m. epitáfio.
epíteto m. epíteto.
época f. época.
epopeya f. epope(é)ia.
equilibr/ar tr. equilibrar; harmonizar. /io m. equilíbrio; harmonia.
equinoccio m. equinócio.
equipa/je m. bagagem; tripulação. /r tr. equipar; apetrechar.
equiparar tr. equiparar.
equipo m. equipamento; equipa; enxoval.
equita/ción f. equitação. /tivo adj. equ(ü)itativo, justo.
equivale/ncia f. equiva-

lência; igualdade. /nte adj e m. equivalente. /r intr. equivaler.

equivoca/ción f. equivocação; descuido. /do adj. equivocado; enganado. / r tr. equivocar; confundir.

era f. era; período. /rio m. erário.

erección f. ere(c)ção; fundação.

erem/ita m. eremíta, ermitão. /ítico adj. eremítico.

erigir tr. erigir, elevar.

erisipela f. Med. erisipela.

eriz/ar tr. arrepiar, eriçar, encrespar. /o m. Zool. ouriço-cacheiro.

ermita f. ermida. /ño m. ermitão.

erosi/ón f. erosão, corrosão. /vo adj. erosivo.

erotismo m. erotismo.

erra/dizo adj. errático; vagabundo. /do adj. errado, errante; equívoco, nó(ô)mada. /r tr. errar; alucinar; equivocar. /ta f. errata.

err/oneo adj. erró(ô)neo; falso. /or m. e(ê)rro; mentira; extravio.

erudi/ción f. erudição. / to adj. e s. erudito; consulto.

erup/ción f. erupção; efervescência. /tivo adj. eruptivo.

esbelt/ez f. esbeltez, elegância. /o adj. esbelto.

esbozo m. esbo(ô)ço; anteproje(c)to; resumo.

escala f. escala; escada; cifra. Mar. hacer —, fazer escala. /da f. escalada. /dor m. escalador. /r tr. escalar; subir.

escalda/do adj. escaldado; receoso. fig. mulher desonesta. /r tr. escaldar, abrasar.

escalera f. escada; escadote.

escalfar tr. escalfar.

escalofrío m. escalofrio; estremeção.

escal/ón m. degrau; escalão. /onar tr. escalonar.

escalpelo m. Cir. bisturí.

escama f. escama. fig. desconfiança. /r tr. escamar (os peixes). /rse r. zangar-se.

escamot(e)ar tr. escamotear; esconder

escandalizar tr. escandalizar. /se r. ofender-se, zangar-se.

escándalo m. escândalo.

escandinavo adj. escandinavo.

escapa/da f. escapada, fugida. /rse r. escapar-se, evadir-se.

escaparate m. escaparate, vitrina, montra.

escap/atoria f. escapatória; evasão; escusa. /e m. escape. fuga.

escarabajo m. Zool. escaravelho.

escaramuza f. escaramuça. /r intr. escaramuçar, contender.

escarbar tr. escarvar.

escarceo m. escarcéu; divagação.

escarcha f. escarcha, geada. /do adj. escarchado.

escarlat/a f. escarlate, co-(ô)r vermelha. /ina f. escarlatim (tecido). Med. escarlatina, sarampo.

escarm/entar intr. escarmentar; castigar. /iento m. escarmento; castigo; repreensão.

escarn/ecer tr. escarnecer; injuriar. /io m. escárnio.

escarola f. Bot. escarola.

escarpa f. escarpa, declive. /dura f. escarpamento; declive.

escas/ear intr. escassear, rarear. /ez f. escassez; pobreza. /o adj. escasso; raro.

escatimar tr. escatimar; enganar.

escayola f. escaiola, estuque.

esc/ena f. cena, palco. /énico adj. cé(ê)nico. /enografia f. cenografia.

escepticismo m. ce(p)tico; descrente.

esci/ndir tr. cindir. /sión f. cisão, dissidência.

esclaree/er tr. esclarecer; elucidar. /ido adj. esclarecido. /imiento m. esclarecimento.

esclav/itud f. escravatura, servidão. /izar tr. escravizar. /o m. adj. e s. escravo.

escleros/is f. Med. esclerose.

esclusa f. eclusa, dique.

escob/a f. vassoura. /ar tr. varrer com vassoura. /illa f. esco(ô)va; escovilha.

escoger tr. escolher; separar.

escol/ar adj. e m. escolar, estudante. /ástico adj. escolástico.

escolta f. escolta, acompanhamento. /r tr. escoltar, acompanhar.

escoll/era f. molhe, muralha, cais. /o m. escolho, recife; dificultade.

escond/er tr. esconder. / erse r. ocultar-se; animchar-se. /ido adj. escondido. /ite m. esconderijo. /rijo m. esconderijo; madrigueira.

escopeta f. espingarda.

escora f. Mar. escora. /r tr. escorar, especar.

escot/ado adj. decotado. /e m. decote; entalhe; quota. /illa f. Mar. escotilha; lumieira.

escrib/a m. escriba. /ano m. escrivão, notário; secretário. /iente m. escrevente, amanuense. /ir tr. escrever. /irse r. inscrever-se, alistar-se.

escrit/o adj. e m. escrito; requerimento. /or m. escritor. /orio m. escrivaninha; secretária (móvel); escritório. /ura f. escritura, escrita; instrumento público autorizado por notário.

escr/úpulo m. escrúpulo. /upuloso adj. escrupuloso.

escrut/ador adj. e s. escrutador. /ar tr. escrutar; indagar. /inio m. escrutinio.

escuadr/a f. esquadro; Mil. e Mar. esquadra. / illa f. esquadrilha. /ón m. Mil. esquadrão.

escucha f. escuta. /r tr. escutar.

escud/ar tr. escudar; fig. defender. /ero m. escudeiro. /o m. escudo.

escuela f. escola.

escueto adj. desembaraçado, livre; conciso; sem enfeites.

escul/pir tr. esculpir. /tor m. escultor. /tora f. escultora. /tórico adj. escultórico. /tura f. escultura. /tural adj. escultural.

escupi/dera f. escarrador. /r tr. cuspir; escarrar.

escurr/eplatos m. prateleira para pôr a louça a escorrer. /idero m. conduto por onde escorrem

agua. /idizo adj. escorregadio. /ir tr. escorrer; enxugar. r. escapar.

ese adj. e pron. e(ê)sse.

esencia f. essência. /l adj. essencial.

esf/era f. esfera. /érico adj. esférico.

esforza/do adj. esforçado. /r tr. esforçar.

esfuerzo m. esfo(ô)rço.

esfumar tr. esfumar, esbater. /se r. extinguir--se.

esgrim/a f. esgrima. /ir tr. esgrimir.

esguince m. entorse.

eslavo adj. e s. eslavo.

esmalt/ar tr. esmaltar. /e m. esmalte.

esmeralda f. esmeralda.

esmerilar tr. esmerilhar.

esmero m. esme(ê)ro; corre(c)ção.

eso pron. isso.

esófago m. esó(ô)fago.

espaci/ar tr. espaçar; divulgar. /o m. espaço. / oso adj. espaçoso.

espada f. espada.

espald/a f. espalda, costas; pl. ave(ê)sso. /arazo m. espaldeirada. /illa f. omoplata; decúbito.

espant/adizo adj. espantadiço. /ajo m. espantalho. /ar tr. espantar. /o m. espanto; /oso adj. espantoso.

español adj. e s. espanhol. /ada f. espanholada. / izar tr. espanholizar, castelhanizar. /izarse r. espanholar-se.

esparadrapo m. esparadrapo.

esparci/miento m. espargimento; entretenimento. /r tr. espargir; divulgar. /rse r. divertir-se.

especial adj. especial. / lidad f. especialidade.

espec/ie f. espécie; classe. /ificación f. especificação. /ificar tr. especificar. /ífico adj. específico; especial.

espect/áculo m. espe(c)táculo; diversão; contemplação. /ador adj. e s. espe(c)tador.

espectro m. espe(c)tro.

especula/ción f. especulação. /dor m. e s. especulador. /r tr. especular. /tivo adj. especulativo.

espej/ismo m. miragem. /o m. espelho. fig. exemplo.

espeluznante adj. arripiante.

espera f. espera; calma.

esperant/ista s. esperantista. /o m. esperanto.

espera/nza f. esperança; expe(c)tação. /nzar tr. esperançar. /r tr. esperar; aguardar.

esperez/arse r. espreguiçar-se. /o m. espreguiçamento.

esperm/a f. esperma. / atorrea f. espermatorrea-(ê)ia.

espes/ar tr. espessar. /o adj. espe(ê)sso. /or m. espessura, solidez. /ura f. espessura; densidão.

espet/ar tr. espetar; atravessar. /ón m. espe(ê)to.

esp/ía s. espião. /iar tr. espiar; espreitar.

espig/a f. Bot. espiga; espigão. /ado adj. espigado; alto. /ador (a) s. respigador, respigadeira. /ar intr. respigar; coligir. /ón m. espigão; ferrão.

espina f. espinho. fig. pesar íntimo.

espinaca f. Bot. espinafre.

espin/al adj. espinhal; es-

pinhaço. /azo m. espinhaço; coluna vertebral. /illa f. borbulha da pele. /oso adj. espinhoso. fig. difícil.

espionaje m. espionagem.

espiración f. espiração.

espiral adj. espiral; circunvolução.

espirar tr. espirar. intr. respirar; alentar.

espíritu m. espírito; virtude.

espiritu/al adj. espiritual. /alidad f. espiritualidade. /alizar tr. espiritualizar. /oso adj. espirituoso; ardente.

espl/endidez f. esplendidez. /éndido adj. esplêndido. /endor m. esplendor.

esponj/a f. esponja; fig. beberrão. /ado m. espécie de caramelo. /ar tr. tornar o(ô)co ou poroso; r. fig. envaidecer-se. /oso adj. esponjoso, poroso.

esponsales m. pl. esponsais.

espont/aneidad f. espontaneidade. /áneo adj. espontâneo; voluntário.

espos/a f. espo(ô)sa; pl. ~algemas. /ado adj. algemado. /o m. espo(ô)so.

espuela f. espora; fig. estímulo.

espum/a f. espuma. /adera f. espumadeira. /ar tr. espumar. /oso adj. espumoso.

esputo m. esputo, cuspo.

esquela f. carta breve; convite; participação; etc., em papel impresso.

esqueleto m. esqueleto.

esqu/í m. esqui. /iador m. esquiador.

esquife m. esquife.

esquimal adj. esquimó.

esquina f. esquina, canto.

esquirol m. Zool. esquilo.

esquiv/ar tr. esquivar; evadir. /ez esquivez; desdém. /o adj. esquivo.

estab/ilidad f. estabilidade. /ilizar tr. estabilizar. /le adj. estável; sólido. /lecer tr. estabelecer; fixar morada. /lecimiento m. estabelecimento; estatuto. /lo m. estábulo.

estaca f. estaca. /da f. estacaria. /r tr. estacar; demarcar; imobilizar-se.

estaci/ón f. estação. / onario adj. estacionário.

estadio m. estádio.

estad/ista m. estadista. /ística f. estadística. / ístico adj. estadístico. /o m. estado.

estafa f. estafa. /dor m. vigarista. /r tr. estafar; burlar.

estafeta f. estafe(ê)ta; recoveiro; correio.

estall/ar intr. estalar; detonar. /ido m. estalido.

estambre m. estame; estambre.

estamp/a f. estampa. / ado adj. e s. estampado; publicado. /ar tr. estampar, imprimir. /ida f. carreira impetuosa. /ido m. estampido. /illa f. estampinha; estampilha; carimbo; se(ê)lo,

estanc/ar tr. estancar; deter. /arse r. esgotar-se. /ia f. estância. /iero m. fazendeiro m. tabacaria; estanco.

estandarte m. estandarte.

estanque m. tanque; reservatório.

estante m. estante. /ría f. conjunto de estantes ou prateleiras.

estar intr. estar. /se r. estar-se; achar-se.

estátic/a f. estática. /o adj. estático.

estatu/a f. estátua. /ir tr. estatuir. /ra f. estatura. /to m. estatuto.

este adj. e s. m. este, leste.

éste pron. e(ê)ste.

estepa f. estepe.

estereofónico adj. estereofó(ô)nico.

estereotip/ar tr. estereotipar. /ia f. estereotipia.

estéril adj. estéril; inútil.

esteril/idad f. esterilidade. /zar tr. esterilizar.

estertón m. esterno.

estertor m. estertor; agonia.

estiércol m. este(ê)rco.

estil/ar intr. e tr. usar, costumar; estar na moda. /o m. estilo. /ográfica (pluma) f. caneta de tinta permanente.

estima f. estima, consideração. /ción f. estimação. /r tr. estimar; julgar, achar.

estimular tr. estimular.

estío m. estio, verão.

estipendio m. estipêndio.

estipular tr. estipular.

estirpe f. estirpe.

estival adj. estival.

esto pron. isto.

estocada f. estocada.

estoic/ismo m. estoicismo. /o adj. estóico.

estómago m. estômago.

estopa f. esto(ô)pa.

estoque m. estoque.

estorb/ar vt. estorvar. /o m. esto(ô)rvo.

estornu/dar intr. espirrar. /o m. espirro.

estrabismo m. estrabismo.

estrado m. estrado.

estrafalario adj. e s. estrafalário, extravagante.

estrangula/ción f. estrangulação. /r tr. estrangular.

estraperl/ista adj. e s. vendedor clandestino com preços indevidos. /o m. chatinaria.

estrat/agema f. estratagema. /egia f. Mil. estratégia. /égico adj. e m. estratégico.

estrat/ificar tr. estratificar. /o m. estrato; camada.

estratosférico adj. estratosférico.

estrech/amiento m. estreitamento. /ar tr. estreitar. /ez f. estraiteza; intimidade. /o adj. e m. estreito; desfiladeiro. fig. necessidade. /ura f. estreitura.

estrella f. estre(ê)la. fig. destino. /do adj. estrelado; astrífero. /r tr. estrelar; estilhaçar. /rse r. machucar-se, despedaçar-se.

estremec/er tr. estremecer. /erse r. abalar-se; assustar-se. /imiento m. estremecimento.

estren/ar tr. estrear; debutar, inaugurar. /o m. debute, inauguração.

estreñi/miento m. obstru-(c)ção, obstipação. /r tr. obstipar; constipar.

estrépito m. estrépito, estrondo. fig. ostentação.

estría f. estria, sulco.

estrib/ación f. estribo de uma cordilheira. /ar intr. estribar. /illo m. estribilho. /o m. estribo.

estribor m. Mar. estibor-

do.
estriden/cia f. estridência. **/te** adj. estridente.
estrofa f. estrofe.
estrop/ear tr. estropiar; deformar. **/icio** m. estropício.
estructura f. estru(c)tura.
estruendo m. estrondo. **/so** adj. estrondoso; fig. pomposo.
estuario m. estuário.
estuco m. estuque.
estuche m. esto(ô)jo.
estudi/ante m. estudante. **/antil** adj. estudantil. **/antina** f. estudantina. **/ar** tr. estudar. **/o** m. estudo. **/oso** adj. estudioso.
estufa f. estufa.
estulticia f. estultícia.
estupefac/ción f. estupe(c)ção. **/to** adj. estupefa(c)to.
estupendo adj. estupendo.
estupidez f. estupidez.
estúpido adj. e m. estúpido.
estupor m. estupor.
estupr/ar tr. estuprar. **/o** m. estupro.
etapa f. etapa.
etcétera f. etc., abrev. de **et coetera.**
éter m. éter.
etern/al adj. eternal. **/idad** f. eternidade. **/izar** tr. eternizar. **/o** adj. eterno; imortalizado.
étic/a f. ética; moral. **/o** adj. ético; m. moralista.
etimología f. etimologia.
etiquet/a f. etique(ê)ta; cerimó(ô)nia; rótulo; marca.
étnico adj. étnico.
Eucar/istía f. Eucaristia. **/ístico** adj. eucarístico.
eufemismo m. eufemismo.
euforia f. euforia.
eunuco m. eunuco.
europeo adj. e s. europeu.
evacua/ción f. evacuação. **/r** tr. evacuar.
evadir tr. evadir; evitar. **/se** r. desaparecer.
eveng/élico adj. evangélico. **/elio** m. Evangelho. **/elista** m. evangelista. **/elizar** tr. evangelizar.
evapora/ción f. evaporação. **/r** tr. evaporar; desaparecer.
evasi/ón f. evasão, fuga. **/vo** adj. evasivo.
event/o m. evento; contingência. **/ual** adj. eventual. **/ualidad** f. eventualidade.
eviden/cia f. evidência. **/ciar** tr. evidenciar. **/te** adj. evidente.
evitar tr. evitar.
evocar tr. evocar.
evoluci/ón f. evolução. **/onar** intr. evolucionar. **/onismo** m. evolucionismo.
exact/itud f. exa(c)tidão. **/o** adj. exa(c)to.
exagera/ción f. exageração, exage(ê)ro. **/r** tr. exagerar.
exalta/ción f. exaltação. **/r** tr. exaltar; enaltecer.
exam/en m. exame; averiguação. **/inar** tr. examinar. **/inarse** r. examinar-se.
exánime adj. exânime.
exaspera/ción f. exasperação. **/do** adj. exasperado. **/r** tr. exasperar.
excava/ción f. escavação **/r** tr. escavar.
exceder tr. e intr. exceder. **/se** r. desmedir-se; desordenar-se.
excelen/cia f. excelência; perfeição. **/te** adj. excelente.
excentricidad f. excentricidade.
excéntrico adj. excêntrico.
excep/ción f. exce(p)ção. **/to** adv. exce(p)to. **/tuar** tr. exce(p)tuar.
exces/ivo adj. excessivo. **/o** m. excesso; tro(ô)co.
excita/ble adj. excitável. **/ción** f. excitação. **/r** tr. excitar; irritar.
exclama/ción f. exclamação. **/r** tr. exclamar.
exclu/ir tr. excluir. **/sión** f. exclusão. **/siva** f. exclusiva. **/sivo** adj. exclusivo.
excomu/lgar tr. excomungar. **/nión** f. excomunhão.
excremento m. excremento.
excursi/ón f. excursão; incursão. **/onismo** m. excursionismo. **/onista** m. e f. excursionista.
excusa f. desculpa, escusa. **/ble** adj. escusável. **/do** ad. escusado. m. latrina. **/r** tr. escusar. r. negar-se.
exen/ción f. isenção; imunidade. **/tar** tr. isentar; desobrigar. **/to** adj. isento; desobrigado.
exhala/ción f. exalação. **r** tr. exalar.
exhausto adj. exausto.
exhibi/ción f. exibição. **/r** tr. exibir.
exhuma/ción f. exumação. **/r** tr. exumar.
exig/encia f. exigência. **/ir** tr. exigir, intimar.
exiguo adj. exíguo.
exila/do adj. e s. exilado; deportado. **/r** tr. exilar.
eximio adj. exímio; magistral.
exist/encia f. existência. **/ente** adj. existente. **/ir** intr. existir; viver.
éxito m. êxito.
éxodo m. êxodo; partida.
exótico adj. exótico. fig. extravagante.
expansi/ón f. expansão. fig. alegria. **/vo** adj. expansivo.
expatria/ción f. expatriação, emigração. **/r** tr. expatriar. **/rse** r. exilar-se.
expecta/ción f. expe(c)tação. **/tiva** f. expe(c)tativa.
expedi/ción f. expedição. **/cionario** adj. e s. expedicionário. **/ente** m. expediente; iniciativa. **/r** tr. expedir; resolver. **/tivo** adj. expeditivo; diligente.
expeler tr. expelir.
experi/encia f. experiência. **/mentar** tr. experimentar; examinar. **/mento** m. experimento, prova.
experto adj. experto, sabedor.
expia/ción f. expiação. **/r** tr. expiar.
explica/ción f. explicação. **/r** tr. explicar. **/rse** r. declarar-se.
explícito adj. explícito.
explora/ción f. exploração. **/dor** adj. e s. explorador. **/r** tr. explorar.
explosi/ón f. explosão; manifestação violenta. **/vo** adj. e m. explosivo.
explota/ción f. exploração, aproveitamento. **/r** tr. explorar; rebentar.
expone/nte adj. e m. exponente; expositor. **/r** tr. expor; explicar. **/rse** r. exibir-se.
exporta/ción f. exportação. **/r** tr. exportar.
exposición f. exposição; exibição.
expósito adj. e m. exposto, enjeitado.
expres/ar tr. expressar; falar. **/ión** f. expressão. **/ivo** adj. expressivo. **/o** adj. expresso.
expuls/ar tr. enxotar; expulsar. **/ión** f. expulsão; eliminação. **/o** adj. expulso.
exquisito adj. excelente, delicado.
éxtasis m. êxtase.
exten/der tr. estender; espalhar. **/derse** r. propagar-se. **/sión** f. extensão; aumento. **/so** adj. extenso.
exterior adj. exterior. **/izar** tr. exteriorizar.
extermin/ar tr. exterminar. **/io** m. extermínio.
externo adj. e s. externo.
extin/ción f. extinção. **/guir** tr. extinguir. **/to** adj. extinto; extintor.
extirpa/ción f. extirpação. **/r** tr. extirpar.
extorsión f. extorsão.
extrac/ción f. extra(c)ção. **/tar** tr. extra(c)tar; resumir. **/to** m. extra(c)to. **/tor** adj. e m. extra(c)tor.
extraer tr. extrair; copiar.
extranjer/ismo m. estrangeirismo. **/o** adj. estrangeiro; exterior; exótico.
extrañ/ar tr. desterrar; estranhar. **/arse** r. esquivar-se. **/eza** f. estranheza. **/o** adj. estranho. s extravagante; raro; estrangeiro.
extraordinario adj. e s. extraordinário; fantástico; milagroso.
extrav/iar tr. extraviar; descarrilar. **/iarse** r. perder-se. **/ío** m. extravío; descaminho.
extrem/ado adj. extremado; distinto. **/ar** tr. extremar; apartar. **/aunción** f. *Rel.* extrema-unção. **/idad** f. extremidade. **/o** adj. e m. extremo; último.
exuberan/cia f. exuberância; vigor. **/te** adj. exuberante.

F f

fa m. *Mús.* fá.
fábrica f. fábrica, edifício; invenção; maquinismo. fig. origem.
fabri/cación f. fabricação, elaboração. **/cante** adj. e s. fabricante. **/ar** tr. fabricar, produzir. **/l** adj. fabril.
fábula f. fábula; boato.
facci/ón f. fa(c)ção; partido. **/oso** adj. e s. fa(c)cioso, sedicioso; parcial.
faceta f. face(ê)ta.
fácil adj. fácil; inteligível.
factible adj. fa(c)tível.
fact/or m. fa(c)tor; procurador (entre comerciante). **/oría** f. feitoria; estabelecimento comercial (em país colonial). **/ura** f. fa(c)tura, conta. **/urar** tr. fa(c)turar; expedir.
faculta/d f. faculdade; poder. **/r** tr. facultar. **/tivo** adj. e m. facultativo; arbitrário.
fachada f. fachada; frontaria.
faena f. faina, tarefa; pl. trabalhos domésticos.
faisán m. *Zool.* faisão.
faj/a f. faixa; cinta. **/ar** tr. enfaixar. **/o** m. feixe, atado, molho.
fald/a f. fralda; saia; regaço. **/ero** adj. e m. fraldiqueiro; mulherengo.
fals/ario adj. e m. falsário. **/ear** tr. falsear. **/edad** f. falsidade. **/ificación** f. falsificação. **/ificador** m. falsificador. **/isificar** tr. falsificar. **/o** adj. falso.
falt/a f. falta; pecado. **/ar** intr. faltar; morrer. **/o** adj. falto; escasso.
falla f. falta, defeito. **/r** tr. decidir, sentenciar; trunfar. intr. falhar, faltar.
fallec/er intr. falecer. **/imiento** m. falecimento.
fallido adj. falido.
fallo m. *For.* sentença, decisão; falha.
fama f. fama, reputação.
familia f. família, geração, raça. **/r** adj. familiar. m. íntimo; criado. **/ridad** f. familiaridade; confiança. **/rizar** tr. familiarizar; habituar.
famoso adj. famoso.
fanal m. fanal, farol grande; guia.
fanático adj. e s. fanático. fig. apaixonado.
fandango m. *Mús.* fandango. fig. algazarra.
fanfarr/ón adj. e m. fanfarrão; alardeador. **/onada** f. fanfarronada, bravata. **/onear** intr. fanfarronar; bazofiar.
fantas/ear intr. fantasiar. **/ía** f. fantasia, imaginação. **/ma** m. fantasma.
fantástico adj. fantástico, quimérico.
farándula f. farândola; grupo de comediantes.
faraón m. faraó.
fardo m. fardo; embrulho.
faring/e f. *Anat.* faringe. **/itis** f. faringite.
farmac/éutico adj. e s. farmacêutico, boticário. **/ia** f. farmácia.
faro m. farol; lanterna; rumo.
farsa f. farsa; mentira. **/nte** adj. e m. farsante; hipócrita.
fascículo m. fascículo.
fascina/ción f. fascinação. **/r** tr. fascinar; seduzir.
fascis/mo m. *Pol.* fascismo. **/ta** m. fascista.
fase f. fase; aspe(c)to.
fastidi/ar tr. enfastiar; enfadar. **/arse** r. aborrecer-se. **/o** m. fastio; tédio; enfado. **/oso** adj. fastidioso, enfadonho.
fastuoso adj. fastuoso.
fatal adj. fatal. **/idad** f. fatalidade. **/ismo** m. fatalismo. **/ista** adj. e s. fatalista.
fatídico adj. fatídico.
fatig/a f. fadiga; afã. **/ar** tr. fatigar; cansar. **/oso** adj. fatigoso; afanoso.
fatuo adj. fátuo.
favor m. favor. **/able** adj. favorável. **/ecer** tr. favorecer. **/ito** adj. favorito.
faz f. face, rostro; lado.
fe f. fé.
fealdad f. fealdade.
febrero m. Fevereiro.
febril adj. febril.
fécula f. fécula.
fecund/able adj. fecundável. **/ación** f. fecundação. **/ar** tr. fecundar. **/idad** f. fecundidade. **/o** adj. fecundo.
fecha f. data. **/dor** m. datador. **/r** tr. datar.
fechoría f. a(c)ção má.
federa/ción f. federação. **/l** adj. e m. federal.
felici/dad f. felicidade. **/tación** f. felicitação, parabéns. **/tar** tr. felicitar.
feligr/és m. freguês. **/esía** f. freguesia.
feliz adj. feliz.
fem/enino adj. feminino. **/inismo** m. feminismo. **/inista** adj. e m. feminista.
fenómeno m. fenó(ô)meno.
feo adj. feio.
féretro m. féretro.
feria f. féria. feira (dia semanal); folga; feira, mercado. **/l** adj. ferial, feiral.
ferment/ar intr. fermentar. **/o** m. fermento.
fero/cidad f. ferocidade. **/z** adj. feroz.
férreo adj. férreo; duro.
ferr/etería f. ferrajaria. **/ocarril** m. caminho de ferro; comboio. **/oviario** adj. e m. ferroviário.
fértil adj. fértil.
ferv/iente adj. fervoroso. **/or** m. fervor; efusão.
festej/ar tr. festejar; homenagear; cortejar. **/o** m. festejo; pl. festas públicas.
festín m. festim, banquete.
festiv/idad f. festividade. **/o** adj. festivo; alegre.
fetiche m. feitiço.
fétido adj. fétido.
feto m. feto.
fiado adj. fiado; **comprar al —,** comprar a crédito. **/r** m. fiador.
fiambre m. fiambre; morto. **/ra** f. marmita, porta-comidas.
fianza f. fiança; garantia.
fibr/a f. fibra. **/oso** adj. fibroso.
ficción f. ficção.
fich/a f. ficha. **/ero** m. ficheiro.
ficticio adj. fictício.
fidedigno adj. fidedigno.
fideicomiso m. fideicomisso.
fidelidad f. fidelidade.
fiebre f. febre.
fiel adj. fiel.
fieltro m. fe(ê)ltro.
fier/a f. fera. **/eza** f. fereza, ferocidade. **/o** adj. fero.
fiesta f. festa; carícia.
figur/a f. figura. **/ar** tr. figurar. **/arse** r. imaginar-se. **/ativo** adj. figurativo. **/ín** m. figurino; elegante.
fij/ador adj. e m. fixador. **/ar** tr. fixar; grudar; determinar. **/arse** r. estabelecer-se. **/eza** f. fixidez; continuidade. **/o** adj. fixo, firme.
fila f. fila; alinhamento.
fil/antropía f. filantropia. **/ántropo** m. filantropo.
filarmónico adj. filarmó(ô)nico.
filatelia f. filatelia.
filfa f. fam. mentira.
filia/ción f. filiação; alistamento. **/l** adj. filial. **/r** tr. filiar.
filo m. fio, fiume.
filol/ogía f. filologia. **/ógico** adj. filológico.
filón m. filão.
filos/ofar tr. filosofar. **/ofía** f. filosofia. **/ófico** adj. filosófico.
filtr/ar tr. filtrar; pene-

trar. /o m. filtro.
fin m. fim. /**ado** adj. finado; m. morto. /**al** adj. e m. final. /**alizar** tr. finalizar.
financiero adj. financeiro; m. financista.
finca f. propiedade imóvel, herdade.
fineza f. fineza; favor.
fingi/do adj. fingido. /**r** tr. fingir.
fino adj. fino; delgado; bem educado.
firm/a f. firma, assinatura; casa comercial. /**amento** m. firmamento. /**ar** tr. firmar. /**e** adj. firme. /**eza** f. firmeza.
fisc/al m. promotor; fiscal; adj. fiscal. /**alía** f. fiscalização /**alizar** tr. fiscalizar; examinar. /**o** m. fisco.
fisg/ar tr. fisgar; bisbilhotar. /**onear** tr. bisbilhotar.
físic/a f. física. /**o** adj. e m. físico.
fisiología f. fisiologia.
fisioterapia f. fisioterapia.
flaco adj. fraco; descarnado.
flan m. pudim.
flaque/ar intr. fraquejar, fraquear. /**za** f. fraqueza.
flau/ta f. flauta. /**tista** m. flautista.
flecha f. flecha. /**r** tr. flechar. /**zo** m. flechada; fig. amor repentino.
flem/a f. fleuma. /**ático** adj. fleumático. /**ón** m. fleimão.
flet/ar tr. *Mar.* fretar. /**e** m. frete; fretamento.
floj/ear intr. fraquejar; afrouxar. /**o** adj. froixo; débil.
flor f. flor. /**a** f. flora. /**ecer** intr. florescer. /**eciente** adj. florescente. /**ero** adj. e m. galanteador; florista; jarra para flores. /**ido** adj. florido; escolhido. /**ista** m. e f. florista.
flot/a f. *Mar.* frota. /**ante** adj. flutuante. /**ar** intr. flutuar. /**e** m. flutuação. /**illa** f. flotilha.
fluctua/ción f. flutuação. /**r** intr. flutuar; oscilar.
fluid/ez f. fluidez. /**o** adj. e s. fluido; fluente; flácido.
fluir intr. fluir; manar.
flujo m. fluxo (do mar); corrente; afluxo.
fluorescencia f. fluorescência.
fluvial adj. fluvial.
foca f. *Zool.* foca.
foco m. *Fís.* foco; centro.
fog/ata f. fogacho, fogueira. /**ón** m. fogão. /**osidad** f. fogosidade, ardência. /**oso** adj. fogoso, ardente.
folia/ción f. folheação; frondescência. /**r** tr. foliar, afolhar.
folkl/ore m. folclore. /**órico** adj. folclórico.
follaje m. folhagem.
follet/ín m. folhetim. /**o** m. folheto; impresso.
foment/ar tr. fomentar. /**o** m. fomento; estímulo.
fonda f. hospedaria; taberna.
fonética adj. fonética.
fónico adj. fó(ô)nico.
fonógrafo m. fonógrafo, gramofone.
fontaner/ía f. encanamento, canalização. /**o** adj. fontanário, fontal; m. canalizador.
forajido adj. e s. foragido.
foral adj. foral, foreiro.
forastero adj. e m. forasteiro; estrangeiro.
forense adj. forense.
forja f. forja, frágua. /**r** tr. forjar; fig. inventar.
forma f. fo(ô)rma. /**ción** f. formação. /**l** adj. formal. /**lidad** f. formalidade. /**lizar** tr. formalizar. /**r** tr. formar. /**tivo** adj. formativo. /**to** m. formato.
formidable adj. formidável.
fórmula f. fórmula.
forr/ar tr. forrar. /**o** m. fo(ô)rro.
fortale/cer tr. fortalecer. /**za** f. fortaleza.
fortifica/ción f. fortificação; fortaleza. /**r** tr. fortificar.
fortuito adj. fortuito.
fortuna f. fortuna; destino, sorte.
forz/ar tr. forçar; violentar. /**oso** adj. forçoso; indispensável. /**udo** adj. forçudo, vigoroso.
fosa f. fossa, sepultura; cavidade.
foso m. fo(ô)sso; vala; cavidade.
fotogra/bado m. fotogravura. /**fía** f. fotografia. /**fiar** tr. fotografar.
fotó/grafo m. fotógrafo. /**metro** m. fotó(ô)metro.
frac m. fraque.
fracas/ar intr. fracassar. /**o** m. fracasso; infortúnio.
fracción f. fra(c)ção; parte.
fractura f. fra(c)tura. /**r** tr. fra(c)turar, partir.
fragan/cia f. fragância; perfume. /**te** adj. fragrante.
fragata f. *Mar.* fragata.
frágil adj. frágil, fraco.
fragilidad f. fragilidade.
fragment/ar tr. fragmentar; esmigalhar. /**o** m. fragmento.
frago/r m. fragor, ruído. /**so** adj. fragoso, áspero; ruidoso.
fraile m. frade, religioso.
franco adj. franco, liberal; livre.
franela f. flanela.
franque/ar tr. franquear; libertar; selar. /**o** m. franquia (de cartas). /**za** f. franqueza; sinceridade.
franquicia f. franquia; imunidade.
frasco m. frasco; recipiente.
frase f. frase; provérbio. /**ar** tr. frasear.
fratern/al adj. fraternal; afe(c)tuoso. /**idad** f. fraternidade. /**o** adj. fraterno.
fraude m. fraude; burla.
fray m. frei, freire.
frecuen/cia f. frequ(ü)ência. /**tar** tr. frequ(ü)entar; reiterar. /**te** adj. frequ(ü)ente; continuado.
freg/adero m. pia; esfregador. /**ar** tr. esfrega; roçar.
freir tr. fritar.
frenar tr. travar, enfrenar. fig. reprimir.
frenesí m. frenesi, frenesim.
frenético adj. frenético.
freno m. freio; travão; sujeição.
frente f. fronte; fronteria; m. vanguarda; anverso.
fresc/achón adj. frescalhão; bem conservado. /**o** adj. fresco; viçoso; desvergonhado; m. frescura. /**or** m. frescor, fresquidão. /**ura** f. frescura, frescor.
frey m. frei.
frialidad f. frialdade.
fricción f. fricção.
frigorífico adj. frigorífico.
frío adj. e m. frio; indiferente.
frivolidad f. frivolidade.
frívolo adj. frívolo.
front/al adj. e m. frontal. /**era** f. fronteira. /**erizo** adj. fronteiriço; fronteiro. /**ón** m. frontão.
frota/ción f. esfregação. /**r** tr. esfregar, roçar, fricção.
frugal adj. frugal. /**idad** f. frugalidade.
frust/ación f. frustração. /**rar** tr. frustrar; inutilizar. /**rarse** r. malograr-se.
frut/a f. fruta. /**al** adj. frutífero. /**ería** f. frutaria. /**ero** adj. e m. fruteiro. /**o** m. fruto; lucro.
fuego m. fogo.
fuente f. fonte; origem.
fuera adv. fora; exteriormente.
fuero m. fo(ô)ro; poder; direito; fig. arrogância.
fuer/te adj. e m. forte. /**za** f. fo(ô)rça.
fug/a f. fuga, fugida. /**acidad** f. fugacidade. /**arse** r. escapar-se. /**az** adj. fugaz. /**itivo** adj. e m. fugitivo.
fulano m. fulano.
fulg/encia f. fulgência. /**ir** intr. fulgir. /**or** m. fulgor.
fulmina/ción f. fulminação. /**nte** adj. fulminante. /**r** tr. fulminar.
fuma/dor adj. e m. fumador. /**r** tr. fumar
función f. função.
funcionar intr. funcionar. /**io** m. funcionário.
funda f. capa; invólucro; fronha.
funda/ción f. fundação. /**mento** m. fundamento; alicerce; base. /**r** tr. fundar.
fundi/ción f. fundição. /**r** tr. fundir; fusionar.
funera/l adj. e m. funeral. /**rio** adj. funerário.
funicular adj. e m. funicular.
furi/a f. fúria; raiva. /**bundo** adj. furibundo. /**oso** adj. furioso, colérico.
furtivo adj. furtivo, oculto.
furúnculo m. furúnculo.
fusco adj. fusco, escuro.
fusible adj. e m. fusível; fundível.
fusil m. espingarda, fuzil. /**ar** tr. fuzilar. fig. plagiar. /**ero** adj. e m. fuzileiro.
fusión f. fusão; descongelação.
fustiga/ción f. fustigação. /**r** tr. fustigar, açoitar.
fútbol m. futebol.
fútil adj. fútil, inútil.
futuro adj. e m. futuro, porvir.

G g

gabán m. gabão; sobretudo.
gabardina f. gabardina.
gabinete m. gabinete.
gacela f. *Zool.* gazela.
gacet/a f. gazeta, jornal. /**illa** f. gazetilha. /**illero** m. gazetilheiro.
gait/a f. gaita. /**ero** m. gaiteiro.
gala f. gala; ornamento.
galán m. galã.
galante adj. galante. /**ador** adj. e m. galanteador. /**ar** tr. galantear. /**o** m. galanteio. /**ría** f. galantaria.
galard/ón m. galardão. /**onar** tr. galardoar.
galería f. galeria; varanda envidraçada.
galerna f. pé de vento tempestuoso.
galón m. galão.
galop/ada f. galopada. /**ar** tr. galopar. /**e** m. galope; fig. corrida rápida.
gallard/ear intr. galhardear. /**ete** m. galhadete. /**ía** f. galhardia. /**o** adj. galhardo.
gallego adj. e m. galego.
galleta f. bolacha, biscoito.
gall/ina f. *Zool.* galinha. /**inero** m. galinheiro. /**o** m. *Zool.* galo.
gamberro adj. e m. desordeiro, rufista.
gamo m. *Zool.* gamo.
gamuza f. *Zool.* camurça.
gana f. gana, apetite; vontade de uma coisa. /**dería** f. negócio de gado; rebanho. /**dero** m. ganadeiro. /**dor** adj. e m. ganhador. /**do** m. gado. /**ncia** f. ganância. /**r** tr. ganhar.
gangrena f. gangrena. /**rse** r. gangrenar-se.
ganzúa f. gazua.
garaje m. garagem.
garant/ía f. garantia. /**izar** tr. garantir; certificar.
garbanzo m. gravanço, grão-de-bico.
garbo m. garbo. /**so** adj. garboso; fig. generoso.
gargant/a f. garganta. /**ada** f. golfada. /**illa** f. gargantilha.
gárgara f. gargarejo.
garit/a f. guarita. /**o** m. garito.
garra f. garra.
garrafa f. garrafão.
garrot/azo m. paulada. /**e**
gas m. gás.
gasa f. gaze.
gaseos/a f. gasosa. /**o** m. gasoso.
gasolina f. gasolina.
gast/ado adj. gasto; consumido. /**ar** tr. gastar; empregar. /**arse** r. consumir-se. /**o** m. gasto.
gástrico adj. gástrico.
gastronomía f. gastronomia.
gat/a f. *Zool.* gata. /**illo** m. gatilho. /**o** *Zool.* gato; macaco, aparelho para levantar pesos. /**uno** adj. gatum.
gavia f. *Mar.* gávea.
gavilán m. *Zool.* gavião.
gavilla f. gabela, feixe.
gaviota f. *Zool.* gaivota.
gayo adj. gaio, alegre.
gemelo adj. gé(ê)meo; igual; m. pl. botões de punho; binóculo.
gemi/do m. gemido. /**r** intr. gemer.
gendarme m. gendarme.
genealogía f. genealogia.
generación f. geração.
general adj. e m. geral; *Mil.* general. /**idad** f. generalidade. /**izar** tr. generalizar.
generar tr. engendrar, gerar.
genérico adj. genérico.
género m. gé(ê)nero; pl. mercadorias, existências.
generos/idad f. generosidade. /**o** adj. generoso.
geni/al adj. genial. /**alidad** f. genialidade. /**o** m. gé(ê)nio.
genital adj. genital; m. testículo.
gent/e f. gente; povo. /**il** adj. e m. gentil. /**ileza** f. gentileza. /**ío** m. gentio.
genuflexión f. genuflexão.
genuino adj. genuino.
geogr/afía f. geografia. /**áfico** adj. geográfico.
geógrafo m. geógrafo.
geología f. geologia.
geometría f. geometria.
geranio f. *Bot.* gerânio.
geren/cia f. gerência. /**te** m. gerente.
germinar intr. germinar, brotar.
germen m. germe, gérmen.
gestación f. gestação.
gesticula/ción f. gesticulação. /**r** tr. gesticular.
gestión f. gestão.
gestor adj. e m. gestor, que gestiona ou administra.
gigante adj. e m. gigante.
gimnas/ia f. ginástica. /**io** m. ginásio. /**ta** m. ginasta.
ginebra f. genebra.
ginecología f. ginecologia.
ginesta f. *Bot.* giesta.
gir/ar intr. girar. /**asol** m. *Bot.* girassol. /**atorio** adj. giratório. /**o** m. giro; rotação; transferência de capitais.
gitan/ada f. ciganada. /**o** m. cigano.
glacial adj. glacial.
glándula f. glândula.
glob/o m. globo. /**uloso** adj. globuloso.
glori/a f. glória. /**arse** r. gloriar-se, gabar-se. /**eta** f. praça pequena num jardim; espécie de caramanchão; praça onde terminam várias ruas. /**ficar** tr. glorificar. /**oso** adj. glorioso.
glosa f. glosa. /**r** tr. glosar. /**rio** m. glossário.
glot/ón adj. e m. glutão, comilão. /**onería** f. glutoneria.
goberna/ción f. gove(ê)rno, governação. /**dor** adj. e m. governador. /**nte** adj. e m. governante. /**r** tr. governar.
gobierno m. gove(ê)rno.
golfo m. go(ô)lfo.
golondrina f. *Zool.* andorinha.
golos/ina f. guloseima; acepipe. /**o** adj. e m. gulo(ô)so.
golpe m. golpe, pancada; **de — y porrazo,** precipitadamente. /**ar** tr. golpear.
goma f. goma, borracha; elástico.
gorila m. *Zool.* gorila.
gorr/a f. gorra. /**ero** m. barreteiro, chapeleiro; parasita que vive à custa doutrem.
gorrión m. *Zool.* gorrião, pardal dos telhados.
gorro m. barrete, gorro.
got/a f. go(ô)ta, pingo. /**ear** intr. gotejar, destilar, pingar. /**era** f. goteira.
gozar tr. gozar.
gozne m. gonzo. dobradiça.
gozo m. m. go(ô)zo. /**so** adj. gozoso.
graba/do adj. e m. gravado; gravura. /**dor** m. gravador. /**r** tr. gravar.
grac/ejo m. gracejo. graça. /**ia** f. graça; indulto;

pl. obrigado. /ioso adj. gracioso; engraçado.
grad/a f. degrau; estrado ao pé do altar; grade de locutório. **/ación** f. gradação. **/ería** f. escadaria. **/o** m. degrau; graduação; grau. **/uación** f. graduação; categoria. **/uado** adj. graduado. **/ual** adj. gradual. **/uar** tr. graduar; classificar.
gráfico adj. gráfico.
graja f. *Zool.* gralha.
gramátic/a f. gramática; **— parda,** habilidade em bem própio. **/o** m. gramático.
gramo m. grama.
gromófono m. gramofone, fonógrafo.
gran adj. grã, grão. .
grana f. co(ô)r escarlate.
granad/a f. *Bot.* romã; *Mil.* granada. **/ero** m. *Mil.* granadeiro.
granate m. granate.
grand/e adj. grande; m. prócer. **/eza** f. grandeza. **/ilocuencia** f. grandiloqu(ü)ência. **/ioso** adj. grandioso. **/or** m. grandeza.
grane/ar tr. semear; granular; granar. **/l (a)** adv. a granel. **/ro** m. celeiro.
grani/lloso adj. granuloso. **/to** m. granito. **/zada** f. granizada, saraivada. **/zado** m. refresco que se faz com ge(ê)lo machucado. **/zar** intr. granizar. **/zo** m. granizo, saraiva.
granj/a f. granja. **/ero** m. granjeiro.
grano m. grão; borbulha; **al —,** ao assunto; dire(c)tamente.
grapa f. grampo, gancho.
gras/a f. gordura; sebo. **/iento** adj. gordurento. **/o** adj. gordurento. **/oso** adj. gordurento.
gratifica/ción f. gratificação; gorjeta. **/r** tr. gratificar; dar gorjeta a.
gratis adv. gratuitamente, de graça. .
gratitud f. gratidão.
grato adj. grato, agradecido.
gratuito adj. gratuito, de graça.
grava f. cascalho.
grava/men m. gravame. **/r** tr. gravar.
grave adj. grave. **/dad** f. gravidade.
gravita/ción f. gravitação. **/r** tr. gravitar.
gremi/al adj. gremial; m. agremiado. **/o** m. gré(ê)mio.
greña f. grenha.
grieta f. gre(ê)ta.
grifo adj. grifo; m. torneira.
grillarse r. espigar-se, grelarem-se as plantas.
grillete m. grilheta.
grillo m. *Zool.* grilo.
gripe f. *Med.* gripe.
gris adj. gris, cinzento; fig. triste.
grisú m. grisu.
grit/ar intr. gritar. **/ería** f. gritaria. **/o** m. grito.
grosella f. *Bot.* groselha.
groser/ría f. grosseria, indelicadeza. **/o** adj. e m. grosseiro.
grotesco adj. grotesco.
grúa f. grua, guindaste.
grueso adj. grosso.
gruñi/do m. grunhido; rosnadela. **/r** intr. grunhir; rosnar; resmungar.
grupa f. garupa.
grupo m. grupo.
gruta f. gruta, caverna.
guante m. luva.
guap/o adj. guapo. bonito; corajoso; m. brigão; galã. **/ura** f. formosura, guapice.
guarda m. e f. guarda; sentinela. **/bosque** m. guarda-florestal. **/costas** m. guarda-costas. **/agujas** m. agulheiro. **/muebles** m. local destinado para guardar móveis. **/polvo** m. guarda-pó. **/r** tr. guardar; vigiar; economizar. **/se** r. precaver-se. **/rropa** f. guarda-fato; pessoa encarregada da guarda da roupa.
guardi/a f. guarda; defesa; m. guarda, sentinela. **/án** m. guardião.
guarn/ecer tr. guarnecer. **/ición** f. guarnição. **/icionar** tr. guarnecer.
guas/a f. insipidez; troça, burla. **/ón** adj. e m. chalaceador, zombador; insípido.
guberna/mental adj. governamental. **/tivo** adj. governativo, governamental.
guerr/a f. guerra. **/ear** intr. guerrear. **/ero** adj. e m. guerreiro. **/illa** f. guerrilha. **/illero** m. guerrilheiro.
guía m. e f. guia. **/r** tr. guiar.
guija f. seixo. **/rro** m. calhau.
guillotina f. guilhotina. **/r** tr. guilhotinar.
Guinea f. *Geog.* Guiné.
guiñapo m. farrapo.
guiñar tr. piscar os olhos.
guión m. guião; traço de união; estandarte.
guirnalda f. grinalda.
guis/ado m. guisado. **/ante** m. *Bot.* ervilha. **/ar** tr. guisar. **/o** m. guisado.
guitarr/a f. viola. **/ista** m. guitarrista.
gula f. gula.
gusano m. verme, gusano.
gust/ar tr. gostar; agradar. **/azo** m. fam. satisfação. **/o** m. go(ô)sto; satisfação. **/oso** adj. gostoso; agradável.
gutural adj. gutural.

H h

haba f. *Bot.* fava; empo(ô)la.
habano adj. e s. havano; m. havan(a)o, charuto.
haber tr. haver; conseguir; ter; m. bens. fazenda; salário.
hábil adj. hábil.
habili/dad f. habilidade. **/tación** f. habilitação. **/tado** adj. e m. habilitado. **/tador** adj. e m. habilitador. **/tar** tr. habilitar.
habita/ble adj. habitável. **/ción** f. habitação; aposento. **/nte** m. habitante. **/r** tr. habitar, morar.
hábito m. hábito.
habitu/al adj. habitual, usual. **/ar** tr. habituar, acostumar. **/d** f. relação, conexão.
habl/a f. fala; língua. **/ador** adj. e m. falador; indiscreto. **/aduría** f. tagarelice, falatório. **/ar** tr. falar; discursar; criticar.
hacer vt e vr. fazer; **— un brindis,** fazer uma saúde.
hacia prep. em dire(c)ção a; ce(ê)rca de.
hacienda f. fazenda; bens.
hach/a f. acha, machado; brandão, tocha; archote. **/azo** m. machadada.
hache f. agá.
halag/ar tr. afagar, acariciar; adular. **/o** m. afago; adulação. **/üeño** adj. afagador; lisonjeiro.
halcón m. *Zool.* falcão.
hálito m. hálito, bafo.
halo m. halo.
halla/do adj. achado. **/r** tr. achar. **/rse** vr. estar presente. **/zgo** m. achado.
hambr/e f. fome; avidez. **/iento** adj. e m. esfomeado.
hangar m. hangar, abrigo alpendrado.
harag/án adj. y m. mandrião. **/anear** intr. mandriar. **/anería** f. mandrice.
harem m. harém.
harin/a f. farinha. **/oso** adj. farinhento.
harpillera f. serapilheira.
hart/ar tr. fartar; aborrecer. **/azgo** m. saciedade, fartadela. **/o** adj. farto; aborrecido. **/ura** f. fartura; enfartamento.
hasta prep. até; **— luego,** até logo.
hast/iar tr. enfastiar; fartar. **/ío** m. fastio; aborrecimento.
hat/illo m. dim. de **hato. /o** m. rebanho; roupa de uso diário; malhada; farnel.
haya f. *Bot.* faia.
haz m. feixe; f. face.
hazaña f. façanha.
he adv. eis, ei-lo; interj. ó!
hebilla f. fivela.
hebr/aico adj. hebraico. **/eo** adj. e m. hebreu.
hect/área f. hectare. **/olitro** m. hectolitro. **/ógramo** m. hectograma. **/ómetro** m. hectó(ô)metro.
hechi/cera f. feiticeira. **/cería** f. feitiçaria. **/cero** adj. e m. feiticeiro; sedutor. **/zar** tr. enfeitiçar; enlevar. **/zo** m. feitiço.
hecho adj. feito; habituado; maduro; desenvolvido; m. obra; acontecimento; episódio.
hechura f. feitio; execução; estructura.
hela/da f. geada. **/do** adj. e m. gelado; sorvete. **/r** tr. e intr. gelar; congelar.
hélice f. hélice; hélix.
helicóptero m. helicóptero.
hematoma m. hematoma.
hembra f. fêmea.
hemorr/agia f. hemorragia. **/oide** m. *Med.* hemorróides.
henchir tr. encher; inchar; entulhar.
hend/er tr. fender; cortar. **/idura** f. fenda, gre(ê)ta; incisão.
heno m. *Bot.* feno.
hepático adj. hepático.
heráld/ica f. heráldica. **/ico** adj. heráldico.
heraldo m. arauto.
herbáceo adj. herbáceo.
herb/aje m. ervagem. **/ívoro** adj. herbívoro. **/olario** adj. e m. herbolário; fam. amalucado.
hered/ad f. herdade. **/ar** tr. herdar. **/era** f. herdeiro. **/itario** adj. hereditário.
herej/e m. herege. **/ía** f. heresia.
herencia f. herança.
herético adj. herético.
heri/da f. ferida. **/do** adj. e m. ferido; ofendido. **/r** tr. ferir; ofender.
herman/a f. irmã. **/ar** tr. irmanar; uniformizar. **/astro** m. meio irmão. **/astra** f. meia irma. **/dad** f. irmandade; igualdade. **/o** m. irmão; confrade.
hermos/ear tr. aformosear; melhorar. **/o** adj. formoso. **/ura** f. formosura.
hernia f. *Med.* hérnia.
héroe m. herói.
hero/ico adj. heróico. **/ína** f. heroína. **/ismo** m. heroísmo.
herr/adura f. ferradura. **/amienta** f. ferramenta. **/ar** tr. ferrar. **/ería** f. ferraria. **/ero** m. ferreiro. **/ín** m. ferrugem. **/umbre** f. ferrugem. **/umbroso** adj. ferrugento.
herv/idero m. fervedoiro; ajuntamiento, multidão. **/ir** intr. ferver. **/or** m. fervura.
híbrido adj. híbrido.
hidrata/ción f. hidratação. **/r** tr. hidratar.
hidráulic/a f. hidráulica. **/o** adj. hidráulico.
hidr/oavión m. hidroavião. **/ofobia** f. *Med.* hidrofobia. **/ógeno** m. hidrogé(ê)nio.
hiedra f. *Bot.* hera.
hiel f. fel; fig. amargura.
hielo m. ge(ê)lo; indiferença.
hiena f. *Zool.* hiena.
hierba f. erva. **/buena** f. *Bot.* hortelã-pimenta.
hierro m. ferro.
hígado m. fígado.
higiene f. higiene.
hij/a f. filha; **— política,** nora. **/astra** f. enteada. **/astro** m. enteado. **/o** m. filho; **— político,** genro.
hil/a f. fileira, fila; fio (de água). **/ado** adj. e m. fiado. **/ador** m. fiandeiro. **/andera** f. fiandeira; fiação. **/andería** f. fiação. **/ar** tr. fiar. **/era** f. fileira; enfiamento. **/o** m. fio; fibra.
hilvanar tr. alinhavar.
himno m. hino.
hipar intr. soluçar.
hípico adj. hípico.
hipn/osis f. hipnose. **/ótico** adj. e m. hipnótico. **/otismo** m. hipnotismo. **/otizar** tr. hipnotizar.
hipo m. soluço.
hipocresía f. hipocrisia.
hipócrita adj. e m. hipócrita.
hipódromo m. hipódromo.
hipopótamo m. *Zool.* hipopótamo.
hipoteca f. hipoteca. **/ble** adj. hipotecável. **/r** tr. tr. hipotecar. **/rio** adj. hipotecário.
hipótesis f. hipótese.
hisp/ánico adj. e m. hispânico. **/anista** m. hispanista. **/anizar** tr. hispanizar, espanholizar. **/ano** adj. e m. hispano, espanhol. **/anoamericano** m. hispano-americano. **/anófilo** adj. e m. hispanófilo.
hist/érico adj. histérico. **/erismo** m. *Med.* histerismo.
historia f. história. **/do** adj. historiado. **/dor** m. historiador.
hocico m. focinho.
hogar m. lareira; parte da cozinha onde se faz fogo; lar.
hoguera f. fogueira.
hoja f. fo(ô)lha. **/lata** f. folha-de-flandres, lata. **/ldrado** adj. folhado. **/ldre** m. folhado. **/rasca** f. folhada; folhagem; palavreado supérfluo.
hojear tr. folhear.
¡hola! interj. olá!
holandés adj. e m. holandês.
holg/ado adj. folgado. **/anza** f. folgança; tranqu(ü)ilidade. **/ar** intr. folgar. **/azán** adj. e m. mandrião. **/azanear** intr. mandriar. **/azanería** f. ociosidade. **/ura** f. folguedo.
holocausto m. holocausto.
hollar tr. pisar, calcar; desprezar.
hombr/ada f. magnanimidade; valentía. **/e** m. homem; marido.
hombro m. ombro.
hombruno adj. mulher con maneiras de homem.
homenaje m. homenagem.
homicid/a adj. e m. homicida. **/io** m. homicídio.
homog/eneidad f. homogeneidade. **/éneo** adj. homogé(ê)neo.
homosexual adj. homossexual. **/idad** f. homossexualidade.
hond/a f. funda. **/ero** m. fundeiro. **/o** adj. e m. fundo; profundo. **/onada** f. ribanceira, fundura. **/ura** f. fundura.
honest/idad f. honestidade. **/o** adj. honesto.
honor m. honra. **/able** adj. honorável. **/ario** adj. honorário; m. paga. **/ífico** adj. honorífico.
honr/a f. honra. **/adez** f. honradez. **/ar** vt. honrar. **/illa** f. vergonha. **/oso** adj. honroso.
hora f. hora.
horadar tr. furar, esburacar.
horario adj. horário; m. ponteiro.
horchat/a f. orchata. **/ería** f. lugar onde se faz ou vende **horchata. /ero** m. orchateiro.
horizont/al adj. horizontal. **/e** m. horizonte.
horma f. fo(ô)rma.
hormig/a f. *Zool.* formiga. **/ón** m. formigão, betão. **/uear** intr. formigar, formiguejar. **/ueo** m. formigamento, comichão. **/uero** m. formigueiro.
horóscopo m. horoscópio ou horóscopo.
horquilla f. forquilha; gancho, grampo para o cabelo.
hórreo m. celeiro.
horr/ible adj. horrível. **/ipilante** adj. horripilante. **/or** m. horror. **/orizar** tr. horrorizar. **/oroso** adj. horroroso.
hort/aliza f. hortaliça, verduras. **/elano** m. hortelão; adj. hortense. **/icultor** m. horticultor.
hosp/edage m. hospedagem. **/edar** vt. hospedar. **/edarse** vr. alojar-se. **/edería** f. hospedaria. **/edero** f. hospedeiro. **/iciano** m. asilado. **/icio** m. hospício.
hospital m. hospital. **/ario /idad** f. hospitalidade. **/izar** tr. hospitalizar.
hoste/lero m. hospedeiro, estalajadeiro. **/ría** f. hospedaria, estalagem.
hostia f. hóstia.
hosti/gamiento m. fustigação; perseguição. **/gar**

tr. fustigar; perseguir. /l adj. hostil. /lidad f. hostilidade.
hotel m. hotel.
hoy adv. hoje.
hoy/a f. /o m. fossa, cova; sepultura. /uelo m. covinha.
hoz f. foice; garganta.
hueco adj. e m. o(ô)co; esponjoso; vão.
huelg/a f. greve; folga.
huella f. pegada, vestigio; pisada; sinal.
huérfano m. e adj. órfão.
huert/a f. horta. /o m. ho(ô)rto.
hueso m. osso; caroço; fig. dificuldade. /so adj. ósseo.
huésped m. hóspede; estalajadeiro.
hui/da f. fuga. /dizo adj. fugidiço. /r intr. fugir.
hule m. oleado.
hulla f. hulha.
human/idad f. humanidade. /ismo m. humanismo. /ista m. humanista. /o adj. humano; m. homem.
hum/areda f. fumarada, fumaça. /ear intr. fumegar.
humed/ad f. humidade. / ecer tr. humedecer.
humild/ad f. humildade. /e adj. humilde; submisso.
humilla/ción f. humilhação. /r tr. humilhar. /rse vr. desprezar-se.
humo m. fumo.
humor m. humor; gé(ê)nio, disposição de ânimo. /ada f. grecejo, dito alegre. /ismo m. humorismo. /ista adj. humorista. /ístico adj. humorístico.
hundi/ble adj. submergível, afundável. /miento m. afundamento; derrumbamento. /r tr. afundar, submergir. /rse vr. arruinar-se.
huracán m. furacão.
hurgar tr. esgaravatar, remexer.
hurón m. Zool. furão.
huronear tr. afuroar; investigar.
hurt/ar tr. furtar. /o m. furto.
husmear tr. farejar, cheirar; indagar.
huso m. fuso.

ibérico adj. e m. ibérico.
ictericia f. Med. icterícia.
ida f. ida; partida.
idea f. ide(é)ia. /l adj. e m. ideal. /lidad f. idealidade. /lismo m. idealismo. /lizar tr. idealizar. /r tr. idear.
ídem pron. lat. ídem.
idéntico adj. idêntico.
identi/dad f. identidade. /ficar tr. identificar.
idilio m. idílio.
idioma m. idioma.
idiot/a adj. e m. idiota. / ez f. idiotice.
idólatra adj. e m. idólatra.
idolatr/ar tr. idolatrar. / ía f. idolatria.
ídolo m. ídolo.
idóneo adj. idô(ô)neo.
iglesia f. igreja.
ignomini/a f. ignomínia. /oso adj. ignominioso.

ignora/do adj. ignorado. /ncia f. ignorância. /nte adj. e m. ignorante. /r tr. ignorar.
ignoto adj. ignoto.
igual adj. igual; liso. /ar tr. igualar. /dad f. igualdade.
ijada f. ilharga, flanco.
ilación f. ilação.
ilegal adj. ilegal. /idad f. ilegalidade.
ilegitim/ar tr. ilegitimar. /idad f. ilegitimidade.
ileso adj. ileso.
ilícito adj. ilícito.
ilimit/able adj. ilimitável. /ado adj. ilimitado.
ilumina/ción f. iluminação. /do adj. alumiado. /r tr. iluminar; alumiar; esclarecer.
ilus/ión f. ilusão. /ionista m. ilusionista. /o adj. e m. iluso. /orio adj. ilusório.
ilustr/ación f. ilustração. /ado adj. ilustrado. /ar tr. ilustrar; educar. /e adj. ilustre. /ísimo adj. ilustríssimo.
imagen f. imagem.
imagina/ción f. imaginação. /r intr. imaginar; afigurar. /tivo adj. imaginativo.
imán m. imã, imame; íman; fig. atra(c)tivo.
imberbe adj. imberbe.
imita/ción f. imitação. /dor adj. e m. imitador. /r tr. imitar.
impacien/cia f. impaciência. /tar tr. impacientar. /tarse vr. arreliar-se. /te adj. impaciente.
impacto m. impacto.
impar adj. impar.
imparcial adj. imparcial. /idad f. imparcialidade.
impecable adj. impecável.
impedi/do adj. e m. impedido, tolhido. /mento m. impedimento. /r tr. impedir.
impera/r intr. imperar. / tivo adj. imperativo.
imperfec/ción f. imperfeição. /to adj. imperfeito.
imperial adj. e f. imperial.
impericia f. imperícia.
imperio m. império.
impermeab/ilizar tr. impermeabilizar. /le adj. impermeável.
impersonal adj. impessoal.
impertinen/cia f. impertinência. /te adj e m. impertinente.
ímpetu m. ímpeto. /osidad f. impetuosidade. / oso adj. impetuoso.
impiedad f. impiedade.
impío adj. ímpio.
implorar tr. implorar.
imponer tr. impor; atribuir. /se vr. inculcar-se.
importa/ción f. importação. /ncia f. importância. /nte adj. importante. /r tr. e intr. importar.
importe m. importe, custo; importância de um crédito, dívida ou saldo.
importun/ar tr. importunar. /idad f. importunidade. /o adj. importuno.
imposib/ilidad f. impossibilidade. /ilitado adj. impossibilitado. /ilitar tr. impossibilitar. /le adj. e m. impossível.
imposición f. imposição.
impost/or adj. e m. impostor. /ura f. impostura.
impoten/cia f. impotência. /te adj. e s. impotente; improdutível.
imprenta f. imprensa.
imprescindible adj. imprescindível.

impres/ión f. impressão. /ionar tr. impressionar. /o adj. e m. impresso. / or m. impressor.
imprevis/ión f. imprevisão. /to adj. imprevisto.
imprimir tr. imprimir, gravar.
impropio adj. impróprio.
improvis/ación f. improvisação. /ar tr. improvisar. /o adj. improviso.
impruden/cia f. imprudência. /te adj. imprudente.
impúdico adj. impudico.
impuesto adj. e m. impo-(ô)sto, contribuição.
impugnar tr. impugnar.
impuls/ar tr. impulsar. /o m. impulso.
impun/e adj. impune. /idad f. impunidade.
impur/eza f. impureza; imundícia. /o adj. impuro.
inalterable adj. inalterável.
inapelable adj. inapelável.
inaugura/ción f. inauguração. /r tr. inaugurar.
incansable adj. insansável.
incapa/cidad f. incapacidade. /citar tr. incapacitar; anular. /z adj. incapaz; fam. insuportável.
incaut/ación f. expropriação. /arse vr. expropriar; apoderar-se. /o adj. incauto.
incendi/ar tr. incendiar. /ario adj. incendiário; revolucionário. /o m. incêndio.
incid/encia f. incidência. /ente adj. e m. incidente. /ir intr. incidir.
incienso m. incenso.
incierto adj. incerto.
incinera/ción f. incineração. /r tr. incinerar.
incis/ión f. incisão, cesura. /ivo adj. incisivo. /o adj. e m. inciso.
incita/ción f. incitação. /r tr. incitar, estimular.
incivil adj. incivil.
inclemen/cia f. inclemência. /te adj. inclemente.
inclina/ción f. inclinação; afeição. /r tr. inclinar. /rse vr. debruçar-se; encurvar-se.
inclu/ir tr. incluir. /sión f. inclusão. /so adj. incluso; inclusivamente.
incoar tr. incoar, começar.
incógnito adj. incógnito.
incomod/ar tr. incomodar; molestar. /idad f. incomodidade.
incompeten/cia f. incompetência. /te adj. incompetente.
inconcebible adj. inconcebível.
inconexo adj. inconexo.
incongru/encia f. incongruência. /ente adj. incongruente; impróprio. /o adj. incôngruo.
inconscien/cia f. inconsciência; irresponsável.
inconvenien/cia f. inconveniência. /te adj. e m. inconveniente; obstáculo.
incorpora/ción f. incorporação. /do adj. incorporado. /r tr. incorporar; ajuntar. /rse vr. alistar-se; ingressar.
incorrec/ción f. incorre-(c)ção. /to adj. incorre-(c)to.
incrédulo adj. e m. incrédulo.
increíble adj. incrível.
increment/ar tr. incrementar, adicionar. /o m. incremento.
incruento adj. incruento.
incrusta/ción f. incrustação; embutido. /r tr. in-

crustar; tauxiar; aderir.
incuba/ción f. incubação. /r tr. e intr. incubar, empolhar.
incult/ivable adj. incultivável. /o adj. inculto. / ura f. incultura.
incumb/encia f. incumbência. /ir intr. incumbir.
indaga/ción f. indagação, investigação. /r tr. indagar, investigar.
indecen/cia f. indecência. /te adj. indecente.
indecis/ión f. indecisão, hesitação. /o adj. indeciso, irresoluto.
indefinido adj. indefinido.
indemn/e adj. inde(m)ne, incólume. /ización f. inde(m)nização. /izar tr. inde(m)nizar.
independ/encia f. independência. /iente adj. independente.
indestructible adj. indestrutível.
indeterminado adj. indeterminado, irresoluto.
indica/ción f. indicação. /r tr. indicar.
índice m. índice; sinal.
indicio m. indício, sinal; marca.
indiferen/cia f. indiferença. /te adj. indiferente.
indígena adj. e s. indígena, nativo.
indigen/cia f. indigência. /te adj. indigente.
indigest/ión f. indigestão. /o adj. indigesto.
indigna/ción f. indignação, ira. /do adj. indignado. /r tr. indignar, irritar. /rse r. indignar-se.
indign/idad f. indignidade. /o adj. indigno, vil.
indio adj. e s. índio, indiano.
indirect/a f. indirecta; insinuação. /o adj. indirecto.
indisciplina f. indisciplina, desobediência.
indiscre/ción f. indiscrição. /to adj. e s. indiscreto; irrefle(c)tido.
indispensable adj. indispensável.
indisp/oner tr. indispor. /onerse r. indispor-se. /osición f. indisposição.
individu/al adj. individual; particular. /alizar tr. individualizar. /o adj. e s. individual; indivíduo, pessoa.
indivis/ible adj. indivisível. /o adj. e s. indiviso.
indócil adj. indócil.
índole f. índole, cará(c)ter.
indomable adj. indomável.
induc/ir tr. induzir, incitar. /tivo adj. inductivo.
indudable adj. indubitável.
indulgen/cia f. indulgência. /te adj. indulgente.
indult/ar tr. indultar, perdoar. /o m. indulto, perdão.
industri/a f. indústria. /al adj. industrial. /alismo m. industrialismo. /oso adj. industrioso, hábil.
inédito adj. inédito.
inefica/cia f. ineficácia. /z adj. ineficaz.
inelegible adj. inelegível.
inequívoco adj. inequívoco; evidente.
iner/cia f. inércia. /te adj. inerte, inútil.
inexcusable adj. inescusável, indispensável.
inexper/iencia f. inexperiência. /to adj. e s. inexperto; inocente.

infalib/ilidad f. infalibidade. /le adj. infalível.
infam/ar tr. infamar. /atorio adj. infamatório; difamador. /e adj. infame; desavergonhado. /ia f. infâmia.
infan/cia f. infância, as crianças; órigem. /te m. infante, menino; soldado de infantaria. /tería f. infantaria. /ticida s. infanticida. /ticidio m. infanticídio (crime). /til adj. infantil, acriançado.
infatigable adj. infatigável, incansável.
infec/ción f. infe(c)ção. / cioso adj. infe(c)cioso, contagioso. /tar tr. infe-(c)tar, contaminar. /tarse r. infe(c)tar-se; contaminar-se. /to adj. infe(c)to.
infecund/idad f. infecundidade. /o adj. infecundo.
infeli/cidad f. infelicidade. /z adj. infeliz; desditoso.
inferior adj. inferior; ordinário. /idad f. inferioridade.
inferir tr. inferir.
infernal adj. infernal.
infestar tr. infestar.
infiel adj. e s. infiel, traidor; inconstante.
ínfimo adj. ínfimo; último. / to adj. infinito.
infin/idad f. infinidade. / to adj. infinito.
inflación f. inflação.
inflama/ble adj. inflamável. /ción f. inflamação. /r tr. inflamar; estimular.
inflexible adj. inflexível; firme.
influ/encia f. influência; poder. /ir tr. influir. /jo m. influxo. /yente adj. influente.
información f. informação, notícia; averiguação.
informal adj. incorr(c)to; irregular. /idad f. incorre(c)ção.
inform/ar tr. informar; avisar. /arse r. informar-se. /ativo adj. informativo. /e m. informe; opinião.
infrac/ción f. infra(c)ção. /tor m. infra(c)tor.
infringir tr. infringir, violar.
infu/ndir tr. infundir, incutir. /sión f. infusão.
ingeni/ar tr. engenhar, maquinar. /arse r. industriar-se. /ería f. engenharia. /ero m. engenheiro. /o m. engenho; arte. /oso adj. engenhoso, inventivo.
ingente adj. ingente.
ingenu/idad f. ingenuidade. /o adj. ingé(ê)nuo.
ingle f. Anat. virilha.
ingrat/itud f. ingratidão. /o adj. ingrato.
ingres/ar tr. ingressar, entrar. /o m. ingresso.
inhabilitar tr. inabilitar, incapacitar, anular.
inhalar tr. inalar, absorver.
inherente adj. inerente.
inhibi/ción f. inibição. /r tr. inibir.
inhumación f. inumação.
inhuman/idad f. inumanidade. /o adj. inumano.
inicia/ción f. iniciação. /l adj. inicial. /r tr. iniciar, começar. /tiva f. iniciativa; diligência.

injert/ar tr. enxertar. /o m. *Bot.* enxe(ê)rto.
injuri/a f. injúria. /ar tr. injuriar, insultar. /oso adj. injurioso; atacante.
injust/icia f. injustiça; agravo. /o adj. injusto.
inmaculado adj. imaculado; puro; inocente.
inmedia/ción f. imediação, contiguidade. pl. subúrbios. /to adj. imediato.
inmens/idad f. imensidade. /o adj. imenso, ilimitado.
inmersión f. imersão.
inmigra/ción f. imigração. /nte adj. e s. imigrante. /r intr. imigrar.
inminente adj. iminente.
inmolar tr. imolar, sacrificar.
inmoral adj. imoral.
inmortal adj. imortal. /idad f. imortalidade. /izar tr. imortalizar.
inmóvil adj. imóvel; inalterável.
inmund/icia f. imundície; excremento. /o adj. imundo.
inmun/e adj. imune, isento. /idad f. imunidade. /izar tr. imunizar.
inmuta/ble adj. imutável.; firme. /rse r. imutar-se; comover-se.
innoble adj. ignóbil.
innocuo adj. inócuo.
innova/ción f. inovação. /r tr. inovar.
inocen/cia f. inocência. /tada f. fam. ingenuidade; palavra inocente; engano ridículo. /te adj. inocente.
inofensivo adj. inofensivo.
inoportuno adj. inoportuno.
inquiet/ante adj. inquietante. /ar tr. e vr. inquietar. /o adj. inquieto. /ud f. inquietude; excitação.
inquilin/ato m. inquilinato, aluguer. /o m. inquilino, arrendatário.
inqui/ridor adj. e m. inquiridor. /rir tr. inquirir; interrogar. /sición f. inquisição; averiguação.
insaciable adj. insaciável.
insaluble adj. insalubre.
insano adj. insano.
inscri/bir tr. inscrever; afiliar. /pción f. inscrição.
insecto m. *Zool.* inse(c)to.
insegur/idad f. inseguridade. /o adj. inseguro.
inseparable adj. inseparável.
inservible adj. inservível.
insigne adj. insigne.
insignifican/cia f. insignificância; bagatela. /te adj. insignificante.
insinua/ción f. insinuação. /r tr. insinuar.
insipidez f. insipidez.
insistir intr. insistir.
insolación f. insolação.
insolen/cia f. insolência. /tar tr. e vr. desavergonhar. /te adj. e m. insolente.
insomnio m. insó(ô)nia.
inspec/ción f. inspe(c)ção; indagação. /cionar tr. inspe(c)cionar; indagar. /tor adj. e m. inspe(c)tor.
inspir/able adj. inspirável. /ación f. inspiração. /ador adj. e m. inspirador. /ar tr. inspirar.
instala/ción f. instalação. /dor adj. e m. instalador. /r tr. instalar.
instancia f. instância; requerimento; jurisdição.
instant/ánea f. instantâneo. /áneo adj. instantâneo, repentino. /e m. instante.
instar tr. instar.
instiga/ción f. instigação. /r tr. instigar.
instinto m. instinto.
institu/ción f. instituição. /r tr. instituir. /to m. instituto.
instru/cción f. instrução; ensino. /ctivo adj. instrutivo. /ido adj. instruído. /ir tr. instruir.
instrument/ación f. instrumentação. /al adj. instrumental. /o m. instrumento.
insubordina/ción f. insubordinação. /r tr. insubordinar. /rse r. amotinar-se.
insult/ar tr. insultar. /o m. insulto.
intacto adj. inta(c)to; puro.
integr/al alj. integral. /idad f. integridade.
íntegro adj. íntegro.
intelect/o m. intelecto, inteligência. /ual adj. e m. intelectual.
inteligen/cia f. inteligência. /te adj. e m. inteligente.
intenci/ón f. intenção. /onado adj. intencionado. /onal adj. intencional.
intens/idad f. intensidade. /ificación f. intensificação. /o adj. intenso.
intent/ar tr. intentar; planear. /o m. intento; intenção.
intercambi/ar tr. trocar. /o m. intercâmbio, troca.
interceder intr. interceder; advogar.
intercepta/ción f. interceptação. /r tr. intercertar; obstruir.
interés m. intere(ê)sse; lucro; juros.
interesa/do adj. interessado; mercantil; fig. egoísta. /nte adj. interesante. /r intr. interessar; lucrar. /rse r. interessar-se.
interior adj. interior; íntimo. m. interior.
interjección f. interjeição.
interlinear tr. interlinear; entrelinhar.
interlocu/ción f. interlocução, diálogo. /tor m. interlocutor.
intermedio m. intermédio; mediano; intervalo.
interminable adj. interminável, sem fim.
internacional adj. internacional. /izar tr. internacionalizar.
intern/ado m. internado, aluno interno. /ar tr. internar. /arse r. introduzir-se. /o adj. interno.
interpela/ción f. interpelação. /r tr. interpelar; demandar.
interpo/ner tr. interpor. /nerse r. entremeter-se. /sición f. interposição.
interpreta/ción f. interpretação. /r tr. interpretar; declarar.
intérprete s. intérprete; tradutor; expositor.
interroga/ción f. interrogação. /r tr. interrogar, perguntar. /torio m. interrogatório, inquirição.
intervalo m. intervalo.
interven/ción f. intervenção. /ir intr. intervir; influenciar.
intestino adj. intestino. fig. doméstico; nacional.
intim/ar tr. intimar. /idación f. intimidação. /idad f. intimidade. /idar tr. intimidar; ameaçar.
íntimo adj. íntimo; profundo.
intoxica/ción f. intoxicação. /r tr. intoxicar.
intr/epidez f. intrepidez. /épido adj. intrépido.
intriga f. intriga; maquinação. /nte adj. e s. intrigante. /r intr. intrigar.
introduc/ción f. introdução, prefácio. /ir tr. introduzir.
intruso adj. e s. intruso; entremetido.
inunda/ción f. inundação, cheia. /r tr. inundar, cobrir de água.
inusitado adj. inusitado, desusado.
inútil adj. inútil; frustado.
inutili/dad f. inutilidade; ineficácia. /zar tr. inutilizar, anular.
invadir tr. invadir; acometer; devassar.
invalid/ación f. invalidação, anulação. /ar tr. invalidar. /ez f. invalidez.
inválido adj. e m. inválido.
invas/ión f. invasão. /or adj. e s. invasor.
invencible adj. invencível.
inven/ción f. invenção. /tar tr. inventar; urdir; descobrir.
inventari/ar tr. inventariar; catalogar. /o m. inventário; registro.
inverna/dero m. invernadouro; estufa. /l adj. invernal. /r intr. invernar.
inver/sión f. inversão. /so adj. inverso, alterado. /tir tr. inverter, alterar.
investidura f. investidura.
investiga/ción f. investigação. /r tr. investigar.
invierno m. inverno.
invisib/ilidad f. invisibilidade. /le adj. invisível.
invita/ción f. convite, invitação. /do adj. e s. convidado. /r tr. convidar.
invoca/ción f. invocação. /r tr. invocar; suplicar.
inyec/ción f. inje(c)ção. /tar tr. inje(c)tar.
ir intr. ir; andar; passar.
ira f. ira, cólera. /cundo adj. iracundo, colérico. /scible adj. irascível, irritável.
iris m. *Astr.* arco-íris. *Anat.* íris (membrana ocular). /ar intr. irisar, iriar.
ironía f. ironia, zombaria.
irónico adj. iró(ô)nico.
ironizar tr. ironizar, satirizar.
irracional adj. irracional.
irradia/ción f. irradiação. /r tr. irradiar, emitir.
irrealizable adj. irrealizável.
irregular adj. irregular; anormal. /idad f. irregularidade; anomalia.
irrespetuoso adj. desrespeitador, irreverente.
irreveren/cia f. irreverência. /te adj. e m. irreverente.
irriga/ción f. irrigação. /dor m. irrigador. /r tr. irrigar.
irrisión f. irrisão.
irrita/ble adj. irritável. /ción f. irritação. /r tr. irritar.
isl/a f. ilha. /eño adj. e m. islenho, insular. /ote m. ilhote.
istmo m. istmo.
itinerario m. itinerário.
izar intr. içar, levantar.
izquierd/a f. esquerda, mão esquerda. /o adj. esquerdo.

J j

jaba/lí m. *Zool.* javali. /lina f. dardo, azagaia.
jabón m. sabão.
jabon/adura f. ensaboadela; repreensão. /ar tr. ensaboar; repreender. /era f. saboneteira.
jacta/ncia f. ja(c)tância. /ncioso adj. ja(c)tancioso. /rse r. louvar-se.
jalea f. gele(é)ia.
jale/ar tr. animar; excitar. /o m. algazarra, animação.
jamás adv. jamais, nunca.
jamón m. presunto.
Jap/ón adj. e s. *Geog.* Japão. /onés adj. e s. japonês.
jaque m. xeque (no xadrez); rufião.
jaqueca f. enxaqueca.
jarabe m. xarope.
jard/ín m. jardim. /inería f. jardinagem. /inero m. jardineiro.
jarr/a f. jarra. /o m. jarro. /ón n. jarrão.
jaula f. gaiola; jaula.
jazmín m. *Bot.* jasmim.
jef/atura f. chefatura, chefia. /e m. chefe; superior; dirigente.
jerarquía f. jerarquia, hierarquia.
jerez m. (vino de —) xerez, vinho andaluz.
jeringa f. seringa. /r tr. seringar; aborrecer.
jeroglífico m. jeróglifo, hieróglifo.
jersey m. jérsei, casaquinho de malha.
Jesu/cristo m. Jesus Cristo. /ita m. jesuita. /ítico adj. jesuítico.
Jinete m. ginete, cavaleiro; cavalo de raça.
jira f. piquenique; tira de pano.
jirafa f. jirafa.
jirón m. girão, cercadura.
jocos/idad f. jocosidade; graça. /o adj. jocoso, divertido.
jornada f. jornada; etapa; andança.
jornal m. jornal, salário diário. /ero m. jornaleiro; mercenário.
joroba f. corcova, giba. /do adj. corvado.
jota f. jota, nome da letra j; coisa mínima; baile e canto espanhol.
jov/en adj. jovem, mancebo de pouca idade. /ialidad f. jovialidade, /ial adj. jovial, alegre. alegria.
joy/a f. jóia. /ería f. joalharia. /ero m. joalheiro; guarda-jóias.
jubila/ción f. aposentação, reforma; jubilação. /r tr. aposentar; jubilar.
júbilo m. júbilo.
juda/ico adj. judaico. /ísmo m. judaísmo. /izante adj. judaizante. /izar tr. judaizar.
judía f. *Bot.* feijão.
judicial adj. judicial.
judío adj. e m. judeu.
juego m. jo(ô)go.
juerga f. fam. pândega, borga.
jueves m. quinta-feira.
juez m. juiz; árbitro.
juga/da f. jogada; partida, engano. /dor m. jogador. /r tr. e intr. jogar; brincar; divertir-se; zombar. /rreta f. fam. velhacada; jogada mal feita.
jugo m. sumo, suco. /so adj. sumarento, sucoso.
juguet/e m. brinquedo; zombaria. /ear intr. brincar, joquetear; entreter-se. /ón adj. brincalhão; jovial.
juicio m. juízo; opinião; seriedade. /so adj. e m. judicioso; ajuizado.
Julio m. Julho.
junco m. *Bot.* junco; junco (embarcação).
Junio m. Junho.
junta f. junta; união. /r tr. juntar, unir. /rse r. juntar-se, associar-se; copular.
jura f. jura, juramento. /do m. júri; adj. jurado.
jurament/ar tr. juramentar. /arse r. juramentar-se. /o m. juramento.
jurar tr. jurar.
juris/dición f. jurisdição. /ta m. jurista, jurisconsulto.
justici/a f. justiça. /able adj. justiçavel. /ero adj. justiceiro.
justifica/ción f. justificação. /nte adj. e m. justificante. /r tr. justificar.
justo adj. e m. justo; imparcial; adv. justamente.
juven/il adj. juvenil. /tud f. juventude.
juzga/do m. julgado. /dor adj. e m. julgador. /r tr. e intr. julgar; arbitrar.

K k

kermesse m. quermesse.
kilo m. quilo.
kilogramo m. quilograma.
kilométrico adj. quilométrico.
kilómetro m. quiló(ô)metro.
kilovatio m. quilovate, quilovátio ou quilowat.
kiosco m. quiosque.

L l

la art. f. a; m. *Mús.* lá.
laberinto m. labirinto.
labi/a f. lábia. /al adj. labial. /o m. lábio.
labor f. labor trabalho; lavor; lavoura. /able adj. laborável; cultivável. /atorio m. laboratório. /iosidad f. laboriosidade.
labra/dor adj. e m. lavrador, agricultor. /ntío adj. lavradio. /nza f. lavoura; labor. /r tr. lavrar.
lacayo m. lacaio.

lacónico adj. lacó(ô)nico.

lácteo adj. lá(c)teo.

lade/ar tr. ladear, torcer. /arse r. inclinar-se. /o m. ladeamento. /ra f. ladeira, encosta.

ladr/ar intr. ladrar. /ido m. ladrido.

ladrón adj. e m. ladrão.

lago m. lago.

lágrima f. lágrima.

laguna f. lagoa; fig. lacuna, vazio, interrupção.

laic/ismo m. laicismo. /o adj. e m. laico, leigo.

lament/able adj. lamentável. /ación f. lamentação. /ar tr. lamentar. /arse r. queixar-se. /o m. lamento.

lámina f. lâmina; estampa; fo(ô)lha delgada.

lamina/do adj. laminado; m. laminação. /r tr. laminar.

lámpara f. lâmpada; fig. nódoa.

lamparilla f. lamparina.

lana f. lã. /r adj. lanar.

lance m. lanço; lance; episódio. /ar tr. lancear. /ta f. lance(ê)ta.

lancha f. lancha; lancha.

langost/a f. Zool. langosta; gafanhoto. /ín m. lagostim.

lanza f. lança. /da f. lançada. /dera f. lançadeira. /miento m. lançamento. /r tr. lançar; emitir. /rse r. arrojar-se; arremessar.

lápida f. lápide ou lápida.

lápiz m. lápis.

lapso m. lapso.

larg/ar tr. largar; afrouxar; ceder. /arse r. ir-se embora, escapar-se. /o adj. comprido; extenso; generoso; m. comprimento; adv. com abundância; interj. fora! /uero m. alizares. /ueza f. largueza; liberalidade. /ura f. comprimento; largueza.

laring/e f. laringe. /itis m. laringite.

larva f. larva.

lástima f. lástima.

lastim/ar tr. lastimar; ferir, danificar; ofender. /oso adj. lastimoso; deplorável.

lata f. lata, fo(ô)lha-de-flandres; maçada.

latente adj. latente, oculto.

lateral adj. lateral.

látex m. Bot. látex, látice.

latido m. latido.

latigazo m. lategada, chicotada.

látigo m. látego.

latín m. latim.

latir intr. latir; latejar; palpitar.

latitud f. latitude.

latón m. latão.

laudable adj. laudável.

laure/ado adj. e m. laureado. /ar tr. laurear. /l m. Bot. loureiro; louro.

lauro m. Bot. laurel; fig. louro.

lava f. lava.

lavabo m. lavabo, lavatório.

lava/dero m. lavadouro ou lavadoiro. /dor adj. e m. lavador.

lava/r tr. lavar; fig. limpar. /tiva f. clister; fig. moléstia.

lax/ante adj. e m. laxante. /ar tr. laxar; alargar. /itud f. lassitude; frouxeza. /o adj. lasso ou laxo.

lazo m. laço; união.

le pron. o, lhe.

leal adj. leal. /tad f. lealdade.

lec/ción f. lição. /tivo adj. le(c)tivo. /tor adj. e m. leitor. /tura f. leitura.

lech/al adj. mamão; m. lactescente. /e f. leite. /ecillas f. pl. fressura. /era f. leiteira. /ería f. leitaria. /ero adj. e m. leiteiro.

lecho m. leito; camada.

lechón m. leitão.

lega/ción f. legação. /do m. legado. /jo m. maço de papéis atados. /l adj. legal. /lidad f. legalidade. /lización f. legalização. /lizar tr. legalizar; autenticar.

legible adj. legível.

legi/ón f. legião. /onario m. legionário.

legisla/ción f. legislação. /dor adj. e m. legislador. /r intr. e tr. legislar. /tivo adj. legislativo. /tura f. legislatura.

legitim/ar tr. legitimar.

legítimo adj. legítimo.

lego adj. e m. leigo, laico.

legumbre f. legume; hortaliça.

leíble adj. legível.

lejan/ía f. distância. /o adj. distante, afastado.

lejía f. lixívia, barrela.

lejos adv. longe; distante.

lencer/ía f. lençaria; fancaria; rouparia.

lengua f. língua. /do m. Zool. linguado. /je m. linguagem. /raz adj. linguareiro.

lente f. e m. lente; luneta; pl. óculos.

lento adj. lento; vagaroso.

leñ/a f. lenha. /ador m. lenhador. /era f. depósito de lenha. /o m. lenho. /oso adj. lenhoso.

león m. Zool. leão.

lepr/a f. Med. lepra. /osería f. leprosaria. /oso adj. e m. leproso.

lesión f. lesão; prejuízo.

letal adj. letal.

letr/a f. letra. /ero m. letreiro.

letrina f. latrina.

levant/amiento m. levantamento; elevação. /ar tr. levantar; erguer-se; alçar-se. /e m. levante. /ino adj. e m. levantino.

léxico m. léxico.

ley f. lei; estatuto.

leyenda f. lenda.

levita f. sobrecasaca.

liar tr. ligar, atar; embrulhar. /se r. pegar-se.

liberación f. liberação.

liberal adj. liberal. /idad f. liberalidade. /izar tr. liberalizar.

liberta/d f. liberdade. /dor f. adj. e m. libertador. /r tr. libertar.

libra f. libra.

libra/dor adj. e m. livrador; m. intendente das cavalariças; sacador. /miento m. livramento; livrança. /nza f. livrança. /r tr. livrar; expedir letras de câmbio.

libre adj. livre; isento; atrevido.

librer/ía f. livraria. /o m. livreiro.

libreta f. livrete, livro para apontamentos; caderneta.

libro m. livro.

licenci/a f. licença; autorização; devassidão. /ado adj. e s. licenciado; letrado; grau universitário. /amiento m. licenciamento. /ar tr. licenciar; desmobilizar. /arse r. licenciar-se. /oso adj. licencioso.

lícito adj. lícito, legal.

licor m. licor, bebida espirituosa.

licua/ción f. liquação; dissolução. /r tr. liquescer; liquidar.

lid f. lide, combate, contenda. /ia f. lida, combate. /iador m. lidador; toureiro. /iar intr. lidar, combater.

liebre f. Zool. lebre.

lienzo m. tecido; lenço; lanço de muro.

liga f. liga; faixa; confederação. /dura f. ligadura. /mento m. ligamento; atadura. /r tr. ligar; prender; misturar. /zón f. ligação.

liger/eza f. ligeireza; inconstância. /o adj. ligeiro; leviano.

lila f. Bot. lilás.

lima f. Bot. lima, limeira; Mec. lima. /dura f. limadura. /r tr. limar, desbastar; polir.

limita/ción f. limitação. /do adj.limitado. /r tr. limitar.

límite m. limite.

limítrofe adj. limítrofe.

limón m. Bot. limão.

limon/ada f. limonada. /ero m. Bot. limoeiro.

limosna f. esmola.

limpi/abarros m. limpapés. /abotas m. engraxador. /ar tr. limpar, asear. /eza f. limpeza. /o adj. limpo.

lind/ar intr. lindar. /e m. e f. linde. /ero m. e f. confinante, limítrofe.

lindeza f. lindeza, beleza.

lindo adj. lindo, belo.

línea f. linha; trincheira.

lineal adj. lineal, linear.

lingote m. lingote.

lingü/ista m. lingu(ü)ista. /ística f. lingu(ü)ística.

linimento m. linimento.

lino m. Bot. linho.

linterna f. lanterna.

lío m. embrulho, pacote, maço; confusão.

liquen m. Bot. líquen.

liquida/ble adj. liquidável. /ción f. liquidação. /dor adj. em. liquidador. /r tr. liquefazer; liquidar; fig. matar.

líquido adj. líquido.

lira f. lira.

líric/a f. lírica. /o adj. lírico.

lirio m. Bot. lírio.

lisia/do adj. aleijado. /r tr. aleijar.

liso adj. liso.

lisonj/a f. lisonja. /ear tr. lisonjear. /ero adj. e m. lisonjeiro.

lista f. lista, tira; risca; rol; chamada. /do adj. listrado; riscado.

listo adj. lesto, rápido; acabado; esperto.

listón m. lista estreita; ripa; listel; listão.

liter/a f. liteira, beliche. /l adj. literal. /rio adj. literário. /to adj. e m. literato. /tura f. literatura.

litig/ante adj. e m. litigante. /ar tr. litigar; contender. /io m. litígio.

litografía f. litografia.

litoral adj. e m. litoral, beira-mar.

litro m. litro.

liturgia f. liturgia.

livian/dad f. leviandade. /o adj. leviano.

lívido adj. lívido.

llaga f. chaga, úlcera; infortúnio. /r tr. chagar.

llama f. chama; ardor.

llama/da f. chamada; sinal. /miento m. chamamento. /r tr. e intr. chamar; reclamar. /rse r. chamar-se.

llamarada f. labareda; arrebatamento.

llamativo adj. e s. atraente; apetitoso.

llamea/nte adj. chamejante. /r intr. chamejar, arder.

llan/eza f. lhaneza. /o adj. lhano, plano; efusivo. m. planície.

llanta f. aro das rodas dos carros.

llanto m. pranto, cho(ô)ro.

llanura f. planura, planície.

llave f. chave; chave de parafusos. Mús. clave. /ro s. chaveiro.

llega/da f. chegada. /r intr. chegar.

llen/ar tr. encher; colmar. /o adj. cheio; farto; abundância.

lleva/dero adj. tolerável. /r tr. levar, transportar; tolerar.

llor/ar intr. chorar; gotejar. /iquear intr. choramingar. /o m. cho(ô)ro. Bot. chorão. m. Bot. choradeira. /oso adj. choroso.

llov/er intr. chover. /izna f. chuvinha, chuvisco. /iznar intr. chuviscar.

lluvi/a f. chuva; abundância. /oso adj. chuvoso.

lo art. neut. o.

lob/a f. Zool. lo(ô)ba. /nillo m. Med. cisto, lobinho. /to m. Zool. lobinho.

lobo m. Zool. lo(ô)bo.

lóbrego adj. lôbrego.

lóbulo m. lóbulo.

local adj. e m. local. /idad f. localidade.

localizar tr. localizar.

loción f. loção.

loco adj. e m. louco.

locomo/ción f. locomoção. /tora f. locomotora.

locuaz adj. loquaz.

locución f. locução.

locura f. loucura.

locutor m. locutor. /io m. locutório.

lógic/a f. lógica. /o adj. e m. lógico.

logr/ar tr. lograr; apanhar. /ero m. logreiro. /o m. lucro; obtenção; lo(ô)gro.

loma f. lomba; montículo.

lombriz f. minhoca; lombriga.

lomo m. lombo.

lona f. lona.

longaniza f. lingu(ü)iça.

longevidad f. longevidade.

longitud f. longitude.

lonja f. lira, talhada, fatia; bo(ô)lsa; mercearia; átrio.

loro m. Zool. papagaio.

losa f. lousa, laje.

lote m. lote, porção.

loter/ía f. lotaria. /o m. pessoa que vende lotaria, cauteleiro.

loto m. Bot. loto.

loza f. louça.

lozan/ía f. louçania. /o adj. loução.

lubrica/ción f. lubrificação. /dor f. lubrificador. /nte adj. e m. lubrificante. /r tr. lubrificar.

lúbrico adj. lúbrico.

lubrificación f. lubrificação.

lucero m. estrela.

luci/érnaga f. Zool. pirilampo. /ifer m. Lúcifer. /fugo adj. lucífugo. /miento m. luzimento; aplauso.

lucir intr. luzir; iluminar; ostentar.

lucr/ar tr. lucrar. /ativo adj. lucrativo. /o m. lucro, ganho.

luctuoso adj. lutuoso.

lucha f. luta. /dor m. lutador. /r intr. lutar.

ludibrio m. ludíbrio.

luego adv. logo, imediatamente; depois; assim que.

lugar m. lugar; empre(ê)go; aldeia; ocasião. /eño adj. e m. aldeão. /teniente m. lugar-tenente.

lúgubre adj. lúgubre.

luj/o m. luxo. /oso adj. luxuoso. /uria f. luxúria; excesso. /urioso adj. luxurioso; exuberante; viçoso.

lumbago m. Med. lumbago.

lumbre f. lume. /ra f. lumiera; fig. pessoa douta.

lumin/aria f. luminária; iluminação. /oso adj. luminoso; resplandecente.

lun/a f. lua; vidro de espelho. /ar adj. lunar; m. sinal; fig. mancha. /ático adj. lunático. /es m. segunda-feira.

lupa f. lupa.

lusitan/ia Geog. Lusitânia. /o adj. e s. lusitano, português.

luso/brasileño adj. e s. luso-brasileiro. /español adj. e s. luso-espanhol.

luteran/ismo m. luteranismo. /o adj. e s. luterano.

luto m. luto, dó; tristeza.

luxación f. Cir. luxação.

luz f. luz; claridade; cultura.

macabro adj. macabro; triste.

macera/ción f. maceração. /r tr. macerar; amolecer.

maceta f. vaso para plantas.

macilento adj. macilento; triste.

macizo adj. maciço.

mácula f. mácula, nódoa; vileza.

machac/a f. pilão (do almofariz). /ar tr. machucar, maçar. /ón adj. e s. maçador.

machiembrar tr. entalhar, embutir.

macho m. peça que entra dentro de outra; macho; bigorna. Zool. macho, mulo.

machuca/miento m. machucação, pisadura. /r tr. machucar, pisar.

madama f. senhora.

madeja f. madeixa, meada.

mader/a f. madeira. /aje m. madeiramento. /ero m. madeireiro. /o m. madeiro; viga.

madr/astra f. madrasta. /e f. mãe; madre (religiosa). /eselva f. Bot. madressilva.

madrigal m. madrigal.

madriguera f. madriguira; esconderijo.

madrileño adj. e s. madrileno, de Madrid.

madrina f. madrinha; prote(c)tora.

madroño m. *Bot.* medronheiro (planta), medronho (fruto).

madruga/da f. madrugada, aurora. **/dor** adj. e s. madrugador. **/r** intr. madrugar; anteceder.

madur/ación f. maduração. **/ar** tr. madurar. **/ez** f. madurez. **/o** adj. maduro; sisudo.

maestr/a f. mestra, professo(ô)ra. **/anza** f. mestrança. **/ía** f. mestria, habilidade. **/o** adj. magistral, notável; m. mestre, professor.

magdalena f. madalena.

magia f. magia; fascinação.

mágico adj. e m. mágico.

magist/erio m. magistério. **/rado** m. magistrado. **/ral** adj. magistral. **/ratura** f. magistratura.

magnánimo adj. magnânimo.

magnate m. magnata ou magnate.

magnesia f. magnésia.

magnético adj. magnético.

magnífico adj. magnífico.

magn/itud f. magnitude. **/o** adj. magno.

magnolia f. *Bot.* magnólia.

mago adj. e m. mago.

magulla/miento m. pisadura, machucadura. **/r** r. pisar, machucar.

maíz m. *Bot.* milho.

maizal m. milhal, milheiral.

majar tr. malhar, maçar, pisar.

majest/ad f. majestade. **/uoso** adj. majestoso.

majo adj. presumido, peralta; m. janota; chulo.

mal adj. e m. mal, mau; adv. contràriamente, sem razão.

malabarista m. malabarista.

malaria f. *Med.* malária.

malaventura f. desgraça. **/do** adj. infortunado.

malcriado adj. malcriado.

maldad f. maldade.

maldecir tr. e intr. amaldiçoar.

maldi/ción f. maldição; fatalidade. **/to** adj. maldito; amaldiçoado.

malea/ble adj. maleável, flexível. **/r** tr. danificar, estragar; perverter. **/rse** r. portar-se mal.

malecón m. molhe, paredão, repre(ê)sa.

maledicencia f. maledicência.

maleficio m. malefício.

maléfico adj. maléfico; m. feiticeiro.

malestar m. mal-estar; incomodidade.

malet/a f. maleta, mala. **/ín** m. mala pequena.

malevolencia f. malevolência.

malévolo adj. malévolo.

maleza f. maleza; moita.

malgastar tr. malgastar.

malhablado adj. malfalante.

malhechor adj. e m. malfeitor.

malherir tr. malferir.

malhumorado adj. malhumorado.

malici/a f. maldade; ma-

lícia; sagacidade; receio. **/ar** tr. maliciar. **/oso** adj. malicioso.

mali/gnidad f. malignidade. **/o** adj. maligno.

malo adj. e m. mau.

malogr/ar tr. malograr. **/arse** r. frustrar-se.

malparar tr. maltratar.

malquerencia f. malquerença.

malquistar tr. malquistar.

malta m. malte.

maltrat/ar tr. maltratar; estropear. **/o** m. mau trato.

maltrecho adj. maltratado.

malva f. *Bot.* malva.

malvado adj. malvado.

malversar tr. malversar.

malla f. malha.

mallo m. malho, martelo.

mallorquín adj. e m. maiorquino.

mama f. mamã; mama.

mamá f. mamã, mãe.

mamífero adj. e m. *Zool.* mamífero.

mamón adj. e m. mamão; ladrão; *Bot.* mamoeiro.

mampara f. anteparo; biombo; pára-vento.

mampostería f. alvenaria.

maná m. maná.

manada f. manada.

mana/ntial adj. e m. manancial; origem. **/r** intr. manar; proceder; abundar.

manceb/a f. manceba. **/ía** f. mancebia. **/o** m. mancebo.

mancilla f. mancha, desonra. **/r** tr. ofender; enxovalhar.

manco adj. e m. manco; aleijado.

mancomun/ar tr. mancomunar. **/idad** f. mancomunação, união.

mancha f. mancha; desonra. **/r** tr. manchar.

manda/dero m. mandadeiro, mensageiro. **/do** adj. mandado; m. mandado, recado; mensagem. **/miento** m. mandamento. **/r** tr. mandar. **/tario** m. mandatário, procurador. **/to** m. mandato.

mandíbula f. mandíbula.

mandil m. mandil, avental.

mando m. mando; chefia; "dri" mandril.

mane/cilla f. mãozinha; sinal; ponteiro de relógio. **/jable** adj. manejável. **/jar** tr. manejar. **/jo** m. manejo.

manera f. maneira; estilo.

manga f. manga.

mango m. *Bot.* mangueira; manga; cabo, asa.

manguera f. mangueira.

manguito m. manguito.

maní m. amendoim.

manía f. mania; embirração.

maniatar tr. maniatar; algemar.

mani/ático adj. e s. maníaco; louco. **/comio** m. manicó(ô)mio.

manicur/a f. manicuro. **/o** m. manicuro.

manifesta/ción f. manifestação; reunião pública. **/r** tr. manifestar; descobrir.

manifiesto adj. manifesto; expressivo.

maniobra f. manobra; demonstração. **/r** tr. e intr. manobrar, exercitar.

manipular tr. manipular.

maniquí m. manequim, figura em forma humana; boneco.

manivela f. *Mec.* manivela.

manjar m. manjar, comer.

mano f. mão; dire(c)ção; valimento; auxílio. **/jo** m. manojo.

manopla f. manopla.

manose/ar tr. manusear, tocar com a mão. **/o** m. manuseio; apalpamento.

manot/ada f. palmada. **/ear** tr. e intr. dar palmadas; gesticular. **/eo** m. gesticulação.

mansión f. mansão; lugar.

manso adj. manso; paciente.

manta f. manta.

mantec/a f. manteiga; pomada. **/ado** m. sorvete; bo(ô)lo. **/oso** adj. manteigoso.

mantel m. mantel, toalha de mesa. **/ería** f. serviço de toalhas.

manten/edor m. mantenedor; defensor. **/er** tr. manter; alimentar; aguentar. **/erse** r. manter-se. **/imiento** m. manutenção; víveres.

mantequ/era f. manteigueira. **/illa** f. manteiga.

mant/o m. manto, véu comprido; capa. **/ón** m. mantão.

manua/ble adj. manejável. **/l** adj. manual; dócil. m. livro de apontamentos.

manufactura f. manufa(c)tura; indústria. **/r** tr. manufa(c)turar, fabricar.

manuscrito adj. e m. manuscrito.

manutención f. manutenção.

manzan/a/ f. *Bot.* maçã; quarteirão, grupo de casas. **/illa** f. *Bot.* camomila, macela, esp. de vinho branco. **/o** adj. *Bot.* oliveira com azeitona pequena. **m. mancenilheira.

maña f. manha, astúcia; habilidade.

mañana f. manhã; o dia imediato. m. tempo futuro.

mapa m. mapa, carta geográfica. **/mundi** m. mapa-múndi.

maquillar tr. e r. aformosear com enfeites.

máquina f. máquina; engenho.

maquina/ción f. maquinação; intriga. **/r** tr. maquinal. **/r** tr. maquinar; tramar. **/ria** f. maquinaria.

mar m. mar. fig. oceano.

maraña f. maranha, **fios** enredados trabalho difícil.

maravill/a f. maravilha; milagre. **/ar** tr. maravilhar. **/arse** r. deslumbrar-se. **/oso** adj. maravilhoso.

marca f. marca, sinal; distintivo. **/dor** adj. e s. marcador; aferidor. **/r** tr. marcar; fixar.

marcial adj. marcial. **/idad** f. marcialidade.

marco m. quadro, moldura.

marcha f. marcha; progresso. *Mús.* marcha. **/r** intr. marchar, caminhar; progredir.

marchit/ar tr. murchar. **/arse** r. entristecer-se. **/ez** f. murchidão. **/o** adj. murcho; pálido.

mare/a f. maré. **/ar** tr. marear; governar. **/arse** r. marear-se. **/jada** f. marejada, marulhada. **/o** m. mareação, enjo(ô)o.

marfil m. marfim.

margarina f. *Quím.* margarina.

margarita f. margarita; margarida.

margen m. e f. margem, beira.

margin/al adj. marginal. **/ar** tr. marginar; anotar.

marid/ar intr. maridar, casar. **/o** m. marido.

marimacho m. marimacho, virago.

marin/a f. marinha; beira-mar; conjunto de navios ou de tripulações. **/ero** m. marinheiro, marítimo. **/o** adj. marinho, m. marinheiro.

marioneta f. francatripa; boneca movível.

mariposa f. *Zool.* borboleta.

marisco m. marisco.

marital adj. marital.

marítimo adj. marítimo.

mármol m. mármore.

marqu/és m. marquês. **/esa** f. marquesa. **/esina** f. marquesinha; alpendre.

marran/a f. marrã, porca. **/o** adj. vil, ordinário; sujo. m. marrano, porco.

martes m. te(ê)rça-feira.

martill/ar tr. martelar. **/o** m. martelo.

martiri/o m. martírio. **/zar** tr. martirizar.

marxis/mo m. marxismo. **/ta** adj. e s. marxista.

marzo m. Março.

mas conj. mas, porém.

más adv. mais além; mais.

masa f. massa; aglomerista.

masa/je m. massagem, fricção. **/jista** m. massagista.

máscara f. máscara, disfarce.

masculino adj. masculino; varonil.

mas/ón s. mação, francomação. **/onería** f. maçonaria. **/ónico** adj. maçó(ô)nico.

masticar tr. mastigar; mesón.

mástil m. *Náut.* mastro.

mastín m. mastim.

mata f. mata, arvoredo; planta.

mata/dero m. matadouro. **/dor** adj. e s. matador; toureiro. **/nza** f. matança, carnificina. **/r** tr. matar; apagar. **/rse** r. suicidar-se; sacrificar-se. **/sanos** m. mata-sãos, mau médico.

matasellos m. carimbo para selos.

mate adj. mate, sem brilho. m. *Bot.* mate; cha-mate.

matemátic/as f. pl. matemáticas. **/o** adj. matemático; infalível.

materia f. matéria; assunto. *Med.* pus. **/l** adj. material. **/lismo** m. materialismo.

matern/al adj. maternal. **/idad** f. maternidade. **/o** adj. materno; carinhoso.

matiz m. matiz; colorido.

matorral m. matorral, matagal.

matr/ícula f. matrícula; registro. **/icular** tr. matricular; registar. **/icularse** r. matricular-se.

matrimoni/al adj. matrimonial. **/o** m. matrimó(ô)nio, casamento.

matriz adj. principal; originário. f. *Anat.* matriz, útero.

matutino adj. matutino.

maull/ar intr. miar. **/ido** m. a(c)ção de miar.

mausoleo m. mausoléu, tumba.

maxilar adj. *Anat.* maxi-

lar. m. queixada.

máxim/a f. máxima; axioma. **/o** adj. máximo, superior.

mayo m. Maio.

mayor adj. maior; superior; chefe. pl. antepassados, avós. **/al** m. maioral; capataz. **/domo** m. mordomo. **/ía** f. maioria. **/ista** m. atacadista, comerciante.

mayúscula f. maiúscula.

maza f. maça, clava.

mazmorra f. masmorra.

mazo m. maço, martelo grande; molho.

me pron. pess. me.

mear intr. mijar, urinar.

meandro m. meandro.

mecánic/a f. mecânica. **/o** adj. e s. mecânico; automático.

mecanismo m. mecanismo.

mecanograf/ía f. da(c)tilografia. **/iar** tr. da(c)tilografar. **/o** m. da(c)tilógrafo.

mece/dora f. cadeira de balanço. **/r** tr. mover, mexer, balançar.

mech/a f. mecha, rastilho. **/ar** tr. lardear. **/ero** mecheiro, isqueiro.

medalla f. medalha.

médano m. duna, médão.

media f. meia, *Mat.* média. **/ción** f. mediação. **/nía** f. mediania. **/no** adj. mediano; moderado. **/noche** f. meia-noite. **/nte** adv. mediante; com a ajuda de. **/r** intr. mediar.

medic/amento m. medicamento, medicina. **/ina** f. medicina. **/inal** adj. medicinal. **/inar** tr. medicinar, medicar.

médico adj. medicinal. m. médico; clínico.

medida f. medida.

medio adj. e m. meio; ambiente; pl. meios, bens. **/cre** adj. mediocre. **/cridad** f. mediocridade; mediania. **/día** m. meio-dia.

medir tr. medir.

medita/ción f. meditação. **/r** tr. meditar.

mediterráneo adj. mediterrâneo.

medrar intr. medrar.

médula f. medula.

mejilla f. face; maça do rosto.

mejillón m. *Zool.* mexilhão.

mejor adj. melhor, bom, superior. adv. de preferência, antes. **/a** f. melhora, melhoramento. **/ar** tr. melhorar; acrescentar. **/ía** f. melhoria; superioridade.

melanc/olía f. melancolia, tristeza. **/ólico** adj. melancólico; lúgubre.

melindr/e m. melindre, iguaria, doce; delicadeza. **/oso** adj. melindroso.

melocot/ón m. *Bot.* pêssego. **/onero** m. pessegueiro.

melod/ía f. melodia. **/ioso** adj. melodioso, suave.

melodrama m. melodrama.

melos/idad f. melosidade. **/o** adj. meloso, suave.

mellizo adj. e s. gé(ê)meo.

membrana f. membrana.

membrete m. lembrete, anotação.

memor/able adj. memorável. **/ia** f. memória, lembrança.

menaje m. alfaias, móveis.

menci/ón f. menção. **/onar** tr. mencionar.

mendi/cante adj. e s. mendicante. **/cidad** f. mendicidade. **/r** tr. mendigar. **/go** m. mendigo. **/guear** tr. mendigar.
menester m. mister, falta, necessidade; mester, empre(ê)go; ocupação. **/oso** adj. e m. necessitado.
mengua f. míngua, pobreza; descrédito. **/do** adj. minguado; cobarde; m. mate. **/nte** adj. minguante; f. míngua, escassez. **/r** intr. minguar, diminuir.
menisco m. menisco.
menor adj. e m. menor. **/oría** f. inferioridade, subordinação; menoridade.
menos adv. e m. menos. **/cabo** m. menoscabo, desprezo. **/preciar** tr. menosprezar. **/precio** m. menospre(ê)zo.
mensaje m. mensagem. **/ro** adj. e m. mensageiro.
menstru/ación f. menstruação. **/ar** intr. ter a menstruação. **/o** m. menstruação.
mensual adj. mensal. **/idad** f. mensalidade.
menta f. Bot. hortelã-pimenta.
ment/al adj. mental. **/alidad** f. mentalidade. **/ar** tr. nomear, mencionar. **/e** f. mente.
menti/r intr. mentir. **/ra** r. mentira. **/roso** adj. e m. mentiroso.
mentón m. mento, queixo.
menú m. ementa, lista.
menud/ear tr. amiudar; contar ou escrever minudências. **/encia** f. minudência; pl. miúdos. **/illos** m. pl. miúdos. **/o** adj. miúdo; amiudado; m. pl. miúdos.
meñique adj. e m. mínimo, meiminho.
merca/dear intr. mercadejar, comerciar. **/der** m. mercador. **/dería** f. mercadoria, mercancia. **/do** m. mercado. **/ncía** f. mercancia, mercadoria. **/nte** adj. e m. mercante; comerciante. **/ntil** adj. mercantil. **/r** tr. mercar, comprar.
merced f. mercê; graça; perdão.
mercenario adj. e m. mercenário.
mercería f. loja de capelista.
mercurio m. mercúrio.
merec/er intr. merecer. **/ido** adj. merecido; m. castigo que alguém mereceu. **/imiento** m. merecimento.
merendar intr. merendar, lanchar.
meretriz f. meretriz.
meridi/ano adj. e m. meridiano. **/onal** adj. meridional.
merienda f. merenda, lanche.
mérito m. mérito.
meritorio adj. meritório; m. empregado sem vencimento.
merluza f. Zool. pescada; fam. borracheira.
merma f. diminuição, perda. **/r** intr. diminuir.
mermelada f. marmelada, doce de marmelo.
merodear intr. saquear, roubar; vadiar.
mes m. mês.
mesa f. mesa.
meseta f. metamar; meseta, planalto.
mesiánico adj. messiânico.
mesías m. Messias.
mesón m. estalagem, pousada.
mesonero adj. e m. estala-

jeiro, mesoneiro.
mestizo adj. e m. mestiço.
mesura f. mesura; moderação. **/do** adj. mesurado.
meta f. meta, limite.
metafísic/a f. metafísica. **/o** adj. e m. metafísico.
metáfora f. metáfora.
metal m. metal.
metálico adj. metálico.
metal/urgia f. metalurgia. **/úrgico** adj. e m. metalúrgico.
metamorfosis f. metamorfose; transformação.
mete/órico adj. meteórico. **/oro** m. meteoro. **/orología** f. meteorologia.
meter tr. meter.
metódico adj. metódico.
método m. método.
metralla f. metralha.
métrico adj. métrico.
metro m. metro; apócope de metropolitano.
metrópoli f. metrópole.
metropolitano adj. e m. metropolitano.
mezcla f. mistura; fusão. **/r** tr. misturar.
mezquin/dad f. mesquinharia. **/o** adj. mesquinho.
mezquita f. mesquita.
mi m. Mús. mi.
mí pron. mim.
mi, mis pron. meu, minha, meus, minhas.
mico m. Zool. mico.
micra f. mícron ou micro.
micr/obio m. micróbio. **/ófono** m. microfone. **/oscopio** m. microscópio.
miedo m. me(ê)do. **/so** adj. e m. medroso.
miel f. mel.
miembro m. membro.
mientras adv. enquanto, entretanto, durante.
miércoles m. quarta-feira.
mierda f. merda, excremento.
mies f. planta madura de cuja semente se faz pão; messe.
miga f. migalha; miolo; medula. **/ja** f. migalha; fragmento; pl. sobejos.
migración f. migração.
mil adj. mil.
milagro m. milagre. **/so** adj. milagroso.
milenario adj. milenário.
mili/cia f. milícia. **/ciano** m. e adj. miliciano. **/tante** adj. militante. **/tar** adj. e m. militar.
mill/a f. milha. **/ar** m. milhar. **/ón** m. milhão. **/onario** adj. e m. milionário.
mímic/a f. mímica. **/o** adj. mímico.
mimo m. mimo; primor; carinho.
min/a f. mina. **/ar** tr. minar. **/eral** adj. e m. mineral. **/ero** adj. e m. mineiro.
miniatur/a f. miniatura. **/ista** m. miniaturista.
mínimo adj. mínimo, ínfimo.
minist/erio m. ministério. **/ro** m. ministro.
minor/ar tr. minorar. **/ía** f. minoria. **/idad** f. menoridade.
minuci/a f. minúcia. **/oso** adj. minucioso.
minué m. Mús. minuete.
minúscula f. minúscula.
minuta f. minuta, apontamento; conta de honorários de advogado; lista.
minutero m. ponteiro de relógio.
minuto adj. e m. minuto.
mío pron. meu.
miop/e adj. e m. míope.

/ía f. miopia.
mira f. mira; desejo. **/da** f. mirada. **/do** adj. mirado; prudente. **/dor** adj. e s. olhador; m. atalaia, varanda; terraço. **/miento** m. miramento. **/r** tr. mirar, olhar, cuidar.
mirilla f. vigia, abertura da porta para ver quem chama.
mirlo m. Zool. melro.
mirón adj. s. curioso, mirão, observador curioso.
misa f. missa.
misantropía f. misantropia.
miscelánea f. miscelânea.
miser/able adj. miserável. **/ia** f. miséria. **/icordia** f. misericórdia. **/icordioso** adj. misericordioso.
mísero adj. mísero, miserável.
misi/ón f. missão. **/onero** m. missionário.
mismo adj. mesmo.
mistar tr. mussitar.
misterio m. mistério. **/so** adj. misterioso.
místic/a f. mística. **/o** adj. e m. místico.
mitad f. metade.
mitiga/ble adj. mitigável. **/ción** f. mitigação. **/r** tr. mitigar.
mito m. mito. **/logía** f. mitologia. **/lógico** adj. mitológico.
mitra f. mitra.
mixt/o adj. misto, misturado. **/ura** f. mistura. **/urar** tr. misturar.
moc/edad f. mocidade. **/ero** adj. e m. luxurioso. **/etón** m. mocetão. **/ito** adj. e m. mocinho.
moción f. moção.
moco m. monco, ranho; morrão do pavio. **/so** adj. moncoso, ranhoso; insignificante.
mochila f. mochila.
mod/a f. moda. **/elar** tr. modelar. **/elo** m. mode(ê)lo.
modera/ción f. moderação. **/do** adj. moderado. **/r** tr. moderar.
modern/ismo m. modernismo. **/izar** tr. modernizar. **/o** adj. moderno.
modest/ia f. modéstia. **/o** adj. modesto.
módico adj. moderado.
modifica/ción f. modificação. **/r** tr. modificar.
modis/mo m. modismo. **/ta** m. f. modista.
modo m. modo.
modorra f. modo(ô)rra.
modula/ción f. modulação. **/r** intr. modular.
mofa f. motejo, zombaria. **/dor** adj. e s. mofador. **/r** tr. mofar.
moh/ín m. gesto, trejeito, careta. **/ina** f. desgo(ô)sto, enfado. **/ino** adj. mofino; melancólico.
moho m. mo(ô)fo, bolor. **/so** adj. mofoso, bolorento.
moja/dura f. molhadela. **/r** tr. molhar.
mojón m. baliza, marco divisório.
molar adj. molar.
molde m. molde. **/ar** tr. moldar; adaptar; dar forma a.
moldura f. moldura, caixilho.
mole f. mole.
molécula f. molécula.
moler tr. moer.
molest/ar tr. molestar. **/ia** f. moléstia. **/o** adj. molesto.
moli/enda f. moenda. **/nero** adj. e m. moleiro.

/nillo m. molinilho. **/no** m. moinho.
molusco m. Zool. molusco.
molleja f. moela.
moment/áneo adj. momentâneo. **/o** m. momento.
mam/ia f. múmia. **/ificar** tr. mumificar.
mona f. Zool. mona, macaca; bebedeira.
monacal adj. monacal.
monada f. macacada, macaquice; coisa pequena e bonita.
monar/ca m. monarco. **/quía** f. monarquia.
monárquico adj. e m. monárquico.
monda/dientes m. palito para dentes. **/dura** f. mondadura; pl. restos, desperdícios. **/r** tr. mondar, limpar.
moned/a f. moeda. **/ero** m. porta-moedas.
monería f. macaquice; gesto gracioso das crianças; ninharia.
monetario adj. e m. monetário.
monigote m. fantoche; boneco de trapo; mamarracho.
monitor m. monitor.
monj/a f. monja, freira. **/e** m. monge, frade.
mono adj. bonito; m. Zool. mono, macaco.
monóculo adj. e m. monóculo.
monogamia f. monogamia.
monólogo m. monólogo.
monopoli/o m. monopólio. **/zar** tr. monopolizar.
monotonía f. monotonia.
monstruo m. monstro. **/so** adj. monstruoso.
monta f. montada; monta, soma; montante. **/cargas** m. elevador para cargas. **/je** m. montagem.
montaña f. montanha. **/o** so adj. montanhoso.
montar intr. e tr. montar.
monte m. monte.
monter/a f. monteira, carapuça. **/ía** f. loja onde se fazem ou vendem carapuças. **/o** m. monteiro.
montículo m. montículo.
montón m. montão; pilha.
montura f. montada, cavalgadura; arreios de um cavalo.
monument/al adj. monumental. **/o** m. monumento.
monzón amb. monção.
moño m. monho; laço de fitas; poupa.
morada f. morada, habitação.
morado adj. morado, roxo.
moral adj. e m. moral; espiritual; moralidade. **/eja** f. moral; lição; fábula. **/idad** f. moralidade. **/izar** tr. moralizar.
morar intr. morar, residir.
mórb/ido adj. mórbido. **/o** m. morbo. **/oso** adj. morboso.
morcilla f. morcela.
morda/cidad f. mordacidade. **/z** adj. mordaz. **/za** f. mordaça, açaimo.
morde/dura f. mordedura, dentada. **/r** tr. morder.
moreno adj. moreno, fusco. s. pre(ê)to.
morera f. Bot. amoreira.
morería f. mouraria, mourama.
morfin/a f. morfina. **/ómano** adj. e s. morfinó-

(ô)mano.
mori/bundo adj. e s. moribundo. **/r** intr. morrer, expirar. **/rse** r. finar-se.
moros/idad f. morosidade. **/o** adj. moroso; lento.
morr/o m. morro, monte pequeno. **/udo** adj. beiçudo; rombo.
mort/aja f. mortalha. **/al** adj. mortal. **/alidad** f. mortalidade. **/andad** f. mortandade. **/ero** m. gral, almofariz. **/ífero** adj. mortífero. **/uorio** adj. mortuório.
mosaico adj. e m. mosaico.
mosca f. Zool. mo(ô)sca. **/rdón** m. Zool. moscão, tavão; pessoa impertinente. **/tel** adj. e m. moscatel.
mosquetón m. mosquetão. **/itero** m. mosquiteiro. **/ito** m. Zool. mosquito.
mostacho m. bigode.
mostaza f. Bot. mostarda, mostadeira.
mosto m. mosto, sumo de uvas.
mostr/ador adj. mostrador; m. balcão de loja; mostrador (de relógio). **/ar** tr. mostrar. **/arse** r. manifestar-se.
mote m. mote; motejo, apo(ô)do; divisa.
motear tr. sarapintar, mosquear.
motejar tr. motejar.
motín m. motim.
motiv/ar tr. motivar. **/o** m. motivo, causa.
moto f. baliza, marco, moto. **/cicleta** f. motocicleta.
motor adj. e m. motor. **/ista** m. e f. motorista.
mov/edizo adj. movediço. **/er** tr. mover. **/ible** adj. movível.
móvil adj. móvel; movediço; m. móbil; motor.
movili/dad f. mobilidade. **/zación** f. mobilização. **/zar** tr. mobilizar.
movimiento m. movimento.
moz/a f. mo(ô)ça; criada de servir. **/albete** m. mocinho, rapazote. **/o** adj. mo(ô)ço; serviçal; recruta; moço de fretes.
mucosidad f. mucosidade, muco.
muchach/a f. rapariga. **/o** m. rapaz.
muchedumbre f. multidão.
mucho adj. e adv. muito.
muda/nza f. muda, mudança. **/r** tr. mudar.
mud/ez f. mudez. **/o** adj. e m. mudo; calado.
muela f. mó; dente molar.
muelle adj. mole, brando; m. mola; cais, embarcadoiro.
muert/e f. morte. **/o** adj. e m. morto.
muesca f. entalhe, encaixe; corte, sinal.
muestra f. amostra, mode(ê)lo. **/rio** m. mostruário.
mugir intr. mugir; bramar.
mugr/e f. imundície. **/iento** adj. sujo, engordurado.
mujer f. mulher; espo(ô)sa. **/iego** adj. mulherengo. **/il** adj. mulheril.
mula f. Zool. mula.
mulato adj. e s. mulato; trigueiro.

muleta f. muleta; apoio.
mulo m. *Zool.* mulo, macho.
multa f. multa. /r tr. multar.
múltiple adj. multíplice.
multiplica/ción f. multiplicação. /r tr. multiplicar.
multitud f. multidão.
mullido adj. afofado, abrandado; m. enchimento.
mund/ano adj. mundano. /o m. Mundo.
munici/ón f. munição. /onar tr. apetrechar; abastecer.
munici/pal adj. municipal. /pio m. município.
muñec/a f. pulso; boneca. /o m. boneco.
muñequera f. pulseira.
muñón m. co(ô)to; munhão.
mura/l adj. mural. /lla f. muralha. /r tr. murar.
murciélago m. *Zool.* morce(ê)go.
murmu/llo m. murmúrio; murmuração. /ración f. murmuração. /rar tr. murmurar; difamar.
muro m. muro, parede.
musa f. musa.
músculo m. músculo.
muselina f. musselina.
museo m. museu.
musgo m. *Bot.* musgo.
música f. música.
musitar intr. mussitar.
muslo m. coxa.
mustio adj. melancólico; murcho.
muta/bilidad f. mutabilidade. /ción f. mutação. /r tr. mutilar.
mutila/ción f. mutilação. /r tr. mutilar.
mutis m. a(c)to de retirar-se. /mo m. mutismo; silêncio.
mutu/alidad f. mutualidade. /o adj. mútuo.
muy adv. mui; muito.

nabo m. *Bot.* nabo.
nácar m. nácar.
nac/er intr. nascer; principiar. /ido adj. nascido. /iente adj. nascente; m. oriente. /imiento m. nascimento; presépio.
nación f. nação.
nacional adj. e m. nacional. /idad f. nacionalidade. /ismo m. nacionalismo. /ista m. e f. nacionalista.
nada f. e pron. nada.
nada/dor adj. e s. nadador. /r intr. nadar; fig. abundar.
nadie pron ninguém; m. pessoa insignificante.
nafta f. nafta; gasolina. /lina f. naftalina.
naipe m. naipe.
nalga f. nalga.
naranj/a f. *Bot.* laranja. /ada f. laranjada. /o m. *Bot.* laranjeira.
narciso m. *Bot.* narciso.
narc/ótico adj. e m. narcótico. /otizar tr. narcotizar.

nardo m. *Bot.* nardo.
nari/gudo adj. e m. narigudo. /z f. nariz.
narra/ción f. narração. /r tr. narrar. /tivo adj. narrativo.
nata f. nata; creme; fig. o melhor.
natal adj. natal; m. nascimento. /icio adj. natalício. /idad f. natalidade.
nativ/idad f. natividade; Natal. /o adj. e m. nativo.
natura f. natura, natureza. /l adj. e m. natural. /leza f. natureza. /lidad f. naturalidade. /lista adj. e m. e f. naturalista. /lizar tr. e r. naturalizar.
naufrag/ar intr. naufragar; fracassar. /io m. naufrágio.
náufrago adj. e s. náufrago.
náusea f. náusea.
nauseabundo adj. nauseabundo.
náutic/a f. náutica. /o adj. e s. náutico.
navaja f. navalha. /zo m. navalhada.
naval adj. naval.
nave f. navio; nave. /gable adj. navegável. /gación f. navegação. /gador adj. e s. navegador. /gante adj. e s. navegante. /gar intr. navegar.
Navid/ad f. Natal. /eño adj relativo ao tempo do Natal.
navío m. navio.
neb/lina f. neblina, nevoeiro. /uloso adj. nabuloso, nevoento.
necedad f. necedade.
neces/ario adj. necessário. /er m. esto(ô)jo com obje(c)tos de toucador. /idad f. necessidade. /itado adj. e s. necessitado; pobre. /itar tr. e intr. necessitar; exigir.
necio adj. e s. néscio.
necr/ología f. necrologia. /ópolis f. necrópole.
néctar m. néctar.
nefasto adj. nefasto.
nega/ble adj. negável. /ción f. negação. /do adj. negado; desmentido. /r tr. negar. /tiva f. negativa, negação. /tivo adj. negativo; nulo.
negligen/cia f. negligência. /te adj. e m. negligente.
negoci/able ad. negociável. /ación f. negociação. /ado m. negociado. /ante ad. e m. negociante. /ar tr. negociar; pactar. /o m. negócio.
negr/a f. negra; escrava. /ecer intr. enegrecer. /o adj. e s. negro, pre(ê)to. /ura f. negrura, negridão. /uzco adj. negrusco.
nen/a f. menina. /e m. nené, criança.
nenúfar m. *Bot.* nenúfar.
neófito m. neófito.
nepotismo m. nepotismo.
nerv/io m. nervo. /ioso adj. nervoso. /iosidad f. nervosidade. /udo adj. nervudo.
neto adj. neto, limpo.
neumático adj. pneumático; m. pneu de veículo.
neumonía f. pneumonia.
neuralgia f. neuralgia.
neurast/enia f. neurastenia. /énico adj. e m. neuraste(ê)nico.
neurótico adj. e s. neurótico.
neutr/al adj. neutral; indiferente. /alidad f. neutralidade. /alizar tr. neutralizar. /o adj. neutro.
neva/da f. nevada. /r intr. nevar.

nevera f. neveira, geleira, frigorífero.
nexo m. nexo, ligação.
ni conj. nem; também-não.
nicotina f. nicotina.
nicho m. nicho.
nido m. ninho.
niebla f. névoa, nevoeiro.
niet/a f. neta. /o m. neto.
nieve f. neve.
nihilismo m. niilismo.
ninfa f. ninfa.
nin/gún adj. nenhum. /guno adj. neuhum; nem um só.
niñ/a f. pupila; menina. /ada f. criancice, infantilidade. /era f. ama-se(ê)ca, criada que cuida dos meninos. /ería f. criancice, meninice. /ez f. infância, meninice. /o adj. e s. menino, criança.
nipón adj. e s. nipó(ô)nico, japonês.
níquel m. níquel.
nítido adj. nítido.
nivel m. nível. /ar tr. nivelar.
no adv. não.
nob/iliario adj. nobiliário. /le adj. e s. nobre; generoso. /leza f. nobreza; aristocracia.
noción f. noção; conhecimento; ide(é)ia. pl. rudimentos.
nocivo adj. nocivo.
noct/ámbulo m. e s. no(c)tâmbulo. /urno adj. no(c)turno. fig. taciturno.
noche f. noite. /buena Noite de Natal.
nombr/adía f. fama, reputação. /amiento m. nomeação, eleição. /ar tr. nomear, indicar. /e m. nome; reputação.
nómina f. nó(ô)mina; lista.
non adj. impar, fínico. m. nones. pares y —es, pares e nones; negação repetida.
nórdico adj. e s. nórdico.
noria f. nora.
norma f. norma; regra, método. /l adj. normal. /lizar tr. normalizar.
Norte m. Norte. /americano adj. e s. norte-americano.
nos pron. nós. /otros pron. pes. nós; nós outros.
nostalgia f. nostalgia, saudade.
nota f. nota; sinal; notícia. /ble adj. notável. /r tr. notar, assinalar; censurar. /rio m. notário, tabelião.
notici/a f. notícia; nota; sucesso. /ero m. noticiador, repórter.
notifica/ción f. notificação, aviso. /r tr. notificar, avisar.
nov/ato adj. e s. novato, principiante. /edad f. novidade; notícia. /el adj. e s. novel, noviço.
novel/a f. novela; fantasia. /esco adj. novelesco. /ista s. novelista.
novia f. noiva. /zgo m. noivado.
novici/ado m. noviciado. /o m. noviço.
Noviembre m. Novembro.
novill/ada f. novilhada, corrida de novilhos. /ero m. novilheiro, pastor ou toureiro de novilhos. /o s. *Zool.* novilho, bezerro.
novio m. noivo, próximo a casar-se ou recém-casado; amante.
nub/e f. nuvem. /lado m. nuvem que anuvia; nubloso. /ar tr. nublar, anuviar.

nuca f. *Anat.* nuca.
núcleo m. núcleo, centro, ponto principal.
nud/illo m. nó dos dedos. /o m. nó; laçada; enlace. /oso adj. nodoso.
nuestro pron. nosso.
nuev/a f. nova, novidade. /o adj. no(ô)vo, moderno.
nuez f. *Bot.* noz.
nul/idad f. nulidade; incapacidade. /o adj. nulo; inválido.
numer/ación f. numeração. /ar tr. numerar. /ario adj e s. numerário ;dinheiro.
número m. número; unidade.
nunca adv. nunca, jamais. /io m. núncio.
nunci/atura f. nunciatura. /o m. núncio.
nup/cial adj. nupcial. /cias f. pl. núpcias, casamento.
nutri/ción f. nutrição. /r tr. nutrir, alimentar. /tivo adj. nutritivo.

ñañ/a f. ama-se(â)ca; irmã mais velha. /o adj. e s. amimado; irmão.
ñiquiñaque m. fam. pessoa ou coisa desprezível.
ñoñ/ería f. parvoíce, patetice. /ez f. tontaria. /o adj. néscio, parvo; tímido.

o conj ou.
obceca/ción f. obcecação. /r tr. obcecar. /rse r. desvairar-se.
obed/ecer tr. obedecer. /iencia f. obediência. /iente adj. obediente.
obelisco m. obelisco.
obes/idad f. obesidade. /o adj. obeso, gordo.
obisp/ado m. bispado, diocese. /o m. bispo.
óbito m. óbito, morte.
obje/ción f. obje(c)ção. /tar tr. obje(c)tar. /tivo adj. obje(c)tivo. m. obje(c)tiva, lente; alvo, fim. /to m. obje(c)to; propósito.
oblicu/idad f. obliqüi(ü)idade. /o adj. oblíquo, inclinado, em diagonal.
obliga/ción f. obrigação; dever. /r tr. obrigar; sujeitar. /rse r. comprometer-se. /torio adj. obrigatório; necessário.
obliterar tr. obliterar, obstruir.
óbolo m. óbolo; esmola.
obr/a f. obra; trabalho; escrito literário. /ar tr. obrar; trabalhar; edificar. /ero adj. obreiro, operário.
obscen/idad f. obscenidade. /o adj. obsceno.

obscur/ecer tr. obscurecer, turvar. /idad f. obscuridade; incerteza. /o adj. obscuro, sombrio.
obsequi/ar tr. obsequiar. /o m. obséquio, dádiva. /oso adj. obsequioso; galante.
observa/ción f. observação; estudo; advertência. /dor m. observador. /nte adj. observador. /r tr. observar, examinar; advertir. /torio m. observatório.
obsesi/ón f. obsessão. /onar tr. causar obsessão.
obst/áculo m. obstáculo. /ar intr. obstar, opor-se. /inación f. obstinação. /inarse r. obstinar-se.
obstru/cción f. obstrução. /ir tr. obstruir. /irse r. fechar-se.
obten/ción f. obtenção; conquista. /er tr. obter; adquirir.
obturar tr. obturar, tapar.
obtuso adj. obtuso, rombo.
obús m. *Mil.* obus; bomba.

ocasi/ón f. ocasião. /onal adj. ocasional. /onar tr. ocasionar.
ocaso m. ocaso; decadência.
occident/al adj. ocidental. /e m. ocidente.
occip/ital adj. e s. occipital. /ucio m. occipício.
oceánico adj. oceânico.
océano m. oceano.
oci/o m. ócio. /sidad f. ociosidade. /so adj. e s. ocioso.
ocre m. ocra ou ocre.
Octubre m. Outubro.
ocul/ar adj. ocular. /ista m. e f. oftalmologista.
ocult/ar tr. ocultar; encobrir. /ismo m. ocultismo. /o adj. oculto, escondido.
ocupa/ción f. ocupação. /do adj. ocupado. /nte adj. e s. ocupante. /r tr. ocupar.
ocurr/encia f. ocorrência; pensamento agudo ou original. /ir intr. ocorrer.
och/enta adj. oitenta. /o adj. e s. oito.
oda f. ode.
odi/ar tr. odiar. /o m. ódio. /osidad f. odiosidade. /oso adj. odioso.
odontólogo m. odontólogo.
Oeste m. Oeste.
ofen/der tr. ofender; melindrar. /sa f. ofensa. /siva f. ofensiva. /sivo adj. ofensivo.
oferta f. oferta.
ofici/al adj. e m. oficial. /alidad f. oficialidade. /ar tr. oficiar. /na f. escritório. /nista m. empregado de escritório. /o m. ofício. /oso adj. oficioso.
ofrec/er tr. oferecer. /imiento m. oferecimento.
ofrenda f. oferenda. /r vt. oferendar.
ofusca/ción f. ofuscação. /miento m. ofuscamento. /r tr. ofuscar; escurecer.
oído m. ouvido.
oir vt. ouvir; escutar.
ojal m. botoeira; ilhó.
¡ojalá! interj. oxalá!
oje/ada f. olhadela. /ar vt. olhar atentamente. /ra f. olheira. /riza f. ódio, má-vontade. /te m. ilhó; ânus.
ojo m. o(ô)lho; interj. cuidado!
ol/a f. onda, vaga. /eada f. vaga; indulação. /eaje m. marulhada.

óleo m. óleo, azeite.
oler vt. cheirar; fig. suspeitar.
olfat/ear tr. farejar; indagar. /o m. olfa(c)to; fig. sagacidade.
olimpiada f. olimpíada.
olímpico adj. olímpico; altaneiro.
oliv/a f. oliveira; azeitona. /ar m. olival. /o m. Bot. aliveira.
olmo m. Bot. olmo.
olor m. olor, cheiro. /oso adj. oloroso, perfumado.
olvid/adizo adj. esquecediço. /ar vt. olvidar, esquecer. /o m. olvido, esquecimento.
olla f. panela; cozido de carnes, legumes, etc.
ombligo m. umbigo.
omi/sión f. omissão. /so adj. omisso. /tir vt. omitir.
ómnibus m. ó(ô)nibus, autocarro.
omnipoten/cia f. o(m)nipotência. /te adj. o(m)nipotente.
ond/a f. onda, vaga; ondulação. /eado m. ondeado. /ear intr. ondear; bambolear-se. /ulación f. ondulação. /ular intr. ondular; frisar.
onza f. onça.
opaco adj. opaco.
opción m. opção.
ópera f. ópera.
opera/ción f. operação. / dor adj. e s. operador. /r intr. operar; manobrar. /rio m. operário, trabalhador.
opin/ar intr. opinar. /ión f. opinião.
opio m. ópio.
oponer tr. opor.
oportun/idad f. oportunidade. /o adj. oportuno. /ismo m. oportunismo.
oposi/ción f. oposição. / tor m. opositor; competidor.
opresi/ón f. opressão. /vo adj. opressivo.
óptic/a f. ó(p)tica. /o adj. ó(p)tico; m. oculista.
optimis/mo m. o(p)timismo. /ta adj. e s. o(p)timista.
opuesto adj. oposto.
opulen/cia f. opulência. / to adj. opulento.
oración f. oração; prece.
oráculo m. oráculo.
orador m. orador.
oratori/a f. oratória; eloquência. /o m. oratório.
orbe m. orbe; globo.
órbita f. órbita.
orden m. ordem; f. mandato. /ación f. ordenação. /amiento m. ordenamento; ordem; mandato. /anza f. e m. ordenança. /ar tr. ordenar; mandar.
ordeñar tr. ordenhar, mungir.
ordina/l adj. ordinal. /rio adj. e s. ordinário; plebeu.
oreja f. orelha.
orfebre m. ourives. /ría f. ourivesaria.
orfeón m. orfeão.
orgánico adj. orgânico.
organiza/ción f. organização. /r tr. organizar.
órgano m. órgão.
orgía f. orgia.
orgullo m. orgulho. /so adj. e s. orgulhoso.
orient/ación f. orientação. /al adj. e s. oriental. /r tr. orientar. /e m. oriente.
orificio m. orifício.
orig/en m. origem. /inal adj. e s. original. /inalidad f. originalidade. /inar tr. originar. /inario adj. originário.

orill/a f. borda, beira; margem; ourela. /ar tr. concluir um assunto; aproximar-se da margem; orlar, debruar. /o m. ourela.
orín m. ferrugem; urina.
orina f. urina. /l m. bacio. /r intr. urinar, mijar.
oriundo adj. oriundo, procedente.
ornament/ar tr. ornamentar. /o m. ornamento.
ornitología f. Zool. ornitologia.
oro m. ouro ou oiro.
orquesta f. orquestra.
ortiga f. Bot. urtiga.
ortodox/ia f. ortodoxia. /o adj. e s. ortodoxo.
ortografía f. ortografia.
ortopedia f. ortopedia.
orujo m. bagaço.
orzuelo m. terço(ô)lho.
os pron. vós; vos.
osad/ía f. ousadia. /o adj. ousado.
osamenta f. ossamenta.
osar intr. ousar.
oscila/ción f. oscilação. /r intr. oscilar.
óseo adj. ósseo.
oso m. Zool. urso.
osten/sible adj. ostensível. /sivo adj. ostensivo. /tación f. ostentação. / tar tr. ostentar. /toso adj. ostentoso.
ostra f. Zool. ostra.
otoñ/al adj. outonal. /o m. Outono.
otorga/miento m. outorgamento. /r tr. outorgar.
otro adj. e s. outro.
ovaci/ón f. ovação. /onar tr. aplaudir; aclamar.
oveja f. Zool. ovelha.
óvulo m. óvulo.
oxidar tr. oxidar.
óxido m. óxido.
oxígeno m. oxigé(ê)nio.
oyente adj. e m. ouvinte.

P p

pabellón m. pavilhão.
pacer tr. pastar, pascer.
pacien/cia f. paciência. / te m. f. e adj. paciente. /zudo adj. fam. paciente.
pacifis/mo m. pacifismo. /ta adj. e s. pacifista.
pact/ar tr. pactuar. /o m. pacto.
padec/er tr. padecer. /imiento m. padecimento.
padr/astro m. padrasto. / azo m. fam. pai muito indulgente. /e m. pai; —e nuestro: Pai-nosso. /inazgo m. apadrinhamento. /ino m. padrinho. / ón m. padrão.
pagano adj. e s. pagão; m. fam. pagante.
pagar tr. pagar.
página f. página.
país m. país.
paisa/je m. paisagem. / no adj. e s. paisano, patrício; m. e f. campesino; m. paisano.
paja f. palha. /r m. palheiro.
pajarera f. aviário, passareira, gaiola.
pájaro m. Zool. pássaro.
paje m. pajem.
pala f. pá.
palabr/a f. palavra. /ería f. palavrório.

palaci/ego adj. e s. palaciano. /o m. palácio.
palad/ar m. paladar; fig. sabor. /ear tr. saborear.
palanca f. alavanca.
palangana f. bacia.
palco m. palco, camarote de teatro.
palestra f. palestra.
paleta f. pàzinha; paleta; tro(ô)lha; pá. /da f. pàzada.
paletó m. paletó.
palide/cer intr. empalidecer. /z f. palidez.
pálido adj. pálido.
palill/ero m. e f. paliteiro; m. esto(ô)jo para os palitos. /o m. palito; pauzinho; bilro.
paliza f. sova.
palma f. Bot. palma; palmito; palma de mão; pl. aplausos. /da f. palmada; pl. aplausos.
palmear tr. aplaudir.
palmera f. Bot. palmeira, tamareira.
palmo m. palmo.
palmotear tr. aplaudir.
palo m. pau.
palom/a f. Zool. pomba. /ar m. pombal. /ino m. Zool. borracho. /o m. pombo.
palpa/ble adj. palpável. /r tr. palpar, apalpar.
palpita/ción f. palpitação. /r intr. palpitar.
palúdico adj. palustre, palúdico.
pan m. pão.
pana f. bombazina.
panader/ía f. padaria. /o m. padeiro.
panadizo m. panarício ou panariz.
panal m. panal.
páncreas m. pâncreas.
pandero m. pandeiro.
pandilla f. liga, união; pandilha; grupo de pessoas.
panel m. painel.
panorama m. panorama.
pantal/ón m. calça ou calças.
pantan/o m. pântano. /so adj. pantanoso.
panteón m. panteão.
pantera f. Zool. pantera.
pantomima f. pantomima.
pantorrilla f. pantorrilha.
pantufla f. pantufa.
panz/a f. pança, barriga. /udo adj. pançudo.
pañ/al m. cueiro, fralda. /o m. pano. /uelo m. lenço.
papal adj. papal.
papa/nata m. fig. simplório. /rrucha f. farsa; boato falso.
papel m. papel; personagem. /eo m. remeximento de papéis. /era papeleira. /ería f. papelaria. /eta f. papeleta.
papista adj. e s. papista.
papo m. papo.
paque/bote m. peque(ê)te, navio. /te m. pacote, embrulho.
par adj. e m. par.
para prep. para.
parabién m. parabém.
parábola f. parábola.
parabrisas m. pára-brisa.
paraca/ídas m. pára-quedas. /idista m. pára-quedista.
parad/a f. parada; paragem. /ero m. paradeiro. /o adj. parado; demorado; desempregado.
parafina f. parafina.
paraguas m. guarda-chuva.
paraíso m. paraíso.
paralelo adj. e m. paralelo.

parálisis f. paralisia.
paral/ítico adj. e m. paralítico. /izar tr. paralizar.
paraninfo m. paraninfo.
parapet/arse intr. parapeitar-se; precaver-se. /o m. parapeito.
parar tr. parar deter; encalhar.
pararrayos m. pára-raios.
parásito adj. e s. parasita.
parasol m. pára-sol; umbela.
parcela f. parcela.
parcial adj. parcial. /idad f. parcialidade.
parco adj. parco, moderado.
parche m. parche.
pard/al m. Zool. pardal, pintarroxo; leopardo; fig. homem velhaco e astuto. /o adj. pardo; m. Zool. leopardo. /usco adj. pardusco.
parec/er m. parecer; intr. aparecer. /erse vr. assemelhar-se. /ido m. semelhança, parecido; m. semelhante.
pared f. parede. /ón m. paredão.
parej/a f. parelha; par. /o adj. parelho, semelhante.
parent/ela f. parentela. /sco m. parentesco.
paréntesis m. parêntese.
paria m. pária.
pariente adj. e s. parente.
parihuela m. padiola.
parir tr. parir, dar à luz; produzir.
parlament/ar intr. parlamentar. /ario adj. e s. parlamentário. /o m. parlamento.
paro m. paragem; interrupção; desempra(ê)go.
parodia f. paródia. /r tr. parodiar.
párpado m. pálpebra.
parque m. parque.
parquedad f. moderação, austeridade.
parra f. parreira, ce(ê)pa.
párrafo m. parágrafo.
parricid/a m. parricida. /io m. parricídio.
parrilla f. grelha.
párroco m. pároco.
parroquia f. paróquia, freguesia. /l adj. paroquial. /no adj. e s. paroquiano; freguês.
parte f. parte; comunicação; m. mensagem.
partera f. parteira.
parti/ble adj. partível. / ción f. partição.
participa/ción f. participação; parte. /nte adj. e m. participante. /r intr. e tr. participar; colaborar.
partícipe adj. e s. partícipe, participante.
partícula f. partícula.
particular adj. e m. particular; individual. /izar tr. particularizar; vr. distinguir-se.
partida f. partida; certidão de registro civil; guerrilha; cada uma das parcelas de uma conta. /rio adj. e s. partidário.
parti/do adj. e m. partido; rachado; vantagens. /r tr. partir.
part/o m. parto. /urienta adj. e s. parturiente.
pasa f. passa.
pasable adj. passável; mediano.
pasad/a f. passagem, passadio. /ero adj. passável; aceitável. /izo m. passadouro. /o adj. passado; m. o passado. /or adj. e s. passa-

dor; fecho, ferro(ô)lho; coador; alfine(ê)te de gravata; gancho para o cabelo.
pasaje m. passagem; conjunto de passageiros. /ro adj. e s. passageiro; transitório; breve.
pasaporte m. passaporte.
pasar tr. passar; omitir; coar.
Pascua f. Páscoa; pl. Natal; como unas—s, muito alegre. /l adj. pascoal.
pase m. passe; licença por escrito. /ar intr. passear. /o m. passeio.
pasillo m. corredor.
pasión f. paixão.
pasiv/idad f. passividade. /o adj. e m. passivo.
pasm/ar tr. enregelar; ficar admirado; desmaiar. /o m. esfriamento; pasmo, admiração. /oso adj. pasmoso.
paso adj. passada; m. passo; passada.
pasta f. pasta; massa.
pastar tr. pastar; pascer.
pastel m. pastel, bo(ô)lo; empada; tramóia. /ería f. pastelaria. /ero m. pasteleiro.
pasterizar tr. pasteurizar.
pastilla f. pastilha.
past/izal m. pastio, pasto. /o m. pasto. /or m. pastor. /oral adj. pastoral; pastoril; f. pastoral. /orear tr. pastorear, apascentar. /oril adj. pastoril.
pastoso adj. pastoso; viscoso; saburroso.
pata f. pata fam. perna. /da f. patada. /lear intr. espernear, patear. /leo m. pateada. /leta f. chilique.
patata f. Bot. batata.
patear tr. patear; reprovar.
paten/tar tr. patentear. te adj. patente; f. cartapatente. /tizar tr. patentear, evidenciar.
patern/al adj. paternal. /idad f. paternidade. /o adj. paterno.
patético adj. patético.
patíbulo m. patíbulo.
patilla f. patilhas.
patín m. patim.
patinar intr. patinar.
patio m. pátio.
pato m. Zool. pato.
patología f. patologia.
patri/a f. pátria. /arca f. patriarca. /cio adj. e m. patrício. /monio m. patrimó(ô)nio. /ota m. patriota. /ótico adj. patriótico. /otismo m. patriotismo.
patrocin/ar tr. patrocinar. /io m. patrocínio.
patrón m. patrão; padroeiro; patrono.
patrulla f. patrulha. /r intr. patrulhar.
pausa f. pausa; descanso. /do adj. pausado.
pauta f. pauta.
paviment/ación f. pavimentação. /ar pavimentar. /o m. pavimento.
pavo m. Zool. pavo; fig. homem tolo; — real, pavão. /near intr. pavonear.
pavor m. pavor. /oso adj. pavoroso.
payaso m. palhaço.
payo adj. e s. capó(ô)nio.
paz f. paz.
pazo m. paço, palácio.
peaje m. peagem.
peana f. peanha, base;

supedâneo.
peatón m. peão.
peca f. sarda. **/ble** adj. pecável. **/do** m. pecado. **/dor** adj. e s. pecador. **/minoso** adj. pecaminoso. **/r** intr. pecar.
pecera f. aquário.
pecoso adj. sardento.
pectoral adj. e m. peitoral.
peculiar adj. peculiar. **/idad** f. peculiaridade.
pech/o m. peito; valor. **/uga** f. peituga.
pedag/ogía f. pedagogia. **/ógico** adj. pedagógico. **/ogo** m. pedagogo.
pedal m. pedal.
pedante adj. e s. pedante. **/ría** f. pedanteria.
pedazo m. pedaço.
pedestal m. pedestal; fundamento.
pedestre adj. pedestre.
pedicuro m. pedicuro.
pedi/do m. pedido, tributo. **/güeño** adj. e s. pedinchão. **/r** tr. pedir; perguntar; mendigar; orar.
pedo m. peido.
pedr/ada f. pedrada. **/ea** f. apedrejamento; saraivada. **/egal** m. pedregal. **/egoso** adj. pedregoso. **/ería** f. pedraria. **/isco** m. pedrisco.
pega f. pegamento, pegadura; breadura. **/dizo** adj. pagadiço; contagioso. **/joso** adj. pagajoso; contagioso. **/r** tr. pegar; grudar; contagiar; esturrar.
pein/ado adj. e m. penteado. **/r** tr. pentear. **/e** m. pente. **/eta** f. pente convexo usado como ado(ô)rno.
pela/dilla f. amêndoa confitada. **/do** adj. pelado; liso. **/dura** f. peladura. **/gatos** m. fam. bomem pobre e desprezível. **/je** m. pelagem. **/mbre** m. pelame, courama; pelada. **/r** tr. pelar; descascar; depenar; esfolar.
película f. película; filme.
peligr/ar intr. perigar. **/o** m. perigo. **/oso** adj. perigoso.
pelirrojo adj. ruivo.
pelo m. pêlo, cabelo; penugem; fiapo.
pelot/a f. pelota, bola; **en —,** em pelote, nu. **/azo** m. pelotada. **/illa** f. bolinha de ce(ê)ra, guarnecida de pontas de vidro; **hacer la —,** adular. **/ón** m. pelotão.
peluca f. peluca.
peludo adj. peludo; m. capacho.
peluquer/a f. cabeleireira. **/ía** f. salão de cabeleireiro, barberia. **/o** m. cabaleireiro.
pellejo m. pele; odre; borracho.
pelliza f. peliça.
pellizc/ar tr. beliscar; depenicar. **/o** m. beliscadura; estorcegada.
pena f. pena; aflição.
penacho m. penacho.
penal adj. penal; m. penitenciária. **/idad** f. penalidade.
penar tr. punir; magoar; intr. penar, padecer; afligir-se.
pender intr. pender.
pendiente adj. pendente; suspenso; m. brinco; f. ladeira; inclinação.
pendón m. pendão.
péndulo adj. pendente; m. pêndulo.
penetra/ción f. penetração. **/nte** adj. penetrante. **/r** tr. penetrar.
penicilina f. penicilina.
península f. península.
peniten/cia f. penitência. **/ciaría** f. penitenciária. **/te** adj. e s. penitente.
penoso adj. penoso.
pensa/do adj. pensado, meditado. **/miento** m. pensamento. **/r** tr. pensar. **/tivo** adj. pensativo.
pensi/ón f. pensão. **/onar** tr. pensionar. **/onista** m. e f. pensionista.
pent/ágono m. pentágono. **/ecostés** m. Pentecostes.
penúltimo adj. e s. penúltimo.
penumbra f. penumbra.
penuria f. penúria.
peñ/a f. penha, penedo; associação, grupo de amigos. **/asco** m. penhasco. **/ascoso** adj. penhascoso. **/ón** m. penha grande.
peón m. peão; jornaleiro; pião.
peonaje m. peonagem.
peor adj. pior.
pequeñ/ez f. pequenez; meninice; bagatela; mesquinhez. **/o** adj. pequeno; m. menino.
pera f. *Bot.* pêra. **/l** *Bot.* pereira.
percance m. percalço; contrariedade.
perc/atar intr. precatar, prevenir. **/epción** f. percepção. **/ibir** tr. perceber.
percu/sión f. percusão. **/tir** tr. percutir.
percha f. percha; cabide.
perd/er tr. perder. **/ición** f. perdição.
pérdida f. perda; desaparecimento.
perdido adj. perdido.
perdig/ón m. *Zool.* perdigo(ô)to; perdigão; grão de chumbo, munição. **/uero** adj. perdigueiro.
perdiz f. *Zool.* perdiz.
perdón m. perdão.
perdona/r tr. perdoar. **/vidas** m. fanfarrão.
perdura/ble adj. perdurável. **/r** intr. perdurar.
perece/r intr. perecer.
peregrin/ación f. peregrinação. **/ar** intr. peregrinar. **/o** adj. e s. peregrino.
perenne adj. perene.
perez/a f. preguiça. **/oso** adj. e s. preguiçoso.
perfec/ción f. perfeição. **/cionar** tr. aperfeiçoar. **/to** adj. perfeito.
perfidia f. perfídia.
pérfido adj. e s. pérfido.
perfil. m. perfil. **/ar** tr. perfilar.
perfora/ción f. perfuração. **/r** tr. perfurar, esburacar.
perfum/ar tr. perfumar. **/e** m. perfume. **/ería** f. perfumeria.
pergamino m. pergaminho.
pericia f. perícia.
perímetro m. perímetro.
periódico adj. e m. periódico.
periodis/mo m. periodismo, jornalismo. **/ta** m. periodista, jornalista.
período m. período.
periscopio m. periscópio.
perito adj. e s. perito.
perju/dicar tr. prejudicar. **/dicial** adj. prejudicial. **/icio** m. prejuízo.
perjur/ar intr. perjurar. **/io** m. perjúrio. **/o** adj. e s. perjuro.
perla f. pérola.
permane/cer intr. permanecer. **/ncia** f. permanência. **/nte** adj. permanente.
permi/sible adj permissível. **/sión** f. permissão. **/so** adj. permitido; m. licença, consentimento. **/tir** tr. permitir.
permuta f. permuta. **/ción** f. permutação. **/r** tr. permutar.
pernicioso adj. pernicioso.
perno m. perno.
pernoctar tr. pernoitar.
pero conj. porém, mas.
peroración f. peroração.
perpendicular adj. e f. perpendicular.
perpetu/ar tr. perpetuar. **/idad** f. perpetuidade. **/o** adj. perpétuo.
perplej/idad f. perplexão, perplexidade. **/o** adj. perplexo.
perr/a f. *Zool.* cadela. **/era** f. canil. **/ería** f. canzoada; fig. canalhice. **/o** m. *Zool.* cão.
perse/cución f. persecução, perseguição. **/guir** tr. perseguir; molestar.
persevera/ncia f. perseverança. **/r** intr. perseverar, persistir.
persiana f. persiana, gelosia.
persist/encia f. persistência. **/ente** adj. persistente. **/ir** intr. persistir.
person/a f. pessoa. **/aje** m. personagem. **/al** adj. pessoal. **/alidad** f. personalidade. **/arse** vr. apresentar-se pessoalmente. **/ificar** tr. personificar.
perspectiva f. perspe(c)tiva.
perspica/cia f. perspicácia. **/z** adj. perspicaz.
persua/dir adj. persuadir. **/sión** f. persuasão. **/sivo** f. persuasivo.
pertene/cer intr. pertencer. **/ncia** f. pertença.
pértiga f. pértiga ou pírtiga.
pertina/cia f. pertinácia, teimosia. **/z** adj. pertinaz; duradouro.
pertinen/cia f. pertinência. **/te** adj. pertinente.
pertrech/ar tr. petrechar. **/os** m. pl. petrechos.
perturba/ción f. perturbação. **/r** tr. perturbar.
perver/sidad f. perversidade. **/sión** f. perversão. **/so** adj. e s. perverso. **/tir** tr. perverter.
pesad/ez f. pesadume; teimosia. **/illa** f. pesadelo. **/o** adj. pesado; maçador.
pesadumbre f. pesadume.
pésame m. pêsame, condolência.
pesar m. pesar, desgo(ô)sto. tr. e intr. pesar; ponderar. **/oso** adj. pesaroso.
pesca f. pesca. **/dería** f. peixaria. **/dero** m. peixeiro. **/do** m. pescado, peixe. **/dor** adj. e s. pescador. **/r** tr. pescar.
pesebre m. pesebre.
pescuezo m. pescoço.
peseta f. peseta; **cambiar la —,** vomitar.
pesimis/mo m. pessimismo. **/ta** adj. e s. pessimista.
pésimo adj. péssimo.
peso m. pe(ê)so.
pesquería f. pescaria.
pesquisa f. pesquisa.
pestañ/a f. pestana. **/ear** intr. pestanejar. **/eo** m. pestanejo.
peste f. peste.
pestilen/cia f. pestilência. **/te** adj. pestilente.
pestillo m. pestilo, fecho.
petaca f. charuteira, tabaqueira.
pétalo m. *Bot.* pétala.
petición f. petição.
petitorio adj. petitório; m. petição.
pétreo adj. pétreo.
petrifica/ble adj. petrificável. **/ción** f. petrificação. **/r** tr. petrificar.
petróleo m. petróleo.
petulan/cia f. petulância. **/te** adj. e s. petulante.
pez m. *Zool.* peixe; f. pez.
pezón m. *Bot.* pedículo; mamilo, bico do peito; chavelha.
pezuña f. úngula.
piadoso adj. piedoso.
piano m. piano.
piar intr. piar, chiar.
pica f. pique; garrocha de tourear. **/cho** m. pico, cume. **/da** f. picada, picadela. **/dero** m. picadeiro. **/dillo** m. picado. **/do** adj. picado; furado; m. picado; diz-se do mar encrespado; diz-se da pessoa irritada. **/dor** m. picador. **/dura** f. picada, picadura; picadilho, tabaco picado; princípio de cárie. **/nte** adj. picante; m. pico, acidez; fig. graça, chiste; pimenta. **/pedrero** m. canteiro, pedreiro. **/porte** m. picaporta, aldava; trinco. **/r** tr. picar; farpear; estimular; comichão. **/rse** vr. ressentir-se.
picar/día f. picardia. **/esco** adj. picaresco.
picazón m. comichão; fig. desgo(ô)sto.
pico m. bico; picareta; pico; fig. verbosidade. **/ta** f. pelourinho, picota; pico(ô)to. **/tazo** m. bicada, picada. **/tear** tr. bicar, picar; fam. tagarelar.
pictórico adj. pictórico.
pie m. pé; base.
piedad f. piedade.
piedra f. pedra.
piel f. pele; couro.
pienso m. penso.
pierna f. perna.
pieza f. peça.
pigmeo adj. e s. pigmeu.
pignora/ción f. penhora. **/r** tr. penhorar, empenhar.
pijama m. pijama.
pila f. pia; pilha; montão. **/r** m. bebedouro; baliza; pilar, coluna; fig. esteio; tr. pilhar, descascar, pisar no gral. **/stra** f. pilastra.
píldora f. pílula.
pilón m. pia grande; tanque; pilão.
pilot/aje m. pilotagem. **/o** m. pilo(ô)to.
pill/aje m. pilhagem. **/ar** tr. pilhar, furtar. **/astre** m. fam. malandro. **/o** adj. e s. velhaco.
pim/entón m. pimentão. **/ienta** f. *Bot.* pimenta. **/iento** m. *Bot.* pimenteiro; pimento.
pináculo m. pináculo.
pinar m. pinhal.
pincel m. pincel. **/ada** f. pincelada; retoque.
pincha/r tr. picar; furar; estimular. **/zo** m. picada; alfinetada.
pinche m. mirmidão, ajudate de cozinheiro.
pino m. *Bot.* pinheiro. **/so** adj. pinífero.
pinta f. pinta, mancha. **/do** adj. pintado. **/r** tr. pintar.
pintor m. pintor. **/esco** adj. pintoresco.
pinzas f. pl. pinças.
piñ/a f. *Bot.* pinha; ananás. **/ón** m. *Bot.* pinhão; carre(ê)te, pequena roda dentada.
pío adj. pio, devoto; compassivo.
piojo m. *Zool.* piolho. **/so** adj. piolhoso.
piorrea f. piorre(ê)ia.
pipa f. pipa, tonel; cachimbo.
piqueta f. picareta.
pira f. pira.
piragua f. piroga.
pirámide f. pirâmide.
pirat/a m. pirata. **/ear** intr. piratear. **/ería** f. pirateria.
pirenaico adj. e s. pirenaico.
pirop/ear tr. dizer galanteios, requebrar. **/o** m. reque(ê)bro, lisonja.
pirotecnia f. pirotecnia.
piscina f. piscina.
piso m. soalho; andar; pavimento.
pisot/ear tr. calcar, pisar, ofender. **/eo** m. pisadela; calcadura. **/ón** m. pisadela.
pista f. pista.
pistol/a f. pistola. **/era** f. coldre. **/ero** m. pistoleiro.
pistón m. ãmbolo, pistão.
pitar intr. apitar.
pitill/era f. cigarreira. **/o** m. cigarro de papel.
pito m. apito, assobio.
pitonisa f. pitonisa.
pizarra f. ardósia, piçarra; quadro pre(ê)to.
pizca f. pisca, bocadinho, migalha.
placa f. placa, chapa.
pláceme m. felicitação, parabém.
place/ntero adj. prazenteiro. **/r** m. e tr. prazer; m. parcel.
plácido adj. plácido.
plaga f. praga. **/r** tr. encher de pragas; infestar.
plagi/ar tr. plagiar. **/o** m. plágio.
plan m. plano; proje(c)to.
plana f. página, lauda; planície.
plancha f. plancha, lâmina; fig. e(ê)rro ridículo.
planchar tr. passar a ferro, engomar.
planear tr. planear, planejar.
planeta m. plane(ê)ta. **/rio** adj. planetário.
planicie f. planície.
plano adj. plano; liso; fig. fácil; m. superfície plana; plano.
plant/a f. planta; plano; plantação; **— baja,** rés-do-chão. **/acinó** f. plantação. **/ar** tr. plantar; fixar. **/eamiento** m. delineamento; proposta. **/ear** tr. delinear; propor. **/el** m. viveiro. **/illa** f. palmilha de sapato; quadro de pessoal; molde. **/ón** m. rebentão.
plañi/do m. pranto, lamento. **/r** tr. carpir, chorar.
plasmar tr. plasmar.
plata f. prata.
plataforma f. plataforma.
plátano m. *Bot.* plátano; bananeira; banana.
plate/a f. plate(é)ia. **/ado** adj. prateado. **/ar** tr. pratear. **/ría** f. ourivesaria. **/ro** m. ourives; prateador.
plática f. palestra, conversa; prática.
platicar tr. conversar, palestrar.
platillo m. pratinho; prato de balança; guisado de carne.
plato m. prato.
playa f. praia.
plaza f. praça.
plazo m. prazo.

pleamar f. pre(i)a-mar.
plebe f. plebe. /yo adj. e s. plebeu.
plega/ble adj. pregueável, dobradiço. /dizo adj. dobradiço, flexível. /r tr. dobrar; preguear.
plegaria f. prece, rogativa.
pleit/ear tr. pleitear. /o m. pleito.
plen/ario adj. plenário. /ilunio m. plenilúnio. /ipotenciario adj. e s. plenipotenciário. /itud f. plenidão, plenitude, totalidade. /o adj. e m. pleno.
plieg/o m. fo(ô)lha de papel; caderno. /ue m. dobra, vinco.
plom/ada f. prumo, sonda. /ar tr. chumbar. /izo adj. plúmbeo. /o m. chumbo; fig. pessoa maçadora.
plum/a f. pluma, pena. /aje m. plumagem.
plumero m. espanador; penacho.
plural adj. e m. plural. /idad f. pluralidade. /izar tr. pluralizar.
plus m. gratificação extraordinária.
pobla/ción f. povoação; /cho m. povoado reles. /do m. povoado. /r tr. povoar.
pobre adj. e s. pobre. /tón adj. e s. pobretão. /zar f. pobreza.
pocilga f. pocilga.
poción f. poção.
poco adj. adv. e m. pouco.
poda f. poda, podadura. /dera f. podadeira. /r tr. podar.
poder m. e tr. poder. /ío m. poderio. /oso adj. e s. poderoso.
podredumbre f. podridão.
poe/ma m. poema. /sía f. poesia. /ta m. poeta. /tastro m. poetastro, poetaço.
poeti/sa f. poetisa. /zar tr. poetizar.
polaina f. polaina.
polar adj. polar.
polea f. polé, roldana.
polémic/a f. polé(ê)mica. /o adj. polé(ê)mico.
polen m. Bot. pólen.
polic/ía f. e m. polícia. /íaco adj. policial.
polígamo adj. e s. polígamo.
poligloto adj. e s. poligloto.
polígono adj. e m. poligonal, polígono.
polilla f. traça.
poliomielitis f. poliomielite.
polític/a f. política. /o adj. e s. político.
póliza f. apólice; estampilha fiscal.
polizón m. vagabundo, vadio; pessageiro clandestino.
polo m. pólo.
polv/areda f. poeirada. /o m. pó, poeira.
pólvora f. pólvora.
polvor/iento. poeirento. /in m. polvorim.
poll/a f. franga; fig. mocinha. /ería f. aviário, mercado ou loja de frangos. /ino m. burrico. /o m. frango. /uelo m. pintainho.
pomada f. pomada.
pomp/a f. pompa. /oso adj. pomposo.
ponderá/ble adj. ponderável. /ción f. ponderação. /r tr. ponderar.
pone/dero m. poedouro ou poedoiro. /r tr. pôr.
poniente m. poente.
pont/ificado m. pontifica-

do. /ifical adj. e m. pontifical. /ífice m. pontífice. /ificio adj. pontifício.
pontón m. pontão.
popa f. po(ô)pa.
popul/acho m. populacho, ralé. /ar adj. popular. /aridad f. popularidade. /arizar tr. popularizar.
por prep. por.
porcelana f. porcelana.
porcentaje m. percentagem.
porción f. porção.
porche m. cobertiço, alpendre.
pordiose/ar intr. mendigar; pedir com humildade. /o m. mendicidade. /ro adj. e s. mendigo.
porf/ía f. porfia. /iado adj. e s. porfiado. /iar intr. porfiar.
pormenor m. pormenor.
pornogr/afía f. pornografia. /áfico adj. pornográfico.
poro m. poro. /sidad f. porosidade. /so adj. poroso.
porque conj. porque.
porqué m. fam. porquê.
porra f. cachamorra, cace(ê)te. /da f. cachamorrada, cacetada. /zo m. cacetada, pancada.
porrón m. vasilha de vidro com um gargalo compˈrido para beber vinho.
portaaviones m. porta-aviões.
port/ada f. portada, frontispício; fachada. /ador adj. e s. portador; possuidor. /al m. portal. /a-lámparas m. porta-lâmpadas. /amonedas m. porta-moedas. /ar tr. levar, trazer. /arse vr. comportar-se. /átil adj. portátil. /avoz m. portavoz. /azgo m. portagem. /azo m. ruído de uma porta quando bate; a(c)ção de bater a porta na cara delguém. /e m. porte; comportamento.
porter/ía f. porteria; empre(ê)go de porteiro. /o adj. e s. porteiro; guarda-re(ê)de.
pórtico m. pórtico.
porvenir m. porvir.
pos prep. pós, detrás, depois.
posad/a f. moradia, morada, casa; pousada; hospedagem. /eras f. pl. nalgas /ero m. estalajadeiro, hospedeiro; assento.
posar intr. pousar; alojar-se; descansar, repousar.
posdata f. pós-escrito.
pose/edor adj. e s. possuidor. /er tr. possuir. /ído adj. possuído; possesso. /sión f. possessão, posse. /sivo adj. possessivo.
posib/ilidad f. possibilidade. /ilitar tr. possibilitar. /ble adj. possível.
posición f. posição.
positivo adj. positivo.
poso m. sedimento, bo(ô)rra; descanso.
posponer tr. pospor; postergar.
post/al adj. postal; f. bilhete postal. /e m. poste.
poster/gar tr. postergar. /idad f. posteridade. /ior adj. posterior.
postigo m. postigo.
postín m. vaidade, presunção.
postizo adj. postiço; m. chinó, peruca.
postra/ción f. postração. /r tr. postrar.
postre m. sobremesa.
postula/ción f. postula-ção. /do adj. e m. postu-

lado. /r tr. postular.
póstumo adj. póstumo.
postura f. postura; conve(ê)nio.
potable adj. potável.
pote m. pote; vaso para flo(ô)res.
poten/cia f. potência. /tado m. potentado. /te adj. potente.
potesta/d f. potestade. /tivo adj. facultativo.
potr/anca f. potranca, poldra. /o m. Zool. potro.
pozo m. moço.
práctica f. prática.
practica/nte adj. e m. praticante; enfermeiro; ajudante de farmácia ou de médico. /r tr. praticar.
prad/era f. pradaria. /o m. prado.
preámbulo m. preâmbulo.
prebenda f. prebenda.
precario adj. precário.
precaución f. precaução.
precaver tr. precaver. /se vr. acautelar-se.
precede/ncia f. precedência. /nte adj. e m. precedente. /r tr. preceder.
preces f. pl. preces.
precia/do adj. prezado, precioso. /r tr. apreciar. /rse vr. envaidecer-se.
precintar tr. precintar, atar.
precio m. preço.
precios/idad f. preciosidade. /o adj. precioso.
precip/icio m. precipício. /itación f. precipitação. /itado adj. e m. precipitado. /itar tr. precipitar, acelerar.
precis/ar tr. precisar. /íón f. precisão. /o adj. preciso; conciso.
precitado adj. pré-citado.
precocidad f. prococidade.
preconizar tr. preconizar.
precoz adj. precoce.
precursor adj. e s. precursor.
predecesor m. predecessor.
predecir tr. predizer.
predestina/ción f. predestinação. /do adj. e s. predestinado. /r tr. predestinar.
predica/ble adj. predicável. /ción f. predicação. /dor adj. e s. predicador. /r tr. predicar, pregar; admoestar.
predicción f. predição.
predilec/ción f. predile(c)ção. /to adj. predile(c)to.
predomin/ar tr. predominar. /io m. predomínio.
preexistir intr. preexistir.
prefacio m. prefácio.
prefecto m. prefeito.
prefer/encia f. preferência; eleição. /ible adj. preferível. /ir tr. preferir; escolher.
prefijo adj. e m. prefixo.
preg/ón m. pregão. /onar tr. apregoar.
pregunt/a f. pergunta. /r tr. perguntar.
preju/icio m. prejulgamento; preconceito, opinião anticipada. /zgar tr. prejulgar.
prelado m. prelado.
preludio m. prelúdio.
premedita/ción f. premeditação. /r tr. premeditar.
premi/ar tr. premiar. /o m. pre(ê)mio. /oso adj. premente; importuno; estreito.
premisa f. premissa; fig. sinal, vestígio.
prenda f. prenda, penhor; jóia; presente; qualquer das partes do vestuário ou calçado. /r tr. pe-

nhorar; agradar; enamorar-se.
prende/r tr. prender; enredar-se uma coisa noutra; pegar. /ría f. loja de adelo.
prensa f. prensa; imprensa. /r tr. prensar.
preñ/ada adj. prenhada. /ado adj. prenhe; cheio, carregado. /ar tr. engravidar. /ez f. prenhez; fig. confusão.
preocup-acinó, f. preocupação. /r tr. preocupar.
prepara/ción f. preparação. /r tr. preparar; aprontar. /rse vr. ataviar-se. /tivo m. preparativo. /torio adj. preparatório.
prepondera/ncia f. preponderância. /r intr. preponderar.
prerrogativa f. prerrogativa.
presa f. pre(ê)sa; acéquia; açude; talhada, fatia.
presagi/ar tr. pressagiar. /o m. presságio.
presb/iteriano adj. e s. presbiteriano ou presbiteriano. /ítero m. presbítero; capela-mor; reunião dos presbíteros.
prescindir tr. prescindir.
prescri/bir tr. prescrever. /pción f. prescrição; preceito; receita.
presen/cia f. presença. ? ciar tr. presenciar; observar. /table adj. apresentável. /tación f. apresentação. /tar tr. apresentar; dar. /te adj. e m. presente.
presenti/miento m. pressentimento. /r tr. pressentir; antecipar.
preserva/ción f. preservação. /r tr. preservar. /tivo adj. e m. preservativo; defesa.
presiden/cia f. presidência. /te adj. e s. presidente.
presidi/ario m. presidiário. /o m. presídio. /r tr. presidir; predomiar.
presilla f. presilha.
presión f. pressão.
preso adj. e s. pre(ê)so.
prestación f. empréstimo; prestação.
préstamo m. empréstimo.
prestar tr. emprestar; ajudar; vr. oferecer-se.
presteza f. presteza.
prestidigita/ción f. prestidigitação. /dor m. prestidigitador.
prestigio m. prestígio. /so adj. prestigioso.
presto adj. e adj. presto.
presumi/do adj. e s. presumido, vaidoso. /r tr. presumir.
presup/oner tr. pressupor. /osición f. pressuposição. /uesto m. pressuposto; m. motivo; suposição; orçamento.
preten/der tr. pretender. /diente adj. e s. pretendente; candidato. /sión f. pretensão; vaidade.
pretérito adj. Gram. pretérito; passado.
pretexto m. pretexto.
pretil m. parapeito, varandim; lugar plano.
prevalecer intr. prevalecer; valer-se ou servir-se de uma coisa.
preven/ción f. prevenção. /ido adj. prevenido; abundante. /ir tr. prevenir. /tivo adj. preventivo.
prever tr. prever.
previo adj. prévio.
previs/ión f. previsão. /or adj. e s. previdente; prudente.
prim/a f. prima; luvas,

gratificação. /acía f. primazia. /ario adj. primário.
primavera f. Primavera /l adj. primaveral.
primer/o adj. primeiro. /izo adj. e s. novato, principiante. /o adj. e adv. primeiro.
primicia f. primícia.
primitivo adj. primitivo.
primo adj. e s. primo. / génito adj. e s. primogé(ê)nito.
primor m. primor. /dial adj. primordial. /oso adj. primoroso.
princ/esa f. princesa. /ipado m. principado. /ipal adj. e m. principal.
príncipe adj. e m. príncipe.
principi/ante; inexperto. / ar tr. principiar; começar. /o m. princípio.
prior m. prior. /a f. prioresa. /idad f. prioridade.
prisa f. pressa.
prisi/ón f. prisão. /onero m. prisioneiro.
priva/ción f. privação. / do adj. e m. privado. /nza f. privança. /r tr. privar. /tivo adj. privativo.
privilegi/ado adj. privilegiado. /ar tr. privilegiar. /o m. privilégio.
pro amb. prol, proveito. en —, em favor de.
proa f. proa.
probab/ilidad f. probabilidade. /le adj. provável.
proba/ción f. prova; provação. /dura f. provadura. /nza f. provação /r tr. provar.
problem/a m. problema. /ático adj. problemático.
proca/cidad f. procacidade /z adj. procaz, procace.
proced/encia f. procedência. /er intr. e m. proceder. /imiento m. procedimento.
procesa/do adj. e m. processado. /l adj. processamento. /r tr. processar.
procesión f. procissão, procedência; procissão.
proceso m. processo.
proclama f. proclama, proclama, proclamação. /r tr. proclamar.
procura f. procuração, mandato; procuradoria. /dor adj. e s. procurador. /r tr. procurar.
pródigo adj. pródigo.
produc/ción f. produção. /ir tr. produzir. /tividad f. produtividade. /tivo adj. produtivo. /to m. produto.
proeza f. proeza.
profan/ación f. profanação. /ador adj. e s. profanador. /ar tr. profanar. /idad f. profanidade. /o adj. e s. profano.
profecía f. profecia.
proferir tr. proferir.
profes/ar tr. professar. /ión f. profissão; ocupação. /ional adj. e s. professional. /o adj. professo. /or m. professor.
profeta m. profeta.
profilácti/ca adj. e m. profila(c)tico.
prófugo adj. e s. prófugo.
profund/idad f. profundidade. /izar tr. profundar; investigar. /o adj. profundo.
profus/ión f. profusão. /o

adj. profuso.
progeni/e f. progé(ê)nie; linhagem. **/tor** m. progenitor.
programa m. programa.
progres/ar intr. progredir, avançar. **/ión** f. progressão; progresso. **/ivo** adj. progressivo. **/o** m. progresso.
prohibi/ción f. proibição. **/r** tr. proibir.
prohijar tr. perfilhar.
prójimo m. próximo; semelhante.
prole f. prole. **/tario** adj. e s. proletário.
prólogo m. prólogo.
prolonga/ble adj. prolongável. **/ción** f. prolongação. **/r** tr. prolongar.
prome/sa f. promessa. **/ter** tr. prometer. **/tido** adj. prometido; m. noivo.
prominen/cia f. prominência. **/te** adj. proeminente.
promoción f. promoção.
promontorio m. promontório.
promo/tor adj. e s. promotor; fomentador. **/ver** tr. promover; fomentar.
promulga/ción f. promulgação. **/dor** adj. e s. promulgador. **/r** tr. promulgar; propagar.
pronóstico m. prognóstico.
pront/itud f. prontidão. **/o** adj. pronto, veloz; impulso repentino.
pronuncia/ción f. pronunciação. **/miento** m. pronunciamento. **/r** tr. pronunciar.
propaga/ción f. propagação. **/dor** adj. e s. propagador. **/nda** f. propaganda. **/r** tr. propagar.
propici/ar tr. propiciar. **/o** adj. propício.
propie/dad f. propriedade. **/tario** adj. e s. proprietário.
propina f. gorjeta, propina, gratificação.
propio adj. próprio.
proponer tr. propor; oferecer.
proporci/ón f. proporção. **/onar** tr. proporcionar.
proposición f. proposição.
propósito f. propósito; fim.
propuesta f. proposta.
propulsión f. propulsão.
prorroga/ble adj. prorrogável. **/ción** f. prorrogação. **/r** tr. prorrogar.
prosa f. prosa.
proseguir tr. prosseguir.
prosélito m. prosélito.
prospecto m. prospe(c)to, programa.
prosper/ar tr. prosperar. **/idad** f. prosperidade.
próspero adj. próspero.
prosterna/ción f. prosternação. **/rse** vr. prosternar-se, prostrar-se.
prostíbulo m. prostíbulo.
prostitu/ción f. prostituição. **/ir** tr. prostituir. **/ta** f. prostituta.
protagonista m. e f. protagonista.
prote/cción f. prote(c)ção. **/ctor** adj. e s. prote(c)tor. **/ger** tr. proteger. **/gido** adj. e s. protegido; favorito.
proteína f. proteína.
protest/a f. protestação; protesto. **/ación** f. protestação. **/ante** adj. e s. protestante. **/antismo** m. protestantismo. **/ar** tr. protestar. **/o** m. protesto, protestação.
proto/colo m. protocolo. **/tipo** m. protótipo.
provee/dor m. provedor, fornecedor. **/r** tr. prover, fornecer; equipar.
provenir intr. provir.
proverbio m. provérbio, sentença; rifão.
providencia f. providência. **/l** adj. providencial. **/r** tr. providenciar.
provincia f. província. **/l** adj. provincial. **/no** adj. e s. provinciano.
provisi/ón f. provisão, fornecimento. **/onal** adj. provisório, provisional.
provoca/ción f. provocação. **/dor** adj. e s. provocador. **/r** tr. provocar. **/tivo** adj. provocativo.
próximo adj. próximo.
proyec/ción f. proje(c)ção. **/tar** tr. proje(c)tar. **/til** m. projé(c)til. **/tista** s. proje(c)tista. **/to** adj. e m. proje(c)to. **/tor** m. proje(c)tor.
pruden/cia f. prudência. **/te** adj. prudente.
prueba f. prova; testemuho.
psic/ología f. psicologia. **/ológico** adj. psicológico. **/ólogo** m. psicologista, psicólogo. **/osis** f. psicose.
psiquiatr/a m. psiquiatra. **/ía** f. psiquiatria.
psíquico adj. psíquico.
púa f. pua.
pubertad f. puberdade.
public/ación f. publicação. **/ador** adj. e s. publicador. **/ar** tr. publicar. **/idad** f. publicidade.
público adj. e sm. público; auditório.
púdico adj. púdico.
pudin m. pudim.
pueblo m. povo, povoação.
puente m. ponte.
pueri/cultura f. puericultura. **/l** adj. pueril; fig. fútil. **/lidad** f. puerilidade.
puert/a f. porta. **/o** m. po(ô)rto; desfiladeiro.
pues conj. pois.
puest/a f. ocaso; posta. **/o** adj. po(ô)sto, vestido; colocado; m. posto; empre(ê)go; destino.
pugilato m. pugilato.
pulcr/itud f. pulcritude. **/o** adj. pulcro.
pulg/a f. *Zool.* pulga. **/ada** f. polegada. **/ar** m. polegar. **/ón** m. *Zool.* pulgão.
puli/do adj. polido, delicado. **/mentar** tr. polir; abrilhantar; amaciar. **/r** tr. polir; abrilhantar; instruir.
pulm/ón m. pulmão. **/onía** f. pneumonia.
pulpa f. polpa.
puls/ación f. pulsação; palpitação. **/ador** adj. e s. pulsátil. **/ar** tr. pulsar; pulsear; palpitar. **/era** f. pulseira. **/o** m. pulso.
pulveriza/ción f. pulverização. **/dor** m. pulverizador; vaporizar. **/r** tr. pulverizar; aniquilar.
punción f. punção.
punt/a f. ponta. **/ada** f. ponto; alinhavo. **/al** m. pontalete; pontal; apoio. **/apié** m. pontapé. **/ear** tr. pontoar; alinhavar; pontilhar. **/ería** f. pontaria. **/ero** adj. e m. ponteiro. **/illa** f. pontilha, espiguilha; choupa; **de —s**, nas pontas dos pés. **/illo** m. pontinho, insignificância. **/illoso** adj. pontilhoso. **/o** m. ponto. **/uación** f. puntuação. **/ual** adj. pontual. **/ualidad** f. pontualidade. **/ualizar** tr. particularizar; gravar na memória. **/uar** tr. pontuar.
puñ/ado m. punhado; mão-cheia. **/al** m. pu- da. **/etazo** m. murro. **/o** nhal. **/alada** f. punhala- m. punho.
pupil/a f. pupila. **/aje** m. pupilagem. **/o** m. pensionista; pupilo.
pureza f. pureza.
purga f. purga. **/nte** adj. e m. purgante. **/r** tr. purgar. **/torio** adj. purgativo; m. purgatório.
puri/ficación f. purificação. **/ficar** tr. purificar.
puro adj. puro; m. charuto.
púrpura f. púrpura.
purpúreo adj. purpúreo.
pus m. pus.
putrefac/ción f. putrefa(c)ção. **/to** adj. putrefa(c)to.

Q q

que pron. que, qual, o qual.
quebra/da f. quebrada. **/dero** m. quebrador; fig. fam. perturbador. **/dizo** quebradiço; débil. **/do** adj. quebrado. **/dura** f. quebradura; hérnia. **/ntar** tr. quebrar; fender; quebrantar. **/r** quebrar; violar; empalidecer.
qued/a f. toque de recolher. **/ar** intr. quedar, ficar; estacionar. **/o** adj. que(ê)do; parado; adv. em voz baixa.
quehacer m. ocupação, trabalho.
quej/a f. queixa. **/ar** tr. afligir. **/arse** vr. lamentar-se. **/ido** m. queixume, lamentação. **/oso** adj. queixoso, ofendido.
quema f. queima; incêndio. **/dura** f. queimadura. **/r** tr. queimar; arder.
quer/encia f. querença. **/er** tr. querer; m. vontade; carinho. **/ida** f. querida; amante. **/ido** m. querido, desejado.
queso m. queijo.
¡quia! interj. qual!.
quiebr/a f. quebra; falência. **/o** m. reque(ê)bro; *Mús.* trinado.
quien pron. quem, qual, que, ao que, ou o que. **/quiera** pron. qualquer, pessoa indeterminada.
quiet/o adj. quieto; imóvel. **/ud** f. quietude.
quilate m. quilate.
quilla f. quilha.
químic/a f. química. **/o** adj. e s. químico.
quina f. quina.
quincen/a f. quinzena. **/al** adj. quinzenal.
quiniela f. toto-bola.
quinina f. quinina.
quinquenal adj. qu(ü)inqu(ü)enal.
quinquenio m. qu(ü)inqué(ê)nio, lustro.
quinteto m. *Mús.* quinteto.
quinto adj. quinto; m. aque(ê)le que é sorteado para o serviço militar.
quiosco m. quiosque ou quiosco.
quirúrgico adj. cirúrgico.
quita f. quita, quitação. **/manchas** m. tira-nódoas. **/r** tr. tirar, furtar; impedir. **/rse** vr. retirar-se, ir-se. **/sol** m. guarda-sol, sombrinha.
quizá adv. quiçá, talvez.

R r

rabí m. rabi, rabino.
rabia f. raixa. **/r** intr. raivar; rabiar; enfurecer-se.
rabino m. rabino.
rabo m. rabo, cauda.
racial adj. racial.
racimo m. racimo, cacho.
raciocin/ar intr. raciocinar. **/io** m. raciocínio.
ración f. ração.
racional adj. racional. **/ismo** m. racionalismo. **/izar** tr. racionalizar.
raciona/miento m. racionamento. **/r** tr. racionar.
rada f. rada. **/r** m. radar.
radia/ción f. radiação. **/ctividad** f. radia(c)tividade. **/dor** m. radiador. **/nte** adj. radiante. **/r** intr. irradiar ; tr. radiar.
radica/ción f. radicação. **/l** adj. radical. **/r** intr. radicar, enraizar; arraigar.
radio m. *Quím.* e *Zool.* rádio; *Geom.* raio; rádio, radiodifusão. **/difusión** f. radiodifusão. **/grafía** f. radiografia. **/telegrafía** f. radiotelegrafia. **/terapia** f. radioterapia. **/yente** s. radiouvinte.
ráfaga r. rajada; lampejo.
raíl m. carril, trilho.
raíz f. raiz.
raja f. fenda; fatia; inciso. **/ble adj.** rachável. **/r** tr. fender, abrir; incisar. **/rse** vr. não cumprir a palavra dada. **/tabla** adv. custe o que custar.
ralo adj. ralo.
rama f. ramo; galho; ramificação. **/je** m. ramagem, ramada.
ramera f. rameira.
ramifica/ción f. ramificação. **/rse** vr. ramificar-se; dividir-se.
ramo m. ramo; ramalhete.
rampa f. ladeira, plano inclinado; cãibra.
rana f. *Zool.* rã.
ranch/ero m. rancheiro. **/o** m. rancho.
rango m. classe, categoria, dignidade.
ranura f. ranhura, encaixe.
rapar tr. rapar; barbear.
rapaz adj. e m. rapaz.
rapé m. rapé.
rapidez f. rapidez.
rápido adj. e s. rápido.
rapiña f. rapina. **/r** tr. rapinar, roubar.
raposa f. rapo(ô)sa.
rapsodia f. rapsódia.
rapto m. rapto. **/r** adj. e s. raptor.
raqueta f. raqueta.
raquítico adj. e s. raquítico.
rar/eza f. rareza; anomalia. **/ificar** tr. enrarecer. **/o** adj. raro.
ras m. superfície rasa, igualdade de nível.
rasa/nte adj. e f. rasante. **/r** tr. rasar.
rasca/cielos m. arranha-céu. **/r** tr. rascar.
rasg/ado adj. rasgado, **/ar** tr. rasgar. **/o** m. rasgo. **/ón** m. rasgão.
rasguñ/ar tr. arranhar. **/o** m. arranhadela; rascunho.
raspa f. pedúnculo; fiapo; espinha de peixe; película de alguns frutos. **/dor** m. raspador, raspadeira.
rastr/a f. ancinho; rastro; réstia; arrastamento. **/ear** tr. rastear, rastejar; indigar; voar baixo. **/ero** adj. rasteiro; fig. vil. **/illar** tr. rastelar; esterroar. **/illo** m. raste(ê)lo; grade de ferro; ancinho. **/o** m. rasto, ancinho; rasto; matadouro. **/ojal** m. restolhal. **/ojo** m. resto(ô)lho.
rasurar tr. babear.
rat/a f. *Zool.* rata; m. ladrão. **/ear** tr. furtar; rastejar. **/ería** f. ratonice. **/ero** adj. e s. ratoneiro.
ratifica/ción f. ratificação. **/r** tr. ratificar.
rato m. momento, bocado; **—s perdidos**, folgas, vagares.
rat/ón m. *Zool.* rato; ladrão. **/onera** f. ratoeira.
razón f. razão; origem; fundamento.
razona/ble adj. razoável. **/dor** adj. e s. raciocinador. **/miento** m. razoamento; argumentação. **/r** intr. arrazoar, raciocinar; explicar; falar; tr. expor.
reacci/ón f. rea(c)ção. **/onar** intr. reagir, resistir.
react/ivo adj. e m. rea(c)tivo. **/or** m. reator.
real adj. real.
realce m. realce; fama.
realeza f. realeza.
reali/dad f. realidade. **/sta** adj. e s. realista. **/zable** adj. realizável. **/zación** f. realização. **/zador** adj. e s. realizador. **/zar** tr. realizar.
reapar/ecer intr. reaparecer. **/ición** f. reaparição.
rebaja f. rebaixa, diminuição; abatimento. **/r** tr. rebaixar; diminuir. **/rse** vr. aviltar-se.
rebana/da f. rabanada, fatia. **/r** tr. cortar em fatias.
rebaño m. rebanho.
rebasar tr. trasbordar, ultrapassar.
rebat/ir tr. rebater; abater. **/o** m. alarma; rebate; resistir.
rebel/arse vr. rebelar-se; resistir. **/de** adj. e s. rebelde. **/día** f. rebeldia. **/ión** f. rebelião.
reborde m. rebo(ô)rdo, moldura.
rebosa/mento m. transbordamento. **/r** intr. trasbordar; abundar; sobejar.
rebot/ar tr. ressaltar; rebater; ricochetear. **/e** m. repulsão, ressalte; **de —**, indire(c)tamente.
reboz/ar tr. rebuçar; albardar. **/o** m. rebuço; pretexto.
rebusca f. rebusca. **/r** tr. rebuscar.
recad/ero m. recadista. **/o** m. recado, mensagem.
reca/er intr. recair. **/ida** f. recaída.
recámara f. recâmara.
recambio m. recâmbio.
recapacitar tr. meditar;

ponderar.

recapitular tr. recapitular; resumir.

recarg/ar tr. carregar de no(ô)vo; sobrecarregar. **/o** m. sobrecarga; nova imposição.

recat/ado adj. recatado. **/ar** tr. recatar. **/o** m. recato.

recauda-ción f. arrecadação, cobrança; recebedoria. **/dor** m. recebedor. **/miento** m. recebimento, co(ô)bro ou arrecadação. **/r** tr. cobrar, receber impostos, arrecadar; assegurar.

recel/ar tr. recear. **/o** m. receio. **/oso** adj. receoso; desconfiado.

recep/ción f. recepção. **/táculo** m. receptáculo. **/tor** adj. e s. receptor.

receta f. receita. **/r** tr. receitar.

recib/idor adj. e s. recebedor; m. antessala. **/imiento** m. recebimento; antessala. **/ir** tr. receber. **/o** m. recepção; recibo.

reci/én adv. recém; recentemente. **/ente** adj. recente.

recinto m. recinto.

recio adj. rijo; grosso; áspero; difícil de soportar.

recíproco adj. recíproco.

recita/ción f. recitação. **/r** tr. recitar.

reclam/ación f. reclamação. **/ar** tr. reclamar. **/o** m. reclamo; chamariz.

reclina/ción tr. e intr. reclinação. **/r** tr. reclinar. **/torio** m. genuflexório.

reclu/ir tr. recluir. **/sión** f. reclusão. **/so** adj. recluso.

recluta f. e m. recruta. **/miento** m. recrutamento. **/r** tr. recrutar.

recobr/ar tr. recobrar. **/arse** vr. desforrar-se. **/o** m. reco(ô)bro.

recodo m. ângulo, cotove(ê)lo, curva.

recog/er tr. recolher, guardar. **/erse** vr. volta para casa; refugiar-se. **/imiento** m. recilhimento; modéstia.

recomenda/ble adj. recomendável. **/ción** f. recomendação. **/r** tr. recomendar.

recompensa f. recompensa; inde(m)nização. **/r** tr. recompensar; satisfazer.

reconcentrar tr. reconcentrar.

reconcilia/ción f. reconcialição. **/dor** adj. e s. reconciliador. **/r** tr. reconciliar.

recóndito adj. recôndito.

reconoc/er tr. reconhecer. **/ido** adj. reconhecido; agradecido; autenticado. **/imiento** m. reconhecimento; gratidão.

reconquista f. reconquista.

reconstru/cción f. reconstruir.

recorda/ble adj. recordável. **/ción** f. recordação; lembrança. **/r** tr. recordar.

recorr/er tr. recorrer. **/ido** m. traje(c)to; caminho, itinerário.

recort/ar tr. recortar. **/e** m. recorte.

recostar tr. recostar; arrimar.

recre/ación f. recreio. **/ar** tr. recrear; divertir. **/o** m. recreio; passatempo.

recriminar tr. recriminar.

recrudecer intr. recrudescer; aumentar.

rectángulo adj. e m. re(c)tângulo.

rectifica/ción f. re(c)tificação. **/r** tr. re(c)tificar; corrigir.

rectilíneo adj. re(c)tilíneo.

rectitud f. re(c)titude, re(c)tidão.

recto adj. re(c)to; verdadeiro. **/r** adj. e s. reitor. **/ría** f. reitoria.

recua f. récua.

recuento m. reconto, contagem.

recuerdo m. recordação; lembrança; pl. cumprimentos.

recuesto m. ladeira, encosta.

recupera/ción f. recuperação. **/r** tr. recuperar.

recu/rir intr. recorrer. **/rso** m. recurso.

recusar tr. recusar.

rechaz/ar tr. rechaçar. **/o** m. rechaço; repulsa.

rechiflar tr. assobiar; troçar.

rechinar intr. rechinar; ranger.

rechupete (de) loc. fam. excelente.

red f. re(ê)de.

redac/ción f. reda(c)ção. **/tar** tr. redigir, escrever.

redada f. redada; conjunto de pessoas ou coisas apanhadas de uma só vez.

redecir tr. redizer.

rededor m. conto(ô)rno; **al** ou **en —,** em redor.

reden/ción f. redenção. **/tor** adj. redentor.

redil m. redil.

redimir tr. redimir.

rédito m. rédito, lucro.

redituar tr. render.

redond/a f. comarca, redondeza; **a la —,** ao redor. **/ear** tr. arredondar. **/el** m. círculo; redondel, arena. **/ez** f. redondeza; curvatura. **/o** adj. redondo; curvo.

reduc/ción f. redução. **/ido** adj. reduzido; exíguo. **/ir** tr. reduzir. **/tible** adj. redutível. **/to** m. reduto.

reele/cción f. reeleição. **/gir** tr. reeleger.

reembols/ar tr. reembolsar. **/o** m. reembo(ô)lso.

reemplaz/able adj. substituível. **/ar** tr. substituir. **/o** m. substituição; recrutamento.

refajo m. saia de baixo usada pelas mulheres dos povoados.

refectorio m. refeitório.

refer/encia f. referência. **/éndum** m. referendum. **/ente** adj. referente. **/ir** tr. referir.

refilón (de) m. de soslaio; ao de leve.

refin/ado adj. refinado; requintado. **/amiento** m. refinamiento. **/ar** tr. refinar; requintar. **/ería** f. refinaria; refinação.

refle/ctor m. refle(c)tor. **/jar** intr. refle(c)tir; meditar. **/jo** ad. reflexo, refle(c)tido; m. reflexo; imagem. **/xión** f. reflexão. **/xionar** tr. reflexionar. **/xivo** adj. reflexivo; meditado.

reflujo m. refluxo.

reforma f. reforma. **/ble** adj. reformável. **/r** tr. reformar. **/rse** vr. emendar-se; aposentar-se. **/torio** adj. e s. reformatório.

reforzar tr. reforçar; fortalecer.

refrán m. rifão, provérbio.

refranero m. adagiário.

refregar tr. esfregar; fazer alusões.

refrena/ble adj. refreável. **/r** tr. refrear; reprimir.

refrendar tr. referendar; visar passaportes.

refresc/ar tr. refrescar. **/o** m. refre(ê)sco.

refriega f. peleja, refrega.

refriger/ación f. refrigeração. **/ador** adj. e s. refrigerador. **/ar** tr. refrigerar. **/io** m. refrigério; frescor; refeição leve.

refrito adj. frito de no(ô)vo; m. fig. coisa refeita ou composta.

refuerzo m. refo(ô)rço; ajuda.

refugi/ado adj. e s. refugiado. **/ar** tr. refugiar. **/arse** vr. esconder-se. **/o** m. refúgio; amparo; albergue.

refulgir intr. refulgir.

refuta/ción f. refutação. **/r** tr. refutar.

regad/era f. regador. **/ío** adj. regadio; m. diz-se do terreno que se pode regar. **/izo** adj. regadiço.

regajo m. regato.

regal/ado adj. regalado; delivado; agradável. **/ar** tr. regalar, presentear; tratar bem. **/ía** f. regalia; privilégio. **/iz** *Bot.* regoliz, alcaçiz. **/o** m. presente, regalo; comodidade.

regar tr. regar; molhar.

regata f. regueira ou regueiro.

regate/ar intr. regatear. **/o** m. regateio.

regazo m. regaço; seio.

regencia f. regência.

regenera/ción f. regeneração. **/r** tr. regenerar.

regent/ar tr. reger. **/e** adj. e s. regente; gerente.

regicid/a adj. e s. regicida. **/io** m. regicídio.

regidor adj. e s. regedor; vereador.

régimen m. regime; regímem, dieta.

regimiento m. regimento; regedoria.

regio adj. régio.

regi/ón f. região. **/onal** adj. regional.

regir tr. reger.

registr/ador adj. e m. registador. **/ar** tr. registar; anotar. **/o** m. registo ou registro; regulador.

regla f. régua; norma; regra; menstruação. **/mentación** f. regulamentação; estatuto. **/mentar** tr. regulamentar. **/mento** m. regulamento; estatuto.

regocij/ar tr. regozijar. **/arse** vr. deleitar-se. **/o** m. regozijo; go(ô)zo.

regodearse vr. fam. deleitar-se; gracejar.

regoldar intr. arrotar.

regordete adj. fam. gorducho.

regres/ar intr. regressar. **/ión** f. regressão. **/o** m. regresso.

reguer/a f. re(ê)go, regueira. **/o** m. regueiro; rasto, sinal.

regula/ción f. regulação. **/r** adj. e tr. regular. **/ridad** f. regularidade; proporção.

regularizar tr. regularizar.

rehabilitar tr. reabilitar.

rehacer tr. refazer; reorganizar. **/se** vr. reforçar-se.

rehén m. refém.

rehilete m. farpa; fig. dito malicioso.

rehogar tr. refogar.

rehuir tr. retirar, afastar; recusar.

rehusar tr. refusar; denegar.

reimprimir tr. reimprimir.

reina f. rainha. **/do** m. reinado. **/r** intr. reinar.

reincid/encia f. reincidência. **/ir** intr. reincidir.

reincorporar tr. reincorporar.

reino m. reino.

reintegr/ar tr. reintegrar. **/o** m. reintegração.

reír intr. rir; zombar.

reivindicar tr. reivindicar.

reja f. relha; grade.

rejilla f. ralo; grelha.

rejón m. rojão.

rejonear tr. rojonear, garrochar.

rejuvenecer tr. e intr. rejuvenescer; renovar.

relaci/ón f. relação; lista. **/onar** tr. relacionar. **/onarse** vr. familiarizar-se.

relaja/ción f. relaxação; desmaze(ê)lo. **/do** adj. relaxado; negligente; desmoralizado. **/r** tr. relaxar; perverter; descuidar-se.

relámpago m. relâmpago.

relampaguear intr. relampaguear, relampejar.

relat/ar tr. relatar. **/ividad** f. relatividade. **/ivo** adj. relativo. **/o** m. relato; narração.

relegar tr. relegar.

relev/ación f. relevação, relevamento. **/ante** adj. excelente; destacável. **/ar** tr. relevar; realçar. **/o** m. rendição.

relicario m. relicário.

relieve m. rele(ê)vo.

religi/ón f. religião. **/osidad** f. religiosidade. **/oso** adj. e s. religioso.

relinch/ar intr. rinchar, relinchar. **/o** m. rincho, relincho.

reliquia f. relíquia.

reloj m. relógio. **/ería** f. relojoaria. **/ero** m. relojoeiro.

reluci/ente adj. reluzente. **/r** intr. reluzir.

rellano m. patamar (de escada); planície.

rellen/ar tr. reencher; rechear. **/o** adj. recheio; m. recheado.

remach/ar tr. arrebitar; aflançar. **/e** m. rebite.

remanente m. remanescente; resíduo.

remanso m. remanso; quietação.

remar intr. remar.

remat/ado adj. rematado; concluído. **/ar** tr. arrematar, rematar; concluir. **/e** m. remate.

remedar tr. arremedar, imitar.

remedi/ar tr. remediar. **/o** m. remédio.

remedo m. arreme(ê)do.

remend/ar tr. remendar; consertar. **/ón** adj. e s. remendão; sapateiro que se dedica a conse(ê)rtos.

remero m. remador.

remesa f. remessa; expedição; despacho.

remiendo m. remendo.

remilg/ado adj. melindroso. **/o** m. melindre; afe(c)tação.

reminiscencia f. reminiscência.

remirado adj. cauteloso, prudente.

remisión f. remessa, perdão.

remiso adj. remisso; descuidado.

remitente adj. e s. remitente.

remo m. remo.

remoj/ar tr. demolhar; empapar, remolhar. **/o** m. remo(ô)lho, demolha.

remolacha f. *Bot.* beterraba.

remolca/dor adj. e s. rebocador. **/r** tr. rebocar.

remolin/ar intr. remoinhar; amontoar-se gente. **/o** m. remoinho, redemoinho.

remolón adj. e s. lento, preguiçoso.

remolque m. reboque.

remonta f. remonta. **/r** tr. afugentar (a caça); remontar; elevar.

rémora f. re(ê)mora; esto(ô)rvo.

remord/er tr. remorder. **/imiento** m. remordimento, remorso.

remoto adj. remoto.

remover tr. remover.

remozar tr. remoçar.

remunera/ción f. remuneração. **/dor** adj. e m. remunerador. **/r** tr. remunerar.

remusgar intr. suspeitar.

renac/er intr. renascer. **/imento** m. renascimento, renascença.

renacuajo m. *Zool.* girino da rã.

rencill/a f. rixa; altercação rancorosa. **/oso** adj. brigão.

rencor m. rancor. **/oso** adj. rancoroso.

rendi/miento m. fadiga; rendimento; rédito. **/r** tr. render; dominar; cansar. **/rse** vr. entregar-se.

renega/do adj. renegado. **/dor** adj. e s. renegador, blasfemador. **/r** tr. renegar; apostatar.

renglón m. linha escrita ou impressa; **a — seguido,** imediatamente.

reniego m. blasfé(ê)mia.

renitente adj. renitente, teimoso.

renombr/ado adj. afamado. **/e** m. renome.

renova/ción f. renovação. **/r** tr. renovar.

renquear intr. coxear.

rent/a f. renda. **/ar** tr. render. **/ero** adj. e s. tributário; rendeiro. **/ista** m. financeiro; capitalista; pessoa que vive de rendimentos.

renuncia f. renúncia. **/r** tr. renunciar.

reñi/do adj. inimizado. **/r** intr. renhir; inimizar-se; repreender.

reo adj. réu; s. culpado; acusado.

reojo (mirar de) fam. olhar de soslaio.

reorganizar tr. reorganizar.

repara/ción f. reparação. **/r** tr. reparar.

repart/ición f. repartição. **/ir** tr. repartir. **/o** m. reparto; distribuição.

repas/ar tr. repassar; passar os olhos por; remendar a roupa. **/o** m. repasso; fam. repreensão.

repatria/ción f. repatriação. **/r** tr. repatriar.

repel/er tr. repelir; recusar; detestar.

repent/e m. repente; **de —,** prontamente. **/ino** adj. repentino.

repercu/sión f. repercussão. **/tir** intr. repercutir.

repertorio m. repertório.

repeti/ción f. repetição. **/r** tr. repetir.

repicar tr. repicar; repenicar.

repisa f. mísula.

replegar tr. fazer novas pregas. **/se** vr. *Mil.* retirar em ordem.

repleto adj. repleto.

réplica f. réplica.

replicar intr. replicar.
repliegue m. prega dupla; *Mil.* a(c)ção de retirar as tropas em boa ordem.
repobla/ción f. repovoação. /r tr. repovoar.
repollo m. *Bot.* repo(ô)lho.
reponer tr. repor.
reportación f. reportação.
report/aje m. reportagem. /ar tr. reprimir; alcançar; atribuir; produzir. /e m. notícia; mexerico. /ero adj. e s. repórter.
reposa/do adj. repousado. /r intr. repousar.
reposición f. reposição.
repost/ería f. confeitaria, pastelaria; copa. /o m. confeiteiro, doceiro; reposteiro.
repren/der tr. repreender. /sible adj. repreensível. /sión f. repreensão.
represalia f. represália.
representa/ción f. representação. /nte adj. e s. representante. /r tr. representar. /tivo adj. representativo.
represión f. repressão.
reprim/enda f. reprimenda. /ir tr. reprimir.
reproba/ción f. reprovação. /r. tr. reprovar.
reproch/ar tr. reprovar. /e m. reprovação, reprimenda.
reproduc/ción f. reprodução. /ir tr. reproduzir.
reptil adj. e m. *Zool.* réptil.
república f. república.
republican/ismo m. republicanismo. /o adj. e s. republicano.
repudi/ación f. repúdio. /ar tr. repudiar. /o m. repúdio.
repuesto adj. reposto; retirado; m. reserva de provisões.
repugna/ncia f. repugnância; oposição. /nte adj. repugnante. /r tr. repugnar.
repujar tr. cinzelar; repuxar.
repuls/a f. repulsa. /ar tr. repulsar, repelir. /ión repulsivo.
reputa/ción f. reputação. /r tr. reputar; avaliar.
requema/do adj. requeimado. /r tr. requeimar.
requeri/miento m. requerimento; aviso. /r tr. requerer; examinar.
requesón m. requeijão.
requiebro m. reque(ê)bro; elogio.
requis/a f. *Mil.* inspe(c)ção; requisição. /ito m. requisito.
res f. rês, cabeça de gado.
resaca f. ressaca; *Com.* ressaque.
resalado adj. fam. engraçado, chistoso.
resal/ir intr. ressair, sobressair. /tar intr. ressaltar; destacar-se. /to m. ressalto; saliência.
resaludar tr. ressaudar.
resarcir tr. ressarcir; inde(m)nizar.
resbal/adizo adj. resvaladiço. /ar intr. resvalar, escorregar. /ón m. escorregão; descuido.
rescat/ar tr. resgatar; trocar. /e m. resgate; permutação.
resci/ndir tr. rescindir, anular. /sión f. rescisão.
rescoldo m. rescaldo.
resecar tr. ressecar; dis-

secar.
resembrar tr. ressemear.
resenti/do adj. ressentido, ofendido. /miento m. ressentido, ofendido. /miento m. ressentimento. /rse r. ressentir-se.
reseña f. resenha; relato. /r tr. resenhar; enumerar.
reserva f. reserva. /do adj. reservado; discreto. /r tr. reservar; preservar; ocultar.
resfria/do m. resfriado, constipação. /r tr. resfriar; desanimar. /rse r. constipar-se.
resguard/ar tr. resguardar. /o m. resguardo; prudência.
resid/encia f. residência; domicílio. /ente adj. e s. residente. /ir intr. residir. /uo m. resíduo.
resigna/ción f. resignação. /rse r. resignar-se; submeter-se.
resina f. resina. /r tr. resinar.
resist/encia f. resistência. /ente adj. resistente. /ir intr. resistir; contrariar.
resol/ución f. resolução. /ver tr. resolver. /verse r. decidir-se.
resona/ncia f. ressonância. /r intr. ressoar, ecoar.
resopl/ar intr. assoprar; arfar. /ido m. asso(ô)pro.
resorte m. mola; recurso.
respald/ar tr. enco(ô)sto, espaldar. /ar assentar, anotar. /arse r. encostar-se. /o m. respaldo; costas.
respect/ivo adj. respe(c)tivo. /o m. respeito, relação.
respet/able adj. respeitável. /ar tr. respeitar. /o m. respeito, obediência. /uoso adj. respeitoso.
respir/ación f. respiração; alento. /adero m. respiradoiro. /ar intr. respirar; transpirar. /o m. respiração.
respland/ecer intr. resplandecer. /eciente adj. resplandecente. /or m. resplendor, brilho.
respon/der tr. responder. /dón adj. e s. respondão. /sabilidad f. responsabilidade. /sable adj. responsável. /so m. responso; repreensão.
respuesta f. resposta.
resquicio m. resquício; fenda.
restablec/er tr. restabelecer. /erse r. restabelecer-se. /imiento m. restabelecimento; convalescença.
resta/nte adj. e m. diminuidor; resto, restante. /r tr. subtrair.
restaura/ción f. restauração. /nte adj. e m. restaurante. /r tr. restaurar, reparar.
restitu/ción f. restituição. /ir tr. restituir.
resto m. resto; sobra.
restregar tr. esfregar.
restri/cción f. restrição. /ngir tr. restringir, reduzir. /ñimiento m. restringimento.
resucitar e intr. ressuscitar, ressuscitar, reviver.
resudación f. ressudação.
resuelto adj. resolvido; arrojado.
resulta f. resultado. /do adj. e m. resultado; lucro. /r intr. resultar; nascer.
resum/en m. resumo, su-

mário. /ir tr. resumir.
resurrección f. ressurreição.
retablo m. retábulo, painel.
retaguardia f. retaguarda.
retal m. retalho; apara.
retallar tr. recortar, sulcar.
retama f. *Bot.* retama, giesta.
retar tr. reptar, desafiar.
retardar tr. retardar, demorar; dilatar.
retaz/ar tr. retalhar; dividir. /o m. retalho, fragmento.
retén m. retém. *Mil.* reserva.
reten/ción f. retenção. /er tr. reter; conservar. /tiva f. retentiva, memória.
reteñir tr. retingir.
retes/ar tr. retesar, enrijecer. /o m. retesamento; tesão.
reticencia f. reticência.
retina f. retina.
retir/ada f. retirada. /ado adj. retirado, distante; reformado. /ar tr. retirar; aposentar. /o m. retiro; solidão; reforma de militar.
reto m. repto, desafio.
retoca/dor s. retocador. /r tr. retocar; restaurar.
retoñ/ar intr. abrolhar, rebentar. /o m. rebento.
retoque m. retoque.
retorc/er tr. retorcer. /imiento m. retorcedura.
retóric/a f. retórica. /o adj. retórico.
retorn/ar tr. retornar. /o m. reto(ô)rno.
retortero m. volta ao redor.
retoz/ar intr. retouçar. /o m. retouço ou retoiço. /ón adj. retouçador; folgazão.
retrac/ción f. retra(c)ção; encolhimento. /tación f. retratação. /tar tr. retratar.
retra/er tr. retrair. /erse vr. concentrar-se. /ído ad. retraído; tímido. /imiento m. retraimento.
retras/ar tr. atrasar. /o m. atraso.
retrat/ar tr. retratar. /ista f. retratista. /o m. retrato.
retreta f. *Mil.* toque militar.
retrete m. latrina.
retribu/ción f. retribuição. /ir tr. retribuir.
retroce/der intr. retroceder. /sión f. retrocessão, retrocesso. /so m. retrocesso.
retrógrado adj. e s. retrógrado.
retrotraer tr. retrotrair.
reum/a f. reumatismo. /ático adj. e s. reumático. /atismo m. reumatismo.
reuni/ón f. reunião. /r tr. reunir.
revacunar tr. revacinar.
reválida f. aprovação numa faculdade perante tribunal superior.
revalidar tr. revalidar, ratificar; tomar o grau numa faculdade.
revancha f. desforra.
revela/ción f. revelação. /do m. revelado. /r tr. revelar.
reven/dedor adj. e s. revendedor; especulador. /der tr. revender. /ta f. revenda.
revenir intr. retornar, reverter.
revent/ar intr. rebentar. /ón m. arrebentamento.
reveren/cia f. reverância. /o /ciar tr. reverenciar. /do adj. e s. reverendo. /te

adj. reverente.
revers/ión f. reversão. /o m. reverso; costas.
revés m. revés, reverso; costas; infortúnio.
revirar tr. revirar, torcer.
revis/ar tr. rever, revisar. /ión f. revisão. /or adj. e s. revisor. /ta f. revista; inpe(c)ção. /tar tr. revistar; examinar.
revivi/ficar tr. revivificar. /r intr. revivir.
revoca/ción f. revogação; anulação. /r tr. revogar; rebocar uma parede.
revolote/ar intr. revolutear; esvoaçar. /o m. revoada.
revolt/ijo m. confusão, enre(ê)do. /oso adj. revoltoso; inquieto.
revoluci/ón f. revolução. /onar tr. revolucionar. /onario adj. e s. revolucionário; desordeiro.
revólver m. revólver.
revolver tr. revolver; misturar.
revuelt/a f. revolta; insurreição. /o adj. revo(ô)lto; inquieto; m. mergulhão.
revulsión f. revulsão.
rey m. rei. /erta f. rixa, briga.
rezaga/do adj. e s. o que fica para trás; atrasado. /r tr. atrasar, diferir. /rse r. atrasar-se.
rezar tr. rezar.
rezo m. reza, oração.
ría f. ria.
riacho m. riacho, ribeira.
riada f. cheia, enchente.
riber/a f. ribeira, margem. /eño adj. e s. ribeirinho.
ribete m. ribete, orla; pl. fig. indício. /ado adj. rebruado. /ar tr. debruar.
rico adj. e s. rico; saboroso.
ridículo adj. ridículo; m. situação ridícula.
riego m. rega; água para regar.
riel m. trilho, carril.
rielar intr. resplandecer, brilhar.
rienda f. rédea.
riesgo m. risco.
rifa f. rifa. /r tr. rifar.
rifle m. rifle.
rígido adj. rígido; rijo.
rigor m. rigor. /ista adj. e s. rigorista.
riguroso adj. rigoroso; áspero; implacável.
rima f. rima. /r intr. rimar.
rincón m. rincão, canto; recanto.
rinoceronte m. *Zool.* rinoceronte.
riña f. rixa.
riñón m. rim.
río m. rio.
riqueza f. riqueza.
risa f. riso, risada.
risc/al m. terreno penhascoso. /o m. penhasco.
risible adj. risível; ridículo.
risotada f. risada, gragalhada.
risueño adj. risonho.
ristra f. réstia.
rítmico adj. rítmico.
ritmo m. ritmo.
rit/o m. rito; cerimó(ô)nia. /ual adj. e m. ritual.
rival m. e f. rival; competidor. /idad f. rivalidade. /izar intr. rivalizar.
riz/ado adj. riçado; encrespado. /ar tr. riçar, frisar. /arse vr. encrespar-se. /o adj. riço, cre(ê)spo; m. anel do cabelo.
robar tr. roubar, furtar.

roble m. *Bot.* carvalho, roble.
robo m. roubo.
robust/ecer tr. robustecer. /ez f. robustez. /o adj. robusto.
roca f. rocha.
roce m. roçadura.
rocia/da f rociada, orvalhada. /dera f. regador. /r tr. orvalhar; borrifar.
rocín m. rocim.
rocío m. rocio, orvalho; chuvinha; borrifo.
rocoso adj. rochoso.
roda/da f. relheira, sulco, trilho. /do adj. rodado, maldado; arredondado. /ja f. rodela. /je m. rodagem. /r intr. rodar.
rode/ar intr. rodear. /o m. rodeio.
rodezno m. rodízio.
rodill/a f. joelho. /era f. joelheira.
rodillo m. rolão; cilindro.
rodrigón m. rodriga, estaca.
roe/dor adj. e s. roedor. /r tr. roer.
roga/ción f. ro(ô)go, rogativa. /r tr. rogar. /tiva f. rogativa.
roj/ez f. vermilhão, rubor. /izo adj. avermelhado. /o adj. varmelho; corado; **poner al — vivo**, incandescer.
rollizo adj. roliço, gordo.
rollo m. ro(ô)lo; cilindro.
romance adj. e m. romance. /o m. e f. cantador de romances; romanceiro.
roman/izar tr. romanizar. /o adj. e s. romano.
romántico adj. e s. romântico.
rombo m. rombo.
romer/ía f. romaria. /o m. *Bot.* alecrim; adj. e s. romeiro.
rompe/cabezas m. quebra-cabeças. /hielos m. quebra-ge(ê)los. /nueces m. quebra-nozes. /olas m. quebra-mar. /r tr. e intr. quebrar, rasgar; romper. /rse r. interromper-se.
ron m. rum.
ronc/ar intr. roncar. /o adj. ronco.
roncha f. vergão.
ronda f. ronda. /lla f. conto; serenata. /r tr. rondar.
ronqu/ear intr. rouquejar. /era f. rouquidão. /ido m. ronco, roncadura.
roñ/a f. ronha; sujidade; fig. astúcia. /ería f. fam. miséria; astúcia. /oso adj. ronhoso; enferrujado; astuto.
rop/a f. roupa; **— blanca**, roupa interior. /aje m. roupagem. /ero m. e f. pessoa que vende fatos feitos; roupeiro; associação benéfica para distribuir roupa; guarda-fato.
roque/dal m. penedia. /ño adj. rochoso.
rosa f. *Bot.* rosa; m. rosa (co(ô)r). /da f. orvalho da noite. /do adj. rosado. /l m. *Bot.* roseira. /leda f. roseiral. /rio m. rosário; enfiada; fig. espinha dorsal.
rosca f. ro(ô)sca.
rosetón m. rosetão.
rosquilla f. rosquilha, rosquinha.
rostro m. rosto.
rotación f. rotação.
roto adj. ro(ô)to.
rotonda f. rotunda.
rótula f. rótula.
rotular tr. rotular; epigrafar.
rótulo m. rótulo; etique-

(ê)ta.
rotundo adj. rotundo; completo, preciso.
rotura f. rotura.
roza/dura f. roçadura; escoriação. **/miento** m. roçamento; divergência. **/r** tr. roçar; friccionar.
rubescencia f. rubescência; rubor.
rubí m. rubi.
rubi/cundo adj. louro, avermelhado, corado. **/o** adj. ruivo, loiro ou louro.
rubor m. rubor. **/izar** tr. ruborizar. **/izarse** r. envergonhar-se. **/oso** adj. ruborizado.
rúbrica f. rubrica.
rubricar tr. rubricar.
rud/a f. *Bot.* arruda. **/eza** f. rudeza. **/imentario** adj. rudimentar; simples. **/imento** m. rudimento. **o/** adj. rude ou rudo.
rued/a f. roda; turno. **/o** m. rodagem; circuito; conto(ô)rno; roda, orla; redondel.
ruego m. ro(ô)go.
rufián m. rufião.
rugi/do m. rugido, bramido. **/ente** adj. rugiente, rugidor. **/r** intr. rugir, bramir.
rugos/idad f. rugosidade. **/o** adj. rugoso.
ruido m. ruído. **/so** adj. ruidoso.
ruin adj. ruim. **/a** f. ruína. **/dad** f. ruindade. **/oso** adj. ruinoso.
ruiseñor m. rouxinol.
ruleta f. roleta.
rumbo m rumo; ostentação. **/so** adj. faustoso; generoso.
rumia/nte adj. e s. ruminante. **/r** tr. ruminar.
rumor m. rumor; sussurro.
runrún m. fam. rumor, boato.
ruptura f. rotura; ruptura.
rural adj. rural.
ruso adj. e s. russo.
rusticidad f. rusticidade.
rústico adj. e m. rústico.
ruta f. rota.
rutila/ción f. rutilação. **/r** intr. rutilar, brilhar.
rutina f. rotina. **/rio** adj. e m. rotineiro.

S s

sábado m. sábado.
sábana f. lençol.
sabandija f. sevandija.
sabañón m. frieira.
sab/edor adj. sabedor. **/er** tr. saber.
sabi/duría f. sabedoria. **/hondo** adj. e s. fam. sabichão. **/o** adj. e s. sábio.
sabor m. sabor; go(ô)sto. **/ear** tr. saborear.
sabotaje m. sabotagem.
sabroso adj. saboroso.
saca f. saca; pública-forma. **/botas** m. descalçador. **/corchos** m. saca-ro(ô)lhas. **/muelas** m. saca-molas; fig. charlatão. **/r** tr. sacar; ganhar em sorteio.
sacarina f. sacarina.
sacerdo/cio m. sacerdócio. **/tal** adj. sacerdotal. **/te** m. sacerdote. **/tisa** f. sacerdotisa.
saci/ar tr. saciar. **/edad** f. saciedade.
saco m. saco.
sacr/amento m. sacramento. **/ificar** tr. sacrificar. **/ificio** m. sacrifício. **/ilegio** m. sacrilégio. **/ílego** adj. sacrílego. **/istán** m. sacristão. **/istía** f. sacristia. **/o** adj. sacro. **/osanto** adj. sacrossanto.
sadismo m. sadismo.
saeta f. seta; frecha, flecha; ponteiro; canção andaluza.
saga/cidad f. sagacidade. **/z** adj. sagaz.
sagra/do adj. e m. sagrado. **/rio** m. sacrário.
sahorno m. escoriação.
sainete m. sainete.
sajón adj. saxão.
sal f. sal; fig. graça; malícia.
sala f. sala.
salado adj. salgado; chistoso.
salamandra f. *Zool.* salamandra.
salar tr. salgar.
salario m. salário; estipêndio.
salaz adj. salaz. **/ón** f. salagadura.
salchich/a f. salchicha ou salsicha. **/ón** m. salsichão.
sald/ar tr. saldar. **/o** m. saldo.
salero m. saleiro; fig. graça. **/so** adj. fig. gracioso; donairoso.
sali/da f. saída; saliência; desculpa. **/do** adj. saído; saliente. **/ente** adj. saliente; notável.
salin/a f. salina. **/o** adj. salino.
salir intr. sair; partir; sobressair.
salitre m. salitre.
saliva f. saliva, cuspo. **/zo** m. cuspidura.
salm/ear intr. salmear. **/ista** m. salmista. **/o** m. salmo.
salmón m. *Zool.* salmão.
salmonte m. *Zool.* salmonete, salmonejo.
salmuera f. salmoira, salmoura.
salobre adj. salobre ou salobro.
salón m. salão.
salpic/adura f. salpico, salpicadura. **/ar** tr. salpicar; borrifar; infamar; sarapintar. **/ón** m. salpico, salpicadura; salpicão.
sals/a f. mo(ô)lho, salsa. **/era** f. salseira, molheira.
salta/montes m. *Zool.* gafanhoto. **/r** intr. saltar; pular; esguichar.
saltarín adj. e s. bailarino; saltarino; fig. buliçoso.
saltea/dor m. salteador. **/r** tr. saltear, assaltar.
salterio m. saltério.
salto m. salto; pulo.
saltón adj. saltão; m. gafanhoto.
salu/bre adj. saudável. **/d** f. saúde. **/dable** adj. saudável; fig. proveitoso. **/dar** tr. saudar; aclamar. **/do** m. saudação; chapelada.
salva f. salva; saudação. **/ción** f. salvação, salvamento. **/do** adj. salvo; m. farelo. **/dor** adj. e s. salvador. **/guardia** m. salvaguarda, salvo-conduto; amparo.
salvaj/ada f. selvajaria. **/e** adj. e s. selvagem. **/ino** adj. salvagíneo, salvagino. **/ismo** m. selvagismo; brutalidade.
salva/mento m. salvamento, salvação. **/r** tr. salvar. **/rse** r. pôr-se a salvo. **/vidas** m. salva-vidas.
¡salve! interj. salve!
sambenito m. sambenito; fig. difamação.
san adj. são, santo.
sana/ble adj. sanável. **/r** tr. sanar. **/torio** m. sanatório.
sanci/ón f. sanção. **/onable** adj. sancionável. **/onador** adj. e s. sancionador. **/onar** tr. sancionar; confirmar.
sandalia f. sandália.
sándalo m. *Bot.* sândalo.
sandez f. sandice.
sandía f. *Bot.* melancia.
sanea/miento m. saneamento. **/r** tr. sanear.
sangr/adura f. sangradura. **/ar** tr. sangrar. **/e** f. sangre. **/ía** f. sangria; bebida feita com vinho, sumo de limão, etc. **/iento** adj. sangrento.
sanguijuela f. *Zool.* sanguessuga.
sangu/inario adj. sanguinário. **/íneo** adj. sanguíneo.
sanidad f. sanidade.
sano adj. são; saudável.
sant/iamén (en un) fig. num momento, num santiamém. **/idad** f. santidade. **/ificable** adj. santificável. **/ificación** f. santificação. **/ificar** tr. santificar. **/iguadera** f. benzedura. **/iguar** tr. e vr. santigar, benzer-se. **/ísimo** adj. santíssimo. **/o** adj. e s. santo. **/ón** m. santão; hipócrita. **/oral** m. santoral. **/uario** m. santuario. **/urrón** adj. santarrão; hipócrita.
sañ/a f. sanha, raiva. **/udo** adj. sanhudo.
sapiencia f. sabedoria.
sapo m. *Zool.* sapo.
saque m. saque. **/ador** adj. e s. saqueador; devastador. **/ar** tr. saquear; despojar. **/o** m. saque, saqueio.
sarampión m. sarampão, sarampo.
sarao m. sarau.
sarasa m. fam. maricas.
sarc/asmo m. sarcasmo. **/ástico** adj. sarcástico.
sarcófago m. sarcó(ô)fago.
sardina f. *Zool.* sardinha.
sarga f. sarja.
sargento m. sargento.
sarmiento m. sarmento.
sarn/a f. sarna. **/oso** adj. sarnoso.
sarraceno adj. e s. sarraceno.
sarrillo m. sarrido.
sarro m. sarro, sedimento; saburra.
sarta f. sarta, enfiada; fiada; fileira.
sartén f. sertã, frigideira.
sastre m. alfaiate. **/ría** f. alfaiateria.
Satán ou **Satanás** m. Satã ou Satanás. **/ico** adj. satânico.
satélico m. satélico.
satélite m. *Astr.* satélite.
satán m. cetim.
satina/do adj. sedoso; acetinado. **/r** tr. acetinar; amaciar.
sátira f. sátira.
satirizar tr. e intr. satirizar; ridicularizar.
sátiro m. sátiro.
satisf/acción f. satisfação. **/acer** tr. satisfazer. **/actorio** adj. satisfactório. **/echo** adj. e s. satisfeito.
saturar tr. saturar.
savia f. seiva.
saxófono m. saxofone.
saya f. saia; enágua. **/l** m. burel.
saz/ón f. madureza; tempo oportuno; sabor das comidas. **/onado** adj. sazonado, amadurecido. **/onar** tr. sazonar; amadurecer; temperar.
se pron. se.
sebe f. sebe.
sebo m. sebo, gordura.
seca f. se(ê)ca. **/dero** m. secadoiro. **/dío** adj. secante. **/dor** m. enxugador; secadoiro. **/miento** m. secagem. **/no** m. sequeiro; **terreno de —**, terreno que não é de regadio. **/nte** m. secante; mata-borrão. **/r** tr. secar. **/rse** r. enxugar-se.
sección f. se(c)ção.
secesión f. secessão.
seco adj. se(ê)co.
secreción f. secreção.
secret/aria f. secretária. **/aría** f. secretariado; secretaria. **/ario** m. secretário. **/ear** intr. segredar; bisbilhotar. **/eo** m. bisbilhotice, mexerico. **/o** adj. secreto, escondido; m. segre(ê)do.
secta f. seita. **/rio** adj. e s. sectário.
sector m. se(c)tor.
secu/az adj. e s. sequaz. **/ela** f. sequ(ü)ela. **/encia** f. sequ(ü)ência.
secuestr/ar tr. sequ(ü)estrar. **/o** m. sequ(ü)estro.
secular adj. secular. **/izar** tr. secularizar.
secundar tr. secundar. **/io** adj. secundário.
sed f. se(ê)de; fig. desejo veemente.
seda f. se(ê)da. **/ción** f. sedação.
sedal m. sedalha.
sede f. sede; **Santa —**, Santa Sé.
sedentario adj. sedentário.
sedici/ón f. sedição. **/oso** adj. e s. sedicioso; revolucionário.
sediento adj. sedente; ávido.
sediment/ar tr. sedimentar. **/o** m. sedimento.
seduc/ción f. sedução. **/ible** adj. seduzível. **/ir** tr. seduzir. **/tor** adj. e s. sedutor.
sega/dor m. segador, ceifeiro. **/r** tr. segar, ceifar.
seglar adj. e s. secular; leigo.
segmento m. segmento.
segrega/ción f. segregação. **/r** tr. segregar.
segui/da f. seguida. **/do** adj. seguido, contínuo. **/dor** adj. e s. seguidor. **/r** tr. seguir.
según prep. segundo, conforme.
segundo adj. e m. segundo.
segur/anza f. segurança. **/idad** f. seguridade. **/o** adj. seguro; indubitável; eficaz; m. segurança.
seis adj. e m. seis; sexto. **/cientos** adj. seiscentos.
selec/ción f. sele(c)ção; escolha. **/cionador** adj. e s. sele(c)cionador. **/cionar** tr. sele(c)cionar. **/tivo** adj. sele(c)tivo. **/to** adj. sele(c)to; excelente.
selv/a f. selva. **/ático** adj. selvático.
sell/ar tr. selar, estampilhar; estampar; carimbar; fechar; confirmar. **/o** m. se(ê)lo; carimbo; chancela; marca; estampilha.
semáforo m. semáforo.
semana f. semana. **/l** adj. semanal. **/rio** adj. e m. semanário.
semblante m. semblante; cara; fig. aparência.
sembra/do adj. e m. semeado; sementeira. **/dor** adj. e s. semeador. **/r** tr. semear; espalhar.
semeja/nte adj. semelhante. m. analogia. **/nza** f. semelhança. **/r** intr. semelhar. **/rse** r. parecer-se.
semen m. sé(ê)men. **/tal** adj. e m. semental; cavalo de cobrição. **/tera** f. sementeira.
semestr/al adj. semestral. **/e** m. semestre, tempo de seis meses.
semi pref. semi, meio, metade. **/circular** adj. semicircular.
semill/a f. semente; orígem. **/ero** m. viveiro; seminário.
seminari/o m. seminário; viveiro; orígem. **/sta** m. seminarista.
sémola f. sêmola, trigo esmagado.
senado m. senado. **/r** m. senador.
sencill/ez f. simplicidade, singeleza. **/o** adj. simples, singelo.
send/a f. senda. **/ero** m. senda.
senil adj. senil.
seno m. seio; regaço; fig. centro.
sensa/ción f. sensação. **/cional** adj. sensacional. **/tez** f. sensatez. **/to** adj. sensato.
sensi/bilidad f. sensibilidade. **/ble** adj. sensível.
sensual adj. sensual. **/idad** f. sensualidade.
senta/do adj. sentado; assentado. **/r** tr. sentar; assentar.
sentenci/a f. sentença; despacho; provérbio. **/ar** tr. sentenciar. **/oso** adj. sentencioso.
senti/do adj. e m. sentido; sensível. **/mental adj.** sentimental. **/miento m.** sentimento. **/r** tr. sentir; padecer; deplorar; cheirar.
seña f. senha; gesto; pl. endere(ê)ço. **/l** f. sinal; senha. **/lado** adj. designado; indigitado. **/lador** adj e s. assinalador. **/lamiento** m. demonstração; assinalamento; fixação da hora e dia. **/lar** tr. assinalar; destinar; demonstrar. **/larse** r. distinguir-se.
señor adj. e s. senhor; patrão. **/a** f. senhora; ama. **/ear** tr. senhorear; apoderar-se. **/ía** f. senhoria; soberania. **/ial** adj. senhorial. **/ío** m. senhorio. **/ita** f. senhorita, menina. **/ito** m. senhorito; jovem rico e ocioso.
separa/ción f. separação. **/do** adj. desligado; afastado; separado. **/r** tr. separar; desunir. **/rse** r. desquitar-se; despedir-se. **/tismo** m. separatismo.
septentri/ón m. setentrião. **/onal** adj. setentrional.
septiembre m. setembro.
sepul/cral adj. sepulcral. **/cro** m. sepulcro. **/tar** tr. sepultar. **/tura** f. sepultura. **/turero** m. sepultureiro, coveiro.
sequ/edad f. sequidão; aridez. **/ía** f. se(ê)ca; secura.
séquito m. séqu(ü)ito, cor-

tejo.
ser intr. ser; m. natureza; ser, ente.
sera f. seira.
seren/ar tr. serenar; aclarar; acalmar. /ata f. serenata. /idad f. serenidade. /o adj. sereno, guarda no(c)turno; relento; quieto.
seri/e f. série; sequ(ü)ência. /edad f. seriedade. /o adj. sério.
serm/ón m. sermão. /onear tr. pregar; admoestar.
serp/ear intr. /entear vi. serpear, serpentear. /iente f. Zool. serpente.
serr/ador adj. e s. serrador. /anía f. serranía. /ano adj. e s. serrano. /ar tr. serrar. /ín m. serradura, serrim.
servi/cial adj. serviçal; obsequiador. /cio m. serviço; utilidade. /do adj. servido, usado. /dor adj. e s. servidor. /dumbre f. servidão; criadagem. /l adj. e s. servil. /lleta f. guardanapo. /r intr. servir; aproveitar. /rse r. aproveitar-se, tomar para si.
sesenta adj. sessenta.
sesión f. sessão.
seso m. miolo.
sestear intr. sestear.
sesudo adj. sisudo, sensato.
seta f. Bot. cogumelo, seta.
seto m. sebe.
seudónimo adj. e s. pseudó(ô)nimo.
sever/idad f. severidade. /o adj. severo.
sexo m. sexo.
sextante m. sextante.
sexual adj. sexual. /idad f. sexualidade.
si conj. se.
sí pron. si; adv. sim.
sibarita adj. e s. sibarita.
sicario m. sicário.
sicómoro m. Bot. sicó(ô)moro.
sidra f. sidra.
siega f. se(ê)ga, ceifa.
siembra f. sementeira.
siempre adv. sempre. / viva f. Bot. sempre-viva.
sien f. Anat. fonte.
sierra f. serra.
siervo m. servo.
siesta f. sesta.
siete adj. e m. sete. /mesino adj. sete-mesinho.
sífilis f. sífilis.
sifón m. sifão.
sigil/o m. sigilo. /oso adj. secreto, discreto.
sigl/a f. sigla. /o m. século.
signa/r tr. assinar; persignar. /tario adj. e s. signatário. /tura f. assinatura.
significa/ción f. significação. /do adj. e m. significado; significa/ção. /r tr. significar. /tivo adj. significativo.
signo m. sinal; estigma; signo.
siguiente adj. seguinte.
sílaba f. sílaba.
silabear tr. soletrar, silabar.
silb/ar tr. assobiar; apitar. /ato m. assobio, apito. /ido m. assobio, apito. /o m. assobio, silvo.
silenci/ar tr. calar, silenciar. /o m. silêncio. /oso adj. e s. silencioso.
silo m. silo.
silueta f. silhueta, perfil.
silvestre adj. silvestre.
sill/a f. cadeira, assento; sela. /ar m. silhar; sela. /ar m. silhar; selandouro. /ería f. conjunto de cadeiras iguais; cadeirado. /ín m. selim. /ón m. cadeirão; poltrona.
sima f. furna; abismo.
símbolo m. símbolo.
sim/etría m. simetria. /étrico adj. simétrico.
simiente f. semente.
símil m. símile.
simil/ar adj. similar. /itud f. similitude.
simio m. Zool. símio.
simp/atía f. simpatia; atra(c)ção. /ático adj. simpático; agradável. /atizar intr. simpatizar; fraternizar.
simpl/e adj. e s. simples; singelo; ignorante. /eza f. simpleza; palermice. /icidad f. simplicidade; facilidade. /ificación f. simplificação. /ificar tr. simplificar; facilitar.
simula/ción f. simulação. /cro m. simulacro. /dor adj. e s. simulador. /r tr. simular.
simultáneo adj. simultâneo.
sin prep. sem; exclusão.
sinagoga f. sinagoga.
sincer/ar tr. inocentar; reabilitar. /arse r. desabafar-se com alguém. /idad f. sinceridade; veracidade. /o adj. sincero.
sincronizar tr. sincronizar.
sindica/lismo m. sindicalismo. /lista adj. e s. sindicalista. /r tr. sindicar. /to m. sindicato.
sinfín m. sem-fim.
sinf/onía f. sinfonia. /ónico adj. sinfó(ô)nico.
singlar intr. singrar, navegar.
singular adj. singular; extraordinário. /idad f. singularidade. /izar tr. singularizar. /izarse r. distinguir-se.
siniestr/a f. siniestra. /ado adj. e s. sinistrado. /o adj. sinistro.
sinnúmero m. sem-número, infinidade.
sino conj. senão, mas; m. sina, destino.
sinónimo adj. e m. sinó(ô)nimo.
sinopsis f. sinopse.
sinrazón f. sem-razão.
sinsabor m. sensaboria, insipidez; fig. pesar, dissabor.
sintaxis f. Gram. sintaxe.
síntesis f. síntese.
sint/ético adj. sintético. /etizable adj. sintetizável. /etizar tr. sintetizar.
síntoma m. sintoma.
sintomático adj. sintomático.
sinton/ía f. sintonia. /ización f. sintonização. /izar tr. sintonizar.
sinuos/idad f. sinuosidade; tergiversação. /o adj. sinuoso; tortuoso.
sinusitis f. sinusite.
sinvergüen/cería f. fam. desfaçatez. /za adj. e s. desvergonhado.
sionismo m. sionismo.
siquier(a) conj. ainda que, se bem que, mesmo que; ou, já, ora; adv. pelo menos, tão sòmente.
sirena f. sereia.
sirvient/a f. serventa, criada. /e adj. e s. servente; criado.
sisa f. cava; pequena parte que se furta nas compras. /r tr. furtar pequenas partes nas compras; fazer cavas.
sísmico adj. sísmico.
sistem/a m. sistema. /ático adj. sistemático.
sit/ial m. setial. /iar tr. sitiar; assediar. /io m. sítio; qualquer lugar. /o adj. situado. /uación f. situação. /uar tr. situar. /uarse r. estabelecer-se.
so prep. sob, debaixo; interj. xó!
soba/co m. sovaco. /do adj. sovado; coçado. /jar tr. amarrotar, amachucar. /quina f. sovaquinho. /r tr. soyar; manusear; molestar.
soberan/ía f. soberania. /o adj. e m. soberano.
soberbi/a f. soberba. /o adj. soberbo.
soborn/able adj. subornável. /ar tr. subornar. /o m. subo(ô)rno.
sobra f. sobra, excesso; pl. desperdícios, restos. /nte adj. e m. excesso; pl. sobras, restos. /r tr. sobrar; sobejar.
sobrasada f. espécie de paio das Baleares.
sobre prep. so(ô)bre, em cima de; m. envelope. /abundancia f. sobreabundância. /alimentación f. superalimentação. /carga f. sobrecarga. /ceja f. sobrolho. /coger tr. surpreender; assustar. /cogimiento m. surpre(ê)sa; sobressalto. /hilar tr. alinhavar. /humano m. sobre-humano. /elevar tr. sustentar; sofrer; ter resignação. /manera m. sobremaneira. /mesa f. toalha de mesa; tempo que se está na mesa depois da refeição. /natural adj. sobrenatural. /nombre m. alcunha; sobrenome. /ntender vt. subentender. /poner tr. sobrepor; acrescentar. /ponerse r. dominar-se /precio m. aumento no preço comum. /saliente adj. e m. sobressalente; eminente; distinção, nota máxima nos exames; suplente. /salir intr. sobressair; fulgurar. /saltar tr. sobressaltar /saltarse r. assustar-se. /salto m. sobressalto; alvoro(ô)ço. /stante adj. sobrestante, capataz; superintendente. /sueldo m. gratificação. /todo m. sobretudo. /venir intr. sobrevir. /vivir tr. sobreviver.
sobriedad f. sobriedade.
sobrin/a f. sobrinha. /o m. sobrinho.
sobrio adj. sóbrio.
socarr/ar tr. torrar, chamuscar. /ina f. fam. chamusco. /ón adj. e s. socarrão, astuto. /onería f. astúcia, velhacaria.
socav/ar tr. socavar. /ón m. socava.
soci/abilidad f. sociabilidade. /able adj. sociável. /al adj. social. /alismo m. socialismo. /alista adj. e s. socialista. /alización f. socialização. /alizar tr. socializar. /edad f. sociedade. /o m. sócio. /ología f. sociologia. /ológico adj. sociológico.
socorr/er tr. socorrer; ajudar. /ido adj. socorrido. /o m. socorro.
soda f. soda.
sodom/ía f. sodomia. /ita adj. e s. sodomita.
sofis/ma m. sofisma. /ta adj. e s. sofista. /tería f. sofisteria. /ticación f. sofisticação. /ticar tr. sofisticar.
sufoc/ación f. sufocação. /ar tr. sufocar. /o m. sufocação; fig. grave desgo(ô)sto que se dá ou recebe.
sojuzgar tr. subjugar, submeter.
Sol m. Sol. /ana f. soalheiro, lugar exposto ao sol.
solapa f. lapela. /do adj. solapado.
solar adj. solar. /iego adj. solarengo.
soldad/esca f. soldadesca. /esco adj. soldadesco. /o m. soldado.
solda/dura f. soldadura. /r tr. soldar.
soleado adj. soalhado.
soledad f. soledade, solidão.
solemn/e adj. solene. /idad f. solenidade. /ización f. solenização. /izar tr. solenizar.
solf/a f. solfa. /ear intr. solfejar. /eo m. solfejo.
solicit/ación f. solicitação. /ar tr. solicitar. /ud f. solicitude.
solid/aridad f. solidariedade. /ario adj. solidário. /ez f. solidez. /ificación f. solidificação. /ificar tr. solidificar.
sólido adj. sólido.
solimán m. solimão.
solista m. solista.
solitario adj. e m. solitário.
solo adj. só; solitário; m. solo.
sólo adv. só, sòmente.
solsticio m. solstício.
soltar tr. soltar; alargar; desatar. /se r. desprender-se; desabrochar-se.
solter/ía f. celibato. /o adj. e s. solteiro. /ón adj. e s. solteirão. /ona f. solteirona.
soltura f. soltura; destreza.
solu/ble adj. solúvel. /ción f. solução. /cionar tr. solucionar.
solven/cia f. solvabilidade, solvência. /te adj. solvente.
solloz/ar intr. soluçar. /o m. soluço.
sombr/a f. sombra. /aje m. ramada. /ear tr. sombrear. /erazo m. chapelão; chapelada. /erera f. chapeleira. /ero m. chapéu. /illa f. sombrinha, guarda-sol. /ío adj. sombrio.
somero adj. superficial; exíguo; aparente.
someter tr. submeter; subordinar.
somnámbulo adj. e s. sonâmbulo.
somn/ífero adj. sonífero. /olencia f. sonolência; modo(ô)rra. /olento adj. e s. sonolento.
son m. som; ruído. /able adj. sonor, notável. /ado adj. soado; afamado. /ajero m. guizo. /ar intr. soar; assoar. /ata f. sonata.
sond/a f. sonda. /aje m. sondagem. /ar tr. sondar; averiguar. /eo m. sondagem; investigação.
soneto m. sone(ê)to.
sonido m. som; sonido.
sonor/idad f. sonoridade. /o adj. sonoro.
sonr/eír intr. e r. sonrrir. /iente adj. e s. sorridente. /isa f. sorriso.
sonroj/ar tr. ruborizar, corar. /o m. rubor, vergonha; ofensa.
sonrosar r. e tr. ruborizar-se; rosar-se.
sonsacar tr. surripiar; solicitar secretamente.
soñ/ador adj. e s. sonhador. /ar tr. sonhar; fantasiar; ni —lo, de nenhum modo. /olencia f. sonolência. /oliento adj. sonolento.
sopa f. sopa.
sopapo m. sopapo, murro.
sopera f. sopeira.
sopesar tr. sopesar.
sopetón m. sopapo; de —, sùbitamente.
sopl/ar intr. soprar, assoprar; bafejar. /ete m. m. maçarico. /illo m. abano. /o m. so(ô)pro. /ón m. mexeriqueiro.
sopor m. sopor; modo(ô)rra. /ífero adj. soporífero.
soport/able adj. suportável. /al m. soportal; alpendre. /ar tr. suportar. /e m. suporte.
sor f. só(ô)ror.
sorb/er tr. sorver; sugar. /ete m. sorvete. /ible adj. sorvível. /o m. gole; so(ô)rvo.
sordera f. surdez.
sordidez f. mesquinharia; sugerosidade; sordidez.
sórdido adj. sórdido.
sordina f. surdina.
sordo adj. e m. surdo. /mudo adj. e s. surdo-mudo.
sorna f. so(ô)rna.
sorpre/ndente adj. surprendente. /nder tr. surpreender. /sa. f. surpre(ê)sa.
sorte/able adj. sorteável. /ar tr. sortear. /o m. sorteio, sorteamento.
sorti/ja f. anel. /legio m. sortilégio.
sosega/do adj. sossegado. /dor adj. e s. sossegador. /r tr. sossegar; descansar.
sosiego m. sosse(ê)go, descanso.
soslay/ar tr. esguelhar; fig. passar por alto; evitar. /o (al de) adv. de soslaio.
soso adj. inso(ô)sso; insulso.
sospech/a f. suspeita. /able adj. suspeitoso. /ar tr. e intr. suspeitar. /oso adj. e s. suspeitoso.
sost/én m. sustento; amparo; apoio; porta-seios, "soutien". /ener tr. suster, sustentar; apoiar. /enido adj. sustentado.
sotana f. sotaina ou sotana.
sótano m. cave.
sotavento m. sotavento.
soterrar tr. soterrar, enterrar; fig. esconder.
soto m. souto.
su pron. seu, sua; pl. seus, suas.
suav/e adj. suave; delicado. /idad f. suavidade. /ización f. suavização. /izar tr. suavizar.
subalterno adj. e m. subalterno; inferior.
subarr/endar tr. subarrendar. /endatario m. subarrendatário. /iendo, m. subarrendamento.
subasta f. leilão subasta. /r tr. leiloar, subastar.
subconsciencia f. subconsciência.
súbdito adj. e s. súbdito.
subdivi/dir tr. subdividir. /sión f. subdivisão.

subi/da f. subida; encosta; ascendimento; aumento. **/do** adj. subido. **/r** intr. subir; elevar.
súbito adj. súbito.
subleva/ción m. sublevação. **/r** tr. sublevar. **/rse** r. amotinar-se.
sublim/ación f. sublimação. **/ar** tr. sublimar. **/e** adj. sublime; excelso.
submarino adj. e m. submarino.
subordina/ción f. subordinação. **/do** adj. e s. subordinado. **/r** tr. subordinar.
subrayar tr. sublinhar.
subscri/bir tr. subscrever. **/pción** f. subscrição. **/ptor** m. subscritor.
subsecretario m. subsecretário.
subsidio m. subsídio.
subsis/tencia f. subsistência. **/tir** intr. subsistir.
substancia f. substância. **/l** adj. substancial.
substitu/ción f. substituição. **/ible** adj. substituível. **/ir** tr. substituir. **/to** adj. e s. substituto; suplente.
substra/cción f. substra(c)ção. **/er** tr. substrair. **/erse** r. esquivar-se.
subsuelo m. subsolo.
subterfugio m. subterfúgio.
subterráneo adj. e m. subterrâneo.
suburb/ano adj. e m. suburbano. **/io** m. subúrbio.
subvenci/ón f. subvenção, subsídio. **/onar** tr. subvencionar.
succ/ión f. su(c)ção. **/ionar** tr. chupar, sugar.
suce/der intr. suceder. **/dido** adj. sucedido; m. sucesso. **/sión** f. sucessão; continuação. **/sivo** adj. sucessivo. **/so** m. sucesso.
suciedad f. sujidade.
sucio adj. sujo.
suculento adj. suculento.
sucumbir intr. sucumbir.
sud m. sul. **/americano** adj. e s. sul-americano.
sudar tr. suar.
sudeste m. sueste, sudeste.
sudor m. suor. **/ífero** adj. sudorífero. **/oso** adj. suado, suarento.
suegr/a f. sogra. **/o** m. sogro.
suela f. sola.
sueldo m. so(ô)ldo, salário.
suelo m. solo, chão.
sueño m. sono; sonho.
suero m. so(ô)ro.
suerte f. sorte; fortuna.
suficien/cia f. suficiência. **/te** adj. e m. suficiente.
sufrag/ar tr. sufragar. **/io** m. sufrágio. **/ista** f. e m. sufragista.
sufri/ble adj. sofrível; suportável **/do** adj. e s. sofrido. **/miento** m. sofrimento. **/r** tr. sofrer; aguentar.
suge/rir tr. sugerir. **/stión** f. sugestão. **/stionar** tr. sugestionar.
suicid/a adj. e m. e f. suicida. **/arse** r. suicidar-se. **/io** m. suicídio.
suizo adj. e s. suíço.
suje/ción f. sujeição. **/tar** tr. sujeitar; atar. **/to** adj. e s. sujeito.
sulfato m. sulfato.
sultán m. sultão.
suma f. soma. **/r** tr. somar; recopilar. **/rio** adj. e m. sumário; abreviado.
sumergi/ble adj. e m. submergível. **/r** tr. submergir, mergulhar; afundar.
sumersión f. submersão.
sumidero m. sumidouro; sarjeta.
suministr/ar tr. subministrar. **/o** m. subministração; fornecimento.
sumi/r tr. sumir; submergir. **/sión** f. submissão. **/so** adj. submisso.
sumo adj. sumo; excelso.
suntu/ario adj. sumptuário (Bras. suntuário). **/osidad** f. sumptuosidade. **/oso** adj. sumptuoso.
super/able adj. superável. **/abundar** intr. superabundar. **/ar** tr. superar. **/ávit** m. superavit.
superchería f. fraude, engano.
superfici/al adj. superficial; ligeiro. **/alidad** f. superficialidade. **/e** f. superfície; dimensão.
superfluo adj. supérfluo.
superior adj. e m. superior. **/idad** f. superioridade.
supernumerario adj. supranumerário.
superproducción f. superprodução.
supersticí/ón f. superstição. **/oso** adj. supersticioso.
superviv/encia f. supervivência. **/iente** adj. e s. supervivente.
suplanta/ción f. suplantação. **/dor** adj. e s. suplantador. **/r** tr. suplantar.
suple/mento m. suplemento. **/nte** adj. e s. suplente.
súplica f. súplica.
suplicar tr. suplicar.
supli/icio m. suplício. **/dor** adj. e s. suplente, substituto. **/r** tr. suprir; dissimular.
supo/ner tr. supor. **/sición** f. suposição. **/sitorio** m. supositório.
supradicho adj. sobredito, mencionado.
suprem/acía f. supremacia. **/o** adj. supremo.
supresión f. supressão.
suprimir tr. suprimir.
supurar intr. e tr. supurar.
sur m. sul.
sur/car tr. sulcar. **/co** m. sulco, re(ê)go; risco; ruga..
surgir intr. surgir.
surrealismo m. surrealismo.
surti/do adj. sortido; m. sortimento. **/dor** adj. fornecedor, m. repuxo, cho(ô)rro. **/r** tr. sortir, repuxar, brotar a água.
susceptib/ilidad f. suce(p)tibilidade. **/le** adj. susce(p)tível.
suscitar tr. suscitar.
suscribir tr. subscrever.
suspen/der tr. suspender; adiar; pendurar. **/sión** f. suspensão. **/so** adj. suspenso; hesitante; m. reprovado em exame.
suspica/cia f. suspicácia. **/z** adj. suspicaz.
suspir/ar intr. suspirar. **/o** m. suspiro.
sustancia f. substância.
sustent/able adj. sustentável. **/ación** f. sustentação. **/áculo** m. sustentáculo. **/ar** tr. sustentar. **/o** m. sustento.
susto m. susto.
susurr/ar intr. sussurrar. **/o** m. sussurro.
sutil adj. subtil; delgado. **/eza** f. subtileza. **/izar** tr. subtilizar.
sutura f. sutura.
suyo, suya pro. seu, sua; seu, de(ê)le, dela.

T t

tabaco m. tabaco.
tabaquer/a f. tabaqueira. **/ría** f. tabacaria. **/o** adj. e s. tabaqueiro.
tabern/a f. taberna. **/ero** m. taberneiro. **/ucho** m. fam. taberna pequena e suja.
tabi/car tr. tabicar. **/que** m. tabique.
tabl/a f. tábua; prega dum vestido; aduela; tabuada; lista; palco, cenário. **/ado** m. tablado, estrado, palco; sobrado; andaime. **/ero** m. tabuleiro; tábua aparelhada; tabual. **/eta** f. dim. tabuinha; pastilha. **/etear** intr. matraquear. **/illa** f. dim. tabuinha; tabuleta. **/ón** m. tabuão; pranchão, prancha.
tabuco m. cubículo.
taburete m. tamborete.
tacañ/ear intr. tacanhear. **/ería** f. tacanharia, mesquinharia. **/o** adj. tacanho, avarento; mesquinho.
tácito adj. tácito.
taciturno adj. taciturno.
tacón m. tacão, salto (de sapato).
táctic/a f. tá(c)tica. **/o** adj. e s. tá(c)tico.
tacto m. ta(c)to.
tach/a f. tacha, nódoa; falta. **/ar** tr. tachar; apagar, riscar com traços; culpar. **/ón** m. tachão; traço, risco. **/uela** f. tachinha; percevejo.
tafetán m. tafetá.
tahalí m. talim, boldrié.
taimado adj. e s. taimado; astuto.
taj/ada f. talhada; fatia; bebedeira. **/amiento** m. talhamento. **/ar** tr. talhar, cartar. **/o** m. talho; cutilada; gume, corte.
tal adj. tal; igual, semelhante; adv. ta, desta maneira, assim mesmo.
tala f. corte de árvores; desbaste.
taladr/adora adj. e s. furador. **/ar** tr. furar; brocar; atroar. **/o** m. verruma.
talco m. talco.
talego m. taleigo.
talento m. talento.
talismán m. talismã.
tal/ón m. talão; calcanhar. **/onario** adj. talonário.
talud m. talude; declive.
talla f. talha; entalhe. **/r** tr. e intr. talhar.
talle m. talhe. **/r** m. oficina de trabalho manual.
tallo m. talo; rebento.
tamaño adj. e m. tamanho.
tambale/ar intr. cambalear. **/o** m. camboleiro.
también adv. também.
tambor m. tambor; bastidor para bordar.
tamiz m. tamis. **/ar** tr. tamisar.
tampoco adv. também não.
tan adv tão, tanto.
tanda f. vez, turno; tarefa, trabalho; camada; turma de trabalhadores.
tangente adj. e s. tangente.
tango m. tango.
tanque m. tanque.
tante/ar tr. tentear, calcular; medir; considerar. **/o** m. número de tentos que se ganham no jo(ô)go; fig. ponderação.
tanto adj. e m. tanto; porção; tento.
tañe/dor m. tangedor. **/r** tr. tanger.
tapa f. tampa; cobertura; capa. **/dera** f. encobrideira; tampa; cobertura. **/r** tr. tapar; abrigar; encobrir. **/rrabo** m. tanga.
tapete m. tape(ê)te; pano de mesa; **— verde** mesa
tapia f. taipa; ado(ô)be. de jo(ô)go de cartas. **/r** tr. taipar.
tapicer/ía f. tapeçaria. **/o** m. tapeceiro.
tapioca f. tapioca.
tapiz m. tape(ê)te, tapiz. **/ar** tr. tapizar, atapetar.
tap/ón m. tampão, tampa; ro(ô)lha. **/onamiento** m. tapamento. **/onar** vt. tapar; pensar uma ferida. **/onazo** m. estalo dado pela ro(ô)lha ao abrir-se uma garrafa.
tapujo m. embuço; fig. disfarce; **sin —s**, às claras.
taquigrafía f. taquigrafia.
taquígrafo m. taquígrafo.
taquill/a f. bilheteira. **/ero** m. bilheteiro.
tara f. tara; defeito; enfermidade hereditária.
tarambana m. e f. doidivanas.
tararear tr. cantarolar.
tard/anza f. tardança, demora. **/ar** intr. tardar; atrassar. **/e** f. tarde. **/ecer** intr. entardecer. **/ío** adj. tardio; pausado.
tarea f. tarefa; empreitada.
tarifa f. tarifa; tabela de preços; pauta de direitos.
tarima f. tarima, estrado.
tarja f. tarja; contra-senha.
tarjeta f. cartão de visita.
tarro m. tarro, boião.
tarta f. torta, pastel. **/mudear** intr. tartamudear, gaguejar. **/mudez** f. tartamudez. gaguice. **/mudo** adj. e s. tartamudo.
tartera f. torteira.
tarugo m. tarugo; naco; pop. imbecil.
tasa m. taxa; preço legal; pauta; medida. **/ción** f. taxação. **/dor** adj. e s. taxador; avaliador. **/r** tr. taxar; avaliar; moderar.
tasca f. tasca, bodega.
tatara/buela f. tataravô. **/buelo** m. tataravó. **/neto** m. tataraneto.
¡tate! interj. tate! cautela!
tatua/je m. tatuagem. **/r** tr. tatuar.
taumaturg/ia f. raumaturgia. **/o** taumaturgo.
taur/ino adj. taurino. **/omaquia** f. tauromaquia.
taurología f. taulogia.
tautología f. tautologia.
tax/i m. fam. taxi. **/ímetro** m. taxímetro.
taz/a f. taça, xícara, chávena; pia. **/ón** m. malga; chávena grande.
té m. chá.
te pron. te, a ti.
tea f. teia, facho.
teatr/al adj. teatral. **/o** m. teatro.
tec/a f. *Bot.* teca; relicário. **/la** f. tecla. **/lado** m. teclado. **/lear** intr. bater as teclas.
técnic/a f. técnica. **/o** adj. e s. técnico.
tecnología f. tecnologia.
tech/ado adj. telhado, com te(c)to; m. te(c)to. **/ador** m. telhador. **/ar** tr. construir o tecto. **/o** m. tecto; fig.lar. **/umbre** f. tecto.
tedio m. tédio. **/so** adj. tedioso.
teja f. telha; **a toca —**, a pronto pagamento. **/do** m. telhado. **/r** m. telheira, telhal.
tej/edor adj. e s. tecedor. **/emaneje** m. fam. destreza. **/er** tr. tecer; intrigar. **/ido** adj. tecido; m. textura.
tela f. tela, pano; quadro; teia. **/r** m. tear. **/raña** f. teia de aranha.
tel/efonear tr. telefonar. **/éfono** m. telefone.
tel/egrafiar tr. telegrafar. **/égrafo** m. telégrafo. **/egrama** m. telegrama.
telepatía f. telepatia.
telescopio m. telescópio.
televis/ión f. televisão. **/or** m. televisor.
telón m. pano de fundo do teatro.
tema m. tema.
tembl/ar intr. tremer. **/equear** intr. fam. tremelicar. **/or** m. tremor; agitação. **/o(ro)so** adj. tré(ê)mulo.
temer tr. e intr. temer. **/ario** adj. temerário. **/idad** f. temeridade. **/oso** adj. temeroso.
temible adj. temível.
temor m. temor.
témpano m. timbale; bloco de ge(ê)lo; manta de toucinho.
tempera/ción f. moderação. **/mento** m. temperamento. **/r** tr. moderar, temperar. **/tura** f. temperatura.
tempest/ad f. tempestade; agitação. **/uoso** adj. tempestuoso; desabrido.
templ/ado adj. temperado; mo(ô)rno; valente. **/anza** f. temperança; sobriedade. **/ar** tr. temperar; amornar; entensar; afinar um instrumento. **/arse** r. corrigir-se. **/e** m. temperatura; têmpera; feito.
templo m. templo.
tempor/ada f. temporada. **/al** adj. e m. temporal. **/alidad** f. temporalidade. **/ero** adj. interino.
tempran/al adj. e s. temporão. **/ero** adj. prematuro. **/o** adj. temporão; antecipado; adv. cedo.
tena f. cobertiço; rebanho. **/cidad** f. tenacidade. **/cillas** f. pl. tenazes; pinças; espevitador. **/z** adj. tenaz; obstinado. **/za** f. tenaz; turquês.
tende/dor m. e f. estendedor. **/ncia** f. tendência. **/ncioso** adj. tendencioso. **/r** tr. tender; espalhar. **/rse** r. estender-se. **/rete** m. fam. barraca para venda ao ar livre. **/ro** m. e f. tendeiro, lojista; merceeiro.
tendón m. tendão.
tenducha ou **tenducho** m. lojeca.
tenebros/idad f. tenebrosidade. **/o** adj. tenebroso.
tened/or m. possuidor; garfo; **— de libros,** guar-

da-livros. **/uría** f. cargo e escritório de guarda-livros; **— de libros,** escrituração comercial; contabilidade.

tener tr. ter; possuir. **/se** r. manter-se.

tenería f. curtume.

tenis m. té(ê)nis.

tenor m. tenor; teor; estilo.

tens/ar tr. estirar, alongar. **/ión** f. tensão. **/o** adj. tenso.

tenta/ción f. tentação. **/dor** adj. e s. tentador. **/r** tr. tentar; tentear. **/tiva** f. tentativa.

tenue adj. té(ê)nue.

teñir tr. tingir; corar.

teo/cracia f. teocracia. **/logía** f. teologia.

teólogo m. teólogo.

teor/ema m. teorema. **/ía** f. teoría.

terapéutic/a f. terapêutica. **/o** adj. terapêutico.

terc/ería f. terçaria, intervenção. **/ero** adj. terceiro; m. medianeiro; alcoviteiro. **/io** adj. e m. te(ê)rço. **/iopelo** m. veludo.

terco adj. teimoso.

térmico adj. térmico.

termina/ción f. terminação; fim. **/l** adj. terminal. **/r** tr. e intr. terminar.

término m. té(ê)rmino; limite; te(ê)rmo.

termodinámica f. termodinâmica.

termómetro m. termó(ô)metro.

terna f. termo, trio.

terner/a f. terneira, vitela. **/o** m. terneiro, vitelo, bezerro.

ternura f. ternura.

terquedad f. teimosia.

terrapl/én m. terrapleno; trincheira; ate(ê)rro. **/enar** tr. terraplenar; aterrar.

terraza f. terraço.

terre/moto m. terremoto. **/nal** adj. terrenal. **/no** adj. e m. terreno. **/stre** adj. terrestre.

terrible adj. terrível.

territori/al adj. territorial. **/o** m. território.

terrón m. torrão, terrão.

terror m. terror. **/ífico** adj. terrorífico. **/ismo** m. terrorismo. **/ista** s. terrorista.

tertulia f. tertúlia.

tesis f. tese.

tesón m. riqueza; constância.

tesor/ería f. tesouraria. **/ero** m. tesoureiro. **/o** m. tesouro.

testa f. cabeça; fronte. **/dor** m. testador. **/ferro** m. testa-de-ferro. **/mentario** adj. e s. testamentário. **/mento** m. testamento. **/r** intr. testar. **/rudez** f. teimosia. **/rudo** adj. e s. teimoso.

testículo m. testículo.

testifica/ción f. testificação. **/r** tr. testificar.

testigo m. e f. testemunha.

testimoni/ar tr. testemunhar. **/o** m. testemunho.

testuz ou **testuzo** m. testa, fronte; cachaço.

teta f. te(ê)ta; úbere.

tetánico adj. tetânico.

tetera f. chaleira, bule.

tétrico adj. tétrico.

text/il adj. e s. têxtil. **/o** m. texto. **/ual** adj. textual. **/ura** f. textura.

tez f. tez, cútis.

ti pron. ti.

tía f. tia.

tiara f. tiara.

tibi/eza f. tibieza. **/o** adj. tíbio, mo(ô)rno.

tiburón m. *Zool.* tubarão.

tic m. tique.

tiempo m. tempo.

tienda f. loja, tenda.

tient/a f. tenta. **/o** m. tento; bordão de cego; firmeza.

tierno adj. tenro; fig. recente; afe(c)tuoso.

tierra f. terra.

tieso adj. te(ê)so; rijo.

tiesto m. vaso.

tiesura f. tesura; rigidez.

tifón m. tromba de água; furacão, tufão.

tigre m. *Zool.* tigre. **/sa** f. tigre fêmea.

tijera f. tesoura ou tesoira.

tila f. *Bot.* tília.

tild/ar tr. pontuar; notar; fig. censurar. **/e** m. til; labéu.

tima/dor adj. e s. vigarista. **/r** tr. vigarizar; enganar.

timbr/ar tr. timbrar; selar; carimbar. **/e** m. timbre; carimbo; se(ê)lo.

timidez f. timidez, acanhamento.

tímido adj. tímido.

timo m. vigarice; burla.

tim/ón m. temão; leme. **/onel** m. timoneiro. **/onero** m. timoneiro.

timorato adj. timorato.

tímpano m. tímpano; xilofone.

tinglado m. alpendre, cobertiço; tabuado armado ligeiramente. fig. trama, enre(ê)do.

tiniebla f. treva; cegueira.

tino m. tino; orientação; habilidade; tina, tanque; lagar.

tint/a f. tinta; **medias —s,** panos quentes; **saber de buena —,** estar bem informado. **/e** m. tintura, tingidura. **/ero** m. tinteiro. **/o** adj. tinto; tingido. **/orería** f. tinturaria. **/orero** m. tintureiro.

tío m. tio.

tiovivo m. carrocel.

típico adj. típico.

tiple m. tiple; s. soprano.

tipo m. tipo; mode(ê)lo. **/grafía** f. tipografia. **/gráfico** adj. tipográfico.

tipógrafo m. tipógrafo.

tir/a f. tira; banda, faixa, ourela. **/abuzón** m. saca-ro(ô)lhas; cacho, anel, caracol de cabelos. **/ada** f. arreme(ê)sso; lançamento; tirada; tiragem. **/ado** adj. atirado; m. tiragem. **/dor** m. e f. atirador.

tiran/ía f. tirania. **/izar** tr. tiranizar. **/o** adj. e s. tirano.

tirante adj. e m. tirante; tenso; pl. suspensórios. **/z** f. tensão.

tirar tr. atirar; derrubar; disparar; estender; malgastar; puxar; atrair. **/se** r. lançar-se.

tiritar intr. tiritar, tremer.

tiro m. tiro; tiragem de uma chaminé; folga entre as pernas das calças.

tirón m. aprendiz, novato; puxão; esticão.

tirote/ar tr. tirotear. **/o** m. tiroteio.

tisis f. tísica.

titube/ar intr. titubear; oscilar. **/o** m. titubeação; incerteza.

titula/do adj. titulado; m. titular. **/r** tr. titular.

título m. título.

tiz/a f. giz. **/na** f. tisna; fuligem. **/najo** m. fam. mascarra. **/nar** tr. tisnar; enegrecer fig. difamar. **/ne** m. e f. tisne, fuligem. **/nón** m. farrusca, mascarra. **/ón** m. tição; *Bot.* fungão.

toalla f. toalha.

tobillo m. tornozelo.

tobogán m. tobogã.

toca f. touca. **/do** adj. tocado; m. toucado. **/dor** m. toucador; adj. e s. tocador. **/nte** adj. tocante; contíguo. **/r** tr. tocar. **/yo** m. e f. xará; tocaio.

tocin/ería f. açougue. **/ero** m. toucinheiro. **/o** m. toucinho ou toicinho.

todavía adv. todavia, contudo, ainda assim, mas; porém; não obstante.

todo adj. todo; m. tudo; adv. de tudo, inteiramente. **/poderoso** adj. todo-poderoso; m. O(m)nipotente.

toga f. toga.

toldo m. to(ô)ldo.

tolera/ble adj. tolerável; mediocre; suportável. **/ncia** f. tolerância. **/nte** adj. tolerante. **/r** intr. tolerar.

toma f. tomada; porção dalguma coisa. **/r** tr. tomar; ado(p)tar; encaminhar-se; **— el pelo,** entrar de semana com alguém.

tomate m. *Bot.* tomate; tomateiro (planta).

tómbola f. tômbola.

tomillo m. *Bot.* tomilho.

tomo m. tomo.

tonel m. tonel; barrica. **/ada** f. tonelada; tonelagem. **/aje** m. tonelagem. **/ería** f. tanoaria, tonelaria.

tónico adj. e s. tó(ô)nico; f. *Mús.* tó(ô)nica.

tonifica/ción f. tonificação. **/r** tr. tonificar.

tono m. tom, tono; entoação.

tont/ada f. tontice, parvoíce. **/ear** intr. tontear; disparatar. **/ería** f. tontice, tonteira. **/o** adj. tonto, parvo.

top/acio m. topázio. **/ar** tr. topar; esbarrar. **/e** m. tope, to(ô)po; travão; amortecedor. **/etar** tr. topetar. **/etazo** m. marrada. **/etón** m. encontrão.

tópico adj. e m. e m. tópico.

top/inera f. lura, toca da toupeira. **/o** m. *Zool.* toupeira. **/ografía** f. topografia. **/ógrafo** m. topógrafo.

toque m. toque.

tórax m. tórax.

torc/edura f. torcimento, torcedura; entoce. **/er** tr. torcer. **/erse** r. vergar-se. **/ido** adj. torcido; curvo. **/imiento** m. estorcimento; sinuosidade.

tore/ador m. toureiro, toureador. **/ar** intr. tourear ou toirear; fig. zombar. **/o** m. toureio; tauromaquia. **/ro** adj. e m. toureiro.

torment/a f. tormenta. **/o** m. tormento. **/oso** adj. tormentoso.

torne/ador m. torneiro, torneador. **/ar** tr. tornear; contornear. **/o** m. torneio. **/ro** m. torneiro; recadeiro de freiras.

tornillo m. parafuso.

torniquete m. torniquete.

torno m. to(ô)rno.

toro m. *Zool.* touro.

toronj/a f. *Bot.* toronja. **/il** ou **/ina** f. *Bot.* melissa, erva-cidreira.

torpe adj. torpe.

torpede/ar tr. torpedear. **/o** m. torpedeamento. **/ro** adj. e m. torpedeiro.

torre f. to(ô)rre; campanário; torreão.

torrefac/ción f. torrefa(c)ção. **/to** adj. torrado, tostado.

torren/cial adj. torrencial. **/te** m. torrente.

torreón m. torreão.

torsión f. torção, torcedura.

tort/a f. torta; fam. bofetão. **/icolis** m. torcicolo. **/illa** f. omeleta.

tortuga f. *Zool.* tartaruga.

tortuoso adj. tortuoso.

tortura f. tortura. **/r** tr. torturar; fig. afligir.

torzal m. torçal; fig. torcida.

tos f. tosse; **— ferina,** tosse convulsa.

tosco adj. to(ô)sco; inculto.

toser intr. tossir.

tosquedad f. rusticidade; desamabilidade.

tost/ada f. torrada. **/ado** adj. tostado; m. tostadura. **/ador** adj. torrador, tostador; m. torradeira. **/ar** tr. torrar, tostar. **/ón** m. grão-de-bico torrado; leitão assado.

total adj. total, geral; m. soma; adv. em suma, em resumo. **/idad** f. totalidade. **/itario** adj. totalitário. **/itarismo** m. totalitarismo. **/izar** tr. totalizar.

tóxico adj. tóxico.

tozud/ez f. teimosia. **/o** adj. teimoso.

trabaj/ado adj. trabalhado; cansado; ornado. **/ador** adj. e s. trabalhador. **/ar** tr. trabalhar. **/o** m. trabalho; pl. desgostos, dificuldades. **/oso** adj. trabalhoso; árduo; cansativo.

traca f. fiada de petardos ou foguetes.

trac/ción f. tra(c)ção. **/tor** m. tra(c)tor.

tradici/ón f. tradição. **/onal** adj. tradicional.

traduc/ción f. tradução. **/ir** tr. traduzir. **/tor** adj. e s. tradutor.

trae/dor adj. e s. trazedor. **/r** tr. trazer.

trafica/nte m. traficante, negociante. **/r** intr. traficar, negociar.

tráfico m. tráfico; tráfego.

traga/ble adj. tragável. **/deras** f. pl. faringe; fig. boa-fé; pouco escrúpulo. **/dor** adj. e s. tragador; comilão. **/luz** clarabóia. **/r** tr. tragar.

tragedia f. tragédia.

trágico adj. e s. trágico.

traici/ón f. traição. **/onar** tr. atraiçoar. **/onero** adj. e s. traiçoeiro.

traidor adj. e s. traidor.

traje m. traje, fato. **/ar** tr. trajar, vestir.

trama f. trama; conjuração; intriga. **/r** tr. tramar; intrigar; conspirar.

tramitación f. trâmites.

trámite m. trâmite.

tramo m. tramo.

tramp/a f. armadilha; fraude; alçapão; trapaça. **/ear** intr. trapacear, trampear; caloteear; suportar (doenças, penúria, etc.). **/olín** m. trampolim. **/oso** adj. e s. trampolineiro, caloteiro.

trance m. trance, transe.

tranquil/idad f. tranqu(ü)ilidade. **/izador** adj. tranqu(ü)ilizar; pacificar. **/o** adj. tranqu(ü)ilo; pacífico.

transacción f. transa(c)ção.

transatlántico adj. e m. transatlântico.

transborda/dor m. barco que trafega entre dois pontos dum rio. **/ar** tr. baldear. **/o** m. baldeação; trasbo(ô)rdo.

transcri/bir tr. transcrever. **/pción** f. transcrição.

transcur/rir intr. transcorrer. **/so.** m. transcurso.

transeúnte adj. e s. transeunte.

transfer/encia f. transferência. **/ible** adj. transferível. **/rir** tr. transferir.

transfigura/ción f. transfiguração. **/r** tr. transfigurar; transformar.

transforma/ble adj. transformável. **/ción** f. transformação; desfiguração. **/r** tr. transformar; converter; demudar.

transfusión f. transfusão.

transgre/dir tr. transgredir. **/sión** f. transgressão. **/sor** adj. transgressor.

transi/ción f. transição. **/gencia** f. transigência. **/gir** intr. transigir.

transistor m. transístor.

transita/ble adj. transitável. **/r** intr. transitar; caminhar.

tránsito m. trânsito; passagem.

transitorio adj. transitório.

transmis/ible adj. transmissível. **/ión** f. transmissão. **/or** adj. e m. transmissor.

transmitir tr. transmitir; transportar.

transparen/cia f. transparência. **/tarse** r. transparentar-se; transluzir. **/te** adj. transparente.

transpira/ble adj. transpirável. **/ción** f. transpiração. **/r** intr. transpirar.

transport/ación f. transportação. **/ar** tr. transportar. **/e** m. transporte.

transversal adj. transversal; colateral.

tranvía m. carro elé(c)trico, (bonde).

trapecio m. trapézio.

traper/ía f. traparia; loja de adelo. **/o** m. trapeiro; adelo.

trapo m. trapo, farrapo.

tráquea f. traque(é)ia.

tras prep. atrás, trás, detrás, após, depois de.

trascende/ncia f. transcendência. **/ntal** adj. transcendental, transcendente. **/r** intr. transcender; transparecer; penetrar; trescalar.

trasegar tr. trasfegar; transtornar.

trasero adj. e m. traseiro.

trasfer/encia f. transferência. **/ir** tr. transferir.

trasfi/jo adj. transfixo. **/xión** f. transfixação.

trasformar tr. e r. transformar.

trasla/ción f. trasladação, translação. **/dación** f. trasladação. **/dar** tr. trasladar, transferir. **/do** m. traslado; cópia.

traslu/cirse r. transluzir-se; deduzir-se. **/mbrar** tr. translumbrar, deslumbrar. **/z** m. luz refle(c)tida; **al —,** contra a luz.

trasnocha/do adj. amanhecido; estragado; macilento. **/dor** adj. e s. tresnoitado, no(c)tívago. **/r** intr. tresnoitar.

traspas/ar intr. trespassar; transferir; exceder. **/o** m. trespasse.

trasplant/ar tr. transplantar. **/e** m. transplantação.

traspo/ner tr. transpor. **/rtar** tr. transportar.

trasto m. traste, móvel velho; pessoa inútil; velhaco; utensílios.
trastorn/ar tr. transtornar. /**o** m. transto(ô)rno; desordem.
trastrocar tr. transtrocar; confundir.
trata f. tráfico de escravos. /**ble** adj. tratável. /**dista** m. tratadista. /**do** m. tratar; pactuar; assistir; conferenciar. /**rse** r. tratar-se; ocupar-se.
trato m. trato; pacto.
traumatismo m. *Cir.* traumatismo.
trav/és m. través; flanco; fig. desgraça. /**esero** m. travesseiro. adj. atravessado. /**esía** f. travessa, caminho. *Mar.* travessia. /**esura** f. travessura, traquinice. /**ieso** adj. trave(ê)sso; transversal.
trayecto m. traje(c)to. /**ria** f. traje(c)tória.
traz/a f. traçado, plano. /**ado** adj. traçado. m. percurso, dire(c)ção; plano. /**ar** tr. traçar, delinear. /**o** m. traço; desenho; desígnio; vestígio.
trébol m. *Bot.* trevo.
trecho m. trecho; fragmento.
tregua f. trégua; armistício; descanso.
trementina f. trementina.
trémulo adj. tré(ê)mulo, tremido.
tren m. trem; comboio.
trenza f. trança; cole(ê)ta. /**dera** f. trançadeira. /**r** tr. trançar.
trepar intr. trepar, subir. tr. verrumar, furar.
trepida/ción f. trepidação. /**r** intr. trepidar, vibrar.
tres adj. três. /**doblar** tr. triplicar, tresdobrar.
triángulo m. triângulo.
tribu f. tribo.
tribulación f. atribulação.
tribuna f. tribuna; eloqu(ü)ência. /**l** m. tribunal.
tribut/ar tr. tributar; cole(c)tar. /**ario** adj. tributário. /**o** m. tributo, contribuição.
triciclo m. triciclo.
tricolor adj. tricolor.
trien/al adj. trienal. /**io** m. trié(ê)nio.
trig/al m. trigal. /**o** m. trigo. pl. riqueza. /**ueño** adj. trigueiro, triguenho.
trilla f. trilho; trilha, debulha; caminho. /**do** adj. trilhado; experiente. /**dora** f. debulhadora. /**r** tr. trilhar.
trimestr/al adj. trimestral. /**e** m. trimestre.
trinar intr. *Mús.* trinar.
trinca f. trinca; trindade.
trincha/nte m. trinchador. /**r** tr. trinchar.
trinchera f. trincheira; anteparo.
trineo m. trenó.
trin/idad f. Trindade. /**o** adj. trino; ternário.
trío m. trio, terce(ê)to.
tripa f. tripa, intestino.
tripl/e adj. e s. triplo, triple. /**icar** tr. triplicar.
trípode m. tripode; tripé.
tríptico m. tríptico.
tripula/ción f. *Mar.* tripulação. /**r** tr. tripular; equipar.
tris m. tris. fam. porção pequena.
trist/e adj. triste; lutuoso. /**eza** f. tristeza; luto.
tritura/ción f. trituração. /**r** tr. triturar.
triunf/al adj. triunfal. /**ar** intr. triunfar, vencer. /**o** m. triunfo.
triunvirato m. triunvirato.
trivial adj. trivial, vulgar. /**idad** f. trivialidade.
trocar tr. trocar, cambiar; confundir.
trocha f. atalho, azinhaga.
trofeo m. troféu.
trole m. tró(o)lei; rolador (de máquina elé(c)trica).
trom/ba f. tromba. /**bón** m. *Mús.* trombone. /**pa** f. trompa; tromba. /**pada** f. trombada; encontrão. /**peta** f. *Mús.* trombeta.
trompicón m. tropeção.
trona/da f. trovoada. /**r** intr. troar, trovejar; estourar.
tronco m. tronco; caule; estirpe.
tronch/ar tr. tronchar, quebrar. /**o** m. troncho, talo.
tronera f. troneira; ameia.
trono m. trono.
tronzar tr. dividir; destroçar.
tropez/ar tr. e intr. tropeçar. /**ón** m. tropeção.
trópico adj. e m. figurado; trópico.
troquel m. troquel. /**ar** tr. cunhar.
trot/ar intr. trotar. /**e** m. trote. /**ón** adj. trotão, troteiro.
trova f. verso. /**dor** adj. e m. trovador; poeta. /**r** intr. trovar.
trozo m. bocado, fragmento.
truco m. truque, tramóia.
trueno m. trovão; estampido.
trueque m. troca; mudança.
tu, tus pron. pos. teu, tua, teus, tuas.
tú pron. pess. tu.
tubercul/izar tr. tuberculizar. /**osis** f. tuberculose. /**oso** adj. e s. tuberculoso.
tub/ería f. tubagem. /**o** m. tubo, cano. /**ular** adj. tubular.
tuerca f. *Mec.* porca de parafuso.
tuerto adj. torto; vesgo. m. injúria.
tuétano m. tutano, medula.
tufo m. exalação, vapor; cheiro desagradável.
tugurio m. tugúrio.
tul m. tule (tecido).
tulipán m. *Bot.* túlipa.
tulli/do adj. e s. tolhido, entrevado. /**r** intr. tolher, paralisar.
tumba f. tumba, sepulcro. /**dillo** m. *Mar.* tombadilho. /**r** tr. tombar; derrubar; pertubar. /**rse** r. deitar-se.
tumbo m. tombo, queda.
tum/efacción f. *Med.* tumefa(c)ção, inchaço. /**or** m. tumor.
túmulo m. túmulo.
tumult/o m. tumulto, motim. /**uoso** adj. tumultuoso, barulhento.
tuna f. tuna, estudantina; vadiagem. /**nte** m. tunante, vadio. /**ntería** f. tunantaria.
tunda f. tunda, sova.
túnel m. túnel.
tupi/do adj. espe(ê)sso; apertado; torpe. /**r** tr. tupir, apertar. r. fartar-se.
turba f. turba; multidão. /**ción** f. turbação. /**multa** f. turbamulta, multidão.
turbante m. turbante.
turbar tr. e r. enturvar.
turbi/na f. turbina.
turbio adj. turvo, escuro; confuso.
turbulen/cia f. turbulência; opacidade. /**to** adj. turbulento; turvo.
turis/mo m. turismo. /**ta** s. turista.
turn/ar intr. alternar. /**o** m. turno; turma; vez.
turrón m. nogado.
tutear tr. tutear; atuar.
tutela f. tutela. fig. dire(c)ção; prote(c)ção. /**r** adj. tutelar, amparar.
tuteo m. tuteamento.
tutor m. tutor; prote(c)tor. /**a** f. tuto(ô)ra, tutriz. /**ía** f. tutoria, prote(c)ção.
tuyo, tuya, tuyos, tuyas pron. pos. pl. e sing. teu, tua, teus, tuas.

U u

ubérrimo adj. ubérrimo, abundante.
ubic/ación f. ubiquação. /**uidad** f. ubiqu(ü)idade. /**uo** adj. ubíquo.
ubre f. úbere, te(ê)tas dos animais.
ufan/arse r. ufanar-se. /**o** adj. ufano; alegre.
úlcera f. *Med.* úlcera.
ulterior adj. posterior.
ultima/ción f. ultimação, fim. /**r** tr. ultimar, finalizar.
ultimátum m. ultimato.
último adj. último; final; irrevogável.
ultraj/ar tr. ultrajar. /**e** m. ultraje, insulto.
ultramar m. ultramar, ultramarino. /**ino** adj. ultramarino, pl. loja de comestíveis.
ultrapasar tr. ultrapassar.
ulular intr. ulular, uivar.
umbral m. umbral, soleira.
umbr/ía f. umbria. /**ío** adj. umbroso, sombrio.
un/ánime adj. unânime. /**animidad** f. unanimidade.
unci/ón f. unção, junção. /**r** tr. jungir.
undula/ción f. ondulação. /**r** intr. ondular; serpear.
ung/ir tr. ungir; olear. /**üento** m. ungu(ü)ento.
único adj. único; extraordinário; exclusivo.
uni/dad f. unidade; união. /**ficar** tr. unificar.
uniform/ar tr. uniformar. /**e** adj. uniforme. *Mil.* fardamento. /**idad** f. uniformidade.
uni/ón f. união. /**onismo** m. unionismo. /**r** tr. unir; atar; casar. /**rse** r. unir-se; associar-se.
unisexual adj. unissexual.
univers/al adj. universal. /**alidad** adj. universalidade. /**idad** f. universidade. /**o** adj. e m. universo.
uno adj. uno, singular. m. um, unidade. pl. uns, alguns.
unt/ar tr. untar, lubrificar. fig. subornar. /**o** m. unto, gordura. /**uoso** adj. untuoso. /**ura** f. untura.
uñ/a f. unha. /**ero** m. *Med.* unheiro.
urban/idad f. urbanidade, civilidade. /**ización** f. urbanização. /**izar** tr. urbanizar, edificar. /**o** adj. urbano; afável; polícia de trânsito.
urbe f. urbe, cidade populosa.
urdi/mbre f. urdume; maquinação. /**r** tr. urdir, intrigar.
urg/encia f. urgência. /**ente** adj. urgente. /**ir** intr. urgir; exigir.
urna f. urna, caixão.
usa/do adj. usado; velho; prático. /**nza** f. usança; moda. /**r** tr. usar; empregar; praticar.
usía f. vossa senhoria.
uso m. uso; moda; costume; usufruto.
usted m. e f. você, senhor.
usua/l adj. usual, habitual. /**rio** adj. usuário, utente.
usufruct/o m. usufruto; proveito. /**uar** tr. usufruir; possuir.
usur/a f. usura. /**ero** m. usurário, agiota; avarento.
usurpa/ción f. usurpação. /**r** tr. usurpar.
utensilio m. utensílio.
útero m. *Anat.* útero.
útil adj. útil; prestável; lucrativo. pl. utensílios.
utili/dad f. utilidade; préstimo; lucro. /**tario** adj. utilitário. /**zación** f. utilização. /**zar** tr. utilizar.
ut/opía f. utopia, fantasia. /**ópico** adj. utópico.
uva f. *Bot.* uva.
úvula f. *Anat.* úvula.

V v

vaca f. *Zool.* vaca.
vacación f. vacação, vacância. pl. férias, descanso.
vaci/ado m. vazado; moldagem. /**ar** tr. vazar, esvaziar; copiar. /**arse** r. esgotar-se. /**edad** f. vacuidade.
vacila/ción f. vacilação. /**r** intr. vacilar; hesitar.
vacío adj. vazio; descarregado; deserto; ocioso.
vacuidad f. vacuidade.
vacuna f. vacina. /**ción** f. vacinação. /**r** tr. vacinar.
vacuo adj. vácuo.
vadea/ble adj. vadeável. /**r** tr. vadear; vencer.
vado m. vau (de rio).
vaga/bundear intr. vagabundear, vadiar. /**bundo** adj. e s. vagabundo; errante. /**ncia** f. vagância, desocupação. /**r** intr. vagar, decambular.
vagina f. *Anat.* vagina. /**l** adj. vaginal.
vago adj. vago; errante. m. terra inculta.
vag/ón m. vagão, carruagem. /**oneta** f. vagoneta.
vague/ar intr. vaguear. /**dad** f. vacuidade.
vaina f. bainha. *Bot.* vagem.
vainilla f. *Bot.* baunilha.
vaivén m. vaivém; flutuação; revés.
vajilla f. baixela; impo(ô)sto so(ô)bre jóias.
val/e m. Com. vale; pré(ê)mio escolar. /**edero** adj. valioso. /**entía** f. valentia, coragem. /**entón** adj. e s. valentão. /**entonada** f. fanfarronada. /**er** tr. valer, amparar. /**erse** r. valer-se. /**eroso** adj. valoroso, valeroso. /**ía** f. valia; prestígio. /**idez** f. validez.
válido adj. válido; legítimo.
valiente adj. e s. valente, forte.
valija f. maleta, mala de mão.
val/ioso adj. valioso; magnífico. /**or** m. valor, coragem; decisão; mérito; renda; importância. /**oración** f. avaliação. /**orar** tr. avaliar; louvar. /**orizar** tr. avaliar, valorizar.
valua/ción f. avaliação; estimação; medição. /**r** tr. avaliar; contar.
válvula f. válvula.
valla f. valo, muro, valado; obstáculo.
valle m. vale; várzea; conjunto de casas num vale.
vanagloria f. vanglória, ja(c)tância. /**rse** r. vangloriar-se.
vanguardia f. vanguarda, dianteira.
vanid/ad f. vaidade, futilidade. /**oso** adj. vaidoso.
vapor m. vapor; navio a vapor. /**ación** f. evaporação. /**ización** f. vaporização. /**izar** tr. vaporizar. /**oso** adj. vaporoso; transparente.
vaquer/ía f. vacaria; leitaria. /**iza** f. vacaria, curral. /**o** adj. e s. vaqueiro.
varia/ble adj. variável. /**ción** f. variação; mudança. /**do** adj. variado, diverso. /**r** tr. e intr. variar, mudar.
varice f. *Med.* variz. /**la** f. *Med.* varicela.
variedad f. variedade.
varilla f. varinha, vareta.
vario adj. vário, diferente, pl. variados.
var/ón m. varão, homem. /**ona** f. mulher varonil. /**onil** adj. varonil; forte, valoroso.
vas/ija f. vasilha. /**o** m. vaso, copo; navio.
vast/edad f. vastidão, infinidade. /**o** adj. vasto, extenso.
vatio m. *Elct.* vátio.
vecin/al adj. vicinal; municipal. /**dad** f. vizinhança. /**dario** m. vizindário. /**o** adj. e s. vizinho; contíguo, próximo.
veda f. veda, vedação; proibição. /**r** tr. vedar, coitar; proibir.
vegeta/ción f. vegetação. /**l** adj. e m. vegetal. /**r** intr. vegetar; viver; pulular. /**riano** adj. e s. vegetariano.
vehemen/cia f. veemência. /**te** adj. veemente.
vehículo m. veículo, carro; transmissor.
veinte adj. e s. vinte.
vejig/a f. *Anat.* bexiga. /**oso** adj. bexigoso.
vela f. vela; vigia; vela para alumiar. *Mar.* vela, embarcação. /**da** f. veladura; serão. /**dor** adj. e s. velador, vigilante; castiçal; cuidadoso. /**men** m. *Mar.* velame. /**r** intr. velar; vigiar. tr. tapar, cobrir.
veleid/ad f. veleidade. /**oso** adj. volúvel, caprichoso.
velocidad f. velocidade, ligeireza.
velódromo m. velódromo.
veloz adj. veloz, rápido.
vell/o m. pêlo, penugem. /**osidad** f. vilosidade. /**oso** adj. veloso; felpudo. /**udo** adj. veludo; cabeludo.

vena f. *Anat.* veia; filão, veio. **/l** adj. venal, venoso. **/lidad** f. venalidade.
vencedor adj. e s. vencedor.
venc/er tr. vencer, dominar; superar. **/ible** adj. vencível. **/ido** adj. vencido.
vencimiento m. vencimento, prazo.
vend/a f. venda, ligadura. **/aje** m. vendagem, ligadura. **/ar** tr. vendar, ligar; atar; cobrir; escurecer.
vendaval m. vendaval.
vend/edor adj. e s. vendedor; alienador. **/er** tr. vender; **— al por mayor,** vender por grosso; **— al por menor,** vender por miúdo. **/ible** adj. vendível.
vendimia f. vindima. **/dor** s. vindimador. **/r** tr. vindimar.
veneno m. veneno, tóxico. **/so** adj. venenoso.
venera/ble adj. venerável. **/ción** f. veneração. **/r** tr. venerar; respeitar.
venga/dor adj. e s. vingador. **/nza** f. vingança; represália. **/r** tr. vingar, desforrar. **/rse** r. vingar-se. **/tivo** adj. vingativo.
venia f. vé(ê)nia; reverência.
venid/a f. vinda, chegada. **/ero** adj. vindouro.
venir intr. vir, voltar; acudir; **— al mundo,** vir ao Mundo.
venta f. venda; loja de venda, mercado.
ventaj/a f. vantagem. **/oso** adj. vantajoso.
ventana f. janela. **/l** m. janela grande.
vent/arrón m. ventania. **/ear** imp. ventar. tr. farejar; indagar. **/ilación** f. ventilação; debate. **/ilador** m. ventilador. **/ilar** tr. ventilar, arejar; debater. **/isca** f. nevada com vento. **/isquero** m. nevada; glaciar. **/olera** f. lufada de vento. fig. vaidade. **/osa** f. respiradoiro. *Zool.* e *Cir.* ventosa. **/osear** intr. e r. ventar; soltar ventosidades. **/osidad** f. ventosidade; flatulência. **/oso** adj. ventoso, airoso; flatulento.
ventrílocuo m. *Anat.* ventríloquo.
ventu/ra f. ventura, felicidade; casualidade. **/roso** adj. venturoso; afortunado.
ver tr. ver; imaginar. **/se** r. ver-se, avistar-se.
veracidad f. veracidade; fidelidade.
veran/eante adj. e s. veraneante. **/ear** intr. veranear. **/eo** m. veraneio. **/iego** adj. estival. **/o** m. Verão, estio.
verbal adj. verbal, oral.
verbo m. verbo; palavra. **/sidad** f. verbosidade. **/so** adj. verboso, loquaz.
verdad f. verdade; realidade. **/ero** adj. verdadeiro; sincero.
verd/e adj. e m. verde; fresco; juvenil; obsceno; **viejo —,** velho-verde. **/ear** intr. verdejar. **/ete** m. verdete, cardenilho. **/or** m. verdor; juventude. **/oso** adj. verdoso.
verdura f. verdura; hortaliças; vigor.
vereda f. vereda, caminho.
vergel m. vergel, jardim; pomar.
verg/onzante adj. **/onzoso** adj. vergonhoso; tímido; indecoroso. **/üenza** f. vergonha, pudor, timidez; indecoroso. pl. partes pudentas.
verídico adj. verídico.
verifica/ción f. verificação. **/r** tr. verificar, examinar. **/rse** r. verificar-se.
verija f. *Anat.* virilha.
verja f. grade, gradil.
vernáculo adj. vernáculo, nativo; puro.
veros/ímil adj. verosímil, aparente. **/imilitud** f. verosimilitude; aparência.
vers/ado adj. versado, experto, instruído. **/ar** intr. versar. **/átil** adj. versátil. **/atilidad** f. versatilidade. **/ificación** f. versificação. **/ificar** tr. versificar. **/ión** f. versão; interpretação; explicação. **/o** m. verso.
vértebra f. *Anat.* vértebra.
vertebrado adj. vertebrado.
verte/dero m. desaguadoiro, vazadoiro. **/r** tr. e intr. verter, derramar; divulgar.
vertical adj. vertical.
vértice m. vértice. *Anat.* cocoruto.
vértigo m. vertigem, desmaio.
vesícula f. *Med.* vesícula.
vespertino adj. vespertino.
vestíbulo m. vestíbulo, átrio.
vestid/o m. vestido, fato, vestuário. **/ura** f. vestidura, vestimenta.
vestigio m. vestígio.
vest/imenta f. vestimenta. **/ir** tr. e intr. vestir; cobrir; forrar. **/uario** m. vestuário, vestes.
veterinari/a f. veterinária. **/o** m. veterinário, alveitar.
veto m. veto; recusa.
vez f. vez, turno.
vía f. via, caminho; carril; sistema. **— férrea,** caminhos de ferro.
viab/ilidad f. viabilidade. **/le** adj. viável; executável.
viaducto m. viaducto.
viaj/ante adj. e m. viajante. **/ar** intr. viajar; visitar. **/e** m. viagem; excursão; navegação. **/ero** adj. e s. viageiro, viajante.
vianda f. vianda, comida.
viático m. viático.
víbora f. *Zool.* víbora.
vibra/ción f. vibração. **/r** tr. e intr. vibrar; estremecer.
vicario adj. e s. vicário, vigário.
vici/ar tr. viciar. **/arse** r. viciar-se; corromper-se. **/o** m. vício; imperfeição. **/oso** adj. vicioso.
vicisitud f. vicissitude.
víctima f. vítima.
victori/a f. vitória. **/oso** victorioso.
vid f. *Bot.* vide, videira.
vida f. vida; energia, vitalidade.
vidente adj. e m. vidente.
vidri/ado adj. vidrado. m. louça vidrada. **/ar** tr. vidrar. **/era** f. vitral; montra. **/o** m. vidro; coisa frágil. **/oso** adj. vidroso.
viejo adj. e s. velho; antigo; usado.
viento m. vento; ar.
vientre m. *Anat.* ventre.
viernes m. sexta-feira.
viga f. viga, trave.
vigente adj. vigente.
vig/ía f. vigia, sentinela; baixio. **/iar** tr. vigiar; guardar. **/ilancia** f. vigilância; precaução. **/ilar** tr. e intr. vigilar, vigiar, espiar. **/ilia** f. vigília; serão.
vigor m. vigor. **/oso** adj. vigoroso.
vil adj. vil; humilde. **/eza** f. vileza. **/ipendiar** tr. vilipendiar. **/ipendio** m. vilipêndio; vileza.
vill/a f. vila; municipalidade. **/aje** m. vila pequena, vilório.
villancico m. vilancico, vilancete; cântico de Natal.
villan/ía f. vilania; vileza. **/o** adj. e s. vilão; rústico.
vina/gre m. vinagre. **/grera** f. vinagreira; galheteiro. **/jera** f. galheta para a missa. **/tero** adj. vinhateiro. **/zo** m. vinhão, vinho forte.
vincular tr. vincular; perpetuar.
vínculo m. vínculo, união.
vindica/ción f. vindicação. **/r** tr. vindicar; defender.
vin/icultura f. vinicultura. **/o** m. vinho.
viñ/a f. vinha. **/edo** m. vinhedo.
viñeta f. vinheta, estampa.
violáceo adj. violáceo.
viol/ación f. violação, profanação. **/ador** adj. e s. violador. **/ar** tr. violar; desobedecer. **/encia** f. violência. **/entar** tr. violentar. **/ento** adj. violento.
violeta f. *Bot.* violeta.
viol/ín m. *Mús.* violino. **/inista** m. violinista. **/ón** m. violão, contrabaixo. **/oncelo** m. violoncelo.
virg/en adj. virgem; donzela. **/inal** adj. virginal. **/inidad** f. virgindade. **/o** m. virgindade. *Astr.* Virgo.
viril adj. viril, varonil. **/idad** f. virilidade.
virtu/al adj. virtual; implícito. **/d** f. virtude. **/oso** adj. e m. virtuoso.
viru/ela f. *Med.* variola. **/lencia** f. virulência. **/lento** adj. virulento. **/s** m. *Med.* virus, gérmen.
visa/do m. visado. **/je** m. visagem; cara. **/r** tr. visar.
víscera f. víscera, entranhas.
viscos/idad f. viscosidade. **/o** adj. viscoso, pegajoso.
visi/bilidad f. visibilidade. **/ble** visível. **/ón** f. visão, espe(c)tro, aparição. **/onario** adj. visionário. **/ta** f. visita; entrevista; inspe(c)ção. **/tar** tr. visitar; inspe(c)cionar.
viso m. viso, altura; saia interior de mulher.
visor m. *Fot.* visor.
víspera f. véspera; precursor.
vist/a f. vista; aparência. **/azo** m. olhadela, olhar rápido. **/o** adj. visto; conhecido; versado. **/oso** adj. vistoso.
visual adj. visual.
vital adj. vital, fundamental. **/icio** adj. vitalício. **/idad** f. vitalidade. **/izar** tr. vitalizar; fortificar.
vitamina f. *Med.* vitamina.
vitorear tr. vitoriar, aplaudir.
vitrina f. vitrina.
vitriolo m. *Quím.* vitríolo.
viud/a f. viúva. **/edad** f. pensão de viuvez. **/ez** f. viuvez. **/o** m. viúvo.
¡viva! interj. Viva!, aclamação. **/c** m. *Mil.* bicaque. **/cidad** f. vivacidade; ardência. **/que** m. *Mil.* bivaque. **/quear** intr. bivacar, acampar. **/racho** adj. vivo, alegre. **/z** adj. vivaz. fig. resistente.
vivero m. viveiro; aquário; seminário.
vivi/dor adj. e s. vivedor, fura-vidas. **/enda** f. vivenda, residência. **/ente** adj. vivente. **/ficar** tr. vivificar, alentar. **/r** intr. viver; existir; habitar.
vivo adj. vivo; ardente; enérgico; alegre.
vizconde m. visconde.
voc/ablo m. vocábulo, palavra. **/abulario** m. vocabulário. **/ación** f. vocação; inclinação. **/al** adj. e s. vogal, vocal; membro duma junta. **/alizar** intr. vocalizar. **/ear** tr. e intr. vozear. **/ería** f. vozearia, algazarra. **/iferar** tr. e intr. vociferar.
vola/dero adj. voador; flutuante. **/dizo** adj. e m. saliente. **/dor** adj. voador; flutuante; rápido. m. *Zool.* peixe-voador. **/dura** f. voadura, vo(ô)o; explosão. **/nte** adj. voante, voador; móvel. **/r** intr. voar; explodir. **/tería** f. volataria, altanaria.
volátil adj. volátil, volúvel.
volcán m. vulcão. **/ico** adj. vulcânico; exaltado.
volcar tr. voltar, tombar. **/se** r. tombar-se, virar-se.
volt m. *Fís.* vóltio. **/aje** m. voltagem.
volte/ar tr. voltear, virar; mudar. **/reta** f. reviravolta, cambalhota.
volum/en m. volume; tomo (livro). **/inoso** adj. volumoso.
volunta/d f. vontade, desejo. **/riedad** f. voluntariedade. **/rio** adj. voluntário; arbitrário. **/rioso** adj. voluntarioso.
voluptuos/idad f. volu(p)tuosidade. **/o** adj. volu(p)tuoso.
volver tr. volver, voltar; dirigir; inclinar; traduzir; restituir. **/se** r. voltar-se, virar-se.
vomit/ado adj. vomitado; desmedrado; expelido. **/ar** intr. vomitar, expelir. **/ivo** adj. e s. vomitivo, ametizante.
vómito m. vó(ô)mito.
vora/cidad f. voracidade, avidez. **/z** adj. voraz; ávido.
vos pron. pess. vós. **/otros** pron pess. pl. vós.
vot/ación f. votação, sufrágio. **/ante** adj. e s. votante, eleitor. **/ar** tr. e intr. votar; jurar. **/ivo** adj. votivo. **/o** m. voto, sufrágio.
voz f. voz, palavra; opinião.
vuelo m. vo(ô)o. fig. aspiração.
vuelta f. volta, desvio; curvatura; devolução; turno; mudança.
vuestr/o, /a, /os, /as pron. poss. vosso, vossa, vossos, vossas.
vulg/acho m. vulgo, vulgacho, ralé. **/ar** adj. vulgar, corrente. **/aridad** f. vulgaridade. **/arizar** tr. vulgarizar. **/o** m. vulgo, plebe.
vulnera/ble adj. vulnerável. **/ción** f. vulneração; ferimento. **/r** tr. vulnerar; ofender.

X x

xen/ofilia f. xenofilia. **/ófilo** adj. xenófilo. **/ofobia** f. xenofóbia, aversão a estrangeiros. **/ófobo** adj. xenófobo.
xilófono m. *Mús.* xilofone.
xilogr/afía f. xilografia. **/áfico** adj. xilográfico.

Y y

y conj copul. e.
ya adv. já; imediatamente.
yac/ente adj. jacente. **/er** intr. jazer. **/ija** f. cama; jazida; jazigo. **/imiento** m. *Geol.* jazigo (de minerais).
yate m. *Mar.* iate.
yay/a f. avó. **/o** m. avô.
yedra f. *Bot.* hera.
yegua f. *Zool.* égua. **/da** f. eguada, manada de éguas.
yema f. *Bot.* gema, rebento; gema (do o(ô)vo). fig. centro.
yerba f. *Bot.* erva. **/jo** m. erva daninha.
yermo adj. e(ê)rmo; desabitado; inculto, deserto.
yerno m. genro.
yes/ería f. fábrida de ge(ê)sso. **/o** m. ge(ê)sso. **/oso** adj. gípseo, gipsífero.
yo pron. pess. eu.
yodo m. *Quím.* io(ô)do. **/formo** m. iodofórmio.
yugo m. jugo, canga. fig. opressão; encargo.
yugular adj. e f. *Anat.* jugular (veias). tr. extinguir; assassinar.
yunta f. junta, parelha, um par.
yuxtapo/ner tr. justapor. **/sición** f. justaposição.

Z z

zabordar tr. *Mar.* varar, encalhar.
zafa/r tr. safar; desembaraçar, libertar; embelezar. **/rse** r. safar-se, evadir-se. **/rrancho** m. *Mar.* desempacho, desembaraçar parte dum navio; fig. estrago; briga.
zafio m. *Zool.* safio.
zafir(o) m. safira.
zafo adj. safo, livre.
zafra f. safra, colheita.
zaga f. saga, retaguarda, parte traseira.
zagal m. adolescente, mancebo, mo(ô)ço.
zaguán m. saguão; átrio.
zalamer/ía f. bajulação;

ciganagem. /o adj. e s. lisonjeador.

zamarr/a f. samarra. /o m. samarra, pele de carneiro. fig. grosseiro; astuto.

zambra f. *Mús.* zambra; fig. algazarra.

zambulli/dura f. mergulho. /dor adj. e s. mergulhador. /r tr. mergulhar, imergir. /rse r. meter-se; esconder-se.

zanc/a f. sanco, perna de ave; trave. /ada f. pernada, passo largo. /adilla f. sancadilha; rasteira; fig. engano. /ajoso adj. cambaio, zambro. / m. andas, pernas de pau. /cudo adj. sancudo, de pernas grandes.

zanja f. escavação; cabouco, fundação; sanja. /r tr. sanjar; fundar; transigir.

zapa f. sapa; escavação. /dor m. *Mil.* sapador. / **pico** m. alvião, picareta. /r intr. sapar, escavar.

zapat/ear tr. sapatear, dançar o sapateado. /ería f. sapataria, loja de calçado. /ero adj. e m. sapateiro. /illa f. sapatilha, chinela. /o m. sapato.

zar m. czar.

zarande/ar tr. cirandar; estrebuchar. /arse r. esfalfar-se, saracotear-se. /o m. cirandagem.

zarina f. czarina.

zarpa f. garra; a(c)ção de sarpar (um navio). /r tr. *Mar.* sarpar, zarpar. /zo m. sapatada com gara; estrondo

zarza f. *Bot.* sarça, silva. /l m. sarçal. /mora f. *Bot.* amora. /parrilla f. *Bot.* salsaparrilha.

zarzuela f. *Mús.* zarzuela, peça teatral espanhola.

zedilla f. cedilha, sinal gráfico.

zepelín m. zepelim, dirigível.

zigzag m. ziguezague. / **uear** intr. ziguezaguear, serpentear.

zócalo m. *Arq.* soco, supedâneo, peanha.

zodiaco m. *Astr.* zodíaco.

zona f. zona; circunscrição.

zoo m. jardim zoológico. /logía f. zoologia. /lógico adj. zoológico.

zorr/a f. *Zool.* rapo(ô)sa, zorra; prostituta. /ería f. astúcia, ardil. /o m. zorro, rapo(ô)so; fig. matreiro; velhaco.

zozobra f. soço(ô)bro; fig. angústia, aflição. /r intr. *Mar.* soçobrar, naufragar; petrturbar.

zueco m. soco, tamanco.

zumb/a f. chocalho, guizo; surra. /ar intr. zumbar, zunir; rastejar; motejar. /ido m. zumbido; sussurro. /ón adj. chocalho grande; zombador. m. pombo torcaz.

zum/iento adj. suculento.

/o m. sumo, suco. fig. lucro. /oso adj. sucoso, sumarento.

zurci/do m. cerzidura. /r tr. cerzir, coser.

zurra f. surra; sova, tunda; repreensão. /dor adj. e s. surrador. /r tr. surrar; castigar. /rse r. sujar-se.

zurriar intr. zunir, sussurrar.

zurrón m. surrão, bo(ô)lsa de couro. *Anat.* placenta.

zutano m. fam. beltrano.